ブロックウッドでの散歩

ブロックウッドにて　ロンドンに出かける正装

1970年、ブロックウッド講話集会にて

オーハイ、パイン・コテージでのメアリー・ジンバリスト
（Kの撮影）

インドにて

クリシュナムルティがいたとき

メアリー・ジンバリストの回顧録 上

メアリー・ジンバリスト 著
スコット・フォーブス 編

藤仲孝司 訳

表紙の写真
スイス、サーネンでの散歩

扉の写真
メアリー・ジンバリストとスコット・フォーブス
―『クリシュナムルティの面前で―メアリー・ジンバリストの回顧録』のための基礎となった対談の終わりに

IN THE PRESENCE OF KRISHNAMURTI :
THE MEMOIRS OF MARY ZIMBALIST
by Mary Zimbalist and Scott H. Forbes
Copyright©2016 Scott H.Forbes
All Rights Reserved

Japanese translation published by arrangement with Scott H. Forbes
through The English Agency (Japan) Ltd.

序　文

『クリシュナムルティの面前で－メアリー・ジンバリストの回顧録』(邦題『クリシュナムルティがいたとき－メアリー・ジンバリストの回顧録』)は、クリシュナムルティがメアリーに対して、彼といることがどのようなものであるのかについて、書くように頼んだことの直接的な成果である。メアリーは、この記述を書こうと格闘した。彼女は健康が虚弱で、前進が遅いことにより、自らが大いに気に掛けるこの任務を、完成させられないかもしれないと、私は心配した。彼女を手伝おうとして、私は、彼女と私がお互いにクリシュナムルティの記憶を詳しく物語り、それらを記録することを、提案した。

私たちは、1994年に一連の会話を始めた。それは2008年まで、十四年間継続した。彼女が亡くなる直前まで、である。メアリーは、私たちが自分たちの記憶についてともに話すことを、喜んでいた。なぜなら、私はクリシュナムルティとともに少し旅行をしていたし、彼のために長年仕事をしてきたからである。だが、特に、私は、彼らが旅行した多くの場所を知っていたので、そのため私は詳細な質問をできたからである － 彼女の記憶を呼び起こし、彼女自身の言葉では、クリシュナムルティの面前にいることがどのようなものであったかを、生き返らせる質問だった。

これらの対談から、メアリーの追憶と自らの詳細な日記を読み上げることをとおして、包括的な資料が生じた（各々、1時間半から2時間の録音が100以上）。今日私は、『クリシュナムルティの面前で － メアリー・ジンバリストの回顧録』の発信を公告できることを喜んでいる。

『クリシュナムルティの面前で － メアリー・ジンバリストの回顧録』は、当初、ウエブ上での寄付者に提供されたが、今や無料である。そこには、メアリーが百回以上、日々の日記を読み上げ、それらについて議論するものが、文字起こしされ、わずかに編集された形で、提示される。オーディオ・クリップが含まれており、そこでは、メアリーが特に情熱的に、または痛切に語る。プロジェクトについてはここからさらに知ることができる。

『クリシュナムルティの面前で－メアリー・ジンバリストの回顧録－』への購読者から集められた金銭は、法人組織「ホリスティック教育（Holistic Education Inc.）」(a 501(c)3 organization) の、「クリシュナムルティ教育研究プロジェクト（Krishnamurti Education Research Project）」に、資金提供されつつある。

もし、「ホリスティック教育」の「クリシュナムルティ教育研究プロジェクト」について、さらに知りたい方は、ここ「クリシュナムルティ教育研究プロジェクト」をクリック。

スコットH. フォーブスと『クリシュナムルティの面前で』チーム
法人組織「ホリスティック教育（Holistic Education Inc.）」
2013年2月13日（メアリーの九十八回目の誕生日）

2015年5月18日

今日、私たちは、『クリシュナムルティの面前で － メアリー・ジンバリストの未完の書（In the Presence of Krishnamurti: Mary Zimbalist's Unfinished Book）』の最後の部分、第18部を、公開する。ここまでが、メアリーが自らの未刊の書を進めたものである。彼女は、最終章（第58章）を2007年に、92歳で完成させた。彼女は、クリシュナジが1986年に亡くなった直後から、この書物を勤勉に書いてきた。彼女は長年にわたって、書くことがいかに物理的に困難になってしまったか（視力が衰えたこと、障害のある脚が、真っ直ぐなタイプ用の椅子に合わないこと）を、表明してきた。だが、彼女は、自らがクリシュナジの面前にいることについて、言いたいと思ったことのすべてが、私たちの面談と、自らが自分の日記を私とともに読むことにおいて、表明されたことに、満足していた。

知らないままに1994年8月に始まった「クリシュナムルティの面前で」の企画は、この章により終了する。

スコット・フォーブス 「クリシュナムルティの面前で」編集者

2015年1月19日、月曜日

　今日、私たちは、メアリー・ジンバリストが、クリシュナムルティとの自らの時間について書いて二十年以上を掛けた未刊の書を、〔ウエブサイトに〕公刊しはじめた。クリシュナムルティは、メアリー・ジンバリストに対して、彼とともにいるのはどのようなものなのかについて、書物を書くよう頼んだ － メアリーこそが唯一、適任だった任務である。メアリーはこの書物を、1986年に、クリシュナジの死の直後に、書きはじめた。彼女は、2007年頃まで、二十一年間、それに勤勉に取り組んできた。

　その書物の幾つかの章（私たちはそれらを「部分 Sections」と呼ぼうとしている）は、週ごとに公刊されつつある。「クリシュナムルティの面前で」への〔有料〕購読者は、メアリーの回顧録を読むことができたのと全く同じ形で、読むことができる。

スコット・フォーブス　「クリシュナムルティの面前で」編集者

編集者スコット・フォーブスからの憶え書

2014年12月14日

　この企画を公刊しはじめてから、ほぼ二年間、私たちはちょうど、『クリシュナムルティの面前で －メアリー・ジンバリストの回顧録－』の最終号を公表したということを、お知らせしたいと思う。よって、彼女と私が、彼女の日記を主題として行った対談からできた号の総数は、90である。

　私たちは、大いに必要な三週間の休暇をとり、それから、2015年1月19日月曜日に、彼女がクリシュナジについて書いていた（が、完成されなかった）本の章を、公刊しはじめるであろう。これらの章は、購読者たちに届けられるだろう。（中略）

　私たちは、この新しい作品を、『クリシュナムルティの面前で －メアリー・ジンバリストの本－』と呼ぶことを、考えてきた。なぜなら、『クリシュナムルティの面前で』と呼ぶことが、彼女の願いであったからだ。メアリーは、自らが五十七章と数えるものを書いた。章の多くはほんの二、三ページの長さである。私たちは、ただ校正する機会を得るために、たぶんそれらを一時に四章発表するであろう。このプロジェクトへのあなたの継続的な支援に、感謝します。また、みなさんがすてきな休暇の季節をとられることを、希望します。質問があるなら、または支援が必要なら、いつものようにinthepresenceofk@gmail.com にEメールをしてください。

　ご多幸をお祈りします。

スコット・フォーブス　『クリシュナムルティの面前で』編集者

序文の註

*1 以下は、ウエブ・サイト、In the Presence of Krishnamurti: The Memoirs of Mary Zimbalist & Mary Zimbalist's unfinished Book（クリシュナムルティの面前で － メアリー・ジンバリストの回顧録とメアリー・ジンバリストの未刊の書）より、冒頭の Home に掲載された部分である。これらのうち、「回顧録」は現在、ウエブサイトで無料で公開されており、本著で和訳するものはそれである。「未刊の書」は現在、Kindle 版で購読することが可能である。

*2 ウエブ・サイトでは、ここから、クリシュナムルティ、メアリー・ジンバリスト、そしてこの企画に関する簡単な紹介（このサイトの About の記事）にリンクされている。

*3 ウエブ・サイトでは、ここからスコット・フォーブス博士の KRISHNAMURTI EDUCATION RESEARCH PROJECT（クリシュナムルティ教育研究プロジェクト）を閲覧できる。冒頭の要約部分には次のように言う －

「このプロジェクトは、J. クリシュナムルティが遺したが、ほぼ検証されないままになっている教育関連資料に当たるほぼ 150 冊近い書籍に対して、充分に目録を作成し、調査するであろう。プロジェクトはまた、現在教育の仕事をしている人たちに対してできるだけ早く、可能なかぎり最大の貢献をすることをも、目指している。その目的のために、双方向的なウエブサイトが、プロジェクトをとおして維持されるであろう － 教育に関与する人たちがプロジェクトから恩恵を得られるように、そして、彼らの疑問と関心事が研究を形作り、豊かにするように、である。」

*4 以下、購読方法やEメール・リストへの登録方法が出ているが、ここでは関係がないため、和訳しない。

*5 これは、ウエブサイトによる有料購読者のための公開である。現在この『未刊の書』は Kindle 版でも購読することができる。

目 次

序　文 …………3

第 1 号	1944 年から 1965 年 4 月まで	6
第 2 号	1965 年 4 月から 1965 年 12 月まで	18
第 3 号	1965 年 12 月から 1966 年 5 月まで	32
第 4 号	1966 年 5 月から 1966 年 6 月まで	44
第 5 号	1966 年 7 月 7 日から 1966 年 10 月 20 日まで	61
第 6 号	1966 年 10 月から 1967 年 5 月まで	74
第 7 号	1967 年 5 月から 1967 年 9 月まで	87
第 8 号	1967 年 9 月から 1968 年 4 月まで	98
第 9 号	1968 年 4 月から 1968 年 9 月まで	114
第 10 号	1968 年 9 月から 1969 年 1 月まで	125
第 11 号	1969 年 1 月から 1969 年 5 月まで	136
第 12 号	1969 年 5 月から 1969 年 12 月 31 日まで	147
第 13 号	1970 年 1 月から 1970 年 4 月まで	160
第 14 号	1970 年 4 月から 1970 年 6 月まで	172
第 15 号	1970 年 6 月から 1970 年 8 月まで	183
第 16 号	1970 年 8 月から 1970 年 10 月まで	196
第 17 号	1970 年 10 月から 1971 年 5 月まで	210
第 18 号	1971 年 5 月 8 日から 1971 年 7 月 31 日まで	225
第 19 号	1971 年 8 月から 1971 年 9 月まで	237
第 20 号	1971 年 9 月 19 日から 1971 年 12 月 31 日まで	250
第 21 号	1972 年 1 月 1 日から 1972 年 3 月 31 日まで	262
第 22 号	1972 年 3 月 27 日から 1972 年 5 月 6 日まで	271
第 23 号	1972 年 5 月 7 日から 1972 年 7 月 15 日まで	283
第 24 号	1972 年 7 月 15 日から 1972 年 8 月 23 日まで	295
第 25 号	1972 年 8 月 24 日から 1972 年 12 月 31 日まで	307
第 26 号	1973 年 1 月 1 日から 1972 年 4 月 27 日まで	317
第 27 号	1973 年 4 月 28 日から 1973 年 7 月 14 日まで	325
第 28 号	1973 年 7 月 15 日から 1973 年 10 月 22 日まで	336
第 29 号	1973 年 10 月 23 日から 1974 年 3 月 30 日まで	348
第 30 号	1974 年 3 月 31 日から 1974 年 5 月 9 日まで	360
第 31 号	1974 年 5 月 10 日から 1974 年 7 月 15 日まで	366
第 32 号	1974 年 7 月 16 日から 1974 年 9 月 19 日まで	379
第 33 号	1974 年 9 月 20 日から 1974 年 12 月 31 日まで	394
第 34 号	1975 年 1 月 1 日から 1975 年 4 月 5 日まで	404
第 35 号	1975 年 4 月 6 日から 1975 年 6 月 3 日まで	416
第 36 号	1975 年 6 月 1 日から 1975 年 8 月 18 日まで	429
第 37 号	1975 年 8 月 19 日から 1975 年 9 月 30 日まで	442
第 38 号	1975 年 10 月 1 日から 1975 年 12 月 31 日まで	448
第 39 号	1976 年 1 月 1 日から 1976 年 2 月 27 日まで	460
第 40 号	1976 年 2 月 27 日から 1976 年 4 月 26 日まで	471
第 41 号	1976 年 4 月 27 日から 1976 年 7 月 10 日まで	482
第 42 号	1976 年 7 月 11 日から 1976 年 9 月 22 日まで	494
第 43 号	1976 年 9 月 23 日から 1976 年 12 月 31 日まで	508
第 44 号	1977 年 1 月 1 日から 1977 年 3 月 3 日まで	520
第 45 号	1977 年 3 月 4 日から 1977 年 4 月 12 日まで	533

この企画について　スコット・フォーブス …………546
クリシュナムルティ略年記 …………549
主要登場人物 …………558
地　図 …………564
参　考　文　献 …………567
索　引 …………568
翻訳者の後書き …………584

第1号　1944年から1965年4月まで

序　論

これは多分に、私たちが知らなかったことの始まりである。メアリーと私が知っていたのは、私たちが二人ともクリシュナジに対してきわめて深い愛情を、そして彼の「教え」に対して大きな愛を、持っているということであった －「教え」というのは、彼の仕事を指示するのに用いられた名称であった。私たちはまた、クリシュナジの〔三歳下で、ともに神智学協会に迎えられ、いつも一緒にいた〕(1925年に亡くなった)弟〔ニトヤ〕以来、誰一人、メアリーほどはクリシュナジをよく知っていなかったことをも、知っていた。私〔スコット・フォーブス〕はクリシュナジのことをはるかに知らなかったが、それでもなお、彼からは彼の幾つかの旅行に同行するよう頼まれたし、彼が〔1986年2月にオーハイで〕亡くなったとき、その身辺にいたほどであった。

この第一回の対談が行われたとき、私はイングランド〔南部、ハンプシャー州の〕のブロックウッド・クリシュナムルティ教育センター － 彼がヨーロッパで設立した唯一の学校 － の校長であった。クリシュナジの死後、メアリーは、クリシュナジの存命中にいつも居住していたアパートメントを、〔そこに〕維持していた。そして、〔毎年5月から10月まで〕一年の半分をブロックウッドで過ごしたものである。これがその第一回となる対談は、当初、彼女のアパートメントのキッチンで行われた。私がブロックウッド〔の校長職〕を離れて〔教育哲学の研究のため〕オックスフォードに行った後でも、彼女がそこにいる月々の間には、週末にそこに戻ったものである。そして、私たちの対談を継続するために、私のテープ・レコーダーをもって私たちは、彼女のキッチンで会った。

これら文字おこしの読者は、これが、互いへの愛を持っていた二人、そしてクリシュナジの仕事だけでなくクリシュナジという人に対しても深い愛情を持っていた二人の人たちの間の会話であるということを、理解されることが重要である（メアリーは私にとって大いに第二の母であった。彼女が言うには、私は彼女自身の持たなかった息子であった。）。クリシュナジが亡くなった後、十年以上にわたって、私は気がつくと、彼に語るべきおもしろい話をいまだに脳裏に集めていた。クリシュナジを笑わせることが、私の喜びの一つであったからである。だから、読者は、これら対談の性質は、真摯な解説のそれではなく、むしろ二人の親友が、両者にとって深く意味があり喜ばしかったことについて、一緒に議論するのを楽しんでいるというものであることを、理解されることが重要である。

私は、メアリーに訊ねるにあたって、どんなことも些細すぎるとは考えなかった。だから私は、幾らかの読者に些細だと思われかねない質問を、多くした。私は、クリシュナジの生の特質のすべてについてのメアリーの知覚は、知るに値するものであると感じた。だから、幾らかの読者は、私の質問の幾つかは噂話の類いであると、感じられるかもしれない。私は、彼女とクリシュナジが様々な場所において何をしたかについて、果てしなく質問をしたものである。だから、多くの読者は、私が彼女から引き出している情報の幾つかは、クリシュナジの教えにとって全く重要でないと感じるのは、確実だと私は思う。この結論は妥当であろう。しかし、小さな日々の事柄は、メアリーにとってクリシュナジの面前にいるのがどのようであるかの一部分であった。また、私の作業仮説はいつでもこうであった － 後でいろいろと削除するのは容易いが、今、現にそうであるように情報源が失われてしまったとき、いろいろと補正するのは不可能である、と。だから、読者が、クリシュナムルティのとてつもなくて特別なことだけにして、些細なこと、個人的なこと、世俗的なことを跳ばしてしまいたい、外してしまいたいと思うのなら、どうぞそうしていただきたいし、私はそのことで彼らに拍手喝采するだろう。そういう読者は、私より編集が上手である。

この資料の編集は、可能なだけ少なくした。それでもなお、資料の半分以上が削除された。メアリーまたはクリシュナジが当人について言ったことを読んだために、傷つくかもしれない人 － そういう人の感情を傷つけるのを避ける試みがなされたし、これからもなされるだろう。*1

私たちがこの第一回の対談を始める前に、メアリーは自分の日記を参照していなかったし、この資料で扱われる初めの歳月には、まだ日記を付けてもいなかった。彼女は1960年代から日記を付けた。そのため、彼女が私たちが継続する前に自分の記憶をよみがえらせたり、いろいろ探してみたりする必要性に触れるとき、彼女は、以降の対談に先立って自分の日記を読もうと言っているのである。にもかかわらず、彼女の記憶は、クリシュナムルティとの出会いの始まりから、きわめて鮮明である。この時期は彼女に対して甚大な衝撃を与えたからである。*2

メアリー・ジンバリストの回顧録　第1号

スコット－私はあなたに対して、ご自身のクリシュナジとの出会い、またはクリシュナジとの時間のすべて、たくさんの詳細について、お訊きしようとしています。

メアリー－あなたが質問するかぎりは、何らかの形で答えましょう。では、どこから始めたいですか。

スコット－まあ、あなたが持った最初の接触から、始めましょう。それは四十年代だったのを私は知っていますが、あなたが彼に初めて会った時とか何でも。

メアリー－ええ。1944年のことでした。〔第二次世界大戦の〕戦時中です。それに先立つ逸話があります。それは、もう一回話してほしいということなら、私がどのように彼のことを聞きつけたのか、ですね。*3

スコット－絶対に、です。

メアリー－いいですよ。次の通りです －〔ロサンジェルス在住の〕私には、医者の友人がいました。かかりつけの医師ですが、彼は精神医学に関するすべての種類のことに関心を持っていました。私もそうでした。それで、私がインフルエンザの注射のためとか何だったにせよ、行くと、私たちはいつも頭脳や精神とか、それがどのように動くのかといった議論をすることになりました。そうね、1944年の春の（そうだったと思います）、ある日、私は何か医療の理由で彼の診察室に行きましたが、彼は「ああ、お入りなさい。あなたに話したいことがあります。」と言いました。彼はさらに、自分の友人、或る精神科医について話を進めま

した － その人は、自らが何かの不治の心臓病に罹っているると知ったのです。それを知るとただちに彼は、自らの生活しているシカゴの家族、友人たち、あらゆるものから立ち去って、「私はカリフォルニアに行って、クリシュナムルティという名の人から、死に方を学ぼう。」と言った。それで疑いもなく誰もが驚いたんです。私の医者の友人は、とっても興味を持っていたので、その友人に会いに行きました － 死のうとしている医者にです。もちろん彼はクリシュナムルティに会います。

　それは週末のことでした。私は後で、たまたま月曜日に〔その医師のところに〕行きました。彼は私に対して、「このとてつもない人に会ったよ。彼は、私がかつて聞いたことのある誰よりも、人間の精神について知っている。」と言いました。ええ、もちろん私はこの表現に大いに耳を傾けました。それから、しばらく間がありました。思い出せませんが、一、二ヶ月か、たぶん三ヶ月でしょう。そのとき、このクリシュナムルティが〔近郊の〕オーハイで講話を再開することになると聞いたんです（どうやって聞いたのかは忘れましたが、聞きました。）。私たちが〔伝記などをとおして〕今ではみんな知っているように、戦時中、彼はオーハイにいました。戦争が勃発したとき、彼はたまたまそこにいて、〔インドへ〕旅行できなかったからです。で、彼は単にオーハイで静かな生活を送っただけで、全く公開の講話をしませんでした。けれども、〔1944年には〕いまや戦争が落ち着こうとしていたので、彼が再び話をすることが決定しました。まあ、私は、これはどういうものなのかを見たいと思いました。それで、ロサンジェルスからオーハイへ運転していきました（前にそこに行ったことは無かったのです）。そして、彼が講話をするはずの場所〔オーク・グローブ〕を見つけて、講話を聞きました － 第一回の講話です。

　戦争はまだ終わっていませんでした。〔戦略物資として〕ガソリンの統制があったことを、ぼんやりと憶えています。私は、手持ちのガソリンでオーハイに行けるのかどうかを、考えなくてはなりませんでした。ともあれ、私は行きました。彼が、〔オーハイの西の端、メイナーズ・オークスにある、ブナ、ナラの林である〕オーク・グローヴ(the Oak Grove)に彼が入ってきたのを、全く鮮明に憶えています － 彼の威厳と静かさ、そして後でひんぱんに会うようになったとき、彼のしたことを、です。彼は、話す前にあたりを見回し、それから話します － 彼の声には打たれました。それは部分的にイギリス的でしたが、全くイギリス英語でもなかった。彼自身のイントネーションのみに、イギリスのアクセントがありました。講話と彼の話し方はきわめて印象的だと思いました。でも、或る面で私には全く耳慣れぬものでした。それで、後で私は行って、いくつか小冊子を買いました －『講話記録(The Verbatim Talks)』と呼ぶことになったもの、あれら小さなパンフレット、です。私はそれらを家に持ち帰り、読みはじめました。私は精神分析の素養のせいで、ページごとに彼と論争しました。これらのことでは前進できませんでした。私は、「なぜ彼はそう言うのか。」と考えつづけました。これは二日間、続きましたが、どうにか運良く私には明らかになりました － これらの書かれたものをとおして論争するのではなく、ただ行って、彼が何を言うかを聞くべきであるということが、

スコット－では、オーク・グローヴでのその講話に戻りましょう。彼は、後年オーク・グローヴで話したのと同じ場所で話していましたか。

メアリー－ええ。

スコット－全く同じ場所ですか。

メアリー－全く同じです。

スコット－彼は演台の上にいましたか。または、地面の椅子にですか。

メアリー－いいえ。彼はその頃、立って話していました。演台の上ではなく地面にだと思います。

スコット－聴衆は地面に座っていましたか、それとも椅子にですか。

メアリー－地面にだと思います。幾つか椅子があったかもしれません。憶えていません。私は地面に座りました。私が憶えているところ、ほとんどの人たちが地面に座りました。

スコット－聴衆にはどれほどの人たちがいたと思いますか。

メアリー－ああ、たくさんいました。ずっと後〔の講話集会〕で憶えているのと、違っていたようには憶えていません。たぶん千、少なくとも七百人です。さほどいっぱいではなかったが、かなり大勢でした。

スコット－彼らはどこに駐車しましたか。

メアリー－〔東側の〕野原にです。そこには後でも駐車しました。いつもそこでした。全体の仕組みは同じでした － 販売のための本やパンフレットを載せたテーブルがあったことを除いて、です。〔当時〕本、わずかな本ですね。本を売っていた人たちの一人が、〔アニー・〕ヴィゲヴェノ夫人という人 (a Mrs.Vigeveno) でした。私は彼女からパンフレットを買いました。彼女とその夫〔ジェームズ〕は、ロサンジェルスのウエストウッドに、画廊を持っていました。私はいつかの時点でそこに絵を見に行ったことがありました。彼女が私の名前を知っていたのかどうか分かりませんが、私が画廊に入ったことがあったことから、彼女は私を認識しました。それで、私が小さなパンフレットを買ったとき、彼女は「関心がおありですか」と訊ねました。ともあれ、私はそれらの講話の残りにも行きつづけました。それで、私はクリシュナジを初めて見たのです。

　さて、物語の中で〔アニー・〕ヴィゲヴェノ夫人の関連は、その年のいつか後で私は電話をもらったことです。彼女からだと思います。私は〔ヴィゲヴェノ夫妻の〕画廊に行って、彼女に再会したのかどうか分かりませんが、私は彼女の画廊での討論会に加わるよう招かれました（彼らの画廊は彼らの自宅の一部分でした） － 一週間に一回、小さなグループの人たちと、です。それで、私は行きましたが、たぶん十二人か十五人の人たちがいたと思います。たぶんもう少し多かったか。そこの人たちの何人かを、私はすでに知っていました。ヴィゲヴェノ夫妻 － 私は彼らを知っていましたが、ごくふつうに〔知っている〕だけでした － 彼らに加えて、二組の夫婦を知っていました。それら討論会にはラージャゴパル(Rajagopal)がいました。そして、クリシュナムルティが来るかもしれないと言われていました。実際、最終的には彼が来ました。私はそれらすべてに出席しました。

スコット－そのような会合は、幾つありましたか。

メアリー－憶えていません。でも、これらの会合は二組ありました。クリシュナムルティが第一回の組に来たのか、

それとも第二回だけだったのか、今は思い出せません。でも、私はどちらにもいました。また、〔1952年に結婚した〕私の夫、サム〔・ジンバリスト〕（Sam）を招待してもらい、彼が行ったことをも憶えていますが、彼はそれが何なのか分からなかった。彼は、私が興味を持っていることを知りたがっていました。その好奇心から出かけただけです。

スコット――これらの二組〔の会合〕の間には、一ヶ月とかありましたか。それとも一週間とか。

メアリー――憶えていません。

スコット――で、クリシュナジが出席したとき、あなたは直接的に彼と実際に話をする機会を得たわけです。

メアリー――ええ。それらは討論会でした。二人の人が――私がよくよく知っている人でしたが――そこにいましたし、〔先にオーハイの〕講話にも出席していました。夫婦です。

スコット――彼らの名前は何でしたか。

メアリー――彼らの名前はアイスナー（Eisner）でした。彼らは、〔ロサンジェルスの〕私が住んでいるところの近く、通りを行ったところに住んでいました。妻のベティ・アイスナーと私は二人とも、戦争中、病院で一緒に看護助手として働いていました。それで、私たちは車に相乗りしたものです。それで、友だちになりました。後で、或る時点で彼らは、私と、ラージャゴパルとクリシュナムルティの二人を、昼食に招待しました。私は、クリシュナジが一回来たのを憶えているだけですが、私は彼の隣に坐りました。彼がとても恥ずかしがりだったのを憶えています。これは少し後に起きました。私はこれを正しい順序で話していません。

　講話が行われている間、私はどういうわけか、クリシュナジとの〔個人〕面談を要請できることを、聞きました――彼は、人々に個人的に会ったのです。それで、私は手紙を書きました。首尾良く、これこれの日にこれこれの時刻にこれこれの場所に来られるなら、クリシュナムルティ氏との〔面談の〕約束ができるだろうと言う返事を、もらいました。面会の住所は、オーハイではなく、ハリウッドの住宅でした。それで、私は行って、ベルを鳴らし、クリシュナムルティ氏がドアを開けました（スコット、クスクス笑う）。私は、彼が何かお辞儀したさまを、きわめて鮮明に憶えています。彼は、美しくとてもフォーマルな作法を持っていました。彼は、「おはようございます。マダム」と言いました。

スコット――もちろんです。

メアリー――私が入っていくと、見たところ、家には他に誰もいなかった。分かりません。とても静かでした。私たちは居間のようなところへ行きました。

スコット――これは誰の家でしたか。

メアリー――後で、それは〔エルマ・〕サルク夫人（Mrs. Zalk）の所有する家だとかそのようなものだと、知りました――ロザリンド・ラージャゴパルの妹です。でも、その家は、彼らみんなにとって都会の別邸として機能しました。ここが、ロサンジェルスでクリシュナジが人々に会った場所でした。そこはビーチウッド・ドライヴ（Beachwood Drive）にあったのを、憶えています――ハリウッドの古い部分です。ともあれ、クリシュナジはそこに坐って、何も言わなかった。それで、私はなぜここにいるのか、なぜここに来たのかを言う必要があると感じました。私が彼に対して自分自身のことを少し話してから、彼に訊ねるつもり

でいた質問に近づいていたとき、彼は私に幾つか質問しました。そのやりとりは憶えていません。それは、私がかつてしたことのある、どんな心理的なことの議論とも、実に他のどんな種類の議論とも異なった系統だったことを、憶えているだけです。私は出てきたとき、まるで頭が切り開けられて、内側のすべてが手術を受けたかのように感じました。おそろしく動かされました。また彼が、私を私自身の中へ連れて行ってくれたことを、憶えています（ですが、それは他の人たちに数多く起こるのを見ました）――何と言うのか、精神、または意識、または何か理解の水準へ・・・まあ、私は大いに泣きました。私が言うのは、それはとても深かった。それは私の内側でとても深い何かに触れました。それで、私は泣きました。私は、多くの人たちがクリシュナジへの話から出てくるとき、それを経るのを見てきました。

スコット――ええ、ええ。

メアリー――実は、それは私には後で他の〔個人〕面談で起きました。ともあれ、私はその年の講話すべてに行きました。最初の講話の後、私は本当にただ聞きました。私は、自分の考えることについて続けるべきではないことが、分かっていました。ただ行って聞きました。まあ、それが、私が余生の間、一番中心的な関心を持ったことになりました。

スコット――では、あなたがしたこの面談は、画廊のあれら討論会の間だったんですか。

メアリー――討論会の前でした。下手に話してしまいました。

スコット――いえ、いえ。順序は問題ではありません。順序だっていなくていいんです。

メアリー――順序は、私は彼の話を聞く。パンフレットと論争する。戻って彼の話を聞く、というものです。その後、私はただ聞きました。それは染みこんできました。

スコット――いいです。それから、あなたは面談を行った。

メアリー――ええ。それから小さな討論会に加わっていました。

スコット――それで、小さな討論会に行ったときまでに、クリシュナジはすでにあなたと幾らか接触していた。

メアリー――ええ。でも、彼は、前に私に会ったことがあるというしるしを、何も見せませんでした。何年も後に、〔スイスの〕サーネン（Saanen）で彼は一度私に言いました――「私はあなたをカリフォルニアで知っていましたか。（クスクス笑う）それとも、カリフォルニアで会いましたか。」と。もちろんこの出会いは、私の人生において圧倒的なマイル標石でしたが（スコット、今笑う）、彼はもちろん何の記憶もなかったんです！　見たところ、まあ、私はとてもうれしかったから、笑ったのを憶えています。彼が憶えていないのは、正しかったし、まさに彼らしいことでした。もちろん彼が、これら、私のようにやって来て、たぶん退屈な質問を浴びせかける人たちをみな、憶えているはずはありません。

スコット――ええ。そのときあなたが彼に対して持っていた質問が何だったのか、憶えていますか。

メアリー――いえ、いえ。憶えていません。

スコット――で、このすべてが1944年に起きた？

メアリー――44年と45年にかけて、です。それが45年の冬に入ったのかは、言えません。それとも・・・〔個人〕面談は45年にあったと想像するんでしょうが、でも、確かではありません。それは問題ではありません。ともかく、私た

ちが今知っているように、そのとき彼は〔1948年にヨーロッパ経由で〕インドに行ってしまいました。オーハイではしばらくの間、もはや講話がありませんでした。彼は明白にインドで話をしました。たぶん〔その後、〕ヨーロッパでも。でも、私はそれらのどれにも出席しませんでした。

スコットーあなたは彼の本を読みつづけましたか。

メアリーーええ。読みつづけました。私は郵送者名簿に載っていました。〔夫の〕サムは関心がなかった。それで、私は自分で読みつづけました。それから、これらには大きな隔たりがあります。なぜなら、私は本当に1960年まで、再び彼が話すのを聞かなかったからです。

スコットー本はどこで得られましたか。

メアリーークリシュナムルティ著作協会からです。彼らは、新しい本が出るとき、小さな葉書を送りました。葉書を受け取って、そのカードが広告するものを注文し、それを得ました。

スコットーでは、1960年までクリシュナジを再び聞かなかったんですか。

メアリーーええ。彼は1960年に戻ってきて、一連の講話を始めました。6月だと思います。

スコットーメアリー、あなたがこの語りに個人生活を含めたいのかどうか、私は知りませんが、それは関連性があると思います － それらの中間の年月にあなたに起きた事柄です。〔夫〕サム〔・ジンバリスト〕はその時期に亡くなっていた。あなたにはそのすべてがありました。

メアリーーサムは1958年の終わりに亡くなりました。私は彼をローマに残したばかりでした。〔彼の制作した〕映画『ベン・ハー』が、完成していなかったからです。でも、私は戻ってきて、〔山火事で〕焼け落ちた私たちの〔ロサンジェルスの西の海辺の高級住宅地マリブの〕住宅の再建を始めなくてはならなかった。私は、クリスマスにはローマで彼に再会しようとしていましたが、私たちは住宅に着手し、建築業者と契約を結び、それらのことすべてをしなくてはならなかった。私がマリブに戻り、契約に署名し、建築を始めて十日後、サムは重大な心臓発作で急死しました。私はそれについて〔話を〕続けたくないですが、それはまるで分かりません、なにやら私の人生も終わったかのようでした。とてもふしぎでした…これはとても個人的なことです。でも、それは…自分はまだ生きているので、何か私にはすべきことがある、との感じがありました。何か見知らぬ形で、私はそれを彼のためと自分のためにしていると感じました － まるで、何か私には学ぶべきことがあるかのように、です。どのようにかを、私に訊かないでください。でも、なぜだか、彼のためにもそれをできる、と。私は…これは論理的なことではありません。

スコットーええ、理解します。

メアリーーそれはとても深遠な感情でした。彼の死を知ったまさにその夜、私は何かしなくてはならないことがあると感じたのを、憶えています。私は、これらはどういうことかを見出さなくてはならないと、感じました。私にとっては、それがただ一つの重要なことでした － 生と死を越えて何があるのか、私たちはみんな人生で何をしているのか、なぜ私たちは間違うのか、と。疑問のすべては…たぶん私たちが、クリシュナジの教えのように何か真剣なことと接触するとき、みんなが私たちの生について抱くことです － または、あなたの生で誰が亡くなるような深刻なことと、です。それは本当に危機です。それに対する答えは、私は戻って、クリシュナムルティの言うべきことを聞かなくてはならない、というものでした。それは、或る種の避難所や覚りや慰めを求めて、クリシュナムルティへ逃げていくということではなかった。それは、私は彼が何について話しているかを理解しなくてはならないということでした。なぜなら、彼が話していることは、真実と真理に関わりがあるにちがいない、そして、それが私がまだ生きていることの意味すべてであると、私は本能的に、深遠に感じたからです。それは、私がしたいと思い、関心を持っているただ一つのことでした。それが、その時点で私にとって何かのただ一つの理由でした。

でも、私は、続く何週間、何ヶ月間に、何かから逃げ去ってはならない、というとても強い感情を持っていました － 私は問題を解決するため、何らかの形でどうにか気分を良くするために、誰のところにも行ってもいけない、と。私は起きたことから逃げ去ってはならない。むしろ、私自身の生において起きたことと折り合わなくてはならない。言い換えると、自己動機をもって何にも行くな、と。

スコットーええ。理解します。（メアリーの話を聴く）

メアリーー私はそれを強烈に、強く感じました。だから、どんな試みもしなかったし、彼に会いに行こうとさえも考えませんでした。そのとき、1960年に突然彼が〔カリフォルニアに〕戻ってきました。これは、サムが逝った後、一年半ごろでした。私は講話に行きました。私はまた手紙を書いて、〔個人〕面談を求めました。彼は八回の講話をすることになっていましたが、四回行っただけでした。第四回の最後に彼は、これが最後の講話になることが残念だと発表しました。健康上の理由のため、彼は止めなくてはならなかった。その間、彼は、誰でも申し込んだ人に許可し、一定数の面談を行っていました。私のは幸運にもそれらの中に入っていました。

それで、私はまたもや、一定の日付と時刻と場所に行くよう、連絡されました。でも、今回はオーハイで、ヴィゲヴェノ宅でした。彼はまたも私にとってフォーマルな挨拶をしました。私が前に彼に会っていたことへの言及はなかった。私たちはとても長い時間、話をしましたが、それはすべて死についてでした。またもやそれは反復可能でないですが、その終わりのことは…まあ、私は彼に対して、人々は嘆き悲しむ状態にあるとき、それは多分に自己憐憫であることが、私自身で分かったと、語ることができました。彼らは、なぜこれが私に起きたのか、なぜ私は何かを失ったのか、と感じています。私は、それは偽りであり厭わしいと考えましたが、私自身はそのように感じなかった。私はそれがとてもはっきりと見えたと感じましたし、彼に対してこれを語ることができました。彼が頷いたのを憶えています。そして、私はそれが分かったということ、そして、彼は、私とともにそれを経ていかなくていいので、彼はそこから先に行けるということが、彼は分かったと、私は言えました。または、彼の態度が示していました。この種類の結論は、ごく単純に表すと、その時に私が理解して、以来持っている彼の発言でした － すなわち、「あなたは毎日、あらゆるものごとに対して死ななければならない。そのときだけ、あなたは本当に生きている。」。私は、それが自らの生をしまい込み、すべてを忘れることを意味していないことを、理解しました。それは、あなたの感じること、ま

たは喪失感を変えてしまわない。あなたが愛する誰かを失ったとしても、それを－彼らを愛している感覚、または実に、彼らを憶えていること－を、変えてしまわない。しかし、〔憶えていること〕それは依存の要因です。それはエゴイズムの要因です。それは私と全部の要因です。あなたは、それに対して死ななくてはならない。そのときだけ－さもなければ…まあ、私たちは今、彼の教えから知っているように、過去の陰全部を持ち運び、それに反応してはいけないんです。それは、私がかつて得てきた中で、クリシュナジから聞くという最も深い経験でした。それはたいへん多くを意味していました。その後、彼はオーハイを去ったと思います。どうなりつつあるのかは知りませんでした。でも、そのとき、私は、また彼の話を聞き、彼の言っていることを真剣に辿ろうと決心しました。(メアリーの話を聴く)

　さて、私が知らなかったのは、彼がオーハイに戻ってこないということでした。彼はオーハイでの講話を再開したから、戻ってくるだろうと推測しましたが、戻ってこなかった。その頃、私はヨーロッパに戻りたくなかった。それは私がサムと一緒にいた場所であったからです。私はただ、静かでありたい、これらすべてのことを考えたいと思いました。それで、彼がオーハイで話をするために戻ってこないと悟ったのは、1961年になってのことでした。

スコット－なぜ彼はアメリカで話していなかったんですか。

メアリー－まあ、それはラージャゴパルの問題なんだと、後で分かりました。彼はそのために戻ってこなかった。

スコット－彼はオーハイには戻ってきた。

メアリー－彼はその一回だけオーハイに戻ってきました。

スコット－そして、彼はもはや公開講話をしなかった？

メアリー－ええ、ええ。彼は1963年に公開講話をしましたが、もはや公開講話をしなかった。彼はヨーロッパで話をしました。

スコット－彼はニューヨークやシカゴやどの場所で話すこともしなかった？

メアリー－ええ、この国〔合衆国〕では。数年はしなかった。最終的に、まあ、私はその人が話すのを聞きたいのなら、彼が話しているところへ行こうと思いました。私は63年の冬に行こうとしていましたが、〔マリブの自宅の家政婦〕フィロメナが病気だったので、彼女を放っておけなかった。で、私が彼の話しているところ－それはスイスのサーネンでした－へ初めて行ったときは、64年の夏でした。私はその夏、彼の行程全部に付いて行こうと決心しました－その翌年、本当に徹底的にこうしよう、と。私は、ヨーロッパでどこでも彼が話をするところに、出発しようとしました－それはロンドンであることが分かりました。そして、私は、サーネンとインドに行こう－丸一年そうする、と。それが私のしたことです。

スコット－では、64年にあなたはサーネンで話を聞いたんですね。

メアリー－64年にサーネンで話を聞きました。その夏、私はもう一回、〔個人〕面談を受けました。

スコット－それが、彼がサーネンで話した最初の年だったんですか。

メアリー－いえ。彼は63年に話をしたと思います。

スコット－それは、彼がランドハウス(Landhaus)で話をしたときでしたか。

メアリー－たぶん、そうかもしれません。

スコット－でも、64年は〔会場に〕軽量ドームのようなテントを使った最初の年でした。

メアリー－軽量ドームです。ええ。すてきでしたよ、あのテントは。

スコット－あなたはどこに泊まりましたか。

メアリー－私はどこに泊まるのかが分からなかったので、フォドー(Fodor)の旅行ガイドを参照して、レルミタージュ・ホテル(L'Ermitage Hotel)という場所があるのを、知りました。私はその響きがすてきだと思いました。それで、そのエルミタージュに部屋を予約しました。

スコット－ふーん(笑う)。あまりエルミタージュ〔隠棲所〕らしくないね。

メアリー－ええ！(笑う) 私は〔スイス西部、レマン湖の南西の端、〕ジュネーヴ〔の空港〕に着陸し、小さな車－ハーツの車かアヴィス〔社のレンタカー〕－を借りたのを、憶えています。ハーツ〔社の〕だったと思います。地図をもって湖畔を運転し、サーネンというこの場所にどう行くのかを考えました。ヨーロッパに戻ってきたことは、ふしぎでした。私は前にスイスに来たことがなかったが、突然に自分一人でヨーロッパの真ん中を運転しているんです。私はその前にロンドンに来たものです。私は、ロンドンで〔友人の〕フライ(Fry)夫妻に会ったのを、憶えています。それから私は、湖畔沿いに、サーネンまで、レルミタージュ・ホテルへ運転していました(クスクス笑う)。それから講話が始まりました。私は、各講話の終わりに彼が質問を受けたことを、憶えています。私は質問したかったんですが、なぜかうまく行かなかった。そして、講話は終わりました。各講話の最後にクリシュナジは、その頃彼を車に乗せていたヴァンダ〔・スカラヴェッリ〕(Vanda)が幾らかの木々の下に車を停めていた場所に、立って待っていました。そして、ボーイ・スカウトのある方へ戻って行きました。彼は木々の下に立って、やってくる二、三の人たちに話をし、握手しました－いつも講話の後で彼らがそうしたように、です。で、私は彼のところに行って、言いました－「クリシュナムルティさん、私はメアリー・ジンバリストです。私を憶えておられないでしょうが、前にオーハイでお話させていただきました。私はあなたに…これこれをお訊ねしたいと思いました。」と。彼は「ええ、ええ。明日それを訊ねてください。」と返事をしました。それで、私は彼にありがとうを言い、歩みさりました。(スコット、クスクス笑う) もちろん、次の日、講話は全然異なった方向に進んでしまい、(スコット、笑う) 私の疑問は、彼が言っていることに何の関連性もなかった！で、訊ねませんでした。またもや、〔個人〕面談を受けたいと思いましたが、私はお願いするのが恥ずかしくて、そこでどうやるべきかが分からなかった。けれど、その頃、彼とヴァンダとフランシス〔・マッキャン〕(Frances)の友人がいました。あなたが彼を知っているとは思いませんが、すてきな人です。〔イタリアの〕ピエトロ・クラニョリーニ(Pietro Cragnolini)です。クラニョリーニに会ったことはありますか。

スコット－いいえ。

メアリー－まあ、クラニョリーニはおかしな人でした。とても、とてもイタリア的で、ね。彼はクリシュナジを、〔大戦前のオランダ、〕オーメン〔集会〕(Ommen)の頃から知っていました。彼は私に、オーメンで本当は何が起きてい

かの（スコット、笑う）物語をすべて、語ってくれたものです － 人々は真夜中に間違ったテントを出たり入ったり（スコット、笑う）、森で寝たり、これらお話のすべてです。私は彼と散歩したり、ときには彼と昼食したりしました。彼は、私の望んでいることが分かって、「面談を望んでいますか。」と訊きました。私は「ええ。でも、頼むのをためらっています。」と言いました。彼は「気にしないで。」と言って、（笑い）翌日、これは日曜日か月曜日でしたが、私は水曜日にタンネグ山荘（Chalet Tannegg）[16]で三時に約束をもらいました。それで私はタンネグ山荘に行きました。またもやクリシュナジが扉を開けて、居間へ入れてくれました。

　その頃は、あなたは憶えているでしょうが、〔後の〕あの恐ろしい大きなブラウンのソファーの代わりに、黒い革のものがありました。彼はその一方の端に座り、私は他方の端に座り、そして話をしました。

スコット－どこにソファーがあったかを叙述してください。

メアリー－ええと、それは窓に向かっていました。あの食器棚の前です。それは黒い革で、輝いていたというか。それは、後で取り替えたものより良好だったわ。（スコット、笑う）私はまた、クリシュナジの眼も憶えています。彼の眼は白内障が進行しつつあるように見えると思いました。そして、ひどい！彼は視力を失おうとしている、と考えたのを憶えていますが、もちろん彼はそうならなかった。でも、彼の眼は曇り気味でした。

　私は、この瞬間のあなたと私との距離ほどに、坐っていました － それは何だろう、4フィート〔、約1.2メートル〕ほどね。そして、彼の眼が気になりました。でも、幸いにも私の診断は下手でした。

　そのとき私は彼に何を訊ねていたかを、憶えています。私は彼に対して、進行中の世界の動乱に本当に苦悩していることを、語っていました（そのときそれらが何だったのかは忘れてしまいましたが、いつものように、恐ろしいことが起きていたんです）。そして、私が自由で覚りを開いて心理的に明晰な人物ではない程度に、私は本当は、人間のそれら悪に対して責任があるということを、です。私は、それについて、全体について何かしなくてはならないと感じました。私はこの恐ろしい重荷を感じました。彼は何というかそれを振り払いました。彼は、それが本当にその根であるとは感じませんでした。彼は、「あなたはこれらすべてのことをすごく深刻に取りますね。」と言いました。私は「ええ、そうです。」と言いました。彼はそこから進みましたが、その疑問が私が彼に訊ねに来たことであったことを、憶えています。

スコット－どのような形で彼が話しつづけたのか、または何について話すことになったのかを、憶えていますか。

メアリー－あまりよくは。いえ。報告するほどではない － それがどうにか私をこのことから外してくれたことを除けば、ね。

　私が思うに彼が言っていたのは、私が世界の状態に置き換えているということでした － 私の責任は私自身であるし、私は他のこのすべての不健全さ・狂気の重荷を感じるべきではない、と。もう一つ、あれらの日々のすてきなことは、クラニョリーニが時折、クリシュナジと散歩していることでした。或る日、クラニョリーニは訊ねました － 「あなたは散歩に来たいでしょうか。私はこの午後、クリシュナジと散歩していますよ。あなたも来なさい。」と。私は、

「うーん、かまわないなら、ええ、もちろんそうしたいです。」と言いました。私たちは〔南東方向の〕ラウエネン（Lauenen）に向かって散歩したことを憶えています。ラウエネンへの道路を、です。

スコット－ラウエネン道路へ森を通って歩いたんですか。

メアリー－ええ。道を歩いていったのを憶えています。私たちはラウエネンまで歩かなかったが、そうとうな道です。私はシャモア〔スイス・カモシカ〕[17]を探していました。シャモアを見たことはありますか。私はそれを探していて、見えるのを望んでいました。私たちはみな、とても気安く話をしました。何についてかは憶えていませんが、それはまったく変ではなかった。〔予定された一連の〕講話が終わりつつあったので、これらの散歩で或るとき、彼は私に言いました…

スコット－ああ、では、何回も散歩に行ったんですね。

メアリー－ええ。何回も行きました。彼は、「あなたは講話の後で、留まろうとしていますか。あなたはここにいるんでしょうか。それとも、講話の後で発とうとしていますか。」と訊ねました。私は発つつもりでいると言いました。彼は、「まあ、私たちは講話の後で小さな討論会を行おうとしています。あなたがそれに参加したいと思うなら、歓迎します。」と答えました。それで、当然、私は計画を変更し、留まりつづけました。彼はあの会合に、およそ三十人の人たちを迎えていました。それもまたタンネグ〔山荘〕でありました。この時までに私は〔山荘の借り主〕ヴァンダ〔・スカラヴェッリ〕に会っていました。彼女が私を昼食に招待してくれたのかどうか、今は忘れてしまいましたが、〔記録で〕探すことはできます。私はまた、〔後にKの秘書を務めた〕アラン・ノーデ（Alain Naudé）にも会っていました。彼は講話に来たばかりでしたが、〔Kに付いて〕インドに行こうとしていました。彼はそれらについてとても真剣だったし、一種の助手として活動とかをしていました。例えば、彼は、私に電話をかけ、いつ会合のためにタンネグ〔山荘〕に来るかとか、そのようなことを言ってくれた人でした。彼はすでに、クリシュナジのために、ヴァンダを支援することをいろいろとし始めていました。

スコット－その夏では、他に誰を憶えていますか。

メアリー－まあ、様々な人たちを憶えています。アイリス・ツリー（Iris Tree）[15]がいました。あなたはアイリスを知らないわ。アイリスは何年間もクリシュナジを知っていました。彼女とその夫のレデブール（Ledebur）は、戦争が終わりかけたとき、〔カリフォルニアの〕オーハイに行って住みました。彼女はそのとき女優でしたが、彼女はオーハイに劇場を始めました。彼らはクリシュナジにとてもよく会っていました。私はニューヨークから彼女を知っていました。初めてヴァンダを訪ねる時に私をタンネグ〔山荘〕に連れていってくれたのは、彼女でした － そういうことで、私はヴァンダに会ったんです。

スコット－他の人たちのことも話してください。

メアリー－ヴィマラ・タカール（Vimala Thakhar）が、討論会にいました。私は車を持っていたからですが、彼女に車に乗せてくれるよう頼まれたことを、憶えています － 彼女もサーネンにいたんで、乗せてあげました。アイリス〔・ツリー〕が去った後 － アイリスは討論会にいなかったからです － 彼女は、〔高名な女性科学者、〕マダム・キューリーの看護をしたことのある年老いた小柄の女中の姉妹か

11

ら、部屋を借りていました。姉妹はスイス人でしたが、二人とも訓練を受けた看護婦、そうね、〔フランス語で〕インファーミエール (infirmiéres) でした。彼女たちの人生で大きなことは、マダム・キュリーを看護していたことでした。彼女たちはどちらも九十歳代だったと思います。彼女たちはシャルメウス山荘 (Chalet Charmeuse) を所有していましたが、それは後にパレス・ホテルが引き継ぎました。今ではそこのフラットに分けていますが、そこは古風な山荘でした。アイリスは一部屋を持っていました。私は〔サーネンのすぐ北の〕ショーンリート (Schonried) にいることに、かなりうんざりしかけていました － そこ〔のホテル〕で、私は一番古くから生活している住人になっていました。ホテルの客たちは来ては去りましたが、私はいまだにダイニング・ルームにいました。(スコット、心から笑う) そこは、夏中、私に食事を出してくれたウェイターがいた場所です。私はドイツ語を知らないから、彼にはフランス語で話しかけました。夏の終わりに私は、彼にフランス語で、「あなたはどの国の人ですか。」と言いました。なぜなら、彼が生来、フランス語を話しているのではないことを、知ったからです。彼は「私はアイルランド人です。」と彼は言いました。(心から笑う) 彼は夏の仕事をしていたんです！私に言ってくれなかったんです。ともあれ私は、そんなに長くホテルにいるのが、嫌でした。私はいつもホテルを嫌ってきました。それで、アイリス〔・ツリー〕が空けた部屋を借りました。それはとても古風な山荘で、とてもすてきでした。私はヨーグルトを買って、夜通しそれを冷たくしておくために、窓の下枠に載せました。そこには、タンネグ〔山荘〕からちょうど丘を下ったところにあるという利点も、ありました。

スコットーヴィマラ・タカール[16]について教えてください。その頃、彼女はどのようでしたか。

メアリーーまあ、彼女はすでに、はた迷惑でした。彼女はすでに、「あなたはどこに住んでいますか。」と言っていました。私がどこに住んでいるかを話したとき、彼女は私を訪問しに来よう、そして、彼女の〔アメリカ〕西海岸の来たるべき旅程の間、私が彼女を泊めてくれるだろうと、決意しました。私はまったくそうしようとしていなかった。彼女はすでにヴィマラ・タカールでした！(スコット、クスクス笑う)

で、他には誰かな。シュアレス夫妻 (the Suarès) のような人たちもいました。マルセル・ボンドノー (Marcelle Bondoneau)[18] もいたと思います。

スコットー他に誰か思い出せませんか。

メアリーーいいえ。

スコットーいいですよ。これら三十人の人たちが来る会合は、どれほどありましたか。

メアリーー思うに、うーん‥‥探せるでしょう。私はこれらの記録を持っています。この時までには、私は小さい予定帳を持っていて、これらを書き留めました。

スコットータンネグ〔山荘〕の居間で、クリシュナジはどこに座りましたか。あのL字の長椅子の端、あの隅の長椅子ですか。

メアリーーいえ。彼は〔一人用の〕椅子に座りましたが、彼は部屋の他方の端に座りました。ダイニング・ルームの端です。

スコットーダイニング・ルームの端ですか。

メアリーーええ。そして、私たちは〔一人用の〕椅子の列に坐りました。これら討論会の後、私は飛んで帰りました。

スコットーでも、少し待ってください。すみません。ここで中断させてばかりですが。

メアリーーいいですよ。

スコットータンネグ〔山荘〕での昼食には行きましたか。

メアリーー行ったと思います、二回ほど。それについては、あまりはっきりしません。

スコットーサーネンでのその夏の間に、あなたは誰を一番知ることになりましたか。クラニョリーニですか。

メアリーークラニョリーニとフランシス〔・マッキャン〕です。もちろんアイリス〔・ツリー〕も。彼女のことはすでに知っていました。それですべてです。お分かりでしょうが、私は人々を探し求めなかった。私は講話の後に、あたりに坐って話をしませんでした。私は誰にも話しかけたくなかったんです！

スコットーええ。私もいつもその気持ちを抱いてきました。講話の後には、静寂がほしかった。

メアリーー私は、このことの何についても、そこの誰とも議論したくなかった。それで、自分一人で行ってしまい、たくさん歩いて、山々に登りました。私はその頃、録音機を掛けました。私は去って、〔サーネンにある〕滑走路で私の車に坐り、録音機を掛けました。ついに警察がやってきて、私を止めさせました。(二人ともクスクス笑う) それから、私はカリフォルニアに戻りました。

スコットーあなたはジュネーヴからまっすぐ飛んだんですか。それとも、ロンドンに戻ったんですか。

メアリーーいえ、ロンドンには戻りませんでした。ジュネーヴからニューヨークに飛びました、思い起こせるかぎりでは。

スコットーあなたは〔ヨーロッパに〕戻ってきたとき、ロンドンでどこに泊まりましたか。

メアリーーマルチネス (Martinez) 夫人という人がいました。彼女は、〔西ロンドンのベルグレイヴィアにある住宅庭園、〕イートン・プレイス (Eaton Place) に家を持っていました。そこで、ベッドと朝食のお客を、受け入れました。その頃は〔格式張ったホテルでの滞在ではなく、〕ベッドと朝食の日々の始まりでしたが、彼女は、友人の友人である人たちだけを、受け入れました。或る人物がただ〔玄関で〕ベルを鳴らして入るわけではなかった。私の母はそこに泊まったことがありました。なぜなら、母のイギリス人の友人がそこを母に教えてくれたからです。彼女はそこに泊まったことがあったので、私も行きました。そこは理想的でした。なぜなら、夜に住宅に入るには自分のドア・キーを持っているし、大きな重いトレイで朝食を届けてくれる執事もいたからです。

スコットーすばらしい。

メアリーーええ。そこはとてもすてきでした － 部屋とバスは。高価でなかった。完璧でした。私はそこに何回も泊まりました。

それで、この物語の次のかけらは、今やラージャゴパルが画面に入ってくるということです。なぜなら、これら会合がタンネグ山荘で行われている間、そのうち何人かの人たちは、私も含めて、会合の録音を聴きたいと思いました。それで、私はアラン〔・ノーデ〕に対して言いました － 「私たちの多くは、これら討論会の〔録音〕テープを聴きたい、または〔それを文字に起こした〕書き写しを読みたいとも

思っているので、もし認めてもらえるなら、それを私たちの何人かのために書き写す何か筆記者に、私は喜んで支払いたいと思うんですが。」と。アランを通じてクリシュナムルティから返事が返ってきました－「クリシュナムルティ氏はその許可を与える権利を持っていない。ラージャゴパル氏だけが持っている。」と。それには、かなりうろたえました。

スコットーきっとそうでしょう！

メアリーーそうでした。(二人とも笑う)それで、私はカリフォルニアに戻ったとき、…

スコットーすみません。でも、誰が録音をしていたんでしょうか。

メアリーーアラン〔・ノーデ〕です。アランが〔スイスの〕ナグラ〔の録音機〕(Nagra)[19]について気づいたのは、次の夏のことでした。

スコットーでは、ともあれ、あなたはカリフォルニアに戻ったと。

メアリーー私は〔オーハイの〕ラージャゴパルに電話して、「いいでしょうか。私はこの討論会にいました。あなたがテープをお持ちだと知っているんですが…」と言いました。ああ、ところで、〔録音〕テープは、録った当日に送らなくてはならなかった。録音機からまっすぐラージャゴパルに郵送しなくてはならなかったんです。で、私は彼がテープを持っているのを知っていました。私は「それらを聴きたいと思うんですが。」と言いました。まあ、そういうやりとりが続きました。「まあ、誰もがみな、それらを聞きたいのは、お分かりでしょう。私は誰にでもそれらを聞かせることは、とてもできません。だから、だめですが、まあ…」と、彼はこのことで、ぐずぐずと行ったり来たりを続けました。最終的に彼は、「まあ、あなたがオーハイにまで来られるなら…あなたはメモ書きを取りましたか。」と言いました。「ええ、メモ書きを取りました。」「じゃあ、あなたのメモ書きを持ってきてください。一つテープを聞いていいですよ。テープを選んでいいですよ。でも、ノートを持ってこないといけません。」と。そして、(クスクス笑う)それは、隣に住んでいるヴィゲヴェノ夫妻が、オーハイにいない日でなくてはいけなかった。なぜなら、彼は、私が〔録音〕テープを聞くのを許されたことを、夫妻に知られたくなかったからです。それで、私は夫妻がいないときに行かなくてはならなかったし、さらに、隣の彼らに見えないように車を停めなくてはならなかったんです。

スコットーそれで、あなたはすでに、自分がここで、とってもおかしな人とやりとりしていることに、思い当たった。

メアリーーとっても、ね。でもそのとき、私は前からこれを知っていました。なぜなら、あの昼食会以外の時々に、彼はアイスナー家にいたことがあったからです。私が晩餐会でそこに二回行ったとき、彼も晩餐会のためにそこにいたし、私はすぐに分かりました－彼は…まあ、率直に言って、彼は飲酒の問題を抱えていると思いました。[*17]

スコットーそれが、私の聞いていたところです。

メアリーーええ。そして、私がそう思った理由は、彼が、晩餐の前に酒を飲むべきか飲むべきでないかで、大騒ぎをしたことでした－ごく自然に、それは彼に振る舞われましたが。彼は、「まあ、分からないな。私が飲むべきでないと思いますか。たぶん飲むべきじゃないんでしょう。まあ、私はそうできると思います。」と言ったものです。彼は延々と続けました。お分かりでしょうが、私は、「するかしないかを言うだけにしてよ。これら大騒ぎは何なの？」と思いました。そこで何かが起きていると思ったんです。

スコットーそれは興味深い。(二人ともクスクス笑う)で、これは、マリブのアイスナー家に戻って、ですか。

メアリーーマリブではありません。これは44年の頃に戻って、です－そのとき私は、ロサンジェルスで生活していました。彼らはロサンジェルスで、私〔の家〕から通りを行ったところに住んでいました。

スコットークリシュナジが出席していて、彼はこのようなことを続けたんですか。

メアリーーいえ。クリシュナジは晩餐会のためにそこにいませんでした。昼食にだけです。これは夜のことだったと思います。また彼は、私の知っている他の友人たちを、知っていました。だから、彼自身が生活を送っている街のあたりで、この人の足跡が見えました。

スコットーまあ、話してください。(笑い)

メアリーーまあ、彼が、或る種、からかい、色っぽい振る舞いをしていたことは、言えるでしょう－私に対して、ではなく、彼にすっかり興奮している他の女に対して、ね。彼は或る種、自分自身を注意の中心に仕立てていました－仇っぽい振る舞いによって、でなく、彼のあらゆる反応へ注意を引きつけるようなやり方で、です。それで私は、彼はちょっと神経症なんだと思いましたが、〔討論会の録音〕テープをめぐるこの戯言は、なかなかでした。ああ、私は〔オーハイの彼の自宅に〕昼食にも呼ばれました。それで、私たちは昼食をとって、それから私はテープを聴くことができました。

スコットーその昼食はどのようでしたか。

メアリーーフルーツジュースとサラダか何かです。

スコットーでも、会話と雰囲気はどうでしたか。

メアリーー落ち着かないというか。それで、ラージャゴパルと彼の〔再婚した〕奥さん〔アンナリーザ〕と私は、居間に厳かに座りました。そこは或る種の小部屋でした。私たちは居間の角のテーブルで食事をしました。それから、他の区域に移って、そこに彼はテープ・レコーダーを置いていました。私は、自分のすばらしいメモ書きを手渡さなくてはいけなかった。私はテープを聴いてメモ書きをとれたんですが、そのメモ書きも彼に渡さなくてはいけなかったんです。

スコットーでは、あなたは、サーネンで付けていたメモ書きを、渡さなくてはならなかったんですね。

メアリーーええ。それにまた、そのとき取ろうとしたメモ書きも、です。何のためか。想像できません。それで、私は〔録音〕テープを聴きました。彼らは二人ともそこに座って、私とともに聴きました。私は突然、なぜ彼が私にテープに近づけているのかに、思い当たりました－彼は、テープで自分の知っている人たちの声の幾つかを認識していたんですが、他の声を認識しなかった。それで、彼は私にそれらを確認させたいと思った。そういうわけで、これらの行事が行われていたんです。

スコットーあなたはまだ、これが起きたとき、64年の秋について、話しています。なぜなら、これは、あなたがカリフォルニアに戻ったとき、ほぼ直後に起きたからです。

メアリーーええ。この時までに、私はマリブで生活していました。当然、私はいつどこで将来の講話が行われること

になるかを、知りたいと思いました。それで、彼〔ラージャゴパル〕に電話しました。〔最高責任者の〕彼は平然と、自分は知らないと言いました。私は、とても奇妙だと思いました。彼は、「あなたはロンドンの〔担当者〕メアリー・カドガン（Mary Cadogan）夫人に手紙を書かなくてはならない。」と言いました。それで、メアリー・カドガン夫人に手紙を書きました。それで、私ははるか遠くから来ようとしているから、いつどこで講話があるかを、知らせましょう。でも、どうか、それらがどこであるのかとか、なぜ私がロンドンに行こうとしているのかを、私の家族も含めて他の誰にも、言ってはいけません、と言う手紙を、受けとりました。私は、これは狂っていると思いました（スコット、クスクス笑う）－これらは公開の講話です。でも、私はそれらを聞きたかったので、論争しようとしませんでした。

春が来たとき、私はロンドンに戻り、マルチネス夫人のところへ帰り、〔ロンドン南西部、〕ウィンブルドンに出かけて行きました－そこで講話が行われようとしていました。講話は、ウィンブルドンのボーイ・スカウトのホールでありました－そこはとても小さなホールでした。私はこれについて以降、メアリー〔・カドガン〕に訊ねてきましたが、彼女はホールがとても小さかったことに同意します。なぜこういう小さなホールを借りたのか、私は理解できなかったんですが、お分かりでしょう、ラージャゴパルは本当にこれらを押さえ込もうとしていました－これら小さな冊子を印刷して、それらは郵送者名簿に載った人たちに送られるだけで、誰も何も知らなかった。それはすべて、大きな闇の秘密にされていました。彼はあらゆることを秘密にしたし、もちろん彼は全体の裏でスヴェンガリ（the Svengali）のようなものでした。

スコットーもちろんです。

メアリーー彼はこの全体の裏で操っていました。ともあれ、私は行きました。後でクリシュナジが外に立っているとき、今回は私は彼に近づいていきました。アラン〔・ノーデ〕がそこにいて、クリシュナジは私を認識するようでした。彼はチャーミングでした。私たちは少しおしゃべりしました。

アランは結局、私に電話をかけてきて、〔ロンドン南西部の〕ウィンブルドンの家での昼食に来ていただきたいと言った、と思います。そこは、ウィンブルドンのあれら恐ろしい貸し家の一つでした…

スコットーアンネッケ〔・コーンドルファー〕とドリス〔・プラット〕が見つけて（クスクス笑う）、料理とすべてをやっていたところですか。

メアリーーええ。（クスクス笑う）クリシュナジを、あれら恐ろしい家に入れるなんて、本当にひどかった。でも、そうしたんです。それで、私は行きました。私はそこに出かけていくのに、再び小さな車を借りました。それで、私たちは昼食をしました。二人の女性、アラン〔・ノーデ〕とクリシュナジがいて、私がただ一人のお客でした。彼はいっぱい疑問を持っていました－彼が言っていたところの、「アメリカ人の精神とは何か。」について、です。「アメリカでは何が起きているのか。」まあ、そうなったわけで、私は〔アメリカの公民権運動で、1965年にアラバマ州〕セルマへの行進に行っていました。〔黒人指導者の〕マルチン・ルーサー・キング〔牧師〕とともに、セルマからモンゴメリーにです。私は、彼はそれに関心があろうと思いました。な

ぜなら、それはその時点でアメリカの大きなニュースだったからです。彼はすごく関心を持ちましたし、私はすっかり詳細に全体を叙述しました－それがどのように起こったのか、何が起きたのか、そのすべてを、です。彼は大きな関心をもって、それを聞きました。彼は、後でアランとともに私を車まで送ってきて、「おそらく映画に行ってもいいね。」と言いました。

私はもちろん「ええ！」と答えました。すると彼は、「じゃあ、あなたが決めてください。」と言いました。それで、私は立ち去り、「一体全体何！」と（スコット、心からクスクス笑う）考えました。「私はこの人を何に連れて行くんだろうか。映画？彼は何が好きなんだろうか。」と。

スコットーもちろんです。

メアリーーそれで、私は新聞をにらんで、考え込み、最終的に、『マイ・フェア・レディ』が上演されているし、それは良い映画でふさわしいだろうと、決断しました。（スコット、クスクス笑う）ともあれ、それが私の決断したことです。それで、私がアランに電話したのか、彼が私に電話したのか、どうだか分かりませんが、私は自分の選択を告げました。アランは言いました－「ああ、クリシュナジは今では心変わりしました。彼は映画に行きたくないんです。彼は田舎にドライヴに行きたいんです。だから、あなたが場所を選んで、私たちを田舎へ運転してもらえるでしょうか。」と。それで、私は自分の問題に戻りました（笑う）。私はどこに行くべきかを知らなかった。私はさほど馴染んでいなかった－私はロンドンで二回冬を過ごしたことがありましたが、田舎へドライヴに行ったことはなかったんです。（スコット、笑う）特に、クリシュナムルティという名の人を喜ばせるような何かの目的をもっては、ね。それで、幾らか調査しました。

私はウィズレー（Wisley）のことを聞いて－〔イングランドの南東部、ロンドン近郊のサリー州の〕ウィズレーの王立園芸〔協会〕庭園です。たぶんそこがふさわしかろうと思いました。それで、予行演習をしました。私は出かけていって、ウィズレーを検分してみて（笑う）、よし、ここは本当に美しいし、おそらく彼はそこを気に入るだろう、と決断しました。私は、運転していたのより良い車を入手して、ウィンブルドンの家に行ったことを、憶えています。（笑う）ドリス〔・プラット〕があのまったくドリスらしいやり方で出てきて、「さて、6時までに必ず彼をここに戻してください。」と言いました。（スコット、クスクス笑う）「彼は6時に約束があります。それに間に合うように彼がここにいることが、とっても重要です。」と。「はい、はい、プラットさん。そうしましょう。」（スコット、クスクス笑う。メアリーも笑う）

それで、私たちは車に乗り込みました。クリシュナジはとても幸せに、喜んで見えました。「どこに行くんでしょうか。」と彼は訊きました。私は「まあ、おそらくウィズレーというところ、庭園かと思いました。」と言いました。彼は、「ああ、ウィズレーか！」と言いました。彼はそこを知っていました。（二人ともクスクス笑う）でも、彼は長い間そこに行ったことがなかった。「ああ、いいね！」と。

それで、私たちはウィズレーへ出かけていきました。これは成功でした。私たちは歩き回りました。私は、彼はあらゆる花とあらゆる樹とあらゆる鳥とあらゆるものを見るという感じがしました。それは私のあの最初の経験でした

…彼のとてつもない…

スコット――…分かります。

メアリー――彼が…あらゆるものを知覚しているような…。私たちが車に戻ったとき、彼は「ああ、もう少し先へドライヴしましょう。」と言いました。「さて、彼をどこに連れて行くべきか。」（スコット、クスクス笑う）運良く、私は〔ロンドンの南西30キロメートルほどにある丘陵ノースダウンズの頂上〕ボックス・ヒル（Box Hill）に行ったことがありました。あなたはその先に行ったことがありますか。

スコット――いえ。それは何ですか。

メアリー――まあ、そこは、〔イングランド南部、ハンプシャー州東部の〕ピータースフィールド（Petersfield）へつながる道路を、〔南西方向に〕さらに行ったところだと思いますが…私は近頃、見ていないんです！ともあれ、そこがどこにあるのか、そこがさほど遠く離れていないことを、知っていました。それは〔イングランド南東部の〕サセックスで最も高い地点です。南イングランドのすべてを見わたせます。美しいんです！

それで、ボックス・ヒルへ上りました。私たちは外へ出て、眺めを見ました。美しくてとても楽しかった。そこで、6時に〔ウィンブルドンの家に〕戻る時間でした。私たちはA3〔の道路〕を戻ったと思います。午後の交通渋滞でした。さて、〔アメリカ人の〕私は〔イギリスの〕左側での運転に馴れていなかったし（スコット、笑う）、私は確かに、世界教師の運転をすることには馴れていなかった。（スコット、もっと笑う）そして、責任は私に重くのしかかってきました――特にひどい渋滞の中で、あそこへ6時に着くことは、ね。私は（スコット、クスクス笑う）絶対の精神集中で運転して、6時に彼を送り返したんです。

彼は降りると、私に感謝しました。「ほんとにありがとう、マダム。とても親切にしてくださった。」と。私は「どういたしまして、クリシュナムルティ。」と返事しました――いや「クリシュナジ。」ね。彼は〔すでに〕サーネンの討論会で、私に対して自分をクリシュナジと呼ぶよう言いました。その前に、私は彼をクリシュナムルティと呼んでいましたが、どこかの時点で、彼は私に対してかなりはっきりと、「私のことをクリシュナジと呼んでください。」と言ったんです。私がもう一方の呼び名を使ったのは、間違えたんだと思いました。ともあれ、それはクリシュナジでした。で、私は彼に感謝しました。私は〔宿泊先の〕イートン・プレイスのマルチネス夫人のところへ戻りました。私は友人たちと晩餐に出かけるはずになっていましたが、突然、運転手役を仰せつかったんで、両手にこの人の命を任されるという（二人ともクスクス笑う）尋常でない責任です。私は身震いを始めて、あまりに身震いしたんで、晩餐には出かけられませんでした。取り消さざるをえませんでした。（スコット、笑う）遅れた反応ね。

スコット――あなたが省いたお話があります。

メアリー――何？。

スコット――これは〔ロンドンのセヴィル・ロウの仕立屋、〕ハンツマン（Huntsman）[24]のお話です――それは、あなたが〔スイス、〕サーネンでクリシュナジに初めて会ったとき、そこで起こったと思います。

メアリー――それはどの年だったかな。そのとおりです…私が呼ばれた昼食会の一つでした。

スコット――それは64年にあったにちがいありません。なぜなら、あなたはクリシュナジをさほどよく知らなかったから…64年か、65年か。

メアリー――あなたのためにそのことを調べないといけないでしょう。

スコット――まあ、ともあれ、そのお話をしてください。

メアリー――お話は次の通りです――私は〔タンネグ山荘での〕昼食に呼ばれました。テーブルは八人だけが座れたので、八人ほどだったと思います。私はクリシュナジの左に着席しました。私のもう一方には、ハリー（Harry）がいました。

スコット――ムーアヘッド（Moorhead）[20]ですか。

メアリー――ムーアヘッドです。

メアリー――見たところ、クリシュナジの助言によって、ハリーはハンツマンに行って、一着のスーツを買ったことがあり、彼はそれを着ていました。で、そのことで会話がありました。

スコット――昼食会には他に誰がいましたか。

メアリー――まあ、明らかに女主人のヴァンダ〔・スカラヴェッリ〕ね。〔秘書役の〕アラン〔・ノーデ〕がいたし…

スコット――ヒルダ・ムーアヘッドですか。

メアリー――ヒルダ（Hilda）はいたにちがいないわ。それで二人になり、四人、六人…そんなところね…ほんとのことを言うと、憶えていないわ。でも、ハリーが私の左に座り、クリシュナジはテーブルの端に、私の右にいました。それで、彼らは話をしたとき、私越しに話をしていました。或る時点で、私はクリシュナジに言いました――「あなたがたは、ハンツマンについて話しておられるように思いますが。」と。それは、そこでのすばらしい一日についての話でした。クリシュナジは、急に私の方を向き、「ハンツマン？あなたはハンツマンについて知っているの？」と言いました。（スコット、クスクス笑う）それで、「まあ、そこは私の夫〔サム〕の仕立屋（テイラー）でした。」と言いました。彼は私を熱心に見つめました。（笑う）後で彼が、再び私を礼儀正しく私の車に送っていき、ドアを開け、私が彼に感謝などしたとき、です。私は車を動かしました。私が振り返ってみると、彼はそこに立っていて、すばらしい身振りをしました――彼は、小さな敬礼のように指を頭に掲げて、「ハンツマン！」と言ったんです。（二人とも笑う）私は、ハンツマン経由でこの人の視野に滑り込んだと感じました。私はアイデンティティを持っていました。私はハンツマンについて知っている女である――これはとっても重要なことね。（スコット、クスクス笑う）私は、それがたぶん何か一種…何かを確立したんだと思います。（クスクス笑う）

スコット――ええ、それは重要です。

メアリー――ええ。（メアリーの話を聴く）[21]

スコット――では、〔あなたの夫で、映画制作者の〕サムは、〔1954年の英米合作の歴史映画〕『洒落者ブランメル（Beau Brummell）』[22]かそのような何か〔の映画〕の衣装を造ることから、ハンツマンを知っていたんですか。

メアリー――まあ、なんと。あなたは私より良い記憶を持っているわ。ええ、サムはロンドンのMGMスタジオで『洒落者ブランメル』を造りました。『洒落者ブランメル』の衣装はハンツマンで作られました。サムはそのときから、ハンツマンでスーツを得ました。それで、これが私のアイデンティティでした――博識な女、ね。彼女はハンツマンについて知っている、と。（二人とも笑う）

スコット—これら小さなお話はみな、実際に、この談話を生きたものにするんです－少なくとも私にとっては。

メアリー—ええ。（二人ともクスクス笑う）実際、ハンツマンはすっかり絆になりました。彼は、私はこれらのことを理解している、私は趣味が良くて、そこから恩恵が得られると思うようになりました。

スコット—ええ、そうです！

メアリー—それで、後の年月に分かったことですが、彼はこれらのことについて私に相談したいと思ったんです。私はいつまでも、ハンツマンに彼を送り迎えしていました。

スコット—では、これは翌年のことでしたか。

メアリー—ええ、翌年ね。

スコット—ああ。でも、まだ私たちは65年にいます。あなたはボックス・ヒル〔へのお出かけ〕から〔6時の約束でウィンブルドンの家へ〕震えて、戻ってきたばかりです。

メアリー—ボックス・ヒルから震えて戻ってきました。

スコット—で、あなたがクリシュナジをハンツマンに送り迎えをしはじめたのは、その年だったんですか。

メアリー—そう思います、ええ。お分かりでしょう、私は車を持っていたからです。彼らは車を持っていなかった。そして、〔ロンドン南西部の〕ウィンブルドンから〔ロンドンの中心の〕街に入る手段がなかったんです。それで、私は彼らの行き来でたくさんタクシー〔の運転手役〕をやりました。ときにはアランだけ、私は彼を、分からないな、歯医者か何かに連れて行ったし、ときにはクリシュナジを、です。または、彼らはどうにか街に行ったんです。どうやってか私は知りません。私は彼らを車に乗せて、家に送ったものでした。

スコット—では、この時にも、あなたのアラン〔・ノーデ〕との友情は発展しはじめたし、あなたは彼と本当の接触を持ちはじめた。

メアリー—ええ、この時、1965年までには、アランはクリシュナジの秘書として雇われていました。アランはその冬、インドで彼の秘書になりました。彼は64年から65年の冬にインドへ行っていました。1月にアランは私に、二通の手紙を送ってきました。そのとき彼は私に、クリシュナジが自分に秘書、助手のようなものになってほしいと頼んだと、書いてきました－そうね、彼のためにいろいろなことをするわけです。それで、それが彼〔ノーデ〕のしていることでした。

スコット—ともあれ、あなたはドライヴから戻ってきて身震いした。そして、その夏また、あなたはクリシュナジの送り迎えを始めたと思うわけです…

メアリー—ええ、借りた車で。

スコット—では、このハンツマンのお話があったのは、64年だったにちがいありません。なぜなら…

メアリー—ええ、そうにちがいない。

スコット—…なぜなら、65年にイングランドで、それは〔夏のスイス、〕サーネン〔集会〕の前であったからです。

メアリー—そのとおりです。ええ、そのとおりです。

スコット—じゃあ、それが、サーネンでのあなたのクリシュナジとの最初の接触だったにちがいない。

メアリー—ええ。ムーアヘッド夫妻がいて、ハンツマンの全エピソードがあったとき、〔女主人の〕ヴァンダ〔・スカラヴェッリ〕が私を昼食に呼んでくれたにちがいないわ。（クスクス笑う。それからスコットもクスクス笑う）また、次の夏、ヨーガ〔という主題〕が〔この〕画像に入ってきましたが、そこには来るでしょう。ともあれ、ロンドンの後、パリが来ました。

スコット—ロンドンでの唯一の〔一連の〕講話は、ボーイ・スカウトの場所であったんですか。

メアリー—その年はそうね。少数の人たちだけでした。

スコット—他には、あなたの憶えている誰がいましたか。

メアリー—私は、ドロシー・シモンズ（Dorothy Simmons）と〔その夫〕モンテーニュ（Montague）の後ろに座っていたこと、そしてドロシーにはすっかり戸惑ったことを、憶えています。何かが…それが何だったのかは忘れてしまったわ…彼女は気が合わないように思いました。（クスクス笑う）彼らは私の真ん前に座っていて、彼女が居ることの何かは、座席に関してかなり無愛想でした。何だったかは忘れてしまいました。でも、彼女はそこにいたし、〔元女優の〕アイリス〔・ツリー〕もまたいました。私は他の人を誰も知っていたとは思いません。

スコット—他の誰も知らなかった。いいですよ。

スコット—〔イギリスでの責任者〕メアリー・カドガン（Mary Cadogan）に会ったはずですが。

メアリー—いえ、そのとき彼女には会わなかった。私がいつ彼女に会ったのかを、言いましょう。とてもおかしいわ。これもまた年代順を外しているわ。〔夏のスイス、〕サーネン〔集会〕では〔会場の〕テントで、人々を座席に案内して行ったり来たりする女性がいました－シフォンのような衣装をしてね。私は『ハムレット』を思い起こして、〕「彼女は、自分がオフィーリアだと思っている！」と考えたのを、憶えています。（笑う）私はカドガン夫人という人を探していました－ラージャゴパルが私に、カドガン夫人の名前を教えていたに違いありません。私は〔フランスの実業家の妻〕デ・ヴィダス（De Vidas）夫人がカドガン夫人にちがいないと決めました。彼女もまた、人々を案内してまわっていました。それで、私は彼女に近づいて行って、「あなたがカドガン夫人ですか。」と言いました。彼女は、「ああ、ノン、ノン！」と言いました。（笑う）彼女はあまり英語を話さなかった。オフィーリア役の人物がカドガン夫人でした。（スコット、心から笑う。メアリー、クスクス笑う）でも、〔ロンドンの〕ウィンブルドン講話ではカドガン夫人を見なかったし、アンネッケ〔・コーンドルファー〕とドリス〔・プラット〕との昼食でも、ね。

スコット—その頃、クリシュナジとともにハンツマンに行ったことは、憶えていますか。

メアリー—ああ、そうね。私は彼らを送って行ったか、拾ったのか。たぶん〔予定帳を〕参照しましょう。以降の年に、アラン〔・ノーデ〕もまたスーツを入手しました。大いに協議がありました。（スコット、クスクス笑う）ああ、それからシャツもあったし、それからネクタイもあったし、それからパリに行ったときは…

スコット—もちろん靴も。

メアリー—パリでは〔靴屋のジョン・〕ロブ（Lobb）に行きました。彼が講話をしていないとき、買い物が（スコット、クスクス笑う）日々の計画でした。彼は楽しんだわ。

スコット—よろしい。（メアリー、笑う）この対談はおもしろいですか。

メアリー—ええ！

スコット—じゃあ、継続しましょう。〔今回〕終わったところから、〔次回の〕物語を始めましょう。

原　註

1）インドでは、尊敬と愛情を表示するために、名前の後に「ジ」が加えられる。クリシュナムルティは、彼を知る人たちからは、「クリシュナジ」と呼ばれた。

2）オーハイ（Ojai）は、ロサンジェルスの北、約八十マイル〔、約128キロメーター〕の小さな街である。*23 〔神智学協会に保護されていた〕クリシュナムルティとその〔三歳下の〕弟のニトヤナンダ（Nityananda）は、1922年に初めてそこを訪問した。クリシュナジは断続的に、1986年の死去までそこで生活した。アメリカ・クリシュナムルティ財団（The Krishnamurti Foundation of America）は今、そこに位置している。

3）クリシュナジの仕事のために〔神智学協会会長で養母のベサント夫人により〕1920年代に購入されたオーハイ〔の西端、メイナーズ・オークスの南隣〕の土地。そこで彼は晩年の1985年まで講話を行った。アメリカでのクリシュナムルティの唯一の学校は、*24 その土地にある。

4）クリシュナジを取り囲む活動を運営していた弟〔ニトヤ〕が1925年〔11月〕に〔肺結核の悪化でオーハイで〕亡くなったとき、ラージャゴパルは、クリシュナジの〔周囲の神智学協会の〕年長者たちにより、その役割に就かされた。

5）サム・ジンバリスト〔1901-1958〕は、大成功を収めた映画プロデューサーであり、没後に〔翌年、アメリカ・アカデミー賞の〕最高映画賞に対するオスカーを受けた唯一の人物であった。メアリーは彼に代わって、それを受けとった。

6）ラージャゴパルの〔最初の〕妻。

7）クリシュナジは1963年から1985年まで、スイス、サーネンで〔夏に〕公開講話を行った。

8）クリシュナムルティ著作協会（Krishnamurti Writings, Inc.）は、〔古くからのスター出版信託の業務を引き継ぐ形で〕1945年頃に造られたが、〔ラージャゴパルの支配下にあり、〕最終的に法律上の係争点になった。

9）フィロメナ（Filomena）は、長年メアリーの家政婦であったが、若いときから〔ローマで〕メアリーの伯母〔ドロシー〕のために働いていた。だから、彼女はメアリーにとって家族の一員のようなものだった。*25

10）サーネンでのホテル。

11）これはユーモアの点である。なぜなら、そこは隠棲の場所とはかけ離れて、豪華なホテルであるから。

12）メアリーとサムの友人たち。クリストファー・フライ（Christopher Fry）は、〔映画〕『ベンハー』のためにサムが雇った作家の一人であった。

13）ヴァンダ・スカラヴェッリ侯爵夫人（Marchese Vanda Scaravelli）は、クリシュナジの親友で、宿泊先の主人になった。彼女は初めに1930年に〔オランダ、オーメンの集会で〕彼の話を聞いたが、〔個人的には〕1937年まで彼に会わなかった。彼女は、スイスとイタリアでの彼の宿泊先の主人であった。

14）フランシス・マッキャン（Frances McCann）は、クリシュナジの仕事に対してとても熱心な人であった。彼女は彼の講話に出席して、世界を旅してまわった。そして、彼が設立した諸学校を支援するために設立された財団の仕事に対して、頻繁に〔財政的に〕貢献した。

15）オーメン（Ommen）は、1920年代にクリシュナムルティが〔国際的な集会を開いて〕話をしたオランダ〔東部〕の場所である。*26

16）タンネグ山荘（Chalet Tannegg）は、スイス、グシュタート（Gstaad）（クリシュナジが講話したサーネンの隣にある）の山荘であり、そこは講話の間、彼の宿泊のためにヴァンダ・スカラヴェッリが借りたところであった。タンネグはまた、クリシュナジが開いた討論会のための現場でもあった。

17）ヨーロッパの山岳地方で見られる、俊敏なカモシカ。

18）1920年代からのクリシュナジの友人で支援者。

19）ナグラは、プロ用のポータブル・テープレコーダーを造ったが、それは長年にわたってクリシュナムルティの講話を録音する最善の道具であった。

20）1800年代から、私利私欲の意図を持って、他の人物や状況を制御する架空の登場人物。

21）アンネッケ・コーンドルファー（Anneke Korndorffer）は、1930年代からクリシュナジの仕事の支援者であり、オランダでの彼の活動を組織した人であった。

22）ドリス・プラット（Doris Pratt）は、1920年代からクリシュナジの活動のために働いてきた。そして、〔ラージャゴパルのもとで、〕イングランドにおけるクリシュナムルティ著作協会の代表であった。*27

23）〔合衆国南東部の〕アラバマ州のセルマからアラバマ州のモンゴメリーまでの三つの行進は、アメリカの公民権運動の頂点と転回点を記した。メアリーはシャネルのスーツで行進したが、それは、公民権の支持者は貧しい人たちや学生たちだけでないことを、人々に見てほしかったからだ、と私に話した。

24）ハンツマン（Huntsman）は、ロンドンのセヴィル・ロウの仕立屋である。

25）ドロシー・シモンズは、クリシュナムルティがヨーロッパに〔1969年に〕設立した唯一の学校、〔イングランド南部ハンプシャー州の、〕ブロックウッド・パーク・クリシュナムルティ教育センター（the Brockwood Park Krishnamurti Education Centre）の初代校長になった。

訳　註

*1 これはウェブ上での第1号の公表にあたっての発言である。

*2 第1号は長い時期に、しかも断続的に渡っているが、まだ日記もつけられておらず、記憶に頼っているために、年代が前後し分かりにくい。そこで、一応簡単ながら整理しておく。
1944年春（メアリーは29歳）、ロサンジェルスで掛かりつけの医師からK（49歳）のことを聞く。オーハイでの公開講話（5月。7月まで続く）を聞く。会場で小冊子を買って読む。
ロサンジェルス、ハリウッドでKの個人面談を受ける。
ロサンジェルスのヴィゲヴェノ宅での討論会に参加する。
1958年の終わり、夫サム・ジンバリストがローマで急死。
1960年5月、オーハイの公開講話を聞く。個人面談を受ける。
1964年7月、スイスに行き、サーネンでの講話を聞く。タンネグ山荘で個人面談を受ける。8月、同山荘での討論会に参加。食事会で、ロンドンの高級紳士服店ハンツマンの話題が出る。その後、カリフォルニアに戻る。
1964年秋、オーハイのラージャゴパル宅で討論会の録音を聞く。
1965年4月、5月、ロンドン、ウィンブルドンでの少人数の講話を聞く。運転手として、Kとノーデをウィズレーの庭園とボックス・ヒルに連れて行く。その後も彼らの運転手役を務める。

*3 『未完の書』冒頭によれば、メアリーが或る日、昼食の席で、或るお客からクリシュナジにどのように出会ったのかを訊ねられた。メアリーがそれを説明すると、テーブルの向こうにいながら、それまで会話に加わっていなかったクリシュナジが、突然、「そこがあなたが自らの物語を始めるところです。」と言った。そういうことになった、と。

*4 この場所での講話については、第45号の訳註を参照。

*5 後年にも本や録音テープを販売するテーブルは出ていたので、分かりにくい表現である。

*6 ヴィゲヴェノ夫妻の経歴については、第5号を参照。

*7 現地のドイツ語の発音としては濁音の「ザーネン」であるようだが、英語圏のKたちが清音で発音しているのに従った。

*8 メアリー・ラッチェンスの伝記によれば、1960年5月の四回の講話である。6月の残り四回は、Kの体調不良のために取り消された。

*9 本著で場所が明示されることはないが、M.Lee（2015）によれば、マリブの東方向にある私立ペーパーダイン大学の北、約500ヤード（457メートルほど）にあった。だが、第31号の鹿の話を考えると、疑問も残る。

*10 ホームページ上では、ここで指示された個所をクリックすると、メアリーの話が聞こえる。

*11 handled itとあるが、文脈よりhanded inと呼んだ。

*12 ホームページ上では、ここで指示された個所をクリックすると、メアリーの話が聞こえる。

*13 1963年2月には、今後、ヨーロッパでの公開講話はスイス、サーネンでのみ行うことが公表された。5月にロンドンで会合を開き、

サーネンに移って7月に講話、8月上旬に討論会を開いた。10月からインドに行って、通常の場所で講話を行っている。
*14 ラッチェンスの伝記第二巻によれば、1961年の7、8月にはサーネンのランド・ハウスで小規模の集会が開かれており、サーネン集会委員会も結成されている。1962年7月には、バックミンスター・フラー創案のテントで900人ほどが集まった集会が開かれた。1963年初めには、本格的な集会とすることが公表され、年々、多くの人が参加するようになった。サーネンの集会は、戦前にオランダ、オーメンで行われていた集会の代わりになることが期待されていた。Henri Methorst（2004）第17章には経緯の説明があり、1970年代までには、1300人収容のテントに代わったことが言われている。
*15 1897-1968; イギリス生まれの詩人で女優。1930年代終わりから40年代には、オーハイ演劇フェスティヴァルの創設に協力し、ハイ・ヴァレー・シアターの運営をも行った。Kと交友のあるハックスリー夫妻、イシャーウッド、チャップリン、ガルボ、ストラヴィンスキーなど作家、俳優、音楽家のサークルの一人でもあった。
*16 Vimala Thakhar（1921-2009）はインド生まれの思想家、社会活動家。1950年代に、ガンディーの精神的後継者ヴィノバ・バーベのもとで、ブーダン運動（貧しい農民のための土地寄進運動）に活動した後、58年にKに出会い、組織を離れた。その後、自己教育、自己変革を通じた社会改革を訴えて、インド、ヨーロッパで広く講演活動を行った。
*17 第10号、1968年9月末のピンター氏との関連でも、この飲酒癖が言及されている。
*18 M. ラッチェンスの伝記によれば、ロンドン、1965年4月、5月での講話は、ケネス・ブラック・メモリアル・ホールで行われた。1963年の時点ですでにヨーロッパの講話は、夏のスイス、サーネンに集約されることが決定されていたので、大規模な公開講話は行われないことになっていた。
*19 以下の話は、第27号においても、パリからイングランドへの旅行に関する個所に続けて、Kを乗せた運転時の配慮に関して、繰り返されている。
*20 第15号の原註を参照。
*21 ホームページ上では、ここで指示された個所をクリックすると、メアリーの話が聞こえる。
*22 Beau Brummell（洒落者ブランメル）は、ジョージ・ブライアン・ブランメル（1778-1840）の異名。摂政（後のジョージ4世）時代のイギリスのファッションの権威。
*23 オーハイは東西に拡がる盆地である。北にはトーパトッパの山脈が拡がり、乾燥地帯になっている。南側は低い山があり、日が良く照り、オレンジやアヴォカドの果樹林が拡がっているが、西から中央にかけては住宅開発が進んでいる。
*24 ベサント夫人によりクリシュナジの活動のために、東オーハイの土地とともに購入されて、すでに1922年、29年に講話集会が行われていた。この場所では1944年、66年と75年から85年まで講話が行われた。
*25 フィロメナの経歴は、第49号、1977年10月20日の個所に説明されている。
*26 ラッチェンスの伝記によれば、1924年から1938年まで行われた。Henri Methorst（2004）によれば、二千人から三千人の集会であった。ナチス・ドイツの占領下で強制収容所になったため、戦後、ここでの集会は再開されず、1960年代からスイス、サーネンでの集会が行われるようになった。
*27 M. ラッチェンスの伝記によれば、ロンドン、1965年4月、キングストン・ヴェイルでの滞在中、いつも来客とお茶のために、アンネッケ・コーンドルファーは苦労していた。ドリス・プラットも長年の貢献の後、もはやK著作協会のロンドンでの代表として講話の手配などを継続できないと思い、メアリー・カドガンへの委任をラージャゴパルに提起しようとしていた。後者はすでにKとの関係を完全に忌避しており、ノーデが秘書となり、メアリーが協力を始めるにはふさわしい時期でもあった。

第2号　1965年4月から1965年12月まで

序論

　この号においては、私たちがこの第二の対談を始めるために、メアリーは、取り扱うだろうと思う時期の自分の日記を、読んでおいたことが、明らかに分かる。彼女は日付、数などについてより精確である。たとえそうでも、或る時点で彼女は、日記を調べるために、私〔スコット〕にレコーダーを止めさせる － その日記は彼女の前にテーブルにあったにちがいない。そして彼女は、自らの言っていたことを訂正する。

　第2号に扱われる期間は、まだメアリーがクリシュナジの助手になる前である。だから、ここでクリシュナジの映像は、まだ幾らか遠方からである － 彼女は後のように、毎日、一日の多くに彼に会っているわけではない。しかし、彼らの間の親しさが発展しはじめるのが、見られる － それにともない、クリシュナジへの関与が増えるにつれて、メアリーの生活と世界は変わっていく。

　ここにはまた、メアリーの初めてのインドへの旅行があり、そこが彼女の目にどのように写ったのかが、ある。そこと他の場所でメアリーは、初めて幾人もの人たちと出会う － クリシュナジの多くの伝記から、読者たちが認識するであろう人たち、である。

メアリー・ジンバリストの回顧録　第2号

スコット─では、私たちは、あなたの1965年5月の回顧録からまた、始めます － そのときあなたはロンドンから、パリでクリシュナジが話をするのを聞くために、行きました。
メアリー─ええ。私はパリへの汽船連絡列車に乗りました。私は、クリシュナジと〔秘書〕アラン〔・ノーデ〕がどう行ったのかを、忘れましたが、クリシュナジは〔会場の〕サル・アディヤール（Sall Adyar）において、パリ講話を行う予定になっていました。
スコット─それはどこですか。
メアリー─それは、エッフェル塔の近く、その地区の、神智学の場所です。それは相当の大きさの講堂でした。
スコット─クリシュナジが神智学の場所で講話をするのは、異例でなかったんでしょうか。
メアリー─まあ、選ぶほど多くの現場はなかったし、そこは、彼が〔パリの友人〕シュアレス夫妻（the Suarès）家に泊まっていたところから二、三区画（ブロック）だけでした。
スコット─彼らはどこに住んでいましたか。
メアリー─彼らは、ラ・ブールドネー(la Bourdonnais) 通りに、最上階に住んでいました。そこは〔屋上の〕ペントハウスのようなものでした。彼〔クリシュナジ〕は、サル・アディヤールで二回、話をして、それから何日かお休みでした。明らかに私の運転能力は満足できるものでした。彼はヴェルサイユへ行こうと提案したからです。
スコット─あなたはどこに泊まっていましたか。
メアリー─私はオテル・ポン・ロワイヤル（the Hotel Pont Royal）に泊まっていました。そこは、サン・ジャルマン大通りを逸れた、〔セーヌ川〕左岸のすてきなホテルです。デ・バック通り（Rue de Bac）はその近くにあります。

スコット—ええ、ええ、デ・バック通りね。知っています。では、アラン・ノーデは？
メアリー—彼もシュアレス家に泊まっていました。かなり混み合っていましたが、何とかなったんです。

　ともあれ、クリシュナジはヴェルサイユへ行きたいと思いました。いつかの時点で私は、彼がメルセデス車が好きなことを知りました。それで、私は〔レンタカーの〕ハーツ〔社〕（Hertz）へ行き、メルセデスの車を得ました。（スコットから穏やかなクスクス笑い）そして、私たちはヴェルサイユに行きました。彼はそのときもそうだったし、けっして宮殿やそれらを見ることにあまり関心がなかった。彼は観光客ではなかった。でも、彼は庭園を愛していましたし、庭園を散歩することは彼の楽しみでした。私たちはいたるところを歩きました。長い散歩です。その後、私たちは、〔パリ最古の教会がある〕サン・ジャルマン（St.Germain）に行きました。私たちはお茶を一杯いただいて、それからさらにサン・ジャルマンを幾らか散歩しました — これも心地よかったです。

スコット—あなたはいつ運転したんでしょうか。クリシュナジは〔運転する〕あなたの隣に前〔の座席〕にいたんでしょうか。
メアリー—ええ。
スコット—アラン・ノーデは後ろ〔の座席〕にいました。
メアリー—後ろ〔の座席〕でした。そのとおりです。もう一つ講話がありました。その後でもう一回、遠足がありました — またもメルセデスに乗って、です。今回、私たちは〔パリの南西にある〕シャルトル（Chartres）に行きましたが、そこはすばらしかった。私たちは歩き回り、よく気をつけてあらゆるものを見つめました。クリシュナジはステンドグラスの窓に引かれて、それを特に美しいと見ました。私たちはみな、かつて見たゴシック〔建築〕の大聖堂（カテドラル）すべての中で、ここが一番すてきだと合意しました。私たちは近くで昼食をしました。私はレストランの名前を忘れてしまいましたが、そこは大聖堂（カテドラル）から一区画（ブロック）ほどでした。私は、もしもそこにいたなら、行けるでしょう。でも、名前は思い出せません。それから私たちは〔パリ近郊の〕ランブイエ（Romboulliet）に行き、もう一回、森を散歩しました。それもまたとても心地よかった。

　パリは彼にとって忙しすぎたんですが、私にとってはそうでもなかった。フランス人の友だちはみんな、彼に会いたがっていました。
スコット—もちろんです。クリシュナジはこれら外出の間、何を着ていましたか。
メアリー—彼はいつも優美でした。これらのような外出には、或る種のスポーツ・シャツを着ました。そうね、長袖でニットのあれらのシャツです。
スコット—ええ。あれらのシャツは憶えています。
メアリー—彼はツィードのジャケットも着て、グレイのフランネルのズボンと美しく磨き上げられた靴を履いていました。
スコット—ええ、もちろん。
メアリー—それに首にはスカーフ。
スコット—彼は話をするとき、ネクタイをつけて、もっと正装でした。
メアリー—ああ、そうです。彼はふつうの正装、スーツで話をしました。それがパリでした。

スコット—そこでの講話にはどれほどの人たちが来ましたか。
メアリー—まあ、そのサル〔・アディヤールの講堂〕は巨大ではなかったが、かなりの広さでした。そこはいっぱいでした。
スコット—千人ですか。
メアリー—ああ、いえ、いえ。たぶん五百人ほどでしょうね。推測です。
スコット—どれほど講話を行いましたか。憶えていますか。
メアリー—五回行ったと思います。

　講話の後、私は列車でスイスへ立ちました。私は列車で菜食主義者になりました。（クスクス笑う）いや、列車でではなく、6月1日にね。（笑う）私は菜食主義者になろうと分かって出発したんです。パリで、ではなかった — 私の〔実業界から引退した〕父は、その頃パリに住んでいて、彼のためです。彼の楽しみは、私をパリの最高のレストランすべてに連れて行くことでした。私は、「父さん、私は今、菜食主義者だということを知っておいてね。」と言う厚かましさとか勇気とか、何と呼ぼうとそれが無かったんです。それで、パリを発つ列車に乗るまで、変更するのを延期しました。（笑う）
スコット—その時期に、お父さんに多く会いましたか。
メアリー—ええ。私はどうにか何にでも合わせられました。私は父と昼食や晩餐に行ったし、慌てて戻って講話に行くとか、運転するとか、何でもしました。
スコット—その年、パリでクリシュナジと買い物はしなかったんですか。
メアリー—まあ、したはずです。ええ。パリではいつも大きな買い物でした。〔ジョン・〕ロブ（Lobb）の靴がありました。すごく重要です。
スコット—もちろん。（笑う）
メアリー—クリシュナジによると、ロンドンのロブはさほど良くなかった。それで、パリのロブでした。イギリスの名前なのにフランス生まれの巨大な男がいました。明らかに靴屋と競馬場には、移民したイギリス人がたくさんいます — 彼らはフランス人になって、フランス人女性と結婚していて、彼らは本当にフランス人です…まあ、彼の名前は思い出せないわ。大男で、革のエプロンを着けていました。
スコット—ええ、ええ。私は彼を憶えています。
メアリー—靴屋であれば、そういう衣装を着るんです。彼はこれら宝石のような靴を持って出しました。誰にとってもとても心地良いでしょう。私たちは皮革を選びました。たくさんの議論があって、当然、靴屋はすでに足の木型を造っていました。時には少し調整しなくてはならなかった。それから注文が出されました。もちろん、アランもそういう靴を持つということでなくてはならなかった — 彼は人生でかつてそういうのを持ったことがなかった。（クスクス笑う）アランは、衣服に対するクリシュナジの情熱を、共有していました。
スコット—ええ。とても感染力が強いんです！
メアリー—そして、私はこのことで適切な伴奏だったみたいです。なぜなら、私は承認を与えたし、私の助言が尊重されたからです。
スコット—絶対にです！今でもそうです！（笑う）
メアリー—私が「ハンツマン」という言葉を発したあの最初の時から、私はクリシュナジの心に一定の特徴づけを獲

19

得したんです。（スコット、クスクス笑う）私はこれらのことについて知っていました。私が何かを気に入らないと、それで終わりでした。

スコット―クリシュナジは、私に言いました － パリの〔靴屋、ジョン・〕ロブ（Lobb）はロンドンのロブより良い。なぜなら、（メアリー、クスクス笑う）戦後、ロンドンのロブは新しい見習いを取らなかったから。それで、新しい本当に良い靴職人を得られなかった。ところが、パリのロブの店は、〔ソ連などの〕共産主義者たちが〔東ヨーロッパを〕抑えてしまったとき、ポーランドから逃げ出したポーランドの靴職人をみんな入れた。これが、パリのロブのほうが良いわけのクリシュナジ版〔の説明〕です。（クスクス笑う）

メアリー―（クスクス笑う）それは知らなかった。あなたのほうが事情通ね。私があなたにインタビューすべきね！（もっと笑う）まあ、ともあれ、とても満足できました。それから、もちろん、シャツの問題もあります － それはスルカ（Sulka）の店で見ましたが、思い起こすに、注文は出さなかったわ。

スコット―スルカはパリにあるんですか。

メアリー―ええ。でも、シャツはローマのほうが良いはずだった。

スコット―では、〔オーダーメイドのシャツ店〕シャルヴェ（Charvet）には行かなかったんですか。

メアリー―ああ、いえ、シャルヴェには行きました。それは本当です。実は私はシャルヴェでも幾つかシャツを得ました。ええ、まったくそのとおり。でも、彼はまた後でイタリアのをも得ました。また、シャルヴェでは幾つかスカーフをも買ったと、思います。もちろんそれらはインドのスカーフでしたが、シャルヴェはそれらを輸入していたんです。

クリシュナジが私に、一つくれたことを憶えています。それは（笑う）とてもいい香りがしていたことも、憶えています。クリシュナジはけっして、〔オーデ〕コロンや香水やそのようなものは何も使わなかった。私はどこかで、「神聖さのにおい」について何か読んだことを、憶えています。（笑う）私は、そういうわけでこのスカーフはこんなにすてきな匂いがするんだと判断しました。スカーフは彼のものだったんです。(補注1)

スコット―ええ。

メアリー―それは相当の間、香りを保っていました。

スコット―それが、クリシュナジがあなたにくれた最初のものでしたか。

メアリー―ええ。綿のスカーフです。インドの、でもシャルヴェ〔の店〕からです。それで、今私たちは・・・

スコット―待ってください。もう一つ質問をしていいですか。これら質問をしつづけてすみませんが、これはすごく形式ばらないんで。

メアリー―どうぞ。

スコット―そもそもクリシュナジと一緒に外食はしましたか。

メアリー―招かれたと思います、一回、シュアレス家に。でも、他にはないわ。

スコット―パリで私的な討論会はありましたか。

メアリー―うーん・・・どの年にそれらが始まったのか、思い起こすのに私は苦労しています。アランは特に、若者たちを集めてくるのがうまかった。それが本当は、その頃の彼の役割でした。なぜなら、彼は、白髪のご婦人方が講堂を埋め尽くすという古い状況は、変わるべきだという意見だったし、クリシュナジもそれを分かち合い、私も分かち合っていたからです。ちょっとかき混ぜるべき時でした。それで、ノーデは若者たちを集めました。私は、この年だったのか思い出せないけれど － 私はもっと宿題をやっておくべきだったわ － でも、これらがこの年か次の年に始まったのを、憶えています。私は自分の泊まっているホテルに、討論会のために部屋を借りました。六十か七十人ほどの若者たちが来ました。クリシュナジは彼らと議論し、質問に答えました。

スコット―フランス語で？英語で？

メアリー―英語で。彼らの何人かはフランス語で質問しましたが、彼は英語で返事をしたものです。若者たちとのこれら会合は、何か新しいこと、良いことでした。それはそれから、アランが〔秘書として〕私たちと一緒にいる間は、継続しました。

ともあれ、今や私はパリから〔スイス西部、レマン湖の南西の端、〕ジュネーヴへの列車に乗っていて、私は食事のため食堂車に入ります － 今や菜食主義者であり、（クスクス笑う）メニューには、菜食のものは何もない。ポテト・フライを除くと、一つの野菜も見られないし、（もっとクスクス笑う）それはステーキに付いてきました。

スコット―もちろん。

メアリー―それで、まあ、最後の一回だと思い、食べました。私はジュネーヴに着いたとき、再び小さな車を借りて、グシュタードまでのんびり行きました。今回は、ホテル・ロッスリ（the hotel Rossli）に行きました － あなたは思い出すでしょう。

スコット―それがどこにあるのか、思い起こさせてください。

メアリー―それはちょうど角にあります －〔スイス、レマン湖の東方にある〕グシュタードの真ん中で、〔レマン湖の北岸の都市〕ローザンヌに行くには、そこで左に曲がります。オルデン・ホテルの向かいね。憶えている？

スコット―ああ、ええ。

メアリー―私はそこに部屋を取りました。あまり長くなかったけれど、私がそこにいたとき起きた一番すてきなことを、憶えています。（笑う）私の部屋は目抜き通りを見渡せました。或る朝、カウベルが聞こえました。私が窓の外を見ると、山々の高い牧草地に登っていく牝牛たちの行進がありました。堂々たる雌牛、牛の女王に率いられていました。（クスクス笑う）彼女は一番大きなベルを付けていて、花の冠を載せたすてきな麦わら帽子を、被っていました。彼女は威風堂々と歩きました。

スコット―ええ、私も見たことがあります。

メアリー―あれはすてきだったわ！牛たちはどれも、通り過ぎていくとき、ベルを鳴らしていた。すてきでした。

で、そこに着いた二、三日後に、電話が鳴りました。それはアランで、彼らが到着したと、私に知らせるものでした。彼らはパリからジュネーヴに〔飛行機で〕来ました。彼は「車をお持ちですか。」と訊きました。

「ええ、車は持っています。」「そのお、クリシュナジは列車で行くより車でグシュタードへ上がりたいと思っています。あなたは来て、私たちを乗せてもらえますか。」

それで、私は運転して降りて行きました。私は少しだけ大きな車を得たと思います。私はいつまでも、一番小さく

て一番安い車から（クスクス笑う）行事にふさわしいものへ乗り換えていました！（笑う）私はジュネーヴへ運転して行き、彼らに会いました。彼らはオテル・ド・ローヌ（the Hotel du Rhône）で夜を過ごしていました。そこは、あなたが憶えているなら、ちょうど川に面しています。

スコット−よく憶えています。

メアリー−私たちはダイニング・ルームに入りました。私は、「そうねえ、私は今や菜食主義者なの。何を注文しようかな。」と考えながら、メニューを精査したのを、憶えています。クリシュナジはあらゆることに気づくので、私を見て、「最近は何を食べていたんですか。」と言いました。（スコット、心から笑う）まあ、私が食べていたのは、（もっとクスクス笑う）チーズ・オムレツと、チーズ・オムレツと、またもやチーズ・オムレツでした。私は、「余生の間、チーズ・オムレツを主食にするんだろうか？！」という気持ちでした。（メアリーとスコット、笑う）私はチーズ・オムレツについて説明しました。

　彼は、「あなたに食べ方を教えましょう。」と言いました。そして彼はまったく・・・断言しました。（スコット、笑う）それから彼らは、野菜とサラダと果物と、以来私たちがみんな主食にしてきたものすべてのすてきな食事を、注文しました。

スコット−ええ、ええ。

メアリー−私は、ホテル・ロッスリで自分でのその最初の週の後、苦労をしていました。（もっと笑う）ともあれ、私たちはタンネグ山荘に運転して上がりました。ヴァンダ〔・スカラヴェッリ〕はいつものように、タンネグ山荘の一つの階を借りていました。でも、彼女は〔まだ〕そこにいなくて、7月まで来ませんでした。これはまだ6月のことでした。私は6月の1日にパリを発ちました。だから、〔彼女が来て、山荘を開けた〕その後は良かったんです。

スコット−すみません。でも、進む前に、クリシュナジはオテル・ドゥ・ローヌで、いつも同じ部屋に泊まらなかったんですか。

メアリー−ええ。部屋すべてが同様でした。バスのついた小さな部屋でした。それらのどれにも何も特別なことはなかった。オテル・デ・ベルグー（Hotel des Bergues）−そこに私たちは後で泊まったし、すてきでした−それとは違って、少し商業的なホテルでした。それがあなたの考えていることです。

スコット−ええ。それが私の考えていることです。ええ。お訊ねしますが、〔サーネン地方の〕山へどの道路を取って上ったのか、憶えていますか。

メアリー−ええ、いつも〔スイス、フランスにまたがるレマン〕湖（the Lac）沿いでした。彼は湖畔の道路を行くのが好きでした。

スコット−〔サーネンの北西、フリブール州の街〕ビュル（Bulle）を通らなかった？

メアリー−後ではふつうビュルでしたが、初めてのとき、私はビュルへの道を知っていたとは思いません。憶えていません。

　ヴァンダは、クリシュナジの世話をし、食べ物とそれらを提供するために、先に料理人を寄越していました、本当はシェフね。グシュタードはすてきでした。そこには誰もいなかった。ふつう私は昼食に呼ばれました。夕食ではなかった。なぜなら、彼はそれを自分の部屋でとったからです。

ふつう昼食でした。そして私は自分の車で、どこでも彼が午後に散歩したいところに、運転したものです−丘を登り、森に入るのでないならば、です。とても心地よかった。

スコット−これらの散歩の幾つかを憶えていますか。どこでしたか。

メアリー−まあ、ときには、〔南方向の〕クシュタイク（Gsteig）のほうへ上がって行って、歩きました。道があったのを憶えています−後ではまったくそうしなかったんですが、道路をそれて、どこか高い野原に行く道があり、そこを歩いて上がりました。また私たちはよく、川沿いを−サーネン川です−〔サーネンの〕空港に向かって歩いて降りました。あの道です。また〔南東方向の〕ラウェネンの散歩もありました。すてきでした。

　それから、グシュタードに到着してほどなく、私たちはジュネーヴに戻らなくてはならなかった。またもや私たちは、オテル・ドゥ・ローヌで昼食をしました。それから私たちはシャツを選びに戻りました。クリシュナジはジュネーヴでシャツを入手しました。なぜ彼がジュネーヴでシャツを入手したのか、私は分かりませんが、そうでした。ドゥ・ローヌ通りに、彼が或る種のシャツを入手する場所がありました。

スコット−それらは、ほぼフランネルだが、まったくそうでもない暖かいものでしたか。

メアリー−実はそれらはイングランドのアレン・ソリー（Allen Solly）で作られました。でも、そこで入手できました。とてもいい仕入れをしていました。

　私が日記を調べる間、しばらくレコーダーを止めてもらえますか。（テープは途切れて、それから戻る）

　ドライヴは間違っていました。私たちはグシュタードから、ピヨン峠（Col du Pillon）経由で降りて、〔レマン湖の南東方向、アルプスの入り口の〕エーグル（Aigle）を通って、それから湖〔の南岸〕のフランス側を回って行きました。

スコット−ああ、ドゥーヴィル（Deauville）か。

メアリー−ええ。フランスを出たり入ったりして、両端で税関を通りました。私たちは〔レマン湖南岸の〕イヴォワール（Yvoire）でレストランを探したが、見つからなかった。それで、ついにオテル・ドゥ・ローヌになってしまいました。クリシュナジは仮縫いをして、それから、パテク・フィリップ〔の時計店〕へ、憶えきれない多くの訪問の第一回に、行きました。（二人ともクスクス笑う）

スコット−ええ。

メアリー−これはいつも彼にとって無限に楽しかった。彼は入っていき、彼らはお辞儀をしました。彼を知っていたからです。彼の〔普段使いの〕鉄の腕時計が出てきて、彼はすごく厳粛な協議に入ったものです−お辞儀をした人とではなく、本当に時計を作り、調整する人と、です。

スコット−ええ。

メアリー−彼らは頭を下げて、そうね、わずかに頭を垂れて、腕時計を見ながら、協議したものです。それから、（スコット、クスクス笑う）その男がそれを持って行き、何か神秘的なことをします。その間、私たちは他の腕時計すべてを見ます。最後にクリシュナジの腕時計が、ちょうど「オー・ポワン（au point）」で戻されました−完璧でした。あなたも彼とそこに行ったことがあるから、憶えているかもしれません。

スコット−よーく憶えています！

メアリー−これは儀礼的な訪問でした。

スコット—ええ！メッカへの巡礼に似ていないわけでもない！（クスクス笑う）

メアリー—これは夏の重要な瞬間の一つです！（もっとクスクス笑う）けっして急いだり、軽く取ったりすべきではなかったし、とても満足できました。

スコット—知っています。知っています！

メアリー—それから運転して帰りました。今回は〔サーネンの北西、フリブール州の街〕ビュル（Bulle）経由で。この時までに私は、ビュル経由の道を知っていました – そこはすてきでした。でも、山々へ上がっていく前に、彼はいつも〔レマン湖の〕湖沿いを行きたがりました。彼は自動車道を行きたくなかった。まあ、私たちは、そうせざるをえないとき、時にはそうしました。それは、私がクリシュナジは速く運転するのが好きだと気づいたときです。でも、この時、私は、ハーツ〔社のレンタカー〕の車を持っていました。私は彼が速く運転するのが好きだと知って、そのとき – 後年ですが – ジャガー〔の車〕を持ちました。でも、それは別の章のことです。それで、私たちはビュル経由で帰りました。その夜、彼と夕食をとりました。それは、あの種の最初の遠足でした。

スコット—ビュルで停まりましたか。

メアリー—いえ。私たちは後ではいつも、有名な〔お菓子、〕ガトー・ビュルワーズ（Gateau Bulleoise）を買いましたが、それは何年も後のことでした。

その年、とても興味ある他のことが起きました。〔プエルトリコの〕エンリケ・ビアスコェチェア（Enrique Biascoechea）をあなたが知っていたのかどうか、私は知らないけれど。

スコット—私は彼に会ったことがありませんが、彼については知っています。

メアリー—彼とその奥さん、イザベラ（Isabell）は毎年、サーネンにクリシュナジの話を聞きに来ました。彼らは、下の川沿いにアパートメントを取りました。イザベラは料理がとても上手でした。彼女は昼食を作ったものです。エンリケは年老いた神智学者でした。とてもすてきな人です。彼は、クリシュナジのメルセデス〔車へ〕の気持ちについて、知っていました。それで、彼は、二座席の小さなメルセデスを買うという考えを持っていて、それをサーネン集会委員会に与えましたが、（スコット、クスクス笑う）誰だけが使うためか、分かりますか。

スコット—ええ。

メアリー—で、或る日、私がタンネグ〔山荘〕に上がって行くと、この美しい小さな銀の宝石のような車がありました。クリシュナジはとても喜んでいるようでした。彼は私にそのすべてを見せてくれました。それから彼は、私がドライヴしたいと思うかどうかを、訊きました。私は「ええ、ドライヴしたいですね。」と言いました。それで彼は、〔サーネンの西隣〕シャトー・デー（Chateau d'Oex）へドライヴをしてくれました。私が運転する代わりに彼が運転するのに乗せてもらったのは、それが一回目だと憶えています。彼は運転用の手袋をはめて、とても優雅に見えましたし、見事に運転しました。明白に経験豊かな運転者です！

スコット—（クスクス笑う）ええ。

メアリー—（クスクス笑う）それからタンネグ〔山荘〕に運転して戻りました。

スコット—シャトー・デーでは何かしましたか。

メアリー—いえ。シャトー・デーに行っただけです。それから向きを変えて戻ってきました。戻ったとき、彼は車のほこりを払いました – 外出したんです！（スコット、笑う）次の日、私が〔山荘に〕上がって行ったとき、彼とアランが二人とも洗車しているのを見た、と思います。外出したからです。私は、アランが仕事をしているのを見ていると、「なんとまあ、彼は音楽家〔、ピアニスト〕です。彼は手をだめにしようとしている。」と思いました。（笑う）でも彼は、すべきことをしていましたし、クリシュナジもまた洗っていました。洗った後、クリシュナジは〔車の〕フードを開けて、内側の機械すべてのほこりを払いました。そうして初めて（スコット、笑う）だいじょうぶでした。

またもや毎日散歩しました。

彼はまたこの時点で、インドから〔サンスクリットの〕詠唱の〔録音〕テープを幾つか受けとりました。私たちはそれらを聞きました – それは楽しかったです。

スコット—詠唱していたのは誰でしたか。憶えていますか。

メアリー—それらは、〔インド南部、〕リシ・ヴァレー学校で子どもたちが詠唱して、作られました。

雨でも晴れでも、私たちは毎日散歩しました。また、私が〔その冬に〕インドに行くことについて、たくさんの話がありました。私はその年、〔クリシュナジの講話の〕行程全部に行く計画をしていました。それで、私たちはそれについて話をしました。クリシュナジは、私がインドで適切な世話をしてもらえるように、自分が計らわなければならない、自分が私の住居を手配しよう、と言いました。彼は、私は〔インド南東部の大都市〕マドラス〔現チェンナイ〕でホテルに行くべきではなく、フランシス・マッキャン（Frances McCann）とアラン〔・ノーデ〕と私はマドラスで家を借りるべきだ、なぜなら、その方が健康的だろう – 自分たちの食べ物を管理できるから、と言いました。想像できるでしょうが、私はマドラスでの家の借り方は、さっぱり見当が付きませんでした。（スコット、クスクス笑う）でもアランは、まさにどうすべきかを知っていました。彼は〔そこの主要な支援者〕ジャヤラクシュミー夫人（Mrs. Jayalakshmi）に宛てて、クリシュナジがこれを提案したが、彼女は（クスクス笑う）それを世話できないかと言う手紙を、書きました。その部分に来るとき、彼女がどのように世話をしたのかを、お話ししましょう！

スコット—ええ、ええ、必ずね！

メアリー—サーネンに戻ります。私たちはしばしば昼食に、ビアスコェチェアのところに降りて行きました。私もまた昼食をとるよう呼ばれたり、または、私が運転して〔タンネグ山荘から〕彼らを送って降ろしました。後で彼らを乗せて丘を上り、送っていました。それは、エンリケが少年のクリシュナジとその〔三歳下の〕弟ニトヤの写真を取り出したときでした。ビアスコェチェア夫妻は、それらを私たちに見せようと持ってきました。クリシュナジはあれを見て、あれを見て、戻って再び見つづけました。彼は、〔兄弟二人で神智学協会に保護された〕その時をまったく憶えていないと、言いました。後で私が彼を車に乗せて丘を登るとき、私は、「あの写真にそんなに興味を持たれたのは、なぜでしたか。」と言いました。

それが彼が発言したときです – 「あの少年がなぜ条件付けられないで、空虚なままにとどまったのかが分かりさえすれば、おそらく私たちは、学校の子どもたちがそんなに

条件付けられないよう、助けられるかもしれない。」と。彼は、あの少年が－彼自身という意味です－なぜあのように留まったのかの感覚を、何とか得ようとしていました。なぜ彼は本当にまったく何にも、精神的に傷つかなかったのか。私は、彼が写真を、ああ、長い間見ていたのを、憶えています。（メアリーの話を聴く）

〔タンネグ山荘を借りてくれている〕ヴァンダ〔・スカラヴェッリ〕がついに〔イタリアから〕到着しました。私はその間、ホテル・ロッスリでチーズ・オムレツで人生を過ごしたくなかったので、レ・カプリス（Les Caprice）というアパートメント・ハウスに、〔数室からなる〕フラットを借りていました。

スコット－ええ、それがどこにあるのか、憶えています。

メアリー－ヴァンダが来たとき、〔タンネグ山荘に〕もはやアランの部屋はなかった。彼女は〔斜面にある山荘の〕一つの階を借りただけでしたから－入ってくるところと同じ高さの階です。そこには二つ寝室があるだけでした。所有経営者は上の階に住んでいました。彼はドイツ人でした。彼は夏に短期間に来るだけでしたが、自分の階はけっして貸し出さなかった。山荘は丘〔の斜面〕に建てられたから、〔数室のある〕フラットがある下の階がありました。でも、ヴァンダは中の階を取っているだけでした。ヴァンダが来たとき、アランは行くところがなかった。幸運にも私が借りていたフラットは、二つの寝室がありました。それで私は、アランを私のところに泊まるよう、招きました－彼はそうしました。

それから講話が始まりました。またもやふつう私は、午後にクリシュナジとアランとともに散歩しました。ヴァンダは散歩したくなかった。彼女は午前ずっと〔ハタ・〕ヨーガをしていて、あまり散歩に向いていなかった。それで、私はふつう散歩をしました。

或る時点で、〔インドから〕ププル・ジャヤカール（Pupul Jayakar）が到着しました。それが私の最初の彼女との出会いでした。彼女は短い間だけ泊まりました。またもや私たちはみな、幾つかの食事で、ビアスコェチェアのところに行きました。誰もがです。

スコット－ちょっと戻りましょう。講話へは誰が運転して、クリシュナジを送ったんでしょうか。

メアリー－ヴァンダです。

スコット－彼女はどういう車を持っていたのか、憶えていますか。

メアリー－ええ。彼女は今でもそれを持っていますが、もう動きません。少なくとも最後に彼女に会ったときは、そうでした。それは〔イタリア車の〕ランチアで、そのときでさえもとても古かった。これは65年です。古くてかなりすばらしいランチアでした。彼女はそれをたいそう器用に高速で運転しました。その頃に彼女は、イタリアから〔スイス西部サーネンの山村〕グシュタードまで運転して来ました。クリシュナジを講話〔会場〕のテントに連れて行った後、彼女はいつもボーイスカウトのキャンプのそばに、樹々の下に停めたものです。

スコット－ププル〔・ジャヤカール〕は来たとき、彼女はタンネグ山荘に泊まりましたか。

メアリー－彼女はビアスコェチェアのところに泊まりました。彼女は短い期間そこにいただけです。またププルの〔一人〕娘のラディカ（Radhika）も到着して、またビアスコェチェアのところに泊まりました。みんなと散歩に行ったのを、憶えています－ププル、ラディカ、アランと、忘れましたが他の誰かと。私は後ろを歩いていましたが、クリシュナジは私とともに、歩みが遅れました。これは、彼が私に恥ずかしげに言ったときです－「私はカリフォルニアで、あなたを知っていたんでしょうか。」と。（スコット、笑う）もちろんこれは、私が受けていた〔個人〕面談への言及です－それは私の人生で大地を揺るがす事件でした。

スコット－そして、あなたがサーネンでそこにいた理由の全部です。

メアリー－全部です…あらゆることが変わってしまいました。（もっと笑う）彼はもちろん、何も憶えていなかった。私は笑って、とてもうれしかったのを憶えています。それが彼のあるべき姿でした。（メアリーの話を聴く）

スコット－ええ。（クスクス笑う）

講話には、おおよそどれほどの人たちが来ましたか。

メアリー－ふつうは、テントいっぱいです。

スコット－でも、私が出席していた〔1972年以降の〕年にわたって増えました。

メアリー－後のテントはもっと多く入れました。これが違っていました。列になった座席でした。見栄えのいいテントでしたが、座るのは同じ堅いベンチなどでした。

スコット－それは、野原のボーイ・スカウトのキャンプ側に向かって、広がっていましたか。

メアリー－いえ。ちょうど、いつもテントがある所でした。同じ場所です。入り口は川〔の方向〕からでした。

その頃、多くの人たちが自分のテープ録音をしました。それには何も規則がなかった。人々は、演台（ステージ）の近くの一種のテーブルに座って、テープに録りました。

それから、ジョージ・ヴィソウルカス（George Vithoulkas）が現れました。ジョージは同種療法医（ホメオパシー）になろうとしているギリシャ人でした。彼とアラン〔・ノーデ〕は互いに知り合いで、同種療法への関心を分かち合っていました。ジョージはその専門家になりました。最終的にすっかり有名になった、と聞きました。けれども、これはまだ前のことです。ジョージはいわば、クリシュナジの症例を引き受けました。ジョージについて〔インドでの〕残りは後で聞くことになるでしょう。ともあれ、彼はサーネンにいました。

クリシュナジはその頃、恐ろしくたくさんの講話を行いました。十かそれぐらい〔の講話〕があったと思います。各講話の終わりに彼は、座席からの質問に答えたものです。

講話が終わった後、彼は再び、若者たちの討論会を開きました。アランが若者たちを引き寄せておきました。彼は、たくさんの若者たちがキャンプをするキャンプ場を回って、ハメルンの笛吹きのように、若者を集めたんです。ときにこれら若者たちの討論は、みんな入れたなら、タンネグ〔山荘〕でありましたが、川の向こうの野原で、ありました。

スコット－〔会場の〕テントのある所から向こうですか。

メアリー－いえ、グシュタードのほうへさらに下って、です。川沿いに歩くと、そこに来ます。

スコット－あのホテルに着く前ですか。

メアリー－ええ。若者たちの討論会が幾つもありました。

また、〔理論物理学者の〕ディヴィッド・ボーム（David Bohm）も来て、彼らは対談しました。それらが六回あって、タンネグ〔山荘〕でのことでした。

スコット－彼らは以前に会っていたんです。彼らはここイ

ングランドで対談していたんでしょう。
メアリー　ええ。彼らは以前、60年代の初めに遡って、会っていました。

　それから、もう一回〔レマン湖の南西の端、〕ジュネーヴへの旅行がありました。いつだったかよく憶えていません。でも、その時点で（クスクス笑う）クリシュナジは私に、〔南インドの〕リシ・ヴァレー学校（the Rishi Valley School）の委員会に加わるよう、頼みました！

スコット　（心から笑う）あなたは、大したインドの専門家でしたね！

メアリー　想像してごらん！私は何の資格も持っていなかったんですが、それは彼にとって何でもなかったんです！私は何て返事したのか、憶えていませんが、幸運にも何ともなりませんでした。（スコットとメアリーは一緒に笑う）

　私たちはまた別のときジュネーヴに行きました。今回私たちはオテル・デ・ベルグー（the Hotel des Bergues）で昼食しました ― そこはもっと通常の場所になりました。

　私は〔その冬、Kに付いて〕インドに行こうとしていましたが、インドに行く前、私は合衆国に〔飛行機で〕飛んで戻らなくてはいけませんでした。

スコット　合衆国に飛んで戻る前に、お訊ねしていいですか。クリシュナジとのジュネーヴへのこれら旅行に、アランはいつもあなたたちに同行しましたか。

メアリー　ええ、ええ、いつも。

　それで、私は〔ロサンジェルス郊外の〕マリブに飛んで戻りました。他に何をしたにせよ、私は〔アメリカ東部にいる〕家族に会いに行きました。それで、物語は再び始まります ― そのとき、〔8月から〕9月〔23日〕にインドとパキスタンの間で〔第二次印パ戦争の〕戦いがあり、〔クリシュナジの〕インドの冬の旅程全部が危険にさらされました。アランは私に電話してきて、クリシュナジは計画通りインドに行くべきか、また月末まで延期すべきかを決断しようとしていることを、言いました。それから彼は、私がローマに来ること、もし私たちがインドに行かないのなら、私たちはみんなイタリアで冬を過ごすことを、提案しました。しかし、たまたまでしたが、停戦があり、アランはインドへのビザを拒否されてきましたが、今ではインドへのヴィザを得ることができました。それで、私は10月にローマで彼らに会うため、〔空の便で〕飛んで戻りました。クリシュナジとアランは、ヴァンダ〔・スカラヴェッリ〕が借りておいた場所、ヴィラ・デル・カサレット（Villa del Casaletto）に泊まっていました ― それは、ローマの外の、空港のほう、ヴィラ・フロリエ（the Villa Florie）などの向こうの邸宅でした。

スコット　あなたはローマでどこに泊まりましたか。

メアリー　その時はホテル・フロラ（the Hotel Flora）に泊まりました。

スコット　それはどこにありますか。

メアリー　それは、〔ホテル・〕エクセルシオール（the Excelsior）の隣、〔イギリス式の〕ボルゲーゼ公園（the Borghese Gardens）の真横です。

スコット　あなたがローマに戻ることはきつかったですか。[3]

メアリー　ええ、実際はね。

スコット　きっとそうでしょう。

メアリー　ええ。私は二度とローマに戻りたくないと思っていましたが、こうするには戻らざるをえませんでした。

私はそこにあまり長くいませんでした。

スコット　あなたがローマに戻ることがどれほどむずかしいのかに、クリシュナジは気づいていましたか。

メアリー　私はその話をしませんでした。

スコット　ええ。

メアリー　それで、到着後、二、三日目、11月1日だったと思いますが、私たちは〔飛行機で〕デリーに飛びました。空港で〔シヴァ・ラオの妻、〕キティ・シヴァ・ラオ（Kitty Shiva Rao）とププル〔・ジャヤカール〕の出迎えを受けました。

スコット　あなたたちの飛行機は、どこかで停まりましたか。

メアリー　分かりません。たぶんね。あの頃のあれらの空の便すべては、どこかで停まりました。ふつうどこかアラブの国で給油するために、降りました。

　私は、クリシュナジがデリーに到着したとき、飛行機から降りる階段(ステップ)のもとで、車が彼を出迎えたという事実を、憶えています…

スコット　（笑う）ええ。

メアリー　それはとてもすてきです。

スコット　あなたは飛行機でクリシュナジと一緒に座りましたか。それとも、アランが彼の隣に座りましたか。

メアリー　どちらでもないです。始めクリシュナジはファースト・クラスにいて、アランと私はツーリスト〔・クラス〕にいました。彼はいつも私に、ファースト・クラスで自分の席に着くよう説得しようとしましたが、明白に私はそうしませんでした。

　ともあれ、私たちはデリーに到着し、VIPラウンジに案内されました。他方、他の人たちは荷物に気を遣っていました。私は何もしなくてよくて、それはすばらしかった。私たちのパスポートは預けられました（思い起こすに、パマ〔・パトワールダーン〕がそうしたと思います）。手続きが終わった後、ついに旅券が戻されました。私たちはデリー〔の街〕に連れていかれ、初めにクリシュナジのために、〔友人〕シヴァ・ラオのところに停まりました。〔その妻〕キティ・シヴァ・ラオはとても親切に、私がインド国際センター（the Indian International Center）という場所に泊まるよう、手配しておいてくれました ― 彼女の家から遠くなくて、そこに私はとてもすてきな部屋を取りました。彼女は、ロディ公園（Lodhi Park）から遠くないところに住んでいました。同じその日、クリシュナジと、ププルとアランだと思いますが、私たちは、私にちょっといろいろと見せるために、運転して車で回りました。私たちはロディ公園に乗り付けましたが、その時刻には暗かったです。

スコット　戻ってよろしければ、あなたは空港から車でクリシュナジと別に行きましたか。

メアリー　いいえ。私は同じ車でホテルに行きましたが、車は初め、シヴァ・ラオの邸宅に停まり、シヴァ・ラオ夫妻とクリシュナジとアランは降りました。

スコット　アランはどこに泊まりましたか。

メアリー　初め、彼はシヴァ・ラオのところに泊まりました。それから二、三日後、彼も国際センターに部屋を取りました。家庭内の状況がどうだったかは知りませんが、そこは混み合っていたと思います。でも、キティは私に対してとても親切に、彼らの家で食事すべてをとるよう呼んでくれました。知っているでしょう、インドでは人々はとても歓待し

てくれます。私は或る意味でクリシュナジのお客として扱われました。たぶん彼がそのように見せてくれたのでしょう。
スコット－でも、彼らはしばしばとても歓待してくれます。ええ。
メアリー－クリシュナジは、私がこれとあれを食べるべきではないと、心配していました。
スコット－あなたはそこでどれほど過ごしましたか。
メアリー－まあ、私たちは11月2日にそこに着きましたが、彼は7日に憲法クラブ（the Constitution Club）の庭園で、第一回の講話を行いました。彼は、シャミアナの下、彼を日射しから守る明るい小さな布地を張り、少し高くした演台の上に、いました。人々が座るために、すばらしい赤と青のカーペットが、敷かれていました。私はアラン〔・ノーデ〕とともに、台の真ん前に、〔スイスの〕ナグラのテープ・レコーダーをもって座りました。それが、クリシュナジがインドの聴衆とともにいるのを私が見た、一回目でした。彼は、聴衆に対して本当にあからさまなので、私は驚きました－私が思い起こせるのでは、「あなたたちはこれらの年月ずっと、非暴力について話してきました。けれども、今年、あなたたちの誰一人として戦争への反対を言い出さなかった。」というようなことを、言っていました。〔インドの〕彼らはほとんどパキスタンと、戦争をしていました。彼は本当に彼だけが言えるように、表しました－怯ませるように、です！私は本当に衝撃を感じたのを、憶えています－彼はその時にインドの聴衆に対して、異なったように話をしたのです。彼は彼らに対して、より手きびしかった。

それから、寄り道がありました。これについて聞きたいですか。そこにクリシュナジは関与していません。
スコット－すべてほしいです。（二人とも笑う）
メアリー－どうしてそれが始まったのかは忘れましたが、ともかく15日ごろにフランシス・マッキャン、アラン〔・ノーデ〕、私とジョージ・ヴィソウルカスは、運転手と車でもって、〔ガンジス河上流のヒンドゥーの聖地〕リシケシ（Rishikesh）に行きました。私たちは、泊まる場所が無いだろうし、それに耐える準備をしなければならないと言われました。私たちは、ともあれ行こう、必要なら寝袋で寝ようと考えました。私たちは、（クスクス笑う）湯冷ましの大きな水筒とクルミの袋を持って、出かけて行ったのを、憶えています。（スコット、クスクス笑う）それは、或る種、私たちの糧食でした。私たちはリシケシに着いたとき、本当にホテルの部屋が無いことを、発見しました。でも、アランは人々を説得するのがとてもうまいので、旅行代理店に入って話をし、ダク・バンガローズ（Dak Bungalows）という名だと思いますが、そこに泊めてもらえるようにしました。これらは政府の監査官が回ってくるとき泊まる場所でした。たまたま、ちょうどガンジス河沿いにありました。門の小さな番兵を通り過ぎて入りました。彼は槍を持っていました！（笑う、それからスコットも笑う）彼は銃を持っていませんでした。（もっと笑う）彼はそこに、槍をもって門の前に、まったく一人きりで立っていました。私たちはかなりの道のりを運転して、バンガローを見つけましたが、そこは染み一つなく清潔でした。そこには三つの寝室と四つの浴室があったと、思います。それは大したものでした。フランシスと私は浴室を共有しました。これは、私の初めてのインドのトイレの経験でした！（笑う）

スコット－ああ、はい。（笑う）
メアリー－でも清潔でした。すてきでした。落ち着いた後、私たちは街へ戻り、どこか食事をする場所を探しました。ご存じかもしれませんが、カワリティ・レストラン（Kwality Restaurant）というレストラン・チェーンがありました。それらが今でもインドにあるのかどうかは、知りません。
スコット－見た憶えがあります。
メアリー－それで、私たちはカワリティ・レストランに行きました。プトマインが含まれていないと思う加熱された食べ物を、よく気をつけて注文しました。私たちはたくさんお茶を飲んだと思います。（クスクス笑う）他はあまり憶えていません。

朝には、かなり冷たいにわか雨が、降りました。それから私たちは、ハードヴァル（Hardvar）のシヴァナンダ・アシュラム（Shivananda Ashram）まで行きました－ここは、黄色の衣の大勢のサンニャーシのせいで、興味深かった。それは、私が初めてライ病〔、ハンセン氏病〕の乞食たちを見たときでした－それらは、〔亡き夫サムの製作した映画〕『ベン・ハー』の物語の一部分でした。私たちはアシュラムに行き、その長が見えるのを待ちましたが、彼は忙しかった。それで、私たちは立ち去り、或る特定のヨーガの導師を探しに行きました－彼はすばらしいとの評判でしたが、外に出ていました。それで、私たちはリシケシに戻りました。

それからジョージ〔・ヴィソウルカス〕は、何かを探しに行きました。何だったかは思い出せませんが、彼は、隣に〔インドの伝統医学〕アーユル・ヴェーダの医師がいると言って、戻ってきました－その医師は彼に対して、偉大なスワミ〔、ヒンドゥーの行者〕が到着しようとしているが、私たちはその偉大なスワミに会いたいかと、言いました。私たちはそうしたいと返事をしました。それで、約束の時間に隣に行きました。この風変わりな（クスクス笑う）人が入ってきました。彼は太っちょで、大きな丸顔をしていました。彼は私たちを一人ずつ見つめて、質問をするようでした－「これらの人たちは誰ですか。彼らは何をするんですか。」と。私たちは座りました。彼は幾つか質問をし、ジョージはこの人に魅了されました。後でジョージは、できるなら、この人の弟子になりたいと決心しました。まあ、アランは恐怖して嫌悪しました。次の日、アラン、フランシスと私は〔北部ウッタル・プラデーシュ州の都市〕デヘラドゥーン（Dehradun）に行きました。
スコット－ああ、そうか。
メアリー－ヒマラヤを登って、登って、登って、登って行きました。ご存じのように、雪の線へ、そしてそれを越えて、最高にすばらしい山々です。私たちが戻ったとき、アランとジョージは、口論を始めました。アランは、「あなたはクリシュナジの世話をするためにここに来たんです。この導師（グル）と行ってしまうって、どういうつもりですか。」と言いました。
スコット－彼は、クリシュナジの何を治療していましたか。
メアリー－ただ彼の健康を見守るだけです。でも、ジョージは魔術を知りたかった。彼は成就、力、これらすべてのものが欲しかったんです。

それで、私たちは車で、かなりへこんだ雰囲気で戻ってきました。ジョージはその晩、クリシュナジに会いに行きました。クリシュナジは彼に、自らが何を追求しているの

かがはっきり分かるよう手助けしようとしましたが、ジョージは自らの意図に反対することとは何の関わりも持とうとしなかった。アランは激昂していました。これは非道であり、配慮に欠け、無責任であるなどと考えました。

で、ジョージはそのスワミのところへ行ってしまい、残りの私たちは〔ヴァーラーナシーの〕ラージガートに行きました。私は（クスクス笑う）デリーの空港で飛行機を待っていると、待っている乗客たちの部屋があったのを、憶えています。そこには、頭に灰色のスカーフを巻いた人が、いました。彼は太って背が低かったんですが、〔シヴァ派の風習として〕額に灰を塗りたくっていて、ショールに包まっていました。私はクリシュナジに対してフランス語で、「ケル・エ・ソン・マキラージ？彼のお化粧は何ですか？」と言いました。（スコット、笑う）クリシュナジは、困った仕草をしました。それから彼は、いつも空港でやることをやりました － 彼は、大きな威厳をもって歩き回り、あらゆるものを容れるが、何もじろじろ見つめなかった。私の言う意味が分かるなら、です。彼は間接的にあらゆるものが見えました。

スコット － ええ、ええ。

メアリー － （笑う）彼は戻ってきたとき、「さあ、あらゆるものが見えた。」というような、おもしろい発言をしました。

私たちが〔ガンジス河中流の古都〕ベナレス〔現ヴァーラーナシー〕に着いたとき、クリシュナジは、〔インドでの仕事の担当者〕マーダヴァチャリ（Madahvachari）と他の何人かと一種のバスに乗って行ってしまいました。

私はベナレスを一目見たのを、けっして忘れないでしょう。なぜなら、それまで私はインドに行ったことがなかったと感じたからです。荷車での交通すべては、いつも互いに警笛を鳴らしあい、それらの装飾すべて、山羊と雌牛が歩きまわり、女たちは乾かすために〔燃料用の〕牛糞のパイを壁に貼りつけていた。他の女たちは、大きな真鍮の水差しを頭に載せて〔運んで〕いた。いろいろとものが乾く臭いと、あれら並んだベッドに臥せている〔死の近い〕人たち － 道路わきの低いベット。それがインドでした。〔首都〕デリーよりはるかにそうね！（笑う）

スコット － ええ。（笑う）誰が〔飛行機で〕飛んだんですか。あなたとアランとクリシュナジと···

メアリー － フランシスだと思います。私はクリシュナジの横に座ったこと、彼が早朝、私にヒマラヤのピンクの雪を指し示してくれたことを、憶えています － 何と美しかったことか。

スコット － では、夜明け前に飛び立ったはずですね。

メアリー － ええ。なぜかインドの空の旅はその頃、いつも奇妙な時刻にありました。私たちが〔ベナレスの〕ラージガートに着いたとき、私たちのために用意された部屋というこの案件が（笑う）続きました。

スコット － すみません。もう一度、止まって、未来の人たちが持ちそうな質問をさせてください。この時にクリシュナジはあなたたちと〔ベナレスへ〕飛んだとき、インドの服を着ていましたか。

メアリー － ええ、そうです。彼はずっとインドの服を着ました。インドにいるときはいつもです。これで、私たちがデリーにいたとき、彼はチュリダース（churidars）[10]をはいたのを思い起こしました。チュリダースが何か、知っていますか。

スコット － ええ。

メアリー － それらは脚より長いのを、知っていますね。それらは押し上げると、ふくらはぎの上で締まりますが、合わなくてはなりません。クリシュナジは私に、自分を試すよう一足、送ってくれました。あいにく彼の脚は、〔女の〕私のよりはるかに細いし（笑う）、私はそれにはまり込んでしまいました！それを裂かないで脱ぐのに、大変な時間を過ごしました。（メアリーとスコット、笑う）また、デリーでは初めに、私のための衣服の買い物がたくさんありました。

スコット － どこに行きましたか。

メアリー － コットン・インダストリーズ（the Cottage Industries）に行きました。キティ・シヴァ・ラオはそこの重役の一人でした。彼女が私を連れて行ってくれたのか、送ってくれたのか思い出せませんが、コットンのもののように、インドで着るものをたくさん入手したんです。

スコット － あなたは、それらをクリシュナジに見せるために、持ってかえりましたか。後で彼はそれをとても喜んだのを、私は知っていますが。

メアリー － いいえ。私はそれらを着て現れただけです。（笑う）

ともあれ、私たちは今、ラージガート（Rajghat）[11]にいます。学校では、彼を迎えるために大きな集まりがありました － 小さな子どもたちが花を持つなど、あらゆることです。フランシスと私は部屋をもらいました。大きな部屋と小さな部屋があり、バスルームは共有しました。それは、クリシュナ・アシュラムと呼ばれる、〔ガンジス〕河を見渡すそれら建物の一つにありました。私たちは二階の自室に上がり、扉を開けて、驚愕しました。そこは何年も使われていなかったにちがいなかった。（メアリーとスコット、クスクス笑う）なぜなら、誇張はしていませんが、埃が砂漠にあるようにたくさんあったからです。私たちが入ったとき、その雲が立ち上りました。砂のように見えましたが、埃でした。部屋には、ただロープのついたベット一つ以外、何もなかった。マットレスもない、シーツもない、毛布もない、蚊帳もない、何もない！小さな部屋も同様な状態でした。

フランシスと私は、誰が大部屋を取り、誰が小部屋を取るかについて、論争をしました。彼女が勝って、小部屋を取りました。（クスクス笑う）壁には、ものを掛けられる掛けくぎが三つありましたが、それがそこにあるすべてでした。他には何もない！（スコット、笑う）バスルームはあまり大きくなくて、おもに洗面台のせいでとんでもなかった － それは小さくて、あなたのテープ・レコーダーほど黒かった。どうして洗面台を、白い磁器の洗面台をあんなに黒くできるのか、分かりません。それにタールを注いだのなければ、ね！（スコット、笑う）普通の汚れではそうならなかったし、何年もの普通の汚れでも（スコット、もっと笑う）白い流しをあんなに黒くできなかったわ。それから、トイレの床には穴があるだけでした。アランは同じ建物にいましたが、どこか他でした。私たちの場所を見た後、彼はまっすぐクリシュナジのところに行って、言いました。それから明らかに、マーダヴァチャリは － 彼は、インドでのＫの活動すべてを取り仕切りました － すべてがよくないと、言われました。彼はインド〔国有〕鉄道の或る種の〔技術系の〕大物だったんですが、今は退職していました。とても背が高く大きな人で、とても厳格なバラモ

ンの種類ですが、彼は人々の快適さには関心を持たなかった － 少しもです！（笑う）彼は来て見つめ、何か「ああ、そうか、準備できていないな。うーん、まあ、誰かを寄越しましょう。」というようなことをつぶやきました。でも、まったく誰も来なかった！明らかにクリシュナジに再び情報が伝わったようで、今やクリシュナジが到着しました。そして、彼が来て、これを見てから続いた仕事は！（笑う）これは、彼の認識や注目に似つかわしくないはずでした。

スコットーもちろんです。（笑う）

メアリーーでも、〔担当責任者の〕彼は入ってきて、（クスクス笑う）自分の権威を主張しはじめました。たちまち、人々がバケツの水や箒等を持って来ました。ついに敷物が見つかって、幾つかシーツと毛布と、最後に蚊帳が見つかりました。或る気の毒な運び手 － 朝に私たちの熱い湯のバケツをもって階段をふらついて上がった人は、それを沸かすために夜明けのずっと前に起きていました（彼が薪を切って、火をおこし、バケツの水を沸かしているのが、聞こえました。）このかわいそうな人が、洗面台の清掃に取りかかりました。彼は初日それを四時間掃除しましたが、三週間後、私たちが立ち去った日、彼はまだカミソリでこすっていました。ひどいわ！でも、クリシュナジがやってきて、自分のお客さんが何を被っているかを見たことに対する〔担当者たちの〕驚愕は － みんなの顔は青ざめていました。（メアリーとスコット、笑う）

スコットーもちろんです。あなたはどこで食事をしましたか。

メアリーーどこで食事をしたんでしょうか。どの食事も憶えていないわ。（笑う）まあ、悪くはなかったはずです。さもないと、それを憶えているでしょう！（クスクス笑う）

ともあれ、クリシュナジは、たくさんの講話を行って、子どもたちに講話をしました。

スコットーそれらはどこで行われましたか。

メアリーー学校のホールです。知っていますね、河沿いに下ると、学校の大きなホールに来ます。そこは〔ベンガル出身の詩人〕タゴールが創始したものです。ともあれ、教師たちへと学生たちへの講話がありました － 一緒のも、別々のも、です。そして、12月の或るすてきな日に、フランシスと私は、クリシュナジの部屋に招かれました － そこで彼はサルマン氏（Mr.Salman） － 彼は音楽の教師です － とともに、詠唱しました。私たちは床に座りました。彼の部屋は憶えています。とってもきちんとしていました。この枕にはタオルが掛けてありました。蚊帳は、すごくきちんと引き戻されていました。そして、金属の衣装だんすと、何か引き出しのついたものと、肘掛け椅子がありました。いまでもそれは鮮明に見えます。私たちが座った小さな絨毯がありました。そして、彼らは詠唱しました。すばらしかった。

スコットー午後には、クリシュナジと散歩に行きましたか。

メアリーーええ。しばしば運動場を回りました。敷地をぐるっと回る大きな散歩がありました。また、小さな川、ヴァルナ川を越えて、村々まで自分一人でたくさん行きました － あなたはそうしたことはありますか。

スコットーええ、何回も。

メアリーー土地は砂色のようなものだと憶えています。建物はその同じ土から作られていたので、同じ色でしたが、白い装飾をつけていました。それらは、普通の住宅のように角張っていなくて、まるで子どもたちが造ったかのように、丸いようなものでした － 知っているでしょう、子どもたちが浜辺で造る家に似ています。私はそこをたくさん散歩したものです。また私は、〔ラージガートの敷地内の〕農学校まで歩いて行ったものです。

また、かんぬき（そう呼ぶんだと思います）を買うために、アランとともにベナレスに行くよう頼まれたのも、憶えています。なぜなら、農業専門校には、狂犬病のジャッカルに噛まれた学生がいて、彼はパスツール療法を受けなかったんで、死んだからです。私たちは、狂犬病のジャッカルを寄せ付けないために、かんぬきを、大きな重いものを、買うよう頼まれました。私は一度もジャッカルを見ませんでしたが、それがお使いでした。ベナレスのとほうもないことを、憶えています － それもまた、（スコット、笑う）世界の他のどんなところにも、似ていません。

スコットーええ、そこはインドの本質のように見えます。

メアリーーええ、またタクシーとトラックが警笛を鳴らし、山羊と雌牛がうろついていました。或る時点で、フランシスとアランと私は〔ガンジス河の岸の〕ガート（the ghats[5]）に向かって歩いて行き、角を曲がっていました。私は、後ろに死体を載せた自転車と、ほとんど衝突しそうになりました！包んでガートの焼き場へ持って行くんです。それから、河沿いに、ガートを歩いていました。私たちはちょうど灰の中を歩いていました。私はアランに言ったのを、憶えています － 「ねえ、私が倒れこんだなら、そのまま歩きつづけて、私を知っていたのを忘れてね。なぜなら、（スコット、笑う）私は死んでいるでしょうから！」と。（二人とも笑う）ふしぎな街だわ！

スコットーええ、ええ。この時期にあなたは、クリシュナジとどんな種類の接触を持ちましたか。討論のために彼の部屋に行きましたか。

メアリーーええ、幾つか討論会に招かれました。

スコットーこれら討論会の間に、彼に会っただけですか。

メアリーーまあ、討論会の間に彼に会いました。そして、昼食に呼ばれたと思います。そのとき〔料理人の〕パラメシュワラン（Parameshwaran[7]）が彼とともにいたと、思います。だから、彼の建物の二階で昼食がありました － ダイニング・ルームだった、あの裏の部屋です。

スコットー憶えています。で、あなたはそこでクリシュナジと昼食したんですね。

メアリーーええ。

スコットーあなたは多くの討論会に参加して、散歩で彼に会ったんでしょうか。

メアリーーええ。でも、他の場所ほどではない。

スコットーあなたは〔その近郊の〕サールナート[8]に行ったはずです。

メアリーーええ。私はサールナートへ行きました。一人だったか、誰かと一緒だったか － たぶんアランね。私はそこに歩いて行き、博物館に行きました。その散歩は憶えています。通り過ぎたのは、小さな…寺院でもないが、そこに住んでいる或る導師がいました。人々は供物やいろいろと持って来たものでした。

私たちはまた、舟でガンジス河を下りました。

また年老いた犬がいたことも、憶えています。その名前は忘れてしまいましたが、ローヴァーのようなものでした。朝早く私が散歩に出かけると、犬がタンパク質を求め

て河に出ているのが、見えました！（笑う）それで、ハゲタカもいました。

それから、私は午後にお茶に行き、〔その犬が〕バジャー[9]のようにここで床に臥せって、眠っているのを見ました。おじいちゃんのローヴァー。彼のことで大騒ぎしている西洋のご婦人たちは、（笑う）朝早く彼がどこに行っていたのかを、知っていたとは思わないわ！

スコットーええ、死体を食べて。

メアリーーええ、死体を食べて。

最後に私たちが旅行を続けることになったとき、空港には、ご婦人がいたのを憶えています － 彼女はジャイナ教徒[12]でしたが、動揺していて、自分はクリシュナジと結婚していると信じていました。だから、私たちは彼女から彼を保護しなくてはなりませんでした。彼女は横たわって、彼を待っていました。なぜなら、彼女はいつも彼に触れたかったのですが、彼はそうしてほしくなかったからです。それで、私たちはフットボール〔の試合〕のように妨害〔インターフェア〕しに走らざるをえませんでした。私たちは彼女を、月光夫人（Mrs. Moonlight）と呼んでいました。なぜなら、幾らかの人たちがそうであるように、満月になると、彼女はより狂気になったからです。或る時点で、空港で彼女はあわや彼に触れそうでした。私は、彼が彼女に対して、「私に触らないでください。」と厳しく言ったのを、憶えています。彼は後で物語を語ってくれました － かつて〔西インドの大都市〕ボンベイ〔現ムンバイ〕で彼が一人でいましたが、彼女が現れた。彼は「立ち去りなさい。」と言い、最後に「あなたがそうしないなら、警察を呼びますよ。」と言わざるをえませんでした。彼女は「どうぞ。私はあなたの妻よ！」と答えたわけです。（スコットとメアリー、笑う）運良くその時点で、路面電車が通りかかり、彼は路面電車に飛び乗り、逃げました。（笑う）彼女は一人娘がいましたが、かわいそうな娘に、クリシュナジに対して、「愛する父さん」とか手紙を書かせました。

ともあれ、私たちはさらに、〔インド南東部の大都市〕マドラス〔現チェンナイ〕へ旅行しました。ラージガートはかなり涼しく乾いていました。事実、かなり寒かった。私たちは〔まず飛行機で〕デリーに飛んで戻りました。マドラスに行くには、〔首都〕デリーに行かなくてはならなかったからです。

またもや私は、〔デリーの〕国際センターで夜を過ごしました。クリシュナジはシヴァ・ラオのところに泊まりました。それから、クリシュナジとアランと私は、マドラスへ飛びました。私は、マドラスで飛行機から歩いて出たのを、憶えています。突然に熱帯でした[13]。午後遅くのことで、全然違っていました。クリシュナジを歓迎する人たちの群れが、いました。彼らの多くは花輪をもっていて、彼らの一人がジャヤラクシュミー夫人(Mrs.Jayalakshmi)でした。彼女に会ったことがありますか。

スコットーああ、はい、はい。何度も会ったことがあります。

メアリーーまあ、会ったことのない人たちのためには、彼女はインドの女性としては、全く背が高くて、大きな存在感と威厳をもっていました。彼女は南インド流の服装をしていました － それはいつも、美しくとっても重々しい絹のサリーに、コットンのブラウスでしたが、彼女はそれらを違ったように着こなしました。それは、違ったやり方で腰に巻かれていました。それは肩に掛けるやり方ではなく、たいへん優雅さを持っていました。結局、私は彼女のサリーのコレクションを見ましたが、あれはとてつもないものでした。彼女はとても静寂で、むしろ恥ずかしがりでした。そして、わずかにきびしかった。

スコットーすばらしいご婦人です。

メアリーーええ。

アラン〔・ノーデ〕が彼女に挨拶したとき、彼女は、「家を見つけておきました。」と言いました。彼女はさらに運転して、私たちのために借りておいてくれた家に、送ってくれました。彼女はまた、街のスペンサー〔百貨店〕から調度品すべてを借りて、しかも一日一食の料理をするように、自分の調理人を私たちに貸してくれました！彼女のおもてなしは信じられなかった。彼女は、フランシスを知らなかったし、私を知らなかった。彼女は、アランを知っていました。そして、彼がクリシュナジがこれこれを望んでいると彼女に手紙を書いておいたから、彼女はこれらの面倒を見てくれていたんです！本当にとほうもない。で、私たちは引っ越してきました。フランシスと私は、バスつきの二階の部屋を取りました。アランは一階にいました。私たちにはキッチンがあり、そこで私は朝食と夕食を造ることになりました。私は（笑う）初めてキッチンを一目見たのを、憶えています － 10 フィート〔、約 3 メートル〕かける 20 フィート〔、約 6 メートル〕ほどの部屋、かなりの部屋でした。狭い端には鍋をのせた棚がありました － それらは銀に見えましたが、取っ手がない。部屋の反対の端には、正方形の穴を切り込んだ石のカウンターが、ありました － その上には、水の蛇口がありました。それが流し台でした。その左には、キャンプをするあなたたちには馴染みぶかいものがありました。すなわち、パラフィン〔すなわち灯油〕のコンロです。（スコット、笑う）巨大なものです。

スコットー（笑う）では、豪華なキッチンがあったわけです！

メアリーーええ。（笑う）それがそこにあったすべてです！他には何もありませんでした。

スコットーでも、そこは半ダースの召使いたちで充たすと思われます‥‥

メアリーーまあ、一人、召使いが到着しました。バラモンの料理人です。とても凛々しい若者でした。とても礼儀正しく厳しく威厳がありました。でも私は、彼が床の上で昼食を準備しているのを、見ました。床の上でザク、ザク、ザク、ザクと。さて、彼はバラモンですから、とても清潔ですし、私は靴を脱がず足をきれいにせずに、そこに入っていってはいけないことを、悟りました！（笑う）でも、たとえそうでも、床の上です！

スコットーええ。分かります！（笑う）

メアリーーそれで、私の最初の食事は朝食でしたが、その前に牛乳屋が水牛の乳をもって来ました。彼はそれを大きな水差しで運んできました。顧客たちは自分の容器を持っていて、彼はそれをあなたの容器に注いでくれました。私は、それをこのように支えている彼の汚い親指がいつもあったし、牛乳は汚い親指の上を流れ落ちたのを、憶えています。牛乳は煮立てなくてはならなかったので、これらのことには騒ぎ立てしないんです。（スコット、クスクス笑う）それで、私は牛乳を煮立てたものです。また、湯冷ましのための蓋つきの土器の壺があり、それはバラモンの料理人が充たしました。その水は信用できました。私はフォークにトーストを突き刺して、（笑う）キャンプ・ファイアの道具でトー

ストを作りました。
スコット―（笑う）では、パラフィン〔灯油〕の味がしたわけです！
メアリー―ええ。果物がありましたが、赤痢に罹らないよう、気をつけて切ってありました。それが朝食でした。（笑う）

初めての経験としては興味深かったです。フランシス〔・マッキャン〕はその頃、朝食には何もしませんでした。私が一人で朝食を作りました。（クスクス笑う）ともあれ、私はヴァサンタ・ヴィハーラ（Vasanta Vihar）に招かれました。クリシュナジは、私をすっかり見せて回り、自らがもはやTS〔神智学協会〕に歓迎されなかったとき、ラージャゴパルが寄付を集めて、ヴァサンタ・ヴィハーラの6エーカー〔、24300平方メートルほどの敷地〕を買ったことを、説明しました。二つの小さな建物を建てるつもりでしたが、どうにかこの大きなものが建てられた – それはクリシュナジが選んだようなものではなかったが、そのとおりだ、と。彼は、あらゆるものを見せてくれました。大きなホールを含めて、です – そこは、あなたもよく思い出すでしょう。二階の彼の部屋等、全部です。

その後で私たちは、散歩に行きました。ジャヤラクシュミー夫人が運転して、私たちを〔マドラス市内の〕鹿の公園（the deer park）へ連れて行ってくれました。私たち三人は鹿の公園を歩き回りました。そこはすてきでした。

それから公開講話が始まりましたが、その時点で私はインフルエンザに罹りました。私は本当に病気になって、ベッドに留まらざるをえませんでした。私は肺炎になろうとしていると思ったのを、憶えています。なぜなら、さらにますます病気が重くなったからです。最終的に或る夜、私はアランの部屋に降りて行き、「ねえ、私はどうしようかしら。」と言いました。彼は、「私はあなたの友だちとして、約束します – あなたが本当に重病になるなら、私はあなたをパリのアメリカ病院に連れて行くでしょう。私自身があなたをそこに引きずっていかなくてはならないなら、ね。」と返答しました。それで私は安心しました。私はインドの病院に入れられるのは、恐ろしい気持ちでした。私は幻覚を見つづけました。映画からだと思います – そこでは、砂漠を越えていく隊商がいました。誰かがラクダから落ちて、残りの人たちはひたすら進みつづけるんです。
スコット―（笑う）ええ。
メアリー―それが私になろうとしている！インドに取り残される！（笑う）それで、私の元気は戻ってきて、菌に勝利したと思います。熱が下がったとたんに、アランがクリシュナジに告げて、彼は「彼女をここに連れてきなさい。」と言いました。アランが戻ってきて、私に「クリシュナジはあなたに、今すぐ会いたがっている！」と言いました。で、私はよろめいて立ち上がり、服を着ました。私たちが「癒し」と呼ぶことになったものを、彼はしたいと思っていました。それが、彼が私に対してそれをした初めてのときでした。彼は私を椅子に座らせ、私の肩に両手を軽く置いたので、鳥の翼が自分に触れているかのようでした。それから彼は私に、どこに病気を感じるかを、訊きました。もちろん私はひどい洞鬱血がありました。彼は私の目の真上、上と下に手を置きました – まるで指の先で皺を伸ばすように、です。それから、片手を片目に、片手を肩に置きました。痛みが即座に止まりました。彼は、「では、毎日来てください。私はそれをしましょう。」と言いました。

スコット―痛みが止まったほかに、何を感じましたか。
メアリー―私は彼の親切に泣きたくなりました。とても感じ入りました。すごく感動的でした。何年も後、彼は一度、私の〔マリブでの〕家政婦、フィロミナ（Filomina）の手当をしました – 彼女はひどい〔痛風などの〕関節炎を持っていました。彼女は後で私に対して、〔イタリア語で〕「ア・レ・マニ・デ・ウン・サント」、彼は聖者の手を持っている、と言いました。そのようなものでした。（休む）
スコット―その時に他に何か感じたり、他に何か考えたりしましたか。
メアリー―いいえ。ただとても静か、とっても静かでした。何か意図した故意の静けさでなかった。彼がこうしたとき、感じました。彼が終えた後、私はそこに座っていられました – どれほどか分からない間、です。

彼はいつも後で立ち去って、手を振ったものです – すべてを振り払っているようでした。
スコット―ええ。手から水を振り払おうとするかのように。
メアリー―ええ。でも、私には、彼は何か病を振り払うようなことをしているように見えました。それから彼は行って、手を洗ったものです。

質問をしてください。
スコット―その頃、誰がインドでの〔クリシュナジの〕活動を取り仕切っていましたか。
メアリー―マーダヴァチャリ（Madhavachari）です。
スコット―場所の雰囲気はどのようでしたか。歓迎を感じましたか。
メアリー―ええ。幾つかのおかしなことにも関わらず、感じました。彼らはみな、とてもすてきでした。

マドラスではあまり多くの散歩を憶えていません。それは、〔アディヤールの神智学協会の敷地を抜けて、ベンガル湾沿いの〕砂浜での散歩の日課が始まる前でした。代わりに、彼は鹿の公園を散歩しました。
スコット―クリシュナジは〔近くの〕ジャヤラクシュミー邸に歩いて、行き来しなかったんですか。
メアリー―たぶんね。彼女は〔ヴァサンタ・ヴィハーラの前のグリーンウェイズ〕道路を行ったところにいました。
スコット―知っています。思うに、彼はかつて・・・私はそこを彼とともに歩きました。
メアリー―私は本当は、マドラスで彼と散歩に行きませんでした。鹿の公園以外はね。
スコット―昼食での議論とか、そのような、あなたが加わるようなものが、ありましたか。
メアリー―ええ、時折ね。私が招かれた最初の昼食は、あの大きな部屋で行われました – 会合すべてが開かれたところです。その端にテーブルがありました。マーダヴァチャリがそこにいて、クリシュナジと、私は他の誰も憶えていません。
スコット―私はまた、タパス（Tapas）についても、お訊きしたかったんです。タパスを憶えていますか。
メアリー―ええ！
スコット―彼女はとてもすてきなご婦人で、クリシュナジにとても献身的でした。彼女は、デリーとラージガートとマドラスで、そこにいたにちがいないと思います。
メアリー―たぶんね。ちいさな小柄な女性です！彼女はスナンダ、ププル、ナンディニと戦争を続けていました – クリシュナジの世話をしていると思われている人々みんな、

29

とです。なぜなら、彼女が彼のインドの衣服をしまっておいたからです。彼女がそれらを計らったし、彼女は、自分がどこにそれらをしまっているのかを、彼女たちにけっして（笑う）言わなかったんです。（スコット、笑う）彼女はそれらについてとっても所有欲が強かった。それで、彼が到着しそうになり、彼女たちが彼のインドの衣装をかき集めようとしているとき、毎年危機がありました。衣服は突然、出現したものです。でも、（笑う）彼女たちがすっかり失望した後、やっとのことでした！（スコットとメアリー、二人とも笑う）それは彼女の領土主張でした。

スコット——ええ、ええ。彼女はまた彼の部屋をも掃除したんですか。

メアリー——ええ、しました。彼のバス・ルームもです。私は先に飛びます――タパスが現れてきたからです。でも、これは後で起きました――彼女がここ、ブロックウッドにいたとき、です。シドゥー姉妹（the Siddoos）が[1974年から]彼女の旅費を払いました。彼女はまたその夏、スイスにも来ました。この時までに私は[クリシュナジの身の回りの]これらすべてのことをしていたので、彼女はきびしく私を問い詰めました――「彼のシャツはどうなるの？」と。

私は「家で洗いました。」と言いました。

「誰が洗ったの？」。

「私です」。

「ああ、誰がアイロンをかけるの？」。

「私です」。

「ああ。」と彼女は言いました。（メアリーとスコットは二人とも笑う）ことは満足できました。私は、それらを他の人たちの汚い[シーツなど]リネン類と一緒に送り出さなかった！

スコット——とんでもない！（さらに笑う）それに誰かふさわしくない人が、それらにアイロンをかけなかった！（二人ともまた笑う）ええ。

メアリー——彼女はとてもすてきでした。とてもすてきでした。（笑う）

で、私たちはマドラスから運転して、[インド南部、アンドラ・プラデーシュ州の内陸部]リシ・ヴァレーに行きました。

クリシュナジはパマ[・パトワールダーン]（Pa ma）とともに、車に乗りました――他の人を私は忘れました。アラン[・ノーデ]とフランシス[・マッキャン]と私は、私が運転手つきで借りた別の車に、乗っていました。私たちはみんな、朝4時に出かけました。あなたも思い出すでしょうが、[暑い気候と遠い距離もあって、]リシ・ヴァレーへ出かけるには、普通の時刻です。

クリシュナジの車が先でした。彼は私に、南十字星を探すように言っていました――私はそれを見たことがありませんでした。私は、あの朝、日の出前に車を走らせたのを、憶えています――牛車が田舎から都市へ野菜を運んでくる。急がせないで、ゆっくりと棒でつつくあれら白い牛の車です。貨物トラックが警笛を鳴らす――全部です。インドの夜明け前に暖を取るために、人々が小さな煙たい火のまわりに縮こまり、みんな包まり、特に手と首を包まっている村々を、通りぬけました。

あなたも憶えているにちがいないわ。

スコット——ええ、いつもとほうもなく見えました。

メアリー——私たちはみんな、道路沿いのどこかで待ち合わせて、ピクニックの朝食をとることになっていました。でも、私たちが一定の道路区画[ブロック]、いわば検問所に着いたとき、私たちの車は適切な書類を持っていないことが、分かりました。

スコット——ああ。そうです。私は、或る地点で一定区域を運転できる許可のみを与えられていたのを、憶えています。

メアリー——そのとおり。で、車は[タミール・ナドゥ州カンチプーラム県の]ナッローレ（Nallore）という場所に戻らざるを得ませんでした。多くの手振りと話などをした後で、私たちはもう一台タクシーを雇いました――それは適切な書類を持っていました。それで、私たちはかなり遅くリシ・ヴァレーに着きました。もう一台の車は、ピクニックの朝食に停まっていたのですが、私たち[の車]は現れなかった。私たちが到着したとき、クリシュナジは、古い客用住宅[ゲストハウス]の前に出ていました。

私はリシ・ヴァレーで、即座に気分が良くなりました。そこは異なった気候であったからです――乾いていました。私にとってそこは、[アメリカの西部の乾燥地帯]アリゾナのようでした。あのインフルエンザのような病気にともなう私の困難すべては、良い気候で終わりました。

クリシュナジは、古い客用住宅[ゲストハウス]の二階のあの小さな部屋にいました。

スコット——ここで止めましょう。なぜなら、テープが5分ほどしか残っていないし、ここから会話をまた始めるのが容易だろうからです。あなたはリシ・ヴァレーに到着したばかりです。

メアリー——ええ。

スコット——リシ・ヴァレーへの到着前に、他に何か思いつくことが何かありますか。

メアリー——私にはいつも子どもたちのおもちゃのように見えた、あれらとほうもない岩々がある、谷のふしぎな様子を、ただ思い出します――そこに巨人の赤ん坊が置いたにちがいなくて、まさにそのように均衡している岩々、です。自然がどうにかそれらを造り出したわけがない。

スコット——ええ。

メアリー——自然がそれをあのようにしたんではないでしょう。

スコット——（クスクス笑う）ええ。

メアリー——私が触れるのを忘れたことが一つあります――その年、私たちがリシ・ヴァレーに行く前に、マドラスで起きたことです。[ギリシャ人の]ジョージ・ヴィソウルカスが突然、現れました。彼は[師事しようとしていた]そのスワミ[、ヒンドゥーの行者]が怖くなったんだと思います。彼は、或る種の黒魔術が行われていると、考えました。ともあれ、彼は現れたし、アランは、彼の振るまってきたさまについて、本当に彼に怒っていました。なぜなら、アランは、彼をクリシュナムルティに紹介したことに関して、責任を感じたからです。彼ら二人の間は、かなり不愉快になりました。

それで、ジョージは立ち去りました。思い起こすところ、かなり失礼な立ち去り方でした。まったく不愉快でした。

インド人たちのほとんどは、これらを強く非難していました。でも、そのことで彼らは、むしろアランを責めました。

スコット——なぜ彼らはアランを責めたんですか。インドでアランについての評価はかなり低かったということは、知っていますが。

メアリー——ええ、そうでした。その一部分はこれを巡って、です――彼らはジョージのことで彼を責めました。でも、彼

らは、アランが彼らにとって突然に割り込んできた人であったから、進んで彼を責めたと思います。彼らは、クリシュナジに会ったり、彼のためにいろいろと手配するには、或る程度、アランを通さなくてはならなかった。彼らは、アランは割り込んできた人だと感じて、そのために彼が好きでなかった。

スコット──ああ。アランは、クリシュナジにとって、〔神智学協会会長で養母の〕アニー・ベサントや〔その盟友〕レッドビーター以来、インド人でない最初の助手であったにちがいありません － 彼をどう呼んだのかは分かりませんが。なぜなら、〔Kの助手役は、実弟〕ニトヤの〔亡くなった〕後、ラージャゴパルでした。そして、ラージャゴパルは…

メアリー──ええ、彼は彼ら〔インド人でバラモン〕の一人でした。

スコット──ええ、それはインドの見栄でした。ええ、彼らの一人です。そのとき突然に、彼らの一人ではなかった。

メアリー──ええ。

スコット──それは全く思いつきませんでした。でも、それはもちろん、そうであったにちがいなく…

メアリー──大きな憤りがあったと思います。それにアランは丁重でなかった…

スコット──…これらにとって、そうであるべきほどには…

メアリー──ええ、ええ。

スコット──知っています。（笑う）

メアリー──〔インドでの仕事の担当者〕マーダヴァチャリは、特に彼を嫌っていました。

スコット──そのとおり。リシ・ヴァレーから再び始めましょう。

原 註

1) 列車はロンドンからドーヴァーに行き、次にフェリーがドーヴァーからフランスのカレー港に行き、次に列車が人々をカレーからパリに運んでいくから、そう呼ばれた。
2) カルロ（Carlo）とナディーネ・シュアレス〔夫妻〕(Nadine Suarès) は、デ・ラ・ブールドネー（de la Bourdonnais）通り15の8階建てのアパートメントに、住んでいた。
3) メアリーの夫〔、映画制作者のサム・ジンバリスト〕は、映画『ベン・ハー』を完成させた後、まもなくローマで〔心臓発作で〕亡くなっていた。
4) インドの色鮮やかなテント。側面は取り外しが可能で、野外の儀式、結婚式、大きなパーティ等に用いられる。
5) 〔ガンジス河の沐浴などのために〕水面へと降りていく、ふつう石でできた、階段。
6) これらは、特に死者の火葬のために設計された、幅の広い階段である。
7) 1950年代終わりから時折、インドでクリシュナジのために料理を造った、優秀な料理人。
8) 仏陀が初めて説法した場所で、最初の仏教寺院の敷地。
9) イングランドのブロックウッド・パーク・クリシュナムルティ教育センターで、1986年から1998年まで、学校で飼われた犬。
10) 1930年代初期にクリシュナムルティの仕事のために造られた建物で、彼がマドラスで泊まる場所。〔「春の住居」を意味する。〕後にそこは、インド・クリシュナムルティ財団の事務所になった。
11) 〔TSというのは神智学協会(The Theosophical Society)〔の略称〕である。
12) スナンダ・パトワールダーン（Sunanda Patwardhan）、ププル・ジャヤカール（Pupul Jayakar）とその妹ナンディニ・メータ（Nandini Mehta）は、当時クリシュナムルティの仕事に関与しており、後にインド・クリシュナムルティ財団の有力メンバーになった。
13) 〔医師の〕二人のシドゥー（Siddoo）姉妹、サルジト（Sarjit）とジャッキー（Jackie）は、カナダ・クリシュナムルティ委員会の創設者であった。
14) パマ・パトワールダーン（Pama Patwardhan）は〔デリーで出版社を経営し、〕後に〔1976年〕、インド・クリシュナムルティ財団の幹事になった。

訳 註

*1 Deauville はフランス北部ノルマンディー地方にあるので、記憶間違いかもしれない。レマン湖南岸には、似た地名としてDouvaine（ドゥヴェーヌ）がある。
*2 これとは別に金のものを持っていた。それも以前、贈られたものだった。
*3 1928年に南インド、アンドラ・プラデシュ州に開校された、最初のクリシュナムルティ学校である。マドラスから北へ150マイル（約240キロメートル）ほどにあるマダナパリすなわちKの生まれた小さな町から、入ることになる。この時期は、リシ・ヴァレーが1940年代の混乱と一時的閉鎖を脱したバラスンダラム校長の時代（1958-1977）である。学校に付属した農地での穀物、果物、野菜の栽培や牛乳生産を通じて自給するようになり、同時に、周囲の村々のための「地域センター」を作って厚生、教育、農業の面で協力関係を強めたり、貧しい学生のための奨学金制度を始めた時代である。詳細については、例えばウエブ上のWikiVisuallyのRishi Valley Schoolのページを参照。ちなみに、リシ・ヴァレーは現在、インドの私立学校ランキングの最上位に位置するような超有名校となっている。
*4 ホームページ上では、ここで指示された個所をクリックすると、メアリーの話が聞こえる。
*5 ホームページ上ではここで指示された個所をクリックすると、メアリーの話が聞こえる。
*6 1980年代半ばに「ニュー・サイエンス」の中で最重要な思想家として有名になった。日本でも彼のWholeness and Implicate Order やFragmentation and Wholeness の翻訳が出たが、当時Kとの関係は言及される程度であったし、特に60年代終わりからのブロックウッドでの活動はほとんど知られていなかった。ボームは、1969年のパンフレット「クリシュナムルティの仕事への序論（An Introduction to The Work of Krishnamurti）」の冒頭に次のようにいう －「私がクリシュナムルティの仕事を初めて知ったのは、1959年のことだった。そのとき私は、彼の『最初で最後の自由』を読んだ。特に関心が起きたのは、観察するものと観察されるものの問題に対する彼の深い洞察だった。この問題は、理論物理学者としての私自身の仕事の中心に、長らく近かった － 私は、おもに量子理論の意味に関心を持っていた。物理学の発展において初めて、これら〔観察するものと観察されるもの〕二つは分離できないとの概念が、物質一般の基本法則を理解するには必要だとして、提出されてきた。このために、そしてまたその本は、他の深い洞察を多く含んでいたために、私はクリシュナムルティと可能なだけ早く、直接的、個人的に話をすることが切実であると、感じた。そして、私は彼のロンドンへの訪問の一つで初めて彼に会ったとき、彼との疎通がたいへん容易いことに打たれた。それは、彼が聞くときの強烈なエネルギーにより、そして、私が言うべきことに彼が応答するときの自己保護的な留保と障壁からの自由により、可能になった。科学の仕事をする者として、私はその種の応答に完全に寛いだ気持ちだった。なぜなら、それは、私がごく近い精神の出会いがあった他の科学者たちとのこれら接触において出会ってきたものと、本質的に同じ性質であったからだ。（以下、省略）」
なお、このような非主観的な対話の性質について、第3号にもボームの発言が見られ、Kも感銘を受けている。
*7 このことは晩年のヴィデオ録画でも見ることができる。欧米での講話がスタイリッシュで、きわめて秩序だった感じがあるのとは異なっている。インドの講話は内容が決して異なるわけではないが、それでもなお、その偽善、虚偽を指摘することにおいてハッキリしており、「身も蓋もない」といった形容も思い浮かぶ。

*8 インド共和国は1947年に大英帝国の植民地から独立し、東西のイスラム国家パキスタンと分離したが、マハトマ・ガンディーの率いる独立運動のスローガンは、まさしく非暴力不服従であった。
*9 ptomaineはタンパク質が腐敗してできるアルカリ性の有毒物。
*10 chudidarsとも表記する。Kは周囲に溶け込む服装をしていた。イギリスではスーツにネクタイ、南インドではドーティ（長袖の長いシャツ）とパジャマ、北インドではドーティまたはチュリダース、南カリフォルニアではスラックスにスポーツシャツといった具合であり、インドに到着するとすぐに着替えていた。インドを訪問する外国人にも目立たないよう助言していた。ラッチェンスの伝記第二巻、1930年の個所、またはM.Lee（2015）第4章を参照。
*11 ベナレスの街から5マイル（約8キロメートル）北に、ガンジス河沿いに街と同じ側にある。1928年にベサント夫人、クリシュナジなどのリシ・ヴァレー財団により、ここの土地が取得され、1934年に二番目の学校が創設された。現在、7歳から18歳までの300人ほどの共学の学校 Rajghat Besant School を中心に、女子大学、地域の学校、農場を持っている（農学校は現在では廃止されて、地域の学校に転用されている）。敷地には、サールナート（ブッダが最初に法輪を転じた場所）への巡礼の道が、通っている。ちなみに、学校は現在、リシ・ヴァレーと同様にインド全体でも高評価の有名校になっている。
*12 第3号ではパーシー教徒とされている。
*13 マドラスの気候は、hot, hotter, hottest（暑いか、より暑いか、一番暑いか）と言われるほどである。
*14 Pupul Jayakar（1986）pp.152-154に記述がある。ベンガルの革命家の娘（父、兄が獄中死）に生まれた。カルカッタ（現コルカタ）の女学校で校長を務めた後、34歳で宗教遍歴を始め、ラーマクリシュナ・ミッション、アナンダマイ・マのアシュラムを経て、アニルヴァンジのもとで剃髪しサンニャーシになった。1949年にKに出会い、サンニャーシを止めて、ヒマラヤへの巡礼を行った後、Kの周辺に戻った。Kの不在中には放浪という生活を続けた。後にシドゥー姉妹とともに、カナダ、ヴァンクーヴァー島でのKの学校の創設にも関わった。1976年に死去。
*15 マドラス滞在中でなく、車中でそうしろというのは、車酔い止めの目的も含まれているかと思われる。
*16 父親がインドで病院を経営していた。姉妹はカナダに移住していた。
補註1）M.Lutyensの伝記第2巻、1979年6月4日の個所で、伝記作者はいつも白檀の香りを連想すると言う。

第3号　1965年12月から1966年5月まで

序　論

　この号において、メアリーは広汎に引用する。それらは、思い出しただけではなく、明白に彼女の日記から読み上げられつつある引用である。
　（クリシュナジのインド、ヨーロッパ、合衆国への旅の）「旅程全部」に行くことは、この号で終わりになる。しかし、メアリーの心において、継続しようとすることに疑問はない。彼女はインドにおいて、自らがクリシュナジを取り巻く主要人物になったし、何らかの果たすべき役割を持っていることを、悟った － 正確に、その役割が何であるかは、彼女にとって漠然としたままであったが、けれども、正味の効果は、彼女がクリシュナジにもっと会うこと、そして、結果的に、彼の面前にいることがどのようなことであったかを、私たちはもっと分かるということである。

メアリー・ジンバリストの回顧録　第3号

スコット―では、止めたところから、また始めましょう － すなわち、あなたたちはみなリシ・ヴァレーに、クリシュナジは古い客用住宅（ゲストハウス）に泊まっていました。

メアリー―リシ・ヴァレーには、古い客用住宅（ゲストハウス）として知られたものがありました。クリシュナジは、二階に二つの小さな部屋を持っていました。また、ダイニング・ルームとキッチンと、会合が開かれる大きな空いた場所が、ありました。階下には幾つか客用の部屋がありました。フランシス・マッキャンと私は各々、階下に部屋を持っていて、かなり大きなバスを共有しました。〔秘書の〕アラン〔・ノーデ〕は建物の反対側で、自分の区画にいました。私たちは落ち着いて、最後に昼食に行きました。訪問客のための特別なダイニング・ルームがあって、食事は学校用のよりスパイスを減らして調理してありました。

スコット―それは、学生のダイニング・ルームに隣り合っているあの同じダイニング・ルームでしたか。

メアリー―ええ。職員の幾らかは、私たちと一緒にそこにいました － 仲良くするためだけに、または、たぶんそのほうを好んだのでしょう。私は即時にリシ・ヴァレーの美しさに打たれました － それは、〔海辺で暑く湿った〕マドラスとは全然違っていました。〔内陸の〕そこは乾いていたし、なぜか全世界から離れているというすばらしい気分があり、それが私は好きでした。〔谷の〕西のほうには山がありました － それはリシ・コンダ（Rishi Conda）と呼ばれ、クリシュナジはとても気に掛けていました。午後に学生たちは、リシ・コンダの向こうに日が沈むのを、眺めに行ったものです － それはすてきな光景でした。学生たちはスポーツをした後、みんな入浴し、小さな白いパジャマ・スーツに着替えておいたからです。

スコット―憶えています。

メアリー―少年たちはみな、黒髪で、大きな目をし、白く清潔できちんとした服装をし、初々しかった。それを見るのは、ほんとうにすてきでした。クリシュナジは、リシ・コンダに何か神聖なものがあると、感じました。伝説では、かつて頂上に或る隠者が － 聖者、神仙が住んでいたということでした。彼は、或る種の何かを空気に残したのでした － クリシュナジはそれを感じたと、私は思います。彼はそれを感じるとは言わなかったが、リシ・コンダを大いに気に掛けていました。

　そこでふつう私たちの生活方法は、次のとおりです － 朝に、クリシュナジは時折、職員たちに講話をします － その場合に、私たち（アラン、フランシスと私自身と他のお客を意味する）は、討論会に加わりました。

スコット―それら討論会は、上の階の部屋で行われたんですか。

メアリー―ええ。

　一定の日々には、集会で〔サンスクリットの〕詠唱が行われました － そのとき、学生たちが詠唱し、クリシュナジも行ったものです。彼はふつう床に、学生たちの中に座り、結跏趺坐して、彼らとともに詠唱しました。とても美しく、とても感動的でした。或る日々、私は自分一人で山に登り、日向に寝そべって、日光浴をしました － この古代の谷で、時と場所が一時的に停止したようで、残りの世界全体から離れているというすばらしい気分を、感じました。私はそれが大好きでした。

　ふつう午後に私は散歩したものです。しょっちゅう私は、クリシュナジの散歩に同行するよう、招かれました － たぶん他の人たちと一緒に、です。私はそのとき〔ギドゥー・〕

ナラヤン[1]に会って、彼とともに、クリシュナジとともに歩きました。また他の日々に、私は自分で散歩していて、ときに彼が散歩から帰ってくるのに会い、彼とともに散歩に戻り、話をしました。

　私たちがそこにいたそれらの週のどこかで、私はクリシュナジにもう一回〔個人〕面談をお願いしました。今回、私は彼との面談で、はるかに寛ぎを感じました。私は心に留めた質問を憶えています － それは関係についてのものでした。私は、人々が本当に互いにたくさん会わないのなら、彼らの間の関係には本当に実在性があるのかどうかを、訊きました。彼は私に対して、何を心に留めているか、私が何を言おうとしているのかを、訊きました。まあ、私が話をしていたのは、私の姪のことでした － 彼女はそのとき全く幼い子どもでした。私は彼女に関心がありましたが、ほとんど会ったことがなかった。私は、家族の一員であるからというだけで、関係があるのかどうかを、質問していました。彼はそれについて私に少し訊ねました － その子の生活環境、彼女がどこにいるのか等、です。実質的に彼は、たぶん何も関係はないが、会話か手紙でか何か、或る種のやりとりがあるなら、関係があるだろうと、返答しました。もしも私が言語的に接触を確立するのであれば、そのとき関係は真実になりうるし、持続しうる。でも、そうでなければ、そうでない、と。

　それから彼は、このすべて（クリシュナジはそれにより、彼に本当に聞くこと、接触等を意味していた）が、私にとってどんな意味があるかを、訊ねました。

　私は、先の会話で彼に対して言ったことを繰り返したと、思います － すなわち、私はいわば用心している － 何か目的を達成しようとする傾向とそのことの危険のために、いつのときも自分がどこにいるかを測量しようとすることについて、です。私は、それが賢明なやり方ではないことが、分かりました。そのとき彼は私に対して、何かを恐れているかどうかを、訊きました。私は、「まあ、現実にはそうではありません、この瞬間には。でも、私はそれを信用していません。それは怖れないことへの恐れのようなものです。」と返事をしました。

　彼はこれに少し笑い、微笑んで、「そうであってはいけない。あなた自身で問題を作ってはいけない。」と言いました。

　私は、前に一回、自分が彼に対して言ったことを、言いました －「私はあなたとの面談をお願いするのを、とてもためらっています。なぜなら、私は不必要にあなたの時間を取りたくないし、あなたに話をしたい人たちは、とても多くいるからです。それで、私はかなり長い間、あなたに話したいとお願いしませんでした。また、私が或る種の危機を抱えているのでなければ、それは正しいとは思えなかった。私はお願いすべきでないんです。」と。

　彼がこう返答したのを憶えています －「今、私たちは少し話をしたし、お互いをもっと知っているので、あなたが話をするのは容易いでしょう…」と。また彼は私に対して、いわゆる手当のために来るよう言わなくてはいけないのを、望まなかった。ご存じでしょう、私はマドラスで病気でしたし、私は必要であると思ったときだけ、来るべきです。

　私は再び、そのようなことで彼を煩わせるのをためらっていることを、言いました。

　彼は、「まあ、今、私たちはお互いをよく知っているので、もっと容易くなるでしょう。」と返答しました。（笑う）それで、終わりだったんです。

スコット－彼はまだこの時点で、あなたのことをジンバリスト夫人と呼んでいましたか。

メアリー－ああ、彼は私のことを、ジンバリスト夫人と呼びました。何年間もです！いつ変更したのかは、今では忘れてしまいましたが、彼は七年間ほど、私のことをジンバリスト夫人と呼びつづけたと思います！（二人とも笑う）彼は、何年間も〔マリブの〕私の家のお客でしたが、（スコット、笑う）それでも私のことを、ジンバリスト夫人と呼んでいました。（笑う）これは先に跳ぶんですが、彼はジンバリスト夫人からマリアに変えました。まあ、まわりに多くのメアリーがいます － メアリー・ラッチェンス、メアリー・カドガンと。それで、私をマリアと呼びました。

スコット－それは、ときにあなたたちが一緒にイタリア語で話をするためかなと、いつも思っていました。

メアリー－私たちはフランス語のほうを多く話しましたが、時にはイタリア語です。ええ、それと何か関わりがあったかもしれないと思います。（スコット、笑う）ともあれ、何年間はやはりジンバリスト夫人でした。

スコット－この〔個人〕面談はどこで行われましたか。上の彼の部屋の一つですか。

メアリー－ええ。彼は床で一種の絨毯に座りました。

スコット－彼はその頃、〔二階の二部屋のうち、〕小さな部屋で寝ていましたか。

メアリー－ええ。彼は小さな部屋で寝ました。それを変更するうえで、私が幾らか助力したと思います。ともあれ、私たちは彼の大きい部屋で会いました。

　この〔個人〕面談の前に、彼は私の何かを治したいと思い、「話をする前にしたいですか、後ですか。」と言ったことを、憶えています。

　私は「後かと思います。」と言いました。

　正しい答えをしたのなら、クリシュナジについてはしばしば、言い当てられました。それを感じました。（笑う）また、面談がいつ終わったのかも、いつも分かりました。彼の注意は光のように切れました。興味深かったです － 彼の全的な注意ではありません。彼はやはり話しかけてくれるなどをするでしょう。でも、他のあの性質は、消えていました。そうであるということが、ただ分かった。終わったと感じました。面談から私が立ち上がったとき、彼は私が座るために椅子を引っ張り出しました。彼は両手を洗い、戻ってきて、しばらくの間、とても静かに私の後ろに立ちました。それから、常にとても軽く、彼は指を私のまぶたに置きました。彼の指の触れるのはとほうもなかった。それは、一枚の木の葉が水たまりに触れているように、繊細でした。それは、ほとんどの人間の触れるのとは、あまりに違っていました。

スコット－ええ、そうでした。

　その頃あなたは何を着ていましたか。インドの衣服を着ていましたか。

メアリー－インドの衣服を着ていました。サリーは着ませんでした。一回、着たこともあります。〔ナラヤンの妻〕シャクンタラが、私に白い綿のサリーを着せ付けてくれたときのことを、叙述したのかどうか、私は忘れました。それはお話したでしょうか。

スコット－いえ、まだです。

メアリー－それはこの時期のことでした。シャクンタラと

ナラヤン〔夫妻〕は、客用住宅(ゲストハウス)の裏手のほうに、小さな家を持っていました。私は彼らとのお茶に呼ばれました。その夕方、後で学校では人形劇があることになっていました。初級学校の子どもたちは、〔古代ギリシャの〕ウリッセス³の物語とキュクロプスの人形劇を作ったんです － まったくすばらしかった。張り子(パピエ・マシェ)の大きな人形たちです。その頃、マーク・リー⁵(Mark Lee)が初級学校の校長でした。彼がこれらを組織したんです。お茶のとき、シャクンタラは訊きました － 「なぜあなたはサリーを着ないの？私があなたにお貸ししましょう。」と。でも、もちろん私はその着方を知らなかったし、いまでもそれがうまくありません。それで、彼女が文字通り私のサリーの着付けをしてくれました。私はマネキンのようにそこに立っていました！（笑う）それから私たちは、人形劇の行われることになる所へ歩いて行って、前列に着席しました。誰もがみな準備できて、それからクリシュナジが脇から入ってきました。私がいるところへ、直角に歩いてきました。彼は即時に私に気づいて、（ふふっと笑う）全くインド的でなくきわめて西洋的なことをしました － 彼は眉を上げたんです。（スコット、笑う）でも、一言も言わなかった！けれども、すべて終わったとき、彼はみんなにお休みなさいを言ったとき、私にお辞儀して、「あなたが新しい衣装をお持ちなのを見ました。」と言いました。（クスクス笑う。スコットも笑う）でも、ほとんどのとき、私はデリーで得たものを着ました － 綿のクルタとズボンとサンダルです。もちろん学校の仕立屋(ティラー)は、訪問客たちが来るとき、きわめて（笑う）愛顧されていましたが、彼は私のために幾つかクルタとズボンを作ってくれました。

私は、クリシュナジのダイニング・ルームで昼食するよう、いつも呼ばれていた何人かの尼僧を、憶えています。私はまた、〔校長〕バラスンダラム(Balasundarum)²⁾の妻、ヴィシャラクシー(Vishalakshi)は伝統的なインドの妻だったのを、憶えています。彼女は誰とも食事しませんでした。彼女は腰掛けに座り、すべてが適切に為されているかに気を配っていましたが、食事をしませんでした。たいへん古風なインドの様式です。⁶

そして、パラメシュワラン(Parameshwaram)が料理人でした。

また、何かが必要ならば、いろいろと世話をする下男のような人も、いました。やはりバケツのシステムでした。朝にお湯のバケツをもらいました。

スコット－パラメシュワランはいつ〔クリシュナジのインドを回る〕旅程に加わりましたか。彼は〔この年、〕デリーにいなかったと、想像しますが。

メアリー－ええ、彼はデリーにいませんでした。後年、彼はクリシュナジのいるところにどこでも行きましたが、この年はそうではなかった。この年、彼がいつクリシュナジに加わったのかは思い出せないですが、彼は確かにリシ・ヴァレーにいました。なぜなら、そこは、一年の残り彼が料理人だった場所であるからです。彼は、上の階の小さなキッチンに来て、クリシュナジのために料理をしたものです。

そのとき、私たちがリシ・ヴァレーにいる間に、〔太陽神への収穫祭、タイ・〕ポンガル(Pongal)⁷が起こりました。去勢された雄牛はみな、角を花と飾りで装われました。村人たちは来て、笛のようなものと太鼓で演奏しました。子どもたちは踊って、すてきな時を過ごしました。クリシュナジは、自分の大きな雨傘をもって来て、見守りました。

スコット－クリシュナジは、若いとき日射病に罹ったことがあったから、あの日傘を使ったんでしょう。

メアリー－そのとおりです。彼はそれを日傘(アンブレラ)ではなく、日よけ雨傘(パラソル)と呼びました。彼の若い頃、いつかの時点で、正確にいつかは知りませんが、彼はインドで日射病に罹ったことがありました。それで、彼は日射しに敏感でした。そういうわけで、彼はいつも午後に、日が高くないとき、散歩したものです。

スコット－ナラヤンとシャクンタラはそこで何をしていましたか。彼らはそこでただ教えていましたか。

メアリー－教えていました。シャクンタラはちょうど〔一人娘の〕ナタシャを妊娠したばかりでした。彼女はこの後、次の５月に生まれました。これは１月のことでした。

すばらしく平和な時でした。私は、クリシュナジ、彼の講話、美しい谷、遠く隔たっていること、静寂、まわりの子どもたち、あれらおかしな丘という組み合わせを、憶えています。そこの大いなる雰囲気。私は、突然すべてを離れて、そこで一種の隠者になることを、想像しました。それからもちろん、バニヤンの〔大きな〕樹のもとで、舞踏の上演がありました。同じ月光夫人さん －〔クリシュナジと結婚したと妄想している〕頭のおかしいご婦人 － も、来ていたと思います。それでまた私たちは、クリシュナジのために、彼女をクリシュナジから遠ざけるよう、妨害(インターフェア)に走らざるを得ませんでした。

でも、全体的にリシ・ヴァレーは、ただもうすてきでした。⁸

次の移動は、〔インド西部の大都市〕ボンベイ〔現ムンバイ〕へでしたが、〔インド南部の内陸の都市〕バンガロール経由でした。またもやアラン〔・ノーデ〕、フランシス〔・マッキャン〕と私は車を得ました － 今回は学校の車です。それが私たちをバンガロールへ送ってくれました。私たちは昼食をとり、少し買い物をし、それからクリシュナジに空港で会って、ボンベイへ飛びました。ボンベイで彼は、ププル・ジャヤカールのところに泊まっていました・・・

スコット－マラバール・ヒルズ(Malabar Hills)にですか。

メアリー－ええ、彼女の邸宅にです。アラン〔・ノーデ〕は彼女の姉妹の一人のところに泊まっていました。おやまあ、彼女の名前は何ですか。憶えているはずですが、今、出てきません。

スコット－〔クリシュナジを支援した〕ナンディニ〔・メータ〕ではなくて？

メアリー－ええ。ナンディニではない。もう一人の姉妹です。彼女はもっと世俗的な人でした。たくさんブリッジをして遊んでいました。時折、姿を見せましたが、ププルとナンディニほど親しくはなかった。

フランシスと私は、タージ・ホテルに泊まりました。アランは最終的に私たちに加わったと思います。私は二日目ごろ、ププルのところへ昼食に招かれました。クリシュナジは、「あなたが安全に取っておきたいものを、私のもとへ持ってきなさい。」と言いました。言い換えると、お金、パスポート、そのようなものを、です。それで、私はそれらを持って行き、彼はバス・ルームを通って、私を自分の寝室に連れて行き、（クスクス笑う）私のものを受けとり、しまい込みました。誰も自分の部屋には入ってこないから、完璧に安全だと、言いました。それから彼は、バス・ルームを通って出ながら言いました － 「私がここに着いたと

き、彼らはインドの〔古代の寺院、神殿の〕彫像の壁のあらゆる種類の写真を、掲げていた。」と言いました。それらはあれらです。(笑う。スコット、笑う)彼がそこに着いた後、彼らはそれらを急いでしまい込んだんです。彼は、「でも、その前に私はしっかり見てしまいました！」と付け加えました。あれらエロチックな彫像です。私は、アランが「あれらはポルノ写真みたいではないでしょうか。」と言うのを、憶えています。クリシュナジは、「いや、いや。あれらは宗教的だよ！」と答えました。(二人とも笑う)

スコット－彼のからかう声で、ですか。

メアリー－ええ。(また笑う)

　私は、それらはみんなとても幸せそうに見えるから、ポルノ写真でありえるとは感じないと、言いました！まあ、会話が続いていくと、私はバス・ルームの壁に掛かっているものを見ていなかったことが、分かりました。私は、複写した本の写真を見ただけでした － 奇妙な体位などです。ともあれ、私はそこで昼食をとりました。それからクリシュナジは、講話を行いはじめました。それらは、ふつうの場所で、あの芸術専門学校で行われました。彼はまた、カーレガート・ホール（Khareghat Hall）のようなところで、公開討論会を行いました － そこには、多くの人たちが来ました。外で（クスクス笑う）サンダルを脱いでおかなくてはいけなかったんですが、或る日、私が出てくると、サンダルすべてが盗まれていました！（笑う）

スコット－本当ですか？！

メアリー－何百足のサンダルがどこに行ったのか！（二人とも笑う）びっくり仰天ですよ。（もっと笑う）

スコット－誰かが、通りを行ったどこかで、少し履いたサンダルを売っていた。

メアリー－ええ。（もっと笑う）それから、マラバール・ヒルズの崖ぎわの庭園をまわる散歩があり、必要な数の周回をしました。或る日、クリシュナジは（回っていく人たちがいました）、ベンチに座ったカップルが互いに抱き合い、寝転がっているのを指さして、「この国はどうなろうとしているんだろうか。二、三年前にあれはけっして見られなかっただろう。」と言いました。（二人とも笑う）すっかり衝撃を受けたような声でした。

　明白に買い物がありました。これらの場所では買い物をします。

　クリシュナジは、〔ボンベイ近くのアラビア海の〕エレファンタ〔島のヒンドゥー石窟寺院〕（Elephanta）と、〔そこにあるシヴァ神の、〕マヘシュ・ムルティ（the Mahesh Murti）の大きな像について、何回も話をしました。私はかなり漠然と、それをもう一回みたいものですと言いました。それに対してクリシュナジは、「いや、いや。あまりにくたびれるよ。」と答えました。私は、「まあ、たぶん舟に乗るのはくたびれるでしょうが、もしも私がヘリコプターを借りたなら、どうですか。ヘリコプターで、行かれるでしょうか。」と言いました。

　彼は「ああ、いや、いや。気にしないで。気にしないで。」と言いました。それで、もちろん私はヘリコプターを探しに行きました。（スコット、笑う）それはあまり容易くなかったが、最終的に私は漠然とですが、可能かもしれないものを、突き止めました。

　それで、私は戻って来て、「私はヘリコプターが得られると思います。そうすれば、行かれますか。」と言いました。

彼は、「いや、いや、それでもあまりにくたびれます。」と答えました。それで、私はアランとともに行きました。

スコット－舟でですか。

メアリー－ええ、舟です。すると、それがなぜクリシュナジにとってまったく向いていないのかが、分かりました。

スコット－ええ。

メアリー－あなたはそれを見たことがあるでしょう。

スコット－ええ、あります。

メアリー－まあ、私たちは、それのある洞窟へ登って行きました。ラジオで音楽をかけて、子どもたちが走り回っていたという事実にもかかわらず、あのとてつもない像は、忘れられないものです。

スコット－絶対にです。

メアリー－ずっと後のことですが、クリシュナジはその写真を得ました － それを私はオーハイに持っています。彼は、「それは掲げないでおこう。それを見るのに馴れてはいけないからね。そうなると、見えないよ。」と言いました（私も同じように感じます）。今日までそれは、クローゼット〔物置〕の棚に載っています。時折私はそれを取り出して、見ます。

スコット－ええ、とてもいい。

メアリー－本当にすばらしい。他は何ですか。

スコット－〔ボンベイでは、〕ププル〔・ジャヤカール〕の家で私的な討論会がありましたか。

メアリー－ええ、ありました。私はププルのところに何回も招かれました。特に、私が行った一回目のものを、憶えています。十五人ほどの人がいました。クリシュナジは質問しました －「社会の崩壊に面して、個人は何ができるでしょうか。」と。彼は、それをとても興味深いものにしました。彼は、個人は他の個人により変化させられないことを、言いました。彼は、個人の意識と人間の意識との間を、区別しました － 個人の意識は自分のですが、個人は人間の意識の全体に作用しうる。もちろん彼は、それを以前に言っていました。

スコット－ええ。

メアリー－彼がしばしば話すことを、ほんの二人か三人の人たちができるなら、それは世界に変化を起こすだろうと、彼は言いました。彼はこの議論で、それを指摘していました。変化した個人は、広大な反響を持つ － 個人から出ていく波のように。個人に本当に変化があるなら、それは、人間存在の全体を通して波のように広がるだろう。彼は、その通りにそれらの言葉を使ったわけではないが、それが、彼の言っていることの含意でした。彼は、これが見えなくてはならないが、人々は見えないし、見ようとしないと、言いました。それは、欲求不満になる議論の一つでした。なぜなら、彼はそのようなことを言うし、次に必然的に、すべての討論会と同じく、「でも、クリシュナジ、私たちはそれが見えません！」と言う誰かがいたからです。

スコット－ええ、そうです！

メアリー－それから、議論は、彼の多くの議論がそうであるように、戻ったものです。それで、何が間違っているかの一覧表をおさらいしたものです。先には進みませんでした。何となく欲求不満でした。もし議論が先に流れて行ったなら、人々はそれとともに進んで行ったし、何かが見えていたでしょう。ああ、そうです！（クスクス笑う）或る日、また私的な討論会がありました。彼は少し遅れました －

ふつう彼は、そういうことはけっしてなかった。彼は笑いながら入ってきて、「私はちょうど、或る導師(グル)に叱られたばかりです。」と言いました。明らかに、彼が導師(グル)たちは全く良くない！差し障りである！と言うことに関して、（スコット、笑う）或る導師が彼を叱責したようです。（笑う）彼はそれを大いに笑っていました！（もっと笑う）彼は講話においてそれを言ったと思います ― そこで私は、時折一種の洞察を得ると感じました。そのとき思考は、その洞察をそれ自体にとっての危険だと知覚する。なぜなら、私たちはそれをほとんど死のように知覚するからです。なぜなら、もしも私たちが本当に先に進んだなら…

スコット ― 自己は消え去る。

メアリー ― そのとおり。自己は消え去るでしょう。それが、思考過程により死として知覚される。それはとても怖いので、後退りし、先に進まない。

ともあれ、彼は話をしました。私が何を言っても、言っても、彼は言い返しました。でも私は、彼は私に対して直接的に話をしている。言葉だけでなく、潜在意識で、という感じがしました ― 多くの人たちは、クリシュナジとの話でこれらの感じがします。私は、それが私を目掛けているのが、感じられました ― 彼が他の誰かに話をしていたり、何か特定の質問に応対しているときでさえ、です。それはとてもふしぎでした。後で彼は何かの理由で私のほうへやって来て、言いました ―「私があの話の中であなたを責めたのは、気にならなかったでしょうか。」と。私は「いえ、もちろんなりません。」と答えました。それは、異なった水準の疎通が行われている時の一つでした。

スコット ― 或る面で彼は、あなたにその質問をすることにより、その異なった水準に対するあなたの認識を、承認していたわけでしょうね。

メアリー ― たぶんね。

彼はしばしば言ったのですが、「あなたが進んでいる道が間違った道であることが見えるとき ― あなたは北へ向かっているが、誰かが来て、それはどこにもつながらない、南か東か西へ行きなさい、と言う ― なぜ、あなたはそうしないのですか。」と彼が言ったのは、その講話の中だったと思います。「なぜあなたは、自分の進んでいるところがどんなところにもつながらないことが見えて、止まらないのか。」と。

私は、「でも私は、歩くのを止められません。私の精神は止まりません。それが無益であるのは見えますが。それは続かないんです。」と言ったのを、憶えています。

彼は答えました ―「なぜそう言うんですか。あなたはできないと思うが、できますよ。」と。それを強く憶えています。それはまるで、彼はそのとき言わなかったですが、それは「考えるのを止めなさい。」というようなものです。私は … 私はそれをしたことがなかった。私のいうのは、特定のことについて考えるのは止められたが、精神は何か他の形では動きつづけるだろう、という意味です。

スコット ― これらの討論会は録音されつつありましたか。

メアリー ― 憶えていません。

スコット ― アランが録音をしていたんでしょう？

メアリー ― ええ、そうでしょう。憶えていません。それら〔録音〕はあったかもしれません。あるべきであったし、あったにちがいありません。されていたなら、まあ今は、〔当時〕アランが録音したものはどれも、〔K著作協会を支配する〕ラージャゴパルのところに行きました。彼らがインドのコピーを作って、取っておいたのかどうか、私はまったく記憶がありません。アランは憶えているかもしれません。彼に訊ねて、メモ書きを作りましょう。私は次回彼に話をするとき、彼に訊きましょう。

スコット ― あなたは、〔ボンベイの〕マラバール・ヒルズの崖ぎわの庭園をまわる散歩に行くとき、ププルの家で彼〔クリシュナジ〕に会って、そこから行ったんでしょうか。

メアリー ― ええ、そこから車で行きました。車で彼を乗せて行き、私は彼とともに行きました。散歩の終わりに私は、その家に戻って、それからホテルに戻ったんだろうと思います。

メアリー ― 散歩には誰がいたんでしょうか。

メアリー ― まあ、マーダヴァチャリはいつもいました。ときにはナラヤンも。ナンディニが散歩していたのは、憶えていません。アランはいつもいました。

この頃にクリシュナジは、私に来るよう電話をして、フランス南部のこの邸宅が、フランシス・マッキャンから提供されていたが、それを受けるのは良いことなのかどうかについて、議論しました。その時点ではまだ可能性でした。だから、彼はそれについて議論するよう、私を呼びました。

スコット ― それをちょっと説明してもらえませんか。

メアリー ― まあ、フランシスはローマで生活してきました。そこで、彼女はローマの古い部分、〔古代ローマの競技場をもとにした〕ナヴォーナ広場（Piazza Navona）の古い宮殿、パラッツォ（Palazzo）に、とても美しい古いアパートメントの一つを、持っていました ― ローマのあの地区です。彼女はそこに生活してきましたが、自らの支援する画廊も持っていました。彼女はそのすべてを売り払い、結果として一定の金額を持っていました。彼女は、フランス南部にマ（mas）と呼ばれるもの ― 大きな農場邸宅 ― を、買いたいと思いました。そこは、クリシュナジが引退できる場所か、彼が何とでも望むように使える場所になるかもしれないものです ― 彼は本当に〔自分の〕家を持っていなかったからです。

で、それがいまだに議論されつつありました。ボンベイで彼は、私にそれへ関与してほしいと言っていました。彼は、それに責任を持つ人たちの委員会を作りたいと思いました。その考えは、〔出資者の〕フランシスがそれの世話をするだろうが、管轄権を持つ集団がなくてはならない、というものでした。

彼は、ボンベイの後で彼らがフランスに戻ったとき、アランが行って、そういう邸宅を探すべきだと言いました。〔フランスの実業家で支援者の〕ジェラール・ブリッツ（Gérard Blitz[3]）もまた、これに関与していました。彼はその近くに生活していたからです。彼はフランスのその地域を知っていました。彼は、ええと何と呼んだのかな、かなり豪華な邸宅の共同社会で、生活していました。それで、ブリッツもそれを見つけるのを手伝おうとしていました。でも、人々の集団がなくてはならなかった ― 他の人は忘れてしまいましたが、私自身とアランとおそらくヴァンダが、それに関与しようとしていました。私たちはまだ、それらの話をしていました。クリシュナジは、自らがこれをしたいのか、確かでなかった。彼は、フランシスが後悔するかもしれないと、少し怖れていました。または、フランシスはおそらくあまり〔精神的に〕安定していないし、彼女が本当に提

供してくれたそのような場所を持つことは間違いになるだろうと、彼は感じました。でも、この時点ではまだ続いていました。私が思い起こすところでは、私たちが〔フランスに〕戻ったとき、アランが行って、いろいろと探しました。でも、それ以上は進みませんでした。もちろん、〔ヨーロッパでの〕学校〔創設〕の考えが浮かんでくるのは、その後でした。でも、私たちはまだ1966年にボンベイにいます。学校を真剣に探す二年前です。

　私はもう一つの討論会を憶えています。これは最後の討論会でした。またもや思考の主題と、思考を手放すことの困難について、でした。私はそれは不可能と思いました。クリシュナジは、何かまったくとほうもないことを言いました － それにより、私には全部が明らかになりました。彼は、静寂である太鼓の隠喩(メタファー)を用いました － 静寂が必要である、と。
スコットー彼は、太鼓は音を立てるには空っぽでなくてはならない、と言ったものです。
メアリーー空っぽ、そのとおりです。彼は、「思考は太鼓の調律(チューニング)を失うことです。」と言いました。また彼は、「あなたが思考を脇に置くとき、何が起きますか。それに背を向けるとき、です。」とも言いました。私はまたも、それはできないと答えて、「それの無益さが見えるときでも、どのように背くのでしょうか。」と言いました。

　彼は、「あなたは思考に入っていて、出られないという意味ですか。なぜそれを主張するのですか。」と言いました。私のできるすべては、ただはまり込んでいることだけでした。そのとき彼は、すっかり目立ったことをしました。全く突然に彼は私に言いました － 「ジンバリスト夫人、美しさは思考でしょうか。」と。それが私にとって切り開きました。それが見えました。それは思考ではない。それは全く突然の、目もくらむ光のようでした。
スコットーこれら討論会には、どれほどの人たちがいたんでしょうか。
メアリーーあまり多くはなかった。十五、十六、十八人、そのようなものです。
スコットー私たちが憶えているような人は、いたんでしょうか。
メアリーーまあ、ププル、ナンディニ、アランがいました。フランシスもいたにちがいないと思います － 彼女のことは憶えていないですが。スナンダ、パマ〔・パトワールダーン〕、マーダヴァチャリ、ボンベイのインド人の何人かもいただろうと、思います。ボンベイには、ふつう他の所には来ない集団がありました。部屋と、漠然とどれほどの人たちかは分かるようですが、個人は分かりません。

　また私は、その討論会の終わりに彼が、「もしも空っぽの太鼓が調律された美しさが見えたなら、そこから行為は出てきます。」と言ったことをも、憶えています。私は、「ええ、分かります。」と言いました。

　それから、彼は、さようならを言うとき、「その太鼓にしがみつきなさい！」と言いました。（笑う）

　また、メータ夫人(Mrs.Mehta)の邸宅で晩餐会もありました － ナンディニとププル〔姉妹〕の母親です。彼らの古い家族の邸宅で、ありました。まったく美しかった。本当にすばらしい食べ物、とほうもない食べ物、誰もがすばらしくサリーといろいろ着付けていました。家族がクリシュナジに対して持っている大きな愛情の感覚が、あり

ました。議論の一つで、突然、扉が開いて、ナンディニの小さな孫、後で〔インド舞踊の〕舞踏家になった子が…
スコットーああ、はい、はい。
メアリーー彼女を憶えていますか？
スコットーええ、憶えています。
メアリーーまあ、彼女はそのとき六歳かそれぐらいの小さな女の子でした。彼女は部屋に駆け込んできて、クリシュナジに駆け寄りました。彼はさっと立ち上がり、彼女の両頬にキスをし、彼女を空中に放り上げ、彼女を喜ばせました。（スコット、笑う）その子の顔には興奮があって、この小さな子を見るのを彼は喜んでいた。すてきでした。

　それで、インドの時期は終わりました。
スコットーあなたにとって、そこにいることは、どのようでしたか。メアリー、あなたは何を感じましたか。思い出せますか。部外者のように感じましたか。何かのへりにいる人とかのように感じましたか…
メアリーーいいえ。私にとっては誰もが絶対に魅力的だったと、言わざるを得ません － インド人みんなが、です。彼らは親しみやすくて、買い物やそれらのことの何でも、わざわざ私の手助けをしてくれました。私は彼らの家に招かれました。それで、私は或る面で、お客として良くもてなされていると感じました。

　でも、クリシュナジとアランと私自身の間には、一種の私的な関係がありました。私がいうのは、彼は私たちとともに、他のインド以外の事柄を話したものです － 例えば、彼は、〔フランス南部での〕邸宅や、〔アメリカ東部、マサチューセッツ州の〕ハーヴァード〔大学〕と〔ニューヨーク市、マンハッタンの私立総合大学、〕ニュー・スクールでの講話への招待を受けるべきかどうかと、それらすべてのことについて、議論したいと思いました。まるでそれは、インドのあれこれを離れた彼の私生活であるかのようでした。

　そして、私はますます主要人物になったように思われました。実は、私たちがまだリシ・ヴァレーにいるとき、先に言及したあの討論会の終わりに、私は、彼が行ってくれた他の〔個人〕面談への言及に戻ったことを、憶えていま(*10)す － それをもちろん彼は憶えていませんでしたが、私は言いました － 「私は、ますます自分があなたのまわりの固定器具になるように見えますから、あなたは私がどのようなものであるかを覗いて見るべきだと、感じます。あなたは何でも望むことを私に訊くべきです。あなたは、ご自分のまわりにいる人たちが誰であるかを、知るべきです。」と。それは、彼が自分は恥ずかしがりだが、今私たちは互いをもっとよく知っている等と言ったときのことの一部分でした。（クスクス笑う）私は、「私も恥ずかしがりです。でも、あなたが私について知りたいことがあるなら、どうか私にお訊ねになってくださることが、まさに正しいと思います。」と言いました。

　インドでは、ふしぎだとは感じませんでした。私がいうのは、それは全くふしぎでしたが、私は疎外されていると感じませんでした。そこにいるのはすばらしいと思いましたし、私はそこで自分に起こることがすべて好きだと感じました。

　インドでの最後の日、私はクリシュナジのところへ行きました － ププルの邸宅に、私のパスポートとか何であれ、彼のところに預けておいたものを、回収するため、です。私が入ってきたとき、小さな居間で人々は床に座ってい

した - 入ってくると、ちょうど左にです。黒いあごひげの吟遊詩人がいました - 彼は一弦の弦楽器と小さなカチカチ言うカスタネットのようなものを、持っていました。クリシュナジが部屋に入ってくるととたんに、彼は演奏し、歌いはじめました。すてきな忘れがたい歌でした。明らかにクリシュナジは、彼が〔街の〕通りで歌っているのを聞いたことがあり、演奏させるために連れてきてもらったようでした。

　私たちは座って、それを聞きました。クリシュナジは、通りでその歌声を聞いたことがあると言いました。そのあたりで生活する豊かな人たちは、それを聞かなくて、召使いたちだけがそれを聞こうとするのを、知っている、と言いました。(スコット、クスクス笑う)彼はまた、その人は〔インド〕南部から来たのであり、〔南部の〕テルグ語を話すと言いました。それが終わったとき、クリシュナジは行って、彼に感謝し、彼の横の床に布の贈り物を置きました。私は、彼がそのようなことをするときの優美さを、はっきりと憶えています。一人の人物が何でも自らのすることにおいてそういう人間的な優美さを伝えることができるというのは、希なことです。

　それで、その晩、誰もが空港に行きましたが、彼を見送りに来た信奉者たちの群衆がいました。彼らは或る部屋に大きな円を描いて座っていました。クリシュナジは椅子に座っていました。まったく静寂がありました。(クスクス笑う)私が入ってきたとき、〔西洋で〕女が部屋に入ってきたなら、そうするように、彼は立ち上がりました。クリシュナジが女のために立ち上がるという衝撃波が、インドの信奉者全体に広がっていくのが、感じられました。

スコット ──ええ。

メアリー ──(クスクス笑う)最終的に彼は立ち上がって、通路を出て行きました。パーシー教徒のご婦人 - 彼女はパーシー教徒でした。彼女はそういうものでした。気の狂ったご婦人、月光夫人です。彼女は彼を追いかけました。だからまた、私たちは彼を保護せざるをえませんでした。

　明確にすべきでしょう - 私たちは、待合室として彼のために取っておいた或る種の居間に、いました。それから、外には野外の空港がありました。それで、私も行って、彼を保護しました。ついにマーダヴァチャリが来て、それから彼女を引き離しておきました。クリシュナジは私に対して、「そこに座って、じっと見つめられるのは、耐えられないな。」と言いました。(クスクス笑う)

スコット ──ええ。

メアリー ──それで私たちは旅立ちました。アランと私はツーリスト・クラスにいて、クリシュナジはファースト・クラスにいました。でも、彼は私たちに会うため戻ってきつづけ、「私は貧しい人たちを訪問しています。」と言いました。(二人とも心から笑う)

　それで、その時、インドの終わりでした。

　私たちはローマに着陸しました。クリシュナジはヴァンダ・スカラヴェッリのところへ泊まりに行きました - 彼女がローマに、〔南西部の〕カザレット通り(Via Casaletto)に借りておいた住宅に、です。私はホテルにいました。

スコット ──それは、ヴァンダがローマで持っている決まった住宅でしたか。

メアリー ──彼女は様々なのを借りましたが、あの時点で、その家を数回借りていました。後で彼女は他のところを借りました。この家はローマの外側にあって、庭がありました。とってもすてきです。アランもそこに泊まりました。私は、ナヴォーナ広場(Piazza Navona)近くのホテル・ラファエル(Hotel Rafael)に泊まりました - そこはとてもすてきな小さいホテルです。ですが、私は合衆国に戻るので、そこに長居をしませんでした。これは1966年の3月末のことでした。私はロンドンで4月まで、クリシュナジに会いませんでした。クリシュナジはしばらくローマに泊まりました。それは、彼がスイス〔、チューリヒ〕のビーチャー・ベンナー診療所(Bircher Benner Clinic)に行った年かもしれませんが、確かではありません。

スコット ──彼は〔アメリカ東部の〕ハーヴァード〔大学〕で話をしようとしていたと思いました。

メアリー ──それは次の秋です。私は4月にロンドンで彼に再会しました。

スコット ──いいですよ。じゃあ、そこから始めましょう。

メアリー ──いいです。これは4月の終わりです。また彼は、〔ロンドンの南西部、〕ウィンブルドンの小さなみすぼらしい借家にいました。ウィンブルドンそのものではなく、その近く、キングストンのどこか、キングストン・バイパス(the Kingston Bypass)近くです。

　アランが私に電話してきて、「〔サヴィル・ロウの〕ハンツマンで私たちと会いますか。」と言いました。もちろんこれは、私にとってたいへん娯楽でした。なぜなら、それは、私たちが前回、ロンドンにいたときの続きでしたから。

スコット ──もちろんです。あなたはどこに泊まっていましたか。ゲスト・ハウスに戻りましたか。

メアリー ──ともあれ、〔ハンツマンでは〕見本が大いに溢れ出して、彼らはスーツを注文しました。誰もがとても幸せでした。私は選択を相談されました。私の助言は実に博士の助言であったからです！(スコット、笑う。メアリーの声にはユーモアがある)または、私はそうと思われました。

スコット ──私がメアリー・ラッチェンス(Mary Lutyens)と話をしていた、本当は面談していたとき、彼女はクリシュナジがどのようにリバティのところ(Liberty's)に入り、絹すべてに触れたかの話をしました。それはまさに、私がハンツマンとインドと他の場所で彼がするのを見てきたことです - 彼は顎を引き、(メアリー、笑う)あらゆるものに触れて感じ、とほうもない注意をもって、あらゆるものを見たものです。ただ彼を見守ることは驚きでした。

メアリー ──そのとおりです。そして、ハンツマンへ入るという経験全体が、ただありました。彼らは格式をもって歓迎します - 「おはようございます」といって頭を下げます。彼はそこにいることを、いつも楽しみました。

スコット ──ええ。

メアリー ──彼は、ハンツマンは自らの言うところの「自分のクラブ」であると、言ったものです。(二人とも笑う)リントット氏は…あなたはリントット氏(Mr. Lintott)を知っていましたか。

スコット ──ええ、もちろんです。

メアリー ──まあ、もちろん、リントット氏も、クリシュナムティ氏にお会いするのを喜んでいました。クリシュナムティ氏がそこにいるので、ね。それで、服地の見本は「服地見本(パターン)」と呼ばれますが、そのすべてが運び出されました。何が必要なのかについて大いに議論がありました。それからもちろん彼には加えて、彼が言うところの、ノーデ

は何が「必要」なのかを判断するおもしろさも、ありました。クリシュナジはいつも彼のことをノーデと呼びました。けっしてアランとは呼ばなかった。

「ノーデは青いスーツを持つべきだ。」

それで、どんな種類の青いスーツか、どんな重さの青いスーツか。彼はどこで、どんな気候でそれを着ているだろうか。どんな場合か。これはすべてとても真剣な事柄でした。（笑う）そして私は大いに楽しみました。私は、窓のそばのあの古い革のものの上に座りました。

スコット－ええ。（笑う）百年の雑誌があって！

メアリー－ええ。まあ、彼らはもちろん、〔1849年創刊の月刊〕『カントリー・ライフ（Country Life）』を持っていました。それで、私は売り物の広告を読みました。「ああ、たぶん私はあれを貰いましょうかね。」と、私は勿体ぶったものです。（クスクス笑う）おもしろかったわ。

スコット－あなたが何か取り残したのを、知っています。

メアリー－何ですか。

スコット－イタリアでのシャツの買い物です。

メアリー－この旅行でだったとは思いません…私は旅行を混ぜてしまったかもしれません。私は、〔夫〕サムのせいで、シャツの生地をどこで買うかについて、すっかり知っていました。ローマの古い地域には、カステル（Castel）という場所がありました。インドから戻ってくる旅の一つで、私はそこにアランとともに行きました。するとクリシュナジは魅了されて、彼自身、行きたいと思いました。私は住所を憶えていませんでしたが、それがどこにあるかを知っていました。私は良い位置の感覚を持っているので、見つけられました。私たちはヤード単位の購入をし、それから、優れたシャツの仕立屋で仕立ててもらいました。

スコット－それはどこでしたか。それはモリタ（Morita）ようなところでしたか…

メアリー－なんとまあ、あなたは私の頭脳を掘り進めようとしている。ええと…

スコット－何かMで始まるものですか？

メアリー－マルチェッティ。それだわ。でも結局、マルチェッティ氏（Mr.Marchetti）は引退して、閉業しました。それが問題でした。でも、ええ、その頃はマルチェッティでした。

スコット－そのとおりです。

メアリー－それで、私たちは生地を買い、それからそれをマルチェッティに持っていき、彼がそれを仕立てたものです。それもまたごく真剣な用事でした。（二人とも笑う）それにとてもおもしろかった！

スコット－ともあれ、クリシュナジはどのようにあなたに挨拶しましたか。なぜなら、それは、あなたがハンツマンで二ヶ月間ほど彼に会った初めての時であったからです。

メアリー－ええ、ええ。そのときまでに、私は車を注文しておきました。私はその前に車を持っていたとは思わないからです。ともあれ、私はメルセデスではなく、〔スポーツ車の〕ジャガーを注文しておきました。

スコット－みっともない。

メアリー－みっともない。（スコット、笑う）でも私は、ロンドンで引き渡すよう、それを注文しておきました。ロンドンで引き渡すよう、カリフォルニアで注文したんです。〔ロンドンで〕私はそれを運転して、キングストン・バイパスわきの小さなぞっとする家へ、出かけました。私は、クリシュナジが窓の外を見ていて、車を見に駆け出してきたのを、憶えています。（スコット、クスクス笑う）彼はすっかり見てまわりました。でも、それは〔彼の好きな〕メルセデスでなかったから、彼はあまり多くを言わなかった。（二人とも笑う）それは、彼が〔ロンドン中心北部の〕ユーストン・ロード（Euston Road）沿いのフレンズ・ホール（the Friends Hall）で第一回の講話を行った日だったと、思います。私たちはジャガーでそこに行きました。そこは、ウィンブルドン〔の講堂〕より大きくて良いホールでしたが、それでもさほど大きなホールではありません。

翌日、私は車で、彼らを一連の約束に連れて回りました－ほとんどが買い物です。（クスクス笑う）私はいまでも、彼らを乗せて、キングストン・バイパスの場所から出入りするのが、目に浮かびます－それが車の目的でした。

スコット－では、彼らは他にどんな買い物をしましたか。

メアリー－まあ、彼らはボンド・ストリート（Bond Street）を行き来して、いろいろと見ました－エドワード・バトラー（Edward Butler）、シャツと靴下等のところと、スルカ（Sulka）。そこに行ったものです。

スコット－スルカは憶えています。

メアリー－ええ、でも、それはボンド・ストリートを、上のボンド・ストリートに向かってちょっと行ったところにありました。

スコット－その頃、クリシュナジは、〔理髪店〕トゥルーフィト（Truefitt）で散髪していたんでしょうか。

メアリー－もちろんです。ええ、いつもです。

スコット－私は二回、そこにクリシュナジと行ったことがあります。

メアリー－クリシュナジは車ですばらしいやり方をしました。私たちは何についてもおしゃべりしていましたが、彼は突然、「真剣な話をしても、構いませんか。」と言ったものです。当然、同意しました。彼は、「やり方を知っているなら、瞑想はとてつもなくなりうる。」というようなことを、言いました。それから彼は、「謙虚さは何でしょうか。」と言いました。次に彼は、「それは、満足のないこと、何の方へも何の動きもないことです。」と言いました。これら、とてつもない記録されない小さなことが、ありました－私は運良くこれらのメモ書きを幾つか作りました。

それから彼は私に訊ねたものです－「真剣な話をすると、あなたの運転のじゃまになりますか。」と。彼は議論をしたいのでした－「真剣さは何でしょうか。あなたにとってそれは何ですか。」と彼は訊ねたものです。そのとき私は、どうでもそれは何かと思うことを言いました。

彼は、「そこには判断があります。」と答えました。

彼は〔友人の理論物理学者〕ディヴィッド・ボームに話をした後で、ディヴィッドが彼自身は判断しがちではないと言ったことを、言いました。その言葉はクリシュナジを打ちました。判断がこのすべての一部分であることが、です。

その時点でノーデは、クリシュナジが前にいつか、真剣さについて言っていたことを引用しましたが、クリシュナジはそれを払いのけました。彼は自らがすでに言ったことに戻りたくなかった。彼はその瞬間にそれを新たに見つめていました。

或る時点で彼は私に対して、私たちがともに知っている或る人について、その人物は真剣なのかどうかを、訊きました。私は明らかにしばらく止まってから、「いいえ。」と言いました。

すると彼は、「それはどういう意味ですか。」と訊きました。

私は、或る人がどこにでも探究の導くところへ行こうとしないなら、私にとってその人たちは真剣でないこと、そういうわけでこの人物について、私は「いいえ」と答えたことを、言いました。

彼は、「なぜ人々はそうするんでしょうか。」と訊きかえしました。

私は、真剣な人は利己心から選択や判断をしないと、感じました。

すると、クリシュナジは私に対して、なぜ彼らはいつも利己心から行動するのかを、訊きました － それに対して私は、それは人々における衝動であるし、彼らは言うならば、持ち金すべてを一個所に掛けることを怖れていると思うと、応答しました。

彼は、「でも、実際に人々はもっと多くを持っているでしょう。でも彼らは、それが分からない。」というようなことを答えました。

すると彼は私に対して（クスクス笑う）出し抜けに、「あなたは、もしも結婚して（とんでもない！）家族を持っていたなら、真剣でしょうか。」と訊きました。（メアリーとスコット、二人ともクスクス笑う）私は、それは結婚と関係次第であると言いました。

人々は仕事について、結婚相手について自分は真剣であると言う、と彼は言いました －「私は〔仮縫いして〕着付けようとしているスーツについて、真剣です。」と。（二人とも笑う）

私は、「まあ、それは、そこに筋違いの問題がないからでしょうか。」と言いました。

彼は、「あなたは自分の車に利己心がありますか。」と答えました。私たちは運転していました。

私は言いました －「ええ。でも、これらのものは真剣さの尺度だったでしょうか。それとも、車が私にとって何を意味するかということだったのでしょうか。私は或る点まで車について真剣です。」と。でも、私は、「それには依存していません。」と言いました。それは続いていくような会話でした。いつのときも彼は、私に交通の指示をしています。彼は後部席の最高の運転手でした…

スコットー（笑う）知っています！

メアリー－ …私がかつて出会ったり、聞いたことのあるなかで、ね。彼は手で合図したものです。

スコットーええ、ええ。

メアリー－赤信号が近づいていました。すると、まだ話をしている間に、彼は手で、私に減速させました。時折、私たちは（いわば）真剣に話をしていないとき、彼は「先に赤信号があるよ。」と言ったものです。（二人とも笑う）やれ、まあ。

スコットーときには、私が彼を乗せて運転し、彼が後部席にいるとき、指が出てきて…

メアリー－ええ、触れます。ええ。

スコットー …私の肩に触れるんです。まるで私が速く走らせすぎているかのように。（声を上げて笑う）

メアリー－彼は後ろの席に座ったとき、私に対してそれをしました。ええ。彼は減速させようとしていました。（二人とも笑う）

スコットー減速ボタンを押すようなものです。

メアリー－ええ。（スコット、笑う）彼は私に対してもそうしました。（メアリー、笑う）

スコットーさて、アラン・ノーデは、何人かの人たちに対して － 例えばディグビー夫妻に対してのように、明らかに他の人たちもいました － クリシュナジがけっして自分に対して真剣に話をしてくれないと、不満をこぼしていました。すると、〔Kの本の編集を行っていた〕ジョージ・ディグビー（George Digby）は私に対して、クリシュナジは、私と真剣に話すことがあるのかどうかを、訊ねたものです － それはありました。クリシュナジは確実にあなたと真剣に話をしました。なぜ彼は、アランと真剣に話をしなかったんでしょうか。

メアリー－それは信じられません。

スコットーアランは、彼と話をする約束や、真剣な議論をする約束を、けっして得られませんでした － これは…

メアリー－ああ、そこには何かあやしいところがあります。なぜなら、彼らは多く真剣な議論をしたからです － そこに私は出席していました。また、クリシュナジは、アランに対してたくさん口述筆記をしました。彼はそれをただ書き留めるだけではなかった。彼らはそれについて話をしたものです。

スコットーまあ、たぶんそれは、個人的なことや何かについてではなかったんでしょう。

メアリー－私には分かりません。

スコットー私は、ジョージとネリー〔・ディグビー〕が二人とも、これについて私に話したのを、憶えています。でも、これは、あなたにとって意味不明ですか。

メアリー－私にとっては意味不明です。私は、彼らがとても真剣な議論をしたのを、知っています。

それから或る日、私たちは、〔オランダの〕アンネッケ〔・コーンドルファー〕（Anneke）との食卓で、その主題に進みました。私は食事のためにそこにいました。アンネッケは〔幻覚剤〕LSD〔の話題〕を持ち出しましたが、クリシュナムルティは、私がそれについて何か知っているという驚きを表明しました。彼は再び私たちに対して、古代インドの〔神々の飲み物とされた〕ソーマについてと、どんなに自らがこのことを〔作家で友人のオルダス・〕ハックスレーと議論してきたのか、そして、ハックスレーがLSDはすっかり本物というわけではないと語ってくれたのかについて、語りました。

クリシュナジは、「それが本物のようなはずがない。」と言いました。

スコットークリシュナジは、あなたがLSDについて知っていることすべてに関心がありましたか。

メアリー－あまり関心はなかったです。私は彼に対して、自分がその科学実験の一部になったことを、すっかり話していました。彼はむしろそれを撥ねつけました。ハックスレーは、クリシュナジを知っているときに、これらすべてのものを摂ったのでした。

スコットーハックスレーはいつ亡くなりましたか。

メアリー－ハックスレーは、〔1963年11月22日、〕ケネディ〔合衆国大統領〕が〔ダラスで〕殺された同じその日に亡くなりました。

私は、〔カリフォルニアで〕大きな火事があった後、まもなく晩餐で彼の隣に座りました。ハックスレーの邸宅は焼け落ちて、彼は文書類をすべて失いました。それはひどかった。私たちはそれについて話をしました。なぜなら…

スコット－あなたは、クリシュナジの関連以外で彼を知っていたはずです。
メアリー－私はクリシュナジをとおしては、まったく彼を知りませんでした。事実、私は本当に彼をまったく知らなかったんです。私はその晩餐会で彼の隣に座りました。その晩餐の間、私は彼に対して、クリシュナジのLSDへの知識と、そのすべては彼から来たのかどうか、そういうわけでクリシュナジはそれに大いに反対する気持ちなのかどうかを、訊ねました。ハックスレーは奇妙な返事をしましたが、それは正確だとは思いません。彼は、「ああ、まあ、それは彼の菜食主義の一部です。」と言った。
スコット－それは変です。
メアリー－ええ、ご存じでしょう、見たところ、肉とLSDを控えるといったことで、ね。(スコット、笑う) まあ、それはすべて前のことでした。

ともあれ、この日について私は、彼が一走りしに行きたいと思ったことを、報告すべきです。それで、〔クリシュナジの好きな〕メルセデスでないジャガーに乗って、私たちは再びウィズレー〔の王立園芸庭園〕に行こうとしていましたが、ウィズレーに向かっていくと、彼は自分はそこに行きたくないと言いました。それで、私たちはリンクス家へ行きました。彼は私に対して、自分はどのように彼女〔メアリー・リンクス、旧姓ラッチェンス〕を赤ん坊だったときから知っているのか、そして、彼女とその〔再婚した〕夫〔ジョー〕は、〔ロンドンの南西40キロメートルほどの、サリー州〕ハスルミア(Haslemere)の近くに家を持っていることを、話していたんです。それで、私たちはハスルミアへ向かいました。私たちはどこに行くべきかを知らなかったんですが、アランが調べて、私たちはついに家を見つけました。でも、そこには誰もいませんでした。畑にいる農家の人は、自分は私たちが話している人を知っているし、彼らは散歩に出かけたんだと思う、と言いました。それで、私たちは家のところに車を停めて、道路を歩いていき、彼らが戻ってくるのに会いました。

クリシュナジは喜びました。もちろん彼らは彼を見て、わくわくしました。私は初めて彼らに会うのがうれしかったです。

私たちは中に入り、お茶を頂きました。即座に誰もが大いに気心が知れました。メアリーはその著書にそのことを、書いています － クリシュナジが、一緒に笑っていろいろと喜ぶ二人の人たち〔アランとメアリー〕とともに、生活に幾らか楽しさを得ていることを見て、自分はどんなにうれしかったか、と。それらのドライヴでクリシュナジは、昔〔、神智学協会の時代に〕自分の泊まったことのある場所を、思い出したものです。明らかに彼は、様々な人々とともにイングランド中に泊まったのでした。
スコット－そうだと思います。それが私の受けた印象です。彼は至るところに行っていました。
メアリー－ええ。彼は、若かったとき、自分一人で出かけるのをけっして許されなかったことを言って、それを説明しました。彼はいつも、〔神智学協会の大師から伝授を受けた〕二人のイニシエイトをすべてのときに、伴っていなくてはならなかった。理由は、〔養母で会長の〕ベサント博士が、彼はもっと安全になるだろうと考えたということですが、また彼は持ち金すべてを施してしまうからです。彼は一人でいると、それを必要とする誰かに与えてしまうでしょう。(二人とも笑う) それで、彼の言うところでは、ベサント博士は、「お願いだから、彼を一人で外出させないでください！」と言いました。(二人ともまた笑う) それから彼は、「〔亡くなった〕弟〔ニトヤ〕は、けっして私から離れなかった。」と言いました － それはすてきでした。
スコット－まあ、メアリー〔・リンクス〕の批評を考えるなら、それは本当です。あなたとアランが彼と一緒に旅行していたとき、彼が長年で幾らか楽しい感覚を持つ人たちと一緒にいるのは、それが初めてのことでした。
メアリー－ええ。
スコット－私がいうのは、長年ラージャゴパルと一緒に旅行することは、おぞましかったにちがいありません！私が聞いたことすべてからして、彼は自分のしていることすべてに憤慨しているように見えました。
メアリー－ええ。あれはひどかったです。常に不満を言い、批判をする。〔対して〕アランは実際に、とてもおもしろいんです。たいへんユーモアの感覚を持っています。事実、私のアランとの友情は、お互いに笑わせあうという事実に基づいていました。
スコット－そう聞いています。
メアリー－彼はとてもおかしく、たいへんユーモアの感覚を持っています。それで、事実、私のアランとの友情は、お互いに笑わせあうという事実に基づいていました。〔夏のスイスの〕サーネン〔集会〕の時期に、彼が私とともにカプリス(Caprice)〔というアパートメント・ハウス〕に泊まっていたとき、朝食のテーブルで私は、ウィーンの精神分析医、精神分析者の役を演じて、彼をからかったものです。(スコット、笑う) 彼がいろいろとしている間に、私はひどい訛りで － 今はもうできませんが － 彼の批評と反応について(スコット、もっと笑う) 批評したものでした。(二人とも笑う) とてもおかしかった。彼はとても付き合いやすかった。(クスクス笑う) で、クリシュナジにとって、それは新鮮な空気の一息でした。もちろんクリシュナジもすぐに加わりました。私たちがとてもおかしかったということではなく、ものごとの分かち合ったおもしろさでした。

また、お分かりでしょうが、何でも可能であると見えました。私たちはときどき話をしましたが、明らかに、私たちはみな永遠にいつまでも一緒にいるだろうということが、クリシュナジの心において、当たり前のことになったようでした。そして、私たちはこの国かあの国か、ここの住宅かあそこの住宅に住むべきかについて、議論がありました。これら議論は続きました。彼が何を提案したのであっても、私は「ええ、はい、そうしましょう。」とか、「それはどうやればできるでしょうか。」とか言ったでしょう － それが何であってもです。

それらについて、何も問題はありませんでした － 何かすてきなことが起こることは。彼を喜ばせることを提供するのは、とても楽しいことでした。
スコット－ええ。
メアリー－もし彼が望むなら、できるなら、何か小さなことや何か大きなことでも、です。(長い休止)
スコット－ふむ。
メアリー－さて、今はどこでしょうか。ああ、そうだ。私たちはまたリンクス夫妻とともにいます。あれはすてきな一日でした。まさにすばらしい一日でした。私たちは運転して戻りました。

また別のドライヴがありました － それは或る面でほとんど歴史的でした。なぜなら、私たちは〔西方向へ、イングランド中央部に拡がる標高300メートル以上の風光明媚な丘陵地帯〕コッツウォルズ（the Cotswolds）へドライヴすると判断したからです。私は地図と旅行案内書とすべてを持って行きましたが、私が家に着いたとき、たぶんそこはあまりに遠すぎるだろうと判断されました。それで、私たちは〔西方向、イングランド南部、ハンプシャー州の州都〕ウィンチェスター（Winchester）に向かって出かけました。そして、私が振り返ってみると、私たちは〔後に学校ができた〕ブロックウッドへの道路を越えて運転したにちがいありません。なぜなら、〔ロンドン西部の〕キングストンからA3〔道路〕を出て行ったし、曲がってA272〔道路〕へ行き、運転して通ったにちがいないからです。誰も未来〔にその地方にブロックウッドを購入すること〕を超常的に（スコット、笑う）予知していませんでした。私たちはウィンチェスターに着きました。私たちは昼食にロイヤル・ホテルを見ましたが、何も菜食のものがなかった。アランが入って行き、メニューを見て、だめだと知りました。それで、私たちはエセックスのところ（the Wessex's）に落ち着きました。

スコット－ああ、はい。

メアリー－昼食の後、私たちは〔11-12世紀に建てられたウィンチェスターの〕大聖堂（カテドラル）に行き、あたりを見ました。それから道路を運転しました。私は、〔さらに西北方向、20数キロメートルの〕グレイトレー（Grateley）、ウォロップス（the Wallops）の名前を憶えています！ウォロップスがどこにあるのか、知っていますか。

スコット－ええ、（笑う）ネザー・ウォロップ（Nether Wallop）とミドル・ウォロップ（Middle Wallop）です。

メアリー－そのとおりです。たぶんミドル・ウォロップスの中程で、私たちは昼寝をすることに決めました。私は車の後ろに、大きな膝掛けを入れていました － それを野原に持ち出して、芝の上に拡げました。各々が一定の膝掛けを持っていて、私たちは横になり、少しうた寝をしました。

スコット－とてもいい。

メアリー－すてきでした。それから、私たちはさわやかになって、ストーンヘンジ〔の遺跡〕へ運転しつづけました － そこはその頃、フェンスで囲まれていなかったから、すばらしかった。あたりに誰もいなかった。石まで行くことができました。すばらしかった！私たちは別の道路を運転して帰りました。どの道を行ったのかは忘れました。行った道は帰らなかったです。

　車の中でクリシュナジは、前日会った或る若者たちの質問が朝に戻ってきたと、言いました。彼はそれを考えていました。そして、「時は流れる川に似ているが、私たちはそれを過去と現在と未来に分割する。しかし、それの全体が見えなくてはならない。そのとき、それが見えるとき、時は止まる。」ということを、言いました。

スコット－あなたは、若者たちとのその討論会に行っていましたか。

メアリー－そうは思いません。突然彼は、「そう、私は見える。でも、それについて今、話してはいけない。」と言いました － それは、彼は何かが見えたが、それについて話をしたくない。なぜなら、それについては公開講話で話すだろうから、という意味でした。それから全く突然に彼は言いました －

「〔1925年に〕弟〔ニトヤ〕が死んだとき、この人物は」－ 彼自身という意味です －「気絶した。幾日間も昏睡状態に陥った。そう〔、神智学協会からの古い友人、〕シヴァ・ラオ（Shiva Rao）が私に話してくれた。」と言いました。彼は憶えていませんでした。そして、彼が気がついたとき、彼らはみな彼に対して、彼はだいじょうぶだと保証しました － 大師たちとそのすべて、です。でも、彼は泣き叫んで、大きな衝撃であったけれど、その事実からけっして動こう、そのすべてがどういう意味なのかを問おうとはしなかった。彼はただ突然に、弟についてこのことを打ち明けました。そのとき彼は、時の観念によりとても強烈であり、意気軒昂でした。そして、「ちょうど今、講話をできたらいいのになあ！」と言いました。

　その夜、私は彼らとともに夕食をしました。私たちがそこに着いたとき、アンネッケ〔・コーンドルファー〕が準備してくれました。彼はテーブルで、「今、話をする準備ができた！」と言いつづけました。私たちは、彼が眠らないだろうと心配しました － 彼はそういう気分で眠るのは、むずかしいでしょう。それで、講話の前の夜に、充分眠りをとれないでしょう。だから、私たちは、彼を落ち着かせるために、睡眠薬としてテレビを（二人ともクスクス笑う）見ました。それから、私はイートン・プレイスに戻りました。

メアリー－あなたは彼を乗せて、フレンズ・ミーティング・ハウスでの講話に連れていったんでしょうか。

メアリー－ええ、ええ。そう思います。そうだったにちがいない。でも、私は宣誓証言はできないでしょう。けれども、私は車を持っていて、彼らは車を持っていなかったので、私がそうしたにちがいありません。この時までに、私がお抱え運転手でした。だから、それは意味が分かるでしょう。彼はこれらの時期に、ディヴィッド・ボームに話をしていました。彼らは議論をしていました。サラルとディヴィッド〔・ボーム夫妻〕は、その近くのスロアン・スクエア（Sloane Square）かどこかに、地下鉄で来ました。私はそこで彼らを乗せて、運転して連れて行きました。討論会の一つでクリシュナジは、「実質的に、聞くこと以外、何もすべきことはない。愛情をもって聞きなさい。」という発言をしました。それが彼の言い方でした。彼は、真実である発言がなされるなら、あなたが聞くと、それはそれ自体の作用を持つと、言いました。彼はこのことを、あの泥棒たちの物語で例証しました － 彼はそれを何回も話したことがあります － 泥棒の一団が、教えている教師のそばを通ったとき、彼らのリーダーが目と耳を塞ぐようにさせる、というものです。一番若い泥棒は刺（とげ）を踏んづけて、手を下ろしてしまい、「盗みは悪だ」という言葉が聞こえます － 彼はそれを本当に聞いて、もはや盗めなかった。（クスクス笑う）それで、彼はその物語をしました。これら議論の後で私たちは、〔ロンドン南西部の巨大な〕リッチモンド・パークを大いに歩きました － ディヴィッドとサラルとクリシュナジと私自身です。

スコット－クリシュナジが、テームズ川沿いのキングストンとかどこにでも出ているとき、あなたがわざわざイートン・スクエアからやってくるのは、不便だったにちがいないですね。

メアリー－まあ、おもしろいことは、今日私にとって不便に思えるようなことが、その頃、私にとって何とも思えなかったということです。（笑う）ときには、私は過去の出来

事のメモ書きを調べてみるとき、「何とまあ、私は一日でそのすべてをどうやってしたのか。」と思います。それはまた、〔カリフォルニアの〕マリブで生活した時の多くをも、特徴づけています。私は、何か用事の一覧表をもって街に急いで行き、戻ってきて、昼食を作り、準備したものです。私はどうやってそのすべてを成し遂げたのか、分かりませんが、やり遂げました。若さね！または、比較的若かった。私はこれらの間、さほど若くなかったわ。（スコット、笑う）まるで私が二十歳だったかのように聞こえます。私は・・・当時、何歳だったのかは言わないでおきましょう。（スコット、笑う）

それからもちろん、〔仕立屋(テイラー)での〕仮縫いは続いていました。

またクリシュナジは、「あの少年」－彼自身という意味です－についての質問を始めました。あらゆることにも関わらず、なぜ彼は条件づけられなかったのか。彼は車の中で、それについてたくさん話していました。

スコット－あなたたちはまた、フランス南部のマ（農場邸宅）についての議論をも、もっと多くしていたはずです。

メアリー－うーん、何というか。私は戻って考えないといけません。いつ彼がそうしないと決断したのかは、今の時点で私はお話しできません。私はきっとそれをメモ書きに取っていると思います。録音をする別のとき、私はそれを調べてみましょう。邸宅が見つからなかったから、考え全体が静まってしまいました。

ともあれ、私たちは或る日、再び田舎のメアリーとジョー〔・リンクス夫妻〕のところに行きました。土砂降りの雨でした。私たちは、途中でとるピクニックの食事を持ってきましたが、雨のために車の中で、いただきました。私は、〔フランス南部の野菜煮込み料理〕ラタトゥイユを作ったことを、憶えています－分からないけど、〔ロンドン西部、〕キングストンの家で作っておいたはずです。（クスクス笑う）あれこれ憶えているわね。ともあれ、私たちは行って、メアリーとジョーとともにお茶をいただき、またすてきな散歩をしました。雨が上がってしまっていたからです。

それで、今、5月に来ます。10日だと思います。私たちは、パリへ車を運転することになっていました。それで、〔ロンドンの南東、ケント州の〕リド（Lydd）へ運転しましたが、そこは、車を空輸する手立てのあった場所です。

スコット－ああ、はい。

メアリー－リドから〔イギリス海峡を越えて、フランス北部パ・ド・カレー県の〕ル・テュケ（Le Touquet）に、です。

スコット－ああ、はい。車を航空機に載せるんですね。とほうもないことです。航空機のどの部分が降りてきて、車を入れたんでしょうか。

メアリー－大きな口みたいに開いて、車を運転して入れました。それから回って行き、客室に座りました。

スコット－あと2, 3分で〔録音〕テープが切れてしまうでしょうから、フランスへ行く前に、あなたは、クリシュナジのメアリーとジョー〔・リンクス〕との関係と、彼のドリス〔・プラット〕とアンネッケ〔・コーンドルファー〕とメアリー・カドガンとの関係を、どのように知覚しましたか。

メアリー－私がどのように知覚したかというのは、どういう意味ですか。メアリーとジョーは古い友だちでした。私は即時に、彼らが二人とも好きになりました。彼らも私を好きだったようです。

スコット－でも、ジョーは教えに対して関心を持っていませんでした。

メアリー－ええ。でも、彼はクリシュナジを好きだったし、彼と一緒にいるのを楽しみました。彼らは一緒に笑いました。

スコット－他方で、ドリス〔・プラット〕のような人もいました－彼女はほぼ対極であって、教えに対してものすごい信仰を持っていました。

メアリー－ええ。ドリスは特徴ある人でした。彼女は特徴ある人だと、即時に分かりました。良いことも悪いことも、彼女の性格の一部でした。これらが彼女をドリスにしました。あなたはそのすべてを正しく評価したわけです。

スコット－でも、歴史的な記録として、これは幾らか説明すべきでしょう。なぜなら、事は興味深いからです。例えば、メアリー〔・リンクス、旧姓ラッチェンス〕は、クリシュナジに対して個人的な愛情をもって成長しましたが、それでも彼女は、教えとか、何か宗教的なことには、長い間、関係を持っていませんでした。

メアリー－そのとおりです。

スコット－それから教えに興味を持った。それから〔星の教団の解散などがあって、〕すべてを捨てて、クリシュナジに対する愛情を保っていただけです。〔彼女の夫〕ジョーは教えにまったく興味を持っていなかった。でも、クリシュナジと個人的な友情を持っていました。

メアリー－ええ。

スコット－そして、分かることですが、或る面で愛らしくなかったドリスですが（笑う）、それは彼女の魅力の一部でした。

メアリー－彼女の魅力の一部は、彼女のつむじ曲がりなところと、おもしろい性質でした。

スコット－ええ。そして、教えを信仰していた。アンネッケ〔・コーンドルファー〕はどこかその間のところでした。

メアリー－まあ、アンネッケもおもしろかったわ。アンネッケは笑うのが大好きでした。彼女とアランと私は、オランダでクリシュナジがベッドに入ってしまったとき、起きていて笑いました－今は何のことかは忘れましたが、何かおかしなことが起きたのでした。アンネッケは陽気な人でした。明白に彼女は、クリシュナジの世話をするのを愛していました。彼女にとってはあらゆることが天国でした。彼女はアランも好きでした。彼はおもしろかったからです。大いに笑いがありました。彼女は同じ理由で私のことも好きでした。

スコット－ドリスとアンネッケは何をしたんでしょうか。

メアリー－まあ、彼女たちは料理をして、掃除をしました。ドリスはその日を組織立てました－〔面談の〕約束やそれらすべてのことを記録するんです。クリシュナジは人々に会わなくてはならなかったし、彼女がそのすべてを取り仕切りました。アンネッケはたぶん、料理と家事のほとんどをやりました。ああ、また南アフリカから来たご婦人もいました。

スコット－ジョアン・ライト（Joan Wright）ね。

メアリー－ええ、ジョアン・ライトね。ジョアン・ライトもこれらのどこかに加わっていました。私がお抱え運転手になる前は、ジョアン・ライトがクリシュナジを約束に連れて行ったり、運転して講話へ連れて行った、と思います。

テープが切れようとしていますか。

スコット－ええ。これら登場人物について話をすることは、

43

重要です。さもなければ、彼らはただの名前ですし、今から百年後、人々は彼らが誰なのか見当も付かないでしょうから。
メアリーージョアン・ライトの正真正銘の資質は、縫い物をする能力でした。
スコットーええ、クリシュナジのバス・ローブを作りました。
メアリーーええ。また彼は、インドから美しい絹を持って帰りました － あの種のたっぷりとしたクリーム色のシルクです。彼女は、彼の寝間着シャツを作ったものです。彼は寝間着シャツを着ましたから。そんな容易く寝間着シャツは買えません － 特に、たっぷりとしたインドの絹で作ったものは。彼女は彼のために、それらすべてのものを作りました。
スコットー私たちは ⋯ 今、〔録音〕テープが切れてしまったと思います。いいです。じゃあ、パリへの途中から継続しましょう － 66 年です。
メアリーーええ、5 月ね。

原　註

1) クリシュナムルティの〔長兄の息子で、〕甥。彼は〔リシ・ヴァレー学校で二十五年、さらにイングランドのシュタイナー学校で教えてから、〕後に〔1977 年に〕リシ・ヴァレー学校の校長になった。
2) バラスンダラム（Balasundarum）は〔1950 年代終わりから 1977 年まで、第二代の〕リシ・ヴァレー学校の校長であった。
3) ジェラール・ブリッツ（Gérard Blitz）は、〔世界的なバカンス会社〕「地中海クラブ（Club Med）」を始めた企業家、ヨーガの振興者、クリシュナジの仕事に熱心な人であった。
4) 彼は、20 世紀の最も重要な理論物理学者の一人で、哲学者と、広く考えられている。ディヴィッドは、クリシュナジの仕事を熱心に支援した人でもあり、イギリス・クリシュナムルティ信託財団（the Krishnamurti Foundation Trust in England）の理事と、ブロックウッド・パーク・クリシュナムルティ教育センター（the Brockwood Park Krishnamurti Educational Centre）の理事であった。
5) オルダス・ハックスレー（Aldous Huxley）は、〔イギリス生まれの〕高名な作家であり、当時の最も傑出した知識人の一人であった。ハックスレーは 1920 年代からクリシュナジの仕事を賞讃した人であり、1929 年にはカリフォルニアで、クリシュナジと他の人たちとともに、〔ハッピー・ヴァレー〕学校を始めるのを手伝った。
6) メアリー・リンクス（Mary Link）の旧姓にして、彼女が著作において作家名として用いた名前が、メアリー・ラッチェンス（Mary Lutyens）であった。だから、彼女はクリシュナムルティ関係者の間では、どちらの名前でも知られている。

訳　註

*1 リシ・ヴァレー学校は、インド南部、アンドラ・プラデシュ州に 1928 年に開校された最初のクリシュナムルティ学校。
*2 M.Lee（2015）第 4 章には、土日を除くこの日課が、知らず知らずに学生たちに瞑想や静寂を教える大きな役割を果たしたこと、卒業生たちも異口同音にこれが意義深かったことを語ったことをいう。
*3 イタカの王オデュッセウスのラテン語名。
*4 ギリシャ神話で巨人族の一人。
*5 カリフォルニア、サンタバーバラ出身。後にカリフォルニア、オーハイで学校が創設されたとき、校長になった。
*6 彼女は、M.Lee（2015）第 5 章によれば、彼女は趣味も良く、ヴィーナの名手でもあり、リシ・ヴァレーで演奏した。同著にはインドに初めて来たリーが、インドではお客は神さまであるとも注意を受けており、そのような接客態度の一端とも思われる。
*7 タミールの暦に従って、インド南部やスリランカの一部で四日間行われる。通常は 1 月 14 日から 17 日であり、タミール人にとって最も重要なお祭りである。
*8 この時期の K の神秘的な「プロセス」やそれに伴う「叫び」については、第 21 号の冒頭直後に出ている。
*9 講話は、J.J. 芸術学校（J.J.School of Arts）のグランドで行われた。そこは、都市の中心にあるが、広く樹々に覆われていた。ボンベイの聴衆は他のどこよりも多く、1980 年代には 5 千人ほどが集まった。
*10 この出来事は、第 33 号 10 月 1 日の個所にも、人の心を読むことに関して言及されている。
*11 この記述よりかなり古い時期のものであろうが、『生きることについてのコメンタリー』第一巻の第 7 章「豊かな者たちと貧しい者たち」にも、そういう演奏者の叙述がある。
*12 第 2 号ではジャイナ教徒とされている。
*13 ボームは、K との初めて出会ったときに関して、これに類する態度に言及している。第 2 号の訳註を参照。
*14 例えば第 21 号、1972 年 1 月下旬の記述を参照。K とアランとの対話の録音は、Youtube に Dialogue with Alain Naude として幾つか上がっている。マリブで 1971 年に行われた The circus of man's struggle と、On good and evil の二本と、1972 年に行われた Is there permanent ego と、Masters and hierarchy と、Stepping out of the stream... と、A mind that is not empty... と、Religion and meditation の五本である。前者の二本は、第 17 号、3 月 27 日、28 日の個所に言及されるものであり、The Awakening of Intelligence（1973）に編集、収録されている。後者は、第 21 号、1 月下旬の個所に言及されるものである。
*15 彼はクリシュナムルティとの会話の多くを記録に残していたが、晩年の 1961 年 5 月、山火事によりハリウッドの自宅が焼失し、すべて失われたと言われている。
*16 彼女によるクリシュナムルティの伝記第二巻、1966 年 5 月の記述を参照。
*17 第 14 号の訳註を参照。
*18 a character は親しみや軽蔑の感情を込めて「変わり者」といったニュアンスもある。なお、ドリスは映画 With a Silent Mind において K から聞いた言葉として、「全世界の涙が世界教師を創り出した。」という印象深い言葉を残している。
*19 ジョーは、イタリアの美術史研究者であるとともに、王室御用達の毛皮を取り扱っていた。そのような面からは、教えに深入りしなかったとも考えられる。
*20 この土地の経緯については、第 19 号の訳註を参照。正式の開校は 1946 年 9 月になったが、ハッピー・ヴァレー財団は 1927 年に創設されてから、ハックスリーは 15 年間、その理事会に加わっていたとされている。この学校は谷の西に開校されたが、まもなく K から離れて一時閉鎖も検討されたが、現在は、谷の東に移動し、ベサント・ヒル・スクールと改名されている。芸術に力を入れた寄宿制の学校である。

第 4 号　1966 年 5 月から 1966 年 6 月まで

序　論

メアリーの批評の幾つか（例えば、「その後、何が起きたのかを、見ましょう。」）から、そしてメアリーがこの対談で示す正確な日付と時間から、彼女が対談のために目の前に日記を開いておいたことが、明らかである。

　この対談が扱う時期の重要な進展は、メアリーがクリシュナジを〔マリブの自宅に〕招く主人になりはじめたことである。彼らの関係もまた、移り変わっていくように見える。「運転手でお使いをするメアリー」から、友人と仲間のメアリーへと移って行き、〔秘書〕アラン〔・ノーデ〕のクリシュ

ナジとの友情に取って代わりはじめる。

　この号で議論する時期でたいへん意義深いことに、メアリーはクリシュナジの生活のもっと「秘教的な」側面を初めて経験する。そして、彼はこれについて彼女と話をする。

メアリー・ジンバリストの回顧録　第4号

スコット―私たちがおしまいにしたところは、あなたがちょうどイギリス海峡を越えて飛ぶために（クスクス笑う）あなたの車、あなたのジャガーを、〔クリシュナジが好きな〕メルセデスでない車を、航空機に乗せようとしているということでした。

メアリー―まあ、それは今日聞こえるほど奇妙ではなかったんです。（二人ともクスクス笑う）それは、水面にも着水できる、むしろ小さな飛行機でしたが、車輪も付けていました。それは、ランプ（ramp）によって水面から発進したし、それから車輪により滑走路に降りたものです。

スコット―ああ、本当ですか。

メアリー―そう思います。それが私の憶えているさまです。

スコット―では、どれほどの人たちがいたんでしょうか。まあ、一ダースの人たちを乗せた小さな客室ですか。

メアリー―いいえ、たぶん八人ほどです。どれほどの車を入れられたのか、思い出せませんが、明白に一台以上、たぶん二台か、まあ四台かも。分かりません。航空機の前面が口のように開いていて、車はいわば腹に入っていきました。（スコット、笑う）それから乗客たちは行って、客室に座りました。

スコット―私がそれを見逃したのは残念です。（二人とも笑う）いいです。では、クリシュナジはあなたとともに行きましたか。

メアリー―クリシュナジとアランと私です。ごく短い時間を掛けて、〔フランス北部パ・ド・カレー県の〕ル・テュケ（Le Touquet）へ飛んでいきました。

スコット―そこからパリへ運転したわけです。

メアリー―まあ、そうでなく、パリには行きませんでした。私たちはもっとすてきなところへ行きました。私はミシュラン・ガイドの調査から、ル・テュケのどこかで昼食をとるすてきな場所を、見つけておきましたが、それから私たちは運転して、〔フランス西部ノルマンディ地方の都市ルーアンの南20キロメートルほどの〕ヴィロンヴェ（Vironvay）という場所に行きました ― フランスの地理がお得意ならば、それはルヴィエ（Louvier）の南〔東〕です。

スコット―そんな得意じゃないです。

メアリー―宿屋がありました ― レ・セゾンという一種の田舎の宿屋です。とてもすてきでした。なぜなら、古い建物を取りまくコテッジのようなものだったからです。私は、暖炉つきの大きな部屋を取りました。クリシュナジとアランは他のどこかにいました。彼らがどこにいたのかは、知りません。同じコテッジではなかった。でも、晩餐は私のコテッジで取りました。私たちはルーム・サーヴィスを注文し、火を起こしました。すばらしかった。

スコット―ああ、いいなあ。

　これもまた、いつでしたか。これは4月でしたか。

メアリー―これは5月12日でした。

　で、私たちはそこでその夜を過ごしました。誰もが良く眠りました。翌日は美しい一日でした。正午ごろ、私たちはパリへ向かって運転しました。私はコク・アルディ（Coq Hardi）でテーブルの料理を注文しておきました。コク・アルディに行ったことはありますか。

スコット―いいえ。

メアリー―まあ、そこは魅惑のレストランです。

スコット―どこですか。パリですか。

メアリー―パリの西、マルメゾン（Malmaison）近くの出たところにあります。

　夏には外でテラスに座ります。裏には丘があります。すべてアジサイで土手を築いています。

スコット―いいなあ！

メアリー―美しいのよ！

　それに食べ物が極上です。明白に私は父に、何回もそこに連れていってもらいました。

スコット―（クスクス笑う）ええ、もちろん。

メアリー―それで、私はそこについて知りました。でも、もちろん彼らはそこに行ったことがなくて、私たちは贅沢な昼食を取りました。

スコット―ふーん。

メアリー―次々と野菜のみごとな皿、そして果物。クリシュナジは楽しみました。

スコット―この時までに、〔菜食主義者になった〕あなたは、オムレツとチップスから十分、回復していたわけです。（笑う）

メアリー―ああ、オムレツとチップスははるか昔に過ぎ去りました。（笑う）それで、私たちは午後にパリに入りました。私は4時頃クリシュナジとアランを、シュアレス家に降ろしました。それから私はオテル・ポン・ロワイヤルに進みました ― そこには前に泊まったことがありました。私は二日間、彼らに会わないで、父と時間を過ごしました。

メアリー―5月15日にクリシュナジは、〔会場の〕サル・アディヤールで第一回の講話を行いました ― そこについては前に議論したと思います。

スコット―ええ。

メアリー―講話を別にすると、買い物がありました。（スコット、クスクス笑う）私たちは何かを求めてスルカ（Sulka）に行ったし、当然、靴を求めてロブ（Lobb）に、です。これら美しい品物が運び出されて、履いてみて、とても気持ちよかった。それから私たちは〔パリ西部、セーヌ川沿いの、ブローニュの〕「森」（Bois）[1]に行き、バガテル（Bagatelle）[2]に行きました ― そこはすてきです。私たちは歩いてまわりました。お茶か何か飲み物をとり、それから私が運転して彼らを送って行った、と思います。それから・・・

スコット―講話には、何が起きたんでしょうか。誰がクリシュナジを、〔会場の〕サル・アディヤールに乗せて行ったんでしょうか。

メアリー―（長い休止）憶えていません。

スコット―アランは、それら講話を録音していましたか。

メアリー―ええ、していました。していました。

スコット―あなたは講話の前にクリシュナジに会ったでしょうか。

メアリー―いえ、いえ。私は彼に会おうとしませんでした。

スコット―その日、彼に会おうとしたのでしょうか。

メアリー―その日はそうかと思います。その記憶がありません。それについてメモ書きはありません。クリシュナジとアランは、散歩に出かけたものです。或る日、私はマル

セル・ボンドノー（Marcelle Bondoneau）をシュアレス家に連れていき、彼女をそこで降ろして、彼らが散歩から戻ってくるのに会いました。それで、私は車を持っていたので、私たちは〔ブローニュの〕「森」に戻り、そこでまた別に散歩をしました。

20日に私たちは運転し、〔パリ最古の教会がある〕サン・ジャルマンへ散歩に行きました。長い散歩です。

翌日、私は運転し、クリシュナジとアランとププル・ジャヤカールを、〔フランス中部、パリの南西70キロメートルほどの〕シャルトル（Chartres）に連れて行きました。明白に私たちは再び〔そこの〕大聖堂（カテドラル）を通り抜けて、昼食をとりました。

スコットー同じ場所で昼食をとりましたか。
メアリーーええ、同じ場所です。ヴェイユ・メゾン – そこはラ・ヴェイユ・メゾン（La Vieille Maison）と呼ばれていました。それから私たちはパリに戻り、ププルを彼女の〔滞在先〕ホテルに降ろし、また別の散歩のために〔ブローニュの〕「森」に戻りました。（クスクス笑う）

では、その後、何が起きたのかを見ましょう。
スコットー私的な討論会はありましたか。
メアリーーまあ、私はそれに行こうとしているところです。もう一つ若者たちの討論会が行われようとしていました。
メアリーーアランが手配して。
メアリーーアランが手配して。私は、〔滞在先の〕オテル・ポン・ロワイヤルにその討論会のために、すてきな部屋を借りることができました。私は彼らをそこに連れて行き、それを見守りました。後で私は彼らを連れて帰り、マリアンヌ・ボレル（Marianne Borel）とのお茶に行きました。マリアンヌ・ボレルを憶えていますか。とてもフランス的な、白髪の、小鳥のようなご婦人です。
スコットーいいえ。
メアリーーいや、憶えているでしょう。私は今でも心の目に彼女が見えます。彼女はいつも、〔夏のスイス、サーネン集会で〕テントでキャンプする人たちが食事をするために、お金を蓄えていたものです。まるで小さな・・・
スコットー今、私は分かりはじめてきました。
メアリーーええ。
スコットーああー、私は彼女を見たなら、たぶん認識できるでしょうね。
メアリーー認識できるでしょう。

まあ、ともあれ、彼女はお茶を振るまいました。それは、フランス人たちみんなのためでした。それで、私は彼らみんなに会いました。
スコットーそれはどこでしたか。
メアリーー彼女の自宅です。彼女がお茶を振るまいました。

別の日に、私はそこでマルセル〔・ボンドノー〕と、マー・デ・マンツィアーリ（Mar de Manziarly）とともに、昼食をとりました。私は彼女にお茶会で会ったと思います。でも、それから昼食でも再会しました。それから〔ブローニュの森の中にある庭園〕バガテルで、クリシュナジとアランとの散歩でも再会しました。

別の日に私たちは、〔森の南西の〕サン・クルー（Saint-Cloud）へ散歩に行きました。それで、講話、散歩、買い物でした – それが本当に起きていたことです。
スコットーサン・クルーで、パリをすばらしく見渡せる古い城が、あったところでしょうか。

メアリーーええ、ええ。そこが散歩をしたところです。
スコットーすごくいい。
メアリーーええ。
メアリーー見てみましょう – 次に何が起きたのか。
スコットーこの時に、あなたは〔クリシュナジに関する〕メアリー〔・ラッチェンス〕の伝記を活用していなかったことに、私は気づきました。それらはまだ書かれていなかったからです。
メアリーーええ。
スコットーだから、あなたはマー・デ・マンツィアーリのような人たちについて、知らなかった – 彼女のクリシュナジとの歴史とか、これら他の人たちの幾つかについて。
メアリーーまあ、たぶん話は聞いていたんでしょう。少なくともちょっとはね。ご存じのように、これらは〔神智学協会から〕古い友人でしたし、あの初期の部分でした。
スコットーええ。
メアリーー私は何かを知っていたはずです – 一般的な話から、という意味です。

（クスクス笑う）際立った人物がもう二人いました – ブヴァール将軍とご夫人（General and Madame Bouvards）です。（クスクス笑う）彼は退役将軍でした。彼女はかなり世俗的な人でした。彼らは毎年、サーネンあたりにいました。マダム・ブヴァールは昼食会とかいろいろ開いたものです。それで、私たちは行って、彼らとナーガスワラン（Nagaswaran）という人と、昼食会をしました。ナーガスワランはインドで、クリシュナジのためにヴィーナを演奏しました。また彼は、アラン〔・ノーデ〕とフランシス〔・マッキャン〕と私が共有していた家でも、それを演奏しました。彼はなかなかすてきでしたが、フランスへ引っ越したと思います。学校を始めたはずだと思います。ともあれ、彼がマダム・ブヴァールのところで演奏しました。

再び散歩と講話と〔ブローニュの森の〕バガテルです。
私は晩にコンサートに行き、アランと買い物をしました。他は何かな。

ああ、そうだ。私たちは或る日、映画に行きました。『姿なき殺人者（Ten Little Indians）』という〔イギリス〕映画です。（スコット、笑う）〔A.クリスティ原作の〕推理サスペンスでした。誰かが殺害されました。だから、とてもおもしろかった。
スコットーああ。そうでしょうね。クリシュナジのサスペンス大好きは、みんなが知っています。（スコットとメアリー、クスクス笑う）あなたは、クリシュナジとともに食事に出かけたことに触れませんね。
メアリーーええ。彼はそもそもレストランでは食べなかった – ブージヴァル（Bougival）、ピカルディ（Picardie）での一回を除いて、です。
スコットーあなたはシュアレス家に食事に招かれなかった？
メアリーー一、二回はされたと思いますが、常時ではなかった。
スコットー彼らはどのようでしたか。
メアリーーまあ、彼は小さな地の精みたいな人でした。彼はとても忙しくて、本当に没頭していました – 何か翻訳をするのと、〔ユダヤ神秘主義〕カバラーについて書物を書くのに、です。彼はそれに没入していました。

〔妻の〕ナディーヌ（Nadine）は、グレイの髪で中年の、

まさにフランス的なようすのご婦人でしたが、実は二人ともエジプト人でした。彼らはエジプトから来たんです。
スコットーああ、そうだ。今それを思い出しました。
メアリーーもう一つ若者たちの討論会がありました。私はK[5]をそこに連れて行きました。それから連れて帰りました。(笑う)これは伝説(サガ)ね。私は、〔宿泊先の〕オテル・ポン・ロワイヤルとシュアレス家からの間のあの短い距離を、運転しました。私が角に来ると、そこに彼らの建物があり、ジャガーは停まりました。運良くちょうど角に駐車場があって、私はそこに入れることができました。(二人とも笑う)どうやってか知らないけれど、やりました。それで、私はアランとクリシュナジに、「行ってください。この取り扱いは私に任せてください。」と言いました。

　幾らかの異議の後、彼らは行きました。これが(笑う)5月29日のことでした。これに続いて、絶対的に狂乱と喜劇の一日がありました(クスクス笑う) － ジャガーを、もう一回動かそう、発進させようとして、ね。私は最終的に(笑う)オート・クラブを通して、誰かを捉えました － 何だか分かりません。「マ、ヴォワチュール、エ、アン、パンネ〔私の車が壊れています〕。」と、私は言いました。

　「ウィ、ウィ、マダム」と返事が来ました。彼がやって来て、それを取り扱いました。(スコット、クスクス笑う)で、彼がどうやって取り扱ったのかというのは、それを引っ張りだしたということです。私はそれを見つけられなかった！(スコット、笑う)〔その日は、フランスでの〕ペンテコステ、そう、〔聖霊降臨を祝う〕五旬祭だったんです。
スコットーああ。
メアリーー(笑う)私はKをジャガーでスイスに乗せていくはずでした。(スコット、笑う)それで、ペンテコステだったんで、誰もどこにもいなかった。
スコットーあなたの車は運び去られたが、どこなのか分からなかった。
メアリーーそのとおり。訊くべき人も見つからなかった。(二人とも笑う)想像できるでしょうが、私は途方にくれました！私は最後に、(笑う)それを引っ張り出した男を特定し、彼がいると思われる場所を知りました。彼は、そこで私に会おうと言いました。彼はそれを直すことができなかったが、私たちは何とかそれを取り出そうとしていました。それで、私はタクシーでパリの東部へずっと行きました － どこか恐ろしいところへ、です。(笑う)そこは、車が廃車になったとき、みな行くところです。
スコットーええ。(笑う)
メアリーー廃車置き場です。(二人とも笑う)私のは、大きな門があり、巨大な錠前がついた大きな壁の向こうに、ありました。で、その男は(笑う)フェンスに登りました。警察がやってくる場合に備えて、外で見張ることになりました。(二人とも笑う)私は思い描きました…
スコットー自分の車を盗んで逮捕されると！(笑う)
メアリーーええ、そのとおり！そして、そうね、これらあきれた外国人に対する警察の激怒は、…
スコットーええ。(笑う)
メアリーー…我が国に来て、これらばかなことをやらかす、と。(スコットとメアリー、笑う)でも、とにかく彼は鍵をこじ開けるか何かしました。なぜなら、彼はどうにか門を開け、車を出したからです。彼はまた中に入って、キーを盗まざるをえませんでした － それは事務所に隠してあり

ました。私が見張りをしている間、彼はそれらをやりました。最後に彼は車を出したんですが、ギアをごくローに入れて、時々止まったり動いたりしてやっと行きました。
スコットーへー。
メアリーーひどいわ！そして、このひどいガタゴトと動作するあのようすで、運転しました。車全体が壊れかけているので、二度とこれから回復しないだろうと思いました。彼はそれを、〔凱旋門のある〕エトワール〔広場〕の近くのジャガーの代理店に、持って行きました。どうやってたどり着いたのか、分かりませんが、そこに着きました。そこに置いておきました。この時までに、私は(笑う)かなり神経がぼろぼろになっていました。

　翌朝、私はジャガーの人たちに電話をしましたが、彼らはことの全体についてかなり曖昧でした。それで私は電話でアランをつかまえて、「私といっしょに来てください。さもないと、けっして取りもどせないでしょう。」と言いました － 私たちはスイスへその朝、発つ(スコット、クスクス笑う)予定でした！(メアリー、笑う)

　私たちは出かけて行きましたが、アランはすばらしかった！彼は、誰がその場所全体の長なのかと、彼の事務所がどこにあるかを見つけ出し、私たちは階上のそこへ行きました。彼は先に立ち、私を遵えて入って行きました。大きなデスクの向こうに、上司がいました － 他の偉い人たちと協議している重要人物です。アランは歩みよって、完璧なフランス語で言いました －「ムッシュー、私はあなたに大きな問題を持ってきています。ご婦人は今朝、自分の車で発って、たいへん著名な紳士をフランスとスイスへの旅行にお連れする予定になっています。車が走ることができることが、最高に重要です。見ていただけるでしょうか。」と。(笑う)それにより、ジャガーのシェフは(スコット、クスクス笑う)手下を指し示して、彼にこの手当をするよう言いました。(スコット、クスクス笑う)

　私たちは外へ出て、彼に付いていくと、哀れな車がありました。で、私たちは乗り込んで、さらにギアをローに入れて行く車で、もたもや、〔パリ西部の、ブローニュの〕「森」への悩ましいドライヴです。何だか分からないが、道すがらずっとガタゴトしました。技術者が運転をしていましたが、彼は無理やり車を走らせました。見たところ、車は壊れていなかったが、何かがはまり込んでいました。無理をし、無理をし、無理をすることで…突然、走ったんです！(笑う)

　ジャガーの代理店に戻ったとき、私は、「昼食後まで出発は延期できますが、今から3時までの間に、車を詳細に見ていただかなくていけません。」とか何とか、言いました。

　彼らは、そうしましょう、と言いました。

　それからアランと私はタクシーに乗り、クリシュナジを捉えて、シェ・コンティ(Chez Conti)に行きました。そこはパリのイタリア・レストランで、とても良いです。創設者で所有者のコンティ氏は、私の父にとても愛着がありました。なぜなら、私の父は〔食通として〕お得意先であっただけでなく、(すべてのレストラン所有者は、私の父を敬愛していました。(スコット、クスクス笑う)彼は完璧な(笑う)お客さまだったからです。)コンティ氏はまた競馬ファンだったからです。父は馬を持っていて、毎日、競馬に行きました。

　それで、コンティ氏はすっかりうれしがって、私たちに

すばらしい昼食を振るまいました。クリシュナジはイタリア料理を食べるのを喜んで、「なんで毎日ここに来なかったんだろう？！」と言いました。(二人とも笑う)

昼食の後、私はジャガーを取ってきて、ホテルから自分の荷物を載せ、シュアレス家で彼ら二人に会いました。車は完璧に走っていました。それで、〔パリの南西、フランス中部の都市トゥールを中心とした地域、〕トゥーレーヌ(Touraine)に出かけました

スコットー今、私は、結局のところシュアレス夫妻が誰かに対して、自分たちがクリシュナジを泊めることはあまりに困難だと言ったことを、知っています。それはその年だったんでしょうか。

メアリーーええ、そうです。

スコットーどうしてそのことを知ることになりましたか。

メアリーーそのとき、そのことは知りませんでした。後でスイスで知りました。

スコットーじゃあ、今、それについて話しているから、そのことを教えてください。

メアリーーまあ、彼らは年老いてきていたし、クリシュナジが彼らのところにいることは、特権というよりむしろ負担になりつつありました。彼らは、「あなたがここにいらっしゃるとき、とても面倒で、とても仕事が多い。」といった発言をしました。クリシュナジは居心地が良くなかった。

スコットーもちろんです。

メアリーー彼は、自分が彼らを利用していると感じました。

スコットーええ。

メアリーークリシュナジは何も言わなかった。でも、マルセル・ボンドノーがこれを知ることになりました。彼女は、シュアレス夫妻の古い、古い友人で、クリシュナジの古い、古い友人でした。初期の頃に〔オランダの〕オーメン〔の集会〕に行っていました。彼女はすてきで陽気なご婦人でした。シュアレス夫妻が感じていることの結果として、スイスでその夏、彼女は私に言いました－「クリシュナジがいつもお客であるのは正しいとは思えない。彼はパリに来るとき、自分の場所を持つべきです。あなたが何かを借りて、彼のために仕切るべきです。それで、そこは彼の場所だけれど、あなたが必要なことをしているように、ね。」と。

私は、「そうですね、私は自分が割り込んでいるような気持ちになるでしょう。これはシュアレス家に関して既成のことです。とても悪い感情を引き起こすでしょう。」と答えました。

彼女は、「いえ、いえ。それは問題ではありません。重要なのは、クリシュナジが自らにとって正しいことをしてもらうことです。」と言いました。

で、彼女はそれを彼に提案して、彼はいいと言いました。

彼女が私のところへ戻ってきて、話してくれたとき、私は「私は合衆国に戻らなくてはいけないから、場所を見つけるにはあなたの助けが必要でしょう。」と言いました。

彼女は、「私たちがどこかを見つけましょう。そしてあなたが、あなたがそれを借りて、取り仕切ってください。」と言いました。お分かりでしょう、全部をです。それで、それが合意されたことでした。

スコットー分かります。

メアリーーでも、私はパリからの〔スイスへの〕この退去に、戻らなければなりません。なぜなら、これは、クリシュナジがアランと私の二人に対して、時折、自分が気絶すること、そして、それが起きるなら、私たちは怯えるべきではなく、彼が表すところの「身体に触れてはいけない」ことを、言ったときであったからです。それで、私たちは5月31日にパリを出て行こうとしています。まあ、ひどい交通渋滞で…

スコットー〔フランス南東部リヨン、マルセイユ間を走る南部高速道路、別名〕オートルート・ドゥ・ソレイユ〔太陽の自動車道〕ね。

メアリーーええ。オートルート・ドゥ・ソレイユを〔地中海方向へ〕南へ行きます。私たちは運転していました。なぜか私はクリシュナジを一瞥したんですが、彼はゆーっくりと気絶して、左へ、多かれ少なかれ、私の膝へ倒れ込みました。私は本能的に手を出しました。彼の頭がハンドルに当たるであろうことを怖れました。車は停められませんでした。そう、車はそこら中に溢れていましたね。アランは後ろの席にいました。

スコットーこのジャガーは明白に左座席の運転でしたか。

メアリーーええ。私はそれをアメリカ用に注文しておいたんです。

これが起きたさまは、とてつもなかった。スロー・モーションのようでした。彼はドスンと倒れなかった。とってもゆっくりと、花がたわむように…

スコットーふむ、ふむ。

メアリーーそれで、私は運転を継続することができました。運良く私は右側の路線にいました。可能なだけ早く、出口があったとき、私たちは自動車道を降りました。

スコットーアランは、何が起きたのかに気づいていましたか。

メアリーーアランは後ろの席にいましたが、何もできませんでした。

スコットーでも、何が起きたのかに、気づいていましたか。

メアリーーええ、そうです！気づいていました。2,3分後に、叫び声をあげて、クリシュナジは気がつきました。

スコットーどれほど彼は気を失っていましたか。2,3分ですか、5分ですか。

メアリーーたぶん5分です。

スコットー何かの感覚がありましたか。

メアリーーいいえ。でも、興味深かったです。私には何の感覚もなかったですが、車でそれが起こると毎回、なぜか予告がありました。私が意識していたということではなく、それが起こるちょうど前に、なぜか私は振り向いて彼を見ました。毎回です。とても奇妙でした。

スコットーふむ。

メアリーーなぜなら、それは後に数多くの回数、起きたからです。でも、これが一回目でした。

スコットー彼は何か言いましたか。

メアリーーええ、言いました。彼は、私の膝に倒れ込んだとか何かについて、何か半ば冗談めかした弁解をしました。私は、彼が何て言ったのかを、正確には忘れてしまっています。それで、運転を続けました。

スコットーでも、説明はなかったですか。

メアリーーまあ、彼は、それは一連の講話の後で時々起こると、言いました。そのときは説明してくれませんでしたが、後で説明してくれました － すなわち、それは、或る種の緊張を経た後に、一時的に身体を離れることについてのことだ、と。パリ講話とそのすべての努力により、あれがそ

の契機になっただろう。彼はまた、公衆の前ではそれはけっして起こらないだろう、とも言いました － 自分がふつうにではなく、よく知っている人たちと一緒にいるのでなければ、それはけっして起こらないだろう、と。（メアリーの話を聴く）

スコット－ええ。

メアリー－それで、私たちは運転をつづけました。私は〔パリの南西、フランス中部の都市トゥールの南、〕モンバゾン（Montbazon）のホテルに部屋を予約しておきましたが、私たちはそこがすごく嫌だと分かりました。そこは、ムシュー・コティ（Monsieur Coty）のような誰かの元の邸宅でした。ご存じでしょう、大実業家ですよ。それをホテルに変えたんですが、あまりに飾り立て、自惚れていました。私たちはまったく気に入らなかった。でも、そこで夜を過ごしました。そうせざるをえなかった。私たちは翌日、運転を続けることを決定しました。

スコット－メアリー、この気絶に戻ってもいいですか。

メアリー－もちろんです。

スコット－あなたは、クリシュナジが気絶する前から、または、気絶した後で、彼の変化に気づきましたか － 後で彼が元気を回復したように、です。それとも彼は後で…うーん、違った気分とか、何かだったんでしょうか。

メアリー－いいえ。

スコット－まったく変化はなかった？

メアリー－ええ。前に何も特別な様子ではなかった。

スコット－彼は後で、もっと疲れていなかったですか。それとも、後で疲れが減っていましたか。

メアリー－それには答えられません。それで何かになったとか、何か緊張を軽減したのなら、それは身体的な緊張ではなかった。

スコット－では、目に見える効果はなかった？

メアリー－ええ。なぜそれが起きたのか、私は知らなかったし、訊ねませんでした。私がいうのはただ － 彼は私たちに対して、それが起きるかもしれないと言ったし、起きたということです。

スコット－アランについて、これは前に起きたことがあるんでしょうか。

メアリー－いいえ。私が知るかぎりでは。起きたとは思いません。なぜなら、彼はそれを私たちの二人に対して説明したのを、憶えているからです。

スコット－ふむ、ふむ。彼はいつそれをあなたたち二人に対して説明しましたか。

メアリー－（ため息をつく）正確には憶えていません。彼はその日、それを言ったかもしれませんが、旅行の前です。私は確かにそのときそこで、それを予期していなかった。お分かりでしょうが、私は、彼が気絶とか何かするだろうかどうかを、見張りつづけていませんでした。

スコット－でも、それは何週間も何週間も前といったことではなかった。

メアリー－ええ。相当、間近でした。

スコット－クリシュナジは、いつこれが来るだろうかが分かると、言うことがありましたか。

メアリー－いいえ。

スコット－じゃあ、緊張の後にそれが来たし、彼はそれが分かったわけです。

メアリー－まあ、そうでした。ええ。後には或る日、彼が歯医者の用事をした後、それが来ました。彼の言うところでは、あれは「身体にとって衝撃」だった、と。

スコット－ふむ、ふむ。

メアリー－また彼は、一度カリフォルニアで、下唇の内側に囊胞ができました。医師はそれは取り出さなくてはいけないと言いました。それで私たちは運転して、医師の診療室に行きました。彼には〔局所麻酔剤の〕ノヴォカインが与えられた、と思います。そして、それが切除されました。どのみち深刻ではなかった。でも、帰り道の中程で、彼は再び、同じように気絶しました。

スコット－ふーん。

メアリー－ニューヨークでも一度そうなりました － 私たちが〔ロンドンから〕到着したとき、です。私が〔弟バドの前妻、〕前の義理の妹から借りたフラットに、私たちは行きました。〔東西に走る〕61番街の小さなフラットです。私は彼をその部屋に連れていき、どこにあるかを見せました。まさに旅行の疲労からだと思いますが、彼は気絶しました。

スコット－ふむ。

メアリー－で、それは、何か、彼の言うところの「身体への衝撃」とか、或る種の尽力、緊張の後のことでした。そして、彼が気がつくときの叫びは、もちろんいつも…

スコット－ええ、私はあの叫びを聞いたことがあります。

メアリー－ええ。でも、叫びは何も痛いことを意味していなかった。彼は叫びに気づかなかった。私が言うのは…彼はそれを聞いて…

スコット－ええ、彼はそれを聞いたんです。ええ。

メアリー－それで彼は目覚めましたが、それは痛みとか何かのしるしではなかった。

スコット－ええ、ええ。でも、明白に彼は或る程度、自分の気絶を予知しました。なぜなら、それが起こる直前に、それが起こるだろうと教えてくれたからです。言い換えるなら、彼は、身体がこれら講話で緊張を経てきたことを、知っていたにちがいありません。

メアリー－そうなるかもしれない、と。ええ。

スコット－それが起こるかもしれない、と。ええ。

メアリー－でも、彼は、私が思い起こすところ、彼は「見張っていなさい。」というようなことを指摘しませんでした。

スコット－ええ、ええ。

メアリー－それが起こるかもしれないと、教えてくれるだけでした。そして、不安がるべきではないし、身体に触れるべきではない、と。

　もちろん、それが起こると、私は彼に触れました。私は彼が頭をハンドルにぶつけるのを防止しようとしたから、そうせざるをえなかった。彼は私の膝に倒れ込みましたが、その他で私たちは彼に触れませんでした。私は、できるだけ右腕で彼を支えただけで、左手で運転しました。でも、私は彼に何もしなかった － 彼を持ち上げようとか何も、です。私はただそれが過ぎ去るのを待ちました。

スコット－ええ、ええ。

　いいです。〔本題に戻ると、〕あなたたちは、不快な〔もと〕実業家の邸宅〔のホテル〕を立ち去った。

メアリー－ええ。（笑う）そこはまた恐ろしくうるさかったし、菜食主義者を正しく評価しなかった。

スコット－（笑う）お気の毒！

メアリー－で、翌日、私たちは〔少し遠回りして、パリの南西200キロメートルほどで、フランス中部、ロワール川

沿いの街〕アンボアーズ（Amboise）へ走りつづけました。アンボアーズで昼食をしました。私がすでに言ったように、クリシュナジは城（シャトー）を大して訪問しない人です。それで、私たちは城に入らないで、〔南東に隣接した〕シュノンソー（Chenonceau）へ進みました。

スコット─ああ、あれは美しい。

メアリー─私たちはそこに着いたとき、あたりを散歩しましたが、またもや城に入りませんでした。私たちは、そこに行った別の旅行では、入りました。でも、外側からそれを見るのはすてきですし、私たちは庭園を歩いて回りました。

それから私たちは進みました ─ 再びミシュラン・ガイドが私のために、お役目を果たしてくれていました ─ 私が見つけておいた〔フランス中部、東へ200キロメートルほど、ニエーヴル県の、ロワール川の東に〕プーギュ・レ・ゾー（Pougues-les-Eaux）という場所へ、です。（スコット、笑う）プーギュ・レ・ゾー〔の北東部〕には、シャトー・デ・ミモン（Château de Mimont）というのがあって、そこはホテルに変えられていました。そこは、まわりに風致地区のある城（シャトー）でした。すばらしい！そして所有者がご主人でした。あれら城（シャトー）のホテルの一つです。知っていますね。

スコット─ええ、知っています。

メアリー─そこはすてきでした。田舎にあったし、野原、樹々、うねうねと続く美しい田舎がありました。私たちはすてきな部屋を取りましたが、サル・ア・マンジェ〔ダイニング・ルーム〕であの夕食はとても良かったのを、憶えています。彼らは、菜食主義の挑戦をとてもうまく受けて立ち、とてもよかった。

スコット─ああ、よかった。

メアリー─私は、あれは、クリシュナジが自らの初期の人生について話をしているとき、何かふしぎな ··· 何か存在に、私が気づいた初めてのときの一つであったと、憶えています。私は記憶の中でダイニング・ルームが見えます。そして何かを感じました ─ 確認可能でない何かです。或る種の存在（presence）というのが、私の説明できるあり方です。それらは、私が思いつける言葉にすぎません。

スコット─ええ。

メアリー─それは一種の ··· まあ、私はそれを空中の振動と叙述したことがあります。何か電気的なもの、何か、或る種の聞こえないブーンというような何か ···

スコット─ええ、ええ。

あなたはそれについて、何かアランに言いましたか。またはそれについてクリシュナジに。

メアリー─憶えていません。でも、後で私たちがそれについて話をしたとき、私にはシャトー・デ・ミモンの晩のあの記憶が、戻ってきました。その晩、私はそれについて話をしたとは思いません。

スコット─ふむ、ふむ。

メアリー─でも、それもまた記憶の中で失われています。

それで、私たちは翌日、散歩に行って過ごしました。とてもすてきでした。

スコット─では、あなたたちは、主な食事を昼食でとったんでしょうか。それとも、晩餐で、でしょうか。

メアリー─昼食です。

まあ、シャトー・デ・ミモンでの最初の夜、私たちは晩餐に主な食事をとりました。なぜなら、夕食時にそこに着いたばかりだったからです。

スコット─ええ。では、クリシュナジはその頃でも、お昼に主な食事をとりましたか。

メアリー─ええ、ええ。私たちは夕食をとりましたが、昼食のほうが大きな食事でした。

スコット─なぜかなと思いますが。

メアリー─まあ、彼は〔スイス、チューリヒの〕ビーチャー・ベンナー診療所に行ったことがありました。

スコット─ああ、それが彼らのいつも推奨するところですか。

メアリー─それが養生法の一部でした ─ 主な食事は昼食に食べるんです。そして、初めに果物、次に生のもの、次に調理したものという、あの用件がありました。

スコット─ええ。

メアリー─私たちはみんな、以来それに従ってきました。

スコット─知っています。

メアリー─彼はそこでそれを始めました。それが彼らの食事の与え方です。そして、食餌療法はそこでの治療法の大きな部分でした。この食べ物のプログラムを支持する書物、医学書があります。それに彼はそれが好きでした。だから、そういうことだったんです。

スコット─ええ、もちろん。

メアリー─それから、私たちは〔スイス、レマン湖の南西の端、〕ジュネーヴへ運転を続けました。

スコット─すみません。いつもアランが後ろの座席で、クリシュナジは ···

メアリー─ええ、前です。

スコット─では、アランは運転しなかった？

メアリー─ええ、私の車は。彼は後で自分の車を運転しました。彼はあまり経験豊かな運転者ではなかった。

スコット─ふむ、ふむ。

メアリー─それに ··· 私は彼の運転の仕方が好きでなかった。私は、彼は車に対してきついと思いました。

スコット─ああ。

メアリー─それで、私は運転すべてをしました。

スコット─分かりました。

メアリー─彼は一回か二回、私と交替したことがあったかもしれません。でも、クリシュナジが車にいて、ではなかった。そうだったとは思いません。私は大した運転者だと思われていました。クリシュナジが承認しました。

スコット─ふむ、ふむ。（笑う）

メアリー─ともあれ、私たちは到着しました ─ さあ、古き良きオテル・ドゥ・ローヌに戻りました！

スコット─どの道を来たのか、憶えていますか。

メアリー─ええ、憶えています。でも、名前を示すことはできないでしょう。通ったのは ··· まあ、地図を見ると、西でしょう。わずかに西南の部分で ··· そこにヴォルテール（Voltaire）という場所はありますか。

スコット─ヴォルテール、〔フランス中央部、ソーヌ・エ・ロワール県の〕シャロン・シュル・ソーヌ（Chalon-sur-Saône）というのはありますが。

メアリー─いいえ。そんなに南にはいませんでした。私はシャロンを通ったことがあります。

スコット─シャロン・シュル・ソーヌね。〔フランス南東部の都市〕リヨンの道を通ってきたんでしょうか。

メアリー─いえ、いえ。うーん。ミモン ─ 私たちは ··· や

れまあ、場所は分かるんですが、名前が出てきません。たぶん私の別の日記にそれが載っているんでしょう。〔この録音を〕止めたいですか。そして私が調べましょうか。それとも、気にしませんか。

スコット―ええ、だいじょうぶです。メモ書きをつけるだけにしましょう。後でそれは分かるでしょう。

メアリー―いいです。何ページか後で脚注をつけるなら、たいへん混乱する〔録音〕テープになるでしょう！

スコット―（笑う）違いは何も出ないよ。

メアリー―ともあれ、私たちはオテル・ドゥ・ローヌに着きました。それからもちろん翌日、私たちはジュネーヴのお使いをしました。パテク〔・フィリップの時計店〕。また私が思うのは、あの場所でネクタイを・・・

スコット―〔ネクタイ店の〕ジャケ（Jacquet）です。

メアリー―ええ。ジャケです。ありがとう。で、私たちはそれから〔東に走って〕グシュタードに行きました。レ・カプリス〔というアパートメント・ハウス〕にです。この年、私たちはみな、しばらくカプリスに泊まりました。なぜなら、〔宿泊先の〕タンネグ〔山荘〕がまだ開いていなかったからです。クリシュナジは或る種のスタジオを取りました。私の思い起こすところ、私のフラットの隣です。でも、私たちはみんな、私の居間を使いました。そして、私が料理をしました。

スコット―アランはどこに泊まりましたか。

メアリー―アランは私のところに泊まりました。その年は余分な部屋がありました。

スコット―前の年のように。

メアリー―そのとおりです。でも、私たちはほとんどの時間を私の居間で過ごし、そこで食事をとりました。

スコット―レストランで食べに、出掛けたんでしょうか。

メアリー―いいえ。私たちは、車のために〔サーネンの北東方向で、スイス中西部にある首都ベルンの南東、〕トゥーン（Thun）に行ったとき、トゥーン湖沿いのレストランに行きました。トゥーンから、そこにある小さな船で湖を回っていくと、〔北岸に〕メーリンゲン（Merlingen）という町があります。そこには、ホテル・ビータス（the Hotel Beatus）があります。私たちはそこに昼食に行ったものでした。でも、私の思い起こすところ、〔サーネン地方の山村〕グシュタード（Gstaad）では昼食をしませんでした。私たちは家で昼食をしました。

　もちろん、私たちは散歩をしました。

　或る時点で、クリシュナジは気管支炎になって、ベッドに留まりました。〔プエルトリコから来た〕ビアスコェチェア夫妻は、すでにグシュタードにいたので、昼食に来ました。

　ここに昼食についてのメモ書きがあるわ―トゥーンから〔オテル・〕ビータスへ、湖のフェリーに乗りました。見たところ、私たちはアランのためのフォルクスワーゲンを探していました。なぜなら、彼には車が必要だったからです。それで、車の買い物が多くあって・・・

スコット―ふむ、ふむ。トゥーンで、ですか。

メアリー―ええ、トゥーンです。そこが、私たちは〔取扱業者〕ムシュー・モーザー（Monsieur Moser）から、クリシュナジの車を得たところです。

スコット―ええ、ええ。はい、憶えています。（二人とも笑う）

メアリー―モーザーさんとはたくさん取り引きをしました！

スコット―知っています。

メアリー―クリシュナジは、自分のメルセデスを〔預けておいた〕モーザー氏のところでの保管から出して、それをグシュタードに運転して帰りました。

スコット―それはどんな色でしたか。

メアリー―シルヴァーです。

スコット―そのとおりです。

メアリー―初めのシルヴァー。これは初めの車です。

スコット―ええ。これは初めの車です。

メアリー―再び私たちは、ビアスコェチェア夫妻との昼食に行きました。私たちはどこでも歩いたし、アランは〔北東方向へ、スイス中西部にある首都〕ベルンに何かのことで行きました―何かは忘れてしまいました。たぶんヴィザでしょう。私はKのために昼食を作りました。私たちは散歩をしました。

スコット―あなたたちの散歩はどれほどでしたか。

メアリー―ああ、相当な散歩です。

スコット―1時間ですか。

メアリー―ええ。少なくとも1時間です。

　私たちは再び〔レマン湖の南西の端、〕ジュネーヴへ行きました。〔レマン〕湖の南側を回り、フランスを通って、です。私たちは途中でピクニックをして、途中でいただきました。それから私たちはオテル・ドゥ・ローヌに行きました。（二人とも笑う）その晩、私たちは、ヒッチコック〔監督〕の〔サスペンス〕映画『ダイアルMを廻せ（Dial M for Murder）』に、行きました。

スコット―ああ、そうです。あれは憶えています。

メアリー―〔主演は〕グレイス・ケリーね。翌日、アランとクリシュナジはピエール・シュミット博士（Dr.Pierre Schmidt）のところに行きました。彼は名高い同種療法医でした。古風な紳士です。もちろんアランはいつも同種療法に熱中していました。彼はピエール・シュミット博士と連絡していました―彼はとても著名な同種療法医でした。（クスクス笑う）私も行きました。私が彼らを連れて行きました。彼らは二人とも肝臓の療法を受けました。それが何だったのかは、誰も知りません。彼らはシュミット博士の患者になりました。それからKと私は運転して、グシュタードに帰りましたが、アランは〔ヨーガの教師〕デシカチャール（Desikachar）に会うため、残りました―彼はインドから到着しようとしていました。

スコット―ああ。

メアリー―翌日、Kと私は、ビアスコェチェア夫妻とともに昼食をとり、午後は川沿いに長い散歩をしました。

スコット―ああ、ここで戻らせてください。なぜなら、デシカチャールは、クリシュナジにヨーガのレッスンをするために来ようとしていたからです。

メアリー―ええ。

スコット―でも、その前は〔デシカチャールの叔父の〕アイアンガー（Iyengar）でした。クリシュナジはいつも私に、アイアンガーのせいで、自分は首を痛めたことを、言っていました。

メアリー―それは本当です。

スコット―それが起きたとき、あなたはそこにいましたか。それとも、そのときにそれに気づきましたか。

メアリー―ええ。

スコット―まあ、あなたはそれについて話さなかった。

メアリー―うーん。私はそれに気づかなかったです―いつ

かデシカチャールが・・・
　アイアンガーが彼に教えていたとき、私もアイアンガーからレッスンを受けました。彼はほとんど乱暴だったと言わざるを得ません。
スコット―ええ。私もそれを聞いたことがあります。
メアリー―私が言うのは、彼は、限界に追い込むことをいろいろやらせようとしました。
スコット―ええ。
メアリー―実は（笑う）、彼が私にさせようとしていることをするほどのアドレナリンを出すために、私は意図的に怒ったものです。彼はクリシュナジに関してあまりに手荒でした。彼はとても手荒です。
スコット―ふむ、ふむ。
メアリー―デシカチャールは正反対で、とても穏やかです。だから、デシカチャールが招待されました。
スコット―で、あなたはその時に、クリシュナジが痛めたのを憶えていませんね。前の年のことだったんでしょう。
メアリー―まあ、彼はそれにより、恒常的に首がこわばっていました。
スコット―ええ、知っています。
メアリー―そのとき、そこで痛めたということではなかったが、アイアンガーのために、彼は首がよく回せなかった。おそろしくこわばりました。それを乗り越えるには長い時間が掛かりました。
スコット―分かります。
　メアリー、そのような詳細を入れるのは良いですね・・・
メアリー―ええ。
スコット―例えば、そうですね、あなたがそうするアドレナリンを出すように、自分自身を怒らせたことさえも、です。それらが、これら対談を生きたものにする種類のことです。
メアリー―ええ。（休止）彼は・・・彼が私にさせようとしていたのが〔ヨーガの〕どの体位だったのかは、忘れてしまいましたが、私は〔昔の腫瘍の手術のために〕脚が悪くて、それは私にとてもきつく無理強いしていました。私は努力で震えていました。
スコット―なぜご自分のメモ書きを読まないんですか。
メアリー―いいですよ。
　まあ、ここに典型的な一日があります。6月18日。私は買い出しをして、昼食を作った。その間、Kは自分のメルセデスでドライヴしていた。
スコット―では、彼は自分一人で出掛けたんでしょうか。
メアリー―ああ、そうです！ビアスコチェア夫妻が私たちとの昼食に来ました。後で雨の中、私はクリシュナジと散歩しました。
スコット―どこで野菜は買いましたか。
メアリー―ああ、知っているでしょう。彼の名は何だったか。
スコット―ミューレナ―氏（Mr.Mullener）です。
メアリー―ええ。彼は後に、〔南方向の〕クシュタイク（Gsteig）でのレストランを持ちました。
　それにまた、おやまあ、真ん中のところです。
スコット―ええ、ええ。チョコレート店の向かいね。
メアリー―ええ。でも、そのとき戻ると、まだそこは元の所有者のものでした － 彼の名がそこに付いています。
スコット―ええ。
メアリー―それから後に彼の助手が、そこを買い取りました。ひどくないですか － 記憶。私はそれらの名前をすべて忘れました。
スコット―まあ、それはただの青果店ですが、ともあれ、（クスクス笑う）私もそこを憶えています。
メアリー―買い出しは大きな用事でした。このためにここに行き、あのためにそこに行きました。
スコット―ええ、そうです！パンとケーキのためにはオーフリ（Oehrli）です。
メアリー―ええ。オーフリはすばらしい。あれらすてきなケーキは。最後にはそこで、うーん・・・
スコット―ホワイト・チョコレートね。
メアリー―ホワイト・チョコレート！（二人とも笑う）
スコット―私がそれらをあなたに紹介したのを、憶えていますよ！
メアリー―あなたがね！あなたが持ってきました。私はこれらの年月、スイスでこの20何年ほど、チョコレートを取っていなかった － 私はチョコレートを一度も食べなかった。もしもそうしたら、（スコット、クスクス笑う）私は迷ってしまうのを知っていたからです！それで、目的はけっして始めないことだったし、私は一度もそうしなかった・・・
スコット―まったくそのとおり。
メアリー―・・・ついに、あなたが私をそれに導くまでは。
スコット―ついに私がすべてぶちこわした。
メアリー―ええ、ええ。
スコット―それで、クリシュナジは毎日出掛けていき、自分で運転したんでしょうか。
メアリー―毎日については知らないですが、彼はしばしば出て行きました。
スコット―ああ、すてきですね。
メアリー―ええ、ええ。彼はそれが好きでした。デシカチャールが到着して、私たちはヨーガのレッスンを始めます。私は初めてのレッスンを彼と一緒に受けます。
　ここには、クリシュナジがメルセデスで私をドライヴに連れて行ってくれた一日が、あります。
　他の日には、私はアランを〔北東方向の〕トゥーンに乗せていきました － そこで、彼は自分のフォルクスワーゲンを受けとりました。だから、今、私たちは三台の車です！
スコット―ええ、三台の車がある。（クスクス笑う）
メアリー―もちろん、私のは劣等なジャガーです。でも、ともあれ、それは後で直しました。（二人ともクスクス笑う）
　或る日、私たちは運転し、〔レマン湖の南岸、フランスの〕エヴィアン〔・レ・バン〕（Evian）に、オテル・ロワイヤルのテラスでの昼食に、行きました － そこはすてきです。そのときだったと私は思います。ああ！（クスクス笑う）アランは・・・そのときでした。サクランボ、あれらすばらしい大きな黒いでかいサクランボが・・・
スコット―ああ、はい、はい。
メアリー―私たちはサクランボを注文しました。アランは、そこに虫が入っているのに備えて、サクランボをすべて開けてみるよう主張しました。（スコット、笑う）彼は虫を気にしました。私は、それではサクランボがだめになると言いました － 虫のことで心配ばかりしていると！（スコット、笑う）私は、サクランボに虫がいることは一度もなかった、と言いました。彼は、「僕はある！」と言いました。（スコット、笑う）
　でも、本当にこれはすてきな昼食でした。なぜなら、テラスは〔レマン〕湖全部を見渡せるからです。そこはとて

も古風なホテルです。実は私たちは一度、そこに部屋を取ることを考えましたが、一度もそうしませんでした。

　で、私たちはさらに〔レマン湖の南西の端〕ジュネーヴと、オテル・ドゥ・ローヌに行きました。（笑う）アランとクリシュナジは、同種療法〔ホメオパシー〕の治療を受けましたが、私は受けませんでした。彼らはまたサウナにも入りましたが、私はそうしませんでした。

スコット―彼らはどこでそうしましたか。

メアリー―知りません。どこにせよ― それは同種療法〔ホメオパシー〕の一つでした。彼らがどこに行ったのか、私は知りません。翌日、私たちは運転し、〔南岸のフランスの〕エヴィアン経由でグシュタードに帰りました― オテル・ロワイヤルでまたすてきな昼食をしました。（二人とも笑う）

　これは、後世の人たちにとってかなり単調かもしれないわ！（二人とも笑う）後世の人たちがこれらのことを聞きたがるとは、思わないわ！

スコット―まあ、これは、詳細すべてを知る機会です。（メアリー、笑う）彼らがこの同種療法医に行こうとしていたとき、あなたが何をしたか、のように、です。後でクリシュナジは、同種療法〔ホメオパシー〕は自分に何か役立ったとは思わないと、言いました。彼はいろいろと摂るのを止めました。

メアリー―そのとおりです。でも、それで、彼がそれをたくさん摂るのを停止したわけではなかった。（二人とも笑う）アランはとても関心を持っていたし、今でも熱心に同種療法〔ホメオパシー〕に関与しています。

スコット―ええ。

メアリー―私には何にもなりませんでした。

スコット―ええ、クリシュナジも言いました― 彼が、それが効くとは思わないと言ったのが、思い出されます。

メアリー―まあ、彼はそれでもやるでしょう。（二人とも笑う）彼はそれについて熱くもあり、冷たくもあったと思います。

スコット―では、ジュネーヴに降りて行ったとき、そのときもまた、あなたが自分の車を運転しましたか。

メアリー―ええ、ええ、ジャガーです。私は、分かりませんが、私は歩いて回りました。たぶん買い物をしたんでしょう。

スコット―車にクリシュナジを乗せて運転するのは、どのようだったかを、叙述してください。

メアリー―まあ、もちろん、すてきでした。

スコット―彼はあらゆるものごとに注目しました。

メアリー―ええ。それにまた、彼が後ろの席で運転することも、私は叙述しました。

スコット―ええ。

メアリー―彼は、〔オーケストラの指揮者の中でも強い統率力で知られる〕トスカニーニやフォン・カラヤンのように、手の合図で運転を指揮したものでした。

スコット―ええ。

メアリー―でも、彼はまた田舎を見るのも好きでした。彼はそれを楽しみました。他のときに、私が彼とだけ運転しているとき、後にアランが私たちと一緒でなかったとき、彼は〔サンスクリット語で〕詠唱したものでした。

スコット―ふーん。

メアリー―あれはすばらしかった！私たちは運転して、フランスを通りました― まわりの美しい田舎はのどかで、すてきな小さな道路を、です。そして、彼は詠唱しました。それは…まあ、ほとんどの人たちは一人でいるとき、ハミングをする、と私はいつも感じてきました― 彼らは何かハミングをします。クリシュナジのハミングはサンスクリットの詠唱でした。

スコット―すてきだなあ。

メアリー―それに美しかった。

スコット―ふむ。（メアリー、クスクス笑う）何てすてきな！

メアリー―ええ。あれらは本当に、すばらしく魔法のような瞬間でした― フランスの真ん中にいて、あらゆるものから離れて、電話もなく、人々もいなくて、誰も私たちの居場所を知らなくて、すてきな田舎をただ走って行く。寛いで、ただすばらしい。私たちはあまり話をしませんでした。でも、私たちが二人とも楽しんでいる、一種の語られない何かがありました。

スコット―一種の疎通ですか。

メアリー―ええ。

スコット―すてきだなあ。

　メアリー、彼やあなたは、道中、欲しくなったとき何か飲むものを入れる魔法瓶のようなものを、持って行ったんでしょうか。

メアリー―ふつうは、エヴィアンの〔ミネラル・ウォーターの〕瓶とか何かそのようなものを、持って行ったと、思います。

スコット―それと幾つかのカップかグラスですか。

メアリー―ふつうカップです。まあ、紙かプラスチックのです。

　後で私たちは停まって、クロワッサンを買ったものでした！これは〔サーネン集会が終わって〕スイスから運転してパリへ帰るときでした。

スコット―クロワッサンを入手したんですか。

メアリー―まあ、私たちはいつも〔グシュタードのタンネグ山荘を〕午前4時に発ちました。なぜかは知らないけれど、そうしました。（スコット、笑う）〔ヴァンダの家政婦〕フォスカは、私たちを見送って、発つ前に私においしいイタリア・コーヒーを出してくれたものです。それから私たちは、ちょうど明るくなってくるとき、〔ジュネーヴの北の郊外の〕ディヴォンヌ〔・レ・バン〕（Divonne）の上、向こうで、国境を越えました。そして、フランスに入った後、ちょっと運転していくと…ああ、町の名は知っているはずだわ。目の前に地図があったなら、言えるでしょう。パン屋があるところです。ちょうどそれらを焼いていました。パンがオーヴンから出てくるところでした。私たちは停まって、オーヴンから焼きたて、ほやほやのクロワッサンを買ったんです。

スコット―ふむ、ふむ。すばらしいなあ。

メアリー―フォスカは私たちに、果物と何か飲み物のかごをくれていたんです。それで、私たちは停まって、ピクニックの朝食をとりました― すてきでした。クリシュナジはいつも場所を憶えていたものです！彼はあまり多くのことを憶えていないが、記憶の芸当で、ね。彼は場所の記憶を持っていました。

スコット―場所については、とほうもない記憶です！

メアリー―ええ。そうね、半マイル〔、約0.8キロメートル〕離れたところに来たとき、彼は「そこに近づいてきたよ。」と言ったものです。そこに着いたとき、彼は「さあ、ここだ。さあ、ここだ。」と言ったものです。道路を少しだけ離れて、樹々と灌木の裏に、駐車できる場所がありました。

スコットーフォスカは、グシュタードでいつのときも、あなたたちのために料理していましたか。

メアリーーフォスカは毎年〔夏に〕、料理しました。最後の〔1985年〕年以外は。[*10]

スコットーあなたが前に仰ったから、私はお訊ねするだけです ‐ そのとき、あなたは、最初の年にヴァンダ〔・スカラヴェッリ〕が料理人を送っておいたことを、話していました…

メアリーーまあ、そうです。男の料理人です。でも、彼は続かなかった。彼は不正直でした。彼はごまかしていました。（笑う）人々は、クリシュナジにマンゴーを送ってきました。私は車でそれを取りに行きました ‐ マンゴーの大きな箱が、丘を登って来ました。私たちはたぶん二食、マンゴーをいただきましたが、それでもはやマンゴーがなかった。彼がパレス・ホテルに売っていたんです。

スコットーああ、あなたは物語からそれを取り残していました！

メアリーーまあ、今までそのことを考えなかったです！（二人とも笑う）

スコットーああ、本当に！

メアリーーええ！

スコットーああ！

メアリーー彼はくびになりました。

スコットーで、彼はヴァンダのためにあまり長く働いていなかったんですね。

メアリーーうーん、前に彼が彼女のためにあまり長く働いていたとは思いません。私は、ヴァンダの手配については、あまりはっきりしません。フォスカは実際は洗濯婦で、若い頃からそうだったんです。

スコットーああ、私は、彼女はヴァンダのためにずっと働いてきたと思いました。

メアリーーええ。彼女はヴァンダの洗濯婦でした。彼女はアイロンがけが大好きでした。彼女は言いつづけました ‐ 「私は料理人ではありません。セニョーラが私を料理人にしたんです。私は料理人ではありません。料理の仕方は知りません！」と。（スコット、笑う）彼女はすばらしい料理をしました。

スコットーええ、彼女はすばらしい料理人でした。

メアリーーすばらしい料理人でした！でも、それはちょっと後のことです。

メアリーーそれで、私たちは今…どこにいますか？

スコットー〔レマン湖南岸の〕エヴィアンを通ってグシュタードに戻ろうとしてします。

メアリーーええ。

スコットーこの時までに、あなたたちは明白にタンネグ山荘に戻っていたんですか。

メアリーーいいえ。これはまだ6月です。そうね、これは実際には6月25日ですよ。

スコットーそれで、あなたたちは、タンネグ〔山荘〕が開くまで、スイスで一ヶ月ぐらいを過ごしました。

メアリーーええ。特にこの年、私たちはパリ講話の後、すぐに来ました。

メアリーーで、翌日、6月26日、Kは咳を始めたので、二日間、内に留まりました。私の活動は、〔レマン湖の北岸の都市〕ローザンヌで点検修理をしてもらうために、ジャガーを持っていくことでした ‐ 列車で帰りました。

翌日クリシュナジは再び、なってしまいました。私はアランとクリシュナジの昼食を作った後、出て行きました。私が車を取り戻すために乗ってローザンヌへ戻った列車は、〔サーネンの〕カプリス〔という宿泊先のアパートメント・ハウス〕を通り過ぎたので、クリシュナジとアランとデシカチャールは、バルコニーから私に手を振っていました。（二人とも笑う）

スコットー手を振って、見送りか…

メアリーーええ！（二人ともさらに笑う）

それからKはジャガーを運転しました。わざわざ〔好きでない〕ジャガーを運転してくださった！（二人ともクスクス笑う）またも私たちは、エヴィアンとオテル・ドゥ・ロワイヤル、そしてジュネーヴとオテル・ドゥ・ローヌに行きました。またも彼らはサウナに入りました。これはすごく反復が多い！

スコットーリズムがあります。私は好きです。

では、デシカチャールについて訊かせてください。あなたはいつ、または、クリシュナジはいつ、〔彼からヨーガの〕レッスンを受けたのでしょうか。

メアリーー朝にです。

スコットー朝ね。一緒にレッスンを受けたんでしょうか。

メアリーーいいえ。私たちは別の時に別々のレッスンを受けました。

スコットークリシュナジは、何時にレッスンを始めたんでしょうか。

メアリーーまあ、彼は朝に、自分の通常の体操をするとき、受けていました。私は後でいつか受けていました。いつかは分かりません。憶えていません。

スコットーデシカチャールは本当に、クリシュナジのためにそこ〔スイス、グシュタード〕へ来たんでしょうか。

メアリーーええ、ええ。（笑う）私がまた憶えているのは…あなたは本当に、小さな詳細がほしいんですか。

スコットー絶対にです。

メアリーーデシカチャールはいつも、もちろんきわめて厳格なバラモンだったし、もちろんきわめて菜食主義者でした。私はオーフリ（Oehrli）でケーキを買いました。[*11] 彼はそれを味わって、大好きでした。私は、それに卵が入っていると彼に言う勇気はなかったです。

スコットーふむ。

メアリーー（笑う）それで、彼には一度も言いませんでした！（二人とも笑う）

スコットーああ、彼は卵も食べなかったからですか。

メアリーーええ。私は、卵について（もっと笑う）彼に言う気になれなかったんです。

それで、私は何かの形で彼を汚染したにちがいないですが、それが起きたことです。（二人ともまたクスクス笑う）この最後のサウナの後、クリシュナジは、自分はそれが好きではない、自分には合わないと決めました。私たちは今回、〔レマン湖の北岸でローザンヌの港がある〕ウシー（Ouchy）経由で戻ってきて、ウシーで昼食をとりました。ウシーには、シャトー・ドゥイフ（Château d'If）があります…シャトー・ドゥイフでなくて、シャトー…湖畔の城は何ですか。[*12]

スコットーああ、それは〔レマン湖の東端の都市モントルーの〕シャトー・デ・シヨン（the Château de Chillon）です。

メアリーーうーん、そこは〔ローザンヌの〕ウシーです。（テープが切れる）

スコット―いいです。戻りました。
メアリー―私は、クリシュナジが自らの人生について話をしたとき、突然にこれらのことを思い出しました。彼はアランと私に対して、神智学でのものごとの秩序について説明しようとして、かなり詳細な試みをしました － 七人の大師と、或る種の上位の大師と、主マイトレーヤと、ブッダと、宇宙の主です*13。彼は、主マイトレーヤは、チベットの古から生きている人であり、定期的に自らの身体を離れて、或る人物のものに入ることを、説明しました。人類が苦しんでいるから、彼〔マイトレーヤ〕はブッダとなるに至っていない。彼は〔紀元前後頃に〕イエスの身体をとったと言われています。

私はクリシュナジに、オーラが見えるのかどうかを、訊きました。彼は、そうだったと答えました。

それから私は、〔個人〕面談で衝撃を与える彼のとてつもない知覚は、そういう力からあるのかとか来るのかを、訊きました。彼は、たぶんと言いました。

彼は、自らのもとに来た人の物語をしてくれました。Kは彼に対して、彼自身についてすべてを語ることができました。（クスクス笑う）その人は戸惑いました！彼があの物語をするのを、あなたは聞いたことがありますか。（スコット、笑う）その男は憤慨しました！（笑う）

スコット―いいえ。でも、よく理解できたでしょう！
メアリー―それはまるで、この人はクリシュナジが自らの生に侵入してきたと感じたかのようです。
スコット―ええ、ええ。
メアリー―彼はこれらのことを話しているとき、いつも、それらがどのように起こるかを知っているように見えましたが、彼はけっして言わなかった。（クスクス笑う）
スコット―どういう意味でしょうか － 何がどのように起こったか、と。
メアリー―まあ、これら奇妙なことすべて、です。私がいうのは、彼はどのようにオーラが見えたのか、そして、例えば、この男が部屋に歩いて入るとき、どのように彼についてすべてが知られたか、ということです。
スコット―ええ。
メアリー―彼は何が起きているかを理解している、と感じました。
スコット―でも、彼はけっしてそれを説明しなかった。
メアリー―でも、彼はけっしてそれを説明しなかった。
スコット―ええ。この会話はいつ起きたのでしょうか。
メアリー―同じ年だったと思います。
スコット―ああ。
メアリー―〔フランス中部、ブーギュ・レ・ゾー近くの〕シャトー・デ・ミモン（Château de Mimont）でのことだったかもしれません。
スコット―クリシュナジはどのように － 彼がこれら神智学でのものごとの秩序を叙述したのを、あなたは分かりますか。
メアリー―ええ。
スコット―では、どのように彼はそれについて話しましたか。
メアリー―ごく現実的にです。
スコット―ただごく現実的に。まるで、そこに何かがあるかのようにですか。それとも、まるで、そこにはないかのようにですか。

メアリー―どちらの言明もできないでしょう。
スコット―分かります。
メアリー―あなたもそれはありましたね。
スコット―私は彼に十回以上もそこを聞きだそうとしました！
メアリー―ええ。彼はそれについて話をしましたが、いわばその保証はしなかった。
スコット―または、それは真実でないと言いました。
メアリー―ええ、彼はそうしようとしなかった。しなかった。
スコット―ええ。
メアリー―もちろん、私は、探ることは正しくないと、いつも感じました。彼が私に何かを話したいのなら、すばらしい。でも、彼が自らの話してくれることを越えたくないのなら、私はけっして（休止）質問しませんでした。
スコット―ふむ、ふむ。
メアリー―それとも、私は時には、「もし私にお話になりたくないなら、どうか話さないでください。でも、私はお訊きするでしょうし、あなたがそれについてお話になりたくないなら、忘れてください。」という発言で前置きをしてから、質問をしました。それで、けっして急き立てませんでした。おそらく私はそうすべきだったのでしょうが、そのようにやることは正しくないと、感じました。
スコット―ええ、ええ。
メアリー―（休止）彼はまた、これら話の一つにおいても、それを言いました － 実際に〔神秘体験での〕「プロセス」が何だったについて、話をしました。でも、彼はそのときそれをそう呼ばなかった。彼は、どのように自分が叫ぶのかについて、話をしました。
スコット―彼は「プロセス」について何を言ったんでしょうか。
メアリー―彼は、突然に無意識または昏睡の発作が襲ってくることがあったし、自分は叫ぶだろう、と言いました。〔1922年8月オーハイで、〕彼の弟〔ニトヤ〕がそこにいて、ロザリンド〔・ウィリアムズ〕と、ワリントン氏という人（a Mr.Warrington）もです － 彼は神智学者〔で、合衆国の同協会書記長〕でした*7。彼は、彼らはけっして身体に触れないと言いました。何かがあって ⋯ 彼はこれらの状態で、気絶するときもですが、とても脆弱なので、何でも自分に物理的に当たるなら ⋯ あなたが憶えているなら、後に、彼がそれについて話をしたとき、メアリー〔・ラッチェンス〕は〔Kの伝記のなかで〕それについて書きましたが*8、〔1923年7月末から9月下旬に、オーストリア西部の〕チロル（Tyrol）〔、エールヴァルト（Ehrwald）〕において、彼らがそこにいて、〔突然に〕教会の鐘が鳴ったとき、それは ⋯ 彼は、自分がこの状態にあった間、鐘が鳴った衝撃があまりに大きかったから、「ほぼ私は終わってしまうところだった。」というようなことを言いました。
スコット―ええ。
メアリー―それで、このようなときには、極度の脆弱性がありました。物理的に身体に衝撃を与えることは、何もあってはならない。さもないと、それは致命的になりうる、と。彼は、彼らはけっして身体に触れないと言いました。彼がこれについて私たちに話してくれているとき、私は、彼が私たちに話してくれている理由が何かあるのかと、思いました。そして彼は、弟〔ニトヤ〕がそれをすべて書き留めたことを、言いました － その少年がすばらしい詩歌を語っ

たし、ふしぎなことが起きたということを、です。これが「プロセス」の間のことでした。

私たちは、どういうふしぎなことが起きたのかを、訊きました。彼はかなりためらって、「星が現れた。」と言いました。

私はどこかを訊きました。

彼は、自分の頭の上だと言いました。

少年はこれらの記憶を持っていなかった。そのときも今も、と彼は言いました。

私は、そのとき彼は、何が起きつつあるかに気づいているかを、訊きました。彼はたぶん、そうだったにちがいない、と言いました。でも、彼は思い出せなかった。

スコット—ふむ。

メアリー—で、それが、彼がこれについて話をしたときの一つでした。（休止）

スコット—それは、あなたがこのふしぎな存在を感じる機会でしたか。

メアリー—いいえ、それはシャトー・デ・ミモンでのことでした。

スコット—分かります。

メアリー—これはもっと前のことです。私は分からなかった。そのときは分からなかった。少なくとも、分かったのを憶えていません。私が自分自身で初めにそれらに注目したのは、シャトー・デ・ミモンでのことでした。

スコット—では、それを引き起こしたのは、この会話ではなかった。

メアリー—ええ、ええ。これはもっと前の会話です — 今、それを思い出しつつあります。

でも、たぶん私はもっと敏感だったなら、それを感じていたでしょう。

スコット—ええ。

メアリー—そのとき来ていたでしょう。それは或る面で、メアリー〔・ラッチェンス〕が感じて〔伝記に〕書いた種類のことです — それについて、クリシュナジは「感じませんか？」と言ったものです。

スコット—ええ、ええ。

メアリー—後で彼がそれを言う前に、私はそれをいつも感じていました。（メアリーの話を聴く）

スコット—ええ。

メアリー—では、ええと、私たちは今、どこにいますか。

スコット—私たちはまだ〔サーネンの〕レ・カプリス〔というアパートメント・ハウス〕にいます。あなたはちょうど、〔レマン湖の北岸の〕ローザンヌに車を取りに行って、戻ろうとしている、と思います。または、クリシュナジはサウナを止めたんです。

メアリー—そのとおりです。

私は、彼が或る晩、ただの一瞥から対象物に注目し、名づけるゲームについて語ったときのことを、詳しく述べるべきだと思います。彼は、自らこのゲームを弟〔ニトヤ〕としたものだと、言いました。そして、同様なゲームにおいて、まあたとえば、このテーブルを一秒だけ見る、それから見ないで、思い出すのです。

スコット—本当ですか。

メアリー—私は彼に対して、彼のあらゆるものごとに注目する状態は常なのかを、訊きました。

彼は、「私が空っぽであるとき以外、いつもそうだった。私は自室の窓からほとんど外を見ない。私は空っぽです。」と答えました。

それから、彼はアランの方を向き、「そういうわけで、ときに、あなたが部屋に入ってこられるとき、私は自分の肌から跳び出しそうになるんです。」と言いました。

興味深かったです — 彼がどのように、あらゆるものごとを見つめられる、あらゆるものごとが見えるのか、それからこれら空っぽの状態に入るのかは、です。それらのときには、何にでも彼は驚いたものでした。

彼はまた、〔パリの南西200キロメートルほど、フランス中部、ロワール川沿いの街〕アンボアーズ（Amboise）に行く車の中で、私たちが冥想の定義を一度も聞いたことがないのか、それは私たちにとって何を意味するのだろうかを、訊ねました。

私たちは、「一生の関心事です。」と答えました。

そのとき彼は、「自己をどのように見つめるのでしょうか — 各個人を、ではありません。そこにものごとすべてが含まれているようなやり方で、です。」と訊ねました。彼は山を指さして、継続しました — 「それはあそこに上がっているようなものです。あなたがあそこから見下ろすとき、あらゆるものごとがその適切な所に見えます。では、どのようにそこから見えるのか。…どのように、ではなく、何がそこから見つつあるのか。それが問題です。」

それから彼は、「あなたは静寂を憶えていますか。」と訊きました。静寂がありました。彼は、「それはどこにあったのでしょうか。」と訊きました。

アランは、「シャトー・デ・ミモンです。」と言いました。

クリシュナジは、「ええ、静寂がありました。そこに音のすべてが、です。」と答えました。

スコット—ふむ。

メアリー—すばらしいことに思われました。

スコット—ええ。

メアリー—私は、以来それが起きてきたと言いました。彼は頷いて、「ええ。何回も、この部屋で。」と言いました。

彼は継続しました — 「あなたはどこから見始めるでしょうか。あの上ではなく、あなたがいるところです。あなたはとても敏感であり、そのためにできることすべてをしなければなりません。正しい食べ物、十分な睡眠。座浴…」。彼は座浴が大好きでした！（笑う）彼の座浴のことは忘れてしまっていました！

スコット—ああ、そうです。

メアリー—メアリー〔・ラッチェンス〕は、彼らが〔1923年にオーストリア西部、〕チロルにいたとき、山の渓流の雪解け水で座浴をしなくてはならなかったことについて、話している、と思います。彼は、（笑う）浴槽に、氷水で座浴をしたものです。私も氷水で、一回試してみました。耐えられなかった！（二人とも笑う）私は二度とやらなかったわ！（メアリー、もっと笑う）ここに、私の日記には、「座浴」と言います。そして、彼はそれを言いながら、私を笑った。なぜなら、私が不満を言っていたから、と。

彼は私たちに、「することすべてに気づきなさい。あなたはその気づきを試したことがありますか。」と、訊きました。アランは自分はあると言いました。

クリシュナジは継続しました — 「訂正するために見守っている中心があるなら、あなたは気づいていません。これがあるかぎり、あなたは見守っていません。中心があって

はなりません。そのとき、ものごとは自ずと訂正されるのです。それが今晩の教訓です。」と。（二人ともクスクス笑う）
　それから彼は主題を変えて、夕食を通して私たちにはフランス語だけを話してほしいと言いました！（二人とも再び笑う）（メアリーの話を聴く）
スコット－では、これはまだレ・カプリスのことですね。
メアリー－ええ、そうです。
スコット－では、あなたたちはそのような真剣な話をしばしばしたのでしょうか。それほどでもなかったんでしょうか。
メアリー－ええ、ええ、しばしばです。
スコット－いいなあ。
メアリー－ええ。
　或る昼食のさなか、何かの時点で、彼は突然言いました－「考えるということに発見はありません。観察だけにあります。」と。
　そう、これらのことは、彼の精神に浮かんで通り抜けているようですね。私たちはおしゃべりしたり、笑っていたり、何かをしていましたが、突然、彼は何かそのようなことを言ったものです。あたかも、それがいつも彼の内側で囁いているようでした。
スコット－ええ。
メアリー－私たちはまた、その頃、カプリスでレコードを掛けていました。
スコット－その場所にはレコード・プレーヤーがあったのですか。
メアリー－いいえ。私はプレーヤーをジュネーヴで買っておいたんです。彼らがサウナに入っているときだと思います。私は（クスクス笑う）何か音楽を買っておきました。
スコット－いいなあ。
メアリー－彼は〔偉大なギタリストの〕セゴヴィアのギター音楽が大好きでした。
スコット－ええ。セゴヴィアは一度クリシュナジのために演奏しました。
メアリー－ええ、そうです。クリシュナジはギターの音色が好きでした。
スコット－ええ。〔偉大なギタリストの〕ジュリアン・ブルームもまたクリシュナジのために演奏しました。
メアリー－私はそう思いません。私が思い出せるかぎりでは。私たちはジュリアン・ブルームのレコードを掛けました。なぜそう思ったんですか。
スコット－なぜなら、アマンシオ（Amancio）[10]がこの物語をしてくれたからです－彼は、クリシュナジのためにギターを演奏したいと申し出たということです。クリシュナジは、ええ、いいですね、と言いました。それで、アマンシオは数日後、一週間後か何かは分かりませんが、ギターを持って帰ってきました。アマンシオは調律しているとき、クリシュナジに対して、「誰かが前にあなたのためにギターを演奏したことがありますか。」と訊きました。
　クリシュナジは、「ああ、あります。セゴヴィアとジュリアン・ブルームです。」と言いました。（二人とも心から笑う）アマンシオはもうがっかりしました！（もっと笑う）彼は、自分が誰の後にやっているかを知りつつ演奏することは、本当に難しい、と言いました。若いギタリストにとって、それは悪夢だったに（二人とももっと笑う）ちがいありません！
メアリー－ええ！

　私は、アランがジュリアン・ブルームを高く評価していたことを、知っています。彼はどこかで彼に会ったと、私は思います。彼は彼のところに行って、音楽について話すよう頼みました。でも、彼がクリシュナジのために演奏したことは、思い起こせません。でも、たぶん私はそこにいなかったんでしょう。誰にも分からないわ。（二人とも笑う）
　また、或る晩に、クリシュナジはとても喜んでいました。（笑う）なぜなら、或る晩、アランがキッチンに鍵を掛けて私を閉め出し、皿洗いをしたからです。
スコット－ああ、いいなあ。
メアリー－皿洗いをめぐっては、いつも闘いが継続していたんです。
スコット－その頃もですか。
メアリー－ええ。でも、その頃、私のほうが勝っていました。私は（スコット、笑う）この一晩以外は、挑戦を受けていませんでした。
スコット－分かりました。後とは違っていて。
メアリー－ええ。クリシュナジはそれにまったく喜んでいました。（笑う）
　クリシュナジはまた私に対して、神経症は何だと思うかを、訊ねました。
　私は、部分的にはそれは、現実に対するひどい知覚障害だと思うと、言いました。「ありえない目的への執拗な追求です。」と私は言いました。
　彼は、心理分析は何か役立つと思うのかどうかと、訊きました。
　私は思うと答えました。もちろん彼は、私が〔かつて〕心理分析をしていたことについて語ったことすべてを、憶えていません。
　私は、「ええ。」と言いました。「でも、」彼の話している「その水準ではそうでない。それは人々を環境に適応させようとします。」と言いました。
　そのとき彼は言いました－「でも、社会は神経症的です。考えることが神経症を創り出します。」と。彼は言ってから、もし自分がそれを言うなら、ほとんどの人たちがどう考えるかと（スコット、笑う）思うことについて、笑いました。
（クスクス笑う）それから彼は訊ねました－「では、思考なしにどう行動するのでしょう。思考が葛藤を創り出すし、それが神経症であるということが、分からなくてはなりません。」と。
　彼はこれらを通してエネルギーに満ちていました。雨により自らの枯草熱[16]が鎮まったことを、喜んでいました。
　私たちは、山々から荒々しい濁った川が流れ落ちてくるのを、見守りました。それが、私の日記にここで言われていることです。
スコット－では、クリシュナジはその頃、枯草熱で苦しんでいたんでしょうか。
メアリー－ええ！〔スイスの牧場での〕あれらの干し草よ！干し草を放り上げる〔農業〕機械を知っていますね。
スコット－ええ、ええ。もちろんです。
メアリー－私は或る旅行を憶えています。どうしてかクリシュナジとアランはどちらも後ろの座席にいました。なぜかは分かりません。彼らは二人とも枯草熱で、鼻水が出て、死にそうでした。私は前に座って運転していて、ちょうど、新しく刈りとった干し草のすてきな香りに、魅了されていました！（二人とも笑う）

スコットーで、クリシュナジはその頃、小さなピンクの錠剤を持っていなかったんですね。
メアリーええ、それはずっと後で出てきます。
スコットーやれまあ。
メアリーふむ、ああ。（休止）ここには・・・（休止）私はここを飛ばさなくてはなりません。なぜなら、私たちはまた時代を外れつつあるからです。
スコットー違いはないですよ。
メアリー彼は私たちに自分の物語をしてくれました。でも、この物語は知っているでしょう － 或る導師（グル）の学生が去って行き、他の導師（グル）とともに十五年間学習し、それから一番目の導師（グル）[17]に戻ってきて、自分はすばらしいことを学んだと言う。それで、二番目の導師が「少し見せておくれ。」と言う。学生は、自分は水の上を歩けると言う、というものです。
スコットーああ、はい。（クスクス笑う）
メアリーええ。（クスクス笑う）それで、学生は一番目の導師（グル）に見せましたが、その導師は、「おまえはそれをやるのに十五年を掛けたのか。私に言ってくれていたら、渡し船があることを教えてやったのに！」と言う。
スコットーええ、ええ。（笑う）
メアリー（笑う）それから、ヴィシュヌ神[18]の話もありました。それらの物語は十分文書化されているから、それらを反復しないことにしましょう。
スコットーええ。
メアリーともあれ、私たちが議論していた期間に戻ります。デシカチャールは毎朝、クリシュナムルティにヨーガのレッスンをしました。
スコットーデシカチャールは、どこに泊まっていましたか。
メアリーうーん、どこに泊まっていましたか。〔アパートメント・ハウス、〕レ・カプリスの別の部屋かと思います。
スコットーヴァンダ〔・スカラヴェッリ〕はいなかったんですか。
メアリー彼女は7月まで〔ローマにいて、サーネンには〕来ません。まだ6月のことです。
スコットーああ、そうです。
メアリー（笑う）ヨーガのレッスンへのお礼に、クリシュナジはデシカチャールに対して、西洋のテーブル・マナーについて細やかなレッスンをしていました！（スコット、笑う）それが続く間に、アランと私も、西洋のテーブル・マナーについて一つ、二つのことを、学びました！（二人とも笑う）なんとまあ！

さて、ここに、〔レマン湖の南西の端、〕ジュネーヴへの途中で現れた問題があります － クリシュナジは、「何が人を変化させるのでしょうか。アイアンガーのような、〔甥の〕デシカチャールが〔自分に取って代わって〕ここでレッスンをしていることに怒っていて、苦々しく思っている人を、です。」（彼女は今や読み上げているように見える）「彼が立場を持っているかぎり、何の変化もありません。」と。

この時点でアランと私は、彼は、殺さないことや肉を食べないことのような事柄について立場を持ったことがないのかどうかを、訊ねます。

彼は答えました － 「それは立場ではありません。私は誰をも殺しません。肉を食べたこともありません。それは或る態度です。私はただそうしないだけです。」と。（スコット、クスクス笑う）

それは、ただ何かをしないだけのことと、計画とか、行動の理想的様式を持つことの間の、微妙に重要な違いのように、見えました。それは原理ではなかった。

これはアイアンガーに言及しますが、「彼は立場を持っているかぎり、けっして変化しないでしょう。小さな段階的な変化は何もない。それはそもそも変化ではない。全的な革命が必要であるとの気づきだけが、一瞬に人を変化させるでしょう。」

また別の日、車の中で彼は訊きました － 「愛は何でしょうか。ほとんどの人たちの間のやりとりすべてではない。愛には冥想がなければならない。記憶があってはならない。」と。

それから彼は、「愛は無垢性です。ただ答えないでください。」と言いました。

或る時点で彼は私に対して、もう一回25歳になりたいと思うかと訊きました。（クスクス笑う）私が25歳だったときに戻るのではなく、人生の残りすべてを持ってきて、今そうである、と。

私は「その場合は、ええ！」と答えました。（二人とも笑う）

彼は「私はそう思った。」と言いました！（もっと笑う）なんとまあ。

後で彼は私たちに対して、食べ物と、ヴィタミンを摂ることの善し悪しについて、勧告しました。彼はエネルギー[19]の輪にあって、私たちにもっと多くを語るために自分の部屋からたびたび戻ってきました。彼は私に対して、どんな食べ物が自分にとって一番良いかを学ぶことにより、身体をとても敏感にしなければならない、と語りました。（クスクス笑う）
スコットークリシュナジはその頃も、ヴィタミンを摂っていましたか。
メアリーいえ、いえ。摂っていませんでした。（クスクス笑う）そのときはそれに反対でした。

別のドライヴで、彼は関係について話していました。彼は言いました － 「私はいつも、自分の望むことをしてきました。〔財務すべてを取り仕切った〕ラージャゴパルがうろたえた理由の一つは、私は何かを与えてあげたいと思ったなら、与えてしまうということでした。」[20]と。

彼は、ものごとが即座に見えるということを語りました。

そして、なぜ私が過去に、死と楽しみがどちらも見えて、そこから踏み出さなかったのかを、訊きました。

私は、それはしたと言いました。

彼は、「いえ、いえ。マダム。なぜあなたはそのときそれが見えなかったのでしょうか。」と答えました。（長い休止）
スコットー彼は、ラージャゴパルについて、たくさんの否定的なことを言いはじめていましたか。
メアリーああ、そうです。
スコットーなぜそれについて話さないんですか。
メアリーああ、それはとても大きな主題です。私は前回の対談で、〔タンネグ山荘での〕[21]討論会について、そして、クリシュナジがいかに〔その録音〕テープを聴かせる権利を持っていなかったかとかそれらを、話したと思います。
スコットーええ、ええ、しました。
メアリー私は、彼らの間でいろいろとうまく行っていないことに、ますます思いいたりはじめていました。そのとき彼はあまり多くを語りませんでしたが、後に、彼は合衆国に行って、オーハイに行ったとき、語りました。そのと

きすべてが露わになりました。
スコットーでも、この時点で彼は、ラージャゴパルについてたくさん語っていなかった、と。
メアリーーあまり多くは、ね。でも、彼は、私がちょうど触れたような発言を時折していた、ということです。
スコットー明白に、〔秘書の〕アラン〔・ノーデ〕は〔雇い主のK著作協会の〕ラージャゴパルと何か接触を持っていたにちがいありません。
メアリーーまあ、私たちがクリシュナジとともにオーハイに行ったとき、アランはラージャゴパルと接触を持ちました。それはこの年、66年のことです。
スコットーでは、前はない、と。
メアリーーええ。彼は彼に会っていません。
スコットーああ、分かりました。
メアリーーそれで、当分の間、私たちはまだスイスにいます。人々が〔夏のサーネン集会の〕講話に来はじめて、私たちが散歩に行ったとき、彼は、人々が自分を見つめるだろうし、自分の眼差しを捉えたいと思うから、「私はあえて右、左を見ないよ。」と言いました。

彼は、「早く歩いても構いませんか。」と言いました。(スコット、クスクス笑う)

ああ、その時点で私は夢を見ました。(クスクス笑う)それは、私が人生で見たなかで最も鮮明な夢でした。それは、私の人生のこの時期に妥当しています。私は即時に、それがどういう意味なのかを、知りました。それで、夢は・・・私はあなたにこれを話したにちがいないわ。
スコットーええ。話しました。でも、とにかく〔録音〕テープのために話してください。
メアリーーまあ、夢は、私が川の岸に立っているというものでした。川はとても速くて荒々しい。激流です。私は跳び込むなら、溺れるかもしれない。でも、私は跳び込まなくてはならないんだと感じます。川の真ん中には、高い壮大なセコイア、〔アメリカ〕赤スギが立っています。すばらしいそびえ立つ樹です。私は、川に跳び込むなら、進んで溺れざるをえないことを、知っています。おそらくそうはならないでしょうし、おそらく私はその樹へ打ち上げられて、それで救われるでしょう。それで、私は跳び込みました。それが起きたことです。私は目覚めた瞬間に、それが何なのかを、正確に知りました。なぜなら、サーネン川は濁っていて、荒々しくもあったからです・・・
スコットーええ。
メアリーー・・・サーネン川は小川ですが、私の夢の川は広大でした。濁った川は私にとって変化を表象しています。夢が私に語っているのは、あなたは進んで手放し、いわば、自分自身に対して死に、変化しなくてはいけない、ということでした。もちろん樹は明白にクリシュナジです。
(テープが止まる。それから再開する。)
スコットーあなたはこの夢をクリシュナジに叙述しましたか。
メアリーーまあ、しました。いつか後でね。私たちは川沿いに散歩していました。彼は微笑んで、象徴的な夢だと言いました。

私は、「ええ。それは様々に解釈できるでしょう — 救われるとも、おそらく破滅するとも。」と言いました。彼は「ああ、いや。」と言って、心理分析家はどのようにそれらのことを見るだろうかと訊きました。(メアリーの話を聴く)

私はその過程を叙述しました。「ああ、それでは永遠にかかるよ。」と彼は言いました。(二人ともクスクス笑う)

また私たちは、仮面について話をしました — 私たちはみな、仮面を被っているが、仮面なく、防御なく、直接的に接触して生きること、目的を持たないことは、可能だろうか、と。

まあ、今私たちは、ヴァンダ〔・スカラヴェッリ〕がローマから〔サーネンに〕到着するところに来ます。
スコットーあなたのクリシュナジとの接触は、アランのとは違っていますか。あなたはアランより、クリシュナジと多くの議論をするように、思われますか。
メアリーーええ。まあ、アランもこれらの議論に加わっていました。でも、私は、いつ彼がそこにいたかに、いつも触れてきたと思います。私は、「私たちは言いました」とか「彼は私たちに対して言いました」とか、言いました。
スコットーええ、ええ。
メアリーーそれで、これら議論の多くは、私たちのどちらも一緒に、でした。
スコットーええ。
メアリーーでも、私が彼一人とともに散歩していたときや、彼一人とともにドライヴしていたとき、同じ種類の議論が続きました。
スコットーええ、分かります。でも、違いが出現しているように見えるでしょうか — おそらくあなたのほうがクリシュナジに近い。または、あなたのほうが彼と深く話をしている、と。または、あなたは異なった関係性を、彼と持っているように見える、と。
メアリーーまあ、もちろん私は、どうかは知りません・・・
スコットーあなたは、彼がアランと持っているより、もっと多くの関係性を自分と持っているということを、感じはじめていましたか。
メアリーー分かりません。一人でアランと一緒にいるとき、クリシュナジがどうだったのか、彼がどのように話をしたのかを、私は知りません。たぶん彼は同じように話したと思います。
スコットーええ。でも、私たちは時には、自分たちが誰かと関係しているとき、感じることもありえます・・・自分のその人物との関係は、その人物の他の誰かとの関係とは違っている、と知るわけです。
メアリーーまあ、そうだと思います。たぶんそうだと思います。
スコットーそれはアランにとって少し辛かったんでしょうか。
メアリーー後ではそうだったと思います。この時点でそうだったとは思いません。ええ、結局はそうだったと思います。
スコットーいいですよ。私たちは〔録音〕テープの終わりに近づいています。次の対談を始めるとき、ヴァンダが到着して、タンネグ〔山荘〕が開かれるときから、始めましょう。

その前に何か他に入れておくべきことが、ありますか。
メアリーー(笑う)ええ!ヴァンダが到着する直前に、昼食で、デシカチャールを聞き手として、結婚の主題についてからかう闘いがありました。クリシュナジとアランはそれを攻撃していて、私は防御していました。

私は、アランがそれをライ病〔ハンセン氏病〕と一緒くたにしていること(二人とも笑う)、そして、Kがリシ・ヴァレーで子どもたちに対して、結婚について話しているときの調子は、彼らに恐怖を植え付けるには十分であることを、言いました。(もっと笑う)彼は発言して、それから、どれ

59

ほど私をいじれるのかを見るために、傍らで眺めたものです！（スコット、笑う）私たちは最終的に、その体系全体に改定が要ることで、合意しました。私は、彼がその意味を考案しなおすことを、提案しました。（二人とも笑う）

その午後、ヴァンダがローマからタンネグ山荘に到着し、私たちとの夕食に降りて来ました。彼女に会うのはすてきでした。彼女は初めてデシカチャールに会いました。それから翌日、クリシュナジとアランは、タンネグ〔山荘〕に引っ越しました。クリシュナジはあらゆることについて私にありがとうを言い、自分とシニョーラが － 彼は彼女をそう呼びました － けんかをするなら、自分は戻ってきて、私のところに泊まっていいですか、と言いました。（二人ともクスクス笑う）私は、彼らの持ちもののほとんどを山荘に移しました。私が立ち去るとき、ヴァンダは、「昼食と夕食のすべてにぜひ来てください。」と、とても感じよく言いました。

クリシュナジは歩いて、私を車まで見送り、私の手にとても軽くキスして、もう一度私にありがとうを言いました。

スコット――いいなあ。

メアリー――ええ。

スコット――いいですよ。たぶんここで終わりにすべきです。

メアリー――次回までに私は宿題をやってみましょう。もっと予告しておいてください。

スコット――（笑う）いいですよ。

メアリー――私たちはあまり進まないように見えます。この割合では十分に生きられないかも…

（テープが切れる）

原　註

1）ブローニュの森（the Bois de Boulogne）は、パリの西側にある。
2）ブローニュの森の中にある城と庭園。
3）クリシュナジは、1920年にフランス語を学びにパリに来たとき、デ・マンツィアーリ（de Manziarly）一家に出会った。母親は、〔ミマ、マー、ヨーという〕三人の娘と〔サチャという〕一人の息子をもつ熱心な神智学者だった。子どもたちはみな、クリシュナジの親友になった。
4）〔西洋の〕リュートのようなインドの弦楽器。
5）メアリーはここから、ますますクリシュナジをKと称することになる。
6）後でメモ書きには、彼らはマコン（Macon）経由でスイスに入り、〔フランス東部、アルプス地方の〕ブール・カン・ブレス（Bourg-en-Bresse）近くのオーベルジェ・ブレッサナ（Auberge Bressana）で昼食をした、と言う。
7）これは、「プロセス（the process）」に言及する － すなわち、クリシュナジの弟〔ニトヤ〕が1922年に記述し、そのときと以降数人もの人たちが書いている、〔オーハイでの〕秘教的な出来事と思われるものである。そのとき、同様な出来事と思われることが、あった。
8）メアリー・ラッチェンス（Mary Lutyens）は自著『クリシュナムルティ　目覚めの歳月（Krishnamurti: The Years of Awakening）』の第20章「プロセスが強まる」に、このことを書いた。
9）メアリー・ラッチェンスは、『クリシュナムルティ　目覚めの歳月』において、1923年にエーワルド（Ehrwald）でクリシュナジと〔神智学協会の〕一団の他の人たちと一緒にいたことの報告に、これを記述している。
10）私〔スコット・フォーブス〕が校長であったとき、ブロックウッドで学生たちに教えた優秀なスタジオ・ギタリスト。

訳　註

*1 Marcelle Bondaneau とあるが、他の個所の表記から Bondoneau と読んだ。
*2 この出来事は後に、ラッチェンスによる伝記、第二巻にも取り上げられた。本著第40号、3月11日の直後の部分では、それを読んだ人たちの中には衝撃を受けた人もいたと、言われている。
*3 ホームページ上ではここで指示された個所をクリックすると、メアリーの話が聞こえる。
*4 香水などを手がけ、また政治家として過激な保守思想をも持った人であった。
*5 この出来事は、第14号、1970年に言及されている。
*6 日本でいうマンションのようなものである。
*7 この出来事も、第14号、1970年に言及されている。
*8 これは上記のフランス中部のシャトーだろうと思われる。フランス南東部の地中海に面するカンヌにもこの地名はあるが、それではずいぶん南に下ったことになるからである。
*9 P.Jayakar（1986）p.86 には、カリフォルニア州中部にあるセコイア国立公園に一人で滞在したとき（1941年と1942年かは不明）、夕方には子どもの頃に憶えたサンスクリットの讃歌を詠唱していた。彼の好きなのは、シヴァを讃えるダクシナムルティ讃だったという。
*10 ラッチェンスの伝記第三巻によれば、最後の年、フォスカは90歳であり、最後のサーネン集会の終わった8月に亡くなった。
*11 I'd brought とあるが、文脈より I'd bought と読んだ。
*12 この城は、フランス南部マルセイユ沖の地中海にあるので、記憶違いであろう。ローザンヌのウシーには、現在ホテルとして使用されているシャトー・ド・ウシーがある。
*13 この集まりは、第35号で出るように、神智学協会で「大いなる白の同胞団」と呼ばれていたものである。
*14 ホームページ上ではここで指示された個所をクリックすると、メアリーの話が聞こえる。
*15 ホームページ上ではここで指示された個所をクリックすると、メアリーの話が聞こえる。
*16 花粉症と同様の、眼や鼻、喉の炎症であり、枯草から空気中に飛散する粒子を原因とする。
*17 the second guru とあるが、文脈からは the first guru（最初の導師）とあるべきだと思われる。
*18 或る人が、ヴィシュヌ神を訪ねて、真理を知ろうとしていた。ヴィシュヌは、暑いので、水がコップ一杯ほしいと言う。そこで彼はそれを取りに行ったが、途中で美しい娘と出会い、恋に落ちて結婚し、子どもたちもできた。或る日、洪水が起こり、次々と子どもも妻も流されていった。その人は大声でヴィシュヌに助けを求めた。ヴィシュヌは「コップの水はまだか？」と答えたといった話である。クリシュナムルティの著書 Freedom from the Known（既知からの自由）の第九章冒頭には、時という問題を考える手がかりとして示されている。
*19 He was in a wheel of energy などとある。単に「エネルギーの起動状態にあって」と翻訳すべきか。または、Kの長年の友人の回顧録 Sidney Field（1989）p.76 に、「クリシュナジの轟くクンダリーニ」とも呼ばれ、彼のいるオーハイのアーリヤ・ヴィハーラは、「発電所の中心の発電機のように感じられた」と言われているような、神秘的な力に言及するものかもしれない。
*20 例えば、同じく Sidney Field（1989）pp.83-84 には、友人のシドニーが金策に困っていたとき、直ちにKは自らの活動資金から貸そうと提案し、シドニーは驚き、感謝した。直後にKが発つと、すぐにラージャゴパルから電話があって、その返金を要求されたとの話が出ている。
*21 第1号を参照。これは、対談の順序（補足的な対談を含む）と編集後の順序が違っているためだと思われる。
*22 ホームページ上ではここで指示された個所をクリックすると、メアリーの話が聞こえる。

第5号　1966年7月7日から1966年10月20日まで

序論

　この号の〔英文〕28ページには、ほんの3ヶ月半のみが扱われる。メアリーが話しつつ、自らの日記を読んでいるからである － 時には音読し、時には言い換えている。それで、彼女のクリシュナジとの日常生活の細目が、はるかに多く見える。

　けれども、これらわずかな月は重大であり、クリシュナジの余生を変える変化が起こる。クリシュナジの講話計画は初めて、ラージャゴパルや彼の任命した人たちにより手配されないことになりつつある。クリシュナジは1960年以来初めてアメリカに戻る。そして、クリシュナジはカリフォルニア〔・マリブ〕で、初めてメアリーのところに泊まる － 彼は余生の間、合衆国にいるとき、メアリーとともに泊まりつづけることになる。

　この時期にはまた、クリシュナムルティ学校をヨーロッパのどこかに持つことに向かう最初の動きが見られる。それで、後にブロックウッド・パーク・クリシュナムルティ教育センターとなるもののまさしく始まりが、見られる。

　この時期にはまた、ラージャゴパルとの訣別が始まる。この訣別は、長らく掛かって形作られてきたが、次の数年間に進展する。そして、明確にクリシュナジの生活のあらゆる側面に影響する。この号では、それがどんなに容易に回避できたのかが、分かる。この時期に、メアリーとアランは、ラージャゴパル夫妻との関わりが、クリシュナジにとってどんなにひどいものであったかを、初めて悟る。そして、メアリーの目に明らかになるのが見えるにつれて、私たちの目にも明らかになる。

メアリー・ジンバリストの回顧録　第5号

スコットー私たちは1966年7月から物語を再び始めます。

メアリーーいいですよ。クリシュナジは〔スイス、サーネンで〕レ・カプリス〔というアパートメント・ハウス〕に泊まっていました。私がいつも借りたところの隣の、小さなスタジオ・フラットに、です。彼は、食事等を私の〔教室からなる〕フラットの居間で、私とアランとともにとりました。これは、ヴァンダ〔・スカラヴェッリ〕がイタリアからグシュタードに到着するまで、継続しました。もちろん彼女は再び、タンネグ山荘の一階を借りました。クリシュナジは、7月7日にそこに引っ越しました。以降、私はヴァンダにきわめて親切に、多くの食事に招かれました。それで、私は二つの場所の間で、頻繁に丘を上り下りしました。クリシュナジがそこに行った翌日、私は彼らみんなとともに昼食をしましたが、〔ラージャゴパルとロザリンドの一人娘、〕ラーダー・ラージャゴパル・スロス（Radha Rajagopal Sloss）[1]が、その夫〔ジム・スロス〕と、やや若い二人の子ども、すっかり魅力的な子どもたちとともに、出席していました。私は彼女にオーハイで会ったことがありました。

スコットー彼女はどんな印象でしたか。

メアリーーまあ、彼女は特別な印象を与えませんでした。彼女は、クリシュナジに対して一種の所有者的な空気を持っていました － あたかも、彼は子どもとして自分に所属しているというか、一種、そこからの残存物として、です。

スコットーそれが本当は、私が訊ねていたことです。

メアリーーええ。彼女は、彼に対してごねるのとともに、彼のことを少し、まるで年老いてしくじっているかのように扱いました。食卓では多くのおしゃべりがありました。子どもたちはとてもお行儀が良く、すてきな子どもたちでした。

スコットー彼らは何歳だったんでしょうか。彼らはやや若かったと、言われました。

メアリーー女の子のほうが年上だったろうと想像します。その頃、彼女はティンカ（Tinka）と呼ばれていました。たぶん十二か十三歳かそのようなものだったでしょう。男の子は一、二歳若かったと思いますが、断言はできないでしょうね。彼らについてはかなりぼんやりとした記憶になっているのは、残念です。

　〔7月〕10日に、クリシュナジは〔サーネン〕講話を始めました。いつものように〔会場の〕テントは一杯でした。

スコットー少しの間、戻ってもいいでしょうか。

メアリーーええ。

スコットークリシュナジは、彼女〔ラーダー〕をどのように扱ったんでしょうか。

メアリーー彼は、彼女と子どもたちに対してとても優しかった。お分かりでしょうが、ごく通常です。何も特別なことはない。私は本当にあまり多くを憶えていません。食卓でたくさんの話があったことは、憶えています。彼は、「これらアメリカ人はどうやっていますか。」とか何か言ったんですが、それは、問題の二人のアメリカ人、ラーダーと私を考えると、皮肉な発言でした。（クスクス笑う）私たちは二人とも、昼食の食卓でおしゃべりしたりしました。

　次に起きたことを〔日記から〕読みましょう。

　ああ、そうだ。第2回の講話の直後、アラン〔・ノーデ〕と私は〔ロシアの高名なピアニスト、〕リヒテル〔の演奏会〕[2]を聞きに、〔レマン湖の西端、ジュネーヴの北の郊外、〕ディヴォンヌ〔・レ・バン〕（Divonne）に行きました。私は特に憶えています。なぜなら、少なくとも私の認識に、リヒテルは前年の冬、ロサンジェルスに来たとき、現れていたからです。私は、『ニューヨーク・タイムズ』でだと思いますが、彼の演奏への批評を読んでいました － そこには、このとほうもないソヴィエトのピアニストが〔ついに、冷戦下の〕西側〔世界〕に来たと書いてあり、私がかつて読んだことのない批評を、示していました。偶然の一致で、私は、その批評を読んでいたとき、ロサンジェルスで演奏している人たちについて自分の得ていた文書から、その名前に見覚えがあると思いました。それで、私は彼を聞きに行きましたが、天井を突き抜けるほど吹っ飛ばされました。とってもすばらしかった。

　それで、アランは〔プロの〕音楽家で、おまけにピアニストなので、関心があるだろうと、思いました。私は彼にこのことを話しましたが、まあ、彼は、恩着せがましい態度ではなかったが、彼は、私はアマチュアだし、自分はプロだと考えていることは、明白でした。

スコットーええ、ええ。

メアリーーでも、私は、彼はこの人を聞かなくてはいけないと言って、主張しました。それで、彼がディヴォンヌで演奏しようとしていると聞いたとき － ご存じでしょうが、

そこはジュネーヴのちょうど〔北の〕外側にあります － 私は、私たちがいつも泊まるオテル・ドゥ・ローヌの接客係を通じて、チケットを得ました。

　まあ、それは大成功でした。私たちはステージのごく近くに座席を取りましたが、リヒテルが演奏を始めるやいなや、私はアランをちらっと見ました。彼は目を白黒させていました。（笑う）彼は即時に、それが何なのかが、分かったんです。

スコットーすてきだなあ。

メアリーー私たちはその夜を、ディヴォンヌで過ごしたと思います。私は、アランがホテルのホールでリヒテルに出くわして、フランス語で彼に話しかけたのを、憶えています。リヒテルがフランス語を話したのかどうか、憶えていませんが、彼はそれを理解しました。アランは、「ムシュー、ヴ・ゼテ・レ・シュール・ピアニステ〔あなたは唯一のピアニストです〕。」と言って、リヒテルは一種、それを認識しました。（スコット、笑う）ともあれ、大成功のお出かけでした。

　それから翌朝、私たちは、クリシュナジが第3回の講話をするのを聞くのに間に合うよう、戻ってきました。講話の後、クリシュナジは自分の車を、〔アパートメント・ハウスの〕カプリスに持っていきました。それをガレージに入れておきたかったからです。私は〔部屋を〕借りたので、ガレージの権利を持っていました。

スコットーああ。

メアリーーそれで、私たちはそれをカプリスに入れました。

スコットー彼はタンネグ〔山荘〕でガレージの権利を持っていなかったんですか。

メアリーーまあ、ガレージの権利にめぐっては、何か混乱がありました。

スコットーヴァンダが運転して、彼を講話に送って行きましたか。

メアリーーええ。

スコットー彼女はどんな車を持っていましたか。

メアリーー彼女は、長年持っている〔イタリア車の〕ランチアを持っていました。私が最後に見たとき － それは1986年のことでした － それはもうだめになっていましたが、イタリアで彼女の芝生に停まっていました。（二人とも笑う）彼女はそれを記念碑のように取っておきました！私の知るかぎりでは、それはまだそこにあります！

　でも、とても豪華なランチアでした。彼女はとても速く運転し、運転を楽しみました。

スコットー彼女はタンネグでどこに駐車したんでしょうか。

メアリーーまあ、二台分のガレージがありました。

スコットーいいです。講話の直前と講話の直後に起きたことの幾つかについて、少しお訊ねしたいと思います。なぜなら、それは長年の間に変化したからです。で、人々は近づいてきて、彼の手を握ったり、こんにちはを言ったりしたんでしょうか。

メアリーーまあ、二、三人です。ええ。

スコットー講話の前ですか。

メアリーーいえ、講話の後です。けっして前ではなかった。ええ。

　あなたも憶えているかもしれませんが、彼はまさに〔始まる前の〕最後の瞬間に〔会場の〕テントに来たものです…

スコットーええ。

メアリーー…そして、まっすぐ歩いて入り、…

スコットーええ、よく憶えています。

メアリーー…話を始めました。

スコットーまたは、ただ、静かにしたいと思った。

メアリーーええ、静かにね。彼は誰に対しても話しかけたいと思わなかった。

スコットーええ。

メアリーー彼は、まっすぐ歩いて入るのに間に合うよう、そこに着きたいと思っていました － 少なくとも、〔後年、車で〕私が彼を連れて行っているときは。彼はぶらつきたいと思わなかった。後ではあたりに立っていたし、人々は近づいてきて、彼に挨拶したものです。

　またもアランは、若者たちの会合を手配しました。それらはふつうタンネグ〔山荘〕で開かれました。居間は若者たちで一杯でした。それらはテープに録られたと思います。彼はあらゆるものをテープに録っていました。彼は〔スイスの〕ナグラ〔の録音機〕を担当していたからです。

　それら〔録音〕テープはどこにあるんでしょうか。

スコットー私たちがそれを知っているかは、確かでないです。

メアリーーそれらはオーハイにあるはずです。それらは〔K著作協会の〕ラージャゴパルに送られたからです。

スコットーラージャゴパルね。ええ、でも、それらは〔ロサンジェルスの東にあるサン・マリノの〕ハンティントン〔図書館〕（the Huntington）にあるという意味なのかもしれません[3]。

メアリーーええ。そうかもしれません。私はそこで、アランの筆跡が付いた〔録音〕テープをたくさん見たことがあります。

スコットーふむ、ふむ。

メアリーーそれでまた、デシカチャールとのヨーガも続いていました － クリシュナジと私とのどちらもです。

　またクリシュナジは自分のメルセデスで、一緒に運転に来てくれるよう、私に頼みました。

　先に、7月の中程の或る時点で、クリシュナジは、ニューヨークでピンター夫人（Mrs. Pinter）のところに泊まるのは、落ち着かないと言いました。彼はそこで、〔マンハッタンにある私立総合大学、〕ニュー・スクール（The New School）[1]で講話しようとしていました。クリシュナジは、彼女が今や年老いていて、あまり良くないのを知っていました。彼は、自分がそこに泊まることは、彼女にとって負担で困難だろうと感じました。〔夫のフレデリック・〕ピンター氏[2]は、彼が前回、そこに行ったとき以降に、亡くなっていました。私は、ニューヨークにアランと私が泊まる所を見つけましょうと、言っておいたので、クリシュナジは、どこでもアランが泊まっているところに、自分は泊まれるのかと、思いました。それで、私は〔ニューヨーク在住の〕弟〔バド〕に即刻、連絡し、彼のフラットを貸してもらえるかを訊きました。彼はその時点で（クスクス笑う）〔新旧の〕結婚の間で、自分のフラットに一人住まいでした。私は弟に、私たちがニューヨークにいる間、そこを貸してもらえるかを、訊きました。弟は、リッツ・タワーの父のフラットに泊まれました。〔パリ在住の〕父は〔そこにも〕小さなフラットを持っていました － 後で別の年には、そこをクリシュナジと私が使いました。でも、私たち三人では、私の父のところより大きなフラットが必要でした。

スコットーふむ、ふむ。

メアリーー弟〔バド〕[4]は即刻私に電報を打って、「もちろん、

いいよ。」と言いました。それで、手配できました。

この時あたりに、リンドバーグ夫人が昼食に来たのを憶えています。

スコットーああ、はい。

メアリーー彼女はヴァンダの友だちで、前にクリシュナジに会ったことがありました。もちろん彼女は、クリシュナジの本の一つに、何か書いたことがありました。あれは序文だったかな。

スコットーこれは〔有名な飛行士〕チャールズ・リンドバーグの奥さんですか。

メアリーーええ、アン・〔モロー・〕リンドバーグ（Anne Lindbergh）です。

スコットーふむ。彼女はクリシュナムルティの本の一つに序文を書いたんですか。

メアリーーええ、そう思います。または、それについて何かを、です。彼女は彼にたいへん感心していました。

スコットー彼女はクリシュナジをどれぐらい知っていたんでしょうか。

メアリーー私は本当は知りません。彼女はヴァンダをとおして彼に会ったと、私は思います。リンドバーグ夫妻は、〔レマン湖岸のモントルーの東北、〕レ・ザヴァン（Les Avants）に夏の家を持っていたと、思います。

スコットースイスにですか。

メアリーーええ。それで、彼女は運転して昼食に来ました。とてもすてきな人物でした。

22日には、また別の討論会に、90人ほどの若者が来ました。

スコットーあの家に90人ですか？！

メアリーーええ、90人。混雑していたというか！（二人とも笑う）

スコットーそれは控えめな表現です！

アランは、彼らみんなをどこで見つけたんでしょうか。

メアリーーああ、彼は聴衆の中に行って、流し釣りみたいなことをしました。

彼は、若者たちと大きな関係性を持っていました。若者たちを愛していましたし、彼らに話をし、彼らと笑いました。彼らも彼のことが好きでした。彼は若者たちととてもうまくやりました。若者たちみんなをクリシュナジに連れてくるのは、アランの仕事でした。

スコットーええ、分かります。

メアリーーそれは、彼のやった本当に良い仕事でした。

私たち年配のご婦人たちが、〔講話の〕前列でよたよたしている代わりに、若者たちの潮が押し寄せました。もちろん、バック・パッカーの若者たちが、ヨーロッパをさまよい歩いている時代でもありました。ここは、その時点で行くべき場所、ヒッピーの立ち寄り先でした。（クスクス笑う）

私たちは他に何をしたんでしょうか。私たちは、クリシュナジとアランのために、ロブの靴を受けとるために、エヴィアンに降りて行きました。これは、スイスではそれらに税金を払わなくてもよかったんです！（二人とも笑う）それで、私たちは運転してエヴィアンに行き、それらが送られてきた郵便局に行きました。それらは送られていて・・・

スコットー・・・局の留め置きで！

メアリーー・・・ええ、留め置きです。

そして靴があるんです！美しい、きらめくロブの靴です。（スコット、笑う）そこからさらに、ジュネーヴのピエール・シュミット博士（Dr Pierre Schmidt）のところに行きました。アランによれば、ピエール・シュミット博士は同種療法医たちの長老でした。

彼は、クリシュナジにサウナに入らせる同種療法医でした。彼らがそうしている間、私はあたりで暇つぶしをしました。（クスクス笑う）それから私たちは別の道を、〔レマン湖の北岸の都市〕ローザンヌを通って、帰りました。それで、〔レマン〕湖を一周しました。

スコットーとってもいい。

メアリーー私たちは、ラ・グラッペ・ドオー（La Grappe D'Or）という場所でしばしば昼食をとったものです － そこは、とても良い食事を出しました。

スコットーラ・グラッペ・ドオー、それはどこにありますか。

メアリーーまあ、私が運転してそこに連れて行ってあげられるんでしょうが、どう言うべきか分かりません。ローザンヌの一部が丘の上にあるさまは、知っていますね。

スコットーええ。

メアリーーそれは何というか丘を少し下ります。街を通る道路から一区画（ブロック）ほどに、あります。それから私たちは、夕食のためにタンネグ〔山荘〕に戻りました。

28日には、第9回のサーネン講話がありました。その頃は〔後年と違って〕たくさんの講話です。

翌日、タンネグ〔山荘〕で第3回の若者たちの討論会がありました。私は出席するよう招かれて、後で昼食に留まりました。

スコットーで、若者たちの講話は午前にありましたか。

メアリーーええ、これは講話のない日でした。

スコットーで、それは、クリシュナジが一日おきに講話をしていた、という意味です。

メアリーーええ。忙しい日々でした。彼はちょっと気管支炎がありましたが、いつものように、気管支炎を乗り越えました。

31日には、第10回で、その年の最後のサーネン講話がありました。

ああ、そうだ。ここに、私はタンネグ〔山荘〕で何かタイプライターで仕上げたと言います。

スコットータイプライターはどのように得ましたか。

メアリーー私はいつも、小さなヘルメス・タイプライターをもって旅行しました。

8月3日に、公開討論会が始まりました。ああ、それはまた、私が弟〔バド〕から、ニューヨークのフラットが使えると言う電報を、もらった日でした。私はその晩、〔山荘に〕上がって行き、クリシュナジに、すべて決まったと言いました。

スコットー彼は喜んだにちがいない。

メアリーーええ、喜びました。

4日に、第2回の公開討論会がありました － その時には一日おきにありました。でも、もっと重要なのは、タンネグで、クリシュナムルティ学校を始めたいと思う人たちみんなとの会合でした。部屋はいっぱいでした。少なくとも50人の人たちが、いたにちがいありません － クリシュナジの学校を始めるという考えでわくわくしている、かなり感激性のご婦人たちが多かった。クリシュナジはただ聞きました。それから二つ質問をしました。

スコットーでは、彼がその会合を呼びかけたわけではなかった？

メアリーーええ。彼らがそうしたいとの話をしていて、彼

はそれを聞きつけたんです。

スコット―誰がおもだった煽動者だったんでしょうか。

メアリー―分かりません。

　私たちはまたその日、タンネグ〔山荘〕で、〔サーネンの講話会場に〕テントの代わりに恒久的なホールを持つことについて、議論しました。私たちはそれをかなり進めましたが、結局、何にもなりませんでした。高価すぎたんです。お分かりでしょうが、この時までに私たちは、〔会場の〕土地を所有していました。だから、毎年、テント〔の貸与〕のために大変なお金を支払う代わりに、恒久的な建物を作ることを考えました。でも、それはあまりに高価すぎると分かったんです！（クスクス笑う）

　翌日、第3回の公開討論会の後、クリシュナジは私を呼びにやりました。私たちは外へ出ました－座って話のできる私的な場所に、です。彼は次の春、彼とアランがニューヨークとパリで私とともに泊まることについて、議論しました。彼は、私があまりに多くのお金を使っているかもしれないと気に掛けていたから、私に話をしたかったんです。彼はちょっと気に掛けていたので、それらについて私に、とても真剣に話をしました。「マダム、あなたは資本金に手を付けていますか。」と彼は訊きました。私は彼に、だいじょうぶだと保証しました。（二人とも笑う）彼は繰り返しその主題に戻りました。私たちがタンネグ〔山荘〕に戻ったとき、ボーム夫妻（the Bohms）がそこにいました。続いて、クリシュナジとボーム夫妻とヴァンダと私とで、長い話がありました。

　8月7日に、クリシュナジは、〔プエルトリコから来た〕ビアスコェチェア夫妻のところで会合を呼びかけました。クリシュナジは、学校を始めることについて、第1回の会合にいた人たちの十五人ほどを、選びました。彼は、残りは真剣でないと判断しました。彼は、私はその一部になるべきだと言いました。私は教育と何の関わりもなかったので、なぜなのかは分かりません。でも、見たところ、彼は私をそれに関与させたかったのです。ともあれ彼はみんなに対して、「あなたたちはみんな真剣ですか。」と言いました。これが、彼が本当にそれを探究する時でした。

　学校ができるのはどの国なのかという問題がありました。彼はそれを国際的な学校にしたいと思っていて、その時点で、教育は英語とフランス語の両方でされるのを、願っていました。可能な国は、フランス、スイス、イングランド、オランダでした。行ったり来たり多くの話がありました。それらの場所すべてからの人たちがいました。最後に彼が、「じゃあ、行って、見出してください。」と言ったのは、その時でした－各国からの誰かが行って、「あなたの国で学校を設立するのに何が掛かるのかに関わるすべてを」見出し、「次の夏、ここに戻ってくる」べきこと、「そして私たちはそれについてもっと話をしましょう。」と。それで、彼はそれらについてかなり素早く行動しました。

スコット―オランダについては誰が見出そうとしていたんでしょうか。フランスについては誰が見出そうとしていたんでしょうか。

メアリー―オランダについてはアンネッケ〔・コーンドルファー〕が見出そうとしていました。

スコット―では、彼女はその会合にいたにちがいないですね？

メアリー―彼女はその会合にいました。フランスについては、ナディア・コシアコフ（Nadia Kossiakof）が見出そうとしていました。スイスは誰がしようとしていたのか、分かりません。イングランドについては、ドロシー〔・シモンズ〕が見出そうとしていました。

　ともあれ、それは決定的な会合でした。私はその後、運転して、彼とアランを送って丘を上がったのを、憶えています。クリシュナジが私に対して、ニューヨークと、翌年はパリで、私とともに泊まるだろうと明言したのは、その時でした。私たちはそのための計画を進めることができました。で、それは決まりました。

スコット―アランはニューヨークでの講話を手配していたんでしょうか。

メアリー―ああ、そうです。

スコット―パリの講話も手配していたんでしょうか。

メアリー―いいえ。フランス〔のK〕委員会がそれらをやりました。でも、アランは支援していました。この年、後でアランは、二人のパリの人たち、〔すなわち〕マルセル〔・ボンドノー〕とジゼラ・エルメンホースト（Gisela Elmenhorst）が手配しておいたことを見に、パリに行ったと、思います。

　翌日、ものごとは急速に動いているように見えました。午前には第6回の〔公開〕討論会があり、午後にはヨーロッパでの学校について、第3回の会合がありました。私はヨガのレッスンのためにタンネグ〔山荘〕に上がっていました。クリシュナジは私を呼び入れて、翌年オランダで私たちがどこに泊まるかについて、議論するよう頼みました。それで、宿舎探しの私の役割は、毎日大きくなりつつありました。（笑う）彼は〔オランダK委員会の〕アンネッケ〔・コーンドルファー〕に話をするよう言いました。それで、私はその夜、彼女を夕食に呼びました。私は彼女に対して、クリシュナジがそのときまでどうしようとしていたのかと、パリの計画の違いについて、説明しました。彼女は、次の春のために、私たちみんなの場所を見つけようと提案しました－アンネッケとアランと私ともちろんクリシュナジのためにです。

スコット―あなたの、デシカチャールとのヨガのレッスンに、戻ってもいいですか。今、デシカチャールとアイアンガーとの間の違いについて、あなたはクリシュナジとたくさん話をしたにちがいありません。

メアリー―ああ、そうです。ええ。まあ、クリシュナジはすでに、〔アイアンガーの甥の〕デシカチャールを望んでいました。アイアンガーとは途絶えていました。

スコット―知っています。

メアリー―或る時点でアイアンガーは、クリシュナジとヨガをしていなかったんですが、〔人道主義でも知られる高名なヴァイオリニスト、ユーフディ・〕メニューインと行うためにグシュタードに来たから、ちょっとした状況がありました。かつてアイアンガーはクリシュナジに教えていたし、彼はタンネグ〔山荘〕で下の階の或るご婦人に泊めてもらいました。彼はそこでレッスンをしたものです。私が受けた初めてのヨガのレッスンは、あの階下のフラットでのことでした。

スコット―ああ。これらは、前に私たちがあなたから探り出さなかった情報ですよね。

メアリー―まあ、正確には、不滅の歴史物語ではないわ！でも、ともあれ、と。（笑う）

スコット―ええ。でも、分かります。分かります。それでは、今議論しているこの年、デシカチャールは、上の階であなたとクリシュナジにヨーガを教えていたが、アイアンガーは下の階で他の人たちに教えていた！（笑う）

メアリー―ええ、アイアンガーが行っていたメニューインは除いて、ね。それで、下の階と中の階の間は、かなり冷めていた、と言うんでしょうか。ヴァンダは除きます － 彼女はいつもアイアンガーにきわめて忠実でした。なぜなら、彼女は本当にヨーガの知識をアイアンガーから得たからです。彼とうまくやっていたし、彼のことが好きでした。

スコット―あなたはその時に、メニューインに会いましたか。

メアリー―私は前年、メニューインに会いました。〔元女優でKの聴衆の〕アイリス・ツリー（Iris Tree）に連れられて、メニューイン夫人を訪ねたときです。そのことは前回の対談でお話ししましたか。

スコット―いいえ、していません。

メアリー―まあ、アイリス〔・ツリー〕は彼らと私の共通の友だちでした。アイリスは、メニューイン夫人を訪ねるために、私をそこに連れて行ってくれました。それがすっかり魅力的だったのを（笑う）憶えています。まず第一に、彼らはみんな、家の残り〔の部屋〕で、コンサートのために練習していました。それで、私たちは座りました － ダイニング・ルームだったと思います。メニューイン夫人は、ほとんどアイリスと淀みない会話を続け、同時に手紙を書きました！（笑う）私はその兵站学をおもしろいと思いました。なぜなら、彼女はとても大きな字を書いていて、小さく明るいきれいな青いメモ用紙に書いていたからです。これで、書くために長く掛からないし、手紙はいたるところの友人たちに送ることができました。なぜなら、手書きがとても大きくて、ページがとても小さかったからです。（スコット、笑う）私は、彼女はとても利巧だと思いました！（メアリー、クスクス笑う）

スコット―同時に会話をして、手紙を書くことは、失礼に見えたんでしょうか。

スコット―いいえ、少しも！彼女はただ話しつづけて、紙には大きな文字ができていきました。（笑う）

スコット―とほうもないな。

メアリー―で、同じ時に彼に会いました。私たちはただ握手しました。

スコット―では、彼はその時点で、クリシュナジに会いに来ていなかったんですか。

メアリー―ああ、いいえ、来ませんでした。そこにもまた冷たさがありました。

クリシュナジはたぶん、天才と才能は本当は創造的ではないとの言明の一つを、していたんです。

スコット―ええ。

メアリー―彼らはそれを又聞きしましたが（笑う）、メニューイン家はみな気分を害しました。私はそこにいなかったから、分かりませんが、講話に来ていたのは、妹のエプシバー（Hepsibar）とその夫だったと思います。彼らはそう言われるのを聞いて、それを報告したにちがいないです。

メアリー―メニューインは講話に来ませんでしたか。

メアリー―私の時には来ませんでした。前に来たことがありました。

スコット―いいです。私は憶えていますが、もちろん、これに関して私の記憶は間違っているかもしれません。でも、これが起きたのは、実際はクリシュナジがメニューインと行った会話のなかでだったと、クリシュナジが私に語ってくれたのを、私は憶えているようです。

メアリー―まあ、そうだったかもしれません。

スコット―会話は創造性と芸術と才能についてでしたが、クリシュナジは、メニューインの消化できない事柄を、言っていました。

メアリー―それが本当かもしれません。

私はこれをクリシュナジから聞かなかったんで、誰にせよ私に話してくれた人が、間違った話をしたのかもしれません。

スコット―私はそれをクリシュナジから聞きました。

私がそれを聞いたのはそこからであるということは、確かだと思います。クリシュナジはそれを私に語るにつれて、彼は、何か世評のよくないことを言って物語っているときにする、あの種のクスクス笑いをしました。

ここで私は、幾らか歴史を再現しようとできるのなら、〔作家のオルダス・〕ハックスレーが63年に亡くなって、メニューインがあのテレビ番組のためにインタビューを受けるほど、彼を良く知っていたのなら、そのとき、メニューインが初めてクリシュナジと接触を持ったのは、1963年より前だったにちがいありません。

メアリー―まあ、思い起こしてください － クリシュナジはいつまでサーネンで講話を始めなかったのかな。それは61年だったかな。

スコット―そう思います。でも、メニューインはその前にカリフォルニアで彼に会っていたかもしれません。

メアリー―いいえ、そうは思いません。

スコット―さて、どこで、彼はどこからハックスレーを知ったんでしょうか。イングランドでしょうか。

メアリー―いいえ、彼はハックスレーを、カリフォルニアから、〔歴史家で哲学者の〕ジェラルド・ハード（Gerald Heard）をとおして知りました。

スコット―彼はそのときクリシュナジをも知っていたのかもしれませんか。

メアリー―分かりません。でも、ヴァンダはたいへん音楽好きだったのを思い起こしてください。彼女の父親は〔イタリアの〕フローレンス〔フィレンツェ〕の〔最も重要な音楽協会、〕マッギオ・ムジカレー（Maggio Musicale）を始めました。彼女は自らの時代の指導的音楽家をみんな知っていました。

スコット―ええ、ええ。

メアリー―〔偉大なチェリストの〕カザルスと・・・

スコット―〔偉大な作曲家の〕ストラヴィンスキー、

メアリー―〔偉大な指揮者の〕トスカニーニと、これらの人たちすべてを、です。彼女はメニューインを知っていたでしょう。だから、私は、クリシュナジはヴァンダをとおしてメニューインに会ったと想像します。でも、分かりません。

では、ともあれ、私たちは〔8月〕9日にいます － クリシュナジは第7回で最後の公開討論会を行いました。午後にクリシュナジは私を呼びにやりました － パリの計画と、自らが場所を借りるよう私に頼んだことを、〔フランスの実業家で支援者〕ボニト・デ・ヴィダス（Bonito de Vidas）に対して話したということを、私に知らせるため、です。私

は、デ・ヴィダスが何を言ったのかは知りませんが、デ・ヴィダスはあらゆることを管理するのが好きでした。だから、見たところ、彼はその考えがあまり好きではなかった。でも、私は知りません。(二人とも笑う) 同時にクリシュナジは、私に対してこれを話していました。またもや私に対して、私が資本金を使っているのかどうかを、訊ねました。またもや私は「いいえ。」と言って、そのことを気にしないように言いました。(笑う)

翌日、[来年の] アムステルダム [での講話] の計画について、アラン [・ノーデ] とクリシュナジとアンネッケ [・コーンドルファー] との会合が、ありました。またもや彼は私を話に呼び戻し、アランを同席させました。彼は私に対して、私が自らのしていることを後悔しないだろうことを、確かめてほしかったんです。(クスクス笑う) 彼は心配していましたが、私は完全に確言しました。彼はもう一度、私に訊ねたかったんですが、私の言ったことで彼は満足したと思います。

それから何かな？アランは翌年、タンネグ [山荘] の代わりにカプリス [のアパートメント・ハウス] に泊まりたいと思いました。だから、それを手配しました。

今や講話が終わってしまい、アランと私はパリに、街の様々な部分を見るために行きました － 来年、どこが借りるのに良い場所だろうかを見るため、です。そこにいる間、私たちはマルセル [・ボンドノー] とジゼラ [・エルメンホースト] に会いました。

スコット―或ることをお訊ねするために、ここで少し止まって、戻ってもらってもいいでしょうか。

クリシュナジが、人々が自らの資本金を彼に使わないように、どんなに心配していたのかを、私は知っています。しばしば人々が寄付をしたとき、彼はこれについて彼らに質問しました。

メアリー―ええ。彼は、資本は収入と対立しているものであるとの概念を、何か持っていました。彼がどこからそう思ったのか、私は知りません！(二人とも笑う) 彼はいつも、人々の資本金を気に掛けていました。

スコット―まあ、今あなたは、彼が、そうですね、人々が自らの資本金の幾らかを寄付しておいて、それから後でそれを後悔するという悪い経験をしたことがある、という感覚が、かつてしたことがありますか。

メアリー―おそらくはね。でも、私はそれは知りません。

スコット―彼はあなたに対して、それを何も言わなかった。

メアリー―ええ。

スコット―私はお訊ねしようと思っただけです。なぜなら、それがいつも彼の心配事であったことを、私は知っているからです。

メアリー―ええ。

ともあれ、アランと私はパリに行き、さまざまな地域を見たんですが、私たちは [パリ西部、セーヌ川沿いに]「[ブローニュの] 森(the Bois)」の近くにいたいと思いました。実は、私たちが結局、入手した住宅からは、「森」へそのまま散歩できました －「森」の南端です。[「森」の中の] ロンシャン [競馬場](Longchamp)に近かったし、それから、「森」の底辺は、私たちが持った家から二、三区画ほどでした。

スコット―とってもいい。

メアリー―オンゼ、ヴェルダン通り。何というか、すてきな住宅でした。

それから私たちは、ロンドンへ飛びました。その頃、私たちが行った旅行の量は、何とも感じなかった － ここから郵便局へ行くようなものでした。(スコット、笑う) 私たちはロンドンへ飛びました。[南アフリカ出身の] アランが、イギリスの市民権を得たかったからです。それで、(笑う) 私たちはロンドンへ飛びました。そこで何をしたのかな。(日記を読むために休止する) 私たちは、ヒッチコックの映画に行きました。憶えています。(二人ともクスクス笑う) そして、[ホテル、] クラリッジェスで、[古い友人の] フレアー・コールズ (Fleur Cowles) と昼食をとりました。

私たちはイングランドに二、三日しかいませんでしたが、見て回るためにオックスフォードに運転していく時間を、見つけました。そして、[K の本の編集をしている] ディグビー夫妻 (the Digbys) に会いました。

スコット―ふむ、ロンドンですか。

メアリー―ええ、ロンドンで、彼らの街の家で、です。

スコット―彼らの街の家は憶えています。

メアリー―彼らの街の家ではまた、フライ夫妻 (the Frys) にも会いました。それからパリへ飛んでかえり、私のジャガーを取り戻しました － それは、ジャガーの代理店に置いていて、私は知りませんが、何らかの点検修理をしていました。そして私たちは運転して…

スコット―ここで待っておいてください。はっきりさせましょう － クリシュナジは [スイスの] タンネグ [山荘] に泊まっていた。あなたとアランは運転してパリに行った。

メアリー―可能性のある借りる区域を、調べてみるためです。それから私たちは、二、三日間、ロンドンに飛んで、その期間にジャガーは点検修理するために、パリに留まっていた。それから私たちはパリに飛んでかえり、それを取り戻し、[フランス中央部、ソーヌ・エ・ロワール県の] シャロン・シュル・ソーヌ (Chalon-sur-Saône) を通ってスイスに運転して行きました。

スコット―ええ、よく分かります。

メアリー―あの人物の名前は何だったか…そこにしるしがあるんです － これは [ジョゼフ・] ニセフォール・ニエプス (Nicéphore Niépce) の生家だと。そのとおり。彼はカメラを発明した、とされています。(スコット、笑う) おもしろい名前が頭に引っかかりました！なぜかは分かりません。私たちはシャロン・シュル・ソーヌで夜を過ごしました。

翌日、私たちは、あれらお気に入りの小さな道路を運転して行きました － すてきな田舎を通って、です。私たちは、昼食に間に合うよう、[レマン湖の北岸の都市] ローザンヌに戻りました － [レストラン、] グラッペ・ドオー (Grappe D'Or) で、ね。(クスクス笑う) そして、4 時までにはタンネグ [山荘] に戻っていました。

今までに私たちは 8 月末にいますが、クリシュナジは、アランと私に対して、ニューヨーク講話の後か、そのあたりで、ハーバード [大学] で話をする可能性について、話をしました。

スコット―誰がそれを手配しておいたんでしょうか。

メアリー―アランが手配しておいたんです。良い考えに思われました。

私は冬の間、そこに置いておくために、車を [サーネンの北東方向で、スイスの首都ベルンの南東、] トゥーンに持っていきました。そして、列車で [南西方向に] 戻ってきて、

彼らみんな、ヴァンダ、クリシュナジ、アランに、さようならを言いました。

翌日、私は列車で〔レマン湖の南西の端、〕ジュネーヴに行き、ニューヨークに飛びました。それから私はカリフォルニアに飛び、マリブの自宅に行きました。私がそこにいる間、ラージャゴパルが私に電話をかけてきて、クリシュナジが講話のためにオーハイに来るとき、私が彼の運転をするだろうかを、私に訊きました。なぜなら、彼は、私が運転して彼を乗せて回っていたのを、聞いていたからです。

私は、「まあ、はい。お望みでしたら、もちろん。」と言いました。私は本当はものごとの外側に留まっておくつもりでした。クリシュナジは〔オーハイで〕自らの本拠地に戻るだろうし、私はものごとの外側に留まっておこうと思いました。私はもちろん講話に行くでしょうが、ヨーロッパで関与していたような個人的なことすべてには、そうしないでおこう、と。でもラージャゴパルは、私に運転手をしてほしいと思いました。そして、私がそうするのなら、彼の古いフラットに泊まりたいと思いますか、と言いました - それは、〔オーハイの東端の〕パイン・コテッジ（Pine Cottage）の隣の住宅の階上のフラットです。あなたが泊まったことのあるところです。

スコット─何回もね。

メアリー─それで私は、「まあ、はい。たいへんありがとうございます。」と言いました。それで、準備されました。

スコット─クリシュナジはパイン・コテッジに泊まったんでしょうか。

メアリー─ええ。パイン・コテッジに泊まりました。アランはパイン・コテッジの隣のアパートメントに泊まりました - 結局、解体したところです。ひどい場所です！〔この対談で〕そこに来たとき、それを言いましょう。

さて、次に何が起きたんでしょうか。まあ、ともあれ、私は〔アメリカ東海岸の〕母に会いに行きましたが、それは大事なことではない。それから9月14日に私はニューヨークに飛んで…

スコット─お母さんはどこにいらしたんでしょうか。

メアリー─〔マサチューセッツ州の〕マーサズ・ヴィニヤード〔島〕（Martha's Vineyard）です。

スコット─ああ、それで、あなたはマーサズ・ヴィニヤードに行って、それからカリフォルニアに戻ったんですね。

メアリー─いえ、いえ。私はカリフォルニアに二週間、行きました。それから母に会いに東〔海岸〕へヴィニヤード〔島〕に戻りました。それからニューヨークに飛んで、〔弟〕バドのアパートメントに、移りました。彼はすでにそこを出ていて、父のアパートメントに行きました。私はアパートメントを整えていました。それから20日に弟〔バド〕と私は、クリシュナジとアランを迎えに、空港に行きました。

彼らの荷物はすべて失われていました！

スコット─なんてまあ！

メアリー─（笑う）でも、私たちはアパートメントに戻ってきて、〔弟〕バドは彼らにパジャマと他の必要なものを貸しました。

運良く、次の朝、9月21日、TWA〔航空〕はフロント・ホールでかばんを引き渡しました（スコット、笑う） - 誰もが大いに安堵しました！（笑う）

スコット─もちろんです。

さて、歴史のためですが、バドの〔ニューヨークでの〕住所はどこでしたか。

メアリー─〔南北に走る〕5番通りの1115です。そこは、〔東西に走る〕93番街と5番通りの角にあります。

スコット─ああ、93番街を行ったところか。

メアリー─ええ。そこは便利です。なぜなら、私たちは毎日、容易く公園に入って、貯水池のまわりを散歩できたからです。

メアリー─それで、私が言ったように、彼らは20日に到着しました。それから、いつものように、歯医者の予約がありました。彼らはいつも歯を治してもらっていました。で、私はニューヨークでそれらを手配しました。

スコット─でも、これは彼らにとって新しい歯医者だったにちがいありません。

メアリー─ええ。彼は、カリフォルニアの歯医者が推薦してくれました。

それから、いつもの、人々が昼食に呼ばれるというひとしきりが、ありました。私たちはまた映画にも行きました。クリシュナジは『ニューヨーカー誌 (the New Yorker)』から、人物像を描くためのインタビューを受けました。でも、それは何かの理由で印刷されませんでした。

スコット─ふむ。

メアリー─残念です。

スコット─あなたは、昼食に人々を呼んだと言われました。あなたが昼食の調理をしたんでしょうか。それとも、昼食を持ってきてもらったんでしょうか。

メアリー─いいえ。弟〔バド〕のヴェトナム人シェフが調理しました！彼はパリで修業しました。ヤープ（Jaap）というのが彼の名前でした。彼は本当に良い料理人でした！だから、内で食事することはすてきでした。彼は菜食主義を気にしませんでした。

スコット─すばらしい。昼食には誰が来たのかを、憶えていますか。

メアリー─ええ、何人か！ヨー・デ・マンツィアーリ（Yo de Manziarly）が突然、浮上したのを憶えています。彼女もまた、私たちとともに数多く映画に行きました。

他には誰かな。ああ、マーゴット・ウィルキー夫人（Mrs. Margot Wilkie）ね。（クスクス笑う）彼女は〔東部のマーサズ・〕ヴィニヤード〔島〕で生活していて、ロザリンド・ラージャゴパルの親友です。私はヴィニヤード〔にいた時代〕から彼女を知っていたから、彼女を昼食に呼びました。むしろ、彼女は私より母を知っていました。彼女はナンシー・ウィルソン・ロスという人 (a Nancy Wilson Ross) を連れてきました。ナンシー・ウィルソン・ロスは、あの少し社交的なタイプの女性でしたが、彼女はまた東洋の宗教について本をも書きました。

昼食にはブリッツが来ました。〔フランスの実業家でKの支援者、〕ジェラール・ブリッツ（Gérard Blitz）がいました。

スコット─なぜ、ふむ、ふむとそれらの声を出したのか、教えてください。

メアリー─まあ、マーゴット・ウィルキーは、昼食に来た後、私についてロザリンドへ嫌らしいことを語ったからです - それは、もちろん私に戻ってきました。（笑う）

また、私の母と〔母が再婚した〕義理の父〔ウージ〕がやってきて、一回、昼食に来ました。

スコット─ふーむ。彼らはクリシュナジにどのように反応しましたか。

メアリー―彼は彼らに対して魅力的でしたし、彼らは、そうねえ、とても礼儀正しくて、むしろまごついて引き下がっていました。彼らは一回、〔ニューヨーク市、マンハッタンの私立総合大学〕ニュー・スクール（the New School）での講話にも行きましたが、（笑う）彼らがそこから何を分かったのか、私は知りません！たぶん何も分からなかったでしょう。

でも、彼らは彼に会ったことがありました。そうねえ、彼らにとって大事なことは、彼がどのようなのかを見ることでした。私は彼らとあまり関わりがなかったので、分かりません。

スコット―ええ。

メアリー―この時にアランは、ハーヴァードでの用件を手配するためにボストンに行って、戻ってきました。それから、クリシュナジはニュー・スクールで話を始めました。さて、〔私立の〕ニュー・スクールはダウンタウンの方にあります。ご存じかどうか知りませんが、ワシントン・スクエアの近くにあります。

スコット―ああ、NYU〔ニューヨーク市立大学〕の近くね！

メアリー―その近く、NYUのごく近くですが、別々です。

メアリー―私たちは、〔以前Kを泊めていた〕ピンター夫人（Mrs.Pinter）に会いに行きました。確かに彼女はクリシュナジに対処できませんでした。

彼女は、ひどいおそろしいアパートメントを、持っていました！無礼なことをいうのではないですが、気が滅入りました。そのときまでに彼女は、ほんとに年老いたご婦人で、足がすっかり動かなかった。そこに泊まることは、彼女にとってあまりに困難だったでしょうし、彼にとっては憂鬱だったでしょう。でも、彼女はきわめて親切に毎日、彼のために、車を送ってくれました － 彼を講話に送って行くため、です。だから、私はその手配をしなくてよかった。

さて、おかしな出会いが来ます（クスクス笑う）…講話の一つで、〔有名な詩人の〕アレン・ギンスバーグ（Allen Ginsberg）がそこに来ていて、彼に話をしたいと思うという伝言を、受けとりました。それで手配しました。ご覧あれ、29日にアレン・ギンスバーグが、チィモシー・リアリー（Timothy Leary）を引き連れて、現れました！（スコット、大笑い。メアリー、クスクス笑う）また、彼の友だちも、です。これは不謹慎になると思いますが、先へ進んで、ユーモアの目的でお話ししましょう。

スコット―もちろんです。

メアリー―私はその頃、何というか、うぶだったと思います。名前を、そうよね、名前が聞こえなかったので、私は彼の友だちが誰なのかを知りませんでした。でも、私は、「どうして女が、あんなに自分自身を魅力的でなくできるのだろうか。」と思いました。汚いジーンズと背中に長いポニー・テールです。ひたすら魅力的でなかった。結局、そもそも女ではないことが、私には明らかになりました。男だったんです！（二人とも心から笑う）でも、私はうーん…

スコット―（笑う）ええ、まあ、あなたはヒッピーでなかった。だから、分からなかった。66年には。

メアリー―ええ、ええ。私はそれに初めて触れました。やせこけた若者みたいのが長い髪を背中に垂らし、後ろで括っているのは、ありふれたことではなかった。歴史をそれほど遡って思い出せるなら、ふつうではなかった。

スコット―ええ、ええ。不幸にも思い出せます。

メアリー―でも、ともあれ、若者は一度も口を利かなかった。ギンスバーグが話すべてを始めました。クリシュナジが、ドラッグは良いことではない（クスクス笑う）と言っていることに、彼は反対だった、と私は思います。そして、彼はLSDについて話しつづけた、と思います － それは、宗教的体験か何かについて、でした。或る時点で、クリシュナジはギンスバーグに対して、「十字架の象徴が何なのかは、ご存じでしょう。」と言いました。それとともに彼は身振りをしました － 手でもって自己を垂直に横切り、次に水平に横切るようにです。それから彼は、それは自我の否定を表していると言いました。

それでリアリーは跳び上がって、（クスクス笑う）答えようとしているギンスバーグを、沈黙させました。手を放り出して、「ええ、毎晩です！」と言いました。

リアリーはグリニッジ・ヴィリッジで、何かしらの舞台で演劇をしつつあることが、分かりました。彼は、大きな劇的な身振りで、大きな声で、「私は舞台に立ちます。手を放り出します。私は手から釘を引き抜いて、それらを地面に投げつけます！」と言いました。キリストが自らの手から釘を抜き去る演技です。（笑う）

クリシュナジはとても静かに話をして、キリスト教について何かを言いました。たちまちリアリーは座って、クリシュナジに同意しました。前に彼が言っていたことを、完全に論破して、です。

私がいうのは、彼はまさに反転して、絶対的にクリシュナジに同意したんです。議論はありませんでした。（二人とも笑う）本当に！最終的に彼らは立ち去りました。

スコット―私は1970年にギンスバーグと二、三時間を過ごしました。ギンスバーグとクリシュナジの間の会話は、想像することさえできません。（大笑い）

メアリー―まあ、彼らのした会話は想像できないわよ。（もっと笑う）

スコット―ええ。

メアリー―そういうことでした。ともあれ、講話は〔マンハッタンにある私立総合大学、〕ニュー・スクールで続きました。私たちは映画と歯医者に行きました。公園で、貯水池のまわりを散歩しました。誰も私たちに襲いかかりませんでした。その頃はそうしなかった。まったく安全でした。人々はジョギングしていましたが、襲いかかる人はいませんでした。

スコット―（クスクス笑う）クリシュナジが午後に歩くところは、同じ種類の決まり事でしたか。

メアリー―ええ、同じです。

ニュー・スクールでのクリシュナジの最後の講話は、10月7日にありました。翌日、クリシュナジと討論をするために、アランは〔滞在中の〕フラットへたくさんの若者たちを連れてきました。

クリシュナジは、ラルフ・インガーソル（Ralph Ingersoll）とも会いました。彼はPMという新聞を刊行していました － それはあなたの時代より以前ですが、とっても良い新聞でした － きわめてリベラルで。彼には息子がいました。若いラルフです － 私たちはこの前にスイスで彼に会ったと思います。彼はタンネグ〔山荘〕にやってきたと思います。アランは、他の若者たちとともに、彼に会ったにちがいありません。彼はニューヨークで私たちに会いに来ました。それから彼の父親と、父親の妻です。彼女が彼の〔実

の〕母親だったか継母だったか、私は知りませんが、彼らは昼食に来ました。私たちがそこにいるとき、〔ベルギーのKの支援者〕ヒュヘス・ヴァン・デル・ストラテン（Hughes van der Straten）もまた昼食に来ました。

〔弟〕バドは自分の車を私に貸してくれました。それで、私たちは或る日、田舎へ昼食に出かけました。

スコット―彼はどんな種類の車を持っていましたか。

メアリー―とても古いロールス・ロイスを持っていました。（クスクス笑う）

スコット―ああ、すばらしいなあ。どれぐらい古いんですか。

メアリー―ああ、分かりません。とても古い。

14日にアランと私は、弟のバドとともに、〔かつてメアリーとバドの父親が所長を務めたニューヨーク〕株式取引所を訪問しました。なぜなら、アランがそこを見たがったからです。そして、〔ププル・ジャヤカールの娘で、梵文学、仏教学の〕ラディカ・ハーツバーガー（Radhika Herzberger）が新しく生まれた赤ちゃんを連れて、昼食に来ました。私たちは昼食をとる間、その子を私が泊まっていた部屋に寝かしたのを、憶えています。クリシュナジは、私がこの小さな赤ちゃんに注意を払ったという事実に、打たれていました。小さい赤ちゃんがそこに居るとき、ほとんどの女が同じように振る舞うことを、彼は知らなかった。（スコット、笑う）彼は、私の注意は意義深いと考えたようです。（二人ともクスクス笑う）

私のメモ書きには、アレン・ギンスバーグがクリシュナジに会いに戻ってきたと、言いますが、二回目は憶えていません。

10月16日に私たちは、〔東部の都市、〕ボストンに飛んで、ケンブリッジの或るホテルに泊まりました － そこはハーヴァード〔大学〕に近かった。そこで散歩ができました。

クリシュナジは、どこかロゥエル・ハウス（Lowell House）というところで、ハーヴァードの学生たちとに会いました。

スコット―その討論はどのように進みましたか。

メアリー―まあ、彼らは質問をしましたが、鈍い種類の質問です。彼らは予習をやっていませんでした。だいじょうぶでしたが、何も特別なものではなかった。それから私たちはニューヨークへ飛んで戻りました。

スコット―あなたは、クリシュナジを〔自分の育ったマーサズ・〕ヴィニヤード〔島〕に連れて行こうという気を、起こさなかったんですか。

メアリー―ええ！（笑う）とんでもない！何て恐ろしい考えでしょう！

スコット―ええ、そうです。（笑う）私はご家族のことは忘れていました。すてきな島のことを考えていただけです！

メアリー―ああ、そうです。まあ、もしも〔弟〕バドだったなら、違っていたんでしょうが、その頃〔、島の住宅にいたの〕は〔高齢の〕母でした。

実際にはクリシュナジはすでに〔1940年に〕、マルゴ・ウィルキーの母親とともに、島に行ったことがありました。ずっと何年も前にです。彼女の名前は何だったかな・・・ロインズ夫人（Mrs.Loyns）。彼女は昔の友人でした。彼女は島で、セヴン・ゲイト・ファームに生活していたと、思います。

スコット―ええ、そうです。それがどこなのか、私は知っています。

メアリー―それから10月18日に私たちは、〔ロサンジェルスの西、太平洋岸の〕マリブへ飛びました。そこは、彼らにとって初めてのことでした。私は運転して彼ら二人とともに門へ入ること、そして自分のキッチンで彼らのために夕食を作ることが、うれしかった。

スコット―いいなあ。

メアリー―〔年老いたイタリア人家政婦〕フィロメナ（Filomena）がそこにいました。もうすてきでした。

スコット―で、クリシュナジがマリブのあなたの家に行ったのは、それが初めてのことだった？

メアリー―ええ。1960年以来、彼がカリフォルニアに戻ってきたのは、初めてのことでした。

スコット―ああ、そのとおりです。彼は戻っていなかった！

メアリー―彼は1960年〔5月〕に講話を行いはじめましたが、体調が良くなかったから、〔8回の講話を4回に〕短縮しなくてはならなかった。私はその年に〔オーハイで〕彼と〔個人〕面談をしました。

スコット―ええ、それは憶えています。

メアリー―彼がそれらの年月に〔オーハイに〕戻ってこなかった理由は、ラージャゴパルとの不和であったということです。おそろしい紛争が起こっていて、66年のこの訪問は、あれこれの和解になると想定されていました。少なくとも、和平になる、と。

スコット―ええ。クリシュナジはこれらの問題について、あなたに話をしたことがありましたか。

メアリー―幾らかはね。私は前の夏に、クリシュナジが〔自らの討論会の〕オーディオ・テープを聴く許可を出せないこと、そして、ラージャゴパルだけが出せることを知ったとき、分かっていました。かなり奇妙だと思いましたが、私はそれについて何も言いませんでした。

スコット―でもあなたは、クリシュナジがそれらの年月ずっとカリフォルニアに戻っていなかったことを、奇妙だと思ったにちがいない。それについて誰かと話したにちがいないでしょう？

メアリー―まあ、いいえ、です。でも、クリシュナジがニューヨークに到着したとき、まさに一日目にラージャゴパルが彼に電話してきたのは、よく憶えています。アランと私はクリシュナジの寝室に、彼とともにいました － そこは、私の弟〔バド〕のところで、その場所の主な寝室でした。電話が来たとき、アランと私はその部屋にいました。二分以内にラージャゴパルは電話越しに彼に対して喚いていて、一方的にガチャンと切りました。

それが、ラージャゴパルとどうなっているかについての、私の最初の感覚でした。そして、合衆国へ戻ることへラージャゴパルからの歓迎です。それで、彼らの間はうまく行っていないことに、気づいていました。

スコット―いいです。で、ラージャゴパルは実際には、東海岸でのそれら講話のどれのためにも、何もしなかった？

メアリー―ええ、しませんでした。事実、彼は不機嫌でした。なぜなら、招待がクリシュナジへ直接的に来たからです － どうして来たのか、私は知りません。

スコット―〔ニューヨーク市の私立大学〕ニュー・スクールからですか。

メアリー―ええ、ニュー・スクールからです。彼へ直接的に来ました。彼は私を呼び入れて － 前の夏だったにちがいないです － 彼は自らが受けるべきだと思うのかどうかを、私に訊きました。

スコット―あなたはそれについて話しましたか。

メアリー―ええ。話したのは知っています。私は、ええ、彼は受けるべきだと思うと、言ったからです。彼が「なぜ？」と言ったとき、私は、「まあ、私がそこについて知っていることは、そこが真剣で良い場所であるということだけです。」と言いました。そして、あの、うーん‥‥ああ、彼の名前は何だったか、彼は、「委員会に入ることに同意していた」。うーん、宗教の著作者で、とても真剣な人です。彼は入るのを同意した直後に、亡くなりました。やれまあ、これはひどい名前の障害だわ。それは他の〔録音〕テープには出ています。私は自分がそれについて話したのを知っています。

それからアランは、クリシュナジの代理で彼らと意見交換をしました。こういうわけで、私たちはニューヨークに来たんです。

スコット―で、これが本当にそのとき、クリシュナジのラージャゴパルからの解放の始まりでした。なぜなら、講話は突然にラージャゴパルなしで手配されつつあったからです。

メアリー―本当に初めてのことでした。私が言いたいのは、ヨーロッパでの講話はすべて〔フランスの実業家〕デ・ヴィダスと〔イングランドのドリス・〕プラット女史と〔オランダの〕アンネッケ〔・コーンドルファー〕により、手配されたんです。ラージャゴパルはそれらと何の関わりもなかった。でも、合衆国ではこれが初めてでした。ニュー・スクールが最初で、それからもちろん続いて、ハーヴァードです。クリシュナジはこの旅行で後に、〔東部マサチューセッツ州の〕ブランダイス〔大学〕(Brandeis) に行った、と思います。彼はブランダイスで話をしました。これまた、〔秘書の〕アラン〔・ノーデ〕経由でクリシュナジと直接的に手配されました。アランがそれを取り扱いました。

それで、ラージャゴパルはそれが気に入らなかった。自分がことを管理していなかった。それで彼は粗暴だったし、クリシュナジに対して電話をガチャンと切ったんです。

スコット―ふむ、ふむ。

ともあれ、あなたは〔南カリフォルニアの〕マリブ〔の自宅〕で初めてクリシュナジとアランを晩餐に迎えました。

メアリー―ええ。私が彼らの料理をしました。（クスクス笑う）その頃は私が料理すべてをしました。

スコット―彼らはそこで夜を過ごしましたか。

メアリー―ええ、そうです。彼らはずっといつもマリブにいました。講話のためにオーハイにいるとき以外は、です。

スコット―分かります。分かります。それから彼らはいて、あなたのお客さんだった‥‥

メアリー―彼らは、そのときずっと我が家のお客でした。

スコット―で、それはどれぐらいの間でしたか。

メアリー―まあ、彼らがその冬〔12月にローマ経由で〕、インドに戻るときまでです。

スコット―ふーん。ああ、分かります。

で、そのとき本当の解放がありました。なぜなら、そのときクリシュナジは、ラージャゴパルの管理下の〔オーハイの東端の〕パイン・コテッジに、泊まらなくてよかったからです。

メアリー―そのとおり。私たちが講話のためにオーハイに行ったとき、彼はそこに泊まっただけです。まあ、私たちは〔いずれこの対談で〕そこに行くでしょう。なぜなら‥‥

スコット―いいです、いいです。で、あなたたちみんながマリブに到着したのは、何日でしたか。

メアリー―10月18日にそこに到着しました。

幾つか歯医者の用事がありました。20日に私たちは運転して、オーハイに行きました。私はその頃、フォード〔の車〕か何かを持っていました。何だったか分かりません。ラージャゴパルは、〔元妻の〕ロザリンド―彼女は他のどこかに生活していました―彼女が〔パイン・コテッジ近くの〕アーリヤ・ヴィハーラに来て、私たちに食事を提供するよう、手配しました。それで、私たちは出かけて行き、昼食のため、まっすぐアーリヤ・ヴィハーラへ運転して行きました。クリシュナジは、私にそれがどこにあるかを、示さなくてはなりませんでした。

彼はオーハイ〔の町中〕を通って、〔東へ行き、〕私をそこに案内してくれました。それから昼食の後、私たちは運転して別の入り口へ回り、パイン・コテッジに入りました。そこでラージャゴパルが待っていました。

スコット―では、ラージャゴパルは昼食にいなかった？

メアリー―ええ、ええ。ロザリンドだけです。

スコット―クリシュナジとロザリンドの間の関係は、どうでしたか。

メアリー―まあ、彼女は「こんにちわ」とか何か言っただけです。でも、それは悪夢になりました。それで、私はそこで食事をとるのを止めざるをえないほどでした。私は人生で、ああいう小言を一度も聞いたことがない。私は最後にあきらめました。私はそれらを聞いていると、潰瘍ができてくるから、食事に行けませんでした。クリシュナジは食卓の一方の端に座り、彼女は他方に座り、アラン〔・ノーデ〕と私は間に座りました。彼女は、「なんであなたは食べ物を済ませようとしないの？どうしたのよ？好きじゃないの？あれはあなたに良いのよ。あれを食べるべきです。あれはあなたに良いのよ。あれを済ませなさい。」といったことを、言ったものです。それが彼女の彼に対する話し方でした。間違った少年に対するようにです。

スコット―ふーん。

メアリー―彼女が食べ物を持ってくるときとか、私たちが座ったとき、彼女は、「まあ、みなさんはこれが好きじゃないでしょうが、さあどうぞ。」と言ったものです。食事を通してずっと毒づく、毒づく。

スコット―やれまあ。（深いため息）

メアリー―或る夜、ラージャゴパルとのことがあまりにひどくて、クリシュナジは眠れませんでした。彼は3時間ほど眠りました。それから午前に講話をせざるをえませんでした。講話の後、私たちが昼食に戻ったとき、クリシュナジは、前夜あまり眠れなかったと穏やかに言いました。彼女は、「ああ？！、なんで？！なんで？！」と、あたかも彼は子どもであり、何かひどいことをしでかしたことに対して叱責されなくてはならないかのような声の調子で言いました。

彼女は耐えがたかった！私は、彼はどうしてこの恐ろしい女に耐えられるのか、と思いました。

スコット―ふーむ。

メアリー―それは、私がまだ、彼女が長年ずっとどんなに恐ろしかったのかを知る前のことでした。

スコット―ええ。では、ここで戻らせてください。で、アーリヤ・ヴィハーラのダイニング・ルームはどこにあったん

でしょうか。正面 － 今人々が食事をするところ － でしょうか。
メアリー ええ、同じです。今そうであるのと同じです。
スコット はい、いいです。で、あなたたちが到着したとき、ラージャゴパルはパイン・コテッジで待っていました。
メアリー ええ。私は二人の人を鮮明に憶えています。クリシュナジは車から降りて、彼のところに行きました。二人は抱擁か何かして、互いに腕を回しました。ラージャゴパルは、私の方を向いていました。私は、彼がクリシュナジから顔を背けたのを、憶えています － あたかも、彼は感じ入り、なおかつ嫌気がさしたかのようでした。よそよそしくて、ぞっとしました。私はまた、彼がクリシュナジを連れて、パイン・コテッジの扉を開く前に、私は自らがどこに泊まるはずかを教わるべきだと主張したことをも、憶えています。それで、彼一人が私を連れて階段を上がり、上のフラットに行きました。私たちがそこに着いたとき・・・
スコット クリシュナジを車用の道に立たせたままで、ですか。
メアリー ええ、アランとね。私たちが扉に着いたとき、扉のそばにはガーターヘビがいました。彼は、「私が故意にそこに置いたと思わないでほしいね。」と言いました。（クスクス笑う）
スコット ふーむ。
メアリー それで、彼はそこを開けて、私は入りました。彼はものがどこにあるかを、教えてくれました。それは、私たちが〔1970年代半ばから〕拡張する前のことでした。そこはほんの、半分、居間のようなものがついた小さな寝室でした － あなたも憶えているかもしれません。ともあれ、それから彼は行って、クリシュナジの〔数室ある〕フラットの鍵を開けました。それから、アランが泊まろうとしている別室に行って、鍵を開けました。二つの場所は連絡する扉がなくて、別々でした。
スコット 他のフラットはどこに位置していましたか。
メアリー まあ、クリシュナジのアパートメントは今あるとおりでした － 私たちが手直ししたとき、わずかに拡張したという以外はね。もう一つには、別の玄関がありましたが、壁を共有していました。ここでは半分、別棟と言われるものでした。
スコット ふーむ。では、パイン・コテッジの正面を、バルコニーを見ると、それはどちら側にありましたか。
メアリー 左側にありました。それは効果てきめんにパイン・コテッジを台無しにしました。クリシュナジがインドへ出掛けていたとき、作られましたが、彼は戻ってくるまで、そのことを聞かされていませんでした。彼が大切に思っていた自らの小さなコテッジの代わりに、コルクの床をつけ、監獄のように外が見られない高い窓をつけた、このおそれましいものが、ありました。小さなキッチンとバス・ルームと小さな寝室と、階段を降りると、大きな事務所がありました。

そこは信じられないほど醜かった。でも、アランはそこに入りました。ラージャゴパルが行ってしまった後、それからクリシュナジは私たちに少し見せてまわり、〔自らが1922年8月に宗教体験をした〕あの胡椒の木を見せてくれました。クリシュナジはアランとともに、私がいるところへ上がってきました。私は、彼が戸口に入ってきて、あたりを見回したのを、憶えています。彼は、かつてそこに上がってきたとき以来、長年そこに来たことがなかったと、言いました － ラージャゴパルは、彼が靴に泥を付けて持ち込んだことを、叱ったのでした。（スコット、ため息）それで、クリシュナジは二度と戻ってきませんでした！ラージャゴパルは、きれい好きの強迫観念の持ち主の一人でした。
スコット ふーむ。
メアリー ご存じでしょう、あらゆるものがきっちりと並んでいなくてはならなかった。明らかに強迫観念です。彼は、私がどの書物でも読んだことのある偏執症（パラノイア）のあらゆる症状を、持っていました。（二人とも笑う）

ともあれ、クリシュナジはフラットを見回しました。ラージャゴパルが壁に掛けた絵画が幾つかありました － 少し堅い種類の絵画です。クリシュナジはそれらを見て、頷いたりして、「彼はすごく劣化している。」と言いました。絵画についてではなく、彼に話をしたことからです。
スコット ふーむ。
メアリー それから、彼は自分のコテッジを、もっと私たちに見せてくれました。例えば・・・彼が裏玄関そばの戸棚を見せてくれているときのことでした。そこで彼が言ったのは・・・
スコット そのときクリシュナジがあなたに語ったように、物語全部を話してください。私はそれを聞いたことがありますが、それは〔録音〕テープに残すべきです。
メアリー ええ。この物語は何年も何年も前に起きました。そのときクリシュナジはあのコテッジで生活していました。ロザリンドとラージャゴパルは、アーリヤ・ヴィハーラに住んでいました。或る夜、クリシュナジは自分のアパートメントの鍵をなくしてしまい、それで中に入れませんでした。冬だったんだと思いますが、寒かった。あの年代と種類のカリフォルニアの住宅はふつう、外側に一種の物置に湯沸かし器を持っています。それで、水が漏れるなら、住宅の中にではなく、害のないところに漏れるように、です － この場合は、玄関の下か地面に、です。それで、クリシュナジは湯沸かし器の横に立って、夜を過ごしました － それはほんの二、三インチ〔、約5.2から7.6センチメートル〕で、ほとんど押し入る隙間もなかった。彼が私にこれを話してくれたとき、私は怖くなりました！

私は、なぜあなたは行って、彼に別の鍵をもらおうとしなかったのかとだけ、言いました。彼は、「ああ、それはできなかったでしょう。彼らはあまりに怒ったでしょう。」と言いました。
スコット ふーむ。
メアリー これは私にとって恐るべき啓示でした。ただもう、ものごとがどれほど間違っているのかを、示していました。
スコット ふーむ。で、この状況は今、すべて、あなたにとって滅入ることです。
メアリー あれは本当に、目もくらむ閃きのようでした。
スコット ええ。
メアリー 翌日、ラージャゴパルがやって来て、クリシュナジに話をしました。アランと私は、アランのフラットに座っていました － そこは、いいですか、一つのフラットから他のへつながる扉はなかったんです。まったく時間もかけず、ラージャゴパルの声が聞こえました － 怒った声が、壁を通ってきました。彼が何を言うかは分かりませんでしたが、この怒った罵声が聞こえました。まもなく彼は

71

立ち去りました。
スコット―あなたとアランは、これについて話をしていたにちがいないが？
メアリー―もちろんです。私たちはあきれました。本当にあきれはてました。
スコット―アランは本当にこのことを、前もって知らなかったんですか。
メアリー―知っていたというか。彼は、問題があるのは知っていましたが、私たちがそこに着いたときのそのようなものは何も、です。

アランはまた、オーハイでの講話を、KQED－サンフランシスコの公共放送局－をとおして録画されるよう、手配しておきました。彼らは、講話をフィルムに録画できるかを訊ねる手紙を、書いてきていました。それら〔録画〕は今、持っています。またもやラージャゴパルの許可なしにでした。だから、彼はそれが気に入らなかった。

或る日、私は運転して、音響設備を見に、アランを〔オーハイの西端の講話会場で、ブナ・ナラの林、〕オーク・グローヴに送って行きました。ラージャゴパルはそこで彼に会い、それがすべてどのように働くかを説明しました。後でラージャゴパルはアランに話をしたがりました。それで、彼らは私の車に座り、私は行って、〔オーク・〕グローヴ〔の木立〕に座りました。彼らは二時間、話をしました。最後に私は寒くなったために、戻って、おしまいにせざるを得ませんでした。後でアランは私に話してくれました－ラージャゴパルは、クリシュナジが誰に会うのか、クリシュナジがいつ〔個人〕面談を行うのかについて、それらをテープ録りするよう手配をするために、自分に報告してほしがった、ということでした。それは、〔カトリック教会で、神父に対する信者の〕告解を盗聴するようなものだったでしょう。なぜなら、人々はしばしばクリシュナジに対してきわめて個人的なことを話したいと思ったからです。
スコット―もちろんです。
メアリー―でも、それが、彼がアランにしてもらいたかったことです。私はあきれました。想像できますか。
スコット―ふむ。私がその人となりについて知っていることからすると、ええ、それはきわめて容易に想像できます。
メアリー―ええ。それで、事がますます悪くなってきたので、アランと私は、パイン・コテッジはたぶん（クスクス笑う）盗聴されていると感じるようになりました。私たちが何でも内密にしておきたいことを話すときはいつも、私たち三人は、盗み聞きができないように外に出ました。
スコット―ふーむ。あなたたちは、何でも真剣なことは、外に出て話をしなくてはならないと感じたということは、ひどいです。
メアリー―ええ、ええ。それが私たちの疑念だったという意味です。私たちはけっして盗聴器を見つけたり、実際に探したりしなかったですが、それほど悪かった。私たちは、彼が内密にあれこれテープに録っているのを、知っていました。
スコット―わぁ。
メアリー―それから、もう一回、古い事務所で会合がありました－そこには今、アーチ形の天井があります。私たちが初めてオーハイに着いたとき、クリシュナジは、ラージャゴパルに手紙を送っておきました－自分、クリシュナジはKWINCの委員会に再び就任したいと、言うものでした。彼はまた、委員会を拡大したいと願っていました。彼は私をそこに就けたい、そして、入ってくる金銭がどうなるかの会計がほしいと思いました。クリシュナジはまた、KWINCはラージャゴパルだけが仕切るべきではないということも、述べておきました－何か他の取り決めがあるべきだ、と。それで、古い事務所で行われたこの会合で、クリシュナジは、「あなたは私の手紙に答えていません。」と言いました。

ラージャゴパルは、「ええ。なんで答えるんですか。私はあなたからの命令は受けません。」と答えました。

そのときクリシュナジは、「ラージャゴパル、あなたは理解していない。これはとても深刻な事態です。あなたが答えないし、私たちが何らかの取り決めに至らないのなら、私は手段を講じないといけなくなる。」と言いました。

これにラージャゴパルは激怒して、「何だ、これは。これはバラモンの呪いか？。あんたは私を呪っている。まあ、私もバラモンだ。あんたが私を呪えるのより、私はもっとあんたを呪ってやる。」と言いました。

それから彼は話しつづけて、見たところ、クリシュナジが私たちに話そうとしなかったことを、言いました。そして彼は、クリシュナジが言うところの、「他のもの（the Other）」に反することを、言いました。ラージャゴパルが「他のもの」について話したとたんに、クリシュナジは立ち去り、自分のコテッジに戻りました。

ラージャゴパルが立ち去るとき、扉をバタンと叩きつけるのが、聞こえました。事務所の光が見えたのですが、それが消されて、扉は叩きつけられ、それから車が走り去りました。それから私たちは、クリシュナジのもとへ入って行きました。彼は私たちに対して、何が起きたのかを話してくれました。
スコット―誰かがクリシュナジに対して、これらのことを手紙に記すよう、提案しておいたんでしょうか。
メアリー―いいえ。彼が自らの望むことの一覧表を作りました。
スコット―では、これは全くクリシュナジからでしたか。
メアリー―ああ、そうです。彼が一覧表を作りました。それはすべてまったく適正でした。
スコット―ええ、もちろんです。
メアリー―これらは、彼ができているべきことです。
スコット―でも、それらはまた強力なことでもある。
メアリー―ええ。
スコット―そうですね、これは、クリシュナジが、求めているべき正しいことすべてを、本当に知っていたということを、示しています。
メアリー―ええ。彼が〔ジェームズ・〕ヴィゲヴェノ（Vigeveno）を呼んだのは、その翌日だったと、思います。なぜなら、ヴィゲヴェノは〔ラージャゴパルの支配する〕KWINCの副会長であったからです。ヴィゲヴェノはやって来ました。クリシュナジは彼に対して、自らがラージャゴパルに送っておいたが、ラージャゴパルがヴィゲヴェノに見せようとしなかった手紙の写しを、見せました。ヴィゲヴェノは、手紙があることを知っていましたが、それを見るのを許されていませんでした。それで、クリシュナジはそれを彼に見せました。彼は彼に対して、副会長として行動してもらおうとしていました。クリシュナジは彼に、「あなたは責任があります。」と語りました。でも、ヴィゲヴェ

ノはもちろん何もしませんでした。
スコット―まあ、あなたは「もちろん何もしませんでした。」と言われるし、私は「もちろん」なことを理解しています。でも私は、将来にこれを聞くであろう他の人たちのことを、考えています。ヴィゲヴェノは本当にラージャゴパルの思うがままだったということを、説明しなくてはいけません。
メアリー―ラージャゴパルは、思いのままになる人たちを、まわりに置いていただけです。
スコット―では、少し待ってください。ヴィゲヴェノについては、何か物語がないでしょうか…ラージャゴパルは、ヴィゲヴェノと彼の家族をヒトラー〔によるナチス独裁政権〕の直前にドイツから引っぱり出したとか、そのようなことです。彼らはユダヤ人でした。
メアリー―ええ。それが物語です – なぜ彼らが彼に忠実だったのか。ラージャゴパルは、彼らがオランダに留まっているのは安全でない、と彼らに語っていたんです。彼はドイツ人ではなくオランダ人でした。〔妻の〕アニーはドイツ人だった、と思います。でも、彼らはオランダで生活しました。彼らはそこに画廊を持っていました。ラージャゴパルは、「あなたたちは抜け出さないといけない。」と言って、立ち去るように彼らを説得しました。
　彼らは持ち金を持ち出すことなどができました。
スコット―で、彼らは永遠に感謝していました。
メアリー―彼らは、ラージャゴパルに命を救ってもらったと感じました。
スコット―そのとおり。
メアリー―〔録音〕テープが切れそうですか。おそらく止めたほうがいいでしょう。
スコット―ええ。

原　註

1) ラージャゴパルとロザリンドとの〔一人〕娘。彼女はおもにクリシュナジのまわりで成長していた。
2) 〔ロシアの高名なピアニスト、〕スヴィアトスラフ・リヒテル。
3) 〔ロサンゼルスの東にある〕カリフォルニア州サン・マリノ(San Marino)のハンティントン図書館(the Huntington Library)は、ラージャゴパルが収集してきた〔クリシュナジ関係の〕アーカイヴス〔資料類〕のほとんどを、受領した。
4) バート・テイラー(Bert Taylor)。メアリーはふつう彼のことをバド(Bud)と呼ぶ。
5) 有名な飛行士。合衆国からヨーロッパ大陸まで、〔大西洋の〕最初の単独、無着陸の飛行を行った。
6) ユーフディ・メニューイン(Yehudi Menuhin)は、多くの人たちにより、20世紀の最高のヴァイオリン奏者の一人であると考えられていた。
7) ジェラルド・ハード(Gerald Heard)は、高名な著作を著した歴史家にして哲学者であった。1960年代以降に広まった意識の運動(the Consciousness Movement)は彼が始めたと、多くの人が承認している。彼はクリシュナジの仕事を大いに推奨した人であった。
8) ブローニュの森(Bois de Boulogne)。
9) 11を表すフランス語。
10) 芸術家、編集者、作家で、メアリーの長く変わらぬ友人。
11) アメリカの詩人。ビート世代(the Beat Generation)の指導的人物の一人であり、60年代のカウンター・カルチャーの提唱者。
12) 心理学者で、ハーヴァード大学の教授。彼は治療とリクリエーションのために幻覚作用の薬物を使用することを、提唱した人であった。
13) ベルギー出身の実業家。彼は後に、〔イングランドの〕クリシュナムルティ信託財団(the Krishnamurti Foundation Trust)と、ブロックウッド・パーク・クリシュナムルティ教育センター(the Brockwood Park Krishnamurti Educational Centre)の理事になった。
14) メアリーの弟〔バド〕は、1980年代にその島に〔母の遺してくれた土地に〕住宅を建てた。
15) ラージャゴパルの最初の妻。
16) これは、パイン・コテッジからおよそ50メートルの邸宅の名前である。そして、クリシュナムルティの弟ニトヤ(Nitya)が1925年〔11月〕に〔重い肺結核にインフルエンザで〕亡くなった場所である。
17) この事務所はパイン・コテッジから10メートルである。
18) クリシュナムルティ著作協会(Krishnamurti Writings Incorporated)は、長年にわたって、クリシュナジの仕事に〔多くの支持者たちから〕捧げられた土地と建物のすべて、さらに寄付された金銭と、出版より生じた利益のすべてを所有することになった。そして、クリシュナジの過去と未来と仕事の著作権すべてを、所有していた。
19) これは、何か神聖だと考えられるようなものを表示するために、クリシュナジが用いた用語である。

訳　註

*1　ニューヨーク市マンハッタンにある私立総合大学。一般教養、人文科学、芸術系の学部、大学院を持つ。
*2　ラッチェンスによる伝記によれば、Kは1950年、1954年に講話のため、1960年、1961年にロンドンからカリフォルニアへの中継のため、ニューヨークを訪問し、ピンター家に泊まっている。最後の滞在時(第10号、9月29日の個所を参照)に、ピンター氏はKに対して、ラージャゴパル支配下のK著作協会の問題を重々警告したが、1966年に亡くなったようである。
*3　メアリー・ラッチェンスによる伝記の1954年の個所によれば、実質的な内容を持ち、最初の商業出版社から出版された *The First and Last Freedom*（最初で最後の自由）アメリカ版に書評をし、「彼の言うべきことの単純素朴さは、息を呑むほどだ。読者は、一段落、または一文においても、何日間も探究し、問い、考えつづけるほどのものを、与えられる。」などと述べており、これが後の本の紹介も転用された。また、彼女自身も著作家であり、その『海からの贈り物』には、「インドの哲学者」としてKの言葉と思われるものが引用されている。すなわち、「自分だけが愛されることを望むのは構わないが、いつまでも自分だけが愛されることを望んではならない。」といったものである。
*4　この会場の土地はサーネンで唯一とも言える平地であったが、地主がそこを売却したいと望んだために、サーネン集会委員会が購入した。
*5　Youtube上に、Aldous Huxley: Darkness and Light という彼の人生を回顧した古いテレビ番組（詳細は不明だが、イギリスの番組と思われる）がアップされており、その中でメニューインが、ハックスレーの自由な思想追求の場所としてのロサンゼルス生活や薬物実験に関してコメントしているのが、見られる。
*6　メアリー・ラッチェンスによるKの伝記の1937年の記述には、彼女の父親アルベルト・パッシグリが、トスカニーニ、シュナーベル、ホロヴィッツなど高名な音楽家の友人、支援者であり、夫人はカザルス夫人と血縁関係があったこと、ヴァンダ自身もプロ級のピアニストだったこと、また1963年の記述には、彼女自身が音楽、映画などの著名人を紹介したことが、出ている。
*7　1825年に世界初の写真を発明したとされている。
*8　メアリー自身も少女時代の幾らかをこの島で過ごしている。
*9　ラッチェンスの伝記第二巻、1940年の個所で、8月末にフィラデルフィア近くのサロビア島で集会を行った後、10月にロザリンドとともに、マーサズ・ヴィニヤード島を訪問したと言われている。
*10　ここは高級住宅地であり、メアリーの自宅は太平洋の見わたす崖の上に拡がっていた。
*11　Mary Lutyens（1996）pp.96-101には、このオーハイ滞在に関して11月16日までのメアリー・ジンバリストの日記そのものから、全部ではないが、提示されている。

*12 第22号、1972年3月末にラージャゴパルは宣誓供述で、会話を録音したことを認めている。
*13 ラッチェンスの伝記第二巻によれば、1958年11月の時点でKはラージャゴパルに対してK著作協会の全権を委譲する書類に署名しており、その少し前に同協会の理事を辞めている。ラッチェンスは、これが両者の関係悪化の時期でもあったことから、ラージャゴパルがこれを強いたのではないかと推測している。
*14 Henri Methorst（2004）に、第7章「ドイツにおけるクリシュナムルティ ーヒトラーの前と後ー」には、ヒトラー登場までクリシュナジの本や講話はすべて、アニー・ヴィゲヴェノ博士がドイツ語に翻訳していたこと、ヴィゲヴェノ夫妻がベルリンで、スター出版信託財団のドイツ事務局を運営していたが、1933年にラージャゴパルの強い助言で合衆国に移ったことが、出ている。
*15 彼女は後年、自らの母親ロザリンドとKとの関係を暴露する本を著した。この書物は他の評者たちも指摘するように、彼女の両親ラージャゴパルとロザリンドを擁護し、Kを誹謗中傷することに主眼が置かれているようであり、M.Rutyens（1996）はその事実の杜撰さ、推論の恣意性についてたびたび指摘している。
補1）スコットも1972年にそのような形で初めて来た。

第6号　1966年10月から1967年5月まで

序　論

　この号では、〔前身はスター出版信託として〕1925年に設けられたが、クリシュナジにとってひどい働きをしてきた古い運営組織〔KWINC〕を、彼が最終的に離れてしまうのが、見られる。ロンドン、パリ、インド、ローマの現地の組織担当者は、いまだに世界の各地で〔講話、討論会の〕行事を組織したが、今や自分たちは、〔これまでの〕ラージャゴパルと〔彼の支配下の〕KWINC〔クリシュナムルティ著作協会〕に対してではなく、クリシュナジ〔本人〕とメアリー〔・ジンバリスト〕とアラン〔・ノーデ〕に対して答えたいと感じる。次にこれは、クリシュナジの仕事における新時代の始まりである。

　この号にはまた、クリシュナジが講話に行き、それから戻ってくるのを見ることが、どのようであったかについて、最初の詳細な叙述も、ある。このことが、クリシュナジが病気であるとき話をする特有の物理的現象とともに、議論される。

メアリー・ジンバリストの回顧録　第6号

　メアリー―まあ、どこで止めたのかを正確には憶えていないので、私は66年の秋に戻ったほうがいいかと思います － そのときクリシュナジは、〔1960年以来〕六年間で初めてオーハイ〔の西端で、ブナ、ナラの林〕のオーク・グローヴ（the Oak Grove）で講話をすることになっていました。
　この時点で、彼と〔秘書〕アラン・ノーデは、マリブで私のところに泊まっていました。
　スコット―ええ、ええ。それは扱いました。私たちがそれを扱ったのを、私は知っています。メアリー、あなたは到着を叙述しました。私は講話の明確な図像は持っていませんが、ロザリンド〔・ラージャゴパル〕が〔オーハイの東端のアーリヤ・ヴィハーラでの〕食事中にクリシュナジへがみがみ言ったのを、あなたは耐えられないと思ったことを、憶えています。事実、あなたはもはや食事に行きたくなかったんです。
　メアリー―ええ、ええ。そうです。私は、それがどんなにますます不快になったかを、叙述したと思います － 声の嫌な調子、です。それは神経に来ました。それはいつでも彼をいたぶっていました。それで、私はすぐに、なぜ食事に来られないかの言い訳をしはじめたし、自分一人で食べました。時折、彼女がそこにいないとき、彼らはともにやって来ました。私は小さなフラットで、私たち三人みんなのために料理をしました。
　それで、私が目撃しつつあり、クリシュナジが私に話してくれたこれらのことすべては、クリシュナジがこれらの人たちに関して、何を耐えなくてはならないかについて、本当に衝撃的な展望を、与えてくれつつありました。それは、ラージャゴパルとクリシュナジとの間のもう一つの話し合いにより、増大しました － それは、パイン・コテッジの隣の住宅で私が生活しているフラットの下の事務所で、起きたんです。
　アランと私は彼のフラットに、そこの居間にいました。そしてクリシュナジの足音がパイン・コテッジに戻って入り、扉を閉めるのが聞こえました。それから、ちょっと後で、ただちにではなく、ちょっと後で、ラージャゴパルが事務所を立ち去るのが、聞こえました。彼が去ってしまったとき、クリシュナジが入ってきて、何が起きたのかを話してくれました。
　私は、オーハイで起きつつあることの恐ろしい叙述を、休止しようとしています。なぜなら、私たちがオーハイに行く前に、歯医者はクリシュナジに対して、彼は下唇に小さな嚢胞があるが、それは医師が取り除かないといけないと、言ったからです。
　それで、10月24日に私はクリシュナジを〔ロサンジェルスの〕ビヴァリー・ヒルズに連れて行きました － そこには医師がいて、彼は〔局所麻酔剤の〕ノヴォカインを使って、小さな嚢胞を取り除き、幾らか縫いました。車で帰宅していると、クリシュナジは過去にあったように、突然、気絶しました。またも私は運転を続けました。突然には停まれないからです。そうすると、彼に衝撃を与えるし、交通にとって悪いでしょう。でも、私はスピードを落としました。彼はまもなく気がつきました。しかし、彼は戻る途中でもう二回気絶しました。私たちがマリブに戻ったとき、彼はその日の残りをベッドで過ごしましたが、夕食には起きることを主張しました。
　スコット―あなたは自分の医者に、クリシュナジを連れて行ったんでしょうか。それとも、これは誰か他の医者だったんでしょうか。
　メアリー―歯医者は私の歯医者です。その歯医者が、ルービン博士（Dr.Rubin）を推薦したんです。彼は耳鼻咽喉科の専門医でしたが、私は過去に彼のところに行ったことがあります。
　10月27に私たちはオーハイに戻りました。私は、マイクロフォンのリハーサルのために、アランを〔会場の〕オーク・グローヴに連れて行きました。それは、ラージャゴパルがアランに話をしたいと思ったときです － それは前に叙述しました。
　29日に、オーク・グローヴで、クリシュナジの第1回のオーハイ講話が、ありました。とても暑い日でしたが、たくさんの人々がいました。また翌日にも彼は講話をしまし

た。週末の両日〔土曜と日曜に〕、講話をしました。私は昼食を省いて、行ってフラットの家事をしました。昼食の後、私たちはマリブに戻りましたが、そこはありがたいことに涼しかった。私たちは海の砂浜を散歩しました。ほとんど暗がりを、です。すてきでした。

スコット－ふむ、とてもすてきだ。あなたたちはどのように砂浜に降りたんでしょうか。

メアリー－私の車です。住宅は砂浜より上〔の崖の上〕にありますが、そこに降りる満足な道路が得られなかった。もしも崖を降りたとしたら、登って行くのは恐ろしいことでした。とても険しかったからです。

スコット－あなたと〔お隣の〕ダン夫妻（the Dunnes）が、道路を作ろうと試みた場所を、私は憶えています。

メアリー－まあ、ダン夫妻は道路を持っていました。

スコット－ああ、ダン夫妻はそこに降りる道路を持っていましたか。

メアリー－ええ、それでたぶん私は、ダン夫妻の道路を使いました。そう思います。または、車で回って来ることができました。あまり違いはありません。

11月1日には、〔華氏〕100度〔約摂氏37.8度〕でしたが、にもかかわらず、私たちはオーハイに、ロザリンドとの夕食に間に合うよう、行きました。クリシュナジはオーハイで生活していたとき、何年間か行っていた歯医者がありました。メイネグ博士という人（a Dr.Meineg）です。だから、彼は自分の歯医者に戻ることを決心しました。そして、11月2日に歯を一本抜いてもらいました。

3日に私たちは、〔オーハイ東北部で、パイン・コテッジから近い〕サッチャー・スクール（the Thacher School）に、行きました － そこで、クリシュナジは学生たちに講話をしました。その後、クリシュナジとアランは戻ってきて、テラスで私とともに昼食をしました。そのときロザリンドがどこにいたのかは、憶えていません。

スコット－私は前に、あなたとクリシュナジとアランは、ラージャゴパルの状況についてたくさん話し合ったにちがいない、それはおぞましかったから、ということに触れました。

メアリー－それは、多かれ少なかれ、私たちだけでいるときはいつも、会話で続いていました。

スコット－ええ、それは想像されるでしょうね。クリシュナジは、「私はここから抜け出さないといけない。」、「これは…」というようなことを、言いましたか。

メアリー－まあ、状況を変えるには、何かが起きなくてはいけないことは、明らかでした。でも、クリシュナジは、ラージャゴパルが正気になるだろうという希望を、すっかりあきらめなかったと、私は思います。クリシュナジはいつも…彼は人々について最悪のことを信じたくなかったんです。

スコット－知っています。

メアリー－彼は、触れられる善さが何かあるにちがいない、そして、ラージャゴパルは道理を弁えるかもしれないと、感じつづけていました。これはすべて、まったくむちゃくちゃでした。全部が、です。それで、彼はわざわざ何らかの形で状況を直そうとしました。いつもわざわざやったのでした。

スコット－ええ。事実、それがクリシュナジの特質の一つです、実際に。

メアリー－そうです。そうです。

スコット－私がいうのは、人々がまわりでどんなにあきれはてる行動をしようとも、彼は彼らを許しました。彼は、彼らから何か善さが出てくるのを、探したものです。

メアリー－ええ、そのとおりです。

スコット－実際には、欠点になるほどに。

メアリー－まあ、状況により欠点になるほど。なぜなら、この人は結果として、窃盗罪を免れることができたからです！それらの年月、窃盗罪だけでなく、クリシュナジへの虐待も、です。その態度は、彼を虐待し、批判し、いじめて、不平不満を言い、本当に、本当に嫌なことです。それがまだ続いていました。

スコット－ええ。

メアリー－それから私たちは、テレビの撮影班が来る時間に合わせて、〔会場のオーク・グローヴに〕行きました。彼の講話が最初に録画されたんです。

スコット－これらがNETの映画でしたか。[1]

メアリー－ええ。KQEDというサンフランシスコの放送局でした。彼らはやってきて、二台かそれ以上かは忘れましたが、すごく手際よくカメラを設えました。照明は、彼の近くに一つだけありました。それから反射板がありました。彼の上には、小さな日よけが掛かっていました。日射しが彼に当たったからです。彼らはそこに反射板を掲げました。それで光を反射して、彼の顔を照らしました － 彼の視点からはまったく目障りでなかったし、効果的でした。

どうしてかその公共放送組織は、クリシュナジが公開講話をしようとしていることを、知りましたが、彼らがどのように接触したのか、私は憶えていません。でも、アランが仲立ちをしました。ディック・何とかという人がいました。私はそれを書き留めていますが、彼は、撮影班とともに来たディレクターでした。彼らはすべてをまったく手際よくやりました。目障りでなかったし、誰も気に掛けませんでした。彼らは最初のものを逃しましたが、11月5日の講話を録画しました。それは第3回の講話だったと思います。彼らは最初の二回を逃したと思います。

後で、私たちはみな、アーリヤ・ヴィハーラで、ロザリンドとその娘のラーダー・スロス（Radha Sloss）とその夫のジム・スロス（Jim Sloss）と彼らの三人の子どもとともに、晩餐をしました。また、そこに、ロザリンドのところに泊まっていたマーゴ・ウィルキー（Margo Wilkie）という彼女の友人がいました － その人は、〔東部マサチューセッツ州の〕マーサズ・ヴィニヤード〔島〕で生活していた女性で、私は先に触れたと思います。

スコット－そうです。

メアリー－6日にクリシュナジは、第4回の講話をしました。

11月7日には、全く予期せぬ豪雨があって、予定した講話は、取り消さざるをえませんでした。代わりにクリシュナジは、〔もとのKの学校〕ハッピー・ヴァレー学校（The Happy Valley School）[2]に行って、学生たちに講話をしましたが、私はそこにいなかったので、何が起きたのかは知りません。

スコット－ハッピー・ヴァレー学校を仕切りつつあったのは…

メアリー－ロザリンドです。そこは、〔1946年に〕クリシュナジと〔作家の〕オルダス・ハックスレーと〔ガイド・〕フェランド博士（Dr.Ferrando）[2]が始めました。ロザリンドは

そこで働き、いろいろとやることになっていました － そこを仕切る役割ではなくて。でも、彼女はすばやく、取って代わり、そこを手に入れてしまいました。もちろんクリシュナジは〔インド、ヨーロッパに行って〕そこにいなかったし、ハックスレーはもはやオーハイで生活していなかった。フェッランド博士がどうなったのか、私は知りません。疑いもなく、彼は、私の気づいていない何か興味深い生活を、送ったのでしょう。

スコットーでも、それからロザリンドは、次第に学校を所有するようなことになったとか、ですね。

メアリーーまあ、そこはハッピー・ヴァレー財団が所有しています － それは、〔神智学協会会長で、Kの養母の〕ベサント夫人が創設しましたが、クリシュナジが使うためとされていました。ロザリンドは委員会を任命することにより、そこを支配しました。

スコットーふむ、ふむ。

メアリーークリシュナジはそこにいなかった。意地悪く言うと、ロザリンドの友人とおべっか使いたちだけでした。

スコットーで、彼女は本当は、〔後に離婚した〕ラージャゴパルがKWINC〔クリシュナムルティ著作協会〕でやったのと同じことを、やったんです。

メアリーーそうです。そのとおり。一人は一つの財団を盗んだ。もう一人は他の財団を盗んだ。で、彼らの間では彼らは（スコット、笑う）大成功を収めたんです！（メアリー、笑う）

　ともあれ、学校での講話の後、私たちは運転してマリブに戻り、夕食に間に合うよう到着しました。

　翌日、私たちは〔ロサンジェルスの〕街に出掛けて、再び医者に診てもらいました。それから、遅い昼食の後、私たちは運転して、オーハイに戻りました。

スコットーここで止まって訊ねていいですか。クリシュナジは、ハッピー・ヴァレー学校について、何か論評しましたか。

メアリーーいいえ。何も憶えていません。彼と一緒に〔そこに〕行ったのは、アランだったと思います。私は憶えていません。私は行かなかったし、際だった出来事ではなかった。

スコットーいいです。進みましょう。おじゃましました。あなたたちはオーハイに戻った。

メアリーーええ。それから昼食をとりました。ミマ・ポーター（Mima Porter）のところで、クリシュナジと私でした。アランがそこにいたとは思いません。ミマ・ポーターを知っていますか。

スコットー会いましたよ。

メアリーーミマ・ポーターは、〔昔フランスでKを支援した〕デ・マンツィアーリ〔家〕の生まれでした。

スコットーああ、彼女はデ・マンツィアーリの人でした。

メアリーーええ。彼女の名は － 彼女は誰にも知られるのを嫌っていましたが（クスクス笑う） － ジャーメイン（Germaine）でした。でも、彼女はそれを嫌いて、子どもの頃からいつもミマと知られたんです。

メアリーー彼女は、〔Kの若かったとき、〕デ・マンツィアーリ家の生活の一部でした － もちろん、〔イングランドの〕ラッチェンス家の子どもたちとともに、です。[3]

スコットーああ。

メアリーー彼女は、シカゴ出身のジョージ・ポーターという人と結婚しました。とても裕福な人です。結婚後まもなく、彼は自殺を遂げました。

スコットーああ。

メアリーーどのようにとかなぜとか、私は見当もつきません。彼女はオーハイにすっかり大きな地所を買って、余生の間そこで生活しました。もちろん彼女は、夫からたくさんのお金を相続しました。彼女は本当は、その後、多かれ少なかれ他の二人の妹〔マーとヨー〕を支援したと思います。ともあれ、私たちは彼女に昼食へ招かれて、行きました。彼女は会ったとおりの人でした。私がいうのは、彼女に特別な印象は受けなかったということです。でも、オーハイの状況では、彼女は完全にラージャゴパルに味方しました。この後の年月の間、クリシュナジは、何らかの合意に至ろうとしているとき、ミマに対して、ラージャゴパルへまともな話をしてくれるよう、訴えつづけました。結局、68年の春に〔新しいKWINC副会長の〕彼女はともあれ、パリに行こうとしていました。クリシュナジがそこにいるとき、彼女は、すべてうまく行くだろうというラージャゴパルからの伝言を、持って来ました。私は今、先へ跳ぼうとしていますが、それを始めたからには・・・彼女が実際に言ったことは、「ラージャゴパルは、あなたが来年オーハイに来るとき、すべてを落着させようと、言っています。」ということでした － それは、彼のいつもの企てでした。〔結局、〕何も起こりませんでした。でも、ともあれ、私たちはミマとともに昼食をしました。

スコットーさて、でも、これについて話をするのは興味深いことです。なぜなら、ヴィゲヴェノとミマ・ポーターのように、彼らはラージャゴパルとロザリンドと〔彼らの娘〕ラーダー・スロスとともに、クリシュナジについて、私たちみんなが持ってきた見方とはきわめて異なったイメージを、持っていたにちがいないからです。おそらくそれは、少し話しておくべきでしょう。なぜなら、クリシュナジや教えの賞賛者であったヴィゲヴェノやミマ・ポーターのような誰かが・・・

メアリーーええ。

スコットーでも、彼らは、教えと〔人間〕クリシュナジとの間に違いを見た。

メアリーーまあ、それが物語だったのは、お分かりでしょう。それが助長されました。

スコットーええ。これに少し入っていいですか。

メアリーー私が理解するかぎり、そして私の理解はクリシュナジが言ったことから来るんですが、いわゆる信奉者であるこれらの人たちが、いました。でも、ラージャゴパルは彼らに対して、〔クリシュナジには〕分裂した人格があるという概念を、押しつけました。すなわち、〔一方に〕世界教師がいる － 彼は、演台の上にいて、すばらしい。これら驚くべきことを言う。それから〔他方に〕、クリシュナムルティという人がいる － 彼は、かなり普通の誤りがちな人である。これはとても便利でした。なぜなら、彼らが気に入らないことは何でも、誤りがちな人からであり、他方、すばらしいことすべては、世界教師に帰することができたからです。

スコットーこれは、ラージャゴパルから発生することであると、私は思いません。なぜなら、私にとってこれは神智学の概念の一部分であるからです － すなわち、世界教師が誰かを器として使用する、と・・・

メアリーーええ。
スコットー世界教師、マイトレーヤが顕現する…
メアリーーええ。
スコットー…そして、そこを通して話をするが、彼がそこにいないとき…
メアリーー元来の普通の人間である、と。
スコットーええ。むしろ、そうですね、普通の、頭の空っぽな人間だけがいる、と。
メアリーーそこが、それの出てきたところだと思います。なぜなら、〔19〕20年代と30年代に遡って、思い出されるからです － すなわち、〔神智学協会の指導者〕レッドビーター (Leadbeater) と〔ジョージ・〕アランデイル (Arundale)[4]は、或る時点で黒魔術師がKを通して話していると言って、〔当時の神智学協会会長の〕ベサント夫人はそれにうろたえました。クリシュナジは〔養母でもある〕彼女に対して、「あなたがそうだと思うのなら、私は二度と話をしないでしょう。」と言ったのです。それで、クリシュナジが何か彼らに合わないことを言っているとき、いつも彼らは、話しているのは世界教師でない者であると、主張したものです。
スコットーええ。これは理解されなくてはいけないと、思うんですよね。なぜなら、さもないと、意味をなさない状況が、あまりに多くあるからです。
メアリーーええ、ええ。
スコットーなぜなら、私は知りませんが、彼らは悪い人々ではないと想定されるんですが、ここに人々がいるからです －〔例えば〕ミマ・ポーターやヴィゲヴェノです。彼らは悪い人たちではないと思うんですが…それから、私たちは、クリシュナジの人生の終わりにも、幾らかの人たちから、再び同じことが見られます。いいですか。インド財団の卓越した人たち －〔一時その総裁を務めた〕ププル〔・ジャヤカール〕のように。[4]彼らからこういうことは、予想もしなかったでしょう。
メアリーーそのとおりです。そのとおりです。

　また私は今、ミマ〔・ポーター〕のことを考えています。彼女は、〔夫を亡くした後、〕オーハイに引っ越すことにより、自分はクリシュナムルティの大親友になるし、これまでよりはるかに大きな役割を果たすだろうという考えを、持っていたかもしれません。そのようなことが何も起きなかったとき、失望があって、それが憤慨になり、彼の敵方についていたのかもしれません。
スコットーええ。でも、彼らはたぶんラージャゴパルとの役割を果たしましたよね。
メアリーーええ、そうです。ミマは〔ラージャゴパルの支配するK著作協会で、ヴィゲヴェノの後、〕副会長になったし、事実、彼女はこの時にそうでした。二人の副会長がいたと思います。クリシュナジは、彼女は『講話記録 (the Verbatim Talks)』の幾つかを編集してきたと、いつも言いました。でも、その証拠が何も見つかったとは思いません。でも、確かではありません。
スコットー私が言っているのは、こうです － クリシュナジに関するこの価値相反の部分は、彼らがクリシュナジに関して、自分たちのしかるべきものであると考えた霊的卓越性を、持っていないということだった、ということです。
メアリーーええ。
スコットーでも彼らは、ラージャゴパルに関しては、あの種の霊的な卓越性を持っていたかもしれません。
メアリーーそれが霊的な卓越性だったのかどうか、私は知りませんが、彼らは…
スコットーまあ、彼らは霊的な組織の中で〔役職に就いて〕卓越していました。
メアリーーまあ、ええ、そうです。
スコットーそれが私の言おうとしていることです。
メアリーー彼らは店を仕切っていたということが、その到達点です。
スコットーええ。たくさんの人たちが、それでけりを付けます。
メアリーーええ。では、デ・マンツィアーリ一家の中でその二人、サチャと〔二女〕マー (Mar)、〔すなわち〕マルセル (Marcelle) が、一生を通してクリシュナジの信奉者に留まったということは、興味深いです。[5]
スコットーふむ、ふむ。
メアリーー特に〔四姉弟の中で長女〕ミマ〔・ポーター〕と、後で〔三女〕ヨー (Yo) はね。なぜなら、私は叙述したと思うんですが、しましたか。私たちがパリで映画に行って、ヨーが一緒に来ていたのは、翌年でしょうか。
スコットー思い出せません。
メアリーー前年のことでした。そして、マーとサチャと全く同じく、彼女はクリシュナジを信奉している、と思われました。でも、そうでないことが分かりました。さて、ミマが財布の紐を握っていて、ヨーを扶養していました。でも、私の知るかぎり、そのとき彼女はマーをも扶養していましたが、マーは変わりませんでした。で、こうなのです。ともあれ、おかしいです。とても奇妙です。
スコットーええ。そうなるには、何かきわめて特有な考えがあったにちがいありません…まあ、まず第一に、これらの人たちがクリシュナジをあしらったように、或る人物が誰にせよ、あしらうには、ね。でも、それから第二に、一方では彼に対して尊崇を持つ、他方では彼に対して軽蔑を持つということは、ね。それを見てみると、本当にかなり変ですよねえ！
メアリーー本当です！そのとおりです。
スコットー私には分かりません。たぶんここで私はアマチュアの精神科医を演じているだけでしょうが、軽蔑により彼らは、尊崇をもちつつ快適になれました。
メアリーーええ。それに、少なくともラージャゴパルとロザリンドは、クリシュナジの世話役として、〔神智学協会会長でKの養母〕ベサント夫人により聖別されていたこと、少なくとも彼らは自分たちはそうされていたと考えたということは、忘れないでください。彼〔K〕は、彼らにより気遣われることになっていました － それにより、或る面で、彼らは自分たちは好きなことをできると、感じました。（クスクス笑う）彼は、自分たちに手渡された小包のようなものでした。
スコットーええ。
メアリーー彼らは、まさにそのように振る舞いました。他方、〔ジェームズ・〕ヴィゲヴェノは、まあ、私は、人々についてこういう話し方をするのは、嫌です…（クスクス笑う）彼は或る種、へつらう態度をしていました。
スコットーふむ、ふむ。
メアリーーそして、いつもお金を気に掛けていました。
スコットーふむ、ふむ。

メアリー―彼とその妻〔アニー〕はどちらも、初め私が〔教えに〕関心を持つのを奨励したと思います。彼らは〔1944年に〕、あの〔ロサンジェルスでの私的な〕討論会に、私を招いてくれました。私が彼らの画廊に、バーバラ・ハットン（Barbara Hutton）という名の女性といっしょに行ったことがあったからです ― 〔大手小売業ウールワースに関係する〕その名があなたにとって何か意味があれば、ですが。

スコット―いいえ、ありません。

メアリー―まあ、彼女は、世界でも最も金持の女性か何かの有名な相続人でした。私は彼女といっしょに学校に行きました ― そういうことで、私はたまたま彼女を知ったんです。彼女は絵画に興味を持っていました。〔画商の〕ヴィゲヴェノ夫妻は展示会を開きましたが、私はそれを良いと思ったんで、彼女をそこに連れていきました。それで本当に、ヴィゲヴェノの精神の現金レジスターが動きだしたんです。

スコット―ええ、分かります。

メアリー―いま、私は本当に、彼のことを全く金づくだと非難しています。たぶん彼らは、商売のことは別にして、私に対しても仲良くしたかったんでしょう。でも、彼はああいう態度をしていました。

スコット―ふむ、ふむ。

メアリー―同時に彼はあまり利発な人ではなかった。そして、完全にラージャゴパルの支配下でした。その奥さん〔アニー〕もそうで、もっとそうでした。この物語で後で分かるように、です。（ため息をつく）

スコット―いいですよ。

メアリー―ともあれ、私たちが止めたところに戻りましょう ― ラージャゴパルとクリシュナジとの間のひどい光景の後、ヴィゲヴェノが来ました。クリシュナジはまた彼に対して、ラージャゴパルに書いていたこの手紙を、見せました ― それを、ラージャゴパルはヴィゲヴェノに見せなかったんです。彼は彼〔ラージャゴパル〕の〔もとで、K著作協会の〕副会長でしたが、そのようなものを何も見ることを許されなかった。（スコット、笑う）その夜、クリシュナジとラージャゴパルとの間で、長い話がありました。ずっと恐ろしい一日でした。

スコット―ふむ、ふむ。

メアリー―それから13日に、クリシュナジは、第6回のオーハイ講話を行いました。それは、ここ〔日記〕に言うように、すばらしいものでした。それから、クリシュナジは再び歯医者。これらを通して、彼はいつも歯医者に行っています。

14日にはオーク・グローヴで公開討論会がありました ― その後、私たちはできるだけ早く、マリブに直行しました。日の入りにそこに着いて、即時に暗がりで砂浜の散歩に行きました。

スコット―とてもいい。

メアリー―私たちは夕食に戻り、果てしなく話をしました。二日後、私たちはオーハイに戻りました。再び歯医者にです。

スコット―これはオーハイの歯医者ですか。

メアリー―ええ。これはクリシュナジの歯医者、メイネグ〔医師〕です。

まさにその日、クリシュナジはラージャゴパルに対して、現在の講話の〔録音〕テープがほしいと言っておいて、それでアランと私を、彼の家に送りました。また私たちは、『ノートブック（the Notebook）』の原稿を求めることになっていました。しかし、ラージャゴパルは私たちに会おうとしなくて、私たちを入れてくれませんでした。

スコット―で、どうなりましたか。扉をノックしましたか。

メアリー―ええ。扉をノックしました。私たちが返事を待っている間に、彼の奥さんが車までやってきました ― アンナリーザです（Annalisa）。彼女はかなりいらついて見えて、「まあ、何がお望みですか。」と言いました。

私たちは何が望みかを言いましたが、彼女は、「ちょっと待って。彼が同意するとは思いませんが、入ってみましょう。」と言って、中に入り、戻ってきて、どちらもだめだと言いました。それで、私たちはクリシュナジのもとに戻りました。

スコット―これは何日ですか。

メアリー―これは11月17日です。ロザリンドは、クリシュナジに〔西の方の都市〕サンタ・バーバラに来てほしいと思った ― 彼女は本当はそこで生活していました。ハッピー・ヴァレー学校の或る種、理事会か何かがありました。それで、アランと私は独自に運転して、サンタ・イネツ・ヴァレー（Santa Inez Valley）に行きました。そこは全く美しかった。運転してまわり、それからサンタ・バーバラに戻り、映画に行きました。それからオーハイに戻り、〔西端のオーク・グローヴ近く、農場主住宅風のレストラン、〕ランチ・ハウス（the Ranch House）ですてきな晩餐をとりました。

スコット―では、ロザリンドは〔オーハイで〕生活していなかった。ロザリンドは生活していなくて…

メアリー―彼女はそのときサンタ・バーバラで生活していました。彼女は後でオーハイのハッピー・ヴァレーの土地に、住宅を建ててました。そこが今日彼女の生活しているところです。

スコット―ふむ、ふむ。

メアリー―彼女は至るところに住宅を持っていました。でも、あの時点ではほとんどサンタ・バーバラで生活していました。クリシュナジは、自らの仕事がアーリヤ・ヴィハーラの所有権を取り戻すことであったとき、私たちが彼女を自宅から追い出そうとしていると考えました。でも、彼女はサンタ・バーバラの住宅、ハリウッドの住宅を持っていて、その時までにハッピー・ヴァレーの土地に住宅を建てたのが、分かります！（クスクス笑う。スコット、笑う）だから、彼女は正確にはホームレスではなかった！（スコット、もっと笑う）でも、ともあれ私は、その日、私たちがしたことを言いました。なぜなら、ロザリンドは後でアランを非難したからです ― すなわち、クリシュナジがサンタ・バーバラにいるとき、彼は誰か悪い男に会っていた、と。でも、彼は一日中、私といっしょにいましたし、私たちは運転して回って、映画に行きました。

で、私たちは翌日、18日、荷造りをして、オーハイを去りました。マリブへ戻る車で、クリシュナジは、アランと私の二人に、自分は何をすべきかを決めたと言って…口もきけなかった、というのが、私が使えるただ一つの言葉です。彼はただ歩み去るだけで、二度とラージャゴパルや、〔彼の支配する〕KWINC〔クリシュナムルティ著作協会〕とは何の関わりも持たないだろう、と。ラージャゴパルは、すべきこと全部、金銭、あらゆるものを取っておけばいい。自分はそれに触れまい。もうおしまいにした ― それは、彼がラージャゴパルに全面降伏する、という意味でした。

スコット―ええ、もちろんです。

メアリー―私はこのことにたじろぎましたが、そのとき考

えたのを憶えています － 私は驚かない、と。彼は、「私はこれに巻き込まれるわけにいかない。それはできない。このことと戦うことはできない。」と言いました。アランは本当に・・・話さないわけではなく、反対に彼は車の中で腹を立てていました － あまりにひどい、不公正だ、と。

　あの時点で私たちはマリブに到着し、テレビの人たちが、芝生でクリシュナジとのインタビューを録画しようとしているのを、知りました。それで、それが行われました。私たちはこれらについて話すのを、止めざるをえませんでした。それで、夕方にクリシュナジと私が再び散歩に行ったとき、私は一人で、彼と相当に長く話をしました。私たちは家に戻ったとき、アランに入ってもらい、私たち三人で話をしました。その時点で、うーん・・・どうなったのかな。クリシュナジはラージャゴパルに電話をしましたが、彼はいませんでした。〔彼の妻〕アンラーリザが電話に答えました。アンラーリザは、ラージャゴパルは外に出ていると言って、機会を利用しました － それは、彼女にとってクリシュナジ一人に話をするただ一つの機会でした。彼女は、これら恐ろしいけんかをめぐる自分の感情を、ぶちまけました。そして、ラージャゴパルがどんなに気むずかしいのか、自分は知っていると言いました。そして、彼はKの手紙の事柄に同意したいと思っていたが、Kの会話で腹を立てたのだ、と。明白にラージャゴパルは彼女に対して改竄した物語を話していて、この呪いの事柄については語っていなかったし、ラージャゴパルをうろたえさせたことは、すべてクリシュナジの過失であると、考えていた。クリシュナジは彼女になだめるかのように話をしただけで、何にも立ち入りませんでした。それから、私は別の部屋に入り、アランと長い話をしました。私たちが話している間に、クリシュナジはもう一度ラージャゴパルの番号に掛けて、彼に連絡ができました。クリシュナジは、車の中で私たちに語ったこのことを、彼に対して語りました。ラージャゴパルの答えは、「今日は喜ばしい日だ。」というものでした。そういうことで、これらやりとりがあり、ラージャゴパルの完勝でした。

スコットーふむ、ふむ。
メアリーーそれでまた、長い、長い話がありました。そして・・・
スコットーあなたが一人でクリシュナジと長い話をしたとき、何について話していましたか。
メアリーー私は、彼が言ったことについて話していました － 結果すべてを彼に指摘しながら、です。彼は私の言葉を聞きましたが、彼は・・・私は彼を説得しようとしていませんでした。私はただ彼に、その見取り図を示そうとしていただけです。そして私は、アランがこれらによっていくらか裏切られた気持ちであるのを、説明していました。前にクリシュナジはラージャゴパルに対して、自分は、クリシュナジはもはやKWINCから、自らを支援する金銭を受けとらないと、言っていました。だから、アランはそのとき、自分も〔秘書役としての〕給料をもらうまいと言っていました。なぜなら、クリシュナジがあの手紙に書いたことの一つは、アランは給料を支払われるべきだということ、そして、クリシュナジの死去によりアランは年金を支払われるべきだということであったからです。でも、現在の状況では、アランは何の金銭をも拒絶しました。誰もがみな、ラージャゴパルと関わることから退こうとしていました － もちろんそれは、ラージャゴパルにとって、結構なことでした。
スコットーふむ、ふむ。
メアリーー彼は、何にも支払わなくてよかったし、金銭すべてを自分自身に取っておけました。
スコットーええ。そして〔Kの〕著作権も。
メアリーー著作権、土地のすべて、あらゆるものを、です！
スコットー彼は、お金を生むものをすべて持っていました。
メアリーーええ！（スコット、笑う）
スコットーそれに彼は、出費すべてを免れようとしていました！（もっと笑う）
メアリーーそのとおり！彼は権力を持っていました － それが彼の一番好きなものでした。
スコットーもちろんです。そこが、この愚行の多くが関わっていたところです。

　クリシュナジは、どのように生活しようと予想していましたか。
メアリーーそれについては議論しませんでした。（スコット、笑う）彼は正しいこと、その時点で本当に感じたことを、していました。
スコットーええ。
メアリーーそれから翌日、19日、私は彼らの荷造りを手伝い、飛行機でとる食べ物を彼らのために作り、彼らを空港に連れて行き、さようならを言いました。午前11時に彼らはローマへ発ちました。でも、立つ前に、クリシュナジはアランに対して、「あなたが私に幻滅なさったのなら、ただそう言ってくださるべきです。」と言いました。アランはクリシュナジに応ずる発言を返しました。それから、アランは休日が要らないのかどうかが、議論されました。初め彼は、休日を取れないと言いましたが、ええ、休日が要ります、でも、ことがこの落ち着かない状態にあるときには、取れない、と。

　それで、彼らはローマに行ってしまい、二、三日後に私は手紙をもらったと思います。またはたぶん私が電話をしたのか、忘れてしまいましたが、アランは、インドに行かないで、休日を取るために〔故郷の南アフリカ、〕プレトリアに行こうとしている。そして、クリシュナジがインドから戻ってくるとき、彼に合流するだろう、ということでした。

　それで、66年は終わりでした。彼らはどちらも私に手紙を書いてくれました。クリシュナジはインドにいる間、その年の終わりをとおして、ニュー・デリーから書いてくれました。私は明白に、〔ロサンジェルス近郊の〕マリブ〔の自宅〕に留まっていました。私たちは今、67年に来ます。続けたいですか。それとも・・・
スコットーええ、そうです。
メアリーー私たちは今、1967年にいます。私はマリブにいて、クリシュナジはインドにいます。アランは家族に会い、休みを取るために南アフリカに行ってしまいました。私はクリシュナジから、〔インド中部、ヴァーラーナシーの〕ラージガートで書いた手紙を1月4日にもらい、月末にかけて〔インド南東部、〕マドラス〔現チェンナイ〕からもう一つをもらいました － 彼がほしがっていて、私が送っておいたビール酵母の小包を、受けとったと言ってきました。（二人ともクスクス笑う）

　2月初めにアランは、パリから私に電話してきて、春のクリシュナジの〔パリ〕講話のために私たちのアパートメント探しを担当しようと、言いました。私はすっかり安堵しました。なぜなら、彼はそれをうまくやるだろうと知っ

ていたからです。2月にクリシュナジは〔インド南部の〕リシ・ヴァレーから〔インド西部の〕ボンベイ〔現ムンバイ〕に行きました。

15日に私は、アランから電報をもらいました － パリで住宅を取った、自分は何か小さな手術のために入院しなくてはならない、と言うものです。同じ日に、私はボンベイのクリシュナジから手紙をもらいました。

それで3月1日に私はニューヨークに、それからロンドンに飛びました。5日にクリシュナジは、ボンベイからローマに到着しました。アランが私を出迎えました。私たちはオランダのアンネッケ〔・コーンドルファー〕に電話し、5月〔の講話の滞在〕のために〔オランダの首都〕アムステルダムの近くにクリシュナジのための住宅が得られたことを、知りました。

スコット―あなたたちはロンドンにいました。クリシュナジはローマにいて、ヴァンダ・スカラヴェッリのところに泊まっていましたか。

メアリー―ええ。アランは、パリで住宅を決めてしまった後で、ロンドンに来ました。彼は、受けるべきだとされた手術のために、やってきました。彼はしばらくの間、病院にいました。

17日に私は、パリに住宅を見に行きました － そこは、「〔パリ西部、ブローニュの〕森」のちょうど南の、ロンシャン〔競馬場〕(Longchamp)の近く、〔住宅地域〕ブローニュ・ビヤンクール（Boulogne-Billancourt）にありました － 午後の散歩に「〔ブローニュの〕森」へ歩いていくにはちょうど完璧な距離内です。すてきな住宅でした。ヴェルダン通り（Rue de Verdun）という小さな通りにありました。オンズ、ヴェルダン通りです。

スコット―正確にはこれはいつですか。

メアリー―16日にアランは退院しました。私たちは二人ともパリに飛んで、オテル・ポン・ロワイヤル（the Hotel Pont Royale）に泊まりました。翌日、私たちは、ブローニュ・ビヤンクールの私が借りた住宅を、見に行きました。私は所有経営者とともに、あらゆることを調べました。ごく通常の手続きです。（スコット、クスクス笑う）

18日にアランは、ローマに飛んで、ヴァンダのところでクリシュナジに合流しました。私は次の4日間、パリに留まりましたが、22日に私もまたローマに飛びました。私はホテル・ラファエル（the Hotel Rafael）にチェックインして、ヴァンダのところに行きました。私は、クリシュナジが私を迎えるために門のそばに立っていたのを、憶えています。私たち四人はみんないっしょに、すてきな昼食をとりました。後でクリシュナジと私は、散歩に行きました。私たちは、カリフォルニアでの出来事すべてについて、議論しました。

スコット―ヴァンダはその時、ローマのどこに住んでいましたか。

メアリー―〔南西部にある〕ヴィラ・デル・カザレット（Villa del Casaletto）です。そこはちょうどローマの外側で、空港の方向にありますが、さほど遠くありません。庭園がついていて、とてもすてきでした。

私は二人とも連れ回しました（クスクス笑う）。これらの場所ではいつも買い物がありました。シャツの生地の場所とシャツの仕立て屋は、ローマの古い地域にありました。丸石通りを行ったところです。楽しい買い物といったものでした！（クスクス笑う）それで彼らは、ほしい生地を選びました。それからもちろん、作ってほしいシャツの詳細について決定をするには、たくさんの研究が要ります。（クスクス笑う）

スコット―もちろん、もちろんです。

メアリー―彼らは二人ともそれを大いに楽しみましたし、私も楽しんでいました。おもしろかったからです。私は彼らの好きなものを、彼らに提供することができました。（またクスクス笑う）

スコット―ええ。

メアリー―不幸にも私は風邪をひいて、ベッドに留まりましたが、良くなったとき、二日間クリシュナジに呼び出されて、手当を受けました。

30日にクリシュナジは、ローマでの第1回の公開講話を、教育学研究所（the Istituto di Pedagogia）で行いました。

翌日、私はヴァンダのところで昼食をとりました。そこには、サラルとディヴィッド・ボーム〔夫妻〕がいました。

スコット―ああ！彼らは講話を聞くためだけに、やってきたんですか。

メアリー―そうだと推測します。

4月1日にクリシュナジは、第2回のローマ講話を同じ場所で行いました。私たちは、アランが前日に集めておいた若者たちの会合について、議論しました。

5日に私は〔スイス西部、〕ジュネーヴに飛んで、〔スイス中西部にある首都〕ベルンへの列車に乗りました － 私はそこで夜を過ごしました。翌日、私は列車で〔南東方向の〕トゥーンに行きました － そこで〔ガレージで〕冬を過した私のジャガーを、取ってくるためです。

私は、吹雪の中をトゥーンから〔南西方向のサーネンの〕グシュタードに運転したのを、憶えています － 春の吹雪です。私は〔アパートメント・ハウスの〕レ・カプリスの屋根裏部屋に、物を残していました。冬の間、離れているとき、そこに物をしまっておけました。それで、私は、何でもほしいものを取り出して、それからペルネ（Pernet）〔の店〕に行きました。それはその頃、〔まだ〕ペルネではなくて、グロスマンのところ（Grossman's）でした。グロスマン氏が、〔後で〕ペルネになったものを、所有していました。私は幾つか健康食品を選んで、それからフランスへ〔北西方向に〕運転を続け、〔ジュネーヴからパリへの中間地点に近い〕アヴァロン（Avalon）で、オテル・デ・ラ・ポステで夜を過ごしました。

翌日、私は正午までにパリに着いて、住宅に引っ越し、所有経営者とともに目録を調べました。翌日は丸一日、あらゆるものを整理整頓して過しました。アランはローマから電話をして、クリシュナジはもうすぐ来るだろうと言いました。翌日、私はマルセル〔・ボンドノー〕とともに、〔会場の〕サル・デ・ラ・シミエ（the Salle de la Chimie）を、見に行きました － そこは、クリシュナジが話をしようとしていたところですが、前の年の〔会場、サル・〕アディヤールのホールよりはるかに良いものでした。それはもっと大きくて良くて威厳がありました。そこはちょうど…ああ、セーヌ川の左岸をちょうど逸れた地域の間近にあります。〔パリ中心部で東西に走る〕グルネル通り（Rue de Grenelle）ではなく、その近くです。

同じその日、11日、私は〔パリの実業家で支援者の〕デ・ヴィダス氏（Mr. de Vidas）に会いました。私たちは〔パリ南部の〕オルリー〔空港〕（Orly）に行き、クリシュナジ

が一人でローマから飛んでくるのを、迎えました。私は彼を、ヴェルダン通りの住宅に連れて帰りました。私たちが夕食をとっているとき、アランが自分のフォルクスワーゲンで到着しました。彼は車で来たのでした。それで、私たちはみな、すてきな小さな住宅にいました。住宅には、訪ねてくるパートタームのメイドが、いました。だから、私は仕事すべてをしなくてよかった。翌日、私は昼食を料理して、それからもちろん（クスクス笑う）、午後に私たちは靴のためにロブ〔の店〕に、さらに何枚かのシャツのために〔オーダーメイドの〕シャルヴェに行きました。

　13日に、ヨー〔・デ・マンツィアーリ〕が、昼食に来ました。私たちは映画に行きました。〔アメリカ映画、西部劇の〕『プロフェッショナルズ（The Professionals）』です － あなたが憶えていれば、ですが。

スコットーああ、憶えています。
メアリー―私たちはできれば、毎日「〔ブローニュの〕森」で散歩しました。

　ほとんど毎日、様々な人たちが昼食に来ました。或る日、シュアレス夫妻が来ました。

　16日にクリシュナジは、第1回のパリ講話を、ラ・サル・デ・ラ・シミエで行いました。彼は暴力と悲しみについて語りました。

　そのときから私たちは、〔ブローニュの森の〕バガテル（Bagatelle）に行きはじめました － それは私にとってすてきでした。なぜなら、子ども時代に私はそこに行っていたからです。あなたもバガテルに行ったことがあるでしょう。そこは、「〔ブローニュの〕森」の中の小さな公園ですが、そこだけのところです。

スコット―ええ。
メアリー―そこには小さな邸宅があります － 私は子どもの頃、それに魅了されました。扉の上には、「パルヴァ・セ・ダプタ（Parva sed apta）」小さいが、適切だと書いてありました。私は、それはすてきだと思いました。（スコット、笑う）そのような美しい場所に、小さな邸宅を持っているのは。（メアリー、笑う）

スコットーええ。
メアリー―そこはすてきです。それから私たちは毎日午後にそこで散歩するようになりました。
スコットー住宅からまっすぐ歩きましたか。
メアリー―いいえ。運転してそこに行きました。バガテルは、「森」のちょっと行ったところにあります。子どもの頃、そこに行ったことがあり、戻ってきて、クリシュナジと歩くのは、すてきでした。そこはとてもすてきに、とてもすてきに見えました。
スコットーもちろんです。
メアリー―私たちは二回か、おそらく三回、若者たちの討論会を行いました。それらが行われた〔パリ中心部で東北から南西に走る〕ヴォージラール通り（the Rue Vaugirard）には、静かなクエーカー教のセンターがありました。

　それからクリシュナジは、パリのラジオ・インタビューを受けましたが、誰が彼にインタビューしたのかは言えません。憶えていません。
スコットークリシュナジはフランス語で話しましたか。
メアリー―そうだと思います。
スコットー彼がフランス語で話した二組があります。

メアリー―ええ。またも人々が昼食、映画に来ました。フランス〔のコメディ〕映画『大進撃（La Grande Vadrouille）』を含めてです。それは憶えています。

　ああ、サチャ〔・デ・マンツィアーリ〕（Sacha）が昼食に来たのは分かります。
スコットーサチャは生活のために何をしたんでしょうか。
メアリー―彼は〔フランス〕外務省にいました。彼は上海か香港のフランス参事官でした。長年、上海だったと思います。そして、他の国々も、です。彼は戦争で片足を失って、それが痛んだりもしました。クリシュナジは彼を助けようとしたものです。
スコットーふむ。
メアリー―サチャはいつもおもしろかった。彼は、おかしい話をするのが好きだったからです。彼はまったくまじめくさっていなかった。彼は〔神智学の〕アストラル次元についてジョークを言ったものです。（二人とも笑う）ですが、彼はとてもすてきでした。とても愉快な人でした。彼はクリシュナジを笑わせました。
スコットーふむ、とてもいい。
メアリー―彼とその妹のマーは、〔パリの中心地、サンジャルマン・ドゥ・プレ地区の〕ジャコブ通り（the rue Jacob）にアパートメントを共有していました。この時期に彼ら二人との昼食のために、私たちはそこに行った、と私は思います。
スコットー彼は今では退職していましたか。
メアリー―そうだと思います。ええ、そうだったにちがいない。でも、彼はまだ、あらゆる種類の人たちと、あらゆる種類の場所を、知っていました。彼は、それらすべてについて語るべきおもしろい物語を、持っていました － すてきでした。それで4月は終わると思います。

　クリシュナジはまたこの時期に、個人面談を行っていました。
スコットー誰がそれらの手配をしましたか。アランですか。
メアリー―彼がしたと思います。そのとき私がしたとは思いません。アランがしたにちがいありません。
スコットー一日の何時にクリシュナジは面談をしたんでしょうか。
メアリー―時には、午前ずっとです。

　例えば、28日にアランはもう一度、医師に診てもらうためにロンドンへ飛びましたが、クリシュナジは午前ずっと〔個人〕面談をして、その日、後でもう一回しました。クリシュナジと私は「〔ブローニュの〕森」を歩きました。アランは夕食には戻りました。私たちは、まるでどこかでタクシーに乗るかのように、いつのときも国々を跳んでまわっていました。（二人ともクスクス笑う）

　4月30日に、〔パリで〕第5回で最後の講話がありました。まったくとてつもないものでした。

　それから5月3日に、私たちはロンドンに飛びました。私たち三人ともです。そして、〔ホテル、〕クラリッジェス（Claridge's）に、泊まりました。クリシュナジとアランは〔サヴィル・ロウの仕立屋の〕ハンツマンに行きました。私たちは映画に行こうとしましたが、時間が間違っていました。Kは自室で晩餐をとった、と憶えています。（クスクス笑う）
スコットークラリッジェスに再び泊まったのは、そのときが、初めてでしたか…
メアリー―ええ、私が〔亡き夫〕サムとともにそこに来て

以来、ね。ええ、そう思います。

　アランは再び医師に診てもらい、クリシュナジは（クスクス笑う）再びハンツマンに行きました。私たちはジェームズ・ボンドの映画に行きました。

　翌日、またもやハンツマンです。それから午後の飛行機に乗って、パリに戻りました。（クスクス笑う）

　翌日、私たちは別の〔イギリス〕映画『わが命つきるとも（*A Man for All Seasons*)』に行き、「〔ブローニュの〕森」を散歩しました。

スコット－あれは憶えています。すばらしい映画でした。

メアリー－5月7日には、午前に18人のほぼ若者たちが、クリシュナジに会いに来ました。それから後で、彼とアランと私は、シュアレス家で昼食をしました。それからKと私は「森」を散歩しました。これはたぶん、後世にとって計り知れなくつまらないでしょう。

スコット－まあ、分かりませんね。残しておくのが良いと思います。（メアリー、クスクス笑う）でも、あなたのメモ書きにたぶん無いような他の小さな事柄を付け加えるなら、特に良いんです。なぜあなたたちみんなは、ほんの二日間、ロンドンに飛んでいったんでしょうか。

メアリー－なぜなら、アランは医師の予約があったし、彼らの二人ともハンツマンの仮縫いに行くはずだったからです。（スコット、クスクス笑う）あなたはこれらの用事の重要性を悟らなければいけないわ。（メアリー、クスクス笑う）

スコット－悟っていますよ。これらの用事の重要性は、よく悟っています。（メアリー、笑う）

メアリー－これら本当に重大なことのために、他の国に飛んで行っただけです。（二人ともクスクス笑う）〔日記の〕ここで、私は、彼ら二人と〔パリ在住の〕父と〔その再婚相手〕継母をシェ・コンティでの昼食に招いたのが、分かります。そのことはあまり憶えていません！

スコット－では、教えてください。これらの時、あなたたちはラージャゴパルの状況について、話を継続していますか。

メアリー－いいえ。

スコット－ただ止めましたか。

メアリー－いいえ。私たちがそれについて、何かを忘れてしまったたということではありません。中断していたというか。そのように放っておきました。

スコット－クリシュナジがその全体から歩み去ろうということは、やはり決断されていた。それから、そういうことだった、と。

メアリー－ええ。

スコット－他はない。他は何も熟慮されていなかった、と。

メアリー－ええ。

スコット－いいです。

メアリー－それはけっして考えたことやもう一度議論したことがなかったとは、言えません。なぜなら、明らかにそのように放っておけなかったからです。

スコット－では、アランは、講話のオーディオ・テープをラージャゴパルへ送り返すことを止めてしまった、と推測しますが。

メアリー－ええ、ええ…いえ！いえ！

スコット－送り返すのを続けたんでしょうか。

メアリー－ふむ、そう思います。

スコット－それ自体、信じられないです。

メアリー－そこそこ確かだと思います。ほぼ確かです。彼が〔録音〕テープを送るのを止める瞬間が、来ます。

スコット－でも、ここがそうではない。

メアリー－ラージャゴパルはまだ、67年中は著作権を持っていました。でも、それは68年に終わります。だから、まだそのときは彼に送り返されていました。

スコット－信じられない。

メアリー－5月10日に私たちは、二台の車、私の車とアランの車に荷物を積んで、午前11時にアランは自らのフォルクスワーゲンで、クリシュナジと私は私の車で、出掛けました。私たちはパリを発ち、北東へ〔次に北へ進み、パ・ドゥ・カレー県の〕アラス（Arras）に運転しました － そこで、私たちはミシュラン〔のガイド〕で見つけておいたレストランで、アランに会いました！

スコット－ミシュランね。もちろんです。

メアリー－シャンジ（Chanzy）というレストランです。それから私たちは運転してベルギーに入り、夜を〔ベルギー西部、フランデレン地域の大都市〕ヘント（Ghent）で、オテル・サン・ジョルジュ（the Hotel St George）で過ごしました。翌朝、午前11時に発って、〔北東方向に進み、同地域の大都市〕アントワープを通ってオランダに入りました。それから私は〔、アムステルダムの南、30キロメートルほどの大都市〕ユトレヒトでちょっと迷ってしまいました。もちろん、私たちは車が離れ離れにならざるをえませんでした。うまく行かないんです。

スコット－ええ、もちろんです。

メアリー－ともあれ、どうにか私はユトレヒトを抜け出して、（スコット、笑う）〔アムステルダムの東にある〕ハイゼン（Huizen）への道を見つけました － そこが、私たちが住宅をとっていたところです。

スコット－ああ！ハイゼンに泊まっていたんですか。

メアリー－ええ。これは、すばらしい、すばらしい住宅でした。私たちのどちらか一人が住宅を見つける前に、私たちはどうにかハイゼンでアランに会いました。私たちは、〔オランダの責任者〕アンネッケ〔・コーンドルファー〕から指示を受けていたので、協議して、そこを見つけました。すてきでした。草葺き屋根のついた本当の農家です。そこには、すてきな乳牛の臭いがありました。入っていくと、暖炉のついた大きな部屋があり、石の床と、キッチンです。裏で、一階にクリシュナジは、自分のバスルームのついたおもな寝室を、とりました。階上には、アンネッケとアランと私のために、さらに三つの寝室があり、私たちはバスルームを共有しました。とてもすてきでした。隣には、すてきな森がありました。美しい森です － そこは何となく公園、私的な庭園のようです。ここは、私たちのオランダ滞在に大きな役割を果たしました。私たちはそこを散歩する許可を、もらいました。そこにはけっして人がいなくて、曲がりくねった散歩道でした。小川が流れていきました － それともたぶん運河だったか、憶えていません － 小さなところで、カモがいました。私たちは毎日、午後にそこを歩きました。すてきでした！本当にすばらしかった。それで、私たちは住宅に落ち着いて、それからKと私は森へ散歩に行きました。結局、アンネッケと私が晩餐を料理しました。

　翌日、隣人のウォーレン・ブレチャー夫人（Mrs. Warren-Brecher）が、私を〔オランダ北西部の街〕バッセム（Bussum）の店へ連れて行ってくれました！バッセムは

買い物のできる小さな町です。彼女は私に様々な店を見せてくれました。なぜなら、明白に、私はマーケットですべて買いそろえないといけなかったからです。私は、チーズを買った場所、野菜を買った他の場所、果物を買った他の場所、すてきなビスケットを買った他の場所を、憶えています。アンネッケは昼食を通して留まっていて、それからアランは運転して、彼女を〔南東方向へ、オランダ東部の村、〕オーステルベーク（Oosterbeek）の自宅に、送りました － そこは、〔ドイツ〕国境の近くにあります。クリシュナジと私は森を散歩しました。それから私たち三人はその夜、大きな部屋で焚き火のそばで夕食をとりました。すてきでした。

翌日、私たち三人は運転して、オーステルベークに行き、アンネッケとともに昼食をしました。私たちは戻ってきて、森を散歩し、再び焚き火のそばで夕食をとりました。

スコット ─ では、ここはアムステルダムからどれほどですか。なぜなら、これはアムステルダムでの講話のためですよね。

メアリー ─ ええ、あまり遠すぎません。まとめて45分掛かったと思います。あまり遠くありません。

私たちがその頃、したことの一つは、ヨーロッパではどこに住みたいかについての話でした。前に、私たちはどこに住宅を持とうかについて、話がありました － そこは、ヨーロッパでの私たちの本部になるものです。そして、それがどこにあるべきかの議論が、多くありました。アランは、雑用すべてをやってくれる南アフリカ人の召使いを獲得できるという考えを、持っていました － 彼が車を使い、荷物の出し入れをし、料理をし、身の回りの世話と、あらゆることをするだろう、と！私が見るかぎり、彼は一種の優雅な奴隷になるでしょう。そして私たちは、少しも皿洗いとか（スコット、笑う）、そのようなことをもはやしなくていいだろう。（二人とも笑う）アランは、まさにその人物をきっと見つけると思っていました。これはまさしく〔南アフリカ初の黒人大統領〕ネルソン・マンデラ以前です。（スコット、笑う）いいですか、これは1967年です。

スコット ─ 私の視点では、その頃も南アフリカにそのような人たちは、そんなに多くいなかったでしょう。

メアリー ─ 見たところ、南アフリカでは全く異なった生の視点がありました。でも、アランにはそれが、とても良い考えに見えました。（笑う）

それから、ご覧あれ、17日に〔神智学協会の〕ルクミニ・アランデイル（Rukmani Arundale）がお茶に来ました。彼女はバッセム近くのあの場所に泊まっていました － そこには、リベラル・カトリック教会がありますよね？

スコット ─ そこはハイゼンの近くです。

メアリー ─ ええ。ともあれ、彼女はそこに泊まっていました。そしてお茶に来ました！もちろん私は、前に彼女に会ったことがなかった。彼女はとても鋭い眼つきをし、値踏みをしていました － クリシュナジの生活でのこれら見知らぬ新しい人たちは、誰なのか、と。（クスクス笑う）

スコット ─ でも、彼女はその頃、クリシュナジと何の関わりも、持っていませんでしたよね。

メアリー ─ ええ、何も。でも、彼がオランダにいて、彼女は近くにいたから、たぶん彼女は本当に好奇心から来たと思います。それで、かなり形式的な会話でした。私は、彼女の値踏みする眼差しを、おもしろく思ったのを、憶えています。（クスクス笑う）

スコット ─ 私は、彼女がクリシュナジとその親しい接触を持ったことに、驚きます。なぜなら、後に彼女はそうしなかったからです。

メアリー ─ まあ、そんなに親しかったわけではない。むしろ形式的な訪問でした。彼は明白に驚くほど礼儀正しいなどでしたが、旧友の出会いではなかった。

スコット ─ ええ。でも、私が憶えているところ、彼女は後で彼に敵対的でした。

メアリー ─ ええ、そうでした。まあ、ともあれ、彼女はお茶に来ましたが、誰も微笑んでいたり冗談を言ったり何もしませんでした。ただの礼儀正しい小さな話でした。

さて、それから何が起きたのかな。寒くて冬のようでした。アンネッケ〔・コーンドルファー〕が戻ってきました。私たちは、精神が非難なしに批判的でありうるのかどうかについて議論したのを、私は憶えています。それが会話の主題でした。私たちは、〔かつての内海で、締め切られて淡水の湖になった〕ゾー・・・を見に行きました。何て言うんですか。ゾーデルジー？

スコット ─ ゾイデルジー（Zuiderzee. ゾイデル海）です。

メアリー ─ ゾイデルジー。（笑う）ああ、そうだ。

そこを見た後、私は、〔首都〕アムステルダムの〔講話の会場、コンベンション・センターの〕RAIホールへの経路を、下見に出かけました － どれほど掛かるのかを知るため、それでいつ発つべきか、どうそこに着くのか、どこに駐車するのか、それらを知るため、です。その後、私は昼の残りをライクス美術館（the Rijks museum）〔すなわちアムステルダム国立美術館〕で過ごしました － そこに、私は行ったことがなかったし、すてきでした。

スコット ─ ええ、そうです。

メアリー ─ それで、翌日、5月20日に、私は運転して、クリシュナジを第1回のアムステルダム講話に、送っていきました。ホールはいっぱいで、すべてが良かった。その午後、メアリーとジョー・リンクス〔夫妻〕と、彼らのオランダ人の二人の友人夫婦が、お茶に来ました！私たちはお茶をいただき、散歩に行き、話をしました。とてもすてきでした。彼らが去った後、クリシュナジは充分に散歩したと感じませんでした。彼らはゆっくり歩いたからです。（スコット、笑う）それで、私たち二人は戻って、これらすばらしい森を速く歩きました！そこの小さな水路には、あらゆる種類のカモがいました － 冠毛のあるあれら小さなものを含めて、です。そこには小さな雛たちもいました。母カモがいて、小さな雛たちが後に付いていました。クリシュナジは時おり、翌日さほどいないことに着目しました。キツネか何かがそれらを捕らえてしまったにちがいありません。彼がそれに注目するのはふしぎでした。なぜなら、彼は後にオーハイで、最後の日々にそれを憶えていたからです。彼は〔そのとき〕、「小さなカモたちと、彼らがどう少なくなったのかを、憶えていますか。」と言いました。

スコット ─ ええ、憶えています。

メアリー ─ それが5月20日のことでした。

翌日、彼は第2回の講話を行いました。ジェイ・ポリン（Jay Polin）という若いアメリカ人画家が昼食に来ました。アランが彼に会って、昼食に招待したんだと、思います。またその日、クリシュナジはオランダの放送局へインタビューのテープ録りを行いました。

83

スコットーここで止まって、少しパリへ戻っていいですか。
メアリーーええ。
スコットークリシュナジはパリでどのように講話に行きましたか。あなたが運転して、彼をそこに送りましたか。
メアリーー私が運転して送りましたが、駐車の問題がありました。
スコットーそのとおり。私はまさにそれを考えていました。
メアリーーまあ、彼らは、私のために通りに場所を取っておいてくれることになっていました。駐車場がないんです。それで、歩道に半分といった駐車をせざるをえなかったのを、憶えています。
スコットーそれで、講話の後、あなたとクリシュナジは一緒に、車に乗りこんだんでしょうか。それとも、彼は歩いて行って、あなたはどこかで彼を乗せたんでしょうか。
メアリーーいいえ、彼は可能なだけ速く出て行きました。彼はただ歩いてきて、車に乗り込みました。

　オランダでも同じことですが、オランダでははるかに大きな聴衆がいました。なぜなら、RAI ホールはたくさんの人たちを容れるからです。でも、RAI には駐車場があったので、私はもっと容易くそれらを操作できました。時折、彼は講話の後、ほとんど一種、ぽーっとしていました。彼は、話をしたところの隣の部屋に立っていて、私は彼から人々を遠ざけようとしなくてはいけませんでした。
スコットーええ。私は、サーネンとブロックウッドで〔自分が〕それをしたのを、憶えています。最後にはインドでも、です。
メアリーーそれでも、彼は私に人々を遠ざけてほしくなかった。私は耳憶えでそれをせざるをえませんでした。人々がやってきて、彼に話を始めることは、彼にとってただ衝撃でした。それはしばしば起きました。ニューヨークでも起きたものです。
スコットー今私たちは始めたんですが、なぜそれについてもう少し話されないんですか。なぜなら、それは興味深いし、おそらく意義深くもあるからです。私は自分で考えたものです。私は分かりませんが…ほとんど隠語ですが、クリシュナジは〔講話の後、〕着陸のために入ってこなくてはいけなかったと、思います。
メアリーー彼はここに着陸しなくてはいけなかった。
スコットーええ。なぜなら、さもないと彼は話した後、とても敏感なので、人々は…彼はほとんど物理的に、誰かの存在に打たれるように見えました。
メアリーーええ、そうでした。
スコットー確かに、彼へとやってくる人々は、彼に話しかけなくては、というしつこさや執念をもっていて、それは彼に対する物理的な攻撃に似ていました。あなたはそれがどうだったと思いますか。どう見ますか。
メアリーー一定の講話はとても強烈で深かったので、あたかも彼は他のどこかにいるかのようだと、私は感じました － 彼の何かの部分は、自らが叙述しつつあることの知覚に深く入っている。それから出てくるには、彼は突然に通常の状態にすぐに戻って来られない、と。
スコットー彼は何かの種類の再突入の期間が必要でした。
メアリーーええ、ええ。
スコットーこれについて、もっと言ってもらえますか。
メアリーーまあ、お話しましょう － 一度マリブで私たちは居間に座っていて、トレイで晩餐をとっていたのを、憶え

ています。テレビがついていたと思います。私たちは話をしていませんでしたが、何かで － 何だったのかは分かりませんが － テレビに映る何かについて、私は話しかけました。彼はびっくり驚いて気がつきました。私がいうのは、彼が離れていたということです。私が彼に話しかけたので、彼は衝撃を受けた。物理的に衝撃を受けたんです。彼を目覚めさせてはいけないのに似ています。彼を目覚めさせざるをえないときは、ごく穏やかに、穏やかに、穏やかにやりましたが、けっして彼に触れませんでした － すると、もっと悪くなったでしょう。でも、私は、例えばここ、ブロックウッドで、彼を起こさざるをえなかったとき、とても低く、ごくわずかな言葉を語りかけ、それが彼の意識に何というか、なじむまで、続けました。すると、彼は衝撃なしに眠りから出てこられました。そういったようなことでした。
スコットーええ、ええ。私はまた、彼が何かへ入っていく静けさの期間をも持っていたのも、見ました。だから、彼が必要としたのは、終わりに出てくることだけでなく、前にもまたそうだった…
メアリーーええ、静けさ、ね。私は車で行くのに、けっして彼に話しかけませんでした。例えば、サーネンで私は〔講話の〕時間より早くしたものです － 彼はそれを望みました。私は彼のドアを開けて車にいました。彼が山荘の扉を開け、車へごくわずかなフィートを歩いた瞬間、私はエンジンをかけました。彼が乗り込み、ドアを閉め、私たちは動きました。彼が私に話しかけないのなら、私はけっして彼に話しかけませんでした。
スコットーええ、ええ、そのとおり。時折、彼は話しました。
メアリーー時折ね。それらは、〔直後の講話について、〕「私は何について話そうとしているのかな。」と言った時です。
スコットーええ。
メアリーーでも、私はけっして会話を開始しませんでした。それから、私たちがそこに着いたとき、私が駐車している間に、あなたが引き継ぎました。
スコットーどうしてか私は、これが必要であると理解しました。物理的に必要だと思われました。
メアリーーええ。
スコットー私はこれについて指示されるまでもなかった。ただ明白に、物理的に必要でした。なぜなら、物理的に彼に対する結果が見えたからです。
メアリーーそのとおりです。〔講話の〕前には誰をも彼に近づけないようにしたものです。運良く誰一人、さほど、そうしようとしませんでした。一度か二度、私は誰かを避けるざるをえなかったかもしれません。でも、或る面で私は感じました － それは同じことであるというのではないが、気絶は － それは身体を離れることであると、彼は言いました。
スコットーふむ、ふむ。
メアリーーそして、彼に触れないし、何もしない。ただ待つ。なぜなら、あまりに急に戻すことは、彼にとって恐ろしい衝撃になっただろうからです。私は、それがどうやらその性質であることを感じましたが、そんな極端ではありません。
スコットーふむ、ふむ、ふむ。もちろんそれらのことの一つは、そのとおりだった。インドの人たちの幾らかにとって侮辱的だった、または少なくとも困難だったのは、クリシュナジがインドの講話の後、私に自分とともにいてほし

かったときであると、私は思います。私たちは散歩に出掛けました。大いに同じことでした。それからたくさんの人たちが周りにいました。でも、クリシュナジは、中立的な仲間か、ただ中立的でいる誰かが、ほしいようでした。
メアリーーええ、ええ。
スコットー彼が何かを言ったとき、応答するが、さもなければ・・・
メアリーー静かな。
スコットー私は本当は彼を見てもいなくて、ただ彼に気づいているだけといったことでした。中立的な仲間です。
メアリーー彼は、ご存じでしょう、サーネンで初期の年月ではなく、後にですが、〔講話の後で〕小道を速く歩いて行ったものです。あなたも彼を見たでしょうが。
スコットーええ、ええ。
メアリーー彼は私に付いてきてほしかったんですが、あまり急ぎすぎないで、です。彼はあらゆるものから歩み去りたかったんです。あなたが見たように、私が誰にもぶつかることなく車で群衆を通り抜け、彼に追いつくには、しばらく掛かりました。時に彼はほとんど橋まで来ていました。
スコットーふむ、ふむ。
メアリーーそれから彼は車に乗り込み、それからずっと静かで・・・彼が何かをしたいのでないならば、です。時に彼は何かをしたいと思ったし、彼は完璧に正常でした。
スコットーこれについて私たちは、思いつくことすべてを言うべきでしょう。なぜなら、これは何が意義深いことであるからです。なぜなら、これは・・・それは、何かまったく他のことの、違った静けさの、物理的な表現なんだと、思われます。
メアリーーそうであると思います。
スコットーそれで、とても異例なことなんです。何か、クリシュナジの本を読んでいる人々が、けっして感知しないだろうことです。
メアリーー本当です。
スコットーそれで、クリシュナジが経ていかなくてはいけなかった、このことがあります。これは、もちろん神智学者たちが、「ああ、そうだ・・・ああ、ここにある・・・」と言うような種類のことです。
メアリーー彼らは、「ええ、それはマイトレーヤです。」と言うでしょう。
スコットーそのとおり。でも、それではなかった。
メアリーーそれではなかった。
スコットーまったくそれではなかった。
メアリーー私はそれについては強固です。人々は、「まあ、あなたは何を知っているのか。」と言うかもしれません。でも、彼はあの椅子に座っているのなら、演台で話をするのと同じように話をできました。
スコットー絶対にです。
メアリーーだから、何も可能性がない。
スコットーでも、また私は、感知できるところからは、ずっと他の時にそこにない他の何かが存在しているという感覚はなかったということを、論ずるでしょう。
メアリーーそれはただ、彼が一定の領域に入ったということだけです。他に何と呼ぶべきか、私は知りません。一定の状態、一定の知覚の深さです － それは日常的な意識を越えています。
スコットーええ。

メアリーーそれでも、あなた自身が何回も見たように、聴衆から人々が声を上げたり、誰か変な人が演台に登ろうとしたとき、彼はまさにそこにいて、それに対処しました。
スコットーええ、絶対にです。でも、彼はしなけれならなくて・・・これは前後にありました・・・
メアリーーええ。始まろうとしている前に・・・それはまるで・・・何が起きつつあったのか、私は知りません・・・
スコットーエネルギーを集めるような・・・
メアリーー・・・でも、それはまるで、彼の内側で動きはじめようとしているかのようです。
スコットーええ、ええ。
メアリーーそれから後で、一種、減圧のようでした。彼は静かにしなくてはいけなかったし、またそれは物理的に重い負担だったにちがいありません － 彼はけっしてそうは言わなかったけれど。
スコットーそうだったにちがいありません。
メアリーーなぜなら、ものすごい力とエネルギーが彼に入ったからです。そのため、身体は落ち着きはじめるとき、どうにか顕現させなければならなならない・・・疲労困憊ではなくて・・・
スコットー消耗ね。
メアリーーええ。
スコットーええ。私たちがこれらのことの幾つかについて話をしているかぎり、クリシュナジが実際に病気で弱って演台に上がっていき、それから突然、何かの時点で彼が充分に健康で、充分にエネルギーと生命力と強さに満ちているという、私たちが見てきたあのとてつもない現象もありました － どの年齢の人にしても、とてつもない強さ、です。
メアリーーええ、ええ。
スコットーそれはなぜか、この過程全体の部分でもありました － この過程が何であったとしても、です。
メアリーーええ。
スコットー後で私は思い出せますが、または少なくとも記憶のなかです。それがどれほど正確なのか分かりませんが、これが起きたとき、彼は、前のようにすっかり病気には戻らなかったんです。
メアリーーええ。
スコットー彼は戻ってきましたが、そんなに病気には戻らなかった。
メアリーーええ。
スコットーあなたの記憶では、そのとおりだったんでしょうか。
メアリーーええ、ええ。彼が前もって病気であったとき、「うーん、講話を取りやめるべきだろうか。」と思いましたね。それから最終的に彼は講話を行いましたが、あなたが叙述したそのことが起きたものです。彼は、再び弱って、ほとんど立ち上がることができないということはなかったです。
（休止）
スコットーこれはすべて、何かとても奇妙なことの一部です。
メアリーーええ。
　この頃は、エネルギーについて話すことが、うんざりする常套句になりました。誰もがみな、エネルギーについて話しています。
スコットーふむ。
メアリーーでも、クリシュナジの生活の脈絡では、驚くべき

現象でした － あのエネルギーは。

スコットーええ、ええ。もちろん彼は、幾年間も自ら身体を通っていったエネルギーについて、語りました。彼はそれについて話をしました。でも、興味深いのは、それが可視的であったということです。物理的に顕現していました。

メアリーーええ。（休止）

スコットー私は知りもしませんが…（長い休止）…クリシュナジがあれら講話の間に持っていたあの極度の洗練をもって － と言うべきでしょうか － 或る人物が生きられるのかどうか、私は知りません。なぜなら、それもまた講話の後、私にどのように見えたかであるからです。すなわち、彼はとても洗練の、敏感さの状態にあったんです － 何のか、私は知りません。そのため、通常の生活はほぼあまりに低俗とかあまりに粗雑とかあまりに何かでした。（休止）例えば、クリシュナジがすべての時、あの状態で物理的に生存できたのか、生きられたのか、私は知りません。彼が講話を行っていたときにあった、あの種類の状態は、知っているでしょう。

メアリーー私は知りません。

スコットー彼はこれから出てこなくてはならないという感覚がありました…

メアリーーまあ、これもまた全くの推測ですね。私はこの瞬間までこれについて概念さえも持っていませんが、彼が自らの仕事であると考えたことをするために － それは話をすることでした － 彼は、一定の程度は通常の次元で生きなくてはならなかった。さて、もしもそれが、彼の言う、自らの仕事ではなかったのなら、彼が全く異なった何かをすることができたのなら、それは…（メアリーの話を聴く）

（〔録音〕テープは突然、切れる）

原 註

1）〔合衆国の〕全国教育テレビ（National Education Television）。今日の公共放送協会（the Corporation for Public Broadcasting）の一部分。

2）〔神智学協会会長でKの養母〕アニー・ベサントが1927年にクリシュナジの仕事のために買った土地に、1946年に創設された。

3）エミリー・ラッチェンス（Emily Lutyens）は、〔イングランドに連れてこられた〕クリシュナジとその弟ニトヤにとって大いに養母のようなものだった。だから、彼女の子どもたちと友人たち〔である〕デ・マンツィアーリー家は、クリシュナジを最初期から知っていた。

4）〔第二代会長ベサント夫人の盟友〕チャールズ・ウェブスター・レッドビーター（Charles Webster Leadbeater）と〔後に第三代会長になった〕ジョージ・シドニー・アランデイル（George Sidney Arundale）は、神智学協会の要人であったが、自分たちはクリシュナジの仕事においてもっと権勢と重要性を得るべきだと感じた。彼らはそれが得られなかったとき、彼との訣別を始めた。

5）ラージャゴパルの二番目の妻。

6）11を表すフランス語。

7）サチャ・デ・マンツィアーリ（Sacha de Manziarly）。

8）16歳でジョージ・アランデイルと結婚した。後に〔マドラスに、インド古典舞踊の〕有名なバーラタ・ナティアム舞踊学校を創始した。

訳 註

*1 発足当時は、Star Publishing Trust（スター出版信託）と呼ばれており、星の教団の関連組織であった。第二次大戦中、1944年にこの名称に改組された。Kは1958年にラージャゴパルに全権を任せるとして理事を辞任しているが、これはラージャゴパルとの関係悪化の時期でもあり、その背景が伝記類に推測されている。

*2 イタリア出身で哲学の研究者、イタリアのフィレンツェ大学、ニューヨーク州のヴァッサー大学などで教えた。またイギリス文学にも詳しかった。1946年からハッピー・ヴァレーの初代校長を三年間勤めた。同校にソクラテス的な弁論による教育方法を導入したとも言われている。

*3 ラッチェンスの伝記第一巻によれば、1926年7月、オランダ、オーメンでの「星の教団」の集会でKの講話について、多くの参加者がそこに主が臨在したと信じたのに対して、神智学協会の指導者の一人、ウェッジウッドがベサント夫人に、あれは黒魔術師だとささやいた。以降、神智学協会の指導者たちでKの話が気にくわないときは、黒魔術師だとの説を持ち出した、とされている。なお、ウェッジウッドはその後、精神錯乱を起こしたとされている。

*4 Kの晩年に限った話ではないが、ププルは、インドK財団を代表して、イングランドのK信託財団に著作権の共有を、強硬に求めつづけた。これは、インド財団の財政基盤を確立し、教えの普及に貢献したいとの考えに基づくものであったかもしれないが、同時に高齢のKに相当の負担を掛けたことも確かである。

*5 Sashaとあるが、他の個所でのSachaを採用した。

*6 P.Jayakar (1986) p.283 によると、1967年1月にリシ・ヴァレーで、アラン・ノーデとマーダヴァチャリとの間で大きな衝突があった、そしてその冬、ノーデはインドに来なかったとされている。ジンバリストによれば、67年にはインドに行かず、68年に行ったようであり、混乱がある。

*7 アーカイヴスの一覧表を確認しての発言と思われる。

*8 南アフリカでは長らく人種隔離政策「アパルトヘイト」が行われていたが、その廃止のために活動を続け、27年間、投獄された。1990年に釈放され、その政策の廃止後、1994年に総選挙を経て黒人初の大統領になった。アランの発想も出身国南アフリカの状況が背景にあったのであろう。

*9 有力な神智学者。夫は、第三代会長ジョージ・アランデイル。ジョージはKと対立を続けた。ルクミニは神智学協会で活動を続けるとともに、南インドの芸術の振興に努力した。第42号の訳註を参照。

*10 神智学協会の関係者で結成された組織であり、レッドビーターやアランデイルはその高位の聖職者にもなっていた。ローマのカトリック教会とは関係が無い。

*11 第90号、2月13日の記述を参照。なお、この運河に関する記述は、『生きることについてのコメンタリー（The Commentaries on Living）』第2巻30「この愛の問題」にも見られる。

*12 サーネンでの集会は1961年からである。第1号の訳註を参照。

*13 ラッチェンスの伝記の第三巻、最後の第十二章「もし彼らが教えを生きるなら…」の冒頭、1986年2月7日の記述を参照。Kが死ぬとき、彼である理解とエネルギーの焦点はどうなるのかとの問いに対してKは、誰かが全的に教えを生きるなら、おそらくそれに触れるかもしれないが、見過ごされてきた広大な空っぽを知りさえすれば、などと述べた。さらに、七十年間、無量のエネルギー、無量の智恵がこの身体を使ってきたが、どれほどのエネルギーと智恵がこの身体を通って行ったのかを、人々は知らないなどと述べた。ここで「洗練」が言及されるように、そこでもまた、よく気をつけて身体が準備され、保護されていないなら、誰もこの身体を通って行ったものを理解できないことが、言われている。

*14 ホームページ上ではここで指示された個所をクリックすると、メアリーの話が聞こえる。

*15 この土地の経緯については、第21号の本文、第19号の訳註を参照。ラッチェンスの伝記第二巻、1947年の個所によると、開校当時の学校について、Kはロザリンドを「導きの光」と呼んでいた。しかし、彼女はKの教えに無理解であったためか、まもなくKの学校ではなくなってしまった。

第7号　1967年5月から1967年9月まで

序　論

この号には、〔ホームページ上の〕「読者のための憶え書」に記された編集上の便宜が初めて使用されるのが、見られる。すなわち、メアリーが〔当時の〕自らの日記から読んでいることを表示するための、単独の引用符の使用である。オーディオ・テープでの彼女の声の調子の変化から、これは間違えようがない。そして、彼女の実際の日記への照合がなされている。

この号ではまた、クリシュナジが〔神秘体験の〕「プロセス」を経ているのをメアリーが初めて経験するのが、見られる。この現象を議論することは、この企画の視野を越えている。それは、メアリー・ラッチェンスによる全三巻のクリシュナジの伝記において、すでに存分に、可能なかぎり提示されている。1922年〔8月〕にクリシュナジは、〔オーハイで〕霊的であると見える解明不可能な経験をしはじめたが、それは断続的に彼の余生の間、持続したということを、言っておくことで充分である。これらを表す簡潔な用語が「プロセス（the process）」であった。

この号にはまた、ヨーロッパでクリシュナムルティ学校を始める決断が見られる。この学校を率いる人物として、ドロシー・シモンズが浮上する。

メアリー・ジンバリストの回顧録　第7号

メアリーーまあ、どこで止めたのかを正確に憶えていないので、私は単純に反復しましょう。それは1967年5月のことであったと、私は知っています。クリシュナジは〔オランダの〕アムステルダムで講話を行っていました。彼は6回ほどの講話を行いましたが、私たちは本当にすてきな場所で生活していました － 彼のために〔オランダの担当者〕アンネッケ・コーンドルファー（Anneke Korndorffer）が見つけておいたところです。そこは、大きな農家で、かすかに農場生活のにおいがしましたが、それはむしろすてきでした。暖炉のついた大きな部屋があって、快適でしたし、私たちみんな、クリシュナジ、アラン・ノーデ、アンネッケと私自身にとって、とても性分に合っていました。
スコットーああ、アンネッケもそこで生活しましたか。
メアリーーまあ、全部の時間は、そこで生活しなかった。彼女はほとんど、自らが本当に生活する〔オランダ東部の村、〕オーステルベーク（Oosterbeek）の自宅にいましたが、ちょっと行き来したんです。
スコットーああ。
メアリーーアンネッケがそこにいるとき、彼女と私が料理をしましたが、彼女がそこにいないとき、私が料理をしました。私がマーケットの買い物すべてをしました。それで、一種の家庭生活だったし、とてもすてきでした。そして、美しい私有の庭園がありましたが、クリシュナジがそこを散歩できるよう手配されていました。理想的でした － 部分的に森林地域と部分的に空き地を通って曲がりくねった小道。運河が織り込まれて、そこにはあらゆる種類の水鳥がいました。クリシュナジは、これらを見るのをたいへん喜びました。そこには誰もいなかったので、あたかもどこか荒野にいるかのように、さまよい歩くことが、完璧にすばらしくなりました。

クリシュナジは当然に、講話を行うので忙しかったし、また講話には〔秘書の〕アラン〔・ノーデ〕が広く集めたたくさんの若者たちも、いました。また、〔アムステルダムの南、30キロメートルほどの大都市〕ユトレヒトからの学生たちの集団もいました。彼は彼らと話をしました。でも、全体としては、オランダでのきわめて幸せな滞在でした。私たちは5月末まで泊まったと思います。
スコットーメアリー、少しの間、戻ってもよければ、あなたはその時と、クリシュナジが〔運河にいた〕カモを憶えていたことについて、語ったからですが、それが記憶されるべきことになったのは、カモの雛たちの数が減少したことだけのはずはなくて…その時全体が…
メアリーーええ、その時全体がすばらしかった。美しい場所でした。彼は気分良く感じていたし、私はとても幸せで元気に感じていました。ただひどくすてきな時でした。私はそのように憶えています。そして、早朝の彼との話を憶えています。私の仕事は朝食を調えることだったので、早起きをして、キッチンに入り、朝食を作りはじめました。彼も早起きをして、キッチンに入ってきて、話をするようになりました。彼は白いバス・ローブを着て、立っているか座っているかして、私が朝食を整えている間、私とおしゃべりしました。
スコットー彼は何についておしゃべりしたんでしょうか。
メアリーー正確には憶えていません － あまり真剣な種類ではなかった。少し冗談を言い、ただ楽しかったということ以外は。
スコットーふむ。
メアリーー私たちが何について話をしたのかは、正確に憶えていません。彼は私自身について質問をしたかもしれません。本当に憶えていません。それが楽しかったこと、どんなにすてきだったかを、憶えているだけです。
スコットーええ。
メアリーー彼はまたその頃、私の悪い〔左〕脚を助けようとしていました。1)
スコットーふむ、ふむ。
メアリーー午後や夕方に彼は私に、いわゆる治療をしてくれました － それは、私は叙述したと思いますが、彼はその両手を肩に当ててくれて、何かふしぎなことが起きました。或る種、ものすごいという意味で…暖かい感じをもらいましたが、ものすごい暖かさでなく、彼は或る種、病と痛みを払いのけていました。それはすべて…それはいつも、何か後か最中にとても強く感じることでした。
スコットーちょっと待ってください。私もこれに戻っていいですか。なぜなら、あなたはインドで彼があなたを癒やしたことや治療してくれたことを、叙述したからです。
メアリーーええ。
スコットーでも、ここでオランダでのそれを叙述してもらえるでしょうか。なぜなら、たぶんあなたが再びそれを想起するなら、何か違ったことがあるでしょう。
メアリーーまあ、本当はそれは、彼のやったことではなかった。私がいうのは、私の視点からは、その感じは違っていませんでした。私がインドで感染症に罹ったとき、彼は、感染症のある額と頬骨に、両手をかざして逸らせたものですが。

スコット―顔の中心から外へ、ですか。
メアリー―顔の中心から外へ、です。それから、彼は両手を振り払いました。
スコット―ええ、何かを振り払っているかのようにです。
メアリー―何か悪いものを振り払っているか、何かを取り除いているか。
スコット―ふむ、ふむ。
メアリー―でも、後で、彼は私の悪い脚を助けしようとしているとき ― それは本当はその時点で循環系の問題でしたが、彼は一般的に両肩に触れ、再び・・・両手を振り、何かを拭い去っているというか。
スコット―あなたの脊柱からの両肩へでしたか。その種類の・・・
メアリー―いいえ。肩先に沿って、です。
スコット―肩先に沿ってね。ええ。でも、首から肩先へですか。
メアリー―ええ。
スコット―では、脊柱から外へ、それから再び両手を振る、と？
メアリー―ええ、ええ。
スコット―彼はあなたの脚に手を当てましたか。
メアリー―そうは思いません。彼はいつも後で去って、両手を洗ったものです。私はそのことに触れたのかどうか知りませんが、まるで病気が何であるにせよ、それから汚染があったかのように、です。そして、彼はそれを取り除きましたが、手を洗わなくてはいけなかった。
スコット―ふむ、ふむ。
　もう一回、明確にすると、あなたが、クリシュナジはその農家で朝にあなたと話をしたと言われるとき、彼は、〔南アフリカ出身の支援者〕ジョアン・ライト（Joan Wright）が作った白のタオル地のバス・ローブの一つを着ていたんでしょうか。
メアリー―ええ。
　ともあれ、講話は終わりになりました。講話には無数の群衆がいました。会場は一杯でしたし、ふつうロビーにはテレビ・スクリーンがありました。だから、中に入れず溢れた人たちもそれを見られたんです。
スコット―その頃でもですか。なぜなら、後に80年代には、そのとおりであったからです。
メアリー―ええ、ええ。
スコット―感心しますね。
メアリー―また、若者たちの討論会にも多くの人が来ました。
メアリー―ふむ。若者たちとの会合はどこでありましたか。
メアリー―その住宅です。彼らはその住宅に来たんです。
スコット―住宅、あなたとクリシュナジが泊まっていたところね。
メアリー―入った中央の部屋といったところ、です。正面の扉から入って来て、大きな部屋がありました ― ほとんど納屋に入るようなものです。天井が高くて、一方の長い壁には暖炉です。それで、人々は床に座って、空間がありました。
スコット―ふむ、ふむ。どれほどの人たちが一時に来たんでしょうか。
メアリー―本当に憶えていません。30か40人でしょうね。
スコット―ああ、では、大きな討論会ですか。

メアリー―ええ、そのようなものです。もちろん、ご存じでしょうが、オランダは〔国自体が〕小さいので、他の場所から来られたんです。ユトレヒトはさほど遠くなかったし、それで多くの人がそこから来ました。
　ともあれ、講話は終わったし、私たちはいつものように、荷造りをしていました ― おぞましい！（二人とも笑う）毎日、雨でも晴れでも、私たちは散歩に行きました。それが、そこにいることの特別な部分でした。
　私たちはいつものように、二台の車で発ちました。アラン〔・ノーデ〕は、荷物すべてを積んだステイション・ワゴンを運転していて、私は自分の車にクリシュナジを乗せていました。私たちはオランダを〔南東方向に〕横切って、ドイツに入り、昼食に〔ドイツ西部、ライン川沿いの都市〕ケルン（Cologne）で待ち合わせ、大聖堂（カテドラル）に入り、それらを見ました。それから私たちはさらに進み、〔南20キロメートルの、西ドイツの首都〕ボンを通って、〔南東の〕ケーニッヒスヴィンター（Königswinter）という場所に行きました。私たちはそこで、ホテル・ペテルスブルク（Hotel Petersburg）というホテルで夜を過ごしました ― ライン川を見渡す崖を上がったところです。一夜だけです。
　翌日、私たちはライン川沿いに、〔さらに南東へ、ドイツ中央の都市フランクフルトの西、〕エーストリッヒ（Oestrich）という場所へ行き、そこで昼食をとりました。私たちは、〔フランクフルトの南、〕ハイデルベルクで夜を過ごそうと決めましたが、そうしませんでした。先へ急ぎたかったんです。このような旅行では二台の車が離ればなれにならざるをえないから、難しかった。
スコット―ええ、まったくです。
メアリー―私たちは〔フランクフルトのすぐ西の、〕ヴィースバーデン（Wiesbaden）を通って、〔フランクフルトから南へ120キロメートルほどの〕カールスルーエ（Karlsruhe）へ行き、それから、私が夜のため部屋を予約しておいた〔その南の〕エットリンゲン（Ettlingen）という場所まで行きました ― そこには、とてもとても良いホテルと、特に良いレストランがあります。〔食通の〕私の父がそこを推薦してくれて、父は・・・
スコット―（笑う）彼はレストランについて知っていました！
メアリー―全くです！それで、私たちはその夜、エットリンゲンのエルプリンツ・ホテル（Erbprinz Hotel）に泊まりました。私たちは疲れていました。（クスクス笑う）クリシュナジはその夜、ベッドで晩餐をとりました。アランと私はダイニング・ルームに行きました。翌朝、私たちは〔さらに南下して〕国境を越えて、スイスに入りました。
スコット―では、訊かせてください。クリシュナジはドイツについて、何かを言ったことがありましたか。または、ドイツでどう感じたとか、ドイツの人たちについて、ですが。
メアリー―まあ、彼は、〔ユダヤ系の〕私がドイツで居心地が悪いということに、気づいていましたが、私が彼にそれを語ったとは思いません。
スコット―まあ、クリシュナジは私が知るかぎり、ドイツでは、〔北西の大都市〕ハンブルグでの一回を除外して、話したことはなかったですよね。[2]
メアリー―ええ、ええ。
スコット―そして、彼はドイツを旅したことはなかった。私がいうのは、彼はドイツに行かなかったんです。

メアリー――ええ。彼はドイツに行かなかった。彼は、容易くそうしたのですが、（クスクス笑う）察しました。気持ちを彼は感知しました。私がドイツにいることを或る面でかなり衝撃的に思ったことを、感知しました。私はそれを彼に説明しようとしました。私は、自分がドイツの人たちに何も反感を持っているということではない。でも、私は〔大戦中のナチスのしたことについて、〕犯罪の現場を訪問しているような気持ちだ、と言いました － 何が恐ろしいことが起きた現場、です。

スコット――ええ。それは充分言えています。

メアリー――少なくとも私の心では、雰囲気とか、私の抱く連想は、何か邪悪なものがここに生きていた、ということです － ナチスの時代という意味です。

スコット――ふむ、ふむ、ふむ。

メアリー――それで、お分かりでしょうが、私は完璧に進んでそこに行きたい気持ちがしなかったんですね。私は、自分にとって、雰囲気への一種の嫌悪を持ちました。今、それは私の投影だけかもしれません。たぶんそうだったんでしょう。でも、それを感じました。

スコット――でも、クリシュナジが、ハンブルグでの一回を除外して、そこで話さなかったということは、ふしぎですね。私は、彼が何か言ったかもしれないと思いました。なぜなら、その時、ドイツを通って旅行していたからね。

メアリー――ええ。もちろん私たちはドイツを何も見ませんでした。なぜなら、国境を越えた時からスイスに着くまで、〔自動車専用の高速道、〕アウトバーンだったからです。実は、或る時点で石油が必要でしたが、私はアウトバーンを降りるのを嫌いました。なぜなら、私たちがどこにいるかとか、誰ともどう意思疎通するかを、知らなかったからです。でも、そうせざるをえなかったので、私は降りて、運良く、素早くガソリン・ステーションを見つけ、給油して、アウトバーンに戻ることができました。なぜなら、私は地図とか何も持っていなかったからです。私は、クリシュナジを乗せ、燃料を見つけようとして、ドイツをまごついて回りたくなかったんです。

スコット――もちろんです。

メアリー――ともあれ、それで私たちはスイスに着きました。そして、昼食をとりました。〔スイス北西部で、フランス、ドイツとの国境にある都市〕バーゼル、お好みなら、〔フランス語での〕バール (Bale) だったと思います。私たちは〔スイス中西部にある首都〕ベルンで停まろうとしていましたが、そうしませんでした。グシュタードの〔アパートメント・ハウス、〕レ・カプリスへ急ごうと思ったんです。

　今、私たちは６月３日にいます。またこの年も〔イタリアの〕ヴァンダ〔・スカラヴェッリ〕が、〔グシュタードの〕タンネグ山荘のアパートメントを取っていましたが、７月になってのことでした。だから、私はアランのために小さなスタジオ・アパートメントを取っておいて、クリシュナジは、前に私が取ったフラットに、泊まりました － そこは、二つの寝室と、居間とキッチンとバス等がありました。で、彼は今回そこに泊まりました。こう言うのは残念ですが、とても小さな部屋に、です。でも、そういうものであったし、彼はそこで完璧に幸せそうでした。私たちは再び、とても静かな家庭的な生活に落ち着きました － 私は料理し、マーケットで買い物をし、家事をし、午後には散歩です。もちろん私たちはすぐに、〔保管しておいた〕彼の車〔メルセデス〕を取りに行きました － それはたいへん重要でした。

スコット――もちろんです。〔北東方向の〕トゥーンにですか。

メアリー――トゥーンにです。そこで冬中、倉庫に入っていました。もちろん私はその頃、まだジャガーを持っていました。

スコット――〔クリシュナジが好きでなく、故障もした〕とても劣った車ですね！

メアリー――とても劣った車です。（二人とも笑う）でも、ともかく、彼はメルセデスに乗って帰り、私は自分の車を運転しました。アランは彼と一緒に行ったと思います。翌日、私の車で私たちは、〔レマン湖の南西の端、〕ジュネーヴのピエール・シュミット博士に会いに行きました － 彼の同種療法(ホメオパシー)の医師です。彼とアランは検査を受けて、私は何か買い物をしました。それから私たちは昼食をとりました － それ以降、私たちがいつも昼食をとる場所になったところで、です。それは、オテル・デ・ベルグー（the Hotel des Bergues）のアムピトリュオーン〔・レストラン〕（the Amphitryon）です。いつも気持ちよかった。とても古風でした。

スコット――ええ。

メアリー――私はいつもそこで、別の時に、他の大陸にいるのを感じてきました。私はどうしてか「ヨーロッパ」にいる、と。その感じは知っていますか。

スコット――ええ、ええ。（クスクス笑う）

メアリー――ええ、そこは「ヨーロッパ」です。中部ヨーロッパは、パリやロンドンよりその感じを持っています。

スコット――ええ、ええ。

メアリー――食卓すべてに、すばらしい白のテーブル・クロスと、すてきな花々。きわめて形どおりのホテル支配人とウェイター － 一つの小さな食卓に少なくとも二人、ね。私の言っている意味がお分かりなら、クリシュナジに合っていました。

スコット――ええ、ええ。

メアリー――ものごとが合っているという私の感覚は、充たされました！なぜなら、食べ物はとても良かったし、彼らは菜食主義の要件にたいへん注意していたからです。彼は、それについて話すことなく楽しみました。ものごとがすてきに為されているのが、分かりました。

スコット――ええ、ええ。

メアリー――それから、ジュネーヴでする普通のお使いすべて、です。〔時計の〕パテク・フィリップ・・・

スコット――もちろんです。〔ネクタイなどの〕ジャケ (Jacquet) は？

メアリー――ジャケ。そのすべて。そのしきたりです。ええと、私たちはあまり長く泊まらなかったと思います。その時点で、〔1967年6月5日から〕イスラエルの〔第三次中東〕戦争が起こりました。ご存じでしょう、〔アラブ諸国に勝利した〕六日間戦争です。

スコット――ああ、そうです。あなたたちは戻ってきましたか。まっすぐ戻ってきましたか。それとも、〔ジュネーヴ郊外の〕ディヴォンを通ってもう一度行ったんでしょうか。

メアリー――うーん、どうかなあ。分かりません。（クスクス笑う）憶えていません。

スコット――それで、六日間戦争が起こりました？

メアリー――ええ。そして、すぐに終わりました。

スコット――もちろんです。

メアリー　とてもうれしかったです。
メアリー　すぐに終わったことが、ですか。
メアリー　すぐに終わりましたし、イスラエルは敗北しませんでした。
スコット　ええ。
メアリー　少なくとも私にとっては、です。分かりませんが、クリシュナジはそれについて批評しなかった。
スコット　ええ。
メアリー　それから、何が起きたでしょうか。〔ヨーガ教師の〕デシカチャールが来ました。6月12日頃にアラン〔・ノーデ〕はジュネーヴに行って、彼を迎えました。デシカチャールはインドから〔航空機で〕飛んで来ました。私たちは〔アパートメント・ハウスの〕レ・カプリスに、彼のためにも部屋をとりました。

　クリシュナジは、朝にヨーガのレッスンを受けました。それから彼は休んで、昼食をしました。私はマーケットで買い物をし、料理をしました。私たちは、四人みんなで、昼食をとりました。昼食の後、彼は再び休んで、それから午後に散歩でした。デシカチャールがさほど散歩したのか、私は憶えていません。彼は自分のヨーガをしたと思います。でも、すてきでした。グシュタードはすばらしかった。6月にはそこに誰もいなかったからです。群衆も始まっていませんでした。クリシュナジは、人々の一種…見つめて…注意する圧迫を、感じませんでした - 後で彼は感じるようになりましたが、その夏でさえ、です。タンネグ〔山荘〕に集中したほとんど心霊的な圧迫、です。
スコット　ええ。
メアリー　でも、そのときはすてきでした。ああ、(笑う) ジャガーのフェンダーの修理のために、私たちは〔北東方向に〕トゥーンに戻りました。クリシュナジとアランとデシカチャールは、アランの車でそこで私に加わりました。もちろんクリシュナジは、私はメルセデスを持つべきだとの一種のキャンペーンを、始めました！(二人とも笑う) それで彼は、〔取扱業者の〕モーザー氏を - 修理工場（ガレージ）の所有者で、彼から自らのメルセデスを得ていた人を - 会話に、引き込みました。ジンバリスト夫人にとって喜ばしい (二人とも笑う) と思うのは、どんな種類のメルセデスかについて、です。私はこれに反対しませんでしたが、跳びつこうともしませんでした。(クスクス笑う)
スコット　あなたはどうしてフェンダーにぶつけたんですか。
メアリー　ああ、私がどうしてぶつけたのかな。憶えていません。
スコット　では、クリシュナジが車にいるとき、それは起きなかったと、想定されます。〔そうであれば、〕きっとあなたはそれを憶えていたはずだと思いますから。
メアリー　それを憶えていたはずでしょう。
スコット　そのとおり。
メアリー　トゥーンから私たちは、〔トゥーン湖の〕湖沿いの場所に行きました - 頻繁に訪れたところ、〔東北岸の〕ビアテンベルグ (Beatenberg) のホテル・ビータス (Hotel Beatus) です。そこは、ほぼ道のりの中間で、湖の東側に沿っています。私たちは長年そこで頻繁に昼食をとりました。
スコット　ふむ、その場所は知りませんね。待ってください。そのホテルは、まわりに何もなくて、ちょうど湖に面しているんでしょうか。そして、車用の道を降りて、そこに行くんでしょうか。なぜなら、道路のほうが高いから。
メアリー　少しね。さほどではない。わずかに、です。〔トゥーン〕湖にちょうど面しているからです。実は、湖を巡る小さな蒸気船が、ビータスに停まります。
スコット　ええ、ええ。私は実際、そこに行ったことがあると思います。
メアリー　たぶんあるでしょう。
スコット　ともあれ、継続しましょう。
メアリー　では、グシュタードに戻ります。トゥーンへのこの旅行は、18日のことでした。私のメモ書きには、23日にクリシュナジは、私がメルセデスを得るべきだと考えると、言います。(二人とも笑う) 彼は決定しました。それで、〔取扱業者の〕モーザー氏は試運転にそれを持ってきました。
スコット　ええ。
メアリー　私は分かりました - それが (笑う) 起ころうとしている。(スコット、笑う)
　〔フランスの実業家で支援者の〕ジェラール・ブリッツ (Gérard Blitz) とその奥さんがグシュタードに現れました。彼らは昼食に来ました。或る時点で彼は、サーネン集会委員会の一員になりました。
スコット　ああ。
メアリー　私もそうでした。私はこの時期に招かれました。後で7月のことだったと思います - そのとき、他のメンバーたち -〔イングランドの〕ドリス・プラットとメアリー・カドガンと〔フランスの実業家〕デ・ヴィダスだったと思います。そして、ペリゾニアス (Perizonias) という風変わりな人です。ペリゾニアスのことを聞いたことがありますか。
スコット　いいえ。
メアリー　〔デンマークの小説家〕アイザック・ディーネセン (Isak Dinesen) の物語の登場人物みたいに聞こえます。(スコット、笑う) 彼女はオランダ人女性です。彼女はその頃、オランダの〔K委員会、〕スティチング (the Dutch Stichting) の一員でした。彼女はまったく変わっていました。彼女をそう変わっていると私が思った理由すべては、思い出せません。彼女は結局、姿を消しましたが、そのとき一員になるよう頼まれていました。彼女はスティチングではすっかり有力者だったと思います。たぶんその会長だったかもしれません。よく憶えていませんが、ともあれ彼女もそこにいました。そして、ディヴィッド・ボームが昼食に来ました。私のメモ書きにはそう言いませんが、〔その妻〕サラルが彼と一緒だったと思います。でも、彼は短い時間だけそこにいました。
スコット　ジェラール・ブリッツへの関心は、何だったんでしょうか - 明白に彼は実業界でとても優れていて、あらゆる種類の才能と能力を持っているという事実より他に、です。
メアリー　まあ、その頃、クリシュナジは、ブリッツは自らにとって、言うところのア・ノム・ダフェール (un homme d'affaires. 実務家) の一種だろうと考えました。言い換えると、金銭面での助言です。
スコット　事の表面上では、彼はもっともらしくない性格ですから。
メアリー　もっともらしくない性格です。
スコット　ともあれ、私のブリッツとの出会いからはね。
メアリー　ええ。でも、彼は教えに熱心であるとされてい

ました － それがとても深まったということを、私は知らないですが。彼はまたヨーガにとても興味を持っていました。実は、あなたは知っていると思いますが、彼はデシカチャールを、ヨーガの実演とセミナーとレッスンとか何とかのために、繰り返しヨーロッパに連れてきたんです。
スコットーええ。
メアリー―6月29日にクリシュナジは、夜に熱を出し、それが華氏101.8度〔、摂氏38.8度弱〕に上がりました － それは彼にとっては高熱です。アランは、ジュネーヴのシュミット博士に連絡し、博士は何か同種療法の処方をしました。アランはそれを得るために〔北東方向の〕トゥーンに行きました。〔山村の〕グシュタードには、何もなかった。それは、クリシュナジが、そのとき私がそう呼んだ、譫妄状態になった午後のことでした。でも、彼は過去に、熱が高くなったなら、自分は無意識になりがちだと、私に警告しておきました、または、語っていました。はたしてそうなりました。彼は明白にベッドにいました。私はベッドのそばで肘掛け椅子に座っていて、彼といっしょでした。アランは行ってしまいました。彼は或る種、虚ろな眼で部屋を見回しはじめ、私に対して「あなたは誰ですか。」と言いました。

　私は自分の名前を言いました。

　すると彼は、「あなたは彼に質問をしなかったですよね？」と訊ねました。

　私は、「ええ。」と言いました。

　すると彼は、「彼は質問をされたくないんです。」と言いました。一休み、二休みの後、彼は、「これら長年の後でさえ、僕は彼に慣れていません。」と言いました。これらを通じて彼は子どもの声をしていました － 小さな、小さな子どもです。高い声です。[3]

スコットーふむ、ふむ。
メアリー―再び彼は、私を認識しない － 実は何も、ですが － これら大きな眼をしていました。それはただそのように留まりました。私は彼に話をしようと試みませんでした。私は、彼の名を使い、「はい、クリシュナジ」とか「いいえ、クリシュナジ」とか言って、彼に返事をしたと思いますが、それは何も効果があるようには見えなかった。あたかも彼は行ってしまったかのようでした。でも、彼は、私が彼に対して何についても質問をしなかったのを、確かめたがっていた。彼はそれを望まなかった。
スコットーこれは、〔神秘体験での〕「プロセス（the process）」についての他の人たちの記述と全く同一です。
メアリー―ふむ、ふむ。
スコットー少なくとも、その顕現は。
メアリー―ええ、そうでした。「プロセス」でした。
スコットーでも、クリシュナジが或る面で病気であるとき、それが起こったということは、ふしぎです。
メアリー―ええ。まあ、彼はすでに言っていました － 熱が高くなると、たぶんそれは‥‥彼はなりがちだ‥‥それは起こりがちだ、と。そうなりました。結局、アランが戻ってきました。彼の熱はまだ高かったが、それを抜け出していました。ああ‥‥
スコットーこれはどれほど続きましたか。
メアリー―まあ、アランは何時間も出かけていました。彼は即時にそれに陥ったというわけではなかったが、私といて、少なくとも一時間は続いたんでしょうね。

スコットーあなたはまったく怯えなかったんですか。
メアリー―ええ。
スコットー部屋に何か他のものがあると感じましたか。または、それについて何かふしぎな‥‥
メアリー―いいえ。私は彼を意識していたので、他の何をも意識していませんでした。

　彼は最後に眠りに就きました。彼は目覚めたとき、いつもの彼でした。その後、彼はほとんどの時間、或る種、静かに眠っていました。（メアリーの話を聴く）[4]

　翌日、彼はまだ熱を出していました。同じ華氏101.8度〔摂氏38.8度弱〕でした。彼はとても弱っていました。いわば、「行ってしまう」ということはなかった。
スコットー〔同種療法でない〕通常の逆症療法の医者には、診断してもらったり、連絡したりしなかったんですね？
メアリー―ええ。
スコットークリシュナジの要請ですか。
メアリー―まあ、私がいうのは、それは‥‥彼ら〔クリシュナジとアラン〕は二人とも同種療法（ホメオパシー）の考え方をしていて、〔ジュネーヴの〕シュミット博士が掛かりつけの医師でした。私たちはそちらには入りませんでした。

　加えて、彼はけっして医者を呼びませんでした。このことではけっして医者を呼んでいませんでした。彼は熱のことで医者を呼んだかもしれませんが、熱はおそらく手当てしていたと想定されます。思い起こすと、アランが何か〔同種療法の〕医薬を持って帰ったと思います。また私たちは、桜のへたから一種のお茶を作らなくてはいけなかった。それが治療法でした。

　でも、翌日、彼はとても弱っていました。私は彼に或る種、ベッドでの看護をしました － 私は〔看護助手として、第二次大戦の〕戦争中に病院で働いたことから、そのやり方を知っていました。分かるでしょう、スポンジで拭いて、彼を清潔で快適にするんです。さて、これは30日のことでした － そのとき、彼はとても弱かったんですが、「他（the other）」はありませんでした。彼は、サーネン〔集会の〕委員会の日曜日の会合を － これは2日でした － 取り消したくなかった。それで、言い換えると、この会合が開かれるはずの二日前に、彼は弱くて、本当はベッドから出られなかったけれど、それを取り消そうとしなかった。ヴァンダ〔・スカラヴェッリ〕がその午後、〔イタリアから〕到着しました。彼はタンネグ〔山荘〕に引っ越すことになっていましたが、その日は明白にできませんでした。でも、良くはなっていました。午後遅く彼女が入ってきて、シュミット博士に相談しましたが、彼は、クリシュナジを翌日、タンネグ山荘に移すのは、だいじょうぶだと、言いました。で、翌日 － 土曜日であったと思いますが － 彼の熱は平常に下がりました。

　アランは、〔故郷の〕南アフリカからの友だち － 到着しようとしていた女の子です － に会うために、ジュネーヴに行ってしまいました。それで、私はその朝、クリシュナジの世話をして、彼に昼食を出し、それから彼が昼寝をした後で、彼の車で彼をタンネグ〔山荘〕に送って行きました。
スコットークリシュナジに対して、起きたことを話したんでしょうか － 彼がこのように行ってしまっていたということを。
メアリー―ああ、そうです。はい。
スコットーそれへの彼の応答はどうだったんでしょうか。

メアリーー彼は或る種、頷きました。分かるでしょうが、それは…彼にとってあまり意味がなかった。私がいうのは、それは…

スコットー異常ではなかった。その意味は…

メアリーーええ。

スコットーこのことをアランと話しましたか。

メアリーーええ、そうだと思います。そうにちがいない。そうにちがいない。

スコットーそれでも、これが何を意味するかを、クリシュナジとともに探究しようとする試みとか、何もなかった、と？

メアリーーええ、何も。私はたぶんヴァンダにも話したでしょう － それは憶えていませんが。私は彼の車で彼を連れて行き、彼女とお茶をして、彼女に話をしました。それから戻りましたが、アランは友だちを連れてきていました － ジェニー何とかというとてもすてきな女の子です。ともあれ、それが7月1日のことでした。

　私は翌朝、タンネグ〔山荘〕に上がっていきましたが、クリシュナジは元気だったし、そこでサーネン集会委員会の会合を開きました。

スコットーそれは異例でないですか。私がいうのは、他の人たちがそのような高熱を出すことと、それがただ下がって、それで良くなることは、異例である、と。

メアリーー彼は何かをしなくてはいけないとき、病気であるなら、ふつう熱や気持ち悪さは去ってしまいました。彼は続けていきましたね。おもしろいことです。翌日、彼は元気でした。

　彼は私を、サーネン集会委員会の一員にしました。他の人たちは、アランとデ・ヴィダスとフラシア（Frasiea）だったのを憶えています。フラシアを知っていますか。フラシアはイタリア人で、クリシュナジの古い友人でした。フローレンス〔フィレンツェ〕か、フローレンスの近くに生活していた、と思います。

スコットーフラシア、その名前は知っています。彼に会ったことがあるのかどうか、思い出せません。

メアリーー彼はサーネンに来て、二、三日を過ごし、クリシュナジに会ったものでした。彼はまた、しばらくの間、すごく漠然としたイタリア委員会の一員でした。

スコットー（笑う）そこは、今日に至るまで漠然としたままです！

メアリーーええ！そして、「ペレゾニアス氏（Mr. Perezonias）がそこにいた。ドリス・プラットとメアリー・カドガン。ブリッツが加えられることになった。」と言います。後で私はヴァンダ〔・スカラヴェッリ〕とともに昼食をとり、あらゆることについて議論しました － クリシュナジとアランと何についても、です。

スコットーヴァンダは、前にクリシュナジがプロセスを経ているとき、一緒にいたということは、正しいでしょうか。

メアリーーええ、ええ。

スコットーで、彼女はこの現象について知っていましたか。

メアリーーああ、そうです。彼女はそれについてすべて知っていました。私は彼女と、それについて議論したと思います。私は本当はあまり多く憶えていません。私たちは彼の健康と、起きたことと、それらの種類のことについて話をしていたから、そうしたにちがいありません。

スコットー私はそれを、記録に書き留めておきたいと思うだけです － 彼女が実際に自分自身でクリシュナジとともにその経験をしてきたことを、ね。で、これは何か知られたことでした。

メアリーーええ。彼女はそうでした。そのとおりです。彼女はそれについて書いたことがあります。アーカイブス〔資料保管庫〕には、それについて記録があります。それで、翌日、もう一回、タンネグ〔山荘〕でサーネン集会委員会がありました。私は昼食に残るよう言われました。サチャ・デ・マンツィアーリもまたそこにいました。サチャはいつもおもしろかった。語るべきおかしな物語を持っていました。彼はクリシュナジのことが大好きでしたし、みんなをおかしな物語でもてなしました。すてきな人でした。

　それからヴァンダは〔イタリアから〕到着したばかりでしたが、彼女は私にタンネグ〔山荘〕について話をしました。彼女はタンネグを開けるために来ただけでした － 料理人のフォスカを連れてきて、〔自分はイタリアへ〕翌日、発とうとしていました。彼女は不在中に、私にあれこれの面倒を見て、何でもすべきことをしてほしいと思っていました。それで私たちは、それについて話し合いました。

スコットーそのとおり。

メアリーー二、三日後に私たちは、クリシュナジとアランと私は、〔西方向に〕ジュネーヴに戻りました。クリシュナジがシュミット博士の検査を受けるためです。またも、私たちは〔ホテル・デ・ベルグーの〕アムピトリュオーン・レストランで昼食をしましたが、私たちはそこが好きでした。それから車を運転し、〔レマン湖の南岸、フランスの〕エヴィアン経由でグシュタードに戻りました。

スコットーふむ。さて、あなたはそのときタンネグ〔山荘〕へ引っ越して行ったんでしょうか。

メアリーーいいえ。そのときはしませんでした。私は〔アパートメント・ハウス、〕レ・カプリスのフラットに、泊まりました。私はマーケットで買い物をし、〔料理人の〕フォスカを手伝い、そのようなことをしました。講話が始まったとき、私はまた運転して、クリシュナジを〔会場のテントへ〕送っていきました。私はまたヨーガのレッスンをそこで受けました。なぜなら、今、デシカチャールはタンネグ〔山荘〕に、階下の部分へ引っ越したからです。

スコットーでは、彼は階下のフラットに泊まったんですか。

メアリーーそうだと思います。そうにちがいない。ともあれ、レッスンはそこでありました － クリシュナジと、誰でもそれを受ける人のためにです。

　ええと、何が起きたのかな。再び〔ジュネーヴの〕シュミット博士への旅行がありました。これは7月7日のことでした。私たちはホテル・リッチモンドで、サチャとともに昼食をしました。それから運転してグシュタードに戻りました。〔インドから〕バラスンダラムがやってこようとしていましたが、彼を迎えるためにアランはジュネーヴに留まりました。クリシュナジと私は、戻ったとき、雨のなかを散歩しました。翌日、私たちは〔会場の〕テントを見に行きました。そこで講話が行われることになっていましたが、それが建てられようとしていました。

　第1回の講話は9日でした。

スコットーその頃、テントはどのようでしたか。飛行機の格納庫型のテントでしたか。

メアリーーまだドーム状のテントだった、と思います。かなり確かですが、確信はありません。

第1回の講話にはたくさんの人たちがいました。美しい日でした。後で昼食には、バラスンダラムとサチャがいました。

ヨーガのレッスンは、朝すごく早くありました。なぜなら、私はヨーガのレッスンのために午前8時に〔山荘に〕上がっていったのを、憶えているからです。それから後に運転して、クリシュナジを講話に送りました。

11日の午後に私のフラットで、サーネン教育会合がありました。（クスクス笑う）それが何だったのかは、憶えていません！（スコット、笑う）私の憶え書はかなり漠然としています。そこには、あらゆる種類の人たちがいました。〔Kの甥でリシ・ヴァレーの教師、ギドゥー・〕ナラヤンがいました。〔同じくリシ・ヴァレーの教師〕マーク・リーがいました。フランシス・マッキャン。ププル〔・ジャヤカール〕は全く突然に到着しました。私は列車の駅に彼女を出迎えました。彼女はタンネグ〔山荘〕で夜を過ごしました。翌日、アランが運転して、彼女をジュネーヴに送って行きました。そこから彼女はさらにインドへ行きました。アランは〔ププルの妹〕ナンディニ〔・メータ〕と娘のデヴィ・マンガラダス（Devi Mangaldass）を出迎えて、彼女らを昼食時までにタンネグに連れてきました。彼女らは階下の部屋をとりました － それらはその頃、階下の全体でした。ヴァンダはその部分を、お客用に借りました。それで、ナンディニとデヴィは階下にいましたが、彼女らはかつてグシュタードに来たことがありませんでした。

私はふつうタンネグ〔山荘〕で夕食をとりましたが、二晩タンネグに泊まりました。正確にはなぜかは憶えていません － クリシュナジを一人にしておくのが正しいと感じられなかったということ以外は、ね。他の人たちは階下にいました。もちろんアランはそこにいませんでした －〔アパートメント・ハウスの〕レ・カプリスにいました。この夏の間、後で、彼〔クリシュナジ〕はそこに一人でいたとき、人々が彼に焦点を合わせているというあのことを、感じはじめました。彼は、どこに自分がいるかを誰も知らないところへ休日に行くことについて、しばしば話をしたものです。なぜなら、彼は或る種、感じたからです － それは圧迫に似ていました。私は叙述できませんが、理解していると思います。時折、彼は戻ってきて、レ・カプリスの私の場所で自室を使い、そこで眠ったものです － 夜のまともな睡眠を得られるように、です。そして、昼間はタンネグに戻って行ったんです。

スコット－ふむ、ふむ。彼は、人々がタンネグ〔山荘〕に焦点を合わせる圧迫を、物理的に感じたからですか。

メアリー－ええ。それは人々の注意の光線に似ていました。彼はその焦点から抜け出したいと思いました。

スコット－ふむ、ふむ。

メアリー－もちろん、その夏、ヴァンダは戻ってきましたが、しょっちゅうそのときそこにいませんでした。それはまるで彼を圧迫するかのようでした。私は他に言い方を知りません。

スコット－ふむ、ふむ、ふむ。彼はそのためにタンネグに泊まるよう、あなたを招いたんでしょうか。それとも、ただ・・・

メアリー－憶えていません。私は二回だけ泊まりました。それはナンディニが到着したときであったと思います。私はあれこれやっていて、朝にそこにいなくてはならなかった。それで彼は・・・本当に、憶えていません。ただ私のメモ書きが、「タンネグに泊まった」と言うだけです。

スコット－ふむ、ふむ。では、あなたは、ナンディニのためにあれこれするために、朝早くそこにいなくてはいけないだろうから、そのほうが便利だったのかもしれない、と思うんですか。

メアリー－分かるでしょうが、後でヴァンダは自分がそこにいないとき、いつも私をそこに泊めてくれました。それは或る種、その始まりでもありました。

スコット－ふむ、ふむ。

メアリー－私はあれこれと面倒を見ることになっていました。

スコット－あなたをそこに、家に置いたことで、どうにか、この光線に耐えやすくなる、という感覚は、ありましたか。

メアリー－ええ、拡散したかもしれません。

スコット－この光線がどうにか拡散したかもしれない・・・

メアリー－ええ、ええ。そうだったかもしれません。彼は本当はそれをあまり多く叙述しませんでした。

スコット－ええ、私は、あなたがそれについて憶えていることとか、あなたのその感覚を、得ようとしているだけです。

メアリー－私はなぜそこに泊まったのか、本当に憶えていません。それは、何か重要でないことでした。私が言うのは、それは何か便宜だったんです。

スコット－ええ。でも、それはまた、この光線に関係していたかもしれません。

メアリー－かもしれません。なぜなら、そのとき彼は物理的にタンネグ〔山荘〕を抜け出したいと思ったからです。それで、時折、〔アパートメント・ハウスの〕レ・カプリスに来たんです。

スコット－後で、講話がますます大きくなって、誰もがタンネグがどこにあるかを知るにつれて、彼にとって困難であるという感覚が、何かありましたか。クリシュナジはそれについて話をしましたか。

メアリー－彼はそれについてそのように話をしませんでした。でも、しばしば、人々は彼がどこにいるかを知らないとき、私たちが自動車でフランス横断とか何かをしていると、彼は、自分に対するあの集中がないから、自由の感覚があると言ったものです。

スコット－ええ、良いなあ。

メアリー－彼が時々、休日に行くことについて話すとき、それは、自分がどこにいるかを誰も知らないところであるべきです － それで、自分はそれを感じないように、と。最後の〔1985年の〕夏でさえ、彼が〔翌年以降、イングランドの〕ブロックウッドで講話をするだけにしようとするとき、ただ休日のために〔スイスの〕サーネンに戻るかどうかについて私たちが話していたとき、彼は、誰も自分がそこにいるのを知らないなら、「だいじょうぶだろうか。」と訊きました。

スコット－それは憶えています。ええ。

メアリー－または、他のどこかに行くべきか、と。

スコット－憶えています。憶えています。

メアリー－それで、そこにあったんです － 彼の持っているあのおかしな感じです。それは理解できます。

スコット－ええ、ええ。私もです。

メアリー－で、彼がそもそも電話に答えたということではないですが、私はそれが私自身の生活にありました － そ

93

うねえ、どこに行ってしまうのか。私がどこにいるかを誰も知らなくて、電話も鳴らないところ。または、そうであるなら、それは私にではない。それがありました - そうね、圧迫からの逃避です。他に何を言うべきか、私は知りません。
スコットーええ、ええ。
メアリーーともあれ、私はナンディニ〔・メータ〕と〔娘の〕デヴィを買い物に連れていきました。

ああ、そうだ。〔家政婦〕フォスカについてメモ書きがあります - 私は様々なことでフォスカを手伝おうとしていました。クリシュナジは、〔会場の〕テントでまた別の教育の集団と会合しました。今、私は、それが若者たちだったのか、または一般の人たちだったのか、または未来の学校の人たちだったのかを、知りません。

アランは、ナンディニとデヴィをジュネーヴに連れていきました。クリシュナジは〔山荘から〕降りてきて、私とともに夕食をとり、泊まりました。ここには、「クリシュナジは再びカプリスで夜を過ごした。タンネグでは人々の注意の圧迫を感じる。」と言います。

24日には、「クリシュナジとアランは、68年に後で、長い休日のために合衆国に行くことについて議論した。」と言います。彼は長い休日がほしかった - ものごとを離れて、です。

また、「私たちは来年、パリで同じ住宅をとることに同意した。マルセル・ボンドノー（Marcelle Bondoneau）とジゼラ・エルメンホースト（Gisela Elmenhorst）が、それについて私に話をしに来た。」と。昼食に誰がいたかを見ましょう…「バラスンダラム、ドロシー（Dorothy）とモンターニュ（Montague）〔・シモンズ夫妻〕。クリシュナジは、ドロシーとアランと私とともに議論して、私たちはたぶん学校を持つだろう、たぶんオランダに、と言った。」（二人ともクスクス笑う）あの頃はね。またもや、「テントで会合があった。オランダでの学校の計画が発表された。」と！

私はナンディニとデヴィを〔トゥーン湖の東のリゾート地〕インターラーケン（Interlaken）に連れていきました。クリシュナジは来ませんでした。ここには、「27日の午前にとてつもない講話。」と言います。そして、「ラージャゴパルがオーハイから電話をしてきた。」と、たぶん何かの不和でした。再びクリシュナジは私との夕食に来て、カプリスに泊まりました。

それからクリシュナジとアランとナンディニとデヴィと私は、ジュネーヴに行きました。再び、「クリシュナジとアランは、シュミット博士のところへ行った。」（クスクス笑う。スコット、笑う）「私たちはみな〔オテル・デ・ベルグーの〕アムピトリュオーン〔・レストラン〕で昼食をとり、〔南岸のフランスの、〕エヴィアン経由で運転して帰った。お茶のため、オテル・ロワイヤル（the Hotel Royale）に立ち寄った。」と。

そのとき大きなことは、一方の道を行き、他方の道を戻ったでした。このみごとなオテル・ロワイヤルは、エヴィアンの上の丘にありました。再び、まさにエドワード朝の雰囲気、中部ヨーロッパ、超豪華ホテルです。
スコットーええ、古き良き時代といったものです。
メアリーーええ。そういうものです。食卓すべてが、湖を見渡すテラスに出ていました。とてもすてきでした。私たちはそこで幾らか時間を過ごし、泊まることさえ考えました。私たちは行って、部屋を見ましたが、結局、そうしませんでした。（スコット、クスクス笑う）おそらく休日です。（メアリー、笑う）さて、見てみましょう。〔ベルギーの実業家で支援者の〕ヴァン・デル・ストラテン（van der Straten）家の人たちが、憶え書に出てきます。再びラージャゴパルが電話をしてきました。ああ、アルベルト（Alberto）が到着しました。ヴァンダ〔・スカラヴェッリ〕の息子ね。アルベルトに会ったことがありますか。
スコットー彼に会ったことはありません。
メアリーーまあ、そのときアルベルトはとても若かったわ。
スコットー彼は今、お屋敷を切り盛りしているでしょう。
メアリーーええ、ええ。そのとき利発で気持ちいい若者でした。

ああ、30日に、サーネンの最後の講話があって…
スコットーメアリー、その頃、サーネン講話にはどれほどの人たちが、来たんでしょうか。
メアリーーまあ、ふつう〔会場の〕テントはかなり一杯でした。ほんとにたくさんです。どの年にテントを変えたのか、実際には憶えていませんが、そんなに早かったとは思いません。なぜなら、ドーム型のものがかなり長い間、そこにあったからです。それは最終的なものほど大きくなかったです。

「スペイン人の集団が来た。」それら英語を理解しない人たちが来ました。（クスクス笑う）それから8月に彼は公開討論会を始めました。
スコットーこれらは、「質疑応答の会」と呼ばれるものになりましたか。
メアリーーええ、ええ。

8月2日、第1回の討論会と同じ日に、タンネグ〔山荘〕で、オランダでの学校に関心を持つ人たちの会合が、ありました。彼らはみな、何をしたいかについて話をしました。

翌日も、学校についてもう一回、討論会がありました。そこには〔オランダからの〕アンネッケ〔・コーンドルファー〕がいました。アルベルトが一人、友人を連れてきました - マシュー・フォックス（Matthew Fox）という少年です。クリシュナジは若者たちに話をするのが好きなので、彼らは散歩に行きました。それからクリシュナジは、ナンディニとデヴィを自分の車に乗せて、一走りに行きました。

8月5日には、第4回の公開討論会がありました。
スコットーちょっとの間、これらの討論会について話をすることが、重要であると思います。私はそれらを憶えています - 私が最初にそれらに出席したとき、です。一人の人〔クリシュナジ〕が壇上にまったく自分だけでいて、聴衆全体との議論を実際に行っているというのは、とてつもないと思いました。
メアリーーそのとおりです。
スコットーそれらがばかげたことになるのは、後になってからのことでした。ほんの二人ほどの人たちのせいで、です - それらは、形式的な質疑応答の会に変えざるをえなかったんです。
メアリーーええ。
スコットーこの頃の初期の討論会がどのようだったかについて、話してください。それらはヴィデオ録画されなかったから、人々はそれがどのようだったかを知らないでしょう。
メアリーーそれらはオーディオで録音されました。まあ、まず第一に、こう言わなくてはいけません - すなわち、私が初めて彼が話をするのを聞いたとき、それは40年代に

遡りますが、彼は書きとめた質問を持っていて、それらを読み上げ、それから答えた、ということです。結局、彼がそうすることに戻ってきたやり方です。でも、この時期には、ご存じのように、人々はただ立ち上がって、質問をしたものです。質問をしたいだけの人たちから、幾つもの質問がありました。それから彼は、各質問を憶えておくという、私にとって奇想天外なことをしました。彼は、「それらすべてに答えが見つけられるのかを、見てみましょう。」というようなことを、言いました。彼はまさにそれをしましたが、それはさらにとてつもなかった。

スコット―ええ。

メアリー―一つの答えが、各質問に答えるようなものです。

スコット―ふむ、ふむ。人々は、彼の文章の途中で立ち上がって、批評をしたものです。だから、実際にたくさんの行き来がありました。

メアリー―ありました。ありました。

スコット―それは壮観でした。

メアリー―それは後で変更されましたが、それは、あのノルウェーの男と、あのインドの男とその怒りっぽい妻により継続的に中断させられたときのことです。彼女とノルウェー人は、或る種、組んでいました。あまりに不快になったので、或る時点で彼らはほとんど会合を壊してしまうほどでした。あなたはたぶんそこにいたでしょう。

スコット―いました。いました。

メアリー―でも、これら初期に彼は、聴衆から自発的な質問を受けました。彼がやったことは、まったくとてつもなかった。

スコット―ええ、そうでした。（メアリーの話を聴く）

メアリー―それで、6日にはもう一回、教育会合がありました。7日には最後の公開討論会がありました。

それから、直ちに翌日、教育について教師たち等との六回の討論会が始まりました。

スコット―それらは録音されましたか。

メアリー―そうだったにちがいありません。アラン〔・ノーデ〕は〔スイスの〕ナグラ〔の録音機〕を持っていましたし、彼が録音をしました。私が思い出せるかぎりでは、クリシュナジがどの集団に話をするときも、毎回それは録音されました。

これら教育会合は時には、テントでありました。時にはタンネグ〔山荘〕に上がってありました。

9日に私たちはタンネグ〔山荘〕で、十二人の人たちのために、大きな昼食を行いました。〔オーハイからの〕アランとヘレン・フーカー〔夫妻〕(Hooker)が料理をしました。午後4時にクリシュナジとのサーネン教育会合が、タンネグで開かれました。学校はスイスにできることが決定されました！（クスクス笑う）

再び彼はその夜、夕食のため〔山荘から〕降りてきて、泊まりました。彼は「人々の注意が自分に集中しているかのようで、タンネグでは眠るのが難しい。自分は標的を感じるが、彼は〔アパートメント・ハウスの〕カプリスに降りると、プライヴァシーがある。」と言った、と言います。

彼はまだ、とても激しく働いていました。13日に最後の教育会合を開いたからです。とてつもない会合でした。私のメモ書きには、「その後、私はめまいがした。」と言います。これが8月13日です。

私たちは、〔サーネンのすぐ西の〕ルージュモン(Rougemont)の山にドライヴに行きました。それから午後4時にクリシュナジは、タンネグ〔山荘〕で若者たちと話をしました。

スコット―かなりきつかったですね。

メアリー―とてもきつかったです。再び15日に、タンネグでもう一回、若者たちとの討論会がありました。

16日に私たちは、彼のメルセデスを運転し、〔レマン湖の北岸の都市〕ローザンヌに行きました。ウシー(Ouchy)で昼食をして、ヴヴェイ(Vevey)、〔東端の〕モントルー(Montreux)、〔その南東の〕エーグル(Aigle)等を経由して戻ってきました。私たち三人で晩餐し、話をしました。

翌日、私はタンネグ〔山荘〕に上がって、彼らとともに昼食をしました。私たちは散歩に行って、グシュタードに私たちみんなのための住宅を持つことを、話しました。（スコット、クスクス笑う）一切れの土地があって、私たちはそれを見たのを、憶えています。でも、そこは信じがたいほど高価でした！私は今、それがどうだったかを忘れてしまいましたが、住宅を建てるだけの小さな一切れの土地に、4万ドルとかいったものでした。でも、私たちはいつのときも、みんな一緒に生活することについて、話をしていました。

スコット―ふむ。

メアリー―推定するに、私たちの三人、次にヴァンダがそこにいたいときはいつでも彼女も、〔合計〕私たちの四人が、場所を共有するんでしょうが、それは何にもなりませんでした。（笑う）でも、私たちは、グシュタードのこの建物について、幾日も議論を続けましたし、それはなぜかすてきでした。私たちはまた、〔グシュタードのレストラン、〕ソンネンホフ(the Sonnenhof)近くの土地も見に行きました。あの道を上がったのを知っていますね。

スコット―ええ、知っています。

メアリー―それは忘れてしまいました。（笑う）それからサラルとデイヴィッド〔・ボーム〕が現れました。彼らは昼食に来て、散歩し、話をし、あらゆることでした。

22日にヴァンダが、ローマから戻ってきました。それから或る日、クリシュナジとアランと私は、〔レマン湖の北岸の〕ローザンヌに行きました－そこで彼らは二人とも歯医者に行き、私はお使いをしました。私たちはグラッペ・ドアー(the Grappe D'Or)で昼食をとりました。これらの詳細すべては要らないでしょう。

スコット―まあ、害はないね。（メアリー、笑う）

メアリー―私のメモ書きには、26日に私は、グラーフ氏ととともに山荘と土地を見に行ったが、私たちは買わないだろう！と、言います。（二人とも笑う）それからクリシュナジとともに、彼の車で〔南方向の〕クシュタイク(Gsteig)のほうへドライヴに行きました。私たちはそこで散歩しました。エドガー・グラーフ(Edgar Graf)を憶えていますか。

スコット―ええ、もちろん。では、エドガー・グラーフは、67年にはすでに登場していましたか。

メアリー―ええ。

スコット―ああ。

メアリー―それから或る日、興味深いことに、〔アメリカのジャーナリスト、政治批評家〕ウォルター・リップマン夫妻(Mr.and Mrs.Walter Lippmann)がタンネグ〔山荘〕での晩餐に来ました。後で私は彼らを、メニューインのコンサートに連れていきました。彼らは〔パリ郊外、南東に40

キロメートルほどの都市〕フォンテーヌブローの近くに、住宅を所有していました。実際は、風車小屋ですが、彼らはそれを売りたいと思っていました。で、それについて話がありました。次のパリへの旅行で私たちは行って、そこを見ました。でも、気に入りませんでした。

スコット―ふむ、ふむ。（メアリー、クスクス笑う）リップマン夫妻のどちらかが教えに関心がありましたか。

メアリー―まあ、彼らはクリシュナジに会ったことがあり、ヴァンダを知っていました。それで、彼女が彼らを招待しました。

スコット―では、むしろ社交上でした。

メアリー―彼らはたまたまグシュタードにいました。むしろ社交上でした。でも、彼らはどちらも、クリシュナジと彼の話すことについて、相当な感情を持っていた、と思います。

スコット―ふむ、ふむ。

メアリー―ここで或る日、クリシュナジが昼食前に、〔アパートメント・ハウスの〕カプリスに現れたときが、あります。彼のメルセデスが動きませんでした。（二人とも笑う）それで、彼はレ・カプリスにそれを停めておきました。その期間の幾らか、彼はそこに停めておきましたが、時には上のタンネグに停めておきました。それで、私たちはジャガーを運転して〔山荘に〕上がり、昼食のためボーム夫妻に会いました。私の日記には、「今朝、Kが瞑想と没我（エクスタシ）について書いたことを読んだ後、降りてきた。」と言います。彼は、車を直してもらうのを待っている間、ここ（レ・カプリス）でもっと書きました。後で彼とアランとともに散歩をし、フォンテーヌブロー〔の住宅の可能性〕について話をしました。そうね、フォンテーヌブローは新しい考えです。

スコット―これはリップマンの場所です。

メアリー―ええ、リップマンの場所です。「再び翌日、リップマン夫妻がタンネグ〔山荘〕でのお茶に来た。私たちは荷造りを始めた。クリシュナジは〔タンネグ山荘から〕降りてきて、ここにある自分のものすべてを荷造りした。」―それは、レ・カプリスで、という意味です。彼はどちらの場所にも、ものを残しておきました。また「私たちはローザンヌに行った。サチャ〔・デ・マンツィアーリ〕を降ろし、それからクリシュナジとアランは歯医者に行った。それからさらに、アランがインドのヴィザを得るために、ジュネーヴに行った。クリシュナジの腕時計のためにパテク〔・フィリップ〕に、そしてグシュタードに戻った。（クスクス笑う）それから私たちは〔北東方向の〕トゥーンに行って、クリシュナジのメルセデスを保管のために置いておいた。私は４月の引き渡しでメルセデス１台を注文した。」！（二人とも笑う）

スコット―何を注文しましたか。

メアリー―グレイの車の最初のです。私が持っているようなものです。

スコット―同じもの、280 SE でしたか。

メアリー―ええ、ええ。（クスクス笑う）

９月３日にタンネグに、〔飛行士の〕リンドバーグ夫妻が昼食に来ました。彼らはクリシュナジとヴァンダを知っていたし、山越えに邸宅を持っていました―そこには、〔イギリスの俳優、作家、脚本家、演出家の〕ノエル・カワード（Noel Coward）と〔オーストラリア出身のソプラノ歌手〕ジョアン・サザランド（Joan Sutherland）が邸宅を持っていました。彼らに会うのは興味深かったです。

４日に私はローザンヌに運転して行き、そこでアランに会い、彼のテープ・レコーダーのために立ち寄りました。それから私は、〔北西方向に、レマン湖畔のニヨンの街〕サン・セルグ（Saint-Cergue）、〔フランス東部ジュラ県の〕シャンパニョル（Champagnole）、〔同じく〕ポリニー（Poligny）、〔フランス東部のコート・ドール県の〕ディジョン（Dijon）経由で、パリへ運転して行きました。（笑う）

スコット―クリシュナジはどこですか。

メアリー―まあ、彼はグシュタードに留まりました。でも、翌日私は〔パリ南部の〕オルリー〔空港〕に出掛けて、クリシュナジがジュネーヴからの空の便で到着したのを、出迎えました。アランは自分の車でパリへ運転してきました。私たちは、パリでオテル・ウエストミンスター（the Hotel Westminster）に泊まりましたが、そこはかなりおもしろくないホテルでした。「私たちは〔靴屋〕ロブに行った。」（クスクス笑う）

また、「私たちはリップマンの住宅を見に出掛けたが、それは気に入らなかった。（笑う）戻ってきて、〔ルーブル宮殿の西隣、元宮殿の〕テュイルリー〔公園〕（the Tuileries）で散歩し、レ・プレ・カテラン（Le Pre Catelan）で昼食をし、〔パリ西部の、ブローニュの〕森」で散歩をし、〔靴を〕合わせるためにロブに行った。」とも、〔日記に〕言います。あなただけがこれが楽しいでしょう！将来、この〔録音〕テープを聴いている人は誰も、全くうんざりするでしょう！

スコット―（笑う）それは大事なことではない。私は徹底的に楽しんでいますよ！

メアリー―（また笑う）「それから私たちは映画に行った。〔英米合作のミュージカル・コメディ〕『ローマで起こった奇妙な出来事（*A Funny Thing Happened on the Way to the Forum*)』だ。」

スコット―ああ、はい。ああ、はい。

メアリー―翌日、「私はパリのオテル・ウエストミンスターを午前６時４５分に発って、〔フランス北部パ・ド・カレー県の〕ラ・テュケへ運転した―153 マイル〔約 245 キロメートル〕を３時間で。朝食をとり、航空フェリーに乗ってイギリス海峡を越え、〔ロンドンの南東、ケント州の〕リド（Lydd）に。運転して２時間半でロンドンに行った。」（クスクス笑う）

９月９日に、「私は〔ロンドン南西の住宅地〕キングストン・ヴェイル（Kingston Vale）に着いて、メアリー・カドガンとドリス・プラットがクリシュナジのために借りた住宅に、行った。かなりわびしかった。（二人とも笑う）階上には三つの寝室と一つのバスがあり、階下には居間とダイニング・ルームとキッチンがあった。」何でも布を洗いたいと思ったら、考えは、それをキッチンのストーブの上に吊すというものでした―私はそれはむさくるしいと思います！それで、すばらしくなかった、と言わざるをえません。ともあれ、私たちはそこに着きましたが、「カドガン夫妻とジェーン〔・ハモンド〕がそこにいた。私たちはその住宅をよく調べた。後で私はカドガン夫妻と、〔ロンドン南西部、〕ウインブルドンのインド・レストランで、夕食をとった。」（笑う）

翌日、「私たちは〔ロンドン西部の〕ヒースロー〔空港〕に行って、クリシュナジを出迎え、その家に午後３時３０分までに戻った。〔広大な〕リッチモンド〔王立〕公園での長い散歩に行った。」そこは多かれ少なかれ隣でした。

翌日、メアリー・カドガンが昼食に来ました。

12日に、「アランが自らのフォルクスワーゲンで、昼食に間に合うよう到着した。」（笑う）アランはパリでクリシュナジと一緒に泊まり、それから彼をパリ空港に連れて行ったにちがいありません。私は彼〔クリシュナジ〕を〔ロンドン西部の〕ヒースロー〔空港〕で出迎えました。それで話が通じます。（クスクス笑う）

それから13日に、「私たちは〔サヴィル・ロウの仕立屋、〕ハンツマンに行った。私はそこで最初のスーツを注文した。その後、私たちはメアリー・リンクス〔旧姓ラッチェンス〕のフラットで昼食をとった。それから私は、アドリアンナ（Adrianna）を迎えに空港に行った。」アドリアンナは、ヴァンダがタンネグで働いてもらったイタリア人メイドでした。私は、私たちがイングランドにいる間、彼女にその住宅の世話をし、食事を作ってくれるよう頼みましたが、それはあまりうまく行きませんでした。でも、ともあれ、ね。

スコットーふむ、ふむ。

メアリーー「ロザリンド・ラージャゴパルがロンドンにいた。彼女はクリシュナジに電話してきて、その住宅に招待された。彼女は1時間遅れで来て、クリシュナジに対して一人で不愉快に話をした。」

スコットーその何を憶えていますか。

メアリーー私は出席していなかったので、直接的には知りませんでした。でも、彼女が、クリシュナジはラージャゴパルと仲良くしなければならないと言って、面倒なことになっていたのは、知っています。彼女はいつもラージャゴパルの側にいました。

スコットー彼女が持ち込んできた種類の雰囲気を、憶えていますか。彼女は入ってくるとき、不愉快でしたか。

メアリーー私は、彼女が不愉快だったと憶えているだけです。私の印象は、彼女は恐ろしい女性であると、以前に形成されました。

それからクリシュナジはウインブルドンで講話を行いはじめました。毎日、私たちはリッチモンド・パークで散歩しました。

或る朝、クリシュナジは、アランと私は自室に入ってくるべきだと、言いました。私たちは三人みんな、一緒に瞑想しました。

スコットー彼はそれを、どういう意味で言ったんでしょうか。

メアリーー分かりません！（クスクス笑う）

スコットーそうしましたか。

メアリーーええ。

スコットー何をしたんでしょうか。叙述してください。

メアリーー私はそこに座っただけです。（二人とも笑う）いかなることも私の精神に入ってきませんでした。

スコットーでは、あなたたちは床に座っていましたか。

メアリーー床に結跏趺坐して、です。

メアリーーどれほどの間、座ったんでしょうか。

メアリーー分かりません。あまり長くなかった。しばらくです。

スコットーあなたにとって特別でしたか。それとも・・・

メアリーー分かりません。それは、或る種の実験でした。でも、そこから何も出てきたとは思いません。

スコットークリシュナジはそれについて何を言いましたか。

メアリーー分かりません。彼は何も言いませんでした。（二人とも笑う）

スコットーアランはそれについて何を言いましたか。

メアリーー私の記憶に記録はありません。それは実験に似ていました。でも、実験からは何の結果もありませんでした。（笑う）でも、私たちはそれを再びやりました。「20日にクリシュナジとアランとともに、冥想。」。いわば、ただ静かに座って、見つめていただけでした。

再び〔仕立屋の〕ハンツマンがあって、違った人たちが昼食に来ました。これはまったく退屈です！

スコットーその頃、カミングス氏（Mr.Cummings）はハンツマンにいましたか。

メアリーーええ。でも、リントット氏（Mr.Lintott）がまだ存命でした。だから、すべてがリントット氏でした。カミングス氏は裏にいました。私は二回目の仮縫いをしましたが、私のスーツは成功でなかった。彼らは女物の衣服を作れません – 少なくとも私にとっては。（クスクス笑う）

9月23日にクリシュナジは、「あなたは、もはや自分自身だけに責任があるわけではない。あなたはとても気をつけなければいけない。」と言いました。

スコットーええ、彼は後で、それを私にも言いました。

メアリーーええ、そうでした。

スコットー〔録音〕テープが切れようとしています。だから、ここが終わりどころかもしれません。

原 註

1）メアリーは12歳のとき、医師たちが骨髄ガンであると考えたものを治療するために、〔開発の〕ごく初期の放射線治療を受けた人だった。彼女は、放射線の激しいやけどを負い、筋肉にも骨にも損傷を受けた。彼女は余生の間、常に痛みを受けていたが、ほとんどの人はそのことを知らなかった。

2）〔オランダ語で「財団」「基金」を意味し、〕オランダでのクリシュナムルティ委員会の名称。

3）メアリーの声からは、彼女が部分的に私に物語を語っていて、部分的に、日記からそれを読んでいるようである。

4）インドのリシ・ヴァレー学校の〔1950年代終わりから1977年まで第二代〕校長。

5）ナンディニは、ププル・ジャヤカールの妹であり、1940年代からクリシュナジに親しかったし、彼の余生の間、そうであった。彼女はインドの様々なクリシュナムルティの団体で重要な人になり、〔インド西部の大都市〕ボンベイ〔現ムンバイ〕でインド・クリシュナムルティ財団のもとの、貧しい子どもたちのための〔無償の〕学校〔バル・アナンド〕を、始めた。

6）ドロシー・シモンズ（Dorothy Simmons）は、クリシュナジにより、ヨーロッパでのクリシュナムルティ学校の校長になるよう選ばれた。それで、彼女は最終的に、ブロックウッド・パーク・クリシュナムルティ教育センター（The Brockwood Park Krishnamurti Educational Centre）の初代校長になった。彼女の夫モンターニュは学校で歴史を教えた。

7）アランとヘレン・フーカー〔夫妻〕は、オーハイ〔の西端、オーク・グローヴの近く〕で有名な美食のレストラン〔、ランチ・ハウス〕を始めた。アランはまた、初めての美食の菜食料理本を出版した。ブロックウッド・パーク・クリシュナムルティ教育センターが開かれたとき、彼は一年間、やって来て、キッチンを始め、他の料理人たちを訓練した。

8）風車小屋であり、その内側に住宅がある。

9）ジェーン・ハモンド（Jane Hammond）は、イングランドとサーネンでクリシュナムルティの仕事に貢献した。最終的には、クリシュナムルティ信託財団（the Krishnamurti Foundation Trust）と、ブロックウッド・パーク・クリシュナムルティ教育センターの理事になった。

訳　註

*1 第3号を参照。
*2 ハンブルグでの講話は、1956年9月に行われた。Henri Methorst (2004) 第7章「ドイツにおけるクリシュナムルティ－ヒトラーの前と後－」には、1931年4月にドイツでベルリン、ハンブルグ、フランクフルトで、同じくドイツ語圏のオーストリア、ウィーンで一回ずつ講話したようすが、記されている（それはラッチェンスの伝記第二巻でも確認できる）。ドイツでは、戦前にはクリシュナジへの関心もあったが、ナチスの台頭と大戦での荒廃、戦後の経済復興への没頭により、イングランド、オランダ、フランス、合衆国とは異なって、クリシュナジ自体が若い世代一般と出版社に知られていないという状況もあり、若い世代の関心は1980年代まで待たざるをえなかったと言われている。
*3 これは、デンマークの女性小説家カレン・ブリクセン（1885-1962）が用いた男性のペンネームである。代表作に『愛と哀しみの果て』がある。
*4 ホームページ上ではここで指示された個所をクリックすると、メアリーの話が聞こえる。
*5 先にはオランダの女性とされているのに、ここではMr.をつけて、男性になっている。夫なのだろうか。
*6 Kが自らの神秘体験について記した『クリシュナムルティのノートブック』には、イタリアでのヴァンダのところに滞在したときの記録が多く含まれている。
*7 Kの高齢と健康を考えて、25年継続した夏のサーネン集会は終了し、以降はブロックウッドのみとすることが、1985年7月下旬に決定された。
*8 ホームページ上ではここで指示された個所をクリックすると、メアリーの話が聞こえる。
*9 引用符の終わりがない。
*10 Youtube 上のインタビュー Interview with Dr.Scott Forbes, by Reza Ganjavi において、スコットは、彼女がずっと痛みを受けつづけていたことについて次のように述べている－「少なくとも一回、たぶん二回、彼女は私に語りました－『私は突然夜に目覚めました。当面、痛みがなかったから。』と言った。それは衝撃的でした。」
*11 サーネンの国際的な集会では、正午前に行われた講話を、午後にジェーン・ハモンドが急いでタイプで打ち、それが五人の翻訳者に渡されて、直ちにフランス語、ドイツ語、オランダ語、スペイン語、イタリア語で各々の言語の参加者にも口述で提示されていたようである。Henri Methorst (2004) 第17章「サーネン－オーメンの継承」を参照。
補1）第53号、1978年7月26日の個所を参照。

第8号　1967年9月から1968年4月まで

序　論

この号には、真実についてのクリシュナジの理解の一部分が、議論されている－それは、彼にとって重要であったが、彼が自ら仕事自体においてけっして表さなかったこと、すなわち、善と悪について彼の見解である。これの部分は、正しいことをする中での、彼の「保護」の感覚である。

また、〔彼と信奉者との間の〕特有な関係についての議論もある－それは、少年時代から彼の生の一部であった。

さらに加えて、クリシュナジとメアリー〔・ジンバリスト〕とアラン〔・ノーデ〕の三人組が、世界を順調に広汎に移動してまわるのが、見られる－イングランドが、新しいクリシュナムルティ学校の現場に、決定される。初めて編集と出版の委員会が、〔ラージャゴパル支配下の〕KWINC〔クリシュナムルティ著作協会〕に何の関係なく、始まる。そして、クリシュナジの著作権を〔KWINCから〕取り戻すために、最初の動きがなされる。

メアリー・ジンバリストの回顧録　第8号

メアリー－私たちは、クリシュナジが〔ロンドン南西部、〕ウインブルドンで講話を行っていて、〔その近くの住宅地〕キングストン・ヴェイルで生活していたということで、止めたと思います。それで理解できますか。
スコット－ええ、それは正しいように聞こえます。
メアリー－私はまた、早朝に私たち三人が彼の部屋で、まったくの静寂のなか結跏趺坐で床に座った実験について、語りました。それが私たち二人にとって何だったのか、私は知りません！
スコット－クリシュナジは、あなたの背中を何かにもたせて座らせましたか。
メアリー－いいえ。私の心の眼で見るところ、私たちは床の真ん中で絨毯の上に座っていました。彼は大きな寝室を持っていました。
スコット－なぜなら、何年も後、クリシュナジは、私に〔ヨーガの〕調息とかそのようなことを教えていたとき、（メアリー、クスクス笑う）私の背中を、彼のステレオが載っているあの白いテーブルの脚に着けて、座らせたからです…
メアリー－ええ、ええ。
スコット－…それで、私の背骨全体がまっすぐだったんです。
メアリー－まあ、彼はあの時点で、私たちの背骨についてあまり考えていなかったと思いますよ。（二人とも笑う）少なくとも、私の記憶ではそれが見えるようです。
スコット－私はただそれを描き出そうとしています。それだけです。何回、それをしましたか。
メアリー－よく分かりません。でも、何回もやりました。でも、けっして習慣にはならなかった！（クスクス笑う）
スコット－（笑う）では、大成功ではなかった？
メアリー－他の二人に訊くべきでしょうね！（二人とも笑う）でも、それは私にとってとても感動的だったと、言わざるを得ません。なぜかは言葉にできなかった－クリシュナジは、あなたも知っているように、ものすごい静けさを導入できたということ以外は、ね。
スコット－ええ。
メアリー－それは、少なくとも私にとって、静けさしか起こっていない、一種のすばらしい空間でした。
スコット－後で何をしましたか。
メアリー－ああ、分かりません。私たちは行って、朝食をとるとか何かしたと思います。今は忘れてしまいました。早かったです。
スコット－朝食前でした。
メアリー－朝食前でした。私は〔階下に〕降りて行って、朝食を調えたり、何かそのようなことをしたと、思われます。いや、私はそこは空白です。
スコット－あなたは服装を整えていましたか。または、体操着を着ていたのか。または、バスローブか何かを着ていたのか…
メアリー－私はたぶんズボンとセーターか何かを着ていま

した － 床に座るためにです。クリシュナジは部屋着を着ていました。
スコット―はい。
メアリー―アランが何を着ていたのかは、忘れてしまいました。彼は服装を整えていたと思います。

でも、これは、彼が「あなたはもはや自分自身に責任があるわけではない。あなたは他の何かに責任がある。」と言いはじめた時でした。(たぶんこれは、先日〔1967年9月に関して〕あなたに言いました。)
スコット―ええ、ええ。
メアリー―彼は、来たるべき歳月を通して、それを私に何度も何度も言うことになりました。
スコット―ふむ、ふむ、ふむ。メアリー、ここで中断してもよければ － おそらくこれは私の心に明確化するためだけですが － クリシュナジが何年も後に、その種のことを私に対して言ったとき…
メアリー―ええ。
スコット―それは大いにこの調子でした － あなたは今、自分の人生で何でも好きなことをやるわけにはいかないよ、と。
メアリー―ええ、そのとおりです。
スコット―あなたは危なかしいことをやってはいけない。ただ…
メアリー―危なかしいことをやる〔のを避ける〕というのが、大いにそれの特徴でした。
メアリー―おそらく私たちは、それについて話をすべきでしょう。なぜなら、どうしてかあなたの人生は、もはやあなたのものではなく…
メアリー―そのとおりです。
スコット― …それでもって何でもやりたいことをやるだけではない。
メアリー―そのとおりです。
スコット―いま、それは何か他のことの一部分です。または、それは、うーん…
メアリー―ええ。あなたは他の何かに責任がある － それは、彼はそう言わなかったけれど、「他のもの (the Other)」だったと思います。でも、今、もはやあなたの人生ではない。あなたは…
スコット―ええ、ええ。
メアリー―そして、危なかしい部分を、彼はとても強調しました。私が〔彼とともに〕インドに行かないで、カリフォルニア〔、マリブの自宅〕に戻るときはいつも、彼は私に対して教え諭したものです －「不必要な危なかしいことは何もしてはいけない。」と。それはふつう、不必要な空の旅と判明しました。私がどこでもいるところから〔空の便で、弟のいる東部の〕ニューヨークへ飛び、それから母に会いに〔東部マサチューセッツ州の〕マーサズ・ヴィニヤード〔島〕に行くことは、だいじょうぶでした。それは必要だったからです。それから、〔空の便で〕カリフォルニアに飛んで戻ることも、です。でも、だいじょうぶではなかったのは、まあ、例えば私が明日、誰かとの昼食のためにサンフランシスコへ運転して行きたいと思った、とします。それはしてはいけない。それは不必要だったんですよね。彼はまた言ったものです － この時点で彼がそう言ったのかは、分かりません。たぶん言ったかな －「あなたは私とともにいるとき、保護される。でも、あなた自身でいるとき、私はあなたを保護できない。」と。時々、彼は言いました － 彼が冗談を言っているのか、真剣なのかを訊いてもよかったと思いますが、彼はしばしば、「私はあなたとともに二人の天使を送りましょう。」と言ったものです。私はそれを〔自分に分かる言語に〕翻訳しようとしませんでした。
スコット―ええ、ええ。
メアリー―彼はただ何かを隠喩として言っていただけなのかどうなのか、私は知りません。でも、それから彼は、「でも、彼らを緊張させてはいけない！」と付け加えました。(笑う)「彼らを働かせすぎてはいけない。」と。言い換えるなら、回避できた愚行はするな、と。言い換えるなら、「車をあまりに速く運転するな。気をつけて運転しなさい。」と。不必要なことの一例は、〔スイスの〕サーネンでありました。そこで私は、そのことでけっして何もしなかったんですが、グライダーに乗りたい誘惑に駆られました。彼もそうだったことが分かります。彼はそれはすばらしいだろうと思ったんです！
スコット―知っています。知っています。
メアリー―でも、彼は、それは不必要なことであり、自分はそれをすべきでないと思いました。ゆえに、同様に私の人生で何が起きても、私はそれに気をつけなければならない、と。
スコット―これについて私の印象をお伝えして、あなたの反応を頂きましょう。クリシュナジが同様のことを私に対して言ったとき、それはほとんどまるで、何か必要なことをしているなら、保護の要素が伴っているかのようでした。なぜなら、あなたはやはりどうにか部分であって…
メアリー―何かに対して責任を持ちつつあったんです。
スコット―ええ。あなたはどうにか、何か自らがしているはずの活動の部分でした。それは、自分が正しい場所にいたかのようでした。
メアリー―ええ、そのとおりです。
スコット―でも、何か不必要なことをしはじめると、そのとき正しい場所の外側に出ていました。
メアリー―ふむ、ふむ。
スコット―正しい場所の外側にいると、もはやその保護を受けなかった。
メアリー―そんなに断定的でもなかったわ。
スコット―ええ。そうではなかった。私は、これが私の受けた感覚だと言っているだけです。
メアリー―ええ、そのとおりです。
スコット―実は、また有ったんですが…クリシュナジが話をしたとき、あなたはそこにいました…私たちは自分たちが関与していることに関与しているから、さらに、何か怖いことが…出てくる傾向のことが、ありました。あなたがこれについて話をしたいのかどうか、分かりませんが。
メアリー―ええ、話したいです。
スコット―それはほとんど、何か悪のようなものが、私たちが保護の地域から外側に出てくるのを待っているかのようでした。
メアリー―そのとおりです。ええ。彼は何かの時点で言いました － いつかは憶えていません。それについて私がメモ書きをしていれば、後でそこに来るかもしれませんが…彼は多かれ少なかれ、そう言いました…私は、彼の言葉を引用しようとするのは望みません。私はそれについ

て、自分の理解を伝えるだけにしましょう。まるで悪が彼を狙いたいと思っているが…
スコットーふむ、ふむ。
メアリーー…でも、できない。なぜなら、彼は何か保護されていて…
スコットー何によって、でもです。
メアリー彼は保護されていました。
スコットーええ。
メアリーゆえに、悪は、彼を狙いそこねて、彼のまわりにいる人たちを、打ち倒そうとするかもしれない － 彼にとって何らかの形で役立つ人たち、彼のしていることの一部分である人たちを、です。
スコットーええ。
メアリーゆえに、私たちが標的でした。
スコットーええ。
メアリー彼はそれをその通りには言いませんでしたが、それが内容でした。
スコットーまあ、たいがいその意味でした…私はこれに言及しているのは、ただ…まあ、一回だけではなかったが、初めての時です。確かに、クリシュナジが私に対してそれについて直接的に話をしてくれた初めての時は、私が〔スイスで〕登山をするのを彼が止めさせたときのことでした。
メアリーええ。
スコットー憶えていますか。
メアリーよく憶えています。（二人とも笑う）彼はあなたとその核心に入りました…
スコットーええ。
メアリー…なぜなら、登山はあなたのやっている一番危険なことであったからです！（クスクス笑う）
スコットーええ、ええ。彼は私が登山をするのを止めさせました。
メアリー知っています！
スコットー憶えておられるなら、当初、彼は自らが何をしているのかを、私に言ってくれませんでした。彼はただ言って…なぜなら、彼はずっと（クスクス笑う）気に掛けていて…これは、この〔録音〕テープでの私の回顧録になるべきではないな…
メアリーいえ。さあ、これは協働ですよ。
スコットー分かりました。彼は私の登山について気に掛けていました。彼は私に教え諭していました、等です。
メアリーええ。
スコットー特に、私は時々、一人で登山していたからです。それから或る年、彼は〔イングランドの〕ブロックウッドで私がスイス〔、サーネン〕へ発つ前に、私に訊きました － 「あなたは講話の前に何をしようとしていますか。」と。私は、「まあ、私は歩いて山々に登ろうとしているだけです。」と言いました。私は登山をしようとしていないとは、言いませんでした。ただそれを軽めに言っただけです。クリシュナジは心配していて…
メアリーええ。
スコットー…その年、クリシュナジは心配していました。私が彼に会いに来たとき － なぜなら、私はいつもサーネンに着くとすぐに、彼に会いに行ったからです。彼は私のことを心配していました。
メアリーええ。
スコットー彼は教え諭すように私に訊きました － 「あなたは何をしようとしていましたか？！」と。
メアリーええ。
スコットー彼はたいへん叱っていました。「あなたは何をしようとしていましたか…何を…」
メアリーええ。
スコットー私は、サーネンの講話の後、再び山々に登ろうと計画していました。でも、講話が終わろうとしていたので、彼は言いました － 「来て、タンネグ〔山荘〕で私と一緒に泊まりなさい。そうだな、…」
メアリーええ。
スコットー「…二、三日の間。」と。もちろん私はタンネグ〔山荘〕に泊まることにわくわくしました！（二人ともクスクス笑う）〔夏の〕オリンピックが行われていたと思います。
メアリーええ。或る夏、私たちがみなテレビを見ているときがありました。
スコットーええ。私たちはオリンピックを見ていました。ともあれ、それで、時間は少しの間、延長されてですね、私はただ…
メアリーええ。
スコットー…もう少し長く泊まっていました。それはどれだけの間か、知りませんが、長引きました。
メアリーあなたは山歩きに一度も行かなかった！（二人とも笑う）
スコットーそれから天気が悪くなりました。
メアリーふむ、ふむ。
スコットー天気が変わりました。天気図では、来週の間、天気が悪くなることが分かりました。だから、登山はなし。それからクリシュナジは、（笑う）「まあ、あなたが行きたいのなら、今、行っていいよ！」と言いました。（もっと笑う）それが、私が訊ねたときです － 私は、「では、クリシュナジ、あなたは意図的に私を登山させないようにしていましたね。」と言いました。
メアリーふむ、ふむ。
スコットー「これは何ですか。」と。
メアリーええ。
スコットー彼が私とともに全体のことを話したのは、そのときでした。彼はまた、この全体のことの一部分として、言いました － それもまた、興味深いと私は感じるんですが － 彼は、悪の力が他の時より強い時があるのを、感知するようだ、ということです。それで、より危なかしい時とか何かである時が、ありました。
メアリーええ、ええ。
スコットーまた、彼があなたに〔元家政婦の〕フィロメナに会いに〔ローマに飛行機で〕飛んでほしくない年もあったと、私は思います。
メアリーあなたが話しているとき、私はそのことを考えていました。
スコットーそうね、なぜかというと、どうにかそれは…
メアリー或る年…
スコットーどうにかこれは…分かりません。全く率直にいって、これはすべて私の想像上だったかもしれません…クリシュナジは私に対して、この関連づけをまったくさせなかった…でも、何かがあるように思われて…それは、ラージャゴパルがしていたことに、関連していたように、です。どうにかラージャゴパルが…
メアリーええ。

スコット—…もっと強さを持っていて…もっと…まったく…
メアリー—それは…
スコット—…どうにかこの悪の反映だった…
メアリー—ええ。
スコット—…これは、特別に危険な時であるようでした。
メアリー—ええ、まあ、私は夏ごとに二日か三晩か何かだけ、〔ローマにいる元家政婦の〕フィロメナに会いに行こうとしていました－誰でも将来にこれ〔録音〕を聞く人のためですが、彼女はとても大切な人でした。様々な役割で私の家庭にいつづけた、そのときまでには、とても年老いたイタリア人女性でした…彼女は私の伯母のメイドでしたが、それから、伯母が亡くなった後、私と私の夫〔サム〕のところに来ました。彼女は本当に私の家族の一員でした－彼女自身の家族以上に、です。私は彼女について同じように感じました。彼女は、自分は病気だと考えて（本当はそうではなかった）、自分の家族と一緒にいるために、イタリア〔、ローマ〕に戻っていました。言い換えると、彼女は引退していました。それで、私は〔毎年、〕夏に〔スイスから飛行機で〕飛んで、彼女に会おうとしたものです。それはだいじょうぶでした。でも、それから、本当に、うろたえるような或る夏が、ありました。なぜなら、クリシュナジは、私がローマに着いたとき、電話をするよう私に頼んだからです。私は〔レマン湖の南西の端、〕ジュネーヴの空港へ運転していき、電話して、「私はここにいます。いつでも搭乗できます。」と言いました。でも、私はローマに着いたとき、ずっと後まで電話にたどり着けませんでした。
スコット—ふむ、ふむ。
メアリー—彼は、私に何かが起きたことを気に掛けていました。
スコット—ふむ、ふむ。
メアリー—私はそのことでひどい気持ちでした。なぜなら、私はこれがうすうす分かっていたからです。それから再び、順序は定かでないですが、翌年だったと思います－それは、あなたが言及しているときです。クリシュナジは私に〔ローマに〕行かないよう頼みました。それは私にとって難しかった。なぜなら、〔老齢の〕フィロメナはそれらの訪問を待って生活していたからです。私はどのようにも彼女を傷つけるのに、耐えられなかった。
スコット—私も憶えています。憶えています。
メアリー—でも、当然ながら、クリシュナジが行かないよう頼んだとき、私は行きませんでした。
スコット—ええ、もちろん。
メアリー—私は彼女に、できるだけ説明しようとしました。
スコット—ふむ、ふむ。
メアリー—あの要因があって、何かが私を、何らかの形で襲ったかもしれなかったんです。
スコット—ふむ、ふむ。
メアリー—私たちが〔カリフォルニアの〕マリブ〔の自宅〕にいたとき、私はお使いで〔近くの〕ロサンジェルスに行ったものですが、私が戻ってくるのが遅いと、彼はしばしば門の近くに立っていて、私を待っていました。彼は、「あなたが来ようとしているのが感じられたよ。」と言ったものです。
スコット—ふむ、ふむ。
メアリー—彼はしばしば、何かが起きようとしているとき、感知しました。

スコット—ふむ、ふむ。
メアリー—私の父が〔1972年8月にパリで〕亡くなったとき、私たちはタンネグ〔山荘に〕いたのを憶えています。父はまったく良くなくて、クリシュナジはそれを知っていました。彼は長い間、良くなかったんです。でも、父の世話をしている女性が、私に電話してかけてくれて、そういうことで、私は父が亡くなったのを知らされました。私は自室にいましたが、クリシュナジは数秒後に来ました。彼は知らないうちに、何が起きたのかを感知していたんです。
スコット—ふむ、ふむ。
　これは或る面で類似して見えます。この主題を少し継続すると、他の瞬間より大きな危険の瞬間があることへのこの種の感知ですが。
メアリー—ええ。
スコット—最後に〔1986年の〕オーハイで、クリシュナジは私たちに…私たちがけっして彼を一人にしておくべきでない期間があったのを、思い出してください。それは特に危険な瞬間でした。私たちは二人とも彼の寝室の床に寝た、と思います。
メアリー—ええ、そのとおりです。二人とも床に寝ました。
スコット—私たちは交代してしていましたが、或る夜、それはどうにか…それから翌日、彼は「もう過ぎ去ったよ。」と言いました。
メアリー—ええ、「もう過ぎ去ったよ。」と。そのとおりです。彼が最後に（インドから）〔カリフォルニアに〕戻ってきたとき、彼が私に言った最初のことは。あなたが憶えているなら、私が彼の車を運転していき、彼を〔空港から〕乗せて帰りました。あなたと〔インドでの掛かりつけ医師の〕パーチュリ〔博士〕（Parchure）は、〔オーハイでの校長〕マーク・リー（Mark Lee）とともに、荷物すべてを積んで、付いてきました。
スコット—ええ、ええ。
メアリー—彼は車に乗るととたんに、「あなたにはとても深刻なことを言わなくてはいけない。次の二十四時間、あなたは一瞬も私を一人にしておいてはいけない。」と言いました。彼はなぜかを説明しませんでしたが、それは…危険でした。
スコット—ふむ。
メアリー—或る意味で、それは、〔1977年に〕彼が私に病院でするように言ったことに似ていました。でも、私たちはそれらに後で行くでしょう。そして、生きることと死ぬこととの間の細い線、です－彼は、それが自分の生き方だと言いました。
スコット—ええ、ええ。
メアリー—危険は、彼が手術の間と後に、彼が言うように、「あっさり逝ってしまう」だろうということでした。私はどうにかそれを防がなければならなかった。それには後で行くでしょう。
スコット—ええ。でも、それはわずかに違っていますよね。なぜなら、それは、何か威嚇の感覚ではなかったからです。それは、彼がおそらくあっさり逝ってしまうという感覚でした。あなたはそれを防ぐべきことになっていました。でも、私たちが今話しているこの別のことは、どうにか満ち欠けしている能動的な威嚇に似ています。
メアリー—ええ。何か外部のものが何かの形で、脅かしていました。または、脅かそうとしていました。（長い休止）

101

おもしろいです。もちろん、これはすべて、私たちの物語との同調を外れていますが、それが出てきたからには…私たちは何でも思いつくことをただ話すべきだと、思うんです。

スコット－ええ。

メアリー－まあ、特に彼の最後の二、三年は、彼は闇についてこの感情を持っていました－或る種、有ったのは…日が沈んだとき、森－それを彼は愛していて、すばらしい場所だと感じましたが…夜には悪が森に入った、と。彼は夜に、自分はけっして一人で森に入らないと言いました。

スコット－私はそれに似たようなことを憶えています－彼は、夜の森にとても強い威嚇の感覚があるのを感じた、と。

メアリー－ええ。でも、また保護もありました。私は、「私と一緒なら、入るんでしょうか。」と言いました。彼は、「ええ。でも、もしもあなたがそこにいたならにかぎります。」と言いました。例えばオーハイでは、明らかに、彼は夜に一人で家から出て行こうとしませんでした。例えば、ひとたび暗くなると、〔すぐ近くの〕アーリヤ・ヴィハーラに歩いて行くためでも、です。

スコット－ふむ、ふむ。

メアリー－私がいうのは、彼が行く場合はなかったという意味ですが、私は「もしこうなら、どうですか。」と訊きました。彼は、いや、行かないと言いました。それはまるで、何か威嚇するもの、何か邪悪なものが、闇とともに来て、その他では幸いであり大いに愛された場所へ忍び込むかもしれないかのようでした。

スコット－ええ。

メアリー－おもしろいですね。

スコット－とてもおもしろい。とてもおもしろい。なぜなら…まあ、たくさんの理由のためにですが、ここには、何かクリシュナジにとってたいへんな実在性を持っているものが、ありました。でも、彼はけっしてそれを、自らの教えに持ち込みませんでした。

メアリー－ええ。

スコット－今、私は、なぜかを容易に理解できます－迷信とヒステリー状態とすべての想像のためです。

メアリー－ええ。人々はこれをどうするんでしょうか。

スコット－多くの人たちはただ、それをめちゃくちゃにするだけだろうと、思われます。

メアリー－分かります。

スコット－でも、それは、クリシュナジにとって、何かすごく真実であることでした。

メアリー－まあ、彼はきわめて断定的に言いました－それがお好きならですが－善と悪といったものがある、と。

スコット－ええ、悪です。

メアリー－一つは同じコインの裏面ではない。二つの間には何も関係がない。でも、どちらも存在している。

スコット－ええ。また私はこう言いましょう－クリシュナジが、私たち二人とともにこれについて話しているこの初めての時…私は、会話のその部分に来たとき、私たちがどこにいたかを正確に言えます。私たちは散歩中でした。私たちはちょうど…

メアリー－スイスです。

スコット－スイスです。タンネグ〔山荘〕から森を通って散歩していきました。

メアリー－ええ。

スコット－それはちょうど、小道が道路へ出てきたところでした…

メアリー－ええ。

スコット－…そこで、彼は最終的にこの話題へ来ました。私たちは立ち止まって、それについて話しました。

メアリー－ええ。

スコット－クリシュナジがそれについて語っていると、彼はとても躊躇って語りました。まるで、彼はこれらのことの幾らかを言わなくてはいけないと感じたかのように、です。なぜなら、私が或る面で、質問をすることで強いていたからだ、と思います。でも、彼もまた、何か私が正確には引用できないことを、言いました。それについて話しているとき、よく気をつけなくてはいけないという趣旨の何かを、です。なぜなら、それについて話をするなら、それを招きよせるからです。

メアリー－まあ、私もまさにそのことを言おうとしていました。彼は私に対して多くの回数、言いました。多くの回数ではなく、何回もです。むしろ、いいのは…悪については話をすべきではない…それを招き寄せてしまう。（メアリーの話を聴く）

スコット－ふーむ。

メアリー－彼はそう言いました。そうですね、オーハイで彼は私にそう言いました。また彼は、人々のいわば汚染を、感じました－邪悪な意図や自らに何か邪悪なものを持っている人々の、です。例えば、再びこれは、この〔記録中の〕伝説（サガ）の進行からは脇道ですが、彼は私に対して言いました－私は、ラージャゴパルやロザリンドをけっして〔オーハイのパイン・〕コテッジに入れてはならない、と。彼は言いました、あの二人を…

スコット－ふむ、ふむ、ふむ。

メアリー－彼らを、けっしてこの場所に入れてはならない。それで、まさに最後に〔1986年に〕彼が重病だったとき、私は彼のところに行って、言いました－「あなたは私に対して、彼らの誰もけっしてここに入れてはならないと言われました。でも、扉のベルが鳴り、私が扉を開けて、ラージャゴパルが入り口の踏み段にいると仮定して、私はどうしましょうか。」もちろんラージャゴパルは、クリシュナジが亡くなりかけているとのそぶりを、けっして見せませんでした。でも、クリシュナジは何らかの形で、肩をすくめましたよね。まるで、まあ、私は死にかけているよ、と言っているかのようにです。言い換えるなら、何であれ、彼はそれに影響されるどころでなかったんです。

スコット－ふむ、ふむ。あなたは彼らのどちらかを〔パイン・〕コテッジに入れたでしょうか。まあ、ラージャゴパルは〔1993年に〕亡くなりましたが、あなたは今、ロザリンドをコテッジに入れるでしょうか。

メアリー－いいえ。とんでもない！

スコット－私も入れないでしょう。

メアリー－ええ。私は彼を、けっして入れなかったでしょう。または、彼女も、です－彼女が来るだろうということではないですが。

　それで、彼は、善と悪について、現実的な力としての知覚を持っていました。

スコット－ええ、実在物として、です。

メアリー－私には分かりませんが、電気か何かがあるよう

なさまです。
スコットーええ。
　まあ、私たちはここで少し逸脱をしました。(クスクス笑う)
メアリーー大きな逸脱です。1967年9月に戻りましょうか。
スコットー絶対に、です。
メアリーーどこでしたか。
　9月24日に、ロバート・ラッチェンス(Robert Lutyens)、〔すなわち〕メアリー〔・リンクス〕の兄ですが、クリシュナジは彼にたぶん数十年間、会ったことがなかった。数十年です！彼とその奥さんがクリシュナジを、マンスフィールド通りの自宅でのお茶に、招待しました。彼らは会っていなかったと思います。何とまあ、どれだけだったのか、分かりません！
　この時点でメアリーとロバートは疎遠になっていました。彼の奥さんはこれらにあまり同情的でなかった。ともあれ、私たちはお茶に行きました。(スコット、クスクス笑う) クリシュナジは〔若い頃、〕マンスフィールド通りの邸宅にしばしば行きましたが、そこに長い間、行ったことがなかった。まったく興味深い時間でした。彼らは子どもを持っていて、その子がそこにいました。その子とロバートはすっかりうまくやっているように見えました。
スコットーそれはすてきだ。
　ここが最後の一家の邸宅でしたか。私がいうのは、ここが、〔建築家〕サー・エドウィン〔・ラッチェンス〕と〔その妻〕レディ・エミリーが生活したところだったんでしょうか。
メアリーーええ。彼らはそこで生活しました。ロバートがそこを相続していた。または、何かの形で取得していたんです。興味深かったです。
　それから、クリシュナジはさらに、若者たちとの討論会を行いました － それらは、ウインブルドン・コミュニティ・センター(the Wimbledon Community Center)で開かれました。〔ディヴィッドとサラル・〕ボーム夫妻が来て、私たちとともに〔広大な〕リッチモンド〔王立〕公園での散歩に行ったものです。クリシュナジとデイヴは話をしながら、先を歩きました。または、〔妻の〕サラルと私が話をして、先を歩きました。それが、彼とデイヴとのいつものあり方でした － 何かを熱心に議論していました。
　それから後で、その週だったと思いますが、クリシュナジとアラン〔・ノーデ〕と私は運転して、〔ロンドンの南43キロメートル、ウエスト・サセックス州の〕イースト・グリンステッド(East Grinstead)に、買う住宅を見に行きました！(二人とも笑う) そこはエリザベス朝の邸宅で、小さなものでした。その近くに住んでいる私の友人が、私たちに見に行くよう勧めました。そうしました。気に入りませんでした。でも、行って見るのはおもしろかった。
スコットーふむ、ふむ。
メアリーーこれは、私たち〔三人〕がヨーロッパでどこに住むかという問題の一部でした － みんな一緒に、誰もが、です。これらは或る種、夢見がちなお話だったと思います。(クスクス笑う)
スコットーええ、ええ。イースト・グリンステッドか…思い出せないな。でも、クリシュナジは、少年のとき〔神智学協会の庇護下で〕、オックスフォード〔大学〕へ入る手助けをしてくれる家庭教師と一緒に、そこで時間を過ごしませんでしたか。
メアリーーええ。彼は〔イングランド南東部、〕アシュダウン・フォレスト(Ashdown Forest)に泊まっていました。いわゆる受験塾があったんです。
スコットーそのとおりです。そこはイースト・グリンステッドに近くないですか。
メアリーーええ。アシュダウン・フォレストはイースト・グリンステッドのすぐ近くです。メアリー〔・ラッチェンス〕は、その著書にそのことを書いています。
　同じ週に私たちは、写真〔撮影〕のために〔有名な写真家〕セシル・ビートン(Cecil Beaton)のところに行きました。
スコットーふむ、ふむ。
メアリーーあれらの写真を撮ったのは、そのときです。私は〔若い時の〕モデルとしての経歴のため、長年セシルを知っていました。彼は冬にニューヨークに来たものです。パーティやあらゆる種類のふるまいがありました。それで、私たちは出版のための写真を撮りたいと思ったが、何もなかったとき、私は出し抜けにセシルに電話しました。私は何年も何年も彼に話をしていませんでしたが、とても興味深い人を撮影したいと思うかどうかを訊きました。私は、「あなたは彼が気に入るだろうと思います。彼は一番とほうもなく美しい人間ですから。」と言いました。それでセシルは、大いに興味を持ちました。それで、私たちは行きました。彼は写真を撮りました。
スコットーこの時点でセシル・ビートンは何歳でしたか。
メアリーーああ、何とまあ、彼は年を取っていましたよ。私が初めて彼を知ったとき － それは〔19〕30年代のことでした － そのとき彼は三十歳代だったと思います。だから、彼はこのときには六十歳代だったでしょう。
スコットークリシュナジと彼はどうだったんですか。
メアリーーまあ、私は〔モデルとして、写真家の〕セシルを、果てしない撮影現場で見てきました － そこで彼はとても陽気で話し好きです。彼は自分のおしゃべりにより、撮影対象をリラックスさせる(クスクス笑う)やり方を持っています。彼はクリシュナジにも同じやり方でしたし、すごく熱狂的でした。なぜなら、彼は著しい顔を見たからです。私たち三人が行きました － アランとクリシュナジと私です。セシルは実際に、私たち三人の写真を撮りました。それは良くないです。でも、彼はその終わりに、私たち三人の写真を撮りました。
スコットーああ！その写真は見たことがないな。
メアリーーあまり良くないわ。
スコットー(笑いつつ) ああ、メアリー、何で僕は見たことがなかったのかな。
メアリーー分からないわ。(スコット、再び笑う) それは家に持っていると思います。彼はそれを、一種のプレゼントとしてやってくれました。
スコットーまあ、見たいものですね。
メアリーーまあ、あなたがオーハイに来るなら、見つけるようにしましょう。(笑う)
スコットーいいです。二月にそこに行きましょう。
メアリーーふむ…
スコットークリシュナジは、セシル・ビートンについて何と言いましたか。
メアリーー彼は何についても多くを言いませんでした。彼が何を言ったのかは憶えていません。(クスクス笑う) でも、私にとって見るのは愉快でした。(スコット、笑う)
スコットーええ。私がセシル・ビートンについて知ってい

るわずかなことからしても － それはごくごくわずかですが － 彼らの間に自然な親交が起こるとは、思われません。
メアリー－ええ。でも、セシルは、美しさと気品に対して優れた眼を持っていました － 彼はそれらのことに敏感でした。だから、私は、彼がそれを大いにやりたくなることを、知っていました。彼は写真の一枚を、私が好きでないものを、本に載せました…まあ、彼は自分の写真の本を出版したものです。
スコット－ええ。
メアリー－私はそれがあまり好きでなかったけれど、彼は、それがとても詩的で美しいと考えました。それはクリシュナジの横顔です － ほとんどカメラにそっぽを向いています。ともあれ、私たちはそうしました。
スコット－それはどこでしたか。
メアリー－〔ロンドン、南ケンジントンの〕ペルハム・プレイス(Pelham Place)のセシルの家です。彼はその頃、ロリーフレックス（Rolleiflex）と自然光だけで写真を撮りました。大きなスタジオの現場はなかった。
スコット－ふむ、ふむ。人工的な光はなかった、と。
メアリー－ええ、この時は、ね。私がいうのは、彼はおそらく他のものにはしたと想定されますが、その日、彼は、ロリーフレックスと、窓から入ってくる自然光だけを、使っていました。

またもや、ウインブルドン・コミュニティ・センターで、ウインブルドンでの公開討論会がありました。

もちろん、いつでもロンドンがどこでも近くにあるときは、〔サヴィル・ロウの仕立屋〕ハンツマンへの旅行がありました － その後で、私たちはラペリティフ（L'Aperitif）で昼食をしました。クリシュナジはそこがとても好きでした。残念なことにそこにはもはや存在していません。フォートヌム（Fortnum）が取って代わりましたが、そこは食事の質では相当な下げでした。そこは、〔ウェストミンスター地区の〕ジャーミン通り（Jermyn Street）にありましたが、誰かが建物を買い取ったので、そこを仕切っている人、メートレ・ドテル〔ホテル支配人〕は、ブラウンズ・ホテルに移りました。私たちはそこに行って一回試しましたが、同じものではなかった。シェフが違っていた、と思います。
スコット－いったいなぜ、あなたとクリシュナジは、食事がひどかったフォートヌムに、落ち着いたんですか。
メアリー－分かっていますよ！ハンツマンに近かったからです！（二人とも笑う）それに、テーブルが近くくっついていなかったからです。メアリーがそこを提案しました。
スコット－ええ。それで、他のお客さんたちから幾らか距離が取れました。でも、やれまあ、ハンツマンから歩ける距離には、他のレストランもあったにちがいないが。
メアリー－そう思うでしょうね。でも、だめです。ありません。一つでも挙げてみてください。挙げられません。
スコット－〔ホテル、〕クラリッジェスは？
メアリー－クラリッジェスはすっかり離れています。彼がそこが好きであったとは思いません。
スコット－ジャーミン通りか。ジャーミン通りに、他のはないんですか。
メアリー－レストランはね。ホテルはあります。ともあれ、フォートヌムになりました。
スコット－…そこでは食事がぞっとしたのに！
メアリー－（笑う）まあ、そこには、菜食主義のは一つだけ単調な料理がありました。
スコット－ええ。オニオン・フランか、チーズ・フランです。[13]
メアリー－ええ、フランです。そこは本当に何も推奨するものがなかったわ。（二人とも笑う）私たちが自分たちの伝統を造ったということを除外すると、ね － これは強制的になりました！
スコット－ええ。それとスコットランド人のご婦人です。
メアリー－ええ、アンジェラね。

アンジェラはもうそこにいません。メアリー〔・リンクス〕は先日、私に対して、彼女は今、〔高級百貨店〕ハロッズで働いていると、教えてくれました。

クリシュナジは〔ロンドン南西部、〕ウインブルドンで6回の講話を行いました。私の日記には、公園での散歩等、いつもの憶え書があります。（笑う）これはかなり反復的ね。

〔友人で女優、児童文学作家の〕パメラ・トラヴァースが昼食に来たのが、見えるわ。
スコット－ああ、そうだ。メアリー・ポピンズの〔作者の〕ご婦人だ。
メアリー－ええ。彼女は〔作家でもある〕メアリー・カドガンと一緒に来ました。メアリー・カドガンが、クリシュナジに会わせるために彼女を連れてきたと、思います。それが、彼女の接触の始まりでした。問題は、インキがここで（クスクス笑う）かすれていることね！（スコット、笑う）私は苦労しています。
スコット－じゃあ、すべて書き起こすべきだ。
メアリー－何てこと！まあ、言われているとおり、私は長生きすべきね。

今、私たちは10月に入ろうとしています！私たちはキングストン・ヴェイルを離れて、〔ロンドン西部のヒースロー〕空港へ運転して行き、それからクリシュナジとメイドのアドリアンナ（私たちを手伝うために〔イタリアの〕ヴァンダのところから来ていた）は、ローマへ飛びました。アランと私は、彼のフォルクスワーゲンで〔ロンドンの南東、ケント州の〕リド（Lydd）へ運転し、航空フェリーで〔海峡を越えて、フランス北部パ・ド・カレー県の〕ル・テュケ（Le Touquet）に飛び、さらにパリに運転して行きました。私は父のところに行って泊まり、それからニューヨークに飛びました。

ああ、他のこの日記には、もっと詳細があります － 9月28日から10月4日まで、ね。「私はタクシーでクリシュナジとともに空港に行った。アランはメイドと追ってきた。」それから、私がアランと私についてパリへと言ったとおり。そこでの間、「私は来年のためにヴェルダン通り（the Rue de Verdun）の住宅を、4月借りることを取り決めた。アランは〔フランスの実業家でKの支援者〕ジェラール・ブリッツ（Gérard Blitz）に会い、それから10月6日にローマへ発つことになっていた。私は、ブリッツがラージャゴパルに会いに行った後で、ロサンジェルスで彼に会うよう、彼と手配した。」私は、これを記述したのかどうか、忘れましたが…
スコット－しました。ええ。ブリッツはラージャゴパルと話をしようとしていました。
メアリー－ええ、ブリッツは、〔K著作協会の状態について〕これはどういうことなのかを見出すために、実務家同士の話をしようとしていました。それで私たちは電話で話し、

翌日、私はニューヨークに飛びました。それから一週間後に〔ロサンジェルス近郊の〕マリブへ飛びました。

10月18日に、私はブリッツに会って、彼がラージャゴパルに会ったことについて、聞きました。どこかにその会話の記録があります。少なくとも私はそれをテープに録ったと思いました。今それがどこにあるかは、誰も知りません。でも、彼は見たところ、ラージャゴパルと長ーい話をしました － 彼はそれを私に叙述してくれました。それから私は、報告するために、ローマのクリシュナジとアランに電話をしました。ブリッツは、そうね、ラージャゴパルは範囲の十の点から話をすると、言いましたよ － 彼は時にはぶっきらぼうで敵対的であるし、それから迎合的になり、それからやたら操作しようとする。本当に、そこからは何も出てきませんでした。見たところ、彼らは何時間も話をしただけでした。

スコット－ふむ。

メアリー－ともあれ、私はそれらを報告しました。

スコット－あなたの報告に対するクリシュナジの反応を、思い出せますか。

メアリー－いいえ。ここには、「私は、〔国際電話の〕接続がよりはっきりするのを求めて、真夜中に目を覚まし、ローマに電話をかけ、アランに話し、次にクリシュナジに話した。」と言います。彼らは翌日インドに発とうとしていました。で、そういうことでした。

スコット－ふむ、ふむ。なぜあなたはその年、インドに行かなかったんですか。

メアリー－言えません。憶えていません。私はかなりの時間、インドに行きませんでした。始めの二回、行きましたが、それから長い間、行かなかった。多かれ少なかれ、インドで彼は私を必要としませんでした。そこには、必要なことをする人たちが、たくさんいました。アランは彼と一緒でした。私は少し、私自身の生活に一種、追いつかなくてはいけなかった。それで、私は進んでいき、そうしました。

スコット－もちろんです。もちろんです。

メアリー－ここには、「23日にクリシュナジから手紙を受けとった － ローマの空港で出されたもので、10月20日だったのだろう。」と言います。

それから11月3日に、「私は空港でブリッツに会って、彼にクリシュナジからの書類を渡した。彼はさらにパリへ飛んで、翌日のラージャゴパルとの再会を延期する。」と。〔実業家の〕彼は〔協議のため〕彼に会うことになっていました。なぜそうしなかったのか、私は忘れてしまいました。彼は何かビジネス上の問題がありました。

この時までにクリシュナジは旅に出ていました － 11月に彼は、〔南インドの〕リシ・ヴァレーにいました。私は11月13日に、リシ・ヴァレーのアランから手紙を受け取りました － 〔インドのK著作協会の担当者〕マーダヴァチャリから私たちの弁護士のための備忘録をつけて、です。それで、私たちはすでに弁護士に関与していました。

スコット－ラージャゴパルの訴訟でですか。

メアリー－ええ。まだ訴訟になっていませんでしたが、そちらのほうに向かっていました。まあ、それからの私のメモ書きは、クリシュナジが〔北インドの〕デリーから〔中部ヴァーラーナシーの〕ラージガートへ、デリーへ、・・・などと移動したときだけです・・・

スコット－ええ。

メアリー－ああ、ちょっと待って。これを離れる前に、ここには、「12月17日にブリッツは〔ビジネスの用事もかねてカリフォルニアに〕戻ってきて、〔オーハイで、ラージャゴパル側の〕ヴィゲヴェノ宅で、ラージャゴパルと七時間の会話を持った。」と言います。

スコット－ふむ、ふむ。

メアリー－「その後、彼は晩餐にマリブへ帰ってきた。彼はクリシュナジのために報告をテープに録った。私はラージガートのクリシュナジに電報を打った。」

19日には、「ブリッツは私に電話してきて、明日、ヴィゲヴェノ宅での昼食は私の家で行えるかどうかを訊ねた。それで私は折り返し電話して、彼らを招待した。」と言います。20日には、「ブリッツは朝に到着して、Kのために二番目のテープ録りした報告を作った。ヴィゲヴェノ夫妻は、議論と昼食のために12時に来た。ブリッツは彼らに対して、自らのラージャゴパルとの会合への自らの反応を、伝えた。彼らは立ち去った。私は〔録音〕テープを〔南インドの〕マドラス〔現チェンナイ〕のKへ送った。」と言います。まあ、そういうことです。

スコット－はい。

メアリー－その頃、ブリッツは、ヴィゲヴェノ夫妻がどうにか役立ってくれるだろうと望んでいました。

スコット－ええ。

メアリー－でも、彼らはそのときからずっと〔ラージャゴパルの側に立って〕、クリシュナジに対する訴訟に積極的でした。

スコット－ふむ、ふむ、ふむ。

メアリー－で、それが、1967年の終わりでした。

スコット－1968年を始める前に、クリシュナジがあなたに手紙を書いたことについて、訊いてもいいですか。

メアリー－まあ、私は、1月3日に彼から手紙を受けとったことを、言おうとしていました － ジェラール・ブリッツがラージャゴパルとの会話の報告で作った〔録音〕テープについて議論するもの、です。彼が私に毎日、書いてくれたと思うのは、この年、実に67年だったと思います － 彼がインドに行ったとき、です。それは、彼が毎日少し書いた、という意味です － 自らのしていることを書きつづけた日記のように、です。彼は短いか長いか一段落を書いたものです。〔それがたまって〕二ページを埋めたとき、彼はそれを送りました。それで、私は毎日手紙を受けとらなかったんですが、継続する手紙、毎日から何かを保有する手紙を受けとったものです。彼はこれをそれらの最後まで継続しました。結局それが〔手紙から録音〕テープになったこと以外は、です。

スコット－ええ。憶えています。よく憶えています。

メアリー－ええ。

それから私はアラン〔・ノーデ〕から、クリシュナジが次の秋、〔ロサンジェルスの東90キロメートルほどにある〕クレアモント・カレッジ（Claremont College）で話をすることについて、手紙を受けとりました。彼は、それが良い考えであるなどと思いました。私もそう思いましたし、クリシュナジは結局そうしました。

ここには、12日に私はロサンジェルス空港で搭乗の合間に、ブリッツに会った。彼は、3月にロンドンでクリシュナジに会うことを、提案したことを、言います。また、メアリー・リンクス〔、旧姓ラッチェンス〕は手紙を書いて、

私たちがロンドンに戻ってくるとき、〔ロンドン北部、リージェンツ・パークの東、〕メリルボーン道路（Marylebone Road）沿いのホワイト・ハウス・ホテルに泊まるよう、提案していました。

1月13日に、ロザリンド・ラージャゴパルが私に電話をしてきて、私に会いたいと言ってきました。彼女は午後にマリブへ来ましたが、これは完全に的外れな会話でした。彼女は、それらがどんなにひどいのかについて、とりとめもなく話し、それからアランに反対する話を始めました。私は、「いいですか、何でもあなたのお望みのことを議論していいですが、私はアラン・ノーデについて、あなたとは議論いたしません。彼は私の友だちですし、それはだめです。」と言いました。でも、彼女が本当に言いたいことは、彼を攻撃することのみでした。或る時点で彼女が、自分は私に見せたい証拠を持っていると言ったのを、憶えています － 何かを証明する手紙、です。彼女は外に出て、自分の車へ行き、何枚か紙を持って戻ってきて、さらに私に手紙を読みあげました（クスクス笑う） － 私がそれをすでに聞いていたということを、彼女は知らなかった。なぜなら、それは彼女がクリシュナジに対して書いた手紙であって、彼は私にそれを読んでくれたことがあった。または、私はそれを読んだことがあったからです。だから、彼女が言おうとしていたことが何であれ、この証拠は、何の証拠の手紙でもありませんでした。それは彼女自身の捏造でした。彼女は、私がそれを知っているということを、知りませんでした。（二人とも笑う）ともあれ、それは完全に的外れな会話でした。彼女はただお節介をしたり、やってやろうとしていただけでした。

1月20日に私は、アランから、3月に会うことについて電報をもらいました。

21日に、クリシュナジとアランは、〔インド西部の〕ボンベイ〔現ムンバイ〕に行こうとしていました。

2月14日に、クリシュナジとアランは、ボンベイからローマへ発ちました。またその日、〔オーハイの〕ジェームズ・ヴィゲヴェノが電話をしてきて、彼とその妻アニーが私に会いに来ていいかと訊きました － そうなりました。彼らはマリブへやってきましたが、オーハイから －（クスクス笑う）ラージャゴパルという意味です － 私への提案を、持っていました。提案は、私がKWINC〔、クリシュナムルティ著作協会〕の委員会に、理事として加わるというものでした。それで、私は彼らに対して、これについてクリシュナジに相談したのかどうかを、訊きました。アニーは、それは必要だとは思わないと、言いました。（スコット、笑う）どうしてそれでいいんでしょうか！だから、私は、そういうことはクリシュナジから来るのでないなら、議論することさえできない、と言いました。それで、彼らは立ち去りました。（クスクス笑う）

スコット － さすがのメアリーさんだ。やれまあ、私は申し上げますよ…

メアリー －（笑う）ありえないわ！

スコット － まったく止まらない…

メアリー － 信じられないわ。人々のやる…

スコット － それはまだ…でも…私がいうのは、それはまだ続きますよ！

メアリー － 知っています。

スコット － あなたを委員会に加えることは、彼らの目的に見事に適ったんでしょう。

メアリー － ええ。私をお飾りにしておくことは、ね。

スコット － もちろんです。

メアリー －（笑う）ともあれ、翌日、私は〔ロサンジェルスの東90キロメートルほどの街、〕クレアモントに行きました － Kが次の11月にそこで話をするとき、彼が泊まる候補地を見るためです。ここでどこかで私は、クリシュナジから、ヴィゲヴェノ夫妻への伝言つきの電報を、もらいました。今、私はそれが何だったのか、忘れてしまいましたが、何かそのすべてと関わりのあることです。この時点で私のメモ書きには、「ガレージ横の新しい客用の住居が完成した。」と言います。これは、マリブの住宅に、二つの主な寝室とバスしかなかったからです。そこは、裏にあるフィロメナが使う部屋でした。それで、クリシュナジとアランがそこにいるとき、私は居間のソファーの上で眠り、フィロメナのバスを使いました。で、彼らが定期的に来ようとしているなら、もっと部屋が必要でした。だから、私は、区画のさらに奥に、ガレージ沿いに小さなアパートメントを建てました。

スコット － では、いいです。今ここには、前になかった新情報があります － クリシュナジとアランがマリブであなたのところに泊まっていたとき、あなたは居間のソファーで寝たわけです！

メアリー － ええ。（スコット、笑う）当然です！

スコット － では、クリシュナジはどの部屋を取りましたか。あなたの部屋ですか、客用の部屋ですか。

メアリー － 彼は、そのとき客用の部屋だったところを、取りました － サムの部屋だったところ、です。その住宅には、私の部屋とそれからサムの部屋がありました。各々、バスが付いていました。

スコット － いいです。では、クリシュナジはサムの部屋を取りましたか。

メアリー － ええ。

スコット － アランはあなたの部屋にいた、と？

メアリー － ええ。

スコット － あなたは居間でクッションで寝た。

メアリー － ええ。

スコット － そして、メイド〔のフィロメナ〕のバスルームを使った。

メアリー － ところで、それは、後であなたがオーハイで寝たのと同じソファーでした！

スコット － ああ、あのソファーは知っています！あれはとても快適なソファーです！

メアリー － とても快適なソファー。（スコット、笑う）すばらしいベッドになるし、整えるのがとても楽なんです － あらゆる種類のものがなくていいし…

スコット － 分かります。私はそこで寝たときはいつも、自分はもっと背が高かったらよかったと感じました！（二人とも笑う）

スコット － 12フィート〔、3メートル60センチほど〕のソファーです！

スコット － そのとおりです。自分はもっと背が高かったらよかったと感じました。

メアリー － まあ、目的には充分、適いましたね。

スコット － ええ。で、あなたはガレージ沿いに客用のアパートメントを建てましたね。どのようにそこを使うと想像し

たんでしょうか。あなた自身が使うと想像したんでしょうか。それとも、アランがそこを使うと？
メアリー――アランが離れて独立していたいと思うなら、使ってよかったし…
スコット――で、あなたは自室に泊まることができた！
メアリー――ええ！（二人とも笑う）または、〔家政婦の〕フィロメナがそこに移っていき、彼は彼女の部屋を取ってもよかった。
スコット――この時期にフィロメナはどこにいましたか。フィロメナは自分の部屋に泊まりましたか。
メアリー――私がソファーにいた間、彼女は自分の部屋に泊まりました。
スコット――いいです。それから、あなたは彼女のバスルームを共有した？
メアリー――ええ。楽でした。私は急いでキッチンを通り、彼女のバスへ行けました。
スコット――いいです。
メアリー――でも、ともあれ、そのとき完成しました。だから、すべてが整理されていました。

3月2日に、私はニューヨークへ飛びました。そこで私を待つという、クリシュナジからの手紙がありました。私は、ニューヨークで9月のアパートメントを手配しました – そこは、その時、私の前の義理の妹のフラットでした。そこを彼女から借りました。

スコット――〔弟〕バドの元の奥さんですか。
メアリー――バドの最初のです。ええ、バドの最初の奥さんです。

9日に私は、ニューヨークからロンドンへ飛びました。翌日、私はメアリー・リンクスとともに昼食をしました。それからアランが、ローマから電話をくれました。ここには、「私たちはカステララ（Castellaras）に行かないことにする。」と言います。カステララは南フランス〔、カンヌの北西方向〕にあります。〔実業家の〕ブリッツはそこに邸宅を持っていました。彼は、クリシュナジがそこに来て泊まることを、主張していました。そのことでは大いに行ったり来たりがありましたが、結局、私たちは一度も行きませんでした。
スコット――クリシュナジがそうしたくなかったからですか。
メアリー――ええ。いつの日か私たちはみんなでどこかの場所に邸宅を持とうという概念が、まだありました。ブリッツは、その計画がうまく行く場合には、クリシュナジにカステララを見てもらいたいと思いました。
スコット――そのとおり。あなたたちがカステララ地域に邸宅を買えるように、ですか。
メアリー――そのようなことです。
スコット――いいです。クリシュナジは、個人的な理由のために、それは正しいと感じなかった？
メアリー――憶えていません。それは、私たちが気に入りそうなことのように、聞こえませんでした。そこは、邸宅を持つ豊かな人たち〔だけ〕の閉ざされた居住地であり、他の誰も来たりその他ができないところの一つでした。私たちが気に入りそうには聞こえませんでした。
スコット――ふむ、ふむ。
メアリー――それにどうかしら、私はブリッツをあまり好きになれなかった。私がいうのは、彼はそのとき手助けしてくれていましたが、…
スコット――そういうわけで、私はこれをお訊きしているんです – あなたがブリッツを好きになれなかったのか、クリシュナジが本当はブリッツを好きになれなかったのか、それとも、何か。
メアリー――まあ、あの時点で彼は手助けしてくれていたんです。それで、クリシュナジは彼のことを良く思っていましたが、彼はひどく気心の知れた人ではなかった。〔成功した実業家の〕彼は或る種、何でも指図したがりました。
スコット――ええ。
メアリー――14日に、私はメアリーとジョー〔・リンクス〕とその娘〔アマンダ〕と義理の息子とともに、晩餐をしました。メアリーは私に、クリシュナジについての自著の原稿を読むよう、くれました。〔Kの伝記の〕第一巻です。あれは大きな出来事でした。
スコット――最初の伝記のですか。
メアリー――ええ。伝記の第一巻です。
スコット――ああ！でも、それはずっと後まで、出なかったね？
メアリー――まあ、そうでした。でも、彼女はすでに書きあげていました。ええ、原稿がありました。

それから3月18日に、私はパリへ飛び、父のところに泊まりました。或る日、私たちは、〔南東方向の〕フォンテーヌブローの森に隣接した〕バルビゾン（Barbizon）での昼食に出掛けました – そこの、ベ・ブロー（the Bas-Breau）という名の、とってもいいレストランに、です。私の〔美食家の〕父はそこをひいきにしていました。そこには貸部屋があったので、私は部屋を見て、ロンドンと〔パリの〕デ・ヴェルダン通りで借りる住宅との間隔のために、部屋を予約しました。私たちはまもなくそこに来るでしょう。

それから22日に、私はロンドンに戻り、ホワイト・ハウス・ホテルに移りました。5時にメアリーとジョー〔・リンクス夫妻〕が来ました。私たちはみんな、空港にクリシュナジを迎えに行きました。彼はローマから飛んできました。
スコット――二台の別々の車で行っていたんでしょうか。
メアリー――いいえ、一緒に行きました。どうやって乗り切ったのか分かりませんが、そうしました。私はそのときそこに、車を持っていませんでした。でも、私たちがホテルに戻ってきたとき、アランはすでに自分の車で到着していました。彼はローマから運転しました。〔ローマの〕ヴァンダ〔・スカラヴェッリ〕がクリシュナジを飛行機に乗せたんですが、私たちは彼を出迎えました。その間に、アランは自分のフォルクスワーゲンを運転していました。だから、その夜、クリシュナジとアランと私は、自分たちの居間で一緒に夕食をとりました。ホワイト・ハウス・ホテルを選んだ理由は、そこには小さなキッチンがあるので、私がみんなのために食事を調えられたということです。

3月23日に、〔フランスの実業家のジェラール・〕ブリッツが到着しました。クリシュナジとブリッツとアランと私は一日中、あらゆることについて議論しました。（クスクス笑う）ホテルで昼食 – そこでは昼食もできました。翌日、「再びクリシュナジとアランとブリッツと私で、午前中ずーっと議論。それから私は、彼らみんなをサヴォイ・グリルでの昼食に、連れて行った。」（スコット、笑う）「ホテルに戻ると、そこにはメアリー・カドガンが、事務弁護士のマイケル・ルービンシュタインという人（a Michael Rubinstein）を連れてきていた。彼は著作権法を専門としている。」と。

スコットーああ、マイケル・ルービンシュタインの登場です。
メアリーー私たちの生活にマイケル・ルービンシュタインの登場です。それからブリッツは去って、〔インドの〕スナンダ・パトワールダーン（Sunanda Patwardhan）がクリシュナジに会いに来ました。彼女はロンドンにいました。

それから翌日、25日に、「〔インドの〕キティ・シヴァ・ラオ（Kitty Shiva Rao）が現れた。彼女は一日間ロンドンにいた。彼女は朝食に来た。それからスナンダと夫、パマ（Pama）・パトワールダーンが来た。Kは彼らに対して、ラージャゴパルとの自らの訣別について、語った。」それから、私たちは〔サヴィル・ロウの仕立屋〕ハンツマンに行きました！（二人とも笑う）他にないわね！
スコットーもちろん！
メアリーー私はキティを買い物に連れて行った。それから、メアリー・リンクスを含めて、私たちみんなで、アンジェロというメアリーとジョーが好きなレストランで、昼食をしました。イタリアン・レストランです。

3月26日には、「ボーム夫妻、メアリー・カドガン、ドロシーとモンターニュ・シモンズ〔夫妻〕が、学校について議論するために来た。」
スコットーここでちょっと中断してもいいですか。マイケル・ルービンシュタインとの会話を憶えていますか。
メアリーーまあ、私たちは、事情がどうなのかについて、彼に最新情報を知らせました。ブリッツとの議論、そして、彼の言ったことと、彼がするだろうこととしないだろうこととそれらです。
スコットーマイケルは、あなたたちが正しい訴訟をするし、著作権を取り戻せるということとかそれらが、分かったんでしょうか。
メアリーーええ、それが彼の見解でした。彼がいつ、その見解を私たちに伝えたのかは、憶えていません。今時点では思い出せません。ここ〔日記〕に言うかもしれませんが、それが本当は、私たちの最初の気がかりと関心事でした － クリシュナジがラージャゴパルと訣別したとき、何が起こるだろうか。〔彼が管理している、講話、討論会などの録音〕テープと書物、クリシュナジの著作権とすべてはどうなるだろうか。
スコットーもちろんです。
メアリーーそれが本当にまさしく関心事でした。そういうわけで、〔著作権を専門とする事務弁護士〕マイケル〔・ルービンシュタイン〕が選ばれたんです － 彼は、ええ、生涯、著作権は手放せるわけがない、と言いました。（それがラージャゴパルが〔契約書に署名させて、〕クリシュナジにさせていたことです。）それはイギリスの何かの法律に反する、と。それはよく憶えています。なぜなら、それに私は打たれたからです － 或る面で、何だかおかしなこととして、です。それは、何か奴隷制の概念に根ざしている、と。どのようにか、どうしてかを私に訊かないでください。でも、それが構成要件でした。
スコットー確かに。あなたの労働〔の成果〕のすべてが、前もって他の誰かに帰属する、ということは、ね。
メアリーーええ。それが考えでした。もちろん、これで、未来の展望に大きな違いができました。
スコットーもちろんです。もちろんです。
メアリーーともあれ、ドロシーとモンターニュ〔・シモンズ夫妻〕がいました。彼らは学校について議論しに来たんです。〔計画を〕先へ進めて、学校のために〔イングランド南東部の〕カンタベリー（クスクス笑う）の近くの場所を買うという決定が、されました。
スコットーどの時点で、学校はイングランドになるということが、決定されましたか。そうですね、なぜなら、前回聞いたとき…
メアリーーええ。
スコットー…そして、ついでながら、前回話してから、私は、1967年のサーネンでの教育討論会の〔録音〕テープを引っ張り出して、聴きました。クリシュナジは、「私たちはオランダに学校を持とうとしている。」と言っています。
メアリーーええ。
スコットーでは、どうして、いつ、どこで、それはイングランドに変わったんですか。
メアリーーまあ、私が思い起こすところでは、彼は人々を送って、異なった国々について見出そうとしていました － オランダ、イングランド、フランス、スイスで必要条件は何なのか等、です。今では私は、いつかを憶えていませんが、イングランドが抜け出して勝とうとしていることが、明らかだったと思います。私たちは他の人たちからも聞いたにちがいありません。オランダでは、カリキュラムの一部をオランダ語で教えなくてはいけなかった、と憶えているようです － それでは、ことが相当に制限されました。フランスは、〔保守派で強硬な政策をも採った〕ド・ゴール〔大統領〕がまだ生きていて、彼が亡くなるとき、何が起こるだろうのか － 革命が起こるのか何かとか、誰も知りませんでした。スイスには、あまりに多くの私立学校があって、とにかくすべてがあまりに高価すぎました。イングランドは明白な選択でした。なぜなら、イングランドには、学問的に何でもしたいことができる自由があったからです。この時までに、クリシュナジがドロシー〔・シモンズ〕に校長になってほしいことは、確かでした。それで、中間の数ヶ月かに、明白に彼らは、幾つか調査をしたんです。私が憶えているのは、カンタベリーの場所は…私はそこを見ていないんですが、そこの写真は見ました。そこはブロックウッドほどすてきには見えませんでした。

で、ドロシーとモンターニュ〔・シモンズ夫妻〕に話をした後で、クリシュナジとアランと私は、ラペリティフ（L'Aperitif）で昼食をしました。それからクリシュナジと私は、〔西部劇の〕『インディアン狩り（Scalp Hunters）』という映画に、行きました。（二人とも笑う）私たちはそこからホテルに歩いて帰り、部屋で夕食をとりました。

ここ〔日記〕には、もう一日、私たちはメアリー〔・リンクス〕とともに昼食をしたこと、バインドレー夫人（Mrs. Bindley）とのお茶に行ったことを、言います。彼女はすてきでした、バインドレー夫人は。
スコットー彼女について話してください。なぜなら、彼女は古い神智学協会の頃からいたことを、私は知っているからです。
メアリーーええ、彼女はスコットランドのTS〔、神智学協会〕の代表者でした。
スコットーええ、わあ。
メアリーー（二人とも笑う）彼女は、ケンジントン・チャーチ通り近くの住宅に、自分一人切りで生活していました。私は、そこへお茶のために、クリシュナジを連れて行ったものです。それから彼らがおしゃべりをする間、私は〔学

校のため〕ケンジントン・チャーチ通りの古美術の店すべてを歩いてまわり、彼を乗せるために戻ってきました。

スコット——で、彼女はそこに自宅を持っていましたか。

メアリー——彼女は自宅を持っていました。彼女はすごく自立した小さなご婦人でした。

スコット——ええ。

メアリー——ディグビー家がさほど遠くないところに住んでいて、或る種、彼女に目配りしていました。

スコット——ふむ、ふむ。では、あなたは運転して、クリシュナジをそこにお茶に連れて行き、彼を降ろしたんですね。

メアリー——ええ。後年に、幾つかの夕方に彼は、〔ロンドンの〕フレンヅ・プレイス（the Friends Place）で講話したとき、彼はブロックウッドから来て、バインドレー夫人のところに行き、講話へ行く前にそこで休みました。彼女は小さなスコットランドのご婦人でした。とても、とてもすてきでした。白い髪と、或る種、鳥のような仕草で、ね。彼女はクリシュナジを敬愛していました。彼女は本当に魅力的でした。

スコット——ふむ。

メアリー——ここで幾つか歯医者の予約があります。クリシュナジは、〔本の〕編集委員会との会合を行いました。これは、出版委員会の始まりにだ違いない。もちろんそれは、メアリー・リンクスとメアリー・カドガンとディグビー夫妻でした。或る時点で、イアン・ハモンドがそこに加わります。

29日に、グレイズ・イン（Gray's Inn）のマイケル・ルービンシュタインに会いに行った後で、クリシュナジは歯医者に行きました。それから〔仕立屋の〕ハンツマン、それから〔靴屋の〕ロブ（Lobb）に、です。（クスクス笑う）

スコット——彼は〔パリだけでなく〕ロンドンでロブに行こうとしていたんですか。

メアリー——ええ、彼はロンドンのロブをもう一度、試しましたが、彼らは落第でした。

スコット——ええ。この時点で彼はどの歯医者に行こうとしていましたか。

メアリー——キャンピオン氏（Mr.Campion）です。メアリー〔・リンクス〕がキャンピオン氏のところに行ったと思います――〔その夫の〕ジョーか誰かかな。そういうわけで、キャンピオン氏のところに行ったんです。

ここには、同じ日、29日について言います――「私は、パリへの汽船連絡列車に乗った。それから、レンタカーで〔パリ南部の〕オルリー〔空港〕に行って、そこで午後2時30分にクリシュナジに会った。」と。ああ、これはすてきなときでした。「私たちは〔パリ郊外、南東に40キロメートルほどの都市フォンテーヌブローの森に隣接した〕バルビゾンへ運転し、オテリエール・ドゥ・バ・ブロー（the Hôtellerie du Bas-Breau）に行った。完璧に天国のようだった。」と。

入っていくと、園庭に入りました。そこにはすばらしいレストランの付いたホテルがありました。でも、園庭の反対側には、二、三の貸部屋のある建物が、もう一つありました。とても静かで、とてもすてきでした。私たちはそこに、二つのとてもすてきな部屋を取りました。森を散歩できましたが、かなり寒かった。すばらしかった。レストランから注文し、部屋に夕食を届けてもらうことができました。それでクリシュナジは、部屋着で夕食をとり、早く就寝できました。私たちの日課は、昼食の前に森を散歩し、長い昼寝をする、また散歩に行く、それから部屋で夕食をとることでした。

それから二日後、4月1日に、彼は学校への手紙を口述しました。

スコット——ああ、あれが始まったのはそのときですか。

メアリー——ええ。

スコット——でも、初めの頃の学校への手紙は実際には、ずっと後まで回覧されなかった。

メアリー——うーん、それは真実です。まあ、私は、それが個別の手紙だったのか、〔後に本になった〕あの一連の手紙の始まりだったのかを、知りません。それについて話しているのかどうか、見てみましょう。

スコット——なぜなら、学校への手紙（the letters to the schools）は、76年か、ともすると77年ぐらいまで、回覧されはじめたとは、思わないからです。

メアリー——まあ、彼が書いたのは一通だけの手紙だったかもしれません。私はよく憶えていません。

私たちはフォンテーヌブローへ運転して行ったようですが、クリシュナジは入りたがらなかった。彼は美術館好きの人ではない。彼は或る種、宮殿をじーっと見つめていました。それから私たちは、雪の中を歩きました。吹雪です！

スコット——何てまあ！

メアリー——うーん。寒かった！ここには、私たちはロンドンのメアリー〔・リンクス〕に話をした、彼女の孫のアダムがちょうど生まれたばかりだった、と言います。

クリシュナジは朝に口述しましたが、私は、それがこれら学校への手紙だったのか、それとも、ただ人々への手紙、そうね、通信文だったのかを、知りません。

スコット——彼はあなたに対して口述しましたか。

メアリー——ええ、ええ。そうしていました。もしもアラン〔・ノーデ〕がそこにいたのなら、アランだったんでしょう。でも、私でした。

スコット——アランは速記をしましたか。

メアリー——いいえ。彼はすべて、大ざっぱな普通の手書きで書き出しました。

スコット——あなたも速記をしなかった。だから、クリシュナジは、あなたたちに口述していたのなら、ゆっくり話さなくてはいけなかった。

メアリー——ええ。まあ、何というか…幸いに彼は、速く口述する人ではなかった。それに、うまく行く速記の一種を開発しました。

4月4日に私たちは、思い出すところ、〔夕食で〕レストラン〔、バルビゾン〕にいましたが、他のテーブルに、〔アメリカの公民権運動の指導者〕マーティン・ルーサー・キング〔牧師〕が撃たれたという新聞が、見えました。私はその衝撃を憶えています。

スコット——ふーむ。なぜなら、あなたは彼と、〔1965年に合衆国南東部、アラバマ州の〕セルマからモントゴメリーへ行進をしたことがあったからです。マーティン・ルーサー・キング〔牧師〕の暗殺への、クリシュナジの反応は、どうでしたか。

メアリー——ただひどいと。まあね、私がいうのは、真に醜いことが起きたという感覚のことです。

5日、翌日のことでしたが、私たちはパリへ運転していき、ヴェルダン通り（the Rue de Verdun）に面した小さな住

宅に移りました。荷物を開け、ロンドンのアラン〔・ノーデ〕に電話しました。

　今回、私たちがロンドンを発ったときから、パリの講話が始まるときまでは、クリシュナジにとって休みであるとされていました。それで、私たちは午後に〔パリ西部の、〕「〔ブローニュの〕森」へ散歩に行きました。昼食には、友人だと思う人たちに会いました － メアリー〔・リンクス〕と、ヨー・デ・マンツィアーリです。ヨー〔ヨーランデ〕は〔デ・マンツィアーリ一家の四姉弟の末〕妹ですが、結局、〔クリシュナジに〕背を向けて、ラージャゴパルを支持しました。彼女は、〔四姉弟の長女で、〕お姉さんのミマ・ポーターの影響下に入りました。でも、その頃、彼女はパリで生活していたし、愛想がよかった。

　その場所には、通いの料理人兼メイドが付いていました。だから、私の任務は軽かった。私たちはもちろん映画にも行きました。特にこの日には、〔西部劇〕『真昼の決闘（High Noon）』です。（クスクス笑う）

スコット－ちょっと中断してもいいですか。
メアリー－ええ。
スコット－それはヨーに関わることです － 彼女は結局、お姉さんのためにクリシュナジに背いたと、仰いました。一、二分、これについて話すのは、価値があるかもしれません。なぜなら、これはとてつもない現象ですし、教えとその周りの人々のこの世界では、続いているように見えるからです － そこでは、誰かがクリシュナジに背いたり、他の誰かに背いたりすることもありえます。では、明白に、それ自体の理由としては痛切ですが、誰かがクリシュナジに背くということは、信じがたく思えます。
メアリー－分かります。（穏やかに、悲しげに）
スコット－では、彼はこれにどのように反応しましたか。彼はこれをどう受けとりましたか。彼はそれをどうしましたか。または、なぜそれが起きたのかは、分かりますか。おそらくヨーは、お姉さんに影響されたんでしょうが、それがその基礎ではない。その基礎ではありえません。他の何かが進んでいたにちがいない。これは、とても多くの人たちに起きました。
メアリー－分かります。
スコット－ラージャゴパル〔派〕の群衆を見てください。
メアリー－ええ。
スコット－〔神智学協会の指導者〕ウェッジウッドとアランデイルのような人たちを見てください。
メアリー－ええ。
スコット－私がいうのは、実際、あらゆる種類の人たちです。
メアリー－ええ。
スコット－かつて誰かが私に言いました －「ああ、まあ、クリシュナジは人々を放ってしまう。」と。でも、クリシュナジは、自らがけっして人々を放ってしまうとは、言いませんでした。
メアリー－彼はけっして誰をも放ってしまいませんでした。
スコット－人々がいつも彼から去りました。
メアリー－彼らが彼を放ってしまいました。
スコット－でも、どうして？！私はいまでも…
メアリー－人々はクリシュナジについて、とても強く感じました。そして、自分たちに対して彼がどうあるべきかについて、一定の期待を持っていたなら、そして、自分たちがそれを得られなかったとき…それらが何らかの形で認

識されなかったとき、ひどい敵愾心が起きたかもしれません。私は分かりません。
スコット－他の何かが進んでいると思います。これもまた、ただの推測なのかもしれませんが、私が見てきた切れ端からは、クリシュナジが自我について言うことすべてにもかかわらず、人々の自我はしばしば実際には、どうしてか増大するように見えます。
メアリー－ええ。あなたの言う意味は分かります。
スコット－彼らは、「ああ、今、私は、誰か他の人物より、もっと宗教的だ。もっと覚りとか自己実現を得た。」とか、あれこれ考えてみはじめるようです。
メアリー－ふむ、ふむ。
スコット－彼らが実際になるのは…
メアリー－それは一種の超自我主義です。
スコット－ええ、超自我主義です － 人々が実際に真剣でないならば、です。
メアリー－ええ。
スコット－もちろん、クリシュナジはそれを養い育てません。人々は自らの優越性の確証のために、クリシュナジのところに行く、と私は思います…
メアリー－ええ、そのとおりです。
スコット－でも、彼らはそれを得られない。そのために彼らはクリシュナジに背くんだと、思います。
メアリー－その大きな要素があると、思います。
スコット－それから、また他のこともあります…誰かがクリシュナジの言葉を聞くなら、彼らは、とてつもなくすばらしいことの一瞥を、得ます。同時に、私たち自身を深く見つめるなら、本当にすごく醜いことが、たくさんあります。
メアリー－ふむ。
スコット－そして、クリシュナジが私たちに置いた深い挑戦は…
メアリー－深い挑戦は、大いにその一部分であると思います。なぜなら、私が考えているのは…まあ今、私は実際、〔ニューヨークの精神科医〕ディヴィッド・シャインバーグ（David Shainberg）〔博士〕[21]のことを考えています － そこでは、何かが見えたんですが、そこに昇ることができていない。ゆえに、堅固に立て籠もった自我は、「まあ、それは彼の欠陥だ。私のじゃない。」と言います。
スコット－ええ。
メアリー－それは教えの欠陥である。[22]または、〔クリシュナジについて〕彼の生活の仕方の欠陥である。または、彼が櫛で髪をなでるやり方とか、何か…何でも、です。[23]その欠陥が、私が実現できることをそうするのを妨げているものである － 彼さえ違っていれば、と。私のいうことは、分かりますか。
スコット－ええ。
メアリー－彼らは置き換えます…
スコット－自らの欲求不満と不適切さのすべてを、です。
メアリー－それはすべて彼の欠陥である、と。
スコット－それがもちろん、反復されます。
メアリー－ええ。
スコット－でも、とてつもないです。私がいうのは、人々が自分自身を捉えないということは、いまでも、とてつもないと思います － ここで、〔自己認識を説く〕この人の前で、自分自身を捉えられなかった、ということは。

メアリーーええ、ええ。誰もがみなそれを実現しないのなら、それは彼の欠陥であるとか、教えの欠陥であるとか、人々が繰り返し言うという事実、です。（笑いつつ）それは誰のでもなく、当人の欠陥です！

スコットーええ、ええ。ここには、或る要素もあると思います。それについては、メアリー・リンクスが、私とともに話をしました －〔子どものときからクリシュナジを知っていた〕彼女が1929年に〔「星の教団」の解散に伴って、〕或る面でクリシュナジから離れたとき、です。

メアリーーええ。

スコットーそれは、彼女にとって、あたかもクリシュナジとともにいることの強烈さと、彼がそれであるところのすべてと、彼が内的に行いつつあることすべてと、ゆえに或る人物に求められることすべて … 彼女は燃え尽きたように … 彼女はもはや向き合えなかった。それで彼女は、考えることなく、何もなく、ただそっぽを向きました。[*24]

メアリーーええ、ええ。

スコットー一定の形では、私たちがどうにか見つめているということが、それ自体で何か意義深いことです。なぜなら、ほとんどの人たちは、そうね、彼らは誰かとともにいて、それからその人物に少し飽きてくると、彼らは単にしばしば彼らに会いません。彼らに毎週会う代わりに、毎月会うでしょうし、それから一年に三回でしょう。そのようにして、ほとんどの人たちは疎遠さに応答するんです － ほとんどが、クリシュナジに反応したようには、他の人たちに反応しないんです。

メアリーーええ。

スコットーここには、彼について何か深遠なことが、言われます － すなわち、この深い種類の挑戦があった、と。

メアリーーもちろん、メアリー〔・リンクス〕の場合にも、です。まあ、自分の理由について話をするのは、彼女しだいです。でも、彼女は、自分にとってそうだったこの種のリンボ〔、地獄の辺土〕に生きつづけることができない、[*25]ということでもありました。

スコットーええ、もちろんです。

メアリーー私がいうのは、彼女は世間的な生活を送りつつ、同時に霊的な生活を送ることができなかった、という意味です － それは彼女にとって、あまりに大きすぎました。

スコットーふむ、ふむ。

メアリーーでも、彼女は彼に背かなかった。

スコットーええ。メアリー・リンクスはけっして彼に背かなかった。

メアリーーええ、ええ。

スコットーでも、彼女は或る種、空間を取り、離れなくてはいけなかった － 自分の乗っている回転木馬を降りて、です。

メアリーーええ。

スコットー気をつけてください。1929年はかなりむちゃくちゃな時でもありました －〔「星の教団」解散宣言がなされた、オランダの〕エーデ〔城〕（Eerde）[*7]と、その他すべては。

メアリーーええ。

スコットーでも、またクリシュナジは、予めこれらを見通していた、と思われます。または、彼はこれが起きるのを知っていた － すなわち、彼に賛同している人たちが、突然背くということを、です。

メアリーーええ。あれらすべての（クスクス笑う）変な神智学者たち、アランダイル形の人 － そのすべてを、彼は見てきていました。強烈に自己中心的で…

スコットーええ。ラージャゴパル〔派〕の群衆です － その妻〔ロザリンド〕と、それから〔1931年生まれの一人〕娘〔ラーダー・スロス〕－〔ラーダーは〕小さな子どものとき、自らが成長しながら、クリシュナジの注意と愛情を受けて、それから、ああなってしまった！

メアリーーええ。
〔パリの〕シュアレス夫妻（the Suarèses）ももう一種類のこの例です。[*26]

スコットーふむ、ふむ。

メアリーーお分かりでしょうが、クリシュナジが〔もうパリの〕シュアレス家に泊まらないことを決断したとき、それは、自らがそこで歓迎されていないと感じたからです。

スコットーええ、ええ。

メアリーー彼らは彼のことを当たり前だと受けとって、不平不満を言いました －「あなたがここにいらっしゃるとき、すべきことがとても多いんです。こんなに緊迫です。」と。その種のことです。

スコットーええ。

メアリーークリシュナジのような敏感な人にとって…

スコットーもちろんです。

メアリーー彼はいつもお客でいなくてはいけなくて…

スコットーふむ、ふむ。彼はそれをとても強烈に感じたものです。

メアリーー彼はそれを特に感じたものです。

スコットーもちろんです。

メアリーーそれからシュアレス夫妻は、意地悪く彼に背きました。

スコットーああ、そうでしたか。

メアリーーええ、そうです。

スコットーそうですねえ、信じられないなあ！

メアリーーああ、そうです。ええ。彼らは彼のことを当たり前だと受けとって、彼に対して敏感でなかった。それから、彼が〔他所に泊まるという〕代替案を持ったとき…

スコットーそのとき彼らは敵対的に変わってしまった。

メアリーー…意地悪に変わってしまった。ええ。

スコットー私にとって、これはもう、とても変な振る舞いです。

メアリーーええ。

スコットー私は、これらの仲間内に入る前に、人生でこれを見たことがあるとは、思いません。親しい接触を持ってから、或る種、接触を失うことに行きかねない。

メアリーーええ、或る種、消え去ってしまう。

スコットーええ。でも、この辛辣さ、この敵対、この怨恨に行くことはない。ただもうとっても奇妙だと、思います。

メアリーーふむ、ええ。人々はクリシュナムルティについて漠然とは感じなかったということだと、思います。彼らは何かを見て、彼を尊崇したか、または、彼ら自身の特有の理由のために何らかの形で彼を拒絶しました。

スコットー（大きなため息）ともあれ、たぶん進むべきでしょう。この〔録音〕テープにはたぶん10分残っています。日付のことではどこにいますか。

メアリーーまあ、4月の第1週にパリにいますね。
　アラン〔・ノーデ〕は10日に現れました。「その午後、（ク

スクス笑う）〔スイスの〕トゥーンから〔取扱業者〕モーザー氏が電話してきて、次の水曜日、新しいメルセデスを持って行く（スコット、笑う）と言った。」と言います。「私たちはうずうずした。」と。

それから 11 日に、〔マンツィアーリ四姉弟の長女で、KWINC の副会長〕ミマ・ポーター（Mima Porter）が昼食に来た。彼女がクリシュナジに話をする間に、私はお使いに行った。後で〔靴屋の〕ロブで、クリシュナジとアランに会った。」と。あれは、クリシュナジが彼女に対してこう言っていたときであったと、思います － 「いいですか、私はサーネンでの講話の前に、ラージャゴパルから答えがほしいんです。私は再び KWINC〔、クリシュナムルティ著作協会〕の委員会の一員になり、あらゆることについて情報を知るのか、さもないと訣別しなくてはなりません。」と。それで、彼女はそのとき、オーハイに戻って、ラージャゴパルに話をし、対処しようと言いました。それで、彼は彼女に何かを期待しました。

それから何が起きたのか。ああ、まあね、（クスクス笑う）私はレンタルの車を返しました。それで今、私たちは、アランの車と、新しいメルセデスの（スコット、クスクス笑う）展望だけを持っています！私たちはもう一つ映画に行きました。何だったかな。ジャン・ギャバンの出たフランス〔・イタリア合作〕映画です。名前は・・・自分の手書きが読めないわ・・・『パリ大捜査網（Le Pacha）』に見えますが、はっきりしません。〔フランスの実業家で支援者、ジェラール・〕ブリッツが昼食に来ました。

スコット－クリシュナジが見た映画の研究をして、どこかに学術博士が出るかもしれないな！

メアリー－ええ！（二人とも笑う）翌日、私たちが行ったものがもう一つあります － 〔アメリカのアクション映画〕『殺しの分け前（Point Blank）』というものです。

スコット－スリラーか。

メアリー－何だったのか見当も付かないわ。消えうせてしまいました・・・

スコット－ええ、ええ。（クスクス笑う）

メアリー－・・・私の認識からはね。（スコット、また笑う）私たちはノートル・ダム〔大聖堂〕に行きました。復活祭の日曜日でした。私たち三人はノートル・ダムに行き、復活祭の音楽を聴きました。すてきでした。

スコット－ふむ、ふむ。それが何だったのか、憶えていますか。

メアリー－分かりません。合唱隊が何かを歌っていました。〔パリの支援者〕マルセル・ボンドノー（Marcelle Bondoneau）、ジゼラ・エルメンホースト（Gisela Elmenhorst）とその妹が、その日、昼食に来ました。また一つ映画があります！（笑いつつ）毎日行きました！これは、うーん、イタリア映画で、何か超自然的なものですが、自分の手書きが読めません。私たちはブヴァール（Bouvard）家で昼食をしました。私は、ブヴァール将軍とその奥方が、クリシュナジを聞きに行くフランスの世界の一部分であったことに触れた、と思います － 彼らはパリで生活していて、夏には〔スイスの〕サーネンに来ました。彼らはおもてなしをしてくれたものです。彼らはあなたの時代より前です。彼は退役したフランスの将軍でした。彼女は幾らか神秘の女性でした。何か漠然としたものがあって・・・まあ、後世へ噂話をしないことにしましょう。で、大事なことではありません。（スコット、笑う）

スコット－いいですよ。

メアリー－ともあれ、彼らはとてもすてきな昼食を振るまってくれました。

スコット－噂話、メアリーにふさわしい噂話ね。

メアリー－もう言わないで！（二人とも笑う）それから何が来たかな。ああ、メゾン・デ・ラ・シミエ（the Maison de la Chimie）で、彼の第1回のパリ講話です。さて、以前の年の〔会場〕、サル・アディヤール（the Salle Adyar）と比べて、これは大きな改善でした。

スコット－ああ。

メアリー－ここは〔パリ中心部で東西に走る〕グルネル通り（Rue de Grenelle）にありました。そうだと思います。

スコット－ジゼラ〔・エルメンホースト〕がこれを組織していたんでしょうか。

メアリー－ああ、そうです。そして、マルセル〔・ボンドノー〕、フランスのグループ全体がやりました。ここ〔日記〕には、「〔イギリスの女優で詩人〕アイリス・ツリー（Iris Tree）が先週、土曜日に亡くなったと〔新聞で〕読んだ。」と言います。私はちょうど二、三週間前にロンドンで彼女に会ったとき、彼女が亡くなろうとしていたのを、知りました。

スコット－ふむ、ふむ。

メアリー－癌です。

17 日に〔イングランドでの支援者〕ジェーン・ハモンド（Jane Hammond）が昼食に来ました。〔取扱業者の〕モーザー氏は〔スイスの〕トゥーンから、新しいメルセデス 280 とともに到着しました。

スコット－280 SE です。

メアリー－ええ、SE です。

スコット－3.5 ね。（メアリー、笑う）それは、あなたが今持っているのと同じ型だと思います。

メアリー－私たちはみんなドライヴに行きました。

スコット－あなたが今持っているのと同じ型ですか。

メアリー－ええ。同じものですが、先代のものです。私たちはみんなドライヴに行きました。

スコット－では、ジェーン・ハモンドはパリに来ましたか。

メアリー－ええ、講話に。

スコット－そして、クリシュナジとの昼食に来た？

メアリー－ええ。後で私たちは、〔パリ西部の、〕「〔ブローニュの〕森」で散歩しました。

それから、翌日、18 日に、私は、新しいメルセデスにクリシュナジを乗せて、メゾン・デ・ラ・シミエでの第2回の講話に行きました。その車は大成功でした。彼は楽しみました。私も楽しみました。誰もみんなが幸せでした。（クスクス笑う）

スコット－（笑いつつ）きっとそうでしょう！

私たちはたぶん第 3 回の講話を終了できるし、それからたぶん今回の記録を終了させるべきです。

メアリー－いいです。それから何が起きたのか。私たちはマダム・ドゥシェ（Madame Duchet）を昼食に呼びました。私たちは後で映画に行きました － （二人とも笑う）奇妙なことね！どれだったかは、〔この日記には〕言いません。そして、いつものように「〔ブーローニュの〕森」で散歩しました。それから、「午後に映画。」とだけ言います。で、それは役に立たないわ。

スコット－いや、あなたは、歴史から貴重なものを奪って

いますよ···

メアリー—分かっています。

スコット—···どの映画を見ていたかを言わないことで、貴重な情報を！

メアリー—私はここでアーカイヴス〔資料保管〕担当者をしているわけではないわ。

　彼の第3回の講話は、4月21日にありました。アランの生徒が何人か、昼食に来ました。それから（笑いつつ）私たちはジャンヌ・モローの映画を見に行きました。

スコット—これで終わりにしなくてはいけないだろうと思います。〔録音〕テープが切れようとしているからです。

メアリー—ああ、キティ・シヴァ・ラオ（Kitty Shiva Rao）が1968年4月24日に、昼食に来ました。私たちは午後に、〔ブローニュの森のある庭園、〕バガテルに行きました。すてきな···（ここでテープが切れる）

原　註

1）そこは、パイン・コテッジからほんの50ヤード〔、約45メートル〕ほどである。

2）ここは、クリシュナジが少年の頃、知っていたエドウィンとエミリー・ラッチェンス夫妻の家族の邸宅だった。

3）それは1975年まで出なかった。

4）50年代から80年代まで、マイケル・ルービンシュタインは、「書籍業の弁護士」として知られていた。彼は1960年にペンギン・ブックスのために、数十年間の猥褻物の法律を覆して〔D.H. ローレンス著〕『チャタレー夫人の恋人』を出版する権利を勝ち取ったことで、有名になった。

5）グレイズ・イン〔グレイ法曹学院〕は、ロンドンにある四つの法曹学院（Inns of Court. 法廷弁護士と裁判官たちの専門職団体）の一つである－或る人物がイングランドとウェールズで法廷弁護士として開業するためには、それら法曹学院に所属しなくてはならない。

6）ジェームス・インゴール・ウェッジウッド（James Ingall Wedgewood）とジョージ・アランデイル（George Arundale）は自ら、〔神智学協会に関連する〕リベラル・カトリック教会の高位の聖職者になった。彼らが自分たちの高貴な霊的な地位であると考えているものを、クリシュナジが承認しようとしなかったとき、彼らはクリシュナジは悪霊に取り憑かれたと主張して、彼を非難した。

7）1929年にオランダ、エーデ〔城〕においてクリシュナジは、彼の支援のために彼の名において創設されてきた組織すべてを、解散した。彼は、「真理は道のない土地である···」と言って、また、人々が内的な解放につながると期待しているもののどれ一つとして、実際には人々を自由にしないということを言って、自らの仕事のために寄付されていた資産すべてを、返還した。これが、彼の神智学協会との〔物理的な〕分断の始まりだった。

訳　註

*1 Kの講話などでは、善は悪の対極ではない。それらは全く無関係であるなどとしばしば言われる。善と悪、人間の潜む素因、悪からの保護に関する発言を記したものに、Sunanda Patwardhan（1999）pp.78-79 がある。

*2 スコットはYoutube 上のインタビューで、Kに関することは何でも興味があったが、自分はヨーガをするのは嫌いだと笑いながら述べている。

*3 ラッチェンスの伝記、第二巻の1979年の、メアリー・リンクスとの対話の個所を参照。K自身もグライダーに乗らないかと勧められたが、断っていた。その対話には、「保護」についても議論されている。それはジンバリストが同席してメモ書きを作ったので、本著作の第59号、6月4日の個所に幾らか出てくる。

*4 第76号、1983年8月4日の記述を参照。

*5 第76号、1983年8月4日の記述を参照。

*6 第89号、1986年1月11日の記述を参照。

*7 1977年5月にカリフォルニアで、前立腺の手術を受けたときのことである。

*8 第73号、1982年9月22日の個所には、別の場所での滞在に関して、同様な話が出ている。

*9 ホームページ上ではここで指示された個所をクリックすると、メアリーの話が聞こえる。

*10 ロバートは若い時、母親のレディ・エミリーの影響で、Kとよく会っていた。メアリー・ラッチェンスの伝記第一巻1915年の個所では、Kの手紙に、ロバートは姉のバービー（エリザベス）と同じく、世間的なことに関心があるが、Kに対して献身的であり、Kも彼のことが大好きであること、K自身と似通ったところが多くあることなどが、出ている。1921年の個所には、彼がジャーナリストとして『デイリー・メイル紙』で仕事をし、さらに一時、星の教団の機関誌の編集を行ったことが出ている。註記には、彼は神智学に反発したが、Kとは長い間、とても仲が良かったと言われている。

*11 これは、ロバートやメアリーの母親、レディ・エミリーが熱心な神智学者であり、イギリスで若き日のKの養母のような役割を果たしたためである。

*12 ロンドンの南48キロメートルにある自然豊かな観光地。ラッチェンスの伝記第一巻によると、KとニトヤはI912年11月から1913年4月と、1918年の夏にここに滞在している。

*13 フランは中身を詰めたパイである。

*14 P.Jayakar（1986）pp.283ff. によれば、1967年の冬、マドラスでKはマーダヴァチャリに対して、停滞した財団の仕事をギャロウェイ（第9号の訳註を参照）と分かち合うこと、ヴァサンタ・ヴィハーラの維持管理に、ジャヤラクシュミー夫人の支援を受けることを提案している。しかし、マーダヴァチャリはラージャゴパルの側に立ちつづけて、協力しなかった。

*15 ラッチェンスの伝記第二巻、第13章の冒頭には、この問題の背景や経緯が1968年1月のK自身による説明として示されており、そこにはこの七時間の協議は実りがなかったことが言われている。

*16 原文に thirtieth（30日？）とあるが、前後を考えると、thirteenth とあるべきだと考えられる。

*17 事務弁護士（solicitor）は、イギリスにおいて正式の法廷弁護士（barrister）より一段下の資格であり、法律関係の書類作成に関わる。

*18 第5号の訳註を参照。

*19 第14号、1970年5月後半の記述を参照。

*20 この後、6月4日の個所に記載がある。

*21 ニューヨークの心理分析医として指導的な立場にあった。1970年代後半に、クリシュナジ、ボームとの対話に自ら参加したり、クリシュナジと他の精神科医たちとのセミナーを開催している。第76号、1983年7月20日の個所には、シャインバーグが、クリシュナジは、同じことを反復しているだけで、何も新しいことがないから、話を止めるべきだ、などと発言したことが記されている。

*22 このような否定的な発言は、Kの学校にも深く関わっていたディヴィッド・ボームさえも一時期、私信において行っていたようである。David Peat によるボームの伝記 *Infinite Potential: The Life and the Times of David Bohm*（1997）のパーパーバック版に出ている。第43号の訳註を参照。

*23 メアリー・ラッチェンスの伝記第二巻の1962年の記述には、ラージャゴパルが、Kは講話の前に鏡で髪をきちんと整えているので、見栄えばかり気にして、偽善者だと非難した話が出ている。

*24 このときの感情について、メアリー・ラッチェンスによる伝記第二巻、1947年の個所に、次のようにいう－「私の1930年の最初の結婚は、自分の神智学の育ちに対する強い反発の結果であった。ゆえに三十年代に、Kがロンドンに来るとき、私は可能なかぎり彼を避けていた。私は、彼が私のかなり騒々しい存在を是認しないだろうことを、知っていた。彼に会うと、私は恥ずかしく不潔に感じた。私は不幸せだったが、彼の助けを求めなかった。なぜなら、私は自分の生きる道を変える意図を持っていないのを知っていたからだ。けれども、頻繁に私は、1926-28年に彼

にとても近かったあの時へ、大きなあこがれを感じていた。」
*25 キリスト教において、洗礼を受けなかった幼児や、キリストの降誕以前に死去した善人の霊魂がとどまるとされている。
*26 第4号を参照。
*27 第4号を参照。
*28 第1号の訳註を参照。
*29 第6号の「黒魔術師」説に関する訳註を参照。
補1) 原文では、ここにこの時の写真が出ている。

第9号　1968年4月から1968年9月まで

序 論

この号には、クリシュナジの仕事の組織にとってきわめて意義深かったことが、扱われている － すなわち、彼の、ラージャゴパルと〔その支配下の〕KWINC〔クリシュナムルティ著作協会〕との公式の断絶と、〔イングランドの新しい〕クリシュナムルティ信託財団（The Krishnamurti Foundation Trust）の創設である。これには、断絶を公にすることと、また、クリシュナジの講話の予定、来たるべき出版と、彼の仕事への貢献の仕方に関心を持つ人たちに、情報提供をする機構を、速やかに設けることが、含まれていた。

また、彼の著作権を取り戻すために、最初の動きが行われた － クリシュナジが自らの仕事のために取り戻すことが必要な、致命的な支配権の要素である。

メアリーは、講話の前と後でのクリシュナジの状態についての以前の議論に、さらに付け加える。そして、それと、クリシュナジの生に存在してきた〔神秘体験の〕「プロセス」とを結びつける。

また、イングランドでの学校の場所を見つけることへの、最初の進出が見られる。

メアリー・ジンバリストの回顧録　第9号

スコット－私たちは4月25日から始めようとしています。
メアリー－そうね、私たちは、クリシュナジと私と〔秘書役の〕アラン・ノーデがパリにいて、デ・ヴェルダン通りの小さな住宅で生活していたときで止めたと、思います。クリシュナジは、パリのラ・サル・デ・ラ・シミエで講話を行うために、そこにいました。彼は5回の講話を行って、若者たちとの討論を行いました。それを4回行ったと思います。彼の残りの生活は、いつものように、人々と会うこと、そしてまた午後の散歩でした。私たちは「〔ブローニュの〕森」で、または「森」の〔公園〕バガテルで散歩したものです。さもなければ、ちょっと買い物をしました。パリには、私たちが一緒に昼食をする様々な人たちが、いました。または、彼らが私たちと昼食をしました。その年、私たちは男性シェフを雇いました － 彼が住宅での食事を作りました。それで、私たちは食事に人々を招きました。彼らは一般的に、デ・マンツィアーリ家のような人たちでした －〔四姉弟のうち、二番目で長男の〕サチャと〔三番目で二女の〕マーです。また或る日には〔長女のミマ・〕ポーター夫人も昼食に来ました。
スコット－ああ！
メアリー－〔K著作協会副会長の〕ミマ・ポーター（Mima Porter）は、クリシュナジの伝言を〔会長の〕ラージャゴパルに伝えてくれると考えられる人でした。そして、何か結果が出るだろう、と彼女は言いました。まあ、事実は、何の結果もなかったです。
スコット－少し止まってもいいですか・・・クリシュナジが若者たちとこれら討論会を行ったとき、彼はフランス語で行ったんですか。
メアリー－いえ、いえ。彼は英語で行いました。彼らはフランス語で一、二の質問をしたかもしれません・・・私はそこに行きませんでした。だから、お教えできません。
スコット－討論会はどこで行われたんですか。
メアリー－アランと私は、私が以前に泊まったホテルに、部屋を借りました － そこは、デ・バック通り（Rue de Bac）近く、パリのその地域の、ポン・ロワイヤル（the Pont Royale）です。私たちは、会合のできる部屋を借りました。
スコット－ふむ、ふむ。
メアリー－私は一、二回は行ったと思いますが、すべてには行きませんでした。私の思い起こすところ、ほとんどそれは英語ででした。もしもすべてがフランス語でだったなら、私は憶えているでしょう。クリシュナジは英語を話していました。明白に彼らは理解していました。さて、これは、フランスで言うところの「意思表示〔マニフェスタシオン〕」の年ですから、興味深いです － 学生の反乱です。
スコット－ああ、はい。
メアリー－まあ、彼らはほとんど政府をひっくり返しそうでした。
メアリー－憶えています。
メアリー－私たちはその時点で言われました － 誰だったかな。ナディア・コシアコフにです。彼女を憶えていますか。
スコット－ええ、憶えています。
メアリー－彼女はその頃、フランス語の本の出版に関わっていました。彼女はかなり若者、学生、革命、それらのことに関与していました。彼女はソルボンヌ〔大学〕に行ったものです。見たところ、彼らのおもな集会の部屋の一つに、です。なぜなら、その時点で学生たちはソルボンヌを占拠したからです。彼らは黒板にクリシュナジの言葉を書いていました。（スコット、笑う）見たところ、集会の精神です。私たちはそれを言われたんですが、感情がどれほど強烈だったのかは悟りませんでした。

私の追憶は、私たちがパリを発った日 － それは5月3日だったと思います － 私たちは〔北に向かう〕ノール自動車道（the auto-route du Nord）を、〔フランス北部、国境の都市〕リール（Lille）とベルギーに向かって、運転していました － それらが目指すところでした。暴動が始まったのはその日でした。学生たちは、歩道の石を剥がして、投げていました。

どうしてか、私は、クリシュナジの存在が（スコット、笑う）それらの構成要素だと感じました。でも、たぶん私は想像しているだけでしょう。
スコット－まあ、誰に分かりますか。二年前にパリで再びデモがありました。誰かが私に、学生たちの集団がクリシュナジからの引用を載せた垂れ幕を運んでいる写真を、見せてくれました。
メアリー－本当ですか。
スコット－ええ。（笑う）

メアリーーまあ、そうなのね。（クスクス笑う）それで、私たちは、〔暴動で〕歩道の石が飛ぶ前に、〔パリを〕出て行って、それに気づきませんでした。私たちはベルギーに着くまで、何が起きたのかを知りませんでした。

　他は何かな。ああ、〔フランスの実業家のジェラール・〕ブリッツがやってきました。ブリッツはイングランドに行っていて、メアリー・カドガンとともに、〔事務弁護士〕マイケル・ルービンシュタインに会いに行っていたんです。なぜなら、これは、人々が「クリシュナジがKWINC〔、クリシュナムルティ著作協会〕と縁を切りたいのなら、私たちは何をしなくてはいけないのか。」と言いはじめているときだったからです。それで、これが差し迫っていました。でも、私たちは行ってしまい、〔ベルギー北西部フランデレン地方の都市〕ブルッヘ（Bruges）の外の、オーストカンプ（Oostkamp）で夜を過ごしました － シャトー・デ・ブリデ（Château des Brides）で、です － そこはかなり風格のある公園で、まったくすてきです。私がミシュランで見つけたところだと思います。

　翌日、私たちはブルッヘに入って、〔15世紀フランドルの画家、ハンス・〕メムリンクの作品（the Memlings）を見に立ち寄りました。

スコットーええ。

メアリーーブルッヘの都市には、ミケランジェロの彫像があります － これはまったく美しい。それから私たちは、あれら巨大な堤防の一つを横切りました。この堤防は・・・やれまあ、その名前は何ですか。横切って運転するところです。そこは、〔干拓地の拡がる〕オランダの外側の防護の一部分です。

　私たちは今もうオランダにいました。私たちは〔オランダ西部の街〕ノールドワイク（Noordwijk）に向かっていました － そこに、〔オランダの担当者〕アンネッケ〔・コーンドルファー〕が住宅を取っておいたんです。そこは、ちょうど砂浜に面しているか、ちょうど砂浜の上にあるのが、分かりました。それはすてきに聞こえましたが、私たちはそこに着いたとき、さほど夢中にならなかった。きびしかったんです。（笑う）

スコットーそうでしたか。

メアリーー住宅はだいじょうぶでした。そこは、たくさんの階段があって、一種、まとまりのない海辺の住宅でした。でも、寒くて湿気っていました。北海から風がやってきました。

スコットー（笑う）ええ、感じは分かります。

メアリーー一夜の後、私たちは、「だめ、だめ。ここはクリシュナジにとってありえない。彼にとって悪い。」と言いました。私はあたりのどこでも、あらゆるホテルを調べましたが、何もない。部屋も、一部屋もです。だから、向き合わなくてはいけなかった － この住宅に泊まらなくてはいけなかったんですが、そこは、私たちの泊まったなかで、すてきな場所の一つではなかった。

スコットー何のために、オランダに行こうとしていましたか。

メアリーーまあ、アムステルダムでの講話のために、そこに行こうとしていました。

スコットーああ、68年にですか。

メアリーーええ。近くには小さな森がありました － そこは散歩するには適切でした。大きくなかったし、ともあれ、私たちは住み込みました。

　二日目か何かに、私たちはチューリップを見に行ったと思います －〔オランダ南部の〕キューケンホフ〔公園〕（Keukenhof）というところに、です。

スコットーああ、キューケンホフね。ええ。

メアリーーすてきでした。

スコットーええ。最高の季節でしたか。

メアリーーええ。

スコットーああ、すばらしい！

メアリーーチューリップはまばゆかったです。

スコットーええ、ええ。（メアリー、クスクス笑う）水仙もありました！すばらしい。

メアリーーええ。本当にすてきでした。それで、愉快でした。

　それから、私は、そちら側からアムステルダムの〔コンベンション・センター〕RAIにどう行くのかについて － それは違っていました － 調査しなくてはいけませんでした。クリシュナジは私と一緒に来たんですが、私は救いようもなく迷ってしまいました。（クスクス笑う）それで、私は翌日もう一回行って、最終的に道筋を見つけました。彼の講話は5月11日に始まることになっていました。

　5月8日に、クリシュナジとアランとアンネッケと私は、クリシュナジが人々の質問に答えるのを録画するため、〔オランダ北西部の街、〕バッセム（Bussum）へ運転して行きました。私たちは、クリシュナジが約四十分間に八つの質問に答えているとき、テレビで見ました。欠陥なしでした。

　質問は誰かが読み上げたんですが、ためらいもなく、秀逸な返答が出てきました。

スコットー誰が質問者とか質問を選びましたか。

メアリーー放送局の人たちだと思います。アランか私が、前もって一目見たかもしれません。よく憶えていません。でも、クリシュナジはそれらを見ていませんでした。実質、マイクロフォンを付けて言葉を完璧に言う彼の能力が、もう一度立証されました。（クスクス笑う）すてきでした。

スコットーでは、アランとアンネッケもまた住宅に泊まっていましたか。

メアリーーああ、そうです。ええ、そうです。

スコットー彼女は料理をしていましたか。それとも・・・

メアリーー彼女は料理をしていました。

スコットー他に誰かいましたか。

メアリーーいいえ。ああ、待って。そうじゃない。パリで雇ったシェフが、私たちがそこに着いた2日後に、列車で到着しました。彼が料理をしました。だから、マーケットの買い物の仕事だけがありました。

スコットーパリでのそのシェフはどうやって見つけましたか。

メアリーーマルセル・ボンドノーのような誰か、たぶんジゼラ・エルメンホストが代理店に行って、シェフを見つけたんだと思います。

スコットーふむ、ふむ。

メアリーー彼の名前はアンドレでした。彼の存在は、残りの私たちたちがさほどくたびれないという意味でした。それで、私たちは元気にノールドワイクへのお出かけをしたんです。散歩するのにもっといい森を見つけました。でも、やはりすばらしくはなかった。寒かったし、風が強かった。雨が降りました。ヒューヒューと鳴っていました。（スコット、クスクス笑う）

〔5月11日、〕クリシュナジの〔73歳の〕誕生日がやってきましたが、いつものように、私たちはわざわざそれを言い出しませんでした。（スコット、笑う）それは、彼が〔アムステルダムでの〕第1回の講話を行う日でした。

スコット─ああ。

メアリー─私たちは昼食に戻りました。そこへ行くには約三十五分掛かるだけでした。だから、悪くはなかった。それが始まりでした。その日、アランはオランダのテレビの人たちに会いに行ったと思います。彼がそこにいる間、住宅の持ち主が昼食に来ました。（声に笑い）なぜなら、彼は自分の有名な借り主に会いたいと思ったからです。思い起こすところでは、かなりやっかいでした。そのことはあまり憶えていませんが、良き瞬間の一つではなかった。（二人とも笑う）

他に何が起きたのかを見ましょう。私たちは或る日、〔北海沿岸の都市デン・〕ハーグに行って、見て回りました。もちろん人々が昼食に来ました ─〔イングランドから、〕ドリス・プラットが来ました。メアリー・カドガンが来ました。ディグビー夫妻も来たと思います。

スコット─ふむ。

メアリー─でも、ともあれ、私たちは自分たちで（笑う）楽しみました。メアリーとジョー〔・リンクス夫妻〕が来たと思います。

第5回の講話の後、家に戻っていると、彼にはあれらおかしな気絶が起こりました ─ 車の中で彼は突然、倒れ込みました。でも、彼はすぐに気がつきました。

スコット─他の誰が車にいたんでしょうか。あなただけでしたか。それとも、アランがそこにいましたか。

メアリー─私だけだと思います。アランは留まっていなかったでしょう。でも、その日はRAIでの特にきつい一日でした。なぜなら、ホールが一杯だっただけではなく、外のホール全体が、テレビで見ている150人の人たちで、充たされていたからです。多くの人たちが、後で彼へ近寄ってきました。彼はそれらの頃と他の頃もまた、とても強烈な講話を行ったとき、彼はぽーっとしたかのように出てきたものです。彼は或る種、立ちつくしていました。考えは、彼から人たちを遠ざけておくことでした。でも、彼はいつも人々に遠ざけてほしくはなかった。彼はよそよそしくしたくなかったんです。

スコット─〔彼の人生の〕終わりまでずっとそのように続きました。

メアリー─ええ。それで、人々は近寄ってきて、見えたのは彼が或る種…たじろぐのではなくて、彼の体は、自らの感じ方から出てきて、その人物に答えようとする努力から、震えたものです。私はいつも人々を止めたいと思いました。

スコット─分かります。

メアリー─見るのは痛ましかったです。

スコット─分かります。

メアリー─彼がホールの外側でそこに立っていて、これが起きているのが、見えました。

スコット─ええ。私はそれを見てきました。彼がステージにいて、彼が最後の日々に呼んだところのあの「巨大なエネルギー」が溢れ出ているとき、人々が本当に愚かしい質問とか、たとえ攻撃的な質問をするときも、彼は揺るぎえなかった。彼には何も脆弱なところがなかったんです。

メアリー─ええ、何も。人々が、そうねえ、おかしな人たちが〔席から〕立ち上がったときでさえ、彼はそれに対処して、彼らを鎮まらせたものです。

スコット─ええ。絶対にです。絶対にです。

メアリー─何が起きたとしても、彼は完全に掌握していました。

スコット─けれども、彼は、通常の状態への移行で、ものすごく脆弱でした。

メアリー─ええ。誰かが彼に近寄ってくるのは、彼にとって物理的な一撃に似ていたかもしれません。

何回も何回もありました。講話の後は、彼について絶対に静かにしていなくてはいけない特別な例だったと、思います。それで、例えば〔スイスの〕サーネンで起きたんです。私の仕事は、〔テントでの〕講話の後で可能なだけ素早く彼を車に入れることでした。それから彼は、時にはただ運転するのを望んだり、ただ車で静かに座っていました。私は運転して運転して、ついに彼は、「よし、戻ろう。」と言いました。それは、何であれ彼の入っている高揚した行動の状態から、出てくるようなことでした。それをどう定義すべきかは分かりません。それから、この特定の日の気絶は、その一部だったかもしれません ─ そういう言葉があるのなら、減速することが実際に必要でした。または、体を離れることは ─ 気絶はそれだったんですが ─ 彼が私に言ったことによれば、あり方だった…あれの顕現でした。

スコット─もう一度仰ってください。

メアリー─まあ、様々なときに彼に起こったこの気絶は、見たところ…または、彼は言いました。それは私が訊ねたときでした ─ 彼は、「あれは体を離れているんです。」と言いました。

スコット─ふむ、ふむ。

メアリー─彼はいつも初めに、「体に触れないで。」と言いました ─ 言い換えると、すべてをそのままにしておいてくれ、身振りや質問により介入しようと試みないでくれ、と。

スコット─ふむ、ふむ。

メアリー─何も言うな、ただそこにいなさい、と。私がかつてやったただ一つのことは ─ 私は前にこれらの対談で説明したことがありますが ─〔車を運転中に、助手席の〕彼が倒れそうになったときです。私は、彼が着地したとき、私の前腕になるよう動きました。それは、ソファーに着地するのと何も違っていませんでした。私は、彼の頭がハンドルにぶつかるのを、回避しようとしていました。それで、それが違っていました。私は何かをしていませんでした。私は彼を保護するよう、彼の行方を妨害しただけです。

スコット─理解できます。ええ。

メアリー─でも、それらは必要なことでした ─ 干渉しないこと、神経質でないことです。それもまた一つでした。「心配しないでください。」と。それは始まりのことでした ─ そのとき彼は、「怖がらないで。起きるのなら、起きるんです。ただ静かでいてください。恐れをなさないでください。」と言いました。それで私は、彼がほとんど無意識でいること ─ 自分がどこにいるか知らないような類いのこと ─ から出てくることの間には、つながりがある、と思います。彼が自分がどこにいるかを知らないということではなくて、自らの精神を人々のふつうの知覚へギアを下げ、人々へ語らなくてはいけなかった。彼は、他のあの状態、通常の状態に戻れる前に、ちょっとの間、静かにしなくてはなり

ませんでした。
スコットーでは、メアリー、これはもちろん、クリシュナジが「プロセス」と呼んでいたことと何か関係があります。それはとても多く書かれてきました － 体から抜け出る、気絶するという意味で、ね。
メアリーー私が理解するなら、「プロセス」は体から抜け出すことでした － それは、誰もが、起きている痛みを部分的に回避することだと批判できました。〔神秘体験において〕痛みがあまりに激しくなったとき、〔オーハイでの弟〕ニトヤの記録に言われるようにですが、クリシュナは去ってしまい、体を離れた － それは、〔残された〕小さな子どもの声で例証されました。それに対処するための、です。それがニトヤの記述だったように思えます。私はそれに何も加えようがありません。もちろん、秘教的なことに関わっているなら、体から抜け出すことは、とほうもないことではありません。
スコットーええ。それは、彼が講話した直後のこの状態に、この気絶に何か関係があるように見える、というだけです － クリシュナジの部分だった幾つものことに、です。たとえ･･･私には分かりません。彼は時々例えば、自分はすばらしい冥想をする、と言いました。彼は、誰も冥想と呼ぶようなことを何もしないのに、です。それで、これら、触れておく価値のあることが、あります － 私には分かりませんが私たちの能力のかぎり、思い起こしておくことは･･･
メアリーーええ。思い起こす。誰もこれを説明できるとは、私は思いません。
スコットーええ、ええ。
メアリーー私たちがそれについて話をすることが、それを〔勝手に〕説明しようとする努力であるとは、思いません。
スコットーええ。でも、これらのことを記しておくことは、重要です。
メアリーー私たちが観察したこと、または彼に言われたことを、報告しておくことは。
スコットーええ。
メアリーーそれがどう見えたのかを、です － それは、私の想像だったとか、そのとおりでない結論に私が跳びついたことだったかもしれないということを、心に留めておいて、です。
スコットーさて、私たちがまたこの主題に関わっている間に、これについては前に話したのは分かっていますが、クリシュナジが話そうとする直前の習慣は、直後と違っていました。でも、どうしてか関係していました。私は話しかけるべきではないのも、知っていました。
メアリーーええ。
スコットークリシュナジが何かを私に言わないのなら、私は話しかけるべきでなかった。私はただそこにいるべきでした･･･
メアリーーそのとおりです。
スコットー･･･そして、人々を遠ざけておくべきで、本当にただ彼とともに静寂であるべきでした。
メアリーーそのとおりです。
スコットークリシュナジは何かを経ていきました。それは、彼がただ入ってきて、ステージに歩いてあがっただけではないかのようです。彼は何かを経ていきました。
メアリーーまあ、私の経験で良い例は、サーネンでのことでした － そこで、私が車を停めている間に、彼は〔講話会場の〕テントに歩いて入りました。そのため、彼はきっちりそこに着きました。すべてが静寂で正確でなくてはいけませんでした。
スコットーふむ、ふむ。
メアリーー彼が途中で私に話しかけたなら、それはふつう、「私は何について話をしようか。」というようなことでした － それに対して私はけっして返事をしませんでした。
スコットーふむ、ふむ。
メアリーーそれはいわば一種の準備でした。あなたが憶えているように、彼が演台に上がって、誰であれ彼にマイクを付けたとき、そのとき彼はそこに座って、しばらく見ていたものです。それはまるで･･･何なのかは分かりません。どう叙述すべきかは分かりませんが、それは･･･それは何か彼が始めに経ていくことでした。
スコットーええ、そのとおり。
メアリーーそれから、あなたは憶えているでしょうけれど、彼はしばしば、「これは講義ではありません。これは娯楽ではありません。」と言って、講話を始めました。彼は、あの予備的なことを伝えたものです － それは或る種、そのとき彼が何か検討を始めようとしていることへ、楽に入らせるようなことでした。それは後で起きたことと結びついていると、私は思っています。でも、それは違っていました。
スコットーええ、分かります。言えることは、結びついているように感じられるということだけです。けれども、それは違っているとも感じました。
メアリーー後年には、講話の後でふつう、彼は家に戻ったとき、かなりの間、横になっていました。
スコットーどれほどですか。
メアリーー私たちがどこにいるのか次第です。でも、ああ、少なくとも三十分は。
スコットー彼は〔イングランドの〕ブロックウッドでの講話の後では、横になりませんでした。
メアリーーええ。
スコットーなぜなら、彼はやってきて、ここで何か食べ物を受けとったからです － サラダとか何かそのようなものです。
メアリーーええ。彼は〔一回、邸宅に戻り、〕自室かバスルームに入ったものです。その合間に、私はサラダと果物をテーブルに置いておきました。それから彼は出てきて、座って食べました。でも、それから彼は、窓の外を眺め、〔会場のテントに集まった〕人々について批評して、或る種、緊張を解いたものです･･･
スコットー分かります。
メアリーーそれは（クスクス笑う）、それはふつうかなり批判的でした。
スコットー（笑う）ええ、憶えています。
メアリーー人々は･･･
スコットー特に、芝生に駐車していたり、何か滑稽なことをしている人々には、ね。
メアリーーええ、何かです。それから、彼は食べおわった後、そのとき彼は〔会場の〕テントに戻り、違った水準で人々に向き合いました。でも、彼はその後、戻ってきたとき、彼はすぐに眠りました。
スコットーふむ、ふむ、ふむ。

メアリー—彼があれら講話の中で出したことを考えると、それは驚くべきことではないわ。
スコット—ええ。
メアリー—私は、私たちが今言ったこと以上にしようとしたいと思いません。
スコット—ええ、ええ。ともあれ、戻りますと・・・
メアリー—〔オランダ西部の街の、〕ノールドワイク（Noordwijk）に戻ります。（メアリーの話を聴く）
　〔アムステルダムでの〕講話は終わりました。私たちは発ちました。クリシュナジは私とともに、メルセデスに乗っていました。アランは、たくさんの荷物を積んで、自分のフォルクスワーゲンに乗っていました。私たちはオランダを横切り、〔ベルギーとオランダに接する都市〕アーヘン経由でドイツに入りました。この旅行で私たちは〔南東方向に進み〕、どこか〔ドイツ中央部の都市〕フランクフルトの近くで会って、ピクニックの昼食をとった、と思います。ああ、いや、私たちだけでピクニックの昼食をとりました。アランは一人で行きました－〔ドイツの高速道路〕アウトバーンでは互いに後を付けられなかったんです。あまりに難しすぎました。だから、私たちは運転して、すてきな森でピクニックの昼食をとりました。それから〔南方向へ、シュヴァルツヴァルトの北端、〕エットリンゲン（Ettlingen）へ運転をつづけました－そこは、カールスルーエ（Karlsruhe）の近くでした。そこで止まるつもりだったんです。私たちはそこでアランと会いました。そこは、エルプリンツ・ホテル（the Erbprinz Hotel）と呼ばれるところだったと思います。そこで部屋を取りました。良いホテルでした。〔パリ在住の〕父が私に、そこのことを話してくれていたんです。とても良いホテルです。
スコット—ふむ、ふむ、ふむ。
メアリー—私は、私たちの部屋を予約しておきましたが、そこに着いて、何か飲み物を求めて入ったときのことでした。私は、彼は夜を過ごしたくない、彼はさらに進んで〔スイスの〕グシュタードに着き、旅行を終わらせたいと思っていることが、分かりました。それで私は、「まあ、私は一瓶のコーヒーが飲めるなら、スペインまで運転できます！」と言いました。私が運転をすべてやっていました。（スコット、クスクス笑う）それで、彼らは私に、すてきな小さなケーキとともに、一番すばらしいコーヒーの大きな瓶を丸ごと持ってきてくれました。クリシュナジはハーブ茶をもらいました。私は瓶を丸ごと飲んじゃいました。
スコット—（心から笑う）・・・そして疾走していった！（もっと笑う）
メアリー—何でもできると感じました！それで、運転をつづけました。〔オランダ西部の〕ノールドワイクから〔スイス、〕グシュタードへ、600マイル〔、約960キロメートル〕の運転でした。私たちはそこに午後10時に着きました。マダム・デュプレー（Madame Duperrex）は〔アパートメント・ハウス、〕レ・カプリスの接客係だったんですが、彼女がすべてを整えてくれました。でも、彼女は私たちを（クスクス笑う）翌朝まで予期していなかった。だから、私たちはやってきて、あのばかげたエレベーターで上がっていきましたが、フラットに入れませんでした。それで、アランが外へ出て、彼女がどこにいるかを見出しました。彼女は結局、午後11時頃に戻ってきて、私たちを入れてくれました。私はいつものフラットをとりました。クリシュナジは、私とともに泊まりました。アランはスタジオをとりました－そう呼ばれていました。
スコット—ふむ、ふむ。
メアリー—でも、そこに着きました。長い運転でした。
スコット—（クスクス笑う）ええ、そうだったでしょう。
メアリー—〔ドイツの高速道路〕アウトバーンでの運転は、憶えています－そこでは〔速度制限がないので〕、どの車もみんな私を追い越していきました。私はスピード・メーターを一瞥しましたが、時速110マイル〔、約176キロメートル〕で走っていました。（スコット、心から笑う。メアリー、クスクス笑う）たいへん衝撃でした。なぜなら、まるで私たちが50マイル〔、約80キロメートル〕で走っているかのようでしたから。
スコット—ええ、ええ。
メアリー—（軽くクスクス笑う）それで、そのようにして〔スイス、〕サーネンに着きました。さて、サーネンでは何が起きるのか。
スコット—日付はどうですか－時間の順序の感覚を何か保っておくためです。
メアリー—私たちは1968年5月25日に発ちました。
　次の二、三日、私たちは荷物を解いていて、すてきな散歩に行っています。
　それから、28日にロンドンの〔事務弁護士〕ルービンシュタインから、著作権は〔ラージャゴパルのK著作協会から〕回復できるという知らせを、もらいました。
スコット—すばらしい。
メアリー—あれは大きなジャンプでした。
スコット—ええ。
メアリー—私たちはまた、〔イングランドに作ることが決まった〕学校についても話をしていました－彼らが〔イングランド南東部、〕カンタベリー近くに何かを見つけたということについて、です。それは、〔校長になるはずの〕ドロシー〔・シモンズ〕とたぶん〔建築家〕ドナルド・ホッペン（Donald Hoppen）と〔ドロシーの夫〕モンターニュ〔・シモンズ〕という意味です。結局、「いや、カンタベリーはありえない。」と言われました。でも、その日に私たちは、よし、たぶんカンタベリーにできるかもしれない、ということを聞きました。でも、それはあまり長続きしなかった。なぜなら、カンタベリー近くの場所はだめだろうということが、決定したからです。
　それから私は、5月30日に（これはパリへの言及です）ド・ゴール〔大統領〕が学生たちと戦うために軍隊を導入するかわりに－それは本当の革命になったでしょう－国民投票を求めたことを、憶えています。彼は、「国民投票を行おう」と言いました。それで学生たちは収束しました。事態は沈静化しました。
　先日、おもしろかったです－私は誰かと話をしていました。私は「あなたはあの期間にパリにいましたか。」と言いました。彼は、「ああ、そうです！」と言いました。そして、何が起きていたのか。彼はすべてを見るために、通りに駆け出しました。彼は、自分の視点からどのようだったかを、言いました。私は、クリシュナジのと私の視点からどのようだったのかを、言いました。
スコット—ふむ。私はそれを忘れてしまっていました。
メアリー—ええ。それで、あの時点では著しいことです。それからパリからのニュースは、毎日、良くなりました－

毎日、静かになったという意味です。

　ここ〔日記〕には、クリシュナジがテープ・レコーダーに、学校への手紙を口述した、と言っています － ふつう彼がしなかったことです。彼はふつう私に対して口述しました。でも、彼はその日、〔録音〕テープを作りました。それはどうなったのかと思います。それから私たちは、〔北東方向の〕トゥーンで彼の車を受けとるのと、私の車を点検修理してもらうために、行きました。

スコット――まあ、それ〔手紙〕はインドの諸学校宛だったんでしょう。

メアリー――ええ、ええ。私たちには〔イングランドにも、カリフォルニアにも〕まだ学校がなかった。ええ、それはインド宛でした。

スコット――なぜ彼がそうしたのか、憶えていませんか。なぜなら、それは異例のことでしょう。

メアリー――憶えていません。

　まあ、それから、〔サーネンの南東方向の〕ラウエネン (Lauenen) のほうへ大いに散歩しました。樹々の下にはまだ雪があったのを、憶えています。暖かかったですが、〔アルプスの〕山々は白かった。樹々の下の、陰のあるところには、まだ雪がありました。

スコット――ふむ。

メアリー――美しい、幸せな日々です。私たちは〔東の方の〕トゥルバッハ (Turbach) のような場所へ運転して行って、歩いて上がりました。おかしくないですか。

スコット――ええ。

メアリー――トゥルバッハ、川を下って。

　ここ〔日記〕には、6月4日にカリフォルニア〔州〕で〔アメリカ大統領の〕予備選挙があって、ロバート・ケネディがカリフォルニアで〔民主党の〕大統領候補に選ばれたが、次の夜、私たちは彼が銃撃され〔て死亡し〕たとのひどい衝撃を受けたことを、言っています。私にとって恐ろしいことでしたし、クリシュナジも相当、それに衝撃を受けました。それは或る面で、その年すでに、私たちが〔4月にパリのレストラン、〕バルビゾンで晩餐をとっていたとき、マーチン・ルーサー・キング〔牧師〕が銃撃された〔のを知った〕ときだったからです。

スコット――ふむ、ふむ。

メアリー――ここでまたもやです。とても醜く暴力的で。

　クリシュナジはたいへん衝撃を受けました。

　うーん。ええと。（長い休止）私たちは、〔スイス西部、レマン湖の南西の端、〕ジュネーヴでいつものしきたりのことをするために、ジュネーヴに入りました － 〔腕時計の〕パテクなど、慣れ親しんだ行程です。

スコット――〔洋装店、〕ジャケ (Jacquet) と・・・

メアリー――ジャケ。〔そこで〕ネクタイを注文しました。（スコット、クスクス笑う）私たちはバス・ローブを買いました。私たちがみんな着たあれらバス・ローブ、タオル地のバス・ローブです。夜はオテル・ドゥ・ローヌで過ごしました。私たちは映画にも行きました － 〔1967年のアメリカ映画〕『招かれざる客 (Guess Who's Coming to Dinner)』・・・古い、まあ、古いものです。そのときは新しかったんです。誰が・・・

スコット――ええ、憶えています。〔黒人俳優〕シドニー・ポワチエ (Sidney Poitier) が出て。

メアリー――・・・キャサリン・ヘプバーンとシドニー・ポワ

チエとスペンサー・トレーシー。ああ、（クスクス笑う）クリシュナジとアランは、同種療法医、シュミット博士に会いに行って、良い報告をもらいました。彼らは他に何をしたのかな。ああ、私たちは翌日、もう一つの映画、『ジュテーム、ジュテーム (Je t'aime, Je t'aime)』というのへ、行きました。それが何だったのか、思い出せません。フランスの〔SF〕映画でした。（クスクス笑う）それから、私たちは戻ってきて、ローザンヌでは昼食にグラッペ・ドオー (the Grappe D'Or) に立ち寄りました。なかなか楽しい食事で、好きな場所でした。

　それから何が起きたのか。私たちは、〔ラージャゴパルのK著作協会から、クリシュナジの〕著作権の回復が可能なようだとの確証を、もらいました。で、それは愉快でした。〔アメリカの経済学者、外交官〕ジョン・ケネス・ガルブレイス (John Kenneth Galbraith)[3] がお茶に来ました。

スコット――ふむ。

メアリー――私たちはまだみんな、〔アパートメント・ハウスの〕カプリスにいます。

スコット――私は知らなかったんですが、彼は・・・

メアリー――ガルブレイスはグシュタードでちょっと時間を過ごしたものです。クリシュナジは前に彼に会っていました。私もです。

スコット――彼は教えを賞賛する人だったんですか。

メアリー――気づくでしょうが、そうでもなかった。でも、彼はクリシュナジに興味を持っていて、彼にたいへん尊敬を持っていました。彼が教えに対してどれほど注意を払ったのか、私は知りません。

　6月25日に私たちは、〔ロンドンの〕メアリー・カドガンから、もう一つの学校の候補地が見つかったとの知らせを、もらいました。でも、クリシュナジは今回、そこを自らが見るべきだと考えました。私はロンドンのホテルの部屋をとるために、すべて当たってみましたが、ウインブルドン〔のテニス・トーナメント〕の最中だったし、どこも、完全にどこもなかった。私が当たってみたホテルはすべて、〔ホテル、〕クラリッジェスも含めて、少なくとも私の知っているところは、何もしていない。何もなかった。

　27日にクリシュナジとアランと私は、〔レマン湖南岸の〕エヴィアンに運転していき、オテル・ロワイヤルですばらしい昼食をとりました。それから〔南西端の〕ジュネーヴへ行き、オテル・ドゥ・ローヌにチェックインしました － そこでもお茶をしました。お使い。それから映画を見ました －〔イギリスのコメディ映画〕『天使のいたずら (Prudence and the Pill)』です。

　翌日、私たちはグシュタードに戻りました。

　6月30日に〔イギリスから〕メアリーとジョー〔・リンクス〕が到着しました。私たちはお茶をしました。クリシュナジとアランは、枯草熱〔のアレルギー〕が全くひどかった。

　翌日、ヴァンダ〔・スカラヴェッリ〕が〔ローマから〕到着して、タンネグ〔山荘〕を開けました。私は、メアリー、ジョー〔・リンクス夫妻〕、クリシュナジ、アラン〔・ノーデ〕を、パレス・ホテルでの昼食に招きました。〔インドの外交官〕ナラシンハン (Narasimhan) が、マドラス〔、現チェンナイ〕から〔いとこの〕ジャヤラクシュミー〔夫人〕(Jayalakshmi) を連れてきました。彼女はタンネグ〔山荘〕に泊まるでしょう。

　7月3日、〔メアリーとジョー・〕リンクス夫妻はイタリ

119

アへ発ちました。クリシュナジは朝早く、〔アパートメント・ハウスの〕カプリスへ来ました。彼は〔華氏〕101度〔、約摂氏38.3度〕の熱がありましたが、計画通り、ジュネーヴに行きたいと思いました。私はクリシュナジのために荷造りをして、私たちはジュネーヴとオテル・ドゥ・ローヌへ発ちました。クリシュナジは車の後部座席で横になりました。その夜、熱は持続して、私は心配しました。

7月4日に、クリシュナジは熱なく目覚めました。それで、私たち三人は午前9時の便に乗ってロンドンへ飛びました。メアリー・カドガンと〔フランスの実業家、ジェラール・〕ブリッツとジェーン・ハモンドが私たちを出迎えて、〔大ロンドンの北に隣接する〕ハートフォードシャー(Hertfordshire)のアヨット・プレイス(Ayot Place)に運転して行ってくれました — そこが、学校の候補地と考えられたんです。ドロシーとモンターニュ〔・シモンズ〕とディヴィッド・ボームが、そこで私たちを出迎えました。私たちは、場所全体を見て回り、それから芝生でピクニックの昼食をとりました。そこは〔1603-1625年のイギリス国王〕ジェームズ1世時代の建物でした。私は特に好きではなかった。そのまわりの田舎は、もっと建物が建って、もうちょっと郊外でした。良い散歩の場所が何もなかった。クリシュナジがそこでどこに泊まれたのか、分かりません。本当に大きくなかったんです。私は、どこか近くに彼のためのもう一つの住宅を、見つけなくてはならなかったでしょう。でも、そうはならなかった。

アランはお使いで急いでロンドンに行き、それから空港でクリシュナジと私に加わりました — そこで、私たちは午後5時にジュネーヴへ戻る飛行機に乗り、オテル・ドゥ・ローヌに戻って、そこで私たちの部屋で夕食をとりました。ホテルの状況のために、ロンドンで眠るかわりに、ジュネーヴで眠りました。

翌日、朝食の後、私たちはグシュタードに戻りました。午後にクリシュナジはオランダのテレビのインタビューを受けました。

サーネンでの第1回の講話は、7月7日にありました。それは、私たちが、格納庫型テントを使った初めての時でした。

〔実業家のジェラール・〕ブリッツと〔事務弁護士の〕マイケル・ルービンシュタインが到着しました。KWINC〔、K著作協会〕との断絶の後で何が起こるかについて、多くの話がありました。

7月8日にルービンシュタインは、アランと私とともに朝食をとりました。私たちは昼食時にタンネグ〔山荘〕に来るよう呼ばれました。クリシュナジは私とアランと会いましたが、彼は朝、自らブリッツと話したことで、とても困っていました。私たちは午後4時まで話をしました。そのとき、ブリッツとルービンシュタインとメアリー・カドガンとドリス・プラットが、会合に来ました。そのとき、〔ラージャゴパル支配下の〕クリシュナムルティ著作協会との関係を断絶するとの決定が、クリシュナジにより為されました。

7月9日にクリシュナジの第2回の講話の前に、〔事務弁護士〕マイケル・ルービンシュタインがステージに上がり、聴衆に対して、クリシュナジのKWINC〔、クリシュナムルティ著作協会〕からの離脱と、イングランドに基盤を置いた新しいクリシュナムルティ財団(Krishnamurti Foundation)の創設について、声明を読み上げた — そこは、クリシュナジの希望を反映するだろうし、あるべきとおり、彼の意志がいつもそこに普及することを確保するだろう。人々は、もし彼の仕事を支援したいのなら、新しい財団に貢献してもいい。そういうことでした。ラージャゴパルの名前は持ち出されなかった。なぜ彼が離脱したのかは、説明されませんでした。

翌日、10日、会合がありました。その頃には、ラージャゴパルが提供していないとき、クリシュナジに提供する基金が、ありました。クリシュナジは終わりにかけて、クリシュナムルティ著作協会などから、自分の世話をするためのお金を受けとろうとしませんでした。幾人もの人たちが寄付した基金がありました。クリシュナジは、〔イングランドの〕アヨット・プレイス(Ayot Place)を買うために、その多くの金額を払うことに決めました。私たちはまだ、アヨット・プレイスのことを考えていました。その日の会合は、諸外国の〔K〕委員会について、でした。クリシュナジは新しい財団のメンバーの名を挙げました — それは、ブリッツとアランとルービンシュタインとメアリー・リンクスとディグビー夫妻とドロシー・シモンズと私になるはずでした。最終的に財団が実際に作られたとき、変わったんですが、それが彼の最初の選択でした。

11日にもう一回、諸外国の〔K〕委員会との会合が、国ごとにありました。午後には、ルービンシュタインと〔メアリー・〕カドガンと私が、彼らみんなと一緒に会いました。晩には7時に私たちは、講話に来ていた合衆国の人たちと会いました。

会合は翌日、タンネグ〔山荘〕で継続しました — 今回は、イタリア委員会、スイス委員会、南アフリカとフィンランドの代表者たちとです。これら会合には、クリシュナジとアランとカドガンとルービンシュタインと私が、出席していました。

それから…ええっと。私は、クリシュナジが何日にオーハイからの人たちへ話をしたかと、誰さんがそれを録音したかを、見出そうとしています。

スコット — 〔オーハイ在住の〕ブラックバーンですか。

メアリー — ブラックバーンです。アル〔バート〕・ブラックバーン(Al Blackburn)がテープに録りました。クリシュナジは、テープに録るのを正式に認可しませんでした。彼はただ注意を払わなかったと思います。この〔録音〕テープは、ラージャゴパルとの争論の大きな素材になりました。なぜなら、そこにはクリシュナジが、なぜ〔K著作協会と〕縁を切ったのかを、説明していたからです。私たちは後で法廷訴訟をしたとき、ラージャゴパルはこのテープの破棄を望みました。でも、最後には、〔録音〕テープをラージャゴパルに与えて、存在する複製をどれも破棄するのと交換に、〔クリシュナジが1961年から62年に書いた〕『ノートブック(The Notebook)』の原稿を取り戻すという取引でした。事実という点では、アル・ブラックバーンは、私たちに知られずに、一つ〔録音の複製〕を取っておきました。でも、私たちはそれを知りませんでした。

スコット — ふむ、それは今、どこにありますか。

メアリー — まあ、今たぶんアメリカK財団のアーカイヴス〔資料保管庫〕にあるでしょう。(クスクス笑う)

スコット — よし。

メアリー — そう思います。確実には知らないんですが、結局、もちろん、これら〔裁判沙汰〕が終わった後、〔アル・〕ブラッ

クバーンは亡くなったと思います。彼はそれらを遺言で譲ったと思います。結局私たちはテープを得たんです。
スコットーそのテープは何日に作られましたか。
メアリーー7月18日です。

それから、13日から、ブリッツ、アラン、カドガン、クリシュナジともちろん私とで、さらに会合がありました－学校のためだけでなく、〔K財団の〕会報（The Bulletin）の計画のためでも、です。そして、人々に、何が起きつつあるかを知らせることと、会報を通して資金を集めることなど、です。私は、この時期に〔南インド、マドラスの有力な支援者〕ジャヤラクシュミー夫人（Mrs.Jayalakshmi）がサーネンにいたこと、そして彼女は食事にタンネグ〔山荘〕にいたことに、触れました

〔サーネン〕講話はまだ続いていました。私は結局、運転してジャヤラクシュミー夫人をジュネーヴへ送っていきました。彼女は、どこであれ行こうとしている先へ、発ちました。アランは、私が思うには、ああ、そうです。ここ〔日記〕には、アランがその旅行に来たし、私たちはジュネーヴで、〔偉大なバレーダンサー、イギリスの〕フォンテインと〔ロシア出身の〕ヌレエフの出るロイヤル・バレエを、見に行ったことを、言っています。
スコットーふむ。
メアリーーあれはすてきでした。
スコットー彼らは何を踊っていたんですか。
メアリーー「ロメオとジュリエット」だと思います。ええ。
スコットーふむ。私は彼らがそれを踊るのを見ました。
メアリーーええ、ええ。
スコットーとほうもないです。
メアリーーそれで、彼と私は翌日、運転して戻りました。グラッペ・ドオー（the Grappe D'Or）で昼食をとり、（笑う。スコット、クスクス笑う）午後にグシュタードに着きました。その間、クリシュナジはテント〔の会場〕で、若者たちとの第1回の会合を行いました。討論会です。これは水曜日のことでした。翌日、彼は第6回の講話を行いました。

21日にはタンネグ〔山荘〕で、諸外国の〔K〕委員会のためのお茶がありました。その後、クリシュナジは自分の車で、私を〔東方向の〕レンク（Lenk）へドライブに連れて行ってくれました。
スコットーあなたたちは、あの小さなところを登ったんですか・・・いや、あの散歩道はご存じないでしょう。気にしないでください。
メアリーー散歩はしませんでした。ドライヴしただけです。

それから、メアリー・カドガンと私は、たくさんの実務をこなしました－それらについては長々と議論しましたが、あまり興味深くないです。

再びクリシュナジは、若者たちの討論会を行いました。私は午後に村でヴァンダ〔・スカラヴェッリ〕に出くわしました。彼女は、私がタンネグ〔山荘〕に上がってきて、クリシュナジとともに裏の森を通って散歩すべきだと主張しました。

26日にクリシュナジは、第9回の講話を行いました。タンネグ〔山荘〕でヴァンダとクリシュナジとアランと私自身とで昼食。私はふつう昼食にはそこに上がっていました。ヴァンダがとても親切に私を招いてくれたんです。

それから第10回の講話。彼はその頃、〔後年より〕とても多くの講話を行いました・・・（脇のスコットへ）この報告では、次の世紀まで掛かるでしょう。
スコットー構いません。（メアリー、クスクス笑う）時間はあります。
メアリーー会合がありました－クリシュナジと私とシモンズ夫妻と私です。私たちは来年、〔イングランドの学校の候補地〕アヨット・プレイスに泊まることについて議論しました。私は、〔クリシュナジ、アラン、私という〕私たち三人のための住宅を探しましょうと、言いました。それから、クリシュナジとアランと私は散歩に行って、住宅について話をしました。（クスクス笑う）

31日にクリシュナジはテント〔の会場〕で、公開討論会を始めました。そこにはウィンフィールド・ディグビー夫妻（the Wingfield-Digbys）がいて、昼食に来ました。

8月2日に、ヴァンダは朝早く〔ローマに〕発ちました。私は運転して、クリシュナジを第3回の公開討論会に送って行きました。前に、彼女はそこにいるとき、いつも彼の運転をして行きました。少なくともその頃は、です。後には、彼女は車を持ってこないで、列車で来ました。だから、私が彼の運転をしました。

それで、もっと多くの討論会です。ヴァンダは自分の不在中に取りしきるために、自分が離れている間、私にタンネグ〔山荘〕に居てくれるよう頼みました。それで、私は部分的にタンネグに移りました。私がいうのは、そこで寝たくなかったんですが、食事などのためにそこにいました。だから、〔宿泊先のアパートメント・ハウス、〕カプリスから持ち物を移さなかったんです。
スコットーどの部屋に居ることになっていたんですか。
メアリーー正面の扉の正反対のところです。それが本当はただ一つの部屋でした。
スコットーまあ、ダイニング・ルームを出て小さなところがありますが。
メアリーーいや、ええ。そこは使いませんでした。アランが時々そこを使いましたが、彼はこの時、カプリスに降りていました。
スコットー誰が料理をしていましたか。
メアリーーああ、〔ヴァンダの家政婦、〕フォスカです。いつもフォスカです。（軽くクスクス笑う）

それで、議論は毎日つづきました。それから、或る人が到着しました。ちょっと待ってください。ああ、そうです。これは、ああ、トムシュック氏という人（a Mr.Tomchuk）です。その名前は以来、考えたことがなかったわ。彼はアランに対して警告しました－フレッド・ウィリアムズ（Fred Williams）と呼ばれる男が－彼は本当に、実は私は彼から手紙を受けとろうとしていると思いますが、彼は暴力的で恐ろしい男でした。トムシュック氏はアランに対して、彼についての乱暴な手紙がフレッド・ウィリアムズにより回覧された、あるいは、フレッド・ウィリアムズからラージャゴパルに送られたこと、そして、アランは気をつけるべきだということを、注意しました－フレッド・ウィリアムズは彼を攻撃してくる、殴りかかってくるかもしれない、と。それで、クリシュナジはフレッド・ウィリアムズを呼びにやり、彼に対してグシュタードを去るよう言いました。

分かったことは、ウィリアムズは・・・まあ、彼はたいへん嘆かわしいことに、一回、メアリー・カドガンを侮辱しました。それから、この年でなく或る年、彼は山荘にやっ

て来て、クリシュナジに会いたがりました。私はだめだと言いました。彼は、「まあ、私は彼に本をあげたいと思うんだ。」と言いました。私は「そうね、すみません。彼は休息しています。迷惑をかけられません。」と言いました。それで、彼は本を取り出しました。それは、悪名高い『シオンの長老たちの議定書（Protocols of the Elders of Zion）』でした。ご存じでしょう、有名な偽作の、反ユダヤ主義の暴力的な本です。

スコット―ええ、ええ。

メアリー―彼は、「お読みなさい。」と言いましたが、私は「いいえ、私は読みたくありません。そこに何があるかは知っています。」と言いました。

それで、私たちはそれについて、ちょっと行ったり来たりをしました。先日、まあ、これは重要でないですが、ダグ（Doug）から、「本が届いていますが、転送してほしいですか。」と言う手紙を、もらいました。私は、「まあ、開けて見て、そこに私への手紙があるのかどうかを、見てください。」と言いました。彼はそうしようと言いましたが、後で彼が、その本は北カリフォルニアのどこかのF. ウィリアムズからだと教えてくれたとき、私はそういう人物は知らないと言いました。後で私は、「やれまあ、同じ男に違いない。」と思いました。また別の反ユダヤ主義の本だろうと思います。

スコット―ふむ、ふむ。

メアリー―ともあれ、私が思うには、彼は、テントの若者たちに対して、コカインとか、当時の薬物が何であれ、提供していると疑われていました。

スコット―ふむ、ふむ。

メアリー―最後の討論会は8月6日にありました。その日、クリシュナジは〔オーハイの〕ノイズ大佐（Colonel Noyes）と会いました。ノイズ大佐を憶えていますか。

スコット―ええ、もちろん。

メアリー―…それと〔オーハイのアル・〕ブラックバーン夫妻と〔アラン・〕フーカー夫妻です。何が起きたのか、私は知りません。私はそこにいませんでした。そう思います。いろいろな人たちが来ました。特別なことはなし。ディグビー夫妻が昼食に来ました。私たちは、クリシュナジのメルセデスでドライブに行きました。（クスクス笑う）アランはパリへ行きました。なぜかは忘れてしまいました。何かブリッツと関わることです。ああ、ブリッツは合衆国に行ってしまい、ロサンジェルスで〔K著作協会副会長の〕ヴィゲヴェノ夫妻に会っていました。彼は、オーハイでクリシュナジにとって何が起きているかを、見出そうとしていました。〔Kの本のフランス語訳に取り組む〕マダム・ドゥシェ（Madame Duchet）が昼食に来ました。ノイズ大佐がKに会いに来ました。それから、ディヴィッド・ボームです。アラン〔・ノーデ〕がパリから電話してきましたが、それが何だったのかは知りません。ボーム夫妻は頻繁に昼食に来ました。（メアリー、クスクス笑う）

スコット―何を笑っているんですか。

メアリー―「この日は自由な一日だった。クリシュナジのメルセデスに彼と乗り、私たちは〔レマン湖の北岸の〕ローザンヌへ運転した。途中、高速道路で車は時速115マイル〔、約184キロメートル〕で鳥のように進んだ。私たちは〔オテル・〕ボー・リヴァジェ（Beau Rivage）で昼食をとり、〔レマン湖の東端の〕モントルー、〔少し南東の〕エーグル（Aigle）、〔南西方向の峠道〕レ・モス（Les Mosses）を運転して、戻ってきた。アランはパリから戻ってきた。私たち三人はみな、雨のなか、〔東方向の〕トゥルバッハへ散歩して行った。夕食と話。」（クスクス笑う）

スコット―ふむ、とてもすてきです。

メアリー―見たところ、「私は〔滞在先のアパートメント・ハウス、〕カプリスへ降りていき、アイロンがけをした。」それを知ることは、歴史にとって魅力的でしょうね。（スコット、笑う）「タンネグ〔山荘〕に戻る。昼食にドリス・プラット。午後には再びトゥルバッハへ登り、流れを横切り、向こう岸を降りる。」あれは長い散歩でした。あそこには橋か何か道があります。

スコット―ええ。

メアリー―「ギャロウェイ夫妻が昼食に来た。」さて、ギャロウェイ夫妻（the Galloways）は、インドで生活していた夫婦でした。彼はスコットランド人だったと思います。或る時点でクリシュナジは、彼に、インド・クリシュナムルティ委員会とか、そのときどう呼ばれたにせよ、それを率いてほしいと思いましたが、そこからは何も出てきませんでした。

クリシュナジは〔アパートメント・ハウスの〕カプリスに降りてきました。彼はまだカプリスにたくさんの衣服を持っていました。それで、荷造りを考えるために降りてきたんです。（声に笑い）

スコット―（クスクス笑う）それらは、一ヶ月以上そこにありました。

メアリー―ええ。彼は車を下に置いておきました。なぜなら、そこには彼の使える車庫があったからです。（クスクス笑う）彼は或る種、どちらの場所でも生活していました。

それから18日には、「私たちはカプリスで荷造りをした。彼は一人でドライブに行った。午後に私たちは歩いて、〔講話会場の〕テントを過ぎ、製材所の上へ上がった。山々では雪の線は低かった。」

20日には、「私たちは、クリシュナジのと私のメルセデスと、アランのVW〔、フォルクスワーゲン〕を、トゥーンの〔取扱業者〕モーザー氏へ持って行き、置いておいた。クリシュナジのは春に新車と交換されることになっている。」これは、彼がもっと大きいのをほしがったところです。

スコット―いいです。これが〔後でオーハイでも乗った緑のメルセデス車、〕グリーン・ビューティが登場するときですか。

メアリー―ええ。

スコット―いや、グリーン・ビューティは1969年からですか。

メアリー―まあ、起きたことは、私たちがそれを注文したし、それが来たということでした。でも、翌年の型は何か醜いものが付いていました。何かクロムメッキで、私はそれが好きでなかったし、クリシュナジは好きでなかった。誰も好きでなかった。だから、そのとき彼は、シュトゥットガルト〔のメルセデス社〕に、注文を次の年のものへ変えるよう、同意してもらいました。

スコット―よし。では、60何年の…いや、では70年のものでした。

メアリー―そう思います。

スコット―グリーン・ビューティは70年のものですか。そうにちがいない。

メアリー―もう少し後だったと思いました。

スコット―私もそうです。
メアリー―まあ、それがここ〔日記〕に言っていることです。しかるべき順序を踏んで解明されるでしょう。（スコット、クスクス笑う）

　それから私たちは、〔トゥーン湖の〕フェリーに乗り、〔東北岸のホテル・〕ビータス（Beatus）に行きました。〔湖の西北の端、トゥーンの取扱業者〕モーザーのところから湖のフェリーへ、歩いていけます － 蒸気船がそれです － 乗って、それから湖の〔東南方向の〕遠い側まで2回停まると、〔北岸の〕ベアテンベルグ（Beatenberg）です。そこには、私たちが昼食によく行ったホテルがあります。うららかな暖かい晴れた日でした。

　翌日、ここには〔、東側陣営のチェコスロヴァキアでの自由化を、ソ連が弾圧した「プラハの春」事件について、〕言います － 「ロシア軍が、東ドイツの支援を受けて、ハンガリーに侵攻する。夜の間に、ブルガリアが占領され、チェコスロヴァキアが占領される。」あれもまた、歴史的な恐ろしい一日でした。

　けれども、私たちは、「〔スイス西部、レマン湖の南西の端、〕ジュネーヴへ行き、オテル・ドゥ・ローヌにチェックインし、オテル・デ・ベルグー（the Hotel des Bergues）で昼食をし、〔時計店のフィリップ・〕パテクに行き、午後は休息し、自室で晩餐をした。」

　8月22日に、私たち三人は正午の飛行機に乗ってロンドンへ、そしてホワイト・ハウス・ホテルに行った。そこは、〔ロンドン北部の王立公園〕リージェンツ・パーク（Regents Park）の近くで、ちょうど道路を行ったところです。ええと、あの大きな道路沿いです － あそこにフレンズ（the Friends）…

スコット―メリルボーン（Marylebone）ですか。
メアリー―メリルボーンです。そこはほんの二、三の区画〔ブロック〕、行ったところです。そこから、メリルボーン沿いの〔王立公園〕リージェンツ・パークに入ります。リージェンツ・パークの東です。

　クリシュナジとアランは、まっすぐ〔サヴィル・ロウの仕立屋、〕ハンツマンに行き、その間、私は荷物を開いて、（スコット、クスクス笑う）夕食をこしらえました。私たちには小さなキッチンがありました。そういうわけでそこに行ったんです。その晩、後で私たちは〔テレビで〕、プラハでのロシア軍の戦車の映像を、見ました。ひどいものでした。ほんの一夜で、完全な占領です。

　翌日、「ドリス・プラットが自分の車を私に貸してくれた。私が運転してクリシュナジをハンツマンに連れて行った。サチャ・デ・マンツィアーリがそこで彼と待ち合わせた。みんなで、リッツ（the Ritz）で昼食した。私たちは食べ物をヘルス・センターで買い物した。それからホテルで〔事務弁護士〕マイケル・ルービンシュタインと、長い会合をした。リージェンツ・パークで散歩した。オーハイのブラックバーンから、彼とその妻がラージャゴパルに会った後で、私たちは〔録音〕テープを受けとった。」

　8月24日には、クリシュナジとアラン〔・ノーデ〕と私は、リンクス夫妻、ボーム夫妻、シモンズ夫妻とドリス・プラットと会いました。後で私たち三人はロイヤル・ランカスターで昼食をしました。それから、〔ロンドン中心部ランカスター区の〕レスター・スクエア（Leicester Square）での映画に、行きました。

　25日に私たちはまた行きました。ああ！すてきな日ね！私たち三人は、メアリーとジョー〔のリンクス夫妻〕と一緒に、〔大ロンドンとその北東のエセックス州に伸びる古い森、〕エピング・フォレスト（Epping Forest）へ散歩に行きました。それから戻って、セイント・ジョージ・ホテルで彼らと昼食をしました。

　それから翌日、クリシュナジとアランとメアリー・リンクスと私は昼食をして、〔大ロンドンの北側の、学校候補地〕アヨット・プレイスに運転して行きました。ウィンフィールド・ディグビー夫妻とシモンズ夫妻が、そこで私たちを迎えました。私たちは建物をもう一回調べてみて、運転して帰り、リンクス家でお茶を飲みました。サチャ・デ・マンツィアーリが、クリシュナジと私との夕食に来ました。それから（笑う）私は、アヨット・プレイスのためのベッドとリネンを買うために、ヒールズ（Heals）に行きました。私は、自分がカリフォルニアにいる間に、その場所が買われる場合に備えて、すべてを選んでおいたことを、憶えています。そうなったなら、ネリー・ディグビーがそれらの配送を手配することになっていました。

　28日に、ラージャゴパルからクリシュナジへ脅す電報が来ました。クリシュナムルティ財団の、新理事たちとの最初の会合のために、〔フランスの実業家のジェラール・〕ブリッツと〔ベルギーの実業家、〕ヴァン・デル・ストラテンが、到着しました。

　これが、私たちがKFT〔、クリシュナムルティ信託財団〕を創設したときです。〔事務弁護士〕マイケル・ルービンシュタインの事務所でのことでした。KFTは、ブリッツと、ヴァン・デル・ストラテンと、ジョージとネリー・ディグビーと、アラン〔・ノーデ〕と、ドロシー・シモンズと、私自身を理事として、法的に創設されました。またメアリー・カドガンも書記として同席していました。メアリー・リンクスもそこにいましたが、彼女は理事になろうとしませんでした。

スコット―ふむ、ふむ。ヴァン・デル・ストラテン（van der Straten）はどうして登場したんですか。
メアリー―まあ、彼は〔スイス、〕サーネンにいましたよね。いつもです。ここには触れていないから、彼らはあまり昼食には来なかったようですが、私は知りません。クリシュナジは彼を知っていて、彼は良い理事になるだろうと思ったんです － 実業家で、教えに興味を持っているし、（笑う）菜食主義者です！彼は良い理事になろうだろうと思ったので、彼を招待したんです。クリシュナジが誰でもみんな任命しました。

スコット―ふむ、ふむ。
メアリー―8月29日に、〔Kの昔からの支援者〕バインドレー夫人とのお茶と、〔ロンドン中央部から西に拡がる〕ハイド・パーク（Hyde Park）を横切って戻る散歩の後で、夕食のとき、クリシュナジとアランと私は、アヨット・プレイス対、他のどこかについて議論しました。私たちはアヨット・プレイスにさほど満足していなかった。良い考えには見えませんでした。

　翌日、30日、ドロシーとモンターニュ・シモンズ〔夫妻〕が朝に来ました。クリシュナジは彼らに、建物をさらに探すよう言いました。彼らは代理店に行き、情報を持って帰ってきました。Kと私はホワイト・ハウス・ホテルで昼食をしました。〔マドラス在住の〕ジャヤラクシュミー〔夫人

がニューヨークから到着し、夕食に来ました。

9月1日に、「ディグビー夫妻が朝に来た。学校のための建物探しを手伝ってくれるだろう。ノイズ大佐がオーハイより、ラージャゴパルからのKWINC〔クリシュナムルティ著作協会〕のほとんどを引き渡すとの提案をもって、到着した。私たちはルービンシュタインに話をした。ノイズは折り返し、ラージャゴパルに電話することになる。」

クリシュナジは疑っていました。彼は、「まあ、折り返し彼に電話して、彼が本気でこう言っているのかを見よう。」と言いました。

「クリシュナジとアラン〔・ノーデ〕と私は、〔ホテル・〕クラリッジェスで昼食をした。ジャヤラクシュミー夫人とその甥と一緒に、散歩のために戻った。或る写真家とノイズ〔大佐〕がお茶に来た。ドリス・プラットも。」

ここ〔日記〕には言います – 「かなり混乱した会合。最後にみんな立ち去って、ノイズはラージャゴパルに電話をしに行った。戻ってきて、全くの失敗を報告した。Kはアーカイヴス〔資料類〕がほしいが、ラージャゴパルは自分でクリシュナジに会うまで、一切の譲歩を拒否する。同じ信じがたい振る舞い。私たちは合衆国への飛行を、水曜日まで延期しておいたが、もとへ変更をするには遅すぎる。」と。

私たちは、ノイズ〔大佐〕にこの電話をしてもらうために、飛行機の便を切り替えておいたんですが、ノイズは、真っ青な顔をしてショックの状態で戻ってきました。見たところ、彼はそう言ったんですが、ラージャゴパルは、「私にそういう伝言を寄越すとは、どういうつもりなんだ。私はあなたに行く権利を与えたことはない…」と言ったのでした。さて、ノイズはインドへ行く途中だったんですが、ラージャゴパルがクリシュナジに話をしてくれるよう頼んだから、彼は迂回してロンドンへ来たんです – 特にクリシュナジに話をして、伝言を伝えるためです。ですから、彼が電話に戻ったとき、ラージャゴパルは、「私はあなたを送ったことはない。あなたに行くよう言ったことはない。何をする権限もあなたに与えたことはない。」と言いました。これは〔ラージャゴパルの〕標準的な手順でした。

スコット—そのとおり。

メアリー—だから、クリシュナジの側の誰にとっても、少しも驚くべきことではなかった。

翌日、私たちは、〔ホテル・〕クラリッジェスで昼食をしました – クリシュナジとアランとフレール・カウルズ (Fleur Cowles)[6] (これは私の友人です) と私と、です。マイケル・ルービンシュタインとドリス・プラットが午後に来ました。私は荷造りを終えました。

9月4日、「運転してクリシュナジとアランを空港まで送った。彼らは午前11時35分の〔スペイン、〕マドリッドへ、さらに〔乗り換えで〕プエルトリコへの飛行機に乗った。私はニューヨークへのTWAの飛行機に乗った。」と。まあ、そのとき私がしたことは、〔そこに住む〕弟〔バド〕のところへ行くことなどなどでした。

クリシュナジは、〔カリブ海の島〕プエルトリコ〔のサンファン〕で講話をすることになっていました。私は、母と家族に会うなどしなくてはいけなかった。それで、彼らと一緒に行きませんでした。私はニューヨークで彼らを待ちました。さて、どうでしょう、先へ跳びましょう。なぜなら、これはみな、クリシュナジについてではなく、私についてですから。私は〔母の住む東部マサチューセッツ州のマーサズ・〕ヴィニヤード〔島〕へ行きました。

スコット—いいです。では、あなたはニューヨークに到着し、マーサズ・ヴィニヤードでお母さんに会った。

メアリー—ええ。それからニューヨークに戻りました。しばし〔カリフォルニアの〕マリブへ飛び、それから9月19日に飛行機でニューヨークに戻りました。

20日に、「私は、〔弟バドの前妻、〕前の義理の妹から借りておいた、62番街40東のフラットへ移った。」と。私は或る種、アパートメントを整えて、買い物などをし、そこの掃除をしました。これらは聞きたくないでしょう。さて、クリシュナジはここにいつ着くのか。

クリシュナジは9月23日にアランとともに到着します。

スコット—よし、いいです。では、そこで終わりましょう。テープが切れようとしています。

メアリー—いいです。

原　註

1) メアリーとのこれら初期の対談はすべて、ブロックウッドにおいて、彼女の私的な区画のキッチンで行われた。
2) ブロックウッドの始まりにおいて建築問題に関係していた若い建築家。
3) ガルブレイスはハーバード大学教授の経済学者であった。多くの書物の著者であり、アメリカのリベラリズムの指導的提唱者であり、ケネディ〔政権〕のもとで〔1961-1963年に〕インド大使を務めた。
4) メアリーは私たちの対談の当日についてこう言っている。それは1995年6月15日のことだった。
5) クリシュナムルティ信託財団 (The Krishnamurti Foundation Trust)。
6) アメリカ人著作家、編集者、芸術家。[*4]

訳　註

[*1] ここでも表記は Sasha だが、他の個所の Sacha を採る。
[*2] ホームページ上ではここで指示された個所をクリックすると、メアリーの話が聞こえる。
[*3] P.Jayakar (1986) pp.283-286 によると、ギャロウェイは1967年に、インドで営業しているイギリスの大きな会社ビニーズの会長職を退職したばかりであった。Kは、インドの財団と、マドラスの本部ヴァサンタ・ヴィハーラの停滞ぶりを見て、その担当者マダヴァチャリに対して1967年には、ギャロウェイに財団の仕事を分かち合うよう提案した。また、1968年には電報で、ヴァサンタ・ヴィハーラをギャロウェイに引き渡すよう求めた。しかし、マダヴァチャリは法律上の権利はラージャゴパルにあると考えて、対応しなかったようである。
[*4] 第41号に幾らか詳しい記述がある。

第10号　1968年9月から1969年1月まで

序　論

この号では、クリシュナジとメアリーとアランが、KWINC〔、クリシュナムルティ著作協会〕の怪しい取引について情報を入手しはじめたこと、そして、それをどう取り扱うかを考え出すために彼らが幾人もの法律家と会ったことが、見られる。法的訴訟のための基礎が明らかになる。

　この号ではまた、合衆国で新しいクリシュナムルティの組織が開始されるのが、見られる。

　最後に、学校のためにイングランドで多くの資産を考慮した後で、ブロックウッドが見つけられ、取得される。

メアリー・ジンバリストの回顧録　第10号

メアリー－それで、私たちは、クリシュナジとアラン〔・ノーデ〕が9月24日にニューヨークに到着したところで、止めました。私はちょうど〔ロサンジェルス近郊の〕マリブ〔の自宅〕から〔ニューヨークに〕到着したところでした。クリシュナジは、〔カリブ海の島〕プエルトリコ〔のサンファン〕で講話をしていました。アランは彼と一緒にいました。その期間に私は、〔アメリカ〕東海岸で自分の家族を訪問し、マリブに帰りましたが、〔そこには〕一週間もいませんでした。そして、私の〔弟バドの前妻、〕前の義理の妹から借りておいたフラットの準備をするために、ニューヨークに戻りました － そこは、62番街東40（40 East 62nd）にありました。クリシュナジがニューヨークにいる期間のための、小さなフラットでした。

スコット－クリシュナジはニューヨークのどこで、話をしようとしていましたか。

メアリー－彼が話をしようとしていたのは …　うーん、実はどこで話をしようとしていたのか。私は〔日記の〕ここを前もって読んでおかなかったんです。（クスクス笑う）

スコット－（笑う）そのとおり。気にしないで。

メアリー－開示されるでしょう！

スコット－いいですよ。

メアリー－私たちはそこに着くやいなや、イングランドでの学校についてあれこれ話をしはじめました。なぜなら、〔イングランド南東部、ロンドン近郊の〕サリー（Surrey）には邸宅があると言われて、そこが学校の候補地であったからです。それで、アランが〔ニューヨークから〕ロンドンに飛んで帰ることが、決定されました － 彼は翌日そうしました。そして、そこに行って見て、報告をするということが、です。それで、彼は飛んで帰り、〔ロンドンの〕ディグビー夫妻のところに泊まりました。

　翌日に、それは25日でしたが、私たちは彼に電話しました。彼はすでにその邸宅を見ていました。私たちはまた、そこの写真を受けとって、気に入りました。彼もそこを気に入りましたが、私たちは待って、自分が戻ったときに、それについて議論すべきだと、言いました。で、それが、私たちがその邸宅について知っていることのすべてです。

　さて、その間に〔フランスの実業家でKの支援者のジェラール・〕ブリッツ（Blitz）はどこかそのあたりにいて、クリシュナジは彼に話をしたいと思いました。ブリッツはクリシュナジとともに、夏にまだ〔スイス西部の山村、〕グシュタードにいる間に、〔テキサスの石油会社を退職した、〕オーハイのエルナ・リリフェルト夫人という人（a Mrs. Lilliefelt）から、手紙を受けとりました。彼女は、クリシュナジが〔ラージャゴパル支配下の〕KWINC〔、クリシュナムルティ著作協会〕から離脱したというのと、仕事を手助けしたいと思う人たちは新しい〔クリシュナムルティ信託〕財団に寄付すべきであると、クリシュナジに代わって提案されたというニュースを読んだのか、聞いたことがありました。彼女は驚いていました。なぜなら、彼女は、長年にわたって〔多くの支援者から〕多大なお金がクリシュナジの仕事に捧げられてきたことを、知っていたからです。そして、なぜ彼はそれを持っていないのか。彼女はとても聡明な手紙を書きましたが、それはサーネンに届いたとき、良識の息吹のようなものだった、と言わざるを得ません。

スコット－ふむ、ふむ。

メアリー－クリシュナジは、「このリリフェルト夫人は誰ですか。」と言いました。今や、彼が、ブリッツと〔エレナ・〕リリフェルト夫人と〔イギリスの事務弁護士のマイケル・〕ルービンシュタインにニューヨークに来てもらい、状況について議論してほしいと思うという展開に、なりました。それで、私はロンドンのアラン〔・ノーデ〕に電話をして、ルービンシュタインにどうか来てもらうように、言いました。私は、エレナ〔・リリフェルト〕に電話しました － その頃、私は彼女を全く知りませんでしたが、来てクリシュナムルティに話をしてくれるかどうかを、訊きました。どちらも、行きます、と言いました。それで、それらが当面の出来事でした。

　ブリッツは即座に26日に来ました。私たちは、翌週に会合を用意していました。それで、何かな？ああ、私たちは映画に行きました！（クスクス笑う）

スコット－（笑う）何を見たんですか。

メアリー－ここ〔日記〕には言っていません。ああ、ちょっと待ってください。ラジオ・シティで、私たちは〔ピーター・〕ユスティノフ（Ustinov）の映画に行きました。どれかは〔ここには〕言っていません。私たちはそこから歩いて帰りました。ルービンシュタインはロンドンから電話をして、「来る」と言いました。

　アランは翌日戻り、邸宅のニュースを持ってきました。写真はとてもすてきでしたが、そこは小さすぎるように見えました。とってもすてきに見えました。実際、そこは、ええと … 映画俳優に所属している邸宅だと分かりました。私たちがどちらもその名前をよく知っている人で、イギリスの俳優です。今、思いつかないわ！私はこの予習ができていません。（スコット、笑う）ともあれ、魅力的な邸宅でした。そこは、何かの理由で、ニュワル（the Newal）と呼ばれていました。

スコット－考え全体は、クリシュナジが居場所と学校を持つための邸宅を、持つということでした － それは相当大きな建物です。

メアリー－分かっています。まあ、この建物は一人の人のために作られました － そこのただ一人です。でも、そこは魅力的でした。それで、私たちはそれらのことすべてについて、話をしました。でも、ともあれ、（笑う）クリシュナジはニュワルを買うことを決断しました。（二人とも笑う）私たちは、ルービンシュタインに交渉をしてもらうよう、

〔ロンドンの〕メアリー・カドガンに電話しました。それで、まあ、それから私たちは昼食をして、もう一つ映画に行きました － ここには名を挙げていません。で、その日は飛ばしましょう。

さて、私たちは29日に来ます。アランは、クリシュナジが〔アメリカ東部コネチカット州の〕イェール〔大学〕（Yale）で講話をすることについて、イェールまで行きました。私は午後にクリシュナジと、ピンター夫人（Mrs.Pinter）のところへ行きました。

スコット－〔フレデリック・〕ピンター氏は何で有名でしたか。

メアリー－私はピンター氏に会ったことがありません。なぜなら、私が〔クリシュナジの周辺に〕登場してくる前に、彼は〔1966年に〕亡くなっていたからです。彼は、クリシュナジをずっと知っている実業家でした。ピンター夫人は、引退したオペラ歌手でした。彼女は健康状態が悪かった。通常、クリシュナジは近年〔1950年代から60年代初めに〕、ニューヨークに来たとき、ピンター家に泊まったものです。ピンター氏が亡くなった後、ピンター夫人のところでした。ピンター氏はクリシュナジに対して、ラージャゴパルが〔K著作協会に寄付された資産を〕横取りしつつあるし、クリシュナジは自らの組織から完全に排除されることになるだろうと、警告した人でした。

スコット－ふむ、ふむ。

メアリー－見たところ、ラージャゴパルは彼らに会いにやってきたものです。クリシュナジが言うところでは、ピンターは〔ウィスキーの〕ジョニー・ウォーカーの瓶とグラスをテーブルに置いたものです。ラージャゴパルが去ったときまでに、その〔瓶の〕半分は彼の喉を下っていました。これにより彼の舌は緩んで、ピンターに対して、自分がここそこで何をしているかを話していました。ピンターは、何が起ころうとしているかが、分かったんです。

スコット－ふむ、ふむ。

メアリー－それで彼はクリシュナジに警告しました。彼は、「調べてください。さもないと、あなたはすべてのことから外されてしまうでしょう。彼が金と権力と全部を持つでしょう。全部をです。」と言いました。でも、もちろんクリシュナジは、それにどう取り組むかを知りませんでした。

スコット－ふむ、ふむ。

メアリー－彼らは〔東西に走る〕58番通り西にいました。そこは、クリシュナジが前年泊まった場所でした －〔前年〕そのとき彼は、〔ニューヨーク市、マンハッタンの私立総合大学〕ニュー・スクール（The New School）で講話をしていました。でも、〔高齢の〕ピンター夫人はあまり調子が良くなかった。クリシュナジが、自分と〔アラン・〕ノーデがニューヨークで泊まる場所を見つけるよう、私に頼んだのは、そのときです。あなたが思い出せるなら、私は弟〔バド〕のフラットを取ることで、そうしました。

スコット－ええ。

メアリー－で、それが、ピンター夫妻が誰なのかということです。彼女は多かれ少なかれ、病人で年配の女性でした。彼女は残念ながらこれらの後、まもなく亡くなった、と思います。彼女は物語から消え去ります。アランはまた、〔東部マサチューセッツ州の〕ブランダイス大学（Brandeis University）にも、行きました － クリシュナジがそこで講話するのを手配するためです。

今、〔エルナ・〕リリフェルト夫人が初めて場面に登場します。彼女は〔オーハイから〕ニューヨークに来て、お茶に来ました。私たちは話をしました。ここ〔日記〕には言います －「クリシュナジは夜に病気になったが、にもかかわらず4時にニュー・スクールでの第1回の講話に行った。」ふー、彼はニュー・スクールで二回講話したにちがいありません。

〔エルナ・〕リリフェルト夫人は翌日、10月2日、昼食に来ました。ミッチェル・ブース（Mitchell Booth）もです。ミッチェル・ブースは私の父のニューヨークでの弁護士で、私の家族の弁護士といったものです。彼はまだ私の弟、バドの用件を取り扱っています。

スコット－ふむ、ふむ。

メアリー－もしも私に用件があったなら、彼が世話してくれるでしょう。彼は遺言書とかそのようなものを作ります。私たちは、これらラージャゴパル問題について話をしました。エルナは、ラージャゴパルが行っていた資産－土地、建物、不動産－の譲渡について、自らが行った調査結果を、持ってきました。そこで彼は、私たちが「いかさま」と呼ぶことを、やっていました。彼は、〔クリシュナジと弟ニトヤにちなんだ〕ブラザーズ協会（the Brothers Association）に帰属しているものを、譲渡しました。それを、〔「星の教団」にちなんだ〕「スター会報」（the Star Bulletin）に、さらに何か地域の他のスターのところに譲渡しました。さらに彼は再び動かしました。彼は追々、小さな財団を作り、これらのものを回していました。そして、目にも見よ、あらゆるものが、彼の管轄するところに入りました。クリシュナジが権限を持つところ － それは、〔神智学協会会長でKの養母だった〕ベサント夫人が彼が持つべきだと主張したものであり、それは全面的な権限ということになっていました － には、何も残っていませんでした。

だから、あらゆるものが、見せかけの殻へ移動されていたんです。だから、〔実務に長けた〕エルナ・リリフェルトは、土地の所有権を追跡することで、そうしたんです。なぜなら、土地の所有権は登記しなくてはいけないからです。あなたは、私に住宅を売るのなら、私への売却を〔合衆国の〕郡に登記しなくてはいけません。

スコット－ふむ、ふむ。だから、彼女は土地を追跡できたと？

メアリー－ええ、彼女は土地を追跡できました。

スコット－でも、金銭は追跡できなかった。

メアリー－ええ。金銭は追跡できなかった。でも、彼がどのようにKWINC〔、クリシュナムルティ著作協会〕に資産を高い価格で売ったのかを示すほどには、彼女は土地を追跡しました。それから彼は、その価値を大いに上げるように、KWINCに支払わせたんです。それから彼は低価格でそれをKWINCから買い戻したんです。それで、KWINCの金銭が使われたし、彼はすべてを片付けてしまったんです －〔KWINCの副会長〕ジェームズ・ヴィゲヴェノ（James Vigeveno）が自分の娘のために建てた住宅を含めて、です。ヴィゲヴェノの娘が一番目の夫と離婚して、出て行ったとき、ヴィゲヴェノがその住宅を所有しました。彼がそれを建てたからです。そこは、それからヴィゲヴェノからラージャゴパルに売られましたが、ラージャゴパルがこれら操作を通じて得ていた金銭を、使ってです。

スコット－ふむ、ふむ。

メアリー——それで、エルナ〔・リリフェルト〕は、資産の譲渡についてこの本当に興味深い画を持っていました。それが、彼女の持ってきて、〔弁護士〕ミッチェル・ブースに見せたものです。

それで、翌日、10月3日、クリシュナジ、アラン、リリフェルト夫人、ブリッツと私の会合がありました。私たちはこれらすべての書類をもう一回見直しました。午後2時30分には〔事務弁護士〕マイケル・ルービンシュタイン（Michael Rubinstein）がロンドンから到着しました。午後3時30分に、クリシュナジと私は、〔マンハッタンの私立総合大学、〕ニュー・スクールへ第2回の講話に行きましたが、ルービンシュタイン、ブリッツとリリフェルトは、これらすべての書類の見直しを継続しました。私たちが戻ったとき、ブリッツはすでにロサンジェルスへ行っていました。私たちはルービンシュタインとさらに幾らか話をしました――彼は夕食に留まりました。

翌日、10月4日、エルナ・リリフェルト、マイケル・ルービンシュタイン、ミッチェル・ブースと私はみんなで会って、午後までこれらすべてを再び見直しました――それからルービンシュタインはロンドンへ飛びました。

スコット——では、ルービンシュタインが来た目的は、何だったんでしょうか。

メアリー——まあ、彼は、一番目のものの最初の回復を行った人です――すなわち、〔クリシュナジ自身の〕著作権でした。彼はそのとき法律顧問だったんです。でも、私たちがニューヨークに行くとき、これらは合衆国内で対処しなくてはいけないことが、明らかです――そこでは、〔イギリスの事務弁護士の〕彼は参加できなかった。だから、そのときミッチェル・ブースが最新情報を知らされました。彼らは法律家同士で話をしたというか。

スコット——では、マイケル・ルービンシュタインが来たのは、本当はミッチェル・ブースに最新情報を知らせるためでした。

メアリー——ええ、ええ。それから、これらで進展するでしょうが、そのときミッチェル・ブースは、私たちがロサンジェルスの弁護士を持つことを提案しました。彼は或る人を提案しましたが、それは私たちが最終的に頼んだ人でした。

スコット——誰ですか。

メアリー——サウル・ローゼンタール（Saul Rosenthal）がそれを取り扱った人です。やや若い人で、とても聡明で、とてもすてきです。でも、彼は、ロサンジェルスの大きな超一流の法律事務所に入っていました。

スコット——ふむ、ふむ。

メアリー——ミッチェルがくれたのは良い助言でした。結局は、そしてこれは道の先のことになりますが、それを訴えることになると分かったとき、〔オーハイのあるカリフォルニアの〕ヴェンチュラ郡（Ventura county）での訴訟となると、ローゼンタールは、「いいですか、ロサンジェルス〔郡〕を出るとき、裁判官たち、法廷、全部が、ロサンジェルスの大きな法律事務所より、地元の人たちに好意的になる傾向があります。」と言いました。それで彼は、私たちが人を雇うことを、助言しました――〔弁護士の〕スタンリー・コーエンですが、私たちは彼を雇いました。彼はヴェンチュラにいました。

スコット——ふむ、ふむ、ふむ。

メアリー——それで、その始まりをすべて取り扱った後で、結局、すべてはマイケル・スタンリー・コーエン（Michael Stanley Cohen）に移譲されました――彼が、クリシュナジと〔新しい〕財団のために訴訟全体をとおして弁護士でした。

スコット——ふむ、ふむ、ふむ。

メアリー——クリシュナジは、〔マンハッタンの私立総合大学〕ニュー・スクールで第3回の講話を行いました。ヴァンダ〔・スカラヴェッリ〕の娘パオラと、その夫、〔経済学者の〕ジョン・コーエン（John Cohen）が昼食に来ました。私たちは、『レーチェル、レーチェル（Rachel, Rachel）』という〔アメリカの恋愛〕映画に行きましたが、私はそれを全く憶えていません。（スコット、クスクス笑う）

スコット——ここにいる間に、中断してよろしければ、誰が映画を選んだんでしょうか。どうやって決定したんでしょうか。

メアリー——まあね、一覧表を見て、そうよね…私たちは、それらがどういうものかを言いました。明らかに、それはすべてクリシュナジの興味に合うよう仕立ててありました。または、何か彼が好きだろうと私たちの思うものを、です。カウボーイ〔の出る西部劇〕や何かが無いのなら、そのとき私たちは考え出そうとしました。うーん…私は一回、すばらしい映画に行ったことを、憶えています。〔スポーツ・ドキュメンタリー〕『終わりのない夏（The Endless Summer）』といって、彼はそれを気に入りました。あなたは見たことがありますか。サーフィンの映画です。それは、最初の叙事詩的サーフィン映画でした。それはただ〔カリフォルニア出身の〕二人の少年が、完璧な波を探して世界をさすらうというものです。

スコット——ええ、憶えています。

メアリー——私はそれに行って、彼がそれを楽しんだのを憶えています。（メアリー、クスクス笑う）

スコット——あなたたちは、〔弟バドの〕フラットで食事のすべてをとっていたんでしょうか。

メアリー——まあ、何というか、私はあさっていたと思います。その頃、私はたくさん料理をしたように見えます。私たちは時折、外に出掛けました。私たちは或る日、ザ・コロニー（The Colony）で昼食したのが、分かります――クリシュナジとアランと私です（クスクス笑う）。そこは、まさしく私の青春時代と子ども時代のレストランでした。（スコット、クスクス笑う）私が人前に出られる年になったとき、父は私をそこに連れて行ってくれたものです（スコット、笑う。メアリー、クスクス笑う）――私がすてきな作法を身につけ、すてきな衣装を着て、父は私が信用できると感じたとき、です。（もっと笑う）私はそこが大好きでした。

スコット——そこはまだ存在していますか。私はそこに行ったことがありません。

メアリー——もう存在していません。すばらしいレストランでした！そこは、まさしくニューヨークのしゃれたレストランでしたが、けばけばしくしゃれていませんでした。ただすばらしい食事でした。そこは、誰に何の料理を出すかのめざましい感覚を持った三人のイタリア人が、切り盛りしていました。（二人とも笑う）その頃、ニューヨーク生活には恐ろしい階層がありました。

スコット——ああ。

メアリー——客あしらいが抜群でしたし、食べ物がすばらしかった。私はあそこ以上のところに行ったことがありません。それで、私たちは或る日、そこに昼食に行きました。

第4回の講話。それは言いましたか。エルナ〔・リリフェルト〕はカリフォルニアに戻っていました。それから、若者たちの一連の討論会がありました。これもまた〔ニューヨーク、マンハッタンの私立総合大学、〕ニュー・スクールで開かれました。

10月10日に第5回の講話がありました。その後、私たちは幾らか買い物をしました。11日には、もう一つ、若者たちのための討論会がありました。400人ほどの人々が来ました。

スコット―うわぁ。それはめざましい。
メアリー―ええ、とてもよかったわ。
スコット―これはすべて、〔マンハッタンの私立総合大学、〕ニュー・スクール（The New School）であったんですか。
メアリー―ええ、ニュー・スクールで、です。
スコット―そこの講堂であったんでしょうか。それとも・・・
メアリー―ああ、そうです。講堂で、です。

それから11日に、エルナがロサンジェルスから電話してきて、私たちの新しい弁護士、サウル・ローゼンタールに会いに行ったと言いました。

12日はアラン〔・ノーデ〕の誕生日でした。午前10時にクリシュナジは、ニュー・スクールで第6回で最後の講話を行いました。それからクリシュナジは、〔インドの外交官で友人の〕ナラシンハン（Narasimhan）と〔第3代の国連事務総長〕ウ・タントと、国連で昼食をしました。私は前にナラシンハンのことに触れたのかどうか、知りません。彼は国連にいましたが、そのとき国連のトップ〔事務総長〕だったウ・タントに次ぐ人でした。で、彼は〔国連の〕官房長で、〔南インドの〕マドラス〔、現チェンナイ〕のジャヤラクシュミー〔夫人〕のいとこでした。彼は長い間、クリシュナジを知っていました。

アランと私は、ラ・コテ・バスク（La Côte Basque）に行きました。そこもまたすばらしいレストランです。

ニューヨークのクリシュナムルティ事務所を持つという話がありましたが、そうしたいと望んだ人たちをKは信頼していなかった。それで、何も起きなかったんです。

スコット―誰がこれらの人たちでしたか。
メアリー―私は彼らみんなをリスト・アップしたとは思いません。私たちは彼らを不明なままにしておきましょう。
スコット―（笑）いいですよ。でも、あれこれを放っておかないでください、メアリー。なぜなら、これは完全な記録であると思われていますから。
メアリー―彼がそれを望まなかったという事実で、充分です。私たちは彼らの名前を汚したくないんです。
スコット―ええ。私たちは誰の名前も汚したくない。（クスクス笑う）
メアリー―加えて、私は思い出せません。

13日に、私たちはもう一つ映画に行きました－それは〔アメリカのスリラー映画〕『ローズマリーの赤ちゃん（Rosemary's Baby）』でしたが、彼はそれを気に入らなかったんです。

（クスクス笑う）それから夕食のとき、〔コネチカット州の〕イェール（Yale）〔大学〕への旅行を取り消すが、木曜日に〔マサチューセッツ州の〕ブランダイス（Brandeis）〔大学〕に行くことを決定しました。なぜイェールを取り消したのかは、忘れました。何かの理由です。

スコット―どこで散歩しましたか。公園（the park）ですか。
メアリー―公園でか、〔南北に走る〕マディソン通りか5番街を行ったり来たりですが、ふつうは公園です。
スコット―ふむ。公園へは歩いて行ったんでしょうか。
メアリー―歩いて〔東西に走る〕62番通りを渡り、公園に行きました。なぜなら、62番通りは〔南北に走る〕5番街に突き当たるし、そこは公園に面しているからです。アパートメントは公園とマディソンの間にありました。

17日に私たちは、ヴォワシン（Voisin）で昼食しました（そこは、もう一つの古くて良いレストランです）。それから私たちは、〔国内線向けの〕ラガルディア空港（La Guardia airport）に行き、〔東部マサチューセッツ州の〕ボストンに飛び、車をレンタルし、〔ボストンの西北の郊外〕ウォルサム（Waltham）のチャーター・ハウス・モーテル（the Charter House Motel）に走りました。ブランダイス大学の学生部長が、そこにいて私たちに挨拶しました。私たちはダイニング・ルームで晩餐をとりました。

翌日、18日、私たちは何人かの学生たちに、ブランダイスを案内されました。あれはなかなかおもしろかった。私たちは教職員食堂で昼食をしました。午後4時30分にクリシュナジは、学生たちに第1回の講話をしました。

スコット―どれほどの人たちが来たのか、憶えていますか。
メアリー―およそ300人でしょうね。多くはなかったが、でも・・・
スコット―充分です。
メアリー―良かったわ。ええ。

翌日、19日、〔ベルギーの実業家でKの支援者〕ヒュヘス・ヴァン・デル・ストラテン（Hughes van der Straten）がブリュッセルから到着して、昼食に来ました。どこで昼食をしたのかは、分かりません。クリシュナジは午後に〔個人〕面談を行いました。それからアランと、私たちは散歩に行きました。それからヒュヘスが、私たちとの夕食に加わりました。

20日に、私たちは午前中、イングランドの邸宅について、ヒュヘスと話をしました。一つ新しいところが視野に入っています。その名は〔イングランド南岸にあるハンプシャー州の〕ブロックウッド・パーク（Brockwood Park）です。
スコット―ふむ、ふむ。
メアリー―「〔南イングランドの〕ハンプシャーの」と言っています。「四人みんなで昼食をした。ヒュヘスは午後に発った。クリシュナジとアランと私は、散歩に行った。」と。その後でさらに〔個人〕面談がありました。一つは、〔故ケネディ大統領の夫人で、ギリシャの船舶王と再婚した〕ジャクリーヌ・オナシス・ケネディ（Jacqueline Onassis Kennedy）とのものでした。

「21日にブランダイス〔大学〕で、クリシュナジと学生たちの間で、午前の討論会があった。午後に彼は、4時30分にもう一回講話を行った。」

22日には、「午前に私たちはテレビで、四日の軌道から〔アメリカ初の有人飛行計画、アポロ7号の〕宇宙飛行士たちが地球に帰還するのを、見た。10時30分にクリシュナジは、ブランダイス〔大学〕で学生たちと討論会を行った。私たちは散歩をした。」ここには言います－「クレー教授（Professor Klee）が私たちと昼食をした。」彼が誰だったのかは分かりません。それから、「午後にはブランダイスで第3回の講話があった。」

23日には、「私たちは静かな午前を過ごしたが、午後3

時00分にクリシュナジはブランダイスで大学院生たちに話をした。」
　お分かりでしょうが、あの頃、彼は恐ろしく働きました。
スコット—ええ、そうです。午後には私的な面談を行い、時折…
メアリー—ええ。討論会、それから講話などです。
スコット—ふむ。
メアリー—24日には、「私たちはウォルサムを発って、ボストンへ運転し、ニューヨークに飛んだ。私たちはザ・コロニーで昼食をした。荷造りをした。」それから私の家族が入ってきました。〔ふつうパリにいる〕私の父が突然、ニューヨークにいたので、私は父と晩餐をしました。
　25日、「私たちは正午にニューヨークを発って、ロサンジェルスに飛んだ。〔マリブでお隣に住む友人〕アマンダ〔・ダン〕がジャガーで出迎えた。また、ブラックバーン夫妻(the Blackburns)がオーハイから来た。私たちは〔ロサンジェルスの西、太平洋岸の〕マリブの住宅に行った。」ここには言います—「住宅と庭はすてきに見えた。〔家政婦の〕フィロメナがすべてをピカピカにして整えていた。私たちは荷物を解いて、住宅の静かな安らぎのなかで夕食をとった。」
スコット—フィロメナとクリシュナジの間の接触について、教えてください。
メアリー—ああ、すばらしかったです。
スコット—描写してください。少しそれについて話してください。
メアリー—まあ、彼女は即座に…フィロメナの評価では、彼は崇めたてられるものすべてでした。彼は偉大な紳士でした。彼はまた礼儀正しく親しみぶかかった。彼女は即座に彼が気に入りました。彼は、彼女のすてきな性質すべてを、認識しました。結局、ここにどこかで、彼女はひどい関節炎の痛みを持っていました。彼は私に、自分の手を彼女に当てて彼女を助けようとしていいと思うかどうかを、訊ねました。それで、私は彼女に話しましたが、彼女はもちろん「はい」と言いました。で、彼は私を同席させました。なぜかは知りません。彼はいつもやることをやりました—後ろに立ち、両手を彼女の肩に置く。彼は終了したとき、いつもそうでしたが、部屋を出て、手を洗いに行きましたが、彼女に対して、「静かに坐っていてください。」と言いました。それで、彼女はあたかも恍惚状態かのようにそこに坐っていて、最後に立ち上がりました。後で—それは、彼女が私に言ったときのことですが、私がすでに報告したように、〔イタリア語で〕「ア・レ・マニ・ディ・ウン・サント（A les mani di un santo)」、彼は聖者の手を持っている、と。
スコット—ふむ、ふむ、ふむ。とてもすてきだ。
メアリー—まあ、私たちはただちに、〔住宅から降りて、太平洋の〕浜辺の散歩を始めました。あれは快かった。でも、知っているでしょうが、クリシュナジの散歩はそぞろ歩きではなかった。
スコット—ええ、知っています。
メアリー—活発でした。私たちが戻った時には、まとめて1時間ほどかと思います。
　翌日、27日、リリフェルト夫妻(Mr.and Mrs.Lilliefelt)が来ました。
スコット—これが、あなたが〔夫の〕テオ(Theo)に初めて会ったときでしたか。
メアリー—ええ、ええ。

　それから翌日、28日、「クリシュナジとアランと私は、リリフェルト夫妻に会いに、弁護士のところへ行った。私たちが会った弁護士は、ベルコヴィッツ(Berkowitz)、セルヴィン(Selvin)、誰かとメヤーズ(Myers)のような人だった。」それらの類の名前の一人でした。私たちは午後4時30分に、上級の弁護士、ベルコヴィッツ氏とローゼンタールに会いました。それから、私たちが帰宅すると、〔イングランドの〕メアリー・リンクス(Mary Links)からブロックウッドについて手紙を受けとりました。まあ、彼女はブロックウッドがまさにその場所だと思っていました。彼女が説明するところ、そこには、西ウィング(the West Wing)と呼ばれる部分がありました—そこは、クリシュナジのための独立した邸宅のようなものになるかもしれなかった。彼女はすでに、誰がどの部屋を持つかを選んでいました（スコット、笑う）。私たちはそのとおりにしませんでした。彼女は、今あなたが寝ている部屋を、クリシュナジにあてがっていましたからね。彼女はそこがただちに気に入りましたが、それが私たちに大きな影響を与えたと言わざるを得ません。
　私たちは29日に〔ロンドンの〕メアリー・カドガンから、〔フランスの実業家、ジェラール・〕ブリッツが昨日の理事会でクリシュナムルティ財団から辞任したと言う電報と電話を、受けました。私たちはまた、ブロックウッドが私たちのものになるかもしれないとも、知りました。クリシュナジはラージャゴパルに対して、KWINC〔、クリシュナムルティ著作協会〕について議論するために会おうと提案する電報を、送りました。
スコット—ちょっと待ってください。ここで戻りましょう。なぜなら、ネリー〔・ディグビー〕(Nelly)との私の議論では、ネリーはその理事会に出ていました。彼女は、会合の間にブリッツへ辞任するよう伝える電報が届いたと言いました。
メアリー—そうは思いません。
スコット—クリシュナジからです。
メアリー—私にそういう記憶はありません。ええ、ブリッツは…
スコット—彼女は、それが会合の最中に届いたと言いました。それはとても困惑するものだったと彼女は言いました。それは明らかに、彼女にとって記憶に刻まれることだったんです。
メアリー—私は、ブリッツの辞任は何かをめぐる不合意にあったことを、憶えています。財務上のことだと思います。
スコット—まあ、〔初代校長になった〕ドロシー〔・シモンズ〕は、ブリッツは学校が始められる前に或る金額のお金がなくてはならないと主張したと、言っていました。
メアリー—ええ。それは本当だと思います。そういうことだったと思います。
スコット—その金額のお金はなかった。だから、彼は学校を始めることに不合意でした。
メアリー—ええ。
スコット—メアリー・カドガンは私に、彼は辞任するやいなや出掛けていって、ヨットを買ったと話してくれました。
（二人とも笑う）
メアリー—私の記憶は、ブリッツがこの日付で辞任したのを、私たちは知っているというものです。ブリッツと他のみんなとの間に財務上の不合意があったこと、彼は、たくさんのお金を集めるまで学校を始めることが不安だったが、

もちろん私たちはそうでなかったことを、私はよく憶えています。でも、私たちはブロックウッドを買うほどは持っていたんです。それはクリシュナジにとって充分でした。それで、彼がどうして促されたのか、クリシュナジが電報の作者だったのかどうか、そこには何があったようなのかを、私は知りません。なぜなら、今日私はその記録を何も持っていないからです。でも、クリシュナジがブリッツに辞任するよう言ったと、私は思いません。それはクリシュナジらしくありません。でも、彼は先に進みたいと言ったでしょう。でも、それは推測です。なぜなら、私はこの話において、その記録を持っていないからです。私はそれをよく憶えていませんが、その時に私は、自分が、ブリッツがすごく高圧的になっていると感じたことは、知っています。彼はほとんどのことにおいて自分のやり方を通したかったんですが、そのとおりに行かなかったとき、彼は辞任しました。それが私のそれについての記憶です。

スコットーふむ、ふむ、ふむ。もしも電報があったとしたなら、それは、クリシュナジが個人的に送ったものではなかったんでしょう。あなたかアランだったんでしょうか。

メアリーーそのとおりです。ええ。ともあれ、彼は辞任しました。

継続します。「クリシュナジはラージャゴパルに対して、KWINCについて議論するために会いたい、会合は〔オーハイの〕リリフェルト宅で行いたいと言って、電報を送った。」それに対しては、「ラージャゴパルは電話して、クリシュナジに話をした。彼は拒絶した。折り返しクリシュナジは電話をして、私に彼へ話をさせたが、ラージャゴパルは私に対して一方的に電話を切った。それからラージャゴパルはエルナの自宅に電話をして、侮辱的なことを言った。」－エルナによれば、です。で、その要点が、私が思い起こすところ、ここには書いていませんが、「干渉するあなたは誰なんだ。あなたたちは部外者だ。これはクリシュナムルティと私との間のことだ。」というものです。それが、彼がいつも取った方針です。

スコットーふむ、ふむ。

メアリーーまたその日に、アラン〔・ノーデ〕は〔マリブから、ロサンジェルスの東90キロメートルほどの街、〕クレアモント（Claremont）に行きました－クリシュナジがそこで講話をすることについて、すべてを取りまとめるためです。また私の弟〔バド〕が〔離婚の後、〕結婚しましたが、それはこの物語から外れています（スコット、クスクス笑う）。（メアリー、クスクス笑う）

翌日、13日、「クリシュナジは、リリフェルト夫妻に財団の合衆国支部を率いさせることと、その結成を開始することを、決定した。リリフェルト夫妻とブラックバーン夫妻は、午後3時にやってきた。私たちは計画について話をし、お茶をいただいた。後でラージャゴパルは私に、クリシュナジへの伝言を寄こした。クリシュナジは彼に話をしたくなかった。初めに彼ら二人で話さないのなら、会合はないだろう。」それが、いつのときも彼の調子でした。彼はクリシュナジを一人きりにして、脅したいと思っていました。クリシュナジはそうする計画をしていませんでした。

スコットーふむ、ふむ。

メアリーー「翌日アランは〔マリブから〕オーハイに行った。クリシュナジと私はここで昼食をした。それから〔ロサンジェルス郡西部の〕サンタモニカに…コート掛けを探しに行った！」（二人とも笑う）いったい私たちは、コート掛けをどうしようと思ったのかなあ。彼は付いてきたかったんだと思います。（さらにクスクス笑う）「私たちは〔マリブの海岸線から山間部へ〕トパンガ（Topanga）とマルホランド（Mulholland）を運転して行った。アランは、車が故障した後、戻ってきた。クリシュナジは〔K著作協会副会長の〕ヴィゲヴェノに語りかけて、彼に対してラージャゴパルと委員会との会合の重要性について、鮮烈な話をした。クリシュナジは、「とても重要です。あなたはそれを悟らなくてはいけないし、会合がなくてはならない－そこには、ラージャゴパルだけでなく、KWINCの委員会全部がそこにいなくてはならない。」と言った。彼はまさに毅然としていた。」

「翌日、私たちは電話でエルナと、クリシュナジが会うためにKWINCの委員会をここに呼ぶことについて、話した。彼は招待…」

スコットー「ここに」というのはマリブにという意味ですか。

メアリーーマリブ〔の私の家〕にです。彼らにマリブへ来てもらうんです。「彼は、ミマ・ポーターとヴィゲヴェノ夫妻とカッスルベリー（Castlebury）を招待した…彼らは拒否した。それで、会合は開かれなかった。クリシュナジは、あらゆる可能な合図を送ってきた。」それが、彼の目指していることでした。彼らが来るだろうと、彼は思いませんでした。彼らは敢えて来ようとしなかったんです。

それからここ〔日記〕には言います－「ロザリンドが電話してきて、明日ここに来るのを求めた。」で、翌日彼女が〔マリブに〕来ました－それが11月2日です。「彼女は午前10時に来て、午後1時30分まで居た。クリシュナジと私と三通りの会話。」私はメモ書きにしています（笑う）－「醜い人たち」って。アランはそこにいませんでしたが、彼女が何をしたのかは憶えています。（クスクス笑う）私は女主人として礼儀正しく、彼女を玄関で出迎えました。彼女を居間に連れて行きましたが、その時点で彼女は、「あなたはここに座って。クリシュナジはここに座る。私はそこに座りましょう。」と宣言しました。これは私の家でのことでした。だから、これはちょっとやりすぎでした。

スコットーふむ。

メアリーーで、私たちは座りました。私は分かりませんが、彼女は堂々巡りみたいな話をしました。だめでしたよね。

スコットーその感じを伝えてください。どういう意味でしょうか。

メアリーー（ため息）彼女はクリシュナジを叱りつけていました－「どうしてあなたはラージャと、このけんかができるの？」、「まったくひどいわ。あなたは自分がどうなっていくのか、分かっていないのよ。」と、お分かりでしょう。彼に対してがみがみ言うだけ、ちくちく言うだけでした。ただ不愉快でした。彼女はアランをも攻撃していました。彼女は私に対して、「ああ、あなたね。あなたは彼にのぼせ上がっているのよ。」と言いました。（笑う）クリシュナジと私は互いに見合わせて、笑い出しました。（二人ともクスクス笑う）みっともなかったわ。

スコットーラージャゴパルはこの時点で、金銭的に彼女を扶養していましたか。

メアリーーいいえ。彼女はこの時点で豊かな人でした。彼女は〔神智学者で資産家だった〕ローガン氏（Mr.Logan）から、たいへんなお金を相続していたんです。彼は遺言で

彼女に残したんです。加えて彼女は幾つも住宅を持っていました。

スコットーでは、これはただラージャゴパルの指令だったか、と思いますか。彼女はなぜこうしていたんでしょうか。そこには彼女のどんな利益があったんでしょうか。

メアリーー彼女はラージャゴパルと共謀していたからです。全体は、私の意見では、これらすべてのことでは、彼らは自分たち自身の〔夫婦間の〕紛争をめぐって戦った、ということです … 彼女は〔1960年代初め、〕彼に離婚してほしくなかった。または、彼がアンナリーザと結婚したいと思ったとき、彼と離婚したくなかったんですが、それは、麗しい結婚を維持するためではなかった。それはただ、そのとおりが彼女に適していたんです。彼らは60年代初めに遡って、それをめぐって戦っていました。でも、いや、彼らはクリシュナジを操縦していました。この件では彼らは、彼に従順であってほしかったんです － ラージャゴパルに対して、何でもラージャゴパルが決定したことに対して、です。彼女はこの件でラージャゴパルのために証言する用意ができていました。彼女は私たちの弁護士のところへ行きましたが、それは完全に範囲を越えていました。それはできません。彼らは、彼女にそれはできないと言いました。彼らは、彼女に出て行くよう言わざるをえませんでした。彼女は、彼らの知らないことがあると言いたかったんです。あたかも、彼らが知っていることを、自分が知っているかのようにです。それで、彼女は他の誰をもゆする前に、私たちの弁護士をゆすろうとしたんです。すべて始めから終わりまでゆすりでした。

スコットーとほうもないな。

メアリーー彼らが自分たちが、クリシュナジに対して持っていると思った抑えは、恋愛沙汰についてのあれらの物語でした。彼女はそれを言いませんでしたが、それをほのめかしました。そして、ラージャゴパルは、品性を疑わせる手紙を、持っているということでした。私たちの弁護士は、「すみませんが、それは重要ではありません。あなたは何もお持ちではない。私たちはあなたにお話できません。」と言いました。そして彼女に出てもらいました。

スコットーふむ。（休止）さて、彼女はすでにどうしてか、〔かつてのクリシュナムルティの学校、1946年創設の〕ハッピー・ヴァレー学校（the Happy Valley School）を抑えていたんでしょうか。

メアリーーええ、何年も前にです！

スコットー40年代か何かに遡って。

メアリーーええ、ええ。遡ってです。いやそれらは、少なくとも私にとって、完璧に明らかでしたし、クリシュナジもこれを感じていました － 彼らの興味、関心が、クリシュナジを押さえ込んでおくことと、彼のすることを制御することにあるということが、です。彼があちらこちらに行って講話をすることと、人々がお金を送ってくることは、だいじょうぶでした。それはよかった。彼らは、それのどこもいけないとは思わなかったが、彼らはその後、すべてを制御したいと思ったんです。

さて、11月3日に来ます。「〔オーハイの〕リリフェルト夫妻が午前11時30分に〔マリブに〕来て、話をし、それから昼食をとった。〔K著作協会の〕ジャームズ・ヴィゲヴェノから電報があり、クレアモントの後に、KWINCの事務所でK個人のために委員会との会合が「手配できる」と言ってきた。」なぜなら、クリシュナジは〔ロサンジェルスの東、90キロメートルほどの街〕クレアモント〔の大学に講話〕に行こうとしていたからです。

「それは、彼の招待の拒絶だったので、クリシュナジにとって受け入れられなかった。」で、私たちは翌日、弁護士たちとリリフェルト夫妻にさらに話をしました。「〔K著作協会の〕バイロン・カッスルベリーから失礼な手紙が来た。私たちは〔太平洋の〕海辺へ長い散歩に出掛けた。〔古くからのメアリーの友人〕ベツィ〔・ドレイク〕（Betsy）が私たちと晩餐をした。」

「私たちは弁護士たちに、ラージャゴパルへ手紙を書くよう指示した。」でも、それが何だったかの詳細は、憶えていません。それはエルナ〔・リリフェルト〕の報告に出ているかもしれません。でも、言い換えると、私たちは弁護士たちに、私たちの弁護士として登場するよう指示したんです。私が知るかぎり、これが初めてのことでした － これがラージャゴパルに対して率直に言われたことは、です。

翌日、「〔オーハイの〕アニー・ヴィゲヴェノ（Annie Vigeveno）が現れて、ラージャゴパルなどに関する〔K著作協会副会長で夫、〕ジャームズ・ヴィゲヴェノからの手紙を、持ってきた。」

ラージャゴパルがその手紙を書いたのは、確かだと思います。実際、ヴィゲヴェノの手紙の多くは、とても醜い手紙でしたが … ギャビー・ブラックバーン、彼女はジャームズとアニー〔・ヴィゲヴェノ〕の娘ですが、エルナに対して、〔父親の〕ジェームズ・ヴィゲヴェノは本当はそれらの手紙をけっして書かなかったと、ずっと話していました。代わりに〔母親の〕アニーが自らの夫〔ジェームズ〕に何かを書かせて、それから彼女はそれをラージャゴパルに持って行き、彼女とラージャゴパルがそれを書き直して、それからジェームズは署名だけをして、それを送ったんです。

スコットーわあ。

メアリーー私は、〔ジェームズ・〕ヴィゲヴェノがそれをやらかしているんだと思いましたが、もしもそれが本当だったとしても、私は驚かないでしょうね。

それから同じ日、6日に、「私たちは二台の車でクレアモントに向かった。私たちは、ブレーゼデル・インスティテュート（the Blaizedell Institute）と呼ばれるところで出迎えを受けた。」そこがKに講話をするよう招待した団体です。「その長の、レムペル氏（Mr.Rempel）という人が、提供される住宅へ案内してくれた。」そこはとてもすてきな住宅でした。私は最初の晩、アライグマの家族がポーチに来たのを、憶えています － 明らかに食べ物をもらうのを期待していました。彼らは可愛かったし、クリシュナジと私は喜びました。

翌日、「クリシュナジは午後遅くに峡谷（キャニヨン）の散歩をした。私は住宅で食事を作った。〔ロサンジェルスの弁護士〕ローゼンタールが電話してきた。」… 法律上の問題についてです。

「翌日、私たちは大学構内を案内された。午後7時にクリシュナジは、「ブリッジズ講堂（Bridges Auditorium）」と呼ばれるところで、学生たちと教職員と公衆へ第1回の講話を行った。」

翌日、9日に、「クリシュナジは、オーハイからの脅迫と、何をすべきかについて、アラン〔・ノーデ〕と私と議論した。〔ニューヨーク市の私立大学〕フォーダム（Fordham）からの学生、ジム・イーガン（Jim Eagan）がいた。彼は

私たちとの昼食に来た。私たちは散歩した。」

10日に、〔オーハイの〕ブラックバーン夫妻が昼食に来ました。クリシュナジは第2回の講話を行いました。その後、〔オーハイの〕リリフェルト夫妻が住宅に来ました。彼らは夕食の後、去りました。

11日に〔古くからのKの支援者〕フランシス・マッキャン（Frances McCann）が昼食に来ました。午後4時30分にクリシュナジは学生たちと討論を行いました。

13日に、「クリシュナジは神学部で講話と討論会を行った。昼食後、クリシュナジとアランと私は峡谷（キャニョン）を2マイル歩いてあがった。その間、クリシュナジは私たちに禅の歴史を話してくれた！」（メアリー、クスクス笑う。それからスコット、クスクス笑う）「闇のなかを戻った。」「全部で4マイル〔約6.4キロメートル〕。」と言っています

14日に、「〔宗教哲学の研究者〕ヒューストン・スミス（Huston Smith）が昼食に来て、彼らが明日行おうとしているテレビ録画の対談について、議論した。4時30分にクリシュナジはもう一回、学生たちとの討論会を行った。」

スコット―クリシュナジは、ヒューストン・スミスとどのようにやっていましたか。

メアリー―まあ、私が関係するかぎり、どうにかなるとは見えませんでした。私はヒューストン・スミスにあまり感心しませんでした。なぜかは・・・憶えていません。クリシュナジは批評しませんでした。

午前には、今言ったテレビ対談の録画がありました。午後4時30分には、学生たちともう一回討論会がありました。それからここに言います ― 「クリシュナジは、火曜日の会合を取り消し、月曜日にマリブに戻る決断をした。」と。

翌日、クリシュナジは、「月曜日の午後の大学での会合を取り消し、昼食後、マリブへ発つことを決断したが、学生たちと非公式の討論を行った。」

スコット―なぜクリシュナジはそうしましたか。講話の進みぐあいに失望したんでしょうか。

メアリー―本当に憶えていません。彼は自分は充分にやったとか何とか思ったんだと思われます。分かりません。私は思い出せないから、言うべきではないわ。

17日に、「昼食の後、ブラックバーン夫妻が立ち寄って、望んだ・・・」彼らは、言うところの「仕事」に加わることを、いつも望んでいました。それで、クリシュナジが考えつくことのできたただ一つのことは、「まあ、あなたたちが自分の出費で私たちと」―〔クリシュナジ、ノーデ、メアリーの〕私たち三人という意味です―「旅行したいと望むなら、たぶん〔妻の〕ギャビーがタイプを打ってもいいし、〔夫〕アルが録音を手伝ってもいい。それはだいじょうぶだ。」というものでした。でも、それは彼ら自身の出費でなくてはいけなかった。なぜなら、私たちにはその余裕がなかったからです。

18日に、クリシュナジは〔アメリカの三大ネットワークの一つ〕NBCのために、テレビ・インタビューを録画しました。「私たちは午後に発って、4時20分にはマリブに帰宅した。」ここには、「しばらく留まるための家！」と言います。感嘆符です。（スコット、クスクス笑う）

スコット―アラン〔・ノーデ〕はそこにいたとき、出掛けていって、会合の手配をしていました。では、彼はどんな車を使ったんでしょうか。

メアリー―それは良い質問です。彼はどんな車を使ったんでしょうか。憶えていません。私はその頃、一台の車を持っていただけです。私は、彼のための車をレンタルしたか、何かそのようなことにちがいないと思います。思い出せません。でも、もう一台車があったにちがいありません。なぜなら、彼はいつのときもどこかに行っていたからです。

22日には、「22日の午前11時に、クリシュナジ、アラン、リリフェルト夫妻、私と、弁護士のベルコヴィッツ、セルヴィン、ローゼンタールとの会合があった。彼らは今、ラージャゴパルに対して、彼とその弁護士たちと会うよう、手紙を書こうとしている。」今や深刻な法律的なことになろうとしています。

さて、アランが休日に出掛けるべきだという話がありました。それは、クリシュナジとアランと私との間でも、行ったり来たりしていました。でも、この時点でアランはむしろ、休日に出掛ける代わりに、ここカリフォルニアで著作するなどといった、自分の楽しいことをしたいと言いました。で、それが決定されました。そのようにはならなかったんですが、一時的に決定されました。

翌日、私たちはゼフェレッリ〔監督〕（Zeffirelli）の映画『ロメオとジュリエット（Romeo and Juliet）』に行きました。

スコット―ちょっと待ってください。アランのこの休日ですか。

メアリー―ええ？

スコット―彼はクリシュナジに対して、自分は休暇に出掛ける代わりに、クリシュナジと一連の議論をするのを好む、ということを提案しなかったんですか。

メアリー―ええ。それが展開することです。

スコット―あれは、休日の本ではないですか―『休日の本（the Holiday Book）』と呼ばれるものが。

メアリー―あれは『休日の本』です。

スコット―ふむ。

メアリー―まあ、私たちは歯医者に行きました。映画に行きました。散歩をしました。クリシュナジのためのウィンド・ブレーカーを買いました。

スコット―どこへ買い物に行ったんでしょうか。

メアリー―〔ロサンジェルスの〕ビヴァリー・ヒルズかウエストウッドへです。〔録音用〕テープが足りなくなっていますか。

スコット―いえ。たくさんあります。

メアリー―まあ、それは、ずっと美しい日々と〔太平洋の〕海辺の散歩の継続です。私たちはいつも午後に、日暮れに散歩しました ― すてきでした。

スコット―天国のように聞こえます。

すっかりお休みの時を過ごしつつあるとき、ここで典型的な一日に何が起きたのかを、おおよそ教えてください。

メアリー―まあ、クリシュナジはいつものように、ベッドで朝食をとりました。

スコット―何時ですか。

メアリー―やれまあ、分かりません・・・8時ぐらいかと思います。それから、私たちはしばしば座っていました ― 相当長い間、彼はベッドに、アランと私はクッションとか椅子とか何かに座ってです。それから結局、クリシュナジは立ち上がって、入浴し、昼食のために衣服を着ました。その間、私はふつう昼食の料理をしました。〔家政婦の〕フィロメナが助力しましたが、私がおもな料理をしました。それから彼は昼食の後で休憩しました。後で午後に散歩に行

きました。または、私たちはお使いに行こうとしているなら、たぶん午後に行きました。
スコット－散歩の代わりにですか。
メアリー－いいえ。
スコット－休憩の終わりと散歩時間の間にですか。
メアリー－ええ。
スコット－分かりました。
メアリー－12月1日にもう一回、若者たちとの討論会がありました。アランと私は、ミュージック・センター（the Music Center）へ〔ロシア出身の高名なピアニストの〕ウラディミール・アシュケナージを聞きに行きました。

　ここにはすてきな一日があります。12月2日、「風の強い日。昼食の後、お使いで街に行き、〔お隣に住む友人〕アマンダ〔・ダン〕に会い、友人とお茶をした。ラーダー〔・スロス〕（Radha）がクリシュナジに電話をしてきた。シドニー・フィールドがクリシュナジに会いに来た。」

　〔1931年生まれの〕ラーダー（Radha）は、その父親〔、ラージャゴパル〕に代わってクリシュナジを悩ますために、登場します。〔コスタリカ出身の〕シドニー・フィールド（Sidney Field）は、クリシュナジの長年の友だちでした。クリシュナジは洗車をするのを、シドニー・フィールドに手伝ってもらったものです！（二人とも笑う）あれは大きな出来事でした。または、時々、彼と海辺の散歩に行くんです。
スコット－シドニー・フィールドはどれほどやって来たんでしょうか。
メアリー－まあ、彼は二週間ごとか何かに来ました。分かりません。
スコット－彼はどこで生活していたんですか。
メアリー－ハリウッドです。さて、ここには言います－「アランはメアリー・リンクスのために〔ロサンジェルスの東にあるサン・マリノの〕ハンティントン図書館（the Huntington Library）に行った。」〔作家の〕彼女は何か調査が必要だったんです。「クリシュナジと私は歯医者に行った。それから、〔こちら側の弁護士〕セルヴィン氏とローゼンタールと、ラージャゴパルの弁護士、ローブル氏（Mr. Loebl）の会合が開かれた。」ここには言います－「悲観的な見通し。」アラン・ワッツ（Alan Watts）が自らの郵送者名簿をクリシュナジに提供してくれました。
スコット－彼は良くしてくれました。
メアリー－私たちは年末に近づいています。ああ、12月5日に、「昼食の後、ジェニファー・セルズニック（Jennifer Selznick）が」それは女優のジェニファー・ジョーンズ（Jennifer Jones）のことです。
スコット－ジェニファー・ジョーンズは知りません。私はほとんど女優を知らないんです。
メアリー－ええと、ジェニファー・ジョーンズは何に出ていたかな。『白昼の決闘（Duel in the Sun）』、『ウィンポール通りのバレット（The Barretts of Wimpole Street）』、うーん、あらゆる種類の映画です。彼女は大スターです。〔アカデミー賞で〕オスカーを取った大々スターです。彼女はディヴィッド・セルズニック〔監督〕と結婚しました。彼は、『風とともに去りぬ（Gone with the Wind）』と、あなたが見たことのあるあらゆる種類の映画を、制作しました。それで、彼女は、ロバート・ウォーカー（Robert Walker）という俳優との最初の結婚で、息子をもうけました。彼女が電話をかけてきて、お茶に来るよう頼んだんです。私は彼女を漠然と知っていました。彼女は息子を連れてきました。
スコット－彼女はあなたに会いに来たんですか。クリシュナジに会いにですか。
メアリー－当然、クリシュナジに、です。彼女の息子はドラッグをやっていた、と思います。
スコット－彼女はどうにかクリシュナジに興味を持っていましたか。
メアリー－まあ、おそらくは。でも、本当はそうではなかった。
スコット－注目するほどではなかった！（二人ともクスクス笑う）
メアリー－うーん。さて、これは興味深いわ。12月7日に、「〔オーハイの〕エルナ〔・リリフェルト〕は、私たちの弁護士たちがKWINC〔、クリシュナムルティ著作協会〕についてすべき質問の草案を、作った。」彼女は、〔具体的証拠になる〕それら死体すべてが郡の記録のどこに埋められているかを、知っている人でした。〔実務家の〕彼女はその調査すべてをしておいたんです。事実、エルナが、訴訟のために本当に、調査すべてをしました。彼女はそれについて本当に際立っていました。

　12月8日には、「20人あまりの人たちが昼食と、クリシュナジと討論するために来た。」
スコット－マリブの住宅に来ましたか。
メアリー－ええ。
スコット－明らかにアランの手仕事ですか。
メアリー－ええ。彼は羊飼いでした。

　翌日、12月9日になりますが、「午後にクリシュナジとアランと私は街に行って、幾らか買い物をした。それから午後6時に〔友人の〕シドニー・フィールドとお茶をした。それから私たちは、ロバート・ケンニ判事（Judge Robert Kenny）に会いに行った。」

　さて、これはとても重要な一日でした。なぜなら、私たちは、エルナが掘り当てたこのデータすべてを得ていたが、ラージャゴパルについてどうすべきかを、知らなかったからです。ケンニ判事はとても良い人でした。かつてはカリフォルニアの法務長官だったんですが、今は上級裁判所の判事か何かそのようなものでした。ただもうとても良い、とてもリベラルな人でした。彼はカリフォルニアで、あらゆる種類の良い、リベラルなことのために戦っていました。彼はシドニー・フィールドの友人でした。それでシドニーが、クリシュナジはケンニ判事へ行って話をするよう、提案したんです。私たちはこの特定の日、1968年12月9日に行って、私たちの知っていることを話しました。彼は、これらがとても怪しいことには疑いが無いこと、そして、私たちは現在の法務長官に即時に証拠を持っていき、それを彼に提示しなければいけないし、それから自分が私たちに助言するだろうということを、言いました。でも、何か究明すべきことがあるということは、明らかでした。で、それが私たちのやったことです。

　11日に、「〔作家の〕クリストファー・イシャーウッド（Christopher Isherwood）と、彼の友人ドン・バチャーディ（Don Bachardy）が昼食に来た。」私のいうクリストファー・イシャーウッドとは誰のことを言っているのか、知っていますか。
スコット－名前は知っています。
メアリー－まあね、詩人のオーデン（Auden）は知ってい

ますか。
スコット——ええ。
メアリー——オーデンとイシャーウッドは、ケンブリッジを出た二人の若者だったし、どちらも作家だったの。
スコット——ええ。
メアリー——イシャーウッドの一番知られた本は、『ベルリン物語（the *Berlin Stories*）』です。それは、ナチスの初期の頃のベルリンについてでした。それは映画化もされたわ。彼はしばらくの間、〔ロサンジェルスの近郊の〕サンタ・モニカに生活していました。ドン・バチャーディは、彼が一緒に生活していた人でした。画家で芸術家でした。イシャーウッドは、〔ヒンドゥーの宗教者で、全宗教は一つだと説いた〕ラーマクリシュナ（Ramakrishna）の弟子になって、ラーマクリシュナの生涯を書きました。とてもよく似ていた。うまく書けていたわ。それで、彼はラーマクリシュナのことにすごく関与していました。彼はまた〔1939年にカリフォルニアに来て、イギリス出身でカリフォルニア在住でKと親しいオルダス・〕ハックスレーの友人でもあったわ。あれらイギリス文学の世界ね。[10]
スコット——ええ。
メアリー——「午後遅くにラージャゴパルが電話してきた。クリシュナジは受話器を取って、それから私を出させた。」（クスクス笑う）「ラージャゴパルはまたもや、クリシュナジ一人だけに会いたいと言った。」等、そうね、いつもながらのことですよね。「電話を受けたのはクリシュナジだったんじゃないのか。」と彼が言ったのは、そのときだったと思います。

私は、「ええ。」と言いました。すると彼は、「私は彼に話したいんだ。」と言いました。

私は、「彼はあなたにお話したくないんです。それが何であれ、あなたは私に言っていただかなくてはいけないでしょう。」

翌日、〔女優の〕デボラ・カー（Deborah Kerr）とその夫で映画作家のピーター・ヴィアテル（Peter Viertel）が、昼食に来た。〔お隣に住む友人、〕アマンダ〔・ダン〕もです。クリシュナジと私は日暮れにすてきな散歩をした。」
スコット——では、デボラ・カーのような人たちは、電話を掛けてきて、いいかを訊ねた…
メアリー——いいえ。私はデボラを知っていました。彼女はサムの映画『クオ・ヴァディス（*Quo Vadis*）』に出ていました。私は、彼女と前の夫と子どもたちに、よく会っていました。私は彼女が街にいるのを聞いたんで、彼らを昼食に招待しました。それで、彼らは来ました。

14日には、「この家で開いた討論会の第1回が午後4時に始まった。15人ほどの人たちが来た。」またもや、それはすべてアラン〔・ノーデ〕がしたことです。
スコット——彼らは若い人たちだったんですか。
メアリー——学生の年齢ではないが、若めです。教えに興味を持つ人たちです。

続く二日間、また若めの人たちと討論会があって、たくさんの〔個人〕面談がありました。

ああ、12月17日の朝に、「〔イングランドで〕ブロックウッドの書類が今日、署名された。現在、〔クリシュナムルティ信託〕財団のものである、との電報が来た。」ははあ。ここに座ってそう言うことができるのは、すてきだわ。
スコット——ええ、ええ。そうです。

メアリー——19日に、「私たち三人はみな運転してオーハイへ、リリフェルト宅に昼食に行った。後で、クリシュナジがオーハイの友人たちと会うために、お茶会があった。」たくさんの人たちがそれに来ました。ここには言います――「私〔メアリー〕は〔左〕脚に問題を抱えている。」と。

21日に、「クリシュナジはアランと私に対して、アランと私の間の緊張へのアランの気持ちについて、話をした。見たところ、私のよそよそしさが過ちだった。」
スコット——あなたとアランとの間ですか。
メアリー——うーん。
スコット——（笑う）あなたは、その過ちを大いに治したにちがいないですね。あなたがよそよそしいのを、私は知ったことがないですから！
メアリー——（笑う）私は、自分はなかなかすてきだと思いましたよ！（二人ともさらにクスクス笑う）

22日には、「グループの第4回の討論会があった。」私の脚はあまりに痺れていて、歩けなかった。だから、私は〔住宅の下の、太平洋の〕浜辺を散歩しませんでした。
スコット——ふむ。これがあなたの有名な脚ですか。
メアリー——私の有名な〔左〕脚です。（クスクス笑う）

12月24日に、「晩に私たちは夕食をして、アポロ飛行船〔8号〕から月の生中継テレビを見た。〔初めて、地球周回軌道を離れて、月を巡る〕十回の軌道の後、彼らは地球へ折り返した。」ああ、彼らはあのとき着陸しなかったんだわ。
スコット——69年までは行かなかったんです。
メアリー——ああ、それは憶えていなかったわ。

「私たちはテレビで〔ピアニストの〕ホロヴィッツのコンサートを見た。」これはクリスマスの日です。
スコット——あなたはクリスマスの日にクリシュナジと典型的に何をしたんでしょうか。
メアリー——まあ、ここには、「家で静かな一日。」と言います。私たちはクリスマスについては何もしませんでした。「〔マリブでの隣のダン家の〕ミランダ、フィリッパ、ジェシカとミランダの彼氏がみんな、お茶に来た。その後、クリシュナジはスティーヴ、彼氏、ジェシカと海辺を散歩した。その間、ミランダと私は車で話をした。」

（クスクス笑う）「いつものようにテレビのそばで夕食。ホロヴィッツのコンサートを見た。私はニューヨークの家族みんなに話をした。」それがこのクリスマスでした。私たちはクリスマスを祝いませんでした。
スコット——あなたたちはお互いにクリスマスの贈り物をしたんでしょうか。
メアリー——ああ、いいえ。とんでもない。
スコット——まあ、私はこのすべてを記録に残そうとしているだけです。（二人とも笑う）
メアリー——クリスマスは異教徒のお祭りです。（スコット、もっと笑う）
スコット——では、クリスマスに〔家政婦の〕フィロメナは、どこにいたんでしょうか。〔ローマ出身の〕フィロメナは、実践的カトリック信者でしたから。
メアリー——ああ、そうです。
スコット——では、彼女はクリスマス・イヴに、ミサに出掛けてしまったんでしょう。彼女はクリスマスのために特別の食事を作ったり、何かそのようなことをしたんでしょうか。
メアリー——いいえ。私が食事を作ったからです。私たちは

ただ昼食をとっただけです。たぶん私は彼女にプレゼントをしました。ええ。そしてたぶん私は、〔お隣の友人、〕ダン家の人たちにもしました。なぜなら…

スコット―あなたはきっとダン家の人たちにはしたと思いますよ。

メアリー―でも、そちらへに出向いたり、そのようなことは何もしなかったわ。

27日に、「顔を見ることについては、私は今ではそうするはずだ。(On seeing the face, I should by now.)」[11]

28日に午後4時にもう一回グループでの討論会が、そして、翌日、午前11時にもう一回あった。

うーん、30日には、メアリー・L〔リンクス〕が編集したクリシュナジの新刊『既知からの自由(Freedom from the Known)』が、届きました ― ゴランツ社(Gollancz)から出版されて。これは、クリシュナムルティ財団の著作権の最初の本です。

後世の人たちがこれらに退屈しないだろうとは、とても想像できないわ!

スコット―(笑う)ええ。分かりません。でも、ともあれ、真剣な研究者のために何かが必要です。

メアリー―あなたみたいね!

スコット―全くです。(声にユーモア)たぶんこれは私のためだけです!

メアリー―お気の毒。私は〔Kの記録として〕適切な本を持っていませんが、それはもう少し華やかなのかもしれません。

スコット―〔次に扱う〕1969年〔の分〕はそうなるでしょうかね。

メアリー―よく分からないわ。

スコット―1969年〔の記録〕はお持ちでしょう。

メアリー―私は70年からすべて〔日記〕を持っていますが、69年〔の記録〕はまだ確認できていません。

スコット―69年は確認できていませんか。

メアリー―ええ。私は本当にそれを心配しきっています。なぜなら…

スコット―69年は大きな年です。

メアリー―あなたが言ったことを憶えています ― 「どうか、すべてを持ってきてください。」と。だから、自分ではそうしたつもりです。さて、なぜここにそれがないのか。心配です…

(録音が終わる)

原 註

1)これは、1920年代の初めに、十代後半のクリシュナジとその〔三歳下の〕弟ニトヤの世話をするために設けられた組織だった。[12]

2)アマンダ・ダン(Amanda Dunne)。マリブでのメアリーの隣人で、メアリーの長年の親友。

3)〔元ピアニストで国連の勤務を退職した人〕テオ・リリフェルト(Theo Lilliefelt)。エルナ・リリフェルトの夫。

4)このインタビューが行われたときに、私〔スコット〕はまだブロックウッドで生活していて、クリシュナジと〔その後、〕メアリーの客間だったものを、自分の寝室として使っていた。

5)ネリー・ディグビー(Nelly Digby)。ネリー・ウィングフィールド・ディグビー(Nelly Wingfield-Digby)とも呼ばれる。

6)ドロシー・シモンズ(Dorothy Simmons)。ブロックウッドの初代校長で、クリシュナムルティ信託財団(the Krishnamurti Foundation Trust)の当初の理事だった。

7)ベツィ・ドレイク(Betsy Drake)は、アメリカの女優、心理療法士、著作家で、1949年から1962年まで〔映画俳優〕ケーリー・グラント(Cary Grant)の妻だった。彼女とメアリーは1940年代から友人だった。

8)フランシス・マッキャン(Frances McCann)は、クリシュナジにヨーロッパでの恒久的な基盤を持ってほしかったので、クリシュナムルティ信託財団のためにブロックウッド・パークを購入した。

9)ラーダー・ラージャゴパル・スロス(Radha Rajagopal Sloss)は、ラージャゴパルとロザリンドとの〔一人〕娘である。

10)〔コスタリカ出身で、ロサンジェルスで領事を勤めた後、〕喜劇俳優で、喜劇作家として成功した。

11)有名な哲学者、著作家、講演者。1960年代と1970年代の反体制文化(カウンター・カルチャー)において、東洋哲学、特に禅を大衆化した人である。

12)これは長くてきわめて興味深い主題である。それは後の対談において詳細に取り扱われる。この話題への初めての言及であるから、ここに記しておく価値がある。[13]

訳 註

*1 M.Lutyens(1996)によれば、ラージャゴパルの飲酒癖は、1951年か52年に食道の痛みがあり、食事の嚥下に困っていたとき、インドの或る医師から毎日、小量のスコッチを飲むよう処方されたことから始まったとされている。また、彼は確かに人を動かし、巻き込む力を持っていたが、そのために黒魔術の本を収集していた。または、収集したポルノ写真を他人に見せていたとの報告がある。いずれにしても、日々の生活における目的の喪失や欲求不満という背景を暗示しているように思われる。

*2 ロサンジェルス郡の西北にあり、オーハイはここの内陸にある小さな町である。

*3 第2号を参照。

*4 メアリー・ラッチェンスによる伝記第二巻によると、8月28日の会合で、財務上の顧問だったブリッツは、「ご存じのように、クリシュナジ、私たちはあなたのために何でもするでしょう。この窓から飛び降りることでも。でも今、学校を始める不可能なんです。」とも言った。

*5 第6号の原註、第19号の訳註を参照。

*6 cf.M.Lutyens(1996)p.110;ヴィゲヴェノ夫妻の経歴については、第5号を参照。

*7 未確認。次号、1月23日の個所に出る、子どもの教育用の本とはあまり関係がないように思われる。

*8 Sidney Field(1989)pp.116-117には次のように回顧されている―

「私はこれら形式ばらない浜辺の散歩で、けっして個人的な問題で彼を悩ませなかった。彼とともにいるだけで充分だった ― 静寂の中を歩き、波と石蹴り遊びをし、些細なことで笑ったり、壮麗な夕日に何かふつうの発言をした。濡れた砂の上で小さなイソシギたちがちょこちょこ走る。カモメたちが輪を描いて回り、互いに鳴き交わす。突然に大波が黒い岩にぶち当たって、白い泡の滴の渦を残す。遠方の白い帆を、じっと見た。これらは、静かで単純な喜び、お互いと環境との言葉なき親交のすばらしい午後だった。私は、〔カリフォルニア中部、〕モンテレー半島の森で〔詩人〕ロビンソン・ジェファーズが一言もなく彼と一時間散歩したさまを、よく理解できた。」

*9 Sidney Field(1989)pp.112-113

*10 二人の作家とKおよびラーマクリシュナ・ミッションとの関係については、ラッチェンスによる伝記第二巻の1938年の個所を参照。

*11 On seeing the face, I should by now. 省略された文章なので、正確に翻訳しにくい。

*12 クリシュナジは1895年生まれなので、当時、兄弟は二十代であった。

*13 第37号、39号、40号などを参照。

第11号　1969年1月から1969年5月まで

序　論

前号、第10号の終わりに私たちは、メアリーが自分の日記をこれらの対談の目的のために〔カリフォルニアの〕オーハイから〔イングランドの〕ブロックウッドに持ってきたことを、読んだ。だが、彼女はブロックウッドに着いたとき、1969年の日記を持っていないことに、気づいた。結果として私たちは、単に1969年を飛ばして1970年に進んだ。彼女が行方不明の日記を見つけた後で、1969年に戻ることを意図して、である。私たちは、彼女が1969年の日記を本当に間違いからオーハイに残してきたのなら、1969年を扱うには、次の春まで － そのとき彼女はオーハイからブロックウッドに戻ってくる － 待たなくてはいけないだろうことを、知った。この行方不明の日記の発見と1969年を飛ばした私たちの対談は、1995年の夏に行われた。事実、メアリーはオーハイに戻ったとき、あらゆるところで日記を探し回ったが、見つけられなかった。

メアリーと私は対談を継続した。2005年には、クリシュナジの生活の年代記を1983年まで前進させた。私はその時までには、〔イングランドを離れて、アメリカ合衆国西海岸の〕オレゴンで生活していたが、メアリーとのこの計画を継続するために、定期的にオーハイへ飛んでいった。その年、不思議なことに、メアリーもどうしても理解できなかったが、彼女の日記の集成の中に、1969年の小さな日記が現れた。それは小さな日々の日記にすぎなかったことを、記しておくことは重要である。なぜなら、この日記の大きさが問題であるからだ。これら日記のページは、4インチかける2.5インチ〔約10センチメートルかける約6.3センチメートル〕で、各ページに二日間を収録している。だから、特定の一日のために実際に書くスペースは、ほんの1.75インチかける2.5インチ（約4.5センチメートルかける約6センチメートル）だけである。これは非常に小さいが、この号と次の二号（第11号と第12号）に見られるものへ影響を与えている。

一つの影響は、詳細が希薄なことである。もう一つは、不完全な文章が頻用されることである。メアリーが他の年に付けた大きな日記に関しては、彼女はこの年の間、付けなかったのか、あるいは、小さい日記が現れたように奇跡的に再び現れることはなかった。読者がたは、メアリーはクリシュナジを知ったほとんどの年に、〔大小〕二種類の日記を付けたと、以前に述べておいたことを、憶えておられるかもしれない － 一つは、彼女が毎夜、眠る前に記入した小さな日々の日記である。二つ目は、むしろ小さなノートブックに似ている大きな日記であり、そこに彼女は、日々の日記に書けるのより大きな記述と詳細が必要だと感じることが何かあるとき、いつも書き込んでいた。

2005年までに、メアリーは90歳になり、ひ弱だった。私たちは、彼女のクリシュナジとの接触の始まり、そしてまた彼女が彼と熱心に働き、一緒に旅した最初の19年を議論するために、すでに11年を掛けていた。2005年において私たちはまだ、1983年から1986年のクリシュナジの死までの資料を扱わなくてはいけなかった。私たちはこれを急いで駆け抜けたいとは思わなかった。私たちは、以前の年月についてそうであったように、クリシュナジの残りの年月について、徹底的に行きたいと願っていた。それでもなお、私たちにはこの計画を完成させるには有限の時間しかないという、語られざる認識が、あった。この計画はメアリーにとって重要であった。彼女はこの計画が、クリシュナジとともにいることがどのようであったかを世の中に提示するという、彼への約束を果たすべきだと、感じるようになっていたからである。彼女が自身の〔独立した〕著作のために持っているエネルギーは今や、滴であった。

2005年にはまた、私たちの対談が緩やかに緻密に、メアリーの思いつくクリシュナジとともにいることのあらゆる側面に及んできたという感覚も、あった。私たちは、想像しうるあらゆる詳細について議論し、探究し、解き明かしてきた。私たちは〔そのとき〕1983年〔の記録〕にたどり着いていた －〔1986年のクリシュナジの死という〕最後の線が視野に入っていた。今、私たちは1969年に戻らなくてはならなかった。そして1969年は多くの面で重要な年だった。その年の詳細は、記録のために報告しなくてはならなかった。だから、私たちはこれに取りかかったが、それは、あれこれについて議論するというより、記録のために正しくしておこうという精神をもって、である。読者のみなさんは、1969年を扱うこれらの号と、以前の号と後続の号との間の文体の違いに、気づかれるだろう。

1969年には、アメリカ・クリシュナムルティ財団（the Krishnamurti Foundation of America）が創設され、〔ラージャゴパル支配下の従来の〕KWINC〔クリシュナムルティ著作協会〕に対する訴訟が促進された。これは、クリシュナジの仕事と生活における大変化であった。1969年には、新しく創設されたイギリス・クリシュナムルティ信託財団（Krishnamurti Foundation Trust in England）が、〔南イングランド、ハンプシャー州の〕ブロックウッド・パークを購入した。ブロックウッド・パーク・クリシュナムルティ教育センター（Brockwood Park Krishnamurti Educational Centre）は、1人の学生で始まった。3月にクリシュナジとメアリーとアラン〔・ノーデ〕がブロックウッドへ初めて旅行するときまでには、4人の学生がいた。その秋、ブロックウッドでの初めての公開講話が行われた。これらはクリシュナジの余生の間、継続することになった。1969年はまた、〔1965年から秘書役を務めた〕アラン・ノーデ（Alain Naudé）がクリシュナジとともに旅行し、熱心に働くのを止めた年でもあった。

これらの重要なことが起こったが、メアリーと私は、それらについてほとんど議論しない。代わりに、この号と次の号は、短い日記の書き込みの一覧のように読める － 本質的にそうなのだ。私たちが議論できたであろうし、議論すべきであったことすべては、以前の歳月に議論した。だから、これら二つの号は例外である。議論すべきであったことの幾らかを肉付けするために、私は多めの「編集者の憶え書」を入れておいた。

メアリー・ジンバリストの回顧録　第11号

メアリー－では、行きましょう。1969年1月1日。クリシュナムルティはその冬、〔ロサンジェルス近郊で太平洋岸の〕マリブ〔のメアリーの住宅〕に、泊まっていました。私の

日記には、「一年を始めるには何とすてきなあり方だ。暖かい美しい一日、晴れて、静かだ。夏のように。クリシュナジとアランと私は、朝食の前に〔庭の〕芝生に出ていた。クリシュナジは朝に口述した。」と言います。彼はあの段階でアランに対して口述したものです。
スコットーふむ、ふむ。クリシュナジがアランに対して行ったこれら口述ですが、それらがどこにあるのか、分かっていますか。アランはまだ、そのようなものを持っていますか。
メアリーー私の知るかぎり、ありません。それはすべて書物やその他に編纂されました。私は今、どの書物に何があるかを忘れてしまいましたが、書物の一つには、それらのものがたくさん入っています。
スコットーアランはまだ何か持っているのかと思います。そうですねえ、古い草稿とか・・・
メアリーーまあ、彼に電話できますよ。私はぞんざいです。彼は私に電話を掛けてくれます。
スコットーまあ、あなたが彼に電話するのなら、アーカイヴス〔資料保管庫〕が興味を持ちそうなどういうものを、彼が持っているのかを、訊ねてください。
メアリーーそうしましょう。そうしましょう。
スコットーよし。1月2日は？
メアリーー1月2日。「アラン・ワッツ（Alan Watts）とベイス夫妻（the Basses）と妻。」ベイスは、〔南カリフォルニア、〕サンディエゴに生活しているカップルで（彼らのファースト・ネーム名は忘れてしまいましたが）、アラン・ワッツの友人でした。この日、四人とも昼食に来ました。

「アラン・ノーデは後で発って、北に運転して行った。〔サンフランシスコ湾東岸の〕バークレー、〔サンフランシスコの南東、〕スタンフォードと〔さらに南、モントレーにある〕サンタ・クルーズでクリシュナジの講話を調えるためだ。クリシュナジと私は〔住宅の下の、太平洋の〕浜辺の散歩に行った。」

3日には言います－「街へお使い。昼食前に戻る。クリシュナジは、最初の自分での直接のテープ〔録音〕を行った。昼食の後、私たちは〔百貨店〕シアーズ（Sears）に行って、クリシュナジに青いジーンズを、それから〔靴の〕サクス（Saks）で〔ふだん履きのつっかけ靴〕ローファーを買った。家に帰って夕食。アランが電話してきた－〔太平洋沿いの〕ビッグ・サー道路（the Big Sur Road）を行って、昨夜は〔サンタバーバラの〕ブエルトン（Buellton）で過ごし、今夜は〔サンフランシスコの南190キロメートルほどの〕カーメル（Carmel）だ。」

1月4日、昼食の後、クリシュナジは午後4時にグループと討論会を行った。翌日、「午前11時に、第8回のグループ討論会。それから一人で昼食、休息。浜辺に散歩に行った。」

1月6日には、「事務の仕事。昼食の後、クリシュナジは私と街へ来た。その間、私はタッセルのところに行った。」タッセル（Tassell）は服飾デザイナーでした。私はそこからたくさんの衣服を入手しました。
スコットーああ、あの黄色のコートは？
メアリーーええ、あの黄色のコートは、タッセルのです。「それから私たちはライカフレックス（Leicaflex）を見た。」それはカメラです。

1月7日には、「エルナとテオ・リリフェルトとの昼食の後、彼らはクリシュナジと私に付いてきた。ラージャゴパルとKWINCへの質問の一覧表について〔ロサンジェルスの弁護士〕サウル・ローゼンタールとの会合だ。また、アメリカ・クリシュナムルティ財団も立ち上げた。とても生産的だった。」と言います。
スコットーええ。まだアメリカには財団がなかった。これがその創設でした。
メアリーーそのとおりです。私たちはみんなで質問を検討した後で、弁護士たちにそれを送ってもらいました。

編集者の憶え書

クリシュナジの仕事のために贈られた金銭と資産を受けとるためには、アメリカの法的な団体がなくてはならなかった。それらはラージャゴパルにより管理されていた－結局、法律訴訟の主題になった事実である。アメリカ・クリシュナムルティ財団（the Krishnamurti Foundation of America）は結局、クリシュナジの1968年以前の作品の著作権を得た－重要な遺産である。

9日には、「ルス・テタマー（Ruth Tettemer）とその娘、イヴ・シーゲル（Eve Siegel）が昼食に来た。」〔神智学協会時代からのKの友人で支持者〕ルスは結局、あの初期の頃、アメリカ財団の理事でした。「・・・午後4時30分に私はもう一回、注射を受けた。私の左脚のX線〔撮影〕は、私の血管が断続的な跛行を引き起こしていることを、示した。」それは、私がいつのときも起こしていた痛い痙攣の呼び名です。

編集者の憶え書

メアリーは、少女だったとき、医師たちが癌だと信じたもののために、放射線治療を受けた最初の人たちの一人であった。それは過激に行われた。彼女は少女のとき、放射線被曝した。それで彼女の左脚の筋肉、骨、血管は恒久的に損傷した。彼女が年を取るにつれて、左脚は幾度も骨折した。私が彼女を知っている年月を通して、彼女は常に脚に痛みを抱えていた。そこは常に脆弱だったが、彼女はけっして不平不満をこぼさなかった。

1月10日には、「クリシュナジと私は〔北方向に〕運転して、ムアパーク（Moorpark）経由でサンタ・ポーラ（Santa Paula）を通って、〔東方向から〕オーハイに行った。私たちはリリフェルト夫妻と昼食をした。クリシュナジは二つの〔個人〕面談を行った。私たちは〔太平洋の〕海沿いを走って家に戻った。」

翌日、「アランはサンフランシスコから戻り、昼食に間に合った。グループでの第9回の討論会があった。翌日、午前11時に第10回の討論会があった。」

それから、小さな出来事のある日々がたくさんあり、ついに15日に、「私は午前9時15分にサンフランシスコに飛んだ。2月の私たちの滞在のために、カンタベリー・ホテルを見た。それから、父とオリーヴがいるクリフト・ホテルへ。」－オリーヴは私の父の〔再婚した〕奥さんです－「彼らとヴィラ・タヴェルナで昼食をし、〔市内の〕チャイナ・タウンを歩いて戻った。午後4時45分にロサンジェルスへ飛んでもどり、夕食に間に合うよう〔マリブの〕家に戻った。」
スコットー彼らはサンフランシスコで何をしていましたか。
メアリーーまあ、しばらく泊まっていましたね。彼らはいつも旅行しました。
スコットーええ。

メアリーー1月18日には、「午前に第11回のグループ討論会。私たちは三人とも、」－ それはアランとクリシュナジと私という意味です －「午後4時にメアリーとジョー・リンクスに会いに行った。彼らはロンドンから北極を飛ぶ便で到着した。彼らはカサ・マリブに部屋を取っているが、遅いお茶と早い夕食のためにここに来た。」

スコットーあの頃に北極を飛んでいくのは、大変なことでした。

メアリーーええ。（二人ともクスクス笑う）ひどかったわ。メアリーとジョーは、ロンドンの冬から逃れるために〔カリフォルニアに〕来たんですが、彼らがそこにいるとき毎日雨でした。（二人とも笑う）そして、彼らが発った日、彼らの車が空港へ消えると、日が射しました！（クスクス笑う）

19日には言います －「土砂降りの雨！リンクス夫妻が朝食に来た。リリフェルト夫妻とルス・テタマーも続いた。〔K財団の〕会報（the Bulletin）、寄付への呼びかけ等について、話をした。やがてグループの討論会が始まった。メアリー〔・リンクス〕と私は、ブロックウッドの案件を調べた。それから、グループが立ち去った後、私たちは財団と会報の案件について、クリシュナジ、メアリー、エルナとテオ〔・リリフェルト〕、ルス・テタマーと、議論を続けた。最後にクリシュナジ、リンクス夫妻と私は、遅い昼食をとった。午後のほとんど、話をした。雨は降り注ぎつづけた。リンクス夫妻は明日、〔ロサンジェルス郡東北部〕パサデナに行こうとしている。」彼女は〔ロサンジェルスの東、サン・マリノの〕ハンティントン図書館（the Huntington Library）に行こうとしていました。「〔家政婦の〕フィロメナと私は雨漏りと戦った。」（クスクス笑う）それから翌日には言います －「フィロメナと私は庭で泥と戦った！」（スコット、クスクス笑う）

編集者の憶え書
〔南〕カリフォルニアの〔太平洋岸の〕その地域の崖の上の地所にとって、地滑りは危険であったし、ありつづけている。メアリーは結局、崖の上の自分の地所の相当な部分を、〔地滑りのために〕失った。

1月21日、「嵐の降水量は7インチ〔、約17.8センチメートル〕だ。朝には晴れた。早い昼食。私たち三人はハリウッドへ、〔スリラー〕映画『ブリット（Bullet）』に行った。」あれはとてもいい映画でした。「アランはパサデナのリンクス夫妻に加わるために行った。クリシュナジと私は家に帰った。」ようですね。

次の二、三の日間、様々な人々がやってきました － 映画作家のギャヴィン・ランバート（Gavin Lambert）と、〔女優の〕ジェニファー・ジョーンズ・セルズニック（Jennifer Jones Selznick）と、〔女優でメアリーの友人の〕ベツィ・ドレイク（Betsy Drake）です。

1月23日には、「私は、90ミリ・レンズのライカフレックスのカメラを、買った。」それは本当はクリシュナジの写真を撮るためでした。なぜなら、計画された新しい本と会報には、写真が必要だったからです。「お茶までには戻った。メアリーとジョー〔・リンクス〕が晩餐に来た。私たちは、トラヴァース夫妻（the Traverses）のアフリカのライオンの映画を見た。」あれは『野生のエルザ（Born Free）』でした。「〔子どもの教育用の〕「ホリディ・ブック・コレクション（the Holiday Book collection）」の〔語学〕会話のテープを幾つか聴いた。」

1月25日、「メアリーとジョー〔・リンクス〕が朝食、昼食、夕食に来た。雨と地滑りにより〔住宅が〕しばらくの間、切り離されていたにもかかわらず、グループの討論会があった。〔内陸部の〕オーハイは閉ざされていたが、一人の少年、ロイド・ウィリアムズはオーハイから、バスが来るまで7マイル〔、約11.2キロメートル〕を歩いた！」なんてとほうもない。「メアリー〔・リンクス〕と私は、ブロックウッドについてメモ書きを作った。道路は北へ閉ざされている。リンクス夫妻とアランは自動車を運転する代わりに、サンフランシスコへ飛行機で行くことを決めた。」

1月26日、「リンクス夫妻が朝食に来た。午前11時に第14回で最後のグループ討論会があった。雨はとうとう止んだ。昼食の後、クリシュナジと私は運転して、リンクス夫妻とアランを空港に送った。そこから彼らは、サンフランシスコへ飛んだ。クリシュナジはジャガーを運転して戻り、〔ロサンジェルス郡西部の〕サンタモニカで駐車の練習をした。」ああ、あれは彼が免許証をほしがったときのことです。「私たちは、流木が散らばった〔太平洋の〕浜辺を散歩した。静かな家で静かな夕食。」

まあ、次の二、三日には、法律上の会合が幾つかありました － アメリカの〔K〕財団を立ち上げることを含めて、です。それには、何かの理由のために、何人かの終身メンバーが必要でした。それには、エレナ〔・リリフェルト〕と私がなりました。残念ながら、これはアラン〔・ノーデ〕との係争点になったと思います。彼は一年間のメンバーになっただけでしたから。

1月28日には、「アランに電話。不幸せな会話。気分が悪い。何か他の道がないのかを〔弁護士の〕ローゼンタールと議論するために、リリフェルトに電話。クリシュナジは、失った詰め物のために〔ロサンジェルスの〕歯医者に行くとき、運転した。〔ルス・テタマーの娘〕イヴ・シーゲルと子どもたちが、お茶に来た。クリシュナジは、運転免許の試験を受けた。筆記はすばらしいが、運転の部分では神経質。彼には、期限付き免許だけが出された。私たちは車でピクニックをした。」それから、「荷造りをした。」と言います。

編集者の憶え書
私たちは、今やクリシュナジがアメリカとヨーロッパで幾年間も運転していることを、読んできた。メアリーは、彼が上手な運転者であり、時折、運転するのを楽しんだと論評する。しかし、ここと後続の資料からは、彼がアメリカやヨーロッパで免許を持っていなかったように見える。これはメアリーにとってあまり関心事であるように見えなかった。

1月30日、「クリシュナジと私は午前11時45分にジャガーで発って、北へ走った。〔太平洋岸の〕サンタ・バーバラを〔西へ〕過ぎて、ドス・プエブロス（Dos Pueblos）にピクニックに停まった。運転を続けた。田舎は緑で美しかった。〔太平洋岸の〕ビッグ・サーの道路（Big Sur Road）は閉ざされていた。だから、私たちは内陸の101フリーウェイを取って、サリーナス（Salinas）を通り、〔南西に折れて〕カーメル・ヴァレー（Carmel Valley）に入った。ハイランズ・インで夜を過ごした。」

1月31日、「私たちは〔太平洋岸〕ビッグ・サーの道路を少し運転して、ポイント・ロボス〔州立自然保護区〕(Point Lobos)に来た。散歩した。新しいライカ・フレックス〔のカメラ〕を使った。私たちは〔すぐ北の〕カーメルで買い物をして、パイン・インで昼食し、それからサンフランシスコへ走りつづけ、午後5時30分にハンティントン・ホテル(the Huntington Hotel)に着いた。アランはそこにいた。私たちは荷物を解き、長い三方向の話をし、夕食をとった。」ハンティントンでは、とてもすてきな部屋をとりました。キッチンと居間と、二つの大きな寝室と、風呂がありました。

編集者の憶え書

何について話したかについてのメモ書きはない。しかし、〔新しい財団の〕「終身メンバー」の問題、そして〔それになれなかった〕アランの不幸せを解消しようとする三方向の会話が多くあったことを知り、さらにまた、メアリーが自らの小さな日記にほとんどスペースがないにもかかわらず、この会話について書く必要性を感じたこと（この会話が彼女にとって、意義深い心理的な重みを持っていたことを含意している）をも分かった後で、私たちは、「長い三方向の話」がそれらについてであったことを、想定できる。私は、クリシュナジがアランを支援しよう、仕事に入れておこうとしたことを知っているが、少なくとも今のところは、アランが留まったから、クリシュナジが幾らか成功を収めたことを、想定できる。

翌日、私たちは〔ホテルに自室の〕居間で昼食をしました。「それから私たちは、ミューア・ウッズ〔国定公園〕(Muir Woods)に運転していき、短い道のりだけを散歩することができたが、クリシュナジは良い散歩をした。」
2月2日、「日当たりの良い日。KPFAの」－ そこは、〔サンフランシスコ湾東岸の〕バークレーの町外れの非営利のラジオ放送局で、クリシュナジの講話のオーディオ・テープを、放送しました。「マイケル・コーマン(Michael Korman)が、昼食に来た。後で私は父に会いに行き、丘を登らず、歩いて降りた。彼らは丘のふもとにいた。私たちはノブ・ヒル(Nob Hill)の上にいた。脚はすごく痺れている。〔公民権運動とベトナム反戦で有名なフォーク歌手、〕ジョーン・バエズが、クリシュナジに会いに来た。アランと私は、レストラン「レトワル(L'Etoile)」の下の階で晩餐をし、自分たちの金曜日の会話を再考した。」（説明しはじめるように見える。）アランは、〔新しいアメリカK〕財団の立ち上げのための終身メンバーのことと、自分がその一人でないことについて、うろたえていました。
スコットーええ、理解できます。
メアリー－3日に、「アランと私は、中で小麦をこしらえるための電気ポットを求めて、〔百貨店、〕メイシーズ(Macy's)に行った。」私は小麦のおかゆを作っていました。オートミール〔燕麦のかゆ〕のようなものですが、小麦でできていました。「私は昼食に小麦のおかゆを作った。それからアランと私は、バークレー劇場を調査した。そこでクリシュナジは講話をすることになっている。午後8時に私は運転して、クリシュナジを第1回のバークレー講話に送った。聴衆には二千五百人ほどがいた。後で私たちは夕食をとった。」
翌日、バークレーでの第2回の講話がありました。ここには、「ものすごい。ものすごいもの。」と言います。また、「クリシュナジはわずかに風邪をひいている。」とも。
2月5日、「雨。〔州立大学〕ソノマ〔校〕の学生、テリー・アグニュー(Terry Agnew)が昼食に来た。それから、バークレーでの第3回の講話。」
翌日は、「バークレーでの〔第4回で〕最後の講話。すばらしいものだった。」
2月7日、「〔放送局KPFAの〕マイケル・コーマンが昼食に来た。クリシュナジとアランと私は、〔ゴールデンゲイト海峡の対岸の街〕ソウサリート(Sausalito)のアラン・ワッツのところへ行った。彼にはクリシュナジに会わせたい人たちがいた。めちゃくちゃな議論！」私のいうアラン・ワッツ(Alan Watts)が誰なのか知っていますか。
スコットーええ。
メアリー－彼はソウサリオのハウス・ボートで生活していました。彼は、クリシュナジに来てもらい、サンフランシスコの著名な知識人たちみんなに、会ってほしいと思ったんです。でも、私たちがそこに着いたとき、彼とその妻は酔っ払っていました！そして人々は、ばかげた質問をしました。実りのない出来事でした。だめちゃくちゃでした。私たちは立ち去りました。

編集者の憶え書

誰かがクリシュナジを招待しておいて、その場面で酔っ払っている。それによりクリシュナジに対する不敬を示す － 私はこのようなことを他に聞いたことがない。他の場面ではクリシュナジに大きな尊敬を示し、クリシュナジの仕事を手助けしたいと願ったアラン・ワッツにしては、これは特に奇妙に見える。

スコットーやれまあ。
メアリー－2月8日、「クリシュナジは、午後7時に〔放送局〕KPFAがバークレーで手配した会合へ。夕食に戻った。ラージャゴパルは、KアンドRというもう一つの財団を創設していた。」

編集者の憶え書

その時には、ラージャゴパルの新しい財団は、クリシュナジの仕事のために〔人々から〕贈られたが〔ラージャゴパル〕自身の管轄している資産の所有権を、防衛する助けをするための法律上の戦術にすぎないという疑いが、あった。いずれにしても、それはうまく行かなかった。

2月9日、「私たちは昼食をした。それからネイダー教授(Professor Nader)と家族がお茶に来た。父と〔その再婚相手の〕オリーヴが午後7時に来た。それから私は、彼らをレトワルでの晩餐に連れて行った。」そこは階下のとても良いレストランでした。〔滞在先の〕ハンティントン〔・ホテル〕のちょうど隣です。
翌日、私たちは、「荷造りして、ハンティントン〔・ホテル〕を出て、州立大学ソノマ〔校〕(Sonoma State College)に運転して行った。そこでクリシュナジは講話した。私たちは学生のテリー・アグニューとヘレン・ハウザーゼン(Helen Hauserthen)と昼食をした。それから南へ〔サンフランシスコ半島南東部、〕パロ・アルト(Palo Alto)に走った。そこでは、スタンフォード教職員クラブ(the Stanford Faculty Club)に各々部屋をとった。」

139

2月11日、「バックミンスター・フラー（Buckminster Fuller）、マイケル・ケリナ（Michael Kerina）、ジョン・ディグース（John Digues）と昼食。」ジョン・ディグースは、バックミンスター・フラーを連れてきた人です。「〔放送局〕KPFA のために討論会を録音した。午後4時30分にクリシュナジと、スタンフォード〔大学〕での第1回の講話に行ったが、私は血管の医師との予約に、サンフランシスコへ戻らなくてはならなかった。」私は脚で悩んでいました。私のロサンジェルスの医師は、この血管の医師に診てもらわないといけないと言いました。「彼は、大腿部の動脈が塞がっていると考える。」と。

12日に、「脚は少し痛みが引いた。風邪をひいた。クリシュナジはオーストラリア旅行を取り消すことに決めた。それから、スタンフォード〔大学〕での第2回の講話に行った。」私は、オーストラリアに行こうとする意図について忘れていました。

翌日、「クリシュナジは疲れたが、スタンフォード〔大学〕での第3回の講話を行った。アランは夕食に出た。彼は私たちより先にヨーロッパに行こうとしている。」

最後に14日に午後4時に、「スタンフォードでの最後の講話。」翌日、クリシュナジと私は二人とも一日中ベッドで休んだ。

16日に、「私たちは荷造りし、昼食をとり、運転して〔サンフランシスコの南、モントレー湾の北岸、モントレーの、〕カリフォルニア州立大学サンタクルーズ校（UC Santa Cruz）に行った。クリシュナジと私はすてきなフラットに宿泊した。アランはそばにいた。クリシュナジは午後8時に、〔同大学の〕カウェル・カレッジ（Cowell College）の学生たちへ講話を行った。翌日、彼は第2回の講話を行った。」

18日に、「クリシュナジは一日、休みをとった。私たちは〔州の樹であり、巨木になる〕アカスギの林（the Redwoods）をとおって、内陸にドライヴに行った。彼が歩く一方で、私は車で付いていった。」私は〔脚が悪くて〕あの時点であまり歩けませんでした。私は運転して行ったものです。まあ、ゆっくりとね。

スコットーええ。

メアリーー今でも彼が見えるわ。（スコット、笑う）

19日と20日に、クリシュナジはサンタクルーズで最後の二回の講話を行った。

21日に、「朝早かった。午前7時に朝食。アランが車に荷物を積んで、クリシュナジと私は午前8時45分に、カウエル・カレッジとサンタクルーズを発った。〔さらに南の〕カーメル、ビッグ・サー経由で〔太平洋岸を南に〕運転し、ニーペンセ（Nepenthe）に少し停まった。」そこがちょうど海辺のあのレストランなのは、知っているでしょう。「海岸道路は嵐と地滑りの後で、つながったばかりだった。カンブリア（Cambria）の近くでピクニックの昼食をした。サンタ・バーバラまで残りの100マイル〔、約160キロメートル〕は、クリシュナジが運転した。それから私がマリブへの残りの道を運転し、午後4時20分に到着した。家に帰って良かった。住宅と庭は美しい。〔家政婦の〕フィロメナは元気だった。アランは後で夜に到着した。私は脚が痛くて、休みがない。」

2月22日、「雨の後で美しい朝。昼食の後、エルナとテオ・リリフェルトとルス・テタマーが来た。私たちは事態について議論した。そして、公証人の前で、アメリカ・クリシュナムルティ財団の信託の創設文書に、公式に署名した。理事はクリシュナジとエルナ・リリフェルトとルス・テタマーとアランと私だ。私たちの第1回の理事会を行った。」

2月24日、「アランを空港に送って行った。彼はパリに飛んだ。〔スイス、〕グシュタードに行き、次の夏の〔集会に来る〕学生たちの宿舎を、見つけるだろう。クリシュナジのヴィザのためにフランス領事館へ、次に、私の税金とアランのフォルクスワーゲンを売ることでヘンリー・バンベルガーのところへ、行った。」で、それはアランが持っている車でした。

27日まで、あまり何も起こりませんでした。「クリシュナジと私は、〔ロサンジェルスの弁護士〕ローゼンタールの事務所で、リリフェルト夫妻とルス・テタマーに会った。クリシュナジと〔カリフォルニア州〕法務長官、ローレンス・タッパー（Laurence Tapper）の間の会合のため、私たちはみな、〔ロサンジェルス、〕ダウンタウンの法務長官の事務所に行った。彼は KWINC〔、クリシュナムルティ著作協会〕について調査するだろう。クリシュナジと私は、車で昼食をとった。それから私は、ヴィザと自分のタッセルのコートを取りに行った。他方、クリシュナジは散髪をした。」

翌日、「私たちは荷造りをした。私は四つのかばんをロンドンへ輸送するため、パン・アメリカン貨物に持って行った。」

それから3月4日まで、あまり特別なことはない。「うちのポンプ舎があったところへ大きな地滑り。そこの樹々は崖から門を越えて30フィート〔、9メートルと少し〕ずり落ちた。それはカールソンの働き手に任せざるをえない。」－ 彼は、そのようなことをやる〔建設〕請負業者でした。「私たちは午前10時に発った。〔お隣の〕アマンダ〔・ダン〕が運転して、クリシュナジと私を空港に送ってくれた。そこで私たちは、ロンドンへのノンストップの新しいパン・アメリカン便に乗った。クリシュナジとともにファースト・クラスで行った。」

3月5日に、「クリシュナジと私はロンドンに到着し、パリへ飛ぶ前に〔空港での〕トランジットで待って、30分を過ごした。メアリー・リンクスとディグビー夫妻とメアリー・カドガンに電話した。アランが自分の車でパリの空港にいたので、驚いた。彼は〔夏のサーネン集会での〕学生たちの〔宿泊の〕ために、〔サーネンのすぐ北の〕ショーンリート（Schonried）の新しい学校に部屋を取っておいた。私たちはみな昼食をして、話をした。クリシュナジと私は、ガレージの私のメルセデス －〔取扱業者〕モーザー氏がスイスから持ってきていた － を、見に歩いて行った。私たちは昼寝をし、それからマダム・デュプレー（Madame Duperrex）に電話した。」彼女は、グシュタードの〔滞在先、アパートメント・ハウス、〕カプリスの部屋のとてもすてきな管理人でした。「私たちはトワ・スルス〔山荘〕（Trois Ours）に部屋を借りた。」ええ、彼女は、タンネグ〔山荘〕の真下のこの山荘の管理人でもありました。ふもとの村でカプリスに泊まるより、私はそこに泊まりたいと思っていました。

スコットーああ、そうです。トワ・スルスね。憶えています。あなたは現時点でパリにいます。パリでどこに泊まっていましたか。

メアリーーうーん。どこに泊まっていたかな。ああ、ここに、「レ・ポン・ロワイヤル（Le Pont Royal）」と言います。

「〔ホテルの〕各部屋で晩餐。疲れた。アランは新しい〔スイスの〕ナグラ（Nagra）〔の録音機〕を入手した。」

3月6日、「私たちは午前8時40分に、二台の車でポン・ロワイヤルとパリを発った。クリシュナジと私は〔フランス北部パ・ド・カレー県の〕ル・テュケ（Le Touquet）へ、160マイル〔、256キロメートルほど〕を三時間で運転した。アランはそこで私たちと会い、二台とも車を〔航空フェリーで、イギリス海峡を越えて、ロンドンの南東、ケントの〕リド（Lydd）に空輸した。私たちはそこで昼食し、それから午後2時30分に発ち、南イングランドを横切って120マイル〔、192キロメートルほど〕、運転した。私たちはウェスト・メオン・ハット（the West Meon Hut）でアランに会った。それからみんな一緒に、〔北西方向の〕ブロックウッドに行った。」これが、私たちが初めてブロックウッドに行ったときです！

編集者の憶え書
ブロックウッド・パークは1769年に建てられて、イングランドの「カントリー・ハウス〔いなかの邸宅〕」として知られていた。クリシュナムルティ信託財団が取得する前の十年ぐらい、そこは毎年、二、三の週末、キジ狩りに使われただけだった。そこは、クリシュナムルティ財団が買うほんの一年前に、地元の土地所有者に売られていた。彼は、邸宅ではなく、邸宅に付属した広大な土地が欲しいだけだった。彼にとって不幸なことに、ブロックウッドは歴史的建造物に登録されていた。だから、彼は中心の建物を壊すことも放置することもできなかった。そこで彼は、ほとんど土地のついていない（ほんの50エーカー〔、202350平方メートル〕ほどの）そういう大きな歴史的な邸宅を買おうとする人を誰か、見つけなくてはならなかった。唯一、そのようなところを買う者は、ホテルを始めたいと思う者か（だが、その地域には、ホテルへ集客するものが何もなかった。）、または、学校を始めたいと思う者だった。KFA〔、アメリカ・クリシュナムルティ財団〕が買い手になって、土地の所有者はわくわくした。そして、邸宅、門番小屋、二つの別荘、物置小屋と50エーカーを、4万ポンドで売りはらった。

私が憶えているのは‥‥まあ、ともあれ、「ちょうど日が沈んでいくとき、シモンズ夫妻、〔建築家の〕ドナルド・ホッペン、ドリス・プラット、〔オーハイで料理店を経営する〕アラン・フーカーと4人の男子学生が、そこにいた。邸宅と敷地は美しい。見て、夕食をとり、就寝した。」私が自分がとても疲れていたことを憶えています。なぜなら、私は、旅行に何時間、掛かるかを誤って判断していたからです。パリから〔フランス北部パ・ド・カレー県の〕ル・テュケへ行き、それから飛行機で〔イギリス海峡を〕越えていくのに何時間、掛かるのかは、知っていました。それは簡単でした。でも、それから地図では、イングランドの南部を横切るのはさほど遠く見えなかったんです。
スコット—ええ、知っています。あれら小さなB道路で南イングランドを横切るには、永遠に掛かります。
メアリー—ええ。私は運転しつづけていて‥‥いつだったかな。朝の8時かそこらからです。私は、最終的にブロックウッドへの小道を運転していき、ブロックウッドが初めて一目見えた時までに、疲労困憊で涙していました。
スコット—ええ、ええ。なんてまあ。
メアリー—ともあれ、すてきでした。
スコット—ブロックウッドでのその最初の夜、あなたはどこに泊まりましたか。
メアリー—ああ、西ウィングにです。
スコット—では、あなたたちがそこに着く前に、誰かがそこに調度を備え付けたにちがいないですね。
メアリー—まあ、私は以前の旅行で、私たちはこのようなことをするだろうと知っていて、〔ロンドンの〕ネリー・ディグビーに、〔家具、内装の店〕ヒールズ（Heal's）へ行き、シーツを入手するよう頼んでおきましたし、私はベッドを選んでおきました。クリシュナジの部屋には必要なものがすべて付いていましたが、私の部屋にはあの大きな鏡台が付いていました。それは前の持ち主たちが残していました。それに棚がありました。私は自分のバスルームに、二つ、小さな白い引き出しを、買っておきました。それらもヒールズで買いました。そして私はネリーに、場所が得られたなら、それらのものを据え付けてくれるよう、頼んでおきました。それらが、私が自分に必要だろうと思ったものです。
スコット—はい。
メアリー—私はそれを、ローマの住宅にヒールのベッドを置いた伯母か誰かから、知りました。なぜなら、それらはすばらしいと思われていたからです。それで、私たちは前もってそれらを計画しました。
スコット—ネリーはそれを行うためにそこにいましたか。
メアリー—ええ。それで、必要なものはありました。ベッド、リネン類、タオルです。
スコット—バスルームには、棚と戸棚があったわけです。
メアリー—ええ、ええ。
スコット—それで、荷物を解けました。
メアリー—ええ、荷物を解けました。
スコット—それら大きな白いテーブルは、どこで得ましたか。
メアリー—ああ！とてもいい現代の家具のあるあの場所をご存じでしょう‥‥
スコット—コリン（Corin）が始めた。
メアリー—ええ、ええ。
スコット—彼の、デザイナーの名前は何でしたか。コリンでなく、何かそのような。
メアリー—ええ。
スコット—ええ、ええ。その場所は知っています。
メアリー—本店はロンドンにありました。〔イングランド南部の〕サウサンプトン（Southampton）にも一つありました。
スコット—では、それらはその後、買ったんですか。
メアリー—ええ。他のすべてはね。私は〔北西方向の〕アレスフォード（Alresford）のベケマ氏（Mr.Bekema）から椅子を買いました。私はまだ階下すべてをしなくてはいけませんでした。

編集者の憶え書
「階下すべてをしなくては」というのは、相当に差し障りがないように聞こえる。しかし、メアリーにとっては全くそうでなかった。メアリーが「階下」と称しているのは、ブロックウッドの公式の応接間、居間、第二の居間のことである。メアリーは、ここがクリシュナジが公的な対談を行うだろうし、撮影が行われるだろうし、理事たちが会合するだろう場所であることを、知っていた。それらの部屋は

美しい。1769年に邸宅の本来の部分として建てられた。メアリーは、家具はその時代のものであるべきだし、それらの部屋はそこで行われるだろうことすべてに「ふさわしいもの」であるべきだ、と感じた。翌年やその後には、メアリーがこれらの部屋を美しい空間にするために努力している－そしてそのとおりになった－のが、見られる。

スコット—よろしい。でも、それは後でも来るかもしれません。少なくとも、あなたとクリシュナジとアランが泊るための場所は、あった。

メアリー—〔若い内装業者の〕ポール・アンステー（Paul Anstee）がここに入ってくるでしょう。彼が私に階下の家具すべてをくれました－応接間とそのすべてです。

スコット—そのとおり、そのとおり。

メアリー—で、予想できますが、7日に、「荷物を解いた。メアリー・カドガンが昼食に来て、クリシュナジとアランと私と話をした。クリシュナジとともに、ブロックウッド・パークでの最初の散歩に行った。すてきだ。小さな雑木林…七本のアカスギ、レバノン・スギ、野原と果樹園、そして広大なバラ園と、菜園。」

次の朝、「アランは早く発ち、私がパン・アメリカン貨物で二、三日前に送っておいた四つのかばんを取ってくるために、ロンドンと空港へ運転して行った。野原には霜。すてきな風景。昼食に間に合うよう戻った。どの部屋が邸宅のクリシュナジの部分になるかについて、ドロシー・シモンズと議論。また学校の計画についても。」

3月9日に、「〔メアリー・〕リンクス夫妻が午前に訪ねてきた。ディグビー夫妻とカドガン夫妻が昼食に来た。午後はずっと理事会。ジョージ・ディグビーは、アメリカのクリシュナムルティ財団が資金を提供できることについて、再確認した。」（二人ともクスクス笑う）まあ、あの頃にアメリカの〔K〕財団は、〔学校もなく、〕事務所を営む以外、あまりすることがありませんでした。だから、〔担当者の〕エルナ〔・リリフェルト〕は喜んでイングランドに資金を送りました。まもなく、合衆国から慈善資金を外国の団体に送ることは違法であるが、分かりました。

スコット—ええ。

メアリー—でも、ジョージ・ディグビーは心配していました。「私はクリシュナジとアランとともに、短い散歩に行った。クリシュナジは、私たちが西ウィングの二つの階だけを使わなくてはいけない、と決めた。」〔他の建物も建てていなかったので、〕まあ、他に何を使ったんでしょうか。

スコット—上の階とそこへの階段がありました。

メアリー—ああ、そうです。「改装等について〔若い建築家の〕ドナルド・ホッペン（Donald Hoppen）と議論した。天気はまだ晴れていて美しい。」

翌日、「曇って、後で雨。幾つか家庭用品を買うために、ドナルド・ホッペンとともに、〔イングランド南部、ハンプシャーの州都で西方向の〕ウィンチェスター（Winchester）に行った。昼食に戻った。アランのシャツにアイロンがけ。雨の中、クリシュナジと散歩。」

3月11日、「クリシュナジは、明日の〔ロンドンの〕講話の前後に、ロンドンのホテルで夜を過ごさないと決める。ブロックウッドに留まることは、私たち三人ともにとって救いだ。家事をして静かな一日を過ごした。」

編集者の憶え書

ブロックウッドは、ヨーロッパでのクリシュナジの家とメアリーの家になり、クリシュナジが世界で他のどの住所よりこの時を多く過ごす場所になった。ブロックウッドでの公開講話は結局、ロンドンでの講話に取って代わった。

翌日、「私は朝早くドナルド・ホッペンと、ロンドンに運転していった。カーペットと木綿更紗をあさった。〔ロンドン、ピカデリーの複合住宅〕オールバニ（Albany）でフレールと昼食した。」これもまた、〔アメリカ人でイングランド在住で、〕私の友だちのフレール・カウルズ（Fleur Cowles）です。彼女は私のしていることを聞いたとき、「あなたにはポール・アンステー（Paul Anstee）が必要だわ。」と言いました。アンステーは若者で、装飾業者でした。

スコット—ええ、そのとおり。

メアリー—オールバニで彼女に会いました。彼女はそこで生活していて、「家具の取り付けを手伝うようポール・アンステーに電話し、月曜日にブロックウッドでの約束をした。建築業者の店舗で〔建築家の〕ドナルド・ホッペンとメアリー・カドガンと会って、キッチンの設備を探した。アランは昼食後、クリシュナジを〔古い友人の〕バインドレー夫人のところへ連れて行っていた。午後5時30分に私は運転して、彼を〔ロンドン南西部、〕ウィンブルドンで7時の第1回の講話に送っていくため、そこに行った。私たちは後でブロックウッドに運転して戻った。」

それから様々な人たちが来ました－〔パリの実業家〕クラウディーヌとジェラール・ブリッツ〔夫妻〕、メアリー・カドガン、メアリー・リンクス、〔ベルギーの実業家〕ヒュヘス・ヴァン・デル・ストラテン。フランシス・マッキャンは、何日間か泊まりに来ました。

16日に、「クリシュナジと私は、11時の講話のため、午前9時に〔ロンドン南西部、〕ウィンブルドンへ運転して行った。〔サリー州の〕ホグズ・バック（the Hog's Back）経由で、」あの道路を憶えていますか。

スコット—ああ。よく憶えています。〔東方のサリー州の〕ギルフォード（Guildford）です。

メアリー—ええ。「ギルフォードへ行った。乗車は一時間半だった。〔ロンドン南西部の最大の王立公園〕リッチモンド・パーク（Richmond Park）でしばらく座った。それからホールへ。後で私たちは、直後に運転して〔ブロックウッドに〕帰り、キッチンでピクニックの昼食をとった。休んで、それから散歩した。とても寒い。〔華氏〕29度〔、約摂氏マイナス1.7度〕ほどだ。」

17日に、「〔内装業者〕ポール・アンステーが、ブロックウッドの家具の取り付けについて議論しに来た。彼とアランと私は、ウエスト・メオン・ハットで昼食をした。それから午後ずっと、同じく仕事を続けた。」

3月18日に、「クリシュナジとアランと、〔北東方向20キロメートル弱の最寄りの都市〕アルトン（Alton）から列車でロンドンへ。彼は〔セヴィル・ロウの仕立屋、〕ハンツマンに行った。それから彼とメアリー・リンクスとアランと私は、〔ホテル、〕クラリッジェスで昼食をした。クリシュナジと私は、クリシュナジのカラーテレビのインタビューのために、BBC〔、イギリス放送協会〕を見に行った。私は〔デパートの〕ハロッズ等でお使いをし、午後6時30分の帰りの列車のために、〔サウスバンクに近いターミナル、〕

ウォータールー駅（Waterloo Station）で待ち合わせた。」
スコット―では、カラーでのインタビューがあったんですか。
メアリー―見たところね。それから、邸宅の調度のため、キッチンの計画、それらのために、たくさんの会合があります。

クリシュナジは20日に、ウィンブルドンで第3回の講話を行いました。

3月21日に、「クリシュナジの車でアランとナレンドラとともに、ロンドンへ行った。」あれは、アラン〔・ノーデ〕にとって問題となるインド人少年の学生でした。アランと〔ブロックウッドの初代校長〕ドロシー〔・シモンズ〕は、彼をめぐってけんかしました。

スコット―ええ。
メアリー―「私は彼らを〔デパートの〕ハロッズに降ろして、壁の色を見るためにケンウッドに運転して行った。」ケンウッド（Kenwood）はうーん、やれまあ、そこに誰が生活していたのか。有名な作家で、思いつかないわ。そこが見えますし、そこへ運転できますが、名前が言えません。ともあれ、そこに行っていて、あのような住宅を見ていたとき、それを見たことがありました。その要点は、部屋、居間の色があること、それが或る種、ミルク入りのコーヒーであることを、私は憶えていました。美しい色でした。私は、〔ブロックウッドの〕西ウィングの応接室をどう塗るかを、考えようとしていました。それで、心を新たにするために行ったんです。

で、どこでしたか。「壁の色を見るためにケンウッドに運転して行った。そこでコーヒーを飲んだ。寒い一日だった。アランのために駐車場に車を残し、素材の見本、カーペット等を見るためにポール・アンステーのところに行った。列車でアルトン（Alton）に戻り、それから〔南西方向に〕ブロックウッドへ。」

23日に、「自動車でクリシュナジをウィンブルドンへ送った。一連の講話の第4回で最終回のためだ。とても感動的だった。戻ってきて、私たちだけで昼食をした。それからたくさんの人たちが来た。クリシュナジは学校の討論会を行った。そこにはシモンズ夫妻、アラン・フーカー、アラン・ノーデと私が含まれた。」

編集者の憶え書
クリシュナジは、他のどの集団よりブロックウッドの人たちに対して、多く話をした。彼は結局、学生たちだけとの討論会を一週間に一回、職員たちだけとの討論会を一週間に一回、職員たちと学生たち一緒での討論会 ― そこにいる他のどのお客とともに ― を一週間に一回、行うことに、落ち着いた。この様式が知られたとき、人々はこれら討論会に出席するために、その日だけブロックウッドに来たものだった。だから、これが一年におよそ六ヶ月間、一週間に三回の討論会である ― ものすごい数の議論である。

また、これら討論会のほとんどが、クリシュナジの仕事のどの聴衆にとっても通常だと思われたであろう一方で、それらの数多くは学校での問題が語られたということは、記しておく価値がある。

クリシュナジの討論会のほとんどが問題を目指していた時期は、波のように来ると見えた。このブロックウッドの始まりは、確かにそういう時期だった。読者は、クリシュナジがどのように学生たちと職員たちとともに、権威の問題と、当時の〔初代〕校長ドロシー・シモンズの責任について議論したのかについて、メアリーが以下に触れることが、分かるだろう。ブロックウッドの初めの幾年かは、（多くの新しい学校がそうであるように）激動的だった ― 葛藤、抗争、派閥、職員たちと学生たちが学期半ばで出て行ったり、ドロシーから権限を取り上げようとする試み等である。

これら葛藤、抗争の本質を探究すること（読者たちは、それらが1980年代初めに再び〔ブロックウッドで〕出現するのを知るだろう）、または、それらを説明することは、これら回顧録の目的の中にはない。だが、読者たちがこの一年目に気づくであろう数多くの討論会は、幾らか記述しておくことが必要である。その真っ只中にメアリーはいたし、これらはクリシュナジとともにいることがどのようであったかの一部分であろうからである。

翌日、クリシュナジとアランは、ロンドン行きの列車に乗り、私は車で行きました。私は家事のお使いをしました。彼らは〔仕立屋の〕ハンツマン、次にサリヴァン・アンド・ウーリー（Sullivan & Wooly）に行きました。ウーリー（それはそこのニックネームでした。）は、ハンツマンから通りを行ったところにあって、より廉価です。

次の二、三日間、私は〔ブロックウッドの〕邸宅のあれこれの仕事を、継続しました。加えてクリシュナジからの口述。私は庭で少し働きました ― 木の刈り込みです。

4月1日には、言います ―「荷造り。壁の見本を塗ってみる。」

翌日、「午前10時30分にクリシュナジと私はメルセデスで、アランはフォルクスワーゲンで、ブロックウッドを発った。〔イースト・サセックス州の東端〕ライ（Rye）の外れ、プレイデン（Playden）という場所で、或る男がメルセデスにぶつけて、右後ろのフェンダーがつぶれた。警察は、その男の過失だと言った。彼らはホイールから金属をねじりとった。それで、私は〔英仏海峡に面する、ケント州の〕ドーヴァーまで運転しつづけた。クリシュナジは重さを減らすために、アランの車に乗った。みんな午後4時30分の〔フランス北部で海峡に臨む〕カレー（Calais）へのフェリーに乗った。私たちはイングランドで144マイル〔、約230キロメートル〕を運転してきて、それからさらに〔南へ下がって同じパ・ドゥ・カレー県の〕モントレイユ（Montreuil）まで。そこで私たちは魅力的なホテル、シャトー・デ・モントレイユで夜を過ごした。」あれはすてきなホテルでした。

4月3日に、「私たちは午前9時45分にモントレイユを発って、〔南東に走り、同じパ・ドゥ・カレー県の〕アラス（Arras）経由でパリへの自動車道〔を南〕へ走った。クリシュナジと私は、午後12時30分に〔パリの〕ヴェルダン通り16番に到着した。アランは少し後だった。」そこは私が借りた家です。

スコット―憶えています。
メアリー―「メイドのマーグリテ（Marguerite）とコックのアンドレ（André）がいた。彼らが昼食をこしらえていた。私たちは荷物を解いて休んだ。夕食の後、アランと私はサル・プレイエル（Salle Pleyel）に行って、〔ロシアの高名なピアニストの〕スヴィアトスラフ・リヒテルがバッハの『平均律ピアノ』の13番から34番を弾くのを聞いた。無限に美しい演奏！　私はリヒテルの大ファンだったし、いまでもそうです。で、すてきでした。

4日に、「父、〔弟〕バド、〔その妻〕リーザと、ザ・バー

クレー（the Berkeley）で昼食した。〔父の再婚相手〕オリーブはまだ入院している。バドとリーザとともに買い物に行き、〔ハンガリーの磁器、〕ヘレンド（Herend）と〔フランスの磁器、〕リモージュ（Limoges）の陶磁器をブロックウッドのために買った。」ヘレンドは鳥たちが描かれた品物です。

スコット―ええ、ええ。

メアリー―それは古いマイセンの磁器をまねたものですが、今はハンガリーで作られます。私は運転して父を送り、〔父の住居の階上〕トゥールまで同行した。」そこは〔有名レストラン、〕トゥール・ダルジャン（Tour d'Argent）です。「家に戻ると、夕食に間に合った。クリシュナジとアランは、買い物の良い一日を過ごしていた。」

5日に、「クリシュナジは、〔語学のため、子どもの教育用〕「ホリディ・ブック（the Holiday Book）」をもっと口述した。〔パリの実業家で支援者の〕デ・ヴィダスが立ち寄った。午後にクリシュナジとアランと私は、〔西部劇〕映画『マッケンナの黄金（Mackenna's Gold）』に行った。」（スコット、クスクス笑う）

翌日、「クリシュナジは書物に取り組んだ。夕食の後、私は、アランがクリシュナジとの会話の自分の憶え書から作った〔録音〕テープを、回した。」

それから、散歩、買い物、人々に会うこと、映画以外に、何も大きなことはありません。そして、10日に〔パリの会場〕サル・デ・ラ・シミエ（the Salle de la Chimie）で第1回の講話です。ああ、ディーター・コップ（Dieter Kopp）が訪ねてきて、私は彼から二枚、絵を買いました。それらが、西ウィングの玄関ホールの二枚の緑の絵です。

11日に、「私は午後1時に〔パリ南部の〕オルリー〔空港〕へ発ち、ロンドンへ飛んで、〔内装業者〕ポール・アンステーと、ブロックウッドの仕事をして昼間を過ごした。オ・ペレ・デ・ニコル（Au Pere de Nicole）で昼食。」そこは、ピク通り（Pics Street）にあります。すてきなレストランです。「午後6時に発って、7時20分のパリに戻る飛行機に乗った。」

4月12日、「クリシュナジとアランは、書物に取り組んだ。午後4時にクリシュナジは、オテル・ポン・ロワイヤル（the Hotel Pont Royale）で若者たちと討論会を行った。」その後、翌日にサル・デ・ラ・シミエで第2回の講話がありました。

13日に、「〔ベルギーの実業家で支援者の〕スザンヌとヒュヘス・ヴァン・デル・ストラテンがコーヒーに来て、午後5時まで居た。オランダへの途中で自分たちのところに泊まるよう招待された。〔オランダ中部、アムステルダムの南東30キロメートルの〕ヒルフェルスム（Hilversum）での住宅について、〔電話で、オランダの〕アンネッケ〔・コーンドルファー〕に話をした。」

翌日、「私はエリザベス・アーデン（Elizabeth Arden）で髪を整えてもらった。シナ人の少年と女性が昼食に来た。」これは〔シナ系のインドネシア人で、ブロックウッドの学生になった〕タンキ（Tunki）だと思います。タンキを憶えていますか。

スコット―ええ、よく憶えていますが、彼に奥さんはいなかった。

メアリー―彼女は、女性家庭教師か何かのような、年配の人でした。彼は小さな公爵みたいでした。

スコット―ええ、そうでした！（クスクス笑う）

メアリー―彼らが昼食に来ました。

4月15日に、「メアリーとジョー・リンクスが、パリに到着する。私は買い物をした。街でクリシュナジと待ち合わせ、彼を昼食に連れてかえった。アランはリンクス夫妻と昼食をしていた。午前にメアリー・カドガンが来た。アランは、イギリスの市民権を認められたとの知らせを受けとった。」

ここには、〔パリ西部、ブローニュの森の公園〕バガテルでの散歩について、メモ書きがあります ― 私はそれが好きでしたが、もう一度それを聞くまでもありません。

16日には言います ― 「第2回の若者たちとの討論会。」

翌日、買い物と、父と弟との昼食の後、私は、〔昔、ヨーロッパに留学したとき、〕寄宿学校で同室だった古い友人を訪問しました。ここには言います ― 「時間に合うよう戻り、クリシュナジをサル・デ・ラ・シミエでの第3回の講話に運転して送った。」

18日に、「メルセデスを持って帰った。すべて修理済み。」それは〔イングランドで〕ライでの〔車をぶつけられた〕出来事の後のことです。「マルセル・ボンドノーとドリス・プラットが昼食に。午後4時に、フランス人グループのためにお茶会 ― それには、シュアレス夫妻、デ・ヴィダス、マー・デ・マンツィアーリ、マダム・サムエル（Madame Samuel）、マダム・サフラ（Madame Safra）、マダム・エットリ（Madame Ettori）、マダム・バンゼ（Madame Banzet）、レロワ（Leroi）という人、…」その人は憶えていません。「…マドモワゼル・ボレル（Mademoiselle Borel）、スィドー（Suydoux）という人と、フランシス・マッキャンから成っていた。」

19日には午後4時に、もう一回、若者たちとの討論会。翌日、クリシュナジの第4回の講話が続いた。

21日には、「午前5時45分に〔パリ南部の〕オルリー〔空港〕へ発った。7時のロンドン行きの飛行機に乗った。ポール・アンステーが私を出迎えて、車でブロックウッドに行った。ラッパスイセンが咲き誇っていた。私たちは塗装の問題で一日を過ごした。彼は運転して私を空港に送ってくれた。ちょうど、私が午後8時30分のパリに戻る飛行機に乗るのに間に合うように。」（スコット、クスクス笑う）活動的な生活だわ！

スコット―全くです。

メアリー―22日に、「クリシュナジは、〔パリの実業家の〕デ・ヴィダスがメアリー・カドガンに嘘を言っていたことで、彼に会った。」おや、そうだったのかな。「〔デ・マンツィアーリ家の四姉弟の末娘〕ヨー・デ・マンツィアーリが昼食に来た。クリシュナジをヴィザの写真を撮りに連れていき、次にもう一回の若者たちとの討論会のために、ポン・ロワイヤルへ。」ああ、私はもう一回、以前のルームメイトとお茶をしました。

23日に、「クリシュナジはドリス・プラットに会った。それから、彼女とともにアランにも。批判の大荷物。」（クスクス笑う）「私はクリシュナジとアランとともに、ユネスコ〔国連教育科学文化機関〕に行った。そこでは、クリシュナジとのインタビューがテープに録られた。アランに話をした。彼は、〔ドリス・〕プラット、デ・ヴィダスの批判に、うろたえている。」

「午後7時にクリシュナジは、パリの第5回で最後の講話。」

26日に、「私たちは午前11時にパリを発ち、〔北上し、パ・ドゥ・カレー県の〕アラス（Arras）に運転し、レ・チュウジィ（Le Cheuzy）で昼食。」それは途中にあって、とて

もすてきなレストランでした。「午後3時ごろにそこを発ち、〔フランス北部の都市〕リール（Lille）あたりを〔ベルギーのワロン地域〕トゥルネー（Tournai）へ運転し、ベルギーに入った。〔首都〕ブリュッセルへ。そこでクリシュナジとアランと私は、〔実業家で支援者の〕スザンヌとヒュヘス・ヴァン・デル・ストラテン〔夫妻〕のところで、夜を過ごした。彼らの子どもたち、ゴーティエ、ファヴィエンヌ、マリー・ロウレ、エヴラード、マージョレーヌとアリアンネがそこにいた。すてきで広大で快適な邸宅。とてもすてきな家族。」

翌日、私たちは、「ヴァン・デル・ストラテン一家と気持ちよく寛いだ朝を過ごし、昼食の後、発った。オランダの〔中部、アムステルダムの南東30キロメートルの〕ヒルフェルスム（Hilversum）と、〔北部の〕ス・フラーフェラント・ウェッヒ（S' Gravelandsweg）の住宅へ、3時間の運転。…」（クスクス笑う。スコット、笑う）もしもそこで生活していたら、その〔難しい〕発音の仕方を知っているでしょう！

スコット―ええ、まあ、或る時点で私はそうでした。

メアリー―そうでないと、それは言えないわ。（二人とも笑う）「…そこで〔オランダの担当者〕アンネッケ〔・コンドルファー〕が待っていた。クリシュナジのために借りた住宅で、好意ある人たちからの貸し付けで調度品を整えていた。」（クスクス笑う）

私は次の朝を、「片づけて、」過ごしました。「昼食の後、クリシュナジとアランと私は、〔オランダ南部の〕キューケンホフ〔公園〕（Keukenhof）へ運転して行った。」そこは…

スコット―ええ。キューケンホフは知っています。美しい花々です。

メアリー―ええ。「チューリップがちょうど咲き始めていた。私は球根を9月にブロックウッドへ配達するよう注文した。住宅に戻るとすぐに、〔フランスの〕ド・ゴール〔大統領〕の辞任のことを聞いた。」

スコット―ふむ。

メアリー―何を知っていますか。

4月29日には、何人かの人たちが昼食に。クリシュナジは、私が〔オランダ北西部の街〕バッセム（Bussem）でお使いするのに付いてきました。「それから、私たちが二年前に生活した農家の近くの美しい森を、散歩した。」

翌日、「私はバッセムでお使いをした。午後にクリシュナジとアランと私は、アムステルダムへ映画に行った―〔イギリスの俳優〕ピーター・セラーズ〔主演〕（Peter Sellers）の〔アメリカのコメディ映画〕『パーティ（The Party）』だ。」

それからいつものとおり―様々な人たちが昼食に。お使い等。そして5月3日になって、「私は運転してクリシュナジを、ス・フラーフェラント・ウェッヒ（クスクス笑う）経由で、アムステルダムでの第1回の講話に送った―〔コンベンション・センター〕RAIの中央会議場（the Congress Centrum）で、だ。とても力強い講話だった。クリシュナジは、帰りの車で少し気絶した。昼食の後、彼は、私のお使いに付いてバッセムへ来た。それから私は、アランのためにタイプを打った。私たちは三人とも散歩に行った。暖かい春の一日だった。」

5月4日に、「クリシュナジとともにアムステルダムでの第2回の講話へ。ここで一週間手助けしてくれた人たちみんなのために、午後のお茶会があった。」

5日に、私はクリシュナジとともに、彼の〔年齢と体調を考えて、〕旅行と講話の幾つかをどのように減らせるかということについて、議論をしました。まさに翌日、午後5時の〔RAIの〕中央会議場での若者たちとの討論会から家に戻る途中で、私たちは議論を継続しました。

編集者の憶え書

アランとメアリーが旅行しはじめ、クリシュナジの講話の日程を手配しはじめてから、〔公開〕講話と〔個人〕面談と討論会等の数は、爆発した。クリシュナジは今や74歳だったが、私は、彼がそれ以上活動的だったことは一度もないと言って正しいと思う。彼がこれらの年と続く年に行った話の実際の件数は、興味深いであろう。

メアリーがクリシュナジに対して、彼が彼自身に課している要求を減らすことについて、話を始めたということは、注目すべきで興味深い―彼の余生の間、周りの人たちの多くにおいて継続することになった主題である。

5月7日に、「〔マリブでの家政婦〕フィロメナの72歳の誕生日だった。昼食の後、アランと私はアムステルダムへ、アランがほしい本を買いに神智学協会の書店に、行った。」私は鮮明に覚えています。そこには、壁にベサント夫人の大きな写真とレッドビーターの大きな写真が掲げられていました。セピア色の等身大の…そうね、古風な。私はこれら二つの写真を見つめました。これら二人の人たちがクリシュナジの生活にいたのは、300年前のことだったかもしれないなあ！と私は思いました。写真のこれらの人たちの外見の年齢と、あるったけ若かったクリシュナジとの間の対照は、驚くべきものでした。

スコット―ええ…ええ。

メアリー―「戻って、クリシュナジが散歩しているのに会った。」

8日には、「第2回の若者たちとの討論会」と言うだけです。

翌日には、ただ言います―「クリシュナジは、来年アムステルダムに来ないことを、決定した。私は午後ずっとマーケットで買い物をした。アランと私は、〔スイス西部の山村、〕グシュタードの〔、山荘などの管理人〕マダム・デュプレーへ、トワ・スルス山荘（Chalet Trois Ours）のことで電話した。」

10日と11日に、クリシュナジは第3回と第4回の講話を行いました。

それから私は、〔オランダ東部、デ・ホーヘ・フェルウェ国立公園内の〕オッテルロー〔村〕（Osterloo）のクレラー・ミュラー博物館（Kröller-Muller Museum）に、ヴァン・ゴッホの絵画を見に行きました。その間、クリシュナジは幾つか〔個人〕面談をしました。

13日に、クリシュナジは若者たちとの第3回の討論会を行いました。翌日、彼は第5回で最後のアムステルダム講話を行いました。

5月15日には言います―「荷造り。〔アムステルダム南西の〕スキポール〔空港〕へ母とヒューに会いに行った。」それは私の〔母の再婚相手、〕継父です。「運転して彼らをアムステルダムのパーク・ホテルに送った。彼らはローマから来て、ここに五日、泊まっていて、次にロンドンに行こうとしている。それから私たちは、RAIでの若者たちとの討論会で、クリシュナジとアランに加わった。ホールは一杯だった。あの大きな部屋の外側で聞いている聴衆がい

145

た。その後、私はクリシュナジを連れて帰った。」

5月16日、「私たちは午前10時30分にヒルフェルスムを発って、〔オランダ西南部の大都市〕ロッテルダムへ運転した。そこで、一時間迷ったが、最終的に空港を見つけた。アランはすでにそこにいた。係員がメルセデスの左の窓を壊した。私たちは、ブリティッシュ・エア・フェリーで〔イングランド南東部、サセックスの〕サウスエンド（South End）[*14]に飛んだ。そこでは、メアリーとジョー・リンクスが私たちを出迎えて、ひどい交通渋滞を通ってロンドンに道案内してくれた。」（クスクス笑う）

スコット──では、これもまた、あれら車を乗せる航空フェリーの一つでしたか。

メアリー──ええ。「午後7時30分にブロックウッドに到着した。」

翌日の書き込みはこう読めます──「ブロックウッドはすてきだ。よく寝た。荷物を解き、すべてを整理整頓した。カーペットは私の部屋に置かれている。学校の用件についてシモンズ夫妻、クリシュナジ、アランと私の間で会合があった。クリシュナジとともに森を、ブルーベルを通って散歩した。」[*15]

翌日は、「ブロックウッドでの静かな一日。でも、アランは落ち込んでいる。」

19日に、「私は運転してクリシュナジとアランをロンドンに送り、彼らを〔セヴィル・ロウの仕立屋〕ハンツマン(テイラー)に降ろした。それから彼らはメアリー・リンクスとの昼食に行った。一方、私はメルセデスを修理しに持って行った。それから〔内装業者〕アンステーのところに行って、〔ブロックウッドの〕邸宅のための雑多な買い物。午後4時56分の列車のため、〔ハンプシャー州の最寄りの都市〕アルトンに戻った。」私はメルセデスを〔修理のため〕置いてきたにちがいないわ。「クリシュナジとアランは、午後5時20分ので帰ってきた。私が運転して、彼らとともにブロックウッドに戻った。私は喉が痛い。」

20日に、「アランはクリシュナジと長い話をした。メアリー・カドガンが来て、私たちは彼女とドロシーと会合をした。私たちは、9月にブロックウッドで2回の週末に〔講話の〕集会を開こうとしている。私の母と〔継父〕ヒューはロンドンに、ゴーリング・ホテルにいる。」

21日にはこう読めます──「すてきな静かな一日。ブロックウッドに留まり、休んだ。ずっと気分がよくなり、クリシュナジとともに、野原を越える散歩に行った。暖かくて美しかった。アランは、クリシュナジに話をしてもらったことで、変化し、元気になったように見える。」

翌日、「アランの車をロンドンへ運転した。〔ロンドン南西部で五月恒例の〕チェルシー・フラワー・ショー（the Chelsea Flower Show）に行き、お使いで〔内装業者〕アンステーのところと、〔デパートの〕ハロッズ等に行った。夕食にはブロックウッドへ戻った。キッチンの物置(キャビネット)と設備が届いた。」

翌日、私はメルセデスを取りにロンドンに戻った。〔聖霊降臨を祝うイギリスでのペンテコステ（五旬祭）、〕ウィットサン（Whitsun）の週末の交通渋滞を運転してブロックウッドに戻るには3時間掛かり、午後9時30分に到着した。」

スコット──そこで終わらなくてはいけないだろうと思います。

メアリー──いいわ。

原　註

1）クリシュナムルティ会報（*the Krishnamurti Bulletin*）は、イングランドで始まり、以降、様々な国々で様々な形で発行された。これは、新しいクリシュナムルティの団体が、クリシュナジの近々の講話と、刊行されようとする新しい出版物の情報を、人々に知らせる唯一の本当の手段であった。

2）ラージャゴパルは、1920年代以来蓄積されてきたクリシュナジの仕事の相当のアーカイヴス〔資料類〕を、クリシュナムルティ財団に引き渡すよりむしろ、そのほとんどをハンティントン図書館に引き渡して、それがそこに残っている。

3）スイスで作られた、専門家の品質で持ち運び可能な録音機。

4）メアリーの父と〔その再婚相手、〕継母のオリーヴは、最上階にある有名レストランのラ・トゥール・ダルジャン（La Tour D' Argent）の真下に、アパートメントを持っていた。

訳　註

*1 原文には10mm by 6mm（10ミリメートルかける6ミリメートル）とあるが、それでは豆本の類いになってしまうので、計算しなおした。直後の個所も同様である。

*2 メアリー・ラッチェンスによるKの伝記第二巻、1970年の記述によれば、1971年に彼女が編集して出版された *Urgency of Change* は、ノーデの質問によりクリシュナジが口述し、ノーデも部分的に編集に携わったとされている。この後、4月には、その共同作業と思われる記述が見られる。

*3 バークレー、サンタ・クルーズにはカリフォルニア州立大学がある。スタンフォードにも有名な私立大学がある。

*4 この夫妻とその映画については第14号により詳しく出ている。

*5 ここには明記されていないが、法律上の慈善団体である財団には、外国人であり、合衆国の市民権を持たないノーデは、深く関与できなかったのではないかと思われる。

*6 メアリー・ラッチェンスの伝記によれば、Kは1910年代の半ばから、自動車を運転していただけでなく、車のメカニックについても非常に関心を持っていた。古い時代には自動車を解体してもう一度組み立てたこともあったようである。

*7 デザイナー、建築家で、60年代前半からKの知人で、サーネンのテントの考案者でもある。

*8 この人は、2008年の訃報によれば副長官だったようである。

*9 原文はここから、ブロックウッド・パーク・スクールのサイトへリンクされている。

*10 門から入っていく風景、自然環境、建物の様子などは、例えばYoutube上の 'A Unique education' Brockwood Park School で見ることができる。

*11 オーハイの西端、オーク・グローヴ近くに、農場主住宅風のレストラン、ランチ・ハウス（the Ranch House）を経営していたが、ブロックウッドの初めの一年、そこに滞在してキッチンの訓練を行った。

*12 例えば、Youtube上の Supporting the Work of Krishnamurti Foundation Trust の冒頭には、クリシュナジ、メアリー・ジンバリスト、ドロシー・シモンズの三人が散歩に出かける風景が見られる。この後、しばしば見られる組み合わせである。

*13 chintz はカーテンや家具のおおいに用いられる。

*14 ロンドンの中心から東に64kmのテムズ川北岸にある。

*15 bluebell は、ヨーロッパ原産のユリ科の多年草で、春に鈴形の青い花を咲かせる。野生のヒアシンスである。

第12号　1969年5月から1969年12月31日まで

序　論

前号の序論は全く、第11号と12号のどちらにとっても序論であった。

この序論において読者の注意を引きつける唯一のことは、学校と側近の人たちにおける緊張の増大、そしてアランの離脱である。

メアリー・ジンバリストの回顧録　第12号

メアリー―いいです。跳び込みましょうか。

スコット―跳び込んでください！

メアリー―で、私たちは〔イングランドの〕ブロックウッドで生活しています。〔内装業者〕アンステーは、私のその調度品を整えるのを手伝っていました。私は今、方向づけができています。

5月24日には、〔日記にこう〕言います ―「〔南東方向の〕ウエスト・メオン（West Meon）へお使い。それからアランの部屋の棚に取り組んだ。」私は片づけをしていたにちがいありませんが、それが何だったのかは思い出せません。「昼食の後、クリシュナジとアランと私は二人の車で、リンクス夫妻とのお茶のために、〔東方向の、ウエスト・サセックス州の高地〕ブラックダウン（Blackdown）へ走った。」

スコット―彼らはブラックダウンで生活していたんですか。

メアリー―まあ、〔サリー州の〕ゴダルミング（Godalming）の南です。そこは田舎でしたが、一番近い町でした。すてきな住宅でした。なぜ彼らが結局、そこを売り払ったのかは、知りません。それとも、彼らはそこを譲ったのか‥‥忘れました。そこを売ったのだと思います。

スコット―でも、そこは彼らの小さな田舎の隠棲所でした。

メアリー―ええ、彼らの小さな田舎の場所でした。

ともあれ、25日には、「アランの部屋を終了した。」私は、そこの棚を何かしていました。棚の取り付けです。「ディヴィッド・ボームとドナルド・シューメイカーが昼食に来た。」ドナルド・シューメイカー（Donald Shoemaker）は誰だったのか。まあ、ともあれ、彼が昼食に来ました。

スコット―どれがアランの部屋だったんですか。

メアリー―あなたと〔奥さんの〕キャシー[1]（Kathy）が収まったところです。

スコット―はい、そのとおり。憶えています。

翌日、「私はキッチンの壁を洗った。物置（キャビネット）の荷物を開けた。学生になりうる子のシナ系インドネシア人の家族が来た。」それが〔前号に出た〕タンキです。

次の数日間に、私は西ウィングの調度品を見つけ、邸宅まわりの半端な仕事をするために、ロンドンと〔イングランド南部、ハンプシャーの州都で西方向の〕ウィンチェスターへ行きました ― 29日も含めてです。その日、「クリシュナジと私は、芝生の草取りを始めた。」なんとまあ。

スコット―（クスクス笑う）それは一仕事だったにちがいないね！

メアリー―あれは‥‥ええ。（二人ともクスクス笑う）

30日に、「クリシュナジとアランと〔若い建築家の〕ドナルド・ホッペンと私は、午前10時30分に〔西北方向へ〕運転して、〔イングランド中央部の風光明媚な丘陵地帯〕コッツウォルズ（the Cotswolds）のブロードウェイ（Broadway）へ走った。私たちはリゴン・アームズ〔・ホテル〕（the Lygon Arms）で昼食した。それからゴードン・ラッセル（Gordon Russell）の家具工場を訪問した‥‥」（休止）「何も見つからなかった。」

スコット―でも、そこが、学校の食堂のテーブルを持ってきたところでしょう。

メアリー―ええ、そのとおりです。「すてきな田舎を運転してブロックウッドに戻った。」

それから様々なこと ―〔ヨーロッパを旅行していた〕母と継父の訪問のようなことです。6月1日と2日に、クリシュナジと私は、芝生の草取りを継続したこと以外、何も重要なことはない。2日に、「アランをウィンチェスターに連れて行った。お使いをした。〔ヨーガ教師の〕デシカチャール（Desikachar）がマドラスから到着したとき、アランは彼を空港から連れ戻った。またマーク・シュミットという人（a Mark Schmidt）もブロックウッドで教師になるために、合衆国から到着した。」

6月4日に、「朝早くロンドンへ運転した。髪を切ってもらった。レ・メリディエン（Le Méridien）でメアリー・リンクスと昼食をした。買い物。お使い。メルセデスの灯火を直した。午後4時に〔内装業者〕アンステー。もう二つソファーと一つ椅子を買った。ホテル・ゴリングで母と〔継父〕ヒューとお茶。」そこは、彼らがロンドンで泊まっていたところです。「彼らは金曜日にニューヨークへ飛ぶ。午後8時30分までにブロックウッドに戻った。クリシュナジは新しい本を始めた。」

スコット―それは、新しい本を読むということですか。

メアリー―ああ、そうです。書くのではなかった。読むことでした。私は、本が何なのかをなぜ記さなかったのか、分かりませんが、記していません。

6月5日に、「デシカチャールとの5回目のヨーガのレッスンをした。脚にはとても良い。」言い換えると、彼は〔叔父で同じヨーガ教師の〕アイアンガーがやっていたことをやらなかった ― そちらは私の脚を痛めたんです。

翌日、「母と〔継父〕ヒューはニューヨークへ飛ぶ。クリシュナジは車を洗った。キッチンは完了した。私はその掃除を始めた。アランはロンドンで夜を過ごしたが、〔メアリーとジョー・〕リンクス夫妻が彼をブロックウッドへ連れて帰った。彼らはお茶をした。」

6月7日に、〔ブロックウッドの〕邸宅での仕事とともに、「昼食の後、ブロックウッドの方針について、クリシュナジ、シモンズ夫妻、アランと私との会合があった。」

編集者の憶え書

私たちは〔会合についての〕この表記を、〔1965年から秘書役を務めてきた〕アラン〔・ノーデ〕と〔新しく校長になるドロシー・〕シモンズ夫妻との間での、学校の方針についての困難を表すものと、読むことができる。

スコット―ここでちょっと立ち止まります ― あなたは、デシカチャールとのレッスンを受けていたことを仰っています。

メアリー―ええ、始めました。

スコット―クリシュナジは同時にレッスンを受けていたん

でしょうか。

メアリー ああ、そうです。彼はクリシュナジとの仕事をしに来たんです。私は運が良かっただけです。

スコット はい、そうです。

メアリー それで、6月8日、「暖かい一日。午前4時にヨガ。〔元女優で児童文学作家〕ジニー・トラヴァース（Ginny Travers）と子どもたちとの昼食へ、〔北東方向へロンドンの手前、サリー州の〕ドーキング（Dorking）に運転した。夕食にブロックウッドに戻った。」

　それから次の幾日かは、何も特別なことがありません。さらに、〔ブロックウッドの〕邸宅のための品物を見つける仕事だけです。11日に、仕立屋（テイラー）と歯医者と散髪等のために、クリシュナジとロンドンへ旅行。

　6月12日には、「クリシュナジは右足が腫れて痛がっていた。」それは翌日も継続しました。また翌日、「クリシュナジとアラン〔・ノーデ〕とドロシー・シモンズの間で、不幸せな議論。アランは夜に私を呼んだ。何時間か彼に話をした。」彼とドロシーは、全くうまく行きませんでした。それは、あの学生、あのインド人少年〔ナレンドラ〕をめぐってでした。アランは、自分がその子の保護者か何かだと感じました。父親が彼に対して、その子をブロックウッドの学校に入れる許可を、与えていたんです。〔校長の〕ドロシーはアランに介入してほしくなかった。彼らは全くうまく行きませんでした。アランはこれらのことについて、とても感情的でした。これが、アランが最終的に出て行った年でした。

スコット はい、そのとおり。

メアリー そうねえ、私は何とかしようと…

スコット ええ、うまく行くように。

メアリー 6月14日、「アランはシュミット博士に電話した。」それは、「クリシュナジは痛風がある」と言うスイスの〔ジュネーヴ〕同種療法医です。午後には、ディグビー夫妻とメアリー・リンクスが、〔クリシュナジの本の〕編集者会議のために来た。ジョー・リンクスは、〔再婚相手〕メアリーの孫たち、アンナとニッキーを連れてきた。私たちはお茶をした。夕食の後、クリシュナジとアランとドロシーは、もう一回アランについて会合をしたが、そこに私は行かなかった。」

　翌日、「アランとまた長い話。午後、一人で散歩した。」

　6月16日、「朝早くアランに、次にクリシュナジに話をした。それから、クリシュナジとアランと私で三方向で話をした。そこでは、アランは出て行くことについて話さない、または、出て行かないと約束することが、決定された。」まあ、それは長続きしませんでした。でも、ともあれ、それが6月に起きたことです。「午後は〔西方向の〕ウィンチェスターに。戻るとすぐ、私はクリシュナジを〔南方向の〕ドロックスフォード（Droxford）の方の道へドライヴに連れて行った。田園に息を飲んだ。」

　6月17日、「雨が降っていた。12回目のヨーガのレッスン。クリシュナジは、私とともに〔北西方向の〕アレスフォードと〔西方向の〕ウィンチェスターに、行った。夕食の後、クリシュナジはアランと私に対して、破壊的な力の危険について話をした。」

編集者の憶え書
読者たちは第8号において、クリシュナジの「善」と「悪」への理解が抽象的な概念ではなく、実在で察知可能であったことを、思い出すだろう – すなわち、「善」はしばしば、それを破壊したがる諸々の力に取り囲まれている、と。

　クリシュナジがメアリーとアランに理解してほしかった「破壊的な力の危険」について、私の知るところ、この日の議論について他のメモ書きは、無い。しかし、メアリーはこの後、アランがクリシュナジとともに行っている重要な仕事から彼を追い出す力は、たやすく理解できるものではないと感じることを、しばしば表明した。

スコット ふむ、ふむ、ふむ。

メアリー それから、さらに〔ブロックウッドの〕邸宅のための装飾と古美術品（アンティーク）の買い物があります。ああ、19日には、「ナイト氏（Mr.Knight）がクリシュナジのための机を持ってきた。」それは、今あなたが持っている机です。古美術商の店に行くのはおもしろかったわ。

スコット もちろんです。

メアリー それから、そうねえ…クリシュナジの足は良くなって、歩くことができました。彼はまた、イングランドでの運転免許を取れるように、運転の練習をしていました。それから6月22日に、「クリシュナジは、大きな部屋でブロックウッドでの最初の講話と討論会を行った。165人ほどの人たちが来た – 二人の少年、〔カリフォルニア州立大学〕ソノマ〔校〕からのテリー・アグニュー（Terry Agnew）とアラン・ハンセン（Alan Hansen）を含めて。後でサンドイッチの昼食。」

　「クリシュナジは、私を乗せてウィンチェスターとその先へ、運転した – 運転試験のためにメルセデスで練習している。私たちは、学校のダイニング・ルームの新しい長テーブルで、初めて食事をした。クリシュナジは夕食の後、芝生でフリスビー投げのゲームをした。」

スコット あなたが言及された、公開講話の行われた大きな部屋は、あの現在、学校の大きな居間ですか。

メアリー そのとおりです。学校の。

編集者の憶え書
その部屋に165人の人たちということは、誰もが床にぎっしり座っていて、部屋が完全にぎゅうぎゅう詰めだったということを、意味しているだろう。

スコット よろしい。学校のダイニング・ルームは、新しいテーブルが置かれたところです。

メアリー ええ。私たちがブロックウッドを買ったとき、現在、ダイニング・ルーム区域のあるところは、ビリヤード場でした。私の心の目には、ビリヤード・テーブルが見えます。それらは取り去られたと思います。でも、それはビリヤードでしかなかった。なぜなら、彼らのダイニング・ルームはパネルで囲われた部屋だったからです。

スコット ええ、ええ。

メアリー で、23日に、「アランは町に行った。私はヨーガのレッスンを受けた。クリシュナジは、いつかすべてのことを監督する委員会について、語った。」ははー。（二人ともクスクス笑う）

　翌日、「クリシュナジは学校について、シモンズ夫妻とアランと私に対してとともに、二人の新しい教師、マーク・シュミット（Mark Schmidt）とジョン・ディグス（John Digues）に対して話をした。」

25日に、「アランは私を、午前8時50分の〔北東方向20キロメートル弱の都市〕アルトンからロンドン行きの列車に連れて行ってくれた。私はナイト氏に会って、クリスティーズ、次にサザビーズ、マレ、パートリッジ等へ行った。」それらはみんな古美術の場所です。クリスティーズとサザビーズは〔オークションで〕知っていますね。「その日の残りはお使いをして過ごした。〔友人の〕フレール〔・カウルズ〕(Fleur)とその妹とお茶をして、午後5時20分の帰りの列車に乗った。」あの頃はいつも〔ブロックウッドの最寄りの駅として、北東方向の〕アルトンに行きましたが、やがて〔東方向の〕ピータースフィールド(Petersfield)のほうが〔最寄りの駅として〕便利なことを発見しました。

26日に、「午前に〔内装業者〕アンステーが来た。彼は少し光沢を抑えて、塗装屋に最終的なオーケーを出した。」あれは居間でした。

スコット－ええ。使われたのがとても特殊な古風な塗装の技術だったということを、言うべきです。人々はそれを悟らないでしょう。つや消しとか点彩とかいって。

メアリー－そのやり方はお話できますよ。

スコット－いいね。教えてください。

メアリー－まあ、部屋を好きな色に塗りました。次に、点彩の効果を得るには、羊皮紙のように見せるには、とても目の詰んだ、曲がらない厚いはけを、持つんです。

スコット－そのとおり、短いこわばった剛毛で、です。叩きます。

メアリー－そのとおりです。上へ下へと、そこら中をです。

スコット－そう。剛毛の先で叩いて、通常の塗装のようには引っ張らない。ただ剛毛の先で叩くだけ。これで小さな点ができます。

メアリー－でも、それはごく規則的にやるし、それで織り目の効果を出す。

編集者の憶え書
〔ホームページ上で〕ここをクリックすると、この塗装方法の実例が見られる。

スコット－ええ、ええ。でも、今は、その下に一つ色が、その上に一つ色がある、ということではないですか － だから、叩きつけの効果を加えるとき、実際に表面の色を通して、地の色とかそのようなものが透けて見えるということでは。

メアリー－「光沢」という言葉が、私の心に浮かびつづけています。

スコット－ええ、それが表面のものです。それが表面のものです。

メアリー－でも、それは色づけしなくてもいい。或る種、ほとんど蜂蜜のようなものです。その本体だけだ、という意味です － そこに顔料はない。

スコット－ああ、ともあれ、とても古風な技法です。それに必要なのが…

メアリー－古い、古い、古い塗装屋です。

スコット－彼はロンドンから来なくてはいけなかった。でしょう？

メアリー－彼はロンドンから来なくてはいけなかった。なぜなら、地元の塗装屋はそれができなかったからです。

スコット－ええ。憶えています。1987年に〔ブロックウッドの新しい〕クリシュナムルティ・センターで仕事をした、これら二人のすばらしい古い塗装屋が、いました。すばらしい古い、古い塗装屋で、彼らは白い作業ズボンをはいて来て(メアリー、笑う)、一日中、塗って、一日の終わりにそれらを脱いだものです。すると、それらは汚れ一つなく清潔でした！(メアリー、笑う)彼らの指や衣服には、塗料の跳ねちりもなかった！(二人ともクスクス笑う)彼らはまた、信じがたい速度で塗っていました。絶対に一滴もこぼれませんでした。(二人とも笑う)私は彼らにあの部屋を見せましたが、彼らは…

メアリー－彼らは知っていた。

スコット－彼らは、西ウィングの仕事を評価していました。彼らは、自分たちにもできただろうと言いました。でも彼らは、西ウィングは、その適正なやり方を本当に知っている古い流派の誰かがやったが、(メアリー、クスクス笑う)多くの人は残っていないと言いました。

メアリー－そのとおりです。それに〔1983年4月30日に〕火事があったとき…

スコット－憶えています。

メアリー－…私はその幾らかを修復しなくてはいけなかった。

スコット－ええ。

メアリー－私は、〔内装業者〕アンステーのために塗装するご婦人を通して、それを得ました。彼女は名前は何ですか。

スコット－ああ、あのご婦人ね。彼女のことは憶えています。

メアリー－ええ。彼女は装飾の手助けを…

スコット－そのとおり。

メアリー－提供していました…装飾ではなく、調度を整えるということです。

スコット－ええ、そのとおり。

メアリー－彼女が私のためにその塗装屋、この古い人を得てくれました。彼女が、それをするよう、彼をロンドンから連れてきたんです。

スコット－ええ。

メアリー－「午後に学校の会合 － クリシュナジ、アラン、シモンズ夫妻、ディグース、シュミットと私。いたるところに緊張がある。アランはすごく緊張していた。ヨーガのレッスンを受けた。」誰もが緊張していました。特にアランは。

スコット－ええ。

メアリー－6月27日、「アランと朝食で話。それから彼とブラント・コートライトは車でパリへ発った。〔夏のスイス、〕サーネン〔での集会〕への途中だ。」ブラント・コートライト(Brant Cortright)は学生だったと思います。「クリシュナジと私は午後にウィンチェスターに行った。彼の期限つき運転免許をもらった。」

6月28日、「すてきな一日。穏やかな日。午前に学校の用件について会合。マーカス・ラヴァッラ(Marcus Lavarra)とアラン・シャピロ(Alan Shapiro)を学生として受け入れるるだろう。応接室のための鏡が到着した。クリシュナジのための机も。」

ああ、ここにはおもしろいことがあるわ。6月30日、「午後にクリシュナジはウィンチェスターで運転試験に通って、今や終身免許を持っている！」あれは勝利の一日でした！なぜなら、思い起こすと、彼はカリフォルニアでは退けられていたし、彼はしくじったことを悲しみました。そ

れで、彼はイングランドで取ろうと言ったんですが、大事をとって彼は、運転の教習をしてもらうのに、同じぐらい年配の紳士を雇いました。イングランドの運転者の法律と技術を学ぶために、です。そして、(スコット、笑う) この日、起こったことは、教師の小柄な老人が来て、彼はそうは言わなかったが、クリシュナジに稽古を付けたということです － クリシュナジにウィンチェスター中をずっと運転させることによって、です。彼は、「ここで左に曲がって。」、「ここで停まって。」、「ここで右に曲がって。」とかそれらを言いました。彼は、試験官がクリシュナジにやらせるだろう様式を、全く知っていたんです。

スコット―そのとおり。そのとおり。

メアリー―クリシュナジは欠点なくそれをやりました。で、その老人は降り、試験管が乗って、彼らは全く同じルートを行きました。

スコット―ああ、完璧だ。

メアリー―で、クリシュナジは取りました。彼はとても喜んで帰ってきました。なぜなら、誰もが皆、彼に対して、「ああ、誰も一回目では取らないですよ。とても難しいんです。」と言っていたからです。

スコット―そうです。

メアリー―彼は、カリフォルニアで〔免許試験に〕すべったことに、すっかり困っていました。(スコット、笑う) 彼は戻ってきましたが、そうね、大勝利でした！

スコット―よし。

メアリー―みごとな一日でした。(二人ともクスクス笑う)

7月1日、「クリシュナジと私は車でロンドンへ。彼を〔シャツの〕スルカに連れて行った。そこでメアリー・リンクスが彼を出迎えた。他方、私はパンのスプレッド等を取りに行った。アンステーとともに、日本の障子を見つけに。クリシュナジとメアリー〔・リンクス〕と待ち合わせて、ラペリティフで昼食。後で〔靴屋の〕ロブに行った。それからクリシュナジと私は、運転してブロックウッドに戻った。」

7月2日、「荷造り等。午後にクリシュナジは車を洗った。バックでガレージに入れるとき、彼の足が滑ってアクセルを踏み、車の後ろがガレージの扉に当たって、わずかに破損した。」(読みながらクスクス笑う) 私は上の階で何かをしていました。彼は打ちひしがれて、上がってきました！打ちひしがれて！

スコット―ああ、ええ。

メアリー―彼がけがをしたんだと思いましたよ。私はとっさに、「どうしましたか。だいじょうぶですか。」と言いました。分かりますよね。彼はショックを受けていて、話せませんでした。

スコット―彼はかわいそうなメルセデスを傷つけてしまった。

メアリー―ええ。(スコット、クスクス笑う)

7月3日、「クリシュナジはまだ、昨日の車の一件で揺すぶられていた。ドロシー・シモンズが〔自分の車〕ランド・ローヴァーで、クリシュナジと私とデシカチャールとナレンドラを、ロンドン空港に送ってくれた。」ナレンドラ (Narendra) は、ドロシードとアランの間の争いの骨格〔になった学生〕でした。

スコット―ええ。インドの少年です。憶えています。

メアリー―「私たちはそこでサンドイッチの昼食を食べた。それからクリシュナジとデシカチャールとナレンドラは、〔スイス西部の都市〕ジュネーヴへ飛んだ － そこでアランが彼らを迎えることになっていた。ドロシーと私は、ブロックウッドに戻った。メルセデスは引っ張って〔イングランド南部の〕サウサンプトンに運ばれていた。損傷について明日、私に知らせてくれるだろう。」大したことに見えませんでした。

スコット―で、アラン〔・ノーデ〕はすでに〔車でスイスに〕行ってしまっていた。

メアリー―行ってしまっていました。アランは、〔グシュタードの〕タンネグ山荘のヴァンダ〔・スカラヴェッリ〕のところへ、クリシュナジを連れて行ったんでしょう。なぜなら、彼女はそこにいただろうからです。彼女はいつも7月に〔イタリアから〕来ました。

スコット―そのとおり。そのとおり。

メアリー―7月4日、「クリシュナジとアランはジュネーヴで、検診のためシュミット博士に会いに行き、それからグシュタードに。私はブロックウッドで片づけをし、請求書に支払う等をした。メルセデスを直すのに二ヶ月！邸宅はとても静かだ。ここにはほとんど誰もいない。アランがグシュタードから電話してきた。私にアヴィス〔社〕のレンタカーを取ってくれた。」

翌日、「私は、クリシュナジとアランのために、すべてを鍵の掛かった戸棚にしまった。私自身の荷造りをした。航空券を取りに、ウィンチェスターに行った。」

7月6日に、「〔建築家の〕ドナルド・ホッペンが運転して、私をロンドン空港へ送ってくれた。私は午後2時40分の、ジュネーヴ行きのスイス航空の飛行機に乗った。アヴィスのVW〔、フォルクスワーゲン〕が待っていた。私はグシュタードへ運転し、トワ・スルス山荘 (Chalet Trois Ours) を見つけた。」あれは、私がトワ・スルス山荘の一部を借りた年でした － そこは、丘を登っていくと、〔クリシュナジが泊まった〕タンネグ〔山荘〕の真下にあります。

スコット―ええ。

メアリー―私はそこにフラットを取りました。住宅の半分ほどです。

スコット―そのとおり。

メアリー―「ヴァンダ〔・スカラヴェッリ〕とクリシュナジに会いに、タンネグ〔山荘〕に行った。〔その真下の、自らの〕トワ・スルス〔山荘〕で少し荷物を解いた。後でアランが入ってきた。」

翌日、「私はタンネグ〔山荘〕で、デシカチャールとの26回目のヨーガのレッスンを、受けた。私はそこでヴァンダとドロシー〔・シモンズ〕とともに昼食をした。午後4時までヴァンダに話をした。〔サーネンの〕村でお使いをし、荷物を解くのを終えた。」

7月8日、「タンネグ〔山荘〕でクリシュナジとデシカチャールとともに、昼食をした。クリシュナジは〔サーネンのすぐ北の〕ショーンリート・スクール (the Schonried School) で若者たちとの討論を行った。」

クリシュナジは10日にもう一回、若者たちの討論会を行いました。

7月11日に、「クリシュナジとアランとともに早い昼食。それから私たちは〔サーネンの北東方向、スイスの首都ベルンの南東で、アルプスの北側〕トゥーン (Thun) へ運転した。そこでクリシュナジは、自らの新しいメルセデスのスポーツカーを得た！ (スコット、クスクス笑う) 私は彼

と運転して戻った。疲労する午後。そして、夜までアランと。彼はどうしようもなくなっている。」

7月12日、「タンネグ〔山荘〕でヴァンダ、クリシュナジ、アラン、ブラント・コートライトとナレンドラとともに、昼食をした。アランは午後2時30分にデ・マルコフ（de Marxov）と会った。私はアルジナについて議論するため、彼にお茶に来てもらった。」アルジナ（Alzina）〔口座〕−私はあなたとそれ〔が何かの話題〕に入ったことがあります。

スコット−ええ。でも、デ・マルコフは誰ですか。

メアリー−デ・マルコフはアルジナ〔口座〕を管理する人でした。アルジナは、クリシュナジが決めるとおり使うことになっている〔スイスで開設された〕預金口座でした。

スコット−ええ、そうです。

メアリー−〔Kの支援者〕フランシス・マッキャンがその裏にいました。デ・マルコフは、仲買人かビジネスマンか投資家でした。彼はすっかり年配の人でした。

7月13日、「運転してクリシュナジをショーンリートに送った。そこで彼は若者たちに話をした。私たちはタンネグ〔山荘〕で昼食をとった。ヴァンダ、クリシュナジ、アランと、ラウル夫妻という人（a Mr.and Mrs.Raul）、パリからのユネスコの人。昼寝をした。それから、困難のすべてについてアランと長ーい会話。猛烈な頭痛がした。」彼はとても気むずかしくなっていました。私は彼を引き留めようとしていました。なぜなら、彼は、若者たちを連れてくることにかけては、とても役立つ能力と技術を持っていると、私は思ったからです。

スコット−ええ、あなたはいつもそう仰っていました。

メアリー−私は、それは重要だと感じました。

スコット−ええ、そうです。

メアリー−彼は荒れて飛び出したいと思っていました。私は彼をそこに止めておきたいと思いました − クリシュナジのため、仕事、すべてのため。

スコット−ええ、ええ。

メアリー−この特定の日、私たちはこの恐ろしい会話をしましたが、それに私は本当にまごつきました。突然私は、目もくらむ頭痛がしました。とても激しかったので、私は倒れんばかりでした。それで彼は衝撃を受けて、長い熱弁を止めました。

スコット−そうです。

メアリー−でも、たいへん気分が悪かった。

編集者の憶え書

メアリーはいつも、アランは、クリシュナジの仕事にとってとても良かったと、主張した − 彼は、若者たちの集団を連れてきて、諸大学でクリシュナジに講話させる人だったからである。事実、アランが去った後、誰もそれをしなかった。

翌日、「タンネグ〔山荘〕でヴァンダ、クリシュナジ、アラン、デシカチャールとともに昼食。午後4時に私はクリシュナジとともに、彼の新しいメルセデスで行った。彼は散髪をしてもらった。それから私たちは、レ・モスを横切って長く平和なドライヴに行った。」〔南西方向の峠道〕レ・モス（Les Mosses）を憶えていますか。

スコット−はい、憶えています。

メアリー−「〔さらに南の峠道〕レ・ピヨン（Le Pillon）経由で戻った。クリシュナジは私に対して、次の夏のタンネグ〔山荘〕についてヴァンダへ話をするよう、頼んだ。」

7月13日、「33回目で最後のヨーガのレッスン。デシカチャールは明日、イングランドへ発つ。それから、ライヴ・オーク・スクール（the Live Oak School）について、クリシュナジ、ノイズ、フーカー夫妻（the Hookers）等との会合・・・」ノイズ大佐。ノイズ大佐（Colonel Noyes）を憶えていますか。

スコット−ああ、はい。

メアリー−ノイズはオーハイで小さな学校を営んでいました。「〔サーネンのすぐ北の〕ショーンリートで、若者たちの山荘で昼食をした。」

翌日、「デシカチャールは発った。ヴァンダは〔西方向のスイス西部の都市〕ジュネーヴに行って、〔娘パオラの夫、〕義理の息子に会った。クリシュナジは、〔東方向の〕レンク（Lenk）へのドライヴに私を連れて行ってくれた。それから私たちだけで昼食をした。〔合衆国の〕宇宙飛行士アームストロングとコリンズは、月に着陸するためアポロ11号に乗って飛び立った。」それが起きています。

7月17日、「運転して、クリシュナジを初回のサーネン講話に送った。質疑応答の時間は、怒ったノルウェーの少年によりめちゃくちゃになった。」あれはあなたの時代より前です。

スコット−いえ、いえ。そうではありません。私がいうのは、私はその年、そこにいなかったが、あのノルウェー人はいつまでも来つづけた、という意味です。

メアリー−ああ、知っています。

編集者の憶え書

読者がその騒ぎに何か実質があると誤解しないようにいうと、このノルウェー人と女性の共謀者はいつも変わらず主題を外れていたし、自分たちが目立とうとか、自分たちに注意を引こうとかを意図しているだけに見えた。明らかに心理的な問題が関与していた。彼らは単に騒ぎ立てただけだった。

ともあれ、「シモンズ夫妻、ドナルド・ホッペン、アラン〔・ノーデ〕と私は、後でクリシュナジと会合した − 彼は〔若い建築家〕ドナルドに、サーネン集会〔を準備する委員会〕での〔フランスの実業家で高齢の〕デ・ヴィダス（de Vidas）の〔担ってきた〕仕事を提示した。彼はよく考えてみることになる。」

翌日、「クリシュナジはメアリー・カドガンとアランと会合した。ヴァンダと私は短い話をして、来年、タンネグ〔山荘を借りる負担〕をすべて分担することに同意した。」

19日に、「午前10時30分に、クリシュナジ、アラン、デ・ヴィダス、メアリー・カドガン、ドリス・プラット、私、それにドナルド・ホッペンを加えて、サーネン集会委員会の会合があった。ホッペンは、〔実業家〕デ・ヴィダスの代わりにサーネンを切り盛りするようにとのクリシュナジの提示を、受けられない。なぜなら、合衆国での建築士としての最終的な資格のために、もう一年そこにいなくてはいけないから。でも、彼は手伝うだろう。デ・ヴィダスの辞任は、今期の終わりづけで認められた。でも、彼の手紙が含意していたように、彼はフランスのグループのトップを辞任していなかった。タンネグ〔山荘〕で昼食をした。ク

リシュナジとヴァンダと私は、来年の若者たちの宿泊について、話をした。ヴァンダと私は二人だけ、来年の夏、タンネグ〔山荘〕とその費用を分担することについて、話をした。夕方に一人で映画に行った。」

7月20日に、「私は運転してクリシュナジを第2回の〔サーネン〕講話に送った。タンネグでクリシュナジ、ヴァンダ、アランとともに昼食をした。アランと私は、〔ベルギーの実業家で支援者の〕ヴァン・デル・ストラテン夫妻とともに晩餐をした。午後8時30分に、〔合衆国の〕アームストロングとアルドリン両宇宙飛行士が、月にカプセルを着陸させたとのニュースが届いた。」

翌朝、「午前6時にタンネグ〔山荘〕に行って、クリシュナジのテレビを見た。アームストロング、続いてアルドリンが月に足を降ろした。昼食の後、ヴァンダはフローレンス〔フィレンツェの自宅〕に発った。私はタンネグ〔山荘〕に上がって泊まることになった。」

彼女は行ってしまったとき、私に来させて、切り盛りをさせました。「午後6時に、宇宙飛行士が、飛行船と待機中のコリンズ飛行士とのランデブーのために、月から飛び立つテレビ場面を、見た。」

22日に、「クリシュナジを第3回の〔サーネン〕講話に連れて行った。ロバート・ウェイコフと婚約者ファヴィエンヌ・ヴァン・デル・ストラテンが昼食に来た。デシカチャールの奥さんが女の子の赤ちゃんを産んだ！」えっ、彼はちょうど間に合ったんだわ。「でも、赤ちゃんは亡くなった。」なんとまあ。

スコット―ええ。

メアリー―「ジョン・ディグースはブロックウッドの教師にならない。クリシュナジが丘を歩いておりた後で、彼を乗せてあがった。」（クスクス笑う）

23日に、「午前9時30分、他の国々の〔K〕委員会すべてとの会合。シモンズ夫妻は昼食のため留まった。クリシュナジは、ドライヴと、〔南東方向の〕ラウェネン（Lauenen）のほうへの散歩に、私を連れて行った。」

24日にクリシュナジは第4回の講話を行いました。「戻ってきて、太平洋での宇宙飛行士たちの完璧な着水と救助のテレビを見た。」

26日に、「クリシュナジは〔ヒンドゥーの行者〕スワミ・ヴェンカタテサナンダ（Swami Venkatesananda）との対談を録音した。それから、メアリー・カドガン、ドナルド・ホッペン、スイス〔のK〕委員会のケラー女史（Ms.Keller）とグラーフ夫妻（Mr. and Mrs. Graf）の会合があった。後で三人が、サーネン集会委員会のために、サーネンの業務を取り扱うことになる。〔イタリアのピエトロ・〕クラニョリーニ（Cragnolini）、セニョール・〔マルヴィアス・〕ナヴァラ（Senior Navarra）とブルーノ・オルトラニ（Bruno Ortolani）が昼食に来た。秘書のアンダーソン女史が到着した。私は口述筆記するために彼女をタンネグに乗せてあがった。」

スコット―これはあなたを手伝うはずの秘書でしたか。

メアリー―ええ。でも、私は口述筆記がうまくないんです。

7月27日に、「クリシュナジを第5回の〔サーネン〕講話に。〔ブロックウッドの教師〕マーク・シュミットが〔校長の〕ドロシー・シモンズの発言に騒ぎ立てた。」それが何だったのか、分かりません。「〔ベルギーの〕スザンヌとヒュヘス・ヴァン・デル・ストラテンが、昼食に来た。それから午後

4時に、ブロックウッド〔関係者の〕会合があった － クリシュナジ、アラン、シモンズ夫妻、シュミット夫妻、ドナルドとローレンツ（Laurents）」－ 彼らはあなたの時代にいましたか。

編集者の憶え書

〔学生もまだ少ししかいない〕そういう小さな学校に、こんなに多くの対立がありえたということ、そしてクリシュナジが引き込まれざるをえなかったということは、とてつもないと思われる。しかし、メアリーの日記と、当時居合わせた人たちとの多くの会話は、これがブロックウッドの始まりのようすであることを、確証してくれる。

スコット―いいえ。

メアリー―彼はヨーガを教えるフランス人でした。彼には妻と子がいましたが、彼らは結局、出て行きました。なぜなら、ブロックウッドに足手まといの小さな子どもたちは置いておけないことが、決定されたからです。

翌日、「私は、クリシュナジの預金口座の代理署名者になった。私はクリシュナジとドライヴに行った。〔児童文学作家ジニー・〕トラヴァース夫人、…〔元女優〕パメラ・トラヴァース（Pamela Travers）のことです。「…フランシス・マッキャン、テッド・サントス（Ted Santos）が、昼食に来た。ドナルド〔・ホッペン〕が電話してきて、クリシュナジに会いたいと頼み、午後2時30分に来た。私はシモンズ夫妻を連れて行った。彼らは昨日の軋轢のことで当惑していた。クリシュナジも、困っている。」これは悪い夏でした － 全般的にという意味です。

29日に、「クリシュナジとともに第6回の〔サーネン〕講話へ。後でシモンズ夫妻、ドナルド〔・ホッペン〕、最後にアランと会合。みんな遅い昼食をとった。」

30日に、「クリシュナジと私はメルセデスで〔北東方向の〕トゥーン（Thun）へ。500キロメートルの点検修理を受ける間に、私たちは〔トゥーン〕湖の蒸気船に乗って、〔南岸の〕シュピーツ（Spiez）に行って戻り、乗船中にピクニックの昼食をとった。それから、借りた車で〔湖の東のリゾート地〕インターラーケン（Interlaken）に運転した。交通渋滞につかまった。メルセデスで少し遅く戻り、クリシュナジはスペイン人たちのお茶に行った。」

7月31日に、「クリシュナジとともに、第7回で最後のサーネン講話へ。一つ〔個人〕面談があった。マーケットで買い物。さらに幾つか面談。クリシュナジはほぼサーネンまで散歩した。〔ヒンドゥーの行者〕スワミ・ヴェンカタテサナンダにさよならを言うため、途中で私は彼を乗せて、連れて行った。〔建築家〕ドナルド〔・ホッペン〕が夕食に来て、クリシュナジに話をした。」

8月1日、「朝食でアラン〔・ノーデ〕と長い話。ヴァンダが〔イタリア、〕フローレンス〔フィレンツェの自宅〕から到着した。月曜日に、彼女はアルベルトと一緒に来るだろう。」それは彼女の息子です。「ディヴィッド・ボームとハモンド夫妻が昼食に来た。外国のすべての〔K〕委員会のためのお茶会があった。クリシュナジは後でサーネンへ歩いて行き、私は途中で彼を乗せた。マダム・デュプレー（Madame Duperrex）は…」彼女は〔アパートメント・ハウスの〕レ・カプリスとまたトワ・スルス〔山荘〕のとっても、とってもすてきな管理人です。「…8月の間、他の

誰かにトワ・スルス山荘を貸すことを提案した。」なぜなら、この時までに、ヴァンダが去ってしまい、私が〔すぐ上の〕タンネグ〔山荘〕の世話をしていたからです。」
スコットーもちろんです。もちろんです。
メアリーー彼女はとてもすてきでした。8月の間はそこを他の誰かに貸せると言いました。なぜなら、私はそこを夏の間、取っておいたからです。「アランが夕食に来て、彼に話をした。」

翌日、「クリシュナジは、若い神智学者たちの宿営地で話をした。オランダ〔のK〕委員会の会合があった。午後ずっとクリシュナジとアランと私の間で議論があった。」

8月3日に、「クリシュナジは、アランと私とともに朝食に来て、ほぼ午前10時まで話をした。それから私たちは、〔会場の〕テントへ第1回の公開討論会に急いだ。」

8月4日、「クリシュナジは第2回の公開討論会を行った。シモンズ夫妻、ドナルド〔・ホッペン〕とアランが昼食に。後でアランぬきで話した。それから、サーネン集会委員会の会合があった。その後、アランがタンネグ〔山荘〕に来た。クリシュナジはそこで私とともに三時間、彼に話をした。アランはもはや彼の個人助手をしないだろう。彼から離れて働くことになる。」

翌日は、「第3回の討論会だった。午後に若者たちとの討論会のために、私はクリシュナジを〔サーネンのすぐ北の〕ショーンリートに連れて行った。午後5時30分に、シモンズ夫妻とドナルド〔・ホッペン〕が来た。クリシュナジは彼らに対して、アランが仕事を変えることを告げた。」

編集者の憶え書

クリシュナジが四日間に余儀なくされた話の分量を理解せずに前進することは、正しいとは思われない。すなわち、

朝食でのアランとの長い話、
昼食でのディヴィッド・ボームとハモンド夫妻、
外国の諸〔K〕委員会とのお茶、
若い神智学者たちの宿営地で話す、
午後ずっとメアリーとアランとの議論、
朝食から午前10時までクリシュナジはアランとメアリーに話をする、
第1回の公開討論会、
第2回の公開討論会、
昼食をしながらシモンズ夫妻、ドナルド、アランと、
サーネン集会委員会の会合、
アランとの三時間の議論、
第3回の公開討論会、
午後の若者たちとの討論会、
午後遅くの、アランについてのシモンズ夫妻とドナルドとの議論。

6日に、「第4回の討論会があった。ヴァンダとその息子アルベルトとメラニー・ウィラーと夕食。」メラニー・ウィラー（Melanie Wyler）は、映画からの私の古い友人、ウィリー・ウィラー（Willie Wyler）の娘でした。
スコットーいいです。
メアリーー8月7日から9日には、第5回から第7回で最終回まで公開討論会がありました。

10日には、「クリシュナジとアランと私の間で、アランのクリシュナジのための新しい仕事について、長い話があった。すべてがよく聞こえた。散歩の後で〔新校長の〕ドロシー〔・シモンズ〕から、〔インド人学生の〕ナレンドラが〔教師の〕マーク・シュミットとともに行くために、ブロックウッドを出ようとしているという電話が、あった。クリシュナジは承認しない。電報が彼〔ナレンドラ〕の父親に送られた。ナレンドラがアランの不機嫌の基盤にありました。
スコットー彼は何をしようとしていましたか。ナレンドラはマーク・シュミットと出て行こうとしていましたが。
メアリーー彼はマーク・シュミットとともにどこかに行こうとしていましたが、なぜかは知りません。

翌日、「午前ずっとクリシュナジ、アラン、ヴァンダと私は、ナレンドラのことについて議論。二本目の電報が少年の父親に送られた。」

8月12日に、「クリシュナジと私はピクニックをし、メルセデスで運転して、〔サーネンの南方向の峠道〕コル・デ・ピヨン（the Col de Pillon）、〔湖岸のモントルーの東北の〕レ・ザヴァン（Les Avants）へ降りて行き、〔サーネンの北西、フリブール州の街〕ビュル（Bulle）経由で戻った。」お分かりでしょう。〔時計回りに、レマン〕湖へ降りていき、それから再び山々に登ったんです。

8月14日、「クリシュナジの預金口座を AN〔ノーデ〕から MZ〔ジンバリスト〕の口座に移すために、彼と銀行へ－「信託口座」だ。」それで、私に取り扱う権限が与えられることになりました。「フランシスとピエトロ〔・クラニョリーニ〕が昼食に来た。〔フランスの〕マダム・ドゥシェも。クリシュナジと散歩。」

それから、クリシュナジは一連の個人面談を行いました。これからは私がテープ録りをしなくてはいけないだろうから、私はアランから〔スイスの〕ナグラ〔の録音機〕の動かし方を教えてもらいました。

8月18日に、「クリシュナジとアランと私の間で、彼の計画について最後の話。クリシュナジと私は、彼の車を冬の間、〔取扱業者〕モーザー氏の車庫に置いておくために、〔サーネンの北東方向の〕トゥーンに行った。私たちは〔トゥーン〕湖畔でピクニックの昼食をとった。アランのフォルクスワーゲンでグシュタードに戻った。〔オーハイのアメリカK財団の〕リリフェルト夫妻に、録音テープを郵送した。荷造りをした。アランとヴァンダと私は、夕食をとった。アランは明日、イタリアへ行く。ヴァンダもそうする。アランはクリシュナジに、そして私にさようならを言った。」

8月19日、「ヴァンダはごく早くフローレンスへ発った。アランも早くイタリアへ発った。クリシュナジと私は午前11時に発って、〔レマン湖北側の〕湖畔のロール（Rolle）近くでピクニックの昼食をとった。〔湖の南西の端、〕ジュネーヴと、オテル・ドゥ・ローヌ（the Hotel du Rhône）へ旅を続けた。アランが去ったときは安堵だった。」そうね、続いていたこのドラマと緊張は、ひどかったわ。私たちは運転して〔レマン〕湖へ降りたとき、フーッ（深く息を吐く）そうねえ、安堵したのを憶えています。

編集者の憶え書

メアリーは、緊張のもとが最終的に軽減された瞬間に、安堵を表明している一方で、彼女が〔この出来事の〕数十年後にさえ表明しつづけているのは、実は自らにとっての深い悲しみであった。彼女は、アラン〔・ノーデ〕がクリシュナジの仕事にとって重要であると感じたのみならず、アラ

ンに対する本物の愛情と、彼の親交への感謝を持っていた。クリシュナジとアランとメアリーは、永続する仲間であるだろうとの理解が、長年の間、あった － 余生をともに過ごすであろう生きた、愛情深い一団だ、と。メアリーはアランに対する愛情を失わなかった。

スコット—ええ、ええ。
メアリー—20日に、「クリシュナジと私は、三つのテープ・レコーダーと一つのカメラを運んで行った。午後12時30分にロンドンへ飛び立った。ドロシーとモンターニュ〔・シモンズ〕が私たちを出迎えた。空輸したかばんの一つが行方不明になった。午後5時30分にブロックウッドに到着した。」

翌日、「私は荷物を解いた。メアリー・リンクスがお茶に来た。夏の出来事の幾つか、アラン等を、説明した。彼女は困惑している。また彼女は〔K財団の〕会報（the Bulletin）をこれ以上やりたいと思わない。メルセデスは三週間、準備できないだろう。」

編集者の憶え書
メアリーとジョー・リンクス〔夫妻〕は、アランに親しくありつづけたが、〔ブロックウッドの校長〕ドロシー〔・シモンズ〕が、アランがもはや〔クリシュナジの〕仕事の一部分でなくなった理由の大部分であるし、アランがすべての結果を被ってしまったという意見であった。私は、ディグビー夫妻も同様の発言をしているのを、憶えている。

8月23日に、「クリシュナジは会話を口述した。夜に私は何を蹴っ飛ばして、翌日、足が痛かった。午後にアラン・フーカーが、運転して私を〔イングランド南部、ハンプシャーの州都で西方向の〕ウィンチェスターへ送ってくれた。病院で足のX線検査をした。つま先を少し骨折。」ふう。

24日に、「クリシュナジはもう一回、私に対して「会話」を口述した。私たちは庭を散歩してまわった。」

8月25日に、「クリシュナジは風邪を引いた。私は列車でロンドンに行った。人と会い、キングス・ロードとフルハム・ロードあたりを回った。」あれは、まあ、〔ブロックウッドの〕邸宅のための品物選びでした。すべて異なった古美術商ですね。

編集者の憶え書
すべて、つま先を少し骨折しているのに、である。

スコット—ふむ、ふむ。ええ、ええ。
メアリー—8月26日、「クリシュナジのためのテレビのことで、ドナルド〔・ホッペン〕とウィンチェスターへ。彼の風邪はよくなったが、とても疲れている。彼は一日中、ベッドに留まった。私は家具を動かし、部屋を変えて回った。クリシュナジの書斎は学校のものになる。」クリシュナジの書斎は、建物の端、私の部屋の下で、学校の図書室になったところでした。「アランの書斎は学校のものになり、彼の寝室は客室になる。現在の客室はダイニング・ルームになる。ダイニング・ルームは事務室になる。」
スコット—そのとおりです。あそこは、あなたの事務室になった小さな部屋でした。
メアリー—あそこは結局、私の事務室になりました。

スコット—そのとおり。あなたは一度も使わなかった。
メアリー—一度も使わなかった。（スコット、笑う）私は少しだけ使いました。自分の部屋でするほうが、簡単だったんです。

8月27日、「クリシュナジは一日中、ベッドに留まって休んだ。彼の風邪は改善しつつある。私はデスクの仕事をした。」ええと・・・彼は29日の昼食まで、ベッドに留まったようです。そのとき、「クリシュナジは昼食に起きた。サラルとディヴィッド・ボーム〔夫妻〕が来た。学校について、クリシュナジと議論があった。」

8月30日、「午後にクリシュナジと私は、〔アラン・〕フーカーの小さな車、今ブロックウッドが買ったもので、〔東方向のウエスト・サセックスの高地〕ブラックダウン（Blackdown）に運転していき、リンクス夫妻とお茶をした。」

31日に、「クリシュナジは午前に私に口述をした。ディグビー夫妻が昼食に来た。お茶の後で彼らは去った。クリシュナジと私は、黄金色の野原を越えて、小道を散歩して行った。この田舎は何とすばらしいのか。ナグラ〔録音機〕の使い方を学ぶことに取り組んだ。」

9月1日、「クリシュナジは私に口述をした。フランシス・マッキャンが〔間近なブロックウッド〕講話を通して泊まるために、到着した。私は〔ロンドン西部の〕ヒースロー〔空港〕に、〔プエルトリコから来る〕ビアスコェチェア夫妻を迎えに行き、連れて戻った － 彼らもまた講話を通してここに泊まろうとしている。」

翌日、クリシュナジは午後4時に、学校との討論会を行った。

9月3日に、「私はクリシュナジとドナルド〔・ホッペン〕とともに列車でロンドンへ、〔セヴィル・ロウの仕立屋、〕サリヴァン・アンド・ウーリー（Sullivan and Woolley）に行った。それからクリシュナジと私はハンツマンに行き、それからラペリティフへ。そこで私はウィニー・ポーターリントン（Winny Portarlington）に会った。」レイディ・ポーターリントン（Lady Portarlington）は、私の伯母ドロシーの親友でした。私は彼女をウィニーとして知っていました。「私たちは4時の列車で帰ってきた。」

9月4日に、「野原に〔講話のための〕テントが立った。」

9月6日に、「クリシュナジは野原のテントで、ブロックウッドでの第1回の講話を行った。後で〔元女優、児童文学作家の〕ジニーとビル・トラヴァース（Ginny and Bill Travers）が来て、西ウィングのダイニング・ルームでクリシュナジ、〔ベルギーから来た〕スザンヌとヒュヘス・ヴァン・デル・ストラテン〔夫妻〕と私と昼食をした。そこでの初めての食事。」私はそれを忘れていました。「午後3時30分に理事会。」

9月7日に、「クリシュナジはテントで、第2回のブロックウッド講話を行った。西ウィングでボーム夫妻とヴァン・デル・ストラテン夫妻が、昼食をした。クリシュナジはディヴィッド〔・ボーム〕を理事になるよう招請した。午後にインド音楽があった。私はクリシュナジのテレビ映画について、シドニー・ロスに話した。」シドニー・ロス（Sidney Roth）は、クリシュナジの録画に支払いをしているシカゴ出身の〔実業家の〕人でした。彼はブロックウッドに来ていたに違いないと思います。

9月8日に、「午前11時30分に会合 － クリシュナジ、学校のメンバーとボーム夫妻。」

翌日、「クリシュナジは、テントで60人ほどの人たちと討論会を行った。うまく行った。私たちは、発売中のカフェテリアの昼食を食べた。クリシュナジと小道を散歩してまわった。」

編集者の憶え書
クリシュナジが世界をまわって講話した他のどの場所とも違って、ブロックウッド・パークのキッチンは、クリシュナジの話を聞きに来る人々に、食事を出すことが正しいと感じた。小さなキッチンの職員たちは、結果的に二、三人のボランティアを加えて、昼食と軽食を求める誰に対しても、それらを販売した － 学校が満員であるときのような多くの人たちのために、ときには〔一日〕六回もの食事を準備した。

9月11日、「私は、ロンドンに到着したアランに、話をした。月曜日に彼に会うだろう。クリシュナジはテントで第2回の討論を行った。私たちは再びそこで昼食をした。」

9月13日に、「クリシュナジは、第3回のブロックウッド講話を行った。私たちはテントで昼食をした。夕食では十六カ国の四十人だった。メルセデスが十週間半の後で配車された。」それは、彼がガレージに当てたときからです。

翌日、第4回のブロックウッド講話がありました。

15日に、「私は〔東方向に〕運転して〔ウエスト・サセックスの高地〕ブラックダウンに行き、アラン〔・ノーデ〕とメアリー・リンクスに会った。私はアランの持ちものを彼へ持って行った。私たちはパブで昼食をした。それから彼らは、ロンドンに行った。私は〔東方のサリー州の〕ギルフォード（Guilford）へ、メルセデスを直した修理工場（ガレージ）に、小さな調整のために行った。夕食時までにブロックウッドに戻った。」

9月16日に、「クリシュナジは、ローマでの予定された公開講話をしないことを、決定した。ここに10月21日頃まで留まって、そこには後で行くだろう。午前に彼は私に会話を口述した。私たちは午後に散歩した。」

翌朝、「クリシュナジは、とても主観的な会話、93番を私に口述した。」まあ、彼はそれらを幾年かにわたって口述していました・・・それらは会話と呼ばれましたが、ただの口述でした。午後にクリシュナジはメルセデスを運転し、私を〔南西方向に、サウサンプトンを越えてさらに、〕リングウッド（Ringwood）と、〔そこの〕ネザーブルック・アンティーク（Netherbrook antiques）に送ってくれた。」・・・そこは、私の行きたかった古美術店です。「ニューフォレスト〔国立公園〕（the New Forest）〔とサウサンプトン〕経由で帰ってきた。すてきな午後。」

次の二日間、クリシュナジはさらに二つの会話、94番と95番を、私に口述しました。

19日に、「クリシュナジは頭がいけない。」

編集者の憶え書
「頭がいけない」というのは、クリシュナジが頭に激痛を受けているときの、彼の表現だった。それらは、〔ふつうの〕頭痛や偏頭痛やふつうに理解されている何でもなかった。「プロセス」にはほぼいつも、そういう痛みが関与していた。

9月20日に、「〔インドから〕ププル・ジャヤカール（Pupul Jayakar）が到着した。私はウィンチェスターで彼女を出迎えた。彼女は昼と夜をここで過ごした。私はクリシュナジと彼女を、周囲の田舎でのドライヴに連れて行った。」

22日に、「ディヴィド・ボームが来た。クリシュナジ、職員と学生との討論会があった。」

23日に、「クリシュナジと私は運転して、ロンドンに行った。彼は〔仕立屋、〕ハンツマンでの仮縫いと散髪をした。私たちは〔ロンドン中央部から西に拡がる〕ハイド・パークでピクニックの昼食をとった。」そうですね、私たちは、〔北西方向の近くの街〕アレスフォードに運転しているかのように、〔遠くの〕ロンドンに運転しました。その頃は交通渋滞もなくて、何でもなかった。

スコット――ええ、ええ。まあ、交通渋滞なしでは、あまり遠くはない。60マイル〔、96キロメートル〕ほど離れているだけです。

メアリー――ええ。それに駐車は簡単でした。

スコット――ええ。今はもうだめ。

メアリー――不可能になりました。

スコット――ええ。

メアリー――ともあれ、私たちは行きました。「私たちはハイド・パークでピクニックの昼食をとった。それから、ボードン・ストリート（Bourdon Street）のマレのところ（Mallet's）で幾つか家具を見た。それから、彼を〔古い友人の〕バインドレー夫人（Mrs. Bindley）のところに一時間、置いておいた。〔その近所の〕ディグビー家に、アランのための書類を幾つか置いておいた － 彼はそこに泊まっていた。クリシュナジと私は、午後3時30分に発って、ブロックウッドに新記録の時間で戻った。」

24日に、「〔スイスの夏の〕サーネン〔集会〕委員会のグラーフ氏（Mr.Graf）が、〔ブロックウッドの〕邸宅に来ていた。1970年のために、〔会場を〕テントか建物かに決定する会合があった。私たちはテントを選んだ。」あの頃に、私たちは何か恒久的なものを建てることを考えたと思います・・・

スコット――ええ。

メアリー――・・・教師たちが来て泊まるための部屋を幾つか付けて、ね。（スコット、クスクス笑う）私たちは〔費用面で〕テントを選びました。「〔北東方向20キロメートル弱の最寄りの都市〕アルトン（Alton）で〔ロンドンの事務弁護士〕マイケル・ルービンシュタインを迎えた。彼は私たちと昼食をした。私は後で彼を列車へ送っていった。」

25日に、「私は、アルトンからの8時55分の列車を逃したが、髪を切ってもらうには間に合うようロンドンに行った。クリシュナジは後の列車で一人で来た。」それで私は気を揉みました・・・私は、それで気を揉んだと、今日言っています － そのとき気を揉んだのかどうかは・・・（スコット、クスクス笑う）「私たちはハンツマンで待ち合わせた。その後、昼食のためディグビー家に行った。お使いをし、椅子を見た。55番の列車に乗って帰った。」たぶん椅子は、ブロックウッドのための追加だったんでしょう。

27日まで何もあるようには見えません。その日、クリシュナジはもう一つの会話を口述しました。

28日に、クリシュナジは、職員たちと学生たちとのもう一つの討論会を、開きました。良いものでした。

29日に、「クリシュナジは会話、97番を口述した。午後にクリシュナジは車を洗った。」

30日に、「車でロンドンに。」そこで私は、〔ブロックウッ

ドの〕邸宅のために様々なことをしました。それから「午後4時30分に、ディグビー家で〔Kの本の〕出版委員会があった。」ハモンド夫妻、メアリー・リンクス、メアリー・カドガンがそこにいた。午後9時を過ぎてブロックウッドに戻った。」

10月1日に、「午前11時30分に、クリシュナジとの学校の会合があった。」

翌日、「クリシュナジは会話、98番と99番を私に口述した。彼は車を洗った。私たちは散歩をした。」

10月3日に、「クリシュナジを車に乗せてロンドンに。テーブルを見るために〔内装業者〕アンステーのところに停まった。私たちは、〔仕立屋(テイラー)の〕ハンツマンとサリヴァンに行った。それからハイド・パークで車でピクニックをした。それから〔ロンドン南東部の街〕ベッケナム（Beckenham）へ走って、そこで、新しいクリシュナムルティ信託財団の新しい事務所を、訪問した。そこには、メアリー・カドガン、ジェーン・ハモンド、レイド女史（Ms.Reid）がいた。ジェーン・ハモンド（Jane Hammond）は、私たちを〔ロンドンの南西27キロメートル、サリー州の村、〕コバム（Cobham）まで道案内して送ってくれて、それで戻った。」私は、ロンドンに行かずにベッケナムを抜け出すすべを、知りませんでした。

スコット－ええ。全くです。（笑う）

メアリー　10月4日には、「午前11時30分にもう一回、クリシュナジとディヴィッド・ボームとの学校の議論。昼食の後、クリシュナジと私は運転して、〔東方向のウエスト・サセックスの高地〕ブラックダウン（Blackdown）に行った。リンクス夫妻と散歩し、お茶をした。驚くべき夕方の光と立ち上る霧のなか、運転して戻った。平和と美しさの感覚。」

翌日の午後、「私たちはあてもなくウッドランズ（Woodlands）、セルボーン（Selborne）、パルバラ（Pulborough）、ホウケ（Hooke）へドライヴに行った。〔東方向の〕ピーターズフィールド（Petersfield）経由で戻った。」

6日と7日に、クリシュナジは私に対して、もう二つ口述をしました。また7日に、クリシュナジはもう一回、学校との会合を行って、責任と権威について、そして、特に〔校長の〕ドロシー・シモンズの責任について、話をしました。

それから10日まで、大したことは何もない。その日、「クリシュナジとロンドンへ。ハンツマン、書店。ラペリティフで昼食をした。私は、クリシュナジがインドへ持って行くために、フィリップス〔社〕のテープ・レコーダーを、買った。健康食品の店に行って、〔サウスバンクに近いターミナル、〕ウォータールー〔駅〕に戻り、早い列車に乗った。クリシュナジは、私たちのパリへの旅行を二日間、延期した。」

11日に、「静かな一日。私たちは散歩に行って、小道沿いの樹々からツタを切った。」

12日には、もう一回、クリシュナジとの学校の討論会がありました。

14日に、私は、クリシュナジのフランスとイタリアへのヴィザを取りに、ロンドンに行って、さらに古美術の買い物をしました。

翌日、クリシュナジはもう一つ会話を口述しました。また、「午後に散歩した。メルセデスについて熟考した。」とも言います。でも私は、それがどういう意味なのかを知りません。誰が何のために熟考したのか？

スコット－メルセデスがイギリスの車のままでいるなら、

幾らか輸入税を払わなくてはいけなかったし、それはとても重かったことに関わりがあったと、私は思います。

メアリー－とても重かった。そういうわけで、それを回避するために私は長い間、車をスイスに取っておいたんです。税金が重かった。

スコット－ええ、そうです。

メアリー－10月の16日には言います －「クリシュナジと私は車でロンドンへ。私たちはハンツマンに行き、クリシュナジは12時に歯医者の予約があった。歯はみな良かった。私たちはメルセデスの代理店に相談に行った。それから、ハイド・パークで車でピクニックの昼食をとった。クリシュナジはバインドレー夫人に会いに行った。私たちは、キャンバリー道（Camberley way）を、〔ロンドン西部の〕ヒースロー経由で〔北東方向から〕運転して帰った。」

翌朝、クリシュナジは会話を口述しました。午後3時30分に理事会が始まり、夜まで続きました。

10月18日に、「クリシュナジは会話、105番を私に口述した。午後にクリシュナジとドナルド・ホッペンと私は、ブロックウッドの境界を歩いて、〔地元の人で〕以前の所有者モートン氏に一区画の土地を譲ることを考えた。オーハイからラージャゴパルが、クリシュナジに電話してきた。」

10月19日に、「クリシュナジは権威について、もう一回、学校と議論を行った。」

20日に、「メルセデスにかかる関税と消費税について、ウィンチェスターに行った。それから私たちは、メルセデスの前回の修理のことでギルフォードに行った。」

翌日、「クリシュナジはもう一回、学校と議論を行った。午後に彼は車を洗って、もう一つ個人面談を行った。」

10月の22日に、「クリシュナジと私は列車でロンドンに行った。私が彼のインド航空のチケットを取りに行く間、彼は仮縫いをしてもらった。私たちはラペリティフで待ち合わせ、そこでメアリー・リンクス、〔伯母の親友〕ウィニー・ポーターリントン、イアン・ミンギース（Ian Mingies）と」－それはウィニーの友だちです－「マーティン・バッテースバイ（Martin Batteisby）とともに、昼食をした。それからクリシュナジと私は列車でブロックウッドに戻った。」

10月23日に、「午後4時にクリシュナジは学校と議論を行った。」

25日に、「クリシュナジは午後に、愛、楽しみ等について学校と議論を行った。私たちは、最後の秋の散歩に行った。夕食の後、ドロシーがもう一匹、ラブラドールの子犬、メスで8週間でゴールデンのを、持ってきた。可愛い子犬。（スコット、クスクス笑う）ウィスパーと名づけた。」

10月26日、「クリシュナジと私はブロックウッドを発った。ドロシー〔・シモンズ〕が運転して、私たちをヒースロー〔空港〕に送ってくれた。私たちは、車でピクニックの昼食を食べた後、午後3時にフランス航空のパリ行きの便に乗った。私たちは〔ホテル、〕プラザ・アテネ（Plaza Athénée）に部屋を取った。荷物を解いて、散歩をした。部屋で夕食。今日はブロックウッドで最も美しい秋の日だった。パリは穏やかで、柔らかな灰色だった。」

10月27日の私の日記は言います －「〔靴屋の〕ロブは閉まっていた。本を買って、ジュー・デ・ポーム（Jeu de Paume）に行った。」（スコット、クスクス笑う）「〔元宮殿の〕テュイルリー〔公園〕（the Tuileries）を通ってルーヴル〔美術館〕へ散歩し、サモトラケの勝利の女神〔ニケ〕像（the

Victory of Samothrace）を見た・・・」あれはすてきでした。なぜなら、ルーブルを憶えているなら・・・
スコット－ああ、そうです。翼のついた女神像。ええ、もちろんです。
メアリー－翼のついた女神像。それは、大きな大理石の階段の頂にあります。
スコット－ええ、ええ。
メアリー－私たちが入っていくと、私にとって光景はこうでした － クリシュナジは階段の下でとても小さく、この驚くべき像の全くの喜びをもって、見上げていました。光景全体が全くすばらしかった。
スコット－クリシュナジは、ブロックウッドで自分のベッドの近くに、その像の白黒の写真を持ちつづけていました。
メアリー－ええ、そうでした。
スコット－その写真は私が持っています。
メアリー－そうなの？
スコット－ええ。彼はあの写真を持ちつづけていました。彼があの彫像を愛していたのを私は知っています。
メアリー－ええ。彼はそれをすばらしいと思いました。あれら本当に古代ギリシャのものに対して、彼は大きな感情を持っていました。
スコット－ええ、ええ。でも特にあれはね。ただの白黒写真だったんですが、すてきに照らされていました。古い絵はがきでした。
メアリー－絵はがきね。実際はノーデがそれを送ったことを、私は憶えていると思います。
スコット－裏には何も書かれていませんでした。
メアリー－そうだったの？
スコット－ええ。裏には、何も書いていなくて、切手もなかった。彼はそれをもらった。まあたぶん、アラン・ノーデが彼のために買ったんでしょう。
メアリー－ああ、そうだったと思います。でも、私は・・・
スコット－それを封筒に入れて送った。
メアリー－ともあれ、これが私たちが行った日です。彼はここに立っています － 像の前に階段にです。私は彼の左手にいましたが、いわばフレームから外れていました。私たちは左から入って行ったのでした。
　「私たちはホテルで昼食をしておいた。それから映画館に行った。映画は〔アメリカの西部劇〕『ウエスタン（Once Upon a Time in the West）』だった。」（スコット、笑う。メアリー、クスクス笑う）それは西部劇だったから、彼は気に入りました。

編集者の憶え書
クリシュナジの映画への嗜好は、西部劇とスリラーだった。〔恋愛の〕ロマンチックな光景が現れるといつでも、彼は顔をしかめて、批判的な感想を述べたものだった。彼の読書の趣味はスリラーだった。

スコット－ええ、もちろんです。
メアリー－「私たちは歩いて帰り、ヴィトンで止まってかばんを、マンシーニで靴を買った。」あれは良い靴屋です。「マルセル・ボンドノーが私とのお茶に来た。G.V.ラオ（G.V.Rao）がクリシュナジに会いに来た。私たちは部屋で夕食をとった。」
スコット－ここでお訊ねできるなら、〔複数形の〕「部屋（rooms）」で夕食をとった、と仰るとき、二人とも一つの部屋でとったんでしょうか。それとも、個別の部屋でとったんでしょうか。
メアリー－ああ、いいえ。一緒に食べたものです。彼の部屋か私の部屋かどちらにでも、夕食を持ってくるよう頼みました。
スコット－いいです。そのとおり。
メアリー－同様の部屋でした。
スコット－分かります。あなたが〔複数形で〕「部屋（rooms）」と仰るとき、それをあなたたちの部屋の一つでとった、という意味だということです。
メアリー－私たちの部屋の一つです、ええ。
スコット－そのとおり、そのとおり。
メアリー－私たちは一部屋を共有していたという意味合いにはしたくないんです。
スコット－ええ、ええ。そうはしていません。（クスクス笑う）
メアリー－で、そこが、私たちが夕食をとったところです。
　10月28日、「私たちは〔靴屋の〕ロブの店に行った。クリシュナジは四組の靴を注文した。それから私たちは、オ・ヴァス・エトルスク（Au Vase Etrusque）に行った。」そこは、ブロックウッドのために私が買っていた陶磁器の販売です － 二組と、あれら白の食器類です。
スコット－それはどこにありますか。
メアリー－〔エリゼ宮の東で、マドレーヌ寺院がある〕プラス・マドレーヌ（the Place Madeleine）にあります。「私たちはコンティ（Conti）で昼食をした。」そこは、彼が大好きなイタリア料理店です。ムシュー・コンティは、威勢が良く陽気な人でした。
スコット－それはどこにありますか。
メアリー－それは、どの通りかエトワール（the Étoile）〔凱旋門〕の近くです・・・どこにあったのかは分かるんですが、通りの名前が思い出せない。「それから私たちは〔アメリカの西部劇〕映画『ワイルド・バンチ（The Wild Bunch）』に行った。」
スコット－ああ。（二人ともクスクス笑う）
メアリー－「ドナルド〔・ホッペン〕が、〔オーハイのK著作協会の〕ヴィゲヴェノ（Vigeveno）とアランからの手紙を持って現れた。ヴィゲヴェノの手紙についてクリシュナジは私に、カリフォルニアの〔新しい財団の〕エルナ〔・リリフェルト〕へ電話を掛けさせた。それから彼は、ラージャゴパルに電報を送った。」〔ジェームズ・〕ヴィゲヴェノはこれらひどい手紙を書きましたが、本当はヴィゲヴェノ夫人が書いたんだと思います。
スコット－そのとおり。
メアリー－クリシュナジはけっして彼を責めなかった。なぜなら、彼は妻〔アニー〕に操縦されつつあると考えたからです。ここ〔日記〕には、このどれが何についてだったのか、言いません。それで、お話しできませんが、多くの不愉快な通信の一つでした。
　「クリシュナジがマダム・ウェルサー（Madame Welser）を助けるために、彼女のところに行った。」彼女はフランス人で、病人でした。彼女は、彼が助けてくれる、癒やしてくれるかと願って、サーネンに来たものです。「それから私たちはホテルに戻り、部屋で夕食をとった。」

編集者の憶え書
クリシュナジは人々を癒やしたし、時には目覚ましい結果

を収めたが、これによって彼が有名なわけではなかった。事実しばしば人々に、それについて話をしないよう頼んだ。彼が人々を癒やすとき、何をするのかを、私は一度彼に訊ねた。それは、私が彼に訊ねたが、彼が答えようとしなかったほんの二つの問い（私は彼に幾千もの問いをした）のうちの一つだった。

10月29日に、「〔パリ南部の〕オルリー〔空港〕へクリシュナジに同行した。彼の午後1時30分の飛行機は、3時まで遅延した。だから、私たちはそこで昼食をした。それから彼はローマに発った。私はコンティでの晩餐のため、父と継母〔オリーヴ〕に会いに行った。」

スコット―あなたと〔弟の〕バドと私と〔妻の〕キャシーは、〔レストラン、〕コンティでの晩餐に行かなかったですか。

メアリー―たぶん行ったと思います。

10月30日、「ローマに電話をして、ヴァンダとクリシュナジに話をした。私はディオールで買い物をし、父と〔その再婚相手〕オリーヴとレ・ドワイエ（Le Doyer）で昼食をした。それから、彼らとトーマス…誰かさん…と、〔有名レストラン、〕トゥール・ダルジャン（Tour D'Argent）で晩餐をした。」それは父の友だちでした。

10月の31日、「〔宿泊先の〕プラザ・アテネを出て、リッツ〔・タワー〕で父とオリーヴとともに昼食をし、午後をラセルタ（Lacerta）と過ごした。」それは古い友だちです。彼女はドイツ人かオーストリア人でした。彼女の父親は、爬虫類両生類学者でしたが、ラセルタはラテン語でトカゲを表す名前です。ともあれ、彼女はパリに生活していたので、私は彼女に会いに行きました。「父とオリーヴのところで軽い夕食をとった。それから10時のロンドン行きの船連絡の列車に、乗った。」

11月1日、「〔ロンドンの〕ヴィクトリア駅に到着。ウォータールー〔駅〕から〔イングランド南部、ハンプシャーの州都で西方向の〕ウィンチェスターへの列車に乗って、午前11時30分までにブロックウッドに戻った。午後はずっと書類の仕分けをした。」

翌日、私は、冬のために品物を整理整頓し、荷造りしていました。なぜなら、11月3日に私の日記は、「荷造りを終えた。ドロシー〔・シモンズ〕とドリス〔・プラット〕が運転して私を〔ロンドン西部の〕ヒースロー〔空港〕に送ってくれた。日曜日にクリシュナジとしたように、車でサンドイッチを食べた。」と読めるからです。それから私はニューヨークに飛びました。

さて、この残りはほとんどが、クリシュナジを離れた私の生活についてです。でも、幾つかクリシュナジ関係のことがあるので、私はそれらを言いましょう。

11月6日、「ローマで書かれて送られたクリシュナジからの最初の手紙。」それから、ハーパー・アンド・ロウ社（Harper and Row）―そこはクリシュナジの出版社の一つでした―の誰かと、そして、〔アメリカの〕NET〔全国教育テレビ（National Education Television）〕が〔1966年11月に撮影して〕作ったクリシュナジの映画について、そこのカーティス・デイヴィス（Curtis Davis）との会合がありました。

10日に、「私は正午のロサンジェルスへの飛行機に乗った。〔隣家の友人〕アマンダ〔・ダン〕が出迎えてくれた。〔家政婦の〕フィロメナとクラッカーが」、クラッカー（Cracker）は私たちのシャム猫でした。「私をマリブに迎え入れてくれた。」うーん、「マリブには2インチ〔、3.1センチメートルほど〕の雨が降っていて、美しく見えた。また、〔カリフォルニア州〕法務長官の部下と私たちの弁護士たちとの間での会合について、エルナ〔・リリフェルト〕に話をした。それは延期された。」

11月15日に、私は、デリーで書かれたクリシュナジの最初の手紙とカセット〔テープの録音〕を、受けとりました。翌日、「私は運転してオーハイに行き、リリフェルト夫妻と昼食をした。午後を彼らと過ごして、新しいアメリカ・クリシュナムルティ財団の事務所を見た。」

20日に、「私は運転して〔ロサンジェルスの東90キロメートルほどの街、〕クレアモントに行き、〔クレアモント大学〕ブレズデル研究所（the Blaisdell Institute）でリリフェルト夫妻と〔シカゴの実業家〕シドニー・ロス（Sidney Roth）に会った。」私たちは、クレアモント・カレッジでクリシュナジが再び講話をするよう、整えていました。「レムペル氏（Mr.Rempel）と昼食をした。」彼はその研究所を仕切っていた人です。「それから、クリシュナジと〔哲学者〕ヒューストン・スミスとの間の議論の、昨年〔11月〕造られた映画を、見た。」レムペルはそれと関わりがあったんです。

11月21日、「デリーのクリシュナジから三番目の手紙。リリフェルト夫妻と〔シカゴのシドニー・〕ロスが昼食に来た。私たちはクリシュナジの映画を作ることを議論した。」

23日に、「クリシュナジが〔サンフランシスコ近郊の〕サンタ・クルーズ（Santa Cruz）で話をすることについて、ブラント・コートライトが議論しに来た。」それは学生でした。彼は前に記録に出ていました。ああ、「彼はラージャゴパルに会ったことと、盗み聞きのありうることについて、語った。私はクリシュナジに手紙を書いた。」ラージャゴパルはいつも、内密に会話を録音していました。

翌日、私はクリシュナジから二つ手紙を受けとりました。それらはしばしば、郵送されたのと同じ順序では来ませんでした。

11月25日、「エルナ〔・リリフェルト〕が来た。私たちは、〔ロサンジェルス郡西部の〕サンタモニカ市民会館（Santa Monica auditorium）でのクリシュナジの講話について、そこに行った。それから、クレアモントの学生たちが昨年造ったクリシュナジのヴィデオを、見た。」私は、自分がここでクリシュナジの会話の口述をタイプ打ちしたのが、分かります。

12月1日に、「クリシュナジから二番目の手紙とカセット〔テープの録音〕。彼は明日、〔首都〕デリーから〔インド中部のヴァーラーナシーの〕ラージガートへ行く。」

4日に、「ラージガートのクリシュナジから手紙。彼は今日デリーから〔インド南部の〕ボンベイ〔現ムンバイ〕へ行った。」

翌日、私はクリシュナジから電報を受けとりました。

8日に私は、〔K財団の〕会報（*the Bulletin*）のために、ブロックウッドに関する報告書を書きました。

13日に、「ボンベイのクリシュナジから、ラージャゴパルについてKFA〔アメリカK財団〕の理事たちへの手紙を同封した手紙。」

15日に、「アランが」それはノーデです。「電話をしてきて、昨夜ロンドンから到着した。彼はモリス夫妻（the

Morrises）のところに泊まっている。アランがお茶に来た。後で彼を泊まっているところへ送っていった。」翌日、アランは夕食に来ました。

17日に、「クリシュナジから、ボンベイの彼へ電話しようとするラージャゴパルの試みについて電報。クリシュナジの電報は私に、〔ロサンジェルスの弁護士〕ローゼンタールへ言うように頼んでいたので、エルナとサウル・ローゼンタールに話した。」－ それは私たちの弁護士です － そういうわけで、私は彼に電話したんです。

翌日、「ボンベイへの電話が午前6時に掛かった。クリシュナジの声はほとんど聞きとれないが、彼は1月12日にインドを発とうとしていると言った。」ああ、「私はエルナとルス・テタマーとの理事会のために、運転してオーハイに行った。アランとの手短なお茶のために戻った。」

スコット－ええ。

メアリー－12月20日、「クリシュナジから電報。彼はローマの講話をキャンセルし、2月1日にここに来ようとしている。」彼はいつものように、まず〔イングランドの〕ブロックウッドに行ったんだろうと思います。私はまだクリシュナジの会話の口述をタイプ打ちする仕事をしていることが、分かります。

12月22日に、「午前ずっとタイプ打ち。ボンベイ〔現ムンバイ〕のクリシュナジから、ラージャゴパルについての手紙。エルナ・リリフェルトと私は、〔弁護士のサウル・〕ローゼンタールとライプツィガーに会いに －」〔ディヴィッド・〕ライプツィガー（Leipziger）は〔法律事務所で〕ローゼンタールのもう一人の同僚でした。「一月の彼らとラージャゴパルとその弁護士との間の会合について。エルナと私は帰ってきた。アランは自分の荷物を取りに来て、それから去った。それからラージャゴパルが私に電話をしてきて、30分間、話をした。私は遅くまでクリシュナジに手紙を書いた。」ラージャゴパルは、或る種、私について熱くも冷たくもなったものです。それから彼は、「私たちはお互いをとても長い間知り合っている。」と言い、或る種、そのようでいました。

12月23日、「クリシュナジから手紙。アランが夕食に来た。クリシュナジはその日、〔インド南部の〕マドラス〔現チェンナイ〕へ行く。

編集者の憶え書

アランとメアリーの間の関係は、メアリーの余生の間、誠実なままでありつづけたが、アランは二度と、クリシュナジとともに旅行しようとしなかった。アランの仕事の正確な本質は、彼が何らかの形でクリシュナジが様々な場所で講話する手配を手助けしたということ以上には、私〔スコット〕には明かでなかった。これがどれほど効果的だったのかの感覚が、私には何もない。

翌日、「クリシュナジからラージャゴパルについての手紙。彼は2月1日にここに来ようとしている。」

12月27日に、「クリシュナジの手紙をもって、リリフェルト夫妻に話をするために、オーハイに。」

それからその年の最後の日、「クリシュナジから手紙。マドラス〔、現チェンナイ〕で投函された。」1969年の終わりです。

原　註

1）キャシーは、私がブロックウッドにいた年月のほとんどの間、私の妻だったが、クリシュナムルティのヴィデオ録画において、そしてクリシュナムルティの仕事のための最初の成人センターを始めるにあたって、中枢の役割を果たした。
2）イギリスの舞台女優と映画女優〔で、児童文学作家〕。ヴァージニア・マッケンナ（Virginia McKenna）として〔オーストラリアに1899年に〕生まれて、〔イギリスの俳優、脚本家〕ビル・トラヴァース（Bill Travers）と結婚した。彼女は1950年代からメアリーの友人でありつづけた。
3）クリシュナジは生涯これを提案したが、各国の財団の間ではそれについてけっして合意が得られなかった。
4）ウィリアム・ワイラー（William Wyler）はアメリカの映画監督、制作者、脚本家だった。彼は、メアリーの夫〔サム・ジンバリスト〕が制作した『ベン・ハー（Ben Hur）』の監督をしたことにより、アカデミー賞を勝ちとった。

訳　註

*1 イングランド中央部、グロースター州に拡がる標高300メートル以上の風光明媚な丘陵地帯。
*2 メアリー・ラッチェンスによる伝記の1969年の個所には、ヴィゲヴェノが、ラージャゴパルを擁護し、メアリー・ジンバリストとアラン・ノーデの影響力のために、彼に対するクリシュナジの態度が変わったことを批判する文書を、広く送付したことを伝え、さらにこの問題は、メアリーやアランと出会う数年前から始まっており、道理に合わないと批判している。Sidney Field（1989）には、1969年7月付けで、ヴィゲヴェノが、「私の友人たちと傷ついた人たちへ」という題名で、クリシュナジの郵送者リストに載ったすべての人に送った7ページの書簡の冒頭部分を紹介している。そして、ラージャゴパルの側からクリシュナジの「変心」を非難するこの手紙について、シドニーは、「手紙の残りは、一連の不合理で根拠なき非難、歪曲、部分的真実、当てこすりに任せたものだった。私は少年のときからクリシュナジを知り、彼のラージャゴパルとの関係、彼が彼を処遇したとてつもない寛大さ、配慮、忠実さと信頼を知ってきたので、私は、ヴィゲヴェノがラージャゴパルを擁護するときの本末転倒で侮辱的な作法に、激怒した。」などと述べ、シドニー自らがヴィゲヴェノに反論の手紙を送ったこと、一週間後にラージャゴパル本人が慌てて電話をよこし、色々と言い訳をし、シドニーの、翌朝、会おうという提案に対しても、「一週間、くれ。準備しなければいけない。」と先延ばしした様子が、記されている（後に3月24日の個所で、クリシュナジ本人との対応でも、いつも先延ばしを要求したと言われている）。
*3 6月27日にブロックウッドで、7月12日にサーネンで出ている。
*4 たとえば第45号、1977年3月5日以降の国際的な理事会の記述を参照。
補1）第53号、1978年7月26日を参照。

第13号　1970年1月から1970年4月まで

序　論

第11号の序論より思い出されるなら、その号と第12号のための対談は、第10号の対談のあと、10年後に行われた － その長さの期間、メアリーは1969年の自分の日記を見つけられなかった。代わりに、この号を作り出した対談は、第10号を作り出した対談の直後に行われた。結果的に、この号の会話の調子は、はるかに以前の号のものに似ている。

メアリーがまだ、クリシュナジの性格と、彼の外側の世界への関係の全体像を、解明しようとしていることが、この号にも出現しつづけている。メアリーへの手紙のなかでの彼の特有の筆跡とか、この時期の彼の通常の朝の課業のようなことが、議論される。また、クリシュナジが話を繰り返せないこと（そのため彼とともに彼の作品を編集することは不可能になる）も、見られる。また、クリシュナジは人生のほとんどにわたって何千もの人々に話をしてきたけれども、彼特有の恥ずかしがりも議論される。また、クリシュナジの自分自身へのとてつもない無頓着ぶりも、見られる。

メアリー・ジンバリストの回顧録　第13号

スコット－では、私たちは、1970年1月1日について始めようとしていると、思います。

メアリー－まあ、1970年は、クリシュナジがインドにいて始まりました。私は〔ロサンジェルス近郊の〕マリブにいました。彼は秋〔、10月末〕からインドにいました。1月に私に起こった最初のことは、私が〔サンディエゴ北部の〕ラホヤ（La Jolla）に行ったということでした。なぜなら、クリシュナジが〔南カリフォルニアの〕サンディエゴで話をするという可能性があったからです。私たち三人が生活し、〔カリフォルニア〕州立大学サンディエゴ校の人たちに講話をする場所を見つけに、私は行きました。そこで私は、宗教学の部長、レイ・ジョーダン博士という人（a Dr.Ray Jordan）に会いました。私はまた、哲学科の、アラン・アンダーソン博士（Dr.Allan Anderson）にも会いました － 彼は、〔現在〕私たちがみんな知っているように、結局、〔1974年2月に〕クリシュナジとの〔18回にわたる〕ヴィデオ録画の対話を行った人物です。私はまた、そこに住宅を持っているマーサ・ロングネッカー（Martha Longnecker）という名の女性にも、会いました。彼女は、クリシュナジが来るのならと、とても親切にそこを提供してくれました。そこは小さな家で、とてもすてきな住宅でした。彼女は陶芸家です。すてきな快適な小さな家を持っていて、そこをクリシュナジのために、委ねてくれました － 彼女は出て行って、クリシュナジと私がそこで生活しました。

1月26日に、クリシュナジは〔インド西部の〕ボンベイ〔現ムンバイ〕を発って、ローマに飛びました。二日後に彼は、さらに〔イングランドの〕ブロックウッドへ飛びました － そこに2月2日まで泊まって、それから彼はロサンジェルスに飛びました。私は彼を空港で出迎えて、マリブ〔の自宅〕へ運転していきました。彼はそのときまでに24時間、空の旅をしていましたが、へたばる代わりに、元気と話に満ちあふれていました。すてきでした。

あの頃、彼は私に手紙を書いていて、携えてきました…彼は毎日、少量を書いたんですが、毎日手紙を送るのではなく、2ページほどになって初めて郵送しました。25番と26番の手紙でした － 一つは彼がブロックウッドにいたとき書いたもの、一つは飛行機で書いたものです。

スコット－（笑う）いいなあ！

メアリー－それらはいつもすばらしかった － 特に彼が飛行機で書いたものは、ね。彼は窓から見えるものとかそのようなことを記述したものです。彼の筆跡は、彼が初期に書いたものに似ていました。なぜなら、それはどうにか詰め込まれていたからです。

スコット－うーん。

メアリー－彼は、ちょうどページの端まで書き込みました。そして、まあ（スコット、クスクス笑う）、そうですね、最後の言葉が that だとすると、一行には th があり、それから次の行には at があるといったことです。（二人ともクスクス笑う）彼は、ページの端でこぼれる寸前まで、書きました。言い換えると、彼が書けなかった…コンピューターで使う言葉は何ですか。

スコット－正しい行揃えですか。

メアリー－ええ、ええ。

スコット－そのとおり。正しく行揃えされました！（クスクス笑う）

メアリー－ペンで正しく行揃えされました。（二人ともクスクス笑う）ともあれ、今や彼は二日間、休みました。私は、オーハイの人たちについて起きていることのニュースすべてを、彼に伝えました。

2月5日に、私たちはその頃の弁護士から手紙をもらいました － それは本質的に〔ロサンジェルスの〕サウル・ロー

マリブの住宅
〔キャニヨンが見える〕

マリブの住宅
〔太平洋を望む〕

ゼンタールでした。ディヴィッド・ライプツィガーは弁護士仲間で、若めな人でした － 彼らは、どちらもあの〔法律〕事務所では若かった。ディヴィッドは日々、たくさんの案件を取り扱っていました。サウルはもう少し、広く見わたしていました。ともあれ、私たちはディヴィッドから手紙をもらいましたが、彼はちょうど〔カリフォルニア州の〕法務長官、ローレンス・タッパー（Laurence Tapper）〔という〕法務副長官と、ラージャゴパルとラージャゴパルの弁護士に、会ったばかりでした。その頃、彼の弁護士は、オーハイで生活しているジム・ローブル（Jim Loebl）という名の人でした。そして実のところ、私たちが最初、ラージャゴパルへの法的な対処を考えはじめたとき、エルナ〔・リリフェルト〕はジム・ローブルに話をしにいったのでした。でも、彼は彼女を止めました。彼女は彼を、個人的、社会的に知っていました。或る種、言葉を遮って、彼は、「私はラージャゴパル氏の代理です。」と言いました。（クスクス笑う）それで、その会合は終わりました。

　結局のところ、ラージャゴパルは、〔ローブルから〕ロサンジェルスの大きな法律事務所に乗り換えました。ともあれ、〔こちら側の弁護士〕ライプツィガーは会合を開いて、それらを報告しました。私たちはそれを読みとおしました。それからクリシュナジは私にラージャゴパルへ電話をかけさせ、自分はマリブに到着したこと、休んだとき、二、三日後、彼に電話するだろうことを、言わせました。で、それが、ラージャゴパルとの始めの接触でした。それが済んだとき、私たちは〔銀行強盗犯を描いたアメリカ〕映画『明日に向って撃て！（Butch Cassidy and the Sundance Kid）』を見に出掛けました…

スコット―ああ、はい！
メアリー―クリシュナジはそれをとても楽しみました。
スコット―ふむ。
メアリー―あれは彼にぴったりでした。（クスクス笑う）二日後に私たちはもう一つの〔ヒッチコックによるアメリカのスパイ・サスペンス〕映画『トパーズ（Topaz）』に行きました。」
スコット―ああ、はい。
メアリー―９日に、私たちは運転してオーハイに行き、エルナ、テオ〔・リリフェルト〕とルス・テタマーとお茶をして、それから運転して戻りました。

　２月10日に、クリシュナジは私に口述しはじめました。それは、1970年にできる本の始まりでした。あなたは、それがどの本になったのかを、私に訊こうとしていますね。

スコット―ふむ、ふむ。
メアリー―私にははっきりしていません。（二人とも笑う）どれになったのかがはっきりするまで、自分のメモ書きをもっと見ておかないといけないでしょう。

　二日後、彼は自殺についてもう一つ、私に口述しました － それは、私が生じさせた主題でした。それは、本の一つに入っています。ディグビー夫妻が〔編集を〕やった本の一つです。大きな厚い大著です。
スコット―厚い大著は、『The Awakening of Intelligence（智恵の目覚め）』です[1]。
メアリー―『The Awakening』だと思います。調べてみないといけないでしょう。別の本かもしれない。私は本当にそこで、自殺について彼と対談しました。
スコット―ふむ、ふむ。
メアリー―でも、本当に興味深かったです － 自殺をすることの正当化があるのかどうかです。問いは…でも、それは本に出ています。だから、それを続けることは役立ちません。それがどの本であったにしても、そこに一つの章があります。
スコット―ふむ、ふむ。

　この対談は例によってどのように起きるんでしょうか。クリシュナジはあなたに対して、「さあ、私は何かを口述したいです。新しい本を始めましょう。」と言っていたんでしょうか。
メアリー―ええ。または、彼はただ口述したかった。それは、新しい本になるはずだと私は思いましたが、まだそうなっていませんでした…彼はそこまで先を考えなかった。
スコット―それが、私の狙っているところです。彼はそこまで先を考えなかった。ただ何かを口述したかっただけです。
メアリー―ええ。彼は口述したいと思った。定期的にです。
スコット―定期的に。
メアリー―たぶん本のために。
スコット―そのとおり。でも、彼は定期的に口述をしたいと、あなたに言ったわけです。
メアリー―ああ、そうです。言いました。
スコット―いいです。
メアリー―彼は口述しましたが…まあ、例えば、私の日記には、彼は午前に口述したなどと言います。
スコット―よろしい。また、これは記録のためになろうとしていますから、速記はしない。
メアリー―ええ。速記はしません。
スコット―で、あなたはすべて書き留めなくてはならなかった － 猛烈に自分個人の…
メアリー―私自身のふつうの手書きで。それは…
スコット―ええ。幾つか、あなた自身の手っ取り早い書き留め方はある。
メアリー―ええ。それに、彼はさほど速く口述しませんでした。だから、難しくはなかった。私は古いノートブックを持っていますが、それらをアーカイヴス〔記録保管庫〕に入れたいとは思いません。とてもぐちゃぐちゃに見えるからです。（スコット、笑う）
スコット―これは、歴史研究家たちが考えるべき良いことになるでしょう！
メアリー―トムはすでに、その視点を或る種、却下しました[2]。
スコット―（冗談っぽく）完全に…完全に役立たずな視点だ！絶対に！

マリブのメアリー・ジンバリストの住宅

161

メアリー－それに一般的に、私がしていたことは、それを記しておくことでした。それからクリシュナジは立ち去って、入浴しました。私は行って、自分がノートブックに書いたものを見ました。それから、何か明確化の必要なものがあるなら、彼に訊ねたものです。でも、彼は繰り返したくなかった…彼はきわめて変化しがちでした。
スコット－知っています。
メアリー－彼が書き直すとか（スコット、ため息）何か…やり直すのは、知っているでしょう。
スコット－知っています。彼が〔ブロックウッドの〕センターのためとヴィデオのために、私に対して口述したわずかなことのなかで、彼は何かを口述して、私がそれを〔文書にして〕彼に持って行き、読み上げるごとに、彼はすっかり変えてしまったものです。
メアリー－そのとおりです。
スコット－結局、彼は言いました －「いいかな、あなたが私にそれを持って戻ってくる回数だけ、私はそれを変えてしまうだろう。だから、あなたが自分の持っているものが好きなのかどうかを、判断するだけだよ！」と。（二人とも笑う）なぜなら、私は彼はそれが好きなのかどうかを見るために、ただ自動的にそれを持って戻ってきていたからですが、彼は…
メアリー－彼は繰り返せなかった！（メアリーの話を聴く）
スコット－ええ。よろしい。では、ここで場面を調えましょう。なぜなら、あなたは後で彼は入浴したと言ったからです。それで…
メアリー－まあ、これは、午前の彼の口述の後でした。
スコット－そのとおり。で、場面を調えましょう。彼は朝食をベッドでとっていました。
メアリー－ああ、はい。
スコット－そうです。
メアリー－それから口述が来ました。
スコット－それから口述が来た。でも彼は、まだベッドに座っていましたか。
メアリー－ええ。
スコット－彼は一時間、口述したんでしょうか。
メアリー－ああ、そうだと思います。正確には憶えていません。時間を計ったことはありません。でも、彼はそれが完了するまで、口述しました。
スコット－あの頃に彼は、後にしたのと同じ課業をしていたんでしょうか － すなわち、目覚めたとき、何か〔尿酸を減らすための〕イラクサのお茶のような暖かい飲み物をとる、とか。
メアリー－ええ、ええ。それから体操をしたものでした。
スコット－そうです。
メアリー－それから朝食。
スコット－それから、朝食のためにベッドに戻る？
メアリー－ええ。私が思い出せるかぎり、それがいつも課業でした。旅行とか何かをしているのでなければ、ね。
スコット－ふむ、ふむ。
メアリー－では、ふつう、私たちが今取りかかっているこの特定の２月の間、一日は午前は〔マリブの〕家でこれで過ごしたし、それから昼食、それから彼は昼寝をし、その後、私たちは〔下の太平洋の〕浜辺を散歩しました。
スコット－ふむ、ふむ。
メアリー－誰かが昼食にいなければ、ね。そのときでさえ、

彼は昼寝をしました。彼は旅行すべてから寛いだものです。すばらしかった。すてきでした。

　さてと、２月12日に、リリフェルト夫妻、ルス・テタマーとシドニー・ロス（Sidney Roth）が昼食に来ました。シドニーは実業家で、シカゴの人でした。彼はKWINC〔クリシュナムルティ著作協会〕にお金を出していたのですが、そうしていたから、弁護士たちは、寄付者である誰かが、「〔KWINCの〕あなたたちは、寄付されたお金を、どうしたのですか。」と言う権利を持っていると、感じました。それで、シドニーが訴訟に関与しました。
スコット－そのとおりです。それは憶えています。
メアリー－彼の弁護士は、私たちの弁護士たちと助言しました。
スコット－ふむ、ふむ。
メアリー－ともあれ、私たちはみな、昼食の後、〔ロサンジェルスの弁護士〕ローゼンタールとライプツィガーに会って、これらでの私たちの立場について話すために、街に行きました。
スコット－でも、シドニー・ロスは退場してしまいました。
メアリー－ええ、結局、彼は退場しました。それは、彼がシカゴに戻っていったという意味です。でも、彼は時折現れました。でも、それ以上に積極的な役割を引き受けなかった。

　或る日、私たちは、〔サンタモニカ山地の〕コラール・キャニオン（Corral Canyon）を登りました － そこは、〔マリブの〕浜辺から２マイル〔約3.2キロメートル〕ほど上がります。そこは山々に戻っていきます。道路をずっと行くと、登って、そうね、マリブの裏の山々の頂に沿って走る尾根に、あります。私にとって特別な一日でした。なぜなら、クリシュナジが突然、「ああ！これが本当の古いカリフォルニアの山々と風景だ。」と言ったからです。彼がカリフォルニアについて自らの愛しているものを、初めてマリブで見たから、私はうれしかった。それは、大海原を見渡す丘の上の住宅だけではなかったんです。
スコット－ええ、ええ。
メアリー－それは、彼が大切にしているカリフォルニアの一部分でした。
スコット－ええ。
メアリー－それから、或る日、彼はラージャゴパルに話をしました。そうしようと言ったように、電話しました。
スコット－ふむ、ふむ。
メアリー－クリシュナジは、ラージャゴパルがやって来て、彼が平和的な決着だと思い描くことについて議論するよう、彼を招待しました － もちろんラージャゴパルはいつも、「あなたが再びカリフォルニアに来るとき、私たちは集まって、話をし、平和的な決着をしよう。」と言っていました。

　それで、クリシュナジは「来て、議論しましょう。」と言ったものです。それでラージャゴパルの手の内が明かされました。なぜなら、彼は即座に、自分はそれについて議論できない、自分の弁護士がそれを許さないだろう、と言ったからです。で、これは、彼が永遠にやっている「さあ、さあ」という呼びかけの類いでした。あなたが「いいですよ、それはどうですか。」と言うとき、扉は当てつけに閉められてしまいました。

　２月21日に、アラン〔・ノーデ〕がサンフランシスコから来て、昼食に二人の友人を連れてきました。その日、後で、ほぼアランが集めた二十八人の人たちを、討論会に迎えま

した。[3]

翌日、同じグループとの第2回の討論会がありました。私のメモ書きによると、ヴィデオ録りがされました。それはどうなったのかな。あなたはそれに出くわしたことがありますか。

スコット―これはたぶん、誰も再生や複写のできない古いテープの一つです。

メアリー―できない？

スコット―ふむ、ふむ。いいですよ、調べましょう。

メアリー―再生できないテープの一つですか。

スコット―ええ。

メアリー―私は、ジーン・フランソワ（Jean-François）[4]が誰かを見つけたと思いました。

スコット―彼はそれをできる人を誰か見つけましたが、彼が〔ブロックウッドを〕出て行くと断絶してしまったなどということだと思います。

メアリー―そこに何かとほうもないものがあるということではありません。私はただ、そんなに遡ってヴィデオ録りされたということに、興味があるんです。

スコット―ええ。それが得られるとすてきでしょう。

メアリー―で、それから〔アメリカの三大ネットワークの一つ〕ABC、アメリカ放送協会（the American Broadcasting Corporation）が、ニュースのことでクリシュナジをインタビューしたがっていました。それで、私たちはABCのスタジオに入って、ロバート・エイベルナシー（Robert Abernathy）という人が彼にインタビューしました。それは、ニュース番組のための十五分間のものでした。

スコット―ふむ、ふむ。

メアリー―その頃、エイベルナシーは毎日、ニュースについて批評していました。

スコット―ふむ、ふむ。

メアリー―またもや、輝かしいものではなかった。エイベルナシーは幾らか予習をしていましたが、むしろルーティンでした。

それで今や3月に来ます。3月1日に、彼は第1回のサンタモニカ講話を行いました。彼はすべてで四回行いました。〔ロサンジェルス郡の西部、〕サンタモニカの市民会館（the auditorium）はあまり魅力的ではないですが、3千人の人たちが来ました。或る人たちは断られて帰りました。会館はそうとう大きな規模ですが、溢れ出るほどに一杯でした。でも、第4回〔の講話〕の後で、運転して戻る途中で、クリシュナジは、「耳の聞こえない人たちへ歌うのに似ていると感じた。」と言ったのを、憶えています。

スコット―ふむ、ふむ。

メアリー―あまり良い群衆ではなかった。それから、彼は人々に〔個人〕面談を行いはじめました。或る人々は、今では彼らが誰だったのかを憶えていませんが、彼らはほとんど、討論のグループにいた人たちでした。他の人々は、手紙で申し込んでいました。それで、彼らが〔マリブの〕住宅に来ました。それから或る日、彼は私に対して、自らの生の出来事を話しはじめました。彼は大いに入りました ― 或る種の・・・彼がこう呼んだのかどうか忘れていますが、彼を見守っている「保護的な摂理（protective providence）」についてです。私がいうのは、彼がそれを生涯感じていたことへ多くの言及がある、という意味です。

スコット―ええ、保護された。

メアリー―保護された。そして彼は、それについて私にたくさん話をしました。新しいことは何もない ― 私がいうのは、言ってこなかったことで今、私があなたに語るべきことは〔何もない〕、という意味です。

スコット―ふむ、ふむ。

メアリー―でも、彼の側にはとても強い確信がありました。

スコット―まあ、或る意味、確信以上です。感じです。

メアリー―感じです。ええ。

スコット―彼はその保護を感じました。

メアリー―彼はその保護を感じました。それは彼にとって事実でした。そのように表しましょう。

スコット―ふむ、ふむ。

メアリー―ああ・・・私たちが〔先に述べた〕自殺についての小品を行ったのは、2月17日のことでした。それについてのメモ書きに、出くわしました。

スコット―いいですよ。

メアリー―3月10日にクリシュナジは、三人の人たちに面談を行いました ― 手紙を書いて、要請していた人たちにです。〔オーハイの〕エルナ〔・リリフェルト〕が電話を掛けてきて、満足なことに（クスクス笑う）サンタモニカ〔講話〕では1万3千6百ドルの売り上げがあり、（スコット、クスクス笑う）9千ドルから1万5百ドルの間の純利益があったということを、報告しました。

スコット―メアリー、〔個人〕面談について少し訊ねさせてください。

メアリー―ええ。

スコット―クリシュナジは三回の面談を行ったと、仰いました。では彼は、自分が一人ずつにどれほど掛けるだろうかを、決定したんでしょうか。それで、「一人には3時に来てもらう。一人は4時に、一人は5時に。」と彼が言ったんでしょうか。それとも、彼はただ、彼らに一緒に来てもらい、彼らは待ったんでしょうか。

メアリー―まあ、上のどちらかね。彼らは間を開けていましたが、彼が彼らに対してどれほど長く話をするかは、私がけっして理解できない私の人生の神秘の一つでした。（二人とも笑う）なぜなら、時には彼はすっかり長時間、話をしたし、他の時には、特にここブロックウッドでは、彼がたくさんの人たちに会っていたとき、困りはてた人たちが厳粛に部屋に入り、扉を閉め、十五分以内に彼らは変容した様子で出てきたものですから。（スコット、笑う）その時間で彼は、人々が彼に言おうとして来たことを聞くことさえも、不可能だし、彼らの問題を解決するのはなおさらだと、私は思いました。でも、それが、扉の外側の私に見えたようすです。

スコット―そのとおり、そのとおり。でも、〔ここでの〕マリブの状況は、人々はどこで待ったんでしょうか。

メアリー―うーん。

スコット―彼はどこで彼らに会ったんでしょうか。彼らはどこで待ったんでしょうか。

メアリー―それは興味深い疑問です。じゃあ、ちょっと待ってください。彼らは、ただ一つあった居間で、待たざるをえなかったでしょう。彼は自らの寝室で彼らに会ったんだろうと、思います。他の場所はない。なぜなら、そこしかなかったからです。ダイニング・ルームは居間につながっていました。閉ざされていなかった。だから、そこで行ったはずはありません。

マリブの住宅の内側

マリブの住宅　メアリーの寝室

マリブの住宅　クリシュナジの寝室

スコット──ふむ、ふむ。書斎か何かそのようなものはなかったんですか。
メアリー──ええ。ただ二つの寝室、二つのバス、一つの居間とそれからダイニング・ルームだけがありました。でも、居間とダイニング・ルームの間に扉はなかった。だから、直接的な記憶はないけれど、推測できます。
スコット──いいですよ。
メアリー──でも、彼の寝室はしっかりした大きさの部屋でした。そこには、或る種のクッションと椅子と物がありました。
スコット──ふむ、ふむ。
メアリー──そこはただの寝室ではなかった。
スコット──ええ。そこには居間の部分もありました。
メアリー──ええ、ええ。それで…うーん。また、さらに〔個人〕面談が記されています。また〔住宅から降りた、太平洋の〕浜辺の散歩。また私たちは、クリシュナジの子どもの頃の思い出について、議論しました － それはあまり大したことではなかった。私たちは〔神智学協会の〕大師た

ち等について話をしました。彼は、霊的な意義のある出来事を、憶えていました。彼は、それが起きたことを知っていますが、その詳細を何も思い出せない － 何か起きた漠然とした事実のようなものです。
スコット──では、これは大師（マスター）たちと関連しているんでしょうか。
メアリー──まあ、それは、大師（マスター）たちについて話をした後でした。だから、それはたぶん…
スコット──では、クリシュナジは、何かが起きたこと、それが重要であるし、霊的な意義を持っていることを、憶えている。でも、彼はそれが何なのかを思い出せない。
メアリー──ええ。さて、それは〔オーハイの1922年の〕胡椒の木の〔神秘体験の〕出来事だったのかもしれません。でも、私は…私にははっきりしません。
スコット──ふむ、ふむ。
メアリー──ああ、私のメモ書きは不完全です。他のことでは、彼はそれを憶えていないとは言わなかったから。
スコット──ええ。彼が大師たちについて言っているのが何

マリブの住宅のキッチン

だったのかを、思い起こせますか。
メアリー ーまあ、彼はあのような話し方、理論の説明の仕方をしましたが、けっしてそのとおりであるとかないとかを言わなかった。
スコット ーふむ、ふむ。
メアリー ー彼は、〔神智学協会による〕全体の位階構造がどのように働くのかについて、詳細に話してくれました － 彼は様々なときにこうしました。
スコット ーええ、知っています。（笑う）
メアリー ー一番注目すべきは、〔南インドの〕リシ・ヴァレーからマドラス〔、現チェンナイ〕に運転して戻るとき、〔彼の主治医〕パーチュリ博士（Dr. Parchure）が前の席に座っていました。クリシュナジは後ろの席で私に話をしていて、「世界の主」（the Lord of the World）から〔ブッダ、マイトレーヤ、そして大師たちといった〕下への全体像を示していました。パーチュリ〔博士〕はそれを憶えています。
スコット ーふむ。
メアリー ーで、しなくてはいけないのは … 私たちはそれに入るとき、未知の領域にいます。
スコット ー（笑う）知っています。（メアリー、クスクス笑う）
メアリー ー3月12日に、私たちはオーハイに行きましたが、クリシュナジが道のり全部を運転しました。私たちは〔途中でヴェンチュラ郡の〕カーシタス湖（Lake Casitas）に行って、自分たちでピクニックの昼食をとり、湖畔の地面に、湖を見渡せる丘に座って、すてきな一日を過ごしました。それから私たちは、〔北東方向へオーハイの〕リリフェルト家に行き、そこでクリシュナジは休みました。彼はちょっと昼寝をしました。それから私たちはお茶を飲んで、それから、オーハイの人たちのための討論会がありました。古き時代の人がたくさん現れました。
スコット ーふむ、ふむ。その討論はリリフェルト家で起きたのですか。
メアリー ーリリフェルト家の居間で、です。
スコット ーふむ、ふむ。
メアリー ー彼を知っている人はみな、〔ラージャゴパル側の〕KWINC〔、クリシュナムルティ著作協会〕の人たち以外は、そこにいました。
スコット ークリシュナジはエルナの部屋でどこに座ったんでしょうか。
メアリー ーあなたが思い出せるなら、ピアノの近くに座りました。
スコット ー思い出せます。
メアリー ーそれから、人々が部屋の残りを埋め尽くしました。芝生用の椅子を置いている正面玄関の外さえも、です。
スコット ーそうです。
メアリー ー私たちは夕食に間に合うよう帰宅しました。〔お隣の友人、〕ダン家の人たちがやってきて、私たちはみな、一緒に映画に行きました。
　私の友だち、アマンダとフィル〔・ダン夫妻〕、〔その娘〕ミランダ・ダンです － 将来、〔この録音〕テープを聞く人たちのために言うと、彼らはマリブで私の隣で生活していました。或る種、いわば峡谷がありました。二つの地所の間の、一種の小さな谷です。
スコット ーふむ、ふむ。
メアリー ーそこは、浜辺に開け、海へと走っています。彼らはまあ、私にとって家族のようなものです。
スコット ーええ。〔ダン家の〕三人の娘さんたちは、クリシュナジについてどう感じましたか。または、彼女らは彼とどうやっていましたか。
メアリー ー彼女らはクリシュナジが大好きでした。彼の存在を喜んでいました。彼はいつものように、彼女たちと一緒にいて、すばらしかったです。
スコット ーもちろん。
メアリー ー彼女らは彼に献身的でした。ああ、彼女らは彼の言うことにはあまり感銘を受けなかったんですが、もちろん私は、世界の一番ゼロの伝道師です。（スコット、笑う）私はけっして説得しようとか何も試みません。それで、彼女らは、彼は絶対的な真理を語るとても賢い人で、すばらしい人間だと思ったし、彼と一緒にいるのが大好きでしたが、本当にそれ以上のことは言えません。そのとき私は、彼女らへクリスマスに本をあげていたので、彼女らはそれを持っています。でも、私は全く押しつけませんでした。
スコット ーもちろんです。もちろんです。
メアリー ーでも、彼女ら〔三姉妹〕は彼を大好きでした。そして両親〔のダン夫妻〕も、もちろん特にアマンダとフィルは、異なった受け取り方をしています －〔夫のフィル〕彼はあらゆることについて知的です。でも、ともあれ、彼らは、一人の人物として彼を非常に好きでした。彼〔クリシュナジ〕はおかしな形で彼ら、両親についてはむしろ恥ずかしがっていました。彼は、彼らが私の親友であるのを知っていたし、それで、いわば或る種、介入したくないと思ったんです。
スコット ーふむ、ふむ。
メアリー ー或る面では、私は彼がそのように感じなかったらいいのにと思いました。でも彼は、いつも少し恥ずかしがりでした。
スコット ーここがそれを持ち込むべき地点なのかどうか、（笑う）私は知りませんが、クリシュナジが或る種ユーモアをもって、彼らがあなたの唯一の友だちであると、何度もあなたをたしなめたのを、思い出せます。
メアリー ーええ。ええ。
スコット ー彼は或る種、…（クスクス笑う）
メアリー ーええ。彼は私があまりに行きすぎているとたしなめました …
スコット ー… 隠者か何かだと。
メアリー ー… かけ離れているとか、あまりに隠者のようだとか何かとか。（スコット、まだ笑う）また、私たちが人々のどこがいけないのかの叙述に入るようなとき、私は彼をからかって、言ったものです。「あなたが、結婚した夫婦に

いつも批判的でいるし、彼らが小言を言う理由は、」－ 彼はいつも「小言を言う（nag）」という言葉を使いました －「人々があなたに対して、自分たちの問題を話しに来るだけということです。彼らはあなたに対して、自分たちがどんなに夢中に幸せであるかを、けっして話しに来ません。」と。

すると彼は「まあ、幸せな結婚をしているのが誰なのか、あなたは知っていますか。」と言ったものです。私は、「ダン夫妻ね！」と言いました。（スコット、笑う）私は、それ以上の実例について、あまりうまくなかったです。

スコット―（笑う）まあ、たくさんはいません。（メアリーの話を聴く）

メアリー―では、ともあれ、彼らはやってきました。（スコット、クスクス笑う）私たちはみんなビヴァリーヒルズに、〔イギリスの歴史を扱った〕『1000日のアン（Anne of a Thousand Days）』という映画を、見に行きました。その夜遅く、アランが到着しました。

私たちはここで、歴史をでんでん虫の調子で進んでいるわ。

スコット―すごいな。

メアリー―そう言うならね。

3月14日と15日には、この年、第3回と第4回のグループ討論会があり、またヴィデオ・テープに録られました。

それからアランはサンフランシスコに戻りました。

17日に、クリシュナジは、〔予定された〕本の章を口述するのを再開しました。そして、もう一回、〔個人〕面談を行いました。

スコット―メアリー、お訊ねしてもいいですか。ここでこれら〔個人〕面談を刈り込んで通り過ぎているとき、私は言いたくはないですが、誰かが有名であるなら － なぜなら、それが俳優とか何かであるかを私は気にしないからです － それが、クリシュナジの仕事により影響されたように見える誰かであるなら、そのとき・・・

メアリー―ええ。もちろんです。まあ、そうね。今、名前が見えます － F. フレイザー（F. Fraser）です。私は、それが男なのか女なのか、知りません。だから、そのような名前を私は・・・

スコット―いいです。でも、できるとき、クリシュナジがものごとに与えた影響をも私は辿りたくてたまらないだけです。

メアリー―ええ。そうね、ここには名前があります。でも、私はそれらのほとんどを思い出すこともできないわ。

スコット―ええ。では、違いは何もないです。

メアリー―再びクリシュナジは朝に口述し、昼間に面談を行っていて、それから〔太平洋の〕浜辺の散歩です。

それから19日に、私たちは〔内陸の道を北へ〕運転し、サンタ・ポーラ（Santa Paula）経由で〔東から〕オーハイに行きました。オーハイを見渡す谷の頂上のあの小さな公園に、停まりました － そこでは、〔1937年のミュージカル映画〕『失われた水平線（Lost Horizons）』が用いる風景が撮影されました。私たちはそこでピクニックの昼食をとりました。それから私たちは、〔谷の〕リリフェルト家に降りてきました。彼は、前にそこにいたグループとの第2回のオーハイ討論会を、行いました。

翌日、クリシュナジは歯が痛かった。私たちは〔オーハイの〕街の歯医者に行きましたが、歯医者は、その歯はすり減ってしまったから、抜かなくてはいけない、と言いました。歯はほとんど残っていませんでした。私たちは〔マリブの家に〕帰る途中に、リンドバーグの健康食品店に、行きました。彼は健康食品店に行くことを、すっかり楽しみました。彼は歩き回って、あらゆるものを見ました。私たちはそこにしょっちゅう行きました。

スコット―ふむ、ふむ。

メアリー―彼を認識した人々は、回りを歩いて、彼を見ました！（スコット、笑う）

その晩、私たちはテレビで、1966年〔11月〕に作られたNET〔全国教育テレビ（National Education Television）〕の映画の第一を見ました。それらは、彼が〔オーハイで〕講話するとき、〔その西の端、メイナーズ・オークスにある〕オーク・グローヴ（the Oak Grove）で最初に作られたものです。あれら白黒の・・・

スコット―それらは憶えています。でも、そのときまで上演されなかったんですか。それが、四年後の最初の上演でしたか。

メアリー―それが最初の上演でした。それはシリーズの第一のものでした。

スコット―ああ。

メアリー―翌日は土曜日でしたが、彼の歯痛は継続しました。でも、彼は幾つか〔個人〕面談を行って、第5回のグループ討論会を行いました。ここ〔日記〕には、「良い議論。」と言います。でも、それだけしか言っていません。

編集者の憶え書

クリシュナムルティの諸財団はすでに、自らが持っているクリシュナジの公開講話と討論会の資料をたくさんオンライン化した。メアリーが、言及したばかりの講話について感じるように、或る出来事が特に良いと感じるとき、今後は、可能なときにはいつも、彼女の回顧録の読者たちに対して、その出来事へのリンクが与えられるであろう。

日曜日に彼は、第6回の同じグループとのマリブ討論会を、そして、また午後には幾つか〔個人〕面談を行いました。浜辺での散歩で、私たちは、〔女優の〕ジェニファー・〔ジョーンズ・〕スレズニック（Jennifer Selznick）に出くわしました。彼女のことは前に触れました。彼らは、浜辺沿いに住宅を持っていました。

3月23日に、クリシュナジは二つの〔個人〕面談を行いました。一つはすてきな少年、ビル・バーマイスター（Bill Burmeister）へ。彼は以来、姿を消してしまっています。彼は十七歳の少年でしたが、後の年にサーネンによく来ていました。でも、今彼がどこにいるかは、誰も知りません。

午後4時にクリシュナジは、歯を抜いてもらいました － そこはぐらついていて、虫歯になっていました。歯は容易く抜けましたが、クリシュナジは帰り道の車の中で、二回気絶しました。歯医者によると、その歯はたぶん、数ヶ月間、彼をふだん以下に感じさせてきたのです。

翌日、彼は気分がよくなりました。ビル・エンジョロス（Bill Angelos）とその妻と、シャルロッテ・ズートマン（Charlotte Zuteman）が、昼食に来ました。それから、前日〔オーハイのKWINCの副会長〕ヴィゲヴェノ家でラージャゴパルとともに昼食をしたのを私が知っている人たちが何人か、立ち寄って、会合について話しました。ヴィゲヴェノ夫妻とラージャゴパルは、クリシュナジが自分たちに会うことを拒絶すると、言っていました。たちの悪い嘘です。（二人ともクスクス笑う）で、後で私は、ラージャゴパルに電話

を掛け、彼に対して、ヴィゲヴェノ夫妻とともにか夫妻なしでか、クリシュナジに会うためここに来るよう、頼みました。彼はそれは考えてみて、後で知らせようと言いました。ラージャゴパルはいつも、自分はクリシュナジに会いたいと主張しましたが、二人きりで自分の領土においてでした － クリシュナジはそうしようとはしなかった。私たちはみな、ラージャゴパルが、知らせないまま、あらゆるものを、会話すべてをテープに録っていると、信じていました。

スコット－ふむ、ふむ。

メアリー－3月25日の午後に、クリシュナジは若者たちとの討論会を行いました。〔古い友人の〕シドニー・フィールド (Sidney Field) と〔オルダスの妻〕ローラ・ハックスレー (Laura Huxley) が連れてきた若者たちと、ワイニンガー博士 (Dr.Weininger) が寄こした四人です。彼の名前がここ〔回顧録〕にすでに入ってきたのかどうかは、忘れました。

スコット－入ったとは思いません。

メアリー－まあ、ワイニンガーは憶えているでしょう。なぜなら、彼の子どもの二人が、学生としてブロックウッドに来たからです － ルーベンと・・・

スコット－ああ、そうです。そして、レイチェルかな。

メアリー－レイチェルね。彼らはワイニンガーだったわ。彼は心理分析者で精神分析医でした。〔オーハイから西方向の〕サンタバーバラで生活し、クリシュナジを長い間、知っていました。クリシュナジが1985年に〔合衆国の首都〕ワシントン〔DC〕で講話をする前に、彼のそこへの唯一の旅行に責任を負いました。彼はクリシュナジを、精神分析医の会合を見せに連れて行きました。私は、クリシュナジは精神病院を案内されたと思います － そこは、ワシントンのセント・エリザベス病院という名だったと思います。でも、あの頃、クリシュナジが精神分析医たちと持っていた接触は、とにかくワイニンガーを通してでした。

スコット－ふむ、ふむ。

メアリー－〔イギリスの作家で1963年に亡くなったオルダス・ハックスレーの妻〕ローラ・ハックスレーは、ワイニンガーと働いていて、或る種の心理療法をやっていました。彼らが立ち去って、クリシュナジと私は庭を散歩してまわりました。私たちは、浜辺に行く幾時間がなかったとき、庭を散歩してまわりました。彼は、住み着いたアメリカワシミミズク (the great-horned owl) を、初めて見ました。

スコット－ふむ、ふむ。

メアリー－すてきでした。それは、車庫横の大きなユーカリの木に、巣を作っていました。そこに止まっているのが見えました・・・

スコット－(クスクス笑う)・・・ええ。耳を立てて。

メアリー－すばらしい。

26日に、私たちは〔マリブから〕再び内陸の道を経由して、オーハイに行き、小さな公園、デニソン公園 (Dennison Park) でピクニックをしました。再びリリフェルト家で、オーハイの人たちとの第3回の討論会がありました。それからクリシュナジは、エドナ・レイ博士 (Dr.Edna Lay) から整骨療法の治療を、受けました。彼女はとても良い整骨療法医でした。私たちは運転してマリブへ戻りました。

翌日、リリフェルト夫妻、ルス・テタマー、〔シカゴの実業家〕シドニー・ロスと〔建築家〕ドナルド・ホッペンみんなが、午前11時に来ました。私たちは、年次のKFA〔、アメリカ・クリシュナムルティ財団〕の理事会を開きました。

スコット－〔建築家の〕ドナルド・ホッペンは理事でしたか。

メアリー－いいえ、そうではなかった。でも、彼はどうしてかそこにいました。アラン〔・ノーデ〕は週末に来ることになっていました・・・

スコット－アランはまだ理事だったからですか。

メアリー－ええ、理事でした。で、私は空港で彼を乗せるよう、〔Kの甥でリシ・ヴァレーの教師、ギドゥー・〕ナラヤン (Narayan) を送りました。彼は、他のみんなとの昼食に間に合うよう、到着しました。会合は午後4時まで続きました。それからクリシュナジは、幾つか〔個人〕面談を行いました。彼はその夜、疲れていました。あれは、〔1969年2月のアメリカK〕財団の創設後、初めての理事会でした。

私の日記は、28日土曜日に、私たちは朝食で興味深い議論をしたことを、言います。アランがそこにいたとき、クリシュナジが食卓に来たので、私たちはみんなで一緒に朝食をとれましたし、すっかり長時間、話をしたものでした。それはオーディオ・カセットに録音されました － クリシュナジとアランと私で、ね。午後には、4時に第7回のグループ討論会があって、それはヴィデオ・テープに録られました。

その同じ日、ラージャゴパルからクリシュナジに宛てて、自分はクリシュナムルティに会うためにオーハイを離れることはできないと言う手紙が、来ました。

29日にクリシュナジは、第8回のグループ討論会を行いました。それはヴィデオ・テープに録られました。後で、残りのテープにクリシュナジは、理事会でブロックウッドと諸財団の未来について言ったことを、再度述べました。彼はまた理事たちと、ラージャゴパルの返事についても、議論しました。これら古いものはどこにあるのかと思います。

翌日、「アランはカリフォルニアに留まることを決めた。午後にクリシュナジは、二人の〔ユダヤ教の司祭者〕ラビ、ラビ・ラビン (Rabbi Rabin) とラビ・リメン (Rabbi Lymen) に〔個人〕面談を行った。」彼らのことは、何というか憶えています。

31日に、クリシュナジとアランと〔お隣の〕ミランダ〔・ダン〕と私は、ベル・エア・ホテルで昼食をしました。そこはロサンジェルスの、或る峡谷(キャニヨン)のかなりすてきなホテルです － とてもきれいなホテルです。一種、庭園みたいなところで、昼食をしました。それから私たちは、『大空港 (Airport)』という〔アメリカのサスペンス〕映画を見に、ハリウッドに行きました。その後、私たちは運転してアランを空港に送り、彼は〔サンフランシスコの東、湾の東岸の〕オークランドと〔その北隣、〕バークレーに戻りました。彼は、5月にヨーロッパに行き、自分の持ち物を集め、自分のVW〔、フォルクスワーゲン〕を下取りに出して、新しい車に替え、すべてを持ってこようと、計画していると、言いました。暖かいさようならを言い、クリシュナジと私は夕食に戻りました。

それから大したことは起こりません。やっと4月3日に、「朝食のとき、私たちは今日の〔予定の〕代わりに翌日、〔カリフォルニア南部のサンディエゴ北部の〕ラホヤ (La Jolla) に行くと決めた。私は、ここ〔マリブ〕はあまりにすてきだと言った。私たちは立ち去りたいと思わなかった。」

スコット－(笑う) いいなあ。

メアリー－ええ。それで、私たちは午後に、長いすてきな浜辺の散歩をしました。クリシュナジはラージャゴパルに

手紙を書いていましたが、私たちはそれを投函しました。彼は昼食時に電話をかけてきて、クリシュナジが〔マリブを〕立つ前に会いたいと言いました。クリシュナジは、立つ前に電話をかけようと、言いました。短い会話でした。

翌日、「私は、クリシュナジと私自身の荷造りをした。暑く穏やかな日に、12時30分に私たちはラホヤへ発った。〔ロサンジェルスの南西部、〕サン・ファン・カピストラーノ（San Juan Capistrano）の近くで停まって、車でピクニックの昼食をとった。午後3時45分に、ラホヤのマーサ・ロングネカー（Martha Longnecker）宅に到着した。彼女は、〔カリフォルニア〕州立大学サンディエゴ〔校〕の講話の一週間、自宅をクリシュナジに貸してくれた。彼女とリリフェルト夫妻は近くに泊まっていた。私たちは荷物を解いて、大海原を見下ろす崖沿いの散歩に出かけた。私は夕食を作った。」

5日に、「午前に私たちは、ロングネカー夫人とともに、ホールを見に行った。エルナとテオ〔・リリフェルト〕がそこにいた。それから私たちはラホヤに戻ってきた。私はマーケットで素早く買い物をして、クリシュナジのために12時30分までに昼食を調理した。私は運転して彼を、〔カリフォルニア〕州立大学サンディエゴ校内のモンテズマ・ホール（Montezuma Hall）に送った。そこで彼は、3時に第1回の講話を行った。私たちは戻ってきて、近所を散歩した。クリシュナジは私に、セコイア〔国立公園〕の小屋で一人、過ごした二ヶ月について、話してくれた…」きっと彼はあなたにそのことを話したと思うわ。

スコット—ふむ、ふむ。絶対です。

メアリー—ええ。それと、人々を避ける彼の恥ずかしがりね。彼は多かれ少なかれ、いつも恥ずかしがりだったけれど、特に昔の頃はね。「彼は、人々があたりに一番いないだろうと思われるとき、セコイア〔国立公園〕の〔キャンプ用の〕店に行った。彼は自分の料理をしたから、自分の必需品を買わなくてはいけなかった。彼は、自らの長い散歩の途中で〔クマに〕気をつけるよう忠告してくれた森林警備官（レインジャー）に対しても、恥ずかしがった。彼は今日でも、あまりに恥ずかしいので、日曜日に私たちがここにいたとき、一人で散歩できなかったと言う。」言い換えると、彼はラホヤで一人では散歩しなかったでしょう。彼はあまりに恥ずかしがりだったんでしょう。彼は、セコイア〔国立公園〕のような野生の場所だったときは、だいじょうぶなんですが、人々のまわりではとても恥ずかしがりです。

スコット—では、あなたはラホヤで散歩しなかったんですか。

メアリー—まあ、私は彼といっしょでした。彼は一人でそうしませんでした。

スコット—いいです。では、それを説明してもらわないといけませんね。それは、彼が一人でいると、より多くの人たちが彼へ近づいてくるだろうからですか。

メアリー—まあ、ラホヤは町でした。私がいうのは、カリフォルニアの町は、庭と歩道のついた家々という意味です。

スコット—ええ。それで、彼は一人で歩かなかっただろう、と？

メアリー—ええ。恥ずかしいからね。

スコット—でも、それは説明してもらわなくてはいけません。なぜ、あなたとはだいじょうぶで、一人だといけないんでしょうか。

メアリー—なぜかな？（笑）私が思うに、人々は彼に話しかけなかっただろうから、それとも、分からないわ。誰かがそこにいたなら、彼はあらゆることができました – 明らかに、彼が一人ではしなかっただろうことを、ね。

スコット—私は疑いもなく、それについて自分の解釈を出しているだけです。ですが、私がいつも一人で旅行するのが好きだった理由の一つは、一人の人物に対しては人々がやってきて、話をするからです。ところが、ほんの二人の人がいても、そうしないでしょう。放っておきますよ。

メアリー—まあ、そのときはそうです。ええ、彼は…まず第一に、彼はその見かけのために、いつも注意を引きつけたものです。彼が誰なのかを知っている人たちは、たぶん彼に話しかけたいと思ったでしょう。

スコット—ええ。

メアリー—彼は恥ずかしがりでした。彼がそう言ったことを、私は忘れていました。

翌日は6日でした。彼は午後7時に、第2回のサンディエゴ講話を行いました。そこに来たのは、大学の学生たちでした。思い出してみると、出席は多かったですが、そこからは大したことは出てきませんでした。

4月7日に、「午前にクリシュナジは、〔ラージャゴパル支配下のK著作協会との〕法律問題を議論するために、リリフェルト夫妻と〔シカゴの実業家シドニー・〕ロスに来てもらった。それからロスは電話で、ワイアット氏（Mr. Wyatt）（シカゴでの彼の弁護士）に相談した。法務長官の部下、タッパー氏は、〔ロサンジェルスの弁護士〕ライプツィガーとローゼンタールにより示された状況と、1月21日のラージャゴパルと〔彼の弁護士〕ローブルとの会合の結果の会合に、関心を寄せた。私たちだけで昼食をとった。クリシュナジは、午後ずっと休んだ。「午後7時に彼は、州立大学サンディエゴ〔校〕で第3回、すばらしい講話を行った。私たちは後で夕食をとった。」と、ここには言います。

8日には、「今日も美しい一日だった。午前11時に彼は、州立大学サンディエゴ〔校〕で大きな公開討論会を、行った。帰る途中に私たちは、ラホヤの上の丘の頂に立ち寄り、そこで生活しているマーク・セロン夫妻という人（a Mr. and Mrs. Mark Sellon）に会った。彼は95歳で、昔、〔南インド、マドラス南部の神智学協会本部がある〕アディヤールでのクリシュナジを知っていた。」

スコット—いいなあ。

メアリー—「彼は初期の書物を〔アメリカ・クリシュナムルティ〕財団に贈った。私たちは昼食に戻った。それから、テオ・リリフェルトとともに私たちは、〔サンディエゴ湾の西側の半島、〕コロナド（Coronado）に行き、」– ああ、コロナドね、これは憶えています。すてきです。「〔そこの海軍基地で〕重巡洋艦セント・ポールを訪問した。クリシュナジはそれをとても興味深いと思った。」

スコット—ああ、これは何ですか。

メアリー—コロナドには〔アメリカ海軍有数の〕海軍基地があります。クリシュナジは海軍の軍艦を訪問したいと思っていました。彼に訪問の許可が得られた唯一の船が、重巡洋艦でしたが、彼は歩き回って、すべてを見ました。彼が車を見るやり方です。

スコット—ええ。

メアリー—それは少しオーストラリアの時に似ていました – アメリカの航空母艦です。クリシュナジはそれに魅惑されていました。私は彼を〔巡洋艦より大きな〕戦艦に連れ

て行こうと思いましたが、手近なのがなかったんです！
スコットーええ。（笑う）
メアリー―9日に、「〔シカゴの実業家で支援者の〕シドニー・ロス（Sidney Roth）と彼の弁護士ワイアット氏との、長い電話と話があった － 後者は助言をしてくれた。クリシュナジと私は、静かに昼食をとった。午後7時に州立大学サンディエゴ〔校〕で第4回で最後の講話を行った。巨大な聴衆がいた。」と、〔日記に〕言います。それからこう言います － 「クリシュナジの、1929年の「スター会報」（Star Bulletin）での自分自身の写真を見た論評 － 」それは前日、マーク・セロンから得ました。「「彼はとても穏和な人物だったにちがいない。」と彼は言った。」

「私たちは翌朝6時に起きた。朝食をとり、車に荷物を積み、7時30分までにはラホヤを発った。〔住宅を貸してくれた〕マーサ・ロングネカーが手伝いに来て、自宅を取り戻した。クリシュナジは初めの80マイル〔、約128キロメートル〕を運転し、午前9時50分にはマリブの家に戻った。庭園と住宅は花々で明るかった。午前11時に〔オーハイの〕ブラックバーン夫妻が、クリシュナジに会いに来た。彼はクリシュナムルティ財団のために〔、1968年7月、サーネンでクリシュナジたちの私的な会話を自らが録った〕テープの複写をしたいと思っている。」
スコットークリシュナジが、自らの身体的な自己と間に持っていた乖離のようなものについて、何か言う価値があるのかどうかと、思います。私はそれを何回も聞いたことがありますが、それは絶対に真正でした。たくさんの人たちは、それは考案されたと思うかもしれません。考案されたというのは、〔1979-90年のイギリス首相で「鉄の女」とも称された〕マーガレット・サッチャーの三人称、「私たちは感じる」等のようなものという意味です。
メアリークリシュナムルティには何も考案されたものはなかった。
スコットー知っています。それを言うことは重要です。でも、この現象を少し明らかにすることだけでも、またおそらく重要です。なぜなら、或る面で私は、それは、クリシュナジが自我について、同一視しないことについて、過去について言うこと等と、完全に一致していると見るからです。でも、私たちのみなはあまりに、その正反対を生きている － 私たちは、四歳の時の自己の写真を振り返ってみて、「ああ、あれは私だ。」と言います。クリシュナジは、若者だった自己の写真を見る。彼は若者を見る。或る人物のどの写真でも見るかように、その人物について一定のことを言えたでしょう。さて、クリシュナジは、この乖離を持っているように見えました。まあ、私はそれが誇張なのかどうかは知りませんが、ほとんど、昨日の自ら、または五分前の自らについて、です。
メアリーそれはまた講話にもありました。彼は、「私は」と言うのを、けっして好みませんでした。「語り手は」と言っていました。
スコットーまたは、K、と。
メアリーええ、または、K、と。それは彼の一部だった・・・それは彼の・・・それが、彼にとって自然だった。それはうーん・・・
スコットー私にとって、これは実際は、何か全く尋常でないこと、すなわち彼が真実に自己について憶えていないこと、の表示です。なぜなら、或る面で、私は知りませんが、おそらくそこには、その時の出来事を記憶する誰もいなかった（自我も同一性もなかった）からです。私は思い起こせます。彼は、メアリー・ラッチェンスによる自らの伝記の〔誕生から、1930年前後の「星の教団」の解散、神智学協会からの離脱までを扱った〕第一巻を読んでいるとき、彼はあの少年に何が起きたのかを見出したかったんだと、私は思います。それは、彼は何か自らがどのようにも同一視、確認のできないことについて、読んでいるかのようでした。それはとてつもないことです。
メアリーーでも、彼は他の何とも同一視しませんでした。私がいうのは、人々は容易に、「まあ、彼は大師とかマイトレーヤとか世界教師や何かと同一視した。」と言うかもしれません。でも、それは、同一視と呼ばれるものではなかった。それは、あなたが言ったように、同一視する自己がなかったんです。
スコットー全く一つの現象です。
メアリーーええ、そうです。そうです。昨夜、私は、メアリー〔・ラッチェンス〕が書いたばかりの小さな書物『若きクリシュナ（The Young Krishna）』に目を通していました。そして、〔クリシュナジの弟〕ニトヤが、〔クリシュナジが神秘体験において、気絶して、クリシュナが身体を去った後、残された〕幼児が自分に話しかけていたときについて話をする部分を、読み直しました。
スコットー〔神秘体験の〕「プロセス（the process）」の間に、ですね。
メアリーーええ。「プロセス」です。ニトヤは、小さな男の子が自分の母親に対してぺちゃくちゃしゃべりつづけて、自分のポケットに幾つかビスケットを持っていると言ったようを、書いています。あの部分を憶えていますか。それらをたくさん、彼は母親〔サンジーヴァンマ〕に話しました。それから、自分が彼女のクッキーの壺からそれらを盗んでいたことを、白状しました － 彼は「クッキーの壺」とは呼ばなかったんですが。どこせよ彼女がそれらを入れておいたところです。それで彼は、母親に言うべきだと思ったんです。なぜなら、彼女がたぶんそれを疑っていると思ったからです。ニトヤは、彼はとてもすてきな子どもだったにちがいないと論評します。おかしな形で、あの性格はやはりそこにありました。
スコットーそれが、他の著しい部分です。あの性格は、初期の写真に見られるように思われる、または初期の物語に聞かれるんですが、あの性格の多くはけっして失われなかった。
メアリーーええ。ありました・・・ありました・・・
スコットーでも、「人物」の継続性はなかった。
メアリーー彼は子どものような性質を持っていたと言われると、これは、八十歳代とか何かの人のことでしたが、それはどのようにも奇妙とか不適合ではなかった。子どもが持っているあの驚きがありました。彼は自動車や何かに興味を持つと、おもちゃを見ている子どものようでした。あの種類の・・・
スコットー単純な没頭をもって、ね。それは複雑ではなかった。
メアリーーええ。（休止）
スコットー（ため息をつく）このすべては、メアリー。クリシュナジが私たちにやるよう頼んだこと － 他の人たちに、彼がどのようだったかを伝えることは、完全に不可能

です。
メアリー―不可能です。
スコット―ただもう不可能です。
メアリー―八十歳とかそこらの人が何らかの形で子どもだ、とどうして言えるのか。あたかも彼は耄碌したか何かのように聞こえます…
スコット―私は、クリシュナジと散歩に行ったことを、思い出せます。彼は「年老いた人たち」について何か言い、それから自分自身を取らえ、自分が年老いていることを悟って - 自らが長年を生きてきたということですね。彼は笑いはじめ、それから、「いや、いや、本当に年老いた人たちは」と言いました。なぜなら、彼はそうでなかったからです。
メアリー―彼はそうではなかった。
スコット―彼はけっして年老いていなかった。(休止)
メアリー―心痛むことは、まさに〔人生の〕最後にかけて彼は、癌がどれほど悪いのか、それは不治だと知ったとき、「私は何かいけないことをしたかな。」と言ったことです。まるでそれは…'13
スコット―罰のような。
メアリー―…罰のような。または、自分は体を健康に保つために充分な責任を果たさなかった、と - それが彼の為すべき仕事だったのに、それをやり損ねた、と。私の心は張り裂けそうでした。(長い休止)それは…私は分かりません…これを伝えられるとは、私は思いません。私たちはやってみられるし、言葉を使えますが、誰かが直感的に拾い上げてくれないのなら、または、誰かがおそらく彼にこれの証拠を見て、私たちが言おうとしていることを認識しないのなら、さもなければ人々は、私たちが心酔しているだけの信奉者だと思うでしょう…
スコット―ええ。それもまた意味をなさないし…
メアリー―…クリシュナムルティについては、どの瞬間にも、ごくわずかにも感傷的なことは何もない。彼は完全にそれを嫌悪しました。それはただ…それは可能ではなかったでしょう。彼については何も、感傷的だと解釈されるべきではない。
スコット―ええ。まあ、そういうわけで重要なんです。そういうわけで、私はこのようなことに立ち止まりたいんです。なぜなら、これはふつうでないことだからです - 彼が自分自身を、完全にそれから分離して振り返ることのできたところ、です。
メアリー―ええ。
スコット―彼はいつもそうするように見えました。少なくとも、私は彼と接触していた時のすべて、彼はいつもそうするように見えました。

そして、関係しているように見えることですが、クリシュナジが自分自身の写真とか、私が撮った彼自身の最初のヴィデオとかを見ているのを私が見たとき、彼が見つめているのは、彼自身でもあり、彼自身でもなかった。そこには何もなく…
メアリー―彼はまた相当に - それは反感だったと言えるでしょうが、持っていて - 彼はいつもはそうでなかったんですが、私はしばしば彼の写真を机の上とかどこかに置きましたが、彼はよくそれらをうつ伏せにしました。(スコット、笑う)彼は必ずそうしたわけではないですが、歩いて通り過ぎるとき、ただそれをひっくり返して、何であれ自らのしていることを続けました。(スコット、さらにクスクス笑う)または、書物に薄暗い表紙に自分の写真が載っているなら、彼はそれを、何らかの形で見せないように、伏せてしまいました。あなたも知っているように、彼はめったにどの録音をも聞かなかった。
スコット―私は、彼がそれを聞くのを全く知らないです。
メアリー―私は初めてローマで、それに気づいたことを憶えています - そのとき、アラン〔・ノーデ〕がヴァンダ〔・スカラヴェッリ〕と私のために、講話の一つを再生していました。彼は部屋に入ってきて、問うような顔でそこに立っていました。そこにただ立っていて、二分ほど聞いて、かなり批判的なようすでした。それから消えてしまいました。
スコット―まあ、これは順序が前後しますが、あれは私たちが作った初めてのヴィデオ・テープで、クリシュナジはそれを見たいと思っていて、あの晩、〔スイスの〕サーネンの〔講話会場の〕テントに〔タンネグ山荘から〕降りてきました。そこでさてということで、彼は映像を見ました - 数秒間か、分かりません。そうとして、それから彼は配線を見たがりました。機械の裏を見たがりました。映像以外のあらゆるものを見たがりました。彼は、それが自分の映像だと分かったんですが、それで充分だったんですよね。でも、彼は他のすべてを見たがりました。
メアリー―それがどのように働くのかを見たがりました。
スコット―そのとおり。
メアリー―たぶん、そういうわけで彼は来たんでしょう。
スコット―彼は映像は見たくなかった。ええ、彼は機械の仕掛けを見たかったんです。ともあれ進みましょう。(メアリーの話を聴く)'14
メアリー―4月11日に、「私たちはアポロ13号が月へと飛び立つのを見た。」あれは彼が興味を持っていることでした。「昼食の後、クリシュナジとフィロメナと私は、〔ロサンジェルス郡西部の〕サンタモニカに行き、ジョン・ウェインの出た〔西部劇の〕映画『勇気ある追跡(*True Grit*)』を見た。(スコット、クスクス笑う)(メアリーもクスクス笑う)あれも彼は好きでした。
スコット―では、〔家政婦の〕フィロメナは時には、あなたたちと映画に行ったんでしょうか。
メアリー―多くはなかったけれど、時にはね。
　翌日、私は、「アラン〔・ノーデ〕に電話した。彼は飛行機でロンドンに行こうとしていて、6月に戻ろうとしている。リリフェルト夫妻とアラン・キシュバウ(Alan Kishbaugh)が午後4時に出版のことで来た。」
スコット―ああ、これがアラン・キシュバウの初めての登場ですね。
メアリー―ええ。彼はあれらの討論会にいました。私は忘れていました。
スコット―あなたの住宅での？
メアリー―ええ。そこが、私が彼に初めて会ったところです。彼がどうやってそこに来ていたのかは、忘れてしまいました。彼に訊かなくてはいけないでしょうね。でも、それらの討論会において彼は、あれこれを手助けしてくれそうに見える本当に唯一人の人物でした。
スコット―ええ。彼はあの頃、或る出版社で働いていました。
メアリー―彼は出版社で働いていました。それは、やれまあ、何でしたか。アメリカで当初、メアリー〔・ラッチェンス〕の書物を出版した人たちです。とても良い出版社です。今では名前を思い出せません。ともあれ、彼はそこの〔アメ

リカ〕西海岸での代表だったし、著者たちとかに対応していました。

　私たちはイングランドに行こうとしています。「13日の午後に、クリシュナジとリリフェルト夫妻とルス・テタマー、〔シカゴの実業家〕シドニー・ロスと〔ロサンジェルスの弁護士〕サウル・ローゼンタールと、午後3時に会合があった。クリシュナジと私は、いつものように夕食をとったが、そのとき、月旅行計画のアポロ13号の電気の故障があって、中止し、地球に戻らざるを得ないとのニュースが、来た。」

　翌日、「午後に若者たちが、クリシュナジと議論をしに来た。ラージャゴパルとヴィゲヴェノ夫妻から手紙が来た。そして、私たちが外に出ている間に、ミマ・ポーターから電話が来た。」

　15日に、「私は、シドニー・ロスと彼の弁護士、ワイアット氏に電話をして、話をした。ポーター夫人に話をした。整骨治療医が住宅に来て、クリシュナジと私にどちらにも治療を施した。」あれはよかった。

　17日に私たちは、1966年〔11月〕に撮られたNET〔全国教育テレビ〕の第4回〔の講話〕の録画を見ました。私はミマ・ポーターに手紙を書きました。

スコットーラージャゴパルはこれら手紙すべてをもまた持ちつづけていたと思うし、それで…

メアリーーああ、そうでないとは思いません。それから翌日、「ラージャゴパルはクリシュナジに電話を掛けてきて、「私を見捨てないでくれ。」と言った。」想像してみてください。ふーん。「短い会話だった。私たちは昼食をとった。晴れたすてきな一日だった。花々と鳥たちが庭を満たしている。〔隣家の〕アマンダ〔・ダン〕が午後1時30分にやってきた。私たちは〔家政婦の〕フィロメナにさよならを言って、空港へ運転した。クリシュナジと私は、午後3時のTWAのロンドンへの直行便に乗った。穏やかな飛行だったが、実質的に眠れなかった。」

　私に〔日記から〕これらを日ごとに読んでほしくないでしょう！

スコットーいえ、いえ、ほしいです。

メアリーーいいです。

　それで、これは19日です。ここには言います − 「クリシュナジと私は、午前10時30分にロンドンに到着した。ディグビー夫妻がクリシュナジを出迎えに来た。ドロシー〔・シモンズ〕が、〔自分の車〕ランド・ローヴァーでそこにいた − 私たちをブロックウッドに連れてもどるためだ。ドロシーは、これが初めての春らしい一日だと、言った。私たちはブロックウッドに到着した。そこにはスイセンが咲いていたが、樹々はまだ裸だった。邸宅はすてきに見えた。誰もが暖かい挨拶をしてくれた。私たちはちょうど昼食に間に合った。二人ともへとへとに疲れていた。〔ウェスト・サセックスの高地〕ブラックダウンのメアリー・リンクスに電話をした。アラン〔・ノーデ〕は、先の月曜日にサンフランシスコから飛んできて、そこにいた。午後はずっと眠った。」

　20日、午前に、「私は気分が悪かったが、後でましになった。疲れはてた。クリシュナジも同じ気持ちだ。午前に〔財団の責任者〕メアリー・カドガンが立ち寄り、昼食に来た。私は彼女に最新情報を伝えた。午後は眠った。私は少し荷物を解いた。クリシュナジと私は二匹の犬、バジャーとウィスパーとともに、散歩に行った。」

　翌日、私たちはまだ荷物を解いていました。「メルセデスは再稼働した。午後に私たちはお使いで〔ハンプシャー州の州都〕ウィンチェスターへ運転した。クリシュナジは私に対して、内と外で必要であり静かである変化について、話をした。」彼は、内で静かなことについて、いつも話していました。あなたも知っているように、彼の教えのなかでほとんど注意が払われていない要素 − 静かであることの本当の必要性です。それはもちろん空っぽなことです。

スコットーええ、内の静けさです。

メアリーー内の静けさ。

スコットーふむ、ふむ。ええ。

メアリーー彼はよくそれについて話をしました。たびたびね。

　はあー、翌日、〔日記に〕こう言います − 「静かな一日。私も静かだった。」（スコット、クスクス笑う）不幸なことに、私はそうあるべきほど静かではなかった。

　23日に、クリシュナジと私は〔北東方向20キロメートル弱の最寄りの都市〕アルトンに車を残して、「私たちは〔さらに北東方向の〕ロンドン行きの列車に乗った。アラン〔・ノーデ〕が出迎えた。それからアランとクリシュナジは二人とも、同種療法医、マクガワン博士（Dr.McGowan）のところに行った − アランによると、イングランドで一番の人だ。彼はクリシュナジに全般的な検査を行った。それから私たちは、ラペリティフに行き、そこでメアリー・リンクスとアランが、私たちとともに昼食をした。アランは、土曜日にローマに、後にカリフォルニアに行くことになっている。クリシュナジと私は、自然の書物を求めて、〔書店の〕フローラのところとハチャードのところに行った。それからピーター・キャンピオン博士へ、と。」その頃のクリシュナジの歯医者は、〔後の〕トンプソン氏でなく、ピーター・キャンピオン博士（Dr.Peter Campion）でした。「博士は、彼の膿瘍のX線検査をし、明日、結果が出る。それから私たちは〔セヴィル・ロウの仕立屋、〕ハンツマンに戻り、そこでクリシュナジはオーヴァー・コートの仮縫いをし、青のスーツ一着を注文した。私はスラックスを一つ注文した。私たちは、帰りの午後5時45分の列車に乗った。」

スコットーここで止めないといけません。テープが切れそうになっているからです。いいですよ。

メアリーーそれが4月23日でした。印になるように、ここにこれを置いておきましょう。

スコットーいいです。

原　註

1）1973年に出版された538ページのこの書物は、印刷されたなかで、クリシュナジの素材 − 講話、討論、対談 − を、一番取捨選択した集成である。
2）トム・ヘッゲスタッド（Tom Heggestad）は、アメリカ・クリシュナムルティ財団のアーカイヴス〔記録保管庫〕の創設を先導し、そこで働きつづけている。
3）アラン〔・ノーデ〕は、もはやクリシュナジの助手ではなかったが、自らがクリシュナジのためにしている仕事の一部分として、行事を組織する手助けを継続していた。
4）ジーン・フランソワ・デュブイ（Jean-François Dubuis）は、学校の年若い学生のとき、ブロックウッドのヴィデオ部門のために働きはじめた。彼は大学に進んだ後も、夏の間、そしてまた卒業した後も、その部門のために働きつづけた。彼の努力は、クリシュナジのヴィデオの録画のため、そしてそれらを多くの様々な言語に翻訳するために、必要不可欠だった。
5）これは、神智学の秘教的宇宙論での大師たちに、言及している。

6）1922年にクリシュナジに、初めて「プロセス」が起きた。その出来事の記述については、メアリー・ラッチェンスによるクリシュナジの伝記の第一巻『クリシュナムルティ ― 目覚めの歳月（*Krishnamurti: The years of Awakening*）』を見よ。

7）〔アメリカの映画制作者、脚本家〕ディヴィッド・O・セルズニック（David O. Selsnick）と結婚していた女優ジェニファー・ジョーンズ（Jennifer Jones）。

8）これはたぶん、1909年から1912年の間のいつかに言及している。

訳 註

*1 なお、自殺に関する「一つの章」ということでは、*Urgency of Change* にも見られる。

*2 ホームページ上ではここで指示された個所をクリックすると、メアリーの話が聞こえる。

*3 この集まりは、第35号、5月26日の個所で「大いなる白の同胞団」と呼ばれるものである。

*4 ホームページ上ではここで指示された個所をクリックすると、メアリーの話が聞こえる。

*5 原文はここから J.Krishnamurti ON LINE 上のヴィデオ録画 Attention leads to learning へリンクされている。以下、リンクの個所も傍点で表現している。

*6 第10号、第11号を参照。

*7 南カリフォルニア・カウンセリング・センターの創設者。Evelyne Blau（1995）には、ベンジャミン・ワイニンガーの談話が出ている。ワイニンガーを通した精神科医、心理学者との接触については、第35号の訳註を参照。

*8 カリフォルニア州中部にあるセコイア国立公園のことである。ラッチェンスによる伝記には、1941年と1942年の個所にそこへの滞在が記されている。そのとき、レストランはあまりに高価だったので、Kは一人で自炊したと言われている。

*9 原文 a meeting of the results of the January twenty-first meeting より冒頭部分の a meeting of を削除すべきか。

*10 原文はここから J.Krishnamurti ON LINE 上のヴィデオ録画 Understanding Meditation Requires Order へリンクされている。

*11 ラッチェンスによる伝記第二巻の1970年11月の個所（本著第17号）に、1925年以来、オーストラリアのシドニーを訪問し、港を見渡す11階のフラットに泊まった。そこから、港から出て行く大きな航空母艦を見て、「あれの艦長であるのは、どんなにすばらしいだろう。」と溜息をついたことが、出ている。

*12 かつて彼のまわりに組織された「星の教団」The Order of the Star に関する機関誌である。

*13 第89号、1月26日の記述を参照。

*14 ホームページ上ではここで指示された個所をクリックすると、メアリーの話が聞こえる。

第14号　1970年4月から1970年6月まで

序　論

この号においてメアリーは、クリシュナジが同時に幾つもの異なった水準で語っているし、また異なった水準でも生きていると自らが知覚したことを、取り上げる。

また、クリシュナジが、「対話」、あるいは対論においていつも探しているやりとりというのは、何を意味していたのだろうかについて、議論もある。

クリシュナジが、自らが少年のとき、なぜ条件づけられなかったかに対する関心が、「静寂」がそうされるように、探究される。

メアリー・ジンバリストの回顧録　第14号

スコット―私たちはまた、止めたところから、始めようとしています ― それは、1970年4月24日でした。

メアリー―いいわ。そうね、私たちはそのとき、ブロックウッドにいました。その日に私はパリに行き、オテル・プラザ・アテネ（the Hotel Plaza Athénée）に泊まりました。

スコット―〔パリ在住の〕あなたのお父さんに会うためでしたか。

メアリー―私の父に会うためでした。なぜなら、彼の奥さん、私の継母〔オリーヴ〕は重病であったからです。彼女はひどい様子でしたし、入院していました。だから、私はそこに泊まりました。

私は27日にロンドンに戻り、〔ロンドン西部の〕ヒースロー〔空港〕からロンドンの〔サウスバンクに近いターミナル、〕ウォータールー駅に行きました。メアリー・リンクスがそこで私を出迎えました。クリシュナジが3時に一人で〔ロンドンに〕やってきたとき、私たちは二人とも彼を出迎えました。ドロシー〔・シモンズ〕が彼を〔最寄りのアルトン駅から〕列車に乗せたんです。

私たちはみなウォータールーで会いました。（クスクス笑う）それから私たちは歯医者に行きました。彼はクリシュナジの歯にさらにX線〔検査〕をしました。そして…おやまあ！クリシュナジの歯をもう三本抜く必要性がありました。

スコット―おやまあ。

メアリー―歯医者は、マクガワン博士（Dr.McGowan）と協議して、報告することになっていました。でも、私たち

1970年のブロックウッドでの集会

が歯医者の待合室で待っている間に、メアリー〔・リンクス〕とクリシュナジと私は或る程度、〔彼女によるクリシュナジの〕伝記について話をしました。

それで、私たちはブロックウッドに戻り、ドロシー〔・シモンズ〕が〔北東方向20キロメートル弱の都市〕アルトン（Alton）〔駅〕で私たちを出迎えました。クリシュナジは、私がいない両日、私に宛てて書いていました。彼は私への手紙を持っていて、それはすてきでした。（二人ともクスクス笑う）

スコットー彼はあなた宛てに書いて、それからあなたが戻ってきたとき、それらをあなたにくれた、と。

メアリーーそのとおりです。

スコットーええ、いいなあ。

メアリーーええ。彼は、私がいないときはいつも、書きました。私は二日後に戻ってきたけど、二つの手紙をもらいました。二つの手紙です。

スコットーいいなあ。メアリーの〔書いたクリシュナジの〕伝記に戻ってよければ、彼女はどうしてそれを書くことになったんですか。

メアリーーメアリーは、〔インドのKの古い友人、〕シヴァ・ラオ（Shiva Rao）と連絡しあっていました。ご存じでしょう、シヴァ・ラオが〔クリシュナジの依頼によりその〕伝記を書くとされていました。彼はたくさんの資料を集めました。でも、それから、彼はあまりに病気と老齢などになり、できなかった。それでクリシュナジは〔文筆家でもある〕メアリー〔・リンクス（ラッチェンス）〕に、それを引き受けるよう頼みました。シヴァ・ラオは、自らが書いていたものすべてを、譲りました。さらに調査資料も、です － それはすっかり山ほど集めていました。彼はそのすべてをメアリーに譲りました。本当は礼節からだと思いますが、彼女は長い間、シヴァ・ラオと連絡を継続しました。でも、結局、できた書物は、本当にすべて彼女のものでした。なぜなら、〔文筆家の〕彼女はきわめて異なった文体を持っていたからだ、と私は思います。でも、あの日、彼は、しばしば話をしたことについて、たいへん多く話をしました － それは、なぜ〔神智学協会により発見され、育成され、崇拝された〕その少年は条件づけられなかったのか、そして何が彼を見守ったのか、です。他の日にも彼は、さらにそれについて議論したいと思っていました。彼はそこに繰り返し戻ってきました。それはとても … まあ、今、私はあれこれ読みとおして気づくのは、彼の教えは、私がいうのは彼の書いたものという意味ですが、私は幾つかのことを際立たせつづけています。それは、私にはずっと飛び出してきています － 誰もがみな、この空っぽさを持つことができるというこの必要性が、です。

スコットーふむ、ふむ。

メアリーー彼は、精神を空っぽにすることについて、多く話をしました。私がたぶん、メモ書きでそれに出くわしたところがあります － そこでは彼は、毎夜、眠りに就く前に精神を空っぽにしなさい、起きたこと、その日、没頭していたことを経ていきなさい、それを空っぽにしなさい、と言うのです。終了させなさい！と。それで、精神は翌日新たに始められるのです。もちろんこれは、私たちのほとんどがしようと思いもしないことです － まして〔現実に〕そうすることはありません。

スコットーええ。メアリー、これに関しては、二つのことがあります。〔人生の〕終わりに到るまで、私が彼を知っているときのすべてを通して、クリシュナジが興味を持っていたというのは、とほうもないです － なぜあの少年が、彼自身がという意味ですが …

メアリーーええ、ええ。

スコットー … なぜあの少年がけっして条件づけられなかったのか、です。私は、またクリシュナジが一度、自分自身について話をして、ブッダについて話をしていたのも、思い出せます。ご存じのように、彼においてはけっして一種の自我中心主義ではなかったが、彼はブッダのとほうもないことについて、話をしていました。でも、ブッダは条件づけられていて、それから自由になり、自らの条件づけから解放された。ところが、クリシュナジは、けっして条件づけられなかった。

メアリーーお分かりでしょうが、ただ今の大きな神秘の一つは － 本当にこれをごく真剣に受けとる人々において、それは神秘的でありつづけるだろうと、私は思うでしょう － 見たところ条件づけられていなかったこの人の、見かけのとてつもない事実または現象です。けれども、彼は多くの異なった次元に生きました。

スコットーええ。

メアリーー私がいうのは、私は彼との日常生活について、ぺちゃくちゃ言えますが、この人の無限の事実は、それがきわめて小さな役割を果たしたことである、と私は思います － 私がいうのは、私は実際には、彼が何だったかの総体において、推測しています。私がこの夏、〔クリシュナジの健康を診ていたインドの〕パーチュリ博士（Dr. Parchure）と話をしてきたことの多くは、古い、1930年代の初期の講話（記録の部分である著作集）を見ることです。そして、私たちの多くが著作において拾い上げそうにもない手がかりです。なぜなら、彼は何かを言うだろうが、それはもう一つの脈絡でははるかに深い意味を持っているからです。けれども、それは、私たちの脈絡において理解可能に見える。私たちは自らの水準でそれを理解します。でも、研究しつづけて、どのように彼が本当に証明しているのかが、分かるなら、それはもっと深い意義を持っている。または、その聴衆は理解しなかっただろうから、彼がその人たちとは深入りしなかったたくさんのものごとについて、とても強い手がかりがあるように見える。または、彼はそれに後で戻ってきて、深めたかもしれない。クリシュナムルティの研究は無限に微妙に見えます。

スコットーええ。でも、彼は本当は、これらの水準すべてで同時に生きていました － 彼が一つから他へと跳び越えているからではなく、時に彼が表現することは、異なった諸々の真実についてであったように、見えたからです。

メアリーーええ。彼は動いて … 彼はそれらすべてにおいて作動できるように見えました。

スコットー彼は一時に、それらすべてにおいて作動するように見えました － それもまた、私にとって … まあ、とてつもないことの一つは、クリシュナジが何ごとを － 一番世俗的なことさえも － するのを見守ることは、なんて魅力的であるかということでした。

メアリーーええ。

スコットー学校のビュッフェから自らの食べ物をもらうこととか …

メアリーーええ。彼がどのようにそれをしたのか。

スコット－・・・散歩に行くこととか・・・なぜなら、そこには・・・そこにはいつも抑揚があるように見えたからです － 働いている何かはるかに異なった意識について、これらすべての手がかりがあった。
メアリー－ええ。
スコット－彼がただ自らのサラダを取り上げていたということではない。それは何か・・・
メアリー－ええ。
スコット－・・・そういうわけで、私は座って、ただ彼を見守ること、一日中ただ彼を見守ることができたんでしょう。私はこれがあると思います － ほとんど、クリシュナジは、異なった種類の意味を持っている言語を、話しているかのようでした。
メアリー－まあ、持っていました。持っていました。
スコット－ええ。それはとても深遠な意味を持っていました。それは表面的な水準を持っていて・・・
メアリー－彼は言語を取り入れたものです － 〔例えば〕コンピューター。ただ働きつづけ、その地位を配置しなおしました。彼は古い言葉の代わりに新しい言葉を代用しました。でも、本当は、彼が話をしているのは同じことでした。
スコット－私たちがこの種類のことを話すとき、いつもまた、何が浮かんでくるのかは、ご存じでしょう － 私が心打たれることです。ほとんどそれは、クリシュナジがどれほど一人だったかということの痛みに、似ています。彼には、相性のいいどんな種類の人もいなかった。彼には、実際にいっしょに旅のできる本当の同僚が、いなかった・・・
メアリー－ええ。
スコット－・・・彼がどこに行こうと、ね。私が読んだものにおいて、彼はしばしば、誰かいっしょに行く人を、求めているように見えます。
メアリー－まあ、彼は求めていました・・・
スコット－誰一人、能力がなかった。
メアリー－・・・彼が誰かを探していた、または少なくとも、私たちが見つけることを願っていた意味では、ね。彼はディヴィッド・ボームについてそれを感じた、と私は思います － 二人が行けるだけ、彼は行っていた。でも、言ったものです － もっとある、と・・・
スコット－ええ。
メアリー－私は彼に言ったものです － 「クリシュナジ、あなたがただ話をできないんでしょうか。」と。彼は言いました － 「ええ。要るのは或る種の・・・」。彼は、「刺激」という言葉を使いませんでしたが、・・・
スコット－・・・共鳴。
メアリー－ええ。ただ聞き手、聴衆だけがいるのではない過程。あの意思疎通があるんです。分かるでしょう。私たちはここに互いに正対して、このキッチン・テーブルの両側に坐っています。私はあなたの顔から、私の言っていることが記録されつつあるのかどうかが、分かります。同様に彼は、相手の人物が何をつかんでいるかを、言えた、または言ったんです。ゆえに、彼は自らがそれを適切に説明したのなら、分かりました。
スコット－ええ。
メアリー－彼は講話でこれをしました。これを彼は私に語りました。彼は、聴衆のどこかに、付いてきているように見える顔を、見つけました。彼はその人物に語ることができた。話をしたんです － 必ずしも彼を常に見つめて、他の人たちを排除しているというだけでなく・・・
スコット－ええ。
メアリー－・・・でも、それは、興味・関心の温度、または彼が言っていることが、誰かに伝達されているのかを測る温度計に、似ていました － 誰かが彼とともに進んでいる、と。彼は言ったものです －「これに興味はありますか。」とか、「理解していますか。」とか、「あなたは私とともに進んでいますか。」とか言ったものです。彼はその相互関係の応答を求めていました。
スコット－ええ。
メアリー－彼がそれを得なくてはいけないということではなく、そのほうが容易くなりました。
スコット－これは、クリシュナジがまた、対話ということにより意味していたことだと、私は思います。
メアリー－ええ。
スコット－話しかけている相手の人が、一部分を形成します － 彼らが聞くこと、彼らが理解することが、表現されることの一部分を、形成します。
メアリー－ええ、ええ。たぶんそういうわけで、〔実際には〕彼が話のすべてをしていたけれども、彼は聴衆に、これは対話だと言ったのでしょう。
スコット－ええ、そのとおり。
メアリー－でも、あの音波探知機〔音波〕が出て行って、〔その反射が〕戻って来ていた － それは、どうにか彼の話の歩みを整えました。言い換えるなら、彼はそれに再び入らなくてはいけないのなら、または、彼がどのように前に進んで、それから折り返し、その道を一部、戻ってきて、それから少し前に進もうとするかの、あの奇妙な様式 － 傍らでは、果てしない数字の8のように、です。
スコット－ええ。
メアリー－ゆえに、彼はまた挑戦をも必要としました。彼は、誰かに自らに挑戦してほしかった － それにより、彼は自らの知覚とそれを表す自らの言語を、さらに深く掘り下げるでしょう。
スコット－ええ、これは部分的に・・・それは、クリシュナジがこれなしでは洞察を、または知覚の深さを持たなかった、ということではない。これを表現へ形成するには、これらのことを伝達へ、言葉へ形成するには、誰か聞いている人、誰か理解している人が、必要でした。彼は、この伝達が働くのか働かないのかを、試せました。だから、あたかもクリシュナジが必要としたということではなく・・・
メアリー－まあ、たぶん私たちはこれについて不合意しないでしょう。でも、私は表したいように思います － それは、彼がそこに坐って、何だろうがそれへ無限に入っていく距離全体を見た、ということではない・・・誰がそれを分かるでしょうか。それは、話をし、これを持つためには・・・彼は何かを伝達しつつあったから、自らがそれを適切に伝達しているのかどうかを言い当てるには、何かを取り戻さなくてはならなかった。でも、同時に、質問の挑戦により、彼はさらに深く見ることになった。それは、彼がそこに坐って、そうですねえ、海洋全体を見ていた、ということではない － 彼は、疑問の挑戦に答えるように、自らの知覚の力へさらに深く入らなくてはならなかった。そして、彼がそこから持ち出したものにより・・・それは、或る種、刺激されたさらなる一歩になった。
スコット－ええ、ええ。

メアリー――それは、それは、うーん・・・
スコット――これはとても重要です。なぜなら、私がしばしば考えたのは、クリシュナジは・・・私はそれを確信していますが・・・クリシュナジは新時代の先駆けだったということです。ブッダが新時代の先駆けだったように。
メアリー――ええ、私もそう思います。
スコット――この新時代の役割は、そこで究極的な真理を見つけられる道です。ところが、ブッダはこれを孤独な冥想をとおして行ったし、それから教えを設けたように見える・・・
メアリー――歩みを・・・
スコット――歩みを、です。でも、それはまた教師と学徒たちでもあります。どうにか教師は弟子に教えるだろうし、だから、それは伝えられた。ところが、クリシュナジは本当は言っていた － 私たちが従事しようとしていて、私たちがつかみそこねているこの過程、すなわち、対話とか呼べるものは・・・でも、とてつもないことは、二人の人たちが、どちらも悟りを開いていないのに、この探究の過程により － 私はクリシュナジがすべての講話においてそれを実証したと感じるのですが － この過程により、彼らは、究極的な真理に出会えた、ということです。
メアリー――ええ。
スコット――それは、私が知るかぎり、宗教的な文献において前例がない。それは全くとてつもないことです。クリシュナジは、この対話について、話しつづけました。私は、彼がそれを実証しつづけたと感じます。私はまた、クリシュナジは、前に自らの見たことが何でもそれを捨てつづけたとも、感じます。それはいつでも捨てられ、止められて・・・
メアリー――彼はけっして人々に、それを過程に変えてほしくなかった。
スコット――ええ。
メアリー――彼は、あなたに起きていることを、否定的に見るよう言っているときさえ、向こうに何があるかを見ようとするな、と。にもかかわらず、人々は「ああ、そうです。私は気づかなくてはいけない。」と言いがちです。まあ、人々は、彼が気づきということで何を意味しているのか、見当も付かないんですね。私は、彼が気づきということで何を意味しているのかを、知りません。でも、私は読み、話すことなどから、それはただキッチンに座っていること、テーブルの上の花々、私がここに座って考えようとしていることに、気づくだけより、無限に深いことを、知っています。
スコット――ええ。
メアリー――また彼は、求めているように見えます・・・私は、〔Kのインドの主治医〕パーチュリ〔博士〕とともに、変異について、クリシュナジがそういうことにより何を意味していたかについて、話をしていました。パーチュリ〔博士〕は、何が原因になって変異を引き起こすのか、科学の言ってきたことを、探してきました － 外的な生命においてこのことが何であるかを見ようとして、です。言い換えるなら、科学的に、です。それはほとんど医学的で、遺伝子についてです － 見つけられた遺伝子的なことのすべてと、それがどのように働くか、です。そして、クリシュナジがいつも言っていたこと、それは、常なる変化と流れであるし、それは本当は生のそれです。私がいうのは、私たちがここに座っていながら、二人とも組織的に様々な形で、そして心理的に変化しつつある、という意味です。そして彼は、気づきと見守ることとこれらすべてのことについての話し方すべてによって、人々を導き入れようとしようとしていたと、私は思います － 思考はけっして流れではないというあの知覚に、です。言い換えるなら、思考のことが起きた。それは過ぎた。それは、今では静止して過ぎた何かの反映である。そして、人々を、心理的な変化が起こりうる状態に、導き入れるには － なぜなら、変異は明白に、心理的な変異であるからです。こういうわけでまた彼は〔特にその晩年に〕、頭脳について、脳細胞の知覚の反響について話をすることにも、関心をもったのです － 遺伝子的な変化について、さえです。科学がこれらすべてのことに追いつく前に、彼はずっと遡ってこれらすべてを予見するように見えました － すなわち、それは、何か人間の潜在的可能性が一歩一歩開くことではなく、進化である、と。私は、他に何と言うべきかを、知りません。それは心理的に「さらに進むこと」です。私たちは、何であれ或る期間にわたって、物理的に進化してきました。でも、今、生存のために何が必要とされているのか。そして、それは生存に関することの一部分です。可能である変異と、次の・・・人間たちがしているべきことは、心理的に変異することです － それは、条件づけにより縛られていないこの状態に、入ることでしょう。私たちが99パーセントの時間に生きていて、或る形で私たちが、考えることにより永続化させる水準のすべてから、です。なぜなら、私たちは考えて話をするからです。私たちは、自らの脳細胞にもっと多くのデータを付け加えつつあります － それは実は、そこが自己が生きるところです。自己はそれを続けたいし、空っぽにすることに抵抗し、それを脅かすものに抵抗します
スコット――ふむ、ふむ。
メアリー――私は知りません。私はここでたくさんの解釈をしているかもしれません。または、これはあまりに・・・
スコット――いいえ。
メアリー――でも、分かるでしょうが、読むのは魅力的ですね・・・ほとんど彼の行間を読むことは・・・
スコット――ええ。
メアリー――・・・解釈なしでもないが、彼がこれを言い、あの水準ではあれを言うのを見ることは、彼が言おうとした意味です。でも、他に何が・・・これらのことの深みは。
スコット――ええ、ええ。
メアリー――人々は、彼が言っていることのとほうもない深さを、悟らない。
スコット――ええ。
メアリー――時にはとても単純に聞こえます － そこが人々の引きつけられるところです。なぜなら、単純だと彼らは思うからです。そうではない。測量不可能です。（メアリーの話を聴く）
スコット――ええ。ここに戻りましょう。メアリー。なぜなら、クリシュナジはこの疑問を問いつづけたからです － なぜあの少年はそもそも条件づけられなかったのか。それから、それを、クリシュナジが言った他の何かと結びつけましょう － それは、電球を発明するには、一人のトーマス・エジソンが必要なだけだということです。
メアリー――ふむ、ふむ。
スコット――その後の誰もが、スイッチを弾きさえすればいい。

メアリー――ええ。（クスクス笑う）
スコット――クリシュナジの役割には何かがあります。そして、いかなる理由のためでも － それらは別世界的であると仮定できるだけですが － 彼は、条件づけられなかった。ゆえに、この条件づけられていない状態から語りつづけ、条件づけられていない状態から私たちの条件づけられた状態の私たちみんなへ、伝達しつづけることができたという事実、です。
メアリー――ええ。
スコット――この伝達を、私は、条件づけられていないものから条件づけられたものへと呼びましょう。この対話の過程は、この変異を助長する、または奨励する、または援助する潜在能力を、持っていました。彼が、まあ、彼がその変異を経たとは言えません － なぜなら、彼はほとんど変異して出発したようなものですから！（二人とも笑う）彼はしばしば自分自身のことを変種（a freak）と呼びました。
メアリー――すでにそうであるものへは変異できないわ。
スコット――そのとおり。ええ、そこから変異していく何かでなくてはいけない。
メアリー――ええ。二つの〔別々の〕ものです。
スコット――そのとおり。それで、これは却って、ここでこの転換を出発させたこのことへと結びつくと、私は感じます － すなわち、クリシュナジは、なぜ「あの少年」がけっして条件づけられなかったのかに、関心を持っていたということです。なぜなら、それはただの好奇心ではなく…
メアリー――ええ。
スコット――…分かるでしょう。「ああ、なぜこの少年がそうだったのかを知るのは、すてきだろうな…」と。でも、それは、この変異した頭脳について、教えの核心に絶対的にある何かに、深く関係しています。彼こそがトーマス・エジソンだったのかもしれません。私たちは、ただスイッチを弾くことができるのかもしれません。ところが、私たちはそれをしない！
メアリー――（クスクス笑う）そのとおりです。
スコット――それで、どうやら、何であれ彼をトーマス・エジソンにできたものはたぶん、私たちがスイッチを弾くことができることに、直接的に関係している、と見えるでしょう －〔すなわち〕電気についてのこの容易さに、または、条件づけられないとか、空っぽの精神を持つこととかの容易さに、です。見えることは、どうやら、教えすべてについて、クリシュナジが欲望・願望と愛と冥想と死について言ってきたすべてのこと、そのすべてについて…何かとてつもないことがある…静寂について、です。
メアリー――ええ。
スコット――そして、クリシュナジが戻りつづけ、ほぼ他のあらゆることより重要だと見える空っぽということ、です。
メアリー――ええ。
スコット――この静寂は、クリシュナジがそこから話したところの精神の状態に、直接的に関係している、と見えます。それはまた、条件づけを持たないことに、そして、彼がしばしばそれについて話したこの対話の過程に、直接的に関係していると見えます。
メアリー――ええ。
スコット――クリシュナジは、なぜこの少年は条件づけられなかったのかについて、話をしていた間に、しばしば、ほぼ同じ文章で、あの若い少年はどのようにそういう空虚な頭脳を持っていたかについて、話をしたものです。だから、それにも関係しています。
メアリー――ええ、ええ。
スコット――どうにか空虚さが、彼が条件づけられなかったことにおそらく貢献したことなのか…
メアリー――ああ、そうです！
スコット――…または、たぶんそれは、彼が条件づけられなかったことの反映です。どちらが先に来るのかは、分かりませんが…
メアリー――それは条件づけへの抵抗ではなかった。なぜなら、彼は何にも抵抗しなかったからです。彼は、それはただ自分を通り過ぎるだけだと言いました。お分かりでしょう、〔周囲の〕彼らは、これらのことすべてを〔少年の日の〕彼に語りました。あの時点では〔生まれである〕バラモンの生活の重い条件づけ、です。
スコット――ええ、そして〔見出されてからは〕神智学と…
メアリー――それから神智学です。彼はそれとともにやっていきました。私がいうのは、彼は…
スコット――ふむ、ふむ。ええ、彼は反逆しなかった。または、…
メアリー――ええ。正反対に、彼は〔1905年にＫが満9歳の時、亡くなった〕母親〔サンジーヴァンマ〕と寺院に行くのが大好きでした。
スコット――ふむ、ふむ。
メアリー――事実、彼は〔南インドの〕リシ・ヴァレーでは自分一人で寺院に行きました。そこには、或る山を上がったところに、何か寺院がありました － 彼はその山に登って、そこに行ったものです。そこは荒れはてた寺院か何かだったと、私は思います。だから、彼はそれを受容もしなかったし、これらのどれにも抵抗もしなかった。これらについて、人間としてのクリシュナジと彼の教えのどちらについても、熟考すればするほど、どちらもとてつもなくなる。
スコット――ふむ、ふむ。
メアリー――私たちがそれらを理解するとかそれが見えるのを妨げているのは、私たちの近視眼だけです。
スコット――ええ。
メアリー――でも、それを悟ること、それを知ることは重要だと、私は思います。「ああ、そうだ。これが、これが彼の言おうとしたことだ。私はこれを理解している。」とけっして言わないことが、ね。
スコット――ええ、ええ。
メアリー――それはただ、この窓に入ってくる光に、似ています。「私は今、多くの光を持っている。私はそれを得た。」とは言えません。
スコット――ええ、ええ。
メアリー――それは生きています。そこにあります。（メアリーの話を聴く）

　まあ、今、私たちは4月28日に来たと思います。クリシュナジは、書物の諸章を口述しつづけました。それには前に触れましたよね。それから歯医者が電話をしてきました。彼はやってきて、ここブロックウッドで歯を抜こうと言いました。
スコット――まいったな！
メアリー――ええ。彼はその日、来ようとしていなかったが、それが言われたことです。そうですね、私たちは〔イングランド南部、ハンプシャー州の州都で、西方向の〕ウィンチェ

スターに行って、幾つか暖かい手袋等を買いました。
スコット ─ ウィンチェスターでは、どこでそれらを入手したんでしょうか。ジーヴス・アンド・ホークス（Jeeves and Hawks）で、ですか。
メアリー ─ ああ、知っています。もはやそこに無い場所です。いや、ジーヴスではない。そこには、すてきなセーター、クリシュナジの好きなものが、ありました ─ 襟のところが巻き上がって、長い袖のものです。
スコット ─ ああ。
メアリー ─ それで、そこが私たちの行ったところです。それから私たちは、小道すべてを歩き回って、戻ってきました。知っているでしょう、ウィンチェスターから戻る途中のブロックウッドの裏手の、です。
スコット ─ ええ。
メアリー ─ クリシュナジはそうするのが好きでしたし、私も大好きでした。

翌日、クリシュナジは、「もう一つの章を口述した。私たちは出版について、メアリー・カドガンに、そしてメアリー・リンクスにも、話をした。メアリーとジョー〔・リンクス〕は翌日、〔イタリアの〕ヴェニスに二週間、行くことになっていた。」また言います ─ 「午後にクリシュナジ、ドロシー〔・シモンズ〕と私は、ピーターズフィールド（Petersfield）を越えて、かなりの田舎へ運転し、そこで散歩した。」まあ、私は今、それがどこにあるかを、正確に知っています。なぜなら、私はクリストファー・フライ（Christopher Fry）に会いに出かけていくとき、あの道路を行くからです。そこに、私たちが散歩をした野原があります。私は後でそこに行くとき、発見しました ─ 「ああ、そうだ。そこが私たちのいたところだ。」と悟ったんです。
スコット ─ ああ、いいなあ。
メアリー ─ なぜなら、そのときにはドロシーが運転していて、私は本当に、自分がそのときにどこにいるかを、知らなかったからです。

30日には言います ─ 「〔アメリカの〕ニクソン〔大統領〕は〔ヴェトナム戦争の中で、その隣国〕カンボジアへ派兵する。クリシュナジはもう一つの章を口述した。私たちは散歩に行った。」

5月1日に、「またもやクリシュナジは午前に口述した。午後にキャンピオン氏（Mr.Campion）と看護婦が到着し、彼らは客間に設備を整えた。キャンピオンはクリシュナジの左下の臼歯を二本抜いた。とても容易く抜けた。幾人かのインド音楽家たちが、クリシュナジのために学校へ演奏しに来たが、彼はそれを少し聞くほど、気分がよかった。彼はベッドに行って、流動食の夕食をとった。」彼は、いつのときも歯で苦しんでいました。或る歯医者がかつて言ったように、それらはもう擦り切れていたんです。
スコット ─ ええ。
メアリー ─ 翌日、「クリシュナジは相当に気分がよかった。彼は昼食に起きてきて、私とともに〔東方向の〕ピーターズフィールドへお使いに行った。私たちは散歩に行った。」
スコット ─ でも、歯医者が邸宅に訪ねてくるのは、かなり異例だったにちがいないですね。
メアリー ─ 分かっています。まあ、憶えておいてください。これは、何年も前のことです。私たちは1970年のことを話しています。（スコット、笑う）別の文明！別の社会ね！医療従事者は必要なら、訪ねてきました。（スコット、もっと笑う）もうないわ！

3日に彼は、学生たちに話をしました。
スコット ─ やれまあ、二本歯を抜いた後で。
メアリー ─ ええ。4日には言います ─ 「ついに春の日だった。」だから、かなり寒かったにちがいないわ。（クスクス笑う）「午前に〔夏の〕サーネン〔集会のため〕の会合があった。私たちは野原を越えて散歩に行き、小道に降りた。樹々からツタを取り払うのを始めた。」

彼は、樹々からツタを取り払うのに、とても熱心でした。
スコット ─ 知っています。
メアリー ─ ええ。それで、たくさんツタを刈り取りました。いまだに困っています！
スコット ─ 知っています！それは私の物語の一つでもあるんです。なぜなら、後年に彼と私が散歩に出かけようとしていたとき、私たちは隣近所の樹々からツタを取り払ったものです…
メアリー ─ （クスクス笑う）知っています。
スコット ─ …それは必ずしも、求められたことではないんです！（二人とも笑う）それで、私は或る時点で、ゲイリー（Gary）に、樹々の幾つからツタを取り払うよう、頼みました。あまりに茂っていたからです。彼はそのとき、庭園の主任でした。
メアリー ─ ええ。
スコット ─ ゲイリーは、「まあ、樹々を全く痛めないし、蝶々にとっては良いんです。」と言いました。私は他には何も思い出せません。私がクリシュナジにこれを報告したとき、クリシュナジは、私が完全に狂っているかのように、私を見つめて（メアリー、クスクス笑う）、「見えないの？樹々を絞め殺そうとしているのが見えないの？」と言いました。（メアリー、笑う）まるで、彼は、それを好まない樹々から、直接的な意思疎通をしているかのようでした。私は、ただ樹々に〔直接的に〕訊ねることができたとき、科学、生物学や園芸学の助言を求めて、何をやっているのか、と。
メアリー ─ ええ。
スコット ─ 実際にそれは意味がありました。でも、私は自分で思ったのを憶えています（笑う）─ 私は、ただ樹々を見つめて、「そう、もちろん、樹々はこれを望まない。」と洞察を得るというより、これについて現存の知識を得ようとすることにより、後でこれを完全にやっておいた、と。
メアリー ─ そうねえ、私は今日まで、樹を通り過ぎて、ツタがあまりに強すぎないなら、ツタを掴んで引きはがせるなら、そうしますよ。
スコット ─ ええ、ええ。（二人とも笑う）
メアリー ─ 意味があるわ！
スコット ─ ええ、意味があります。私もそれをやり続けています。

5日と6日に私はロンドンに行きました。クリシュナジは二日目に来ました。「いつものお使い。」ああ、「私たちは〔ロンドン最大の繁華街〕ピカデリー（Piccadilly）のコーディングス（Cordings）というところでレイン・コートを探した。」
スコット ─ ああ、そうです。もちろん。
メアリー ─ あそこを知っているの？
スコット ─ ああ、そうです！
メアリー ─ 「それから昼食にラペリティプへ。良い昼食。」と、ここ〔日記〕には言います。「私たちはハチャーズ（Hatchards）で本を、ピールズ（Peale's）と〔服地店の〕

W．ビル（W.Bill）でセーターを買った。午後4時にキャンピオン氏のところに着いた。お分かりでしょうが、抜けた歯のところがどうなのかを見るため、です。ここには言います－「午前の列車で私たちは、神聖さは何か、そして神聖なものにとって自由は何かについて議論した。」残念ながら、その内容は憶えていません。「後でクリシュナジは、1月に自分のメルセデスを〔スイスから〕イングランドに持ってきて、私のを売るという考えを持った。でも、それから彼は考えを変えました。なぜなら、彼は小さいのを持ってきたいと思わなかったからです。

さて、8日に来ます。「学生の会合。そこから教育に関するテープを造った－6月にフィンランドで教育会議に用いられることになる。」

翌日、ジェームス・ブロヅキィ（James Brodsky）がクリシュナジにインタビューを行って、昼食に留まった。サラルとディヴィド・ボームが、週末のためにやってきた。

10日に、クリシュナジは午前に学生たちに話をした。私は、ブロックウッドへの奨学金のために、イギリス〔のK信託〕財団が募金をしようとすることについて、ボーム夫妻とシモンズ夫妻に、話をしました。明らかに、それはできなかった。

インドによると、11日はクリシュナジの75歳の誕生日だった。ここには言います－「彼はそれを払いのけてしまうので、学校ではそれへの言及はなされなかった。彼は午前に書物の口述をつづけた。彼はメルセデスをきわめて周到に洗った。」（二人ともクスクス笑う）「彼は洗車をした後、もう充分だったので、私は一人で散歩に行った。」（もう一度クスクス笑う）それが彼の75歳の誕生日でした。（二人とも笑う）

翌日、私たちはロンドンに行きました。私たち一人一人の仮縫いのために〔セヴィル・ロウの仕立屋、〕ハンツマン（テイラー）に、それから歯医者に・・・

スコット－ハンツマンはその頃、とても速く仕事をしています－二つの仮縫いをしているのであれば・・・

メアリー－ええ。一ヶ月の内にね。

スコット－・・・二週間です。

メアリー－ええ、二週間です。まあ、その頃はすべてが違っていたんですね。（スコット、笑う）あなたは若いから、別の時代があることを、悟らないのよ。（二人とも笑う）でも、私はよく憶えているわ。さて、これは、ハンツマンが私〔の女物〕にはあまりうまくやろうとしていなかったことを、私が悟った日です－彼らもそれを悟りました。それで、彼らは私にヘウィット氏という人（a Mr.Hewitt）の名を知らせてくれました－彼は今ではもう存在していません－私は、ツィードのスカートのために、彼のところに行きました。（クスクス笑う）

スコット－彼はすぐ近所にいましたか。

メアリー－ええ。

スコット－ギーヴス・アンド・ホークス（Gieves and Hawkes）の近くですか。

メアリー－彼は、まあ、その頃、上手でした。彼は、うーん、何というのかな、得意にしていました。（クスクス笑う）ともあれ、ヘウィット氏はちょっと後に姿を消しましたが、すてきなものを作るすてきな丸顔の人でした。それから私たちは、アペリティフで昼食をとり、それから〔歯医者の〕キャンピオン氏のところに行きました。クリシュナジは、〔抜いた歯の〕ブリッジを合わせてもらいました。その間、私はフレンズ・ホール（the Friends Hall）に行って、駐車場の下見をしました。なぜなら、講話が近づいていたからです。それから私たちは運転して帰りました。クリシュナジは、〔ロンドンの南西43キロメートル、サリー州の〕ギルフォード（Guildford）から〔西へと〕ブロックウッドへ運転しました。晩には、「私たちはテレビで、ロジャー・ケイスメント（Roger Casement）の裁判についてのBBC（イギリス放送協会）の番組を見た。クリシュナジはそれを少し憶えていた。」たぶんあなたは、ロジャー・ケイスメントが誰だったのかを、知らないでしょう。

スコット－知りません。

メアリー－彼は、〔イギリスからの独立を求めた〕アイルランドの愛国者で、とても著名でした。利発で、聡明で、全く際立った人でした。彼は、第一次世界大戦でドイツの味方をしたかどで、裁判に掛けられて、反逆罪で処刑されたと思います。見たところ、その時、ものすごい感情がありました。なぜなら、彼は反逆を企てる人ではなかったからです。思うに、彼はとても著名な人でした。でも、クリシュナジはその裁判を憶えていました。

それで、14日に彼は学生たちへもう一度、話をしました－「愚かさは何なのか、そして先入観は何なのかについて。そして、雨にも関わらず、午後に彼はメルセデスを洗って、それから私たちは散歩に行った。」（二人ともクスクス笑う）

翌日、「クリシュナジは、〔K信託〕財団とブロックウッドの機能と未来について、〔財団の〕会報（The Bulletin）のために口述をした。」

16日に、「クリシュナジと私は、午後11時30分に発って、ロンドンへ運転し、ピクニックの昼食を持っていった。それは〔ロンドン中央部の西のリッチモンド・パーク（Richmond Park）で食べた。」あの頃、私たちはたくさん運転しました。駐車することが可能だったからです。食べた後で、「私たちは午後2時に、〔古い友人の〕バインドレー夫人（Mrs.Bindley）のところに行った。クリシュナジは一時間眠った。それから彼は、フレンズ・ホールに行って、そこで第1回のロンドン講話を行った。ホールはほぼいっぱいだった。私たちは楽に運転してブロックウッドに戻った。交通量もなかった。彼はさほど疲れなかった。」

翌日、「何人かオランダ人訪問者が来た。クリシュナジは学校について彼らと議論した。」長年にわたって、オランダでクリシュナムルティ学校を始めたいと思っているオランダからの人たちがいましたが、それはけっして叶わなかった。

18日に私の日記は言います－「邸宅はまだオランダの人たちでいっぱいだ。〔若い建築家の〕ドナルド・ホッペンがカリフォルニアから戻った。午後には学校で、〔アメリカの〕NET〔全国教育テレビ〕の1966年〔11月〕の講話の三部のうち、第一部の上映があった。」－彼の講話がかつて録画された最初のものです－「クリシュナジは再び車を洗った！」（クスクス笑う）「カナダ放送協会のタラ・マッカーシー女史という人（a Miss.Tara McCarthy）が、」とかいうような人ですが、「やって来た。クリシュナジのインタビュー録音をしたがっている。」

19日に、「クリシュナジは、〔財団の〕会報（The Bulletin）のための声明を、口述した。オランダ人はみんな立ち去った。邸宅は再び静かだった。私たちは野原を越え

て散歩し、小道から戻ってきた。再び樹々からツタを刈り取った。私は〔パリの〕父から、妻が亡くなりつつあるとの電話をもらった。それで、私はニューヨークの弟〔バド〕に電話して、飛行機で来るよう頼んだ。私も行くだろう。」

翌日、水曜日、「クリシュナジと私は、ロンドンに運転し、ディグビー（Digby）家に行った。そこでクリシュナジは休んだ。それからネリー〔・ディグビー〕を連れて、私たちは、午後7時の第2回のロンドン講話のために、フレンズ・ホールに運転して行った。」

スコット——ええ。ディグビー夫妻は、〔一人住まいで高齢の〕バインドレー夫人のごく近くで生活していたからです。

メアリー——ええ。三区画ほど離れただけです。ここには言います——「講話は彼にとって悪くなった。彼は講話が進まないと感じた。答えの期間はましになったが、聴衆はまったく良くなかった。私たちはディグビー家に戻り、夕食をとった。クリシュナジと私はそこで夜を過ごした。」

「私たちは翌朝、ディグビー家を発って、メアリー・リンクスを拾った。クリシュナジは、〔歯の〕ブリッジを見てもらうよう、歯医者の予約を取っていた。その時間にメアリーと私は、車に座って話をした。クリシュナジが終わったとき、私たちはメアリーを、ラペリティフでの昼食に連れて行った。それからさらに〔紳士服の仕立屋〕ハンツマンに行った。その後、私たちは本を求めにハチャーヅに行った。クリシュナジは、トゥルーフィット（Truefitt）で散髪をしてもらった。その間、私は自分のエア・フランスのチケットを取ってきた。それから私たちは運転して、ブロックウッドに戻った。クリシュナジが、〔ロンドンの南西43キロメートルの〕ギルフォードから、残りの道のりを運転した。」

まあ、次の二日はこれら〔クリシュナジの記録〕にとって肝要ではありません。私は、父と危篤の継母〔オリーヴ〕を訪問して、パリにいました。

25日に、「私は飛行機で戻った。ブロックウッドに着いたとき、すてきな暖かい日だった。クリシュナジは車を洗っておいた。」（クスクス笑う）「私たちは〔敷地内の〕木立に、そぞろ歩きに行った。」

27日に、再び私たちは、車でロンドンに行きました。リッチモンド・パークでピクニックをして食べました。クリシュナジは午後ずっと、〔古い友人の〕バインドレー夫人のところで休みました。私はメアリー・リンクスとお茶に行きました。それから戻ってきて、クリシュナジを午後7時の第3回の講話のために、フレンズ・ホールに連れて行きました。今回はとても良いものだった。私たちは〔ロンドン南西部の広い草地、〕ウィンブルドン・コモン（Wimbledon Common）で、帰る途中の車で手早くピクニックの夕食をとり、午後11時過ぎてブロックウッドに到着しました。あまりに遅かった。

翌日、私は〔イギリス訪問中の実の〕母に会いにロンドンに行きました。それから、ディグビー家での出版委員会の会合に、行きました。

30日にクリシュナジと私は、正午にブロックウッドを発って、運転中にサンドウィッチの昼食をとり、午後2時に〔ロンドンの〕バインドレー夫人のところに着いた。クリシュナジは休んだ。それから私たちは、フレンズ・ホールでの、第4回で最後のロンドン講話に行った。とても良いものだった。真っ直ぐブロックウッドに運転して帰った。

31日には、一日中、ディグビー夫妻、〔ベルギーの実業家〕ヒュヘス・ヴァン・デル・ストラテン、ディヴィッド・ボーム、ドロシー・シモンズと私との〔財団〕理事会が、あった。

クリシュナジの枯れ草熱が、6月1日に始まりました。彼はその日は内に留まっていなくてはなりませんでした。翌日と翌々日も。それでもなお、〔南インドに1954年まであったフランスの旧植民地〕ポンディシェリ（Pondicherry）から来たジャニー・ピンソン（Jannie Pinson）というフランス人女性に、面談を行いました。

6月4日に、クリシュナジと私は、ロンドンでのすてきな日々の一日を過ごしました。私たちは〔仕立屋、〕ハンツマンに行き、それから私は仮縫いにヘウィット氏（Mr. Hewitt）のところへ、それからカシミアのタートルネックを求めてW. ビル（W. Bill）へ、下着を求めてデミエルズ（Demiel's）へ、行きました。それからいつものように、ラペリティフでの昼食のために、メアリー〔・リンクス〕と会いました。再び歯医者に行き、その間、私は枯れ草熱の治療薬を探しました！それから私たちは（クスクス笑う）——これはおもしろかった——ボードン・ストリート（Bourdon Street）のマレ（Mallett）に行きました。そこは古美術商です。そこで私たちは、18世紀の美しいイタリアのテーブルを見ました。それから、デイヴィス・ストリート（Davis Street）のもう一つの店で、刺繡で作られた樹々の大きな絵画を3枚、見ました。それらは階段に掛けてありました。彼が私の後ろにいたのを、憶えています。私たちはどちらも、これら刺繡の樹々を見上げていて、彼は、（ささやき声でまねして）「ああ、あれはとてもすてきだ。」とあの種の声で言いました。

スコット——ええ。

メアリー——そういうことで、私たちは階下のものを入手することになったんです。クリシュナジはロンドンでは気分が良かった。そこでは彼の枯れ草熱が少なかったからです。ともあれ、私たちはハンツマンに戻りました。彼は私に2枚スカーフをくれました。それから私たちは列車で戻りました。

5日に、メアリー・リンクスがやってきました。私は早い列車の彼女を出迎えました。彼女は〔クリシュナジの〕伝記の〔執筆の〕ために、クリシュナジに面談しました。私はそれをテープに録り、加わっていました。後でクリシュナジは、疑問を追求しなかったことで、そして、彼が言いたいことや言いたくないことを推し量ろうとしていたこと、私自身の疑問を編集していたことで、私をたしなめました。彼は、「その少年」の裏にあるのが何だったのか、そして、あるとして、どんな力が彼を見守るのか等を、自分自身では明言しなかったけれど、私たちに探究させようと駆り立てているように見えました。メアリーは昼食に残りました。私たちは〔敷地内の〕木立を散歩し、ハンカチノキを見て、話をした。フランシス・マッキャン（Frances McCann）が滞在のため到着した。ディグビー夫妻は週末のために来た。またフィンランドのご婦人たちと、〔南アフリカ出身の〕ジョアン・ライト（Joan Wright）がここにいる。（長い休止）これを通してずっと、私の弟〔バド〕は〔パリの〕父のところにいました。父は、自分の人生が終わったことを話していました。

6日に、「ミツバチの巣がボール紙の箱で二つ届いたが、昼食の後、クリシュナジとドロシーとセバスチャンは、それを果樹園の新しいミツバチの巣箱に、置いた。クリシュ

ナジは後で、「いま、ここは本当の場所だと感じるよ。ミツバチがいるんだ。」と言った。」(二人ともクスクス笑う)「ミツバチはすばらしいものだ。」と彼は言いました。あなたも知っているように、彼はオーハイではミツバチの世話をしていました。

スコット－ええ。

メアリー－ええ。それで、彼はミツバチをとてもうれしく感じました。(またクスクス笑う)

「4時に彼は、およそ200人の招待された人たちのための討論会を、行った。それは大きな部屋で行われたが、彼はほぼ暴力について話をした。後で彼は、ザリック夫人(Mrs. Zarick)に〔個人〕面談を行った。私は〔財団の〕会報(The Bulletin)について、シビル・ドブソン(Sybil Dobson)とディグビー夫妻に話をした。夕食が外の芝生の上で振る舞われた。雲のない暑い一日だった。」

7日に、「クリシュナジは大きな部屋で、第2回のグループ討論会を行った。ヴィデオ・テープに撮られたが、画像は欠陥があった。後で私たちは、芝生でピクニックの昼食をとった。とても暑い一日だった。」

翌日、「クリシュナジは、枯れ草熱にもかかわらず、散歩に行った。とても暑かった。」

ここに、9日には何かがあります。「クリシュナジは、冥想には異なった何かがある、と言った －〔神智学協会の〕古い用語法では、イニシエーションと叙述されていたようなことには、だ。」

スコット－異なった何かですか。

メアリー－それがどういう意味なのか、私は知りません。憶えていません。ああ、私はこの時点で、適切な広汎な憶え書を付けていませんでした。でも、7月に入ろうとしていますし、そこでは付けました。

翌日は10日です。私は〔内装業者〕ポール・アンステー(Paul Anstee)とともに、ロンドンのフルハム・ロード(the Fulham Road)へ家具を漁りに行きました。あれはいつもおもしろかった。私たちはフルハム・ロードからさまよい出て、どこでも古美術商に入りました。私たちはまた、古美術商フェアー(the Antique Dealers' Fair)にも行きました。私はクランクス(Cranks)で昼食をしました。それからクリシュナジのズボンを、ハンツマンに持って行きました。

翌日はそれほど暑くなかったので、クリシュナジは車を洗いました！(二人ともクスクス笑う)

6月12日、ああ、これはすてきな日です！「昼食の後、クリシュナジと私は運転して、お茶のためにトラヴァース宅に行ったが、〔東方のサリー州、〕ドーキング(Dorking)の外で土砂降りに遭った。車は30分以上立ち止まってしまった。私たちは最後にそこに着いた。ジニー(Ginny)とビル(Bill)が四人の子どもたちと、そこにいた。お茶を頂いた。」まあ、これは言えるでしょうね。だから、読み上げなくてもいい。私は〔元女優で児童文学作家〕ジニー・トラヴァースから聞いていましたが…後世のために、トラヴァース夫妻が誰なのかを、説明しましょうか。

スコット－ええ。

メアリー－まあ、トラヴァース夫妻は、ヴァージニア・マッケンナ(Virginia McKenna)とその夫ビル・トラヴァース(Bill Travers)で、二人とも俳優です。私は彼らを長年の間、知っています。彼らがどちらも、〔私の亡き夫で、映画制作者の〕サムがロンドンで昔にやった映画で演技して以来です。彼らは子どもたちと、ドーキングの近くで生活してきました。彼らはアフリカで、『野生のエルザ(Born Free)』という映画を、作りました －〔人に育てられた後、野生で〕自由になるよう教えられる雌ライオンのエルザについての、です。それで、彼らは結果として、ライオンだけでなく動物すべてについて、情熱的な関心を持っていました － それは彼ら二人にとって、ほとんど職歴になっています。後では、彼らの子どもたちの何人かも、です。でも、これは1970年に戻っています。見たところ、起きたことは、彼らが或る日、ロンドンにいて、キングズ・ロードを歩いていった、ということです。ジニーは衣服か何かのために或る店に入って行き、ビルはぶらついて古美術の店に入りました。そこには若者がいました。彼は販売員で、そこにいて、彼のことを認識し、「トラヴァースさん、裏にはあなたが興味をお持ちになるようなものがあると思います。」と言いました。それで、ビルは、テーブルかデスクか何かを見ようと期待して、裏に入っていきましたが、その代わりに若いライオン、若い雄ライオンを見ました。ビルは、「どこでこれを得たんですか。」と言いました。若者は〔デパートの〕ハロッズ(Harrods)です。」と答えました。その頃はクリスマスの時分に…

スコット－ええ、ええ、ええ。憶えています。

メアリー－たぶん今日でもそうだと思えるんですが、ハロッヅは、あらゆる種類の異国情緒の変わったものを、顧客に売り出したものです － このライオンの子を含めてね。この若者は、これに恐怖をおぼえ、それでライオンの子を買って、育てたんです。でも、今ではかなり大きくなっていて、ロンドンのキングズ・ロードの古美術商の裏で飼うことは、難しくなってきました。見たところ、ビルは「どのように管理するんですか。」と訊きました。若者は、「まあ、キングズ・ロードを行くと、教会の教区管理者代理がいます。彼は、私がこれを夜時に墓地に連れて行くのを認めてくれるので、運動させられるんです。」と言いました。(二人とも笑う)まあ、この結果として、ビルとジニーは、そのライオンの運命を引きうけて、ドーキング近くの自らの場所で飼いました。そこは、この日、6月12日にクリシュナジと私が、ライオンを見に行ったところです。本当に見ました。私たちが裏に出て行くと、庭園には、高い有刺鉄線の柵がついた囲い込みが、ありました。そこにはこの若い雄ライオンがいました。そこには、おもちゃの一種として、大きなゴムのタイヤがありました。クリシュナジは即座に中に入ってライオンに触れたいと思ったんですが、ジニーとビルはどちらも、「いや、だめだと思います。」と言いました。ジニーは、「私たちは中に入れます。なぜなら、彼は私たちに慣れているからです。でも、あなたはそうさらないほうがいいでしょうね。」と言いました。それで、私たちは外に留まっていました。ビルが中に入っていき、餌を与えました。本当に、なぜ彼らが気をつけているのかが私には分かりました。なぜなら、彼らの子どもたちの小さい方の一人が － 四歳ほどでしたが － 小走りにやって来て、私たちとともに柵の外側にいましたが、ライオンはそれを見て、即座に内側から追いかけはじめたからです。

スコット－ふむ、ふむ。

メアリー－両親は、「分かるでしょう。私たちは彼らより背が高いから、人間たちは幾らか尊敬を受けると彼らは考え

るのよ。でも、小さな子どもは、ライオンの心では餌食です。」と言いました。

　ともあれ、クリシュナジはそれを見て、喜びました。「それらを見た後で、私たちは運転して、〔東から西へ、ウエスト・サセックス州の〕ビリングスハースト（Billingshurst）、ペトワース（Petworth）、ミッドハースト（Midhurst）と〔ハンプシャー州の〕ピーターズフィールド（Petersfield）経由で、戻った。クリシュナジの枯れ草熱は、豪雨の中ではましだったが、ブロックウッドはまだ一カ月の日照りつづきの途中だ。彼は夜にたいへん多く咳をした。ちょっと彼の気管支に移ってしまった。」

　13日と14日の週末には、「ディグビー夫妻が週末に来た。私たちは、枯れ草熱の新しい治療法のために、医師のマクガワン氏（Mr.McGowan）に電話した。午後にクリシュナジは第3回のグループ討論会を行って、それはヴィデオ・テープに撮られた。大きな部屋はいっぱいだった。」これらのテープはどこにありますか。

スコット　分かりません。

メアリー　翌日、彼は第4回のブロックウッド討論会を、行いました。〔インドの外交官で友人の〕ナラシンハ（Narasimhan）が昼食に来ました。私たちは西ウィングで食べました。私たちは短い散歩に行きました。後で（休止）、クリシュナジは、自らが〔世を〕去ったとき、私が仕事を続けるのかどうかを、訊きました。「あなたはこれら〔教え〕を聞いてきました。」と。

　6月15日は、「クリシュナジは、BBC〔イギリス放送協会〕テレビのカラーのインタビューを行う」ことに過ごしました。「彼は、BBCの宗教部長オリヴァー・ハンキン（Oliver Hunkin）から質問を受けた。シャーレー・ドゥ・ボーレイ女史という人（a Shirley du Boulay）が番組の制作者だった。」あれは憶えています。応接室でのことでした。

　17日に、「私たちはロンドンへ〔仕立屋、〕ハンツマンに、それから、クリシュナジの〔歯の〕ブリッジを調整してもらうために、歯医者に行った。それから私たちは、メアリー〔・リンクス〕と彼女のフラットで昼食をし、〔彼女が書いているKの〕伝記のためにクリシュナジの若い時期について議論を継続した。〔ドイツ製の〕ウーヘル（Uher）が」－それはあの頃の私のテープ・レコーダーでした－「動かなかった。それで、私はメモ書きを付けた。クリシュナジは、帰りの列車で疲れを感じた。戻ったときにはすっかり気持ちが悪かった。彼はたくさん咳をした。熱はなかったが、彼はいくらか錯乱した。彼は、「彼は街に行くべきではなかった。誰が彼を見守っているんですか。彼は身体を離れてしまった。いや、いや、そうではない。」と言った。」

スコット　クリシュナジの、言ってきたところの、「去ってしまう」ことについて、少しの間、話していいですか。

メアリー　ええ、「去ってしまうこと」ね。お分かりでしょうが、彼はその日、具合が良くなかったし、〔ロンドンへの遠出など〕あまりに多くをしたんです。彼が「去ってしまう」ということについて初めて私に語ったとき、彼は「私は熱があると、これが起こるかもしれない。」と言いました。

スコット　ここには、興味深くて予想外の相互関係があります。なぜなら、この「去ってしまうこと」は、元来、何か霊的とか何か宗教的なプロセスと関連づけられましたが、同時にそれは、病気のために起こるかもしれなかったからです。

メアリー　ええ。〔スイスの〕グシュタードでそれが私に起きたとき、彼が去ったとき、それは熱でした。そう、「クリシュナは行ってしまった。」とね。

スコット　ええ。それはどうであれ、普通ではないんですが、何か霊的なことは、病気により引き起こされるとは、通常、考えられていません。

メアリー　ええ。でも、気絶を思い出してください。彼が私たちに対して、気絶について、…

スコット　ええ。

メアリー　…そして、気を揉むべきではないのを、語ったときです。それはしばしば、何か物理的な緊張の後に、起きました。疲れているのか、あるいは…

スコット　緊張して。ええ。

メアリー　…または、緊張したり、または、彼が口にあの嚢胞を持っていた〔ので、局所麻酔剤を使用し切除した〕とき、です。私たちはそれに入ったと思います。そして、彼は帰るとき、車の中で気絶しました…

スコット　ええ。

メアリー　…三回だと思います。クリシュナジは、それは身体にとって暴力に似ていると言いました。見たところ、病気や熱、特に熱は。〔スイス、〕グシュタードのとき、彼は言いました－「もし私は…もし私の熱が上がると…」

スコット　それは本当にまるで、身体を離れるこのことがすぐにも起きようとしていたので、そのため一番小さな弁解〔理由〕でも、身体はこれを保てなかったかのようです…

メアリー　身体が大きな緊張のもとにあるとき、そしてまた、病院でもそれは起きました。そうね、身体が緊張のもとにあるとき…手術または熱からか、または、たとえ…

スコット　ふむ、ふむ。

メアリー　…彼の唇の小さなものからでも、クリシュナは身体を離れたものです。クリシュナは行ってしまいました。そして、残された小さな生き物は…

スコット　小さな人物は…

メアリー　ええ。今回、それが子どもの声だったことを、私は憶えていません。お分かりでしょうが、彼はその日、列車で〔ロンドンに〕行きました。それからハンツマンに行きました。それから歯医者、それからメアリー〔・リンクス〕との昼食、議論です。彼は列車で疲れていて、私たちが戻ったとき、病気でした。彼はたくさん咳をしました。ここには、「熱なしでも、彼は幾らか錯乱した。彼は「彼は街に行くべきではなかった。誰が彼を見守っているんですか。彼は身体を離れてしまった。」と言いました。それから彼は、「いや、いや、そうではない。」と言いました。それが何を指しているのか、私は知りません。

スコット　ふむ、ふむ。

メアリー　彼は後で説明しましたが、気絶は、何かを休めるために一種、身体を離れることでした。

スコット　何かを休めるため？

メアリー　ええ。彼はそうは言わなかった。引用ではありません。でも、あれは…彼は一度、ロンドンから飛行機で到着した後、気絶しました。アパートメントで気絶しました。

スコット　どのアパートメントでですか。

メアリー　ニューヨークで私がとった〔前の義理の妹の〕アパートメントでした。私たちはそれを飛ばしました。私はそれに触れたとは思いません。彼は、私が62番街にとっ

たアパートメントで気絶しました。ええ、私たちは空港からやってきました。私は彼に、彼の部屋などを見せていました。そして彼は気絶しました。或る意味、それは疲労でした。でも、彼は、自らが信用する人たちといるとき、気絶しただけでしょう。公衆の面前では気絶しなかったです。[4)]

スコット─ふむ、ふむ。

メアリー─それで、私たちは最後にそこに着きました。私は彼を、或る種、奥の部屋、中心の部屋に連れて行き、それがどこにあるかを見せました。ああ、彼は窓のそばに立っていて、気絶しました。

スコット─彼は床に倒れましたか…

メアリー─（ささやき声で）ええ。彼は床に倒れました。私は彼を支えるほど素早くなかった。私はよそを向いていたか、何かでした。あのとき、私は用心していなかった。他のときはいつも私は…何かでいつも私は用心していたんです。

スコット─用心していたんですか。

メアリー─ええ。でも、それは或る種の緊張からの緩和です。

スコット─では、何かの形での癒しですか。

メアリー─ええ。

スコット─あなたは、クリシュナが去ってしまい、彼は戻ってくるとき、彼は幾らか強くなっていることを、想像するんでしょうか。または、ああ…

メアリー─私は知りません。私は、それが何なのかの想像さえもできません。

スコット─でも、それは癒しですね？

メアリー─ええ、そう見えました。それはあたかも時々…まあ、これもまた推量です－あたかも、彼は身体から離れていることが必要だった、と。そしておそらく、これらのことが眠った彼に起きるとき、あれが起きているのであって、これらふしぎな種類の冥想のことはご存じでしょう。そこでは…私は知りません。それはすべてただの推量です。

スコット─初期のプロセスの幾つかのことにはあるんですが、それはまるで（休止）クリシュナが身体から離れているとき、他の力が身体に何かをしているようです。

メアリー─ええ。

スコット─それらは頭脳に何かをしています。それらは何かをしていて…

メアリー─ええ。それは、「クリシュナ」にあれを取っておくためです。

スコット─それは、「クリシュナ」にあれを取っておくためです。で、或る形でそのときあれは、それをこの病気と結びつけると、言えるでしょうね。なぜなら、身体が良くない間に、クリシュナが離れているなら、そして、身体が何によってでも癒されるなら、そのときクリシュナが戻ってくるからです。そのとき、病気と霊的な領域との間に、等式があるのです。

メアリー─ふむ、ふむ。そうかもね。私たちは、それを何かに合わせてしまわないよう、気をつけなければなりません。

スコット─ええ、そうしてはなりません。賛成です。でも同時に、これらすべてのことは言わなくてはいけません。なぜなら、未来の人たちは推量するだろうからです。で、私たちは自らの知っていることを言えるし…

メアリー─まあ、私たちは今、推量しています。私たちは本当に、何が起きたのかを知りません。私たちが言えるのはただ…私たちは、起きたことと言われたことを、叙述できます。

スコット─そのとおり。

メアリー─それらが唯一の事実です。

スコット─ええ。でも、私たちは言えます－クリシュナジは後で強くなったとか、わずかに癒されたとか、いうようなことを、です。それは、何か意義深いことです。

メアリー─ええ。それは…私は、またもやこれは私だけなのかもしれませんが、私は、車での気絶は、起きたとき、特に〔第4号で扱った〕あの一回目のパリ〔滞在〕の後でのそれは、まるで…それは一休みだったと感じます。

スコット─ふむ、ふむ。

メアリー─一休みで、ゆえに回復させる、と。

スコット─ふむ、ふむ、ふむ。

メアリー─それは或る種の…

スコット─軽減ですか？

メアリー─ええ、軽減です。でも、あれは…誰に分かるでしょう。

スコット─ええ。

メアリー─翌日、18日、「クリシュナジは初め、よろめいて弱かった。一日中ベッドに留まったが、昼食の後で気分が良くなった。彼は読書し、テレビを見た。私は彼の胸にカオリン湿布剤を付けた。応接室のために新しい青のソファーが来た。〔ロンドンで見た〕刺繍の樹々も。私の継母はパリで昏睡状態だった。」

19日に、「クリシュナジは一日中、ベッドに留まり、再び湿布剤を付けて、休んだ。でも、そのときには咳が少なくなっていた。」

翌日、「彼は4時までベッドに留まったが、それから大きな部屋で討論会があった。彼はか弱いが、はるかに良い。今日もまた暖かい一日だった。芝生でピクニックの夕食があった。」

21日に、「彼はブロックウッドで第6回の討論会を行ったが、その他ではベッドに留まった。」

22日に、「私は家具を求めてロンドンに行ったが、クリシュナジは内に留まった。」それから、しばらくの間、何も大したことはありません。私は〔継母の見舞いに〕パリへ飛んで行かなくてはいけなかったからです。だから、おそらくはここで終わるべきでしょう。

原　註

1) シヴァ・ラオは、神智学の日々の少なくとも20年代初めから、クリシュナジを取り巻く人たちの一部分であった。

2) ゲイリー・プリムローズ（Gary Primrose）は、長年にわたってブロックウッドの庭師のトップだった。

3) 木立（the Grove）は、ブロックウッドの1エーカー〔、4047平方メートルほど〕の観賞用の木立であり、壮麗なシャクナゲとアザレアの茂みとアカスギ（redwood）の樹々がある。

4) これはふしぎに見えようが、私はこのことを幾度も聞いた。それはあたかも、彼にとって危険になったり、有害になったりしそうな時には、何かが彼を気絶することから保護していたかのようである。

訳　註

*1 これは、史実を中心とした伝統的、保守的な仏教の立場である。大乗仏教はそれとは異なった解釈を示す。

*2 和訳者の友人で、Kの晩年にブロックウッドにいた清水由美子さんからは、学校の食堂でみんなに先に行かせて、一番最後に食べ物を取るさまが非常に印象深かったとの話を、うかがったことがある。

*3 このことは、Kの晩年に関する記述にも繰り返し現れており、そのような相手がいないことが語られている。第85, 86号を参照。

*4 ホームページ上ではここで指示された個所をクリックすると、メアリーの話が聞こえる。

*5 同様な例として、ラッチェンスによる伝記第二巻の1962年の個所には、ローマの或るジャーナリストが、Kはそのままに生まれたのであり、他の人たちは彼の意識の状態を達成できないのではないかと言ったのに対して、Kは、「クリストファー・コロンブスは帆船でアメリカに行った。私たちはジェット機で行ける。」と答えたことが記されている。

*6 ホームページ上ではここで指示された個所をクリックすると、メアリーの話が聞こえる。

*7 原文はここから Jiddu-Krishnamurti.net 上の講話書き下ろし Beyond Violence Part III Chapter 2 へリンクされている。

*8 原文はここから Jiddu-Krishnamurti.net 上の講話書き下ろし Beyond Violence Part III Chapter 3 へリンクされている。

*9 花粉症と同様の、眼や鼻、喉の炎症であり、枯草から空気中に飛散する粒子を原因とする。

*10 ミズキ科の落葉高木。

*11 ラッチェンスによるKの伝記第二巻の1942年の個所には、アメリカでは戦時下で食料不足、石油規制もあって生活費が上昇した。Kとラージャゴパル夫妻はオーハイで野菜を育て、牝牛と鶏を飼い、交替で搾乳し、ミルクとバターを作ったこと、ミツバチを飼い始めたことが出ている。

*12 神智学協会で大師に弟子が受け入れられ、進化していく儀礼とされており、それには四つの等級が考えられていた。ラッチェンスによるKの伝記第一巻の第3章「発見」の末尾には、神智学協会に関して次のように述べられている ―「第一のイニシエーションでもそのための資格は、ほぼ人間の達成を越えていると思われた。すなわち、完全な身体的健康、絶対的な精神と身体の清浄さ、目的が無私であること、普遍的な慈善、生きものすべてへの慈悲、誠実さと、緊急時での勇気、移りゆく世界を構成するあらゆるものごとをただ理解するが、穏やかな無関心であること、だ。」という。第四に到達したものは、アラハット（阿羅漢）と呼ばれ、仏教における四向四果の設定と類似している。ちなみに、ラッチェンスによる伝記第一巻1925年12月の個所で、レッドビーターはKに対して、「まあ、〔他の人たちはともあれ〕少なくともあなたはアラハットだ。(Well, at least you are an Arhat.)」と述べているが、和訳本が「まあ、あなたは少なくとも阿羅漢〔の位〕だ。」と誤訳している（〔〕の中は筆者による）のは、東アジアで小乗の阿羅漢の上に独覚、菩薩を置くような三乗に関する説明に惑わされたものと思われる。

また、Kの写真と回顧の著作 A.Chandmal (1984) には、Kが保護について語った次のようなことが記されている ― 或る団体（神智学協会）では、或る段階で弟子は大師よりイニシエーションを受けるが、大師は、あなたのイメージを描き、あなたのあらゆる情動、思考、行為がそこに反映される。それで、大師はあなたを見守ることができる。もう一つの段階では、二人の者（「天使」と呼ばれる）があなたを保護する。でも、その力は引き寄せるなら、弱くなる。何も危険なことをしてはいけないし、この種のことではよく気をつけなくてはいけない。保護されているとき、善と同じく悪も強調されるから、と。彼はこのときとても真剣であり、ふしぎな雰囲気が溢れた、とされている。

*13 第4号を参照。

*14 第4号にも論及されており、記憶ちがいだろうか。ただしそこでは、ニューヨークの62番街ではなく61番街とされている。

*15 Kaolin は陶土、磁土を意味する。

*16 ジャーナリストでもあり、国会議員をも務めた。

*17 rhododendron は、ツツジ、シャクナゲ、サツキなどシャクナゲ属の植物をいう。

*18 azalea はツツジ属の植物である。

第15号　1970年6月から1970年8月まで

序　論

この号は、メアリーの言うところの〔日記のうち〕「大きな本」の効果が見られる、初めての回である － すなわち、彼女が定期的に付けた大きなページの日記であり、それにより彼女は、どの日についても、好きなだけ書くことができた。クリシュナジからの直接的な引用が多くなっているし、クリシュナジへの彼女の日々の観察の詳細が多くなっている。

結果的に、この号には〔英文で〕通例の20数ページの素材があるが、ほんの2ヶ月少しを扱っているだけである。

メアリーは、クリシュナジがものごとを楽しむことの感染しやすい性質について、興味深い叙述を提供している － それは、クリシュナジとメアリーがともに過ごした時間の大部分であった。

メアリー・ジンバリストの回顧録　第15号

メアリー―では、6月20日が私たちの止めたところですが、そこから24日までには、あまり報告すべきことはありません。24日にさえも、クリシュナジについては何もありません（もちろん、彼が〔個人〕面談を行っていたことを除外します）。ですが、私はその日に父に会うためパリに飛びました。父の妻、私の継母がきわめて良くなくて入院していました。〔弟の〕バドはすでに、ニューヨークからそこに飛んできていました。私は25日にブロックウッドに戻りました。

私たちのやった初めの際だったことは、27日のことでした―そのとき、「私たちは〔東方向のサセックスの高地〕ブラックダウン（Blackdown）に運転して行って、メアリーとジョー〔・リンクス〕とともにお茶を飲んだ。私たちは散歩をし、すてきな時を過ごした。クリシュナジは「楽しもうよ。」と言った。（二人ともクスクス笑う）「私たちはそうした。おもしろかった。」ものごとがすてきで、楽しめるとき、彼はすばやくものごとを楽しみました。彼は味わってそれに入りました・・・「味わって」ではない。間違った言葉だわ。その響きは・・・

スコット―・・・気楽にすばやく。

メアリー―ええ。一種の子どもらしさね。私は、子どもの頃より〔年齢的に〕はるかにかけ離れていた人に、この「子どもらしさ」という言葉を使いつづけます。でも、彼はやはり、あの開けひろげの、すてきな性質を持っていました―すてきな、どの出来事にも気楽にすばやく入るのよね。

スコット―ええ。それは真実です。

メアリー―それで、彼を喜ばせたくなりました・・・

スコット―ええ。

メアリー―・・・なぜなら、彼が何かを楽しむのを見ることは本当に、私にとってわがままな楽しみでした。

スコット―ふむ、ふむ。

メアリー―うれしいことね。

スコット―そこは完全に理解します。ええ。

メアリー―彼の反応のせいで、あの歓びもありました。

スコット―そのとおり。彼のせいで、私たちもそれに入れ

ました。
メアリー　ええ。
スコット　ところが、さもなくば私は…何ですか。私たちは飽き飽きするとか、うんざりするとか…
メアリー　そのとおり。
スコット　…錯綜していて…
メアリー　ええ。
スコット　…クリシュナジはそれらすべてでなかったし、私たちもそうでなかったらいいなと思うことのすべてです。
メアリー　彼はそのつもりなしに、自らの歓びに引き込んでくれた、というか。
スコット　ふむ、ふむ。
メアリー　だから、あの種の驚きと楽しさを分かち合えました。
スコット　ええ、ええ。
メアリー　ええ。
　それで、6月30日に、「私たちは、ブロックウッドを発って、〔ロンドンの南東、イースト・サセックス州の海辺の街〕ヘイスティングス（Hastings）へ運転した。それから〔さらに東のケント州の〕リド（Lydd）へ。そこで、前にしたように、車を空の便でフランス〔北部パ・ド・カレー県〕のル・チュケ（Le Touquet）へ渡した。クリシュナジはその半分ほどの道のりを運転した。」
スコット　ヘイスティングスへ、ですか。
メアリー　リドへ、です。ええ。「私たちはさらにもう少し〔南東に10キロメートルほど行った〕モントルイユ（Montreuil）に行った。」私たちはそこに数多く泊まったことがありました。「モントルイユのシャトー（the Château de Montreuil）に泊まった。」そこはとてもすてきなホテルでした。城を小さなホテルにしたんです。前に銃眼付きの胸壁をもっていて、ちょうど海沿いにあります。
スコット　いいなあ。
メアリー　「夕食の前に私たちは胸壁沿いに散歩した。海風が吹き込んでいた。すてきだった。私たちはダイニング・ルームで楽しい夕食を取った。」そうでした。「私たちは141マイル〔、約225キロメートル〕運転していた。」ここには言います。(二人ともクスクス笑う)
　「私たちは翌朝発った。」7月1日です。「〔北部、パ・ド・カレー県の〕アラス（Arras）経由で自動車専用道路〔で南〕に行き、午後1時頃にパリに着いた。私たちは〔有名レストラン、〕トゥール・ダルジャン（the Tour d'Argent）で父と昼食をした。」
スコット　ああ、クリシュナジはそこでお父さんとももとに昼食しましたか。
メアリー　ええ。
スコット　お父さんはクリシュナジのことをどうお考えでしたか。
メアリー　分かりません。父は言いもしなかったですが、クリシュナジの存在を評価していました − 彼の優美さ、彼の衣服への美しい趣味、彼の作法、それらを、です。それを越えて、どういうことなのか、彼は知らなかった。
スコット　もちろんです。
メアリー　でも、彼は彼のことが好きでした。彼はあまり表現豊かな人ではなかった。もし誰かを好きでないなら、口を閉ざしてしまいましたが、彼は〔クリシュナジに〕感銘を受けていました − 明らかに、どれほど感銘を受けるべきことがあるかを、知らずに、です。でも、彼は、彼がきわめて抜群な、際だった人であることは、当たり前だと受け取っていました。
スコット　ふむ。
メアリー　それで、「私たちはパリを発って、〔フランス中北部セーヌ・エ・マルヌ県で、フォンテヌブローの森に隣接する〕バルビゾン（Barbizon）のオテル・ベー・ブロウ（the hotel Bas Bréau）に行った。」私たちは前にそこに泊まったことがありました。「私たちは前と同じ部屋部屋をとった。それらはとてもすてきだった。」そこは別館の少し階上にありました。とても静かだった。「私たちは森の散歩に行き、部屋に上がって晩餐をいただいた。」食事を持ってきてもらえましたが、すてきでした。
　翌日、「私たちはバルビゾンを発って、〔フランス中央部、ヨンヌ県の〕サンス（Sens）へ運転した。そこで私たちは地図で、小さな黄色の道路を取った。」あれら小さな田舎の道路です…
スコット　ええ。
メアリー　…「曲がりくねった道を行った。私たちは〔パリの南東に進み、フランス北部、オーブ県の〕トロワ（Troyes）に行った。トロワを過ぎて、私たちは〔同じくオーブ県の〕ポン・サント・メリー（Pont Sainte-Marie）のオステリエ・ポン（the Hostellerie Pont）で昼食をした。私たちは〔フランス中央部、ロワール・エ・シェール県の〕ショーモン（Chaumont）に向かってさらに進んで、最後にプランエ（Prangey）に来た。そこで私たちはシャトー・デ・プラニエに部屋を取っておいた。」そこはあまり良くなかった。「食べ物があまり良くなかった。」私たちはそこがあまり好きでなかった。私はこれらのことすべてを、ミシュラン〔ガイド〕より取り出しました。
スコット　もちろんです。
メアリー　でも、あれは、うまく行かないごくわずかなことの一つでした。「私たちは進みつづけた。」翌朝、3日です。「〔フランス東部の〕ディジョン（Dijon）、〔スイスに隣接するジュラ県の〕ドル（Dole）、ポリニー（Poligny）とシャンパニョル（Champagnole）をとおり、そこでグラン・ドテル・リポト（the Grand Hotel Ripotot）ですてきな昼食をする。」あなたはそこにいったことがありますか。
スコット　いいえ。(メアリー、クスクス笑う) シャンパニョルはあります。でも、グラン・ドテル・リポトはない。
メアリー　ええ。「それからさらに、〔スイス国境を越えて、ジュラ山脈の裾野にある山村〕サン・セルグ（Saint-Cergues）経由で進み、」分かりますか、峠を越えます。
スコット　そのとおり。
メアリー　「〔スイス、ヴォー州、レマン湖畔の〕ニヨン（Nyon）へ、そして〔レマン湖の南西の端、〕ジュネーヴへ降り、そして古き良きオテル・ドゥ・ローヌ（Hotel du Rhône）へ。」
スコット　ええ！(クスクス笑う)
メアリー　「私たちは二人ともスイスに、そしてジュネーヴに来たことを喜んだ。」そして当然ですが、私たちはホテルに入ったとたんに、持ちものを置いて行きました。どこだか分かりますか。
スコット　(笑う)〔時計店の〕パテク・フィリップです。
メアリー　パテク・フィリップ！
スコット　もちろんです。

メアリー―「私たちは私の腕時計とKのモントレ・デ・ポシェ〔、懐中時計〕を掃除してもらうために、置いていった。」それからどこに行ったのか。
スコット―〔ネクタイの〕ジャケ（Jacquet）にです。
メアリー―ええ、もちろん！（二人とも笑う）自分の道筋は知っているわけです！「そして、私たちは、選んで一番良いネクタイを作ってもらうようにした。そして、ヴァンダ〔・スカラヴェッリ〕に話をした。彼女はすでにグシュタードにいた。」

翌日、4日、「クリシュナジは午前ずっとベッドに留まっていた。私はお使いに外へ出た。午後に〔インドの外交官で友人の〕ナラシンハン（Narasimhan）が…」私のいうナラシンハンが誰のことか、知っていますね。
スコット―ええ。あなたは前に彼のことに触れました。
メアリー―彼はふつう国連に、〔しかもジュネーヴでなく〕ニューヨークにいました。彼はまた〔マドラスでのKの主要な支援者の一人〕ジャヤラクシミー夫人の従兄弟で、マドラスの同じ家族の出です。「私たちは彼としばらくよもやま話をし、それからグシュタードに運転して行った。」
スコット―どの道を行きましたか。
メアリー―書いてあるのかどうか、見ましょう…書いていないわ。でも、私たちが湖沿いに行ったのは確かですね。〔サーネンの北西、フリブール州の街〕ビュル（Bulle）経由で行ったと思います。その頃に私たちは、いつもあの道を行きました。そしてタンネグ山荘（Chalet Tannegg）に着きました。「ヴァンダがそこにいた。〔彼女の家政婦〕フォスカ（Fosca）も、そしてオルガ（Olga）という名のメイドも。」それで、私たちはしっかり気を配ってもらいました。

次の二、三日は静かでした。「クリシュナジはほとんどの時間、ベッドに留まっていました。〔フランスの元外交官で古い友人の〕サチャ・デ・マンツィアーリ（Sacha de Manziarly）が昼食に来た。そのためにクリシュナジは食卓に来た。」なぜなら、彼はサチャが好きだったからです。サチャは彼に物語を話して、彼を笑わせました。あれはとてもすてきでした。

「不幸にもクリシュナジは枯れ草熱の問題を抱えた。野原では〔牧草の収穫で〕枯れ草を放り上げていた。それがいつもそうだったように、彼に届いた。」

10日に、「ヴァンダはフローレンス〔フィレンツェの自宅〕に発った。クリシュナジと私は私のメルセデスを〔サーネンの北東方向、〕トゥーン（Thun）に運転していき、ただもうすてきなドライヴをした。〔トゥーン〕湖のへりでピクニックをした。おもしろかった。」白鳥たちがやって来て、食べ物を求めました。きつい目をしているが、かわいくて長く優美な首をしていて、彼らを見るのはおもしろかったわ。
スコット―ふむ、ふむ。
メアリー―「それから私たちは〔トゥーンの〕ガレージ〔修理工場〕に戻った。その時までにクリシュナジのメルセデスは整っていた。私たちは〔南西方向の〕グシュタードに運転して戻った。」

13日に、「クリシュナジはかなり気分が良くなっていた。彼はマルセル・デ・マンツィアーリ（Marcelle de Manziarly）との昼食に起きた。私たちは午後に、〔東の方向の〕トゥルバッハ川（the Turbach River）」沿いの散歩に行った。ヴァンダはフローレンスから、クリシュナジが10月にイタリアで話すことについて、電話してきた。〔イタリア中部〕ペルージャでの幾つかとフィレンツェでの幾つかの講話だ。」彼はそこで話をするよう頼まれて、彼女はそれを手配しました。「クリシュナジは昼食の後に、ヘンリー（Herri）とヒルダ・ムーアヘッド（Hilda Moorhead）に話した。彼はインドについて彼らとたくさん話をした－そして、誰が学校で教えを続けること、それらが守られ、教えられるように見届けることができるのか。また、〔係争中のラージャゴパル支配下の〕KWINC〔、クリシュナムルティ著作協会〕から、インドの諸学校のために金銭が利用可能になるなら、誰がそれを見届けるし、それが〔そこの農場で〕トラクターを買うため等のためでなく、教えのために使われるように、見届けるべきなのか。」（笑う）「彼はまた「誰が心に教えを保っているのか。」と訊ねた。彼らは答えがなかった。「古い「新しい教育のための財団（the Foundation for New Education）」のすべては－そこは現在のインド・クリシュナムルティ財団ですが－ほとんどが、介入を私〔K〕からでも望まない古い信奉者たちです。彼らはその地位を気にしていて、他には何も気にしません。」ムーアヘッド夫妻は、マドラス〔現チェンナイ〕のクリシュナムルティ・センター（the Krishnamurti Centre）と、〔K財団の〕会報（The Bulletin）について、何かを指摘したが、クリシュナジはすっかり落ち着かなくなった。彼は自らの声明の文章を改訂したいと思ったが、私は、声明での省略は、連合した諸委員会すべてではなく、彼が〔イングランド、アメリカ、インドの〕三つの財団すべてについて、話をしたためだったことを、指摘した。」私はそれが何についてなのかをよく知りません。憶えていません。

「私たちは、〔東方向の〕トゥルバッハに向かって、丘を上がる散歩に行った－そこでは、〔トゥルバッハ〕川が再び道路を洗い流そうとしている。じょうぶなスイスの労働者たちが、ゆっくりと巧みにそこを修復していた。」

「晩にクリシュナジは突然に私へ言った。「メモ書きを作ってください。私はインドで講話をしつづけ、他のどこよりも多くの時間を使ってきていますが、聞く人、変化した人物は一人もいない。人々が変化することは恐ろしく難しい。彼らは彼らのままです。私が死ぬとき、終わってしまうでしょう。私は、〔アラン・〕ノーデは何かをしたかもしれないと思ったが、彼は準備ができていなかった。あなたには何が起こるでしょうか。人々は真剣ではない。あなたは真剣でしょうか。私は四十年以上話をしてきましたが、もしも私が、人々がそのままでいることを悟らなかったなら、私は大ばか者でしょう。私はそれで憂鬱になっていないし、話をしつづけるでしょう。」

それは一種の…クリシュナジについて、私は「欲求不満（挫折）」という言葉を使いたくないですが、彼は感じました－人々がそこではみな忙しいが、それは…教えはどうしてだか、私は何かを知りませんが、いわば、当たり前と取られていなかった。
スコット―ふむ、ふむ。
メアリー―それで翌日、14日、「クリシュナジはドライヴに行きたいと思った。私たちはメルセデスに乗り、ビアスコェチェアのところに停めた。私たちは〔講話会場の〕テントを通り過ぎて、さらに〔サーネンの西隣〕シャトー・デー（Château d'Oex）と〔さらに少し西の〕レ・ムーラン（Les Moulins）に行った。クリシュナジは車の中で、自らが神経

過敏だと言った。私はなぜかが分からない。私たちは戻って、タンネグで二人だけで昼食をとった。私はロンドンの医師へ彼の健康について話した。また、〔取扱業者〕モーザー氏（Mr.Moser）に、来年、現在の一台を交換したときの、もう一台のメルセデス280の値段についても。クリシュナジは〔個人〕面談を行った。…」あなたがそれらについて聞きたいのなら、ですが。

スコット－ええ。メアリー、ただ読み上げてください。あなたがあの時に書いたことを読み上げるのは、とても強力です。

メアリー－本当ですか。

スコット－ええ、本当です。

メアリー－うーん。でも、あれこれでいっぱいです…

スコット－いや、メアリー、それは問題ではない。

メアリー－分かりました。「クリシュナジは、センメル夫人（Mrs.Semmel）への面談を行った。彼女の夫、センメル博士は二、三週間前に亡くなった。私たちは〔山荘の東の〕トゥルバッハのほうへ散歩に行った。クリシュナジは、自らが死ぬとき、私に何が起こるだろうかと訊ねた。彼は、それは私が今何をするか、何であるかに依存している、と言った－すなわち、私の変化に。彼は私に、〔1958年に夫〕サム〔・ジンバリスト〕が死んだ後、私は彼の存在を感じるのかどうかを、訊ねた。私は「ええ」と答えた。私たちは、何が証拠であり、何が想像であるかについて、議論した。私はそれをとても強く感じるが、客観的に何も見ないし、聞かないことを、言った。それは強い存在と疎通の感覚で、私にとっては真実だった。でも、私はそれを客観的な証拠として他人に提示できない。クリシュナジは私に言った－「あなたは想像と何かとの違いは言えますよ。」彼は、〔1925年11月にオーハイで〕自らの弟〔ニトヤ〕が死んだとき、どうだったのかを憶えていられれば、と願った。私は、そういうことはどのように査定できるのかと、訊ねた。私は何も主張しない。なぜなら、私はそれがどのように立証できるのか、分からないから。でも、私は注意を払うし、そのどの部分をも拒否しない。私は先週のヴァンダ〔・スカラヴェッリ〕との会話について、話した。彼女は、自らも私も神智学の条件づけを持っていないし、ゆえに、クリシュナジが〔神秘体験において〕無意識だったとき、語りかけられた自らの経験、そして、6月17日にクリシュナジが病気だったとき、私に語りかけられた言葉は、」…それは、〔先にブロックウッドで〕彼が自らは〔ロンドンの〕街に行くべきではなかった、誰が彼を見守っているのかと言ったときのことです。「私たちの投影から出ていなかったことを、言った。」それがヴァンダの感じたことです。

それからクリシュナジは、変化と聞くことについて語った－すなわち、「「あなたが本当に聞き、見るなら、それは習慣を、以前の刷り込みを消去します。そのとき新たなものが精神に機能するし、古い様式の作用が起こるときいつも、精神が意識に警告する－意識的な注意です。」と。彼は、私の眉をひそめる悪い習慣について、そして、「静かな顔」の必要性について、語った。」彼はいつも私に、「静かな顔をしなさい」と言ったものです－「それは留まる。なぜなら、私はそれらを変化させることの重要性が、見えていないから。もしも見えていたなら、古い様式は消去されただろう、と彼は言った。彼は、「身体は時折、学びなおすのに時間が掛かる。でも、精神は即座に鋭敏でありうる。ゆえに聞くこと、見ること、変化すること、古い様式を拭い去ることができる。変化の欠如が不注意です。」と言った。彼は、「聞くとはどういうことか。メモ書きを作りなさい。私はそれについて話をしよう。」と言った。」

7月15日に、「天気は突然に寒く雨になった。静かな一日だった。私はデスクの仕事をした。私たちだけで昼食をとった。午後に私はお使いをし、シモンズ夫妻に挨拶するために、〔講話会場の〕テントとキャンプ地に行った。一人での散歩の後、私はフィレンツェ〔の自宅〕のヴァンダへ、クリシュナジのイタリアでの予定について、話をした。」

翌日に、「朝早く雪が降っていた。私は運転して、今年の第1回の講話のために、クリシュナジをテントに送った。多くの人たちがいた。良い講話だった。シモンズ夫妻が昼食に来た。私たちは午後に散歩した。私は少しめまいがした。〔建築家の〕ドナルド・ホッペンがブロックウッドから到着していた。彼はここで夜を過ごしたが、自らの場所を探すのだろう。」

17日に、「クリシュナジは丸一日、ベッドで休み、読書して過ごした。私はデスクでたっぷり一日の仕事をした。雲は厚くて、まだ寒かった。私は午後にお使いをしに〔山荘から〕降りていき、ファビエンヌ・ヴァン・デル・ストラテン（Fabienne van der Straten）とドナルドに出くわした。彼らは私と散歩に来た。」

翌日、「私はドナルドを、或る山荘に連れて行った。そこに彼は、サーネンの上、ヘリオス山荘の近くの山に、部屋を取った。そこにブロックウッドの人たちは泊まっている。私はそこを訪問した。クリシュナジと私は昼食のため、〔プエルトリコから来た〕ビアスコェチェア夫妻のところに行った。クリシュナジはエンリケ〔・ビアスコェチェア〕に、クリシュナジが〔神智学協会により〕少年のとき見つけられる前に、彼の見た夢について、私へ話すよう頼んだ。エンリケの夢では、〔会長〕ベサント夫人が若いインド人とともに現れて、「これがやがて世界教師になる人です。」と言った。夢はとても強かったので、エンリケは、或る神智学の会合で講演をしていたが、公式にそれを知る前に、少年が見つけられたことを、発表した。」

スコット－ほお！

メアリー－（クスクス笑う）「あなたが彼を見たとき、彼はどのようでしたか。」とクリシュナジは訊きつづけた。でも、エンリケは、少年がとても暖かく親しみやすかったということ以外、彼がどのようだったかではなく、自分自身が感じたことについて、議論できるだけだった。「書き留めてください。」とクリシュナジは言った。私は後で、それはメアリー〔・ラッチェンスによる〕の伝記にとって興味深いだろうか、と訊いた。午後4時15分にクリシュナジは、〔パリの〕ジゼラ・エルメンホルスト（Gisela Elmenhorst）の姉妹の息子アンドレア（Andreas）に会った。彼は、子どもの頃の負傷のせいで、成長が遅れている。ジゼラは私に話をしていたが、クリシュナジは出てきて、彼女に訊ねた－「あなたは何をしたいんですか。あなたは私に、彼を癒そうとしてほしいんですか。」と。彼女は、「私たちは何も求めません。」と彼女は言った。「ただ、おそらく私の姉妹は、あなたが進んで与えてくださるだろう助言が、ほしいでしょう。」

クリシュナジは癒すことについて説明した－それは時には働くし、時には働かない。彼は私たちの一人一人を見

た。私たちは静寂だった。それから彼は、しようと言った。その少年は一週間、毎日来なければならない。ジゼラはほとんど涙を浮かべていた。彼は戻っていき、その少年に会った。」

19日に、「今日も美しい一日だった。テントでのクリシュナジの第2回の講話だった。〔スイス人でサーネン集会委員会の〕グラーフ氏（Herr Graf）は冷やすために、テントの外部に水を滴らせたが、テープ・レコーダーがその音を拾った。だから、水は止めなくてはいけなかった。クリシュナジは、自由、権威、慈悲、そして怖れの基礎について、語った。「いつのときも学ぶことは可能ですか。」という質問への応答で、彼は、「あなたはそういう問いに自分自身を閉ざしてしまう。あなたは見守っているなら、何も学ぶべきことはない。」と言った。

後で人々が、彼のまわりに群がった。ヒッピーたちの一人が、あごひげを生やし、ジーンズをはき、上はTシャツを着て、裸足で、ピストルを身に付けていたが、終わりの前に歩いて出て行った。」私はあれは憶えています。

「クリシュナジはタンネグ〔山荘〕に戻る前に、ドライヴしたがった。私たちは〔南東方向の〕ラウエネン（Lauenen）のほうへ行った。谷の奥の山々の雪はすばらしかった。タンネグで彼はアンドレア少年に会った。それから、シナイ博士という（a Doctor Sinai）白いサリーを着たドイツ人女性に。ヴァンダが寄越した人だ。彼女が〔イタリア、〕フローレンス〔フィレンツェ〕での会議を担当していたからだ。その会議の終わりに、クリシュナジが10月29日に講話をするだろう。私たちは、彼が会議の一部分であるべきでないということを、強調した。会議は科学と冥想についてであり、西洋人の博士等がいる。また〔ヒンドゥーの導師〕ゴピ・クリシュナ（Gopi Krishna）とスワミ・チダナンダ（Swami Chidananda）と」、他の誰かも。「ヴァンダはクリシュナジのために別にホールを借りようとしている。私たちだけで静かに昼食をした。私もまた後で、昼寝をした。もし〔インドの外交官で友人の〕ナラシンハンがメルセデスの知らせでもって電話するなら、クリシュナジは火曜日に〔スイス西部の都市で国連機関もある〕ジュネーヴに行かないだろう！」（クスクス笑う）「彼にとってそれはあまりにすぎる。」ナラシンハンは、別のメルセデスを得る可能性を、探っていました。それについて事実がどうであるかを、です。

スコット―ふむ、ふむ。

メアリー―「でも、彼は私に一人で行ってほしくない。彼はドロシー〔・シモンズ〕に、私とともに行くことを、提案した。私たちはキャンプ中の彼女に頼みに行った。彼女は出かけていたので、私たちは、〔サーネン西部の〕滑走路わきの川沿いの散歩に行った。クリシュナジは〔初め〕、自分は疲れているので、散歩に行きたくないと言ったが、彼は〔歩きはじめると〕「もっと」と言いつづけた。私たちは端まで歩いて、戻った－それはあまりに遠すぎた。私の〔悪い左〕脚は抗議していた。彼は疲れて見えた。私たちは戻る途中でドロシーに会った。クリシュナジは、疲れているにもかかわらず、エネルギーに満ちているように見えた。」あなたは、私に続けてほしいですか。

スコット―ああ、これはすばらしい！

メアリー―いいです。では、20日、さてと、「雨の一日。ジョアン・ライト（Joan Wright）が、クリシュナジのための部屋着二着の仮縫いをした。クリシュナジがアンドレア少年を見る間、私はお使いに行った。フランシス・マッキャン（Frances McCann）が昼食に来た。彼女は、クリシュナジの聴衆は〔リゾート地でもある〕グシュタードではもはや歓迎されていないと、言う。クリシュナジはヒッピーたちを引きつけてしまう。」（クスクス笑う）

「クリシュナジと私は雨の中、グシュタードの向こうへ散歩に行った。彼は私に、「創造はけっして葛藤ではない」との精神的なメモ書きを、作らせた。そして後には、「あなたたちみんなは、私を充分に役立てない。」と。私は、彼がいうのは、私たちが正しい質問をしないという意味なのかと、訊ねた。彼は、「部分的にはね。それはすべて広大すぎる。あなたは充分に真剣でない。」と言った。

「ナラシンハンがジュネーヴから、メルセデスの言い伝えでもって、電話をしてきた。私が明日そこに行くことは、必要でない。彼は情報すべてを送ってくれるだろうし、私が自分の車を船でニューヨークに送ることを提案した。そこで彼は車を売り、それから自らをとおして、外交官割引で10パーセント割引で注文するだろう！（クスクス笑う）クリシュナジはとても喜んだ。」私たちはそうしませんでしたが、それが提案でした。（二人ともクスクス笑う）

21日に、「クリシュナジはテントで、第3回の講話を行った。内の真の革命と、分析、時間、延期の危険について、とても良いものだ。リリフェルト夫妻は、カリフォルニア、〔ドイツ中央部の都市〕フランクフルト、〔スイス、ベルン州のトゥーン湖岸の〕シュピーツ（Spiez）から車で早く到着して、そこにいた。彼らは昼食にやってきたが、私たちは〔イタリアのK委員会の〕セニョール・フレシア（Señor Fresia）をも呼んだ。後者が立ち去った後、クリシュナジ、リリフェルト夫妻と私は、〔最新の〕知らせのすべてに追いついた。〔オーハイのK著作協会副会長〕ジャームズ・ヴィゲヴェノからいつもの調子で手紙が来た。すなわち、「それはクリシュナジとラージャゴパルとの間の個人的な事柄である。」、いつもの脅し等です。クリシュナジは、それに触れるのを拒絶した。彼は私にそれを開けさせた。私が彼にそれを読み上げはじめたとき、彼は私を止めて、飛ばして要点を語るだけにさせた。」彼は、汚されて汚くどうやら邪悪だと見るこれらのものに、触れたり、あまりに近くいることも、好みませんでした

スコット―ふむ、ふむ。

メアリー―「彼は知るべきなので、私は彼の訓戒にも関わらず、彼に対してそのほとんどを読み上げた。これらの手紙の各々は、彼にとって何か不潔なものに見えている。彼はそれらに触れたり見たりしないだろう。彼はそれを読むように、リリフェルト夫妻に与えた。弁護士たちの会合は今、8月6日に定められている。調停の提案の要約は、どの日にでもここに来るはずになっている。〔出版社の〕ハーパー・アンド・ロウ（Harper & Row）は、書物をやることに熱心だ。〔ノーデとメアリー・リンクスが編集した〕『変化の緊急性（Urgency of Change）』は、クリスマスに間に合うよう出ようとしている。だから、彼らは1969年から先の講話をほしがり、サーヴィル〔社〕（Servire）の持っているものを、買い取ろうとしている。カトラー氏（Mr.Cutler）は」－それはハーパー〔社〕の人だったにちがいありません－「とても熱心だ。リリフェルト夫妻はロッセリ（The Rössli）に泊まっている。」それはホテルです。「クリシュ

ナジは、ヴァンダがここにいないとき、階下に泊まるよう彼らを招待した。彼らはそれについて考えてみるだろう。」

「クリシュナジは昼食前に、歩いて〔山荘の〕丘を下っていた。だから、私たちは彼の車で〔南西方向の峠道〕レ・モス (Les Mosses) のほうへドライヴに行った。私はヒッピーたちについて、〔スイス人でサーネン集会委員会の〕グラーフ〔氏〕へ話をした。彼は、地元の人たちはクリシュナムルティ〔の聴衆〕の人たちに納屋も貸さないだろう、と言う。なぜなら、ヒッピーたちがやってきて、テントの近く、子どもたちのキャンプ地の近くで、色っぽい振る舞いを (スコット、笑う) するからだ！」(二人とも笑う) 私は、それがどれほど行ったのかを、よく知りませんが、それが書いてあることです。「クリシュナジは、共同体が本当に敵対的になりつつあるかを見出すために、ミューラー氏 (Mr. Mueller) に会うよう、グラーフを送った。クリシュナジは、テントで若者たちとの討論会を行うことを、決定した。年上の人たちは、望むなら、後ろに静粛に座っていてもいい。」

「彼は静かな精神について語った。」私は目に問題を抱えているわ。

スコット－この灯りも付けましょう。

メアリー－ええ、良くなったわ。「私は、すべて些細な思考とイメージを果てしなく蒸し返すことについて、議論した。自らの指から広い谷を見るように、視野を広げたいのなら、それはまだ意識的な精神と意志の行為であり、あまり違っていない。」それがどういう意味なのか、私は知りません。「それから、不注意への注意は、イメージの連続になりうる。私は語りながら、自分自身が言っていることに、気づいた － ほぼ身体からの無執着、異なった精神の性質があるということには、大きな物理的な静けさがあるとき、異なった意味が訪れる、と。クリシュナジは、「空っぽから行動しようとしなさい。それが何かを見出し、そうしなさい。それが生きるべき道です。」と言った。」

スコット－ふむ。

メアリー－彼の生涯をとおして、空っぽが、最も支配的な性質でした。

スコット－分かります。

メアリー－彼にとってはどちらも、自然に、です。そして、それを私たちに伝えようとすることが、です。

スコット－ええ。

メアリー－7月22日には、「シュカ山荘 (Chalet Choucas) ですべての〔K〕委員会の会合。」があった。「リリフェルト夫妻がそこにいて、後で昼食に来た。〔ベルギーの〕スザンヌとヒュヘス〔・ヴァン・ストラテン〕も来た。クリシュナジは昼寝の後、歩いて丘を降り、村で幾つか小さなお使いをし、洗ってあった自分の車を拾った。後でクリシュナジは、「あなたは内と外であらゆる面で、変容しなければならない。」と言った。」

23日には、「第4回の講話は、とても良いものだった。彼は、ただ一つの変化は内のものであることについて、語った。断片的な問題への解決は、新しい困難を造り出すだけだ。ビアスコェチェア夫妻とセンドラ (Sendra) と、〔同じく〕プエルトリコからのファリアス (Farias) という名の弁護士は、」 － ああ、彼はひどい人でした！彼はプエルトリコの弁護士でしたが、荒っぽい人で、あまりすてきでなかった。「クリシュナジはセンドラに対して、クリシュナムルティの教えのための彼の南アメリカへの旅行について、質問しようとした。でも、彼に自らの質問を理解してもらえなかった。」センドラは、クリシュナムルティを代表すると主張して、南アメリカ中に、出かけて行ったものです － 講義を行い、ふつう神智学者たちに話をしました。

スコット－ふむ、ふむ。

メアリー－「クリシュナジは、〔ラテンアメリカの〕スペイン語を話す人たちの集団に会った － 彼らは、サーネンに来るスペイン語圏の人たちは、自分たちはクリシュナジの言うことを理解できるからではなく、彼に会いに来るということを、認めた。昼は暑かった。だから、私たちは彼の車で、〔サーネンの南方向の峠道〕コル・ドゥ・ピヨン (the Col du Pillon) にドライヴに行き、〔南西方向の峠道〕コル・デ・モス (the Col des Mosses) に寄って戻った。」

24日に、「クリシュナジは午前10時30分にテントで、若者たちとの討論会を行った。他の人たちは、出席はできたが、話せなかった。それはほとんど、講話のようにいっぱいだった。クリシュナジの側はとても良かった。質問での当初のわずかな攻撃性は蒸発した。私たちは後で、少しドライヴしたが、あまりに暑かった。静かな昼食をとった。〔イタリアのブルーノ・〕オルトラニ (Ortolani) がコーヒーに来た － 或るフランス人女性からクリシュナジへジャージーのシャツの贈り物を、持ってきた。彼は子どもの没頭でもって、それをよく気をつけて調べてみて、気に入った。それを着た。とてもすてきに見えた。」(クスクス笑う)

「後で私たちは、〔トゥルバッハ〕川沿いに丘を登り、機械が川から巨大な岩を削り取っているのを、見た。〔スイス人で、サーネン集会委員会の〕グラーフ夫妻 (Mr. and Mrs.Graf) に出くわした。彼は、ヒッピーたちがキャンプするための居場所として、テントを持っていた。」

「クリシュナジは私に対して、自分が死んだなら、私はどうするだろうかと訊ねた。私は、彼は私に何をしてほしいだろうかを訊ねたが、彼は言おうとしなかった。後で彼は再びそこに戻ってきて、自分はどのように生と死の間を生きるかを、言った － それはいつも、彼にとってとても細い線だった。時に彼は消え去りたいと感じた。私は、彼が死ぬことを言っているのかを、訊ねた。彼は、「いや、いや。」と言った － 誰も自分を知らないところに行ってしまうだけだ、と。彼は、自らが私に対してしばしば語ったことを、言った － 彼がすると思われることにおいては、話をすることが必要である、と。静かに、遠く離れて生き、ただ著作するだけで、充分でありうるだろうか。彼は「そうではない。」と言った。」

7月25日に、「クリシュナジははかりでは、ほんの50キロ〔グラム〕の重さだけだが、さほど痩せていないように見えるし、エネルギーに満ちている。今朝、彼は私に、メルセデスのことで、〔スイス西部の〕ジュネーヴのモーザー氏に電話を掛けさせた。彼は、〔インドの外交官〕ナラシンハンが提案したように、私のを船でニューヨークに送ることは、あまりに複雑すぎると考える。それは、港へ持っていくこと、代理店を見つけること、保険等が、関与しているからだ。だから、私たちは計画Aに戻った － それは、新しい280 SE 3.5. を注文することだ。これには、午前が丸ごと掛かった。それで、彼は猛烈に靴を磨き、」(笑う)「入浴した。シモンズ夫妻とリリフェルト夫妻が昼食に到着するからだ。彼は散歩のために、陽気に丘を下った。私はドナルド〔・ホッペン〕を捕まえ、デザートを取りに行った。

それから私たちは、クリシュナジのために戻った。エルナとテオ〔・リリフェルト〕は、ブロックウッドについて火の洗礼を受けた。〔校長の〕ドロシー〔・シモンズ〕が、自らが発つ前の学生たちの行動の幾つかを、描写したからだ。ここ、グシュタードでの少女たちをめぐる彼女の心配は、ヒッピーたちのためだ。」〔校長の〕彼女は、〔預かっている〕少女たちがヒッピーたちと交じり合うことを、怖れていました。「クリシュナジが昼寝をする間、私はエルナとテオに話をした。彼らは立ち去り、それからクリシュナジと私は、幾つかのお使いをし、それから散歩のために丘を越えた。天気は再び寒くなった。」

26日、「涼しい一日。クリシュナジは、第5回のサーネン講話を行った。怖れと楽しみについて、心奪われるとても明解なものだ。*1 それらに捕らわれることが、ブルジョワ精神である。またはむしろ、「ブルジョワ精神の本質は、楽しみと怖れである。」あなたは自分自身に気づき、自らにおける行動が見えるとき、何が起こるか。より大きな敏感さがある。あなたはそれを抑圧したり、拒絶したりしない。あなたは見る。敏感さが喜び、うれしさを見る － それは、楽しみとは異なっている。」と。」これは意味をなしていますか。

スコットーふむ、ふむ、ふむ。

メアリー―「フレイジャー（Frasier）とドロシーが来たように、マダム・ウェルザー（Madame Welser）が治療のために、」…ああ、彼女は、多発性硬化症を持つフランス人女性でした。彼女が、「来た。それから、ナディア（Nadia）とその夫、ニコラス・コシアコフ（Nicolas Kossiakof）が。」あなたはナディア・コシアコフを知っていますか。彼女はエジプト人女性で、…

スコットーええ！

メアリー―…すごく大きなトルコ石色の瞳を持っていました。

スコットーええ、ええ。

メアリー―黒髪で、とても太っていた。

スコットーええ、知っていました。

メアリー―彼女は、ロシア人のニコラス・コシアコフと結婚していました － 彼はジャーナリストでした。とても利発な人です。彼女は、フランス語の出版を取り扱ったものです。「また〔フランス人の〕マルセル・ボンドノー（Marcelle Bondoneau）が昼食に。クリシュナジは午後2時30分まで留まって、話をした。ナディアは、〔ラージャゴパルの娘〕ラーダー（Radha）と〔その夫〕ジム・スロス（Jim Sloss）に会ったことを語った。これで彼は、ラージャゴパル状況について少し語るよう促された。」

「〔イングランドの〕メアリー・カドガンは、午後4時15分に彼に会う約束を、していた。私は彼女を連れてきて、そこに座っていた。ケラー女史（Miss Keller）の問題だ。」ケラー女史は、グラーフを好きでない〔サーネン集会〕委員会のスイスのご婦人でした。彼らはいっしょに働けなかった。ここには言います － 「彼女の話は大いにノイローゼのように聞こえた。様々な他の作法もだ。それからメアリーは、クリシュナジの講話と討論会への反応を取り上げた。そして、或る人たちが持っている、彼にはたどり着けないとの感情をも。クリシュナジは聞いて、それを検討し、「語り手もまた、あなたたちが大きなバケツを持って彼のところに来ようとしていないことを、感じる。」等と言った。彼は「どうか何でもほしいものを取ってください。」と言うが、あなたたちは「さあ、それを少しください。」と言う。彼は押しつけたくはない。彼は、注ぐことができる。あなたたちが「それは十分ではない。」と言うとき、注ぐことができる。彼は、語り手は、「いいよ。私はあなたたちに与えよう…分かりますか。」と言う。」

「毎日、より小さな、より強烈な討論会を、ブロックウッドで行うことが、決定された。クリシュナジが丘を散歩する間、私はメアリー〔・カドガン〕をシュカ山荘（Chalet Choucas）に送って行った。私たちは一緒に道を歩いて、シモンズ夫妻に出くわした。クリシュナジが促して、ドロシーは、ヒッピーの少年たちの危険について、アレクサンドラ（Alexandra）とイヴォンヌ（Yvonne）と言葉を交わしていた。」あれは、そのときの学生たちの二人でした。

スコットーふむ、ふむ。

メアリー―イヴォンヌは…

スコットーカーネス（Carnes）*5 の娘でした。

メアリー―ええ、カーネスの。アレクサンドラは、ブロンドの〔イタリア、ルネサンス期の〕ボッティチェッリ〔の絵画〕風の子でした。「車のほうへ戻る散歩中に、私たちは〔無関係の導師〕U.G.クリシュナムルティ（U.G.Krishnamurti）を通り過ぎた。彼は微笑みなくインド風の挨拶をし、一種、ぐいっとそっぽを向いた。通り過ぎた後、クリシュナジは、「何か不潔なものを感じた。」と言った。

スコットーふむ。

メアリー―27日に、うーん、それは私の父とその奥さんについてです － 彼女はもう看護婦さえも認識しなくて、悪くなっていましたが、その日、後で亡くなりました。私の弟〔バド〕は、〔ドイツ南部の観光保養地〕バーデン・バーデン（Baden-Baden）*6 にいる父を助けるために、空の便で〔ニューヨークから〕駆けつけようとしていた、等です。私は電話で父と話をした。列車でバーデン・バーデンに行き、金曜日に戻るだろう。

28日に、「クリシュナジは、第6回のサーネン講話を行った。その最中にイタリア人のヒッピーのエンゾ（Enzo）が彼に対して怒鳴った。クリシュナジは、セックスや様々なものごとにおける楽しみについて話をしていたが、静かだった。それから再開した － 「あなたは暴力に、怒り等に楽しみを得る。」と。」

「アンネッケ〔・コーンドルファー〕（Anneke）、ドリス・プラット（Doris Pratt）とジェーン・ハモンド（Jane Hammond）が昼食に来た。或る大学教授とフォスター夫人（Mrs.Foster）、〔ニューヨークの故〕フレデリック・ピンター（Fredrick Pinter）の姪と、彼女の娘が、お茶に来た。クリシュナジと私は後で散歩した。私は電話で父に話をした。〔弟〕バドはパリに到着した。」

（クスクス笑う）これが29日です。「クリシュナジは私に言った － 「私はあなたに智恵を得させるために、〔南インドの、Kの生まれた小さな町〕マダナパリ（Madanapalle）*7 から来ました。」（二人とも笑う）私が手配しておいたタクシーが、来なかった。だから、クリシュナジは、自らの部屋着の上にコートをはおって運転し、私を駅に送ってくれた。私は〔北東の隣の〕ツヴァイジンメン（Zweisimmen）への列車に乗った。彼は丘の上に車を戻した。」まあ、これが私がバーデン・バーデンに行くときのことです。それら

189

についてはきたくないでしょう。

　私は31日、金曜日までバーデン・バーデンにいました。「私は弟と父を残して、〔南へ、スイス北西部、国境の〕バーゼル（Basel）行きのヨーロッパ横断急行に乗り、そこで〔さらに南へ〕ベルン行きの列車に、乗り換えた。それから〔南東へ、トゥーン湖南岸の〕シュピーツ（Spiez）へ、それから〔サーネンの北東の隣〕ツヴァイジンメンへ。シュピーツで私は45分間、待った。だから、私はタンネグ〔山荘〕に電話して、自分は計画より遅くなるだろうと言った。クリシュナジは電話が鳴るのを聞いて、私に違いないと思い、ツヴァイジンメンで私を出迎えようかと提案してくれたが、私は彼を説得して思いとどまらせた。私は午後8時45分までに戻った。エルナとテオ〔・リリフェルト〕が、階下のフラットに引っ越してきていた。オルガ（Olga）と入れ替わるためにアントニア（Antonia）が到着した。オルガは明日、発つ。」それは〔ヴァンダの雇った〕メイドです。「今朝、クリシュナジは、若者たちとの第2回の討論会を行った。」

　8月1日に、「年次のサーネン集会委員会の会合があった。クリシュナジ、エドガー・グラーフ、メアリー・カドガン、ドリス・プラットと私だ。ケラー女史は自分は病気だと言った。彼女は、委員会の外側で無思慮に話をしてきて、グラーフは正直ではないし、自分と協働しないと言っている。彼は会計担当者だ。彼女は書記だ。クリシュナジは来週、彼女に話をするだろう。〔イタリアK委員会の〕フレシアもまた去っている。ジョージ・ディグビーが昼食に来た（〔妻の〕ネリーは病気だった）。エルナとテオも来た。彼らは木曜日にカドガンのところで会って、みんなとても仲が良かった。ありがたい。エルナの、ハーパー・アンド・ロウ社との交渉は、了承された。彼らが書物すべてを作るだろう。昼食の後、フランス語の出版について、クリシュナジとディグビーとカドガンと〔フランスの〕デ・ヴィダスと私との会合があった。同じ配役に〔プエルトリコの〕ビアスコエチェアとファリアスとセンドラを加えて、スペイン語のそれが続いた。彼らは自分たちの財団をほしがっていることが発覚した。この会合に〔アメリカ財団の〕エルナ〔・リリフェルト〕が呼び入れられた。〔従来、出版の仕事を任されていた〕イギリス〔K信託〕財団の憤慨があり、それは明らかだった。〔イングランドの〕メアリー・カドガンとジョージ・ディグビーは、これに動揺している。〔弁護士の〕ファリアスは全く攻撃的であり、人々をグリンゴウ（gringo）[12]呼ばわりする。長く疲れる一日。クリシュナジと私は、丘を越えて少し散歩した。」

　8月2日に、「クリシュナジはテントで、第1回の公開討論会を行った。リリフェルト夫妻とオラフ・キャンベル（Olaf Campbell）が昼食に。」彼はよく来るアメリカ人でした。

　翌日、「クリシュナジは、第2回の公開討論会を行った。メアリー・カドガンが彼に会いに来た。彼女は〔イギリス〕財団の憤慨に動揺している。彼女は明日、発たなくてはならない。バジャー（Badger）がブロックウッドで庭の毒のために死んだ。」あれは学校の犬の一匹でした。

スコット——お分かりでしょうが、私は、最初の犬がバジャーと呼ばれていることは、見当も付かなかったです。

メアリー——付かなかった？

スコット——私は全く知らなかったです。

メアリー——ええ。私がバジャーと名づけたの。バジャーね。[13] ウィスパー（Whisper）は、〔すでに〕ウィスパーという名をもって来ました。

スコット——それはおもしろくないですか。私は「B」を全く知らなかった。[8]

メアリー——でも、バジャーは黒かったわ。私たちは黒いのとベージュ色のをもらいました。

スコット——ええ、ええ。

メアリー——ああ、私がバジャーという名を思いついたのは、ただ、その犬が〔アナグマのように〕黒かったからと、ブロック〔ウッドという名のせいで〕…

スコット——うーん、そういうわけで私〔が後年、校長になったときの犬〕も、バジャーと名づけましたよ！（笑う）

メアリー——ええ。最初のバジャーは一年以内しかいなかったわ。「〔元女優、児童文学作家〕パメラ・トラヴァース夫人（Mrs. Pamela Travers）とルス・マッキャンドレス（Ruth McCandless）が昼食に来た。〔車の取扱業者〕モーザー氏が午後4時に来て、私の現在のメルセデスを来年は、同様のもの、イギリス流の右ハンドルの新しい3.5と交換することについて、議論した。」

　4日に、「クリシュナジは〔会場の〕テントで、第3回の公開討論会を行った。車の近くのフェンスに繋がれたセントバーナード犬が、猛烈に彼に跳びついたが、彼にけがはなかった。討論会の後、クリシュナジはタンネグ〔山荘〕の階上で、ビアスコエチェア夫妻に会った。その間、私は階下で、ジョアン・ゴードン（Joan Gordon）とリリフェルト夫妻と、来年4月のニューヨーク〔の予定〕について、会合をした。それから〔フランスの〕マダム・ドゥシェ（Madame Duchet）とマルセル・ボンドノー（Marcelle Bondoneau）が昼食に来た。クリシュナジは、自らがおよそ22歳であり、マルセルが初めて自分に会ったとき、自分はどのようだったかについて、質問をした。マルセルは、インド人たちの話し方を模倣し、活写した。」（メアリーとスコット、クスクス笑う）

　「午後4時にクリシュナジは、南アフリカから来た二人のシェパード姉妹（Shepard sisters）と、バーティル・ゲディンという人（a Bertil Gedin）に、面談を行った。〔ドロシー・〕ブレイジアー（Blazier）という名の女の子が電話してきて、自分はちょうど赤ちゃんを産んだばかりだから、来られないと言った。」（二人ともクスクス笑う）「彼女は今朝、討論会にいた！」（もっと笑う）「クリシュナジはちょっと自分の車を運転した。私たちは村でお使いをした。」

　8月5日に、「クリシュナジの第4回の公開討論会 ― 断片化と思考について、だ。とても良いものだった。[14] クリシュナジは昼食前に、アシャール（Achard）とガイヤール（Gaillard）に会った。」アシャールは、〔フランス南東部の〕サヴォワ〔県〕（the Savoie）の或る都市の大学で、クリシュナジについて学位論文を書いた人です。私の精神は空白になってしまいました。

スコット——サヴォワですか。

メアリー——ええ。アシャールは、「クリシュナムルティの言語」について学位論文を書きました。なぜなら、その大学は、クリシュナジの教えについてだけの学位論文を、受け付けようとしなかったからです。だから、彼は、それをどのようにやるかを考え出さざるをえなくて、クリシュナジの言語についてそれを書くのは、受け付け可能でした。

スコット——ふむ、ふむ。

メアリー——「〔イタリアのピエトロ・〕クラニョリーニ

(Cragnolini)、マルヴィアス・ナヴァラ（Malvias Navara）、〔ブルーノ・〕オルトラニ（Ortolani）、シニョーレ・ベティリ（Signore Betilli）が、昼食に来た。午後4時にクリシュナジは、20歳のカリフォルニアの人、ジム・ウォレス（Jim Wallace）に面談した。」あなたはジム・ウォレスを憶えていますか。

スコットーいいえ。

メアリーー大きなブロンドの少年よ。「クリシュナジは、彼がブロックウッドにしばらくの間、居るために、私に彼を調べさせておいた。彼はヒッピーではないし、サンフランシスコ・ホテルでのけんか騒ぎに関与していなかったし、内なるものごとに本当に興味があるように見える。私は最初の希望の火花を感じた － クリシュナジの教えから真に利益を受けられる真剣な人が、ここにいるかもしれない、と。」

スコットーサンフランシスコ・ホテルでのけんか騒ぎは何だったんですか。

メアリーー思い出せないわ。（笑う）「彼とクリシュナジは歩いて丘を下った。私はサーネンへの道路でクリシュナジを乗せた。」

8月6日には、こう読めます －「早くにお使いをした。村には、すてきな夏の朝の光。清らかだ。早い人たちはマーケットで買い物をしている。そういう夏の感覚、単純さ、そして、この季節がいつも私にもたらしてくれるあの麗しい内の輝き。クリシュナジは、内と外の革命について、極上の第5回の公開討論会を行った。[15] 社会革命に対する若者らしい主張すべてに答えた。彼は、迸る莫大なエネルギーを持っていた。〔オランダの〕アンネッケ〔・コーンドルファー〕が車で、私たちとの昼食に来て、来年のアムステルダムについて議論した。シュアレス夫妻（the Suarèses）はここにいるが、彼女はまた彼らの敵意の問題をも取り上げた。彼〔カルロ・シュアレス〕は自らのカバラ〔すなわちユダヤ神秘主義〕の書物について講義するが、講話には来ない。彼は講話に来ないし、アンネッケによれば、彼は救いようがない。でも、彼女〔シュアレス夫人〕は聞きに来たが、ラージャゴパルからの嘘でいっぱいでもある － 彼は、彼らにすり寄っていたのだ。」言い換えると、妻は講話に来たが、夫は来なかった。

スコットーふむ、ふむ、ふむ。

メアリーー「アンネッケは昼食に留まった。〔フランスの実業家〕デ・ヴィダスも来た。午後3時に私は銀行でドロシー〔・シモンズ〕に会って、ブロックウッドのために幾らか黄金を彼女に譲渡したが、それは…」（笑う）これは憶えているわ！「…或る年老いたフランス人女性から、クリシュナジに遺されたのだった。これは48,280スイス・フランか、1,115合衆国ドルになる。ドロシーは、午前3時までジョアンナと起きていた － 彼女は、或るヒッピーとけんかをしていた。」あれはジョアンナね。そのときブロックウッドの学生でしたが、最近、自分の子を連れてここに来ていました。

スコットーふむ、ふむ。

メアリーー「〔ブロックウッドの校長〕ドロシーは、ここでひどい行いをしていた三人の少女を、追放したい気分だ。彼女は、バカな少女たちを非行から守る警察官役を果たすことに、うんざりしている。学校は、それ以上のことのために作られた、と彼女は言った。午後4時に彼女は、モタニ氏（Mr. Motani）を連れてきた － スニタ（Sunita）の父親だ。」スニタは、最初の学生たちのあの同じグループでした。

スコットーああ、そうです。そうです。

メアリーーその少女はパキスタンからだった、と思います。「ペリーン夫妻という人（a Mr. and Mrs. Perrine）！」ウォーレン・ペリーン（Warren Perrine）を憶えていますか。彼はあの頃、しょっちゅう、やってきたものです。彼らはカリフォルニアで生活していました。〔セントラル・コーストの〕ビッグ・サー（Big Sur）の近くね。

スコットーその名前で私は何かを思い起こします。

メアリーーええ。彼らはまったくすてきでした。ここには言います －「カリフォルニアからのペリーンは、おそらくブロックウッドから、100エーカーの地所を買い取りたいと思っている。」何かな。どの100エーカー〔、約45万平方メートル〕の地所かな。

スコットーたぶん、〔以前の所有者〕モートン（Morton）が一角を売ろうとしていたんです。

メアリーー「彼らはそこに行って、見るのだろう。とても暑い一日だったが、クリシュナジは〔トゥルバッハ〕川まで歩いていき、戻ってきた。〔カリフォルニア州の法務副長官〕タッパー（Tapper）、〔こちら側の弁護士〕ライプツィガー（Leipziger）、〔ラージャゴパル側の弁護士〕ローブル（Loebl）のための会合が、今日、ロサンジェルスで行われたにちがいない。」彼らは訴訟に関する弁護士たちです。

スコットーふむ。

メアリーー8月7日に、「クリシュナジはテントで、もう一つの極上の討論会を行った。第6回だ。[16] ナディア〔・コシアコフ〕はシュアレス夫妻について、私たちに語ってくれた。私は戻ってきたとき、電話を掛けてシュアレス夫妻を昼食に招待した。だが、マダム・シュアレスは忙しかった。クリシュナジがマダム・ウェルザー（Madame Welser）の手当をした後、」 －それは〔多発性硬化症で〕麻痺したご婦人です－「ドロシー〔・シモンズ〕とアンネッケ〔・コーンドルファー〕とクリシュナジは、なぜ〔スイス人の委員会の中で〕ケラー女史がそんなにグラーフ氏に対して敵対的なのか、彼女の全般的な無思慮と彼に関する寸評について、ケラー女史、ドリス・プラットと私との会合を開いた。彼女は、自分は彼〔グラーフ〕とは働けないと言った。それで、彼女は委員会を辞任したが、〔スイス北部の〕チューリッヒでの書物の販売については、クリシュナムルティ信託財団のメアリー・カドガンに対して、責任を負うだろう。」

「ナディア〔・コシアコフ〕がやってきて、昼食を通してクリシュナジとともに座り、シュアレス夫妻、ラージャゴパルのごたごた等について、議論した。クリシュナジはそれに落ち着かない。他のすべてのことに加えて、〔オーハイのK著作協会の〕ヴィゲヴェノから、もう一通の手紙が来た － 彼は自らの最後のものだと言う － クリシュナジだけが弁護士たちの介入等なしに状況を救えるのだ、と言う。クリシュナジは、またもやそれに触れようとか、読もうとかしないで、私にその要点を語らせた。彼は、午後4時のサーネン集会〔について〕の、グラーフ夫妻、ドリス・プラットと私との会合の前に、短い休みを取った。クリシュナジはグラーフに、ケラー女史に代わるスイス人の入れ替えを提案するよう頼んだ。また、自らが〔スイスの〕ここで十年間、話をしてきた後で、なぜ講話に10人少しのスイス人だけがいるのか、そして、これをどうすべきかを、訊ねた。

彼らが立ち去った後、私たちは散歩の準備をした。だが、雹と大雨をともなった雷雨があった。そのため、私たちは〔山荘の〕階下に降りて、リリフェルト夫妻を訪ねた。クリシュナジは疲れているし、これらシュアレス・ヴィゲヴェノのがらくたは、彼にとって悩み事だ。彼は良く眠れなかった。彼の身体は動揺している。彼は、「私は疲れていてはいけない。さもないと彼に影響する。」と言う。」(ため息)「父に〔電話で〕話をした。」

8月8日に、「クリシュナジの第8回の公開討論会。ケラー女史はすべてから辞任したわけではない。シビル・ドビンソンとエルナとテオが、昼食に来た。午後4時に外国の〔K〕委員会すべてが来た。およそ50人ほどの人たちだ。クリシュナジは、自らの死後の委員会の機能について、そして多く出版について、話をした。彼は、ヴィマラ・タカール(Vimala Takhar)は何とも関わりがないことを、はっきり示した。〔出版委員会の〕ジョージ・ディグビー(George Digby)は、〔ラテンアメリカの〕スペイン語のグループ － いつものようにものごとを独占する人たち － が訊ねる果てしない質問に、答えなくてはならない。或るルーマニア人女性もそこにいた。或るロシア人女性もいた － 彼女は本を翻訳する。」

8月9日に、「〔K著作協会への訴訟に加わろうとしている実業家〕シドニー・ロス(Sidney Roth)がシカゴから電話してきた。〔アメリカK財団の〕エルナ〔・リリフェルト〕は、知らせを速記で書き留めた － それらは来週、〔こちら側の弁護士〕ライプツィガーから全部来るだろう。6日の〔州の法務副長官〕タッパーと〔向こう側の弁護士〕ローブルとライプツィガーの間での会合で、タッパーは、〔現在の〕KWINC〔クリシュナムルティ著作協会〕を枠組みとして残しておくが、資産すべてを〔新しい〕KFA〔アメリカ・クリシュナムルティ財団〕に譲るという調停を、提案した。〔向こう側の弁護士〕ローブルは初めて融和的だった。各弁護士は今、依頼人に相談などをする。私たちのみんなが、ローブルの態度が今や、ラージャゴパルを説得する鍵となるものだと感じる。ここまでは、とても良い。」もちろんローブルはすぐに抜けてしまいました。ラージャゴパルが彼をくびにしたんだと思います。

スコット－ふむ、ふむ。

メアリー－「クリシュナジはテントで、第8回で最後の公開討論会を行った。これらの講話と討論会は、かつてクリシュナジが行ったなかで、最も強烈だったように思われる。極上だ。彼は戻ってきて、手当のためにマダム・ウェルザー、ドロシーとアンネッケ〔・コーンドルファー〕に会った。アンネッケは、自らの大動脈には弁の欠損があると、私に話してくれた。クリシュナジはその少女、ドロシー・ブレイジアーに会った － 彼女は前の水曜日に赤ちゃんを産んだが、赤ちゃんは亡くなった。」

スコット－ああ、何と。

メアリー－「ジョージとネリー・ディグビーが昼食に来た。私たちは、とても気の合った寛いだ時間を、過ごした。クリシュナジは午後4時まで話をした。そのときオーハイのグループがお茶に来た － フーカー夫妻(the Hookers)、ノイズ〔大佐〕(Noyes)、ケイト・ナジェ(Kate Nadje)、…」ケイト・ナジェは後にまもなく亡くなりました。彼女はオーハイで生活していました。「…エッシー・ベイツ(Essie Bates)、…」

スコット－憶えています…

メアリー－エッシー・ベイツは不動産業の女性で、90代の年老いたご婦人でした。

スコット－ふむ、ふむ。

メアリー－「…ヴェルナ・クルーガー(Verna Krueger)とリリフェルト夫妻だ。クリシュナジは散歩に出かけた。彼らが立ち去ったとき、私も彼に加わった。私は泥んこの道路づたいに彼の足跡を見た。ずっと雨が降っていたが、それからレインコートを着て、ベレー帽を被ったはるか彼方の人影が、小道をやってきた。彼は疲れているが、エネルギーに満ちている。これら会合の集中は彼に、必要な、ほぼ無限の活力をもたらすように見える。だが、それらは今すべて終わってしまった。彼はもはや〔個人〕面談等を行わないだろう。彼は夜、落ち着かなくて、「ママ！彼らは、それがどれほど広大なのかを知らない。」と叫んだ。彼は、著作を始めるかもしれないと言った。」

10日は、「寒く霧の一日だった。クリシュナジは靴の買い物をしたかったので、私たちは村に行った。彼は、散歩のために好きな一足を見つけた。ジョアン・ライト、アメリカ人青年ジム・ウォラス(Jim Wallace)、カナダ人のジョン(John)とエレーヌ・ラ・マルクァンド(Elaine La Marquand)が、昼食に来た。後者は、講話で集中して聞いているように見える少年だった。マダム・ドゥシェ(Madame Duchet)が午後4時に、短くクリシュナジに会った。それからクリシュナジは自らのメルセデスで、ドロシー・シモンズと私を一走りに連れて行った。彼女にも運転させた。彼らはどちらも、全くそれに神経質だった。」(クスクス笑う)「クリシュナジと私は、ドロシーとともに散歩して、〔ベルギー人の〕ヴァン・デル・ストラテン家のところへ降りて行った。そこで彼女と〔その夫〕モンターニュ〔・シモンズ〕は去って、クリシュナジと私は戻ってきた。」彼らは、曲がっており前の〔山荘を貸す代理店〕パラス(the palace)の真横のあの山荘を、取っていました…

スコット－憶えています。

メアリー－「午前に、ドリス〔・プラット〕とグラーフが立ち寄った。サーネン集会の委員会が来年もっと多くのメンバーを入れるまで、グラーフが一人で小切手に署名するだろう。パオラ(Paola)とジョン・コーエン(Jon Cohen)とアルベルト(Alberto)が、夕食に現れた。水曜日に彼らは、エルナとテオ〔・リリフェルト〕が発つとき、ここに移ってくるだろう。」

スコット－それ〔パオラ〕はヴァンダの娘で…

メアリー－ええ。ジョンは彼女の夫です。アルベルトはヴァンダの息子です。

11日、「私は、マダム・シュアレス(Madame Suarès)をつかまえて、正午にクリシュナジに会うために、丘を上がった。ナディア・コシアコフとアンネッケによれば、彼女は、〔オーハイのK著作協会〕ミマ・ポーター(Mima Porter)の誤った情報をとおして、ラージャゴパルの味方をしてきた。しかし、彼女はうろたえていた。それで、クリシュナジは彼女に話をして、彼女に事実を示した。彼女は、クリシュナジがラージャゴパルに会うのを拒否してきたと、聞かされていた。彼は、なぜ自分が一人で彼に会おうとしないのか、そして自分が繰り返し会おうとしてきたことを、説明した。〔フランスの実業家〕ブリッツ(Blitz)の物語は歪曲されていた。〔Kの元秘書〕アラン〔・ノーデ〕はそのすべての責めを負わされていた。クリシュナジは、

自分のラージャゴパルとの諍いは、アランが現れる前に10年間以上、続いていることを、言った。クリシュナジは全く〔カリフォルニア州の〕法務〔副〕長官〔タッパーがこちら側に賛同すること〕には触れなかったが、ものごとは今、ラージャゴパルが調停したいと望むのなら、彼〔自身〕に掛かっていることを、言った。ミマ・ポーターは、シュアレスが読むために、17ページの告発状の写しを彼女に送った。もしこれが、タッパーから〔向こう側の弁護士〕ローブルに送られた〔こちら側の弁護士〕ライプツィガーの手紙であるなら、それは、KWINCの委員会がそれを見たということを、意味している。クリシュナジは彼女に対して、自分は彼女が何をするかを訊ねたり気にかけたりしないが、彼女がポーターに手紙を書きたいのなら、今がラージャゴパルが解決する時だということを、憶えておくよう言った。マダム・ドゥシェ、マルセル、マダム・シュアレスが、昼食にいた。だれもが礼節を守っていた。クリシュナジは昼食の後、短い時間、一人で、マダム・シュアレスと話をした。それから彼女たちは立ち去った。クリシュナジは、トパジアとその娘に会った。」トパジア・アッリアタ（Topazia Alliata）は〔イタリア人の〕古い友人です。ローマで生活していて、ヴァンダの友だちです。

スコットーふむ、ふむ。

メアリーーあなたは彼女を知っていますね。彼女は・・・

スコットーええ。

メアリーー「また、学校を始めたいと思うイタリア人青年にも。私は書店から、クリシュナジがとても若いとき、シカゴでパーマー・ハウス（the Palmer house）の屋上で撮られた彼の写真の大きな写しを、取ってきた。アラン〔・ノーデ〕がそれを引き伸ばしてもらったが、それは、クリシュナジの書物が展示されているとき、ルイシュ夫人（Mrs. Ruisch）の書店のウィンドウに掛かっていたものだ。彼女は書店を売ろうとしている。その写真は、今年ブロックウッドに持っていくには、大きすぎる。ここにしまっておくだろう。クリシュナジと私は散歩し、川を視察した。エルナとテオ〔・リリフェルト〕に少し話をした。彼らは朝に発つ。」その写真はどうなったんですか。

スコットー消えてしまったと思います。〔ブロックウッドの校長の〕ドロシー〔・シモンズ〕が長年、それを自分の机の上に掛けていました。

メアリーーええ。

スコットーそれから彼女はそれを降ろしてしまった。それがどうなったのか、私は知りません。

メアリーーふーん。

スコットー私が〔次の〕校長になってまもなく、私たちはそれを探しました。見つけられなかった。

メアリーーふむ。

12日に、「リリフェルト夫妻は発った。〔ベルギーの〕ヴァン・デル・ストラテン夫妻が昼食に来た。クリシュナジは、自分のメグレを読むと言った － 彼はそれを、フランス語を練習するために読む。「彼の思考は彼の言葉より速かった。」という文句。（クスクス笑う）「そして、彼は、話をしようとしているとき、自らが全く考えないということを、悟った！」（二人とも笑う）「パオラとジョン・コーエン、アルベルトと、アメリカ人の少女が、階下のフラットに移ってきた。」

8月13日、「すばらしい朝だった。雲もなく、暖かく、明らかにクリシュナジの車で出かける日よりだった。私たちは出かけた。〔レマン湖の南東方向、アルプスの入り口の〕エーグル（Aigle）、〔湖の東端の〕モントルー（Montreux）に降りて、〔北岸の〕ローザンヌで、グラッペ・デオー（the Grappe D'Or）で昼食した。私たちは丘を歩いて登り、ニットのシャツを探した。幾つか見つけた。また9.5のサイズのソックスも。それらは女性のソックスだった。うね模様のついた、ナイロンで、ちょうど私たちが探していたものだった。私たちは〔サーネンの北西の街〕ビュル（Bulle）の道を運転して戻った。美しかった。私は幾つか写真を撮った。〔レマン湖の南東に、モンブランとの間に拡がる七つの頂を持つ山〕ダン・ドゥ・ミディ（the Dent du Midi）も見えた。」

「途中でクリシュナジは、「真剣に話をしようか － 誰も変化を起こしていないということを。彼は死ぬ前に、これについて何かすべきことがあるのか。私は、自分が責められるべきだと感じない。」と。私は、「空っぽの精神を持つ」といった彼の発言に出会う過程は何なのか、彼に訊ねはじめた － すなわち、それを聞いて、私の精神は、自らがそういう瞬間を知ったことがあるのは分かるが、私がこれまで知ったことが彼の言及するところであるかどうかを、知らない、と。私はそれがはるかに少ないと感づくが、それは推測だ。実にどれほど前進すべきか。彼はそれに入りたいように見えるが、今日にではない。私は再びそれを取り上げることになる。このドライヴは、彼にとって少し長すぎた。彼は疲れていたが、それでもサーネンの靴屋 － コヒ（Kohi） － に停まりたいと思った。そこで彼は、幾つか満足するウォーキング・シューズを、見つけた。後で彼は、「私ははるか彼方から来る。」と言った。」

スコットーふむ。ここで完全に些細なことですが、あの靴屋は、ちょうど町の端にあるところでしたか。

メアリーーええ、サーネンのね。そして、その人は・・・

スコットー彼は靴を作った。

メアリーーええ、彼は靴を作りました。それに彼は山の、ああ・・・

スコットー山の救助隊員でした。

メアリーーええ。

スコットーそれから彼は廃業しました。

メアリーーええ、すてきな人です。

スコットーええ。ええ、本当に。

メアリーー「翌日、天気は曇りだった。パオラ、ジョン、アルベルトとフィリス（Phyllis）が昼食に来た。私は後で、マダム・デュプレー（Madame Duperrex）とともに、〔サーネンの西隣の〕シャトー・デー（Château D'Oex）の上に一走りしに行った。」マダム・デュプレーは、〔アパートメント・ハウスのレ・〕カプリスの管理人でした。すてきな女性です。彼女は、私のためにあれこれと世話をしてくれたものです。「彼女はとてもすてきな人だ。戻ってきて、クリシュナジと散歩した。」

15日、土曜日、「パオラ、アルベルト、ジョンと友人が昼食に来た。クリシュナジは午後4時に〔フランスの実業家〕デ・ヴィダス（de Vidas）と会って、再びサーネンの靴屋に行った。クリシュナジにとってより良い大きさは、39.5だった。私たちは〔トゥルバッハ〕川の側に散歩に行った。彼は言った － 初期の人たち（ラージャゴパル、ロザリンド・ラージャゴパル、シュアレス、ヴィゲヴェノ等）の二

級ぶりはただ、彼らが手近にいるし、ゆえに、クリシュナジのまわりのものごとを何であれ整備すると思われることにとって、実用的な意味で目的に適うということだったと、自分は思う、と。」それが彼の評価でした。「現在の取り巻きはもっと成熟した思考をしている。彼は、ラージャゴパルとRRについて、「下品だ」という言葉を用いた。」RRはロザリンドです。

スコット ― ふむ、ふむ。

メアリー ― 「彼女はかつて〔サンタバーバラで〕彼に膝蹴りを食らわせた。彼は数日間、痛かった。でも、彼はけっして怒りを感じなかった。それは彼の精神に何の跡も残さなかった。ラージャゴパルは、初めから今のとおりだった。クリシュナジと〔弟〕ニトヤはどちらも、彼に対して嫌悪を感じた。ラージャゴパルはかつてインドでリューマチを起こしたが、〔インドの伝統医学〕アーユル・ヴェーダの医師は、一年間、治療するなら、彼を治せると言った。ラージャゴパルは拒絶した ― 自分はクリシュナジとともに発たなければならない、さもないとクリシュナジは自分を忘れるだろう、と言って。「それは本当だった。」とクリシュナジは言った!」(二人とも笑う)やれまあ!(二人は再び笑う)

8月17日に、「私はローマのヴァンダに話をした。ルス・マッキャンドレス(Ruth McCandless)が正午に来た。ルスは私の要請で、自らの経験の帰結を私に対して、次のように語ってくれた ― すなわち、シャンノン夫人(Mrs. Shannon)は、ここ〔サーネン〕に1965年にいたが、彼女をとおしてマーゴット・ウィルケ(Margot Wilke)に会った。1968年の早い頃に、クリシュナジがその秋、〔ロサンジェルス郡の東90キロメートルほどの街、クレアモントにある〕クレアモント〔・カレッジ〕(Claremont)で話をすることに同意した後、彼女は〔サンフランシスコ在住の〕マティアス夫人(Mrs.Mathias)により招待された。ウィルケはサンフランシスコで、その夫人のところに泊まっていて、ロザリンドに会った。彼女たちはロザリンドに対して、どうしてクリシュナジがクレアモント〔・カレッジ〕で話をすることになったかについて、クイズを出した。「彼にはできないわ。」とロザリンドは言った。」

「「それを手配したのは、集団でしたか、個人でしたか。」。「どちらもよ。」とルス〔・・マッキャンドレス〕は言った。「個人は私でしょうね。集団は〔クレアモント大学の〕ブレイズデル〔研究所〕(Blaisdell)でした。」と。」 ― そこは、彼を招待したクレアモントの場所です。「「ああ、私たちはアレン・ブレイズデル(Allen Blaisdell)を知っていたわ。」と、ロザリンドは言った。ルスが、〔所長〕レムペル氏(Mr. Rempel)の行きがかりの言及から、クリシュナジにクレアモント〔・カレッジ〕で話してもらうには、アレン・ブレイズデルを押し切らなければならないと知ることは、この年になって初めてだった。」 ― 彼〔レムペル氏〕はブレイズデル〔研究所〕のトップでした ― 「一日か二日の内にロザリンドは、ルスをお茶に招待して、クリシュナジは何と容易く〔周囲に〕影響されるのか、そして、今、私〔メアリー・ジンバリスト〕とアラン〔・ノーデ〕がそうしているということを、彼女に語った。それから、アランに対するいつもの誹謗中傷を開始した。その出会いのあとまもなく、マティアス夫人はルスに電話して、自分はロザリンドを何年間も知ってきたし、彼女は腹黒くないと知っているが、他方、彼女、ルスは腹黒いと、言った。さらにまた、彼女とマー

ゴット・ウィルケ、そしてロザリンドは長年、友人だったし、誰もそれを壊してしまおうとしていなかった。これで驚いてしまった、とルス〔・マッキャンドレス〕は言った。」

「それからシュアレス夫妻を昼食へ、私が丘の上に連れてきた。その後、クリシュナジは一人でシュアレス夫人と話をし、ヨーに対して、」 ― それは〔古くからのフランスのKの支援者マンツィアーリの四姉弟のうち、末っ子の〕ヨー・デ・マンツィアーリ(Yo de Manziarly)です ― 「なぜ彼女は事実を見出そうと試みないで、代わりに彼に背を向けたのかを、訊ねるように言った。」お分かりでしょうが、ヨーは〔一番上の〕姉のミマ〔・ポーター〕の味方をし、…

スコット ― 知っています。

メアリー ― …ラージャゴパルの味方をし、他方、〔同じ姉弟のうち、二女の〕マルセルと〔兄〕サチャはクリシュナジの友だちにとどまった。

そうですね。ああ、これはすべて〔プエルトリコの〕ビアスコェチェアについてです ― 「私は彼と銀行に行った。そこでは銀行の支配人が、25,000米ドルの小切手を、アルジナの口座のためにカントナル銀行(the Cantonal Bank)に送った。」アルジナ(Alzina)は、クリシュナジの必要のための預金口座でした。明白に、彼はラージャゴパル〔支配下のK著作協会〕から金銭を得ていなかったからです。

スコット ― なぜその名が選ばれたんですか。

メアリー ― デ・マルコフ氏という人(a Mr.de Marxof)がいて、彼はフランシス・マッキャン(Frances McCann)の財務顧問でした。彼は、金銭が入れられる口座を、〔サーネン集会のある〕スイスに持つことを提案しました。彼がその名を考えつきました。

スコット ― この口座は後に、「教えの信託(the Teachings Trust)」に変わりましたか。

メアリー ― ええ。

スコット ― ふむ。

メアリー ― ええ。私は、クリシュナジのためにそれを取り扱う係でした。銀行は、それをどのように投資すべきかを、助言したんです。「銀行はデンマーク国債に投資し、毎年3月3日に9パーセントを支払った。償還は1982年だ。これらは源泉徴収税が掛からない。この新しいアルジナ口座は番号付きのものだ。クリシュナジが所有者であり、代行権限は私に与えられている。水曜日にクリシュナジは、署名のために銀行に行くだろう。その間、彼の指示で私は、〔フランスの〕マダム・ドゥシェ(Madame Duchet)が出した、2000イギリス・ポンドの奨学金を入れた ― クリシュナジにより選ばれるインド人少年が、ブロックウッドに行くためだ。私はそれを、カントナル銀行の〔、ブロックウッドの校長〕ドロシー・シモンズの口座に、入れた。私はまた、5パーセントの純益を得るために、クリシュナジの信託口座と個人口座の手配を、した。私は、来年私たちのタンネグ〔山荘〕での使用のために、預託した。クリシュナジは〔山荘から〕歩いて降りてきて、散髪をしてもらった。私たちは幾つかお使いをした。〔トゥルバッハ〕川沿いに散歩した。」

テープの終わりに近いんでしょうか。

スコット ― テープの終わりに近いです。翌日は短い日ですか。短く見えます ― その日を読みませんか。

メアリー ― いいですよ。8月18日、「すてきな一日だった。朝は澄み切っていた。クリシュナジが運転して、私たちは

彼の車で〔サーネンの北東方向、〕トゥーン（Thun）に行った。私たちは、〔トゥーン〕湖の縁の教会の横の同じ小さな場所で、ピクニックの食事をした。私たちは冬のために、〔取扱業者〕モーザー氏のところに車を置いておいた。そして、次の4月の終わりに、新しい〔メルセデスの〕クーペ280 SE 3.5 を注文するために、私の車を下取りに出すための契約書を、調べた。それから私たちは、〔トゥーン〕湖の蒸気船へずっと歩いていき、〔南岸の〕シュピーツ（Spiez）までそれに乗った。〔スイス・アルプスの、オーバーラント三山と呼ばれ、南方向に連なる〕メンヒ（The Mönch）、アイガー、ユングフラウは、重い新雪を載せているのが、目視できた。私たちは、シュピーツから丘へ登って列車の駅までのバスに、乗った。クリシュナジは、昼食の自分のお米の多くを、白鳥たちと（クスクス笑う）幾羽かのカモたちに、与えてしまった。それで、私たちは〔列車内の〕ビュッフェに行った。彼はパンと幾らかトニック・ウォーターをとった。私たちは〔絶景の見られる鉄道で、南西方向の〕ツヴァイジンメン（Zweisimmen）への列車に乗った。そこで〔さらに南西の隣の〕グシュタード行きに乗り換えた ― これは彼を喜ばせた。彼は道すがらずっと立っていた。子どものように没頭して、（スコット、クスクス笑う）両手を自分の運転用手袋に入れて、窓の縁をつかみ、外を眺めるのにふけっていた。あの放心状態の遠い眼差し。彼は、道路がどこに行くかを追ったが、田舎すべてを静寂に見た。後で彼は、「私は列車で行きたいな。もっとよく見えるよ。私はもっと列車で行かないといけないな。」と言った。」

スコット―ふむ。

メアリー―「彼は、空の旅をする前の日々に、インドで列車から、広大な田舎が広がるのを、見守ったものだ。私たちは午後6時18分にグシュタードで降りて、私たちの新聞を買い、かつてタクシーで最も短く最も高価な乗車をした。5フランを払い、〔山荘を貸す代理店〕パラス（the palace）で降り、残りの道を歩いて、丘を登った。」（二人とも笑う）それで、…もう一つ、短いものがほしいですか。

スコット―ええ！

メアリー―水曜日、19日、「荷造りをした。ローマのヴァンダ〔・スカラヴェッリ〕に話した。リンドバーグ夫人とビアスコェチェア夫妻が、昼食に来た。〔アン・モロー・〕リンドバーグ夫人（Mrs.Lindberg）は、エコロジーと、フィリピン諸島のヤングハズバンドへの関心について、話をした。彼女はかなり集中して、神経質だが率直に、たくさん話をした ― 会話において断定的でもあり、恥ずかしがりでもある。恥ずかしさは表面のことではない。おそらくその裏にあるのだが。彼女は、奇妙な〔フランス語でのスリッパ、〕パントフルをはき、ズボンとスーツの服装をしていた。とてもすてきで、とても炯眼の人物だ。クリシュナジは彼女に会うのを喜んだ。後でクリシュナジと私は、銀行に行った。そこで彼は、ビアスコェチェアの合計金額を収受するために、アルジナ口座を開いた。代行権限は私に、そしてクリシュナジは、イザベラ・ビアスコェチェアから、別の25,000アメリカ・ドルの代行権限を受けとった。」それは、クリシュナジが使えるお金でしたが、もし〔彼女の夫〕エンリケに何かが起こったなら、それは結局、イザベラに行かなければならなかった。

スコット―ふむ、ふむ。

メアリー―「私たちは薬品類を求めに行った。それから戻って、〔トゥルバッハ〕川へと季節最後の散歩をした。石組みを視察した。後でクリシュナジは、「列車に乗って以来、私ははるか遠くに離れた感じがしている。」と言った。」

スコット―ふむ。

メアリー―そこが止めるには良いところだと思います。なぜなら、翌日私たちはブロックウッドに行ったからです。

スコット―よし、いいです。

原　註

1) 〔南インドの寄宿制の〕リシ・ヴァレー学校のための牛乳加工所を始めるために、その学校に引っ越したイギリス人夫婦である。
2) ドロシーとその夫モンターニュはいつも、自らの〔車〕ランド・ローヴァーに泊まっていた ― それはサーネンのキャンプ場で、容易に、小さなトレイラーに転換された。ドリス・プラットはいつも、彼らの隣のテントに泊まっていた。
3) サーネンには、講話のために2000人以上の人たちが、少なくとも三週間、来るので、彼らのすべてが周辺に泊まり、レストランとカフェで食事をし、品物を買う。商業上の利益がいつも、道徳上の憤慨に打ち勝った。
4) オランダの出版社。ラージャゴパルとの決裂との後で、出版した最初のところである。
5) ジョージ（George）とエスメ・カーネス（Esme Carnes）は、ブロックウッドの最初期の職員の二人であり、そこで長年働いた。
6) 「黒の森〔シュヴァルツ・ヴァルト〕」の西の麓に位置するドイツの温泉町。
7) クリシュナジが生まれた〔南インド、タミール・ナドゥ州の〕小さな町。
8) 1986年に学校は、新しい学校の犬を得た。彼は「バジャー」と名づけられた。なぜなら、〔地名のうち、〕ブロック（Brock）は、バジャー（badger. アナグマ）を表す古い英語の名であるからである。それで、ブロックウッドは、バジャー（アナグマ）の森を意味する。
9) クリシュナジの愛読書は、彼が「スリラー」と呼ぶもの、探偵小説やスパイ小説だった。彼のお気に入りのフランス語の探偵は、〔警部から後には警視、警視長にもなる〕ジュール・メグレ（Jules Maigret）― 〔フランス語で書くベルギーの作家（1903-1989）の〕ジョルジュ・シメノン（Georges Simenon）作の七十五の小説に現れる虚構の人物 ― だった。

訳　註

*1 通常、講話で用いられる pleasure（楽しみ、快楽）ではなく、「喜ぶ」という含意の enjoy が用いられている。
*2 この組織は、最初、1928年にアニー・ベサント、クリシュナジの教育への関心を承けて、「リシ・ヴァレー信託（the Rishi Valley Trust）」として創設され、リシ・ヴァレーとラージガートの学校を運営した。1953年に「新しい教育のための財団」に改組され、1970年に「インド・クリシュナムルティ財団（the Krishnamurti Foundation of India）」となった。
*3 原文はここから Jiddu-Krishnamurti.net 上の講話書き下ろしへリンクされている。
*4 この逸話はラッチェンスの伝記には出ていない。孤立した単独の話であるためであろうか。ちなみにノーデとの1972年の対話 Masters and hierarchy（Youtube 上に出ている）では、K自身がこの話に言及している。
*5 1903-1984; ヨーガ行者、霊的教師、社会改革者。「クンダリーニ」という概念を初めて欧米に広めた。
*6 1916-2008; ヨーガ行者で、霊的教師。1963年から亡くなるまでディヴァイン・ライフ協会の会長を務めた。
*7 原文はここから Jiddu-Krishnamurti.net 上の講話書き下ろしへリンクされている。
*8 原文はここから Jiddu-Krishnamurti.net 上の講話書き下ろしへリンクされている。

*9 この弁護士は後（第18号、第21号など）ではFariaという名になっている。
*10 原文はここからJiddu-Krishnamurti.net上の講話書き下ろしへリンクされている。
*11 原文はここからJiddu-Krishnamurti.net上の講話書き下ろしへリンクされている。
*12 スペイン語圏の中南米で、特に英米人について軽蔑を込めて用いられる言葉である。
*13 badgerは名詞としては「アナグマ」、動詞としては「せがむ」という意味である。
*14 原文はここからJiddu-Krishnamurti.net上の対話書き下ろしへリンクされている。
*15 原文はここからJiddu-Krishnamurti.net上の対話書き下ろしへリンクされている。
*16 原文はここからJiddu-Krishnamurti.net上の対話書き下ろしへリンクされている。
*17 eighthあるが、8月8日に行われたのは第7回である。
*18 Sybil Dobsonとあるが、第19号、第24号、第28号、第32号、あるいはラッチェンスの伝記に、Dobinsonと表記されているのが正しいと思われる。
*19 第1号の訳註を参照。例えば80年代、冷戦終結前、直後に言及されるような東欧の国々では、言論の自由もないこともあって、Kに関心を持つ人は、充分にその内容に接することができなかったし、そのため、彼女に関心を持つ人とは重なっていた事実があるようである。
*20 原文はここからJiddu-Krishnamurti.net上の対話書き下ろしへリンクされているが、第8回でなく、第6回につながっている。
*21 ヨーロッパでの靴の単位を考えると、日本での24.5と25.0の中間かと思われる。
*22 第19号、8月19日の記述を参照。
*23 第5号では、東部のマーサズ・ヴィニヤードで生活していて、ロザリンド・ラージャゴパルの親友だと言われている。
*24 クレアモントにあるリベラルアーツ（教養）系の私立ポモナ大学（Pomona College）で、1910-27年に第3代の学長を務めたJames Arnold Blaisdell（1867–1957）の関係者だと思われる。なお、このあたりの事情は、第12号に出ている。
*25 第23号、1972年7月の記述を参照。
*26 bunは小型のロールパンで、干しぶどうやレモンが入れてある。
*27 炭酸水に香草類、柑橘類の果皮のエキス、糖分を加えて作った清涼飲料水。
*28 concern of young husband in the Philippinesとある。「若い夫」となるが、リンドバーグ夫妻は1974年の夫チャールズの死まで添い遂げており、不明である。夫人については第5号の訳註を参照。
*29 M.Lee（2015）第4章によると、ハリー・ムーアヘッドは第二次大戦中、イギリス軍佐官としてアジアで勤務した後、教えへの関心からリシ・ヴァレーに加わり、インドK財団の理事となった。妻ヒルダは、リシ・ヴァレーの牛乳加工場の衛生水準を高め、乳牛の扱いの努力した。夫妻は十五年間勤務し、健康の衰えによりイングランドに帰国したという。なお、これは、バラスンダラム校長の時代（1958-1977）に、学校に付属した農地での穀物、果物、野菜の栽培や牛乳生産を通じて自給するようになった時代である。第2号の訳註を参照。
*30 ただし個人の水準では、1980年代にも、講話の開始時刻に近くでトラクターを動かして、その音で妨害するといった事例があったようである。
*31 マドラスから北へ150マイル（約240キロメートル）ほどにあり、リシ・ヴァレーの最寄りの町である。

第16号　1970年8月から1970年10月まで

序論

この号は通常の長さであるが、三か月間のみを扱っている－それは詳細に満ちているという意味である。そこには、クリシュナジの仕事に熱心な人たちが、幾つもの異なった国々でクリシュナムルティ財団を始めたがっていること、そして、作られるかもしれない新しい諸財団におけるクリシュナジの役割が明確化されることが、見られる。

また、ブロックウッドの初期の困難が、さらに多く見られる。それらの多くは、関与した個々人についての何よりも、歴史のその時期（60年代の終わりと70年代の初め）を多く反映していた。

ラージャゴパルと〔彼の支配下の〕KWINC〔クリシュナムルティ著作協会〕との平和的な解決を目指して幾つも試みがなされるが、何にもならない。

この時期を通してクリシュナジは、教育に関する書物を口述している。それは興味深いことに、いまだに公刊されていない。

メアリー・ジンバリストの回顧録　第16号

メアリー　この解説は、1970年8月20日から、また始めます。その日は〔スイス西部の風光明媚なサーネン地方の山村〕グシュタード（Gstaad）で始まります。「涼しい灰色の一日だった。クリシュナジと私は、〔家政婦の〕フォスカと〔メイドの〕アントニアにさよならを言った。」－ それは〔ヴァンダの雇った〕臨時のメイドでした。「そして、午前11時30分、メルセデスを運転し、〔レマン湖の南西の端、〕ジュネーヴに向かった。ガソリンタンクを満たすためにガソリン・ステーションを見つけるのに、苦労した。でも、見つけて、ジュネーヴに着く前に、自動車専用道路沿いでピクニックをした。ジュネーヴ空港に到着して、そこで〔車の取扱業者〕モーザー氏が出迎えた。」彼は、私たちにあれらの車すべてを売った人です。

スコット　ふむ、ふむ。

メアリー　「私たちは、次の4月のために、新しいメルセデス280SEクーペ3.5の注文書に署名した。彼は、愛しい現在の車に乗って走り去った。」私はいつものように、車とお別れすることに、とっても感傷的になりました。（スコット、笑う）

スコット　全く理解できます。

メアリー　あれはひどい扱いを受けるんでしょうし、ひどいことがあれに起こるんでしょう。ここで馬たちについて言うように、処分業者に行くことになるんでしょう。（スコット、笑う）「それは、高速道路では時速105マイル〔、約168キロメートル〕でウーンと唸ってきた。」（クスクス笑う）「私が運転した中でも一番すてきな車。」と私は言います。「クリシュナジと私は、午後3時15分のロンドン行きブリティッシュ・エアの便に、乗った。〔空港では、〕ドロシー〔・シモンズ〕が出迎えたが、ターミナルを出るととたんに、彼女の車が違法駐車で（クスクス笑う）撤去されてしまったことを、知った。（スコット、笑う）それで、彼女が車を取り返す間、遅れがあった。それから、〔西方向へ〕ブロックウッ

ドに走った。クリシュナジはとても静かで、遠くなっていた。彼は、〔8月18日〕火曜日に〔スイスで絶景の見える〕列車に乗ってから、「遠く離れていた」と言う。彼は、自らがそういう状態にあったとき、ラージャゴパルとロザリンドは〔K著作協会への著作権の完全譲渡など〕いろいろと頼んだにちがいないと、言った。そして、自らは「何でもおっしゃるとおり」と言っただろう、と – かつて〔少年時代に、神智学協会の指導者〕レッドビーター（Leadbeater）に対して言ったように。彼の顔は、車ではきびしい仮面だったが、彼はブロックウッドに到着するとすぐ、人々に挨拶するほどには戻ってきた。そして、階下でみんなとともに、夕食をとりたがった。〔校長の〕ドロシー〔・シモンズ〕は緊張して見えた。ブロックウッドはまとまりが必要だった。でも、戻ってきたことは良い。よく眠った。」

21日には、「荷物を解いた。私はクリシュナジの引き出しと戸棚すべてを整頓した。〔ウエスト・サセックスの高地〕ブラックダウン（Blackdown）のメアリー・リンクスに電話した。マクガワン博士（Doctor McGowan）がクリシュナジの健康診断書を彼に渡す。〔内装業者〕ポール・アンステーは、新しい皮の椅子が応接室にとっても似合っていると言う。」（クスクス笑う）これらはいらないんじゃないの？

スコット－いえ、いえ、絶対です。

メアリー－いいわ。「午後4時にクリシュナジは、ブロックウッドと問題すべてと全般的な無秩序について、シモンズ夫妻、ドリス〔・プラット〕、ドナルド〔・ホッペン〕、私とともに、会合を行った。或る女性教師は、ジャネットソン（Janetson）というアメリカ人カップルとともにブロックウッドの担当を任されていたが、今…」ああ、これには入れないわ。

スコット－いや、入れますよ。

メアリー－検閲してからね！

スコット－なぜこれは入れられないんですか。

メアリー－誰にも関わりのないことだからです。

スコット－でも、これが、ブロックウッドが経てきた種類のことです。そう思いませんか。

メアリー－まあ、誰かがブロックウッドで、他の誰かと恋愛沙汰を起こしていた。それが問題でした。(笑う)「クリシュナジは、私たちみんなに対して本当に燃え立っていた。彼は、「あなたが合理的議論を試み、彼らと話をしてきて、それが何にもならないが、脅しを使いたくないとき、どうしますか。」と言った。彼は〔校長の〕ドロシーをあまりにきつく叩いたので、他の者たちは沈黙を守ったが、私は彼女がバラバラになるかと恐れた。それで、私は砲火の幾つかを受けた。それは何という火だったのか！「あなたは私から立ち去れないよ。あなたは彼らを教育しなくてはいけない。」と。終わりには、私たちは思いとどまらせようと説得してみたが、彼らがそれを駆け引きに変えてしまったと言う事柄だった。」

スコット－ふむ、ふむ。

メアリー－〔ドロシーの後、校長を務めたあなたにとって、〕馴染みぶかく聞こえますか。

スコット－あまりに馴染みぶかすぎます。メアリー、お分かりでしょう。そういうわけで、このすべてを記しておくことが重要なんです。なぜなら、このすべてが馴染みぶかいですし、また不幸なことにそれが、未来に起ころうとしていることであるからです。これはみな、再び持ち上がってくるでしょうし、何かこれの見方がなくてはならない…

メアリー－歴史ね。

スコット－ええ。

メアリー－「クリシュナジは言った－「私たちはそれにうんざりしています。これが、ブロックウッドの方向です。あなたの方向ではなく、ここが目指して始まった元来の方向です。あなたは私たちとともに来たいですか。そうならば、単に言語的にでなく、行為における答えでしょう。」と。この会合が終わった時には、午後7時になっていました。

22日には、「クリシュナジは荷物を解くのを終えた。私は彼のものをすべてしまって、引き出しを整理しなおす等をした。午後に彼は、ブロックウッドへの建て増しを何かしたいと思っているウォーレン・パリエー氏（Mr.Warren Parriae）に面談を行った。」と、ここには言っています。

スコット－ふむ、ふむ。

メアリー－「クリシュナジと私は小道をまわる散歩に行った。」

翌日、日曜日に、「〔オーハイの〕リリフェルト夫妻が、二、三日間、南イングランドを自動車で走ってまわってから、到着した。彼らは西ウィングの予備室にいる。クリシュナジは正午に、「タイムズ誌」の教育特集号（the Times' Educational Supplement）のためのインタビューを受けた。パリエー氏は、近くの住宅に10万ドルを投資したいと思っていて、ブロックウッドはそこを使用できる。昼食の後、私はエルナとテオ〔・リリフェルト〕のため、この場所を案内してまわった。午後4時にクリシュナジは、シモンズ夫妻、ドリス、ドナルド、私とともに、もう一回会合を持った。〔校長の〕ドロシーは、部外者たちすべてに立ち去るよう求めた – そこには…」恋愛沙汰を起こしている人たちが含まれます。

スコット－いいです。ここに名前を上げることに、あなたは安らかな気持ちでないので、それなしでも…

メアリー－ええ。

スコット－でも、ここで意義深いことは、…

メアリー－彼がそれを取り扱っていた、と。

スコット－…そして、人々は自らの関係の困難に携わっていた、と。

メアリー－ふむ。

スコット－…クリシュナジと明白に他の人たちは、それを学校では不適切だと感じた。

メアリー－そのとおり。

スコット－さて、これはすごく争論になる問題です。これは、少し光が照らされるべきことです。なぜなら、彼らはそれは正しいと主張していた、または止めようとしなかったから…

メアリー－ふむ、ふむ。

スコット－…とか何とか。クリシュナジがまわりにいても、彼らは、「いや、私の考えることが正しい。」と言っていました。

メアリー－ええ。

スコット－それは、入ってみるにとても興味深いことです。なぜクリシュナジがそれは不適切だと言ったのかについて、何か憶えていますか。私がいうのは、明白に、彼らが恋愛沙汰を起こしているとき、或る人たちは他の人たちと〔現に〕結婚しているという意味でもあろうし、…

メアリー－ええ、ええ。

スコットーこれはただ、学生たちに悪い影響があるとか感じられました。
メアリーーまあ、それは…
スコットー…彼らがあまりに自堕落だったということで…
メアリーー…だらしなかった。
スコットーそして、愚かだった？
メアリーーだらしなかった。
スコットーええ。
メアリーー私がいうのは、それに関する彼の言葉は引用できませんが、私の言おうとしていることは、ただ私の解釈なのかもしれません。でも、これらの人たちは、学校ではなく、自分たちの個人的ながらくたすべてを、優先しているように見えたんです。
スコットーええ。またそれにより、クリシュナジが去ってしまった後、今起こる種類の議論が、展望に入ってきます－そのとき、人々は、「いや、私はこうする権利がある。」とか、「これが私が教えを生きるということだ。私にこれをしてはいけないと言うあなたは、誰なんだ。」と言います。私がいうのは、それにより、人々がクリシュナジに対してそれを進んで言おうとさえしていたということが、展望に入るんです。
メアリーーふむ、ふむ。
スコットーそれは、考えてみるとき、くらくらします。
メアリーーまあ、まさに翌朝、彼は昼食の前に、関係者の女性に話をしました。でも、私はそこにいなかったから、彼が何を言ったかについては、〔この日記には〕何もありません。そして、「午後に私は、リリフェルト夫妻とともに彼らの車で〔西方向に、イングランド南部、ハンプシャー州の州都〕ウィンチェスターに行って、それから列車で一人で〔南西方向に、イギリス海峡に面した都市〕サウサンプトン（Southampton）に行った。〔レンタカーの〕ハーツ〔社〕の事務所で私は、トマト色の赤いフォルクスワーゲンを借り、〔北東方向に〕ブロックウッドへ運転して戻った。クリシュナジは、ブロックウッドに参加したいと願う若者と、散歩に行った。これは私にとって良い知らせだったが、クリシュナジがこう付け加えるまでのことだった－この若者は、自分はクリシュナジの死を感じ取っているし、クリシュナジが77歳のそのとき自分は臨席しているだろうと言った、という。」これは、浮かび上がってくるバカ話の一種ね。
スコットーやれまあ。
メアリーー「これで私は衝撃を受けて、気分が悪くなり、この若者のことは二度と聞きたくないと思った。（スコット、笑う）クリシュナジはこれらを容赦しなかった。「あなたはそれに向き合わなければいけない。」と彼は言った。「なぜあなたたちみんなが死について騒ぎ立てるのか、私には分からない。」と。私は、それが来るとき向き合うだろうが、会話の上でのそれへの些細な言及には向き合いたくないと、言った。後で彼は、「私はずっと長生きするだろうと思うよ。または、いつでもぽっくり行くね！」と言った。」（スコット、心から笑う）（メアリー、クスクス笑う）
スコットーすべてすごく慰めになる！
メアリーーええ！私は安心しましたよ。わかるでしょう。
スコットーええ。（さらに笑う）
メアリーー翌日は、「静かだった。クリシュナジはたくさん眠った。午後に私たちは長い散歩をした。」

8月26日、「クリシュナジと私は赤いフォルクスワーゲンで〔北東方向20キロメートル弱の都市〕アルトン（Alton）に行った。それから、午前10時20分の列車でロンドンへ。自然と私たちの第一歩は〔セヴィル・ロウの仕立屋〕ハンツマン（テイラー）だった。そこで私は、グレイのバードセエ（Birdseye）のスラックスを一着注文した。クリシュナジは素材がとても好きだったので、同じ素材の二列ボタンのスーツを注文した。（クスクス笑う）私たちはW.ビル有限会社（W.Bill Limited）へ歩いていき、クリシュナジのために二つの〔頭からかぶるセーター、〕シェトランド・プルオーヴァーを買った。それからアペリティフに行き、そこで昼食のため、メアリー・ラッチェンスが私たちを出迎えた。クリシュナジは、次の書物のために〔編集者の〕彼女に「継続的な会話」を頼んだ…」それは、何か仮の題名を意味しているに違いないわ。憶えていないわ。
スコットーふむ、ふむ。
メアリーー「…それとも、親たち、子どもたちと教師たちのためのものを、作るのか。彼はそれを始めるだろう。彼はキャンピオン氏（Mr.Campion）のところに行った。」キャンピオン氏は歯医者でした。
スコットーふむ、ふむ。
メアリーー「クリシュナジが歯を治してもらう間、私はお使いをした。それから私たちは帰宅した。エルナ〔・リリフェルト〕は、〔向こう側の〕ロブルがラージャゴパルの弁護士を辞任したとの噂を、聞いていた。」
「翌日はすてきな温かい晴れた一日だった。私は午前ずっとデスクの仕事をした。その間、クリシュナジは眠った。午後に私たちは〔西北へ〕運転して、〔ハンプシャー州の州都ウィンチェスターの北東部、〕アヴェントン（Avington）の近くのイッチェン川（the Itchen River）に行った。すてきな澄んだ流れ。私たちは川沿いに歩いたが、あまりに短かった。ブロックウッドに戻ってきた。」
スコットーそれは、ブッシュ・イン（the Bush Inn）からだったにちがいないですか。
メアリーーええ、ブッシュです。
スコットーふむ。（メアリー、クスクス笑う。スコット、笑う）
メアリーー28日に、「学生たちが一緒に寝ることに反対する理由が何なのかについて、クリシュナジと私が行った会話を、クリシュナジ、ドロシーと私は、昼食の前に継続した。（メアリー、クスクス笑う）終了する前に、私たちは昼食のために止めなくてはならなかった。それからクリシュナジは、協働とは何かの議論のために、ここにいる職員たちと二人の学生たちに、会った。クリシュナジは、協働の気持ちがまず先に来ると、言った。それから、その目的等が出てくる、と。後で散歩のとき、彼は、私の中を照らし出した－私が、協働は他の人たちとの何か努力をめぐる行為を含意しないのかどうかを訊ねたとき、私が理解していない、と言った。すなわち、目的とか何かの一般的な何か中核、協働したいという気持ちを刺激する方向か。または、それは最初に始まるのか。それは協働したいという思いを生成する。討論のなかで私は、彼が、異論、反対が何かを定義することにより、協働を、始まりの落とし穴を越えるよう人々を導く第一義的なものとして強調していることを、感じていた。」それで、あなたにとって何か意味をなしますか。
スコットーふむ、ふむ。
メアリーー私は、彼が何を言っていたのかを、自分は知っ

ていると思います。
スコット－ええ、私も知っていると思います。クリシュナジは、協働のために協働するんだ、と言ったものです。
メアリー－ええ。それからあなたは・・・
スコット－何のためでもない。
メアリー－そのとおりです。問題に啓発されて、それから協働するのではない、と。
スコット－ええ、ええ。
メアリー－あなたは協働する・・・
スコット－・・・協働の精神のなかから・・・
メアリー－それから、問題が起きるとき、それらに対処する。
スコット－ええ、ええ。
メアリー－「・・・ゆえに、私が上のことを持ち出したのは、それに反していた。彼は、自分は何の計画も持たないと言った。だが、私は討論のなかで、彼は持っていると言っていた。すなわち、そのとおりではない、と。すなわち、彼は検討していて、前もっての概念化された計画は持っていない、と。私は、「あなたはご自分が何を言おうかを計画しました。」と言っていた。彼は激烈で、辛抱しなかった。私は、橋渡しのできない行き詰まりを、感じた。後で彼はこれを感知して、済まないと思うと言った。自分は手荒だったし、二度とそういうことにはならない、と。彼が後で〔校長の〕ドロシーに会ったとき、彼女はほぼ疲労困憊の涙を浮かべていた。人々は、割り込んでブロックウッドに留まろうとした。庭園〔担当〕の誰かが去った。」書いてあるのが読めないわ。

8月29日に、「〔イギリスの〕クリシュナムルティ信託財団とアメリカ・クリシュナムルティ財団の第1回の公式の会合があった。クリシュナジとドロシー・シモンズとメアリー・カドガンとジョージ・ディグビーとデイヴィッド・ボームと、エルナとテオ・リリフェルトと私が、出席していた・・・また、その夜、泊まった〔ベルギーの〕ヒュヘス・ヴァン・デル・ストラテンも。先には郵便で、8月6日に開かれたタッパー・ローブル・ライプツィガー（Tapper-Loebl-Leipziger）の会合について、〔ロサンジェルスのこちら側の弁護士〕ライプツィガーの詳細な説明が届いた。そこで私たちは、〔カリフォルニア州法務副長官〕タッパーがライプツィガーに相談もなく、ラージャゴパルが1968年以前の資料の出版を続けていくのを認められるとの提案をしたという不穏な知らせを、初めて知った。誰もがこれは交渉不可能だと感じる。クリシュナジは、おそらくラージャゴパルは弁護士たちを通すより、むしろ自らとで決着をつけたいと望むだろうと、考えがちだ。これらに加えて、インド財団、スペイン語アメリカ財団と、オーストラリア財団準備団体とが議論された。財務はいくらか楽観的に見える。」

翌日、「クリシュナジとヒュヘスとエルナと私との間で、ラージャゴパルが出版をつづけるとのタッパーの提案はありえないことについて、午前中、長い話があった。エルナは電報で〔弁護士の〕ライプツィガーに私たちの気持ちを伝えて、これらについて堅い書簡の下書きを作った。クリシュナジは再び、ラージャゴパルは本当はこの仕事を続けたくないという考えを、探究した－彼はあまりに年老いていて病気であるが、クリシュナジとの関係修復を望んでいて、ものごとを個人的に彼に手渡したいのかもしれない、と。」これは彼〔クリシュナジ〕の永続的な願いでした・・・
スコット－ふむ、ふむ。
メアリー－または、楽観主義ね。「ヒュヘスは飛行機でベルギーに戻った。昼食の後、私は運転してエルナとテオを、リンクス夫妻とのお茶のために〔ウエスト・サセックスの高地〕ブラックダウンに送った。クリシュナジは行こうとしていたが、とても疲れて見えたので、留まって眠った。メアリー〔・リンクス〕は昨日彼に手紙を書いて、ブロックウッドには彼の存在が年の八から九月、必要だと提案していた。温かい一日だった。リンクス家では心地よかった。私たちは夕食に間に合うよう、ブロックウッドに戻った。」

8月31日に、「クリシュナジは午前に、〔K財団の〕会報（*The Bulletin*）のため、協働の意味についての会話を、私に対して口述した。私は、けっして遅れてしまわないとの決意で、その日の残りのほとんどを、それをタイプして過ごした。就寝する前には封筒に入れて、投函した。点検のためメアリー・リンクスに送られる途中だ。もしも私が書物、手紙、洗濯物で最新情報をつかんでいたなら、すべてはうまくいくだろう。」（二人とも笑う）「私は〔フランス北部ノルマンディー地方の〕ドゥーヴィル（Deauville）にいる父に電話した。〔7月末に妻を亡くした〕彼は元気で、友達たちと忙しくしていて、木曜日にパリに戻る。昼食には〔校長の〕ドロシー〔・シモンズ〕が、合衆国から来た一番新しい生徒のいきなりの敵意について、概要を示した。彼はここに二時間いた後で、自分の髪の毛のせいで立ち去りたいと思っている！」（二人とも笑う）
スコット－ああ、そうか！
メアリー－「あまり長すぎず適度に清潔にきちんとしておくことが、提案された。〔若者にとって、初めて長髪が流行りはじめた〕この頃、髪の毛は自らの一番神聖な物体だ。クリシュナジと私と〔犬の〕ウィスパーは、〔南東方向の〕ウエスト・メオン（West Meon）に向かって道路を歩き、それから野原の間の丘を下った。長くてすてきな散歩。」それは、ウエスト・メオンに向かっていくときのことで、それから左に曲がります。それは下っていける道です。
スコット－ファーム・ショップ（the Farm Shop）へですか。
メアリー－ええ、ファーム・ショップに向かってです。
スコット－ええ、ええ。
メアリー－「私にはそこは初めてだ。クリシュナジは明日、教育について新しい書物を始めることを、決めた。インド、ヨーロッパと合衆国の親、学生、教師の視点を示す。メアリー・リンクスは、1月に彼の次の書物の編集を始めたいと思っている－それは、私たちが毎日この本の仕事をしなければならない、という意味だ。私は、他の本のタイプ打ちをわきに置いて、やろう。私は遅れてしまわずに、この本のタイプ打ちをつづけなければならない。私には丸一日掛かる。だから、幾らかしなくてはいけないだろう。」（二人ともクスクス笑う）

9月1日、「クリシュナジは、新しい教育の書物の口述を始めた。それは、質問者が親たちの集団、この場合にはインドのそれであるということ以外、まさに会話のように始まる。始まりには、いつものすてきな自然の記述の切れ端がある－この本では、ラージガートだ。私は午後にタイプ打ちをしたが、終わらせることは不可能だった。クリシュナジは午後4時に、〔プエルトリコの〕ビアスコェチェア夫妻に話をしたが、それはスペイン語アメリカ財団についてのことだったので、私にそこへ同席してほしいと願った。それから私たちは〔犬の〕ウィスパーを散歩に連れて行った。

エルナとテオ〔・リリフェルト〕は〔西方向、ウィルトシャーにある古代の環状列石、〕ストーンヘッジ、〔さらに西方向で、カントリーハウス、庭園のある〕ロングリート（Longleat）と〔、東に戻ってハンプシャー州の〕ニュー・フォレスト〔国立公園〕（the New Forest）に行った。」

翌日、「クリシュナジは教育の書物の2番目〔の章〕を行った。私はお使いで〔西方向の〕ウィンチェスターに行った。雨が降った。〔フランスの実業家〕デ・ヴィダス夫妻が〔まもないブロックウッド〕講話のために来た。」

9月3日には、「彼は午前に教育の書物の3番目〔の章〕を口述した。私たちは12時30分に昼食をとり、午後1時50分の〔北東方向の〕アルトンから〔さらに北東方向に〕ロンドンへの列車に乗った。〔ロンドンでは、〕二人ともハンツマンの仮縫いをした。クリシュナジは、リリィホワイツ（Lillywhites）でウィンドブレーカーを買った。私たちは午後6時30分には、ブロックウッドに戻っていた。列車でクリシュナジは夢見がちできわめてぼんやりしていた。」（クスクス笑う）

翌日、「再び彼は口述した。邸宅は〔まもない集会のため、〕人々で溢れかえっている。〔リシ・ヴァレー校長の〕バラスンダラム（Balasundarum）がインドから到着した。日曜日に〔イングランド東部の〕ノリッヂ（Norwich）に来るだろう〔ロサンジェルスの弁護士〕ローゼンタール（Rosenthal）」 – 私たちの弁護士ですね – 「からの手紙がある。」

5日には、「土曜日、すてきな晴れた日。水泳プールの向こうの広場に、〔会場の大きな〕テントが建てられた。そこでクリシュナジは4回の講話の第1回を行った。600人ほどの人たちが来た。今年、音響システムがすばらしくうまくいった。講話の後で、クリシュナジも含めて誰もが昼食をとった。そこには〔サンディエゴの陶芸家〕マーサ・ロングネカー（Martha Longnecker）がいた – ディグビー夫妻、リリフェルト夫妻と私は、後で出版の問題について議論した。」

6日、日曜日、「またすてきな一日。クリシュナジは第2回の講話を行った – とても良くとても強い。またもや〔講話の後、〕テントでピクニックの昼食 – 今日は八百から九百人。午後4時に、二つのクリシュナムルティ財団が会合した –〔プエルトリコの〕ビアスコエチェア、ファリアス〔弁護士〕とセンドラは、自分たちがクリシュナムルティ財団 – スペイン語圏アメリカ・クリシュナムルティ財団（a Krishnamurti Fundación Hispano-Americana）– を、造ることに関して。彼らは、なぜ自分たちが財団と呼ばれたいのかの理由を、全く示さなかったが、彼らはそうなるように見える。財団すべての規約書に、クリシュナジの意図を保護するためにもっと多くの保護条項をどう入れられるかについての話が、あった。例えば、財団は彼の書物だけを出版するであろうこと等。後で私たちは、〔犬の〕ウィスパーを散歩に連れて行った。後で私は、パリの父に〔電話で〕話をした。」

9月7日、「エルナと私は、〔ロサンジェルスから来て、今〕ノリッヂ（Norwich）のサウル・ローゼンタール〔弁護士〕に電話した。彼は次の日曜日、調停の提案について議論するために、ここに来られる。」それから、〔ニューヨーク在住の〕私の弟〔バド〕と義理の妹についてのことです。「クリシュナジは、教育の書物について5番目〔の章〕を口述した。午後4時に彼は、学校との会合を開いた。ブロックウッドの意図は智恵である – それは敏感さと自由である。自由は、自己の条件づけからの自由と等しい。とても良い議論。

編集者の憶え書
リンクされた討論会は、9月8日にあったとのラベルが貼られているが、アメリカ・クリシュナムルティ財団のアーカイヴズ担当者は、これは実際には7日の討論会であって、単に帳簿において8日と誤ったラベルづけがなされているということを、保証してくれる。

それは〔K財団の〕会報（The Bulletin）に載せるべきだ。クリシュナジはバラスンダラムと散歩した。私はリリフェルト夫妻と散歩した。〔ププル・〕ジャヤカール夫人（Mrs. Jayakar）はボンベイ〔現ムンバイ〕でインフルエンザに罹り、18日までここに来られないし、月曜日の会合を逃す。リリフェルト夫妻の〔乗る、定期便以外の〕チャーター機は、その日に発つ。私たちは月曜日の会合を進めるだろう。疲れるが、忙しい一日。バラスンダラムは、晩に〔自らが校長を務める〕リシ・ヴァレーのスライドを示した。」

9月8日、火曜日、「にわか雨が降った。寒くなった。クリシュナジは、〔先週と今週の〕週末の講話の間、近隣に泊まっている人たちのために、テントで討論会を開いた – 150から200以上の人たちだ。質問は教育についてであった。彼が全く新たに聞かせたということ以外、かなり昨日の学校での討論会のように進んだ。智恵、自由。そして、断片化した条件づけの精神は、自らが様式化されていることを、起こるままに見ることができるかもしれない。その即時の知覚がそれを解き放つ。」

「ボーム夫妻が、クリシュナジに会いたいと頼んできた。彼は、午後4時に夫妻に話をし、後でデイヴ〔・ボーム〕と散歩に行った。その間、エルナ、テオ〔・リリフェルト〕、バラスンダラムと私は、夕食時まで話をした。バラスンダラムは、インドでの〔これまでの〕「新しい教育のための財団」（the Foundation for New Education）の背景を教えてくれた。」

スコット――「新しい教育のための財団」はどうなったんですか。

メアリー――〔1970年に〕インド・クリシュナムルティ財団になりました。ただ名前を変えただけです。

スコット――ああ、そのとおりです。そのとおりです。

メアリー――でも、クリシュナジを理事会に加えていいのかどうかについて、大騒ぎがありました。

スコット――憶えています。

メアリー――ここでそれに触れたのかどうか、分かりませんが。

スコット――今、それに触れたいですか。少しの間、それについて話をしましょう – あの騒ぎについて、です。なぜなら、それは本当に興味深い（笑う）試練であったからです。

メアリー――どうにか、ここに入るにちがいありません。うーん、まあ、ここ〔日記〕に言っていることを読み上げましょう。

スコット――はい。

メアリー――ちょうどこの日の終わりとそれから、それについて議論できます。私が言っていたように、「エルナ、テオ、バラスンダラムと私は、夕食時まで話をした。バラスンダ

ラムは、インドでの「新教育財団」―インド財団の背景を教えてくれた。私たちは、〔新しい〕イギリスK財団の規約の理由を、示した ―〔従来のK著作協会で起きたことを繰り返さず、〕クリシュナジの法律上の権利をしっかり保護するための努力、である。最後に彼は、私たちが彼らに対してインドでどうしてほしいのかを、訊ねた ― そうしようとの意味を込めてである。」それから、「つづく」と言います。それは或る種、私が（スコット、笑う）懐疑的だということだと思います！「先に私たちは、彼に、6月の〔こちら側の弁護士〕ライプツィガーの報告書と、〔向こう側の弁護士〕ローブルに対する〔カリフォルニア州法務副長官〕タッパーの書面等を示した。」

スコットーこの「新しい教育のための財団」に何が起きたのかについて、話をしたいですか。

メアリーーまあ、正確な詳細は思い出せません。それがすでに起きていたのか、後で起きたのか、は。でも、彼らは・・・まるで、クリシュナジがクリシュナムルティ財団を作りはじめたとき、それがまさになすべきことになったかのようです ― 私のいう意味がどういうことかを、ご存じなら。

スコットーふむ、ふむ。

メアリーーそういうわけで、ビアスコェチェアはプエルトリコに、ただの委員会だけの代わりに、財団をほしがったのだと、と私は思います。またインドでは、そのとき知られていたようなイギリスK財団（イングランド・クリシュナムルティ財団。後に、クリシュナムルティ信託財団として知られた。）と、アメリカのK財団に等しいことを何かしなかったなら、ちょっと時代遅れになるということが、広まっていました。でも、思い出してみると、今、このことの日付は示せないですが、彼らがそれをやったことが出現してくるかもしれません。でも、ラージャゴパルがその一員であり、クリシュナジはそうでないという興味深い条件をつけて、です。だから、それを考え出してみてください！（スコット、笑う）クリシュナジにしてみれば、自らがそのような事柄に悩まされなくていいはずだという理由は、ありました。彼はそれらに手を染めなかった。彼は霊的なトップだったし、あれこれ〔世俗的な〕会合の詰めに煩わされるべきではないんです。

スコットーそのとおり。物質世界のことには、ね。金銭のような。（笑う）

メアリーーなぜ〔インドの〕彼らがラージャゴパルにすがりついているのかは、けっしてはっきりと説明されませんでした。結局、私が思い起こすところ、彼が〔理事会の〕再選出に出てきたとき、彼らは彼を落とした、と私は思います。たぶんね。ともあれ、結局、彼は抜けました。もちろん、すべてを変えたのは、そして私は今でも拘っていると思いますが、でも、それが、どのように起きたのかということですが、彼ら〔新しい財団の人たち〕が〔マドラスの本部、〕ヴァサント・ヴィハーラを求めたとき、それを得るには、〔K著作協会を通じてそこを支配していた〕ラージャゴパルに対して法的訴訟を起こさなくてはならなかったし、ほとんどそう得られなかった、ということです。

スコットーふむ、ふむ。

メアリーーそれで、彼らの態度が何というか変化しました。

スコットーええ。また、私が憶えているところ、初期の年月には、〔インドの団体〕そこには、ラージャゴパルの考えの流派から残っている、変な人たちも幾らかいましたが・・・

メアリーーええ。いました。もちろん〔インドでの活動の担当者〕マーダヴァチャリ（Madhavachari）がそこにいましたし、その長でした。最後には彼らが驚いたことに、マーダヴァチャリは、訴訟について自らがクリシュナジから得た情報すべてを、〔訴訟相手の〕ラージャゴパルに渡してきたということが、明るみに出ました。それで、ラージャゴパルは、何が計画されつつあるかを知りました。本当の裏切りです。それで、彼ら〔インドの他の人たち〕のマーダヴァチャリに対する気持ちが、何というか冷え切ってしまいました。

スコットーええ。ひどいな。でも、〔主要メンバーの一人、〕ププル〔・ジャヤカール〕もまたクリシュナジをこの理事会に入れたいと思っていなかった。

メアリーーええ、ええ。

スコットー彼らの誰一人としてね。スナンダ、パマ〔・パトワールダーン夫妻〕、私が憶えているかぎり、彼らの誰一人も、です。

メアリーーまあ、私は、ププルをこの視点の主な代弁者として憶えています。

スコットーふむ、ふむ。

メアリーーでも、何人なのか、私は知りませんが・・・奇妙な人たちの集団です。なぜなら、ご存じのように、たくさんの人たちは、何が起きているかを知らないし、年次会合に出てくるだけで、そこでは沈黙したまま座って頷くんですから。

スコットーふむ、ふむ。

メアリーー〔インドで〕そこを動かす人たちは・・・

スコットー・・・今、そこを動かすのと同じ人たちでした。

メアリーーそのとおり。

スコットーええ。

メアリーーまあ、それは〔アメリカ、イギリスの〕私たちについても言えるんでしょうね。ただ私たちは、全くそうは動かさないんで・・・

スコットー（笑う）ええ。私たちの何人かは、もうそれを動かさないですよ！（スコット、さらに笑う）

メアリーーええ。私たちの何人かは、もうそこを動かさないわ！そのとおりです！（笑う）私は、それを誇るべきなのか、何というか、言葉の端にそれを漏らすべきかどうか、私は知りません。（二人ともクスクス笑う）ともあれ、そのときはそういうことだったんです。

　翌日は、9日水曜日でした。「強風。寒さが優勢だった。クリシュナジは炎に満ちていて、教育の書物の6番目〔の章〕を口述した。」

スコットー私たちは〔書物〕それの名前をまだ知りません。

メアリーー私たちはそれの名前をまだ知りません。[2]「午後3時30分に〔フランスの実業家〕デ・ヴィダスとエルナとテオ〔・リリフェルト〕が会合をすることになっていたが、デ・ヴィダスが遅れた。私は彼らのところを立ち去って、クリシュナジの、学校との討論会をテープに録った。私たちは、「ブロックウッドは何をしようとしているのか」を継続した ― ここに智恵と自由をどのようにもたらすか。そして、修練・規律（discipline）は何なのか。智恵ある議論と合意をとおした発見の後、その人物がまだやり遂げないのなら、私たちはどうするのか。」それが私たちの話をしたことです。「髪の毛〔の問題〕は〔学生の〕ドミニク（Dominic）が主

題として持ち出した。清潔できちんとしているなら、良い。でも、そうでなければ、そばで生活せざるをえない他の人たちに不快だ。敏感さ、配慮により、汚い裸足等々は防がれるべきだ。」やれまあ！（二人とも笑う）それが初期の問題でした。「でも、或る人物が継続的にこれらを無視するなら、規律を課し、嫌だが処罰するのか。私たちはどうするのか。」（クスクス笑う）クリシュナジはどう解決するんだろうと思いめぐらせて、ほとんど探偵小説になりました。後で彼は私に対して、自らがどこに行こうとしているのか見当も付かないということを、言いました。ただ分かってきました － すなわち、友情と調和に生きようとの提案の智恵、そしてここで学ぶ過程を、振り切ることにより、自分自身を処罰するのは、渋っている当の人物だ、ということが、です。

「クリシュナジはこれらの後、疲れ切っていて散歩に行けず、ベッドに入った。私も疲労困憊していた。エルナとテオとデ・ヴィダスはまだ話をしていた。それも役立った。私たちは、ここでの外国の〔委員会〕メンバーのための出版のための土曜日午後の会合について、〔出版委員会の〕ジョージ・ディグビーに電話した。エルナ〔・リリフェルト〕はすでに、過去の出版に関する〔弁護士〕ライプツィガーの質問に答える書簡を、書き上げていた。晩には、バラスンダラムがビアスコェチェアと話をして、自分は〔マドラス南部、神智学協会の本部がある〕アディヤールでクリシュナジのインドの天宮図を見たことがあること、そして、彼は1895年5月13日の深夜すぎ、12時24分に生まれたことを、言った。」それもまた〔インドの計算法による〕もう一つの日付です。「インド人たちは伝統的に、一日を午前6時から始まるように数える。」午前4時だと私は思いましたが。

スコット－私も午前4時だと思いました。
メアリー－だから、彼らは、5月12日が彼の誕生日だと考えます。でも、西洋の数え方では、5月13日に入って24分です。まあ、それらは間違っています。
スコット－ふむ。
メアリー－「神智学は、クリシュナジは前世においてブッダの弟子の一人だった、と言った。バラスンダラムは、若いときのクリシュナジの写真を私にくれて、言った －」－これはすべてバラスンダラム〔に関するもの〕です －「クリシュナジは、自らがものごとを分割等なく見られるのはどうしてなのか、それはどうして起きたのかということについての彼〔バラスンダラム〕とププル〔・ジャヤカール〕の質問への答えで、クリシュナジは、少年の自分はいつもものごとを分割すなわち、観察者と観察されるものなく、見ていたことを思い出せる、と返答した。その知覚が初めから自らにあった、と。」その知覚が、です。「昨日、バラスンダラムが私に対して、1957年にインドでラージャゴパルがクリシュナジをいじめたこと、また1956年のインドでのロザリンドの彼に対する不作法について、話してくれた。」

9月10日に、「クリシュナジは、講話の間ここ〔ブロックウッド〕にいる人たちのために、テントで第2回の討論会を行った。これらについて新しい一人の女性と、スプーナー（Spooner）という名の精神病院で働く人が、精神医学の視点から、思考について、すべてを解決すること、頭脳をとおして理解しようとすることについて、質問をしつづけた。クリシュナジは、めざましい分析を示し、思考がどのように困難の原因であるかを顕わにした － 例えば、恐れは思考なしには存在できない。エルナとテオ〔・リリフェルト〕は昼食の後、ロンドンへ発ち、そこで夜を過ごした。」

翌日、「クリシュナジは、教育の書物の7番目〔の章〕を口述した。〔ロサンジェルスの弁護士〕ローゼンタールがロンドンから電話をかけてきて、日曜日にはここに来るだろう。クリシュナジとドロシー〔・シモンズ〕と〔犬の〕ウィスパーと私は、野原の間の小道を行く長い散歩をした。エルナとテオが戻った。彼らは、〔ロンドンの事務弁護士〕マイケル・ルービンシュタインとメアリー・カドガンと、長い昼食をしていた。夕食の後、私はインドでの出版問題について、バラスンダラムに話をした。」

9月12日、「早朝には土砂降りの雨があったが、幸いにも、クリシュナジのテントでの第3回の講話に間に合うように、止んだ。〔講話の後、〕彼はそこで、マー・デ・マンツィアーリ（Mar de Manziarly）とともに座って、昼食をした － 彼女はボストンから来たばかりだった。後で彼は、彼女に西ウィングの案内をした。エルナ、テオと私は、午後4時のディグビー夫妻との会合まで、話をしていた － クリシュナジの指示で、外国の委員会も、〔Kの出版をしたいなら、オランダの〕サーヴィル〔社〕（Servire）や〔ロンドンの〕ゴランツ〔社〕（Gollancz）に行かなくてもよくて、ロンドンのK財団から直接的に、自分たちの言語のための出版権を得ることができなければならないことを、〔出版委員会の〕ジョージ〔・ディグビー〕に説得するためだ。ジョージは、〔岩に張りつく〕カサ貝みたいに、自らの誠実さの概念と、サーヴィル〔社〕の〔カルロス・〕ヴェルフルスト（Verhulst）に、しつこくこだわった。私たちが最初、講話の出版をしはじめたが、〔商業〕出版社を持たなかったとき、それをしてくれたことに対して、ジョージはあまりにも彼に恩義を感じている。ヴェルフルストはこれにより利益を得てきたし、事実、私たちに何も良くしてくれたわけではない。でも、ジョージは、諸〔国のK〕委員会は、サーヴィル〔社〕とゴランツ〔社〕と取り引きしたくないというまっとうな理由をすべて持っているけれど、それでもなお、彼らが多くの仕事をするし、財団からもまた何かおかげを受けているということが、分からない。〔フランスの実業家〕デ・ヴィダスは、ずっとディグビーの反対者だった。いつものように失礼で、他の人たちをも揺すぶった。でも、彼は、スイスの出版社デラショー・エ・ニーストレ（Delachaux et Niestlé）からの〔Kの本の〕フランス語訳をしようとの提案を、出した。ジョージはそれをすげなく断ってきた。〔その妻〕ネリー〔・ディグビー〕はこれらにおいて私たちの側に立っていた。エルナとテオと私は午後4時の会合まで、ジョージに話をした。会合には、クリシュナジ、デ・ヴィダス、マダム・サミュエル（Madame Samuel）、ファリアス、センドラ、ビアスコェチェア夫妻、ティリィ・フォン・エックマン（Tilly Von Eckman）、シュミット、バラスンダラムと、ギリシャとデンマークの代表者たち、シビル・ドブソン（Sybil Dobson）（彼女は議事録を付けた）、ディグビー夫妻、リリフェルト夫妻と私が、出席した。クリシュナジが会合を主導した。それから、デ・ヴィダスと〔ジョージ・〕ディグビーの間に火花が走った －〔実業家の〕デ・ヴィダスはその失礼で高圧的な人柄だったし、ジョージはそれに憤慨し、サーヴィル〔社〕の弁護をした。或る時点でティリィ

を通じて、ヴェルフルストは、オランダ語でゴランツ〔社〕の書物以外を出版さえしてこなかったことが、明らかになった。〔妻の〕ネリーが支えになって、ジョージは言った－すなわち、『鷲の飛翔 the Flight of the Eagle』－ そのときは『鷲の声（the Cry of the Eagle)』と呼ばれていた（ハーパー・アンド・ロウ〔社〕(Harper and Row) よりまもなく出版された1969年の講話選集）－ は、サーヴィル〔社〕なしで入手可能であるということだ。彼らはみんな、それに飛びついた。デ・ヴィダスはそれを、〔スイスの〕デラショー・エ・ニーストレ〔社〕に提案するだろう。それから、会合がすべて終わったとき、ジョージはデ・ヴィダスに対して、ジョージがヴェルフルストに話をしてしまうまで、三週間待たなくてはいけないだろうと言った。その時点で私は戻って加わり、ネリー〔・ディグビー〕と私は、ジョージはデ・ヴィダスに対して、その書物を即時に提案する権限を認める書面を、与えなくてはいけないことを、指摘した。長い一日だ。」

9月13日、日曜日、「エルナとテオと私は、〔北東方向20キロメートル弱の都市〕アルトン（Alton）で〔ロンドンの事務弁護士〕サウル・ローゼンタールで会った。私たちはみな、クリシュナジのテントでの第4回の講話に間に合うよう戻ってきた。大群衆だ。後で私たち四人は、〔ブロックウッドの〕西ウィングの新しいダイニング・ルームで昼食をして、話をした。クリシュナジはテントで食べて、それから私たちに加わった。私たちは、ラージャゴパルに対して、私たちに加わり、ロンドンのK信託財団の理事になるよう、為すべき提案の方針を、決めた。」何と？！それがここに言うことです。「クリシュナジは〔11月に〕オーストラリアへの途中でオーハイに行って、ラージャゴパルに会い、彼を仲間に招くだろうと言う〔こちら側の弁護士〕サウル〔・ローゼンタール〕とライプツィガーから〔向こう側の弁護士〕ローブルへの心のこもった書簡を通じて、だ。詳細は弁護士たちが後で考え出すべきこと。これについて本質的に、ラージャゴパルが究極的に自らの顔を立てるものとして願っているらしいものとして、議論した。それからクリシュナジは休んで、階下に行った。彼は過去の出来事についてメアリー・カドガンに質問した。午後4時にクリシュナジは降りてきて、イギリスの理事たち、すなわちディグビー夫妻、ドロシー〔・シモンズ〕、ディヴィッド・ボームが、〔弁護士〕サウル〔・ローゼンタール〕に会った。私たちのみなが上の提案について議論した。ロンドンK信託財団に加わるようラージャゴパルを招くことに、彼らの同意を得た。」私はそれについて何も憶えていません！

スコットー私はそれについて前に聞いたことがありません。

メアリーーまあ、それは明白に、霧の中へ沈んでしまい、二度と聞かれなかったわ。でも、少なくともそれは、何か和解に到ろうとする努力を、示していました。

14日に、「〔弁護士の〕サウル・ローゼンタールはブロックウッドを発って、〔本拠地の〕ロサンジェルスに飛んだ。午前11時にクリシュナジ、リリフェルト夫妻、ディグビー夫妻、ドロシー〔・シモンズ〕、ディヴィッド・ボーム、バラスンダラムと私が会合し、インド財団についてと、三つの財団の間の関係について、議論した。クリシュナジのインドK財団における公式の地位の問題が、議論されたが、今週、後でププル・ジャヤカールが到着するまで、決められない。クリシュナジは、これらすべての事態における自らと他の誰もの責任は何なのかという問題を、掲げた。そして、インドの諸学校は本当に教えに取り組んでいるのかどうかについて、〔リシ・ヴァレーの校長〕バラスンダラムを問い詰めた。さもなければ、アメリカの理事たちは、もしオーハイの基金が得られるとして、責任ある良心をもって、彼らを支援できない。」インド〔の諸学校〕を、という意味です。「バラスンダラムは、リシ・ヴァレー信託（the Rishi Valley Trust)、〔その後身の〕新しい教育のための財団 (the Foundation for New Education) の歴史と、その〔係争中の〕KWINC〔クリシュナムルティ著作協会〕との関係を、示した。最後に、現在のインドK財団の構造を示した。これに丸一日かかった。」

翌日、「エルナとテオ〔・リリフェルト〕は、ブロックウッドを発った。〔ドイツ中央の都市〕フランクフルトに運転して戻り、そこからカリフォルニアに飛ぶ。クリシュナジは教育の書物の8番目〔の章〕を、私に対して口述した。デ・ヴィダス夫妻は立ち去った。私はデ・ヴィダスに対して、彼が〔K著作協会副会長〕ヴィゲヴェノから得て、繰り返してきた物語 － すなわち、1966年にクリシュナジはオーハイに行ったとき、ラージャゴパルに会うのを拒否して、代わりにアラン・ノーデを送ったということ － について、はっきりさせた。」あれは完全な捏造でした。「クリシュナジとドロシーと私は、午後に散歩した。」

翌日はだいたい同じことでした。

17日には、「彼は教育の書物の10番目〔の章〕を口述した。ププル・ジャヤカールは、空港でドロシー〔・シモンズ〕とバラスンダラムの出迎えを受け、とても遅い昼食のためにブロックウッドに到着した。クリシュナジは、彼女とバラスンダラムに話をした。お茶の後、ドロシーとクリシュナジと私は、散歩に行った。」

翌日、「クリシュナジとププル・ジャヤカールとバラスンダラムと私は、朝に会合して、インドK財団の、他のK財団との関係について、議論した。彼女は、バラスンダラムと同じく、合衆国の基金は平等に分割できないことを、理解する。」彼らは、アメリカK財団が持っているものを、何であれ分けてほしかったんです。

スコットーふむ、ふむ。

メアリーー「彼女は、〔イギリス、アメリカ、インドの〕三つの各主要財団の少なくとも一人のメンバーによる年次の会合が開かれることを、提案した。そのときにだけ、今と未来のために協働を築きうるからだ。提案された主題は、各財団の必要なもの、出版、全般の方針の問題、他の喫緊の問題だ。彼女は、ラージャゴパルについて法律上の書類を読んできて、衝撃を受けている。彼女は〔いまだに彼を支持する〕マーダヴァチャリに、それらを見てほしいと思う。クリシュナジは、調停のための提案を求めた。そして、ラージャゴパルは何か仕事を与えられるべきだということが、提案された。それからクリシュナジは、彼女とバラスンダラムに対して、先の日曜日の〔弁護士〕ローゼンタールの訪問中に決定されたことについて、全く内密に打ち明けた － すなわち、ラージャゴパルにロンドンのK財団の理事職を提供すること、そして、これはアーカイヴズ〔資料保管庫〕の資産すべてとの引き換えであること。」なぜかはお分かりですね・・・

スコットーそれがなぜ浮上しなかったのかは、分かります。（二人とも笑う）

メアリー―「彼らはどちらも、その考えを歓迎し、完全に承認した。私たちは、三つの主要なクリシュナムルティ財団にとっての特徴として、そして、後続のものとの相違として、クリシュナジがインドK財団の理事会に加わることについて、議論した。」彼が理事会に入ったなら、それは、三つの主要なものと未来のものとの間の相違に、なったでしょう。「彼らは、何かを考え出そうとするだろう。それはたぶん名誉上のものになるだろう。」お分かりでしょう、彼らは、彼に何の力も持ってほしくなかったんです。

スコット―ええ、どんな投票権もね。

メアリー―「ププル〔・ジャヤカール〕は言う―もしクリシュナジが何でも是認しないのなら、インドの理事会の誰もがみな、彼の言うことをするだろう、と。」それから私は括弧付きの疑問符（？）を付けています。」

スコット―ふむ。

メアリー―「その日、後に、私は〔自らが〕インド〔財団〕の理事であることについて自分の疑いを、言葉に出した。彼女は、それは見せかけだったし、私が会合に出席できないのかどうかは問題ではない、と言った。各財団の代表者たちを理事会すべてに置くことは実行可能でなかったことを、彼女は理解するように見える。」それはもう一つ出てくることでした。「しかし、その考えは原則として良いものだと思った。各財団からの代表者たちの年次会合が、同じ効果を持つだろうことを願う。午後にクリシュナジは、学校との会合を行った。ウィルフレッド・トーマスという人 (a Wilfred Thomas) が電話してきて、オーストラリアの放送のために、クリシュナジにインタビューをしたいと頼んだ。BBC〔イギリス放送協会〕のマイケル・ラビガー (Michael Rabiger) が、次の週末のクリシュナジとブロックウッドの30分録画について、話をしに来た。長く疲れる一日だった。」

9月19日に、「クリシュナジは、教育の書物の11番目〔の章〕を口述した。バラスンダラムは立ち去った。午後遅くにクリシュナジと私は、長い散歩をし、野原を越えて、木立(the Grove)へ戻ってきた。私たちは〔犬の〕ウィスパーを連れていたが、木立に入るやいなや、とてつもない静寂があった。私たちはどちらもしゃべらなかった。私たちは、芝草を踏みたくないかのように歩いた。風がなかった。全くの静けさ。〔アカスギなど〕大きな樹々は、何かの静寂な生きた守護者たち、証人たちのようだった。何か神聖なものの感覚があった―全くの静けさである存在。私たちが出てきて、門の掛けがねを外し、野原を越えて歩いたとき、クリシュナジは、「感じましたか。何か聖なるものでした。芝生を踏みたいとも思わなかった。この場所にあるものは何であれ、邸宅にではなく、そこに中心があるんです。」と言った。晩遅く、私は幾年か前の夏のグシュタードでの夢を、思い出した。」ああ、それは川の夢です。再びそれに立ち入りたいとは思わないわ。

「夕食の後、ジャヤカール夫人と私は、応接室で話をした。クリシュナジは上の自室にいた。私たちがそこに座っている間、あのふしぎな性質が部屋にあった。彼女は、自らが芸術とヨーガについて書いている書物について、語った。私たちはクリシュナジについて語った。」

20日、日曜日に、「クリシュナジは書こうと計画したが、朝食での会話が午前中、続いた。彼は西ウィングのダイニング・ルームにププルと私と座り、クンダリニーの主題に入った。彼はププルに対して質問した―1948年〔5月末から6月末〕にマドラス〔現チェンナイ〕と〔南インドの避暑地〕ウーティ (Ooty) で起きたことを彼女が観察したのは、クンダリニーだったのかもしれないのかどうかについて、だ。彼女なりの説明は、彼女が〔その出来事の後、〕詳細に記したのだが、ラージャゴパルに取られてしまった。後者は、彼女に写しを取ることを禁止した。彼女はそれを、クリシュナジと私に対して叙述した。彼女〔ププル〕と〔妹〕ナンディニは、〔その直前の48年4月に、マドラスの〕ヴァサンタ・ヴィハーラに泊まっていた。彼女たちは、クリシュナジが自室で呻いているのが聞こえて、彼は病気なのかを怖れて、入っていった。彼は彼女を見つめて、言った―「あなたはロザリンドですか。」彼女は「いいえ。」と言った。

彼は彼女たちに対して、部屋に留まり、自分を一人に放っておかないように、言った。彼は、「クリシュナが行ってしまった。」と言った。それから手で自らの口を覆い、「彼の名を言ってはいけないんだ。彼は僕が彼の名を言うのが好きじゃない。」と言った。彼は見たところ苦しんでいて、汗をかき、気絶した。

これは同じ年に、彼が〔モーリス・〕フリードマン (Frydman) と泊まっているとき、再び起きた。それは午後6時頃に始まって、午前1時まで続いた。彼はププルとナンディニに対して、部屋に留まるように言ったが、」―これはウーティでの出来事です―「フリードマンをそこに居させようとしなかった。彼は気絶したが、とてつもない美しさが彼の顔に入ってきた。ププルは、彼に起きていることを、彼の精神の全的浄化と見えることとして、叙述した。

クリシュナジの質問への返事で彼女は、自分はそれをクンダリニーとは叙述しないだろうと言った―クンダリニーは、〔脚を組んだ〕蓮華座でのチャクラの諸中心に対する意識的な意図的冥想の結果、そして、大きな努力の結果と、大きなエネルギーの解放であり、様々な力等をもたらす。だが、クリシュナジの様々な関係する経験は、異なっていた。〔神智学協会の指導者〕レッドビーターは、少なくともクンダリニーについて何かを知っていたが、クリシュナジの経験を説明できなかった。クンダリニーには、精神において爆発のようなエネルギーの突発がある。クリシュナジは、条件づけに捕らわれたことがあるようには、けっして見えない。彼はとても興味を持っていて、長らく彼女に質問した。これらの挿話の後、彼はそれらの記憶を全く持っていない。マドラスでは、そしてたぶんウーティでだったかもしれないが、彼は「輝くものたち、偉大な方々がここにいる」ことを語った。午後に、クリシュナジは学校に話をした。私たちは散歩をした。」

翌日、「クリシュナジは教育の書物の13番目〔の章〕を口述した。私は、クリシュナジのために新しいパスポートのための郵便為替に、行った。ププルは、明日、〔在ロンドンのインド〕高等弁務官への申請用紙を取りに行くだろう。私たちは午後に散歩した。」

9月22日に、「ププルは去った。翌日、クリシュナジは午前に14番目〔の章〕を口述した。私は、12時50分のロンドン行きの列車に、急いだ。そして〔内装業者〕アンステーとともに、テーブルと、何か応接室の暖炉に掛けるものを探して、多くの店を見て回った。午後7時15分には戻った。」

9月24日に、「クリシュナジと私は、列車でロンドンへ。〔セヴィル・ロウの仕立屋、〕ハンツマンで二人とも仮縫い。私たちはアペリティフで昼食をして、応接室のために入手

するかもしれない第三のつづれ織り〔タペストリー〕の布と」 - それは、暖炉に掛かっているものです - 「花瓶をクリシュナジが見るために、マラーズ（Mallard's）に立ち寄った。クリシュナジはそれが気に入ったので、私はそれを暖炉のために入手しよう。私たちは早い列車に乗って戻った。」

25日、金曜日、「BBC〔イギリス放送協会〕で働き、クリシュナジとブロックウッドの30分のカラー番組を作ろうとしているマイケル・ラビガー（Michael Rabiger）が、他の二人とともに来て、それに関する三日間の仕事を始めた。クリシュナジは午前に私に対して、〔教育の書物の〕15番目〔の章〕を口述した。私は〔北東方向20キロメートル弱の都市〕アルトンで、サチャ・デ・マンツィアーリを出迎えた。彼は週末を過ごそうとしている。」

26日に、「クリシュナジは朝に私に対して、〔教育の書物の〕16番目〔の章〕を口述した。午後には、クリシュナジと十五人の学生と職員の間で討論会があり、録画された。アンリ・メトースト（Henri Methorst）が昼食に来て、私たちは彼と散歩をした。〔オランダから〕アンネッケ〔・コンドルファー〕が夕方に来た。私は彼女を〔ハンプシャー州の州都で西方向の〕ウィンチェスターで出迎えた。彼女は一週間、過ごすことになる。」メトーストが誰なのか、ご存じですか。

スコット - ふむ、ふむ。

メアリー - 27日、日曜日、「クリシュナジは朝に〔教育の書物の〕17番目〔の章〕を口述した。それから後で午前に、学校との討論会を行った。午後に彼は、マイケル・ラビガーの録画インタビューを受けた。」

28日に、「私は〔イギリスの保守系高級日刊紙〕『タイムズ紙（the Times）』で、〔カリフォルニアの〕マリブに巨大な山火事があることを、読んだ。クリシュナジは、私が即時に電話すべきだと言ったが、そのときカリフォルニア〔の時刻〕では午前1時だったから、待った。それから〔旧友の〕ベツィ〔・ドレイク〕（Betsy）から、どちらの家も、〔隣家の〕ダン夫妻と〔メアリー宅の家政婦〕フィロメナも安全だと言う電報が、来た。クリシュナジは、前日始めた17番目〔の章〕の口述を終了させた。」

29日に、「クリシュナジとともにロンドンへ。彼はキャンピオン氏へ、」 - それは歯医者です - 「私はメアリー・カドガンへ、それから、クリシュナジの新しいパスポートと〔航空〕チケットを取りにアメリカン・エクスプレスへ。TWA〔航空〕で私自身のをきちんとして、パンナム〔航空〕で私のロサンゼルスからシドニー・LA〔ロサンゼルス〕のチケットを買った。その間、メアリー・リンクスがクリシュナジを〔歯医者の〕キャンピオンのところから連れてきて、私たちは昼食のため、ラペリティフで会った。サチャ〔・デ・マンツィアーリ〕も来た。クリシュナジと私はお使いをして、最後に帰りの列車に乗った。」

30日に、「私は、午前7時50分のロンドン行きの列車に、乗った。クリシュナジと私のオーストラリアのヴィザを、それからクリシュナジのイタリアと合衆国のヴィザを、得た。午後1時に〔カトリックの〕ブロムプトン礼拝堂（the Brompton Oratory）に着いた。そこで〔元女優、児童文学作家〕ジニー・トラヴァース（Ginny Travers）が私を出迎えてくれた。私たちは、〔ショッピングストリートの〕ビーチャム・プレイス（Beauchamp Place）で、昼食のための小さなイタリアン・レストランを見つけた。〔彼女の夫〕ビルは映画でスペインにいる。6月にクリシュナジと私が見たライオンは、今、ジョージ・アダムソン（George Adamson）とともに、ケニアにいる。（二人ともわずかにクスクス笑う）。

午後3時に私は、〔ロンドン中心部、ケンジントンにあり、美術、デザインの豊富な〕ヴィクトリア・アンド・アルバート博物館でジョージ・ディグビーに会った。彼の〔管理する〕部門すなわち織物をすっかり見せてもらい、とてもすてきな午後を過ごした。私は、ブロックウッドでの私たちの樹と花瓶のものに似たつづれ織り〔タペストリー〕を、見た。私は、彼とともに彼の家に行き、彼と〔その妻〕ネリーとともに楽しいお茶をいただいた。午後7時42分の帰りの列車に乗った。〔マリブの住宅にいる家政婦〕フィロメナから〔山〕火事について手紙が来ていた。」

10月1日に、「初めてクリシュナジと私は、〔西方向の〕ウィンチェスター駅経由で、ロンドンに行った。より良い列車だったから、クリシュナジはそれにとても喜んだ。マスタードの黄色の畑が幾つもあって、風景の一部分は新しかった。彼は「ぽんやり」していて、気が遠くなっていた。後で彼は口述で、それを言葉に表そうとした - 内の空っぽなことと静けさ。それが一日中続く。彼は「あれが私の休みだ。」と言った。私たちはハンツマンと〔レストランの〕ラペリティフに行って、そこでメアリー・リンクスが加わった。クリシュナジは〔歯医者の〕キャンピオン氏のところに行き、その間、私はベイカー・ストリートの健康食品の店に歩いて行った。私たちは運良く、即時にタクシーを見つけられた。それに乗って私たちは、ウィンチェスターへ戻る列車に行った。」

10月2日、「クリシュナジは、この次の日曜日、学校に対する講話をもう一回だけしようと言っていた。でも、ドリス・プラットが階上に上がってきて、今日のそのためにも、かなり劇的な嘆願をした。私はあまりに多すぎると言ったが、彼に任せた。ドリスからの「ナンセンス」だ。彼女は何か、人々はどのみち自分たちの〔非本質的な〕要求でもって彼を殺してしまうだろう、だから、自分が〔より本質的な〕会合をお願いすることにより彼を殺す人であることが、学校にとって必要だ、といった趣旨のことを、言った。」それがドリスの・・・

スコット - それがドリスの論理でした。

メアリー - ・・・論理でした。（二人ともクスクス笑う）「クリシュナジは、ああ、構わないよ、午後4時に彼らに会おう、と言った。彼は、私が怒っていると思ったが、そうではなく、私はただ是認していないだけだったが、そのままに放っておいた。彼は、すてきなことを言い、樹々と空について言うことにより、すてきに私の気分転換をしようとした。（二人ともクスクス笑う）彼は〔教育の書物の〕18番目〔の章〕の口述を始めたが、出てこなかった。列車での昨日の叙述だけだった。彼は、ヨーロッパの学生たちの視点から一つをしようという意図だったが、それをあきらめた。学校の討論会の後に散歩。彼は疲れきっていて、ドロシーや私より先に戻りたいと思った。」

10月3日、「私はカリフォルニア〔南部〕の火事について、手紙を受けとった - 恐ろしい。クリシュナジは、口述での学生をインド人に切り替えて、18番目〔の章〕を完成した。彼は昨夜よく眠った。〔オーハイの〕エルナ〔・リリフェルト〕から、ラージャゴパルが昨夜、自分に電話してきたという電報が、あった - 彼女が「古い友人として」彼に会っ

てくれるかと頼んだ、という。彼女は「そうする」と言った。」

翌日、「クリシュナジは19番目を口述した。〔ニューヨークの出版社〕ファラー・シュトラウス・アンド・ジロー（Farrar,Straus & Giroux）のロジャー・シュトラウス（Roger Straus）が、クリシュナジとの昼食に来たが、イタリア人女性、ルシア・マリオネッティ・バルビ（Lucia Marionetti Barbi）を連れてきた。午後4時にクリシュナジは、学校との討論会を行った。」

10月5日に、「私は電話でマリブの友人たちに話をした。クリシュナジは、20番目を口述した。私たちは〔オランダのK委員会〕スティチング（the Stichting）について、アンネッケ〔・コーンドルファー〕に話をした。彼女は昼食の後、立ち去った。クリシュナジは、ウィルフレッド・トーマス（Wilfred Thomas）とその妻から、オーストラリア放送のためのインタビューを受けた。私たちは雨の中、遅い散歩をした。」

6日は、「丸一日、荷造りとデスクの仕事だった。〔頭髪問題などにより学校から〕ドミニク（Dominic）が出て行くか行かないかをめぐる劇は、継続している。彼はクリシュナジに、自分に会ってほしいと思う。学生たちもまたクリシュナジに、彼に会ってほしいと思う。〔校長〕ドロシーは、それは彼らの精神状態を助けるだろう、と言った。それで、彼はドミニクに会った。その少年は本当は、何も言うべきことを持っていなかった。」

「午後に私たちは、荷物を航空便で送り、野原の間の小道ですばらしい散歩をした。空には黒雲があり、輝く太陽が大地を照明した。秋が樹々に触れたのだった。〔南イングランドの〕ハンプシャーの大地のすてきな色があった － 幾つかの畑が耕されたところは、ハチミツの黄褐色と、ピンクの褐色。空気は明るく澄んで、寒くはなかったが、秋の冴えを持っていた。私たちは、野原の大きな窪地を横切り、生け垣沿いにブラックベリーを食べた。〔学校の犬の〕ウィスパーはそれらを採るのを、覚えてしまった。何と美しい土地だろう！」

10月7日の朝、「私たちは早く午前5時30分に起きた。クリシュナジは体操をし、私は荷造りをした。ドリス〔・プラット〕は土壇場のことで大いに手伝ってくれた。昨日、彼女は、面談の対応処理の荷を私から引き受けてくれた。」 － それは、彼女が私に代わってあれこれをタイプ打ちしたという意味です － 「私たちは電話で、メアリー・リンクスにさようならを言った。誰もが皆、クリシュナジにさようならを言うために、車用の道に列を作った。私が最初にそこを回って行ったが、彼らの一人一人に本当の愛情の暖かさがあった。ドミニクは場面から消え去ろうとしていたが、彼さえも涙しそうになっていて、急にかがんで私の頬にキスした。新しい学生のキャサリン・メリメント・レイン（Katherine Merriment Lane）は、私に二通の小さな手紙をくれた － 一つはクリシュナジに、一つは私に。とても心動かされる優しいさようなら。それからクリシュナジは、一人一人と握手した。ドロシー〔・シモンズ〕とともに〔彼女の車〕ランド・ローヴァーに乗って、〔ロンドン西部の〕ヒースロー〔空港〕へ走り去った。」

「〔オーハイの〕エルナ〔・リリフェルト〕からちょうど手紙が届いていて、ラージャゴパルからの電話を叙述していた。〔ロサンジェルスの弁護士〕ローゼンタールとライプツィガーの草案に対する、ワイアット（Wyatt）弁護士の反応の写しだ。私は車中でそれらをクリシュナジに読み上げて、ラージャゴパルはローマのクリシュナジに電話しようとしてもいいという点を、取り上げた。私たちは、これが起きたなら、ラージャゴパルが何と言うだろうかについて、議論した。すなわち、ラージャゴパルが彼に会いたいと頼んできたなら、だ － 彼はカリフォルニア経由でオーストラリアに行こうとしており、そのとき彼に会うかもしれないということだ。〔弁護士〕ワイアットは、クリシュナジは一人でラージャゴパルに会うべきでないということを、強調した。クリシュナジは、私を連れて行こう、または、そのときまでにエルナ〔・リリフェルト〕がラージャゴパルに会ったのなら、私たち三人がラージャゴパルに会うべきだ、と言った。〔弁護士〕ワイアットは、会合で言われることへの証人を、ほしがった。」

「ヒースロー〔空港〕で私たちは、山のような荷物の談判をした。ほとんど私のだ。初めにアリタリア〔航空〕に行って、クリシュナジのチェックを終え、それから私のためにエア・フランスに行った。ドロシーが私たちにさようならを言った。私たちは出入国管理を通り、出発ラウンジに45分間ほど座った。人間はむさくるしくたくさんだった。クリシュナジは全く優雅で純朴だった。彼のローマ便が呼ばれて、彼は優美さ、絶妙の作法をもって去った。顔は、彼のみが持っている愛情に輝いていた。私の空の便は一時間遅れで発った。私のエア・フランスが午後3時15分に飛び立つ前に、クリシュナジはローマに到着しようとしていた。〔パリ南部の〕オルリー〔空港〕での飛行機への〔歩み〕とそこからの歩みは、〔大量の荷物のせいで〕ほとんど私が成し遂げられないほどだった。私は、カメラ、〔ドイツ製〕カセット・テープレコーダー〔である〕ウーヘル、タイプライターと、かばん － クリシュナジの口述すべてと〔録音〕テープとノートブックの両方の形での書物を入れたもの － を、持ち運んでいた。」（メアリー、スコットの二人とも笑う）

スコット―あなたはまたもや〔ヒマラヤ登山の〕シェルパ役を果たしているわけです。（笑いながら言う。メアリーもクスクス笑う）

メアリー―「私は〔パリで〕父のところに行って、父が元気そうなのを知った。私たちは話をし、夕食をとった。ドリス〔・プラット〕がブロックウッドから電話をくれた － ラージャゴパルはちょうどカリフォルニアからクリシュナジへ電話をしてきたが、彼はもうローマに行ってしまったと言われた、とのことだ。私は、ラージャゴパルが電話するかもしれないとクリシュナジに知らせるために、電話することを考えたが、今朝の会話がそれを扱っていると考えた。まもなく再び電話が鳴って、それは〔イタリアの〕ヴァンダ〔・スカラヴェッリ〕の声だった。クリシュナジは、ラージャゴパルがちょうどとても哀切な声で電話してきて、可能なだけ早くクリシュナジに会いたがっていることを、私に話したいのだった。彼はカリフォルニアに来るのだろうか。クリシュナジは、シドニーへの途中にそこに行くとすでに計画したことを、言った。ラージャゴパルは、彼に会って、自分は彼を愛していると伝えたい。それからものごとはだいじょうぶであるのを見届けたいと思う。クリシュナジは、それを考えてみようと言った。ラージャゴパルは、そこに来るなら、できるだけ早く電話をください、と言った － オーストラリアでの講話より、会うことのほうが重要だ。自分は、ものごとがだいじょうぶであるのを見届け

たいし、昔ながらの自分自身でいたいと思う、と。クリシュナジは私に対して、ラージャゴパルは自らが死ぬだろうと恐れていて、クリシュナジと仲直りしたがっていると自分は思う、と言った。私に対して、〔オーハイの〕エルナ〔・リリフェルト〕へ話すよう、でも彼女にはそれを黙っておいてもらうように、頼んだ。」

翌日、「私は、クリシュナジの伝言を添えて、エルナへ電報と手紙を、書いた。私は父とともに〔有名レストラン、〕ロドワイヤン（Ledoyen）で昼食をし、ディオールでスーツを買った。」

10月9日には、パリについてもっと多くがあります。「私は〔オーダーメイドのシャツ店〕シャルヴェ（Charvet）に行って、クリシュナジのために四枚のシャツの素材を選んだ。夕食の間、〔ローマから〕ヴァンダ〔・スカラヴェッリ〕とクリシュナジが電話をしてきた。ラージャゴパルが再びオーハイから電話をしたのだった。ヴァンダは彼に対して、クリシュナジに話をしないよう頼んだ － 彼は休んでいた。ラージャゴパルは伝言を伝えた － もしクリシュナジが「技術上の理由のために引き下がらない」のなら、ラージャゴパルは、自分自身を防御するために、法廷に行かざるをえないだろうし、クリシュナジは「暴露」されるだろう、と。」

お分かりでしょう、いつも或る日はこれで、翌日はこれだったんです。

スコット―際立っている。

メアリー―ええ。「自分はクリシュナジを愛しているということ、そして、自分が電話している理由は、クリシュナジがカリフォルニアで自分に会ってくれなくてはいけないということである、ということだ。私は、クリシュナジとヴァンダの二人ともに対して、ラージャゴパルは自らが法廷に行くだろうと言ったのか、それとも、それが法廷に行くだろう、と言ったのかを、訊ねた。クリシュナジはヴァンダを出したが、彼女は二つのどれだったのかを確言できなかった。ラージャゴパルは、私〔メアリー〕がそこにいるのかどうかを、訊ねた。彼女は、私はパリにいる、と言った。ラージャゴパルは、クリシュナジはまわりの人たちなしでは、けっしてこれらをしなかっただろう、と言った。」（メアリーとスコット、二人とも笑う）「クリシュナジはベッドで休んでいて、」 － これはローマでのことです －「「疲れ切った」と感じたが、今日、散歩とマルチェッティ（Marchetti）に行った。でも、そこが閉まっているのを知った。」そこはシャツの仕立て屋です。

スコット―憶えています。

メアリー―「この時点で電話の接続が切れた。ラージャゴパルについて、もう一つエルナへ電報を書いた。」

「翌日、私は、弟〔バド〕とその妻リーザのために部屋を開けるため、〔ホテル、〕プラザ・アテネに移った。」

11日に、「私たちはロンシャン〔競馬場〕に行った。私はホテルでタイプ打ちをして晩を過ごした。」（クスクス笑いながら言った）

12日、月曜日に、パリ、「クリシュナジがローマから電話してきた。彼はラージャゴパルからもはや電話を受けていなかった。彼は休んでいて、映画に行っていた。声は寛いでいるようで、彼はおしゃべりしたいかのようだった。彼は土曜日に〔イタリア中部〕ペルージャ（Perugia）で話をする。彼は、私がいつカリフォルニアに行くのだろうかとだけ、私に訊ねた。」まあ、それから〔日記には〕家族の事柄です。

「私は、〔印象派とポスト印象派の作品を集めた〕オランジュリー〔美術館〕（the Orangerie）でのゴヤの展覧会に、行った。そして、クリシュナジのためにブラウン〔社製〕の電気カミソリを求めに、ロバート薬局（Robert's chemist）に歩いて行った。〔靴屋の〕ロブでデッキンソン氏と、クリシュナジの新しいモカシンとアンバウショワール（embauchoir）を水曜日までに得るよう、手配した。〔華氏〕75度〔、約摂氏23.9度〕以上で暑い一日だった。マルセル・ボンドノーがお茶に来た。父のところで遅い夕食があった。マリブの〔山〕火事についての〔旧友〕ベツィ〔・ドレイク〕の、〔隣家の〕ダン夫妻と〔家政婦〕フィロメナとのテープの一部分を、〔メアリーの弟〕バドと〔その妻〕リーザに対して再生した。」ベツィが出かけて行って、彼らみんなにインタビューしたんです。彼らは恐ろしい火事に遭っていました。あやうく自宅と、隣の私の住宅を失うところでした。

13日に、「〔馬主の〕父と再び競馬に。彼のコルト〔四歳以下の雄馬〕はレースで2着になった。〔弟〕バドは、クリシュナジと私が4月にニューヨークでどこに泊まるのだろうかを、訊ねた。私は父に、私が〔そこの〕父のリッツ・タワーのフラットの居住者になってもいいのかを、訊ねた。父は、自分は使わないだろう、そのとおりにして、そのことを管理者に話しなさい、と言った。そこを私に譲ろうとか、賃貸料を値下げしようという申し出はなし。バドはあっけにとられていたが、私は驚かなかった。父は、金銭について或る種の不安感を持っていて、焦燥感ぎりぎりになっているように見える。」

翌日、「父は救急車で、アメリカ病院（the American Hospital）に運ばれる。彼は集中治療を受けた。心臓発作を起こしたのだった。」

スコット―おお。

メアリー―「でも、あまり深刻には見えない。私は明日の空の便をキャンセルした。〔弟〕バドは、〔アメリカ東部在住の〕母に告げるなどをしてくれるよう、ニールセン女史（Ms.Neilsen）に電話をした。私は荷造りをして、〔ホテル、〕プラザ・アテネをチャックアウトし、父のフラットへ引っ越した。私たちは午後に父のお見舞いに行ったが、彼は座っていて、探偵小説を読んでいた。出された夕食について、〔美食家の父は〕たいへん情熱的に不満を述べた。私は医師に話をした。私はローマのクリシュナジに話をし、私の計画の変更を告げた。彼は金曜日の午後に〔イタリア中部の〕ペルージャに行き、日曜日にローマに戻る。」

15日に、「私は〔弟〕バドと〔その妻〕リーザとともに病院に行った。父は座っていて、たいへん口数が多く、食事に憤っていた。」それからすべて父についてです。

スコット―1970年にお父さんは何歳だったんですか。

メアリー―父は92年に生まれました。だから、78歳でした。

16日に私はまだパリにいます。「父は良くなったので、私は明日、ニューヨークへ発つことを決めた。私たちが病院を去ったとき、彼は昼食を食べていた。それに没頭していたために、私たちが去ったとき、父は顔も上げなかった。私たちは、何とか博士に出くわした － 検査をしたイギリス人医師だ…」まあ、それはすべて父についてです。「心臓の件は心臓に危害を与えなかったが、父は全般的に良い状態ではないし、父の血管系全体もそうだ。」まあ、それについては続けないことにしましょう。

17日、土曜日に、「病院の父からの知らせは、父は良い一夜を過ごしたというものだった。これで私は早く荷造りができて、〔弟〕バドと朝食をした。かばんはすでにミシェルにより車に積まれていた。」－ミシェルは〔父の〕お抱えの運転手でした－「電話が鳴ったとき、それはペルージャのクリシュナジからで、私の父の知らせと私の計画を訊ねるものだった。私は、父は良くなったし、私は10分後に発とうとしていることを、言った。「ああ、その場合は、私は提案しようとしていたことを言わないでおこうか。」と。」
　「「何でしたか。」。「それは、あなたがお父さんのところに留まらなくてはいけなくて、私が〔オーストラリアに〕行くとき、あなたが私と一緒に行きたいと思うなら、です。あなたは、私が行くとき、私と一緒に行きたいですか。」」
　「私は、彼は何かの理由で私が必要なのか、と言った。彼が私にそうしてほしいなら、行くだろうということを。とてもそそられた。でも、私はなお結局、ニューヨークに行って、そこで〔次の4月の滞在のため〕すべてを整えなくてはいけないだろう。だから、私たちは少しだけ話をした。彼はこの午後、〔ペルージャで〕講話を行った。電話で私はうれしくなった。」
　「それで、私は〔パリ南部の〕オルリー〔空港〕に行って、正午のニューヨーク行きの飛行機に乗った。」まあ、それは飛行機についてでした。「職員たちは今、〔1970年9月6日のパレスチナの過激派による旅客機同時ハイジャック事件の直後で、〕ものを疑ってみる目で荷物を見つめている。非喫煙の中央部分に席を取った。七時間半遅れでニューヨークに着いた。私の六つのかばんと四つの手持ちのバッグとの格闘で、疲労困憊した。」（スコット、心から笑う。メアリー、クスクス笑う）「〔弟〕バドのアパートメントへ行った。電話でみんなに話をした。」
　翌日、「私は〔東部マサチューセッツ州のマーサズ・〕ヴィニヤード〔島〕(the Vineyard)の母のところに行き、セヴン・ゲイツ(Seven Gates)に行き、散歩して回った。」それらは飛ばしましょう。
スコット－あなたのお母さんは、セヴン・ゲイツに資産を持っているだけでしたか。
メアリー－母は資産を所有していました。それは母のものでしたが、母は遺言でそれを…
スコット－〔今あなたの弟〕バドの持っている資産ですか。
メアリー－ええ。母は遺言で、それをバドと私に遺してくれました。私はけっしてそれを使うつもりがなかったので、バドが私から買い取って、自宅を建てました。母はそこを長年、所有していました。母は、家を建てることを話しつづけていましたが、全く建てませんでした。
　それから家族の事柄だけがあります。ついに、10月22日に、「私はボストンへの早い便で発った。それからニューヨークへ。〔オーハイの〕エルナからの手紙－彼女がラージャゴパルに、彼らが会うという彼の要請を受け入れるとの電話をしたことについて。もちろんそれは延期された。リッツ・タワーに行き、管理人に対して、4月にクリシュナジのために、父のアパートメントについて話した。日々の賃貸料は108ドルだ！」ふーっ、感嘆符で、私にはひどいと思われました。
スコット－（クスクス笑う）ああ、そうだ。
メアリー－23日に、「私はドナルド・カトラー氏(Mr.Donald Cutler)とマリー・カールトン夫人(Mrs.Marie Carlton)に会いに行った－各々、ハーパー社の宗教書と広報の部門だ。『変化の緊急性(The Urgency of Change)』の表紙を見た。それは、濃紺と黒の背景があり、〔写真家のセシル・〕ビートン(Beaton)によるクリシュナジの頭部の正面を向いた顔。ジョージ・ディグビーは、メアリー・リンクスはそれを嫌っている、と言う。私の好きな写真ではないが、表紙はそれを相当にうまく使っていると思った。〔次の〕春の訪問のために、クリシュナジとともにテレビと雑誌のインタビューと記事について、議論した。彼らは、ディヴィッド・フロスト(David Frost)、ディック・カヴェット(Dick Cavett)と、今日の番組でのニューマン(Newman)が、また、『ニューヨーク・タイムズ　日曜版』と、『タイムズ・マガジン』が、薦められた。〔会場の〕タウン・ホール(the Town Hall)に行って、支配人のビーン女史(Ms.Bean)に会った。彼女は私を案内してまわった。クリシュナジのための詳細について議論した。フィリス・ラッチェンス(Phyllis Lutyens)と昼食をした。T.アンソニーのかばんを買った。静かな宵。口述をタイプした。ジューン・ゴードン(June Gordon)に電話した。彼女は、私に対して、〔アルメニア出身の神秘思想家〕グルジェフ関係の人たちの間に、アラン・ワッツ(Alan Watts)が「クリシュナジは亡くなった。彼らはそれを伏せている。」と言うのを、引用する噂話があることを、教えてくれた。」（スコット、クスクス笑う）
　家族の事柄について、続きます。はあー、「アジア・ハウス(Asia House)」に行って、そこで、アジアの彫像の展示会を見た－カンボジアの弥勒立像二体を含めて。」残りはすべて家族の事柄です。これらは飛ばしましょう。
　27日に、「私は朝食の後、〔弟〕バドと〔その妻〕リーザのもとを発った。七つのかばんを預け、さらに四つを手に持って。」（笑う）
スコット－もう一つかばんを加えたんですね！（クスクス笑う）
メアリー－「ロサンジェルス行きのTWA〔便〕に乗った。〔西南部のユタ州南部からアリゾナ州北部に台地や岩山が拡がる〕モニュメント・ヴァレー、雪の〔西部〕ロッキー山脈を越え、ロサンジェルスの汚い褐色のスモッグの中へ降りた。〔空港では、隣家の友人〕アマンダ〔・ダン〕が出迎えてくれた。私たちは、〔先の山火事で〕焼けた黒こげのマリブに、来た。〔家政婦の〕フィロメナは、たくましく健康でエネルギーに満ちて見え、道を駆け上がってきた。サンタ・アナが」－ご存じでしょう、それは〔内陸の砂漠から海岸に吹く暑く乾いた〕あの風です。－「夜に吹いていて、庭の花々と、彼女が達成した純朴な品の良さを、破壊してしまっていた。でも、住宅の内側は、無垢の白壁で輝いた。彼女は内側をすべて塗り直していた－天井、戸棚、棚、すべて。新しい青と白のカーテンが、クリシュナジの部屋に掛かっていた－〔内装業者〕アンステーが私から入手して、送ってきた〔薄い木綿や亜麻の布、〕トワールで作られたもの。外では樹々は焦げ茶色だ。ユーカリは再び芽吹くかもしれない。松の樹々がそうなるのかは疑わしい。火事は煉瓦の壁を越えて、住宅までのキョウチクトウすべてを焼いた。私はまだ歩いて、その他すべてを見に行っていないが、峡谷は黒くなった空虚。午後5時に〔隣の〕ダン家に行って、一時間座り、彼ら二人と話をした。彼らと一

緒にいること、フィロメナに会い、この愛しく美しい生き残った住宅にいることは、何と良いことか！」

「クリシュナジが毎日書いた手紙が、ローマから来た。彼はたくさん休んで、映画に行った。彼は将来、もっと休みを取るかもしれないと言う。私はそう見計らわなければならない。ああ、なんと乗り気なことか。」（スコット、笑う）

スコット――おやまあ、その〔山〕火事は、本当に近くに来ましたね。

メアリー――ええ。それは、マリブのひどいところの一部でした―〔乾燥期の〕これらの火事は、どうしようもなかった。それから皮肉なことに、そうね、〔1958年に、亡き夫〕サムと私は元来の自宅を火事で失いました。でも、これらの山火事ではありません。で、ここに休止があります。

スコット――よし。どこで再び始めますか。今、止めましょう。

メアリー――今、止めましょう。

スコット――でも、どこで再び始めますか。

メアリー――1970年11月3日、木曜日について再び始めます。

編集者の憶え書

私が何かを調べていたとき、メアリーの日記の一つから、ルーズリーフの紙が一枚、抜け落ちた。その紙は日付がない。だから、私はこれら回想録の年代順で、それをどこに置くべきなのかを、知りようがない。にもかかわらず、その内容をどこかに置くことは、重要に思われる。それらは、クリシュナジからの直接的な引用であると見えるからだ。四つの短い引用は次のとおり―

「私は昨日午前に目が覚めた。私はそれをどう叙述すべきかを知らない―私は人生でかつてそれを持ったことがない。一日中それを持っていた。今それはそこにある。」

「ものすごい頭脳の力の感覚―何かをするためのではない―ただ純粋な頭脳の力。私は見守っていて、少しそれに神経質になった。そうだ、まったくだ。全面的に異なっている。かつてそれを持ったことがない。」

「それとともに目覚めた。」

「目覚めると、そこにそれがあった。それから私は少し神経質になった。あたかもものすごい力がそこにあるかのようで、それはとても強かった。無限で広大だった。それをどう叙述すべきなのか、私は知らない。」

原　註

1）クリシュナジが神智学より離れたとき、〔インド南東部の大都市〕マドラス〔現チェンナイ〕に彼の仕事のために建てられた大きな資産。

2）結局、この書物は20章があったが、今日まで、いまだに出版されていない。

3）今、私の理解は、5月12日が彼の誕生日であると信じられているというものである。

4）オランダとロンドンでのクリシュナジの書物の出版社。

5）これは、ププルとその妹ナンディニがクリシュナジの世話をしたときのことだった。彼は、「プロセス」と呼ばれることになったものを、経ようとしていた。

6）モーリス・フリードマン（Maurice Frydman）は、ポーランドに生まれて、〔技術者だったが、〕ヒンドゥー教に改宗した。彼は〔以前、〕インドの独立闘争で活躍した。

7）アダムソン（Adamson）は、ケニアでの野生動物保護活動家だった。彼が雌ライオンを訓練し、野生に解放したことが、映画『野生のエルザ Born Free』の基礎になった。

8）〔オランダ語で「財団」「基金」を意味し、〕オランダでのクリシュナムルティの組織。

9）〔形を崩さないための〕靴形。ロブ（Lobbs）の手作りの靴形は、そこで造られた靴にぴたりと合った。

訳　註

*1 第5号の訳註を参照。

*2 このことは、訳者後書きに言及した映画 With a Silent mind でも K 自身がそのように述べている。

*3 原文はここから Jiddu-Krishnamurti.net 上の講話書き下ろしへリンクされている。

*4 原文はここから Jiddu-Krishnamurti.net 上の対話書き下ろしへリンクされている。それは Beginnings of Learning Part I Chapter 4 とされている。

*5 第15号の訳註を参照。

*6 P.Jayakar（1986）p.322-323 によれば、ププルが長らく財団の総裁を務め、K自身が総裁になったのは、晩年の1978年のことだった。

*7 直接的にはK著作協会の状態である。

*8 日記の朗読がどこから始まるのか不明。仮にここからとした。

*9 he had always seen things without any division, i.e., the observer and the observed were there from the beginning in him." The perception of that. とあり、構文に問題がある。文脈を考えて翻訳した。

*10 第15号の訳註を参照。

*11 Krishnamurti's Journal（1982）の冒頭、1973年9月14日の記入では、この場所が記述されており、「そこはこの場所全体の中心であった。」とも言われている。実際の風景については、例えば Youtube 上の Brockwood Park School, The Grove を参照。

*12 第4号を参照。

*13 ウータカムンド（Ootacamund）の略称。インド南部のタミル・ナードゥ州の最西部ニーラギリ県の県庁所在地であり、タミル語でウダカマンダラムと呼ばれ、英語では Udakamandalam と表記される。ウータカムンドは、イギリスのインド帝国時代に避暑地となった。このときの出来事については、ププル・ジャヤカルによる伝記を参照。

*14 この文書の部分的紛失については、第35号、4月15日の個所にも言及されている。再現については、本著第41号、7月7日の個所に言及があり、一部内容が示されている。

*15 オランダ出身の出版社創設者、社会活動家。1930年頃からKの教えに関心を持ち、オランダでの通訳、翻訳を行った。大戦後は国際機関での通訳、同性愛者の権利擁護の活動をも行った。Kに関する著作として、Spirtual Revolutionary（2004）がある。

*16 第14号を参照。

*17 かかとの付いていない柔らかい革製の靴。

*18 第10号の原註を参照。

*19 第29号の原註には、メアリーはいつも、それをとても不快に思ったとされている。

*20 ラッチェンスによる伝記では、市の南部アディヤール側の南岸の神智学協会本部より少し離れた北岸、グリーンウェイズ・ロード64番地の6エーカー（約24000平方メートル）の新しく取得された土地に、当時の Star Publishing Trust（K著作協会の前身）によりインド本部として建てられた。「春の住居」を意味する。建設後まもなく、Kは1933年に初めて滞在している。

*21 M.Lutyens 著 The Boy Krishna によれば、神智学協会の指導者ジナラージャダーサが1932年の同協会の雑誌に発表したものでは、Kの父親ナリアニアの直筆で星占術師に宛てたものでは、インド時間 1895年5月11日土曜日 0時30分となっているという。

*22 ジャヤカールの伝記は、彼がラーマナ・マハリシに師事していたことを伝えている。

第17号　1970年10月から1971年5月まで

序　論

この号には、法廷に行かずにラージャゴパルとの対立を解消するための慌ただしい試みが、見られる。しかし、それらはすべて無効である。

この号はまた、これまでのほとんどの号より多く、クリシュナジの本性についてのメアリーの驚きと評価の表明、そして彼とその教えに対する彼女の献身を、含んでいるようにも見える。

メアリー・ジンバリストの回顧録　第17号

スコット―どこから始めようとしていますか。
メアリー―1970年の10月27日です。
スコット―いいですよ。
メアリー―まあ、ニューヨークの私から始まります。私は家族の面々と一週間かそれ以上そこにいました。その日に私は飛んで、〔カリフォルニアの〕マリブへ戻りました。家に戻ったのはすてきでした。〔イタリアの〕クリシュナジからの手紙が来ていて、あー…
スコット―ええ。すべて読みあげてください。（メアリー、クスクス笑う）
メアリー―まあ、毎日クリシュナジの書いた手紙がありました。「彼は休みをとり、さらに休み、映画に行っていた。彼は将来、もっと休みを取らなければならない、と言う。私はそう見計らわなければならない。」それでもちろん私は非常に喜びました。なぜなら、彼はそうすべきだと私も思ったからです。で、今私たちは11月へ跳んで…
スコット―たぶんこれはまさに、方向転換のために興味深い点です。なぜなら、私は〔後年にも〕（クスクス笑う）クリシュナジが休みが必要だと言っていたことを、知っているからです － 彼は休むことが自分にとって良いと承認したでしょう…
メアリー―ええ。
スコット―…でも、何かが起きるとたちまち、クリシュナジはそれに注意を向けたでしょう。
メアリー―そのとおりです。それが現在に生きることです！
スコット―（笑う）それで、彼にとって休みをとろうとすることは、絶対、見込めなかった！
メアリー―知っています。よーく知っています！（笑う）
スコット―まあ、歴史的な記録のために、これに触れておくことは重要です。
メアリー―いつの日かこれらを聞くかもしれない人たちにとって、ね。
スコット―どうしてか彼はいつも、自分の幸福を後回しにしました…
メアリー―ええ。
スコット―…他の人たちと自らの造った場所の必要を、先にして。
メアリー―全くです。（スコット、笑う）私たちは今、一週間飛んで、1970年11月3日、火曜日に行きます。「クリシュナジは午後2時のTWA便でロンドンを発った。」クリシュナジは、イタリアでの短い一連の講話の後で、イングランドに飛んでいました。「私は朝に〔選挙で〕投票し、午後4時30分に〔ロサンジェルスの〕空港で彼に会った。彼は長い空の旅にもかかわらず、とても元気に見えた。彼は火事すべてに全く落胆していなかった。」 － あなたが憶えているなら、またはこの解説で誰でも憶えているなら、マリブは火事により荒廃していました。すべてが黒くてひどかった。でも、「彼は全く落ち込んでいないように見えた。そして、「すべてまた生えてくるだろう。」と言った。」
スコット―ふむ、ふむ。
メアリー―彼は、すべてが徹底的に焼かれるだろうと思いましたが、わずかながら残ったもの、わずかな家々に驚きました。

翌日、「私たちは歯医者に行かなくてはならなかった。ロンドンのキャンピオン氏が彼にブリッジ（義歯）を付けたが、それが彼に痛みを与えていたからだ。それで、私たちは私の歯医者に行き、彼が直した。それから私たちは昼食に戻ってきた。〔オーハイから〕エルナとテオ・リリフェルト〕と、ルス・テタマー（Ruth Tettemer）が午後4時に、クリシュナジに会いに来て、お茶をし、あらゆることについて話をした。その日、先に私はサウル・ローゼンタールに話をしておいた。」 － 私たちの〔ロサンジェルスの〕弁護士です － 「彼はローブル氏に」 － ラージャゴパルの弁護士です － 「電話をして、ラージャゴパルがイギリスと合衆国の両〔K〕財団の理事になるようにとの私たちの提案への返答を、彼に急かしておいた。」明白に返事はありませんでした。

11月5日は、「すてきな静かな一日だった。クリシュナジはほとんど眠った。私は〔サンフランシスコ湾東岸の〕バークレーの〔Kの元秘書〕アラン・ノーデ（Alain Naudé）に話して、彼に週末に来るよう招待した。」

6日に、「クリシュナジは朝に熱っぽく感じた。彼の体温は〔華氏〕99.6度〔、約摂氏37.5度〕で、午後には100.2度〔、約摂氏37.9度〕に上がったが、夜時までには平常に下がった。私は昼食に間に合うよう、空港でアランを出迎えた。彼は同種療法医のシュミット博士に電話した。彼は、ピエール・シュミット（Pierre Schmidt）の」 －〔スイス西部の〕ジュネーヴでアランとクリシュナジが行っていた人です －「の兄弟だ。彼はリン化鉄（ファーラムフォス）を提案した。」 － それは同種療法（ホメオパシー）で、アスピリンを出すようなことです。（二人ともクスクス笑う）何を言うべきかを知らないなら、リン化鉄を出す！（スコット、クスクス笑う）何の害もありえません。ともあれ、「アランは、自分の行ってきたところに、真剣な宗教的な人たちはいないことを、報告した。晩にラージャゴパルが電話してきて、私に対し、「クリシュナジに、自らの法律的でなく個人的な挨拶をしてくれる」よう、ことづけた。」それが伝言でした。

翌日、「エルナは、自分にもまたラージャゴパルが電話をしてきて、クリシュナジがいつ到着し、いつ彼が発とうとしているかを自分にも訊ねたことを、言った。」それからまあ、〔パリ在住の〕私の父の健康についてたくさんあります － 具合が悪かったんです。ああ、そうだ。「アランは、自分の周りに見えるものは〔カウンター・カルチャーの一つ、〕ドラッグ指向の社会だと、言った。彼は、自らの書いた良い記事が、『バークレー・バーブ（the *Berkeley Barb*）』で拒否されたことを、言った。…」それは大学新聞です。
スコット―ええ。
メアリー―「…それはドラッグへの批判を含んでいたから

だ。クリシュナジはこの日、元気で、映画に行きたがった。それで、私たちはハリウッドへ運転し、チャイニーズ・シアター (the Chinese Theatre) で何かを見たが、退屈だった。」(クスクス笑う) ここにはそう言います。

11月8日、「私たちはダイニング・ルームで、三人みんなで朝食をとり、長く話をした。クリシュナジは、内的なことに真剣であるなら、手段はやってくることを、言った。それについて悩まない。後でアランは、友人たちが空港に送っていった。クリシュナジと私は〔住宅の下、太平洋の〕浜辺の散歩をした。彼は私に、〔ラージャゴパルの娘〕ラーダー・スロス (Radha Sloss) に電話し、彼女に挨拶してくれるよう頼んだ — 自分は気分が良くなかったが、〔来年〕3月に〔カリフォルニアに〕戻るとすぐに彼女に電話しよう、と言うように、と。」お分かりでしょう、私たちは今、オーストラリアに行こうとしています。

10日火曜日に、「クリシュナジは休んだ。私はデスクの仕事をした。昼食の後、私たちは〔ロサンジェルス郡西部の〕サンタモニカに運転していき、ジャガー〔車〕の店であれこれを取ってきて、幾つか〔ドクター・〕ショール (Scholl) のサンダルを買った。」(クスクス笑う) 「その後、私たちは、〔クーガーの成長を描いた〕『クーガー・カントリー (Cougar Country)』という〔合衆国の家族向け〕映画に行った。夕方にラージャゴパルが電話してきた。クリシュナジは、彼に話そうとしなかった。彼は私に対して、彼〔ラージャゴパル〕がローマで電話で口汚かったから、電話では話さないことを、彼へ言うように言った。彼が何が言うべきことがあるのなら、自分に手紙を書いてくれ、と。」

「ラージャゴパルは、「私はけっして彼に手紙を書かないよ。」と怒って言って、電話を切った。後で彼は違った調子で電話を掛けてきて、私が彼に話をするだろうかどうかを訊ねた。それから、彼の神経症の一部分が続いた — クリシュナジが自分を世界中で破滅させてしまった。人々は自分のことを横領者だ思っている等と言った。」

「私は、分かってもらおうとして、〔彼を責めるのとは〕正反対に、クリシュナジは初め、彼について話をしなかったことを、言った。そして、彼がクリシュナジと和解したいのなら、私たちが行った調停への提案に〔ラージャゴパルの弁護士〕ローブルをとおして答えるよう、言った。解決への扉は開いている。そして、私たちはみんなそれを望んでいるし、一番深い誠意をもってのことだ。しかし、彼が応答しないことから、私たちは、彼が調停を望まないということが、結論できるだけだ、と。」

「彼は、「私のことを横領者だと思う人たちと、どうして私が働けますか。」と言った。それから彼は、自分とクリシュナジとの間で会合があるまで、調停はないだろう、それは個人的な事柄だ、と言った。」

「私は、「クリシュナジは、議論すべき個人的なことは何もない。〔ラージャゴパルの支配する〕KWINC〔クリシュナムルティ著作協会〕、〔新しいK〕財団に関係することだけだ、と言ってきた。」と言った。」

「ラージャゴパルは、「どの財団ですか。」と言った。「あなたはここに加わっていない。」、「それはクリシュナジとロザリンドと私との間のことだ。」と言った。」

「私はクリシュナジの発言を繰り返した。そして、クリシュナジは繰り返しラージャゴパルに会おうとしてきたこと、そしてあらゆる場合にラージャゴパルはそれを妨げてきたことを、言った。ローマでのクリシュナジに対する彼の最後の電話は、彼が無愛想で口汚いことの一例だった。」

「彼は「私は彼に口汚くなかった。」と反論した。「彼は嘘つき、偽善者、臆病者だ。」」(スコット、笑う)「「彼は女たちの後ろに隠れる。」と — 私とヴァンダのことを意味している。」

「私は最後に電話を切った。」

11日、〔パリ在住の〕私の父について長い事柄があります — それは繰り返さないことにしましょう。でもまた、「私は〔こちら側の弁護士〕サウル・ローゼンタールとディヴィッド・ライプツィガーに話をし、ラージャゴパルとの会話を報告した。彼らは〔向こう側の弁護士〕ローブルから返事をもらっているが、それには失望させられる。ローブルは、ラージャゴパルが〔アメリカとイングランドの〕両財団に理事として加わるようにという私たちの提案が、出版についてのタッパーの提言を拒絶するのかどうかを、知りたがっている。」あなたは、〔州の法務副長官〕タッパー (Tapper) が〔和解の条件として〕、ラージャゴパルが〔今後も〕出版と何か関わりを持つべきだと言っていたことを、思い出すでしょう — 私たちはそれに大反対でした。

スコット — ふむ、ふむ。

メアリー — 「私は、彼はタッパーの提案を不正確に要約したのだと言った — すなわち、タッパーの提案は、ラージャゴパルが1968年以降の資料の版権等を得るだろうというものであったということだ。私は、クリシュナジと私の二人ともが、タッパーはしっかりとやって、KWINCの理事会を取り込むべきだと感じる、と言った。それからクリシュナジと私は、〔太平洋の〕浜辺の散歩をした。晩にラージャゴパルが再び電話をしてきて、クリシュナジに話したいと頼んだ。クリシュナジは私に対して、彼は再び私をとおして自分に口汚くて、侮辱したということを、彼へ言うように言った。だから、彼は何か言うべきことがあるなら、手紙を書くように、と。ラージャゴパルは怒っていて、「おやすみ。」と言って、電話を切った。」これがずっと続きました。

スコット — とほうもないな。

メアリー — 11月12日、木曜日に、「私たちは荷造りを終了した。クリシュナジと私は5時30分に夕食をとった。6時30分に〔隣家の友人〕アマンダ〔・ダン〕が来て、運転し私たちを空港に送ってくれた。私たちは午後8時30分にパンナム〔航空〕の〔ボーイング〕747機に乗った。でも、離陸する前に、ほぼ2時間、地上にいた。私たちは真夜中頃に、〔中継地、ハワイの〕ホノルルに着陸した。熱帯の軟らかい空気がすてきだった。私たちは空港の待合室で45分間、運動と血行のために、きびきびと歩いて行き来した。〔ボーイング〕707に乗り換えて、広大な海洋を飛び越えた。」

ご存じでしょう、ただ座っていたり、立ち止まっていないと、人々はじろじろ見つめてきました。

スコット — ふむ、ふむ、ふむ。これもまた、クリシュナジが空の旅の合間にしばしば運動したと言う良い機会です。それに、きびきびと歩いて行き来するのは、ふつうじゃない。

メアリー — まあ、思い出してみると、22時間の空の旅でしたね。

スコット — ええ。

メアリー — だから、歩くのは良い考えだった。

スコット — ええ。でも、インドへの、そしてヨーロッパからアメリカへの旅でさえも、中継地があるなら、彼は運動

したものです。

メアリー――ふむ、ふむ。ええ。

11月13日、金曜日、「国際日付変更線を越えて、私たちはこの日を失った。でも、東パキスタンでは、壊滅的な台風〔、ボーラ・サイクロン〕と高潮があって、百万の人々が死んだかもしれない。」何と！

11月14日、土曜日、「私たちは、フィジーの西のどこかで赤道を越えた－私にとっては初めてのこと－そして午前10時頃にシドニーに降り立った。報道陣とテレビの人たちが、クリシュナジにインタビューをした。それから私たちは、レグ・ベネット夫妻（Mr. and Mrs.Reg Bennett）、バーバラとスペンサー・イングリッシュ夫妻（Barbara and Spencer English）、〔友人でテレビの作家、制作者〕ドナルド・イングラム・スミス（Donald Ingram-Smith）、そしてマーシャ・マレー夫人という人（a Mrs.Marsha Murray）の出迎えを、受けた。私たちはシドニー〔北部〕郊外の〔、湾の出口にあり、浜辺が拡がる〕マンリィ（Manly）に、〔ポートジャクソン〕湾の壮大な眺めの、港の上の新しいビルの11階のとてもすてきなアパートメントに、連れて行ってもらった。ベネット夫妻とイングリッシュ夫妻がすべてを考えておいてくれる。〔両夫妻のうち〕メイヴィス・B〔ベネット〕とバーバラ・E〔イングリッシュ〕が、マーケットでの買い物と昼食をやってくれることになっている。私はここで残りをやるだろう。彼らは毎朝、来てくれるだろう。クリシュナジと私は午後ずっと、昼寝をした。」（クスクス笑う）とてもすてきでした。彼らはすべてのことをすごく良く手配しておいてくれました。

15日、日曜日、シドニー。「クリシュナジは午前ずっと休んだ。メイヴィス・ベネットとバーバラ・イングリッシュが昼食を作ってくれた。私たちは、シドニーでの会合、テレビ、新聞のインタビュー等々の計画について、そして、オーストラリア〔K〕財団が必要なのかどうかに関する彼らの考えについて、議論した。レグ・ベネットとスペンサー・イングリッシュが午後に散歩のために来た。晩にクリシュナジと私は、ヒッチコック〔監督の〕映画『北北西に進路を取れ（North by Northwest）』を観た。」（二人ともクスクス笑う）

翌日、「ドナルド・イングラム・スミスが、テレビのインタビュアーと、また新聞『オーストラリアン（The Australian）』からのレポーターを、連れてきた。ベネット夫妻とイングリッシュ夫妻とスミス夫妻は、みんな昼食にいた。ベネット夫妻は、お使いのため私をマンリィ〔の街〕に連れて行ってくれた。クリシュナジと私は6時に散歩した。」

17日に、「クリシュナジは午前10時に、モナ・ヴェイル記念ホール（the Mona Vale Memorial Hall）で公開討論会を行った。彼は後で、『重いものを押している』かのようだと言った。」（クスクス笑う）「私たちは、イングリッシュ夫妻とその息子ディヴィッドとともにドライブし、彼らは昼食に戻ってきた。私たちは午後に昼寝をした。クリシュナジと私は、遅い散歩に行った。夕食で私たちは、昨日クリシュナジが行ったテレビ・インタビューを観た。彼らは撮った全部のうち、彼の言うことの1分を使っただけだった。彼らは残りの時間を、〔神智学協会の主張する救世主として〕彼が1925年〔4月〕にここに到着した物語に、費やした－そのとき、オーストラリア人たちは彼が〔かつてのイエス・キリストのように〕水上を歩いて到着するだろうと考えた。」（メアリーとスコット、笑う）

翌日、「クリシュナジは、レグ・ベネットとスペンサー・イングリッシュに対して、ラージャゴパルに関する〔こちら側の弁護士〕ライブツィガーと〔カリフォルニア州法務副長官〕タッパーの手紙を、見せた。それからベネット夫妻は、私を北の方へドライヴに連れて行ってくれた。クリンガイ（Ku-ring-gai）だ－そこで私はコアラ、エミュとウォンバット、あらゆる種類の明るい色のオウムを見て、カンガルーの囲い込みに入った。そこでは彼らに近づける。彼らは軟らかい毛皮を持っている。」

スコット――ふむ。

メアリー――19日、木曜日、「クリシュナジは、モナ・ヴァイル〔記念ホール〕で第2回の公開討論会を行った。前よりうまくいった。人々は捉えているように見えた。」

「翌日は静かだった。午後に私はマンリィ〔の街〕に入って、クリシュナジがインドに持って行くペーパーバック〔の本〕を買った。幾つかの推理小説だ。」明白ね。

11月21日、土曜日に、「私たちは、静かな朝を過ごした。私は、私たちのための軽い昼食を作った。それから私たちは、ベネット夫妻とともに、シドニー・タウン・ホール（the Sydney Town Hall）に行った。そこで午後2時30分に、クリシュナジが第1回の講話を行った。1500人ほどの群衆がいた。選挙日だった。幾らかのかなり荒くれた若者たちが、隣の投票所で共産主義の新聞を配っていたが、彼らが入ってきて、大声で粗い質問をした。一人は演壇のへりに降りてきて、社会変革の問題に関してクリシュナジに挑戦した。クリシュナジの答えにより彼は黙って静寂になった。」

翌日、日曜日、「クリシュナジと私は、クリシュナジの第2回の講話のために、イングリッシュ夫妻とともに、シドニーへ運転して行った－たいへん強烈な話。その最中に一人の若者が演壇に登ってきて、わざとらしくクリシュナジの足下に座った。クリシュナジは、一瞬の間だけあっけにとられたが、もう少し彼に離れるように頼んだ。それから、中断したところから、再び話を始めた。終わったとき、クリシュナジは、あの半ば気絶した、気の遠くなった目つきをしていた。午後に私たちだけで散歩した。午後7時に私たちはテレビで、珍しいオーストラリアの動物たちの良い自然の映画を、見た。7時30分に、ベネット夫妻とイングリッシュ夫妻が来て、グレート・バリア・リーフのカラー映画を見せてくれた。」

11月23日、月曜日に、「クリシュナジは午前にここフラットで、ベネット夫妻とイングリッシュ夫妻が選んだ35人ほどの人たちとともに、討論を行った。」

24日、「クリシュナジはベネット夫妻に対して、ここはレッドビーターの頃にどのようだったのかについて、質問をしていた－なぜ人々はレッドビーターを受け入れたのか等々だ。彼らは、〔オランダ出身の〕ハロルド・モートン（Harold Morton）に訊ねることを、提案した－彼はかつて「レッドビーターの〔集めた〕少年たち」の一人だったが、今でもここに自らの妻と生活している。彼の兄弟オスカー・コッラストロム（Oscar Collastrom）はレッドビーターのお気に入りで、今ロンドンで心理学者だ。それで、モートンが昼食に来た。彼は白髪でピンクの顔をし、年を取り、青年期に見える人だった。彼は、幾らか平然としてユーモアの色合いをもって、それらについて語った。クリシュナ

ジは彼に質問したが、なぜ人々がそんなにレッドビーターを信じたのかに関する彼の答えのほとんどは、彼らは〔レッドビーターに関わる〕そのすべてを、超自然的なもの、彼の洞察力とされるものを信じたいと思った、というものだった。それで、誰一人として敢えて彼に疑問を呈さなかった。クリシュナジは、レッドビーターは同性愛だったのかどうかを、彼に訊ねた。モートンはそうだったと答えた － 彼は二つの事例でそれを明確に知った。一つは少年自身から、もう一つは少年の父からだった。クリシュナジは、人が自らの信頼の地位を使うということに、あきれた。〔レッドビーターの〕洞察力、その見かけの真正さについて、議論された － まず第一に、〔1909年にアディヤールの神智学協会本部の近くの海岸で、マイトレーヤの器として少年〕クリシュナジを認識したこと、そして、〔1912年の〕船の沈没 － それはタイタニック号だと分かった － を予見したことで、だ。また、〔洞察力〕それが存在しないことについて － 彼が自らの少年たちの一人、トム・某 － 彼はすでに亡くなっていた － の知らせを求めて、電報を打ったときのように。

スコット―ふむ。

メアリー―「クリシュナジと私は午後遅く、雨の中を散歩した。午前に私たちは、航空母艦S.S.アメリカの出航を見ていた。クリシュナジは、その艦長であるのはおもしろいだろうと言った － 自分はそれが好きだろう、と。」私はその写真を持っています。私たちは〔アパートメントの〕バルコニーに立っていました。

スコット―ええ、それらを見たことがあります。

メアリー―この見事な大きな空母は、〔ポートジャクソン湾の〕いわゆる「突端」(the heads) － それらは港への入り口の両側の二つの崖です － を通って、出て行こうとしていました。実に見事な光景でした。〔宿泊先は〕見晴らしがよかった。私たちは丘の上高く、しかも11階にいました。だから、突端を勢いよく抜けていく、この大いなる眺めが、見えました。

25日に、「彼は第3回の講話を行った。」私は、それについてあまり言うべきことを、持っているように見えません。

26日に、「ドナルド・イングラム・スミスとマーシャ・マレーが来て、クリシュナジと私をオーストラリア放送協会に連れて行った。そこで午後1時45分に、クリシュナジはテレビで、ロス・サウンダース (Ross Saunders) という人から、30分間、インタビューを受けた。モニターではすばらしく見えた。〔Kの本の選集〕『ペンギン・クリシュナムルティ・リーダー (Penguin Krishnamurti Reader)』は、ここ〔オーストラリア〕でも出版されているが、そこからサウンダースが、信念について数節を読み上げる間、クリシュナジはほとんど注意を払わなかった。それからクリシュナジは、信念、宗教等を却下し、30分の終わりまで、新鮮な明晰さでもって続けた － 単純さと雄弁さをもって、たいへん多くのことを扱った。私たちは、アーカイヴス〔記録保管庫〕のために、印刷物を得なければならない。私たちは戻ったとき、昼寝をし、それから雨の中を散歩した。」

編集者の憶え書

リンクされたテキストは、11月20日に起きたとのラベルが付けられているが、メアリーの日記が確かに正確である。

27日、金曜日に、「昼食の後、イングリッシュ夫妻が私を〔シドニー郊外の〕メイナー (The Manor) に連れて行ってくれた － そこでは、〔1925年に若き日の〕メアリー・ラッチェンスとルス・テタマー (Ruth Tettemer) が、他の人たちと同じく、レッドビーターとともに〔神智学協会のコミュニティで〕生活していた。そこは今、引退した人たちのための神智学協会の住宅だ。私たちは運転してそこを過ぎ、それからスイスの健康食品店に行き、そこで、クリシュナジがインドに持っていけるように、幾つかの良いレチシン粒を箱詰めするよう、手配した。それから私たちはシドニーに入り、クリシュナジのために、ベージュの袖無しプルオーヴァーを得た。それを彼はとても好きなので、私は、似合うカーディガンを入手しよう。デリーは寒いと、キティが」 － キティ・シヴァ・ラオ (Kitty Shiva Rao) のことです － 「手紙を書いてきた。」

土曜日に、「クリシュナジは、ベッドで静かな午前を過ごした。私は私たちのための軽い昼食を拵えた。それから、2時30分のクリシュナジの第4回の講話のために、私たちはベネット夫妻とともに、タウン・ホールに行った。終わりに彼は美しさについて語り、「それは対象物にあるのでしょうか。空ですか。港の白い帆ですか。ヴェラスケスの絵ですか － それは昨日、ロンドンで220万ポンドで売れましたが。」（クスクス笑う）「（それは、私はラジオで聞いて、朝食のとき彼に話していた）」。「またはそれは、あなたにあるのでしょうか。あなたとそれの間に空間があるかぎり、美しさはありません。自己が無いときだけ、美しさがあるのです。」私たちが戻ったとき、彼は疲れていた。私たちは散歩を飛ばした。」

翌日、日曜日に、「彼は、シドニーでの第5回の講話を行った。彼は私に対して、「私はここで働いていたかのように感じない。」と言った － それで、私の精神は舞い上がった。彼は、話していないとき、何もしていなかったから、自分は疲れていない、と言った。彼は眠ったし、読書し、散歩してきた。私的な面談は無し！」－四本下線引き－「私は合衆国での照会には、面談はないだろうと答えるべきだ。」

30日、月曜日、「クリシュナジはアパートメントで、第2回の私的な討論会を行った。彼は、私が金曜日に買ったベージュのプルオーヴァーに似合うカーディガンに、喜んだ。私は、幾つかの良い探偵小説のあり方で、何か彼が好きであろうと思うものを見るなら、マリブでそれらを彼の到着のために、買うべきだ。彼は顔を輝かせて、「私は新しいものが好きだ。」と言った。」（クスクス笑う）

スコット―ふむ。

メアリー―それで、12月1日。私は、小切手を現金に換えて、ベネット夫妻とイングリッシュ夫妻に花を贈るために、マンリィ〔の街〕に入った。荷造りの一日だった。午後に、ベネット夫妻とイングリッシュ夫妻が、散歩のため立ち寄った。夕方にクリシュナジは私に対して、誰にも読まれる手紙だけを、書くよう話した － 彼の郵便はインドでは安全でないからだ。ブロックウッドでさえも、手紙は間違いで開かれるかもしれない。彼は、ラージャゴパルについて、私とエルナ〔・リリフェルト〕と〔シドニー・〕ロス、弁護士たちは、待って自分に相談するのではなく、何をすべきかを議論しなければいけないと、言った。彼〔K自身〕は、訴訟の部分に加わらないだろうが、もし私たちがラージャゴパルを追求すると決断するなら、「なおさら良い」。彼は、これには即時の決断をすることが必要なのかもしれないし、

自分は私を信用して、そうするのを任せる、と言った。もし私が自分の個人的な感情のせいではなく、そのことに応じて、彼のために行動しているなら、私はだいじょうぶだろう。彼は、ラージャゴパルは盗んできたと、言った。彼、Kは、彼からのどんな電話、またはどんな密使をも、受け入れないだろう、ということだ。それは、訴訟に支出する資金の問題なのかもしれない。私たち、アメリカK財団が決断しなければならない。これが、彼が私に言いたい第一のことだった。第二は、私たちは年を取りつつあるし、悪い習慣に陥らないよう気をつけなければならないということだった。」(クスクス笑う)「すなわち、私は、近頃、見苦しい仕方で鼻を擦っていた、と。」(クスクス笑う)「第三、彼はますます遠くなっているように感じている。「近頃、おそらく私は、小さな子どもの頃にそうだったように、なりつつある。空虚に。」と。」

スコット―ふむ。

メアリー―「私はものごとを見守らなくてはならない。人々が憤慨しないように、私はどうにか匿名でものごとをしなければならない。「私たちは道を探し出さなければいけない。」彼は書物について訊ねた。」― それは彼が書いている書物です ―「彼は、それがもう5章あるべきだと感じる。私は彼に、書物の学生の部分でどんな疑問が問われたかの一覧表を、送るべきだ。彼はそれに付け加えるかもしれない。私は、彼が「あなたたちは、何も大切にしない世代を育ててきた。」と言った部分について、彼に対して訊ねた。彼は、それがあまりにきつすぎるということ、そして、私はそれを変えなければならないということに、同意した。私たちは、彼へ届く個人的な手紙について、話をした ― 私がそれらを開けるべきか、または彼の到着まで持っておくべきかどうかで、彼は行きつ戻りつ変化してきた。私がそれらを開けるべきであり、もしそれらがごく個人的だと見えるなら、保っておくべきだということで、まとまった。しかし、それらが彼以外の誰かにより開けられたことは、誰にも知られてはならない。彼はとても気分が良いと言った。彼は元気で、よく行動する。」

12月2日に、「クリシュナジと私は、朝食をとって、荷造りをし、午前9時45分までには準備ができた。イングリッシュ夫妻が来て、荷物を持っていき、一方、クリシュナジと私は、ベネット夫妻とともに空港へ運転した。私はクリシュナジのインドへの空の旅のために、受け付けてもらった ― 彼のチケットとパスポートだ。それから、私自身の受付をして、午後5時30分のロサンジェルスに戻る便のために、パンナム〔航空〕へ荷物を預けた。クリシュナジを見送る人たちが数人いた。彼はあの遠い目つきをしていた。」

「彼をそういう長い空の旅に一人で乗せることは、きつかった。デリー行きの彼のカンタス〔航空〕便は、香港経由で行き、十時間だ。それから、デリーへはさらに六時間半だ。彼はアパートメントで私に、さようならを言っていた。それから先、彼ははるか遠かった。暑い一日だった。彼はコットンのグレイのスポーツ・シャツを着ていて、ヴァンダがあげたすてきなグッチのかばんを、持っていた。空港では彼は、発つのを待つ間、歩いて行き、見つめていた ― 空港ではしばしばそうするように。彼は、私をも含めて、誰ともごく礼儀正しく握手し、自分の飛行機に行った。私たちはみんな待ち、それが離陸し、空の小さな白い点になるまで、見守っていた。」

インドでのクリシュナジ

「私はシドニーに戻り、ベネット夫妻、イングリッシュ夫妻と、ディヴィッド・イングリッシュ、マーシャ・マレーと、ドナルド・イングラム・スミスとともに、昼食をとった。〔中心部の繁華街〕キングズ・クロスでサラダ・ボウルというものをとった。それから彼らにさようならを言い、ドナルド・イングリッシュとともに空港に戻った ― 彼は、そこのレストランで働いている。私は座って、1時間、彼に話をし、それから自分の5時30分のパンナム便まで読書した。」

「クリシュナジは、午前11時30分に発ったのだった。デリーには深夜に到着するはずだった。私は夜通し飛んで、午前7時にホノルルに再び着陸したが、11月13日に失った日を取り戻すために、それはまた12月2日でもあった。私はそこで税関を通り、運動のために一時間歩いた。それからもう一つの航空機で、ロサンジェルスへ飛んだ。こういう晴れた日に〔太平洋の〕海岸沿いに飛んでいると、オーハイ〔の町〕と、空港へずっと行く道の家々が、見えた。午後4時に到着した。〔隣家の友人〕アマンダ〔・ダン〕が待っていてくれた。私たちは、澄んだきれいな空気のなか、マリブに戻った。ここには先週末に、5インチ半〔、14センチメートルほど〕の雨が降った。クリシュナジが私に頼んでおいたとおり、私は〔インドの〕クリシュナジへ、私の安全な到着について電報を打った。」そういうことです。

編集者の憶え書
12月15日にクリシュナジは、ニュー・デリーからメアリーにあてて、「私たちは今朝、ププルともう一つ対話をした。それらはなかなか良くなるだろう。」という手紙を、書いた。

クリシュナジは、「ププルと他の人たちは、何とすばらしい話だ等と、言った。」ということを、書いた ― 彼が12月24日に行ったものである。アーカイヴズ担当者は、これが24日からの講話であるが、21日のものからだと間違ったラベルが付けられていることを、私たちに保証してくれる。私たちは〔今後、〕他の素材〔講話、討論会〕にもリンクをしようとしている。

それからクリシュナジについて多くはありませんが、ついに2月20日、クリシュナジはインドでの計画の後、ボンベイ〔現ムンバイ〕からローマに飛びました。22日にはローマからロンドンへ、そして二日間、ブロックウッドに泊まりました。

それで2月24日に、「私は午後4時30分に、ロサンジェルス空港に運転して行った。〔俳優、映画監督〕ピーター・ユスチノフ（Peter Ustinov）に出くわした。彼もまたパンナム機の到着を待っていた。彼は、自分には〔レマン湖の北岸の〕ローザンヌ近くに生活している子どもたちがいる、

と言った。クリシュナジは午後6時にロンドンから到着し、すばらしく見えた。私たちは家に帰り、暖炉のそばで晩餐をとった。」

翌日、「クリシュナジは休んで、昼のほとんど眠った。私たちは長く話をした。彼は、〔南インド、内陸部の都市〕バンガロールからの〔ヒンドゥーの行者、〕サンニャーシンに教えてもらった新しい調息（pranayama）[4]を、私に教えてくれた。私たちは早くベッドに入った。」

2月26日に、「午前11時30分に、リリフェルト夫妻とルス・テタマー（Ruth Tettemer）が来た。クリシュナジとともに、私たちは現在の状況について議論した。午後1時に〔シカゴの実業家〕シドニー・ロス（Sidney Roth）が、昼食のため私たちに加わった。私たちは議論を午後5時まで継続した。テオ〔・リリフェルト〕は車でロスを街に送って行き、クリシュナジと私を修理工場で降ろした。そこで私たちは、新しいフェンダーを付けたジャガーを、取りもどし、そこからマリブに戻った。クリシュナジと私は、テレビのそばで夕食をとった。」

翌日は静かな一日でした。クリシュナジはたくさん眠りました。私たちは午後に庭を散歩してまわりました。

「彼の到着から四日、私はクリシュナジに代わってラージャゴパルに電話し、彼とミマ・ポーター（Mima Porter）をここに招待した。ラージャゴパルは、自分は病気だから、オーハイを離れられないと言った － 私たちがそこに行かなければならない、と。それは同意がなされて、3月3日午後2時の約束がされた。

3月2日に、クリシュナジは、自分がこの家にいることへ大男が友好的でない夢を見たことを、報告した。夢でその男の母親についての何か。

2日に、「クリシュナジは新しい口述を始めた －『これが瞑想だ（This is meditation）』と仮題をつけたもの。」私は、自分がそれを「口述1．マリブ、春」とラベルを付けたと思います。「晴れた寒い一日だった。私たちは庭を歩いた。」

3日に、「天気はすばらしかった。私たちは早い昼食をとった。それからクリシュナジと私は、オーハイに運転し、午後2時にラージャゴパルの自宅で彼に会った。彼は裸足で、クリシュナジはグレイのフランネル、タートルネックのジャージー、ツイードのジェケットを着て優美だった。彼の妻は当初そこにいたが、すぐに立ち去った。ミマ・ポーターは30分遅れたので、私たちは座って、社交的なおしゃべりをした。クリシュナジはみごとに見えたし、全く寛いでいた。話は、インドでの事柄とすることについて、ふつうのものだった。これは、ポーター夫人の到着の後、しばらく継続した。」

「ラージャゴパルは神経質で、真剣な会話を始めること、または、彼がクリシュナジに来て、何を聞いてほしいと頼んだのかを言うことが、できないように見えた。クリシュナジは落ち着いていた。最後に彼はラージャゴパルに対して、何であれ自らの言うべきことについて話すように、頼んだ。ラージャゴパルは、長い非難演説となるものを始めた － いわく、クリシュナジは自分を攻撃してきた、自分の名を脅かしてきた等々。クリシュナジは、なぜ自らがラージャゴパルとKWINC〔クリシュナムルティ著作協会〕と縁を切ったのかを説明し、これらゆえに自らはラージャゴパルとの接触を完全に失ってしまったこと、そしてたぶん自分たちの間には本当の関係が一度もなかったことを、言った。これは、ラージャゴパルを揺さぶるように見えた。或る時点で、私が、ラージャゴパルに対して彼の首尾一貫しないことを指摘していたとき、彼は、私がクリシュナジを保護しようとしていることを言うことで、私を沈黙させようとした。私は、自分が彼、ラージャゴパルが言ったことに答えていると言って、継続した。一瞬の間、彼は崩れ落ちるかのように見えた。彼は震えた。彼は論理と圧迫に耐えられない。彼は逸れてしまう。そして問題を泥まみれにしようとする。三時間の終わりに彼は、クリシュナジは批判すべてを撤回し、自分が間違っていたことを、そしてラージャゴパルは何も不適切なことをしていなかったことを公的に発表し、謝罪しなければならない、と言った。そのときおそらく、〔自らの〕KWINCと〔新しい〕アメリカK財団をどうすべきかを議論するための正しい時が、定められるかもしれない、と。私たちは午後5時に立ち去って、お茶のためリリフェルト夫妻のところに行った。ルス〔・テタマー〕もそこにいた。私たちは午後8時までにマリブに戻った。」

次の日、「クリシュナジは、ラージャゴパルへの手紙を口述した － 自分はラージャゴパルとの何らかの接触のために、基盤を見つけようとして来たこと、そして、実際に応答するのはラージャゴパルに掛かっていることを、言った。すなわち、彼の行動が彼の答えになるだろう、と。それは彼に掛かっていた。私は〔こちら側の弁護士〕ライプツィガーに話した。昼食の後、私たちは〔監督フランソワ・〕トリュフォーの〔長篇フランス〕映画『家庭（Bed and Board）』に行った。散歩に間に合うよう戻った。」

3月6日に、「クリシュナジと〔元秘書の〕アラン・ノーデ（彼は週末のため昨日到着した。）と私は、ダイニング・ルームで朝食をとった。クリシュナジは午前ずっと休んだ。私たちは早い昼食をとった。午後2時30分にクリシュナジと私は、市民会館（the Civic Auditorium）でのクリシュナジの4回の講話の第1回のために、〔ロサンジェルス郡西部の〕サンタモニカに運転して行った。そこはいっぱいだった。私たちは戻るとすぐ庭を散歩した。夕食はクリシュナジと私だけだった。」

翌日、「私はクリシュナジとアランのために、早い昼食を作った。クリシュナジと私は午後3時の第2回の講話にちょうど間に合うよう、市民会館に運転して行った。彼は、比較の暴力について語った。そして、思考が存在するかぎり、瞑想はありえないことについて。後で、フランシス・マッキャン（Frances McCann）、ルス・マッキャンドレス（Ruth McCandless）とリリフェルト夫妻がお茶に来た。クリシュナジとアランと私は、テレビのそばで夕食をとった。」

3月8日に、「アランとクリシュナジと私は、朝食で話をした。午前中、アランは一人でクリシュナジと話をした。クリシュナジとアランと私は、〔マリブの内陸へ入る〕コラール峡谷（Coral Canyon）を運転して登り、丘の上沿いに散歩した。」

翌日、「アランは〔サンフランシスコ湾東岸の〕バークレーへ発った。クリシュナジと私だけで昼食をした。彼が休んだ後、私たちは街へお使いに行った。キャンベルズ（Campbells）で本を買った等。夕食に家に戻った。」

3月10日に、「午後4時に、ピーター・ラーチュ（Peter Racz）、〔すなわち〕クリシュナジを聞くためにブラジルから来ていた若者が、彼との会合をした。私たちは庭を散歩

した。ラージャゴパルの信任濫用に関する〔向こう側の弁護士〕ロープル宛の〔州法務副長官〕タッパーの手紙の写しが、来た。」

翌日、〔古い友人の〕シドニー・フィールド（Sidney Field）が、私たちとともに昼食をしました。

ラージャゴパルの問題についてはしばらく何もありません。そして、「3月12日付けのミマ・ポーターからクリシュナジへ手紙が来て、「クリシュナジとラージャゴパルの間の個人的な問題」をほのめかした － クリシュナジが何が起きたのかを、率直に自分へあからさまに言ってこないことで、ラージャゴパルは傷ついた、と。内密には、これらが、ラージャゴパルがクリシュナジとの私的な会話で片づけてしまいたいと思う決定的な事柄である、ということ。」ゆえに、クリシュナジが、「あなたと彼との間で朽ちつつあるあの死骸」ではなく、KWINCの事情について議論したいとだけ思うとき、ラージャゴパルの激昂だ、と。彼女は、ラージャゴパルは被害者だと付け加えた。これに対してクリシュナジは彼女に対して手紙を書いた －「もしもラージャゴパルと私自身との間に問題があったのなら、私は、それが他の誰かに関わりのあることであるということが、分かりません。事実は、ラージャゴパルと私との間の議論が必要な個人的な事柄はないということです。何か個人的なことを常に含意することは、KWINCの深刻な問題とあの信託に対するあなたの重い責任を回避しようとする、あなたによる、ラージャゴパルによる、他の人たちによるきわめて明白な試みです。」と。」

3月13日に、「クリシュナジはサンタモニカで第3回の講話を行った。」

翌日、「クリシュナジは午後3時に、サンタモニカで第4回の講話を行った。冥想についてのすばらしいもの。後でリリフェルト夫妻がお茶に来た。」

3月15日に、「クリシュナジは、ポーター夫人に手紙を送った。ニコルソン夫人という人（a Mrs. Nicholson）とその息子のリチャードが、ブロックウッドの学生になるかもしれないので、面談に来た。」

翌日、「昼食の後、クリシュナジと私はお使いで、サンタモニカに運転した。私たちは庭を散歩した。ラージャゴパルが、クリシュナジに話すために電話をしてきたが、自分は彼に話さないし、手紙を書くか私に伝言を伝えるようにとのクリシュナジの伝言を、私が中継したとき、切ってしまった。」

3月18日に、「私たちは午前10時30分に、オーハイへと発った。クリシュナジは、レイ博士（Dr.Lay）から〔整骨の〕治療を受けた。それから私たちは、〔途中でヴェンチュラ郡の〕カーシタス湖（Lake Casitas）でピクニックの昼食をとった。晴れた暑いすばらしい日だった。湖からの風で、私たちは涼しいままだった。クリシュナジは喜んだ。私たちはリリフェルト夫妻のところに行った － そこでクリシュナジは休んだ。それから午後3時には、誰も彼もがクリシュナジに会う自宅公開があった。私たちは午後6時までに家に帰った。」

三日後、「レイ博士がマリブでクリシュナジに治療を施し、昼食に留まった。〔隣家のダン夫妻の娘〕フィリッパ（Philippa）も来た。私たちは庭の散歩をした。」

3月22日に、「クリシュナジは、書物の素材と幾つか手紙を口述した。ラージャゴパルからクリシュナジに、手紙が来た － クリシュナジが自分たちの個人的な友人関係を止めたいと願っていることは明白だが、自分は教えのための仕事を継続するつもりである、と言うものだ。」

次の二日間、クリシュナジは、冥想の書物を、そしてまた幾つか手紙を、口述した。そして24日に、クリシュナジは私に、ラージャゴパルへ電話をかけさせ、自分は来週、彼と〔ミマ・〕ポーター夫人に会いたいこと、そして、自分はとても深刻な言いたいことがあることを、言わせた。それは次の水曜日に決まった。以降、それはラージャゴパルにより二日間、延期された。」

25日に、「私たちは、〔ロサンジェルス市の私立〕南カリフォルニア大学（the University of Southern California）に運転して行った。正午にクリシュナジは、学生たちとの討論を行った。遅い昼食のため、リリフェルト夫妻がいっしょに戻ってきた。私たちは午後ずっと話をした。」

3月26日に、「私はお使いで、早く街に行った －〔スイスの〕ナグラ（Nagra）のテープ・レコーダーを借りることも含まれた。それから私は空港で、アラン〔・ノーデ〕と〔州立大学サンフランシスコ校の哲学科の〕ジェイコブ・ニードルマン（Jacob Needlemen）教授と妻を出迎え、彼らをマリブに連れて戻り、そこでクリシュナジとニードルマンとの間に、テープ録りした面談が、行われた。その終わりに私たちはお茶をいただき、それから第2回の討論があった。アランは車でニードルマンを空港に送って行き、夕食に戻って来て、泊まった。私たち三人ともに、〔イギリスの俳優〕ピーター・ユスティノフの出たテレビ版の〔神への服従と不服従をめぐる天使と羊飼いの論争を描いた〕『ギデオン（Gideon）』を見た。

翌日、「私は、クリシュナジとアランとの間の二つの対話を、録音した。アランは意気軒昂とし、行動も良く、手伝い、くつろぎ、すてきだった。夕方にはフランスの数学者イゴール・レズニコフ（Yegor Reznikov）がアランを訪ねてきて、彼らは晩餐に出かけた。アランは自らのしていることを継続するだろうが、何らかの認可をとおして、秋に支払いの出る講演契約を得ることを、願っている。クリシュナジは、〔神智学協会時代の〕ドッジ夫人（Mrs.Dodge）からの自らの古い遺贈を、彼に与えようとしている。私は手伝うようにしよう。」

3月28日に、「朝食の後、クリシュナジとアランは、善と悪に関する談話をナグラで録音した。私たちはラージャゴパルについて議論した。クリシュナジは午後に休んだ。私たちはみな、庭の散歩に行った。それから早い夕食をとり、早くベッドに入った。」

3月29日に、「クリシュナジとアランと私は、〔ロサンジェルスの〕南カリフォルニア大学に運転して行った。そこで正午にクリシュナジは、第2回の学生討論会を行った。私たちはウエストウッド（Westwood）へ、イゴール・レズニコフを乗せて送った。それからジャガー〔の車〕は、ガスケット〔、固定用シール材〕が飛んでしまった。アランはタクシーをつかまえて、クリシュナジと私はそれでマリブに戻った。アランはジャガーをブレントウッド・モーターズに持っていき、タクシーで戻ってきた。リリフェルト夫妻も到着した。私たちはみな、遅い昼食をとり、午後ずっと話をした。私たちは庭で遅い散歩をした。アランは明日、発つことになっている。」

4月2日、金曜日、「クリシュナジと私は、うららかな日

に、昼食の後、オーハイとラージャゴパルの家に、運転して行った。クリシュナジは、自分は外にいたいと言っていたので、私たちはバルコニーに座った。ミマ・ポーター（Mima Porter）がいた。クリシュナジは、自らの扱いたい問題点の自らの手書きのメモ書きを、持って行った。」お分かりでしょう、それらは彼の手書きでなくてはいけなかった。もしもそれらが私の手書きだったなら、ラージャゴパルは、「これはあなたじゃない。あなたは影響されている。」と言うでしょう。

スコット　ふむ、ふむ。

メアリー　あの永続的なナンセンスです。

スコット　ふむ。

メアリー　「彼は、それは〔関係を〕正常化するための最後の試みだと言った。彼は自らの絶縁の理由について語った － ラージャゴパルが情報開示や協議を拒絶することと、KWINC〔クリシュナムルティ著作協会〕の限られた活動、創設者としてのクリシュナジを組織的に排除したこと、ラージャゴパルによる企て。〔同協会の〕ヴィゲヴェノ（Vigeveno）の手紙、カッセルベリー（Casselberry）と〔ミマ・〕ポーターの手紙、すべてが脅している。弁護士は、ヴィゲヴェノとカッセルベリーの手紙は強要であると言っていること。アーカイヴス〔資料保管庫〕について、ポーターのパリでの約束が、破られたこと。ノイズ〔大佐〕（Noyes）の調停の申し出が無に帰したこと。ラージャゴパルが〔教えの普及のために寄付された〕KWINCの金銭を〔この係争で〕クリシュナジと闘うために使っていること。彼が手紙をヒスロップ（Hislop）に見せていること。」― ヒスロップはまわりにいる人でした －「フレッド・ウィリアムズに作り話を広めたこと。」フレッド・ウィリアムズ（Fred Williams）はあのひどい男です。

スコット　どのひどい男ですか。

メアリー　ああ、彼は乱暴な男でした。彼は〔1968年8月にスイス〕サーネンに来て、アラン・ノーデを殺す、または少なくとも彼を攻撃すると脅しました。彼はとても失礼で、メアリー・カドガンに対してひどかった。彼は恐ろしく反ユダヤ主義の人でした。

スコット　ふむ、ふむ。ええ、あなたは彼について話してくれました。[18]

メアリー　「ラージャゴパルとポーターは、ずっとこれらを通して全く黙り込んでいた。クリシュナジは神経質だった。きわめてゆっくりと、ほとんどためらいながら、話した。」

「ポーターは、自らが何もしないとの批評について、異議を申し立てて、自分は68年にクリシュナジに対して、ラージャゴパルは彼にすべてを手渡すだろうとの手紙を書いた、と言った。」

「クリシュナジは、「私は全くそれをもらっていない。」と言った。」

「私は彼女に対して、彼女の手紙は、ラージャゴパルはクリシュナジを愛している、そして、彼らが秋にそれを話し合って、それから決着しようと言っていたことへ、注意を促した。しかし、これは、クリシュナジにすべてを手渡そうとの申し出ではなく、その時にすげなく断ることだった、というものだ。」

「それからラージャゴパルは、自分は告発されたこと、「あなたの弁護士」が情報をほじくり出してきたこと、自分にはそれに反論する機会がなくてはならないことを、言った。」

実際には、彼自身の利得のための不動産売却に関する彼の策略を見出すにあたって、調査すべてをやったのは、エルナ〔・リリフェルト〕でした。

「ポーターは、ラージャゴパルへの批判の手紙について、続けた。」

「私は、そんなに苦悩するなら、これらを終わらせることは、調停の開いた扉をとおしてだ、尊厳のある和解と協力だ、と言った。」

「クリシュナジが、KWINC〔K著作協会〕の資金がクリシュナジと闘うために使われつつある、と言ったことに対して、ラージャゴパルは、「あなたの資金は弁護士たちに行っている。」と言った。」

「私は、そうではないと言った。公的な寄付金の1ドルたりとも、法律上の料金には使われていない。私的で、まさにその目的のために出された特別なお金だけだ、と。

ラージャゴパルは、公的な立証でないと自分は満足しないだろうし、クリシュナジとの和解は充分でない、と主張しつづけた。それで私たちは、ならば、継続するのはムダだし、彼がむりやり法廷に持ち込むことを選んでいる、と言った。彼は、私たちがそうしていると言った － 私たちが、片手では和解を申し出て、片手では銃を持っている、と。私たちは立ち去りはじめた。ラージャゴパルは、自分はクリシュナジとの私的な会話を望んでいたし、それなら仕事等は私たちみんなの間の議論の中で配分できる、と言った。クリシュナジは、自分はそうするだろうが、今自分はあまりに疲れていて、立ち去らないといけないことを、言った。彼は車へ行った。私は立ち上がって続いた。ラージャゴパルは、私がクリシュナジのために要望しておいたドッジ〔女史〕の書類を自分は持っている、と言った。これらは、ニューヨークのファースト・ナショナル・シティ銀行（the First National City Bank）からの明細書と、ハリウッドでのセキュリティ・パシフィック（Security Pacific）のクリシュナジ名義での預金口座の小切手帳だと分かった。ラージャゴパルは、もう一回の会合について、明日私に電話をしようと言った。私は、それが仕事に関係しているなら、エルナ・リリフェルトがそこにいるべきことを言った。彼は、「今はだめだ。」と言った。」

4月3日、土曜日に、「暑い一日。ルス・テタマー（Ruth Tettemer）が私たちとともに昼食をした。エルナとテオ〔・リリフェルト〕は、〔KWINCに寄付したシカゴの実業家〕シドニー・ロス（Sidney Roth）と昼食するために街に行って、彼をここに連れてきた。残りの私たちが、ロスの資金とアメリカK財団との関係について議論している間、クリシュナジは昼寝をした。シドニーは、全く法的な理由のためだけに1万ドルを、映画撮影のために1万ドルを、出していた。しかし、法的な1万の一部は、クリシュナジを映画に記録する好機を逃さないために、撮影に回った。彼は合計で3万ドルを誓約したが、映画の収入が得られるなら、そのとき2万ドルは、その中から払い戻されることになる。このための方式が議論の主題だった。また、シドニー・ロスが自らの出費を、私たちに取り戻してほしがっていることもまた、論争になった。」まあ、私はそれについては続けませんが、私たちはそれらを私たちの帳簿に載せられないことを、言いました。「私たちは、自分たちの誰一人も理事として、被る費用を請求しようとしていなくて、私たちの個人的な税金還付でそうしようとしていることを、言った。た

とえアメリカK財団の任務の追及において被ったとしても、K財団の帳簿は、個人的な出費を賄うべきではない。シドニー・ロスは感情的で苛つきがちだが、基本的に親切で寛大だ。彼の不幸なくどさには誰もが疲れ果てるが、そのためエルナと私はどちらも、眼目を幾らか分からせる。彼は今日に至るまで、エルナに敵意を感じる、または感じたが、今日の会合で空気は晴れた。」

「私たちが保管している映画に出資し配給するための基金を集めるために、教育映画の会社を見つけようとの提案は、2万ドル以上の問題を解決するかもしれない。テオはロスを街に送って行った。クリシュナジとエルナとルスと私は、お茶をいただいた。クリシュナジは、彼らが会合し、ラージャゴパルが自らの過失を認めるのなら、そのとき、何が適正な反応になるかについて、考えを声に出した。他方、ラージャゴパルは次の会合について電話を寄越していなかった。」クリシュナジはいつも、あの人がまっとうな振る舞いをするだろうとの希望を持っていました。

スコット―知っています。知っています。

メアリー―翌日、日曜日には、「暑い一日だった。街では〔華氏〕93度〔、摂氏33.9度ほど〕。私は午後3時に明日の会合について、ラージャゴパルに電話をした。私は庭での少し草取りと刈り込みを除くと、一日中、デスクで仕事をした。それから、涼しいときに、芝生回りをクリシュナジと散歩。私がクリシュナジに、〔ワーテルローの戦いを描いたイタリア、ソ連合作〕映画『ウェリントン（Wellington）』[19]に行きたいのかどうかを訊ねたとき、」―『ウェリントン』という映画がありました―（クリシュナジの声をまねて）「「何！私の大好きな英雄が敗北するのを見に行くの？」と。」彼が大ファンだったのは知っているでしょう…

スコット―ええ！ナポレオンのね！[20]

メアリー―ナポレオンのね！（スコット、笑う）それを私は絶対に理解不可能だと思ったの！彼はヨーロッパのすべてを敗北させた人だったし、戦争を起こすことしかしなかったわ。（スコット、もっと笑う）クリシュナジは彼を賞讃していました。（二人とも笑う）

誰が皿洗いをしようとするのかについて、私たちが争いつづけていることの一部として、クリシュナジは、「私が皿を運んでいくよ。それができないのなら、私は〔南インドの、Kが生まれた小さな町〕マダナパリに戻ろう！」と言いました。私は、「あなたは〔その町から入った〕リシ・ヴァレー（Rishi Valley）の神仙になりたいんですか。」と言いました。クリシュナジは「そうです。」と言いました。（二人とも笑う）やれ、まあ。

4月5日に、「私たちは、暑いすてきな午前に、オーハイへ運転した。正午に私たちは、アメリカK財団の評議会を開いた―リリフェルト夫妻、クリシュナジ、ルス〔・テタマー〕と私。それから昼食。午後3時にクリシュナジと私は、ラージャゴパルのところに行き、クリシュナジとラージャゴパルはバルコニーで話をした。その間、私は車で座っていた。ミマ・ポーターは午後4時頃に到着し、私と車で座っていた。私たちは何も真剣なことについて議論しなかった。」

「4時30分にクリシュナジは、私たちを呼び寄せた。ラージャゴパルは、自分たちは個人的な議論を完了させたと言った。私はラージャゴパルに対して、自らの提案を私に繰り返してくれるよう頼んだ。ラージャゴパルは、それは、自らが1968年〔9月初め〕にロンドンでノイズ大佐（Colonel Noyes）をとおして行った申し出であり、幾つか修正がある、と言った。私は、ではなぜ彼が申し出を取り下げていた、または否認していたのかを、訊ねた。」

「ラージャゴパルは、クリシュナジが「アーカイヴズ〔文献資料類〕が自らに引き渡されることを要求した」からだと言った。」

「私は、ラージャゴパルがクリシュナジに対して、前日オーハイで自らの行った講話のテープを得るには裁判に訴えなくてはならないだろうといって言葉を伝え、彼に対して彼自身の手書き原稿を拒絶した後に、その要望が為されたことを、言った。」

「「私はそれを否認する。」とR〔ラージャゴパル〕は言った。」

「私は、「それを私に向かって否認しないでください。私はアラン・ノーデとともにまさにこの扉へやって来て、あなたにそれをお願いしたが、入室を拒絶されました。」と言った。私は、ノイズ〔大佐〕の備忘録の詳細は思い出せないと、言った。彼は、〔自らの弁護士〕ローブルにそれを私たちの弁護士たちへ送らせたのだろうか。」

「彼は、自分は〔弁護士〕ローブルをとおしてそうしたくない、と言った。彼とミマ・ポーターがそれを書き上げて、私たちに送るだろう、と。それなら、私たちのみんなと弁護士たちは、それを〔州法務副長官〕タッパーと考慮できたし、私たちが合意をするのなら、弁護士たちみながそれを法的文書に書き上げられた。これをとおしてずっと、ラージャゴパルは交互に、苛立ってすぐに自制心を失うか、あるいは執拗だった。それで、クリシュナジは苛立って、ラージャゴパルが論点を叩き込むのを止めようとした。今度はこれで、ラージャゴパルがさらにいきり立った。私はそれを鎮めようとし、彼に自らの提案することを言わせた。彼はもちろん、クリシュナジから告訴を取り下げるとの言明が、ほしいのだ。」

「私たちは立ち去った。クリシュナジは、彼らの議論の個人的な側面について、私に話してくれた。過去の言い争い、過去の論争、傷。クリシュナジがラージャゴパルの離婚論争に介入したこと。クリシュナジは、ラージャゴパルの娘〔ラーダー・スロス〕が自らと私を訪問したことを、彼に話した。私は、ラージャゴパルがそれについて知っていたのかどうかを、知らないが、たぶんそうだ。私はまた、ラージャゴパルがちょうど内密に自分とのクリシュナジの会話を録音しておいたのかどうかも、知らない。私たちが入り口に運転して入るとき、私のクリシュナジへの最後の警告の言葉は、「どうか、彼がそうするかもしれないことを、憶えておいてください。」というものだった。」[21]

クリシュナジは、「私は完全に忘れてしまった。」と言った。「私は山々を見つめて、すべてを忘れてしまった。」と。」

「私たちは、リリフェルトのところへ運転して行った。ルス〔・テタマー〕もそこにいた。私たちはしばらくの間、話をし、それから立ち去った。家に戻る途中でクリシュナジは、重荷から解き放たれたと感じる、ラージャゴパルの重荷から、と言った。彼は自分があまりに多くを言いすぎたのかと思ったのは、後になってのことだった。自分はラージャゴパルに届くようできることはすべてやった、と言った―それらを解決しようする中で、大幅に歩み寄るように、と。彼は、二度とラージャゴパルに一人で会いたいとは思わない。彼は、「私はこのような人たちにどう接すべきかを知らない。私は漠然となって、何にでも同意するだろ

う。」と言った。それが過去に起きたことだ。」
スコットーふむ、ふむ。
メアリーーそれが、これらすべての歳月の中で、彼らが二人だけで話をした唯一の時です。

4月6日、「〔若い建築家〕ドナルド・ホッペン (Donald Hoppen) がブロックウッドからちょうど到着し、昼食に来た。彼はブロックウッドは生命力を欠いていると感じる。もっと良い職員が必要だが、雰囲気の何かが、幾つかの良い展望を遠ざけつづけている。彼は、新しい寄宿舎のための計画とその模型の絵図を見せてくれた。それは、パヴィリオンがあるところになるだろう。クリシュナジは疲れていて、ブロックウッドに精神が向かわなかった。彼はドナルドに、その憶え書を作るよう頼んだ。クリシュナジは、短い散歩と夕食の後、ベッドに入った。」

翌日、「私たちは歯医者に行った。クリシュナジは歯をきれいにしてもらった。ラージャゴパルが月曜日に語った調停の基礎について、彼から備忘録が届いた。彼は、「不動産の一部分を引き渡すこと」を提案している。でも、それは、課税算定者の評価と、現金評価額について良く表されていないので、そのため、彼がそれをK財団に譲ろうとするのか、売ろうとするのかが、明らかでない。〔オーハイの東端の〕アーリヤ・ヴィハーラへの言及はなかった。KアンドRや・・・」KアンドR財団 (the K & R Foundation) のことです。「・・・AB信託への言及もない。」それは、えーと・・・
スコットーアニー・ベサントです。
メアリーー・・・アニー・ベサント信託 (Annie Besant trust) です。「彼は、KWINC〔クリシュナムルティ著作協会〕の給与のための基金がほしいが、自分を外すとの言明がほしい。これらから、彼は、譲渡された資産と、KアンドR〔財団〕、文献類、土地の幾つかを取っておくのだろう、と見える。K財団が得るであろうものは、問題をはらんでいる。私は電話で、それをエルナ〔・リリフェルト〕に、次に〔こちらの弁護士〕ディヴィッド・ライプツィガーに読み上げた。後者はそれについて、〔同僚の弁護士〕サウル・ローゼンタールと議論するだろう。」

翌日、8日、「ライプツィガーとローゼンタールは、ラージャゴパルの備忘録は、調停に繋がるだろうとは考えないで、私たちは、クリシュナジを除いたままで、〔アメリカK財団の〕理事としてのエルナ〔・リリフェルト〕、ルス〔・テタマー〕と私からの書簡の形式で返答すべきだと考える － 私たちは、行動の「他の道筋」を探究する中での長い遅れのせいで、法的訴訟を継続しつつあることを述べる一方で、彼の論点の明確化を求めるべきだ、と。エルナが書簡を起草することになっている。」

翌日、「午後にエルナ、テオ〔夫妻〕とルスが、書簡の草稿を持って来た － その多くは〔弁護士〕ライプツィガーによるものだ。エルナとテオ〔・リリフェルト〕は、課税算定者たちの地図を調べてみて、〔かつてのKの学校〕ハッピー・ヴァレー学校 (the Happy Valley School) の南の11エーカー〔、44500平方メートルほど〕の区画は、23エーカー〔、93000平方メートルほど〕の区画の一部分であることを、発見した。明らかに彼〔ラージャゴパル〕は、自宅の回りの15エーカー〔、60700平方メートルほど〕のほとんどを取っておくだろう。エルナ、ルスと私は、アメリカK財団のために、この目的へと署名するために、委員会にいる。クリシュナジは、調停交渉のどの部分にも加わりたいと思わない。エルナが少し小さな変更を加えて書簡をタイプしなおして、私たちはそれに署名した。」

4月10日に、「私たちは荷造りをした。〔古くからの友人〕シドニー・フィールド (Sidney Field) と、ハリー・ウルフ氏という人 (a Mr.Harry Wolfe) － 彼にクリシュナジは前回1935年に会った － が、お茶に来た。〔建築家〕ドナルド・ホッペンが後で来た。私たちはブロックウッドについて議論した。また、〔元秘書〕アラン・ノーデがそこにいることの可能性についても。」
スコットーアランがブロックウッドに行くことについてですか。
メアリーーええ。ブロックウッドの一部分になることです。お分かりでしょう、アランはそれから、クリシュナムルティの組織すべてを離れてしまったんです。でも、うーん・・・
スコットーでも、ドナルドは、彼がおそらくブロックウッドで何か良いことができるんではないかと考えた？
メアリーーたぶんね。

4月11日、日曜日、「とてもうるわしい朝。ビュラック・ムクドリモドキたちが水浴びをしていて、羽毛を身繕いしていた。夜明け前、ほの暗い中でアメリカ・ワシミミヅクが、その音を立てた。静かで、この家で目覚めるのは全く完璧だった。」

「それから午前にクリシュナジは、自らが〔ラージャゴパルの娘〕ラーダー・スロス (Radha Sloss) に電話をすべきだと感じた。なぜなら、〔前年11月8日に〕自らがそうしようと言っておいたからだ。その後、彼女から非難演説があり、クリシュナジを叩いていた。彼女の父親〔ラージャゴパル〕は監獄に行くかもしれない。クリシュナジは、それはラージャゴパルに掛かっていると言った。彼は、過去をぬぐい去る調停を申し出ていたが、彼がそれを受けていなかった。ラージャゴパルが調停に乗るなら、クリシュナジは、和解の公的声明を出そうと言った。」

「「あなたが初めにそれをすべきです。」とラーダーは言った。「あなたはお金のことを気にしている。」と。彼女はこのことをたびたび繰り返した。クリシュナジが、それはラージャゴパルに掛かっていると言って、出口が提示されたとき、彼女は言った － 「私はそれを受け入れません。あなたは三年前に、彼がそのトップであるかぎり、自分はKWINC〔クリシュナムルティ著作協会〕と関わりを持たないだろうと、私に言いました。」と。」

「彼女は、両親と同じように、過去に言われたことを、あたかも現在が存在していないかのように復唱した。彼女の辛辣な口やかましさに、クリシュナジは震えた。それはラージャゴパルに会うのより悪かった。彼は、会話を終えることができる時までには、すっかり参っていた。」

「一時間後、昼食の間に彼女は、折り返し電話をかけてきて、自分の父親は調停を申し出ておいたが、何も認知が無いことを、言った。クリシュナジは、それは月曜日か火曜日に彼に届くだろうと、言った。他の人たちも忙しかった。「でも、あなたは行ってしまうでしょう。彼は誰と取り引きすべきなのか。」と。」

「クリシュナジは、自分はそれを外れている。アメリカK財団が返答するだろうことを、言った。この会話の終わりに、クリシュナジは、自分は彼らの誰にも二度とけっして一人では会わないだろうこと、私〔メアリー〕はこれを憶えておいて、自分に注意し、この種のいびりから自分を保護し

てくれなければならないことを、言った。」

「私は、もしも彼らが電話をしてきたなら、自分は彼らへ即座に答えていいとの彼の許可を得ているのかどうかを、訊ねた － 何をすべきかを彼に訊きに行かずに、それを直接的に取り扱っていいのか、と。彼は、私がそれを自分自身でやるように言った。彼がこのように苦労させられているのを見ることは、醜悪だった。私は、それがまるで我が身に起こったかのように、痛めつけられた気持ちだった。おもしろいことに、まるで、私は、もしもそれが私に向けられていたなら、あったであろう効果より、むしろ、彼の感じることを感じるかのようだった。後で午後に私は、〔隣家の友人〕アマンダとフィル〔・ダン夫妻〕が夕食をとっている間に、彼らに会いに行った。そこには正気の平和が（クスクス笑う）、そして、愛する住宅と庭と場所の希なすてきな静けさが。」

翌日、4月12日、「アマンダ〔・ダン〕が午前7時30分に来て、運転し、クリシュナジと私を空港に送ってくれた。他方、〔家政婦〕フィロメナは、私たちの荷物の山を乗せたタクシーで、付いてきた。クリシュナジとフィロメナと私は、TWA〔便〕でニューヨークへ飛び、午後5時に到着した。車と運転手が出迎えてくれた。私たちは、交通渋滞のなかゆっくりとリッツ・タワー（the Ritz Tower）に行った。そこにクリシュナジと私は、父のアパートメントをとっておいた。フィロメナは同じビルディングのスタジオをとった。」

翌日、「私は幾つかマーケットで買い物をした。私たちは〔リッツ・タワーの〕フラットで昼食をし、午後にホテル・ロンバルディに行った。そこでクリシュナジは散髪をしてもらった。それから、幾つか探偵小説を買うために、〔書店〕ダブルデイに行った。クリシュナジは、新しい〔イタリアの作家、ジャーナリスト、ルイジ・〕バルジーニ（Barzini）の〔イタリアの生活や文化を論じた〕本『カエサルからマフィアへ（From Caesar to the Mafia）』を選んだ。

スコットーふむ。
メアリーー私はそれをブロックウッドに持っています。
スコットーオーハイでは？
メアリーーいいえ。これは － 私はそれを持って行って、ああ…
スコットーああ、ここに持ってきたんですか。
メアリーーブロックウッド…いや、ブロックウッドにあります。
スコットー私たちは〔今、〕ブロックウッドにいます。
メアリーーごめんね。私は混乱しているわ。（スコット、笑う）
スコットー知っています。私たちはオーハイに戻っているような感じです。
メアリーー私たちはブロックウッドにいるんですよね。（笑う）
スコットーええ、そうです。（笑う）そうだと思いますよ！
メアリーーええ、そうです！（二人とも笑う）ここにあります。たぶん他の部屋にね。私は心の目で棚を見て、あれはブロックウッドにあると考えました！（二人とも笑う）〔頭脳の〕海馬回がなくなっちゃった！

「私たちは歩いて戻った。〔インドの外交官で友人の〕ナラシンハン（Narasimhan）がクリシュナジに会いに来た。（クスクス笑う）彼の新しいメルセデス300は、ニューヨークの通りで盗まれた。」

スコットーおやまあ！
メアリーー「私たちは、〔毛沢東の共産党の統治下の〕シナの開放〔政策〕について語った － 〔ニクソン大統領のもと〕合衆国のピンポンのチームが、ちょうどそこに招待されたばかりだった。将来の合衆国とシナとロシア〔ソ連〕間の国交回復が、見える。ラージャゴパルは今日、エルナとルスと私からの手紙を受けとった。何が起きたのかを、私たちはまだ知らない。」

4月14日、「昼食の後、クリシュナジと私は、〔ニューヨーク市の〕ラガールディア〔空港〕（La Guardia）から〔首都〕ワシントン〔DC〕へアメリカン航空の便に乗った。晴れの日だった。公園にはスイセンがあった。それらにクリシュナジは喜んだ。私たちはショーハム・ホテルへ行った。そこでは、アメリカ新聞編集者協会が会議を開いていて、そこに私たちのための部屋部屋を予約してくれていた。クリシュナジは散歩に出かけたくなかったので、私たちは部屋で夕食をとった。」

翌日、「『ホノルル・スター・ブレティン紙（Honolulu Star Bulletin）』のA.A.スマイザー氏（A.A.Smyser）が、クリシュナジを担当していた。私たちは階下で彼に会った。また、『ワシントン・スター紙（the Washington Star）』の編集者ニューボールド・ノイズ氏（Mr.Newbold Noyes）と、クリシュナジを招待してくれた人と、また彼の副編集者、J.ウィリアム・ヒル氏（Mr.J.William Hill）という人にも会った。クリシュナジは、他の人たちが未来について話した後、最後の講演者だった。『未来の衝撃（Future Shock）』の著者〔、未来学者のアルビン・〕トフラー（Toffler）が、最初の講演者だった。私たちは階下で、20分間ほど待たざるをえなかった。クリシュナジは話をすることになっていたが、彼には15分残されただけだった。彼は力強く、要を得た話をしたが、後で彼は、ムダだと感じた。テオが来ていた。彼とエルナは、昨日オーハイからニューヨークに到着していた。クリシュナジと彼と私は、ショーハムで、つつましい昼食をとり、空港へと発った。この国では、クリシュナジがレストランで食事をするのは不可能だ。（クスクス笑う）私たちは飛行機でニューヨークに戻り、テオがお茶に来た。それから私たちは、パーク・アヴェニュー（Park Avenue）をちょっと散歩して行った。彼とエルナは、コモンドール（the Commodore）にいる。クリシュナジは、すべてその甲斐があったのかどうかと思っている。」

16日、「昼食の後、クリシュナジと〔家政婦〕フィロメナと私は、〔東西に走る〕57番通りを歩いて、サットン（the Sutton）に行き、〔アメリカの西部劇、歴史フィクションの〕映画『小さな巨人（Little Big Man）』を見た。」
スコットーふむ、ふむ。
メアリーー「クリシュナジは、とても良いと言った。私たちは〔百貨店〕ブルーミングデイル（the Bloomingdale）の食品部門で買い物をし、エルナとテオにお茶を振る舞うのに間に合うよう、戻ってきた。彼らは、クリシュナジの最新刊『鷲の飛翔（The Flight of the Eagle）』を一冊持ってきた － ハーパー社のペーパーバックで、1969年のヨーロッパでの講話と幾つかのサーネンでの討論だ。見栄えのいい表紙だ。彼らはまた、〔東南アジア駐在の〕元CIAエージェント、ジョン・コールマン（John Coleman）の本『静かな精神（The Quiet Mind）』も、持ってきた － 彼はそこにクリシュナジについて2つの章を入れていた。彼は69年

9月にブロックウッドに来て、クリシュナジと面談をしたし、以前にはインドでクリシュナジに会っていた。」

「夕食の後、クリシュナジは純潔について語った。それには自我、意志の欠如がなければならない。それはほとんどの人たちには欠けている。」

土曜日、すなわち17日です。「クリシュナジは、昼食時に胃にむかつきを感じて、ほとんど何も食べなかった。彼は午後4時まで眠り、それからローズヒップのお茶を1カップとった。午後5時15分には、〔メアリーの弟〕バドの運転手付きのステーション・ワゴンで、私たちは〔東西に走る〕43番通りのタウン・ホール(the Town Hall)に行った。外側には大きな行列。私たちはその外側で、〔インドの外交官で友人の〕ナラシンハンを捉まえて、彼を連れて入った。建物は満員であり、断られる人たちもいた。クリシュナジは弱さのしるしを示さなかった。ほぼ講話の始まりから、あの深い他の声で語った。音声の問題があった。お節介な女性が通路を清掃していた。講話はヴィデオに撮られた。聴衆はいつもより、大きな割合が若く見えた。後でクリシュナジはくらくらし、気が遠くなっており、ほとんど気絶しそうだったが、私たちが食事するカード・テーブルに座りたいと思ったし、テレビの音量さえも上げた。彼は、「それは私が寛ぐ助けになる。」と言った。彼はほとんど食べないで、すぐにベッドに入った。」

「講話では、彼は「最悪の犯罪は葛藤〔状態〕にあることです。」と言っていた。後で彼は私に対して、忘れずに自分に言うよう言った－「知識は傷ついている精神の基礎です。」と。講話の間、或る男が一本真っ赤なバラの花を持ってきて、それを演壇の彼の足下に置いた。後で、彼が咳をしそうに見えるとき、もう一人が彼に紙コップの水を持ってきた。クリシュナジはそれを床に置き、花を見て、紙コップに茎を差そうとした。彼は後で〔講話中の自分自身について〕、「演壇の上のあの人は、たいへん多くを知っているにちがいない。」と言った。(二人とも笑う) 私たちは、苦しみと対立したものとして、痛みについて話をした。痛みは生体組織的に、または敏感さを通じて感じられるが、精神がそれに取りすがるとき、苦しみがある。」

翌日、「午後5時30分に、クリシュナジはタウン・ホールで第2回の講話を行った。昼間に彼は、ラージャゴパルとロザリンドについて、そして、なぜ人々は誤りを犯すのかについて、語った。私は、ラージャゴパルと彼がそもそも教えについて、彼と私〔メアリー〕が話をする事柄すべてについて、話をする時さえあるのかどうかを、訊ねた。彼は「全くない。」と答えた。」

4月19日、月曜日に、「私は午前中ずっとデスクの仕事をした。明るい春の一日だった。私たちは、コテ・バスク(the Côte Basque)へ歩いていき、インガーソル夫妻(the Ingersolls)とともに昼食をした。彼は、」(インガーソルを意味する)、「クリシュナジはわずかな有力者たちに対してのみ話をすべきだと考える。今日の若者は自殺的に自己破壊的な世代ではないのかと思う。インガーソル夫人は、クリシュナジの世界への評価を、シニシズム〔冷笑癖、キニク主義〕だと見誤った。クリシュナジと私は、私の毎年恒例の新しい財布のために、マーク・クロス(Mark Cross)へ行った。それから、ティファニーに行った。そこでクリシュナジは、私のために、四重螺旋の金の指輪を選んだ。私たちは〔宿泊先のリッツ・〕タワーに戻ってきて、彼は昼寝をした。その間、私はマリブの居間の織物のために、マクミラン(MacMillan)のナタリー・ダーヴェンポート(Natalie Davenport)に会いに行った。私は、クリシュナジが見るために、見本を持って帰った。私たちは〔東西に走る〕70番通りを散歩して行って戻った。」

20日に、「ハーパー・アンド・ロウ社(Harper and Row)の新しい宗教書の部長のクレイトン・カールソン氏(Mr.Clayton Carlson)が、クリシュナジにインタビューするために、『タイム誌(TIME Magazine)』のクレール・ローゼン夫人(Mrs.Claire Rosen)を連れてきた。すてきで利発な女性だ。午後に私たちは、マリブのソファのための他の織物の見本を探しに行った。最初のものが一番良いと判断した。」

翌日、「『タイム誌』が写真家を寄越して、彼はクリシュナジの写真を百枚ほど撮った。彼は、それが仕事の一部であるかのように、静かに座っていた。」私は、それらの写真を一度も手に入れられませんでした。私は手紙を書いて、幾つか手に入れようとしました。

スコット－『タイム誌』からですか。

メアリー－ええ。

スコット－ふむ。

メアリー－「フランシス・マッキャン(Frances McCann)が午後4時にお茶に来て、クリシュナジに話をした。私たちは歩いて、彼女をホテルに送って行った。」

翌日、「クリシュナジが〔古い友人〕ピンター夫人(Mrs. Pinter)を訪ねている間、私は〔百貨店〕バーグドルフ(Bergdorf)で買い物をした。それから私たちは、〔宿泊先の〕リッツ・タワーに歩いて戻った。それから私たちは歩いて、サイエンス・フィクションの『アンドロメダ‥‥(The Andromeda Strain)』という〔アメリカ〕映画を、見に行った。クリシュナジはそれをおもしろいと思った。〔弁護士〕ミッチェル・ブース(Mitchell Booth)が私たちに会いに来て、一番、法廷訴訟をしがちな人たちは、精神分裂症、偏執症人格の人たちだと言った。(二人ともクスクス笑う) ずっと遅くなって、クリシュナジは、「天使たちがあなたを見守っている。私が行ってしまった後、彼らがあなたを見守るだろう。」と言った。彼はそれを繰り返した。」

4月23日、金曜日に、「クリシュナジは私に対して、自らの言ったことを憶えているかを訊ねた。私は、彼が天使について言ったことを繰り返して、彼がどういう意味で言ったのかを訊ねた。彼は、「あなたはそのときその人に訊ねるべきだった。」と言った。「たぶんそれは、あなたが保護されているし、私が死んだ後もそうなるだろう、という意味だ。」と。私は、自分にとって人生の意味は、彼にとって役立つことであると感じたし、そう言った。彼は夜にすばらしい冥想をしたと言った。」

「私は、〔百貨店〕ブルーミングデイルに行って、彼のために新しい〔旅行用の〕ツーリスター・バッグを買った。その後、〔三大ネットワークの一つ〕CBSのジョナサン・ワード(Jonathan Ward)が来て、ラジオのために、クリシュナジにインタビューをした。ハーパー・アンド・ロウ社のマルゴ・B － 何とか － 「女史(Miss Margo B)が同行していた。ワードは聡明に見えた。インタビューはうまく行った － CBSネットワークで、区切った番組に使われるだろう。クリシュナジは再び、外面的な変化の無益さについて話をした。」残りは〔メアリー自身の〕家族のことだけです。

4月24日、「クリシュナジは、夜に頭はあたかも脳が外科手術を受けつつあるように感じると言った。痛みはなかったが、「身体は怯えていた」と。もしも私が目覚めていたなら、彼は私に話をして、「行ってしまっていた」だろう。異例なことは、私が夜に全く目覚めていたということだ。昼食のとき彼は、「切れてしまって」、気が遠くなり、少しつじつまが合わないように見えた。自分はすっかり空っぽに感じると言った。午後5時30分に彼は、タウン・ホールで第3回の、とても良い講話を行った － 関係について「腐敗は関係の欠如です」、愛と死について。彼は今回、一時間、話して、質問に三十分以上かけた。インド人女性の、スシーラ・デシュポンデ（Susheela Deshponde）が、舞台裏でごく短く彼に挨拶する約束をしていた。」私は、〔インド人外交官で友人の〕ナラシンハンが午前に彼に会いに立ち寄ったことを、言い忘れていました。「クリシュナジは疲労困憊して見えた。短い間、私たちが夕食に座っていると、彼は講話の状態でじっと止まっていた。彼の手は冷たかった。それから彼は寛いだ。いつものように、彼にとってはテレビがアスピリンのように効いた。」

4月25日、日曜日、「私の父の誕生日だった。それで私は〔弟〕バドのところへ夕食に行った。私たちは、パリにいる父に、〔電話で〕話をした。私は、クリシュナジとタウン・ホールでの第4回の講話へ行くのに、間に合うよう戻った。これもまた、宗教的な冥想についての極上のものだった。これら四回はまさしく最善のものの一つだった。」私は以来、あれらの講話を聞いたことがありません。聞くべきでした。そうしましょう。

翌日、「私は、クリシュナジのフランスのヴィザのために、〔フランス大使館に〕行った。クリシュナジと私は、リリフェルト夫妻をオルシニ（Orsini）での昼食に、連れて行った。私たちは、来年クリシュナジのためにカーネギー・ホール（Carnegie Hall）を借りることを、決定した。リリフェルト夫妻は明日、発つ。」

4月27日、「私は、クリシュナジのフランスのヴィザを、もらってきた。彼にはオランダのものをも取った。午後に私たちは、〔アメリカの西部劇〕映画『追撃のバラード（Valdez is Coming）』に行って、歩いて戻った。〔ロサンジェルスの弁護士〕ディヴィッド・ライプツィガーが、〔州法務副長官〕タッパーがKWINC〔クリシュナムルティ著作協会〕へ電話をする前に、その理事会に送る起訴状の写しをほしがっているということで、電話をしてきた。エルナ〔・リリフェルト〕の手紙、ルス〔・テタマー〕の手紙、私の手紙に対して、ラージャゴパルから返答はなかった。私はエルナに話をした。彼女は〔北東部〕コネチカットへ行っていた。テオは空の便で、オーハイに戻った。」

翌日、「荷造りをした。〔家政婦〕フィロメナと私は、クリシュナジの新しいスーツ・ケースを別のものに交換するために、〔百貨店〕ブルーミングデイルに急いだ。午後4時まで荷造りをした。運転手つきで〔弟〕バドの車が来た。私たちは、フィロメナにさよならを言って、空港へ発った。彼女は明日、空の便でマリブへ戻る。ロンドン行きの私たちの空の便は、午後8時に発つことになっていたが、他の便と、さらに後ではTWA便と合併した。私たちはTWAのレストランでみすぼらしいサラダを食べて、最後に午後11時に飛び立った。クリシュナジは、つけまつげを付け、〔胸元が大きく開いた〕襟ぐりの深いドレス〔・ローブデコルテ〕を着て、染めた髪の乱れた太った女性に、呆れていた。（クスクス笑う）彼は「女性に対する侮辱だ。」と言った。私たちはほとんど眠れなかった。」（クスクス笑う）

29日、「〔ブロックウッド校長の〕ドロシー・シモンズは、午前7時からずっと〔空港で〕待っていたが、私たちが午前11時30分に到着したとき、そこにいた。〔彼女の車〕ランド・ローヴァーで私たちは、〔南西方向に〕ブロックウッドへ走った。春がまさに始まろうとしている。樹々はまだ裸だが、スイセンは輝いている。再びここにいることは、すてきだ。私たちは、学校との遅い昼食に間に合った。私たちは昼寝をした。それからクリシュナジとドロシーと〔犬の〕ウィスパーと私は、散歩をした。それで、私たちの肺から旅行のけだるさが、吹き飛んだ。私は熟睡した。」さて、これは・・・あなたはまだそこ〔ブロックウッド〕にいないですよね、71年には。

スコット－ええ。私はブロックウッドは1974年まで始めなかった。

メアリー－まあ、翌日、私たちは荷物を解いて、誰にでもみんなに話をしました。

5月1日に、「クリシュナジと私は、メアリーとジョー〔・リンクス夫妻〕とのお茶のために、〔東方向に、ウエスト・サセックスの高地〕ブラックダウン（Blackdown）へ車を走らせた。アラン〔・ノーデ〕は、ちょうどカリフォルニアから到着したばかりだった － そこで、彼は〔マリブで隣家の〕ダン夫妻のところで水曜日の夜を過ごし、週末の間、そこにいた。ロンドンには1ヶ月間いるだろう。私たちはみんな散歩をして、ブルーベルを見て、お茶に戻った。〔メアリー・リンクスの娘〕アマンダ・パラント（Amanda Palandt）とその子どもたち、アンナ（Anna）、ニッキ（Nikki）、アダム（Adam）がそこにいた。彼女の17年目の結婚記念日だったが、彼女にとってはつらかった。彼女とジョンはまだ別居しているからだ。」

翌日、「クリシュナジは学生たちに話をした。私はそれを〔ドイツ製の〕ウーヘル（the Uher）〔の録音機〕でテープに録った。」

5月3日に、「メアリー・カドガン（Mary Cadogan）とディグビー夫妻（the Digbys）がやってきた。私たちはみんな、昼食の前と後に話をし、あらゆる種類のことについて議論した － ペリーンの建物を何のために使用するのかを含めて。」これはけっして実らなかった建物です。〔カリフォルニアの〕ウォーレン・ペリーン夫人（Mrs. Warren Perrine）は、〔ブロックウッドの〕かつてパヴィリオンがあったところに、建物を建設しようとしていました。全くそうならなかったんです。「クリシュナジは、それを持つとき、学生たちのための寄宿舎と、アシュラムのための宿泊所を、と言った。もしも学校に50人の学生がいたなら、収支が合うかもしれない、と。」（二人ともクスクス笑う）ああ、そういう日々だったんだわ。クリシュナジは、ディグビー夫妻に対して、〔元秘書〕アラン〔・ノーデ〕と〔現校長〕ドロシー〔・シモンズ〕との間で矛が収まったとしたなら、彼をアシュラムへ招待するという考えに、触れた。ディグビー夫妻は、その考えに熱中したが、それが起こるのかどうかには疑問を持っていた。」

編集者の憶え書

「アシュラム」は、クリシュナジが初期の日々に呼んでい

たものであり、後に「研修センター（The Study Centre）」と呼ばれるようになったものである。クリシュナジはいつも、真剣な成人たちが来て、教えを研究し、お互いに対話することのできる場所を、一つまたは複数欲しがっていたように、見える。ブロックウッドでこれが実るには、彼がそれを要請して15年掛かった。[26]

翌日、4日、「クリシュナジは午前に学生たちに話をした。」まあ、私はお使いをしました。

それから5日、水曜日には、「ドロシー〔・シモンズ〕が運転して、クリシュナジと私を〔ロンドン西部の〕ヒースロー空港へ送ってくれた。私たちは、前にやったように、空港近くの短い小道に停まって、ピクニックの昼食をとった。」

スコット―ふむ。

メアリー―「私たちのエア・フランスの午後3時の便は、4時45分に飛び立った。私たちは出発ラウンジに座って、本を読んだ。私たちは到着するとすぐに、パリの外側〔、南部〕のオルリー空港で昼食をし、プラザ・アテネ・オテル（the Plaza Athénée hotel）へタクシーに乗り、午後6時に到着した。私はソランジェ（Solange）に電話し、」― それは私の父の家政婦です ―「父に対して、私が午後7時にそこに行くだろうと伝えるように言った。私はKの夕食を注文した。それから、彼は散歩に行きたがったので、私たちは短い散歩に行った。私は、父のところに午後7時きっかりに着いた。彼は1月のときとほぼ同じように見えたが、自分がどこで私に会ったのかの記憶がなかった。それで、私の前回の訪問までに、〔父の妻〕オリーヴがすでに亡くなっていたのかどうかを、訊ねた。」― それは彼の〔再婚した〕奥さんです ―「私たちは夕食をとった。新しい看護婦が居合わせた。〔馬主の〕彼は近頃、競馬に行っていたが、馬を出走させるので、私を明日、ロンシャン〔競馬場〕に招待した。私は午後8時30分には戻った。クリシュナジはすでに自室で夕食をとっていた。」

それから翌日、「私はシャネルに行って、幾つかの品物を注文した。そこはとても高価だが、結局は劣った品物に費やしてしまったお金より、良いはずだ。それから私は〔オーダーメイドのシャツ店〕シャルヴェに歩いて行った。そこに、クリシュナジがホテルからタクシーで来ていて、迎えてくれた。私たちは、4枚のシャツのための生地を選び、4本のネクタイを買った。私たちは〔滞在先の〕プラザ・アテネに戻った。〔レストラン、〕レジェンス（the Régence）のローラン（Roland）の手助けにより」― それはホテルの支配人です ―「私は、クリシュナジと〔古い友人〕マルセル・ボンドノー（Marcelle Bondoneau）のために、昼食を注文した。彼らは映画に行くことになっていた。午後1時15分に、父と、そのデンマーク人看護婦のマダム・ハデ（Madame Hadé）が、ミシェルの運転する車で、立ち寄った。（「ミシェール」と発音した）。」それはお抱えの運転手です。「私たちはコンティ（Conti）で昼食をした。父は〔美食家だが〕、家でするように、慌てて食事を済ませた。私たちはロンシャンに行った。」でも、ロンシャン〔競馬場〕については続けないことにしましょう。「馬はよく走った。競馬のおもしろさが、父にエネルギーを与えたのだった。彼は私をホテルで降ろしてくれた。クリシュナジは映画に行っていた。すべてがうまく行った。私たちは部屋で夕食をとる前に、散歩に行った。」

翌日は、5月7日でした。「私たちは荷造りをして、さらにネクタイを買うために急いでシャルヴェに行き、正午に〔滞在先の〕プラザ〔・アテネ〕に戻った。そこには、モーザーと奥さんが、」― それは〔スイスの〕車のセールスマンです ―「新しいメルセデス280 SE 3.5クーペとともに、待っていた。彼はそれを〔サーネンの北東方向の街〕トゥーン（Thun）から運転してきたのだった。私はその支払いをして、モーザーは去った。クリシュナジと私は、心地よい昼食のために、レジェンス（the Régence）に入った。そういうレストランの雰囲気のなか、彼は自らの優美さにより、過去がかつて生み出したあらゆる貴族の権化になった。彼は、ネイヴィー〔濃紺〕のブレザーを着ていた ― 彼のハンツマンの衣服すべてのなかで、一番の仕立てだ。極上に見えた。また、美しい礼儀作法を身に付けた子どものように、無邪気だった。私たちはお祭り気分だった ― 新車、パリ、とても良いフランス料理レストランの繊細な香り、くつろぎ、おもしろさ、ドライブの期待。あのすてきな冒険の感覚、私たちの一緒の生活の感覚が、あった。私にとって、彼におもしろさを提供するおもしろさ。彼を楽しませるための装飾の美化。それに対して彼は、魅力ある反応を示してくれる。これまた、子どもがそうするかのように。」

スコット―ふむ、ふむ。（クスクス笑う）

メアリー―このことで彼を子どもっぽいと呼ぶのは、申しわけないです。

スコット―いや、あなたは彼を子どもっぽいと呼んでいませんよ。

メアリー―他に何と言えばいいのか、分かりません！

スコット―あの無邪気さです。あのとてつもない単純さです。

メアリー―無邪気さです。彼の顔が輝くときの反応です。

スコット―ええ。私は絶対に・・・

メアリー―そこには全く世間ずれしたところがない。

メアリー―ええ。何もすれたところがない・・・あなたの仰る意味は、全く分かります。

メアリー―私がいうのは、「子どもっぽい」とは、まるで彼が知恵遅れか何かのように聞こえます。反対に・・・

スコット―ええ、反対に・・・

メアリー―このすばらしい反応でした。

スコット―そこには、若者の美しさと清潔さすべてが、ありました。

メアリー―ふむ、それは本当です。

スコット―レジェンスのレストランはどこにありますか。

メアリー―それは、〔宿泊先の〕プラザ・アテネのレストランの名前です。

スコット―ああ。

メアリー―そこには小さなレストランがありました。それは或る種、分離しています。それから中心のがあって・・・まあ、二つの中心のレストランがありました ― 一つは内側にあり、レジェンスは建物の正面にあります。これは5月のことです。また、中庭があります。私たちはそこに出て食事したものです。ホテルは中庭の回りに建っています。

スコット―ふむ。

メアリー―ホテルの支配人は、ローランという名の、背の高い痩せたすてきな人でした ― 彼は、クリシュナジを楽しませるのが、好きでした。「私たちはローランにさよならを言って、荷物を初めてメルセデスに積んだ。このすばらしい新車でエトワール〔凱旋門〕を運転し、ワグラ

ム通り（Avenue de Wagram）へ出て、〔北に向かう〕ノールの自動車道（the autoroute du Nord）へ行った。車はまるで空中のように走った。」（クスクス笑う）

スコットーノールの自動車道ですか。どこに行こうとしていましたか。

メアリー　私たちはブロックウッドに戻ろうとしていました。

スコットーああ。

メアリー　「クリシュナジは、一時間以上ハンドルを握った。私たちはガソリンのために自動車道を降りたが、午後7時までには〔フランス北部、パ・ドゥ・カレ県のホテル、〕シャトー・ド・モントレイユ（Château de Montreuil）に到着した。〔新車の慎重な運転を求める〕クリシュナジは私に、適切に、まさにゆっくりと慣らし運転をさせつづけた。」（二人とも笑う）彼はそれについては完全にきびしかったわ。走らせすぎることはできなかった。どうだか分かりませんが、30か20か何かでした。

スコットーまあ、私が、サーネンとブロックウッドでの講話を録画するヴィデオ装置のために、2台のメルセデスのヴァンを入手したときでさえ － それらは新品のメルセデスでしたが － 彼は、私がサーネンに発つ前に、のそのそ走らせるだけにすることを、主張しました。私は、ブロックウッドからサーネンへ、時速30マイル〔、48キロメートルほど〕で運転したと思います。（笑う）

メアリー　メルセデスの人たちは、〔昔の車と違うので、〕それは必要ないと言います！彼らの言うことは気にしない！（スコット、笑う）それで、「私たちは、最初の来訪からいつも取っていた部屋を、とった。クリシュナジはボワセリー・ルーム（the Boiseries Room）をとった。」－ そこは、壁中、〔18世紀フランスの、彫刻を施した鏡板〕ボワセリーが覆ったすてきな古風な部屋でした。それは木の羽目板です。フランスでは、木の羽目板をみごとに刻んで作っていたんです。

メアリー　ああ、とってもすてきだ。

メアリー　それは無地か、または塗装してあって、どれかが「ボワセリー」と呼ばれます。

スコットーふむ、ふむ。

メアリー　「私たちは晩餐をして、とても良い気持ちだった。後でクリシュナジは、夜に自分は冥想をすると言った。何かの理由のために、彼は、これら古いホテルでそうしていた － 人々の注意が彼に集中するのを離れたことが、要因であるかのように。残念ながら、旅は彼にとって疲れるものだったが、その他すべてに勝って、彼は、いや、それで人々の圧迫を断ち切れる、と言った。」

スコットーふむ。

原　註

1）ローレンス・タッパー（Laurence Tapper）は、ラージャゴパルに対する訴訟に加わっていた〔カリフォルニア州の〕法務長官だった。
2）レグ・ベネット（Reg Bennett）とスペンサー・イングリッシュ（Spencer English）は、少なくとも1930年代から、クリシュナジに関与していた。
3）ピーター・ユスティノフは、1951年の〔古代ローマを描いた歴史映画〕『クォ・ヴァディス（Quo Vadis）』に主演したアカデミー賞を受賞した俳優、監督だった。その映画は、メアリーの亡き夫サム・ジンバリストが製作したものだった。
4）呼吸に関わるヨーガの実践である。クリシュナジは、リシ・ヴァレーでこの「有名なサンニャーシン」に会って、彼と議論をしたことについて、メアリーに手紙を書いていた。彼はさらに書いた。「この種の呼吸は秘密にされている。彼は、真剣でない他の人たち、サンニャーシン、バラモン等には教えようとしない或る誰かから、それを学んでいた。このサンニャーシは、他の人たちを助けたいと思っており、秘密にされてきたことは、彼がそれから人が益されるように計らいたいと思っている。彼は、自分は〔高名なヨーガ教師〕アイアンガー氏をよくよく知っているし、彼に対して、彼の教えるものはヨーガではないと言ったが、彼は聞き入れようとしない、と言った。
5）1913年に〔神智学者〕メアリー・ドッジ（Mary Dodge）は、或る総額の金銭を取っておいて、それからクリシュナジに生涯、毎年500ポンドが与えられることになった。
6）パヴィリオン（The Pavilion）は、遠い日々に、〔この邸宅の〕召使いたちの寄り合う中心地として建てられた建物で、ブロックウッド・パーク学校がその資産を取得したとき、アート・パヴィリオンとして使われた。1980年代にそれはガレージに変えられた。これらのガレージは近頃、新しい学生たちの住居に置き換えられた。
7）ラージャゴパル〔とロザリンドの間〕の〔一人〕娘。
8）メアリーの家族のための年老いた弁護士。
9）メアリー・ラッチェンスの以前の〔最初の〕結婚で生まれた娘。
10）ジョン・パラント（John Palandt）はアマンダの夫であった。

訳　註

*1 比較的プライバシーのあった欧米でもそうであったが、インドではさらにこれが著しかったようである。面談を求める人が次々訪れたし、K自身も行者や宗教者に対して特に愛情を持っていて、必ず会うようにしていた。
*2 この被災地への政府対応に対する民衆の不満と、武力弾圧、大量の難民のインド国内への流入を経て、第三次印パ戦争（1971年12月）が起こり、東パキスタンはバングラデシュとして分離独立した。
*3 Kに関する回顧録 *Truth is a Pathless land: A Journey with Krishnamurti*（1989）、またはその増補版 *Creative Happiness: A Journey with Krishnamurti*（2013）がある。
*4 キリスト教の『バイブル』の「マタイによる福音書」第14章、「マルコによる福音書」第6章に、救世主イエスが水上を歩いたという記述が出ている。若き日のクリシュナムルティのことを神智学協会の人たちは救世主だと主張していた。
*5 原文はここから Jiddu-Krishnamurti.net 上の講話書き下ろしへリンクされている。
*6 ベサント夫人がインド国民会議に加わり、インドの自治権拡大に努力したのとは異なり、レッドビーターは、1915年にオーストラリア、シドニーに移住し、特別な訓練にふさわしい少年たちを集めていた。ラッチェンスによる伝記を参照。
*7 原文はここから Jiddu-Krishnamurti.net 上のインタビュー書き下ろしへリンクされている。
*8 ラッチェンスによる伝記の第一巻を参照。
*9 卵黄や大豆に含まれたリン脂質である。
*10 頭からかぶって着るセーター。
*11 ディエゴ・ヴェラスケス Diego Velazquez は、17世紀スペイン・バロック期に活躍した宮廷画家である。
*12 原文に $2.2 million pounds とあり、単位がドルなのかポンドなのか不明である。
*13 後書きで指摘したインタビューでスコットは、訴訟の多大な費用はメアリーが個人的に負担したことを述べている。K財団は教えの保存と普及などを目的としており、訴訟のための出資をできなかったためだという。
*14 原文はここから kfoundation.org/transcripts の書き下ろしへリンクされている。
*15 原文はここから kfoundation.org/transcripts の書き下ろしへリンクされている。

*16 原文はここから kfoundation.org/transcripts の書き下ろしへリンクされている。
*17 第3号の訳註を参照。
*18 第9号、1968年8月の記述を参照。
*19 フランス皇帝ナポレオンのフランス軍と、ウェリントン公率いるイギリス軍との1815年のワーテルローの戦いを描いたもの。
*20 少年期からKに接したアシット・チャンドマルによる写真集 A.Chandmal（1984）には、少年時代のアシットに対して、Kが読むべきものとして何冊か本を勧めている。すなわち、A.ハックスレー、D.H.ローレンス、P.G.ウードハウス、L.マムフォード、S.ルイス、E.ルードヴィッヒ、「特にナポレオン」、B.ラッセルなどと言われている。彼自身は読まないが、ニトヤが読んだ、と。
*21 少し後に三年前という記述があるが、第5号、1966年7月、スイス、サーネンの記述かと思われる。
*22 このような発言は、伝記的な映画のなかでも見られる。訳者後書きを参照。
*23 hippocampus は、前半身が馬で後半身が魚の怪物、あるいはタツノオトシゴ、あるいは大脳側頭葉の海馬回を意味する。
*24 彼は後に仏教のヴィパサナ瞑想の教師になっていた。
*25 釣り鐘型の青い花を付ける植物であり、イギリスでは野生のヒアシンスを言うようである。
*26 Krishna Nath ed. *On Study Centres(Selections from the Talks & Dialogues of J. Krishnamurti.* 1996. 現在、ウエブ上で閲覧可能）には、これらセンターの目的に関するKの議論がまとめられている。
*27 この人は、2008年の訃報によれば副長官だったようである。

第18号 1971年5月8日から1971年7月31日まで

序 論

この号は、〔イングランド、〕ブロックウッドでの学校の年度終わり、アムステルダム、パリ、スイスでのクリシュナジの忙しい夏の予定を、扱っている。

クリシュナジの自らの周囲に対する敏感さと、これが彼に与えた影響について、もう一つの議論がある。

メアリー・ジンバリストの回顧録　第18号

メアリー―私たちは、1971年5月8日について始めると思います。

スコット―ええ、そのとおり。

メアリー―それで、「私たちは〔フランス北部、〕モントレユ（Montreuil）を発って、〔英仏海峡に面する〕ブローニュ・シュル・メール（Boulogne-sur-Mer）へ運転し、〔イングランド、ケント州の〕ドーヴァーへのホヴァークラフトに、乗った。35分掛かった。私がホヴァークラフトに乗ったのは、またはクリシュナジがそれに乗ったのは、それが初めてだった。〔ロンドンの南東、ケント州の〕リド（Lydd）への古い航空フェリーはもはやない。」私たちはそうしていました。

スコット―ええ、憶えています。

メアリー―「クリシュナジは、途中ずっと立って、窓の外を眺め、あらゆるものを観察していた。私たちが旅行するとき、彼は、ものごとを研究するとき、しばしば持っているあの眼差しを、していた。」

スコット―（クスクス笑う）ええ、私もあの眼差しを知っています。

メアリー―「私たちは南イングランドを横切り、運転した。」

スコット―あの眼差しを叙述してもらえるでしょうか。

メアリー―まあ、彼は自分がじっと見つめているのを見られたいとは願わないということでは、とても限定されています…

スコット―知っています。知っています。

メアリー―…誰についても、何についても、ね。それで、ごく、或る種、内に抑えられたものです。でも、にもかかわらず、彼は、あらゆるものごとを取り込んでいて…

スコット―ええ。

メアリー―（クスクス笑う）彼はすっかりその研究に没入しています。

スコット―ええ。

メアリー―彼が何を見ているのか、そして彼がどのように反応しているかといったことを、私は言えます。

スコット―ええ。でも、彼はちょっとおかしなやり方で、口を抑えることもしました…

メアリー―彼は何というか、ちょっとだけ顎を抑えたんじゃないんですか。

スコット―ええ。彼は口を開け拡げていたということではなく、唇はただ（二人ともクスクス笑う）ゆるく閉じられていました。

メアリー―私は口は見えないで、彼の態度全般が見えて…

スコット―ええ。

メアリー―…彼が立っているさま、ね。

スコット―ええ。

メアリー―そして頭は…

スコット―自らが見られないように願って。

メアリー―…ええ、ええ。顎ね。彼は或る種、見られなかった。（クスクス笑う）

スコット―ええ。

メアリー―顎を引き、頭を少し下げ、目はじっと見つめていないように見えて。ともあれ、（スコット、笑う）彼はそうしました。

スコット―ええ。

メアリー―「私たちは南イングランドを横切り、運転した － すてきな晴れの暖かい一日のこと。〔ロンドンの南東方向、イースト・サセックス州の海辺の町〕ヘイスティングス（Hastings）の西のどこかで、ピクニックの昼食のために停まった。〔シャトー・デ・〕モントレイユ〔のホテル〕が、私たちにサンドウィッチを作っておいてくれたが、それは、巨大な〔フランスパンの〕バゲット半分で、（クスクス笑う）内側に良いノルマンディ・チーズを入れて、バターをぬったものだと、分かった。（スコット、クスクス笑う）私たちは、〔西に進んで、ウエスト・サセックス州の西端、〕チチェスター（Chichester）の南を運転し、〔港町〕ポーツマス（Portsmouth）の〔手前、〕近く、アルンデル（Arundel）をとおり、〔ポーツマスを過ぎて、〕フェアラム（Fareham）で内陸に〔北方向に〕ウエスト・メオン（West Meon）へ向かい、〔そこから北西方向の〕ブロックウッドへの道を走った。そこに私たちは6時に到着した。」

「翌日、クリシュナジは午前に、学生たちに話をした。私たちは午後に散歩した。」

10日に、「私たちは列車でロンドンに行った。クリシュナジは、〔セヴィル・ロウの仕立屋、〕ハンツマンで二年前に注文したトップコートと、グレイ・グリーンのツィードのスーツの仮縫いを、した。彼は、マリブに部屋着一式と、ブロックウッドにも一つ持っておくことを、決断した －

二個所の間でたくさんの荷物を持ち運ばなくていいように。（二人とも笑う）それで、彼は幾らか興奮をもって、自らの必要なものについて議論した。もう一つグレイのフランネル。」

スコットーふむ、ふむ。

メアリーー「私たちはそれから、ブラウンズ・ホテル（Brown's Hotel）へ歩いていった。〔行きつけのレストラン、〕ラ・ペリティフはもはやなかった。建物は壊されつつあり、そこに35年間いたフェルディ（Ferdie）は」ーそれはホテルの支配人ですー「今、ブラウンズ〔・ホテル〕にいる。メアリー・リンクスとアラン〔・ノーデ〕が、そこで楽しい昼食のために、私たちを出迎えてくれた。でも、ああ！食べ物はラ・ペリティフではなかった。クリシュナジは、メアリーに話をするために、彼女のところに戻ることを、提案した。それで、アランは買い物に出かけた。クリシュナジとメアリーと私は、〔ロンドン中央部から西に拡がるハイド・パークの北側の〕ハイド・パーク通り（Hyde Park Street）に行った。それからクリシュナジは彼女に対して、オーハイでのラージャゴパルとロザリンドとの歳月の本質的な歴史を、語ったー彼女はそれを知らなかったし、それに衝撃を受けた。彼女はまだ、わずかに、〔昔の神智学協会の日々の〕ロザリンドのすてきな人物としての女学生的な記憶を、持っていたからだ。「私は彼女に惚れ込んでいました。」と彼女は言った。クリシュナジは、私に叙述させたー私が1966年〔10月〕に彼とアランとともに〔オーハイのアーリヤ・ヴィハーラに〕行ったときの雰囲気と、両名がクリシュナジを支配するためにともに働いたという私の評価の理由を、だ。」

11日、火曜日、「昼食の後、クリシュナジと私は〔ロンドン西部の〕ヒースロー〔空港〕へ運転した。クリシュナジは午前に、メルセデスを初めて洗車しておいた。」これは新車です。お分かりでしょう。

スコットー（笑う）ふむ、ふむ。

メアリーー「私たちは、〔インド、ボンベイの〕ナンディニ〔・メータ〕（Nandini）とその娘デヴィ・マンガラダス（Devi Mangaldas）と、後者の娘アディティ（Aditi）と息子アルディティア（Arditia）を、出迎えたー彼らは、10日間ローマでヴァンダ〔・スカラヴェッリ〕と一緒だった。私たちは夕食に間に合うよう、ブロックウッドに戻った。デヴィと子どもたちのために、私は西ウィングのダイニング・ルームに三つの簡易ベッドを据え付けておいた。ナンディニは予備の部屋に、だ。でも、何かの理由のために彼らは、四人ともみなダイニング・ルームで眠った。」それは、インド人のお客には起こりつづけました。

スコットーええ。

メアリーー彼らはみんな一部屋に詰め込んだものです。

スコットーええ、知っています。

メアリーー私は〔インド人のそのようなやり方が〕さっぱり理解できなかったわ。（二人ともクスクス笑う）いまでもね！

翌日、「ナンディニとデヴィは昼間、ロンドンに行った。クリシュナジは休んだ。私は午後に〔イングランド南部、ハンプシャー州の州都で西方向の〕ウィンチェスターに行った。それから、散歩でクリシュナジとドロシー〔・シモンズ〕に加わった。ドロシーの誕生日だった。」さて、これは5月12日のことです。お分かりでしょう。

スコットーふむ、ふむ。

メアリーーでも、〔日記〕この本にはおおざっぱな不正確さがあります。なぜなら、「1971年5月13日、木曜日、真夜中30分過ぎに、クリシュナジの76歳の誕生日だった。でも、それについては一言も言われなかった。それは彼がすっかり無視することだから。静かな一日。」と言うからです。日付はまだ精確ではなかった。

スコットーええ。

メアリーーさて、不幸なことに、7月までは〔日記のうち〕小さな本しかありません。私は明らかに、あまり良いメモ書きを付ける仕事を、していませんでした。ともあれ、5月14日に、「私は一人でロンドンまで行って、〔内装業者〕ポール・アンステー（Paul Anstee）とともに古美術店を回り、応接室のためのテーブルを探した。アラン〔・ノーデ〕は午後1時15分に、アンステーのところで私を迎えてくれた。私たちは昼食のためにオウ・ペレ・デ・ニコ（Au Pere de Nico）へ歩いた。彼は私に対して、ヨー・デ・マンツィアーリ（Yo de Manziarly）が昨日メアリー・リンクスを訪問したが、クリシュナジについて、そしてアランについて嘘と中傷で満ちあふれていたことを、語ってくれた。私たちは書籍について議論した。私はまた、将来にブロックウッドにアシュラムができるかもしれない事柄にも、触れた。」うーん。ちょっと待ってください。何も興味深いことはなくて・・・

スコットーそれは問題ではありません。興味深くないからといって、外してしまわないでください。あなたが削除したいときだけ、外してください。でも、あなたが・・・

メアリーーまあ、それは、お分かりでしょうが・・・私たちはバスケットを求めて、ピーター・ジョーンズ（Peter Jones）に行きました。それから私たちは、どこどこに歩いていきました。私がいうのは、私がすべてのことを入れるなら、これは果てしないことになるだろう、ということです。

ヨー〔・デ・マンツィアーリ〕はクリシュナジに電話をしていましたが、彼に話していませんでした。私は初め、〔ウエスト・サセックスの高地〕ブラックダウン（Blackdown）のメアリー〔・リンクス〕に話をし、それからヨーにかけ直しました。

翌日、「クリシュナジと私は、メアリー・L〔リンクス〕に話をしたが、それはすべて、インドK財団がインドでの対話を編集する自由を欲しがっていることについて、だった。私たちは雨の中を散歩した。先にクリシュナジは車を洗っておいた。」

5月16日に、「ナンディニとデヴィと子どもたちは発って、〔カナダ、〕トロントへ空の便に乗った。クリシュナジは、午前11時30分に学生との討論を行った。とても良いものだ。天気は寒くなったが、私たちは夕方に散歩した。」

翌日、5月17日、「私たちは荷造りをして、正午にドロシーとともにヒースロー〔空港〕へ発った。車の中で午後3時にピクニックの昼食をとり、クリシュナジと私は、KLM機でアムステルダムへ飛んだ。アンネッケ〔・コーンドルファー〕とウィリー・ペリゾニウス（Willie Perizonious）が出迎えた。私はハーツ〔社のレンタカー〕、フォード・エスコート（Hertz Ford Escort）を一台、借りて、私たちはみんな、〔アムステルダムの南東方向で、ドイツ国境に近い〕ハイセン（Huissen）へ運転した。そこでは、ディンネッ

ケ（Dinneke）が」－それはアンネッケの従姉妹です－「とヴァン・デル・ヴィーン教授（Professor van der Veen）が、クリシュナジの訪問のために、彼に自宅を貸してくれている。彼らはそこで彼に挨拶をして、それから立ち去った。私たちは荷物を解いた。クリシュナジとアンネッケと私は、夕食をとった。」

翌日、「私は、クリシュナジにフィリップス〔社〕の電気カミソリを買うために、〔オランダ北西部の街、〕バッセム（Bussum）に運転していった。」彼はいつも電気カミソリを買っていました。

スコット－知っています。

メアリー－長年にわたって、どれほどの電気カミソリだったか、私は数えきれません。

スコット－私はふつうそれらを譲り受けました。まあ、何年か後に、それらを譲り受けたものです。

メアリー－ええ。その間には他の人たちがそうしました。彼は最新のものを持つのが好きでした。

スコット－ええ。でも、また（笑う）それらはすっかり彼の欲しいものでもなかった。当初、それらはそうだったんですが、それから…

メアリー－ええ、それらはどうにか色褪せてしまいました。

スコット－ええ。（笑う）

メアリー－とにかく、私たちは〔オランダの〕フィリップス〔社〕のものを得ました－オランダにいるんで、妥当だと見えたと思いますね。「午後にクリシュナムルティ・スティチング（the Stichting Krishnamurti）の会合があった。アンネッケ、ヴァン・デル・ヴィーン教授、ティリィ・ヴァン・エックマン（Tilly van Eckman）、ペリゾニウスと、クリシュナムルティと私が、出席していた。スティチングの将来と、文書センター（a documentation center）について、議論した。」アンネッケは、いかに文書センターがなければならないかについて、いつも話していました。

スコット－ふむ、ふむ。

メアリー－実際、結局のところ…

スコット－結局のところ、〔オランダ東部の町〕デーフェンテル（Deventer）にできました。ええ。

メアリー－ええ。デーフェンテルに作りました。ここにはまた、言います－「私たちはお茶をいただいて、それからクリシュナジと私は、北に向かって、ヒース（heather）の野原を越えて歩いた。」

スコット－文書センターは本当に、彼女の創造物だったんですよね。

メアリー－ええ、そうでした。そこにあるもののほとんどは、彼女自身の収集物でした。

翌日、19日、「私はマーケットの買い物のお使いに、バッセムに行った。クリシュナジは、若者たちとの仕事と、オランダで教えへの興味関心に活力を与えることについて、メトースト氏（Mr.Methorst）とその息子エリック（Erik）に会った。〔カルロス・〕ヴェルフルスト氏（Mr.Verhulst）が立ち寄って、」－思い出してください、それは出版者です－「クリシュナジに、最新刊の『鷲の飛翔（The Flight of the Eagle）』一冊を、クリシュナジに渡した。私は昼食の後、デスクの仕事をした。それからクリシュナジと私はもう一度、四年前に私たちが生活した農場の近くのすてきな森を、散歩した。」それは、小さな運河がそこを通り、カモたちのいる、あの魔法のような森でした。

スコット－憶えています。

メアリー－「晩に私はテレビで、録画でクリシュナジがここで1968年に質疑に応答したのを幾つか見た。」

20日に、「クリシュナジは、ラジオのインタビューをテープに録った。私はヴァン・プラーグ氏（Mr.Van Praag）に話をした。彼はここと〔スイス、〕グシュタードで、クリシュナジとのテレビ・インタビューを行った。彼は、6月にブロックウッドでもう一回行いたいと思っている。それは暫定的に同意された。ヴァン・デル・ヴィーン〔教授〕、ピーターとジョイス・マレンブレカー（Peter and Joyce Marenbreker）と、ディック・リチャードソン（Dick Richardson）が、昼食に来た。」これらは、リチャードソン以外、みなオランダの人たちです。「後でクリシュナジは新聞記者に会った。私は散歩の前に文書通信の仕事をした。潜水夫たちとアンドレア・ドリア号（the Andrea Doria）についてのテレビ番組があった。」アンドレア・ドリア号のことを憶えていますか。

スコット－ふむ、ふむ。もちろん。

メアリー－それは、沈んだイタリアの定期船でした。私の母と継父〔ウージ〕と、また〔旧友の〕ベツィ・ドレイク（Betsy Drake）も、乗船していました。

スコット－ああ、そのとおりです。それについては話していただきました。

メアリー－5月22日に、「クリシュナジと私は運転して、アムステルダムへ行った。午前11時に〔コンベンション・センター〕RAIでの彼の第1回の講話のためだ。群衆は予備のホールへ溢れ出た。とても良い、とても長い講話だった。私たちは昼食に戻ってきて、休んだ。それからクリシュナジは、お使いでバッセムに行きたいと望んだ。私たちはそれからお茶をし、歩いて、私たちが四年前にいた農家を過ぎ、すてきな小さな森に入った。」

翌日、「クリシュナジは、午前11時にRAIで第2回の講話を行った。私たちは車で、〔フランスの〕マー・デ・マンツィアーリ（Mar de Manziarly）とナディア・コシアコフ（Nadia Kossiakof）を連れて、昼食に戻った。アンネッケはベツィ・デバス（Betsy Debass）を連れてきた。」彼女のことを憶えていますか。

スコット－いえ、憶えていません。

メアリー－彼女はエジプト人で、ナディアの友達でした。太ったエジプト人女性で、サーネンの講話に来たものでした。〔スイス西部、レマン湖の南西の端、〕ジュネーヴで生活していました。「後で私は彼らをバッセムの駅に送って行った。クリシュナジと私は、散歩に行った。夕食の後、オランダのテレビは、先の春、ブロックウッドでBBC〔イギリス放送協会〕の撮影した宗教関連のトップによるクリシュナジのインタビューを、上映した。それはカラーで制作されたが、私は白黒で見た。とても良かった。これまでのクリシュナジの一番良いものだ。」

翌日、「フランシス・マッキャン（Frances McCann）が昼食に来た。私はフィリップス〔社〕のカセット・レコーダーを買った。私はクリシュナジと、RAIで午後7時30分に開かれたアムステルダムでの第3回の講話に、行った－晩のものです。」

5月25日、「クリシュナジは第4回の講話を行った。」私は〔日記で〕それについて多くを言うように見えないわ。

翌日、「私は文書通信、バッセムでのお使いをした。午後

5時にクリシュナジとアンネッケと私は、RAIに行った－そこでクリシュナジは若者たちとの討論会を行った－幾百ものだらしない悲しい顔つきの若者たちと、だ。」

5月27日、「私たちは荷造りをした。ここでの昼食の後、私たちは〔アムステルダム南西の〕スキポール〔空港〕へ運転していき、午後2時のロンドンへの便に乗った。ドロシー〔・シモンズ〕が出迎えてくれた。私たちは、散歩に間に合うよう、ブロックウッドに着いた。ああ、戻ってきたのは良い！」（二人ともクスクス笑う）「西ウィングのキッチンに、新しい洗浄機と乾燥機が設置されていた。」

それから、多くことがあるようには見えません。ついに29日に、「私は、〔ハンプシャーの州都で西方向の〕ウィンチェスターの駅で〔ベルギーの支援者〕スザンネとヒュヘス・ヴァン・デル・ストラテン〔夫妻〕を迎えて、昼食に間に合うようブロックウッドに戻った。後でクリシュナジと私は、〔東方向の、ウエスト・サセックス州の高地〕ブラックダウンでメアリーとジョー〔・リンクス〕とのお茶に行った。そこにはアラン〔・ノーデ〕がいた。彼は来週、〔母国、南アフリカの〕プレトリアに飛ぶ。メアリーと私は、〔クリシュナジの〕インドの対話の書物について議論した。それから、それ以上の議論のために、クリシュナジが私たちに加わった。彼はそれを読むだろう。」それがどういう意味なのか、私は知りません。

編集者の憶え書

これは、インドのクリシュナムルティ財団が、クリシュナジの資料の編集の腕試しをはじめた初期のことだった。インドとイギリスとの間には、何が良い編集を構成するかについて、見解の相違があった。インドK財団の重要人物たちのほとんどが、イギリスからインドの独立のためのインドでの闘争に、何らかの形で関与してきた。だから、この争いは、見かけ上、敏感に取り扱われたが、幾つかのきわめて本当の発火点に、触れていた。

スコット－メアリー、ここには立ち入っていない何かが、あります。少し前に、アラン〔・ノーデ〕がここ〔ブロックウッド〕での或る種のアシュラムか何かを見守るかもしれないことが、提起されました・・・
メアリー－それは何にもならなかったわ。
スコット－・・・彼と〔校長〕ドロシー〔・シモンズ〕が矛を収められるなら、ですが。
メアリー－彼とドロシーはけっして矛を収めなかった。アランはけっしてここに来ませんでした。
スコット－ええ。
メアリー－私たちが会うときはいつも、ロンドンであったり、メアリーとジョー〔・リンクス〕のところであったり、どこかででした。
スコット－ああ、では、アランは一度もブロックウッドに戻ってこなかったですか。
メアリー－彼は一度も戻ってきたとは思いません。ええ。
スコット－それは、よりアランの側にあったと思いますか。それとも、ドロシーの側にですか。
メアリー－どちら側にもです。
スコット－それはクリシュナジを悲しませたんでしょうか。それとも、彼はただ、まあ、それは・・・と言ったんでしょうか。

メアリー－いいえ。お分かりでしょう、この時までに、アランはすでに立ち去っていました。彼は自分自身の生活を生きていました。これらはすべて議論の可能なことでしたが、でも・・・
スコット－真剣な意図ではなかった。
メアリー－ええ、そうです。お分かりでしょう、たぶんそれはすてきでしょうが、でも・・・
スコット－そのとおり。それは起こらなかった。だから、それはだいじょうぶです。
メアリー－それは起こらなかったし、それはそういうことだった。
スコット－ええ。
メアリー－私は、それについてドロシーと議論したことがあるのかを、憶えていません。

5月30日、「クリシュナジは学生との討論会を行った。私はそれをアーカイヴズ〔資料保管庫〕のためにテープに録った。その前に私は、ディーター・コップ（Dieter Kopp）を〔北東方向20キロメートル弱の都市〕アルトン（Alton）へ連れて行った。」彼は、階下のあれら二つの緑がかった絵画を、描いた人です。小さな娘、五歳かそこらからのとてもかわいらしい娘さんを連れた若いドイツ人芸術家です。「彼は討論会に出席し、私たちと昼食をした。写真でクリシュナジと私が好きだった絵画は、あまりに大きすぎた。私は彼に対して、さらにいつか未来の絵画のための手付金を払った。私の母がたまたまパリにいて、電話をしてきた。」

翌日、「クリシュナジは、インドでの対話の校訂を始めた。彼は三つ行った。」興味深いわ。
スコット－それらは何のためだったんですか。何かに入れられたんですか。
メアリー－思い出せないわ。待って見なくてはいけないでしょうね。
スコット－（クスクス笑う）でも、興味深いですね、彼が自分自身でそれらを校訂したということは。
メアリー－ええ！どうしてそうなったのかは思い出せません。

6月1日、「クリシュナジとともに、列車でロンドンへ。彼は〔サヴィル・ロウの〕ハンツマンで仮縫いをした。私たちは〔ホテル、〕クラリッジェスでの昼食のため、アラン〔・ノーデ〕に会って、将来の著作について議論した。それから私たちはボンド・ストリート（Bond Street）を歩いて行き、クリシュナジはトゥルーフィット（Truefitt）で散髪をした。アランは去って行った。彼は〔故郷の〕南アフリカに行く。それから7月3日にロンドンに戻り、それからイタリアに行く。クリシュナジと私は、〔古い友人の〕バインドレー夫人（Mrs.Bindley）とのお茶に行って、列車で帰宅した。（笑う）ここには、「夕方に〔ブロックウッドの元の地主〕モートン氏（Mr.Morton）が学生たちに対して農業について話をした。」と言います。それは、彼がひどい過ちをしてしまったときの一つだと思います。私はたぶんあなたにこれについてお話したでしょう－彼は作物やその他について語りました。それから彼は突然に〔狩りの〕収穫物としてのキジについて話をしました。
スコット－ああ、それは本当にうまくいったと思います。
メアリー－それから衝撃がありました！ドーンと、氷のような（スコット、笑う）静寂。思い出してみると、彼は一

番敏感な人ではなかったですが、何かが変化したことを悟りました。（二人とも笑う）彼は〔菜食主義の人たちの前で〕自らが何をしたのかを知らなかった！（クスクス笑う）そうは言っていませんが、これがあれが起きたときだと思います。（もっと笑う）

翌日、「クリシュナジは、インドの書物の校正に取り組んだ。ジェーン・ハモンド（Jane Hammond）が昼食とお茶に来た。ドロシーとジーン・ミッチェル（Jean-Michel）が私たちと散歩に来た。」

スコットージーン・ミッチェル？

メアリーーええ。

スコットー〔後でよく出てくるフランス人の〕マロジャー（Maroger）でなくて。彼はそのとき登場していなかったのか？

メアリーー〔名前は同じでも、〕誰か他のジーン・ミッチェルです。ジーン・ミッチェル・ラボーデ（Jean-Michel Laborde）かな。はっきりしないわ。「学生たちがドラッグを使っていたことが発覚した。」と言います。

スコットーふむ。

メアリーー6月3日に、「ドラッグの状況について職員の会合があった。それから学生たちと職員たちが片を付けた。二人の少年が去ることになる。おそらく新しい少女も。」それら学生たちは思い出せません。ここには、「『タイム誌（TIME Magazine）』がクリシュナジについて記事を載せている。」と言います。

翌日、「クリシュナジは午前に、インドの書物の校正に取り組んだ。長いソファーの先の角のテーブルが配送された。」これらのことは省かないといけないわ。

スコットーいえ、いえ！これは歴史です。

メアリーー5日に、「クリシュナジは、午前に学校全体との会合を開いて、責任と自由〔の問題〕へ入った。特に、〔校長〕ドロシーのため、だ － 彼女は、権威主義者として攻撃されることなく、ここで自らの仕事をする余地を与えられなければならない。」（スコット、笑う）〔彼女の後、校長になった〕あなたは、そのことに興味があるかもしれないわね。

スコットーええ。想像されますね！（二人とも笑う）

メアリーー翌日、それは6日でしたが、「クリシュナジは休んだ。午後遅くにクリシュナジ、ドロシー、モンテーニュ〔夫妻〕と私は、校長のスラック氏という人（a Mr.Slack）の招待でベデイルス・スクール（Bedales School）に、行った。」そのようですね。「私たちは学校中を見せてもらった。そこは、〔東方向の街、〕ピータースフィールド（Petersfield）の近くにあった。午後6時にクリシュナジは、学生たちへ一時間、話をした。学生たちが職員たちと握手する式典があった。職員はみな、見たところ、自分たちの会合か、この種の会合の後で、列を作った。どの学生も出て行く途中で、どの職員とも握手する － 私たちをも含めて。まさに正規の式典だ。」彼らがそれをいつの時もやるのかどうか、私は知りませんが、そのときはやりました。

それで、次の日々にわたって、クリシュナジにとって一番意義深いことは、彼がインドの書物を校正しつづけたことであるように、見えます。

6月10日に、クリシュナジは、〔ブロックウッドの〕学生たちと討論会を開いた。そして、私に対して、調息（プラナヤマ）を改善するにはどうすべきかを、教えてくれた。

6月11日に、「ラージガートのチョク博士（Doctor Chok）が到着した。」

翌日に、「ププル・ジャヤカール（Pupul Jayakar）が来た。彼女は月曜日まで留まる。チョク博士はほとんど一日中、クリシュナジに話をした。寒い雨の一日だった。私たちは冬の服装をして散歩に出かけた。」

ププルは14日に午前7時15分に発った。「正午に私たちは、クリシュナムルティ信託財団（Krishnamurti Foundation Trust）の会合を開いた。クリシュナジ、ジョージ・ディグビー、メアリー・カドガン、ディヴィッド・ボーム、〔ベルギーの〕ヒュヘス・ヴァン・デル・ストラテン、ドロシーと私が、出席していた。私たちは昼食の後、継続した。3月のように寒い。ボイラーが働いていない － お湯もない。」

6月16日に、「私はブロックウッドを発って、〔北東方向20キロメートル弱の〕アルトン（Alton）から午前7時15分の列車で〔北東方向、サリー州の〕ウォキング（Woking）へ行き、そこで〔北へと、ロンドン西部の〕ヒースロー〔空港〕へタクシーに乗った。それから〔パリ南部の〕オルリー〔空港〕への午前10時のBEA〔ブリティッシュ・ヨーロピアン・エアウェイズ〕の便に。」まあ、これもまた、〔パリ在住の〕私の父に関してです。これらには入らなくていいわ。

スコットーああ、では、これはあなただけが旅行しているんですか。

メアリーー私だけです。私はそこにいます － そうねえ‥‥ああ、17日までです。「私は幾つもの家族のこととお使いをして、〔パリ南部の〕オルリー〔空港〕へ午後5時30分の〔ロンドン西部の〕ヒースロー行きのエア・フランス便に戻った。ウォキングへタクシー。午後7時45分のアルトンへの列車に乗った。到着すると、ドロシー〔・シモンズ〕とドリス〔・プラット〕が車で出迎えてくれた。」

翌日、「クリシュナジは枯れ草熱を起こしたが、私たちは〔仕立屋、〕ハンツマンの仮縫いに、ロンドンに行った。それからメアリー・L〔リンクス〕に会い、彼女をその近くの小さなレストラン、サン・マリノ（San Marino）での昼食に連れて行った。クリシュナジは歯医者のキャンピオン氏に行った。私は彼のスイスのヴィザを取りに。雨が降っていて、寒かった。私たちはまっすぐ〔サウスバンクに近いターミナル、〕ウォータールー〔駅〕に行き、帰った。」

6月19日に、「クリシュナジは午前に、学生たちと職員たちに話をした。」

それから、クリシュナジに関しては、6月21日まで何もない。その日、〔校長〕ドロシーが庭師との厄介な問題を取り扱おうとし、それについてクリシュナジと話をしました。

それから6月22日に、「クリシュナジは気分が悪かった。彼は、何か自分の食べたものだと考えたが、吐き気や他の症状はなかった。彼は起きられないと感じた。彼は一日中、部屋に留まり、椅子かベッドに座っていた。彼は、「私はもしもあの扉を通って行ったなら、死ぬかもしれない。」ということを感じると、言った。彼は言った－「生きることと死ぬことの間の壁は、とても薄い。私に関してはいつもそのようだった。突然にそれはそこにあるだろう。でも今日ではない。」と。」

「彼は私に対して、自らの病気により私はうろたえてはならないと語った。さもないと、それで彼がうろたえるだろう。そのとき彼は、私に対して語らないだろう、と。彼はベッドでかなりよく昼食と夕食を食べた。私たちはテレビ

で、ウィンブルドン・テニスと〔アメリカの俳優〕ゲーリー・クーパーの映画を、見た。オランダ人のヴァン・プラーグ（van Praag）とその息子が、明日、テレビのための幾つかの質問をクリシュナジと撮影するために、来た。私は彼らとそれらを調べてみた。ドロシーと短い散歩をして、庭師の状況について議論した。クリシュナジは、晩までには良くなったようだった。」

6月23日、「クリシュナジは良くなって、オランダのテレビ・チャンネルHIROのために、ヴァン・プラーグとその息子の演出による質疑応答の撮影を、することができた。それは西ウィングのホールで撮られた。後でヴァン・プラーグは、私と〔犬の〕ウィスパーとともに、散歩に行った。」

翌日、「クリシュナジは思考について、学生たちと職員たちとともに、とても良い討論を行った。」

25日に、「私たちはともに、ロンドンとハンツマンへ行った。私はクリシュナジに幾つかジャージーを買った。私たちは〔ラペリティフに代わって〕初めてフォートヌム（Fortnum）で昼食をした。」（クスクス笑う）

スコット―ふむ。

メアリー―「クリシュナジはそこが気に入った！私たちはハッチャーズ〔書店〕（Hatchards）で書物を買った。クリシュナジは、三番目の詰めものの完成のために〔歯医者の〕キャンピオン氏のところに行った。私は、」― 何かをです ―「取ってきて、私たちは帰りの列車に乗った。クリシュナジは、夜にひどく咳をした。彼は気管支炎気味だ。彼は街では枯れ草熱から解放されていた。」

6月26日に、「ジーン・ミッチェル（Jean-Michel）が」― ラボーデ（Laborde）だったかもしれません ―「枯れ草熱のために、コンタクト〔錠〕（Contact）を提案した。私はドロシーとともに、〔ハンプシャーの州都で西方向の〕ウィンチェスターに行って、クリシュナジのために幾らかコンタクトと、またフライアーズ・バルサム（Friars Balsam）をも、入手した ― 彼は一日をベッドで過ごした。ドロシー〔・シモンズ〕は〔Kの甥、ギドゥー・〕ナラヤン（Narayan）とシャクンタラ（Shakuntala）〔夫妻〕と彼らの娘ナタシャ（Natasha）を出迎えた。私たちはみんな、ドロシーとともにブロックウッドに戻ってきた。クリシュナジは一日中、休んだ。コンタクト〔錠〕は彼に役立ったようで、枯れ草熱を止めた。」

27日に、「クリシュナジは相当よく眠った。学生たちに対して、自らの生において何が最も重要であるかについて、極上の講話をすることができた。彼は、「私にとってそれは〔自らが〕何でもないことです。」と言った。」ええ、私はそれを憶えています。「ナラヤン一家は去った。私たちは荷造りをした。」

29日に、「私たちは午前にブロックウッドを発って、〔東方向に、ウエスト・サセックス州の〕ミドフースト（Midhurst）、ペットワース（Petworth）経由で、A272号線を行き、それから〔ロンドンの南、イースト・サセックス州の〕アックフィールド（Uckfield）、〔ロンドンの南東、ケント州の〕テンテーデン（Tenterden）、アシュフォード（Ashford）、そしてドーヴァー（Dover）へ運転した。4時間半かかった。私たちは〔英仏海峡を渡る〕ホヴァークラフトが運休なのを知ったので、午後4時30分のフェリーに乗った ― それは30分遅れで発って、最終的に午後6時30分に〔フランス側の〕ブローニュ・シュル・メール（Boulogne）に着いた。ブロックウッドからドーヴァーへは141マイル〔、約225キロメートル〕だった。（クスクス笑う）それからブローニュから〔南東に〕モントレイユ（Montreuil）、そして〔ホテルの〕シャトー・デ・モントレイユ（Château de Montreuil）。私たちは再び同じ部屋部屋をとった。すてきな晩餐をして、よく眠った。」

翌日、「私たちは午前9時50分にモントレイユを発って、〔東南に行き、〕アラス（Arras）経由で自動車道〔を南〕へ運転した ― 自動車道では、クリシュナジが一部の運転をした。彼は、夜に冥想をしたと言った。彼は、人々が彼に対して集中する場所で、自らが留まっているときに有る圧迫の欠如を、感じる。」― これは、人々が彼がどこにいるかを知っているときの圧迫についての、このふしぎなことです ―「それは彼を悩ませていることだ。私たちは昼食時までにパリに到着したが、シャンゼリゼ（the Champs-Elysées）に来ると、（クスクス笑う）私は車にぶつかって、メルセデスの〔エンジン熱を逃す格子、〕グリルを損傷した。私たちは到着した…」それは（笑う）私が靴を脱いでこれら長い運転をしていたときのことです。

スコット―ふむ、ふむ。

メアリー―私たちがシャンゼリゼを行って、〔ホテル、〕プラザ・アテネ（the Plaza Athénée）に近づいていたとき、私は右の靴を探していて、前の車が止まって、（クスクス笑う）私は突っ込んでしまいました。でも、わずかにその車のテイルライトを壊しただけでした。激怒した所有者が出てきて、私を叱りつけました ―「どうして私はそういうことができただろうか！？」。彼は、外国車であるのを見て ― その頃はスイスのナンバープレイトを付けていました ― 私がスイス人だと思ったんです。私の一つの考えは、クリシュナジを速く〔宿泊先の〕プラザ・アテネに届けることでした…

スコット―もちろんです。

メアリー―…その間にしなくてはいけないことは何でも、良かった。それで、私はちょっと説論しましたが、「いいですか、これは大したことではない。私はどうすればいいでしょうか。」などと言いました。ご存じでしょう。それで、私は財布を開けて、「どれだけ支払いましょうか。」と言いました。彼は持ち金すべてを取りました！（二人とも笑う）私はそれほど現金を持っていませんでした。数百フランだということではなかったですが、私が…

スコット―テイル・ライトの価格以上だった。ええ。

メアリー―…以上でした。テイル・ライトにしては、ね。それでも彼はぶっきらぼうに行ってしまいました。それで、クリシュナジは、「シャンゼリゼの真ん中で靴を替えてはいけない。」と言いはじめたんです。（スコット、笑う）それから後で、彼は私に言ったものです ―「いつ私たちが運転しても、これについては私を永遠に廃棄しなさい！」と（もっと笑う）それは一種の冗談でした。（クスクス笑う）

スコット―私たちは議論してもいいかなと思います ― クリシュナジが、自らに対して集中している人々の圧迫を感じるというこの奇妙なことです。どのようにか。彼はあの圧迫を感じないとき、これら冥想が来たものです。それについて何を言えますか。なぜなら、彼はそれを、例えば〔スイス西部〕サーネン〔の夏の集会〕で、感じたからです。

メアリー―ふむ。

スコット―彼は〔そこの山村〕グシュタード（Gstaad）に

一人きりでいたときも、人々が毎日、彼に会うかのようなのではなく、〔集会のため〕そこにこれら何千かの人たちがいただけだったんですが、彼に対する集中でした。

メアリー　ふむ。

スコット　これは何か、感知可能な力であるものでした。

メアリー　ええ、彼はそれを感じました。

スコット　圧迫、エネルギーです。

メアリー　彼を圧迫するのは、一種の心霊的な何かでした。

スコット　彼はそれについて多く言いましたか。

メアリー　いいえ、それ以外は。私がいうのは、あなたがちょうど整理したことだけです。私は本当は彼にそれ以上、訊ねませんでした。なぜなら、私はそれを理解していると思ったからです。

スコット　また、彼はどこか或る種、中立的なところ － クリシュナムルティのところでないところ － にいる時が、ありました。誰かが彼を認識して、彼はいつも失望しました。

メアリー　ええ。(二人とも笑う)

スコット　まさに興味深い応答です。

メアリー　ええ。彼はじっと見つめられたり、注目されたりしたくなかったんです。私がいうのは、演台では明白に、私がいうのは、それを受け入れますが、その他では…

スコット　ええ。

メアリー　彼はそれをオーハイで感じました。

スコット　ふむ、ふむ。

メアリー　人々は、自分たちは彼がそこにいるのを知っていると、言ったものです。または、彼が来ようとしているのを、感じられました － あらゆる種類のことです。それは、彼が、人々の意識の彼に対する集中により、壁にくぎ付けにされているようなものでした。彼は、とてつもなく敏感だったので、それを感じました。それが、この頃彼が自動車旅行を好んだ理由の一つでした。なぜなら、まず第一にすてきな田舎が見えて、彼はそれが好きだったし、また誰も彼がどこにいるかを本当に知らなかったからです。私がいうのは、彼らは彼がヨーロッパかフランスのどこかにいるのを知っていたが、圧迫が関与していなかった、ということです。私は知りません。私がいうのは、それで私はけっして驚かなかったということです。私は本能的にそれを理解できました。

スコット　ええ。でも、ここには、何か興味深いことを言います…お分かりでしょう。これはただ、何かクリシュナジが想像したことではないということを、私はすっかり確信しています。さて、そうであったなら、例えば、もしもこれを感じたのが私だったなら、私は自問しているはずだったでしょう － 私はこれを想像しているのだろうか。これはただ、何か私が作り上げていることなのだろうか。私の問題は何だろうか、等と。

メアリー　ふむ、ええ。

スコット　でも、様々な理由のために、私は、これがクリシュナジに関して主観的なことだったとは、信じていません…

メアリー　ええ。彼はそうでなくて…

スコット　…で、それは、人々の注意と焦点の合うことについて、何かとても興味深いことを言うし、本当にまた、クリシュナジがしつづけた自己犠牲の種類について、何かを言うのです。

メアリー　ふむ、ふむ、ええ。まあ、何らかの形で、私は、ふつうの人々には何か或る種の心霊的な出来事がある、と思います。例えば、聴衆について、あなたが俳優であるなら、観客から何かを感じます － 否定的か、肯定的なものを、です。または、たぶんそれは注意の性質です。それはただ、彼らが拍手するとか咳をしないとか何かのためではありません。

スコット　ふむ、ふむ。

メアリー　目に見えないが、感知可能な何かを感じます。

スコット　ああ、そうです。

メアリー　関係がつづいています。クリシュナジも、話をするとき、それを感じました。なぜなら、彼は時折、聴衆が聾であり、理解しないように見える、と報告したからです。または、彼らはいわば、彼のよく言ったところでは、催眠術に掛かっている、と。彼は、人々の集団のその反応を感じました。

スコット　ええ。

メアリー　ところが、もしも私が、人々が私をじろじろ見つめているとか、私に焦点を合わせていると突然考えたなら、人々は私が偏執症(パラノイア)になりつつあると思うでしょう。でも、彼についてはそうでした。私には、それが何かであるように、見えました。他の人々においては通常であろうことの変種ですが、一定の状況のもとだけで、です。

スコット　ええ。

メアリー　それはたぶん、運動選手にとって同じ種類のことでしょう － そうよね、ウィンブルドンでプレイしていて、彼らは群衆が自分たちとともにあると感じます。それが彼らに何かを与えます。言葉にならないその疎通があります。

スコット　ええ。初めて私がこの何かを感じたのは、本当は講話の幾つかの始まりのことでした － そのとき、私は〔大勢の聴衆の前で〕告知をしなくてはいけなくて…私は告知をするのが嫌いでした。

メアリー　ええ。

スコット　ただ嫌いでした。

メアリー　ええ。

スコット　ええ、最終的に、私は、話す前にただ二、三秒間、座って、聴衆を見つめ、自分が何を嫌っているかを、見ようとしました。

メアリー　ええ。

スコット　こちらを見つめている人々の集団から、ものすごい力が、来ていました。

メアリー　ええ。

スコット　物理的な力です！

メアリー　ああ、そうです。

スコット　私は最終的にそれが見えたとき、それが、私が反応しているこの力であることが、分かりました。これは本当に強力です。私は正しくは繊細な花ではありません。

メアリー　劇場であれ、他の何かであれ、語り手と、聞いている人たちとの間に、疎通があります。

スコット　ええ。でも、お分かりでしょう、クリシュナジはそれを受けることさえできました － 例えば、ただオーハイにいて、です。だから、それが、誰もがみんな物理的にこちらを見つめていて、こちらは彼らが見える部屋だけででなく、起こりえたことが、とても興味深いんです。

メアリー　そのとおりです。彼らはただ近隣にいるだけです。

スコット　彼らはただ彼に対して注意を向けているだけで

す。
メアリー——ええ。
スコット——誰か敏感な人にとっては、それですでに充分です。
メアリー——私は、どこで読んだのかを忘れました。なぜなら、近頃、とても多くのものを読んでいたからですが、そこでは、オーハイでクリシュナジは、私たちがどこか丘に小さな小屋を持てたらいいと願っていることを、話します － 私たちがそこに行って、彼に焦点が合うのを逃れられるところを、です。私は、〔ヴェンチュラの北西、サンタバーバラ郡の南東端〕カーペンタリア（Carpentaria）の浜辺に住宅を借りることを、考えさえしました － そこでは…でもまた、そこはちょっと近すぎました。人々は、彼がそこにいることを、知ったでしょう。
スコット——分かります。
メアリー——もちろん、〔彼の存命中、〕最後には何も起きなかったんですが、場所を、たぶん山々の中に、見つけることが、私の心にありました。彼がそれについて話をするとき、私は何というか理解しました…
スコット——立ち止まって、それについて考えてみると、全くなかなかのことです。なぜなら、それは、私たちが誰かについて考えることより出てくる、一種の力の場であるからです。
メアリー——ええ。或る面でそれは、人間の － 理解でなく － 意識の一部です。そう、人々が、病気の誰かのために祈っているように、ね。
スコット——ふむ、ふむ。
メアリー——病人に流れていく善意が、彼らを助けられると信じている人たちも、います。たぶんそうでしょう。私は知りません。
スコット——ええ。
メアリー——それは、否定的または肯定的に働くかもしれません。誰かが無視されるなら、誰も何かをするとか言うとかなしで、それは知覚できます。人々が客観的に本当に何も知らない、または何であるかを知らない、たくさんの心霊的、または心理的な疎通が、起きているんです。それは感じられます。それはしょっちゅう感じると思います。あなたはそれを感じませんか。
スコット——ええ。
メアリー——まあね、そうにちがいないわ！ああ！
スコット——不幸なことに、私は、話したいと思うのよりも、もっと多くそれがありました…
メアリー——ええ！
スコット——でも、自分自身にすれば、私はいつも問わざるをえません － 私はどれほどそれを作り出しているか、これはどれほど主観的なのか、と。それで、私はいつも － 私は自分の敏感さを信用していません。ところが、私はクリシュナジのそれを信用しています。お分かりでしょう、こういうわけで、興味深い論点なのです。
メアリー——ええ。完全に理解しています。クリシュナジが、痛みと苦しみがどんなに別々のことであると言っているのに、私たちが出くわしたのは、昨日のことでしたか。
スコット——ええ。
メアリー——分かりますよね。それは何か取り扱えることです。痛みは、生理学的な敏感さへの応答なのかもしれません。でも、苦しみは精神が…

スコット——…それに取りすがっていることです。
メアリー——…それに取りすがっていることです。それは大きな意味があります。
スコット——ふむ、ふむ。
メアリー——それは、ここで起きたことと、たくさん関わりがあります。
スコット——絶対に、です。絶対に、です。
メアリー——で、継続しますか。
スコット——絶対に、です。
メアリー——ええ。では、続けましょう。私はどこで止めたんでしょうか。ふむ、ふむ、ふむ。ああ、「彼は夜の冥想について語った。彼は圧迫の欠如を感じる － その圧迫は、彼が一つの場所に留まっていて、人々が彼に対して集中するとき、築かれる。私たちは昼食時までにパリと、〔宿泊先のホテル、〕プラザ・アテネに着いた。私はクリシュナジのために何か昼食を注文し、手短に〔パリ在住の〕父に会いに行き、すばやくホテルに戻った。」
翌日、7月1日、「クリシュナジは静かな午前を過ごした。私たちはホテルで早い昼食をとり、午後2時に発って、〔ヴァカンス直前の〕伝統的な〔フランス革命の記念日、〕7月1日のパリからの脱出の交通渋滞を避けた。私たちは、自動車専用道路を南へゆっくり、寛いで運転し、スパート以外は60〔マイル、およそ95キロメートルほど〕以上では行かなかった。美しい一日だった。クリシュナジは、田舎と、そして緩やかな走行に、喜びを一杯に感じた。私たちはパリから3時間半で〔南東方向、〕ソリュ（Saulieu）に着いた。私たちは、オテル・コテ・ディオー（the Hotel Côte d'Or）に各部屋を取った。街（ヴィル）の古い部分を通って散歩した。良い晩餐をとって、早くベッドに入った。昨日よりはるかに気持ちがいい。」（クスクス笑う）
翌日、「すてきな一日。私たちは午前10時45分にソリュを発って、〔フランス東部、〕ソンベルノン（Sombernon）へ77bisを」 － それはとても小さな黄色の道路です －（スコット、クスクス笑う）「それからN5を〔フランス東部の〕ディジョン（Dijon）へ、さらに〔スイスに隣接するジュラ県の〕ドル（Dole）へ運転し、グランドテル・シャンディオー（the Grand Hôtel Chandioux）で昼食をした。」
スコット——ふむ、ふむ。
メアリー——私たちは前にそこに行ったことがありました。「それから、〔スイス国境を越えて、ジュラ山脈の裾野にある山村〕サン・セルグ（Saint-Cergue）と〔スイス、レマン湖畔の〕ニヨン（Nyon）を経由して自動車道へ、そして〔レマン湖の南西の端、〕ジュネーヴと、オテル・ド・ローヌ（the Hotel du Rhône）へ。私たちは〔ネクタイ店〕ジャケへ歩いていき、そこでクリシュナジは九本のネクタイを注文した。そして、〔ショッピングセンター、〕グラン・パサージュ（Grand Passage）へ、そして〔時計店のフィリップ・〕パテクへ － そこでクリシュナジは、新しいナヴィ・クォーツの時計を見た。」
スコット——ふむ、ふむ！
メアリー——ナヴィ・クォーツの時計を憶えていますか。
スコット——よくよく憶えています。よーく、ね！
メアリー——ナヴィ・クォーツを持っているの？
スコット——いいえ。クリシュナジはそれを〔最後の日々に、ゲイリー・〕ドイチェ博士（Dr.Deutsch）に与えました。
メアリー——ええ！私は忘れてしまっていたわ。もちろんそ

うでした。ああ、もちろん。
スコット―〔私の妻〕キャシーが〔ブロックウッドの〕研修センター（the Study Centre）の計画のために〔オーハイに〕やって来ようとしているとき、彼は頼みました・・・
メアリ―それを持ってくるように、と。
スコット―・・・彼は、それをドイチェ博士に与えられるように、彼女がそれを持ってくることを、特別に頼みました。
メアリ―ふむ、ゲイリー（Gary）にそのことを訊かなくちゃいけないわ。
スコット―ええ。
メアリ―で、「私たちは部屋で夕食をとった。タンネグ〔山荘〕のヴァンダ〔・スカラヴェッリ〕に電話した。」

7月3日、「寛いだ朝。私たちは〔時計店、フィリップ・〕パテクに戻り、もう一度、ナヴィ・クォーツの時計を見た。（クスクス笑う）ヴァンダと〔彼女の家政婦〕フォスカのためのセーターの買い物をした。ホテルで昼食をとった。それから、〔レマン湖の北岸の〕ローザンヌへ湖岸道路（the Route du Lac）を」 – 彼の好きな道でした –「〔東へ〕運転し、さらにグシュタードへ上がった。そこにはヴァンダ、フォスカとアントニオ（Antonio）と、彼らの夏の臨時のメイドのアントニオの従姉妹シルヴァナ（Silvana）等がいた。クリシュナジの枯れ草熱は、ローザンヌとタンネグの間で悪くなった。私たちは、彼の品物の荷物を開けた。私は自分のをそうした。彼は翌日、枯れ草熱を治しにベッドに留まった。ヴァンダと私は話をし、散歩した。」

5日に、「クリシュナジはベッドに留まった。私は村でお使いをした。ヴァンダは私に〔ヨーガの〕調息について助言をしてくれた。」

6日に、「クリシュナジは朝、良くなったと感じたが、午後に幾らかヨーガの後で、また良くなくなった。彼は気管支炎を起こしている。ヴァンダと私は、彼の健康について長く話をした。彼女は明日、〔イタリアに〕発つ計画だ。」それからは、私の〔パリ在住の〕父親のことだけです。

7月7日、「ヴァンダは、クリシュナジの気分がどうかを見るために、早い列車の出発を、正午まで遅らせた。私はジュネーヴのピエール・シュミット博士（Dr.Pierre Schmidt）に話をした – 彼は何か緩和する治療薬を送ってくれるだろう。私はヴァンダを列車に連れて行った。クリシュナジは昼食には起きて、メルセデスを修理してもらうために私とともに〔サーネンの北東方向、〕トゥーン（Thun）の〔取扱業者〕モーザー（Moser）のところに行った。」 – それは、シャンゼリゼの衝突で傷ついた〔エンジン熱を逃す格子、〕グリルでした –「また、3000マイル〔、約4800キロメートル〕の点検修理をしてもらった。私たちは、クリシュナジのSLメルセデスを受けとり、〔トゥーン湖の東北岸の、ホテル・〕ビータス（Beatus）へお茶のために運転して行き、戻ってきた。トゥーンから〔南西方向〕の〔帰り〕道すべてを、クリシュナジが運転した。」

翌日、「クリシュナジはとても疲れたと感じて、昨日よりエネルギーが少なかったが、胸の鬱屈は少ない。彼は昼食のため、部屋着で食卓に来た。ヴァンダがフィレンツェから電話してきた。私は午後にクリシュナジのためにお使いをした。彼は何本か薄いズボンをほしがった。天気はまだ暑い。クリシュナジは居間で私と一緒に、トレイで夕食をとった。」

7月9日、「クリシュナジは良くなっているが、一日中、内に留まっていた。彼はシュミット医師の治療薬と気管支炎の塩をとっている。〔プエルトリコの〕ビアスコェチェアが彼に会いに〔山荘へ〕上がってきた。私は駅で〔リシ・ヴァレー校長〕バラサンダラム（Balasundarum）を出迎えた。彼はタンネグ〔山荘〕の下の階の部屋の一つに泊まっている。クリシュナジは、昼食と夕食をダイニング・ルームで食べた。暑い一日だった。〔イングランドの〕メアリー・カドガン（Mary Cadogan）が到着した。」

翌日、「メアリー・カドガンがタンネグ〔山荘〕に上がってきた。彼女とバラサンダラムと私は、インド・クリシュナムルティ財団について議論して、午前と、午後の多くを過ごした。昼食ではクリシュナジが、私たちに加わった。後で彼はきわめて小さな散歩に行った。」

私たちは、〔日記のうち〕「大きな本」が始まるところに、近づきつつあります。

11日に、「クリシュナジは夜に咳をしていた。彼の気管支にはまだ、幾らか鬱屈がある。彼は体操をしないで、読書しながら、内に留まっていた。彼は食事に部屋着でテーブルについた。私は一日中、デスクの仕事をして、一人で散歩をした。」

12日に、「クリシュナジはずっと良い気持ちになった。私は午前にお使いに行って、カントナル銀行（the Cantonal Bank）でヴァンダの口座に預金した。クリシュナジは昼食前に道路を散歩して〔村に〕降りてきた。私は彼を車に乗せて〔山荘に〕上がった。メアリー・カドガン、〔プエルトリコの〕イサベラ（Isabel）とエンリケ・ビアスコェチェア（Enrique Biascoechea）〔夫妻〕と、〔弁護士〕ファリア氏（Mr.Faria）が昼食に来た。バラサンダラムは、古いナグラ〔録音機〕をもって、〔レマン湖の北岸、ローザンヌ北部の〕シュゾー〔・シュル・ローザンヌ〕（Cheseaux）へ、〔電気技術の〕クデルスキ（Kudelski）に行った。私たちは、〔プエルトリコの〕スペイン語アメリカ・クリシュナムルティ財団（Foundation Krishnamurti Hispano-Americana）の案件について議論した。後に多くの雷の後で雨！クリシュナジとバラサンダラムと私が、〔タンネグ山荘の真下の〕トワ・スルス〔山荘〕（Trois Ours）の向こうまで道路を散歩して降りて戻るほどには、変化した。」

私たちは今、〔二冊の日記のうち〕別の日誌、「大きい本」を再開します。それで、小さな本は終了しました。

1971年7月13日、〔サーネンの山村〕グシュタード、「クリシュナジは、まだ気管支炎のために胸がいくらか喘いでいるが、気持ちが良くなっている。そのため、彼は私とともに、私の車を取りに〔サーネンの北東方向、〕トゥーンに行きたがった。それで、私たちは午前に彼の車で、彼が運転して行った。彼は、夜に「すばらしい冥想」があったと、言った。」

「私は、どうしてそれがすばらしく、特別になったのかを、訊ねた。それは、強烈さなのか、内容なのか。」

「彼は「どちらもだ。」と言った。」

「私は、それには内容があるのかどうかを、訊ねた。彼は「もちろんない。」と言った。」

「私は、それは内容なく言葉なしの感じですか、と訊ねた。」

「彼は、「そうです。」と言った。それは彼の眠りの中にあったが、彼が夜に目覚めて、起き上がったとき、そして、彼がベッドに戻ったとき、継続した。」

「私の車は、〔パリの〕シャンゼリゼでの私のばかげた靴

の履き替えから〔追突事故で車の〕グリルをぶつけた後で、再び純粋無垢に見えていた。〔取扱業者〕モーザーは、クリシュナジのために、最新のメルセデスのスポーツ・モデルSL350のパンフレットを、持っていた。クリシュナジの瞳が輝いた。(スコット、笑う) 私たちはどちらの車も運転し、私が後を付いて行って、タンネグ〔山荘〕に戻った。彼は欠点のない運転をした。頭と肩が後ろの窓をとおして見えているだけで、小さな銀の車が、道路を正確に曲がりくねっていくのを見守るのは、非常に心を打たれた。バラスンダラムが出かけていたので、私たちだけで、午後1時30分に昼食をとった。午後4時30分には、デ・マルコフ氏という人 (a Mr.deMarxov) がお茶に来て、2時間、重苦しく際限なく話をした。」彼は、フランシス〔・マッキャン〕の財務顧問をしている人でした。〔クリシュナジのための、〕アルジナ (Alzina) と呼ばれる口座の助言をする老人です。私は前にそれに触れたと思います。

「彼の決断のほとんどは、自らの悪い選択から抜け出すことを、ためらっていた。ブロックウッドのお金が幸いにも引き出されてから、アルジナは全体として、うまく取り扱われてこなかった。現在では私は、今のとおり継続するのが不安です。私は〔弟〕バドに手紙を書こう。私がデ・マルコフに対応する間、クリシュナジはバラスンダラムと散歩した。エルナ〔・リリフェルト〕が電話してきた。彼女とテオ〔夫妻〕はオーハイからちょうど到着した。ラージャゴパルの知らせは全く無い － 彼の弁護士たちは、15日木曜日までに、なぜ私たちが訴訟を起こすべきでないか、〔カリフォルニア州の〕法務長官に対して理由を示さなくてはいけない。」

8月8日、日曜日。おやまあ、どうしてその日付に飛んだんでしょうか。

スコットーまあ、〔日記のうち〕小さい本に戻れますよ。
メアリーー小さい本に戻ったほうがいいわ。(クスクス笑う)

それで、7月14日に、「正午にタンネグ〔山荘〕で、メアリー・カドガンとグラーフ (Graf) の会合があった。リリフェルト夫妻とバラスンダラムが、メアリー・カドガンと昼食をとり、後で、午後中ずっと実務の議論のために、〔イギリスK財団の〕メアリー・カドガンが加わった。クリシュナジは散髪をした。彼とバラスンダラムと私は、〔サーネンの東方向の〕トゥルバッハ (Turbach) のほうへ散歩に行った。」

翌日、15日、「私は、ププル・ジャヤカール (Pupul Jayakar) を出迎えられるように、バラスンダラムとともに〔西方向、レマン湖の南西の端、〕ジュネーヴ空港へ運転した。そしてタンネグ〔山荘〕に戻ってきた。疲れる運転だった。私は、クリシュナジとバラスンダラムとともに、散歩した。」

7月16日に、「午前中ずっと、クリシュナジと私とププルとバラスンダラムとメアリー・C〔カドガン〕とエルナ、テオ〔・リリフェルト〕と、〔ベルギーの〕ヒュヘス・ヴァン・デル・ストラテンの会合が、あった。ププルは〔すでにこの時点で〕、インドのために著作権をほしがっている。(スコット、クスクス笑う) 長い議論。私は最終的に、インドK財団はインドでのみ永続的に出版する許可を与えられるべきだと提案した。それが了承された。彼女は、クリシュナジが自分たち〔インド財団〕の委員会に入ることに抵抗したが、終わりには、「創設者」といった彼のための何か特別の称号に、同意した。私たちは〔カウンターから各自が取る〕ビュッフェ〔形式〕での昼食をとった。〔プエルトリコの〕ビアスコェチェアと〔弁護士〕ファリアが代表のスペイン語〔アメリカ〕財団は、午後2時に来た。それで、〔イングランド、アメリカ、インド、スペイン語アメリカの〕四つの〔K〕財団の第1回の会合が、開かれた。72年12月に〔南インドの〕リシ・ヴァレーでの第2回目が、計画された。メアリー・C〔カドガン〕は明日、発つ。クリシュナジ、バラスンダラムと私は、散歩に行った。」

7月17日、「私はお使いをし、ドロシー、モンターニュ〔・シモンズ夫妻〕とドリス〔・プラット〕に会った。彼らは〔自らの車〕ランド・ローヴァーで〔イギリスから〕南フランスを経由して来た。午後には、イヴ・ズロトニツカ (Yves Zlotnitska) が、」－ 彼を憶えていますか。

スコットーふむ、ふむ。
メアリーー「… 〔1970年6月〕BBC〔イギリス放送協会〕の録画と〔アメリカの〕NET〔全国教育テレビ〕の〔1966年11月の〕録画を、ププル、バラスンダラム、ヴァン・デル・ストラテン、リリフェルト夫妻、エンリケ・ビアスコェチェアとファリアのために、上演した。その間、クリシュナジは熱心に車を洗った！(二人ともクスクス笑う) それから雷雨が来た。クリシュナジと私だけがいた。」

7月18日に、「私は初めてププルとバラスンダラムを〔会場の〕テント(新しいとても立派なもの)に連れて行った。それから、車でクリシュナジをそこに、第1回のサーネン講話のために、連れて行った。テントはほぼ一杯だった。「あなたは何について真剣でしょうか。」について、始まりの良い講話。彼は45分間、話をし、30分間質問を受けた。マー・デ・マンツィアーリ (Mar de Manziarly) が昼食に来て、クリシュナジの〔1968年11月に、ロサンジェルスの東90キロメートルほどの街、〕クレアモント (Claremont) での〔アメリカの哲学者〕ヒューストン・スミス (Houston Smith) との対談のNETのビデオが4時に上演される間、留まった。私はそれを見たことがなかった。私にとってはたいへん圧倒的だった。誰もがみなお茶をいただいた。エルナとププルは、インドで録画によりそこの手助けする方法を、議論した。」

19日に、「〔ブロックウッドの校長〕ドロシーが午前にクリシュナジに会いに来て、インドの奨学金制度の生徒たちがブロックウッドに来ることについて、ププルとバラスンダラムに話をした。ププルとバラスンダラムは早い昼食をとり、〔技術者〕イヴ・ズロトニツカとともに〔レマン湖北岸の〕ローザンヌへ発った。そこでププルは〔レマン湖の南西の端、〕ジュネーヴ、パリ行きの列車に乗った － それからローマとインドへ。バラスンダラムは、〔電気技術の〕クデルスキ (Kudelski) に行き、インドでクリシュナジの録音をするためにそこに持って行く〔スイスの〕ナグラ3〔の録音機〕に」－ そうだと思います －「さらに新しい器具を加えて、取ってきた。」クリシュナジと私は、静かな昼食をとり、静かな住宅を楽しんだ。後で私たちは運転して丘を降り、お使いをした。早く〔南方向の〕クシュタイク (Gsteig) へ一走りして行った。戻ったとき、散歩をした。私たちは、美しく保たれた20年物のメルセデスをもった人に、会った。」それは、タンネグを出て、昇って回るとき、道路の上のほうに駐められていました…

スコットーふむ、ふむ。
メアリーー… そこは或る種、平らになり、それから野原を横切って行きます。まあ、その上に、木立の下にこの美

しい古いメルセデスが駐められていました。もちろん私たちがそこへ歩いて行ったとき、クリシュナジはそれを見て、その人は － 彼はイギリス人だったと思いますが、定かではありません － 車を磨いて、手入れをし、気遣っていました。クリシュナジは魅せられて（スコット、笑う）、全部、見たがりました。（クスクス笑う）彼はそこにそれをしばらくの間、駐車しておきました。毎日、彼は来て、皮革を磨いたり、クロムや何かを磨いたものでした。

スコット－ふむ。

メアリー－「クリシュナジはそれに喜んだ。」と書いてあります。「バラスンダラムが夕食に戻ってきた。」

　7月20日に、「クリシュナジは、第2回のサーネン講話を行った － 秩序について、だ。ドロシー、モンターニュ〔・シモンズ夫妻〕とバラスンダラムが、昼食に来た。その後、私は運転して、バラスンダラムを列車に送っていった。彼は古いナグラ〔の録音機〕を持って、インドへ旅立った。私はエルナとテオ〔・リリフェルト〕に会いに行った。〔ロサンジェルスの弁護士〕ライプツィガーからの手紙は、〔ラージャゴパルの弁護士〕ローブルの父親が亡くなった。だから、〔州法務副長官〕タッパーによる回答は、15日の最終期限から19日すなわち昨日へ、さらに遅延が認められる、と言う。私は、クリシュナジとピーター・ラーチュ（Peter Racz）とのお茶と散歩に間に合うよう、戻った。」彼はブラジルの少年です。

スコット－ええ、それは憶えています。

メアリー－「私たちだけでのすてきな静かな夕食と、早い就寝時間。」

　21日水曜日に、「〔オランダの〕ティリー・ヴァン・エックマン（Tilly van Eckman）が昼食に来た。〔フランスの〕サチャ・デ・マンツィアーリ（Sacha de Manziarly）が到着して、土曜日までタンネグに泊まる。」

スコット－サチャはどうなりましたか。

メアリー－亡くなりました。

スコット－いつですか。私は彼に会ったことがありません。

メアリー－彼が亡くなったのは憶えています。クリシュナジはちょうどパリに到着したばかりでした。どの年かは思い出せませんが、〔この対談でいずれ〕そこに行くでしょう。[14]〔1973年4月末に〕サチャは〔パリの〕アメリカ病院（the American Hospital）に入っていました。それで、私たちは行きました。クリシュナジは、ちょうど彼が亡くなる前に、会いました…

スコット－ふむ、ふむ。まあ、そのときそこに行くでしょう。

メアリー－ええ。

スコット－いいです。

メアリー－22日に、「私は早く〔講話会場の〕テントに行き、それからクリシュナジのために戻った。彼は第3回のサーネン講話を行った。観察者なしに見ること。何も主観的なものがなく、ただ客観的な事実だけ。過去の時のどんな残滓にも染まらず、ゆえに自己なしに、見えること。昼食には、サチャと、マルセル・ボンドノー。クリシュナジはきわめてうつろで、車に関心を持っていた。私は幾つかお使いをし、丘を登ってくると、歩いて降りてくる彼に会った。彼は或るブティックのバッグを見に行った。」それが何のためだったのか、私は知りません。「サチャとのお茶に戻った。それから私たちは、〔東の方向の〕トゥルバッハに歩いて行った。講話により彼は精神的に洗い清められ、弱っていた。彼は読書できなかったし、彼の身体は過敏だった。彼はテーブルで、サチャと私とともに晩餐をした。あまりに多くのおしゃべりがあった。」

　7月23日、「私たちは午前10時に発った。ドロシーとモンターニュ〔・シモンズ夫妻〕を拾って、〔サーネンの北東方向、〕トゥーン（Thun）へ運転した。私たちは〔取扱業者〕モーザーのところで、SEL350メルセデスを見た。私は自分の車を…」何かの「…取り替えのために置いてきた。私たちは〔トゥーン湖の東北岸の、ホテル・〕ビータス（Beatus）で昼食をして、蒸気船で〔湖の西北の端、〕トゥーンに戻った。私たちはSEL350に乗ってみた。クリシュナジはそれに喜んだ。私たちは、彼の現在の車を下取りに出して、翌年それを彼に引き渡すよう、取り引きをした。それから私の車で、私たちは戻った。サチャは私たちとともに夕食をとり、〔講話会場の〕テントでのクリシュナムルティの映画を見に行った。クリシュナジと私は、内に留まっていた。」

スコット－さて、〔新しいメルセデス〕それは〔後でカリフォルニアでも長らく乗った〕グリーン・ビューティ（the Green Beauty）[8]だったにちがいないですよね。

メアリー－まあ、どうなったかというのは、翌年、彼は出された〔メルセデスの新型〕モデルが好きでなかったんです。取り引きは〔すでに〕なされていたけれど、どうしてか〔ドイツ、〕シュトットガルト〔のメルセデス社〕は、進んで一年間、先延ばししようとしました － 大きな特例ですよね。譲歩がなされた等です。

スコット－それから〔次の年のが〕グリーン・ビューティだった。

メアリー－それがグリーン・ビューティでした。

スコット－そのとおり。

メアリー－翌日、7月24日、「サチャは発った。クリシュナジと私は、ビアスコェチェアのところで昼食をとり、休んだ。それから私たちはメルセデスを洗った。」

　25日に、「クリシュナジは、第4回のサーネン講話を行った。それは関係に関して、だった － 自己の中心があるなら、関係はない。〔会場の〕テントの中は暑かった。クリシュナジは、後で疲れ切った気持だった。彼は昼食まで横になった。エルナ、テオとウォーレン・ペリーン（Warren Perrine）が、昼食に来た。後で私たちは、〔イタリア人〕グイド・フランコ（Guido Franco）の提案したサーネンの映画の可否について議論した。」

スコット－ふむ、ふむ。

メアリー－ああ、グイド・フランコとは果てしなく面倒がありました。「私は午後遅く新聞を買いに歩いて〔村に〕降りていった。クリシュナジが途中で私を出迎えてくれて、私たちは歩いて戻った。私たちは晩に〔イタリアの〕ヴァンダに電話をした。」

　翌日、「12時30分にクエストー博士と夫人（Dr. and Mrs. Questiau）が、クリシュナジに会いに来た。昼食には〔イタリアのK委員会の〕フレシア（Fresia）。午後4時に〔プエルトリコのエンリケ・〕ビアスコェチェアとセンドラが来て、一時間クリシュナジに会い、彼のエネルギーを吸い取った。それから私たちは〔東方向の〕トゥルバッハ道路に歩いて行った。クリシュナジは私の目の手当をしてくれた。」

　7月27日に、「クリシュナジは、第5回のサーネン講話を行った。彼の「思考－空間」、彼が月曜日に私にくれたメ

モ書きの、継続だ。」自分の手書きが読めないわ。何かこういうことについて、ね－「精神は、測量不可能なものの性質を探究できるだろうか。これは歪曲すべてから自由でありうるだろうか。歪曲の要因は恐れと、楽しみへの要求だ。強烈な話だった。*15〔会場の〕テントの中はとても暑かった。直後に彼は、一時間、スペイン語アメリカ財団と会った－ファリア、ビアスコェチェア、センドラともう一人だ。それから、〔フランスの実業家〕デ・ヴィダス（de Vidas）－彼は病気だ。最後に昼食には、フランシス・マッキャン（Frances McCann）、〔イタリアの〕ピエトロ・クラニョリーニ（Pietro Cragnolini）と、マルヴィナ（Malvina）。」－それはクラニョリーニの友人でした－「後で、〔取扱業者〕モーザーは、来年の新しい〔メルセデス〕SL350のための契約書を持ってきて、代わりにクリシュナジの現在の車を持っていった。私は彼のために幾つかのお使いをして、クリシュナジが歩いて丘を降りた後、彼を乗せて〔山荘に〕登った。」

28日に、「クリシュナジは、フレシア（Fresia）とデ・ヴィダスの手当をした。〔メアリーの旧友、元女優で児童文学作家〕パメラ・トラヴァース夫人（Mrs.Pamela Travers）と、スティーヴン・ショーン博士（Dr.Steven Schoen）が昼食に来た。」興味深いわ。それは、私が別の部屋に持っているあの本を、書いた人です。

スコット――ああ！クリシュナジの考えの起源について、ね。

メアリー――あれがそれなのかな。

スコット――まあ、それがあなたが議論したものです。または、彼の教えがどこから来たのかとか、何かそのようなことです。

メアリー――いや、それは別の本です。それはサナ（Sana）です。いや、これは、数年間前に出版された書物です。私はそれを別の部屋に持っています。でも、彼が昼食に来たことに気づかなかったわ。「クリシュナジは、トラヴァース夫人に対して、〔神智学協会指導者による1909年の〕「その少年」の発見の初期の歴史の幾らかを、話した。私たちは〔トゥルバッハ〕川へ散歩をした。」

29日に、「クリシュナジは、第6回のサーネン講話を行った。また強烈な話。*16 ディグビー夫妻とリリフェルト夫妻が昼食に来た。クリシュナジは午後に疲れていた。彼は散歩をしようとしていなかったが、結局、彼はそうすることに決めた。それで、私たちは川へ行った。」

7月30日、「〔イギリスの〕ジェーン・ハモンド（Jane Hammond）とシビル・ドブソン（Sybil Dobson）が昼食に来た。午後4時に、外国の〔K〕委員会すべての年次会合。56人の人たちが来た。クリシュナジは出席していた。ジョージ・ディグビーは様々な疑問を提起した。〔校長の〕ドロシーはブロックウッドについて報告した。シビルは〔K財団の〕会報（*The Bulletin*）のために報告をした。ジョージは出版について、そして、私はKWINC〔クリシュナムルティ著作協会〕の状況についてごく手短に〔報告した〕。後で果物のジュース。それからクリシュナジと私は、散歩に行った。」

31日、「すてきな空っぽの静かな一日。昼食には誰もいない。休んだ。私たちは少し車を清掃して、散歩をした。アポロ15号の宇宙飛行士、スコットとアーウィンが月に降りたのを見た。」7月の終わり。

スコット――よし。そこで終わるべきでしょう。〔録音〕テープが切れそうになっているからです。

メアリー――いいわ。このしるしをここに付けておきましょう。

原 註

1）そこは、リンクス夫妻の家があったところである。
2）文書センターは、クリシュナジの英語での出版物のすべてを、そして、その時に作成されていたほどのオランダ語への翻訳を、持っている。また、写真、新聞記事、ヴィデオ・テープとオーディオ・テープと、オランダ委員会が収集できた他のものが何でも、ある。
3）SSアンドレア・ドリア号（the SS Andrea Doria）は、1956年に〔アメリカ東部マサチューセッツ州ケープ・コッドの南30マイルの島〕ナンタケット（Nantucket）の沖合で、他の船に衝突された後で、沈没した。乗客と乗組員のほとんどが救出された。
4）学校は菜食主義だった。
5）フォートヌム・アンド・メイソン（Fortnum & Mason）
6）〔ギドゥー・〕ナラヤンはクリシュナジ〔の長兄ギドゥー・シヴァラムの長男で、クリシュナジ〕の甥だった。シャクンタラはその妻だった。ナタシャは彼らの娘である。ナラヤンとシャクンタラは、〔二十年間近く〕リシ・ヴァレー学校で働いてきた。ナラヤンは結局、〔1977年に〕その校長として戻ってくることになった。シャクンタラはブロックウッドに来て、長年、教えた。
7）彼は専門の録音技師であり、短期間、サーネンで講話の録音を引き受けた。
8）この車は結局、オーハイに持って行き、1986年の死去まで、クリシュナジの車でありつづけた。メアリーはそれを取っておき、2008年の自らの死去まで使った。

訳 註

*1 Kの誕生日に関するインド人と欧米人の考えについては、第16号を参照。ちなみに、1972年（第23号）では、ドロシーと誕生日が同じとされている。
*2 原文はここから kfoundation.org/transcripts へリンクされている。
*3 オランダでのクリシュナムルティ委員会。
*4 第16号の訳註を参照。
*5 原文はここから kfoundation.org/transcripts へリンクされている。
*6 原文はここから J.Krishnamurti ON LINE 上の録音 Change without analysis へリンクされている。
*7 花粉症と同様の、眼や鼻、喉の炎症であり、枯草から空気中に飛散する粒子を原因とする。
*8 原文はここから kfoundation.org/transcripts へリンクされている。
*9 原文はここから kfoundation.org/transcripts へリンクされている。
*10 1986年2月にオーハイで最期を看取った医師である。第90号、1986年2月6日の記述を参照。
*11 この弁護士は前（15号、16号）には Farias という名になっている。
*12 1928年に南インド、アンドラ・プラデーシュ州に開校した、最初のクリシュナムルティ学校である。
*13 原文はここから J.Krishnamurti ON LINE 上の講話書き下ろし The Awakening of Intelligence へリンクされている。
*14 第26号、1973年4月27日から5月1日の記述を参照。
*15 原文はここから J.Krishnamurti ON LINE 上の講話書き下ろし The Awakening of Intelligence へリンクされている。
*16 原文はここから J.Krishnamurti ON LINE 上の講話書き下ろし The Awakening of Intelligence へリンクされている。

第19号　1971年8月から1971年9月まで

序　論

この号は、さほど〔クリシュナジとの〕歴史を扱っていなくて（ほんの2ヶ月のみ）、議論がはるかに多い。

ラージャゴパル〔のクリシュナムルティ著作協会〕との調停は、待ち遠しく見える。

また、ロザリンドによるクリシュナジへの当惑する物理的虐待について、議論される － 彼は、自らの教えに影響しようとするどんな試みをも容認しようとしなかったけれど、それは容認する。

クリシュナジの奇妙な記憶が、探究される － 同じく、彼が地図または建築の製図から視覚化することができないこと、そして、これがイメージ形成について何を含意しているかもしれないことも。

クリシュナジの一見、虚弱な健康、そして、これと彼の内的生活と〔神秘的な〕「プロセス」との間には、関係性がありうることについて、議論がある。

また、電話を使うことへのクリシュナジの奇妙な嫌悪について、短い言及もある。

メアリー・ジンバリストの回顧録　第19号

メアリー――よし。私たちは、これを1971年8月1日から、再び始めようとしています。
スコット――すばらしい。
メアリー――まあ、その日付にクリシュナジは、明白に〔スイス西部の〕サーネンにいます。そして、「彼は第7回のサーネン講話を行った。それは智恵についてだった － 思考がそれ自体を越えられないのを悟り、止まっているとき、来る智恵、だ。とても暑い一日だった。クリシュナジはその日、気持ちが悪いと言った。彼は、自分はあたかも病気であったかのように、疲れていると言った。彼は、講話の後、自分は消えてしまうかのように感じると言った。その代わりに彼は人々を迎えた － 〔フランスの〕デ・ヴィダスと、コシアコフ夫妻（the Kossiakofs）、マルセル・ボンドノー（Marcelle Bondoneau）が、昼食に来た。私たちは、フランスのテレビのためにインタビューをすることについて、議論した。」あなたは、思い出すでしょう － 後で、このすべての結果として、〔1971年10月にパリで〕クリシュナジは、アンドレ・ヴォワシン氏という人のために、フランス語でテレビのインタビューを、行いました － 彼はフランスのテレビのインタビュアーでした。それには後で行くでしょう。なぜなら、そのために私たちはパリへ出かけて行ったからです。
スコット――ふむ、ふむ。
メアリー――「私たちは、若者のヒッピー性の行き詰まりについて、そして〔単に反体制的になりがちな〕彼らが、知的な行為がクリシュナジの教えに反しているのではなく、それに添って生きるということを見る必要性についても、議論した。彼は自らの次の討論において、これに入りたいと言った。彼は疲れていた。散歩できないほど疲れていたが、代わりに車のほこりを払った。」（クスクス笑う）「私は自分の散歩のため、丘の上、高く牧場に上がって行った。」

翌日、2日、「彼はまだ疲れている。彼は自分が病気だったかのように感じる、と言いつづけた。私は村にお使いに行った。彼は駅で私を出迎えてくれた。私たちはドライヴに出発したが、あまりに暑かった。彼はその日、何かの理由のために神経質だった。私はなぜかを知らない。丘を登っていると、何かで車の右タイヤがパンクした。私はどうにか丘をずっと登りきり、文字通り破壊される前に、ガレージに入れた。タイヤは残っていなかった。」

「4時に、オーハイの人たちみんなが、お茶に来た。クリシュナジは、何が起きているかについて語った。」ここには何かを言っていないわ。「ドロシー〔・シモンズ〕が午後5時30分に来て、私たちと川へ散歩に行った。クリシュナジは、彼女とモンターニュ〔夫妻〕に、幾らか休みを取ろうとするために、〔上の〕タンネグ〔山荘〕に引っ越してくるよう、説得した。」彼らは〔下の〕キャンプ場にいるとき、一瞬のプライバシーもなかった。人々はいつも予期せず立ち寄っていたし、疲れることでした。「その日、後で私たちは、アポロ〔15号〕の飛行士スコットとアーウィンが月から飛び立ち、〔月を周回中の〕宇宙カプセルとドッキングするのを見た。」

「シモンズ夫妻は翌日、タンネグ〔山荘〕の下の階に引っ越してきた。彼らは私たちと昼食をとった。メルセデスに新しいタイヤが着けられた。パドマ・モドゥルカ博士（Dr. Padma Modulka）が私とのお茶に来た。」あなたが、あのインドのご婦人を思い出すかどうかは、分かりませんが。
スコット――ああ、少しはね。
メアリー――彼女は医師です。
スコット――ええ、彼女は小柄なご婦人でした。ええ、私は彼女を憶えています。
メアリー――彼女は、〔インド北部、当時のウッタル・プラデーシュ州のヒマラヤのふもとにある〕ウッタルカーシ（Uttarkashi）に生活しています・・・いや、生活していました。私が知っているかぎり、彼女はまだその近くにいると思います。

8月4日、水曜日に、「クリシュナジは〔会場の〕テントにて、〔全〕7回の日々の公開討論会の第1回を行った。今回は、意識と無意識について、全体が見えることについて、だった。〔フランスの〕マダム・ドゥシェ、マルセル・ボンドノーとジゼラ・エルメンホストが昼食に来た。あのフレッド・ウィリアムズ（Fred Williams）が後で来て、クリシュナジのために反ユダヤ主義の書物を持ってきた。クリシュナジとドロシー〔・シモンズ〕と私は、ブロックウッドの新しい教師たちについて話をした。」

8月5日に、「クリシュナジは、第2回のサーネン討論会を行った － すばらしいもの、古い頭脳と新しい頭脳についてのものだ。」憶えていますか、いつか彼が・・・ええと、あなた〔スコット〕は〔まだ〕そのとき〔サーネン〕そこにいなかったわ。「思考は古い頭脳であり、それ自体を越えたもの、すなわち新しいものを、見つけられない。」メモ書きを作ってね。あれをもう一度聞くのは、興味深いでしょうね。「これの知覚が智恵です。」と彼は言った。この知覚において古いものは静かであり、停止しているが、そこにある。それはただ干渉しない。そのとき、新しいものがありうる － これが智恵だ。智恵は、知られていないもの、新しいものを、知覚できる。そしてこれが、必要であるとき、古いものを使用できる。」興味深い話です。

スコットーふむ、ふむ。
メアリーーここには言います－「その強烈さで私を干上がらせてしまう講話だった。私たちは戻ってきた。午後3時にクリシュナジは私とともに、ラージャゴパルが開いておいて、彼が共同署名者である口座を閉じるために、銀行に行った。また私たちは、幾つか探偵小説と〔シナ共産党の独裁的指導者〕毛〔沢東〕の本を買った－私はそれを読み、後で彼に対して報告することになっている。」と言います。（クスクス笑う）
スコットーどの毛〔沢東〕の本ですか。
メアリーー〔文化大革命の大量に流布された〕『小さな赤い本(The Little Red Book)〔毛沢東語録〕』ですよ！（二人とも笑う）私はけっして読まなかったわ！（もっと笑う）それについて報告も、ね。それが再び言及されたとは思いません。でも、それが私の任務でした！（二人とも笑う）
スコットーあなたが何かの理由のために、『小さな赤い本』をもって歩きまわっているのが、私は分かりません！
メアリーーええ、私もです。事実、私はすぐにそれについて忘れてしまいました。（クスクス笑う）「午後4時にサーネン集会の委員会〔の人たち〕が、来た－クリシュナジ、グラーフ夫妻（the Grafs）、ドリス・プラットと私だ。後でクリシュナジと私だけで、川沿いを散歩した。私はローマのヴァンダに話をした。私たちは翌年〔の集会〕のために、タンネグ〔山荘を借りるの〕を更新するだろう。」
6日に、「クリシュナジは、〔会場の〕テントで第3回の討論会を、開いた。これは若い人たちのためのものだった。手紙がとうとう〔ロサンジェルスのこちら側の弁護士〕ライプツィガーから来た－ラージャゴパルは、〔自分の弁護士〕ローブルとでも彼なしでも自分を代表するために、○○法律事務所を持とうとしていると、言う。」そこに私は空白を入れています。私は〔法律〕事務所の名を知らないからです。「ロスマン（Rothman）が、」－それは新しい法律事務所の一員です－「訴訟を引き受けるのかどうかを、調べることになっている。ゆえにさらに遅延だ。エルナとテオ〔・リリフェルト夫妻〕が昼食に来た。私たちはこれらについて議論した。〔イングランドの〕シビル・ドビンソン(Sybil Dobinson)もまたそこにいた。私たちはクリシュナジと、〔K財団の〕会報(The Bulletin)のための材料について議論した。まだ暑かった。クリシュナジと私はどちらも、散歩するにはあまりに疲れていた。」
翌日、「クリシュナジは第4回の討論会を行った。私はシュアレス夫妻（the Suarèses）を昼食に連れてきた。リリフェルト夫妻も来た。後でスロス夫妻（Mr.and Mrs.Sloss）、〔ただし、ラージャゴパルとロザリンドの一人娘〕ラーダーの夫の両親が、お茶に来た。スロス氏は、クリシュナジは、ラージャゴパルに対して訴訟を起こすべきだと、言った。彼はまたラージャゴパルやロザリンドには何の用もない。クリシュナジと私は車を洗った。」
スコットーでは、彼女はまだ結婚しているんですか・・
メアリーーこれは〔ラーダーの〕相手の家族です。
スコットーそのとおり。で、彼らはロザリンドやラージャゴパルには何の用もない！（笑う）
メアリーーええ、そのとおりです。
8日に、「クリシュナジは、第5回のサーネン討論会を行った－ほとんどが恐れについて。聴衆は弱々しく見えた。昼食には、〔ベルギーの〕ヴァン・デル・ストラテン夫妻、〔イタリアの〕トパジア・アリアッテと、フランシス・マッキャンが、いた。クリシュナジは昼食の間、茫然としていた。ご婦人がたは、教育と自由放任について熱く語った。トパジアは、マリファナは合法的に売られるべきだと考えた。クリシュナジは、彼女はその危険を知らないと言った。彼らが立ち去って、クリシュナジは昼寝に行った。午後4時に、シビル・ドビンソンとリリフェルト夫妻が、〔K財団の〕会報(The Bulletin)とドイツの出版委員会について議論するために、私とのお茶に来た。」それから、ここには言います－「本当に誰一人いない。ヴェルナーという人(a Mr.Werner)に私たちは会ったことがないし、彼は自分の回りに委員会を欲しがらないと、グラーフは言う。カントール氏という人(a Mr.Kanthor)は、」カントール氏を憶えていますか。
スコットーええ。
メアリーー・・「謙虚で熱心だが、あまり教養のない人で、出版を取り扱う器量はない。」それが私の批評です。（スコット、クスクス笑う）
「ネリー〔・ディグビー〕は、〔アンリ・〕メソースト(Methorst)が書いて、フィデリウス夫人(Mrs.Fidélius)からもらった手紙の写しを、持っていた－自分はクリシュナジとK信託財団から映画を上演し、〔録音〕テープを再生し、映画に支払う金銭を集めるよう頼まれた、と言うものだ。また彼は、ブロックウッドのためにも集めるよう、〔校長〕ドロシー・シモンズに頼まれた、という。ドロシー・シモンズはネリーに対して、これは真実でないと言った。（クスクス笑う）エルナ、テオ〔・リリフェルト〕とシビル・ドビンソンが到着した。クリシュナジが私たちに加わった。私たちはお茶をいただき、これの幾つかに入り、それから〔財団の〕会報(The Bulletin)について議論した。〔会報は〕実務的なニュースを濃縮し、その残りをクリシュナジの〔講話などの〕素材にすることが、合意された。シビルは自らに素材を与えてもらっていなかったが、今、彼女はインドでの討論とたぶん講話を、オーストラリアのものと、KWINC〔クリシュナムルティ著作協会〕時代からの討論を、得られるのだろう。先に進むことが合意された。ラージャゴパルが異議を申し立てるなら、私たちはそれに対処するだろう。」それは出版への異議申し立てについて、です。
「クリシュナジと私は、エルナとテオ〔・リリフェルト〕に対して、昨日のお茶席の会合について語った－そのとき、ジミー・スロス(Jimmy Sloss)の両親のスロス夫妻が来た。スロス夫人は明白に、ラージャゴパルの状況を見出したがっていた。クリシュナジは彼らに対して、自分にそのことを語ってほしいのかどうかを、訊ねた。スロス夫人は、「ええ。でも、そうなさる前に、私はあなたにお話ししたいです。私は〔息子の結婚したラージャゴパル家ではなく〕あなたの味方です！」と答えた。（クスクス笑う）クリシュナジは、ラージャゴパルが十年間、自分にKWINC〔クリシュナムルティ著作協会〕について何を知らせるのも拒絶したこと、別れることの必要性等々、調停を見つけようとする努力、そして、ラージャゴパルが答えるのを拒絶したことを、叙述した。クリシュナジは、自らが三回ラージャゴパルに会いに行ったことを、言った。スロス氏は、クリシュナジは弁護士を持って、ラージャゴパルを訴えるべきだと言った－ラージャゴパルは他の何をも聞き入れないだろう、と。スロス氏はまた、ラージャゴパルは初めて会った

とき、自分に対して嘘をついたことを言った。彼は、クリシュナジは訴えるべきだし、〔相手が〕どうなろうが、構わない」と繰り返した。彼は私を脇に連れていき、自分は、ラージャゴパルにもロザリンド・ラージャゴパルにも何の用もないこと、そして、〔息子の〕ジミーは彼らのどちらとも何の関わりも持ちたくないと自分に語っていたことを、言った。私たちは、優秀な弁護士たちを持っているし、〔カリフォルニア州〕法務〔副〕長官〔タッパー〕のところに行ったこと、彼が調査の結果として私たちの味方に付いてくれることを、彼に対して保証した。スロスは、「進めてください。」と言って、立ち去った。」

「リリフェルト夫妻が去った後、クリシュナジと私は散歩に行こうとしはじめたが、ちょうど〔ヨーガ教師〕アイアンガーがウォルシュ夫人とともに入ってこようとしていた。」ウォルシュ夫人（Mrs.Walsh）は、タンネグ〔山荘〕の階下の東のアパートメントで生活しているご婦人でした。彼女はそこを毎年、取りました。彼女は毎年、アイアンガーの招待主でした。

スコットーふむ、ふむ。

メアリーー9日に、「クリシュナジは、第6回のサーネン討論会を行った。今回は教育について、だ。質問はほとんどが乏しかった。マダム・ウェルザー（Madame Welser）が手当のために来た。」－それは、〔多発性硬化症で〕麻痺したあの〔フランスの〕ご婦人でした。「ブラジルの若者、ピーター・ラーチュ（Peter Racz）と、カリフォルニアから来たすてきな少年のビル・バーマイスター（Bill Burmeister）が、昼食に来た。午後3時に、ヘンリー・ヘラー夫人（Mrs. Henry Heller）が、オーストリア委員会を始める可能性について、私に会いに来た。彼女はウィーンでハタ・ヨーガの教師をしていて、インドでそれをラージャ・ヨーガの教師のもとで学んだが、彼女は〔ハタ・ヨーガの〕体操のみを教えている。彼女はまた、ウィーンの国連の原子力委員会のために、英語の授業を行っている。（クスクス笑う）彼女はヒトラーから逃れたユダヤ人避難民だった。彼女の家族はスコットランドに行った。」私はなぜこれらを話すのか、分かりませんが、ともあれ…「彼女は実務的に見え、回避すべきこと－すなわち宣伝、解釈等－に気づいているようだった。オーストリアの法律のもとで委員会を形成するには、他の三人が要るだろう。彼女は、事務所に使えそうなアパートメントを持っている。」（小声で言っているようだ）私の知るかぎり、それが何かになったとは思わないわ。

スコットーふむ。

メアリーー「彼女は分別があり、その取り組み方は職人風だと見えた。私は、彼女が〔イギリスK財団のメアリー・〕カドガンに手紙を書いて、冬の間に、仕事と委員会を分かち合う他の真摯な関心を持つ人たちを見つけられるのかどうかを見ることを、提案した。それから次の夏にここに来て、公認の委員会になるかどうかについて、さらに議論する、と。それから私は背中の手当に行った。」－私は、カイロプラクティック〔脊柱指圧〕療法士から背中の手当を、受けていました。「クラニョリーニ、〔すなわち〕ピエトロに出くわした。水瓶座か何かだったから、月蝕がクリシュナジの健康に影響したと、彼は言う。私はクリシュナジが丘を降りてくるのに会った。私たちは〔山荘に〕登った。私は次の夏のために、タンネグ〔山荘〕の供託金を支払った。彼らは賃貸料を5000フラン値上げし、（クスクス笑う）2ヶ月で11000〔フラン〕にしていた。」

10日に、「クリシュナジは、第7回のサーネン討論会を行い、今年〔の日程〕を完了させた。私たちだけで静かな昼食をとった。ドロシーとジーン・マイケル・ラボルデ（Jean-Michel Laborde）は、」－それは私たちが話をしていたジーン・マイケルでした。それと彼の妻、マーガレット・ラボルデ（Margot Laborde）です。その夫婦には前に触れました。

スコットーそのとおり。で、彼女は行ってしまったんですか。

メアリーーええ。

スコットーでも、彼は留まった？

メアリーー彼はしばらくの間、留まりました。

「ドロシー、ジーン・マイケル・ラボルデ、サラ・ガレツォン（Sara Garetson）とスニタ・マータニ（Sunita Mahtani）がお茶に来た。」スニタとサラは、ブロックウッドの最初の学生たちの集団にいました…

スコットーええ、ええ。

メアリーー…そして、〔ブロックウッドに関する〕映画『あなたはこのように生きられますか（Can You Live This Way?）[1]』にいました。

スコットーええ。

メアリーー「それからクリシュナジは、昨日の討論の結果として学校を始めたいが、途方に暮れた顔つきの六人の若者たちに、話をした。彼らは、一番漠然とした資格や計画さえも持っていない。（二人とも笑う）シュアレス（Suarès）は、クリシュナジに短く挨拶するために、ストック〔社〕（Stock）の編集者、ムシュー・ベイという人（a Monsieur Bey）を連れてきた。」

翌日、「〔麻痺のある〕マダム・ウェルザーが午前9時に来た。エルナ〔・リリフェルト〕が昼食に来た。〔彼女の夫〕テオはチューリッヒにいた。彼らは〔オーハイの〕家に帰る前に、土曜日に〔スペインの〕マジョルカ島（Majorca）へ発つ。私は背中の手当を受けた。丘のふもとでクリシュナジに会った。私たちはともに歩いて登った。スザンヌ（Suzanne）と晩餐をし、彼ら、ヴァン・デル・ストラテンの大家族の一部分と会った。」（クスクス笑う）「車は雨でずぶ濡れだった。ちょうど9時過ぎに、私が戻ったとき、クリシュナジが出てきて、拭いて乾かさなければいけないと言った。それで、私たちはそうした。」（二人とも笑う）なんと、まあ！

12日に、「マダム・ドゥシェ（Madame Duchet）がフランス委員会について、私に話しに来た。正午にクリシュナジと私は、歩いて丘を降り、講話のための可能性として、新しい螺旋状の建物でグラーフ夫妻に会った。そこは大きくて効率的だが、工場のように見える。クリシュナジは全く気に入らなかった。それで、私たちは〔今使用している〕テントに留まるだろう－それは今年、とても良いものだが、借りるには37,000スイス・フラン－9000〔米〕ドルがかかる。グラーフ夫妻は、タンネグ〔山荘〕でクリシュナジと私とともに、昼食をした。4時にナディア・コシアコフ（Nadia Kossiakof）がクリシュナジに会った。私は、ブロックウッドでの9月の集会の間、西ウィングに泊まるよう、彼女を招待した。ブルーノ・オルトラニ（Bruno Ortolani）とその女性の友人が、お茶に来た。」

13日、「晴れた暖かい美しい一日だった。クリシュナジと私は、ドロシーとモンテーニュを連れて、〔サーネンの北

東方向、アルプスの北側の街〕トゥーン（Thun）に運転した。私たちは、ドア・ロックを直してもらうためにメルセデスを置いて、〔トゥーン湖の〕蒸気船へ歩いた。そこで私たちは、〔湖の東のリゾート地〕インターラーケン（Interlaken）に行って戻る二時間半の船旅のために、乗船した。私たちはピクニックをして、また蒸気船でテーブルを使うことができるよう注文した。」（クスクス笑う）テーブルを使うためには、何か食べ物を注文しなくてはいけませんでした。

「湖は深い翡翠色で、〔スイス・アルプスの、オーバーラント三山と呼ばれ、南方向に連なる〕アイガー（the Eiger）、メンヒ（Mönch）とユングフラウ（Jungfrau）は、雪の中、壮大だった。平和なはるかな一日だった。車のロックは金属の機械装置を吐き出したが、〔取扱業者〕モーザーは、それは車に押し入ろうとする試みの一部分だったかもしれないと、言った。私はこの冬、車を彼のところに収納しておく手配をした。私たちは〔南西方向に〕タンネグ〔山荘〕に運転して戻った。ドロシーとモンテーニュは上の階で私と晩餐をし、私たちはサーネン教会でのコンサートに行った。〔チェリストの〕モーリス・ジャンドロンが、バッハの無伴奏チェロの作品を演奏した。次に、あごひげを生やし、〔インドの〕クルタを着た〔ヴァイオリニストの〕メニューインが、〔インドのシタール奏者〕ラヴィ・シャンカール（Ravi Shankar）とアッラ・ラッカ（Alla Rakha）とともに舞台に座り、〔インドの〕ラーガを演奏した。最後にシャンカールがメニューインなしで演奏した。ふつうの聴衆の幾らかは立ち去ったが、ヒッピーたちは激しく拍手した。教会では悪い形だ。（スコット、クスクス笑う）私はこっくりするほど眠くなった。」（スコット、再びクスクス笑う）

8月14日、土曜日、「シモンズ夫妻はブロックウッドへと発ったが、〔彼らの車〕ランド・ローヴァーに私たちのかばん二つをどうにか載せて行った。これはクリシュナジの提案だった。彼はメルセデスにあまり多くを運ばせたくないのだ！」（スコットとメアリー、心から笑う）やれ、まあ！「ドロシーがそれをどう成し遂げられるのか、私には分からない。」（笑う）「イヴォン・アシャール（Yvon Achard）が11時に私に会いに来た。彼は、フランス語でクリシュナジの著作の選集を、作ろうとしている － それは、フランスの学者の仲間内で大いに流通するだろう。彼はハタ・ヨーガを教えている。」彼は〔フランス南東部の〕グルノーブル（Grenoble）で生活していました。

「彼が去ってしまったとき、私は郵便受けを開けた。すると、〔ロサンジェルスの弁護士〕ライプツィガーからの三枚の電報があり、彼は前日、〔州の法務副長官〕タッパーとロスマン（Rothman）（ラージャゴパルの新しい弁護士）と会って、ロスマンの要請で、私たちが書き上げた備忘録の線に沿った調停について議論したと、言っていた － ラージャゴパルと〔彼の支配下の〕KWINC委員会は辞任することと、〔新しい〕アメリカK財団が、出版または教育の背景をもった他の二、三人を加えて、」 － 委員会を意味します － 「管理すること。」それが企画でした。「すべての資産、アーカイヴス〔文献資料類〕等は引き渡されること。ラージャゴパルは、何か限定された編集の仕事をすること。だが、著作権はアメリカK財団に行くこと。タッパーは、カリフォルニアの居住者だけを委員会に入れたいと思っていて、クリシュナジをその年齢と〔世界各地への〕旅行のために委員会に入れないことを提案した。KWINCは、解散するより、ものごとを達成する一番容易な道として、団体として存続される。〔弁護士〕ライプツィガーは、〔法務副長官〕タッパーに話せるように、月曜日までに私たちから返事をほしがっている － タッパーは、それを〔相手側の弁護士〕ロスマンに提示するだろう。ロスマンは、一週間以内に自分の依頼人から」 － ラージャゴパルを意味します － 「返事をもらうだろうと、言う。ライプツィガーは、今日から一週間、イングランドに発つはずである。」

「私がこれらを彼に伝言したとき、クリシュナジは、「私は何かが起きたのが分かった。」と言った。その間、エルナとテオは今朝、〔スペインの〕マジョルカへの経路で〔サーネンのすぐ北の〕ショーンリート（Schonried）を発っていた。でも、私は〔スイス西部、レマン湖の南西の端、〕ジュネーヴのオテル・ドゥ・ローヌ（the Hotel du Rhône）で彼らを捉まえて、彼らに話した。クリシュナジは彼らに帰ってきてほしいと思い、彼らは即時にそうして、シモンズ夫妻が空けた〔山荘の〕階下の部屋に、移ってきた。彼らは午後3時30分に到着し、私たち四人は二時間、話をした。それから、ビヴァリー・ヒルズの〔弁護士〕ライプツィガーに電話した。エルナはそれらすべてを速記で書き留めた。電話は69分続いた。」（ほとんど聞き取れない）「高価だ。」

まあ、「15日に、〔プエルトリコの〕ビアスコェチェア夫妻が、昼食に来た。彼らとエルナとテオと私は午後ずっと、これら可能な調停の実務について、話をした。」

8月16日は、「また暑いがすてきな一日だった。私は背中の手当を受けた。昼食にシュアレス夫妻。リリフェルト夫妻は出かけていた。私は髪を切ってもらった。」これは退屈だわ！

スコット － いいえ。そうではありません。すべて書き留めましょう。そこには小さな宝石があるかもしれません。私たちは、すべてが魅力的だと言おうとしているのでなく…

メアリー － いいわ。「私は午後4時30分に駅でクリシュナジと待ち合わせた。私たちは、サーネンで彼のためのウォーキング・シューズの買い物に、行った。私たちは戻ってきたとき、リリフェルト夫妻とともに散歩をした。彼らと私は一緒に夕食をとった。」

17日に、「リリフェルト夫妻は、マッターホルンを見に出かけた。〔イタリアの〕トパジアがクリシュナジに会って、それから私たちと昼食をした。オーロビンド・ボーズ（Aurobindo Bose）が…」彼は誰だったかな。

スコット － 私は知りません。

メアリー － （クスクス笑う）なじみの名前ね。私はそれに何も〔情報を〕加えられないわ。「…クリシュナジに会いに来た。その後、私たちは村に降りていき、靴を替え、新聞を買い、〔アメリカの〕ニクソン〔大統領〕が〔アメリカドルと金の兌換を一時中止し、〕ドルを変動相場化しつつあることを、読んだ。90日間、賃金と物価を凍結した等々。株式市場は、前日比、3100万ドルの株式で32ポイント上昇した。ドルは至るところで下がった。ヨーロッパではドルの両替に困難があった。（二人ともクスクス笑う）私たちは散歩に行った。」

8月18日、「暑い一日だ。私たちは正午に発ち、〔西方向に〕運転して、〔レマン湖の北岸、ローザンヌ北部の〕シュゾー〔・シュル・ローザンヌ〕（Cheseaux）を通り、そこで〔電気技術の〕クデルスキのところで〔スイスの〕ナグラ〔の

録音機〕を受けとった。点検修理されていた。ピクニックの昼食のために自動車道路沿いに停まり、〔スイス西部、レマン湖の南西の端、〕ジュネーヴに行った。アランの腕時計を受けとった。それは点検修理されていた。それからクリシュナジのために、ナヴィクォーツの時計を買った。〔東方向に80キロメートル〕50マイルほどクリシュナジが運転して、グシュタードに戻ってきた。リリフェルト夫妻も戻っていた。彼らと私は夕食をとり、サーネンでのメニューインのコンサートに行った － シューベルトの三重奏曲。」

それから、8月19日に進みます。そこは・・・

スコット－大きな日記に戻ります。

メアリー－・・・また他の日記です。「エルナ、テオと私が朝食を終えようとしていると、クリシュナジが入ってきて、話を始めたが、それは1時15分前まで続いた。そのとき私たちは昼食のため、ビアスコェチェア夫妻のところに行かなくてはいけなかった。クリシュナジは、〔州の法務副長官〕タッパーの調停案の結果について弁護士たちからいつ言葉をもらえるのかを訊ねることから、ふつうに始めた。」

「それから彼は、しばしば言ってきたように、ラージャゴパルはどこが間違ったのかと言った。彼は聡明だった。若いとき、仕事のために選ばれて、有能だった。〔神智学協会の指導者〕レッドビーターにより選ばれた。でも、けっして特にレッドビーターに好かれなかったし、〔同協会会長〕ベサント夫人も彼に近くなかった。彼は〔南インドのバラモンの〕地方判事の息子だった。彼の弟は彼に似ていた。クリシュナジは、インドでその弟に会って、一瞬、ラージャゴパルだと思ったことを、叙述した。彼はただ座ったままで、仕えてもらうのを期待していて、ラージャゴパルと同じく自らの手で何をするのも拒絶していた。クリシュナジは、オーハイで犬の後始末をしていた。ラージャゴパルは、いつも理由を付けて皿洗いをしなかった。〔Kが神智学協会を離れた後も、〕ラージャゴパルは心の中では神智学者のままだったのか。実はこれらの年にずっとそうだったのか。彼は、クリシュナジを結局、神智学に連れ戻すために、彼と付き合ったのか。」

「クリシュナジはそうは思わない。でも、エルナは、ロザリンドが〔オーハイにKの学校として1946年に創設された〕ハッピー・ヴァレー学校を経営していて、おそらく情緒不安定になりつつあったとき、その学校がどうなりそうかを議論していたときの〔ラージャゴパルとロザリンドの娘〕ラーダー（Radha）の奇妙な言葉を、憶えていた。ラーダーは、エルマ・サルク（Erma Zalk）は」－エルマはロザリンドの姉妹です－「それを神智学協会に返すことに反対するだろうとは思わない、と言った。ロザリンドは自分自身をベサント夫人の代理だと考えている。アンナ・リーザ・ラージャゴパル（Anna Lisa Rajagopal）は、」－それはラージャゴパルの二番目の妻です－「ラージャゴパルと結婚した後、神智学協会に加わった。クリシュナジは、ラージャゴパルとロザリンドとの絶えまない喧嘩について語った。彼は、彼らが自分を銃撃しなかったのは驚くべきことだ、と言った。ロザリンド・ラージャゴパルは一度、車で金槌を持って、彼の頭を叩いた。インドでは、瓶を持って、それで彼を叩こうとした － スナンダ〔・パトワールダーン〕が目撃した － 等々。一度は駅で列車から飛び降りろと言った。」－それは〔西方向の〕サンタ・バーバラでのことでした－「一度は、彼の股間を膝蹴りしたために、彼は一日ほぼ歩けなかった。」

「私は、なぜ彼はこのすべての後で、これらの人たちから離れなかったのかと、訊ねた。」

「彼は「分からない。」と言った。話は、若いときの〔、神智学協会によるクリシュナ〕少年の保護へと進んだ。〔会長で養母のベサント夫人の指示により、〕彼に同行する二人のイニシエイト（initiate）がいつもいた。正しい食べ物等々。身体の保護のための必要性。しかし、身体がロザリンドにより攻撃されたのなら、なぜ彼は彼女を辛抱したのか。彼を見守っている力が何かあるのなら、何によってであろうと、なぜ、アラン・ノーデとメアリー・ジンバリストと、今ではエルナとテオ・リリフェルトがやって来るまで、他の誰一人として彼をその状況から救い出す助けをしなかったのか。私は、二人のラージャゴパル〔夫妻〕が彼の話に関して彼に影響を与えようとしたことがあったのかどうかを、彼に訊ねた。「全くない。私はそれを辛抱しなかったでしょう。」と、彼は言った。突然明らかだと思われた。私は、彼はもしも個人的に攻撃されたのなら、何もしなかっただろう、でも、もしも教えに影響を与えようとする試みがなされたなら、彼は一瞬でもそれを辛抱しなかっただろうということなのかを、訊ねた。「あなたはどうしたでしょうか。」と私は訊ねた。」

「「私は立ち去っていたでしょう。」と彼は言った。」

スコット－では、これを見直してみましょう。（溜息をつく）ロザリンドは車の中で金槌で彼の頭を叩いたんですか。

メアリー－ええ。

スコット－それがあなたの仰っていることですか。

メアリー－ええ。

スコット－そして彼女は、瓶でもって彼を叩こうとして・・・

メアリー－ええ。

スコット－それはスナンダ・パトワールダーン（Sunanda Patwardhan）に目撃された。

メアリー－〔1955年に〕インドで、ね。スナンダはそれについてあなたに語ったことがありますか。

メアリー－いいえ。スナンダだけだったのか、私は知りません。

スコット－そして、彼が物理的に自己に対することを何でも耐えたというこの全体は・・・

メアリー－でも、教えに対してはそうでなかった。

スコット－でも、教えに対してはそうでなかった。

メアリー－ふむ、ふむ。

スコット－でも、彼はなぜ保護されなかったんでしょうか。

メアリー－分かりません。私は二十年間、自問してきました。もし彼が保護されていて・・・

スコット－保護者たちはひどい仕事をしていました。

メアリー－彼を、二人の本当に卑劣な人たちの手に任せておくとは。（長い休止）私は全く理解できなかったし、いまだにできません。

スコット－ええ。

メアリー－さて、〔日記の〕大きな本には、もはや10月まで記入がありません。

スコット－いいですよ。では、小さな本に戻りましょう。

メアリー－小さな本ね。あれは〔8月〕19日でした。だから、今20日です。「エルナとテオは〔ドイツ中央部の〕フランクフルトとカリフォルニアへと発った。クリシュナジと私だけがいる。それからクリシュナジと私は村に行った。

彼は散髪をしてもらい、私は銀行へ。車は走り出そうとしなかった。それから走り出した。私は郵便局まで運転した。それからまたも走りだそうとしなかった。引っ張って、サーネンのメルセデスの人へ持って行った。動きはじめた。私たちは運転して、タンネグ〔山荘〕へ戻った。」〔取扱業者〕モーザーが直したにちがいありません。「後で完璧に走り出した。（クスクス笑う）クリシュナジは、私の顔と手について長い話をしてくれた － 彼の神経に障る私の休みなき習慣について、だ。」

スコット－ふむ、何ですか、あなたが手でいじるとか…

メアリー－ええ。

翌日、「荷造り。〔取扱業者〕モーザーが〔北東方向の街〕トゥーンから修理工を寄越し、彼は車を調べ上げ、一つ配線を締めた。私は銀行、郵便局等に行った。私たちだけで昼食をした。締め切り間際のお使いのために、二人とも村に歩いて降りた。それから私たちは車を洗って、そこにほとんどすべての手荷物を積み込んだ。ローマのヴァンダに電話をした。」

8月22日に、「私たちは午前3時15分に起きた！」何とまあ。「〔ヴァンダの家政婦〕フォスカとシルヴァナにさようならを言った後、」－ シルヴァナ（Silvana）はお手伝いの女の子でした －「私たちは午前4時10分に発った。道路は暗くて空っぽだった。私たちが〔レマン湖畔のニヨンから入ったジュラ山脈の裾野にある山村〕サン・セルグ（Saint-Cergue）で〔フランスとの〕国境に着いたとき、明るかった。私たちは〔フランス東部、ジュラ県のジュラ山脈の村、〕モレ（Morez）、〔町〕ロン・レ・サウニエ（Lons-le-Saunier）を経て運転した。」

スコット－ふむ、ふむ。

メアリー－（クスクス笑う）あの日々を憶えていますか。

スコット－すべて憶えています。私は寝たまま、ブロックウッドからサーネンへ運転して行き、戻ってこられるかなと思います。

メアリー－「〔フランス中央部、ソーヌ・エ・ロワール県の〕シャロン・シュル・ソーヌ（Chalon-sur-Saône）へ4時間半と175マイル〔、約280キロメートル〕だ。私たちは途中でクロワッサンを買い、道ばたで果物とともにピクニックの朝食をとった。」

私は、クリシュナジのふしぎな記憶について話すために一瞬、読み上げるのを離脱しましょう － その記憶は、すべての種類のことは憶えていなかったが、彼は道路の所々を憶えていました。このところ － 私たちがクロワッサンを食べたところは、これが第一回だったと思います。私たちはその後、毎年こうしました。私たちはクロワッサンを買って、それから道路をちょっと逸れたようなこの小さなところに、運転して行ったものです － イングランドのバイパスのようなものです。幾つかの木立と茂みの裏ね。

スコット－ええ。

メアリー－私たちはそこで朝食をとったものです。私たちはタンネグ〔山荘〕から果物と朝食を持って行きましたが、オーヴンから出たばかりのこれらすてきな熱々のクロワッサンを、買ったものです。

スコット－（クスクス笑う）いいなあ。私もまたこの点ではちょうど離脱しましょう。なぜなら、私がサーネンに運転して行ったとき、必然的にクリシュナジは、「君はどちらの進路をとったの？」と言っただろうからです。

メアリー－ええ。

スコット－彼はそれらすべてを知っていました。またも、彼の記憶についてこのおかしなことです。私は一回、クリシュナジに対してこう報告したのを、憶えています －「私たちは〔フランス中央部、ソーヌ・エ・ロワール県の〕シャロン・シュル・ソーヌの出口で高速道路を降りて、それから行ったのは…」と。私は地名を思い出せませんが、彼は村々の名を知っていました。

メアリー－ええ。

スコット－それから〔レマン湖畔の〕ニヨン（Nyons）をとおって行けるし、または〔レマン湖の南西の端、〕ジュネーヴに行けます。

メアリー－ええ。彼はそのすべてを知っていました。

スコット－私はまた後で彼に感銘を受けました － 季節で彼が初めてイングランド〔、ブロックウッド〕に戻ってきたとき、私たちが散歩に出かけようとしたときです。グランドを歩き回って彼は、引っかけてあった小さなものに、気づいたものです。小さなものに。

メアリー－ええ。

スコット－それで、あたかも彼は、個人的でないことにとてつもない記憶を持っていたかのようです。

メアリー－ええ。ええ。もののようす、ところのようすね。でも、何かの時点で、私たちがどこか知らないところに行こうとしていたとき、私は、彼に道案内役になり、地図を見てもらおうとしましたが、彼はどうしようもなかった！私が左か右に行くかどうかにかすべきだったとき、彼は私に対して、「進んで。進んで。進んで！」と言ったものです。私は停まって、地図を見て、戻って、向きを変えなくてはいけなかった。彼はそれが全く上手でなかった。でも、彼がそこを見たとき、それは視覚的なものでした。

スコット－興味深いな。なぜなら、彼は地図が得意でなかったのと同じことで、彼はまた建物の設計図も得意でなかった。

メアリー－ええ。彼は視覚の感覚を持っていなかった。想像上の視覚の感覚を、ね。でも、ひとたび刷り込まれると…

スコット－ええ、そのとおり。これには何かふしぎなことがあります。抽象や描写 － 地図がそれであったり、建築図がそれであるんですが、そこから進む、実物を見る能力、です。それは彼がただ、しなかったことで…

メアリー－全く持っていなかった。

スコット－…ええ。または、そうしなかった。

メアリー－ええ、ええ。

スコット－でも、私は、インドやカリフォルニアで彼と一緒だったなら、彼に対して言えたのかは、確かでありません －「クリシュナジ、〔オーハイの西の端、メイナーズ・オークスにある〕グローヴへの門を通るのをご存じですよね…」

メアリー－ふむ、ふむ。

スコット－「… 私たちは小さな門の締め切りを変えたんです。」と。彼がそれを憶えていたとは、私は思わないというか、確かではありません。でも、実際にそこにいて、

メアリー－ええ。

スコット－…門の締め切りが変わったことを見ると、彼は、「ああ、これを変えたんだ。」と言うでしょう。それで、これは何かです。何かがあって…

メアリー　ええ。まあ、それは結びついています － 例えば、彼は〔1925年11月に亡くなった〕自分の弟〔ニトヤ〕の顔を〔きわめて親しかったのに〕想起できないと言いました。
スコット　ええ。
メアリー　でも、写真を見せたなら、彼は当然、弟が分かっただけでなく、これら他の人たちも分かりました。彼らを見たからです。
スコット　ええ、ええ。
メアリー　彼は一回、ヴァンダ〔・スカラヴェッリ〕が行ってしまったとき、彼女がどのようなのかを言えないと、私に対して言いました。いつのときも彼が〔旅行中に〕私に手紙を書いてくれた理由の一つは、彼が言うには、（クスクス笑う）・・・
スコット　それで記憶が生きつづけた。
メアリー　・・・それで記憶が生きつづけた、ということでした。
スコット　それで、これには何かとてもふしぎなことがあります。
メアリー　うーん。興味深いわ。或る時点で、〔1977年2月、オーハイで計画された成人〕センターの建物には、マケット（a maquette）か何かがなかったですか。
スコット　ええ、模型がありました。
メアリー　ええ。
スコット　それは最初の建築家のためのものでした。
メアリー　ええ、ええ。私たちにはなかった・・・
スコット　〔あのとき〕最終的な建物は、だめでした。でも、それはただ、私たちに時間がなかったためです。私は本当は、あの模型をクリシュナジのために造ってもらいました。
メアリー　ふむ、ふむ。
スコット　彼がそれを気に入らなかったのは、それを見たときです。
メアリー　ええ。彼はものを見なくてはいけなかった。
スコット　ええ。そこには何か知覚可能なものがあります。でも、・・・
メアリー　まあ、今、私たちは、これらすべての人々について、話をしています。彼らに会ったことがないのでないかぎり、少なくとも何かイメージが精神に浮かんできます。
スコット　ええ。
メアリー　私のも、ね。私は、カイロプラクテッィク〔脊柱指圧〕療法師だった人を憶えていません。それは空白です。
スコット　ええ。
メアリー　名前を憶えませんでした。でも、他のすべての人たちは、私の心の目に彼らが見えます・・・
スコット　ええ、ええ。
メアリー　・・・彼らの名を読むと、ね。
スコット　私たちがすることの一つは、混同をするということです。または、私、自分が真実とイメージの間で混同をする、と言いましょう。それは、クリシュナジが語った人間の状況の一部です。
メアリー　ふむ。
スコット　でも、クリシュナジはイメージを作らなかったように見えます。彼の頭脳はただそれらを作らなかったようです。
メアリー　ふむ、ふむ。
スコット　私は建物の図を見るなら、建物がどうなるだろうかを視覚化できます。その中を歩くことができます・・・

メアリー　ふむ、私もできます。
スコット　図からです。でも、それから、その能力は、本当はそこにないものごとのイメージを造り出し、それらをそこに有るものごとと取り違えるあたりで、何かごまかしにもつながると思います。
メアリー　私はこれを、〔1977年に〕オーハイに邸宅を建てたこと、または〔より正確には、以前のパイン・コテッジを〕改築したことに関連づけようとしています。でも、またもや彼は・・・彼は自分の見たものに関連づけていました。
スコット　ふむ、ふむ。
メアリー　彼は、マリブの〔メアリーの〕邸宅が好きだったから、煉瓦造りを望みました － あれは白い煉瓦でした。で、彼はそのようなようすにしたいと思った。そして、床、タイル張りの床は・・・
スコット　ふむ、ふむ、ふむ。
メアリー　・・・彼は、それがどのようなようすか知っていたし、それが好きでした。それから私が、オーハイでの居間をどれほどの大きさにしてほしいのかを訊ねたとき、彼は初め、会合で入る人たちの数に関連づけました。私がどれほどの人たちかを訊ねたとき、彼は「ああ、五十人ほど。」と言いました。でも、それから私は、「マリブの居間ほどの大きさにしてほしいですか。」と訊ねました － それは奥行きがほんの30フィート〔、9メートルほど〕だったと思います。彼はオーハイの家をちょっと大きくしたいと思ったんですが、またも彼は、自分の知っている物理的なものに関連づけていました。
スコット　クリシュナジはまた、センターについても同じことをしました。彼は、客室がどれほどの大きさになるかを、訊ねたものです。私は〔具体例として〕ここブロックウッドでの部屋のことを言わなくてはいけなかったでしょう。
メアリー　ふむ、ふむ。
スコット　ええ。今、あなたがそのことを言われましたが、彼はいつもそうしました。
メアリー　ええ。
スコット　これやあれがどのように見えるだろうか・・・
メアリー　ええ。
スコット　・・・私たちは、彼が見たことのあるものについて、話をしなくてはいけなかったでしょう。
メアリー　ええ、ええ。ふむ、興味深いわ。まあ、どうすればこれをよりよく記述できるのか、私には分かりません。でも、それは、何か彼の精神の働き方と関わっていることです。
スコット　ふむ、ふむ。

　いつかの時点で私たちは、他の何かについて話していいかと思うんですが、今がおそらく良い時でしょうね。クリシュナジの虚弱な健康です。なぜなら、少なくとも私の理解では、クリシュナジはけっして頑丈だったとは思えないからです。私はけっしてそれを問いただしたり、見つめたり、考えてみたりしなかったんですが、それは、彼の持つとてつもない敏感さの帰結、そしておそらく、彼が経ている内的なことの帰結だと、思われました。それは、彼がただ、身体がうまく働かなかったから、しばしばひ弱な人だったというようなことではなかった － 正反対です。事実、彼の身体は極度によく働くように見えました。でも、そういうきびしい圧迫のもとに置かれていました・・・
メアリー　ふむ。

243

スコット―・・・彼の内面生活によってか、敏感さによってか、プロセスか何かそのようなことによって、です。または、彼が講話で公衆に伝えることでもって、その身に掛けた要求によってです。
メアリー―ええ。
スコット―それで、私はこれらを想像しただけだったかもしれません。でもまた、彼が具合がわるいというとてもふしぎな現象もありました － 私たちはすでにこれについて話をしました。彼が講話をできるのかどうか、〔直前まで〕私たちは分かりませんでした。それから突然、この信じがたい力がそこにあったし、彼は良くなったんです。
メアリー―ええ。
スコット―彼は一般的に、講話が終わるまで具合が良かったんですが、それから・・・
メアリー―ああ、そのとおりです。
スコット―・・・彼は卒倒したものです。
メアリー―いや、エネルギーが彼に来たことについて、このことは・・・何か他、何か本源を通してで、私は何を言うべきかを知りません。でも、それは視る者の視点からでした。とてつもなかったです － そこでは、何度も何度も、彼は前日か二日前に具合が悪くて、それから・・・
スコット―分かります。ただ轟いていて・・・
メアリー―実は燃え立っていて・・・
スコット―でも、彼の種類の虚弱な健康については、どうですか。これは私が想像してきた関連だけであると、感じられますか。
メアリー―いいえ！私がいうのは、それが私が彼を見たさまでもあるということです。さて、ときおり彼は、気分が良くないなら、それは何か自分の食べたものだと、言いました。でも私は、それが何か彼の食べたものだったとは思いません。私は、それは彼が物理的にあまりに多くの要求のもとにあるということだったと、思います。旅行してまわることすべて － 彼は、ただインドで樹のもとに座り、人々が自分のところに来るのなら、自分はたぶんもっと長生きするだろう、と一度ならず言いました。
スコット―ああ、そうです。或る時点で、彼が私にそれを言ったとき、私は「百歳ぐらいですか。」と訊ねました。彼は「ああ、違う。すごく長生きだ！」と言いました。まるで、百歳ではないかのようにです。（クスクス笑う）
メアリー―まあ、自分がどれだけ生きるだろうかについての彼の予言は、様々でした。
スコット―ええ。
メアリー―それは例えば、うーん・・・
スコット―彼の健康に戻ります。ただとてもふしぎです － 例えば、クリシュナジは、熱を出したわけです・・・
メアリー―ふむ、ふむ。
スコット―見あたる理由もなく、見あたる感染もないのに。それから、それは・・・
メアリー―ふむ、ふむ。
スコット―・・・一日か二日で去ってしまう。すべてとてもふしぎです。人々はただ熱を出し、それが去ってしまうわけではない。
メアリー―まあ、もちろん、彼は受けていました・・・自然療法か同種療法か、何らかの種の投薬を受けていました。でも、ええ、彼の健康は繊細でした。でも、考えてみるとき、〔1959年8月から〕インドで彼がとても長い間、〔腎臓炎で〕病んでいたときのような一定の時以外では、全体として彼の健康はとても良かったです。40年代〔、1947年〕に、彼は〔長い不在の後、ニュージーランド、オーストラリア経由で〕インドに行くことになっていましたが、彼は或る種の腎臓障害があったんです。
スコット―ええ。
メアリー―でも、全体として彼は、心臓病のようなものやそれらのものが何もなかった。
スコット―ええ。彼にはそれらのものは何もなかった。彼はただ自分自身に欠陥なく気をつけました。でも、同時に彼の身体はただ、通常の身体のように機能しなかった。少なくとも私には、見えませんでした。
メアリー―ええ。
スコット―それはまるで・・・それは、彼が、生と死の間の線はきわめて弱く、きわめて細い、と言ったようなことでした。または、きわめて細い糸がある、と。
メアリー―ええ。
スコット―それで、ただ・・・彼の繊細さについてはただ、何か生物学的や生理学的だとは見えない奇妙なことが、ありました。それは、何か他のことの生理学的な帰結だと見えました。
メアリー―これも考慮しなくてはいけません － 彼のまわりには、ひどくたくさんの葛藤・抗争が続いていました・・・
スコット―ああ、そうです。
メアリー―・・・彼がラージャゴパル夫妻と生活したときは、ひどかった。そして後では学校で、私たちはそれらを知っています。
スコット―知っています。
メアリー―インドにはいつも問題がありました。
スコット―知っています。
メアリー―さて、緊張と気がかりと擦り切れ、痛みを進めて、他の私たちみんなが対処するものごとは、或る面で彼はそうしなかった。彼はそれらが起きつつある瞬間に、それらに悩まなかった。なぜなら、それは起きつつあることでしたが、そのときそれは彼から抜け落ちてしまったからです － 私がいうのは、それは過ぎ去ってしまったんです。それは抜け落ちてしまった。それが彼の目の前になかったとき、私はそれをどう表すべきかを、知りません。さて、それは、身体の健康にたくさんの効果があるでしょう。私がいうのは、私たちが何かについて気を揉むさまが、私たちの健康に影響するんです。でも、彼にそれらのことはなかった。
スコット―ええ、なかった・・・そのとおり。彼にそれらは何もなかった。
メアリー―彼は気を揉まなかった。でも、彼は私に言ったものです －「あなたは疲れてはいけないよ。さもないと、それが私に影響するだろう。」と。
スコット―ふむ、ふむ。あなたはこれこれをしなければいけない。なぜなら、それは私に影響するだろうから、と。さて、あなたが2と2を足すと、それはまるで、その瞬間に彼に影響するだろうかのようにです。私の言おうとすることがお分かりならば、ですが。
スコット―ふむ、ふむ。
メアリー―それは、前もってとか翌日に彼に影響しないだろうが、もしも私が疲れていたなら － それがそのとき起きていることだろうし、それが彼に影響するだろう、と。
スコット―ふむ、ふむ。それは、あなたが疲れているなら、

それが雰囲気に何かを加えるかのようなことでしょうか・・・

メアリー―ふむ。

スコット―・・・とても敏感であり、ものごとを取り入れて・・・

メアリー―そのとおりです。

スコット―そのとき彼はそれを受けたでしょう。

メアリー―ええ。

スコット―それで、彼がロンドンに行ったり、空港に行ったりするとき、すべての粗雑さと不健全さと暴力性と、そのすべてが・・・人間の状況が・・・

メアリー―ふむ。

スコット―・・・とても強烈だったし、それが、彼にとって物理的にきつかったことです。

メアリー―そのとおりです。

スコット―まあ、彼はそれほどを言いました・・・多くの、多くのことにおいて、です。

メアリー―ええ。例えば、彼が病院に入りたがらなかったことは、その一部です。私が〔1976年1月に、昔、手術を受けた左〕脚に皮膚移植を受けたとき、深刻ではなかったが、彼は私に対して、「私が病院に来て、お見舞いできないのは、分かりますね。」と言いました。私は、「もちろん、分かっています。あなたが病院に私を見舞いに来ることを、私は伝え聞かないでしょう！」と言いました。

スコット―ふむ、ふむ。

メアリー―彼は、私が病院にいることを知っていました。でも、それは、さほど病院での私ではなかった。ずっと回りの人たちに起きている恐ろしいことすべて、です。私ではなく、病院でした。

スコット―ええ。私はこれに戻りたいと思います。なぜなら、持続的にひどさに対処することは － クリシュナジは旅行したとき、公開講話をしたとき、様々な人々との恐ろしい雰囲気を、ブロックウッドでの諸問題とか神のみぞ知る、ですが、それらを被ったとき、彼はそうだったわけですが・・・

メアリー―ふむ、ふむ。

スコット―そのすべてが生理的にすり減らしたように見えます。それが或る種の心理的な緊張を作り出した － そこでクリシュナジが心配するとか何であれ、したわけではない・・・そうではない。

メアリー―ええ。彼はものごとについて気を揉んで、寝ずに起きているわけではなかった。

スコット―それは実際に物理的な攻撃でした。

メアリー―ええ。彼は〔1984年8月に、ブロックウッドでの不和を見て、校長〕ドロシーや学校に対して、「このすべてをあなたたちの間で和解しないのなら、私は〔自分の居住する〕西ウィングへの扉を閉ざすでしょう。」と言ったとき、それは物理的な切り離しになったでしょう。

スコット―ええ。でもまた、彼は、もしもそれが起きたなら、そのとき、何か彼のオーラとか彼のまわりの雰囲気のようなものは、学校に入らないだろう、と言っていたと思われます。

メアリー―ええ。

スコット―それは停まってしまうだろう・・・

メアリー―ええ、ええ。

スコット―・・・あの扉のところで、ね。それは、〔学校の責任を担いつつあった〕私にとって、起こりうる可能性の中で一番恐ろしいことでした。

メアリー―彼がブロックウッドに来たとき、問題が続いていたとき、彼はここに着くやいなや、それを取り上げたものです。それは・・・

スコット―ええ。それには生理学的な帰結がありました。こういうわけで私は、彼の虚弱な健康の一部は、このすべてが彼に生理的に襲いかかったということであると感じるんです。

メアリー―ええ。また、学生たちが門から入って来るとき、彼らに何かを感じてほしいと願っていると彼が言ったことと、結びついています。

スコット―ええ。彼らは、ブロックウッドに足を踏み入れた瞬間、即座に変化すべきものでした・・・

メアリー―ええ。まあ、それは彼にとって、通常のことだったんでしょう！私の言おうとすることは、お分かりですね。

スコット―ええ。おそらく私たちのみんなにとって通常なんでしょうが、私たちのほとんどはそれを意識していません。ところが、クリシュナジはそれを意識していました。

メアリー―ええ。

スコット―私には分かりません。たぶんそれは彼を物理的に襲ったんでしょう。ただ、彼がそれを意識していたからではなく、また・・・彼はほとんど本当はいるつもりでなかったという感覚が、あるんです・・・彼はただ・・・

メアリー―どういうことでしょうか。

スコット―まあ、クリシュナジが〔神秘的な〕「プロセス」を経ているときの、〔そこにいた〕人々の様々な記述でのこれらのことすべては、〔抜け殻の身体が言った、〕「クリシュナは戻ってくるでしょうか。見張ってください・・・」ということになるでしょうねえ・・・

メアリー―うーん。

スコット―・・・〔1923年7月末から9月下旬に、〕オーストリア〔西部、チロル〕で〔滞在中に、プロセスの間、教会の〕鐘が〔突然、〕鳴らされたときのことを、憶えていますか[3]

メアリー―彼は死にかけました。

スコット―・・・彼は死にかけました。そして、彼がここにいることがただもう確かじゃなかったところのあらゆる種類のこと、です。

メアリー―それは、とほうもない極度の敏感さです。あの敏感さの結果からの極度の保護です。

スコット―そして、極度のひどさを被ること、です。

メアリー―ええ。

スコット―全部が － とても奇妙な混合物です。私がいうのは、全く率直にいって、もしも私が、〔神智学協会の指導者で後にKと対立した〕レッドビーター、アランデイル、ウェッジウッドとの環境、それからラージャゴパルとその仲間のしがらみの中で、物理的な頑丈さ等だけで、自分の鈍感さをもって育っていたのなら、私は12歳までに死んでいただろうと思います！（笑）私がいうのは、それはただひどい存在だったんです！極度の敏感さ、おそろしく残忍な仕打ちを受けていること、虚弱な健康であること、ほとんどいると見なされなかったり、ただ辛うじて、いるとされていたこと。それでも、これらすべてのことを生き抜いたこと。それはただ・・・とてもふしぎです。

メアリー―そうです。（長い休止）私は〔保護という主題に

心で戻りつづけます － 私たちは天使について話をしたのが、分かっています。私を見守っている二人の天使、です。

　彼は翌日、私に対して、「私たちが何を話したのかを、憶えていますか。」と訊きました。私は「ええ。二人の天使についてです。」と言いました。そこで私は、「それはどういう意味で仰ったんですか。」と言いました。

スコット－ふむ、ふむ。
メアリー－彼は、「そのときその人に訊いておくべきでした。」と言いました。それは私につきまとってきました。
スコット－ええ。
メアリー－彼が「その人」というのは、どういう意味だったのでしょうか。
スコット－ええ。(長い休止)それを言っていた人ですか。
メアリー－そのとおり。
スコット－ええ。
メアリー－私が何かを言ったとき、彼は「たぶんね。」と言いました。私がいうのは、それは傍観者の批評だったということです。
スコット－ふむ、ふむ。
メアリー－これらのことを問いはじめるなら、とてもふしぎです。
スコット－分かります。でも、それらを問わなくてはなりません。なぜなら、クリシュナジがあなたに言ったこのこと、そして、彼がメアリー・ラッチェンス〔のKは誰か、何かという問い〕に対して、水はそれ自体を知りえないことについて言ったことは、です。彼はただ、自分が誰なのかを言えなかったと見えます…
メアリー－ええ。
スコット－…彼はあなたの問いに答えられなかった。
メアリー－彼は、私たちが正しいのかどうかは、分かるでしょう。
スコット－彼は、あなたが正しいのかどうかは、分かるでしょう。で、あれこれを言えたんでしょうが…それは、「たぶんね」と言った等の人物にほぼ近い。
メアリー－ええ。
スコット－…または、「まあ、その人に訊いておくべきでした。」と言う人物か。
メアリー－ええ。必ずしも同じではない。そして、あの繰り返されたふしぎな発言があります －〔1922年8月からの神秘的な〕「プロセス」の時に〔弟〕ニトヤが報告した、「見守りに来る人」についての、です。あれらのことを読みましたか。
スコット－読みました。でも、思い起こせません。
メアリー－そうね、「プロセス」の間には、異なった実体がいたんです －〔まず〕クリシュナがいました － 彼は〔身体から〕去っていました。〔次に〕残された小さな子どもがいました。そして、〔身体に対して〕手術を行っている実体たちまたは「何かたち(somethings)」がいました。
スコット－ええ。
メアリー－それから、来る人です…
スコット－それはププル〔・ジャヤカールによるKの伝記〕の記述にありました。
メアリー－まあ、ププルはそれをニトヤ〔の残した憶え書〕から得ました。ええ。でも、見張りに来る人です。
スコット－ええ。見張りに来る人がいました。(長い休止)
メアリー－では、「その人」は…

スコット－ええ。(長い休止)うーん。
メアリー－うーん。(メアリーの話を聴く)
スコット－ともあれ、ええ、進みましょう。(クスクス笑う)
メアリー－(クスクス笑う)私たちはどこにいましたか。
スコット－分かりません！(二人ともクスクス笑う)
メアリー－私たちはこの地図なき土地をさまよい歩いています。(スコット、クスクス笑う)ああー…、〔スイス、サーネンから戻る途中、フランスでの〕ピクニックの場所です。そこが、私たちのいたところです。
スコット－ええ。
メアリー－「私たちは、道ばたでクロワッサンと一緒のフルーツでのピクニックの朝食のために、再び停まった。〔フランス中央部、ソーヌ・エ・ロワール県の〕シャロン〔・シュル・ソーヌ〕(Chalon)で私たちは自動車道に入り、クリシュナジは50マイル〔、約80キロメートル〕運転した。私たちは再びピクニックの昼食のために停まった。土砂降りを通り抜けて、パリ、そして〔ホテルの〕プラザ・アテネ(the Plaza Athénée)に午後2時30分に着いた。シャロンから160マイル〔、約255キロメートル〕または、〔スイス西部〕グシュタードから(クスクス笑う)パリへの全部の385.5マイル〔、約617キロメートル〕だ。」(スコット、クスクス笑う)すごく統計学的だわ！「私たちは少し荷を解いて、それから午後4時30分に、ジョン・ウェインの〔西部劇〕映画『100万ドルの血斗(Big Jake)』に行った。(二人ともクスクス笑う)自室で夕食。運転中にクリシュナジは冥想をすると言った。」ここには言います。「「空っぽであり、内から気づきなさい」と。」
スコット－ふむ。
メアリー－それが、彼がそこから私に語ったことです。

　翌日は8月23日でした。「私たちは〔滞在先の〕ホテルの庭園で昼食をした。クリシュナジが休む間に、私は最後の仮縫いのためにシャネルへ行った。〔オーダーメイドのシャツ店〕シャルヴェ(Charvet)に行った － 二人で、8枚のシャツとスポーツ・シャツを注文するためだ！4枚をマリブに、4枚をブロックウッドに置くためだ。(二人ともクスクス笑う)それから私たちは映画に行った。」ああ、自分の書いた字が読めないわ…フランス映画です。『デ・ゾム(Des Hommes)』とかいうものです。「私たちは自室で夕食をとった。」

　翌日、「私はシャネルに戻り、冬のコートを見た。それからシャルヴェでクリシュナジに会った。彼は可能なことを見るために、手短に私とともにシャネルに戻った。私たちはシェ・フランス(Chez Frances)で昼食をした。」それがどこにあろうが、です。「ポルトール(Porthault)でブロックウッドのために幾らかリネン〔、シーツやテーブル・クロスなど〕を買った。それから午後遅くの〔アフガニスタンを舞台にしたアメリカ〕映画『騎手(The Horseman)』に行った。」憶えていないわ。「部屋で夕食。」

　25日には、まあ、〔自分の〕家族の事柄ね。私の父はその時点で〔フランス北部ノルマンディー地方の〕ドゥーヴィル(Deauville)にいました。「私たちは〔宿泊先の〕プラザ・アテネの庭園で昼食をとった。シャネルの品物が配達された。私たちは午後2時に発ち、自動車道ですぐにパリを出た。そこを抜けるまで、クリシュナジは道をずっと運転した。私たちは〔北に進み、パ・ドゥ・カレー県の〕アラス(Arras)で〔北西方向の〕モントレイユに行った。〔ホテル、〕シャトー・

ドゥ・モントレイユ（the Château de Montreuil）で夜を過ごした。夕食前に城壁沿いに散歩をした。」

翌日、「私たちはブローニュ〔・シュル・メール〕（Boulogne）へ向けてモントレイユを発ち、午前11時30分の〔海峡を越えた南イングランドの〕ドーヴァー（Dover）行きホヴァークラフトに乗った。税関で車の問題はなかった。」（クスクス笑う）それが私にとっての心配事でした。「私たちは、〔西方向へ〕アシュフォード（Ashford）、テンターデン（Tenterden）、ホークハースト（the Hawkhurst）、クロス・イン・ハンド（Cross In Hand）、ペットワース（Petworth）等々経由で、ブロックウッドへ145マイル〔、232キロメートルほど〕を運転した。」

スコット——古い272号線だ。

メアリー——ええ。「ピクニックの昼食を食べるために停まった。（スコット、クスクス笑う）曲がりくねった長旅で、ブロックウッドに着くには午後6時までかかった。」

スコット——分かります。

メアリー——「ドーヴァーから五時間半だ。」

スコット——分かります。

メアリー——「あらゆるものが美しく見えた。戻ってきたことはとても良い。」

スコット——ドーヴァーからブロックウッドに行くには、〔スイス西部の〕ジュネーヴから〔高速道路で〕パリに〔行く〕ほども掛かるでしょう。

メアリー——そのとおりです。

スコット——とんでもないな。

メアリー——それが272号線の欠陥です。まあ、「荷を解き、メアリー・L〔リンクス〕とディグビー夫妻に話をした。散歩に行った。」父が突然に〔パリの〕アメリカ病院（the American Hospital）に入りましたが、重篤ではありませんでした。

29日に、「午後に私は、〔北東方向20キロメートル弱の都市〕アルトン（Alton）駅で、アメリカK財団の弁護士ディヴッド・ライプツィガーとその妻を、迎えた。彼らはその夜のために来た。クリシュナジはお茶のとき彼らに会った。ライプツィガーは、タッパー・ロスマン会合と、調停協議を詳細に説明した。〔向こう側の弁護士〕ロスマンは、明日までに〔州法務副長官〕タッパーのデスクに返答を出すはずだ。」

8月30日、「ライプツィガーは、エンリケ・ビアスコェチェアとドリス・プラットに対して、過去のラージャゴパルについて話をした。午後に私は彼とその妻を、〔イングランド南部、ハンプシャー州の州都で西方向の〕ウィンチェスターと列車に送って行った。」

翌日、「クリシュナジと私は列車でロンドンへ行った。〔サヴィル・ロウの仕立屋、〕ハンツマンに仮縫いのため、そして靴の買い物をし、昼食のため〔レストラン〕フォートナムでメアリー・L〔リンクス〕とアラン〔・ノーデ〕に会った。クリシュナジはキャンピオン氏のところに行った。」歯科医です。「それから私たちは列車に乗ってアルトン〔駅〕へ、そしてブロックウッドへ戻った。」

9月1日に、実際には3日までですが、「クリシュナジは、三つのエッセイを口述した——その一番目は注意についてだった。ブロックウッド公開講話のために、人々が到着しはじめた。私は花々を活けた。ディグビー夫妻は、〔講話のある〕週末の間、西ウイングに泊まり、すてきな磁器を持ってくるために、到着した。「応接室のための日本の磁器」。」彼らがあれらすべてのすてきな品物を持ってきました。

「クリシュナジは4日に、ブロックウッドのテントで第1回の講話を行った。」ここで言うところの〔園遊会などで使う〕マーケー（marquee. 大テント）です。「すてきな一日だった。大群衆。誰もみなが後でテントで〔昼食を〕食べた。私たちは邸宅での食事の72人の人たちだ。クリシュナジとドロシーと私は、長い散歩に行った。」

9月5日に、「クリシュナジは、第2回のブロックウッド講話を行った。またもすてきな一日だった。とてもすばらしい講話だった。」ここには言います——「お茶のとき、〔オーハイの〕アルビオン・パターソン（Albion Patterson）氏が、クリシュナジと〔出版委員会の〕ディグビー夫妻と私と、話をした——彼がクリシュナジの1945年から1968年までの出版物から作りたいと思う選集について、だ。」

翌日、6日、「午後に、私がクリシュナジとちょうど散歩に出ようとしていると、弟〔バド〕がパリから電話をしてきて、父が突然、〔華氏〕105度〔、摂氏40.6度弱〕の熱を出したと、言う。医師たちは、父がその夜、生き続けられるのかどうか、定かでない。私は、午後6時の〔北東方向の〕ウォキング（Woking）行きの列車、そして〔ロンドン西部、〕ヒースロー〔空港〕へのタクシーに、乗った。午後8時のフランス航空で発ったはずだったが、その便は10時まで遅れた。パリのフラットには深夜までに着いた。父はわずかだが良くなっている。バドとリーザは」——それは〔弟〕バドの奥さんです——「ホテルにいた。私は午前2時30分まで父を見守り、それからソファで寝た。父は私を認識できなかった。彼は重く頻繁な呼吸をしていた。私は父に咳をするよう勧めた。父は聞きつけて、やってみた。」

翌日、私はまだパリにいます。「父の熱はわずかに下がった。医師は、心臓の機能低下の結果としての肺炎だと、言った。〔抗生物質の〕ペニシリンがそれを抑制しつつあるが、頭脳の機能が下がった。彼は少し良くなるかもしれないが、治らない。父は二、三秒間、〔弟〕バドと私に会いたがった。私が、家族がみな一緒にいると言ったとき、彼はそれを繰り返した。」ああ、私はこれらについて続けないことにしましょう。

「私は、電話でクリシュナジに話をし、明日戻るだろうと、言った。テン医師（Doctor Theng）がもう一度来た——父はほぼ同じだが、これを乗り越えられない、とテンは言った。でも、父は痛みや不快感はない。医師は、いつ終わるだろうかを言えない。父は、しゃっくりで困るのかを訊かれたとき、「いや。」と答えた。バドと私は遅くまで話をした。」まあ、これは続きます…父はそのとき亡くならなかった…「彼は静かな夜を過ごした。バドと私は長く話し込んだ。それから、父が静かに眠っているとき、もう一回、父に会った後、私は階下に降りて、〔友人の〕マルセル・ボンドノーが空港に乗せてくれるために待っていてくれるところに、行った。私は〔弟〕バドにさようならを言った。彼と〔その妻〕リーザは午後5時にニューヨークへ飛ぼうとしていた。ミシェルは」——それは〔父の〕お抱え運転手です——「運転して、私とマルセルを〔パリの北東方向の郊外、〕ル・ブルジェ〔空港〕（Le Bourget）に送ってくれた。ナディア〔・コシアコフ〕もそこに来た。私たちは、〔南イングランドの港湾都市〕サウサンプトへのカンブリア航空の便に、乗った。

それからタクシーでブロックウッドへ。クリシュナジが昼寝から目覚める時間までに、荷物を解いた。私は夜の時間までに疲れ切っていたが、私たちは野原を横切ってすばらしい散歩をした。」

9月9日に、「クリシュナジは〔会場の〕テントで、第2回の討論会を行った。完璧な天気で、暖かい。午後に彼は〔個人〕面談を行った。それから彼とドロシーと〔犬の〕ウィスパーと私は、野原を越えて散歩をした。クリシュナジは階下で夕食をとった。それから、シナに関する〔ジャーナリスト、〕フェリックス・グリーン（Felix Greene）の映画を見に、テントに行った。私は再び、疲労困憊の眠りをとった。」

11日に、「クリシュナジはテントで、第3回のブロックウッド講話を行った。彼はまたテントで昼食をとった。ディグビー夫妻は、応接室の棚のために、さらに幾つか陶磁器を持ってきた。クリシュナジは初めに〔スイスの〕グラーフ夫妻（the Grafs）と、それからドイツ委員会のカントール氏（Mr.Kanthor）と、ストルゼネガー氏（Mr. Struzenegger）と会った。…」彼を憶えていますか。

スコット—（笑う）いいえ！

メアリー—（クスクス笑う）「…スイス・ドイツ語圏委員会について、だ。彼らはクリシュナジに〔ドイツの南部の〕ミュンヘンか〔北部の〕ハンブルグで講話をしてほしいと願っている。それから〔フランスの〕アンネッケ、ナディアとマルセルが、クリシュナジと私と会った – 委員会の機能と、クリシュナジと教えについて話をしたい人々への関係について、だ。」私の義理の母、〔亡き夫〕サムの母親が前日に亡くなっていました。

9月12日に、「クリシュナジは、第4回のブロックウッド講話を行った – すばらしいものだ。私たちはテントで昼食をした。私はカドガンと、アガシ氏と同夫人（Mr.and Mrs.Agashi）に話をした。」 – これが正確なのか、定かではないですが –「カナダで生活しているインド人で、クリシュナジの教えの、自分自身に対する効果について書物を書いた人だ。彼はK信託財団にそれを出版してほしいと願っている。私たちはそれは不可能だと説明した。それから、オランダの或る人との問題について、ディグビー夫妻、カドガン、アンネッケと議論した – その人はクリシュナジの教えに関する権威を自称する人だ。クリシュナジはヘレン・メイヤー（Helen Meyer）女史と」 – そのようね –「手短に話した – BBC〔イギリス放送協会〕ラジオでのBBCの書評番組について、だ。彼らは、クリシュナジが言ったことを用いて、〔Kの新刊〕『変化の緊要性（Urgency of Change）』について放送するだろう。私たちは短いお茶のために、ディグビー夫妻を呼んだ。それからクリシュナジとドロシーと私は、すてきな野原を越えて散歩した。晩には、1968年に作られたクリシュナジのインタビュー録画を上演した。フェリックス・グリーンは、録画で若者たちのためにクリシュナジとのインタビューをすることについて、私に話をした。クリシュナジはそうすることに同意した。」〔後に校長になる〕あなたはいつあなたの物語に入るんですか。

スコット—私は74年に〔初めてブロックウッドに〕到着します。

メアリー—ああ、神様、長い道のりがあります。

スコット—ええ、分かります。私は72年にサーネンで初めて講話に行きます。でも、74年まで私は〔ブロックウッドには〕見あたりません。

メアリー—（クスクス笑う）私は、あなたが〔まるで〕これらのすべてを通じてそこにいたと感じます。

スコット—（笑う）今はいますよ。

メアリー—「訪問客のほとんどは13日に発った。私たちは野原を散歩した。〔パリの〕父はわずかに良くなった。熱は下がった。彼は少しスープをとっている。」

9月14日に、「クリシュナジと私は、ロンドンに行った。私たちは二人とも〔仕立屋〕ハンツマンの仮縫いをし、二人ともディオールのブテックに行った。でも、そこはあまりに混雑していた。私たちは〔書店〕ハチャーズに行き、メアリー・L〔リンクス〕に出くわした。彼女は、フォートナムで私たちと、昼食をしようとしていた。私たちはそこで、「ちょうど正しい」」 – 彼からの言葉です –「昼食をとった。幾つか衣服を見たが、クリシュナジはそれらを安い見栄だと思った。私は初めて、自分の新しいシャネルのコートを着ていた。彼はそれを気に入った。彼は〔歯科医の〕キャンピオン氏に詰めものをしてもらったが、それは晩までに抜け落ちてしまった！」

スコット—やれまあ！

メアリー—「〔帰りの南西方向の〕列車でクリシュナジは恐怖をもって、三人のビジネスマン、通勤客を観察した。彼は、「社会は変わらなければならない！何か他の生きる道を見つけなければならない。」と言った。（二人とも笑う）私たちは、〔北東方向20キロメートル弱の都市〕アルトン（Alton）から〔その南の〕セルボーン（Selborne）、〔その南東の〕リス（Liss）、〔その北西〕ホークレイ（Hawkley）、〔その南西の〕プリヴェット（Privett）経由で、道草をくって戻った。〔ロサンジェルスの弁護士〕ライプツィガーからの手紙を見つけたが、そこには〔向こう側の弁護士〕ロスマン、〔州法務副長官〕タッパーの調停が協議されていた。」何が起きたのかは言っていません。何も起きなかったのよ。（クスクス笑う）

翌日、「私たちはライプツィガーの手紙に関して、オーハイのエルナ〔・リリフェルト〕に電話をしたが、私たちは彼女の手紙を待つことになっている。」

9月16日に、「午前11時30分にクリシュナジは、私たちが学校で何をしようとしているかについて、職員との会合を開いた。新しい物理学・化学の教師が合衆国から到着し、出席した。」彼を憶えていないわ。

スコット—彼はあまり長続きしなかったね。

メアリー—「日曜日の学校の〔新学年の〕開始のために、学生たちが到着しつつある。昼食の後、クリシュナジと私はオーハイのエルナに電話をした。彼女の手紙を受けとったからだ。私たちはみな、〔州法務副長官〕タッパーがラージャゴパルに提案するはずの和解条件に、合意した。クリシュナジとドロシーと私は、野原を越える散歩。〔パリの〕父は身体的に良くなったが、ここ三日間、脳の悪化があった。」

スコット—あなたとクリシュナジがエルナに電話したことをちょうど話している間に、ちょうど何かを思い起こしました…クリシュナジは、電話で話すのがあまり好きではなかった。

メアリー—ええ！彼は私の横に座って、私に合図したものです。

スコット—（笑う）あなたに合図か。知っています！でも、

それもなかなかおかしいな。

メアリー－彼は電話でめったに話をしなかったわ。

スコット－知っています。私が電話で彼と話をしたとき、彼は居心地が悪かったと言えるでしょうね。

メアリー－ええ。

スコット－彼はそれをできるだけ、速く済ませました。

メアリー－ええ。

スコット－それから、彼はいつもただ受話器をあなたに手渡したと、私は思います。彼から二言、三言、それから（笑う）それをあなたに押しつける、みたいでした。

メアリー－ええ。彼はいつもそうしました。ほとんどね。（スコット、笑う）ときに私は、彼に話すよう、ほとんど無理強せざるをえませんでしたね － 当人が、〔電話の相手が〕ただ私だけではないことを知るようにね！

スコット－彼がそこにいるんだと・・・ええ。（二人とも笑う）

メアリー－17日に、「クリシュナジと私は、ロンドンに行った。ハンツマンの仮縫い。私はレインコートと幾つかの靴を買った。私たちはフォートヌムで昼食をした。幾枚かセーターを買った。」（クスクス笑う）「彼は歯医者に行った。歯に三回目の詰めものをした！」

スコット－ああ！

メアリー－ええ。「医者は先週、歯に詰めものをしたが、その日の晩に抜け落ちてしまった。それから私たちは午後4時12分の列車に乗って〔南西方向の〕アルトンに戻り、〔さらに南西方向の〕ブロックウッドに着いた。野原を越え、門番小屋(ロッジ)に降りる遅い散歩に間に合った。そこで、オーハイからの標識を見た。」それは、それら標識を作るオーハイのあの人が作ったブロックウッド・パークの標識です。

スコット－ふむ、ふむ。

メアリー－（クスクス笑う）なぜ私たちがそれをオーハイに送らなくてはいけなかったのか、私は知らないんだけど・・・（スコット、笑う）クリシュナジがさせて・・・

スコット－ものごとは他のどこから来ると、いつも良かったんです。

メアリー－他のどこかね。ええ！それにまた、標識の人はそれらをすてきに作ったのよ・・・そうねえ、何からかな。（スコット、笑う）「クリシュナジは階下で夕食をとった。シャーマン（Sherman）の双子が入ってきていた。クリシュナジは特に彼らに興味を持った。」あれは・・・おや、まあ！彼らは、サーネンの川沿いで彼らの母親とともに、クリシュナジが出くわした二人の子どもでした。彼らの母親は、まあ・・・でも、二人の美しい子どもたちです。私たちは彼らを学生として引き受けました。ええ、ここには言います －「彼は、グシュタードで散歩の間に彼らに会って、彼らはすてきな子どもだと思った。」

スコット－（クスクス笑う）それはすてきな入学方針だな！（心から笑う）

メアリー－まあ・・・翌日は何も起こらなかった。クリシュナジが職員のための討論会を開いたこと以外は、ね。で、・・・

スコット－よし。では、9月19日について、新しい議論を始めましょうか。

メアリー－ええ、いいわ。

原　註

1) クリシュナジの教育の観点とブロックウッドに関して作られた映画。[*16]

2) 建築模型を表すフランス語。

3) オーストリア〔西部、チロル地方〕のエールヴァルト（Ehrwald）。メアリー・ラッチェンスによる伝記『クリシュナムルティ　覚醒の時代』（*Krishnamurti: The Year of Awakening*）第20章を参照。

訳　註

*1 原文はここから J.Krishnamurti ON LINE 上の講話書き下ろし Awakening of Intelligence,The へリンクされている。

*2 日本では『毛沢東語録』として知られる。1966年から広く出版され、毛沢東が主導した政治闘争において紅衛兵たちが常に携帯し、その文化大革命を象徴する存在となった。10年間に65億冊が出版されたという。

*3 第15号には Dobson と表記されているが、ラッチャンスの伝記にもドビンソンの表記である。

*4 ラッチェンスの伝記の第一巻によれば、ベサント夫人は、すでに1927年に、Kが学校を始めたいと思っているオーハイの奥の、アーリヤ・ヴィハーラの近くに、450エーカー以上の土地を購入している。さらに、「ハッピー・ヴァレー財団（the Happy Valley Foundation）」が創設され、世界教師と集会のためにオーハイの西端に240エーカーの土地（オーク・グローヴを含む）が購入された。だが、ハッピー・ヴァレー学校が西オーハイの土地に1946年に開校するまで、20年近く掛かった。

*5 ここでは、神智学協会の信奉する大師たちのもとで入門儀礼（イニシエーション）を通過して、一定の段階に到達した人をいう。ちなみに、1930年代にKが神智学協会を離れたとき、ラージャゴパルとロザリンド夫妻、ジャドゥ（第35号、4月16日を参照）が、ベサント夫人の指示でKの支援に入った。ププル・ジャヤカール著の伝記によれば、ジャドゥの1931年の急死から、ラージャゴパル夫妻の役割が大きくなったようである。

*6 M.Lutyens（1996）によれば、このような暴力行為の背景には、1947年にKが一人でインドに戻り、新しい友人を作り、その中には、夫からの離別を求めたナンディニ・メータがいたこと、Kの教えに全く関心を持たず、K自身とも疎遠になりつつあったロザリンドが、その関係を疑い、嫉妬のあまり攻撃的になったといった説明もある。教えに対する無理解は、例えば第40号にも例証されるが、彼女がハッピー・ヴァレーの実務に没頭していたことと合わせて、大きな要因かと思われる。スコットはYoutube上のインタビューで、この夫妻二人はKが悪人と呼んだ唯一の人だと指摘している。ちなみに、この時期、Kの近所に生活し、日々、Kやロザリンドと会っていたウィリアム・クイン氏は、ロザリンドの娘ラーダー・スロスによるKとその母ロザリンドの恋愛沙汰に関する暴露本について、K財団理事フリードリッヒ・グローヘ氏への私信において、これは両親の代弁にすぎないし、手紙などの事実確認もできず確認が得られないとしながら（M.Lutyens（1996）には、数多くの事実誤認を指摘している）、次のように述べている －「その本について私にとって嘆かわしいのは、その動機づけが復讐心であると見えることです。私にとって不幸にもその本は、Kではなくロザリンドをみすぼらしく小さく見せている。部分的にこれは、ロザリンドの性格に深く入らず、Kを対象化し責めたことの結果です。私は彼女ははるかに大きな人物であったと思います。」（Friedrich's Newsletter - September 2014 による）

*7 2ヶ月間、発熱して寝込み、意識も混濁した。回復には6ヶ月間掛かった。

*8 第15号、7月24日、第45号、4月10日の個所を参照。

*9 Kがメアリーに言った話であるが、元来、養母のベサント夫人がKに対して言っていたことである。第33号、10月22日を参照。

*10 伝記の第二巻を執筆中の、1979年6月の個所を参照。

*11 ホームページ上ではここで指示された個所をクリックすると、メアリーの話が聞こえる。

*12 クリシュナムルティが「星の教団」を解散するときに述べ、その後、繰り返された「真理は道なき土地である」という言明に掛けたものであろう。

*13 原文はここから J.Krishnamurti ON LINE 上の講話書き下ろしへ

リンクされている。
*14 フェリックス・グリーンは、イギリス生まれで、共産圏の取材、映画制作で知られる。シナに関して幾つもドキュメンタリー映画を作っており、どれなのかは不明である。第28号には、彼が毛沢東の文化大革命に肩入れしていたことが述べられている。
*15 原文はここからJ.Krishnamurti ON LINE 上の講話書き下ろしへリンクされている。
*16 この映画も現在、Youtube 上で見ることができる。

第20号 1971年9月19日から1971年12月31日まで

序 論

この号に紹介された冬は、クリシュナジが〔例年の旅程と異なって、〕インドに行かないわずかな冬の一つである。彼は疲労困憊していて、自らの「身体がそれに反抗している。」と言うからだ。それで、イタリアでの二、三週間の後、クリシュナジは〔ロサンジェルスの西、〕マリブのメアリーに加わった。〔彼がインドに行かなかったので、〕私たちは読者として、この時期にわたって平常そうであるより、もっと多く彼を見る。

この号は、クリシュナジの存在の、きわめて言葉に表しがたい一面についての議論を、含んでいる − すなわち、人々は、(どんな通常の意味でも) 彼が言っていることを知らぬまま、彼が言っていることを感知できたということである。

メアリー・ジンバリストの回顧録 第20号

メアリー — では、1971年9月20日について始めましょう。なぜなら、19日には何も起こらなかったからです。
スコット — これはブロックウッドのことです。
メアリー — ああ、そうです。私たちはブロックウッドにいます。その日に、「クリシュナジは、学校の〔新学年が〕始まる日に、学生たちと職員たちに対して講話した。14の国々の32人の学生がいた。彼らはすてきな集団に見えた。」
21日には、私の名づけ子の一人がしばらくの間、滞在するために立ち寄りました。
9月22日に、「メアリー・カドガンが昼食に来た。クリシュナジと彼女と〔校長〕ドロシー〔・シモンズ〕と私は、ブロックウッドの建物と〔若い建築家〕ドナルド・ホッペン(Donald Hoppen)が〔アメリカ滞在のため〕たぶん12月まで戻れないかもしれないことについて、議論した。私たちは、新しい建物を作らないこと − それはほとんど、私たちが初めてブロックウッドを買い取ったときほどもお金が掛かるだろう − そして、ちょっと邸宅を改造し、残りの外部の建物を転用することを、決定した。」それはそれだけでした。
次の二日には、「クリシュナジは、職員と学生との討論会を開いた。」でもまた、24日には、「私の (クスクス笑う) ティファニーの置時計が消えてしまった！」(笑う) 続いて、多くのドラマがありました。
スコット — では、ちょっと待ってください。何？ 盗まれたんですか。
メアリー — いまも持っていますよ。でも、そうです。
スコット — 盗まれたんですか。
メアリー — 盗まれたにちがいありません。なぜなら、誰もそれを見つけられなかったし、私は自室を細かく探したからです。それから、そういうことになったんですが、私は良い考えが浮かびました − 私が探すのを手伝うよう、学生たちを加えるんです。おそらく彼らのほうが探すのはうまかった。そして、目にも見よ！ それは私の部屋に現れたんです。(クスクス笑う)
スコット — ふむ、ふむ。
メアリー — 誰かが戻しておいたんです。
スコット — メアリー、この時にドナルド・ホッペンとはどうなっていたんですか。なぜなら、これもまた、うーん、できかけの小さなドラマだったからです。でしょう？ それとも、そのときまでには、明らかになりつつあったんでしょうか。
メアリー — ええ。彼は建物のためのあの計画を持っていました − それがなろうとした…
スコット — アート・パヴィリオン〔芸術展示場〕があったところに、多層階の建物、でした。学生たちは手伝おうとしているとか、何かそのようなことでした。
メアリー — 詳細は憶えていませんが、始まりから結果の見込みはなかった。でも、明らかにしていきましょう。次の二日間は特に何でもないことで忙しい。
9月13日に、「私は〔スイスの〕ナグラ〔の録音機〕で、クリシュナジが学生たちと行った討論を、録音した。それから彼と私は、〔北東方向20キロメートル弱の最寄りの都市〕アルトンから、午後12時50分の列車に乗った。私たちは列車でピクニックの昼食をとった。それから〔ロンドンで〕クリシュナジはトゥルー・フィット・アンド・ヒル (Truefitt & Hill) で散髪をしてもらった。その後、私たちは初めて新しい歯科医、ハミシュ・トンプソン氏 (Mr. Hamish Thompson)のところに行った。」彼は、それからずっとクリシュナジの歯の手入れをしてくれた良い歯科医でした。「彼はメアリー・リンクス〔、ラッチェンス〕の姉、ハーバート・エガー夫人 (Mrs.Herbert Eggar) が推薦してくれた。クリシュナジは、彼は優秀だと言った。」
それから10月2日に、「〔フランスの〕マルセル・ボンドノーからの手紙が届いて、〔実業家〕デ・ヴィダス氏 (Mr. de Vidas) が亡くなったと伝えた。」
10月3日に、「クリシュナジは衝立で仕切った書斎で、学生たちに話をした。私はそれをナグラ〔録音機〕に録音した。〔リシ・ヴァレーの〕ムーアヘッド夫妻 (the Moorheads) が昼食に来た。彼らは後でクリシュナジに話をした。4時にはディヴィッド・ボームもそうした。私はナグラの〔録音〕テープを〔ドイツ製の〕ウーヘルにコピーした。それから私たちは散歩に行った。」
10月5日…ああ、私たちは〔二冊の日記のうち〕大きな本に跳べます。
スコット — 全部を読み上げてください。
メアリー — いいわ。「クリシュナジは学生たちに対して、気づきの鮮烈さと静かな精神について、すばらしい講話を行った。彼は彼らに〔ヨーガの〕調息(プラナヤマ)を示した。私たちは昼食の後、〔英仏海峡の〕ノルマンディ・フェリーの切符のために、〔西方向の〕ウィンチェスターに行った − どこで乗船するのかを探り出すために、さらに〔港のある〕サウサンプトンに行くつもりだったが、クリシュナジはウィンチェスターをせわしなく歩き回った後で疲れていた。それで私たちは戻ってきた。すばらしい晴れたきらめく秋の一日だった −

きわめて意気軒昂。私たちは散歩に行ったが、クリシュナジは、「このほうがいい。いま私は気分が良くなった。」と言った。」（クスクス笑う）後で彼は私に、〔イギリスの第二次大戦中と戦後、二回首相を務めた故人の〕ウィンストン・チャーチルが少女に話をしているのに会った夢を見たと、言った。チャーチルはクリシュナジに対して、「ああ、あなたが少女と結婚してもしなくても問題はない。」と言った。クリシュナジはチャーチルに対して、」－（笑う）私はこれを忘れてしまっていました－「「私がそう申し上げるのを許してくださるなら、チャーチルさん、あなたはいたずらですね！」と言った。（二人とも笑う）それに対してチャーチルはクリシュナジへ、「私はあなたを愛しています。愛しています。」と応えた。」夢の終わり！（二人とも笑う）「クリシュナジは私に対して、「私はアストラル次元（the astral plane）で、とても多くの著名人たちに会ったことがある。」と言った。」（二人ともクスクス笑う）

スコット―でも、彼はそのことで冗談を言っているんですか。

メアリー―もちろんです。

スコット―まあ、私たちは、それを後世のために明らかにしなくてはいけないね。（笑う）

メアリー―まあ、お好きなように取ってください。でも、それはユーモアをもって言われました。「昼食には、トニー・ファーガソンという人（a Tony Fergusson）が、なぜクリシュナジ宛の自分の手紙に返事をもらっていないのかを知りたくて、電話をしてきた。彼は、アニー・ベサントの転生について喜ばしいニュースを、持っていた。彼は、クリシュナジが自分に会おうとしないという噂があると、言った。」（クスクス笑う）「クリシュナジは、それについて訊かれたとき、「ああ、とんでもない。」と言った。〔建築家〕イアン・ハモンド（Ian Hammond）が電話をしてきた。彼は、ダイニング・ルームを拡げる計画などについて、土曜日にやってくるだろう。」

いま私たちは〔日記のうち〕小さな本に戻っています。でも、（クスクス笑う）その一つの記入の値打ちがありました。

10月6日に、「私たちはロンドンに行った。〔サヴィル・ロウの仕立屋、〕ハンツマンへのいつもの訪問があった。それから、メアリーとジョー〔・リンクス〕夫妻のフラットで彼らとともに昼食。後で私たちはお茶のために〔古い友人の〕バインドレー夫人（Mrs.Bindley）のところに行った。それからブロックウッドに戻ってきた。」

「翌日クリシュナジは、学生たちとまた別の討論を行った。」

それから8日に、「オランダのヴァン・プラーグ氏（Mr.van Praag）は、6月にクリシュナジとの録画インタビューを行ったが、彼が戻ってきて、カラーで9分番組を二つ行った。」

スコット―ああ、録画で？

メアリー―ええ。9日には、「〔建築家〕イアン・ハモンド（Ian Hammond）が午前10時に来て、クリシュナジとドロシーと私とともに、ブロックウッドのダイニング・ルームを拡げる計画、犬舎と鉢植え置き場があるところに、〔研修者の滞在する〕クロイスター（the Cloisters）を作る計画を、調べた。」

10月10日に、「クリシュナジは学生たちに講話した。私はそれをナグラ〔録音機〕でテープに録った。ディグビー夫妻が昼食に来た。私たちは、クロイスターを建てる計画を進めることを決定した後、クリシュナジとともに出版について議論した。まだすてきな天気で、暖かくからっとしている。」

11日、「ドロシーとドリスが運転して、私を月曜の午前8時50分のロンドン行き月曜列車に、送ってくれた。私は、クリシュナジのイタリアとフランスのヴィザ〔査証〕を取りに行き、彼の航空チケットを購入した。私はハロッヅ〔百貨店〕に歩いて行き、そこで或る友人と昼食をした。それから、ネリーとのお茶のためにディグビー家に行った。6時30分に着替えて、彼らとともに、〔夫ジョージの勤務先で、ロンドン中心部、ケンジントンにあり、美術、デザインの豊富な〕ヴィクトリア・アンド・アルバート博物館での〔旧知の写真家〕セシル・ビートン（Cecil Beaton）の写真の展示会の内覧に、行った。私たちはディグビー家に戻ってきて、晩餐をした。私はその夜をそこで過ごした。」

翌日、「ディグビー家での朝食の後、私は〔サウスバンクに近いターミナル、〕ウォータールー駅に行って、そこでメアリー・カドガンに会った。私たちは〔南西方向へ、ハンプシャー州の〕アルトンへの列車で業務の議論をした。〔校長の〕ドロシーが私たちを出迎えてくれた。私たちは、クリシュナジの学生たちとの討論会のためにナグラ〔録音機〕を整えるのにちょうど間に合うよう、ブロックウッドに着いた。昼食の後、クリシュナジとメアリー・C〔カドガン〕とドロシーと私は、金銭と他の問題を調べた。クリシュナジとドロシーと私は、野原を越えて散歩した。」

13日、ここには言います－「とうとう雨。〔西方向の〕ウィンチェスターに行った。エセックス・ホテル（the Wessex Hotel）でメアリー・L〔リンクス〕と〔その娘の〕アマンダに会い、彼らをブロックウッドでの昼食に連れてもどった。私たちはみな、〔研修者の滞在する〕クロイスター〔のため〕の空き地を、見に出かけた。私は、その裏の〔元地主〕モートン〔氏〕（Morton）の土地に、車庫と駐車の考えを持った。おしまいに、私はメアリーとアマンダを〔北東方向の最寄りの〕アルトンに送って行った。クリシュナジとのお茶に戻ってきた。彼とドロシーと私は雨の中、散歩した。」

10月14日に、「クリシュナジは再び、学生たちと職員たちに講話をした。私はそれをナグラ〔録音機〕でテープに録った。寒く晴れた美しい一日だった。クリシュナジはメルセデスを洗った。彼とドロシーと私は、長い散歩に行った。」

「私は15日に一日中、荷造りをしていた。ジェーンとイアン・ハモンド〔夫妻〕が昼食に来て、提案されたクロイスターの図案を持ってきた。とてもすてきに見える。クリシュナジは喜んだ。」

再び翌日、「私は一日中荷造りをした。クリシュナジとドロシーと私は野原を越えて歩き回った。なんて麗しいのだろう。私たちは階下で夕食をとり、それから車に荷物を積み込んだ。学校〔の人たち〕がさようならを言うためにそこにいた。クリシュナジと私は小雨の中、サウサンプトンへ運転して行った－そこで、私たちは車をノルマンディー・フェリーに乗せた。私たちは〔個々に〕特別室を取った。相当に快適だった。夜に〔英仏海峡の〕海はちょっと荒れていたが、だいじょうぶだった。」

17日に、「フェリーは〔フランス北部、〕ル・アーブル（Le Havre）に着岸した。私たちは午前7時に運転して、〔東方向へ〕ルーアン（Rouen）の方向に進んだ。朝食のために自動車道上で停まり、午前10時直後には、パリの〔ホテル、〕

プラザ・アテネ（Plaza Athénée）にいた。楽な運転だった。私は荷物を解き、入浴し、ロテル（L'Hotel）に電話した。」－それは「ロテル」と呼ばれるホテルです。「私は、弟〔バド〕と〔その妻〕リーザが真夜中にそこに入ったことを、知った。彼女は美物館の会議のためにそこにいる。彼らは昼食の前に、私たちに会いにやってきた。メアリーとジョー・リンクス〔夫妻〕は〔イタリア・〕ヴェニス〔ヴェネチア〕の展示会のためにここにいる。彼らも会いに来た。私たちはみんな座って話をした。〔取扱業者の〕モーザーが〔サーネンの北東方向、〕トゥーン（Thun）から到着し、冬の保管のために車を持って行った。それからメアリー、ジョー、クリシュナジと私は、〔ホテルのレストラン、〕レジェンス（the Régence）で昼食をした。午後4時にナディア・コシアコフが私に話をするために来た。それから、〔インタビュアーの〕ヴォワシン氏（Mr.Voisin）と助手が、O.R.T.F.〔国営のフランス放送協会〕のための録画インタビューをすることについて、議論しに来た。クリシュナジは「いいよ」と言った。それから彼と私は散歩に行き、部屋で夕食をとった。」

18日に、「私は早く父に会いに行った。ムシュー・ヴォワシンと彼の仲間は、居間でのテレビ・インタビューの手はずを整えた。クリシュナジは正午にそこに来て、インタビューが撮影された。後で、ナディア・コシアコフとマルセル・ボンドノーが〔レストラン、〕レジェンスで、私たちと昼食をした。クリシュナジは少し休んだ。私はコートの仮縫いのためにシャネルに行った。クリシュナジは、自分がそれを気に入るのかどうかを見に、タクシーで来た。私はツィードのスーツを注文した。それからクリシュナジと私は、〔オーダーメイドのシャツ店〕シャルヴェに行き、それから歩いてホテルに戻り、部屋で夕食をとった。」

翌日に、「クリシュナジはO.R.T.F.〔フランス放送協会〕のために、さらにフランス語でインタビューをした。彼は昨日を含めて合計四時間行った。」

スコット－四時間のインタビューですか。

メアリー－前日を含めて、ね。彼らは四時間のインタビューを録音しました。気づくにちがいないんですが、彼はそれらを通してフランス語で話をしていました。

スコット－またもやそれは何のためでしたか。会社の名は何ですか。

メアリー－O.R.T.F.…うーん…フランス・テレビ何んとかね。

10月20日に、「クリシュナジはアリタリア〔航空〕でローマに飛んだ。私は父の車でオルリー〔空港〕へ彼と一緒に行った。パリに戻り、父に会った等々。ホテルには疲れて戻った。」

「〔オーハイの〕エルナ〔・リリフェルト〕から、ラージャゴパルからの反対提案に関して、手紙が来た － 彼は、〔自らの〕K＆R財団（the K＆R Foundation）と40万ドルを取っておきたいと願っている。これは〔州の法務副長官〕タッパーには受け入れられない。タッパーは、調停のための土壇場の最終努力として、〔ラージャゴパル側の〕KWINC〔クリシュナムルティ著作協会〕のメンバーを呼び寄せることになっている。そうならないなら、告訴状が提出されるだろう。」

21日に、「私はローマのクリシュナジに電話をかけて、彼にエルナの手紙のことを話した。昨夜、ロザリンドが〔ローマの〕ヴァンダのところの彼に電話をしようとした。彼女は、「論争についてではなく、」彼に会うためにイスラエルへの旅行を延期したのだった。クリシュナジはヴァンダ経由で、自分は何についても彼女に会うことを望まないとの返事を、送った。エルナの手紙は、これまで以上に彼がロザリンドに会わないことが重要であることを、強調していた。」

24日に、「弟〔バド〕とその妻〔リーザ〕はニューヨークへ発った。何も興味深いことは起こらなかった。ブロックウッドのドロシーに話をした。すべてよし。クリシュナジに手紙を書いた。」

翌日、私はまだパリにいます。「私は〔印象派とポスト印象派の作品を集めた〕オランジュリー〔美術館〕（the Orangerie）での展覧会に行った。〔入院中の〕父に会った。仮縫いをしてもらった。それからホテルに戻り、ローマのクリシュナジに電話をした。彼は到着以来、休みつづけている。彼が〔この冬、〕インドに行くことについてまだ決断はない。インドとパキスタンの間の戦争のニュースはまだ張りつめている。」

翌日、10月26日、「私は〔宿泊先の〕プラザ・アテネを発って、〔パリ南部の〕オルリー〔空港〕に行った。TWAの飛行機に乗って、午後2時にニューヨークに着いた。弟〔バド〕のところに行き、彼と晩餐をした。」

私がそこにいた間、これら〔日記〕には多くのことはないだろうという感じがします。「私は、母と継父〔ウージ〕に会うために、〔東部マサチューセッツ州の〕マーサズ・ヴィニヤード〔島〕に出向いた。島はすてきだった。新しくなったタウン・ホールを見た －〔舞台女優、脚本家、劇場所有者の〕キャサリン・コーネル（Katherine Cornell）の贈り物だ。彼らが晩餐に来た。」まあ、これらのことは、聞きたくないでしょう。

「〔スイスの〕アルジナ（Alzina）〔口座〕を清算するとのクリシュナジの決断について、〔管理役の〕デ・マルコフ（de Marxov）に電話をした。」

スコット－メアリー－その年〔の冬〕、なぜクリシュナジはインドに行こうとしていなかったんですか。

メアリー－戦争です。

スコット－どの戦争？

メアリー－戦争があったのよね。私がいうのは、パキスタンとインドの間での戦争の可能性ね。

スコット－ふむ、ふむ。

メアリー－10月31日にはこう言います －「クリシュナジは今朝、ローマで公開講話を行うことになっていた。」今、私はニューヨークに戻っています。〔残りの記述は〕すべて家族の事柄です。

11月1日に、「私は、ローマのクリシュナジから、その年の一番目の手紙をもらった。彼はそれを10月21日に書きはじめた。」

2日に、「私はロサンジェルスに飛んだ。」それから、〔マリブで隣家の友人〕ダン家（the Dunnes）、〔家政婦〕フィロメナ、住宅についてのことがあります。「私たちはティモシ（Timosi）という新しい猫を飼った。」

スコット－その猫はどこから来ましたか。

メアリー－知りません。猫はただ来るだけでしょう。彼らは現れる。そして、猫を飼うんです！（スコット、クスクス笑う）「ロスマン（Rothman）は、」－それはラージャゴパルの弁護士です －「〔州の法務副長官〕タッパーに対して、KWINC〔クリシュナムルティ著作協会〕の委員会は、

彼が実質的にもっと良い調停の提案を持っていないのなら、彼に会うのを拒否したことを、語った。タッパーはそういう意図を持っていないし、ゆえに告訴状を提出する権限を〔こちら側の弁護士〕ライプツィガーへ与えた。私はこのことをローマのクリシュナジに電報で伝えた。〔カリフォルニア州の〕法務長官に対して、「そうでないなら、わざわざ来るな、と言うとは、なんと傲慢なのだろうか。」（スコット、クスクス笑う）本当よ！「私はライプツィガーに話した。エルナ〔・リリフェルト〕が戻るとただちに、私たちはR〔ラージャゴパル〕・KWINC問題について、次のステップに進むだろう。私はクリシュナジに手紙を書いた。」

何も興味深いことはありません。家庭のことだけです。

11月6日に、「私は〔ローマの〕クリシュナジから手紙をもらった。彼は〔この冬、〕インドに行かないと決断した。インドとパキスタンの間の戦争の可能性のためではなく、「身体がそれに反抗している」からだ。完全な休みが必要だ。彼は16日までローマに泊まっている。それからブロックウッドに行く。それからここに来る。」－マリブという意味です－「私は無限の安堵を覚えて幸せを感じた。彼に電報を打った。」

7日に、「〔ローマの〕ヴァンダからフレシア（Fresia）が亡くなったとの手紙が来た。」彼はクリシュナジの古い友人でした。彼は、まあ、イタリア〔のK〕委員会のトップがいたとして、そのトップでした。彼は北イタリアに住んでいました。すてきな人よ。

8日に、「私はエルナ〔・リリフェルト〕に話をした。彼女は昨日〔オーハイに〕戻った。ライプツィガーにも、だ。」

翌日、「午後4時に、KWINC・R〔ラージャゴパル〕問題での次のステップについて、〔ロサンジェルスの弁護士〕ライプツィガー、〔その同僚〕サウル・ローゼンタール、〔アメリカK財団の〕リリフェルト夫妻と私の間で、長い協議があった。」そのときまでには告訴状が提出されたものと思います。

11月10日に、「〔元秘書役の友人〕アラン・ノーデが現れた。彼は〔ロサンジェルスの私立〕USC〔南カリフォルニア大学〕で講演していて、アラン・キシュバウ（Alan Kishbaugh）のところに泊まっていた。私たちは早い夕食をとった。彼は講演をしに出かけた。私はオーハイに行って、リリフェルト夫妻に会った。」

スコットーアランは何について話をしていたんでしょうか。〔専門の〕音楽ですか、クリシュナジですか。

メアリーークリシュナジです。

スコットーふむ、ふむ。

メアリーー初め、彼は教えについて話をしたいと思いました。それが彼の元来の意図でした。どれほど彼がそれを進めたのか、私は知りません。彼は、あちらこちら、いろんなところで話をしてきたと言ったものです。

スコットーふむ、ふむ。

メアリーー13日に、「クリシュナジから手紙が来た。彼は疲れ切っていて、ラージャゴパルの訴訟に関与するかもしれないことを、気にしていた。彼は保護されなければならない。私はエルナに話をして、どうであれ彼が全面的に護られなければならないことで、合意した。」それから私はあらゆる種類のお使いをして、家に帰りました。「私はローマのヴァンダに電話をした。彼女は、クリシュナジはだいじょうぶだと言う。疲れただけだ、と。私は彼に話をし、訴訟についてと、〔ブロックウッドでの〕クロイスターのためのお金を得ることについて、安心してもらった。」それが何だったのかは知りません。「彼は19日にブロックウッドに行く。〔11月第四木曜日の〕感謝祭にここにいるだろう。」

11月15日に、「アラン・ノーデがオーハイから晩餐のためと、水曜日までゲストハウスに泊まるために、来た。」それは月曜日のことでした。「彼は、ラージャゴパルと〔その妻〕アンナリーザ・ラージャゴパルは、告訴状の書類を配布された、と言う。」

翌日、「アランは一日中ここにいた。アラン・キシュバウが早い晩餐に来て、アランとともに〔ロサンジェルスの〕ボーディ書店（the Bodhi book shop）に行った－そこでアランは講演をした。」

11月19日に、「クリシュナジは、ローマからブロックウッドに飛んだ。私は彼から手紙をもらった。」まあ…次の数日間は何も起こらないわね。

24日に、「私はクリシュナジから、月曜にイングランドから送られた速達をもらった。〔弁護士〕ライプツィガーが、〔プエルトリコの古い友人〕ビアスコェチェアが宣誓供述をしていることと、おそらくそれはここで受けとられることについて、電話をしてきた。また、クリシュナジが、もしもラージャゴパルにより召喚されたりしたなら、彼を保護する可能性もある。」

25日に、私たちは〔日記のうち〕大きな本に跳びます。感謝祭の日です。こう言います－「クリシュナジは、ブロックウッドで午前3時に目覚めて、この日を始めた。彼は眠れなかったので、起きて、体操をし、後でドロシー・シモンズとドリス・プラットとともに〔ロンドン西部の〕ヒースロー〔空港〕へ〔ドロシーの車〕ランド・ローヴァーで発った－そこで彼は、午前10時のTWAのロサンジェルス便に、乗った。ここは霞がかかっていた。〔マリブの隣人、ダン家の娘〕フィリッパ（Philippa）がやってきた。私はスープを作り、早く空港へ発った。飛行機は午後4時15分まで到着予定でなかった。私は運転していて、道路の1インチごとと他の車について、あの妙な強烈な気づきの感覚があった。なぜなら、私はもう一度クリシュナジの用件で関わっていたからだ。それは意識的だが、それ以上だ。あたかも何かが担当をしたかのようであり、私の行動は、クリシュナジがたびたび私に語ったように、彼の行動が何であれ、それに責任を持つことになる。それはとても強い感じだった。」

スコットーそれについてもう少し話をしたいですか。

メアリーー（ため息）まあ、私はそれを感じたと言えるだけですね。私は自分の生活を駆けていくだけではなかった。突然にものごとは真剣になりました。

スコットーふむ、ふむ。また、これは主観的ではない、これは主観的に創り出されていないという意味合いもあります。突然に「ああ、私は真剣にならなければいけない」と決断する、だからそれを創り出す、ということではありません。

メアリーーええ、ええ。ああ、違います。それは、何か私が気づくことです。例えば、私は、彼を迎えに空港に行ったとき、いつでも、私が途中で事故を起こすとどうかと考えました。彼は〔空港に〕到着するだろうが、彼は何も電話番号を持っていない。お金を持っていない。彼はどうなるのか。そうね、私はあの強烈な責任感を感じてきました。気をつけて運転しなさい。ちゃんとやろう、ちゃんとやろう、と。

253

スコット―でも今、ここには他の何かもあります。
メアリー―ええ。他の何かがあります。それは感情でした。人々は、「ああ、彼女は想像したよね。」と言うかもしれませんが、でも…
スコット―まあ、人々はそれらを言うかもしれませんが、私がいうのは、あなたによれば、何かがあなたに影響した、と。
メアリー―ええ。
スコット―何かあなたに影響するものが来た。
メアリー―ええ。私がいうのは…それはありました。そこにありました。起きていました。
スコット―ええ、理解できます。
メアリー―責任は、個人的に彼に対してとともに － なぜなら、私は自然に彼のために自分のできることは何でもしてあげたいと思ったからですが、彼が先に私に対して言っていたように（どこかで私はそれについて話をしたにちがいありません）、「あなたはもはや自分自身に責任はありません。あなたは他のもの（the Other）に責任があります。」ということでした。
スコット―ふむ、ふむ。
メアリー―「だから、空港で座って彼を待っていることは、私にとってとても静かな決然たる感覚でもありつつ、彼が来ることへの無限の喜びの感情でもあった。またもや、たいへん強烈に個人的であり、同時にどんな個人的次元をも越えて離れていた。飛行機は正確に定刻に来た。窓を通して、彼が二番目に飛行機を出るのが、見えた － グッチのバッグを持っていた。30分後、彼の二つのかばんが、ポーターの後ろに、回って税関から出てきた。彼はここにいた！私たちが最後にパリで一緒だったときから、ほんの五週間だが、どうやら、彼が今来ることは、〔例年〕インドの旅程の数々の週の後、そうであったのよりも、重大に見える。何らかの形で、彼が進路を変更して、完全な休みのためについにここに来たということは、決然として重要なのだ。」

「彼は、蓄積した疲労と十一時間のきわめて長い空の旅にもかかわらず、明るくとても元気に見えた。ひとたび〔西行きの〕フリーウェイに乗ると、私は彼が気絶そうになっていると思ったが、彼に軽く触れることでそれを予防できるように見えた。私たちが〔マリブに着いて、〕彼の部屋で荷物を解いていて、彼がちょうど私に目薬の小瓶を渡してくれたときに初めて、彼は突然私に向かって卒倒した。ごく静かにそうなったので、私は彼が倒れるのを止められるだけだった。それは二分間ほど続いた。それから彼はだいじょうぶになり、シャワーを浴びた。そして、テレビのニュースの前で、自らの夕食のトレイを持つことを主張した。それからすばやくベッドに入った。彼は、旅行やおしゃべりな人をおしまいにしていて、ひらめきに満ちていたが、彼のごく簡素な夕食は、飛行機での食事がそうだったように、吐き出された。彼は私宛にブロックウッドで書いていて、今日飛行機で書いた手紙を、持ってきてくれた。」

「彼は書いた －「1929年8月に、世界各地に4万人以上のメンバーを持つ〕星の教団が解散されたとき、正しい行為があった。〔寄進されていたオランダのエーデ〕城と土地が返還されたとき、正しい行為があった。彼がラージャゴパルと袂を分かったとき、正しい行為があった。今、正しい行為がある。私たちは、曲がった不誠実な全く信用できない深い敵意を持つ人、相当な憎しみに対処している。行為は、彼が関心を持っているところのどんな行為も、歪曲の要素を含むだろう。私たちは彼に関心を持っていない。彼は均衡を失っていて、自己中心的だ。私たちがほしいのは金銭ではない。資産でもなく、原稿等でもない。私は、金銭は〔教えのために支援者たちから〕大きな信仰、犠牲、愛をこめて与えられたのだと感じる。それを与えてくれた人たちに対して、私たちは責任がある。そして私たちの責任は何なのか。シニョーラを含めて」－ 彼はいつもヴァンダ〔・スカラヴェッリ〕を「シニョーラ」と呼びます －「人々は、私に対して、「法律家たちの道に乗り出すことは暴力ではないですか。」と言ってきた。シニョーラはそれについて荒れていた。個人的に金銭等は何でもない。しかし、そのすべてをラージャゴパルの手に任せてしまうことは、全く間違っていて正しくないと見えるし、感じられる。」それから、「どの境遇においても正しい行為は、いつでも真実であるし、そこからあらゆるものごとが楽に流れる。それは流れる川に似ている。川の流れは無行為ではない。その行為は始めから終わりまでそれ自体による。ここには正しい行為がある。」と。」

「後で彼は言った －「人は完全な部外者で、ゆえに最も真の革命家でなければならない。そのとき行為は腐敗不可能だろう。私たちは部外者として、ラージャゴパルに関して行為しなければならない。」と。」
スコット―ふむ、ふむ。
メアリー―重要だと思います…
スコット―ええ、そうです。
メアリー― …それが〔この対談を通じて〕歴史の一部になることが、ね。
スコット―絶対にです。（メアリーの話を聴く）
メアリー―4月17日、月曜日…ああ、また跳ぶわ！
スコット―4月17日ですか。
メアリー―ええ。ああ、大きく跳ぶわ。ええ。私はとても下手で…私のいうのは、自分は何かそのようなことを書きましたが、日々のことについて上手でなかったということです。たくさんあるでしょう…
スコット―いいですよ。〔二冊の日記の〕小さな本から出てくるとおりに、受けましょう。
メアリー―翌日、「私たちは〔マリブの〕家に居ただけだった。彼は庭を歩き回った。」

27日に、「リリフェルト夫妻とルス・テタマー（Ruth Tettemer）が昼食に来た。クリシュナジは、ラージャゴパルの事件についてどうするのが最善なのかをめぐって、長く話をした。ここでの正しい行為は何なのか。私たちは、ビアスコェチェアの宣誓供述と、管財人のための差し止め命令への要請を続行するとの判断に、至った。…」ああ、私は、KWINCのために管財人を任命しなくてはいけなかった。それは起こらなかった。

11月28日に、「クリシュナジは午前ずっと眠った。昼食の後も再びそうだった。（クスクス笑う）クリシュナジと私はテレビで、〔アメリカのコメディアン、俳優〕ダニー・ケイ（Danny Kaye）の演じるウォルター・ミッティ（Walter Mitty）の〔1947年のファンタジー・コメディ〕映画〔『虹を掴む男』〕を見た。クリシュナジは果てしなく笑った。」彼はダニーの大ファンでした…彼はドニー・ケイと呼んでいたけど。（スコット、笑う）
スコット―そのとおりです。憶えています！
メアリー―「ドニー・ケイは一番おもしろい男だ。」と彼は

言ったものよ。(メアリー、クスクス笑う)

29日に、「私がマーケットに行った以外、私たちは一日中、家にいた。〔弁護士〕ライプツィガーは電話してきて、ビアスコェチェアが宣誓供述のために〔プエルトリコから〕ここに来ることを話した。」

翌日、「クリシュナジと私は、オーハイに運転して行った。各々、レイ博士(Dr. Lay)の治療を受けた。」－彼女はカイロプラクティック〔脊柱指圧〕療法士でした－「それから私たちは、リリフェルト夫妻との昼食に行った。ルス〔・テタマー〕がそこにいた。私たちはクリシュナジとともに、アメリカK財団の理事会を開いた。クリシュナジは訴訟への参加を回避するために、一時的に理事メンバーから退いた。彼は〔エルナに加えてその夫〕テオ・リリフェルトを代替の理事として提案し、これは実行された。」そういうわけで、テオは一員になったんです。もう一人、必要でした。

スコット－ふむ、ふむ。

メアリー－それで、そうなったわけです。ふつう私たちは、理事のメンバーに夫と妻を入れることに反対してきました。

スコット－ええ。

メアリー－でも、ともかくこれが起きたことです。「それから私たちは、理事候補者としてアラン・キシュバウ(Alan Kishbaugh)について議論し、そうなるよう彼を招くことに同意した。クリシュナジは、テオと一緒に〔オーハイの街を東西に走る〕グランド・アヴェニュー(Grand Avenue)を先に歩いて行き、私は車で付いていった。私たちはそこから夕食のため、運転して〔マリブの〕家に帰った。レイ博士は、彼の身体は骨の髄まで疲れていると、言っていた。だが、クリシュナジは、自分の精神はエネルギーではち切れんばかりだと、言う。彼は、身体が休んで追いつけるまで、緩めなければいけない。」

12月の1日は家で静かな一日でした。

翌日、「私たちは街に行き、木々のもと車でピクニックをした。」私たちは〔ロサンジェルスの〕ビヴァリー・ヒルズの木陰の通りを見つけたものです。そこにはたくさんの樹々があります。私たちは車内に座って、ピクニックの食事をしたものです。「私たちはフランス語のレコードと本の買い物をして、」(クスクス笑う)「〔高級百貨店チェーン、〕サックス・フィフス・アベニューに行き、そこでクリシュナジは、怪物じみた貪欲な女性買い物客たちを見た！」(二人とも笑う)「彼は恐怖した！私たちは、ウィンドブレーカーを求めて、〔百貨店チェーン、〕ブロックズ(Bullock's)に行った。小さなレコード・プレーヤーを買った。〔ウエストウッドの〕ヴェテラン・アヴェニュー(Veteran Avenue)を去るとき、クリシュナジは気絶した。安全運転で帰った。ちょっと雨が降った。」

12月3日は、「庭仕事をした。」みたいね。「二人の庭師に来てもらい、植え付けを手伝った。クリシュナジと私はフランス語の練習をした。後で私たちはウェストウッド(Westwood)に行き、〔アメリカの〕映画『フレンチ・コネクション(The French Connection)』を見た。」あれは憶えていますか。スリラーでした。

スコット－ああ、はい。

メアリー－(クスクス笑う)12月5日は、「家ですてきな静かな一日だった。私たちは午前にフランス語の練習をした。アラン・ノーデがサンフランシスコから電話をくれた。彼はアパートメントに引っ越そうとしている。私たちは〔太平洋の〕浜辺の道路を散歩した。クリシュナジは昼食の間、〔財団の〕「会報(The Bulletin)」のために、関係に関する小論を口述した。」

翌日、「私たちはフランス語の練習をした。私たちは浜辺を散歩した。〔リシ・ヴァレー校長〕バラスンダラムから、ボンベイ〔現ムンバイ〕の〔モーリス・〕フリードマン(Friedman)より、クリシュナジがニューヨークの病院に入っていると聞いたとの電報があった。」これはいつのときも起きました。クリシュナジについての噂です。

スコット－知っています。知っています。

メアリー－「エルナ〔・リリフェルト〕は、ビアスコェチェアが1月に宣誓供述のために出てこようとしている、と言う。」

12月8日に、「クリシュナジは、私とともにお使いに来て、〔スイスの録音機〕ナグラ4.2を買う手配をした。私たちは車でピクニックをした。それからハリウッドでの〔サバイバル〕映画『荒野の人(Man in the Wilderness)』に行った。」それは全く憶えていないわ。

翌日、「私たちは午前、もう一回フランス語の練習をした。〔古い友人〕シドニー・フィールドが昼食に来た。私たちは浜辺を歩いた。」

スコット－あなたたちがやっていたフランス語の練習は、何だったんですか。クリシュナジはすでにフランス語を話したし、あなたもそうだからです。

メアリー－まあ、うまくなるとされていたのね。

スコット－ふむ、ふむ。

メアリー－レコードをかけたんです。

スコット－ああ、レコードをかけたんですか。

メアリー－ええ、それが私たちのやったすべてです。知っていますよね、彼は…物語は知っていますよね。彼は人生のまさに最後の年〔1985年の夏〕に、〔サーネンで、来年オーハイで〕自分のフランス語〔とイタリア語〕を向上させたいと思っていました。

スコット－知っています。

メアリー－「私はパリの弟〔バド〕に話をした。私以外、家族全員がクリスマスのために、父とともにそこにいた。」

12月10日、「〔建築家〕ドナルド・ホッペン(Donald Hoppen)が昼食に来た。後で自らのブロックウッドへの関係等について、クリシュナジと話をした。私は彼らを残しておいて、〔家政婦〕フィロメナを関節炎のために、医者に連れて行った。私が戻ったとき、クリシュナジはすでに庭を歩いていたが、昼寝はしていなかった。彼は早くベッドに入った。」

12月11日、「「もう〔個人〕面談はしない。」とクリシュナジは言った。彼は昨日のホッペンとのそれで疲れている。彼は、夜に喜びの感覚で目覚めて、部屋が人々で満たされるのを感じると言った。引用－「彼の頭脳に何かが起きるとき、そこに見える、傑出した聖なる者たち。私の頭は莫大な感じがした。」私たちは午前にフランス語の練習をして、…」

スコット－彼は、彼の頭脳に何かが起きるとき、それらの人たち、それらの者たちがそこに見えると言ったんですか。

メアリー－「そこに見える」－それがここに言われることです。「彼の頭脳に何かが起きるとき、そこに見える、傑出した聖なる者たち。」と。

スコット－ええ。

メアリー－「…午後に私たちは、〔ロサンジェルス郡西部の〕サンタモニカ(Santa Monica)での〔サイコスリラー〕映画『恐

怖のメロディ（*Play Misty for Me*）』に行った。」あれは〔クリシュナジの大好きな俳優〕クリント・イーストウッドの映画でした。ここには「あまり良くない」と言いますが、…
メアリー―ええ、それはただあなたが…
メアリー― …疑いなく…
スコット―疑いなく、すばらしかったよ。3) （二人とも笑う）
メアリー―翌日には言います－「一日中、家。フランス語の練習。庭で散歩。」

12月13日に、「クリシュナジは私に、「あなたは正されるのでなく、治らなければならない。」と言った。」それは私の疾患だったと思うわ。それとも、たぶん私の習慣かもね。（クスクス笑う）どちらかは分かりません。（スコット、笑う）ここに言われていないもの。（クスクス笑う）

12月14日、「私たちはオーハイに行った。私たちは各々、レイ博士にカイロプラクティックの治療を受けた。それからエルナとテオ、ルス〔・テタマー〕、アルビオン・パターソン（Albion Patterson）との昼食へ。〔1946年にKの学校として創設された〕ハッピー・ヴァレー学校の起源と、そこの異存ある教師たちがその事実をクリシュナジから聞きたがっていることについて、議論があった。彼は彼らに会うのだろうか、会わないのだろうか。彼とテオは散歩した。エルナと私は道路で彼らに会った。クリシュナジと私は運転して帰った。すばらしい日の入りを見た。」

翌日、「寒い天気。インド軍がほとんど〔東パキスタンの〕ダッカに入る。」私は〔日記のうち〕この小さな本では〔第三次印パ〕戦争を辿っていません。

16日に、「東パキスタン軍は降伏する。インドは西パキスタン戦線での戦闘停止を命ずる。〔パキスタン大統領〕ヤヒヤー・ハーンは、自分は闘いつづけると言う。」そう、戦争があったんですよ。
スコット―ええ。
メアリー―あれは東西のパキスタンが…
スコット―ええ、憶えています。〔東の〕バングラデシュが別れた〔し独立した〕んです。
メアリー―ええ、そのとおりです。「私たちは雑多なお使いで早く街に行った。新しいナグラ〔録音機〕を受け取りに行った。クリシュナジは一日中、休んでいた。彼は庭を歩き回った。私が運転してきたとき、私に会った。クリシュナジは遠かった。まるで家の他のものごとに気づいているかのように。彼は「頭の中で何かが進んでいる。」と言った。だが、夜通し眠った。」

12月17日に、「インドとパキスタンは14日間の後で公式に戦争を終えた。〔パキスタン大統領〕ヤヒヤー・ハーンは停戦を受け入れる。私たちは一日中、家にいて、浜辺を歩いた。クリシュナジは頭が痛む。」

翌日、「クリシュナジの頭の痛みは継続する。彼は午前ずっと休んだが、映画に行きたがった。それで、〔イギリスの女優〕アンジェラ・ランズベリー（Angela Lansbury）の出たディズニーの〔ミュージカル映画〕『ベッドかざりとほうき（*Bedknobs and Broomsticks*）』を見た。クリシュナジの痛みは止まったが、映画館を出ると、再開した。太平洋岸ハイウェー（the Pacific Coast Highway）で彼は車の中で気絶した。私たちは家に戻るとすぐ、芝生のまわりを歩いた。夕食にはインドの戦争のテレビ番組を見た。」

12月19日に、「クリシュナジの頭はましになった。ペリーン夫妻（the Perrines）が昼食に来た。クリシュナジは彼らに対して、彼らが〔カリフォルニアの太平洋岸〕ビッグ・サー（Big Sur）の奥の山々に持つことを考えている温泉場の目的について、話をした。」

翌日、「私たちは浜辺を歩いた。クリシュナジはましな気分だ。彼の頭に痛みはない。」

12月21日に、「私たちはオーハイへ運転して行った。各々がレイ博士からカイロプラクティックの治療を受けた。私たちは後でエルナとテオ〔・リリフェルト〕と昼食をした。バーバラ・ラマ（Barbara Lama）と…」バーバラ・ラマはアルビオン・パターソン（Albion Patterson）のまま娘か、何かそのようなものだったと思います。「その夫、アルビオン・パターソンと、ハッピー・ヴァレーの元教師スペリー氏（Mr.Sperry）と、エッセル夫妻（the Essels）が、ハッピー・ヴァレーの背景について、そして、どんな条件下で彼がその学校に興味を持つだろうのかについて、クリシュナジに訊きに来た。彼は、理事たちがロザリンドを外させすればと言った。クリシュナジは散歩して、30分間、エルナとテオと話をした。それから私たちは運転して〔マリブに〕帰った。」

翌日、「クリシュナジと〔家政婦〕フィロメナと私は、〔アメリカ〕映画『屋根の上のヴァイオリン弾き（*Fiddler on the Roof*）』に行った。私の寝室の屋根は雨漏りがする。」（二人ともクスクス笑う）

23日に、「私はアラン〔・ノーデ〕を迎えに空港に行った。彼はクリスマスを私たちと過ごそうとしている。午後に私は〔家政婦〕フィロメナを医者に連れて行った。」等ね。まあ、ともかく、「私が家に帰ったとき、クリシュナジとアランは散歩に行っていた。」

24日、クリスマス・イヴに、「ニューヨークの母に話をした。〔メアリーの実家、〕テイラー家（the Taylors）は皆、父とともにパリにいる。〔隣のダン家の娘、〕フィリッパ（Philippa）とその若い彼氏〔ディヴィッド〕が、クリシュナジとアランと私との昼食に来た。クリシュナジとアランと私は、午後に浜辺の道路を散歩した。」

クリスマス、まあ、何もない。（笑う）「午前に私はダン家に出かけた。また一日が過ぎるだけ。」
スコット―ふむ、ふむ。メアリー、あなたとクリシュナジは、クリスマスにプレゼントを交換しなかったんですね。
メアリー―「ハッピー・クリスマス」を、交換しませんでした。
スコット―いいです。それは知っていますが、私は記録のためにこれを言っているだけです。（二人ともクスクス笑う）
メアリー―いや、私たちはクリスマスを全く無視しました。
スコット―そのとおり。（もっとクスクス笑う）
メアリー―私たちは誕生日もそうしたようにです。
スコット―ええ、知っています。
メアリー―12月27日に、「土砂降りの雨。アランとジョン・ディーギス（John Diegis）を空港に送って行った。リンドバーグで買い物をして、」－そこは健康食品の店です－「家に帰った。クリシュナジは、〔ラージャゴパル側の〕ヴィゲヴェノから手紙を受けとった。ハッピー・ヴァレー学校の教育委員会の…」－誰か偉い人みたいね－「コットン博士（Dr.Cotton）と、ジョージ…アリバ（Ariba）」みたいね－「が、クリシュナジに会いに来た。学校が全くめちゃくちゃであること、そして委員会が全くロザリンドに顎で使われていることは、明らかだ。」

12月28日、「朝早く雨が降り、それから止んだ。6インチ〔、150ミリメートルほど〕が降った。私たちは、〔ロサ

ンジェルス市西側の沿岸地域、〕パシフィック・パリセーズ (the Pacific Palisades) への小旅行以外、一日中、家にいた。それから私たちは、下のほうの道路を歩いた。」私たちがパシフィック・パリセーズで何をしたのかは知りません。たぶんマーケットで買い物でしょう。「クリシュナジはヴィゲヴェノへの返事を口述した。私はそれについて〔弁護士〕ライプツィガーと議論した。」

12月29日に、「雨は止んだ。晴れて美しい一日だった。電話でエルナと話している間、私たちはオーハイの山々に雪が降ったことを聞いた。クリシュナジは「行こうよ。」と言った。それで、私たちはピクニックを持ち、リリフェルト家に運転して行った。そこでピクニックをして、それから彼らと3マイル〔、4.8キロメートルほど〕、散歩した。山々は雪化粧をしている。私たちは夕食のために家に戻った。」

スコット—ふむ。

メアリー—（穏やかにクスクス笑う）それが29日でした。で、1971年はほぼ終わりです。

12月30日に、「私たちは早い昼食をとり、それからハリウッドに運転して行って、〔クリント・イーストウッド主演の〕刑事物の映画『ダーティ・ハリー (Dirty Harry)』を見た。私たちは、」（クスクス笑う）「太平洋断崖経由で戻ってきて、12インチのソニーのカラーテレビを買った。私たちは車の中で、「ブルジョワであるとはどういうことか」を、議論した。それは自己中心的な欲望の自我だ。物質的なもの、概念。でもそれ以上に、融通の利かないこと。私は、もしかして自分がそうなのかを訊ねた。クリシュナジは、私は金銭やものに執着していないと考えた。私は「ええ。」と答えた – それらから自我を由来させることに対して、だ。私たちは、〔ラージャゴパル側の〕ヴィゲヴェノに対するクリシュナジの返事を、投函した。」

31日には、夜通し風が吹いていた。「美しく明るい一日だった。クリシュナジは、ブルジョワ精神が何であるかについて、小品を口述した。午後に風は弱まった。私たちは干潮のとき、浜辺を散歩した。」そこには、「今年を終える恵まれたやり方だ。」と言っています。

スコット—彼はこれらのものの一つを口述したとき、あなたはそれをテープに録ったんでしょうか。それとも、ただ書き留めたんでしょうか。

メアリー—書き留めました。

スコット—よし。

メアリー—彼は適度にゆっくり口述しました。だから、私は速記を知らないけど、自分のひどい手書きで書き散らせました。それから直後に、私はそれを見直したものです。もしも何かが定かでなかったなら、私はそれを彼に読みあげました。

スコット—ええ。

メアリー、私はまた、前回録音した時、出てきたことについても、訊きたいと思ったんです。

メアリー—ええ。

スコット—それは、私が前に取り上げておくべきだったことです。これは、クリシュナジが目覚めて、夜の間に自分はすばらしい冥想をしたと言っていることに、関わっています。さて、クリシュナジはそれを多くの回数言いました。私に対してさえも・・・

メアリー—ええ。

スコット—彼の人生の終わりにかけても、です。

メアリー—ええ。

スコット—私がこれを取り上げたいと思う理由は、クリシュナジがそういう事例で冥想 (meditation) という言葉を、自らが講話を行うときの使い方とは、たいへん異なったやり方で、使っているからです。講話において、クリシュナジにとって冥想は、一日中生きるべき存在の状態であると見えました。それは、何か座り込んで行うことではなかった。でもここでは、これは何か他のことです。なぜなら、これは何かクリシュナジにやって来るものであるからです。

メアリー—ええ。

スコット—そして、彼の眠りにおいてです。

メアリー—または、目覚めて、です。

スコット—または、半ば眠って、です。

編集者の憶え書

この議論は重要だが、やりがいのあることだとも思われる – 少なくとも、部分的にはそうだ。なぜなら、「それ (it)」という言葉は、時にクリシュナジの冥想に言及しているし、時にそれは文法上の装置である（例えば、「それは文法上の装置である」と）。オーディオ・テープを聴くなかで、どちらの「それ」が使われつつあるのかが明らかであるが、文字起こしではさほど明らかではない。読者が混乱を回避するのを助けるために、「それ」という言葉が冥想に言及するために使われるとき、それは太字の強調文字（**それ**）にしよう。だが、その他では普通の字体に留めよう。

メアリー—時にはそこにおいて、彼は、**それ**が眠りにおいて来た、そして自分が目覚めているとき継続したと、言います。

スコット—ええ。

メアリー—でも、彼は言っていました。多くの回数だと私は思います。または確か、どこか他でですが、**それ**はあなたに来る。あなたは**それ**に行けない、と。

スコット—まあ、彼はときには、そのために「**他** (other)」という言葉を使ったものです。

メアリー—ええ。でも、彼は様々な形で「**冥想** (meditation)」〔という言葉〕を使いました。私がいうのは、彼は「私は昨夜、すばらしい冥想をした。」と言っただろうということです。

スコット—ええ。

メアリー—うーん、あなたは何を**それ**と呼ぼうとしているんですか。人々は、「〔権威が否定されているとき、〕なぜ**教え** (teachings)」という言葉を使うんですか。」と言うでしょう。でも、あなたは何をそれらと呼ぼうとしているんですか。

スコット—分かっています。

メアリー—では、あなたは最終的に、**教え**という言葉を使うわけです – 彼は時々、その言葉に抵抗しましたが。

スコット—ええ。

でも、私がここで取りかかろうとしているのは、それに、私たちがすでに言ってきたこと以上に何か言えるのかどうか、私は知りませんが、それはおそらく、眠りに対するこの冥想の関係です。だから、どうしてか、頭脳が静かであったとか、または眠っていたとき、**それ**が来たんでしょう。

メアリー—そのとおりです。そして、彼の人生の終わりに〔1986年1月のオーハイとサンタ・ポーラ〕病院でのことを憶えていますね。

スコット―知っています。知っています。
メアリー―それが彼に来ました。
スコット―彼が〔1月30日に〕家〔のパイン・コテッジ〕に戻ったときも、〔2月17日の〕最後までずっとです。
メアリー―ええ。
スコット―彼の顔はただもう…
メアリー―ええ。
スコット―…輝いた。
メアリー―ええ。
スコット―彼はそのことで、あなたに何かを言ったことがありますか…さて、想像するに、これはまた日中にもクリシュナジに来ました － 私は知りません。彼がそれを言ったことがあるかを思い出せません。でも、彼がこれを言うときはほとんど、それが夜に来たときだったと思われます。
メアリー―まあ、私はこれについて規則があるとは思いません。それは夜に来ました。彼が目覚めているとき、それは来ました。それは来た － と思います。私はこれを知りません － でも、彼が自分一人ではるか先を歩いているとき、私はそれを感じます。でも、私は、言葉の定義は堅くてしっかりしていると思います…
スコット―いえ、私はそれを望みません。私はそれを探していません。
メアリー―あなたがそれを探していないことは、知っています。でも、私たちはそうしなくてはと思うんです － 私たちがこのように話をしていて、録音しているとき、人々は言葉を捉えがちです。
スコット―知っています。
　まあ、これは、彼らが捉えるだろうと私が感じることです。こういうわけで、私はそれを持ち出そうとしているんです…
メアリー―ええ。
スコット―…なぜなら、彼らは、「ああ、でも、クリシュナジがこれら公開講話すべてで冥想について言ったことを見なさい。そして、これは何か違ったことだと思える。」と言うだろうからです。本当に、それは違っていると見えるんです。彼はその言葉を違ったように使っています。
メアリー―まあ、違っているのかどうか、私は知りません － それは、何であれ私たちが冥想として概念化するものより、広いのかもしれません。
スコット―ふむ、ふむ。
メアリー―それの一例ね。私は、あまり多く説明しようとすることに、不安です。なぜなら、私は何もそうする権利がないと思うからで…
スコット―もちろんです。私がしていることは、彼が行ったどんな批評、彼が言ったどんなことをも、漁ってまわることです。そうでしょ、あなたが、「彼が自然のなか自分一人で…はるか先を歩いているとき、たぶんそれが来た…」と言うことさえも。
メアリー―彼はそのとき、それについて話そうとしなかった。でも、後でそれについて何かを言ったものです。彼は「私は冥想をしつつある。」とは言わなかった。
スコット―ええ。
メアリー―ただ後で触れただけでしょう。なぜなら…
スコット―ふむ、ふむ。
メアリー―でもいちど、私は憶えています。私たちが〔ロンドンの〕キングストン・ヴェイル（Kingston Vale）のあの住宅にいたとき、アランが私たちと一緒にいたときです。

私はすでにこれらの対談でそれについて話をしたにちがいありません。彼は私たちを〔部屋の〕中に入れ、床に座らせました。一種の冥想のように、ただ静寂でいました。そこでは誰も話さず、一種の精神を空っぽにするといった種類のことでした。
スコット―ふむ、ふむ。
メアリー―でも、彼は何についてもあまりこだわらなかった。でも、それは座って、或る種、とても静かにして、内に向かうことでした。
スコット―でも、そう、あれは何かきわめて異なったことですよね。
メアリー―ふむ。あれは異なっています。
スコット―座って、意図的にこうする。
メアリー―まあ、座ります。座ることにより、自己を許容可能にして…
スコット―そのとおり。ええ。全くだ。
メアリー―分かるでしょう。それは、あなたが何かをするということではない。
スコット―ええ。
メアリー―何かが起ころうとするのなら、おそらく何かが起こりやすいような境遇にする。
スコット―そのとおり。でも、夜に他の何かが起こるように見える。または、起こるかもしれない。
メアリー―私はそれを他の何かと呼びたくもないわ。
スコット―いいですよ。
メアリー―なぜなら私は、夜に何が起きたのかを知らないし、彼が丘で歩いていたとき、何が起きたかを知らないからです。私は、何か定義可能なもの、叙述可能なものという意味では知りません。
スコット―ふむ、ふむ、ふむ。
メアリー―けれども、まあ、それがあったと思われます － それについて何でも言えるだろう程度には。それは、何か深く重要なものだけではなかった － 彼の生において根源的に重要でした。それは永続的に、彼が…何かの存在(presence)でした － それは彼の生の中心にあるものである、と私は感じました。
スコット―ふむ、ふむ。
メアリー―私がいうのは、或る面で、彼にとってそれの実在性は、外部のものごとすべてより強いのだと、私は感じたということです。
スコット―ふむ、ふむ、ふむ。
メアリー―たぶん私は創作しているんでしょう。私には分かりません。でも、それは…
スコット―それが、あなたのそれについての感覚です。
メアリー―…ええ。それについての強い気持ち、感覚です。
スコット―ええ。
メアリー―（休止）ものごとを想定することは、とても簡単です。何かを…想像できることに…合わせることは。
スコット―分かります。
メアリー―私はそれについてとても用心しています。
スコット―ええ。正しいね。
メアリー―これらのことについての判断は…
スコット―私たちは、何も知る位置にいないんです。
メアリー―ええ、ええ。
スコット―でも、私たちは或る位置にいることを、私はとても強く感じます…私たちは、見たことを、単純に報告

する責任さえも持っていることを、私は感じます・・・
メアリーーええ。
スコットー・・・また、私たちが感知したことをも・・・
メアリーー私たちが感知したことを・・・
スコットー・・・私たちが完全にぼけているかもしれないこと・・・
メアリーーええ。
スコットー・・・それで何の違いもないことを、認識しつつ、です。だが、私たちはそれでもこれらのことを言わなくてはいけない。
メアリーーそれは、教えについて話をすることに似ています。自らは探究しているし、自らは全然間違っていて、行き詰まっているかもしれない － 誰も分かりません － という基本原則が、いつもあるなら、教えについて話をすることはできると、私は深々と感じます。クリシュナジも或る形で、いいって言いました。誰でも聞いたり、参加したり、加わったり、これを読んだり、これら〔録音〕テープすべてに何が起ころうとこれらを聞く人は、その報告全体を見なければなりません。なぜなら・・・
スコットーええ。
メアリーー・・・私は思うんですが、もしも自分で座って、断言できそうな絶対的な事実について － そうねえ、私たちがこれこれの日に浜辺を歩いたみたいな、そのようなことについて、です（クスクス笑う） － 言えそうなことを分離し取り出さなくてはいけないとしたなら、そこには・・・でも、クリシュナジについてはすべてのときに、確証可能でない他の多くのことが、起きていました。
スコットー分かります。
メアリーー私は或る面で、「私たちはこれをした。私たちはあれをした。私たちは他の何をした。映画に行った。私たちは浜辺を歩いた。」ということで続けることが、不安です － あたかもそれが彼の生活であったかのように、です。彼の生活は・・・誰にどこで分かるでしょうか。私たちが言葉に表すことが困難だとか不可能だとか見るのが、彼の生活でした。
スコットー分かります。分かります。
メアリーーこれが、彼の外的な物理的な生活、彼の人間的な生活でした。
スコットーええ。これは絶対的に、私にとって興味深かったことです － 毎年または、私がここで彼に会った何年かに、クリシュナジと過ごしたわずかな時間、強烈さがありました。彼の存在には充実がありました・・・
メアリーーええ。
スコットー私がいうのは、ただ、すごくたくさんのことが起きていることが、見えたんです。
メアリーーええ。
スコットーでも、それを物理的な測量可能なものに還元するなら・・・もしもテレビ・カメラをもって彼の後ろに付いて行ったなら、得られるだろうものと、呼ぶとして・・・
メアリーーふむ、ふむ。
スコットー・・・その種の記録可能な情報は、まあ、それは大したものではない。
メアリーーふむ。
スコットー彼はここに行って、話をした。それから彼はそこに行って、話をした。彼は買い物をした。彼はそこに行って、話をした。そして・・・

メアリーーええ。
スコットー・・・そうですね、無際限です。でも、それは本当は、起きていたことではない。
メアリーーそのとおりです。
スコットーこれはちょっと・・・こういうわけで、私はつつきつづけているんです。私は促しつづけているし、私は、あの存在がもっと分かる道を、何か見つけようとしつづけているんです。
メアリーーふむ、ふむ。
スコットー・・・起きていたことを、どうにか、ね。たとえ、それが私たちの主観的な意見とかであるとしても・・・
メアリーーまあ、私が思うに、私たちは・・・なぜなら、これらの事柄すべては本当に危険であるからです。仮に、誰かが今から70年後、これらのオーディオ・カセットのほんの一つか二つを再生するとします。あらゆる種類の些細なことに聞こえます。なぜなら、私たちは、こんなに多くの些細な事柄を入れつつあるからです・・・何度も何度もです。
スコットー分かります。でも、どうにか、こういうわけで、いつでも、何か意義深いことを抽出したり、何か意義深いことについて話をしたりする機会があるとき、私たちはいつもそうしなくてはいけないと、私は感じるんです。それは、クリシュナジが自らが夜にすばらしい冥想をしたと言ったことについてのこのことに、似ています。まあ、私たちはただそれのうわべを一目見られた。または、私たちは立ち止まり、「さあ、ちょっと待って。」と言えた・・・
メアリーーええ。
スコットー・・・ここにこれが意義がある、と。または、例えば、あなたが、空港に彼を出迎えに行ったとき、責任感を持ったことを・・・
メアリーーふむ。
スコットー・・・あの1ページに雄弁に書いた気持ち、です。そうですね、あのすべては今、あれは彼のまわりの雰囲気を充たしたんです。私は、それは主観的でなかったことを主張しつづけるでしょう・・・でも、それについてどう話すべきなのかを、知りません。私がいうのは、私たちが受けとったものごとについて、客観的に話をすることは、実際にはとても難しい、ということです。
メアリーーええ。なぜなら、それらの基準は、聞き手にとって、あなたや私であるからです。
スコットー分かります。
メアリーー人々はただ、まあ、何にせよ自らがしようとしていることを、せざるをえない。私には分かりません。
スコットーそれはたぶん、クリシュナジとのこれらのことについて話すための良い類似です － 愛について話をすることに似ていると言うことは、です。たとえ、自分たちが経験しつつあることについて何も知らない二人のティーンエイジの若者の間の幼い恋愛でも、です。
メアリーーふむ。
スコットー実際、それについて客観的に話をすることは、とても難しいです。
メアリーーええ。
スコットーでも、それは、それが起きていないという意味ではありません。彼らが経験しつつあるのが何であれ、彼らが感じつつあるのが何であれ、それはそこにあるし、起きている。ちょうどあなたが言っていたように、それは、たくさんの物理的現象より現実的ですし・・・

メアリー―ええ。
スコット―…で、クリシュナジのまわりにあったこの多くは、それは、物理的現象より現実的でした。
メアリー―絶対に、です。
スコット―はるかに強烈で、はるかに生きていて…
メアリー―それはただ…私がいうのは、統計学的に私たちは、或る面で、このテープ・レコーダーに些細なことを氾濫させているんです。あなたが今、話をしているこの他の感覚が重要な部分であると分かる、という条件のもとですが…
スコット―それが、正確に出て来られるなら、です。それがただ、そもそもどうにか出て来られるなら、全体のことがその甲斐がです。
メアリー―（ごく穏やかに）ええ。
スコット―なぜなら、クリシュナジが繰り返し訊ねていたこの疑問全体 ―「「〔例えば〕シアトルからの人があなたのところに来て、「Kといっしょにいるのはどういうものでしたか。」と訊ねるとき、あなたは何と言うのでしょうか。」…まあ、私たちは、「私たちはここに行きました。そこに行きました。私たちはこれをしました。あれをしました。」とは言えます。
メアリー―ふむ。
スコット―でも、それは、クリシュナジが訊ねていたことではありません。
メアリー―ええ。
スコット―それは、この他を伝える、とても難しい任務です ― 彼のまわりにあったほとんどありえない存在の状態を、です。私は、それについて別にどう話すべきなのかを、知りません。私がいうのは、ここに私自身がいる。ここにこの物理的な身体がある。それはここに来る。それはそこに行く。それは別のところに行く。でも、自らが何を生きているのかに依存した、異なった存在の状態が、あります。クリシュナジの存在ゆえにそこにあった存在の状態は、…
メアリー―ええ。
スコット―絶対的に際立っていた。彼の存在の状態ゆえに、と私は思います。それはただ、彼のまわりの他存在状態に、効果がありました。
メアリー―ええ。
スコット―たぶんそれは彼のせいだったかもしれないし、たぶんそれは何か彼を越えたもののせいだったかもしれません。分かりません。クリシュナジはあなたに対して、あなたは他（the Other）に対して責任があると語りました。でも、私たちは、それが何を意味するかを憶測しなくてもいい。
メアリー―ええ。しなくてもいい。越えているものが大いにあったという事実のために、私たちは語らざるをえないということ、そして、私たちはそれを証明したり、思いついたりできないということ以外は、ね…
スコット―まあ、でも、また私たちが言えることも、ね。
メアリー、それにこれは、ほんのちょっと、私たちが言いたくない類のことです。でも、私たちは言えます ― クリシュナジが何かを、「あなたは他に対して責任がある」というようなことを言ったとき、…
メアリー―ふむ、ふむ。
スコット―…私たちは、彼が意味するところを、正しくかまたは間違ってか、感知したし、…
メアリー―ふむ。

スコット―…そして、それはその時に意味が分かったということを、です ―「そうだ、それは本当だ！」と思われました。
メアリー―ええ、もちろんです！
スコット―それは、「ええ、もちろんそれは正確です。」ということでした。なぜなら、あのものの感覚があったからです。
メアリー―ええ、ええ。
スコット―また、それを言うことが重要です。それはただ、誰かが来て、「ああ、そうか、あなたは、そうだな、〔キリスト教で言うような〕聖霊とか何かに責任があるんだ…」と言うということではない。〔その場合、〕私たちは、「彼は何の話をしているんだろう。」と言うでしょう。
メアリー―まあ、それが正しいと思われた理由は、少なくとも私にとって、です ― あなたはあなたのために言わなくてはいけないでしょうが ― すでにそれを感じていたということです。
スコット―ええ！
メアリー―それを考えついたり、想像したということではなかった。それは、すでにそのようであるとの大きな真実〔について〕の感覚でした。
スコット―ええ。そのとおり。こういうわけで私は…
メアリー―それは彼からではなかった。
スコット―そうです。
メアリー―それは私からではなかった。それは…何からなのか。私は知りません。
スコット―ええ。それは明白でした。
メアリー―そういうふうでした。それは今日、太陽が輝いているようなものでした。事実です。
スコット―そのとおり。ただ明白です。それについて訊ねることも要らなかった。
メアリー―そのとおりです。
スコット―これが、自分が訊ねなかった疑問について、私の多くの後悔の源です…
メアリー―ええ。
スコット―…そうすべきだったのに。
メアリー―ええ。
スコット―なぜなら、クリシュナジは、何かこの性質のことを言っただろうからです。あなたが言われるように、「ええ、それは明白です。何も無い…」ってただ言うんでしょうね。彼が何について話しているのかを、あなたは知っていた…本当に何も訊ねるべきことはなかった。でも、もちろん後で、それについて話そうとか、説明しようとか、考えようとしているとき、「私は彼に対して、「あなたのいわれるのはどういう意味ですか。」と訊ねておくべきだった。」と思いました。
メアリー―ええ。
スコット―または、「それを説明していただけるでしょうか」とか、「詳細に入っていただけるでしょうか。」と。または、これらのことすべては、答えてもらえたのだろうか、もらえなかったのだろうか、私は知りませんが…
メアリー―まあ、私は…ええ…「その人に訊いておくべきでした。」そうよね。
スコット―そのとおり！
メアリー―今、私は、「どの人にですか。」とか、「誰のことを仰っていますか。」と言っておくべきでした。
スコット―ええ、ええ。「その人はあなたと異なっているん

でしょうか。」と。
メアリー　ええ！そうね。
スコット　私の知っている・・・すべて、です。（笑う）
メアリー　でも、私はこう、ほじくり出さないことを通していました。
スコット　ふむ、ふむ。
メアリー　彼が私に何かを告げたいのなら、すばらしい。私は聞きたいです。でも、私は、彼に訊ねることができるこのとてつもない機会を持っているからといって、彼に対して疑問を言い立てようとしません。
スコット　ええ、知っています。
メアリー　彼は私に何かを告げたいのなら、私に告げるでしょう。彼がそうでないなら、私はほじくり出そうとしません。
スコット　分かっています。もちろんです。私もその感覚を持っていました。
メアリー　それは、あらゆることについて真実でした。
スコット　ええ。でも、私が知らないことは・・・それはその時には正しいと思われましたが・・・（二人とも笑う）
メアリー　まあ、私はそれを受けとって・・・
スコット　でも今、私は、それら疑問の幾つかを訊ねておけばよかったと思っているんです。
メアリー　ええ。分かります。分かります。まあ、私はクリシュナジに対して、「私が間違った質問をしているのなら、これに答えないでください。」と言ったものです。
スコット　ええ。
メアリー　私が考えたのは・・・あれは、うーん、クリケットでした。（二人ともクスクス笑う）でも、私はそれをもうちょっとできたでしょうね。
スコット　そのとおり。まあ、私は知りません。意義深いのは、私たちはもっと訊ねておくべきだと言うのは、私たちの推理、合理化、機械的な頭脳である、ということです。でも、同時にこれらのことは明白でした。
メアリー　ええ。
スコット　これらたくさんのことは、ただ明白でした。もはや訊ねなくてもよかった。
メアリー　ええ、ええ。
スコット　それもまた意義深いです。なぜなら、それにより、彼のまわりにあった存在の本性について何かが言われるからです。そしてまた、彼が私たちに引き出した存在の状態についても、私はそう思います。
メアリー　ええ。
スコット　異なった知り方がありました。そこには・・・異なった感知とか・・・何かがありました。誰一人・・・私はこれについて、さほど進めません・・・
メアリー　ええ。
スコット　・・・でもただそうです。異なっていました。今、振り返ってみると、百回はありますが・・・それは、あなたの「その人に訊いておくべきでした。」の良い例のようだと思います。
メアリー　「その人に訊いておくべきでした」。でも、私が本当に控えるべきでなかった一つのことは、最後の日々の或る朝のことです。彼は私に何かを告げたい、何かを教えたいと思いました。私は何も言わなかったと思います。なぜなら、そうですね、彼は私のために努力すべきでないと、私は感じたからです。
スコット　分かります。分かります。

メアリー　後で私は彼に対して言いました－「あなたは私に何かを告げたいと思われました。今、私に、それが何なのかを告げたいですか。」と。それは・・・それは・・・
スコット　過ぎ去ってしまった。
メアリー　過ぎ去ってしまいました。私は・・・たぶん私は間違っていました。
スコット　分かりません。メアリー、私は分かりません。
メアリー　私がいうのは、私にとってその時の見え方は、・・・
スコット　分かります。努力しないでください・・・
メアリー　ええ。私が何も学ばないのなら、それは大事なことではありません。大事なことは、彼が、彼のエネルギー、彼の健康、彼のあらゆることがどうであったのか、です。たぶん私は間違えてしまったんでしょう。
スコット　いえ。（メアリーの話を聴く）
（長い静寂）
メアリー　今、7時です。
スコット　私たちは1972年に来ました！
メアリー　ええ、そうです。（スコット、笑う）
スコット　すばらしい。いいな。〔次回は〕そこから始めましょう。

原　註

1）ブロックウッドの初期に貢献してくれた若い建築家。
2）これらの記述で以前に登場したジェーン・ハモンド（Jane Hammond）の夫。彼は建築家だった。彼は最終的に、〔ブロックウッドの〕集会ホール（the Assembly Hall）とクロイスター（The Cloisters）の複合体の設計者になった。クロイスターは、内側に屋根付きの廊下を巡らせた、四角い居住複合体であり、〔修道院などの隠遁所やその中庭としての〕伝統的なクロイスターに類似している－ゆえに、その名がある。
3）クリシュナジと私〔スコット〕は、クリント・イーストウッドの大ファンだった。私たちは、彼の映画をテレビやレンタル・ヴィデオで一緒に見た。メアリーはたいがい部屋を立ち去ったものだった。
4）〔gagaというのは、〕「正気でない」を表す英語の俗語。
5）先の11月25日についての議論を見よ。
6）第19号の8月22日についての議論を参照。
7）「公正だ」とか「正しい」とかを表す英語の俗語。

訳　註

*1　神智学協会での用語の一つであり、「星気体」「霊体」などと和訳される。大師たちへの訪問もこの次元でなされたとされている。
*2　元来、中世ヨーロッパの修道院における中庭や回廊を意味し、現在では大学のそれらをも意味する。
*3　ジョー・リンクスは、ルネサンス期のヴェネチアに関する専門家であった。
*4　東パキスタン（現バングラデシュ）の民衆の不満と、武力弾圧、大量の難民のインド国内への流入が起こっている。緊張状態は高まり、この後、12月には第三次印パ戦争（1971年12月3日-16日）が起こり、東パキスタンはバングラデシュとして分離独立することになる。
*5　第7号、1967年9月23日の記述を参照。
*6　ホームページ上ではここで指示された個所をクリックすると、メアリーの話が聞こえる。
*7　M.Lee（2015）第10章によると、当時、アメリカK財団は訴訟問題など為すべきことも多く、理事たちは学校の仕事への余裕も時間もないと感じていた。オーハイを訪れる若者たちと会い、地元での活動を始めたのが、テタマーとパターソンであったと言われている。

*8 東パキスタンの中心都市。12月3日に始まったこの第三次印パ戦争は16日に終わって、東パキスタンは独立してバングラデシュになる。
*9 第7号、1967年9月半ばの記述を参照。
*10 1986年1月から2月17日の死去まで、メアリーとスコットは、付ききりでKに寄り添っていた。
*11 ホームページ上ではここで指示された個所をクリックすると、メアリーの話が聞こえる。
*12 Youtube上のインタビューによれば、この年の夏、スコットは本もほとんど読んでいなかったが、友人に、生きた教師から聞くべきだとの助言に従い、パリからヒッチハイクでサーネンに行き、初めて講話を聞くことになる。

第21号　1972年1月1日から1972年3月31日まで

序論

この号は、カリフォルニアのみで起きる。だから、必然的に、KWINC〔クリシュナムルティ著作協会〕に対する法的訴訟について、大変多くの活動がある。しかし、これら煩わしい活動は、メアリーの記憶を支配しない。クリシュナジは、〔ロサンジェルス郡西部の〕サンタモニカで公開講話を行い、集団での討論会（オーハイでの教育討論会、ゆえに、アメリカK財団が結局そこに設立することになる学校の土台造りも、含まれる）を開き、多くの録画された対談に従事して、活動的である。そういう一連の録画が、サンディエゴで宗教の専門家たちと行われて、それらはヴィデオ・テープに録られた。

けれども、彼が頻繁にメアリーに対して、自らの内的生活に起きていることについて語ったこと（しばしばきわめて手短だ）が、たぶん、クリシュナジに関心を持つ人たちにとって、この号でのほとんどの基調である。

メアリー・ジンバリストの回顧録　第21号

メアリー—今日は、1972年1月1日について、始めるんだと思います。
スコット—ええ、そのとおりです。
メアリー—まあ、情景は〔ロサンジェルス近郊の〕マリブです。1月1日には、「晴れた美しい一日だった。クリシュナジはテレビで〔カリフォルニア州ロサンジェルス郡北東部パサデナでの新年祝賀の〕ローズ・パレード（the Rose Parade）を見て、「これらの人たちは狂っている。」と言った。」（スコット、笑う）「後で彼は、ローズ・ボールのフットボールの試合の始まりを見た。」（スコット、クスクス笑う）「私はお隣へ、友だちのダン夫妻に会いに行った。私が戻ってきたとき、クリシュナジは昼寝をしたのだった。それから私たちは、ローズ・ボールの終わりを見た。」

翌日は、「また美しい一日だった。クリシュナジは〔スイスの〕ナグラ〔の録音機〕に、自らの回想の最初の話を吹きこんだ。彼は、初期の頃の〔神智学協会による1909年の〕その少年の発見について、話をした。私たちは午後遅くに、浜辺を歩いた。夜には強風が吹いた。住宅はそれで揺れた。」

1月3日に、「朝に風は治まっていたが、昼食時に再び始まった。〔お隣りの〕ダン家は自宅の屋根の一部分をはぎ取られた。」そういう風でした。

1月4日、「〔パリの〕私の父について、弟〔バド〕から知らせがあった。ジョゼフ・ポロック博士（Dr. Joseph Pollock）と － 彼は故ルイス・サルク（Louis Zalk）の義理の息子だ － 彼の息子が、クリシュナジとのお茶に来た。」その名前はあなたにとって何か意味がありますか。
スコット—全く何も。
メアリー—サルク邸は、〔西オーハイの〕ベサント・ロード（Besant Road）のアメリカK財団の建物の上、丘の頂上にあるものです。今はオーハイ・リトリート（the Ojai Retreat）があるところです。サルクは結婚していて・・・どうだったのかな。彼の妻はロザリンドの妹、エルマ（Erma）でした。彼らの娘は、ジョゼフ・ポロック博士と結婚しました。彼は医師だと思います。彼らがお茶に来ました。私がそもそもそれについて話をしている理由は、彼が〔1946年にKが創設し、当時ロザリンドが支配する〕ハッピー・ヴァレー学校（the Happy Valley School）の理事会に入っていたし、彼はハッピー・ヴァレー学校とアメリカK財団の間で仲違いをどうにか癒すよう、または、何か関連を持つよう、アメリカK財団またはクリシュナジに打診していたからです。〔ポロック博士〕彼は、自分はロザリンド支持ではないし、ハッピー・ヴァレー学校について〔創設者〕クリシュナジの立場がどうなのかを聞きたいと、言いました。まあ、クリシュナジはそこと何の関わりも持ちたくなかった。それは後で展開します － クリシュナジが何を言ったのか、です。
スコット—でも、これについて短い沿革を示してください。ハッピー・ヴァレーの資産は、〔神智学協会会長でKの養母〕アニー・ベサント（Annie Besant）が学校を始めるために〔1927年に〕買い取りました。
メアリー—ええ、それは正しい。でも、学校は40年代、戦時中〔、正確には1946年9月〕まで始まりませんでした。
スコット—他のあらゆるものと同じく、ロザリンドとラージャゴパルは結局、あらゆるものを自分たちの名義で持っていました。
メアリー—ええ。そこは、〔当初〕クリシュナジの名を使っていたけれど、彼とは何の関わりも持たなくなりました。

さて、ポロックとその妻は、イヴリン・ブラウ（Evelyne Blau）の友だちでした。イヴリンは、私たちがハッピー・ヴァレーの土地を取り戻せると思っていました。忘れないでください、この頃に私たちは学校のための場所を持っていなかったんですが、学校を始めたいとの意図はありました。そして、もしも土地を取り戻せたなら・・・
スコット—そこは、学校のために良い場所だったかもしれません。
メアリー—ええ。ゆえに、ポロック博士が言うべきことを聞いたんです。

1月5日、「〔ハリウッド在住の古い友人〕シドニー・フィールド（Sidney Field）が、前日、自ら弟のジョンが急死したと電話をしてきた。クリシュナジは彼に話をして、翌日、昼食に来るよう頼んだ。午後にクリシュナジと私は、ハリウッドでのジェームズ・ボンドの〔スパイアクション〕映画『007 ダイアモンドは永遠に（Diamonds are Forever）』に行った。」ここには言います －「ひどい映画だ。」（スコット、笑う）またこう言います －「クリシュナジは夜にちょっと叫んで、よく眠れなかった。」彼はそれを「叫び」と呼んでいました。そうですね、彼は目覚めて・・・

スコットー知っています。でも、それが何なのかをなぜ説明なさらないんですか。前にそうなさったと思いますが、繰り返す価値があります。

メアリーーまあ、私は遡って、〔南インドの〕リシ・ヴァレーで、それを最初に聞きました－そのとき、私たちはみんな、〔インド南部カルナータカ州の高原の都市〕バンガロール（Bangalore）に行こうとしていたと思います。私は早起きしました。暗かったんですが、フランシス・マッキャンと私は、クリシュナジの寝室の真下にいました。私はこの叫び声が聞こえましたが、それは悲嘆のように響きました。私はどうすべきかを知りませんでした。それで、〔秘書役〕アラン・ノーデのところに行って、クリシュナジはどこかが悪いと言い、それを叙述しました。彼は、「ああ、いや、いや。注意を払わないでください。いつでも起こります。クリシュナジはそれについて話をしたくないんです。何の意味もないんです。」と言いました。これが初めて私が感づいたことでした － 本当に、或る形で、〔神秘的な〕プロセス（the process）の部分について、です。

スコットーふむ、ふむ。

メアリーーまあ、クリシュナジはそれを「叫び」と呼びました。しばしば彼はそうして目覚めました。

スコットーええ。

メアリー翌日、6日木曜日、「シドニー・フィールドが昼食に来た。クリシュナジとシドニーとの間で話があった。私は出席していた － 死後の生について、だ。」

1月7日に、「クリシュナジはラージャゴパルについて、ナグラ〔録音機〕の口述を行った。」

9日に、「私たちはオーハイに運転していき、リリフェルト夫妻、ルス・テタマー（Ruth Tettemer）、アルビオン・パターソン（Albion Patterson）に会った。世界教師の概念について、彼に対する彼らの質問に基づいて、ナグラ〔録音機〕に談話を録音した。後で私たちはそこで昼食をし、散歩に行った。それから運転して帰った。」

翌日、「イザベル（Isabel）とエンリケ・ビアスコェチェア（Enrique Biascoechea）がプエルトリコから、ここに飛んできた。テオ〔・リリフェルト〕が空港で彼らを出迎えて、彼らをお茶のため、マリブに連れてきた。それから彼らをオーハイに連れて行った。そこで彼らは、リリフェルト家に泊まっている。」私たちはビアスコェチェアの宣誓供述を行うべきだと、弁護士たちが決定したことを、思い出すでしょう。

12日水曜日に、「クリシュナジと私は午後に、フォルクスワーゲンを見に行った。」あれは、私が〔家政婦〕フィロメナのために得ようとしている車だったと思いますが、はっきりとはしません。

1月13日に、「リリフェルト夫妻は、〔ロサンジェルスの〕弁護士ライプツィガーに会うため、ビアスコェチェア夫妻を連れて行った。それから彼らはみんな昼食のため、マリブに戻ってきた。その後、リリフェルト夫妻は去って、ビアスコェチェア夫妻はここの客室に留まった。午後4時にポロック博士が再びクリシュナジに会いに来て、ハッピー・ヴァレーの理事たちはクリシュナムルティと何の関わりも持ちたくないことを、報告した。」（スコット、クスクス笑う）「でも、彼はクリシュナジに、もしも彼らが再考したなら、彼とアメリカK財団は彼らに話をするだろう、と言ってもらった。私は、クリシュナジが彼らにせがんでいるように見えていることに、落ち着かなかった。」私はそうでした。私は彼らと何の関わりも持ちたくなかった。ひどい人たちです。

スコットーふむ、ふむ。

メアリーー「ビアスコェチェア夫妻は、クリシュナジと私に対して、エルナ〔・リリフェルト〕が多くの仕事のために疲労困憊の際にあることを、語った。私は、他のすべての上にハッピー・ヴァレー学校の論争を付け加えることが、彼女にとって何を意味するのだろうかを、クリシュナジに分かってもらおうとした。でも、それはやはり彼の心にとまっている。」と言います。「私は運転して、ビアスコェチェア夫妻をライプツィガーの事務所に連れて行った。エルナとテオもそこにいた。エンリケは、ラージャゴパルの代理人、テリー・クリスチャンセン（Terry Christensen）とともに宣誓供述を行った。うまく行かなかった。」

数年前に起きたことは、ビアスコェチェアはKWINC〔クリシュナムルティ著作協会〕に幾らかお金を寄付しようとしていました。彼はKWINCの財務についてもっと知りたいと思いました。ラージャゴパルは、その情報を出すことを拒否しました。そして、もしもそれについて問題があったなら、自分はクリシュナジがロザリンドと関係を持ったことを暴露しようと言いました。これはビアスコェチェアに衝撃を与えました － その関係ではなく、ラージャゴパルが自分を強請ろうとしているという事実が、です。かわいそうにビアスコェチェアは、これを余生の間、隠匿していました。宣誓供述をとおしても、含めます。それで、このあさましいテリー・クリスチャンセン弁護士は、彼に嘘をつかせました － ラージャゴパルは金銭について何も間違ったことをしたことがない、と。

スコットーふむ、ふむ。

メアリーーで、それがそれらに関することでした。

スコットーで、彼、ビアスコェチェアは、クリシュナジを保護するために、ラージャゴパルは金銭について何も間違ったことをしたことがないと、言った。なぜなら、彼、ビアスコェチェアは、ラージャゴパルがこれらを明るみに出そうとしていることを怖れていたから。

メアリーーええ。

スコットーああ、かわいそうな人だ。

メアリーーええ。彼は、クリシュナジを敬愛しているすてきなおじいさんでした。

スコットーああ、かわいそうに。

メアリーー彼はこのひどい立場に置かれました。（ため息）

スコットークリシュナジは、想像するに、これについて何も知らなかったと思いますが。

メアリーーああ、そうです。そうです！クリシュナジはそこにいませんでした。

スコットービアスコェチェアは、これらについてクリシュナジと話をしたことがなかった？

メアリーーええ、ええ。もちろんありません。

スコットーそうだ。

メアリーー彼は、そのようなことを言い出すほど無遠慮ではなかった。

スコットーええ。

メアリーーそれで、ビアスコェチェアは実際、ラージャゴパルから強請られました。かわいそうな人。

1月15日に、「ビアスコェチェア夫妻は〔カリフォルニ

263

ア北部〕オークランドへ発った。クリシュナジと私は、オーハイに運転して行った。私たちは、エルナとテオとルスとともに昼食をして、ビアスコェチェアの宣誓供述とポロック博士の訪問について議論した。」

スコット ― では、あなたはその時に、なぜビアスコェチェアが嘘をついているかをも、知らなかった？

メアリー ― ええ。ビアスコェチェアは、エルナにそのことを語っていましたが、私には語っていなかった。ロザリンドとクリシュナジの間の「関係」と称されることについて、私はクリシュナジから知っただけです。

「昼食では、オーハイでのクリシュナジの教育センター（a Krishnaji Education Center）の考えが生まれた。私たちはオーハイで会合を開こうと計画した。エルナとテオとクリシュナジと私は、散歩をした。エルナは、ラージャゴパルが1946年にビアスコェチェアを強請したことを、私に語ってくれた。」

翌日は、「美しい一日だった。私たちはサンタモニカでの〔西部劇〕『インディアン狩り（Scalp Hunters）』という映画に行った。」

スコット ―（笑う）言い換えると、伝統的な出し物ですか。

メアリー ― ええ。1月18日に、「私たちはオーハイに行った。クリシュナジは散髪をしてもらった。私たちは二人とも、レイ博士からカイロプラクティックの治療を受けた。私たちはリリフェルト夫妻とベン〔アルビオン〕・パターソンとルス〔・テタマー〕と昼食をした。私たちは、クリシュナジの教育センターの会合について議論し、オーハイで3月29日開始で四日間に定めた。エルナと私は〔弁護士〕ライプツィガーに電話をして、ビアスコェチェアの宣誓供述について議論した。車で〔マリブの〕家に帰るとき、クリシュナジは、自分は進んで宣誓供述をしたいが、私たちは訴訟に関して道義上必要なほど進んだのか、と言った。」

19日に、「シドニー・フィールドが再びクリシュナジとの昼食に来て、輪廻転生について彼に話をした。」

スコット ― それは録音されましたか。

メアリー ― いいえ、録音されませんでした。そうですね、これらの会話はただ起きたんです。結局、行われたものは、これらのものの一つの復元でした。それには〔すぐ後で〕触れることになるでしょう。

スコット ― ああ！ええ、憶えています。ええ。で、これら二つは実際には録音されなかった。

メアリー ― 一度もテープに録音されていません。ええ。

21日に、「再び私たちは運転してオーハイに行き、訴訟についてエルナとテオに話をした。昼食をして、運転して戻った。」

翌日、「私は車を売った。」…ああ、私は、フィロメナが使う小さな〔イギリスのスポーツカー、〕MGの車を、持っていましたが、それを売りました。「クリシュナジと私は、〔フランスのスリラー〕映画『レ・ブシェ（Le Boucher）』に行った。」それについては何一つ憶えていません。

1月24日に、「私たちは運転してオーハイに行った。クリシュナジはリリフェルト宅で、65人ほどの若者たちと討論会を行った。私はそれをナグラ〔録音機〕でテープに録った。私たちはそこで、リリフェルト夫妻、ルス・テタマー（Ruth Tettemer）、キャサリン・キーラン（Catherine Kieran）、アルビオン・パターソン（Albion Patterson）と、アメリカK財団の新理事アラン・キシュバウ（Alan Kishbaugh）とともに、昼食をした。昼食の後、私たちは理事会を開いて、教育の計画と出版について議論した。」

24日に、「私は空港でアラン〔・ノーデ〕を出迎えた。フォルクスワーゲンの代理店に行き、ベージュのステーション・ワゴンを買った。」（クスクス笑う）「私は3万マイル〔、約4万8千キロメートル〕の点検修理をしてもらうためにジャガーを残して、家にはVW〔フォルクスワーゲン〕を運転して戻った。クリシュナジは門のそばで待っていて、購入に賛成してくれた。アランはフィロメナにその運転の教習を行った。」それは彼女用でした。私がそこにいないとき、〔家政婦の〕彼女は車がなくてはいけませんでした。

スコット ― もちろんです。

メアリー ― 「昼食のとき、私たちは輪廻転生についての議論をテープ録音した – 部分的には、先週のクリシュナジのシドニー・フィールドへの会話に由来する。私たちは浜辺を歩いた。」

翌日、「私たちは新しいVWを運転して、〔ロサンジェルスの弁護士〕ローゼンタールの事務所に行った。私たちは、彼と〔弁護士〕ライプツィガーとリリフェルト夫妻に会った。私たちは、訴訟において起こりうる未来の出来事について、話をした。進めるとの決定がなされた。リリフェルト夫妻は、私たちとアランと一緒の昼食に戻った。私たちは教育の計画について議論した。」

「後でクリシュナジとアランは、〔神智学協会で〕想定される大師（マスター）たちについて、会話を行った。私はそれをナグラ〔録音機〕でテープに録った。クリシュナジとアランは散歩に行った。その間、私は少し休んだ。」（小声で）今、それはどこかにあるにちがいありません…

スコット ― ええ。アーカイヴス〔資料保管庫〕の一覧表に載っています。

メアリー ― 「クリシュナジとアランは翌日、もう一回、議論を行った。」ここには言います –「すばらしいものだ。」「私はジャガーを取りに行った。それから私たちは三人とも、浜辺に散歩に行ったが、寒くて風が強かった。」

27日に、「クリシュナジとアランは、もう一回対話をしてテープに録った –〔古代インドの奥義書〕ウパニシャッドで始まって、思考の終わることとして、事実以外のあらゆるものを精神から空っぽにすることへ進んだ。空っぽでない精神は、けっして真理を見つけられない。私たちは家で昼食をし、下のほうの道路を歩いた。」

翌日、「私は頭痛がする。クリシュナジとアランはもう一回テープに録った。〔弁護士〕ファリア氏（Mr.Faria）がプエルトリコから到着した。テオが彼を出迎えて、お茶のため、彼をここに連れてきた。それから彼をオーハイに連れて行った。そこでテオとエルナは彼を泊めようとしている。私たちはKWINCの訴訟について、彼と少し議論した。」彼は法律家でした。「他方、アランはサンフランシスコへ発った。」

1月29日は、「すてきな静かな一日だった。クリシュナジは、夜に自らの頭に「エネルギーの火」があると言った。彼は、「記憶は自己の起源だ。」と言った。私たちは午後に手紙を取り扱い、浜辺を散歩した。」

「〔フランスの〕マリアンヌ・ボレル（Marianne Borel）から、〔実業家〕デ・ヴィダス夫妻（the de Vidases）が過去にラージャゴパルに脅されていたとの手紙が、来た。」マリアンヌ・ボレルを憶えていますか。あの、クモみたいな未婚のフランス人女性です。彼女はいつもサーネンに行っていました。

彼女は、若者たちがみんな泊まる納屋のために、お金を出したものです。

スコット——ああ、そうだ。そうだ。（笑う）サーネンのヒッピー仲間の一番ありそうもない支援者です。

メアリー——ええ。絶対にそう。

スコット——分かります。（笑う）

メアリー——彼女は何か鳥に似ていました − 白髪で、とてもすてきで。

スコット——ふむ、ふむ、ふむ。

メアリー——1月30日は、「風の強い晴れた一日だった。クリシュナジと私は運転してオーハイに行った。彼は再び、精神に燃えるとほうもない光について、語った。」ここには、夜に彼は、それとともに三時間目覚めていた、と言います。

「私たちはエルナ、テオ、ルス〔・テタマー〕、ファリア氏と昼食をした。〔弁護士〕ファリアは、すでに訴訟に関する書類すべてをすでに読んでいて、進めるよう助言した。私たちは〔オーハイの東端で南北に走る〕マクアンドリュー・ロード（McAndrew Road）に散歩に行った。それから車で家に戻った。」

翌日、「私は調整のためにナグラ〔録音機〕を持って行った。それから〔ロサンジェルスの弁護士〕サウル・ローゼンタールの事務所で、リリフェルト夫妻と〔弁護士〕ファリアに会った。私たちは、ラージャゴパルの宣誓供述を〔弁護士〕ライブツィガーの代わりにローゼンタールと進めることについて、議論した。後で私はサウルに手短に話をした。エルナが運転して私とテオを送り、ファリアが続いた。私たちはみんなクリシュナジとお茶をした。」彼は、弁護士たちとのあの会合に来ていませんでした。

2月1日、「アラン〔・ノーデ〕が、クリシュナジとの議論のために見込める何人かの禅の専門家について、電話をしてきた。」あれは、私たちが、異なった信条や修練の人々にクリシュナジとのヴィデオ録画またはオーディオ録音を − どちらかできるほうを − してもらおうとの考えを、持っているときでした。

「クリシュナジと私は昼食のため、運転してリリフェルト家に行った。ファリアがそこにいたが、後で立ち去った。私たちは財務についてちょっと議論した。私は〔カイロプラクティックの〕レイ博士に治療をしてもらい、他方、クリシュナジとエルナは散歩をした。それから私たちは、夕食に間に合うよう運転して帰った。〔南カリフォルニアのサンディエゴの陶芸家〕マーサ・ロングネカー（Martha Longnecker）が電話をしてきた。〔カリフォルニア〕州立大学サンディエゴ校が、クリシュナジが様々な人たちと行うかもしれない対論を、録画したがっている。」それが、〔サンディエゴ〕そこで行われたあれらすべてのヴィデオの起源でした。

スコット——ええ、ええ。

メアリー——翌日、「クリシュナジはマリアンヌ・ボレルの手紙への返事を口述した。午後にシドニー・フィールドが来て、クリシュナジと散歩に行った。」

2月3日に、「〔こちらの弁護士〕ローゼンタールは即時に、ラージャゴパルの宣誓供述を申請することになっている。サンディエゴでのクリシュナジの会合をヴィデオ・テープに撮ることについて、〔シカゴの実業家〕シドニー・ロス（Sidney Roth）、エルナ、アラン、マーサ・ロングネカーに話をした。クリシュナジは4月に、オーハイで2回の公開講話を行いたいと思っている。」シドニー・ロスは、その幾つかのためのお金を出してくれました。

翌日、「私たちは街へお使いに行った。パスポートの写真など。私たちは、本と、ハンツマンのグレイのフランネル〔の衣類〕のためのシルクの裏地を、買った。」− ええと、私が行った絹製品の店で、ね。「クリシュナジは戦争以来、こんなに休んだ感じはしなかったと言う。」すなわち40年代からです。

スコット——いいねえ、いいねえ。

メアリー——その冬ずっとそこ〔マリブ〕にいたことはすばらしかった、と。

スコット——ええ、きっと彼にとってとても良かったんだと思います。

メアリー——訴訟と起きていたことすべてにもかかわらず、私にとってもすばらしかった − 彼は、散歩すること、眠ること、多かれ少なかれ、ただ静かであることができました。

スコット——なんとすばらしい。

メアリー——翌日、5日、「私たちはサンタモニカに、〔フランスのスキーヤーで俳優〕ジーン・クラウド・キリーの出た映画『スノー・ジョブ（Snow Job）』に行った。」− スキー〔、スリラー〕映画でした。たぶん、私がスキー映画とサーフィン映画が好きだったからでしょう。（スコット、笑う）で、そういうわけで私たちは行ったんだと、私は思います。「アランが電話をしてきた。彼は、クリシュナジとヴィデオ・テープ録りの対話をするよう、サンフランシスコ大学（San Francisco University）でイエズス会のシャロット神父（Father Shallot）を、見つけていた。」

「クリシュナジは、昨夜目覚めたこと、そして、まるで何かが自らの頭脳、自らの内なる頭脳に為されつつあるかのようであったと短い瞬間に見えたことを、語った。」と言います。「それは消え去った。それが感じだ。彼は自らがそれを追求してはいけないと感じた。それは、近頃起きてきたことの一部分だ。」と言います。

スコット——うーん。（休止）

メアリー——2月6日に、「私はデスクで仕事をした。クリシュナジは眠った。私たちはテレビで冬のオリンピックを見た。浜辺を歩いた。」

翌日、「クリシュナジは私とともに、ジャガーの新しいタイヤを付けるために〔ロサンジェルス郡の南西部、〕イングルウッド（Inglewood）に来たいと望んだ。タイヤが取り付けられるのを待っている間、私たちはそこを歩いてまわったが、街のその地域には危険の感覚があったので、私たちはタイヤの場所に戻った。クリシュナジは立って、タイヤがぴったりと装着されるのを見守っていた。彼は帰る道すがら、自分はそこに行くべきではなかったと言った。」そこは、ギャングが始まりつつある街の地域でした。本当に危険な場所でした。そぞろ歩きのために行くべきところではなかった…

スコット——そのとおり。

メアリー——…それが私たちが時間を過ごすためにやったことです。彼はそれを感じたし、私もそれを感じました。

スコット——ええ。

メアリー——2月8日、ラージャゴパルの宣誓供述が申請されました。

2月10日に、「クリシュナジは午前と午後に眠った。私たちは浜辺の散歩をした。晩に、テレビを見ている間、ク

リシュナジは「はるか遠く」にいるうちに、私が彼に話しかけたとき、衝撃を受けた。そのため彼は震えて、夜通しそれを感じた。彼の身体はとても敏感になっている。」私たちはテレビを見て、座っていました。はっきりと憶えています。夕食の後、私はふつうに彼に話しかけました。彼が離れているのを、私は悟らなかったんです…

スコット―ふむ、ふむ、ふむ。

メアリー―…彼はこのショックで気がつきました。彼を目覚めさせるようなものでしたが、彼は、「けっして目覚めさせてはいけない」と言いました。または、そのとき私はそうしたんですが、そうせざるをえないのなら、私は小さな物音を立てて、それが次第に彼の意識に入るようにしよう、としたものです。

スコット―ふむ、ふむ、ふむ。

メアリー―それは何か…他の誰かを目覚めさせるやり方では、けっして彼を目覚めさせませんでした。あれは、私が気づいておくべき瞬間でした。でも、私たちはテレビを見ていました。さて、さて。

11日に、「クリシュナジが運転をして、私たちはオーハイに行った。私たちはもう一度リリフェルト夫妻、ルス、アルビオンと昼食をした。私たちは、復活祭の週のオーハイでの教育集会について、そして、〔合衆国の神智学と連動した〕カーン財団（the Kern Foundation）のカーン氏という人（a Mr.Kern）が〔合衆国〕神智学協会〔会長〕のジョイ・ミルズ（Joy Mills）とヘレン・ザハラ（Helen Zahara）とともにここに来るとき、彼に会うべきかどうかについて、議論した。」カーン財団のカーン氏は、〔クリシュナジの〕『生きることについてのコメンタリー（The Commentaries on Living）』を、そのときも出版していたし、今でもしています。「彼らは出版に掛かる莫大な金額を持っている。」その頃に私たちは、出版することが必要でした。

スコット―ええ。

メアリー―「私たちは、4月のクリシュナジの講話の候補地として〔リビー公園にある野外劇場〕オーハイ・ボウル（the Ojai Bowl）を見に、そして、ギルマン女史という人（a Ms. Gilman）がアメリカK財団に贈ろうとしている小さな住宅を見に、行った。彼女は小柄な輝く目をもつおばあさまで、クリシュナジが来たとき、恥ずかしげに喜んだ。」私はそれについて、それ以上は何も憶えていません。

スコット―オーハイ・ボウルはどこにありましたか。

メアリー―街中です。〔メインストリートの南側に〕小さな〔リビー〕公園があるところです。

スコット―ああ、はい。

メアリー―小さなテニス・コートがあって、小さな舞台があります。お椀に似ていて、コンサートを行うんです。そこではオーハイ音楽祭を行いますが、結局、クリシュナジはそこで講話をしました。

2月13日、「美しい一日だった － カリフォルニアのすてきなことのすべて。私は午前ずっと料理をした。ユージン・シャロット神父（Father Eugene Shallot）とその助手ジャックリーン・ケリー女史という人（a Miss Jacqueline Kelly）が、昼食に来た。彼は木曜日にサンディエゴで、クリシュナジと対話をするだろう。彼は、イエズス会の総合大学、サンフランシスコ大学の社会学の教授だ。彼らは午後4時に発った。私たちは浜辺の散歩に行った。テレビは〔亡き夫サムの制作した映画〕『ベンハー（Ben Hur）』の前編を放映した。クリシュナジはそれを見たがった。」あれはたまたま私の誕生日でしたが、誰もそれに触れませんでした。（スコット、笑う）私は隠匿しました。

14日に、「私は荷造りをした。私たちは早い昼食をとって、午後1時45分に、140マイル〔、約224キロメートル〕離れた〔南カリフォルニア、サンディエゴ市の北部、〕ラホヤ（La Jolla）へ、そして、〔陶芸家〕マーサ・ロングネカーの家へと発った。彼女は、クリシュナジが泊まるためにそこを貸してくれようとしている。私たちは午後4時に到着した。彼女と〔シカゴの実業家〕シドニー・ロスがそこにいた。アラン・アンダーソン博士（Dr.Alan Anderson）が訪ねてきた。彼は、〔カリフォルニア〕州立大学サンディエゴ校の宗教学の教師であり、水曜日にクリシュナジとヴィデオ録りの対談をするだろう。」〔マーサ〕彼女はとてもすてきな家を持っていました。

スコット―海は見渡せたんでしょうか。

メアリー―まあ、そこは街の奥でしたが、道を登っていき、それで海が見えました。小さな住宅でしたが、すてきで、私たちにはちょうど打ってつけでした。彼女は出て行き、それで私たちは入れました。

スコット―いいなあ。

メアリー―「翌日、私がマーケットで買い物をし、チベット〔、ニンマ派、カギュ派の行者で亡命中〕の〔活仏〕チョギャム・トルンパ・リンポチェ（Chögyam Trungpa Rinpoche）、〔アラン・〕ノーデと、シャロット〔神父〕のためのモーテルの手配等の支払いをする間、クリシュナジは休んだ。私は昼食を作った。私たちは、州立大学サンディエゴ校に行った － そこに、チョギャム・トルンパ・リンポチェとその助手、マーヴィン・カスバー（Marvin Kasbar）が、到着した。クリシュナジとトルンパの対話が、ヴィデオ・テープに録られた。チベット人はすてきだったが、ほとんど貢献しなかった。」（クスクス笑う）「クリシュナジがすべてをやり、とても貴重だった。チベット人とカスバーと、信奉者二人が、お茶に戻ってきた。」（小声で）それは憶えていないわ。「トルンパとのこれらの間、アランはすでに到着していたが、彼らが立ち去った後、クリシュナジと彼は散歩に行った。私は私たち三人のための夕食をこしらえた。」（小声で）彼がお茶に来たことは忘れていました。

16日、「クリシュナジは午前に、州立大学サンディエゴ校の宗教学のアラン・アンダーソン博士と、ヴィデオ収録を行った。クリシュナジとアランと私は昼食をし、後でラホヤを抜ける散歩に行った。ツィード・アンド・ウィーヴス（Tweeds and Weaves）で買い物をして、クリシュナジと私だけで夕食をとった。」

翌日、「午前にクリシュナジはもう一つ、ユージン・シャロット神父との対談をテープに録った。公開について署名することで〔彼の〕助手、ケリー女史との問題があった。」（クスクス笑う）私たちは車に荷物を積み、昼食にサンドウィッチをとり、クリシュナジとアランと私は、マリブへと運転した。」

「ラージャゴパルは3月20日に宣誓供述をすることになっている。」

18日に、「午前に、サンフランシスコのダニエル・オハンドリン神父（Father Daniel O'Handlin）が来た。私たちは、クリシュナジと彼の間の会話を、ナグラでテープに録った。彼は昼食に残り、それから立ち去った。後でアランはサン

フランシスコへ立ち去った。クリシュナジと私は浜辺を歩き、〔隣家の友人〕ダン家まで行った。」忙しい一週間の後で、ついに静かになった。」

19日は、「静かで穏やかな一日だった。私はデスクで仕事をした。クリシュナジは休んで眠った。〔弁護士〕ライプツィガーが、妻のメアリーと幼い息子のチャールズが家に立ち寄ってもいいかと問い合わせてきた。彼らはお茶に来た。クリシュナジと私は、後で芝生を歩いた。クリシュナジは、私の過去世の何かのせいで」（笑う）「私が時折、緊張のマニエリスム〔わざとらしさ〕を起こしているのかのかと、考えている。」

スコット―（メアリーがさらに笑うので、笑う）彼はそのことで真剣だったんですか。

メアリー―分かりません。彼がこれらのことについていつ真剣なのか、どうして分かるでしょうか。

スコット―（笑う）分かりません。

メアリー―あなたは訊ねなかった。

スコット―ええ‥‥もちろんです。

メアリー―後世の人が聞いているのなら、なぜ私は訊ねなかったのかと考えてもいいですね。私は、自分が出しゃばらなかったり、出しゃばった質問をしなかったことを説明することに、飽きています。彼が私に告げたいと思ったのなら、よし！です。思わなかったのなら、彼は告げなくてよかった。

スコット―分かります。ええ。

メアリー―たぶんアーカイヴス〔資料保管庫〕担当者の視点からは、それはなすべきことではなかったんでしょう。

スコット―でも、ただ、クリシュナジのまわりには、あの感覚がありました － すなわち、別の形で、ただ受けとめる一定のこと、合理的に考える頭脳では受けとめない一定のことが、ある、と。それがただ、やったことです。

メアリー―また、私の視点は、あらゆることを彼にとってうまく行くようすることでした。

スコット―ええ、ええ。

メアリー―ともあれ‥‥22日までは、クリシュナジについて何も興味深いことはありません － その日、「彼は、冥想がとても強いので、そのため眠れないと、言った。」これらの日々すべてに浜辺の散歩がありますが、私はいつもは言わないでおきます。

　26日まで意義深いことはなくて‥‥

スコット―25日はどうですか。25日はどうなったんですか。

メアリー―何もない。私は運転して、〔家政婦〕フィロメナをイタリア領事館などに送った。昼食には間に合うよう帰った。クリシュナジはシドニー・フィールドと散歩した。私は〔隣家で友人の〕ダン夫妻に会いに行った。すべてのことを知らなくていいでしょう！

スコット―いいえ。よくないです。絶対にすべてのことを、です。（笑う）

メアリー―でも、なぜ？（笑う）

スコット―まあ、私たちは、シドニー・フィールドが来たことを知ります。それは重要です。

メアリー―‥‥26日には言います －「昼食の後、私たちは映画『ハード・ロック（The Hard Rock）』に行った － 喜劇の探偵映画。出てくると、クリシュナジは、アイスクリームについて訊ねた。彼はそれを何年もとっていなかった。それで、私たちはウィル・ライツ（Will Wright's）に入った。すばらしいアイスクリームのある小さな店だった。彼は、〔バターやナッツの入った〕イングリッシュ・タフィーを選んだ。私たちは夕食に少量をいただいた。それは即座に（笑い声で）もどしてしまったが、彼は「なぜ人々が好きなのか、分かる！」と言った。」（スコット、笑う）彼はそのときからずっと、アイスクリームが好きでした。

スコット―おもしろいなあ。

メアリー―でも、彼の胃は当初、それを受け付けなかったが、慣れてきました。「後で彼は私に対して、自分が私に語ることを、私はごくうまく文体を整えて書くべきだと語った。」

スコット―〔日記のうち、〕大きな本はまた、いつ始まるんですか。

メアリー―4月17日に始まります。

スコット―そのときまで始まらないか。よし。で、あなたは、彼の助言にはすぐには従わなかったのか。（笑う）

メアリー―ええ。（スコット、笑う）うーん、ああ、私の家族に関することね。

スコット―いいです。でも、クリシュナジに関しては、小さなことの一つも省くことは、認められません。小さな切れ端の一つも、です。

メアリー―27日は、「またもや家での静かな一日だったが、たくさんのことが達成された。私の背中のせいで、浜辺の斜面を歩くことは難しい。」きっとあなたはこれを知りたいんだと思います。

スコット―ええ、そうですよ。

メアリー―「私たちは、セッラ・ロード（Serra Road）で他の歩く場所を探検した。夕食に私たちはテレビで、ニクソン〔大統領〕がシナ〔への電撃訪問〕から戻るのを、見た。そして、大陸の形成に関するNET〔全国教育テレビ〕の映画『落ち着かない大地（The Restive Earth）』も。」

3月1日は、「晴れた暖かい一日だった。私たちはオーハイに運転して行った。クリシュナジは散髪をしてもらった。それから私たちは、エルナ、テオ、ルス〔・テタマー〕、アルビオン・パターソンとともに、昼食をした。後でクリシュナジは、質問に答えた。ほとんどがパターソンからのもので、彼の初期の個人的な経歴の、その背景をもたない人々のための教えに対する関係について、だ。クリシュナジは、何の関連もないと言った。「彼に起きたことは、自分たち自身に本当に興味を持たない人たちには、興味深い。」と。」（二人とも笑う）「「どんな道、体系もない。真理の問いに入りうる精神の質 － すなわち、言葉に表せないもの － がある。とてつもない繊細さをもって接近しなければならない神秘が、ある。意識的な精神はそうできない。言葉はそのものではない。そのものに来るのなら、けっしてそれを言葉に表さないで、それがあると言える。私はそれがあると知っている。」クリシュナジは散歩したが、疲れた。私たちは運転して戻った。クリシュナジは、教育の会合の間、オーハイに留まりたいと思う。エルナは、自宅に泊まるよう、私たち二人を招待してくれた。」

3月2日、「家で静かな一日。私はデスクで仕事。クリシュナジは休み。彼は、昨日のテープにもうちょっと付け加えて、自分に反対した神智学の人たちに対して、自分は悪い感情を持っていないと、言った。彼はそもそも彼らに何の関係も持っていなかった。」

3月4日は、「また暑い一日だった。午後にクリシュナジは、浜辺を歩きたいと思った。〔太平洋の〕潮風は彼にとっ

て良い。私は、斜面を歩かなくなってから、背中が良くなったと感じる。それで、彼は浜辺を歩いたし、私は浜辺の道路で平行して行った。どちらもとても速く歩いてプエルコ・キャニオン（Puerco Canyon）に行き、浜辺の道路の端まで戻った。」

「クリシュナジは、成長、出生、汚染が徹底的に停止しないなら、70年後の世界経済の崩壊を予言する或る種の調査に関する報告書を、読んだ。クリシュナジは、そういう破滅に対する個人の答えは何なのかを、訊ねた。彼は、応答は、諸問題や強制からではなく、自由から出てこなければならない、と言った。大事なことは正しく生きることだ。」

3月8日に、「〔調理した〕豆の壺をもって、私たちは午前9時30分にオーハイへ発った。リリフェルト宅で、カーン財団のジョン・カーン（John Kern）、（イリノイ州ウィートン（Wheaton）の神智学協会全国本部の）ジョイ・ミルズ（Joy Mills）とヘレン・ザハラ（Helen Zahara）、エルナ、テオ、ルス、アルビオン・パターソンとの会合が、ある。クリシュナジは、なぜ〔『生きることについてのコメンタリー』のような〕自らの書物が、神智学の出版社、クエスト〔社〕（Quest）から出版されるべきでないかを、活き活きと説明した。彼らは立ち去った。」

スコット—ふーん。それも録音されましたか。そう思いますか。

メアリー—そうは思いません。

「私たちは、種々雑多なビジネスの用件について議論した。3時に、ディヴィッド・ヤング（David Young）と、マージョリー・ケラー夫人（Marjorie Keller）が、クリシュナジ一人に話をしに来た。」マージョリー・ケラーを憶えていますか。

スコット—いいえ。

メアリー—まあ、彼女はここブロックウッドに娘を来させていて、その娘はフロード〔・デズニック〕（Frodo）と結婚しました。

スコット—ああ！ええ、ああ、彼女は憶えています。そう、カサンドラ（Cassandra）だ。

メアリー—カサンドラね。

スコット—ああ、あれがマージョリー・ケラーか。ああ。

メアリー—〔教師の〕ディヴィッド・ヤングは、オーハイとハッピー・ヴァレーの事柄に巻き込まれていました。「彼らは、ラージャゴパルの論争のことでやって来て、一時間半、話をした。その後、クリシュナジはそのすべてを、残りの私たちに解説した。彼は彼らに対して、ラージャゴパルが調停を望むなら、弁護士と法務長官が取り扱わなければならないことを、きわめて明らかにした。」

翌日、「エルナとテオが、クリシュナジが講話をする〔ロサンジェルス郡西部の〕サンタモニカ会館（Santa Monica Auditorium）のことで、やって来た。シドニー・フィールドが、クリシュナジとの散歩のために来た。」

12日に（笑う）、「クリシュナジと私は、ただ楽しいだけで、ブロックウッドのドロシー〔・シモンズ〕に電話をした。」（スコット、笑う）「再び私たちは芝生を歩いた。私は所得税で忙しかった。ラージャゴパルは、3月20日の宣誓供述を、28日に延期するのを求めていた。」

翌日、「私たちは翌日、歯医者に行った。テレビで〔ミュージカル映画〕『ウエストサイド物語（West Side Story）』を見た。クリシュナジは、夜に瞑想がとても強烈なので、そのため起き上がりたい。また、外側に何か邪悪なものを感じたので、そのため、窓の外を見た、と言った。「まるで大いなる善があるとき、悪が来て、嗅ぎまわろうと試みるかのように。」と。彼はしばしばそれについて言いました。

スコット—知っています。（休止。メアリー、ため息をつく）かつて彼は、大いなる善は悪を引き寄せると、言いました。

メアリー—ええ、ええ。

スコット—そして、悪が存在していて、危険である時がある、と。

メアリー—ええ。そういう時がありました。彼は危険を感じたものです。彼はまた、保護されているのも感じたものです。でも、私は以前の対談でこれは言ったのは知っていますが、でも、彼はそれについてしばしば語りました－悪が彼を狙おうとする、と…

スコット—近くの人たちをとおして…

メアリー—…誰か他の人たち、あなたや私や誰かをとおして…本当にそうです。私たちが邪悪になるということではなく、私たちが脆弱になるということで…

スコット—…傷つけられる、または事故か何かで…

メアリー—…ええ、ええ。

スコット—私たちは、これについて後で話をしましょう。なぜなら、後で出てくるからです。私は知っています。

メアリー—ええ。

17日に、「〔元秘書〕アラン〔・ノーデ〕が、昼食のすぐ後に到着した。サンフランシスコから自動車を運転してきた。彼は、クリシュナジのためにネクタイと、私のためにきれいなスカーフと小さな瓶を、持ってきた。彼とクリシュナジは浜辺を歩いた。私は〔隣家の友人〕ダン夫妻に会うため、出かけて行った。彼らはモーツァルトを演奏していた。昼食前に私はアランとともに、ナグラの〔録音〕装置を調べた。彼が明日、クリシュナジの講話をテープに録るだろう。」

18日に、「アランは、ナグラ〔録音機〕をもって早くサンタモニカ会館に行った。クリシュナジと私は、午前11時にそこに着いた。ちょうどクリシュナジが話をするために演台に出る前、舞台裏で、訴訟手続きの送達者が、宣誓供述のための召喚状を彼に手渡した。それは、クリシュナジと〔アメリカK財団〕エルナ、ルス、私と〔シカゴの実業家〕シドニー・ロスに対する、ラージャゴパルとその他からの反対告訴状だった。」

スコット—（皮肉な調子で）なんて魅力的なんだ。ちょうどクリシュナジが公開講話を行おうとしている前に。

メアリー—ええ。彼を落胆させたいと思ってね。

スコット—あいつは絶対にひどい邪悪な…

メアリー—「クリシュナジには何の効果もなかった。」（スコット、クスクス笑う）「彼はそれをテオに手渡して、入って行き、1時間15分の間、みごとな講話を行った。（スコット、クスクス笑う）エルナと私は、〔こちら側の弁護士〕ローゼンタールに電話をした。彼は講話の前の送達に衝撃を受けたが、反対告訴状には驚かなかった。」

「クリシュナジとアランと私は、家で昼食をとった。エルナとテオはオーハイへの道すがら、立ち寄った。クリシュナジはとても鋭く、ラージャゴパルの行動を分析した－特に、ラージャゴパルが、終身の理事職についてクリシュナジが自分に与えてくれたと言う、主張される口頭での同意について、だ。クリシュナジは後で私に対して、「ユダはそこに入らない。」と言った。すなわち、比較ではユダも青ざめる、と。」

スコットーふむ、ふむ。
メアリー―翌日、19日、「クリシュナジはものすごい力でもって、第2回のサンタモニカ講話を行った。その多くは、昨日、ボブ・スティーヴンスという人（a Bob Stevens）から手渡された手紙で問われた疑問に、基づいていた－どのようにして自由であり、それでもなお、仕事を持つせいで腐った体制と社会の一部でありうるのか。午後4時にクリシュナジは、物理学の教授、マエル・メルヴィン博士（Dr. Mael Melvin）への面談を行った。」

20日に、「アラン・キシュバウ（Alan Kishbaugh）が晩餐に来た。クリシュナジは食卓に来て、彼が立ち去るまで起きていた。彼らが立ち去るまで、〔旧友の〕ベツィ〔・ドレイク〕（Betsy）がそこにいた。」

翌日、「クリシュナジとアランと私は運転して街に行った。クリシュナジは、スペース・シューズ（space shoes）を合わせてもらった。」（笑う）「それから私たちはみんな、〔野外の〕農場主マーケットでメキシコ料理をとった。私は彼らをハリウッドでの映画に連れて行った。それから私は、婦人服仕立屋（ドレス・メイカー）の仮縫いに行った。」

スコットー知らない人たちのために、あのスペース・シューズが何なのかは、言っておくべきです。（笑う）なぜって、〔宇宙時代に〕スペース・シューズと呼ぶんだから。

メアリー―スペース・シューズが何なのか、どうして人々が知らないんでしょうか。（スコット、笑う）まあ、あれは、足にとっては極度に快適で良いが、著しく不細工で大きな靴です。それらの取得の仕方は、片足ずつを靴型に入れます。それはパリの石膏が満ちていて、そこで座ります。ふつうはとても冷たいです。長く座ったとき、靴屋がそれを採ります。そこから足型を作り、足形から両足の靴を作ります。それは、自分の足のどの小さなでこぼこか何にでも、完全に適合しています。靴底はコルクでできているから、軽い。靴のフランケンシュタインか何かのように、重そうに見えますが、実際には全く軽い。コルクで作られているからです。私は今でも履いています。私は、クリシュナジが気に入るだろうと思いました。彼はその考えは気に入りましたが、（クスクス笑う）あまり履かなかったと言わざるを得ません。（メアリーとスコット、笑う）最善の皮というわけではなかった。〔高級紳士靴店の〕ロブ（Lobb）が持っている一定の「得も言われぬもの（*je ne sais quoi*）」を持っていなかった…

スコットーそのとおり。

メアリー―…でも、ともあれ、彼はそれでやっていました。（スコット、笑う）でも、それ以上、私はあまり多くを言えません。「私は映画の後でクリシュナジとアランを乗せた。私たちは家に帰った。」

それからここに言います―「〔シカゴの〕シドニー・ロス、〔サンディエゴの〕マーサ・ロングネカーと、ヴァン・レヴィン氏という人（a Mr.Van Lewin）と…ロビンソン女史（Miss.Robinson）、夫人かロビンソン氏が」－分かりません－「日曜日の講話から作られたヴィデオ・カセットを、見せに来た。」とても良かった。カラーは優秀だ。カセットは楽だ。ソニーの道具。抜群だ。」それが何なのかは分かりません。

翌日、「私たちは一日中、家にいた。クリシュナジは午後4時にタラ・シン（Tara Singh）に会った。」タラ・シンを説明しなくてはいけませんか。

スコットーええ。彼がここに入っているなら、説明しなくてはいけません。

メアリー―タラ・シンはシーク教徒です。名前で分かります。彼ははるか昔にインドを離れました。彼は長年、クリシュナジを知っていました。その頃に戻ると、彼は神秘の人でした。彼は、目に見えず支援の手段もなく、合衆国で生活できるようでした。結局は、（この時点ではまだそうではなかったが、）彼自身が導師（グル）になりました。今日まで、彼は或る種の財団を持っていると思います。

スコットーふむ、ふむ。

メアリー―彼は人々に奇跡を行うよう教える、と思います。彼はそれについて書物を書いたと、聞かされました。私は読んだことはありません。彼についてはもう、あまり多くを言いたくないです。（笑う。スコットも笑う）なぜなら、私の印象はうれしくないですから。私がタラ・シンについて自分の見解を〔この記録に残して〕不朽のものにすることは、誰にとっても大事なことではありません。でも、ともあれ…

スコットーいいですよ。この件ではあなたを引き留めないことにしましょう。

メアリー―彼が面談をしました。

「翌日、〔古い友人の〕シドニー・フィールドが来て、アラン〔・ノーデ〕とクリシュナジの散歩に加わった。」

3月24日に、「アランが、クリシュナジとの対話の書き写しの二つを、確かめた。私は、ニューヨークの自分の弁護士、ミッチェル・ブース（Mitchell Booth）に宛てて、ドッジ女史（Miss Dodge）の〔Kへの年金の〕遺言とクリシュナジについて、長い手紙を書いた。また、〔ニューヨークの支援者で1966年に亡くなった〕ピンター氏（Mr. Pinter）の書類について、ラージャゴパルからの反対告訴状についても、だ。」

スコットーそれらはどういうことですか。

メアリー―正確には思い出せません…ピンター氏に私は会ったことはありません。それとも、前に私は彼に関して話したとも思いますが、彼はクリシュナジに対して、ラージャゴパルがあらゆるものを取ってしまおうとしていることを、警告しました。そして、クリシュナジは何も持たないはめになるだろうことをも、です－自分自身の組織において影響力はもちろん存在さえもない、と。もちろん、それがまさしく起こったことです。どうにかこれらが訴訟になりました。詳細はよく憶えていません。

25日に、「クリシュナジはサンタモニカで、第3回の講話を行った。彼は、「秩序は自らの法を伴っている－それはそれ自らの修練です。」と言った。私たちは昼食のため、家に戻った。ルス・マッキャンドレス（Ruth McCandless）という女性が、私たちと昼食をした。エルナとテオもそうだ。〔弁護士〕ライプツィガーは、求めていた書類の幾つかを、ラージャゴパルから受領した。」－私たちはそれらを求めていました。「これまでラージャゴパルは、次の火曜日の宣誓供述に、延期を求めていない。」

3月26日。「クリシュナジと私は、ここ二日間、二つの水準で生活してきた。」と言います。「彼はサンタモニカで第4回の講話を行った。思考が終わったとき訪れるエネルギーについて、極上のものだ。最初の一歩が最後のものであり、それが自由である。」

アラン・キシュバウが、アメリカ原住民〔ネイティヴ・

アメリカン〕に関する人類学作家フランク・ウォーターズ（Frank Waters）と、ヴォイス・トレーナーのジョヴァンナ・ドノフリオ（Giovanna d'Onofreo）を、昼食に連れてきた。クリシュナジとウォーターズは明日、テープ録りの対話をすることになっている。午後4時にクリシュナジは、五人の人たちに面談を行った。後でクリシュナジ、アランと私は芝生を歩いた。

翌日、「私はお使いをしなくてはいけなかった。他方、クリシュナジはフランク・ウォーターズと対談を行った。それはアランが録音した。午後12時40分に映画館でクリシュナジとアランが私を待っていてくれた。そこで私たちは、マーロン・ブランドの出た〔アメリカのマフィア映画〕『ゴッド・ファーザー（The Godfather）』を見た。クリシュナジはピクニックの昼食を持ってきたが、後でやっと駐車場で車の中で食べた。クリシュナジとアランは何枚かシャツを買って、私たちは家に戻った。私は今朝録音した対談を聞いて、〔弁護士〕サウル・ローゼンタールと話した。彼は明日、ラージャゴパルの宣誓供述を行うだろう。後でエルナ〔・リリフェルト〕が電話してきて、ラージャゴパルは宣誓供述に、エルナの出席を望んでいると、言った。」

あのテープをもう一回、聞きたいものだと言わざるをえません。

3月28日に、「ブロックウッドから〔校長〕ドロシー〔・シモンズ〕が、建物への供出金について電話をかけてきた。〔研修用の〕クロイスターを完成するには、2万3千ポンド以上が必要だ。クリシュナジは私に対して、「私たちが全体の基礎を作って、そのうちどれほどを築けるのかを、見出しなさい。」と言うように語った。」それがどういう意味なのか、分かりません。

スコット─全体の基礎を作って、そうして初めて、その一翼か何かのように築きなさい、と。

メアリー─そう思います。「彼は、〔ビッグサー在住の支援者ウォーレン・〕ペリーン（Perrine）にも手紙を書くよう、ドロシーに提案した。クリシュナジと私はそれからオーハイに運転し、午後5時30分に到着した。エルナ〔・リリフェルト〕は、ラージャゴパルの宣誓供述で、一日中〔弁護士〕ローゼンタールといっしょにいた。ラージャゴパルは何も自分自身のためにならなかった、と彼女は言った。」さて、おそらく私は、自分の書いたものを読み上げるべきではないんでしょう。なぜなら、私たちは、ラージャゴパルの宣誓供述で言われたことについて、議論しないとの合意をしているからです。それで、私はこれを検閲、削除しなくてはいけないでしょう。で、宣誓供述についてのその部分を飛ばしましょう。

スコット─いいです。

メアリー─私たちはリリフェルト家で夜を過ごした。

翌日、「クリシュナジは、教育集会の第1回会合を開いた － 三十数人の教師とその他の人たちとの議論だ。私はそれをナグラ〔録音機〕でテープに録った。アラン〔・ノーデ〕は昨夜、ロサンジェルスで講演していたが、マリブからやって来た。エルナは今日もまた、ラージャゴパルの宣誓供述でローゼンタールと過ごした。私は会合の前にマーケットで買い物をし、食事すべてを作った。クリシュナジとテオと私は道路を歩いていき、エルナが帰ってくるのに会った。みんなが歩いて帰り、話をした。」

「〔宣誓供述で〕ラージャゴパルは、よれたりねじれたりをしている。〔こちらの弁護士〕ローゼンタールはとても良かった、とエルナは言う。彼は、私たちに対するラージャゴパルの訴状を調べた。たわごとだ。ローゼンタールは、脅迫に関してラージャゴパルに迫った。ラージャゴパルは、自分はクリシュナジ一人に五分間会っただけだと、言った。」私はこれは言えます。なぜなら、彼の財務会計に言及していないからです。

30日に、「クリシュナジは、教育集会の第2回会合を開いた － ほとんどが比較に関して、だ。私はナグラ〔録音機〕でテープに録った。私は、クリシュナジとエルナとテオと自分のために、料理をした。それから私たちはレイ博士（Dr. Lay）のところに行った。」－ それはカイロプラクティクの療法士でした。「私はマーケットで買い物をし、それから散歩中のクリシュナジとテオに会った。私はクリシュナジのために新しいスープを考案した･･･」（笑）やれまあ、これはいらないでしょう。

スコット─いえ、いります。

メアリー─分かったわ。でも、私は言うだけにしましょう －「フダンソウ（スイス・チャード）と様々な野菜。エルナとテオが出かけていたので、私たちだけで夕食をとった。朝にクリシュナジは、ほとんど涙を浮かべて、私のほうへ来て、「おいで。この場所をお見せしよう。」と言った。私たちは〔オーハイの〕谷と丘を見渡した。彼はこの場所をこんなに愛している。空気はオレンジの花の香りで満たされていた。彼は私にブーンという音を聞かせた － それは林の中のミツバチだった。私は彼に、ここで場所を持ちたいと思うのかどうかを、訊ねた。もしも彼が望んだなら、私はマリブを売るだろう、と。彼はそれを聞こうとしなかったが、後で戻ってきて、私にありがとうを言った。」

スコット─ふむ、ふむ。

メアリー─3月31日、「クリシュナジは、教育集会の第3回会合を開いた。良い議論だった。〔クレアモント大学〕ブレイズデル（Blaisdell）〔研究所〕を出た法律家、ロバート・ゴールド（Robert Gold）が、クリシュナジ、エルナ、テオと私とともに昼食をし、訴訟について議論した。彼は、KWINC〔クリシュナムルティ著作協会〕のための管財人職を、助言してくれた。クリシュナジとテオと私は、〔オーハイの東北部で東西に走る〕サッチャー・ロード（the Thatcher Road）を歩いていった。戻るとすぐクリシュナジは私に、自らが朝早く、かつてなかった瞑想の感覚があったことを、書き取らせた －「私の中心から、私の心臓から、あれは谷全体を満たした。それは相当の時間、続いた。あれから私の頭に行った。たいへんとほうもないものだった。散歩中ずっと、そして、私が彼に」－ 法律家のゴールドです －「話をしていたとき、それは私を追求していた。ただ声が話をしているだけだった。反応はなかった。それはただ起きていた。」と。」

スコット─ふむ。

メアリー─それで私たちは、1972年3月の終わりまで来ます。止めるには良い場所です。

原 註

1）結局、アメリカ・クリシュナムルティ財団の理事になった。
2）ビアスコェチェアは、昔からクリシュナジの仕事に対して長期間、寄付をしてきた人の一人であり、自らの寄付がどうなったの

かを知る権利を法律上、持っていた。
3）メアリーの長年にわたる友人、ベツィ・ドレイク（Betsy Drake)[*18]。

訳註

*1 1927年に、ハッピー・ヴァレー財団が創設された。創設時の理事は、アニー・ベサント、クリシュナジ、オルダス・ハックスリー、グイド・フェッランド博士（第6号の訳註を参照）、ロザリンド・ラージャゴパルであった。cf.Joan Koerper. Connections: Huxley, Stravinsky, Krishnamurti and Wood (INLANDIA: A LITERARY JOURNEY)；なお、現在、この学校は、西オーハイから東オーハイに移転し、ベサント・ヒル・スクールと改名されている。第19号の訳註を参照。

*2 第4号、フランス南部での自動車旅行の記述を参照。「叫び」については第43号、1976年10月7日の個所にも解説がある。

*3 この滞在は1966年1月のことだと思われるが、その個所（第3号）にこの種の記述は出ていない。このような記述は実は、1966年6月（第4号）に、フランスを横断する自動車旅行の途中での記述が、最初のようである。

*4 この対話は、回顧録 S.Field (1989) pp.118-119にごく断片的に出ている。シドニーがジョンはまだ生きているように思うと述べるのに対して、Kは、親しい間柄だったからもちろんそうであり、それはしばらくそうだろうと言い、人格の反響はその強さに応じて死後も継続することを述べる。シドニーがそれと神智学との類似性を指摘すると、Kは、死後に生存する恒常的実体は無く、いずれ終わることが違うと述べた。シドニーは「この会話中のクリシュナジの発言は、私が死とその後の生存という主題について彼が行ったのを聞いた中で、最も啓示的で啓蒙的なものだった。」と述べているが、録音されなかった。Kはすばらしい記憶力があるので、二、三日後、ノーデとメアリーとともにこの主題をもう一度、再現し、それが録音された。第29号、1973年12月9日の記述を参照。

*5 西部劇を好んで見ているというだけでなく、この映画は、第8号によればすでに1968年3月下旬にロンドンでも見ている。

*6 これらの録音については、第3号の訳註を参照。

*7 原文はここから kfoundation.org/transcripts の書き下ろしへリンクされている。

*8 春分の後の最初の満月の次の日曜日が Easter（復活祭）となり、その日から一週間をいう。

*9 1917-1973; ニュージーランド生まれの神智学者。インド、アディヤールの本部で働き、オーストラリアの会長を務めた後、ジョイ・ミルズに招かれて、合衆国でも活動をした。

*10 第8号などを参照。

*11 原文はここから kfoundation.org/transcripts の書き下ろしへリンクされている。

*12 原文はここから Youtube 上の音声録音 Observe and listen together へリンクされている。

*13 神智学協会時代の支援者で友人のドッジ女史は、1913年にクリシュナとニテャに生涯毎年500ポンドと300ポンドの年金を支払うとした。

*14 第10号、1968年9月末の記述を参照。

*15 原文はここから kfoundation.org/transcripts の書き下ろしへリンクされている。

*16 原文はここから Youtube 上の音声録音 Energy For Oneself へリンクされている。

*17 原文はここから kfoundation.org/transcripts の書き下ろしへリンクされている。

*18 第10号の原註を参照。

補1）Kの回顧録 J.Kurishunamurti-Who am I? がウェブ上に公開されている。40年代の討論会、学校の経緯など良い内容を含んでいる。

第22号　1972年3月27日から1972年5月6日まで

序論

この号はほぼ全面的に、カリフォルニアであった出来事を、扱っている。しかし、幾つか意義深いことが起こるのが、見られる。法的訴訟は激化する。法廷の外での調停はほぼ不可能に見える。クリシュナジは、KWINC〔クリシュナムルティ著作協会〕からの断絶以来、自らが創設してきた組織〔、新しいK財団〕の未来について、議論する。自らの死後、諸財団は何をすべきか、等である。

また、オーハイでの教育に関する第1回の会合も、意義深い。これは明らかにオーハイでのクリシュナムルティ学校の始まりである。

また、彼といっしょにいることがどのようであったかについて書くべきだという、クリシュナジからメアリーに対する最初の要請も、見られる － 彼が余生の間、繰り返すことになる要請である。

メアリー・ジンバリストの回顧録　第22号

メアリー－私たちは、1972年4月1日から始めることになっていましたが、引き返さなくてはいけません。

スコット－そのとおりです。でも、私たちはとことんやっています。

メアリー－最後の対談で、私は3月の最後の部分に、自分の〔二冊の日記のうち〕小さな日記を調査しただけでしたが、実は3月27日から月末まで、大きな日記に記入しています。

スコット－同じことを、もっと詳細にもう一回聞くのは、構いません。（笑う。メアリーからは「へえー」の声）

メアリー－いいですよ。さて、〔日記のうち〕いわゆる大きな本に来ています － それはあまり大きくはないですが、ともあれ、1972年3月27日水曜日から始まります。マリブからオーハイへ。ああ、これは退屈だわ。

スコット－いや、そうではない。

メアリー－「すてきで晴れやかな朝。ドロシーがブロックウッドから電話してきた。建築許可がおりた。」私はたぶんすでにそれに入りました。

スコット－いいえ。それについては何も聞きませんでした。（クスクス笑う）

メアリー－まあ、（クスクス笑う）「彼女は、建築業者から入札評価額について伝えた。それは6万3千ポンドであり、私たちは4万6千ポンドしか持っていない。」それは〔後でセンター建設を担当し、校長にもなった〕あなたにとってなじみ深く聞こえないですか。（スコット、笑う）「それは相対見積もりではなかった。それは建築業者が知っている。そこは、〔建築家ドナルド・〕ホッペンの計画に基づいた他の建物のための安い入札を、示していた会社だった。さらに入札を行うには、1200ポンドが掛かり、相当の時間、遅れるだろうし、その間、費用は上がりつつある。クリシュナジは短く彼女に話して、私たちは〔建築家〕イアン・ハモンド（Ian Hammond）に対して、基礎の準備を行うことを含め、全体で、〔研修用〕クロイスターのどれほどができるのかについて問い合わせることを、提案した。」私が読み上げる前に、あなたは理解したでしょう。

271

スコットーええ。
メアリーーじゃあ、憶えているわけね。（もう一度、読み上げるようだ）「クリシュナジは、できることを続けたいと思い、差額の金銭を工面するよう願っている。彼女は〔ビッグ・サー在住の支援者ウォーレン・〕ペリーン夫妻に手紙を書くだろう。」私はすでにこれを言ったのを分かっています。
スコットーええ。でも、私たちはこの簡略版をもらっただけです。
メアリーー「私たちは荷造りをした。オーハイに発つ前に、百ものことをした。それから〔隣家のダン家の娘〕フィリッパが立ち寄った。」— それは飛ばしましょう —「アランもそこにいた。彼は翌日、〔ロサンジェルスの〕ボーディ書店 (the Bodhi bookshop) で講話をしようとしていた。クリシュナジと私は、午後3時の代わりに3時35分に出かけた — 車で彼にあまりに日射しが当たったのだ。彼は気分が悪くなった。私たちはオーハイに、そしてリリフェルト家に、午後5時15分に着いた。テオはいたが、エルナは、ラージャゴパルの宣誓供述で丸一日、〔弁護士〕サウル・ローゼンタールと過ごしていて、後になってやっと到着した。その供述はKWINCの事務所で行われた。ラージャゴパルの弁護士テリー・クリステン〔セン〕(Terry Christen) と法廷速記者が、出席していた。」

それから私は、法律上の制約のために、エルナがそれについて言ったことの部分は、飛ばしましょう。

（クスクス笑う）これはあまり重要じゃないですが、「或る点でラージャゴパルは、パイン・コテッジの隣の古い事務所がKWINCの事務所であることを、否認した。クリシュナジは、事務所だったと言った。」（強い物まねの声、続けて笑う）「ラージャゴパルは、とりとめのないことで言い逃れをした。返答する前に質問全体を聞かない。」よい宣誓供述者であるなら、それはとても悪いわ。基本原則の一つは — 私はこの教育を受けて、結局、それが身につきましたが — 答える前に、とことん質問を聞くんです。割り込むな、と。ともあれ、「クリシュナジと私はその夜、泊まった。」

3月29日に、「エルナは、ラージャゴパルの宣誓供述で、ローゼンタールとKWINCの事務所で二日目を過ごした。私はマーケットで買い物をして、食事すべてを作った。クリシュナジは、あまりよく眠っていないと言った。彼は「あの二人」の心霊的な十字砲火を感じた。」— ロザリンドとラージャゴパルという意味です。「11時に彼は、教育集会の第1回を開いた。まとめて四十名ほどの人たち、ほとんどが大学教授、二、三の精神科医。私はテープに録った。アラン〔・ノーデ〕がマリブから到着した。アラン・キシュバウがいた — アルビオン・パターソン等も。私はクリシュナジ、テオと私自身のための昼食を作った。後で私たちは、道路を歩いて行き、エルナが宣誓供述から帰ってくるのに会った。私は歩いて帰り、話をした。」

私の日記には言います —「〔弁護士サウル・〕ローゼンタールは、クリシュナジへの脅迫についてラージャゴパルに詰め寄ったが、ラージャゴパルは口に出そうとしなかった…」— 彼は認めようとしなかったわ。「私たちは、彼が何を狙ってきたかを知っているし、脅迫に応じようとしていないことが、彼に対して示された。反対告訴状が調べられた。残りの私たちがクリシュナジの側に付いたこと、エルナが誰かに対してテープを再生したこと、そして、私がラージャゴパルがクリシュナジに会うのを妨げたことが、言われた。ラージャゴパルは、自分は一人だけのクリシュナジに会っていないと言った。それから、自分は、一人だけの彼におよそ五分間、会っただけだと言った。彼は、自らがあの会合をテープに録ったことを、否認した。彼は、自らが1966年にクリシュナジの電話での会話をテープに録ったことを、認めた — クリシュナジがカリフォルニアを発つ前のマリブへの最後の通話だ。また、対面で行った会談をテープに録ったことも、だ。彼は他にテープに録ったことは否認した。〔こちらの弁護士〕サウル〔・ローゼンタール〕は、ラージャゴパルは早く調停したいと願っているかもしれないと感じる、と言った。来週、もう一回、宣誓供述の会合があることになっていた。サウルは、法廷速記者を乗せていかなくてはいけなかった。ラージャゴパルに関する彼の論評は、あれは「嘘つき野郎」だというものだった。これは言葉のせいで、クリシュナジに衝撃を与えた。でも、エルナが物語の全体を語るにつれて、クリシュナジは再び「あれはいかさま師だ」と言った。」—（穏やかにクスクス笑う）—「「彼は嘘をついている。」と。」私は、それに四、五回、下線を引きました。（メアリーとスコット、もっとクスクス笑う）「エルナと私は、〔ロンドンのK財団の〕メアリー・カドガンに電報を送り、〔昔、神智学協会の〕ドッジ女史がクリシュナジとラージャゴパルの名が出る遺言を残したのかどうかを、見つけ出すよう頼んだ。」

3月30日、木曜日。「澄んだ絶妙な朝。クリシュナジは来て、私に「さあ、あなたにこの場所を見せてあげたい。」と言った。私たちは、リリフェルト宅の車用の道を外に出て、山々に向かって谷を見下ろした。クリシュナジは、この場所の美しさに半ば涙を浮かべていた — そこを彼はそんなに愛している。空気は、オレンジの花の香りで満たされていた。彼は、ブーンという音を聞かせた。それはミツバチだった — オレンジの林で働く幾千ものミツバチたち。私は、もし彼が望むのなら、私はここに住宅を見つけて、マリブを売ろうと、言った。彼はその文章を遮ったが、後でやって来て、私にありがとうと言った。今日彼は、ラージャゴパルとロザリンドの霊的な十字砲火を、感じなかった。彼はよく眠ったのだった。ここの静寂は彼にとって良い。車の騒音、海の音さえない。」

「午前11時に彼は、第2回の教育集会を開いた — 主に比較について。後でクリシュナジは、一走りするためにアラン・キシュバウ (Alan Kishbaugh) のBMW に乗り、「良い車だ。メルセデスの次だ。」と発言した。（スコット、クスクス笑う）私は、クリシュナジとエルナとテオのために昼食を作り、それから背中の治療に行った。私は郵便局でアラン・ノーデに出くわし、1966年にラージャゴパルがそこにいてクリシュナジを出迎えているとき、なぜ彼は…」— ああ、これはおかしいわ —「パイン・コテッジのとなりの事務所に出かけたのかを、彼に訊ねた。」これは、私たちが初めて〔オーハイに〕戻ってきたときでした。ラージャゴパルとクリシュナジは、二人だけで会合をし、アランと私は、パイン・コテッジ (Pine Cottage) の隣の、彼が泊まっている小さなフラットに、座っていました。或る時点で、私は何が起きたかを忘れましたが、アランは出かけたいと思い、私に付いてきてほしいと思いました。私たちは、彼らがパイン・コテッジのクリシュナジのフラットで会合をしていると、思いました。

スコットーでも、実は彼らは事務所で会合していたと？

メアリー　ええ。これは、アランが憶えていることで、私はそれを忘れていました。「彼は、私たちが、彼らはパイン・コテッジで会合しているし、ラージャゴパルがそれをテープに録っているかもしれないと思ったことを、憶えていた。私たちは、これを示すような電線とか何かを探しに行った（笑う）。たまたま彼らは事務所で会合していた － 私たちはそれを悟らなくて、ラージャゴパルがドアに来た。」ラージャゴパルはその宣誓供述で、私たちが聞いていたと言いました。私たちは聞いていませんでした。「テープに録っていることについては、たまたま私たちが正しかった。なぜなら、ラージャゴパルが、自らその会話をテープに録っていたことを、認めたからだ。」（メアリー、クスクス笑う）

「エルナとテオ〔・リリフェルト〕は外に出ていたので、クリシュナジと私だけで夕食をとった。クリシュナジは、ランダムハウス辞書であれこれ探すのを、楽しんだ － そこには、あらゆる種類のことが載っている。」（クスクス笑う）

「3月31日金曜日、オーハイ。クリシュナジは、教育集会の第3回会合を開いた。良い会合だ。」

スコット　ちょっと止まってもいいでしょうか。なぜなら、それは、クリシュナジがよくした種類のことだからです。

メアリー　辞書でですか。

スコット　まあ、そのようなことをして、楽しむ・・・

メアリー　ええ。

スコット　・・・何か小さなことです。急に彼がやって、たくさん楽しんだことです。

メアリー　ええ。彼は一定の対象を見るのが好きでした。対象物が何だったのか、私は分類を示せないわ。

スコット　まあ、幾つか例を挙げてください。

メアリー　〔語源を含めて〕言葉を探してみることは、その一つです。他は何かな。まあ、彼はまた、私が買ったごく普通の対象や、住宅のために入手したものにも、魅了されたものです － マーケットに行くとき、買うだけのもの、です。

スコット　ええ、知っています。

メアリー　彼はそのようなことをしたことがなかった。

スコット　ええ。私は、彼が買い物のバッグすべてをまじまじと見ていたのを、憶えています。

メアリー　ええ。彼は、マリブの古いキッチンで、私にそれらを出させました。

スコット　ええ。

メアリー　彼は私に、ここでブロックウッドで私たちが座っているまさにこのテーブルに、それらを出させました。それから彼は、それらを見つめたものです。（スコット、笑う）・・・つまらないものを、ね！

スコット　（もっと笑う）知っています。中性洗剤、シリアルの箱、すべての種類・・・

メアリー　ええ。歯磨き粉、石けん、テッシュ・ペーパー。でも、彼は一つずつを見たものです。まるで・・・

スコット　まるで、自分が他の宇宙空間か何かから来たかのように。

メアリー　ええ。

スコット　ああ、これが人間たちの買うものか！と。

メアリー　ええ。（スコット、もっと笑う）私がいうのは、あなたはマーケットに行くとき、何をしますか。どこに入りますか。それから何を買いますか。うーん、それらがほら、ここにある、と。（笑う）

スコット　ええ。それは憶えています。私は完全にそれを忘れていました。どの場所でもそれらを見て、彼はただ・・・

メアリー　そう！ええ・・・

スコット　・・・何でも買ってきたものに、魅了されました。

メアリー　それからもちろん、彼は私と一緒に健康食品店に入ったとき、歩き回って、棚を見たものです － これまた、まるで自分は宇宙から来たかのように。まるで自分は前にそのような場所に来たことがないかのように。彼はたぶんなかったんでしょう。（二人とも笑う）

スコット　彼が新しい種類のシャンプーを試したいと思った時のことを、憶えていますか － 彼は〔スイスの〕サーネンで、それがプラスチックのかばんに広告されているのを、見たからです。

メアリー　ええ、そのとおりです。

スコット　私たちは〔そこの山村〕グシュタードにいました。

メアリー　ええ。彼はいつも、何か新しいものを試そうとしていました。

スコット　私は出かけて行って、そのシャンプーを買いました。（二人とも笑う）

メアリー　あなたも憶えているように、彼はブロックウッドの自らの寝室のあの戸棚に － そこは今、あなたの部屋への通路に・・・

スコット　知っています。

メアリー　・・・なっていますが、彼はそこに、もっと多くのものを入れていました！

スコット　ええ。（メアリー、笑う）知っています。私たちは、彼が一定のものについてマーケットでまとめ買いをすることについて、冗談を言ったものです。（スコット、心から笑う）

メアリー　私は、〔医薬品、日用品の販売店〕ブーツ（Boots）が持っているより、彼があの戸棚に多くを持っていることを、言ったものです。なぜなら、彼は品物を〔リスのように〕貯め込んでおくのが好きでした。

スコット　ええ。それが私の言おうとしていることです。彼はマーケットで一つのシャンプーをまとめ買いしました。

メアリー　ええ。彼は幾つも買いました。なぜなら、私たちはそれを得ることができないかもしれないからです。

スコット　ええ。全くです。（笑う）

メアリー　私はもちろん彼に勧めました。なぜなら、それで彼が楽しむと思ったからです。

スコット　ええ。（二人ともっと笑う）

メアリー　ともあれ・・・どこでしたか。

スコット　ついでながら、私は今でも彼のものを幾らか持っています。

メアリー　私もです。

スコット　幾つか彼の髪のものと、幾つか彼の・・・

メアリー　私もそうです。私はオーハイに髪のオイルをたくさん持っています － あなたが訪ねて来さえすれば、ですが。

スコット　ええ。（もっと笑う）

メアリー　でも、私は髪のオイルを使わないし、それを受けとるに値する人で、そうする人を誰も知りません。

スコット　そのとおり。でも、その値する人がやってくるとき・・・（メアリー、笑う）

メアリー　どこですか。

スコット　30日ではなかったですか。

メアリー よし。私たちはすでに、良い教育集会に触れました。「後で〔研究所のトップの〕レムペル氏（Mr. Rempel）の連れてきたゴールド（Gold）という法律家が、」－彼は〔ロサンジェルスの東90キロメートルのクレアモントにあるクレアモント大学の〕ブレイズデル研究所（the Blaisdell Institute）からの法律家です－「昼食に呼ばれた。エルナとテオは昨夜、彼と晩餐をしていて、ラージャゴパルの訴訟について訊かれていた。この人は積極的な法律家だ。彼は、私たちの訴訟は政治的であると言った。」これらは聞きたいですか。

スコット ふむ、ふむ。絶対です。

メアリー 「ワイマンは（Wyman）」－彼は、ラージャゴパルの法律事務所の共同事業者の一人です－「政治的な人物なので、〔カリフォルニア州〕法務長官の事務所につてを持っているかもしれない。クリシュナジは彼に対して、訴訟の背景を示した－ラージャゴパルの敵意の道理と非道理、脅迫等を含めて、だ。ゴールドは、私たちがKWINCが管財人の手に入るよう求めるべきだと、考えた。それにより、もしもそこが自らの支配からすべて取り去られてしまったなら、ラージャゴパルは調停せざるをえないかもしれない。私たちは、地区の法務官に横領〔容疑〕で裁決してくれるよう求めるか、または、KWINCの一員としての代わりに個人的に、彼に対して訴訟を起こしていいかもしれないと、考える。訴訟は、膨大な弁護士費用をともなって、五年も長引くかもしれない、と彼は言った。管財人は、効果的なら、もっと安くて素早い道筋かもしれなかった。会話の終わりには、1月31日の私たちの会合で、私が〔弁護士〕サウル・ローゼンタールに一人で話をするために戻ったことに、〔プエルトリコの弁護士〕ファリア（Faria）とテオがうろたえていたことが、明るみに出た。私は帰る途中、車でそれをエルナに対して説明しておいたが、明らかにそれは、今日までテオにとって十分ではなかった－今日私はそれについて話をした。そして、クリシュナジのまわりに醜い闘いを作り出してしまう責任をめぐって、私の悩みについても。」私は、自分たちがどこに入ろうとしているかを知りたかったので、弁護士に会いに戻ったのでした。リリフェルト夫妻は疑っていました。私が何をしようとしているのかと彼らが疑っていたのかは、分かりません。人々はまったく奇妙です。

「後でクリシュナジとテオと私は、〔オーハイの東北部で東西に走る〕サッチャー・ロード（Thacher Road）を歩いてまわった。戻るとすぐにクリシュナジは私に対して、夜に何が起きたのかを、語った。これらは彼の言葉、引用です。「私はかつて、これはなかった－この冥想の感じは。私は今朝5時に、私の中心から、心からの感じで目覚めた。それは谷全体を満たした。それは相当の時間、続いた。そこから私の頭に行ったが、たいへん途方もない感じだった。それは散歩で私を追求していた。私が彼に」」－ゴールド弁護士です－「「話をしていたとき、それはただ話をしている声だった。反応はなかった。それはただ起きていた。」」

4月1日、「クリシュナジは、教育集会の第4回会合を行った。」－これはオーハイでありました。「私たちは昼食をとおして、エルナとテオといっしょにいた。オーハイの或る新聞は、ラージャゴパルに対する訴訟について、見出しを載せていた。それから四人はみなマリブへ運転して帰った。」他の人たちは誰だったのか。アラン・キシュバウとアラン・ノーデだと思います。

ともあれ、さほど興味深いことは何もない。4月3日には、「サンタモニカの講話で働いてくれた八人の人たちのために、お茶があった。」何も興味深いことはない。4日に、「クリシュナジは幾つか面談を行い、〔古い友人〕シドニー・フィールドと散歩した。」

スコット まあ、それは興味深い。

メアリー （笑う）あなたはすべて興味深いと思うのね。「ミッチェル・ブース（Mitchell Booth）が…」みなさんに思い起こしてもらうと、ミッチェル・ブースはニューヨークの法律家です。彼は…

スコット あなたの家族の〔顧問〕弁護士ですね。

メアリー ええ。私の家族の弁護士です－彼は、私たちが法律上、KWINCとどこで関わっているのかを、初めに評価するのを、助けてくれました。「私たちは法律上の知りたい点があったから、〔神智学協会時代のKたちに対する〕ドッジ女史（Miss Dodge）の遺言を調べるよう頼んでおいたので、電話をしてきた。」女史は、クリシュナジのために生活用の〔毎年500イギリス・ポンドの〕信託を、遺していました。ラージャゴパルのためにも〔幾らか〕そうです。そのもとで毎年一定額が各々に支払われました。ニトヤのためにもあったと思いますが、ニトヤが亡くなった後で、〔1934年に〕彼女は亡くなりました。だから、私はそれがどうなったのかを知りません。これは宣誓供述では議論されません。その場合に私はそれについて話をすべきではありませんが、ラージャゴパルは、自分は後援者たちとは関わりなく独自に裕福であると、いつも主張してきました。或る時点でクリシュナジは、その信託を扱うニューヨーク銀行（the New York bank）から、自らの銀行－そのときそれはハリウッドにありました－へ、自らの小切手を自動的に送ってもらっていました。私は後でそれをオーハイに変えました。一回、手違いで、ラージャゴパルへの小切手がクリシュナジに送られてきました－それで、彼がどれほどを得ているのかが、分かりました。さて、〔当初1913年に〕それが行われたとき、クリシュナジは多大な金額を得ていたと思いますが、〔物価の上昇もあって、〕1972年までにはほぼ無意味でした。一年、500ポンドの金額です。1972年にはそれでは、彼に一足のズボンを買ってもあげられなかった（二人とも笑う）。けれども、それが彼の全収入でした。ラージャゴパルのはさらに少なかった。だから彼は、ドッジ女史を通じて独自に裕福になったわけではありません。それで、私は〔自分の弁護士〕ミッチに、女史の遺言はそこで検認されたのかどうか、そして、クリシュナジまたはラージャゴパルへの言及があるのかを見出すよう、頼んでおいたんです。彼は、何も言及がないと言いました。女史の姪、ヴァンダ・デ・ウェブ夫人という人（a Mrs.Vanda de Webb）のためになされた生活用の信託との同意のもとで、金額は支払われます。それは、たぶん金銭は、クリシュナジとラージャゴパルに対して彼らの生涯にわたって、そして最終的には女史の姪に対して、支払われたことを、意味しています。でも、それは生活用の信託です…生活用の信託は検認に出てきません。

4月5日、「〔シカゴの実業家〕シドニー・ロスとサンディエゴのカメラマンが、〔マリブの〕住宅に来た。クリシュナジは庭を散歩しているのを、カラーでヴィデオ録画された。これは、サンディエゴの映画の表題に使われることに

なっている。私たちは、ごく手早く昼食をとり、オーハイへ四日間、発った。クリシュナジは道のりの後半を運転した。私たちは、リリフェルト宅に行って荷物を残し、それからオーハイ〔の街〕に戻った。そこでクリシュナジは散髪をした。それから私たちは戻ってきて、エルナとテオと散歩をした。『オーハイ・ヴァレー・ニュース紙(the Ojai Valley News)』には、来るべきこの週末のオーハイでの講話について、良いベタ記事があった。夕食にクリシュナジは、先に私に取り上げていた主題を、持ち出した。自らが死ぬとき、諸財団は何をすべきか。彼は初めに、旅行して話をするかもしれない人たちのための支援について、話をした。しかし、もしも考慮すべき人がいたとしても、どのようにそういう人たちを選ぶのだろうかと、リリフェルト夫妻と私もまた思った。それはクリシュナジだけが判断できる。リリフェルト宅の食卓で同じ所に座っている間に、それは教育センターについてであったので、またもや、私は或る考えを思いついた － 書物、テープ、映画を収納しておいて、人々が来て静かに研修できるクリシュナムルティ図書館が、答えの一部になるだろう。」まあね！

スコット－それはどうなんですか。

メアリー－私がそれを考えたのか。それが書いてあることです。

スコット－まあ、いいな。

メアリー－そこには、「私」とかクリシュナジとか言いました。私は、「私が」と言ったことはありません。私はそれを憶えていません。「残りの私たち三人は、諸財団は目下のあらゆる活動を追求すべきだと感じた。すなわち、書物すべての出版を継続すること。それからクリシュナジは、アメリカK財団がここにKWINCから土地を得るなら、何をすべきかを夢見た。彼は、〔オーハイの西の端、〕オーク・グローヴ(the Oak Grove)と〔東側に〕隣接する駐車用の平地は、自らが講話を継続する間、取っておくべきであるし、〔オーハイの東端で南北に走る〕マクアンドリュー・ロード(McAndrew Road)の資産以外の残りは売り払うべきだと感じた。そこの事務所は、アーカイヴス〔資料保管庫〕事務所になり、いつも〔オーハイの〕街中の現在のものを保っておく。」まあ、ご存じのように、街中の事務所はあまり長く保っておかなかったわ。

「〔オーハイの東端の〕パイン・コテッジ(Pine Cottage)は、図書館と議論センターに再編される。アーリヤ・ヴィハーラ(Arya Vihara)は彼の生活の場のために整えられる。私が二、三日前にそこの汚染の感覚について語ったとき、彼は、「ああ、一夜そこにいれば、払いのけるだろう。」と言っていた。」(メアリーもスコットも、クスクス笑う)「「あなたが家事をしなければいけないよ、他の誰でもなくて。」と。」－ 彼は私のことを言っていました。

「「彼は、私たちがリリフェルト夫妻に対して語った変化のすべて〔という主題〕には、入らなかったが、ロザリンドと〔その娘〕ラーダーが生活したアーリヤ・ヴィハーラの階上は、ろくな計画も立てられておらず、安っぽく造られており、取り去るべきだと、言った。インド〔の財団〕は、〔南インド、マドラスの本部〕ヴァサンタ・ヴィハーラは、図書館等のためのセンターにされるべきで、諸学校と教育を継続すべきだ。イングランド〔の財団〕は、出版を継続し、ブロックウッドを学校としても〔成人〕センターとしても、支援すべきだ。彼は、私が〔ブロックウッドの〕西ウィングを生涯、使用することについて話したが、〔一個人の〕私はとうていそれはできないと言った。クリシュナジは言った － 引用だ。「私は、あなたはそこを使わなければならない、と言います。あなたがすることは、あなたしだいですが、あなたはイングランドが好きだし、そこはあそこでのあなたの家になるべきです。」と。エルナは、私たちはみなたぶん、十五年かそこらだけ続けていくことができることを、指摘した。クリシュナジは、「私はもう十五年生きるだろう。」と言った。彼は火葬、自らの遺骨の散布に言及した － 葬式はなし。教会、寺院はなし。エルナは、これらの事柄すべては彼の意向として、法的に記録されるべきだと、言った。」

「私たちはそれから、明日のラージャゴパルの三回目の宣誓供述について、話した － 論点は、彼が神智学者であるかもしれないということだ。彼の妻〔アンナリーザ〕はそうだ。〔古い友人〕シドニー・フィールドによれば、〔ラージャゴパルの助手〕カッセルベリー(Casselberry)は、〔神智学協会に関連する〕リベラル・カトリック教会(the liberal Catholic Church)に加わっていた。そして、K著作協会の評議会の他の人たちは、それら加盟により、クリシュナジの教えに対する反対活動とともに、彼に対するあからさまな敵意を、示してきた。彼は」－ これはラージャゴパルのことです －「宣誓のもとで、神智学者なのかどうかを問われるべきだと、私は感じる。彼は自らの死亡にともなってK著作協会を最終的に神智学協会に引き渡そうと企てているかもしれない。クリシュナジは3月8日にここで、現在の〔アメリカ〕神智学協会の会長ジョイ・ミルズ(Joy Mills)に会ったが、彼女はクリシュナジに対して、自分はハッピー・ヴァレー〔学校〕の理事会への自らの選任を取り下げるだろうと言ったにもかかわらず、就任した。」

4月6日、木曜日、オーハイ。「エルナ〔・リリフェルト〕は、〔弁護士〕サウル・ローゼンタールとともに、ラージャゴパルの三日目の宣誓供述に出かけた。『オーハイ・ヴァレー・ニュース紙』のフレド・ヴォルツ(Fred Volz)がオーハイについて、クリシュナジにインタビューした － そこの性質が何だったのか、クリシュナジが知っていた歳月、そこはどうなるのかについて。インタビューは、ヴォルツによりテープに録られた。クリシュナジとテオと私は、昼食をとった。ラージャゴパルの第一回の宣誓供述の本文が、届いた。170ページだ。私は昼食の後、その半分ほどを読んだ。読んでみると、私には言い逃れがすぎると思われる。時折、文章はほとんど文法的な英語ではない。土地すべてを持っていることに関して、KアンドR信託基金(the K & R Trust)とアニー・ベサント信託基金(the Annie Besant Trust)を創設したことに関して、滑稽な釈明を示す。不動産取り引きはきわめて疑わしい。彼は自分の誕生日は1900年9月7日で、南インド、ペリヤクラム(Periyakulam)に生まれたと言った。」

「それから私は〔オーハイの〕村に行って、Kアメリカ財団の事務所でエルナと〔弁護士〕サウルに出くわした。私がクリシュナジとテオを迎えに行った間 － クリシュナジたちは散歩に出ていた － 彼らは住宅に戻ってきた。私たちはみんなでお茶をいただいた。宣誓供述は終了した。サウルは、今日のそれには役立つことがあると、言った。エルナは、釈明は…」(ひそひそ声で言っているように見える)うーん、これは続けられないわ…「彼女は、あんま

275

りだと言った。」
スコットーええ。それは宣誓供述についてだからですか。
メアリーーええ。
スコットーいいです。
メアリーー「ラージャゴパルは、自らが生涯の神智学者であることを、認めた。」－彼が誰にも読まれたくなかったのは、彼の金銭についてでした。「彼の妻〔アンナリーザ〕も、〔彼の助手〕カッセルベリーと、〔その息子〕オースチン・ビー（Austin Bee）もそうだった。彼は、他の人たち、すなわち〔ミマ・〕ポーター（Porter）、〔ジェームズ・〕ヴィゲヴェノ（Vigeveno）、ウィーデマン（Weideman）について答えることは断った。クリシュナジはこれらに、目に見えて衝撃を受けた。そして、「〔Kの〕講話を校正してきて、この〔仕事の〕一部分であった人が、どうして同時に神智学者でいられたんだろうか。」と言った。〔弁護士〕サウルはクリシュナジに対して、今週の自らの宣誓供述について、少し話をした。クリシュナジは少し神経質に感じると言った。重要な問いは、なぜクリシュナジがラージャゴパルとKWINC〔クリシュナムルティ著作協会〕と縁を切ったのかということになりそうだ。サウルは立ち去り、私たちみんなが散歩に行った。夕食にクリシュナジはさらに、ラージャゴパルがどんなにねじ曲がってしまったのかもしれないことについて、話をした。エルナと私はどちらも、彼は私たちが疑ったのよりもっと邪であること、そして、彼はクリシュナジに対して深い敵意を持っているため、彼とその教えの意味を破壊しようとしているということを、感じる。彼は本当に神智学を信じているのだろうか。彼は、自らの偉そうな自己の感覚以外に、何かを信じることができるのだろうか。」

4月7日金曜日、「また晴れた暖かい朝。クリシュナジは早く外に出て、〔オーハイの〕山々を見つめ、谷を見下ろしていた。オレンジの花の香りは暖かい海に似ている。朝の鳩とミツバチが物音だ。クリシュナジは、〔オーハイの東端で南北に走る〕マクアンドリュー・ロード（McAndrew Road）沿いの11エーカー〔、約44500平方メートル〕を中央事務所にし、パイン・コテッジを図書館兼議論センターにすることについて、再び話をした。アーリヤ・ヴィハーラは彼の生涯の間、彼のための私的な場所で、その後、〔訪問客が〕読書し、テープを聴く等のための静かな場所に改装可能だ。彼はまた、ラージャゴパルが神智学者であることについて、もう一度話した－そのことに衝撃を受け、あきれ果てている。私は午前中ずっと手紙類の仕事をし、昼食を作った。午後には、カイロプラクティック〔脊柱指圧〕師のレイ博士（Dr.Lay）のところに行った。私は、旅行業者から私たちのチケットを取ってきて、マーケットで買い物をし、明日の講話のために〔オーハイ・〕ボウル（the Bowl）を眺めてきた。私は戻ったとき、クリシュナジとテオがちょうど散歩を終えようとしているのを、見た。クリシュナジの勧めで、私は一人散歩し、アルビオン・パターソンに遭遇した。彼は、木曜日にクリシュナジが〔『オーハイ・ヴァレー・ニュース紙』の〕ヴォルツ（Volz）に会おうとしているとき、アンナリーザ・ラージャゴパルがリリフェルト家の住宅の外側に車を止めていたと思う、と言った。」彼女はかけずり回っていました。彼女が何をしていたのか、誰にも分からないわ。

4月8日土曜日、「クリシュナジは、すてきな朝のすばらしさ、丘と谷を見せに、私を連れ出してくれた。彼はよく眠ったのだった。私は昼食を準備し、それからオーハイの〔街中の〕リビー公園（Libbey Park）に〔スイスの〕ナグラ〔録音機〕を持って行った－そこで、クリシュナジはこの週末に２回の講話を行うことになっている。私はそれを据え付けて、アラン・キシュバウ（Alan Kishbaugh）に見張りを任せた。その間、私はクリシュナジを迎えに戻った。私が戻るまで、エルナは住宅に留まっていて、ラージャゴパルの人たちのやることに不安を感じていた・・・何でも、だ。私は午前11時に運転して、クリシュナジを講話に送って行った。それは、ベン・レーウィン（Ben Lewin）がカラーでヴィデオテープに撮った。」彼は写真家だったわ。

スコットーヴィデオテープに撮りましたか。
メアリーーええ。「〔シカゴの実業家〕シドニー・ロス（Sidney Roth）がそこにいて、手配をした。注意深い多くの聴衆だ。クリシュナジは、美しさについて、谷について、それを保存することについて、語った。講話のほとんどは思考についてだった。エルナは、ローブルがテープレコーダーを持ってそこにいると、言った。」ローブルはラージャゴパルの最初の弁護士でした。「〔ラージャゴパルの助手〕カッスルベリー（Casselberry）もそこにいた。キシュバウは、私に代わってナグラ〔録音機〕を分解してくれて、私たちの昼食に加わった。午後４時にクリシュナジは、〔リシ・ヴァレー学校の教師〕マーク・リー（Mark Lee）とその妻と双子に、会った。シドニー・ロスと〔サンディエゴの〕マーサ・ロングネカーは、〔映写機用の〕スライドと、州立大学サンディエゴ校の講話録画と、〔チベットの〕トルンパ、アンダーソン〔教授〕、シャロット〔神父〕とのヴィデオ録画対話の権利書を、持って来た。テオと私を加えて、序文の残りと序文の文章を調べた。私はマーケットに買い物に行った。クリシュナジとテオは散歩をし、それから私とエルナはルス宅を越えて散歩した。〔建築家の〕ドナルド・ホッペン（Donald Hoppen）が出てきた。」

スコットールス・テタマー（Ruth Tettemer）ですか。
メアリーーええ。彼女はリリフェルト家からマクアンドリュー通りを行った先に住んでいました。
スコットーふむ、ふむ。
メアリーー「ドナルド・ホッペンが出てきて、私たちに挨拶した。彼は全く打ち解けていた。彼は、クリシュナジと私に会いたいと願うメモ書きを、書いたのだった。私はそれを明日ここに手配するようにしよう。彼は、サンタモニカの２回の講話に行ったと言う。私は夕食に、クリシュナジが好きなスープを作った。（クスクス笑う）そこには、すべてが入っていて・・・」
スコットーいいな、それが〔情報として〕私たちのほしいものです。
メアリーー「・・・彼は掻き混ぜて、吟味するように嗅いだ。ほぼリーク〔ニラネギ〕とセロリで、ジャガイモが一つ・・・」すべてほしいんですか。
スコットーええ、すべてです。
メアリーー「・・・一つのズッキーニ、たくさんのパセリ、レタスの外の皮数枚と、角形の濃縮出汁が何個か入っていて、すべてミキサーに掛けている。夕食にクリシュナジは、ラージャゴパルについて話をした－彼が、クリシュナジの癒やしを拒否したこと、彼の自己憐憫。クリシュナジは、ラージャゴパルが言ったことを、引用した－「人々がいつもあんたの面倒を見てくれるだろう。でも、俺は、誰が俺を気遣っ

てくれるだろうか。」クリシュナジは、私に対して身振りをした。エルナは自分に対して、ラージャゴパルが、自らとロザリンドは霊的な絆を分かち合っていると語ったことを、言った。クリシュナジは、自らの人生を特徴づけてきたこのとてつもない保護をもってしても、どうしてあれら二人が」— ラージャゴパルとロザリンドのことね —「あのように、そこに入りこんで来られたのかを、ふしぎがった。」
スコット — 絶対にです。
メアリー — 私たちみんなが、それをふしぎに思いませんか。
スコット — そのとおり。
メアリー — 4月9日日曜日、「私たちは、〔オーハイの〕谷を見渡しに出かけて、ミツバチの音と朝の鳩の声を聞いた — それは樹にとまっていて、かわいい声を立てていた。私はクリシュナジに朝食のトレイを渡し、昼食を始めた。それからナグラ〔録音機〕をリビー公園（Libbey Park）に持って行き、据え付けてから、再びアラン・キシュバウに任せておいた。私はクリシュナジを第2回の講話のために迎えに戻った。強く極上のもの。ものすごいエネルギーが入っている。彼は、「秩序は意識の領域中にない。」と言った。オーハイの過去の日々からのビル・クィン（Bill Quinn）は、講話の後で短く彼に語りかけたが、涙を浮かべていた。車中でクリシュナジは、講話のほとばしりから震えていた。これはラジオで生放送されていて、ヴィデオ・テープに録られた。彼は、ほどほどの赤いニットのシャツを着ていたが、それはカラーのヴィデオに映えていた。私たちはゆっくり運転して戻ったが、後に一人ヒッピーが付いてきた。クリシュナジは彼に語りかけた。彼は喉が詰まってクリシュナジに語りかけられず、後で私たちが立ち去ったとき、彼はクリシュナジにもう一度会いたいと門のわきで待っていた。マーク・リー（Mark Lee）とその家族が、クリシュナジに〔障害のある〕子どもたちの額に触れてもらうために、やって来た。奥さんはイディリ（idil）を持ってきたので、クリシュナジとエルナとアラン・キシュバウとルス〔・テタマー〕と私は、それを昼食にいただいた。昼食でクリシュナジは、キシュバウに対して、神智学者たちが何を信じているかの要約を示したが、その一部はとてもおかしい。彼が話をしているとき、私は食卓越しに〔ライカ社製の一眼レフカメラ、〕ライカフレクスで1フィルムを撮った。」私はそれらの写真を別の部屋に置いています。
スコット — ふむ。
メアリー — 「昼食の後、私たちは理事会を開いた。それが終わったとき、〔イギリスの若い建築家〕ドナルド・ホッペンがクリシュナジに会った。彼が去るとき、私は彼に手短に話した。彼は、自分がうろたえて怒っているのは、今一時的な局面として自らが見ていられることだ、と言った。それからクリシュナジと私は、マリブへ発って、夕食に間に合うよう帰った。クリシュナジにとって長く満ち足りた一日だった。でも、彼はテレビで〔1952年アメリカの西部劇〕映画『真昼の決闘（High Noon）』を見たがった。それは、起こっていたことすべてからの気晴らしだった。」
スコット — ドナルド・ホッペンは、自分の怒っていることについて、話をしていたんですか。
メアリー — ええ、彼は怒っていたわ…
スコット — …ブロックウッドとあれこれで。
メアリー — ええ。それは、私たちが学校のために彼の〔設計した〕建物を立てなかったからだと思います。

4月10日金曜日、「クリシュナジは本棚に、〔メアリー・ラッチェンスの母で、イングランドでKの母代わりになってくれたレディ・エミリー著〕『太陽のもとのロウソク（Candles in the Sun）』を見つけて、読んでみた。彼は、クリシュナジが神智学協会を出てしまったとき、レディ・エミリー（Lady Emily）と他の人たちが〔1936年に〕神智学協会を辞め、〔Kの養母、会長の〕ベサント博士も〔1928年12月頃に〕そうするよう申し出た部分を、私に読み聞かせてくれた。「でも、ラージャゴパルはそうしなかった。どうして彼はそこに留まれたんだろうか。これは彼が金銭を盗んだことより悪い。」とクリシュナジは言った。彼は私に対し、そしてたぶんエルナに対して、もしも自分が、ラージャゴパルがそれらの歳月ずっと神智学者を継続したのを、知っていたなら、けっして彼に〔自らの〕講話を編集させなかっただろうということを、言った。
スコット — それは興味深い。
メアリー — ええ。
スコット — それに、アニー・ベサントが協会を辞めるよう申し出たということも、興味深い。
メアリー — ええ、ええ。彼はそれについてよく話したものよ。
スコット — それについては、知りませんでした。
メアリー — ああ、そうよ。彼女は「私はこれらすべてをあきらめて、あなたに付いていきましょう。」と言ったが、彼は、彼女はそうすべきでないと感じました。

「クリシュナジと私は、〔太平洋岸の〕浜辺の道路を散歩した。『太陽のもとのロウソク』を読んだ後、昼食で彼は、「その身体を保護すること」、それがどれほど必要であるかについて、語った。浜辺の道路を一緒に渡ろうとして、クリシュナジは立ち止まり、目線に日光の入った車が突っ走ってきた。私はクリシュナジに声を掛けたが、彼はちょうど私の手の届かないところにいた。彼は「わかった。わかった。」と言ったが、動かなかった。彼には、往来車両の危険があるとき、けっしてすばやく行動しないという奇妙な傾向がある。彼は、あたかも充分であるかのように、分かったと言う。」（スコット、笑う）
スコット — そうだったかもね。
メアリー — （笑）初めて彼と〔ロンドン最大の繁華街、〕ピカデリー道路を横断したときのことを、憶えているわ。彼は、往来の中へ踏み出そうとしていたの。私は考えないで、彼を掴んだ。彼はごくふつうに、「私の命を救ってくれたね。」と言った。私は恐ろしかったけど、彼は「まあ、私が一人だけでいたなら、そうはならないだろう。そのとき私は注意を払う。」と言った。（スコット、クスクス笑う）それで、私は、「なんてまあ！（スコット、笑う）道路を渡ることになるたびに、私は彼の命を救わなくちゃいけないかも。」と思いました。彼は一度行ってしまうと — たぶんここのどこかにありますが — 私は〔ロンドンで、仕立屋の〕ハンツマンの仮縫いに彼を残して出ました。私たちはフォートナムで昼食をしようとしていましたが、私が戻ってきたとき、彼は一人でどこかに行ってしまっていた！私はパニックに陥って、彼はどの道路を行ったんだろうかと思い、駆け出したんですが、すると彼はまた現れた。彼は横断しただけでなく、横断して戻ってきた。2回よ。そういうことで（スコット、笑う）、私の寿命は縮まったわ。（メアリー、クスクス笑う）

ともかくどこだったのかな。ああ、4月11日水曜日、「私

たちはピクニックを持って、街で二、三のお使いをした。車中で食べた。法律事務所でエルナに会った。私たちは、明日のクリシュナジの宣誓供述について、〔弁護士〕サウル・ローゼンタールとディヴド・ライプツィガーと協議した。彼は、質問全体を聞くこと、理解できたかを確かめること、そして、知っていることか、憶えていることを答えるように、言われた。私たちはマリブに戻り、夜を過ごした。」

「午前にクリシュナジは毎日書くよう頼んだ － 「〔南インド、Kの生まれた小さな町、〕マダナパリ（Madanapalle）から来た人とともにいるのは、どのようなものですか。」と。（メアリーとスコット、笑う）「彼は、私はうまく書くことができなければならない、と言った。彼は、私の提案から、〔1937年、デンマークのアイザック・ディネーセンの小説〕『愛と哀しみの果て（Out of Africa）』を読んでいるが、私にとって大きな意味があるのは、文体であると見ている。彼は、これをするように言い、それらの〔事務の〕手紙すべてより、そのほうに「毎日一、二時間使う」ことが重要だと言った。これは、私が奥底からしたいなあと思っていることだ。その一、二時間が毎日どこにあるかが見つけられるものなのか、誰にも分からない！私はデスクの仕事で溺れていて、救いようもなく遅れている。返事すべき郵便の幾つかを読むことさえできない日が、来る日も来る日もある。でも、彼は正しい。彼が私にこうしてほしいのなら、彼が言うように、「やりなさい！」と。彼は明日〔の宣誓供述〕について自信を持っている。」

4月12日水曜日、「〔弁護士〕サウル・ローゼンタールが、午前9時30分に来た。それからネヴェル氏という（a Mr.Nevel）法廷速記官、それからラージャゴパルの弁護士テリー・クリステン〔セン〕（Terry Christen）とその助手G.ギルバート（G.Gilbert）が来た。私はふいにキッチンの窓の外を見ると、完全に事前通知なしに、ラージャゴパルとミマ・ポーターと〔ジェームズの妻〕アニー・ヴィゲヴェノが見えた。私は、彼らを車用の道で出迎えて、クリシュナジとエルナに警告するため、彼らの先に立って住宅へ歩いた。それはクリシュナジにとって衝撃で、エルナと私にとって腹立たしいものだった。私たちは居間の並べたテーブルに坐った。クリシュナジは海の方を向いていた。私は、彼の真後ろに坐り、ラージャゴパルが悪意を持って睨みつけるのを、引きつけようとした。彼は古めかしい怒れるヒヒのように見えた － 口をひん曲げ、だらしない衰えた身体をし、手を握ってねじ曲げ、怒れる目は、まるでテニスの試合を見るように尋問者へ行き来した。彼は、譲ろうと思わないで、私が彼をにらんでいるのをにらんだが、私は、彼のにらみの針金に沿って、自分が彼をどう思っているかを、穏やかに伝えているという気持ちがした。（クスクス笑う）ポーターとヴィゲヴェノは端のソファに坐った。老いて果てしなく醜く、ヴィゲヴェノは真っ黒のサングラスの裏で、こわばり隠れていた。堅くてすぼめた口。ポーターは狂った牧童の顔で、」－ 私はこれを書いたとき、本当にあまりへつらっていなかったわ －「凝り固まった姿勢で坐り、顔に手を絡ませた。彼らは冷たく死んで見えた。」

「クリシュナジは、深くかすかにしゃがれた声で、ゆっくり気をつけて語った。彼は午後に疲れてきたとき、〔向こう側の弁護士〕クリステン〔セン〕の尋問に集中するのに苦労し、たびたび繰り返すよう求めた。」

「昼食の中断の間、クリシュナジはダイニング・ルームに入ったが、彼の身体は頭から足まで震えた。彼は30分間自室で横になり、4時30分に再開した。午前にクリステン〔セン〕は、神智学についてと、初期の日々に何が起きたかについて、長い説明を求めていた。私には、彼はもっと関連のある質問の前にクリシュナジを疲れさせようとしているのだと、思い当たった。クリシュナジは気をつけて、必要以上に答えたが、ラージャゴパルに対して悪口は言わなかった。この脈絡においてさえ誰かのことを批判がましく語ることは、彼の性分に反しているため、彼にそれはできない。彼はまた礼節のために、自らの答えの幾つかにおいて、あたかもクリステンに反論したくないかのように、私たちに疑いの余白を残してくれた。終わったあと、彼は枯れ果てたように見えた。ラージャゴパルと他の者たちが去ってしまったのが見えたとき、エルナはテオにも来るよう電話をした。彼はオーハイから駆けつけてきた。彼は浜辺の散歩でクリシュナジに同行した。クリシュナジは戻ってくると、はるかに良くなったようだった。エルナとテオはここで夜を過ごした。クリシュナジはベッドに入ったとき、少し震えていた。」

スコット－ラージャゴパルとポーターとヴィゲヴェノがあなたの家に来るというのは、信じられません。

メアリー－ええ。そうね、彼らはそこに来る権利があったんですよ。でも、彼らは来ようとしていることを、通知してこなかった。

4月13日、木曜日、「また、さらに長い宣誓供述の一日。再びラージャゴパルとアニー・ヴィゲヴェノとミマ・ポーターが、昨日のように割り込んできて、坐った。この二日間は、クリシュナジが脚を組んで坐ったのを、私がかつて見た唯一の時だ。疲労の瞬間に彼はそのように坐ったものだ。ラージャゴパルは、食卓の向こうの端に反対に坐って、またもや沈黙していたが、肩をすくめ、語らない憤りの姿勢をしていた。ポーターは、老衰者の病棟で見られる空虚な目で、窓の外をにらんでいた。」（クスクス笑う）ごめんなさい。これは…

スコット－完璧です。いいですよ。

メアリー－「〔アニー・〕ヴィゲヴェノは抑制が利き、秘めて毒々しかったが、私たちに唯一のユーモアを提供してくれた。会合の前に私は、居間に電話を置いておいたが、〔向こう側の弁護士〕クリステン〔セン〕が、彼女に、電話帳に載っていない新しい番号を控えるよう指導しているかもしれないと、疑った。私は番号を外しておいて、電話機に古い番号を付けた。（クスクス笑う）午前遅くにヴィゲヴェノは、電話を使ってもいいかと訊ねた。彼女はそれを終えたとき、慌てて財布に戻り、それを開け、内密に中の紙の切れ端に書き込んだ。ラージャゴパルは彼女の肩越しに覗いていた。古い番号だ！（クスクス笑う）すでに知っているものを！」

スコット－なぜあなたは番号を変えたんですか。

メアリー－彼が電話してくるのを防ぐためです。

スコット－そうです。では、本当に、彼がいつのときも掛けてくるのを防ぐためだった…

メアリー－ええ、ええ。私は番号を変えましたが、そういうこともあろうかと思いましたし、そうなりました。「晩に私が話してきかせた後、これでクリシュナジは繰り返し笑った。尋問は続いた。クリステン〔セン〕は、」－ 何だろ？…何か －「けばけばしいストライプのシャツとネクタイ、

金のめがねと指輪をつけ、丁寧な言葉、鋭い眼差しで、巧みにしつこく質問を出したが、クリシュナジから何が出てくるのかとか、彼をどう取り扱っていいのかとか、定かでないように見えた。ラージャゴパルは、午前の半ばに休止を求めた。クリシュナジが、先月オーハイで〔アメリカ神智学協会会長の〕ジョイ・ミルズ（Joy Mills）に会ったこと等を忘れてしまったからだった。これは訂正された。昨日、立ち去る前にクリステン〔セン〕は、証拠として入れたいと思った何通かの手紙の写しを、残していった。私たちはそれらを読んだ。クリシュナジは読まなかった。幾つかは悲しいものだった － クリシュナジがラージャゴパルに弁解し、裏切りに触れていた。それらは、ラージャゴパルの無理強いで書かれた手紙だった。1952年のものは、ロンドンの〔古い友人の〕バインドレー夫人のために書かれた。クリシュナジは、内容でなく、自分の署名を確認するよう求められた。彼はそれらについて何の記憶も持っていないからだ。クリステンは、合意でそうすべきことになっているので、私たちにほんの12通ほどを見せていた。」

おわかりでしょう。たぶんご存じでしょうが、このような訴訟に立たされるとき、証拠に提出されたものは何でも、反対尋問に先立って双方に示すよう、求められるんです。

「クリシュナジは、〔こちら側の弁護士サウル・〕ローゼンタールとの合意でそうすることになっているとおりに、ほんの12通ほどが示されたが、ラージャゴパルはまとめて40通ほども提出した。宣誓供述の写しは、これらの行きつ戻りつをするだろうが、私たちが昼食のために止めたとき、尋問は明日へ長引きかねないように見えた。クリステンはまだ、ロザリンドに触れることへは何も進んでいなかったが、それが近づくしるしがあった。クリシュナジは昼食の後、横になり、私は再開の前にサウルを入れて、話した。クリシュナジはベッドで子どものように眠っていた － 無限にしみじみとする。彼はサウルにベッドの端に座るよう言った。サウルは彼に対して、とてもうまくやっている、と語った。85点だと言った。クリシュナジは、まるで学校の試験を受けているかのように聞いた。」

「私たちは戻った。今日、終了させようということで合意した。午後が過ぎるにつれて、クリシュナジはとても弱く見えていた。ジーンズをはき、青いシャツとセーターを着た身体は、小さくなるように見えた。それから、彼は異なった強さを獲得するように見えた。彼は、初期の日々の自らの信頼と友情の水準について、語りはじめた － それにより彼はすべてをラージャゴパルに任せることができた。その信頼はどのようにラージャゴパルにより浸食されて、ついに失われ、彼は離れざるを得なかったのか。終わりにかけて〔向こう側の弁護士〕クリステン〔セン〕は、それがクリシュナジの承認に合っているのかどうか、クリシュナジは、神智学協会の出版社ではなく、KWINC〔クリシュナムルティ著作協会〕が出版済みの書物を出版するのを受け入れられるのかどうかを、訊ねていた。クリシュナジはただちにこれに同意はしなかった。彼は、ラージャゴパルに対する信用の欠如について語り続けた。「いちど壊れた信頼は失われてしまった」と彼は言った。最後にクリステン〔セン〕は彼に対して、もし法廷がKWINCはそれができると知るなら、そして、アメリカK財団が残りをするなら、クリシュナジはそれを受け入れるだろうかを、訊ねた。クリシュナジは、法廷の判断は受け入れなければならないこと、そして、もし両組織が仕事を分け合うのなら、そのときそうなるだろうし、「神はどちらをも助けてくださるだろう」と答えた。終わった。彼らは立ち去った。」

「〔こちら側の弁護士〕サウル〔・ローゼンタール〕は少しの間とどまった。彼は、クリシュナジがラージャゴパルに対して、ラージャゴパルが仕事を続けていき、クリシュナジが亡くなった後には、自らの後継者を任命すべきだという「遺言」として何年も前に書いた手紙を、クリシュナジが否認したとの記録に、入ったのだった。だが、サウルはクリシュナジに対して、カリフォルニアを発つ前に、これに対抗するもっと拘束力ある別の文書を作成してほしいと、願っている。」

「私たちはみな、終わったという幸福を得た。サウルはクリシュナジに、午後には100パーセントをもらったと語った。クリシュナジは、自らから緊張が抜けはじめているので、震えて、なおかつ笑っていた。彼はエルナとテオに、もう一晩泊まるよう頼んだ。サウルが去った後、私たちは門に鍵を掛けて、みんな芝生を歩いて回った。夕食をとおしてずっと、私たちは少しめまいを感じた。少なくとも私はそうだった － 試練は終わった、と。クリシュナジは〔NBCの〕テレビで〔刑事ドラマ〕『鬼警部アイアンサイド（Ironsides）』を見て、ベットに入った。」

スコット―メアリー、あなたは、ラージャゴパルがクリシュナジを脅して書かせたこれらの手紙を、説明しなくてはいけなくなるだろうと、思うんです。

メアリー―私はクリシュナジに対して、いわゆる裏切りは何なのかを訊ねました。クリシュナジは、それはアテネでの挿話だと言いました － そのとき、彼らはどちらもホテルに泊まっていて、誰かがラージャゴパルにクリシュナジとの面談を求めていたが、ラージャゴパルはその人物を拒んだ。後でクリシュナジは、ロビーかどこかにいて、その人物が彼に寄って来て、面談を乞うた。彼は同意した。ラージャゴパルは激怒して、これは裏切りだと言った。これが彼の口述したことです － これをロザリンドについての何かに使えるように。

スコット―では、ラージャゴパルはどうやってクリシュナジに、弁解の手紙を書かせたんですか・・・

メアリー―まあ、彼をいじめたり・・・

スコット―そのとおり。

メアリー―・・・怒り狂って、そのためクリシュナジは彼をなだめようとしました。

スコット―ええ。これらは知っています。でも、これは記録のために訊ねています。

メアリー―そうであるのは知っています。

スコット―では、彼はその裏切りへの弁解を書いて・・・

メアリー―ええ。

スコット―・・・でも、ラージャゴパルはそれを、クリシュナジのロザリンドとの関係に関わる裏切りであると・・・

メアリー―ええ。

スコット―・・・仕上げようとしていた。

メアリー―ええ。まったくそうではなかったのに。

スコット―そのとおり。いいです。私は、これらをはっきりさせつづけたいと思います。

メアリー―4月14日、「目覚めると、いくつもの思考。ことは終わっていない。クリシュナジの証言の多くは、法廷で崩されるされるかもしれない。なぜなら、彼はいろいろ

憶えていないから。だが、彼が置いた明白な信頼と、ラージャゴパルの濫用は、恐るべきものだ。エルナとテオはオーハイへ発った。私はいろいろと取りに街に行った。クリシュナジは疲れ切っていて、午前ずっとと昼食後に眠った。〔古い友人〕シドニー・フィールドが、彼といっしょに浜辺の散歩に行った。」

4月16日 ―

スコット―15日はどうなりましたか。

メアリー―分かりません。

スコット―まあ、〔日記のうち〕小さい本を見ましょう。

メアリー―まあ、最後のあらゆることまで、〔この記録に〕載せなくてもいいわ。

スコット―いいえ、載せます。（メアリー、笑う）これは決定版の歴史です。（笑う）

メアリー―あなたは、私にとってラージャゴパルになっている！（クスクス笑う）

スコット―そのとおり。信じられないことに。

メアリー―4月15日。私は取り下げてもいいわ。（スコット、笑う）「デスクの仕事。私たちは浜辺を歩いた。〔隣家の〕アマンダ〔・ダン〕が話をしにやって来た。」

スコット―私が思うに・・・

メアリー―あなたでも他の誰でも、これについて考え込んでいる（スコット、笑う）理由はないわ・・・

スコット―まあ、私たちは何も見逃したくないだけです。そこに見逃したことが何もなかったことを知っているなら、けっこうです。（メアリー、クスクス笑う）でも、ただの空白のページはだめですよね。

メアリー―数多くの年数に、365もの異なった記入はありえないわ。

スコット―いえ、ありえます。

メアリー―（二人とも笑う。メアリーはふざけて「きびしい」声を使う）私は立ち止まってもいいのよ！分かんないわよ。

4月16日。16日は要るんですか。

スコット―ええ、断じてです。

メアリー―弁解しなさい！（からかう声で）

スコット―（笑う）すみません。ほんとすみません。私はあなたにお手紙を書きましょう・・・（笑う）

メアリー―（再びふざけた声）私を裏切ったわね！

スコット―・・・私はあなたを裏切りました、と。ええ。（クスクス笑う）

メアリー―じゃあ、よろしい。16日、「クリシュナジは私に対して、手紙すべて等のために私は秘書を持たなければいけない、と語った。私は静かであるべきとき、いつのときも働いて自分の時間すべてを費やすと、彼は言った。考えなさい、読みなさい、書きなさい。そして、彼のまわりに静穏な雰囲気を保ちなさい。私が疲れると、それで彼が疲れる。私は、良くあり、良くつづけるために、あらゆることをしなければならない。彼はもっと長い年月生きることを期待するが、私は彼を手助けするため、良くなければならない。私に何かが起きるなら、もしも私は病院に入ったなら、彼は私とともにいられない、等々。彼は冗談めかして言った ― 「大師は一回語るだけだ。」と。古い神智学のことわざです。だから、私は気に留めなければいけない。晩の間、彼は、あたかも誰かが部屋にいて見守っているかのように、何かが起きていると言った。彼に何かが起きている ― エネルギーだ。彼は、非常に長い延長された生について、何かを理解する、と言った。部屋の何にも気づかなかったことについて、彼は少し私を叱った。私は静かでなかったのだった。」

「私たちはテレビで、アポロ16号がもう一つの月旅行で〔フロリダ州〕ケイプ・カナヴェラルの〕ケネディ〔宇宙基地〕から飛び立つのを、見た。夕べには〔隣家の友人〕フィル・ダンが電話をよこし、三日月が出ていて、その先に金星があるので、西の空を見るように言った。」私はそれを少し描いたものを持っています。とてつもなくて美しい。クリシュナジはその光景に両手を掲げ、彼の顔は輝いた。

スコット―ふむ。

メアリー―さて、私たちは一跳びしようとしていますが、あなたは気に入らないでしょう。で、〔日記のうち〕小さな本に戻りましょう。

スコット―そのとおり。（心から笑う）

メアリー―そんなに聞こえないが・・・（二人とも笑い始める）

スコット―私は・・・私は奪われた感じです。（メアリー、笑う）

メアリー―4月17日、「デスク。昼食にペリーン夫妻のところへ。クリシュナジと私は、浜辺の道路を歩いた。それから彼は、クンダリニーについて語った ― 何か探し求められないし、報酬ではないもの。彼は私に対して、これらのことを書き留めているのかどうかを、訊ねた。それは私の仕事なのだ。」

18日に、「エルナ、テオ〔・リリフェルト〕、ルス〔・テタマー〕が正午に来た。私たちはアメリカK財団の理事会を開いた。クリシュナジは、自らの死後、自らの仕事にラージャゴパルやKWINCが関わることを防止する声明を、作成した。彼らは昼食の後、去った。私たちは散歩に行った。」

19日に、「私は、財団の物一覧表について、ロンドンのメアリー・カドガンに電話した。私は早く街に行った。ティモシ（Timosi）を・・・（クスクス笑う）」― あれは猫でした ― 「猫のホテルに連れて行った。それから、クリシュナムルティ諸財団が仕事を続けることに関するクリシュナジの声明の写しをもって、〔弁護士〕サウル・ローゼンタールに会った。それからお使い。私が戻ったとき、クリシュナジは昼間休んでいた。彼はマーク・リーと子どもたちに会っていて、シドニー・フィールドと散歩していた。」

4月20日、「私たちは一日中荷造りをした。クリシュナジはマーク・リーの〔障害のある〕子どもたちに会った。私は〔お隣の〕ダン家に行った。私たちがテレビを聞いている間に、宇宙飛行士たちは月に降り立った。マリブは今が盛りだった。花々、日射し、そして海からの澄んできれいな風。」

「私は何時間も荷造りできただろうが、あきらめて、ベッドに入った。」（メアリーとスコット、クスクス笑う）

21日、「午前5時に起きた。私たちは、午前7時15分に発つ準備ができた。空港へ〔家政婦〕フィロメナはタクシーで行き、〔お隣の〕アマンダ〔・ダン〕は運転してクリシュナジと私を送ってくれた。私たちは、チェックすべき十三個のかばんを持っていた！なんとまあ。私たちは午前9時に、TWA機で飛びたった。ニューヨークには午後5時頃に到着した。街に入る交通は、きわめて滞っていた。TWAは、クリシュナジの黒のアンソニーのかばんを持っていなかったが、それは次の便で来て、夜の間に〔宿泊先の〕リッツ・タワーに配達された。」今私は、前にリッツ・タワー（the Ritz Tower）に触れたことがあるのかどうか、忘れていま

す。私の父は、二つの寝室と二つのバスと二つの小さな居間と、調理のものをそなえた一種の小部屋のある、ごく小さなアパートメントを、そこに持っていました。「私はリムジンに出迎えてもらった。私たちは再び父のフラットにいて、フィロメナはスタジオ・ルームにいた。私たちは夕食をとって、ベッドに入った。」

22日に、朝に「〔インドの外交官で友人の〕ナラシンハンがクリシュナジに会いに来た。昼食の後、フィロメナと私は、食料準備のためブルーミングデイル（Bloomingdale's）に行った。それから私はクリシュナジを迎えに戻った。私たちは雨の中、アムステルダムで作られた映画へ、歩いて行った。」それが何だったのかは、知りません。「とても満足した。私たちはさらに幾らか歩いて、戻ってきた。クリシュナジは私に、現在の思想、科学等の跡をたどり、自分に話してほしいと思っている。それから私たちは、これらのことについて対話をすべきだ。〔イギリスの作家で友人のオルダス・〕ハックスレーは、このようなやり方で彼に情報を与えてくれていた。」残念ながら、私はそうしませんでした…

スコット─で、ハックスレーは、思想と科学の世界で何が起きているかの跡を辿っていた。

メアリー─ええ。これは〔すごく博識の〕ハックスレーが彼のためにしたことです。それに引き替え、私にそれをさせることは、全く効果的でなかったが、ともあれ。（スコット、クスクス笑う）

23日は、「静かな一日だった。私は手紙の仕事をした。私たちは〔東西の〕72番通りへ散歩に行き、〔南北の〕マディソン通り（Madison Avenue）を戻った。私たちは、〔アポロ16号の〕宇宙飛行士たちが月の上で仕事をし、彼らの着陸船が〔月から〕飛び立つのを、見た。」

24日、「ナラシンハンが再びクリシュナジに会いに来た。他の誰かが来た。私はお使いをした。」

スコット─あなたが触れたくない誰か、または触れられない誰かが…

メアリー─いえ。構わないわ…エローナ・ヘッセイ（Elona Hessey）という女性です。彼女はニューヨークで生活し、ヴィデオ・テープをテレビに掛けることを何かしました。

スコット─うーん、それは重要だ。

メアリー─いいですよ。

4月25日、「私はカーネギー・ホールに、支配人のワーコウ氏という人（a Mr.Warkow）に、講話、照明、座席、録音等について話すために、行った。歩いて戻った。途中で幾つかお使いをした。午後4時にクリシュナジは、ジョアン・ゴードン（Joan Gordon）に会った。」─あれは、テレビに関わることをしていたもう一人の女性です。「ヘッセ夫人（Mrs.Hesse）は、自らのやっておいた手紙すべてを持ってきた。」ああ、彼女は秘書として私を手伝ってくれました。彼女は、秘書として働くすてきな人でした。私は文書通信で幾らか手助けをしてもらうことができました。

「クリシュナジは、『意志は暴力だ。』と言った。〔ベルギーの〕ヒュヘス・ヴァン・デル・ストラテンがビジネスで二、三日間この国にいる。彼は私たちに会いに来た。」

4月26日、「午前9時30分に〔インドの外交官で友人の〕ナラシンハンが、孫娘をクリシュナジに会わせるために連れてきた。昼食の後、クリシュナジと私はプラザ（the Plaza）に、『悲しみの青春（*The Garden of Finzi-Continis*）』に行った。」─あれはイタリア映画でした─「私たちは、昼食の前、すでに散歩をしていたが、映画の後、もう一回した。」

翌日、「私たちは午前に散歩し、お使いをした。リリフェルト夫妻がオーハイから到着した。」

28日に、「リリフェルト夫妻が午前にやって来た。私は再びお使いをした。」

スコット─何も飛ばしていないですよね。

メアリー─ええ。

スコット─私が訊ねる理由の一つは、あなたがまだ触れていなくて、アーカイヴズ〔文書保管庫〕の目録に載っているものを、探しているからです。

メアリー─何？

スコット─うーん、別の月のことなのかもしれません。そういうわけです。実は〔宗教哲学者〕ヒューストン・スミス（Houston Smith）です。

メアリー─ヒューストン・スミス！あれは〔1968年11月に、ロサンジェルスの東、〕クレアモント（Claremont）〔の大学〕でやりました。私たちは今はニューヨークにいます。

スコット─ええ。まあ、間違えて置かれています。

メアリー─4月29日に、「午前11時にクリシュナジのカーネギー・ホールでの第1回の講話。私は車と運転手を取っておいた。すべてが完璧に行った。クリシュナジはちょうど一時間、話し、それから質問を受けた。彼は、あらゆる形の条件付けは分離の行為であると、言った。〔プエルトリコの弁護士〕ファリア（Faria）がここにいて、テオは彼に見せるべきラージャゴパルの宣誓供述と他の書類を取ってくるため、私たちとともに戻ってきた。昼食の後、私たちは各々昼寝をして、それから短い散歩に行った。あまりに風と埃が多い、とクリシュナジは言った。彼は気絶する感じだった。私たちは戻ってきたが、彼は夜の間、鼻水が出ていた。彼は午前1時にバファリンを一錠とった。」

翌日は、「クリシュナジのカーネギー・ホールでの第2回の講話だった。彼はだいじょうぶだと感じて、風邪の症状はとまった。昼食の後、私は友達に会いに行った。私が戻ったとき、クリシュナジは映画に行きたがった。私たちは、〔フランスのミステリー映画〕『驚異の10日間（*Ten Days*）』というのへ行った。それは近くであった。それから午後6時に私は、弟〔バド〕とその妻〔リーザ〕に会いに行った。8時15分まで座って話し込み、クリシュナジへ戻った。」

5月1日に、「〔インドの外交官で友人の〕ナラシンハンと子どもが、クリシュナジに会いに来た。それから午前11時に〔弁護士〕ファリア氏とリリフェルト夫妻が来た。ファリアはラージャゴパルの宣誓供述等を読んでおいた。私たちはそれについて議論した。昼食の後、クリシュナジと私は、〔東西に走る〕90番通り東9の、クーパー・ヒューイット博物館(the Cooper-Hewitt Museum)事務所に行った。リーザにより利用可能になった部屋で、」─リーザ（Lisa）は私の弟〔バド〕の妻で、〔当時、〕クーパー・ヒューイット博物館の理事でした─「クリシュナジはインタビューを行った…」それから人々の名前が挙げてあります。

スコット─彼らの名前は何でしたか。

メアリー─一人は、『ヴィリッジ・ヴォイス誌（the *Village Voice* magazine）』のイヴ・ベルリナー（Eve Berliner）」─みたいね。「また、ゲイリー・ウェイン・ロンドリン（Gary Wayne Londrin）」─か何かそういう名前─「ポール・ブ

ラ（Paul Bura）と、G.マルセッロ（G.Marcello）。それから私たちは〔東西に走る〕57番通りまでずっと歩いて行った。」

5月2日に、「クリシュナジはナラシンハンに、それからファリアに会った。私はナラシンハンの推薦で、背中の専門医ハンス・クラウス博士（Dr.Hanz Krauss）のところに行った。私は三週間の治療のため、入院しなくてはならないだろう。それでダメだった。それから私は、法律上の書類をもって、〔自分の家族の弁護士〕ミッチェル・ブース（Mitchell Booth）に見てもらうために会いに行った。それからさらにお使いをし、昼食に戻った。」

「クリシュナジと私は再び、〔東西に走る〕90番通り東9に行って、さらにインタビュー － 教師で雑誌『メディアと方法（Media and Methods）』の編集者フランクリン・マックロックリン（Frank McClocklin）、コロンビア大学ジャーナリズム学科のマーヴィン・ベレット（Marvin Barrett）、シェリル・ウェイク（Cheryl Wake）、最後に、ブロードベック博士（Dr.Broadbeck）と彼の九人の随行者。私たちは歩いて、〔宿泊先の〕リッツ・タワーに戻った。私は風邪を引いている。」（クスクス笑う）

5月3日、「私は、クリシュナジのフランスへのヴィザを取りに行き、雑多なお使い。昼食の後、気分がすぐれない。インフルエンザに罹っている。雨の日。それでクリシュナジは出かけなかった。彼は夜に熱を出した。パオラ（Paola）とジョン・コーエン（John Cohen）がお茶に来た。」－ それは、ヴァンダ〔・スカラヴェッリ〕の娘パオラと、その夫です。

4日に、「私はウルフ博士（Dr.Wolf）のところに行った。博士は私に、インフルエンザのためにキニーネの錠剤幾つかと」－ 他の何か、何か薬 －「をくれた。私は、フランス領事館からクリシュナジのパスポートを、取ってきた。インドの大使、D.K.ジャー氏という人（a Mr.D.K.Jha）が昼食に来た。彼はクリシュナジの古い友人だった。すてきな人だ。テオが、彼と散歩するために午後4時に来た。私はロンバルディ（the Lombardy）の」－ そこは角を曲がったホテルです －「理髪店まで行った。」そこでクリシュナジは散髪をしてもらいました。

5月5日に、「私は気分が良くなった。クリシュナジはナラシンハンと子どもに、それからファリアに会った。〔家政婦〕フィロメナはウッドローン（Woodlawn）に行った。」そこは、私の伯母〔ドロシー〕が埋葬されている墓地です。私は銀行にお使いに行った。私の従姉が、私に会いに来た。クリシュナジの宣誓供述の第3巻がローゼンタールから届いた。私たちは午前、午後と晩ずっとそれを読んだ。」

5月6日、「クリシュナジは、カーネギー・ホールで第3回の講話を行った。昨夜、どのスーツ、シャツ、タイを付けるのかについてふつうの協議の後、彼は濃紺のを着た。木曜日、理髪店に行った後、彼の髪は少し短かった。理髪店は短く刈るのを断った。横の長い毛の房は今、靡く…耳のように、風にそよぐ。彼にとっては迷惑に見えるが、彼はそれらを本当に短く刈るまではしなかった。私はそのほうがとてもすてきで簡素に見えるだろうと思うが、彼が決断しなければならない。カーネギー・ホールの支配人、ワーコウ氏は、私たちが到着したとき、〔有名な指揮者〕ストコフスキー氏（Mr.Stokowski）が聴衆にいて、後でクリシュナジに挨拶したがっているということを、言った。」

「とても良い講話だった。秩序の必要性から始まった。新しい次元は初めに個人になければならない。不幸にも私たちはふつう、外側から秩序をもたらそうとする。秩序は、養成されるべきものではない。それは競争ではなく、順応ではない。秩序は、観察と、選択なき気づきから、訪れる。歪曲なく知覚する人、変化するエネルギーを持つだろう人だけが、そのとき他の人たちとともに、世の中に変化を起こすだろう。秩序は努力なくうまく訪れる。完全に秩序にある精神は、善い。この秩序に、私たちの生活の問題全体が存している。私たちは、社会が受け入れる無秩序を、止めなければならない。社会の様式は断裂、腐敗している。あなたはそれを脇に置いて、自分自身に秩序をもたらしうるだろうか。あなた自身を知ることが、悲しみの終わることである。各個人に悲しみがあるし、集団的な悲しみがある。充足は、様式に応じて変化し、エネルギーの損耗である。なぜなら、それは有るものの回避であるから。有るものを変化させるには、完全なエネルギーが必要だ。秩序はどんな努力もなく訪れうる。努力は、分割と葛藤・抗争を含意している。秩序は、私たちが有るものを観察し、それを越えるとき、可能なだけである。だから、秩序があるとき、悲しみが終わることがある。これは、自分自身を理解するとき、訪れる。あなたはどのように分割なく見るのか。観察者なく、観察だけ。観察者は断片だけである。それは自我、「私」、過去、思考者、そして、分割と葛藤・抗争の中心である。無秩序の理解が、秩序である。私たちにとって愛は一連の無秩序である。無秩序の息吹なく愛を持つことは、どうして可能なのか。愛はけっして、関係において葛藤・抗争〔状態〕にないことである － 関係は責任を意味している。そこに完全な責任能力のある愛。死は生きることの一部である。私たちは、死と呼ばれるとてつもないものを、理解しなくてはいけない － それは、私はそれを見つめる恐れから自由でありうるだろうか、ということを意味している。清純な精神はイメージを持たない。あなたはそれを見つけなければならない。何か恒常なものがある － 時の要請でではない。それは死を越える。物理的にとか心理的に時の産物でない何か、精神や環境や経験により形作られていない、ゆえに時に触れられない何か。」

「時、心理的な過程を私たちは、前進と呼ぶ。私たちは怠けているから、明日が必要だ。私たちは、恐れや死なく、明日なく完全な生を生きることが必要だ。毎分死ぬ、大切にしているものごと － すなわち記憶 － すべてに対し、過去 － すなわち「私」 － に対して死ぬ。私は死ぬにちがいないと言う「私」に対して、だ。過去に対して死ぬことは、自己に対して死ぬことである。」

「不滅性のようなものがあるのだろうか。私が不滅になるのではない － それはとても小さなものであり、愛することができない。「私」がないとき、愛だけがある。だから、永遠はあるのだろうか。それが、人の関心があることである。死を越えて何かあるなら － それは、あったものの継続でもなく、天国を探し求めることでもない。それに出くわすこと － それは時でなく、思考により真実だと組み合わされたのではない。」

「不滅性は、時が存在しないところにある。このために、精神は静かに止まらなければならない。秩序なしに、この静けさには出くわせない。本当に宗教的な生は、無自己の生である。」

「講話の後、クリシュナジは舞台裏で、〔有名な指揮者〕ストコフスキーが来るまで、待った。彼らは大きな威厳をもってお辞儀し、握手した。彼らは互いに会ってから、どれほど長いのかに触れた。クリシュナジは、最初は〔1928年冬に南インド、アディヤールで会った後、同年7月、オランダの〕オーメン〔のエーデ城の集会〕で、それからオーハイであったと言う - そのとき彼は〔女優のグレタ・〕ガルボを伴ってきた。あたかも歳月がいかにお互いに触れたのかを見て取るかのように、お互いが相手をうかがうようにちらりと見るようだった。ストコフスキーは今90歳で、いまだに指揮をしている。彼は明日の夜、カーネギー・ホールでコンサートを行うが、〔支配人の〕ワーコウ氏は、彼がクリシュナジとその友人たちにボックス席を用意しておいたと、言った。エルナとテオが行くだろう。」

「私たちは昼食に戻ってきた。クリシュナジが眠る間に、私はドレイ・ギャラリー(the Dray Gallery)に、1927-1928年のクリシュナジを描いた〔フランスの彫刻家アントワーヌ・〕ブールデル(Bourdelle)〔の最晩年〕の水彩画を、見に行った。それは、マー・デ・マンツィアーリ(Mar de Manziarly)が与えてくれたブロックウッドのそれと、類似している。ギャラリーは、それを私に2500ドルで売ろうとした。幾つか靴を買って、戻った。」

「夕食の間、テレビは、イギリスの牧師補が、取り憑かれた人々に対して除霊を行っているのを、映した。クリシュナジは過去にそれを行ったことを語った。私たちはエヴェレスト登頂のドキュメンタリーを見た。」

つづけましょうか。
スコット―いえ、止まるべきです。
メアリー―よろしい。5月6日を終了しました。

原 註

1) クリシュナジは、子どものとき日射病にかかったことがあった。そのときから、あまりに日に当たりすぎることの悪影響への敏感さがあった。
2) これは、〔1968年7月、サーネンで、アル・〕ブラックバーン(Blackburn)が〔クリシュナジたちの私的な会話から〕作っておいたテープだった。それは、他の人たちには再生されないことが同意された。第9号のp.15〔、1968年7月11日の記述の直後〕を参照。
3) 第5号を見よ。
4) 黒レンズ豆と米を混ぜたものを蒸して作った、風味ある小さな朝食用のケーキ。
5) メアリー・ラッチェンスの母であり、クリシュナジの初期の人生において他の誰よりも彼の世話をしたレディ・エミリー・ラッチェンス(Lady Emily Lutyens)による、クリシュナジの初期の歳月についての伝記。
6) フィロメナの最初の雇用主。彼女のためにフィロメナは何十年も働いた。

訳 註

*1 第5号を参照。
*2 原文はここからkfoundation.org/transcriptsの書き下ろしへリンクされている。
*3 P.Jayakar(1986) p.283によると、これに先立つ1967年の時点でKは、マーダヴァチャリの管理下のヴァサンタ・ヴィハーラについて、死んだ場所に見える。ほとんど活動が行われていないし、読書や議論に来る人もほとんどいない。「創造性のない人たちは、死んだ施設を築く。」と述べたという。
*4 1965-1974にアメリカ神智学協会の会長を務めた後、1974-1980にアディヤールに本部を置く神智学協会の副会長を務めた。
*5 原文はここからYoutube上のヴィデオ録画へリンクされている。
*6 1940年代にKやロザリンドの隣に住み、日々、彼らと会っていた。後にビック・サーのエサレン・インスティテュートに関わったようである。
*7 原文はここからkfoundation.org/transcriptsの書き下ろしへリンクされている。
*8 S.Field (1989) pp.104-105によれば、録音でKはラージャゴパルとの離別を決意しながらも騒ぎや訴訟なしで全く融和的な解決を求める話をしていた。シドニー・フィールドは事情も幾らか知っていたので、Kの辛抱と態度は驚くべきものと思った。他方、ラージャゴパルは、ブラックバーンの繰り返しの要請にもかかわらず、テープを聴こうともしなかったし、彼の友人たちにも頑固に聴こうとしない人たちがいるので、驚かされたという。
*9 ラッチェンスによるKの伝記第二巻1954年9月の記述によると、この本は当初、Kの神秘体験を多く記述したものであり、初稿も完成していたが、Kがそのような形での公開に強く反対したため、レディ・エミリーは失望しつつ、自らの家族の問題に主眼を置いたものに書き換えたとされている。ただし後年、娘のメアリー・ラッチェンスが、正式に伝記著者になったことにより、この努力は報われたようにも思われる。

第23号　1972年5月7日から1972年7月15日まで

序　論

この号は、ニューヨークのクリシュナジとメアリーから、始まる。そこでクリシュナジは、カーネギー・ホールでの大成功した連続講話を、完了した。それから彼らは、〔イングランドの〕ブロックウッドに(、そして車を受け取りに短くパリに)行った。それから、スイスと〔その西部〕サーネンの講話への途中に、フランスをとおって、見たところすばらしい車の旅の休暇を取った。この時期、〔パリ在住の〕メアリーの父親の健康が衰退しつつあり、彼女はそれについて多くを語らないけれども、それは彼女にとって明らかに、心動かされるとともに意義深い。彼らが〔スイス西部の都市〕ジュネーヴに到着するとすぐ、メアリーは足の靱帯が裂ける。彼女が明白な痛みにも負けずに頑張っていて、自らが人生の仕事であると感じるものへの傾倒を考察しているのが、見られる。際立っている。

メアリー・ジンバリストの回顧録　第23号

メアリー―私たちは、1972年5月7日、日曜日から始めようとしています。
スコット―いいです。
メアリー―私たちはニューヨークにいます。そして、「〔家政婦〕フィロメナの75回目の誕生日だった。私たちは朝食でそれを祝った。それから彼女は、カーネギー・ホールでのクリシュナジの第4回の講話に、私たちとともに来た。私には、きわめて偉大なものに見えた。彼は訊ねた - 時を越えた何かが、あるだろうか - 何か永遠で、断裂、腐敗不可能なものが。探求し究明するには、それが可能だとして、乗り越える能力のある精神が、要求される - 教条、信念、理論なく宗教的である精神、これらのどれ一つにも

依存していない精神が。探求は、何かを探求することを含意している － 何か存在するとあなたが思うものを、だ。あなたは、探し求める者と探し求められるものとを認知する能力を、信じている。認知が探求に含意されている。探し求める者は、自らの探し求めるものより、自己を分割する。思考が投影される。究明は異なっている。それは、跡をたどること、通り抜けること、けっして受け入れたり拒絶したりしないことを、含意している。」これらを聞きたいですか。それは〔録音〕テープに入っています。なぜ私が読み上げるべきなのでしょうか。

スコット－まあ、いいです。その部分は飛ばしてください。でも、他は何も飛ばしてほしくないです。

メアリー－これはおそろしくたくさんあります。これが2ページも。それについて、ずっと続きに続くんです。「講話の後、私たちは〔宿泊先の〕リッツ・タワーに戻った。アパートメントの〔所有者の〕父の鍵を掛けた小部屋の内容（ほとんどがワイン）を、弟〔バド〕のところに、持って行った。クリシュナジ、フィロメナ、弟〔バド〕、〔その妻〕リーザ、デイジー（Daisy）、ロウリエ（Laurie）はみんな、いっしょに昼食をとった。私たちは、フィロメナの誕生日のためのケーキをとった。暖かい一日だった。午後にクリシュナジと私は、ずっと〔東西に走る〕57番通りを歩いて戻った。」私の弟〔バド〕のところは、92番通りにあります。だから、良い長い散歩でした。

スコット－記録のためには、リーザは〔メアリーの弟〕バドの〔再婚した〕妻、デイジーは彼の娘、ロウリエは養女であることに、触れるべきでしょう。

メアリー－ええ。翌日、8日、月曜日。「〔インドの外交官で友人の〕ナラシンハンが立ち寄って、彼とその妻との昼食のために運転し、クリシュナジと私を自らのアパートメントへ連れて行った。午後3時30分にエルナとテオが、アメリカK財団について議論するため、立ち寄った。午後5時30分に〔メアリーの家族の顧問弁護士〕ミッチェル・ブース（Mitchell Booth）が私たちに加わり、ラージャゴパルの宣誓供述について、自らの評価を示してくれた。」

スコット－ミッチェルがそれをどう考えたのか、話したいと思いますか。

メアリー－まあ、書いていないのよ。今私は、彼が何を言ったのかを憶えていません。私たちがどういう立場なのかについて、一般的な議論だけです。

9日に、「クリシュナジは、ウールフ博士（Dr.Woolf）に興味を持っていた。」ウールフ博士は、私の家族がかかり付けで、私も行っていた年老いたドイツ人医師でした。私はこの時期、彼のところに行っていました。実際、ニーハンズ（Niehans）のことなんです。ニーハンズのことが何かは、知っていますか。

スコット－ニューヨークにあるんですか。

メアリー－うーん、ウールフはそれをニューヨークで行いましたが、ニーハンズはスイス人医師でした － 彼は、羊の胎児からの細胞の移植について、そのことを発明したんです。

スコット－ああ、そうです。

メアリー－彼がそれを発明しました。私が思うに、彼らは…「合成した」というのは、その言葉ではなかった。でも、それを得るために羊を殺さなくてもよかった。ニーハンズの理論は、胚を成長、発達させる一定のものがある、とい

うことでした。それは生物の誕生後には作られない。それらのものは健康を保ち、自分の身体をうまく機能させてくれるだろうと、ニーハンズは感じました。たくさんの有名人がそれを受けてきました。〔イギリスの元首相〕ウィンストン・チャーチルも受けました。ローマ教皇も受けたと思われています。ぜんぶは知らないわ。

スコット－いいです。

メアリー－で、「私たちはウールフ博士のところに行った。彼は検査するため、私たちから標本を採った。そして、クリシュナジの下唇の赤外線写真も － それは動脈の状態を示すと思われている。」

スコット－ふーむ。（メアリー、クスクス笑う）

メアリー－「彼はまた、クリシュナジの鼻が枯れ草熱で過敏なのを軽減するために、鼻スプレーを、出してくれた。同じことのために、リボ核酸の錠剤（風邪薬の錠剤）も。私たちは、最後のぎりぎりのことを仕上げ、フィロメナにさようならを言うために、存分な時間をもって、ホテルに戻った。彼女は明日〔ロサンジェルスに〕飛んで、マリブに戻ることになっている。それから私たちは空港に行った。そして、午後8時にロンドン行きのTWA便に乗った。」

メアリー－5月10日、「〔ボーイング〕747〔の機内〕では、ほとんど眠れなかったが、午前7時40分、定刻にロンドンに到着した。〔校長〕ドロシー〔・シモンズ〕が自らのコルティナの新車で出迎えてくれた。ドリス〔・プラット〕、アーサー（Arthur）は、…」 － アーサーを憶えている？

スコット－ああ、もちろんです。

メアリー－ドリスの友だちです。「アーサーは、荷物のために自らの車に乗っていた。ディグビー夫妻はクリシュナジに挨拶するため、そこにいた。クリシュナジと私は、ドロシーとともにブロックウッドへ運転した。曇った一日だったが、私たちが小道を行くと、日の光が出てきた。今年、春は遅かった。ムラサキブナ（copper beeche）はちょうど若葉を広げつつある。あらゆるものがとてもよく見えた。ガイ（Guy）が作った新しい石畳の道はみごとで、」 － ガイはドロシーとモンターニュの息子でした。

スコット－石畳の道は、邸宅の南側を走るものです － 敷石ね。

メアリー－「道はみごとで、ずっとそこにあったかのように見える。ダイニング・ルームへ入るアーチの付いた新しい配膳室は、改善だ。」あれは、学校で食べ物が並べられるところです。「誰もがみな元気に見えた。クリシュナジとドロシーと〔犬の〕ウィスパーと私は、野原を越える散歩に行き、小道から帰った。ブロックウッドのすばらしい静けさのなか、九時間眠った。」（メアリーとスコット、二人ともクスクス笑う）さて、次の記入は5月12日です。11日には何が起きたのかを、私に訊ねようとしていますね。

スコット－そうです。

メアリー－ああ、私はこれらのことすべてを埋めようとは思いません。確かに洗濯、荷物を開けること、そういう事柄をすることでした。

スコット－よろしいです。それについて聞くのは構いません。

メアリー－あなた自身で言いなさい。（メアリーとスコット、二人ともクスクス笑う）よろしい。私は探してみましょう。でも、あなたに話さないかもしれません。（スコット、笑う）それは － 荷物を開ける、長い散歩、ブロックウッドにい

るのはすばらしい…さあ、分かるよね。（二人とも笑う）私はこんなにあなたの好き放題にはさせませんよ。（スコット、さらに笑う）

5月12日、「今日、深夜30分過ぎにクリシュナジの七十七回目の誕生日だった。でも、彼は全くその主題を払いのけるので、そのため、それは何もなされない。ドロシー〔・シモンズ〕の誕生日でもある。私たちはそれをもう少しやった。彼女とドリス〔・プラット〕とクリシュナジと私は、今あるような〔イギリスK〕財団が停止し、新しい二つの団体 ― K財団有限責任信託（the KF Trust Limited）とブロックウッドパーク・クリシュナムルティ有限責任教育センター（the Brockwood Park Krishnamurti Educational Centre Limited）― になるとの新しい取り決めで、法律文書に署名するために、〔ロンドンの事務弁護士〕ルービンシュタインの事務所に行かなくてはいけなかった。〔イギリス国有〕鉄道のストライキが起きていた。だから、私たちはロンドンに運転して行った。クリシュナジと私はもちろん、仮縫いのため〔仕立屋の〕ハンツマンに行った。（クスクス笑う）そして、バーリントン・アーケードに。そこで、ドロシーの誕生日のセーターと、ドリスのものも買った。私たちは昼食のため、フォートヌムで彼らに会った。それからみんな、ルービンシュタインのところに行った ― すでに〔理事の〕メアリー・リンクス、ジョージ・ディグビー、メアリー・カドガンが署名した書類に、署名するためだ。私はグレイズ・イン〔グレイ法曹学院〕（Gray's Inn）の〔事務弁護士〕ルービンシュタインの事務所を楽しんだ ― 磨りへった石段と、鉄の手すり、大きなスズカケの木を見下ろすジョージ王朝時代の窓は、〔イギリス・ルネッサンス期の〕フランシス・ベーコンが好きんだと言われている。」（二人ともクスクス笑う）「ルービンシュタインはそこにいなかった。女性事務員が必要なことをやった。私たちは運転して、交通渋滞をぬけ、ブロックウッドに戻った。」さて、跳ぶことにしましょう。で、何か興味深いことが起きるのかを見ましょう。

スコット ― 15日、〔日記のうち、〕大きい本への新しい記入は何ですか。

メアリー ― ええ、15日ね。13日と14日は〔メアリー自身の〕家族の事柄であると見えます。「荷物を開けるのを継続し、ものを整理整頓した。クリシュナジは午前と午後に眠った。」14日には、「またもや静かな一日だ。ボーム夫妻が昼食に来た。私たちは散歩をした。クリシュナジはたくさん眠った。お茶の後、私はパリへの荷造りをした。」

15日には、「ドロシーが運転し、クリシュナジと私を〔ロンドン西部の〕ヒースロー〔空港〕に送った。私たちは、ドンキー・カートの良い黒パンにすてきなトマトとチーズのサンドウィッチのピクニックの昼食を、とった。」あの頃は、〔東方向の〕ピーターズフィールド（Petersfield）のドンキー・カート・ベイカリーからパンを取り寄せていました。

スコット ― ああ、そうです。私はそれを忘れてしまっていました。

メアリー ― 「クリシュナジと私は、午後12時40分のエア・フランスのパリ行き航空機に乗った。ミシェルがロールスで出迎えてくれた。」― それは私の父の〔お抱え〕運転手です ― 「その中で、クリシュナジは少し自意識を感じるが、好きでもある。」

スコット ― （笑う）どんな色でしたか。

メアリー ― 濃いグレイと黒です。とてもとても古い車でした。そのとき何年経っているのか、誰も知らないものでした。

スコット ― ああ、すばらしい。それは今、〔弟〕バドが持っているものですか。

メアリー ― まあ、今では彼はそれを手放したと思いますが、〔父から〕相続しましたね。いや、それはニューヨークのそれではありません。これはパリの父のです。バドはそれを相続したし、しばらくの間、とっておきました。

スコット ― 彼はそれをフロリダかどこかに持って行ったと思いましたが。

メアリー ― いえ。それは、彼がニューヨークで持っていたものです。友達と一緒に買ったもので、共有していました。あれはあまりうまく行かなかった。だから、弟は最後に友だちから買い取りました。あの車は40年か50年物でした。誰も知りません。

スコット ― （クスクス笑う）すばらしい。

メアリー ― ともあれ、「私たちは、他でもなく〔ホテル、〕プラザ・アテネ（the Plaza Athénée）に行った。私たちは荷物を解き、それから〔靴屋の〕ロブ（Lobb）と〔オーダーメイドのシャツ店〕シャルヴェ（Charvet）に行った。後で私は一人で父に会いに行った。」まあ、父の健康についてはたくさん〔記入が〕ありますが、跳ばしましょう。「ホテルに戻り、クリシュナジと私は、部屋で夕食をとった。私が出かけている間、彼は〔ホテル、〕プラザ〔・アテネ〕の〔道路で区切られた〕区画を歩いて回っていた。道路を渡らないよう、私に約束して、だ。」（笑う）

16日に、「私はシャネルで、10月に注文したブラウンとベージュのツイードのスーツの仮縫いをした。〔運転手の〕ミシェルは、クリシュナジをシャルヴェに連れて行き、そこで私は加わった。私たちはともにシャツを注文し、〔有名レストラン、〕トゥール〔・ダルジャン〕に行った。私が〔その階下のアパートメントに〕父に会いに行った間、クリシュナジは車に残っていた。私は父の医師に電話して、父の状態について議論した。ゆるやかに衰弱しているが、当面すべてはそのままだ。」

「クリシュナジと私はオー・パクトル（Au Pactole）で昼食をした。」あれは憶えていますか。あなたと〔妻の〕キャシーと私がそこにいたとき、そこに行ったでしょうか。まあ、それは〔セーヌ川左岸の大通り、〕ブールヴァール・サンジャルマン（the Boulevard St. Germain）を行って、角を曲がったところです。「〔ホテル、〕プラザ・アテネのレストランの贅沢は良くて、彼にとってそれからの変化だったが、ほとんどの最高級レストランに似通っている。パクトルは、食べ物は極上だが、くすんだ壁があり、空気に良い料理の匂いが香る。人々は真剣に食べている。料理人が主人だ。給仕長モーリスは、私たちの野菜と、キノコ・サラダと、トリュフ粉末を軽くふったチーズ・フランを、手伝ってくれた。クリシュナジは気に入ったが、彼の眼差しは投げかけられ、あらゆるものごとを取り込んでいた ― 修道士の衣服で延々と飲み食いする肥えた司祭を、含めて。車で私たちは〔靴屋の〕ロブに戻った。それから、〔イギリスの〕エリザベス女王が公式訪問でここにいたが、女王の通り道を避けて、〔滞在先の〕プラザに戻った。シャンゼリゼ宮とコンコルド広場は、巨大な〔イギリス国旗〕ユニオン・ジャックがはためいていた。私が父に会いに戻る間、クリシュナジは休んだ。私は午後5時に戻ったが、そのとき、ナディ

ア・コシアコフ（Nadia Kossiakof）とマルセル・ボンドノー（Marcelle Bondoneau）が、クリシュナジと私とのお茶に来て、フランスでの仕事について議論した。クリシュナジはちょっと散歩をし、自室で晩餐をとった。」

スコット ― クリシュナジはあの司祭か修道士について話しましたか。

メアリー ― したかな？ 彼が何を注文したのか神のみぞ知るですが、次々コースを平らげました。クリシュナジは魅了されました。まず第一に、どうして誰かがそんなに多く食べられるのか。第二に、衣の人は・・・

スコット ― ええ、一種の修道士です。（二人とも笑う）私はあの種の修道士になったかもしれない。ええ、クリシュナジは話をしました ― 彼はそれを憶えていました。

メアリー ― クリシュナジは、きわめて慎み深く、彼にしっかりと眼差しを置いていました。でも、このレストランはすぐに、お気に入りから外れてしまいました。部分的には、サラダを出してくれなかったからです。クリシュナジは、レストランで、特にフランスの良いレストランで、サラダがもらえないということが、信じられませんでした。彼はすっかり衝撃を受けていました。

スコット ― （笑う）今頃は良いのかと思います。

メアリー ― ちょっとダメになったと思います。昨年〔弟〕バドは私に対して、そこは誰かに売り渡されたとか、またはかつてのそこではない、とか言いました。とても良かったです。そこは、私がプラザ・アテネより好きな種類のレストランです。プラザは、すごく豪勢ですよね。みごとです。でも、どういうわけか現実味がない。

ともあれ、5月17日、水曜日に、「私はお使いをした。それから父に会った。〔父のお抱え運転手〕ミシェルが、クリシュナジをオー・パクトルに連れてきて、そこでマー・デ・マンツィアーリが私たちの昼食に加わり、K財団アーカイヴス〔資料保管庫〕のために〔熱心なKの支持者だった〕自らの母の〔神智学協会時代の〕手紙類を持ってきた。今日、オー・パクトルは、グリーン・サラダがなかったので、クリシュナジのお気に召さなかった。」（クスクス笑う）「彼はあきれかえっていた。彼は、すごい飽食をした顧客を見回しながら、「どうやってこれらの人たちは生きられるのか」と言った。」（二人ともクスクス笑う）「〔マーの兄〕サチャは、最近の自動車事故で痛がり、義足をつけて難儀しつつ来た。彼は私たちのコーヒーに加わった。車で私たちはマーを降ろした。サチャはクリシュナジによる手当のため、ホテルに戻ってきた。彼が去った後、クリシュナジと私は散歩に行った。ジヴァンシーの男性ブティックで弟〔バド〕は品物を買っていたが、そこで私たちは幾つか夏のズボンを見つけた。クリシュナジは三足買った ― ベージュのリネン、ブラウンのリネン、青のシルクとウールの〔上下一式の〕コンビネーション。私たちは〔高級リネンメーカー、〕ポルトー（Porthault）に歩いて行き、そこで私は父のための枕カバーを買った。それから・・・」たぶんこれらについては話すべきではないわ。

スコット ― いや、すべきです。これはすてきです。絶対すてきです・・・

メアリー ― あなたにとってはすてきですが、人々は鼻じらむかもしれない・・・

スコット ― まあ、鼻じらんでもらいましょう。そうするなら、彼らがただ愚かであるだけです。

メアリー ― ともあれ、「クリシュナジはホテルに留まった。私は父に会いに行った。父はもっと機敏だった。彼は繰り返し、「おまえはすてきに見えるよ。」と言った。ときどき彼は静寂であり、じっと見つめている。私は、ただ考えるだけで彼と疎通しているかのように、言葉の水準が薄れてしまったかのように、感ずる。おそらく、何か単純な潜在意識の知覚が解き放たれているのかもしれないが、これはたぶん私の空想だけなのだ。言い当てることはできない。彼は何もしるしを示さない。私は、夕食を注文するのに間に合うよう、プラザ・アテネに戻った。」

翌日は18日、木曜日でした。「私はシャネルで仮縫いをし、青のツィードのスーツを注文した。父に会いに行き、ホテルに戻った。〔取扱業者の〕モーザー氏が〔スイス、サーネンの北東方向、〕トゥーンからメルセデスをそこに持ってきたのを、見つけた。彼とクリシュナジと私は、クリシュナジの車について議論した ― 〔予約しておいた〕その購入は、来年まで延期される。」クリシュナジは現在のモデルが好きでなかった。「彼は去った。クリシュナジと私は、〔ホテル、〕プラザで気持ちよい昼食をとった。午後3時50分に私たちはメルセデスで、〔フランス北部、〕ル・アーヴル（Le Havre）へ発った。一時間ほど自動車道を〔北に〕行くと、車は分からない理由で停まった。5分後、だいじょうぶだった。私たちは継続した。〔英仏海峡を渡る〕ノルマンディー・フェリーを見つけたが、即時に乗船する代わりに、私たちは夕食のため、〔レ・〕モナコ（Monaco）と呼ばれるレストランを探した。それを見つけて、夕食をとり、フェリーに乗船した。ふつうのちゃんとした船室をとって、順調に横断した。」

翌朝、「私たちは午前7時に〔イングランド南部の〕サウサンプトンで降船し、一時間弱で〔北東方向に〕ブロックウッドに運転した。私たちは朝食をとり、荷物を開けた。私は整理整頓をした。フランシス・マッキャン（Frances McCann）がここにいる。私は運転して、彼女を〔東南方向の〕ウェスト・メオン（West Meon）に送ろうとしたが、車は再び停止した。それから、二、三分後再び動き始めた。午後、クリシュナジとドロシーと〔犬の〕ウィスパーと散歩。」

20日に、「車は動こうとしない。私は整備工を呼んだが、彼は何もおかしなところを見つけなかった。私は問題なく〔東方向の〕ピータースフィールド（Petersfield）に運転していき、〔ブロックウッドの〕西ウィングのための植物を買った。散歩に間に合うよう戻った。」

21日に、「クリシュナジは演劇ワークショップ（the theater workshop）で学生たち、職員たち、訪問客たちに話をした。〔技術者〕イヴ・ズロトニツカ（Yves Zlotnicka）が録音した。二、三人の父母がそこにいた。私たちはいつものように散歩した。」

翌日、「ジョージ・ディグビーとメアリー・カドガンが、出版について議論するために来た。昼食の後、ドロシーが財務の議論のため加わった。後でクリシュナジと彼女と私はいつもの散歩に行った。」

それから23日が来ます。「クリシュナジは学生たちに対してたいへんすばらしい話をした ― 事実と評価について、だ。フランシス〔・マッキャン〕が散歩に来て、クリシュナジに話をした。後で私たちはダイニング・ルームでお茶をして、クリシュナジは彼女に、〔研修用〕クロイスター（the Cloisters）のために受け取ったばかりの計画を、見せた。

フランシスはそれに10000ドルを寄付しようとしている。」

24日には何も起こらなかった。25日には、「クリシュナジと私は、〔東方向の〕ピータースフィールド〔の駅〕から午前10時45分の列車に乗った。あの駅を使った第一回目だ。正午にロンドンに到着。ジッパーのため〔サヴィル・ロウの仕立屋、〕ハンツマンにズボンを置いた後、クリシュナジが歯を診てもらうために、私たちは〔歯科医〕トンプソン氏（Mr.Thompson）のところに行った。前歯が脆くて蓋をする必要がある。それから私たちは、昼食のためフォートヌムで、メアリー・リンクスに加わった。私たちはスーツの素材を選ぶために、再びハンツマンに行った － それは、ロザリンドが彼に会おうとすることをめぐる昨冬の賭けで、クリシュナジが私から勝ち取ったものだ。私たちは、ピータースフィールドに戻った。メルセデスは二回止まったが、1分後、再び動き始めた。」

5月26日、「風と雨。午後にクリシュナジは職員に話をした。健全さの発言により、有るものが見える。ゆえに健全でありなさい。」

翌日、「メアリーとジョー〔・リンクス夫妻〕が昼食に来た。クリシュナジは後でメアリーに、〔自らの〕伝記について話をした。それから私たちはみな、お茶をした － フランシス・マッキャンを含めて。リンクス夫妻は街に戻った。クリシュナジとドロシーとフランシスと私は、散歩に行った。」ああ、これはクリシュナジが私に対して、「あなたは私の弟ですか。一瞬の間、私はそうだと感じました。」と言ったときです。それがいつだったのかは忘れてしまいました。「「それは輪廻転生です。」と彼は言った。私は自分がそうではありえないことを指摘した。なぜなら、私は〔彼の弟〕ニトヤが〔1925年に〕亡くなる前〔の1915年〕に生まれていたからだ。」

スコット―まあ、これらのことは奇妙です。何がありうるのか、誰に分かりますか。（メアリーとスコット、笑う）

メアリー―それはいつだったのかは忘れてしまいました。28日は、「寒く雨で風の吹く一日だった。〔在ロンドンのインド〕高等弁務官とパント夫人（Mrs.Pant）が昼食に来た。私たちは雨の中を歩いた。」

29日は、「祝日だった。合衆国では戦没将兵記念日、そして、こちらでは何であれ。まだ寒く雨降りだった。私たちはそれでもお散歩した。クリシュナジは自分でウーヘル（the Uher）に話を吹き込んだ。」ウーヘルは私の〔ドイツ製の〕テープ・レコーダーでした。「私はフライ夫妻（the Frys）に話をした。」

スコット―あなたは、私に読んでくださっていないと思いますが・・・

メアリー―ああ、それは父からの寄付についてでした。弟〔バド〕が父に代わってアメリカK財団にしました。「クリシュナジは、ふしぎなことが頭に起きていると言った。彼は「頭が燃えている」と言った。彼は午前と午後に眠ったが、私たちは散歩をした。」

メアリー―翌日、あなたはわくわくするでしょうね。こう言います － 「昨日何が起きたかを忘れた。」（スコット、声を立てて笑う）翌日、謎めかしてこう言います － 「クリシュナジは学校に講話をした。」

スコット―ここでは、これらはあなたの一番完全なメモ書きじゃないです。

メアリー―6月2日に、「昼食の後、私は〔旧友の〕フライ夫妻に会うため、〔南東方向に、ウエスト・サセックス州チチェスターの〕イースト・ディーン（East Dean）に運転して行った。私はすてきな午後を過ごし、楽しい訪問をした。」それから彼らの住宅と新しい庭についての事柄があります。そして、「私たちはお茶をして、長話をした。私は遅く帰宅した。」

6月3日には、言います － 「ほぼデスク。散歩。」それで、私が何も省いていないことが分かりますよね。（スコット、クスクス笑う）

翌日、「クリシュナジは学校に講話をした。〔建築家〕イアン・ハモンド（Ian Hammond）とロバート・ウィッフェン（Robert Wiffen）が〔研修用〕クロイスターのことで来た。」

6月5日に、「クリシュナジと私は、〔東方向の〕ピータースフィールドからロンドンに行った。もちろん〔仕立屋、〕ハンツマン。それからフォートヌムで、メアリーが私たちと昼食をとった。クリシュナジは〔歯科医の〕トンプソン氏と一時間半の約束をしていた。その間、私はリバティーズ（Liberty's）に、彼の夜着のため海島綿を求めて行った。」ジョアン・ライト夫人（Mrs.Joan Wright）はきわめて上手な裁縫師でしたが、彼女は彼のため、夜のシャツを作ったものです。それで、私はそのための良い材料を入手しました。「トンプソンは、壊れる危険のある上の前歯2本に蓋をしつつある。クリシュナジは〔局所麻酔薬〕プロカインをもらい、きわめてよく耐えた。しかし、夜に彼は、「身体は自らが攻撃されたと感じる。」と言った。」

6日に、「私は〔取扱業者〕モーザー氏に、メルセデスの点火装置について話した。それは短く止まりつづけている。彼は、それはトランジスターだと言う。私は〔ロサンジェルスの弁護士〕ソル・ローゼンタール（Sol Rosenthal）とその妻ディアナ（Diana）を出迎えるため、〔イングランド南部の〕サウサンプトンに行った。彼らは夜をブロックウッドで過ごした。私たちはみな、私たちが訴訟でどこにいるかについて、議論した。〔旅行中の〕私の母と継父が、ローマからロンドンに到着した。」

翌日、「午前9時にクリシュナジとサウルと私は、訴訟について話し合った。私は運転して、ローゼンタール夫妻と、〔ベルギーの〕スザンヌ・ヴァン・デル・ストラテン（Suzanne van der Straten）の甥で学生のパトリス（Patrice）を、ピータースフィールドへ送った。私は〔北東方向に〕ロンドンに行こうとしていたが、ローゼンタール夫妻は〔サリー州の〕ウォキング（Woking）で降りた。私は、クリシュナジの写真を複写してもらうため、持って行った。それから昼食のため、母と継父に会った。彼女の81回目の誕生日だった。クリシュナジは日中、ブロックウッドの職員たちに話をしていた。〔オランダから〕アンネッケ〔・コーンドルファー〕（Anneke）が、西ウィングに二、三日間、泊まるために到着した。」

6月8日に、「クリシュナジは学校に対して話をした。昼食の後、私たちは〔南西方向に、イングランド南部の〕サウサンプトンに運転して行った。そこでメルセデスの代理店が、新しい点火装置トランジスターを車に取り付けて、53イギリス・ポンドかかった。再び私たちは戻ってきて、長い散歩をした。私は晩に、昨日のクリシュナジの職員たちに対する講話の〔録音〕テープを、聴いた。私が聞き逃したものだ。」

6月9日に（クスクス笑う）、「私たちはロンドンに行った。タクシーの中で私のブリーフケースをなくした。」起こっ

287

たことは、クリシュナジは私が持ち運んでいるものに、いつも関心を持っていました。私がハンドバッグとこの場合、ブリーフケースをどちらも持ち運んでいるとき、彼はハンドバッグでないほうを、持ち運びたがったのです。

スコット――完全に理解します。

メアリー――私はいつも抵抗しましたが、この場合、屈しました。（クスクス笑う）彼はそれをタクシーの後ろの座席に置いていきました。

スコット――（笑う）やれまあ！

メアリー――私たちはハンツマンに着くまで知りませんでした。

スコット――彼はひどい気持ちだったにちがいない。

メアリー――ああ、そうです。彼はそれでとても困惑しました。「それで、私は警察に報告した。クリシュナジはハンツマンで仮縫いをし、私はヘウィッツ氏（Mr.Hewitt）に行った。」あれは、彼らが推薦する、通りの先のもう一人の仕立屋です。それから私たちはフォートヌムで昼食をした。私たちは、タクシーをつかまえる列で時間を過ごし、〔事務弁護士〕マイケル・ルービンシュタインのところに行った。そこに私のブリーフケースがあった。タクシー運転手がそれを警察に持って行き、そこで中の書類から、マイケルに関わりがあることが分かった。それで、警察は彼の事務所に電話し、マイケルの事務員がそれを集配したんです。

スコット――ああ、よかった。

メアリー――よくないですか。それで、あったんです。マイケルのために書類に署名するのにちょうど間に合った。それで、危機ではなかったが、そうなっていたかもしれない。「〔財団理事の〕ドロシーとドリスとディヴィッド・ボームとディグビー夫妻とメアリー・リンクスが、そこにいた。ブロックウッドパーク・クリシュナムルティ教育有限責任センター（The Brockwood Park Krishnamurti Educational Centre Limited）が結成された。そして、クリシュナムルティ財団有限責任信託（the Krishnamurti Foundation Trust Limited）が別個に作られた。そのどちらも、ロンドン・クリシュナムルティ財団（the Krishnamurti Foundation of London）に取って代わった。ドロシーが運転して、クリシュナジと私を〔サウスバンクに近いターミナル、〕ウォータールー〔駅〕に送り、私たちは午後7時までに〔最寄りの〕ピータースフィールドに戻った。クリシュナジは、ブリーフケースをなくした衝撃で、「その日ずっと、まいってしまった。」と言った。」（笑う）彼の戸惑いは沁み入りました。

6月11日に、「クリシュナジは学校に対し、瞑想について話をした。アンネッケがラージャゴパルの宣誓供述を読んだ。クリシュナジと私とドロシーは、散歩に行った。」

13日に、「クリシュナジは吐き気と腹痛がしたが、とにかくロンドンに行くことを主張した。彼は列車の中でだいじょうぶだと感じた。彼は歯医者に行き、その間、私は彼のスイスのヴィザを取りに行った。それから私たちは、〔ドラッグ・ストアの〕ジョン・ベル・アンド・クロイデンに行き、修理のため三つのウォーター・ピックを預けておいた。私たちは昼食のため、フォートヌムでメアリー・L〔リンクス〕と会った。それからクリシュナジは、〔古い友人、〕バインドレー夫人に会いに行った。その間、私はサンヨーの計算機のことで、〔百貨店〕セルフリッジス（Selfridges）に行ったが、ムダだった。私はバインドレー夫人のところで、クリシュナジに再会した。私たちは夕食に間に合うようブロックウッドに戻った。」

14日は、私にとってデスクの仕事だけです。でも、翌日、「クリシュナジは学校に対して講話をした。「言語的でもなく身振りにもよらない疎通が、あるのでしょうか。同じ水準で同じ瞬間に全的な注意が存在するとき、疎通がある。」」

17日には、「メアリーとジョー・リンクスが、サチャ・デ・マンツィアーリ（Sacha de Manziarly）を昼食に連れてきた。サチャは週末を過ごすことになっている。ディグビー夫妻が昼食に来て、後でクリシュナジとメアリーとディグビー夫妻と私は、会合を開き、出版委員会の、合衆国においてではないが、出版のため自らの取引を行いたいとの願いについて、議論した。でも、〔カリフォルニアの〕アラン・キシュバウが彼らのために行動してくれるかもしれないという可能性が、ある。彼は7月にここに来る。ジョージ〔・ディグビー〕は、KWINC訴訟について質問し、合衆国でクリシュナジの講話に料金を取ることを批判した。お茶の後、ディグビー夫妻が去った。ジョージはこの問題に関する自らの立場の本文を私にくれたが、彼のものは私にとって、エルナ〔・リリフェルト〕への受け入れがたい批判だ。」

6月18日、「クリシュナジは学校に話をした。冷たい風と雨があったが、午後に私たちはともかく散歩した。スイスへの途中で南フランスへの自動車旅行の立案を、サチャが手伝ってくれた。」私たちみんなが地図を取り出し、彼が助言してくれました。

19日に、「クリシュナジとサチャと私は、列車でロンドンに行った。クリシュナジは〔歯科医〕トンプソン氏のところに行った。そこで、上の前歯2本が覆いをされた。トンプソンは、金曜日に側臼歯を抜かなくてはいけない、と言う。クリシュナジと私は、メアリー・L〔リンクス〕とともにフォートヌムで昼食し、〔仕立屋、〕ハンツマンに行った。私は、自分のバーズアイのスラックスの仮縫いをした。そして私たちは、ピータースフィールドに戻った。」

スコット――そうですね。あなたが異なった衣服に触れているのを聞くとき、すてきです。なぜなら、私はそれらをたくさん知っているからです。

メアリー――（笑う）知っているよね。なぜなら、14年か15年後、私はいまだにそれのすべてを着ているから。

スコット――とてもすてきです。そして、クリシュナジの異なったスーツ。彼はどの時にどのスーツの仮縫いをしていたのかを、正しく話してくださったら、と願っています。もちろんそれらはすべて、その内側に日付を付けていますが、それでも‥‥

メアリー――それらスーツをどうしようとしているの？あなたは明らかに〔太ってしまって〕、もはやそれらを着られないから。

スコット――まあ、私はまだ‥‥

メアリー――それらはアーカイヴス〔資料保管庫〕に帰属しています。

スコット――それらはアーカイヴスに帰属していますよ。でも、私は体重を減らすつもりです‥‥いつの日にか。

メアリー――いつの日にか。親友さん、それがその日になるんでしょう‥‥（スコット、笑う）‥‥私は、口うるさく言ったり、批判したり、よそよそしくしたりしたくないんですが、一定の年齢を過ぎて体重を減らすことは、とても、とてもむずかしいわ。

スコット――とてもむずかしい。知っています。

メアリー　あれら美しい靴については、どうですか。それらはどうなったんですか。
スコット　まだ持っています。
メアリー　それらはアーカイヴズに帰属しています。
スコット　ええ。
メアリー　私は先日どこで聞いたのか。誰かが・・・ああ、ハンス（Hans）[3]が・・・
スコット　知っています。私は彼らにそれを貸しました。
メアリー　貸したの？まあ、では、それらはアーカイヴズにあるわ。
スコット　それは展示のためでした。一足貸しましたが、彼らは戻さなくてはいけないと同意しました。（二人とも笑う）
メアリー　スコット、あなた、おかしいわよ。なんてまあ。ええっと、どこにいたのかな。
スコット　ええ、ハンスは、人々はその靴にとても興味があると言った。私はきっとそうだろうと思った。そういうわけで、展覧会のためにそれらを貸したんです。
メアリー　〔1983年4月30日のブロックウッドでの〕火事の後で、ドロシーの発言を憶えています － それらは回復された。彼の靴は輝いている、と・・・
スコット　ええ。（笑う）
メアリー　とても美しく磨かれていた。21日に、「私はデスクで仕事をした。エルナに対するジョージ・ディグビーの批判に対して、答えを書いた。これは夏至の日であり、気温は〔華氏〕50度〔、約摂氏10度〕そこそこだった。」記し甲斐がある。（スコット、笑う）
スコット　あいにく書かれている、って言えます。（メアリー、笑う）
メアリー　6月22日に、「クリシュナジは学校に対して、話をした。物理的な痛みについて何をすべきかについて、だ。それと闘うな。見守りなさい。葛藤・抗争の痛みを見ること等の洞察について、だ。でも、洞察を様式にしないこと。良い講話だった。軽い枯れ草熱にもかかわらず、クリシュナジは輝いていた。」と言います。「ナレンドラ（Narendra）とジューン・マイナー（June Minor）が講話と昼食に現れた。彼らは昨日結婚したようだった。」ナレンドラはベナレスから来たインド人少年でした。彼はブロックウッドの一番目か二番目の学生でした。アラン・ノーデ（Alain Naudé）は、ナレンドラがブロックウッドに来て学習すべく、彼の父親と準備しました。ナレンドラはそうしました。その頃、ブロックウッド〔開校〕の前段階でもありましたが、シモンズ夫妻がどこで生活しているにせよ、彼は夫妻のところに泊まっていました。ブロックウッドが始まる時までに、シモンズ夫妻は自分たちがナレンドラを担当していると感じましたが、ノーデはまったくそう感じなかった。彼は自分の責任であると感じたし、それがドロシーとノーデの間のもめ事の始まりでした。ノーデは、到着したとき、ああ、私には何か分からないけど、ナレンドラをアート・ギャラリーに連れていき、あれこれを教えたいと思ったが、〔校長の〕ドロシーは、それには学校の同意がなければならない、彼は学校の規律のもとにある、と言った。アランは、その子と難なく関わって、彼が何をすべきかを決定できなかった。それですっかり・・・けっして解消されませんでした。
スコット　でも、これは・・・ナレンドラは結婚したんですか。
メアリー　まあ、それが背景です。さて、これは何年か後です。これは72年です。ノーデ・ナレンドラ・ドロシーの問題は、1969年にありました。だから、今ではナレンドラは〔ブロックウッドを〕去ってしまい、イタリアで何か授業を受けていました。彼がどうなったのか、私は忘れていますが、彼はここでジューン・マイナーというガールフレンドがいました。これはあなたの〔来る〕時代の前でした。彼女はナレンドラより少し年長だったと思います。でも、彼らは昨日結婚しました。アランは、彼が偉大な宗教的人物になるだろうと思いましたが、彼は会計士になってしまいました － それはほぼ、起こると予想されなかったことです。ともあれ、彼らは結婚しました。「クリシュナジは夕食の後、吐き気がして、よく眠れなかった。彼は枯れ草熱に悩まされていた。たぶん、太陽は散歩で照り始めたが、それは助けにならなかった。」

6月23日に、「クリシュナジはベッドで静かな朝を過ごした。それから〔東方向の〕ピーターズフィールド〔の駅〕から午後12時45分のに乗った。私たちは列車でピクニックの昼食をとり、午後2時にロンドンにいた。私たちはハンツマンに行った。そこでサチャが出迎えてくれ、自らが親切にもクリシュナジと私のために取っておいたホテル予約の引換券を、私にくれた。クリシュナジは彼に手当を施した。」－ ハンツマンで？見たところ、そうね。「私は、通りを行ったヘヴィッツ氏のところで、白黒のツイード・スカートの仮縫いをし、ハチャーズに本を求めて行った。それから、衣装ダンスを見るため、〔内装業者〕ポール・アンステーに。彼は9月に廃業する。」
スコット　ポール・アンステーは廃業しようとしていた？
メアリー　うーん。あれはかなりの一撃でした。「それから私は、メアリー・リンクスが提案していたテーブルを、見に行った。クリシュナジはタクシーで〔歯科医の〕トンプソン氏のところに行った。トンプソン氏は右下の臼歯を抜き、ブリッジ〔義歯〕を入れた。全部で20分だった。」
スコット　それは速い。
メアリー　「私たちはウォータールー〔駅〕に行き、午後4時50分までに帰った。クリシュナジはその歯を抜いてもらって安堵している。」

翌日は本当に何もない。「クリシュナジは、昨日の歯医者訪問の後、だいじょうぶだった。彼は〔ジャーナリスト、〕フェリックス・グリーン（Felix Green）[10]に会った。」

25日には、「クリシュナジは、学校に対して話をした。そして、パトリス（Patrice）と弟のアリエル（Ariel）に会った。」－ 彼らは学生でした。さらに荷造り。さあ、〔日記のうち、〕大きな本に切り替えられます。

6月26日、「一日中、荷造りだった。今回だけは急ぎすぎなかった。私たちは二人とも階下で夕食をとった。それから少年たちの何人かが、私が車に積むのを手助けしてくれた。いつものように、学校のみんなが外に出て、クリシュナジを見送った。私たちは運転して〔南西方向の〕サウサンプトンに行き、さらに〔英仏海峡の〕ノルマンディ・フェリーに乗った。私たちは快適な船室をとった。渡航はスムーズだったので、私はいつ船が岸を離れたかが分からなかった。」

6月27日に、「私たちは午前7時に〔フランス北部、〕ル・アーブルで下船した。道路には霧があった。私たちは朝食のため、それら自動車道の場所の一つに止まった。そこは、アメリカのコーヒー・ショップの最悪すべてを、真似てい

た。パリに、そして〔ホテル、〕プラザ・アテネに午前10時30分までに、到着した。私は父に会いに行った。彼は5月から萎縮して見えた。彼はたやすく疲れるし、ほとんどの時間眠る。彼は私に会って喜ぶように見えたが、私たちの旅行を叙述したとき、分からなくて、「でも、おまえは何について話しているんだ？」と言った。すぐに眠ってしまった。私は〔ホテル、〕プラザでクリシュナジに再会し、私たちは庭でよい昼食をとった。ローランドは」－彼はそこの給仕長です。彼はまた〔有名レストラン、〕トゥール・ダルジャンにもいました－「私たちを歓迎してくれた。後で私はシャネルで仮縫いをし、クリシュナジはロブとシャルヴェに。でも、シャツはできていなかった。クリシュナジと私は、ヒッチコックの〔スリラー〕映画『フレンジー（Frenzy）』に行った。私たちは二人とも、本当にそれが気に入らなかった。私たちは歩いてホテルに戻った。私は再び父に会いに行った。それからクリシュナジと私は、部屋で夕食をとった。」

6月28日に、「私はシャルヴェに戻り、シャツの仮縫いをし、それから銀行で或る人に会った。マルセル・ボンドノーが〔ホテル、〕プラザ〔・アテネ〕でクリシュナジと私とともに、庭で昼食をした。ナディア・コシアコフが午後3時にコーヒーのため、私たちに加わった。私たちは再び父に会いに行った。彼は安楽椅子に座っていて、より鋭敏だった。悲しくも足を引きずって歩いた。10分後にはベッドに戻った。片足がゆがんでいる。看護婦が援助してくれた。彼は、居間を離れるとき、儀礼的にオリーヴの肖像への照明のスイッチを切った。」それは父の〔再婚した〕妻です。〔1970年7月に〕亡くなっていました。私は、〔ホテル、〕プラザでクリシュナジに再会した。私たちは散歩に行った。いくらかコロンのためにディオールに、彼のシェイヴァーのオイルのためにフィリップスに、立ち止まった。」シェイヴァーの買い物はいつも大きなことでした。（スコット、クスクス笑う）「私たちは自らの部屋で夕食をとった。頭のおかしい女がラス・ヴェガスから、クリシュナジに電話を掛けてきた。私が彼女に話をした。彼女は、クリシュナジのメッセージを解説するため、映画を作るお金を、欲しがっている。」彼女はどうして私たちをプラザに見つけたのかな？ブロックウッドが彼女に話したと思います。

6月29日、「〔弟〕バドが午前8時30分にニューヨークから私に電話してきた。〔その妻〕リーザの赤ちゃんが誕生する状態にある、と医師が言う。だから、彼らはいつでもそれを待っている。」これはリンゼイ（Lindsay）の誕生です。

スコット－ああ、そうだ。

メアリー－「私は、父がどう見えるかと、シンズ博士（Dr. Thins）の予想、すなわち父はゆっくり衰えているということを、報告した。急変は予想されないし、シンズは、休日帰りにすぐに彼を診るだろうが、父は何ヶ月も生きられないだろうと予言する。シンズの予言は、時間の問題については際立って正確だったわけではない。だが、これが彼の言うところだ。〔弟〕バドはビジネスのことについて話をした。」それはすべて家族の用件です。「デ・マンツィアーリの〔妹〕マーと〔兄〕サチャが、午前10時にクリシュナジに会いに来た。それから私たちは、メルセデスでホテルを発ち、トゥールで止まった。そこでクリシュナジは車に残っていた。」－そこは〔レストラン、〕トゥール・ダルジャン（the Tour d'Argent）です。そこ〔の階下〕に父は

生活していました－「私はミシェルに」－それは父の〔お抱え〕運転手です－「駐車を管理してもらい、その間、私はもう一回、父に会いに上がった。彼ははるか遠くを見た。私がさようならを言う前に、父は眠りに落ちていたが、父から立ち去るのはつらかった。」「クリシュナジと私は正午にトゥール〔・ダルジャン〕から運転し、〔パリ郊外、南東に40キロメートルほどの都市〕フォンテーヌブローの先でA6自動車道へたどり着いた。大きなうねる空間に拡がる国土。フランス中部の美しい広がり。クリシュナジは喜んだ。〔ホテル、〕プラザ〔・アテネ〕は、とても高価でおもしろくないピクニックを、提供してくれた。彼らはサンドウィッチを理解しない。（メアリーとスコット、クスクス笑う）だが、たくさんの果物があって、自動車道をはずれた、よりきれいな駐車場の一つでそれを頂いた。それから午後に進んで、雨が降り、ついに私たちは自動車道を降り、午後5時30分には〔フランス南東部の都市〕リヨンのすぐ北のリシュー（Lissieu）に来た。私たちは、レセルヴ（the Réserve）に部屋をとった－静かなところだ。私の〔部屋〕には、ピンクの鳥の壁紙があった－私がブロックウッドのために考えてきたものだ。私たちはダイニング・ルームで晩餐をとった。クリシュナジは、私たちがいつもやるように果物から始めるのではなく、通常の順序で注文したいと願った。それで、私たちは、オムレツとサヤインゲンを中心に据えて、〔ブルゴーニュの辛口白ワイン、〕プイィ・フュイッセ半ボトルとともに、良い食事をとった。クリシュナジはワインの味見をし、次にしかめっ面をした。」（二人とも笑う）「二人ともぐっすり眠った。クリシュナジに枯れ草熱の症状はない。」（メアリー、再び笑う）

6月30日、「雨は止んだ。すてきな夏の一日だった。漂う雲は親切に、車に日傘を差しかけてくれた。私たちは午前10時45分に発った。〔南部プロヴァンス地方の〕オランジュ（Orange）で自動車道を降りて、昼食のためレストラン、ル・プロヴァンシャル（Le Provençal）を見つけた。私たちはガレージに車を停めておいたから、クリシュナジは喜んだ。私はレストランに喜んだ－そこは、様々な贅沢なレストランとは違ったあり方で、どうにか真実味があった。この店は、フランスでのみありえただろう。外の明るい日射しで、そこはかなり暗かった。とても涼しく、隠れ家だった。みすぼらしい花柄の壁紙と、とてもきれいな白いナップス（nappes）。」

スコット－テーブルクロスね。

メアリー－ええ。「帳場のいにしえの動かぬ女性と、良い料理の香り。私たちは地元のメロンを頂いた。とてもよかったので、皮だけが残っていた。チーズが来たとき、私たちは味わったことのない地方のものを頂いた。クリシュナジは、〔香草の〕ローズマリーの入った〔ヤギ乳から作った〕シェーヴル〔・チーズ〕を、選んだ。昼食の後、私たちはローマの円形劇場へ歩いた。クリシュナジは、堂々たるその前面が気に入った。私たちはさらに運転してアヴィニョンへ行ったが、とても暑くなって、私たちは交通渋滞につかまった。私たちは、教皇庁を見ようとしたが、城壁の中で都市は、人々と車の蟻塚だった。私たちは、車窓から宮殿を一目見た後、逃げ出した。ローヌ川を越え、橋を見て、そこの「上で踊るよ、踊るよ…」－知っている？－「アヴィニョンの橋の上で輪になって踊るよ…」」

スコット－ああ、そうです。（メアリー、クスクス笑う）

メアリー―「私たちは、〔南部ガール県の〕ヴィルヌーヴ・レザヴィニョン（Villeneuve-lès-Avignon）に着いて、私たちのホテル、ル・プリエーレ（Le Prieuré）を見つけた。」これらすべての予約は、ロンドンのフランス旅行事務所をとおして、サチャ〔・デ・マンツィアーリ〕がやっておいてくれました。「クリシュナジはホテルの片側に部屋をとり、私は別の側だったが、それらは涼しく快適だった。交通の後の隠れ家。私たちは休み、入浴した。私たちは午後7時に庭で晩餐をとった。クリシュナジは、無限の威厳と気品において優雅だった。私はこれらを見守り、他のお客があまりに多く、しかも肉を食べすぎるという事実から、彼らの病気を診断した。」（スコット、笑う）

スコット―もちろんです。

メアリー―「「彼らは、それが自分たちに悪いのを知らないのか？」木々の葉をそよがせる風が吹いた。私たちは早く寝た。」

7月1日、木曜日、「雲のない明るい朝だった。私たちは午前11時に〔ホテル、〕ル・プリエーレを発って、西へ運転し、ガール橋を探した。或る地点でクリシュナジは、「ここを曲がって、ここを曲がって。」と言った。あまりの激烈さに、私は打ちのめされて、震えを感じた。彼は、まるで私が子どもをひこうとしていたかのように、私を驚かせた。彼に対して打ち解けていたので、壊滅的だった。私はしばらくの間、ほとんど運転できなかったが、橋にやって来た―〔古代ローマの〕アウグストゥス帝の時代〔、紀元19年〕に建てられた、ローマの水道橋で、巨大で壮麗だ。クリシュナジは気に入った。私たちは〔ガール県の県庁所在地〕ニーム（Nîmes）に向かって運転した。私たちがどちらも、カリフォルニアを思い起こす田舎だ。プロヴァンスの明るい光も〔それを〕思い起こさせた。ニームでは〔ローマ帝国の神殿〕ラ・メゾン・カレ（La Maison Carrée）を見つけ、美しいと思った。円形劇場を見た。それから運転を続けた。クリシュナジは地図をもって、〔フランス南部、ローヌ川がアルルで二つに分かれてできた三角州〕カマルグ（the Camargue）の〔街〕エーグ・モルト（Aigues-Mortes）に道案内をした。私たちは車を外に残し、要塞の城壁を歩いて抜け、小さな町に入った・・・」

スコット―どこにですか。

メアリー―エーグ・モルトです・・・そこはカマルグにあります。フランスの真下です。

スコット―ええ、私はカマルグに何回も行ったことがありますが、エーグ・モルトはない。

メアリー―そこは小さな古い町です。まるで、ごく小さな人たちのため、建てられたかのように見えました。彼らはそこで生活し、防衛しましたが、やがて、海が気まぐれにそこから引いてしまい、そこはもはや、〔ルイ九世〕聖王ルイ（Saint Louis）が自らの十字軍を発進させるために築いた港ではなくなった。私たちがチーズと果物を買おうと思った店は、昼時の間、閉まっていた。だから、四角い広場のカフェに座って待たなくてはいけなかった。そこで、しぶしぶウェーターは私たちに、小さな注文をもってきた。ちょっと騒がしかったが、クリシュナジは遠方に縮こまった。私たちは食べて立ち去ったが、彼の頭はそういう場所から痛みはじめた。それから私たちはカマルグを横切り、ニームに運転した。稲が育ち、二頭の馬がいた湿地さえ、想像したのより荒れていなかった。しかし、デ・マ（des mas）があった。」マというのはどういう意味か、知っていますか。ああ、農家です。「でも、荒々しさはなかった。アルル（Arles）で私たちは円形劇場を見つけ、〔アルピーユ山脈の小さな町、〕レ・ボゥ（Les Baux）と、三つ星の豪華なホテル、ロストラウ・デ・ボウマニエール（L'Ostraus de Baumanière）に行った。私たちはお屋敷に部屋をとった―静かで、テラスと小さなプールがある。私たちは休んで、入浴し、優美で秀逸な晩餐のためホテルに行った。アーティチョークがピューレで来た。五十のチーズがあった。しかし、顧客の何人かには俗悪さがあった―ごついアメリカ人たち。贅沢は上品さを伴うか、または俗悪さになる。私たちは運転してあがり、上のレ・ボゥの照明された岩々を見て、それから降りてきて、早くベッドに入った。」

翌日は7月2日でした。「また雲のない朝だった。私たちは午前10時30分にボウマニエールを発って、〔マルセイユの北西、〕カヴァイヨン（Cavaillon）に向かって運転した。食料品店が開いている村で立ち止まった。私たちは昼食のために、ヤギのチーズ、パン、オリーヴとビスケット、桃、杏とサクランボを買った。その田舎は、〔画家〕ヴァン・ゴッホの田舎だった―行く列もの暗い緑の糸杉。風が吹いていた。私たちが触れる木々のトンネルを走り抜けるとき、木の葉は私たちの頭上への緑の流水だった。光の明るい性質が、私の目をヴァン・ゴッホとセザンヌに運びつづけた。カヴァイヨンで私たちは、自動車道を北に取った。私たちは〔スイス西部の都市〕ジュネーヴに着くには良い、行く道があったからだ。風は強風で向かい風だった。車は、船のように保たなくてはいけなかった。〔フランス東部、リヨンの南方、〕ヴァランス（Valence）の北でうれしく自動車道を離れ、〔北東方向へ〕ロマン〔・シュル・イゼール〕（Romans）、シャンベリー（Chambéry）を通る道路をとった。次第に田舎は変わった。〔フランス南部、〕プロヴァンスは過ぎ去ったし、北の眺めと空気と光の性質があった。私たちは小道を車で上がって、ピクニックを頂いた。」（メアリー、「あれは憶えている。」と静かに言う。）「ほとんど寒いほどだった。或る家族も近くに駐車し、食事をした。クリシュナジは、手足を伸ばし、車に食べかすを落とさないため、外に立って食べた―彼の持つあのはるか遠い子どもの態度で。何かに没頭した子ども。そういうとき、彼は「あの少年」のようすを持っている。それは、彼自身の知覚には外れた、優美な痩せた姿だったし、いつもそうありつづけている。」「私たちは〔北方向へ〕運転をつづけ、〔その先で、オーヴェルニュ・ローヌ・アルプ地域の〕リュミリー（Rumilly）を通る道路を取り、〔温泉保養地として知られる〕エクス・レ・バン（Aix-les-Bains）を過ぎた―私は何年も前のバカげたクリスマスを思い起こした。」私たちはそこに行ったんです。なぜだか誰も知らないわ。〔亡き夫〕サムと私と一団の人たちね。

スコット―ああ、本当ですか。

メアリー―クリスマスにエクス・レ・バンに。そこはそのとき閉まっていて。（スコット、声を立てて笑う）それで、私たちはロンドンに戻りました。私が思い出せるかぎりでは。

スコット―まあ、私は、開いているとき、エクス・レ・バンに行ったことがあります。そのときも大したものはなかった。

メアリー―ええ、ええ。私は子どもの頃、そこに行って、憶えていますが・・・

スコット―ええ。まあ、そこは〔第一次大戦前の〕ベル・エポッ

クの種類の感じがある – 昔はすばらしかった…（笑）
メアリー――サチャ〔・デ・マンツィアーリ〕の優秀な〔旅行〕計画に沿って、スイス国境につながる小さな道路では、サン・ジュリアン・アン・ジュヌヴォワ（Saint-Julien-en-Genevois）で、オート・サヴォア県（the Haute Savoie country）は、農家の畑、樹々が、全く損なわれていなかった。

丘は山々に繋がり、冬に備えた重厚な農家の形は、古いスイスの最善のもののようだ。〔スイスへの〕国境で私は、シャネルのツィードのために〔通関〕書類を通し、それによりたくさんのフランを節約した。私たちは即座にジュネーヴに降りてきて、もう一回、オテル・ドゥ・ローヌ（the Hotel du Rhône）の小さく狭い便利な各部屋に、入った。私たちは散歩に出かけ、〔レマン湖の〕大噴水（Jet d'Eau）を見て、部屋での夕食に戻った。日中、サヴォワ県（Savoie）を運転していて、〔フランス語で〕「ジェス・ソヴ（優しきイエス）」というしるしが出ていた。（二人とも笑う）クリシュナジは最初のものを指さして、「ああ、イエスだ！」と言った。それから私たちは、「ジェス・エ・ラ（イエスはあれだ）。」と読めるものへとやって来た。クリシュナジは、「ボン・ジェスィ（よし私はそうです）。」と言った。」（メアリーとスコット、二人とも笑う）後になってやっと知ったんですが、この日、ニューヨークで5時10分前に、〔弟バドの妻〕リーザの赤ちゃんが生まれました。プレスビテリアン病院で、6ポンドの男の子です。

7月3日に、「〔インドの外交官で友人〕ナラシンハンが電話をしてきた。私はタンネグ〔山荘〕のヴァンダ〔・スカラヴェッリ〕に電話をした。私たちは〔彼女の家政婦〕フォスカのためのプレゼントを入手しに出かけた。私は足をひねって倒れた。なんとか歩いてホテルに戻ったが、〔伸縮性の〕エース包帯で私の足と足首をとめた。クリシュナジとタクシーで〔時計店、フィリップ・〕パテクに行った。私たちはホテルに戻り、そのときナラシンハンが短い滞在のため加わった。彼は立ち去り、私たちはホテルで昼食をとった。それから、メルセデスは私のけがをしていない右足で運転できたので、私たちは初めにジャケに行き、そこでクリシュナジは二本の〔ネク〕タイを注文し、その間、私はその区画を運転して回った。そこから〔時計店、〕パテクに行き、彼のナヴィ・クォーツを受け取った。その後、私たちは〔レマン〕湖沿いに、〔北岸の〕ローザンヌを抜けて運転し、真っ直ぐ長い坂を下りてくるオロン（Oron）道路に、そしてついに午後5時30分までに〔山村〕グシュタード（Gstaad）に来た。一週間前、ブロックウッドから1013マイル〔、約1620キロメートル〕だ。」

「ヴァンダとフォスカがそこ〔タンネグ山荘〕にいた。彼ら二人に会うのはすてきだった。クリシュナジは少し荷物を開け、それからベッドに入った。私も足をものともせず、荷物を開けた。あらゆるものを整理してしまうという良いことは、必要だ。それからベッド。私は身体的に疲れているから。」

7月4日に、「私はすべてを片づけた。クリシュナジは一日中ベッドに留まった。私は村で幾らか必要な買い物をし、幾らかデスクで必要なことをした。私はクリシュナジのために幾つか推理小説を見つけ、新聞と雑誌を注文し、午後5時にヴァンダともに、ソルベルガー博士（Dr.Sollberger）のところに行った。博士は足をX線検査し、靱帯損傷を宣告し、堅い伸縮性の包帯で締めた。夜まではだいじょうぶな感じだったが、やがて血圧が下がって、きつい包帯が血流を阻害したので、ついに繰り返し痛みで目覚めた。」

翌日、「フランシス・マッキャンが昼食に来た。クリシュナジはベッドに留まった。」

7月6日、「クリシュナジはまだ、ベッドで休んでいる。ヴァンダは、マーサ・クレゴ（Martha Crego）を昼食に招待した。」– それはオーハイに住んでいる女性です –「私には、ラージャゴパル訴訟のこちら側の事実の幾つかを、彼女に示すよう望んでいる。マーサは、自分はラージャゴパルの側には立たないと言ったが、あらゆる事例で彼を擁護した。彼女は、新参者（すなわちノーデ、リリフェルト夫妻、ジンバリスト）がやって来るまで、すべてがスムーズだったが、それから法廷訴訟だ、と言った。私は、私たちが誰一人現れない以前に、クリシュナジが、ラージャゴパルから情報を得るため、十年間努力したことを、説明した。でも彼はお金を送った、と彼女は言った。彼女は、〔KWINC副会長〕ミマ・ポーターが彼女に話して聞かせたこと以外、これらの根本について何の概念も持っていないし、彼女自身の見解を擁護した。彼女は、〔オーハイの〕ノイズ（Noyes）（それは〔フランク・〕ノイズ大佐です）が、アーカイヴズ〔資料保管庫〕へのクリシュナジの固執でラージャゴパルの1968年の提案がダメになったことを、自分に語ってくれたと、言った。彼女には、なぜクリシュナジが自らのアーカイヴズへ権利を持つべきなのかが、分からなかった。クリシュナジに対して自らの原稿を手渡すことを、ラージャゴパルが拒絶したことについては、それは「ラージャゴパルがノーデにそれを持ってほしくなかったから」だった。塀のクリシュナジ側に対する、果てしない抵抗。彼女に話をすることは、やっかいなムダだった。後でクリシュナジが、「私が彼女に話そう。」と言った。しかし、なぜ彼は、これら相反価値をもつ人たち、世界中で彼に付いて回りつつ彼の敵に味方する人たちに、自らのエネルギーを費やすべきなのか。「ラージャゴパルはいつも…だった」等、彼らは言う。まるでそれで正しくなるかのように。」

「7月7日に、ヴァンダは日中、〔西方向に、レマン湖北岸の〕ローザンヌに行った。クリシュナジは昼食に起き、歩いて丘を下り、散髪をしてもらい、それから銀行に来た。ベルン・カントナール銀行（the Banque Cantonale de Bern）で、「教えの信託口座（Teaching Trust account）」と呼ばれる新しい口座に、共同署名した。それは、彼の個人的支出のために私の名前で開かれていたもの〔、アルジナ口座〕に、取って代わった。スイスはちょうど外国人口座に制限を掛けたばかりだ。6月30日の後、なされた預金に対して、年8パーセントを課しつつある。イギリス・ポンドは変動するし、ドルの投機はやっかいだ。クリシュナジは村に降りて居心地が悪かった。人々は彼を左右に認識するし、今週の彼の自室での孤独により、幾枚かの保護層が取り去られたかのように見えた。彼は疲れて、丘を登った。夕食の後、クリシュナジとヴァンダと私は、昔の日々についてすっかり遅くまで話し込んだ。〔1909年の神智学協会の〕ベサント夫人、レッドビーターによるその少年の発見。少年をどのように世話すべきかについて、レッドビーターが伝える、大師（マスター）たちからのいわゆる教示。クリシュナジは良い調子だった。笑い、そのほとんどを語った。「お聞きなさい、シニョーラ。彼が旅行するとき、いつも二人のイニシエイト（initiate）〔、伝授を受けた者〕がいなくてはいけなかった。一人が、

〔列車などで〕彼の片側に仕切り客室をとり、もう一人がもう一方に。それで、もしも事故があったりしたなら、彼らが死ぬように。」と。」（笑う）

スコット—クリシュナジが、あの物語を楽しんでいるのが分かります。（メアリー、笑う）

メアリー—「私たちはとても遅く話をし、10時30分には〔弟〕バドがニューヨークから電話をくれた。彼は私から言って来なかったので、月曜日に私が彼の〔息子の誕生を告げる〕電報を受け取っていないことを、悟った。彼は電話を掛けようとしていたが、応答がなかった。それで、電報を打った。」まあ、ともかく私は〔弟の妻〕リーザにも話しました。「彼らはプレスビテリアン病院から掛けていた。あんな幸せな声は聞いたことがなかった。バドの声にはおどろきの調子もあった。「この小さい男の子がいるよ。」と。」（クスクス笑う）「リーザは、自分の人生で初めて何かをうまくなしとげた、と言っていた － 他の時はいつも、もっとうまくやるはずだったと自分自身に言っていた、と。」

7月9日に、「クリシュナジはベッドに留まった。私はデスクで仕事をした。私の鼻の先のニンジンは捕らえることだ。私はパリに電話をし、〔父の家政婦〕ソランジェから、孫ができたと聞いたときの父の微笑みについて、聞いた。バドとリーザは、10月に赤ちゃんを連れて、父に会いに行く計画だ。〔アメリカの出版担当の〕アラン・キシュバウが今朝、電話をしてきた。私がそうするよう頼んでおいたように、彼はロンドンにいる。私は彼に対して、〔イングランドの出版委員会の〕ジョージ・ディグビーとの状況に関して、合衆国での出版の取り扱いについて、要点を伝えた。私は、キシュバウが彼らに会う前に、彼にこれらすべてを知ってほしかった。彼は理解するように見えたが、それらは機敏に取り扱うべきだ。彼は火曜日に、メアリー・L〔リンクス〕とアマンダ」 － それはメアリーの娘です －「とともに、ブロックウッドを見に行く。金曜日にはここ〔サーネン〕に到着するだろう。」

今、私は〔日記のうち、〕小さい本に行かなくてはいけません。

7月10日に、「医師は私の足を固定した。ヴァンダとお使い。デスクの仕事。クリシュナジは散歩に行った。彼は何か気管支の充血があったが、さほど悪くない。〔技術者〕イヴ・ズロトニツカ（Yves Zlotnitska）が私のサンヨーの計算機をバーゼル（Basel）に持って行き、電池を入れ替えたので、動く。」

7月11日は、「寒く湿った一日だった。私はクリシュナジのために、咳きの薬を取ってきた。」

翌日は、「冬のような一日。クリシュナジは午後の散歩以外は、ベッドに留まった。咳きの薬で彼は眠くなっている。ヴァンダと私は一日間、それを止めた。晩には彼に、ベナドリルの抗ヒスタミン剤を一錠出した。私は、新聞を取りに行った以外、一日中デスクで仕事をした。〔取扱業者〕モーザーは5月にパリに来たが、自分が付けたひっかき傷で修理のため、メルセデスを呼びもどした。彼は月曜日まで代車に、オレンジ色のVW〔フォルクスワーゲン〕を置いていった。」

13日に、「クリシュナジは、散歩以外、ベッドに留まっていた。私は再びソルベルガー博士のところに行った。〔靱帯損傷の〕足は良くなってきた。午後にお使いをした。ヴァンダは私に対して、グイド・フランコ（Guido Franco）に話をしてくれるよう頼んだ － いつも彼はクリシュナジの映画を撮りたいと要請している。ヴァンダはクリシュナジに対して、マーサ・クレゴがすっかりうろたえていることを、語った。クリシュナジのような人がどうして、法廷訴訟に関与しうるのか。今、クリシュナジは、自らが彼女に話をしなければならないと感じる。自らの敵意と攻撃性をクリシュナジにもたらす人たちが、なぜこんなに多く彼の時間を、取ってしまわなければならないのか。」

スコット—そうですね、おそらくこれはついでのことですが、ヴァンダはそのような形で鈍感だと言わざるをえない、とたびたび私は思いました。クリシュナジにこのご婦人を押しつけるとは。それは、私があまり見なかった種類のことですが、そこではしばしばあると感じました。あれは大いに・・・

メアリー—これについて厳密にはできないんですが、幾つかの形で、ほんとたくさんの感じがあったと私は思います。ヴァンダにはその幾つかがあったと思います。すなわち、クリシュナジはこれらすべてのことで悩まされるべきでない、と。ラージャゴパルは幾つかの形では良い仕事をやってきた。クリシュナジは法廷訴訟をすべきではなかった。「すべてラージャゴパルに任せておきなさい。それはあなたの仕事ではない・・・」

スコット—ええ、知っています。

メアリー—「・・・彼はすべてのことをちゃんとやっている。放っておきなさい。それに関与してはいけない。」と。そして、クリシュナジが関与したとき、彼女は不同意だったと私は思います。その気味がありました。私はそれについてあまり断定的になりたくありません。それでたぶん、これはちょっとあの感じを反映しています。

そこで今、私たちは7月14日に行きます － 「グイド・フランコ」 － ああ、彼は・・・（スコット、クスクス笑う）私にとって疫病だった。（メアリー、クスクス笑う）グイドは、まあ、ここに何て言うのかを見ましょう。「グイド・フランコ、ヒッピーみたいなイタリア・スイス人は、サーネン集会について、自らが二年前の夏に始めた映画を、再び推し進めていた。昨年彼はそれについて、グラーフとリリフェルト夫妻と私とで、いざこざを起こした。昨日、彼はヴァンダに会いに来た。彼女が、私に彼へ話をするよう頼んだ。彼は多かれ少なかれ以前の会話を繰り返した。彼はその映画を所有し管理したいと望んでいる。私たちは、なぜクリシュナジがフランコの目的のために使われるべきなのかが、分からない。クリシュナジはホールで彼に会って、挨拶で握手をし、彼が何かをしようとするなら、それに関して財団と合意しなくてはいけないだろうと、再び言った。フランコは即座にこれを、そうするとの始めの合意であるとねじ曲げて、私からの合意を期待した。それで今朝、クリシュナジは彼に対して、K財団が著作権等を保持すること、そして、彼が何をしようと意図しているかの憶え書を提出すべきこと、そして、私たちはそれを考慮するだろうことを、語った。この成り行きと、クリシュナジにとって不必要な努力の上に、彼はマーサ・クレゴに話をすることを決断した。なぜなら、クレゴがまだクリシュナジの法廷に行くこと等についてくどくど言いつづけていることを、ヴァンダが報告するからだ。先日二時間、私が彼女に説明したことは、私がそうだろうと知っていたように、全く何も染み込んでいなかった。それで、午後1時から2時に、彼が静か

に昼食をとっていたであろう間、彼は彼女に話をしなくてはいけなかった。これらの敵意と攻撃の人たちが、なぜ彼の注意とエネルギーを要求することができるかということは、私を苛つかせることだ。クレゴは、「彼らみんなが、ミマ〔・ポーター〕も」神智学者だ、と言った－まるで、これが何か積極的な意義を持っているかのように。それで、私たちは遅い昼食をとった。クリシュナジはベッドに戻った。私は、アラン・キシュバウの到着のため、ショウカ山荘（Chalet Choucas）の小切手支払いに行った。〔講話集会のための〕テントを訪問した－そこはより広々として、とてもすてきに見えた。アラン・キシュバウのために用具を調えつけた。それから列車の彼を出迎えた。彼はロンドンから来る－そこで彼は短い時間、〔出版委員会の〕メアリー・L〔リンクス〕とメアリー・C〔カドガン〕、ディグビー夫妻に会った。だが、ジョージ〔・ディグビー〕はアラン・キシュバウに、〔アメリカで〕出版交渉をするよう頼もうとしているという、メアリー・カドガンから私への楽観的な手紙とは裏腹に、ジョージはもちろんそうしなかった。アラン・キシュバウは、全体に関して自らがどこにいるかが分からないと、言う。私は、ジュネーヴでの自分の転倒からの物理的ショックと、論争好きの人たちの圧迫との結合を、感じた。また、ヴァンダとの、怒りをもたらす疎通も、だ－それはきわめてあやふやな領域だ。私は彼女の提案と助言を歓迎したが、でもなお、それらはしばしば、不可能なことに陥っていく。〔彼女は言う－〕「なぜ若者たちの集団を受けいれられないの？」－だが、クリシュナジは余分なことをしてはならない。「なぜナラシンハンを滞在するよう招待しないの？」－彼は合衆国にいる。」これは意味をなしていますか、私の読み方は。

スコット－まあ、それがどう読めるかは分かるでしょうね。

メアリー－（笑う）「これが、ヴァンダと一定のことについて意思疎通する私の困難だ。〔映画制作を企画する〕グイド・フランコの計画がクリシュナジに有利にならないし、害の可能性もあることについて、説明すると、彼女は、何の害も見えないと言う。「何が問題なの？」と彼女は言う。「彼にさせましょう‥‥」と。「なぜあなたがうろたえるの‥‥」しかない。いずれにせよ、これらは今日ちょっと多すぎた。ほとんどが、動くことが常に何かひどい骨か筋肉の痛みになったし、私は疲れているからだ。横になり、しばらくの間、本を読み、気持ちがましになった。夕食のため、アラン・キシュバウをタンネグ〔山荘〕に連れてきた。ヴァンダは、私たちがビジネスの話ができるよう、自分はそこにいるべきではないという何か不必要な想定で、食卓に来なかった。」

編集者の憶え書

メアリーが何らかのことで常に受けている痛みについて不満を言っているのを聞くのは、これほどである。私は一度、彼女が完全に折れた脚で歩こうとして、幾日間も苦しんでいるのを、見た。彼女はそれが深刻だと思わなかったからだ。外科医は、彼女が痛みに耐えられることに驚いていた。

私は、何か反ヴァンダに見えかねないことを〔この記録に〕差し挟むのは、好きじゃないです。なぜなら、私は一度もそれを感じたことがないからです。

スコット－メアリー、それがそのとき、あなたにとってのまさにあり方です。

メアリー－知っています。でも、私はただ自分の‥‥憤慨を発散していただけで‥‥

スコット－まあ、それでだいじょうぶですよ。あなたが発散するのは構わないでしょう。

メアリー－（長い溜息）まあ、7月14日、土曜日。「朝食の間、アル・ブラックバーン（Al Blackburn）が〔ラージャゴパル側の〕ヴィゲヴェノからクリシュナジへの手紙を持って現れた。それをブラックバーンは、多分に私が破棄しないように、個人的にクリシュナジに渡せるだけだ。」と、ここには言います。（笑う）「だから、クリシュナジはベッドから出て、ブラックバーンのところへ出て行かざるをえなかった。彼は、どれほど彼らが生活場所を見つけるのに困難を被りつつあるかをブラックバーンが言ってくるのを、聞かざるをえなかった。彼が立ち去ったとき、クリシュナジは、ヴァンダと私がいるダイニング・ルームに、入ってきた。そして、私に手紙を渡し、私にそれを読み、それが何なのかを語るよう頼んだ。彼は、自らはそれに触れたくないと言った。手紙は、彼、ヴィゲヴェノがブロックウッドの映画を見たが、最後にクリシュナジが、なぜ教えるかを問われたとき、「愛情からだと思う」と答えていたことを、言っていた。では、自らの生涯の友人、ラージャゴパルを攻撃すること、法律家へ行くこと等は、愛情だったのか。「〔神智学協会での〕『大師の御足のもと』からヴェンチュラ〔郡〕裁判所（the Ventura courthouse）へ。」と。これは嫌味な種類のもので‥‥

スコット－なんてまあ！

メアリー－クリシュナジと、愛、愛情、真理等に関する彼自身の言葉を、長々と論じたてたものです。

スコット－〔録音〕テープが切れようとしています。だから、戻ってきて、この記述を行わなくてはならないでしょう。

メアリー－その文章がいかなる意味をなすにしても、その終わりで、なぜ切らないの？

スコット－いいです。

メアリー－私はここにしるしを付けておきましょう。

原 註

1) クリストファー（Christopher）とフィリス・フライ（Phyllis Fry）は、メアリーの良き友人であり、〔メアリーの亡き夫〕サム〔・ジンバリスト〕の良き友人でもあった。クリストファーは、〔サムの制作した〕『ベンハー（Ben-Hur）』を含めてサムの映画の幾つもの脚本に貢献した。
2) 建築の目配りのほとんどを行った、イアン・ハモンドの協力者。
3) オランダ〔K〕委員会（the Dutch Stichting）の人。
4) これはフランスの童謡である。〔メアリーのように〕子ども時代の一部をフランスで過ごした人は誰でも、世話をしてくれる人たちから、またはフランス人の子どもたちから、これを教えられた。それはアヴィニョンの橋の上で踊るを歌っている。

訳 註

*1 原文はここから kfoundation.org/transcripts の書き下ろしへリンクされている。
*2 第8号の訳註を参照。
*3 Francis Bacon（1561-1626）は、イギリス・ルネッサンス期の哲学者、神学者、法学者。イギリス経験論の祖とされ、「知識は力なり」という言葉でも知られる。
*4 フランはジャム、果物、チーズなどを入れたタルトの一種。
*5 原文はここから Jiddu-Krishnamurti.net 上の対話書き下ろしへリ

*6 high commissioner は、イギリス連邦に加盟する国々の間で大使に相当する代表をも意味する。
*7 sea island cotton は、カリブ海地方だけにわずかに産出される最高級の綿である。他のどの綿より、細くて長くて光沢にとみ、柔らかく、強く、軽いとされる。
*8 water pick は、水の噴射を利用した口腔衛生の用具であり、洗浄とマッサージができる。
*9 原文はここから kfoundation.org/transcripts の書き下ろしへリンクされている。
*10 イギリス生まれで共産圏の取材、映像制作で知られる。
*11 1309 年から 1377 年まで 7 代のカトリックの教皇のため、南フランスのアヴィニョンに設けられた宮殿。
*12 アヴィニョンのローヌ川に架かっていた石造アーチのサン・ベネゼ橋である。城壁の外側にあり、1177 年 -1185 年に建設された。なお、原文にはこの前後に数枚の風景写真がある。
*13 ルイ 9 世（1214-1270）。フランス王国カペー朝第 9 代の国王でブルボン王朝の祖。2 回の十字軍を派遣し、死後、カトリック教会より列聖された。ここから聖王と呼ばれる。
*14 mas(マ) はプロヴァンス地方における伝統的な石造り様式の「農家」「別荘」を意味する。
*15 フランス南西部ブーシュ・デュ・ローヌ県の小さな町。アルピーユ山脈にあり、壮大な景観を持つ岩だらけの土地に、南方の平野を見渡せる古城を頂いている。
*16 クッキー、または軟らかい菓子パンを意味する。
*17 Belle Époque（良き時代）は、19 世紀末から 1914 年の第一次世界大戦の開始までの、パリが繁栄した時代とその文化を振り返っていう言葉である。
*18 第 14 号の訳註を参照。
*19 *At the Feet of the Master*（大師の御足のもとで）は、クリシュナジが少年時代に神智学協会の指導者レッドビーターのもとで書いたとされる書物である。ここでは、イタリック体にして書物の題名であることが明示されないが、次号の冒頭ではそうなっているので、そちらに従った。また行政区界として、オーハイはヴェンチュラ郡に属している。

第 24 号 1972 年 7 月 15 日から 1972 年 8 月 23 日まで

序　論

この号はスイスで起こる － そこで、クリシュナジは、例年のサーネンの講話と討論会を行っている。

メアリーは、講話の記述とともに、クリシュナジがその弟〔ニトヤ〕とともに 1920 年代に、そして再び〔一人で〕1957 年に泊まっていたホテルへ出かけたことを、記述する。2 回目の滞在の痛切な詳細は、ラージャゴパルとの対立を例証している － それは、この号を通した主題として継続する。

この号の終わりにかけて、メアリーの父親が亡くなる。彼女はそれを、自らに似つかわしい静かな威厳をもって記述する。これは、死滅に関するクリシュナジの思想を垣間見ることにつながる。

メアリー・ジンバリストの回顧録　第 24 号

メアリー―よし。私たちは 1972 年 7 月 15 日で止めました。〔ラージャゴパル側の〕ヴィゲヴェノからの手紙がありました。クリシュナジはそれを読みたくなかった。

スコット―ええ。彼はそれをあなたに渡した。
メアリー―彼はそれを私に渡しました。そして、読み、そこに何があるかを話すよう、私に頼みました。彼はそれに触れたくなかった。手紙は、ヴィゲヴェノが「ブロックウッドの映画を見たが、映画の最後にクリシュナジが、なぜ教えるかを問われたとき、「愛情からだと思う」と答えていたことを、言った。」

それで、これはヴィゲヴェノの手紙の典型です。「では、自らの生涯の友人、ラージャゴパルを「攻撃することは、愛情だったのか」－ 法律家へ行く事等は：「〔神智学協会での〕『大師の御足のもと』からヴェンチュラ〔郡〕裁判所へ」というのが、ヴィゲヴェノの表し方だ。クリシュナジについて、愛、愛情、真理等に関する彼自身の言葉でもって、長々と論じたてることがされていた。それから、「まだ法廷の外で調停することは可能だ。」ということについて、下線部付きの台詞。〔カリフォルニア州〕法務長官の、和解を議論することへの要請を拒否した人から、こうだ。」－ これは明白に、ヴィゲヴェノを通してラージャゴパルが話をしています。「これらの人たちの偽善は、果てしない。」と私は書きました。

「それからクリシュナジが、〔講話会場の〕テントを見に行きたがったので、途中で私はヴィゲヴェノの手紙を写真撮影してもらった。そして、手紙が、ラージャゴパルを事態の外側に外しておきつつある、婉曲できわめて遠回しの調停の手探りである場合に備えて、写しを評価のため〔ロサンジェルスの弁護士〕ソル・ローゼンタールに送った。クリシュナジは、テントを見て喜んだ。私たちはキャンプ場に行き、シモンズ夫妻に会った。彼らは、ランド・ローヴァーが繰り返し故障したなかなかののろのろの〔自動車〕旅行の末、昨夜、無事〔サーネンに〕到着した。」
スコット―あなたは文句を置き換えていますか、それとも読み上げていますか。
メアリー―どちらもです。
スコット―いや（笑う）。いや、読み上げてください。
メアリー―なぜ？
スコット―あなたが読み上げるとき、真正さの風味をはるかに多く帯びたんです。
メアリー―誰が言うんでしょうか。
スコット―私です。私には分かります。（笑う）
メアリー―私は正確に読み直すのは好きじゃないわ。私は書いているなら、いつも変更します。
スコット―まあ、知っていますよ。でも、これは違う。
メアリー―私は話をしているの。書いているわけではない。
スコット―でも、それでは・・・聞こえるのは・・・
メアリー―よろしい。読み上げましょう。「私たちはテントに行った。私たちはシモンズ夫妻のところに行き、それから戻った、ということだ。私は、昼食のためサーネンで、〔ホテル・〕サーナーホフ（Saanerhof）でビアスコェチェア夫妻を、さらにアラン・キシュバウを車に乗せるために、戻った。昼食の前、クリシュナジは、〔プエルトリコの〕エンリケとイザベラ〔・ビアスコェチェア〕と私を、自室を呼んだ。日本のオレンジ色の絹のキモノを着て坐り、突然、彼はごく若く見えて、とてつもない美しさで、きわめて強烈に語り、自らが宣誓供述を行ったとき、エンリケを今いる地点に入れてしまったことを、謝罪したいと言った。彼は、もしもあのときに遡って、エンリケがラージャゴパルとの間

で何を被ってきたかを知っていたなら、エンリケには、自分を保護しようとしないでくれと、語っただろう、と言った。クリシュナジは言った － 起きていたことすべては、ラージャゴパルとロザリンドが彼にすがりつくために設計したということを、今は知っている、と。エンリケは、それは自分も考えたことだと言った。昼食の後、ビアスコエチェアは密かに、私に対して〔弁護士〕ファリア（Faria）について話をした － 彼はカッとなりつつあるように見える。彼は猜疑心が強く、けんかっ早く、独裁者になる傾向があり、エンリケが〔イギリスK財団の〕メアリー・カドガンに書いた手紙のどの親しげな言葉にも憤慨している等。誰もファリアとは仕事ができない、とエンリケは言う。彼を任命したのはクリシュナジだったから、クリシュナジがそうするよう頼むなら、ファリアは進んで辞任するだろう。エンリケはまた、リリフェルト夫妻に対する、特にテオに対するファリアの醜い発言をも、引用した － 彼は「ユダヤ人」であり、KWINC〔クリシュナムルティ著作協会〕の金銭を自分自身のために求めている、そして、彼はそれを得るとき、ラージャゴパルより悪くなるだろう、と言った。」ファリアは本当に恐怖でした。

スコット―彼は誰だったんですか。

メアリー―彼は、プエルトリコ人の手強い法律家ですが、ビアスコエチェアが彼を内輪に引き込みました。ここに言っているように、エルナ〔・リリフェルト〕は訴訟についてもう一人の手強い法律家の意見がほしかったんだと、私は思います。それで彼に相談しました。それから彼は、〔スペイン語圏K〕財団（the Fundación）の一部になりました。クリシュナジは彼にそこに加わるよう頼みました。

「エンリケはまた、私〔メアリー〕はこれに気づいていると思うと言った。それについて、私はビアスコエチェア夫妻に、一番最初に、〔弁護士〕ファリアがここブロックウッドで1970年〔7、8月〕に、グリンゴウ呼ばわり等でもって粗暴な振る舞いをしたとき、自分が彼をどう思ったのかを、そのとおりに語った。そして、〔アメリカK財団の〕リリフェルト夫妻が彼の助言を求めたとき、私はそういう人に代表をしてほしくないと言っていたということを、語った。彼ら〔リリフェルト夫妻〕は、もう一つ、抜け目のない手強い法律上の意見が必要だと感じていたし、私はそれに歩調を合わせて、彼が来ることに同意した。彼が〔プエルトリコから〕はるばるやって来て、手伝おうとしたとき、私はできるかぎり徹底的に、それへの感謝と評価を表明していた。私たちが〔ロサンジェルスの〕ソル〔・ローゼンタール〕の〔法律〕事務所で会合した後、私が一人でソルと話したときの、彼の私に対する猜疑心についても、私は彼らに対して語った。」

「私は、これらについて自分が正しいことから演壇を作り出したくないが、私のファリアに対する不信は、初めから一貫していた。私は何かこのようなことを確かだと感じるとき、どれほど押し出すべきだろうか。」

7月16日、日曜日、「クリシュナジの第1回講話のために晴れた一日だった。ヴァンダはウォルシュ夫人（Mrs. Walsh）とテントに行った。」－彼女は〔タンネグ山荘の〕階下に生活していた人です。「彼女はまた、上階の山荘の所有者フラウ・エルケレンツ（Frau Erkelenz）をも連れて行った。クリシュナジと私はサーネン経由で運転した。テントは風格があり、よく整っているように見え、ほぼいっぱいだった。私は、ヴァンダとドリス・プラットが私のために座席を取っておいてくれた最終列に、座った。」

「クリシュナジは、こう始めた －「なぜあなたたちみんなは来たのかと、私は思います。何かを与えてもらうためですか。何かを見つけるためですか。そして、それを得たいと思うのは誰でしょうか。」と。後で彼は、「智恵は適用としてのエネルギーです。」と言った。とても良い始まりの講話だ。彼はちょうど一時間で止めて、水曜日に継続しようと言った。彼は歩いて出て、道路を上った。〔映画制作者〕グイド・フランコと映画カメラが追跡した。彼は、クリシュナジの映画撮影をしてよいとの私たちの答えや許可を、わざわざ待っていなかった。私はグイドを、アラン・キシュバウの名前と〔電話〕番号でもって中止させ、彼はアメリカK財団の理事であり、彼に話をするよう言った。クリシュナジは初め、軽い咳をしていたが、疲れすぎには見えなかった。彼はベッドで昼食をとった。ヴァンダは、彼は演台では小さく見えると言った。彼女は、髪の毛が櫛で額に梳かしつけられたための彼の顔であると、考えた。梳かしてもどせば、もっとよく見えた。それは、脇の長い房を切ることを意味していて、クリシュナジは、私たち二人が同意するので、そうしよう、と言った。」（クスクス笑う）「彼は、即時に細いハサミでそうしたいと思ったが、理髪店を待つよう説得された。」（メアリー、再びクスクス笑う）

彼は後でヴァンダと散歩し、ベッドに戻った。彼女と私は晩餐の前に、〔ハタ・ヨーガの〕調息(プラナヤマ)を行った。彼女は優秀な教師だ。昨日、彼女は、私が昨年、夏の賃貸に支払った頭金を、返金してくれた。それで、タンネグ〔山荘〕の費用を折半するとの1969年の合意について、私たちは対等になった。しかし、毎年彼女は、私に支払わせまいとする。昨年、私は彼女のグシュタードの銀行口座に正確な金額を入れたし、今年もまたそうしなくてはいけないだろう。彼女は、1972年の差額と1973年の頭金を支払ってしまったからだ。彼女は午前にローマへ行く。〔娘〕パオラ、〔その夫〕ジョンと子どもたちが〔イタリア半島西の〕サルディニア〔島〕からそこに到着する －〔アメリカ東部、コネチカット州の〕ニュー・ヘイヴンに行き、〔カナダの〕トロントに移る前に、二、三日間、だ。」

7月17日、「ヴァンダは列車で発った。映画撮影のことで〔アメリカK財団の〕アラン・キシュバウが〔映画制作者〕グイド・フランコに会った。その間、クリシュナジは、フランコは昨日撮影することで合意を破ってしまった、彼には継続してほしくない、と言った。アラン・キシュバウがフランコに対して、もっと現実的な提案を作成するよう頼んでおいたので、私たちは返事をする前にそれを待つだろう。私はアラン・Kに、ヴァンダが空けた階下の部屋を使うよう頼んだ。彼は明日、移ってくるだろう。メルセデスは動きはじめるのを拒否した。クリシュナジは、髪を短く刈ってもらうため、タクシーで村に降りて行った。とてもすてきに見える。風の吹くとき、耳のような長い房が彼を悩ますこともない。今、彼の額の形も現れている。均整が取れている。新しい美しさが垣間見えている。昨日、〔文芸批評家〕サイリル・コンノリーのロンドンの『サンデー・タイムズ紙（Sunday Times）』の書評と、〔哲学教授〕ジェイコブ・ニードルマンの著書『新しい宗教（The New Religions）』において言及されたあの美しさ。彼は、「クリシュナジに会った人々は間違いなく、彼のとてつもない美

しさについて語る － それには今や年齢のもろさが加わっている。」と。クリシュナジはこれを読み、その残りに驚いたようだった － そこは彼を大いに褒めている。クリシュナジは、コンノリーが誰なのかを知っている。彼は〔作家〕メアリー・リンクスの友人だ、と彼は言う。」

スコット－ふむ。

メアリー－ 18日、火曜日、「クリシュナジは、頭の鬱血のため、ほとんど眠っていなかったが、今日はエネルギーを欠いていなかった。晴れて暖かった。彼は、ブラウンのリネンのジヴァンシーのズボンをはいた。小さなチェック柄があって、かすかにピンクの色調をつけた、新しいシャルヴェのシャツを、着た。ついに髪を刈って、より自然に、そしてどうしてかはるかに若く見え、彼はすばらしく見えていた。メルセデスは昨日、動かなかったが、修理工場で夜を過ごし、午前8時に配送された。私は修理工を送って行った。昼食には、ニンジンのヘーゼルナッツ・ケーキがあった。村はきれいだ。あの時刻に店には、わずかな人たちだけがいた。夏の朝の快い光があった。クリシュナジと私は再び、サーネン経由でテントへ運転した。樹々は道路に木陰を作る。クリシュナジは「この道は好きだ。」と言った。彼は第2回の講話を行った － 真にすばらしいもの。洞察、すなわち智恵、結論なしに見ることについて、語った。結論なき精神は、恐れがない。ただ一つの安全は、智恵と洞察のそれである － 多くのことを含み、ものすごい力をもった話。再び彼は、道路を素速く歩いて行き、フランコが映画カメラをもって追跡した。キシュバウはフランコに対して、テントの中やその他で撮ってはいけない、クリシュナジと財団が決定した、と言うことになっている。」

「私たちはゆっくりグシュタードに運転した。即時にタンネグ〔山荘〕に戻るには、「身体は興奮しすぎている」。戻ったとき、〔カリフォルニアの〕ヴェンチュラの弁護士、コーエン氏について、エルナ〔・リリフェルト〕からの手紙があった － 氏は〔ロサンジェルスの弁護士〕ローゼンタールとともに、現地の弁護士になるだろう。さらに私の弟〔バド〕からの手紙も。」まあ、私の弟についてつづきます。

「郵便を読んだ後、私は〔山荘から〕降りていき、アラン・K〔キシュバウ〕を車に乗せた。彼は持ちものを〔山荘の〕階下のアパートメントに移した。また、ラーダー・バーニアー（Radha Burnier）を昼食に連れてきた。これは、私たちの〔サーネン〕到着以来、食卓でのクリシュナジの最初の食事だった。彼は彼女に対して、ラージャゴパルの訴訟の幾つかの出来事と、その背景を、語った。事実、彼は休みを取らずに、午後4時まで話をした － そのとき彼は、アラン・Kと散歩に行った。私は運転して、ラーダーを － 彼女は私にそう呼んでもらうことを願っているので － 彼女のホテルに送って行った。彼女は土曜日までここにいる。散歩の後、私たちはお茶をした。クリシュナジは座って、アラン・Kと私とともに、午後7時まで話をした － いくらか、超自然的なこと － 医師たちが来るときと、彼が夜に外にいるときの彼の不安感について、だ。いちど〔イングランド南東部の〕アシュダウン・フォレスト（Ashdown Forest）において彼は一人で歩いていて、暗くなった。彼は付けられていると感じ、疲労困憊して住宅に着き、「幾日もの間」ベッドにいなくてはならなかった。昨年、〔南インドの〕マドラス〔現チェンナイ〕で、黄昏時に、彼は寺院に来て、脅迫を感じた。彼は立ち止まって見守り、「何かを言った。」。」

「そのとき私は、「特定のことですか」と訊ねた。」

「クリシュナジは、「ええ、特定のことです。次第にそれは溶け去った。」と答えた。私はそのとき彼に、彼が言うのは何なのかを訊ねなかったが、彼は先に、邪悪を避けるためにキリスト教徒が十字のしるしをすること、ヒンドゥー教徒が「オーム」という言葉を発することについて、話してくれた。」 － 彼は先に、それら二つのことについて、語ってくれていました。彼はまた、若い時、「ものに取り憑かれた」女を癒すよう頼まれたことについても、語った。彼は彼女に会いに行った。彼女は彼を見上げて、静まり、正常になった。彼は、〔マドラスでの支援者、〕ジャヤラクシュミー〔夫人〕（Jayalakshmi）が、とても神聖だと感じられる寺院に、或る夜、一人で行き、そこで大きな危険を感じたため、彼女は車に逃げ、家に帰ったことについて、語った。クリシュナジは、「闇の力」について話をすることは、それらにどうにかエネルギーを与えてしまうので、良いと考えられていないと、言った。彼は、これらのことを、〔フランス語で〕「オンディ（言われること）」 － 噂話として、言う。しかし、彼はまた、そういうものごとをいじってはいけない、とも言う。彼は、夜に外にいることに不安が確かにある。そして、あたかも私たちが、部分的には彼の保護であって、ゆえに、何であれ邪悪なものから攻撃を受けやすいかのように、彼のまわりの人たちには、余分の警戒が必要である。悪は善に引き寄せられ、それを破壊したがる。アラン・Kは、インディアンの埋葬地でキャンプしたときの奇妙な脅迫の感覚、そして、彼が〔アリゾナ北部のアメリカ・インディアン、〕ホピ（Hopi）の祈祷師の腕輪を着けたとき、それが止んだことについて、話をした。アラン・Kは夕食で私に対し、自らがクリシュナジとともにいるとき、彼を保護するためにそこにいるとの感覚を感じる、と言った。」

7月20日、「メートル・ミュラー（Maître Mueller）、公証人で、地域の長のようなもの、そして〔サーネン集会理事の〕グラーフから、〔映画制作者〕グイド・フランコに対して、手紙が送られた － 彼は撮影をすべきではないと言って、だ。サーネン集会委員会が許可を拒否するなら、誰も撮影、録音すること、テントにいることさえできないように見える － 私たちは入場料を取らないので、公的な会合ではないからだ。アラン・Kはフランコに対して、クリシュナジと諸財団により、彼の撮影を認めないと決定されたことを、語った。しかし、フランコは、自分の弁護士がそれはできると言ったので、いずれにしても自分は進めるだろうと、言った。ゆえに、私たちはメートル・ミュラーに、フランコを止めてもらわなくてはならなかった。」私は、彼が言いつづけたのを、憶えています － 「おれはスイス市民だ。おれは好きなところに行ける。」と。

「加えてクリシュナジは今日、撮影、録音、メモ書きをしないよう要請することから、第3回の講話を始めた － それは他の人たちの迷惑になるからだ。講話は、思考についてだった － 関係におけるその使用、その破壊的効果は何なのか。彼は莫大なエネルギーでもって語った。後で彼はドライヴしたいと思い、私たちはサーネンモーザー（Saanenmöser）に行って戻った。それからラーダー・バーニアーを乗せた。彼女は私たちとともに昼食をとった。クリシュナジは、彼女に様々な質問をした － 真言、ヨーガ、ヒンドゥーの信念、不死等について、だ。後で私は、彼女をホテルに送っていった。お使いをし、戻った。そのとき

〔アルジナ口座を管理する〕デ・マルコフ (de Marxov) がお茶に来た。クリシュナジは一人で散歩をした。彼は身体的に疲れて戻ったが、元気そうに見えた。彼の散髪は改善だ。今日の衣装は、かなりピンクがかったシャツ、黄色がかったベージュのリネンのジヴァンシーのズボン、クリーム色のソックスと、ブラウンのベルギー・モカシンにより、彼はハンツマンのスーツを着込んだほどに、夏のりっぱな身なりになった。（クスクス笑う）彼には光、輝きがある。リリフェルト夫妻は今日到着しているはずだったが、まだ彼らのニュースはない。」

21日に、「リリフェルト夫妻は到着し、昼食に来た。私たちは午後ずっと話をした。イザベラ・ビアスコェチェアは、クリシュナジに会いたいとヒステリーになっているスペイン女性を、連れてきた。彼は、両手を彼女の頭に置くことにより彼女を幾らか穏やかにし、その夫に彼女をここから連れて行くよう、これらを離れて映画に連れて行くよう、言った。彼らはここに来る前に、何かの会合に行っていた。人々は或る種の長期間の冥想を試みた。」

翌日、何も興味深いことはなかった。「クリシュナジは一人で散歩に行った。イヴォン・アシャール (Yvon Achard) と、ジーン・ピエール・ガイヤール (Jean-Pierre Gaillard) が、フランス語の本が学生たちにはあまりに高価すぎることと、〔財団の〕会報 (the Bulletin) の再開の必要性について、私に話しに来た。それらは〔ロベール・〕リンセン (Linssen) がそうするためだ。私は彼女らに、フランス委員会に話をするよう言った。」

23日には、「クリシュナジの第4回のサーネン講話があった。きわめて良い。私たちは後で〔南東方向の〕ラウェネン (Lauenen) に運転し、アラン・Kを連れて行った。昼食には、〔リシ・ヴァレーの〕ムーアヘッド夫妻 (the Moorheads) とバラスンダラム (Balasundarum) がいた － 後者は昨日到着し、彼らのところに泊まっている。彼はクリシュナジに、オイルとピクルスとアーモンド・ハルヴァを持ってきた。昼食でクリシュナジに対して、マーダヴァチャリ (Madhavachari) のところに行くこと、そして〔南部マドラスの根拠地〕ヴァサンタ・ヴィハーラについて彼に話をすること、オランダ委員会（the Stichting）によるその所有権、そして、これがすべて訴訟により錯綜していることについて、語った。何らかの理由のため、ヴァサンタ・ヴィハーラはオランダ委員会により所有されていると、見える。」

スコット―これはすべて、ラージャゴパルの巧みなごまかしの一部だったですね・・・

メアリー―ええ、ええ。

スコット―どこかで何か組織が何かの所有権を得て、それから所有権が譲渡されて・・・

メアリー―「インドK財団は、現在の〔ヴァサンタ・ヴィハーラの〕留守番に出てもらうことが容易にできた。今、オランダ委員会が所有権をアメリカK財団に譲ったからには、アメリカK財団は、その地位を獲得するため、訴訟をしなくてはいけないだろう。バラスンダラムは、それについて話し合うためにマーダヴァチャリを、ボンベイ〔現ムンバイ〕のププル〔・ジャヤカール〕の戸口まで連れて行ったが、彼は入ろうとしなかった。」

そうね、マーダヴァチャリは、自分はラージャゴパルから代理人の権限をもらっている、ゆえに、自分はラージャゴパルが言うことをできるだけだ、と主張しました。でも、ラージャゴパルはヴァサンタ・ヴィハーラへの権利を持たないことが、証明されました。はてしなく錯綜していました。でも、ともあれ、「クリシュナジはバラスンダラムに対して、なぜマーダヴァチャリはこのように行動しているのかを、訊ねた。バラスンダラムは、それは彼のラージャゴパルに対する忠誠だったと推し量る。クリシュナジは、息子を失ったことが」－ それはマーダヴァチャリの息子の喪失です －「マーダヴァチャリを惨めにしたと言ったが、バラスンダラムは、彼はそれを乗り越えていると言った。私の視点からは、マーダヴァチャリは首尾一貫してずっとラージャゴパルの部下であったし、息子が亡くなる前にずっとそうだった。しかし、クリシュナジは、マーダヴァチャリが真実を語らないことを、悟っている。クリシュナジは、『伝統と革命 (Tradition and Revolution)』という書物のことを持ち出した － クリシュナジとの1970-71年の〔インドでの〕議論で、メアリー〔・リンクス〕が編集できなくて、ププルとスナンダが編集したものだ。アラン・K〔キシュバウ〕はそれはとても編集が下手なので、西洋では売るべきでないと言った。とても見栄えも良くて、うまくまとめられているが、私は本文を読んだことがない。」

24日、月曜日、「クリシュナジは、ププル・ジャヤカールから、彼女の夫が亡くなったとの電報を、受けた。私は、クリシュナジ、バラスンダラムと私自身からの返信を、送った。アラン・Kと私は〔スイス中西部にある首都〕ベルンへ、合衆国領事館へ運転した － オーハイで相続された小さな住宅を、アメリカK財団が売却するための預託証書に、理事として私たちの署名の登記をするためだ。それから私たちは、町の中央へ運転して行き、昼食をし、店が午後2時に再開するのを待った。私は、クリシュナジのソックス、私のスラックスの素材を買った。私はグシュタードに運転してもどった － アランがクリシュナジとともに散歩し、私が脚の超音波治療を受けるのに間に合うように、だ。脚は腫れて痛みつづけている。」

25日、火曜日、「クリシュナジの第5回のサーネン講話。苦しみと、葛藤と、最後に楽しみと喜びに関して、だった。彼はほとんど爆発的エネルギーでもって語った。私たちは後で、〔サーネンの西隣の〕シャトー・デー (Château D'Oex) に運転して行って、戻った。後に、〔ラージャゴパル側の〕ヴィゲヴェノの手紙に関する〔弁護士〕ソル・ローゼンタールからの手紙が来た。ソルは、ヴィゲヴェノの手紙は調停のための手探りかもしれない、と言う。クリシュナジがそれを承認したいと願うのなら、彼は返事の仕方を助言する。〔リシ・ヴァレーの〕バラスンダラムとムーアヘッド夫妻が昼食に来た。〔インドK財団の〕ププルは、諸財団の間で著作権を共有しあいたいと思う。これらのことは、決着するとたちまち、再び持ち上がってきがちだ。」（クスクス笑う）

スコット―私たちは知らないのかな。

メアリー―「午後4時にナディア・コシアコフ (Nadia Kossiakof) が、フランス語圏スイスの出版社、デラショー・エ・ニーストレ (Delachaux et Niestlé) のデラショー女史を、クリシュナジに会わせるため、連れてきた。彼女は、文庫本 (a livre de poche) と、ハードカバー本をやりたいと思い、提案を求めた。私たちはそれについて少し議論した。私は彼女に、〔イギリス財団の出版委員会の〕ジョージ・ディグビー

へ照会させた。クリシュナジは、ジーンズとグレイのセーターの出で立ちで、入ってきた。デラショー女史は彼に対して、神秘家であるかを訊ねた。クリシュナジは遠くに退いた。「神秘家は何ですか。」クリシュナジは、それは探求を含意していると言い、カトリック教徒がイエス〔・キリスト〕の神秘体験をする投影、ヒンドゥー教徒が〔シュリ・〕クリシュナのそれの投影とか何でも、説明した － すべてが条件付けのなかにある。宗教的精神はそのすべての外にいなければならない。彼女は直観について訊ねた － クリシュナジはいつも、それを言葉として危険だと見る。「それはただの投影なのかもしれない。」と彼は言った。「潜在意識とは何ですか。」クリシュナジは「条件付けの貯蔵庫です。」と答えた。「思考は、技術的な思考より他のは、分割します。」と彼は言ったが、彼女はそれが分からなかった。彼は国民、宗教等について説明した － すべて思考の産物だ、とそのように続いた。これらをとおして、彼は少年のくつろいだ上品さで座っていた。もういちど私は、顔、姿勢、身振り、表情のとてつもない美しさを、見守っていた。会話はフランス語で行われてきたが、彼は疲れていたから、自らのフランス語での返事に躊躇った。しかし、彼は彼女の質問に、全的注意をもって語りかけた。同時に彼は形式ばっていなくて、それが彼の上品さを高めた。彼が言ったことすべては別として、彼を見ることには、無限の美的経験がある。」

「私は運転して、二人の女性をベルナーホフ〔・ホテル〕(the Bernerhof)に送り、『エコノミスト誌 (The Economist)』と、クリシュナジのための幾つかの推理小説を入手しに行った。そして驚いたことに、丘のふもと、橋のそばで彼が私を待っていて、一緒に乗せてくれるよう親指で合図しているのを、見つけた。(クスクス笑う。スコット、軽く笑う)彼は、森へ向かって丘を上がる散歩を始めたが、疲れを感じたので、私を捕まえられるよう願って、降りてきた。まるで何かがきちんと手配したかのように、私が通りすぎたとき、彼はそこに1分いた。私たちは戻り、ヴァーヴェナのハーブ茶 (verveine tisane)をとり、それから彼はベッドに行った。私は一人で夕食をとり、同じく早くベッドに入った。」(穏やかにクスクス笑う)

26日、水曜日、「クリシュナジは朝食の前に、ヴィゲヴェノの手紙への返事を、口述した － 私と〔弁護士〕ローゼンタールの提言に沿って、だ。全体としてよかったが、私にとっては長すぎた。ヴィゲヴェノの手紙は本質的に侮辱的だったので、それをあまりにご大層に扱いすぎていた。ひとたび口述すると、クリシュナジはそれを修正しつづけた。調子を下げて、エルナとテオ〔・リリフェルト〕に会うとき、彼らと議論すべきものとした。私は脚の超音波治療に行った。外国の口座に対する新しい制限のため、銀行に行った。」そして、それらが何であるかについて、つづきます。「フランシス・マッキャンとクラニョリーニ (Cragnolini)が昼食に来た。私はアラン・K〔キシュバウ〕を、彼がほしいレザーのリュックサックのことで、〔サーネンのすぐ西の〕ルージュモン (Rougement)に連れて行った。私は疲れた。〔プエルトリコのエンリケ・〕ビアスコェチェアが、午後4時にクリシュナジへ、〔弁護士〕ファリアについて話をするために、来た － センドラ (Sendra)に対し、そして今ではエンリケに対するファリアの怒り、だ。ファリアは現在の〔スペイン語圏アメリカK財団〕理事会と仕事ができない。彼らはクリシュナジに語った。そして私は、

彼がテオ〔・リリフェルト〕をユダヤ人、イエズス会士と呼び、しかもテオはKWINCのお金を求めていると言うのを、今朝、リリフェルト夫妻に語っておいた。クリシュナジは、ファリアの辞任を受け入れる手紙を、書くことになっている。そして、一時的にエンリケが、〔スペイン語圏アメリカK〕財団 (the Fundación)の総裁になるだろう。ビアスコェチェア夫妻は、ファリアを保証し、自分たちの集団を率いるよう昇進させる前に、彼をあまりよく知らなかったことが、今や明らかになる。彼らの側の悪い判断だ。彼は不適切だという自分の確信を、おそらく私は、もっと強く発言しておくべきだった。後でエルナに話をした。もちろん彼らは、それらに衝撃を受けている。」

7月27日、「クリシュナジの第6回のサーネン講話。またもや、燃えさかるエネルギー。後で彼は、自分は〔演台の席に〕座るとき、何を言おうとしているのか見当も付かないと、言った。様々な形で安全を探し求めること － 「幸せなしには、学べません。」」それは引用です。「死。恐れなく生きるとはどういうことなのかを検討する洞察。学ぶこと。彼は、「幾つか新しいことがあった。」と言った。」それは彼からの引用です。時折、講話の後で彼は、「幾つか新しいことがあったのに、気づきましたか。」と言ったものです。

スコット－ええ、ええ。

メアリー－「ディグビー夫妻が昨夜、到着した。リリフェルト夫妻、メアリー・カドガン、アラン・K、みんなが昼食に来た。クリシュナジは、オルガは」 － それは〔ヴァンダの家政婦〕フォスカを手伝ってもらったメイドです － 「あまりに遅いし、自分自身で昼食を差配し、皿を渡す等と、言った。それから私たちは、午後を通したかなり叙事詩的な会合を行った － そこでは、今や出版委員会に選任されたアラン・Kは、合衆国の出版社との交渉すべてを取り扱うということが、ついに決定された。ディグビーが同意した。」そこは下線つきです。なぜなら、ディグビーは当初、同意しようとしていなかったからです。(クスクス笑う)

「クリシュナジは決定をせき立た。そして、誤解が起こりえないように、手順の歩みすべてに下線を引いた。私は、イギリスの財団とブロックウッドの再編成の物語と、それが生み出す財政問題に、進んだ。スモーリー訴訟 (the Smalley case)が決着するまで…」スモーリー訴訟って何だったかな。今は思い出せないわ。

スコット－誰に対する訴訟でしたか。

メアリー－まあ、誰かの遺言か何かに関わることが何かある、と思います。

スコット－でも、どの財団ですか。アメリカK財団か、〔イングランド〕K信託財団か。

メアリー－K信託財団だと思います。

スコット－ふーん、スモーリーの訴訟ね。聞いたことがありません。

メアリー－そうだったと思います。これは憶えていません。それから言います －「エルナは、イングランドに送られた金銭に関するアメリカK財団の地位を、もう一回説明した。」それが問題でした。アメリカK財団はその金銭をイングランドに送られないのだということ、アメリカの慈善事業に寄付された金銭は、外国でではなく、そのアメリカの慈善事業の目的のために使わなくてはいけないということが、イギリス人たちは頭に入らなかった。それで、長年にわたって気まずかった。彼らはただもうそれを理解できなかった。

299

または、理解したくなかったんです。「そして、フランシス・マッキャンのお金の１万ドルを送ることが、最終的に決定された － それは、究極的に〔ブロックウッドの研修用〕クロイスターの建物に行くだろうが、Ｋ信託財団がその資産が自由になるまで、一時的にブロックウッド学校の費用に使われることになる。」私が推測するにスモーリー訴訟は、私は知らないんですが、スモーリー訴訟はＫ信託財団と関わりがあったと思います。

スコットーふむ、ふむ。

メアリー－「録音テープについて議論され、インドの書物のことが考えられた。『伝統と革命（Tradition and Revolution）』の本は、逐語的なテープ〔録音から〕ではなく、話の後でスナンダ〔・パトワールダーン〕が取ったメモ書きからだという開示により、西洋ではそれを使いたくないとの気持ちが、増大した。」

スコット－『伝統と革命』が？

メアリー－そうでしょう、誰も、後で書かれたメモ書きを受けたくはないわよ。

スコット－もちろんです。

メアリー－「クリシュナジは、お茶の後、アラン・Ｋ〔キシュバウ〕とともに散歩に行った。私たちは最後に散会した。後でアラン・Ｋと私は、〔ベルギーの〕ヴァン・デル・ストラテン夫妻とともに晩餐に行った。彼が立ち去る前に、私は彼らに彼に会ってほしかったからだ。エルナとテオもまたそこにいた。」

さて、７月28日、金曜日に来ます。「私は脚の超音波治療を受けた。エルナとテオが来た。私たちは、ヴィゲヴェノの手紙について議論し、クリシュナジの返事の草稿を直し、それは送られた。午前11時45分に、クリシュナムルティの外国の諸委員会と諸財団の年次集会があった。クリシュナジは、自らの死後のそれらの機能について議論し、ラージャゴパルとの訴訟に言及した。サーネンでの来年の日取りが決められた。７月の枯れ草熱と講話の数 － それは七回だった － に関する私の異議をめぐって、クリシュナジは、七回の講話と七回の討論会を守ることを、主張した。日取りはほぼ同じだ。昼食には〔オランダの〕アンネッケ〔・コーンドルファー〕、バラスンダラム、エルナ、テオとアラン・Ｋがいた。私たちは、〔南インド、マドラスの〕ヴァサンタ・ヴィハーラについて議論した。オランダ委員会（the Stichting）は、〔そこの〕所有についてラージャゴパルを訴えることに関して、インドＫ財団に加わるだろう － ヴァサンタ・ヴィハーラの贈与は、インドＫ財団に登録されていなかったからだ。」－ 財団はその時点では存在していませんでした。「バラスンダラムは、インド（すなわちププル〔・ジャヤカール〕）が、出版のために望むのは、著作権、そして海外で出版する権利を共有することだ、と言った。」－ まさに、彼女が最後の年〔1986年〕に、すでになされた合意に反して、求めつづけたことです。「バラスンダラムは、著作権を一個所に保っておくことの必要性が、分かるように見える。〔オランダの〕サーヴィル〔社〕（Servire）の名目で〔カルロス・〕ヴェルフルスト（Verhulst）と、新しい共同経営者で〔イスラムの神秘主義〕スーフィズムを受容し、自らの名をイナヤット・カーンに改めたイギリス人が、ここグシュタードにいて、インドの書物の権利を得ようとしている － 彼らは、インドＫ財団が〔イングランドの〕Ｋ信託財団との間で、自らの領域外で出版しないとの合意をしているのを、知っているにもかかわらず、だ。ジョージ・ディグビーは、サーヴィル〔社〕との契約は現在の契約以上にもはやないという春の合意の後で、今、ドイツ語の書物をするよう彼らに提案している。クリシュナジは、「ヴェルフルストに対するディグビーの執着は何なのか。」と訊ねた。これらはとても疲れるし、午後４時まで続いた － そのときクリシュナジは或る医師とマダム・クエストー（Madame Questiau）に会わなくてはいけなかった。それで、彼は昼寝をとらず、一人で散歩に行った。」

７月29日、土曜日、「長い一日。午前10時にディグビー夫妻、リリフェルト夫妻、バラスンダラムが来て、議論のためクリシュナジとアラン・Ｋと私に加わった － それは、午後５時まで続いた。私たちは、立食の昼食をとり、遅いお茶をした。第一に、サーヴィル〔社〕の問題があった。午後２時に、ヴェルフルスト氏と、彼の新しい共同経営者ファザル・イナヤット・カーン（Fazal Inayat Khan）が、来た。後者は一流のスーフィで、スーフィ出版社の社長だ。彼はクリシュナジから質問された。彼はクリシュナジに対して、すべては一つであり、すべては真理を探求しているので、自分はクリシュナジの教えとスーフィズム等を売ることができると、語った。クリシュナジは、「ちょっとお待ちください。」と言い、続けてこれに関して彼から誤解を取り除いた。道はない、方法はない。カーンは、見つかりがちな口のうまい性格で、あっさりクリシュナジに「はい」と言った。古い契約の延長について、ヴェルフルストに最終的な答えは与えられなかった。バラスンダラムとカーンの間には、鋭い言葉があった。後者は、自らがクリシュナジの書物の利用を通じて合衆国で身を立てようとしていることを、明らかにした。現在、彼はそこに販売代理店を持っている。ヴェルフルストとカーンは立ち去った。私たちは契約を延長すべきでなく、最終的な返事をする前に、〔ロンドンの事務弁護士〕マイケル・ルービンシュタインに相談すべきことが、決定された。その日の残りは、インドの出版問題に捧げられた。バラスンダラムは、『伝統と革命』は、〔録音〕テープや速記録でなく、後で記憶から作られたメモ書きに基づいていると、言った。誰もがみな、これにかなりあきれはてた。バラスンダラムは、インドに著作権を共有させるよう、強く訴えた。彼は成功しなかったが、出版委員会の一員になった。疲労困憊の一日。」

７月30日、日曜日、「クリシュナジの第７回のサーネン講話 － 冥想について、だ。〔旧友で元女優、児童文学作家ジニー・〕トラヴァース夫人（Mrs.Travers）が昼食に来た。その間に、よみがえった危機。ヴェルフルストに対して、私たちは契約更新について考える時間がもっと必要だと告げるとの昨日の判断にもかかわらず、ディグビーは、私たちは自らの法律上の地位を〔事務弁護士〕ルービンシュタインと決定できなくても、それを続けないだろうということを、即刻、彼に告げなければならないと、決定した。これをめぐってアラン・Ｋ〔キシュバウ〕は、ディグビーと電話で口論をした。午後３時30分に、ディグビーとヴェルフルストとメアリー・Ｃ〔カドガン〕とシビル・ドビンソン（Sybil Dobinson）が到着した。ジョージとメアリー・Ｃとアラン・Ｋと私は、私の部屋で話をした。ジョージは怒り、けんか腰だった。私は見つけられるかぎりの機転でもって、それを指し示そうとした。」

さて、７月30日から８月13日には、〔日記のうち〕小さ

な本を行きます。

スコットーそれはよくないなあ。

メアリー—（笑う）ひどく顔をしかめるのね。（スコット、笑う）

小さな本により、何が起きたのかを見ましょう。

31日はこう始まります –「アラン・Kは、カリフォルニアへの途中、早い列車に。私は治療のため医師のところに、それから銀行に行った。私はクリシュナジと、〔弁護士〕ファリア辞任を受諾する文書を、作った。ビアスコェチア夫妻が昼食に来た。ファリアの辞任によりエンリケが、一時的に〔スペイン語圏アメリカ〕財団の総裁になるだろう。昼食の後、メキシコ市民のスペイン人、マルティヌー・ミラベット氏（Mr.Martinaux Mirabet）が来て、クリシュナジにフランとペソで5000ドルを贈った。クリシュナジはそれをブロックウッドに贈ろうとしている。」ミラベット氏は、このすてきなおじいさんでした。彼を知っていましたか。

スコットーええ、彼はスペイン人です。

メアリースペイン人です。彼が生活していたのは…

スコットー彼は農家でなかったか、それとも…

メアリーそうは思いません。彼は、ここに書いています、彼はメキシコの市民だったが、一年中、スペインで生活していました。彼は毎年サーネンに来て、いつも個人的にクリシュナジにお金を持ってきました。クリシュナジはいつもそれをすぐにブロックウッドに贈りました。

スコットーええ。

メアリーさて、8月2日、「クリシュナジの第1回の公開討論会 …」

スコットー8月1日はどうなったんですか。

メアリーああ、8月1日は、「静かな一日だった。教師のバーナード・ミラー（Bernard Miller）が私に会いに来て、教師の会合について問い合わせた。」

スコットーああ、それは重要ですね。バーナード・ミラーは知っています。

メアリーそうだったの？

スコットーええ。これら重要なことすべてがあるんですよね。（クスクス笑う）

メアリーよろしい。2日は「第1回の公開討論会だった。クリシュナジは〔個人〕面談を行った –トミー・エルダー（Tommy Elder）と或る友人に、ブラックバーン夫妻（the Blackburns）に、ロバート・ザーナー（Robert Zahner）とマーク・ヴァンス（Mark Vance）、アン・ハリマン（Ann Hariman）に。マダム・シェーラー（Madame Scherer）が」–彼女はフランス人でした –「来て、彼にジャージーの包みを贈った。」彼女は小柄なフランスのご婦人でしたが、いつもプレゼントを持ってきました。（クスクス笑う）

8月3日に、「クリシュナジは第2回の公開討論会を行った。雨が降った。とても寒く、〔華氏〕50度〔、約摂氏10度〕だった。昼食には、マダム・ドゥシェ、マルセル・ボンドノーと、メアリー・カドガンが来た。メアリーは後で一人でクリシュナジに会った。クリシュナジは、イフゲニア・フランゴス（Iphegenia Frangos）、ピーター・ラーチュ（Peter Racz）、ローズマリー・シェパード（Rosemary Sheppard）と、フランクリン・フィリップ（Franklin Philip）に、面談を行った。私は、〔インドの外交官で友人の〕ナラシンハンの友人、サンタナム氏と夫人（Mr. and Mrs. Santhanam）に会った。私は彼らをホテル・ベルヴュー（Hotel Bellevue）に送って行った。」

8月4日、「第3回の公開討論会。昼食には、〔ギドゥー・〕ナラヤン夫妻とサンタナム氏と夫人。私は後者を列車に送っていった。クリシュナジは面談を行った –シルヴィス・ルス氏（Mr. Silvius Rusu）と、」あなたのお友達？

スコットー全くそうです。

メアリー—「ジャネット・オーヴァートン（Janet Overton）という人に、だ。私は脚の治療のために戻った。」

8月5日、「クリシュナジの第4回公開討論会。ボーム夫妻と、ピーター・ラーチュが昼食に来た。午後4時に、オーハイの人たちのためにお茶があった –リリフェルト夫妻、フーカー夫妻（the Hookers）、マリス・リンドレイ（Maris Lindley）、ミルス氏と夫人（Mr. and Mrs.Mirus）、マーサ・クレゴ（Martha Crego）、エッシィ・ベイツ（Essie Bates）と、何とかシェルマン（Sherman）という人、ブラックバーン夫妻、ベル博士という人（a Doctor Belle）、ブリッジ氏と夫人（Mr. and Mrs.Bridges）、チャルカー夫妻（the Chalkers）、」–彼らは憶えていないわ –「ヴェルナ・クルーガー（Verna Krueger）、ブラウ夫人（Mrs.Blau）とその母クラフト夫人（Mrs.Kraft）、ノイズ夫人（Mrs.Noyes）と、サミュエル夫人（Mrs.Samuel）だ。」

8月6日に、「第5回公開討論会があった。ほとんどが観察についてだ –イメージはたやすい。怠けた道だ。昼食には、ヴァン・デル・ストラテン夫妻、ディグビー夫妻、ドナルド・ホッペンがいた。クリシュナジは〔学生〕タンギ（Tungki）の叔母と、アメリカ人、ジョン・アレン（John Allen）に会った。彼はもはや〔個人〕面談を行わないことになっている。」

8月7日、「クリシュナジの第6回の公開討論会。私たちは後で、〔北方向の〕サーネンモーザー（Saanenmöser）を越えてドライヴをし、エルナとテオとの昼食に戻った。暑い一日だった。クリシュナジは面談なし。私たちは散歩に行った。私はお使いで村へ降りて行った。」

8月8日に、「第7回で最後の公開討論会を行い、一連のものを完了した。暑い一日だった。私たちだけで静かな昼食をとった。クリシュナジがトパジア〔・アリエッタ〕の目の治療のために、彼女に会うこと以外、もはや活動はない。」トパジア・アリアッタ（Topazia Alliata）は、イタリアの古い、古い友人でした。

8月9日、「クリシュナジはトパジアに会った。それから私たちだけで昼食をした。〔クリシュナジの甥、〕ナラヤンとその子ナタシャ（Natasha）が、クリシュナジに会いに〔山荘へ〕上がってきた。ドロシーとモンターニュ〔・シモンズ〕は、ランド・ローヴァーでキャンプをした後、休養のため、タンネグ〔山荘〕に移ってきた。午後6時に、〔アメリカの哲学教授〕ジェイコブ・ニードルマン（Jacob Needleman）とリリフェルト夫妻が来た。私たちはクリシュナジとともに、来年のサンフランシスコでの討論集会と、興味深い人たちと会う希望について、議論した。私はニードルマン、シモンズ夫妻、リリフェルト夫妻を、パーク・ホテル（the Park Hotel）での晩餐に連れて行った。」

翌日、「ニードルマンとディグビー夫妻、ボーム夫妻、シモンズ夫妻が昼食にいた。」

8月11日に、「クリシュナジとドロシーとモンターニュと私は、〔サーネンの北西、フリブール州の街〕ビュルに、それから〔北東方向の山道〕ヤウン・パス（Jaun Pass）に

運転して行った。」あの道路を憶えていますか。「私たちはパス近くの野原でピクニックの昼食をとり、〔サーネンの東北方向に〕谷へと降りてきて、〔トゥーン湖南岸の〕シュピーツ（Spiez）、それから〔湖の西北の端、〕トゥーン（Thun）に行った。クリシュナジと私は、クリシュナジの車の注文について〔取扱業者〕モーザーに会った。私たちはみな〔トゥーン湖〕湖畔でお茶をとり、戻ってきた。」

8月12日に、「グラーフ夫妻、ドリス〔・プラット〕、シモンズ夫妻が昼食にいた。ラージャゴパルの弁護士たちから長い尋問があった － 〔こちらの弁護士〕ソル〔・ローゼンタール〕がその前置きをした。私はクリシュナジとドロシーと、私のすることのできた最初の散歩に、行った。私の脚はだいじょうぶだった。私は川まで行った。晩に私はドロシーとともに、〔ヴァイオリニスト、〕メニューインのコンサートに行った。」

13日に、ああ、今、〔日記のうち〕大きな本に跳びます。

スコット－すばらしい。

メアリー－8月13日、日曜日。「〔フランスの〕ナディア・コシアコフがここにいるとき、クリシュナジに対して、〔カルロ・〕シュアレスが彼に悪意を持っていることを、語った。私が彼女にそれについて訊ねたとき、彼女は、それはクリシュナジとその教えのどちらについてもだ、と言った。にもかかわらずクリシュナジは、彼らのために一席を設けなければならない、と言った。私は、そこは彼の住宅だ。私自身ではしないだろう、と言った。もしもそれが私についてであったなら、私は気にしないだろうが、彼に反対していることで、私が関係するかぎり、彼らは常軌を逸している。それで、彼らは今日、ことを希釈するために、マルセル・ボンドノーと、ドロシーとモンターニュとともに、昼食に来た。私はマルセルとシュアレス夫妻を連れて丘を登った。誰もがみな、とても礼儀正しかった。クリシュナジは、熱烈な微笑みで入ってきて、彼らにとても丁寧に挨拶した。昼食をとおしてずっと会話のボールは、いつも空中を飛び交いつづけた。カルロ・シュアレスは、ドブネズミのように見えたが、」（メアリーとスコット、どちらも笑う） － おやまあ、そうだったのよ － 「〔家政婦〕フォスカのホウレンソウ・ラヴィオーリ等を、うまそうに少しずつ食った。彼らは社交上は忙しかったが、クリシュナジは後で、彼らは自分と寛いでいない、と言った。さようならを言ってすぐ、カルロ・シュアレスは、まるで友情かのように、両手をクリシュナジの両肩に置いたが、それは偽物だった。私は嫌悪を感じた。マルセルは少しクリシュナジとともに留まり、しばし話をした。彼女とナディアとマー・デ・マンツィアーリはまれにシュアレス夫妻に会うが、そうするとき、クリシュナジの名前はもはや出てこない。または、彼らはやっていけなかった。その場合になぜ彼らがやっていきたいのか、と思われる。人々がどんなにたやすく互いに反目するか、そして、また分離することがどんなに難しいのかは、おもしろい。〔マーの妹、〕ヨー・デ・マンツィアーリはいまだにシュアレス夫妻とともに、冬を過ごす。マルセルは、ヨーは〔ラージャゴパルの妻〕アンナリーザ・ラージャゴパルとともに、〔導師〕サティヤ・サイババ（Sathya Sai Baba）に会いにインドに行った、と言った。これにクリシュナジは衝撃を受けたと、私は思う。古い友人のこの次元と裏切りを彼が見たことで、私は気分が悪くなった。「これらの人たちはどうなっているのか。」とクリシュナジは訊ねる。私が思うには、それは、彼らの一人一人が彼から何かを、または彼という何かをほしがるが、掴んで保つことのできるものを得ないので、彼らは彼に背く、群れを作る、互いに憤慨を強化する、ということなのだろうか。ラージャゴパルはこの融合を得る。これらの人たちのほとんどは、本当に直接的にラージャゴパルを好きなわけではないが、クリシュナジへの怒りが彼らをラージャゴパルに固執するよう駆り立てる。」

スコット－それがまさしく起こることです。あなたがそこに確認するのは、とても興味深いことです。私たちはそれを、他でも見てきました。そもそも絶対に協調性を持たなかった人たちは、敵対や抗争が始まるとき、異なった側の人たちが親友になる。人々は、何年もの間、互いに何の関わりも持たなかった、または互いにがまんさえならなかったのに・・・

メアリー－（クスクス笑う）そのとおり。（笑う）

スコット－このふしぎなことがあります － すなわち、人々は何か自らの必要だと感じるものとか、ふさわしいと感じるものを得ないとき、彼らは他の誰かに責任があると思いたい。彼らは、クリシュナジが責任があると思いました。確認するのが全く興味深い動きです。シュアレス夫妻は本当に興味深い見本です。彼らはクリシュナジにとても近かった － 彼らはよく支援していたし、多くのフランス人たちが私に語ったところではクリシュナジの作品の最善のフランス語訳をやった、という意味において、です・・・

メアリー－ええ。

スコット－・・・そして、彼らは長年の間、〔パリで〕クリシュナジを泊めてくれたのでした。それから彼らは彼に背いた。何かすてきだったにちがいないものが、何か醜いものに変わるとか、置き換えられる。とほうもないです。

メアリー－ええ。シュアレスは、たくさんの若者たちにとって、一種のグルになりました。

メアリー－ふむ、ふむ。

メアリー－彼はまた、〔ユダヤ神秘主義、〕カバラでこのことを始め、それについて幾つか書物を書きました。それで、それが彼の演台になり、彼が世の中に差し出しているものになりました。そして彼らはクリシュナジから離れていった。シュアレスは、今や自分が大物であると感じました。

スコット－ただ離れていっただけではないですよね。離れていくのは理解できるかもしれません。興味深いことは背くということです。まあ、誰かが教育にとても興味を持っているが、それから急に政治に興味を持つ、とは言えます。彼らは教育から離れた。でも、誰かがそれに背くとき、それは、彼らが自分自身について何かとても重要なものや、自分自身であるものを、拒否しなくてはいけないようなものです。

メアリー－あなたが言われたように、それが、あなたと他の人たちにとって、そうであることなんだ、と私は思います。一定の点を越えてクリシュナジや教えに近づくと、そのとき離れてしまうなら、いわば、悪に向かったんです。

スコット－ええ。それは毒に変わります。クリシュナジ自身が繰り返し言ったように、です。

メアリー－ええ。毒に変わります。あなたは、ただ他のどこかにだらだら彷徨い、忘れてしまうだけではなく、反対せざるをえない。敵対的な立場を取らざるをえないんです。

スコット－ええ。とても奇妙です。

メアリー——うーん。いまちょっと待ってください。私は、ここでの自分の場所がどこだったかを、見つけなくてはいけません。「私は運転して、マルセル・ボンドノーとビアスコェチェア夫妻を、ホテル・ベル・エア（Hotel Bel Air）に送って行った。マルセルは、〔オーハイの〕マーサ・クレゴが訴訟について、フランスの人たちに手紙を書いていることを、語った — 何も知らないし、興味を持っていない人たちに、だ。「ポークワ・フェ・エル・ドゥ・ゴシップ・コム・アンヌ・コンシェルジェ？」と、マルセルは言った。（メアリーとスコット、どちらも笑う）それはクレゴに対して繰り返されたが、彼女は驚いたことに、門番が何かを知らなかったし、訊いてまわった。いまや彼女はマルセルを切り捨てる。でも、彼女はまた、自らがヴァンダの大親友になった。ゆえに事情をはるかに多く知っているということを、言ってまわっている。なぜヴァンダは、クレゴのクリシュナジに対する批判を、堪えたのか。クリシュナジのまわりの人々のほうが、神経症なのか。それともこれが、任意の人間の通常の水準なのか。」

スコット——（笑う）それに対する答えは、人々は明確に、より神経症であるというものです。

メアリー——ええ。「後で霧雨の中、クリシュナジとドロシーと私は、〔サーネンの東方向の〕トゥルバッハ（Turbach）の道を歩いていった。私の二回目の散歩だ。私は道のりすべてを行かなくて、彼らが戻ってくるのを待っている間、川沿いに座り、〔ヨーガの〕調息をしたが、脚はだいじょうぶだった。」

8月14日、「ドロシー、モンターニュと私が朝食をとっているダイニング・ルームに、クリシュナジが入って来た。オレンジの絹のキモノを着て、とても美しく見える。他に言葉はない。彼の顔にしわはない。小じわもない。目元には、落ちくぼんだ部分と、年齢のしるしがあるが、表面の肌はしわがなく、輝いている。私は彼にこれを語ったが、彼は、「私はどうすべきなのかな。」と言った —（二人とも笑う）— 「それから「純血種キュウリのナイトクリームだよ。」と。」（二人ともさらに笑う）彼は、あらゆる種類のオイルものを、大いに使う人でした。或る時点では、純血種キュウリから作られた一種のクリームがありました。それは私たちの間で、或る種の冗談でした。

「雲にもかかわらず、私たちはともかく遠足に外へ行くことを決定した —〔家政婦〕フォスカに休みを与えるためだ。ピクニックにしては、あまりに不確定だった。だから、〔南西方向へ〕ディアブルレ（Diablerets）からヴィラール〔・シュル・オロン〕（Villars）への新しい道路をとることが、決定された。私たちが発とうとしていると、マダム・ドゥシェ（Madame Duchet）が、ジャン・ピエール・ガイヤール（Jean-Pierre Gaillard）から彼女宛のメモ書きの写真コピーをもって、立ち寄った —〔フランス語で〕「ノートル・トアヴァーユ・サコンプリ・アン・パーフェ・アコー・アヴェック・ノ・メートレ・クトゥフーミ・エ・デュワルクール・アヴェック・キ・ヌ・ソム・エン・コンタク・パーマナン（私たちの仕事は、私たちが恒常的に接触している〔神智学の二人の大師〕クトゥフーミ（Koot Humi）大師とデュワルクール（Djwal Khul）大師との完璧な協調において、達成された）。」と言うものだ。

スコット——ああ、神さま！（メアリー、笑う）この男はまた誰でしたか。

メアリー——彼は、クリシュナムルティの言語について学位論文を書いた人〔、アシャール〕の友人でした。

スコット——ああ、そうだ。

メアリー——ジャン・ピエール・ガイヤールは彼の友人でした。彼らはどちらも〔フランス南東部の〕グルノーブルで生活していたと思います。彼はサーネンに来たものです。（笑う）「マダム・デ・セイドゥ（Madame de Seydoux）が出席していた。」— それはマダム・ドゥシェの仲間の年配のご婦人でした —「マダム・デ・セイドゥが出席していた。〔K〕財団や委員会のメンバーは、神智学協会や他のそういう集団の現メンバーであるべきでないというクリシュナジの願いと必要性を、私が説明する間に、ドロシーとモンターニュが入ってきた。私はまた、ラージャゴパルの法廷訴訟について説明した。それから私は、クリシュナジに二、三分間入ってくれるよう頼んだ。彼はこれらに下線を引いた〔すなわち、これらを強調した〕。」

「後でクリシュナジ、ドロシー、モンターニュと私は、〔南西方向に〕ディアブルレ（the Diablerets）に運転して行き、クロワ峠（the Col de la Croix）への新しい道路を登った。そこで私たちは外に出て、少し歩いた。それから〔レマン湖の東端、モントルーの上の〕ヴィラール〔・シュル・オロン〕に降りた。あまりに曇っていて、〔レマン湖の南東方向に、スイス・アルプスの〕モンブランと、〔七つの頂を持つ〕ダン・ドゥ・ミディは見えなかったが、クリシュナジは私たちを、〔ヴィラールのホテル、〕モンテサノ（Montesano）へ道案内してくれた — 彼とその弟〔ニトヤ〕が20年代初め〔、1921年9月、10月〕に泊まったホテルだ。そのとき、〔弟〕ニトヤは肺結核を病んでいた。それから1957年〔6月、7月〕にもまた、ラージャゴパルがそこに彼を一人で、二ヶ月間ほど放っておいた — 彼が他に何もできないように、彼に食事代を支払うほどに50フランを加えたお金だけを与えて、だ。私たちはそこで、ダイニング・ルームで昼食をとった — クリシュナジは、窓際の角に一人でテーブルをとったものだった。そこは、休日の子どもたちと親たちがいて、長いテーブルのある家族向けのホテルだ。スイスの衣装をまとったずんぐりしたウエイトレスの少女はイギリス人で居心地が良くなかったが、食事は驚くほどすてきだった — よく料理されたニンジン、トマトのピューレ、サラダ、チーズと果物。クリシュナジは、ラージャゴパルがヴァンダに手紙を書いたことについて、私たちに語ってくれた — 彼女はその時にグシュタードにいたが、クリシュナジと疎通すべきでないことになっていた。」彼は、そこに彼を一人で放っておいたの。（溜息）

「そこでの幾日かの後 — そのうち一日にはラージャゴパルはダイニング・ルームで酔っ払って、クリシュナジを大声で罵った — 彼は立ち去るとき、クリシュナジに対して」（きつい声で）「「あんたは自分はけっしてさびしくないと言う。まあ、今あんたも、それがどのようなものなのか、他の私たちが何を感じるかを、見出すことになるさ。」と語った。」（柔らかい声で）「「でも、私はけっしてさびしくなかった。」とクリシュナジは言った。」（二人とも笑う）「私はただそこに留まっていられただろう。」と。彼は一日中、丘へ散歩に行って、誰にも語りかけなかった — ホテルの支配人が彼を誰かお客に紹介したいと思ったときも、だ。彼は、どこかしかるべきところに行く時であるとき、出て行った。彼は列車で二回乗り換え、〔フランス側の〕シャモニー

(Chamonix）に行った。そこで〔パリの実業家〕デ・ヴィダスが彼を出迎えた。私はそこに彼を見て、昼食で涙が出そうになった － ああ、はるか昔に彼が弟とともに幸せであった場所、それからラージャゴパルの悪意により一人で放っておかれた場所だ。」

「私たちは、ドアの近くにテーブルを取っておいた。無意識的に私は、人々の部屋に入ることへのクリシュナジのためらいを、感じたにちがいない。彼は彼らから他所を向いて座った。その部屋では、彼の恥ずかしがりに、異なった性質があった。人々にひるむのをほぼ垣間見せない － はるかに若い人の痛ましい恥ずかしがり。彼はとても若く、すっかり脆弱に、とても恥ずかしがりに見えた。そのとき私は彼が見えた － 恥ずかしがりの壁の裏に、彼のはるか遠いことが。けれども、オーハイと同じように、自らのはるか遠方の状態で、丘を歩いて日々を過ごすことに満足している。彼を傷つけようとするラージャゴパルの試みは、うまくいかなかった。「でも、なぜ私は彼に耐えたのだろうか。」と彼は訊ねた。「私はただ受け入れた。他に頼るべき人が誰もいなかったからだと思う。」と。」

スコット － それはクリシュナジからの引用ですか。
メアリー － ええ。「私は、彼をそこに見たことから、心が元気に感じた － 子ども。従順で、環境と残酷さを受け入れる。他の選択がなかったから。でも、内的にそれに触れられていない。ラージャゴパルに対する訴訟を必要とするのは、このようなことだ。クリシュナジは保護されなければならない － あの男の邪悪さから、不敗で、だ。金銭等は重要ではない。彼が二度とクリシュナジに触れることができてはならない。」（メアリーの話を聴く）[20]

「私たちが発って、〔南西方向の〕ベー（Bex）を通って〔レマン湖の南東方向〕エーグル（Aigle）に運転して行ったとき、雨が降っていた。クリシュナジは湖を見たかったが、そこへの道半ばで交通が混んでいた。私たちは引き返し、〔サーネンの南方向の〕ピヨン峠（the Col du Pillon）に上がった。先の方で事故が起こった － 急いだ赤い車の運転手が、丘を降りてくる車の横にぶつけた。誰もけがをしなかった。ドロシー〔・シモンズ〕は、高いところへの恐れと闘った。私はよく気をつけてゆっくり運転した。私たちは、雨にもかかわらず散歩に間に合うよう、帰ってきた。」

8月15日。「ドロシーとモンターニュは〔自分たちの〕ランド・ローヴァーで、イングランドに向かって発った。ドリス〔・プラット〕を一緒に連れて行った。マダム・イヴォンヌ・ウェルサー（Madame Yvonne Welser）がクリシュナジに会いに来た。彼女は運んでもらわなくてはいけない。」 － これはよく来ていた不具の女性です。彼は彼女を癒そうとしたものです。「彼女はサーネン〔集会〕の始まりに、今年彼に会うことは何の目的にも役立たないと自分は思うと、手紙に書いていた － 自分の健康は彼の治療にもかかわらず、悪化していた。彼は不朽だが、自分はそうではない等。でも、彼女は決定するのを彼に任せた。クリシュナジは返事をしなかった。だから、彼女は先週、電話をしてきて、彼に話したいと頼んだ。彼は彼女に、昨日電話するよう言った。彼女は、フィリピン諸島に行くことを考えている － そこで行われる変わった治療のためだ。かわいそうな女性はすすり泣いた。クリシュナジは、クリネックスのため、私のほうへ来なくてはいけなかった。彼女は、自らの恐ろしい困難とともに、明白に彼のことで感情的だ。

私は後で入っていき、彼女にちょっと話をした。彼女がクリシュナジに会ってほしいと頼んだ、南アフリカからの少年がいる。彼は明日来るだろう。それからは一日は静かだった。」

「私たちだけで昼食をした。後で〔東方向の〕トゥルバッハの道路を歩いて行った。クリシュナジは再び言った － 「あなたは自分自身に気をつけなければいけない。あなたは私より長生きしなければならないから。たぶん私は少なくとももう十年、九十歳になるまで、生きるだろう。あなたはそれより長く生きなければならない。あなたはもはやあなた自身のものではない。」と。」

私は言っておくのを忘れました － 「クリシュナジのメルセデスの注文のことで、〔取扱業者〕モーザー氏が午前に来た － それは今年から〔来年に〕延期された。〔しかし、予約した〕車は買わなくてはならない。注文は失効している。そのために支払い、次にそれを即時に原価割れで売ることによってのみ、免れることができた。」ああ、それは、私たちがほしくないのを注文した車でした。「クリシュナジは、それを合衆国〔カリフォルニア〕に持って行き、〔現在の〕ジャガーと取り替えたいと思った － クリシュナジは、そちらはあまりに古すぎると言う。私は彼から、それを買い取らなくてはいけないだろう。モーザーは輸出のための金額を調べている。私たちは木曜日に〔北東方向の〕トゥーンまで行くだろう。」

16日、水曜日。「私はお使いに行き、サーネン教会で〔ヴァイオリニスト、〕メニューインのリハーサルの一部を聞いた － モーツアルトの四重奏曲のすてきな高まり。日射しは、〔教会の〕木製の会衆席の横木にすてきに照っていた。私はクリシュナジをヴィラール〔・シュル・オロン〕で、今はタンネグ〔山荘〕の彼の自室で見つづけた － 彼の無限のふしぎさ。か弱く、とてつもない。気遣われ、仕えられ、大切にされるべきだ。」

「昼食にはトパジア・アリアッタ（Topazia Alliata）、マルセル・ボンドノー（Marcelle Bondoneau）、フランシス・マッキャン（Frances McCann）がいた。昼食で彼女たちはおしゃべりしたが、彼ははるか遠かった。彼女たちが仏教に触れ、神智学の大師(マスター)たちの位階に触れたとき、彼は会話に戻ってきた － 〔神智学の位階制度では〕彼らの上に、マハー・チョーハン（the Maha Chohan）、マイトレーヤ、それからブッダがいる。彼は、その幾らかがどこから来るかを、説明した － ほとんどがチベットだ。また昼食に彼は、気まぐれなメイドのオルガ（Olga）をダイニング・ルームの外に出しておいて、（笑う）すべてを彼自身が配った。彼は彼女に慣慨しているし、さらに悪いことに、彼女は臭う。後で、南アフリカの少年、ピーター・ラッギット（Peter Raggitt）が〔個人〕面談を受けた。それから私たちは散歩に行った。私たちはイエスについて話をした。私は訊ねた － 彼が生きていてもいなくても、どんな違いがあるか。彼が私たちに対して言ったと〔福音書に〕言われることは、真実であるのかそうでないのか。〔彼が言ったとされる〕ただ互いに愛しあうことは、あまりオリジナルではない、とクリシュナジは言った。（メアリー、笑う）私は訊ねた － それは、自己なしの言い方ではないのか。それは異なる言葉ですべての宗教の核心に見られる。クリシュナジはそうだと言った。そして、〔古代エジプトの〕アケナートン（Akhenaten）[8]もまたそれを言った、と。彼は、エジプトの

歴史に関する書物を、読んでいるところだった。私は、人々が取らえる宗教は、イエスのように、人々に、縋りつく象徴を与える。ところが、彼はそれらを取り去る、言った。」彼はそうでした。

8月17日。「ヴァンダが〔イタリアの〕フローレンス〔フィレンツェの自宅〕から電話をしてきた。クリシュナジはよく眠っていない。冥想がとても強いので、そのため自らの頭の後ろに火がついていると感じると言った。痛みではなく、炎だが、とても強いので、再び眠られる前にそれを止めるには、本を読まなくてはならなかった。にもかかわらず、彼は〔スイス中西部にある首都〕ベルンに来たがった － そこで私は、彼のフランスのヴィザを取らなくてはいけなかった。それで、私たちはこの曇りの日に出かけた。私は自動車道の入り口を見つけるのに苦労したが、正午前にはベルンに着いて、フランス大使館を見つけた － インド大使館からの書簡が必要だと言われただけだった。すべてが正午には閉まってしまう。それで、私たちは〔ホテル・〕ベルヴュー（the Bellevue）のそばに駐車ガレージを見つけて、やっと歩くことができて、「ヴェジタリアン」に行った。」 － クリシュナジは、庭園にあるヴェジタリアンのレストランを、憶えていました －「下の階で食事した後でやっと、私たちは、庭園が上の階にあることを知った。（クスクス笑う）でも、すてきな食事をとった － きれいで、静かで、高価でなかった。私たちは、午後2時までにインド大使館を見つけ、必要な書簡を得て、フランス大使館に戻った － そこでは、四十五分間掛かった。最後に〔サーネンの北東方向の〕トゥーンへ行った。私たちは、来年の配車のSLC 280 3.5 メルセデスのことで、〔取扱業者〕モーザーに会った。輸出の値段ははるかに少なかった。クリシュナジはそれを合衆国に持って行きたいと願っている。私たちは、ストーン・パイン・グリーン〔・メタリック〕のそれを注文した。」

スコット－ふーん。〔後にカリフォルニアで愛車になった〕「グリーン・ビューティ」か。

メアリー－ええ。「ベージュとブラックの内装の間でためらった後、私たちはベージュに決めた。私たちは運転してタンネグ〔山荘〕に戻り、バンブ（Bambu）を試した － ベルンのレフォルムハウス（the Reformhaus）で買った、作りもののコーヒーだ。」

21日、月曜日に、「私は昨日、弟〔バド〕に話をした。」おやまあ、私の父についてつづくわ。すみません。でも、これは跳ばさないといけないわ。「私は〔電話で〕ヒュー・フラートン（Hugh Fullerton）に話した。」 － 彼はパリのアメリカ病院（the American Hospital）の院長でした －「バドか私がそこに来る前に、父が亡くなるなら、どうかを、訊ねるためだ。彼は、シンズ医師（Doctor Thins）がことを手配するだろうと言った。私は父が良くないことが分かった。私は、弟に繋ぐため電話交換手がもう一回呼び出すのを待っている間に、これを書いている。」

スコット－ふむ、ふむ。

メアリー－「寒い曇りの日々の後、最初の日の照る一日だった。晴れた空に対する真新しい雪で、世界は生まれ変わって見える。私たちは〔東の方向の〕トゥルバッハ道路をずっと歩いた。私が電話をしつづける間の休止に、クリシュナジが入ってきて、言った － 私が、何が起きつつあるかを彼に語ったとき、彼は「悩んでいますか？」と訊ねた。私は言った － ことを変化させるために何かできることがあるとき、悩みはある、と。これは変えられないと見える。クリシュナジは、「この部屋に何かを感じませんか。雰囲気です。私はこれがあなたに障ってほしくない。」と。私たちは彼の部屋に行った。そのとき彼は言った －「違いを感じますか。」。それから「おそらくそれは、あなたがここで、これに充たされてきたからです。私たちはみんな去ろうとしています。」と彼は言った。それから私は訊ねた －「教えてください。おお、スフィンクスよ、いつ来ることを止めて、去ることを始めるのでしょうか。」（スコット、クスクス笑う）クリシュナジは、「ああ、誕生のときだと思います。いや、たぶん10歳から20歳にです。私は誰かが死ぬのを見たことがない。」と言った。私は弟〔ニトヤ〕が〔1925年11月にオーハイで〕亡くなったとき、〔イングランドからセイロン（現スリランカ）へ行く船に乗っていて、〕そこにいなかった。それはひどかったでしょうね。或る意味、私は散歩するとき、去っています。または、時折、本を読んでいるとき、私ははるか遠くにいます。話をするときはそうでない。そのとき私はすっかりそこにいます。でも、さもなければ、私ははるか遠くに去ろうとしています。そういうわけで、私に対して全身麻酔を掛けさせてはいけないのです。気を失わせてしまう。すると終わりになるでしょう。」と。」

「「あなたが苦しみ、痛んでいるなら、どうですか。」と。私は訊ねた。」

「彼は、「そのようなことが起こるだろうとは思いません。でも、そのときは鎮静化です。気を失わせるのではない。」と答えた。」 － 無意識〔にさせるのではない〕という意味です。

「「もしもあなたが先に死んだなら、でも、そうなるとは私は思いません。あなたは私より長生きしなければならない。私はもう十五年か二十年生きるでしょう。分かりません。でも、それを感じます。彼が去るとき、あなたは・・・あなたは自殺をしてはいけない － あなたの夫〔サム〕が〔1958年に〕亡くなったとき、あなたが或る面でそうしたように、です。あなたは今、〔お父さんのいる〕パリに行くべきでしょうか。」と。」

「私は、「いいえ」と言った。「私たちは水曜日に行く計画で行くでしょう。」と。」

「クリシュナジ －「私は一人で車を運転できなかった。たぶん〔サーネンの北西、フリブール州の街〕ビュル（Bulle）や〔ヴォー州、レマン湖畔の〕ニヨン（Nyon）には〔できた〕。でも、身体は道のりすべてはできなかった。」と。」

私の父は翌日亡くなりました。（メアリーの話を聴く）

スコット－ふーん。

メアリー－翌日、「私はソランジェ（Solange）に話をした。」 － 彼女は〔パリでの父の〕家政婦でした －「シンズ博士（Dr. Thins）がそこにいた。そして、死はとても近くて、もはや何もできないと言った。私は、〔アメリカ東部マサチューセッツ州のマーサズ・〕ヴィニヤード〔島〕（the Vineyard）の弟〔バド〕に電話して、語った。彼と〔その妻〕リーザは今夜飛んで、明日早くパリに着くだろう。クリシュナジと私は、静かに昼食をした。私は彼にニュースを語らなかった。午後3時頃に、〔家政婦の〕ソランジェが電話をしてきて、「お亡くなりになりました。」と言った。父は午後2時10分に、眠ったまま亡くなった － 朝の10時頃から眠っていた、または昏睡のままだった。彼は苦しむことがなかった、

と彼女は言った。私が電話を切ろうとしていると、クリシュナジが部屋に入ってきた。「それが起きたのを感じた。」と彼は言った。「あなたからそれを感じた。」と。私は再び〔弟〕バドに掛け、彼に告げた。クリシュナジは、私をしばらく休ませた。それから私たちは、川まで散歩に行った。荷造りは終了した。私たちは明日早く発つために、車に荷物を積み込んだ。それから私はクリシュナジに、父のことを話した。」

8月23日、水曜日、「私たちは午前4時に、車の中から〔家政婦〕フォスカにさようならの手を振り、タンネグ〔山荘〕を離れた。6時までに〔ジュラ山脈の裾野にある山村〕サン・セルグで〔フランスとの〕国境に着いた。フランスでは、〔東部のジュラ県の〕ロン・レ・サウニエ（Lons-le-Saunier）で、オーヴンで焼きたてのクロワッサンを買い、一年前と同じ道路端で、果物とともに朝食にとった。私たちは〔フランス中央部、ソーヌ・エ・ロワール県の〕シャロン・シュル・ソーヌ（Chalon-sur-Saône）で自動車道に上がった。クリシュナジは100マイル〔、約160キロメートル〕かそこら運転した。私たちは午後1時までにパリに着いた。よく散歩をしていた〔パリ西部、ブローニュの〕森でピクニックの昼食を食べた。暖かくて晴れていた。私たちは、〔ホテル〕プラザ・アテネ（Plaza Athénée）に行った。私は父のアパートメントに電話した。弟〔バド〕と〔その妻〕リーザは午前9時30分に到着していた。」まあ、私の父について、つづきます。

「私は、部屋でのクリシュナジと私の夕食を注文するのに間に合うよう、ホテルに戻った。今朝、運転中にクリシュナジは、死について語った。「私はあなたのお父さんについて語りたくないのですが、ラージャゴパルのような人には、何が起きるでしょうか。」と彼は言った。彼はこれについて話をした。晩遅くに彼は次のことを言い、それを私は逐語的に書き留めた － 「Xのような人を取ってみましょう。」 － ラージャゴパルのことを意味しています － 「彼は猜疑心が強く、嫉妬深く、隠し立てし、自分の物理的安全に関心を持っています。彼はつまるところ、自らの環境、自らの文化、自らの行動様式の産物です。彼は、風変わりなところ、自らの気質、自らのいわゆる人格を、持っているかもしれません。彼の精神は、自らが生まれたところの階級などに、条件付けられています。そして、彼が死ぬとき、それが私たちが話していることですが、彼には何が起きるでしょうか。彼は自らの「環境」から抜け出していません。彼は生を何にもしてこなかった。彼は単に、自らの条件付けの中で反応しているだけです － それはとても利巧で、ずるがしこく、芸術的であるのかもしれません。でも、彼はそこから抜け出していません。彼は、震える大衆全体の一部です。彼は、自らが転生する、生まれ変わるだろう、または、何より大きなものへ帰入するだろう、と考えるかもしれません － それが彼の願いと慰めですが、基本的に彼はまだ、自らの伝統、自らの祖先たち、自らの環境の結果です。彼はそこから抜け出していません。だから、彼は自らの基本的条件付けに吸収されます。これは残酷に聞こえるかもしれませんが、観察するなら、彼はこの人類の一部です。彼は自らの生においてそうだったように、死においてもそうです。毎日、死とともに生きることは、この条件付けを全的に拒否することです。だから、毎日条件付けに対して死ぬことは、異なった次元の生を生きることです。」と。」

スコット－ふーん。
メアリー－彼は本当に話していました － あらゆる…彼がXと言ったとき、それは〔もはや〕ラージャゴパルではなかった。彼はほとんどの人たちのことを言っていました。
スコット－でも、きわめてはっきり示されている。きわめてはっきりと。
メアリー－ほとんどの生が、どんなにムダにされているのか。
スコット－ええ、ええ（とても静かに言う）。それがムダにされていることは、存在の恐怖の一つです。
メアリー－ええ。（ほとんど聞き取れない）
スコット－そして事実は、それをムダにしないことがとても難しいということなんです － 彼が叙述するように、私たちの条件付け、私たち通常の人間の震える大衆は、とても強力である、という意味で。
メアリー－ええ（まだほとんど聞き取れない）。けれども、私たちは与えられています。私たちは、生だけを与えられているのではなく…このすべてを乗り越える…可能性を与えられています。
スコット－ええ。確かに、誰でもクリシュナジと接触を持ったことのある人は、言い逃れをできません。
メアリー－ええ（できるだけ静かに。長い休止が続く）。止めましょう。
スコット－ええ、もちろん。（メアリーの話を聴く）

原 註

1）これは、クリシュナジが14歳の少年のとき書いた最初の書物だと考えられるものの題名であるが、その著者については論争がある。
2）〔第五代神智学会長（1953-1972）を務めたシュリ・ラムの娘、〕ラーダーは自らの生涯を通して、クリシュナジを知っており、いつも彼の支持者であった。彼女は、インド・クリシュナムルティ財団の理事でありながら、〔1980年には〕神智学協会の会長に選ばれた。
3）〔on dit は〕「～と言われる」を表すフランス語。
4）ペーパーバックの本。
5）ハーブ茶。
6）「なぜ彼女は門番みたいに噂話をしているの？」
7）「私たちの仕事は、〔神智学の位階制度における二人の大師〕クトゥフーミ（Koot Humi）大師とデュワルクール（Djwal Khul）大師との完璧な協調において、なされた － 私たちは彼らと恒常的に接触している。」
8）紀元前1334年頃に亡くなったエジプトのファラオ。彼は一神教を導入した。彼の死後、伝統的な多神教が復興した。

訳 註

*1 gringo は、スペイン語圏の中南米で、特に英米人について軽蔑を込めて用いられる言葉である。
*2 原文はここから kfoundation.org/transcripts の書き下ろしへリンクされている。
*3 Cyril Connolly（1903-1974）は、イギリスの文芸批評家で作家。文芸雑誌の編集者でもあった。
*4 イギリスの保守系高級紙「タイムズ」の日曜版である。
*5 Jacob Needleman（1934-）はアメリカの哲学者。州立大学サンフランシスコ校の教授。Kとの対話録もある。
*6 原文はここから kfoundation.org/transcripts の書き下ろしへリンクされている。
*7 ロンドンの南48キロメートルにある自然豊かな観光地。第8号によれば、オックスフォード受験を目指して勉学していた時期である。

*8 フランス語の maître は、英語のマスター、ドイツ語のマイスターに相当する。
*9 原文はここから kfoundation.org/transcripts の書き下ろしへリンクされている。
*10 moccasins は、北米インディアンの鹿革製のかかとのない靴である。
*11 原文はここから kfoundation.org/transcripts の書き下ろしへリンクされている。
*12 halva は、穀物、ごま、野菜や果物に油と砂糖を加えて作る菓子。インド亜大陸から北アフリカまで、様々な行事に振る舞われる。
*13 星の教団時代からあり、K 著作協会の前身であったスター出版信託が、オランダにも拠点を持っており、そのような背景があるのではないかと思われる。
*14 原文はここから kfoundation.org/transcripts の書き下ろしへリンクされている。
*15 ascetic（発音 æsétik、禁欲的な）とあるが、直前の文脈からして、発音の類似した aesthetic（発音 esθtik、美的な）と読んだ。
*16 イエズス会はもちろんカトリックの中の修道会の一つであるが、歴史的には戦闘的な布教活動を行ったことからか、a Jesuit には陰険な人、策謀家という含意がある。
*17 原文はここから kfoundation.org/transcripts の書き下ろしへリンクされている。
*18 a doctor and Madame Questiau とあるが、18 号では、Dr.（博士）である夫とともに K を訪問しており、この a doctor は彼女の夫なのかもしれない。
*19 原文はフランス語で、Pourquoi fait elle du gossip, comme une concierge? とある。
*20 ホームページ上ではここで指示された個所をクリックすると、メアリーの話が聞こえる。
*21 ホームページ上ではここで指示された個所をクリックすると、メアリーの話が聞こえる。
*22 ホームページ上ではここで指示された個所をクリックすると、メアリーの話が聞こえる。
*23 1910 年に出版されたこの本は、レッドビーターに連れられて、少年クリシュナが夜ごとにアストラル体で、ヒマラヤの大師を訪問して受けた教えをまとめたとされる。序文にもクリシュナ自身が「これらは私の言葉ではありません。私に教えた大師のお言葉です。」と記している。当時 K の英語力も未熟だったので、レッドビーターの教えを伝えたものにすぎないと言われる一方、当時レッドビーターの秘書だった R.B. クラークは、K 自身が何度も書き直しているのを目撃したと証言している。なお、1912 年に書かれた『奉仕としての教育 Education as Service』については、スコットが Youtube 上のインタビューで、K 自身の著作だと言い、教育への関心が初期から深かったことを語っている。
*24 原文はフランス語で、Notre travail s'accomplit en parfait accord avec nos Maître Koot Humi et Djwal Khul avec qui nous sommes en contact permanent. とある。

第 25 号 1972 年 8 月 24 日から 1972 年 12 月 31 日まで

序　論

この号は、メアリーの父親の死の直後に始まる。クリシュナジとメアリーは、パリから〔イングランドの〕ブロックウッド・パークに到着する。メアリーは、学生たちと職員たちへの話に加えて、クリシュナジとディヴィッド・ボームとの間の対話を、記録する。

10 月半ばには、クリシュナジとメアリーによるローマへの短い訪問が、見られる。その後、彼らは冬のため別れる。メアリーは合衆国に戻り、クリシュナジは〔恒例の巡行のため〕インドへ飛ぶ。

このシリーズには、クリシュナジが、メアリーの緊張の習慣に対して、彼の言葉では「彼女の無意識に話しかける」のを通じて語りかけようと試みることへ、興味深い言及がある。これは、日記と手紙に再出する主題である。

メアリー・ジンバリストの回顧録　第 25 号

メアリーーで、私はここに、私たちが 1972 年 8 月 23 日について、前回の議論を終えたことを、記しておきました。
スコットーええ。で、私たちは 8 月 24 日について、始めようとしています。
メアリーーその日の私のメモ書きは、全面的に〔パリでの〕私の父の死と、後の出来事について、です。
スコットーもちろんです。
メアリーー「私の弟〔バド〕とその妻〔リーザ〕がそこにいて、父の葬儀は 25 日に行われた。」私はそれについてたくさん書きました。「葬儀が午前にあった。その後、私たちは〔滞在先のホテル、〕プラザ・アテネに歩いて戻った。昼食のため、クリシュナジが私たちに加わった。弟とその妻はまもなく合衆国に戻ろうとしていた。クリシュナジと私は午後 4 時に、車で〔フランス北部、〕ル・アーヴル (Le Havre) へ発ち、急がずに運転した。私は、パリとその悲しさを去ったことが、うれしかった。私たちはル・アーヴルで、レ・モナコ (Le Monaco) というレストランで夕食をとり、〔英仏海峡を渡る〕ノルマンディー・フェリーに乗船した。」

26 日に、「私たちは〔イングランド南部の〕サウサンプトン (Southampton) に早く到着し、〔北東方向へ走り、〕朝食に間に合うように、ブロックウッドにいた。私たちはゆっくり荷物を開けた。午後には、ドロシー〔・シモンズ〕と〔犬の〕ウィスパーと散歩した。そこは平和で美しく静かだった。」

翌日もまた静かでした。長い昼寝をしました。

次の幾日かはただ、散歩した、クリシュナジが車を洗った、そのようなことだけです。

8 月 31 日に、「またも美しい一日だった。クリシュナジと私はピクニックを持ち、〔南東方向へ〕チィチェスター・フェスティヴァル劇場に運転した。私たちは車でピクニックの昼食をとり、それから、〔クリストファー・フライ原作のロマンティック・コメディ〕『The Lady's Not for Burning（ご婦人は焼くためではない）』の〔昼間に行われる〕マチネー上演を、見た。チケットは、〔古い友人の〕クリストファー (Christopher) とフィル・フライ〔夫妻〕(Phyl Fry) に取ってもらった。後で私たちは運転して、収穫がなされたばかりの黄金の畑をぬけて、ブロックウッドに戻った。」

9 月 1 日に、「私たちは尋問について仕事をした。」－これは法律訴訟の一部分です。これら果てしない書面の質問です。反対側の弁護士が送ってきて、記入しなくてはいけない－「私たちは午後に散歩した。」
スコットーその頃、どこを散歩していたのか、憶えていますか。
メアリーーどれほど長く散歩に出かけたかに、依ります。でも、ふつうは野原を越え、木立 (the Grove) をぬけ、それから次の野原を越えて歩きました。それから小道に降りて戻りました。いつもではなく、異なっていました。

9 月 2 日に、「オーハイでの〔山〕火事のニュースがあった。」

私たちはリリフェルト夫妻に対して、彼らがだいじょうぶなのを確かめる電報を、送った。」

9月4日に、「私たちは〔東方向の〕ピータースフィールドからロンドンに行った。私たち二人ともに〔サヴィル・ロウの仕立屋、〕ハンツマンの仮縫いがあった。メアリー・リンクスがアソラ（Asola）での休日から戻ったばかりで、〔いつものレストラン、〕フォートナムで、私たちとともに昼食をした。クリシュナジは、〔歯科医〕トンプソン氏との歯科の予約があった。私は彼の部屋のため、彼に赤いカシミアの軽い毛布を買った。」あれはどうなったのかな。

スコット―私は持っていません。

メアリー―美しかったわ。それは〔1983年4月30日のブロックウッドの〕火事で焼けてしまったと思います。これは火事の前ですよね。

スコット―ええ、火事の前です。でも、火事で焼けてしまったんではないでしょう。

メアリー―今、下の応接室にあるあの長椅子の上に、置いてあったものです。

スコット―憶えています。

メアリー―彼のベッドの足下に置いてありました。すてきな赤のカシミアで・・・ともあれ・・・長年、見たことがない。

9月5日に、「〔オリンピック開催中のドイツ南部の都市〕ミュンヘンで、アラブのテロリストたちがイスラエルのオリンピック選手たちを捕らえて、一日中捕虜にしている。」これは明白にテレビに出ていました。「〔フランク・〕ノイズ大佐（Colonel Noyes）がカリフォルニアから急に到着し、ラージャゴパルからの調停話を持ってきた。クリシュナジと私は昼食の後、彼に会った。ノイズは、ラージャゴパルは、KWINC〔クリシュナムルティ著作協会〕の80パーセントを引き渡し、出版と図書館計画を続けるために20パーセントを取っておくだろう、と言った。クリシュナジはノイズに対して、自分はもしもラージャゴパルがこれらの歳月ずっと神智学者であるのを知っていたなら、けっして彼に自らの著作に触れさせなかっただろうし、彼にKWINCより出て行くよう頼んでいただろう、と語った。私たちは二人とも、ラージャゴパルがすべき調停提案を持っているなら、それは彼の弁護士たちをとおして私たちの弁護士たちへしなければいけない、と言った。これらでクリシュナジの胃は乱れた。」

スコット―ふむ、ふむ。

メアリー―翌日、「私たちは、アラブ人たちがオリンピックのイスラエル人〔選手〕の人質すべてを撃ち殺したことを、知った。クリシュナジはこれらに動かされて、涙を流した。彼はノイズを呼びにやり、彼に対して、ラージャゴパルがやっていることは類似している ― 嘘と暴力だ、と語った。ノイズは、昨夜自らがラージャゴパルに電話したことを言った。ラージャゴパルは彼に対して、彼の提案を書いて伝えるよう頼んだ。私たちはノイズに対して、ラージャゴパルは自らの弁護士をとおして私たちの弁護士にどの調停提案をも、しなければならないことを、語った。私は〔友人の〕フレール〔・カウルズ〕（Fleur）に電話した。クリシュナジとドロシー〔・シモンズ〕と私は、散歩をした。私の弟〔バド〕が晩に電話をしてきた。父の埋葬が明日、ニューヨーク、ウッドローン墓地（Woodlawn Cemetery）にてある。」

9月7日に、「キャンプをする人たちが、〔週末からの〕ブロックウッド講話のために到着しはじめた。」

8日は、「再び、翌日始まる集会の準備だった。邸宅とコテッジはいっぱいだった。」

9月9日、土曜日に、「クリシュナジは〔会場の〕テントで、その年の第1回のブロックウッド講話を行った。雨の日だったが、千人の人たちが来た。私たちは近隣のテントに設けられた食事をとった。午後遅く私たちは散歩をした。」それから訴訟について幾つかのことがあります。

スコット―それらが何なのかは、言えませんか。

メアリー―重要ではないわ。

10日に、「クリシュナジは第2回のブロックウッド講話を行った。天候は良くなった。千人以上の人たちが来た。私たちは再びテントで食べた。」

スコット―私はこれらの講話に来ました。

メアリー―来たの？ああ！

スコット―ええ。私は〔北西方向の〕アレスフォード（Alresford）に泊まっていました。

メアリー―そうなの、今は？

スコット―ふむ、ふむ。あれがブロックウッドでの私の最初の時でした。

メアリー―ふーん。さて、あなたについての私の最初の記憶は、何度もあなたに話したように、〔スイス、サーネンの〕タンネグ〔山荘〕で床に座っているものです。

スコット―あれは1974年のことでした。

メアリー―あれは74年でした。で、これは72年です。

スコット―ええ、ええ。あれはまた、私がサーネンに行った最初の年でした。

メアリー―ふーん。

スコット―私たちの前回の議論の後で、私は、あの年のそれら〔録音〕テープを聞き直すことを、考えていました ― あれは、私が行った最初のサーネンだったからです。それから私はここに来ました。ブロックウッド講話のためにです。そして、私の人生は変化しました。

メアリー―アレスフォードではどこに泊まりましたか。

スコット―ベル・ホテル（the Bell Hotel）かどこかに、です。進んでいくと右手にあるところです。

メアリー―ベル？

スコット―ベルだと思います。

メアリー―ふーん。（スコット、クスクス笑う）どうしてそこに行ったのかしら。どうやって聞いたの？

スコット―まあ、私はパリの友人の一人から、サーネン講話について聞きました。それで、サーネンにそれらを聞きに行きました。もちろん、そこにいる間に、私はブロックウッド講話について聞きました。

メアリー―分かります。で、あなたはサーネンにいた。

スコット―サーネン講話の間ずっと、私はサーネンにいました。

メアリー―そのときどこに泊まったの？

スコット―私は、古い学校の校舎で寝ることから始めました ― そこは、テントのない若いキャンプの人たちのために、取ってありました。それから私は、アメリカからの二人の友人に出くわしました ― 彼らは、たまたまそこにいました。彼らは、誰かの山荘の部屋に泊まっていました。私は、彼らのところに泊まるよう招かれました。

メアリー―ふーん。（スコット、クスクス笑う）

メアリー―まあ、続けましょう。9月11日に、「私は、〔マリブでの隣人〕ダン夫妻から、〔家政婦の〕フィロメナが前日、

軽い発作を起こしたとの電報を、受け取った。だが、運良くそれは、彼女が彼らと一緒にいるとき、起きた。彼女は病院にいる。麻痺はない。」

翌日、「クリシュナジは、テントで討論会を行った。思考と精神についてのとても良いもの。私は尋問書を終了させ、〔オーハイの〕エルナ〔・リリフェルト〕に送った。」

13日には私の従姉が来ました。

スコット－どの従姉だったんですか。

メアリー－私の持っているただ一人の従姉〔ローナ〕。私の母の姉の娘です。私が子どもだったとき、彼女は姉のようでした。私よりちょっと年上です。

スコット－彼女は、〔アメリカ東部の〕メリーランド（Maryland）で生活していて、私がここブロックウッドで会った人ですか。

メアリー－いえ、いえ。あれは義理の姉妹です。

スコット－ああ、そうか。

メアリー－ええ。私の従姉は数年前に亡くなりました。「私はロサンジェルスの医師に話をした。〔家政婦の〕フィロメナは、脳と心臓への動脈がどちらも硬化していた。発作があって、それは即時に和らいだ。だが、彼女は生活様式を変えなければならない。彼女はローマの自分の家族に加わりたいと願っている。〔ダン家の娘〕ミランダが10日ほどでイタリアに行くし、彼女に同行するだろう。私は、彼女に会うため、ローマに行こうと言った。」

スコット－これは、フィロメナがあなたのために働くのを止めたときですか。

メアリー－ええ。14日に、「クリシュナジは、ブロックウッドでの第2回の討論会を行った。午後には、散歩の後、〔校長の〕ドロシー、エレーナ・グリーン（Elena Greene）、シドニー・ロス（Sidney Roth）、〔サンディエゴの〕マーサ・ロングネカー（Martha Longenecker）、ボーム夫妻、〔技術者〕イヴ・ズロトニツカ（Yves Zlotnitcka）と私は、ヴィデオ・テープに録られた1970年の4回のサンディエゴ講話を見た。」〔シカゴの実業家〕シドニー・ロスが、それらを組織していましたし、それらの支払いをしたと、私は思います。「表題はまた、クリシュナジがマリブの庭を歩いているのを、映していた。」

15日には全く記入がありません。

9月16日に、「クリシュナジは、第3回のブロックウッド講話を行った。私たちは後で、テントで昼食をとった。」

翌日には、「クリシュナジは第4回の講話を行った。」そう、ページには他に何もありません。（スコット、クスクス笑う）あなたに対してそれを証明しなくてはいけないわね。（メアリー、笑う）

スコット－（笑う）ええ、私はとても口うるさい人です。

メアリー－18日に、「私はロンドンに行った。」それについては聞きたくないでしょう。法律上のことについて、です。「クリシュナジのために買い物をし、メアリー・リンクスと、彼らのところで昼食をとった。私たちは午後ずっと話をした。ブロックウッドに午後7時に戻った。講話のために来ていたほとんどの人たちが、立ち去っていた。〔校長〕ドロシーは、建物すべてを作るのに充分なお金がある、と言った。」（スコット、声を上げてクスクス笑う。メアリーもクスクス笑う）あの時点で彼女が、建物のどんな部分を考えに入れていたのか、私は知りません。思い起こせません。

スコット－それは、〔研修用〕クロイスターを仕上げるためだったにちがいない。

メアリー－何かそのようなものね。19日に、「クリシュナジとドロシーと私は、〔西北方向へ〕ブロードウェイ（Broadway）まで100マイル〔、約160キロメートル〕を運転した。」そこは〔イングランド中央部、グロースター州に拡がる標高300メートル以上の風光明媚な丘陵地帯〕コッツウォルズ（the Cotswolds）にあります。「私たちはリゴン・アームズ〔・ホテルのレストラン〕（the Lygon Arms）で昼食をした。」私はそれをどう発音すべきか、一度も知らなかったわ。「私たちは家具を見た。そして、ダイニング・ルームを広げるとき、そこに必要とされるテーブルを、もう二つ注文した。〔南西方向へ〕チェルトナム（Cheltenham）から〔南東方向へ、バークシャー州の〕ニューベリー（Newbury）、〔南方向へハンプシャー州の〕ウィンチェスター（Winchester）等経由で、〔東方向に〕運転して戻った。」あれはなかなかすてきでした。

スコット－あなたたちがテーブルを入手した会社の名前は、何でしたか。

メアリー－書いていないわ。私は思い出そうともしていました。それがそこに今でもあるのかどうか、私は知りません。そこには行けます。そこは、私たちが昼食をとった場所の真横です。

スコット－リゴン・アームズですか。なぜなら、そこは有名なレストランですから。

メアリー－うーん。では、21日に、「私たちはロンドンに行った。ハンツマン…」

スコット－20日には何をしていましたか。

メアリー－何も重要なことはありません。「〔弟〕バドがニューヨークから電話してきた － 来週の彼らのホテル予約を私がしておくことについて、だ。デスク〔での仕事〕。散歩。」というのが、そこに言っているすべてです。

スコット－ああ、おわかりでしょう。だから、これらのことすべてを言うのが重要なわけなんです。

メアリー－いいわよ。なぜ？

スコット－ここには、クリシュナジが〔甥のギドゥー・〕ナラヤンと〔サンスクリットで〕詠唱するのを、録音がなされた、と言います。ナラヤンは、あなたの日記には一回も触れられてもいません。

メアリー－ええ、ここにはそう言いません。

スコット－では、アーカイヴス〔資料保管庫〕の一覧表には、間違った日付が付いているかもしれません。

メアリー－何と言うべきなのか、私は知りません。

スコット－いいです。

メアリー－けれども、翌日、私たちはロンドンに行きました。そして、「ハンツマン」への使い古した道です。（スコット、クスクス笑う）「それからフォートヌムに。〔そこで〕メアリーが私たちとともに昼食をした。〔彼女の娘〕アマンダ・パラント（Amanda Pallandt）もそうした。2時にクリシュナジは、歯医者トンプソン氏との約束があった。」

スコット－アマンダ・パラントはメアリーの娘であるということを、記録のために言うべきでしょう。

メアリー－ああ、そうです。彼女はそうです。「私はお使いに行って、歯医者のところで彼に会った。彼は右上に恒久的なブリッジ〔義歯〕を入れようとしている。」ここには、「ドリルでの準備。私たちはすばやくタクシーをつかまえた。それからピータースフィールドへの列車。ピータースフィー

309

ルドから車で戻った。クリシュナジは気絶した。私は彼をつかまえ、支えることができた。彼は二分間ほど無意識だった。彼の顔は腫れていた。」と言います。
スコット－ずっとドリルしたことから腫れましたか。何とまあ。
スコット－そうね、あれは・・・それはまた、身体がそのようなことに衝撃を受けたということでした・・・
スコット－ええ、ええ。
メアリー－・・・彼は車で一人になるまで、気絶しなかった。
スコット－ええ。
メアリー－彼は列車では気絶しなかった。彼は、自分は人々の前ではけっして気絶しないだろう、と言いました。

翌日は22日でした。彼はよく眠り、気持ちもましになったが、彼の顔はまだ腫れていた。彼は、学期の最初の職員集会に出席した。午後に彼とカルロスと私は、メルセデスを洗った。すてきな暖かい一日だった。私たちは後で散歩をした。

翌日は、「私は、〔イングランド南東部、イースト・サセックス州の〕フォレスト・ロウ（Forest Row）の友人たちに会いに行った。エリック・セヴァライド（Eric Sevareid）もそこにいた。」・・・まあ、ともあれ、それについては聞きたくないでしょう。
スコット－いえ、聞きたいです。
メアリー－よろしい。「エリック・セヴァライドはシナに興味を持っていたが、あいにく彼は、クリシュナジが誰なのかを知らない。」エリック・セヴァライドが誰だったのか、憶えていますか。
スコット－ああ、はい。よくよく。
メアリー－ええ。これらの、神話を聞く人たちのために、彼を確認しなくてはいけないかな。
スコット－（笑）〔アメリカの〕有名な報道記者で、ニュース・コメンターです。
メアリー－〔三大ネットワークCBSの〕有名なニュース・コメンターで、とても良い人です、きわめて優秀で。

「私は午後4時までとどまった。来たのと同じ道を運転して戻った。」あれはほとんどA272路線でした。
スコット－フォレスト・ロウの、あなたの友人たちは、誰ですか。
メアリー－フレール・カウルズ（Fleur Cowles）と、その夫トム・メイヤー（Tom Meyer）です。ロンドンでは彼らは〔ピカデリーにある歴史的な集合住宅、〕オールバニ（The Albany）で生活していて、〔ロンドンの南43キロメートルほどの〕イースト・グリンステッド（East Grinstead）近くのフォレスト・ロウには、このすてきな古いエリザベス朝時代の農家を持っています。

翌日は24日でした。ブロックウッドでの学期の初日でした。クリシュナジの頭は痛みつづけた － 時々、多かれ少なかれ、後ろと一番上が。

それから翌日は、「デスク〔の仕事〕」と言うだけです。
スコット－そうね、アーカイヴス〔資料保管庫〕の一覧表ではここに、もう一つの例外があります。
メアリー－何です？
スコット－ここには、24日にクリシュナジがヴェンクス氏（Mr.Venks）と〔サンスクリットで〕詠唱するのが録音がされた、と言います。
メアリー－ヴェンクス氏は、〔南インドの〕リシ・ヴァレーの詠唱の教師でした。
スコット－ええ。でも、もしもそれがこの日に起きたのなら、あなたが触れただろうと、思いませんか。
メアリー－そう思うでしょう。そう思うでしょう。でも、私はそうしなかった。
スコット－まあ、見てみましょう。なぜなら、それらは間違った日付がついているかもしれないからです。
メアリー－それから、26日まで何も意義深いことがありません。その日、「クリシュナジは学校に話をした。」何かウィントリーズ氏（Mr.Wintries）のようですが、「ブロックウッドに5000ポンドを送ってくれた人が、昼食に来た。」ああ、これは、クリシュナジの本を自分の職員に配るあの実業家です。
スコット－彼はロンドンに衣類の店を持っていましたか。
メアリー－ええ、ええ。彼は〔ロンドン中心部のショッピングストリート、〕リージェント・ストリートに店を構えていました。
スコット－ああ、私は彼を知っています。彼は後に出版社を始めました。
メアリー－ええ。彼はあらゆる種類のことをしようとしていましたが、けっしてうまくは行かなかった。
スコット－ええ、彼は八、九ヶ月ほど前に私に電話をしてきました。私は何年も彼を見ていないし、話しかけていません。（メアリー、笑う）彼は、出版のことを何かやりたいと言いましたが、彼から二度と便りはありません。
メアリー－まあ、でも、彼は5000ポンドを与えてくれました。だから、彼に対しては5000ポンド分の謝辞を、示さなければなりません。
スコット－絶対にです。（二人とも笑う）
メアリー－27日には言います －「ディック・リチャードソン（Dick Richardson）が、クリシュナジについてのパンフレットについて議論するために、昼食に来た。」それが誰だったか、憶えていますか。私は名前は知っていますが、どうにもこうにも確認できません。
スコット－いや、すみません。お役に立てません。
メアリー－28日には、「クリシュナジと私はロンドンに行った。私たちはフォートヌムでの昼食で、メアリー〔・リンクス〕とアラン・ノーデに会った。クリシュナジはボンド・ストリートで、私自身のために私に、ジャージーを買わせた。それから彼は歯医者に行った。私は、彼がインドに持って行くものを、求めに行った。歯科医のトンプソンは、彼のブリッジ〔義歯〕のための枠を、直さなくてはならなかった。クリシュナジはそれを麻酔なしでやった。私たちは家に帰った。」

翌日、「私は、クリシュナジのイタリアのヴィザのため、再びロンドンに行った。それから、弟〔バド〕と義理の妹〔リーザ〕と彼らの小さな息子に、初めて会った。私たちは昼食をとった・・・」とか何とか。「私はさらにお使いに出かけた。彼らは明日、パリに行く。それで、私は6時30分頃ブロックウッドに戻った。クリシュナジは午前に、学校に講話をしていた。クリシュナジはほとんど眠らなかった。」その夜のことだと思います。

30日に、「正午にディグビー夫妻が来て、昼食の後、彼らが準備してきた文集に関する大きな書物について、クリシュナジと私と会合した。」ああ、あれはきっと・・・
スコット－『智恵の目覚め（The Awakening of Intelligence）』

です。

メアリー――ええ。「昼食で私たちは、〔オランダの出版者、カルロス・〕ヴェルフルストの契約のいざこざについて議論した。」（クスクス笑う）「ジョージは自分の弁護士に相談していたが、彼は〔ロンドンの事務弁護士〕マイケル・ルービンシュタインと正反対だった。ジョージは契約に関して約束すると言ったが、それは、イヌヤット・カーンがあの会社の社長だと知られる前のことだった。」

10月1日に、「クリシュナジは午前11時30分に、学校に対して講話をした － 言語と意思疎通に関して、だ。」ここには言います － 「とても良い。午後に私たちは出かけて行き、ブロックウッドと〔地元の人で元の地主〕モートン氏（Mr.Morton）の息子たちと職員チームとの間のクリケットの試合を、見た。（スコット、笑う）それは何も憶えていません。「それからクリシュナジとドロシーと私は、木立へ散歩し、シャクナゲの中からサンシキヒルガオを引き抜いた。野ネズミの巣を見つけた。」

スコット――（笑う）サンシキヒルガオ。それは・・・

メアリー――それはつる草です。

10月2日に、「私はローマのヴァンダ〔・スカラヴェッリ〕へ、クリシュナジがローマであまり多くの講話をしすぎないことについて、電話した。彼女は、私が自分のところに泊まることを、主張する。私は、ホテルに泊まるだろうと言った。私はローマのフィロメナに電話した。〔家政婦を辞めたばかりの〕彼女はちょっと落ちこんで聞こえた。クリシュナジは風邪を引いている。だから、一日中、ベッドにとどまった。私は、9000マイル〔、約14400キロメートル〕の点検サービスのため、メルセデスを〔南東方向の〕チチェスター（Chichester）に持って行き、チチェスターを歩き回って気持ちよく午前を過ごした。二匹一組の磁器の猫を買った。」それは、ちょうど今、〔暖炉の前の〕マントルピースの上に見えます。「それから〔その北東の村、〕イースト・ディーン（East Dean）に行って、フィル（Phyl）とクリストファー（Christopher）〔・フライ夫妻〕とお茶をした － とても気持ちが良い。彼らは車で私を修理工場へ送ってくれた。私は自分の車が準備できたとき、受け取った。そして、夕食に間に合うよう、運転してブロックウッドに戻った。」

翌日、「クリシュナジは風邪で一日中、ベッドに留まった。私はデスクで仕事をした。〔出版委員会のうち、〕メアリー・カドガンは、〔ロンドンの事務弁護士〕マイケル・ルービンシュタインとの会合に、ディグビー夫妻とともに来るよう、私に頼んでいたが、彼女は、私が行くなら、ネリー〔・ディグビー〕は行くのを断る、と言う。（二人とも笑う）これで二、三の火花がたった。ドロシーと私はお使いで、〔西方向の〕ウィンチェスターに行った。クリシュナジの運転免許は更新された。私は〔フランスに渡る〕ノルマンディー・フェリーの切符を買った。」

10月4日に、「クリシュナジはベッドに留まった。だが、風邪は良くなっている。」

スコット――クリシュナジの運転免許はどこにありますか。

メアリー――オーハイだと思います。

スコット――彼のイギリスの運転免許は？

メアリー――そう思います。10月5日に、「クリシュナジは良くなっている。彼は午前にベッドに留まった。それから私たちは、ピクニックの昼食をもって、ロンドン行きの午後12時45分の列車に乗った。当然ハンツマンの仮縫いに。」（スコット、笑う）「私のは悪かった。それからクリシュナジは、歯科医のハミシュ・トンプソンに、右上の新しい恒久的なブリッジを入れてもらった。その間、私はお使いをした。その後、私は彼を拾って、私たちは真っ直ぐ〔サウスバンクに近いターミナル、〕ウォータールー〔駅〕へ、そして家に帰った。」

翌日、「私は〔東方向の最寄りの〕ピータースフィールド〔駅〕に、メアリー・カドガンを迎えに行って来た。クリシュナジは、学校と話をした。学生たちは、死は何かを訊ねた。昼食の後、クリシュナジとメアリーと私は、ディグビー夫妻等について、会合を開いた。それからクリシュナジとドロシーと私は、散歩をした。」

7日に、「私はディグビー夫妻に手紙を書いた。ボーム夫妻が週末のために来た。クリシュナジはディヴィッド・ボームと対話をする。〔妻の〕サラル〔・ボーム〕、ドロシー、ドリス〔・プラット〕と私が、出席していた。ジョージ・カーネス（George Carnes）がそれを〔スイスの〕ナグラ〔録音機〕でテープに録った。彼らは、智恵は何なのかを議論した － 思考は時の中にあるが、それは思考ではない等。或る点で、クリシュナジは、議論に深く入って、質問をした － 「根源は何なのか」。ディヴィッドは沈黙していた。クリシュナジは後で私に対して、彼がその質問をしたとき、部屋の雰囲気の変化に気づいたのかどうかを、訊ねた。それから最後に彼は突然に、何かを疎通するもう一つの道について、語りはじめた － 意識的な精神にではなく、無意識に語りかける道だ。「それが愛情です。それが愛です。」と彼は言った。彼は後で私に対して、「私はあなたに対して、あなたの緊張の習慣について、その道で語りかけようとしている。」と言った。」（スコット、笑う）

10月8日に、「クリシュナジは、死についての金曜日のものを継続して、学校とすばらしい議論を行った。」（休止・・・メアリー、笑う）

スコット――何を笑っているんですか。

メアリー――彼は私を叱っています。私の無意識に語りかけようとしていると、話しています。「「あなたは、静かであるとはどういうことなのか、知っていますか。」と。」（メアリー、再び笑う）「彼は、私が自分の身体を無視してきたことに注目していたということを、言った。彼が探究したくない幾つかの理由のために、私は身体的に大いに神経質である、ということを、だ。それは、落ち着かない顔、指をもてあそぶこと等に現れる。私は、意志をとおし、意識的な精神をとおして、それを外側から訂正しようとしてきた。彼がこれらマンネリズム〔わざとらしさ〕を指し示したとき、私は、努力、意志、苛立ちや憂鬱でもって応答してきた －（笑う）そのすべてが表面的な応答だ。彼は言った － 「私は今、愛情から、より深い水準に話をしています。あなたが聞いて変化しなければならないのは、この水準から、内側からです。あなたはそうするなら、二、三日で違ってくるでしょう。あなたの身体への気づきが、あるでしょう。」と。彼は、私の夫〔サム〕が〔1958年に心臓発作で〕亡くなった後、八年間、私は自らの身体を放棄し、無視したということを、言った。今日、私は大いに変化してきたし、多くの点で気づいている。しかし、それでも、身体の幸福についてはそうではない。彼は来る日々、この水準で私に、私の無意識に語りかけるだろう。」（笑う）

スコット――それはとてもすてきだ。とてもいい。

メアリー―「サチャ・デ・マンツィアーリが電話をかけて、私たちを16日にパリでの昼食に招待してくれた。ナディア・コシアコフが電話をしてきた － 昨年行われたクリシュナジの、フランス語での二つのテレビ・インタビューのうち、一回目のものが、17日に流れるだろう。それで、私たちはそのときパリにいるだろうから、見られる、という。暖かい一日だった。」

10月9日に、「昨夜、クリシュナジは再び言った － 「私はあなたの無意識の精神に語りかけている。それはそのことが重要であると感じない、と私は感じる。さもないと、あなたはこれら習慣を、これら五年間に変化させていただろう。静かであるとはどういうことかを、知っていますか。」彼がこう言っているとき、私は、習慣が緊張の枝分かれであることが、分かった － 私は緊張や神経質を感じないが、どうにか、ことをなしとげるために、私はこのエネルギーの流れを築きあげる。それが緊張の質を持っている。それは高速ギアでいるように感じる。これは必要でないはずだ。たぶんそれは、私が必要とするまさにエネルギーこそを、費やす。私は、内側から、静けさが必要であること、そして、これらのことの核心は外からは為されないことが、分かる。それは偽りの緊張だ。内側の静けさ － それは理解できる。今朝、後で、キッチンで皿洗いをしている間に、クリシュナジは、私の違いを感じると言った。それから晩遅く、彼は言った － 「あなたは第一のイニシエーションを受けた。あなたはなぜそんなに長く掛かったのか、知っていますか。そうなるとき、それは第二のイニシエーションになるだろう。」と。」（笑う）

「私は、〔出版委員会の議長〕ディグビーへの手紙を書き終えて、投函した。」

10月10日に、「私は、〔彼の妻〕ネリー・ディグビーから返事をもらった。彼女は、すべてのいざこざを、他の誰かが起こした誤解の（声に出して笑う）せいにする。」（再び笑う）

翌日、「私は、ローマの〔もと家政婦〕フィロメナに電話をした。彼女は休んで良くなったと感じている。ヴァンダ〔・スカラヴェッリ〕が電話をしてきて、クリシュナジは29日にローマで一回講話をするだろう、と言った。クリシュナジと私は、ロンドンに行った。彼は、歯医者に今年の最後の予約をしていた。私たちは昼食のため、フォートヌムでメアリー・L〔リンクス〕に会った。その後、クリシュナジは散髪をした。それから私たちは気管支の治療薬のため、ネルソンズに行った。それから、〔古い友人の〕バインドレー夫人（Mrs.Bindley）に会いに。私たちは、午後6時20分の列車に乗って、帰った。ジョージ・ディグビーから手紙が届いていた。」－ それが何と言ったのかは、書いていません。

10月12日に、私の日記は読めます － 「ほとんどデスク〔仕事〕。昼食に〔建築家の〕イアン・ハモンド（Ian Hammond）。彼とドロシーと私は、屋上に集会ホールを建てることについて議論した。」屋上に？

スコット―まいったな。

メアリー―「キッチンの近く、外の区域が、提案された。クリシュナジは先に進めたがっている。〔費用は〕15000ポンドぐらい掛かるだろう。ディグビー夫妻へのクリシュナジの手紙が、彼らに届いた。」彼が何と言ったのか、私は知りません。私は、自分のディグビーのファイルに、何か光を照らすものを、持っているかもしれません。でも、あまり多く憶えていません。「彼らは午後にメアリー・リンクスに会いに行った。」

10月13日に、「クリシュナジは学校に話をした。マーク・エドワーズ（Mark Edwards）がその写真を撮った。メアリーとジョー・リンクスが、クリシュナジに会わせるために、〔出版社の〕ゴランツ（Gollancz）とピーター・デイ（Peter Day）を連れてきた。それが彼らの初対面だった。〔建築家の〕ドナルド・ホッペンもまた昼食にいた。ディグビー夫妻は、メアリー〔・リンクス〕経由でクリシュナジに手紙を送ってきた － 自分たちは、「彼が願ったとおりに」、出版委員会とK信託財団より辞任するだろう、と言っていた。クリシュナジは、自分はそう言っていないと返事する手紙を、口述した。それから晩に、彼は私に、ジョージへ電話をかけさせて、彼らが講話の編集を継続することを願っていると、伝えさせた。ジョージと私は仲良しの風体で話をした。彼は、自分たちは講話の編集をするだろうが、組織からは退きたいと言った。」

10月14日、「荷造りをした。私はディグビー夫妻の辞任について、メアリー・カドガンに電話をした。彼女がビジネス部分を取り扱って、出版委員会が継続する絵を描いた。ディヴィッドとサラル〔・ボーム〕が昼食に来た。私は、メルセデスに給油する間、彼を連れて行き、彼にディグビー夫妻の辞任を告げた。クリシュナジとドロシーと私は、散歩した。」

10月15日には、こう読めます － 「荷造り。荷造り。午前半ばでクリシュナジは、もう一回ディグビー夫妻に、さようならを言うのがいいだろう、と言った。それで、私は電話をかけ、ネリーが答えた。私はお世辞を述べたが、彼女の声はナイフのように突っけんどんだった。私はクリシュナジを出した。彼は、「私たちはあなたたちに仕事に戻ってほしいと思っています。」と言った。」－ 編集を意味しています －「ジョージが出た。クリシュナジは彼に同じことを言い、さようならを告げた。三十分後、ドリス〔・プラット〕が、ジョージからの伝言を持ってきた － 「ものごとは、ずっとそうだったようになるでしょう。」ということ、そして、彼は三十分後にもう一回電話するだろうということだ。私は即時に電話を掛けた。ジョージは、クリシュナジが自分たちに辞任してほしくないので、自分たちは留まりつづけよう、と言った。私は、クリシュナジが彼らに編集を継続してほしがっていることを、言った。彼が出版委員会の議長であるのかどうか等については、語っていなかった。私たちは、これが始まったときにいたところへ、戻っていた。私はメアリー・L〔リンクス〕に電話をした。彼女は、ジョージが辞任しないのであれば、ものごとを手配し直すことはできない、と言った。私たちは、クリシュナジが彼らの辞任したいとの願いを受け入れるし理解するが、彼らに講話の編集を継続してほしいと思っていることについて、一句をひねり出した。また、彼らに対して、今日発つからクリシュナジがそれについてメアリー・カドガン、ディヴィッド・ボームとドロシーに語り、メアリー・L〔リンクス〕に話をしなくてはいけない、と告げるため、だ。それで、私は再びジョージに電話をかけ、彼に対してこれらを語った。そして、クリシュナジは、それを議論するなかで、決定を出版委員会に押しつけたいと願っていなかったし、〔委員会に〕議長が必要なのかどうかと思っていたことを、付け加えた。ジョージは、自分は、出版委員会の再編成を支持するし、

他の誰かがメアリー・カドガンとともに実務の取り扱いに当たるのを支持するだろう、と言った。それで、私たちは呼吸が楽になった。私はもう一回メアリー・L〔リンクス〕に電話を掛け、彼女にこれを語った。そして、今日はメアリー・C〔カドガン〕につながらないので、明日彼女に通知してほしいと頼んだ。」

「クリシュナジとドロシーと〔犬の〕ウィスパーと私は、すてきな野原を横切って、いつもの散歩に行った。クリシュナジと私は、階下で夕食をとった。午後8時に誰もがみんな、クリシュナジにさようならを言うため、西ウィングのホールに集合した。彼は自分の寝室の扉を通り、床面に出たとき、びっくりした。彼は、彼らみんなを見たが、それから笑って、降りてきた。メルセデスは、カルロス（Carlos）が気をつけて荷物を積み込んでおいた。彼とドロシーは、思いがけない贈り物として、昨日それを洗っておいた。それで、暖かいさようならでもって、そして、ドロシーは涙しそうになって、私たちは〔イングランド南部の〕サウサンプトンへ走り去り、〔英仏海峡を渡る〕ノルマンディー・フェリーに乗船した。そこは半ば空っぽだった。夜には揺れ動いた。あまり眠れなかった。」

10月16日、月曜日には、〔フランス北部に着いて、〕「晴れた朝。霧が立ちのぼった。ポプラの樹々は青白い光に対して、冬の小枝を刻んでいた。私たちはすばやく努力なく運転した。自動車道で〔ル・アーヴルの東でセーヌ川に架かる吊り橋〕タンカルヴィル・ブリッジ（the Tancarville Bridge）を渡り、いまわしい朝食」（クスクス笑う）「のため、〔アメリカ風の〕ふつうのカフェテリアのところに停まった。次回は自分たちの朝食を持ってこよう。私たちは、午前10時30分にはパリにいた。Kの予言のとおり、私たちの部屋は準備されていた。私たちは荷物を解き、それからマーとサチャ・デ・マンツィアーリとともに、〔彼らが住む、パリの中心地、サンジャルマン・ドゥ・プレ地区の〕ジャコブ通り（the Rue Jacob）に昼食に行った。サチャは、春の自動車事故から良くなかった。クリシュナジは、彼に両手を当てた。マーは、自らと〔妹〕ヨーが若かったとき〔家族で神智学協会でKを支えていた頃、〕付けた日記について、クリシュナジに内密に話をした。彼女はそれを〔Kの〕伝記のために〔執筆中の〕メアリー・L〔リンクス〕に贈るだろう。」

「この間、サチャは私に対して、死にたいとの話をした。彼は、明日自分が乗るモロッコ行きの飛行機が、墜落してくれるかもしれないと願っている。飛行機に乗った他の人たちへの考えはない。些細な事柄の社会生活のため、彼は老齢と病気で迷ってしまっている。食卓での会話はぎくしゃくしていた。人々は互いの話を聞いていなかった。」

「私たちは〔オーダーメイドのシャツ店〕シャルヴェ（Charvet）に行った。それから私は、ホテルへとクリシュナジをタクシーに乗せた。そして、自分の青いスーツの仮縫いのため、シャネルへ歩いた。〔取扱業者〕モーザー氏が、冬の保管のためメルセデスを、〔スイス、アルプスの北側、ベルン州の〕トゥーンに持って行くため、ホテルに来た。彼が春に車に付けたかすり傷のために、私は彼に請求書を返した。私の保険は500スイス・フランを控除可能にしているからだ。モーザーは、クリシュナジの新しいメルセデスの契約書を、新しい価格が分かる十二月に、私に送ってくれることになっている。私たちは部屋で夕食をとった。」

スコット―ここでちょっと戻っていいですか。
メアリ―ええ。
スコット―マー・デ・マンツィアーリが話していたのは、誰の日記についてでしたか。
メアリ―ヨー、彼女の妹、ヨーランデ（Yolande）と、マルセルは明らかに、若かったとき、日記を付けていました – ごく初期の日々に遡って、です。
スコット―ええ。あなたはそれを見たことがありますか。
メアリ―分かりません。彼女がそれを贈ったのかどうか、私は知りません。それを見たことは憶えていません。彼女は、クリシュナジが〔彼女たちへ〕書いていた幾つかの手紙を、贈ってくれました – 私はそれをアーカイヴス〔資料保管庫〕に贈りました。
スコット―私はそれについて、メアリー・L〔リンクス〕に訊きましょう。マーは、自分たちはそれをメアリー・Lに送りとどけようとしていると、言った。あなたの日記によれば、ね。
メアリ―「マーは、自らとヨーが若かったとき付けた日記について、クリシュナジに内密に話をした。彼女はそれを伝記のためにメアリー・Lに贈るだろう、と彼に語った。」
スコット―ええ。私はそれについてメアリーに電話しましょう。なぜなら、それがあるのは興味深いでしょうから。
メアリ―ええ。

10月17日、木曜日。「クリシュナジは、休みが必要だと感じている。私たちは午前ずっと引きこもった。私は手紙を書いた。メアリー・C〔カドガン〕がロンドンから電話をかけてきた。ネリー〔・ディグビー〕は彼女に、「私は全く辞任しなかったわ。私は単に辞任を提案しただけよ。」と語った – K信託財団の理事として、だ。明白に彼女は留まりつづけたいと願っている。ジョージ〔・ディグビー〕は、明日の出版委員会の会合の始めに、議長を辞任するだろう。だから、新しい体制について決定することは、彼らみんなしだいだ。」

「マルセル・ボンドノーとナディア・コシアコフが、レジェンス（the Régence）で私たちと昼食をした。彼らは、フランスでの新しいクリシュナムルティの法律上の団体、「ル・ブロウ（Le Bureau）」を、作り出していた – 四人のメンバーを擁し、その一人はフランスに定住し、賃貸でなく自己の資産を持たなければならない。彼らは、マドモアゼル・イザベル・マレ（Mlle.Isabelle Mallet） – ノルマンディーに、エドウィン・ラッチェンス卿（Sir Edwin Lutyens）が建てた邸宅に生活している人と、マダム・サムエル（Mme. Samuel）と、マダム・バンゼ（Mme.Banzet）と、〔エジプト出身の〕マダム・ベツィ・デバス（Mme.Betsy Debass）だ。委員会の目的は厳密に、クリシュナジの教えを、彼をとおし、彼の書物、テープ、映画をとおして普及させることだ。ナディアはこれについて、そして、出版とテレビのインタビューについて、一生懸命仕事をしてきた。彼女たちが立ち去ったとき、クリシュナジと私は、シャルヴェに行った。クリシュナジは、合っていないスポーツシャツの数着の寸法直し、三着の新しいシェミーズ・デ・ヴィル（chemises de ville）のため、仮縫いをした。寸法直しがされた古いほうの一着は、〔カリフォルニアの〕マリブに送られて、春の彼の到着を待つだろう。私たちは〔靴屋の〕ロブへ歩いて行った。そこでは、彼の新しい黒の二紐穴のノルウィージアンが、整っていた。彼はブラウンの〔粗皮製の編み上げ短靴、〕ブ

ローグを一足、注文した。これは、彼が春にパリにいるとき、受け取るだろう。それから私たちは、彼がインドに持って行く薬の補給と、新しい電気歯ブラシを入手しに行った。疲れてホテルに戻ってきた。私たちは部屋で夕食をとった。クリシュナジは眠りに就いた。だが私は、クリシュナジの三十分のテレビ・インタビューの放送を、見るために起きていた － 一年前にアンドレ・ヴォワシン（André Voisin）が行った、二日にわたって〔ホテル、〕プラザ・アテネのここで録画されたものだ。それはすべてフランス語だった。とびきり上等だった。クリシュナジは、はっきりと雄弁に語った。アクセントも良かった。〔フランス語文法の〕性や動詞の時制の間違いは問題でなかった。ヴォワシンは優秀な仕事をした － 本当に聞き、クリシュナジが望む言葉が出てこないとき、微妙に言い直し、クリシュナジをその教えの本質的な問いに、軽く導いた。会話中のクリシュナジを見るのは、すばらしかった。彼の顔は多くを、雄弁に語る。私は動かされ、わくわくした。第二部、もう30分は、24日に映されることになっている。ああ、私はそれを見られないだろう。でも、録画はK信託財団に来るし、私たちはそれを後で見られる。」それは持っていますか。

スコット―いいえ。

メアリー―いいえ？！それはとんでもないわ！

スコット―知っています。私は、〔フランス人の〕ジーン・ミシェル・マロジャー（Jean-Michel Maroger）にそれを調べるよう頼んだんですが、まだそれはありません。とんでもないのは、知っています。

メアリー―「映画は白黒で、うまくプロらしく撮られていた。すべてにわたって優秀だ。」

翌日、「テレビについてボンドノー、コシアコフとマー・デ・マンツィアーリから、熱烈な電話があった － マーは、昔〔1920年に〕クリシュナジにフランス語の良いアクセントを教えたことを、自分の家族の誉れとしていた。（笑う）マーは私に対して、オーハイに行って、ラージャゴパルに会ったこと、だが、「何についても話をしなかった。ただ笑っただけ。」ということを、語ってくれた。彼女は、ラージャゴパルは何も盗んだわけではないことを、〔財団の〕会報（The Bulletin）に入れられないのかどうかを、訊ねた － 彼は1922年から仕事を行ってきたが、何も取っていない、と。私は、ラージャゴパルが財務についての情報を拒否するから、私たちは法律訴訟を行っていること、そして、〔カリフォルニア州〕法務長官が提示した調停について、そして、彼と〔マンツィアーリ姉弟の長女〕ミマ〔・ポーター〕はクリシュナジと残りの私たちに対して訴訟を起こしていることを、説明した。彼女は、自分は〔姉の〕ミマを愛している、中立の気持ちではない、と言った。」

「私たちは荷造りをし、午前10時のローマ行きアリタリア航空の便のため、〔パリ南部の〕オルリー〔空港〕に行ったが、それは午後3時45分まで遅延した。私たちは空港のマキシムのところで昼食をした。私たちは、飛行機に搭乗する前、たいへん詳細に調査された。〔テロリストによる〕ハイジャック以来、安全確保が大いに改善されている。それから身体検査があった。女性たちは、金属探知機を身体に当てられた。私のかばんとブリーフケースのかさばったものはすべて、調査された。」

「飛行機でクリシュナジは言った － 「あなたは自分自身に気を配らなくてはいけない。適正に食べなさい。一日二マイル〔、3.2キロメートルほど〕歩きなさい。あなたは、元気でなければいけない。私より長生きしなければならない。〔合衆国南西部の〕アリゾナへの不必要な旅行はなし。」と。私は、〔マリブの隣家の娘〕フィリッパ〔・ダン〕と〔旧友の〕ベツィ〔・ドレイク〕に会いに行く約束をしたと言った。「では、静かに行きなさい。あなたに事故があってはならない。」と彼は言った。」

スコット―フィリッパとベツィはアリゾナにいましたか。

メアリー―ええ、フィリッパはアリゾナの学校にいました。ベツィがどこにいたのかは、知りません。考えられないわ。「「すべてを静かにやりなさい。それなら、すべてがだいじょうぶになる。」と。」

「〔ローマの〕レオナルド・ダ・ヴィンチ空港（Leonardo da Vinci Airport）で、ヴァンダは私たちを出迎えた。バラビーノ氏（Mr.Barabino）とその友人マリオ・ピア・ヴェッチ（Mario Pia Vecchi）もまたそこにいた。彼らが運転して、私をホテル・ラファエル（the Hotel Rafael）に送ってくれた。クリシュナジは、ヴァンダのところに泊まっている。私は〔もと家政婦〕フィロメナに電話した。後で〔マリブの隣人の娘〕ミランダ〔・ダン〕がフローレンス〔フィレンツェ〕から来て、フィロメナのところに泊まっている。」

そこで、それは終わりです。さて、私たちは〔日記のうち〕小さな本に、戻らなくてはいけません。大きな本への次の記入は、73年5月20日のブロックウッドです。

スコット―ああ、いいです。それでは、私たちは小さな本にいるわけです。

メアリー―10月19日。「フィロメナとミランダがマリオと、ホテルに来た。」― それはフィロメナの息子です。「フィロメナは元気に見えた。私たちはみんな彼女のアパートメントに行った。」それから、彼女の家族について続きます －カタリナ（Katarina）、ミスチカ（Mystica）、ペッピーノ（Peppino）等…「私たちは彼女の事柄すべてについて話をした。それからミランダと私は、〔ローマ北部、〕バルナバ・オリアーニ通り（via Barnaba Oriani）のヴァンダのところに行った。私は、クリシュナジと彼女とクラニョーリニ（Cragnolini）とバラビーノと昼食をした。〔ロンドンの〕メアリー・カドガンが電話を掛けてきた。昨日の出版委員会はうまく行った。ジョージ〔・ディグビー〕は議長を辞任した。〔建築家の〕イアン・ハモンドは議長職を望んでいなくて、メアリー・C〔カドガン〕が議長になるよう提案した。そして、彼女が選任された。ネリー〔・ディグビー〕はK信託財団の理事に留まっている。」

「ミランダと私は、〔古代ローマの競技場をもとにした〕ナヴォーナ広場（Piazza Navonna）と周囲の通りを歩いてまわった。午後7時に私たちは、トレ・スカリーニ（Tre Scalini）での晩餐に行った。私はタクシーで彼女をフィロメナのところに送って行った。」

翌日、「昼食のためヴァンダのところへ。クリシュナジと私は前もって、ヴィラ・グローリ（Villa Glori）〔の公園〕に散歩に行った。」ヴィラ・グローリ、ここはローマの北部〔、バルナバ・オリアーニ通りの西北〕に、ヴァンダがさらにフラットを持っていたところで、丘のふもとに、大きな公園があります。

「ロザリンドが昨日パリからヴァンダに電話を掛けてきて、クリシュナジに対し、自分は彼の幸運を祈っている、と伝えた。クリシュナジはヴァンダに対して、彼女が他の

人たちすなわちノーデに言ってまわっていることを、語った － クリシュナジは間違っているし、間違ったことをしている、と。私はホテルに戻るために早く発って、そこでミランダとフィロメナに会った。私たち三人は、〔ヴァチカンの〕聖ピエトロ大聖堂（St.Peters）と、〔その東方向の〕カンピドーリョ広場（Piazza del Campidoglio）に行って、〔古代に凱旋祭、討論会、法廷などが開かれた〕フォロ・ロマーノ（the Forum）、〔ローマ最大の円形競技場〕コロッセオ（the Coliseum）、トレヴィの泉、スペイン広場を見た。彼らは私をヴァンダのところに降ろしてくれた。彼らはさらにフィロメナのところに行った。私はヴァンダと夕食をとった。」

21日に、「私はフィロメナとミランダと、ヴィラ・マダマに行った。」〔西ローマのルネッサンス期に建てられた〕ヴィラ・マダマ（Villa Madama）は、かつて〔イタリアのデンティス・ディ・フラッソ伯爵と結婚した〕私の伯母〔ドロシー・キャドウェル・テイラー〕がローマに所有していた邸宅です。とても美しく、メディチ家のローマ教皇の一人〔クレメント7世〕が、自分の娘のために建てたものです。今は政府が所有しています。

スコット－ふーん。

メアリー－フィロメナは、初めて私の伯母のために〔家政婦として〕働いたとき、そこに働きに行きました。古い召使いのみんな、その多くがまだそこにいます。それで、彼らはみんな出てきて、彼女と私に挨拶をしました。「そこは大切にされているように見える。それから私たちは、〔ヴァチカン宮殿の〕システィナ礼拝堂に行き、それからヴァンダとクリシュナジとともに、昼食をした。それは、フィロメナの、ヴァンダと〔その家政婦〕フォスカとの初対面だった。」（笑う）「クリシュナジは、フィロメナに手当をした。昼食の後、フィロメナとミランダと私は、ホテルに戻った。それから私たちは、〔歴史、考古学、景観の〕古代アッピア〔地区〕（Appia Antica）、〔古代ローマのキリスト教徒の地下墓所、〕カタコンベ（the catacombs）等へドライヴに行った。私は古い自宅を通り過ぎた。」－ そこは、〔亡き夫〕サムが〔映画〕『ベンハー』を作ったとき、最後の年、彼と私が居住したところです。「そして、サン・ジョヴァンニ〔大聖堂〕（San Giovanni）と〔教皇の〕ラテラノ〔宮殿〕（Laterano）に戻った。」

22日、「ミランダとフィロメナは、〔古代ローマの競技場をもとにした〕ナヴォーナ広場（Piazza Navonna）で私とともに、昼食をした。すてきな日射しの中、私たちは広場に面して座った。ミランダと私は、ヴァンダのところに行った。トパジア〔・アリエッタ〕（Topazia）がそこにいた。ヴァンダはミランダを、〔ローマを一望できる〕ジャニクルム〔の丘〕（the Janiculum）へのドライヴに、連れて行った。クリシュナジと私は、ヴィラ・グローリ〔の公園〕で長い散歩をした。トパジアは、ラージャゴパル訴訟について熱っぽい話をしたことについて、語っていた。クリシュナジは彼女に対して、それについてと、「権威」について、そして、自らのまわりの人たちと私について、答えた。彼女は私に批判的だ。なぜなら、〔クリシュナジによる〕ローマでのもっと多くの会合に対して、私が反対の助言をしたからだ。」

「私たちが散歩していると、松をとおして、巨大な満月が昇ってきた。ミランダと私はそこで夕食をとった。私は彼女をフィロメナのところに送って行った。私たちは座って、しばらく話をした。それから、甥が運転して私を送ってくれるとき、フィロメナは乗車して付いてきた。ミランダ〔・ダン〕は明日ニューヨークに飛ぶ。」

10月23日、「私は午前ずっと手紙を書き、ホテルで昼食をした。私は幾らか買い物をした － クリシュナジのためのブラウンのひげ剃り、フィロメナのための蒸気アイロン、」 － （声を立てて笑う） － 「それから行って、クリシュナジとともに、手紙を扱った。その後、ヴィラ・グローリで彼と散歩。彼は、「あなたの潜在意識は働いていますか。」と言った。」（メアリーとスコット、二人とも笑う）「私は午後6時30分にフィロメナに会いに行って、彼女の〔年金など〕金銭面を調べた。私たちは長い話をした。」

24日に、「私は昼食のため、ヴァンダのところに行った。ヴァンダとの昼食には、ジオルジオ（Giorgio）とマルゲーリタ・シニョーリニ（Margherita Signorini）がいた － ピラミッドについてと、地震が恒星により引き起こされることについて、話をしていた人だ。後でフィロメナのところに行って、また長い話をした。クリシュナジは、自分が〔カリフォルニアの〕マリブにいるとき、彼女が訪問して来ることを提案した。私は彼女に話した。私たちはこれについて取りはからうだろう。」

10月25日。「私は、フィロメナとその息子マリオとともに、ホテル・ラファエルを出て、ヴァンダのところに行った。クリシュナジにインタビューするために、レポーターたちが来た。また誰か学生も来て、ことを独占した。遅い昼食の後、私はフローレンス〔フィレンツェ〕行きの列車に乗った。私はフローレンスの友人に会いに行って、〔賄い付きの〕ペンシオーネに泊まった。すてきだった。」

翌日、「私は友人と、フローレンス中を歩き回って過ごした。」

そして、翌日、27日、「私はほとんど〔ルネサンス絵画で有名な〕ウッフィーツィ〔美術館〕（the Uffizi）で過ごした。それからローマに戻る列車に乗った。ヴァンダのところに、午後遅く到着した。荷物を解いた。私はここに泊まっている。」私が戻るとすぐに、彼女は私を、フラットに泊まるよう招いてくれました。「彼女とクリシュナジは、〔アメリカのドキュメンタリー〕映画『巨象の大陸（African Elephant）』に行っていた。」（クスクス笑う）

翌日、「私はフィロメナに話した。彼女は近くの医者に診てもらいに行っていた。彼が見守ってくれるだろう。私は、ヴァンダとクリシュナジに促されて、マッサージ師のグッディ女史（Ms.Goody）のところに行った。（笑う）彼女は、フィロメナの友人だと分かった － かつてドロシーのために働いていた人だ。」それは私の伯母でした。「私は良いマッサージを受け、昼食に間に合うよう戻った。グラーフ氏（Mr. Graf）とマダム・サフラ（Mme.Safra）がそこにいた。後でクリシュナジと私は散歩した。」

29日に、「ヴァンダは運転して、クリシュナジと私をテアトロ・デル・アルテ（the Teatro dell' Arte）に送ってくれた。そこでクリシュナジは、ローマでの第1回の講話を行った。とても良いものだ。会場は溢れかえっていた。バラビーノが昼食に来て、クリシュナジの将来のローマでの講話について、議論した。クリシュナジは、一年ごとに〔冬の〕インド〔滞在〕を二ヶ月かそれ以下に、減らすかもしれない。後で彼とヴィラ・グローリを散歩した。ヴァンダは、若い人、アーサー・パターソン（Arthur Patterson）を、夕食に招いた。」

10月30日、「グッディ女史は、クリシュナジにマッサー

ジを、そして次に私に行った。私はマリオとともに、フィロメナに会いに行き、〔その〕家族みんなに会った。私は、ヴァンダのところで三十人の人たちの昼食に、戻った。クリシュナジと私は、ヴィラ・グローリを散歩した。彼は言った－「あなたの無意識に注意しなさい。それは今、あなたに何かを語りたがっているかもしれない。変化するのに、あまりに長く掛けすぎてはいけない。あなたは今、内側が静かだ。変化するのにそんなに長く掛けてはいけない。それはあなたに何かを語るだろうし、あなたは鋭敏であって、すばやく応答できなければならない。さもなければ、それは有害だ。」と。彼は、今や異なった何か、内的な動きに、触れていた。彼は、何がラージャゴパルと交渉可能であるのかないのかについて、話をした。今日、〔オーハイのフランク・〕ノイズ〔大佐〕から、ラージャゴパルが和解の話をしているとの手紙が、来た。クリシュナジは、これについての論評を私に対して、口述した。」

「翌日、クリシュナジは、自らが午前4時に目覚めたことを言い、私にあれこれ語りたいと願った。ヴァンダのところでは、五十人ほどの人たちの討論会が、あった。クリシュナジと私は、ヴィラ・グローリ〔の公園〕を散歩した。昼食をとった。午後3時にフィロメナが、〔息子〕マリオと車で来た。私はさようならを言った。それからフィロメナとマリオは運転して、私を空港に送ってくれた。私は、午後5時30分のパリ行きアリタリア便に、乗った。午後8時30分までには、〔パリのホテル、〕プラザ・アテネに到着した。ブロックウッドに電話をし、ドロシーとドリス〔・プラット〕に話をした。」

11月1日、「私は〔展示会場、美術館、〕グラン・パレ（the Grand Palais）に、絵画を見に行った。それから午後5時に、ナディア・コシアコフとマルセル・ボンドノーが、〔ホテル、〕プラザで私とお茶をしに来た。私たちは仕事について議論した。彼女たちは将来に関心を寄せていて、来年、これを議論する会合に出席したいと思っている。私は、イタリアのウバルデーニ（Ubaldini）出版社のことで、メアリー・カドガンに電話をした。午後7時に私はローマに電話を掛け、ヴァンダとクリシュナジに話をした。」

11月2日、「クリシュナジがちょうど午前7時すぎに電話をしてきた。ラージャゴパルが、彼に電話をしてきて、自分は彼を愛している、そして何が起ころうと、最初にそうだったように自分は彼を愛している、と言った。クリシュナジは彼に対して、自分はことを決着できることを語った。ラージャゴパルは、「それは私の手を離れている。」と言った。私は気分が悪く、うろたえた気持ちになった。クリシュナジは、「うろたえるのは何にもならない。済んだことです。何かを意味しているかもしれない。」と言った。相変わらず彼は、この言いようもない偽善者がまともな行動するだろうことを、すぐに願おうとしている。私は沈んだ気持ちがしていて、クリシュナジの伝言をもって〔シャツ店〕シャルヴェに行った。立ち寄って、…に会った。」ああ、そこには、私が知っていて、まだ触れていなかった女性、です…「それから、ブラウンのツィードの仮縫いでシャネルに、それから〔パリ南部の〕オルリー〔空港〕に。午後5時30分のパンナム便は、二時間遅れて飛び立った。私はついにニューヨークに到着した。税関のため長く待たされた。それから午後10時30分に、〔弟〕バドと〔その妻〕リーザのところに。私たちはとても遅くまで話をした。」

それで、その年の残りの間、クリシュナジに関与することは、本当に何もありません。なぜなら、彼はインドにいるからです。

スコット－いいですよ。でも、あなたは、ただ飛ばしてしまいたいのなら、クリシュナジから何かあるのかどうかを、見てください。それらのことは読んでいいでしょう。

メアリー－いいですよ。

「11月5日にクリシュナジは、ローマからデリー行きのアリタリア便に乗った。」

まあ、クリシュナジから私がもらった最初の手紙は、11月8日付です。それはニューヨークの私に届きました。それは私が発った直後に書かれていました。

11月13日に、「私はニューヨークからロサンジェルスへ飛んで、マリブに帰宅した。私は、自分が到着したとの電報を、クリシュナジに送った。」

11月の17日に、「私はクリシュナジから速達の手紙を受けとった－彼のインドでの最初の手紙だ。彼のローマからのアリタリア便は、〔ギリシャの〕アテネで遅延した。航空会社は、ホテルで彼を、臭いがして鼾をかく男と、部屋を共有させた。」

スコット－やれまあ。

メアリー－ああ、ああ。（クスクス笑う）そうね、私が彼といっしょにいるべきだったわ。彼はそのようなことに反対しなかったでしょう。でも、私が彼のために反対していたでしょう。

スコット－分かります。彼はただそれに合わせていくだけでしょう。

メアリー－ええ。彼はそれに合わせていきました。私は、彼が私に語ってくれたことを、憶えています－バスが彼らを空港に送って行くとき、バスには誰かアメリカ人女性が乗っていました。彼らは〔古代の神殿などがある丘、〕アクロポリスを通り過ぎたんですが、彼はこごえた声で言いました。「彼女は見上げることさえしなかった！」と言いました。（スコット、笑う）アクロポリスよ！彼は信じられなかった！

12月の29日に、「クリシュナジから六番目の手紙が来た。〔インド南東部の〕マドラス〔現チェンナイ〕で書かれたもの。彼は、ラージャゴパルの弁護士たちから、〔インドの本拠地〕ヴァサンタ・ヴィハーラ（Vasanta Vihar）について質問を受けていた。〔代理人のはずの〕マーダヴァチャリ（Madhavachari）は、クリシュナジの私信のすべてを、ラージャゴパルに渡していた。予測していたが、全くの裏切りだ。」と、ここには言います。

スコット－ひどいな。クリシュナジの、マーダヴァチャリへの手紙のすべてを、ですか。

メアリー－ええ。クリシュナジは開け広げで、正直でした。彼は訴訟について、何をすべきかについて書き、彼の助言を求めました。私たちが話していたことすべてを、マーダヴァチャリに書きました。彼は直ちにそれらを、ラージャゴパルに渡したんです。

それで、1972年は終わります。

原　註

1）メアリーの長年の友人、クリストファー・フライ（Christopher Fry）が脚本を書いた。

2）マントヴァ県には、ルネッサンス期にヴェニス共和国の一部があった。メアリー・リンクスの夫、ジョー・リンクスは、ルネッ

サンス期のヴェニス〔ヴェネチア〕に関する有名な専門家だった。
3）〔アメリカ人の著作家、編集者、芸術家〕フレール・カウルズ（Fleur Cowles）は、メアリーの長年の友人だった。
4）食事は、〔ブロックウッド〕学校のキッチン職員と幾人かのヴォランティアにより、準備された。これら公開集会の間にはふつう、通常食べ物を出している数の十倍以上の人たちに、食べ物を出した。それはいつも何か奇跡のように見えたが、そこで食事が提供される唯一のクリシュナムルティの公的行事であった。
5）ゴードン・ラッセル（Gordon Russell）。
6）このときまでに私〔スコット〕は、メアリーの言っていることを、アーカイヴスの一覧表に照らして調べつつあった。
7）メアリー・リンクスの娘。
8）この録音は、1995 年の 9 月に行われた。
9）ジョージは、K 信託財団の最初のアーカイヴス担当者だった。彼の妻、エスメ（Esme）は、ブロックウッド・パーク学校のキッチンを営んでいた。
10）礼装用のシャツ。

訳 註

*1 スコットは Youtube 上のインタビューで、当時パリで友人から、書物を読むだけでなく、生きた教師の話を直接に聞くことが重要だと言われて、問い合わせたが、返事がなかったので、何はともあれヒッチハイクで出かけ、講話の前日に到着したこと、実質的に K の本をほとんど読んでいない状態で聞いたので、ロケットのようにすっ飛んでいく内容に、口をあんぐり開けて聞いていたことを、語っている。
*2 原文はここから kfoundation.org/transcripts の書き下ろしへリンクされている。
*3 原文はここから kfoundation.org/transcripts の書き下ろしへリンクされている。
*4 原文はここから kfoundation.org/transcripts の書き下ろしへリンクされている。
*5 比喩的な意味で用いられているのかどうか、分からないが、第 14 号の訳註を参照。
*6 ラッチェンスによる伝記第一巻、巻末の「メモ書きと出典」には、マルセルが日記の日付と K とニトヤからの手紙の抜粋を写してくれたこと、ニトヤから自分の母親への手紙を貸してくれたことが、記されている。
*7「事務局」を意味する。
*8 20 世紀始めに活動したイギリスの建築家。インド門、インド総督府（現、大統領官邸）の建設などニュー・デリーの都市計画に取り組んだことで有名である。メアリー・リンクス（ラッチェンス）の父親でもある。
*9 原文はここから kfoundation.org/transcripts の書き下ろしへリンクされている。
*10 第 41 号に幾らか詳しい記述がある。

第 26 号　1973 年 1 月 1 日から 1973 年 4 月 27 日まで

序 論

この号のほとんどは、カリフォルニアのマリブで、次にサンフランシスコで起こる － そこで、クリシュナジは一連の講話を行った。

進行中のラージャゴパルとの法律論争に加えて、メアリーは、クリシュナジが、後に『学校への手紙（Letters to Schools）』となるべきものの最初を口述したことに、触れる － 彼はそれを二週間毎に口述するつもりであった。

もっと日常的な水準では、自然がメアリーの生活に侵入してくる － 彼女は豪雨に対処するが、それは住宅の雨漏りと、地滑りが引き起こした構造的な損害という結果になる。彼女はまた地震についても記録する。

クリシュナジが、メアリーとリリフェルト夫妻は「彼を見守るために何かにより送られてきた」ことを述べる偶然の発言から、クリシュナジとメアリーの関係への洞察が得られる。

メアリー・ジンバリストの回顧録　第 26 号

メアリー—クリシュナジはこの時期の一部分はずっと、インドにいます。だから、私は彼と一緒にいないとき、一緒にいるときほど、彼について多くのことはありません。私は、クリシュナジと〔彼に関する〕仕事についてのことに、制限するようにしましょう。

そういう最初のメモ書きは、1973 年 1 月 5 日です。「エルナ、テオ〔・リリフェルト〕と私は、法律訴訟における様々な動議 － KWINC〔クリシュナムルティ著作協会〕の帳簿を検証するものも含まれる － の聴取のために、〔オーハイを管轄する〕ヴェンチュラ〔郡〕裁判所に行った。〔こちら側の地元の弁護士〕スタンリー・コーエン（Stanley Cohen）は、さるヒートン判事（Judge Heaton）の前で、私たちを代表した。ゲイリー・ギルバート（Gary Gilbert）という人が、ラージャゴパルの代わりにそこにいた。〔向こう側の〕カッセルベリー夫人（Mrs.Casselberry）とその息子、オースチン・ビー（Austin Bee）が出席した。判事は、尋問に関して〔こちら側の弁護士〕ローゼンタールの五日遅れの返答に対するラージャゴパルの主張を、却下した。」明らかにラージャゴパルは、尋問が五日遅れで来たという法的手続きに基づいて、あらゆることを退けたいと望んでいました。それで、それがわずかな法律上の論点でした。

9 日に、「ヴェンチュラ〔郡〕裁判所のヒートン判事は、私たちの動議すべてを認めた － KWINC の記録の利用を含めて、だ。私は、〔南インドの〕バンガロールのクリシュナジに、そのニュースを電報で伝えた。そして、詳細すべてを手紙に書いて彼に伝えた。」

10 日に、「〔オーハイの〕フランク・ノイズ〔大佐〕（Frank Noyes）から、ラージャゴパルに二回会ったことについて、手紙が来た。ラージャゴパルは、犬に押し倒される事故に遭っていた。ラージャゴパルは、調停のための提案をしたいと思っていない。ラージャゴパルは「クリシュナジが自分を破滅させよう」等としていると主張するということを、彼は言う。」

「私が 9 日にクリシュナジに送った電報と、法廷の聴取についての私の手紙について、彼から電報があり、それは 13 日に届いた。」

「クリシュナジは 1 月 31 日に、〔インド西部の〕ボンベイ〔現ムンバイ〕を発ってローマに飛んだ。」

2 月 5 日に、「クリシュナジは、ローマから〔イングランドの〕ブロックウッドに飛んだ。午前 11 時に私は、ビヴァリー・ヒルズの或る会計士の事務所で、テオとエルナ〔・リリフェルト〕に会った。〔こちら側の弁護士〕ローゼンタールとスタンリー・コーエンもまた出席した。私たちは、KWINC の会計に何を探すべきかについて、議論した。私はエルナとテオと近くで昼食をした。ずっと雨が降りつづけ、降りつづけている。」

2 月 9 日には、ここに言います －「住宅は、最後のちょっ

との整理整頓のようにされた。クリシュナジは、ブロックウッドを発っていた。彼はイギリス時間、午後1時に、ロンドンからTWA便に乗った。私は午後4時30分に、ロサンジェルス空港で彼を迎えた。長い空の旅とこの冬の〔インドでの〕仕事すべてにもかかわらず、とても元気に見える。私たちはマリブに戻り、荷物を解いた。火の側で夕食をとった。クリシュナジは眠そうでなかった。それで、彼はたくさん話をした。」

翌日、「雨が降った。私たちは一緒に朝食を作った。彼は午前ずっとベッドで休んだが、昼食には起きた。〔隣家の〕アマンダ〔・ダン〕が病院から戻ってきた。クリシュナジは午後ずっと眠った。私たちは火の側で夕食をとり、早くベッドに入った。夜通し雨が降った。」（クスクス笑う）このことになんと雨の連祷ね！

11日に、「午前半ばまで雨が降った。この嵐で、5.16インチ〔、131ミリメートルほど〕の雨があった。季節全体では、13.37インチ〔、340ミリメートル弱〕ほども。」カリフォルニアに生活するのなら、これらは、きわめて肝要な統計数値です！（スコット、笑う）

スコット－そのとおり。（メアリー、笑う）ここイングランドでは、何でもないでしょう。

メアリー－ええ、また次の週末です。「クリシュナジは午前に休んだ。午後に私は、〔お隣りの友人〕ダン家に短い訪問のため、出かけて行った。クリシュナジが昼寝を終えたとき、私たちはダン家に戻った。クリシュナジは癒すために、両手をアマンダ〔・ダン〕に当てた。それから私たちは、下の道路をきびきびと散歩した。」

12日。「さらに雨が降った。テレビでは、ヴェトナムから戦争の捕虜が帰還したのを、映していた。私は、クリシュナジと私自身のために、昼食を調えた。午後に、再びクリシュナジがアマンダを癒すために、私たちはダン家に行った。ジャガーは動こうとしなかった。それで、私はそれをダン家の車道に残していた。私たちは徒歩で戻ってきて、芝生を歩いてまわった。私の寝室の屋根は、夜にベッドの真上が雨漏りした。」（二人とも笑う）ああ！

「14日に、エルナとテオ〔・リリフェルト〕が午後にクリシュナジに会いに来た。私たちは長く話をした。午後5時にクリシュナジと私は、ダン家に歩いて行った。クリシュナジはアマンダ〔・ダン〕の手当をした。リリフェルト夫妻は街に晩餐に行った。」

16日に、「午後に私たちはダン家に行った。アマンダは目立って改善しつつある。クリシュナジは、峡谷(キャニヨン)を越えて、何かが彼女を助けつづけているのを感じる、と言った。アマンダも、それを感じると言う。」

17日、「美しい一日だった。私たちは午前9時30分に発って、〔トマトやスパイスを使った〕クレオール・ライスのポットを持って行った…」あれは彼の大好きなものでした。彼のために私はそれを作ったものです。

スコット－それは何ですか。

メアリー－基本的に、トマトとタマネギとあれこれで調理したごはんです。（クスクス笑う）「…私たちはオーハイへ運転した。〔オーハイの北東方向の山、〕トーパトッパ(Topatopa)と他の山々には、雪があった。私たちは午前11時に、リリフェルト家で〔アメリカK財団の〕他の理事たちに会った。それは、ほぼあらゆることについて議論する会合だった。クリシュナジは4月に、7, 8, 14, 15日に、四回のオーハイ講話を行いたいと思う。私たちは後で散歩をした。それから午後6時に運転して戻った。夕食をとり、早くベッドに入った。クリシュナジは、はるかオーハイからでさえ、アマンダ〔・ダン〕に何かが起きているのを感じる、と言った。」

18日、「暖かいすてきな一日だった。のんびりとした一日。私たちは、ダン家に行って、丘を歩いた。」

スコット－丘のどこで歩いたんでしょうか。

メアリー－〔サンタモニカ山地の〕コラール・キャニヨン(Corral Canyon)と呼ばれるところを一番上まで登っていき、それから尾根伝いに〔山火事に備える〕防火道路を散歩できました。あれらの山々は、火事があるなら、トラックが入れるように、みな防火道路が付いています。そして、〔太平洋の〕大海原が見えました。全くすてきです。

20日に、「クリシュナジは〔華氏〕100.3度〔、摂氏37.9度強〕あった。」彼がへたれてしまったのも、無理ないわ。「彼は一日中ベッドに留まった。彼には弱さ以外、他の症状はなかった。彼はほぼ九時間眠った。」彼は大きな眠る能力を持っていたわ。

スコット－ええ。でも、クリシュナジの眠りはしばしば、むしろ活動的であったように見えます。

メアリー－どういう意味ですか。

メアリー－まあ、彼は、たとえば、真夜中に何かが自分にやって来た、とか何とか言ったものです…

メアリー－ええ、そうです。

スコット－だから、彼はただ…

メアリー－…眠り込んで…

スコット－…眠り込んでいただけじゃなかった。彼の頭脳は…または、何かがしょっちゅう起きていました。

メアリー－何かが起きていました。

スコット－で、それを眠りと呼ぶべきなのかどうかさえ、私は知りません。私がいうのは、彼は確かに休んでいましたが、でも…

メアリー－まあ…そうです。

スコット－でも、その幾らかは確かに、彼の叙述からして、その幾らかは、そんな休んでいるように見えません。（笑う）

メアリー－それはすべて、「神秘」の大きな範疇に入っています。

スコット－分かっています。

メアリー－さて、翌日は21日でしたが、その日には、「私たちは午前6時45分に地震で目覚めた。」（二人ともクスクス笑う）「マグニチュード5.75、震源は〔ロサンジェルス郡西部の〕サンタモニカの西、沖合34マイル〔、約54.5キロメートル〕。ここは1970年〔の大地震〕ほど強くない。クリシュナジの体温は正常だったが、彼は弱く感じて、一日中、ベッドに留まった。」

23日に、「クリシュナジの熱は下がった。彼は昼食に起きた。午後3時に〔シカゴの〕シドニー・ロス、〔サンディエゴの〕マーサ・ロングネカー、〔オーハイの〕エルナとテオ、ルス〔・テタマー〕、アルビオン・パターソンと、アラン・キシュバウが来て、〔カリフォルニア南部の〕サンディエゴでクリシュナジとの講座 － それをどのようにし、誰と行うのか － を録画することについて、議論した。私たちは暫定的に、3月6日の週間に私たちみんなが質問をすることで、それをしようと計画した。」これはもちろん〔州立大学サンディエゴ校のアラン・〕アンダーソン〔教授〕との

シリーズになりました。

翌日、「シドニー・フィールドが昼食に来た。それからクリシュナジと私は、〔イギリスの俳優〕ローレンス・オリヴィエとマイケル・ケインの出た〔イギリス〕映画『探偵スルース(Sleuth)』を見に行った。私たちが太平洋海岸ハイウェイを通って帰るとき、クリシュナジは穏やかに気絶した。それから彼は再び、二、三分後に半ば気絶した。彼は「気が遠くなった。」と言った。」

スコットーマーサ・ロングネカーはどうなりましたか。

メアリーーああ、彼女はまだその辺にいます。私は昨冬会いました。彼女とシドニー・ロスは結局、結婚しました。それから彼は亡くなりました。彼女はまだサンディエゴで生活しています。彼女は陶芸家ですし、そこの美術館で活動しています。あなたは彼女に会ったことがあります。彼女はここブロックウッドに来ました。

スコットー私は彼女を思い出せません。

メアリーーまあ、彼女はとても親切で、私たちに〔サンディエゴの講話、対談のとき、〕自宅を二回も貸してくれました。二回とも私たちは行きました。〔Kの滞在中、〕彼女は出て行って、私たちに譲りわたしてくれました。

スコットー彼女はとても良くしてくれました。

メアリーーそこはとても快適で、とてもすてきでした。小さくて快適で、気持ちよい住宅です。

25日に、「私たちは初めてマリブ・シネマ(the Malibu Cinema)に行って、〔麻薬を扱うマフィアと警察の対決をリアルに描いたアメリカ映画〕『フレンチ・コネクション(French Connection)』を見た。彼はそれを気に入った。」

スコットー(笑う)もちろんです。

メアリーー「ルイス・ブラウ夫妻(Mr.and Mrs.Louis Blau)とロバート・エリス夫人(Mrs.Robert Ellis)がお茶に来て、自分たちはどのように仕事を手助けできるかについて、クリシュナジと議論した。〔イギリス生まれのジャーナリスト〕フェリックス・グリーン(Felix Green)が夕食に来た。」

やれまあ、ここで私の土地の問題が始まります。2月26日。「〔ロサンジェルス〕郡の技師、ダニング氏(Mr.Dunning)が、地滑りの場所の上の新しい地割れを、見に来た。彼は、地質学者に見てもらうことを推奨した。クリシュナジは出かけていき、〔お隣の〕アマンダ〔・ダン〕に手当てをした。」あのすべての雨が、土地を損なったんです。

スコットーええ。

メアリーー27日、「私は〔止まった〕ジャガーを持ち帰らなくてはいけなかったが、それは問題があった。私はクリシュナジとの昼食に間に合うよう、戻った。フェリックス・グリーンがお茶に来て、クリシュナジは彼の手当てをした。」彼もまた癌に罹っていました。誰もが癌に罹っていました。「それから私たちは、後でアマンダに会いに行った。峡谷(キャニヨン)へ降りる散歩をした。」

28日に、「フランシス・マッキャンがマリブに到着した。彼女はモーテルに泊まっていて、昼食に来た。クリシュナジは後で彼女に長く話をした。私は運転して彼女をモーテルに送って行った。クリシュナジと私は、ダン夫妻に会いに行った。クリシュナジは、彼女は」ーアマンダ〔・ダン〕という意味ですー「何か特別なことに気づいたかどうかを、訊ねた。彼女は、気分が良くなったことだけを言った。私たちは、ダン家の門を抜け、下の道路に沿って、峡谷(キャニヨン)を歩いた。」

3月1日、「ルス・テタマーとその妹、モニカ・フィリップス(Monica Phillips)と、フランシス・マッキャンが昼食に来た。クリシュナジは、自らがブロックウッドとインドの学校への二週間ごとのメッセージになるよう意図しているものの最初を、口述した。」ああ、あれが始まった時です。「再び私たちはアマンダに会いに行った。峡谷(キャニヨン)沿いに、下の道路沿いに歩いて戻った。」

スコットーそれら二週間ごとのメッセージは、何と呼ばれましたか。

メアリーーまあ、それは、『学校への手紙(The Letters to the Schools)』になったものであると思います。ここにはそう呼ばれていません。「ブロックウッドとインドの諸学校への二週間ごとのメッセージの最初」と言うだけです。

翌日、「私はジャガーを点検してもらうため、乗って行った。借りた車で私は、ナグラ〔録音機〕を点検サーヴィスしてもらうため、持って行った。それから、クリシュナジのために絹の寝間着シャツを買い、それを作るところに置いてきた。その間、クリシュナジはシドニー・フィールドを昼食に招いていた。私たちはダン家に出かけて行った。クリシュナジはアマンダの手当てをした。それから、私がアマンダとフィルと座って話をする間、クリシュナジはシドニーと散歩をした。」

3日、「私たちはキッチンで早い昼食をとり、フランシス・マッキャンを乗せ、〔ロサンジェルス郡西部の〕サンタモニカでの〔アクション〕映画『ゲッタウエー(The Getaway)』に行った。戻ったとき、クリシュナジと私はダン家に行った。アマンダは突然はるかに良く見えていた。クリシュナジと私は、峡谷(キャニヨン)を降りて浜辺の道路沿いの散歩に、行った。」

4日は、「美しい一日だった。」私にとっての家族のことが出ています。「マーク・リー夫妻が、クリシュナジの手当てのために、その双子を連れてきた。アラン・キシュバウが昼食に来て、後でクリシュナジと散歩した。」

7日に、「私たちは、午前7時45分に発つ準備が整った。ジャガーは荷造りをし、ガレージからバックで出ていたが、そのとき洪水に遭った。〔道路サーヴィスを行う〕オートクラブ(the Auto Club)がそれを動かしてくれ、私たちは午前8時22分に発った。私たちは、午前9時30分に〔オーハイの北東方向の街〕ウィーラー・リッジ(Wheeler Ridge)でリリフェルト夫妻とキシュバウと待ち合わせることになっていたが、私たちは彼らを見失った。後で、私たちが〔北西に向かう〕5号線で停まっている間に、キシュバウが通りすがり、それから先、サンフランシスコへ私たちに付いてきた。クリシュナジと私は、午後3時に〔滞在先の〕ハンティントン・ホテル(the Huntington Hotel)に着いた。〔元秘書の〕アラン・ノーデがお茶に来た。」

3月8日、「12時30分にアラン・ノーデがホテルに来た。リリフェルト夫妻とともに、私たち五人は、トレイダー・ヴィク(Trader Vic)で昼食をした。」(クスクス笑う)「ウェーター長のハンス(Hans)は父のことを語った。」〔美食家だった〕私の父はトレイダー・ヴィクのところが好きでした。だから、彼は記憶すべき顧客だったにちがいありません。彼はふつう、好きなレストランにいましたから。(スコット、笑う)「私たちは、ハンティントン〔・ホテル〕の真横のメイソン・センター(the Masonic Center)に歩いて行った。彼らのきりっとしたホールは3165人が座れる。クリシュナジはそ

こが気に入った。彼がそこにいる間、私たちはマイクロフォンと照明の手配をした。私たちはホテルに戻って、クリシュナジは休んだ。私は夕食を作った。」私たちはそこに、二つの寝室、二つのバスルーム、一つの居間とキッチンのあるすてきなフラットを、とっていました。とても便利でした。

3月9日に、「クリシュナジは静かに休んだ。私は手紙を扱った。私たちは居間で昼食をした。クリシュナジが昼寝をする間、私は補給のために歩いて行った － 健康食品の店だ。そして市電で帰ってきた。午後4時に私たちは、ゴールデン・ゲイト公園(the Golden Gate Park)にドライヴした。私たちはテニスコートでノーデに会って、湖をまわる散歩に行った。私たちは戻ってきた。アランは居間で私たちと晩餐をした。」

10日、「私たちは歩いて通りを渡り、メイソン・センター会館 (the Masonic Center Auditorium) に行った。そこで午前11時にクリシュナジは、第1回のサンフランシスコ講話を行った － それはほとんど、関係についてだった。ホールは90パーセントの入りだった。ノーデはそれをナグラ〔録音機〕でテープに録った。キシュバウが昼食に来て留まり、クリシュナジが長い昼寝をした後、話をした。雨で内に留まりつづけた。〔哲学教授の〕ジェイコブ・ニードルマン (Jacob Needleman) が電話をかけてきて、インタビューのことでクリシュナジに会いたがっている。私は彼に対して、彼のエサレン (Esalen) 関連について質問をした。私は、彼が心に考えている計画の輪郭をクリシュナジに送るよう、提案した。」

3月11日に、「クリシュナジはメイソン会館で、第2回のサンフランシスコ講話を行った。」 － これは日曜日のことです － 「エルナとテオがアパートメントで、私たちと昼食した。午後遅くクリシュナジと私は運転して、ゴールデン・ゲイト公園に行き、良い散歩をした。」

3月12日、月曜日に、「クリシュナジは休んだ。午後12時30分にフランシス・マッキャンとアラン・ノーデが来た。クリシュナジと彼らと私は、キャンネリー (the Cannery) に行って、…」。それは複雑です。サンフランシスコには缶詰工場がありましたが、そこは、たくさんの小さな店とレストランとあれこれに転用されたんです。「…クレープ・レストランで昼食をした。それから私たちは、ミュア・ウッヅに行って、長い散歩をした。私たちは午後5時までに戻った。休んで、夕食をとった。」ミュア・ウッヅは、ゴールデン・ゲイト橋の向こうにあります。ジョン・ミュア・ウッヅ (John Muir Woods)〔国定記念物〕は、アカスギの樹々に充たされています。とてもすてきです。

13日に、「私は〔隣家の〕アマンダ〔・ダン〕に、そしてエルフリーデにも話をした。」エルフリーデ (Elfriede) は、その頃、私が雇っていたドイツ人家政婦でした。彼女は、さらに雨が降った後、丘がもう少しさらに地滑りしたことを、言いました。「クリシュナジは〔古い友人〕マティアス夫人 (Mrs.Mathias) に会った。それから彼とアランと私は昼食に、〔フィッシャーマンズ・ワーフにある公園、〕ギラデリ・スクェア (Ghirardelli Square) に、メキシコ料理のところへ行った。」キャンネリィがあり、ギラデリ・スクェアがあります。どちらも古い工場で、店とレストランになったところです。とてもすてきです。「後で私たちは、アランのフラットを見に行った。〔ピアニストの〕彼は私たちのためにピアノを弾いてくれた。私たちは運転して、モニカ・フィリップス (Monica Phillips) とのお茶に間に合うよう、戻った。」モニカ・フィリップスは、ルス・テタマーの妹でした。ずっとクリシュナジを知っていました。

スコット — マティアス夫人は誰でしたか。
メアリー — 彼女は、いつだったか遡ってクリシュナジを知っていた年配のご婦人でした。ゴールデン・ゲイト橋とすべてを見わたす〔市の北東部、〕ノブ・ヒル (Nob Hill) の、とても優雅なアパートメントに、彼女は生活していました。彼女はほとんど盲目でした。彼女はそのときまでに未亡人でした。彼女はまた、ラージャゴパルの家族の古い親友でもありました。

14日に、「アルゼンチンのロックマン博士という人 (a Dr.Rockman) が、正午にクリシュナジに会いに来た。それから〔オーストラリアの友人でテレビの作家、製作者〕ドナルド・イングラム・スミス (Donald Ingram Smith) が来た。私たちは部屋で昼食をした。クリシュナジは『学校へ (To the Schools)』を一つ口述した。」 － そうね、今、その名が出てきます － 「彼が行いたいと思っているシリーズの最初だ。今回のものは、自由と責任について、だ。私はマーケットに行った。それから私たちは、ゴールデン・ゲイト公園で散歩した。」

3月15日に、「午前11時に、リリフェルト夫妻、キシュバウとノーデの会合が、あった － 様々な議論をテープに録ることについて、だ。リリフェルト夫妻、ノーデ、クリシュナジと私は、昼食のため、キャンネリーに行った。再びクレープの店で、だ。その後、私は少し買い物をした。クリシュナジは休んだ。それからジェイコブ・ニードルマンが、お茶に来た。後でクリシュナジと私は、ゴールデン・ゲイト公園を散歩した。」

翌日、「私は背中の痛みのため、シナ人のカイロプラクティック療法士、チョー博士という人 (a Dr.Cho) のところに行った。」それは憶えていません。「私は散歩に間に合うよう戻った。クリシュナジは再び、マティアス夫人を訪問した － そこで、彼女を手当てし、それからホテルに戻った。そこでロックマン博士 (Dr.Rockman) が、私たちとともに昼食をした。後で私たちは散歩のため、ゴールデン・ゲイト公園に行った。」お分かりですか、私たちがこれらすべての場所に運転して行けるように、私はそこで自分の車を持っていました。

17日に、「クリシュナジはメーソン会館で午前11時に、第3回の講話を行った － 苦しみと死について、だ。とても良いもの。聴衆は膨大だった。」と言います。「私たちはホンコン・ガーデン (Hong Kong Garden) で、リリフェルト夫妻、ノーデとキシュバウと昼食をした。私たちは、ノーデとキシュバウが注文した菜食の中華料理を、いただいた。午後5時まで休んだ。ホテルの外側の広場を歩いてまわった。それからモニカ・フィリップスがお茶に来た。」ハンティントン〔・ホテル〕のちょうど外側に、ノブ・ヒルにかけて、小さなとても狭い公園があります。私たちは、ドライヴで出かけて大きな公園に行かないのなら、ただ戸外に出て行き、通りを渡り、ぐるぐる歩いて回ったものです。

スコット — （笑う）何周もして。
メアリー — ええ、何周か。

翌日、18日、「クリシュナジは第4回のサンフランシスコ講話を行った － 宗教的な生、冥想、正覚（覚り）について、だ。ホールはいっぱいだった。後で彼は…に会った。」何

か家族ね。その名前は分かりません。「それから私たちは、ホンコン・ガーデンで昼食するため、ルス・マッキャンドレス（Ruth McCandless）、フランシス・マッキャンとアラン・キシュバウを連れて行った。午後4時にディヴィッド（David）とフェリシティ・ホール（Felicity Hall）がお茶に来た。私たちは、ブロックウッドでの〔開催予定の〕科学者たちの会合について、議論した。主題の候補は、ものごとを全的に見ること、全体性だ。私は彼らをマリブに招待した。私たちは次の週末、議論をするだろう。彼らが立ち去ったとき、私たちは小さな公園を十周した！」（笑う）「それから夕食をとった。」

スコット─さて、ホール夫妻は誰ですか。

メアリー─まあ、ディヴィッド・ホールは、〔サンフランシスコの南東、湾の南端近くにある〕スタンフォード研究所（Stanford Research）で働いている科学者でした。彼はそのときか、いつか後の時点で、雲のコンピュータ化をしていました。（クスクス笑う）彼は利発でしたが、奇行がありました－そう呼ぶんだろうと思います。女物の服を着たがるんです。（笑う）

スコット─（クスクス笑う）ええ、それは、そう呼べることの一つです。

メアリー─彼には奥さんと幾人もの子どもがいました。彼らは完全に正常に見えました－彼が女物の服を着たがること以外は、ね。

スコット─彼は女物の服を着て現れたんでしょうか。

メアリー─ええ。

スコット─どのような？

メアリー─長いスカート、ブラウス、女物のセーター。本当に忘れてしまいました。

スコット─本当ですか。

メアリー─ええ。

スコット─それはとほうもなく奇妙です。（二人ともクスクス笑う）

メアリー─彼は、いわばゲイには見えませんでした。彼は、がっちりとした男性的な体つきをして、完全に正常に見えました。でも、これは、彼が自由と考えること－または何かそういう概念－の一部でした。（スコット、笑う）私は彼について忘れてしまいました。私はオーハイに、彼と幾らか手紙のやりとりを持っていますが、そこに何があるかを忘れてしまっています。（クスクス笑う）

さて、19日が来ます。「雨が降った。私は背中〔の治療〕のため、チョー博士のところに戻った。私は、『学校へ（To the Schools）』を写真複製した。クリシュナジは再びマティアス夫人に会いに行った。」彼女はクリシュナジを敬愛していました。彼女は、あの大写真家エドウィン・ウェストン（Edward Weston）の撮ったあれらクリシュナジの写真を、私にくれた人です。私はそれらをオーハイに持っています。あなたは見たことがあります。マティアス夫人は遺言で、それらを私に残してくれました。彼女はとてもすてきな女性でした。私にはとても仲良くしてくれました。彼女はまたロザリンドと〔その娘〕ラーダーにも近かった。彼女は、法律訴訟は残念だと感じましたが、論争でどちらにも付かなかった。彼女は今、何年か前に亡くなりました。

20日に、「私たちは午前9時05分にハンティントン〔・ホテル〕を発って、南へ運転した。〔太平洋岸の〕ビッグ・サー（Big Sur）の道は閉ざされていたので、雨とあられとみぞれの中、101号線を〔南に〕降りてきた。私たちは〔セントラル・コースト地域の〕ピスモ・ビーチ（Pismo Beach）で、40分のピクニックの昼食のため停まった。クリシュナジは、〔ヴェンチュラの東の、〕プレザント・ヴァレー・バイパス（the Pleasant Valley bypass）からマリブへ運転し、午後4時45分に到着した。1時間止まって、7時間40分。すなわち6時間40分。」（声に出して笑う）「そして421マイル〔、約674キロメートル〕。」（スコット、笑う）さあ、あなたはすべてを知っています。「私は地滑りを見た。菜園の下で水道管が壊れている。私は〔お隣の〕ダン夫妻に会いに出かけて行った。アマンダは苦しんでいる。」

3月21日。「すてきな朝。家にいることは良い。クリシュナジはベッドで休んで、昼を過ごした。彼はベッドでトレイに載せて、昼食をとった。だが、いつものように、居間で夕食をとった。」私たちはいつも、トレイに載せて食べていました。彼は肘掛け椅子に座り、私はあの長いソファー－あなたが寝たことのあるもの－に座ったものです…

スコット─それはよく知っています。

メアリー─…テレビは私たちの前にありました。或る地質学者が地滑りについて、私に連絡してきました。

3月23日に、「クリシュナジは朝の体操を再開し、昼食には起きた。私は彼の髪を整えた。午後にシドニー・フィールドが、クリシュナジと散歩するために来た。私は〔お隣の〕ダン家に行った。フェリシティとディヴィッド・ホールが、夜を過ごしに来た。」それは憶えていなかったわ。

3月24日、「私は早起きして、料理をした。午前11時にクリシュナジは、フェリシティとディヴィッド・ホール、エルナ、テオ〔・リリフェルト〕、ルス〔・テタマー〕、アルビオン〔・パターソン〕、アラン・キシュバウとシドニー・フィールドとともに、条件付けについて討論を行った－シドニーは、レスリー・ステファンズ（Leslie Stephens）という名の人を連れてきた。彼らはみな、昼食に留まった。ホール夫妻は昼食の後、留まった。彼らとクリシュナジと私は、〔マリブの東方向で近所にある、私立の〕ペパーダイン〔大学〕（Pepperdine）の近くを散歩した。それからクリシュナジは、ベッドで夕食をとった。」

さて、翌日は日曜日でしたが、その日、「クリシュナジは、昨日と同じ集団と第2回のマリブ討論会を行った。教育についてだった。彼は、ここカリフォルニアに学校が必要であることについて、語った。なぜなら、私たちは、暴力の時代、「闇の時代」にいるからだ。彼はまた、それ自体で存在している善と悪のどちらの残留もある、と言った。それから彼は言った－「私は思弁しているのではありません。私はこれを知っています。」と言った。私たちは善の中、彼らを庇護するその傘のもと、子どもたちを育てなければならない。私たちは、それをどのように持つべきなのか。私たちはすでにこの善に入っている。さもなければ、私たちはここにいないだろう。この議論へのとてつもない転回だ。シドニー・フィールドとレスリー・ステファンズが去った。私はホール夫妻だけに、昼食に残ってくれるよう頼んでおいた。でも、昼食には九人がいることになってしまった－理事すべてが会合し、ホール夫妻は学校の話に加わった。エルナ〔・リリフェルト〕は、ハッピー・ヴァレー学校は閉じようとしているとの噂があると、言う。彼女は、おそらくそれはクリシュナジのために復興できるかどうかと思う。ホール夫妻は、それを営むことに進んで加わろうとし

ている。クリシュナジは、私たちはみんな進んでしようとしているのかどうかを、訊ねた。「はい」。最終的に誰もがみな立ち去った。クリシュナジはベッドに入った。私は〔家政婦〕エルフリーデを送って行き、夕食を調理した。」

翌日は26日でしたが、その日、「地滑りを見るため、地質学者が立ち寄った。彼は地滑りしているところの土壌のコア・サンプルを取ることを、推奨した。クリシュナジと私は〔お隣の〕ダン家に行った。彼は両手をアマンダ〔・ダン〕に当てた。それから私たちは道路沿いに、峡谷を歩いてくだり、家に帰った。そして夕食を作った。」

27日に、「私たちはジャガーを点検サーヴィスに持って行った。そして、新しい」（笑う）「ワイヤが取り付けられた。なぜなら、モリネズミが古いものを囓っていたからだ。モリネズミはマリブでのもう一つの生命の危険だった。ジャガーを直してもらうのを待っている間、私たちは借りた車で〔ロサンジェルスの水族館〕マリン・ランド（Marine Land）に行った。後で車中でピクニックをして、戻り、ウエストウッド（Westwood）で買い物をした － 本とクリシュナジのジャージだ。それから私たちはリンドバーグに行った。」 － そこは健康食品の店です。彼はそこに行くのが好きでした。「私たちは借りた車を返し、ジャガーを受けとり、家に帰った。」

29日は、「美しい一日だった。私はデスクの仕事をした。私たちだけで昼食をした。ビル・エンジェロス（Bill Angelos）がクリシュナジと面談をした。シドニー・フィールドが来て、私たちは彼と散歩した。後でクリシュナジはアマンダ〔・ダン〕に会った。私は留まって、ダン夫妻に話をした。晩に私たちは、ベートーヴェンの第九交響曲をかけた。クリシュナジはたいへん動かされた。」（クスクス笑う）「合衆国が関係するかぎり、ヴェトナム戦争の公的な終了である。私たちの捕虜すべてが解放されたし、私たちの軍隊は引き上げた。」

3月31日に、「クリシュナジは、リリフェルト夫妻、ルス・テタマー、アルビオン・パターソン、アラン・K、シドニー・フィールド、レスリー・ステファンズとともに、学校について討論会を開いた。彼らはみな昼食に留まった。午後4時にイヴ・シーゲル（Eve Siegel）がクリシュナジとの面談に来た。」イヴ・シーゲルはルス・テタマーの娘でした。

スコット－その討論会は録音されましたか。

メアリー－ええ、そうです。そうだったでしょう。

スコット－それを書いておきましょう。なぜなら、それはアーカイヴス〔資料保管庫〕の一覧表のここに、挙げられていないからです。

メアリー－それは録音されたと推定します。でも、私の日記にはそう言いません。

翌日は4月1日でした。「私たちはまた、昨日と同じ集団と議論を行った。創造についてだった。私たちだけで昼食をし、〔お隣の〕ダン家に行った。」

4月3日に、「クリシュナジはもう一つの『学校へ』〔の章〕を口述した。」

翌日、「アマンダ〔・ダン〕は、病院に戻らなくてはならなかった。昼食の後、私たちは荷造りをし、クリシュナジの週末の講話のためにオーハイに、そしてリリフェルト家に運転し、午後5時に到着した。私が夕食を作り、私たちは話をした。クリシュナジは、自らが持っている感覚について － リリフェルト夫妻と私は、自分〔K〕を見守るために何かにより送られてきた、そして、私たちは諸々の学校に責任を持ち、監督しなければならないし、また、この来たるべきエネルギーの潮流が何をもたらそうと、それを取り扱う準備ができていなければならないということについて、語った。私たち三人はことを掌握していなければならない。」

4月7日、土曜日に、「キシュバウがナグラ〔録音機〕のために立ち寄った。彼は〔講話を〕録音をしようとしているからだ。午前11時にクリシュナジは、リビー公園（Libbey Park）でその年の第1回のオーハイ講話を行った。大きな群衆がいた。彼と私だけで昼食をした。午後3時に理事すべてが、ロバート・エリス（Robert Ellis）夫妻と会合した － 仕事の拡大計画 －「アメリカK財団友の会」を結成することへのエリス夫妻の提案について、だ。彼らはまた、財務委員会と事務局長を提案した。そして彼らは、集団のための資料作成を提案した。後でクリシュナジとエルナとテオ〔・リリフェルト〕とアラン・キシュバウと私は、散歩した。エルナとテオとの夕食で、クリシュナジは、ロザリンド・ラージャゴパルとラージャゴパルとの生活の恐怖を、叙述した。」

4月8日、日曜日に、「クリシュナジは〔オーハイの街中の〕リビー公園で、第2回のオーハイ講話を行った。特別なものだ － 知識の位置について、だ。フランシス・マッキャン、アラン・K〔キシュバウ〕とテオが、昼食にいた。クリシュナジは学校の候補地として、〔オーハイの南側の〕サルファー・マウンテン（Sulfur Mountain）を見たいと思った。」サルファー・マウンテンを憶えていますか。

スコット－ええ、憶えています。

メアリー－「それで、エルナとも一緒に私たちはみな、運転して行った。アグネス・バロン（Agnes Barron）が、〔インド、プーナ出身の神秘家〕メヘール・バーバー（Meher Baba）のためにそこをここ二十五年間持ってきたが、彼女が私たちにその幾らかを見せてくれた。」彼女は、この地所を持っている年配の小柄な女性でした。彼女はそこを、メヘール・バーバーのために買いました － 彼が来て、話をしようとしていました…そうねえ、彼はけっして話をしなかった人です。もちろん彼はけっして来なかったし、どこでも、インドでも、サルファー・マウンテンでも、けっして話をしませんでした。（スコット、笑う）私が知るかぎり、彼女はいまでもそこにいます。その午後、クリシュナジは幾つか〔個人〕面談を行いました。

4月9日に、「合衆国での講話の日付についてと、学校について、アメリカK財団の理事会があった。」クリシュナジは「小さく始めるべきだ。」と言った。クリシュナジは、アメリカK財団の理事としては、後ろに控えている。」それはどういう意味なのかと思います。

スコット－法律訴訟とか、何かそのようなことのために、彼はしばらくの間、外れていませんでしたか。

メアリー－ええ。それが正しいと思います。「午後に彼は、プリシッラ・テイリー（Priscilla Teiry）、ディヴィッド・ヤング（David Young）、リー・エルドリッジ夫人（Mrs. Lee Eldridge）、ブラックバーン夫妻（the Blackburns）、ジム・ディクソン（Jim Dixon）、ジム・ウォラス（Jim Wallace）に、面談を行った。」それが彼が面談を行っていたやり方です。「ブラックバーン夫妻は、クリシュナジが自分たちに対して言うことを、ルス・テタマーに対して即時に誤って解釈した。」（笑う）

翌日、「クリシュナジは、〔オーハイの東北部にある〕サッチャー・スクール (Thacher School) の学生たちに対して話をした。〔友人でオーストラリアの放送関係者〕イングラム・スミス (Ingram Smith) が、私たちのナグラ〔録音機〕でそれをテープに録った。フーカー夫妻 (the Hookers) は、〔オーハイの西端、オーク・グローヴの近くの〕ランチ・ハウス・レストラン・ガーデン (the Ranch House Restaurant Garden) で、クリシュナジに昼食を振る舞った。また昼食には、リリフェルト夫妻、フランシス・マッキャン、イングラム・スミス、アルビオン、ルス、ロバート・エリスと彼の娘が、いた。後でクリシュナジと私は、テオに続いて運転し、〔ヴェンチュラ郡南部の街〕オクスナード (Oxnard) に修理工場〔ガレージ〕を持っているディーター (Dieter) という名のメルセデスの修理工のところに、行った…」ああ、ここがディーターが入ってくるところです！ディーターのところは、これらの歳月ずっと、いろんな車を見てくれたところです。「私たちは、クリシュナジが〔スイスの取扱業者〕モーザーから買うべきメルセデスをどうすべきかの兵站について、議論した。私がそれをクリシュナジから買いとるべきだ。私たちはマリブに帰った。〔隣家の〕アマンダ〔・ダン〕はまだ病院にいる。」

スコット — なぜあなたは、メルセデスをクリシュナジから買いとろうとしていましたか。

メアリー — 私たちは、それをスイスで注文しておきました。思うに、私たちはそれをアメリカの明細書でもって注文しておきました。元来、そうですね、それは、〔プエルトリコの〕エンリケ・ビアスコェチェア (Enrique Biascoechea) の、クリシュナジに対する小さな二人乗りメルセデスの贈り物から、始まりました。それから彼は、四人がそれに乗れるように、ちょっと大きなものをほしがりました。それで私たちは、わずかに大きなものを注文しましたが、彼は、その年の次のモデルの見映えが気に入らなかった。それで、スイス、〔首都ベルンの南東〕トゥーンのモーザー氏が、〔ドイツ・〕シュトットガルトのメルセデス〔本社〕に、注文を延期するよう説得したんです。

スコット — ええ。私はこれらを憶えています。でも、私は、なぜあなたがクリシュナジからそれを買いとることになってしまったのかに、興味があって知りたかったんです。

メアリー — まあ、誰かがその残りを支払わなくてはいけなかったわ。

スコット — 彼のよりあなたの名義のほうが良いという、何かの理由のためですか。

メアリー — 真実を言うと、私はほんとは憶えていません。それで技術上、私のものでした。（スコット、笑う）でも、精神的にとその他ではクリシュナジのものでした。

スコット — 知っています、知っています。

メアリー — 私は知りませんが、クリシュナジは20年代から、二台の車を持っただけです — 一台は、当初のビアスコェチェアの小さな銀色のものでした。それからこの車、「グリーン・ビューティ」でした。

4月11日に、「クリシュナジは、『ロサンジェルス・タイムズ紙 (Los Angeles Times)』のレポーター、ベラ・スタムボ (Bela Stumbo) にインタビューを行った。私たちだけで昼食をした。」思い起こすと、結果の記事はおもしろくなかったです。

「クリシュナジは午後ずっと眠った。〔隣家の〕ミランダ・ダンが短くやって来た。それからクリシュナジと私は芝生を歩いてまわり、ちょっと草取りをした。」

翌日、「私は、クリシュナジのフランス・ヴィザと、所得税の事柄のため、街に行った。でも、昼食に間に合うよう戻った。それから私たちは、クリシュナジの公開講話のため二回目の週末を過ごすため、オーハイとリリフェルト家に運転して行った。私たち四人はみな、〔オーハイ北東部で、東西を走る〕サッチャー・ロード (Thacher Road) 沿いに長い散歩をしてまわった。」まあ、私は食道の痛みから気分が悪くなりました。まあ、ともかく…治りました。

十三日に、「クリシュナジは、ロジャー・ラザー (Roger Wrather) に会った。」— それは、ギャビー・ブラックバーン (Gaby Blackburn) の、インド人男性との最初の結婚による息子です —「彼はまた、マーク・リーの子どもたちにも会った。午後には休んだ。私たちは、〔地元の〕コーエン (Cohen) 弁護士がまとめて、ラージャゴパルに送った質問書を、読んだ。そして、学校について、ルス〔・テタマー〕とアルビオン〔・パターソン〕に会った。後で午後遅くに私たちは散歩した。クリシュナジは今、私たちがオーハイに建てるかもしれないコテッジについて、話をしている — アーリヤ・ヴィハーラ (Arya Vihara) を倒して、その土地に新しいものを建てるのだ。」

スコット — ふむ、ふむ。（笑う）

メアリー — （笑う）おやまあ、それは異説だわ。何てまあ。それはできなかったでしょうが…

編集者の憶え書

アーリヤ・ヴィハーラの土地にクリシュナジが建てようと考えていたということは、アメリカK財団が少なくとも、〔神智学協会のアニー・ベサントなどより〕クリシュナジの仕事のために与えられたが、ラージャゴパルの管理する資産に変更されてしまったオーハイの広大な敷地の幾らかを、取り戻すだろうという強い感覚が、あったにちがいない。

翌日、「クリシュナジはリビー公園で、その年の第3回のオーハイ公開講話を行った。アラン・キシュバウが昼食に来た。午後に私は、「映像撮影技師」ロバート・ローガン (Robert Logan) に話をした — 彼はクリシュナジに関するドキュメンタリーを作りたがっている。彼の計画は広汎だ。その最後にクリシュナジが入ってきた。後でクリシュナジとエルナとテオ〔・リリフェルト〕とアラン・K〔キシュバウ〕と私は、散歩に行った。」明白に、あの広汎なドキュメンタリー計画からは何もできなかったわ。

4月15日に、「クリシュナジは、第4回で最後のオーハイ講話を行った。午後にクリシュナジは、学校について会合を開いた。エルナとテオ、ルス、アルビオン、アラン・K、フェリシティ (Felicity) とディヴィッド・ホール (David Hall)〔夫妻〕、ロバート・エリス (Robert Ellis) が、出席していた。たいへん多くの議論があった。最終的に午後6時30分を過ぎて終わった。クリシュナジと私は運転して、マリブに戻った。アラン・Kが付いてきて、夕食のため留まった。」

翌日、「クリシュナジの頭が痛んでいた。彼は一日中静かに内に留まった。学校のパンフレットとブロックウッドでの〔開催予定の〕科学者集会について議論するため、ディヴィッド・ホールが午後4時に立ち寄った。私は〔お隣の〕アマンダ〔・ダン〕に会いに出かけて行った。」

17日に、「クリシュナジはもう一つの『学校へ』〔の章〕を口述した。ロバート・エリスとは、〔『ロサンジェルス・タイムズ紙』の記者〕ベラ・スタンボの記事について、果てしないやりとりがあった。〔ベラ・スタンボ〕彼女は法律訴訟への言及を強調する。」

翌日、「私はヴィザの事柄とかで、街に行った。お茶にブラウ夫妻とポロック夫妻。私たちは学校について話をした。」これは錯綜していますが、後世のために説明する価値があります。ポロック博士（Dr.Pollock）はポロック夫人と結婚していました。（二人とも笑う）さて、これをちゃんとさせましょう。ポロック夫人はルイス（Louis）とエルマ・サルク（Erma Zalk）の娘でした。エルマ・サルクはロザリンド・ラージャゴパルの妹でした。そして、ポロック夫妻はブラウ夫妻の友人でした。

スコット—そのとおり。

メアリー—そして、ポロック博士はハッピー・ヴァレー学校（the Happy Valley School）の理事会に入っていました。彼は、〔創設者〕クリシュナジをハッピー・ヴァレーに戻そうとしていました。それで、果てしなく議論されつつありました。私は事柄の全体を信用しなかったし、そこからは何も出てこなかったんですが、それについてたくさん話がありました。

19日に、「州立大学サンディエゴ校のアラン・アンダーソン博士（Dr.Alan Anderson）、アルビオン・パターソンと彼の息子フィリップ、アラン・キシュバウが、昼食に来た － クリシュナジが次の二月にアンダーソンと、ヴィデオテープ撮りの会話を行うことについて、議論するため、だ。クリシュナジとアラン・Kは散歩した。私は〔お隣の〕ダン家に出かけて行った。」

4月21日、土曜日に、「私は荷造りを始めた。私たちだけで昼食をした。午後3時にエルナ、テオ、ルス、アルビオン、キシュバウ、が来た。スタンボの記事は明日の『〔ロサンジェルス・〕タイムズ』に載る。かなりくだらない。私たちは、学校と資金集め等について議論した。イヴリン（Evelyne）とロウ・ブラウ（Lou Blau）〔夫妻〕が午後4時15分に、私たちに加わった。私たちはほぼ午後7時まで、仕事の議論を継続した。」

4月23日に、「私たちは午前5時に起きた。午前7時にアラン・Kが来た。クリシュナジは彼と同乗し、私はVW〔フォルクスワーゲン〕に〔隣家の〕ミランダ〔・ダン〕と乗って、空港に行った。私たちはTWA便に乗ったが、それはタイヤのため一時間遅延した。だが、最終的には午前10時少し過ぎに飛び立った。私たちはニューヨークに着いた。そこでは車が出迎えてくれて、私たちは午前8時までにリッツ・タワー（the Ritz Tower）に着いた。」リッツ・タワーは、私は前に言ったと思いますが、〔パリにいた〕私の父が合衆国に来るとき使う小さなフラットを、所有しているところでした。その間にリッツ・タワーは、半ばホテルのように、そこを貸し出しました。そのため、父はそこにいないとき、その賃貸料をもらったんです。そこは、居間と、幅1ヤード〔、約91センチメートル〕ほどの小さな小キッチンと、各自バスルームのついた二つの寝室があって、だいじょうぶでした。

翌日、24日、「〔インドの外交官で友人の〕ナラシンハンが午前9時にクリシュナジに会いに来た。クリシュナジと私はどちらも、午前11時30分にウルフ博士（Dr.Wolf）に会いに行った。」彼は、〔弟〕バドが話をする細胞に関する用件をやった、年老いたドイツ人医師です。

「私たちはラファイエット（Lafayette）で昼食をした。」そこはそのとき、とても良いレストラン、フランス料理店でした。そこはひどい間違いをしたために、閉店しました。そこは、ズボンをはいた女を入れようとしませんでした。ジャクリーヌ・ケネディを断りました。

スコット—ああ、間違いだ。（笑う）

メアリー—まもなくラファイエットはもうなかった。（二人とも笑う）でも、すてきでした。小さかったし、とても良い食事でした。私はクリシュナジに、飛行機で持ち運ぶため、ヴィトンのバッグを買いました。クリシュナジは散髪をしました。

「私たちは翌日、ウルフ博士のところに戻った。二人とも、昨日彼が受けたテストから良い報告をもらった。私は移植を受けた。」それは細胞〔移植〕でした。「私たちは少し買い物をし、ジョバンニ（Giovanni's）で昼食をした。」あれもすてきなレストランでした。

スコット—クリシュナジは移植を受けましたか。

メアリー—いいえ。私がです。

スコット—でも、彼は後でそうしたでしょう。

メアリー—ええ、後では。

スコット—それから何か効果を感じましたか。

メアリー—いいえ。（クスクス笑う）識別できなかったわ。まあ、それはエネルギーとか何かを与えてくれると考えられていました。それはまた、病気を防ぐとも考えられていました。そうね、病んでいるものとか、不足しているものに、補給してくれると考えられています。

「私たちはジョバンニで昼食をした。そこはイタリア・レストランで、すてきだ。エルナ〔・リリフェルト〕が、ラージャゴパルがこちらに五十四個の質問書を送ってきたと、電話をしてきた。エルナはそれをブロックウッドに送るだろう。午後7時に私たちは、パリ行きのエア・フランス便に乗った。」

スコット—パリにですか。

メアリー—ええ。

スコット—なぜ彼はパリに行きましたか。

メアリー—知りません。憶えていません。（笑う）見てみましょう。

26日に、「私たちは午前8時30分に〔パリ南部の〕オルリー〔空港〕に降り立った。〔ホテル、〕プラザ・アテネへタクシーに乗った － そこで私たちは、いつもの部屋をとった。私たちは飛行機では何も眠れなかったので、クリシュナジは一日中休んだ。バドと〔その妻〕リーザは」 － それは私の弟と〔その妻、〕義理の妹です －「カルディナル・レモワヌ（Cardinal Lemoine）のアパートメントにいる － そこはまだ改修が終了していないが、彼らはそこに泊まることができる。彼らは〔レストラン、〕レジェンス（the Régence）で私とともに、昼食をした。クリシュナジは右足の下のほうの筋肉に、激しいこむら返りを起こしている。彼がほとんど気絶するほど、激しかった。私がそこに熱い濡れタオルを当てると、鎮静化した。私たちは部屋で夕食をとった。」

翌日、4月27日に、「私はクリシュナジとともに、〔靴屋の〕ロブと〔オーダーメイドのシャツ店〕シャルヴェに行った。レジェンスに、マルセル・ボンドノーとマー・デ・マンツィアーリを食事に呼んだ。〔1920年からフランスで支援を受けた〕マーの家族との昔の日々について、多くの話

があった。クリシュナジは、若きクリシュナムルティがどのようだったのかを、訊ねていた。サチャはアメリカ病院（the American Hospital）に連れて行かれていた。それで、私たちは午後に、〔サチャの妹〕マーとともにそこに行った。サチャは青白く見え、自分がどれほど病気なのかに気づいていないように見えた。クリシュナジは十分間ほど、彼とだけでいた。その間、マーと私は看護婦に話をした。テストの結果は月曜日まで分からないだろう。クリシュナジと私は立ち去った。クリシュナジは私に言った － 「けっして私を病院に入れないでください。私はむしろ家で静かに死ぬだろう。」と。これは、長年で彼が病院に入った一回目のことだった。雰囲気に彼は動揺した。私たちはホテルでナディア・コシアコフに会って、しばらく話をした。それからクリシュナジと私は自分たちの部屋で晩餐をした。」

スコット—ここで終わりましょうか。
メアリー—ええ。

原　註

1）アーリヤ・ヴィハーラは、パイン・コテッジ － オーハイ〔の東端〕でのクリシュナジの最初の小さなコテッジ － の隣の邸宅である。クリシュナジの弟〔ニトヤ〕は1925年に、アーリヤ・ヴィハーラで〔肺結核のため〕亡くなった。そこには長年、ラージャゴパル夫妻〔、特にロザリンド〕が生活した。今日そこは、訪問してクリシュナジの教えを研究したいと願う人たちに、来客用宿泊施設を提供している。

2）ラ・トゥール・ダルジャン（La Tour D'Argent）レストランは、〔パリ中心部近くセーヌ川南岸の〕トゥールネル通り（Quai de la Tournelle）とカルディナル・レモワヌ通りの角のビルディングの最上階にある。メアリーの父親のアパートメントは、レストランの下の階にあった。そのビルディングのアパートメントの入り口は、カルディナル・レモワヌ通りにある。レストランの入り口はレストランのためだけであり、直接的に角に面しているが、トゥールネル通り15番地の住所を、主張している。メアリーとその弟バドは、父親が亡くなったとき、二人ともそのアパートメントを相続したが、メアリーはそこをほしがらなかったので、バドが彼女から買い取った。

訳　註

*1 litany は教会の祈祷に用いられる祈願文である。転じて、長く退屈な繰り返しという意味になる。オーハイを含む南部カリフォルニアは、冬が雨の多い時期である。それ以外の、特に夏から秋の乾燥期には山火事が起こりやすい。
*2 マーク・リーの双子の娘たちは、幼い時、インドで蚊が媒介する西ナイル熱に感染し、重い障害を負ったままだった。
*3 エサレン・インスティチュートは、カリフォルニア州ビッグ・サーにある非営利のリトリート・センターであり、意識を探求するカウンターカルチャーのワークショップが開かれていた。40年代、オーハイでKの近所に住み、日々接触していたウィリアム・クインも共同創設メンバーになっていた。
*4 文字通りには「缶詰工場」を意味する。

第27号　1973年4月28日から1973年7月14日まで

序　論

この号はパリで始まる － メアリーが、パリで、そしてイングランドへのフェリーの上で、幾度も動かなくなる自らの新車での困難を叙述することから、だ。その出来事から、メアリーがクリシュナジと旅行する中で向き合う独特で微妙な挑戦について、広大な議論が促される － それにより、クリシュナジの性格と、彼の安寧に対するメアリーの責任感のどちらに対しても、洞察が提供される。

この号は、この時期のメアリーの大きな日記に見つかったルーズリーフのメモ書きを含めるとの編集者のメモ書きで、終わる － その中で、クリシュナジは彼女に対して、自らが断続的に蒙る奇妙な現象の一つを、叙述する。

メアリー・ジンバリストの回顧録　第27号

スコット—よし。私たちは1973年4月28日から始めようとしています。
メアリー—まあ、私たちはこの回を、パリのクリシュナジと私から始めます。私たちは、合衆国から飛んできて、〔ホテル、〕プラザ・アテネに短く泊まっていました。ここには言います － 「午後1時に〔取扱業者〕モーザー氏が、〔スイス、アルプスの北側、ベルン州の〕トゥーンから〔自ら運転して、パリの〕私たちにメルセデスを配送した。私たちは、クリシュナジが新しい車を入手することについて議論した － それは今年、7月に受けとらなければならない。それで彼が立ち去った後、私たちは、シェ・コンティ（Chez Conti）で、私の弟バドとその妻リーザに加わった － クリシュナジが好きなイタリア・レストランだ。私たちは、提案されたオーハイでの新しいクリシュナムルティ学校、資金集め等について、話をした。私たちは、ホテルに戻って、荷物すべてをメルセデスに載せた。すると、動こうとしなかった。」（スコット、心から笑う）「それはスイスからずっとやって来たのに、動こうとしなかった。」（声に出して笑う）「あの人は行ってしまった。それで、〔ホテルの〕ドア係がワイヤロープを持って、動かした。」

「私たちは途中でこの異変が起こる場合に、引っ張るために、私はワイヤロープを買った。私たちは午後5時に、〔フランス北部、〕ル・アーヴルへと発った。途中でガソリンのために停まったが、動きはじめた。ル・アーヴルで私たちは、ソレセン・フェリー（the Thoresen Ferry）のための列に並んだ。そして私たちは歩いて、モニコ（Monico）というレストランに行った － そこで私たちは前に晩餐をとったことがあった。私たちが戻ってきたとき、運良く車は動きはじめた。私たちはフェリーに乗せることができた。〔ホテル、〕プラザ・アテネは、私たち二人のために、新しいフェリーに特別室を取る対応をしておいてくれた。クリシュナジは、バスのついたところを取った。私たちは朝に〔イングランド南部の〕サウサンプトンに着いたが、」（クスクス笑う）「車が動こうとしなかった！」

スコット—やれまあ。
メアリー—「私がエンジンを押し掛けする間に、不面目にもそれは手で押し出されなくてはならなかった。それから

私たちは霧のすてきな朝に、サザンプトンから〔北東方向に〕走行し、午前8時30分までにブロックウッドに着いた。私たちは朝食をとり、午前ずっと〔校長〕ドロシー〔・シモンズ〕と話をした。それからクリシュナジは、その日の残り、ずっと眠った。」(クスクス笑う)
スコットーさて、ここで立ち止まれたなら、これは、あなたが見たと私が知らされた悪夢を解き明かすための良い場所なのかもしれないから － それは、あなたがクリシュナジと旅行しているときのことです。(メアリー、クスクス笑う。スコット、つられて笑う) 何かがうまく行かなくて・・・
メアリー—必死ですね！
スコット—必死です。何をすべきなのかが分からない － うまく行かなかったことに、どのように注意を払い、同時にクリシュナジに気をつけるべきか、です。彼を道路脇に放っておくことはできません。
メアリー—ええ。
スコット—では、あなたが感じるだろうことすべてを、説明してください － それについてすべて、です。
メアリー—まあ、私には起きたのは同様の・・・私は、何年に何かが起きたのかを、取り違えています。でも、私はパリで、新車のメルセデスを受けとったとき － 彼のではなく私のですが、〔業者の〕モーザーがそれを配送してくれました。これは新車ではなかったから、これがその年だとは思いません。あらゆるものがすばらしく、私たちは出かけました。ル・アーヴルへの高速道路で、私は惰性で走っていて、急にモーターが止まりました。勢いで私たちは進んでいましたが、モーター〔の動き〕はなかった。恐怖です！(クスクス笑う) それで、私たちは、どこだか知らないところの真ん中にいます － そこには高速道路以外、村人も何も見えない。私は当然、片寄せをし、車は進んで停まりました。
スコット—ふむ、ふむ。
メアリー—そこに私たちはいました。私は何をしようとしていたのか？ (笑う)
スコット—そのようなことの予想は、いつも悪夢だったにちがいない！
メアリー—そうでした。なぜなら、一人でいるとき、それが自分に起こるなら、何もおもしろくはないからです。でも、車に彼がいて、それが自分に起こるなら、起こりうる最悪のことです。私は、彼を乗せて車列で運転した最初の経験に、遡れます － それについては以前に叙述しました。私がイングランドで車を借りて、彼を〔ロンドン近郊、サリー州の〕ウィズレー〔王立園芸協会〕庭園に連れて行ったとき、です。私は大急ぎで、交通の大渋滞を抜けて戻らなくてはなりませんでした。〔Kの日程を管理していた〕ドリス〔・プラット〕が、午後6時〔の約束〕に彼は戻っていなければならない、と言っていたからです。6時が急速に接近してきましたが、〔夕方で〕交通は混みつつありました。〔イギリスだったから、アメリカ人の〕私は左側を運転していましたが、それに慣れていませんでした。私は彼を車に乗せていて、・・・
スコット—分かります・・・
メアリー—アラン・ノーデもです。でも、それは問題ではなかった。
スコット—彼に気をつけるという感覚全体が・・・
メアリー—責任です！もしも私が事故を起こしたなら、どうなるか・・・
スコット—そのとおり。
メアリー—あまりにひどかった。
スコット—責任があるとのあの感覚全体と、また、クリシュナジがどれほど脆弱だったのか。私はいうのは、クリシュナジはまさに、しゃばの抜け目ないと呼ばれるものではなかったんです。(二人とも心から笑う)
メアリー—彼が何であったにせよ、それは彼から一番遠いことです。彼が行こうとしているところへ、彼を安全に、快適に、可能なら心地よく、連れて行くことが、私の仕事でした。
スコット—ええ。私はこれを記録に載せたいです。なぜなら、人々は、「ああ、メアリーがいつのときも、そうですね、運転して彼を連れて回っていることは、何てとても心地よく、何てとてもすてきだ。」と、考えがちであるからです。
メアリー—分かります。
スコット—でも、その重い責任について、彼らは考えません。
メアリー—また、どこに彼が泊まるかです。私は〔事前に〕調査をして、何時間も費やしました － ほとんどがミシュラン・ガイドで、です。彼が夜を過ごすのに適切な場所になるところを探して、です。
スコット—ええ。
メアリー—私はこれらの場所を前に見たことがなかった。推測しなくてはいけなかった。で、これは良いのかどうかの算定すべてです。たくさんの心配が掛かりました。
スコット—ええ、ええ。そして、どこで食べるのかと、キッチンは清潔なのかどうかのと、・・・
メアリー—菜食の食事があるのかどうか、そこは静かだろうか・・・
スコット—そのとおり！
メアリー—そこは混み合っていないだろうか・・・果てしがない！
スコット—ええ、雰囲気・・・
メアリー—雰囲気、それらのことすべてです。私たちがそこに着いたとき、それに対処する。そうね、私が管理していて、彼はただそこに優美に立っていました。
スコット—ええ。
メアリー—言い換えると、兵站すべて、です。
スコット—ええ。そうですね、これが、あなたがクリシュナジといることがどのようなことだったかの記録になろうとしているなら、理解されなくてはいけません － あなたがただ幸せに帆を上げて走っているだけのことは、異なった・・・
メアリー—ええ、ええ。彼女は運が良くてしているのではなかった・・・
スコット—ええ。すてきなレストランとすてきなホテル・・・
メアリー—・・・これらすばらしい場所中で、ね。
スコット—ええ。(メアリー、クスクス笑う) 苦労に充ち満ちていました！
メアリー—ええ。
スコット—ええ、それに挑戦にも、ね。
メアリー—私たちが、パリのちょうど外側の〔フォンテヌブローの森に隣接する〕バルビゾン(Barbizon)に、短い休みのために泊まったとき、です。すでにその時間は過ぎたと、思います。私は時に先んじて出かけて行き、先の訪問で現場を下調べしました。昼食をし、部屋を見、運営側

に話をしました。前もってずっとそのとおりです。私が部屋を予約する前に、です。
スコットーええ。それにまた、これはただ、何かクリシュナジを躁病的に甘やかすことから出たのではないことを、言わなければいけません。
メアリーーええ！私が思うに・・・
スコットーでも、彼の最上級の敏感さと性質が花開くためにとか、といった感覚があって・・・
メアリーーええ。
スコットー彼にはその種の支援が必要でした。
メアリーーそれが私の言っていた意味です。理解しないとかただ批判したいだけの、とがめ立てするたくさんの人たちは、「なぜ彼はいつも贅沢に取り囲まれていたのか」と考える、と私は思います。でも、事実は、彼は自らの生活の多くで、正反対にいました。彼はひどい場所にいたんです。でも、それは彼にとって正しくなかった。ただ彼にすてきなものがあってほしいからではなく、彼のエネルギーが教えに向かうと考えられたからです。
スコットーそのとおり。
メアリーー彼の健康は維持されなくてはいけませんでした。彼は身体的に、か弱かった － 彼はたくましく荒くなかったし、・・・
スコットーええ、ええ。
メアリーー困難に耐えざるを得なかったという意味で、です。彼ははるかにものごとに気づいていました。食べ物が間違っているのかどうかとか・・・
スコットーええ。
メアリーーそれは、彼が小うるさいということではなかった。
スコットーええ。
メアリーーそれらは彼が〔生涯最後の〕91年目まで、常に旅行し講話することができる条件である、ということでした。
スコットーええ、ええ。
メアリーー後にこれを聞く誰かは、それを理解しようとしてくれるだろうと、私は望みます。
スコットーまあ、そのとおり。そういうわけで、これは必ずしておくべきことなんです。これは私にとって明らかでした。私はこれをはっきりと見ました。クリシュナジは、私がかつて出会った中で、一番要求しなかったし、一番取り繕らなかったし、一番自己中心的でなく、自己関心を持たない人物でした。でも、これらのことは、インフラ構造、支援のようなものでした。よし、彼は、ラージャゴパルとロザリンドにやられたことに、耐えるだろうし、耐えられた。そうだね、彼はそれらを取り扱えた・・・
メアリーーまあ、彼はけっして不平不満を言わなかった。
スコットー彼はけっして不平不満を言わなかった。彼はなりゆきでやって行っただけでしょう。でも、それでは、彼の時間とエネルギーが掛かってしまったし、彼がたいへん気遣うこと、私たちが一番気遣うことが、支援されなかった － すなわち、彼が話をすることが、です。
メアリーーまあ、あれは・・・それは、彼が気遣った以上のことでした・・・それは彼の・・・
スコットーすべてだった・・・
メアリーー・・・それが彼の仕事だった・・・なぜなら、・・・
スコットーそのとおりです。そのとおりです。ええ、ええ。
メアリーー彼は、自分はそのために生きている、と言いました・・・それは、彼がすべき仕事でした。でも、人々によ

り濫用されつつあるのは、彼の取り繕ることと要求することの欠如でした・・・
スコットー絶対です。絶対です。
メアリーー私がいうのは、オーハイで、ラージャゴパルの頃に、彼は他の人たちを免れさせるために、皿洗いすべてをしたものでした。（クスクス笑う）ラージャゴパルはいつも、それをするのを避けたものでした － 彼は、大騒ぎをして、「いや。いや。」と言ったものです。クリシュナジは、「やりましょう。」と言ったものです。騒ぎに堪えるより、そうするほうが彼にとっては面倒が少なかった。それで、彼はそうしました。ロザリンドのプードルが散らかした後、彼は掃除したものです。彼は、何かを与えられるとか、仕えてもらうことをけっして期待しない人物でした。実は彼は、自分のために人々がわざわざ面倒なことをすることには、小うるさかった。彼はそれを防ごうとしたものです・・・
スコットーええ、ええ。
メアリーー・・・彼はそれを自分でやろうとしました。だから、或る種、見えないように、それはしなくてはいけなかった・・・
スコットーふむ、ふむ、ふむ。ええ、彼は仕えてもらうのが好きでなかった。
メアリーーええ。私とともに皿洗いをすることについて、私が叙述したことすべては・・・
スコットーまあ、彼はそれは・・・彼はどうしてか、それは正しいと感じなかった － あなたがそれをするということは、です。
メアリーーええ。
スコットー・・・彼はとほうもない謙虚さを持っていました。
メアリーーええ。それで、私たちが大騒ぎをした、おもしろいことのすべては・・・
メアリーとスコットー（一緒に言う）皿洗いに関して、で・・・
スコットー知っています。知っています。（笑う）
メアリー（クスクス笑う）でも、彼はそれについてはとても毅然としていました。私は・・・これは私は言ったと思いますが、そうでなければ、もう一回言いましょう。マリブの家やオーハイや他のところでのことでしたが、人々がそこにいて、私が食事を作るなどするとき、私は彼に、立ち上がって皿洗いをしないよう嘆願したんです。「私が見えないところでやります。あなたは食卓に留まって、会話を続けてください。」と私は言ったものです。彼は「いや、いや、いや！」と答えたものです。彼がそれをやるわけにいかなかった。（二人ともクスクス笑う）それで、私は立ち上がって、お皿を片づけようとしたものです。なぜなら、彼は跳び上がって、それから部屋の誰もがみな跳び上がって、全くの混沌になってしまうだろうからです － そのほうが、私にとってはるかにきつくなりました。（スコット、笑う）昼食会が進んでいくべき道筋全部が、台無しになってしまいました。でも、彼もまた、自分が仕えられているのを見られたくなかったと、私は思います。
スコットーええ。
メアリーー彼はまた、「いや、ご婦人がそれをすべきでない。」とも感じました。すばらしい古風なことです。
スコットー（笑う）知っています。ご婦人が紳士に仕えるべきではない。ええ。
メアリーーええ！彼はそれ〔仕えてもらうこと〕をインド

では受け入れました。なぜなら、それはそこにある一種の〔社会〕構造ですから‥‥
スコット－ええ。
メアリー－‥‥召使いたちは、召使いでいさせる、と。
スコット－ええ。
メアリー－実際にそこでは、どのみち、自分自身でものごとをやる道はありません。でも、ひとたび西洋世界では、召使いたちが消え去ったとき－本当にそうなりましたが－自分の友だちに仕えられるのは、正しくなかった。
スコット－ええ。
メアリー－彼は、ご婦人たちについて、すばらしく古風な礼儀を持っていました。
スコット－ああ、大いにです！ええ、彼は大いに、古い世界の紳士でした。
メアリー－ええ。もちろん、幾らかの人たちは、彼の作法にまごつきました－初めに私が通るためにドアを開けるとか、そのようなことです。人々は衝撃を受けました。でも、私はそれに干渉しなかったでしょう。なぜなら、それは、彼に失礼であるよう頼むようなことだったでしょうから。
スコット－ええ、ええ。
メアリー－私は彼に失礼であるよう頼めなかった。
スコット－私が〔作法として〕彼に仕えるというこの同じことです。私は二回、彼が私に言ったのを思い出せます－「あなたは、私に仕えてはいけません。」と。私はクリシュナジに「でも、私はおもしろがっているんです。」と言ったものです。それで、だいじょうぶでした。
メアリー－ええ、ええ。
スコット－私がただおもしろくてやっているだけなら、そのときはよかった‥‥
メアリー－ええ。なぜなら、そのとき彼よりあなたのほうが得したからです。
スコット－（心から笑う）そのとおり。そのときはだいじょうぶでした。
メアリー－ええ。私にとっても同じです。私がいうのは‥‥
スコット－もちろんです。
メアリー－彼のためにいろいろすることは、喜びでした。
スコット－もちろんです。
メアリー－きっと多くの人たちが、彼が〔パリで高級ホテル、〕プラザ・アテネに泊まっていたという事実を、批判するだろうと、私は思います。まあ、私にとっては、彼のために良すぎることは何もなかった。
スコット－絶対です。
メアリー－私には、おもしろかった‥‥
スコット－もちろんそうでした。
メアリー－そうなるようできることが、です。
スコット－ええ、ええ。そうねえ、すてきですね－クリシュナジが、見かけのためとか、或る人たちが思いかねないことへの恐れとか何か他のために、それを妨げないということは。すてきです。あれは‥‥
メアリー－ええ。或る面では、私がいうのは、あの一個所に行ったんです。どの年だったのかは思い出せません。私たちは〔パリの南西、フランス中部の都市トゥールを中心とした地域、〕トゥーレーヌ（Touraine）に行きました。私たちはとても豪奢な場所に立ち寄りました。ミシュランはそこを高く買いかぶりすぎていました。そこはただ、これ見よがしなだけでした‥‥

スコット－ええ。
メアリー－そこは裕福な産業経営者の城（シャトー）でした。彼はそこを建てて、それから亡くなった。そこはホテルに変えられました。そこは豪奢で、粗野で、これ見よがしでした。私たちは朝に発つのが待ちきれませんでした。
スコット－ふむ、ふむ。
メアリー－それで、彼はその種のことに敏感でした。でも、プラザ・アテネのような場所は優秀さを与えてくれるから、違っていました。
スコット－ええ。それは、考えてみるに興味深い他のことですよね。すなわち、クリシュナジはこれらすべてのことに敏感だったから、雰囲気が的確であるとか、場所が的確であるとか、食事が的確であるという事実、それはより明白でした。少なくとも私の見るところでは、これらのことの重要性はより明白です。より一般的な鈍感さの誰かにとって、彼らは優秀なる場所に泊まったり、凡庸な場所に泊まったなら、彼らはベッドをとったわけですが‥‥それは何が問題でしょうか。でも、実は重要です。或る人物が敏感であればあるほど、問題です。そして、クリシュナジはとても敏感だったから、それが本当に問題であることが、分かりました‥‥
メアリー－ええ。
スコット－‥‥それは過剰なだけではなかった‥‥
メアリー－ええ！
スコット－‥‥雰囲気を気遣うこと、優秀さを気遣うこと、ものの美しさと食事の質に気遣うことは、です。過剰ではなかった。実際には、本当の識別可能な効果がありました。そういうわけで、これらのことが重要だったんです。
メアリー－ええ。彼は、すべてのものごとの優秀さを評価しました。でも、彼は何にも依存していなかった。
スコット－ええ。まったくそのとおり。それで、彼はそこから恩恵を得ましたが、それに依存することはなかった。
メアリー－ええ、ええ。

　ともあれ、「私たちはブロックウッドに着いた。マー・デ・マンツィアーリからの電報が私たちを待っていた－前日、私たちが車で走っていたとき、サチャが亡くなった、と言う。」私たちの前回の議論から思い起こすと、クリシュナジは、〔パリの〕アメリカ病院にサチャに会いに行きました‥‥
スコット－ええ。
メアリー－‥‥その二、三日、私たちはパリにいました。私は彼〔クリシュナジ〕と長い話をしました。
スコット－サチャは何で亡くなりましたか。
メアリー－憶えていません。何か発作のようなもの、そのようなものだと思います。確かではありません。
スコット－これはまた側の線路ですが、彼に近い、と私が言いたい人たち、または、クリシュナジの親友である人たちのほとんどは、女性であったように、思われます。
メアリー－ええ。
スコット－サチャは、彼が若い頃から持っていたわずかな男性の友人の一人でした。
メアリー－ええ、ええ。彼は‥‥
スコット－‥‥彼は、彼が若い頃〔1920年のフランス滞在〕から持っていたただ一人の男性の友人でした。
メアリー－まあ、彼はもちろん持っていました。彼の名前は何ですか‥‥ああ、ほんとに私の記憶は‥‥友人であった人で、ラージャゴパルがはまり込んだ仕事をするはずだっ

たが、何年も前に急死した人が、誰かいました…
スコット－ええ。
メアリー－ああ、名前は…頭の中では聞こえるけど、言えないわ…ともあれ、彼はあれら古い日々に友人を持っていましたが、あなたが指摘するように…
スコット－彼らは亡くなりました。
メアリー－…彼らは消え去りました。
スコット－そのとおり。
メアリー－人々は、彼から奪われてしまいました…
スコット－ええ。〔1925年に亡くなった弟の〕ニトヤのように。
メアリー－〔イギリスの作家〕オルダス・ハックスレー（Aldous Huxley）。
スコット－ハックスレー、そのとおり。彼は友だちを持っていましたが、彼らは亡くなりました。
メアリー－ええ。それは真実です。でも、これを考えると、興味深いかもしれません。サチャが死にかけていて、クリシュナジは病院に行って、彼を見舞った。私たちがその時点でパリに来たことと、サチャがちょうど入院していたことが、偶然の一致であったからだ、と思います。それから後で、またはこの前なのか、〔ロンドンの古い友人〕バインドレー夫人（Mrs.Bindley）が〔1975年に九十六歳で〕亡くなったとき、彼女は階段から落ちました。彼は病院に行って、彼女を見舞いました。彼女はその直後、二、三日後に亡くなった、と思います。それは、ロンドンの南のどこか、病院の中でした。私たちが入っていったとき、彼女は眠っていました。クリシュナジはドアのところに立っていました。私はベッドまで行って、ごく静かに座り、静かに言いました－「バインドレー夫人、クリシュナジがここにいます。あなたに会いに来たんです。」彼女はほぼ眠ったままか、ちょうど目覚めようとしていたのか、彼女は、「ああ、すてき、すてき、すてき。」と言いました。（クスクス笑う）
スコット－ふむ、いいなあ。
メアリー－しみ入りました。それから私は部屋の外に出ました。彼は彼女と話をしました。彼女はほんとすぐに亡くなりました。
ここには言います－「私は、車が時々動かないため、修理工場に行った。彼らはバッテリーの電池一つが無くなったことを見つけた－そういうわけで、そうなっていたのだ。それから荷物開けがあった。」それらです。
5月2日に、「私たちは〔東方向の〕ピータースフィールドから列車に乗った。〔ロンドンでは、仕立屋、〕ハンツマンでクリシュナジの仮縫いの後、フォートヌムでメアリーとともに昼食をした。メアリーとジョー〔・リンクス〕は、カナダとカリフォルニアに発とうとしていた－ジョーの仕事の旅行だ。」それから何か－「アラン〔・ノーデ〕とともに、彼らは月末の週末を、マリブの家で過ごすだろう。」私はそこ〔の自宅〕にいようとしていませんでしたが、彼らにそこに泊まるよう勧めました。
スコット－では、リンクス夫妻とアランは、あなたの家にいようとしていた？
メアリー－ええ。3日に、「クリシュナジは、『学校へ（To the Schools）』の口述を再開した。」それから、感嘆符つきで「「ニトヤ！」」と書いてあります。「クリシュナジがその名を言ったさまで、兄弟関係の感覚が伝わった。」
5月4日に、「サラルとディヴィッド・ボームが昼食に来て、〔ブロックウッドの〕西ウィングで夜を過ごした。私たちは彼らに対して、ブロックウッドでの〔開催予定の〕科学者集会について、話をした。ディヴィッド・ボームは、自らが〔サンフランシスコの〕ディヴィッド・ホールに手紙を書こうと言った。」－彼はこのすべてに加わっているように見えます。彼が来たのかどうか、私は知らないですが。
スコット－彼が来たとは思いません。
メアリー－6日に、「クリシュナジは学校に対して話をした。」
7日に、「〔財団事務局の〕メアリー・カドガンがやって来て、昼食の前後にクリシュナジと私に話をし、財団の用件すべてを補った。」
11日に、「クリシュナジは、イヴ・ズロトニツカ（Yves Zlotnitska）に会った。彼はインドでクリシュナジの映画を撮影したいと思う。だが、彼は、それはインドK財団が行いつつあることを、告げられた。」
12日に、「クリシュナジの78回目の誕生日だった。でも、私たちは彼のまわりではそれらのことに触れない。」（スコット、笑う）「クリシュナジは、〔オーハイの〕ポロック博士に宛てて手紙を口述した－ハッピー・ヴァレー〔学校〕の土地をアメリカK財団の学校として利用することについて、だ。」あれは、私たちが〔新しい学校の〕場所を探っているときでした。私はあなたとともに〔この対談で〕それに入りました。
「〔出版委員会の〕ディグビー夫妻が昼食に来た。〔イタリアの〕ゲオルギオ・バラビーノ（Georgio Barabino）もまた－彼については、後でもっと多く聞くだろう。」（クスクス笑う）「昼食の後、クリシュナジは、ディグビー夫妻に対してしばらく話をした。私も加わった。10月のけんか以来、私たちの最初の会合だった。」－それは、私が〔ロンドンの事務弁護士〕マイケル・ルービンシュタインのところに行くのなら、ネリー〔・ディグビー〕は彼に話をしに行こうとしなかったときでした－「ことは相当スムーズに進んだ。ネリー、ドロシー〔・シモンズ〕と私は理事として、ブロックウッドの、古い財団からK信託財団への移行について、議論した。」
13日に、「クリシュナジはダイニング・ホールで、学校に話をした。彼は〔メアリーの夫〕アレックス・カドガン（Alex Cadogan）に〔個人〕面談を行った。私は、ポロック博士にクリシュナジからの手紙を、送った－公式に、ハッピー・ヴァレー財団の理事会に、オーハイで土地を学校のために利用可能にするよう頼むものだ。」
16日に、「クリシュナジとドロシーとドリス〔・プラット〕と私はメルセデスで、〔南西方向に〕ニュー・フォレスト〔国立公園〕（the New Forest）に運転して行き、そこでピクニックをした。さらに〔ビューリー川沿いの村、〕バックラーズ・ハードに行った。」バックラーズ・ハード（Buckler's Hard）に行ったことはありますか。
スコット－ええ。
メアリー－そこは、小っちゃな十五世紀の村で、そこには…
スコット－造船。
メアリー－…これらすばらしい船が建造されました。「私たちは、〔西の海辺の街〕クライスト・チャーチ（Christ Church）へ運転して行き、それから〔内陸の〕リンドフースト（Lyndhurst）を抜けて戻った。クリシュナジは疲れていた。ドライヴは長すぎた。」
スコット－クリシュナジは、バックラーズ・ハードのよう

な場所を、どう思いましたか － そこは本当に歴史上の関心だけでしたが。

メアリー－分かりません。彼は言わなかった。彼はドライヴすること、田舎を見ることが好きでした。私たちは外に出て、歩いてまわりました。

スコット－でも、彼は歴史的なものに特に関心はなかった。

メアリー－ええ、ほんとに、そうは言わないでしょう。彼が関心がなかったとは、私は言いません。でも、それは、彼が熱中することではなかった。彼はそもそも博物館好きな人ではなかった。

スコット－ええ。

メアリー－実は、私たちが初めて〔パリの南西200キロメートルほどで、フランス中部、ロワール川沿いの街アンボアーズの南東にある〕シュノンソー(Chenonceau)に行ったとき、私たちは外に出て、歩きまわったんですが、彼は城(シャトー)に入りたいと思わなかった。後で私たちはそうしました － 後に〔1978年に〕、私たちが〔アンボアーズの東、モントリシャールにある〕マロジャー(Maroger)家のところに泊まっているとき、彼は〔シャンボール城に〕入りました。〔別の時、〕私たちはアンボアーズ(Amboise)と〔フランス中部、オルレアンの南西にある〕シャンボール(Chambord)にも、忘れたけど他のどこかにも、行きましたが、みんなが〔城(シャトー)に〕入っていこうとしていたから、彼は入っていったんです。

スコット－ええ。

メアリー－でも、彼はそれについてあまり批評を言わなかった。

17日に、「クリシュナジは内に留まり、休むことを決定した。それで、ドロシーと私は列車でロンドンに行った。私たちはお使いをした。私は、K信託財団理事たちと出版委員会の委員たちの会合のため、ディグビー家に行った － それは午後6時30分まで続いた。私たちが決定したことは、今後のクリシュナジ、メアリー・リンクス、アラン・キシュバウとの会合に、従属する。K信託財団は、出版委員会の詳細を通じて情報を伝えられることになっている。出版委員会での不合意の場合には、財団が決定することになっている。ジョージ〔・ディグビー〕は、〔ラージャゴパル支配下の〕KWINC〔クリシュナムルティ著作協会〕に対して訴訟が行われる前に、相談されなかったことに憤慨している。」

スコット－ああ。

メアリー－まあ、アメリカK財団の外の誰も相談されなかったわ。「私は9時にやっと帰った。疲れた。」と言います。

18日には、「クリシュナジは職員集会を開いた。」

20日には、クリシュナジからの引用で始まります － 「「私は昨夜、奇妙な夢を見た。母が、たぶん私たちの母が亡くなったとの証明書が、あった。私はベッドに座り、両手を彼女に置いた。次第に私は、暖かさが彼女に戻るのを感じた。彼女は起き上がった。そのとき私は目覚めた。たぶんそれは象徴的だ。」と。それからダイニング・ルームで、クリシュナジは学校に対して話をした。彼は、なぜ学生たちは彼との会合で沈黙していて、議論しないのか、そして、彼らにはなぜ火とエネルギーがないのかを、質問した。彼らは退屈し、気乗りしないのか。何人かは、圧力すなわち成績評価がなく、他の学習の要求がないから、ものごとをする励みがない、と言った。自らが自分自身の興味、エネルギーを供給しなければならない。それから権威についての議論があった － 「もしXが〔通常行われている〕朝の会合に来ないのなら、職員は彼をどのように扱うのか。」と。」(クスクス笑う)それは問題の見本です。「「私は彼に対して、朝の会合 － 統合という意味で静かに集まること － の理由を、叙述するでしょう。そして、彼が拒絶するのなら、私はどうしますか。私は二十回彼に語りますが、彼はそれでも〔会合に〕来ません。私はこの主題について彼を一人で放っておきますが、ここやそこで食事のとき彼に話をします。私は彼に対して、私が彼のことを気遣っているとの感覚を、伝えます。私はものごとを指摘します。そのとき私は戻っていき、彼に再び、朝の会合に来るよう頼みます。私はこのように五十年間、話をしてきました。なぜか知っていますか。私はあなたを愛しているからです。あなたは私の息子や娘です。」と。」(とても静かな調子で)それが彼の言ったことです。

スコット－ふむ。

メアリー－翌日、「クリシュナジは職員の会合を開いた。私はエルナ〔・リリフェルト〕と訴訟のための仕事をした。」

22日に、「クリシュナジは再び学校に対して話をしたが、訪問客はなしで、だ。学生たちはより多く声に出して言った。」と言います。「ピーター・ラーチュ(Peter Racz)が訪問してきて、昼食をし、後でクリシュナジに話をした。」ピーター・ラーチュを憶えていますか。ブラジルの少年です。彼はまた、ディヴィッド・ボームととても仲良しでした。

スコット－ええ。

メアリー－(クスクス笑う)「ドリス〔・プラット〕が、私に自分の小さなミニの車を貸してくれた。私はお客用寝具類のために〔南西方向に〕ウィンチェスターに行った。他方、クリシュナジはメルセデスのエンジンを掃除した。」(笑う)

24日に、「私たちはともにロンドンに行き、フォートヌムで早い昼食をとった。それから彼は歯医者のハミシュ・トンプソンのところに行った。彼がそこにいる間、私はお使いをした。それから私たちは〔仕立屋、〕ハンツマンに行き、そこでクリシュナジは明るいグレイのスーツを注文した。そして、スルカ(Sulka)に行き、そこで私たちは、クリシュナジがインドから持って帰ったインドの絹で作ったシャツを、ともに注文した。クリシュナジは、マックスウェル(Maxwell)を視察した。その靴店は〔ウエスト・エンドのショッピング・ストリート、〕ボンド・ストリート(Bond Street)にあって、今はハンツマンが所有している。私たちは、〔食器、家庭用品を扱う〕アスプレイ(Asprey's)でピクニックのバスケットを見て、フォートヌムで一つ買った。」(笑う)「それから私たちは、〔高名な織物職人〕ピーター・コリングウッド(Peter Collingwood)の敷物を見るために、工芸センター展示場に行った。午後4時20分の〔列車〕に乗って、ピータースフィールドに戻った。」

25日に、「午前11時30分にクリシュナジは、職員の会合を開いた。〔オーハイの〕ポロック博士はブロックウッドに来ないだろう。」

26日には、「暖かい夏の一日だった。そして、学校の中間休暇の始まりと銀行の休日だ。クリシュナジは午後に車を洗った。その間、私はバラ園の区域の草取りをした。」(クスクス笑う)「ふつうの散歩にはあまりに暑かった。だから、私たちは木立(グローヴ)のなかで座って、さまよい歩いた。」

27日に、「私たちはピクニックを計画したが、この季節のクリシュナジの枯れ草熱の恐れのため、そうしなかった。私たちはすてきな静かな一日を過ごした。」

5月29日、「〔オーハイの〕エルナから手紙が来た － 公判前手続きの法廷会議が25日にあって、6月15日への延期という結果になったと言う。双方の尋問についての他の延期。リリフェルト夫妻は自らの出発を、15日以降に延期した。」
　次の二日ほどは、「デスク、散歩、デスク、散歩・・・」と言うだけです。うーん・・・
　6月1日に、「クリシュナジは職員と会合した。午後6時に私はピーターズフィールド駅で、マー・デ・マンツィアーリを出迎えた。彼女は週末の間、ここにいて、西ウィングに泊まっている。私はメアリー・リンクスに話をした。彼女は昨夜マリブから到着した。彼らは三日間、〔マリブの〕家に泊まった。」それは忘れてしまいました。
　6月2日に、「クリシュナジはもう一つ『学校への手紙（Letters to the Schools）』を口述した。マーが、クリシュナジとドロシーと私とともに、散歩に来た。」
　3日に、「クリシュナジは学校に対して話をした。またもや私たちは散歩をした。」同じ種類の散歩です。それから、私の家族についてたくさんあります・・・
　6月4日に、「マーは、クリシュナジと私に対して、20年代初期にニトヤが彼女に書いた幾つかの手紙を見せてくれた。とても動かされる。それらはとても生きて見える。そんなにユーモアと皮肉があった。そして、彼らが占めているその世界の多くは、彼にとって厭であるかのように、なぜか悲しかった。「神智学はすべての中で一番退屈なものです。」」それがニトヤの書いたことです。「クリシュナジは手紙に動かされて、言った －「私はそれがどのようなものかを見た。でも、彼は私よりはるかに成熟していた。」と。」
スコット―メアリー、それら手紙はどこにあるとお考えですか。
メアリー―見当も付きません。知りません。彼女はそれらを私にくれました。私はそれらをアーカイヴス〔資料保管庫〕に入れました － クリシュナジが彼女に書いていた幾つかの手紙です。でも私は、ニトヤが書いた手紙をもらったことは、憶えていません。
スコット―これらの手紙は、どこで探し始められるだろうと、思いますか。
メアリー―どこも探すところはないわ。マーは亡くなっています。彼女の姉妹〔ミマとヨー〕はどちらも亡くなっています。〔兄の〕サチャも亡くなっています。
スコット―彼らには子どもがいなかったんですか。
メアリー―ええ。ミマ〔・ポーター〕を除くと、彼らの誰一人、結婚しませんでした。今、彼らはみんな亡くなっています。
スコット―おじさん、おばさん、いとこはいるんですか。
メアリー―誰もいません。
スコット―私たちが考えつく家族は誰も？
メアリー―彼らには、私の知る親類はいなかった。何も聞いたことがありません。マーはオーハイで亡くなりました。ミマも・・・彼女たちはみんなオーハイで亡くなりました。私たちがちょうど見たように、サチャがパリで亡くなったの以外は、ね。ミマはオーハイに住宅を持っていました － それと養蜂場も。彼女は昔、そこに移ってきました。彼女はシカゴのこの人〔ポーター氏〕と結婚しましたが、彼は長く経たないうちに自殺をしました。それから彼女はオーハイに移ってきて、住宅と土地を買い、余生の間、そこで生活しました。彼女の夫はとても裕福でしたが、彼女は彼から相続をしていました。姉妹たちは金銭的に彼女に依存していたことを、私は知っています。でも、サチャについては知りません。〔フランスの外交官だった〕彼は年金か何かを持っていたかもしれません。マーとサチャはパリで、ジャコブ通り（the Rue Jacob）にフラットを共有していて、サチャが亡くなるまで、そこで生活しました。その後ほどなくして、マーはそこを引き払ったと、私は思います。
スコット―そしてオーハイに移った。
メアリー―彼女には年老いたメイドがいました。その人がしばらくの間、彼女の世話をしていました。でも、それから年老いたメイドは亡くなったのか、または退職してしまい、彼女は自分だけでは対処できませんでした。その間、〔末妹〕ヨーは、或る友だちを持っていて、その人と或る場所を共有していました。〔アメリカ東海岸の〕ニュー・イングランドのどこかです。その友だちが亡くなったとき、ヨーはオーハイに行って生活しました。初めは〔長姉の〕ミマとです。それから彼女は、上オーハイに小さなフラットを持ちました。マーはそこの彼女に加わり、隣に小さなフラットを持ちました。それから、ヨーがどうなったのか、私は知りませんが、ミマがオーハイでマーにフラットを見つけてやりました。私はそこに彼女を訪問しました。だから、それは知っています。そして、クリシュナジが亡くなった後、マーはそこで亡くなりました。ヨーがどうなったのかは知りません。彼女が亡くなったと聞かされたこと以外は、ね。どこで亡くなったのか、どうなったのかを、私は知りません。ミマが持っていた住宅は、売られました。それで、マンツィアーリ家は地上から消滅しました。
スコット―それらの手紙が失われたことは、悲劇です。
メアリー―ええ。〔イタリアの〕ヴァンダ〔・スカラヴェッリ〕へのクリシュナジの手紙のすべてがどうなるだろうかもまた、もちろん知られていません。
スコット―分かります。それらの手紙をヴァンダから得られたらなあと思うんですが。
メアリー―まあ、私にはできません。
スコット―ええ。
メアリー―私はそれらを求められません。私は彼女に言ったし、もう一度自分は言うだろうと分かっています － それらの手紙の保存は重要であると、私は思っているということを、です。私は彼女に、それらをどうしたいと思うのかとかそのようなことを、訊ねたことがあります。でも、彼女がそれらをどうすべきだと私が思うことは、言えません。
スコット―ふむ、ふむ。ええ、もちろんそうです。
メアリー―6月5日、「私は運転して、マーを〔東方向の〕ピーターズフィールド駅に送った。そこで彼女はロンドン行きの列車に乗った。彼女はパリに戻る前、その日をロンドンで、メアリー・リンクスと過ごした － メアリーが書きつつある〔クリシュナジの〕伝記のための資料について、だ。すばらしくすてきな一日だった。私はゆっくり運転して、〔南東方向の〕イースト・メーオン（East Meon）をとおって帰った。うっとりする田舎 － 全く美しい。クリシュナジは、学校に対して講話をした － 散漫とは何かについて、だ。それから彼は、自分がどのように数学を教えるだろうかを、言った。「私はあなたたちに示しましょう。」学生たちに対して、自分たちが習慣を、どんな習慣でも持っているのかどうかを訊ねることから、始めなさい。あなたが習慣を持っているなら、あなたはそれに気づいていないことが、分かる。

331

それは精神の習慣につながるだろうか。それについて議論しなさい。それから、その精神でもって、数学について議論しなさい、と彼は言った。」

翌日、「私は〔校長〕ドロシー〔・シモンズ〕とともに、来客用のもっと多くのシーツ、毛布等を求めて、ウィンチェスターに行った。たいへん美しい一日だった。私は昼食に間に合うよう戻った。クリシュナジはカルロスの助けで、メルセデスをピカピカに磨き上げておいた。私たちは短い散歩だけに行った。私は小さいIBMの録音器具を使って、最初の手紙の口述を行い、それからテープを〔ロンドンの〕カドガンの〔K信託財団〕事務所に送った－そこに、私はIBMの再生装置を残しておいた。」

スコット－待ってください。なぜなら、アーカイヴス〔資料保管庫〕の一覧表には、もう一つ『学校への手紙』〔の章〕があると言うからです。

メアリー－まあ、私は知りませんね。

メアリー－はい。ここにそれが読めるなら、です。

スコット－ああ、神様！

メアリー－はい。(二人とも笑う)

スコット－あなたは水で書いていたと、私は思いますよ！

メアリー－分かります。

スコット－(長い休止)あなたの言うとおりです。もう一つの『学校への手紙』〔の章〕について、何も言われていません。やれまあ、これは読みにくいな。

メアリー－(笑う)分かります。青白い紙に薄い青のインクです！(笑う)良い計画じゃない。

まあ、翌日も同じぐらい薄いわ。こう言います－「ここでは暖かくてすばらしい一日だ。一日のほとんどデスクで仕事をした。クリシュナジとドロシーと私は、野原を越えて、小道のきれいな住宅の裏を散歩した。」それは、その頃私が大いに気に入っていた半ば木造の住宅です。私は、「あれを買い取ってはどうかな。」と思ったものです。(クスクス笑う)

スコット－ええ、まったくそのとおり。

メアリー－6月8日、「暑い一日だった。クリシュナジと私は、ピータースフィールドから午前10時45分の〔列車〕で、〔ロンドンの〕街に行った。〔旅行中の〕母がそこにいたので、私は彼女に花を送った。メアリー・リンクスと〔その娘〕アマンダ・パラントは、フォートヌムで私たちとともに、昼食をとった。クリシュナジは歯医者のハミシュ・トンプソンのところで、三つも充填をした。それから私たちは、〔古い友人、〕バインドレー夫人に会いに行った。私は幾らか果物のために立ち寄った。私たちは午後4時50分の〔列車〕に乗って、帰った。」

6月10日に、「クリシュナジは学校に対して講話をした。」(笑う)「午後にエジプト人ダンサーたち、それからスワミ・ヴェンカテサナンダ(Venkatesananda)とその信奉者たちが、クリシュナジに会いに立ち寄った。」(クスクス笑う)「終わりに私たちは、散歩に出かけた。」それで私は、スワミが到着しようとしたとき、ここの西ウィングの出入り口での光景を(クスクス笑う)思い起こします。クリシュナジは、私とともにドアのところにいました。スワミは出入り口で〔インドでの師への尊敬の作法として〕自ら〔彼の足下に〕平伏することを主張しました－選んだにしては大変不都合な地点です。クリシュナジは、彼にそうしてほしくなかったし、何というか彼を立ち上がらせようとしました。それで、一種ユーモラスな格闘でした。(笑う)

メアリーの小さな日記より6月7日と8日
(〔原文では〕ほぼ原寸大)

スコット－ええ。その種のことをけっして望まないこの人に向かって、平伏しようと主張する。ええ。(二人とも再び笑う)

メアリー－ああ、次の二日ほどは、〔ブロックウッドの研修用〕クロイスターのための品物を買いに〔ロンドンに〕行ったこと、そして、〔ホテル、〕クラリッジェス(Claridge's)で私の弟〔バド〕と義理の妹〔リーザ〕に会って、ビジネスについて話をしたことばかりです。〔旅行中の〕母がそこにいました。バドと〔その妻〕リーザは私とともにマレ(Mallett)に来て、そこで私は十八世紀のシナの鳥の絵画を二つ買いました。それらは、あなたの後ろの壁に掛かっています。後でもう幾つか入手しました。

6月12日、「私たちはいつものように散歩した。クリシュナジは枯れ草熱を出しているが、〔ニューヨークの〕ウルフ博士(Dr.Wolff)からのチューリップの抽出液が助けになっているように見える。」

13日に、「クリシュナジは午前に学生たちと職員たちに講話をし、午後1時10分には終了した。午後に私は、自分の家族のこととお使いで、ロンドンに行った。私は〔ロンドン中心部、ケンジントンにあり、美術、デザインの豊富な〕ヴィクトリア・アルバート博物館に行った。そこには、クーパー・ヒューイット〔博物館〕(the Cooper Hewitt)が展覧会を開いていた。」バドの妻、リーザは、〔当時、ニューヨークの〕クーパー・ヒューイット〔博物館〕の長でした。あらゆる種類の人たちがいて、私たちは会いました。〔近現代の美術を扱うイギリスの国営美術館〕テイト〔・ギャラリー〕(the Tate)の重役とか何とか。結局私は帰りました。

6月14日は、「すばらしくすてきな一日だった。でも、クリシュナジの枯れ草熱には良くなかった。彼は、ウルフ博士からのドイツのアレルギー薬、アクタンを取りはじめて、それが役立つ。クリシュナジは私とともに、お使いで〔東方向の〕ピータースフィールドに来た。私は、邸宅のための植物を買った。それから午後に私は、ベッド等についてエドナ・クリーヴ(Edna Cleeve)とともに働いた。」－それは、西ウィングのために頼んだご婦人でした－「というのは、ダイニング・ルームは今、ププル〔・ジャヤカール〕と家族を宿泊させるために、寝室に変更されていたからだ。クリシュナジとドロシーとともに散歩した。」

6月15日は、「暖かい一日。クリシュナジと私は、ロンドン行きの列車に乗って、マレ(Mallett)に行った。そこで私たちは、さらに四枚、シナの鳥の絵画を選んだ。それ

からクリシュナジは、〔歯医者〕ハミシュ・トンプソンのところで歯を充填してもらった。それから私たちは、フォートヌムで、メアリー・リンクスとともに昼食をした。クリシュナジと私は〔仕立屋、テイラー〕ハンツマンに行った。その後、クリシュナジはトゥルーフィット（Truefitt）で散髪をした。私たちは、ヴァンダ、フォスカ、ドロシーのために、セーターを買った。それからクリシュナジと私は、ヴィゴ・ストリート敷物店（the Vigo Street rug place）に行き、応接室のためのペルシャ絨毯を選んだ。」それは私の左肩越しに見えます。「それから私たちは、ピータースフィールド行きの５時14分〔の列車〕に乗り、ブロックウッドに戻った。〔メアリー・リンクスの娘、〕アマンダ・パラントが、来たるべきお客たちの助けをするために、ブロックウッドに泊まっている。彼女は、メアリーとジョー〔・リンクス〕からの贈り物として、二つで一つの花瓶を持ってきた。」それはホールにあるものです。

スコット——ああ、はい。

メアリー——翌日、「お客たちを迎えるため、あらゆるところで仕事があった。〔研修用〕クロイスター（the Cloisters）での膨大な清掃。私は喉が痛い。私は西ウィングでベッドを交換してまわった。私は散歩しなかった。夜に熱が出た。」

17日に、「クリシュナジは学校に対して話をした。私の熱は下がって、気分はよくなった。私は部屋の支度を続けた。クリシュナジとドロシーとアマンダ・パラントとともに、散歩をした。午後４時にクリシュナジは、〔歯医者〕ハミシュ・トンプソンの息子、ジェミー・トンプソン（Jamie Thompson）に面談を行った。クロイスターに行われる仕事は終了していないが、お客たちの準備はできた。」

さて、私たちは〔日記のうち〕大きな本に跳びます。18日、「クロイスターを準備するために週末ずっと一生懸命に仕事。建設業の人たちは金曜日に去ってしまい、中庭に破片の山を残していった。手と手押し車で以外、それを取り除く道はない。〔建築家〕イアン・ハモンドと〔その協力者〕ロバート・ウィフェン（Robert Wiffen）はただなすすべがないと見えたが、〔校長〕ドロシーが、誰でも清掃の仕事をするだろう人には一時間一ポンドを支払おうという言葉を発したとき、年長の少年たちとビリー・バド（Billy Bud）と…」

スコット——ああ、そうだ、ビリー・バド。彼のことは憶えています。彼は、私たちを取り巻く地所の森林管理者でした。

メアリー——ええ。「…その家族と友人たちの骨折りの後、今朝までに四トンが取り除かれた。中庭はすっきりした。アマンダ・パラントは、」——手伝うためにここにいましたが——「ここそこで目を引くために、大鉢に活けた緑の灌木を、借りておいた。小さな各部屋がきちんとし、きれいで、耀き、整った。四辺形〔の建物〕の三分の四は完全だ。四番目の側と居間での仕事は、継続する。でも、締め切りには間に合った。同様に西ウィングでは、ことは電気の線ということになってきた。ヒール（Heal）のところの人が来た——三回目だ。必要な部品でもって、階上の私の事務室に、」一時的にもう一つの寝室でした——「五週間前に買った衣装棚を、据え付けた。それは、インドの人たちが到着する一時間前に、終了した。（静かにクスクス笑う）金曜日に〔ロンドンの〕マレでクリシュナジと私が買ったシナの鳥の絵画は、今朝掛けられたし、同じ日に買ったペルシャ絨毯は、応接室の暖炉の前にある。きれいに見える。突然に学校集団が生き生きとし、まとまっている。クリシュナジは本当に喜んでいるが、それが私の楽しみだ。今朝、ルス・テタマーとアルビオン・パターソンが、オーハイから到着した。ルスは前回、1928年にイングランドにいた。私は彼らをピータースフィールドで出迎えた。彼らはクロイスターにいる。インドの人たち、ププルとその娘、ラディカ（Radhika）と、その子ども、スナンダ（Sunanda）とミア（Mia）は、」——それはラディカの子どもたちの名です——「バラスンダラム（Balasundarum）と、スナンダ〔・パトワールダーン〕（Sunanda）とアチュット・パトワールダーン（Achyut Patwardhan）とともに到着した。ププルは西ウィングのダイニング・ルームにいる——私はそこには大きなベッドを移した。他の人たちはクロイスターにいる。」

「アルビオンと私は、会合の議題について議論した。彼は、良い提案の手紙を書いていた——クリシュナジはそれを配布してほしいと思う。それは、アーカイヴス〔資料保管庫〕が専門的基準で保たれる必要性について、力がこもっている。未来の学者たちのための真正さの基準だ。」アルビオン、よくやった！

６月19日、水曜日、「クリシュナジは、ププル〔・ジャヤカール〕一人に話をし、それから他のインド人たちと話をした。それから彼は、学校の討論会を開いた——そこでは、愛は何なのかについて、質問がなされた。彼はそれを、部分的に学生たちから引き出しつつ、探究した。彼は、ディヴィッド・ボームが触れた事実、すなわちエスキモーの言語では「思考」と「外側」が同じ単語であるということを、もう一度繰り返した。（クスクス笑う）午後１時にアラン・キシバウが、ピータースフィールドに到着した。私が彼を出迎えた。それから午後３時30分にクリシュナジは、出席した〔財団〕理事たちと、議題を論ずる会合を開いた。クリシュナジ、ルス、アルビオン、アラン、ドロシー、ププル、バラスンダラム、スナンダとアチュット・パトワールダーンだ。」

それで今、再び、〔日記のなかで〕小さな本の６月20日に、進みます。「クリシュナジは、リリフェルト夫妻と私に話をした。ディグビー夫妻が開始の会合のために到着したが、メアリー・リンクスとメアリー・カドガンは遅れた。私たちは昼食前に、議題の議論に同意した。それから午後４時に、どちらのメアリーも着いて、クリシュナジが、信頼と、一緒に働くことに関する感動的な言葉でもって、会合を開始した。それから私たちは、諸財団は継続すべきかどうか、そして、どんな形態でかについて、議論した。彼は二時間語った。後でメアリー・リンクス、アラン・Kと私は、〔出版に関する、オランダの〕ヴェルフルスト・サーヴィル〔社〕（Verhulst-Servire）のごたごたについて、話をした——それには明日、入るだろう。」

６月21日に、「私たちは午前ずっと、議題に関して会合した。昼食の後、出版委員会とK信託財団は、新しい機構について、クリシュナジと会合した——すなわち、財団は、会合を開き、究極的に責任を負うべきものである。私たちは、ヴェルフルスト案件での手続きについて、合意に到った。それからクリシュナジは、〔建築家〕イアン・ハモンドと外に出かけて、〔研修用〕クロイスターのための壁の代わりに、木のベンチに決定した。午後４時に財団の会合が再開された。〔ベルギーの〕ヒュヘス（Hughes）が到着して、出版委員会の人たちが出席し、私たちは、やっかいな世界の出版の問題に入った。インド〔K財団〕は再び、著作権の共

有を獲ようとした。疲労困憊したが、暫定的な合意がなされた。私は、フランス語の会報（a French Bulletin）のための或るフランス人の寄付について、ヒュヘスに話をした。」

22日に、「クリシュナジの財団の出版委員会とドリス〔・プラット〕の、朝の会合があった。メアリー・C〔カドガン〕とバラスンダラムは、私たちが昨日合意した言明を、打ち出しておいた。それは一文一文、よく調べられて、定義が与えられた。インド〔K財団〕は、著作権の状況を今のまま、受け入れる －〔著作権は〕唯一、イングランドのものだ。しかし、K信託財団は自らの領域に対して、新しい恒久的な出版権を持つ。今日は、はるかに良い感じがある － より多くの信頼と協働だ。午後に私たちは議題に関して進み、前進を遂げた。遅く散歩があった。天気は好転しつつある。」

6月23日に、「午前にクリシュナジは、理事たちとメアリー・L〔リンクス〕のために討論会を開いた。午後の会合で議題は完成した。」

翌日、「クリシュナジは学校に対して話をした。理事たちは、午後に再び会合し、合意を完了させた。メアリー・Lは、クリシュナジの遺灰のすべては、インドの人たちに与えられるべきだと、促した。アメリカの人たちは、これは派閥偏重だと考えたが、声を上げなかった。クリシュナジは、インドの人たちが、自分たちは彼の遺灰をガンジス河に撒くだろうと、自分に語ったことを、言う。メアリー・Lは〔夫〕ジョーとともに去った。」

6月25日は、「休みの日だった。インドの人たちは昼食を調理した。多くの学生たちがサリーを着ていた。私は時間をとって、ピータースフィールドにお使いに行った。午後には気持ちがすぐれなかった －〔鼻の〕膿瘻（のうろう）の問題だ。」

26日に、「クリシュナジは午前に、理事たちと討論会を開いた。私たちはみな、できた合意に署名した。バラスンダラム、アチュット・パトワールダーンとアラン・キシュバウが去った。私は膿瘻（のうろう）の問題で、さらに気持ちが悪く、あまり眠れなかった。」なぜ〔個人的な〕それを〔この記録に〕入れるのか、私は分かりませんが、それがここに言うことです。

スコット－残しておきましょう。

メアリー－翌日、「ププルの娘、ラディカとその子どもたちが、スナンダとともに去った。私はまだ気持ちが悪い。私は午後ずっとデスクで仕事をした。クリシュナジは、塩水での鼻の洗浄を提案したが、それは役立った。私は一日中、流動食をとった。」

6月28日に、「私は医者に行った。それから私は、ピータースフィールドで、〔カリフォルニアからの〕イヴリンとロウ・ブラウ〔夫妻〕を出迎えた。彼らは昼食の前後に、クリシュナジ、エルナ、テオ、ルスと私に話をした。私は彼らを案内してまわった。ロウは訴訟に関する弁護士の助言を伝えた。エルナと私は運転して、彼らをピータースフィールド駅に送って行った。後でクリシュナジは、アメリカK財団のメンバーを呼び寄せて、開け広げであることと、オーハイでの学校とセンターに関して事を進展させることについて、語った。」

翌日、「私はまだ風邪を引いている。エルナとテオは、オーハイと〔インド南東部、マドラスの〕ヴァサンタ・ヴィハーラのどちらの訴訟のための書類についても、オランダでアンネッケ〔・コーンドルファー〕(Anneke) に会いに行くために、去った。」これは今では、誰でも関係しそうな人に留意してもらいますと、訴訟がマドラスで発展していました。なぜなら、〔そこの責任者〕マーダヴァチャリがラージャゴパルのために、ヴァサンタ・ヴィハーラを持ちつづけていたからです。しかし、私が説明できない法律上の理由のために、ヴァサンタ・ヴィハーラはオランダ〔のK委員会〕に所属していることが、解明されました。

スコット－ラージャゴパルのごまかしすべてをとおして、ね。

メアリー－そのとおりです。で、インドK財団は、マドラスで法廷などに提出するために、オランダ・スティチング（委員会）(the Holland Stichting) から書類を得なくてはいけなかった等です。で、それが彼らの行ったことです。

「私は、〔北西方向の〕アレスフォードで処方薬を出してもらい、ルス、アルビオン、ヴェルナ・クルーガー（Verna Krueger）をドライヴに連れて行った。私たちが戻ってくると、クリシュナジ、ドロシーと〔犬の〕ウィスパーが小道を散歩しているのに、会った。」

7月1日に、「クリシュナジは学校に対して話をした。私は荷造りを始めた。」

翌日、「私は目覚めたとき、クリシュナジのスイス・ヴィザを取らなくてはいけないことを悟った。それで、私は慌ててロンドンに行き、それを取った。まっすぐ帰った。」

3日は、「さらに荷造り。それから私は、イギリスの港湾労働者たちが、太平洋〔のフランス領ポリネシア〕でのフランスの核実験のために、その週の間、フランスの船に対するストライキをしていることを、発見した。それで、〔英仏海峡を渡る〕今夜の私たちのノルマンディー・フェリー (Normandy ferry) は、取り消しになっていた。私は急いで、ソレンセン・タウンゼンド (Thoresen Townsend) に電話をした。そこは私たちの車の予約を受けてくれた。午後に私たちは散歩した。クリシュナジと私は、階下で夕食をとった。車に荷物が積み込まれた。私たちは、みんなにさようならを言い、午後9時に発った。私たちは〔南西方向へ〕サザンプトンに運転して行き、ソレンセン・フェリーに乗った。船が出航した後、私はパーサーに、クリシュナジに客室を用意してもらった。」

「私たちは翌朝、〔フランス北部、〕ル・アーヴルに到着し、午前7時15分に下船した。私たちは、クロワッサンのために〔東方向50キロメートルほどの〕ブール・アシャール (Bourg-Achard) に立ち止まった。新しい大型バスケットを使って、ピクニックの朝食をとった。午前11時にパリと、〔ホテル、〕プラザ・アテネに着いた。パリはとても暑かった。私は入浴し、着替えて、ホテルの庭ですてきな昼食をした。クリシュナジは、ブラウンの鳥目模様のスーツを着て、実に華麗だった。彼は後で昼寝をした。その後、私たちは出かけて、フィリップスの新しいひげ剃りを買った。私はシャネルで仮縫いをし、午後5時に〔シャツ店〕シャルヴェで彼に会った。そこでは四枚の新しいシャツを注文した。ホテルに戻った。暑くて疲れた。再び入浴した。部屋で夕食。早くベッドに入った。」

翌日、「私たちは午前9時30分に、プラザ・アテネを発った。また暑い一日で、自動車道を南に、〔フランス中央部、〕シャロン〔・シュル・ソーヌ〕(Chalon) へ運転した。それには四時間掛かった。四時間のうち一時間、クリシュナジが運転した。シャロンで私たちは、国道78号線をとり、〔フ

ランス東部の〕ルーアン（Louhans）と〔スイスに隣接するジュラ県の〕ロン・レ・サウニエ（Lons-le-Saunier）を通った。私たちは最終的に、陰の多い静かな小道を見つけ、遅いピクニックの昼食をとった。それから、さらに運転して〔ジュラ山脈の村〕モレ（Morez）を通り、〔南へ〕フォルシ峠（the Col de la Faucille）を越えて、スイスに入った。私たちは午後6時30分に、〔スイス西部、レマン湖の南西の端、〕ジュネーヴと〔滞在先〕オテル・ドゥ・ローヌ（the Hotel du Rhône）に到着した。暑く、疲れた。私はヴァンダ〔・スカラヴェッリ〕に電話を掛けた。彼女はちょうど〔サーネンの〕タンネグ〔山荘〕に到着したばかりだった。私たちは部屋で夕食をとった。クリシュナジは、「これら長い自動車旅行はもういい。あまりにたいへんだ！」と言った。」（笑う）

7月6日に、「私たちは〔時計店のフィリップ・〕パテクと〔ネクタイ店の〕ジャケに行った。クリシュナジは、七本のタイと幾つかのソックスを注文した。昨日ほど暑くはない。〔インドの外交官で友人〕ナラシンハンが、ホテルで私たちとともに昼食をした。それから私たちは、〔レマン〕湖沿いに〔北岸の都市〕ローザンヌへ運転し、丘を越え、ガトー〔ケーキ〕のため〔サーネンの北西、フリブール州の街〕ビュルで停まった。」

スコット — ああ、そうだ。もちろんです。（メアリー、笑う）有名なガトー・ビュルワーズね。クリシュナジはあれが大好きでした！あの一つの特定のベーカリーからので、それらは良かった。

メアリー — ええ、左側ね。（スコット、笑う）「私たちは、滝のような雨の中を運転し、谷を登った。タンネグ〔山荘〕に到着した。ブロックウッドから568マイル〔、約909キロメートル〕だ。ヴァンダと〔家政婦〕フォスカはすべてを整理整頓していた。私たちはまた今年、階下のマダム・ウォルシュ（Madame Walsh）のアパートメントをとった。他のアパートメントは」 — 真ん中のところだと思います — 「改築中だ。私は荷を解き、夕食をとり、ベッドに入った。その日〔、マリブの隣人〕アマンダ〔・ダン〕が、もう一回手術を受けつつある。クリシュナジは車の中で、「夜に私は、それについて考えているだろう。そのときのほうが静かになれる。」と言った。今日もまた、訴訟に関して法廷の聴取の日になるはずだった。」

スコット — 次の日に進む前に、あなたたちは〔パリのホテル、〕プラザ・アテネで、いつも同じ部屋をとらなかったんですか。

メアリー — いえ。プラザ・アテネではとりました。

スコット — どの部屋番号でしたか。

メアリー — 分かりませんよ。それは思い出せません。

スコット — （笑う）どんな詳細も小さすぎることはない。それらが何階にあったか、憶えていますか。

メアリー — いいえ。（笑う）でも、あなたにお話しできることは — それが私たちにとって重要でした — 各部屋が中庭に面していなかったということです。なぜなら、物音が上がってくるだろうからです。夏に人々は中庭で食事をしました。そこら中、花々できれいだったからです。でも、別の側には、もう一つ中庭がありますが、それは何にもならないと思います。そこには、向かいの別の建物から、そこを分離する格子が付いています。それで、物音はしなかったし、通りから保護されていました。

7月7日に、「〔マリブの隣人〕ダン夫妻から電報があった — アマンダの手術は成功したと言う。クリシュナジは、「幸せな気持ちで目覚めた。」と言った。」

スコット — ふむ。アマンダへの言及ですか。

メアリー — ええ。「私は折り返し、クリシュナジと私から電報を打った。〔オーハイのある〕ヴェンチュラ〔の裁判所〕での昨日の法廷の聴取がどうであったかについて、エルナ〔・リリフェルト〕からのニュースはない。村でお使いをした。休んだ。手紙を書いた。」

7月9日、「特別な郵便もなく、ニュースもない。クリシュナジは休んだ。私は手紙に取り組んだ。昼食の後、ヴァンダと私は、〔サーネンの西隣〕シャトー・デー（Château d'Oex）に運転して行き、クリシュナジのために幾らかミソ〔味噌〕を見つけた。その間、彼は、良い理髪師のニコラに — 今、新しい理髪店にいる — 散髪してもらった。私たちは、帰る途中で彼を拾った。」

7月11日に、「5日に書かれたエルナからの手紙があった。法廷の会合は20日まで再延期された。クリステンセンは」 — それはラージャゴパルの弁護士です — 「6日に、ラージャゴパルが認めた調停案を、提出したことになっている。クリシュナジは、ブロックウッドでなされた国際的な財団の合意について、〔財団の〕会報（the Bulletin）のための声明に、取り組んだ。私はマダム・カドノー（Madame Cadonau）のところで、新しいエルメスのタイプライターを買って、クリシュナジの声明をタイプで打った。意見を求めるため、それを〔各財団の〕エルナ、メアリー・C〔カドガン〕とバラスンダラムに送った。」

翌日、「クリシュナジは、『学校へ』の第8号を口述した — 自由と秩序について、だ。〔サーネン集会委員会の〕エドガー・グラーフ（Edgar Graf）が昼食に来た。」

13日に、「私は、クリシュナジとともに、『学校へ』第8号の改訂に、取り組んだ。〔イタリアの〕バラビーノ（Barabino）が昼食に来た。その後、私はお使いのため、ヴァンダを村に連れて行った。私は〔マリブの隣人〕アマンダのために、絹のジャージを入手した。散歩中のクリシュナジに会った。」

翌日、「〔ブロックウッドから〕シモンズ夫妻とドリス〔・プラット〕が、〔陸路、〕ランド・ローヴァーでサーネンに到着した。」

さて私たちは、15日のために、〔日記のうち〕大きな本に跳べます。でも、遅くなりつつあります。休止を求めることを提案します。

スコット — いいです。では、次回私たちは、大きな本で15日について始めましょう。

編集者の憶え書

次のものは、メアリーの大きな日記に折りたたまれた別の一枚の紙に、載っている — 1970年7月13日から1974年10月14日までを扱う日記に、である。その紙には日付がない。だから、これを挿入する正しい場所がどこであろうかは、知りようがない。しかし、メアリーは明らかに、クリシュナジが言っていることを、書き留めていた。それをどこかに含めることは、正しいと思われる。だから、ここに置いておく。

「私は昨日の朝、目覚めた。それをどう叙述すべきかを、私は知らない — 私はかつて人生でそれがあったことがな

い。それは一日中あった。今そこにある。」

「ものすごい脳の力の感覚 － 何かをするためではない。ただ純粋な脳の力。それは続いた。私は少しそれに神経質になった。見守っている。そう、それは頭にある。全然異なっている － かつて一度もなかった。」

「それとともに目覚めた。」

「目覚めると、それがあった。それから私は少し神経質になった － それはとても強かった。あたかも、ものすごい力がそこにあるかのようだ － 無限で、広大だ。それをどう叙述すべきかを、私は知らない。

原　註

1）ジョアンズ・エーカー（Joan's Acre）。ブロックウッドの隣の、ヒントン・アンプナー（Hinton Ampner）の敷地の一部分。

訳　註

*1 第1号を参照。
*2 第8,9,15号に言及がある。
*3 manic spoiling とある。maniac（熱狂的な）の誤表記なのかもしれない。
*4 若いとき、イングランドで学んだ紳士としてのたしなみも、影響しているかと思われる。
*5 第4号、1966年5月末のパリからジュネーヴへの旅行の個所を参照。
*6 1931年に急死したジャドゥ（Jadunandan Prasad）のことだと思われる。第35号を参照。
*7 イギリス出身の著名な作家。Kの親友であり、オーハイの初期のハッピー・ヴァレー学校の理事をも務めた。
*8 第36号で、1975年5月21日、6月25日の記述を参照。ラッチェンスの伝記にも、バインドレー夫人はこの見舞いの後、一ヶ月後に亡くなったとされている。
*9 これもまた、第4号1966年5月末のパリからジュネーヴへの旅行の個所を参照。
*10 第54号、10月6日の個所を参照。
*11 花粉症と同様の、眼や鼻、喉の炎症であり、枯草から空気中に飛散する粒子を原因とする。
*12 第25号、10月16日への訳註を参照。
*13 マンツィアーリの四人の姉弟の母親はロシア人であり、年長のフランス人男性と結婚した上に、家族で神智学協会に深く関わったため、世間的な係累が少なくなったのであろうか。
*14 スワミはヒンドゥーの行者を意味する。この人はクリシュナムルティと二回の対話を行い、それが『智恵の目覚（The Awakening of Intelligence）』に収録されている。
*15 10日間の会合の初日のKの言葉が、部分的に、ラッチェンスの伝記第二巻に載っている。印象深い内容としては、次のようなことが述べられている －「私は個人的に、財団が単に書物を出版しアーカイヴスを保管する団体になるなら、何かが間違っていると感じます。私は、香りが失われたと感じます。クリシュナムルティが死んだ後、私たちは諸財団を単に出版の関心事に帰してしまうのか、それとも私たちは、今起きつつあるように、一つの精神であり、何か本当にともに働くもの、ゆえに、たとえ私たちが存在しなくなっても継続する異なった香りを持つものになるのでしょうか。」、「私はそもそも継続という観点で考えない。私にとってそれは継続的な変容の状態です。それ自体でうまく働くでしょう。でも、諸学校は明確に続かなくてはならない。それらは異なった種類の人間を作り出すかもしれないからです。」

なお、このような趣旨に関する諸財団の理事による合同の会合は、1977年3月にオーハイでも開かれている。

第28号　1973年7月15日から1973年10月22日まで

序　論

これら回想録の資料を提供してくれるメアリーとの録音対談は、1994年6月11日に始まった。この号のための対談は、1996年8月4日に行われた。だから、私たちが彼女の日記のここまで来るのに、二年以上が掛かっている。この日付までに私は、〔ブロックウッドの校長を辞職して、研究のため、〕オックスフォードにいる。彼女がイングランドにいる〔5月から11月の〕数ヶ月間に、私たちの議論を継続するために、時折、週末にブロックウッドにメアリーを訪問できるだけだ。私たちが継続するにつれ、けっして70年代〔の記録〕を抜け出せないだろうと自分は感じるということを、メアリーがしばしば言ったのを、私は憶えている。事実、私たちが1980年代〔の記録〕に到るまでに、さらに三十一の対談とほぼ九年がかかる。

だから、私がこれら対談から得ている感覚を、この時点で挙げておくことが、正しいかもしれない － クリシュナジに対しては、とてつもなく、きびしく、たゆまざる要求が、なされている。メアリーは、彼の世話をしよう、彼のすることすべてを容易にしようとするなかで、彼と同じぐらい忍耐強く、粘り強い。

この号でクリシュナジは、サーネンの行事、出来事すべて（公開の講話と討論会、私的な面談、小さなグループの会合、癒やしへの要請、組織の要求等）を経ていく。そして、〔その後、イングランドの〕ブロックウッドに行き、それらを再び始める。それからさらにイタリアへ、というように続く。

この永続性を生きぬくこと、この果てしない挑戦を優美に受けとめることは、メアリーの、クリシュナムルティの面前にいる経験の一部分であった。彼女は、自らが祝福を生きつつあると感じるとの印象を、いつも伝えてくれた。

だから、これら回想録の読者は、何かしつこく不屈なものを経験すると、想像される。読者自身に忍耐が要求されるので、編集者として私は、それについて残念である。しかし、これらはメアリーの回想である。そして、彼女が思い起こし記録することの本性を変更することは、私の立場ではない。

クリシュナジに対する要求と、彼のまわりの何人かのしばしば不快で不幸な行動にもかかわらず、それらの外に出ていられ、教えを生成することができるクリシュナジの能力にも、私はまた（、存命中にそうであったように、）打たれる。

メアリー・ジンバリストの回顧録　第28号

スコット　私たちは、1973年7月15日について、始めようとしています。

メアリー　ええ。まあ、私たちは〔スイス西部の山村、〕グシュタードにいます。曇りの日でした。涼しかった。クリシュナジはサーネンで、第1回の講話を行っていました。「午前に私は運転して、パン屋までヴァンダ〔・スカラヴェッリ〕を送って行った。彼女は残りの道を歩きたいと望んだ。それから私は戻り、午前10時15分にクリシュナジを乗せた。

私たちはゆっくり運転し、きっちり、彼の予定時刻すなわち午前10時30分に、到着した。」(スコット、クスクス笑う)「〔会場の〕テントはほぼいっぱいだった。たくさんの新しい顔がいるように見えた。彼は、ごくゆっくり座り、誰もを見るという、いつものことをした — それで、幾らかの人たちは神経質になる。私は発見した — 彼は、自らが何を言おうとしているかを、知らないのかもしれない、ということだ！」(メアリー、スコットとクスクス笑う)「彼らはすぐに誤解を解かれた。その日に彼は、「知識は心理的変化をもたらせるのか。」と訊ねた。私の印象は、彼は第1回講話にたくさん盛り込んだということだった — 本当に人々を進めさせるため、そしておそらく、新たに来た人たちを惑わせるため、だ。その真っ最中に雨が降りはじめた。しかし、講話の後、クリシュナジはいつものように、速やかに道路を歩いて行った。人々は彼に雨傘を差し出そうとしつづけたが、彼は進みつづけた。」(声のユーモア)うーん。「私は車でできるだけ早く、彼に追いついた。私たちはタンネグ〔山荘〕に上がっていった。」

　その日、エレーナ(Elena)と〔ジャーナリスト、〕フェリックス・グリーン(Felix Greene)が昼食に来ました。

スコット — ふむ、ふむ、ここでちょっと中断して、言ってもいいですか・・・

メアリー — ええ。

スコット — ・・・(これは本当に、ここでのバカげた歴史上の詳細だけですが、)私はあの年と72年に、テントの中の配置が後年とは異なっていたということを、憶えています。それは75年か76年に最終的な形態に変わった、と思います。でも、その前に、座席は、テントの長さ、上がっていく列に配置してありました。そのため、クリシュナジは一方の端に座って・・・

メアリー — ええ。

スコット — ・・・座席は列をなしていて、おそらくテントの三分の一ほどから、上がっていった。

メアリー — ええ、ええ。

スコット — でも、1976年の後、もはや列はありませんでした。クリシュナジはテントの一方に座りました。

メアリー — ええ。その後、テントの一方でした。そして、誰もがみな、地面の高さに座っていました。列は、〔以前の、軽量のドーム型構造の〕ジオデスィック・ドームのもの、〔アメリカ出身のデザイナー、建築家〕バックミンスター・フラー(Buckminster Fuller)のものからの持ち越しでした — それは何年間か置いていましたが、ついにすり切れてしまいました。そして、取り替えることができなかったんです。で、そのとき、あなたが憶えている形をしたものを、入れたんです・・・

スコット — ええ、ええ。

メアリー — ・・・それはほんと、或る種、長方形をしていました。長方形だが、ドーム型。移動可能な飛行機の格納庫みたいです。

　ともあれ、「グリーン夫妻が昼食に来た。インドと〔インド首相〕ネールと〔亡命中の〕ダライ・ラマと、今日のシナの違いについて、たくさんの話があった。」憶えているでしょう、〔ジャーナリストの〕フェリックス・グリーンは、シナに行ったことがあったし・・・

スコット — よく憶えています。

メアリー — ・・・〔文化大革命中の〕シナについてとても熱狂的なことを、たくさん書いていました。「彼は言った — 今日、ただ一つの政府がある — そこでは「自分自身でやりなさい〔自力更生〕」と言われた。そして、変革には人民が参加している。毛沢東は、官僚機構の硬直化の危険を見て、変革を起こすよう人々を招いた、と。」私が思うに、それが本当にもたらしたのは・・・ああ、赤の・・・

スコット — 文化大革命です。

メアリー — 文化大革命です。そして、何と呼ばれても、赤(紅)と。

スコット — ええ、紅衛兵です。

メアリー — 〔そこでは〕本当に恐ろしい出来事がありました。クリシュナジはこれらを聞いて、次のモンスーンに備えて何万ものインド人たちが一緒にダムを築いていることについて、語りました。彼らは、さもなければ滅亡しただろうから、そうした。それが裏の衝動でした。

スコット — クリシュナジは、彼らは自分たちの命がそれに掛かっているから、協働しただけだということを、言っていましたか。

メアリー — ええ。そのとおりです。そして彼は言いました — 「「もしも私が彼らの一人、シナ人等であったなら、私は「なぜだ。これらの意味は何なのか。なぜ私はダムや他の何でも築くべきなのか。」と訊ねたでしょう。〔共産党独裁の中央〕政府が、生の意味を取り去ってしまった。私に意味を与えてください。私はこれらについて野蛮人です。」と彼は言った。彼は強烈に語り、手で猛烈にテーブルを払った。グリーン夫妻は立ち去った。彼は行って横になった。ヴァンダは自分は、クリシュナジは疲れすぎて神経質だし、しばらくの間、話をするのを止めることが必要だと思う、と言った。彼女は、「なぜ彼はインドに行かなければいけないの？」と言った。彼女は、私に対してかなり徹底的に襲いかかる。」(声に出してクスクス笑う)「私は同意する。でも、それは彼しだいだ。昨日昼食で彼女はそれを、クリシュナジに対して取り上げた。彼は「私は行きたいんだ。」と言った。それで当面は終わりになった。何をすべきかを常に言うことが、或る程度、行き渡っている。それは良かれと思って言われるが、それは撃ちつけられているようなものだ。「なぜあなたは、興味深い人たちを〔スイス西部の都市〕ジュネーヴから昼食に呼ばないの？」と。」(スコット、心から笑う。メアリーもいくらかクスクス笑う。脇へ、)どういう興味深い人たちを？

スコット — (笑う。冗談めかした声)新聞に広告を出しなさい。

メアリー — (まだ笑っている)「「なぜあなたは、インドの人たちに、インド、タージ・マハール、〔ボンベイ沖の〕エレファンタ〔島のヒンドゥー教の石窟寺院〕の〔シヴァ神〕像を映す映画を、作るように言わないの？これをクリシュナジの映画に入れなさい、彼だけでなくて。」と。」(笑う)「「〔彼だけの映画〕それは退屈だわ。」と彼女は言った。」(メアリー、笑う)これらは忘れてしまいました。

スコット — で、これらは、すべきだとヴァンダが言ったことでしたか。

メアリー — ええ、不幸にも、ね。

スコット — ああ。

メアリー — 「でも、それから、クリシュナジが自ら撃ちつけるのだということが、分かった。」これは私に対してです。「「あなたは充分に歩かないね。あなたはいつのときも〔デ

スクで〕手紙に取り組んで、じっとしている。」と。晩に私たちは、テレビでフランス語版の〔R.シュトラウスのオペラ〕『エレクトラ（Electra）』を、引き込まれてひたすら見た。」

さて、それが、私はこの大きなノートブックにしている最後の記入です。で、私たちは、〔日記の内、〕小さい本に切り替えなくてはなりません － ご存じのように、そちらは情報がさほど豊かでありません。

また、翌日、7月16日は、「静かな一日だった。私は手紙に取り組み、お使いをした。クリシュナジは散歩の時間まで、ベッドに留まっていた。」

17日に、「クリシュナジは第2回の講話を行った。それは、時の主題についてだった。すばらしいものだった。思考の作用が見えることについて、だ。私は終わりには疲労困憊した。彼はそこにものすごいエネルギーを注ぎ込んだ。昼食には私たちだけがいた。」それは、クリシュナジとヴァンダと私です。「私たちは、バラビーノ（Barabino）が」－それは、イタリアのクリシュナムルティの世界に登場するイタリア人でした。彼が －「〔イタリア北部で〕始めたいと思っている学校について、議論した。それで、私たちはそれについて話をした。」それがその日すべてについてです。

翌日は18日でした。「ヴァンダはフローレンス〔フィレンツェの自宅〕へ発った。」

スコット－クリシュナジはその学校について、どう思いましたか。

メアリー－まあ、或る種、付きあっていました。それは結局、だめになってしまいました。

スコット－ええ。

メアリー－バラビーノは、バラビーノの件全体がうまく行かなかった。彼は、郵送者名簿を持って姿をくらまし、自分の組織を立ち上げました － それはむしろ・・・うーん、まあ、それを叙述するのは構いませんが、クリシュナジとは何の関わりもなかった。

「それで、18日にヴァンダはフローレンスに行った。フェリックス・グリーンが来て、クリシュナジに会った。またパスカリン・マレ（Pascaline Mallet）が来た － 彼女にクリシュナジは何年も会っていなかった。私はその日、初めて彼女に会った。彼女はマルセル・ボンドノーと昼食に来た。今、パスカリンはその時点で、フランス〔K〕委員会の長だった。それから午後に、ジゼラ・エルメンホスト（Gisela Elmenhorst）が来た。そして、ドイツ人教師たちについて話をした。」

19日には、「第3回のサーネン講話があった。私の見るところ、また大いなるもの。〔オーストラリアの〕ベネット夫妻（the Bennetts）、〔すなわち〕メイヴィス（Mavis）とレグ（Reg）が昼食に来た。ついに〔オーハイの〕エルナ〔・リリフェルト〕から手紙が来た。それは不完全だったので、私たちは彼女に電話を掛けた。」これは訴訟について、でした。

「クリステンセン（Christensen）（ラージャゴパルの弁護士）が、調停の草稿を送ったのだった。6月18日の〔こちら側の弁護士〕ローゼンタール、コーエン、クリステンセンとの会合のメモ書きがあった。私たちは実質に関して相当「よし」だったが、クリステンセンは、予想されたものとは全然違った合意をもって戻ってきた。」それらのことは、あの時点でけっして何にもなりませんでした。

「クリシュナジは、モンターニュとドロシー〔・シモンズ夫妻〕を、好きなときに〔タンネグ山荘の〕階下のフラットを使うよう、招待した。彼らは翌日、短い間、あの階下のアパートメントに引っ越して来た。クリシュナジは様々な人々に会った － 再びフェリックス・グリーンを含めて、だ。彼は疲れを感じて、昼食のためベッドに留まった。私は昼間、クリステンセンの和解草案についての批評を、タイプして過ごした。そして、私が書いたものに、クリシュナジの承認をもらった。彼は、私が言ったことに、そしてまた、エルナが言ったことにも、同意した。彼は午後に散歩のために起きた。シモンズ夫妻もやって来た。」

翌日は、「静かな一日だった。その日にクリシュナジは言った －「いつの日か私は、ラージャゴパルに会って、彼が何をしてきたのかを語ってやろう。それは彼のために良いだろう。」と。」

22日は、「第4回の講話 － 生の意味は何なのかについて。シモンズ夫妻と〔オランダの〕アンネッケ・コーンドルファーが昼食に来た。クリシュナジはアンネッケの疾患について、手助けするために彼女に両手を当てた。彼は、スペイン語圏〔アメリカ〕財団のメキシコ人の代表とビアスコエチェア夫妻に、面談を行った。彼は、〔スペインのマルティヌー・〕ミラベット氏（Mr.Mirabet）とサルヴァドール・モラレス＝フランコ氏（Salvador Morales-Franco）、コルヴェラ夫人（Mrs.Colvera）に会った。アラネ夫人（Mrs.Arane）がお茶に来た。」これらはみな、その頃のスペイン語圏〔アメリカ〕財団の人たちでした。

23日に、「〔フランス南東部の〕グルノーブルの何人かの学生たちと、一時間の討論会があった。それからその日、〔オーハイの〕ポロック博士（Dr.Pollock）から手紙が来た。」彼はまた、ハッピー・ヴァレー学校の理事会にも入っていました。それで、彼は何かを提案しましたが、それはクリシュナジと残りの私たちのどちらにとっても侮辱であると言えます。彼は〔新しい学校のため、〕一つの丘を提案したと思います。私たちは場所全体がほしかった。

スコット－もちろんです。

メアリー－それに、分かるでしょうが、それはどのみち、〔ハッピー・ヴァレー学校創設の経緯からして〕クリシュナジのものであるべきでした・・・

スコット－そのとおり。

メアリー－そして、彼が、たぶん一つの丘かも、と言ったとき、それは侮辱的でした。

クリシュナジは、「7月24日に第5回の講話を行った。またもやそれは極上のものだった。「意志、理想等の〔それ〕ではない行為は何ですか。無行為は無私の表現です。賢明さは真理の娘です。智慧は賢明さの娘です。」と。」すばらしい発言だった。

それから様々な人たちが来ました。それは興味深くありません。

「クリシュナジと私は、パーク・ホテル（the Park Hotel）でのすてきな静かな昼食に、行った。私たちは雨の中、いつものように歩いた。」

25日に、「クリシュナジは返答を口述した － ハッピー・ヴァレーの土地についてポロック博士へ、そして、ラージャゴパルについてエルナへ、だ。アルフレッド・カレス氏という人（a Mr.Alfredo Calles）が、メキシコで学校を始めることに関心を持って、午前11時に私に会いに来た。バラビーノは正午に来た。私たちは、イタリアの学校計画と、

法的なイタリア〔K〕委員会の必要性について、話をした。彼は留まって、クリシュナジと昼食をした。午後4時にクリシュナジは、面談を行った。雨が降っていた。にもかかわらず、私たちは〔サーネンの東方向の〕トゥルバッハ道路を歩いて行った。」

「クリシュナジはその日、〔ニューヨークの〕ウルフ博士が処方したように、アクタド（Actad）の代わりにプレドニソロン（Prednisolon）、5ミリグラムを摂りはじめた。それは枯れ草熱のものだ。」

7月26日、「とても寒かった。山々には新雪があった。クリシュナジは第6回のサーネン講話を行った － 悲しみ、愛と死について、だ。質問なしに終わった。〔オランダのK委員会の〕アンネッケ〔・コーンドルファー〕が手当のために来た。ロザリンドがパリにいる。アンネッケは、彼女が私たちに〔オーハイの〕アーリヤ・ヴィハーラを開け渡してくれるのかを、見届けたいと思っている。〔プエルトリコの〕ビアスコェチェアが昼食に来た。彼らはカレス氏と会って、学校へ大いに希望を持っている。」（クスクス笑う）「人々がお茶に来る前に、クリシュナジは休んだ。階下から恐ろしいドリルの音。」（クスクス笑う）これはとてもむらの多いことだわ。そのすべてが要りますか。

スコットー絶対にそのすべて、です！

メアリーー翌日は27日でした。そして、「まだ寒くて曇っている。恐ろしいドリルが継続する。所有者たち、マダム・マッティ（Madame Matti）とパラス（the Palace）に苦情を言った。」パラスは山荘を貸す代理店でした。「〔イングランドの〕ジェーン・ハモンドとシビル・ドビンソン（Sybil Dobinson）が昼食に来た。それから午後3時30分に、外国の委員会の人たちすべて、五十人以上が、クリシュナジとの年次会合のために、来た。」

「後で私たちは散歩した。ドロシー〔・シモンズ〕はずっと病気だったが、今日起き上がった。彼女も会合にいた。」

28日に、「クリシュナジは朝にアンネッケに会った。そして彼女に対して、今は彼女が自らの〔オランダ委員会の〕資料センターに関して、ロザリンドに会うべき瞬間ではない、と告げた。クリシュナジは疲れていた。だから彼は、午前の残り、眠った。私たちだけで静かに昼食をした。午後4時に、ビアスコェチェア、モラレスフランコ氏と、メキシコ代表団の女性団長と、カレス氏が、クリシュナジに会いに来た。カレスは、ゲルニカ（Guernica）での学校の計画について、議論する。午後6時30分にスワミ・ヴェンカテサナンダ（Swami Venkatesananda）が、誰か女性とともに、訪ねてきた。」彼女が誰だったのか、私は知りません。ここには言います － 「それから、メアリー・リンクスは、ジャムナダス（Jamnadas）が1919年〔11月〕に、自らとニトヤが賭けた〔障害レースでの〕キング・ジョン〔という馬〕の賞金について書いた手紙を、クリシュナジに送ってくれた。」あの物語を憶えていますか。

スコットーええ。〔養母の〕アニー・ベサントはこれにうろたえて…

メアリーーええ。そして、彼らが〔競馬で〕勝ちとったお金で買った車を、アニー・ベサントは、返させました。これは、それについての手紙でした。（声に出して笑う）かわいそうなジャムナダス。ニトヤもまた打ちひしがれました。

スコットー（心から笑う）この手紙はどこにあるのかなあ。

メアリーー誰に分かりますか。それは写しだと思います…それが本物だったとは思いません。

スコットークリシュナジに送られた？

メアリーーええ。彼女はクリシュナジに、ジャムナダスからの手紙を送りました － 彼〔ジャムナダス〕とニトヤが1919年に賭けたキング・ジョンの賞金についての、です！（クスクス笑う）

スコットーいいです。

メアリーーまあ、翌日は29日でした。ここには言います － 「私はニトヤの鮮明な夢を見た。彼はもう一回戻ってくることを許されていた。クリシュナジが彼を見るため、彼が消滅しないように、私は彼に縋りついた。」自分がそういう夢を見たことは、憶えていません。「クリシュナジもまた、ジャムナダスの手紙に打たれていた。」

スコットーふむ。

メアリーー「なんてふしぎな。クリシュナジは、これらサーネン講話の第7回で最終回を行った － 冥想について、思考なく、何の反応もなく見ることについて、だ。」それからたくさんの人たちが、昼食に来ました。

翌日、「アンネッケとフェリックス・グリーンが二人とも、クリシュナジに会いに来た。」それは手当のためだったと思います。なぜなら、フェリックスもまたそのとき病気だったからです。彼は癌を患っていた、と私は思います。

「私たちだけで静かに昼食をした。私はお使いをした。クリシュナジは、マダム・ボー（Madame Baud）、」－ あなたの友人ね － 「ルッス氏（Mr.Russu）とセンドラ氏（Mr.Sendra）に、〔個人〕面談を行った。それから私たちは散歩した。」それから、ブロックウッドの幾人かの学生に関する揉め事について何事か。それは歴史のために記念しなくていいわ。

7月31日に、「クリシュナジは再びフェリックス・グリーンとアンネッケに会った。それからアンネッケと私は、ハッピー・ヴァレーとロザリンドとラージャゴパルについて、議論した。或るサハラフ夫人（a Mrs.Saharaf）が、オーハイの学校について私に会いに来た。終わりにクリシュナジが彼女に短く会った。彼と私はパーク・ホテルで昼食をした。」

「〔オーハイの〕エルナ〔・リリフェルト〕から手紙が来た － 7月20日のヒートン判事（Judge Heaton）の執務室での、〔向こうの弁護士〕クリステンセン、〔こちらの弁護士〕ローゼンタール、コーエンとまたエルナ〔・リリフェルト〕の間の、調停会談について、だ。7月25日の、ソル・ローゼンタール、コーエンとレイノルズ（Reynolds）（コーエンの後輩弁護士）の会合も、だ。また、エルナから、タッパー（Tapper）について手紙があった。」－ それは〔カリフォルニア州〕法務〔副〕長官の人です －「そして、ソルから、自らの息子のために、オーハイの発議されたクリシュナムルティ学校についての質問、だ。」それはうまく行きませんでした。なぜかは忘れてしまいました。でも、彼は興味を持っていましたし、私たちは（クスクス笑う）、彼がそうであるのがうれしかった。

翌日は、8月1日でした。「サーネンの第1回公開討論会 － ほとんどが観察するものと観察されるものについての質問。フランシス・マッキャン（Frances McCann）がちょうどオランダから到着し、昼食に来た。後でクリシュナジは彼女と話した。後で私はオーハイのエルナに対して、彼女の手紙と調停の要点について、そしてまた、〔掲載予定の、

財団の〕会報（the Bulletin）でのクリシュナジの報告に、著作権の合意への言及を省くことについて、二十八分の電話をした。」ここには、「280 スイス・フランの通話。」と言います。（二人とも笑う）「それから私はお使いをした。」

8月2日に、「第2回の公開討論会があった。きつい仕事だった。後でクリシュナジは、フェリックス・グリーンとアンネッケに会った。〔フランスの〕マダム・ドゥシェ（Madame Duchet）とマルセルが昼食に来た。エルメンホストは招待されたが、病気だった。午後4時にクリシュナジは、ローザンヌの新聞のためにインタビューを行った － それは、『ヴァン・クァトレ・アール（Vingt-Quatre Heures）』と呼ばれる新聞で、フランシーヌ・ブルンシュウィグ（Francine Brunschwig）と呼ばれるレポーターだった。」

3日に、「第3回のサーネン討論会があった － さびしさと関係、野心、そして、有るものを変化させたいことについて、だ。後でクリシュナジは再び、フェリックス・グリーンに会った。〔元女優で児童文学作家〕パメラ・トラヴァース夫人（Mrs.Pamela Travers）と、ドロシーとモンターニュ〔・シモンズ〕が、昼食に来た。後で彼はルス・スワルツ（Ruth Swartz）に会った。」それは、講話によく来た女の人です。「私たちは、降り続ける雨の中、散歩した。」

翌日は、第4回の討論会だった。「深遠に動かされるもの。エドガー・グラーフとドリス・プラットが昼食に来た － その後、私たちは、サーネン集会委員会（Saanen Gathering Committee）の年次会合を、開いた。私たちは来年〔の集会〕を賄うに充分な寄付金、5万スイス・フランほどを、受け取っていた。」

スコットークリシュナジはその会合にいたんでしょうか。
メアリーーああ、そうです。いました。

さて、翌日、5日は、「第5回の討論会だった。暑い一日だった。会合の後、クリシュナジは道路を歩いて行くと、若いドイツ人夫婦、レナータ（Renata）とルディガー・ウルフ（Rudiger Wolff）に会った。彼は彼らに、タンネグ〔山荘〕に来るよう言った。彼らはブロックウッドに来たいと思っている。」彼らはまったくすてきでした。「昼食があった。〔北東にある〕ツヴァイシンメン（Zweisimmen）で、バラビーノと彼のグループとの会合があった。クリシュナジは、多くの人たちがいて居心地が悪かった。私たちは、暑さにもかかわらず、散歩した。私はいくらか写真を撮った。」それから、別の書き込みに言います － 「スロス夫妻（Mr. and Mrs.Sloss）がお茶に。」と。

スコットー興味深いですね － 天気が良くても良くなくても、クリシュナジが散歩を楽しんだということを、記しておくことは。
メアリーーたとえ雪が降ったとしても、彼は出かけていきました。
スコットーええ。なぜなら、それは運動であったし、身体のために良かったからです。
メアリーーええ。「それはあなたに良いよ。」と彼は言ったものです。（二人ともクスクス笑う）

「第6回の討論会は翌日だった。それは死についてだった。「あなたは本当に生を知るなら、死を、そして愛を、理解するでしょう。」と彼は言った。「それらは一つです。分離していません。」それは深遠な効果があった。とても暑い日。写真を二、三枚撮った。ビル・バーマイスター（Bill Burmeister）と、」－ 彼はすてきな若者でした。講話によく来ていました －「ウルフ夫妻、レナータとルディガーが、昼食に来た。彼らは私に、〔カフカス地方の乳飲料、〕ケフィア・ミルク（kefir milk）を持ってきてくれた。」私はそのときから、長年ケフィアを作っていました。彼らは少し持ってきました。小さなカリフラワーの切れ端のようなもので、それらを水の中に保っておきました。それから、それらを働かせたいと思ったとき、それらをミルクに入れました。それからケフィアができました。それはなかなか良かった。小さな培養物です。（クスクス笑う）午後3時にドン・ホッパー（Don Hopper）が、私に会いに来た。午後4時にクリシュナジは、マダム・ボー（Madame Baud）とその夫に会った。彼女は、「シャングリラ（Shangri-La）」といわれるスイスの学校を持っている女の人です。彼女はそこを、クリシュナムルティ学校にしたいと思っていました。

スコットーそれはどこにありましたか。
メアリーー知りません・・・スイス〔西部〕のフランス語圏のどこかです。
スコットーその学校のことは、聞きましたよ。
メアリーー7日に、「クリシュナジは、第7回の講話〔正確には討論会〕を行った。それは今年の最終回だった。後で彼は、イタリアの学校について、私的にバラビーノに話をした。それから彼はフェリックス・グリーンに会った。〔その妻〕エレーナ〔・グリーン〕はブロックウッドを去ろうとしている。」彼女はその頃、ブロックウッドで働いていました。「私たちだけで昼食をした。ブライアン・ジェンキンズ（Brian Jenkins）が、自らはバラビーノの学校に行くべきかどうかについて、私に話をするため立ち寄った。クリシュナジは歩いて〔村へ〕降りていき、理髪師のニコラ氏に散髪してもらった。後で私は彼を車に拾った。クリシュナジは、ブロックウッドについて〔校長〕ドロシーと話をし、ドロシーに対して相当の要求をした。電話で〔、山荘などの管理人〕マダム・デュプレーに話をした。〔取扱業者〕モーザー氏が電話してきて、クリシュナジの新車が到着したと言った。」

それで、翌日、「もはや講話や討論会はなかった。すてきな一日だった。モンターニュとドロシー〔・シモンズ〕が同行し、私たちは〔北東方向で、トゥーン湖の北西の端、〕トゥーンに運転して行った。〔トゥーン〕湖畔の小さな公園で、私たちはピクニックをした。その後、私たちは〔北岸の〕メーリゲン（Merligen）に運転して行った。それから、私たちが二年前に注文したクリシュナジの新しいメルセデス450SLCの配送を受けとる時刻になるとき、トゥーンに、モーザーのところに戻った。彼はモーザーとともにそれを運転して、タンネグ〔山荘〕に戻った。シモンズ夫妻と私は、私の車で戻った。それからモーザーは運転して、トゥーンに戻った － 冬の保管のために私の車を持って行った。クリシュナジはあらゆる面で、新車とその走り方に喜んでいる。彼の表情に私は愉快だ。」とここに言います。（クスクス笑う）

翌日、8月9日、「クリシュナジは午前に、フェリックス・グリーンに会った。フェリックスはブロックウッドを「災難」と呼んだ。彼はあらゆることに批判的だった。シモンズ夫妻とドリス・プラットが昼食に来た。午後にクリシュナジと私は、〔新車の〕マイル数を積むために新しいメルセデスを運転して、〔サーネンの西隣〕シャトー・デー（Château D'Oex）の向こうまで行った。私たちは戻ってきて、いつものように散歩した。クリシュナジは、グリーンについて

〔校長〕ドロシーに語り、彼女は彼に話をすべきだと考えた。彼女とモンターニュは晩にずっと、フェリックスとエレーナに話をした。」それは、フェリックス・グリーンとの大きな亀裂でした。彼はブロックウッドを貶めました。

「10日は、暑く晴れて美しい一日だった。クリシュナジとシモンズ夫妻と私は、新しいメルセデスで運転して、〔北東方向の〕トゥーンに行った。私たちは、昨夜のグリーン夫妻との会合について、議論した。車は336マイル〔、537キロメートルほど〕で、1回目の点検サーヴィスを受けた。車が点検サーヴィスを受けつつある間に、私たちはタクシーに乗って、〔トゥーン湖北岸の〕メーリゲンに行った。〔ホテル・〕ビータス(Beatus)で昼食をした。湖の蒸気船に乗って、〔南岸の〕インターラーケン(Interlaken)に行き、それから午後5時30分までに〔湖の北西の端、〕トゥーンに戻った。私たちは歩いて、〔取扱業者〕モーザーの修理工場に戻った － そこで、新車は点検サーヴィスを受けたのだった。それから私たちは運転して、タンネグ〔山荘〕に戻った。〔スイス・アルプスの、オーバーラント三山と呼ばれ、南方向に連なる〕アイガー、ユングフラウと、メンヒは、一日中、晴れていた。」

翌日に、「クリシュナジは車について、「かがんだ虎のようだ。」と言った。」(スコット、クスクス笑う。それからメアリーも)「午前に私はお使いをした。それから私たちは、かがんだ虎を洗った。」

スコット─(笑う)これは〔カリフォルニアでも愛用した〕グリーン・ビューティですか。

メアリー─ええ。「〔ブルーノ・〕オルトラニ(Ortolani)と彼の友人が、昼食に来た。ドロシー、モンターニュは〔山荘の〕階上で夕食をとった。それからドロシーと私は、〔ヴァイオリニストの〕メニューイン・コンサートの開会に行った。」

8月12日は、「暖かいすてきな一日だった。シモンズ夫妻はランド・ローヴァーで、〔陸路イングランドの〕ブロックウッドへ発ち、私たちのかばんの一つを持って行った。私たちだけで昼食をした。私はデスクで仕事をした。後で私たちは、いつもの散歩をした。クリシュナジははるかに遠い気持ちになっている － 「切れている」。」

翌日は、「暑い一日だった。私は最後のお使い、銀行等のため、村に行った。私たちだけで昼食をした。荷造りを終えて、車に積み込んだ。私たちは、夏のスイスの最後の山歩きをした。川へのいつもの道だ。就寝時刻前に、車はすべて行くよう整った。」

さて、私たちは〔日記のうち〕もう一つの本に跳びます。これは、1973年8月14日、火曜日です。「クリシュナジと私は午前4時に、新しいメルセデス450SLCで、タンネグ〔山荘〕を発った。金色の月が谷を照らしていた。それから、私たちが、ローザンヌ自動車道を走っていると、太陽の丸いオレンジが取って代わった。クリシュナジはその部分を運転した。彼は、「さあ、私は自分がこの車を運転できるのを知っている。」と言った。私たちは木立の区域に停めて、しばらく休んだ。クリシュナジは、「私はこの林を彷徨ってしまえたらなあ。身体は切れている。私はまったくそれを、このように感じたことがない。」と言った。〔フランスへの〕国境では遅延があった。なぜなら、私たちはスイス税関のために、車に付いた車台番号を、見つけられなかったからだ。」それはスイスの外で検査しなくてはいけませんでした。「私たちは結局見つけた。」－ それはフロントガラスに付いていました －「私たちは〔フランス側の〕ジュラ〔県〕(the Jura)で同じ村でクロワッサンを買った。そして、過去幾年もそうしてきた小さな脇道で、ピクニックの朝食をとった。」クリシュナジは、それがどこなのかを、いつも思い出しました。彼は、「今そこに来ようとしている。」と言いました。何も〔心理的〕記憶を持たないこの人が、です。

スコット─ええ、ええ、知っています。

メアリー─で、私たちはピクニックをしました。「それから私たちは、〔フランス東部ジュラ県の〕ロン・レ・サウニエ(Lons-le-Saunier)をとって、〔フランス中央部、ソーヌ・エ・ロワール県の〕シャロン〔・シュル・ソーヌ〕(Chalons)に行った。そして、パリへの自動車道に合流した。私は二時間も眠っていなかった。それで、クリシュナジが運転したいと望んだとき、私はまどろんだ。熱波がヨーロッパ中を覆っていた。新車のエアコンは快適なドライヴのためだった。私たちはピクニックの昼食をとったが、パリに近づいたので、駐車するところを気に掛けなかった。それで、昨年のように、窓をあげて、〔パリ西部、〕ブローニュの森で昼食を食べた － 私たちがよく散歩したところの近くだ。もっときれいな場所もあったが、クリシュナジはなじみ深いところを望んだ。私たちは樹の下に長い間、座った。パリはとても暑く、〔華氏〕90度〔、摂氏32.2度強〕だ。私たちは午後5時までに〔ホテル、〕プラザ・アテネに着いた。長く涼しいお風呂。果物とスープの美味しい夕食 － ウェイターいわくお米のピューレとニンジンから作ったスープ。8時までに私は眠りに落ちていた。」

8月15日、水曜日、パリで。「フランスでは〔聖母被昇天祭の〕祝日だった。私はほぼ十一時間の眠りの後で、何もすることがないとの甘美な感覚に、目覚めた。クリシュナジもよく眠った。私たちは完全なくつろぎのなか、午前中ずっとのんびり過ごした。天気は暑かったが、不快ではなかった。それでのんびり感が増した。私たちはホテルの雨傘のもと、庭園で豪華に静かに昼食した。ここにはほとんどお客がいなかった。午後4時に私たちは、シャンゼリゼに歩いて行った。そこでは、〔アメリカの俳優〕バート・ランカスターの西部劇を上演していた。」(スコット、笑う)「いつものナンセンスだ。でも、クリシュナジは〔合衆国〕南西部の荒涼とした山々を観察した。そして、彼の頭痛は止まった。「私は、何が起きているかを、知らなかった。私はただ見守った。」と。私たちは歩いて〔ホテル、〕プラザに戻った。各々が幾らか呼吸の練習を行った。夕食をとり、早く眠りに就いた。これは、合衆国がカンボジアでの空爆を止めた日だ。」

翌日は8月16日でした。「クリシュナジは、自らの頭痛について、そしてあのはるかかなたの感じについて、言った －「これらの人たちはふつう、弟子たちに取り囲まれて、一カ所に留まっている。ブッダは〔一日、〕8マイル〔、約12.8キロメートル〕歩いたが、それはさほど遠くなかった。この身体は敏感になった。そして、見知らぬ場所でこき使われることに反抗する。」と。」

「私は、「それは一カ所に留まるべきではないですか。」と言った。」

「クリシュナジは、「あなたがブロックウッドというつもりなら、そうではない。〔いつか〕そうなるのかもしれないが、今ではない。」と言った。」

「また暑い一日だった。クリシュナジは内に留まっていた。その間、私は銀行と、クリシュナジの靴磨きのために〔靴屋の〕ロブ － いまやエルメスに移っている － に行った。そして、幾らかジャージを入手するために、クレージェ(Courrèges)に。私がホテルに着いたとき、クリシュナジは、ジヴァンシーに行きたいと言った － それで、私が、ロンドンで写しを取っておいたズボンを何本か入手できるように、だ。でも、そこには何もなかった。私たちは、ひげ剃りを求めてフィリップスに行った。私たちは再び〔ホテル〕プラザ〔・アテネ〕の庭で昼食をした。午後4時にメルセデスで発ち、〔フランス北部〕ル・アーヴルへゆっくり運転した。クリシュナジは半分ほど運転した。それにより彼の頭痛は減った。彼は、ゆっくり運転しスピードを変えることにより、車の温度を低く保った。車の内側は、エアコンで涼しかった。私たちは午後7時30分にル・アーヴルに着いた。そこは涼しかった。私たちはル・モナコで晩餐をした。私は税関で、新しいシャネルのスーツを検査してとおしてから、ノルマンディ・フェリー、「ドラゴン号」に乗船した。その船で〔英仏海峡を〕スムーズに横断した。」

翌日、「私たちは午前7時に、〔イングランド南部の〕サザンプトンで下船し、〔北東方向の〕ブロックウッドへ運転した。〔先に出発した〕シモンズ夫妻はまだ到着していなかった。アンネット(Annette)とリチャード・クック(Richard Cooke)とジム・ファウラー(Jim Fowler)が、夏中の管理人だった。涼しくて霧のかかった朝だった。私たちは一日のほとんど、静かに荷物を開けた。クリシュナジはメルセデスのエンジンを清掃し、それを外側に停めていることを心配した。なぜなら、ドロシーのコルティナがメルセデスの車庫に保管されているからだ。「錆びるだろう。覆いをしておかなければいけない！」と。」（メアリーがふざけて、Kの心配した声の調子を真似てみせるのを、スコット、クスクス笑う）「でも、ドロシーとモンターニュとドリスは午前8時に、ランド・ローヴァーで到着した。コルティナは〔車庫から〕動かされて、メルセデスは夜露から守られた。」（笑う）「クリシュナジの頭は痛んでいた。彼の顔はやつれて見えた。」

さて、私たちは〔二冊の日記のうち、〕小さい日記に戻らなければなりません。

8月18日は、「荷物を解き、分類し、クリシュナジの戸棚すべてにものを整理整頓する一日だった。彼の頭は悪いまま継続する。彼とドロシーと私は午前に散歩した。クリシュナジは、散歩を増やすことを決定した － 木立(the grove)に行き、二つの大きな野原を越えて、歩く道を辿り、半分木造の住宅の裏を回って、小道に出る。そして小道を戻る。」

19日は、「また暖かい一日だった。私は戸棚の整理を続けた。私たちは午前ずっと、メルセデスと車庫の床を一緒に洗った。私たちがみんな〔スイスに〕離れている間、犬のウィスパーは〔西の〕ウェールズ〔地方〕に預けられていたが、それを〔校長〕ドロシー〔・シモンズ〕が連れ戻した。」

20日に、「クリシュナジは私とともに、〔東方向の〕ピータースフィールドに来た － 車のフロア・マットについて調べるためだ。昼食の後、クリシュナジとドロシーと〔犬の〕ウィスパーと私は、新しい散歩に行った。クリシュナジの頭は、何かをしているか、テレビを見ているとき以外は、ひどかった。「どれぐらい続くんだろうかと思う。」と。」

翌日に、「私たちは、〔こちら側の弁護士〕スタンリー・コーエンの作った調停の草案を、よく調べた。」それが、書いているすべてです。

22日に、「〔オーストラリアの〕メイヴィス(Mavis)とレグ・ベネット(Reg Bennett)が、集会をとおして泊るために到着した。私は彼らを西ウイングの客室に入れた。」

翌日、「クリシュナジと私はドライヴに行った。集会のため、〔会場の〕テントが建った。午後には、〔研修用〕クロイスターとダイニング・ルームの増築部分への仕事を検査するために、〔建築家〕イアン・ハモンド(Ian Hammond)と〔その協力者〕ロバート・ウィッフェン(Robert Wiffen)が来た。私とドロシーと私は、彼らと会合し、集会ホールについて話をした。後で短い散歩中に、私はクリシュナジに対して、アルジナ資金がまだ …」アルジナ口座(the Alzina account)を憶えていますか。これはクリシュナジのためのスイスでの口座でした。「私は彼に対して、アルジナ口座の資金がまだ、メルセデスに支払うために残っていることを、告げた。私が差引額を支払っておいたからだ。クリシュナジはそれを、集会ホールに当てるように言った。」彼は集会ホールに3500ポンドを出しました。

「彼と私は、彼の頭痛について議論した。まるで、講話のものすごいエネルギーは、それが鎮静するとき、身体が抗議するが、後で、彼がもっと表面的な水準にいるとき、疲労が来るかのようだ。」そういうわけで彼は頭痛がするのだと、考えました。

スコット—よし、ここでもう少しそれに、充分に触れておきましょうか。それで、彼は言っています － 講話の間、自らの身体を通るものすごいエネルギーが …

メアリー—ええ。

スコット— …そして、講話が終わったとき …

メアリー—ええ。

スコット— …身体は、これらに通られたことへ一種、抵抗する …

メアリー—ええ。

スコット— …そして、抵抗は、頭痛の形を取る、と。

メアリー—ええ。彼は、話をしている間、けっして頭痛がしませんでした。

スコット—そのとおり。

メアリー—彼の身体的な症状すべては、彼のでした － 奇妙です。

スコット—ええ、ええ。

メアリー—翌日、クリシュナジは幾つか〔個人〕面談を行いました。私たちは短い散歩を行って、ブラックベリーを摘みました。

26日に、「午後に、クリシュナジとカルロスは車を洗った。それからクリシュナジ、ドロシーと私は、木立でシダ類と枯れ枝を清掃した。夕食の後、私は車でビル・エンジェロス(Bill Angelos)を、〔東方向の〕ピータースフィールドに送って行った。彼は昼をブロックウッドで過ごしたのだった。」

翌日、「私は家事をした。私たちは木立の樹々を刈り込んだが、ついに豪雨が来て、私たちは内に駆け込んだ。」

8月28日に、「サラルとディヴィッド・ボーム〔夫妻〕が昼食に来て、来年の科学者討論会のための計画について、議論した。クリシュナジとドロシーと私は、木立で木の刈

り込みに一生懸命働いた。」

翌日、「ドロシーが運転して、クリシュナジと私をピータースフィールドに送ってくれた。私たちはロンドン行きの列車に乗った。私たちはフォートヌムで昼食をした。クリシュナジは歯医者に行き、一本抜歯してもらった。私たちは〔サヴィル・ロウの仕立屋、〕ハンツマン、〔宝飾品の〕アスプレーに行った。私のスラックスのために、ロウ（Rowe's）の仕立て師、ヘヴィット氏（Mr.Hewitt）のところに。それから、変更した義歯仮床のために、歯医者に戻った。それから〔サウスバンクに近いターミナル、〕ウォータールー〔駅〕の列車、そしてブロックウッドに戻った。」

8月30日に、「クリシュナジは口が腫れていた。私はお客のための部屋を準備した。来たるべき講話のため、邸宅と〔会場の〕テントには、最大限の準備がされていた。〔校長〕ドロシーはあまり良くなったが、立ち上がって、短い散歩に来た。夜にクリシュナジは、しばらく気分が悪くなった－汗をかき、気絶する感じで、その後、震えた。それはほんのしばらく続いた。」

8月31日に、「〔オーハイの〕エルナ〔・リリフェルト〕から手紙が来た－〔イヴリン・〕ブラウ夫人（Mrs.Blau）がポロック夫妻とともに、ハッピー・ヴァレーの土地を見ておいて、後でロザリンドに会ったということを、言う。ブラウ夫妻、リリフェルト夫妻、ルス〔・テタマー〕、そして今やクリシュナジの気持ちは、私たちの学校のためにハッピー・ヴァレーの土地という考えを捨てるべきだ、というものだ。ロザリンドと〔陶芸家〕ビアトリス・ウッド（Beatrice Wood）がそこに住宅を建てつつある。」

「集会のために人々が到着しつつあった。〔メアリー・リンクスの娘〕アマンダ・パラント（Amanda Pallandt）は西ウィングで、私たちと週末を過ごしつつある。〔フランスの〕マルセル・ボンドノーは、パスカリン・マレ（Pascaline Mallet）とともに到着した。マダム・サミュエル（Madame Samuel）も来た。マルセルは西ウィングのダイニング・ルームにいる。クリシュナジは、カナダのバリー・グローヴスという人（a Barry Groves）に、短い面談をした。組み立てられた〔研修用〕クロイスターの居間のために、ヒール（Heal）の家具類がとうとう到着した。レナータとルディガー・ウルフの若いドイツ人夫婦が、到着した。」

9月1日に、「クリシュナジは、今年の第1回のブロックウッド講話を行った。後で私は階上で彼に昼食を出した。それから彼は、昼食が出されているテントに、戻った。天気は良かった。食事には920人ほどの人たちが来た。」

翌日は、「第2回のブロックウッド講話だった。アマンダ・パラントは講話の後、立ち去った。」

9月4日に、「クリシュナジはテントで討論会を行った。その後、彼は階上で昼食をとり、それからテントに戻った。」

翌日、「クリシュナジと私は、午前に小道をとおって、ウルフ夫妻を、〔南西方向、ウィンチェスター市東部、〕エクストン（Exton）へのドライヴに連れて行った。午後には散歩があった。」

9月6日、木曜日に、「クリシュナジは第2回の公開討論会を行った。」

翌日、「ウルフ夫妻は去った。私はピータースフィールドに行った－〔オーハイの〕エルナに六十八本のグシュタードの〔録音〕テープを、そして、〔カリフォルニア〕州立大学バークレー校公開講座（UC Berkeley Extension）へのアラン・ノーデ（Alain Naudé）のための照会状を郵送するためだ。彼はそこで音楽とピアノの教師の候補になっている。」

8日は、第3回の講話でした。9日には、第4回の講話がありました。「最後の講話には、悠々と1500人がいた。暖かくて美しい一日だった。クリシュナジは、これら講話には、充分な真剣さではなく、休日の雰囲気があまりに多くありすぎると、感じる。来年はもっときびしくあるべきだ。プールは空っぽになるだろうし、娯楽はなくなるだろう。地域社会でキャンプは嫌われている。彼らは農民に迷惑をかけ、キノコ取りをするからだ。お客たちは立ち去りはじめた。」

10日に、「ベネット夫妻が立ち去った。キャンプする人たちとクロイスターのお客たちのほぼすべてが、立ち去っている。邸宅は静かになりつつある。それが起きているのが感じられる。ルス〔・テタマー〕とアルビオン・パターソンから、オーハイのセンターのための教師たちについて、良い手紙があった。私は、デスク仕事と多くの洗濯をした。クリシュナジは〔メキシコのアルフレッド・〕カレス（Calles）に話をした。彼は非難囂々となっていた。後でクリシュナジは、テッド・カーテー（Ted Cartee）に〔個人〕面談を行った－多く禅を行ってきた真剣なアメリカの若者だ。」

11日に、「マルセル・ボンドノーが立ち去った。二、三人の残ったお客たちも去った。正午にクリシュナジ、ドロシー、モンターニュ、ドリスと私は、ピクニックの昼食を持ち、〔北西方向の〕アレスフォードで製粉所の傍らで食べた。すてきな一日だった。製粉所のそばに、絶妙の庭園があった。それから私たちは、〔ハンプシャー州の州都で西方向の〕ウィンチェスターに行って、〔イギリス・フランスの政治サスペンス〕映画『ジャッカルの日（Day of the Jackal）』を見た。クリシュナジは楽しんだ。」

9月13日に、「私たちは列車でロンドンに行った。ドリス〔・プラット〕が自分のミニを、私たちに貸してくれた。クリシュナジは、ピータースフィールド駅の駐車場に、新しいメルセデスを駐めておきたくないからだ。」

スコット―全くそのとおり。

メアリー―「〔ロンドンでは〕メアリー・リンクスが早い昼食のため、フォートヌムで私たちを出迎えた。彼女は、〔クリシュナジの〕伝記の第二巻の草稿に、取り組んでいる。私は、クリシュナジの写真の見本を持ちこんだ。その幾枚かは、悪かった－クリシュナジの、学生と教師たちへのリシ・ヴァレー講話から、ププルとスナンダがまとめたインドの本のものだ。私はまたテキストをも持ってきた－それは、メアリー〔・リンクス〕が私に読むよう頼んでおいたものだ。それもまた、西洋で印刷すべきだろうか。疑問がある。列車で私は、メアリーが質問する本の幾部分かを、クリシュナジに読み上げた。クリシュナジは、ププルとスナンダの編集に辛抱できなくて、私に修正を口述した。彼は、本は今のままでは出版できないと言った。私たちはそれを昼食で議論した。クリシュナジは、私がそれを調べるべきこと、そして、私が編集または説明が必要だと思う部分について彼に相談すべきことを、決定した。彼はそれらを訂正するだろう。それができたとき、それは編集のため、メアリー〔・リンクス〕に送られるだろう。これにインド〔の関係者たち〕は苛立つだろう－彼らは、今のままで急いで出したいと思う。しかし、クリシュナジは、自らがそれを取り扱おうと言った。クリシュナジがインドに行く前に、私はこれを

どのようにするのか。本は200ページだ。私は分からない。でも、それに取りかかろう。」

「昼食の終わりに、メアリー〔・リンクス〕は、クリシュナジの手紙の美しさ、それらの独創性について語った。そして、彼に対して、そこに毎日、一言、一行、何でも書くノートブックを持つだろうかどうかを、訊ねた。クリシュナジは彼女に対して、二週間前、8月31日に、第1回ブロックウッド講話の前に起きた、おもしろいことについて、語った。彼は夜に目覚めた － あたかも、光の玉が自らの頭の中に置かれつつあるかのように感じた。彼は一時間ほどそれを観察しつつ、目覚めたままでいた。クリシュナジは、毎日書こうと言った。」

メアリーは、クリシュナジを歯医者で降ろした。私は歩いて、ロウ（Rowe）での仮縫に行った。クリシュナジのため、ジャクソンズでアヴォカド・オイル、そして合衆国からの幾らかブルーベリーを、買いに立ち寄った。それから、書くためのノートブックを。私はトンプソン氏（歯医者）のところで彼に会った。彼は仮縫いのため、ハンツマンに行った。それからスルカ（Sulka）に。そこでは、クリシュナジが前回の旅行で持ち帰ったインドの絹で、シャツを作っている。それから私たちは、腕時計のためアスプレーに行った。書くために二本、ラミー（Lamay）の鉛筆を買った。クリシュナジは、濃い芯の鉛筆一本と、細かい芯の鉛筆一本をほしがり、見つけたものに喜んでいた。買い物袋を降ろすことは、自意識的な行為だった。それは爆弾ではない、とクリシュナジは店員に言った。ロンドンと他の都市は、IRA〔北アイルランド独立を目指す過激派組織、アイルランド共和国軍〕の爆弾に悩まされてきた －〔それらは〕ふつう、買い物袋に入れて残されたものだ。私たちは、ボンド・ストリートへ、マックスウェルの新しい店に行った。ハンツマンは、マックスウェルのところを買い取っていた。クリシュナジは、試しに靴を一足、注文した。それはとてもうまくすばやく行ったので、彼は通りの向こうのトゥルーフィット（Truefitt）で、散髪をする時間ができた。そして、ウォータールー〔駅〕に、そして6時30分までにブロックウッドに。」

14日に、「クリシュナジは、新しい鉛筆で新しいノートブックに、丸一ページ書いた。木立（グローヴ）と、そこの静寂と何か聖なるものの感じの記述。フランシス・マッキャンは、クロイスターに泊まっていたが、西ウィングの客室に泊まるよう招待された。そこには〔10日まで〕レグ・ベネット夫妻がいた。クリシュナジは、フランシスを助けようとして、彼女に手を当てている。彼女はあれこれ〔幻聴の〕声が聞こえている。私は彼女に話をする。時には彼女を、それが主観的であると説得できる。でも、それから彼女はまた、妄想に戻ってしまう。その他では彼女は静かであり、気持ちよく自分自身でいる。クリシュナジは彼女に、ヨーガや調息（プラナヤマ）をすることを、禁止しているし、彼女の妄想を聞こうとしない。私は、彼女はクロイスター〔の個室〕よりむしろここ、西ウィングで、もっと安全で気遣われた気持ちになるだろう、と感じる － 前者は今、ほとんど空っぽだ。」

「クリシュナジは昼食の前にドライヴをしたいと思った。それで、私たちはメルセデスでもって、〔南東方向の〕ウエスト・メオン（West Meon）、イースト・メオン（East Meon）へ、そしてプリヴェット（Privett）あたりを通った。またもや、すばらしくすてきな一日。暖かいが、暑すぎない。美味しい空気。」

「バラビーノ（Barabino）がローマから電話をしてきた。そこでのクリシュナジの講話のための、10月28日の日付け確認について、だ。そして、最近のイタリアでのコレラ発生にもかかわらず、私たちがやはり来ようとしているのかどうかを、知りたがった。クリシュナジは、そのときまでに終わっているだろうと、願っている。私たちが思い悩んでいることは、初めにリンクス夫妻とともに、ヴェニス〔ヴェネチア〕に行くべきかということだ。クリシュナジが、六月にイタリアの切手にそれを見たとき、言ったように、「サルヴィアモ・ヴェネツィア（Salviamo Venezia）」だ。」それは「ヴェニスを救おう」という意味です。ヴェニスはその時点で崩れかけていました。「彼は、行くのはおもしろいだろうと思う。メアリーとジョー〔・リンクス〕は熱心なのだ。私は様々な大使館で、コレラ注射の用件について、調べなければならない。午後4時にポーランド人の教授」 － その名を私は発音できません －「東洋の哲学と心理学の教授が、その父と二人の人たちと、クリシュナジに会いに来た。彼はとても情動的人だった － 彼は何も質問なくて、「私たちは一つだ。私たちは一つだ。」と繰り返し言いつづけたのだった。クリシュナジは、疲れると思った。私たちは後で木立（グローヴ）を歩いてまわり、整備工がブラシマットのためにメルセデスを測定しに来るのを、待った。」（二人ともクスクス笑う）

9月16日に、「クリシュナジから気をつけて運転するよう多くの説論の後、私は午前10時45分に発って、69マイル〔、約110キロメートル〕を運転した。」或る友だちと昼食をするためです。

スコット―どの人ですか。

メアリー―メイヤー夫妻（the Meyers） － フレール〔・カウルズ〕（Fleur）とトム〔・メイヤー〕（Tom）と、彼らのお客のブラジル大使とその妻と息子です。これらについてあなたは、聞きたくないでしょう。でも、私は戻ってきました。（笑う）

スコット―ありがたいことに。

メアリー―ええ、私は午後6時15分に戻ってきました。クリシュナジは、ボーム夫妻に会っていました。来年の提案された科学者の討論会について、です。〔サンフランシスコの〕ディヴィッド・ホール（David Hall）から手紙が来ました。クリシュナジもまた、今や日々のノートブックの書き物を終えていました － 静寂の闇の中、〔スイスの〕グシュタードを離れる記述です。そして、〔Kの周囲の権威主義を非難する〕或る訪問客への〔静かな〕批判です。

今、私たちは、〔日記のうち〕小さな日記に戻っています。

スコット―おや、まあ。

メアリー―分かります。

それで、9月17日、何が起きたのか。ああ、何もない。クリシュナジはカルロス（Carlos）とクレア（Claire）に会った。

そして翌日、クリシュナジは午後に、カレス氏に面談を行った。夜に寒い暴風があった。

19日に、「クリシュナジは書き物をした。私はデスクで仕事をした。午後にクリシュナジは、職員の会合を行った。後で彼とドロシーと私は散歩して、木立（グローヴ）で落ちた枝を掃除した。」

21日に、「クリシュナジは、午前ずっと書き物をした。

午後には職員の会合を開いた。それから彼とドロシーと私は、散歩した。天気は寒くなりつつある。」

22日に、「学生の多くが到着した。私は、〔インド南東部〕マドラスからのプリマ・スリニヴァサン夫人（Mrs.Prima Srinivasan）を乗せるために、〔東方向の〕ピータースフィールドに行った。彼女はブロックウッドで昼食をし、クリシュナジに話をした。後で私は運転して、彼女を駅に送り返した。私たちはいつものように散歩した。」

翌日、「学生すべてが到着した。」学校が9月の終わりに始まったことに、気づきますね。

スコット—ええ、よく憶えています。

メアリー—「到着した学生はみんなで四十八人いた。クリシュナジは書き物をした。私はほぼ一日中、タイプを打った。フランシス・マッキャンは、クリシュナジの手当で、はるかに良くなった。継続するため、インドに行くかもしれない。彼女はここで、より静かで、よく手伝ってくれる。私は〔イタリアの〕ヴァンダに電話しようとしたが、つながらなかった。散歩でドロシーは急に、頭に奇妙な感じがした。それは後でもう一度起こった。クリシュナジは、退去する前に、両手を彼女に当てた。〔校長の〕彼女は働きすぎている。」

24日に、「学期が始まった。クリシュナジは午後に学校に話をした。私たちは日付についてヴァンダに電話をした。」彼はイタリアに行って話をしようとしていました。

スコット—ふむ、ふむ。

メアリー—25日に、「私は一日中、クリシュナジのノートブックをタイプする仕事をした。彼は一日、二ページ半記している。午後に彼は、ジーン・ルー・ロペス（Jean-Loup Lopez）に面談をした。ドロシーは自分の医師に診てもらった。血圧がちょっと上がっているからだ。クリシュナジは彼女に手当てをし、ウォベンジム（Wobenzym）を与えた。」

スコット—ウォベンジム？

メアリー—ええ、それは、彼が摂っていた〔酵素〕治療薬です。

26日に、「ドロシーが運転して、クリシュナジと私を鉄道の駅に送ってくれた。ロンドンでは激しい渋滞があった。私たちはハンツマンに行った。それからフォートヌムでメアリー・L〔リンクス〕と昼食をした。私は、クリシュナジの新作の最初の十ページを、彼女に渡した。〔メアリー・リンクスが執筆中のKの〕伝記についてたくさんの議論があった。クリシュナジと私は列車で、インドの教育の本について仕事をした。私はそれに集中することになっている。私はまた、クリシュナジの日々の書き物を写真に撮り、後でそれらをタイプすることになっている。そのため、メアリーがそれをもっとすばやく得られるように、だ。クリシュナジはそれから、〔古い友人、〕バインドレー夫人に会いに行った。その間、私はロウ（Rowe's）で仮縫いをした。私はタクシーをつかまえるのに苦労したが、結局、バインドレー夫人のところでクリシュナジを乗せて、それからクリシュナジとともに歯医者に行った。私たちは運が良くて、ウォータールー〔駅〕から〔南西方向に〕戻る午後5時45分の列車に、乗った。私たちを迎えるために、ドロシーとドリスがピータースフィールドの駅にいた。」

「〔研修用〕クロイスターのまわりに、新しい芝生が敷かれていた。」

28日に、「寒くてにわか雨が降った。昼食の後、私は、〔旧友の〕クリストファーとフィル〔・フライ〕とのお茶のため、〔南東方向に、ウエスト・サセックス州チチェスターの〕イースト・ディーン（East Dean）に運転して行った。彼らは、自分たちのコテッジの上にもう一つ部屋を付け加えていた。庭はすてきに見えている。私は午後6時30分までにブロックウッドに戻った。」

「〔メアリー・リンクスの娘〕アマンダ・パラントが週末のために到着した。彼女と一人の友だちが、クロイスターのまわりに、灌木等を植え付けはじめようとしている。」

9月29日に、「クリシュナジは午前に書き物をした。午後には、学生と職員たちとともに、週末に招待されたお客たちのための討論会を、開いた。私たちは、折りたたみ椅子と段を使って、それを西ウィングのホールで開いた。」

翌日、「クリシュナジは午後にもう一回、討論会を開いた。」

10月1日は、「たいへんすてきな一日だった。クリシュナジは書き物を始めたが、〔車で〕一走りする気になった。それで私たちは、ブロックウッドの南の小道を、車でさすらった。木漏れ日が射していた。私たちが見たことのないすてきな場所。それからデスクの仕事に戻り、散歩した。」

翌日、「クリシュナジは書き物をした。それから午後に、学校の会合を開いた。職員の一人が愚劣に語った。彼は「歴史はすべて嘘だ。」等と言った。後で私は彼と話をした。」

10月4日に、「午後3時30分にクリシュナジは、西ウィングのホールで再び、学校に話をした。その間、私は幾枚か写真を撮った。後でクリシュナジは、困っている幾人かの職員に、話をした。フランシス・マッキャンと私は、〔15日からの〕イタリア〔訪問〕のため、コレラの〔予防〕注射のために、アレスフォード合同外科医院（the Alresford Group Surgery）に行った。」

5日に、「〔校長〕ドロシーが運転して、私たちを〔東方向の〕ピータースフィールド駅に送ってくれた。そこで私たちは、ロンドン行きの列車に乗った。列車で私たちは、インドの教育の本の校正の仕事をした。クリシュナジは〔仕立屋、〕ハンツマンに、私はロウに行った。そこで私たちは仮縫いをした。メアリー・L〔リンクス〕がハンツマンでクリシュナジに会い、彼らは昼食のため、フォートヌムで私と待ち合わせた。私は〔宝飾品の〕アスプレイで、私の腕時計とクリシュナジのナヴィクォーツ時計を受けとった。それからクリシュナジと私は、〔ドラッグストア、〕ジョンベル・アンド・クロイドンに行き、それから〔歯医者の〕トンプソン氏のところに行った。クリシュナジは一本の歯に膿瘍があり、それは乾いていた。私たちは、ピータースフィールドに戻る午後4時50分の列車に、乗った。すてきな人が私たちに座席を譲ってくれた。私たちは列車で、書物にさらに幾らか仕事をした。」

10月6日、「クリシュナジは午前に書き物をした。彼の歯は良くなっている。彼は午後3時30分に討論会を開いた。後で私たちは、散歩に行った。戻るとすぐ、スエズ運河で激しい戦闘〔、第四次中東戦争〕が起こったことを、私たちは知った — そこをエジプト軍が渡って、イスラエルに入ったのだ。イスラエルは〔スエズ運河〕東岸を押さえていた。またシリアが、ゴラン高原から〔南西方向へイスラエルを〕攻撃した。今日は〔ユダヤ教の大祭日、〕贖罪の日（Yom Kippur）だ。」

スコット—クリシュナジは、誰と討論会を開きましたか。

メアリー—学校だと推定します。他に言わないのならね。

7日にはこう言います — 「イスラエル、エジプト、シリアの戦闘は継続している。クリシュナジは午前に書き物を

した。午後3時30分にはもう一回、学校との討論会を開いた。彼は、「『私は知らない』と言うこと、そして本気でそう言っていることが、思考の外に出ていることです。」と言った。」

「クリシュナジとブロックウッドの誰もがみな、前の芝生に、ジョアン・ライト（Joan Wright）とその夫が与えてくれたレバノン杉一本と、…」それは、大きな杉の隣のあそこの樹です –「また、車の道近くに、私が提供したイングリッシュ・オーク（English oak）一本を、植えた。」

スコット—どれですか。

メアリー—ハンカチノキと、もう一本の大きな樹の間に、小さなオークがあります。

スコット—ああ、はい、そうです。

メアリー—10月8日に、「イスラエルとエジプトとシリアとの間の戦闘が、継続している。クリシュナジは午前に書き物をした。私は午後に、〔西方向の〕ウィンチェスターに行った。彼のノートブックを」 – それはジャーナル（the journal）です –「写真に撮ってもらい、それから写真と手紙の小包を郵送するためだ。クリシュナジは、カルロスの手助けで、メルセデスを洗い、ワックスをかけた。それから私たちは散歩した。」そう、あの頃にはコピー機がなかったのよ。

スコット—知っています。憶えています。私は〔謄写版の〕ロネオ（Roneo）の機械を持っていました。よく憶えています。（メアリー、クスクス笑う）

メアリー—翌日、私はクリシュナジのメルセデスを運転して、ロンドンに行った。クリシュナジのイタリア・ヴィザを取った。それから車を、ロサンジェルスへの船積みのため、フィシャー海運会社（the Fisher Shipping Company）に持って行った。私はロイヤル・アカデミー〔・オヴ・アーツ〕（the Royal Academy）に歩いて行き、〔古代〕シナの展示会を見た。」あれはすばらしかった。憶えていますか。どこかで発見された、あれらすべての馬〔、兵馬俑〕でした…

スコット—ああ、はい。西安です。

メアリー—それらはすばらしかった！

スコット—ええ、ええ。

メアリー—「私は〔イタリアの〕ヴァンダのために、セーターのプレゼントを買った。それからウォータールー〔駅〕に行き、ピータースフィールド行き列車に乗った。ドリス〔・プラット〕が私のために、そこに自分の車を残しておいてくれた。クリシュナジは学校に対して話をしたのだった。」

10月10日、「イスラエルのまわりで戦闘が継続している。クリシュナジは朝に書き物をした。メアリー・カドガンが昼食に来た。その後、彼女はクリシュナジ、ドロシー、私とともに、雑多なことについて議論した。クリシュナジ、ドロシー、〔犬の〕ウィスパーと私は、いつもの散歩に行った。〔ニクソン政権の合衆国〕副大統領〔スピロ・〕アグニュー（Agnew）が辞任する。他の嫌疑が取り下げられるよう、脱税への抗弁はしなかった。」外の世界が時折、入ってきます。（スコット、クスクス笑う）

11日に、「ドロシーが運転して、クリシュナジと私を、ロンドン行きの列車のため、ピータースフィールドの鉄道の駅に送ってくれた。私たちはフォートナムで昼食をとった。それからクリシュナジの歯のために、〔歯科医〕トンプソン氏のところに。後でクリシュナジは、錆色のツィードのスーツと、淡いグレイのスーツに、ハンツマンでの仮縫いをした。私たちは〔百貨店、〕ハチャーズで、ヴァンダのためのカーディガンと、幾つか推理小説を買った。ウォータールー〔駅〕から午後4時50分の〔列車〕に乗った。ピータースフィールドでは、ドロシーが私たちを出迎えてくれた。」

12日に、「フランシス〔・マッキャン〕と私は、アレスフォード外科医院に行った。それから、〔コレラの〕ワクチンの署名を確証してもらうために、ウィンチェスターに行った。メアリー・L〔リンクス〕と〔その娘の〕アマンダ・パラントが〔ブロックウッドに〕昼食に来て、夜を過ごした。メアリー〔・リンクス〕は午後に、〔執筆中のKの〕伝記についてクリシュナジに話をした。後でクリシュナジ、ドロシー〔・シモンズ〕と私は散歩した。寒い一日だった。イスラエルでは戦闘が継続している。」

翌日、「メアリーとアマンダは去った。私は荷造りをした。午後にクリシュナジは学校に話をした。それから私たちは散歩した。」

14日は荷造り、荷造りです。「クリシュナジは午後に、ごく短くキャロル・オルグッド（Carol Algood）に話をした。彼とドロシーと〔犬の〕ウィスパーと私は、午後遅くに、いつもの道を散歩した。」

15日に、「私たちは午前10時45分にブロックウッドを発った。学校全体がお別れを告げに出てきた。ランド・ローヴァーのドロシーとドリスが、クリシュナジとフランシス・マッキャンと私を、空港に送ってくれた。私たちは〔ロンドン中心から西へ32キロメートル、テムズ川沿いの〕ラニーミード（Runnymede）で、車中でピクニックの昼食をとった。それから〔東方向のヒースロー〕空港へ。そこで、クリシュナジとフランシスと私は、ローマ行きBEA〔ブリティッシュ・ヨーロッパ航空の〕便に乗った。〔ローマでは〕ヴァンダとバラビーノが私たちを出迎えた。どうにか、ヴァンダとクリシュナジとバラビーノと私と八つのかばんが、ヴァンダの〔イタリア車〕ランチアに入った。そして、〔ローマ北部、〕バルナバ・オリアーニ通り（Via Barnaba Oriani）のところに。」そこは、ヴァンダがアパートメントを持っていた通りです。「〔マリブでの元家政婦〕フィロメナが自分の庭から、花々とブドウを置いておいてくれた。私は電話で彼女に話した。午前には、エルナ〔・リリフェルト〕からブロックウッドに手紙があった – アメリカK財団のためのサルク（Zalk）の住宅と三十八エーカー〔、約153800平方キロメートル〕の土地への責任について、だ。クリステンセンは」 – それはラージャゴパルの弁護士です –「電話で、ゆえにどんな調停についても、スタンリー・コーエンを」 – それは私たちの弁護士です –「回避している。」

翌日、「フィロメナが来た。とても良さそうに見える。私たちは彼女について、あれこれ話をした。ヴァンダは彼女に、昼食に留まるよう頼んだ。その後、私たちはさらに幾らか話をした。私たちは一緒に幾つかお使いをした。そして、〔近所の〕エウクリデ広場（Piazza Euclide）で私たちは、彼女の孫のレロ（Lelo）に会った。彼は磁器の店で働いている。それから彼女は家に帰った。」

「クリシュナジは休み、読書して昼間をベッドで過ごした。私たちはイスラエルでの〔第四次中東〕戦争のニュースを聞いた。多くの戦闘が継続している。」

17日に、「私はヴァンダとともに、〔ボルゲーゼ公園の南、ヴィットリオ・〕ヴェネト通り（Via Veneto）に行った。ジョルジオ（Giorgio）とマルガリータ・シニョリーニ（Margarita Signorini）とフランシスが、昼食に来た。フランシス〔・

マッキャン〕の妄想は再び悪い。シニョリーニ夫妻が彼女を自分たちのところに泊めている。クリシュナジは彼女に話をし、彼女はインドに行ってはいけないと言った。彼女は同意した。私たちはみな彼女とともに、精神科医に行くことについて、議論した。私は、ニューヨークでの精神医療について助言を求めるために、フィリス・ラッチェンス（Phyllis Lutyens）に電話した。でも、電話は通じなかった。フランシスはサンフランシスコのほうを選ぶだろう。クリシュナジと私は、〔ローマ北部〕ヴィラ・グローリ（Villa Glori）〔の公園〕での遅い散歩に行った。彼は、4月のニューヨーク講話の後でマリブに戻ること、そして、5月一ヶ月を完全な休みで過ごすことについて、語った。」

18日に、「私はフィロメナとともに行って、クリシュナジがインドに持って行くソックスを買った。私は戻ってきたとき、今朝のクリシュナジの書き物を調べた。そこにはサンスクリットの祈願文があったが、彼は自分がほとんど作り上げたと言った。」（スコット、笑う）「バラビーノとシニョリーニ夫妻が昼食に来た。クリシュナジの昼寝の後、彼と私は、ヴィラ・グローリを散歩した。イスラエルでの戦争は激しく継続している。」

10月19日、「フランシスがクリシュナジに会いに来た。それから彼女とヴァンダと私は、〔古代の大通りの一つ〕コルソ（the Corso）行きのバスに乗って、ヴェルスカ（Veruska）のズボン店に行った。そこで私は三足買った。クリシュナジの〔フィリップ・〕パテク〔の腕時計〕をもってハウスマン（Hausmann）に、そして自分のを受けとった。それから、『デイリー・アメリカン紙（the Daily American）』に、クリシュナジの近づく講話について広告を出すために。私は彼に、幾つかの本とノートブックの紙を買った。そしてバスで戻ってきた。ヴァンダと私と〔ピエトロ・〕クラニョリーニ（Cragnolini）とトパジア〔・アリエッタ〕（Topazia）が昼食に。クリシュナジは、イタリアには、バラビーノだけではなく、委員会がなければならないと言った。彼らはそれを願っていない。鋭い抵抗だ。彼らは聞き入れない。クリシュナジは、彼らに理解してもらうよう、闘わなくてはならなかった。後で私たちは、いつものように散歩に行った。」

翌日、「私は午前をフィロメナと過ごしたが、昼食に間に合うよう戻ってきた。シニョーレ・ヴァルヴェシ（Signore Varvesi）と」– そう見えます –「その妻がそこにいた。彼はテレビ・ニュースの特別業務を行っている。妻は教師だ。また、環境学者のヴィトリオ（Vittorio）某とバラビーノとシルヴィア・ジアナッタ（Silvia Gianatta）– バラビーノの友だちで、彼を手伝うためサーネンにいた人 – もいた。彼女は〔北イタリアの〕トリノで生活し、心理学を研究している。後で、クリシュナジとヴァルヴェシとの間で、議論があった。後者はイエス支持者だ。クリシュナジにとっては、疲れる努力だった。後で私たちは一緒に散歩した。」

10月21日、（笑う）「午前8時30分に、グッディ女史（Ms. Goody）が来て、私にマッサージをしてくれた。」すばらしいマッサージよ。彼女は私たちに、すばらしいスウェーデン・マッサージをしてくれました。「クリシュナジとヴァンダと私は、〔ボルゲーゼ公園の隣の〕ヴィラ・メディチ（Villa Medici）で、ロラン伯爵（Comte de Roland）とその日本人妻とともに、昼食をした。また、マダム・カサド（Madame Cassadó）という人もいた – チェリストの〔ガスパール・〕カサドの未亡人で、これまた日本人だ。」カサドは〔スイス、グシュタードの夏の〕メニューイン・コンサートで演奏したものです。私はサーネンで彼が演奏するのを、数多く聞いていましたが、彼は〔1966年に〕亡くなっていました。「彼らは、1974年の11月に、クリシュナジが日本に行く可能性について、議論した。マダム・カサドは明日、そこに行く。それについて私に手紙を書いてくれるだろう。私たちは戻ってきて、休んだ。クリシュナジは自分一人で散歩に行った。」

22日に、「〔国連安保理で決議があり、〕イスラエルとエジプトは停戦を受け入れる。シリア、ヨルダンは拒絶する。戦闘は継続しているが、減った。バラビーノと友だちのリヴェッラ氏（Mr.Rivella）が昼食に来た。彼はリマ・プロダクツ（Lima products）を所有していて、ビスラ・ヴィラ（Bisla Villa）を学校に貸してきた。クリシュナジと私は私的にバラビーノと話をし、イタリアで会報（the Bulletin）等をするため、そして、どんなものでも学校を運営するためには、委員会がなければならない、と言った。また学校は、クリシュナジの名前を使うべきではない。バラビーノは、自らの発表において、今やっているように、自分がクリシュナムルティ財団であると主張すべきでない。昼食の後、私はタクシーで、フィロメナに会いに行った。彼女は、訪問のため〔カリフォルニアの〕マリブに行きたいとは思わない。彼女は代わりに、春に〔イングランドの〕ブロックウッドに来るかもしれない。私は、クリシュナジとの散歩に行くのに間に合うよう、戻った。晩に停電した。だから私たちはニュースが聞けなかった。」

原 註

1）〔ボンベイの裕福な綿花商人で神智学者だった〕ジャムナダス・ドワルカダス（Jamnadas Dwarkadas）は、〔クリシュナジの弟〕ニトヤの友人で、それから1919年からクリシュナジの友人だった。
2）『クリシュナムルティの日記（Krishnamurti's Journal）』（1982年）の最初の記入。

訳 註

*1 紅衛兵は、シナ共産党の指導者毛沢東が起こした権力闘争「文化大革命」（1965-69）において、彼を支持した過激な集団だった。「文化大革命」では、一千万人以上が殺害され、その淵源「大躍進政策（1958-61）の失敗では三千万人以上が餓死したとも言われている。
*2 原文はここからJ.Krishnamurti ON LINE 上の講話書き下ろしヘリンクされている。
*3 原文はここからJ.Krishnamurti ON LINE 上の講話書き下ろしヘリンクされている。Meeting Life と題されている。
*4 原文はここからJ.Krishnamurti ON LINE 上の講話書き下ろしヘリンクされている。On Right Livelihood と題されている。
*5 この土地の経緯については、第19号の訳註を参照。
*6 ラッチェンスに伝記第一巻によれば、ジャムナダスは、未来の世界教師J.Krishnamurti の頭文字に合うＫＪの名前の馬が競馬に勝つ夢を見た。11月にマンチェスターでの障害レースにKing John という馬が出走し、騎手のイニシャルも或る神智学協会の人と一致したので、ニトヤに話した。二人は内密に競馬に行った。夢のとおりその馬が優勝し、ジャムナダスは1300ポンド、ニトヤも幾らか賞金を得た。夜遅く帰宅したニトヤたちに、クリシュナは「二人ともすごく汚く見えるよ。」などと叱責した。ニトヤはジャムナダスからの出資も受けて、自動車を買っていたが、ベサント夫人は聞くやいなや、それを返却させたという。
*7 原文はここからJ.Krishnamurti ON LINE 上の講話書き下ろしヘリ

*8 Donald Hoppen の誤表記も考えられる。
*9 親米のロン・ノル政権のため、共産主義のポルポト派に対して1970年から行われていたもの。
*10 アイルランド共和国軍は、北アイルランドのイギリスからの分離、アイルランドへの併合を主張する過激派で、この時代、多くの爆弾テロを行っていた。
*11 東ヨーロッパでのKへの関心については、第42号の訳註を参照。
*12 この職員の発言は本当に愚劣だったのかどうか、翻訳者は知らない。メアリーはこの少し後に中東戦争、すなわちやがて歴史となっていく事柄について記述しているが、それはあくまでもメアリーが関係を持つイスラエルに関心を寄せた記述である。世界には様々な歴史があるが、それらは常に民族、国家、共同体、宗教、思想などの特定の視点、自己関心から述べられたものである。特定の価値観、史観に依存しない歴史など、皆無だと思われる。
*13 ミズキ科の落葉高木。
*14 原註2を参照。
*15 謄写版を使った回転複写機により、インクが通って印刷される器械であり、その商品名がロネオと呼ばれた。
*16 ロンドンの中心部、ピカデリーにある国立の美術学校であり、美術館が併設されている。
*17 西安の北東30キロメートルにある秦の始皇帝陵から発掘されたもの。
*18 サルク夫人は、ロザリンド・ラージャゴパルの姉妹であり、西オーハイの元来Kの学校であったハッピー・ヴァレー学校の土地に、個人の住宅を持っていた。
*19 ピアニストの原智恵子のことである。彼女は1937年に日本人として初めてショパン国際ピアノコンクールに出場した。ヨーロッパでは高名であった。

第29号 1973年10月23日から1974年3月30日まで

序 論

この号で扱われる時期の多く、クリシュナジはインドにいるし、メアリーはカリフォルニアにいる。だから、この〔クリシュナジ自身の〕歴史のためにメアリーの回想録に頼ることはできない。

分かることは、KWINC〔クリシュナムルティ著作協会〕訴訟での調停への期待を駆り立てる展望である－それは、可能に見えるが、実現しない。しかし、訴訟での一つの肯定的発展は、クリシュナジの1961年の原稿、すなわち『クリシュナムルティのノートブック(*Krishnamurti's Notebook*)』として知られることになるものが、最終的に彼に返還されることである。

これはまた、〔サンディエゴで宗教学の〕アラン・アンダーソン博士(Dr.Alan Anderson)との対話が、とほうもない速さでヴィデオ録りされた時期でもある。

最後に、オーハイでの何らかの種類の教育センターのための計画は、何か気運が盛り上がるように見える。

メアリー・ジンバリストの回顧録 第29号

スコット－で、私たちは1973年10月23日について、始めようとしています。あなたは前回の対談を、クリシュナジがその日に、シルヴィオ・チェッチャート(Silvio Ceccato)との面談を行ったと言って、終えられました。

メアリー－ええ、それはヴィデオ録りされました。

スコット－ああ、本当ですか。

メアリー－私の日記はこう読めます －「クリシュナジと、ミラノ大学のサイバネティクス・センター所長、シルヴィオ・チェッチャートとの間の対談 － 部分的にヴィデオ録りされた。三十人ほどの人たちが出席していた。それはまた、〔技術者〕イヴ・ズロトニツカ(Yves Zlotnicka)により〔スイスの〕ナグラ〔録音機〕にテープ録りされた。チェッチャートによる混乱と聞かないことがあった。彼が聞かなかったから、彼に話をするには、クリシュナジの側におそろしく努力が掛かった。彼は表面的だったし、ほぼ自分の見解を繰り返し反復することに興味を持っていた。この後でみんなのための立食の昼食があった。そのあたりのことだった。私は出かけて、幾つかお使いをした。私は散歩に間に合うよう戻った。クリシュナジに質問をしたいバシル女史という人(a Miss Basile)が、やって来て、おしゃべりをした。」（メアリー、笑う）

翌日、24日、「イスラエルとアラブとの間の停戦は、続くように見える。午前には教育の本の仕事をした。クリシュナジはノートブックに書いた。インド大使のパンディト夫人(Mrs.Pandt)が昼食に来た。また、ロサ・タラモンティ女史という人(a Ms.Rosa Talamonti)も － 彼女は私に、日本について役立つ知識を教えてくれた。」それは、私たちがたぶんクリシュナジに日本で話してもらうことについて、考えているときでした。「寒い一日だった。クリシュナジと私は、ヴィラ・グロリ(Villa Glori)〔の公園〕で散歩した。私は彼に、夜の冥想について訊ねた。彼は、それはブロックウッドでは少ない、なぜなら、邸宅に多くの人たちがいるからだ、と言った。」

スコット－ふむ。

メアリー－25日、「ローマのアパートメントではとても寒い。」ローマ人たちと、たぶん他のイタリア人たちも、一定の日付に暖房を付けるのを、ご存じでしょう…

スコット－それが、ヨーロッパ中でのやり方でしたね － フランスとイギリスの寄宿学校では。

メアリー－ええ。しもやけになったかもしれません。でも、そう、正しい日付までは、〔暖房設備を〕動かしません。（スコット、クスクス笑う）それにまた、ローマのアパートメントは、ローマの湿り気のために、二倍寒く感じます。壁は冷たくなり、湿ります。「グラジア・マルチアーノ(Grazia Marchiano)というもう一人の人工頭脳学(サイバネティクス)の研究者が、昼食に来た。そして、様々な人たちがクリシュナジに話をしに来た。これらのために、クリシュナジは午後8時を過ぎて夕食をとった。彼は、〔映像技術者〕イヴ・ズロトニツカが送っておいた〔映画制作者〕グイド・フランコ(Guido Franco)からのメッセージについて、イヴに対して短く話した － 後者は、フランスのテレビに載せたい映画を作るために、まだクリシュナジを追いかけている。」これは夏中続きました － グイド・フランコとのこの騒ぎは。

スコット－実は何年間も続きました。

メアリー－ええ！（声に出してクスクス笑う）毎夏よ！

スコット－ええ。

メアリー－「フランコの映画は、〔インドの導師〕サイ・ババ(Sai Baba)とU.G.クリシュナムルティ(U.G.Krishnamurti)を映すが、クリシュナジはほとんどないように見える － だから、彼はもう少し撮影したいのだ。クリシュナジは堅く断った。」－ 彼はそれら〔導師〕すべてのことと混ぜ合わせられたくなかったんです。「日中に、

私たちに知らされるままに、〔アラブ側の劣勢を承けて、ソヴィエト・〕ロシアが軍隊をイスラエル・アラブ方面に移動しはじめた。合衆国は軍隊を警戒態勢にした。国連は、小さな国々からの監視員を送るよう票決した。危機は回避された。」

翌日、26日、「私たちは、昨夜のアラブ・イスラエル危機について、さらに知った。今やすべてが静かだ。午前ずっと教育の本の仕事をした。クリシュナジは一日中、ベッドで休んだ。ヴァンダとともに、フランシス・マッキャンを見舞いに行った － 後者は診療所にいて、そこで検査を受けつつある。」

翌日、私はお使いをしました。

スコットーお使いが何だったのかを、教えてください。

メアリー－「私は、クリシュナジの本とそのような雑多なことのために、スペイン広場（Piazza di Spagna）に行った。クリシュナジと私だけで昼食をした。クリシュナジは午前ずっとと午後ずっと眠ったが、私たちは後で散歩した。」

28日に、「クリシュナジは午前11時に、ナシオナール通り（Via Nazionale）のエリセオ劇場（the Teatro Eliseo）で講話を行った。900人ほどの人たちがいたが、そのうち600人が翻訳装置を使った。ヴァンダは後で昼食に人々を呼んでおいた。クリシュナジはこの講話にたいへん多くを入れた － ここでの彼の一回の公開講話だ。午後に私は、教育の本を調べるのを終了した。後でクリシュナジと私は、〔ローマ北部、〕ヴィラ・グローリ〔の公園〕で散歩した。」

10月29日、「クリシュナジの提案で、〔もと家政婦〕フィロメナと私は、ショースタル（Schostal）からもっと下着を買いに行った。」（メアリー、クスクス笑う）「私はクリシュナジのためにさらに幾つか本を買った。私たちは、〔イタリアの〕映画監督の〔ジロ・〕ポンテコルヴォ（Pontecorvo）と、〔作家としてカルマについても書いた〕ジャーナリストのファウスタ・レオニ（Fausta Leoni）とともに昼食をとった － 〔後者、〕彼女は、あのフィリピンの治療法を受けたことがあった。」知っていますね…

スコットーああ、はい。切らない外科手術です。

メアリーーええ。

「クリシュナジはポンテコルヴォに対して、なぜイエスについての映画を作っているかを、訊ねた。彼は、なぜ精神が迷信に陥るかを示す方が、はるかに興味深いだろうことを、提起した。」（メアリーとスコット、ともに笑う）「後でクリシュナジと私は、ヴィラ・グローリ〔の公園〕を散歩した。彼は再び私に対して、不必要なことをしないよう、そして、危なかしいことをしないよう、不必要な旅行に行かないよう、気をつけて運転するよう、また、犬をしつけるように身体をしつけるよう、誡めた。」

30日に、「クリシュナジはヴァンダのところで、第1回の討論会を行った。それは、認知と見ることとの間の違いについてだった。後者には、ただ見ることだけがあり、中心がなく、自己がない。フィロメナがそこにいて、昼食に留まった。クリシュナジと私はヴィラ・グローリ〔の公園〕を散歩した。クリシュナジは、教育の本の最終章が気に入らなくて、校正しようとしなかった。だから、それに関する私の仕事は終了した。彼はそれをインドに持って行くだろう。クリシュナジは、〔近所の〕エウクリデ広場〔駅〕（Piazze Euclide）のショーウィンドウで見たフランネルのスラックを、私に買わせた。」

スコットーあなた自身のためですか。

メアリーーええ、私のためです。

スコットーさて、この本は、『教育について（On Education）』の本になったんですか。

メアリーーそうだと思います。ええ。

10月31日、「クリシュナジはヴァンダのところで、第2回の討論会を行った。また良いものだ。昼食にはバラビーノと、ヴァンダの姪とその夫がいた。クリシュナジと私はいつもの散歩に行った。細い月が空に出ていた。」

11月1日、「フィロメナが息子のマリオとともに、新しい車で来た。私を空港に連れて行くためだ。クリシュナジは、さようならを言うとき、とても愛おしかった。彼は今晩、アリタリア〔航空の便〕で〔インド西部の〕ボンベイ〔現ムンバイ〕に発つ。彼はホールの窓から私に手を振った。私は、午後1時30分のニューヨーク行きTWA便に、乗った。」

さて、跳びます…
（録音テープが切れる）

スコットー私は、私たちはあれこれ〔Kに関係しないこと〕を跳ばしていくだろうと、言いましょう。だから、〔録音〕テープは止まったり始まったりしつづけるでしょう。そのため、あなたは、クリシュナジが〔インドに〕去っている間、彼に関連することを、読むだけでいいです。

メアリーーそれは良いわ。

まあ、11月1日に、「私はニューヨークに飛んだ。そこに着いたとき、〔オーハイの〕エルナ〔・リリフェルト〕に電話した。彼女は私に対して、翌日に調停についてコーエン氏、クリステンセン」－ それはラージャゴパルの弁護士です －「と判事との会合があることを、教えてくれた。リリフェルト夫妻は、ラージャゴパルが合意に向かって動いていると、感じる。私がニューヨークに降り立つころ、クリシュナジはインドへ飛び立ったにちがいない。」

11月4日、私は〔東部マサチューセッツ州の〕ヴィニヤード〔島〕・ヘイヴン（Vineyard Haven）にいます。私はその日に単に、クリシュナジは〔インド西部〕ボンベイ〔現ムンバイ〕から〔南部の〕リシ・ヴァレーに飛んだはずだと、記しただけです。

11月5日に、「私はエルナ〔・リリフェルト〕に話をした。彼女は、金曜日に〔双方の弁護士〕コーエン、クリステンセンと判事の間の会合で、調停に向かって前進がなされた、と感じる。クリステンセンがラージャゴパルに同意させられるのなら、私たちは調停をできるかのもしれない。」

11月13日に、私はロサンジェルスに飛びました。〔隣家の友人〕アマンダ〔・ダン〕を見舞うため、病院に直行しました。彼女は入院していました。「エルナに電話した。バラスンダラム（Balasundaram）が今日リシ・ヴァレーから電話をした － ラージャゴパルからクリシュナムルティが受け取った電報について、だ。そこには、「私は許してもいい。」と言っていた。〔こちらの〕コーエン〔弁護士〕は、私たちに返事をしないよう助言した。電話通信は中断するが、私はスナンダ〔・パトワールダーン〕に、メッセージを伝えるよう電話をした。そして、クリシュナジには、私の到着を弁護士の助言とともに伝えた。」私がマリブにいることを、彼に知らせるためです。

スコットーええ。それで、あなたはスナンダに電話したわけです － 彼女にクリシュナジへ、弁護士の助言が何だっ

たのかと、あなたが到着したことを、伝えてもらうため、です。

メアリー　そのとおり。

11月18日、「クリシュナジはリシ・ヴァレーから〔近くの都市〕バンガロールに行った。翌日にクリシュナジはバンガロールから〔インド北部の首都〕デリーに行った。私はアラン・キシュバウに会って、私たちはオーハイに行った。テオ〔・リリフェルト〕は私たちを、学校の候補地として二個所を見に連れて行ってくれた。〔オーハイの街の南西方向、高級リゾート地、〕オーハイ・ヴァレー・イン（the Ojai Valley Inn）に近い一個所と、それから…」

スコット　ああ、はい。美しい場所です。

メアリー　ええ。それにまた、「リリフェルト家と同じ通りに面したバウワーの場所（the Bower place）だ。〔アメリカK財団の〕理事の会合があった。それから昼食。午後に〔出版の〕ハーパー・アンド・ロウ（社）（Harper and Row）のジェニングス氏（Mr.Jennings）が来た。私は運転してキシュバウを送って行った。私は〔マリブの〕家に帰ると、クリシュナジからの最初の手紙を見つけた－リシ・ヴァレーで11月5日から12日までに書かれたものだ。」

23日に私は、クリシュナジから二番目の手紙を受け取りました－彼がリシ・ヴァレーにいるとき、11月13日から16日までに書かれたものです。

11月29日に私は、クリシュナジから三番目の手紙を受け取りました－デリーから送られたものです。

12月1日、「私たちは〔弁護士〕コーエン氏から、調停合意の草案を受け取った。」

翌日、「リリフェルト夫妻と私は、再び調停の草案を調べて、長く話をした。私たちはそれについてコーエンに会いたいと思う。私はクリシュナジに手紙を書き、何が起きたかを彼に伝えた。」

これは12月6日です。「バラスンダラムからの電報－〔インド中部のヴァーラーナシーの〕ラージガート（Rajghat）での活動すべてが取り消しになった。クリシュナジは明日〔南東部の大都市〕マドラス〔現チェンナイ〕に行くだろう。彼は、12月をとおして〔支援者〕ジャヤラクシュミー（Jayalakshmi）〔夫人〕の邸宅にいるだろう。」

スコット　なぜ取り消しになったんですか。

メアリー　憶えていません。「〔弁護士〕スタンリー・コーエンの事務所で、午後2時に彼とエルナとテオとルス・テタマー、アルビオン・パターソンと私との会合があった。私たちは、調停合意の草稿を調べて、午後5時に終了した。私が〔マリブの〕家に帰ったとき、クリシュナジからの四番目の手紙が待っているのを、見つけた。それは、11月24日から12月1日までに書かれて、デリーから送られていた。」

12月7日には、こう言います－「今日、クリシュナジはデリーから〔インド南東部の〕マドラス〔現チェンナイ〕に行って、ジャヤラクシュミー〔夫人〕のところに泊まっているはずだ。」

12月9日に、「シドニー・フィールド（Sidney Field）が、1972年1月24日のクリシュナジとアラン・ノーデと私の間のテープ録りした対談を、聞きに来た－死の後に何が起きるかについて、だ。シドニーの弟、ジョンが亡くなった後、彼がクリシュナジにした質問から膨らんだ対談だ。」

12月13日、「クリシュナジから五番目の手紙が到着した－12月2日から5日までに書かれたもので、デリーから。」

そこに彼は、航空路線がストライキ中だっただけでなく、列車にも不確実性があったし、自分も風邪を引いていたから、ラージガート訪問は取り消しになったと、言った。彼は、インド〔K財団〕の理事たちに対して、自分はそんなに多くの場所で話をできないと語った。」

「ルス〔・テタマー〕とアルビオン〔・パターソン〕が私に会いに来た。私たちは、アメリカK財団の学校と〔州立大学サンディエゴ校で宗教学を教える〕アンダーソン〔教授〕のヴィデオについて、議論した。エルナは〔弁護士〕コーエンから、調停合意の修正草案を受け取った。それは満足できる。」まあ、それから、私の脚について医療のことが、ちょっとあります。

12月16日に、「クリシュナジから六番目の手紙が来た－12月6日と10日の間、デリーとマドラスで書かれたもの。」（クスクス笑う）「〔隣家の友人〕アマンダとフィル〔・ダン〕が早くにやって来た。私たちは、オーデュボン・クリスマス・カウントを行った（the Audubon Christmas count）。」クリスマス・カウントについて知っていますか。毎年、クリスマスのあたりで、〔鳥類を愛する〕オーデュボンの人たちみんなが、外に出かけて、近隣にどれほど多くの異なった種類の鳥がいるかを、見ます。それは、バード・ウォッチャーたちの生活のおもしろく重要な日または出来事です。

スコット　ああ。

メアリー　それで、私たちはそれを16日に行いました。私たちはガレージ脇のユーカリの樹々に、メンフクロウを見つけました。

スコット　ああ、そうだ。それは多く言及されます。

メアリー　ええ。17日に、「エルナが調停の草案をクリシュナジに送った。私はここから、私から、それについて手紙を送った。私はまた調停の草案を、〔イングランドの〕K信託財団が承認するために〔ロンドンの〕メアリー・カドガンにも送った。」それから、これをとおしてあれこれがあります。私は、〔マリブの〕自分〔の住宅〕の丘が崩れて苦労していますが、それについては続けないでしょう。

スコット　記録のために言ってはどうですか－丘はあなたの住宅が貼り付いていたところである、（声に出して笑う）そして、丘が崩れたとき、住宅が崩れたことを。

メアリー　ええ。かなり重要でした。（笑う）それはちょっと気に掛かっていました。ここには18日には、こう言います－「イヴリン・ブラウ（Evelyne Blau）が電話を掛けてきて、ポロック夫妻がブロックウッドを訪問し、感激したと言った。〔西オーハイの〕サルクの住宅（the Zalk house）を、学校の利用のためアメリカK財団に貸すことについて語った。」

19日に、「マドラスのクリシュナジから、七番目の手紙が到着した。」何が言われたかについては、何も言っていないわ。

12月27日、「アラン・ノーデは私とクリスマスを過ごしていたが、彼はサンフランシスコに飛んで戻った。私は彼を空港で降ろしてから家に帰ると、クリシュナジから八番目の手紙を見つけた－12月13日から20日までにマドラスで書かれたもの。エルナ〔・リリフェルト〕が、合意の明確化の文章に関連して、彼とバラスンダラムから電報を受け取ったことについて、電話してきた。また〔弁護士〕コーエンは、〔相手側の弁護士〕クリステンセンは〔依頼主〕ラージャゴパルに会っていなくて、ゆえに明日の〔ヒートン

判事との会合を延期したがっていると言う。」

　今、1974年に来ます。元日に私は多くをしませんでした。（クスクス笑う）で、興味深い報告すべきことは何もありません。

スコット――あなたは、前に私に話したことを、もう一回言うべきだと思います。

メアリー――いえ、言いません。

スコット――言わないんですか。いいです。

メアリー――ええ。幾つかのことは私的です。

スコット――よろしい。それは受け入れます。（クスクス笑う）

メアリー――では、1972年1月3日に跳びます。「メアリー・カドガンがロンドンから電話してきた。イギリス〔K信託〕財団の理事たちは、小さな提案をもって調停に合意する。〔ロンドン〕K信託財団の事務所は、一週間に三日間だけ熱と光がつく。ブロックウッドは、学校であるから、だいじょうぶだ。」それがどういう意味であっても、です。

スコット――ああ、はい。これらは有名なストライキです――あの冬にそこでは、電気とあれこれが止められていました。それは〔イギリスで〕「不満の冬」と呼ばれたと思います。

メアリー――おやまあ。そのときあなたはあたりにいましたか。

スコット――いいえ。私は74年に入ってきましたが、8月の終わりになってやっとです。

メアリー――ええ。あなたはブロックウッドの公開講話から始めました。まあ、ブロックウッドは学校であるから、明らかに〔優先的に〕電気を得ます。「エルナ〔・リリフェルト〕は、バラスンダラムから手紙を受け取った――ラージャゴパルが〔マドラスの拠点〕ヴァサンタ・ヴィハーラへの権利を放棄するのに必要な、インドの弁護士たちの文章つきだ。彼らは私に、インドK財団に代わって署名する代行権限を、与えたのだった。」その頃、私はインドK財団の理事だったんですよね。

スコット――憶えています。

メアリー――1月4日に、「クリシュナジからの手紙――彼が調停の草案を受け取った後で、マドラスで書かれたもの。それから私は、〔オランダの〕アンネッケ〔・コーンドルファー〕から電報を受け取った――私に対して、〔ヴァサンタ・ヴィハーラを保有する〕オランダ〔K〕委員会（the Stichting）を代表して、調停に署名する権限を、与えるもの。〔サンタモニカの北西、〕トパンガ（Topanga）では、大きな地滑りがあり、〔ロサンジェルス郡北部サンタクラリタの、〕ニューホール（Newhall）には雪があった。」それは丘の上です。（クスクス笑う）

　10日に、「クリシュナジから十番目の手紙が来た――マドラス〔現チェンナイ〕、リシ・ヴァレーとバンガロールで書かれたもので、彼の〔今後の〕旅行計画を示している。彼は31日にローマに行く。2月2日には〔イングランドの〕ブロックウッドに、それから5日に、彼はロンドンからここ〔カリフォルニア〕へのチケットを手配したのだった。彼は、〔ロンドンの〕カドガンに、自分の合衆国のヴィザを手配するよう、手紙を送っておいた。私は彼を招待をする手紙を提供しなくてはいけない。」で、そうしました。

　1月16日に、「ヴェンチュラ〔郡裁判所〕の判事の執務室で、〔双方の弁護士〕スタンリー・コーエンとクリステンセンとの間で、会合があった。コーエンは、ラージャゴパルによる「くだらない要求」を、拒否した。コーエンは、それを調べるため土曜日に、リリフェルトの家で私たちに会うことを、望む。私はボンベイのクリシュナジに電報を打って、何が起きたのかを彼に伝えた。何も決定的なことはない。」

　19日に、「私は午前9時30分に、〔ヴェンチュラ郡南部の街〕オクスナートの〔弁護士〕スタンリー・コーエンの事務所で、エルナとアルビオン・パターソンに会った。私たちは、調停草案の変更への〔向こう側の弁護士〕クリステンセンの要求を調べて、正午までそこにいた。幾つかは小さかったが、他のものを私たちは拒否した。」

　22日に、「エルナが電話してきた。2月1日に予定された、ヒートン判事、〔法務副長官〕タッパー、〔弁護士〕クリステンセン、ローゼンタール、コーエンと私たちとの会合は、タッパーのために、6日に延期された――ちょうどクリシュナジが到着するはずのと同じだ。私はそれを変更しようとして、コーエンに電話した。バンガロールのクリシュナジからの十一番目の手紙が、到着した――そこ〔の学校、ヴァレー・スクール〕の面積とゲストハウスに彼は喜んでいる、と言う。〔イングランドの〕ジョー・リンクスからの電報は、メルセデスの「グリーン・ビューティ」が来週、船積みされるだろうと言った。」（クスクス笑う）

　1月23日はこう読めます――「私は、ここでのクリシュナジの衣服の目録を作って、彼がブロックウッドから何を持ってくるかを決定するのを助けるために、それをブロックウッドに送った。エルナは、〔向こう側の弁護士〕クリステンセンは今日、KWINC〔クリシュナムルティ著作協会〕の資産の一覧表を作るためと、クリシュナジの原稿を受け取るためにオーハイに行かないだろうと、電話してきた――なぜなら、ラージャゴパルは自分は病気だと言うからだ。また言い逃れだ。」彼は言い逃れし、言い逃れし、言い逃れしつづけました。

スコット――このような全体像を詳細すべてとともに聞くとき、それは本当に、あなたが示してきたこの談話から、伝わります。

メアリー――ええ。あらゆることが常に延期されました。いつもラージャゴパルの策動で、です。

スコット――本当に一種の消耗戦でしたね。

メアリー――ええ、そうでした。

スコット――彼はただ、人々を失望させ、すり減らし、結局、調停するためだけに譲歩をさせることを、願っていただけで…

メアリー――それから彼は、約束を破ったり、病気になったり、何か…

スコット――ええ、ふむ、ふむ。

メアリー――1月29日、「エルナは〔弁護士〕コーエンに電話した。彼の助手、レイノルズ氏は、ラージャゴパル宅に行って、その目的のためそこにいた〔向こう側の弁護士〕クリステンセンから、363ページの、クリシュナジが1961年とそのあたりに書き、ラージャゴパルがヴァンダ〔・スカラヴェッリ〕に持ってこさせた原稿だと思われるものを、受け取った――ラージャゴパルがかつて1966年に、ノーデと私に返すのを拒否したものだ。エルナが原稿を見た。だが、私たちが、68年にグシュタードで録られた「ブラックバーン・テープ」を、代わりに引き渡すまで、〔弁護士〕コーエンがそれを保管しておく。」さて、私はこれらテープについてもう一回説明しましょう。アルバート・ブラックバーン（Albert Blackburn）はオーハイで生活していて、長年ずっ

とクリシュナムルティを敬愛する人でした。1968年にクリシュナジがKWINCから離れたとき、それはサーネン講話で発表されました。クリシュナジは、オーハイからの人たち―これらに近かった人たち―を、タンネグ山荘にまで、迎えました。そして彼は、なぜ自らがクリシュナムルティ著作協会から離脱しなくてはいけなかったのかを、説明しました。アル・ブラックバーンは自らの責任で、その会合にテープ・レコーダーを持ってきて、それをテープに録りました。それはクリシュナジの考えではなかったし、私は出席していなかった。だから、私はこれを目撃しませんでしたが、ともあれ、彼はそうしました。ラージャゴパルはこのことに荒れていました。録音は、すでに知られていないことを、何も言わなかったが、ラージャゴパルは、それがテープに録られて、人々がそれを聞くのが気に入らなかった。それで、この調停合意での行き来の一つが、彼が最終的に、そのテープを得るために、原稿と交換するよう合意するということだったんです―〔後に〕『クリシュナムルティのノートブック（Krishnamurti's Notebook）』となるべきものの原稿を、です…

スコット―ええ。

メアリー―…ここに言うように、〔弁護士〕コーエンは、調停ができるまで、それを保管しておく。彼は私たちにそれを渡せませんでした。結局、私たちが知っているその〔テープの〕コピーすべてを破棄するよう合意したことが、これら〔記録〕に出てくるでしょう…

スコット―ふむ、ふむ。

メアリー―私たちは誠実に行動しました。でも、はるか後で分かったように、ブラックバーンは自分自身のためにコピーを持ちつづけました。

スコット―よし。

メアリー―メアリー―…それで今、私たちはそのものを持っています。

スコット―ああ、そのものを持っていますか。

メアリー―ふむ、ふむ。

スコット―すごいな。

メアリー―アルの妻、ギャビー・ブラックバーン（Gaby Blackburn）が、〔アルの死後、〕それをアメリカK財団に贈ってくれました。

スコット―すごい。

メアリー―でも、私たちは誠実に行動しました。

スコット―ええ。

メアリー―カリフォルニアのカレンダーで、30日に、「クリシュナジは朝早くボンベイを発った―それはボンベイのカレンダーで31日だった。」私の日記は、カリフォルニア時間の午後10時30分に、彼がローマに到着したはずだ、と言います。

31日に、私は言います―「クリシュナジはローマにいるはずだ。私は彼のノートブックの諸章をタイプするのを終了した。」

スコット―それは、『ノートブック』ではない。『ジャーナル（日記）』です―メアリー・L〔リンクス〕が〔前年9月13日に〕彼に書きはじめるよう頼みました。

メアリー―そのとおり。そして、私がオーハイにいる間に、彼はそれらを私にタイプするよう任せておきました。「10月28日まで」―それは、彼が発ったときです―「全部で三十五章になる。」

2月2日に、「クリシュナジは、ローマからブロックウッドに飛ぶ。私は幾つかお使いをしてから家に帰ると、ボンベイ〔現ムンバイ〕で書かれたクリシュナジからの二つの手紙を見つけた。」

さて、〔二冊の日記のうち〕大きな日記に来ます。1974年2月5日、火曜日、「一日は、私がシャワーから出てくると、ブロックウッドのドロシー〔・シモンズ〕からの電話で始まった。彼女は心配した声をしていた。なぜなら、クリシュナジは、ロンドンの合衆国領事館からヴィザを拒否されていたからだ。〔電話の〕接続が悪かった。なぜなのか、私はよく理解できなかったが、それは、彼への責任がアメリカK財団の公式文書に載っているとの私の手紙と、何か関わりがあるように見えた。私は法律関係者たちに電話しようか。私はそうした。すると、その部門の長以外の誰かが出た。私はあれこれ説明したが、突然に、ヴィザはまさにその瞬間に認められつつあるということを告げられた。私はドロシーに電話して、知らせた。イングリッド〔・ポーター〕（Ingrid）が領事館に行ったのだった。インド大使館が、クリシュナジのために保証してくたはずだが、ブロックウッドの人たちは、現在の高等弁務官を知らなかった。クリシュナジは、前ロンドン高等弁務官で今ローマにいる〔大使〕パンディト氏（Mr.Pandt）に、連絡しようとしてきた。だが、彼は旅行でカナダにいた。ドロシーが三十分で折り返し掛けてきて、イングリッドがヴィザをとったと言った。大きな安心。私は家事等をした。」

「午後12時15分に私は、ヴェンチュラに運転して行き、裁判所庁舎でエルナ〔・リリフェルト〕に会った。私たちは、〔弁護士〕スタンリー・コーエンが作成した最新の草案の所々を、調べた。それは、昨日、私と〔弁護士〕ローゼンタールと、〔州の〕法務副長官のローレンス・タッパー（Laurence Tapper）に、届いたばかりだった。午後2時に私たちはローゼンタールに会った。コーエンとタッパーが到着した。タッパーは今朝、だしぬけにエルナに電話をしていた―彼は息子にブロックウッドに行ってほしいと思う。その子は、ジーザス・フリークの一人だと分かっていたが、今やクリシュナジに興味を持ちつつあった。エルナは彼のために、幾つかの本とサンタモニカ講話へのチケットを、持ってきた。しかし、これらは私たちに機会を与えてくれた―彼女はタッパーに話すことができた。〔KWINCからは〕アニー・ヴィゲヴェノ（Annie Vigeveno）が裁判所庁舎に来て、エルナと私から離れて遠くの側に座った。それからリチャード・ヒートン判事が、ローゼンタール、コーエン、タッパーと、ラージャゴパルの弁護士クリステンセンを、自分の執務室に入れた。そこに彼らは三時間、留まった。」

「ソル〔・ローゼンタール〕が初めに出てきて、自分は、調停ができるだろうと思うと、エルナと私に言った。〔ヒートン〕判事は、もしもこれが法廷に行ったなら、長い四ヶ月の訴訟になるだろう、と主張する。〔法務副長官〕タッパーはよく手助けしてくれた。彼はラージャゴパルを「いかさま師」と呼んだ、（クスクス笑う）とソルは言った。タッパーはまさに進んで、調停を考慮しようとしている。なぜなら、訴訟の長さと出費が、ラージャゴパルが「お手盛り」で取ってしまった金銭に、勝ってしまうかもしれないからだ。タッパーは、KアンドR財団（K & R Foundation）の年次会計検査を、主張しようとしている。コーエンは、調停を告示する声明の草稿をもって、出てきた―それは報道に示さ

れて、〔K財団の〕「会報（the Bulletin）」に公表されるだろう。」ラージャゴパルは、私たちがそれについて何を言うのかについて、大騒ぎしました － 彼は自分が間違っているかのように見せようとしなかったんです。

スコット―そのとおり。

メアリー―それで、私たちがどのようにものごとを告示するかについて、いつも騒ぎがありました。それで、「コーエンは、調停を告示する声明の草稿をもって、出てきた － それは報道に示されて、〔K財団の〕「会報」に公表されるだろう。エルナと私はそれを編集し、「友情と協働のなか、ともに仕事をすること」への言及を取り除いた。私たちはそれを、直接的で平易で事実本位に保った。〔向こう側の〕クリステンセンとヴィゲヴェノは立ち去った。ソル、コーエン、タッパー、エルナと私はしばらくの間、話をした。告発者（それは何か法律用語だ。）としてのタッパーは、ほとんどそういう立場にいない。そして、〔向こう側の弁護士〕クリステンセンに対しては、自らが私たちの側のそういうものであることを、明らかにした － なぜなら、私たちは、ラージャゴパルが犯してきた過ちを、正そうとしているからだ。彼は会計検査のようなことを主張するだろうが、ラージャゴパルはそれらを、私たちからけっして受け入れようとしなかった。KアンドR〔財団〕のために（言い換えると、KアンドRの金銭で）彼の自宅に建てられた40000ドルのアーチ型天井に対して、ラージャゴパルに個人的に支払わせるという話が、ある。」

「午後6時までには誰もがみな、ことをさらに調べるにはあまりに疲れていて、もう一回の会合で終了させたいと願った － それは、20日とさらにまた22日に行われるだろう。ソル〔・ローゼンタール〕は、カプラン法律事務所（the Kaplan firm）を去って、別のロサンジェルスの法律事務所の共同事業者になろうとしている －〔ロサンジェルス郡西部、〕センチュリー・シティに特別な娯楽部門を開くためで、彼はそのボスになるだろう。だが、私たちが彼を求めるかぎり、彼は私たちの訴訟について継続するだろう。」彼は、私たちが頼んだロサンジェルスの弁護士でした －〔私の家族の弁護士〕ミッチェル・ブース（Mitchell Booth）が私たちを送ったんです‥‥

スコット―ええ。

メアリー―‥‥そして、ソルは、私たちの訴訟を担当していたとてもすてきな若めの人でした。でも、これらは〔ロサンジェルス郡でなく〕ヴェンチュラ郡で起きているから、私たちはヴェンチュラ郡の弁護士を持つべきだと考えられました。それが〔弁護士〕スタンリー・コーエンでした。それで、コーエンがあらゆることを運んでいきましたが、ソルがいつも背景にいて、何が起きているかを知っていました。

「私は気をつけて運転して家に帰った － これらの事態を取り扱うなかで、そして、彼の到着が明日であるので、クリシュナジに対する責任という格別の長さを、感じた。」

2月6日、「風は止んだ。クリシュナジはブロックウッドを発ち、それから〔ロンドン西部の〕ヒースロー〔空港〕を、TWA機でロンドン時間午後1時に発った。ロサンジェルスへ十二時間の空の旅だ。私は住宅の整理整頓を終えた。ブレントウッド・マーケット（the Brentwood Market）で新鮮な果物と野菜を買ってきた。車を洗ってもらい、空港に行った。白い航空機が進んでくるにつれて、感謝の微笑みの気持ち。クリシュナジが二番目に出てくると、彼の頭が見えた － ステップを降りて、税関の入り口へ。そうとう待ち時間があった。それから彼が歩いて、自らのヴィトンのバッグを持って、出てきた － 優雅で、疲れているが、すばらしい。「旅行は地獄だ。」（声を立ててクスクス笑う）と彼は言った。」

「私たちは家に帰り、話をし、荷物を解き、さらにもっと話をした。彼はベッドでトレイに載せて夕食をとった。私は彼の部屋の椅子で。彼は、〔ジャーナリストでアンカーマンの〕ウォルター・クロンカイト（Walter Cronkite）〔の報道〕を聴きたがった。」（クスクス笑う）「私たちは〔オーハイの〕リリフェルト夫妻に電話した。澄んだ輝く夜だった。満月で、幸いにも風は止んだ。クリシュナジはよく眠るには、あまりに時間がごた混ぜになっていた。「ことは続いていて、私の頭の中で炸裂していた。何かが続いている。」彼は私に対して、インドK財団のためのバンガロール本部への計画と、そこでの学校〔、ヴァレー・スクール〕の計画について、語った。メアリー・リンクスは〔クリシュナジの〕伝記〔第一巻〕を終了していた。それは良いと彼女は言う。クリシュナジは眠るにはあまりに疲れている。だが、彼はここにいて、ここで5月一ヶ月間休みたいと思っている。とても幸せだ。」

2月7日、「クリシュナジは昼間をベッドで休んで過ごした。まだ時間が混乱している。彼は眠るのに苦労している。だが、すてきな静かな一日だった。」

翌日、「私たちはビヴァリー・ヒルズにドライヴし、クレープ店、「マジックパン（the Magic Pan）」で昼食をとった。それをクリシュナジは気に入ったが、そこでのホウレンソウ・クレープ等の献立は、彼にとって適切な昼食でなかった。彼は後でわずかに気持ちが悪くなった。私たちは〔隣人〕フィル〔・ダン〕の理髪師、ビヴァリー・ウィルシャー（the Beverly Wilshire）のシド・スタインバーグ（Sid Steinberg）のところに行って、満足な散髪をした。この間、私は彼のパスポートを写真コピーして、〔自分の家族の弁護士〕ミッチェル・ブース（Mitchell Booth）に送った。私は彼と議論したことがある － クリシュナジがヴィザの困難を回避し、この国〔合衆国〕の居住者として何らかの地位を持つ道筋を、見つけることについて、だ。クリシュナジは午後2時に、クリステンセン博士（Dr. Christensen）のところに」 － それは歯医者です － 「行って、二つの充填剤を取り替えてもらい、〔ロンドンの歯医者〕ハミシュ・トンプソンが入れた一時的な根管充填剤を取り除いてもらった。わずかな虫歯。来週に治してもらうだろう。クリシュナジは私の〔健康志向の〕アース・シューズを気に入っている。」（クスクス笑う）「それで私たちは行って、彼に一足買い、家に戻った。小旅行で彼は疲れた。人々と動き回ることから、あまりにへとへとになった。私たちは夕食をとった。彼は早くベッドに入った。」

9日に、「クリシュナジは、前より良く眠った。一日中、眠ったり目覚めたりして、ベッドで過ごした。彼は私に新しい 調息（プラナヤマ）と背中の体操を教えてくれた。〔インドの〕パーチュリ博士（Dr.Parchure）が私のために処方したアーユルヴェーダの薬を、私にくれた － ギー〔液状バター〕とともにとる赤黒い粉末と、」（クスクス笑う。スコットも穏やかにクスクス笑う）「また、私の痛む脚に塗りつける幾らかのオイルとハーブ等だ。私はクリシュナジの鼻に毎朝、八滴のミルクと、夜にオイルを垂らすことになっている。」（笑

う）彼はいつもこれらを…これらのものを持って戻ってきました…

スコットー知っています。おもしろい治療法です。（笑う）これはたぶん枯れ草熱のためでしたか。

メアリーーたぶんね。分かりません。

2月10日、「またも静かで、すてきな一日。暖かく、美しく、安らいだ。クリシュナジは眠った。そして、彼を待っている一連の新しい推理小説 －〔レックス・スタウト著に出る私立探偵〕ネロ・ウルフ（Nero Woolf）の新しいものを含む － の中から読んだ。それを彼は取って置いている。」（クスクス笑う）

翌日、「クリシュナジは休んだ。私は家事をした。そして、昼食の後、排気管を修理してもらうため、車を持って行った。シドニー・フィールドが私を連れて、マリブに戻してくれた。彼とクリシュナジは散歩に行った。」

12日に、「クリシュナジは、午後4時まで休んだ。私たちは、ダン家のフォルクスワーゲンをジャガーの場所まで運転して行き、そこに置いておいた。彼らが明日持ってくるためだ。私たちはジャガーを拾った。それから私たちは、歯医者のクリステンセン博士のところに行った。そこでクリシュナジの根管は…」

スコットーあなたはこの時にまだ、ジャガーを運転していましたか。

メアリーーええ。

スコットーああ、みっともないね。（二人ともクスクス笑う）

メアリーー「…そこでクリシュナジの根管は、わずかな腐食のため治療を受けた。根管は、私たちがサンディエゴから戻るまで、一時的に覆われた。」

2月13日、「私は、自分の誕生日であることを忘れていたが、アラン・ノーデが電話を掛けて、おめでとうと言ってくれた。クリシュナジは彼に話をした。私は彼を、クリシュナジのサンタモニカ講話の間、招待した。クリシュナジは手紙を口述したが、一日中ベッドに留まった。午後に、そのとき青のジーンズとアース・シューズを履いて、庭を二十周したのが例外。」（二人ともクスクス笑う）「それから私たちは、〔お隣の〕ダン家に歩いて行った。そこの車道を歩いていると、〔タカ目タカ科の〕アカオノスリが、峡谷の上、空高く全く動かずにいた。三回すばやく翼をはためかし、彼らは数学的に一点に留まる。澄んできれいな海風が、峡谷を渡ってきた。すてきな午後の光と、クリシュナジがきびきびと芝生を歩く青い点景は、私にとって幸せの総計だった。」

翌日、「またすてきな一日。私たちは運転して、〔ヴェンチュラ郡南部の街〕オクスナートのディーター（Dieter）の輸入車店に行き、〔メルセデスの〕グリーン・ビューティのための書類すべてに署名した。それは来週、イングランドから〔ロサンジェルスの港〕サンペドロ（San Pedro）に到着するはずだ。ディーターは、それを私たちのために取ってきてくれるだろう。私たちは彼とともに、それらを手配した。ディーターは、特別なナンバープレートについて、クリシュナジに訊ねた － 特別料金を払うことができるものだ。お金は環境保護に使われて、プレートは恒久的だ。それに何と付けるのか。クリシュナジは「KMN」と言った － クリシュナムルティとメアリーとニトヤを表す。」

スコットーそれについて、さらに何か言いたいですか。

メアリーー彼は、〔弟〕ニトヤが生きていて、彼らがロンドンやパリにいたときでさえ、彼らはとても優雅だったし、ものに自分たちの頭文字を付けていました。

スコットー知っています。知っています…

メアリーーそして…

スコットー…彼らの頭文字のどちらも、です。

メアリーーええ。いつも、両者の頭文字です。だから、それは…ああ…

スコットー私はそれらのものの幾つかを持っています。

メアリーーええ、そうね。〔家族の名前ジドゥーの〕Jではなく、Kになるでしょう…

スコットーJはまん中です。

メアリーー…まん中ね。そして、一方にはK、他方にはNです。

スコットーそのとおり。

メアリーーそれで、彼はそれを憶えていたにちがいない、と思います。私は知りませんが、彼は「KMN」と言いました。だから、それが付いていたものです。

「私たちは〔オーハイの西端、オーク・グローヴの近くで〕ランチ・ハウス（the Ranch House）に行って、パンとナッツ入りローフ〔塊〕の〔蒸し焼きパン、〕キャッセロールを買い、エルナ、テオ、ルスとアルビオンとの昼食と理事会のため、それをリリフェルト家に持って行った。クリシュナジは、インドでの活動、ブロックウッドと集会ホールの建設が進むことについて、報告した。それから私たちは、近づく〔サンディエゴでの〕アンダーソン〔教授との〕対話について、それから〔オーハイの〕教育センターの計画、それから訴訟について、話をした。クリシュナジは、バーバラ・ラマ（Barbara Lama）が、提起された学校の校長であることを取り扱えるのかどうかを、訊ねた。」バーバラ・ラマはアルビオンの継娘だったと思います。そして彼女は教師でした。彼女はハッピー・ヴァレー〔学校〕で働きましたが、ロザリンドとうまく行かなかった。考えは、彼女が校長になるべきだというものでした。それからクリシュナジは訊ねた －「あなたはどのように学生を判断するでしょうか。それはあなたの先入観、好き嫌いのせいなのでしょうか。あなたはこれらに気づくでしょうか － あなた自身の自我でもって選んでいることに、です。あなたのほうに来る子ども － 正しい子なのかもしれないもの － を拒むことは、罪です。それはものすごい責任です。あなたは深くその責任を感じるなら、正しく行動するでしょう。」と。私たちが立ち去ったとき、午後6時だった。戻る途中、〔石油危機下の制限のため〕ガソリンスタンドはすべて閉まっていた。私たちは土曜日、〔サンディエゴ北部の〕ラホヤ（La Jolla）に着くには、タンクを一杯にしなくてはいけないだろう。クリシュナジは、これから身体は疲れていると、言った。彼は早くベッドに入らなければならない。昨夜、彼はほぼ九時間眠った。」

2月15日、「私はガソリンタンクを一杯にできた。それから私は、メルセデスのグリーン・ビューティの清算手続きをするために、書類を送った。クリシュナジは休んだ。私は家と庭の仕事をした。後でクリシュナジは荷造りをしたが、ほぼ眠った。「私は自分がどうなっているのか、分からない。私はとても多く眠っている。」と彼は言った。彼は寛いでいるし、それが必要だ。」

16日に、「日射しの減った一日だった。ゆえに、クリシュナジが運転するにはより快適だった。私たちは正午に発つ

よう計画していたが、庭の水やり、洗濯、家を発つ状況にすること、…」その時点で私には、〔マリブの自宅に〕メイドのエルフリーダ（Elfrieda）がいませんでした。彼女は父親が亡くなったから、ドイツに行ってしまっていました。それで、私が家政婦でした。「…クリシュナジが朝の荷造りの後、昼寝をしたがったことで、午後3時に発つほうが良くなった。〔隣家の娘〕ミランダ〔・ダン〕（Miranda）とディヴィッド・ニルソン（David Nelson）は週末をダン家で過ごしていたが、彼らがやって来て、私たちの荷物すべてを効率よく車に積み込んでくれ、私の皿洗いを手伝ってくれて、消え去った。それで、クリシュナジと私は、午後3時に寛いで発った。必要以上にガソリンを使い切らないように、〔南方向へ、時速〕五十五マイル〔、88キロメートルほど〕で安らかに」（スコット、クスクス笑う）「運転した。私たちは〔サンディエゴ北部の〕ラホヤに141マイル〔、約225キロメートル〕を運転し、ちょうど6時に〔陶芸家〕マーサ・ロングネッカー（Martha Longenecker）の家に到着した。〔シカゴの実業家〕シドニー・ロス（Sidney Roth）がそこにいた。マーサは私に対して、家がどう動くのかを確かめてくれた。彼女の猫、チベット（Tibbet）は私たちを歓迎してくれた。それからマーサとシドニーは去った。クリシュナジと私は夕食をとり、早くベッドに入った。」

17日、日曜日、「静かな朝で、落ち着いてくる。私たちは、気をつけて運転することで、ジャガーのガソリンタンクの一つだけで、ここに来た。」それに二つあるのを知りませんでした。

スコット―予備があります。

メアリー―それに十二ガロン入るのなら、私たちはそれで160マイル〔、256キロメートルほど〕走りました。それで私はもう一マイルを使って、マーケットに運転して行き、食糧を買い込みました。（声にユーモア）「戻ってきて、昼食を作った。クリシュナジは一日中休んだが、午後5時に私たちはラホヤのまわりを散歩した。私たちはテレビの側で、夕食のアントレー〔主要料理〕をとった。番組「アメリカでの宗教（Religion in America）」があり、ババ・ラム・ダス・アシュラムでのババ・ラム・ダス（Baba Ram Dass）（ハーヴァード大学での、リチャード・アルパート（Richard Alpert）とティモシー・レアリー（Timothy Leary）の〔幻覚剤〕LSDでの古いパートナー。）を映した―大げさで、ビーズ玉を付け、ターバンを巻いたタイプの人たちが、クンダリニー・ヨーガと称されるものをやっている光景。」（笑う）「クリシュナジは、「アメリカに神のご加護を。彼らは何でも受容する。」と言った。後で私たちは、〔イギリスのテレビの連続歴史ドラマ〕『階上と階下（Upstairs/Downstairs）』を少し見て、キッチンの下働きメイドのサラ（Sara）が、国王エドワード七世の晩餐を崩壊させることを願った。」（笑う）「就寝時間が介入してきた。」（クスクス笑う）

翌日、「私は午前6時に起きた。クリシュナジが自分の体操等をする間、私は朝食を作り、洗濯をし、昼食の準備をした。私たちは午前9時に発つ手はずが整った。マーサとシドニーが私たちを、〔カリフォルニア〕州立大学サンディエゴ校と、TV部門があるところに、案内してくれた。私たちは、担当者のポール・スティーン（Paul Steen）と、部長のポール・ハートマン（Paul Hartman）と、アラン・アンダーソン教授（Professor Alan Anderson）に会った。

教授とは、クリシュナジは十日間の対話の第1回を行った―全般的に「知識の場所と人の変革とは何か」について、だ。三台のカラーのカメラがあった。ドリス・ベントリィ（Doris Bently）という女の子は、クリシュナジに会いたいと頼み、アンダーソンから対談を参観する許可をもらっていると言って、手紙を書いてきていたが、彼女がそこにいた。アンダーソンは彼女を知らなかった。」（笑う）「スティーンは、誰も参観させないと言ったが、排除されることを私が危惧して、私のためにその判断を修正した。その女の子は視聴室で参観した。」スティーンは私にそこにいてほしくなかったんだ、と思います。

「クリシュナジは、断片化が人と国々、民族等の分割、悲しみ、葛藤・抗争、暴力を引き起こしていることについて、語った。革命は段階的であるから、革命ではない、と彼は言った。これがすべて最初の一時間にあった。それから三十分の休憩があって、二時間目が再開された。彼らは、自由と知識について続けた。或る時点でクリシュナジは言った―〔ラテン語の語源からして〕「宗教（religion）は、注意するようエネルギーすべてを集めることです。」、そして、「自由は、完全なきびしさと、観察者の全的な否定を意味しています。」と。私たちは午後1時に戻った。昼食は相当すぐに整った。クリシュナジは午後に眠った。午後5時頃、私たちは軽い散歩に行った。それからテレビの側で、トレイにのせた夕食。早くベッドに入った。」

2月19日、「午前7時30分には、まだ暗かった。私はガソリンを入れるためにジャガーで、十台以上の車の後ろの列に並んだ。三十分掛かったが、私はタンクを一杯にした。」

スコット―ああ、私たちは、これが〔1973年10月から74年3月までの石油輸出国機構OPECによる合衆国への〕石油禁輸の日々であることを、言うべきです…

メアリー―ええ、ええ。

スコット―…だから、石油を得るのは楽でなかった。

メアリー―ええ。とても、とてもむずかしかった。よく気をつけなくてはいけなかった。「私はタンクを一杯にした。そして、クリシュナジが朝食を始めているとき、戻った―私は彼のためにそれを整えておいた。ここで私たちは、テーブルで朝食を食べる。彼が、自分はベッドに留まっているなら、ぼんやりするし、」（クスクス笑う）「遅れるだろうと言うからだ。彼は突然に、〔語源に「適合」を含む〕アート〔芸術、技術〕は、有るものを秩序に置くことだ。」と言った。」（クスクス笑う）「私たちは発とうとしていたが、そのとき皿洗い機から水が溢れた。それで私は床にタオルを投げて、吸い取らせた。マーサとシドニーは、大学への途中で車の故障を起こしたが、パトロールカーが彼らをそこに送ってくれた。クリシュナジは私に対して、アンダーソンは充分挑戦していないと語った。そして、「私自身でしなくてはいけないだろう。」と言った。しかし、彼はアンダーソンと一言交わしたし、今日の第3回と第4回の対話は、より強烈であり、うまく行った。私は背景の金色が気になった。だから、私はそのすべてをモニターで見たが、そこで私はメモ書きを取れなかった。対話と、それがこの媒体で伝わってくるさまに、没入していた。これら〔の対話〕は、唯一無比で効果的であると分かるかもしれない―これまでで最も重要な記録か、と。背景の色はあまりに生々しい黄色だ。金だと呼ばれている。クリシュナジの肌にとって似合いの背景ではない。私たちは戻って、静かな昼食をし、

雨の中、少し散歩をした。私たちはいくらか買い物を持ち運んだ。各々がショッピングバッグの取っ手を持った。」

20日に、「クリシュナジは、前ほどよく眠らなかった。他の背景色を試そうとする努力のため、録画の開始が一時間遅れた。それで彼は疲れて、落ち着かなかったが、ひとたび対話を開始すると、彼は一時間の後で止めたいと思わなかった。そして、丸二時間行なわれた。とてもうまく行った。」

編集者の憶え書
私たちは〔現時点で〕、第１回の対話へのリンクを張っているだけだが、できるかぎり早くこれを修正するだろう。

「終わりに、実験よりむしろ金の背景に留まることが、決定された。自由と責任について、秩序と自由は何かについて、議論がなされた。入ってくる途中で、車でクリシュナジは私に対して、「エネルギーは思考ではない。忘れないで、私に思い起こさせて。」と言った。」

スコット──ふむ、ふむ。これら〔録画〕テープが一日に二本もなされていたということは、見当も付かなかった。

メアリー──ああ、そうです。

スコット──興味深いね。

メアリー──ええ。「彼は、無秩序とは何か〔という問題〕に入った。…」それから、再び、彼が言ったことすべてについて続きます。「私たちは午後１時過ぎに戻って、すぐに昼食をとった。クリシュナジは午後ずっと眠った。とても短いわずかな散歩。私は〔オーハイの〕エルナに話をした。彼女は、弁護士たちが今日、予定どおりに会合をしたのかどうか、聞いていなかった。」

２月21日に、「クリシュナジはもっと休んだ。私が金の背景を受け入れたので、到着後、即時に対話を始めることができた。７回目と８回目が行われた。楽しみと恐れ、欲望 ─ それは何なのか、制御、楽しみ。」それから再び、すべてのことについて続きます。「それで、私たちは早く戻って、卵と二、三のもののために〔スーパーマーケットの〕セーフウェーに立ち寄った。クリシュナジはオムレツを望んだ。彼は何ヶ月間か、卵を断っていた。彼は午後に眠った。私たちは散歩して丘に上がり、シェパードの子犬を見た。エルナが電話をしてきた。〔双方の弁護士〕コーエンとクリステンセンは昨日、三時間会った。コーエンは二回、席を蹴ったが、戻って継続するよう説得された。二つの主要なつっかえた点 ─ アーカイヴス〔資料保管庫〕、それらはどこに保っておくべきか。クリステンセンは、それらはＫアンドＲ〔財団〕に留まるべきだ、と言う。コーエンは、それらはKWINCの資産であり、アメリカＫ財団に行くべきだ、と言う。可能な妥協は、〔カリフォルニア州〕法務〔副〕長官の管理下におくことなのかもしれない。そして、ラージャゴパルは、KWINCとその先行団体（すなわち〔星の教団時代からの〕スター出版〔信託〕（the Star Publishing）等）が1968年までに出版した文書すべてを再出版する権利を、ほしがっている。エルナは、それにより、初期のかなり神智学的響きのある「スター会報（the Star Bulletin）」の作品を、彼に渡すことになるだろう、と言う。彼女とテオとルスとアルビオンは、KWINCの出版物の一覧表全部を調べた。そして、可能な妥協は、47年から48年のインド講話 ─ マーダヴァチャリの記憶のメモ書きから記録されたもの ─ を除外して、1933年以降の資料であるかもしれない、と考えた。彼女は、自らが火曜日に〔弁護士〕コーエンと会合をする前に、考慮してもらうため、これらのレジュメを私たちに送ろうとしている。〔ヒートン〕判事、法務〔副〕長官〔タッパー〕、弁護士の会合は、明日から３月８日に延期された。コーエンは、クリステンセンはＫアンドＲ〔財団〕の年次会計検査のような、より難しいことをも受け入れる、なぜなら、それらはタッパー法務副長官が主張するから、と言う。エルナは、いわゆるスカラヴェッリ（Scaravelli）原稿を持っている ─ すなわち、クリシュナジが長い間、求めてきたものだ。」それは『ノートブック（The Notebook）』〔として出版されることになるもの〕です。

スコット──ふむ、ふむ。

メアリー──「彼女はそこから何行かを私に読んでくれた。私はそれをクリシュナジに繰り返した。彼は直接的に電話では話そうとしない。ぎくしゃくするからだ。エルナは、自分自身でそれを書写しよう、と言う。」それで、それを書写したのはエルナでした。私は自分がしたと思いました。（クスクス笑う）でも、彼女がそうしたのは正しいわ。なぜなら、私には長い時間が掛かっただろうからです。ふーん、良かった。分かってうれしいわ。

２月22日、「州立大学サンディエゴ校で、９回目と10回目の対話 ─ 美しさ、情熱・受苦（passion）と、苦しみの理解について。」それからまたもや私は、言われたことすべてを再考します。「私たちは昼食に戻り、船荷主に電話した。メルセデスのグリーン・ビューティの船は今日、埠頭に着いた。月曜日か火曜日に通関処理をさせるだろう。私たちは、弁護士のつっかえた点についてエルナの手紙を、もらった ─ すなわち、どこにアーカイヴスを取っておくのか、そして、68年以前の何でも再出版するというラージャゴパルの要求、だ。私たちは後で村を散歩した。クリシュナジには、〔小説『ジョーズ』で有名な〕ピーター・ベンチリー（Peter Benchley）のサメに関する本を、私には、〔スパイ小説作家〕ヘレン・マッキネス（Helen MacInnes）の新しいものを買った。」

翌日は、「遅い朝食で、休みの日だった。私は健康食品店に歩いて行き、シェルのガソリン・ステーションで石油について質問し、ジャガーにガソリンを充たすことも果たせた。昼食の後、私たちは歩いて、〔西ドイツのドキュメンタリー〕映画『神々の戦車（Chariot of the Gods）』に行った。クリシュナジは晩餐の前に疲れを感じ、「私たちは日本に行ってはいけない。あまりのことだ。私は79歳だ。」と言った。私たちは、もはや〔イングランドから、フランス経由でスイスの〕サーネンに自動車で行かないことに、再び合意した。長い運転は今や、彼にとってあまりのことだ。」

24日、日曜日、「マリブにはサンタ・アナの風（Santa Ana winds）があり、暑い一日だった。〔電話で、隣家の〕アマンダ〔・ダン〕に話した。彼女は、そこではガソリン〔不足〕がとても差し迫っている、と言った。クリシュナジは一日中、内に留まっていた。私は午後遅くマーケットで買い物をした。私たちは、おぞましいグル・マハラジ・ジ（Guru Maharaj Ji）の映像を見た。クリシュナジは、「人々は狂っている」と言った。」

翌日、「州立大学サンディエゴ校への途中でクリシュナジは、「私は自らが議論の運営を行おうと思う。」と言った。11回目と12回目の両対話は、とてもうまく行った。それは宗教から始まった。クリシュナジはこれらの後、とても疲れていた。彼は眠った。私たちは二、三区画、歩いた。私たちが

車に戻ってくるとき、初めて彼は頭が痛いと言った。彼は、秋に日本に行かないことを、明確に決断したのだった。」

2月26日に、「クリシュナジは車の中で、主題として不死について語った。それからクリシュナジは、13回目と14回目の対話を行った － 意識、生きること、愛、死、不死と輪廻転生について、だ。アラン・キシュバウがテープ撮りに〔参観に〕来て、それから私たちとともに昼食をした。クリシュナジは眠った。それから彼と私は短い散歩に行った。〔家主の〕マーサ・ロングネカーに幾つかプレゼントを買った。船荷主に電話した。メルセデスは税関処理が済んだ。それから〔オーハイの〕エルナに、彼女が〔弁護士〕コーエンに会ったことについて、話した。ラージャゴパルは、自らが持っているクリシュナジの手紙類と引き替えに、クリシュナジに対して、ラージャゴパルは彼を代表するものではないという言明を、破棄してほしいと思っている。コーエンとエルナは、私たちは手紙を忘れるべきだと考える。」

さて、跳びます。で、私たちは、〔日記のうち〕小さな本に戻り、2月27日に何が言われるかを見なくてはなりません。

スコット－〔大きな本では〕どこに跳びますか。

メアリー－4月12日です。

スコット－えっ、何と！

メアリー－2月27日、「クリシュナジは、明日対話を終了させたいと思っている。私たちは明日のテープ撮りの後、決定しよう。彼は今日、15回目と16回目のヴィデオ・テープを行った － 教育、死、宗教、経験、権威、服従、教えることについて、だ。昼食の後、私はガソリン探しと洗車に行った。キシュバウは、クリシュナジと私との入り江沿いの散歩に、来た。〔マリブから家政婦〕エルフリーデが電話をしてきた。彼女は昨夜、ドイツから戻った。」

翌日、「クリシュナジは17回目と18回目の対話を行った － ほとんどが、瞑想について、だ。そして、もはや行わないことを決定した。それで、私たちは家に戻り、昼食をとり、車に荷物を積み、マーサ・ロングネカーにさようならを言い、午後2時45分に発った。そして、〔北方向へ〕マリブまでずっと運転して帰った。道のりの一部は小雨が降っていた。私たちは午後6時に到着した。〔家政婦〕エルフリーデは住宅をきれいにきちんと整えていた。家に戻ってきたのは良かった。クリシュナジも私もどちらも疲れているが、特にクリシュナジはそうだ。対話は講話より疲れる。」

3月1日、「私は早くガソリンを入れに行った。エルフリーデは風邪を引いている。それで、私は彼女を休ませた。ププル〔・ジャヤカール〕の甥で、インドK財団の新メンバー、〔コンピューターの専門家、〕アシット・チャンドマル（Asit Chandmal）が、〔計算機会社、〕バロース・コーポレーション（Burroughs Corporation）の」と見えますね。「クック氏という人（a Mr.Cook）とともに、インドから到着するとすぐ、住宅に立ち寄った。クリシュナジは彼に会った。一日の残りは静かだった。」

翌日、「クリシュナジと私は断食をし、一日中、果物のジュースだけをとった。私はデスクで仕事をし、クリシュナジはベッドに留まっていた。夜に豪雨があった。私のベッドの真上で、新しく直した屋根が雨漏りした。」

3月3日、「アシット・チャンドマルとクック氏が昼食に来た。雨は2インチ〔、50ミリメートルほど〕の後で止んだ。」

翌日、「〔取扱業者〕ディーター（Dieter）が船荷主からメルセデスを受けとり、検査のため、〔ヴェンチュラ郡南部の街〕オクスナートの自分のガレージに持っていく。損傷はない。」

3月5日は、「美しい一日だった。クリシュナジと私は、オクスナートへ運転して行き、グリーン・ビューティを見た。私たちはディーターに対して、そのために特別の頭文字入りのナンバープレート － KMNを得るよう、頼んだ。それから私たちは、オーハイに行き、アメリカK財団の事務所で、アシット・チャンドマルと、インド人の友人、シュリー・ベダカール（Shree Bedaker）に会った。私たちは、庭での昼食のため、彼ら、リリフェルト夫妻、ルス、アルビオンを、〔オーハイの西端、アラン・〕フーカーのランチ・ハウス・レストランに連れて行った。後で私たちは歩いて、〔その近くの〕オーク・グローヴに隣接する土地に、登った。そこは美しかったが、クリシュナジの視点では、学校として、〔農地、牧場、住宅地のある〕メイナーズ・オークス（Meiners Oaks）と予定された高速道路に、あまりに近かった。」

スコット－ふむ。

メアリー－〔東オーハイで南北に走る〕マクネル・ロード（McNell Road）に面したマッカスキー〔氏〕（McCaskey）の40エーカー〔、およそ161880平方メートル〕を、見に行った。クリシュナジはそこが気に入った。インド人たちが去った後、私たちは、教育センターがどこにあるべきかについて、長い話をした。クリシュナジは、マッカスキーの区画を買うことを、強く勧めた。彼らは・・・」70万ドルを、のようね。「求めている。それを調べることが決定された。私たちは運転して家に帰った。」

6日に、「クリシュナジは手紙を口述した。私はそれをテープに口述し、タイプするため後で秘書サーヴィスへ〔録音〕テープを持って行った。私は郵便に忙殺されている。」

3月7日、「昼食の後、私たちは街に行った。クリシュナジは、10月に〔ロンドンの歯科医〕トンプソンが始めた〔歯の〕根管を、クリステンセン博士に充たしてもらった。それから彼は散髪をした。それから私たちは家に帰った。」

3月8日に、「午前11時に、ルス〔・テタマー〕、アルビオン〔・パターソン〕、リリフェルト夫妻、キシュバウが、学校に関与するかもしれない十人ほどの教師候補者とともに、来た。クリシュナジは、それがどういうことになるかについて、議論した。二人の医師、シドゥー（Siddoo）姉妹は、カナダ〔西海岸〕のヴァンクーヴァー〔島〕（Vancouver）で同様の学校を始めようとしているが、彼女たちも、そして、アシット・チャンドマルも、そこにいた。後者とキシュバウは昼食に留まった。」

「エルナとテオは、クリシュナジに彼が1961年に書いた原稿を、持ってきた － ヴァンダがラージャゴパルに届け、彼がブラックバーンの〔録音〕テープとの交換以外に、クリシュナジに返すのを拒否し、持ちつづけたものだ。それは私たちの弁護士コーエンに渡された。クリシュナジは私に、それを読むよう頼んだ。それは、クリシュナジの手で鉛筆で書かれている － 彼の中のプロセス、痛み、圧迫、それが何であれそのふしぎな作用についての日々の書誌だ。無限に美しく、動かされる。」

翌日、「午前11時に、学校について同様の会合があった。二人のシドゥー〔姉妹〕とアシット・チャンドマルが、昼食に留まった。私は午後に原稿をさらに読んだ。」

3月10日に、「第3回の会合があった。さらに多くの人たちが来た。キシュバウが私たちとともに昼食をした。ク

クリシュナジのノートブックの第1ページ。（映像著作権、クリシュナムルティ信託財団）

リシュナジは彼に原稿を見させた。それから私たちの三人ともが、〔アメリカのパニック〕映画『ポセイドン・アドベンチャー（The Poseidon Adventure）』を見に行った。クリシュナジは、自らがもう十年か十五年生きるだろうと突然感じた、と言った。「身体は続かなければならない。」と彼は言った。「そして、私〔メアリー〕は自分〔K〕より長生きしなければならない。」と。[3]

翌日、「エルナはコーエンから伝えられた。ラージャゴパルは、1933年以前の書物の再出版を管理するクリシュナジの個人的理由を、訊ねる。それで彼女は電話で、書面の実質的な草稿を示した。」

「クリシュナジは、1933年以前の文書の再出版について、書面を書き直した。私たちは、午前11時までそれを整えた。そのとき他の理事たちが、アメリカK財団の理事会のために来た。私たちは、〔向こう側の弁護士〕クリステンセンの調停の草稿を調べた。私たちはみな、すばやく昼食をとった。それからエルナとテオが運転して、クリシュナジと私を、〔ヴェンチュラ郡南部の街〕オクスナートの〔こちら側の弁護士〕コーエンの事務所に送ってくれた。私たちは彼とともに、調停の草稿を調べた。クリシュナジがコーエンに会ったのは、初めてだ。彼は、ことをやりとげる彼の精神を、気に入った。」（クスクス笑う）「次の会合は、明日、ヒートン判事の執務室で、だ。それからエルナとテオは運転して、私たちをディーターの車の場所に送ってくれた。そこで、〔スイスで買ったメルセデスの〕グリーン・ビューティは整っていて、輝いていた！私たちはついにそれを運転して、マリブに帰った。クリシュナジは道のりの半分、ハンドルを握った。私たちはそれを〔お隣の〕ダン夫妻に見せた。「私たちは今日、たくさん達成したね。」と彼は言った。」

3月13日、「私は、クリシュナジの1961年の原稿を、地元の秘書サーヴィスに書写してもらうために、カセット〔・テープ〕に口述しはじめた。」

「ヴェンチュラで、コーエンとソル・ローゼンタール、クリステンセンとヒートン判事の会合があったが、私たちは結果を聞かなかった。クリシュナジと私は、ビル・モイヤー（Bill Moyer）の、マルクーゼ（Marcuse）へのインタビューのテレビ放送を聞いた。」マルクーゼって誰ですか。

スコット——それは哲学者〔、社会学者〕の〔ハーバート・〕マルクーゼです。

メアリー——ああ、そうだ。「終わりに、クリシュナジは、「私は土曜日に自分が何について話をするのかを、知っている。」と言った。」（メアリー、クスクス笑う）

3月14日、「クリシュナジと私は、グリーン・ビューティを運転して、登録し、ナンバープレートをもらうため、〔自動車関係のサーヴィスを行う〕オート・クラブ（the auto club）に行った。私たちはまた、幾らかプリントを作るため、幾らかフィルムを買った。そして、車の洗剤の買い物をし、リンドバーグのところに行った。」リンドバーグは健康食品店です。クリシュナジはそこに行くのが好きでした。「エルナは〔弁護士〕コーエンに対して、ラージャゴパルが1933年以前の出版へのクリシュナジの管理を妨げようとしていることに関して、話をした。コーエンはしっかり押さえている。アーカイヴス〔資料保管庫〕は、ラージャゴパルの〔自宅の〕アーチ型天井ではなく、KアンドR〔財団〕の事務所に収容されるべきものである。ラージャゴパルが自宅を売るのなら、または彼の死亡時に、私たちは、4万ドルのアーチ型天井の価値を、当てにできる。コーエンは可能なかぎり早く、合意を法的な形にしようとしている。」

3月16日に、「クリシュナジは、〔ロサンジェルス郡西部の〕サンタモニカ市民会館（the Santa Monica Civic Auditorium）で、第1回の講話を行った。真剣でない聴衆だ。」

17日に、「クリシュナジはサンタモニカでの第2回を行った。聴衆は増え、より静かで、より注意深かった。私たちはマリブに戻り、二人だけで昼食をとった。それから午後4時に、リリフェルト夫妻、キシュバウ、ルス、アルビオン、イヴリンとルイス・ブラウ〔夫妻〕、マックィディ夫妻（Mr. and Mrs.MacQuiddy）が来た。後者は、スタイルズ夫人という人（a Mrs. Styles）を連れてきた。だが、残りの私たちが、教育センターのためのオーハイでの40エーカー〔、およそ161880平方メートル〕の区画について議論する間、彼女とマックィディ夫人は、外で座っていた。クリシュナジは、そこを買う決意をしている。それで、私たちはさらに前進して、どうすればそうできるかを見る。リリフェルト夫妻は、アラン・ノーデが私たちのために調査しておいてくれた5月のヨセミテ〔国立公園〕への旅行に、反対することを、決断した。」

18日に、「私たちはグリーン・ビューティを洗った。」

翌日、「私は、建築家を提案してもらうために、何人か知っている人たちに、電話した－もし私たちが学校を建てるのであれば、必要になるだろう。彼らは、ジョン・レックス（John Rex）と言われる人を提案してくれた。それで私は、木曜日に彼と会う約束をした。クリシュナジは、アルフレド・カレス（Alfredo Calles）に〔個人〕面談を行った。私は晩に、私たちが学校について話していたとき、何か存在するものの感覚を感じた。クリシュナジはそれをしばらくの間、感じた。それからそれが去ったとき、彼は、その感じは何か－彼ら－を意味している、と言った。私たちがしていることをするのは、正しい、と。」

スコット——ふむ。

メアリー——3月20日に、「午前6時に私は、クリシュナジの1961年の原稿を一時間、カセット〔・テープレコーダー〕へ読みあげた。一日を始めるにはすてきなやり方だ。私は一人で街に行った・・・」

スコット——あなたは、クリシュナジの原稿を読み上げていた・・・

メアリー——・・・カセット・テープへ、です。私はそれをテー

プに口述していました。
スコットーこれは、『クリシュナムルティのノートブック (the *Krishnamurti's Notebook*)』です。
メアリーーええ。
スコットーでも、私は、エルナがそれを転写したと思っていました。
メアリーーまあ、私がそれを読むと決定されました。そして秘書サーヴィスが…と私が〔13日のところで〕言ったとき、あなたは見過ごしました。
スコットーああ、はい、そのとおり。
メアリーー「私はお使いで街に行った。午後1時に戻った。クリシュナジは、私を迎えるために、車用の道を上がってくるところだった。彼は分かった。『あなたが来ようとしているのを知った。』と彼は言った。」
スコットーでは、彼は、あなたを出迎えるために、車用の道を歩いてきたんですか。
メアリーーええ。私は午前ずっと出かけていましたが、彼は感知しました。「午後にクリシュナジは〔個人〕面談を行った－イタリアの女の子…ジェンマ (Jemma) 」かな。「と、彼女の連れのバリー・ゴードン (Barry Gordon) と、エイヴァ・バーナー (Ava Berner) に、それからジョー・リゲッテ (Joe Liggette) に。」…それらすべての人たちに、です。「私たちはいつものように、庭を歩いて回った。」
21日に、「私は、原稿口述と他のデスクの仕事をした。こういうすてきな一日だったので、クリシュナジと私は〔メルセデスの愛車〕グリーン・ビューティを運転して、〔ロサンジェルスの南東サンタ・アナの〕カブリヨ・パーク (Cabrillo Park) まで行って、戻った。午後2時に〔建築家〕ジョン・レックスが来て、私たちは、オーハイの教育センターについて、議論した。たいへん役に立った。彼は、地域、そこの人々等を知っているし、クリシュナジに満足できる印象を与えた。晩に私たちはレコードを掛けた。クリシュナジのベートーヴェンの第九交響曲だ。」
翌日は私にとって、タイプ打ちで始まりました。「フランシス・マッキャンが昼食に来た。その後、私は運転して、彼女をサンタモニカに送って行き、お使いをした。再び私が戻ってくると、クリシュナジは私を迎えに、車用の道を歩いて上がってきた。」（クスクス笑う）
23日に、「クリシュナジは第3回のサンタモニカ講話を行った。後で、クリシュナジが眠る間に、私は一人で昼食をとった。」
24日に、「クリシュナジは、第4回の講話を行って、一連のサンタモニカを完了した。エルナ〔・リリフェルト〕は私に、〔向こう側の〕ミマ・ポーターとヴィゲヴェノ夫妻、ウィーデマン夫妻 (Weidemans) とオースティン・ビー (Austin Bee) からのアメリカK財団への手紙の写しを、くれた－調停を拒否するものだ。〔向こう側の弁護士〕クリステンセンは〔こちら側の弁護士〕コーエンに対して、クリシュナジが1933年以前の文書の出版を管理したいと思っていることをめぐって、彼らは激怒している、と語っていた。」想像できますか。（クスクス笑う）彼自身の著作の管理をめぐって、〔他人が〕激怒って。「講話の後、キシュバウが戻ってきて、私たちとエルナとテオとともに昼食をした。私たちは訴訟について議論した。そしてまた、教育センターのための〔東オーハイの〕マッカスキー〔氏〕の40エーカーの土地に関して、私たちがしようとしている申

し出についても。イヴリン・ブラウ (Evelyne Blau) が午後4時に来た。だが、初めクリシュナジは、調停が吹っ飛ぶにもかかわらず、申し出に関して進むべきかどうかについて、私たちに目のくらむ挑戦を与えた。『それが正しいのなら、正しくなるだろう。』と彼は言った。しかし、私たちは、他のどの考慮は別としても、それが正しいと感じるには、互いがいなくてはならなかった。エルナと私は土地のため、25万ドルの申し出に署名した。」
26日に、「小雨が降る。私たちはグリーン・ビューティを運転してオーハイに行った。リリフェルト夫妻、ルスとアルビオンと昼食をした。午後は、調停におけるKアンドR〔財団〕のための1933年以前の出版権について、そして、教育センターへの建築家の提案について、議論して過ごした。私たちは夕食に間に合うよう戻った。」
27日に、「亡くなった私の伯母〔ドロシー〕について、何かがある。彼女は私に15万ドルほどを遺してくれた－私たちが40エーカーを得るのなら、その購入の残りのために必要になるだろう、ぴったりの金額だ。」
スコットーふむ、すごいな。（クスクス笑う）
メアリーー〔教師の〕ディヴィッド・ヤング (David Young) がクリシュナジと面談をした。
3月28日、「私はほとんどデスクの仕事をした。私は、クリシュナジの伝記的なメモ書きと書評をまとめた－〔家族の弁護士〕ミッチェル・ブースが、この国へのヴィザに関してクリシュナジに何か特別な地位を得ようとする中で、使うためだ。私たちは、モリネズミたちが新しいメルセデスの配線を囓ってきて、ジャガーに巣作りをしているのを、見つけた。」（二人ともクスクス笑う）
翌日、「私は、本の口述と、手紙への返事等の仕事をした。私は自分の集めた素材を、ミッチェル・ブースに郵送した。後でクリシュナジと私はメルセデスを洗った。」
30日に、「クリシュナジと私は、小雨の中、運転してオーハイに行った。週末のための食べ物を持って行った。私たちはそこで夜を過ごした。」これはリリフェルト家でした。「私たちは散歩をし、40エーカーをじっと見た。」
スコットー〔録音〕テープが切れようとしています。
メアリーーいいです。
スコットーで、あなたはそれを明日、読む機会ができるでしょう。

原　註

1) イングリッド・ポーター (Ingrid Porter)。ブロックウッドの会計担当者。
2) これらは、内陸部の砂漠から〔太平洋の〕海岸に吹いてくる暑く乾いた風である。メアリーはいつも、それらがとても不快だと感じた。
3) クリシュナジは〔12年後の〕1986年に亡くなった。

訳　註

*1 直前の第28号とはつながらないようである。単に編集上の問題か、スコット・フォーブスが記しているように、これら対談が十四年間に渡って、100以上録音されたとされ、ここには年代順に90の対談のみが採録されていることから、このような不整合が生じたものと考えられる。
*2 原文はここから kfoundation.org/transcripts の書き下ろしへリンクされている。

*3 シドニーとの録音されなかった対話については、第21号、1972年1月6日の記述を参照。それを再現しようとしたアラン、メアリーとの対話は、回顧録 Sidney Field (1989) の巻末に収録されている他、A conversation following the Death of John Field Participants : J. Krishnamurti , Alain Naude, Mary Zimbalist recorded on january 14, 1972 として、ウェブ上で見ることができる。編集前の録音も YouTube で Dialogue with Alain Naudé 1-Is there a permanent ego としてアップされている。
*4 John James Audubon (1785-1851) はアメリカの鳥類学者、画家である。
*5 Jesus freak は、ジーザス・ムーヴメントすなわち従来の教義から離れた無教会キリスト教運動に加わった熱狂的な若者をいう。
*6 一般名詞としての ranch house は、農場または牧場（ranch）の主人の家、またはそのような平屋の住宅を意味する。ここでは、Kの友人でもあるアラン・フーカー氏の経営していたレストランである。
*7 フランスでは前菜を意味するが、米国ではメインの料理を意味する。
*8 原文はここから J.Krishnamurti ON LINE 上のヴィデオ録画 Order comes from the understanding of our disorder へリンクされている。

第30号　1974年3月31日から1974年5月9日まで

序　論

　この号は、ほとんどの号の半分ほどの大きさだけである。なぜなら、メアリーと私は対談において間違いをしてしまったからだ。幾度も説明してきたように、メアリーは二つの日記を付けた － 一つは、毎夜、彼女がベッドに入る前に書いた日々の日記（で、彼女が「小さな本」と呼んだもの）だ。二番目の日記は、はるかに大きなルーズリーフのバインダーであり、彼女が、記録しなくてはいけないことが、自分の「小さな本」に書き込めるのよりはるかに多くあると感じたとき、いつでも使ったものだった。こちらを彼女は「大きな本」と呼んだ。

　この対談が進行するにつれて、メアリーはただ自らの「小さな本」から、ただ読み上げていた － これらの日々が、自らの「大きな本」に扱われていないと想定して、だ。私も彼女に確かめるよう頼もうと思わなかった。しかしながら、私たちが発見したとおり、この想定は間違っていた。私たちがこれを発見したとき、彼女は、「小さな本」だけで扱ってきた日々すべてに戻り、「大きな本」からそれらの日々の資料を読み上げたいと願った － こちらの資料のほうが、より完全であるからだ。

　その日々についてのこれら二つの版が、私たちの対談で録音されたが、それらはこの号で一緒に編集された － 読者に対して、メアリーにとってそれらの日々にクリシュナジの面前にいることがどのようであったのかについて、可能な最も充実した記述を、示すためである。しかし、これにより、反復すべてを捨て去る結果、ゆえに素材の半分ほどを捨て去る結果になった。

メアリー・ジンバリストの回顧録　第30号

メアリー　まあ、1974年3月31日は、「晴れた美しい一日だった。クリシュナジはオーハイのリビー公園（LibbeyPark）で公開討論会を行った。私たちはリリフェルト家に泊まっていた。」

　「〔向こう側の〕ヴィゲヴェノ夫妻とカッセルベリー親子（Casselberrys）が聴衆にいた。後でクリシュナジは短く、〔アル・〕ブラックバーンに、それからマーク・リー（Mark Lee）に会った。それからクリシュナジとキシュバウと私は、昼食をした。午後2時30分にブラウ夫妻、ルス・テタマーが、アルビオンとラッセル・マッキィディ（Russell MacQuiddy）とともに来て、私たちは、マッカスキー〔氏〕〔から東オーハイ〕の土地購入について、そして、地区規制変更において何を求めるべきかについて、議論した。〔建築家〕ジョン・レックスが〔学校の〕建築家になることが、決定された。ブラウ夫妻とマッキィディは立ち去った。理事たちは学校について議論した。クリシュナジは、〔リシ・ヴァレーの教師〕マーク・リーを学校長に薦めた。ルスとアルビオンはむしろ敵対的だった。彼らは〔アルビオンの継娘〕バーバラ・ラマに傾倒しているし、おそらく、権限もなく彼女に委任する方に深入りしすぎたのだ。」

　「朝早く〔オーハイの〕谷の美しさを見て、私はクリシュナジに語った － おそらく或る面で、ロザリンドとラージャゴパルは、彼が愛していて美しいと思う谷での自らにとっての生活の他の性質に比べれば、大したことでなかったから、彼はあれらの年月、彼らに耐えたのだろう、と。」。それは、丘、山々と土地の眺めとの彼の関係でした。そしてもちろん、あれらの年月に彼は、自分一人で多くの時間を過ごした － 山々に登り、一人でいた・・・

スコット　ええ。

メアリー　・・・そして、まるで、そこが彼の生きているところであるようでした。そして、ラージャゴパル夫妻とその両者への関係、間の関係、彼に対する彼ら二人の関係において続いた、さもしいけんかと口論とその卑小さを、・・・

スコット　・・・と、醜さ、ええ・・・

メアリー　・・・彼はただ忍受しました。でも、彼にとって真実であるのは、何であれ彼が自分一人で山々で経験することでした。彼が〔1986年の最後の日々に〕オーハイで、あまりに重病でププル〔・ジャヤカール〕に会えなかったとき、最後に言ったことを憶えているなら、彼は、自分は山々に去っていると彼女へ告げるように、言いました。まあ、それが、彼がその頃にしたことだったにちがいないと私は思います。彼は山々に去って行きました。

スコット　ええ。

メアリー　あの朝と、それの美しさ、光と、彼がそれに全的に没入していたことは、憶えています － 彼がそれに感じた種類の忘我の歓喜は。

　私たちがマリブに戻ったとき、クリシュナジは、私が言うのは正しいと言いました。

スコット　ふむ、ふむ。

メアリー　それで、翌日、4月1日、「私たちは、ブロックウッドでのカラー写真について、メアリーに電話をした。あまり高価だ。」とそこに言います。「でも、シモンズ夫妻にとってサーネンでの出費・・・」金銭上の議論だったにちがいないわ。「そして、イヴ・ズロトニツカ（Yves Zlotnicka）の映画のための増加は、よい。私は、シビル・ベッドフォード（Sybille Bedford）のハックスレーの伝記での写真について、メアリー・リンクスに言われた。」シビル・ベッドフォードは〔ドイツ生まれの〕イギリスの作家です。彼女は〔親友〕ハックスレーの〔承認した〕大部の伝記を書きました。

そこには写真が載っています。
スコットークリシュナジのですか。
メアリーークリシュナジのです。「私は、ニューヨークの〔顧問弁護士〕ミッチェル・ブースに、クリシュナジのヴィザの地位のための資料について、話した。アラン・ノーデには、ヨセミテ〔国立公園〕に行かないことについて、話した。」それから私は日記に、ひどく面倒なことについて書きます。（クスクス笑う）私たちは、後世の人たちに開示しなくてはいけないんだろうと思います － 私の寝室の壁の中でモリネズミが死んだということを、です。（スコット、クスクス笑う）残りの記入は、死んだモリネズミを取り出すには、壁を引きはがさなくてはいけないということについて、です。だから、それについて聞く必要はないですが、それがその日に起きたことです。（二人ともクスクス笑う）「私たちは、ニューヨークへ、それからロンドンへの航空チケットを、取った。」

翌日は４月２日でした。「エルナは、アルビオン〔・パターソン〕が〔継娘〕バーバラ・ラマ（Barbara Lama）に対して、学校の全面的な管理職を任せるとの手紙を書いた、と言った。」（笑う）それはちょっとやりすぎでした。私はそれを忘れていました。「クリシュナジは頭がガーンとなった。私たちは明日、これらを議論しにオーハイに行く。」
スコットーそれは彼の娘だった、と仰ったんですか…
メアリーー継娘だった、そのようなものだった、と思います。彼自身の娘ではなかった。「午後４時に、スワミ・ヴェンカテサナンダ（Swami Venkatesananda）と五人の信奉者が、クリシュナジに会いに来た。」（大いにクスクス笑う）あれはいつも、インドの作法の一種の闘いを演出しました。なぜなら、スワミはクリシュナジの足元にさっと平伏したし、クリシュナジは（声に笑い）それを押しとどめようとしたからです。それはいつも出入り口と奇妙な場所で起こりました（さらに笑う）。それで、まったく一種の混乱が引き起こされました。他に起きたことを憶えていませんが、それは憶えています。ブロックウッドでも彼に起きたんです。

３日に、「たいへんすばらしい日に、私たちはグリーン・ビューティを運転して、オーハイに行った。田舎がこんなにすてきに見えたことはなかった。私たちはリリフェルト家で昼食をとった。それからルスとアルビオンとともに、クリシュナジは学校の問題に入った。彼は、他の人たちに、マーク・リーへ話をしてほしいと思っている。おそらく彼とバーバラ・ラマが責任を分かち合えるかもしれない。結局は良い会合になったのだった。私たちは午後４時に発って、〔途中でヴェンチュラ郡の〕カーシタス湖（Lake Casitas）のそばを運転し、〔サンタバーバラの南東部〕カーピンテリア（Carpinteria）の近くで〔太平洋岸の〕高速101号線に出た。〔石油不足の折、〕ガソリンタンク一つで家に帰り着くには（声にユーモア）、帰る道のりずっと、時速45マイル〔、72キロメートルほど〕より遅く走らなくてはならなかった。」（スコット、クスクス笑う）

４日は、「暖かい一日だった。シドニー・フィールドが、クリシュナジと散歩をしに来たが、クリシュナジは跳び上がる運動から、ふくらはぎが痛かった。」彼の跳び上がる運動が何のためだったのか、私は憶えていません。でも、彼は体操を延ばしすぎる傾向がありました。管理してくれるパーチュリ博士が、そこにいなかった。で、彼はふくらはぎが痛かったんです。

６日はまず、〔メアリー自身の〕家族の事柄に関係しているように見えます。「それから地質学者が、〔マリブの〕所有地の地滑りの評価をしに来た。私は、二つのポットの食べ物を作った。クリシュナジと私は、熱い食べ物をもち、メルセデスを運転してオーハイに、そしてリリフェルト家に行った。私たちが到着したとき、クリシュナジは昼寝をし、午後４時30分にジョージ・シェドー（George Shedow）に〔個人〕面談を行った。リリフェルト夫妻、ルス、アルビオンは昨日、マーク・リーとその妻に会い、彼を気に入った。彼が学校の指導者になるべきことが、同意された。私たちは明日、それについて議論するだろう。私たちは、〔オーハイの東端で南北に走る〕マクアンドリュー・ロード（McAndrew Road）に散歩に行き、マクガリティ女史（Ms. McGarrity）に会った。」マクガリティさんは、クリシュナジに心奪われた小柄な痩せた人でした。彼女は外に出てきて、マクアンドリュー・ロードの橋のそばで果てしなく立っていました － 彼が散歩に行くのを一目みたいと願って、です。
スコットーやれまあ！
メアリーー彼女はこの時までには耄碌（もうろく）していて、ちょっと狂っていました。ともあれ、私たちはマクガリティ女史に会いましたが、彼女はエルナに対して、ロザリンド・ラージャゴパルが５月１日にアーリヤ・ヴィハーラから引っ越していくことを、告げました。

４月７日、日曜日、棕櫚の主日には、ここに言います －「クリシュナジはすてきな日に、リビー公園で第２回の公開討論会を開いた。彼は智恵、気づきについて語り、それから質問を受けた。キシュバウはそれをテープに録り、クリシュナジと私とともに昼食をした。ルスとアルビオンが後で来た。マーク・リーが学校長の職を提示されるだろうし、バーバラ・ラマが副校長になるであろうことに、みんなが合意した。マークとその妻、アシャ（Asha）が午後３時30分に来た。クリシュナジがその提示をし、マークはそれを受け入れた。数学教師のディヴィッド・何とかは、先月、マリブの教育集会にいたが…」
スコットーそれはディヴィッド・ムーディ（David Moody）なんでしょうか。
メアリーーいいえ。La…とあります。長い名です。
スコットーふむ。
メアリーーともあれ、「…マリブの教育集会にいたが、彼も来ようとしている。そして、クリシュナジは、学校がどのようなものであるべきか〔の主題〕に入った。私たちはこれを、火曜日、木曜日に継続するだろう。私たちは夕食に間に合うよう、運転してマリブに戻った。」

９日に、「私たちはグリーン・ビューティでオーハイに戻った。リリフェルト家で、学校について会合があった。彼ら、ルス、アルビオン、キシュバウ、イヴリン・ブラウ、マークとアシャ・リー、ディヴィッド…」その最後の名はLで始まります。「が、そこにいた。クリシュナジは、「学校があなたの赤ちゃんであるなら、そのときあなたは、それを何とかするでしょう。」と言った。彼はまたもや、自らの有無を言わせぬ力を傾注した。午後のほとんどは、教育センターに掛けられた。私たちは午後７時までに家に帰った。互いに道のりの半ばを運転した。」

10日に、「私たちはマリブに戻った。私たちはジャガーに乗って、キシュバウのシャツ屋に行った。」（クスクス笑う）「クリシュナジは、シャツ屋の気づかいに感銘を受け、

四枚注文した。クリシュナジがインドから持ってきた絹を使って、だ。私たちは〔山間部を通る〕マルホランド道路(Mulholland Drive)を通って戻った。クリシュナジはお出かけに喜んだ。」

4月11日に、「私は復活祭のため、ローマの〔元家政婦〕フィロメナに電話をし、6月に彼女をブロックウッドに招待した。彼女の声は元気そうだった。私は午前11時まで料理をした。そのとき、火曜日と同じグループが、学校について議論し、昼食をとるために来た。「教育センターは、そこで私たちがどんな観念、理論、イメージの一部でもない場所であるべきものです。」とクリシュナジは言った。」

12日に、「エルナが電話をしてきて、オーハイでの40エーカーに対する私たちの申し出は、所有者のマッカスキー氏(Mr.McCaskie)に拒否された、と言った。私たちは25万ドルを申し出たが、彼らは30万ドルを求めている。ルイス・ブラウと、私たちの弁護士の友人と、不動産業者のラッセル・マックィディは、次にどうすべきかについて、相談することになっている。私は午後遅くに一時間、〔お隣の〕ダン夫妻(the Dunnes)に会いに行った。クリシュナジは庭を十二回、歩いて回った。彼の痛いふくらはぎの筋肉は、まだ弱い。私たちはいつものようにトレイに載せて夕食をとり、〔テレビ番組、〕「ワシントン・ウィーク・イン・レヴュー」を見た。それからクリシュナジはテレビで〔故サム・ジンバリストの制作した映画〕『ベンハー(Ben-Hur)』を見た。私は、遅くなりつつあると、彼に注意しに何回も入ってきたが、私が9時45分に入ってきたとき、彼は、音声を消して、はるかな顔つきで座っていた。彼は、「静かに座りなさい。」と言った。彼は、まるで何かが起きているかのように見えた – 専注し、聞き、何かに気づいていた。私は、『ベンハー』を回避し、」私は見たくなかったんです。「自室に去って行っていたデスクの仕事で気が散って、それを感じることができなかった。すぐに彼は居間を出て、私に対して彼は語った – それは極めて強烈であり、「降水(precipitation)」だった。部屋では何かがとても強くて、そのため、自分はそれがさらに何らかの「見える形で – 私はどのようにかを知らない。私はこのようにそれを感じたことがなかった – 顕現」するために準備されてきたということを。「何かが起きつつある。」と。彼は後で、自らがベッドに入っているとき、それは継続し、そのためすっかり目覚めたままだったし、起きて座らなくてはいけなかったと、言った。彼の頭の具合は悪い。」(メアリーの話を聴く)(注意書き 下の音声は上の本文と全く同じではない。これは、この号の序論に議論されたように、二つの記述(大きな本からのものと小さな本からのもの)が、ここに提示されているからである。反復を回避するために編集が行われた。)

翌日、「クリシュナジはいつもより遅く起きた。その「こと」が継続する。彼は私に対して言った – 「あなたは、私にも何にも執着してはいけない。」と。彼は、私が昨夜の〔映画〕『ベンハー』にうろたえたと思った。私は、「いえ、でも、必然的にその映画は私にとって見るべきものとは違っているということです。」と言った – 彼より、だ。彼にとっては物語、気晴らしだ。でも、私にとってそれは、何かサムにとってあまりに高く付いたものだ。それが〔かつて〕ためになったことに〔今は〕値しない。私は映画を見て苦しまないが、私がそれを見たくなるものは何もない。私は、クリシュナジとのこの生活に来る前に、痛みのなか執着を終了させたのだった。私はもはや「執着」していない。」

さて、私たちは4月16日、火曜日に跳びます –「すてきな晴れた朝だった。私は早く起きて、髪を洗い、荷造りを終了した。一度、私は、出発にあたってすべて整えて、寛いだ。アラン・キシュバウが運転して、私たちを空港に送ってくれた。クリシュナジと私は、正午のニューヨーク行きTWA便に乗り、午後8時に到着した。私たちは、ポーターが探し回ったリムジンに乗り、街の中へ、そしてリッツ・タワー(the RitzTower)に。〔弟〕バドと〔その妻〕リーザからの黄色いチューリップがあった。私は彼らに話をした。それから私は、自らがジョーン・ゴードン(Joan Gordon)に前もって送るよう頼んでおいた二、三のもので、夕食を作った。私たちは荷物を解いて、ベッドに入った。」

翌日は4月17日でした。「クリシュナジは一日中、内に留まり、休んだ。私はマーケットに出かけて、ルーム・サーヴィスの昼食をとったが、それは適切だった。」まあ、それから、私が見つけたものすべてを挙げています – 食べ物です。それを続けたくはないですね。

「午後に私は、〔家族の顧問弁護士〕ミッチェル・ブースとの会合のため戻った。彼は、合衆国へのクリシュナジのヴィザについて、議論するために来た。今年は、〔クリシュナジ〕彼に対する金銭的責任を保証する私の書面のために、錯綜した – そこに、私は彼の公開講話にも触れていた。これで、彼はビジネスマンのB-1分類に入ってしまい、ゆえに騒ぎになった。ブースは、H-1の地位は格別の特徴と独特の能力の人たちのためのものだが、それは悪いかもしれないことを、説明した。合衆国に短い期間、仕事をしに来る俳優、舞踏家等が、何をしようとしているにせよ、それに不可欠であって、それを取る。その地位により、どの領事もヴィザを拒否できない。だが、それは毎回、入国管理局に電報を打つこと等を、意味している。クリシュナジはここで何も稼がないので、ブースは、毎回、ふつうのツーリスト・ヴィザを求めること、そして、「会報(the Bulletin)」に彼の講話を告知するとき、それを「アメリカK財団はクリシュナムルティに合衆国で話をするよう要請した。彼はそうすることを寛大にも受諾してくれた。」等と言い表すよう、助言した。」

18日、「〔弟〕バドは、ドライヴのため自分の車を貸してくれた。クリシュナジと私が、〔ニューヨーク市の北側、〕ホワイト・プレインズ(White Plains)のウルフ博士(Dr. Wolf)に会えるように、だ。木々は花を咲かせつつ、灌木と若葉があらわれつつあるので、クリシュナジの顔は、あの子どもの喜ぶような表情に、輝いた。それは私自身の喜びだった。ウルフは気をつけて彼を検査し、彼の喉の一個所が声帯上で腫れつつあるが、腫瘍ではない、と言う。彼の血圧は110から69だ。彼の涙腺閉塞の涙ぐむ目は、ごくありふれている。足首のむくみは、空の旅の後で起こるように、血流の減少を表示している。しかし、血液と尿の検査結果の後で、もっと多くが分かるだろう。彼の手の震えはパーキンソン病ではない。検査の後でもっと多くが分かるだろう。彼は、〔酵素の〕ウォベンジム(Wobenzym)錠剤を月二回摂り、ビタミンE乳剤を600から1000単位摂るのを、継続すべきである。彼は、クリシュナジは全般的にとても良いと診た。右目には小さな出血があるが、何も深刻なことはない。そして、わずかな動脈の硬化だ。」

4月19日、金曜日、「クリシュナジは静かで、一日中、内に留まった。エルナとテオ〔・リリフェルト〕が昨夜、〔ニューヨークに〕到着し、今朝、やって来た。オーハイでの〔マッカスキーの土地〕40エーカーに学校等の使用許可を得ることの煩わしい手続きは、果てしない。私たちの行うその土地の利用は、年少でほぼ〔寄宿生でなく〕通学生たちの小さな学校と、加えて、大人たちがそこで生活しなくて小グループで集合する教育センターとに、制限しなくてはいけないのかもしれない。クリシュナジは、にもかかわらず私たちは前進すべきかどうかについて、私たちの一人一人に質問した。エルナとテオと私は、「そうです。」と言った。そうして初めてクリシュナジは、私たちはどのみちそこを得ようとしなければならないと自分は思う、と言った。エルナは、〔オーハイの東端の〕アーリヤ・ヴィハーラ（Arya Vihara）の土地を得ようとする何らかの試みについて、語っておいたが、クリシュナジは、ロザリンド・ラージャゴパルの彼に対する敵意、そして私たちみんなに対する敵意のため、それはとてもありそうにない、と言った。「私はそれはできない。ロザリンド・ラージャゴパルには話をしないだろう。」と。それから私は、私たちは清潔に始めなければならない。そして、何事や誰に対してもどんな紐付きもなく、どんな恩顧もなく、クリシュナジが願うものを、造り出さなければならない、と私は大いに感じる、と言った。〔アーリヤ・ヴィハーラの土地〕そこはラージャゴパル夫妻により汚染されている。テオは熱く同意した。」

4月20日、土曜日、「クリシュナジの第1回のカーネギーホール（Carnegie Hall）講話だった。私たちは、運転手付きの車で行った。舞台入り口には、前に3台の警察の車があった。入り口は警察でいっぱいだった。爆破の脅迫が電話で、「インドなまりの男」により、なされたのだった。彼は、クリシュナジが話しはじめるとき、何かが－爆弾が－弾けることになる、と言った。手荷物を持つ人々すべてが、止められつつあった。クリシュナジはこれらに気づいていなかった。優れた講話を行った。ただ一つの難点は、音響システムの不適切さだった。警察の姿から推測できたが、何が起きたのかをエルナが私に話してくれたのは、後になってのことだった。私はそれをクリシュナジに言わなかった。彼が多くの知らない聴衆の前にいるとき、私はしばしば不安だ。しかし、私がそれについて一日中、そして夜にも考えていると、浮き上がるような保護と安心のおかしな感覚があった。私たちはアパートメントで昼食をとった。後でクリシュナジは、リエスコ氏（Mr.Riesco）に会った。彼はスペイン語圏〔アメリカ〕財団（the Fundación）の幹事になろうとしている。それから、エンリケの息子、ルイス・ビアスコェチェア（Louis Biascoechea）にも。」

21日に、「第2回のカーネギー・ホール講話は、か細い音響システムと多くの不満以外は、順調に行った。後で、クリシュナジが昼寝している間に、私はルスとアルビオンの要請で、どちらも教師になるかもしれない、善意のジョージ・オーデン（George Arden）とその妻に、会った。彼らが立ち去る前に、エルナとテオが入ってきた。クリシュナジが尚早にひょっこり出てきた。そのため、彼らは一分間、彼に会った。クリシュナジ、エルナ、テオ、私は、カナダ放送協会（Canada Broadcasting Corporation）のジョン・マッグリーヴィ（John McGreevy）と、パンチャー女史という人（a Miss Pancher）に会った－まじめな人たちが自らにとっての関心事について話をする、「当人に聞く（In Person）」と呼ばれるシリーズ〔番組〕で、クリシュナジが三十分行うことについて、だ。それは暫定的に、ブロックウッドで10月の第1週に定められた。クリシュナジは私に対して、「衝撃と緊張なく生きることの必要性」について話してくれた。エルナは彼に対して、爆弾での脅迫について語ったが、彼はそれを払いのけ、「私は少なくとも、もう十年生きなければならない。」と言った。

翌朝、クリシュナジは目覚めたとき、「「昨夜、すばらしい冥想」と言った。私は、それは、あたかも、私たちが発つ前に彼がマリブで満ちていた「新しいプロセス」だったのかを、訊ねた。そうだ、それは異なっていた。「私は、十年から十五年生きるには何をすべきかを、見出さなければならない。すべきことが多くある。」と。ウルフ博士が検査の報告書を渡してくれた。弱みもある－彼の副腎は少しエネルギーが下がっている。喉頭は堅くて健康だが、少し弱い。彼はまた、クリシュナジの腫れた足首の原因の可能性について、話をした。前立腺がかすかに肥大している。彼の酵素レベルは2.3だ－これは良い。ウルフは細胞移植を提案し、クリシュナジは同意した。午後に私たちは〔アメリカのサスペンス〕映画『カンバセーション…盗聴…（Conversation about Surveillance）』に行った。」それが何だったか、私は知りません。「私は夜に震えを感じた。」

23日に、「私はとても弱く感じた。シャワーの中でほとんど立っていられなかった。午前8時に〔インドの外交官で友人の〕ナラシンハンが、クリシュナジに会いに来た。それから午前11時半に、インド人のドン・モラエス（Don Moraes）が若い息子とリーラ・ナイドゥ（Leela Naidu）とともに、テープ録りの質疑応答の会合のために、来た－それは結果的に、国連出版局で何か印刷物、モラエスの編集した本になるのだろう。ナイドゥ夫人は後でクリシュナジに話をした。昼食の後、私の従姉、ローナ（Lorna）が私に一時間、会いに来た。私はとても弱く感じたが、他の症状はなく、だいじょうぶだった。私は、自分からクリシュナジに何も移らないことを、願う。私の従姉は去った。クリシュナジは、若いアフリカ系アメリカ人、チャールズ・スティール（Charles Steel）に〔個人〕面談を行った。私は夕食の後、ぐっすりと夜通し眠ったので、そのため、風邪は治ったようだった。」

4月24日、「私は、弱さの波が来たが、気分は良くなった。私たちは、クーパー・ヒューイット〔博物館〕（the Cooper-Hewitt）に行った。そこで〔弟の妻で館長の〕リーザが部屋を貸してくれた－そこでクリシュナジは、アダム・クレイン（Adam Crane）が率いる集団と会合した。彼らの十二人が質問をした。彼らはそれをテープに録った。そして、テープの文字起こしの写しと寄付をくれることになっている。加えて彼らはテープを、自分たち自身が聞くためだけに、用いようとしている。これは1時間45分続いた。それから私たちは昼食のため、弟とリーザのところに歩いて行った。午後4時30分にクリシュナジは、ディヴィッド・バリー（David Barry）に会った。彼はクリシュナジが自ら知っていると思っている人ではないことが、分かったが、彼はまた19歳の姪を連れてきた。その姪はブロックウッドに行きたいと思っている。」

4月25日、「クリシュナジと私は、〔弟〕バドの車で運転して、ホワイト・プレインズのウルフ博士のところに行っ

た。二人とも〔細胞〕移植を受けた。クリシュナジは初めてだ。ウルフは、それに悪い副作用はありえないと誓った。私たちはまた、クリシュナジが喉頭の腫れ － 良性だが除去されるべきもの － を取り除くために、三週間、一日に二、三錠用いるウォベンジムの〔酵素〕錠剤を、受け取った。街に戻った後、4時30分にクリシュナジは、フランク・マクローリン（Frank McLaughlin）に会った。彼は、雑誌の記事のため、質疑応答の対談をテープに録った。それから、リーラ・ナイドゥが二回目に来た。」

4月26日、「クリシュナジは午前に休んだ。私はお使いをし、昼食を作った。午後4時に私たちは、〔アメリカのサスペンス・スリラー〕映画『イルカの日（Day of the Dolphin）』に行った － それはばかげた筋書きだったが、イルカはとても愛嬌があった。クリシュナジは釣り込まれ、彼らへの驚きで叫んだ。それから私に対して、「ああ、映画なんだ！」と。まるでちょうどそれを思い起こしたかのように。」

4月27日、「クリシュナジの第3回のカーネギー・ホール講話。彼には新しいマイクロフォンが与えられた。ましになったが、十分ではなかった。または、ホールが単純に言論には適していない。昼食の後、私はディヴィド・ノーテバート（David Nortebaert）夫妻に会った。彼らは、7歳の息子を私たちの学校に入れるために、オーハイに引っ越したいと思う － すてきで、真剣で、熱心だ。クリシュナジと私は、短い散歩に行った。ダブルデイ（Doubleday）で、メアリー・L〔リンクス〕の小説『クレオ（Cleo）』を含めて、本を買った。」

翌日、「クリシュナジはカーネギー・ホールで、第4回の講話を行った。瞑想について、だ。とても良い。私たちはリリフェルト夫妻を連れて行き、サン・ラック・イースト（Sun Luck East）で昼食をした － 日曜日に開いているのを、私たちが知っているただ一つのレストランだ。後で〔弟〕バドが、私たちに会わせるために、デイジー（Daisy）、ロリ（Lori）、リンゼー（Lindsay）を連れてきた。」それらは彼の子どもです。「クリシュナジは、子どもたちに優しかったが、はるか遠くに見えた。バドとデイジーがソファーに日本の障子を掛ける間、本を読んで静かに座っていた。」

29日、「暑い一日。私たちは幾つかお使いをした。〔インドの外交官で友人の〕ナラシンハンが来て、運転し、私たちを、彼とその奥さんとの昼食のために、彼の所に迎えてくれた。彼女は微笑みや言葉もなく静粛に見守る。ナラシンハンは、私たちをカズウェル・マッセィ（Caswell-Massey）で降ろしてくれた － そこで私たちは、純血種キュウリ〔・クリーム〕の買い置きをした！」（メアリーとスコット、笑う）純血種キュウリについては、忘れてしまいました。

スコット－それについて教えてください。

メアリー－それは、肌に良いと思われているクリームです。それは、純血種のキュウリから作られているだけだと、広告されるんです。（スコット、笑う）それは私たちにとって或る種の冗談でしたが、彼はいつも、私たちはいくらか純血種キュウリ〔・クリーム〕を持つべきだと、言いました。（スコット、笑う）それから、「私たちはベルギー靴屋（the Belgian shoe store）に歩いて行き、そこで、クリシュナジの履いているブラウンのシェードのモカシンは、サイズが7AAであることが、確証された。それから通りを渡って理髪店へ。そこでクリシュナジはまた、すばらしい散髪をしてもらった。理髪師のアル・ブルク（Al Bruku）は、彼が行ったなかで最高のものだ。ホテルへ。そして荷造り。私たちが夕食をとっている間に、弟〔バド〕が来た。そして、しばらくの間、私たちとともに座って、さようならを言った。後で私たちは、テレビでニクソン〔大統領〕が、明日自らが〔ウォーターゲイト事件で上院特別委員会の追及を承けて、大統領執務室内の会話に関して〕幾つかのテープの書き起こしを公表しようとしていると告知するのを、見た。」

30日、火曜日、「リリフェルト夫妻を、それから私たちを連れて空港に一緒に行くべき車が、全く〔約束の〕時間に現れなかった。それで私たちと彼らは別々に、別々の正午の便に行った。私たちはアメリカン・エアラインズに乗った。クリシュナジは、新しいファースト・クラスの座席の前で、より静かな雰囲気と空間に喜んだ。彼は、バーバラ・ストライサンドとロバート・レッドフォード〔主演〕の〔、学生運動をもとにした〕映画『追憶（The Way We Were）』を、見たがらなかった。私たちは午後2時40分に、ロサンジェルスに着陸した。すてきな午後。私たちは二人とも、ニューヨークを離れてカリフォルニアに戻り、マリブの家に帰って、即時に気分が良くなった。あらゆるものが緑で美しく、清潔で平和に見えた。〔家政婦〕エルフリーデがロリ（Lori）の助けで、贈り物としてバラ園をしておいてくれた。」ロリは庭師でした。「とてもすてきに見える。ここにいることはすばらしい。私たちはそれを感じつづけた。私の足先と脚の痛みと腫れは、到着してただちに消えさった。クリシュナジは、日曜日に自らが「はるか離れた」感じになっていたと、言った。そして私に対して、そういう時に自らへ話しかける中で個人名を使うことについて、注意を与えた。私たちは早くベッドに入った。各々、深く良く眠った。」

スコット－それについてちょっと説明してください。

メアリー－思い出そうとしています。

スコット－あなたが彼に対して個人名を使うんですか。

メアリー－彼に対するどんな個人名なのか、私は知りません。私は彼に対して異なった語りかけ方をしませんでした。

スコット－でも、例えば、彼がはるか離れていて、あなたが「クリシュナジ」と言ったなら…

メアリー－そうかもしれない。

スコット－…それは、彼にとってショックのようなものだったんでしょうか。

メアリー－そうかもしれません。なぜなら、ええ、そうかもしれません。なぜなら、彼がはるか離れているとき、何でも…

スコット－彼はその意味では存在していなくて、…

メアリー－ええ。

スコット－…たぶん、事実へと注意を呼びかけることは…

メアリー－そのようなことです。憶えていません。

スコット－いいです。

メアリー－5月1日、「家で目覚めることはすてきだった。晩にクリシュナジと私は、CBSの番組を見た － クロンカイト（Cronkite）、セヴァレイド（Sevareid）、ダン・ラザー（Dan Rather）の出る、ニクソン〔大統領〕のテープ起こしについてのものだ。ニクソンの世界の全くのあさましさ。」

5月2日に、「私は午前に手紙を書いた。午後に私たちは、

メルセデスのための特別ナンバープレートを取りに行った。KMN1 – クリシュナ、マリア、ニトヤだ。そして、〔自然食品の〕リンドバーグへ。私は、サンフランシスコのアラン・ノーデに話をした。彼はスタンフォード研究所に、仕事を得たいと願っている。今日、〔向こうの弁護士〕クリステンセンと、クリシュナジが呼ぶところの「マフィアたち」、ラージャゴパルとその仲間の間で、調停草案への自分たちの応答について、会合があるとされている。」

5月4日に、「クリシュナジは、「私はもう十年生きるだろうと思う。すべきことが多くある。」と言った。私たちは、おそらく旅行と講話を減らすことと、各センターでの時間を増やすことについて、語った。エルナ〔・リリフェルト〕が電話を掛けてきた。弁護士たちからの知らせはない。そして、私たちが買おうと申し込んだ〔東オーハイの〕マッカスキーの40エーカー〔の土地〕は、他の誰かに行った – そちらは、現金28万5千ドル、そして条件なしで申し込んだ。彼らはそこを農業のために欲しがっている。リリフェルト夫妻はとても失望している。私はクリシュナジに告げたが、彼は「それはほんと悪かった。まあ、そういうことだ。」と言った。彼は私に、何をすべきかについて議論するために、火曜日に理事みんなをここ〔マリブ〕に呼ばせた。私たちが庭を歩き回るとき、彼は私に対して、「失望したり、落胆してはいけないよ。」と言いつづけた。それで私たちは、〔アメリカのコメディタッチの復讐劇の〕映画『スティング（The Sting）』に行った。クリシュナジは、「どういうことなの？」と言いつづけた。私は、多くの時間、本当によく分からなかった。」（笑う）彼は映画館ではほんとおもしろかったわ。彼は、まわりに人々がいるのを悟らずに、声を出すし、私に質問したものです。（スコット、笑う。それからメアリー、クスクス笑う）

5月7日に、「午前11時にここで、アメリカK財団の理事みんなが会合し、昼食に留まった。クリシュナジは訊ねた – 「私たちを妨げているもの、40エーカー等を失わせているものは、何でしょうか。他のどこでも – ブロックウッド・パーク、インド等では、先に進んでいるが、ここで私たちは妨げられているように見えます。」と。彼は、私たちがラージャゴパルとロザリンドに、訴訟の結果に、KWINCやハッピー・ヴァレーの土地を得ることに、あまりに多く依存し、ゆえに頼ってきたと、言った。私たちはそれなしに先に進まなければならない。リリフェルト夫妻は他の土地を求めて、オーハイをくまなく探すだろう。彼は、なぜオーハイなのか〔という主題〕に入った。賛成理由は、そこに対する彼の愛情であり、そこが〔昔から〕そうなるはずだったという感情だ –〔財団の〕理事たちはそこに生活している。エルナは、ハッピー・ヴァレーの土地についての私の感情を、指し示した – ラージャゴパル夫妻により毒された地域だ。そして、私たちは自分たち自身で新たに清潔に始めるべきだということ、だ。クリシュナジは、自らがそこでもっと多くの時間を過ごすであろうセンターについて、語った。また私たちは、〔相手側の弁護士〕クリステンセンから何の応答ももらっていない。私は、私たちみんなに代わって〔こちら側の弁護士〕コーエンに電話し、私たちがみんな一緒にいるが、続く二、三日に何か応答がないのなら、彼はこれら出来事をまとめてヒートン判事に伝え、審理の日付を定めるために聴取を求めるべきであると感じる、と言った。私は〔弁護士の〕ソル・ローゼンタールにも同じことを言った。」

スコット – いいです。何もないと言うべきですね – どの〔クリシュナジの〕伝記も、エルナの裁判の記述も何も本当に、あなたとのこれら対談が伝えたほどに、ラージャゴパルのでたらめの感覚を、伝えたことがなかった、と – 損耗、だらだら過ごしてしまうこと、行ったり来たり、彼の継続的な変心、彼の側でのすごく不合理な振る舞い、そして、それが誰にも影響していたにちがいないそのさま。誰もがみな押しひしがれている。そして、ここでクリシュナジは言っている – 見なさい、あなたはこれに、あまりに多く焦点を合わせすぎている。これは脇に置きなさい。それは法律家たちに取り扱ってもらおう・・・私たちは、適切な注意を払っていないし、他のすべきことに効果的に機能していない、と。

メアリー – 彼は或る時点で言いました –「私たちはこのことを永遠に続けたいのでしょうか。あなたたちはそれにうんざりしていませんか。」と。それがいつだったのか、私は忘れましたが、いつのかの時でした。

スコット – 或る面で興味深いです。なぜなら、或る面でラージャゴパルの損耗戦がうまく行ったからです。

メアリー – うまく行きました。彼は言うところの、狐みたいに狂っていました。

スコット – ええ。ええ。

メアリー – 誰をも疲れさせ、挫くことは、彼の目的に適っていました。それがどれほどばかばかしくても、構わなくて・・・

スコット – どれほど費用が掛かっても、構わなかった。なぜなら、それはすべて、彼がどのみちクリシュナジ〔に寄付されたもの〕から盗んできたお金の中から、支払われつつあったからです。それで、彼が使ったどのお金も、彼が返さなくてよくなるお金だけです。

メアリー – ええ、ええ。そのとおり。

スコット – それで、うまく行きました。

メアリー – ええ、うまく行きました。うまく行きました。

スコット – それは信じられないな。

メアリー – ええ。

スコット – この叙述が伝えるように、この不幸な「こと」についての感じを伝えるものは何もない。

メアリー – ええ。〔日記のうち〕小さな本ではつづきます。それは、完全な文章なしで速記に似ています。それは、この損耗の症状が繰り返し繰り返し出つづけてくる速記に、似ています。

スコット – ええ。誰もがこのことの進み方について感じを得ることが、重要だと、私は思います。

メアリー – ええ。もしも、この忌々しいことが続いていて、十七年の期間にわたる出来事を並べ立てたのなら、それは・・・

スコット – それはとほうもない。

メアリー – または、もしも、少し温度グラフのようにしてしまったなら、そうよね、調停があろうだろうとの望み。それからドーン！ああ、・・・

スコット – ええ、ええ。砕けてしまう。

メアリー – ・・・または、会合をしようとしていると・・・

スコット – ・・・彼は現れない。

メアリー – ・・・彼は現れない。または、彼は病気だ。または、オーハイを離れられない。彼がなぜオーハイを離れられな

いのかを、誰も言ったことがありませんが、彼はオーハイを離れられない。いつも何かです。他の誰も、そういう言い訳をしようと考えないでしょう。それらは些細でしたが、それが彼の断固としていたありさまで…

スコット—『荒涼館（*Bleak House*）』みたいだ…〔ディケンズ作の〕その小説を知っていますか。（二人ともクスクス笑う）

よし、では、どこにいるんですか。

メアリー—まあ、また5月7日に、「私はアラン・アンダーソン博士に連絡しようとした。彼はヴィデオ・テープの公開〔許可〕に署名していなかった。私たちは、〔その企画の支援者の〕シドニー・ロス（Sidney Roth）がその小うるさいやり方で、それをごちゃ混ぜにしてしまったことを、提起する。」それは説明しなくてはいけませんか。

スコット—ええ。

メアリー—私はシドニー・ロスについて説明してきました。

スコット—少しね。

メアリー—まあ、彼はシカゴの人でした — クリシュナムルティの教えについて突然知って、興味を持ちました。彼は、ラージャゴパルに対する訴訟において、私たちに加わってくれていました。

スコット—その部分は今、思い出しました。

メアリー— … ええ。なぜなら、彼は〔K著作協会に〕寄付をしていたからです。

スコット—ええ、そのとおりです。

メアリー—私たちが必要な…

スコット—自らの寄付が横領された寄付者です。

メアリー—そのとおり。それがシドニー・ロスでした。彼はまた、アンダーソンのテープのテープ撮りにも支払うことに、同意しました。彼がそれを援助してくれました。

スコット—でも、彼の小うるさいやり方は何だったんですか。

メアリー—彼は小うるさい種類の人でした。「私はアンダーソンに連絡できなかった。」

「〔アメリカK財団の〕理事たちは、〔学校のため、〕40エーカーより良い土地を見つけようと決心して、去って行った。クリシュナジは、いつもそうするのだが、彼らを決意とエネルギーで充たした。

5月8日、「アラン・アンダーソン夫人がヴィデオ・テープの公開について、夫に代わって電話をかけてきた。私は後で、それについて〔弁護士〕ローゼンタールに話した。」何を言われたのか、私は憶えていませんが、ともかくうまく行きました。

9日に、「私たちはビヴァリー・ヒルズで幾つか買い物をした。彼はバス・ローブが必要だった。それから私たちは、ヴァレー（the valley）のシャツ仕立屋に行った。そこで、クリシュナジは、私たちが先に触れたシャツの1回目の仮縫いを、してもらった。」

スコット—よし。そこで終わらせなくてはいけないと思います。〔録音〕テープが切れそうになっているからです。

メアリー—ええ。

原 註

1）メアリーの夫、サムは、〔映画〕『ベンハー』の制作を終了したほぼ直後に、心臓発作を起こした。
2）或る時点でクリシュナジは、メアリーを「マリア（Maria）」と呼びはじめた。彼は、〔周囲の多くのメアリーのうち、〕メアリー・カドガンを「カドガン夫人（Mrs.Cadogan）」、そして〔一番古くから知っている〕メアリー・リンクス（ラッチェンス）を「メアリー」と呼ぶ傾向があった。

訳 註

*1 第90号、1986年2月12日の記述を参照。
*2 このことは P.Jayakar（1986）pp.85-86 にも記されている。Kは後年、この時期を振り返って、山々で食事を忘れ、見聞きし、野生動物にも出会いながら、「尋常でなく」歩いたことを語った。Kは「私は歩くとき、考えない。思考はない。私はただ見る…孤独な散歩が何かになったにちがいないと思う。」と述べた、という。
*3 棕櫚の主日（Palm Sunday）は、キリスト教のプロテスタントにおいて、イースター（復活祭）直前の日曜日であり、バイブルによるとキリストが受難を前にエルサレムに入った日であり、信者たちはその通り道に棕櫚の枝をまいてキリストを迎えたとされている。暦の上から日付は一致はしないが、東方正教会、ローマカトリックにも同様の祭日がある。
*4 ホームページ上ではここで指示された個所をクリックすると、メアリーの話が聞こえる。
*5 原文はここから J.Krishnamurti ON LINE 上の講話書き下ろしへリンクされている。
*6 原文はここから J.Krishnamurti ON LINE 上の講話書き下しへリンクされている。
*7 moccasins は、北米インディアンの鹿革製のかかとのない靴である。suede は革の裏面をけば立てて、ビロード状にしたものである。
*8 special license places とあるが、special license plate と読んだ。
*9 この土地の経緯については、第19号の訳註を参照。
*10 所有地争い訴訟を背景に、登場人物たちの自殺、結婚の秘密、殺人、捜査が展開される物語である。
*11 このことは第33号にも出ている。

第31号 1974年5月10日から1974年7月15日まで

序 論

この号は、クリシュナジとメアリーの生活における一年のうちのこの時期の、いつもの場所を、扱っている — カリフォルニア、それから〔イングランドの〕ブロックウッド — ロンドンへの小旅行がともなう。それからパリ、そして〔スイスの〕サーネン講話のためのグシュタードだ。しかし、この号には、より私的とか親密とか個人的と感じられる何かが、ある。それが何なのかは全く明らかでない。おそらく、メアリーとクリシュナジとの間の協調性の感覚が多くある — または、メアリーの生活がクリシュナジのそれと同調しているのだ。クリシュナジに対するメアリーの献身は、絶対的である。メアリーへのクリシュナジの評価は、染み入る。クリシュナジの生のとてもない側面、秘教的な側面が、ふつうの日々の生活に混ざり合う。クリシュナジがそれらについて彼女と話すことにより、それらが、メアリーの前で、縫い目のない全体として開かれていく。

ただ書きものにおいてだけであっても、これを目撃することは、特権のように感じられる。

メアリー・ジンバリストの回顧録 第31号

メアリー—よし。私たちは、1974年5月10日について、始めようとしています。クリシュナジと私は〔カリフォルニ

アの〕マリブにいます。「私がデスクに着いている間、クリシュナジが私の部屋に入ってきた。私たちが話をしていると、彼の顔にはあの遠いようすがあった。そして、まったく突然に私は、他の何かのあの奇妙な感覚を感じた。それはまるで、聞いている、または聞こうとしている聴取不可能な音が、あるかのようだった。彼の顔は、あの内的に聞いているようすをしていた － 無限にきびしく、離れている。彼は「ふしぎだ。感じますか。」と言った。それから彼は、「これらのことが起きるとき、あなたは書き留めますか。そうすべきです。」と言った。少し後に彼は、Rたちは － すなわち、ラージャゴパルとロザリンドです － 彼がどこにいるかを知らないが、彼がここにいるのを知っているとき、あたかも彼らが彼に「憎しみを放つ」かのようであるのを、感知できる、と言った。私は、彼がブロックウッドでそれを感じるのかどうか、それはそこまで届くのかを、訊ねた。彼は、「いいえ。」と言った。それから私は、もしも彼がオーハイに生活したなら、もっと悪くなるだろうかを、訊ねた。彼は言った － 「いいえ。私はそれを逸らせます。彼らは、私たちがそこにいるのを防止しようとするでしょう。それはできるんでしょうか。」と。」彼はそれを訊ねました。

スコット――彼は「彼らはそれができるんでしょうか。」と訊ねた？

メアリー――ええ。「私は、「いいえ。誰も土地を買えます。私たちは他の誰とも同じく、土地を買えるでしょう。」と言った。私は、彼はできるのなら、なぜ彼らからの放射を逸らさないのかを、訊ねた。彼は自らそうしようとしないと、言った。彼らは変わるかもしれない。人々は変化するのだ、と。」

スコット――ふむ、ちょっとそこで止まりましょう。

メアリー――ええ。

スコット――興味深いです － この過程について、ほぼ一種の何かを聞くこと、何かが聞こえるよう緊張しているようとのあなたの記述は。私はそれを自分自身に説明したとき － 初めてクリシュナジが私にそれを訊ねたとき、そしてあなたはそこにいましたが、それは、ここ〔ブロックウッドの〕西ウイングの古いキッチンでのことでした。クリシュナジが私に、「あなたはそれを感じられますか。」と訊ねたときです。私にとってそれは、何か私の聞こえる範囲のちょうど外側にあるものを聞こうとするのに似ていて・・・

メアリー――ええ。

スコット――・・・何かがそこにあるとの感覚が、ありました。でも、私が聞くのはあまりに洗練されていなかった。あまりに粗大で、あまりに・・・

メアリー――そのとおりです。

スコット――・・・粗くて、それを拾えなかった。

メアリー――そして彼は、あの顔つきをしていました・・・まあ、それは時折、音楽を聞いている人たちや、何かにうっとりしている人たちに、見られます・・・それは聞くことであり、見えることでないことは、分かります・・・それは聞くことです。

スコット――ええ。そして、それらは彼らの頭の中にない。それらは外側にあり・・・

メアリー――彼らは何かが聞こえている。

スコット――ええ。

メアリー――そして、私にとって、何かについての感覚は、いつも一種のごく高い調子のようでした － あまりに高くて聞こえず、耳に響いていて、一種の緊張、一種の・・・電気的な何かのようで・・・ただ感知できる。

スコット――ええ、ええ。

メアリー――さて、私は、〔日記のうち〕大きな本は毎日のことを載せていないことを、指摘しなければなりませんが、あなたは毎日について、とてもやかましくて・・・

スコット――絶対にです。

メアリー――（笑う）よろしい。5月11日には、私たちは小さな日記に行きます － 「私たちは、『セルピコ（Serpico）』という〔アメリカの〕映画に行った － それは〔犯罪を扱った〕探偵物です。「家に戻った。私は〔お隣の〕ダン家に出かけた。晩に私たちはレコードを掛けた。」

それから5月12日には、大きな本に戻ります。「クリシュナジの79回目の誕生日だった。」（二人ともかすかにクスクス笑う）「私の言葉と、〔インド人外交官で友人〕ナラシンハン、〔元秘書アラン・〕ノーデとキシュバウからの伝言 － 彼らはみな電話を掛けてきた － に対して、クリシュナジは手を振り、払いのけた。「私の誕生日ではない。」と彼は言った。」彼らはタブーを破ったのでした。（クスクス笑う）「ノーデは、スタンフォード研究所（Stanford Research）で〔音楽教師として〕仕事を得ることを望んでいる。クリシュナジは、眉毛をあげ、上唇を引き下げて、しかめ面をし、自分は病気持ちだと言った。」それを切ってください。彼が何を言ったかを、教えてあげましょう！（〔録音〕テープが切れる。それから戻ると、メアリーとスコットはまだ笑っている）

スコット――その点から進んでいいね。

メアリー――さて、大きな日記の14日に行きます。13日には何も起きたとは思いません。起きたとしても、構いません。「クリシュナジと私とロリ・スミス（Lori Smith）は、」 － それは私たちの庭師です － 「茂みを切り払い、ウサギたちがどうやって」（声に笑い）「ワイヤ・フェンスにもかかわらず庭に入っているかを、見つけ出そうとした。私たちは幾つか穴を塞いだが、夕方には芝生に彼らが四羽いた。」ウサギは制止しにくいです。

15日に、「クリシュナジと私はメルセデスで運転し、〔オーハイで〕エルナとテオ〔・リリフェルト〕とともに昼食をした。前もって私は〔こちら側の弁護士〕コーエンに電話をしておいた － 彼は、〔向こう側の弁護士〕クリステンセンが調停の草案への返事についてごまかしつつあり、電話を返してこないことを、言った。これを見て、彼は先に進み、私たちの立場をまとめて、ヒートン判事に伝え、審理の日付を定めるための聴取を求めることになっている。昼食でクリシュナジは、エルナ、テオと私に対して、オーハイで私たちを妨げているのは何なのかを、訊ねた。」私たちはこれについて議論してきました・・・

スコット――ええ。

メアリー――・・・でも、この大きい日記では、さらに充分に入っていると思います。

「・・・私たちを妨げているのは何なのかを、訊ねた。私たちは答えられなかった。彼は提起した － 私たちは、訴訟の自分たちの調停計画を掲げることにより、ラージャゴパルに依存しているということを。そして、それは間違っている。私たちはまた、当初は学校なしでセンターへの区画規制を受けようとすべきかどうかについても、議論した － クリシュナジが一年の三ヶ月を過ごし、彼の教えを吸収することができる人たちと議論するような場所だ。昼食の後

にルス〔・テタマー〕とアルビオン〔・パターソン〕が来た。私たちはみんな、〔南北に走る通りのうち、〕山に近いマクネル・ロード（McNell Road）の場所を見に行った。そこはみすぼらしい住宅で、本当にとり散らかした場所だった。クリシュナジも私もどちらも、そこが気に入らなかった。彼は私に対して言った－「あなたは私を甘やかしてしまったね。私はあのような場所には生活できないだろうな。」と。それから私たちは〔オーハイの〕谷の反対側に行った。町の裏で、裏道を離れて、丘に登り、美しい損なわれていない谷を、連なる黄金の野原、畑、オークの樹々、樹の茂った山とともに、見下ろした。百年前にそうだったように、南カリフォルニアで一番すてきなものすべてだ。私たちにとって完璧だろう。」

「マリブへ運転して戻る途中、クリシュナジは、自らが両方のＲから常に受けてきた侮辱について、語った。彼女〔ロザリンド〕は、セコイア〔国立公園〕で初めて彼を「ブタ」と呼んだ・・・ショックだった。彼はラージャゴパルに話したが、彼は肩をすくめた。彼らは、彼を無理やりドライヴ・インの映画に行かせ、みすぼらしいレストランで食事をさせた－彼はそれを嫌っていた。そしてまた、インドでの物語－ロザリンドが彼を空き瓶で狙い、彼の頭を殴ろうとした話。スナンダ〔・パトワールダーン〕がこれを部分的に目撃していた。クリシュナジは、自分ができることは何もなかったから、このすべてに耐えたと、言った。彼が頼れる人は誰もいなかった。彼は、どうしようもない感覚について語った。そして、もし私〔メアリー〕が外に出かけるとき、もしも何かが私に起きたなら、自分はどうしようかと思う、と言った。私は、彼は〔お隣の〕ダン夫妻を呼ぶことができるだろう、と言った。彼は、自分はどうすべきかを知らないだろうし、あまりに恥ずかしがりすぎるだろう、と言った。私は、誰か彼を保護する人がいないのであれば、自分はけっして外に出てはいけないことを、悟る。私は、彼のどうしようもなさ、そして、彼が自らに何をされようと、それに耐えなければならないという感覚に、泣きたい気持ちだった。それから、この全面的な脆弱さが、私たちが通り過ぎるとき丘の花々や、海の青さに、喜びでその顔を輝かせるものの一部分なのだろうか。」

16日に、「〔こちら側の弁護士〕コーエンは、ヒートン判事と〔向こう側の弁護士〕クリステンセンに書面を送った－クリステンセンから返事がないために、合意は可能でない。自分の訴訟依頼人は辛抱を切らしてしまった、と言うものだ。彼は、そこで審理の日付が定められるべき聴取を、要請した。クリシュナジはメルセデスのエンジンをきれいにした。私たちは散歩をし、芝生の草取りをした。」

翌日、「カールソン（Carlson）と」－それは建設業者です－「屋根職人が、モリネズミを防ぐ方法について議論した。クリシュナジと私は、街へ〔自然食品の〕リンドバーグに行った。私たちは〔野外の〕農場主マーケットで昼食をした－そこで私たちはチーズ・エンチラーダをとったが、クリシュナジは、いたるところのぞんざいな人たちに呆れていた。私たちは、彼の2回目の仮縫いのためにシャツ屋に行ったが、取り散らかっていたので、私たちは注文を取り消した。晩には、南ロサンジェルスでの警察とのシンバイオニーズ〔解放軍〕の撃ち合いと、彼らが入っている住宅の炎上について、怖ろしいテレビ報道があった。〔彼らに誘拐されたサンフランシスコの新聞社社長令嬢〕パト

リシア・ハースト（Patricia Hearst）[4]がそこに入っていたのかもしれない。」

18日に、「インドは〔核開発で〕最初の核装置を爆発させた。ハーストの娘は死んでいなかった。」

5月20日に、「クリシュナジと私は2時に、〔弁護士〕コーエンの事務所でエルナに会った。彼は、〔調停の〕同意草案の改訂に関して、〔向こう側の弁護士〕クリステンセンから聞いていた。幾つかは、ただラージャゴパルの虚栄心を充たすためだけに論点を置き換えるものだった。それらの一つは、彼の住宅のまわりの13エーカー〔、52600平方メートルほど〕の土地を、彼の死後にさえも、恒久的に空っぽにし、よって彼の地所の価値を高めることについて、だった。私たちは二、三のことには同意したが、他には同意しなかった。クリシュナジは、後継理事の文書に署名した－それにより彼は、調停がまとまるなら、そこに指定されたＫアンドＲ財団の理事として、自己の後継者を指名する。順序としてそれらは私自身、エルナ、テオ〔・リリフェルト〕、キシュバウ、ルス〔・テタマー〕だ。ここには言いませんが、各々は、任命されたとき、他の人たちを理事会に任命することになっていました。で、私は他の人たちを即時に理事会に任命したでしょう。そして、私がいなくなったなら、エルナが同じことをしたでしょう。」

スコット－そのとおり。

メアリー－その時までには、充分な理事会があったでしょうし、続いて行ったでしょう。

スコット－ふむ、ふむ。

メアリー－それが20日でした。次の記入は28日です。

スコット－いいです。では、〔日記のうち〕小さい本に行かなくてはいけません。19日に、何か私たちが見過ごしたことがある場合に備えて、19日を読んでいただけるでしょうか。

メアリー－ああ、19日に私は母に話をしました。私の家族についてのことです。私が言えることは何もない。「〔お隣の〕ダン家の子どもたちがやって来た。海からの空気で明るく、雲もなく、きらめいて、美しい一日だった。私たちが歩いていると、壁の側の松の木から、メンフクロウが飛び立った。」

21日、「私たちは運転して〔オーハイの〕リリフェルト家に行き、昼食をとり、理事会を行った。昼食の後、私たちは、アンダーソン夫人という人が所有する美しい1000エーカー〔、4047000平方メートルほど〕を、見に行った。私たちはそこを運転し、歩いた。そこは、損なわれていなくて、すばらしかった。最高の南カリフォルニアだ。センター、学校とクリシュナジの住宅にとって、完璧な場所になるだろう。」

スコット－それはどこでしたか。

メアリー－そこは〔オーハイの〕街の南でした。〔南西方向に〕クリーク道路（Creek Road）を進んでいき、それから逸れるんです。門がありますが、どうにか私たちは門を抜けました。それからこの美しい谷、連なる丘に運転して入ります。

スコット－まだそこにありますか。または、買い取られて、建物が建てられましたか。

メアリー－分かりません。私は一回も戻ったことがありません。いわば、私はそれを見るのが耐えられませんでした。

スコット－ふむ。

メアリー－奇妙なことに、そこは、私が〔女優として〕出た最初の映画のカメラマンを務めた人の物でした。

スコット ─ ふむ。
メアリー ─ 彼はそこを投資として買っておいたんですが、そこは彼にとって何の意味もなかったと思います。
スコット ─ それは何の映画でしたか。
メアリー ─ それは〔1936年のコメディ〕『若い気焰（Soak the Rich）』というものでした・・・
スコット ─ ふむ。
メアリー ─ ・・・私は、それが消え去ってしまい、二度と見られないことを（スコット、笑う）、願っています。

23日に、ああ、これはすばらしい出来事です！どうして私はそれを〔大きい本に〕書いていなかったんでしょうか。「私は朝に目覚めた。芝生、そして芝生越しに花壇と大きな煉瓦の塀を見わたす自分の部屋で、カーテンを引いてもどした。そうした後で、突然私が見上げると、美しい鹿がいた。テラスに牝鹿だ。・・・」
スコット ─ ふむ・・・
メアリー ─ 「・・・私は完全に立ち止まった。見たところ、その鹿は〔こちら側を〕見通せなかった・・・何か〔窓ガラスの〕反射があったにちがいない・・・その鹿は部屋の中が見えず、近づいてきた。そして窓に息を吹きかけた。それで、私はそれが幻覚でないのを知った・・・」
スコット ─ ふむ。
メアリー ─ 「・・・それからその牝鹿は振り向いた。私は自分の部屋からこっそり出て、クリシュナジの部屋に行った。なぜなら、起きる時間であり、彼が起きているのを知っていたから。私は彼を来させた。私たちはこのすてきな、可愛い生き物を見た。」
スコット ─ ふーん。
メアリー ─ その鹿がどのように〔庭に〕入ったのか、私は知りません。なぜなら、芝生と花壇の端と向こうの峡谷(キャニヨン)との間には、8, 9フィート〔、2.4から2.7メートルほど〕の煉瓦の壁があったからです。でも、鹿はそこにいました。
スコット ─ その鹿が高速道路を渡ってきたはずはないでしょう。
メアリー ─ ええ、ええ。鹿たちは高速道路を渡りません。彼らは排水溝を通ります。大きな排水溝があります ─ 人が歩いて通れるほどのです。それは、裏手の丘から雨水を峡谷(キャニヨン)に運びます。野生動物たちはその道を通って来ました。その鹿は隣の場所から来たのでないのなら、そこに来るには、高速道路を渡ったにちがいないでしょうが、それは信じがたいんです。で、私たちはそこに立っていました。それからその鹿は歩きはじめて、テラスの広い部分へ回り、住宅を回り、それで、私たちは住宅を抜けてダイニング・ルームに行きました ─ そこは住宅の反対側にありました。その鹿は回ってきて、それから、隣人の地所より私たちを分離するフェンスへ行って、消えました。隣の家には誰も住んでいなかった・・・そこを所有している女の人は、そこに住んでいなかった。そこは空っぽでした。だから、その鹿はフェンスを跳びこえたにちがいない。とてつもない眺めでした。美しい。私たちは二人ともわくわくしました。

「後でクリシュナジと私は、チャプマン氏（Mr.Chapman）とともに、木の枝を切った。」チャプマンさんは、一種の便利屋でおもしろい人でした。彼は自分がおもしろいことを知らなかったんですが、ダン夫妻と私はチャプマンさんの言葉を収集しました。（スコット、笑う）私はそれらをどこかに書いておきました。私はいつかの日にかあなたに写しを送りましょう。それらは一種の言葉の滑稽な誤用でした。「私はお使いをするため、一人で街に行き、医者のところに行った。ヒートン判事は、審理の日付の聴取のための会合を、次の火曜日、28日に定めたのだった。」

24日に、「私たちは、ハリウッドのチャイニーズ・シアター（the Chinese Theater）での午後12時15分の〔イギリスのスパイ〕映画『トラブル（The Black Windmill）』に行った。それから私たちはビヴァリー・ヒルズで、陰の多い樹の下、車の中で、ピクニックの昼食をとった。」私たちはそうしたものでした。なぜなら、私たちのどちらも、ビヴァリー・ヒルズでレストランに行くのが、あまり好きでなかったからです。それで、私たちはピクニックをしたんですが、ビヴァリー・ヒルズの裏道には、たくさんの樹々がありました。私たちは、すてきな木陰の通りを見つけ、樹の下に駐車し、ピクニックをしたものです。
スコット ─ ふむ。
メアリー ─ 「私たちはそれから各々、歯を磨いた。それから私は、ヴァン・クリーフ（Van Cleef）で作られたものを、幾つか取りに行った。それから私たちはマリブに戻った。」

25日は、「暑く美しい一日だった。〔隣家の娘〕フィリッパ・ダン（Philippa Dunne）と〔その夫〕ディヴィッド〔・ネルソン〕は、車用の道沿いでずっと枝葉を刈りとる仕事をした。私はサンフランシスコのアラン〔・ノーデ〕に話をした。彼は二日間、ニューヨークで、メアリーとジョー〔・リンクス夫妻〕と一緒にいた。彼は、スタンフォード研究所、またはサンフランシスコ交響楽団で提供される仕事について、楽観的だった。クリシュナジは彼に話をした。私たちは午後5時に〔お隣の〕ダン家に出かけて行った。それから夕食に戻ってきた。」

26日に、「私は昼間のほとんど、書類の仕事をした。クリシュナジはメルセデスを洗った。〔お隣の〕フィリッパとディヴィッドは、さらに幾らか枝葉刈りの仕事をした。それから私は晩に原稿の仕事をした。」

28日には、私たちは〔日記のうち〕大きな本に戻れます。「私は〔弁護士〕コーエン氏に電話をした ─ クリシュナジと私たちのみんなから、今日の法廷での会合で、もし今、調停がないのなら、私たちは後でこれら同じ条件での調停を受け入れないだろうということを、彼は〔向こう側の弁護士〕クリステンセンに対して明らかにすべきであると言うため、だ。私たちは今進んで同意しようとしているが、訴訟準備のさらなる遅延と努力と出費の後ではだめな他のことの一つは、ラージャゴパルの法律上の出費を、調停資金の中から支払わせるという問題だ。私は荷造りをした。そして午後ずっとクリシュナジの原稿を、さらにカセットに口述した。午後5時08分に、しわがれ声で終了した。」（クスクス笑う）私の声は、今そうなりつつあるように、切れてしまいました。

「午後5時12分に〔秘書サーヴィスの〕タイピストが、今までタイプしてきたものすべてをもって、来た。私は彼女に、さらになすべき5本のカセット〔・テープ〕を、渡した。それで、本全体ができる。クリシュナジが発つ前に私にするよう促したように、転写されるだろう。午後6時に〔弁護士〕コーエンが電話をしてきて、「調停ができると思います。」と言った。〔向こう側の弁護士〕クリステンセンは、どれ一つ受け入れられない幾つかの小さな言葉の変更以外は、黙認した。来週、コーエンは、調停に随伴する

証拠書類に入れて、送るだろう。それらの言葉遣いをめぐって闘いがありそうである。私はこれらをエルナ〔・リリフェルト〕に言伝した。クリシュナジと私は庭を散歩した。マリブは美しく、涼しかった。澄んだ空気と日射し。鳥たちが飛んでいる。私たちは早くベッドに入ったが、眠りにくかった。午前3時をすぎて、潜在意識が疑問を蒸し返しつづけた －「スイスの小切手帳を荷物に入れたのか」等と。」（スコット、クスクス笑う）

29日、「早く起きた。ものの片づけと荷造りを終了した。エルナがコーエンに話をし、それから電話をかけてきた。彼女にはだいじょうぶに聞こえる。〔お隣の〕アマンダとフィル・ダンが午前10時に来た。フィルはさようならを言うためだ。それからアラン・キシュバウが来た。クリシュナジは彼とともに空港に行き、私はアマンダとともに行った。アマンダは私を降ろした後で走り去ったが、キシュバウは私たちとともに入ってきて、TWAに来た。そこで正午にクリシュナジと私は、ロンドン直行便に乗った。いつものように、私たちは前の座席を取った。貧しい食事。私たちが〔5月に〕見たことのある〔アメリカのコメディタッチの復讐劇〕映画『スティング（The Sting）』があったが、クリシュナジは、音声なしでそれを見るのが好きだった。」（クスクス笑う）「何が起きようとしているのを知っているから、もっと楽しんでいるようだ。」（スコット、笑う）「この空の旅では、一度も暗くならなかった。私たちは眠らなかった。」

5月30日、火曜日に、「私たちは午前7時に〔ロンドン西部の〕ヒースロー〔空港〕に着陸した。ドロシー〔・シモンズ〕、ドリス〔・プラット〕、イングリッド〔・ポーター〕と二台の車がそこにいた。クリシュナジと私はドロシーとともに、運転して戻った。私たちがブロックウッドに着いたとき、クリシュナジを迎えるために、学校みんなが車用の道に出ていた。ブロックウッドは花が咲いていた。イングランドの緑、五月の樹々、花々と栗の樹々が、幸いなる継続性の中、マリブのすてきさすべてに加わった。クリシュナジは即刻、ダイニング・ルームの増築部分、〔研修用〕クロイスターの植え込み、集会ホールの様子 － 今や高さ12フィート〔、3.6メートルほど〕で八辺形の偉容だ － を、見たがった。立派になるだろう。驚くべきエネルギーの分量で、私は午前ずっと進みつづけ、荷物を解いた。昼食の後、眠った。午後5時にクリシュナジが来て、「散歩しなければいけない。」と言った。」（メアリー、それからスコットが軽くクスクス笑う）「それで、ドロシーと〔犬の〕ウィスパーとともに、私たちは木立を穏やかに通り抜けた。アザレア、シャクナゲと、ハンカチノキは、まだ花を咲かせている。なんてすばらしくすてきなのか。ここにいることは、なんと良いのか。なんと私は幸運なのか。」

5月31日、金曜日、「私たちの地位をめぐるメアリー・リンクスの悲観論のために、懸念をもって私は、エネルギーを起こし、ドリス〔・プラット〕の小さなミニで〔東方向の〕ピータースフィールドに行き、ロンドン行きの列車に乗り、〔事務弁護士〕マイケル・ルービンシュタインの事務所での、メアリー・リンクス、メアリー・カドガン、ジョージとネリー・ディグビー、〔オランダの〕サーヴィル〔社〕（Servire）の〔カルロス・〕ヴェルフルスト氏（Mr.Verhulst）、ゲルマン氏（Mr. Gellman）との会合に、間に合った。目的は、サーヴィル〔社〕の〔出版〕契約をめぐる二年の際限なき論争を、何

かの形で調停することだった －〔経営者によるイスラム神秘主義〕スーフィの提携と、サーヴィル〔社〕による全般的なずるくて不満足な振るまいのために、〔スイス・〕グシュタードでクリシュナジが拒否したものだ。満了した契約の何らかの更新から逃れることは、不可能だった。なぜなら、ジョージ〔・ディグビー〕が、サーヴィル〔社〕が校正をし、ハーパー社（Harper）に渡した後で、『ありえない問い（The Impossible Question）』を取り下げることにより、状況に譲歩していたからだ。これをめぐる騒ぎは、1972年の秋に、私に対するディグビー夫妻の張りつめた態度に、つながった。ヴェルフルストとゲルマンは、古い書物に関する5年契約という私たちの格下げの申し出を、拒絶してきて、新刊を要求してきた － 私たちには全く受け入れられない。見通しは期待できなかったが、二つのことがうまく行った。〔事務弁護士〕マイケル・ルービンシュタインはそれをとても手際よく扱った。そして、クリシュナジが何を望むかについて、彼らの質問への応答で言われたとき、彼は契約を終わらせたいと思う、ということだ。彼らは、六冊の旧刊を終えることを、受け入れた － 講話と日付のあるものだ。」何〔の本〕かは言っていません…

スコットーええ。彼らは、一連のサーネン講話と、アメリカの学生たちとの講話と、インドの講話を、やりました。

メアリーーああ、そうです。「後で彼らは、もしも私たちが現在の在庫を買い上げてくれたなら、同意するだろうと言った。」それは代償でした。「これは、元来の契約の条件に沿ったものだったし、930ポンドほど掛かるだろう － それは、私たちが自分自身、そのうちにこれら本の販売をとおして、埋め合わせすべきだ。それから彼ら〔サーヴィル社〕は、『ありえない問い（The Impossible Question）』に関して、自分たちの費用と、実現しなかった利益への保障を、求めた。けれども、どちらのことにも、クリシュナムルティ財団には、2500ポンドが掛かるだろう － 私たちが恐れていたより少ない。彼らは、現在の在庫が尽きてしまうまで、『あなたは世界だ（You Are the World）』を取っておくことになっている － それから、権利は私たちに復帰する。中でもとりわけ、それは受け入れやすく、終わりつつある。それはありがたいことだ。ディグビー夫妻が2時15分に、主人役、メアリー・C〔カドガン〕と私を、近くのイタリア・レストラン「フォルム（The Forum）」での昼食に、連れて行ってくれた。それから私はタクシーに乗って〔サウスバンクに近いターミナル、〕ウォータールー〔駅〕へ行き、それで、クリシュナジに良い知らせをもって、ブロックウッドに戻った。」それから言います －「ねむーい！」（スコットとメアリー、クスクス笑う）

それから〔大きな本では〕6月4日に行きます。

スコットーでは、〔日記のうち〕小さな本に行くんでしょうか。何も見逃したくないんです。

メアリーー一つも見逃したくないわ。まあ、多くあることにはならないわ。（スコット、クスクス笑う）

6月1日に、「私は整理整頓した。クリシュナジは昨日ずっと眠った。今日、私たちはどちらも長い昼寝をし、そして散歩した。ウールの寒い天気だ…」それはセーター〔を着るべき〕という意味です。「フランシス・マッキャンが到着した。彼女は〔研修用〕クロイスターに泊まっている。」

2日に、「クリシュナジはブロックウッドで、学校に対して話をした － 柔らかさについて、だ。私は午後に眠った。

それからすてきな散歩。天気は少し暖かい。」

6月3日に、「私は、7月の私たちのための〔パリのホテル、〕プラザ・アテネの予約をし、私たちの旅行チケットを手配した。昼食の後、私はフランシス〔・マッキャン〕を連れて、お使いに行った。〔東方向の〕ピータースフィールドで私たちは、鉄道の駅でジョーン・ライト（Joan Wright）を出迎え、ブロックウッドに戻ってきた。私はクリシュナジとドロシー〔・シモンズ〕とともに散歩した。とても暖かい一日。」

6月4日、「ドリス〔・プラット〕が〔自分の車〕ミニを貸してくれた。クリシュナジと私はピータースフィールドへ運転し、ロンドン行きの列車に乗った。クリシュナジとともにロンドンに来ることには、何かお祝いのような、暖かくも親しいことがあった － 特に、季節の一回目はそうだ。〔サウスバンクに近いターミナル、〕ウォータールー〔駅〕は全く同じだ。クリシュナジの純粋無垢な優雅さが、タクシーの行列へ向かって進んでいく。鳩たちが慌てて避ける。人々が様々な門へ直線を刻む。充分なタクシーがあるのを見ることの満足 － きちんとし、清潔で、空いていて、腕利きのロンドンのタクシーだ。」（二人ともクスクス笑う）「私たちは乗り込む。クリシュナジは「セヴィル・ロード（Saville Road）へ。どこかは私が言いましょう。」と言う。（二人ともクスクス笑う）「私たちは走りはじめ、ウエストミンスターかウォータールーの橋を渡る。私たちはもちろん、〔仕立屋、〕ハンツマンの店から始めた。そこでクリシュナジは仮縫いをした。それから歩いて、バーリントントン・アーケードを抜け、フォートヌムへ。そこでメアリー・L〔リンクス〕が私たちと昼食をした。彼女は私たちに〔クリシュナジの〕伝記〔の第一巻〕について語ってくれた。ここ〔イギリス〕ではマレー〔社〕（Murray）が出版することになっている。今ではロジャー・シュトラウス（Roger Strauss）がニューヨークで、読むべき原稿を持っているはずだ。クリシュナジは、その初めの、子ども時代、初期の日々についての部分を、読みたいと言う。昼食の後、クリシュナジはトゥルーフィットで散髪をした。私は、〔1972年8月に亡くなった〕父の財産についての書類を公証してもらうために、合衆国大使館に行った。歩いて戻り、ハンツマンでクリシュナジに会った。私たちはウォータールー〔駅〕に行き、帰った。」

6月5日に、「私はローマのヴァンダ〔・スカラヴェッリ〕に連絡し、私たちが7月4日に〔スイス、サーネンに〕到着するだろうことを、彼女に伝えた。静かな一日だった。クリシュナジは、「私とともに頭脳について議論できる誰か、私に挑戦できる誰かに、話をしたいな。私は自分自身でそうしなくてはいけないだろう。」と言った。」

翌日、「私は、ローマの〔元家政婦〕フィロメナに電話をした。彼女は元気だ。でも、ミスチカ（Mistica）は」 － それは彼女の姪です － 「診断のために病院に入っている。何が悪いのか、私は分からなかった。クリシュナジは学校に対して話をした － 傷つくことについて、だ。そして、空っぽである精神の一部分があるのだろうか。」

「クリシュナジの原稿の不足分が、私が作ったカセット〔・テープ〕からタイプされて、マリブの秘書サーヴィスから到着した。それは、一行置きにタイプされて、全部で309ページに昇る。〔建築家〕イアン・ハモンド（Ian Hammond）は、リュウマチ性の熱で病気だったが、彼は今や退職し、〔その協力者〕ロバート・ウィフェン（Robert Wiffen）とともに来た。私たちは集会ホールを調べた － それは、12フィート〔、3.6メートルほど〕の窓より上に、立派に聳えていた。クリシュナジは、車庫を先に進め、車用の道を適正に舗装し、すっかり終了させたいと思っている。私たちはさらに13000ポンドが必要だろう。」

6月7日、「ディグビー夫妻とメアリー・C〔カドガン〕が昼食に、そして書物について議論するために来た。一つの本は暫定的に、『学びの始まり（Beginnings of Learning）』と題されている － それは、学校とのクリシュナジのブロックウッドでの討論から、彼らがまとめる。彼らは私に対して、原稿を読んで論評するよう頼んだ。また私たちは、サーネン集会〔委員会〕から辞任したいとのエドガー・グラーフの願いについて、議論した。私は、ラージャゴパルに対する訴訟の報告書を、渡した。クリシュナジはジョージ〔・ディグビー〕に対して、出版委員会の議長になるよう頼んだ。メアリー・L〔リンクス〕とメアリー・C〔カドガン〕はこれに大賛成だ。イアン・ハモンドは同意した。ジョージは今や〔ロンドン中心部、ケンジントンにあり、美術、デザインの豊富な〕ヴィクトリア・アンド・アルバート博物館から退職しているし、〔彼がこだわっていた〕サーヴィル〔社との問題〕はついに決着したので、もしも彼が再び議長職を提供されたなら、いいだろうということは、みんなが感じた。ジョージは〔顔色が〕ボタン色に変わって（クスクス笑う）、考えてみたいと言った。後で彼は、クリシュナジにメモ書きを残した － もちろん受け入れると言うものだ。クリシュナジとドロシーと私は散歩した。寒かった。風に備えて、ウール物を着た。」

6月8日、「クリシュナジは手紙を口述した。私は彼の原稿の転写を確かめはじめた。それで、〔編集役の〕メアリー・L〔リンクス〕に持って行ける。私の弟〔バド〕がパリから電話をしてきた。彼はチュニジアに行っていたが、ニューヨークに戻る。」

9日に、「クリシュナジは学校に対して講話した。私はディヴィッド・ボームへ、ラージャゴパルに対する訴訟の歴史を、繰り返した。それから私は、クリシュナジの原稿の転写を校正する仕事を、継続した。」

6月10日に、「ドリス〔・プラット〕がミニを貸してくれた。それでクリシュナジと私は運転して〔東方向の〕ピータースフィールドに、それから列車でロンドンに行った － メアリーのところで12時30分の彼女との昼食に間に合うように、だ。私は彼女に、原稿の残りのページを渡した。彼女は、自らがクリシュナジの伝記〔の第一巻〕のために照合した多くの写真を、私たちに見せてくれた。一枚は、彼の母親のものだと思われる － それはありえない。あるいはまた、尋常でない人たちは自らの親たちに由来しないという私の概念に、一致している。」（スコット、笑う。メアリー、クスクス笑う）「クリシュナジは、充填のため歯医者ハミシュ・トンプソンに予約をしていた。トンプソンは言った － クリシュナジの歯の三本の下に、少し膿が溜まっているが、クリシュナジは健康であるから、それらは彼にとって面倒にならないかもしれない。でも、そうなるなら、彼は義歯仮床が必要になるだろう、と。クリシュナジは、「身体は緩やかに衰退しているにちがいない。」と言った。私たちは仮縫いのため、ハンツマンに行った。それから、彼のために作られつつある実験的な靴一足のため、マックスウェルに。「私はそれを履いて旅行しよう。」と。それからスルカへ。そこで彼は、自らのサイズのソックスを、幾つ

か注文することができた。私たちはディヴィス通りのマレ（Mallet）に立ち寄ったが、何もほしいものが見られなかった。」そこは、私が、〔ブロックウッドの〕下の応接室のたくさんの家具類を、樹の刺繍を含めて、買った古美術商です。「アンドリュー・ワイエス（Andrew Wyeth）の展覧会にも立ち寄った。クリシュナジは彼のものが気に入った。一つ、私たちの気に入るだろうが、それはあまりに高価だった。85000 ポンドだ。」（クスクス笑う）

6月12日、「食器室の管の故障で、昼食を作ることができなかった。だから私たちは、〔南東方向の〕ウエスト・メオンの近く、古いウィンチェスター・ヒル（old Winchester Hill）にピクニックを行った。クリシュナジとドロシーとドリスとフランシス・マッキャンと、ジョアン・ライトと、〔犬の〕ウィスパーと私だ。日向は暑かった。私たちは座り、連なる緑の土地を眺めた。それで、私の頭からすべてのものが空っぽになった。私は、暗くなるまで、考えることなくそこに留まっていられただろう。私たちは短い散歩をしたが、あまりに暖かかった。私たちは戻ってきて、長い昼寝をした。後でいつもの散歩。」

6月13日、木曜日、「メアリー・L〔リンクス〕とその娘のアマンダが、学校に対するクリシュナジの講話のためにと、昼食に、来た。メアリー、クリシュナジと私は、原稿とその出版について議論した。メアリーは初め、それをK財団で私的に印刷して出すことを考えたが、より広い領域に向かって移りつつある。」なぜ彼女はそれを望んだのかと思います。「もしもK財団が出版したなら、それは郵送者名簿に提供されるだけだろう。しかし、私の視点からは、それは、よこしまな書店主たちが密造コピーをあつらえて、それらを一般大衆に売るという結果になるだろう。」それは起こったものです。幾人かの書店主たちは、インドで印刷された本を、入手したものです。それらは、西洋で売られると考えられていませんが、彼らはただそれらを買って、売ったでしょう。

スコットーふむ、ふむ。

メアリーー「この会話は西ウィングのキッチンで行われたが、その最中に、クリシュナジはメアリー〔・リンクス〕に対して、伝記に関することについて訊ねはじめた。それから突然、彼女に対して、〔伝記の〕第二巻を書くだろうかと訊ねた。」

スコットーふむ。

メアリーー「彼女は、そうしよう、でも、もしもそうするのなら、異なったようにしたいということを、言ったー個人的な部分は背景だけにし、主要部分は、彼自身の言葉で語られた彼の教えの年代記にする、と。それは、彼がこれらの年すべてに言ってきたことすべてを読むことから始まる、膨大な仕事になるだろう。「でも、あなたはやるんでしょうか。」とクリシュナジは言った。彼女は「ええ、やりましょう。」と言った。クリシュナジは、「よし。」と言った。「それで決着した。なぜなら、もしもあなたがやらなかったなら、インドの人たちがそれをやりたがるだろうし、彼らはそれをめちゃくちゃにするだろうからです。」と。」（メアリーは声にユーモアがある。スコット、笑う）「「私は彼らに対して、あなたが引き受けたと言おう。」彼は喜んで、昼寝に行った。メアリー〔・リンクス〕と私は午後ずっと話をした。私は、この決断ですべての波がうまく行っていると感じた。〔作家でもある〕メアリーの仕事の道筋は学究的で、解釈はない。原典を用いて、物語を語らせるーそれが、クリシュナジについて報告する道なのだ。彼の人生のこの第二の部分の要は、〔第一巻のような〕個人的な出来事ではなく、彼の教えである。それに対する焦点を、メアリーはきっとうまく取り扱うだろう、と、私は、〔伝記の〕第一巻の一言も読んでいなくても、確信した。それがゲラ稿で出たときに初めて、彼女はクリシュナジにそれを読んでほしいと思っている。だから、私たちは待たなければならない。」

6月15日に、「クリシュナジは、学校の幼い子どもたちだけに会った。それから翌日、彼は学校全体に対して話をした。」

6月18日、「クリシュナジと私はロンドンに行き、フォートヌムでの昼食のため、メアリー・L〔リンクス〕に会った。私は彼女に、原稿のこれまで確かめたページを、渡した。そして、1911 年に出版された〔南インド、マドラス南部の〕アディヤールの写真のアルバムを、彼女に返した。それらはアルシオーネ（Alcyone）による写真だ。文章は〔神智学協会の指導者〕レッドビーター（Leadbeater）による。クリシュナジとメアリーは、レッドビーターの話にさしかかった。そして、レッドビーターは、若いクリシュナジが彼を嫌いになった何か悪いことをしたにちがいないと、言った。彼はそれが何だったのかを、思い出せない。彼は見たところ、むしろ残酷な人だった。クリシュナジは、それが何か〔レッドビーターがかつて訴えられた〕同性愛的なことだったということは、疑う。彼は、クリシュナジに対して言い寄ることは、恐れていただろう。しかし、何かが嫌悪を引き起こしたにちがいない。おそらくメアリーの伝記を読むことで、それは呼び戻されるだろう。」それを読むことで、それが呼び戻されたのかどうか、私は知らない、と思います。でも、或る時点でクリシュナジは、自分はすっかり幼かったとき、〔アディヤールの神智学協会の建物で〕口を開けて、窓の外をじっと眺めていたと、言いました。

スコットーええ。クリシュナジは私にもそれを語ってくれました。

メアリーーそれで、レッドビーターは苛立った。彼は、そうしないよう言いつづけていましたが、クリシュナジは或る種、夢見心地にそうしました。或る時点でレッドビーターが彼の後ろから近づいてきて、彼の口を叩いて閉じさせました。

スコットーそのとおり。彼の顎下に平手打ちを加えてです。

メアリーーええ。顎下に。

スコットーええ。

メアリーークリシュナジが私に言ったところだと、彼に関係するかぎり、それがレッドビーターの終わりだった。

スコットークリシュナジは私にもそれを言いました。それは彼にとって決定的な瞬間であり、そこでは・・・

メアリーーそれで壊れた・・・

スコットー・・・それで何かが壊れた。レッドビーターについての何かがカチャといい、彼は知った・・・

メアリーーええ。レッドビーターは彼に何をすべきかを語ったが、彼はレッドビーターに対して従順に、「何でも仰るとおり」と言い続けた。でも、彼は、人間としての彼から完全にそっぽを向いていました。

スコットーええ。相反する感情は、もはや相反していなかった。それらは何とか・・・

メアリーークリシュナジにとって、彼はだめだった。死ん

でいた。

「クリシュナジは、レッドビーターはむしろ残酷な人だったと言った。」ああ、その部分を読みました。「昼食の後、クリシュナジは一人、タクシーで〔古い友人〕バインドレー夫人（Mrs.Bindley）に会いに行った。私は、ロウ（Rowe）でさび色のスラックス一足の仮縫いをした。それから、バインドレー夫人のところで、彼に落ち合った。彼女はひ弱で、かつてなくよろめいているが、まだ一人で生活したいと願っているし、彼女の精神は相変わらず鋭い。」

6月19日、「クリシュナジは言った －「私は少なくとももう十年生きよう。その後、扉は閉じるだろう。」と。私はどんな扉かと考えた。それは、私たちが他の次元に行く扉で、彼が私たちに開いてくれるものなのか。」

次の二日間、私は原稿の仕事をしました。20日に、クリシュナジは学校に対して話をしました。

6月21日、「クリシュナジは、自室から出て、自分のテレビで西部劇をやっているところに来て、「私は〔中西部ミシシッピ州沿いの〕ミズーリ〔州〕（Missour'uh）に行って、他の誰とも同じように、汚い農民になろう。」（スコット、笑う）と言った。」（二人ともクスクス笑う）「午前にIBMのセールスマンが来て、私は彼らの新しいタイプライターを受け取った。」－ それについて続けなくてもいいわ。「私は原稿への仕事を継続し、転写を確かめた。クリシュナジはドン・シュミット（Don Schmidt）への面談を行った － 戻ってきた元学生で、職員に加わりたいと思っている人だ。フランシスが散歩に来た。暖かいすてきな一日。」

翌日には、「ドリス〔・プラット〕と私は、クリシュナジのとてつもない原稿の転写の309ページを確かめるのを、終了した。それは、彼のようにいつでも成長しつづけているように見える。「他」がそれに浸透している。それは同時に、世の中に対する彼自身のまさに個人的な目、彼の知覚の繊細さだ。〔本文の〕あらゆる行において、彼の最も個人的な人間的側面が、私に伝わってくる。けれども、彼はこの書き物において、前にはさらりと手短に仄めかしてきただけの領域に、入ったのだ。それは、その言葉の最上の用法における、聖なる書き物である。時折、私はこの確かめる中でそれをすばやく読んでいて、彼の言葉にほとんど吹き飛ばされた。圧倒された気持ちで、静寂でありたいと思った。彼は今朝、起きたとき、「私は〔フランスの女優〕ミスタンゲット（Mistinguett）とともに、チベットに行っている。」と言った。」（二人とも笑う）

スコット－ミスタンゲットは誰ですか。

メアリー－ミスタンゲットを知らないの？

スコット－ええ。

メアリー－若い世代は何も知らないのね！（スコット、笑う）ミスタンゲットは、パリの有名なナイトクラブのパーフォーマー、パリの花形でした。彼女は、〔フランスの俳優、歌手〕モーリス・シュヴァリエ（Maurice Chevalier）とともに歌いました － モーリス・シュヴァリエを聞いたことはありますか。

スコット－ああ、はい。モーリス・シュヴァリエは知っています。

メアリー－まあ、彼女は、モーリス・シュヴァリエの女性版でした。

スコット－ああ。

メアリー－（笑う）「私はミスタンゲットとともに、チベットに行っている。」何とまあ。

スコット－ふむ。

メアリー－6月23日、「クリシュナジは、学校と白熱の議論を行った。昼食の後、クリシュナジはフランシス〔・マッキャン〕と面談を行った － 彼女は、9月、10月と11月に留まることが認められるよう頼んでいた。彼女はここで、キッチンで効果的に静かによく仕事をし、はまっているし、みんなに好かれている。私はその期間、彼女が西ウィングに泊まるよう提案した。」

「それから彼は、10月の科学者の会合について、ディヴィッド・ボームへ話をした。彼は散歩のとき、ディヴィッドと私に対して、これらを語った。それから、インドの音楽家たちに毎年、ここ、ブロックウッド・フェスティヴァルで演奏してもらうことについて、だ。彼は言った －「私たちはブロックウッドを自給自足にしなければならない。イギリスはバラバラになろうとしている。私たちは自給自足しようとしなければならない。私たちは、自分たちのニワトリ、ミルクのためのヤギを持ち、もっと果樹を植えることができるかどうかを、見出すべきだ。」と。彼は幸せにも、これらの考えで一杯だった。」

「二、三日前、彼は、自らが夜に良い冥想をしたと言った。私は彼に対して、彼が書物の中で、冥想と「あの他なること（that otherness）」、あの無量性との間に付けていると見える区別について、訊ねた。クリシュナジは、「そこにはどう言うんですか。」と訊ねた。私は、あたかも彼の中に何かが、彼が可能な知覚の状態があったと、私には見えるが、他方、「他なること」は彼に来て、彼の意識に入るかのように見える、と言った。彼は答えた －「それは正しく聞こえる。でも、それらは全面的には分離していない。」と。」

スコット－あなたは何が、分離していない「それら（the "they"）」であると、取らえるんでしょうか。他なることと彼の意識ですか。

メアリー－一つは、彼が可能な知覚です。それから、彼が話をしているとき、彼に来て、彼に入る何かが、あります。そして、彼は言いました －「それは正しい。でも、それらは全面的には分離していない。」と。

「今晩、私が、彼の話が今朝なんと良かったかと言ったとき、彼は、「私はここ二、三日、頭脳に何かが起きているのを知っていた。」と言った。私が、彼の書いた原稿について語ったとき、彼は、「それは私の本ではない。私はそれを書かなかった。」と言った。」（長い休止）

6月24日、「私は、クリシュナジのスイスとフランスのヴィザのため、ロンドン行きの列車に乗った。」まあ、私はお使いをしました。これらについては聞きたくないでしょう。

「エルナ・リリフェルトからクリシュナジと私への手紙があり、訴訟の状況を報告していた。〔カリフォルニア州の〕法務〔副〕長官は、〔向こう側の弁護士〕クリステンセンとともに、調停の言葉遣いを導き出す仕事をしている。〔インドの〕バラスンダラムは、マドラスでの〔本拠地〕ヴァサンタ・ヴィハーラ訴訟を終わらせるのに必要とされることについて、必要な説明を送ってくれた。主な知らせは、誰かがエルナのところに来て、ハッピー・ヴァレーは、その資金の教育的な使用を続けないのであれば、そういう使用を失うだろう、ゆえに私たちはもう一度、その幾らかを私たちの学校とセンターのために得ようとすべきだと説明したことだった。」ハッピー・ヴァレー学校を支援するために

残された金銭は、使用しないのなら、失ってしまうんです。「エルナは、自らが身をもって危険に取り組むと決断したし、〔ハッピー・ヴァレーを支配する〕ロザリンド・ラージャゴパルに会いに行った、と言った。手紙は、その土地が教育的使用のために使用されなければならないこと、さもなければ農業のために再区画されるだろうことを、確証している。」ああ、分かります。そうなんです。金銭ではなく、区画法です。

スコット―そのとおり。

メアリー―それで、彼女は、その幾らかを得るつもりだと言うとき、金銭のことをいうのではなく、土地のことを言っています。

スコット―そのとおり。

メアリー―「彼らは7月の会合で、その幾らかを使用する申請を、考慮するだろう。彼らはそこを売らないだろうが、一年一ドルで九十九年の賃貸借をするだろう。彼女は、エルナとテオと、誰でも自分たちが望む人に、利用可能な土地を見る許可を、与えた。ロザリンドは、〔神智学協会の会長〕ベサント夫人はハッピー・ヴァレーの土地をクリシュナジのために意図していなかったという自らの主張について、長い正当化を行った。エルナは平静を保ち、論争しないで、土地の将来の使用等にこだわった。それ以降、彼女、テオ、ルス〔・テタマー〕が土地を歩いてまわり、「〔アンダーソン夫人という人の所有する〕1000エーカー〔、約4047000平方メートル〕のものより美しい。」と言った。そこからアヴァストロジー学校（the School of Avastology）やロザリンドとラージャゴパルの家さえも見えた部分が、ある。彼女とテオとルスは、クリシュナジと私が同意するなら、私たちはその地所に申請すべきだと考える。私はその手紙全体をクリシュナジに読み聞かせた。私たちはそれについてちょっと話をした。しかし、彼はむしろ散漫に見えた。私たちは明日、もう一回それに入るだろう。」

スコット―さて、どの土地の部分が…それは今、現在のオーク・グローヴ学校（Oak Grove School）になっている土地ですか。

メアリー―ああ、いえ。いえ、違います。これはハッピー・ヴァレーの土地で、丘の上です。私はその一部を歩きました。そこはさほど魅力的ではありません。私はそこがほしいと思ったことはありません。

6月25日に、「ロンドンに向かう列車で、クリシュナジは私に対して、エルナの手紙が何と言っていたかをもう一度教えてくれるよう、頼んだ。一つの明白な利点は、土地が適しているし、費用がゼロであることだ。ロザリンド・ラージャゴパルは、昨年私たちが「貪欲で」あり、「そのすべてを求めてきた。」と言っていた。」― それは真実ではありません。「しかし、切迫した調停が要因であるにちがいない。エルナ・リリフェルトはルイス・ブラウ（Louis Blau）に話をし、彼に対して、元学生で、現在ハッピー・ヴァレーの弁護士のジョージ・ウリーベイ（George Uribe）に、訊ねるよう頼んだ ― 後者は一度、ポロック博士（Dr. Pollock）とともに、マリブのクリシュナジに話をしに来た。クリシュナジは、私たちがどちらも署名し、エルナに送るべき電報を、口述した ― 「土地の件であなたの提案することを、喜んで進めなさい。」それからクリシュナジは言った ― 「ふしぎだ。四日前、私が昼食に降りていこうとしているとき、その思考が浮かんだ。私は、「ニトヤ、アーリヤ・ヴィハーラを何とかしなさい。彼らはこんなにバカな人たちだ。これについて何かが起こるよう計らいなさい。」と。」

スコット―ふむ。

メアリー―「〔ロンドンで〕私たちは、スルカに行って、インドの絹のシャツを作ってもらった。それからフォートヌムに。そこで、メアリーとジョー〔・リンクス〕が私たちとともに、昼食をした。私は、クリシュナジの原稿の残りのページをメアリーに、渡した。彼女は今、それを編集するだろう。私たちは、それがどのように出版されるだろうかを、考慮しよう。それからクリシュナジと私は、書店に行った。それからウォータールー〔駅〕に、そしてブロックウッドに戻った。」

6月26日、「少し前、〔個人〕面談についてのクリシュナジとの会話で、彼は「彼らは、開いているとき、自分たちの手紙を読んでもらいたいと思っている。他の時、彼らは仮面を被っているし、私は欺瞞される。」と言った。」何かな。

スコット―クリシュナジは、他の誰かの心を読むことは、彼らの手紙を読むようなものだ、失礼な不正確な行いだ、と言ったものです。

メアリー―ええ。彼は、自分はそうするように頼まれないのなら、けっして人々〔の内面〕をのぞき見ないと、いつも言いました。

スコット―ええ、ええ。

メアリー―そして、人々がのぞき見られたくないのなら、「それは私の係わるところではない。」と彼は言いました。

「そして彼は言った ―「あなたは私に会いに来ました。あなたは真剣です。あなたは私に見てほしいと頼みます。私はけっして自分の意見を差し出さない。そのとき単純で明らかです。私は先に進めます。他の人たちは、「見てください。でも、あまり深すぎないで。」と言います。私は、彼らが私にそうしてほしいほどの深さに行きます。彼らが私に一マイル行ってほしいなら、私は一マイル行きます。」と。」

「「〔元秘書アラン・〕ノーデはけっしてそうしなかった。私は彼がそうしくれたらと思います。それで、私は居心地が悪くなるのです。」と。」

スコット―では、ノーデはけっして彼に、深く見るよう頼まなかったんですか。

メアリー―ええ。

「クリシュナジはまた言った ―「あなたは、私を知覚することができるのなら、冥想的な精神にいなければなりません。」と。」

「ポール・アンステー（Paul Anstee）とディヴィッド・サクスバイ（David Saxby）が、」― これらは装飾業者です ―「新しい集会室のためのカーテンを手伝うために、運転して来て、昼食に留まった。彼らは見本を持ってきて、それらはクリシュナジとドロシー〔・シモンズ〕と私が見た。アンステーは、装飾ではない仕事を探している。」

翌日、「〔元女優で児童文学作家〕ジニー・トラヴァース（Ginny Travers）が、学校に対するクリシュナジの講話と、昼食に来た。まったく良い議論だった。本当にそれを辿ったなら、そこにはあらゆるものがあった。晩に私たちは、ウォルター・クロンカイトが、〔ロシアの反体制作家〕ソルジェニーツィンにインタビューをするテレビ番組を、見た。」

6月29日に、「私は〔西方向へ〕ウィンチェスターに行った ― ディグビー夫妻が夜を過ごしに来るのに間に合うよう、修理したランプを取りに、だ。クリシュナジは私に対

して、彼らへ原稿について話し、できるところを読んでもらうよう、言わせた。カーテン生地の見本が来た。クリシュナジとドロシー〔・シモンズ〕と私は、選択に関して同意見だった。ディグビー夫妻も同じものを選択した。午後ずっと芝生で運動会があった。私は荷造りの間、窓からそれを観察しただけだった。クリシュナジとドロシーと私は散歩したが、それで私の風邪は重くなった。晩には学校のパーティがあった。誰もがみな、とてもすてきに着飾っていた。クリシュナジは出席しなかった。」

翌日、「私は一日中、荷造りをし、洗濯をした。クリシュナジは、通常に日曜日にするようには、学生たちに講話をしなかった。彼も荷造りをした。」

7月1日、月曜日、「風の強い晴れた一日。洗濯を終了し、屋内の植物に肥やしと水をやった。一度だけは、急がないで出発時間より少し前に整った。ドロシーが運転して、私たちを〔ロンドン西部の〕ヒースロー〔空港〕に送ってくれた。私たちは午前11時30分に発った。車の中でのすてきなピクニックの昼食のために、〔ロンドン中心から西へ32キロメートル、〕ラニーミード(Runnymede)で〔テムズ〕川のへりに停まった。カモたちと、ヤナギの中の風。クリシュナジは、空の航空機をも眺めた。満員バスの子どもたちが、食べ物をもって来た － 一人は、ピンクのターバンを巻いたシーク〔教徒〕の少年だ。クリシュナジは「無意味だ。臭うしひどいものだ。彼らはあの子からはぎ取るべきだ。」と言った。」彼は青年時代に、ターバンを幾らか経験していました。

スコット―ふむ。

メアリー―「私たちは午後2時までにヒースロー〔空港〕に着いた。ドロシーとモンターニュ〔・シモンズ〕とドリス〔・プラット〕は明日、ランド・ローヴァーで〔陸路、〕サーネンへ発つ。クリシュナジと私は、午後3時のパリ行きBEA〔ブリティッシュ・ヨーロッパ航空〕機に乗った。最悪のアメリカ人旅行者たちが乗っていた － 太って、おぞましく、ふさわしくない服装をし、買い物について互いに大声で話をする。クリシュナジは、幾世紀もの貴族性を漂わせ、素っ気なく立って観察していた。機内で彼はシャンペンを辞退し、」 － ファースト・クラスではシャンペンが提供されます － 「代わりにトニック・ウォーターをもらった。先にラニーミードで彼はもっと快活だった。ドロシーは彼に〔カシス果汁の清涼飲料水〕ライビーナ(Ribena)を差し出した。彼は「私はシャンペンを飲むだけです。」と言った。」(笑)「私たちはすぐにパリの上空にいた。クリシュナジは窓から〔パリ西部、セーヌ川沿いに〕ロンシャン(Longchamps)、〔ブローニュの〕森を見分けた。悲しすぎることに、今や多くの高く醜いビルが、パリの地平線を損なう。私たちはタクシーで〔ホテル、〕プラザ・アテネに、そして、私たちのいつもの快適な部屋に来た。快い。私は、クリシュナジのまわりの必要な覆い、清潔で静かで、適切な食事、何か彼が慣れていること、という意味で、彼を避難所へ安全に連れてきたとの感覚を、感じる。贅沢さは、それら他の本質的なものを得るために採らなければならないものだ。「あなたなしでは、私はここにいないだろう。」と彼は言った。それから彼は、「私の世話をしてくれてありがとう。」と言った。パリは暖かく、ここにいるのはすてきだ。私たちは、歯磨き粉のため薬局へ、小さな散歩に行った。戻ってきて、自らの部屋で夕食をした。クリシュナジは、或る〔パン、ケーキの〕パティシエの店のウィンドゥで二回、立ち止まっていた。彼は「腹が減るな。」と言った。それで、私たちは夕食のため、リンゴ・タルトをとった。だが、それは彼に合わなかった。フランスのテレビでは、白痴的な〔自転車レース、〕ツール・ド・フランスがあり、他はほとんどなかった。」

7月2日に、「私たちは、悠長な朝食をとった。それから買い物に行った。純粋無垢なクリシュナジは、まず〔オーダーメイドのシャツ店〕シャルヴェに行き、そこで私は手短に彼にシャツを見てもらい、その間、私は二、三軒隣りのモルガン銀行に歩いて行った。クリシュナジはシャツを四着注文し、私は二着注文した。薄緑の一着は、彼の一着に似ている。一着は、白地に小さなオレンジのふちどりが付いている。」

あれは一番すてきなシャツでしたが、それには何かひどいことが起きました。何かは忘れてしまいました。

「二、三フィート離れても、輝くクリームの効果を及ぼす － インドの色だ。私たちは〔靴屋の〕ロブに歩いて行き、病気のディキンソン氏(Mr.Dickinson) － 彼がクリシュナジの黒のブローグ〔粗皮製の編み上げ短靴〕一足とブラウンの一足の注文を受けた － の代わりに、エリス氏という人 (a Mr.Ellis) に会った。私たちはプラザ〔・アテネ〕に戻った。そこで庭園での昼食のために、マルセル・ボンドノーが、私たちに会った。ナディア・コシアコフがコーヒーに来た。彼女は、ストック〔社〕(Stock)による『智恵の目覚め(The Awakening of the Intelligence)』の出版を交渉したのだった － マダム・ドゥシェによる翻訳だ。クリシュナジは私に、彼女たちへ原稿の話をさせて、私がそれを叙述している間に、立ち去った。どちらもとても動かされた。クリシュナジは休んだ。私たちは後で、短い散歩に出かけ、クレージュ(Courrège)で、フランソワ通り1番地 (rue François 1er) に立ち止まった。そこで私たちは、クリシュナジに、ネイヴィーの〔頭から被る〕プルオーヴァーを買った。それからさらにジヴァンシーの紳士店に。そこで私たちの信望は最終的に、クリシュナジのためのもう一足のズボンに向かった － 薄い夏物、クリーム色の絹だ。」これらを報告するのはひどいわ。

スコット―いえ、そうではない。メアリー、まったくそうではない。

メアリー―かなり私的です。

スコット―いえ、そうではない。(笑)まあ、そうですが、それでも、知るのはすてきです！

メアリー―あなたは悪魔のアーカイヴイスト〔資料保管人〕ね！

「私たちは部屋での夕食に戻った。そして、テレビの、1939年のナチスの戦争のドキュメンタリーを見た。それから、モスクワでのニクソン・ブレジネフ〔の米ソ首脳〕会談を。「人々は狂っている。」とクリシュナジは言った。今朝彼は言った －「この部屋にさえ何かがある。すばらしい冥想だ。あのことが進んでいる。それは昨夜ここで始まった。ブロックウッドから離れることは良かった。雰囲気があまりに幼稚だった。」と。」

7月3日、「数週間、ローマの〔元家政婦〕フィロメナに電話で連絡しようとしてきて、できなかった後で、私はそれに成功し、〔彼女の姪の〕ミスチカが手術を受けたが、昨日家に帰ったことを、知った。クリシュナジは喉がかすか

に痛い。それで、彼は午前をベッドで過ごした。私はハンドバッグの交換のために、ヴィトンに行った。それから、さらに多くの私たちのブロックウッドの陶磁器のために、ヴァス・エトルスク（Vase Etrusque）に。マー・デ・マンツィアーリが、私たちとともにプラザ〔・アテネ〕で昼食をした。彼女はクリシュナジに、〔インド人導師、サティア・〕サイババ（Sai Baba）について訊ねた － 彼のことを、ヨーは」－ ヨーは彼女の妹です。ヨー・デ・マンツィアーリは－「すばらしいと思っている。クリシュナジは鮮烈に描写した。マーは、ほとんどの人たちはクリシュナジの言うことをできないと言って、正当化する。彼らは教えられ、何かを与えられなければならない。この議論に私はいつも悩まされる － まるで、何もないより偽薬がましなようだ。これが続いている間、私たちは、かつて食べた中で一番良いタルト・オ・フランボワーズ〔ラズベリーのタルト〕を頂いた。」

「それからクリシュナジは一時間休んだ。その間、私は歩いて、ディオールに行って、フォスカのために買い物をした － スカーフと幾らかのオーデコロンだ。それからクリシュナジと私は歩いて、シャンゼリゼでの〔オランダのスパイ〕映画『スコルピオ（Scorpio）』－ バート・ランカスターとアラン・ドロンが出たもの － に行った。ナンセンスだが、スタイルとサスペンスをもって作られていた。クリシュナジは喜んだ。」

7月4日、「私たちは荷造りをした。スーツケースすべてをもって、〔南東方向へのターミナル、〕リヨン駅（the Gare de Lyon）に行った。そこでマーがクリシュナジを見送った。クリシュナジは、前回自分がその鉄道の駅にいたのは、弟〔ニトヤ〕と一緒だったことを、言った。私の前回は1965年6月1日だった。そのとき私は、〔スイス、レマン湖の北岸の都市〕ローザンヌへ同じ列車の旅をし、列車で自らの最後の非菜食の食事をとった。私たちは最後尾の客車にいた。クリシュナジはすばやく末尾の窓を見つけた － そこから彼は風景すべてが眺められた。私たちは最初の給仕に行き、際限のない昼食をとった － 私たちはそのうちちょっとだけを食べられた。クリシュナジは、私の真向かい、明るいルージュの頬をしたお婆さんの横に、座った。彼と私は、フランスの畑、野原が過ぎ去るのを、眺めた。再び大麦が美しかった － 緑の茎、オレンジの穂にかけて金色。ケシが生えて出ている。風はそれらを弄び、動く色合いに変える。クリシュナジは、ローザンヌへの道のり中ずっと立って、外を見ていた。列車はとてもスムーズだった。彼はこのスイスへの行き方に喜んだ。」

「ローザンヌ駅では、〔取扱業者〕モーザーが、新しくワックスを掛けきわめて立派なグレイのメルセデスで、私たちを待っていた。私たちはかばんを入れて、街を駆け抜け、ずっとベルン方向に、ついに、私たちはオロン・ビュル道路（the Oron-Bulle road）に乗った。すばらしい午後だった － 連なる緑の野原、畑と山々。クリシュナジはそのすべてと車に喜び、「私たちは自国に戻った。」と言った。彼は、昨年私たちが到着してすぐに買ったガトー・ビュリョワーズ（the Gâteau Bullois）を、憶えていた。しかし、店は閉まっていた。グシュタードに入ってくると、クリシュナジは、二人の女性が先を歩いているのを探り当てた。「マッキャンさんとタパス（Tapas）だ。」と彼は言った。

タパスが誰だったのか、知っていますか。

スコット―ええ。タパスは知っています。
メアリー―ちっちゃい、ちっちゃい！
メアリー―ええ。知っています。すてきなタパスだ。
メアリー―そして少し年老いている。私は知りませんが、4フィート〔、120センチメートル〕幾らかの身の丈、少し茶色の顔と、小さな茶色の瞳と髪。彼女は〔ベンガル出身の〕女性サンニャーシニーでした。

ともあれ、「それはタパスだった。彼女は自らの多くの歳月ずっと、一度もインドを出たことがなかった。そして、シドゥー博士姉妹に連れられて、彼女はここにいた。私たちは停まった。クリシュナジは彼女たちの後ろを歩いた。〔インド人の〕タパスは〔礼拝のため〕彼の足に触れるため、平伏した － 通り過ぎる一人のスイスの人が驚いた。」（スコットとメアリー、笑う）

「タンネグ〔山荘〕へ丘を登ると、ヴァンダ〔・スカラヴェッリ〕と〔家政婦〕フォスカがいた。彼女たちは昨日、到着したのだった。階下のアパートメントは今や、内のバス付きでキッチンなしの狭くかなり暗い部屋だ。」そこは改装されていました。「クリシュナジはベッドに入った。ヴァンダと私は夕食の後、長く話をし、彼女に知らせるべてを伝えた。」

7月5日、「クリシュナジはベッドに留まった。私は荷物を解いた。糧食補給のために〔山荘から〕降りていった。私は昼寝をした。すばらしい天気だ。涼しい空気、暑い日射し、とても寛いだ。」

翌日、「私は幾つか手紙を仕上げた。クリシュナジの旅行資金を最新にした。私は昼食の後、長く眠った。クリシュナジはベッドに留まった。私は歩いて、「ヘラルド・トリビューン紙」のために列車の駅へ降りた。丘を登り、ちょっと喘いだ。私は登りが全くうまくなかった。」

7月8日、「私は、旅行資金の仕事を終了した‥‥」
スコット―旅行資金？
メアリー―ああ、私は、彼の旅行費用すべての記録を、付けていました。「長い手紙が〔オーハイの〕エルナ〔・リリフェルト〕から来た － ラージャン（Rajan）が〔向こう側の弁護士〕クリステンセン経由で〔南インド、マドラスの〕ヴァサンタ・ヴィハーラを巻き込んでしまったと言うものだ‥‥」ラージャンはマドラス〔現チェンナイ〕の弁護士でした。ラージャゴパルは、〔インドの担当者〕マーダヴァチャリ（Madahvachari）の助けでもって、ヴァサンタ・ヴィハーラにしがみついていました。ラージャンはラージャゴパルの弁護士でした。

「ラージャンはヴァサンタ・ヴィハーラの状況を巻き込んでしまったので、そのため、〔こちら側の弁護士〕コーエンは、他の財団やオランダ委員会（the Stichting）のために署名することなく、アメリカK財団の調停をしたいと思っている。彼女〔エルナ〕は、バラスンダラムへのこう言う手紙を、同封した。クリステンセンは、ラージャゴパルとKWINC〔クリシュナムルティ著作協会〕は、ヴァサンタ・ヴィハーラ訴訟において被告であるべきでないと、主張する。では、誰なのか。クリシュナジは午後4時までベッドに留まった。〔イスラム神秘主義〕スーフィの指導者、ピル・ヴィラヤト・カーン（Pir Vilayat Khan）が彼に会うことを求めてきたが、そのとき彼が来る予定だった。彼は5時まで現れなかった。「これらの人たちに典型的だ。」」それはクリシュナジからの引用です。「彼は、若い女性と一緒に来たが、彼女は外に留

まった。クリシュナジと彼は二人だけで一時間半、話をした。それからお茶が振る舞われた。スーフィは去った。長い黒の衣、灰色のあごひげで、抜群のフランス語を話し、それで講義し、ドイツ語もだ。彼はヴァンダと私に対して、自分は自己を制圧しつつあること、制御等を語った。クリシュナジは、これらの連中はなんと硬直しているのか。」と言った。」

7月9日は、午前は私にとってデスクの仕事でした。「フランシス・マッキャンとタパスが昼食に来た。クリシュナジは、彼女らに挨拶するために出てきたが、昼食はベッドでとった。この種の休みは、彼のためになりつつある。昼食の後、私は運転して、ヴァンダ、フランシス、タパスを、〔サーネンの西隣〕シャトー・デー（Chateau d'Oex）に連れて行き、私は幾つかお使いをした。私が戻ったとき、クリシュナジはその年の第1回の散歩の準備ができていた。私たちは〔東方向の〕トゥルバッハ道路で、少しの道のりを行った。」

7月10日、水曜日、「クリシュナジは昨日、〔南インドの〕リシ・ヴァレーのバラスンダラムから電報を、受けとった。エルナ〔・リリフェルト〕からは、アメリカK財団の調停のうちヴァサンタ・ヴィハーラの部分について、合意ができないことについて、手紙を受けとった。電報の一部は、クリシュナジが彼らにマドラスでの訴訟を継続してほしいと望んでいるかどうかを、訊ねていた。今朝、クリシュナジは、たいへん強く「そうだ」と言う電報を、口述した。それから、さらに存分にそれへ入る手紙を、口述した。私はどちらをも送った。午前11時に彼は、エドガー・グラーフ（Edgar Graf）一人に会った － サーネン〔集会委員会〕の仕事を辞めたいと願う彼の理由について、だ。彼の妻がそれを要求しているように見える。クリシュナジはベッドで昼食をとった。グラーフはヴァンダと私とともに、昼食をした。マドラスからクリシュナジへ三本の電話があった。バラスンダラムは、そこの弁護士の事務所から掛けていた。クリシュナジが話をし、私が話をした。彼らは、もし私たちが、ヴァサンタ・ヴィハーラについて合意なく調停し、KWINC〔K著作協会〕が解消されるなら、彼らがヴァサンタ・ヴィハーラを得ることは、はるかに難しくなることを、恐れている。彼らはまた、ラージャゴパルが高等裁判所に対して、ヴァサンタ・ヴィハーラはオーハイのKWINCに所属していると主張してきた、と言った － それを、クリステンセン（ラージャゴパルの弁護士）は、〔インドでのラージャゴパル側の弁護士〕ラージャンの言葉を引用して、否認する。私はバラスンダラムに対して、ラージャゴパルがこの立場を取ることの証拠を、可能なかぎり早くエルナに送るよう、頼んだ。そして、私は彼女に電話するだろう、と言った。ここグシュタードでの国際番号は、午後9時すぎまで塞がっていた。午後10時30分になって初めて、私は彼女へ伝言を読み上げることができて、バラスンダラムからの書類を待つように言った。彼女はむしろ用心深く、ハッピー・ヴァレー財団の会合が6日にあったこと、そして、自らは、私たちが土地を得られるかもしれないと希望を持っていることを、言った。彼女は、ハッピー・ヴァレーの弁護士、ウリーベイから条件が示されるのを、待っていた。彼は、私たちはもしこれを得るなら、結局はハッピー・ヴァレーのすべてを持つことができるだろうと考える。彼はいつも楽観主義者だった。」

「私たちは午後遅くに、川の道を歩いて登った。先に〔映像技術者〕イヴ・ズロトニツカ（Yves Zlotnicka）が立ち寄った。私たちは、彼が作りたがっているブロックウッドの映画について、ちょっと礼儀正しく話をしたが、ついにドロシーがここに着いた。彼は、それを世界中でのクリシュナジの映画の最初にしたがっているようだ。私たちの夏を三年間、悩ませてきた他の映画作家、グイド・フランコ（Guido Franco）は、幸い今年来ようとしていない。」（クスクス笑う）「ヴァンダは、彼はインドでサイババの一連のフィルムを撮ったが、彼はそれを持ち帰り、見たとき、サイババが自らが行っていると主張する奇跡を、いかにでっち上げているが分かった、と言う。それはすべて手品だった。」

スコット － 私自身、グイド・フランコからそれを聞きました。

メアリー － ええ。

スコット － 彼がフィルムを遅くしてしまうと、すべてただの手品でした － 自らの袖からものを引き出す。そのようなことです。

メアリー － ええ、そのとおりです。

11日は、「美しい一日だったが、クリシュナジは枯れ草熱を感じていて、かなり弱っている。彼は一日中ベッドに留まり、体操をしなかった。」

翌日、「私は目覚めて、昨日のクリシュナジの弱さについて心配した。ほぼ午前8時まで、彼のドアは閉まっていた。それから彼は、ほぼエネルギーで震えるように、現れた。彼は、「いいよ。いいよ。」と言った。彼は、オーハイと他のいたるところのセンターについて考えていた、と言った。彼は私に書きとめさせた －「智恵ある人々を創成しなければならない。それで、彼らが基本的に宗教的であるし、その智恵でもってあらゆる分野 － 政治、芸術、ビジネスとあらゆる形の社会的関係 － で機能するように、だ。」と。」

「速達で〔オーハイの〕エルナから手紙が来た － ハッピー・ヴァレーの状況について私たちに語るものだ。ロザリンド・ラージャゴパルは、彼らの会合が開かれてもいないうちに、手紙の草稿をしためた － 私たちに対して「だめ」と言わなくて、「よし」と言うが、それは実質的には「だめ」だった。エルナは、アラン・フーカー（Alan Hooker）から、ルッド博士（Dr.Rudd）へ話してもらい、」－ 彼はあの財団のもう一人の理事だ、と思います －「アメリカK財団の申請を支持するよう促した。イヴリン・ブラウはポロック博士に、マーク・リーは理事会のアイヤー夫人という人（a Mrs.Iyer）に、話をした。そして、エルナはロザリンドに電話をかけ、アメリカK財団のメンバーはその会合の日、6日に参加可能であるかどうかを、訊ねた。ロザリンドは「だめだ」と言い、彼女を払いのけた。けれども、会合は私たちの方向に進んだし、〔弁護士〕ウリーベイの条件の手紙を待つだろう。」

「クリシュナジは、エネルギーで燃えていて、私に、センターの本質的なことについて書くよう言った － センターとは分離して、学校を隅に置いておく。しかし、彼はまた、年長の子どもたちの学校も、ほしい。センターは、200人の人々を容れる会合の部屋、100人のためのキッチンとダイニング・ルーム、そこに議論等を行うよう招待された30人から40人の人たちの住居を、持つべきである。彼は〔オーハイの西端の〕オーク・グローヴ（the Oak Grove）を講話のために取っておきたいと思う － その西の土地の半分を含めて、だ。「私たちがそこに何かを建築したいと思う場

合には」、残りを売る。」おお！[14]（スコット、クスクス笑う）

「彼は、私たちがハッピー・ヴァレーの土地の使用ができるのなら、自らがオーハイに飛んで、支援を求めるために関心を持つ人みんなに会おう、〔ハッピー・〕ヴァレー〔財団〕の人たちすべてを含めて、だ、と言った。これはどうやら9月だ。私たちは即時に建築を始めるだろう。私は、私たちはまだ資金を持っていないことを、指摘した－〔校長になるはずの〕マーク・リーの給料を払うものさえ、だ。彼は辛抱できずに、「あなたたちはいつもお金のことを話をしている。」と言った。」（二人ともこれを笑う）「私は、二度とそのことを語らないだろうと言った。」（今や二人とも心から笑う）おやまあ！

「私はこのすべてをエルナ〔・リリフェルト〕に書き送った。クリシュナジは衣服を整えた。そして、それを投函するため、そして〔講話会場の〕テントを訪問するために、私とともに来た。私たちが出てくると、茂みの裏に少年が座っていて、山荘を見守っていた。クリシュナジが見えたとき、彼の顔は恥ずかしげに輝いた。私たちが走り去るまで、彼はじっと見つめていた。私たちはテントに入った。今年、クリシュナジの前の、地面に座る人たちの空間が、陰の多い空間でのテントの脇まで、ずっと拡張されていた。クリシュナジはそれに喜んだ。」

「私たちはドロシーとモンターニュ〔・シモンズ〕に会いに、キャンプ場に行った。彼らはランド・ローヴァーで〔陸路、〕到着したばかりだった。ドリス〔・プラット〕は彼らと一緒に来て、自分のフラットにいる。」彼女はその年、フラットを借りました。

「クリシュナジはベッドで昼食をとった。私は、彼のために幾つかのお使いに行った。スイスのハイキング・ブーツを買い、散歩にはそれを履いた。森でクリシュナジは突然に言った－「私は早く目覚めたが、何かとてつもないことが起きた。まるでこれは」（大きく身振りをして）「莫大であり、宇宙、万物を捉えに広がっていくかのようだった。」と。私は「これは意識ですか。」と訊ねた。クリシュナジは、「意識以上だ。それは一時間以上続いた。」と返事をした。私は「それから薄れていったんでしょうか。」と訊ねた。クリシュナジは、「いや。これがどのようなのかは知っているでしょう。それはどこかにあります。」と答えた。私たちは川までだけ歩いた。彼は、底を見るために石組みの堤防に登った。それから私たちは引き返した。彼は私に、先に歩いて、自分はもっとゆっくり歩くため一人にしてくれるよう、頼んだ。彼は「私は働かなければならない。」と言った。森では小さな流れの側で、彼は先の私に呼びかけ、自分はしばらくそこに座ろうと言った。私は、道路が終わり、開けた丘の斜面が始まるところまで、進んでいった－二つの谷と氷河の壮麗さが見える。私はそこでベンチに二十分間ほど座った。すると彼が私を通り過ぎ、タンネグ〔山荘〕に進んでいった。私が戻ったとき、彼は、メルセデスのエンジンを清掃するために、ゴム手袋をつけて出てこようとしていた。」（スコット、クスクス笑う）「エネルギーに満ちている！私はふしぎに思いつづけていた。私がヴァンダに対してそれに触れたとき－毎年のちょうど夏頃、ここでの彼の講話の前に彼は、下がった期間、病気の週をすごし、それから講話のために急上昇するという事実には、何かがあるのかどうか。まるで、何か知られていないものが、何か他の力が彼に集まるように、身体を低いギアに入れるかのようだ。私は空想を紡いでいるのかもしれない。」

7月13日に、「エドガー・グラーフが個人面談のため、クリシュナジに会いに来た。〔スペインのマルティヌー・〕ミラベット氏（Mr.Mirabet）が、クリシュナジに挨拶しに来て、例年の寄付をしてくれた。グラーフは、ヴァンダと私とともに昼食をしに戻ってきた。私は洗車器具を得て、メルセデスを洗いはじめた。その間、クリシュナジはピーター・ラーチュ（Peter Racz）と散歩をしていた。ヴァンダは、彫刻家のアメリカ人の少年を、家に連れてきた。クリシュナジは洗車を終了した後で、彼とともに短い散歩に行った。フランシスとタパスが短い訪問に来た。」

7月14日に、「山々は雲の中、見えなかった。小雨がずっと降りつづけた。午前8時に朝食。最初の講話の前の、あの軽い緊張があった。ヴァンダは、ウォルシュ夫人（Mrs. Walsh）とともにテントに行った・・・」彼女は、階下のフラットを借りた人です。「私は昨日メルセデスを洗いはじめたが、それを出した。その間、クリシュナジは歩いていた。クリシュナジは、テッド・カーテー（Ted Cartee）とテリー・サウンダース（Terry Saunders）の手助けにより、それを終了させた。私は時間より前に、それを〔山荘の〕ドアの側に停めておいた。初日の雨にもかかわらず、驚いたことに、テントはほぼいっぱいだった。クリシュナジは、充分なエネルギーと衝撃をもって始めた。[15]すべての分野での明らかな行動の必要性－思考から生まれたのでなく、「あなたのエネルギーとあなたの歳月」を注ぐように、だ。再び彼は言った－「神は自らの姿に人を造らなかった。人が自らの姿に神を造ってきた。」と。終わりに彼は、質問を出した－「思考のではない精神の行動があるのでしょうか。」だが、また別の会合でそれに入るよう残しておいた。テッドが昼食に来た。テリー・サウンダースもだ。クリシュナジはテッド〔・カーテー〕に、彼の七年の禅修行について、質問した。テッドは良く、実際的に答えた。クリシュナジはベッドで昼食をとった。」

7月15日、月曜日、「私は、クリシュナジがほしがる様々なもののために、町に降りて行った。彼自身と私のための二十四箱の植物カルシウムを含めて、だ－一日二回、スプーン一杯、計量する。それは確かに効くと思う。私の爪は硬い。骨密度は上がったと思う。昼食には、フランシス、〔イタリアの〕バラビーノ（Barabino）と、〔ブルーノ・〕オルトラニ（Ortolani）とその奥方がいたが、彼女の名前は全く知らない。」彼女の名前はウルカ（Ulca）でした。（クスクス笑う）「クリシュナジは、昼食の前と、後にもコーヒーのため、彼らといっしょにいた。」－ピオニール（Pionier）、代用コーヒーです。「話の一部は、クリシュナジがローマのどこで話をすべきかについて、だった。ヴァンダは、講話は、あまりに前もって早く公表されると、〔過激派による〕爆弾〔テロ〕の標的になるだろう、と感じる。今日、爆弾が、ローマの〔歴史的中心地の主要ターミナル、〕テルミニ駅（the Stazione Termini）の一部分を、吹き飛ばした。話は軽かった。ヴァンダは「一つの爆弾事件よ。（Una bombezza）」と言った。（メアリー、笑う）「だが、それから、それについて果てしない話があった。何も定まらなかった。クリシュナジは自室で食事をした。後で、私が買ったばかりのもののようなウォーキング・シューズ一足を彼のために求めて、私たちはサーネンに行った。私たちは川への散歩にそれらを履いた。途中で私は、もしも人々

が、闘いはいらない、戦争はいらないと本当に言ったなら、何が起こるだろうかと、思案した。侵略者の国々が拡がるだろう。クリシュナジは、彼らにそれはさせられない、と言った。あなたは声を上げるし、人々に協力しないようにするだろう。働くな。誰もが働くのを拒絶したなら、〔共産主義独裁の〕ロシア人や他の誰でも、世界を支配できないだろう。「あなたは時に先んじて、話をし、それを組織しなくてはならないだろう。最後の瞬間には遅すぎる。」私は、「もうすでに遅すぎませんか。」と言った。彼は「たぶんね。今私はぼんやりするにちがいない。明日、話をしなくていけない。」と言った。

スコット－私はぼんやりするにちがいない？*16

メアリー－ええ、或る種、そうねえ…6)

スコット－ああ、そうだ。よし。

メアリー－「私はそれ以上言わなかった。彼が一人でいられるように、先に歩いた。森で彼は私に呼びかけた －「マリア、これらの言葉を私に思い起こさせてね －「観念は葛藤・抗争のエネルギーを創り出す」と。後で、私が、彼の鼻腔それぞれにいつもの八滴のミルクを入れに行ったとき、…」（クスクス笑う）インドのパーチュリ博士（Dr. Parchure）が処方した、対枯れ草熱の治療法です。「…彼は、「ローマで爆弾があるのなら、私はあなたに、何をしなければいけないかを告げなくてはいけない。」と言った。私のたじろいだ衝撃に対して、彼は、「私はそれを書きとめましょうか。それともあなたに語りましょうか。」と言った。それから彼の〔夕食の〕トレイが持ち込まれた。彼は、今はそれを議論する瞬間ではないと言った。ヴァンダとの夕食で私は、爆弾について話はどれほど真実なのかを、訊ねた。「今イタリアではいつでもありえます。」と彼女は言った。テレビのニュースでは、ローマのテルミニ（the Termini）での損害の映像が、出てきた。」それは駅です。

スコット－ふむ、ふむ。

メアリー－「それから、なぜそこで彼に講話してもらうのか。彼女は、一回の講話はだいじょうぶだろうと考える。私が気を揉むのは、彼がそれに触れたことだ。ニューヨーク〔の講話での爆破予告〕では、彼は怯えを払いのけた。「何かがことを見守ってくれる。」と。」

原 註

1）「原稿」に対するここと次の言及は、彼らが最終的にラージャゴパルから得た原稿だった － それは以降に、『クリシュナムルティのノートブック（*Krishnamurti's Notebook*）』として出版された。
2）ゲラ稿は、出版社が、特に校正と編集のためということで用意した、原稿の予備段階の版である。
3）ブロックウッド〔学校〕は、始まったとき、十歳ほどの子どもを受け入れた。1976年までにブロックウッドの方針は変化し、十四歳以上の子どもたちだけを受け入れることになった。
4）アルシオーネは、神智学者たちが、みな〔過去世で〕クリシュナジの転生者であると思われた者に、付けた名前である。*17
5）オランダのクリシュナムルティの組織。そこは、〔星の教団時代の前身を含めて〕何十年間も存在してきたが、ラージャゴパルが諸団体の間で資産の移動を繰り返した後、インドのクリシュナムルティの本拠地、ヴァサンタ・ヴィハーラを、所有することになった。
6）私が憶えているところでは、メアリーは、クリシュナジが茫然となったという身振りをした。

訳 註

*1 P.Jayakar（1986）p.200には、1955年にヴァーラーナシーで、彼女がKを叱責する声がしばしば聞かれた。彼女の怒りに直面して、Kは全く沈黙し受動的になった。彼に反応を引き起こせないことで、彼女は激怒したなどと伝えている。
*2 トウモロコシの粉にトウガラシをきかせて焼いたパイ風のもの。
*3 反資本主義、貧困層解放を掲げるアメリカの左翼過激派組織であり、パトリシア・ハースト誘拐事件を引き起こしたが、1975年に壊滅した。
*4 第37号の9月25日の記述を参照。
*5 ツツジ科の植物。
*6 ミズキ科の落葉高木。
*7 二十世紀、アメリカン・リアリズムを代表する画家。戦前、戦後の中西部の田舎の人々を描く。水彩画が多い。
*8 この土地の経緯については、第19号の訳註を参照。
*9 Avastologyは意識の科学または死生学であり、現在のオーハイの中心部にある、ワールド・ユニヴァーシティ・オヴ・アメリカのことだと思われる。そこは神智学関係の場所である。
*10 Kとアランとの対話については、第3号の訳註を参照。
*11 炭酸水に香草類、柑橘類の果皮のエキス、糖分を加えて作った清涼飲料水。
*12 1926-2011．インドの霊的指導者であり、インド国内に幾つかのアシュラム、病院、学校を建設した。海外でも多くの信者を集め、多くの国々にセンターが作られた。
*13 花粉症と同様の、眼や鼻、喉の炎症であり、枯草から空気中に飛散する粒子を原因とする。
*14 長い試行錯誤の末に学校は、オーク・グローヴの西側の土地に建設された。
*15 原文はここからJ.Krishnamurti ON LINE上の講話書き下ろしへリンクされている。Total Freedomと題されている。
*16 get woolly; ウールの着物を入手する、または着ること、あるいは、ぼんやりとしてしまうことを意味する。6月1日の記述では、woollyが前者の意味で用いられており、意味が定まらないので、質問しているようである。ここの和訳は原註6に従った。
*17 これは元来、プレアデス星団（すばる）の中で、一番明るい星の名である。

第32号　1974年7月16日から1974年9月19日まで

序 論

一人の注意深い読者が、二、三日前に私たちに書き送ってくれた －「この企画は「深まりつつある」ように見えます。私はメアリーがクリシュナジに親しくなっているのを楽しんでいます。」と言う。その読者への私の応答の一部は、次のとおりだった －

そうです。あなたが仰るように、私にとってもまた、企画は「深まりつつあります」。或る面で、私は本当には理解していません。誰の生活にせよ（たぶん自分自身のでさえ）、その日々の詳細を〔文字で〕読むことの退屈さにもかかわらず、他の何かが伝えられつつあります。私たちは、メアリーの、クリシュナジと一緒にいる物語に入って七年です。メアリーは今、完全に彼に献身しています。彼の教えに、そして、彼がしたいと思うことすべてに、一心に専念しています。彼の世界に全面的に没入しています。そのため彼女は、自らが彼の面前にいることが何であったかの感覚をより深くより完全に、記録している、ゆえに、伝えているように、感じます。私にとって － それは私にとってだけなのかもしれません － これら回想録の以前の号でメアリー

は、何か自分自身と自分の生活とはいくらか隔ったものを、叙述していました。それらの号とは違って、今彼女は、何か自らの鼻へしっかりと押しつけられたものを、叙述しています － 彼女は、それが見える、それを嗅ぐ、それを身中に、内臓に感じる。そして、メアリーは、自らの経験から変化したのです。彼女は、消え去るというよりむしろ、どうにか彼女自身の精髄へと蒸留しつつあるように、見えます。これが私の読むところです。これが、私が他の人たちに読んでいただきたいところです。

メアリー・ジンバリストの回顧録　第32号

メアリー―私たちは、1974年、グシュタードでの7月16日について、始めます。「クリシュナジは第2回のサーネン講話を行った。彼は全体が見えることについて語った。ヴァンダと私だけで昼食をした。それから、クリシュナジとのコーヒーのために、クリシュナジの寝室に入った － 彼はすでにトレイ〔の食事〕を終えていて、〔イギリスのジョン・〕ル・カレ（le Carré）の〔英国情報部でのソ連の二重スパイを突き止める〕スパイ小説『ティンカー、テイラー、ソルジャー、スパイ（Tinker, Tailor, Soldier, Spy）』を読んでいた。私たちは、講話について少し話した。そして、問われていた質問「食べるほどを得ることに関心を持っているだけの人々を、あなたはどのように変化させようとしていますか。」等へのクリシュナジの返事について、だ。クリシュナジは、自らが「このテントのここのあなたに」話をしていると、言っておいた。「他の道筋、古い道筋 － 戦争、改革、体系・体制等の － は、現在の混沌という結果になってしまった。だが、あなたが変化するなら、それによりそれらは変化するでしょう。精神の変化だけが、世界を変えられる。」と。」

「「だが、私は木曜日の講話について考えている」と彼は言った。彼は今朝再び、思考は質料・物質であることについて、語っていた。今、ベッドに座り、彼は次のように言った － 「原因があるとき、その原因により造り出されたエネルギーは、質料としての思考のエネルギーです。冥想は原因なく、過去、時や形態なしです。なぜ思考は分割的なのか。なぜなら、それは過去であるからです。それは断片的であるにちがいない。原因は － 原因があるかぎり、過去がある。原因がないなら、過去はなく、時はない。ギリシャ人たちは、形態と、質料の操作に、関心を持っていました。彼らは、美しさの原型等を造りました。彼らは、形態が質料であるとの疑問に、けっして入らなかった。原型は精神作用の結果です。形態が原因です。原因は時の結果等です。あらゆるものが質料・物質ということに立っている － 神々、イエス等。象徴は思考により造り出される。西洋では質料・物質が最も重要な素材です。それから神がある － それは、非素材であると考えられている。だが、それは観念であり、ゆえに質料です。」と。」

「それから彼は言った － 「「他」がないのであれば、世界を組織できません。全体がなければなりません。エネルギーがなければなりません － それは智恵の〔エネルギー〕です。それは質料のではありません。そのために、否定しなければなりません。」と。」

「「形態と質料・物質は、二つの異なったものだと考えられている。住宅を建てるには、形態が必要です。それは、文化、経済等により指令される。」と。」

「彼は食物について語った。「飢餓は概念ではない。生産された食物に、形態は要らないが、配給が必要です。配給者が概念（例えば国家主義、民族主義）を持っているなら、混沌がある。それは、観念、概念に応じてではなく、なされなければならない。組織は、政治に応じてではなく、物理的な事実に応じてであるべきです。」」

「「それは私の小さな生活にどんな関わりがあるのかと、問われるかもしれません。しかし、日々の生活が、このすべての含意を持ち込みます。」と。」

「彼は質料・物質について語った。質料を越えて何かあるのか。「川のこちら側 － すなわち苦しみと悲惨 － におけるように、これは分かりますが、何をすべきでしょうか。この世界に生きているふつうの人は、抑圧され、苦しんでいて、それを破りたいと思う。でも彼は、全体が間違っていることが分かりません。私はそれが分かるとき、情熱・受苦（passion）が破るのです。」と。」

「「生と死はいつも近く一緒にある。そのすべてを向こうに置かないでください。」と。」

「後で私たちは川へ散歩した。ハッピー・ヴァレーの土地へのK財団の申請に対する返事が、午前の郵便で来ていた － ロザリンドとラージャゴパルが署名した書面の、エルナ・リリフェルトから送られたその写しは、提案は考慮されるだろう、と言う。クリシュナジは私に対して、何が言われているかを報告するよう、頼んだ。私たちが調停においてKWINCの土地を得ようとしているとき、なぜこの土地をほしがるのかを、彼らは訊ねるかもしれない。それから彼は、自らが〔彼らの娘〕ラーダー・スロス（Radha Sloss）に対して、土地の件を推し進めるよう書き送ってもいいかどうかを、かりそめに考えてみた － 彼女が、〔インド西部の〕ボンベイ〔現ムンバイ〕で自分に会いたいと頼むことにより、自分に対して打診をしてきたからだ。私はこれに完全に嫌気がさした。彼はセンターに熱心なあまり、これらの人たちの醜さを無視するし、再び彼らを自らの生に容れるだろうという考えがつきまとう。私はほとんど何も言わなかった。彼が言うところの「反応」だ。そのとおりであり、吐き気のすることだ。雨が降りはじめた。私たちは濡れて帰った。ヴァンダはお茶会を開いていた。グラーフ、テリー・サウンダース、フランシスと、シモネッタ（Simonetta） － かつて裁縫師で、過去四年間、〔ヒンドゥーの教師でヨーガを教える〕チダナンダ（Chidananda）の信奉者。〔インド北部の〕リシケシ（Rishikesh）のディヴァイン・ライフ協会（the Divine Life Society）のアシュラムで生活した。そこで彼女は、ライ病〔ハンセン氏病〕患者たちとともに働き、彼らのために機織りを組織した。クリシュナジは彼女に、その場所について質問した。そこは天国のようで、献身的で、バク、バクタ…に満ちていて、」― 何でしょうか。

スコット―バクティ（Bhakti）とか、そのようなものです。

メアリー―ええ。「彼はすっかり長い時間、インドについて話をした － 彼のところに来る人たち、重い伝統主義、ごくわずかな本物の人、続いていくバカ騒ぎのすべて、国の崩壊。彼女は、四年の後、どこに行くべきかを知らないとの印象を与えた － 自らの古い道筋を外れた生だが、どこに行くべきかを知らない。彼女は、チダナンダへの献身をとおして、伝統的な道筋を受け入れたように、見えた。彼のために彼女はライ病者のことをした。彼らが立ち去った

とき、午後7時だった。ヴァンダはテリーを夕食に留めた。彼は、ブロックウッドで芸術を教えることについて、知りたがっている。ヴァンダは明日、フローレンス〔フィレンツェの自宅〕に発とうとしている。」

7月17日、「ヴァンダは朝に発った。私は列車の彼女を見送った。それからお使いをした。私たちだけで昼食をとった。クリシュナジは自室でトレイに乗せて、だ。四人の若者が、彼に会いたくて来て、正面の扉を叩いた。私は、やむを得ないことを、できるだけ丁寧に言おうとした。私は手紙を仕上げた。バラスンダラムから電報があった – インドK財団の弁護士、ラーマスワミ（Ramaswami）が〔インド南部、〕マドラス〔現チェンナイ〕から〔カリフォルニアのヴェンチュラ郡南部の〕オクスナートの〔弁護士〕スタンリー・コーエンに電話したとのことだ。バラスンダラムは、アメリカK財団訴訟の反対側弁護士たちが、ヴァサンタ・ヴィハーラへの何かに同意することを、願っていた。バラスンダラムはさらに、ラージャゴパルの雇った〔弁護士〕ラージャム（Rajam）がヴァサンタ・ヴィハーラをめぐり長い引き延ばした係争を計画していると噂されているが、インドK財団は、私たちの訴訟で私たち〔アメリカK財団〕が〔単独で〕調停してしまうとの懸念のなか、格別の一押しがほしい、ということを、言った。エルナ〔・リリフェルト〕は、ローゼンタールまたはコーエン（私たちの弁護士）は一日おきにクリステンセン（ラージャゴパルの弁護士）に電話する、と書いている。」

7月18日、木曜日、「クリシュナジによる、すばらしい第3回のサーネン講話だった。私は、彼が私の頭脳に対してそれをこつこつ叩き込んでいると思った。寒く、雨が降っていた。ドロシーとモンターニュ〔・シモンズ〕が昼食に来た。クリシュナジは自室で食べたが、前後に入ってきた。それは良いシステムだ。彼は休める。けれども、人々にも会える。私たちは彼らに、階下の狭くなった区間を見せて、彼らを招いた – 彼らがランド・ローヴァーでキャンプするのよりそちらのほうを好むのならば、だが。私たちは雨の中、散歩した。車をシャモア革で磨いて、乾かした。クリシュナジは、私たちがメルセデスを今、身近に保っているし、イングランドに持って帰るだろうことを、喜んだ。晩に私はとうとう、オーハイのエルナに連絡することができた。ヴァサンタ・ヴィハーラについての手紙は、今日そこに届いたばかりだった。だから、新しい知らせはない。彼女は疲れているように聞こえた。」

7月19日、「寒い小雨が降ったが、クリシュナジは、〔レマン湖の南西の端、〕ジュネーヴでの一日を進めたいと思った。私たちは午前10時に発ち、ドロシーとモンターニュ〔・シモンズ夫妻〕を乗せ、午後12時20分までにジュネーヴに着いた。車は見事に走った。私たちは、オテル・ドゥ・ローヌ（the Hotel du Rhône）で、窓際の角で昼食をした。クリシュナジは昼食に喜んで、彼にしてはたくさん食べた。「私はアイスクリームをもらおう。」と彼は言った。」（クスクス笑う）「フレーズ・アイスクリームが、レストランのお気に入りのデザートになっていた。彼はすべて平らげた。」

「ドロシーとモンターニュ〔・シモンズ夫妻〕は、自分たちで出かけた。クリシュナジと私は急いでローヌ川を渡り、ジャケ（Jacquet）に行った。ジュネーヴに行くことは儀礼だ。どうやら毎年の反復が楽しさの一部なのだ。古くすてきな道筋だ。〔ネクタイ店〕ジャケ – 彼が入っていくと、ふくよかな販売員の女性から、「ボンジュール、ムッシュ・クリシュナムルティ」と。」（スコット、クスクス笑う）「注文台帳が現れる。過去の年月からの彼の注文がそこにある – ページに貼り付けられたネクタイ生地の切れ端。選択肢として選ばれた新しいものは、上にこんもり積み上がる。ついにすべてが見える。それから私たちは、それらを調べてみて、選択する。今日、七本が選ばれた。私は、彼にとって信頼できる好みを、持っているように見える。私の助言が求められ、守られるからだ。では、それらは来週までにできるのか。もちろんだ。」（クスクス笑う）「それらはグシュタードに送ってもらえるだろう。私たちは立ち去る。彼はとても喜んでいる。私たちは急いで、橋を渡り、〔高級腕時計と宝飾品の店、〕ヴァチェロン・コンスタンチン（Vacheron Constantin）を通って帰った。中に入り、クリシュナジのための旅行用時計を見つける – バッテリーのついたもの。それは闇で見えるにちがいない。それが見つかる。ルーピングのものだ。私はそれを彼のために買う。私たちは颯爽と渡って、ホテルに行き、ナラシンハンに会う。彼は、幾つか〔合衆国大統領、〕ニクソンの物語を持っているが、また世界の諸問題について悲観的だ。」〔インド外交官で友人の〕ナラシンハン（Narasimhan）は、これらすべての滑稽な物語を聞いたものです。見たところ、少なくとも私の視点からは、国連は、私の父にとっての〔所長を務めて内情を熟知した〕ニューヨーク証券取引所のようなものになっていました – 昔の日々にそこから放出される滑稽な物語すべてのためです。

スコット — そのとおり。（笑う）

メアリー — それに私は、もはやニューヨーク証券取引所との接触がないので、同じ現象が国連で起きているのを見つけました…

スコット — それが何かの目的に役立っていることが、うれしいです。（もう一度笑う）

メアリー — ええ … で彼は、それらをクリシュナジに伝えてくれたものです。そこが、彼がたくさんのそれら物語を仕入れたところです – 〔キリストの使徒、〕聖ペテロについての宗教上の物語、そして、天国と地獄の物語のすべてを、です。

スコット — ええ、ええ。（メアリーとスコット、笑う）

メアリー — うーん。そうねえ、どこだったかな。「国連はあまりに大きくなりつつある。それは手が届かないのに近い。1975年5月には改善が見られるだろう。だが、彼の態度はいつもより快活で明るかった。クリシュナジは、イギリスの市民権への申請について、私に語らせる – あたかもクリシュナジは、現内務大臣、ロイ・ジェンキンス（Roy Jenkins）の裁量でそれを得られるだけのように、見える。ナラシンハンは、ロイ・ジェンキンスは自らの友人であるし、自らが9月にそれについて行動するよう彼に頼みに、特別にロンドンに行くだろうと、言う。とても良い知らせだ。私たちは彼の新しいメルセデスを見に外に出る。彼は、夜を過ごし、28日にクリシュナジの講話を聞くために、グシュタードに来ようとしている。」

「私たちは立ち去った。そして、〔ドイツ製の〕ウーヘルのカセット録音機を見るため、歩いて戻った。新型は入っていなかった。私たちは健康食品店を通った。クリシュナジの好きな幾らかのシリアル、オリーヴ、果物のスティックを、買った。それから、がまんできずに彼は、〔時計店のフィ

リップ・〕パテクに行く理由を考えた － 儀式だ。クリシュナジは飄々としている。」－ と言います。何かな？ －「彼の時計を調べている人に話しかける間、没頭して素っ気ない。それは、〔フィラデルフィア沖のサロビア島に邸宅を持つ支援者〕ローガン氏（Mr.Logan）が彼に与えてくれた黄金のものだ。彼はそれをめったに使わないが、鉄のものは、清掃してもらうために、ヴァンダとともにローマのハウスマン（Hausmann）のところに行った。ここのパテクは7月にそれができないからだ。世界は、高価な所有物にとって、あまりに扱いづらくなりつつある。だが、ネクタイ選びと、パテクと、メルセデスの儀式は、クリシュナジの楽しみだ。私はそれをわがことのように楽しむ。また、私たちの年ごとの遠足を反復すること、私たちの小道を辿り直すことで、何か大切なもの、何か軽く楽しく、大いに彼の一部分のものの調子が深まる。私たちが、ローヌの急流を過ぎて、さっさと行くとき、彼は「それらはとてもすてきなタイだ。」と言った。私たちがホテルでドロシーとモンターニュに会ったとき、彼は朗らかで、喜んでいて、疲れていなかったし、帰りの車中でも疲れなかった。彼は自動車道で「100で走らせなさい。」と言った。私はそうした。車はそうなった － 短い間だ。私たちは新聞を求めて、グシュタードの駅で停まった。午後7時までに住宅に戻った。ベッドに行くとき、彼は「それらはとってもすてきなタイだ。私は他のをあげてしまおう。」と言った。」（メアリーとスコット、二人ともクスクス笑う）

20日には、何も大したことは起きなかったように見えますが、読みましょう。なぜなら、どのみちあなたがそれをほしがるのは、分かっているからです。（クスクス笑う）「私はマーケットで買い物をした。ジェーン・ハモンド（Jane Hammond）が昼食に来た。午後3時30分にコシェ氏という人（a Mr.Cochet）が私に会いに来た。午後4時30分に、テリー・サウンダースが来て、クリシュナジと私とともに散歩に行った。」

21日に、「クリシュナジは第4回の講話を行った － さらに〔質料・物質中心の〕唯物論について。壮大なものだった。テントは溢れていた。昼食には、〔ベルギーの〕スザンヌとヒュヘス〔・ヴァン・デル・ストラテン夫妻〕、〔フランスの〕マルセル・ボンドノ。テリーは車を洗いに立ち寄ったが、クリシュナジとドロシーと私とともに散歩に行った。ドロシーとモンターニュは明日、キャンプからここに引っ越してくるだろう。」

スコット－テリー・サウンダース（Terry Saunders）は誰ですか。

メアリー－彼の顔つきは思い起こせません。彼はブロックウッドの美術教師になりたいと思ったんですが、彼については何も思い出せません。ここには、「テリーは私との夕食に留まった。」と言います。

7月22日、月曜日、エドガーとアレマ（Allema）のグラーフ夫妻がクリシュナジに会った。また午後に彼は、アクセル・フェランド（Axel Ferrand）とその弟のパトリス（Patrice）に会った － スザンヌ・ヴァン・デル・ストラテンの甥っ子だ。この間、テリー・サウンダースと私は車を洗った。クリシュナジが出てきて、それを仕上げた。ドロシーとモンターニュが〔タンネグ山荘の〕階下に引っ越してきた。私は、〔Kのイギリス〕市民権の申請での疑問について、ロンドンのメアリー・リンクスに話をした － クリシュナジはそれを書き込まないといけない。両親の誕生日、死亡日、母親の名前等だ。メアリーは、〔アメリカで〕ロジャー・ストラウス（Roger Straus）が」－ それはニューヨークの出版者です － 「彼女の〔書くクリシュナジの〕伝記〔の第一巻〕を出版することについて書いてきたが、はっきりしない。彼女はそれを改訂し、しぼっていた。〔地中海東部、〕キプロスでは〔ギリシャとの統合を求めるギリシャ系住民と、反対するトルコ系住民の間で〕闘いが続いている。〔キプロス正教会大主教からキプロス共和国初代大統領になった〕マカリオス〔三世〕（Makarios）は逃亡した。〔軍事政権下の〕ギリシャ軍とトルコ軍が〔キプロスに〕侵攻した。」

23日、火曜日、「クリシュナジは第5回のサーネン講話を行った。とても良い。午後に彼は、ブロックウッド教育会合を開いた。シュリニヴァス（Shrinivas）、フィリップ（Philip）、ジョー（Joe）とキャロル（Carol）、ドリス（Doris）、キャロル・オールウェル（Carol Allwell）、ソフィア（Sofia）とカルロス（Carlos）、ヴェルナ・クルーガー（Verna Krueger）、キャシー（Kathy）、二人のシドゥー博士〔姉妹〕（Doctor Siddoo）、タパス（Tapas）、ルディ・メルニッカー（Rudi Melnicker）…」

スコット－彼のことは憶えています。

メアリー－彼は誰でしたか。

スコット－彼は、ボームが熱心になっている少年でしたが、実際に彼は何にも加わらなかった。

メアリー－「…テリー・サウンダース（Terry Saunders）、スコット（Scott）！」、記録に初めて現れます…

スコット－ああ！

メアリー－「…そして、ベプ（Bep）という名のオランダ女性だ。」彼女は、ドロシーの友人で、アラスカで亡くなり、…

スコット－ええ、ええ。

メアリー－…お金すべてを学校に遺してくれました。「クリシュナジはほぼブロックウッド・パークを酷評していて、学校に「もう一つ」の性質をもたらす必要性について語った。「あなたはそれをどうするのでしょうか。それはあなたの責任です。」と。〔校長〕ドロシー〔・シモンズ〕はこっぴどくやられて、学校について防御的だった。彼女は、それにどう向き合うべきか分からない、と言った。彼女はきわめて明白に意気消沈している。」

翌日、「合衆国最高裁は、〔ウォーターゲイト事件で〕ニクソン〔大統領〕は〔大統領特権を行使できず、〕召喚状が出されたテープを引き渡さなければならないと、8対0で票決する。〔1967年からの〕ギリシャの軍事政権は退陣する。そして、民主的政権を形成するために、カラマンリス〔元首相〕が亡命〔先のフランス〕より呼び戻される。」

「メアリー・カドガン、ドロシーと私は、〔映像技術者〕イヴ・ズロトニツカに会った。彼がブロックウッドについて作りたいと思っている映画について、議論した。彼はそれに向かって1000ポンドを集めたが、最低限3000ポンドが必要とされる。そして、クリシュナムルティ財団はその余裕がない。私たちはこれを彼に説明した。またドロシーは、昨日のクリシュナジとの会合 － それはイヴがテープに録った － の後、自分はブロックウッドの映画にどう取りかかるべきか分からない、と言った。イヴは決定を受け入れたが、容易でなかった。彼が憤慨するだろうかどうかは、これから分かることだ。」

「昼食には誰一人いなかった。至福にも静かだ。」

「クリシュナジは午後に、アルゼンチン〔K〕委員会のタヴァッチャ氏（Mr.Tavacca）に会った。それからクリシュナジ、ドロシーと私は、〔東方向の〕トゥルバッハ道路を歩いた。川は、〔土砂の崩壊を防ぐ〕擁壁が壊れたところから水路を移すために、掘り下げられている。」

25日に、クリシュナジは第6回のサーネン講話を行った – 死について、だ。だが、それはむしろ生きることについてだった。フランシス・マッキャンとレネータ・ウルフ（Reneta Wolff）が昼食に来た。レネータとその夫、ルディガー（Rudiger）は別れていた。後でクリシュナジ、ドロシーと私は、川沿いを歩いた。後でクリシュナジは私に対して、ドロシーは彼の話していることを本当に理解するのかどうかについて、訊ねた。ブロックウッド・パークでの彼の原稿への彼女の無理解、彼がブロックウッドについて語るときの彼女の防御的態度 – それは、彼女が応答することや先に進むことを、できなくしている。彼はきびしかった。「私が明日死ぬなら、あなたたちのみんなが、この道を行くだけでしょう。」彼は当惑していて、それについてすっかりひるんでいる。彼は私に、ドロシーへ話をしてほしいと思う。」

編集者の憶え書

『クリシュナムルティのノートブック（Krishnamurti's Notebook）』はこの時点で原稿の形でのみ存在していたが、ドロシーはその本に対してとても敵対的だった。そのため、私〔スコット〕はブロックウッドに来たばかりだったが、彼女は私に対して、それについて猛烈に語ったのだった。彼女は、それは神秘的であるので、そのため、クリシュナジの教えの目標を、ほとんどの人々に届かなくしてしまうと、感じた。これは、彼女が以前に実情であると感じていたこと – 目標はより単純で、より容易で、より到達可能だということ – に、明らかに反していた。

26日、「国際的な諸〔K〕委員会の年次会合があった。クリシュナジは、ブロックウッドについてドロシーをむしろ呼びつけて叱り、それについて〔校長の〕彼女に質問した。「彼らはこれらのことを知りたいと思っていた。」と後で彼は言った。だが、いつのときもドロシーの困難を知っていると、彼が集団の前で語ったことは、あまりに無理強いに思われた。ブロックウッドへの彼の批判は、諸学校についてあまりに過ぎると、幾らかの人には映ったかもしれない – インドの諸学校の歴史等だ。私は、ラージャゴパル・KWINC訴訟について曖昧で短いが、わずかに楽観的な報告を、した。〔オランダの〕アンネッケ〔・コーンドルファー〕がちょうど到着した。〔イングランドの〕ドリス、メアリー・カドガンとシビル・ドビンソンが、昼食に留まった。」

「午後4時30分に、クリシュナジは村で、理髪師のニコラに散髪をしてもらった。私たちはテリー〔・サウンダース〕に出くわした。彼はやって来た。彼は、ブロックウッド、クリシュナムルティ財団、ドロシー、理事たち等へのあらゆる種類の批判を、聞いてきた。タンネグ〔山荘〕で彼は、これをクリシュナジと私とドロシーに語った。テリーは、自らが主要な批判者だと思う人の名を挙げた。クリシュナジは、自らそれを扱おうと言った。クリシュナジはテリーに対して、この批判者に、月曜日に自分に会うために、批判的な人を誰でもみな連れてくるよう言うように、言った。」

「散歩中、私はドロシーに対して、火曜日のクリシュナジのブロックウッド会合への彼女の反応について、少し話をした。彼女の防御的反応は、彼が言っていることの先への流れを、妨げる。ブロックウッドは一定の水準を達成してきた。今そこは、自らの本来の関心事、より秘教的なことに、さらに深く関心を持つべきだ。彼女は聞いた。そして、私の言うところには何かが見えると言い、私に感謝した。」

27日、土曜日、「若いロサンジェルスの夫婦、ボブ（Bob）とトゥリッシュ・ダッガン（Trish Duggan）は昨日、通りでクリシュナジに自己紹介し、仕事を手伝いたいと思っているが、午後に彼らが私に話をしに来た。彼は、自らが立ち上げを手伝った三つの会社にいて、成功を収めてきた。彼は自らの能力が役立つのかどうかと思っている。私は彼に対して、財団の歴史の輪郭、私たちがどこにいるか、そしてオーハイの学校の計画を、語った。奥さんは織物のデザイン等をし、二人の小さな子どもを持っている。彼らは今年、初めて〔ロサンジェルス郡西部の〕サンタモニカと、オーハイで、クリシュナジの話を聞いた。私は、〔オーハイの〕エルナ〔・リリフェルト〕に会うよう提案した。」

「散歩中、私はさらにドロシーに、話をすることができた。」

7月28日、「クリシュナジは、第7回の講話を行った – それで、サーネンでの今年の講話は完了した。それは恐れと冥想についてだった。」

「昨夜〔インドの外交官で友人の〕ナラシンハンがジュネーブから来て、シモネッタ・ディ・セザーロ（Simonetta di Cesaro）のところに泊まり、講話に出席していた。彼は、クリシュナジと私とともに、タンネグ〔山荘〕に戻ってきた。彼は、クリシュナジがイギリス市民権を申請する用紙を、見せた。彼は、〔イギリスの〕内務大臣、ロイ・ジェンキンズに9月13日に会う約束をするだろうし、申請を提出するだろう。彼はそれが、きっと認められるだろうと思っている。」

「シモネッタ・ディ・セザーロ、その息子、バルド・ヴィスコンティ（Bardo Visconti）と、アメリカ人の友人、ゲイリー・グランヴィル（Gary Granville）が、私たちの昼食に加わった。」

「午後4時にクリシュナジは、同じ人々と第2回のブロックウッド会合を開いた。」私の日記には括弧に入れて、「カルロスとソフィアは、ブロックウッドを去ると決断したので、そこにいなかった。タパス、テリー・S〔サウンダース〕と、オランダ人女性のベプがそこにいた。」と言います。クリシュナジはさほど非難がましくなかった。彼は善と悪について語った – それらは私たちみなが知っているし、それらは人の行動から放射される。それらは、私たちが一般的にそこに生きて、そこから行動する領域だ。彼は、何かこれらの外側のものについて語った – 何かそれらの中から成長したものや前進ではなく、「向こう側」からのものについて、だ。私たちはそこにおいて行動し、教育できるだろうか。私はそれがはっきりと見えた。そして、深く動かされた気持ちだった。私が、自分が毎日の忙しさのなか、屈み込んでいるのが見えた –「他」を探し出せないこと、むしろ、ものごとのこちら側にあまりに多くのエネルギーを与えるこの非要求を使っている、ゆえに、クリシュナジの意味で「他」を探していないことが、見えた。私は学んだ。それから、批判的な人々について後で、テリーの言葉を聞かなくてはいけないのは、つらい。彼らは月曜日の会合について、怖じ気づきつつある。イヴ〔・ズロトニ

ツカ〕は会合をテープに録ったが、彼は、先にメアリー・カドガンに対して、次に私に対して告白した － すなわち、自らはマダム・ドゥシェに、反対者の会合について語り、彼女に来るよう招いていたが、なぜだか分からないということだ。彼は今、批判したくないと思い、〔月曜の会合〕そこにはいないだろう。私は彼から、今日のと前の火曜日のどちらのテープをも、受けとった。後で私は、〔ヒュヘスとスザンヌ〕のヴァン・デル・ストラテン夫妻と彼らのかわいい子どもたちとともに、晩餐をした － その子どもたちは、あらゆるものに興味を持っている。理路整然とし聡明で優美だ。彼らみんなといっしょにいることは、楽しいことだった。小さなよちよち歩きの孫たちは、「おねんねしなさい（faire dodo）[3]」に追い立てられる。」（メアリーとスコット、どちらもクスクス笑う）「パトリスとアクセル・フェランドと彼らの父親、スザンヌの父親がそこにいた。私は、ヒュヘス〔・ヴァン・デル・ストラテン〕と別に話をし、彼に訴訟について最新のことを知らせた。」

7月29日、「サーネン集会委員会の会合があった。クリシュナジ、エドガーとアレマ・グラーフ〔夫妻〕、メアリー・カドガン、ドリス・プラットと私が、出席した。クリシュナジは余暇の必要性について、私たちに小言を言った。私たちはみんな忙しすぎる。聞くには、気づくには、余暇が必要だ － 仕事は少なく、静かでいる時間は多く。彼らとアンネッケ〔・コーンドルファー〕が昼食に留まった。」

編集者の憶え書

人々の気持ちを傷つけないことは、この回想録の明記された意図であった。これはふつう、ことを省くことにより、達成されてきた。けれども、ブロックウッドでの反対意見の物語は、様々な外観で繰り返されてきたし、それを語ることは重要である。そして、物語は、反対者の主演俳優の一人の役なしには、語りえない。にもかかわらず、この反対者の身元は重要ではない。だから、この反対者は単に、人物Xと名づけよう。人物Xはこの号をとおしてずっと同じ人物である。もちろん人物Xの身元は、すでに物語を知っている人たちには、知られるだろう。だが、彼らはたぶんこの記述から、自らにとって新しいことを、ほとんど学ばないだろう。

「午後4時30分に、「反対者たち」の会合が開かれた。人物Xとテリー・サウンダースだけが（声に笑い）現れた！」（二人とも笑う）「人物Xは、私が出席していることに異議を述べた。私は彼に対して、自らがクリシュナジ一人に話をしたいのかどうかを、訊ねた。いや。それで、私は言った － テリーはブロックウッドとそもそも何の関わりも持っていないし、もしも彼がそこにいるのであれば、私はそこに責任を持っているのだから、私は留まるべきだ、と。そして、それが私への非難に関係するのなら、もしもそれが妥当であったなら、私はそれが何なのかを知るべきだ。そうでないのなら、私はそれに答えよう。それで、クリシュナジの時とエネルギーのうち二時間が、人物Xにムダに費やされた。彼は、人々はクリシュナジによりくびにされてきたと言った。誰が？〔元秘書アラン・〕ノーデ、というのが返答だった。クリシュナジと私はどちらも、それに跳びあがり、全面否定した。それから人物X自身は、自らが首にさ

れると感じた。でも、そうではなかった。私たちは、その時に詳細すべてを思い出せなかったが、メアリー・カドガンが後で私に補ってくれた。起きたことは、1972年、人物Xはブロックウッドから九ヶ月間、不在であったということだ。彼は、カリフォルニアで開業できるために必要な何らかの種類の建築家の履修証明を得るために、そこに行っていいと、合意されていた。だが、彼は予測よりはるかに長く留まった。〔校長〕ドロシー〔・シモンズ〕に建築業者たちとの対応をさせ、人物Xは自らが立てた計画に沿ったパヴィリオンの手直しについて、概算を放っておいた。これらの入札は、人物Xが予想していた金額の二倍になった。人物Xは、費用の一部は、学生たちとドロシーが木々を伐採すること等により、回避すべきだ、と提案した。入札と、パヴィリオン計画を放棄せざるを得ないことに鑑み、そして、人物Xがその春、オーハイで二回、クリシュナジに面談していたことに鑑み、そして、彼が、自らはブロックウッドの一定の事柄に同意しないし、ゆえに、ものごとが変わらないのなら、そこに戻ることを選択しないと言ってきたことに鑑みた。クリシュナジが調査し、人物Xの提案に従うことを望まなかったとき、ブロックウッドで人物Xにそれ以上の役割がないことは、明らかだった。メアリー・カドガンが理事たちを代表して、彼にこの趣旨で手紙を書いた。今日の会合で人物Xは、ドロシーが手紙で自分をくびにしたこと等々を、言った。最終的にクリシュナジは、自らが人物Xと批判的な他の誰ともう一回会合を行おうと、言った。それでけりが付くだろう。人物Xは、彼らを集めようと言った。今日誰一人現れなかったことへの彼の弁明は、何人かはサーネンの山に登っている。あまりに通知が遅すぎる、というものだった。四日間が？！」（クスクス笑う）

30日に、「私は〔ホテル、〕ベル・エア（Belle Air）で、ナディア・コシアコフとメアリー・カドガンに会った。ナディアは、『伝統と革命（Tradition and Revolution）』をフランス語で出版したいと思っている。シビル・ドビンソン（Sybil Dobinson）はここにいるが、彼女はそれをフランス語訳の前に、適正な英語に再編集しようと同意している。」

「クリシュナジは、ブロックウッドについて第3回の会合を開いた － シドゥー姉妹、タパス、ベプ、テリー・サウンダース、スコット・フォーブス等と、だ。第1回の会合ほど、怯ませなかった。彼は善と悪、道徳と暴力について、語った － AとB、どちらの領域も私たちは知っているし、そこに生きる。どちらも人の思考と行動から放射される。どちらも「川のこちら側に」ある。向こう側に、他の性質に到ろうとするどの格闘も、やはりAとBからの行動である。これは彼は前に語った。だが、今日彼は、AとBを見ること、見つめることについて、語った － そして、本当に、本当にそれが見える中で、〔人は〕それから出ている。川を渡っている。それから、人々として、教師として、その「他」において私たちは、学生が感じる雰囲気、それにより変わるであろう雰囲気を、造り出す。クリシュナジはそれを目が眩むように表した。「あなたはこれをどのように学生に伝達するでしょうか。そのため、彼が即時に条件付けから出ているようにです。」と。」あなたは･･･私は願っています･･･（スコット、彼女の言葉にかぶせて笑う）･･･あなたはすっかり知っています！

スコット—ああ、そうです。確かに、私たちはそれへの答えを持っています―（メアリー、笑う）なぜなら、私たち

は自分自身、その問題を持っているのを知らないからです。（メアリー、笑う）

メアリー―31日、「クリシュナジはテントで、第1回の公開討論会を開始した。ナディアとニコラス・コシアコフが昼食に来た。クリシュナジは午後4時30分に、センドラ氏（Mr. Sendra）に会った。私たちは散歩した。」

さて、8月1日、「クリシュナジは、サーネンでの第2回の公開討論会を開いた。トパジア〔・アリエッタ〕（Topazia）が昼食に来た。」トパジアの身元確認をしないといけませんか。

スコット―前になさったと思います。でも、よろしければ、もう一回やってくださってもいい。

メアリー―よろしい。トパジア〔・アリエッタ〕はイタリア人でした。まあ、実際はシシリーの高貴な女性でした。彼女はシシリー〔島〕の公爵夫人でした。彼女はヴァンダの友だちで、長年クリシュナジの話を聞いてきました。彼女はおもしろい経歴を持っていました。彼女は、外交官をしている男性と結婚したと思います－イタリア人で…彼の名は何だったかな。ともあれ、戦争が起きたとき、彼らは〔同盟国日本の〕東京にいました。そしてイタリアが結局、降伏したとき、彼らは、自らの二人の子ども、娘たちとともに、収容所に抑留されました。彼らは飢え死にしそうでした。最後に夫は、収容所当局に掛け合い、子どもたちのためにミルクを得るため、牝牛かヤギか何かを飼うよう要求しつづけました。彼らは聞き入れようとしなかった。彼は最後に、全く怖ろしいことをしました。彼は、彼らの前で自らの指を切り落とすことにより、自らの本心を信じてもらいました。これは、日本人のサムライの態度の精神の何かかそこらに、訴えました。それで彼らは、牝牛かヤギか何にせよ、彼に与えてくれました。それで彼らは生き延びました。それから彼らは、解き放たれた後、のちに離婚しました。娘たちは成長しました。その一人が結婚したのは…ああ、まあ、ここでも忘れてしまいました…有名なイタリアの作家です…必要なときに、名前を思いつきません。知っているでしょう。誰でも知っているでしょう。ともあれ、トパジアはこの時までにはすっかり貧しくなっていました。ともあれ、彼女はサーネンに来ました。彼女はブロックウッドにも来ました。あなたは、彼女に会ったことがあります。

スコット―ええ、ええ。あります。

メアリー―ええ。彼女はいつも、あらゆることを批判しがちでした。

スコット―ええ。私は彼女を憶えています。

メアリー―ここには言います－「彼女は世界の無秩序を嘆き悲しむが、ブロックウッドへの批判の響きは彼女にもある。「逆行したいと思う人たちには、わがままも通させてあげないといけないわ。」と彼女は言った。午後4時にクリシュナジは、ブロックウッドについて第4回の討論会を開いた。テリー・サウンダース（ブロックウッドで美術の教師になりたいと思っていた人）は、ブロックウッドを軽蔑していた。」

では、今私たちは、〔日記のうち〕小さい本に行かなくてはいけません。

スコット―よし。

メアリー―8月2日に、「クリシュナジは、第3回のサーネン討論会を開いた。彼は、世の中での行動への関係で内と外の責任について、語った。イメージが起こしてきた害が見えるとき、全的に責任能力を感じる。」

「私は昼食のため、二人のシドゥー姉妹とタパスを、連れ戻った。クリシュナジは、〔カナダ西海岸、〕ヴァンクーヴァー〔島〕の彼らの学校について、長く彼らに話をした。彼は、姉妹に自らの名前を使用する許可を与えたが、彼らはアメリカK財団と密接に働かなければならない。」

「昼食の後、人物Xが私一人に話をしに来た。反対者のすべてが、クリシュナジとの会合について、」（声はクスクス笑う）「怖じ気づいてしまった。」（メアリーもスコットも笑う）

スコット―ええ。

メアリー―「午後4時に、スイスで学校を始めたいと思っているドイツ人の集団が、来た。ディヴィッド・ロドリゲス（David Rodriguez）と、…」彼を憶えていますか。「なかでもテリー・サウンダースが来て、クリシュナジにメモ書きを残した。」ディヴィッド・ロドリゲスを憶えていますか。

スコット―その集団、ドイツ人の集団は憶えています…そこにはオーストリア人が一人いました。それと幾らか他の人たちで。

メアリー―ええ。彼らはまたU.G.クリシュナムルティ（U.G. Krishnamurti）の人たちでもありました。

スコット―ああ、そうでしたか。

メアリー―ロドリゲスは、有名な言葉を言った人でした。彼が私に対して、U.G.クリシュナムルティが悟りを開きつつあると言ったとき、私は「どうして分かるの？」と訊きました。彼は、「彼の足は冷たくなりつつある。」と言いました。（二人とも笑う）

スコット―なんとまあ。（もっと笑う）

メアリー―ええ。彼は生まれはアメリカ人でしたが、いわば居住地ではドイツ人でした。或るドイツの学校で、彼は何か教えました。英語だと思います。または美術だったかもしれません。忘れてしまいました。でも、彼は時折来たものです。彼は後に、事を構えたがるのが減ることで、自らの道筋をちょっと改めたと、思います。（スコット、クスクス笑う。それからメアリー、クスクス笑う）

3日に、第4回サーネン討論会がありました。「それは注意についてだった。なぜ精神は伝統において機能するのか。」まあ、彼が言ったことについて続けるのは、役に立ちません。これについては〔公式の討論会としての〕本文を持っています。

スコット―そのとおり。

メアリー―では、それは飛ばしましょう。

スコット―いいです。

メアリー―「レネータ・ウルフ（Reneta Wolff）と、友人の画家でドイツの娘、ヒロー・サンケ（Hilloo Sanke）が昼食に来た。午後4時30分に、クリシュナジはアラン・ニコルス（Alan Nichols）に会った。それからピーター・ラーチュ（Peter Racz）に会った。」ピーター・ラーチュを憶えていますか。

スコット―いいえ。

メアリー―ああ、いいえ。憶えているわよ。彼は、ディヴィッド・ボームの友だちで讃美者でした。彼は、ブラジルに生活しているハンガリア人家族から来ていました。

スコット―ああ、そうだ。そうだ。

メアリー　彼は時折、ブロックウッドに来たものです。
スコット　ええ、彼のことは憶えています。
メアリー　ええ。彼は何度もサーネンにいました。

「センドラ氏が、ラテンアメリカ財団 (the Fundación Latinoamericana) が映画を作ることについて、クリシュナジと議論するために、来た－」(声はクスクス笑う)「クリシュナムルティが、南アメリカの学生たちからの質問に答えるというものだ。無線技師サチェ (Sacchet) が、私の注文しておいた〔ドイツ製ウーヘルの〕UR210 のカセット録音機を、届けてくれた。」

8月4日、「クリシュナジは、第5回で今年の最後のサーネン討論会を行った。ルディガー・ウルフ (Rudiger Wolff) が昼食に来た。午後4時にクリシュナジは、第5回のブロックウッド討論会を開いた。ドイツ人集団から八人が出席していた。〔ベルギーの〕ヒュヘス・ヴァン・デル・ストラテンも。」

翌日、「クリシュナジは午前ずっと休んだ。私は手紙を仕上げた。誰も昼食に来なかった。午後4時30分に、人物 X がドロシーに、そしてクリシュナジに、話をしに来た。クリシュナジはそこに私もいさせた。さらに二時間の批判と怨恨、そして訴訟。それはほぼ午後7時まで続いた。フランシスとタパスが〔丘を〕登って来ていたが、彼らはこのすべての間、ずっと待たされつづけていた。タパスはここに泊まっているが、それからフランシスとともにブロックウッドに来ようとしている。フランシスは、ブロックウッドのすてきな写真を持ってきた。テッド・カーテー (Ted Cartee) が、ドロシー、モンターニュ〔・シモンズ夫妻〕、私とともに夕食をとった。そして、ここで自分の寝袋で夜を過ごした。」

8月6日、「すてきな晴れた暖かい一日。私はドロシーとドリスとともにケーブルカーで、これら年月に初めて〔南西方向、ピヨン道路にあるレ〕ディアブルレ (Diablerets) に上がった。山は壮大で静寂だった。私たちは昼食の後、戻ってきた。クリシュナジは、午前にセンドラ氏に会い、次にバラビーノに会ったのを除くと、ベッドに留まっていた。〔合衆国大統領〕ニクソンは最高裁の命令により、〔ウォーターゲイト事件の録音〕テープを引き渡す。そして、それらは自らの〔従来の〕発言に矛盾することを、認める。」

8月7日、「私はさらに手紙を仕上げた。」

「トパジアが昼食に来た。彼女は、戦時中の日本の収容所での経験について、私たちに語った。」

「ニクソンは辞任しないのであれば、彼の弾劾は今や確実だ。テープの暴露により、下院と上院の議員たちは、こぞって彼の留任へ反対にまわった。」私がこの種の歴史上の目印を入れるのは、気になりませんか。

スコット　いえ、いえ。それらにより、あなたの経験が世界の経験に、位置づけられます。

メアリー　翌日、「私は早く起きて、〔合衆国の海外向け国営放送、〕ヴォイス・オヴ・アメリカのニュース放送を聞いた。〔与党共和党の有力上院議員バリー・〕ゴールドウォーターと、〔共和党上院院内総務、〕ヒュー・スコット上院議員が昨日ニクソンに会った。近々辞任との噂がある。」

「〔フランスの〕ジゼル・エルメンホーストとマルセル・ボンドノーが、パーク・ホテルで私との昼食をしに来た。彼女は、〔スイスのエドガー・〕グラーフがドイツ語の本のために翻訳の専門家を見つけるのを、手伝っている。」

「午後3時45分に、〔イタリアのブルーノ・〕オルトラニ (Ortolani) が、バラビーノの学校の地位について、私に会いに来た－そこはクリシュナジの名前を使うのだ。それから午後4時30分に、クリシュナジは、〔フランスの〕ナディア・コシアコフに会った。」

「晩のニュースで、私たちは、ニクソンがワシントン時間で午後9時にテレビ演説をし、辞任を発表することになっていることを、知った。ドロシー、モンターニュ〔・シモンズ夫妻〕と私は、午前2時に起きて、それをここの生放送で見た。辞任は金曜日正午に発効する。そのとき、副大統領のジェラルド・フォードが大統領職の宣誓を行う。」

8月9日に、「正午にフォードが合衆国大統領になった。ニクソンは〔カリフォルニア州南部、〕サンクレメンテ〔の別荘〕に行く。私たちはテレビでフォードの宣誓〔就任式〕を見た。」

「タパスとフランシスが昼食に来た。」

「午前11時30分にクリシュナジはピーター・ラーチュに会った。」

「午後7時30分に私は、オーハイのエルナ〔・リリフェルト〕に電話した。調停はまだ、インド〔南部、マドラス〕の〔本拠地〕ヴァサンタ・ヴィハーラの解決次第である。〔双方の弁護士〕コーエンとクリステンセンは、他のすべてのことでは合意している。ブラウは、私たちはヴァサンタ・ヴィハーラの返還要求なしに調停を進めなければならない。そして、それが名目に上がっている調停事の残余において、アメリカK財団に来させなければならないと、主張する。9月3日にコーエンとリリフェルトが休暇から戻る前に、何ごとも署名されるだろうことは、ありそうにない。」

10日に、「私はキシュバウのリュックサックのことで、〔サーネンのすぐ西の〕ルージュモン (Rougement) に行った。」(メアリー、クスクス笑う)「それから私は、クリシュナジがカリフォルニアで履くために、余分のウォーキング・シューズ一足を、入手した。私はナディア〔・コシアコフ〕に会い、彼女をタンネグ〔山荘〕での昼食に連れて上がった。午後は休んだ。クリシュナジはタパスに会った。晩にドロシーと私は、サーネンでのメニューイン・コンサートに行った。彼とアルベルト・リシ (Alberto Lysy) と他の人たちが、オール・ヴィヴァルディのプログラムを演奏した。」

8月11日には、〔日記のうち〕大きな本に戻っています。「灰色の朝だった。夜に、〔南東方向の〕ヴァッサーンクラート (the Wasserngrat) の頂上に雪が降った。」

「クリシュナジはよく眠った。朝食の後、彼は、新しい〔ドイツ製〕ウーヘルのカセット・プレーヤーで、〔ベートーヴェンの〕「レオノーレ序曲」と第五交響曲を求めた。それから彼は言った－「あなたがしなければならないことが、二つある。まず初めに、あなたは〔校長〕ドロシーに話をし、彼女はブロックウッドを今までそうだったように続けさせてはいけないことを、彼女に悟らせなければならない。「他」がなければならない。彼女は、それに開かれているように、自分自身に時と注意を与えなければならない。さもなければ、私はこれらの人たちに話しつづけないだろう。彼らはそのために準備できていなければならない。そうでないなら、私は退くだろう。突然にではない。だが、私は三ヶ月の代わりに、そこに二ヶ月、それから一ヶ月留まるだろう。よろしいですか。二番目に、あなたは全体を見守らなければならない。すると、あらゆるものごとがきちんとな

るだろう。私たちは〔オーハイの元Kの学校〕ハッピー・ヴァレーの100エーカーを得るであろうかのように見える。私たちは、〔今のようにロサンジェルス近郊の〕マリブではなく、オーハイに生活しなければならない。私が生きるかぎり、あなたは私とともにいるだろう。あなたはそれについて考えなければならない。たぶんあなたは、私より長生きするだろう。あなたは生きるかぎり、そことブロックウッドに生活するだろう。だが、あなたは、自分を見守ってくれる誰かを、持たなければならない。あなたには誰もいないだろう。リリフェルト夫妻とシモンズ夫妻には、お互いがいる。〔マリブの隣人、〕ダン夫妻も同じだ。ルス〔・テタマー〕には子どもたちがいる。〔アルビオン・〕パターソンは、息子だ。だが、あなたには誰もいない。だから、あなたはそれについて考えなければならないし、誰かがいるのでなければならない。」

どこでその人物を見つけるべきだったのか、私は知りませんが（スコット、クスクス笑う、ともあれ・・・私は誰もほしいと思いませんでした。「それから彼は、「エルフリーデの夫は、たぶんオーハイの近くに仕事を得られるかもしれない。でも、あなたはそれらについて考えなければならない。」と言った。」エルフリーデは〔マリブでの〕私の家政婦でした。彼は、私は誰か家で生活する人を持たなければならないという意味のことを、言いました。

スコット—ええ。

メアリー—「私は、私が手伝える程度に自らの生活と活動は、彼の存命中、彼に、そして彼の仕事に行くこと、そして、それが私にとって決定的なことであるということを、言った。私は個人的には、オーハイに生活したいという願望を、持っていない。でも、クリシュナジと彼の仕事が私の人生だ。だから、私たちは彼のために、そこに適切な住宅を建てるだろう。私はそれに支払うだろうし、私が亡くなるとき、それはアメリカK財団に所属するだろう。彼は正確さについて語った — 自らがどのように生きるかを見守ること、自らの記憶を見守ること、書き留めること、気をつけないのを、能力を見過ごすのを回避することについて、だ。精神を今訓練しなければならない。ベサント夫人はそうしなかった。彼女は〔神智学協会の活動とインド自治拡大の政治運動で〕自らの精神をすり減らした。彼女は、コーヒーとオレンジの何切れかの朝食をしたものだ。彼は、私が病気になるだろうとは思わないが、私たちが離れているとき、彼は私を見守っている。「私はそう見計らうでしょう。でもあなたは、すごく注意しなければならない。」と。」

8月12日、月曜日、「私は昼間のほとんどをデスクの仕事で過ごした。午後にはクリシュナジとドロシー〔・シモンズ〕とともに散歩した。ドロシーと私はまた別のメニューイン・コンサートに行った。クリシュナジが私にしてほしいと願ったように、私はドロシーに話をすることができた。私は彼女に対して、私がクリシュナジから彼女への一種の電話線であること — 彼女に私の視点ではなく彼のを伝えること — が気になるのかどうかを、訊ねた。私は彼女に対して、彼女はもっと時間をとり、彼がここでブロックウッドに関するこれら討論会で話してきたことに入るべきだと彼が提案することを、語った。午後にクリシュナジはトパジアに会った。彼女は彼に対して、グイド・フランコに彼の映画撮影をさせようとした。クリシュナジは「だめだ。」と言った。後で彼は私に対して、散歩中、自分は「ほとんど消えさるような気持だった」ということを言った。彼は現在、物理的に超敏感であり、ほとんど痛い。彼の頭は具合が悪い。」

スコット—私たちが進む前に、記しておく価値があると私は思います — クリシュナジが〔ブロックウッドの校長〕ドロシーに対して持っていた批判の種類は・・・

メアリー—ええ。

スコット—・・・しかも、或る面で彼はとほうもない辛抱をしていました。なぜなら、これはこのように留まっていたし、年月にわたってますます悪く、悪くなっていたからです。

メアリー—知っています。

スコット—私がいうのは、ドロシーが最終的に自らの責任から解放されたのは、十二年後のことです。

メアリー—彼女は防御的であるのを止められませんでした。

スコット—私はそれらをあまりにもよく知っています。でも、私がびっくりしたのは、クリシュナジの辛抱と、彼が彼女とともに働いたことです・・・

メアリー—ええ。

スコット—・・・そして、これが彼に何を要求したのか、彼が私たちのみんなと話をした回数です・・・

メアリー—ええ。

スコット—・・・それはただ、たまげます。そして、私がこれらに触れる理由はただ、或る面でそれはもちろん、ラージャゴパル夫妻に関して起きたことだけではなく、またインドで起きたことにも類似しているからです。抵抗、凡庸さ、敵意への彼の忍耐・・・

メアリー—敵意へ、ね。

スコット—・・・それはたじろぐほどです。ひたすらたじろぎます。彼はただ、話をしつづけ、試みつづけ、人々が聞くであろうとかを期待しつづけます・・・

メアリー—彼は、人々は変化できると言いました。そうねえ・・・

スコット—ええ。

メアリー—・・・彼は、自らの人々との関係において、扉は変化へ開いていると考えました。または、開いておきました。それは・・・私がいうのは・・・最終的に、ついに彼は行動しなくてはならなかった・・・

スコット—ええ。

メアリー—・・・何かの理由のためです・・・

スコット—彼は、絶対的、全面的な危機を回避しなくてはならなかった。

メアリー—ええ。

スコット—ええ。

メアリー—彼は、ことを正せたなら、自分自身は何でも堪えたものです・・・

スコット—ええ、ええ。でも、興味深いです。今これは1974年ですが、彼はすでに・・・そう、これは〔ブロックウッドの〕学校の始まりに掛かって五年ですね。実は四年で・・・

メアリー—ええ。

スコット—・・・彼はすでに息巻いています。その種類の・・・

メアリー—ええ、凡庸さにです。

スコット—凡庸さにです。そして、ずっと問題であった事柄すべてにです。まったくなかなかのことです。また、その頃のふつうの神話は、ブロックウッドが本当に「それ」を行っているというものでした — 教育においてクリシュ

ナジが話していることを、です。私たちは本当にみんな、…
メアリー―分かります。
スコット―…幸せに、一緒に生活している、と。
メアリー―そのとおりです。
スコット―そういうわけで、クリシュナジが批判を取り扱っていたさまを聞くのは、興味深いんです。彼はとても批判的でしたけれど、あらゆることを批判しているそれら人々が加わったとき、彼はそれを聞きました。でも、彼はそれを終わりにします。それはもちろん、これが後で起きるとき、彼はそうするためにそこにいるわけではないんです。
メアリー―結局彼はそうします。でも、あなたが言うように、彼は、本当に「もういい。」と言う前に、多くのエネルギーと多くの時間を費やしたものです。
スコット―ええ。全く際立っています。
メアリー―ええ、そうです。
スコット―これは、クリシュナジのとほうもない異常なことすべての中でも、これは、それらの一つであると、思います。
メアリー―ええ。
スコット―…それは本当に評価されていないと思います。それは、あまり論評されていません。
メアリー―まあ、或る面で、私たちがそれを見つめられるなら、彼は全生涯にわたって人々に話をした。もし、聞いていた人たちということに立って、「結果は何ですか。」と言うなら…
スコット―ええ。
メアリー―なんとまあ、私は気が狂うとか、あきらめるだろう、と思います。または、何かが起きるでしょう。でも、ない。彼はまさに最後まで続けました。(溜息)
スコット―ええ、ええ。ともあれ、私は今これに論評する価値があると感じました。
メアリー―そうです。

8月13日に、「ドロシーとモンターニュ〔・シモンズ〕は、ランド・ローヴァーで発ち、ドリス〔・プラット〕を乗せ、オランダ経由でブロックウッドに向かった。トパジアが昼食に来た。彼女は、他の人たちと自分自身の批判の荷物を、持ってきた。クリシュナジは、自らがもはや様々な場所で〔個人〕面談と講話を行おうと意図していないことを、説明した。しかし、彼女は聞かないで、話しつづけ、ものごとをクリシュナジの視点以外のあらゆる人の視点から考える。彼女はすてきだと思うが、くたびれる。クリシュナジと私はサーネンへ、良い靴屋のE.コーリ氏(Mr.E.Kohli)のところに…」彼を憶えていますか。
スコット―ええ、よく憶えています。
メアリー―「…ウォーキング・シューズを求めに行った。戻ってきて、いつものように散歩した。私たちがオーハイに建てるかもしれない住宅について、話をした。」これは、私たちが〔オーハイの東端に〕アーリヤ・ヴィハーラを得る前のことでした[6]。
スコット―知っています。
メアリー―8月14日、「暖かく晴れた一日だった。私たちは〔北東方向の〕トゥーン(Thun)にドライヴした。私たちがメルセデスをイングランドに持って行く前に、クリシュナジは、それを〔取扱業者〕モーザー氏のところのビル氏(Mr.Bill)に、よく調べてほしいと思った。トゥーンで私たちは、〔トゥーン湖の〕蒸気船フェリーに歩いたが、それはちょうど〔港を〕出たところだった。それで私は、〔東方向へ北岸の〕メーリゲン(Merligen)へタクシーに乗ることを提案した － そこで私たちは、ホテル・ビータス(the Hotel Beatus)で昼食をするはずだった。クリシュナジは、「バスに乗ろう。」と応じた。それでそうした。新しい交通機関だ。」(メアリーとスコット、クスクス笑う)「クリシュナジは、スイスのウォーキング・シューズにベージのソックスをはいた細い足首を、バスの片側にもたせかけていた。彼は全面的な優雅さと威厳のなか、少年の姿勢をしている。私たちはホテルのテラスで昼食をし、クリシュナジは人々を観察した。二羽のスズメが、黄コットンの椅子カヴァーにとまった。クリシュナジはこっそり繊細に彼らにパンくずを投げてやった。」(クスクス笑う)私たちが昼食を終えると、蒸気船が通りかかった。私たちはそれに乗って〔南岸の〕シュピーツ(Spiez)に渡り、〔湖の西北の端、〕トゥーンに戻った。〔スイス・アルプスの、オーバーラント三山と呼ばれ、南方向に連なる〕アイガー、メンヒ、ユングフラウは、晴れて壮麗だった。「来年までさようなら。」とクリシュナジはそれらに言った。車は正常な状態だと分かった。私たちは谷を運転して戻った。私たちが戻った後、クリシュナジの頭が痛みはじめた。「これは1922年から続いている。」」彼はオーハイでの〔神秘的な〕出来事のことを言ったのでした[7]。

15日木曜日、「暑い一日だった。私はタパスを昼食に連れてきて、送って行った。クリシュナジと私は暑さにもかかわらず散歩した。「私ははるか遠い感じだ。まるで何も語りたくない、触れたくないかのようだ。」」

8月16日、金曜日、「とても暑い一日だった。クリシュナジは、〔映画制作者〕グイド・フランコに会った。彼は牛〔の囲い〕の電線に頭をぶつけた。私は、〔カルロス・〕カスタネダの『イクストランへの旅(Journey to Ixtlan)』[13]を読んでいた。」― それをどう発音するにしても、です ―「クリシュナジは私にそれについて訊ねた。私は彼に、荒野と夜での「実体」についての部分を、語った － それらはその本では危険だった。クリシュナジは頷いた。彼は、〔インド南部、〕マドラス〔現チェンナイ〕の公園での敵意の感覚について語った － 彼がたそがれにそこに行ったとき、そして何年も前に〔イングランド南東部の〕アシュダウン・フォレスト(Ashdown Forest)で[14]、そして、〔マドラスでの支援者、〕ジャヤラクシュミー〔夫人〕(Jayalakshmi)が古い寺院に夜に行ったことと、そこでの悪の感覚。私は、闇が精神をそういう知覚に開くのかどうかを、訊ねた。制限された感覚のため、より損傷されやすく感じるからだ。また、知られたものの認識が知覚を充たすため、他のものごとが見えない。部分的にはそうだと彼は言った。だが、それ以上のものがある。彼は、私たちが毎日午後にとる小道を、夜であるなら、自らは歩かないだろう、と言った。多くの森は夜に脅威がある。私は〔カリフォルニアの〕セコイア〔国立公園〕について訊ねた[15] － そこで彼は一人、小屋で生活した。彼は、そこではそれをけっして感じないと言った。そこは親しみのある場所だった。「でも私は、夜にけっして外へ出かけなかった。私はいつも六時までに戻っていた。」と彼は言った。」

「クリシュナジは午後に散髪をした。マダム・デュプレー(Madame Duperex)が私に会いに来た。クリシュナジは、

暑さにもかかわらず散歩に行ったが、私は行かなかった。晩に彼は、ラージャゴパルの物語は書き留めておくべきだと言った － 彼がしてきたことのすべてを、だ。おそらく彼は、時にはちょっとそうするだろう。彼は先に、私たちがオーハイに住宅を作るなら、自分は〔K財団理事会の〕「議長」として文書を作りたいと言った － 私〔メアリー〕が生涯、そこに生活できることを保証するものだ。またブロックウッドについても、だ。」

17日に、「熱波が継続する。わずかに落ち着いたが、まだヨーロッパ中が暑い。私は郵便で、〔マリブの友人〕ダン夫妻へ小包を出した － ブロックウッド討論会のカセットをアメリカK財団に、そして、一足のハイキング・ブーツをマリブに、だ。それから私は、クリシュナジの新しいウォーキング・シューズを受け取ってきて、車にガソリンを充たすなどした。タパスは、私と〔ヴァンダの家政婦〕フォスカのために小さな繊細なハンカチをもって、丘を歩いて登ってきた。クリシュナジは彼女を説得して、昼食に留まらせた。インドでの魔術について話をした － それは私にとって宗教的ではない。彼女は若いとき、ラーマクリシュナ運動にいた。彼女はベンガル人であり、〔女性〕サンニャーシとして500マイル〔、約900キロメートル〕を歩いた。それで彼女は〔今〕、サフラン〔色の衣〕を着ていない。午後には〔ベルギーの〕スザンヌとヒュヘスが立ち寄った。グイド・フランコはクリシュナジに、その手を自らの頭に当ててもらった － 自分の受けた電気ショックのためだ。トパジアの娘が二人の友だちを連れてきて、クリシュナジに会った。彼らの誰一人として何も言うことを持っていなかった。」

「クリシュナジと私は、川へ歩いて行った。私は彼に、私に心理的変化が見えたのかどうかを訊ねた。彼は、私は条件付けに捕らわれていると思ったのか。「いいや。」と彼は言った。「あなたは執着していない。私に対しても、あなたの住宅、どんな観念に対しても、だ。あなたは自らの夫に執着していたが、今はそうではない。そういうわけで、私は気をつけて、オーハイに〔住まいを〕建てるこの問題を、考慮しなければならないのです。」と。」

「私は、なぜそれが重要であるかを、訊ねた。唯一重要であるのは、彼にとって何が必要であるかということだった。」

「「なぜなら、誰もあなたの世話をする人がいないからです。」と彼は言った。「あなたは気をつけて考慮しなければならない。私は、あなたが住宅を持つことについて〔財団理事会の〕議長として、〔エルナ・〕リリフェルト夫人に手紙を書こう。」と。今朝彼は私に、イヴリン・ブラウへの手紙を送らせた － 彼女に対して、私たちがオーハイにクリシュナジの使用のため住宅建設を考えていることについて私が昨日書いたことを、内密にしてくれるよう頼むものだ。私たちが土地を得るのが確実になるまでは、それは〔ラージャゴパルやロザリンドたちの〕敵意を増加させ、調停を阻害するかもしれない。」

「さらに散歩中に彼は、「執着していないなら、傷つくわけがない。」と言った。私は彼に対して、私について何か心理的に注目すること〔があるか〕を、せがんだ。彼は、ときに私の精神はものごとを見るのとそれについて考えるのが遅い、」(クスクス笑う)「と言った。それから彼は、自分が死ぬとき、このすべてが継続するのを見計らう誰かが、いなければならないということを、言った － 組織的な部分ではなく、精神が、だ。」

「後で晩に、彼ははるか遠くに見えた。私が訊ねたとき、自らの頭が「進んでいる」と言った。講話の後、ここ〔グシュタード〕はどうやら彼にとって休めないようだ。私はブロックウッドに行くのがうれしいだろう。私たちは、天気が涼しくなることを願う。私たちは二人とも、たくさんの荷造りをした。」

8月18日、「私たちは午前に荷造りをした。クリシュナジは再び、グイド・フランコの手当てをした。タパスが昼食に来た。彼女は一週間後に、フランシス・マッキャンとともに、ブロックウッドに来るだろう。私たちは散歩に行く前に、荷物すべてをメルセデスに積み込み、明日早くの出発の準備ができた。私たちが川から戻ろうとしていると、天気は急に変わった。雨が降りはじめ、雷と稲光。幸いにも、私たちのドライヴにとって、涼しくなるはずだ。クリシュナジは、自らが持ちつつある強烈な身体的な敏感さについて、語った。彼は、触れられるのにあまりにも敏感だ。特に頭がそうだ。三週間ほど前の強烈な冥想から「何かが起きている。」私たちは夕食をとり、早くベッドに入った。」

19日、月曜日、「目覚まし時計が午前3時15分に鳴った。クリシュナジはすでに目覚めていた。〔ヴァンダの家政婦〕フォスカは私に、自らの良い強いイタリア・コーヒーを一杯、作ってくれた。彼女は、金曜日に〔イタリア、〕フローレンス〔フィレンツェの自宅〕に戻る前に、〔タンネグ〕山荘を清掃し閉じるために、留まる。」

「私たちは午前4時までに、夜の澄んだ空気のなか、車でうねりながら、丘を降りていた。嵐で天気が変わったのだった。一日中、日を遮り、涼しくする雲の覆いが、あった － 運が良かった。私たちは自動車道に出た。クリシュナジは近頃、車中で神経質だが、そのとき彼は、落ち着くために運転しよう、と言った。〔レマン湖畔のニヨンから入ったジュラ山脈の裾野にある山村〕サン・セルグ（Saint-Cergues）に登りはじめ、ラ・キュレ（La Cure）での国境越えまで、彼が運転した。…」

スコット――ええ、そのとおりです。

メアリー――「…彼が運転することにより、彼の身体は穏やかになった。私たちは〔フランス東部ジュラ県の〕ロン・レ・サウニエ（Lons-le-Saunier）でクロワッサンを求めて停まった。そして、過去の年の道路脇の場所で、ピクニックの朝食をとったが、かなり寒かった。クリシュナジは一マイル戻った旅館を見ていた。それで、私たちは何か熱いものを求めて、そこに行った － パン・グリエ〔すなわちトースト〕つきで、彼にはヴェルヴェーヌ・ティ（香水木茶）、私にはカフェ・オレ。気分がましになり、運転を続けた。〔フランス中央部、ソーヌ・エ・ロワール県の〕シャロン・シュル・ソーヌ（Chalon-sur-Saône）をとおり、そこで自動車道を採った。私たちは午前1時30分にはパリに着き、もう一度、私たちがよく散歩をした近くの〔ブローニュの〕森で、ピクニックの昼食をいただいた。売春婦だと見える女が、角に立っていた。私たちが発ち、彼女を通り過ぎたとき、二人とも、彼女が形の崩れた顔をしているのを見て、衝撃を受けた。クリシュナジは、「まるで彼女は私の妹であるかのように感じる。もしも彼女が私の妹だったなら、私はどうするだろうか。」と言った。彼の慈悲は、彼が1961年の〔『ノートブック』の〕原稿に記述した、その人物より分割されていないあのものであるように見えた。午後2時30分までに私たちは〔ホテル、〕プラザ・アテネにいた。クリシュナジ

はベッドに入った。疲労が押し寄せる前に彼に急かされて、私は冬のウールのスラックスのために、〔シャンゼリゼ大通りの南側、〕フランソワ・プルミエ通り（the Rue Francois 1ere）のクーレジュ（Courrèges）を訪ねた。運良く、明日持って行くのに間に合うよう、三足をヘリ縫いしてもらうことができた。クリシュナジは幾つか歯磨き粉等を買って、戻って休んだ。私たちは部屋で夕食をとり、早くベッドに入った。」

8月20日、「私たちはホテルで静かな朝を過ごした。それから昼食前に、薄いジーンズを売る場所を探して、シャンゼリゼに歩いて行った。クリシュナジは、〔スイスの〕グシュタードで面談した二人の人たちが履いているものが気に入ったが、彼らが推奨していた場所は女性用であり、むしろ安っぽかった。アーケードには群衆がいた。人々はカウンターで立って食べていた。すべてにクリシュナジは吐き気を感じて、私たちは逃げ去った。彼にとってこれらの場所にいることは良くない。それは、彼の感覚にとって鳴り響く騒音のようだ。私たちは、他のスタイルのあの要塞、」（声にユーモア）「〔ホテル、〕プラザ・アテネに戻った。私は庭園で、ゆっくりと寛ぎ、美味しい昼食をいただいた。天気は快かった。暖かいのと涼しいとの中間だ。私たちは午後3時40分に、余裕を持って〔フランス北部、〕ル・アーヴルに出発した。クリシュナジは車中でどうやら、再び神経質だったが、彼は少しの間、運転し、それで寛いだ。〔ル・アーヴルの東でセーヌ川に架かる吊り橋〕タンカルヴィル・ブリッジ（the Tancarville Bridge）の近くで私たちは、先に私たちを追い抜いていった車の大事故を、通り過ぎた。警察が規制していた。私たちは午後6時30分に、〔ル・〕モナコに到着した －〔そこ〕私たちのいつもの行きつけのレストランだが、晩餐するには、午後7時15分まで待たなければならなかった。クリシュナジは言いつづけた －「ここはこれが最終回だ。この後、私たちはもう運転しない。飛行機で行く。」と。午後9時に私たちは〔英仏海峡を渡る〕ノルマンディ・フェリーに乗った。他の渡航のときほど混雑していなかった。私たちは真っ直ぐベッドに入り、静かな航海をした。」私たちは渡航に各客室をとりましたが、それで違いがありました。

8月21日、「私たちは午前7時15分までには、フェリーを降り、〔イングランド南部の〕サウサンプトンを走りぬけていた。穏やかな夏の朝だった。雲はなく、窪地から霧が立ちのぼった。「ふたたびあなたのイングランドに帰ってきたね。」とクリシュナジは言った。私もそう感じて、微笑んで、このすてきななかへの愛情に満たされた。私たちが〔ブロックウッドの〕西ウィングの正面玄関まで運転して行くと、〔校長〕ドロシーがそこを開けようとしていた。彼女とモンターニュ〔・シモンズ〕とドリス〔・プラット〕は、そこに月曜日に着いた。集会ホールは、私たちが立ち去ってから、ほとんど前進していないと見える。〔校長〕ドロシー〔・シモンズ〕の事務室と〔会計担当〕イングリッド〔・ポーター〕の部屋とドリス〔・プラット〕の部屋はすべて引きはがされている。ドロシーは、西ウィングのキッチンでの朝食のため、私たちに加わった。それからゆっくり荷物を解いて、休み、午後遅くにドロシーと〔犬の〕ウィスパーと散歩。この場所の美しさに、愛している場所に戻ったとの感覚が、加わっている。」

スコット－私たちは言っておくべきですね － クリシュナジはすでに、自分はそうしたくないと言っていたから、あなたが今回、〔イングランドまで長距離を〕運転していた理由は、メルセデスをここに持ってかえることでした。

メアリー－ええ、ええ。

8月22日、火曜日、「クリシュナジの目は涙が出て、彼の鼻のあたりには腫れがある。私たちは、アレスフォード・クリニックのライリー博士（Doctor Riley）に、明日、彼の往診をしてくれるよう予約を取った。私は、ブロックウッド集会の間、客間として用いるとき、西ウィングのダイニング・ルームで用いられる整理ダンスを求めに、〔ハンプシャー州の州都〕ウィンチェスターに行った。私は荷物を解くのを終えた。クリシュナジは、散歩に行く代わりに、ベッドに留まっていた。新しいIBMのタイプライターは、マリブのもののように校正するが、それは7月に配達された。それで何と違いが出るのだろうか。」（スコット、クスクス笑う）

23日に、「ライリー博士が初めてクリシュナジを診て、クリシュナジの症状はアレルギー性であり、たぶん彼は軽い膿瘍（のうよう）の感染があるかもしれないと考える。博士は、クリシュナジが〔ニューヨークで診てもらった〕ウルフ博士（Dr. Wolf）のアクター錠（Actar pills）を再開することを、推薦した。それは彼の助けになったからだ。彼は、幾つか目と鼻の点薬を加えた。彼はまた、鼻へのミルクは中止するよう言った － それは、先の冬にインドでパーチュリ博士（Dr.Parchure）が処方して以来、クリシュナジが気をつけて忠実に行ってきたものだった。」（二人ともクスクス笑う）彼は最良の患者でした！

スコット－分かります、分かります。

メアリー－「ドロシーと私は野原に歩いて行き、戻った。木立（グローヴ）では幾らか刈り込みをした。クリシュナジは起きて、テレビで〔アメリカのニューヨークを舞台とした〕『刑事コジャック（*Kojak*）』の番組を見た。」

それで、24日には、私たちは〔日記のうち〕小さな本に戻らなくてはいけません。

「私たちはお使いで、〔東南方向の〕ウェスト・メオン（West Meon）と〔東方向の〕ピータースフィールドに行った。クリシュナジとドロシーと私は、木立（グローヴ）でさらに幾らか刈り込みをした。薬はクリシュナジの助けになりつつある。」

8月25日、「私は西ウィングに花々を据え付けて、ダイニング・ルームをもう一つの客間に改装するのを終了した。フランシス・マッキャンとタパスが午後に到着した。フランシスは予備の部屋にいる。クリシュナジとドロシーと私は散歩をした。刈り込みは彼にとってはあまりに疲れる。私たちは散歩道全部を行った。」それは、木立のまわりすべてと小道を、という意味です。「〔講話会場の〕テントが広場に部分的に立っている。テッド〔・カーテー〕と他の人たちが、とてもすてきな木造のお手洗いと、キャンプする人たちのための料理用テントを、建てた。私たちはテレビで、〔アメリカの人情喜劇〕映画『静かなる男（*The Quiet Man*）』を見た。」あれはすてきな映画でした。

スコット－ここ西ウィングの上のこのダイニング・ルームについて、何かを言いましょう。私は、あなたたちのどちらもがあのダイニング・ルームで食事したことがあったのを、全く知らなかったです。

メアリー－それはありましたよ。でも、多くはなかった。それは元来、私たちが初めてブロックウッドを得たとき、

そこはヴァンダ〔・スカラヴェッリ〕のための部屋だと考えられていましたが、ヴァンダはまったく来なかった。で、私はそこをダイニング・ルームにしました。私たちがブロックウッドを買ったときの理論は、おそらくいつの日か、誰にも分かりませんが、クリシュナジは長い期間にわたって、ここに留まらなくてはならないだろうし、学校は開校していないかもしれない、というものでした。学校に何が起こるだろうかは、誰も知りません。でも私は、学校には依存せず、西ウィングで機能し、彼の世話をし、彼のために料理をし、あらゆることをすることができました。それが、西ウィングに関する元来の意図でした。そして元来、階下の図書室は、〔元秘書〕アラン・ノーデの仕事部屋でした。私たちが邸宅を買ったとき、そこになかったカウンターと本棚があります。それらはアランが使うために入れました。そして、アランの部屋は、今あなたがいる部屋です。

スコット―ええ。

メアリー―それから、彼が去ったとき、クリシュナジはアランの仕事部屋を、学校に図書室として譲ることを、決断しました。クリシュナジは小さな青い部屋を、面談するために···

スコット―小さな面談室ね。

メアリー―···取っておきました。でも、結局のところ、ご存じのように、彼はそこも学校に譲りました。」

スコット―ええ、ええ。

メアリー―それがことの進展でした。

「8月26日、「クリシュナジは、「すばらしい冥想」があったと、言った。彼は幸せで元気に見えた。テントの準備には多くの仕事があった。散歩。講話の後まで、もはや刈り込みはないが、私たちは本当にたくさんやった。」そして、私の日記には言います –〔元飛行士、〕チャールズ・リンドバーグがハワイ、マウイで癌のため亡くなった。」

8月28日に、「メアリー・リンクスが列車で来た。私は正午に〔東方向の〕ピーターズフィールド〔駅〕で彼女を出迎えた。私たちは昼食の前と後、クリシュナジと話をした。彼女は、〔自らが執筆したクリシュナジの〕伝記では扱わなかった彼の神秘的な力について、疑問を持っていた。クリシュナジはそれを、自らが持ちうるだろうが、使用するのを選ばない能力と、叙述した。「他の人たちの私的な手紙を読むようなものだよ。」私たちは、彼の〔イギリスでの〕市民権の申請用紙についての、メアリーの疑問について調べた – 彼の母親の名前はジドゥー（Jiddu）であった。」それは旧姓という意味です。「彼女は、彼の父親の一番上の従妹だった。」

スコット―ふむ···

メアリー―私はそれを忘れていました。

「私はメアリーを、ロンドンに戻る午後5時45分の列車に、送って行った。クリシュナジはドロシーと散歩した。私は夕食の後、散歩し、ジム・ファウラー（Jim Fowler）に会いに立ち寄った – 彼はコテッジの一つにいるが、三週間前に心臓発作を起こし、ちょうど退院したばかりだ。ニューヨークの私の弟〔バド〕から手紙と、〔弁護士の〕コーエンからの最新の調停合意の草稿が、あった。」

翌日、「クリシュナジは再び、「すばらしい冥想」があったと、言った。彼は、ラージャゴパルと長年の自分たちの関係について、幾ページも口述した。私は、それと幾つかの手紙をタイプで打った。彼と私は午後に、いつものように散歩した。〔犬の〕ウィスパーは何かに刺された。クリシュナジは彼女をなでてやった。私たちは〔地元の人で元地主の〕モートン氏（Mr. Morton）に出くわしたとき、幸いにも彼女をきつい革紐に繋いでいた。私は彼に対して、冬の間、メルセデスのために、彼の車庫の空き間を借りられるのかどうかを、訊ねた。」

スコット―それら、ラージャゴパルに関するクリシュナジのメモ書きは、どうなりましたか。

メアリー―持っていますよ。

スコット―持っていますか。

メアリー―ええ。私は自分のファイルに入れています。実はそれは書物に出版されました。

30日に、「私は、〔インド外交官で友人の〕ナラシンハンがクリシュナジの〔イギリス〕市民権に関して、内務大臣に会いに来ることについて、国連のポパヴィック氏（Mr. Popavic）に電話をかけた。〔週末からの〕講話のために人々が到着した。邸宅は一杯だ。」

翌日、「クリシュナジは、第1回のブロックウッド講話を行った。私たちはテントで食事をした。天気は中程度に良かったが、テントは一杯だった。私たちは午後に散歩をした。」

9月1日に、「クリシュナジは、第2回のブロックウッド講話を行った。後で私は西ウィングのキッチンで、彼にサラダと果物を出した。それから彼は、みんなとの残りの昼食のために、テントに戻った。雨と風があった。私たちは午後に散歩した。」

翌日、「大雨と強い風があった。にもかかわらず私たちは散歩した。」（二人ともクスクス笑う）「私たちは、ボーム夫妻、ドロシー、テッド・カーテー（Ted Cartee）、ジョー・ゾルスキ（Joe Zorski）とハーシュ・タンカー（Harsh Tankha）の会合を、開いた – 10月の科学〔者たち〕の会合について、だ。ジョージ・ディグビーが、クリシュナジの〔イギリス〕市民権への申請に署名した。メアリー・L〔リンクス〕は、クリシュナジの市民権申請に関する幾つかの応答の言い回しを、私に提案した。」

9月3日、「クリシュナジは、激しいにわか雨と強い風にもかかわらず、テントで公開討論会を行った。私たちはまたもや、昼食の始めを自分たちのキッチンでとり、それからテントで食事を終了した。クリシュナジは、良い議論だと言った。」

翌日、「私は、お使いと、クリシュナジのためにカーディガンを買うために、〔西方向の〕ウィンチェスターに行った。天気はまだ雨降りだ。私たちは午後遅くにいつものように、散歩した。」

スコット―これはここに入れる価値があるのかどうか、私は知りませんが、雨と風はとてもひどかったので、···

メアリー―ええ、ええ···

スコット―···テッド・カーテーと私は、講話の全体をとおして、···

メアリー―槌で打ちつづけなくてはいけなかった。

スコット―···〔会場の〕テントを支える杭を、槌でもとの地面に打ちこみつづけなくてはいけませんでした。杭は長さ3フィート〔、約90センチメートル〕以上でした。

メアリー―ええ。

スコット―···それらは、ふやけた地面から、風により引き抜かれつつありました。私たちは結局、それらを、5フィー

ト〔、約150センチメートル〕の柵の支柱で置き換え、それらを杭で完全に地面に打ち込みつつあったんですが、それらもやはり引き抜かれつつありました。

メアリー―まあ、私は内側から、憶えています－テントのキャンヴァスは…それで私は船の帆を思い起こしました…

スコット―ええ。

メアリー―それは上がって、それからずーーっと降りてきたものです。毎回私は、今回はすっかり下まで降りてくるだろうかと思いました。

スコット―まあ、そういうことです。テントが崩壊するだろうというまさに本当の心配が、ありました…

メアリー―みんなの上に崩壊するだろう、と。

スコット―ええ。毎朝、私は目覚めて、テントが確かにまだそこにあるのか、分からなかった。全く尋常ではなかった。

メアリー―私は内側からそれを憶えています。気持ちは…ああ、さてさて、と。

スコット―ええ。そして、文字通り、私たちがずっとテント回りを槌で杭をもとに打ち込んで戻ったときには、私たちが始めた杭は、すでに抜けていました。

メアリー―なんてまあ。

スコット―尋常じゃなかった。私たちは、あの天気で丘の頂上のテントにいる筋合いはなかった。本当に、危険でした。

メアリー―テントが…人々が丘の頂上にテントを立てることが大嫌いな年が、いつかあったと思います。

スコット―まあ、なぜその年、彼らは来て、何か劇的なことをしなかったのか、私は理解できません。彼らが対抗すべき他のテントを持っているのでなければ、ね。なぜなら…

メアリー―ええ。

スコット―…滑稽でしたから。

メアリー―あの重いキャンヴァスが、もしも倒れていたなら、人々はけがをしていたでしょう。

スコット―ああ、そうです。誰かが死んだかもしれません。

メアリー―テントには、大きな中心の柱と、そういうものがありました。

スコット―もちろん、中でも一番危害を受けやすい人物はクリシュナジでした。なぜなら、彼は演台に座っていたからです。だから、彼が一番高い地点でした。

メアリー―ええ、一番高い地点です。

スコット―だから、彼には一番重みが掛かったでしょう。

メアリー―わぁ！

スコット―ともあれ、です。

メアリー―インドの歌手、ラクシュミー・シャンカール（Lakshmi Shankar）が来た時が、ありました。私は、彼女がそのようなことのなかで歌っていたのを、憶えています。彼女はただ続けました。私は、大した歌唱だと思いました…このヒューといって…

スコット―ええ。

メアリー―9月5日に、「雨がしっかり降りつづけた。私たちは、泥を吸い取るために、テントに麦わらを充たした。クリシュナジは、第2回の公開討論会を開いた。とても良かった。彼と私は、階上でサラダを、そしてテントで残りの昼食をとった。私は、バート・グリーンバーガー（Burt Greenberger）に話をした。彼は、ニューヨークのコロンビア・プレスビテリアン病院（ColumbiaPresbyterianHospital）のために自らが作っている死の諸相に関する映画に、クリシュナジを求めている。午後4時にクリシュナジと私は、〔ハンプシャー州の州都で西方向の〕ウィンチェスターに行った。そこでは、宣誓のための弁務官の前に、クリシュナジは、イギリスの市民権への申請に署名した。私たちは戻ってきて、雨の中を散歩した。〔建築家〕イアン・ハモンドは、集会ホールを科学者たちの会合に使うように強いる費用は法外だ、と言う。彼はまた、邸宅に必要だと分かった配線のやりなおしの費用は、自分が金銭的に手伝おう、と言う。クリシュナジは、一日中の活動の後で疲れている。」

翌日、「私はほとんどデスクで仕事をし、お使いで〔東方向の〕ピーターズフィールドに行った。怖ろしい天気が継続する。交互に激しいにわか雨と幾らかの日射し。私たちは、吹き付ける雨の中、散歩した。」

9月7日、「激烈な風が、二本の大きなブナの樹を、根こそぎにした。クリシュナジは、強い風にもかかわらず、第3回のブロックウッド講話を行った。ラクシュミー・シャンカール、その娘と太鼓奏者が、クリシュナジに表敬して、テントで独唱会を、行った。雨と泥と風があった。私たちはそれらにもかかわらず散歩をした。」

翌日、「ついに日射し。クリシュナジはテントで、第4回の講話を行った。ジェーンとイアン・ハモンドは、キッチンで私たちとともに、ピクニックの昼食をとった。その後、クリシュナジと私はテントに戻った。これは最後の講話だったので、人々は立ち去りはじめた。」

9月9日、「私は、午前9時50分のロンドン行き〔の列車〕に乗った。幾つかのお使いの後、私はメアリー・L〔リンクス〕と昼食をした。私たちは、〔クリシュナジの〕伝記のための写真を調べた。それから私は、クリシュナジのためのモラット（Molat）を求めに、健康食品の店に行った。」

スコット―それは何ですか。

メアリー―それが正しくは何だったのか、私は忘れてしまいました。何か栄養豊かなもので、すごくまずい味がしました。（スコット、笑う。メアリー、クスクス笑う）「それから私は、〔国連の〕ポポヴィック氏（Mr.Popovic）にクリシュナジのインド・パスポート、そして、〔イギリスの〕内務大臣にイギリス市民権の申請を、出せるところに行った－そのことで〔インド外交官で友人の〕ナラシンハンは金曜日にロンドンに来ようとしている。それから私は、クリシュナジのベッドのためのモヘア織のカヴァーを得るために、バスで戻った。結局私は〔サウスバンクに近いターミナル、〕ウォータールー〔駅〕に着き、午後5時にブロックウッドに戻っていた。」

本当に、次の二、三日間は、意義深いことがありません－9月12日までは。その日、「クリシュナジと私は列車でロンドンに行った。いつもの〔仕立屋、〕ハンツマン。そこで彼は、自分のための二本のズボンへのツィードを幾らかと、私のためにロウ（Rowe's）で作られる一着のスカートを、選んだ。クリシュナジは散髪をした。それから昼食のため、フォートナムでメアリー・L〔リンクス〕に会った。クリシュナジはメアリーに対して、〔亡くなった自分の弟〕ニトヤはどのようだったのかについて、質問をした。私たちは午後6時までに〔列車で〕ピーターズフィールドに戻った。クリシュナジは私に対して、「自分はとても遠く離れている」ので、自分を見守ってくれるよう言った。クリシュナジは、〔ボンベイの〕ナンディニ〔・メータ〕（Nandini）

から、手紙を受けとった － 彼女は、ローマのヴァンダ〔・スカラヴェッリ〕のところにアムル（Amru）とともに泊まっていて、そこで昼食にロザリンド・ラージャゴパルに会った。」

それから〔日記のうち〕大きな本には、二つ、クリシュナジと私との間での部分的な会話だと見えるものがあります。
クリシュナジ－「私は、弟〔ニトヤ〕がどのようだったのかに興味を持っていて、知りたい。なぜなら、ここ二、三日、それが私につきまとってきたからです。私はすごく礼儀正しいんでしょうか。ここ二、三の夜、私は弟の夢を見ました － 奇妙な夢です。弟と私が話をしていた。ラージャゴパルが入ってきた。私たちは彼を押した。深く根づいた苦悩とか痛みとか苦しみ…または、おもしろい感覚か。」
メアリー－「それらの夢はつらかったんですか。」
クリシュナジ－「時には彼は列車に乗っている。私はそれに乗ろうとして、できない。または、彼は川に落ちようとしている。私は彼を捕えようとして、できない。」
メアリー－「おもしろいのはどうですか。」
クリシュナジ－「時には私たちは笑っています。」
メアリー－「この身体的な敏感さは、いつ訪れましたか。」
クリシュナジ－「グシュタードの前です。」
メアリー－「まったく突然にですか。」
クリシュナジ－「ゆっくりとです。もちろんそれは頭で始まりました。私たちがブロックウッドに戻ってきたとき、敏感さは時には、頭の痛みに先行します。時にはそれらは相伴います。」
メアリー－「それは今日、ロンドンでもありましたか。」
クリシュナジ－「私は分からなくなっていました。」
メアリー－「昼食でも？」
クリシュナジ－「ちょっとね。」
メアリー－「散髪は気になりましたか。」
クリシュナジ「ちょっとね。私は理髪師にゆっくりやるよう言いました。」

スコット－さて、彼が言及しているこの敏感さは、何だったんでしょうか。
メアリー－まあ、彼は、増大した敏感さについて、私と話をしていました。

9月13日に、「〔インドの外交官で友人の〕ナラシンハンがパリから飛び越えてきた。彼は、クリシュナジのイギリス市民権への申請について、〔イギリスの〕内務大臣、ロイ・ジェンキンスに手紙を書いて、内務省のハーマン氏という人（a Mr. Herman）に話した。彼は正午に空港から電話をかけてきた。彼はニューヨークへの飛行機に乗ろうとしていたからだ。通信が良くなくて、聞きにくかったが、私は後でそれについて、国連事務局のポポヴィック氏に話をした。」

「私は午前ずっと自分のデスクで仕事をした。学校に関するタンネグ・ブロックウッド討論会の継続のために、シドゥー両博士（Drs.Siddoo）、〔すなわち〕ジャッキー（Jackie）とサルジト（Sarjit）姉妹が、〔カナダ西海岸の〕ヴァンクーヴァーから到着した。また、ドイツ語圏の将来の学校のグループから、四人の人たちもだ － ノイシードラー博士（Dr.Neusiedler）、ルディガー・ウォルフ（Rudiger Wolff）、ムドラー（Mudler）、ディヴィッド・ロドリゲス（David Rodriguez）だ。」

14日には、「午前11時30分にクリシュナジは、学校に関するタンネグ・ブロックウッド討論会の続きを開いた。彼は昼食の後、ドイツ語圏の学校グループにだけ会った。」
スコット－私たちはみんな、それらに出席していましたよね。あのグループだけではなかったかな。
メアリー－ええ、ええ。そのとおりです。
スコット－それに職員全部が加わっていたと思うんですが。
メアリー－そう思います。

「ドイツ語圏の学校グループは、オーストリアに自分たちの学校を持つことを計画する。昼食でクリシュナジはシドゥー姉妹に対して、私が彼女らの委員会に加わるべきだ、と語った。これは、私に前もって言わないで、だ！」（笑）私は彼女たちの委員会に加わりたくなかったわ！「クリシュナジとドロシーと私は散歩した。」

「次の二日、クリシュナジはさらに二回、教育の会合を開いた。」

また16日に、「クリシュナジと私は、ヴァンクーヴァーでのシドゥー姉妹の学校について、彼女たちに会った。タパスが出席していた。クリシュナジ教育センター（The Krishnaji Educational Center）と呼ばれるべきもので、クリシュナジが名誉議長、ジャッキー・シドゥーが校長、サルジト・シドゥーが副校長、スミス氏という人（a Mr. Smith）が事務長、財務担当者だ。私は理事会に入るよう頼まれたが、代わりにエルナ〔・リリフェルト〕を推薦した。」（二人とも笑う）
スコット－あなたはとっても気前が良い！
メアリー－そうよ！（笑う）まあ、それで分かりました。「クリシュナジと私は、〔犬の〕ウィスパーとともに散歩に行った。ドロシー〔・シモンズ〕は気分が良くない。晩にクリシュナジは、問題を抱えている或るブロックウッドの教師に、話をした。」

17日に、「クリシュナジは、同じグループとともに、教育に関する第4回の討論会を、開いた。「聞く行為。」昼食の後すぐ、私はお使いで〔東方向の〕ピータースフィールドに行った。それから友だちに会うために、〔南東方向に、ウエスト・サセックス州チチェスターの〕イースト・ディーン（East Dean）へ運転して行った。」－ フィルとクリストファー・フライ[19]です。「私たちは話をし、お茶をいただいた。とても快かった。私は、クリシュナジに夕食を調えるのに間に合うよう、戻った。クリシュナジは〔犬の〕ウィスパーと散歩したのだった。クリシュナジは、ドイツの学校グループのトップ、ノイシードラー博士に面談を行った。」

翌日に、「クリシュナジは、同じグループとともに、教育に関する第5回で最後の討論会を、行った。その後、私はデスクの仕事をした。それから午後に、クリシュナジと散歩に行った。晴れた一日だった。私はシドゥー姉妹へ、彼らの教育センターの構成に関して、話をした。アンネッケ〔・コーンドルファー〕はオランダに発った。」

19日に、「ヴィッキー（Vicky）とアンキル（Ankil）は、何ヶ月間かブロックウッドにいたが、彼らは去ろうとしている。」それは、あなたにとって何か意味していますか。
スコット－いいえ。
メアリー－「彼らはウィンチェスターで結婚した。ドロシーが証人だった。私はさらにデスクの仕事をした。クリシュナジはタパスに面談を行った。」

スコット—〔録音〕テープが切れてしまいました、メアリー。

原 註

1）「献身」を表すサンスクリット語。
2）イチゴ。
3）ふつう子どもたちに対する、フランス語の表現。ベッドに入ることを意味している。
4）どの点でもクリシュナジに無関係な人。彼は悟りを開いたと主張し、クリシュナジが例年の講話を行うとき、毎年「たまたま」サーネンにいた。彼は、クリシュナジを聞きに来た人たちから、自らの小規模な講話のために、あからさまに聴衆を集めた。
5）〔サーネン〕地域の〔標高 1920 メートルの〕小さな山。
6）パイン・コテッジ（Pine Cottage）— クリシュナジが青年のとき生活したところ — と、アーリヤ・ヴィハーラ — ニトヤが亡くなったところ — は、結局、調停の合意の一部として取得された。メアリーはパイン・コテッジに、クリシュナジと自分自身のための住宅を建てた。
7）これは、「プロセス（the process）」として知られることになったものについての、最初の記録である。
8）ジム・ファウラーはブロックウッドの職員だった。

訳 註

*1 1916-2008; ヨーガ行者で、霊的教師。1963 年から亡くなるまでディヴァイン・ライフ協会の会長を務めた。
*2 1936 年にスワミ・シヴァナンダ・サラスワティによりリシケシに創設されたアシュラムと霊的組織。その後、世界各地に展開された。
*3 P.Jayakar(1986)の第 36 章「宗教的探究の本質としての疑い」には、信仰と献身に基づくバクティは西洋のキリスト教に類似するものとされ、インドの懐疑と探究に基づく宗教と対比され、その劣化だと評されている。
*4 A Looping. 未確認。時計用のバンドかとも思われる。
*5 メアリーの父は、かつて当時最年少でニューヨーク証券取引所の所長を務めた。Youtube 上の Interview with Dr.Scott Forbes, by Reza Ganjavi による。
*6 例えば D. ボームとの 1980 年の対話 The Ending of Time の Dialogue 2 の末尾で K がそれを披露している。Pupul Jayakar (1986) p.341 には、同じ話が出ているほか、ソ連の宇宙飛行士が宇宙空間で神を見たかについて、フルシチョフ共産党書記長とローマ教皇に話した話も出ている。
*7 スコットは Youtube 上のインタビューで、K が普段使いの鉄のものを使っていたこと、世界各地への旅行のために時計の調整が必要であったことを、述べている。
*8 後に第 43 号によれば、彼は不満を持ってブロックウッドを去り、日本の禅堂で四ヶ月間修行したが、幻滅して戻ってきたようである。
*9 インドの本が誤字や文法的問題を幾つも含んでいたことは、翻訳者自身も 1980 年スリランカの四回の講話を翻訳するとき、経験した。
*10 his feet are getting cold. これは「怖じ気づきつつある。」といったニュアンスなのかもしれない。
*11 Youtube 上のインタビューでは、K がスコットに対してメアリーの世話をするよう依頼したことが言われている。また第 1 号の序論には、「メアリーは私にとって大いに第二の母であった。彼女が言うには、私は彼女自身の持たなかった息子であった。」などと言われている。
*12 ラッチェンスの伝記第三巻によると、ドロシー・シモンズは、1983 年 6 月に心臓発作を起こして入院した。直後に四人の運営委員（スコットを含む）が任命され、1985 年の夏に正式に退任した。
*13 ペルー生まれで米国の文化人類学者、作家によるヤキ・インディアンの呪術師「ドン・ファン」の教えに関する著作。
*14 ロンドンの南 48 キロメートルにある自然豊かな観光地。8 号に

よれば、オックスフォード受験を目指して勉学していた時期である。
*15 ここでの滞在に関しては、第 13 号、1970 年 4 月 5 日の記述と訳註を参照。
*16 未詳。M.Lutyens (1996) に使用された部分を言うのであろうか。
*17 beach trees とあるが、beech trees と読んだ。
*18 上では、Popavic という表記である。
*19 第 23 号の原註を参照。

第 33 号　1974 年 9 月 20 日から 1974 年 12 月 31 日まで

序　論

メアリー・ジンバリストの回顧録　第 33 号

この企画の校正者は、この号を読んだ後、一つの時代の終わりともう一つの始まりのように感じる、と言った。彼女は正しい。

ラージャゴパルに対する長い訴訟は、最終的に決着する。その調停においてアメリカ・クリシュナムルティ財団が取得する資産は、現在のクリシュナムルティ財団の事務所、アーカイヴズ〔資料保管庫〕の建物、クリシュナムルティ研修センター、幾つかの職員住宅（すべてが〔オーハイの〕谷の東端にある）と、西の端の〔メイナーズ・オークスにある、オーク・グローヴの〕クリシュナムルティ学校の基礎〔の土地〕である。調停によりまた、パイン・コテッジはクリシュナジに返された。そこは、かつてクリシュナジが自らの家だと感じた唯一の場所である、と私は信じている。彼はそこで、第二次世界大戦の年月を過ごしただけでなく、彼は少年として〔1922 年 7 月に初めてオーハイに来てから〕、自らの弟、ニトヤとともにそこで生活した。パイン・コテッジの前には、有名な胡椒の樹がある。〔1922 年 8 月に〕その下で彼は初めて、〔神秘的な〕「プロセス（the process）」を経験した — すなわち、クリシュナジの多くの伝記において議論されてきたことだ。パイン・コテッジから 100 ヤード〔、91 メートルほど〕以内に、アーリヤ・ヴィハーラがある — そこでニトヤが〔1925 年 11 月に〕亡くなった古い住宅だ。パイン・コテッジは結局、拡張され、建て増しされて、クリシュナジとメアリーの家になることとなった。そして、クリシュナジとメアリーがどちらも亡くなった場所である。

これが新しい時代の始まりであるというもう一つの意味は、クリシュナジがメアリーを自らの代理にしたことが明瞭だったことである — 彼が余生の間、感じつづけたことだ。私が、自らが参加した多くの逸話でもって、支持できる主張だ。これは、彼女が際立って模範的なやり方で果たした役割である。

ここは、多くの人たちの注意を免れてきたような明白なことを、述べる場所なのかもしれない。すなわち、クリシュナジの生活と彼の仕事の体裁は、メアリーのおかげで劇的に変化した。メアリーは、クリシュナジがはるかに快適な生活様式を持つことを、可能にしただけではなく、メアリーのおかげでクリシュナジは、ラージャゴパルとその仲間たち（クリシュナジは彼らをそう読んだ）の掴みかかる手から、最終的に逃れることができた。まず第一に、この結果として、

クリシュナジは自らの著作権を回復した。そして、新しい出版を見計らうために、イングランドにクリシュナムルティ信託財団（the Krishnamurti Foundation Trust）が、形成された。すぐ後で、メアリーは、アメリカ・クリシュナムルティ財団（the Krishnamurti Foundation of America）を立ち上げるのを、手伝った。メアリーの支援でもって、クリシュナジの講話と討論会は、膨大に拡大し、諸々の大学と特別に関心をもつグループ（例えば心理学者、科学者たち等）との彼の接触は、発展した。メアリーはまた、ラージャゴパルに対する法的訴訟の費用のほとんどを、負った － それにより、上述の発展という結果、さらに、〔インド南東部マドラスの本拠地〕ヴァサンタ・ヴィハーラを、〔後に〕インド・クリシュナムルティ財団（the Krishnamurti Foundation of India）になるものに返却するという結果になり、そこは彼らの本部になった。事実、「メアリー前」と「メアリー後」のクリシュナジの生活像と、彼の仕事の広がりは、劇的に異なっているので、そのため、多くの面でそれらは二人の別人の生活と仕事のように見える。

メアリー・ジンバリストの回顧録　第33号

メアリー－私たちはブロックウッドにいます。そして、1974年9月20日です。クリシュナジにとって、大したことは起きませんでした － 或る女性とその娘との〔個人〕面談以外は、ね。彼らの名前は日記にあるし、私は彼女たちを憶えています。母親は「ものに取り憑かれる」と思われていました。

スコット－それについて教えてください。

メアリー－母親は、自分がものに取り憑かれていると感じました。娘は母親をクリシュナジへ連れてきました。おおよそ私が思い出せるところでは、クリシュナジは彼女に話をし、それから彼女に対して、自分に属しているものを何か、彼に送るよう、言いました － 指輪か宝飾品かのようなものか、何か彼女のものを、です。彼女はそうしました。或る種、銀のものを送りました。私は忘れましたが、ピンか指輪でした。彼は二、三日間それを持ちつづけていて、自分のベッド脇のテーブルに乗せておき、定期的に触れました。それから彼はそれを送りかえしました。

スコット－後で彼女から、何か言葉がありましたか。

メアリー－私は思い出そうとしています。たぶん、〔後で〕それに出会うでしょう。

スコット－いいです。

メアリー－翌日、「まだ寒く雨が降っている。クリシュナジは午後に、シドゥー姉妹とタパスに、彼らの〔教育〕センターとその構成について、話をした。」

22日に、「私は運転して、サセックスの友だち、〔アメリカ人著作家、芸術家の〕フレール〔・カウルズ〕（Fleur）と〔その夫〕トム・メイヤー（Tom Meyer）に会いに行った。私は6時までにブロックウッドに戻っていた。タパスとシドゥー姉妹はカナダへ発った。」

9月23日に、「さらに強い風と」（スコット、笑う）「さらに雨。クリシュナジと私は、午前10時30分のロンドン行き列車に乗った。街の交通は遅かったので、そのため、私は予定された仮縫いのためにロウ（Rowe's）に行けなかった。私たちは代わりにハンツマンに行った。クリシュナジはそこで下地に触れただけ。それから私たちは、〔書店〕ハチャーズに行き、そこで幾つか探偵小説を買った。」

「私たちは、フォートナムでメアリー〔・リンクス〕と昼食をし、〔クリシュナジの〕伝記の第一巻の微妙なところについて、議論した。現在、それは『クリシュナムルティ　開けゆく歳月（Krishnamurti: The Years of Unfolding）』であるが、クリシュナジは〔題名が〕気に入らなかった。彼は「開けゆく」という言葉が気に入らなかった。」

「メアリーとジョー〔夫妻〕は今週、休日でフランス南部に行く。クリシュナジは、デザートにストロベリー・アイスクリームをとった。」（スコット、クスクス笑う）「盛りつけがかなり小さかったので、彼はもう一つもらった。」（スコット、クスクス笑う。メアリー、クスクス笑う）「彼は子どものように喜んだ。私たちは階下で幾つかチーズとコーヒーを選んだ。私は彼に、彼の求めていたベートーヴェンの第九交響曲の録音を、入手した。それは、戸棚に置かれたポータブル・プレーヤーで演奏できる。」

「それから私たちは、トンプソン氏のところに行った。」－ それは歯医者です －「彼は、クリシュナジはさらに虫歯があり、抜歯が必要かもしれないと警告した。私は気を揉んだが、彼は後で、今日それらを一度にみなごっそりと抜いてもらう用意ができていた、と言った。私は外で待ったが、それから、左上の犬歯の横の臼歯を一本抜くのを決断するのを手伝うよう、呼び入れられた。そこは虫歯になっていた。クリシュナジは「いい。」と言った。トンプソンは、それは相当楽に抜けるだろう、だから〔局所麻酔薬の〕ノヴァケインとX線、それからしっかり抜く。おぞましい音。そして抜けた。一本の虫歯の歯の根一つと、健康なもの一つ。私はまたもや、クリシュナジの手に畏怖を感じた － それらをとおしてずっと、彼の指は、握りしめず、伸ばしたままだった。」そう、彼は手を寛がせて座っていたのよね。

スコット－よし、そんな緊張していなかった、と？

メアリー－ええ、ええ。彼の指はただ伸びて、寛いでいました。懸命に椅子の肘掛けに縋りついていませんでした。

スコット－ええ。私は、ただ歯をきれいにしてもらっているだけのときでさえ、そうします。（二人ともクスクス笑う）

メアリー－「トンプソンは、これが珍しいこと、そして、どれで筋肉がどのように寛ぐかについて、批評した。それからクリシュナジは、十分間横にならなければならなかった。彼は、気分はよいと言った。10月10日の次の予約では、もう一本の歯を抜かなくてはならないかもしれない。トンプソン家は、日曜日にブロックウッドに来るよう、招かれた。」それは彼とその奥さんです。

「雨が降っていた。私は、クリシュナジをすばやく〔ターミナルの〕ウォータールー〔駅〕に送るために、〔歯科医院の〕すてきな秘書に、タクシーをつかまえるのを手伝ってもらった。彼女は成功した。彼は待たなくてもよかった。彼はタクシーの中で、自分は身体に対して、おそらくすべての歯を抜く準備しなければならないと言っておいたということを、言った。」

スコット－わぁ。

メアリー－「「私はそれを訓練してきた。」と彼は（自らの身体に言及して、）言った。私たちはすばやくウォータールー〔駅〕に着いて、真っ直ぐに、午後5時14分の列車の空の客車に入ることができた。クリシュナジは完全に元気に見えて、六冊の新しい探偵小説の一つを開いた。彼が安全にベッドに入り、夕食のトレイを持ったとき、私はうれしかっ

た。私は午後9時までに、突然に疲れはてた。彼は、私が代わりに苦しんでくれたのだと言った。」(二人ともクスクス笑う)「たぶんそうなのかもしれないが、私は感謝してベッドに入った。」(再びクスクス笑う)

24日は、私にとって「デスクの仕事と洗濯。」でした。「新学期の始まりのために、学生たちがみんなここにいる。クリシュナジは、抜いた歯からの痛みはない、と言う。私は電話でメアリー・L〔リンクス〕と、〔Kの伝記の〕本の副題について会話をした。クリシュナジはそれについて考えている。」

翌日、「クリシュナジは、伝記の副題を考えた‐『クリシュナムルティ 目覚めの歳月(Krishnamurti: The Years of Awakening)』だ。」

スコット—ふむ。(二人ともクスクス笑う)

メアリー—「それは夜に彼の心に浮かんだ。彼は喜んでいる。メアリーもそうだ。運良くジョン・マレー(John Murray)もそうだと分かった。」‐ それは出版社です。「新しい題名が、『クリシュナムルティ 開けゆく時代(Krishnamurti: The Years of Unfolding)』の代わりに、ちょうど印刷に間に合うよう、到着していた。クリシュナジはまた、自らが午前4時に目覚めたとも言った。「あたかも私はあらゆるものごとから完全に浄められたようだった。精神は洗いつくされ、清潔で健康的だ。それよりはるかに、ものすごい喜びの感覚、忘我〔エクスタシー〕だった。」」

スコット—ふむ。

メアリー—9月26日に、「メアリーとジョー〔・リンクス〕は、〔フランス南東部、イタリア国境に近い〕サン・ポール・ド・ヴァンス(St.Paul de Vence)での休日に発ったが、〔メアリーの娘〕アマンダ経由で、ジョン・マレー〔社〕が副題「目覚めの歳月」の変更を了承したことを、伝えていた。アマンダはまた、〔Kの元秘書アラン・〕ノーデがメアリーに対して、自らの父親が南アフリカで亡くなろうとしていること、そして彼は、ロンドンに立ち寄り、そこに行くかもしれないことを、電話してきたことをも、言った。」

9月27日、「私はお使いで、ロンドン行きの早い列車に、一人で乗った。クリシュナジのためにレコード数枚、そして、フェラガモで、私の傷む左足のために紐で締まる靴を買った。クリシュナジのところに戻ると、彼はブロックウッドの職員の二人への面談を、行っていた。」

28日に、「私は、クリシュナジの部屋のための良いハイファイ〔再生装置〕について、〔教師の〕ハーシュ・タンカー(Harsh Tankha)と議論した。彼がそれを入手して、据え付けるだろう。私はボーム夫妻とともに、科学者たちの会合の詳細を、調べた。」

翌日、「クリシュナジは、学生たちと職員たちに対して、学期の第1回の講話を行った。ハミシュ・トンプソン(Hamish Thompsons)夫妻が来て、昼食に留まった。」それは〔ロンドンの〕歯医者とその奥さんです。「ハーシュは、クリシュナジの部屋のハイファイ〔再生装置〕を、進めることになっている。」

9月13日、月曜日。〔メアリー自身の〕家族のことがあります。それから、「カナダ放送協会のジョン・マクグリーヴィ(John McGreevy)が、シリーズ番組『私たちの時代の人々(People of Our Time)』のために、クリシュナジのテレビ用映画を作るために、到着した。それについてクリシュナジと議論した。私は、クリシュナジの〔イギリス〕市民権申請の何か知らせについて、内務省に電話を掛けた。それは上のほうに行っていると言われた。」

10月1日、火曜日、「午前11時30分に、それから午後にも再び、クリシュナジはカナダ放送のために応接室で、そして芝生を散歩して、撮影を行った。或る主題について正確に3分半とか4分間、話をすることには、とても戸惑った。彼は、〔ペンギン社の〕『ペンギン・クリシュナムルティ読本(the Krishnamurti Penguin Reader)』をクリシュナジが読むのへナレーターの語る音声録音を、行った。クリシュナジは、自分はそれをしたことがないと言ったが、やってみた。彼は、自分自身の言葉を一度も〔音読として〕読んだことがなかったが、それらはなかなか適切だと思ったようだったので、それをより容易いと見た。」(メアリーとスコット、二人とも笑う)「彼がカメラに話をしたとき、それがどれだけ近く密接しているかを、説明することが必要だった。まるで彼が或る人物に話をしているかのように、映写する必要はない。クリシュナジは、話をするとき、自分は人々を見ないと言った。それは侵入になるかもしれない。彼は、人々の心を読みたいと思わない。一日の撮影が終わった後、私たちは散歩に行った。それは彼にとって解放だった。」

彼は人々を見ると、彼らの心を読むから、そうしないということは、興味深い。(二人ともクスクス笑い、それから笑い出す)私はいつも、彼が私の心を読めることを、想定しました。

スコット—ああ、彼は、私の〔心〕を読めることを、私に示してくれました。

メアリー—(クスクス笑う)あなたに示してくれたの?

スコット—ええ、私に示してくれました。

メアリー—あなたに示してくれたというのは、どういう意味ですか。

スコット—彼は一度、私に示してくれました。それはとっても興味深かった。

メアリー—教えてください。

スコット—まあ、(溜息)それはきっと…それは75年か76年だったと思います。私は初めてクリシュナジと個人面談を行っていました。私たちは、ここ、西ウィングの階下に座っていました。それはちょうど、彼が散歩に出かける前だったにちがいありません。なぜなら、彼が散歩に出かける衣服を着ていたのを、憶えているからです。私たちは、白いソファーに座っていました‐それはもうそこ、居間になく、応接室にないが、階段のふもとにあったんです。私たちは隣り合って座っていました。私はクリシュナジの右に座っていました‐いまでもすごくはっきりと見えます。私は内面で、ことの始めから自分は何もクリシュナジに隠したくないと、自分自身に言いました‐彼は、知りたいことは何でも知ることができる。ともあれ、私はこれを内面的に再び、自分自身に言っていただけです。すると彼は私に対して、私の考えていることを幾つか、言いはじめました。私が彼を見上げると、彼は私を見つめていて、私にまるで、「君にとってこれで証明は十分かな。」と言うかのように、微笑みかけていました。彼は私に対して、私が何も隠そうとしていないのを自らが理解していることを、示してくれているようでした。

メアリー—ふむ、ふむ。

スコット—私は息を呑みました。でもそれで、私が彼と話

したいと思っていること全体が、容易くなりました。なぜなら、そのとき私はそれを説明しなくてよかったからです。彼はすでに知っていました。

メアリー―（クスクス笑う）そうだわー。

スコット―それから彼は、私が彼に訊ねたいと思うが、まだ表現するすべを見つけていなかったこと全体について、話しつづけました － 彼はただ続けて、私とともに、ことの全体について話をしました。今私は、自分が彼に話をしたかったことが何だったかを、思い出せません。最初のこのおもしろい小さな証明は、私がけっして忘れないであろうことです。

メアリー―とても興味深いわ。

まあ、最初、私が彼のところに行って、あれこれ語ろうとしたときから、そしてまた、私がリシ・ヴァレーで受けた〔個人〕面談から・・・すでにこれを扱ったのは、知っていますが・・・手短にそれに戻ると、私は彼に対して言いました － 自分は彼のまわりに居座ったものになりつつあるように（クスクス笑う）見えるので、彼がまわりの人々について、何でも知りたいことを知るのは、ごく正しいと私は感じる、ということを、です。そして、・・・そうよね、「私はここにいます。」と。彼は、何か自分はそうするのが恥ずかしいことについて、言いました。私は、「まあ、私も恥ずかしがりです。」と言いました。まあ、ともあれ、私はすでにこれについての物語を語りましたが、私は彼に訊ねていました。私はまた、「あなたが、私について私の知るべきことを、気づくなら、どうか教えてください。」と言いました。それが、まあ、彼が「私は恥ずかしがりです。それについて恥ずかしい。」と言ったときです。私は、「まあ、私も恥ずかしがりです。でも、私は感謝するでしょう。」と言いました。そして、私は最初から、彼が私の心を読めるということを、いつも想定しました。

スコット―ええ。おそらく私はここに、小さなことを入れるべきでしょう・・・なぜなら、それはこの頃起きたからですが、それは、私自身にとってバカげた小さな逸話です － クリシュナジが初めて、私に個人的に話しかけたときについて、ね。

メアリー―あなたに個人的に話しかけたというのは、どういう意味ですか。あなたの名を呼んだの？

スコット―いいえ。彼はただ近づいてきて、私に語りかけました。これは、私がちょうどお話しした最初の個人面談の、一年ほど前のことでした。

メアリー―ああ。

スコット―私は、学校の食器室で皿洗いをしていました。

メアリー―ああ。

スコット―私はただ当番をしていましたが、クリシュナジが昼食から入ってきて、自分の皿を置きました。彼は私に近づいてきて、「なぜ手袋をはめないの？」と言いました。

メアリー―ああ、そうだ！それは憶えています。（笑う）

スコット―まあ、私は完全にうろたえていました － ここで、この人が私にこの質問をしているとは。（二人とも笑う）私が憶えているところでは、私はただ、口を開けて立っていました。それからクリシュナジは結局、向きを変え、歩いて行ってしまいました。私は、彼が自分自身に何かこういうことを思っていたと、想像しました － 「ああ、やれ、ここにもまた、単純な質問にも応答できないおバカさんだ。」と。」（二人とも笑う）

メアリー―あなたもよく知っているように、彼は、皿洗いの間、キッチン手袋をはめることに、とてもうるさかったわ。

スコット―ええ。私は結局、これを知ることになりました。でも、その時には、私は口を開け、クリシュナジはそこにただ立っていて、このようなことが、私の頭脳を駆け巡っていました －「うーん、なぜ僕は手袋をはめていないのかな。」、そして、「実際に、手袋をはめない理由はないよね。」と。私の頭では対話全体が起こっていましたが、一言も出てこなかった。

メアリー―ああ、それはおもしろいわ。

私は、彼が私の家のお客だった初めの七年間、私のことをジンバリスト夫人と呼んだことを（声に笑い）、あなたに語ったと思います。

スコット―ええ。少なくとも彼は私のことを、まさに最初からスコットと呼びました。

メアリー―ええ。まあ、あなたは男だったし。

スコット―ええ。

メアリー―ええ。

スコット―でも、彼の私の名前の呼び方には、何かがありました。それは絶対的にすてきでした。それは、彼の口での形成のされ方でした。私は、異なった人たちから自分の名前がどう響くのかに、注意を払ったことがありませんでした。

メアリー―ええ。

スコット―でも、どうやら、クリシュナジの口からは、違って響いた・・・

メアリー―・・・違って。

スコット―・・・ええ、違って響きました・・・そこには豊かさがあった。

メアリー―ええ。

スコット―それは、アメリカの「スコット」でも、イギリスのでもなかった。全く彼自身のでした。誰一人、ほんとそれを言ったことがなかった・・・

メアリー―ええ、ええ。

スコット―単純な言葉です。でも、誰一人、ほんとそのように、それを言わなかった。

メアリー―私については、彼はジンバリスト夫人からマリア（Maria）へ移りました。彼が私をメアリーと呼んだとは、憶えていません。彼がそうしたとは思いません。もしもしていたとして、それは憶えていないし、それはただ、短くだったんでしょう。でも、多くのメアリーがいたから・・・メアリー・ラッチェンス、メアリー・カドガン、・・・

スコット―ええ。

メアリー―・・・だから、彼は私をマリアと呼びました。

スコット―私はここに、自分の思い出の幾つかを侵入させているようですから、私はまた、この時に言うべきです －私が公的な会合と職員の会合で、クリシュナジに話しかける前に、どれほど経っていたのかを、思い出せないということを。そして、話しかけたとき、私は自分自身に強いていました。

メアリー―ええ。

スコット―私は、それが正しいと感じられるまで、長い間、自分自身に強いなければなりませんでした。そして今でもやはり、圧倒的な恥を、思い出せます。

メアリー―恥？なぜ恥なの？

スコット―私はただ今ある私であるということ、・・・

397

メアリー　ふむ、ふむ。

スコット　…そして、私がクリシュナジと話をするということが、です。私が彼に対して厚かましくも何かを言うということは、とても間違って見えました。（メアリー、クスクス笑う）でも私は、それは彼が望んでいることではないことを、知っていました。

メアリー　ええ。

スコット　でも、長い時間、とてもきつかったです。

メアリー　おかしいわ。センターの或る女性は、今日、先ほど、キッチンで私が洗い物をしているとき、私に近寄ってきて、自分は私が出ているテープを見た、と私に言いました。彼女は訊ねました－「あなたは本当に、彼が言っていることを、理解しなかったんですか。それとも、彼にもっと説明をしてもらおうとして、彼に質問をしていましたか。」と。私は、「まあ、私には分かりません。なぜなら、異なったテープの何なのかを知らないし、思い出せないからです。」と言いました。でも、私は会合では、意図的に声を上げなかったんです。なぜなら、私は、自らが何時にも彼に話をすることができるという、とてつもない好機を得ている、と思ったからです。そして、会合で私は、他のみんなに機会を持ってもらわなければならない、と。私はそれら会合の多くでは、引き下がりました。

それで…どこにいますか。ああ、そうだ。10月2日です。

それでその日に、「クリシュナジはCBC（カナダ放送協会）のために、さらに撮影を行った－幾らかは青の間（The Blue Room）で、幾らかはバラ園（The Rose Garden）で。彼は自己意識なく歩くし、自らに起こる自然なことをする－木の葉を拾う、花を調べる。まるで全く一人きりであるかのように。けれど、彼はそれに飽きつつある。それが済んだとき、私たちは散歩した。」

10月3日に、「クリシュナジは昼食時までに、応接間でCBCの撮影を終了した。とてもうまく行ったように見える。〔CBCの〕ジョン・マクグリーヴィもそう言う。クリシュナジは午後に長く眠った。それから私たちは散歩をした。」

10月4日、「クリシュナジの部屋にハイファイ〔再生装置〕が据え付けられた。彼は喜んだ。彼は私に対して、〔イタリアのピアニスト、〕ミケランジェリのピアノ演奏と〔ロシアのピアニスト、〕リヒテルの演奏の間の違いは何だと私は思うのかを、訊ねた。私は彼に、「あなたにとってはどうですか。」と訊ねた。クリシュナジは一休み置いてから、「一方は太陽を、もう一方は雪を持っている。」と言った。」（スコット、クスクス笑う）すてきじゃない？

スコット　すてきです。

メアリー　あれは本当にすばらしい。あれは憶えています…

スコット　ええ、ええ。太陽を持っているのがミケランジェリで、雪はリヒテルだったんでしょうね。

メアリー　ええ、ええ。

5日に、「私はお使いで〔西方向の〕ウィンチェスターに行った。そして、クリシュナジのため、さらにレコードを入手するためだ。いつもの散歩。」

翌日、「クリシュナジは学校に対して話をした。寒くて雨が降った。だが、私たちは、にもかかわらず散歩をした。」

8日に、私の日記には言います－「クリシュナジは学校に対して話をした。散歩。」これは本当に情報が乏しいわ。

最後に10月10日には、私たちは〔日記のうち〕大きな本に戻ります。

「クリシュナジと私はロンドンに行った。ハンツマンとロウでの仮縫いのためだ。私たちはフォートナムで昼食をした。そこで私たちはデザートに、アイスクリームをいただいた。私たちがそれを注文したとき、彼の顔が輝いた。私たちはストロベリーをとった。ジャクソンでチーズを買った。それから〔歯医者〕トンプソン氏のところに行った－彼は、クリシュナジの犬歯はわずかに膿を持っているが、春まで抜歯を待つことができる、と言った。彼は、その間、口をすすぐのに、塩水を使うべきである。私たちはHMVに行った。」－そこはレコード店です－「十二枚のレコードを買った。夕食に間に合うよう、列車で戻った。〔オーハイの〕エルナ〔・リリフェルト〕から電報が来た－訴訟を調停するための合意は、クリシュナジと私の署名のためにこちらに向かっている、と言うものだ。相手側もまた署名したと分かるまで、私はこれについて何も感じない。クリシュナジは今日、「なぜ私はここ二日間夢を見ているのか、分からない。はるか昔、はるか遠くだ。」と言った。」

11日には、大したことはない。例外は、応接室を科学者たちの会議のために整えようと、私たちがそこで家具類すべてを－長いテーブル等を－動かしたということです。私たちは散歩をしました。

10月12日には、「調停の書類が到着した。エルナはオーハイから電話をしてきた－シドニー・ロス（Sidney Roth）が変更を求めて粘っている、ということだ。」それは憤慨すべきことでした。〔シカゴの実業家〕シドニー・ロスはうるさい人でしたが、彼は〔こちら側、〕原告の一人だったので、権利を持っていました。「来週の会合のため、科学者たちが到着しはじめた。〔ニューヨークの精神科医〕シャインバーグ博士（Dr.Shainberg）が最初の一人だった。クリシュナジは軽い風邪をひいている。」

翌日、「クリシュナジは学校に対して話をした。私たちはシドニー・ロスに電話をかけた。彼は、クリシュナジと私の両方に対して大声を上げた。彼は、自らの所見をそえた手紙を送るだろうが、署名することには同意した。どうしようもない人だ。彼は聞き入れない。ありがたい－何年か前に、リリフェルト夫妻が彼がアメリカK財団の理事になることを提案したとき、私はそれに反対しつづけたのだ。」

「〔地元の人で、元地主の〕モートン氏（Mr.Morton）は私に対して、メルセデスの保管のために、1ヶ月5ドルで借りられる車庫の空間を、見せてくれた。」

「残りの科学者たちが到着した。応接室は、会合のための長いテーブルで整えられた。最初の会合、クリシュナジなしの準備的なものは、夕食の後で開かれた。議長としてのディヴィッド・ボームが議題を調べたが、彼らはみんな、そのときその場で議論をしはじめた。」

「クリシュナジはまだ軽い風邪をひいていたし、私たちは散歩をしなかった。」

10月14日、月曜日、「科学者たちとクリシュナジの間で、第1回の公式会合があった－ディヴィッド・ボームが議長だ。出席者は、クリシュナジ、内科医のディヴィッド・ベレット博士（Dr.David Brett）、物理学者のF.J.カプラ博士（Dr.F.J.Capra）、代替医療のエリザベス・フェリス博士（Dr.Elisabeth Ferris）、精神医学のゴードン・グロビス博士（Dr.Gordon Globis）、生物学のブライアン・グッドウィン博士（Dr.Brian Goodwin）、理論物理学のバジル・ハイリー

博士（Dr.Basil Hiley）、科学哲学のジュリアン・メルザック博士（Dr.Julian Melzack）、生物物理学のロビン・モンロー（Robin Monroe）、理論物理学のディヴィッド・ピート（David Peat）－〔彼は〕カナダ放送協会の代表で、そこのために会議の報告をしている。脳構造の研究者のカール・プリブラム博士（Dr.Karl Pribram）、精神医学のディヴィッド・シャインバーグ博士（Dr.David Shainberg）、物理学者のジョージ・スダルシャン（George Sudarshan）、ブロックウッドの数学教師、ハーシュ・タンカ（Harsh Tanka）、精神医学のモンターニュ・ウルマン博士（Dr.Montague Ullman）、生物物理学、DNAのモーリス・ウィルキンズ教授（Professor Maurice Wilkins）－ノーベル賞受賞者、ブロックウッドの物理学と化学の教師、ジョー・ゾルスキ博士（Dr.Joe Zorski）、理論物理学のディヴィッド・ボーム教授（Professor David Bohm）だった。オブザーバーは、ドロシー・シモンズ（Dorothy Simmons）、テッド・カーテー（Ted Cartee）、ジョージ・カーネス（George Carnes）、サラル・ボーム（Saral Bohm）と私だった。」なぜあなたはそこにいなかったの？

スコット―私はブロックウッドに来たばかりでした。

メアリー―ああ。10月15日には、「2日目の会合があった。午前と午後に、プリブラム博士、シャインバーグ博士、スダルシャン博士が講話を行った。〔プエルトリコの〕エンリケ・ビアスコェチェア（Enrique Biascoechea）から、クリシュナジへ手紙があった－彼は、肺がんになっていて、化学療法を受けつつある。〔オーハイの〕エルナ〔・リリフェルト〕は、〔シドニー・〕ロスが言ったことについて、私に電話をくれた。」

16日にあったのは、「科学者たちの3日目の会合。午後には、科学者たちと幾らかのブロックウッドの人たちは、〔西方向、ウィルトシャーにある古代の環状列石、〕ストーンヘンジに行った。クリシュナジはビアスコェチェアに手紙を書いた。クリシュナジは、主にスダルシャン博士との、テープ録りの会話を行った。シャインバーグ博士とジョー・ゾルスキもそこにいた。」

「エルナ〔・リリフェルト〕から電報があった。ルイス・ブラウ（Louis Blau）が〔シドニー・〕ロスを説得して、署名させた。プリブラム博士は晩に、頭脳について学校とともに議論した。」

17日に、「会合でクリシュナジは、プリブラム博士に対して、頭脳は止まることがあるのかどうかを、訊ねた。プリブラムは、ないと言った－深い眠りにおいても、神経単位は作動しているが、静まっている、と。プリブラムは、催眠は冥想の反対だと言った。頭脳はとても活動的だ。冥想についての議論が続いた。科学者たちはクリシュナジに質問をした。」まあ、これは〔録音〕テープにあるでしょう。だから、私がこれらについて報告しなくてもいい。

10月18日、「午前にディヴィッド・ボームが短く話をした。クリシュナジとメルザック博士との間で、相当の議論があった。午後にクリシュナジが、ついに講話を行った。その幾らかの部分は、自伝的だった。それから彼は、自らの見たことであり、神智学協会と別れさせたもの等について、語った。続く議論では、彼らは彼に、死が何であるかについて議論してほしいということになった。」

「晩に学生たちが、自分たちと会合するよう科学者たちを招待した。そして彼らに対して、学校には恐れがあることを語った。私は晩遅くに、それについてニコラス・ベスニール（Nicolas Besnier）から聞いた。」彼を憶えていますか。

スコット―ええ、憶えています。それで、学生たちは、科学者たちとその会話を行って、…

メアリー―ええ。

スコット―…彼らに対して、学校には恐れがあると語った？（スコット、笑う。それからメアリーも）すると、〔校長の〕ドロシーは果てしなく、ぞっとしたにちがいない。

メアリー―ええ。

19日に、「クリシュナジが、死について話をする前に、冥想について話をしたいということから、会合が始まった。彼は〔まず〕、超感覚的な知覚、空中浮遊、シッディ〔成就〕を持ち込んで、それらを、真に宗教的な人物にとって、子どもっぽいおもちゃと呼んだ。それからその議論の後で、クリシュナジは死について語った。午後の討論会で、会合は終わった。ドロシーは、学生たちが恐れがあると主張したことで、意気消沈している！。」なんてまあ。

翌日、「科学者のほとんどが出発したが、幾人かが、ウィルキンズ教授とその家族を含めて、クリシュナジの、学校との講話に、来た－そこで、彼は深く恐れの問題に入った。彼らは昼食に留まったが、夕方までにみんなが去った。ドロシーとの散歩があった－彼女はまだ落ちこんでいる。」

21日、「メアリー・カドガンが昼食に来た。私はデスクの仕事をした。散歩があった。クリシュナジはドロシーに、ローマに来るよう頼み、説き伏せた。私は、金曜日に彼女が私たちとともに飛ぶ予約をした。フランシス・マッキャンは、ペンシオーネ・スヴィツェラ（Pensione Svizzera）に、彼女が泊まる部屋を、手配した。」

10月22日、「クリシュナジと私は列車でロンドンに。私たちは初めに、〔ドラッグストア、〕ジョンベル・アンド・クロイデンに行った。それから、フォートヌムでメアリー・L〔リンクス〕との昼食に。それから、調停書類すべてに私たち両方の署名の公証をするため、合衆国領事館に。クリシュナジが〔古い友人〕バインドレー夫人（Mrs.Bindley）を訪問する間、私はそれらを〔オーハイの〕エルナ〔・リリフェルト〕に郵送した。私たちは、午後7時15分にブロックウッドに戻った。列車でクリシュナジは私に対して、〔養母で神智学協会会長の〕アニー・ベサント（Annie Besant）が、彼には守護するために二人の天使がついているが、彼らにあまりに要求しすぎてはいけないと語ったことについて、語ってくれた。」

スコット―（クスクス笑う）では、アニー・ベサントはクリシュナジに対して、…

メアリー―ええ。

スコット―…彼には、守護してくれる二人の天使がついていると語った…でも、彼は彼らをあまりに…

メアリー―…彼らをあまりに働かせすぎてはいけない、と！（スコット、笑う）ええ、それが、彼が私に語っていたことです。

スコット―ええ、知っています。

メアリー―「彼はまた、頭脳が損なわれていないから、身体ははるかに長く生きるに違いない、と言った。「私は、身体がはるかに守護され、はるかに一人でいなければならないのが、分かる。」と。」

10月23日、「クリシュナジは職員との会合を開いた。その後、私はデスクの仕事をした。私はメルセデスを、〔地元の〕

モートン氏の車庫〔ガレージ〕へ冬の保管に入れた。〔南東方向の〕ウェスト・メオンの修理工場の人がそれを見届けた。テッド・カーテーが手伝った。私たちは散歩をした。」

翌日、「私は昼の荷造りを始めた。クリシュナジは学校に対して話をした。私は自然にそれに出席した。それから私は、さらに荷造りをした。私は、〔インド南部、〕マドラス〔現チェンナイ〕でのヴァサンタ・ヴィハーラ〔返還〕の裁判に必要な、〔オランダ委員会の責任者〕アンネッケ〔・コーンドルファー〕の1939年の手紙を、見つけた。私は、ごく遅くまで荷造りをして、すべて済ませた。」そう、ヴァサンタ・ヴィハーラは最終的に、オランダ〔K〕委員会（the Stichting）に所属しているのが、分かったんですね － 今立ち入るにはあまりに不明朗な理由のため、です。

スコットーええ。

10月25日に、「一度は私は急いでいなかった。」私は自分の日記にこの時に、これをたくさん言っているようです。（スコット、笑う）「すべてが整理されていた。」（メアリー、クスクス笑う）「クリシュナジ、ドロシー〔・シモンズ〕、フランシス・マッキャンと私は、発とうとしている。テッド〔・カーテー〕とイングリッド〔・ポーター〕が車を運転する。私たちは〔ロンドン西部の〕ヒースロー〔空港〕の近くで、ピクニックの昼食をとった。それからクリシュナジ、ドロシー、フランシスと私は、午後1時35分にBEA〔ブリティッシュ・ヨーロッパ航空〕機でローマに飛んだ。ヴァンダとバラビーノが、〔空港で〕クリシュナジと私を迎えてくれた。ドロシーはフランシスとともに、〔スペイン広場の南東方向、〕グレゴリアナ通りのペンシオーネ・スヴィツェラに行った。クリシュナジと私はヴァンダとともに、〔ローマ北部、〕バルナバ・オリアーニ通り（Via Barnaba Oriani）に行った。」－ そこは彼女がフラットを持っていたところです －「私は〔元家政婦の〕フィロメナに電話した。彼女とアルトゥーロ（Arturo）は風邪をひいている。まだ住宅に〔暖房の〕熱は入っていなかった。だから、ローマでは湿って寒い。多かれ少なかれ眠った。」

26日、「クリシュナジは私に対して、事態の全体を見るように、オーハイに生活し家を建てることについての憶え書を、口述した。クリシュナジは一日中、ベッドに留まり、休んだ。フランシスとドロシーが昼食に。トパジア〔・アリエッタ〕も。私は新聞を求めに歩いて行った。早くベッドに入った。」やれまあ、あの場所は寒かったわ。

10月27日に、「寒かったが、幾らか日射しがあった。クリシュナジは昼食に起きた。インド大使のパント（Pant）とその妻がそこにいた － 彼らの娘とドロシーとフランシスも、だ。クリシュナジとドロシーとフランシスと私は、〔ローマ北部、〕ヴィラ・グローリ（Villa Glori）〔の公園〕を散歩した。アルベルト（Alberto）が晩に現れた。」それはヴァンダ〔・スカラヴェッリ〕の息子です。

翌日、「フィロメナはまだ風邪をひいている。それで私は一人で、バスでローマに入った。幾らかリラに換金し、クリシュナジのためにお使いをし、昼食に間に合うようバスで戻ってきた。エミリオ・ヴィラ（Emilio Villa）とご婦人（奥さん？）がそこにいた。私たちは午後ずっと話をした。クリシュナジと私は遅く散歩をした。」

スコットーそれは誰でしたか。

メアリーーエミリオ・ヴィラ。彼はヴァンダの友だちで、しばしばそこにいました。名前は私にはすごくなじみ深いんですが、でも、彼について多くは思い出せません。

10月29日、「マリオ（Mario）が、」 － それはフィロメナの息子です －「運転して私を迎えに来てくれた － フィロメナに会うためだ。私たちは午前ずっと話をした。彼女はこの夏、二回心臓の痛みがあった。彼女の関節炎は苦痛だ。でも、彼女の精神は同じだ － 明晰で勇敢だ。まるで私たちが〔カリフォルニアの〕マリブにいるかのように、彼女に会うことは、同時に喜びと悲しみだった。マリオは運転して私を送ってくれた。ドロシー、フランシスとビル・バーマイスター（Bill Burmeister）とバラビーノが、昼食に来た。ビルはバラビーノの学校に関与している － ビエッラ学校（The Biella School）だ。」ビエッラはそれがある〔イタリア北西部の〕町です。「ドロシーとフランシスは、散歩に行くため留まった。彼女らは膨大な観光をしていた。土曜日に書かれたエルナ〔・リリフェルト〕からの手紙。シドニー・ロスが署名した。ラージャゴパルとその仲間がそうしたとの知らせはない。だが、クリステンセンは、」 － それはラージャゴパルの弁護士です －「4日までに自分は『準備できる』だろう、と言う。」

30日、「私にとっては午前にデスクの仕事。〔インドの〕パント大使が、クリシュナジと私を、ローマの北のインド大使館に連れて行くために、正午に来た － 彼の奥さんと娘と昼食するためだ。そこは十六世紀の大きな邸宅だ。私たちが戻ったとき、クリシュナジは喉が痛いと言った。」

翌日、「クリシュナジの喉は痛い。彼はベッドに留まった。昼食にはドロシー、フランシスと、俳優のテランス・スタンプ（Terrance Stamp）がいた。晩にクリシュナジは〔華氏〕99度の熱〔、摂氏37.2度強〕を出した。バラビーノが、フィリポ博士（Dr.Filipo）とその助手を連れてきた。彼らはクリシュナジの喉を大まかに診て、彼は喉頭炎のウィルスを持っていると言った。医師は、コーチゾン吸入とアスピリンを、処方した。クリシュナジは明日、第1回の講話を行うことになっている。彼は病気で敏感に見える。」

11月1日、「私は午前7時に、クリシュナジの体温を測った。〔華氏〕100度〔、摂氏37.8度弱〕だった。彼の喉はとても痛い。彼は夜に右の耳に痛みがあり、講話をするにはあまりに気分が悪かった。私はヴァンダに話をした。私たちは吸引器を続けなかった。ここで同種療法医の第一人者といわれるカセッラ（Casella）が処方してくれた、同種療法〔ホメオパシー〕の治療法とリコポディウムとアピスに、こだわった。講話は取りやめ、明日にした。ドロシー、フランシスは昼のほとんど、ここにいた。クリシュナジの耳の痛みは消え去り、喉もわずかに痛みが減ったが、午後5時までに彼の体温は〔華氏〕101度〔、摂氏38.3度強〕だった。それでもクリシュナジは、少し良くなったと見えた。彼としてはいつもより、熱による衰弱も少なかった。〔ピエトロ・〕クラニョリーニ（Cragnolini）も昼食にここにいた。誰もが残りの講話を取り消したいと思うが、クリシュナジはそれを禁止した。」

翌日、「クリシュナジの体温は〔華氏〕98度〔、摂氏36.6度強〕だ。彼は良くなったと見えるし、気分もいい。はるかに良い。でも、彼はほとんど声が出ない。彼は明日、講話することを決意している － ヴァンダと私はそれに強く反対しているが。彼は、『身体は準備できつつある。私には自分の仕事がある。』と言った。私は午前に〔元家政婦〕フィロメナに会いに行った。〔彼女の息子〕マリオが送り迎えを

してくれた。バラビーノが、ヴァンダと私とともに昼食をした。メアリー・カドガンがロンドンから電話を掛けてきた。エルナ〔・リリフェルト〕が彼女に電話をしてきた－K信託財団による68年以前の著作権に対する権利譲渡について、だ。エルナは、他の人たちはまだ署名していないが、調停についてすべてが「うまくいっている」と言った。」

11月3日、「クリシュナジの体温は、〔華氏〕98度〔、摂氏36.6度強〕だった。だが、まだほとんど声が出なかった。彼は起き上がり、身体を洗い、声を試した。ヴァンダと私は、彼に影響を与えないよう沈黙していた（私たちは彼が話すことに強く反対した）が、彼は、今日または明日、話をしないことを決断した。彼はベッドに戻った。ヴァンダと私はエリセオ（Eliseo）に行った。そこでは、〔技術者〕イヴ〔・ズロトニツカ〕が劇場のアンプとスピーカーにつないだ私の〔ドイツ製の〕ウーヘル・カセット録音機により、7月25日の第3回サーネン講話のカセットが、再生された。後でその翻訳がテープからなされた。いつもの落ち着きのないローマの聴衆だった－歩き回り、おしゃべりをし、タバコを吸う。ドロシーとフランシスがそこにいた。彼女らは昼食に戻ってきた。」

11月4日、「ドロシーは〔夫の〕モンターニュから、エンリケ・ビアスコェチェアが亡くなったことを、聞いた。」かわいそうなエンリケ。「私が告げたとき、クリシュナジはたじろいだ。それがとても早く訪れたことに、彼は驚いた。彼は後で、一日中彼のことを考えつづけていると言った。私はマッサージのため、グッディ女史のところに行ったが、昼食には戻った。フィロメナが来た。ドロシーとフランシスも、だ。ドロシーは明日の朝、ブロックウッドに戻る。フィロメナと私は座って話し込んだ。後で私は歩いて、彼女をタクシーまで送って行った。クリシュナジは、明日、イタリアのテレビのためにインタビュー録画をすることを、決断した。」

11月5日、「エルナ〔・リリフェルト〕からクリシュナジへの電報－「クリステンセン〔弁護士〕の依頼人たちはみんな署名した。」とのこと。」それはラージャゴパルとその仲間たちという意味です。「68年以前の著作権について、K信託財団のためのメアリー・カドガンによる権利譲渡書が到着するやいなや、〔カリフォルニア州〕ヴェンチュラ〔郡〕裁判所の法廷で調停は正式のものになるだろう。それで、ついにこの長い訴訟はおしまいだ。クリシュナジは、土地、アーリヤ・ヴィハーラ等をどうすべきかについて、私と長く議論した。それで私は、彼の所見を他の理事たちへ持ち帰ることができる。彼は、モドゥニョ博士（Dr.Modugno）の出す質問に答える撮影を行った。質問はイタリア語であったが、クリシュナジは英語で答えた。昼食には、バラビーノ、トパジア、イヴ〔・ズロトニツカ〕、ビル・バーマイスター、テリー・サウンダースと、ブラジルの人－彼の名前は全く分からなかった－が、いた。後でクリシュナジと私は、ホールを上り下りして、二十分の散歩をした。ドロシーはブロックウッドに戻った。」

6日に、「クリシュナジは私ととても真剣な話をした。私は彼の代理としてオーハイに行く。私は、どんな個人的意見もなく、心にこれを留めておかなければならない。私は、千マイル離れたクリシュナジと連係していなければならない。その気持ちだ。なされるべき決断がある。きわめて無私でなければならない。私は、鋭敏でとても静かな、受容可能な身体を、持たなければならない。クリシュナジはインドからは決断できない。何が正しいのかについて私が決断し、それから彼に電報で伝えなければならない。全身が静かでなければならないし、何が正しいのかを知るために、時間を掛けなければならない。私はクリシュナジを代表するのなら、他の要素を自分の意識に入れさせてはならない。私は、自分のニューヨークとマリブへの到着を、彼に電報で伝えなければならない。クリシュナジはあらゆることを見守っている。私は身体を静かであるよう訓練しなければならない。静けさの感覚のため、動くことなく30分間座りなさい。これはとても深刻だ。」

「フィロメナが来た。マリオが運転し、私を街の中心地に送ってくれた。私は、ヴァンダのためにバス・マットを、そして、クリシュナジのためと、レンツィ家族のために、雑多なものを、買った。フィロメナはヴァンダと私とともに昼食をした。私は運転して、彼女を家に送って行った。」

翌日、「私はクリシュナジのかばん一つを荷造りした。私は午後12時30分に〔ローマ南西部の〕フィウミチーノ〔空港〕へ発った。クリシュナジはヴァンダとバラビーノとともに、私はビル・バーマイスターとともに彼のイタリア車で。フランシスはそこで私たちに落ち合った。私たちは空港のレストランで昼食をした。クリシュナジとフランシスは、106便で〔インドへ〕発った。最後の瞬間に、〔インドの導師、〕マハリシ・マヘシ（Maharishi Mahesh）が花束を抱え、はにかんで微笑みつつ、搭乗した。」まあ、あれはとてもおかしかったわ。

スコットー知っています。読みつづけてください。それから、それについて話しましょう。

メアリーーよろしい。（笑う）「ヴァンダと私は戻って、夕食をとった。私は電話で〔インド外交官で友人の〕ナラシンハンに連絡できなかった。彼は今日、ローマに着く予定だった。クリシュナジは私に、イギリス市民権の要請について、彼と議論してほしかった。明日、空港でストライキの可能性がある。」

スコットーよし。では、今、マハリシの物語に戻りましょう。

メアリーー起きたことは、私たちがクリシュナジを見送ったということです。彼は、身の回りの品物の小さなかばんを運びつつ、全く一人で歩いて、飛行場のエプロンを横切りました。そして、〔航空機への〕ステップを登りました。大きな航空機、〔ボーイング〕747または大きさが同等のものだったと思います。彼は振り向き、手を振って、内側に消えました。それから突然、空港の中央に行列が来ました。まず第一に、そうねえ、あれら帽子をかぶった警察官がいました…

スコットー（笑う）ええ。

メアリーー…ナポレオン時代の帽子をかぶり、金の先のついた杖をもったあの種類ね。彼は中央を家令のように歩いていき、バラを抱えたこの小さなはにかんだ姿が、続きました。それがマハリシです。彼の後には、熱心な弟子たちが来ました。彼はまるで公衆に対してかのように、或る種、微笑んでいました。彼は出てきて、エプロンを横切り、航空機に登りました。とたんに、私たちは笑っていました（話しながら、笑う）－彼らが〔機内で〕明白に出会うであろうこと、そして、何が起こるだろうかに、です。（スコット、笑う）それで、何が起こったのか。これは後で分かりました。それはここそこで議論されてきたと、私は思います。クリ

シュナジはいつものように、最前列の席に着きました。そこは、ご存じのように独立しています。通路の右側に一つと、通路の左側に一つです。私はいつも彼に、それらの一つをとりました。だから、誰も彼の横や前にいなかった。〔マハリシ・〕マヘシ・ヨーギは、幾列か後ろで、窓際に座っていました。ライオンの皮か虎の皮かそのようなものの上に、です。慎み深く熱心な弟子一人が隣にいました。離陸の直後、スチュワーデスが、そのバラを持って現れて、クリシュナジに「何々列の紳士があなたにこれをお贈りしたいとのことです。」と言った。それでクリシュナジはそれを受けとった。そして、それをただちに彼女に返し、（スコット、笑う）彼女にあげてしまった。（メアリー、クスクス笑う）それで、どうやら彼は、それがどういうことなのかを、知ったが、何もしなかった。でも、結局彼はトイレに行かなくてはならなかった。それは、マハリシの脇の通路を歩いて通ることを、…

スコットーええ。

メアリーー…意味していました。彼は見たところ、通り過ぎましたが、戻る途中で、弟子が跳び上がる準備をしていて、「どうか私の席におかけになってください。」と言った。それで、クリシュナジは、ライオンの皮か虎の皮か何であれそれに座った男の隣に、座っていたわけです。その人は彼を会話に引き入れて、自分はヨーロッパの意識を変化させてきたが、今や自分はインドの意識を変化させようとしている、と言うんだと、思います。彼はさらに続けて、クリシュナジは自分とともに来るべきだ、そして、自分たちは一緒にそれをしよう、と言いました。クリシュナジはそれに、いいえ、もうしわけない、と答えました－自分は守るべき約束があるし、他のすべきこと－行うべき講話などがある、と。（スコット、笑う）マハリシは、それは重要でないと退けました。なぜなら、「一緒に私たちは意識を変化させるだろう」からと。どうにかクリシュナジは、そこから抜け出して、自分の席に戻った。そこで彼は、飛行機がその頃に燃料を補給するためどこかアラブの国で行ったように、一回着陸するまで、留まっていました（クスクス笑う）。クリシュナジはいつものように、立ち上がって歩いた。知っていますよね－空港で活発に運動をした。それで、マハリシの人たちは驚愕した、と彼は報告しています。それからもちろん、彼らはデリーに着陸しました。そこでクリシュナジは、航空機から降りるステップのもとで、いつもの車で出迎えられ、運ばれていきました。まあ、それが物語の終わりです。ヴァンダと私は、それを陽気でおもしろいと思いました－彼ら二人が明白にファーストクラスにいたということ、そして、何が起きたのかが、です。なぜなら、彼らについてあらゆることが、対極的な正反対であったからです。（スコット、再び笑う）

さて、8日に行きます。「クリシュナジは今朝早く、デリーに到着したはずだ。〔ローマの〕フィウミチーノ〔空港〕のストライキは、正午までに終わっていた。私はヴァンダとローマから離れた。フィロメナとマリオが、私を空港に連れて行ってくれた。私は午後5時45分に、ニューヨーク行きのTWA便に乗った。」まあ、それから、私が到着したとき、したことについて続きます。これらは聞きたいとは思いません。

「私は、〔オーハイの〕エルナに話をした後で、デリーのププルのところのクリシュナジに、電報を打った。〔カリフォルニア州の〕法務〔副〕長官のタッパーは、まだ同意に署名していなかった。だが、彼がそうしたとき、法廷の聴取により、そのすべてが正式のものになるだろう。私は午前1時にベッドに入った－私は20時間起きていた！」

それから、クリシュナジについては何もありません。例外は、2月24日に決まったクリシュナジとのインタビューについて、私が『ペガサス・マガジン（Pegasus Magazine）』の誰かに会ったことです。

私は11月20日に、カリフォルニアへ飛びました。「まだクリシュナジからの手紙はない。だが私は、自分がマリブに到着したことを、彼に電報で伝えた。私は〔オーハイの〕エルナ・リリフェルトに話をした。タッパー法務〔副〕長官が、合意に署名したのかどうかについて、まだ一言もない。」

11月25日に、「私は〔インド中部の〕ベナレス〔現ヴァーラーナシー〕のクリシュナジから電報をもらった。すべてよし。手紙は送られている。彼は12月2日に〔インド南部の〕マドラス〔現チェンナイ〕にいるだろう。」

翌日、「アラン・キシュバウが、私とともにオーハイに来た－リリフェルト家での〔アメリカK財団の〕理事会と昼食のためだ。テオ〔・リリフェルト〕とルス〔・テタマー〕とともに私たちは、借りたいと思っているハッピー・ヴァレーの土地を、見に行った。また私たちは、クリシュナジ・アンダーソン・シリーズのヴィデオ・カセットの一つを、見た－去る二月に州立大学サンディエゴ校で作られたものだ。とても良かった。」

11月27日に、「クリシュナジの最初の手紙が到着した。それは、11月9日から17日まで書かれていて、18日にベナレスで投函され、九日で到着した。」

12月1日、「私は午前8時30分に発った。クリシュナジのメルセデスをオーハイへ、そしてリリフェルト家に運転した。クリシュナジとバラスンダラム（Balasundaram）が〔インド南東部、〕マドラス〔現チェンナイ〕へ発つ前に、後者は、〔ベナレスの〕ラージガートから電話を掛けて、〔カリフォルニア州〕法務〔副〕長官が調停に署名したとの知らせを問い合わせた。エルナとテオとともに私は、私たちが借りたいと思っているハッピー・ヴァレーの100エーカー〔約404700平方メートル〕の東の地所に、歩いて行った。その土地は売りに出されていると言う。これは、クリシュナジの住宅に可能な用地だろうか。エルナとテオとともに昼食をとり、長く話をした。それから運転して帰った。」

12月9日、「エルナは、明日のヒートン判事の前での、〔法務副長官〕タッパー、〔向こう側の弁護士〕クリステンセンと〔こちら側の弁護士〕コーエンとの法廷の会合は、「必然」として取り消された、と言う。訴訟を終わらせる公式聴取の日付が、定められるだろう。」

12月11日、「ラージガートとマドラスでのクリシュナジから、三番目の手紙。彼はマーダヴァチャリ（Madahvachari）に会い、マーダヴァチャリに対して彼がしてきたことをあからさまに語った。「マーダヴァチャリは業務から手を洗うことができない。それは不道徳であり、非バラモン的だ。死ぬ前に、これらをぬぐい去るには、贖罪をしなくてはならない。」等と。ラージャゴパルに関して何が起きているかについて、クリシュナジが〔当時のインドでの担当者〕マーダヴァチャリを信じて打ち明けてきたとき、これら法律上の業務をとおして、マーダヴァチャリはそれをラージャゴパルに伝えていたということが、分かったからだった－

これはインドK財団の人たちが発見した。」
スコット－本当にひどい。
メアリー－あれはむかつかないですか。
スコット－ええ。本当にとほうもない。
メアリー－今では理解しがたいです － 人々がそういうことをするということは。
スコット－分かります。
メアリー－12月18日に、「午後にエルナ〔・リリフェルト〕が電話してきた。〔こちら側の弁護士〕コーエンは、訴訟を終わらせる最終的な法廷聴取は、12月26日に定められた、と言う。私は電報でその知らせを、リシ・ヴァレーのクリシュナジに伝えた － 彼は今日、マドラスからそこに行った。」

12月26日に、「イヴリン・ブラウ（Evelyne Blau）が、午前9時30分に来て、私とともに、ヴェンチュラ郡裁判所に運転して行った － そこで私たちは、エルナとテオ〔・リリフェルト〕に会った。私たちはヒートン判事の法廷に座った。一方、彼は、〔こちら側の弁護士〕ローゼンタール、コーエン、法務副長官タッパー、〔向こう側の弁護士〕クリステンセンとともに、執務室に入った。それから公開の法廷で判事は、合意の承認と訴訟の終結を宣言した。〔向こう側の〕ポーター夫人（Mrs.Porter）、ヴィゲヴェノ夫人（Mrs. Vigeveno）、二人のキャッセルベリー（Casselberry）がそこにいた。クリステンセンは私たちに対して、自らがラージャゴパルに話をした後で、鍵はオーハイの不動産事務所にあるだろう、と告げた。」
スコット－アーリヤ・ヴィハーラの鍵ですか。
メアリー－ええ。

「私たちは不動産事務所に行った。鍵はなかったし、何の電話も来ていなかった。リリフェルト夫妻、ルス〔・テタマー〕、アルビオン〔・パターソン〕とともに昼食。私たちはパイン・コテッジ、アーリヤ・ヴィハーラ等に行った。管理人は何も知らなくて、ラージャゴパルに電話を掛けた。彼は、私たちの誰一人にも話をせず、私たちの立ち入りを拒否した。私たちは彼に電話を掛けて、立ち去った。後に、私が家に帰った後、エルナは、不動産の女性が鍵をくれたこと、そして、ラージャゴパルは彼女へ、私たちがそれらを受けとっていいと、電話を掛けてきたということを、言った。」

翌日、私はこれらについて、クリシュナジへ全部、書き送りました。

12月29日、「私は午前8時に、オーハイへ発った。エルナとテオ〔・リリフェルト〕とともに、三軒の住宅すべてをよく調べた － アーリヤ・ヴィハーラ、パイン・コテッジと事務所だ － 一つのテーブル、一つの寝台兼長椅子、KJNの頭文字とインド、マドラス、アディヤールの住所がついた一つの革のスーツケース以外、家具類すべてが空っぽにされていた。寒く晴れたすばらしい一日だった。〔オーハイの北東方向の山、〕トーパ・トッパと山脈すべてに、雪が積もっていた。私たちは、アーリヤ・ヴィハーラの土地を歩きまわった。上に上がって、アヴォカドの樹々のなかに、厳かな一本のオークの樹と、クリシュナジのための住宅を建てる候補地を、見つけた。昼食の後、私たちは〔オーハイの西端の〕オーク・グローヴ（the Oak Grove）に行った。長く話をした。私は運転して帰った。」それは、私たち〔アメリカK財団〕が最終的に資産を得た日でした。

12月31日に、「一日中、猛烈な風が吹いた。私はデスクで仕事をした。早い夕食をとった。それから読書し、クリシュナジのテープを聴いた。それで1974年は終わった。」

原　註

1）ハーシュ・タンカーは、ブロックウッドの数学の教師だったが、彼はまた電気工学の素養も持っていた。それで、技術的なことすべてで呼び入れられた。
2）「当番（Rota）」は、rotationの略語で、ブロックウッドの体制である。または、食器室で学校のために、皿洗いをする順番である。
3）これは、ラージャゴパルのインチキの結果であった － そこでは、金銭と資産が一つの団体からもう一つへと移動させられた。
4）クリシュナジとその弟ニトヤは、彼らの品物のほとんどに、ともに二人の頭文字を記入した。ジドゥー（Jiddu）は家族の名前だった。それから、クリシュナジの頭文字が左にあり、ニトヤのが右にあった。

訳　註

*1 初めての訪問時にすでに27歳であるから、「少年」というのは正確ではない。
*2 第29号によれば、マリブでもこの曲を聴いていた。P.Jayakar（1986）p.86には、カリフォルニア州中部にあるセコイア国立公園に一人で滞在したとき（1941年か1942年かは不明）、毎朝、散歩、掃除の後で一時間、ベートーヴェンの第九交響曲（唯一のレコード）を掛けていたと言われる。
*3 第3号を参照。1966年1月のことかと思われる。
*4 第3号を参照。
*5 'was the second day of the in the morning and afternoon. などとあり、原文に問題がある。
*6 これが大師の存在と重なることについては、第14号の訳註を参照。
*7 Lycopodium はヒカゲノカズラ属の常緑植物。Apis は不明。
*8 この土地の経緯については、第19号の訳註を参照。

第34号 1975年1月1日から1975年4月5日まで

序　論

クリシュナジはインドでの困難な滞在の間、ほとんどの時期、病気であった。その後、この号では、二つの重要な出来事が見られる － クリシュナジとメアリーはゆっくりと、もとのオーハイへ引っ越しはじめる。そして、オーハイのオーク・グローヴ学校（the Oak Grove School）が次第に形を取りつつある。

メアリー・ジンバリストの回顧録　第34号

メアリー――私たちは1975年の始まりから、始めます。クリシュナジはインドにいました。私は〔カリフォルニアの〕マリブにいました。そして、ここで私たちの目的のために注目すべきことは、何も起こらなかったようです。私は、クリシュナジに関連する、注目に値することに至るまで、走り読みしましょう。

〔日記のうち〕小さな本からは、1月10日に何かがあります。「〔オーハイの〕エルナ〔・リリフェルト〕は、クリシュナジから手紙を受け取った － 彼は、ヴァサンタ・ヴィハーラ訴訟に関して使われるべき訴訟の合意の写しを送るための承諾を、〔双方の弁護士〕コーエンとクリステンセンから受け取った、と言う。彼女は〔インド、リシ・ヴァレーの〕バラスンダラムに電話を掛けて、どこにそれを送るのかを知ろうとしたが、つながらなかった。私は今朝、クリシュナジに書き送った。」

私は1月13日に、クリシュナジから手紙をもらいました。「〔インドK財団の〕ププル〔・ジャヤカール〕、アチュット〔・パトワールダーン〕、〔その義妹〕スナンダ〔・パトワールダーン〕とバラスンダラムは、ラージャゴパルに対して、「ともに働くこと」について、そして、ヴァサンタ・ヴィハーラの権利譲渡を求めることについて、書き送った。また、インドK財団は、インドの外で英語のインドの本を売る権利を、ほしがっている。イヴリン・ブラウが電話して、〔協力的だった〕ポロック博士（Dr.Pollock）が自らの不在中にハッピー・ヴァレー学校の理事会を辞めさせられたことを、伝えてくれた。ロザリンド・ラージャゴパルは、彼はアメリカK財団の理事会に入っていて、アメリカK財団を代表している、と言う。」

翌日、「私は運転してオーハイに行った。〔東端の〕パイン・コテッジのクリシュナジの部屋と他のものにペンキを塗りなおし、請負業者のオジャックス氏（Mr.Ojacks）に会って、午前を過ごした。私はまた事務所の建物で、幾つかの仕事をした。夕方はリリフェルト夫妻とともに、金銭のことについて議論して過ごした。」

スコット――ちょっと待ってください。あなたがペンキを塗ったこの場所は、どこでしたか。

メアリー――パイン・コテッジです。私たちは調停でパイン・コテッジを得たんですよね。

15日に、「アラン・キシュバウがマリブの私の家に来た。午前8時に私たちは運転して、オーハイに向かった。私たちは〔オーハイの西端の〕オーク・グローヴとそれに隣接する土地を、見た。それから私は彼に、〔東端の〕アーリヤ・ヴィハーラの諸住宅を見せた。午前11時に私たちは、エルナとテオのところで、アメリカK財団の理事会を開き、それから昼食をとった。午後には、学校のことでマーク・リー（Mark Lee）が来た。」それから私は、コテッジに関してさらにいくつかのことをしたようです。

スコット――どんなことをしましたか。

メアリー――まあ、「私は〔南方の〕ヴェンチュラに運転して行き、コテッジのために調理用レンジと冷蔵庫を買った。それから私は、コテッジのペンキについてテオに会った。暗くなるまで彼とエルナに話をした。それから運転して帰った。」

20日に、「クリシュナジから電報があった － ここでの1日の代わりに8日にロンドンへ飛ぶ航空券について、だ。それから私はコテッジについて、さらに幾つかのお使いをした。」

スコット――何のお使いですか。

メアリー――ああ、家具です。そんなに…（笑う）…つつかないでよ！

スコット――これはすべて、歴史的にとても重要です。（笑う）

メアリー――そうではないわ。いいわ。じゃあ、私はカーテンを作ってもらい、他の幾つかものをそうしました。

スコット――まあ、大したものですよね。なぜなら、そこがどのように準備されつつあるかが、見えるし…

メアリー――いいですよ。「四つの椅子つきのテーブル。」

それから、「私は航空券について〔ロンドンの〕メアリー・カドガンに話をした。私は再び、カーテンのことで出かけた。アラン・フーカー（Alan Hooker）はコテッジの横に、〔ツツジ科の〕アザレアとツバキを植えてもらった。」彼は良くしてくれました。

「私が家に帰ると、クリシュナジからの二つの手紙を見つけた － 〔インド南部の〕バンガロールから8日と9日に送られたものだ。私のはどれも彼に届くことなく、彼は三週間、進んでいた。私の14番から16番の手紙は、到着していなかった。」

1月22日に、「バラスンダラムが〔インド西部の〕ボンベイ〔現ムンバイ〕から、法律文書について、エルナに電話をしてきた。彼は、クリシュナジは三日間、熱を出していたが、治ったと、私に告げるように言った。」

25日に私はオーハイに運転して行きました。「私はエルナ、テオと、イヴリン・ブラウに会った。私たちは、〔西の端の〕オーク・グローヴ近くの土地をずっと歩き回り、主要道路〔ウエスト・ロミータ・アヴェニュー〕に降りて行った。美しい土地だ。私たちはイヴリンに、〔オーハイの東端の〕アーリヤ・ヴィハーラの諸住宅を見せた。午後4時にアーリヤ・ヴィハーラで、私たちは二、三人の人たちのために、クリシュナジのカナダ〔放送協会〕の映画を、上演した。〔インドの〕パーチュリ博士（Parchure）から手紙があった － 17日に書かれたもので、そこで彼は、クリシュナジは15日に熱を出し、18日と19日の彼のボンベイ講話は取り消さざるをえなかった、と言う。」それから私は、コテッジについてさらにあります － 冷蔵庫を入れる等です。

スコット――では、メアリー、あなたはそれらをどこに入れたんでしょうか。

メアリー――冷蔵庫ですか。

スコット――ええ。

メアリー――キッチンね。（笑う）

スコット－でも、私が今、パイン・コテッジを知っているようだと、何も・・・
メアリー－まあ、前にはキッチンがありました。そこは今、私のバスルームです。
スコット－あなたの寝室は何だったんですか。
メアリー－小さなダイニング・ルームです。
スコット－結局、クリシュナジの寝室だったものは、彼の〔改築前の〕古い寝室でしたか。
メアリー－ええ。そこは彼の寝室でした。彼の居間は、彼の元来の居間でした。でも、彼の寝室はより小さかった。私は東の壁を張り出すことにより、そこを広げました。
スコット－事務所に向かってですか。
メアリー－いいえ。私の寝室に向かってです。
スコット－ああ、分かります。これらは興味深い歴史上の事実です。
メアリー－（笑う・・・それから二人とも笑う）なんてまあ。
スコット－では、それなら、外へ出るあなたの寝室のドアは、裏手のダイニング・ルームのドアだったでしょう。
メアリー－ええ。正確に憶えているなら、私はポーチ〔張り出した玄関〕全体をちょっと外に押し出しました。クリシュナジの部屋がはるかに狭かったことは、知っています－押し入れから壁まで、ね。
スコット－ふむ、ふむ。
メアリー－それで、私はそこを広げて、よりよい形に整えました。そこはまた暗かった。
スコット－ええ。
メアリー－実際、そこはぞっとしました。

2月2日に、「クリシュナジは、真夜中すぎにボンベイを発ち、ローマに到着した。私は、ヴァンダのところに電話を掛けて、彼に話した－ここの現地時間午前9時30分にだが、そこでは晩遅かった。彼は、インフルエンザと気管支炎は治ったと言う。彼の声はいつもの彼らしく聞こえた。」
4日に、「クリシュナジはローマから〔イングランドの〕ブロックウッドに飛んだ。」
スコット－なぜクリシュナジはその頃、太平洋を飛んで渡らなかったんですか。
メアリー－彼は衣服を取りに、ブロックウッドに行きたかったからです－そしてブロックウッドを覗くためにね。
スコット－ええ。でも、ボンベイからローマ、ローマからロンドン、ロンドンからロサンジェルスは、見たところ・・・
メアリー－でも、思い出してください。その頃、それらの距離を飛ぶことは、そんなに容易くなかった、またはすばやくなかったんです。1970年に私たちがオーストラリアに飛んだとき、二十四時間掛かりました。
スコット－ロサンジェルスから？
メアリー－ええ。
スコット－わぁ。
メアリー－・・・そのとき彼はさらに、後でそこ〔オーストラリア〕からインドに行きました。シンガポールを経由して行かざるをえなかった。
スコット－ああ、そうです。
メアリー－その頃に直行便は一つもなかった。またはそれらは長かった。
スコット－ええ。
メアリー－6日に、「私は家具類すべてをオーハイに持って行った。一日中、コテッジを清掃し、ものを整理整頓した。クリシュナジの三つの部屋に、カーテンが据え付けられた。私は午後8時過ぎまで、そこにいた。それから運転して帰った。マーク・リーは、消防署と建築物検査官はアーリヤ・ヴィハーラを、学校またはセンターとして認めないだろう、と言う。」
翌日は、「マリブで、家でクリシュナジの部屋を整えて、静かな一日だった。」・・・そして、〔隣家の友人〕ダン夫妻について何かです。
〔日記のうち〕大きな本から、2月8日に、「クリシュナジは、ブロックウッドでの四日間の後、午後12時30分にTWA機でヒースロー〔空港〕を発ち、午後3時20分にロサンジェルスに到着した。彼の一つのかばんが現れるのに長い時間が掛かった。それで、彼が出てくるまで一時間経った。ボンベイでの発熱と以降の旅行すべての後で、私が恐れていたより、元気に見えた。彼はマリブの家に戻り、ベッドで夕食をとった。しかし、疲れていて、半ば眠りに就きながらも、彼は話し、起きつづけていたいと願った。彼は目覚めがちに眠った。私は、彼がここにいることに、ものすごい安堵感を得た。私は一日中、彼が来たことの強烈な感じがした。」私は彼を感じられた・・・「彼は、今までの自分の手紙を持ってきた。飛行機で書かれた一通も、だ。」彼はいつも、きっちり今までの手紙を持ってきました。飛行機での日も含めて、です。（スコット、笑う）すてきでした。
スコット－ええ、すてきです。
メアリー－2月9日、「クリシュナジは一日中、ベッドにいて、食事はトレイでとった。彼は午前のほとんど眠った。だが、昼食の後、彼はインドでの出来事を物語った。彼はそこでいつの時も、気分が良くなかった。彼は本当は10月のローマから、インフルエンザが治っていなかった。彼はほとんどの時、自らが「病気」だと感じたと言った。彼はインドで多くの衰退を見つけた。〔中部ヴァーラーナシーの〕ラージガートは、学生たちと教師たちの間の葛藤・抗争と無関心に満ちている。学生たちは、彼の講話の一つの最中に、示威行動として出て行ってしまった－彼に反対なのではなく、教師たちに反対して、だ。クリシュナジは後で、双方と会ったが、双方が、向こうが敵対的なのだと言った。彼は、アールヤ・チャリ（Ahalya Chari）とウパシニ（Upasini）が場所をまとめるであろうとの希望を、持っている。〔インド南部、〕リシ・ヴァレーは、強い衰退の感覚がある。〔校長〕バラスンダラムが独裁制でそこを営んでいる。そしてまた、他の事柄にあまりに多くの時間を掛けている。クリシュナジは彼に話をした。バラスンダラムは沈黙し、彼を恐れた。クリシュナジは、学校は、教師たちの集団がともに働くことにより営まれることを、主張した。〔リシ・ヴァレーの〕校長と〔マドラスのインドK〕財団の幹事は、〔兼務の〕同一人物であるべきではない。彼はバラスンダラムに対して、自己〔の理解〕に入るよう六ヶ月を掛けるよう、語った。スナンダ〔・パトワールダーン〕と〔その義兄〕アチュットは、ことを見計らうために、〔財団本部の〕ヴァサンタ・ヴィハーラでもっと時間を過ごすべきである。たぶんスナンダは、財団の仕事について幹事のことをもっと多くするだろう。ププル〔・ジャヤカール〕は・・・」みんなが生きている間は、これは出さないようにしましょう。
スコット－ええ。そのとおりです。ええ、出さないようにしましょう。

メアリー―「彼は、ププルも知的に等で衰退した、と言った。彼女は、政府の仕事を離れることになっており、財団のためにもっと多くの仕事をするだろう。社会的、政治的にインドは、さらに大きなめちゃくちゃになっている。彼は、〔ププルの親友で、インド首相の〕ガンディー夫人に話をして、二時間を過ごした。そして、彼女のために、〔強権的な〕彼女の問題の無法ぶりを気の毒に思った。彼は、ププル、スナンダ、アチュットとバラスンダラムに対して、〔インドの〕諸学校に変化がないのであれば、彼らは「私の顔を見ない」だろうということを、言った。これは爆弾のような効果があった。」

2月11日、火曜日、「すてきな晴れた一日だった。クリシュナジが運転して、メルセデスのグリーン・ビューティ（the Green Beauty）で、私たちは午前9時30分に、オーハイへと発った。私たちは、〔オーハイの西端のフーカー氏の経営する〕ランチ・ハウス・レストラン（the Ranch House Restaurant）わきでエルナとテオと会った。それから回ってゆき、〔講話の会場であった〕オーク・グローヴと隣接する土地を、歩いた。クリシュナジは、そこがどれほど美しいかを、忘れていた。彼は驚いて、とても喜んだ。彼は野原を歩いて横切り、〔東側の小道の〕ベサント・ロード（Besant Road）の向こう側へ行き、ラージャゴパルの場所を避けて登り、丘の頂上に行った － そこで私たちは、ヴェンチュラ・ロード（Ventura Road）を見下ろせた － 私たちが売るであろう部分だ。」と、ここに言います。（笑う）ああ！

スコット―（笑う）まだ売り出しています！

メアリー―まだ売り出しています！「それから私たちは、〔オーハイの東端の〕アーリヤ・ヴィハーラに運転して行った。1966年以来初めて、クリシュナジは邸宅に入った。リー夫妻、ルス〔・テタマー〕とアルビオン〔・パターソン〕がそこにいた。クリシュナジは、リー夫妻が生活している階上を除いて、邸宅をよく調べた。一階の西の寝室でクリシュナジは、「弟はここで亡くなったにちがいない。」、そして、「ベサント博士はこの部屋を使った。」と言った。ホールで彼は私に、「ここでどんなにけんかがあったことか。」と言った。私たちは、オレンジの樹々の間を歩いて、パイン・コテッジに行った。クリシュナジはそこと事務所を、すばやくよく調べた － まるで、何か不快なものから逃れたいかのように。「私はここで一夜を過ごせないだろう。」あまりに小さく、あまりに閉ざされている。「私は、ブロックウッドとあなたの〔マリブの〕邸宅に甘やかされてしまった。私には空間が必要だ。」私たちはルスとアルビオンとともに、リリフェルト家に行った。後でマーク・リーとともに、私たちは長く議論した。クリシュナジは今、〔オーク・グローヴなど、オーハイの〕西の端が学校には良いと、考える。だが、彼は、私たちの誰かが自らに、ハッピー・ヴァレーの土地を得ようとしてほしいと願うのかどうかを、訊ねた。私たちの誰も願わなかった。それで、西の端であるべきである。クリシュナジは4月12日、13日、19日と20日に、〔オーハイの西端の〕オーク・グローヴで話をするだろう。私たちは午後6時に立ち去った。車で帰りつつ、彼は、〔オーハイの東端の〕諸住宅は汚染されていると感じるし、もしも自らがコテッジに生活するなら、永久にだろうという考えを持っていることを、言った。私は、そこは今年、二、三の夜の使用のためだけに整える、と言った。私たちは夕食に間に合うよう〔マリブの〕家に帰った。」

スコット―ただ記録のために、教えてください。ニトヤが亡くなったのは、アーリヤ・ヴィハーラのどの部屋ですか。

メアリー―二つの寝室のうち、道路に面しているほうです…

スコット―よし。では、正面のドアから入るとき、右に曲がって…

メアリー―ええ。

スコット―…居間を通る。

メアリー―それは右にあるほうです。それは、裏庭を見わたすほうではありません。道路、〔オーハイの東端で南北に走る〕マクアンドリュー・ロード（McAndrew Road）に向かって見わたす〔西側の〕ほうです。

スコット―はい。

メアリー―2月12日、水曜日、「クリシュナジは午前に眠った。早い昼食の後、私たちは〔東へロサンジェルスに〕運転して、〔女性医師〕レイリー・バクティール（Lailee Bakhtiar）の診察室に行った。そこで、クリシュナジは最初の予約をし、検査を受けた。」そのとき彼女が私たちの医者でした。

スコット―ふむ、ふむ。

メアリー―「彼女は、彼の血圧は80から130であり、末端にも優秀な血行をしている、と言った。私たちは来週、血液の化学的な結果を得るだろう。彼は心電図をとった。これが起きている間、私は彼女に対して、彼がけっして入院したくないと願っていることを、告げた。彼女は、それを理解するし、尊重すると言った。彼がそもそも病気であるなら、私たちは家で対応するだろう。後で彼は私に対して、自分は、無意識にする麻酔をけっして掛けられてはならないことを、語った －〔していいのは〕局部麻酔だけだ、と。「私は戻ってこないかもしれない。」と少し笑って、彼は言った。レイリーは胸部X線〔検査〕を求めたので、私たちは、ジェイファー博士（Dr.Jafer）の診察室に行き、クリシュナジはそれを受けた。それからウェストウッドで、私たちは、ちょうど彼がほしい6Dのサイズのローファーを、二足見つけた。それから私たちはウィンキー（Winkey）に会って、」－ ウィンキーは書店で働く友人でした －「本を一冊注文した。幾つかアイスクリームを買って、家に帰った。多くを成し遂げた一日だ。クリシュナジは私に、インドのシドゥー両博士へ、電報を打たせた － 自分はサンフランシスコの後で〔彼らが学校を作るカナダ西海岸の〕ヴァンクーヴァーを訪問できない、と。」

13日、（笑う）「私は六十歳だ。六十を感じないようにしよう。元気でかなり若く感じよう。」（二人とも笑う）「クリシュナジは誕生日を気にしない。そして、どうして〔元秘書アラン・〕ノーデがたまたま電話を掛けてきたかを私に訊くまで、その日だと知らなかった。」（二人とも笑う）「白い〔ツツジ科の〕アザレアが、シモンズ夫妻とブロックウッドから届いた。私の家族が電話を掛けてきた。クリシュナジは休んだ。私たちは家で、快い静かな一日を過ごした。それは、私にとって誕生日がなしうるだろうすばらしいことのすべてだ。」

2月14日、金曜日、「私たちは運転してオーハイに行った。ジョン・レックス（John Rex）と」－ それは建築家です －「エルナとテオに会った。そして再び、〔オーハイの西端の〕オーク・グローヴの地域を歩いて回った。レックスは学校のためにそこについて熱心だ。彼は、そこはカリフォ

ルニアで見つけられる最善の場所だ、と言った。私たちは、〔オーハイの東端の〕マクアンドリュー・ロードの三軒の住宅を、彼に見せた。リー夫妻が、ルスとアルビオンを含めて私たちみんなのために、昼食を出してくれた。それから私たちは、リリフェルト家に行って、4月の講話で人々に見せられる仮の基本計画をレックスが作るには何が必要なのかについて、議論した。レックスが去った後、クリシュナジは、あらゆるものを〔オーハイの〕西の端に集中させ、〔東の端の〕マクアンドリューの資産を私的に保つことを、語った。彼は、自分がコテッジや事務所の建物が好きでないこと、そして、もしも自分がアーリヤ・ヴィハーラを使うべきことになったなら、それは引き倒し、全くもう一度始めなくてはならないだろうことを、言った。しかし後で、家に帰る車で、彼はコテッジを試すこと、時間の一部分、それを使い、残りの時間をマリブで過ごすことについて、語った - すなわち、マリブを私たちの中心地として使うのだ。」

15日に、「私はキッチンで昼食を作った。クリシュナジは、何かを言いたい気持ちだが、それを私にどのように言うべきかを知らないと言った。それは、彼がここ二、三週間抱いてきた気持ちについて、だった - それは、彼がかつて自らの弟〔ニトヤ〕が亡くなる何年も前に、抱いたものだった。〔インド南東部、マドラスの〕アディヤールで、自分たちが生活している建物の外に立って、各自の部屋を見上げていて、空っぽの、まったく何も連想のない気持ちだ。」

「私たちは、アーリヤ・ヴィハーラで見つかった二つのスーツケースの荷物を、取り出した - 一つは荘厳なクロコダイルで、一つは彼の頭文字が着いている。私たちは数枚のクルタ³⁾とたくさんのソックスを見つけた。幾つかのソックスには、JK〔の頭文字〕が縫い込まれていた。一足にはJKNとあった。彼らが衣服を分かち合っていたとき、それらはそこに昔、彼の弟〔ニトヤ〕により残されたかのようだった。戸棚はスギだった。すべてのものがスギらしい。クリシュナジは衣服に興味を持ったが、そのほとんどをあげてしまいたいと思った。私たちは街に行き、〔アメリカの探偵スリラー物の〕映画『チャイナタウン（Chinatown）』を見た。」それは見ましたか。

スコット──思い出せません。

2月19日、「私はエルナに話をした。彼女はちょうど、ラージャゴパルとヴィゲヴェノ夫妻が昨年の夏、作った地役権を、発見した - ラージャゴパルと〔ウエスト・オーハイ・アヴェニューから入った〕クロトナ（Krotona）⁴⁾の間の土地を通るもので、多かれ少なかれ私たちがそれを販売できなくしていた。」（笑う）「インチキには果てしがない。クリシュナジは午前ずっとベッドに留まった。昼食の後、私は街に行き、クリシュナジの検査についてレイリー・バクティール〔医師〕に会った。すべてが優秀だ。肺のX線検査は、すべてがすっきりしているのを示している。幾つか古い傷跡があるが、彼女はそれはたぶん彼の青年期の結核からだと推測した。彼の心電図は正常だ。肝臓、腎臓は正常。血球数は正常。コレステロールは200。血糖値は正常だ。何も悪いところはない。彼の唯一の困難はアレルギー、枯れ草熱だと考える。彼女は私に、抗ヒスタミンの咳止めシロップを、出してくれた - ベナドリールに似た、枯れ草熱の季節にとるものだ。また、もう少し強い錠剤、ディメタップも、だ。これらにもかかわらず、彼は、気管支炎を発症し、発熱する、または青い痰を出すなら、テトラシクリン - それは抗生物質のなかで一番副作用が少ない - をとり、アスピリン10グレイン錠で解熱し、彼の腋の下と首の後ろに氷嚢を入れなければならない。」それが、解熱すべきだと彼女が感じたやり方です。

スコット──ふむ。

メアリー──「私は自らの訓戒を反復した - すなわち、もし私が重病になったなら、彼女には、私に対して基本的な事実すべてを告げることを期待する、そして決断は私が行う、ということだ。私は、どんなつけを払っても生かしておいてほしいとは願わない。彼女は同意した。私は戻って、クリシュナジがメルセデスの内と外の埃を払い、芝生を十六回、歩いて回ったということを知った。」

20日、「リリフェルト夫妻、ルス、アルビオンと、アラン・キシュバウとマーク・リーとイヴリン・ブラウが、午後3時に来た - 〔建築家〕ジョン・レックスが計画に用いる学校の範囲について、議論するためだ。後でルー・ブラウが加わり、アメリカK財団のまわりに曲がりくねったラージャゴパルとヴィゲヴェノの地役権について、議論した。そしてまた、資金集めについて議論するためだ。ブラウは、私たちが現在の郵送者名簿から集められるものを越えて必要になるであろう資金の額を、鮮明に叙述した。クリシュナジは聞いて、ブラウに言った - 「私たちは学校を持つべきではないんだろうか。」と。ブラウは、私たちは持つべきだし、持つだろう、でも、専門的な資金集めの助けが必要だろうと言った。」まあ、彼は正しかったわ。

スコット──ええ。

メアリー──2月26日、「私たちは午前9時30分にオーハイへ発った。エルフリーデは、」 - それは私の家政婦でした - 「〔パイン・〕コテッジの異なった部屋のための敷物を積んだトラックで、付いてきた - ダイニング・ルーム、ポーチと、居間の一部だ。リリフェルト夫妻、ルス、アルビオンと、リー夫妻が、コテッジに来た。午前11時に私たちは、学校の意味と機能についての条項を調べた - 昨日、クリシュナジが記したものだ。エルナは、クリシュナジと私との昼食に留まった。コテッジでの私たちの最初の食事だ。私は午前6時に、スパニッシュ・ライス⁸⁾と野菜のポットを調理して、それを持って来ていた。昼食の間、クリシュナジはエルナに、次にテオに訊ねた - 「オーハイでの生活場所について、マリアにとって正しいことは何だろうか。」と。〔当人の〕私はこれについて参加者ではなく、聞き手だった - クリシュナジは、どんな論評をも沈黙させた。」（メアリーの声にクスクス笑い。スコット、笑う）「〔パイン・〕コテッジについての彼の感情は、今日は全く異なっている。私たちが到着したとき、彼は出入りし、木立の中に歩いて行った。会合の間、彼は部屋を見つめつづけ、折りたたみ椅子の安楽さに感嘆した。初めてカーテン等に注目した。気持ちは変わりつつある、と彼は言った。建築物検査官は、学校がごく小さくて、コテッジの別棟と事務所の一階を使い、五人以下の居住する子どもたちと、教室で最大限十人のために、アーリヤ・ヴィハーラを使うのなら、一時的に学校を始めてもいい、と言う。これでは、学校が〔西の〕オーク・グローヴに移転できるまで、クリシュナジがコテッジを使うことは阻まれるだろう。クリシュナジは、〔オーハイの東端の〕マクアンドリュー〔・ロード〕の資産はK財団の使用のために取っておくべきだ、そして、私がオーハイに引っ越すなら、それは東の端の新しい土地の区画にすべ

きだ、と言っているように見える。」
スコット－あなたが〔マリブから〕引っ越すなら、ですか。
メアリー－ええ。「他の人たちは、この議論に加わっていなかったが、彼らが戻ってきたとき、私たちは会合を続けた。アルビオン〔・パターソン〕は、クリシュナジの条項を変更する提案を、幾つかした － それは、クリシュナジの様式と言語を、決まり文句で置き換えるだけだろう。」
スコット－これはどの条項ですか。
メアリー－それは、学校が何に関するものであるか、でした。
スコット－ああ。
メアリー－「区画規制に関して、ラージャゴパルの名前が挙がった － ラージャゴパルの住宅の東で、今やアメリカK財団が持っている土地を通る、彼とヴィゲヴェノ夫妻と〔ロザリンドの妹〕サルク（Zalk）が、去る7月に得た地役権だ。」見たところ彼らは、自分たちがそこをあきらめなくてはいけないだろうと知ったとき、それを最後の瞬間に入れました。「〔こちらの弁護士〕コーエンはそれについて、〔あちらの弁護士〕クリステンセンへきびしい手紙を、書いていた。アルビオン〔・パターソン〕は、ラージャゴパルは「近頃、お行儀が良くなっていた。」と言った。私は、「どうしてです。アメリカK財団に支払われるべきなのに、誤ってKWINC〔クリシュナムルティ著作協会〕に送られただけの3000ドルの利子を取っておくことによって、ですか － エルナがそれについて電話をしたときに。」それは本当です。銀行が取り違えました。（二人ともクスクス笑う）

編集者の憶え書
私たちは、人々の感情を傷つけないようにするとの方針を守るなかで、この号にはもう一人の人物Xがいる。この号の人物Xは、以前の号に現れた人物Xとは別の人物である。この号の人物Xは、提案中の学校にもどの財団にも、役割を持っていなかったが、優遇として会合の幾つかに招かれた。

「人物Xが、起きてきたことを何も知らないで、陳腐な言葉でしゃべった。」 － ああ、なんと。これはひどい。（スコット、クスクス笑う）「人物Xは、ラージャゴパルに話をしたい、彼に仲良く語りたいものだとも思っている。」（スコット、心から笑う）「この種の情緒的な厚顔無恥に、私は疲れてしまう。」（メアリー、笑う。こっそりスコットに言うようだ。）これは偽装しなくてはいけないでしょう…
スコット－ええ、ええ、ええ。そうしましょう。そうしましょう。でも、それを記録に取っておくのは良い。
メアリー－（クスクス笑う）「クリシュナジは、ラージャゴパルとの交流を断つことが必要だと見た。私たちは、クリシュナジのためにいろいろなものを取り戻すには、法律上の訴訟を行うことが、必要だと見た。けれども、感傷主義の人たちは、ラージャゴパルをなだめたいと思いがちだ。私は、それを信じられない現象だと見る。クリシュナジはむしろ人物Xを沈黙させたが、部屋の他の人たちも、同じことをしたがっているかのように見えた。クリシュナジ、エルナと私は、地所の端のオークの樹まで歩いて行った。私が隣接する〔北東方向の〕トーパトッパの〔山麓の〕土地を買うという議論が、あった。だが、私はその考えに気持ちが乗らない。」（読む中で、ユーモアで声がうわずる）「帰る途中でクリシュナジは、カーテンについて感嘆しつづけた － 彼はそれをとてもきれいだと見る。そこの雰囲気は変わりつつある、と彼は言った。私たちがマリブに着いたとき、午後7時を過ぎていた。だが、彼は疲れはてていなかった。彼は、身体は今、寛ぎを感じつつあると言った。彼は前より良く眠っている。再び冥想だ。それはインドでは起こらなかった － 彼の身体はあまりに疲れはてていた。」
スコット－ふむ。
メアリー－次の何日かの間は、何も意義深いことがありません。私はたくさんデスクの仕事をした。私たちは映画を見に行った（『ゴッドファーザー2』だ。彼はそれが気に入った）。散歩した等。
　3月3日に、「私たちは午後に、オーハイに運転して行き、初めてパイン・コテッジに移った。私は夕食を作ったが、初めに私たちは、〔オーハイの東北部で、近くにある〕サッチャー・スクール（Thacher School）のほうへ散歩をした。車で通りすぎる人々は、クリシュナジを認識し、再びここで彼を見て微笑んだ。夕食の後、クリシュナジは当惑して見え、「何かを聞く」ようすをしていた。それは車の中で始まっていた － 彼が運転していたが。だが、ベッドの時間までに、彼は自分がどこにいるかを知らないかのように見えた。それはいつもふしぎだ。彼は私に手近にいてほしかった。私は、ソファーで眠った － そこで眠るために使えるよう私が買って、彼の居間に置いたものだ。」なぜなら、〔かつてそこで生活した〕彼には当然に自室があったが、私にはどこにもなかったからです。
　3月4日に、「私はいつものように、クリシュナジにトレイにのせて朝食を出した。昨日、〔オーハイへ〕やってくる途中で、クリシュナジは突然に、書きたい気持ちだと言った。〔マリブの〕浜辺の斜面に育った野生の明るい黄色い花々の眺めが、彼を見送った。私たちは、ノートブックと、また寝間着シャツとバスローブを得るため、ヴェンチュラ〔の街〕で停まった － 私たちはそれらを持ってくるのを忘れたのだ。私は消しゴムを探しに行き、ベイリス（Bayliss）で買い物をし、クリシュナジとエルナとテオ〔・リリフェルト〕のために昼食を作った。人物Xはちょっと問題だ。」（クスクス笑う）「人物Xは、〔アメリカK財団の会議に〕参入することと、あらゆることについて相談されることを、期待する。クリシュナジは、自分がそれを取り扱おうと言った。彼はそうした。」
　「マーク・リーが昼食の後に来た。だが、初めにクリシュナジは彼に対して、ラージャゴパルの履歴の輪郭を語り、それから〔関係者たちの〕妻たちの介入の問題に入った － 財団に相対して、〔彼が就任する〕校長の地位の責任等。」
　「クリシュナジと私は、〔北東方向に1km弱の〕ホーン峡谷（Horn Canyon）を上がり、川へ散歩に行った。野生ですてきだ。だが、クリシュナジは、くしゃみとアレルギーを起こして、戻ってきた。私たちがどこに生活すべきかのてんびんに、もう一つの重みだ。」
　3月5日、「クリシュナジは昨夜、前よりよく眠った。一日中、雨が降った。私は、「人々が仲良しだから」ブロックウッドに行きたいと思っていた十七歳の少女に面談した。それから彼女は一学期の後で、喫煙のために追い出された。空っぽで、あまり利発でない印象だ。クリシュナジと私はアーリヤ・ヴィハーラで、昼食をした。リー夫妻、リリフェルト夫妻、ブルース（Bruce）と何とかメイヤー（Meyer）－夫婦であり、二人の幼い子どもたちとともに学校の冒険に加わるだろう人たち－とともに、だ。クリシュナジと私は、

〔財団の〕「会報（The Bulletin）」のために、学校計画の公告を作りなおした。クリシュナジは午後中ずっと眠った。」

3月6日、「オーハイでは小雨が降った。マリブでは１インチ〔、25.4ミリメートルほど〕だ。テオ〔・リリフェルト〕がやって来て、〔パイン・〕コテッジが正しくないのなら、自分とエルナはクリシュナジに自宅を貸したいと思うということを、私に告げた。マーク〔・リー〕がクリシュナジに話しに来た。私は昼食を作った。エルナとテオが、クリシュナジと私に加わった。私たちはセンターについて、有益な議論をした。私は、そこはただ一つの一定のプログラムを持つより、むしろ幾つもの目的を持つことを、提案した。すなわち、私たちは静かな研修をも行うが、そこで私たちは、静けさと、人々が外の影響を欠如して自らで自分自身とクリシュナジの教えに入る機会を、提供する、と。」私は、その考えを早く持っていたようですね。（スコット、笑う）それは私にとってニュースです！「彼らが求めるなら、利用可能な〔Kの録音〕テープと本があるべきだが、プログラムには供されない。」ああ、なんて私は賢いの！（笑う）

スコット―それが叶うには、長い時間が掛かりましたが‥‥（笑う）

メアリー―まあ、これは私にとって驚きです。「午後4時にクリシュナジと私は運転してマリブに行った。クリシュナジは、〔パイン・〕コテッジを完全に作り直し、私たちにとって適当な住宅にすることについて、議論した。来年、コテッジが学校のため、部分的に使われることになるのなら、〔オーハイの〕西の端の〔オーク・グローヴに〕学校が建てられるまで、私たちは待たなくてはならないだろう。」

3月8日、土曜日。7日はありましたが、報告する価値はないと思います。

スコット―きっとあったと思います。

メアリー―いいですよ。行きます－「一日のほとんど、雨が降った。」

スコット―そうですよ！（笑う）〔読んでくださらないと、〕私たちはけっして知らなかったでしょう。

メアリー―（笑う）再び8日、「私たちは、マリブの大きな壁沿いに植えるために、十本の小型のネーブル・オレンジの木と、また様々な灌木を、選びに行った。〔家政婦〕エルフリーデとフレッドは、」－フレッドは彼女の夫です－「彼らのトラックで来て、それらをマリブに持って行った。クリシュナジと私は、ジャガーでピクニックを行って、午後2時に〔アメリカのパニック〕映画『タワーリング・インフェルノ（The Towering Inferno）』に行った。〔高層ビルの火災〕それが悲惨になったとき、私はクリシュナジに、出るべきかどうかを訊ねたが、彼は首を振り、私たちは堪えた。後で彼は家で、「寺院・神殿は私に良い。」と言った。」（スコット、笑う）映画に行くことが、彼の寺院・神殿の一つでした。（さらに笑う）

スコット―理解できます。

メアリー―理解してくれるだろうと思いました。（スコット、クスクス笑う）

3月10日、月曜日、「穏やかな雨で、一日が開始された。午前6時に料理をした。〔家政婦〕エルフリーデがお休みだからだ。リリフェルト夫妻、ルス〔・テタマー〕、アルビオン〔・パターソン〕とキシュバウとマーク・リーが、午前11時に来た－センター、学校、土地への建物の配置等について、クリシュナジとともに一日中、議論するためだ。

センターの活動について多くがあった。人々がクリシュナジの会合と教えを探究しに来られる場所の必要性だ。初めに〔アメリカK財団の〕理事たちが〔駐在して〕、このために利用可能であるべきだ－解釈者としてではなく、探究し、議論するためだ。これと静かな研修（リトリート）は、クリシュナジが〔一年の内、オーハイを〕去っている九ヶ月間、利用可能であるべきだ。私たちは、建物の最善の配置はどうであるべきかについて、調べた。クリシュナジは、〔学校での〕子どもたちにとって必要な安全と自由の感覚を、強調していた。私たちはみんな、水曜日に〔建築家〕ジョン・レックスと彼の部下たちと会合することになっている。後で私はクリシュナジに訊ねた－彼は、自らがそこにいないとき、理事たちは必要な議論をできる能力があると思うのかどうか、だ。「それが私が見出そうとしていることです！」。」（二人とも心から笑う）

3月12日に、「午前に彼は、私に三つの言葉を言った－「しかし、はるかに多くがある。何かものすごいもの。それはあれと関わりがある。」と。」

スコット―三つの言葉は何ですか。

メアリー―それは三つの言葉以上でした‥‥分かりません。彼の数学はちょっとずれていました。「午後に‥‥」

スコット―でも、それよりはるかに多いんですか。

メアリー―何かものすごいもの‥‥まあ‥‥それははるかに多い。何かものすごいもの。それは、あれと関わりがある。あれはいつも他（the Other）です‥‥そうねえ‥‥

「午後にリリフェルト夫妻、ルス、アルビオンとマーク・リー、〔建築家〕ジョン・レックス、レックスの会社のレイブサメン（Reibsamen）、ニコルズ（Nichols）が、午後ずっと話をしに来た－オーク・グローヴの土地でのセンターと学校のための基本計画について、だ。クリシュナジは、「建物での保護、安全、愛情と、空間、自由」についての先の憶え書を、口述した。彼が〔イタリア、〕フローレンス〔フィレンツェ〕の外側で見てきた修道院の性質だ。近くに来るまで、それは見えない。それは大いに土地の一部分である。静けさ、威厳、聖なる場所。一室に最大限二人の学生に決定した。後でクリシュナジはエルナに対して、ラージャゴパルは、アメリカK財団がKアンドR〔財団〕を通じてKWINC〔クリシュナムルティ著作協会〕の資金の会計収支を得るのを、妨害しようとするだろう、と感じられる、と警告した。」

3月13日、「クリシュナジはあまりよく眠らなかった。それで、彼は昼をベッドで過ごした。私はお使いで街に行った。私たちはいつものように、彼の自室でトレイにのせて夕食をとった。その間、バート・ランカスターの出た騒がしい西部劇がぶっ放した－『追跡者（The Law Man）』だ。」それが映画の名前です。「クリシュナジの顔が変化した。彼の目は瞼が下がっていた。彼ははるか離れていた。私は変化を感じ、テレビを消す身振りをしたが、彼は首を振った。彼は、「感じますか。」と訊ねた。手近に何か電気的なことがあった。彼はそれについて語りたくなかった。」

3月14日、「クリシュナジはよく眠っている。「何かが継続していた。」昼食に彼は私に、私がこれらのことの記録を付けているのかどうかを、訊ねていた。「あなたは完全な日記を付けるべきです。」私は、昨夜起きたことと騒がしいテレビとの間に、どんな関係があるのかを、訊ねた。彼は、映画は精神を休ませ、寛がせる、そのとき他（the other）

が来る、と言った。彼は休むために、映画に行ったものだ。後で彼は車を二台とも洗った。晩に彼は言った－「まだ続いている。なぜかと思う。たぶん講話のためか。分からない。私は訊ねない。」と。」

　よし、今、15日のために、〔日記のうち〕小さな本に行きましょう。それは疑いもなく興味深くないです。

スコット－（クスクス笑う）そんな明確に言うべきでないよ。

メアリー－15日に、「クリシュナジと私は早い昼食をとった。それから、〔ロサンジェルス西部〕パシフィック・パリセーズ（Pacific Palisades）での映画に行き、〔米国・西ドイツ合作のサスペンス、スリラー映画〕『オデッサ・ファイル（The Odessa File）』を見た。私たちは戻ってきて、新しい茂みに水をやった。」

　翌日、「私たちはどちらも荷造りをした。静かで美しい一日だった。」

　3月17日、「すてきな晴れた朝。人々が〔ネーブル・オレンジなど〕幾つかのものを植えに来た。クリシュナジと私は荷造りを終了した。〔隣家の〕アマンダとフィル〔・ダン〕が、さようならを言い、植えつけを見るため、短くやって来た。クリシュナジと私は昼食をとった。それから〔家政婦〕エルフリーデが運転して、私たちを空港に送ってくれた。私たちは、サンフランシスコへのユナイテッド便に、乗った。〔元秘書〕アラン・ノーデが空港で私たちを迎えた。そして、運転して、私たちをハンティントン・ホテルに送ってくれた。私たちは、以前の二回の訪問でとった、すてきなスイート〔・ルーム〕をとった。とてもすてきなホテルだ。静かで威厳がある。私たちは散歩に行き、幾つか果物等を買って、戻った。アランは私たちとともに夕食をとった。クリシュナジはインドの物語を話した。アランは、多くのヨーガによりクリシュナジは過敏になり、ゆえに枯れ草熱があるということを、提起した。」

　3月18日に、「ウィリアム・スタニジャーという人（a William Stanijer）から、電話があった。カルト的な種類で、彼はクリシュナジに自分の財団と会合をしてほしい、それから〔サンフランシスコの公共放送局〕KQEDで彼らとのインタビューをしてほしいと思っている。私はそのすべてに、だめだと言った。そして、彼の手紙が〔インドの活動家〕ヴィマラ・タカール（Vimala Takhar）とハッピー・ヴァレー財団に言及しているので、クリシュナジまたはアメリカK財団と彼らの間に何の関連もないことを、彼は知るべきだということを、付け加えた。それにより彼は言葉をなくしたように見えた。」（クスクス笑う）「私はそういうことをすばやく手短に言い、それから止めて、詳述しないことを、学んでいた。沈黙があるなら、そうしておく。午後1時に〔アラン・〕ノーデが来た。私たちはみんな〔フィッシャーマンズ・ワーフにある公園〕ギラデリ・スクェア（Ghirardelli Square）に行き、中華料理に決めて、マンダリン・イン（the Mandarin Inn）で〔サンフランシスコ〕湾を見渡しつつ、昼食をした。私たちは、抜群の中華の菜食料理をとった－ホウレンソウのスープと豆腐、サヤエンドウ、菱の実、もやし、米、斜めに長く薄切りしたほぼ生のアスパラガス。」あなたが〔このような〕詳細を評価していることを、願っています。

スコット－していますよ、完全に。（二人とも笑う）あなたはメニューの数に触れるのを怠りますが、…

メアリー－そのとおりですね。（笑う）「クリシュナジは気に入った。彼は、〔イギリスの作家〕オーブレイ・メネン（Aubrey Menen）の本を一冊買った。それからアランは、クリシュナジが休むためにホテルに送っていった。他方、私は幾つの食料品を求めてキャンネリーに歩いて行き、タクシーで戻った。クリシュナジとともに、〔古い友人〕マティアス夫人（Mrs.Mathias）のところに歩いて行った。彼が夫人を訪問している間、マーケットでさらに幾つか買い物をした。」私はマティアス夫人の身元を確認しましょうか。それとも、私たちはすでにそうしたんでしょうか。

スコット－すでにそうしました。

メアリー－「マティアス夫人はほとんど盲目だ。クリシュナジは両手を彼女に当てた。私が迎えに行ったとき、彼はその〔道路で区切られた〕区画（ブロック）を歩いていた。彼がこちらに向かって歩いてくるのを見るのは、とほうもない。世界の意味全部が、あの前進する優雅さに集中している、と見える。私たちは、ホテルの向かいの小さな四角の庭園を、六周歩いて、戻った。夕食には、ドロシーとモンターニュ〔・シモンズ〕から電話があった。彼らはロンドンからキャシー・ハリス（Kathy Harris）のところに到着し、〔サンフランシスコとサンノゼの間にある〕アザートン（Atherton）にキャシーの家族のところに泊まっている。もう一つ電話があった－これは、フランシス・マッキャンからで、キャロル・オールウェル（Carol Allwell）が彼女と同じ飛行機で来たと言う。クリシュナジは晩に、世界にはたいへんな悪があると言った。彼は、悪という言葉を使いたくないと言った－不調和だ。それは組織的な信念により引き起こされる。例えば、キリスト教徒は、イエスが唯一人だ、私たちの神が唯一のものだ、と言う。それは他のあらゆるものを排除する。クリシュナジはベッドに行く前に、腹痛があった。ナックス・ヴォミカ（Nux Vomica）をとり、それは止まった。」

　翌日、「朝食でクリシュナジは、『教義はいつも分割を進める。ゆえにそれは悪です。』と言った。私たちは殺すことについて語った。彼は、組織的な殺しは教義からの結果だと言った。キリスト教は結果的に組織的な殺しを行った。私は、侵入するものへの人間的な反応について語った－キッチンでモリネズミ、ハエ、アリを殺すこと。クリシュナジは、違いがあると言った。」（メアリー、クスクス笑う）「それは組織的な殺しではない。彼らは自分たちのではない場所に入ってくるからです。私は、彼らはそこを自分たちのだと考えると言った。私は、例えば侵入者がナイフをもって彼を攻撃しに来るなら、私は彼を保護するために何でもするだろう、と言った。彼は、それは保護するための自発的な反射であるということが違っている、と言った－でも、人間を殺すことはやはり間違っている。有害動物、モリネズミ、ジリス等が自らのほしいものを破壊するのを、許すべきではない－コヨーテがヒツジ等を〔殺す場合のように〕。クリシュナジは、オーハイでキツネがひよこたちに忍び寄っているのを見たことについて、語った。彼はそれがゆっくり近づいてくるのを見守り、それから大声を出した。」（メアリー、クスクス笑う）「キツネは消え去り、二度と来なかった。」（二人ともクスクス笑う）「クリシュナジは、マティアス夫人のところに一人歩いて行った－彼女の目を助けるためだ。」－そこはちょうど通りを渡ったところでした－「私はドロシー、モンターニュ〔・シモンズ〕、キャシー・ハリス、エルナとテオ〔・リリフェルト〕を待った。〔ブロックウッドから来た〕ドロシーとモンターニュは、

ここにいるのをとても喜んで見える。私たちは階下に降り、クリシュナジがやって来た － 彼が一人のときそうしようと言ったように、信号で気をつけて〔道路を〕渡ってきた。私といっしょのとき、彼はどこでも渡りたがる。」

スコット─〔どこでも〕通りを渡る？

メアリー─ええ。「私たちはみな、〔フィッシャーマンズ・ワーフにある公園、〕ギラデリ・スクエアに行って、再びマンダリン〔・イン〕で昼食をとった。リリフェルト夫妻がクリシュナジと私を送り迎えしてくれて、私たちは、〔講話会場の〕メイソン・ホール (the Masonic Hall) を見た。クリシュナジは、ホールの中央の一つの椅子に、たいへん打たれた。」そこは、ヴィデオに現れるとは思わないおもしろいホールでした。そこは大きなホールであり、馬蹄型の座席を持っていました。演台は、聴衆の真ん中に張り出していました。「私たちは戻ってきて、休んだ。後で丘を歩いて上り下りした。そこでの夕食に、部屋に奇妙な他 (Otherness) があった － 空中の見えない澄んだ流水のように、何か私の感じるもの、だ。クリシュナジは、私の何かに注目し、私が何かにうろたえているのかどうかを、訊ねた。私は叙述しようとしなかったが、私はだいじょうぶだと言った。なぜなら、講話の前の夜だったし、静寂が一番良いからだ。」

3月20日に、「クリシュナジは一日中、内に留まり、休んだ。私は午前にマーケットで買い物をした。私たちは部屋で昼食をとった。私は午後に歩いて行き、リージェント・ホテルに立ち寄り、フランシス・マッキャンとキャロル・オールウェルに会った。それから、健康食品の店に戻り、ブルックス・ブラザーズでシャツを二枚、本屋で本を一冊買った。ケーブルカーで戻ってきた。午後6時に私たちは、隣のメイソン・ホールに歩いて行き、クリシュナジは第1回の講話を行った。良い聴衆だった。クリシュナジは新しい言葉を使った － 自己の「足場 (scaffold)」だ。彼はまた、学ぶこと、自由、そして観察するものと観察されるものについても、語った。後で彼は、回復するには舞台裏で少し待たなくてはいけなかった。それから私たちは立ち去った。」ホールは横の通りを渡ったところで、ホテルからほんの三十フィート〔、9メートルほど〕だったので、たいへん便利でした。私たちは通りを歩いて渡っただけでした。

スコット─ああ、すばらしい。

メアリー─3月21日、「知識はいつも外だ。」とクリシュナジは言った。私たちはマティアス夫人とともに昼食をした。彼女はほぼ全盲だが、自らのアパートメントであらゆるものがどこにあるかを知っている。彼女は自然に動くし、まるで見えるかのように、こちらを見つめながら、話をする。会話は結局、ラージャゴパル訴訟に至った。彼女は、多くの人がクリシュナジにより傷つけられたと言った。クリシュナジは誰かを訊ねた。彼女は、「まあ、私はそうです。」と言った。クリシュナジは、このことで自らが考えることは、彼が〔1929年に〕「星の教団 (the Order of the Star)」を解消したときのように、何が正しい為すべきことなのかであるということを、説明した。彼が教団を解消したとき、〔クリシュナジの養母で神智学協会の会長〕ベサント夫人は傷ついていた － 彼女は、「世界教師がこれをしているのなら、それは正しい。」と言うことになったが。クリシュナジは、長年自らがラージャゴパルに対して自らに情報を知らせ、相談等をするようにしようとしてきたが、何も得られないか、または悪用、悪口を受けたことを、言った。「人々は傷ついているのでしょうか。それとも、それはものごとがどうあるべきかについて、彼らのイメージでしょうか。」クリシュナジは私に、1971年のラージャゴパルとの私の会話を、語らせた － そのとき彼〔ラージャゴパル〕は、ともに働く〔のを提案する〕ことは自分に対するたくらみだと言った。」彼はそう言ったんです！ 私は言おうとしていました － いいですか、ラージャゴパル。これはこんなに単純です。私たちはともに働くことができましたなど、と。彼は怒った声で、「これは私に対するたくらみだ！」と言いました。「マティアス夫人は、1934年に撮られたクリシュナジのとほうもない写真を二枚、持っていた － 私が見たことのなかったもので、伝記に入れてしかるべきものだ。彼女は、クリシュナジからの手紙を多く持っている、と言う － 彼女はそれらを、「ブランシェ・マティアス・コレクション」のために、〔アメリカ東部コネチカット州の〕イェール〔大学〕に送ることを考えている。」

スコット─彼女はそうしたのかなあと思います。

メアリー─分かりません。「私はまた彼女に、〔1968年12月にヴェンチュラ郡裁判所の〕ケンニ判事 (Judge Kenny) との私たちの会話について、語った。判事は私たちに、〔州〕法務〔副〕長官〔タッパー〕のところに行くよう告げた。そして、彼が結局、どのように、ラージャゴパルは「慈善信託に関する重大な不品行」のために訴追されることになると言い、そこで自らが協同提訴人になる告訴を開始するよう私たちに指示したのかを、語った。私は彼女に対して、クリシュナジはこれに〔直接〕関与していないが、ラージャゴパルとその仲間が逆告訴し、クリシュナジが〔1972年3月にロサンジェルス郡西部の〕サンタモニカで第1回の講話を行おうとしていると、彼についての文書を送達したとき、引き込まれたということを、語った。」

「私たちが立ち去ったとき、烈風と雨があった。クリシュナジはほぼ足をすくわれそうだった。私たちは互いにしがみつき、ハンティントン〔・ホテル〕へなんとか二区画（ブロック）を戻ることができた。私たちの雨傘は裏返り、半ばずぶ濡れだった。」

スコット─ふむ、ふむ。

メアリー─「後でアラン〔・ノーデ〕がお茶に入ってきて、夕食に留まった。私たちは、同種療法（ホメオパシー）と占星術について話をした。私は彼を叱責した － クリシュナジの前で、ではない。情報をため込んでいることで、だ。彼は、自分はクリシュナジの図表の一定の様相を見てきただけだと言った － それは、今年の後半期に住宅を建てる等、彼の個人生活に係わる企画を開始しないことを、指示している。十二月までにはよくなるだろう、とアランは言った。彼はまた、クリシュナジは午前12時30分ではなく12時25分に生まれたにちがいない、とも言った。」わぁ。あの占星術のことでは、私はどうにもならないわ。

スコット─わかります。わかります。

メアリー─3月22日、土曜日、「クリシュナジはメーソン・ホールで、第2回の講話を行った。とても良い。強烈で、よく整っていた。ものすごい生命力の鮮明で壮麗なものだ。私たちは〔ホテルの〕部屋で昼食をした。私は料理をした。クリシュナジは午後ずっと眠った。そして、外に出かける代わりに、45分間、歩いて回った。」私たちはそこに、すてきなフラットをとっていました － 良いキッチンと、居間と、二つのバスルームのついた二つの寝室です。とても

すてきでした。
スコット ─ ふむ。
メアリー 23日に、「クリシュナジはメイソン・ホールで、第3回の講話を行った ─ 苦しみと死について、だ。ソランジェ（Solange）という名の或るヒステリーの女性が、後で再び舞台裏に来て、彼の手を掴み、自分は彼を愛していると、むせび泣いた。ホテルでは〔アラン・〕ノーデ、シモンズ夫妻、キャシー・ハリス、キシュバウとリリフェルト夫妻が来た。それから私たちはみな、〔フィッシャーマンズ・ワーフにある公園、〕ギラデリ・スクェアのセニョール・ピコ・レストラン（Señor Pico Restaurant）での昼食に行った。ノーデとシモンズ夫妻は、1969年の〔スイス、〕グシュタードでの怖ろしい大騒ぎ以来、会ったことがなかった。」（クスクス笑う）「そのときアランは去った。表面的な傷跡は何も残っていない。戻ってきて、クリシュナジは実質的に休みをとらず、その後、アルゼンチンのフェルドマン博士（Dr.Feldman）に会った。彼は精神科医になろうとしていて、スペイン語圏アメリカ財団（the Fundación）を率いるのかもしれない。彼は34歳で熱心だ。彼は17歳のときから、クリシュナジを読んできたが、今日まで彼が話すのを聞いたことがなかった。私たちは、広場をまわる短い散歩に行った。戻ってきて、〔ジャーナリストの〕マイク・ウォレス（Mike Wallace）が〔ニクソン政権でウォーターゲート事件に関わった〕ホールドマン（Haldeman）をインタビューしているテレビを、見た。夕食、そして『刑事コジャック』。〔合衆国の〕キッシンジャー〔国務長官〕は、イスラエル・エジプト〔の和平〕交渉に失敗がある、と言う。」

3月24日、「フェルドマン博士とリリフェルト夫妻が午前11時に、クリシュナジに話をしに来た。リリフェルト夫妻は、部屋での私たちとの昼食に留まった。後で彼らとクリシュナジと私は、マティアス夫人とのお茶に、行った。彼女は、「今や」私たちを「知っている」。私は、それで何か違いが出たのかと思う。」

編集者の憶え書
マティアス夫人は、ラージャゴパル夫妻と接触を持った多くの人たちと同じく、「新しい人たち」（すなわち、メアリー、リリフェルト夫妻、アラン・ノーデ等）について、自分の見解を持っていた ─ ラージャゴパル夫妻からの広報の猛攻撃により形作られたものだ。ここからの不愉快さは、法律訴訟が調停された後でも、長く継続した。

メアリーは、ふつうそうだったが、マティアス夫人を説き伏せたように見える ─ マティアス夫人は、メアリーに対して自らの遺言で、メアリーが見たことがなく、賞讃した1934年撮影のクリシュナジの二枚の写真を、遺したことから、立証されるように。

3月25日、火曜日、「午前10時30分に、クリシュナジは、〔甥であるギドゥー・〕ナラヤンの〔末の〕弟G.クリシュナムルティに会った。彼は講話のためにここに来たが、電気の技術者だ。細い体つきと一定の骨の繊細さを除けば、クリシュナジの面影はない。私は、ドロシーとモンターニュ〔・シモンズ夫妻〕の〔カリフォルニアの〕ヨセミテ、カーメルの旅行と一週間後のロサンジェルスへの航空券のために、幾つかの小切手を換金しに、丘を降りた。私は戻ってきたとき、昼食を作った。サリー・リチャードソン夫人という人（a Mrs.Sally Richardson）が午後3時15分に、私に会いに来た ─ 南部の、感傷的で、すてきで、善意の人で、夫を亡くしたばかりだった。彼女は〔オーハイの〕ハッピー・ヴァレー〔学校〕にいたが、〔そこを統括する〕ロザリンド・ラージャゴパルを受けいれられなかった。〔オーハイにK財団の新しい〕学校が本当に始まるとき、彼女はそこで役立てるかもしれない。彼女は、自分はクリシュナジのために、「彼の近くにいるには」、何でもしようと言った ─ 「私は彼の召使いになりましょう。」と彼女は言った。午後6時に、クリシュナジは第4回の講話を行って、メイソン・ホールでのこのシリーズを完了した。それは冥想についてで、とても良いものだった。ソランジェという女性が再び割り込んだ。アラン・ノーデが私たちの夕食に加わった。彼が去ってから、クリシュナジは自らが持っているドッジ〔女史の年金〕の収入を、彼に与えた。」

3月26日は、「明るい晴れた一日だった。私たちは荷造りをした。クリシュナジは、マティアス夫人にもう一回、目の手当をしに行った。私は、彼が一人で通りを渡るのにやきもきするので、歩いて行き、彼に同行して戻った。私は食料備蓄の残りで昼食を作った。それからアラン・ノーデが午後1時15分に来て、運転して私たちを空港に送ってくれた。〔家政婦〕エルフリーデがロサンジェルスで、私たちを迎えてくれた。庭はすてきに見える。置き換えられた芝生の区域は、とても立派に見える。新しく植えたもの、灌木、オレンジはくつろいで見える。エルフリーデは境界として、一列の黄とオレンジのマリゴールドを植えておいた。クリシュナジは、「これはすてきな家だ。」と言って、熱心に、メンフクロウ ─ すなわち、私たちの到着時にフクロウらしく私たちを見下ろしたもの ─ と、庭をどちらも見たがった。」（クスクス笑う）「彼は、ここにいるのが好きだと見える ─ 過去より今、もっとそうだ。売り払ってオーハイに引っ越す話は、私にとって消え去っている。私たちはトレイで夕食をとった。私は喉が痛い。全くの風邪の始まりだ。〔講話も終わった今、〕これは、そうなるにはどれより良い時だと思うが、クリシュナジについて気がかりだ。エルナが昼食で自分のを彼に移したかもしれないが、私が犯人なのかもしれない。」

28日、金曜日、「私の風邪は重い。私は午前ずっとデスクで働いた。昼食時にエルナ〔・リリフェルト〕が、電話をかけてきた ─ すなわち、〔こちら側の弁護士〕コーエンは自らが、ラージャゴパルが地役権について〔向こう側の弁護士〕クリステンセンの言葉を聞き入れるだろうかを疑っている、そして、彼は、私たちみんなの会合に、事態について議論してほしい、と言う、と言うことだ。エルナはブラウに〔その会合〕そこにいてほしいと思う。昼食でクリシュナジは突然言った ─「彼らがいかに意図的に、私の威厳を壊そうとして、無理やり私を安っぽい場所に行かせたのか、私は実感する。私は行かざるをなかった…車に座るとき、バスに乗るとき、あれらの場所は何だろうか…」と。」彼は〔車で乗り入れ、車中で用を済ませる〕ドライヴ・インのことを言っていました！（笑う）「…私は気にしなかった。でも、それが彼らの試したことだ。」それから彼は言った ─「私がこういうエネルギーを感じるということは、とほうもない。それは、良い食べ物をとっているにちがいない。」と。私たちは、午後3時に街に行って、美しい室内用鉢植えを幾つかとホースと他のものを買った。クリシュナ

ジはさらに幾らか歯医者の作業をしてもらった。家に帰って、私たちが〔太平洋の〕海岸から上がったとき、山々は青空に対して澄んでいた。彼は「あれら山々を見なさい。あれは神だ！」と言った。」

3月29日、「クリシュナジは朝食の後、胃に痛みがあり、わずかに嘔吐した。それで、私は彼の腹に、温かいパッドを当てた。彼はナックス・ヴォミカをとり、鎮静した。彼は、アイスクリームをほしがるほど気分がよかった！ － 昼食への彼の考えだ。だが、それも戻した。私たちは静かな一日を過ごしたが、新しい〔厚いカーペット状の芝生になる〕セント・オーガスチン・グラスは水やり不足だと見て、手でそれに水をやり、そのために気分がよかった。」

30日、日曜日は復活祭です。「すてきな朝。私はスプリンクラーを動かし、それから、ローマの〔元家政婦〕フィロメナに電話を掛け、彼女に、5月12日頃、ブロックウッドへ私たちを訪問して来るよう促した。彼女はそうしようと言った。クリシュナジと私は午前10時までに、メルセデスでオーハイへ発った。クリシュナジが道のりのほとんどを運転した。〔オーハイの東端の、パイン・〕コテッジは、新しいペンキの外套をまとっていた － クリームでなく、ピンクでなく、白でなく、むしろブロックウッドのモクレン色のようだ。改良されたようだ。私は、シモンズ夫妻が使うために、彼らが泊まるであろう階上の事務所に、品物を残しておいた。私は、彼らが泊まるであろう居間とバスに白ペンキが塗られ、自然色のカーテンが作られるようにしておいた。私たちは、アーリヤ・ヴィハーラに行った － そこでは、リリフェルト夫妻、ルス、アルビオンがいたし、〔マーク・〕リー夫妻はラッシュ教授という人 (a Professor Rush) を迎えていた － 彼は、認定された環境論者だ。彼はクリシュナジの話を聞いてきたが、学校の建設について、進んで助言をしようとしている。私たちは、生活の「様式」、様々な種類の建物における関係について、話をした。彼は、私たちは、どこに、どのように建てるかを決断する前に、一年間土地を研究すべきだ、と言った。私たちはいつも急いでいる。」

「パティオ〔野外のテラス〕での昼食で、ラッシュは、自らが十歳から十四歳の四十人ほどのための自分の学校を持っている、と言った。クリシュナジは、彼がそれについて言うべきことを、聞いた。後で、エルナとテオと私に対して、ラッシュは私たちの学校に向いた人であることを、語った。クリシュナジは、「うまく行くだろう。」と言った。午後2時30分に私たちはみんな、〔オーハイの西端の〕オーク・グローヴに行った。〔建築家〕ジョン・レックス、彼の奥さんと、彼の相棒、レイブサメンに会った。彼らは、その土地の様々な建物のための仮計画を、提示した。私たちは歩きまわり、議論した。クリシュナジは、中央に大きな空間を空けておくのを、望んでいた。彼らはそれを考え直し、水曜日に私たちへ新しい提案を出してくれるだろう。私たちは、幾つかのものを残しておくために、運転して〔パイン・〕コテッジに戻った。マークは、ブルース (Bruce) と何とかメイヤー夫妻 (Meyers) に、昨日立ち去ってもらった。彼が言うには、彼らはあまりに自分たち自身と自分たちの〔幼い〕二人の子どもに、没頭していて、習慣があまりに散らかっていたからだ。アーリヤ・ヴィハーラの新しい鉄の門は、りっぱだ。ロザリンド・ラージャゴパルはすでに反対しており、自分は地役権を持っていると主張する。何一つ記録されていない。クリシュナジは、エルナとテオとともにお茶をした。私たちは、〔弁護士〕コーエンとともに、コーエンが呼んだところのラージャゴパルの地役権「詐欺」について議論する前に、ルイス・ブラウ (Louis Blau) が2日に戻ってくるのを、待っている。今や、〔オーハイの〕西の谷の土地中に、ラージャゴパルとその妻への地役権が、見つかる。クリシュナジと私は、午後7時過ぎに〔マリブの〕家に帰った。車の中でクリシュナジは、言った。「なぜ「少年」は、好みに敏感だったのだろうか。〔インドの伝統的な〕バラモンたちはそうではない。なぜ彼はそういうことを知ったのだろうか。」私は、彼は明白に最初から、他のことでそうなのと同じく、それを持っていたと、言った － 彼は、他の人たちがそうであるような、何かの産物ではなかった。彼は、一定の能力をもって生まれた。一つを除いて、あらゆることに最大の好みを持っていた。「彼ら〔ラージャゴパル夫妻〕二人という意味ですか。」と彼は訊ねた。私は（クスクス笑う）、「あなたがどのように彼らに堪えるだろうかは、理解を越えています。」と言った。」（二人ともクスクス笑う）

スコット－メアリー、後世と他の文化〔の人たち〕のために、地役権は何なのかを説明してください。

メアリー－まあ、例えば、私が、あなたの土地の向こうに幾らかの土地を所有しているなら、私は、自分の土地にたどり着くためにあなたの土地を通り抜ける地役権を、得られます。人は、権利を与えられるためには、それを申請しなくてはなりません。すると、土地にパイプを走らせるとか、電話線や何かを走らせるための地役権を、得られます。それは、他の誰かの土地をとおり、何か役立つ必要な目的のための通行権です。

スコット－では、ラージャゴパルがこれら地役権を敷いたとき…

メアリー－彼は、自らが管轄する土地を私たちに渡す前に、そこに地役権を敷きました。

スコット－そのとおり。で、これら地役権は、地所を通るためでした。

メアリー－ええ。（クスクス笑う）

1975年3月31日、「木の剪定師たちが、コショウの樹と三本の〔マツ科の〕ストーン・パインと〔マメ科〕デイコの樹の仕事に来た。クリシュナジは、窓から大きな興味と賞讃をもって、観察した。午前に霧雨が降った。昼食の後、私たちはビヴァリー・ヒルズに行った。クリシュナジは散髪をしてもらった。クリステンセン博士は、彼の歯の〔抜いたところの〕ブリッジが爛れさせたところで、それをもう少し取り除いた。私はノートブックのために、特別な罫線の紙を求めに行った。彼は再び書きはじめたいと思う。彼は、ずっと始めたいと思っていたが、最初のノートブックは狭すぎた！」（笑う）「彼は、「毎日書かないといけないのかな。」と訊ねた。私は、「もちろんそうではありません。そうしたい気持ちのときだけです。」と応えた。「でも、私は秩序だったやり方で行いたい。」と彼は言った。彼は、現在の新しいノートブックと幾つかの罫線の紙に、満足したように見えた。私たちが家に戻ったとき、〔オーハイの〕エルナ〔・リリフェルト〕が電話を掛けてきた。エドモンド・ヒラリー卿 (Sir Edmond Hillary) の妻と娘が、〔ネパールの〕カトマンドゥ近くの飛行機墜落で、亡くなった。バーバラ・ラマ (Barbara Lama) とその夫、アンガリ (Angali) もま

た、彼らとともにその飛行機に乗っていて、亡くなった。」それは、あなたが憶えているなら、アルビオン・パターソン（Albion Patterson）の継娘でした…
スコットーああ、そうです。
メアリーー…彼女は、〔オーハイの新しい〕学校の校長になると考えられていた…
スコットーええ、ええ。
メアリーー…または、アルビオンはそれを望んでいました。
スコットーええ。
メアリーー…彼女は、チベット人と結婚したと思います。
スコットーふむ、ふむ。
メアリーー「私は知らせをクリシュナジに告げた。彼は聞いた。二、三の瞬間の後、彼は私にそれを繰り返すよう頼んだ。少し後、彼は「事故死、横死をすべきではない。あまりに多くの衝撃だ。」と言った。」
「「死ぬ人にとっての衝撃ですか。」と私は訊ねた。」
「「ええ。それは進んで、健康的であるべきです。」」
「「進んで死ぬ人はほとんどいません。」と私は言った。」
「「私はそれについて、他の時にあなたに話そう。」」
「彼は、数年前に、デリーからベナレスへの空の便で、キティ・シヴァ・ラオ（Kitty Shiva Rao）が自らと一緒にいて、飛行機が濃い霧の中に入ったときのことを、語った。キティは彼の隣に座っていて、パニックになった。クリシュナジは彼女の手を握り、「私たちは死ぬのなら、死ぬだろう。幸せにそうなろう。」と言った。彼女は落ち着いたが、まもなく飛行機が高度を失うにつれて、彼女はヒステリーになりはじめた。クリシュナジは再び彼女に語りかけた。そのときパイロットは霧の下に抜けて、着陸することができた。」もう一つあって…私は、あの逸話の中にあると思いましたが、またキティとのもう一つの逸話があります – そのとき彼は、「あなたは私とともにいるから、何も起こらないだろう。」と言いました。彼はいつも、自分が飛行機にいるなら、安全だろうと考えました。
4月1日、「今日、クリシュナジは再び書きはじめた。最初の一つは鉛筆で、だ。彼はデスクでは居心地が悪かった。私は、窓の前に彼のための折りたたみテーブルを、用意しておいた。彼は私にそれを読むよう渡した。そして、自分に相談なく、私にそれを「訂正」してほしいと思っている。〔文法的に〕わずかな間違ったシンタクスだけがある。たぶん彼は止まるとき、先に出ていたことを読まないからだ。私は、彼が進みながら、または終わらせたとき、その幾らかでも読み直すのかを、疑っている。それはまたもや、自然描写、次に彼が何かについて言うべきこととの形式に、なっている。今日は空間と分割について、だ。」
そうねえ、それは真実です。彼は、現在に向かっていたので、そのため、自らが書いたものを読み直さなかったんです。
スコットーええ。それを書いている最中でも、です。
メアリーーそのとおり。それは奇妙です。想像しがたいわ。
スコットーふむ、ふむ。
メアリーー彼は後で、それについて聞きたくなかった。しばしば、彼が何かを書いたり、口述したりした後で、私は彼に何かを訊ねなくてはならないでしょう。彼はけっしてそれを聞きたいと思わなかった。彼は、「ああ、何でもあなたが望むことをしなさい。」とか、「直しなさい。」とか何かを、言うでしょう。でも私は、辛抱してやり抜くでしょう。なぜなら、私はそれを、ちょうど彼が意図するとおりにしたいと思ったからです。もしも私がそうしたなら、彼はそれを完全に変えたくなるでしょう。
スコットーええ、分かります。私もまた、彼に関してその経験をしました。
メアリーーええ。彼は、「それを私に対して読み上げることに、意味はない。なぜなら、私はそれを変えるだろうから。」と言うでしょう。（スコット、クスクス笑う）比較するのはバカげていますが、もし私が手紙を書いて、何かの理由のためにそれを書き直さなくてはいけないのなら、私はすべてもう一回、始めなくてはいけません。私は、自分の書いたものを修正したいとは思わないんです。
スコットーまあ、人が自らのしたことにけっして満足しないのは、知っています。でも、クリシュナジはいっそう、そうだっただけです。
メアリーーええ。彼は、ことに新たに当たったものです！（スコット、クスクス笑う）でも、彼の精神がどのように働いたかを想像するとき、驚くことではないわ。
スコットーもちろんです。もちろんです。
メアリーーもちろん、『ノートブック（The Notebook）』とそれらは、メアリー〔・リンクス〕が言ったように、消した跡がない。書かれているだけです。
　それで、私たちはまだ4月1日にいます。「私は朝早く、午前5時頃に起きて、口述機器に十七通の手紙への返事を吹き込んだ。私は、それらをタイプしてもらうために、秘書サーヴィスに持って行った。マーケットで買い物をし、焼いたパスタをトマトソース、チーズ等に和えるに間に合うよう、戻った。イヴリン・ブラウが昼食に来た。私は昼食の後、昼寝をしようとしたが、電話で中断された。それで、私は大鉢（the tubs）の中の茂みを刈り取った。ホースでテラスに水を撒いた。午後5時50分に終了した。充実した一日。テレビのニュースは悲痛だ。ヴェトナムの避難民たちの苦しみ。私は先夜、あまりに泣いたので、クリシュナジは私が見るのを止めた。」
　4月2日、「クリシュナジは再び書いた。今回はインクで、だ。「智恵の技術は、知識をその正しい場所に置くことだ。」智恵は、「人 – あなた自身 – の意識全体の理解から出てくる。」そして、「毎分知られたことからの自由が、智恵の本質だ。」彼は、午前11時の会合の前にこれをした。後で、自分は続けたいと言った。私は豆と米を調理した。建築家のレイブサメンとニコルズは、計画図での建物の新しい配置をもって来た。良くできている。エルナとテオがそこにいた – ルスとアルビオン、キシュバウ、マーク・リー、イヴリン・ブラウとラッシュ教授も、だ。クリシュナジは、後者を脇に連れて行き、建築家たちが去った後、彼はラッシュに対して、学校創設に加わりたいと思うのかどうかを、訊ねた。私たちは日曜日にこの人に会ったばかりだ！」（スコット、クスクス笑う）「だか、彼は学校に向いていると考えさせる何かが、彼にはある。彼は、私たちのすることを、本当に望んでいると見えるし、まさしくそれに進んで取りかかろうとしている。彼は一定の成熟を遂げているが、まったく若い。多くの話がなくてはいけないだろうが、クリシュナジは状況を掴んでいる。私たちはビュッフェの昼食をとった。私は午後2時に発った – 街へお使いに、それからドロシーとモンターニュを迎えに空港へ。そして、彼らが日曜日までここに泊まるように、連れてもどった。〔マリブの〕家に着いた後、エルナは電話をしてきて、私の手紙が、ク

リシュナジと私たちの何人かがアーカイヴス〔資料保管庫〕を見たいと願っていると言っていることについて、〔向こう側の弁護士〕クリステンセン〔から〕の〔こちら側の弁護士〕コーエン宛ての手紙を、読んだ。応答は、書籍と原稿を見ることには、「よい。」ということだったが、手紙とアーカイヴスの資料はまだ整理されていない、と彼は言った。」彼〔というの〕はクリステンセンでした。

4月3日、「クリシュナジは言った－「サンフランシスコのあの日から、何かが起きてきた。頭はほとんど破裂する際にある。満ち足りている。昨夜ずっとそれは続いた。前の夜にも。頭の内側に、ものすごい注意がある－物理的な感じだ。それは今、進んでいる。」彼ははるかに遠い顔つきをしていた。そのとき彼は、「エネルギーすべてが内側でそこに集中している－目と頭に。」と言った。クリシュナジは午前ずっとベッドに留まっていた。彼は、ノートブックの第三編を書いた後、クジラとイルカについての本を読んだ。彼は、シモンズ夫妻との昼食に、起きた。私たちは、ザトウクジラたちの録音を、聞いた。クリシュナジ、ドロシーと私は、芝生を歩いてまわった。私は新しい芝地に水をやった。」

4月4日、「クリシュナジは午前に書き物をした。ドロシーと私は午後に、〔お隣の〕ダン家に行った。」

翌日、「驚いたことに、雨が降った。私たちはドロシーとモンターニュ〔・シモンズ〕を、オーハイに連れて行った。クリシュナジが道のりの一部を運転し、まずは、彼らが使うだろう事務所の上のアパートメントに。それから、エルナとテオ〔・リリフェルト〕のところに昼食に。エルナは、水曜日にアーカイヴスを見るとの約束を確認するために、ラージャゴパルに電話した。クリシュナジはアーカイヴスを見たいと願っていると言う私の手紙に対して、ラージャゴパルは、〔自らの弁護士〕クリステンセンに〔こちら側の弁護士〕コーエンへ書き送ってもらうことにより、返事をしていた－「ジンバリスト夫人は審議会により代表者とされるので、…」（メアリー、笑う）そうねえ、訴訟は私の名前においてでした。クリシュナジは原告の一人ではなかった。

スコット－ふむ、ふむ。

メアリー－…だから、彼は、私からの手紙は審議会を通すべきだ、と正確に言えました。（二人ともクスクス笑う）「ラージャゴパルは、即答することができなくて、後で掛けなおさなくてはならなかった…テープ・レコーダーを取り付けた後か？私たちは思いまどわざるをえなかった。彼は、誰が来ようとするのかを、知りたがった。エルナは、自分は正確にはクリシュナジに訊ねていないが、彼と私とたぶん彼女自身だ、と言った。後で私たちは、ラージャゴパルが、クリシュナジを講話の前にうろたえさせようと仕組むことについて、思案した。私は、彼は講話の後に〔アーカイヴスに〕行くこと、水曜日にはエルナと私とたぶんテオだけが行くことを、提案した。クリシュナジは後で決断することになっている。夕食に間に合うよう、〔マリブの〕家に戻った。」

スコット－よし。そこで終わりましょう。〔録音〕テープが切れつつあるからです。

メアリー－いいです。では、4月4日について終わります。

原　註

1）インドの第三代首相で、〔父ジャワハルラル・ネールに次いで〕二番目に長い任期を務めた首相、インデラ・ガンディー（Indira Gandhi）は、長らくクリシュナジの賞讃者でありつづけた。

2）アディヤールは、〔インド南東部の大都市〕チェンナイ（〔現〕マドラス）にある。そこに、神智学協会本部が設置されている。少年のとき、クリシュナジとニトヤが初めて神智学協会の被保護者になったとき、ここが彼らの生活した場所である。

3）インドで男女ともに（シャツのように）用いる上着。

4）1926年にハリウッドからオーハイに設置しなおされた神智学〔協会〕の居留地。

5）〔オーハイの北東部にある〕アメリカK財団の地所に隣接する〔山の麓の〕大きな放牧場。

6）キャシー・ハリスは、ブロックウッド・パークの教師をしているカリフォルニアの若い女性であった。

7）ブロックウッド・パークで教えているもう一人の若いアメリカ女性。

8）「星の教団」（1927-29）と、その前身の「東方の星の教団（The Order of the Star in the East）」（1911-27）は、〔世界教師と考えられた〕クリシュナジのために、神智学協会により造られた。クリシュナジは1927年にそれを解散した。

9）G.ナラヤンとG.クリシュナムルティは、神智学〔協会〕に取り込まれなかったクリシュナムルティの〔一番上の〕兄〔で医師ジドゥー・シヴァラム〕の、息子だった。

10）1913年に〔裕福な神智学者だった〕ドッジ女史は、クリシュナジに生涯500ポンドの〔年金〕収入を、与えた－その頃には相当な金額だった。私〔スコット〕はこの金銭について、クリシュナジが学校に、または、この場合には或る人物に、与えてしまおうとしているものとして、聞いたことがあるだけだ。

11）これはしばしば、クリシュナジが少年のときの彼自身へ言及する仕方だった。

12）エヴェレスト山に〔世界で〕最初に登頂した〔イギリスの〕人物。

訳　註

*1 1921-2013. インドの高名な教育専門家。内外で教育を受けた後、インド政府の文教政策の担当者として、学校群の設立、整備に努力した。1976年からヴァーラーナシー、ラジガートのKの学校に加わり、1982年からマドラスのKの学校（The School）の校長を務めつつ、一般的な教育制度の改善にも努力した。退職後もインドK財団での活動を継続した。

*2 1950年代からKのために働き、ラージガートの学校内に設立された農業学校の校長、インドK財団の理事をも務めた。

*3 1966年にインド首相に就任した。父親のネールも1931年、48年にKと対談しているが、インデラはププルの紹介で50年代後半にKに会い、1970年に対談していた。cf.Pupul Jayakar（1986）pp.335-336

*4 Lee,Mark（2015）第1章の註記によれば、Kは1925年に西の部屋で弟に別れを告げたが、ラージャゴパル夫妻は、ニトヤは東の部屋で亡くなったと主張した。

*5 普段履きのつっかけ靴である。モカシンに似ている。

*6 花粉症と同様の、眼や鼻、喉の炎症であり、枯草から空気中に飛散する粒子を原因とする。

*7 grainは衡量の最小単位で、0.0648グラムを意味する。

*8 うるち米にタマネギ、トマト、緑パプリカ、にんにくを炊きこんだもの。

*9 1912-1989. アイルランド人とインド人の両親の間に生まれた。劇作家、演劇批評家でもあり、風刺の利いた作品を著した。

*10 第27号、1973年3月12日の記述を参照。

*11 第22号の1972年4月10日の記述を参照。

*12 原文はここからJiddu-Krishnamurti.net上の講話書き下ろしへリンクされている。

*13 原文はここからJiddu-Krishnamurti.net上の講話書き下ろしへリンクされている。

*14 オランダ、オーメンでのキャンプで、「星の教団」の解散宣言が行われたのは、1929年8月3日のことである。この教団は、世界各地に4万人以上のメンバーと多数の資産を持っていた。

補1）原文ではここに上述の写真がある。

補2）実験的なモバイル・オープンクラス・ルームズか。

第35号 1975年4月6日から1975年6月3日まで

序論

この号では、メアリー・ラッチェンスによるクリシュナジの伝記の第一巻が、最終的に出版される。クリシュナジは拾い読みだけをし、小さな区分を読む。だが、それにより、クリシュナジの心に疑問が浮かぶ － 長年にわたって彼に残ったものだ － なぜ、(彼自身のことを意味して)「少年」は、条件付けられなかったのか。彼を条件付けようとする、神智学者たちによるきわめて意図的で凄腕の試みによってさえも、だ。クリシュナジは、この問いへの答えが見つけられるなら、自分が創設する諸学校は、学生たちが条件付けられないのを助けるという自らの使命を、よりよく達成することができるかもしれないということを、たびたび言った。

彼の神秘的な子ども時代についてのメアリーの質問に対するクリシュナジの答えは、さらに神秘を深めるだけだ。

メアリー・ジンバリストの回顧録　第35号

メアリーーでは、私たちは1975年4月6日について、始めようとしています。あなたがうるさいのは知っています。だから、何もないけれど、私は読み上げましょう。「雨が降った!」(メアリー、クスクス笑う。次にスコット、クスクス笑う)「クリシュナジは午前に書き物をした。午後に私たちは車を洗った。」すごい日ね。

4月7日、「私たちは午前に荷造りをした。早い昼食をとった。午後1時45分に荷物等をもって、〔メルセデスの〕グリーン・ビューティでオーハイへ発った。クリシュナジは、〔ヴェンチュラ郡南部の街〕オクスナート(Oxnard)のディター(Dieter)のところまで運転した。そこで私たちは、ヴォルヴォについてのパンフレットをもらった。最新の考えは、私たちはジャガーに換えてステイション・ワゴンを入手するというものだ。私たちは〔オーハイの西の端、〕オーク・グローヴ(the Oak Grove)で、リリフェルト夫妻、シモンズ夫妻、リー夫妻、ルス〔・テタマー〕、アルビオン〔・パターソン〕、アラン・キシュバウ、イヴリン・ブラウとその娘エロイーズ(Eloise)と孫のアーロン(Aaron)と、またラッシュ教授とともに、建築家レイブサメンとニコルズと会った。クリシュナジは、別にラッシュ教授に話しかけた － 彼はまだ、私たちの学校創設に加わるようにとのクリシュナジの提案を理解していなかったし、自らの現在の仕組みに少なくとも二年間、参与している。建築家たちは、改訂した計画図を見せた。極北の寒い一日だった。クリシュナジと私は、〔オーハイの東端の〕パイン・コテッジに移った。私は自分たちの昼食を作った。シモンズ夫妻は、事務所の階上のフラットにいる。クリシュナジは再び私に身近にいてほしかった。それで、私は居間のソファーを使った。」

4月8日、「またもや雨降る寒い一日だった。今回はオーハイで、だ。朝食の後、私はエルナとテオとともに、ラージャゴパルが1974年に、自宅わきの土地をめぐって自分自身とヴィゲヴェノ夫妻に与えた地役権に関する法律上の事柄について、〔弁護士〕コーエンに会いに行った。これら地役権は、際限なく有効なままであり、土地の利用を妨げるだろう。コーエンと私たちは、詐欺を根拠に訴訟を再開することはできるだろうが、そうしたいとは思わない。だが、これは、私人たちへの慈善用資産の流用であり、私利私欲なので、まずそれを〔法務副長官〕タッパーに持っていくだろう。誰一人として、タッパーがぐずぐずしないで動くことに自信を持っていないが、私たちはそこから始めなければならない。結果がないのなら、私たちは違法行為を正すために、別の裁定申請を始められる。コーエンは、私たちが明日、アーカイヴズ〔資料保管庫〕について、調停のもとでの自らの権利を行使し、ラージャゴパルによる不履行のどの記録をも取るのが良いということに、同意した。〔実務家の〕エルナは私たちの訴訟について、〔弁護士〕コーエンよりはるかに良く事情を知っている。」(笑う)「コーエンに対して〔向こう側の弁護士〕クリステンセンが、自らの依頼人〔ラージャゴパル〕は交渉の間にKWINCの資産を何も譲渡しないだろうと保証したのは、何の意味もないと、私が言ったとき、コーエンはあまりに早く、弁護士仲間、クリステンセンを擁護した。(クスクス笑う)「コーエンは、クリステンセンは「依頼人の制御」をできていないと言った。」それはクリステンセンが言ったことです。「クリステンセンは、自らがラージャゴパルの制御をできていないこと、ゆえにそういう保証をすべきでなかったことを、知っていたにちがいない。私は、クリシュナジとともにアーリヤ・ヴィハーラに行くのに間に合うよう、戻った － そしてそこでは、リー夫妻、シモンズ夫妻とともに昼食をした。私は後でマーケットで買い物をした。〔オーハイを東西に走る〕グランド・アヴェニュー(Grand Avenue)でクリシュナジに会った。彼は二マイル半〔、4キロメートルほど〕歩いてきていた。彼は明日、アーカイヴズに行きたいと思っている。今朝、彼は再びノートブックに書き物をした。」

4月9日、「クリシュナジ、エルナ、テオと私は、アーカイヴズ〔資料保管庫〕を見るために、KとR〔財団の〕事務所に行った。ラージャゴパルが私たちを迎えた。私たちは、監獄のように空っぽな緑っぽい事務所で、テーブルに着席した。クリシュナジは、当初のインド流の挨拶の後、」 － それはナマステという意味です －「ラージャゴパルを見ないで、後ろにわずかに離れて座っていた。」

スコットーふむ、ふむ、ええ。

メアリーー「ラージャゴパルは、くまのできた動揺した目をぎらつかせて、かつてなく、怒った類人猿のように見えた。彼は憤懣を込めて四十分間、話をした － なぜ私たちは一定のものを見たいのか。「訴訟は終わった。」彼は調停を、終わった過去のものと解釈したが、彼は世界中で誹謗中傷に晒されてきた。彼は愛想良かったが、私たちはそうではなかった。私は、電話で彼に話をするのを拒否していた。彼は、いつアーカイヴズが整うだろうかを、言えなかった。彼はとても忙しかった。なぜ私たちは、「ミマ・ポーターが編集した討論を見たいと思うのか。」と。」これらは、クリシュナジが特別に頼んでおいたことでした。

スコットー分かります。

メアリーー「彼は、『コメンタリー(the Commentaries)[3]』からの原稿は残されていない、と言った。彼は、アーカイヴズはすべて、KとR財団に引き渡されると言った。彼はまた、他の原稿はない、と言った。ラージャゴパルは、アーカイヴズ資料の大きな船荷は、戦争の初めにオランダ

からフォルカースマ（Folkersma）により発送されたが、失われたということ、ジナラージャダーサ（Jinarajadasa）は、神智学協会にある手紙等を自分に送ることに同意していたが、けっしてそうしなかったということを、主張した。私たちが彼のアーカイヴズに入りたいと思う以上、彼は私たちのに入る権利をほしがった。彼はさらに続けて、まだ審理中のインドの訴訟[5]に言及した。これらの目的は、果てしなく話し、私たちに〔資料を〕何も見せないことであると見えるので、エルナも私も、明白なことを言わなかった。彼はクリシュナジに言及しつづけた。彼は一言も言わなかったが、ついにラージャゴパルは、自分はかつてクリシュナジと仲の良い関係を持っていたが、「今、彼は話そうとしない。」と言った。」

「そのときクリシュナジは立ち上がった − とても背が高く、かなり張りつめてよそよそしく見え、「私は話すよ。あなたは、あの仲の良さを求めるのなら、すべてから辞職し、贖罪するだろう。それが私がいうべきことのすべてだ。」と言った。それから彼は部屋を横切り、ドアから出て行った。どうしてか誰もがみな立ち上がっていた。エルナ、テオと私は留まった。」

ラージャゴパルは、「彼はどういう意味で言ったんだ？」と怒って訊ねた。私たちは、自分たちはクリシュナジが言ったことを聞いた、と言った。私たちは、説明や解釈をするためにそこにいたのではない。私たちはアーカイヴズを見るためにそこにいた。彼は、何か「すべて止めた。」というようなことを、言いはじめた。それで私は、「あなたは、私たちにアーカイヴズを見せるのを拒否していますか。私たちは、ごく単純な物理的なことのために、ここにいます − アーカイヴズを見はじめるためです。」と言った。」

「クリシュナジが言ったことに打たれて、怒ってためらいつつ、彼はそれから、二つのファイルの引き出しを開けた。それらは綿密で良く保たれたファイル、討論会の転写だった。彼は、クリシュナジの発言からの逃避として、ものを見せるほうに変わるように見えた。私たちは、まるで病人を扱っているかのように、ものの保たれ方へ賞讃を示した。それから私たちは、世界中からの様々な言語の本を積みかさねた、裏の部屋に、通された。私たちは、クリシュナジが要請していたものを、求めた − すなわち、少年のときのクリシュナジへの〔養母〕ベサント夫人の手紙だ。彼は、私たちのためにそれらをコピーしようと申し出さえした。それからクリシュナジのアルバム、クリシュナジとニトヤが〔1909年にアディヤールの海岸で、神智学協会の指導者レッドビーターに〕見つけられたときの彼らのあるがままの小さなすばらしい写真類。ラージャゴパルは、少年のときのクリシュナジについてのベサント夫人とレッドビーターとの間の手紙を持っていることを、否認した。」

「エルナはこの間、将来の訪問のための基礎を、敷きつつあった。先にラージャゴパルは、アーカイヴズの資料は、自分に個人的に与えられていると、主張した − それは、多くが彼自身の〔自宅の〕アーチ型天井に入っているという結果に、なるかもしれない。彼は今日、アーカイヴズのすべてがKアンドR〔財団〕事務所にあるということを、主張した。」

「私たちは立ち去り、道路の先でクリシュナジに会った。彼は〔オーク・〕グローヴに行っていた。彼の最初の論評は、ラージャゴパルは病んだ人格であるというものだった。テオ〔・リリフェルト〕は彼を気の毒に思ったが、後で昼食では、自分は戻って彼に会い、辞職によりどうなるのかを指摘したいと思うと言った。クリシュナジは私に対して、ラージャゴパルの辞職は贖罪になるだろう、とさらに補った。テオは何度も電話を掛け、話し中の信号だけを受けたが、最後にラージャゴパルが出た。そして、彼に会いに行った。テオは、激しい非難演説だけをもらって、立ち去った。クリシュナジは今、エルナにラージャゴパルへ告げてほしいと思う − 自分は、クリシュナジは、ラージャゴパルがそこにいないで、一定のものを見に行きたいと願う、ということを、だ。」

「午後にクリシュナジは、地元放送局のために、学校の計画と教育について、ヴィデオテープ録りのインタビューを行った。ドロシー〔・シモンズ〕が私たちとともに三マイル〔、約4.8キロメートル〕の散歩に来た。」

スコット−それは、ヴィデオテープ録りの議論でしたか。

メアリー−ええ、地元局のための、学校計画と教育についてのインタビューです。

スコット−ひょっとして、それはフレッド・ホール（Fred Hall）とやったんでしょうか。

メアリー−そうだったかもしれません。そうだろうと思いますね。彼はすてきな人でした。

「マーク・リーは、ロザリンドが電話を掛けてきたこと、そして、クリシュナジが、自分に与えられたので、アーリヤ・ヴィハーラにあるはずだと言う敷物について訊ねたとき、彼女は、それらは盗まれてしまったこと、そして、クリシュナジが自分をどろぼうだと考えることは残念だ、ということを、言った。」何という家族か。「彼女は、それらはアーリヤ・ヴィハーラから盗まれたと言った。テオは、新聞での窃盗の報道は場所を上オーハイとしており、それは、彼女が引っ越したとき、それらを持って行ったということを意味するだろう、と言う。」（クスクス笑う）

4月10日、「クリシュナジは、公衆に対する学校の発表について、そして、近づく公開講話でのその発表について、会合を呼びかけた。彼、エルナとテオ、ルス、アルビオンとマーク、シモンズ夫妻が、〔パイン・〕コテッジに来た。エルナは、〔弁護士〕コーエンと〔測量技師〕アシュトン（Ashton）とともに地役権を見るために、土地を歩いておいた。コーエンは、それら〔地役権〕には根拠がないと、言う。クリシュナジは、センターについて話をした − それが何であるか、何になるのか。〔アルビオン・〕パターソンとルス〔・テタマー〕が、それは〔「中心」という意味では〕様々な人々については自宅にあることについて議論したとき、前者〔パターソン〕が主張したように、それは今存在していない。私は、ヴァーナ・クルーガー（Verna Krueger）[6]の事態を取り上げた。彼女に対して、〔校長になる〕マーク〔・リー〕はオーハイの学校に加わるよう頼んだ − ドロシーが苦悩したことに、彼女をブロックウッドから他の学校にかっぱらったのだ。クリシュナジはまた、ディヴィッド・ボームのことを仄めかした。アルビオンは彼に〔イングランドから移って〕ここで生活してほしいと思う、と言われている。後で私たちは、〔オーハイの東端で南北に走る〕マクアンドリュー・ロード（McAndrew Road）を歩いて行って、戻った。」

4月11日、「ジェームズ・ヴィゲヴェノからクリシュナジに、もう一つ当てこすりの手紙が来た。クリシュナジはそれに答えたいと思う。私は、それら見下げ果てた人たち

に返事をする価値があるのか確かでないが、返事の下書きをした。クリシュナジはまたエルナに、ラージャゴパルへ電話してほしいと思う － クリシュナジは、そこにラージャゴパルがいないでアーカイヴズを見たいと願っているということを、だ。彼は、ラージャゴパルに会いたいとも、話しかけたいとも思わない。エルナは、電話をこの週末の講話以降に遅らせてほしいと思う。」

「レグ（Reg）とメイヴィス・ベネット（Mavis Bennett）が、オーストラリアから到着した。彼らは相変わらずすてきだ。レグは十八ヶ月前に心臓発作を起こした。彼らはとても親切な人たちだ。」

4月12日、「天気は変わった。雲のない空、暖かい日射し。だが、まだ〔東北方向の最高峰〕トーパ・トッパ（Topa Topa）は雪が覆っていた。〔メルセデスの〕グリーン・ビューティで私たちは、〔オーハイの西端の〕オーク・グローヴに運転して行った。そこで午後4時に、クリシュナジは第1回の講話を行った － そこでは1966年の秋以来だ。多くの人、多くの子ども、多くの犬。だが、よく整備されていると見えた。建築家、ニコルズ氏（Mr.Nichols）は図を持ってきて、画架に載せた。学校の計画図のとても立派な画像化だ。マーク・リーがそれについて発表を行った。〔ラージャゴパル側の〕カッセルベリー（Casselberry）がそこにいたが、他の悪党は一人もいなかった。クリシュナジは講話の後、少し道路を歩いて行った。やっと私は車で彼に追いついた。彼は〔オーク・〕グローヴで話をするのは好きだが、そこに何の親しみ深い気持ちはないと言った。私たちは〔オーハイの東端のパイン・〕コテジで昼食をとった。彼は、ヴィゲヴェノの手紙をもったいぶらせず無視することで、エルナと私に同意した。後で私たちは、〔オーハイを東西に走る〕グランド・アヴェニューを歩いて行き、リリフェルト夫妻に会い、彼らとともに、ルスのところのモニカ・フィリップス（Monica Phillips）に、会いに行った。」モニカ・フィリップスは、ルス・テタマーの妹でした。

スコットーふむ、ふむ。

メアリー「私たちはリリフェルト宅に戻ってきた。その間、エルナは、ラージャゴパルに電話を掛けて、クリシュナジは、アーカイヴズを見に行きたいと思っていることを、言った。私たちは、ベサント〔夫人〕の手紙、写真、そしてまた、1947年と1948年頃に〔南インドの高原の避暑地、〕ウータカムンド（Ootacamund）でクリシュナジに起きたことについてのププル・ジャヤカール（Pupul Jayakar）の記述を、見た。これは、彼女〔ププル〕がラージャゴパルへの報告として書いたものだ。彼は彼女に写しを取っておかせなかった。初めに彼は、自分はそれを持っていないと言った。それから、まあ、自分は思い出せない、と。それから彼は、火曜日は自分にとって都合が良くないと言って、切ってしまった。」

「エルナはかけ直して、「私たちは切り捨てられたにちがいない。」と言った。そして、彼がそこにいることは必要ない、ということを。彼はすごく怒って、それは自分に関する個人的なことだと言った － 自分はそこにいなくてはいけない、と。」

「エルナは、「監視は必要とされていません。」と言った。」
「ラージャゴパルは、「私がそれを判断しよう。」と言った。「あなたは手紙を書いて、私に時間を知らせなければならない。それなら、私はそれについて考えるだろう。」と。」

「エルナは、「私たちは今、あなたに通知しています。」と言った。」
「ラージャゴパルは、「火曜日には来られないよ。」と答えた。」
「エルナ －「拒否しているんですか。」」
「ラージャゴパル －「保安官を連れてきて、ドアを壊せばいい。」それから彼は切ってしまった。」

「それで、月曜日に私たちは、〔弁護士〕コーエンに法的に行動してもらう。私たちは調停での権利を行使しないのならば、前例を設けつつあるし、ラージャゴパルの狂った、ならず者の行動に屈しつつある。〔アル・〕ブラックバーン（Blackburn）は、「彼らは」－〔義理の親〕ヴィゲヴェノ夫妻等という意味です －「かつてなく敵対的です。」と言う。」

4月13日、日曜日、「霧、そしてまたもや曇った空。クリシュナジは、〔オーク・〕グローヴで壮大で強力な講話を行った － 第2回。彼はとりわけ、実在（reality）と真理（truth）の間の違いについて語った。実在は精神と思考によっている。真理は〔精神と思考の〕どちらによっても触れられない。私は、子どもたちと犬たちから離れて、より近くに座って、ただ聞いた。クリシュナジは車に戻ってきて、「あの講話で疲労困憊した。」と言った － そうなのかもしれない。後で彼は冗談をいい、昔、彼らは「今日、主が語った。」と言ったものだと言った。クリシュナジは、丘の上で食事をしたいと言っていた。そこには、〔アラン・〕フーカー（Hooker）がクリシュナジの要請で、講話に出席した人たちのために、高価でない菜食の昼食を出していた。彼は、そこに歩いて行く前に、長い時間、車に座っていた。寒くて風が強かった。私たちは、シモンズ夫妻、キシュバウとテオとともに、テーブルに座った。だが、私が、ブラウ一家とエルナの、隣接するテーブルに移ったとき、三人の完全に見知らぬじろじろ見る若者たちが、招かれずに、クリシュナジのテーブルに座った。侵入の感覚、礼節はない。何もなく、彼ら自身だけ。クリシュナジは午後4時30分に、長めの昼寝をした。彼はシドゥーの二姉妹、サルジトとジャッキーに会った。後者はタパスから、私に7冊の『アナンダ誌（Ananda）』を持ってきてくれた － 1929年の『星の教団会報（the Star Bulletin）』のインド版だ。また、クリシュナジの注文で、〔パリの〕クレージュ（Courrèges）のズボンからインドで複製した、グレイのシルクのズボン一足も、だ。シドゥー姉妹は、76年の秋に〔カナダの太平洋岸の〕ヴァンクーヴァー島のヴァンクーヴァーに、自分たちの学校を開こうと計画している。クリシュナジと私は、お茶のため、エルナとテオのところに歩いて行った。エルナは、〔ラージャゴパルの助手〕カッセルベリー経由で、ラージャゴパルに手紙を送った － 私たちは火曜日にアーカイヴズ〔資料保管庫〕を見に来るが、「監視」はいらない、と言うものだ。私たちは、彼が拒否するとか、クリシュナジを困らせようとするなら、何をすべきかについて、議論した。」

4月14日、「灰色の空と滴る雨。クリシュナジは午前に休んだ。それから彼は、オーストラリア放送（Australia Broadcasting）のために、ドナルド・イングラム-スミス（Donald Ingram-Smith）に、インタビュー録りを行った。コーンフェルド（Kornfeld）氏と〔そのジャッキー〕夫人が後で、クリシュナジに会ったが、待っている間、クリシュナジの映画について、私に話をした。マーク〔・リー〕が、ヴィデオテープのクリシュナジとアンダーソンの対話の5巻を、

上映した。コーンフェルド夫妻は、視た人たちのなかにいた。私は、終わりの前に立ち去った。なぜなら、クリシュナジが今朝、午後7時の代わりに午後6時に夕食を食べるほうが健康的だろうと言ったからだ。私たちは午後6時30分までに作った。夕食では彼は、タパスが送ってくれた雑誌『アナンダ』について、訊ねた。私は彼に、〔神智学者の〕E.A.ウードハウス（E.A.Wodehouse）が、〔同協会の指導者でKと対立したジョージ・〕アランデイル（Arundale）をひるませる記事の部分を、読んだ － 1928年にベナレス〔現ヴァーラーナシー〕で、〔同協会会長の〕ベサント夫人が自らの不在時にクリシュナジに神智学会議の議長をするよう頼んだが、クリシュナジと布告された彼の見解への礼節から、儀式はあるべきでないとき、〔リベラル・カトリックの高位の司祭者でもある〕アランデイルが儀式を行ったことに対して、である。クリシュナジはそれを漠然と憶えていて、微笑んだ。彼は、E.A.ウードハウスは文筆がとても優れていたが、怠惰のために次第に亡くなった、と言った。」（二人とも笑う）「彼は雑誌を見つめた。「そのとき私たちはみんなとても若かった。」彼は、これらの幾らかは書物にまとめられるべきだと言った。ヒンドゥーの聖典には彼ら版の主マイトレーヤについての章がある。私はそれをクリシュナジに読み上げた。ゴータマにより予言されたマイトレーヤは、彼自身はブッダにならなくて、人類が救済されるまでそれを拒否する。ゆえに、彼は人間の生に戻ってくる、と言われた。」そういうわけで、マイトレーヤは戻ってくるんです。

「私はクリシュナジに訊ねた － 「あなたはブッダになるんでしょうか。」と。」

「「それは訊ねてはいけない。」と彼は言った。「それはそのようには働かない。これらの人たちは、そのすべてを〔神智学の〕位階制度の事柄にしてしまった。」」

「私はエルナに話した。〔弁護士〕コーエンは、私たちは妥協するのではなく、アーカイヴズに対する自らの権利を執行しなければならない、と言う。」

15日、火曜日、ここに運命的な日が訪れます。「クリシュナジ、エルナ、テオと私は、午前11時にKアンドR〔財団の〕事務所に行った。ラージャゴパルは、〔自らの部下〕オースチン・ビー（Austin Bee）とともにそこにいた － 後者はデスクに着席していて、けっして立ち上がったり、一瞥以上をしたりしなかった。私たちは裏の事務所に入った。金庫は開いていた。私たちが見たいと頼んでおいたものは、そこにあった。ラージャゴパルはそこに立っていた。エルナは、私たちは内密にものを見たいと望んでいると言った。彼は気色ばんだ。「ここはおれの事務所だ。」だが、最終的には出て行き、ドアを閉じることを拒否した。彼は、たぶん自分はそのことを言わなくてもいいが、ものは持ち出せないことを、言った。エルナと私はただ彼を見つめた。彼は行ってしまった。クリシュナジは、ラージャゴパルの乱暴さから腹痛を感じた。私は彼を座らせて、1913年と14年の〔イタリアのシチリア島の〕タオルミーナ（Taormina）と〔イングランド南西端の〕コーンウォール（Cornwall）での写真のアルバムと、1909年の初期のものを、調べあげた。クリシュナジが見るより、もっと多くあったが、エルナは私に読むよう、五ページの記述を手渡した － 〔インド南部の〕ウータカムンドでの1948年6月の出来事について、ププル・ジャヤカールが手書きしたものだ。そのとき、〔神秘的なプロセスの中で〕クリシュナジは、大きな苦痛で〔自らの身体を〕「離れて」いて、「彼らは、もっと多くの空性がありうるように、私を焼いてきた。彼らは、彼のどれほど多くが来られるのかを、見たいのだ。」ということを、語った。」私は、それが何を意味しているのか、知りません。

スコット－これらは引用ですか。

メアリー－記述からの引用です－ププルの記述です。

スコット－ええ。私たちはその記述を得ましたか。

メアリー－ええ。でも、展開したことは、私が結局それをコピーしてもらい、ププル〔本人〕へ持って行ったとき、彼女は、それはほんの一日だけ〔の記述〕だと言いました－そして、「プロセス」は八日間続いた、と。もちろん彼は、私たちに一切れを渡しただけでした。

スコット－ええ。

メアリー－ともあれ、次のことについて続きます－「何か、死に近いが、「為すべきことがとても多いので」、それを願わないこと。そして、（自らが一人であるとき）散歩で何かが起きているが、それを思い出すことができないことについて。自らの切れ端が道路に残されているのを恐れることについて。大きな力が自らを充たすことについて。クリシュナジに関わる何か深く感動的なことがあるとき、起きることだが、それを読んで私は、干上がった気持ちがした。」これは、私がこれを読んだときの私です。

スコット－ふむ、ふむ。

メアリー－「私たちは、ラージャゴパルに写真コピーを頼むことになっていた。だが、私は、本文を持っていることを確かめるために、それをエルナへ静かに読み上げた。彼女はそれを速記で書き留めた。クリシュナジはこの時までには、多くの写真を見ていて、立ち去りたいと思った。彼はそうして、道路を歩いて行った。その間、エルナと私はラージャゴパルに、私がコピーしたいと思うものの一覧表を渡した。私たちがコピーするためにそれらを持って行くのに対して、彼がそれらをコピーすることについて、行きつ戻りつがあった。彼は、エルナと〔自らの部下〕バイロン・カッセルベリーが一緒に、写真コピー屋に行くことを、提案したが、見たところ、ラージャゴパルは、カッセルベリーをも信用していない－彼はそれらを彼自身、コピーするのを好んでいるからだ。彼は私に対して、私たちがいつ立ち去ろうとしているのか、」－それは、クリシュナジと私が立ち去るという意味です－「そして、エルナもそのとき行こうとしているのかを、質問した。私たちは立ち去った。強硬であることが今日、効果的な動きだった。私たちは昼食のため、〔オーハイの東端のパイン・〕コテッジに戻ってきた。クリシュナジは、あれらの人たちの精神がいったいどのように働きうるのかを、訊ねた。例えば、無礼さをもった〔オースチン・〕ビー。ビーは全くの神智学者だ、とリリフェルト夫妻は言う。」彼はただそこに座っていました。彼はけっして立ち上がるとか話しかけるとかしないで、ただ、クリシュナジと残りの私たちをぶっきらぼうに一瞥しただけでした。

「午後3時30分に、学校についての会合があった－クリシュナジ、リリフェルト夫妻、ルス〔・テタマー〕、アルビオン〔・パターソン〕、〔マーク・〕リー夫妻、〔ドロシー・〕シモンズ夫妻と〔カナダの〕シドゥー姉妹だ。クリシュナジは、親たちとの関係、理事たちの参加等〔の主題〕に、入った。それは午後6時過ぎまで続いた。彼の胃は午前からま

419

だ痛んでいた。私はごく簡単なスープを作った。それは良くなった。アーリヤ・ヴィハーラで私は、先日クリシュナジが地元放送局のために行ったテレビのインタビュー〔の放映〕を、見た。」

スコット―あなたが〔日記を読むのを〕続ける前に、私たちはププル〔・ジャヤカール〕の記述の残りのページを得たんでしょうか。

メアリー―いいえ。「ラージャゴパルの歴史的コレクション (the Rajagopal Historical Collection)」として知られることになったものが、あります。

スコット―〔ロサンジェルスの東、サン・マリノにある〕ハンティントン〔図書館〕(the Huntington)[8]にですか。

メアリー―いいえ、そうではありません。少なくとも、私たちが前回そこにいったときには、そうでなかった。

スコット―では、誰がそれを持つんでしょうか。

メアリー―まあ、それが、何であれ彼があれらのものに対してしたことです。たぶんそれは今ではハンティントン〔図書館〕にあるかもしれません。私は知りません。そうですね、彼は遺言を残さなかったんです。彼の〔自宅の〕アーチ型天井にあったものがどうなったのかを、私たちは知りません。

スコット―すべて彼の二番目の妻、アンナリーザ (Annalisa) に行くでしょうねえ。

メアリー―でも、アンナリーザは亡くなりました。だから、ラージャゴパルの娘、ラーダー〔・スロス〕(Radha) のところにあると推定できます。でも、私は知りません。私たちは、見出す道筋を何も持っていません。不幸にもププルは、写しを取っていませんでした。

16日、「クリシュナジの11時の教育に関する公開討論会に間に合うように、天気は晴れた。〔オーハイの西端のオーク・〕グローヴは寒かった。クリシュナジは厚いカーディガンを着ていた。私は自分のブラウンのコートと手袋に喜んだ。人々は、要領を得た質問をしていなかった―自分の理論を発言していた。クリシュナジはいつものように、それを全体に導き入れた。彼は車で静かに座り、私にマーケットの買い物をしてほしいと思った。だから、私たちは〔オーハイの東端のパイン・〕コテッジで、相当に遅い昼食をとった。ドロシー〔・シモンズ〕が立ち寄って、果物のため私たちに加わった。クリシュナジは一時間、熟睡した。私も昼寝をした。それから私たちは、エルナとテオとともに、〔東オーハイで、東西に走る〕グランド〔・アヴェニュー〕(Grand)、〔南北に走る〕マクネル〔・ロード〕(McNell)、〔さらに北側で東西に走る〕サッチャー〔・ロード〕(Thacher) の各道路をめぐる長い散歩をした。夕食にクリシュナジは、ここでの年月を振り返った。彼は、自らは山々の長い登山で死んだり、けがをしていたかもしれないが、彼ら〔ラージャゴパル夫妻など〕はそれについて考えたり、気にしたりしなかった、と言った。彼は、〔オーハイの東南の〕サンタポーラ (Santa Paula)、〔南の〕ヴェンチュラあたりを好んで運転して戻っていたことを、言った―50マイル〔、約80キロメートル〕だ。彼は、講話をするために、〔アメリカ中部オハイオ州北東部の〕クリーヴランド、〔オハイオ州北西部の〕トレド、〔アメリカの太平洋岸ワシントン州の〕シアトルのような場所に、一人で行っていたことを、言った。[9]誰かがチケットを買ったにちがいないが、それから彼は自分自身で行った。彼は、たぶんジャドゥ〔・プラサド〕(Jadu) がそこにいたかもしれないと、言った。」ジャドゥを憶えていますか。ジャドゥはすてきな人でした。[10]

メアリー―ふむ。

メアリー―不幸にも彼は〔1931年に〕亡くなりました。彼は合衆国にいたし、クリシュナジとともにいました…

スコット―ええ。

メアリー―…それから彼は急死しましたが、それはとても悲しいことでした。

スコット―ええ。

メアリー―「クリシュナジは、ニュージーランドで神智学者たちのところに泊まったことについて、語った[11]―彼らは平なべのなかで皿すべてを洗って、濯がなかった。これにクリシュナジはあきれてしまい、彼らに対して、自分は洗うのがうまいと告げ、自分がそれをしてもいいかと訊ねた。」(スコット、クスクス笑う)「「お望みなら、」と彼らは言った。それで私は二つの平なべを取った。彼らはすてきな人たちで、呑み込んだ。」と。」

17日、木曜日、「またも寒い一日。クリシュナジは自分のノートブックに書き込んだ。私はタイプで打った。私たちはアーリヤ・ヴィハーラで、リー夫妻、ベネット夫妻 (the Bennetts)、シモンズ夫妻、ウルスラ (Ursula)…」何とか…異なった名「…とともに、昼食をした。」と、ここには言います。「彼女は、〔インド、〕デリーの世界銀行で働いた人だが、ここで私たちの事務所で働くかもしれない。午後3時に〔アメリカK財団の〕理事会があった。〔新しい学校は、〕寄付活動を待たずに、オーク・グローヴの土地に一棟の建物で進めるとの決断が、あった。クリシュナジは、そこでそれを進めたい、そして、ここでこの〔パイン・〕コテッジを直したいと思う。私はそうすることに同意していた。彼は〔冬のインド巡行をしないで〕来年、5月までカリフォルニアに留まることについて、語った。私たちはエルナ、テオとアラン・キシュバウとともに、〔オーハイを東西に走る〕グランド・アヴェニューを散歩した。私たちが戻ったとき、午後7時を過ぎていた。」

4月18日、「日射しで暖かくなった。〔ロンドンの〕ネリー・ディグビーから手紙が来た―そこには、自宅で一人の〔高齢の〕バインドレー夫人が、階段で倒れて、大腿骨を折ったが、やっと翌朝、階段の下で横たわっているのが発見された、と言う。彼女は病院に連れて行かれた。」かわいそうなおばあさま。「クリシュナジは午前ずっと休んだ。私は、私たちの航空券を取りに行った。午後にクリシュナジは、例年の不平をもったブラックバーン夫妻に、会った。それから私たちは、〔オーハイの東端で南北に走る〕マクアンドリュー・ロード (McAndrew Road) に散歩に行って、早い夕食のために再び戻ってきた。私たちは、このコテッジの直し方について話をした―二つ寝室、二つバスを作る。クリシュナジが今、書き物をしていて、そのために良い場所だと言った前の居間を、取っておく。北側には、良い居間とキッチンを作ってもいい。また、客用のトイレと、私がタイプを打ち、書類を取っておくことのできるごく小さな事務室も、だ。早くベッドとソファーに入った。」(二人ともクスクス笑う。メアリーは説明する―)〔ソファー〕それが私のベッドでした。

4月19日、土曜日、「すてきな一日。〔オーハイの〕谷を運転してゆき、オーク・グローヴに。朝の美しさ、大地とその表情すべての、他の朝すべての美しさ。そして、クリ

シュナジとともに運転することは、内的な光輝だった。オーハイ、マリブ、〔南イングランドの〕ハンプシャー、フランス、スイスの春の朝だ。美しさの輝きが、いたるところにある。クリシュナジの、オーク・グローヴでの第3回の講話は、時、苦しみと死についてだった。私はそれにより、すべてが空っぽになった気がした。*12 私をどこか他所に、またはおそらくそもそも私なしに置いてゆく、あの奇妙な干上がった感じだ。多くの人々がいた。彼の間近の人たちは、催眠術にかかったように見えた。私たちは車に十分ほど座ってから、クリシュナジは動く気持ちになった。アラン・キシュバウは、私たちとともに昼食をとり、後で私とともに座って話をした。彼は1938年に生まれた。彼はクリシュナジに対して、ニューヨークの〔、アルメニア出身の神秘主義者〕グルジェフのグループがどのように営まれているかを、語った。彼は、60年代初めに二、三年間、その一部だった。私は五分ほど休みをとった。クリシュナジは昼寝をしていたが、そのとき入ってきた。散歩の時間だった。私たちは、リリフェルト宅に寄り、〔道路で区切られた〕その区画を〔散歩して〕回った。あらゆる種類の人たちが進んで学校を手伝おうとしていてくれる。マーク〔・リー〕には、〔資金協力への〕訴えに反応する人々が殺到している。建築家たちは私たちに、大凡の模型をくれた。3百万ドルを目指すことが、初めにはうまくいくだろう。」（メアリーとスコット、クスクス笑う）

4月20日、日曜日、「美しい朝。雲もなく、オレンジの花の香り。始まりの暖かさ。クリシュナジは、〔オーク・〕グローヴで第4回の講話を行った — 宗教的な生について。「あなたは、何ものでもないのなければならない。」私の中で何かがこれへと開く。それは、真理の鐘の共鳴に似ている。音が私を空っぽにする — 心理的に何でもないということ、だ。彼は車の側でしばらく立っていた。アラン・キシュバウが見張り番に立ち、彼を送って群衆を通り抜けた。〔アル・〕ブラックバーンは自己顕示をした。彼はクリシュナジの後ろに座り、たぶん拡声装置を見計らっていたようだが、私たちには一人専門家がいるので、彼は何もしない。クリシュナジは、彼にそこにいてほしいと思わないし、彼は自分が話をしているはずだとの妄想を持ちつつあると言う。だから彼は、クリシュナジの提案で、クリシュナジの後ろの区域より人々を遠ざけるのを手伝うよう、テオから頼まれた。彼は拒絶した。彼は、手伝いたいのに何も任されないとの不平を、絶えず言う。それで彼は、何かをするよう頼まれたが、拒絶する。私たちのほとんどは、彼に何もするよう頼むべきではないと、感じる。」

「私たちだけで昼食をとった。クリシュナジは少し休んで、オラフ・キャンベル（Olaf Campbell）とその息子エリック（Eric）に会った — その子は白血病に罹っている。クリシュナジは私に彼へ、〔西ドイツの〕ボンの酵素クリニックの名前を、教えさせた。クリシュナジはまた、ハンク（Hank）とジーン・バシオン（Jean Bassion）にも会った — すてきな手紙を書いてきた若い夫婦だ。アーリヤ・ヴィハーラではお茶会があり、クリシュナジが来た。後で私たちは散歩に行ったが、丘から百ヤード〔、約91メートル〕降りただけ。彼は、身体が疲れていると言った。それで、私たちは戻った。夕食の後、彼は、メイヴィスとレグ・ベネットにさようならを言うために、部屋着でアーリヤ・ヴィハーラに行った。彼らは明日オーストラリアに戻る。ドロシーとモンターニュ〔・シモンズ〕が、隣〔の事務所の階上〕に帰る途中に、コテッジに立ち寄った。」

4月21日、「荷造りをした。コテッジを整頓した。クリシュナジ、エルナ、テオと私は午前11時に、KアンドR〔財団の〕事務所に行った。クリシュナジは車に留まっていた。ラージャゴパルが扉を開けたとき、エルナ、テオと私は入った。オースティン・ビーは、タイプ・ライターのところにいて、見上げた。今回私は、「おはよう、ビーさん。」と言うことで、彼に返事をさせた。エルナも同じことをした。それで、彼は立ち上がらずに、おはようをつぶやいた。」

「ラージャゴパルは、「クリシュナジはあなたたちと一緒なのか？」と言った。」

「私は、クリシュナジは車に留まるだろうし、そこで『コメンタリー（The Commentaries）』の原稿を見たいと思っているということを、言った。」

「「私はそれらを持っていない。それらは破棄されたと思う。」とラージャゴパルは言った。私たちは衝撃を受けて、彼をじろじろ見つめた。」

「私は訊ねた — 彼は、クリシュナジ自身の手で書かれた元原稿を破棄した、という意味なのか、と。」

「彼は、それは出版されたし、それが自分たちの慣習だった。どうなったのかは定かでない、と言った。」

「私は、彼はとても秩序だった記録を取っているし、どうしてそういう重要なアーカイヴがどうなったのかが定かでないのか、と言った。」

「彼は、質問に答えたいと思わなかった。彼は、自分は質問に答えに来たのではないと言った。私たちは、友好的な精神と合意へのあらゆる種類の解釈なしに来たのだった。法廷はそれを調停しなくてはいけないだろう。または、私たちは保安官を連れてきてもいい。ハーパー・アンド・ロー社（Harper & Row）については、調停しなくてはいけないことがあった — 彼らが、KWINC〔クリシュナムルティ著作協会〕の本の新版において、アメリカK財団を、〔読者が〕手紙を書き送る相手先とすることへの言及だ。彼は、クリシュナジは自分に辞任するよう告げるなかで、同意を破ったのだと、仄めかした。」

「私は、彼が私たちに何も見せてくれない代わりに出してくる攻撃演説を前にして、私たちは相当の礼節と忍耐を示してきたということを、言った。忍耐という言葉が登記された。」

「私たちは、彼は繰り返しクリシュナジが自分に話しかけないことに難色を示してきたこと、そして、最終的に、彼がもう一度そうしたとき、クリシュナジは「私は話すよ」と言い、ラージャゴパルが本当に自分たちの古い仲良しの状態にいたいのなら、彼はすべてから辞任し、贖罪しなければならないと言った、ということを、言った。私は、クリシュナジは今私に、彼へ告げてほしいと願っているということを、言った — すなわち、彼がすべてを放棄し、法的調停だけに基づかないクリシュナジとの関係を確立するまで、クリシュナジは彼に会うことを望んでいないということ、そして、彼が何かクリシュナジに言うべきことがあるのなら、「ヴィゲヴェノ氏のような」他の人たちをとおしてではなく、直接的に彼に書いて伝えるべき、ということを、だ。」

「この時までにはラージャゴパルは怒っていたので、そのため、彼が何を分かるのか、私は言えなかった。彼は、「こ

421

こはおれの家だ。」と言いはじめた。

「「家？」とエルナは言った。」

「「事務所だ。」と彼は自己を抑えた。」

「私たちは、そこはKアンドR〔財団の〕事務所であるし、合意のもと私たちは、アーカイヴズを見るためにここに来る権利があることを、言った。」

「彼は、私たちはすでにアーカイヴズを見たということを、ほのめかした。何がアーカイヴになった資料であるのかは、彼が決定する。」

「エルナは、私たちはこれまでクリシュナジの手書きのものを一つも見ていない、と言った。他の原稿はどこにあるのか。」

「彼は、「あなたたちは原稿を持っている。」と言った。彼がいうのは、いわゆる〔ヴァンダ・〕スカラヴェッリ原稿、という意味だ。」それは〔後の〕『ノートブック（The Notebook）』です。

「私たちは、それは彼が他に何も持っていないという意味なのか、と訊ねた。」

「彼は、自分はもはや何も言わないだろうし、質問に答えないだろう、と言った。」

私は、彼が私たちにものを見せることも質問に答えることも拒否しつつあると、言った。エルナは〔彼の助手オースチン・〕ビーの方を向いて、「あなたは〔KアンドR財団の〕理事です。あなたはこれに賛同しますか。」と言った。」

「ビーは、「何でもラージャゴパル氏が言うことに、私は同意します。」と言った。」

「エルナは、「他の理事たちは？」。」

「ビーは、「彼らはラージャゴパル氏に同意します。」と。」

「ラージャゴパルは、『コメンタリー（The Commentaries）』のタイプ打ちされた転写を、持っていた － もちろんそれは、真正のアーカイヴ原典ではない。彼はまた写真コピーを持っていた － 1915年から1930年のクリシュナジ宛てのベサント夫人の手紙、〔「プロセス」についての〕1948年のププル〔・ジャヤカール〕の報告と、1922年8月17日から21日のクリシュナジ、ニトヤと〔アメリカ神智学協会書記長の〕A.P.ワリントン（A.P.Warrington）の報告のそれらだ。さらに彼は、エルナとクリシュナジからの署名入り領収書を、ほしがった。私たちは、クリシュナジに関しては拒否したが、エルナは署名した。彼は、自分の弁護士はこれらを利用可能にするよう語っていたし、自分はクリシュナジへの好意としてそうしている、と言った。私たちはこれらを受けとり、自分たちは立ち去ろうと言った。彼はもはや私たちに話しかけようとしなかった。どういうわけか、それら中で私は、私たちは彼と何についても議論をしたいとの願いを持っていないし、彼の監視なしに様々なものを見たいと願っていたということを、言った。ただちに彼は怒って、自分はそれを許さないと言った。私たちは、彼の怒りと半ヒステリーの爆風のなか、立ち去った。彼の激怒は、無制御の弱み、癇癪の性質を持っていた。私たちはたぶん、十五分以上、そこにいなかった。たぶんそれより多かっただろうが、私は晩にこれを書いているとき、今それについて考えられない。」

「私は、少し離れて丘の下にクリシュナジを見つけて、〔谷の東端のパイン・〕コテッジに戻り、集団で、言われたことすべてを思い出そうとした。エルナがメモを取った。私たちは〔弁護士〕コーエンに電話し、何が起こったかを彼に語った。彼は、写真コピー機をもって行き、あらゆるものをコピーしたいと思っているが、それは果てしがないだろうし、私たちがほしいものが含まれないだろう。必要なのは、彼〔ラージャゴパル〕が、見つからないものの説明をし、それらを提出するということだ。何がアーカイヴズを構成するかを彼が決定するというこの事柄は、筋道が通っていない。コーエンは、〔相手側の弁護士〕クリステンセンに電話をすることから、始めるだろう。」

「ドロシーとモンターニュ〔・シモンズ〕は、ロサンジェルスへ、そしてロンドン便へ発った。私たちはアーリヤ・ヴィハーラで、リー夫妻、ルス〔・テタマー〕、アルビオン・パターソンとともに、昼食をした。私たちは車に荷造りをしておいて、〔南方向へ、ヴェンチュラ郡南部、オクスナートの取扱業者〕ディーター（Dieter）の場所に運転して行った。そこで私たちは、ヴォルヴォのステーション・ワゴンを試してみたが、気に入らなかった。クリシュナジは、私とは別に、ディーターに長く話をした。そして、私の方に戻ってきて、私はディーゼルのメルセデスを入手すべきだと、言った。もう一台のメルセデス！」（二人ともクスクス笑う）「私は、車への没頭にうんざりし疲れている。必要なものは、〔メルセデスの〕グリーン・ビューティに入らない品物を運べる経済的な小型車だけだ。だが、クリシュナジは、メルセデスの優秀さを納得させられている。そして、彼や私があまりに小さな車で動き回るのは安全でないことについても、だ。私たちは、車についてのそれ以上の話を、先送りにした。」

「彼はマリブへの海岸道路で、ハンドルを握った。彼は運転しつつ、私に対して、私が質問にはあまりに疲れているのかどうかを、訊ねた。私は車の主題にだけはうんざりして疲れている、と言った。」（メアリー、クスクス笑う。スコット、笑う）「それから彼は私に対して、これら二週間に私に何かが起きたのか、私は何らかの面で変わっているのかを、訊ねた。私は、それはどういう意味なのかを訊ねた。彼は何について訊ねているのか。私は、これら二週間の様々なことを、私の視点から調べてみた。初めに、ラージャゴパルのことは、不快だが、」 － 私がそれを被っていることへクリシュナジが謝るということに、私は括弧を付けています － 「本当は私は気にならなかった。彼は、「あなたがラージャゴパルのところから出てきたとき、何かが起きたにちがいないのが、分かった。でも、あなたは反応していなかった。」と言った。ブラックバーンの敵意ある行動は、私にとって話をする価値がなかった。」そういうわけで、彼はそれに触れていなかったのです。もう一つの括弧は、昼食でそれについて議論があったことを、言っています。「だが、講話は、〔オーク・〕グローヴの何かの格別の広がりがあった。そのあたりの何かが、彼の言葉へ開け広げてくれるように見える。私はそれを感じた。学校は立ち上がろうとしているように見える。ものごとが起こりはじめている。〔パイン・〕コテッジに泊ることは、私は好きだったが、自分がまわりの人たちに対してより、場所に、美しさと性格に対して反応するということを、説明した。彼はこれらを聞いた。だが、自分はもっと多くがあると感じると言った － 何かが彼に起きていた。「私は疲れていなかった。」生命力が加わった。彼は、私がおそらく気づいていない何かが私に起きつつあるのを、感じた。私の心にとっては何もなかったが、私は、彼の講話で私にとって大変意味があった

ことは、〔自らが〕何でもないということについて彼が語ったことだ、と言った。彼は「そのとおりです。」と言った。「今、私たちは当面それについて話さないでしょう。」だが、彼は、私たちは変化を起こさなければならない、もっと余暇を持たなければならない、私たちはそれをブロックウッドでしなければならない、ということを、続けた。私たちはピクニックをし、去るだろう。余暇と静けさを持つだろう。私は、奇妙な空っぽを感じている - 今私が検討してはいけない、そのままにしておこう、と感じるものだ。それは何か良いものだ。それで、私たちはマリブに帰ってきた。芝生は根を張っていたし、花々は明るい。すてきに見える。ここはとても愛しい家だ。海洋はつぶやく。」

4月22日、「クリシュナジは休んだ。彼は、クジラと彼らの巨大な頭脳についてと、」(メアリー、クスクス笑う)「人〔が来る〕まで彼らは何にも脅かされなかったという事実について本を、読んでいた - クリシュナジは、それにより「何かが分かった」と言った。彼は私を呼び込んで、私に明日の会合で忘れずに、他の人たちへ言わせるよう頼んだ - すなわち、「学校は、学生たちに完全な安全を、深みでの広大な保護を、提供しなければならない。」と。」それから彼は加えた - 「それが彼らが私に関してしたことです。あれら怪物たちがやって来るまでは。」と。」ラージャゴパル夫妻、という意味です。

スコットーーええ、ええ。

メアリーーー「〔オランダの〕アンネッケ〔・コーンドルファー〕からの手紙がある - そこに彼女は、自らがロザリンド・ラージャゴパルに送ったものの写しを、同封している。それは、ロザリンドへの友情と暖かさに満ちているが、また二、三の真理をぐさりと示している。クリシュナジは、それを良いと考えた。もっとも、アンネッケはそれが無視されるだろうことを悟らないが、と彼は言った。私にすれば、私はアンネッケの過去への好みと、旧友たちに良いところを見つけたいとの彼女の願いは、理解するが、そのすべては、この一組の男女がクリシュナジに対して行ってきた悪により、洗い流されてしまった。それで、私たちは、愛情(affection)は何なのか〔という疑問〕に、来た - 私は、自分は彼らを嫌わないし、彼らに不幸を願わないけれど、全く愛情の余地はありえないということを、言っていた。私が違うことを言うのは偽善的だろう。それで私たちは、『オックスフォード辞書』を取り出し、〔語源的に、働きかけるという〕愛情(affection)を引いた。終わりに彼は、「彼がいうのは、〔ともに苦しむという〕慈悲(compassion)だった。」と言った。それには私は付いてゆけた。」

「私は午後に一時間、〔お隣の〕アマンダとフィル〔・ダン〕に会いに行き、戻ってきた。〔室内〕自転車で三マイル〔、約4.8キロメートル〕走り、芝生を回って一マイル〔、約1.6キロメートル〕散歩した - それは、十四往復という意味だ。クリシュナジは二十行った。」(二人ともクスクス笑う)

4月23日、「お使いで街に。午後2時までに戻った。午後3時にルス、アルビオン、キシュバウ、リー夫妻、ラッシュ教授が、学校についてクリシュナジと話をしに来た。私は〔ドイツ製の〕ウーヘルのカセット・プレイヤーでそれをテープに録った。エルナとテオは来られなかった。テオが庭で目を傷つけたのだった。」

4月24日、「デスク等。午後に〔古い友人〕シドニー・フィールドが、クリシュナジに会いに来た。噂話では、オーハイでラージャゴパルは、自分は現在の調停を五年前にクリシュナジに提案した、そして、自分はクリシュナジを破滅させられたが、そうしたいとは思わなかった等と言っている、ということだ。」

4月25日、「荷造りを始めた。エルナとテオ〔・リリフェルト〕が昼食に来た。私たちは、訴訟の概要をまとめることについて、議論した。記録として、まずは事実によって、次に出来事によって、だ。ラージャゴパルはすでに嘘を広めつつある。私たちは、事実の記録を持っているべきだ。アルビオン、ルス、マーク〔・リー〕、チャールズ・ラッシュとアラン〔・キシュバウ〕が、来た。私たちは、学校のための「建築の様式」について議論した。それから〔建築家〕ジョン・レックスとレイブサメンとニコルズが来て、学校の建物について私たちに質問をした。クリシュナジは、教室〔だけ〕の建物はあるべきでなく、各棟が学習のための特別室を持つべきだとの考えを、持っていた。彼らは煉瓦の見本を見せてくれた。クリシュナジはベージュのものが気に入った。彼らはみな、午後6時過ぎに立ち去った。ダン夫妻が財団に寄付をしてくれた。」

4月26日、「荷造りに荷造り。とても美しい一日。ベツィ〔・ドレイク〕(Betsy)が私に会いに来た。その間、クリシュナジは眠っていた。彼女と私は〔お隣の〕ダン家に行った。」

4月27日、「マリブの美しい朝。私たちは荷造りを終了した。満足行くことに、今年はかばんが二つ少ない。クリシュナジはアラン・キシュバウと、私はアマンダと運転して空港に行った。クリシュナジと私は正午に、ニューヨーク行きのTWA機で飛び立った。私の弟〔バド〕が、私たちを出迎えるよう、車を手配しておいてくれたし、リッツ・タワーのアパートメントに夕食と朝食の材料を入れておいてくれた。」

4月28日、「私は〔東部マサチューセッツ州のマーサズ・〕ヴィニヤード〔島〕の家族に話をした。私の弟〔バド〕が、私たちに車を貸し、私たちを〔ニューヨーク市の北側、〕ホワイト・プレインズ(White Plains)のウルフ博士(Dr. Wolf)に送るよう運転手を雇ってくれた。私たち二人にいつもの血液検査と他の検査。私たちは弟のアパートメントに戻った。彼の息子、リンゼイ(Lindsey)がドアで私たちを出迎えた。」彼はそのとき子どもでした。

「クリシュナジ、私の弟、〔その妻〕リーザと私は、ラファイエット・レストランで昼食をとった。私たちは、リーザが勤めるクーパー・ヒューイット博物館(Cooper-Hewitt museum)について、そして、私たちが意図する学校について、話をした。リーザは、モービル石油に対してクリシュナジのそれの公的放送に資金提供をしてもらおうとすることを、提案した - それは今度は、学校のための寄付を生じさせるだろう、と。クリシュナジと私は、アントニオーニ〔監督〕の〔サスペンス〕映画『さすらいの二人(The Passenger)』を見に行った。」

翌日、「クリシュナジと私は、カーネギー研究所(the Carnegie Endowment Institute)に行った。そこでは、会合をし、クリシュナジに話をするよう、ディヴィッド・シャインバーグ博士(Dr.David Shainberg)が、二十四人ほどの精神科医、心理療法士、ソーシャルワーカー〔社会福祉士〕たちを集合させていた。正式の講話はなく、ただ質疑応答だけ。質問はほとんどが、恐れについてだった。クリシュナジは即時に、諸理論と特定の恐れを通り過ぎて検討

423

し、訊ねた － 恐れ自体は、その中心的な根は、何なのか。考えることが中心的な原因だろうか。一人の質問者は、考えることは、私たちが恐れを制御し、それに対処するすべだ、と言った。クリシュナジは、「思考の本性を理解することなしには、恐れは理解できない。」と言った。彼らの何人かは、恐れは役立つと考えた － すなわち、危険に関して、だ。クリシュナジは、それは恐れなのかどうかを、訊ねた。また、私たちは全的に恐れから自由でありうるのか、と訊ねた。彼は、危険を前にした自己保存は恐れではない、と言った。誰かが、原子爆弾の恐れを取り上げた。クリシュナジは言った － 私は個人として、化け物じみた体制に対して何ができるのか。そして、怯えることが何の役に立つのか。一人の人間は何をなすべきか。」これらは要らないでしょうね。なぜなら、すべてテープに録られていますから。

「会合が終わった後、私たちはタクシーでアパートメントに戻った。私が先に調理しておいた幾らかの豆とともに、ルーム・サーヴィスの昼食をとった。私はすばやく、自分のパテク〔の時計〕を直した場所に行って、取ってきた。新しいクリスタルをクリシュナジのものに付けた。二、三の品物のために〔身の回り用品の〕カスウェル・マッシーへ彼と歩いていくのに、間に合うように戻った。それから、ホテル・ロンバルディ（the Hotel Lombardy）の良い理髪店に。そこではクリシュナジの最善の散髪が、行われた。午後5時に私の弟、バドが、私たちに会いに来て、私とビジネスのことについて議論した。彼が去った後、クリシュナジと私は夕食をとった。テレビでは、ヴェトナム戦争の最終的な終わりを見た。合衆国は、包囲された〔南ヴェトナムの首都〕サイゴンからの撤退を、完了させたからだ。北〔ヴェトナム〕が勝ったのだった。長く惨めな合衆国の関与は終わった。」

4月30日、「クリシュナジはただ相当に良く眠った。彼は、「頭に忘我のエネルギー」の感じがしていた。彼は晩にそれについて語った － 自分はそれがかつてあったことがなかった、と。忘我のエネルギー、だ。確かに彼は、精神科医、心理療法士たちとの第2回の会合で、とてつもないエネルギーの外的なしるしを、示した。それは、昨日の会合の継続だったが、またもや質問が来た － 思考は、いつ思考が妥当するかを、決定できるのか。」それからまたもや私は、言われたことを多く記述していますが、それは要りません。

5月1日、「クリシュナジは午前に休んだ。弟〔バド〕が同行してくれて、私はお使いをした。だから、私たちは話ができた。彼は午後1時に去った。クリシュナジと私は、ホテルで静かな昼食をとった。それから私たちは、短い散歩と二つのお使いに出かけた。これまでで一番寛いだ出発の日の後で、私たちは午後6時20分に、運転手つきの弟〔バド〕の車までリッツ・タワーを発った。空港に行き、午後8時45分のロンドン行きインド航空の便に、乗った。とてもすてきな飛行機で、魅力的になっていて、優秀なサーヴィスと静かな雰囲気があった。空席があったので、私たち各々が二席を取って、横になれた。」

5月2日、「私たちは午前8時45分に、ロンドンに降り立った。ドロシー〔・シモンズ〕、ドリス〔・プラット〕とイングリッド〔・ポーター〕が、私たちを出迎えて、みんなでブロックウッドに運転して行った。学校〔の人たち〕が正面に出ていて、クリシュナジに挨拶した。完成した集会室（Assembly Room）は、とても立派だ。長いホール（the Long Hall）とその新しい床にタイルを欠いていることは、相当の改善だ。西ウィングには、新しい電気配線がある。〔校長〕ドロシーは、自分が到着したとき、すべてが混沌だったが、やっと今朝、すべてが整えられた、と言った。私は、私たちのかばんすべての荷物をほぼ開けた。クリシュナジはまっすぐベッドに入った。私は十時間眠り、〔その後、電話で〕メアリー・L〔リンクス〕に話をした。」

5月3日、「荷物を解くのを終了し、ものを整理整頓した。テッド・カーテー（Ted Cartee）がゴミ処理装置を直したが、そこには二本、釘が入っていた！たぶん、洗濯機からの排水を流すパイプを直した電気技術者たちの不注意からだ。そのパイプをも電気技術者たちは引き離していた。水は天井から下のホールへ漏れていた。クリシュナジは昼食に起きた。後で彼、ドロシー、〔犬の〕ウィスパーと私は野原を越え、木立をぬけ、小道を回る散歩をした。歩数計では二マイル〔約3.2キロメートル〕になる。私たちは今日それを発見した。クリシュナジは今、午後6時にトレイで夕食をとる。すてきな一日。そして、この美しい場所にもう一度いるという幸せな感覚だ。」

5月4日、「ローマの〔元家政婦〕フィロメナに電話をした。彼女は、いつここに来られるのか、定かでない。私たちは午後に散歩した。晩にはテレビで、〔アメリカの1953年の西部劇〕『シェーン（Shane）』を見た。クリシュナジのお気に入りだ。相変わらず良く見える。」（クスクス笑う）

翌日、「私は、修理工とともに〔地元の人で元地主の〕モートン（Morton）の車庫に出かけた。彼は、〔預かってくれた〕グレイのメルセデスを目覚めさせた。冬眠の後、だいじょうぶに見えた。午前11時にクリシュナジは新しい集会ホールで、学校に対して話をした。そこは初めて使われた。見目も響きも良かった。メアリー・カドガンがそこにいて、昼食に留まった。彼女と私は午後ずっと、散歩の時間になるまで、話をした。後でクリシュナジ、ドロシーと私は、メルセデスを運転した － それがどうなのかを見るため、そして、〔東南方向の〕ウエスト・メオン（West Meon）の黄色の野原を見るため、だ。」それは菜種の収穫の始まりだったにちがいないわ。

スコット——ええ。

メアリー——「濃いマスタードに見えるが、菜種だ。〔写真家の〕マーク・エドワーズ（Mark Edwards）が、クリシュナジと何人かの学生の写真を撮った。晩にクリシュナジは、〔イギリスの公共放送〕BBCで『刑事コジャック（Kojak）』を見つけて喜んだ。それが私たちのすでに見たものであることは、問題でなかった。」（二人ともクスクス笑う）「私たちは10時過ぎまで起きていた。」

5月6日、「〔インドでの掛かりつけ医〕パーチュリ博士（Dr. Parchure）が今日到着することになっていたが、ドロシーは〔インドの〕バラスンダラムから、彼の出国許可が出そうにないとの電話を、受けとった。たぶん来週だろう。クリシュナジは、パーチュリのために衣服を区分けしていた。私は私たちのキッチンで、彼がタオル地のバスローブを着、黒のウールの帽子 － フォスカが彼の毛皮のものをモデルに、彼のためにかぎ針で編んだもの － を、被っているのを、見た。彼は、「これが私の生活様式だ。」と笑って言った。」（メアリー、スコット、二人とも笑う）「後でドロシーの事務室で彼は、「ごらん、精霊たちがそれを追いかけている。」と

言った。窓の外では、箒の先が風の中、かなり不気味に前後に波打っていた。彼は笑った － 他の誰もが笑えないような、笑いと愉快さのすべてだ。私たちは午後4時30分に散歩をした。とても風が強くて寒い。ロープに繋がれた〔犬の〕ウィスパーは、クリシュナジを野原に引き倒すほどだった。彼女はトラクターに犬を見つけて、必死に吠えかかっていた。クリシュナジは、午後6時に夕食をとった。毎晩だ。」

8日に行くと － 7日には、記録に値することが何もなかったからですが、あなたに調子を合わせましょう。

スコット － ありがとう。（クスクス笑う）私は訊ねようとしていました。

メアリー 5月7日、「静かな一日。西ウィングを整理する仕事をした。クリシュナジ、〔犬の〕ウィスパーと私は、雨のなか散歩をした。」

8日、「私は〔東方向の〕ピータースフィールドにお使いに行って、列車のメアリー・L〔リンクス〕を出迎えた。クリシュナジと彼女と私は夕食の前後に、オーハイについて話をした。彼女はまた、〔『ノートブック』として出版される〕クリシュナジのスカラヴェッリ原稿と、自らがそれに書いている序文について、一定のことを訊ねた。クリシュナジとドロシーと私は、後で散歩した。」

翌日、「クリシュナジは図書室で、学校に対して話をした。権威についての良い議論だった － 私たちは影響されるのか、等。昼食の間、メアリーとジョー〔・リンクス夫妻〕が立ち寄った。メアリーの〔一番上の〕姉のバーバラ・エイガー（Barbara Agar）のところに週末、泊まる途中だ。メアリーは、クリシュナジに、伝記『クリシュナムルティ 目覚めの歳月（Krishnamurti: The Years of Awakening）』の、ここまで最初で唯一の本を、クリシュナジに贈った。本の表紙には、1926年に撮られたクリシュナジの写真のうち、一枚の一部がある。〔オランダ、オーメンにある、「星の教団」の本部〕エーデ城（Castle Eerde）でゴブラン織り（the Gobelin tapestries）の前に立つ、インドの服装の姿だ。クリシュナジが眠る間、私は午後ずっと伝記を読んだ。それから彼と私は散歩に行って、本について話をした。彼は、それに本当に人々は興味を持つだろうか、彼らはそこから何が分かるだろうかを、訊ねた。」

「私は、〔伝記のうち〕第一部は、私がこれまで読んだすべてだが、そこは神智学、大師たち等について避けられぬ疑問を持ち出すかもしれないということを、言った － 大師たちは存在するのかどうか、なぜそのとき彼らとのあれら交信すべてが報告されたが、以来、何もないのか。」

「クリシュナジは言った － 「それは単純です。主がここにいる。」

私は言った － 「あれら交信は、その準備をするために必要だった、という意味でしょうか。」」

「クリシュナジは、「明白にそうです。」と答えた。それから彼は、「私はそれについて考えただけです。」と（声にユーモアをもって）付け加えた。」（スコット、クスクス笑う）

「私は、「間違った疑問なら答えないで」という疑問の一つを訊ねたが、それは間違っていた。「私はそういうことを知覚できないのろまとか、鈍感であるのか。それとも私は単に、語りかけられていないのか。」と。」

「クリシュナジは言った － 「あなたは、Kの世話をして、すべきことをしている。交信する必要はないかもしれない。あなたはどれぐらい、私とともにいましたか。あなたはおそらく一定のものごとに慣れている。」と。」

「私は彼に対して、若いクリシュナムルティによる自らの「イニシエーション」に関する奇妙に充実した報告について、語りはじめた － 彼の現在の叙述の仕方とは、あまりに違っていて、あまりに詳細だ、等。だが、ドロシー〔・シモンズ〕が小道をやって来て、私たちに加わったので、私たちは会話をつづけられなかった。クリシュナジは私に、学校の会合に出席してほしいと思う。それを私は一度もしたことがなかった。ドロシーのためらい － 彼女の言う困惑のためだ。だが、彼は今日彼女に、私はそうすべきだと言った。もちろん彼女は、それをすてきに、ちょっとユーモアをもって受け入れた。後で私は、伝記を読んで、深夜まで起きていた。」（メアリーの話を聴く）

編集者の憶え書

メアリーを職員の会合に入れることへのためらいは、回顧すると、奇妙に見える。職員がブロックウッドについて言うべきあらゆる否定的なことは、確かに、メアリーとクリシュナジに届いたが、〔逆に〕大変に良い協働と真剣さのほとんど － 職員の会合でしばしば明白であったもの － は、少なくとも部分的には、見えなかっただろうから。確かにメアリーが会合に出席をしはじめたとき、まるでクリシュナジの目と耳がそこにあるかのように、正しいと感じられた － それは、私たちのほとんどが望んでいた。

5月10日、「私は伝記を、クリシュナジのベッドに、朝食のトレイの横に置いた。彼は、自分はそれを読まないだろうと言った。」（声はクスクス笑う）「だが、私は、彼は幾つかの部分を読むかもしれないと思った。彼は、少年の発見から始めて、そうした。彼は、私が夜にどれほど読んだのか － それは120ページまでだった － そして、私にはどう見えるのかを、訊ねた。」

「私はこれまで、〔昔の〕彼が今の彼になることの神秘は、その書物により深まる、と言った。メアリー・L〔リンクス〕の母親〔レディ・エミリー〕へのクリシュナジの手紙と、彼女の日記から取り組むことで、全く未熟な、部分的にヴィクトリア時代の子どもの像が、示される －〔未来の世界教師の回りで〕嫉妬深く競争する友人たちに取り囲まれ、子どもっぽくて非現実的な多くの愛の話。」

「クリシュナジは、少年は条件づけられなかった、と言った － 彼は神智学協会の物語すべてで養われたということ、だが、それは表面的であったし、彼の頭に入って出ていったということ、だ。もしも彼が条件付けられたのなら、彼は神智学協会のやり方で続けていただろう、と彼は言った。私は、多くの人たちが〔状況により〕信念や見解を変えてきたことを、指摘した。だが彼は、これは違っていると言った。彼は単純に空っぽで、愚鈍で、鈍かった。なぜ彼は目覚めたのか。彼は、自らがゆっくりと一滴一滴、目覚めつつあり、変わりつつあると考える。そこには本当の条件付けはなかった。彼は損なわれなかったし、ごくゆっくりと成熟することが重要だった。「身体に気づかうことが重要だったし、今もそうだ。私は正しい食べ物とそれらすべてを持っている。私は100歳になるまで生きるかもしれない。私たちは80歳の代わりにそれを祝おう。」（次の月曜日が彼の誕生日だ）」（二人ともクスクス笑う）（メアリーの話を聴く）

「私は初めて、職員の会合に出席した。」

5月11日、「クリシュナジは集会ホールで、学校に対して話をした。彼は、生において最も重要な問いは何なのかを、訊ねた。彼は後で、彼ら〔学生と職員〕の応答の欠如に批判的だった。散歩で彼はドロシーに言った－「彼らは死んでいる…ブロックウッドが彼らに何を与えられるのかとか、彼らがブロックウッドに何をとか訊ねるのは、何の役にも立たない。」と。そして晩に彼は、私に対して言った－「これらは何の役に立つのだろうか。〔1969年のブロックウッドの開校から〕五年後に、何かを理解した学生は一人もいない。」と。」

「これはもちろん、彼がインドの諸学校について言ってきたことだ。一定の能力、精神と智恵の性質をもっただけの者たちに、〔クリシュナジの〕教えは理解できるのかどうかと思われる。クリシュナジは、〔校長〕ドロシー〔・シモンズ〕はここの学生たちについてあまりに感傷的すぎると、考える。今ここには、クリシュナジが送り返すべきだと思うインド人の少年が一人、いる。彼の両親は単にこの場所を利用しているだけだ。」

「私は〔クリシュナジの〕伝記〔の第一巻〕を深夜まで読んで、読了した。彼が経てきたことに、心動かされ、涙が出た－彼が、初期のそのすべて、あれら人々のほとんどの言い抜けとうぬぼれに耐えたし、今の彼になったという、とほうもない事実。または、そのときそれはいつも彼の中に眠っていて、繊細な植物のようにゆっくり成長し、ついに彼は熟したのか。私が読了したとき、深夜だった。私は、あの子が〔南インドの小さな街、〕マダナパリ（Madanapalle）の小さな住宅の供養の部屋で生まれて以来、ほぼちょうど八十年であることを、悟った。物語、またはおそらくメアリー〔・ラッチェンス〕のそれらの語りにより、はるか昔ではなく、とても近くなる。〔Kの弟〕ニトヤは、誰か私の知っている人に見える－そのときではなく、今の、だ。まるで潜在意識のきわめて深くからのように、彼を知っているという奇妙な感覚だ。これを書くとき私を動かすものは、「あの少年の」、クリシュナジのものすごい楽観主義、熱心さだ。今八十歳で彼はそれで輝く－すっかり若かったとき以上に、だ。だが、そのとき彼はいつも、誰よりもかつてなく若かったし、今も若い。燦然と輝く形で若い。」（メアリーの話を聴く）

5月12日、「午前に入って30分で、クリシュナジは八十歳の年齢に達した。彼は、〔誕生日の〕挨拶すべてを、手を振り退けたが、「私はもう二十年生きるだろうと思う。そのときは祝ってもいいよ。」と言った。私は、自分は彼にそうさせるだろうが、そのお祝いに、誰が私の車いすを押して行ってくれるだろうか、と言った。彼は、身体は、見守られているから、長持ちするはずだと言った。なぜなら、彼を見守る誰か、気づかう誰か、何かをほしがらない誰かがいるからだ。雨がちょっと降った。私は昼食の後、眠った。T.K.パーチュリ博士（Dr.T.K.Parchure）がインドから到着した。ここへの彼の最初の旅行だ。明るいフェレット（シロイタチ）の目をした小柄なはげ頭の人。」（スコット、クスクス笑う）「すてきなフェレット。」（メアリー、クスクス笑う）「クリシュナジ、ドロシーと私は散歩をした。学生たちは昼食でクリシュナジに対して、「ハッピー・バースデー」を歌いたいと思ったが、歌わなかった。〔校長の〕ドロシーは夕食で歌とケーキを受けた。彼女の誕生日でもある。私は〔伝記の〕本について、メアリー・L〔リンクス〕に電話をかけた。」

13日、火曜日、「クリシュナジと私は、ロンドン行きのピータースフィールド〔駅〕の列車に、乗った。私たちの楽しい習わしで、」（クスクス笑う）「私たちはまっすぐ〔仕立屋、〕ハンツマンに行った。そこでは、あらゆるものが楽しくもちょうど同じだった。クリシュナジは仮縫い室に消えた。私は、〔ハンツマンが出している雑誌〕『カントリー・ライフ（Country Life）』を読んだ。それからリントット氏（Mr.Lintott）が私たちの服地見本を持ってきた－クリシュナジのスーツとズボンのための軽いツィード風の布地と、私のためのズボンの布地だ。フォートヌムでメアリー〔・リンクス〕が、私たちとともに昼食をした。私たちは途中ずっと、〔メアリーの書いた伝記の〕本について話をした。クリシュナジは朝食に、選んだところを読みつつある。彼はページのあちらこちらを読む。彼はそれに喜んでいるし、そうであることをメアリーに伝えた。私は、エルナ・リリフェルトがとったメモ書きの写しを、彼女に渡した－私が1948年の〔インド南部の〕ウータカムンドでの〔神秘的な〕出来事について、KアンドR〔財団〕アーカイヴス〔資料保管庫〕でププル・ジャヤカールの記述を読んだときに、とったものだ。私はまた彼女に、〔隣家の友人〕アマンダ・ダンが私にくれた、ローマの〔元家政婦〕フィロメナのための封筒を、渡した。〔メアリー・リンクスの娘〕アマンダ・パラント（Amanda Pallant）は、ヴァンダ〔・スカラヴェッリ〕とともに一週間を過ごすために、そこに行こうとしている。クリシュナジと私は、ハチャーズ〔書店〕に行った。それから午後4時20分の列車で戻ってきた。」

5月14日、「私たちは、クリシュナジとパーチュリ博士と私の間で、クリシュナジの健康状態について、医学的な再考を行った。午後に私はP博士を〔西方向の〕ウィンチェスターに連れて行った－彼に幾つか暖かい衣服を入手するためだ。ドリス〔・プラット〕は伝記を読んでいたが、なぜ彼はそんなに苦しまなくてはいけなかったのかを、熱くクリシュナジに訊ねた。私たちはみんな、それを経なくてはいけないのか。クリシュナジは、何か新たなものに出会うには、発見するには、一人の人物がそれを経なくてはならないことを、答えた－それを他の人たちに指摘できるため、だ。」

5月15日、「クリシュナジは学校に対して話をした。私は〔ローマの元家政婦〕フィロメナに、クリシュナジの整理たんすのための彼女のかわいい〔レース糸で編んだ〕セントリニ（centrini）のプレゼントについて、電話をした。私は彼女に、アマンダの封筒についても告げた。ダン家みなが、彼女のための微笑む写真に加わっていた。それはアマンダ・パラントがローマに持って行った。午後6時に私は初めて、学校の会合に行った。」

5月16日は、「寒くて雨降り。私は手紙を口述した。P〔パーチュリ〕博士は私の脚と私の体操状況を検討し、私に、筋肉痙攣の緩和の仕方、脚の血行を良くする仕方を教えてくれた－指で優しく叩くことと、膝の皿のところで筋肉を引き締めること、私の膝の間に枕を挟むことだ。」

5月17日、「さらに雨、そして寒い。私はさらに多くのデスク仕事。私はまた別の職員会合に出席した。キャロル・スミス（Carol Smith）とジョー・ゾルスキ（Joe Zorski）から、西ウィングについてと、その空間すべてが学校のために使われないことについて、質問があった。私は、ブロックウッ

ド・パークの初期の歴史と、その最初の意図を示して、答えた － 学校、センターと、クリシュナジの家だ。クリシュナジは午後に、学校に対して話をした。そして、ディヴィッド・ボームと、実在性（reality）は何かと真理（truth）は何かについて、テープ録りの会話を行った。クリシュナジはそれについて熱心であり、毎週末にディヴィッドと議論をしつづけたいと思っている。」

5月19日、「クリシュナジは毎朝、メアリーの伝記の一部分を読む。彼はさらにそれが好きになっていく。「彼女はとてもよく働いたにちがいない。」と彼は言った。メアリーの問いへの反応で、ドリス〔・プラット〕は、自らが1961年に付けた記録の古い本を、見つけた － クリシュナジが〔1961年5月から6月前半の〕ロンドン〔、ウィンブルドンで〕の〔十二回の〕講話と〔7月下旬からの〕サーネン〔集会開始まで〕の間、三週間、オーハイへいつ行ったのかを、示している。メアリーは、背景の詳細に注意深くて、『ノートブック（The Notebook）』の原稿の始まりに彼がどこにいたのかと、言及が何だったのかを、発見したいと思った。〔『ノートブック』で〕彼は、空港に行くこと、他の人たちが何かに気づいていること等について、語った。空港はロンドンだった。〔「他」に気づいた〕他の人たちは、バインドレー夫人、ドリス〔・プラット〕自身 － 彼女は忘れてしまっている － とアンネッケ〔・コーンドルファー〕だった。クリシュナジはそれを何も憶えていない。」

5月21日、「すてきな夏の一日だった。私は彼の好きなクレオール・ライスを作り、ピクニックの大型バスケットに詰めた。私たちは、パーチュリ博士とドロシー〔・シモンズ〕の二人の乗客を乗せた － 前者は、〔東方向、サリー州の村、〕ヒンドヘッド（Hindhead）でカール・アプマン博士（Dr.Carl Upman）のところに降ろし、後者は〔その南東の町、〕ハスルミア（Haselmere）の東の修理工場に連れて行った。そこで彼女は自分のランド・ローヴァーを受けとった。」

「私たちは、すてきな田舎を運転して行った。温かくて春の臭い、肥料、成長するものたち。なんと美しいのか。私は、クリシュナジとともにこういうすてきな中、ドライヴをして行き、喜びに浮かんでいる。〔ロンドン中心部から南西へ20キロメートル、サリー州の町、〕イーシャー（Esher）の近くでは、道路建設が進んでいて、さほどすてきではなかった。それから私たちは、〔ロンドン南西部の広い草地、〕ウィンブルドン・コモンに来た。そこで樹々の下のベンチに座り、ピクニックの昼食をとった。クリシュナジは、五十年前にそこを歩き、〔神智学者で支援者の〕ドッジ女史（Ms. Dodge）とともにウエスト・サイド・ハウス（West Side House）に生活したときと同じく、若く見えた。私たちはさらに、パトニー病院（the Putney Hospital）に行った。バインドレー夫人がそこにいた。〔96歳で一人暮らしの〕彼女は階段で倒れて、大腿骨を折り、掃除をする女性が朝に来るまで、夜通しそこに倒れていた。それは一ヶ月前だった。彼女の大腿骨に手術が行われ、彼女は快方に向かいつつあると言われていた。私たちが入ってきたとき、彼女は眠っていた。私は彼女の手を取り、クリシュナジが彼女に会いに来たということを言った。彼女は眠ったまま、「すてき、すてき、すてき、すてき。」と言った。（軽くクスクス笑う）しみじみと、言葉に応答しつつ、彼女は半ば無意識で理解したにちがいない。クリシュナジは、彼女のもう一方の手をとり、彼女はおそらく今や半ば無意識であるかと思い、心痛をもって私を見つめた。だが、そのとき彼女は目覚めて、昔の明るい彼女ご本人だった。彼を見て喜び、熱心に質問し、聞き取るために急いで補聴器を取り付けた。私たちは彼女に対して、オーハイの学校計画、アーカイヴスへの訪問、ラージャゴパルとの会合について、少し語った。彼女は、息子のジャックがスペインから戻り、誰か住み込で自分の世話をしてくれる人を見つけるやいなや、自分は家に戻ることができるだろう、と言った。クリシュナジは、彼女に家に会いに行こうと言い、私たちは立ち去った。私たちが外に出たとき、彼は、「私は病院に入れられるより、むしろ静かに死にたいな。」と言った。彼にとって病院の彼女を訪問することは、相当のことだった。彼は通常、病院に行こうとしないからだ。ここは回復期の病院であり、相対的に苦悩が少なかったが、彼の嫌悪は見てとれた。」

「〔ロンドンから南西方向へ行く〕A3道は、〔20キロメートルほどの〕イーシャーあたりで〔道路建設で〕あまりに掘り返されていたので、クリシュナジは、どこか他の道を戻ろう、と言った。私は地図を持っていなかったが、テームズ川の南岸を太陽の方へ、西へと向かった。運良くM3道を見つけ、それで〔ハンプシャー州の都市〕アルトン（Alton）への道路に導かれ、それで〔そこから南西方向、20キロメートル弱の〕ブロックウッドに帰った。」

5月22日、「クリシュナジはパーチュリ博士に対して、私〔メアリー〕は自ら〔K〕より長生きしなければならないことを、告げていた。キッチンで私がクリシュナジになぜかを訊ねたとき、彼は「なぜかはよくよく知っているでしょう。」と、はねつけた。パーチュリはクリシュナジに対して、自分が私の脚に、滞りを取り除けるものとしてマッサージでしようとしていることを、語った。だが、クリシュナジは彼の両耳に手当をし、彼には、自らの手や治療について考えないように、何かをほしがらないで、ただ静かに開け広げにしておくよう、言った － そのときおそらく、何かが通じうるのかもしれない。クリシュナジは彼に対して、自分自身のエネルギーは、このように誰かに行くとき、損耗しないということを、告げた。クリシュナジは今日、学校に対して話をした － 事実は瞬間に行うことだ。彼は「何か新しいこと」と言った。私は夕食で或る人に、彼がそこで教えたいとも願っているオーハイの学校について、話をした。彼は適していると見えなかったが、気持ちよかった。」

5月24日、「〔メアリー・リンクスの娘〕アマンダ・パラントはローマから戻ったが、私たちは彼女から、ヴァンダ〔・スカラヴェッリ〕がフローレンス〔フィレンツェ〕で車に当てられたことを、知らされた － 両足に痣ができて、頭に切り傷ができたが、だいじょうぶであり、アマンダを迎えるためにローマに来ることができた。私はヴァンダに電話をした。彼女は、いかにも彼女らしく、何でもないと言った。クリシュナジは彼女に話したが、ほとんど情報を得られなかった。午後にクリシュナジは、ディヴィッド・ボームと、先の日曜日の、実在性と真理に関するものを継続して、二時間のテープ録りの対話を行った。パーチュリ博士は、ごくわずかに参加した。ドロシー、サラル〔・ボーム〕と私が同席した。」

5月25日、「クリシュナジは学校に対して話をした － 彼らの頭越しだと私は思うが、思考について、とても興味深い。言葉やイメージなしに、思考があるのか。何かを真実

と見ることは、思考の外側の作用だ。この議論には多くのことがあった。昼食にはジェーン（Jane）とイアン・ハモンド(Ian Hammond)がいた。午後4時にドロシー、クリシュナジと私は、〔学生の〕タンキ（Tungki）に話をした－彼が学習への強要なくブロックウッドでの生活を継続できることについて、だ。それからクリシュナジ、ドロシーと私は散歩をした。ドロシーと私は、職員の会合に行くのに間に合うよう、戻った。」

翌日、「私は午前5時に起きた。体操等をした。午前6時30分の職員の会合に行った。キャロル・オールウェル(Carol Allwell)は、言語的な理解と、私たちが諸学校でしようとしていることとの間の大きな隔たり、そして幾人かの鈍感な行動という問題を、取り上げた。彼女はそれをはっきりと表現したが、応答では床をじっと見つめることが多く行われた。〔校長〕ドロシーはこれらの会合で、意気消沈し、攻撃を受けていると感じる。私は彼女に話をした。メアリーとジョー〔・リンクス夫妻〕は、四日間カナダに行こうとしている。私は昼食の後、昼寝をした。クリシュナジとドロシーとともに散歩をした。私がクリシュナジに夕食を持って行ったとき、彼は、自分は「大いなる白の同胞団(the great white brotherhood)」からの伝言を持っていると、言った－すなわち、「彼の世話をしていてくれることに関して、私〔メアリー〕に感謝するが、私は彼を甘やかせてはならないというものだ。」（メアリーもスコットもクスクス笑う。それからメアリー、声を上げて笑う）大いなる白の同胞団！なんとまあ。（さらに笑う）

5月27日、私の日記は言います－「疲れた！」（クスクス笑う）「私はたくさんの手紙を仕上げた。昼食の後、私は、クリシュナジのズボンと他のお使いのために、ドロシーとドリスとともに〔西方向の〕ウィンチェスターに行った。散歩に間に合うよう戻った。フライ夫妻(the Frys)に電話をし、〔夫〕キット〔クリストファー〕(Kit)に話をした。」

29日に、「クリシュナジは学校に対して話をした。きちんとすることとしないこと。シュリニヴェサン夫人(Mrs. Shrinivasan)が会合にいて、昼食をした。私は運転して、彼女を列車に送った。散歩と、もう一回、学校の会合。」

5月30日、「私は一人でロンドンに行った。私はお使いをし、仮縫いをし、午後4時に戻った。ピータースフィールドで幾つかのお使いをし、それからブロックウッドに戻った。」

翌日、クリシュナジとディヴィッド・ボームとの間でもう一回の対話。

6月2日、月曜日、「ロンドンでは、記録上初めて雪が降った。メアリー・L〔リンクス〕とその娘アマンダが昼食に来た。クリシュナジ、ドロシーと私は後で散歩をした。エスキモーのように着込んで、だ。一日は〔朝〕6時30分の職員の会合で始まったのだった。私は、晩にクリシュナジとともにテレビで『刑事コジャック』を見ていると、かなり眠くなった。パーチュリ博士は私に対して、クリシュナジへマッサージをすることを、教えつつある。」

6月3日、「クリシュナジは学校に対して話をした。そして、「私は彼らに、思いもよらぬままに教えよう。」と言った。」
スコット－そうなんですか。
メアリー－ええ。
スコット－〔録音〕テープが切れる直前だ。よし！
メアリー－よし。私はもう一つクッキーを頂きましょう。

スコット－それだけのことをしましたね。

原註

1）オーハイに一番近いメルセデスの輸入業者。
2）オーハイのオーク・グローヴは、〔1928年5月の第一回の「星のキャンプ」以来、〕伝統的にクリシュナジが公開講話を行った場所であり、建てられようとしていた学校の位置の〔東〕隣に、位置している。
3）『生きることについてのコメンタリー(Commentaries on Living)』は、1956年に初めて現れた〔英語で〕三冊シリーズの書物だった。
4）クルップムラッジ・ジナラージャダーサ(Curuppumullage Jinarajadasa)は、神智学への初期の改宗者であり、1945年から1953年の死去まで、〔第四代〕神智学協会の会長になった。
5）〔新しい〕インド・クリシュナムルティ財団が、ラージャゴパルから、ヴァサンタ・ヴィハーラ－1933年にクリシュナジの仕事のために建てられた大きな建物－を、得ようとしていた訴訟。
6）ブロックウッドの初期の職員。彼女は学校のキッチンの頼みの綱だった。
7）「プロセス」の長い期間。その間、ププル〔・ジャヤカール〕とその妹ナンディニ〔・メータ〕が、クリシュナジを見守った。
8）ベツィ・ドレイク・グラントは、メアリーの1930年代から旧友だった。
9）「パタン(patterns)」は、ロンドンの仕立屋の生地見本の呼び方であり、その中から衣服を作ってもらうのを選択できる。
10）ふつうレースやリネンから作られたイタリアのドイリー〔小さいナプキン〕が、机や小さなテーブルに置かれた。これはクリシュナジの誕生日のためだったにちがいない。
11）キャロルとジョーはブロックウッドの教師で、夫婦だった。彼女は生物学を教え、彼は化学と物理学を教えた。彼らは、ブロックウッドで子どもをもうけた最初の夫婦だった。

訳註

*1 S.Weeraperuma,Susunaga (1988) p.14によれば、ジナラージャダーサは、神智学協会会長であった1953年の時点で、クリシュナ少年の手書きの本、教科書、衣服、靴などを大切に保管していた。しかし、その著者が何年も後で撮影して記録しようとしたところ、それらが跡形もなく失われており、担当者たちも何も知らなかった、という。
*2 インド南部のタミル・ナードゥ州の最西部ニーラギリ県の県庁所在地であり、タミル語でウダカマンダラムと呼ばれ、英語ではUdakamandalamと表記される。ウータカムンドは、イギリスのインド帝国時代に避暑地となり、ウーティとも略称される。
*3 原文はここから Jiddu-Krishnamurti.net 上の講話書き下ろしへリンクされている。
*4 神智学の用語法では、the Lord（主）は、マイトレーヤまたはブッダに言及する。
*5 イギリスの小説家 P.G.Wodehouse の兄で、詩人、教育者。クリシュナジの家庭教師を務めた。
*6 ここにはヒンドゥーの聖典とされているが、ゴータマ〔・ブッダか？〕による予言、ブッダになることができるが、それを人類救済まで拒否するという誓願の思想、それに基づき、この世界に出現するというのは、仏教、特に大乗仏教に特徴的な内容であり、「インド人の聖典」または、神智学的解釈と考えるべきなのかもしれない。メアリーなどKの関係者だけでなく、一般的なインド人はこのような思想内容にさほど詳しくない。
*7 これに関しては、第16号、9月20日の個所にも出ている。なお、下記のとおりその文書の一部分は行方不明になっているが、P.Jayakar (1986) pp.126-130には、ププルは後に、同じ出来事の目撃者である妹ナンディニと協力して、その記録を再現し、掲載している。その再現については、本著第41号、7月7日の個所に言及があり、一部内容が示されている。
*8 第11号の原註を参照。

*9 メアリー・ラッチェンスによる伝記第二巻によれば、シアトルでの講話のための旅行のみが確認できる。シアトルには、1952年7月から8月に、ロザリンドとその娘ラーダーとともに出かけているので、「一人で行った」のではないが、関係の疎遠さを意味するものかもしれない。また若い時期に遡ると、1923年3月から5月に掛けて、カンザス・シティ、デトロイト、ロチェスター、ワシントンで講演旅行を行ってから、シカゴでの神智学の会議に加わっているが、このとき弟のニトヤと一緒だったとされている。

*10 Kの親友の一人Jadunandan Prasadは、1910年代、20年代のKの親友の一人。ケンブリッジ大学を卒業した後、1930年にKが神智学協会を離れたとき、ラージャゴパル夫妻とともに、ベサント夫人の指示でKの支援に入った。ププル・ジャヤカール著の伝記によれば、彼の講演活動は好評を博していたようだが、1931年8月にアリゾナで熱射病のためにわずか35歳で亡くなった。彼の急死から、ラージャゴパル夫妻の役割が大きくなったようである。

*11 メアリー・ラッチェンスによる伝記によれば、1934年と39年に訪問している。

*12 原文はここからJiddu-Krishnamurti.net上の講話書き下ろしへリンクされている。

*13 Staying in the cottage, I had liked, and explained などとあって、構文に疑問が残る。

*14 Evelyne Blau（1995）には、ベンジャミン・ワイニンガーの談話が出ているが、その冒頭にワイニンガーは、1946年にKを、ワシントン心理分析協会の心理分析学者たちに紹介し、Kが一週間、毎日話をしたこと、感銘を受けた参加者には、ハリー・スタック・サリヴァン、エリック・フロム、ディヴィッド・リオック、マーガレット・リオックがいたこと、ニューヨークのカレン・ホーナイが、ワイニンガーを招いて議論したが、彼女はKの教えと自分の学派との類似をも見て、Kの教えについて執筆しはじめたこと、後にはシャインバーグとホーナイのグループがKの教えに没頭したことなどを、指摘している。

*15 神智学の用語法では、the Lord（主）は、マイトレーヤまたはブッダに言及するものであり、大師たちの上に位置する。

*16 第14号の訳註を参照。

*17 ホームページ上ではここで指示された個所をクリックすると、メアリーの話が聞こえる。

*18 建築家サー・ラッチェンスの妻レディー・エミリーは、イギリスでクリシュナジとニトヤの兄弟にとって母親代わりを務めた。

*19 ホームページ上ではここで指示された個所をクリックすると、メアリーの話が聞こえる。

*20 これについては、P.Jayakar（1986）に幾らか詳しい記述があり、供養の間での出産は特異であることを指摘している。またマダナパリは、マドラスから北へ150マイル（約240キロメートル）ほどにあり、リシ・ヴァレーの最寄りの町である。

*21 ホームページ上ではここで指示された個所をクリックすると、メアリーの話が聞こえる。

*22 第14号の訳註に記した、コロンブスの航海という譬えを参照。

*23 このときの記録は、ラッチェンスの伝記第二巻の第十章の冒頭に、大きく引用されている。これは『ノートブック』が執筆されはじめた時期でもあるが、Kの長距離の旅行にともなう健康への懸念、オーハイのラージャゴパルとの関係が不穏であることが記されている。

*24 トマトと様々な香辛料で調理したもの。

*25 神智学協会が、自らはその指導下にあると主張した神秘的な団体である。「世界の王」のすぐ下に、ロゴスの三側面マハーチョーハン、ブッダ、マヌ（人類の始祖）がいて、彼らは人類の進化を越えた次元の意識のイニシエーションに到達しており、各々の機能を果たす。その下にマイトレーヤ、さらに下に大師たちがおり、神智学協会は二人の大師の指導下にあるとされている。これについては、第4号と第13号にも言及がある。

*26 第43号の訳註を参照。

*27 第10号の原註を参照。

第36号　1975年6月1日から1975年8月18日まで

序論

この号では、メアリー・ラッチェンス〔リンクス〕の〔執筆したクリシュナジの〕伝記の第一巻が、異なった人々により読まれることと、クリシュナジが送ったあのとてもふしぎな初期の生活に対する彼らのきわめて異なった反応が、見られる。また、クリシュナジがあの初期の生活について、他の人たちとともに、思いを巡らしているのが、見られる。

またこの号には、メアリーのこの時期の大きな日記に入っていた四枚の小さなルーズ・リーフのうち、二枚の転写がある。これら小さな紙は、ふつうメアリーの日記に明白な、注意深い手書きがなされていない。それらは、まるで彼女が、何かクリシュナジが言うことを、ただ書き留めようとしているかのように、急いで書き散らかされている。

メアリー・ジンバリストの回顧録　第36号

メアリー　まあ、私たちは〔日記のうち〕小さな本で、1975年6月1日について、始めます。私は大きな本に何も記録しなかったからです。小さな本からは、報告することが何もない日々の一つだと見えます。

スコット　まあ、ともかくそれを出しておきましょう。

メアリー　「クリシュナジは午前に学校に対して話をした － 静寂と見ることについて、だ。それから私は、〔イングランド北部の都市、〕リーズからの人に話をした － 超越瞑想の種類の人だ。彼に対しては、それはクリシュナジの教えとはいかなる関わりもないことを、告げた。午後6時には職員の会合があった。ディヴィッド・ボームがそこにいた。〔彼の妻〕サラルが出席することが、提案され、了承された。」近づいている科学者たちの会議のためと、推測します。

6月2日に、「寒かった。ロンドンでは、記録がとられて以来、初めて6月に雪が降った。」（スコット、クスクス笑う）「私は午前に手紙を仕上げた。メアリー・リンクス〔ラッチェンス〕と〔その娘〕アマンダ・パラントが昼食に来た。私たちはみんな、よく着込んで散歩した。午前6時30分に職員の会合が始まった。」なぜそうなんでしょうか。（クスクス笑う）「私は、夜にクリシュナジとテレビで『刑事コジャック』を見ていると、かなり眠くなった。パーチュリ博士は私に対して、クリシュナジへのマッサージの仕方を、教えつつある。」（クスクス笑う）あれは何にもならなかった。でも、それが6月2日に起きたことです。

6月3日に、「クリシュナジは学校に対して話をした。彼は再び私に言った －「私は彼らに、思いもよらぬままに教えよう。」と。P〔パーチュリ〕博士は、私にもう一回、クリシュナジにマッサージをするレッスンを、してくれた。私はP博士に、読むため伝記を一冊あげた。」

翌日、「ちょっと暖かくなった。私は午前ずっと手紙をタイプで打っていた。昼食の後、お使いのため、フランシス・マッキャンとキャロル・オールウェルを連れて、〔西方向の〕ウィンチェスターに行った。私は散歩に間に合うよう戻った。」

6月5日、「クリシュナジと私はロンドンに行った。彼は私とともに、ロウ（Rowe's）に来た。そこで私は幾つかズ

ボンを注文しておいたのだった。彼が仮縫いを監督したいと願ったからだ！」（スコット、心より笑う）「彼はそうした。そして彼は、私はそれらをもうちょっと長く切ってもらうべきだと、考える。これは私たちの間で、わずかな対立だった。当然、彼が勝った。」（スコット、さらにクスクス笑う）「彼は、ズボンは裾が折れる[1]べきだと言った。」あなたはきっと、私の言っている意味を知っているよね。

スコット—ええ、正確に知っています。

メアリー—「クリシュナジによると、そのときに初めて、適切だった。」で、それが起きたことです。

スコット—ええ、そのとおり。

メアリー—「私たちはフォートヌムに歩いて行き、メアリーとジョー〔・リンクス夫妻〕とともに昼食をした。ジョーはクリシュナジに、」（クスクス笑う）「〔神智学の〕大師（マスター）たちへの哲学的な信念について、訊ねた。彼は、あのスコットランド人のものについて知りたいと思った。」彼は、マハー・チョーハン（the Maha Chohan）[2]のことを言ったんです！（二人とも心より笑う）明らかにスコットランドの名前ね！（二人ともさらに笑う）「クリシュナジはそうは言わないが、彼が〔秘教のヒエラルキーの〕彼らの存在を信頼していると考えないで、彼に聞くことは難しい。クリシュナジは、歯医者のトンプソン氏のところに行った。その間、私はネルソンズで治療薬を取ってきた。私たちは午後4時20分の帰りの列車に乗った。今日は、〔ヨーロッパ経済共同体の〕共通市場に留まることについてイギリスで行われた最初の国民投票だ。重い投票であると言われている。結果は明日、計算されるだろう。科学者たちが、クリシュナジとの第二回の討論会のために、ブロックウッドに到着しつつある。」

6月6日、金曜日、「クリシュナジと科学者たちは、集会室で会合した。ウィルキンズ（Wilkins）、ボーム、シャインバーグ（Shainberg）、ウルマン（Ullman）、グッドウィン（Goodwin）、バット（Butt）、ピート（Peet）、モンロー（Monroe）と、パーチュリ、〔学校側の〕ハーシュ（Harsh）とゾルスキ（Zorski）だ。ハーシュとジョー・ゾルスキが選んだ学生たちが、オブザーバーとして来た。午後には同じ会合が継続した。今回は何の文書も読まれなかった。彼らはまっすぐ議論に入った。」

7日に、「午前と午後にさらに科学会議があった。午後に遅く、私たちは散歩をした。暑くすてきな一日だった。職員の会合があった。」

翌日、科学者会議について、「〔科学哲学の〕ジュリアン・メルザック博士（Dr.Julian Melzack）とその妻、〔代替医療の〕エリザベス・フェリス（Dr.Elisabeth Ferris）博士が、グループに加わった。もう一度、メルザックがすべてを遅くした。〔ロンドンの事務弁護士〕マイケル・ルービンシュタインが、オブザーバーとして来た。」私はメルザック氏を憶えています。彼は、何か論理学と関わりがあったと思いますが、私が思い出せるかぎり、何度も何度も会合を崩壊させました。彼は難しかった。

6月9日に、「科学者会議は午後に終結した。クリシュナジは、フェリス博士に私的な面談を行った。」－それはメルザック夫人です－「彼女とメルザックは加わるのが遅かったという理由のためだ。彼女の父親が癌で絶望的な重体だ。彼らはそれを知ったばかりだった。それで、彼はごく親切に彼女に話をした。」

10日に、「クリシュナジは一日中休んだ。クリシュナジは散歩の後、再び枯れ草熱を起こした。パーチュリ博士は、彼にアクタドを与えた。先に彼はラクト何とかをもらっていたが、それは、ありうるミルク・アレルギーに働くものである。パーチュリは、クリシュナジは子ども時代からそれを持っていたかもしれない、と考える。同種療法（ホメオパシー）でこのアレルギーを治療することにより、彼の枯れ草熱に影響することを、パーチュリは望んでいる。」残念ながら、それは効かなかったです。

スコット—知っています。

メアリー—さて、11日には、〔日記のうち〕小さな本に戻ります。「またも暖かい一日だった。何も起こらなかった。クリシュナジはベッドに留まった。」彼は翌日もそこに留まりました。

13日に、私の日記はこう言います－「クリシュナジは午前ずっとベッド。私は、お使いで〔西方向の〕ウィンチェスターに行く前に、入って行った。クリシュナジは、「私はベートーヴェンの第九交響曲をかけていた。あの声高な部分、あのデーモン的なエネルギーの部分。本を読むのではなく、このようにここに横たわり、…」と言った。彼は、両脚を直角にわずかに曲げて、仰向けになっていた。「…私は、まるで死が来たかのような、この奇妙な気持ちを感じた。あらゆるものが、小さな穴を通り抜けようとしていた。私は、それが起きてはならないと悟った。それで、元に戻った。私は二日間、それを少し感じてきた。まるで、死がそのようであるかのように。」と。」

「私－「そんなに近かった？」」

「クリシュナジ－「そのように、この小さな穴を通って。」」

「私－「それは、あなたの頭に一定のことが起きるときとは、違っていましたか。」」

「クリシュナジ－「そうかもしれない。」」

「私－「どうしてあなたは、それが起こるべきではないと悟りましたか。」」

「クリシュナジ－「ああ、そうだね、私はあのスーツを試してみなくてはいけないしね。」笑う。」（メアリーとスコット、笑う）

スコット—〔仕立屋の〕ハンツマンがその日を救った！（笑う）

メアリー—ええ。「それからクリシュナジは言った－「私は、〔故〕サチャ〔・マンツィアーリ〕が仮縫いをしたが、彼はそれを終了させないうちに亡くなったのを、憶えている。それは起きてはならない。あなたは今、ウィンチェスターに行かなければならないが、気をつけて運転しなさい。なぜなら、私は生きなくてはならないから。」と。パーチュリ博士は今朝、クリシュナジに、同種療法（ホメオパシー）のラクト何とかの二回目の投薬を行った。そして、クリシュナジが疲れを感じるのは、それへの反応だと言った。朝食の後、クリシュナジは、「私は疲れた。私は老いつつあるにちがいない。もちろん私は老いている。でも、疲れを感じるんだ。」と言った。私はこれらをもってウィンチェスターに出かけた。一日は、実際には明るかったが、まるで光がそこから抜けてしまったかのように、あの奇妙な形で灰色になっていた。私は揺すぶられた。まだだ。彼はあまりに多くのなすべきことがある。彼は誰よりも活きている。」

14日に、「クリシュナジは午後に、ディヴィッド・ボームとテープ録りの対話を行った－動物のエネルギーにつ

いて、だ。思考のエネルギーと、思考の外側のエネルギーは、同じなのか。それとも、外側のものは全的に異なっているのか。クリシュナジは最終的に、それらが全的に異なっていることが、見えてきた。〔地元〕ブラムディーン(Bramdean)の隣人たちのために、ブロックウッドの園遊会があった。」

15日に、「クリシュナジは午前に、学校に対して話をした。私は、言語的、表面的な水準でものごとが見えることについて、訊ねた。なぜさらに深く行かないのか。「見なければならない。」と彼は言った。午後4時にクリシュナジは、職員の会合に来た。そして、尊敬の主題を強く照らした－その意味と、それをどのようにもたらすのか、だ。」

16日に、「午前6時30分に学校の会合があった。」なぜそんなに早く行ったんでしょうか。まあ、ともあれ、「私たちは昨日、会合の学生たちに、尊敬について語った。相当に良い議論があった。クリシュナジは、フランシス・マッキャンの要請で、キャロル・オールウェルに〔個人〕面談を行った。クリシュナジは、枯れ草熱を回避するために、散歩に行かなかった。雨が降った。私はウィスパーと散歩をした。」

17日、「クリシュナジは、「共産主義の忍び」を見るために歩いて行ったが、再び中に留まった－校庭の手洗い所を隠すために植えられたロシアのツタだ。彼はあまり良く眠っていない。」私たちは、公開講話の間、ここにいるキャンプの人たちのために、校庭に手洗い所を、持っていました。それは、すごく早く成長するツタ、ロシアのツタです。彼はそれを「共産主義のツタ」と呼びました。(笑)それは6月に植えましたが、9月までには手洗い所を隠したものです!

スコット―そう、これらは重要ですよね－これらのことが。クリシュナジの小さなユーモアの感覚です。

メアリー―まあ、そういうものです。さあ、分かりますね。

18日に、「私はヴィザのためにロンドンに行った。フランスとスイスのヴィザだ。彼の夕食に間に合うよう戻った。私はまたクリシュナジのために、象に関する本を入手した。」彼は象に関する本をほしがりました。

さて、私たちは19日に差し掛かろうとしています。「クリシュナジは午前に、学校に対して話をした。彼はまだ外に出ようとしていない。パーチュリ博士が午前5時に私の体操を確かめた。午前6時に学校の会合があり、それは午前7時30分まで続いた。」なぜそんな時刻に会合していたんでしょうか。

スコット―誰にも分からないな。

メアリー―ああ、「私たちはラジオで〔ロシアのピアニスト、〕リヒテルのコンサートを聴いた。」

スコット―ふむ。

20日に、「私はクリシュナジとともにロンドンに行った。クリシュナジはハンツマンで仮縫いをし、その間、私はヴァンダ〔・スカラヴェッリ〕のためのカーディガンと、ロブの靴ブラシを買った。私たちはフォートヌムで昼食をした。私は〔スペインのギタリスト、〕セゴヴィアのレコードを二枚買った。それからクリシュナジの歯医者に行き、そこでは、壊れた歯冠が置き換えられた。そこでププル・ジャヤカールが私たちと待ち合わせた。私たちは、〔ロンドン、サウスバンクに近いターミナル、〕ウォータールー〔駅〕から午後4時20分の〔列車〕に乗った。ププルとメアリー・リンクスは、西ウィングに泊まっている。ジョージ・ディグビー(George Digby)の母親が亡くなった。ディグビー夫妻は、明日、財団の会合と出版の会合に来られるのかどうか、定かでない。」

6月21日、「クリシュナジ、ププル・ジャヤカール、メアリー・リンクス、メアリー・カドガン、イアンとジェーン・ハモンド、シビル・ドビンソン(Sybil Dobinson)、ドロシー〔・シモンズ〕、ドリス〔・プラット〕、ディヴィッド・ボームと私との、午前の会合があった。私たちは、インドK財団の出版権について議論した。西洋の出版についての仮合意－一年ごとにインドと西洋の本。ディグビー夫妻が午後の会合に来た。彼らは合意草案に同意した。」

翌日、「クリシュナジは午前に学校に対して話をした。それから午後にディヴィッド・ボームとの対話をテープ録りした。〔クリシュナジの甥ギドゥー・〕ナラヤン(Narayan)とパーチュリ博士はその一部だったが、ほとんど貢献しなかった。それは、実在性への真理の関係について、一番広汎なものだった－クリシュナジが探究したようなものは、何もないように見えた。」

「メアリー・リンクス、〔その娘〕アマンダ・パラント、ププル・ジャヤカールと私は、〔西へ7キロメートルほどの〕ヒントン・アムプナー・ハウス(Hinton Ampner house)の庭園を見に行った。それは、一年に一日、公開されている。すてきだった。」

「近頃、クリシュナジのエネルギーは、驚くほどだ。彼は今日、全部で四時間以上、話をした。」

「ププルは、メアリー・リンクスとともに、ロンドンへ去った。」

翌日は23日です。「パーチュリ博士とフランシス・マッキャンが去った。P博士はインドへ。私は食料品等を求めに〔北西方向の〕アレスフォードに行った。午前6時30分に職員の会議があった。また暖かい一日。クリシュナジはテレビで、ウィンブルドンの〔テニス・トーナメントの〕開幕試合を見た。」

24日に、「〔オーハイの〕エルナ〔・リリフェルト〕から、〔裁判所での〕聴取についての手紙があった－そこでは、ラデイックス研究所(the Radix Institute)のケリー博士(Dr. Kelly)が、丘の上のサルク邸(the Zalk house)に研究所を持つという許可を、得た。ロザリンドとラージャゴパルは、彼らに賛成し、私たちの抗議に反対する証言を、した。また、マーク・リーから、ハッピー・ヴァレー〔学校〕の会合についての手紙も、あった。それで、クリシュナジは文字通り、気分が悪くなった。彼は嘔吐した。後で彼は、彼女の」－これはロザリンドです－「憎しみの説明は、古いものだと、言った。「軽んじられた女の激怒だ。」と。それはラージャゴパルにもまた当てはまる。エルナは、〔関係者に〕流布しつつある物語は、ラージャゴパルはアーカイヴスへの〔私たちの〕訪問の間、自分は私たちに悩まされたと感じるし、〔部下〕オースチン・ビーと自らの妻に見守られなくてはならなかったというものである、と言う。」

「クリシュナジは一日中、内に留まっていた。花粉の数値は高かった。」

6月25日、「暑くて晴れている。私たちは車を洗った。それからクリシュナジは手紙を口述した。昼食の後、私は〔南東方向に、ウエスト・サセックス州チチェスターの〕イースト・ディーン(East Dean)に運転して行き、友人のフライ夫妻とお茶をいただいた。」

翌日のほとんどを、私は自分のデスクで過ごします。「ク

リシュナジは学校に対して話をした。ドロシーとモンターニュは、クリシュナジの〔イギリス〕市民権について、…」誰かに「… 会いに行った。」
スコットー法律家に違いないね。
メアリーーそう思います。ジョージ・ディグビーが電話をしてきて、バインドレー夫人が昨日の朝、病院で亡くなったと、言った。」ふむ。

6月27日、「午前6時30分に、もう一回、職員の会合があった。その後、私は荷造りを始めた。〔選挙違反に問われたインド国民会議派の党首で、インド首相のインデラ・〕ガンディー夫人が、政敵の〔野党議員など〕700人を逮捕した。そして、報道へのきびしい検閲制度をともなう非常事態を、宣言した。」

28日、「私は荷造りを継続する。クリシュナジは、ディヴィッド・ボームともう一回、対話を行った － 今回はより真理について、だ。ディヴィッドは、ちょうど伝記を読んだところで、クリシュナジに対して、彼にとって特定の変化の瞬間があったのかどうかについて、質問した。クリシュナジは、ないと言った。プロセスの物理的な苦しみにより、彼はより敏感になった。彼の弟の死の心理的な苦しみも、そうだった。だが、どちらにも充分に出会うことにより、何の跡も残らなかった。」

翌日、ただ、「荷造り。」と言います。

6月30日、「いつものように午前6時に起きた。私は最後の荷造り、洗濯等をした。キッチンをきれいにし、最後の30秒まで手紙をタイプ打ちし、それから発った。私はIBMのタイプライターを持って行けたらと思う － 私の生活の右腕だ!」(二人ともクスクス笑う)「学校〔の人たち〕はみんな、クリシュナジにさようならを言うために、車用の道に出ていた。私はすばやく後ろの席に入ったが、彼は前に乗り込むのを拒否した!」彼は前の席に座ろうとしませんでした。
スコットーあなたが後ろにいたなら、そうでもないが。
メアリーーそのとおりです。
スコットー知っています。紳士らしくないが。
メアリーー「それで、学生たちが笑った。私は折れた。ドロシーが運転して私たちを送ってくれた。〔北東方向20キロメートル弱の都市〕アルトンを越えて、私は思い出した － 旅行用ジャーに詰めた〔カフカス地方の乳飲料、〕ケフィア〔・ミルク〕が、キッチンのテーブルに載っている!」やれまあ。(二人ともクスクス笑う)「だが、私たちは進みつづけた。」私はそのとき彼のために、ケフィアを作っていました。あのドイツ人夫婦が私たちに、カリフラワーのかけらに見える小さな切れ端を、くれました。
スコットーええ、ええ。
メアリーーそれを作ることは、私の日々の雑用の一つでした。もちろん私はそれを置いておきました。「キャロル・オールウェルがそれを列車で持ってくるだろう。私たちは〔ロンドン中心から西へ32キロメートル、テムズ川沿いの〕ラニーミード(Runnymede)で、車中ですてきなピクニックの昼食をとった。午後2時30分までに〔ロンドン西部の〕ヒースロー〔空港〕に着いた。私たちは、ブリティッシュ・ヨーロッパ航空でパリに飛んだ。〔パリ南部の〕オルリー〔空港〕からタクシーで入ってきて、古い馴染みの場所すべてを、通った － 〔パリ中心部から北西方向へ、〕ポルト・ドルレアン(Port Orlén)、ポルト・デ・サンクルー(Port de St Cloud)等。それらにより、私たちは車の中で自分たち二人の到着を、思い起こした。クリシュナジは、「私たちは〔もはや例年のような長距離を〕運転しようとしていないのが、うれしい。」と言った。そうするときはおもしろかったし、フランスの広い夏の空間を横切るあれら長い運転は、私の愛情に深くある。でも、今日、本当に私たち二人にとって、それらはあまりに多くの努力だ。私はとても気持ちが良いし、多くのエネルギーを持っている。でも、私はかつてより疲れるし、長い運転はあまりにきつい。〔ホテル、〕プラザ・アテネで私たちは、いつもの部屋をとった。今回は〔フランス式の〕二階だ。私は一つのかばんを開いた。それからクリシュナジは散歩をしたいと思った。三週間以上で初めてだ。パリには〔アレルギー源の〕花粉がない。ベンジンの良い臭いだけだ。」(スコット、笑う)「私たちは、マルブフ通り(the Rue Marbeuf)で、彼のひげ剃りをきれいにする液体をもう一度得て、拡大鏡をも得られる場所を、見つけた。それから戻ってきた。それで充分だと、彼は言った。私たちは私の部屋で、サクランボとアンズと桃とともに、夕食をとった。そして、〔フランスの〕ジスカールデスタン大統領が、フランス国民へ夏の休日前に講話を行うのを、聞いた。」(きびしいフランス語の声をまねる)「『フランスは堅固である!(La France est solide!)』と彼は言った。」(笑う)今でも彼の声が聞こえるわ!「この混沌の世界において、誰かがみんなを元気づけ、彼がした主張をするのを聞くのは、驚きだった。」(スコット、笑う。メアリー、論評しながら声に笑いがある)あの晩は憶えているわ!

7月1日、火曜日、パリで、「私は徒歩で二、三のお使いをした。その間、クリシュナジはベッドで休んだ。パリの空気のなか、すべてを香しくするものは、何なのか。〔パン職人の店〕ブーランジェリー、女たちの香水。後者はふつう他の場所では、私は気持ち悪くなった。ここではより穏やかで快い。私は午後12時30分に、階下でナディア・コシアコフに会った。それからクリシュナジが、私たちに加わった。彼女は、マダム・ドゥシェとともに、『智恵の目覚め(The Awakening of Intelligence, L'Éveil de l'Intelligence)』の翻訳の仕事をしてきたし、その出版について膨大な仕事をやったのだった。彼女は私にこれを語りたいと思った。そして、午後にクリシュナジに会うジャーナリストたちについて、情報をくれた。ナディアは老けて見えた。彼女はずっと病気だったし、今や自らの母親が〔レバノンの首都〕ベイルートでの内戦に閉じ込められているのを、心配している。私は彼女に〔クリシュナジの〕伝記を一冊あげた。クリシュナジが現れて、彼女に暖かく配慮し、ブロックウッドに泊まって休むよう彼女を招待した。彼女は昼食をしたくなかったので、立ち去った。マルセル・ボンドノーが、庭園での昼食のため、私たちに加わった － メロン、〔冷製スープ、〕ガズパチョ、タリアテッレ・オ・グラタン、そして、彼にはクレーム・カラメル〔すなわちカスタード・プディング〕、私にはフレーズ・デ・ボワ〔、森いちご〕。」

スコットー私たちはここで、あなたが今触れたばかりの伝記、あなたが前に、ディヴィッド・ボームについて話をする中で触れた伝記は、メアリー〔・リンクス〕の〔全〕三巻のうち第一巻であったことに、触れておくべきです。
メアリーーええ、そのとおり。
スコットーそれは、『目覚めの歳月(The Years of

Awakening）』と呼ばれていました。

メアリー－そのとおりです。まったくそのとおり。「クリシュナジは昼寝をした。それから、ナディアが手配し選んだジャーナリストたちとの会合のために、〔パリの中心地、サンジャルマン・ドゥ・プレ地区の〕ジャコブ通り（Rue Jacob）のマー・デ・マンツィアーリ（Mar de Manziarly）のところに行った。また、『智恵の目覚め（the *L' Éveil de l' Intelligence*）』の出版社、ストック（Stock）の社長と、クリスチャン・デ・ベルティヤ氏という人（a Mr. Christian de Bertillat）と、ストック文庫（Librairie Stock）の理事、アンドレ・ベイ（André Bay）。若めの人、ベルナール・シュヴァリエ（Bernard Chevalier）は、ラジオ番組『フランスの午後（*Après-midi de France*）』をやっているが、彼は最初に来て、クリシュナジとの20分のラジオ・インタビューを求めた。私は先手を打って防衛した。サイエンス・ライターのフランソワ・デ・クロセットという人（a François de Closets）が、質問のほとんどを行った。クリシュナジが会合のため、自らのフランス語を改善しようと『智恵の目覚め』を読んだことが、初めうまく働いた。行きのタクシーで彼は、「私は英語で話をしよう。」と言った。私は、彼がフランス語で始めることを提案した。たとえ間違いをするとしても、それはフランス人に訴えかけるからだ。だが、クリシュナジは疲れを感じはじめたので、フランス語ではいつもより多くの困難を抱え、すぐに話さなかった。私にとっては錯綜した事柄を、彼が英語で説明したとき、私は安堵した。彼は会議の主題について語った － 新しい社会における知識と変容の役割は、何なのか。知識は人を変化させてこなかったから、何がそうさせるのだろうか。思考について多く。彼らがその制限を見ることは、むずかしかった。それからクリシュナジは、「時は終わりがなければならない」こと、そして、そうなるときのもう一つのエネルギー〔という主題〕に、来た。彼はそれらをそのヒントだけに委ねた。」（クスクス笑う）「私たちは、〔西方向へ2, 3百メートル、〕ボーヌ通り（the rue de Beaune）に歩いて行き、タクシーで戻った。」

スコット－このインタビューは録音されましたか。

メアリー－まあ、そうだったにちがいありません。分かりません。憶えていません。

7月2日、「暖かく日の照る一日だった。私たちは、いまエルメスにある〔靴屋の〕ロブに行った。そこでは、ディキンソン氏（Mr.Dickinson）が二足の新しい靴の試し履きを行った。」

スコット－ロブは前にどこにありましたか。そこはいつもエルメスにあると、私は思いました。

メアリー－いいえ。同じ通りにありました。ああ…そうよね。

スコット－〔シャンゼリゼ通りの北側、〕フォーブル・サントノレ〔通り〕（Faubourg St.Honoré）ですか。

メアリー－ええ。自らのビルディングに入っていました。

スコット－ああ。

メアリー－幾年間か、そこにありました。それからエルメスに移りました。

スコット－ふむ、ふむ。

メアリー－「それで、靴は完璧だと宣言された。ディキンソンは、「私たちはもう三、四年、継続できます。その後はおしまいです。」と言った。若い人たちは技術を知らない。これらの靴は靴型つきで、今日496ドルかかるが、履き心地、優秀さのために、クリシュナジにはその値打ちがある。そして、それらは或る面で、消えゆく芸術作品であるからだ。ディキンソンとエリス氏（Mr.Ellis）は、」－ それはそこのもう一人の人です －「階下へクリシュナジに同行した。エルメスは、彼にできあいの〔鹿革製のかかとのない靴〕モカシン一足を見つけようとしたが、それらはすべて大きすぎた。それから私たちは〔オーダーメイドのシャツ店〕シャルヴェに歩いて行った。ウィルモ氏（Mr.Wilmot）は、」－ 彼はそこの人でした －「970フランス・フランの間違った勘定書を、破り捨てた。私たちはちょっとおしゃべりしたが、何も注文しなかった。私たちは、〔有名レストラン、〕トゥール・ダルジャンにタクシーで行った。そこで私たちは、私の弟〔バド〕とその妻、リーザとともに昼食をした。クリシュナジは、ノートルダム寺院に向かって座り、セーヌ川のはしけ生活を見守った。その間、家族の会話が続いた。バドとリーザは、〔カリフォルニアの〕マリブでの五日間を楽しんだように見えた。」二週間前、私がしばらく自宅にいない間に、彼らはそこに泊まりました。「彼らは〔リーザの仕事の〕博物館の用事でここにいて、ニューヨークに戻る。私たちは後で階下に行った。」それは、〔階下の〕フラットにという意味です。「父の死の直後から、私が〔父の暮らしていた〕アパートメントに来たのは初めてだ。」まあ、これらは聞きたくないでしょうね。

スコット－聞きたいですよ。

メアリー－まあ、私の弟〔バド〕は、変更と改善などを行っていました。「クリシュナジと私は二つお使いをした。映画を探したが、どれも訴えかけてこなかった。暑くて疲れた。それで、私たちはホテルに戻り、そこでは二人とも静かであることに満足し、読書をした。それから私は或る友人に電話をした…」それはこれらと何の関わりもないわ。

7月3日、木曜日、「私は電話が通じて、ローマの〔元家政婦〕フィロメナに話すことができた。彼女の膝はより良くなった。天気はより暖かく、彼女は気持ちがましになった。私たちは午前10時に〔ホテル、〕プラザ〔・アテネ〕を発ち、タクシーで〔パリ南部の〕オルリー〔空港〕に行った。西ターミナルにはポーターがいなかった。それで私は、荷物と荷物カートと格闘した。私たちは、〔スイス西部の〕ジュネーヴ行きのスイス航空で飛んだ。〔インドの外交官で友人の〕ナラシンハン（Narasimhan）が空港にハーツ〔社のレンタカー〕、〔西ドイツ、フォードの〕タウヌス・ステーションワゴン（Hertz Taunus station wagon）で、私たちを出迎えた。それに乗り、私たちは彼とともに昼食のため、〔国連事務局のある〕パレ・デ・ナシオン（the Palais des Nations）に行った。彼は、〔インド首相インデラ・〕ガンディー夫人の独裁権力の獲得について、かなり当たり障りのないことを言った。官僚的な顔と顔、灰色の化け物じみた建物 － かなり憂鬱だ。昼食の後、クリシュナジと私は、ステーションワゴンに乗って、街の中央に入り、地下に駐車し、例年の腕時計の調整のため、〔時計店のフィリップ・〕パテクに歩いて行った。それから〔ネクタイ店の〕ジャケへ。そこでは、ネクタイにするために、八つほどりっぱな絹を選んだ。クリシュナジはとても喜んだ。まだ楽しむことが可能な、もう一つの古い優美さと技能だ。私たちは、〔レマン湖の北岸の〕湖岸道路（the Route du Lac）経由で運転し、それから〔レマン湖の北岸の都市〕ローザンヌあたりで、

馴染みの道を〔北東方向に〕上がり、オロン（Oron）、〔フリブール州の街〕ビュル（Bulle）へ、そして〔南から東に〕谷を通った。」
スコット―ふむ、ふむ。
メアリー―「すてきな一日。日射しは暖かいが、暑すぎない。それは、とても多くのことを意味してきてこの生活の歳月に織り込まれた風景を、再び見るという、暖かさ、格別の楽しみ、認識だった。道すがらずっと日が照っていた。私たちは二人とも、色の明るさに感嘆しつづけた。多くの緑。どこよりも青い。花々は燃え上がる。植木箱のゼラニウムは、色の火がついていた。私たちは午後7時すぎに〔グシュタードの〕タンネグ〔山荘〕に着いた。ヴァンダ〔・スカラヴェッリ〕と〔彼女の家政婦〕フォスカがそこにいた。すべてが整理整頓され、準備され、歓迎している。クリシュナジは、自分の余分の部屋に新しいシャワーがついている。キッチンは直されていた。醜いタイル。暗く、これ見よがしで、木造だが、皿洗い機と前よりよい冷蔵庫がある。私たちは夕食をとり、ヴァンダに話をし、荷物を開け、ベッドに入った。」ふむ、ふむ。あれは郷愁を誘いますか。
スコット―ええ、そうです。ええ、そうです。とっても、ね。
メアリー―翌日、7月4日、「私は、ステーションワゴンをクブリ（Kubli）、すなわち〔レンタカーの〕ハーツ〔社〕（Hertz）に持って行き、代わりに小さなプジョー104を受けとった。私は様々な必要性のために村に停まった。昼の残りを落ち着くのに使った。クリシュナジはベッドに留まった。雨が降った。空気がきれいになり、彼の枯れ草熱の症状も納まった。」

7月5日、「私はお使いを終えた。午後にフランシス・マッキャンとキャロル・オールウェルが来た。キャロルは、私が西ウィングのキッチンに忘れたケフィア〔・ミルク〕を、持ってきた。」

6日には、何も起こりませんでした ― 「休んだ。読書した。クリシュナジはベッドに留まった。」

翌日、「クリシュナジは休み続けている。マー・デ・マンツィアーリは、講話のためにここにいるが、昼食に来た。クリシュナジは食事すべてを自室でとるが、彼はマーに「手当」をした。彼女は冬に心臓発作を起こした。クリシュナジは〔山荘から〕歩いて、散髪のため理髪店に降りた。私たちは運転して戻った。マーは、伝記にはあまりに多くのことが入っていると感じる。」

編集者の憶え書

第一巻の伝記と、それを書いたことでのメアリー・L〔ラッチェンス〕への批判は、きわめて記憶すべきことだった。それは程度は減ったが、彼女の後続の二巻と、続く他の著者たちからの伝記すべてに関して、継続してきた。それはこれらの回想録でも継続する。回顧すると、これは不可避に見える。人々は、全く正しくも、クリシュナジの教えをとても愛おしく思っている。そして、彼らは、より賢くなく、クリシュナジについての自分たちの映像やイメージを、同じほど愛おしく思っている。クリシュナジの真実がより広く、より複雑で、より陰影に富んでいた、あるいは彼らのイメージと異なっていたことの証拠は、理解可能なことに、歓迎されない。

8日もまた静かな日です。「シドゥー（Siddoo）姉妹が、クリシュナジにマンゴーを持ってきた。」

翌日は、「二人のシドゥー姉妹、ジャッキー（Jackie）とサルジト（Sarji）が、昼食に来た。〔カナダ、太平洋岸の〕ヴァンクーヴァー島での彼女たちの学校のための、建築家の図面を持ってきた。クリシュナジは大いに興味を持ち、それらを検討した。彼は、建築はカナダの、アメリカのであるべきでなく、ヨーロッパの、日本の等であるべきでなく、全的に新しくあるべきであるということを、繰り返した。」（メアリー、クスクス笑う）それが彼の望んだことです！（スコット、クスクス笑う）「サルジトは、インドから来たばかりで、マンゴーを持ってきたが、二、三日前に〔インド首相、インデラ・〕ガンディー夫人に会っていた。〔非常事態を宣言した〕彼女は完全に〔事態を〕掌握しているし、外的にはすべてが平穏だ。」それはガンディー夫人のことです。「必需食品の価格は下げられた。」

7月10日、「すてきな一日だった。私はフランシスとキャロル・A〔オールウェル〕とともに、〔サーネンのすぐ北の〕ショーンリート（Schonried）の新しいケーブル・カーで、山に登った。私たちは歩いて、そこで昼食をした。南への高い山並み全体が、雪で白かった。山の静けさがあり、時折、頭上のグライダーの落ち着いた音だけだった。キャロルはクリシュナジへの手紙を、私に渡した ― 自らがブロックウッドの病気について、ブロックウッド・パークの職員に宛てて書いた手紙の写しを、同封していた。クリシュナジへの手紙には、彼女は去ろうとしていると言っている。私は、彼女は〔校長〕ドロシーに話をするまで自らの手紙を流布しないように、提案する。クリシュナジはそれを読みたいと思わなかった。彼女は、職員になっている他の人たちへの支援の感情という立場から、批判している、と彼は言う。彼女が変化すべきだ。彼女が学校に違いを起こすべきだ。彼はこれについて、前のように苛立って見える。〔エドガー・〕グラーフが昼食にいた。ヴァンダは〔イタリアの〕バラビーノにきわめて批判的だった。クリシュナジはそれらを聞いた。結果として昼食を、一時間半遅れて食べた。彼が疲れているとき、これらすべての詳細が、彼に投げつけられるべきではない。」
スコット―これらの問題は、いつでもあったんでしょう？
メアリー―ええ。それらはいつもブロックウッドで、起こりそうでした。

7月11日、「テッド〔・カーテー〕とスコット〔・フォーブス〕が、タイプライター等を持ってきた。クリシュナジと私は午後に、〔講話会場の〕テントを見に行った。それから、〔陸路、〕ランド・ローヴァーでちょうど到着したシモンズ夫妻に会った。クリシュナジは、「住宅の異なった雰囲気を感じますか。それは、私が講話しようとしているからです。」と言った。」

翌日、「私がしたのは、お使いと手紙だった。ヴァンダと私だけで昼食をした。クリシュナジと私は短い散歩に行った。」

13日、「完璧な夏の一日だった。クリシュナジは第1回の講話を行った ― エネルギーと、実在と真理の違いについて、だ。〔会場の〕テントは、木の支えなしに、新しいやり方で建てられている。ベンチすべてが地面にある。クリシュナジは南側の演台の上だ。」

「〔プエルトリコの〕イザベル・ビアスコェチェア（Isabel Biascoechea）が昼食に来た。11月の〔彼女の夫〕エンリケの死から、私たちが彼女に会ったのは、初めてだ。午後

に私は昼寝をした。後でクリシュナジと私は、川へ散歩をして、戻った。」

7月14日、「私は目覚めると、片耳の下に腺の腫れを感じた…」ああ、これは私がおたふく風邪に罹ったときだ、と思います！

スコット－やれまあ。

メアリー－「…一日中デスクの仕事。クリシュナジと私は川へ散歩をした。〔オーハイの〕学校のためにイヴリン〔・ブラウ〕が10万ドルの寄付をもらったことについて、エルナ〔・リリフェルト〕から、手紙があった。〔ヴェンチュラ郡の〕法廷は、〔こちら側の弁護士〕コーエン、〔向こう側の弁護士〕クリステンセンと双方の理事たちに対して、7月30日に会合するよう、命令した－ラージャゴパルとヴィゲヴェノ夫妻に関わる地役権、アーカイヴス〔資料保管庫〕と、KアンドR〔財団〕の設立許可書への一定の変更について、残る困難を解消するためだ。クリシュナジは、オーハイ教育センター（Ojai Educational Center）の活動は、彼自身により、加えてディヴィッド・ボームと私により、決定されることを、望んでいる。

編集者の憶え書

これはおもしろいし、メアリーがこれを読み上げたとき、私からもっと多くの疑問が出されるべきだった。私たちは、クリシュナジがメアリーへ特別の信頼を置いていたことを、知っている。だが、同じくディヴィッドを、オーハイの教育センターにとって、決定者としていることは、疑問を招く。ディヴィッドは〔イングランド在住であり、〕オーハイで生活しなかったし、アメリカK財団の理事ではなかった。そして、オーハイで何を営むことについても、どんな役割をも果たすとは、思い描かれていなかった。〔むしろ〕他の人たちがそう思われていた。

7月15日に、「私は目覚めると、〔華氏〕99.6度〔、摂氏37.6度弱〕の熱があった。私の腺はまだ腫れている。クリシュナジは第2回のサーネン講話を行った。私は人々を避けるために、外の領域に座る。私はおたふく風邪に罹っている！」（二人ともクスクス笑う）運良くクリシュナジはそれらに罹ったことがあったので、私は悩みませんでしたが、しばらくの間、〔多くの人が来る場所で、〕私はライ病患者〔のようなもの〕でした。「私は午後に、エルナへの返事に取り組んだ。イザベラ・Bはエンリケの娘とその夫、コロン博士（Dr.Colon）と同夫人をも、連れてきた。後者は一人でクリシュナジに会い、スペイン語圏〔アメリカ〕のK財団の総裁に留まりつづけることに、同意した。クリシュナジが去った後、彼は様々な問題について私に話をした。」

16日に、「〔医師の〕シドゥー姉妹がクリシュナジに、さらにインドのマンゴーを持ってきた。そして、私の腫れをおたふく風邪と診断した。ヴィタミンCを処方した。私の左側も罹患しているが、右側ほど重くはなかった。クリシュナジは学校の建築について、シドゥー姉妹に話をした。他方、メアリー・カドガンと私は別室に入って、〔イギリスK〕財団の事柄を議論した。マダム・スア・アル・ラディ（Madame Suad al Radi）と、G. バラビーノ（G. Barabino）が昼食に。」

7月17日、「クリシュナジはテントで、第3回のものすごい講話を行った。さらに苦しみと愛について、だ－きわめて特別な話。燃え上がるエネルギー。ヴァンダの弟と義理の妹、パッシグリ（Passigli）〔夫妻〕と、ディヴィッド・ボームが昼食に。クリシュナジは、〔オーハイの〕教育センターのための私たちの定住方針と方向について、ディヴィッドに短く話をした。私はお使いで、ヴァンダを村に連れて行った。そして、この夏のタンネグ〔山荘〕の賃貸料の半分を、彼女の預金口座に入金した。晩に私たちはテレビで、ロシアと合衆国の宇宙飛行士のドッキングを、短く見た。〔両国の宇宙船、〕ソユーズとアポロのカプセルが、宇宙空間で結合した。」

18日に、「タンネグ〔山荘〕でクリシュナジとともに、様々な国々の〔K〕委員会の年次会合が、あった。私はシドゥー姉妹に注意してもらった－誰もが住宅に入ってこようとしているが、そこは…

スコット－（笑う）伝染病！

メアリー－…伝染病の住宅だ、と」。ええ。（笑う）「私は誰もから離れていた。」

「〔メキシコのアルフレッド・〕カレス氏（Mr.Calles）は失礼で攻撃的だった。彼は、30分の映画を作るために、〔K〕財団と委員会は、自分に5万ドルを出してほしいと思っている－その映画では、クリシュナジは多かれ少なかれ俳優であり、何も言わず、サウンドトラックが彼について語り、貧困、戦争等のイメージ映像を映し出す。」

「午後にクリシュナジとディヴィッド・ボームが、対話を行った。ドロシー、ヴァンダ、サラル〔・ボーム〕と私が出席した。ジョージ・カーネス（George Carnes）がそれをテープに録った。クリシュナジは再び、昔の日々、神秘について話をした。彼は、何が起きつつあるかを自ら知ることはできようと感じるが、そうしたいとは願わないと言った。」

スコット－ふむ。

メアリー－7月19日、土曜日、「私は左側に、さらに大きなおたふく風邪を感じたが、エネルギーの損失は感じなかった。私は〔メアリー・〕カドガン夫人のところに行った。そこで、K信託財団のメンバー、シモンズ夫妻、ボーム、〔ベルギーの〕ヴァン・デル・ストラテン（van der Straten）、〔インドの〕ラーダー・バーニアー（Radha Burnier）が、〔スペイン語圏の〕カレス、コロン、イザベル・ビアスコェチェア、センドラ（Sendra）、リエスコ（Riesco）に会った。私たちはカレスに、自らが何をしたいのかについて明確にさせた。彼が求める膨大な変化は、ほとんどの他の財団と委員会での課業だと判った－映画上演に来る人たちの郵送者名簿を得て、会報を送り、基金を集めることだ。彼は「必要な道具」について、話をつづけた。これらは明白なことだと判った－本、テープ、映画だ。彼らは、スペイン語の声を使ってクリシュナジの講話のカセット〔・テープ〕を作る権利を、ほしがっているし、たぶんそれを得るだろう。」－これはすべて、スペイン語圏〔アメリカ〕財団（the Fundación）のためです－「私は彼とセンドラに対して、彼らの会合で何が起きるのかについて、質問した。講話があるのか。質問は答えられるのか。彼らはどちらも敬虔だったが、彼らは、自分たちは何も権威を持たないし、解釈しないということを強調する－私はその一つをも信じていない。私はカレスに訊ねた－彼が心に考えている何か他の「道具」があるのかどうか、そして、「拡大した仕事」ということにより、他の何を意味していそうなのかを、だ。彼は何も言わなかった。それで、〔彼の提案する〕映画はおしまいになった。だ

が、私は、クリシュナジが私に対して、指摘するよう語ったということを、言った－すなわち、アメリカK財団が始まって以来、それは財団の主な関心事でありつづけたし、新しい考えではないということを、だ。私たちは常にそういう提案を心に留めているが、〔実際には〕資金を欠いている。学校建設でアメリカK財団が直面する金額に、触れた。最後に時間切れになった。」

「私は昼食のため、ラーダー・バーニアーを、タンネグ〔山荘〕に連れて上がった。ヴァンダもまた、シモネッタ・ディ・セザーロ（Simonetta di Cesaro）とフランシス・マッキャンを呼んでいた。クリシュナジは昼食前に、一人でラーダーと内密の話をし、インドの状況について訊ねた－自分は、10月の前に信用できる助言が必要だ、と言った。〔ガンディー首相により緊急事態が発令された中、〕自分が〔この冬、〕そこに行き、話をすること、自分がするように自由に話をすることは、安全だろうかどうかについて、だ。彼は、アチュットジ（Achyut-ji）を信用するだろう。クリシュナジは自室で食事をしたが、出てきて、私たち他の五人に加わった。彼は、シモネッタとラーダーに対して質問した－〔ラッチェンスによる〕伝記に対する反応、そして特に、「彼」が条件付け等により損なわれないままでいた理由に対する反応について、だ。クリシュナジは様々な代替案を出した－健康に恵まれなかったこと、マラリア〔の感染〕等が、少年を、影響されやすく条件付ける歳月において、あまりにか弱くして保っていたのか。輪廻転生、〔すなわち〕多くの生をとおした進化か。マイトレーヤが、「少年」を後まで、汚染されず、空漠とさせ、できの悪いままに保っていたのか。シモネッタは確固たる声で、自分は輪廻転生を信じている、と言った。ラーダーは、「そうなら、何が輪廻転生するの？」と訊ねた。クリシュナジはそれを取り上げ、次のようにまとめ上げた－自己は思考、記憶、条件付け等である。身体が死ぬとき、強い自我は、利己性の流れの一部分、それの顕現である。その顕現は再び起こるかもしれないが、「なぜそれをクリシュナジと呼ぶのか？」すなわち、特定の一個人、と。顕現するのはその流れである。また遺伝子、社会的条件付け、他のあらゆる種類の要因が、そこにあるかもしれない。〔神智学協会の〕CWLが〔大師の指示で1909年に少年の〕クリシュナジを見つけたとき、彼は〔その少年に〕何の利己性をも見なかった。どうしてそうだったのか。利己性が顕現しうるのなら、非利己性も顕現しうる。だがそのとき、なぜ彼はあのように、損なわれないままに保たれたのか。加護か。誰による保護か。クリシュナジはそのままにしておいた。彼は後で、自分はこれらのことについて、フランシス・マッキャンの前で議論したくないと言った。彼はむしろ、彼女が「はい、そうです！」と批評したことで、不意打ちをくわせた。だが、彼女は別にして、彼はこれらの事柄を追求することに専念して見える－それら初期の歳月を取り巻く神秘を、検討するのが楽しいようだ。彼はまた、「利己性」の流れとか顕現とかの中には、その状態についての気づきが起こりうる、そして、もはや利己性はない、ということをも、言った。真に見るなら、これはいつでも、誰にでも起こりうる、と彼は言った。」

スコット－ふむ。

メアリー－興味深いわねえ。

スコット－ええ、ええ。興味深いです。

メアリー－さて、7月20日、「クリシュナジは第4回のサーネン講話を行った－〔自らが〕何でもないことについて。またも、とても良い。〔チューリッヒのビーチャー・ベンナー診療所の所長、〕リーチティ博士（Dr.Liechty）が彼に挨拶するために、短くタンネグ〔山荘〕に来た。午後にヴァンダは、若いドイツ人物理学者フリッツ・ウィルヘルム博士（Dr.Fritz Wilhelm）を家に迎えた。クリシュナジは彼に、友人のアメリカの映画監督、マラネッリ（Maranelli）とともに、短く会った。私は微熱があった。」

7月21日、「ヴァンダは、ウォルシュ夫人（Mrs.Walsh）に」－それは、階下のフラットを借りた女性でした－「運転してもらい、午前8時30分に〔トゥーン湖南岸の〕シュピーツ（Spiez）に去った。そこで彼女は〔イタリア、〕フローレンス〔フィレンツェ〕への列車に乗る。静かな一日だった。家には誰もいない。」

7月22日、火曜日、「クリシュナジは第5回のサーネン講話を行った。今回は楽しみと喜びについて、だ。彼は昼食の前に眠った。午後4時に彼は、コロン博士（Dr.Colon）とセンドラ（Sendra）に会った。彼は、センドラが南アメリカを回ったときの彼の導師（グル）的振る舞いについて見出すために、彼らを召喚したのだった。私はカセット・レコーダーをオンにして、立ち去った。センドラは、自分は自らの「瞑想」を叙述したのだと、言う。クリシュナジは、「では、あなたは小さな導師（グル）になるね。」と言った。彼らが去ったとき、クリシュナジは一人で散歩をした。その間、私は、〔村で〕彼のために真新しい探偵小説と、彼の髪のためのヒマシ油（カスター・オイル）を幾らか得て、果物と野菜を持った〔ヴァンダの家政婦〕フォスカを連れて上がるために、〔山荘から〕降りて行った。クリシュナジは、戻ったとき、センドラとの会話は疲れると言った。あの男、センドラは正直でない、と彼は言った。」

7月23日、「ラーダー・バーニアーが昼食に来た。クリシュナジは、自らが〔この冬、〕インドに行くのか行かないのかについて、長らく話をした。彼は、自由に話せないのなら、または、自分のために特別に例外が認められるのなら、行かないだろう。彼は、〔非常事態を宣言したインド首相、インデラ・〕ガンディー夫人の「許可でもって」、話をしないだろう。彼は、行くべきかどうかについて、アチュット〔・パトワールダーン〕の助言を頼りにする。ププル〔・ジャヤカール〕とスナンダ〔・パトワールダーン〕はおそらく、それをあまりに軽くまたは直情的に受けとるかもしれない。彼は自らの疑問を、ラーダーに書き留めてもらった。ドロシーとモンターニュ〔・シモンズ〕は、〔下の〕キャンプからタンネグ〔山荘の〕ヴァンダの〔空き〕部屋に移ってきた。」それは階下でした。

スコット－ふむ、ふむ。

メアリー－「クリシュナジは、私に彼ら〔シモンズ夫妻〕へ告げさせた－すなわち、自分は、週に二回、理解しないし気にしない学生たちに、話すつもりはない、ということだ。彼は、職員と、それを特典と扱うであろう真剣な学生たちに、話をするだろう。彼は、〔サーネンでの〕公開講話が終わった後、ここのグシュタード〔滞在中〕のブロックウッドの職員たちとともに、ブロックウッドで議論を行うかもしれない。」

7月24日、「クリシュナジは第6回のサーネン講話を行った－死と権威、そして、利己性の流れについて、だ。時折、雨がテントを打った。晴れた。私は講話の後でラーダー・バーニアーに電話を掛け、彼女を〔山荘での〕昼食に連れてあ

がった。クリシュナジは、インドと、自らが〔この冬そこに〕行くのを妨げるであろうそこの状況について、さらに話をした。彼は、他の人たちが自由に話をできないのなら、自分は話をしないだろうと、言った。私はラーダーを列車に送って行った。彼女は今夜、インドに飛ぶ。スロス夫人（Mrs.Sloss）とデューク夫人（Mrs.Duke）が、」− それは、〔ラージャゴパルとロザリンドの娘〕ラーダー・スロスの義理の母です。すてきな人です −「お茶に来た。クリシュナジは、短く漠然と現れて、散歩に行った。二人が去ったとき、私は丘を上がって、彼に加わった。一人で静寂に歩くことが、現在彼にとって良い。」

7月25日、「メアリー・カドガンが昼食に来た。私は若いドイツ人教師、フリッツ・ウィルヘルムを加えた。クリシュナジは〔講話会場の〕テントで、「真剣だ」と見えると彼に注目した。後で、午後3時30分にクリシュナジとディヴィッド・ボームが、テープ録りの対話を行った。その間、私は留まって聞いた。〔技術者〕イヴ・ズロトニツカ（Yves Zlotnicka）がそれをテープに録った。〔校長〕ドロシーと〔ボームの妻〕サラルが同席していた。」

翌日、「スペインの〔マルティヌー・〕ミラベット氏（Mr. Mirabet）が、クリシュナジに仕事のために、4千ドルの例年の寄付を贈りに来た。ミラベットの死後、クリシュナジに行く資金の一覧表を、彼は私とともに見直した。」彼はとてもすてきなおじいさんでした。毎年彼はクリシュナジに現金を持ってきてくれました。ブロックウッドが創設されて以来ずっと、クリシュナジはそれをブロックウッドに振り向けました。

スコット── ええ、ええ。憶えています。

メアリー──「パスカリン・マレ（Pascaline Mallet）、ボンドノー、エルメンホースト、メアリー・C〔カドガン〕が昼食に来た。後の二人との間で、ドイツの出版に関して、有益な議論があった。」

7月27日、「クリシュナジは、サーネンでの第7回の講話を行った。シモンズ夫妻が昼食にいた。私は午後に眠った。私は時折、解消しない疲労を感じる。クリシュナジは散歩をした。私は少し後で彼に加わった。彼は、納屋まで、二回森を通り抜ける。私は、クリシュナジが私をジャッキー・シドゥー〔博士〕のところへ行かせたということを、言い忘れた − 私の腿の、六週間以上経ってもまだ、しみ出ている潰瘍化したところを、彼女に診てもらうためだ。彼女は、〔抗菌薬〕ゲンチアナ・ヴァイオレットの後、使う〔副腎皮質ホルモンの〕コーチゾン・ネオマイシン・クリームをくれた。」

翌日、「〔家政婦〕フォスカに休みを取らせるために、クリシュナジと私はアンネッケ〔・コーンドルファー〕を連れて、パークホテル（the Park Hotel）での昼食に行った。私たちは彼女に、調停以降のラージャゴパルの物語を幾らか、語った。彼女は呆れていた。アンネッケがロザリンド・ラージャゴパルに対して、ハッピー・ヴァレー〔学校〕を〔元来の創設者〕クリシュナジに返すよう語った手紙の後で、アンネッケは彼女から全く返事をもらっていなかった。この夏の唯一の面談らしきもので、クリシュナジはマダム・クエストー（Madame Questiau）に会った。彼は、「全世界は狂っているのか。」と言うことから、入ってきた。私はそうだと感じた − 私は昨日、臨床上の狂った人に出くわしたが、その人は、タイプライターで打った狂気の三十数ページを、私に手渡した。」

編集者の憶え書

メアリーの日記には、四枚の小さな紙が差し込まれている − それらのうち、三枚は、〔パリでの宿泊先〕プラザ・アテネの小さなメモ帳からである。一枚は、小さなインデックス・カードである。それらは、クリシュナジとの会話からの憶え書だと見えるが、彼女は〔それらの片隅にも〕そう言わないし、彼女は何も引用文に入れない。それでもなお、メアリーがそれらは記録する価値があると感じたように、それらは触れる価値があると思われた。これら小さな紙の二枚は相伴うようであり、7月28日付けになっている。だから、これらのメモ書きの内容は、メアリーの回想録のここに置かれている。

二つの分野 − 善 − 伝統的。＋聖なること。
憎しみ、戦争は存在している。それは存在している。
また、善の分野がある。それもまた存在している。
二つを越えていくもう一つの分野。
人は、自らの能力のほとんどを憎しみに費やす。善には少ない。
どちらにも所属していないエネルギーがある。
これらはどちらも人に所属している。
戦争は雰囲気を創り出してきた。善もまたそうだ。どちらも人の能力にある。これらの中で動くことは、やはり伝統的だ。
もう一つの領域がある − すなわち、私たちが触れられるなら、それは、どちらにも所属していないエネルギーを与えるところだ。
私は、私たちがそれに触れられると信じている ＋ 私たちがそうするとき、それは私たちがしていることを変容させるだろう。私たちがそれへの扉を開けられるとき、それは作動するだろう。それはこれらと同じぐらい実在する。
人が作ったのではないエネルギーがある。
人が作ったやり方 − 誓い、純潔、清貧等により、それは得られない。だが、人は、人の作ったものごとが存在していない領域があるのかどうかを、訊ねてきた。私たちは集団としてそれを判別できるだろうか。
これら二つを、人の作ったもの ＋ 不完全だと認識して、何か全的に完全であるものが、あるのか ＋ 私の精神はそれを捉えられるのか。
･･･そこに奇跡が起こる領域、何か新たなものが存在している領域。
そこからすべての生命が流れだす状態。あらゆるものの始まり。
私たちは、それに来られるのか。さもなければ、私たちはこの（伝統的な）分野を辿っている。それに来ることは私の責任だ。
私はそこに自らの根を持たないだろう。私は根を持たないかもしれない ＋ ゆえに、天空の広さに開いているのかもしれない。

メアリーが用いた速記を幾らか知っていても、メアリーのメモ書きの残りは、私が絶対的自信をもって転写するには、あまりに難しすぎる。結果的にメモ書きの残りは、各読者がそれを読むのを試みるために、スキャンされる。彼女の

メモ書きが言っていることに対する私の推測は、次の編集者の憶え書に出ている。

[手書きメモ:]
Story of young Krios translated what would come
is not a person. it is not a person.
Can if be that so y an sleep - if were sacred they?
If y feel resp. y have done it

approved from a tel. def dimension

編集者の憶え書

若いときのクリシュナジの物語。神智学は、彼に来るものを人格と解釈した。それは人格ではない。
あなたは、最も神聖なものに責任能力があるように、そうでありうるのか。
責任能力を感じるなら、あなたはそれを行ったのだ。
全然異なった次元に見えた。

7月29日、「私はグシュタードで8時45分の列車に乗った。サーネンでイザベラ・ビアスコェチェア（Isabelle Biascoechea）が加わり、〔レマン湖の南西の端、〕ジュネーヴのナショナル・シティ銀行（the National City Bank）へ彼女に同行した。〔彼女の亡き夫〕エンリケは、彼女の名前で2万5千ユーロ・ドルの投資を、預けておいた。彼女は生涯そこから収入を得る。クリシュナジはその代行権限を持っていて、彼女の死去によりそれは彼のものになる。彼女は、私に同様の権限を持っていてほしいと望んでいて、それが今日、履行された。クリシュナジが亡くなるなら、それは彼の仕事に行く。このようにしてイザベラは、エンリケなしでそれをよりたやすく取り扱うすべを、見つける。彼女は、それについて〔娘とその夫〕コロン夫妻（the Colons）に知られたくない。だから、彼女は私に一緒に来るよう頼んだ。彼女はほとんど理解しない。私は、彼女がそれを片づけるのを、手伝うことができた。私たちは、カフェ・オ・クァイ（the Café Au Quai）ですばやく昼食をし、列車で戻った。」

結局、それがどうなったのかは、ここ〔日記〕にはないでしょう － あるとは思いませんが、それは、彼女が病気になって、そのお金が必要だった。それで、クリシュナジはそのすべてを彼女に返した、ということでした。

スコット － ふむ、ふむ。

メアリー － クリシュナジの仕事は、そこから何も得ませんでした。「私たちが列車で戻ってくると、〔レマン湖の〕大噴水（Jet d'Eau）はとても高い羽毛だった。私は、クリシュナジと分かち合ったこれら親しみ深い場所とものごとに、愛情を持っている。」

「彼は一日中休んでいたが、散歩に行った。夕食の後、彼が入ってきた。そして、とても真剣に話をした － ここサーネンで彼が、ブロックウッドについて示してきた一種の苛立ちをもって、だ。「なぜ私はそこに行き、これら頭の空っぽな学生たちに話をすべきなのか。それが何の役に立つのか。そこは二流、三流の学校になろうとしている。あなたは理事だが、それをどうしようとしているのか。それは私の仕事ではない。」私は、彼が変化させてこなかったことを、どうして私ができるのかを、訊ねた。「見出しなさい。」と彼は言った。」

スコット － （クスクス笑う）慰められるね！

メアリー － 「彼は〔校長〕ドロシー・シモンズに批判的だった －「私はそこで何をしているのか。三年の後、一人の〔理解した〕学生もいない。」私は、諸学校について自分が楽観的だったことはないということを、言った。彼は、諸学校〔の設立〕は正しかった、と言う。それから言った －「私は何をするのだろうか。私は二度とインドに行かないかもしれない。私はブロックウッドが好きだ。そこはすてきな場所だ。だが、私は、気づかない学生たち、すなわちそれがどういうことなのかを知らない者たちに、話をしないだろう。私はそこに〔これまでのように〕三ヶ月、留まらないだろう。それはあなたの責任だ。私が去ったなら、あなたは何をするのだろうか。この午後、私は去ってしまうように感じた。あなたが客観的でないならば、私はあなたに話をできない。」と。私は、ここにいる他の二人の理事、ドロシー〔・シモンズ〕とディヴィッド〔・ボーム〕に電話して、彼らに話をしよう、と言った。「創造性がない。」と彼は言った。それから、私の脚について訊ねることで、主題を変えようとした。私はこれについて、穏やかによく考えてみるべきだ。」（スコット、クスクス笑う）私の教示です。

「私は、クリシュナジの言ったことを考えて、夜に目覚めたままでいつづけた。」

翌朝、「私の脚に手当をするために、入ってきたとき、彼は、明るく変わった気分だった。自分の非難演説を私は乗り越えたのか、と彼は訊ねた。」（クスクス笑う）「朝食で私はドロシーに語った － すなわち、クリシュナジは、ここの三人の理事、彼女とディヴィッドと私に、学生を選ぶ方針、彼らを教えに近づけるように何をすべきかについて、会合してほしいと思っているということを、だ。私は早く〔エドガー・〕グラーフに電話を掛けて、クリシュナジが私に、〔カリフォルニア、〕オーハイのK財団の学校を公表してほしいと願っていること、そして、明日私が質問に答えるために〔講話会場の〕テントにいるだろうということを、言った。私がこれをクリシュナジに告げたとき、彼の顔は明るくなり、喜んだ。彼は、何でもできるようにする表情をしていた。車で彼は、「それで神経質になりませんか。」と訊ねた。私は、それを楽しみに待っているわけではないが、気にしないと言った。先の表情が私のお守りだった。」

「私は到着後すぐに〔会場の〕テントに入った。彼が入って来る前に、聴衆に短く語った。それから回って行って、テントの内側に座った。それで、私は今日、おたふく風邪の隔離を外れている。これは第1回の公開討論会だった。伝記について質問はなかった。クリシュナジは短く話をし、それから主に、一つの質問 － 利己性の流れについて － を取り上げた。「あなたは見えるとき － 自分がその流れであること、それから別に自己がないことが、本当に見えるとき、衝撃が脳細胞に何かをします。そして、人は流れを出ています。」私はマー・デ・マンツィアーリを連れて〔山荘での〕昼食に戻った。マルセル・ボンドノーの不安状態は深まる。クリシュナジは自室で食事をした。マーは私に少し、ラージャゴパルについて訊ねた。私は彼女に、〔オーハイでのKアンドR財団の〕アーカイヴスの不愉快な邂逅、〔オーク・グローヴ周辺での〕土地の地役権について、自分はクリシュナジの原稿を燃やしてしまったと言って、書類の一部を留保していること

等について、語った。マーはまだ〔両陣営の〕中間にいて、〔ラージャゴパル側の〕自らの姉妹〔ミマ・ポーターやヨー〕に近い。私は彼女を連れて丘を降り、或る女性に会った － 私とクリシュナジに長い手紙を書いてきた人だ。私は車に座り、四十五分間ほど彼女に話をした。彼女は精神的に病んでいる。私は、彼女が静かな生活を送り、心理的な助けを得ることを、提案しようとした。彼女はずっと精神分析医にかかってきたが、もはやその余裕がなかった。彼女は、ブロックウッド・パークの司書になること、クリシュナジとともにアフリカのサファリに行くことを、夢想している。私は彼女に、彼女自身の幸福への関心を、感じてもらおうとした。だが、まるで、狂った世界のほうが好まれているかのようだ。私は、果物と野菜をもった〔家政婦〕フォスカを連れて、丘を上がった。もう一人の穏やかに気の狂った女性が、例年のどうしようもない贈り物 － エイヴォンの化粧品類、ひどいパジャマ － をもって、立ち寄った。クリシュナジは、それを開けると肩をすくめて、それらをフォスカに与えた。」（二人ともクスクス笑う）やれまあ。

7月31日に、「クリシュナジは、第2回のサーネン公開討論会を行った。シドゥー姉妹とクリシュナジは、昼食の前に話をした。午後5時に私は〔会場の〕テントに行き、五十人ほどの人たちに対してオーハイの学校について話をした。」

8月1日、「クリシュナジはテントで、第3回の公開対話を行った。名前は…気の狂ったイギリス女性が、」－ ああ、彼女は本当に気が狂っていました －「論争を仕掛けた。クリシュナジは、彼女と議論するのを断った。」彼女は今、落ち着いています。彼女はトレーラー〔ハウス〕で生活していました。彼女は彼宛てにブロックウッドへ手紙を書いてきたものです。彼女は、〔イングランド南部の〕ドーセット（Dorset）かどこか知らないけど、生活していました。今、彼女は〔オーハイの近くの〕ヴェンチュラに生活していて、毎年学校に寄付してくれます。

スコット － ふむ。

メアリー － 彼女は今年、弁護士をとおして、アーカイヴ委員会に寄付してくれました。

8月2日、「クリシュナジはテントで、第4回の対話を行った。とても良い。〔インド外交官で友人の〕ナラシンハンが、或るオランダの娘、シモネッタ・ディ・セザーロとフリッツ・ウィルヘルムとともに、短く昼食に来た。ナラシンハンは、10月初めにインドから戻るとすぐ、クリシュナジに対して、彼が〔この冬、〕そこに行くべきかどうかについて、自らの意見を示すことになっている。夕食の後、クリシュナジはププル〔・ジャヤカール〕への手紙を口述した。私はそれをタイプで打った。ドロシーと私はそれを、〔サーネンのすぐ北の〕ショーンリート（Schonried）のパドマ・マドールカル（Padma Madholkar）に届けに行った。彼女はデリーでそれをププルに渡してくれるだろう。」私は、クリシュナジはそれを郵便によってではなく、誰かをとおして届けたいと思っていたと思います。

8月3日、「クリシュナジは第5回のサーネン対話を行い、今年のそれを完了した。空間の必要性 － すばらしい開示だ。このシリーズ全体は驚くほどだった。私たちともに〔山荘の〕ダイニング・ルームで昼食をとった。ネイサン・シャインバーグ（Nathan Shainberg）夫妻がお茶に来た。私は雨の中、運転して、彼らを宿泊先のホテルに送って行った － 雨で、暑さが少し和らいだ。」それは、〔ニューヨークの精神科医〕ディヴィッド・シャインバーグ〔博士〕の両親です。

スコット － ふむ、ふむ。

メアリー － 8月4日、「〔オーハイの〕エルナ〔・リリフェルト〕から、7月24日に〔双方の弁護士〕コーエンとクリステンセンに会ったことについて、手紙があった。マダム・ドゥシェとマルセル・ボンドノーが昼食に来た。クリシュナジは、マダム・ドゥシェだけに後で話をした。午後3時30分にドロシー〔・シモンズ〕、ディヴィッド〔・ボーム〕と私は、K財団の理事会を開いた － ブロックウッドの学生たちと職員たちの中での、教えへの興味、関心について、だ。後でクリシュナジが加わった。」

8月5日、「私は、アルジナ口座（the Alzina account）のことで、カントナル銀行（the Cantonal Bank）に行った。」それは、クリシュナジに寄付された資金を貯めておく預金口座です。「私たちは、ナディア（Nadia）とニコラス・コシアコフ（Nicolas Kossiakof）を拾いに行き、彼らをパーク・ホテルの静かなバーでの昼食に、連れて行った。クリシュナジと私は、サーネンの靴職人、コーリ氏（Mr. Kohli）のところに。昼寝と散歩。」

8月6日に、「クリシュナジは、ディヴィッド・ボームと、テープ録りの対話を行った。サラル〔・ボーム〕、ドロシー、モンターニュ〔・シモンズ〕、〔映像技術者〕イヴ・ズロトニツカと私が、出席していた。ボーム夫妻とシモンズ夫妻は、昼食に留まった。私はクリシュナジとともに歩いた。私たちが戻るとすぐ、気の狂った女性の一人が、住宅のそばに座っていた。クリシュナジは私に、彼女へ話をするように告げ、私はそうした。夜の10時に彼女は、クリシュナジへの手紙をもって戻ってきた － それは結婚の申し込みだと判った！」（笑う。脇に言う）彼女はその年の狂ったご婦人でした。

スコット － ふむ、ふむ。

メアリー － 私はあの女性にとても多くの時間を費やしました。（笑う）

8月7日、「クリシュナジは手紙を読んで笑った。だが、けしからんし、私は彼女に、そんなに長く話をすべきでなかったと、言った！」（メアリーとスコット、二人とも笑う）彼が私に彼女へ話をさせたのよ。「午後には、滝のようなあられ混じりの嵐。クリシュナジは一日中ベッドに留まっていた。」（二人ともまだ笑っている）やれまあ。

翌日、「私は再び、アルジナ投資資金のことで、カントナル銀行に行った。私は、イングランドに到着直後に送られたグローブス博士からボーム夫妻への手紙を、受けとった。」グローブス博士は、私は忘れてしまいましたが、私たちが〔1976年3月に〕オーハイで科学者たちの会合を開いたとき、グローブス博士は、出席した精神科医の一人でしたが、彼は力（パワー）の帽子を被って来ました…

スコット － ああ、そうです！

メアリー － それには羽毛が付いていました。

スコット － ええ、あなたは前にそれに触れたと思います。

メアリー － …彼は会議をとおしてずっと、それを被っていました。「昼食にビル・バーマイスター（Bill Burmeister）。クリシュナジは午後に散髪をした。私たちは散歩をした。」

翌朝、「午前7時に、今年の狂った女性が、山荘の外側にいた。クリシュナジは、彼女に帰ってもらうために、私を外に送った－私は、毅然と手短に、そうした。雨降り。天気は変わりつつある。スザンヌとヒュヘス・ヴァン・デル・ストラテン、ドリス〔・プラット〕、ドロシーとモンターニュ〔・シモンズ〕が昼食にいた。クリシュナジと私は散歩をした。〔山荘の〕所有者が、…」彼の名は何だったかな。「…午前4時まで階上でパーティーを行った。うるさい。」

スコット－やれまあ。

メアリー－ええ、ひどかったわ。

8月10日は、「とても静かな一日だった。私は、クリシュナジとの散歩まで、午後ずっと眠った。晩にドロシーと私は、サーネン教会でのメニューイン・パーシヴァル・コンサートに行った。」

11日は、「私にとってデスク〔仕事〕だった。ドリス、ドロシーとモンターニュが昼食に。クリシュナジと私は、サーネンの靴職人コーリのところに行った。私のスペース・シューズの靴底を付け替えた。クリシュナジは〔ゴム長靴〕ウェリントンズを一足買った。私たちは戻って、散歩をした。」

12日は、「雨の一日だった。クリシュナジと私はマー・デ・マンツィアーリを、パーク・ホテルでの昼食に連れて行った。午後4時30分に私は、〔ホテル、〕ベル・エアのマルセル・ボンドノーに会いに行った。戻ってきて、クリシュナジと散歩をした。」

8月13日、「エドガー・グラーフとシモンズ夫妻が昼食にいた。クリシュナジは後で一人でグラーフに話をした。私は、キャロル・オールウェルとともに、エグリ山(the Eggli)に登った。彼女はブロックウッドを去ろうとし、〔イタリアの〕フローレンス〔フィレンツェ〕に行こうとしている。私はクリシュナジに対して、私はブロックウッドの〔私物の〕メルセデスを、寄付としてブロックウッドに贈るだろうし、彼らはそれを売却してよい、ということを、言った。クリシュナジはこれをドロシーとモンターニュに告げた。」クリシュナジと私にとって、ブロックウッドの回りでお使いに走るためだけに、そういう大きな高価な車を持っておくことは、あまりのことだと見えたようです。

スコット－（クスクス笑う）いや、完璧です！そうならなかったのは、うれしいな！（二人ともクスクス笑う）

翌日は、「静かな一日だった。私は午前ずっとデスクで仕事をした。クリシュナジは休んだ。ドロシーとモンターニュが昼食に来た。それから彼らは、ランド・ローヴァーに荷物を詰めた。ドリス〔・プラット〕のミニに乗るブロックウッドの或る職員が、クリシュナジの物と私の物を幾らか、引き受けてくれた。私は、クリシュナジに話をするために、ナディア〔・コシアコフ〕を連れて〔山荘に〕上がった。私たちは後で散歩をした。」

15日、「ドロシー、モンターニュとドリスがブロックウッドへ発った。私にとっては、ほぼデスクの仕事で充たされた、静かな一日だった。私は、マルセル・ボンドノーが〔パリへ〕発つ前にクリシュナジに会うために、彼女を連れてきた。暴風雨があった。」

翌日は、本当に何も起こりませんでした。

8月17日、「目覚めて、掛け時計を見ないことは、すてきだ。私は、一日が空っぽで静かであるのを、悟った。クリシュナジは休んで若く見える。私は午前に幾つか手紙を仕上げた。クリシュナジは眠って読書をした。昼食に私は彼に、第6回の講話で言ったことについて、訊ねた－利己性の流れだ。人物が死ぬとき、流れは続いていく、と彼は言う。私は、それは、流れは思考により創り出されたが、流れは人間精神の外側にあり、それに依存していないということを意味しているのかどうかを、訊ねた。彼は、そうだと言っているように見えたが、私は疑問を適正に表していなかった。彼はボームとともにそれに入るだろう。あなたは意識に対して話をできる、と彼は言った。それから不意に彼は、「私はトラに対して話をした。」と言った。」（クスクス笑う）「オーハイの彼の二番目の部屋の壁には、私がピンで留めて掲げた、トラの大きなカラー写真が、ある。」それは、彼が体操をしていた部屋です…

スコット－ふむ、ふむ。

メアリー－…そこで彼はヨーガをしました。「あなたは意識に対して話をできると、私は思う。私はトラの意識に対して話をする－「気をつけなさい。人を避けなさい。分別をもって殺しなさい。」と。」

スコット－（笑う）これらが、彼がトラに語ったことですか。

メアリー－ええ！美しかったわ。私は、〔山荘の〕下の村の店で見ました。体高ほぼ4フィート〔、約120センチメートル〕のトラの、すばらしい大きな驚くべきポスターです。彼はそれにとても喜びました。

スコット－ええ、そうでしょう。

メアリー－「分別をもって殺しなさい！」（笑う）「私たちは午後、各々、探偵小説を読み、眠った。それから散歩に行った。私は、〔ベルギーの〕スザンヌとヒュヘス・ヴァン・デル・ストラテンと〔彼らの娘〕マージョレーヌ(Marjolaine)とともに晩餐をした－後者は、9月に学生としてブロックウッドに来ようとしている。私は、アメリカK財団の事態全般について、最新情報をヒュヘスに知らせた－ラージャゴパルとの状況を含めて、だ。」

「彼らはどちらも〔クリシュナジの〕伝記が気に入った。ヒュヘスは、必然的に、大師たち、イニシエーション等についてのクリシュナジの叙述に興味を感じる、と言った。スザンヌは興味を持っていなかった。彼らと晩を過ごすことは、いつもどおりすてきだ。あの精神に生きている、すてきな健全な人たちだ。」まあ、そのときのことでした。

スコット－ええ。（心から笑う）

メアリー－8月18日、「〔マリブの隣人〕アマンダ〔・ダン〕からダン家の知らせについて、手紙があった。昼食でクリシュナジは私に対して、ヴァン・デル・ストラテン夫妻が伝記について何を言ったのかを、訊ねた。ヒュヘスの疑問は、上の通りだが、必然的に生ずるであろうものだ。私たちはそれについて話を始めた。クリシュナジは、私たちがテーブルに座っての会話の残りをテープ録りするために、私に〔ドイツ製〕ウーヘルのカセット録音機を持ってこさせた。」それはどこにあるのかと思います。

スコット－ええ、それはアーカイヴス一覧表のここに挙げられています。

メアリー－そうなの？

スコット－ふむ、ふむ。

メアリー－よし。「彼は、書物の中での出来事について言った－自分は文字通り記憶を持っていない。その時期の多くで彼の頭脳は空っぽだ。思考の記録はそこにない。または、ただ表面的だ。彼は、「その少年」の記録システムは欠

陥があると、言った。そして彼は、彼の脳細胞には刷り込みがあったのかどうかを、問うた。奇妙な諸現象はあったし、戻って問わなければならない －「少年」が何を経験したのかというよりは、「あの少年」がなぜ条件付けられなかったのかを、だ。彼は、今年自らがインドに行くことに関して、今日、何か同様なことが起きつつあるということを、言った。彼は選択をしようとしていない。〔選択〕それは間違いになるだろう。「起こるだろうことが、正しいだろう。」検討の出発点は、現実の事実として「少年」が損なわれなかったということだ。それから私たちは検討しはじめられる。〔神智学協会での大師のもとでの〕イニシエーション*13の記述について、彼は、どうして「少年」が三日間、〔アディヤールの神智学協会本部の〕その部屋に留まれたのか、分からない。彼は薬物をとっていなかった。奇妙なことが進んでいた。全体が、条件付けられなかった精神、「病気に罹らなかった」精神から、始まる。彼は、残りはすべて軽微だ、と言った － 映画に行くことと、彼が見たこと、夢に見たことを繰り返すことのように、だ。だが、それはとてつもなかったにちがいないが、何の跡も残さなかった。」

「私は、それは彼の精神の奥深くに、かすかな跡を残したにちがいない、と言った。」

「「それは疑わしいな。」とクリシュナジは言った。私は試みてきたが、それは得られない。」と。」

「私は、重要なことは彼は忘れてしまったように見えるが、なお、些細なことは残っている、と言った。彼はその時期の写真の人々を認識する。」

スコット—ふむ、ふむ、ふむ。

メアリー—「私は、抑止的な作用があるのかどうかを、訊ねた － 抑圧ではない。なぜなら、他の人たちとは違って、彼は記憶が作用することなく見るからだ。」

「クリシュナジは、初めから「少年」はけっして条件付けられなかったということを、再び言った。それは誕生からの現象全体だった。そして彼は訊ねた － なぜ彼は権力と金銭に取り囲まれていたとき、それらをほしがらなかったのか。まさに最初から、それのどの一つも見たところ、彼に触れなかった。それに答えるのでなければ、残りは無意味だ、と言った。彼は〔最も親しかった〕自らの弟〔ニトヤ〕の死について語った。彼はそれを思い起こせない。まわりのあらゆるもの － 星の教団、崇拝、ろうそく等 － が、彼を条件付けるよう働いたとき、なぜ彼は条件づけられなかったのか。「それが、私が究明したいと思うことです」。「少年」には何の刷り込みもなかった － 病気、マラリア、十三歳*15まで起きたことのすべて。「いつのときも奇妙な頭」。後に散歩で私たちはもう少し話をした。」

「私は、権力、金銭等に対する彼の関心の欠如は、さほど神秘的ではない、と言った。多くの人々がそれに晒されるが、彼らがそうであるように、それは彼の性に合わなかったのかもしれない。だが、そもそも何の条件付けもないことは、もっと神秘的だ。それは、彼の精神は、経験が他の精神に残すしみが、けっして付かなかったかのようだ。彼はこの直喩に同意した。」

スコット—うーん。私たちはここで終わらなくてはいけないだろう、と思います。〔録音〕テープが切れてしまったからです。

メアリー—ええ、ええ。

原 註

1）ズボンの前の裾が、靴の甲にかすかに載っている。そのため、ズボンの前がまっすぐ降りて行けないので、前のプリーツ〔ひだ〕が曲がる、または「折れる」、ということを意味する、仕立屋〔テイラー〕的な表現。

2）ブラムディーンは、ブロックウッドが存在する小さな村である。そこには、石油をも売るガレージと、パブがある。

3）アチュット・パトワールダーンは、インド独立においてとても活動的な役割を演じたため、そして、インド社会党の創設者として、インドで極めて有名で、尊敬されていた。彼は、長年、クリシュナジを賞讃した人であり、インドK財団の理事であった。

4）〔アニー・ベサント会長の盟友、C.W.〕レッドビーター（Leadbeater）。

5）地元の小さな山。

訳 註

*1 インド人導師マハリシ・マヘシ・ヨギの提唱した、精神の安定と作業効率の向上を目指した瞑想。

*2 第35号の訳註を参照。神智学協会の体系では一つの頂点をなすものであるが、インド、チベットの文献に確認できないと言われている。

*3 第28号、1973年8月5日の個所に出るウルフ夫妻である。

*4 au deuxieme; 日本式の数え方では三階に当たる。

*5 トマト、キュウリ、タマネギにオリーブ油、ガーリックなどを入れたスペイン、ポルトガルの料理で、暑い時期に好まれる。ここでは、melon, gazpacho とあるが、第41号では、melon gazpacho と一つの品になっている。

*6 タリアテッレはイタリア北部の細長いリボン状のパスタ。

*7 原文はここから Jiddu-Krishnamurti.net 上の講話書き下ろしへリンクされている。

*8 原文はここから Jiddu-Krishnamurti.net 上の講話書き下ろしへリンクされている。

*9 この土地の経緯については、第19号の訳註を参照。

*10 原文はここから Jiddu-Krishnamurti.net 上の講話書き下ろしへリンクされている。

*11 原文はここから Jiddu-Krishnamurti.net 上の講話書き下ろしへリンクされている。

*12 for Dr.Globus とあるが、文脈より from Dr.Globus と読んだ。

*13 第14号の訳註を参照。

*14 1910年1月に、アディヤールの神智学協会本部で、ベサント夫人の部屋にレッドビーターとともに特別に籠もり、二人は夜は身体から抜け出して、ヒマラヤの彼方の大師を訪ね、そこで第一のイニシエーションを受けたとされている。

*15 1909年の神智学協会のレッドビーターによる発見までを言うようである。その場合、Kは1895年生まれであるから、14歳ということになる。

第37号　1975年8月19日から1975年9月30日まで

序　論

その日（1996年11月10日）、一時間の対談のための時間しかなかったので、これは短い号である。にもかかわらず、さらにもう一つ、クリシュナジの存在の秘教的またはふしぎな様相が、メアリーにより議論されるので、すっかり充実して見える。

メアリー・ジンバリストの回顧録　第37号

メアリー—まあ、私たちは1975年8月19日、火曜日について始めます。私たちは〔スイスの〕グシュタードにいます。「クリシュナジは、ププル〔・ジャヤカル〕への手紙を口述した — 〔インデラ・ガンディー首相による非常事態宣言下の〕インドの現在の政治的風土は別にして、自らがその冬、そこに行くことを問うた。それは、どんな目的のためか、または、どんな価値があるのか。彼は同じ身体組織を持ち、今や80〔歳〕を越えている。彼は次の10年か15年をどう最善に過ごすのかについて、考慮すべきだ。なぜこれらの歳月にインドで誰一人として、教えを生きることに全的に関与し、専念してこなかったのか、彼は自らが訊ねる権利を持っているし、訊ねるべきだと、言った。彼は、自ら、そしてインドの人たちとアメリカとイングランドの人たちは、彼が余生を教えのためにどのように最も有益に過ごせるのかを、考慮しなければならない、と言った。彼はまた、彼らはメアリー〔・リンクス（ラッチェンス）によるKの伝記〕の本を読んだのかどうかを、訊ねた。彼女は、インドの彼らの幾人へも本を贈ったが、メアリーは今朝の手紙で、謝辞や批評を一言も聞いていないと言った。」

スコット—メアリー・リンクスは聞いていなかった？

メアリー—ええ。「メアリーは、6月にププル〔・ジャヤカル〕に一冊を贈ったが、彼女から何の言葉も受けとっていなかった。シヴァ・ラオ（Shiva Rao）だけが手紙を書いてきた。クリシュナジは、これがインド的であると言う — 彼らは感謝しない。彼らは、当たり前だと思い、優越感を持っている。ププルは、リリフェルト夫妻とブロックウッドの人たちを中流だと見下している。マーダヴァチャリは、非インド人すべてを見下していた。クリシュナジは、シヴァ・ラオはププルとその仲間により信用されていないと言った — 〔インデラ・ガンディー首相に近い〕彼らは、〔ジャーナリストでもあった〕ラオをアメリカのスパイだと思っている、と。」（二人とも笑う）

スコット—まあ、CIAもかなり落ちたものですが、…（クスクス笑う）

メアリー—「彼女と他の人たちは、彼の前でけっして政治的な質問に答えようとしなかった。ププルは、自宅でクリシュナジと晩餐をするために、〔インド首相で親友の〕ガンディー夫人を招いたとき、キティとシヴァ・ラオ〔夫妻〕をけっして入れなかった。クリシュナジは、これらに対してかなり厳しい気持ちだった。クリシュナジは、〔パリに本部を置く英字紙〕『ヘラルド・トリビューン紙』より私に読みきかせた — インドは、『ニューヨーク・タイムズ紙』のインド特派員が自己検閲をしないために、そのテレックスと電話を切ってしまったこと、そして、11月にインドで開かれるはずの織物会議に、イスラエルのメンバーの参加を拒否したということ、だ。他のメンバーたちは、それをインドで開くことを勧告した。クリシュナジは激烈に言った — 『私は政党を始めたいとも思う — 左でなく、右でなく、地球的な政党だ。』彼は、テレビのニュースを見ながら、それを繰り返した。私たちは互いに見つめ合ったが、そのとき彼はより静かに、『とんでもない！』と付け加えた。」（スコット、クスクス笑う）

8月20日に、「灰色の一日だった。ディヴァイン・ライフ協会（the Divine Life Society）のスワミ・ヒドラヤナンダ（Swami Hidrayananda）という名の女性の代理で、クリシュナジに会うことについて、女性が二回電話をかけてきた。一回目、私はお断りの説明をした。彼女は昼食の間にもう一度かけてきた。クリシュナジは、『いいよ。五分間だ。』と言った。彼女はやってきた — 中年のインド人、眼科医で、オレンジの衣、髪がたなびいていた。クリシュナジはほぼ一時間、彼女に会った。彼は後で、自らが彼女にこう語ったと言った — 『あなたは私の言葉を聞くなら、迷ってしまうでしょう。』と。彼女の現在の生活を意味して、だ。」

スコット—ふむ、ふむ。

メアリー—「彼女は疑いはじめていたし、怯えている。ディヴァイン・ライフ協会に加わるために、自らの医師の仕事と、夫と子どもたちを捨ててしまっていた。ひっきりなしに〔古代インドの聖典、バガヴァット・〕ギーター、ヨーガ等を解説する講義の旅に出ている。クリシュナジは彼女の苦境に対して慈悲深かった。私たちは散歩に行った。」

翌日、「メアリー・L〔リンクス〕から手紙があった — 〔ダブリンに本拠を置く〕『アイリッシュ・タイムズ紙（the Irish Times）』に良い書評が出ていた。私たちはまたもや散歩した。」

22日、金曜日、「雨が降った。私は〔スイスに開いていた〕アルジナ〔口座の〕投資のことで、カントナル銀行（the Bank Cantonal）に行った。私はデンマークからノルウェーの国債に切り替え、「教えの信託（the Teaching Trust）」口座の現金残高から少し加えた。国債は9または8.25パーセントの支払いだった。クリシュナジはそれらから、毎年3200ドルの収入を得るだろう。ビル・バーマイスター（Bill Burmeister）が、クリシュナジと私との昼食に来た。それから私たちは、クリシュナジが散髪をするところに行った。その後、私たちは靴のためにサーネンのコーリ氏のところに行った。ナディア・コシアコフがパリから電話をしてきた。マルセル・ボンドノーは〔18日〕月曜の朝にここを発ったのだが、彼女は胆嚢の病気でパリの病院で集中治療を受けている。マー・デ・マンツィアーリも電話をかけてきた。見通しは深刻だ。」

23日に、「クリシュナジは昨夜から胃のむかつきが継続している。彼は一日中ベッドに留まった。雨が降り、かなり寒かった。マルセルの知らせは良くない。彼女は人口透析器に掛けられている。」

24日に、「雨が降った。私は荷造りをした。クリシュナジは気分が良くなりつつあった。私は、明日、荷物のための空き間をとるために、ハーツ〔社のレンタカー〕（Hertz）、〔フランスのプジョー社の〕プジョーを〔西ドイツ・フォード社の小型車〕タウヌスに交換した。私たちは森をとおって、いつもの散歩に行った。私たちが戻るとすぐ、〔パリの〕

ナディア〔・コシアコフ〕が電話をかけてきて、マルセル〔・ボンドノー〕がこの午後、亡くなったと言った。私が訊ねたとき、クリシュナジは、一週間前、彼女との会話の間、自分はそれを予見していなかったと、言った。彼は、「彼女には話が通じなかった。彼女はあまりに神経質だった。」と言った。」彼女は一週間前にグシュタードにいました。彼女は去ったばかりでした。

8月25日、月曜日、「私たちがグシュタードを発ったとき、またも寒く湿った日だった。私たちは〔家政婦〕フォスカにさようならを言った。彼女は水曜日にイタリアへ発つ。〔レマン湖の南西の端、〕ジュネーヴでは暖かかった。私たちは早かったので、停まらずに少しドライヴして回り、空港で〔レンタカーの〕ハーツ〔社〕に車を渡した。スイス航空でロンドンに飛んだ。ドロシーが私たちを出迎えた。イングランドでは、すてきな暖かい日の照る一日だった。ブロックウッドは美しく静かだった。私たち二、三人だけがここにいる。静けさはとほうもない。クリシュナジは、グシュタードがどんなに騒々しくなってしまったのか、そして、ここの私たち自身の部屋、部屋に戻ったのは良いと、言った。」

翌日、「私たちは荷物を開けて、整理整頓をした。私の弟〔バド〕から、長いカセット〔・テープ〕の手紙があり、私たちが最後にパリで彼らに会ってからの自分たち〔家族〕の生活について、報告していた。クリシュナジはあまりよく眠っていなかったが、私たちは午後に散歩をした。とても暖かかった。」

27日、水曜日、「メルセデスは即時に始動した。私は、ガソリンとお使いのために、それを〔南東方向の〕ウェスト・メオン（West Meon）に走らせた。また私たちは午後に散歩をした。」

翌日、「私はウエスト・メオン・モーターズで洗車してもらうために、メルセデスを走らせた。歩いてブロックウッドに戻った。暑い一日だった。午後はとても暖かかったので、クリシュナジ、ドロシー、〔犬の〕ウィスパーと私は、木立（グローヴ）の中だけを歩いた。」

8月29日に、「クリシュナジと私は、ロンドンに行った。私たちはフォートヌムで昼食をした。それから本を買った。クリシュナジは、歯医者のハミシュ・トンプソンに予約をしていて、二つ詰めものをした。私は風邪を引きかけている。」それで、なぜ30日には記入が全くないし、31日には単純に「クリシュナジは職員に講話をした。」と言うだけなのかの説明になるかもしれません。それから、9月の初めの二日間にも、空白の2ページです。

9月3日に私の日記は言います － 「私は鉄道の駅でメアリー・L〔リンクス〕を迎えた。彼女は私たちと昼食をし、私たちは一緒に午後を過ごした。〔オランダの〕アンネッケ・コーンドルファーが到着した。」

4日に、「私は〔東方向の〕ピータースフィールドで、ダヴィニア・ヒューズ夫人という人 (a Mrs.Davinia Hughes) を出迎えて、ブロックウッド・パークを案内した。そして、ドイツのテレビで、ゲオルグ・ステファン・トロラー (George Stefan Troler) によるクリシュナジのテレビ・インタビューの見込みについて、議論した。先にクリシュナジは、〔リシ・ヴァレー校長〕バラスンダラムに対して話をした － インドでの仕事すべてについて、彼に責任があることについて、だ。クリシュナジは、この冬、そこに行くことについて、疑いを持っていた。ラーダー・バーニアー、アチュット〔・パトワールダーン〕から、そして〔インデラ・ガンディー首相の親友〕ププル〔・ジャヤカール〕からさえも、助言は、ことがもっと明らかになるまで待つというものである。〔メアリーの友人〕フレール・カウルズ（Fleur Cowles）が昨日スペインから到着したが、私は彼女に対して、クリシュナジのイギリス市民権を追求することの助言に関して、話した。彼女は、〔イギリス〕内務省に何のつてをも持っていない。彼女は、この選挙区の〔イギリス〕下院議員に助けを求めるという計画に、賛同した。〔建築家の〕イアン・ハモンド（Ian Hammond）とロバート・ウィフェン（Robert Wiffen）が私たちに憂鬱な知らせを伝えた。私たちはハンツ（Hants）に対して…」

スコット ― 請負業者ね。

メアリー ― …ええ。請負業者のハンツに対して、「八千から一万ポンドの割増料金の借りがある。しかし、〔校長〕ドロシーはそれを持っていない。スゥートン（Sweeton）一家が、ちょうど到着した － 父親、母親、三人の息子、一人の妻、幼児、だ。ガレージを建て、部屋部屋を洗いきよめるためだ。彼らは労働すべてを〔奉仕活動として〕寄付してくれるが、私たちは材料の支払いをしなければならない。私はメルセデスを売るよう、ブロックウッドに提案した。後でイアン〔・ハモンド〕がそれを買おうと提案したが、クリシュナジとドロシーは、待って、〔ブロックウッド講話〕集会の後、どうなっているかを見よう、と言った。」

9月5日、「私はほぼデスクで仕事をした。花を据え付けた。〔ブロックウッド〕集会のために人々が到着しつつある。サーネンで迷惑だった気のふれた女性の一人が、自分のヴァンで到着したが、ドロシーは、彼女は泊まれないと言った。夕食時までに〔ブロックウッドの〕邸宅は一杯に混み合っていた。アンネッケ〔・コーンドルファー〕はここにいる。パスカリン・マレ（Pascaline Mallet）、マドリサ・サミュエル（Madrisa Samuel）と、マダム・バンゼ（Madame Banzet） － 彼女は1千ポンドの寄付を持ってきてくれた。また、ジゼル・エルメンホスト（Giselle Elmenhorst）、ディグビー夫妻が、西ウィングにいる。」

翌日、「クリシュナジは、大天幕の中で、第1回のブロックウッド講話を行った － そこは溢れかえっていた。天気は良かった。クリシュナジは訊ねた －「崩壊しつつある世の中において、自由のある生存のために正しい行為は、何なのか。」と。これは、彼とディヴィッド・ボームが、翌春のオーハイ会議の題目として、議論してきた問いだ。クリシュナジは後で大天幕で食事をした。ドロシーは、今日一日、食べ物の販売だけで1千3百ポンドが入った、と言う。午後には、ドイツ語出版委員会の会合があった － ディグビー夫妻、〔メアリー・〕カドガン、エドガー・グラーフ、ジゼル・エルメンホストとフリッツ・ウィルヘルムと、だ。建設的だった。グラーフとウィルヘルムは、〔ドイツの〕ゲオルグ・ステファン・トロラーは優秀なテレビの仕事をすると言い、クリシュナジが彼とインタビューを行うよう促した。」

7日に、「クリシュナジは第2回の講話を行った － 恐れ、楽しみについて、だ。打ちのめされる講話の一つだった。私は、これらの事柄に関してこれまでで最も完全なものであるとの感がした。私たちは〔後で〕テントで食事をした。そこには人々が溢れかえっていた。フランスでのひどい経験の後、クリシュナジに手紙を書いてきた女の子が、到着した。私たちは彼女に部屋をあてがうことができた。彼女

の名前はミカエラ・モーガン（Michaela Morgan）だった。」

8日に、「クリシュナジは、インドの情勢についてバラスンダラムと議論し、リシ・ヴァレーに、そして、インドの仕事の残りすべてにおいて、何か新しいものを創造することは、彼に掛かっていると言った。彼は話をしながら、自らは今年インドに行かないことを決断した。私は、言われることすべてについてメモ書きを取った。夕方に私たちは野原を越えて、新しい道を散歩した。リシ・ヴァレーの元学生、リナ・レディ（Lina Reddy）が、舞踏をした。」あなたはそこにいました。それのどれかを憶えていますか。

スコットー私は、多くのインドの舞踏家を見てきました。むずかしいな・・・（二人とも、クスクス笑う）

メアリーー9月9日、「クリシュナジは、大天幕の中で討論会を行った。雨にもかかわらず、多くの人たちが来た。気づきに関して、だった。アンネッケは、〔メアリー・ラッチェンスによる〕伝記について質問をした。クリシュナジはすばらしい答えを返した。ドロシーは、会合の間、片目に問題を抱えていて、終わりまでにはほとんど見えなかった。彼女は医師のところに行った。クリシュナジは四歳の子ども、エンマ・ジェンキンズ（Emma Jenkins）に手を当てた。」あの小さな女の子を憶えていますか。

スコットーああ、はい、憶えています。

メアリーーピーター・ジェンキンズの娘です。彼女は白血病に罹っています。「ニューヨークのウルフ博士（Dr.Wolf）から手紙。クリシュナジと私はそこで彼に会うだろう。クリシュナジはここを、10月15日に発ちたいと思っている。私たちは再び野原を越えて、新しい道を散歩した。バラスンダラムが私たちとともに来た。」

10日に、「クリシュナジとバラスンダラムは、リシ・ヴァレー等について話をした。私はメモ書きをとった。クリシュナジは明確にインドに行かないこと、そして、10月15日に合衆国に飛ぶであろうことを、決断した。午後に彼は、ミカエラ・モーガンに短い〔個人〕面談を行った。私たちは野原を越えて散歩した。」

翌日、「クリシュナジは大天幕で、第2回の公開討論会を行った。そこでいつもの昼食をとった。私はデスクで仕事をした。それから散歩。」

12日に、「クリシュナジは、インドについてバラスンダラムと3回目の長い議論を行った。また、それらについてププル〔・ジャヤカール〕への手紙を書いた。バラスンダラムは、リシ・ヴァレーと、残りの仕事のために、建設的計画を出している。クリシュナジはそれに賛同して、付け加えた。」

スコットーふむ。その手紙の写しは持っていませんよね。

メアリーーええ。持っているとは思いません。探してみないといけないでしょうが・・・ああ、私は手紙のファイル全部を持っています。

スコットーええ。

メアリーー9月13日、「クリシュナジは大天幕の中で、第3回のブロックウッド講話を行った。私は、オーハイとオーハイの学校に関心を持つ三人の若い女性に話をした。そして同じことについて、一人の若い男性にも。」ハンネン（Hannen）と言うのかな。

9月14日は、「雨降りで寒かった。クリシュナジは第4回のブロックウッド講話を行った。天気にもかかわらず、テントは混雑していた！午後1時に、テレンス・スタンプ（Terrence Stamp）が、ラヴィ・シャンカール（Ravi Shankar）とアッラ・ラカー（Alla Rakha）と一団を連れてきた。みんながテントでクリシュナジとともに昼食をとった。午後3時にラヴィ・シャンカールとアッラ・ラカーが、テントで慈善コンサートを行った。彼は熱狂的に迎えられたが、寒さと雨で聴衆は少ないままだった。最後に夕食時までに、すべて完了した。クリシュナジはエネルギーを注ぎつくした。休みもなく、散歩もなかった。だが、にもかかわらず、とても元気だった。バラスンダラムは、クリシュナジが議論し賛同したことに関するメモ書きすべてを持って、発った。」私はその写しを持っていると思います。本当にそれらを詳しく調べるべきですね。

スコットーそれは見たいなと思います。なぜなら、クリシュナジが教育の計画や学校の組織について何か言っているなら、興味深いだろうからです。

メアリーーまあ、明日、見られますよ。

スコットーええ、いいです。

メアリーー15日、「天気は再び晴れている。スィートン一家がガレージの仕事を始めた。メルセデスは納屋に移る。邸宅はお客たちが空っぽになりはじめた。私は一日中、手紙を扱った。クリシュナジとドロシーと私は、野原を越えて散歩した。」

翌日、「私はクリシュナジのヴィザのことでロンドンに行った。〔友人の〕フレール〔・カウルズ〕が、バークリー（the Berkley）で私とともに昼食をした。私は、プリンス・アーケードでの〔内装業者〕ポール・アンステー（Paul Anstee）の開店に行った。」

次の二日間は、私に関してはただのデスクの仕事で、午後の散歩です。

それから18日に、「私は午前9時に職員の会合に出席した。学生たちが到着しはじめる。〔犬の〕ウィスパーは、散歩中に駆け去った。私たちが探すのをあきらめたとき、邸宅に戻っていた。」（スコット、クスクス笑う）

9月19日に、「クリシュナジと私は、ロンドンへの列車に乗った。彼がハンツマンで仮縫いをしてもらう間、私は彼のヴィザのために合衆国大使館に行った。私は順調に行列をやりすごした。パスポートは郵送されるだろう。メアリー・L〔リンクス〕がハンツマンでクリシュナジに会った。彼らと〔メアリーの娘〕アマンダと私はみんな、フォートヌムで昼食をした。クリシュナジは、午後2時30分に〔歯科医の〕ハミシュ・トンプソンに歯を治してもらった。すべてがすっかり早く進んだ。私たちは、いつもより早い戻りの列車に乗った。夕方には職員会議があった。その間に、私の弟〔バド〕がニューヨークから電話を掛けてきた。彼は、私たちの旅行計画についての私の手紙を、受け取った。」まあ、彼について続きます。そして、私の母についてのことです。うーん、興味深いわ。（スコット、心からクスクス笑う）私はそれを〔ここに〕記録しないことにします！

スコットーええ、ええ。あなたがそうしないのは知っています。でも、それはただ・・・

メアリーー後であなたに語りましょう。

スコットーいいです。

メアリーー「私はそれについてクリシュナジに語った。彼は、「人々は何て人生をムダにしてしまうのか。」と言った！「社会は病んでいる。西洋社会は世界を滅ぼしてしまった！」と。私は、いつどこでましたか、と訊ねた。」（二人ともク

スクス笑う）

「誰もがみな、とても忙しい。学生たちが到着しつつあった。クリシュナジは手紙を口述した。私はデスク、さらにデスクの仕事をした！野原を越えて散歩した。〔犬の〕ウィスパーが再び逃げてしまったが、自分で歩いて戻ってきた。」

21日までには、「すべての学生たちが到着した。〔ベルギーの〕スザンヌとヒュヘスが娘のマージョレーヌを連れてきた。彼女は今年ここで学生だった。彼らは西ウィングで夜を過ごした。クリシュナジ、ドロシーと私は散歩した。クリシュナジの頭は痛んでいた。私は〔イタリア、〕フローレンス〔フィレンツェ〕のヴァンダに話をした。彼女は土曜日にはローマにいるだろう。」

9月22日は、「学校の初日だった。学校の会合が午前9時にあった。二十人ほどの新しい学生を迎えた。私はクリシュナジの出演について、ドイツのテレビのトロラー氏に、そしてまた、BBC〔イギリス放送協会〕のドキュメンタリー部門にも、電話で話をした。私は自分のデスクで仕事をし、洗濯などをした。クリシュナジは再び、ジェンキンズの〔白血病の〕子どもに手を当てた。」

翌日、「クリシュナジは学校に対して話をした。〔イタリアの〕トパジア・アリエッタ（Topazia Alliata）と、〔イングランド南部、ハンプシャー州の州都〕ウィンチェスターからの或る友人が来て、話をし、昼食をした。トパジアは、西ウィングに泊まった。私は、クリシュナジの運転免許証を更新するために、〔西方向の〕ウィンチェスターに行ったが、彼とドロシーと会って散歩に間に合うよう戻った。」

次の二日間、私の日記は、「デスク」と言うだけです。それがすべてです。

9月25日に、「雨が降った。トパジアは、クリシュナジと私とともに、列車でロンドンに行った。クリシュナジは、あまりに急いで朝食を食べたので、胃痛を起こした。彼は服を着るのに行くとき、屈んで歩いていた。彼は、「私は行くことができないかもしれない。」と言ったが、それは過ぎ去り、彼は行った。午前10時45分の〔列車に〕間に合わせなければならないということで、彼は緊張するようだった。たくさん時間はあったが、彼は急いで心配した。休まず話をするトパジアを伴っていたことで、さらにつらいことが保証された。〔ロンドンのターミナル、〕ウォータールー〔駅〕への道のりはみな、イタリアの「委員会」と〔ゲオルギオ・〕バラビーノ（Barabino）についてだった － 彼は、イタリア中のクリシュナジの諸グループを率いるために、誰一人知らない人たちを勝手に任命する。それらのグループで何が起きているのかは、誰も分からない。古風なタイプのレテッリ氏という人（a Mr.Letteri）が委員会にいるが、〔イタリア西北部ピエモンテ州の街〕ビエッラ（Biella）でのバラビーノの会合に出席して、根こそぎ揺すぶられた。その会合でバラビーノは、〔脚を組んだ〕蓮華座で導師のように座り、クリシュナジについて、アイシャドーをしたゲイの男たちのグループに対して講演した。」（二人ともクスクス笑う）「バラビーノはお金を集めるが、委員会とされるものの誰一人として、会計報告書を見ない。または、それについて何も知らない。また、見たところ、責任を持ちたいと思っていない。クリシュナジは、「あなたたちはみな無責任だ。」と言った。そして、これらよりむしろ、何も起きていないほうが好ましいということを、だ。彼は、イタリアでの「会報（the Bulletin）」を停止したいと思う － バラビーノに彼の名を使うことを禁止し、郵送者リストをクラニョリーニ（Cragnolini）に引き渡させたいのだ。」ご存じでしょうが、けっしてそうならなかったわ。郵送者リストは取り戻せませんでした。

スコット──ええ、知っています。（二人ともクスクス笑う）

メアリー──「〔ピエトロ・〕クラニョリーニは、〔イタリアK委員会の〕名目上の会長であり、会合の必要などんな告知等も、彼が送ることになっている。レテッリは彼を手伝うことができる。クラニョリーニの名前が、「会報（the Bulletins）」のすべてにおいて、イタリアの代表として載ることになる。このほとんどについてトパジアは賛成した。だが、それから私たちがラージャゴパルの主題に進むと、トパジアは、彼は法律により訴追されるべきではなかったとの見解を、発言した。クリシュナジと私は二人とも、これらの事態に共通する筋は、法律上とその他での慈善基金等に対する責任であり、そういう基金 － 信託財団の地位等 － に関して、ラージャゴパルとバラビーノのような人たちに、いいかげんな行動させる権利を持つことではないということを、可能なかぎり強く指摘した。誰かが個人的に自らに盗みを働くなら、盗った人にあえて弁明を求めないかもしれない。だが、基金〔すなわち〕他の人たちの寄付金等の理事として、そういう個人的決断は、許容可能でない。私たちはそれらについてすっかり話をした。でも、トパジアは、ヴァンダと同じように、けっしてそれが分からないようだ。彼らは聞かない。自分の見解を表明するだけだ。ラージャゴパルとの諍いで人々は「不幸せ」になる、とトパジアは言う。それに私は吹いてしまった。そして、それで人々が不幸せになるのなら、私はまったく気にも掛けないと言った。私は、クリシュナジに対して何が為されるのかを、気にしている。彼女は彼が困っているのを見たなら、進んで彼を助けないだろうか。「ええ。」と彼女は答えた。まあ、それが、非道にも見出されたことだった、等。私たちはついに〔ロンドンの〕ウォータールー〔駅〕に到着し、彼女をタクシーに乗せた。私たちが別のタクシーに乗りこむとき、クリシュナジは頭の上をドア枠にぶつけた。彼は、ぼうっとしたように座り込み、頭をさすった。それも過ぎ去った。私たちは〔サヴィル・ロウの仕立屋、〕ハンツマンに着いた。そして、彼にとって、その落ち着く雰囲気に。」（二人ともクスクス笑う）

「私たちは雨の中、フォートヌムに歩いた。クリシュナジは、レインコートを着ないほうを選んでいた。私たちはメアリーとジョー〔・リンクス夫妻〕とともに昼食をした。私たちはメアリーに対して、トパジアが言っていたことを語った － すなわち、ヴァンダが、メアリーが伝記の第二巻のためにクリシュナジの手紙類を求めているのを考えて、気が滅入っているということだ。メアリーはこの解釈に気が滅入った。そして、手紙類を求めないとし、だが、クリシュナジの生活の出来事の記録だけはほしいと望んだ。クリシュナジは〔神秘体験において〕、「顔」が変化し、〔子どもの〕声がヴァンダに対して自分を見守ってくれるだろうかと訊ねた時に、触れた。メアリー〔・リンクス〕は、これらのことは集成されて、報告のために取っておかれるし、指定期間の後でのみ公表されるかもしれないと、言った。他方、〔彼女が書こうとしているクリシュナジの伝記の〕第二巻は教えの発展についてになるのかもしれない。」

編集者の憶え書
「顔（"The face"）」と「顔が変化すること（"the face changing"）」は、私が知っていたクリシュナジの最も興味深く秘教的な様相の一つである。メアリーと私はそれについて、少なくとも後の二つの対談で長く議論した。だから、今それについて議論することにより先取りすることに意味はない。けれども、これを目立たせること、そして、メアリーがこれについて先に行った唯一の記述を、読者たちに思い起こさせることは、正しいと思われる － その記述は、1969年12月27日の彼女の日記（第10号）にあった。すなわち、「顔を見ることについては、私は今ではそうするはずだ（'On seeing the face, I should by now.'）」。これが、クリシュナジが何か彼女に言ったことであるということは、私には明らかに見える。

「メアリー〔・リンクス〕は、自らの母親〔レディー・エミリー〕宛のクリシュナジの手紙の中で、自らが検閲、削除した一文について、冗談っぽく語った。彼はオーハイから書いたのだった －「私は〔オーハイの西の、〕サンタ・バーバラに行こうとしています。そこで私は或る億万長者を調理するでしょう。」と。」（二人とも心から笑う）「私たちが驚き、愉快だったことに、クリシュナジは、「ええ。すると彼女は100ドルを出しただけ！」と言った。」（笑う）「それはブリス夫人という人（a Mrs.Bliss）だった。とても多くのことを思い出せない人にしては、」（クスクス笑う）「彼は突然、これを思い出した！」（もっと笑う）「私たちは、リンクス夫妻と別れて、チーズを買うために立ち寄った。どうしようもない雨の中、〔ドラッグ・ストアの〕ジョンベル・アンド・クロイデンへ、タクシーをつかまえることができた。クリシュナジはタクシーに対して、私たちを待ってウォータールー〔駅〕へ連れていってくれるかどうかを、訊ねた。「ああ、いいですよ。」というのが返事だった。クリシュナジは、「私はタクシーに小包を置いていこう。」と言った。運転手は「爆弾じゃないですよね。」と言った。」（笑う）「「いや、〔イングランド産の香りの強い〕スティルトン・チーズだけです。」微笑み。クリシュナジは持ちものを新記録で持って行った。私たちは、〔ターミナルの〕ウォータールー〔駅〕に間に合うよう着いて、空っぽの客車にどさっと座り込んだ。そして、ピータースフィールド〔駅〕へ戻る途中ずっと、パティ・ハースト（Patty Hearst）の逮捕についてすっかり読んだ。〔着いたとき、〕そこでは雨が降り注いでいた。活発な一日の後、彼が暖かいベッドに戻ったとき、私は安堵した。」

編集者の憶え書
これは、イングランドで〔北〕アイルランド分離主義者〔IRA（アイルランド共和国軍）〕による広汎な爆弾事件の時期だった。タクシー運転手の発言は完全に冗談だというわけではなかった。

それで、翌日、26日、「荷造りをした。」と言います。
スコット― 荷造り？
メアリー― ええ。私はローマに行こうとしていました。
スコット― ああ。
メアリー― 「私は体操をした。私たちの朝食を作った。再び〔自分の〕メルセデスのためのガレージの空きについて、〔元地主で地元の〕モートン氏（Mr.Morton）に話をした。クリシュナジは明白にそれを取っておきたいと思い、それをブロックウッドに寄付しようとの私の提案を解除したいと思っている。私はまた、〔旧友の〕フィル・フライ（Phyl Fry）にも話をし、次の木曜日、彼女とのお茶をしに行くよう取り決めた。昨日、クリシュナジはメアリー〔・リンクス〕の手に、メアリーの母親〔レディー・エミリー〕のトルコ石の指輪がはめられたのを、見た。そして、彼女に代わって、それを自分がはめたのを思い出した。彼らは、彼がものを「磁化した」と信じていた。」
スコット― 待ってください。ちょっとこれを解き明かしましょう。クリシュナジは、〔イギリスで養母代わりだった〕エミリー・ラッチェンスの指輪が〔その娘〕メアリーの手にはめられたのを、見た？
メアリー― ええ。
スコット― クリシュナジは、それをエミリー・ラッチェンスに代わって、はめたものだった。なぜなら、…
メアリー― …彼はそれを磁化し…
スコット― …彼女は、クリシュナジがそれを磁化すると信じていたから。いいです。
メアリー― すみません。
スコット― だいじょうぶ。理解できます。ただ記録のためです。それがどうなのか、私はしっかり知っていました。（クスクス笑う）

編集者の憶え書
ものを、特に宝石を「磁化する」このことは、継続して現れるだろう。私の知るところ、私たちは、クリシュナジがそれを説明したものからは、何も持ち合わせていない。他の情報源からの説明 － その幾つかは伝統的である － は、意見の一致を見るには余りに様々であり、私にとっては信頼できないように見える。けれども、私は、機会があったとき、クリシュナジに訊いておきたかったと思うもう一つの主題だ。

メアリー― 「それで、この朝、彼は私の四つの指輪をはめた。」それはこれら四つです（メアリーはそれらをスコットに見せる）。「そして、彼が私に対して、気をつけるように、無事に戻ってくるように語ったとき、彼はそれらを私の指に戻した。私は、それらは本当にお守り、彼の加護であると感じた。ドロシー〔・シモンズ〕とドリス〔・プラット〕は親切にも、私を空港に乗せていくことを主張した。私たちはサンドウィッチのために、〔ロンドン中心から西へ32キロメートル、テムズ川沿いの〕ラニーミード（Runnymede）に車を停めた。私は、〔元家政婦〕フィロメナに会い、彼女のところに泊まるために、ローマ行きのブリティッシュ・エアウェイズ〔の便〕に乗った。午後7時までには、私は彼女の車に乗っていた。彼女は微笑んでいて、いとおしく、変わらなかった。彼女と家族みんなからのすてきな歓迎。私たちは話をし、夕食をとった － そこには、フィオル・ディ・ラッテ（Fior di Latte）が含まれていた。」それは、私の好きなモッツァレラ〔・チーズ〕の種類です。「彼女は、私がそれをどんなに好きかを憶えていた。彼女の肩の関節炎はましだが、今、痛みがある。私たちはマリブについて話をした。まるで、そこでの私たちとの歳月、平和、静けさ、お互いへの尊敬により、彼女は〔ローマの〕自分の家

族と友人たちにとって異邦人になってしまったし、彼らは、彼女の語られない違和感に、憤慨しているかのようだ。」
スコット―ふむ、ふむ。
メアリー―まあ、そのとき私はローマにいましたが、あなたは、それについて聞きたいとは思わないでしょう。
スコット―いや、ぜひ。話してくださってもいいです。
メアリー―まあ、「ヴァンダは、ローマに来ているはずだったし、彼女とともにフィロメナと私は昼食をしようとしていたが、列車のストライキのために、彼女はフローレンス〔フィレンツェの自宅〕にいる。それで私たちは電話で話をした。私は彼女に対して、メアリー・ラッチェンスが、クリシュナジからの彼女の私的な手紙類等を求めていなくて、後世のためにクリシュナジについての事柄の記録だけを求めていることを、告げた。ヴァンダは、自分は「何でもあなたの仰ることをしましょう。」―〔あなたというのは、〕クリシュナジという意味だ ― そして、次の夏、〔スイス、〕グシュタードでそれについて話をしようと、言った。」
　翌日ですが、〔2〕8日、日曜日には、「フィロメナとその息子マリオが運転して、私を空港に送ってくれた。私は発つとき、フィロメナに対して、お互いに来年会おうと言った ― 彼女が春に〔イングランドの〕ブロックウッドがいいのか、おそらく秋にマリブがいいのか、だが。私はブリティッシュ・エア〔の便〕で飛んで、〔ロンドン西部の〕ヒースロー〔空港〕に戻った。ローマでは暖かい晴れの日だったし、イングランドでも同じだった。〔空港で〕かばんを一時間待った後、私は〔ロンドンの西、サリー州の〕ウォキング（Woking）へタクシーに、そこから〔南西方向に〕ピータースフィールドへ列車に乗った。ドリス〔・プラット〕が出迎えてくれた。クリシュナジは今朝、学校に対して、恐れについて話をした。そして、昨日、ディヴィッド・ボームと10回目の対話を行った。私は、クリシュナジが散歩から戻ったとき、夕食をのせたトレイをクリシュナジのために用意するのに間に合うよう、ブロックウッドに戻った。戻ったことはとても気持ちがいい。だが、彼が訊ねたことだが、フィロメナに会いに行ったことは、そのかいがあった。」彼はいつも、「それは、かいがありましたか。」と訊ねました。彼は私が行くのが好きでなかった。
スコット―知っています。
メアリー―29日、月曜日に、「メアリー・L〔リンクス〕[1]が電話を掛けてきた。私は彼女に対して、ヴァンダが進んで、〔クリシュナジの〕伝記の第二巻について何でもするだろうということを、語った。メアリーは、自らの母親〔レディー・エミリー〕のトルコ石の指輪について語った。そして、クリシュナジが先の金曜日、昼食中、それをはめた次の日、指輪は自らと〔夫の〕ジョー〔・リンクス〕の目を眩ませたことについて、議論した。ジョーは、そういうことを想像しないが、自分がそういうことを直に知ったのは、初めてだと言う。私がクリシュナジに告げると、彼は頷いた。彼は、黄金より宝石のほうがよく効くと、言う。彼は私の指輪を求めた ― マリブで銀行に預けているダイヤモンドだ。私は代わりに彼に、スター・サファイアのものを、渡した。彼は午前中、それを自らの細い指にはめたが、彼は、夜通しはめるほうが良いと言った。私は洗濯、家事とデスクの仕事をした。彼と私は〔犬の〕ウィスパーとともに散歩した。いなかはとても美しい。木の葉にある秋の香りは、この風景にいることへのこういう愛の感

覚を、増す。私はここにいることに深く感謝している。午後にクリシュナジは、アルゼンチンからのロスマン氏という人（a Mr.Rothman）に、短く会った。晩に私は、先の土曜日にクリシュナジがディヴィッド・ボームと行った対話、シリーズの10番目のテープを、再生した。ディヴィッドは、〔神秘体験にともなう〕「プロセス」等について訊ねていた。」
スコット―少し立ち止まってもいいですか。なぜなら、これについてよく調べてみることは、価値があると思うからです ― クリシュナジは、メアリー〔・リンクス〕の母親譲りのトルコ石の指輪を、〔自らの指に〕はめた。それから彼女と〔夫の〕ジョーはどちらも ・・・ 彼は、何も秘教的なことに対する傾向とかを持っていない ・・・
メアリー―彼は、自らが経験したのは初めてだと言いました ・・・
スコット― ・・・ ちょっとふつうでないことを経験したのは。
メアリー―ええ、ええ。
スコット― ・・・ なぜなら、それは後で目が眩んだからです。
メアリー―ええ。
スコット―ええ、それは記録しました。でも、私はこれを明確化したいと思うんです。それもまた、ここで記しておく価値があります ― すなわち、私が憶えているところ、クリシュナジがあなたとメアリーとともに、フォートヌムに昼食に行くときはいつも、彼女は自らの指輪を持ってきたし、彼は ・・・
メアリー―毎回ではないが、時折ね。
スコット―まあ、私がそこにいたときは毎回、彼はそれをはめたものです。
メアリー―そうかもね。ええ、そのとき、それは違ったんです。メアリーの孫娘はいちど、何が起きたのかを知らず自発的に、「ああ、磨いたんだね！」と言いました。
スコット―ええ、ええ。
メアリー―これらが、彼が話をしていた指輪です。
スコット―知っています。うーん、よし。
メアリー―9月30日、火曜日、「クリシュナジは、叙述できないふしぎな感じがすると言いながら、入ってきた。後で彼は、午前5時に、「何かふしぎなもの」を感じて、目覚めた、と言った。それから、午前6時30分に起き上がったとき、彼はそれをもっと感じた。「ものすごいエネルギー」が内側に流れている。その一部分は、ププルが署名し、今朝届いた電報の予感「であったかもしれない」― すなわち、〔インドK財団の〕アチュット、スナンダ、バラスンダラムと彼女は、クリシュナジは今年、〔冬のインド巡行を取りやめて、〕カリフォルニアに行くほうがいいだろうということに、「現在の境遇のもとでは」同意すると言うもの、だ。クリシュナジは、彼らの同意がうれしいと言った。彼はどのみち〔カリフォルニアに〕行ってしまっただろうが、人々の思いに反して行かないことを好んでいた。ナンディニ〔・メータ〕からの手紙は、自らが二回夢見たことについて、語っていた ― すなわち、彼女はクリシュナジに対して、「あなたはインドをおしまいになさったのですか？」と訊ねた。彼の答えは「そうだと思う。」だったということだ。」
　「私は十四の手紙を書いた。私たちはすてきな野原を散歩した。霜はまだなかった。夏の葉はまだ、このすてきな土地の樹々と生け垣に、ついている。」
　さて、止める時間です。午後6時を過ぎています。

447

スコット―いいです。では、切り上げましょう。今日は〔録音テープの〕裏面はやらないでおきましょう。

原 註

1）幸いにも、メアリー・リンクスの旧姓と、彼女の作家名（ラッチェンス）は、同じ〔Ｌの〕文字で始まる。読者は、それらが同一人物であることに、注意されたい。

訳 註

*1 Kは自ら伝記の著作を当初、1960年代にシヴァ・ラオに依頼した。シヴァ・ラオは資料を集めたが、病気のために執筆ができなくなった。そこで資料をメアリー・ラッチェンス（リンクス）に譲ったとされている。そのような交友、背景があるため、彼からは返事があったと思われるが、彼以外のインド人たちの冷淡さの背景として、インド人にとってはKの話はインドの問題とも深く関わっているうえ、Kについてもインドの伝統でもあり重要な手段である討論がきわめて重要であったのに、ラッチェンスの伝記はそれらが薄いし、欧米的な価値観での個人の出来事や感想が多すぎるとの思いがあったのかもしれない。
*2 ププルは政府の側で、織物などの手工業振興の事業に携わっていた。この判断のもとには、当時のインドが東西両陣営に与しない非同盟の立場にありながら、合衆国と同盟関係にあるイスラエルに対抗するソヴィエト・ロシアとの強い関係を持っていたことが考えられる。
*3 1936年にスワミ・シヴァナンダ・サラスワティによりインド北部、リシケシに創設されたアシュラムと霊的組織。その後、世界各地に展開された。
*4 原文はここから J.Krishnamurti ON LINE 上の講話書き下ろしへリンクされている。Truth and Actuality Part II Chapter 5 と題されている。
*5 ラッチェンスによる伝記、第二巻、1961年、1962年の個所を参照。1961年7月サーネンでの滞在中の個所には、Kが「去ってしまった」とき、残された者が、「彼が戻ってくるまで、私を放っておかないでください。彼があなたに私に触れさせるのなら、彼はあなたを愛しているにちがいない。彼はこれについてすごくえり好みするからです。彼が戻るまで、誰も私に近づけないでください。」と言った。ヴァンダは何が起きているかを理解できず、驚愕したと伝えている。
*6 原文はここから第10号へリンクされている。
*7 P.Jayakar（1986）第37章「私は突然、顔が見えた」はこの問題を扱っている。p.408には、ププルの質問に答えてKは、神智学協会のクートフミ大師とブッダがいつも自己の心中にあり、そのイメージが長くつきまとった。ベサント夫人とレッドビーターは、「顔」は数多くの生涯を通じて作られ、それはマイトレーヤ菩薩のそれだと言っていたこと。弟ニトヤの死後、ずっと後年、或る朝、突然、とても美しい「顔」が見えたこと。それは長年ともにあり、寝ても、歩いていても、あったこと。それから次第に消え去り、K自身の顔に溶け込んでいったことなどが、語られている。
*8 パトリシア・ハーストは、サンフランシスコの新聞社の社主の娘だったが、1974年2月に左翼テロリストに誘拐された後、自ら同グループに加わって銀行強盗を行った。1975年9月にサンフランシスコで潜伏中に逮捕された。
*9 イタリア産のチーズ。モッツァレラチーズが水牛の乳から作られるのを、乳牛の乳で代用したものである。

第38号　1975年10月1日から1975年12月31日まで

序 論

この号には、自らにとっての臓器移植と輸血について、クリシュナジの見解に関する、興味深い議論がある。また、オーハイでの学校の初期の苦労の幾つか、そして、クリシュナジが自動的に合衆国に入国できるように、彼に〔居住権を認める〕グリーン・カードを得るためにメアリーが働く始まりが、見られる。クリシュナジは毎年、カリフォルニアとニューヨークで数ヶ月を過ごしていた。だが、インドのパスポートをもつ彼が、いつもそうしてきたように旅行者用ヴィザで来ることは、ますます困難になりつつあった。同時に彼は、ビジネス・ヴィザで来る資格がなかった。彼にイギリス市民権を取ろうとする望みは、何にもならなかった。

　これら回想録の注意深い或る読者が、近頃、論評した － すなわち、自分は、これは、歴史上の重要人物について私たちが持っている最初の日々の記録であると、信じている、と。当初の幾らかの調査の後、これは真実であるように思われる。そういう記録が、注意期間の短い私たち世代の読者たちにとって、最も適切であるのかどうかということは、いまだに問題のままである。だが、私たちがそういう記録を持つことができた人々すべてのなかで、それがクリシュナジであるということは、喜ばしい。

メアリー・ジンバリストの回顧録　第38号

メアリー―では、1975年10月1日について始めます。私の日記は言います － 「BBC〔イギリス放送協会〕のマルコム・フューアーステイン氏という人（a Mr. Malcolm Feuerstein）が昼食に来た。彼とクリシュナジと私は、後で話をした。彼らは、テレビで彼に何かをしてほしいと思う － 世界の諸宗教に関する番組の一部分だ。クリシュナジにとって、それはあまりに導師たちに関連している。彼はそう言った。クリシュナジ、ドロシー、〔犬の〕ウィスパーと私は、散歩に行った。そして、キノコと、お茶のためのイラクサを採った。」
スコット―私がここにいたそれら最初の年は、憶えています。野原の数多くのキノコが・・・
メアリー―うーん。
スコット―あなたとドロシーとクリシュナジは、それらをバスケットに何杯も持って帰ってきたものです！
メアリー―ええ、そうでした。
スコット―学校全体にも十分だった！
メアリー―ああ、いいえ。そうでもなかったわ・・・
スコット―いや、そうでしたよ。
メアリー―そんなはずはなかったわ。
スコット―まあ、バスケット三杯ね。
メアリー―本当？
スコット―ええ。キノコがね。憶えていますよ。
メアリー―そんなに多くだったとは思わなかったわ。それらについて私は、かなり神経質だったのを憶えています。なぜなら、小さなフランスの少年の物語のせいね。彼はいたずら好きだったので、（スコット、クスクス笑う）両親は

晩餐でその子にキノコを与えなかった‥‥
スコット―ああ、憶えています。彼は家族を中毒させました。
メアリー―‥‥そして、家族みんなが亡くなった。その小さな少年がひとりぼっちで七つの棺桶につきまとう写真が、ありました。（スコット、笑う）（メアリー、クスクス笑う）それが私の記憶に引っかかっていました。（スコット、まだ笑う）知らないキノコを食べてはいけない。そして、私たちがそれら〔キノコ〕について知っているということが、私ははっきりしなかったんです。
スコット―まあ、完璧にだいじょうぶでした。
メアリー―あなたは生き延びたわ。

翌日、2日、「クリシュナジは学校に対して講話をした。ナディア・コシアコフが訪問して来て、西ウィングに泊まった。私は〔古い友人〕フィル・フライとのお茶に行った。〔夫〕キット〔、クリストファー〕は出かけていたが、私が立ち去る前に戻ってきた。」

3日、「荷造り等。メルセデスは、〔南東方向の〕ウェスト・メオンのガレージで洗車し保管の準備をするために、持って行かれた。」そこは、私たちが〔冬の間、地元の〕モートン〔氏の〕ガレージでの保管のために、準備をしたところでした。その車がどこに保管されるかを、後世の人が気にするということじゃないけど。
スコット―いや、私たちは気にします。重要な車です。
メアリー―さて、そこで、です。「ドロシーと私は、クリシュナジとの散歩に途中まで行った。それから学校の会合のために戻ってきた。」

4日に、「荷造り、片づけ等。午後12時30分にクリシュナジ、ボーム夫妻と私は、オーハイでの〔来年〕春〔3月〕の〔科学者〕会議と、グローブス（Globus）の役割について、議論した。」― それは、〔力（パワー）の〕帽子を被った精神科医でした ― 「午後に、クリシュナジとディヴィッド〔・ボーム〕は、テープ録りの対話を行った ― 英知、智慧と真理についてだ。クリシュナジと私は、木立のまわりを短く散歩（グローヴ）した。クリシュナジは、小さな少女、エンマ・ジェンキンズに両手を当てた ― 彼女は白血病に罹っている。私はベッドに入る前に、あらゆるものを荷造りし、整理整頓等をした。クリシュナジと私は、テレビで『刑事コジャック』を見た。」

で、今、私たちは10月5日に来ます。「クリシュナジは、幾日間も私の指輪の一つをはめていた。彼が到着するまで、私はそれをはめることになっている。輝いている。」（二人ともクスクス笑う）「クリシュナジは後で学校に対して話をしているだろう。私は〔ロンドン西部の〕ヒースロー〔空港〕へタクシーに乗った。学校みんなが、さようならを言うために、車用の道に出ていた。クリシュナジは、階上のキッチンの窓辺にいた。」
スコット―あなたは〔アメリカに〕早く発とうとしていた‥‥
メアリー―早く発とうとしていました。
スコット―‥‥あなたは〔アメリカ東海岸に〕立ち寄って、自分のお母さんに会おうとしていたから？
メアリー―ええ。ここには言います ― 「クリシュナジは部屋着だった。それで降りてこなかった。」
スコット―ええ。
メアリー―で、学校〔の人たち〕は車用の道に降りていて、クリシュナジはそのときのキッチンの窓辺だったところにいました。
スコット―ええ、ええ。
メアリー―思い出せます。いまでも彼が見えます。「私は、インド航空のニューヨーク便に乗った。超過重量の許容の代わりに‥‥」（笑う）ああ、これは、超過重量では何にも払わなくていいだろうと私に保証してくれたときのことだわ。でも、私がそこに着いたとき、誰かぶっきらぼうな若い係員が、あらゆるものに支払わせたの。（スコット、笑う）「彼は私に88ポンドを請求した ― これまでで最悪だ！私たちは発つのが一時間遅れた。ニューヨークでは荷物と税関で、長い待ち時間があった。」まあ、それらについて聞きたくはないでしょう。それは私のことです。ともかく私はそこに着きました。さて、私の時間は飛ばしましょう‥‥
スコット―まあ、読み通してください。前にやったように‥‥
メアリー―よろしい。切りましょう。
（〔録音〕テープは切れる。それから再開する）

メアリー―私たちは今、ニューヨークでの10月15日について始めます。「私は弟〔バド〕のアパートメントに泊まっていたが、そこから、リッツ・タワーのフラットに移った。こちらは〔南北に走る〕パーク・アヴェニューと〔東西に走る〕57番街に面していた。そこは‥‥」
スコット―お父さんのところだった。
メアリー―‥‥〔亡くなった〕父のところでした。
メアリー―ええ。それについては知っています。
メアリー―で、「私は、夕食のために幾らか食べ物を仕入れて、クリシュナジを迎えに空港に行った。彼はTWA〔便〕で来た。定刻だった。多くの乗客が税関から出てきた後、突然彼がそこにいた。私を探してちらちら見、新しいツィードのジャケット、‥‥」
スコット―ふむ、ふむ。
メアリー―うーん。「‥‥フランネルと、メリアスのシャツをつけ、優美さと輝きに満ちていた。彼は優雅さと若さだった。彼は、ヴィザが5月15日まで続くよう求めておいた。一般的に旅行者に認められるのより長く、だ。だから彼は、特別な入国管理官に会わなくてはいけなくて、彼から質問された ― 仮に彼が病気等になったなら、宿泊先の女主人は、」― それは私のことです ―「その期間すべて責任を持つのだろうか、と。」（二人ともクスクス笑う）「彼はニューヨークでどこに泊まろうとしているのだろうか、そして、誰とのか、と。彼はそれらに答えなくてはいけなかった。そして、誰か友人はいるのか、と。」（二人とも心より笑う）
スコット―人々は無知でしたよね。
メアリー―絶対にばかげています。「運良く私は、彼に自分のトラベラーズ・チェックを携えるよう促しておいた。」

編集者の憶え書

メアリーが登場する前、クリシュナジはしばしば、完全にお金を持たず、自分一人で旅行した ― メアリーは正しくも、それに恐怖を覚えた。それで、メアリーは彼に幾らかトラベラーズ・チェック〔旅行者用小切手〕を買い与えた。彼は以降二十年以上にわたって、それを忠実に携えた。彼はけっして換金しなかったが、緊急事態のために幾らか金銭を持っていた。

クリシュナジは本当にけっして金銭を取り扱わなかった。少年のとき、〔神智学協会会長で養母の〕アニー・ベサントは、

彼に携えさせようとしなかった。なぜなら、乞食がクリシュナジに近づいてくるなら、クリシュナジは自らの持っているだけを、その乞食に与えてしまったからだ。これは、何か安全でないことにつながるかもしれないと、感じられた。ラージャゴパルはこれを継続したが、さほど善意の理由のためではなかった。私が初めて、クリシュナジが何かに支払うのを見たときは、ロンドンの彼の理髪店で私が初めて彼に会ったときだった。メアリーは彼に、折りたたんだ10ポンドか5ポンドの紙幣を渡していた。最後に彼がただ理髪師に一枚の紙切れを渡していることは、きわめて明らかだった。彼は折りたたんだのを開かなかったし、見ることさえしなかった。彼はただ自らのポケットに手を入れて、自分の持っている紙切れを理髪師に与えた。そして、そこには理髪師へのチップも含まれている、そして、自分のスーツ・ジャケットをもう一度着る前に、シャツにブラシを掛け、ジャケットにブラシを掛ける人へのチップもだ、と言った。私が以降の訪問でクリシュナジとともに彼の理髪店に行ったとき、理髪師へと他の何でもすべきこと（例えばタクシー、列車等）のお金を、メアリーはいつも私に渡した。

「クリシュナジは、5月15日まで申請する期間を入国管理官に示したとき、見たところ、彼に勝ったようだった。私たちはタクシーに乗り、街に入った。ニューヨークは暑く、〔華氏〕80度〔摂氏 26.7 度弱〕台だ。私たちは、彼に〔医薬部外品でマウス・ウオッシュの〕リステリンのボトル一本を得るために、わずかな散歩に出かけた。そして、健康食品の店に行き、そこで彼は様々なものを選んだ。私たちは早い夕食をとった。彼は早くベッドに入った。彼は今朝、ブロックウッドでとても早く目覚めたし、そこは寒かった。違いは重い負担になっている。私もすごく疲れたと感じる！静けさと秩序をともなった彼から離れた十日間、それから、〔実母の住む東部マサチューセッツ州の〕ヴィニヤード〔島〕・ヘイヴン（Vineyard Haven）での雰囲気、そして、あの生活がそこにあり、消耗させられたさま。そして今、生活は、クリシュナジとともに再び、秩序立ち、平和をもっている。」

16日、木曜日、「〔弟〕バドが私たちに車を貸してくれた。レ・ルイス（Les Lewis）が運転をする。」レ・ルイスは私の弟の友人で、弟のために雑多な仕事をする人でした。「クリシュナジと私は、ウルフ博士（Dr.Wolf）に会うため、〔ニューヨーク市の北側、〕ホワイト・プレインズ（White Plains）に行った。秋の木の葉はまだ樹々についている – 見るのはすばらしい。クリシュナジは、それらを見ながら、感嘆しつづけた。私たちは、コーンフェルド夫人（Mrs. Kornfeld）が推し進める映画の対話の可能性について、話をした。私は、ディヴィッド・ボームがかなり生気なく聞こえているオーディオ・テープを聴いた感想を、報告した。クリシュナジは、彼が〔理論物理学者として〕かなり専門職的に来ているかもしれないことに、同意した。他の誰がそれをできるだろうか。〔精神科医のディヴィッド・〕シャインバーグ（Shainberg）はほんの二回だけで、シリーズ全体ではない。クリシュナジは最後に、〔元秘書のアラン・〕ノーデ（Naudé）が「しゃきっとする」のなら、彼が良いだろうと、考えた。（スコットとメアリー、笑う）彼は能力を持っている。「彼がその人だ。」私は彼に対して、話しすぎるのではなく抑制するよう、言わなければならない。クリシュナジは、いつものように、先へ跳び出したいと思う。私は、下支えすることで – 私たちは現在、誰一人持っていない – 何が展開するかを見、それをエルナ〔・リリフェルト〕と話し合うほうに、傾いている。」

「ウルフ博士とクリシュナジは、医療よりむしろ冥想のほうに逸れていった。」（声に笑い）「ウルフ博士は、或る患者から〔マハリシの教える〕超越冥想の小冊子をもらっていた。クリシュナジは、「投げ捨ててしまいなさい！」と言い、」（二人とも笑う）「…博士に対して、脳細胞における欲望の過程について語った。彼はまた博士に、健康的な呼吸体操を示した。ウルフは、クリシュナジの心臓はとても強い、と言った – 血圧は62から120。心臓の収縮と拡張の間の良い幅だ。彼は、クリシュナジの目の動脈は、30歳のそれだと言った。クリシュナジの心臓は適正な位置にある、と言った – かつてはわずかに中央へ押されていた。クリシュナジは彼に、腹筋の体操と、制御を教えた。博士はクリシュナジに、肝臓、膵臓、前立腺、精囊、視床、毛根のための〔細胞〕移植を行った！トリグリセリド数値は 209 だった。酵素レベルは 2.2 だった。〔血液中の外来のタンパク質を調べる〕アルダーハルデン・テストにより、」– それは何か神秘的なドイツのテストです。私は、それが何なのか、今のところ忘れてしまいましたが、かつては知っていました – 「四月の移植が75パーセント成功を収めていることが、示された。彼はもっと多くタンパク質を摂るべきだ。また、一日 200 ミリグラムの硫酸亜鉛も、だ。私も〔細胞〕移植を受けた。私たちは戻ったとき、疲れを感じて、ニューヨークはもう十分だった。」

「クリシュナジは、私たちが必要なことをすべて済ませて、それから午後と晩はずっと内に留まることを、提案した。それで、私たちは〔弟〕バドとリーザ〔夫妻〕に植物を送り、開いたばかりの最初の女性ナショナル銀行（Woman's National Bank）を訪問した。」（声に笑い）それは階下にありました。女性たちだけで営まれる最初の銀行でした。
スコット――ああ、本当ですか。
メアリー――真実を言うと、それが続いたとは私は思いません。そこは、真下の通りの高さに、パペロン・レストラン（the Papillon Restaurant）の隣にありました。（二人とも笑う）私たちはそこに行きました。小切手を現金化するためだったと思います。何だったかは知りません。ああ、そうだ –「パペロン・レストランの隣で、小切手を現金化するためだ。私は株主であるからだ！」ああ、そのとおりです。私は、リーザの話でそこへ誘われたんです。（スコット、笑う）フェミニズムの宣伝ね。当然、私はお金を失いました。（スコット、さらに笑う）私はそこに 100 ドル払ったと思います。大きな投資ではなかった。ともあれ、「クリシュナジの提案は、私が小切手を現金化する間に、覗いてみることだった。一人の女性がクリシュナジにぶつかった。彼は「すみません。」と言った。「なんであなたが私に対してすまないのよ。」というのが、好戦的な返事だった。」（笑う）彼女もフェミニストです。（スコット、笑う）彼女は、彼が自分に対して礼儀正しいことに気分を害したんです！（二人とも笑う）私はこれらを忘れてしまいました。やれまあ。多くのおかしなことが起きたものです。「私たちは昼食と休みをとり、ニューヨークをおしまいにしたことに安堵を感じた。クリシュナジは、「身体はマリブへ駆けだしている。」と言った。」（二人ともクスクス笑う）

17日に、「私たちは検査の結果と〔細胞〕移植のために、

ウルフ博士のところに戻った。私たちは昼食のためにアパートメントに戻った。私の弟〔バド〕が午後5時30分に立ち寄った。彼とクリシュナジは、世界の状態について議論した － ニューヨーク市も含めて、だ。この都市は、この午後、自らの公債に対する債務不履行まで30分を切ったが、教職員組合年金基金が1億5千万ドルかそこらの支援市債を買うことにより、救われた！」これが彼らの話したことです！信じられないわ。（笑う）「バドは立ち去った。クリシュナジと私は夕食をとり、早くベッドに入った。私は疲れを感じる。」（さらに笑う）弟は一体全体クリシュナジにそれらを説明して、何をしていたんでしょうか？！彼は聞きましたものねえ。

スコットーええ。彼は完全に礼儀正しく聞いたでしょう…

メアリー－彼は何でも聞いたものでした！

スコット－ああ、そうです！（笑う）

メアリー－彼はそれが何を意味するかを知っていたとは、思わないわ。でも、その都市が破産しそうになっていたという事実は、ね。

スコット－ええ。

メアリー－それは…

スコット－…魅力的でした。

メアリー－それは想像可能でした。（クスクス笑う）

　それで、翌日、18日、「私たちは朝食の前に、荷造りを済ませて、準備が整った。午前9時30分に、〔インドの外交官で友人の〕ナラシンハンがインドから、クリシュナジに会いにちょうど立ち寄った。私たちは、インドでの〔首相〕ガンディー夫人の行動のうち、官僚合理化を知った。午前10時15分に大雨の中、〔弟の〕お抱え運転手が運転する車で、私たちは空港へ発った。正午のロサンジェルス行きTWA便に乗った。空港では、クリシュナジがチケットを持っていないことを発見した！私たちは空港で、その紛失届を出し、代わりのものを得た。順調な空の旅の後、私たちは、穏やかで日の照る快いカリフォルニアの午後に到着した。」

「私は、自分の風邪のせいで、〔隣人の〕ダン夫妻に出迎えないよう頼んでおいた。だが、アラン・キシュバウ（Alan Kishbaugh）がそこにいた。そして、私たちの七つのかばんすべてを、見事に自分のBMWに積み込んだ。私たちは〔マリブの自宅に〕帰る途中で、アマンダとフィル〔・ダン〕に会いに立ち寄った。挨拶は外で交わされた。」フィルは、風邪をひいた人に会うと、風邪をひきました。だから、私は中に入りませんでした。「それから家に帰った。庭は美しく見えたし、完璧な秩序にあった。〔家政婦の〕エルフリーデがよく整えておいてくれた。キシュバウはお茶にとどまった。それから私たちは、トレイにのせた夕食をとった。それで、この住宅の浄められた静けさと平和のなか、ベッドに入った。海だけがつぶやいていた。ここにいることの膨大な安堵と感謝。」

　19日、「私は自分がどこにいるのかと思いながら目覚めたが、海が教えてくれた。私は〔お隣の〕アマンダ〔・ダン〕と長く電話で話をした。そして、気安く電話できることのおもしろさと贅沢さを堪能した。私はまだ空の旅から耳が遠かったが、ここにいるために気持ちが良くなった。私は荷物を解いた。クリシュナジは休んだ。彼もここにいることをうれしく思っている。」それから、ダン家について続きます。「〔ダン家の〕子どもたちがやって来た。クリシュナジは出てきて、ちょっとの間、彼女らに話をした。それから彼女らは去った。クリシュナジと私は、二、三の買い物のためにマーケットへ、美しい〔メルセデスの〕グリーン・ビューティを運転した。」

スコット－うむ。あなたたちは、どのマーケットに行っていたんでしょうか。

メアリー－まあ、マリブでは道路を行ったところです。それは変わりつづけました。初めは〔スーパーマーケットの〕セイフウェイでした。それからどこかでした。それから、また他のどこかでした。

スコット－ええ。太平洋高速道（the Pacific Highway）沿いかな。

メアリー－ええ。ちょうどマリブにあります。

スコット－ええ、どれかは知っています。

メアリー－20日に、「私は整理整頓した。リリフェルト夫妻は、休日の〔カナダ太平洋岸の〕ヴァンクーヴァーと北カリフォルニアへの自動車旅行から、オーハイに戻ってきた。私は、私が発った後、10月11日に〔ブロックウッドで〕行われたクリシュナジとディヴィド・ボームの対話のテープを、聞いた － 欲望なしであることについて、だ。」これは、私が去った後、彼が行ったものですよね。彼はそれを携えてきました。「私はクリシュナジとともに、彼が言うように、彼が視覚化すること、または精神に図画でもって想像することができないことについて、議論した。まるで、彼の中では、記憶はイメージなしに、意識的精神と疎通するかのようだ。」それがどういう意味なのかを、私はよく知りませんが、ともあれです。

　10月21日に、「私たちは街に、健康食品店へ行った。私たちはテレビで〔プロ野球メジャーリーグの〕ワールド・シリーズを見た。」それはボストン対シンシナティでした － あなたが知りたいと思った場合は、ね。（スコット、クスクス笑う）

　そして、22日に、「私はお使いをしに街に行ったが、昼食に間に合うよう戻った。私たちは庭を散歩し、再びワールド・シリーズを見た。」

　さて、23日に行きます。「晴れた美しい一日だ。私たちはオーハイに行った。クリシュナジがほとんどの道のりを運転した。私たちは、メルセデスを〔途中のヴェンチュラ郡南部、オクスナトの〕ディーターのところ〔のガレージ〕に作業のために置いておき、借りた車、代車でオーハイへ運転しつづけた。クリシュナジは、その日の美しさに幸せであり、岩々と丘の彩りに感嘆した。私たちはエルナとテオ〔・リリフェルト〕とともに昼食をし、学校の状況について議論した。」うーん、まあ、これについては続けたくないわ。でも、或る人があらゆることで妨害していました。

スコット－メアリー、この点でこれらのことを検閲、削除しないでください。

メアリー－まあ、これらの人たちは生きているし、彼らのうちの何人かは…

スコット－知っています。でも、彼らは永遠にいるわけではないでしょうし、これは後世のためです。これは、人々すべてが亡くなったとき、ブッダの生涯について聞くようなものです。何の違いもないです。

（〔録音〕テープは切れる。それから戻る）

メアリー－「私たちはエルナとともに、人物Xが〔オーハイでの新しい〕学校に干渉しつづけている状況について、議論した － 学校の人たちは、それに対処していなかった

し、学校の雰囲気は、状況を取り扱っていないことにより、ほぼ破壊されている、ということについて、だ。それから昼食の後、ルス〔・テタマー〕とアルビオン〔・パターソン〕が加わった。そしてさらに議論があった。私たちは〔オーハイの東端、パイン・〕コテッジに出かけていき、〔校長の〕マーク〔・リー〕と教師たち、エレーネ・ニーダム(Elaine Needham)とディヴィッド・ムーディ(David Moody)に会った。コテッジに付属したアパートメントが、学校に仕立てられる。私たちは夕食に間に合うよう、運転して戻った。私は一日中、頭痛がした。」

スコット ― コテッジに付属したアパートメント？それはどういう意味ですか。

メアリー ― 私が〔パイン・〕コテッジを直したとき、壊されたものです。

スコット ― いいです。

メアリー ― 24日は、「静かな一日だった。私はほぼデスクで過ごした。午後に〔お隣の〕アマンダ〔・ダン〕がやって来た。〔オーハイのランチ・ハウスの〕ヘレン・フーカー(Helen Hooker)が私たちのパンの注文を持ってきた。私は昨日、それを受けとるのを忘れていた。」これはマリブに戻って、です。

スコット ― ふむ、ふむ。

メアリー ― 10月25日、「マーク・リーが来て、一人でクリシュナジに話をした。クリシュナジは彼に対して、状況をきわめて明らかに示した。彼は、人物Xとの問題を解決しなければならない。さもないと、彼は学校にとって「器量が無い」ことになるだろう。」

10月26日に、「午前11時にエルナとテオが、様々なことについて議論するために、来た。そして、昼食に留まった。私たちはみんな、午後ずっと話をした。」

翌日、「私たちは、庭に植える花々の平箱を得るために、街に行った。」あれはおもしろかったわ。「私たちは、イヴリン・ブラウ(Evelyne Blau)をアメリカK財団の理事になるよう招待した。彼女は受諾した。」

28日は、「一日中、家にいた。」と言うだけです。

29日に、「私たちはオーハイに行った。〔オーハイの東端のパイン・〕コテッジで、クリシュナジは一人でマーク〔・リー〕に話をした ― マークは、人物Xに対処する道を見つけたようだった。」

「クリシュナジと私は、エルナとテオとともに彼らの家で昼食をした。それからルスとアルビオンが加わり、私たちは〔パイン・〕コテッジに戻った。クリシュナジは三人の子どもたちに会っていて、アーリヤ・ヴィハーラの変化を見た。クリシュナジは、マイケル・クローネン(Michael Krohnen) ― 彼はそこで料理をしている ― と、〔マーク・リーの妻で小児科医の〕アシャ(Asha)、ナンディニ(Nandini)と」― それはマークとアシャの子どもです ―「、他の人たちに、会った。コテッジで彼は、三人の教師と、理事たちとともに、学校について話をした ― 例えば、十歳であり、クリシュナジと私に紹介されたとき、立ち上がらなかった子どもに、」― まあ、その子は名指しされています ―「彼はどのように対処するだろうかについて、だ。」(スコット、クスクス笑う)今日、大人が子どもたちに紹介されるとき、彼らが立ち上がるということではないですが。「どのように配慮をもたらすのか ― 強制、模範等によってではなく。〔教師の〕ムーディ、マークとニーダムは、答えを持っていなかった。クリシュナジはほぼ、その子を知るようにし、その子の興味、関心等を開示させること、そして、その子との関係をとおして、これら他の資質を助長することができることを、言った。家に帰る車の中で、私は、〔適切な〕人たちを見つけること等の困難を視野に入れて、私たちの建築計画を見直す必要を、指摘した。現在の計画は、建物ごとに寮父、寮母を求めている。どのように二人の適切な人たちを見つけるのか。計画は、キッチンの重複、各々の居間等を求めている。暗かったが、クリシュナジが、ゆっくりとみごとに操縦し、運転して帰った。」

30日に私の日記は読めます ―「キンギョソウとストック〔アラセイトウ〕とスイセンを植えた。雨で中断させられた。」

10月31日、「私は、自分の脚の潰瘍のことで、レイリーに診てもらいに行った。」― それは、私たちが掛かっていた医者です。女性医師、レイリー・バクティール(Lailee Bakhtiar)です。「彼女は、私をウィリー・バーカー博士(Dr. Wylie Barker)に委任した。」彼は血管の医師でした。「それから私は空港で〔Kの元秘書〕アラン・ノーデ(Alain Naudé)を迎えた。彼は週末を私たちと過ごそうとしている。」

11月1日に、「私は昼食の後、〔お隣の〕ダン夫妻に会いに行った。アランとクリシュナジは4時に、そこで私たちに加わった。〔旧友の〕ベツィ・ドレイク(Betsy Drake)も来た。それからクリシュナジとアランと私は、浜辺の散歩に行った。」

11月2日、日曜日、「クリシュナジと私は車で、アランがサンフランシスコに戻る便に乗るよう、送って行った。私たちは昼食に間に合うよう戻った。食卓で私たちは、アランが私たちのどちらにとっても、仕事から外れてしまい、もはや興味を持っていなくて、本当に私たちとは打ち解けていないように見えるということについて、議論した。私たちに会えてうれしいという礼儀正しい明言が、あまりに多くありすぎた。クリシュナジは、アランが自分との議論を行うべきだという考えを、あきらめていた。彼は今、それらからあまりにかけ離れている。それから私はクリシュナジに対して、身体の一部分すなわち腎臓や目を、死後に他の誰かに与えることに反対する発言について、訊ねた。クリシュナジは、自分自身、または「私のまわりの誰か」としては、それに大いに反対している。彼の理由をとらえるのはむずかしかった。それは、自らの身体の一部分を与えることは、特に聖なることに関係してきたなら、或る種の力を被提供者に与えるであろう、そして、意識の残余に影響することになる、ということであるように思われた。同等に、輸血のような何かを受けとることは、回避されるべきことである。提供者について、たくさん知らなくてはいけないだろう。クリシュナジは輸血を受けようとしていない。彼は、身体、特に頭脳への責任について語った。彼は、例えば自身を切るなら、そそっかしいと感じる。そして、ロンドンで9月の時、彼がタクシー〔のドア枠〕で頭をぶつけたとき、気をつけて自分自身を確かめた。「私はそこを傷つけたのか。」と。彼は、自らが持っていて、私がブロックウッドを発った時から彼が来るまで、私にはめさせた指輪について、語った。今、私が彼なしで街に行くのなら、彼は私にそれをはめてほしいと思う。それは加護の性質を持っている。」

スコット ― ふむ。

メアリー——「晩に私たちは、〔テレビで〕『刑事コジャック』を二つ見た。」

自分の身体の一部を与えてしまわないことについては、興味深いわ。

スコット——（溜息）ええ。そういうわけでこれらのことは、そうですね、（溜息）私はこの検閲、削除の仕事については、つづけたくないんです。でも、そうですね、あなたはそれを外してしまいたいと思うかもしれない。なぜなら、異様に聞こえたり、彼が寛大でないとかのようだから…

メアリー——いえ、私はそれはしないわ。

スコット——とても重要に見えます。彼は何かを言っていて…

メアリー——ええ。彼は、私たちが持っていないこの展望について、語っています。

スコット——ええ。そして、彼は何かを言っています…すなわち、どうしてか、聖なるものと触れていることが〔身体の〕器官にさえも効果がある。それは、それら器官が他の誰かに取り付けられるなら、その残余のために、その他人に或る種の力とか、或る種の何か…を与える程度、そして、そのとき彼らはそれを間違った形で使うかもしれない程度であり、それはとても…

メアリー——それはとても…

スコット——…それはとても特別なことです － そう言うということは。

メアリー——ええ。そして、彼が輸血を受け入れないことは、私は理解します。そして、〔1986年、最晩年の危篤の時期に〕最終的に彼がそれを受け入れた事実に照らしてみてですが、彼は、人生の終わりに二、三日生存するためにそうしました。彼は、もしも死にかけていなかったなら、そうしなかったでしょう…

スコット——ええ。

メアリー——…そして、もしも彼が、インドから〔まもなく見舞いに来る予定〕の人たちに、何をすべきかを告げたいと思わなかったなら、…

スコット——ええ、分かります。

メアリー——…それはしなかったでしょう。

スコット——でも、それは…それはすごく異なったことです。

メアリー——ええ。

スコット——そうですねえ。それはこう言うことです － ここに或る人がいる。もっと良い用語がないので、聖者である人です。彼は、そうね、たとえば、ひどい他の誰かの血液〔の輸血〕により動揺するかもしれない。

メアリー——ええ。

スコット——それは、クリシュナジのまわりにいる人々の器官は、他の誰かに与えるべきではない、と言うこととは、すごく異なっています － なぜなら、被提供者は…そう、それはすごく特別なんですね。

メアリー——でも、それで私は考えます…思い出してください、彼は自分の〔前立腺の〕手術のために、手術前に採血したということを。そのとき彼は〔手術が成功して、〕その血液が要らなかった。だから、明白に病院はそれを捨て去らなかった。それは他の誰かに与えられたにちがいありません。

スコット——でも、クリシュナジがそれについて考えたのかどうか、私は知りません。

メアリー——彼が考えたとは思いません。彼は確かにそのことに触れませんでした。私はいつも考えてきました － 誰か運の良い人がそれをもらった、と！

スコット——そのとおり。

メアリー——まあ、一定のことは分かりようがない。

11月3日に何が起きたのかを見ましょう。「静かな一日だった。私はほとんど、料理、庭仕事、水やり、洗濯で過ごした。クリシュナジは、朝に亜鉛錠剤をとった後、胃がむかついた。そして彼は午前ずっと眠った。彼は良くなり、昼食に起きた。」

4日に、「エルナとテオが午前11時に来て、昼食に留まった。」

さて、5日に来ました。「クリシュナジと私は、運転してオーハイに行った。午前11時に〔オーハイの東端、パイン・〕コテッジで〔財団の〕理事会があった。12時にアラン・フーカー（Alan Hooker）が、管財人候補者、バーバラ・デ・ヌーン夫人という人（a Mrs.Barbara De Noon）について、私たちに話しに来た。エルナとテオ〔・リリフェルト〕は、誰かに引き継いでほしいと、ひどく願っている。今、事務所ではエルナに対して、あまりに大きな負担がある。フーカーは、デ・ヌーンを褒めた。〔インドの〕ラーダー・バーニアーは、〔西オーハイの〕クロトナ（Krotona）への神智学協会の訪問で、ここ〔オーハイ〕にいたが、彼女はアーリヤ・ヴィハーラで私たちの昼食に加わった。マーク・リーが、学校についての午後の会合に出席した。クリシュナジと私は、午後4時に立ち去った。」

スコット——ここで、アーカイヴス〔資料保管庫〕の一覧表に、オーハイの理事会の録音があるということです。ここには「非公開」と言います。

メアリー——ああ、そうね、それはたぶん、何か学校の難題でした。

スコット——ええ。

メアリー——「クリシュナジと私は、午後4時に立ち去った。暗くなるにもかかわらず、彼は道のりの海岸部分を運転した。か細い銀の新しい月は、美しさをもって彼の顔を照らした。」

6日、「ラーダー・バーニアーが、クリシュナジと私との昼食に、来た。私たちは神智学協会について議論した。それからインドK財団について、それからさらに、インドの社会的、政治的な状況についても、だ。テオ〔・リリフェルト〕が彼女を連れてきて、後で送って行った。バラスンダラムからの手紙。ラージャン（Rajan）は、」 － ラージャンは、インドK財団が〔南インド、マドラスの本拠地〕ヴァサンタ・ヴィハーラを得ようとしている訴訟において、ラージャゴパルの弁護士だったと思います － 「ラージャンは、ヴァサンタ・ヴィハーラを進んで、別個の信託財団において個人的にクリシュナジに引き渡そうとしていた。」

11月7日、「〔お隣の娘、〕ミランダ・ダン（Miranda Dunne）が午前に私に会いに来た。クリシュナジと私は、少しだけ早く昼食をとった。彼が午前2時30分までに少し休めるように、だ。その時間に理事みんなが会合した － マーク・リー、ディヴィッド・ムーディ、エレーネ・ニーダム、デ・ヌーン夫人、ドナルド・デイヴィス教授（Professor Donald Davis）、チャールズ・ラッシュ（Charles Rusch）と、ディヴィッド・グリーン（David Greene）も加えて、だ。」ディヴィッド・グリーンは憶えていないわ。ああ、ここだ。「ディヴィッド・グリーンは、若く良い衣服を着けた印象的

な資格を持った教師だ。〔ロサンジェルスの東90キロメートルほどにある、〕クレアモント〔大学〕を出た博士だ。クリシュナジの哲学について、カール・ロジャーズと A. マズローの精神医学と対比して、博士論文を書いた。」それが彼の博士論文でした。

スコット－ああ、私はその論文を持っていると思います。
メアリー－そうなの？
スコット－そう思います。
メアリー－「会合は、私たちが学校で何を意図しているかという諸問題の間で、かなり混乱していた。すなわち、心理的な変化だ。それについてクリシュナジは雄弁に語った。そして、それにどう取りかかるのか。ゆえに、どんな種類の学校の建物が必要なのか。私たちはダイニング・ルームで、お茶とジュースを振るまったが、それはうまく行った。多くの人たちがいるときは、いつもそこにそれを持っておくべきだ。理事たちは留まりつづけたが、学校の共同校長としてのデ・ヌーンについては不同意だった。テオは、エルナにかかる負担を軽減するのに熱心なあまり先走って、それをデ・ヌーンに告げていたが、私たちは彼女にほとんど会ったことがなかった。ウルスラ（Ursula）は、エルナから簿記と物の負担すべてを軽減していたが、彼女は、これらの会合に呼ばれていなかったから、今日、通知をした！」何？「ものごとがかなり混乱している。」

「委員会は、レックスの事務所との取り引きを終わらせたいと思っている。」ジョン・レックス（John Rex）は、私たちが仮の動きを働きかけた建築家でした。彼はダン家の住宅を設計したし、彼はまた、マリブの住宅が〔山火事で〕焼け落ちた後、直してくれました。なぜなら、元来の建築家がもはや依頼不可能だったからです。それで、私はジョン・レックスに、それを再建する計画を作るよう、頼みました。そして、私たちは彼に、学校の建物作りを考慮するよう頼んでいました。彼は少し仕事をしましたが、委員会は彼の事務所との取り引きを終わらせて、別の建築家を得たいと思いました。誰かな？日記に訊ねましょう。

「クリシュナジは、〔マドラスの〕ヴァサンタ・ヴィハーラのための別個の信託財団に対する自らの承認を電報で伝えて、〔マドラスの実業家夫人〕パドマ・シャンタナム（Padma Santhanam）をその理事の一人に促した。」

スコット－それは録音されただろうとは思いませんか、その会合は？
メアリー－分かりません。理事の会合は録音しなかったわ。
スコット－なぜなら、教えと教育の必要要件、ゆえに建物の種類の必要要件を見ると、それは注目すべきだったでしょうから。
メアリー－ええ、そう思うでしょうね。でも、そうするのは習慣でなかったし、ああ…
スコット－なぜなら、そこにいた理事でない他の人たちが、いたからです。そうですね、それで、より議論のようでした。
メアリー－ええ。でも、憶えていません。
スコット－まあ、ここには、アーカイヴスの一覧表には、ありません。
メアリー－何が起きていたにしろ、私は、理事会で何かが録音されたことを、憶えてさえいません。議事録でやっていました。

「8日に、〔精神科医〕グロブス博士（Dr. Globus）とその妻、マリアが昼食に来た。」それが、言われていることのすべてです。そして、次の二日間はほとんど何もありません。

11月11日に、「ギーター・サラバイ夫人（Mrs. Gita Sarabhai）と娘のパレヴィ（Palevi）と、或る友人、リー・ミュリカン夫人（Mrs. Lee Mullican）が、お茶に来た。」彼女は、あの書物を書きました － それがあったのは…彼女はクリシュナジをずっと、ずっと遡って知っていました。サラバイ一家は。

スコット－ええ。その家族のことは知っています。ええ。
メアリー－彼女は、娘とともにお茶に来た人です。そして、リー・ミュリカン夫人は、画家の妻です －〔カリフォルニアの抽象画家、〕リー・ミュリカンという有名なアメリカの芸術家の、ね。

さて、12日に来ます。「〔ロサンジェルス北西部、サン・フェルナンド・ヴァレーの〕チャッツワース（Chatsworth）で〔山〕火事があった。午前6時に気がかりだったが、それから鎮火した。それで、〔内陸の砂漠からの〕サンタ・アナの風が吹きすさんでいるにもかかわらず、私たちは運転してオーハイに行き、〔パイン・〕コテッジで話のためにマーク・リーに会った。それから、ラーダー・バーニアーが来て、クリシュナジと私とともに昼食をした。私たちは、ヴァサンタ・ヴィハーラを持つためにマドラス〔現チェンナイ〕で形成される信託財団の条項の本文を、彼女に示した。バラスンダラムは本文を送った。ラーダーは、理事の一人に名前を挙げられている。若いパレヴィ・サラバイがクリシュナジの癒やしのために午後5時に来るので、私たちはかなり速く運転して帰った。」それは娘です。「速く運転することでクリシュナジは疲れた。それで、彼は最後の二、三マイル、私にハンドルを任せた。午前中に車の中で私は、頭脳の中のどの水準が「義務」の召集、秩序化をするのかについて、彼に訊ねた。何が目覚めさせ、「今とか今日、これとこれをしなければならない。」と言い、それをするのか。それは記憶と条件付けだけではありえないのか。秩序、生存についての頭脳の概念の一部分だが、それが悪いのは、それにあまりにも多くの活動をさせることだ。それはすばやいし、見られるべきだ。そのとき空っぽだ。今朝の火事は一例だ。精神は、様々な可能性、優先順位を選り分けた。クリシュナジが第一に来た。彼にとって何が一番良いのか等。だが、計画しすぎることもありうるし、それは想像、夢想になる。これは、他の何かへの空間を持つべきエネルギーを、搾り取る。私は今日、これに洞察を得た。また、退屈であるのは、なされることではなく、この思考の水準であるということも、見えた。自由で空っぽの精神は、この水準の活動により押しひしがれない。」

11月13日は、「〔華氏〕80度台〔、摂氏26.7度弱〕の暑い日だった。クリシュナジは4時に治療のために、再びパレヴィ・サラバイに会った。それから私たちは浜辺を歩いた。多くのペリカンがいた。」

さて、14日、「クリシュナジは再び癒やしのために、短くパレヴィ・サラバイに会った。私は午前ずっとデスクの仕事があった。私たちは浜辺で長い散歩をした。〔フランスの印象派の画家〕モネの風景の空。昨日ほど暖かくない。私は裸足で行って、波と砂のおもしろさを感じたとき、私の左足がどんなに痺れてしまったのかをもまた、感じた。だが、この小さなやり方でも、海の感じは良かった。イヴリン・ブラウ（Evelyne Blau）が電話を掛けてきた － 私が昨日、〔その夫の〕ルー（Lou）はこの〔合衆〕国でのク

リシュナジの身分と市民権について何かできるかどうかを、訊ねたことについて、だ。ルーはそれは不可能ではないと思うし、アラン・クランストン（Alan Cranston）上院議員に話をしてみよう、と彼女は言う。クリシュナジは喜んで、楽観的だった。」

翌日、「パレヴィがその母親と画家リー・ミュリカンとともに来たので、クリシュナジは再び彼女の癒やしを行った － ミュリカンには、私は何年も前に、ベツィ〔・ドレイク〕のところで会った。クリシュナジは私に対して、私は時々、結論を捨てるのがあまりに遅いということを、語った。彼は、私は何かが見えるとき、それを得るのはすばやいということを、観察した。彼は市民権と建築家〔の件〕を挙げた。」彼がいうのは、私はものごとを解き明かすより、困難を指摘するという意味でした。それは真実です。いつも私はそうしてきました。（メアリーとスコット、笑う）時々、私はそれが必要だと思いました！（スコット、さらにクスクス笑う）でも、時々、私は明らかにやりすぎました。（メアリーもクスクス笑う）「あなたはここでは何か異なったことを取り扱っています。」と － 」それから私は括弧を付けています。〔「ここでは」というのは〕「（彼と、彼を取りまくものという意味だ。）また彼は、ディヴィド・ボームとともに、「ことからことへ跳ぶのではなく」、一つの主題に全的に入りたいものだとも、言った。」

「昼食で彼は、10月4日のボームとの〔対話の録音〕テープをちょっと聞いた後、言った － 「私は話をするとき、考えるのかどうかと思った。考えないな。」それからもう一つの引用 － 「記憶はない。言語は記憶である。それは用いなくてはいけない。樹が見える。それを叙述する。言葉を用いる。だが、知覚は思考を持たない。言語のそれ以外に、作動している思考はない。」と。」それはすてきです。

スコット－ええ、そうです。

メアリー－「私たちは想像について語った。彼は、「全的な無頓着があるとき、それは想像ではない。それは、何の内容、何の歪曲もない映像だ。」と言った。」うーん。「彼は今朝2時に目覚めていて、眠れなかったが、そのとき冥想が始まった、と言った。「歓喜、昂揚、法悦の感じ。」と。」

スコット－ふむ、ふむ。

メアリー－「午後2時30分に、彼は、一連の教育の議論となりうるものを、始めた。出席していたのは、エルナ、テオ、ルス、アルビオン、イヴリン － 彼女はメアリー・ルー・ゴードンという人（a Mary Lou Gordon）を連れてきた －、マーク〔・リー〕、エレーネ・ニーダム、ディヴィド・ムーディ、ディヴィド・グリーン（David Greene）、ドナルド・デイン（Donald Dain）、バーバラ・デ・ヌーン、ビヴァリー・シャー（Beverly Sher） － 学校についての面談のためにオーハイに到着したばかりの若い女性 － だった。後でお茶があった。晩にクリシュナジは、映画『ニュールンベルグ裁判（Judgment at Nuremburg）』のテレビをつけた。私は〔強制〕収容所の場面で立ち去らなくてはいけなかった。クリシュナジはそれを見た。それから私のほうに来て、「人類はどうなっているのか。これは極悪非道だ。いたるところで人々はこうなっている。」と言った。彼はすごく衝撃をうけた。」

11月16日に、「クリシュナジと私は、〔ロサンジェルス北西部、サン・フェルナンド・ヴァレーの〕カノガ・パーク（Canoga Park）に運転して行った。メルセデスでのお気に入りの遠足に、陽気にお出かけ。」（クスクス笑う）「私は、新しいグレイの240ディーゼルのメルセデスを買っておいた。私たちは、ジャガーを乗り換えるために、春にそれを注文した。クリシュナジはとても喜んだ。すっきりとしていて、格好が良い。セダンだ。〔オクスナートの取扱業者〕ディーター（Dieter）がそこで私たちに会って、」ディーターは・・・

スコット－ふむ、ふむ。知っています。

メアリー－ディーターは知っていますが・・・後世のためには・・・

スコット－いや、彼はこの後世への記録にも入っています。私たちは彼について話をしてきました。

メアリー－ええ、車についてね！（笑う）彼はメルセデス車の人です。「ディーターがそこで私たちに会って、そのあり方を説明した。それから彼は、6千マイル〔、約9600キロメートル〕の点検修理のためにグリーン・ビューティを受けとった。クリシュナジと私は、グレイのディーゼルで運転して行った。谷のディーゼルのスタンドで給油した。それらを見つけるのはあまりたやすくない。私たちはゆっくり戻った。「新車だよ！」」（二人ともクスクス笑う）彼が言っていたことは、・・・彼は〔慣らし運転のため〕新車で這うように行かせました・・・

スコット－知っています。知っています。

メアリー－・・・少なくとも初めの100マイル〔、約160キロメートル〕は、ね。

スコット－ああ、もっとです！私が〔ブロックウッドで〕学校のために最初のメルセデスのヴァンを買ったとき、買った後それを最初に走らせたのは、〔スイス、〕サーネンに持って行くことでした。私はクリシュナジから、これこれのスピードだけで多くのマイルを、それからこれこれ（わずかに速いスピード）でさらに多くのマイルを、行かなくてはいけないというとてもきびしい指示を、受けました・・・でも、私は（新車の慣らし運転へのクリシュナジの偏好を知っていて）、これについてメルセデスの取扱業者に訊ねておきました。彼は、「いや、いや。すでに作業台で慣らし運転をしてあります。」と言いました。でも、クリシュナジは・・・（笑う）・・・それをどれも受け入れようとしなかった。

メアリー－ええ。そうしなくてはいけなかった。

スコット－それで、サーネンに着くには何日も掛かる、と見えました！（二人とも笑う）

メアリー－「私たちは、新しいディーゼルをマリブに持って帰り、昼食のために家に帰る前にそれを〔お隣りの〕アマンダとフィル〔・ダン〕に見せた。「私たちはこれら二台の車に気を配り、長年もたせなければならない。」」

スコット－ふむ、ふむ。そうさせていますね。

メアリー－「クリシュナジと私は、きらめく浜辺を歩いた。〔テレビで〕『刑事コジャック』を見た。彼は私に癒やしを行った。彼は喜んでいて、笑いに満ちている。それで、この日は輝く。」（クスクス笑う）彼の車は私より長生きしようとしています、明らかに。

スコット－私より長生きしてほしいですね！

メアリー－きっとそうなるでしょう。

翌日は17日でした。「クリシュナジは午前9時30分に、パレヴィとサラバイ夫人に会った。専門的な樹木剪定業者が、車用の道沿いの大きなユーカリの木々への仕事を始めた。昼食の後、クリシュナジと私は新しいディーゼルのメ

ルセデスで、そのためのマットを注文するために街に行った。とてもすてきに走った。私たちは二人とも喜んだ。」

18日に、「クリシュナジは再び、パレヴィに短く会った。私は午前ずっとデスクにいた。樹の剪定は継続する。私たちは浜辺を歩いた。」これらの日々には何もないですよね。

スコット――まあ、でもそれを〔記録に〕載せるのはすてきです。

メアリー――この伝説(サガ)の聞き手たちは、ずっと前から退屈で麻痺してしまったと、(スコット、笑う) あなたは思いませんか?!

スコット――耐久試験です。

メアリー――いいです。19日、再び〔二冊のうち〕大きな日記が始まります。「クリシュナジは午前9時30分に治療のため、パレヴィに短く会った。それから私たちはディーゼルで、オーハイに発った。クリシュナジは、「私は少し恥ずかしい。」と言った。だが、それから〔マリブ西部の〕ズマ・ビーチで(Zuma Beach)、彼はハンドルを握り、とても喜んでいると見えて、〔時速〕40〔マイル、約64キロメートル〕を越えないで、ゆっくり運転をした - 私たちの速度に笑いながら。「このようだと、あらゆるものが見える。」と。」(スコット、クスクス笑う)「私たちは、アメリカの人たちが映画によって、「利己的であり、楽しみを必要とするよう教えられていること」について、話をした。私たちは昨夜、テレビで古い映画を見た - MGMのミュージカルだ。ここからクリシュナジは、私たちの諸学校に触れた。私は、教えることは間違いを最小化する以外に何をするかについて、質問した。だが、クリシュナジなるものは明白に、教えられない。できることの一番多いのは、障害、間違い等を指し示し、取り除くことだ - すなわち、思考、条件付け、野心、自我等を、だ。私には、そのようにして一番広く届く範囲で、より良い人間が作られるかもしれないと、見える。しかし、クリシュナムルティとかブッダのような人にとっては、その子に、何か本来的なものが、なければならない - 何か天才に似ているが、はるかに越えたものが、だ。クリシュナジの教育や境遇の何も、彼なるものに影響しなかった。そのときクリシュナジは、それは大地の〔埋蔵された〕石油のようなものだと言った - それはそこにあり、届かれるのを待っている。私たちが教える子どもたちが、それに届くよう教えられることはありえない。だが、この能力がある若い人たちがいる。彼は、私たちは彼らを見つけなければならない、または、私たちが教えられる人たちはそういう子どもたちを持っているかもしれない、ということを、ほのめかした。彼らはその方向に向けられるかもしれない。私が、たとえ或る人物が「間違い」、錯誤のすべてを脱ぎ捨てることができたとしても、それは「他」をもたらさないだろうと言うことに、彼は同意する、または、少なくとも不同意しないように見える。」

「彼は、昨夜のとてつもない冥想について語った。私は、それを少し叙述できるのかを訊ねた。彼は、叙述可能でないと言った。私は彼に、そこには光の性質があるのかを、彼に訊ねた - 宗教体験の多くの人たちが光について語るのだ…「覚り(enlightenment)」だ。彼は、それは光に見えない。一番近い叙述は空っぽだろうと、言った。彼がそれを言ったとき、私は光をいくらか経験していたが、私にとって光がちょうどそれである - 光はまだ経験の領域にあるように思われた。そして、クリシュナジが語るものには、経験が無い。」(メアリーの話を聴く)

「クリシュナジは〔パイン・〕コテッジで、マーク〔・リー〕一人に対して、しばらくの間、話をした。それから私たちは、エルナとテオのところに歩いて行き、そこで私たちは昼食をした。私は食卓で、彼の白黒映像一巻を撮った。」私はそれらを別の部屋に持っています。「私たちはゆっくり運転するために、」(クスクス笑う)「そして、クリシュナジは暗闇で運転したいと思わないから、午後3時前に発たなくてはいけなかった。私たちは、〔預けたメルセデスの〕グリーン・ビューティを拾うために、〔取扱業者〕ディーターのところに立ち寄った - それは6千マイルの点検修理を受けていた。クリシュナジはそれを運転して帰り、一方私は、時速40マイル〔約64キロメートル〕で付いて行った。」(スコット、笑う)

それで、20日には〔二冊のうち〕小さな日記に戻らなくてはいけません。「サラバイ夫人の娘がクリシュナジに会いに来た後、私は運転して、彼女をミュリカン家に送って行った。クリシュナジと私は浜辺を歩いた。」

翌日、「私は料理した。それから〔マーク・〕リーとルチタ・ミュリカン(Luchita Mullican)、サラバイ夫人とパレヴィが、昼食に来た。」

22日に、「午後2時30分にクリシュナジは、リリフェルト夫妻、ルス〔・テタマー〕、アルビオン〔・パターソン〕、イヴリン〔・ブラウ〕、〔チャールズ・〕ラッシュ(Rusch)、ムーディ、ニーダム、デ・ヌーンと〔ドナルド・〕デイム(Dame)とともに、議論した。彼らは後でお茶にとどまった。」

23日は、「風の強い日だった。私たちは一日中、家にとどまり、新しいメルセデスを洗った。」

11月24日、「私は自分の脚のことで、UCLA〔カリフォルニア州立大学ロサンジェルス校〕医療センターのウィリー・バーカー博士(Dr.Wylie Barker)に、会いに行った。それから私はお使いをし、昼食に間に合うよう戻ってきた。イヴリン・ブラウが、建築家キャレィ・スムート(Carey Smoot)を連れてきた - クリシュナジに会わせて、建築の話をしてもらうためだ。〔ロサンジェルス郡北西部〕タジャンガ峡谷(Tujunga Canyon)で大火事があり、4万エーカー〔約162平方キロメートル〕以上を焼いた。いたるところ、空は灰で暗かった。暑かった。〔内陸の砂漠からの〕サンタ・アナの風が吹いていた。母と〔再婚相手の〕ウージ(Wooge)が〔東海岸のマーサズ・ヴィニヤード島から〕電話を掛けてきて、火事について心配していた。」ウージは私の継父です。

翌日、「ここでは風は止んだ。タジャンガへの〔山〕火事は50パーセント阻止された。私は、血液化学〔検査〕のために絶食して、医師のところに行った。」

26日に、「私たちは緑の車で、オーハイに運転して行った。クリシュナジは二、三分間、ラルフ・エゾェル(Ralph Edsel)に会った - アーリヤ・ヴィハーラの庭仕事をしている若者だ。それから〔パイン・〕コテッジで私たちは、オーク・グローヴの〔学校の〕建物について、チャールズ・ラッシュ、リリフェルト夫妻、イヴリン〔・ブラウ〕、〔アルビオン・〕パターソンとマーク・リーを加えて、五人の建築家に会った。私たちは昼食をし、後で会合を再開した。建築家みんなが、7日と8日にオーハイで私たちに会い、計画を始めるために地所と当面の建物を探究することに、同意する。」

翌日、「私は料理をし、デスクで仕事をした。〔電話で〕母に話をした。クリシュナジと私は散歩した。それから午後5時に私たちは、〔隣の〕ダン家の感謝祭(サンクス・ギヴィング)の晩餐の前に一時間、彼らのところに行った。私たちは自分たちの夕食に戻った。七面鳥はない。」(クスクス笑う)

28日に、「イヴリン・ブラウが、お茶でクリシュナジに会わせるために、シンシア・ウッド（Cynthia Wood）を連れてきた。」彼女は、イヴリンが偶然、講話の一つで隣に座りあわせた人です。彼女たちはおしゃべりを始めました。そして、彼女はまもなく、〔アメリカK財団の〕理事になってしまいました…これから分かるでしょうが、クリシュナジは彼女に対して、なるよう頼みました。

スコット――ふむ、ふむ、ふむ。

メアリー――「彼女はサンタ・バーバラで生活している。予期せぬとても気前の良い寄付者だ。」と、ここに言います。

翌日、「私は午前ずっとデスクで仕事をした。クリシュナジは午後に、教育の討論会を開いた―理事たち、マーク〔・リー〕、〔ディヴィッド・〕ムーディ、モニカ・ロス（Monica Ross）、」―ロスは新しい人物でした。彼女は昨年〔1995年に〕亡くなりました。リリフェルト家から道路を行ったところで、幼児のための学校を営む、とてもすてきな女性でした―「ドナルド・デイム（Donald Dame）、ディヴィッド・グリーン、バーバラ・デ・ヌーンとともに、学ぶことについて、だ。」

30日に、「私たちはポピーとヒナギクを植えた。〔お隣の〕ダン家の子どもたちがやって来た。クリシュナジと私は浜辺を歩いた。」

12月1日、月曜日に、「私は昼食等をこしらえた。それから、自分の脚の潰瘍のことで、整形外科医のティモシー・ミラー博士（Dr.Timothy Miller）に会いに、UCLA医療センターに行った。彼は皮膚移植を強く勧めた。」結局、私はそうしました。

2日に、「私は午前10時に、レイリー・バクティール（Lailee Bakhtiar）に会いに行った―」―それは、私たちの掛かりつけだった〔女性の〕一般開業医です。「いつもの検査のためと、皮膚移植について議論するためだ。彼女は、それは良い考えだと思っていて、ミラー博士に話をするだろう。一日中、街でお使いをし、午後6時までに家に帰った。クリシュナジは、1月に私が入院している間、自分はここでだいじょうぶだろう、と言う。入院期間は五日だろうか？！」それはばかげています。ともあれ。

翌日、「私は午前ずっとデスクで仕事をして過ごした。私たちは、引き潮時に散歩をした―今年一番の大潮だ。レイリー〔医師〕が、ミラー博士に話をすることについて、電話を掛けてきた。」

5日に、「私は、オーハイでの週末のために準備をした。」6日…

スコット――6日は今、〔二冊の日記のうち〕大きな本にあります。

メアリー――いえ、そうじゃないわ。ああ、そうだ！やれまあ、〔あなたは向かいの席にいるのに、〕逆さまに読みますね。

スコット――（笑う）私たちは長い間、これをしてきました。これは今、私が読める唯一のやり方なのかもしれません。（二人とも笑う）

メアリー――「美しい一日！スパニッシュ・ライスの最終部分の調理をするため、早く起きた。」彼は、スパニッシュ・ライスと呼ばれる私が作るこの料理が、好きでした。「私たちはグリーン・ビューティに荷造りをした。午前10時に、クリシュナジがそれを運転し、他方、私はグレイのディーゼルで、〔取扱業者〕ディーターのところに付いて行った。私たちは、初めての500マイル〔、約800キロメートル〕の点検修理を受けるために、ディーゼルをディーターのところに、残しておいた。そして、緑の車でオーハイに進んだ。クリシュナジは、自らが夜に、強烈な感じと、「苦しみと、苦しみを憶えていることは、やはり自己の分野にある。」という文章で目覚めたと、言った。私たちは〔パイン・〕コテッジで荷物を解き、それから昼食のため、リリフェルト家に歩いて行った。午後2時30分にコテッジの学校の部屋で、クリシュナジは、親たちと教師たちのための討論会を開いた。うまく行った。日が沈むとき、私たちは遅い散歩をし、月明かりで戻ってきた。早くベッドに。」

それから12月7日については、〔日記のうち、〕小さな本に戻ります。「私たちは午前10時に〔オーハイの西端の〕オーク・グローヴ（the Oak Grove）に行って、建築家たち、理事たち、マーク〔・リー〕とシンシア・ウッドに会った。私たちは歩きまわって、学校の建物について議論した。〔マリブでのお隣りの娘、〕フィリッパ・ダン（Philippa Dunne）とその夫〔ディヴィッド・ネルソン〕が私たちに加わっていて、コテッジに戻ってきた。クリシュナジは彼らに場所を見せた。彼らとアラン・キシュバウが、私たちとともに昼食をした。2時に理事の会合があった。午後3時45分に私たちは、建築家たちとともに、さらに見るためにオーク・グローヴに戻った。」私たちには建築家たちのチームがいたんですね！

12月8日、「建築家たちと理事たちが、〔パイン・〕コテッジで会合した。彼らは、改定案と、教室棟の想定される形を、私たちに示してくれた。それから建築家たちは、私たちに、〔アメリカK〕財団との事業協定のための計画を送るだろうと言って、立ち去った。エルナ、テオ〔・リリフェルト〕とイヴリン〔・ブラウ〕が、コテッジで私たちとともに昼食をした。クリシュナジ、イヴリン、テオと私は、午後遅くに散歩をした。」

翌日、「ケイト・マーク夫人（Mrs.Kate Mark）の二人の若い息子が、クリシュナジに紹介された。彼らは、息子たちを私たちの学校に来させるために、〔中西部の〕ミシガンからここ〔オーハイ〕に移ってきた。クリシュナジと私はオーハイを発って、グレイのディーゼルのために〔取扱業者に〕立ち寄り、二台の車を運転して昼食に間に合うよう〔マリブの〕家に帰った。」

12月10日、「クリシュナジと私は、〔家政婦〕エルフリーデに運転してもらって、空港に行った。私たちはPSA〔便〕でサンフランシスコに飛び、ノブ・ヒルズ（Nob Hill）のマティアス夫人（Mrs.Mathias）のアパートメントで、彼女とともに昼食をとった。それから午後4時30分のPSA〔便〕に乗って」（クスクス笑う）「ロサンジェルスに戻った。タクシーで家に帰り、6時45分に到着した。9時間の遠足。クリシュナジはあまり疲れていなかった。」

12月11日に、「私たちは一日中、家にいた。私は手紙を仕上げた。クリシュナジの幾つかの口述。〔電話で、東海岸の〕ヴィニヤード〔島〕・ヘイヴンの私の母に話した。浜辺を散歩した。」

翌日、「私は一日中、デスクでみっちり働いた。郵便局、

銀行、マーケットの買い物をした。その間、クリシュナジは散歩をした。晩に私は、ローマの〔元家政婦〕フィロメナに、私が彼女のために作った信託について、電話を掛けた。バラスンダラムが、〔インド、マドラスでの〕ヴァサンタ・ヴィハーラの〔譲渡の〕ための妥協について、エルナ〔・リリフェルト〕に電話を掛けてきた。」

13日に、「クリシュナジと私はグレイの車で、オーハイに運転して行った。〔パイン・〕コテッジでクリシュナジは、音楽と心霊の才能を持っていると言われる20歳の娘に会った － ベリタ・エイダー（Belita Adair）だ。私たちは歩いていき、エルナとテオとともに昼食をした。それから2時30分にクリシュナジは、アーリヤ・ヴィハーラで議論を行った。私たちは、バラスンダラムとププルがヴァサンタ・ヴィハーラ信託についてラージャゴパルの弁護士たちの事柄を決断することについて、彼らへの電報の返事を作成した。私たちはエルナとテオとともに散歩した。それからクリシュナジと私は、〔パイン・〕コテッジで夕食をとり、夜を過ごした。私たちはうるさいヒーターの悩みを抱えた。午前2時に私たちは、それを切るようマークを起こしに行かなくてはいけなかった。」マーク〔・リーとその家族〕は、〔すぐ近くの〕アーリヤ・ヴィハーラで生活していました。

翌朝、「〔パイン・〕コテッジで、クリシュナジ、エルナ、テオとマークと私との会合があった。エルナとテオは、私たちとともに昼食をした。それからクリシュナジと私は運転して、マリブに戻った。」

12月15日、「ジャッキー（Jackie）とサルジト・シドゥー〔姉妹〕（Sarjit Siddoo）が正午に来た － クリシュナジに会い、彼らの提案した〔カナダ西海岸のヴァンクーヴァー島での〕学校について話をするためだ。昼食の間、キティ〔・ラオ〕とバラスンダラムから電報が来た － 今日、ニューデリーで〔キティの夫で古い友人〕シヴァ・ラオ（Shiva Rao）が心臓発作で亡くなったということだ。」

16日、「クリシュナジはここマリブで散髪をしてもらった。あまり良くない。私がちょっと行った。」（クスクス笑う）「バラスンダラムから電報が来た － 今日、インドでスバ・ラオ（Suba Rao）が亡くなったと言う。クリシュナジは、シヴァ・ラオよりそれをさらに感じる、と言った。なぜなら、「〔初代リシ・ヴァレー校長だった〕スバ・ラオはいつも私たちとともにいた。〔他方〕シヴァ・ラオは政治家だった」からだ。私たちは浜辺を散歩した。ディヴィッド・ネルソン（David Nelson）が私たちのために街のお使いをしてくれた。」ディヴィッド・ネルソンは〔お隣の娘〕フィリッパ〔・ダン〕の夫でした。

12月17日に、「私は、クリシュナジについてのメモ書きを完成させるために、午前5時に起きた － 入国管理についてイヴリン〔・ブラウ〕が法律家たちに渡すためだ。午前11時に、アラン・キシュバウ以外の理事たちが、会合した － マーク〔・リー〕、シドゥー姉妹とシンシア・ウッドとクリシュナジを加えて、だ。そして、諸々の学校と成人センターの未来について議論した。私たちはビュッフェ形式の昼食をとり、さらに3時40分まで議論を行った － それから彼らは立ち去った。クリシュナジと私は、浜辺の散歩に行った。」

12月18日、「私はエルナ、ジャッキー・コーンフェルド（Jackie Kornfeld）とイヴリン〔・ブラウ〕に話をした。そして、ディヴィッド・ホフマン（David Hoffman）に、クリシュナジとディヴィッド・ボームと、おそらくさらに〔精神科医〕シャインバーグ（Shainberg）との対話のヴィデオ録りをしてもらうことが、決定された。私はデスクで仕事をした。午後に私たちは、緑のメルセデスを洗い、芝生を歩いた。〔インドの〕バラスンダラムがエルナ〔・リリフェルト〕に電話を掛けてきた － ヴァサンタ・ヴィハーラ訴訟が決着したということだ。」

さて、12月21日については、〔二冊のうち〕大きな日記からです － なぜなら、それには19日からのあらゆることが含まれているからです。「これは、多くのクリシュナジのことの週末だった。私たちは金曜日に昼食の後、オーハイに運転して行った。」これは日曜日に書かれています。

「道路では」 － 19日にオーハイへ運転して、です －「クリシュナジは私に対して、「見守りなさい。そして精神を空っぽにしなさい。」と言った。それから、「始まりかけている。頭だ。頭脳のなかで頭の後ろから圧迫だ。」私たちは〔オーハイの西端、〕オーク・グローヴに行った。そこでエルナ、テオ〔・リリフェルト〕と、マーク〔・リー〕に会った。そして、集会の建物のための敷地を探すために、歩いて回った。クリシュナジは、それを樹々の中、丘の上に建てようとの建築家の提案に、満足していない。私たちは、〔オーク・〕グローヴ自体近く、草地の端の一つの場所が気に入った。私たちは、〔東方向の小さな〕ベサント・ロード（Besant Road）を横切り、ラージャゴパルの場所を避けてまわりを歩いた。クリシュナジは、「あのどろぼうは」と」 － それは引用です（二人ともクスクス笑う） －「響き渡る声で言った。〔オーハイの東端のパイン・〕コテッジでは、学校の部屋でマーク〔・リー〕が、1925年に作られた映画の新しく作ったコピーを、映した － その映画は、コテッジの地下室で、しまい込まれているのが見つかった。たぶん、〔内陸の〕オーハイの乾燥こそにより、保存されたのだ。エルナとイヴリンがそれを持って行った実験室は、自分たちはそういう古いフィルムを見たことがない、そして危険だ、と言った。」それは〔自然発火の怖れもある〕ナイトレイト・フィルムでした。

スコット － ええ。それで、家が焼け落ちなかったことは、注目すべきです。

メアリー － ええ、そのとおり。「彼らは、それを取っておくことはあまりに危険だと、言った。彼らはそれをうまくコピーしてくれた。それは、1925年に〔オランダの〕オーメン〔での集会〕で或るスウェーデン人が撮った幾つかの短いリールでした。クリシュナジ、ベサント夫人、ラージャゴパル、ジャドゥ〔・プラサド〕（Jadu）、レディー・エミリー（Lady Emily）と、クリシュナジが認識する多くの親しみぶかい人たちだ。映画は素人っぽくて、そんな短い長さで撮られていたので、見づらかった。若きクリシュナジは、満30歳だったけれど、多分に少年だった。クリシュナジは後で、「彼はゆっくり発達していたにちがいない。精神はまだ成熟していなかった。」と言った。彼は後で、それが私たちにはどのように見えるかを、訊ねた。ほとんどがかなり子どもっぽかった。〔神智学協会に取り入れられていた〕リベラル・カトリック教会（the Liberal Catholic Church）の行進は、クリシュナジの映画ではかなり衝撃的に見えた。ベサント夫人は年老いて、弱々しく、落ち着かないようだった。クリシュナジは、自分自身の印象を何か持つより、私たちのそれらに興味を持ったようだ。」（笑う）

「土曜日、私たちは午前8時まで寝ぼうした！」（笑う）「「ベッドで11時間。良いことだ。」とクリシュナジは言った。私もその良さを感じた。私は昨日午前に、マリブを発つ前に、ものごとを終わらせようとして、散漫な気持ちだった。ここで静けさにいることはお休みだった － 私たちの簡素な夕食をこしらえ、テレビもなく、それから眠りの安らぎということは。私はいくらかマーケットで買い物をした。それから私たちは、エルナとテオとともに昼食をした。午後2時30分に私たちは、アーリヤ・ヴィハーラで討論会を開いたが、それは本当は進まなかった。クリシュナジの教えに精通していない人たち、議論の仕方を知らない人たちが、あまりに多くいた。私たちは後で散歩した。」

「今日、私はクリシュナジ、エルナとテオのために昼食を作った。午後2時に建築家のマイケル・ヘッド（Michael Head） － 彼は事務所の建物を建てた － が、階上のアパートメントを広げること、そして、ポーチを内に入れるよう寝室と居間を外に押し出すことに関して、何ができるのか、見に来た。」そこは、あなたがしばしば泊まってきたフラットです。「それは単純に見える。それから、昨夜、アーリヤ・ヴィハーラに現れた二人のイタリアの少年 － トリノからここに飛んできて、クリシュナジに会いたがっている － が、彼に、二、三分間会った。」（二人ともクスクス笑う）「午後3時にアーリヤ・ヴィハーラで、古いオーハイ・ファンたちのためのお茶会があった。クリシュナジはすぐに抜け出し、散歩に行った。私たちが戻るとすぐに、マーク〔・リー〕が古い映画の二番目の分を映してくれた － これらは1925年に〔南インド、マドラス近郊の〕アディヤールで作られた。司教冠と礼服をつけた〔神智学協会の指導者たち〕レッドビーター、アランデイル（Arundale）、ウェッジウッド（Wedgwood）、ジナーラジャダーサ（Jinarajadasa）だ。」（クスクス笑う）「クリシュナジはインドの衣服で美しかった。それから手短に、ニトヤとの1924年の短い映画。これらすべてを見て、クリシュナジから驚きと認識の「おお」があった。映画があまりに早く突飛であるときは、「ゆっくり、ゆっくり」と。彼は後で座って、エルナとテオ、マーク〔・リー〕と私に話をした。彼は、他の出席者の誰とも、映画を見たいと思っていなかった。私は、若いクリシュナジは、熱心で微笑んでいるが、それらの一部分というより、礼儀正しくしようとしていると感じた。短くニトヤがちらちら見えたことで、私はたいへん動かされた。アーリヤ・ヴィハーラでの会合の間、私はそこで彼について、考えつづけた － 〔1925年に〕彼が兄〔クリシュナジ〕なしでそこで亡くなったことの悲しさ。私は彼に言いたいと思いつづけた － 「これがどうなったのか、ごらんなさい。クリシュナジはあらゆるものになりました。彼の言葉を聞きなさい。」と。」（メアリーの話を聴く*15）

「今日、昼食の前にクリシュナジは、エルナとテオとともに座った間、とても遠い目つきをしていた。昼食で彼はエルナに言った － 「あなたはプロセスについて訊ねました。それはここで始まりました。痛み、気絶。たぶんクンダリニーでしょう。私はそれらのことについてとても懐疑的です。自らがそれを得たと言う人たちのほとんどを、私は疑っています。」と。」

12月22日。私たちは〔二冊のうち〕小さい日記に戻っています。「クリシュナジと私は、昼食に間に合うよう運転して、マリブに戻った。フリッツ・ウィルヘルム（Fritz Wilhelm）が午後にロンドンから到着予定だったが、彼の便は遅れた。」

翌日、「フリッツ・ウィルヘルムが到着して泊まった。ディヴィッド〔・ネルソン〕が私に代わって彼を連れてきた。私たちは午後に浜辺を散歩した。その他では、私は一日のほとんど料理をし、クリスマスのムースを作った。」

12月24日、「私は一日中、料理をした。〔電話で東海岸の〕私の母と〔継父〕ウージに話をした。従姉〔ローナ〕はボストンで入院している。クリスマス・イヴのパーティは午後5時30分に、夕食は6時にあった。それからプレゼントを開けた。〔お隣の〕アマンダ、フィル〔・ダン夫妻〕、〔その娘〕ミランダ、フィリッパ〔・ダン〕、〔その夫の〕ディヴィッド〔・ネルソン〕、ジェシカ、マーク・レンカー（Mark Renneker）、ビル・カービー（Bill Kirby）、フリッツ・ウィルヘルム。クリシュナジは食卓に来て、晩ずっと、きちんと座っていたが、それは午後9時30分に終わった。」

スコット－ふむ。

メアリー－彼が一つのクリスマスにはそこにいたのを、私は忘れていました！

クリスマスの日には、「私は電話で、病気の従姉に話した。私たちは午後に浜辺の散歩をした。」

12月26日に、「テッド・カーテー（Ted Cartee）が昼食のため、到着し、泊まる。クリシュナジは午後3時に、リリフェルト夫妻、イヴリン、キシュバウ、ルス、アルビオン、フリッツ、テッドと、フィリッパとディヴィッドとの、討論会を開いた。私たちは後でお茶をいただいた。」

12月27日、「クリシュナジ、フリッツとテッドは昼食をし、後で浜辺の散歩をした。」

翌日、「フリッツとテッドは、昼食の後、オーハイへ発った。クリシュナジと私は、浜辺を散歩した。」

29日、「私たちは、すてきな静かな一日中、家にいた。夏のように暖かかった。私たちは浜辺の散歩で、ペリカンたちがエサを漁っているのを、見守った。」

12月30日に、「クリシュナジは、その日は「何か豪勢なことをするため」だ、と言った。それで私たちは映画に行った － 先の春から初めてだ。〔ロサンジェルスの〕街に行く車の中でクリシュナジは、昨日の自らの頭の感じによって、それが「もっと強力に感じる」ようになったと、言った。私は、「もっと多くのエネルギーという意味ですか。」と訊ねた。クリシュナジは、「そのとおりです。はるかに多くのエネルギーです。かつてこれを感じたことはありません。」と答えた。私たちは、二、三のものを求めに、リンドバーグに立ち寄った。」 － それは健康食品の店です － 「それから、リンドバーグの近くのメキシコ料理店「エル・カポテ」で、アラン・キシュバウに会った。私たちは、エンチラーダとトスターダ*16をいただいた。それはすべて、クリシュナジに合うように見えた。彼がメキシコ料理を提案していた。今朝、彼は朝食に卵を再びとりはじめた。そして、より多くの〔カフカス地方の乳飲料、〕ケフィア〔・ミルク〕をとった。彼は、タンパク質を加えることは自分にとって良い、と報告した。それから私たちは、ウェストウッド（Westwood）に行き、ウィンキーからスリラー〔小説〕の補給を買った。」－ マーガレット・ウィンクラー（Margret Winkler）、ウエストウッド書店で働く私の友人です － 「それから私たちは、〔英米合作〕映画『王になろうとした男（*The Man Who Would Be King*）』を見た。ほぼ良かった。クリシュナジは、イギ

459

リス領インド帝国時代のインドの列車の本物の見かけを、保証した。私たちが家に帰ると、〔マドラスの〕ヴァサンタ・ヴィハーラ訴訟の決着と、マドラスK財団（the K Trust Madras）について、バラスンダラムからの長い手紙があった。」

12月31日、水曜日、「家での静かな一日。私たちは日の入りに浜辺を歩いた。砂は空の反射で輝いた。傾く日射しのなかを歩く。私は、そういう日々の光に照らされて、「迷い、」浮いている気持ちがした。私たちは、いつものようにトレイで夕食をとった。そして、クリシュナジのお気に入り、〔ベートーヴェンの〕「第九交響曲」のテレビ放送を、聞いた－〔オーストリア出身の指揮者ヘルベルト・〕フォン・カラヤンと〔彼の〕ベルリン・フィルハーモニー管弦楽団によるものだ。クリシュナジは、フォン・カラヤンの指揮ぶりを、気をつけて見守った－目を閉じ、内への顔つき、音楽を形作るように見える身振り。それで今年は、ここにクリシュナジの存在の平和のなか、祝福でもって終わった。」

スコット－うーん。すてきだなあ。〔録音〕テープの終わりに来ようともしています。それで、完璧です。

原　註

1）ジャッキー・コーンフィールドは、結果的に、クリシュナジ、ディヴィッド・ボーム教授とディヴィッド・シャインバーグ博士との間での一連の議論がヴィデオ録画されたことに対する、主要な発起人だった－それら議論は、The Transformation of Man（人の変容）と題された。
2）メアリーは、2008年の死去まで、それらを二台ともみごとに走らせつづけた。
3）これは1996年に録音された。

訳　註

*1 アランとの対話については、第3号の訳註を参照。
*2 prostrate（平伏する）とあるが、文脈より prostate と読んだ。
*3 グリセリンの3個の水酸基が脂肪酸と結合したエステル。
*4 papillon はスパニエルの種類で、愛玩犬である。
*5 第89号、1月24日の記述を参照。「二、三日生存するため」ではなく、医師が体力の回復のために奨めたものであり、その後、三週間ほど存命している。
*6 ラッチェンスによる伝記、第三巻、1月24日の個所に、Kは、献血者が菜食主義者で飲酒しないのなら、輸血を受けようと答えている。もちろん精神的な健全さも問題であろう。
*7 第46号を参照。ロサンジェルスで、1977年5月9日に前立腺腫瘍の手術を受ける二週間前に、K自身の採血が行われた。
*8 Let's see that happened（それが起きたことを見ましょう）などとあるが、文脈より that を what に読んだ。
*9 メトロ・ゴールドウィン・メイヤーはアメリカの巨大マスメディア企業であり、映画やテレビ番組の製作、供給を行っている。
*10 この単語は語根が light（光）であり、「啓明」「啓蒙」などとも翻訳できる。
*11 ホームページ上ではここで指示された個所をクリックすると、メアリーの話が聞こえる。
*12 うるち米にタマネギ、トマト、緑パプリカ、にんにくを炊きこんだもの。
*13 メアリー・ラッチェンスによる伝記第二巻（1934年の記述）によれば、G.V.スッバ・ラオは、1928年に南インド、アンドラ・プラデーシュ州に開校されたリシ・ヴァレー学校（最初のクリシュナムルティ学校）の初代校長であり、その職務を三十年間、担った。1942-43年には一時、リシ・ヴァレーを離れて、自らの学校創設を試みたが、1945年にはラーマ・ラオの死去によりラージガートの校長職に就いた。他方、シヴァ・ラオは、1960年代にはKの伝記の著作を依頼される関係であったが、ジャーナリストとして新聞の編集にも関わり、インド制憲会議にも加わり、国会議員をも務めた。
*14 ローマ・カトリックとは関係の無い団体である。神智学協会の指導者のレッドビーターやアランデイルたちはその高位の聖職者になっていた。当時、Kはこの組織の儀式、位階制度に嫌悪を示していた。
*15 ホームページ上ではここで指示された個所をクリックすると、メアリーの話が聞こえる。
*16 エンチラーダは、トウモロコシ粉を焼いたトルティーヤを巻き、中に具材を詰め、唐辛子ソースをかける料理である。トスターダは、さくさくしたトルティーヤ、またはその中に具材を詰めたものである。

第39号　1976年1月1日から1976年2月27日まで

序　論

この号では、クリシュナジは、自らの時間を〔カリフォルニアの〕オーハイでより多く過ごすのが良いことを、見る－それには、パイン・コテッジの拡張が必要になる。そのための計画が始まる。

また、オーハイでの成人センターのための計画が確固になりつつあるのも、見られる。それは出だしの失敗であると分かるのだけれども、それについて考えることの多くは、10年後、最初の〔イングランド、〕ブロックウッドでの成人センターに表現を見るであろうことは、興味深い。

この号ではまた、「顔」についての議論に、もう一つの小さな追加がある。

また、クリシュナジは、人生において自らへ大変ひどい扱いをした二人の人たちを「救済すること」に関心を持っており、興味深い。

メアリー・ジンバリストの回顧録　第39号

メアリー－1976年1月1日、クリシュナジは、その年、インドに行っていなくて、〔カリフォルニアの〕マリブにいます。「新年、新しい日記。それは、クリシュナジの存在の静かな喜びのなか、始まった。彼の顔が、私の見る最初のものだった。そして、彼の声が、新年の最初の言葉を語った。それから私たちはいつものように各々、別々に体操をしたが、朝食をともに作った。そして、グレゴリオ聖歌の新しいレコードをかけた。静かな晴れた朝だった。〔お隣りの〕ダン家の娘の一人が、私たちとともに昼食をした。午後には、彼が昼寝から目覚めてすぐ、彼と私はグレイのメルセデスを洗った。今日は寒い。ゴム手袋の中で私の指は、かじかんでしまった。私たちは、〔お隣の〕アマンダとフィル・ダンのところへ、あけましておめでとうを言うために、歩いて行った。彼らの三人の娘たちみんながそこにいた。また、彼らの友人のディヴィッド〔・ネルソン〕も。クリシュナジは、アマンダが元気でなく引きこもったように見えると、思った。彼女は痛みがあるのか。私は後で彼女に訊ねた。彼女は、「いいえ。ただちょっと疲れた。」と言った。」

スコット－さて、私がこれら対談をとおしてずっとやってきたように、他の人たちが持ちそうな疑問を、ここで訊ね

ると、グレイのメルセデスは···
メアリー―それは、私が自分の車と考えていたものです。
スコット―そうです。そして、グリーン・ビューティは···
メアリー―私はそれをクリシュナジの車と考えていました。
スコット―ええ、クリシュナジの。
メアリー―「翌日、午後に私たちはグレイのメルセデスでオーハイに行き、〔その東端、パイン・〕コテッジに落ち着いた。そこはとても寒かった。今週、気温は〔華氏〕19度〔、摂氏7.22度〕[1)]まで下がっていた。だが、コテッジは心地よかった。私たちは少し散歩した。私は夕食を作った。いくらかテレビの後で、寝る時間が早く来た。」

1月3日に、「私たちは、〔オーハイの西端の〕オーク・グローヴの土地に行って、それからそこを歩き、チャールズ・ラッシュ(Charles Rusch)と、キャレィ・スムート(Carey Smoot)に会った。」彼らは、私たちが持っている計画に、関与している建築家でした ― 学校のためにさらに多くの建物を建てるため、そして、究極的にパイン・コテッジについて何かをするための計画です。
スコット―そうです。
メアリー―でも、私たちはそこに来るでしょう。「私たちは、集会ホールのための可能な場所について、考えていた。」まあ、私たちはけっしてそれを建てられなかったわ。お金がなかったんです。だから、それはできませんでした。「ブロックウッドからの休日中のキャロル・スミス(Carol Smith)、ジョー・ゾルスキ(Joe Zorski)〔の夫妻〕とエイレナ・グレゴリー(Eirena Gregory)が、そこにいた。クリシュナジと私は、エルナとテオとともに昼食をし、それから〔オーハイの東端の〕アーリヤ・ヴィハーラに行った。そこでクリシュナジは、教師たち、親たちとの討論会を開いた。〔マリブの隣人〕フィリッパ・ダンと、彼女の友だち、ディヴィッドも来た。また、フリッツ・ウィルヘルム、テッド・カーテー、ジョーとキャロルも出席していた。後でクリシュナジは、フリッツ・ウィルヘルムとともに散歩して、彼は、オーハイの教育センターの長として、アメリカK財団に加わりたいと思うのかを、訊ねた。[2)]彼は、「ええ。」と言った。彼はドイツとそこでの教職を離れて、いつの日か自分の母親をオーハイに移らせるだろう。」

1月4日、日曜日、「クリシュナジは午後12時30分に、ディヴィッド・ムーディに会った。エルナ、テオとフリッツは、コテッジでクリシュナジと私とともに昼食をし、彼〔フリッツ〕がここ〔オーハイ〕に来ることと、何が関与するかについて、議論した。午後2時30分に、クリシュナジ、エルナ、テオ、ルス〔・テタマー〕、アルビオン〔・パターソン〕、アラン・キシュバウ、マーク〔・リー〕、ディヴィッド・ムーディ、フリッツとデッド・カーテーとで、私的な議論があった。クリシュナジは、条件付けが理解され、叩き切られるとき、そこにあるものという新しい表現に、至った。」と、ここには言います。「そのとき、特別な何か独自のものがある。」と彼は言った。」私は、「独自の(または本来的なoriginal)」に下線を引きました。

「後でクリシュナジは、理事たちだけと話した ― フリッツがセンターを率いることに関して、だ。みんながそれに同意した。それからクリシュナジはフリッツを連れてきて、一緒に話をした。彼は、注意深くそれをよく考えてみて、自らの母親と弟 ― シカゴに生活している合衆国市民 ― とともに、〔オーハイへの〕引っ越しについて議論することになっている。そして、彼は、4月に公開講話のためにここ〔オーハイ〕に戻るとき、それらを確定的で具体的にするだろう。クリシュナジは、エルナ、テオ、アラン・K〔キシュバウ〕と私とともに散歩した。それから私たちはお茶をいただいた。フリッツは今夜、飛んでドイツに戻る。」

1月5日、「クリシュナジは、十一時間の休みをとった、目覚めるとすぐその良さを幸せに感じる、と私に言った。食事をしつつ、彼は長く話をした ― 自らの存在がここに為してきたことが見られることと、オーハイで長期に渡る時間を過ごす必要性について、だ。それは、適当な住宅であるよう〔パイン・〕コテッジを拡張する必要を、指し示している。私たちはこれについて、そして、どの建築家を用いるのかについて、話をした。彼はまた、オーハイ、ブロックウッドとインドはまとまらなければならない、とも言った。彼は〔インドでは〕スナンダ〔・パトワールダーン〕とバラスンダラムを信用している。「ププル〔・ジャヤカール〕は減退しつつある。」と彼は言った。彼は、ボーム、フリッツ、リリフェルト夫妻と私は春に、〔成人〕センターが何であるべきかについて、話をしなければならない、と言った。彼は、ブロックウッドは学校として或る水準に届いたが、十分ではないと言った。そこは、あまりに制限されている。そこは、「ヨーロッパのオアシスとして花開かなくては」ならない。」
スコット―ふむ。
メアリー―「彼は言った ― 「私は死ぬ前に、これをしなければならない。センターを。」と。私が入院している週末に、彼は、リリフェルト夫妻のところに泊まる代わりに、一人で〔パイン・〕コテッジに泊まりたいと思う。」 ― 私は自分の悪い〔左〕脚に、皮膚移植を受けようとしていました。だから、入院しなくてはいけなかったし、私は彼が一人でいることを心配していました。

「「ここでは何かが起きている。」···「私は今ここで安全だと感じる。」···「私はそれを中断したくない。」彼は、見知らぬ人に自らとともにコテッジへ泊まってほしくない。彼は、リリフェルト夫妻とともに、昼食と夕食をとるだろう。私たちはいつもように急いで発った。またもや、あまりに短時間の滞在。それから私は自分自身に言った ― 「私が非効率すぎるのか。それとも、すべて本当に忙しすぎるのか。」と。実務的なことは、しなくてはいけないし、それらには時間が掛かる。私は三つのことを、同時にすることができるように見えない。だが、帰りの乗車は静かで、忙しくなかった。クリシュナジが後半を運転した。私たちは、海上に雨のしるしを探した。オーハイは、ほんの半インチ〔、約12.7ミリメートル〕の雨だけが降った。私たちは昼食に家に帰った。私は、次の月曜日の自分の入院に関して、病院に電話を掛けた。そして、〔オーハイの〕事務所の上の拡張したアパートメントのカーテンの素材について。私たちは、その〔アパートメントの〕大きさをほぼ二倍にして、ポーチの区域を内に取り込むように、寝室と居間の壁を外に押し出そうとしている。」 ― それは〔事務所の〕階上です ― 「クリシュナジはとても喜んでいる。そして、カーテンのために、むしろ彼のコテッジの今のものに似た、チンツ〔インド更紗〕を選んだ ― 私たちが到着するたびに、彼はいまだにそれについて感嘆の声を上げる。昼食の後、彼は、頭が再び「始まっている」と言った。私たちは浜辺を歩いた。オーハイからの柿を〔お隣の〕ダン家にあげた。」

さて、6日に行きます。「昼食の後、私たちは映画を見に街に行ったが、上演していなかったので、家に帰った。」

スコット ― 街というのは、LA〔ロサンジェルス〕という意味ですか。

メアリー ― ええ、LAです。または、サンタ・モニカだったかもしれません。言い換えれば、マリブではない。

7日には本当に何もありません。

8日に、「休日でブロックウッドからここにいるジョー・ゾルスキとキャロル・スミス〔夫妻〕が、マリブの私たちとの昼食に来た。クリシュナジと私は車を洗った。」（二人ともクスクス笑う）それはしばしば起こりました。

スコット ― ええ。あなたたちが前回洗ってから、丸三日だったんです！

メアリー ― そのとおりです。（笑う）見たところ、ここのどこかで私たちはワックスを掛けたようです。私はそれを憶えていませんが、ここにはそう言います。（クスクス笑う）

1月9日に、「私たちは午後2時30分に、オーハイへ発った。クリシュナジがグリーン・ビューティを運転した。雨が予想されていたが、またもや雲のない一日。雲が待ちきれない。「フレール・ジャック」を歌う。」（クスクス笑う）「クリシュナジは認識して微笑む。」

スコット ― あなたは「フレール・ジャック」を歌っていましたか？

メアリー ― 見たところね。「後で、いつもの停める場所で私たちは座席を交換し…」幾つか大きな樹のある場所があり、そこで乗り換えたものです。なぜなら、彼は街の交通量のなかで運転するのが好きでなかったからです。彼は、広々とした道路で運転するのが好きでした。「… 私が運転し、クリシュナジはいつもそうするように、サンスクリットで歌った。詠唱だ。」（二人ともクスクス笑う）あれは聞いたことがありますね。

スコット ― ええ、ええ。何度も聞いたことがあります。

メアリー ― 「私たちは、チーズと特別なコーヒーを得るために、停まった。エルナが散歩に来た。彼女は、次の週末、クリシュナジが〔パイン・〕コテッジに一人、泊まるなら、自分たちは事務所の上〔のアパートメント〕に泊まるだろう、と言う。それは、彼らが近くにいるようにです ― 事務所はコテッジの真横です。「夕食でクリシュナジは、私は習慣にはまり込みつつあると言った。私は自分の身体を制御しない。なぜか？私は自分の従姉のことが気がかりなのか。」私の従姉〔ローナ〕は重病でした。「それとも、私自身の手術のことか。いや、時折の疲労だけだ。私はほぼ、元気に感じるし、たくさんのエネルギーを持っている。だが、たちまち切れてしまう。クリシュナジは、私はブロックウッドではるかにエネルギーがあったと言った。彼は、自分とともにいて、私は一番エネルギーを持つはずだと、言った。「私が死ぬなら、あなたはどうするんでしょうか。」と彼は訊ねた。「あなたはそれとともに留まるでしょうか。」と。」

「「ええ。」と私は答えた。」

「「いや、私は間違えて訊ねています。」と彼は言った。それから彼は、「部屋に何かを感じますか。」と言った。私は前もそうだったし、今もそうだった。ふしぎなことに、私が感じてきた疲れが消え去った ― まるで強さの注入が行われたかのように。」

1月10日に、「朝食でクリシュナジは言った ― 「かつて私は「顔」を見た。私は夜通し「あの顔」を感じつづけていた。ここでは何かが私に起こる。」と。」

「私は訊ねた ― 「昨夜、あなたが私に話をしていたとき、何かおもしろいことが私に起こりました。それは知っていますか。」と。」

「彼は、「ええ。私は今ではなく、いつかあなたに語りましょう。」と答えた。彼は、ここにいることについて、話をしつづけた。それが重要だった。私が病院にいる間、彼は水曜日にここに戻るかもしれない。私たちは、マリブなしでいつの時もここ〔オーハイ〕で生活することについて、話をした。私は、マリブ〔の住み慣れた自宅〕をあきらめることは構わないのだろうか。私は、そこが大好きだ。でもそこに執着していない、と言った。私の家は、彼と教えにとって最善であるところだ。」

それから、シュワルツ氏（Mr.Schwartz）についてのことがあります ― それは、カーテンに関する人です。

スコット ― 読んでください。

メアリー ― ああ、いや、いや。

スコット ― ええ、続けてください。

メアリー ― それはクリシュナジとは何の関わりもありません。

スコット ― 知っています。でも、それは、クリシュナジとのあなたの生活の一部でした。

メアリー ― 「内装業者のシュワルツ氏が、事務所アパートメントのソファのためのコーデュロイ〔コール天〕の見本をもって来て、カーテンの寸法を測った。テオが病気だったので、クリシュナジは、昼食を送ってくれるよう、マーク〔・リー〕に頼んでおいた。私たちは、エルナとテオとともに昼食をしようとしていない。〔料理人〕マイケル・クローネン（Michael Krohnen）が、幾つか美味しいものを持ってきてくれた。クリシュナジと私だけで食事をし、皿を洗った。私は、材木置き場にマー・デ・マンツィアーリ（Mar de Manziarly）を拾いに行った。」材木置き場は道路沿いにあります。彼女の姉〔ミマ〕の家は、丘の奥にありました。私たちはミマ〔・ポーター〕（彼女はラージャゴパルの熱心な支持者だった。）とはあまり仲が良くなかったので、私は彼女の家には行きたいと思いませんでした。で、マーは道路へ材木置き場に歩いてきて、私は彼女をそこで拾いました。「彼女は、その姉のミマ・ポーター（Mima Porter）のところに泊まっている。私は彼女を〔パイン・〕コテッジに連れてきた。それからクリシュナジとともに私たちは、アーリヤ・ヴィハーラに歩いて行った ― クリシュナジの、教師たちと親たちとの討論会のためだ。私は後で〔建築家チャールズ・〕ラッシュ（Rusch）に話した。〔まだ会っていない〕チャールズ・ムーア（Charles Moore）がコテッジのための建築家であることが、指し示される。私は、コテッジのいわば絵図の計画が、ただちに作られるよう、手配した。私は運転して、マーをポーターの門まで送って行った。クリシュナジ、キシュバウと私は、暗闇を散歩した。クリシュナジは〔アラン・〕キシュバウに対して、私たちにはもっと若い理事たちが必要だと、語った。彼はアランに、「あなたにはもっと関与してほしい。」と語った。夕食でクリシュナジは、「私はもう十五年生きるだろう。あなたはさらに二十年だ。」と言った。」私は〔この対談の時点で〕すでに自分の二十年以上を生きました。

スコット ― よろしい。でも、私たちが今、話をしているのは、さらに二十年ということです。

メアリー―「彼は私をじっと強く見つめた。私は、何なのかを訊ねた。「私はあの他のものを感じる。」私にすれば、私が今日まったく疲れを感じなかったということは、興味深い。」

1月11日、「クリシュナジは、私が〔パイン・〕コテッジを建て直し、おそらくそこにずっと生活しつづけることについて、エルナを加えて話をした － それをどのように取り扱うのか。エルナ〔・リリフェルト〕は、ルイス・ブラウ（Louis Blau）が助言できると感じた。私はどうにか昼食を作り、マー・デ・マンツィアーリを彼女の姉〔ミマ〕のところから連れてきた。彼女は、クリシュナジ、エルナ、アラン・K〔キシュバウ〕と私とともに、昼食をした。それから彼女は、クリシュナジ、エルナ、アラン、ルス、アルビオン、マーク〔・リー〕、ディヴィッド・ムーディ、テッド・カーテーと私との議論に、留まった。クリシュナジはその主題について継続した － 知識と自己の領域にではなく、何か独自のもの・本源的なものがあるのか。私たちは、自分たちが条件づけられた思考に生きることが、見えるのか。私たちはどのように、偽りを見るよう概念を捨てて、ただ問いのみに留まるのか。私は、答えを受け入れないことを問うた －「たとえ神自身からでも」と。真に訊ねることは知らないことだ。ここから、何か異なったものがありうる。問いに留まるには、大いなるエネルギーと注意がかかる。」

「家に帰る車で私は、「顔」について訊ねた。彼はそれをしばしば見てきた。「あそこに、そこのあの茂みのように。」身体ではなく、顔だけだ。」

「私は、「それは動きますか、語りますか。」と訊ねた。」

「「いや、私は、あの夜（金曜日）」 － 私は括弧に入れました －「から、それを見つづけている。」と。」あれは金曜日でした。今は日曜日です。

スコット―そのとおり。ふむ、ふむ。

メアリー―では、それは二日前です … 「「外側ではなく、内側だ。それはふつう、動いてこの身体に入ることを、意味している。」」

スコット―では、「顔」は動いて身体に入る？

メアリー―ええ。「私は、それは彼が「行ってしまう」ことの前兆になりうるのか、そして、そうなら、私が入院している間、彼は〔パイン・〕コテッジに一人で泊まるべきかと、訊ねた。」

「「私が一人でいるとき、それは起こらないだろう。」と彼は言った。「身体は見守られなければならない。」と。」

「私はまだ、この疲労の欠如を感じている。私たちは、コテッジについて、そこで生活をすることについて、さらに話をした。マリブでは、〔お隣の〕ディヴィッド〔・ネルソン〕とフィリッパ〔・ダン夫妻〕が、私たちを待っていてくれた。私が入院している間、クリシュナジがオーハイに行くまで、彼らがそこに彼とともに泊まるだろう。」私は誰かが家にほしいと思いました。

スコット―もちろんです。

メアリー―さて、月曜日。ああ、これは私が病院に行くときです。私の病院での滞在について、きっとすべてを聞きたくないでしょう。

スコット―もしも、私たちはそれがどういうものなのかを手短に知ったなら、記録のためには良いでしょう。

メアリー―まあ、いいわ。私が受けようとしていたのは、私が少女のとき脚〔のガン〕に放射線〔治療〕を受けたころの潰瘍を、固定するための皮膚移植でした。手短に、起きたことは、こうでした －「〔お隣りの〕アマンダ〔・ダン〕が運転して、私を UCLA〔カリフォルニア州立大学ロサンジェルス校〕医療センターに送ってくれたが、途中で、〔ロサンジェルス郡西部の〕サンタモニカ・キャニオンで、チャールズ・ムーアという人（a Charles Moore）が設計した住宅を私が一目見るために、停まった。私は記名して入院した。九階の私室だ。私は昼の残りと夕方を、様々な手術前検査を受けて過ごした。バクティール博士（Dr.Bakhtiar）が、」 － それはライリーです。彼女は私たちの〔掛かりつけの〕医師でした －「立ち寄った。〔医療センターの〕ミラー博士（Dr.Miller）と」 － それが外科医でした －「麻酔科医のレイノルズ博士という人（a Dr.Reynolds）が立ち寄って、議論した。脊髄麻酔をすることになっている。私は全身麻酔を望まない。静脈からのヴァリウムの穏やかな投与だけだ。私は、電話でクリシュナジに話をし、彼に知らせを伝えた。クリシュナジは二、三日間マリブに泊まる。〔お隣の〕フィリッパとディヴィッドは、間近にいるために、〔元家政婦〕フィロメナの古い部屋に泊まっている。私の外科手術は午前7時45分に行われることになっている。私は何の不安もなく良く眠った。私はこれらに抵抗を持っていなかった。気を揉むことも緊張感もない。」

スコット―少し止まって、何か訊ねてもいいですか。

メアリー―いいわ。

スコット―私はクリシュナジに言いました －（休止）何回なのか分かりませんが、彼が講話を行っているとき、幾つもの機会に、私は彼の顔が変わるのを見た、ということを、です。そして、事実、私はそれを一つのヴィデオ・テープでも見ました。

メアリー―で、あなたは私に言いましたが、それは著しく見えました。

スコット―でも、あなたの考えでは、それは、クリシュナジが話をしていた「顔」に、関係しているんでしょうか。それとも…

メアリー―その頃、変わるのは見ませんでした。

スコット―いいです。

メアリー―以来、彼が話をしているとき、変わるのを見てきました。

スコット―そのとおり。で、あなたは、それは関係していると思いますか。それともこれは、ただのバカげた推測とか何かでしょうか。クリシュナジは、それについて何も言わなかった？

メアリー―まあ、彼は、ちょうど今私たちが記録したことを、言いました。

スコット―そのとおり。でも、あの顔との関係は…

メアリー―彼は一回、私に言いました －「あなたは「顔」が見えましたか。私はそれが見られたらなあ。」と。」まるで…

スコット―彼はそれが見えていなかった。でも、彼はそれが、離れて見えたのでした。

メアリー―彼は、「顔」が見えていた。そして、これによると、それは動いて彼に入った。だが、彼は言わなかった － もちろん、私があなたを見ているように、幾フィートの空間をあけて、と。彼はそのようにそれが見えていなかった。少なくとも、それが私の理解です。

スコット―そのとおり。そこをもう一回、ちょっと読んで

もらえるでしょうか。

メアリー「家に帰る車で私は、「顔」について訊ねた。彼はそれをしばしば見てきた。「あそこに、そこのあの茂みのように。」」

スコットーええ。で、彼はそれが外的に見えた。

メアリーーええ。彼はそれがしばしば見えました。「「身体ではなく、顔だけだ。」」

それから「私は、「それは動きますか、語りますか。」と訊ねた。」

彼は答えたー「「いや、私は、あの夜（金曜日）」ー私は括弧に入れましたー「から、それを見つづけている。」と。」〔話をしていた〕これは日曜日でした。二日前〔の金曜日から〕ですー「「外側ではなく、内側だ。」で、彼は、二つの異なったことを言っているように、見えますー彼はそれが外側と内側に見えたのです。

スコットーいいです。で、それは終わりですよね。

メアリーーふむ。

スコットーいいです。じゃあ、ともあれ、進みましょう。

メアリーーで、今、13日に進みます。まあ、私の外科手術についてだけです。

翌日、私はまだ病院にいます。「クリシュナジが電話をかけてきた。彼はテオとともにオーハイに行った。彼は〔パイン・〕コテッジに一人で泊まっている。食事はアーリヤ・ヴィハーラから送られる。」

「〔お隣の娘〕フィリッパ〔・ダン〕の〔夫〕ディヴィッドが、クリシュナジから私の指輪を、」ー外科手術では宝石を付けさせてくれませんー「私の指輪を持ってきてくれた。」クリシュナジは、メアリー・リンクスにも行ったように、私の指輪を受けとったものです。彼は指輪を受けとり、自らの指にはめるか、または、夜に自らのベッド脇に置いたものです。彼はそれらを磁化しましたーそれが何を意味しているにしても、です。

1月15日に、「私はまだ病院にいる。クリシュナジは〔オーハイのパイン・〕コテッジから電話を掛けてきて、すべてがだいじょうぶだと言った。ミラー博士は、私はすぐに帰宅できると言った。博士は、傷の組織はとても深い。自分が予想した以上だ、と言った。」

1月16日、「私はまだ病院にいる。クリシュナジは再び電話をかけてくれた。私は一日中、ミラー博士の来診を待った。」ああ、医療のことだけね。

翌日、「クリシュナジが電話をかけてくれた。私は、濡れたスポンジで身体を拭き、髪を洗うことができた。」（クスクス笑う）「クリシュナジはアーリヤ・ヴィハーラで、教師、親たちの討論会を開いた。」でも、私はそこにいなかったので、私の日記にその記録はありません。

18日に、「私はまだ病院にいる。クリシュナジが電話をかけてくれた。私の母と継父が電話をかけてくれた。ミラー博士は、明日私は病院車で帰宅できると言った。私はもう一週間、静かにしなければならない。私はこれをクリシュナジに報告した。」

さて、19日、「残りの抜糸がされた。手術は終わり、移植片は根づいた。悪影響はなかった。外科手術は計画通りに行った。私は衣服を着た。病院車が1時までに、私をマリブに運んでくれた。家だ。ありがたくも、また家だ。私は入浴し、自分のベッドに入った！」私は感嘆符を付けています。「〔家政婦〕エルフリーデが私に、昼食をのせたトレイを出してくれた。午後にクリシュナジが、テオとともに到着した。こんな平和とありがたい気持ち。私は本当に恵まれている。幸せ。」と言います。

1月20日、「クリシュナジは、朝食の後、コテッジの改築について話をした。〔建築家チャールズ・〕ラッシュが、〔別の建築家〕チャールズ・ムーアに頼んでおいたが、彼は熱心に設計をしてくれる。クリシュナジは私の資金を心配していた。「あなたは、今しているように生活し、旅行できなければならない。」と彼は言った。私たちは、「私の仕事はKを見守ることである。」ということで合意した。それから彼は、オーハイで自分は、」ーこれは興味深いですー「ラージャゴパルとRRに、」ーそれはロザリンドですー「自らの償いをし贖罪をする機会を与えなければならない、彼らが亡くなる前に、という感じがした、と言った。そうしなければならない。彼らが拒否できないように。そうなると、さらに悪くなるだろうから。」

「私は、「さらに大きな劫罰ですか。」と訊ねた。」

「「そうだ。」とクリシュナジは言った。」

編集者の憶え書

これは、クリシュナジの生涯の記録において、記すに値する並外れた表現または感情である。二人のラージャゴパルは、私の想起するところ、彼が「悪」と称した唯一の人たちであったし、彼は一度ならずそう称した。クリシュナジが、彼らは彼ら自身のために「償いをし」、「贖罪をす」べきだと感じたということは、彼が彼らをどのように理解したかについて、分量だけを語るのではなく、彼が他所では表明しなかった死の本性への自らの理解についてもまた、語る。もし、クリシュナジが頻繁に死を叙述したように、或る人物の意識が単純に「人間の意識の流れ」に戻るだけなら、そのとき彼らにとって、償いをせず贖罪をしなかったことに関して、死を越える結果は、何も無いように見えるだろう。だが、それは、〔ここに〕含意されていることであるようには、見えない。たとえ私たちが、メアリーの導入したものとして「劫罰」の概念を捨て去るとしても、クリシュナジは、ラージャゴパルたちのために、彼らの生活と行動の結果を幾らか軽減することへ、関心を持っているように見えるークリシュナジが、重要であると思い、死後にはもはや可能ではない軽減、だ。

「彼は昨日、リリフェルト夫妻に話をした。彼らはこれに揺すぶられたにちがいない。私は意見を差し挟まずに聞いた。それから彼は言ったー「ラージャゴパルはバラモンだった。私は彼にそれを言いたいと思う。」と。私は自分自身では、ラージャゴパルはいんちきで、みじめな人間だったし、今もそのままだと思った。」

さて、22日に行きます。「私の弟〔バド〕がボストンから、従姉〔ローナ〕のことで電話をくれた。彼女は死にかけたが、なんとか彼女の心臓は持ちこたえた。私は、彼女が経ていることに茫然とした。私自身のハエがたかったほどの病気は、言うほどもないと見える。クリシュナジは大いに心配し、悲しんでいる。彼は癒すために一日二回、「両手を当てる」。私は、しばらくの間、両脚をあげてデスクに座ったの以外、ベッドにとどまった。クリシュナジは、私の部屋でトレイにのせた昼食をとる。今日、私たちは、〔Kと親しかったイギリスの作家〕オルダス・ハックスレー（Aldous Huxley）

のことを追想した。クリシュナジは、彼が自分に対して、「〔1939年に移住した〕カリフォルニアでのこれら長年の後で、再びイギリス英語が話されるのを聞くのは、すてきだ。」と言ったことを、憶えている。」(メアリーとスコット、二人とも笑う)「彼は、オルダスとマリア(Maria)を」 ― それは彼の最初の妻でした。うーん…どこかに、「訪問したことを、憶えていた。そして一回は、〔彼が1963年に癌で亡くなる前に〕ローマで。そのときオルダスは、世界保健機関(World Health Organization)の会合に来た。「私たちは朝に、〔イギリス式の〕ボルゲーゼ公園(the Borghese Gardens)で散歩したものだった。それからオルダスはWHOに行かなくてはいけなかった。彼はそれに退屈したと思う。」と。クリシュナジは、ごくまとまりがなく、優雅だった。自らの座る椅子で向きを変え、思い出に笑った。」

24日には、まあ、私は自分の従姉〔ローナ〕について長いことを記しています。彼女は死にかけました。「彼女自身の生命力だけが、彼女を持ちこたえさせられる。私はローナ(Lorna)の瀕死の状況と私の良い知らせとの対比に、茫然とした。私は、彼女に力を注ぐ感じがした。」

「クリシュナジは昨日、オーハイに行ってしまうことになっていたが、私の脚の手当をするためにもう一日、ここに留まることを望んだ。午前の半ばに彼は、アラン・キシュバウとともに運転してオーハイに行き、アーリャ・ヴィハーラで教師、親たちとの討論会を開いた。明日、〔パイン・〕コテッジでもう一回開くだろう。だから、彼は夜、コテッジに泊まるだろう。私はマリブでベッドに留まった。〔お隣りの〕アマンダ〔・ダン〕が見舞いに来てくれた。私は口述機にたくさんの手紙を吹き込んだ。」私は口述は好きでなかった。口述はけっしてうまくできなかったわ。

ともあれ、25日、「〔東海岸、マーサズ・ヴィニヤード島の〕私の継父が電話してきて、私の母の性格にけんかっ早い変化があると、言う。私は、母がアルツハイマー病に罹りつつあると思う。クリシュナジは、コテッジから電話を掛けてきて、自分はあまり疲れていないと言った。〔お隣の〕アマンダとフィル〔・ダン夫妻〕が、午後早くにやって来た。〔娘の〕フィリッパ〔・ダン〕と〔その夫〕ディヴィッド〔・ネルソン〕は後で来た。アラン・K〔キシュバウ〕は、今あるようなコテッジのための出来たての青写真を、持ってきてくれた。」

26日に、「私は起きて、〔手術から〕初めて衣服を着た。クリシュナジは、昼食に間に合うよう、テオ〔・リリフェルト〕とともに到着した。午後3時に〔建築家〕チャールズ・ムーアが到着し、コテッジの改装の仕方を考慮しはじめた。クリシュナジは、調和から生まれたきびしさについて、語った。様々なアイデアが考慮された。うまく行った。先に昼食でクリシュナジはテオに対して、私が生涯をとおしてそこに生活する絶対的な権利を持つことについて、きわめて真剣に話をしていた。彼はこれを保証したいと願っている。彼は、建築家たちが言ったことに、喜ぶように見えた。会話は、アドーベ煉瓦または他は厚い壁のある住宅、小さな中庭、小さな噴水、タイルの床、おそらく太陽熱と放射熱の暖房のほうへつながった。夕方にクリシュナジは、私の脚に手当てをした。彼は後で私に対して、それをするとき、或る存在を感じるが、それは、「いつもそうであるように」自分に付いてくる代わりに、私の部屋に留まっているということを、語った。」

スコット ― では、その存在はふつう彼に付いていきますか。
メアリー ― ええ。
スコット ― ああ、すてきだなあ。
メアリー ― すてきじゃないですか。でも、彼がそれを私のところに残してくれたんです。
スコット ― それはあなたのところに留まった。ええ。(笑う)
メアリー ― すばらしい。
スコット ― ええ、とてもいとしい。
メアリー ― ええ。
スコット ― この噴水はどこにあると思われていましたか。
メアリー ― まあ、噴水は失敗でしたね。ダイニング・ルームの下のあそこ、あれら花々のあるところです。じゃまなものでした。
スコット ― こちら側ですか。
メアリー ― こちら側です。あれら花々があるところね。
スコット ― はい。
メアリー ― 小さな噴水のある小さな池でした。
スコット ― ああ、はい。
メアリー ― でも、うまく行かなかった。ごたごたしました。私はほしくなかった。私はそれを取り除いて、代わりに花を植えました。でも、しばらくはそこにありました。

さて、27日に行きます。「〔家政婦〕エルフリーデはお休みだった。私は一つ、朝食をとることができた。今日、脚は明確に良くなっていると見えた。〔お隣の〕アマンダ〔・ダン〕が来て、私が口述した手紙のカセット〔・テープ〕二本を、秘書サーヴィスに持って行ってくれた。クリシュナジが入ってきて、真剣に話をした。彼は、「私の生は不安定だ。それは不安定であるから、長続きする。」と言った。」

「「あなたは続けなければなりません。」」

「彼は言った ― 「私の生には、K以上の何かがある。それが作動するなら、それの望むことをするだろう。誰もそれを妨げられない。」と。そして彼は言った ― 「あなたへの私の愛は、執着なしです。ゆえに長続きするでしょう。」と。」

「(木曜日、)「私はあなたとともに、〔ルイス・〕ブラウに話をしに行こうとしています。」、「私は彼に対して、オーハイのこの資産はあなたのであるべきことを、告げたいと思います。私がそこにいるかもしれないが、そこはあなたのです。」と。」

「「あなたはKへの責任を負ってくれたから、あなたは保護されなければならない。」彼は、私が今、ここ〔マリブの家〕に彼なしで一人でいるべきではないと、自らに感じたことを、言った。彼はそれを週末に感じた。彼は、たとえしばらくの間のお使いにでも、私とともに行きたいと思う。そして、私が9日に医師のところに行くとき、私と一緒に、だ。彼は、この〔マリブの〕場所はもはや安全ではないと感じる ― 都市、暴力が拡がりつつある。この住宅はもはや、かつてそうだった避難所ではない。彼は、自らの「行ってしまう」可能性について、語った。彼は、かつてブロックウッドで、〔犬の〕ウィスパーの存在だけがそれを防いだ、と言った。私は、それがどういう意味なのかを訊ねた。それは、彼が死ぬという意味なのか。かもしれない、と彼は言った。だが、まるで彼はそれを小事として退けるかのように、見える ― 「行ってしまう」ことが要点で、違う種類の消え去ることのように見える。」彼は、消え去ることについて、たくさん話をしたものです。

スコット—ふむ、ふむ。
メアリー—「だが、彼は、身体がもう十年から十五年生きることについて、語った。彼は、バラスンダラムとスナンダがインドで仕事を続けることの重要性について、語った。彼は、ププル〔・ジャヤカール〕は終わってしまった。「布地を売る」ことにあまりに引っ張られている、と言った。」
スコット—ふむ、ふむ。ええ、彼女は、インド政府の家内工業〔の振興政策〕を始めて…
メアリー—ええ。「彼女がリシ・ヴァレーで三日だけを過ごすことができるということが、彼女の退屈を示していた。スナンダが学ぶために、こことブロックウッドでクリシュナジのまわりにいることが、重要だ。それから、フリッツ・ウィルヘルム、アラン・K〔キシュバウ〕、マーク・リーが、〔成人〕センターが何であるべきかに関して、彼〔クリシュナジ〕とディヴィッド・ボームとの間の議論に、加わっていなければならない。「それは出てくるだろう。いつもそうだ。」彼は、「あれら二人」(ラージャゴパルとロザリンド)を劫罰より救助することについて、語った。なぜか。彼らは教えの近くにずっといたが、それを拒絶してしまったからだ。ゆえに、それだけ劫罰が大きい。」

「マー・デ・マンツィアーリはまだオーハイにいる。妹のヨーが車の事故に遭ったからだ。私たちは今朝、電話で彼女に話をした。クリシュナジは、〔姉妹のうち〕ミマとヨーを利己的な人たちとして退けた。だが、それをラージャゴパルとロザリンドの悪のちょっと脇に見るようだった。罪が大きいほど、彼らは劫罰より救われるべきだと、彼は感じるように見える。後に昼食の後、彼は、疲れた、頭が痛む、と言った。彼が真剣に話をするとき、それは始まった。」それから、私は追記に入れています —「クリシュナジはまた、もしも「K」がいなかったなら、私の手術とその治癒はさほどうまく行かなかっただろうとも、言った。」
スコット—さあ、待ってください。ちょっとの間、戻りましょう。
メアリー—うん?
スコット—では、一つのことは、彼はかつてブロックウッドでウィスパーのせいで「行ってしまわなかった」、と彼が言った、ということでした。私たちは記録のために、ウィスパーは学校の犬で、ゴールデン・ラブラドールだったということを、言わなくてはいけません。
メアリー—ええ。
スコット—で、どうにか、学校の犬、ウィスパーの存在が、彼が行ってしまうのを防いだ。
メアリー—うん、ええ。
スコット—その点から読んでもらえるでしょうか。なぜなら、ちょっと混乱すると思うんです。
メアリー—私もそう思います。
　まあ、彼が、この住宅は、マリブの家という意味ですが、もはやかつてそうだった避難所ではないと言ったとき、私が割って入ろうとしていますね。
スコット—ええ。
メアリー—「彼は、自らの「行ってしまう」可能性について、語った。彼は、かつてブロックウッドで、〔犬の〕ウィスパーの存在だけがそれを防いだ、と言った。私は、「それ」がどういう意味なのかを訊ねた。」— 行ってしまう、という意味です —「それは、彼が死ぬという意味なのか。かもしれない、と彼は言った。だが、まるで…」

スコット—なぜなら、彼はまた、「行ってしまう」という表現を、自らが気絶するとき、そしてまた「プロセス」の間にも、使ったからです。
メアリー—ええ、ええ。それは彼が使った表現です…
スコット—…それら異なったことすべてに使った…
メアリー—彼は、「行ってしまう」ことについて話をすることで、私に警戒させたものです。私は、もし彼が自分だけで木立やどこかに散歩に行ってしまうなら、彼は戻ってこないかもしれないという感じが、いつもしていました。
スコット—ええ。
メアリー—ともあれ、つづけましょうか。
　1月28日は、「静かな一日だった。クリシュナジは、〔古い友人〕シドニー・フィールドとともに、緑の車を洗い、ワックスを掛けた。」
　「昼食でクリシュナジは言った —「午前ずっと、私の心には二つのことが横切りつづけていた。一つは、〔南インド、マドラス近郊の〕アディヤールの仏教寺院だ。彼が」— 少年のクリシュナジが —「よく行っていた池があった。他は何もない。あなたは、私が生活していた部屋を憶えていますか。」と。」— これは、彼がアディヤール〔の神智学協会本部〕で少年だったときのことです —「少年は、初めにそこに生活したとき、その下で川沿いに、朝早くよくそこに行って、そこに、空虚に途方に暮れて、立っていたものだった。」…「なぜこの記憶が漂い、浮かんできたのかと思う。」午前ずっと彼は、ちょっと「切れてしまった」ように見えていた。彼は、私の部屋の〔メアリー・ラッチェンスによる〕伝記を取って開き、立ったまま、ごく初期の自らと、自らの二人の兄弟の写真に、かすかに微笑んだ。」
　1月29日、「クリシュナジと私はビヴァリー・ヒルズに行った。私はグレイのメルセデスをゆっくりと、あまり大きな努力なしに運転した。二時間半の間、私たちはルイス・ブラウ(Louis Blau)の事務所で、クリシュナジがこの〔合衆〕国で入国者の身分を得ることについて、彼と話をした —〔居住権を認める〕「グリーン・カード」という意味だ。私たちは、宗教指導者という特殊な分類のもとで、やってみよう。書き込むべき果てしない書式がある。私は、必要な情報すべてを示すよう引き受けよう。それからロウ〔・ブラウ〕は、クリシュナジが言うようになったもののように聞こえる強い言明に、入った — すなわち、私は、新しい提案されたオーハイの住宅に余生の間、プライバシー、保護等をもって生活できる地位に、いなければならないということ、だ。その目的のために、ルーと彼の事務所は、〔住宅としてのパイン・〕コテッジと土地をどのように法律上、〔アメリカK〕財団との関係で総合資産にするかについて、そしてまた、マリブの〔現在の〕住宅の売却を、税金問題を含めてどのように接合させるかについて、助言してくれるだろう。彼は、三年の所得税の書類が必要だ。私はこれらに、かなりまごついた。おそらく、熟達した専門職の助言という結果になろうと想定されるが、それは、私が熟考していたものではなく、かなり綿密な調査であるように思われる。私は、これはちょっと行きすぎかと思う瞬間が幾つかあった。だが、クリシュナジのまわりで事が展開し、見た目は一つという古い現象がある。事は動きはじめる。それから、それらとともに進むというおもしろい現象が来る。一ヶ月前、私はマリブ〔の自宅〕を売ることを考えていなかった。それから、事の次第が、決断の境界線を

含んでもいない論理によって、それを包み込んだ。クリシュナジは、「事務」の錯綜にかなり驚いていたが、彼はルー〔・ブラウ〕のことが好きだし、信頼を置いている。私たちが家に着いたとき、午後7時を過ぎていた。」

1月30日、「私は、昨日のルー〔・ブラウ〕との会合を、〔隣家の〕アマンダ〔・ダン〕に詳しく話した。私は秘書サーヴィスに行き、自分が口述した三十六の手紙を受けとってきた。それから緑のメルセデスで、クリシュナジが運転し、私たちはオーハイに行った。〔建築家〕チャールズ・ムーアが、〔パイン・〕コテッジで私たちと落ち合った。そこで私たちは、アーリヤ・ヴィハーラから〔料理人〕マイケル・クローネンが提供する食べ物で、昼食をした。私たちは、コテッジの改築の間取り図を、考えてみた。後で〔建築家〕ラッシュが加わった。私たちはたくさんの前進をした。」

1月31日、「またも、雲のない完璧な一日。暖かくて美しく、騒然としている － 一月の最後だが、雨が降っていない。イヴリン・ブラウが来た。エルナはインフルエンザ気味だ。だから、彼女、テオ〔・リリフェルト〕、マーク〔・リー〕とともに、ハッピー・ヴァレー学校の理事会に、行かれなかった。クリシュナジは彼ら三人に話をした。「私たちは正義だ。彼らは不正義だ。」と彼は言った。」（メアリーとスコット、クスクス笑う）「でも、彼らがもっと仲良くしたいと願い、私たちが土地の幾らかを得るという余地があるのなら、私たちはそれに応えなければならない。」分かりますよね、その土地は盗まれてしまって･･･

スコット－そのとおり。で、これはハッピー・ヴァレーの土地を見ることでもあった？

メアリー－ええ、ええ。私たちは、初め、どこに学校を建てるのか、はっきりしていませんでした。結局のところ、私たちはたくさんの土地を持っているということが、明らかでした。でも、この時点で私たちは、土地を探していました。

スコット－ええ。

メアリー－「彼らは去った。私は、〔建築家〕チャールズ・ラッシュ（Charles Rusch）とキャレィ・スムート（Carey Smoot）との会合を行った － 地元当局が、〔オーハイの〕西の端（the West End）〔のオーク・グローヴ〕への私たちの〔学校〕計画に対して積み上げつつある途方もない難題について、だ。イヴリン〔・ブラウ〕、テオ、マーク〔・リー〕が戻ってきた。ウリーベイ（Uribe）は」－それはハッピー・ヴァレーの弁護士でした－「長々と話した。彼は、ラージャゴパルとロザリンドはもっと友好的だと主張した。私たちの立場は、私たちは〔オーハイの〕西の端に始めようとしているが、未来のハイ・スクールのためにハッピー・ヴァレーの土地にも関心がある、そして、ブラウが書いた賃貸借契約書を彼らが考慮するために提示した、というものだった。〔弁護士〕ウリーベイは、その幾つかの部分に反対する。それで、私たちは彼の論点を考慮するだろうが、全般的に事態は双方に開かれている。エルナと私はともに、これらについて危惧している。ロザリンドに掛け合うことは、時間とエネルギーのムダだ。それに、その土地が得られるなら、私たちはそこをどうするのだろうか。私たちは、〔オーハイの〕西の端の計画について、十分に問題を抱えている。クリシュナジは、「そこは取っておこう。」と言う。」クリシュナジはむしろ、たくさんの不動産が好きでした。

スコット－それについて、私は完全に彼の味方です。（二人とも笑う）

メアリー－「イヴリンとテオは〔パイン・〕コテッジで、私たちとともに昼食をした。午後2時30分にクリシュナジはアーリヤ・ヴィハーラで、教師たちと親たちのための討論会を開いた。」

スコット－いいです。ここで幾つか質問をしてもいいなら － なぜなら、私は、ハッピー・ヴァレー学校の土地がまだ懸案であることを知らなかったからですが、アメリカK財団はそれを得られたということなんでしょうか。

メアリー－まあ、歴史によれば、私の前の時代、〔神智学協会の会長でKの養母〕アニー・ベサントがそこをクリシュナジのために買いました。[*11]

スコット－知っています。知っています。それはすべて、クリシュナジから盗まれたものの一部でした。

メアリー－ええ。それは、盗まれたものの一部でした。

では、2月1日に行きます。「夏のように暑い。雲一つない。クリシュナジは、「またひどい日だ。」と言う。キシュバウがコテッジで、クリシュナジと私とともに昼食した。食事は今、マイケル・クローネンが料理をして、アーリヤ・ヴィハーラから提供される。午後3時にクリシュナジは、コテッジで討論会を開いた －〔アラン・〕キシュバウ、イヴリン〔・ブラウ〕、ルス〔・テタマー〕、アルビオン〔・パターソン〕、マーク、アシャ〔・リー夫妻〕、マルクス博士と同夫人」－ 彼らは、ここに生活していて、学校に関心を持っている人たちでした －「ディヴィッド・グリーンとその妻、マイケル・クローネンとディヴィッド・ムーディとともに、だ。私たちは、精神が知識の範囲内にあることについて、議論した。多くの再考。だが、良いものだ。クリシュナジ、アラン〔・キシュバウ〕と私は散歩をした。私は休んだ。私たちはいつもの夕食をとった。各々、本にのめり込んだ。」

2月2日、「晴れた静かな朝だった。私たちだけでコテッジで昼食をした。それから運転してマリブに戻った。クリシュナジは、私の脚のことを心配している。私に何も運ばせたり、あまり遠くに運転させたりしようとしない。〔東海岸の継父の〕ウージから手紙があり、〔認知症の〕母の精神は今や失せてしまい、母はとてもけんかっ早いと言う。」

2月3日には、私が記しているのはこれだけです －「クリシュナジと私は、幾つかの文書を公証してもらうために運転して行った。そのとき以外、一日中、家。」

翌日はさらに少ない。「家。クリシュナジの文書の仕事をした。」

スコット－クリシュナジの文書は、通信文だったんでしょうか。

メアリー－ええ。また私たちは、彼にグリーン・カードを取らせるための文書を、準備していました。

2月5日には、小さな記入があります。「雨だ！12月初め以来、最初の雨粒。わずかだが降った。私たちは午後に、グレイのメルセデスを運転してオーハイに行った。クリシュナジは、「ここの雰囲気を感じますか。」と訊ねた。私は、〔電話で〕継父に話をし、ボストンで入院中の従姉〔ローナ〕にも話をした。彼女は、自分は峠を越えたと言う。」

6日、金曜日、「朝に軽く雨が降った。私たちは、車用の道を歩いて行き、たわわに実をつけたオレンジの樹々をとおして、雪を頂いた山々を振り返って見た。〔北東に連なる〕トーパ・トッパ（Topa Topa）〔の山々〕と、北の山並み全体が、白かった。後で雲が再び募って、一日中、雨が降っ

たり止んだりした。エルナとテオ〔・リリフェルト〕は〔パイン・〕コテッジで、私たちとともに昼食をした。クリシュナジは、ラージャゴパルとロザリンドの「魂を救う」ことを、取り上げた。私は前に、自分は彼らへの憎しみはないが、個人的には、どちらとも何の関わりをも持ちたくないし、そのほうを選ぶということを、言った。クリシュナジは、彼らはどちらも教えに対して唾を吐きかけてきたと、言った － それは恐ろしいことなので、彼らは死ぬ前に、その贖罪をする機会を与えられるべきだと、自分は感じる、と。私たちのみんなが、ラージャゴパルはその能力がないと感じるようだ。だが、クリシュナジは、彼はもう一回機会を得るべきだと感じる。私は指摘した － それらの人たちに関してはまり込んでいる沼からクリシュナジを解放するために、エルナ、テオと私が長く相当な努力を払ってきたということ、そして、再びそれに触れることさえも不快だということを、だ。クリシュナジは、その問題ではない。彼らは教えに近かったし、それを裏切ったから、彼らは劫罰を受ける － 私が言いはじめて、彼が今、用いる言葉だ － と言った。後で、私たちだけがいるとき、私は彼に対して語った － 私は個人的に自分自身で言うことすべては、どこでもずっと本気で言っているが、これらは彼が判断しなければならないことであるし、彼への責任において私は、自分〔個人〕ではしないようなことをするだろう、ということだ。私たちはそこで放っておいた。私たちは、クリシュナジの入国のための書式に、取り組んだ。」

7日には、〔二冊の日記のうち〕大きい本には何もないが、小さい本には言います －「雨が継続する。週末の間、建築家たちがここにいて、午後にクリシュナジがアーリヤ・ヴィハーラで行う討論会に、来た。私たちはキシュバウと散歩した。」

では、8日に進みます。「週末ずっと、雨が降ったり止んだりした。五人の建築家がここにいる。私たちは協議し、正午に優先事項の決着に至った。私たちは、開始して、建築許可を求めることになっている － 1．パヴィリオン、2．住宅、3．常設の教室、4．集会ホールだ。これは、三十人の通学の生徒がパヴィリオンで学習できて、他の三十人が常設の教室棟にいる。〔校長〕マーク〔・リー〕が住宅に生活する、ということを、意味している。彼らは私たちに、創意に富んで適切な興味深い設計を、見せてくれた。チャック・ラッシュはクリシュナジに対して、自分が建物に責任を持つだろうし、他の建築家たちもそうするだろうが、自分がそれを調整しようと、語った。彼は、自らの生活から二つ以外のあらゆるものを取り除いたと、言った － すなわち、UCLA〔州立大学ロサンジェルス校〕の建築学部で教えることと、クリシュナジの学校を建てるのを見届けることだ。クリシュナジは喜んだ。誰もがみな、アーリヤ・ヴィハーラで昼食をした。イヴリン〔・ブラウ〕とシンシア・ウッド（Cynthia Wood）がそこにいた。午後にクリシュナジは討論会を開いた － イヴリン、シンシア、テオ、ルス、アルビオン、マーク〔・リー〕、アシャ〔・リー夫妻〕、ディヴィッド・グリーン夫妻、マルクス夫妻、ディヴィッド・ムーディ、マイケル・クローネンと私と、だ。エルナ〔・リリフェルト〕は親戚のところにいた。それで、そういうわけで彼女はそこにいなかった。クリシュナジは、何への照合もなく、比較なく、見ることについて、語った － それのエネルギーだ。晩にクリシュナジは、ドライスワミ・アイアンガー（Doraiswamy Iyengar）の〔インドの弦楽器〕ヴィーナ演奏のテープを、かけた － 一年前に〔南インドの〕バンガロールで録音されたものだ。まだ雨が降っている。」

2月9日に、「雨は少なくなった。私たちは発って、運転してマリブに戻った。私は車の中で張りつめていた。私は、予定より四十分遅れて発っている。予定はぎっしり詰まっていた。クリシュナジは、いつものように後半を運転するつもりだった。私が、急がなくてはいけないと言ったとき、彼は、私は短気だが、自分はそれを望まないと言った。「いいわ、平和のためには何でも。」と。」（笑う）「彼は運転しようとしなかったが、それで私はショックを受けた。私はいつもの場所に停めて、ハンドルを彼に任せた。彼はみごとに、すばやく運転して戻った。私たちは家で昼食をとった。彼は、私とともにUCLA医療センターに来て、私がミラー博士に診てもらう間、車で待った － 博士は、私を待たせつづけたが、脚は適切に治りつつあると言った。もう二週間、用心してください。それから何をしてもいい、と彼は言った。クリシュナジと私はそれから、お使いをした。私たちは、探偵小説、〔イタリアのピアニスト、〕ミケランジェリによるハイドンの〔ピアノ〕協奏曲の録音、何枚かメリヤスのシャツ、〔健康食品店〕リンドバーグの品物を、買って、午後6時までに家に帰った。〔お隣の〕アマンダ〔・ダン〕は、〔マリブでは〕週末にわたって2インチ〔約51ミリメートル〕の雨が降ったと言う。オーハイには6インチ〔約152ミリメートル〕だった。イヴリン〔・ブラウ〕が電話をかけてきて、シンシア・ウッドが学校へさらに寄付をするだろう、と言った。クリシュナジと私はテレビで、〔オーストリアの〕インスブルックでの〔冬期〕オリンピックのスキーを、見た。海は、細やかで轟く響きを立てた。」（メアリーとスコット、二人ともクスクス笑う）

10日には何も重要なことがなく、11日に私の日記はこう言うだけです －「午前にデスク。午後にお使いで街に行った。午後6時まで戻った。クリシュナジが門の近くで迎えてくれた。」

2月12日、「私は、クリシュナジの居住許可のために、ルイス・ブラウが私たちにくれた書式にしたがって、彼の経歴の資料に取り組んだ。クリシュナジと私は昼食をして、街に運転して行った。アラン・キシュバウが薦めてくれた新しい理髪店だ。私が、〔ウエスト・ハリウッド、〕フェアファクス近くのサンタモニカ大通りの安っぽいポルノ写真の中、カー・ワックスを入手しに行った間に、クリシュナジは優秀な散髪をしてもらった。戻る途中、私たちは床のタイルを探しに、ニードラー・ファウチャー（Kneedler Faucher）に立ち寄った。」－ そこはそれらを売る店です －「そこには、イタリア・タイルで私たちのマリブの模様があり、クリシュナジはそれが好きだ。だが、3月には新しいものが予定されている。私たちが戻るとすぐに、エルナが、電話を掛けてきた － シンシア・ウッドが学校建設に向けて20万ドルの小切手を送ってくれたということだ。」

2月13日、「〔お隣りの〕ダン夫妻はすてきにも、私の誕生日を無視してくれた。」（スコット、笑う）「だが、アラン・ノーデが電話を掛けてくれた。クリシュナジはもちろん、そういうことを憶えていない。〔東海岸の〕私の家族が〔こちらに〕電話を掛けてこられないうちに、私たちはオーハイへ出かけた。私たちは〔パイン・〕コテッジで、エルナとテオ〔・リリフェルト〕とともに昼食をした。そして、〔オー

ハイの西の端、メイナーズ・オークスにある〕オーク・グローヴの土地と － そこでは、〔建築家の〕キャレィ・スムート (Carey Smoot) が、立木、シダ等を取り除いておいた －〔そこで東西に走る、北側のウエスト・〕ロミタ・アヴェニュー (Lomita Avenue) からの入り口を、見に出かけた。とてもすてきに見えた。私たちは歩いてまわり、〔東側から入る〕ベサント・ロード (Besant Road) に戻った。私は手術以来、初めての本当の散歩だ。脚は良くなった感じがした。〔パイン・〕コテッジでの夕食。早く眠る。」

2月14日、「アラン・K〔キシュバウ〕は出かけている。それで、私が〔スイスの〕ナグラ〔録音機〕に、アーリヤ・ヴィハーラでの教師、親等のための討論会を、録音した。シンシア・ウッドは、サンタ・バーバラからマーガレット・マロリーという人 (a Margaret Mallory) を、連れてきた － 彼女は熱心だった。とても良い議論だった。彼女は、私たちはローマで、アメリカン・アカデミー (the American Academy) で会ったことがあると言った。彼女は、〔メアリーの亡き夫〕サム〔・ジンバリスト〕、ヴァーヌム・プア (Varnum Poor)、イングリッド・バーグマンと私の父について、語った。クリシュナジ、エルナ、テオと私は、霧雨のなか散歩に行った。」

スコット─ローマのアメリカン・アカデミーが何なのかを、説明してもらえますか。

メアリー─そこは大学だと思います。芸術とそれらのことすべてのための総合大学です。

スコット─彼女はそこで、あなたとサムに会っていた？

メアリー─そのようです。

スコット─彼女はまた、あなたのお父さんとイングリッド・バーグマンにも会っていた？

メアリー─私は本当は分かりません。

15日、「エルナ、テオ、イヴリン、シンシア・ウッドがコテッジの昼食に。午後3時に十五人のために、いつもの日曜日の討論会があった。私はそれをナグラ〔録音機〕でテープに録った。またも良い議論。クリシュナジ、エルナ、テオと私は、後で散歩に行った。」

翌日、私たちは運転してマリブに戻りました。

2月17日、「クリシュナジは言った －「まるで私の頭のなかで何かが拡大しつつあるかのように感じる。それは二、三日間、つづいている。新しい感じだ。眼を閉じると、そこにある。」と。それから、「あなたの責任はKを見守ることです。ゆえにあなたは健康でなければならない。私は長い時間、十年か十五年、生きるでしょう。」私は、クリシュナジの入国書類の仕事をした。私たちはいっしょに、緑のメルセデスにワックスを掛けた。それから、浜辺の散歩に行った。オーハイのアヴォカドを幾つか、〔お隣の〕ダン家に持って行った。」

それから18日 … おやまあ、これらの日記は永遠に続きます。〔全部終わらせるには、〕私たちは百五歳まで生きなくてはいけないでしょう！

スコット─それは良い。私はそれを当てにしています。私はあなたにもそれを当てにしています。

メアリー─（笑う）いいわ。18日、「デスク。私たちはグレイのメルセデスにワックスをかけた。午後6時に私たちは、居住許可のためクリシュナジが指紋を押印するために、保安官駐在所に行った。マークとアシャ〔・リー〕が、ロザリンドと〔陶芸家〕ビアトリス・ウッド (Beatrice Wood) とともに昼食をした。ロザリンドは、自分はクリシュナジを、ローマで会うことを拒否したことで、けっして許さないだろうと、言った。」彼がヴァンダ〔・スカラヴェッリ〕のところに泊まっていたとき、彼女は彼に会おうとして、ローマに行ったのですが、彼は彼女に会うことを拒否しました。

2月19日、「〔私の〕弟〔バド〕の誕生日だった。私は弟と電話で会話をし、オーハイに引っ越すことについて語った。クリシュナジと私は運転して、街にお使いに行った。私は、彼の好きなブロック (Bullock) で彼に幾つかすてきなジーンズと、柔らかいウォーキング・シューズを、買った。私たちは車で、ピクニックの昼食をとった。クリステンセン博士のところで、各々が歯をきれいにしてもらった。私は、クリシュナジの〔合衆国での〕居住許可のための書式と文書すべてを、ルイス・ブラウの事務所に届けた。私たちはまた、ハーブのヒソプ〔ヤナギハッカ〕を買った －〔メアリー・リンクスの娘〕アマンダ・パラント (Amanda Pallant) がクリシュナジのカタル〔粘膜の炎症〕のために薦めたものだ。私たちは夕食時までに家に戻った。」彼女はハーブの専門家です。

翌日に、「私たちは、エルナとテオとの昼食のために、オーハイに行った。午後に私たちは、〔道路で区切られた〕区画を回る長い散歩に行った。」

2月21日、「〔建築家の〕チャールズ・ムーアとチャールズ・ラッシュが、クリシュナジと私が見るために、コテッジの計画をもって来た。かなり期待に反していて、彼らが持ってきた模型は普通だったが、会合は役立った。後でクリシュナジは、自分と私が私たちの求めるものを描き、それを改善し専門的にするよう彼らに提示してもいいということを、言った。彼らはここで昼食をした。午後3時にクリシュナジはアーリヤ・ヴィハーラで、教師、親等の討論会を開いた。私はそれをテープに録った。私たちは後で、エルナとテオとともに散歩した。クリシュナジからは、「私は、静かな顔と静かな手について、あなたにではなく、あなたの身体に話をしよう。」…「私は、自分が話すときの仕草に気づいている。なぜあなたはそうでないのか。」と彼は言った。」（二人ともクスクス笑う）まあ、彼は〔椅子に置いた〕両手の上に座ります。私はけっしてできなかったわ。私は手を多く、あまりに多く動かします。私はそれを悟ります。クリシュナジは、私の手が静かでないことが、いつも気になりました。いつも彼は気になりました。今でも私は気になります。

スコット─分かります。私もあまりに多くそうします。（メアリー、クスクス笑う）

メアリー─22日に、「クリシュナジは昨夜、眠ったまま歩いた。私は、彼が自室で何かにドンとぶつかるのが聞こえたにちがいない。私はふいに、完全に、警戒して目覚めたからだ。」（説明するように見える）私はここに、このソファーに寝ていました。

スコット─ここにいて？ここはクリシュナジの小さな居間ですが。私はテープ〔録り〕のために、そう言っているだけです。なぜなら、あなたが「ここに」と言われるとき …

メアリー─ああ、もちろんです。すみません。「彼は居間に入ってきた。そこでは、私がソファーで眠っていた。私は彼に語りかけた。彼は「マリア？」と言った。」それは彼が私を呼ぶ名前です。「私は、ドロシーが一年前に私にくれた小さなオランダの懐中電灯を、つけた。クリシュナジが、

それに向き合う壁に当たって立っているのが、見えた。」それは、彼が私に背を向けていただろうという意味です。「彼は光で目覚めて、バスルームとベッドに戻り、即時に深い眠りに落ちた。私は、彼の息が寝息であるのが、聞こえた。私は長い時間、目覚めたままでいた。朝に彼は、「私は眠った間、歩いたにちがいない。私はかつてそうしたことはなかった。」と言った。午前は静かだった。エルナとテオが私たちとともに昼食をした。午後3時にクリシュナジは、私的なグループの討論会を行った。私はそれをテープに録った。とても興味深いものだ。クリシュナジ、エルナ、テオと私は運転して、オーク・グローヴの土地に行った。そこはすでに鋤き起こされていた。〔建築家〕キャレィ・スムートは、六つの木の門柱を設けていたが、私たちの誰一人としてそれが好きでないし、彼がしているのを知らなかった。」会合に誰がいたのかについては、何も言われていません。

2月23日、「クリシュナジは朝食で言った―「私の頭、ここが、」―彼は後頭部を指示しました―「まるで拡大しているかのように感じる―大いなる静けさ、空気と光。」と。彼は身振りをして笑った。昨夜、彼は再び、眠った間に歩いたように見えた。私は午前1時頃、即座に目覚めた。そのとき、彼が彼の部屋で歩いているのが、聞こえた。私は話しかけ、彼は応答し、入って来た。「なぜ私はこうするのかと思う。」。彼は戻り、即時に眠った。エルナとテオ〔・リリフェルト〕は、〔オーク・グローヴに立てられた門の〕柱に戸惑って、〔建築家〕ラッシュに話をした。〔建築家〕スムートはそれらを変更するのを拒否した。私たちがそうするなら、出て行くだろう。」(笑う)「議論。クリシュナジは午後にスムートに来てもらった。その間、〔リシ・ヴァレーの〕ムーアヘッド(Moorhead)が、インドから到着してすぐ、イングランドから電話を掛けてきた。彼は、〔校長〕バラスンダラムは肝炎に罹っていて、会議に来ることができないかもしれないと、言う。クリシュナジは一人でスムートと話をした。それから、エルナ、テオと私を呼び入れた。クリシュナジがすでに、すべてを均していた。」(笑う)

「それで、私たちは午後5時頃まで、車を降りなかった。クリシュナジは、突然に頭が痛いと言った。彼は私に、時速50から55マイル〔、約80から88キロメートル〕で運転するよう頼んだ。」それはゆっくりという意味です。「突然、彼は「ちょうど今、私は気絶しそうだった。」と言った。幾度も彼は、片手を両目に当てて、うなった。「かなり悪い。」と彼は言った。〔西マリブの〕デッカー・ロード(Decker Road)近くの海岸道路で、彼は二分間ほど、気絶した。シート・ベルトが彼を優しく支えていたので、彼は、過去の気絶のときのように、私の膝へと倒れ込まなかった。私たちが住宅に着いたとき、彼は自分はだいじょうぶだと言い、跳び出て、ガレージの扉を開けた。私たちはものを彼の部屋に運び込んだ。私が訊ねたとき、彼は、「私はだいじょうぶだ。気にしないで。私は一人でいるとき、けっして気絶しない。」と言った。それで、私は夕食を作りに行った。後でベッドに行き、おやすみを言うと、彼は、頭が痛いと言った。」

翌日、「クリシュナジの頭はましになったが、彼はまだ幾らか痛んでいる。〔南インド、〕マドラス〔現チェンナイ〕の新しいクリシュナムルティ信託団のための信託証書が、届いた―マドラスでのラージャゴパルに対する法廷訴訟の結果として、ヴァサンタ・ヴィハーラを受け取り、そこで活動する団体だ。クリシュナジはそれに署名した。私たちはそれを公証してもらうために銀行に行き、それを〔インドの〕ラーダー・バーニアーに郵送した。彼女は今、その理事の一人だ。それから私たちは浜辺を散歩した。夜の0.15インチ〔、約3.8ミリメートル〕の少ない雨の後で、美しかった。クリシュナジは疲れたので、私たちは戻った。バラスンダラムから、肝炎のため自分は合衆国に来ることは不可能になるという電報を、もらった。」

2月25日、「私は午前ずっとデスクで仕事をした。午後には、アラン・K〔キシュバウ〕以外の全理事の会合があった。クリシュナジはまた、〔建築家〕ラッシュとキャレィ・スムートにも会った。私たちは〔23日〕月曜日の決定について詳しく話した。後でお茶。クリシュナジは昼食の後、腹痛を起こしたが、後で気分はましになった。」

2月26日には、ほとんど何もありません。「私はほぼ一日中、デスクで過ごした。私たちは、グレイのメルセデスにワックスをかけた。それから歩いて、〔隣家の〕アマンダとフィル〔・ダン〕に会いに行った。」

2月27日、「私たちは午前11時に、緑の車でオーハイへ発った。クリシュナジが運転した。〔マリブ西部の〕ズマ・ビーチ(Zuma Beach)沿いで彼は、「紙を持っていますか。」と訊ねた。私は自分のかばんの中に紙切れを見つけ、彼の言うことを書いた。「今朝、ふしぎなことが起きた。私は静かに座っていた。一種の冥想だ。突然、絶対的な静寂があった。あらゆるものが退く。死のようだった。静かに座っているこの身体と、どこにも存在していないというこの真理があった―完全な死だ。もしも、なんとまあ、これはあまりにはるかに行きすぎかけていると、私が感じなかったなら、何が起きただろうか分からない。絶対的に何でもないことだった。あたかも、その状態が継続したなら、身体は死ぬだろうと感じられた。あらゆるものごとの終わりがあるだろう。」。」

「そのとき私は訊ねた―それは、あなたが行ってしまうように感じた一人での散歩の時に、類似していましたか。」

「クリシュナジは、「今朝ははるかに強烈だった。」と答えた。」

「私は、「いつそれは起きましたか。」と訊ねた。」

「クリシュナジは、「私があなたに会った後です。」と言った。それは午前7時頃だった。」

「私は、「朝食の前ですか。」と言った。」

「彼は、「ああ、朝食よりずっと前です。脳の後ろがものすごく換気される期間が、あった。あたかも、深い息をして、空気で充たされているように。しばらくの間、それがつづいた。」と答えた。」

「「どれほどですか。」と私は訊ねた。」

「クリシュナジは、「二、三分か、もっとだったかもな。分からない。」と言った。」

「私は、「あなたが、これはあまりに行きすぎかけていると感じたとき、それはそのとき即座に止まりましたか。」と訊ねた。」

「クリシュナジは、「ああ、即座に止まった。」と答えた。」

「「それは何だと思いますか。」と私は訊ねた。」

「彼は、「私は前にそれがあったことがある。でも、それは行ってしまうという意味で、だった。退くというのは間違った言葉だ。それは絶対的な静けさだった。私は、それは頭脳で起きたこと―拡大すること、換気されたこと、

本当に空気がそこに入ったことと、関わりがあると、思う。まるで新しい新鮮な頭脳がそこに入れられたかのような、かすかな緊張。これはまったくばかげて聞こえる。」と言った。それから彼は笑った。「全然汚染されていない…」。」私は文章を終えませんでした。

「彼はその後、静寂のなか、幾らか道のりを運転した。私はしばらく海を眺めた。それから私は、見えることの全体性が私にとって何なのかを、叙述しようとした － それはどうにか感覚すべてでもって、だ。色、その深さ、線と動きは、目にだけでなく、身体でもって感じられる。何も思考が起こっていないとき、それは来る。それは、音楽、風、海、声を聞くことに関しても、同じだ。クリシュナジは気をつけて聞き、理解するようで、私の言うのは正しいと言った。私たちは、〔オーハイの西端の〕学校の入り口わきの柱を過ぎて、運転した。〔建築家〕キャレィ・スムートは、それらを色濃く塗っておいた。それらは、」（声に笑い）「さほど押しつけがましくなかった。〔オーハイ、東端のパイン・〕コテッジには、ニューヨークのパトリシア・ギルバート（Patricia Gilbert）から、クリシュナジへ狂った嫌らしい電報があった。」パトリシア・ギルバートは、〔スイスの〕サーネンによく来た女性でした。私は、クリシュナジは彼女と結婚したいと思っていないことを、彼女に納得させようとして、何時間もムダに費やしました。「電報は不愉快だった。エルナとテオが私たちとともに昼食をした。私たちは〔道路で区切られた〕区画（ブロック）を散歩して回った。」

原　註

1) これは華氏の温度である。摂氏では 7.22 度である。
2) これは、学校になるべきものではなく、むしろ後に、成人研修センターとして知られるようになったものだった。
3) アメリカ・クリシュナムルティ財団は、ラージャゴパルとの調停の一部分としてパイン・コテッジを受け取っていた。それで、メアリー〔・ジンバリスト〕が〔出資して〕パイン・コテッジに建て増しをし、もしも仮に彼女が彼より先に死亡したなら、その資産がクリシュナジに行くだろうということ、そして、それは最終的には〔アメリカK〕財団に行くだろうということを同時に保証しつつ、あたかもそこが彼女の資産であるかのように使用するには、法的な手続きを取らなくてはならなかった。
4) 少なくとも後の一つの対談〔第 40、46、51、65、69 号〕に、これについての議論がさらに出ている。
5) メアリーは、正面の扉のちょうど左の小さな区域を、指示している。

訳　註

*1 Frère Jacques は、フランスの民謡であり、修道士ジャックに問いかける歌詞になっている。フランス以外では、その地域言語の歌詞で歌われている。日本では、英語題の「Are You Sleeping?」、邦題「かねがなる」「グーチョキパーでなにつくろう」などでも知られている。
*2 他の記述からすると、コーヒー豆を使わないで、他の天然の素材から作ったコーヒーだと思われる。
*3 日本では「セルシン」「ホリゾン」の商標名で知られる。
*4 第 65 号、1980 年 12 月 3 日の個所で、リシ・ヴァレーでKはメアリーに対して、「あの顔」がKとともに四日間、いたこと、眼を閉じるとそこにあり、目を開けると部屋の中に見えたことを、述べている。また、ラッチェンスによる伝記第三巻、1980 年 12 月の個所はこの出来事に言及してから、1925 年 12 月アディヤールで主マイトレーヤがKを通じて初めて語ったとき、声とともに顔が、より厳しく、より成熟し、さらに美しく変わったこと、後でエミリー・ラッチェンスがそれをKに伝えたときも、彼は同様に「私はそれが見られたらなあ」と答えたことを、記している。
*5 damnation は、地獄に落ちること、天罰といった意味がある。
*6 バラモンに関するKの態度については、第 43 章の訳註を参照。
*7 カリフォルニアで生活し、クリシュナジの友人であった。当初、クリシュナジの学校であったハッピー・ヴァレー学校の理事をも、務めた。
*8 ハックスレーは、カリフォルニア南部のモハベ砂漠に移住したことがあり、そのとき訪問したようである。
*9 ただしアメリカではテラスを意味する。
*10 これらの記憶は、『ジャーナル』1973 年 9 月 23 日、10 月 4 日などにも記されている。
*11 この土地の経緯については、第 19 号の訳註を参照。
*12 第 20 号、1971 年 10 月 21 日の記述を参照。

第 40 号　1976 年 2 月 27 日から 1976 年 4 月 26 日まで

序　論

この号は、マイクを遠ざけて行われたメアリーと私との間の対談を思い起こしたものを、収録している。これは、私たちがマイクを遠ざけて行った数多くの議論のわずかな例の一つであるから、興味深い。記録は 2004 年の 7 月に行われた。だから、これは、私たちがこれら進行中の対談を行って十二年後のことである。私たちは、録音を開始する前に議論を始めてもいたこの同じ話題について、いまだに議論していた － すなわち、メアリーと彼女の反応のどれほどが、私たちの対談記録の一部分であるべきか、ということである。もしも彼女が〔自分を出したくないという〕自分の思うとおりにしていたなら、彼女はこれら記述において姿が見られなかっただろう。私は、彼女なしでは、どんな記述もないだろうことを、いつも主張していた。

彼女はこの対談の中に、人々に対するクリシュナジの敏感さと、彼が保護される必要性を、織り込む － そして、これが彼の人生の終わりに取ったすごく強烈な形を、である。

メアリーは、アーリヤ・ヴィハーラで起こったたいへん興味深い議論について、私たちに語ってくれる － それは録音されたが、まだオンラインで利用できないものだ。

この号にはまた、オーハイの学校の或る難しい子どもに対処するために、クリシュナジの提起するとても興味深いアプローチが、見られる。

メアリー・ジンバリストの回顧録　第 40 号

メアリー― 私は、彼が 1976 年 2 月 27 日に自らに起きることを叙述しているところを、やり遂げたと思います。
スコット― ええ。それがまさに、テープが切れた終わりでした。或る…
メアリー― …頭のおかしい婦人が…
スコット― そのとおり。頭のおかしい婦人です。
メアリー― まあ、ともあれ、彼女はニューヨークにいたし、私たちは〔夏のスイスの〕グシュタードでの朝以来、彼女から便りをもらっていませんでした － そのとき〔グシュタードで〕、午前 6 時に彼女が山荘の外にいて、クリシュナ

ジは私に外に行かせて、彼女が彼に自分と結婚するよう頼んで送ってきた、頭のおかしい手紙について、何とかさせました。（クスクス笑う）「電報は不愉快だった。エルナとテオが私たちとともに昼食をした。後で私たちは〔道路で区切られた〕区画（ブロック）を散歩して回った。」それがその日です。

スコット─ここで止まって、質問をしてもいいですか。

メアリー─いいわよ。

スコット─それは昨日の私たちの議論と関わりがあります。私は昨夜、これについて考えていました。それは、クリシュナジが「顔」について言ったことと、関わりがあります。

メアリー─ええ。

スコット─クリシュナジはいつ、あなたに対して「顔」について、初めて言ったんですか。

メアリー─正確な日付は示せないわ。なぜなら、彼は「顔」について話をしていましたが、いつ彼が「顔」について話したのかと、いつ私がそれを見たのかは、現在の私の記憶にないからです ─ これら議論において明るみに出るのでなければ、ね。なぜなら、それはただ起きたからです。私は昨日あなたに語ったと思いますが、かつて彼が言った…

スコット─自分はそれが見られたらなあ、と。[1]

メアリー─彼は、自分はそれが見られたなあと願っていました。

スコット─クリシュナジは私に対して、それについて訊ねました。私はそれを見たからです。私は、初めてそれを見たとき、私の想像だけだと思いました…

メアリー─分かります。あなたは語ってくれました。

スコット─…見間違いかと。それは…そう…

メアリー─いいえ。私たちは二人ともそれを見ましたし、彼はそれについて語りました。でも、それがいつだったのかは…

スコット─いいです、よろしい。

メアリー─これら議論を読むなかで、現れるかもしれません。

スコット─よろしい。それでいいです。さて、28日です。

メアリー─2月28日、大したことは起こりませんでした。「私は手紙をタイプで打った。クリシュナジはアーリヤ・ヴィハーラで、教師、親等のための討論会を、行った。私はそれをテープに録った。」誰がそこにいたのかは、言っていないわ。「シュワルツ氏（Mr. Schwartz）が、」─ それはカーテンの人です ─「〔事務所の〕階上のアパートメントのためのカーテンの幾つかを、取りつけた。[1] カーペットも取りつけられた。時は動きつづけている。ボーム夫妻はここに二週間いるだろう。クリシュナジはアーリヤ・ヴィハーラで、教師、親等の討論会を開いた。私はそれをテープに録った。」

で、翌日は29日、日曜日です。「私は手紙をタイプで打った。イヴリン・ブラウが、〔西オーハイのオーク・グローヴに隣接する〕ベサント・ロードに面したランチハウスのある土地のことで、ロザリンドに会いに行った。彼女〔イヴリン〕と〔その夫〕ルーは自分たちの娘〔エロイーズ〕のために、そこを買いたいと思っている。[2] ロザリンドは自らの混乱の中で一ダースの方向に話をし、何にもつながらなかった。イヴリンは、『彼女とはやりとりできないわ。』と言った。シンシア・ウッド（Cynthia Wood）とイヴリンが、私たちとともに昼食をした。シンシア・ウッドは後でクリシュナジに対して、喜んで〔アメリカK財団の〕理事になろうと語った。クリシュナジは今、それを他の理事たちに諮るだろう ─ 彼らはまだ相談を受けていなかった。」彼は自分でそうしました。

「午後3時にクリシュナジは、〔パイン・〕コテッジで私的な討論会を行った ─ 思考、実在性、自然のそれ、思考の創り出した対象物（機械等）のそれと、思考自体（観念、想像）のそれについて、だ。思考の幻影を理解することが、真理だ。クリシュナジはここで、自分自身との対話を始め、『あなたたちは質問しようとしないから、私がそうしよう。』と言った。そして、対話の始めをも終わりをも行った。『私は自分の友に言います、等』彼はこの仕掛けに喜んだ。晩には、未来の討論会ではそれをしようと言った。」（メアリーとスコット、二人ともクスクス笑う）彼は〔アルビオン・〕パターソンに悩んでいた。彼は悩んでいたわけではないが、彼とその意見に『私は驚かされる。』と言った。彼は、パターソンが妨害しつつあり、『高位聖職者の始まり』をやっていると感じる。またクリシュナジは、自分はロザリンドとラージャゴパルのことを考えてきたが、もはや、彼らが『悔い改め』、彼らが行ってきた悪を無くすのを助ける試みがうまく行くだろうとは思わないと、言った。『私は放っておこうと思う。』と。先週、イヴリンの娘とマーク〔・リー〕がロザリンドに会ったことで、同じ狭量で陰謀を企む女の肖像がもたらされたように見える。彼は、自らが癒やしを行っていたときの彼女の怒りを、叙述した。『なぜそれをするのよ！？』と彼女は言ったものだ。」そして、彼がハッピー・ヴァレー〔学校〕の教師たちに講話をしたとき、彼女は怒って出て行った。彼女は討論会に来なかった。「彼女はあまりに愚かで、理解できなかった。」そして彼は、〔自らの〕『〔生きることについての〕コメンタリー（The Commentaries）』が出版されたときの彼女の疑問を、もう一回語った ─「あなたがあれを書いたの？そんなわけはない。ラージャゴパルだったにちがいないわ。」と。」

スコット─では、彼女は、クリシュナジが『コメンタリー』を書いたのかどうかを疑った？

メアリー─ええ、ええ。彼女は、彼がそれらを書いたことが想像できなかった。「プリシラ・テイリー（Priscilla Teiry）はエルナ〔・リリフェルト〕に対して語った ─ マーサ・クレゴ（Martha Crego）[3] を含む〔オーハイ・〕ヴァレーの人々との多くの会話の後、ロザリンドとラージャゴパルの狙いはクリシュナジと教えを破壊することであったと自分は思う、と。クリシュナジはどうしてか、彼女がこう思うことに打たれた。そしてその晩、たぶんそれは本当だろうと言った。彼はベッドに入る前に入ってきて、私に書きしるすよう言った ─『真実（reality）への理解があるとき、無際限の秩序がある。そして、愛と正義は真実に本来具わっている。』と。」

翌日は3月1日です。「エルナとテオが私たちとともに昼食をした。クリシュナジは、アルビオン・パターソンが〔教えの〕解釈者になりつつあると、感じる。彼はルス〔・テタマー〕に来てもらい、それについて彼女に話をした。彼女は、クリシュナジがパターソンに話をすることを、提案した。私たちは運転してマリブに戻った。途中でクリシュナジは、今やほとんどの時間、頭が痛いと言った。その午前、そうだった。それから彼は、『私は何か度を越したことをしているように感じる。私たちは何をしようか、マリア？』と言った。」（スコット、クスクス笑う）

「私は、『映画に行きましょうか。ダンスに行きましょうか。ラスヴェガスに！』と答えた。」（スコット、笑う）

「クリシュナジは笑って、『それは罰になるだろうな。』と言った。」

「私は、『何が度を越しているんでしょうか。』と訊ねた。」

「彼は、『分からない。』と答えた。彼は夕食の後、疲れていた。」（メアリー、笑う）

3月2日に、「私の弟〔バド〕が、ビジネスのことで電話を掛けてきた。私は街にお使いに行って、歯に詰め物をしてもらった。クリシュナジは休んだ。私が午後4時に帰宅したとき、車用の道で待っていた。雨が降りはじめたので、散歩はできなかった。だが、肩当ての台〔ストゥール〕で〔ヨーガの〕逆立ちをする新しい道具を、試した。」あのものを憶えていますか。

スコット－ええ、あれは憶えています。

メアリー－3月3日は短い。「デスク。住宅の費用に取り組む。ルス・カーター（Ruth Carter）に電話をした。」－それは不動産業の女性です－「彼女が、〔マリブの〕住宅の価値を査定しに来た。クリシュナジと私は浜辺を歩いた。」

4日に、「弟〔バド〕がビジネスの事柄で電話を掛けてきた。私はまた〔東部、マーサズ・ヴィニヤード島の〕継父のウージと母にも話をした。従姉〔ローナ〕は、良くなっている。まだ〔ボストンで〕入院しているが、口から食べ物をとることができる。一日中、マリブの住宅の費用に取り組んだ。キャロル・ラプフ（Carol Rapf）が、」－それは別の不動産業者です－「査定するために来た。クリシュナジと私は、緑の車にワックスをかけた。」私たちは永久に、車にワックスをかけているみたいだわ！

スコット－わかります。わかります。それは一つの形の娯楽だったと思います。（二人ともクスクス笑う）

メアリー－では、3月5日に行きます。「私たちは午前11時に出かけた。クリシュナジが運転した。しばらくした後、彼は、『おもしろいことが起きつつある。新しいことがそれに加わりつつある。今朝とてもたやすかった－すっかりふつうになってしまった－それはそこにある－何でもないこと、何でもないことの広大な空間だ。二、三日前に私の感じた新しいこと－何か－神聖という言葉。何か全然聖なるもの、神聖なもの。私はそれが何なのかを知らない。』と言った。私たちは、大きな岩を回って来た。それから〔北東方向の〕トーパトッパ〔の山〕があった。雪で白かった。クリシュナジは、『これは何という国だろう、真のカリフォルニアは。私は、ここが1922年にどのようだったかを思い出せたらなあと思う。』それから、『愛しいマリア、私たちはあの住宅を宝石にしなければならない－きびしく、神聖であり、何も度を越していなくてこれ見よがしでないものに。』休止があった。それから、『私をここに置いてくれてありがとう。』と。」

「昨夜、私は、〔亡き夫〕サムの地所の書類の中に、マリブの住宅の相続財産の価値を示す何かを探すことで疲れて、散漫になってベッドに入った－私はそれを、税金の損失として必要とするだろう。それはまったく見つからなかったし、書類は悲しかった。クリシュナジはそれを感じたにちがいない。車の中で彼は、自分は私にとても近く感じてきたと言ったからだ。そして彼は、来週のボーム夫妻の到着と私が空港に行くことについて語ったとき、自分も行かなければならないと言った。『私は可能なだけ、あなたとともにいなければならない。』と。」

「私は、『あなたは私への危険を感じますか。』と訊ねた。」

「彼は答えた－『いや。でも、私があなたとともにいることは良い。』と。」

「〔パイン・〕コテッジでのエルナとテオとの昼食で、クリシュナジは、私たちが建てるであろう住宅についてと、いつの日か私たちが〔オーハイの〕こことブロックウッドだけに生活するかもしれないさまについて、話をした。インドではない、と彼は言った。彼は、『私たちがKアンドR〔財団〕を持つとき、』〔編集を行った〕ラージャゴパルの名前は、『〔生きることについての〕コメンタリー』から除去できるのかどうかを、訊ねた。『それはそこに属していない。』と。」

「彼は再び、プリシラ・テイリーが、二人のRたちは自分とその教えを破壊しようと頑張っていたと述べたことに、触れた。それから彼は、『私はそのとおりだと思う。』と言った。それから彼はエルナに対して、何についても悩まないように語った－すべては成し遂げられる。あらゆることが正しくなるだろう。彼は、これについて饒舌に詳説しながら、笑った。」

「午後4時に彼は、マーク〔・リー〕、ディヴィッド・ムーディ、チュック・ラッシュ（Chuck Rusch）、ケイティ・マルクス（Katie Marx）、ディヴィッド・グリーン（David Greene）に会った。彼らが用いる二つのアプローチ－雰囲気を創り出すことと、対話によって－に応答しない子どもを、どう取り扱うのかについて、だ。その子は自己中心的であり、ひどい振る舞いをすることによって、注意を引く。クリシュナジは言った－『彼のほしがる個人的な注意を彼〔本人〕に向ける代わりに、もう一つの注意を創り出すことにより、彼の注意を彼自身から動かせるでしょうか－その〔もう一つの〕注意を彼はほしいでしょう。同じ強烈さで彼の注意を彼より動かしてしまい、彼のエネルギーを転換するのです。』と。」

「『私は〔インド西部の大都市〕ボンベイ〔現ムンバイ〕で8000人の人たちに話をするでしょう－彼らがほしいものとは正反対であることについて、です。これが私の問題です－どのように彼らに届くのか。私は、何か真実であることを指し示す。彼らにそれを見させる。他の何かの反対としてではない。私は彼らの無意識に訴えかけます。』と。」

「『変化への無意識的な動きがあるかもしれません。そして、これは、親たちに、その子を学校に送るよう影響するかもしれません。同じ性質がその子に影響するかもしれません。』」

「『私たちが暴力の中やってきたようには、生きつづけられないという無意識的な要求、衝動があるかもしれません。』」

「『だから、二つのことがあります－彼の注意を方向付けることと、彼の無意識に話をすることです。』」

「『彼を抵抗する姿勢に置いてはいけない。親たちではなく、他の何かが彼を送ったから、彼はここにいるかもしれない。ゆえに、私の責任ははるかに大きいのです。』」

スコット－では、クリシュナジが言っているのは・・・まず最初に、注意を求めるのへ抵抗しないことです。

メアリー－ええ。注意を転換することです。

スコット－それを転換すること。そして、クリシュナジは、自らがボンベイで8000人の人たちに関して行うことを、類推として用いる。

メアリー－そのとおりです。ええ。
スコット－そして彼は、人々は無意識的な願いを持っているかもしれないと感じる・・・
メアリー－・・・変わりたい、と。
スコット－・・・変わりたい、と。なぜなら、ものごとは、今そうであるように、まさに働いていないし、人々はそれを知っているからです。それから彼はさらに進んで言います－学校の一つに来る学生は、「送られた」のかもしれないということを・・・
メアリー－・・・何か知られざるものによって、ね。
スコット－そのとおり。本当は親たちにより送られたのではない。表向きは親たちにより送られたけれど・・・
メアリー－ええ。他の何かね。
スコット－何か他の智恵とか力とかがあるのかもしれない・・・
メアリー－ええ。ゆえに、彼の責任ははるかに大きい。
スコット－そのとおり。そして、その子を送ったもののために、教育者の責任ははるかに大きい。
メアリー－でも、彼の、クリシュナジの責任が、ここには関与しています。
スコット－そのとおり。
メアリー－3月6日には、「午前11時に、建築家たちとの会合があった。ガンメル（Gammel）と」－誰かが－それは建築家たちです－「学校の管理棟と校長の住居の図面を、提示した。スィートン（Sweeton）一家は〔イングランドの〕ブロックウッドでガレージを建てたが、彼らがここにいる。そして、父親のアル（Al）が会合に来ていた。誰もがみなアーリヤ・ヴィハーラで一緒に昼食をした。彼らは午後に会合を再開した。私たちは遅くに散歩した。」

3月7日、土曜日、「イヴリン〔・ブラウ〕とシンシア・ウッドが昼食に。クリシュナジは午後3時に、いつもの集団と討論会を開いた－私はそれをテープに録った。没入するようなものだった。」

翌日、「私は、来客用フラットとボーム夫妻の到着のために、必需品の買い物をした。クリシュナジは再び、マーク・リー、カティー・マルクスとディヴィッド・ムーディに話をした－子どもたちについて、それから因と果について、だ。クリシュナジは、〔パイン・〕コテッジでのエルナとテオとの昼食の後、アルビオン・パターソンに会った。初めは一人で、そして、彼がエルナ・リリフェルトに反対することを言い、そして、宗教指導者は優しく辛抱強くあるべきだと言って、彼自身に反対することを言っていることに、向き合わせた。パターソンは、「あなたは辛抱強くない。」と言った。」

「クリシュナジは答えた－「私が辛抱強くないのではない。でも、あなたは、私がすでに言ってきたことを、何度も何度も繰り返す。」と。彼はパターソンへ、彼が他の人たちに対してブロックウッド・パークとオーハイの学校を批判するということを、語った。パターソンはそれらを否認し、それはただ自分の話し方だと言った－誇張、おおげさな言いぶり、ラテン・アメリカの国々での自らの歳月で身についたものだ、と。クリシュナジは彼に対して、彼が自ら教えの解釈者の立場に就きつつあるということを、語った。彼が学校とリリフェルト夫妻についてあれこれ言っていることを否認したとき、クリシュナジは夫妻を呼び、彼らみながはっきりさせた。」

スコット－では、クリシュナジはリリフェルト夫妻を呼び入れた。彼らはアルビオンについてはっきりさせた？
メアリー－ええ。「後で私たちは運転して、彼らをマリブに連れて行った。」それは興味深い。

3月9日に、「バラスンダラムから電報があった－〔インド南東部、マドラスの〕ヴァサンタ・ヴィハーラは、裁判所の命令により、今やマドラスK信託財団（the K. Trust, Madras）に帰属している。エルナはクリシュナジに対して、カナダの首相の妻、マーガレット・トルドー夫人（Mrs. Margaret Trudeau）からの手紙を、読み上げた－〔間近な〕科学者たちの会議に、オブザーバーとして出席したいという彼女の願いについて、だ。私は〔カナダの首都〕オタワの彼女に話をした－彼女は、旧姓のシンクレアー（Sinclair）で来るだろう。クリシュナジと私は、街へ運転して行った。ビヴァリー・ヒルズで車の中でピクニックの昼食をとり、お使いをした。彼は散髪をしてもらった。」

10日には、多くはありません－〔マリブの住宅について〕もう一つの不動産の査定。クリシュナジと私は浜辺を散歩した。私たちは〔お隣の〕ダン家に短く立ち寄った。

3月11日に、「私は、継父の八十七歳の誕生日に、彼に電話をかけた。私の〔認知症の〕母は良くない。私は午前ずっと住宅の出費に取り組んだ。クリシュナジとの昼食の後、私は街へ、ルー・ブラウの事務所に行った。そこでは彼と〔その妻〕イヴリン、エルナ、テオと私は、アメリカK財団の財務、そしてまた私が土地を買うことについて、議論した。」これは、私がマリブの場所を売ったとき、私の資本売却所得税を最小限に抑えようとするために、ルーが考え出した仕組みでした。ルーはそのすべてを、私に対して説明していました。それで私たちは、私が〔オーハイの東端の〕この土地を買うことについて、議論しました－〔住居用にパイン・〕コテッジを広げる前に、私は実際そうしました。「ルーは、私が、アーリヤ・ヴィハーラを含めてその〔オーハイの東端で南北に走る〕マクアンドリュー・ロード（McAndrew Road）の地所全体を買うべきだと、考える。エルナはそれを査定してもらうだろう。私は遅く家に帰った。私は、闇の中、白いバスローブを着たクリシュナジが、車用の道の曲がり角で待っているのを、見つけた・・・」（長い休止）「私は心を揺すぶられた。」と、ここには言います。
スコット－すてきだなあ。なぜあなたは、その最後の部分を読む前に、ためらったんですか。
メアリー－ちょっとの間、〔テープ・〕レコーダーを止めてください。

（テープが切れる。それから戻る。）

スコット－いいです。で、私たちは、あなたがこれら議論に個人的なことを入れることに気が引けるということを、言っていました。そして私は、知るのがすばらしいし、知るのが重要な個人的関係についてのことがあるということを、言っています。あなたは例えば、クリシュナジが時折、ほぼ一種の保護として、誰かを自分の近くに必要としたという主題を、取り上げました。
メアリー－ええ。彼は語りました・・・例えば、彼が私に対して、私は彼より長生きしなくてはいけないから、自分の健康に気をつけなければならないということを、永久に言っているとき、・・・
スコット－ええ。
メアリー－・・・そしてそれは、彼が私に期待する一種の義

務でした。そして私は、自分の役割は保護的なものだということを、強く感じました － できるだけ彼の生活をたやすくし、彼を保護し、何でも彼が必要なことで彼に役立つことだ、と。彼が正しい食べ物をとり、彼が正しい場所にいるのを、見計らう － それが快適であり清潔であるように、そして、或る人物のためになすことすべてであるように、です － それがなされなかったなら、彼にないであろうこと、です。私はたまたま、そこでそれをする者でした。彼は必要とすると見えたんです‥‥彼は、存在にとても敏感でした‥‥

スコット―‥‥異なった人たちの〔存在に〕。

メアリー―‥‥異なった人たちの〔存在に〕。

スコット―ええ、ええ。

メアリー―そして一定の人々の〔存在に〕、です。それはとても悪かった。彼はそれを‥‥望まなかった。

スコット―ええ。

メアリー―そして、他の人たちですが、彼は、それが何であれ、その良いことに敏感でした。

スコット―ええ。さて、例えば前に、テープ・レコーダーを切ったとき、あなたが取り上げたことですが、〔1986年に〕クリシュナジが〔膵臓癌で〕亡くなろうとしていたとき、彼は私たちを求めて、‥‥

メアリー―ええ‥‥

スコット―‥‥彼は、一分たりとも一人にしておかれることを望まなかった。

メアリー―ええ。

スコット―それは、彼が怯えていたということではない。

メアリー―ええ。まったく。

スコット―で、何もそのようなことではなかった。でも、私は知りませんが‥‥彼を愛している人々については、何かがありました。または、私は何か知らないが‥‥で、あなたと私はそこにいて、‥‥

メアリー―ええ。

スコット―‥‥彼をけっして一人にしておかなかった。そこには、或る種の保護がありました。

メアリー―ええ。そして彼は言いました － 私たちはずっと後にそれに来るでしょうが、ですが、あなたは、彼が〔1986年1月に、健康が急激に悪化した状態で、〕インドからあなたと〔医師の〕パーチュリ〔博士〕とともに〔オーハイに〕戻ってきたとき、私が空港で緑の車で彼を迎えたことを、憶えていますね。

スコット―ええ。

メアリー―彼は私とともに来ました。そして、私が車に乗り込むとき、彼は言いました － 次の二十四時間、私は、まったく彼を放っておいてはいけない。なぜなら、それは‥‥それは‥‥

スコット―際どくなっている。

メアリー―‥‥際どくなっているから。彼は、「際どくなっている」という言葉を使いませんでした。でも、彼は死に近かったかのように、それは必要でした。そして、私が思い起こすところ、あなたと私が二人とも、〔パイン・コテジの〕彼の部屋〔で、ベッドの側〕の床に眠ったという事実は‥‥

スコット―ええ、ええ。私たちの一人がいつもここにいました。

メアリー―ええ。

スコット―二十四時間ね。でもメアリー、今、私はこれに戻りたいと思います。なぜなら‥‥それにまた、このおかしなことが、私はこれが先に出てくるのかどうか知りませんが、私がクリシュナジへマッサージを行いはじめたとき、思い起こすなら、私は彼の両手から始めましたが、クリシュナジははっきりしなかった。これはただ、彼が〔他人の〕存在にどれほど敏感であるかを言うことですが、彼は、自らの身体が私が触れることに耐えられるのか、はっきりしなかった。

メアリー―彼はそれを、どういう意味で言いましたか。

スコット―彼は、小さな形でただ試してみたかった。なぜなら、彼は‥‥私は、彼はとても敏感だったと思います。ともあれ、私の触れるのは良いことが分かりました。それで、それから私は継続しましたが、それはただ、私は彼との関係がありましたが、私が行うということでした。ただ何か独特のものがありました － 化学的と言うか、そうですね、ただ或る種の個人的な相性か何か、ですね。

メアリー―ええ。

スコット―その一部分があったからこそ‥‥そうだな、あなたの彼との関係は、唯一無二だったし、特別だった。そういうわけで、私は、あなたが気が引けるのを知っているんです‥‥まあ、あなたは、自分自身について話をすることに気が引ける。終わり、と。（クスクス笑う）だと、この〔記録を残す〕計画はすべて、すごく困難になりますよ！

メアリー―いつ果てるともないこの伝説（サガ）のどれかを聞くなら、誰一人、それを信じようとしないでしょう！

スコット―でも、私たちはたまたま、それが真実だと知っています。では、それはまた、あなたが自分の反応を外せないという意味なのでしょうか － 私はそう思いませんが。で、あなたが見るとき、運転して角を回ると、闇の中、白いバスローブを着たクリシュナジがいて‥‥

メアリー―彼はそこに立っています。

スコット―彼は、あなたを迎えるために、そこに立っています。あなたの心は、何というのか、弾みます。それはただ‥‥すばらしい。そうあるべきことです。それはまた‥‥

メアリー―私はそれに打たれました。

スコット―もちろんです！あなたがそれに打たれたという事実は、あなたが、彼が生活して喜ぶことができるようにと彼を見守り、持っていたすばらしい関係について、山ほど語ります。それで、ともあれ、またですが、私の嘆願は、あなたが絶対にそうしなくてはいけないのでなければ、ものごとを外さないということです。そして、あなたは、人たちが「ああ、彼女はただ勝手気ままだ」とか「感傷的だ」とか「ぞんざいだ」とか‥‥そうだな‥‥「あまりにロマンチックだ」とか‥‥考えることに、気を揉まなくていいということです。

メアリー―私は知っていますが、ずっと昔に自分が書いて、メアリー・〔リンクス〕に語ったとき、と思います。彼女はそれを〔伝記に〕書きました － 彼が〔フランス南部で〕車の中で気絶したとき、かつてそれが起こった初めての時ですが、彼は〔車の中で〕私の右に座っていて、私が運転していました。彼は斜めに私の膝に倒れ込みました。人々は、私がそれを言ったことに衝撃を受けました。

スコット―そうですね、それは絶対的にひどいと思いますよ。

メアリー―私はどうすべきだったと言うんでしょうか。私

475

がいうのは、彼は気絶で倒れ込んだんです。

スコット—そのとおり。

メアリー—そして、彼〔の身体〕はどこに行こうとしていたのか。

スコット—そのとおり。45度の角度で止まるのか？（笑う）ばかばかしい。で、あなたは、他の人たちの反応に気を揉んでから、自己検閲をしてはいけないと、私は思うんです。さて、あなたが誰にも知られたくないことがあるなら、それはけっこうです。でも人々は、愚かであるでしょうし、何にでも反応をするでしょう。そうですね、で、ともあれ、進められます。それはただ私の小さな…（メアリー、クスクス笑う）いいです、私の小さな大言壮語です。

メアリー—いいわ。

で、翌日は3月12日でした。「午前11時に建築家ムーアとラッシュが、二つの間取り図をもって来たが、私たちはそのどちらも気に入らなかった。でも、彼らは計画の一つを改めつつあるし、それは形を取りはじめている。新しい建物は〔パイン・〕コテッジより分離している。彼らは私たちともに昼食をした。私たちは仕事を継続したが、ついに、クリシュナジと私が空港に、ロンドンから飛んできたサラルとディヴィッド・ボーム〔夫妻〕を、迎えに行く時間になった。私たちは夜のため、彼らをマリブに連れてもどった。」

翌日、「クリシュナジ、ディヴィッドとサラル〔・ボーム夫妻〕と私は午前9時に、運転してオーハイに行った。私たちは彼らに、広げたばかりの来客用のアパートメントに、落ち着いてもらった。11時にアメリカK財団の理事会があった。シンシア・ウッドが九番目の理事に選任されて、彼女は出席した。会合は、アーリヤ・ヴィハーラでの昼食のための休み時間があって、一日中、続いた。理事会が、〔オーハイ東端の〕マクアンドリュー・ロードの資産すべてを私に売ることを考慮する間、私は離席した－私が〔パイン・〕コテッジをクリシュナジの使用と私の生涯の間の私自身のために、広げられるように、だ。クリシュナジはこれへの賛成を語った。彼は後で私に対して、エルナは、財団への私の助けを説明して、二回、涙したということを、語ってくれた。」彼女はすてきでした。「誰もがみな、そこを私に売ってよいことに同意した。会合は午後5時すぎに終わった。私たちはみな散歩に行った。」エルナはすてきでした。〔実務家の〕彼女は外面的に情動的な人物ではなかったわ。

スコット—ええ、そうでした。

メアリー—3月14日、「クリシュナジは、午前をベッドで過ごしたが、センターがどうであるべきかについてディヴィッド・ボームに話をした。ボーム夫妻とリリフェルト夫妻は、〔パイン・〕コテッジで私たちとともに昼食した。午後3時にクリシュナジは、日曜日の討論会を開いた。ボーム夫妻が出席し、私はそれをテープに録った。クリシュナジは議論で言った－「因果すべては機械的です。」、そして、「思考すべては悲しみにつながる。」と。私たちは、〔東オーハイで東西に走る〕サッチャー・ロード（Thacher Road）で長い散歩をした。」

3月15日、「私は午前ずっと手紙をタイプで打った。私たちはアーリヤ・ヴィハーラで昼食をした。それからクリシュナジと私は、運転してマリブへ戻った。」

翌日、「私は午前5時に起きて、所得税に取り組んだ。一人で街に行き、歯医者に行った。それから私は、スナンダ・パトワールダーン（Sunanda Patwardhan）とその夫〔パマ・パトワールダーン〕を迎えに空港に行った。彼らをマリブに泊めるよう連れて戻った。」

3月17日、「再び午前5時に起きて、所得税のデータを終了した。クリシュナジとパトワールダーン夫妻との昼食の後、私はそれをもってバンバーガー（Bamberger）のところに行った。」－それは会計士です－「私は夕食に間に合うように戻った。それが済んだから、何年も若返った。」（二人ともクスクス笑う）「私が運転していくと、クリシュナジは、私がそこに来るだろうと知ったようで、私を迎えるために、車用の道を上がってきた。」（小声で言うように）そうね、彼は、人々がいつ到着しようとしているのかが、分かったのよ。彼は一回、ニューヨークでアラン・ノーデについてそうだった。私たちは、貯水池のまわりを歩いていました。私たちが、アパートメントのあるところに近づくと、彼は、「アランがちょうど到着しようとしている。」と言いました。そして、そうでした。私たちには見えなかったが、彼は分かったんです。「クリシュナジとパトワールダーン夫妻は、芝生で散歩したのだった。私は、ボストンでまだ入院している従姉〔ローナ〕に、電話をかけた。」

3月18日、「私たちは運転してオーハイに行った。パトワールダーン夫妻を連れて行った。私たちは〔オーハイの東端の〕アーリヤ・ヴィハーラで昼食をした。クリシュナジが休む間、私は村でお使いをした。リリフェルト家の長い居間に、会議用のテーブルがとてもすてきに据え付けられた。科学者たちが、科学者会議に到着しはじめた。クリシュナジと私は〔パイン・〕コテッジで静かな夕食をとった。」

19日に、「科学者会議の初日は、午前10時30分に始まった。ディヴィッド・ボームが議長であり、クリシュナジに初めの話をするよう頼んだ。議論の主題はこうだ－崩壊しつつある社会において、生存のために正しい行為は何なのか。クリシュナジは、宗教の本質は、真理と実在性を発見することである。それが存在していないとき、退廃がある。個人の変容が世界の変容である、ということを言った－「個（individual）」という言葉を、全体・健全、〔語源的に〕分割不可能という意味で使って、だ。議論の間、〔物理学者〕スダルシャン（Sudarshan）は訊ねた－もう一つの状態というようなものがあるのか、と。クリシュナジは答えた－「それはあるが、経験されるのではないと、私は言うでしょう。」と。クリシュナジは、考えることすべてが苦しみにつながると言った。宗教すべては考えることに基づいている－死は不滅性につながるのか。人間は、死が何なのか－時のない状態を、学びうるのか。彼は、「苦しむ人は闇の中に生きる。」と言った。彼は、思考から自由である精神の性質がある、と言った－思考に基づいたあらゆるものは、時に縛る。時は苦しみの本質である。思考が時のないことへと溢れ出るなら、そのときそれは幻影である。だから、思考は自らの制限を見て、そこに止まらなければならない－何の努力、強要もなく、だ。私は制限が見えるなら、そのとき本当の瞑想が始まる。そのとき私は、苦しみが何なのかを探究できる。「私は全体が見えるなら、それは苦しみではない。」思考が苦しみにつながることに関連して、ディヴィッド・ボームは、数学的思考がどこにつながるだろうかは制御できないことを、言った。思考は、孤立した脈絡において起こりえない。脈絡を制御することはできない。」

「クリシュナジは、そうしたいと願うことなく容易に、会合を統率した。集団のほとんどは沈黙していた。彼は力と

雄弁をもって語った。力強い強調で彼は、親指をあげて握り拳を上げ下げする仕草を、した。午前の会合は午後12時30分に止まり、アーリヤ・ヴィハーラに移った。そこにはフーカー夫妻（the Hookers）とマイケル・クローネンが、パティオ〔野外のテラス〕に昼食を調えておいた。私は皿を洗った。シンクレア女史としての〔カナダ首相夫人〕マーガレット・トルドー（Margaret Trudeau）は、オーハイから歩いて到着した。」オーハイ〔の街〕から歩いて？「エルナとテオは彼女に、自分たちのところに泊まるよう頼んだ。彼女は午後の会合に出席した。真っ青な瞳、なめらかな肌で、注意深く聞き、小さな本にメモ書きをとった。クリシュナジ、エルナと私は後で散歩した。」

翌日は、「科学者会議の二日目だった。カナダのサイモン・フレイザー大学（Simon Fraser University）の教授、アンソニー・ワイルデン博士（Dr.Anthony Wilden）は、若い男女を連れて到着した。エルナは、もはやオブザーバーは出席できないと説明した。だが、彼らはそこにいるからには、留まっていいが、ドアの側に座るだけだ。ワイルデンは、折りたたみ式の椅子をつかんで、突っ込んできて、それを据え付けた。連れてきた女の子はクリシュナジの真後ろだ。マーガレット・トルドーの隣で、彼女に「マギー、こんにちわ。」と言った。彼はそれから、テーブルの自分の席に行き、不吉なようすで座った。」（クスクス笑う）「クリシュナジは会議を始め、精神について話した － 意識は精神より分離していない、と。短い時間の後、ワイルデンは、長々とした嘲笑的な演説を行った － 現在の意識すべては、1720年ほど以降の社会経済的な状況の結果である。その前には、明らかに自我はなかった！と。」（笑う）このすべては録音されました。アーカイヴスのどこかにあるにちがいありません。

スコット──きっとそうだと思います。

メアリー──（笑う）「その前には、明らかに自我はなかった。そして、私たちはみんな中流階級の物質主義者だ。それが議論されるべきことだ、等。彼の振るまいは継続し、ますます嘲笑的で失礼になった。ディヴィッド・ボームは彼の発言の一つに不同意をしたが、ボームに対して彼は、あなたは自分がいったい何を話しているのについて、何一つ分かっちゃあいないなと語った。」（スコット、笑う）彼は魔法使い〔または蛇つかい〕でした！「クリシュナジは穏やかで、毅然とし、彼を道理に導こうとしたが、あまり成功しなかった。運良く彼は午後の会合に出席していなかった。マーガレット・T〔トルドー〕は、自分は彼に会ったことはないし、誰一人、自分をマギーと呼んだことはない、と言った。」（クスクス笑う）「彼女は数週間前にテレビでインタビューを受けたようだ。そして、自らの人生に与えた影響力について訊かれたとき、彼女はクリシュナムルティに触れた。ワイルデンは聞いて、彼女に電話をかけ、自分はクリシュナジの会議に行こうとしていると言って、彼女を招待した。彼女は来たいと思ったが、招待については確信がなかった。ゆえに、彼女はクリシュナムルティに手紙を出し、それで私は彼女に電話をかけ、受け付けたのだった。」

「午後にはもっと平静だった。クリシュナジは、機械的である精神の部分について語った － なぜなら、原因を持つものは、いつも機械的であるからだ。機械的でない、それの部分が、あるのだろうか。彼は言った － 思考を越えていくには、楽しみを理解することと、恐れと悲しみを終わらせることが、必要である、と。彼は、自我なく生きることは可能なのかどうかを、訊ねた。私たちは結論なく、イメージなく、行為できるだろうか。私たちは、イメージ作りを防止し、すでにそこにあるものを拭い去ることができるだろうか。思考はいつも制限されているし、そのためにイメージを創り出す。彼は言った － もしも私は全体的であったなら、私は人類の全体であろうし、一人間の地球的な感覚だ。（全体（whole）〔という英語の言葉〕が、健全、健康、聖なる、に等しいという意味において、）「イメージを創り出すのは不健全さです。」なぜ知覚がいつも初めに働かないのかについて疑問が、出された。クリシュナジは、私たちは段階的に見るという過程に条件付けられているのかどうかを、訊ねた。そして、私たちは葛藤・抗争に注意を向けるのかどうかを、だ。だが、私たちはそうしない。「私たちはこのために進んで生涯をかけようとしません。」私たちは、明晰さ自体ではなく、自分の明晰さに、関心を持っている。あなたは抵抗なく聞くなら、障壁がないなら、それを持つだろう。あなたはそれが見えたのだ。「全的に聞くなか、問題は終了する。」と。」

「私たちはまず合理化する。それから知覚しようとする。知覚は直接的な洞察だ。「あなたが問いに答えるのではなく、問いに答えてもらいましょう。」知覚は時がない。正確な行為はいつも時がない。」

3月21日は、「三日目だった。アンソニー・ワイルデンが、午前の会合に現れた。彼はマーガレット・トルドーに会って、彼女に食ってかかるように話をした。そのため、彼女は入ってきたとき、震えている等で、涙を流していた。彼女は私に、「怖いわ。」と言った。私が話をできる前に、会議は始まった。クリシュナジは、「正確な行為は何なのか。」と訊ねることから、開始した － 観念から生まれたのではない。観念なしに知覚はあるのか。そして、人々に行為があるとき、何が続くのか。ワイルデンはほんの二、三分間だけ聞いて、それから、自分が昨日到着したとき、暴力で迎えられたことについて、長い非難演説を始めた － 自分は、自分の友人は出席できないと言われた、と。他の人たちはそこに妻を伴っていた。マーガレット・トルドーが声を上げ、自分は彼のオブザーバーであるし、彼が自分を招待してくれたと思うと、言った。私は、彼が招待されない二人の人たちを連れてきたと、言った。部屋の大きさのために、私たちは彼らを入れることができなかった。出席したいと思う多くの人が、できなかった等。彼は、自分はそこにいる男を知らないと言った。私は、彼が彼らとともに来たこと、そして、彼、ワイルデンは財団のお客としてここにいるし、提供された境遇でやっていくよう求められるということを、言った。彼は、落ち着くことを拒否し、大言壮語をつづけた。自分の書類をブリーフケースに詰め込みはじめ、上着を着、みんなに対して書物を振りかざし、何か言った － あんたたちは学びたいのなら、これを読め！と。それは彼自身の本だった。」（スコット、笑う）「そして、反抗的にシガレットを引っ張り出し、火を付けた。ディヴィッドは、喫煙は要請されていなかったことを、指摘した。ワイルデンは、「それが俺の言いたいことだ。」と言った。それから両手を放り上げ、「行くぞ！」と言った。「まあ、行ってくれ！」という小さな合唱があった。」（二人ともクスクス笑う）「おしまいになり、彼は去った。エルナが運転して、彼をオーハイに送った。それで、会議が落ち着くには、午前の残りのほ

とんどが掛かった。〔ニューヨークの精神科医〕シャインバーグが、彼の書物の一つをパラパラとめくって見て、そこから、彼はクリシュナジに関心があるとの印象を受けた、ということが、分かった。そのほんのわずかによって、シャインバーグがワイルデンを招待したのだった。」

スコット―おやまあ。で、これはシャインバーグのしたことだった？

メアリー―ええ。シャインバーグのしたことでした。（笑う。スコットも笑う）私はその幾らかを忘れてしまいました。

スコット―何やら、ディヴィッド・シャインバーグらしく聞こえるな。（笑う）

メアリー―ええ。

さて、私は、4月のいつかまで、〔日記のうち〕小さな本に記入しているだけです。だから、毎日が短くなるでしょう。

スコット―何もないよりましです。

メアリー―では、22日、「会議の四日目。〔精神科医〕グローバス（Globus）が前もってクリシュナジに対して、マーガレット・トルドーを参加者として認めることを、提案した。これで、オブザーバーみなが参加者と考えられることになった。テーブルがもう一度、整備された。誰かが、各人の問題についてもっと議論することを、促した。」

それで、23日に行きます。会議の五日目です。「グローバスとフランクリンが、会議で「暴力」についての個人的議論に、還元しようとした。それにより、…の」Dで始まる名前の誰かです－彼の名前を憶えていないわ。「離脱が引き起こされた。」

会議の六日目は、3月24日でした。「〔議長役の〕ディヴィッド・ボームがコテッジに来て、クリシュナジに対して、グローバスについてと進行の仕方について、話をした。」〔精神科医〕グローバスという人は－彼は、力の帽子を被ることを主張しました！（スコット、笑う。それからメアリーも笑う）「会合は、クリシュナジが静寂について議論することで、始まった。それから十五分間の静寂が続いた。それからクリシュナジは、グローバスは個人的なことを持ち出したが、彼はそれに入りたいのかどうかを、訊ねた。グローバスは、それは自分の中にあることが分かったと、言った。それで、議論は封切られて、クリシュナジにより何かとてつもない深さに進んだ。すべてが好調に暖かく終わった。午後には、マーガレット・トルドーを含めて、科学者たちのほとんどが、去った。」それらは録音されたから、アーカイヴス〔資料保管庫〕で聴かなくてはいけないでしょう。

スコット―でも、会議全体は荒れ放題だった、と見えます。

メアリー―荒れ放題でした。

スコット―ブロックウッドでの1974年〔10月〕の科学者会議は、本当にお行儀が良かったし…

メアリー―これと比較すれば、ね！

スコット―大成功だった。ええ、こちらは荒れ放題です。

メアリー―荒れ放題！（スコット、心から笑う）まあ、そうねえ、二人いたわけですよ－グローバスは精神科医でした。だから、私が想定するのは、グローバスが来るのは、シャインバーグの提案だったか何だったか、私は直接的には憶えていないけれど、私は、彼らがどちらも精神科医であるからだったと推測します。

スコット―ブロックウッドでの第1回の会議は、ディヴィッド・ボームが手配しました。この第2回のものは、おもにシャインバーグが手配しましたか。

メアリー―まあ、私は当て推量しています。誰が誰を招待したのかを、私は本当に憶えていません。私がいうのは、科学者会議を行うことの創案者はディヴィッド〔・ボーム〕だったんです。もちろん、彼とディヴィッド・シャインバーグは友人でした。だから、登場人物の配役は、彼らのどちらか両方から発しました。

スコット―そのとおり、いいです。よろしい。進みましょう。

メアリー―私たちは、これらの人たちの誰をも知りませんでした。私たちはアメリカK財団の人たちを知っていました。

スコット―ええ。

メアリー―で、それが起きたことです！（二人ともまたクスクス笑う）

3月25日、「ディヴィッド・ボームとディヴィッド・シャインバーグが、午前8時に〔パイン・〕コテッジに来た。5月にブロックウッドで行われるべく提案されたヴィデオテープ録りされる議論について、そして、彼らが5月にブロックウッドでするであろうことについて、議論するためだ。しばらく後にエルナが入ってきた。私たちは朝食をとった。それから後でエリス夫人（Mrs.Ellis）が来た。午後12時30分にクリシュナジは、ルネ・ウェーバー博士（Dr. Renèe Weber）に対して面談を行った。」－彼女は〔科学者〕会議にいました－「彼女は、〔アメリカ東部、ニュージャージー州の州立〕ルトガース（Rutgers）〔大学〕で哲学を教える。彼女は留まって、アーリヤ・ヴィハーラで私たち、ボーム夫妻、パトワールダーン夫妻、エルナ、テオ〔・リリフェルト夫妻〕、マーク〔・リー〕、マイケル・クローネンとともに、昼食をした。私たちは会議について議論した。そして、一定の人間的な概念でクリシュナジは、神智学の位階等をヒエラルキー叙述した。それを説明する中で、彼は自らが自分の版を叙述していることを悟った。彼は、「混ぜてしまってはいけない。」と言った。彼が語るとき、一定の雰囲気があった。午後3時に私たちは、マリブへ運転した。彼は「あれ」は無尽蔵であると言った。身体は疲れている。でも、「あれ」はけっしてそうではない。「静寂は本源的であり、人間精神により触れられていない。」と。」

翌日は、「ただ家ですてきな静かな一日だった。私はデスクの仕事。クリシュナジは休んだ。」

3月27日、「デスク。昼食時に〔お隣の〕アマンダ〔・ダン〕がやって来た。ディヴィッド〔・ネルソン〕と〔その妻で、アマンダの娘〕フィリッパ〔・ダン〕が来た。午後4時にクリシュナジと私は、『コンドル（Three Days of the Condor）』という名の〔アメリカの政治サスペンス〕映画を見に、サンタ・モニカに行った。私たちは、テレビのBBC〔イギリス放送協会〕のインタヴューで〔ソ連の反体制作家〕ソルジェニーツィン（Solzhenitsyn）を見るのに間に合うよう、家に帰った。」

3月28日、「私は朝に〔隣の〕ダン家に行った。私たちはテラスに座って話をした。私は、クリシュナジとの昼食のために家に戻った。私は、ニューヨークの弟〔バド〕と、ビジネスの用件で長い話をした。午後5時にスナンダ〔・パトワールダーン〕が到着した。私たちがオーハイに戻るまで、泊まる。私たち三人がみな、トレイで夕食をとり、〔テレビで〕『刑事コジャック』を見た。」その頃、コジャックは私たちの生活の大定番でした。（スコット、クスクス笑う）クリシュナジはコジャックを見るのが好きでした。

スコットー憶えています。
メアリーー知らない人たちのために、コジャックは‥‥
スコットーいや、みんな知っています！
メアリーーみんな知っているかな。まあ、未来の世代はコジャックを知らないかもしれないわ。（スコット、心から笑う）説明したほうがいいわよ。
スコットーよろしい。それは、コジャックという名前のはげ頭のニューヨークの刑事のテレビ番組です。とてもおかしくて、良い番組でした。
メアリーーえぇ、えぇ。私は、自分の批評を挿入しましょう － すなわち、それはとてもおかしかったから、クリシュナジは笑ったということです。でも、彼は自分が何を笑っているのか、そんなにはっきりしていませんでした。なぜなら、彼はニューヨークのアクセントをすっかり理解はしなかったからです！（スコット、笑う）そして、私はニューヨーク人として、翻訳するよう求められました！それでもなお、彼は、それがおかしいことを掴んでいました。なぜなら、彼は私に訊ねたんですが、訊ねながら笑っていたからです。

3月29日、「一日中、家。午後に〔建築家〕チャック・ラッシュが、〔パイン・〕コテッジの〔増改築〕計画のことで来た。クリシュナジ、スナンダと私はテレビで、アカデミー賞を見た。」

翌日、「私は午前9時に、クリシュナジの合衆国での在住と、ここ〔合衆国〕から申請すべきかそれとも外国からなのかについて、入国管理〔関係〕の弁護士、ジョージ・ローゼンバーグ（George Rosenberg）との予約をしていた。そして、戻る途中で雑多なお使いをした。午後に私は歩いて行き、〔お隣の〕ダン家を訪問した。クリシュナジ、スナンダとシドニー・フィールドがやって来た。私たちは四人ともみな、歩いて浜辺に降りた。」あれは、入国管理の弁護士だったと思います － 入国管理の長だったんですが、彼は退職し、入国のコンサルタントとして働いていました。私たちは、クリシュナジを宗教指導者として入れようとしていましたが、彼は私に対して、あなたたちの組織は宗教的なものではないと言いました。

スコットーああ、そう。神がなかったからですか。
メアリーーえぇ。私は、なぜって言いました。彼は、神がないからだと言いました。それで、私はかなり気取って言いました － あなたは、仏教は宗教とお考えになるんでしょうか。「ああ、そうです！」私は、仏教に神はないと言いました。彼はただ私を睨みつけました！（スコット、クスクス笑う）ともあれ、彼はあまり助けにならなかった。ともかくそういったことです。ところで、私たちはこのために彼に支払いをしていました。でも、彼はそれに反対でした。

それで、今、3月31日に跳びます。「私は、目の検査に行き、マリブに戻った。それからクリシュナジ、スナンダと私は、運転してオーハイに行った。クリシュナジの講話をとおして留まるためだ。スナンダと夫パマ〔・パトワールダーン〕は、コテッジで私たちとともに夕食をとった。」

4月1日、「パトワールダーン夫妻とリリフェルト夫妻が、私たちとともに昼食をした。〔ナラヤンの妻〕シャクンタラ（Shakuntala）と〔夫妻の娘〕ナタシャ（Natasha）が、アーリヤ・ヴィハーラに泊まるよう、到着した。〔クリシュナジの甥〕ナラヤン（Narayan）は明日到着する。午前10時に私は、ヴェンチュラ郡裁判所の、条件付き使用の許可の聴取に、行った。私たちは学校のための許可をもらったが、彼らは、アメリカK財団に〔西オーハイ、メイナーズ・オークスで東西に走る、ウエスト・〕ロミタ・アヴェニュー（Lomita Avenue）に、〔歩道の〕縁石と溝と舗装を入れてほしいと思っている。」

翌日は大したことは何もない。

4月3日に、「突然の寒波があった。クリシュナジは午前11時に、〔オーハイの西端の〕オーク・グローヴでその年の第1回の公開講話を行った。私たちは、近くの外で昼食をした － アラン・フーカーが組織したものだ。そこにはたくさんのブロックウッドの人たちがいた。とても寒い。けれども私たちは散歩をした。夜には雨が降った。ヴィゲヴェノ夫妻（the Vigevenos）が講話にいた。クリシュナジは彼ら二人にすてきな挨拶をした。」[*11]

4月4日、「まだとても寒い。クリシュナジの第2回オーク・グローヴ講話の間、雨は、止んでいた。昼食は、〔東へ1.3キロメートルほどの公立の〕ノードホフ・ハイスクール（Nordhoff High School）のカフェテリアで行われた。ジャッキー（Jackie）とジョー・コーンフェルド〔夫妻〕（Joe Kornfeld）がお茶に来た。」

翌日、「〔オーストラリアの〕レグ（Reg）とメイヴィス・ベネット（Mavis Bennett）が、〔パイン・〕コテッジにお茶に来た。」

4月6日、「クリシュナジは、オーク・グローヴで公開討論会を行った。ラージャゴパルがそこにいた。アーリヤ・ヴィハーラで昼食があった。明日、建築家たちの会合の前に、理事たちが、学校の建物の計画を調べるために会合した。」

翌日、「一日中、理事たちとの建築家たちの会合があった。また、〔パイン・〕コテッジでコテッジについて、〔建築家〕ムーアとラッシュとの会合もあった。アシット・チャンドマル（Asit Chandmal）[*12]が現れて、コテッジでクリシュナジと私とともに晩餐をした。スナンダ、パマ〔・パトワールダーン〕とマーク〔・リー〕が後で入って来た。クリシュナジは、11時まで起きていた。」

4月8日、「雨が降った。公開討論会はなかった。」

9日に、「午前11時にスナンダ、パマ、アシット・チャンドマル、エルナ、テオと私は、アーカイヴス〔資料保管庫〕を見るために、KアンドR〔財団〕の事務所に行った。」ラージャゴパルとの調停の合意によれば、私たちは、いつでも望むとき、行く権利があるとされていました。エルナはいつも、少なくとも一週間前に通知しました。「エルナ〔・リリフェルト〕は九日前、ヴェンチュラ〔郡裁判所〕の会合で〔向こう側のアニー・〕ヴィゲヴェノ夫人に対して、私たちが行こうとしていることを、告げておいた。ヴィゲヴェノ夫人は、クリステンセン氏に訊ねることが必要だと言っていた。」それはラージャゴパルの弁護士でした。

「エルナは、私たちは、調停の合意のもとで行こうとしているし、〔弁護士〕クリステンセンに訊ねる必要は無いことを、言った。エルナはコーエンに話したが、」－ それは訴訟での私たちの弁護士でした －「彼は、私たちは進めるべきだと言った。私たちが到着したが、事務所は鍵が掛かっていた。そこには誰もいなかった。私たちはみな、ヴィゲヴェノ家に歩いた。ヴィゲヴェノ夫人は、激昂してドアを開け、クリステンセンは、エルナに連絡しようとしていたが、できなかったと言った（エルナは一日中、家と事務所にいたが、何も電話はなかった）。そして、私たちはアーカイヴス

〔資料保管庫〕を見られないと、言った。私たちは、いっしょのインドの人たちを手短に紹介した － インドK財団の理事だと等。エルナは夫人に対して、そのときそこで〔弁護士〕クリステンセンに電話をするよう提案した。彼は自分に電話しようと「してきた」からだ。ヴィゲヴェノは不承不承、私たちを入れた。そして、番号を見つけてダイアルするには、長い時間がかかった。初めにエルナが彼に話をし、それから私が話をした。自分の依頼人にとって都合が良くないと、彼は言った。私たちが来られる前に、道理に適った権利と訪問が、定められなければならない、と。私は、九日前の通知より、そして週日の午前11時の訪問に比べて、何が道理に適うと考えられるのだろうかを、訊ねた。彼は、都合が良くないと繰り返した。私は、彼が定義する都合の良さでは、私たちがそもそも来ることが妨害されかねないと、言った。それは、一年前に私たちの行く手に置かれた障害物の継続だった。彼は、私たちはこれを調停するだろうと言った。私は、彼は〔こちら側の弁護士〕コーエンの手紙と電話に対してもっと反応すべきだと、提案した。それで、私たちはこの見え透いた仕掛けを終わらせることができた。エルナが電話に戻り、はるかに穏やかになった。」

「私たちは出発し、KアンドR〔財団〕の外に停めたメルセデスで戻った。それからインドの人たちは、ラージャゴパルのところに行くことを提案した。私は、自分はそうしないだろうし、エルナもそうしないだろうと言ったが、テオに対して、彼らとともに行くよう促した。彼らは行った。ラージャゴパルは、バスローブを着、荒れ果てて、髭を剃らずに、彼らに会った。彼はスナンダに熱心に挨拶した。彼らはポーチで話をした。彼は、自分にはどうしようもないと言った。自分の弁護士の助言が、妨げになっている。それから彼はスナンダに、翌日来るよう招待した。すると、自分が案内するだろう、と。アシット〔・チャンドマル〕は、彼女は今日発とうとしていると言った。そして、自分の伯母のもの、〔すなわち、1948年南インドの避暑地〕ウータカムンドの〔クリシュナジの神秘的な〕出来事についての「プブルの記述」を、見たいと思うと、言った。ラージャゴパルは、何がどこにあるのか、自分はさっぱり知らないと言った。彼らは留まらなかった。スナンダは、自分が彼に知らせようと言った。彼女は戻ってきた。アーリヤ・ヴィハーラでの昼食中に、それをクリシュナジに順次説明した。スナンダ、アシットとパマは、自分たちが見たことに衝撃を受けていた。昼食でスナンダは涙にくれた。クリシュナジは、ラージャゴパルはならず者であるし、彼女を招待しながら、他の人に立ち入りを拒否するのは無礼だと、言った。人がそんなに退廃したのを見るのはひどいものだと、スナンダは言った。彼女は彼を、悲劇として気の毒に思った。私は、誰かが邪悪な振る舞いをするとき、それはいつも悲劇だと、言った － ヒトラーは悲劇だった。だが、私の同情は、そういう人たちの犠牲者たちに向かう。ラージャゴパルは、私たちみんなが神聖だと考えるものと人に対して、過去に首尾一貫して唾を吐きつけ、今もそれを継続している。それが見られることだ。後でスナンダは、ラージャゴパルに電話をかけ、自分は行かないだろうと言った。」

「〔サンフランシスコから、古い友人の〕マティアス夫人(Mrs. Mathias)が到着し、〔ミマ・〕ポーター夫人(Mrs. Porter)のところに泊まっている。」

4月10日、「クリシュナジはオーク・グローヴで、第3回の公開講話を行った。私たちは、〔フーカーの経営する近くの〕ランチ・ハウス・レストラン(the Ranch House Restaurant)近くで昼食をした。午後にクリシュナジは〔パイン・〕コテッジで、教育討論会を開いた － そこには、シドゥー姉妹、タパス、スナンダ、パマ〔夫妻〕、シャクンタラ、ナラヤン〔夫妻〕等が含まれた。後でマティアス夫人が来て、クリシュナジに話をした。」

4月11日に、「クリシュナジは第4回のオーハイ講話を行った。再びランチ・ハウス近くで昼食。スナンダとパマは昼食の後、発った。午後4時にクリシュナジは、もう一つの教育討論会を開いた － 智恵に触れ、それを学生に与える人について、だ。私はそれをテープに録った。5時に、ポーター夫人がブランシュ・マティアスを連れてきた。」

4月12日には、こう言うだけです －「デスク。手紙を口述した。雨が降り、寒かった。アーリヤ・ヴィハーラで昼食をした。午後にマティアス夫人が再び来た。」と。

翌日、「寒かった。だが、クリシュナジが公開討論会を開く間、オーク・グローヴには雨が止んでいた。マティアス夫人が再びクリシュナジに会いに来た。」

4月14日に、「私は午前9時30分にオーハイを発って、ロサンジェルスに運転して行った。そこでは、パシフィック・デザイン・センター(the Pacific Design Center)で、〔建築家〕チャールズ・ムーアに会った。私はタイル、器具等を見た。ウエストウッドの彼の事務所で計画を調べた。それから私は、ウィンキーのところで何冊か本を買い、午後5時にマリブに戻った。そこでダン夫妻とともに、さらに〔夫妻の娘〕ミランダ〔・ダン〕、フィリッパ〔・ダン〕、〔その夫〕ディヴィッド〔・ネルソン〕と、シュレジンガー(Schlesinger)の息子を加えて、夕食をとった。私は午後7時20分に発ち、運転してオーハイに戻り、8時40分までに〔パイン・〕コテッジに着いた。クリシュナジは、シドゥー姉妹、タパス、ナラヤン等に話をしたのだった。フリッツ・ウィルヘルムが到着していた。」

4月15日、「クリシュナジは、〔オーハイの西端のオーク・〕グローヴで第4回の公開講話を行った。とても寒かった。クリシュナジは、一般の人たちも入れて、フリッツ、ナラヤン、ディヴィッド・ムーディとの対話を行おうとした。主題は、科学者会議のときと同じだった － 崩壊しつつある社会において、正確な行動は何なのか。彼らはまた次のことをも議論した － 自由のなか生存するには、正確な行為は何なのか。それからアーリヤ・ヴィハーラで昼食があった。私は昼食の後、アル・ブラックバーン(Al Blackburn)に話をしたが、無益だった。」何についてなのかは、知りません。「午後3時30分にクリシュナジは〔パイン・〕コテッジで、成人のための教育センターの活動について、会合を開いた。理事たち、マーク、フリッツ、ナラヤンが出席していた。散歩は、クリシュナジ、フリッツ、アラン・K〔キシュバウ〕と私とで、〔東オーハイで東西に走る〕サッチャー・ロードを行き、〔区画を〕回った。」

4月16日は、聖金曜日でした。「クリシュナジは午前9時30分に、ナラヤン、シドゥー姉妹、タパスに話をした。ナラヤンは、〔カナダ西海岸の〕ヴァンクーヴァーのシドゥー姉妹の学校に加わることになっている。エルナと私は、ラージャゴパルについて、そして、調停合意の不遵守で彼を告訴

すべきかどうかについて、スタンリー・コーエンに話をした。」－ それは私たちの弁護士です －「彼は初め、訴訟の意味合いをふくめて、〔向こう側の弁護士の〕クリステンセンをとおして遵守を得ようとすべきだ。午前11時に私は、ビル・エンジェロス（Bill Angelos）と若いイギリス人マーク・セイレ（Mark Sayre）に会った。彼らはヴィデオ・テープ機器を出してくれるかもしれない。私たちはアーリヤ・ヴィハーラで昼食をした。午後3時に理事会があった。それから、〔学校〕職員〔の〕マーク〔・リー〕、ディヴィッド・ムーディ、カティ・マルクス、マイケル・クローネンが、私たちに加わった。」

4月17日に、「午後11時にクリシュナジは、第5回のオーハイ講話を行った。大きな聴衆で、三千から五千の人たちだった。クリシュナジは、取り散らかした群衆だと感じた。私たちは、フーカーの手配で野原で食事をして、立ち去った。午後3時にクリシュナジは、カマージ氏（Mr.Camarge）に会った。」それが誰なのか、私は知りません。「私は、ナラヤンが〔カナダ西海岸の〕ヴァンクーヴァー〔島の学校〕に行くことについて、〔その妻〕シャクンタラに話をした。ナタシャは、」－ それはナラヤンとシャクンタラの子どもです －「〔学生として〕ブロックウッドに来るだろう。午後3時30分にクリシュナジは、教育センターで何が起こるべきかについて、討論会を開いた。ディヴィッド・ボーム、フリッツ・ウィルヘルム、ナラヤン、シドゥー姉妹、タパスと、理事たちがそこにいた。クリシュナジ、アラン・K〔キシュバウ〕と私は、散歩に行った。」

4月18日、「クリシュナジは、第6回で、この年最後のオーハイ講話を行った。五千人以上の人たちがいた。彼は宗教、瞑想と義務について語った。講話の後、私たちは聴衆とともに〔オーク・〕グローヴで短く食事をした。それから〔パイン・〕コテッジに戻ってきた。私は荷造りをした。クリシュナジは、〔教育〕センターの計画について議論するために、ディヴィッド・ボーム、フリッツ・ウィルヘルム、リリフェルト夫妻、アラン・K〔キシュバウ〕との会合を、開いた。フリッツは、10月にオーハイに引っ越してくることになっている。または、クリシュナジがインドに行くなら、彼はそこに行き、2月にオーハイに来るだろう。成人教育センターの所長になるためだ。私たちはオーハイを発ち、夕食に間に合うようマリブの家に戻った。」

4月19日、「一日中、家。クリシュナジの入国書類に取り組んだ。ビル・エンジェロスが、財団のための自らのヴィデオテープ録り計画について、立ち寄った。クリシュナジと私は庭を歩いた。私は〔電話で、アメリカ〕東部の自分の家族に話をした。」

翌日、「私たちは街に行き、〔ウエストウッドの〕UCLA〔カリフォルニア州立大学ロサンジェルス校〕の近くで車の中でピクニックをした。〔近くのフォックス・〕ブルイン・シアター（the Bruin Theater）で、アラン・キシュバウに会った。〔ニクソン前大統領による〕ウォーターゲイト〔事件〕の物語、映画『大統領の陰謀（All the President's Men）』を見るためだ。先にビル・エンジェロスが、自らのヴィデオ・テープ録り等について、クリシュナジへの手紙をもって来た。私は幾らかの間、彼に話をした。〔アル・〕ブラックバーン（Blackburn）が計画にいる。おそらくカール・マルクス（Carl Marcus）も、だ。それから、クリシュナジと私が街へ発とうとしているとき、彼は戻ってきた。車へ歩いていく間、私は再び、彼はエルナ〔・リリフェルト〕と〔アメリカK〕財団のメンバーに会って話をしなければならないことを、言った。」

4月21日、「〔建築家〕チャック・ラッシュが、改訂案と屋根ふきの見本をもって来た。〔建築家〕チャールズ・ムーアはまだ病気だ。クリシュナジは、ラッシュとともに計画を調べて、午前を過ごした。エルナは、エンジェロスが、クリシュナジが自分の計画を進めるよう自分に正式に許可したという電話をかけてきたと、言う。それからフランシス・マッキャンが、同じ話をもってかけてきた。私はエンジェロスに電話をかけて、彼にはこう言う権利は無いことを、語った。クリシュナジは何も正式に許可していなかった。私たちはともに単に、彼に対して、エルナに話をするよう語っただけだ。エルナは、マルカスはそのためにお金を出そうとしていないと、言う。」

4月22日、「私は弁護士たちのところに行き、クリシュナジの〔合衆国〕居住許可について合衆国領事館に提出する書類の包みを、受け取ってきた。様々なお使いをした。発つ前に、〔脚の皮膚移植の〕傷の検査のために、〔女性医師〕レイリー（Lailee）のところに行った。」－ それは私の〔掛かりつけの〕医者です －「私は、3時までに家に帰った。クリシュナジと私は庭を歩いた。」

4月23日、「私は荷造りを始めた。シャクンタラ、ナラヤンとマーク・リーが昼食に。ナラヤンは、シドゥー姉妹とタパスとの〔カナダ西海岸、〕ヴァンクーヴァー〔島の新しい学校〕に、興味を持っている。それについてクリシュナジと議論した。彼がシドゥー姉妹とともに行き、ヴァンクーヴァーに学校とセンターを創ることが、決定された。クリシュナジはまた、リシ・ヴァレーの諸問題についても議論した。」

翌日、「荷造り。車はブロックの上に停められた[3]。アラン・K〔キシュバウ〕が昼食のため、正午に来た。それから彼が運転して、〔ロサンジェルスの〕セントラル・シティにクリシュナジと私を送ってくれた。そこで、私たちはみな、ヒッチコック〔監督の映画〕『ファミリー・プロット（Family Plot)』を見た。」その映画は憶えていないわ。「お茶に戻った。それから〔建築家〕チャック・ラッシュが、〔パイン・〕コテッジのための改訂案をもって、来た。クリシュナジと私はどちらも、それらについて熱心な気持ちになりはじめた。」

4月25日、「さらに荷造り。昼食の後、私は〔お隣の〕ダン家と午後を過ごしに出かけて行った。〔メアリーの旧友〕ベツィ〔・ドレイク〕（Betsy）が来た。クリシュナジも散歩のため浜辺への途中で、短い時間、来た。私たちはいつものように夕食をとった。それから私は荷造りと片づけを終了した。」

4月26日、「晴れたすばらしい朝に明るくなるとき、午前5時に起きた。夜に幾らか風の後で、穏やか。私は髪を洗い、手紙を書き、朝食をこしらえ、それからものを金庫にしまった。アラン・K〔キシュバウ〕が午前7時に来た。私はダン家のVW〔フォルクスワーゲン〕を昨日の午後、持って帰っておいた。私はそれに大きなかばんを積み込んでおいた。今、アランは休みをとった。〔ダン家の父娘〕フィルとフィリッパにさようならの後、クリシュナジは空港に彼とともに行き、私は〔母の〕アマンダ〔・ダン〕とともに行った。ナラヤンとマーク〔・リー〕が空港に、クリシュナジを見送りに来た。ナラヤンは、ヴァンクーヴァーに学

校を始めることでシドゥー姉妹に加わると同意した後、今夜インドに飛んで帰る。クリシュナジと私は、午前9時15分のTWA〔便〕でニューヨークに飛んだ。弟〔バド〕が、私たちを迎えるために車を寄越してくれた。私たちは午後6時頃までに、リッツ・タワーに着いた。」

原　註

1）言及されたアパートメントは、パイン・コテッジの隣の事務所の階上にある。
2）クリシュナムルティ・アンド・ラージャゴパル財団（The Krishnamurti and Rajagopal Foundation）は、ラージャゴパルが資産と著作権を保持し譲渡するために創設した多くの組織の一つだった。
3）その時期、車を長い保管のために守っておく最善の道は、それらをブロックの上に載せることにより、持ち上げてサスペンションを外してしまうことだった。

訳　註

*1 第39号に出ている。内容については、第37号をも参照。
*2 ranch house は、農場または牧場（ranch）の主人の家、またはそのような平屋の住宅を意味する。
*3 この人の言動については、第23、24号に出ている。
*4 例えば、ジェームズ・ヴィゲヴェノは、恩義のあるラージャゴパルについてKとの対立を続けた凡庸な人であるが、彼がKとラージャゴパルとの和解を願いつつ、1977年に亡くなったとき、Kはその娘に対して、彼は自分の知っている中で最も親切な人であったなどと述べている。Kはお世辞などを言わない人でもあり、一般的には考えにくい発言である。M.Lutyens（1996）p.110を参照。
*5 直後に言及されることでもあるが、第89号、1月11日、Kはインドから長旅を経てロサンジェルス空港についたとき、オーハイへの車の中でメアリーに対して、二、三日間、Kを一瞬たりとも離れてはいけない。さもないと「彼はあっさり逝ってしまうかもしれない」と言っている。逆に第90号、死の直前の2月8日の時点では、見舞いに駆けつけた人たちみんなに、立ち去るように告げている。
*6 これも第89号、1月11日の記述を参照。
*7 具体的状況については第4号を参照。
*8 ラッチェンスによる伝記第二巻の1966年5月31日の記述を参照。
*9 S.Patwardhan（1999）p.59には、参加者には、経済学者ジョン・プッターとローマ・クラブの他の人たち、科学、人文学、社会科学、哲学、文学その他の人たちがいたが、個人的に親しくなった人としてボーム、シャインバーグに加えて、英語のジョン・ブリッグス教授、哲学のルネ・ウェーバー博士、物理学のスダルシャン博士とキシュバウを挙げている。
*10 社会主義体制の暗部を描いた『収容所群島』『イワン・デニーソヴィッチの一日』といった作品を著したロシアの反体制作家。1970年にノーベル文学賞を受賞したが、1974年に祖国を追放されていた。
*11 単に儀礼的な挨拶だったと理解できるが、本号で前にメアリーが、クリシュナジは他人の良いことに敏感であったと言っている内容につながるとも言えるかもしれない。
*12 コンピューターの技術者。ププル・ジャヤカールの甥。
*13 Good Friday は、カトリックにおいて復活祭の前の金曜日であり、イエスの受難日である。
補1）第4回が重複するので、公開討論会の誤りだと思われる。

第41号　1976年4月27日から1976年7月10日まで

序　論

この号で扱われる期間中には、クリシュナジの仕事にとって最も意義深い二つの出来事が、起きた － それは、彼の〔友人で、理論物理学者の〕ディヴィッド・ボームと〔精神科医の〕ディヴィッド・シャインバーグとの対談のヴィデオ録画、そして、『クリシュナムルティのノートブック（Krishnamurti's Notebook）』の出版である。そのどちらも、際立っており唯一無二だった。その他では、クリシュナジとメアリーは、ニューヨーク、イングランド、スイスという決まり切った道を、辿っている。だが、クリシュナジがあの際だった内的生活について彼女に語り、時には彼女にあれこれ口述さえするにつれて、私たちはますます、彼のとてつもない内的生活に接近することを、許される。

メアリー・ジンバリストの回顧録　第41号

メアリー―まあ、1976年4月27日、火曜日から始めます。私たちはニューヨークにいます。「クリシュナジの甥、これもナラシンハン（Narasimhan）という名で、ナラヤンの弟であるが、彼がその日、クリシュナジに会いに来た。彼は痩せて鋭い顔つきをしていて、クリシュナジには似ていない。彼は、十年間合衆国にいる技術者であり、今、新しい仕事を探している。それから私は、必需品を求めてマーケットに行った。私の弟〔バド〕が午後12時30分に立ち寄った。それからクリシュナジ、弟と私は、昼食のため、コテ・バスク（the Côte Basque）に歩いて行った。バドは、〔ラッチェンスによる〕クリシュナジの伝記と、それが自らに与えた大まかな印象について、語った。彼はそれを家族の全員に送った。そして、彼は、神智学と大師たちとの間で報告された交信について、クリシュナジに訊ねた。クリシュナジは、神智学者が抱いている信念、そして遡ってその前にヒンドゥー教徒と仏教徒が抱いている信念を、説明した。彼は、それらの日々の記憶を自分は何も持っていないと、言った。バドは、クリシュナジが、人間の思考において誤っていることについて、いつも語ってきて書いてきたが、他のもの（the Other）については直接的にそうでなかったということを、述べた。その〔伝記の〕本により、バドはそれを幾らか垣間見ることができた。私は、近刊の『クリシュナムルティのノートブック（Krishnamurti's Notebook）』に触れた。バドは、〔キリスト教の救世主〕イエスは神智学の位階[ヒエラルキー]に登場するのかどうかを訊ねた。クリシュナジは、イエスは、独創的な者ではなく、「弟子」だと考えられていると言った。（スコット、笑う）私たちは、歩いて帰り、ベルギー・シューズ（the Belgian Shoes）に立ち寄り、そこで各々、一足を買った。」（メアリー、笑う）あれはこれら〔かかとの低い〕フラット・シューズです － これは、今私が履いているクリシュナジの靴の一つです…
スコット―そのとおり、そのとおり。
メアリー―彼はそれが好きでした。私は他には何も履きません。で、私たちはそこに入って、幾つか靴を購入しました。「クリシュナジは散髪をした。彼はそれから休んだ。」
スコット―彼はニューヨークでは、どこで散髪をしましたか。

メアリー―一区画（ブロック）離れて、ホテル・ランバーディ（the Hotel Lombardy）に、良い理髪店がありました。
スコット―ふむ。
メアリー―私の弟がそこを薦めたにちがいないと思います。または、誰かがそうしました。「私は、母に誕生日プレゼントを送るために、〔ブランドショップ、〕バーグドルフ・グッドマンに歩いて行った。私たちで夕食をつくり、それでベッドに入った。クリシュナジは、明日、精神科医たちに質問ができると、考えている。」私たちは、シャインバーグ〔博士〕が手配するあの精神科医たちの会合に、行こうとしていました。
スコット―ええ。
　4月28日、「午前11時に私たちは、シャインバーグが組織した精神科医の会議に、行った。クリシュナジと私は、パトワールダーン夫妻を、」― 彼らはそこにいました ―「〔東西に走る〕44番街のマドラス・ウッドランズ（the Madras Woodlands）へ昼食に連れて行った。」。あなたは、〔インド南東部、〕マドラス〔現チェンナイ〕のウッドランズ・レストランを知っているにちがいないわ。あなたはそこに行ったことがあるかもしれません。マドラスでそもそもレストランに行ったのなら、ウッドランズに行きました。ニューヨークにはその支店があります。「ナラシンハンが立ち寄った。」こちらは、〔インド外交官で〕国連〔にいた友人〕のナラシンハンです。
スコット―そのとおり。
メアリー―彼はまた、マドラスの〔支援者〕ジャヤラクシュミー夫人のいとこです。そうだと思います。ともあれ、「ナラシンハンは、クリシュナジが〔この冬、〕インドに行くべきかを疑っていた。」そうよね、クリシュナジは心配してしました。〔インド首相のインデラ・〕ガンディー夫人がまだ戒厳令を敷いていたからです。「スナンダとパマ〔・パトワールダーン夫妻〕は、私たちとともにリッツ・タワーに戻った。私たちは長く話をした。彼らは立ち去った。弟〔バド〕が、ビジネスについて私に話をするために、再び立ち寄った。」
　さて、28日には何もないし、翌日にはほとんどありません。それらは精神科医の会合の日々だったと思います。だから私は、記憶からそうしなくてはいけないでしょう。まず第一に、彼らは精神科医ばかりではなかった。心理学者もいました。彼らは、クリシュナジに良い質問をすることにかけては、或る種、聡明でなかった。（クスクス笑う）恐れの主題が出てきたのはこの会合だと、思います。誰もがみな、異なった恐れの困難をもった患者について、逸話を持っていました ― 死の恐れ、病気の恐れ、義理の母の恐れ。彼らが引き合いに出す終わりなき恐れ、です。でも彼らは、恐れ自体が何であるかを議論することに、まったく興味を持っていませんでした。
スコット―そのとおり、そのとおり。
メアリー―クリシュナジはそれに対処しようとしました。でも、彼らはそうでした・・・私は知りませんが、そういうわけで部分的に、私は、彼らは些細であり、ただたくさんの人たちに批判的でいるだけだと感じるんです。
スコット―そのとおり。私は、それらの話があまり成功を収めなかったのを、憶えているようです。
メアリー―ええ、ええ。そうでした。
スコット―これもまた、シャインバーグが手配しました。
メアリー―ああ、そうです。彼は、何かニューヨークの精神科医組織の長でした。それで、彼がこれら人々みんなを、呼び集めました。私は知りませんが、それは多くを生み出さなかったと感じます。でも、たぶんそうなのかもしれません。
スコット―まあ、誰にも分かりません。
メアリー―で、〔二冊の日記の〕どちらの本にも、29日とか30日には、何もありません。なぜ自分がそれを書きつけなかったのか、分かりませんが、そうしなかった。でも、それがそれについての私の記憶です。
スコット―それでいいです。
メアリー―私たちはシャインバーグ夫妻と昼食をしたと、思います。私は、昼食に行くタクシーで一回、自分がディヴィッド・シャインバーグに対して、なぜ精神科医たちは恐れが何なのかを検討しようとしないのかについて、訊ねたと、思います。彼は、「ああ、彼らはけっしてそうしないでしょう！」と言いました。（二人ともクスクス笑う）それを退けてしまいました。
スコット―彼らは本当にけっして、恐れ自体の本性を見ようとしません。彼らがやりたいのは・・・
メアリー―ええ、ええ。彼らは、自分の患者たちの問題について、話をしたいんです。ともあれ、それで、私たちが頼りにしなくてはいけないのは、私の・・・
スコット―30年物の記憶です。
メアリー―30年物の記憶です。（二人とも笑う）
　さて、5月1日に行きます。そこでは、〔日記のうち〕小さな本に何かがあります。こう言います ―「私たちは午前7時30分に、〔ロンドン西部の〕ヒースロー〔空港〕に到着した。そこには、ドロシー〔・シモンズ〕、ドリス〔・プラット〕とテッド・カーテー（Ted Cartee）が、クリシュナジを迎えにいた。私たちはすてきな晴れの日に、ブロックウッドへ運転して行った。樹々はちょうど芽吹きはじめている。彼の到着のため、学校〔の人々〕は出てきて迎えた。私は荷物を解き、昼寝をし、メアリー・リンクスに話をした。」
　翌日、「天気は寒くなった。私は荷物を片づけ、整理整頓した。〔元家政婦〕フィロメナ、ヴァンダ〔・スカラヴェッリ〕、ディグビー夫妻、ジニー・トラヴァース（Ginny Travers）に電話をした。」― それはヴァージニア・マッケンナ（Virginia McKenna）です ―「私たちは短い散歩に行った。ディヴィッド・ボームが学校に対して、オーハイの科学者会議の報告を行った。ナンディニ〔・メータ〕の孫娘、アディティ・マンガラダス（Aditi Mangaldas）が、三日間の訪問のため、インドから到着した。」
　5月3日に、「メルセデスは〔地元の〕モートン氏の納屋に冬中、置いてあったが、私はそこから取り出して、整備してもらうために持って行った。私はデスクの仕事をした。寒かった。イギリスは日照りつづきになっている。私たちは午後に散歩をした。クリシュナジは木曜日に始めて、一週間に一日、一人で学生たちとの会合を、行うことを決定した。」〔職員だった〕あなたはそれを憶えているかもしれません。
スコット―憶えています。
メアリー―で、翌日、5月4日、「クリシュナジは学校全体に話をした。メアリー・カドガン（Mary Cadogan）が昼食に来た。私たちはあれこれについて話をした。私たちは散歩をしたが、寒かった。」
　5日、水曜日、「車が配送された。今や新しいガレージで

暮らしている。昼食の後、クリシュナジと私は、彼のフィリップスのひげ剃りへの替え刃を見つけるために、チャンドラーズ・フォード（Chandler's Ford）に運転して行った。」（スコットとメアリー、クスクス笑う）彼はひげ剃りでは、いつも最新のものを探していました！

スコット―憶えています。

メアリー―「クリシュナジは昨夜、ほとんど眠らなかったと言った。私たちは野原を越えて散歩をした。」

5月6日、「クリシュナジは一人で、学生たちに話をした。職員は誰も出席していなくて、テープレコーダーもなかった。午前にメアリー・リンクスと〔娘の〕アマンダ・パラントが運転してきて、一日を私たちとともに過ごした。私たちは、クリシュナジとボームの対話を、出版するかカセットで販売するかについて、議論した。メアリーはそれに反対だった。」彼女はボームとの対話についてすごく抵抗がありました。

スコット―憶えています。

メアリー―私は彼女の誤解だと思いますが、彼女は、ボームが議論であまりに支配的だとの印象を与えかねないということを、感じました。でも、それは、彼らの間のこれら対話のほとんどが、クリシュナジが昼寝から起きて行われたし、彼は寝起きでまだちょっと一種、ぼんやりしていたからです。だから、ディヴィッドは、先に止めたところをちょっと反復したものです。でも、メアリーは、彼がクリシュナジに対して、何を言うべきかを告げているように聞こえると、感じました。

スコット―でも、また私もまったくはっきりしています。なぜなら、私はこれらが行われているときのこれらを憶えているし、これらの終わりにクリシュナジはそれらが気に入らなかったからです。私は、それらが行われつつあるとき、毎日それらを聴いていました。それは前の年だったと思います―それらが行われつつあるとき、毎日です。私は、それらは驚くほどだと思いました。〔前提条件の解説では〕ディヴィッドが支配したと言えるかもしれませんが、或る面で、それはただ彼らが取った形でした。クリシュナジと彼は、行ったり来たりしていました。

メアリー―私は、彼が〔本質的議論で〕支配したとは一度も感じません。私はそれら〔対話〕の毎回、そこにいました。

スコット―ええ。でも、終わりにかけて私は、クリシュナジが、自分もそれらは出版すべきとは思わないと言ったのを、憶えています。

メアリー―まあ、それはメアリーの影響だと思います。

スコット―メアリーの影響だったかもしれませんが、私は、クリシュナジもそう言ったのを憶えています。私は、まあ、なぜかは理解できると思ったのを憶えています。たぶんそれを〔耳で〕聴くのは一つのことですが、それらが〔文字に〕書かれたのを見るとき、とても違ったものに見えます。そういうわけで、これらが実際に書物として出てきたとき、私は少し失望したわけです。なぜなら、クリシュナジ自身が、それらはそうすべきだと思わないと言っていたからです。彼がそう言うのを聞いたのか何なのか、私は思い出せません。私はその頃、彼から何も特別なことを言われるほど、彼の近くにいませんでした。でも、クリシュナジ自身は、これらのものを流布してほしいとは思わなかった。彼らは、それらが実り多いとは考えなかった。または、それらが役立つとか、何かそのようなものだとは考えなかった。

メアリー―彼は、「いや、だめだ。」と言いたいほどでもなかったわ。彼はふつう、ことが済んでしまったとき、或る種 ― それらは過ぎてしまった。メアリーがそれに反対したのは、よく憶えています。

スコット―そのとおり、そのとおり。

メアリー―それに、〔文芸作家の〕メアリーは、ものごとの知的な〔哲学的・理論的〕側面に、あまり興味を持っていませんでした。

スコット―ええ。

メアリー―そちらは〔理論物理学者〕ボームの貢献です。

スコット―ええ。そして、ディヴィッドは、それらがなされつつないことに、とても失望していました。

メアリー―ええ。

スコット―私は、ディヴィッドからもそれを聞いたかもしれません。なぜなら、私はその頃、彼にたくさん会いつつあったからです。

メアリー―そこには…今日まで、または、私が〔彼の妻〕サラル〔・ボーム〕に最後に会ったとき、ブロックウッドより前の初期のものが、幾つかありました…

スコット―それらは憶えています。

メアリー―それらは、後になっても出版されなかった。

スコット―憶えています。

メアリー―幾つかあります。メアリー・カドガンが幾つか持っていました ― 私はその根本理由を忘れてしまいましたが、何か出版委員会がありましたし、私は議論のすべてに加わりました。でも、正確には憶えていません ― それは、何か出版に関わることでしたし、結局それらは出版されました。でも、それは異なった一纏めでした。

「私たちは散歩した ― ドロシー、クリシュナジと私だ。」そしてそこには、ウーディネ（Udine）で大きな地震があったことを、言います。ウーディネは北イタリア〔、ヴェネツィアの北東方向〕にあります。

7日に、「〔元家政婦〕フィロメナの誕生日だった。私は電話をしようとしたが、つながらなかった。暑い夏の一日だった。」それが、言われるすべてです。

それから翌日は、さらに少ない。「またも暑い一日。私たちは午後に散歩した。」

それから9日に、「クリシュナジは正午に、学校に対して話をした。彼は、〔インドの〕リシ・ヴァレーについてムーアヘッド夫妻（the Moorheads）に、話をした。またも暑い一日。」

5月10日、「天気は涼しくなった。私は、植物等を求めて〔東方向の〕ピータースフィールドに行った。散歩をした。午前9時に〔フランスから〕パスカリン・マレ（Pascaline Mallet）が来て、私はピータースフィールド駅で彼女を迎えた。彼女は金曜日まで、〔ブロックウッドの〕西ウイングに泊まっている。」それは月曜日でした。

11日に、「クリシュナジは、学生たちだけに話をした。職員は同じ時刻に会合を開いた。私たちは午後に散歩をした。寒い！」― 感嘆符ね。

5月12日、「私が体操の前の夜明けにアイロンをかけていると、クリシュナジは、自らの八十一歳の誕生日に入ってきた。彼は自らの誕生日を却下して「ああ」と言った。」（二人とも軽くクスクス笑う）「私たちが朝食を作る間、キッチンで彼は冗談を言っていた。後で、〔中道左派の日刊紙〕『ガーディアン紙（the Guardian）』の書評部門が、『ノートブック』

について彼にインタビューしたいと電話をかけてきた。その出版日は20日だ。〔イギリスの公共放送〕BBCが、彼にインタビューするために、ラジオ4のインタビュアーを送ってこようとしている。クリシュナジは、「なぜ彼らは興味を持つのかな。」と訊ねた。彼は明白な答えを払いのける。」(クスクス笑う)「彼は午前をベッドで読書し眠って過ごした。彼はドロシーに、「ハッピー・バースデー、ハッピー・バースデー」で挨拶した。そして続けて、ドリス〔・プラット〕にまた、「あれはあれの面倒を見る。」と言った。それは〔校長〕ドロシー〔・シモンズ〕の誕生日でもある。私は彼女へのプレゼントを持っていなかった。ゆえに困惑した。私は彼女に、先月〔オーハイのパイン・〕コテッジで撮ったクリシュナジの写真を、幾枚もあげた。大風のなか、彼、彼女と私は野原を越えて、4マイル〔、6.4キロメートルほど〕歩いた。クリシュナジは活力で輝いていた。晩に私たちはテレビで、長い『刑事コジャック』を見た。」

5月13日、「クリシュナジは正午に、学校全体に講話をした。私たちは散歩をした。私はテッド・カーテーと長い話をした。」

14日に、「パスカリン・マレは、西ウィングに泊まっていたが、彼女は発った。私は午前9時45分のロンドン行きの列車に乗り、お使いをした。それから合衆国大使館に行った。私は、合衆国へのクリシュナジの入国ヴィザと永住資格、〔すなわち〕グリーン・カードへの申請を、提出した。それからモルガン保険会社(Morgan-Guaranty)へ。そこで私は、口座を開いて、モルガン・パリ支店とチェイス・ロンドン支店の両口座より、収支残高を移転し、それにより両口座を閉鎖した。〔企画の支援者〕ジャッキー・コーンフェルド(Jackie Kornfeld)がブロックウッドに到着し、私は彼女を西ウィングに入れた。そこに彼女は、ヴィデオ・テープ録りの間、泊まるだろう。」あなたがよく知っているように、彼女はその〔録画の〕ために支払ってくれていました。

スコット―憶えています。よく憶えています。

メアリー―翌日、「ヴィデオのプロデューサーとディレクター、ディヴィッド・ホフマン(David Hoffman)とハリー・ワイランド(Harry Wyland)が」…彼らを憶えていますか。

スコット―ええ。二人とも憶えています。

メアリー―…「到着した。ボーム夫妻とディヴィッド・シャインバーグも、だ。午後に、企画について議論するため、会合があった。散歩があった。アディティ・マンガラダスが」―それは〔インド、ボンベイの〕ナンディニ〔・メータ〕の孫娘です―「晩に学校のために踊った。」

5月16日に、「クリシュナジはみんなに話をした。宗教的生活に関してであり、とても良かった。ヴィデオ装置が応接間に設けられた。私たちは散歩したが、クリシュナジが音楽リサイタルの終わりに出られるように、少し早く戻った。夕食の後、私はジャッキー・コーンフェルド、D.ホフマンとH.ワイランドとともに、ヴィデオの用件を話した。」

17日に、「午前11時に、クリシュナジ、ディヴィッド・ボームとディヴィッド・シャインバーグが、一時間のヴィデオテープ録りの対談を行った。九人の優秀なきわめて専門的な撮影班、加えてホフマンとワイランドがいた。三つのカラーのカメラで、二インチのテープに録画された。クリシュナジは、カメラに写らない大きな掛け時計があったので、調子を保ち、正しい瞬間に打ち切った。私は、応接間の外側のホールでモニターを見守った。そこにはディレクターの仕掛けが置かれていた。」

それから、18日、水曜日です。「ヴィデオテープ録りの二日目。午前に2回目の対談、午後に3回目が録画された。うまく行った。クリシュナジは内に留まった。今週、彼は枯れ草熱が始まるしるしがあるので、散歩はない。彼は晩に私に言った―「私は朝食に座っている間、最高にとてつもない冥想をした。私は行ってしまった。私はよく気をつけなければいけない。そうだね、死はとても近い。私が死を言うとき、あなたはそのような顔をしてはいけない。それではない。完全な空っぽ、何でもないことだ。」と。」

5月19日、「クリシュナジと二人のディヴィッドは、4回目と5回目の対談を行った。4回目は特に良かった。」

スコット―ええ、そうでした。

メアリー―「クリシュナジは枯れ草熱のために、まだ外に出て行こうとしない。彼は自室で体操をする。」

5月20日、「6回目と7回目の対談のヴィデオテープ録り。そのどちらもすばらしかった。ヴィデオテープ録りの対談は今や終了した。私は職員の会合に行った。」

翌日、「午前11時に、対談への導入がヴィデオ録画された。それから終了した。ホフマンとワイランドは去った。ズーム・テレヴィジョン(Zoom Television)のジョン・ホーキング(John Hawking)が、ジャッキー・コーンフェルドと私とともに、あれこれを調べた。私は、K信託財団のために二インチの四チャンネル・ステレオ装置、そして、ブロックウッドのためにカセット〔・テープレコーダー〕一式を、買おうとしている。ジャッキーの夫、ジョー・コーンフェルドが、私たちの昼食に加わった。それから彼らは二人とも去った。午後の半ばまでに、すべてがいつものところに収まり、清潔で平和だった。だが、とても良い録画が、うまく作られた―これまでに録画されたどの対談より、専門的に、そして、大きな深みをもって、だ。花粉の数値が高いので、クリシュナジはまだベッドに留まっている。雨は見込めない。ドロシー〔・シモンズ〕と私は、〔犬の〕ウィスパーとともに散歩をした。学校の会合があった。」

スコット―たぶんクリシュナジはあなたたちに、自分抜きで散歩に出かけるよう勧めたと言うことには、何か意味があるでしょうか。言い換えるなら、彼は散歩に出かけられなかったなら、それでもあなたたちに、出かけて散歩してほしいと思った、と。

メアリー―彼は、吹雪の中でも私に、散歩に出かけてほしいと思ったでしょう！

スコット―(笑う)知っています！

メアリー―多くは、雨が降っている日でした。私は展望にかなり気が滅入りましたが、彼は、「さあ、行こう。歩こう！」と言いました。

スコット―(笑う)ええ。ただ彼が散歩できなかったからということは、あなたがそれを免れられたという意味ではない！

メアリー―ええ！それで、記す価値はないです。(スコット、笑う)それはただ標準的な手順だったからです。

スコット―ええ。まあ、標準もまた、時には記す価値があります。

メアリー―(笑う)では、そういうことです。

22日、「ネリーとジョージ・ディグビー〔夫妻〕が昼食に来た。クリシュナジは散歩しなかったが、ドロシーと私はどちらも犬を連れて行った。」

翌日、「クリシュナジは学校に対して話をした。」それが言われることのすべてです。

5月24日に、「〔イギリスの公共放送〕BBCから、モニカ・ファーロング（Monica Furlong）とジェームズ・プリーストランド（James Priestland）が、昼食に来た。そして、番組『章と韻文（Chapter and Verse）』のために、〔新刊の〕『クリシュナムルティのノートブック』について、クリシュナジにインタビューを行った － その番組は、宗教的な傾向の書物を批評するものだ。クリシュナジは一人で彼らに会った。だが、彼は、彼らは何も賢明な質問をしなかったと、言った。」

翌日に、「学期中間の休日だった。クリシュナジは、枯れ草熱を避けるために、休んで、ベッドに留まった。」

そして、26日に、「『ガーディアン紙』からアンジェラ・ニューステイター女史という人（a Ms.Angela Neustater）が、『クリシュナムルティのノートブック』について、クリシュナジにインタビューするために、来た。彼女は一時間半、彼に会い、多数のメモ書きをとり、他の二冊の本と〔メアリー・ラッチェンスによる〕伝記をもって去って行った。クリシュナジは、彼女はBBCの二人組より賢明だと言った。」

27日に、「クリシュナジは、学期中間の後で再び集結した学校に対して、話をした。」それがすべてです。

28日に、「私は〔南東方向へ〕チチェスター（Chichester）に、メルセデスを、1万5千マイル〔、約2万4千キロメートル〕の点検修理に持って行った。それが行われている間、私は、チチェスターと〔十二世紀に遡る〕大聖堂（カテドラル）を楽しく歩き回って、午前を過ごした。私は小さなトルコ石のイヤリングを見つけて、買った。」（クスクス笑う）「私は戻る途中で、ピータースフィールドでお使いをした。私は、新しく印刷された『クリシュナムルティのノートブック』を何冊か、〔ニューヨークの〕自分の弟〔バド〕、〔マリブの友人〕アマンダ〔・ダン〕、〔K財団の友人〕イヴリン・ブラウ、シンシア・ウッドに、送った。〔ベルギーの〕スザンヌ（Suzanne）とヒュヘス・ヴァン・デル・ストラテン（Hugues van der Straten）が、週末のために到着し、西ウィングに泊まろうとしていた。」

5月29日には、ほとんど何もありません。「デスク。ディヴィッド・ボームが学校のために開いた会合に、行った。ヴァン・デル・ストラテン夫妻とともに散歩した。」

5月30日、「クリシュナジは学校に話をした。最も良いものの一つだった － イメージと、自己について、だ。トゥラ（Tura）は、」－ 学生の彼女を憶えていますか。

スコット－ああ、はい。

メアリー－…「イスラエル人の学生だが、午後に西ウィングで、彼女はクリシュナジ、ボーム等のために歌い、ギターを弾いた。ヴァン・デル・ストラテン夫妻は去った。『クリシュナムルティのノートブック』についてのBBCの書評が、晩に放送された。何でもない。」それは私が考えたことだと思います。「プリーストランドはその本を読んだようには見えなかったし、」（クスクス笑う）「〔昔の神智学協会の〕ベサント夫人とレッドビーターについて的外れな質問しかしなかった。」

31日、月曜日、「ほぼデスク。小雨の中、クリシュナジは、ドロシーと私と犬たちとともに、二週間で最初の散歩をした。雨の中でも彼は、後で幾らか枯れ草熱を感じた。」

6月1日、「私は早くにロンドンと、インド・ハウス（India House）〔インド高等弁務官事務所〕に行った。合衆国の入国申請に必要なインドからの警察の通関手続きのためだ。ナラヤンが列車に乗っていて、私とともに行こうと申し出てくれて、すごく手助けしてくれた。私たちは、教育の書記官、G.ヴェッタカーン氏という人（a Mr.G.Vettakhan）に会ったが、彼は私を公使のアブラム氏（Mr.Abrams）に会うため、連れて行ってくれた。もったいぶった公使は、…」（文章の途中で止める）

スコット－進んでください。読んでください。（クスクス笑う）

メアリー－〔自分のことに言及して、〕彼女はとても批判的です、この女は。

スコット－まあ、彼女はそのはずでしょう。疑いもない。（二人ともクスクス笑う）

メアリー－…「もったいぶった公使は、顎（ティラー）の下が柔軟で」（クスクス笑う）「上司に対して服従の身振りと頸静脈すべてを示して丁重な部下のシーク教徒に、」（二人とも笑う）「如才なく訂正されて、『ああそうか』という喜劇騒ぎの後、通関手続きは、公使が与えることができて、インド本国に照会しなくていいことが、分かった。最後は万事よし！」（さらに笑う）「ありがとうございます、微笑み、等。それから、ヴェッタカーン氏はナラヤンと私を、近くのインド料理店に昼食に招待してくれ、それを受けた。私は後で逃れて、銀行へ行き、私たちのチケットのためにフランス航空へ。午後3時50分のピータースフィールドに戻る便に、乗った。」（二人とももっと笑う）

スコット－そう、これら詳細がほしいね！

メアリー－まあ、そこには幾らかありました。（もっと笑う）

6月2日、「クリシュナジと私はロンドンに、〔仕立屋の〕ハンツマンに行き、」－ 当然ね（クスクス笑う） －「服地（ボタン）見本を見た。メアリー・L〔リンクス〕がフォートヌムで、私たちとともに昼食をした。それからハンツマンに戻った。私が、コーク・ストリート（Cork Street）の新しい仕立て師のピット氏（Mr.Pitts）に、幾らかツィードをスカートとズボンにしてもらうためだ。ロウ（Rowe's）の私の以前の仕立て師は、他のどこかに行ってしまったからだ。それから、読み物のために〔書店の〕ハチャーズ（Hatchards）に。〔サウスバンクに近いターミナル、〕ウォータールー駅に。だが、私たちの列車は遅れた。私たちは午後7時にやっと戻った。」

6月3日、「クリシュナジは学校に対して話をした。私はクリシュナジの書類を、〔ロンドンの〕インド・ハウス〔インド高等弁務官事務所〕に送り、〔北西方向の〕アレスフォードでお使いをした。エルナ〔・リリフェルト〕がヴィデオ・テープについて電話をしてきた。」

で、6月4日に行きます。「午前11時30分に、出版委員会の会合があった。クリシュナジと私はともにそこに出た。みんなが昼食に留まった。私はドロシーと犬たちとともに散歩した。クリシュナジはまだ内に留まっている。」

6月5日に私の日記はこう言います －「デスクの一日。ボームの討論会に行った。ドロシーと犬たちとともに散歩した。ヴィデオ・テープのための寄付者について、エルナに電話をした。」

スコット－ではたぶん、言うべきでしょう － ボームの討論会に言及されるとき、ボームはよく討論会を開いていたと

メアリー ー …学校と、ね。
メアリー ー …職員と、だと思います。
メアリー ー 職員か何かね。クリシュナジがボームと議論していたわけではない。
スコット ー ええ、ええ。或る時点で彼は、学校全体と、または来たいと思った誰とでも、議論したと思います。でも、結局のところ、それは職員だけでした。
メアリー ー まあ、〔職員だった〕あなたは私よりそれをよく知っているでしょう。私はそれらに行かなかったから。
スコット ー ええ。私はそのすべてに行きました。
メアリー ー あなたはそのすべてに行ったし、私はそれらについて何も記入していません。
スコット ー ええ。で、私は記録のために、それらが何だったのかを、言っているだけです。
メアリー ー 6月6日、「クリシュナジは学校に対して話をした － 傷つくことについて、だ。ドロシー〔・シモンズ〕と犬たちとの散歩があった。私は母の誕生日に〔アメリカ東部の〕母に電話をかけた。だが、母は昼寝を始めようとしていて、電話に出てこられなかった。私は継父に話をしたが、彼は…」まあ、それには入らなくていいわ。

「まもなく後で、弟〔バド〕がパリから電話をかけてきた。彼とその妻リーザは、十二日間、ヨーロッパ、パリと〔西ドイツの首都〕ボンにいたが、私に連絡することができなかった。彼はまた、ウルフ博士が先の木曜日に、ボンのヤンカー診療所（the Janker Clinic）で亡くなったことを、教えてくれた。93歳だった。〔弟〕バドは、ヤンカー診療所のシーフ博士（Dr.Sheef）に、自分とリーザの医師になってほしいと思い、自分たちとクリシュナジと私の履歴を移転するよう手配した。彼はかつてなく診療所に感心していた。」 － 感心したのは弟です － 私の義理の妹、彼の妻〔リーザ〕は、自分〔の健康〕にとってあらゆる種類の間違ったことをしていました。

ウルフ博士は、〔ニューヨーク市の北側、〕ホワイト・プレインズの年老いたドイツ人医師でした。あなたは思い出すでしょうが、クリシュナジと私と弟〔バド〕はそこに行きました。
スコット ー そのとおり、そのとおり。
メアリー ー 彼は、クリシュナジは指に痛風があることを、探り当てた人です － 左手の第四指です。その痛風は、体内の多すぎる尿酸により引き起こされます。それに基づいて、或る時点で私は、〔インドの〕パーチュリ〔博士〕にそれについて語ったにちがいないです。彼は薬草の本を調べて、多すぎる尿酸にはイラクサがとても良いことを、見つけました。
スコット ー そのとおり。それを取り除くんです。
メアリー ー で、彼は出かけて行って…（クスクス笑う）
スコット ー ああ、憶えています。そして、膨大に集めて…
メアリー ー …それから、乾さなくてはいけなかった。憶えていますか。
スコット ー 憶えています。憶えています。西ウィングの踊り場中に、ね。
メアリー ー で、私は、一体全体、一トンの緑イラクサをどこで乾せるのかと、思いました。でも、けっして使わない階段に、…
スコット ー 憶えています。（クスクス笑う）憶えています。
メアリー ー …そこにシーツを敷いて、それをイラクサで覆いました。健康食品の店で買うよりずっと手軽です。でも、私たちはそれを知らなかったわ。ともあれ、それが、それに関して起きたことです。

6月7日、「暑い一日。ああ、幾らか雨がほしい。南イングランドとフランスの北半分の日照り続きは、きびしい。私たちはロンドンに行った。私は、スカートを写してもらうために、〔仕立屋の〕ハンツマンに置いておいた。それから私たちは、フォートヌムに歩いて行き、そこでメアリーとジョー〔・リンクス夫妻〕とともに昼食をした。メアリーは、クリシュナジを歯医者のトンプソン氏のところに、連れて行った。その間、私は、ハンツマンのツイードとスカートとスラックスの見本を、コーク・ストリートのヒリアーのところ（Hillier's）で写してもらうために、持って行った。私はフェラガモで靴を一足、入手し、歯医者でクリシュナジに加わった。それから私たちは、午後3時50分のピータースフィールドに戻る列車に、乗った。暑い一日だった。」

翌日、「クリシュナジは正午に、学生たちに話をした。その間、職員は職員会合を行った。暑い一日だった。」

9日、「またもとても暖かい一日だった。クリシュナジは内に留まった。私はお使いで〔西方向の〕ウィンチェスターに行ったが、昼食に間に合うよう戻った。午後に私は手紙を仕上げた。」

10日にはさらに少ないです。「クリシュナジは学校に対して話をした。」

6月11日、「クリシュナジは手紙の口述をした。ジーン・ミッチェル・デ・ブロース（Jean Michael de Bloos）が、メルセデスの洗車、ワックス掛けのみごとな仕事をしてくれた。」私は彼を憶えています。
スコット ー ええ、彼はとてもすてきなやつでした。
メアリー ー ええ、すてきでした。

12日に、「私は昼食のため、〔ロンドンの南、〕サセックス（Sussex）のメイヤー家に運転して行った。」
スコット ー メイヤー（Meyer）は誰ですか。
メアリー ー メイヤー家はフレール（Fleur）とトム〔・メイヤー〕（Tom）です。フレールは、最初の夫の名前、カウルズ（Cowles）で知られていました。
スコット ー ああ、そうだ。画家ね。
メアリー ー 彼女は画家です。私は、別室に彼女の絵を一枚持っています。彼女の最初の夫は、雑誌『ルック（Look）』を所有し、経営していました。彼女は彼と離婚しました。それから彼女は、短命だがとても風変わりで興味深い『フレア（Flare）』という雑誌を、始めました。それを開けてみると、本からあれこれ花が咲きました。とても興味深かった。ほんとたくさんのお金が掛かって、長続きしませんでした。（二人ともクスクス笑う）で、彼女は出て行き、たくさん旅行をしました。彼女はトム・メイヤーに出会いました。彼はロンドンで生活していて、極東の材木ビジネスか何かをしていましたが、彼らは結婚しました。私たちは彼らに出会い － 私たちとは〔亡き夫〕サムと私自身です。私の夫と私は、週末のため〔スペインの〕マドリッドに行ったとき、そこでいちど彼らに会いました。フレールはものすごい嗜好を持っていました。あらゆる種類のすてきな物品を見つけ、場所を美しく装飾しました。彼女は本を書き、絵を描きましたが、まだ絵を描いているし、いたるところで展示してします。彼女とトム〔・メイヤー〕は、オール

バニ（Albany）に、この本当にとほうもないフラットを持っていました。オールバニは憶えていますか。
スコットーええ、よく。
メアリーーまあ、彼らはそこで生活していていましたが、それから、田舎に美しい古いエリザベス朝時代の農家を、〔ロンドンの南43キロメートルほどの〕サセックス〔州、フォレスト・ロウ〕に持っていました。またも彼女は、その内側をすばらしくしていました。彼女は、とほうもない家具と品物を見つけたし、彼女を訪問することは、いつも楽しみでした。そして、彼女は世界の誰をも知っていました！で、そこに行ったなら、興味深い人たちに会いがちでした。彼女は、まるで自分の生活を『ふしぎの国のアリス』流に叙述しているかのように（クスクス笑う）、自分自身について話しましたが、それは気取っていなかったし、それでとてもおもしろかった。（スコット、クスクス笑う）それは、一種、〔著名人の〕名前を引き合いに出すものでしたが、実質をともなっていた － 興味深い人たち、彼らがしていることと言っていることを、ね。ともあれ、私は今でも彼女が好きですし、彼女を友だちと思っています。長年会っていませんけどね。さて、私はどこにいるんでしょうか。

「私は昼食のため、サセックスのメイヤー家に運転して行った。272号を」－ それは道路です －「〔東方向にウエスト・サセックス州の〕ミドハースト（Midhurst）とペトワース（Petworth）を通り、フレール〔・カウルズ〕とトム〔・メイヤー夫妻〕のところに、昼食のためだ。暖かくすてきな一日だった。南イングランドを急がず運転して行くのは、快かった。他のただ一人のお客は、ジョン・ヴァン・オースティンという人（a John van Astin）だった － 映画を作るイギリス人だ。いつものように、良い昼食だった。すりつぶしたマッシュルームが入っていそうな繊細なソースで、初めてのそら豆の一品。私たちはほぼ、世界のむちゃくちゃなことについて、話をした。フレールは24日に病院に行くが、そこでは専門家が、彼女の心臓が現にそうなるように、または、今年すでに六回もなっているように、繊維性攣縮になるとき、なぜかと何をすべきかを、見つけ出そうとするだろう。彼女は自分の心臓はだいじょうぶだと言ったが、それは…」まあ、それは聞きたくないでしょう。私は友人の医学的問題について、続けたいとは思いません。
スコットーいいです。
メアリーーともあれ、私は午後3時30分に運転してもどりました。それがその一日でした。

13日には単に、こう言うだけです －「クリシュナジは学校に対して話をした。私はデスクで仕事をした。」

14日にはさらに少ないです。「デスク。午後にドロシーと散歩。暑い乾いた一日。」

それから本当に何もありませんが、16日には、「私は午前8時45分のロンドン行きの列車に乗り、クリシュナジのスイスとフランスのヴィザをとった。彼は午前10時45分の列車に一人で乗り、タクシーでハンツマンに行った。そこで、メアリー・L〔リンクス〕と私は彼に会った。それがだいじょうぶなのかどうかについての大きな議論だった。」（スコット、クスクス笑う）「私たちはみな、昼食のため、フォートヌムに歩いて行った。私は、新しい仕立て師、ヒリアー（Hillier）のところで、スカートとズボンの仮縫いをしてもらった。クリシュナジは、自分だけがズボンの長さを判断できると感じるから、ヒリアーのところに来る

と主張した。彼は、それらは一定のところで折れるべきだと感じて…」
スコットーそのとおり。
メアリーーそれらは知っていますね。
スコットーええ、ええ。（二人とも笑う）よく憶えています。ええ。
メアリーー彼がよしと言わなければ、正しくなかった。彼はそれらのことについて、とてもうるさかった。

で、彼は明白に私とともに戻りました…
スコットーあなたがそれをちゃんとしているかを、確かめに。
メアリーーええ。で、クリシュナジは、仮縫い中の私のズボンの長さを、審査しました。それから私たちは、ヴァンダ〔・スカラヴェッリ〕のためにジャージーを買い、午後3時50分の〔列車〕に乗って、ピータースフィールドに戻りました。
スコットー〔ロンドンのショッピング・モール、〕バーリントン・アーケードでジャージーを入手したんでしょうか。
メアリーーええ。先頭のあの店で。
スコットーああ、ニールのところ（Neil's）？
メアリーーええ！
スコットーあなたたちは、ピカデリーに戻ろうとしているので、左側で先頭の？
メアリーーええ。そこが、私たちがそれを買い、歩いて通ったところです。私たちは、ハンツマンからフォートヌムに行くには、いつもアーケードを歩いて通りました。

6月17日、「クリシュナジは学校に対して話をした。私はデスクの仕事をした。軽い霧雨があった。それで、クリシュナジは、ドロシー、〔犬の〕ウィスパーと私とともに、数週間で初めて散歩をした。雨のために枯れ草熱は良くなっている。」

翌日は、「デスク」と言うだけです。

6月19日、「雨だ！デスク。アンジェラ・ニューステイターによるクリシュナジの本への『ガーディアン紙』の書評は、優秀でもなかった。」私はとても気にするわ。「クリシュナジは読みとおさなかったが、大したものではないと思った。そして、「自分で批評しよう。」と言った。彼は、みごとな批評を口述したが、進みながらずっと笑った。」（二人ともクスクス笑う。メアリー、もっと笑う）あれは憶えていますか。
スコットーええ、憶えています。
メアリーー6月20日、「私は、ロンドンの〔インド・ハウスの〕ヴェッタカーン氏と〔インド〕大使館のパスポートの長、スンダラム氏（Mr.Sundaram）を迎えるために、ナラヤンとともに〔東方向の〕ピータースフィールドに行った。彼らは、クリシュナジの学校との講話に出席し、昼食に留まった。クリシュナジは、主要道路を歩いて行き、戻ってきた。晩に私は、M.ラッセル（M.Russell）とアラン・ローランズ（Alan Rowlands）によるチェロとピアノのリサイタルに出席した。」

21日に、「クリシュナジと私はロンドンに行った。フォートヌムでのメアリー〔・リンクス〕との昼食で、クリシュナジは、誰が書いたかを言わずに、自らが『クリシュナムルティのノートブック』について書いた書評を、彼女に渡した。彼は陽気な顔で見守った。」（クスクス笑う）「メアリーは思い当たるだろうと私は思ったが、そうならなかっ

た。最後に彼女は、「誰がこれを書いたの？」と訊ねた。そして、彼女は言われたとき、大いに笑った。彼女とジョー、〔彼女の娘〕アマンダと子どもたちは、夏の休日をブロックウッドで過ごそうとしている。クリシュナジは、歯医者のトンプソンへタクシーに乗り、自分一人でハンツマンに戻った。そこで私は彼に会った。彼のこれら単独行動に、私は神経質になる。私は明らかに、やきもきする人だ。彼は何本かズボンの仮縫いをした。私が待っている間、男の人が私のほうに来て、「こんにちは。」と言った。前後関係抜きで、私は彼をジョン・ヴァン・オースティンと認識しなかった－私は一週間前に〔友人の〕フレール〔・カウルズ〕のところで、彼に会った。クリシュナジと私は午後４時50分の列車に乗り、ピータースフィールドに戻った。晩には学校の会合があった。」

６月22日、「私は昼のほとんど、デスクで仕事をした。クリシュナジは学生たちに話をした。午後には、職員の会合があった。暑い一日だった。私は〔犬の〕ウィスパーとともに少し散歩した。牝牛たちが木立に入った。」

翌日、「クリシュナジは手紙を口述した。私は〔東方向の〕ピータースフィールド駅で、シンシア・ウッドの友だち、デイル・ダフ女史という人（a Ms.Dale Duff）を迎えた。彼女がブロックウッドで昼食をとった後、彼女をそこに送って行った。」

６月24日、「クリシュナジは学校に対して講話をした－良いものだ。」下線つきです。「とても暑い。」

６月25日、「〔ロンドン南西部、〕ウィンブルドンでは気温が〔華氏〕104度〔、約摂氏40度〕だった。クリシュナジは手紙を口述し、私はタイプを打った。」

６月26日、「ロンドンは〔華氏〕95度〔、摂氏35度〕だ。これまでの最高記録。私は荷造りを始めた。私は、従姉のローナ（Lorna）から手紙をもらった。」おやまあ、彼女はひどい生活をしていました。私はこれは〔この記録に〕入れないわ。

で、27日へ。「暑さは変わらない。クリシュナジは学校とお客たちに話をした。とても興味深い。生物学的とか技術的な水準でだけ記録するが、心理的な水準ではしないことについて、だ。心理的な私の反応なしで、「薄い、薄い」表面が記録する。荷造りをした。」

６月28日、「まだ〔華氏〕90度〔、摂氏32.2度ほど〕を越えている。乾燥と、萎れさせる日照りがある。私は一日中、荷造りと整理整頓で過ごした。」

６月29日、「また茹だるような一日。私は早起きし、すべてを整理整頓した。ドロシー〔・シモンズ〕が運転して、正午にブロックウッドを発ち、クリシュナジと私を〔ロンドン西部の〕ヒースロー〔空港〕に送ってくれた。私たちは〔空港の８キロメートル手前、サリー州の〕ヴァージニア・ウォーターズ（Virginia Waters）で、ピクニックの食事のために停まった。そこで、いくらかの木陰と優しいそよ風を見つけた。私たちは、パリへのブリティッシュ・エアウェイズ〔便〕に乗り、新しいシャルル・ド・ゴール空港に初めて着陸した。パリはイングランドよりさらに暑い。〔宿泊先のホテル、〕プラザ・アテネのロビーだけが、空調が効いている。私たちはいつもの部屋をとったが、五階だった。暑さにもかかわらず、私たちは脚を伸ばすために散歩をして回った。それから、自分たちの部屋で夕食をとった。」

スコットープラザ・アテネでのあなたたちのいつもの部屋は、どこにありましたか。

メアリーーまあ、私はどの階かは忘れましたが、見えますね。ホールの奥というか。クリシュナジはここに、バスつきのを一つ、とりました。私は隣に一つとりました。

スコットー窓からの眺めはどうでしたか。

メアリー中庭です。おかしな・・・ものに格子垣が付けられて、もう一つの建物です。

スコットーいいです。では、中庭が見渡せた。

メアリーーええ、見渡せました。そうね、静かでしたよ。裏のそこは静かでした。それらはとてもすてきでした。私たちは、どちらかの寝室で晩餐をとりました。どちらかは問題ではないわ。私はトレイを差し入れてもらいました。テーブルとすべてを、ね。

６月30日、「気温は90度台だった。私たちは暑い午前ずっと、内に留まった。それからホテルの庭で昼食をとった－メロン・〔冷製スープ〕ガズパチョ、小さなサヤインゲン、タリアテッレ・オ・グラタンと、フレーズ・デ・ボワ〔、森いちご〕。ナディア・コシアコフ（Nadia Kossiakof）が一杯のコーヒーのために、私たちに加わった。」ナディアの身元確認はしなくてはいけないかな。

スコットーすでにしたと思いますが、もう一回やってもいいでしょう。

メアリーーナディアはとてもすてきな女性でした。彼女はエジプト人でした。美しいトルコ石の瞳を持っていました。彼女は大柄でしたが、この美しいすてきな顔と、美しい目を持っていました。彼女はロシア人のニコラス（Nicolas）と結婚していました。パリの世界でクリシュナジの人たちの一部分でありました。

スコットー30年代と40年代に遡って？

メアリーー彼女がどれほど遡るのか、私は知りません。でも、私がやって来たとき、彼らはみんな一つの集団でした。彼女は出版社との対応をしました。

スコットーそのとおり。それは憶えています。

メアリーーええ。彼女がブロックウッドに来たとは、私は思いません。でも、私たちはいつもパリで彼女に会いました。

スコットー彼女は〔夏のスイスの〕サーネン〔集会〕に来ましたよね。

メアリーー来ましたよ。確かです。

スコットーええ。私がそこで彼女に会ったのは、確かです。

メアリーー彼女は、美しい肌とすてきな顔、これらの目を持っていました。かすかに色づいているが、滑らかな種類の肌と、すてきな顔色をしていました。それで、「彼女がコーヒーのために、私たちに加わった。ナディアは、自分が胆嚢のためにすぐに手術を受けなくてはいけないこと等を、報告した。マダム・ドゥシェ（Madame Duchet）は、ゆっくりとした癌になっているが、にもかかわらず、三つの翻訳に取り組んでいる－『クリシュナムルティのノートブック』、『伝統と革命（Tradition and Revolution）』、『クリシュナムルティ－教育について（Krishnamurti on Education）』だ。シュアレスは、末期の癌だ。」－それは〔古い友人の〕カルロ・シュアレス（Carlo Suarès）です－「私は後でクリシュナジに対して、シュアレス夫妻について何かしたいと思うのかどうかを、訊ねた。彼は、いや、自分は彼と接触したくないと言った。昼食の後、私たちは〔オーダーメイドのシャツ店〕シャルヴェに行った－クリシュナジは上着を脱ぎ、私は可能なかぎり軽装で。私たちは幾

つかすてきなシャツ地を見た。私は、5月になくした黄色のシャツの代わりを、見つけられなかったが、他に四枚注文した。クリシュナジは二枚注文した。シャルヴェの後、私たちはシャンゼリゼに戻ってきて、何なのかを知らずに、〔1975年の〕日本映画『新幹線大爆破（Super Express）』に行った － 列車に爆弾のサスペンスだ。」（笑う）それが話の筋でした。「クリシュナジは楽しんだ。「アメリカ映画並にいいよ。」と彼は言った。私たちは部屋で夕食をとった。暑さは一日中、90度台〔すなわち摂氏32.2度以上〕だった。私は眠りに就く前に、三回、シャワーをした。」

スコット－ここで、できれば、説明してくださるようお願いします。あなたがクリシュナジに対して、シュアレス夫妻について何かしたいと思うのかどうかについて、訊ねたときについて、もう少し言ってもらえるでしょうか － それはどういう意味でしたか。

メアリー－電話を掛けるのと、同情とか何らかの形で彼らと交信する、という意味でした。

スコット－いいです。

メアリー－ええ。シュアレス夫妻は、クリシュナジに対してとても悪い振る舞いをしてきました。

スコット－そのとおり。いいです。知っています。でも、私はここにそれらを明示しておこうとしているだけです。

メアリー－シュアレス夫妻は、クリシュナジが最後に〔パリで〕彼らのところに泊まったとき、彼を － 私は思い出せないから、それがいつだったかを私に訊かないでください － でも、あなたと私はこれら回顧録においてそれについて議論しました。

スコット－彼らはそこで、クリシュナジを居心地悪くさせるとか、歓迎されていないと感じさせました。

メアリー－ええ、彼女、シュアレス夫人は何か、「ああ、あなたがここにいるときは、することがたくさんあるわ。」というようなことを、言いました － それで、彼は、自分が彼らに付け込んでいると感じたんです。それは、いつか〔その夏、スイスで〕マルセル・ボンドノーが…彼女を憶えていますか。

スコット－ええ。

メアリー－…彼女は気持ちいいご婦人、すてきなご婦人で、大親友でした。彼らはみな、大昔からの一種の古い、古い友だちでした。でも、彼女は、私がパリに彼が泊まる場所を借りるよう、私に提案した人でした。なぜなら、シュアレス夫妻が、彼〔クリシュナジ〕に対して、歓迎されていないし、自分は…

スコット－そのとおり。憶えています。今、思い出しました。

メアリー－…付け込んでいると感じさせたからです。〔滞在先を借りること〕それは、私がしたことです。

スコット－そのとおり、そのとおり。

メアリー－マルセルの助けで、ね。なぜなら、私はパリで場所の借り方を知らなかったからです － 私はカリフォルニアに行こうとしていたので、ね。それで、彼女とエルメンホーストは友だちでした…

スコット－ジゼル・エルメンホースト（Giselle Elmenhorst）ね。

メアリー－ジゼル・エルメンホースト。彼女たちが小さな住宅を見つけて…

スコット－〔パリ西部の、ブローニュの〕森の近くに。

メアリー－…〔ブローニュの〕森の南のあそこに、ブローニュの〔住宅地域〕ビヤンクール（the Boulogne-Billancourt）に。それから私がそこを借りました。

スコット－ふむ、ふむ。

メアリー－…そこはとてもすてきだったと、言うべきですね。私たちはそこを少なくとも二年間、とりました。

スコット－憶えています。

メアリー－でも、もちろんシュアレス夫妻はそのとき、激怒していました。なぜなら、彼が自分たちのところに泊まっていなかったからです － 彼らが、クリシュナジを居心地悪く感じさせたにもかかわらず、ね。

スコット－で、彼らは、彼がそこに戻らないことに立腹しましたか。

メアリー－彼が戻らないことに立腹しました。それで、不和が始まりました。

スコット－はい、いいです。よろしい。

メアリー－で、ともあれ、「その夜、私たちは再び部屋で夕食をとった。」

7月1日、「暑さは退きつつある。私たちは角を曲がって、ジャージーを求めてクレージュ（Courrèges）に、小物を求めてディオールに行った。」それはハンカチとそのような小物という意味です。そこは通りの向こうにあります。だから、近くでした。「私たちは再び〔ホテルの〕庭園で昼食をした。そこは、花々、〔日よけの〕天幕、パラソル、灌木、登るツタ、鳥たちと、ローラン（Roland）が」 － それはホテルの支配人でした － 「営む申し分のないサーヴィスと良い食事でもって、なんとか涼しく見せている。クリシュナジはデザートに、ソルベ・オ・フレーズ〔すなわちストロベリー・シャーベット〕をもらった。明白に、良い食べ物は彼に合っている。」そうでなかったら、彼は飲み下せませんでした。

スコット－ええ。

メアリー－「少し休んだ後、私たちは、〔アメリカの犯罪映画〕『明日に向って撃て！（Butch Cassidy and Le Kid）』に歩いて行った。（メアリーとスコット、笑う）私は、クリシュナジはそれを見たことがあると思ったが、そうであっても、彼は忘れていた。それで成功だった。私は初めて、それをもう一度見通した。」

スコット－たぶんフランス語で？

メアリー－まあ、字幕が付いていましたが、ええ。

「晩に私たちは、ヴィシソワーズをとった。庭はとても人気があり、私たちが読むナンセンス・スリラーのページから歩いて出てきたような人々がいた。」（笑う）「私たちはいつものように部屋で夕食をとった。プラザ〔・アテネ〕は、その室内装飾スタイルで、暑く見える。空調はロビーだけにある。私たちの部屋には相互換気がない。私は眠るかわりに、シャワーを浴びつづけた。」（笑う）

7月2日、「私たちはパリを去るのを喜ぶ。まるで都市で空気が変わっていなかったようだ。真空掃除機の内側にいるように、息をするのがしんどい。クリシュナジの脚も私の脚も〔腫れて〕クッションのようだ。私たちは再び、〔パリの北東25キロメートルほどの〕ロワシー〔村〕（Roissy）、そして〔そこの〕シャルル・ド・ゴール空港に行った。私たちは、白痴的なうぬぼれの荒野のように感じるところに、座った。」（クスクス笑う）「乗客たちは、血球のようにプラスチックのチューブとトンネルを通る、動く歩道沿いに、食事を出される。」（クスクス笑う）「そして、ゲイトではなく、

自分のサテライトに行くよう、厳然たるラウド・スピーカーによって勧告される。」(スコット、クスクス笑う)「奨励の言語は、何々作戦に似ている。または、今や離陸のために持ち場に行こうとする客室乗務員のもったいぶった真剣さ、だ。」あれらのアナウンスを知っていますか？

スコット—ええ、ええ。

メアリー—「私たちは今回、エア・フランス〔の便〕に乗り、驚くほど良い菜食の昼食をいただいた。だが、私たちは、ブリティッシュ・エアが無料と認める荷物に、20ドルの重量超過を請求された。」(二人とも笑う)「50分の空の旅。そして、私たちは〔スイス西部の都市〕ジュネーヴの単純素朴な空港に着いた。〔レンタカーの〕ハーツ〔社〕は、予想したBMWの代わりに、けばけばしい緑のオペルを提供してくれた。荷物を積み込むと、私たちは街へと出かけた。地下に駐車し、〔時計店のフィリップ・〕パテクに歩いた。」これは毎年、儀式でした…

スコット—ええ、知っています。知っています。

メアリー—…私たちは〔フィリップ・〕パテクに行かなくてはいけないし、そこでは腕時計を見て、少しだけ調整してもらいます。「…それから、ジャケ(Jacquet)に。そこで、クリシュナジは、自分自身のために六本のネクタイを、加えてジョー・リンクスのために二本を、選んだ。ネクタイの素材を選ぶには、たいへんな議論と注意が掛かった。私の助言が尊重された。」

スコット—不可欠だな！(メアリー、笑う) 知っています。ネクタイの事柄では、それが不可欠でした。

メアリー—まあ、彼は、私が衣服について知っているとの理論を、持っていました。なぜなら、私は彼を知る前に、ハンツマンについて知っていたからです。

スコット—ええ。私は、あなたたちがグシュタードで初めて会ったあのすばらしい物語を、憶えています。

メアリー—「ジャケの後、私たちは〔ショッピングセンター、〕グラン・パサージュ(Grand Passage)に、半端物のために行った。」— 今回私たちは何をしたのかな —「それから、私たちは〔レマン〕湖沿いに運転し、グシュタードに行った。」

スコット—ああ、では、あなたたちはそのとき、ジュネーヴのホテルに泊まらなかった？

メアリー—ええ。泊まらなかったわ。私たちは、山々のほうが涼しいだろうと願っていた、と思います。「それで、私たちは湖岸道路に出かけたが、パリのようではなかった。息ができた。田舎はスイスにしては乾いているが、フランスの枯れはてたようすではない。クリシュナジは喉が渇いたので、私たちはリンゴ・ジュースのために停まり、それから運転をつづけた。〔レマン湖の北岸の都市〕ローザンヌの上の田舎は、相変わらず美しいし、空気は山々の味がした。最後にグシュタード — 涼しく、緑で、雨が降った。ヴァンダとフォスカが山荘にいた。そして、ああ、ああ、ここにいるのはなんと良いことか — 涼しく、清潔で、静かだ。山々は動ずることなく雪を持っている。私は荷物を解き、眠りへと消えた。」

スコット—すてきだ。

メアリー—7月3日、「身体が適切に機能できる限界は、なんと狭いのか。クリシュナジと私はどちらも、寒い気候で復活した。浮腫は去った。」— それは私たちの脚です —「私たちは、新たになり通常だと感じた。少し雨が降った。ああ、贅沢だ。村で二、三のお使い。クリシュナジは、良い理髪師のムッシュー・ニコラ(Monsieur Nicolas)に、散髪をしてもらった。」

スコット—クリシュナジは、グシュタードでどこで散髪してもらいましたか。

メアリー—ムッシュー・ニコラです。彼はグシュタードに、大通りにいました。あなたはどこかは知っています…食料品店の名前は何でしたか。ああ…

スコット—ええ、ええ。分かります。

メアリー—まあ、サーネンに向かって、通りのあの側で、一区画かそこらでした。靴店があったのを憶えていますか。

スコット—ええ。

メアリー—まあ、その前の区画にありました。

スコット—いいです。

メアリー—そこは理髪店でした。私たちはいつも裏から回って入ったと、思います。裏に駐車場がありました。そして、彼はとても上手でした、ムッシュー・ニコラは。私は思い出せないとき、どうすればそれを思い出せるのか…

スコット—(笑う) こういうわけで、私たちはすべてを、ここに記しているわけです。

メアリー—まあ、そうね。

スコット—重要なことを、です。

メアリー—7月4日、「イスラエル〔の特殊部隊〕が〔中部アフリカの〕ウガンダ〔のエンテベ空港〕で、〔アラブとドイツの過激派に〕ハイジャックされた百人の人質を、救出した。」それは憶えていますか。

スコット—確かに憶えています。

メアリー—まあ、ともあれ、彼らはたいへん劇的に救出されました。「それから午後に、シドゥー姉妹、ジャッキーとサルジトが、タパスとともに、マンゴーをもって、クリシュナジに会いに来た。彼女らは、〔カナダ西海岸の〕ヴァンクーヴァー島で、学校のために三十二エーカー〔、約129500平方メートルの土地〕と海辺の住宅を、買ったのだった。彼女らは私たちに写真を見せてくれた。彼女は9月にそこを開校したいと思う。私たちは、ナラヤンが校長になることの賛否両論について、議論した。クリシュナジは、〔インドの〕スナンダから手紙を受け取っている — バラスンダラムは現在、リシ・ヴァレーの校長職を放棄することを考えていると言うものだ。後で私は散歩のため、森でクリシュナジに加わった。」

7月5日に、「マー・デ・マンツィアーリが昼食に来た。クリシュナジは今、自室で一人で食事をするが、コーヒーのため、ヴァンダ、マーと私に加わった。私はお使いをし、森を散歩した。フランスとイギリスでは、暑さが継続している。」

7月6日、「クリシュナジは休んだ。それから午後に、〔ルーマニア出身のシルヴィウス・〕ルッス氏(Mr.Russu)に会った — 彼は、自分は数ヶ月も前に病院で死の間際だったが、クリシュナジが八時間、自分のところに来てくれて、命を救ってくれたと主張する。彼はまた、自分は主マイトレーヤに会ったと主張する。クリシュナジは、彼は少し耄碌しはじめていると、言う。」あなたはルッス氏を知っていましたよね。

スコット—ええ、よくよく知っていました。彼は、私がブロックウッド〔の職〕に出願すべきだと提案した人物でした。

メアリー—「クリシュナジは散歩に行った。私は運転して、ルッス氏を家に送った。私はヴィデオ・テープのことでグ

ラーフに会った。〔講話会場の〕テントが建った。それから午前にクリシュナジは私に対して、「ふしぎな出来事」について語った。それから、彼は昼食の間、再びヴァンダと私に対して、それについて語り、次のことを口述した － 「〔ハタ・ヨーガの〕体位(アーサナ)を始める前に、彼は一般的に静かに座り、何も考えない。だが、今朝、ふしぎな出来事が起きた － 全く予期せず、けっして招かないで、だ。加えて、これらのことは招けない。突然に、脳、頭の中心に、まさに内側に、想像不可能なエネルギーのある広大な空間があるかのように、見えた。それは一部分だ。または、いかなることも記録されることの無いものが、そこにある － 記録されるものは、エネルギーのムダであるからだ。そう呼ぶことができるなら、それは無限の空間中の純粋なエネルギーだった － この無量性の感覚しか何をも持っていない空間だ。それがどれほど続いたのかは、知らない。だが、今朝の間ずっと、それはあった。そして、これが書かれつつあるとき、それはまるで、根付いて堅固になりつつあるかのようだ。これら言葉は本当に、そのもの自体ではない。」と。」

「「バスタ[19]。私は先に進んで、食べたほうがいい。」と。」(スコット、クスクス笑う) (メアリーの話を聴く[20])

それは興味深い。

スコットーええ、そうです。

メアリーー7月7日、「クリシュナジは、〔インドの〕ププル〔・ジャヤカール〕から手紙を受けとった。次のように言うものだ － 自分はちょうど〔友人でもあるインド〕首相〔インデラ・ガンディー〕に会った。そして、「この冬、あなたがここ〔インド〕を訪問することに関して、あらゆることを手配しました。私は彼女〔インデラ・ガンディー〕に対して、インド・クリシュナムルティ財団は、今年インドで討論会と講話を行うようあなたを招待したいと切望していることを、語りました。私たちは、双方にも困惑がないように、それについて彼女とよく話し合いたいと思いました。彼女は暖かく私に対して、「クリシュナジがここに来られて、話されることは大歓迎です。」ということを、保証してくれました。それから私は彼女に対して、あなたが討論会と公開講話を行うだろうことを、語りました。彼女は、何も問題はないだろうし、この手配は「完璧にだいじょうぶ」だろうと、言いました。彼女は、あなたの講話について知っているし、あなたの本を何冊も読んだことがあります。私はまた彼女に対して、ボンベイ〔現ムンバイ〕とマドラス〔現チェンナイ〕で公開講話が行われるだろうが、そこで何か地元の手配がされなくてはいけないのなら、私は主要閣僚に対して、この案件は〔首相である〕彼女とすでにきれいに片付いたし、彼女が私にそうするよう頼んでおいたと語るだろうと、話しておきました。ゆえに、どんな種類の問題もないし、あなたはそれ相応に先に進めて、インドに来る計画を定めるべきです。私は絶対の保証を請け負う準備ができています。」と。これは1976年7月2日の日付になっていた。」

スコットー手紙が、ですか。

メアリーーええ、手紙です。

スコットー言っておきますと、これは、〔インド首相〕インデラ・ガンディーが戒厳令を敷いていたし、クリシュナジが、〔権威への批判や無条件の自由や全的革命など〕通常言う種類のことを言って、逮捕されず、咎められないのかどうかに関して、不確実さがあったからでした。

メアリーーそのとおりです。「クリシュナジはまた、ププルよりボンベイから6月24日付で、別の手紙をも受け取った － 彼女と〔妹の〕ナンディニ〔・メータ〕は、1948年の5月と6月の〔南インドの避暑地、〕ウータカムンド(Ootacamund)での出来事について、自分たちが思い出せることすべてを書いてきたと、言っていた。これは、その時にププルが書いた記録の失われた部分を、埋めようとする試みだ － それは、それからラージャゴパルに渡されたが、1975年の春に彼がアメリカK財団に提供した写真の写しからは、失われていた。ププルは、〔1948年のとき〕自分とナンディニが近くのホテルで生活していて、クリシュナジがヒッラ・ペティ女史(Ms.Hilla Petit)とモーリス・フリードマン(Maurice Frydman)〔夫妻〕のところに泊まっていた夕方の間に起きたことを、毎夜、自らが書き留めたということを、述べる[21]。彼女は、クリシュナジの脊柱、首筋、歯の痛みを、叙述する。クリシュナジは、ププルとナンディニに静かに座るよう頼んでおいた － 干渉せず、恐れず、彼が気絶したとき口を閉ざすため以外、自分に触れないよう、そして、けっして身体を一人に放っておかないように、だ。彼はベッドの上で悶え、震えの発作を起こし、クリシュナを呼び求めた。それから手を口に当てて、「彼を呼んではいけない。」と言った。身体はただ抜け殻だけだと見えた。この状態で声は、か弱く、子どものようだった。「それから突然に、身体は、広大な存在で満ちるように見えた。クリシュナジは足を組み、眼を閉じて、座りなおした。華奢な身体は拡大し、部屋を充たすように見えた。接触可能で脈打つ静寂があった － 部屋に注ぎ込み、私たちを包み込むものだ。この状態で声は、大いなる音量と深さを持っていた。」彼女らは、一つの出来事を克明に憶えていた － クリシュナジは、大きな痛みの中、胃がふくれ、涙が顔を流れ落ち、突然に気絶した。身体は強烈に静かになった。「痛みと疲労の跡は拭き取られた。顔は大いに美しかった。光輝が、それを照明する光があった。そして、静けさと、私たちが目撃したことのない広大さの感覚が。神聖さの性質が部屋を充たした。」…「幾らかの瞬間、彼は動かず横たわった。それから彼の目が開いた。彼は私たちを見た。そして幾らか後に、「あの顔を見ましたか。」と言った。私たちは、はい、と言ったが、他には何も言えなかった。言葉を持っていなかったからだ。クリシュナジは静寂に横たわり、それから「ブッダがここにいた。」と。それからしばらく後で、「あなたたちは祝福された。」と。…「部屋での時間のほとんど、私たちは、起きつつあることに果たす役割を、何も持っていなかった。けれども私たちは、自分たちの理解できない役割を持っていた。私たちは昼の間、彼に質問した。だが、彼は漠然として、説明しようとしなかった。……ほとんどの場合に、痛みに揺すぶられる間、彼は、樹々と風、雨、自然、その嵐と、広大な静寂について、語った。出来事の間に、彼には何も個人的なことがなかった － どんな情動も、私たちへのどんな関係もなかった。試練は物理的だと見えたが、それでも翌日、それは彼の顔や身体に何の跡も残さなかった。彼の言った一つの言葉も、心理的な響きを持たなかった。彼が語ることは全く非個人的だった。あらゆる場合に、神聖なものの感覚が、部屋と雰囲気に浸透した。」それは、76年6月23日付でププル・ジャヤカールとナンディニ・メータの署名がされている。クリシュナジは相当の間、それを読まなかった。彼は、「後で一緒に読

みましょう。」と言い、それからそれを先延ばしにした。私が後でそれについて訊ねたとき、彼は、「私はもう見ました。それを読み上げられることは、気恥ずかしいだろうな。」と言った。」(メアリーの話を聴く)

スコット－ふむ、その手紙は今、どこにありますか。

メアリー－まあ、そうね、彼女は引用しているんです…私たちが今知っているように、ラージャゴパルは、彼女たちが書いた記述については、私たちに全部は…

スコット－そのとおり、ええ。

メアリー－…引き渡さなかった。

スコット－そのとおり。

メアリー－それから、それらについて話すなかで…私たちの持っているものをププルがどのように見たのかを、私は忘れましたが、彼女はそれが不完全であることを悟りました。で、彼女は、クリシュナジへのこの手紙で、それを埋めつつありました。

スコット－そのとおり。ええ、でも、その手紙はどこにありますか。

メアリー－その手紙はどこにあるのか。ブロックウッドのアーカイヴズ〔資料保管庫〕にあるにちがいないです。私は知りません。

スコット－あなたは、ここにププルのファイルを持っていますが、私はそれを見たことがありません。

メアリー－それは私のファイルにはないでしょう。私はそれを差し出したでしょうね。

スコット－いいです。

メアリー－または、そうかもしれない。見てみましょう。でも、あなたはすでに見たんですか。

スコット－いいえ、見ていません。私はププルのファイルを見ませんでした。

メアリー－ああ、私はそれがここにあるとは思いません。でも、後で一目見てみましょう。

スコット－いいです。

メアリー－その日の私の記入の残りは、こうです－「クリシュナジは、〔ニクソン大統領のウォーターゲイト事件を扱った〕『大統領の陰謀(All the President's Men)』に没頭している。彼は散歩に行かなかったが、私は行った。」

7月8日、「エドガー・グラーフ(Edgar Graf)が、ヴァンダと私とともに昼食をした。後で私は、シドゥー姉妹とタパスとのお茶に〔山荘から〕降りて行った。クリシュナジの考えは、私が彼女たちに非公式に話をすべきだというものだ。私は、ナラヤン〔の校長就任〕の主題を持ち出さなかった－私がむしろ離れていたい状況の一つだ。彼女たちは、自分たち自身で成し遂げるべきだ。」

「クリシュナジは、ルッス氏に両手を当てた。」

「ヴァンダはクリシュナジに対して、〔自分のハタ・ヨーガの教師〕アイアンガー(Iyengar)に会うよう促してきた－彼は二、三日間グシュタードにいる。クリシュナジは、彼とは何の関わりも持ちたくない。彼は彼からレッスンを受けないだろう。ヴァンダはアイアンガーに、クリシュナジが逆立ちのために使っているヨーガの台を、見せた。彼は、それはクリシュナジにはだいじょうぶだが、それが頭に送る血液を回避するには、体重の一部分が前腕に掛かるよう何かが置かれるべきだと、言った。彼は、それは高血圧の誰にも良くないと、言った。ヴァンダは、アイアンガーが今日発つ前に挨拶するため立ち寄らせるよう、クリシュナジを説得した。私はそのとき中にいなかったが、クリシュナジは、彼は傲慢と自尊心に満ちた男だと、言った。アイアンガーは、フランシス・マッキャンに、リラックスし、奇妙な感受を減らすための体操を、教えていた。クリシュナジはこの取り組み方を嫌悪している。どれほどの努力が無益な療法と精神医学的な助けの回避に注がれるだろうかは、驚くべきだ。」もちろん、〔甥のハタ・ヨーガの教師〕デシカチャール(Desikachar)に取って代わられたから、アイアンガーは逐われました。でも、アイアンガーは毎年、〔ヴァイオリニストの〕メニューインにヨーガを教えるために、来ました。

スコット－そのとおり。

メアリー－そして、彼は泊めてもらいました…何夫人に?彼女の名前は何でしたか。タンネグの階下のフラットに。

スコット－ああ、そのとおり。

メアリー－ともあれ、ヴァンダはいつもアイアンガーと仲良しでした。ヴァンダはけっして、デシカチャールからレッスンを受けなかった。彼女はアイアンガーの学生だったし、彼女は、クリシュナジはアイアンガーと或る種、和解しようとすべきだと、考えました。

スコット－そのとおり。

メアリー－で、彼女は、アイアンガーに来てもらい、表敬してもらいました。

7月9日、「イヴリン・ブラウが電話をかけてきた。彼女、〔その夫〕ルーと彼女の母、クラフト夫人(Mrs.Kraft)が昨夜、到着した。そして、〔地元の、南西の〕エグリ〔山〕(Eggli)近くの友人の山荘を使っている。ルーは火曜日に発つ。彼らはみな昼食に来た。加えてヴァンダのお客、チョロェ・マードック(Chloe Murdock)も、だ。」－それはここオーハイに生活している女性です。「クリシュナジはルーに、〔アメリカ大統領の民主党の候補者〕ジミー・カーターについて問いただした。ルーは良い報告をした。」－ルーは強固な民主党員でした－「クリシュナジは喜んで、後で「私は彼に投票しよう。」と言った。午後4時にクリシュナジは一人でシドゥー姉妹に会った。駅で私は、シャクンタラとナラヤン〔の夫妻〕と、スー・ラドヴィック(Sue Radowich)に出くわした－夫妻はちょうど到着したところだった。…」

スコット－ああ。ラドヴィックね。彼女は〔ブロックウッドの〕キッチンで働いたものでした。

メアリー－ええ、ええ。「私は車で彼らを〔南東方向の〕ラウェネン(Lauenen)に送っていった。そこで彼らは、ブロックウッドからの他の人たち－リカルド(Ricardo)、フローデ(Frode)とデニス(Denise)－と、小さな山荘を分かち合っている。ドロシーとモンターニュ〔・シモンズ夫妻〕と、ドリス〔・プラット〕は、〔陸路、〕サーネンに到着し、キャンプをしている。」で、フローデ〔・デスニック〕が出現します。(スコット、クスクス笑う)

7月10日に、「静かな一日。クリシュナジは治療のために、ルッス氏に会った。」

スコット－ここで終わらなくてはいけません。〔録音〕テープが切れてしまいました。

原 註

1)これらの会合は、クリシュナジが学校全体と行った会合－そ

こには、学校へのどんな訪問客も招待される － において、学生たちが〔自分たちの問題を〕話すことへ気乗りしないことに対する、クリシュナジの応答だった。

2）クリシュナジ、ボームとシャインバーグとの間でヴィデオテープ録りされたこの一連の対談は、結局、『人の変容（The Transformation of Man）』という題名が付けられた。

3）ドロシーは、今ではもう一匹の犬を取得していた。

4）メルボルン子爵（the Viscount Melbourne）のために1770年に建てられた集合住宅から作られた〔ロンドン、〕ピカデリー（Piccadilly）にある複合住宅。

5）ブロックウッドが、他の誰もが〔恒例のスイス、〕サーネン〔集会〕にいるので、基幹要員以外、空っぽである期間に、長年の間、メアリー・L〔リンクス〕と〔夫〕ジョーと彼女の娘〔アマンダ〕と孫たちは、そこで夏を過ごした。メアリー・Lはいつもそこを田園詩的・牧歌的と報告した。

6）摂氏35度。

7）メアリーとエルナは、〔1975年4月にKアンドR財団事務所で〕この記述を見たいと頼んだとき、一ページが与えられただけだった。

訳 註

*1 第35号の訳註を参照。
*2 ニューヨークでの精神科医、心理学者によるKへの関心については、第35号の訳註を参照。
*3 第12号の原註を参照。
*4 第38号の原註を参照。
*5 花粉症と同様の、眼や鼻、喉の炎症であり、枯草から空気中に飛散する粒子を原因とする。
*6 chin（顎の下）は英米では、自己主張や意志のありかとされる。jugular vein（頸静脈）は急所、弱点を意味する。
*7 第35号の原註を参照。
*8 ボームは、80年代以降、学校の外でも「対話」を多く行うようになり、それらの中には書籍化されたものもある。それらに関する議論もある。
*9 アメリカ人の著作家、編集者、芸術家で、長年の友人だった。
*10 ラッチェンスによる伝記第二巻の第19章には、1976年6月20日付で、この書評がかなり長文で提示されている。
*11 第36号の訳註を参照。
*12 タリアテッレはイタリア北部の細長いリボン状のパスタ。
*13 第15号を参照。
*14 1966年のことだと思われる。第4号を参照。
*15 vichyssoiseはジャガイモとポロネギのクリームスープである。
*16 Opalとあるが、そのような車種は確認できない。ドイツ車のOpelを意味するのか。以下も同様である。
*17 第1号の終わり近くを参照。
*18 このWolf Lake Schoolは、1976年9月に開校し、1978年4月にK自身も訪問して、子どもや職員に話をした。1980年代前半にKの承認のもとで、成人の研修センターになった（本著第72号、1982年7月上旬の記述を参照）。現在も毎月、数日間活動しているようである。
*19 bastaは、イタリア語の間投詞で、「もうたくさんだ。」という意味。
*20 ホームページ上ではここで指示された個所をクリックすると、メアリーの話が聞こえる。
*21 この出来事については第16号、9月20日の個所を、記録文書の紛失については第35号、4月15日の個所を参照。
*22 ホームページ上ではここで指示された個所をクリックすると、メアリーの話が聞こえる。
*23 第53号の原註を参照。

第42号　1976年7月11日から1976年9月22日まで（序論なし）

メアリー・ジンバリストの回顧録　第42号

メアリー－私たちはこの議論を、1976年7月11日について始めます。私たちはスイスにいます。「今年のクリシュナジの第1回サーネン講話にとって、すてきな朝。私は、怖ろしい緑のオペル〔のレンタカー〕を、より小さくマルメロの実色〔うすい黄色〕の〔イタリア車の〕フィアットに交換しておいた。」（クスクス笑う）「私は車に座って、クリシュナジを待っていた。」私は、運転して彼を講話に送っていくために山荘の外側で彼を待つことには、喜びがあったことを、言いたいです。なぜなら、ちょうどその時刻にはふつう、美しいアルプスの日の照る朝であったからです。私はちょうどそこに車を置いて、時間を見なくてはいけませんでした － 彼が〔山荘の〕ドアを出てきて、車に乗り込むとき、モーターが動いているように、です。

スコット－そのとおり。

メアリー－何一つ余計なことが起こるべきではない。それから運転します。速からず遅からず、ちょうど適正な速度です。丘を降り、〔サーネンの〕村を抜け、そして〔会場の〕テントへ。午前11時30分に到着する。そのとき講話が始まることになっていました。

スコット－そのとおり。

メアリー－言い換えるなら、何事も何事をも遮断しなかった。私は話したり何もしなかった。待つのは、日射しの中で、すてきな瞬間でした － 彼が出てこようとしているし、講話が行われようとしているのを知って、座るのは。

スコット－ええ。いいなあ。

メアリー－すてきでした。で、日記に戻ります。こう読めます －「アルプスの夏だった － 明るさをもって銀色になった光。もう一年、驚きの時間が再び来る。それの驚異、ここにいて、クリシュナジとともに〔会場の〕テントに行くのを待っていること、こういう静かな祝福の感覚、けれども記憶は本当にそこになかった。より的確には、執着はそこになかった。日射しは、何か自らがそこに浮かぶものであり、まばゆく静かだ。それからクリシュナジが〔山荘の〕ドアから出てきた － 全く優美で、美しく装っている。テントはちょうど一杯ほどだった。私は、本を売るテーブルわきに、椅子を見つけた － 昨年の夏、私はそこにおたふく風邪に罹って座った。」（笑う）私がおたふく風邪に罹った夏を、憶えていますか。

スコット－（笑う）ええ。

メアリー－その夏、〔医師でもある〕シドゥー姉妹はみんなに、この女に近寄らないよう警告していました － 彼女はあの年齢でおたふく風邪に罹っていると。ばかばかしかったわ。（スコット、笑う）「スコット・フォーブスが初めて、ソニーの新しいヴィデオ・カメラを使っていた － フランシス〔・マッキャン〕、シャインバーグ、マリス・リンドレー（Maris Lindley）とアラン・フーカーからブロックウッドに寄付されたものだ。」彼らはみんな、お金を持ち寄ったにちがいないわ。「白黒で、クリシュナジの講話のすべてが、ヴィデオ・テープ録りされるだろう。不運にも今日の〔録画〕

は不具合になった。誰かが電線の妨害をしたからだ。だが、カメラは損傷しなかった。」それは憶えていますか。
スコットーあまりによく憶えています。
メアリーーへー。まあ、ともあれ、それは今や歴史の事柄ですね。（笑う）
スコットーまた言っておくと、私は、リンドレーがヴィデオ装置に貢献したのを、憶えていませんが、ジャッキー・コーンフェルドはそうでした。
メアリーーそうだったの？
スコットーええ。
メアリーー歴史さん、聞いていますか。（二人とも笑う）「夕方に、ヴァンダと私は、5月にブロックウッドで行われたクリシュナジ・ボーム・シャインバーグのカラー・ヴィデオの、テントでの初めての上演に、行った。カセットは間違ったしるしが付けられていたので、第2回から始めた。誰かがまたプレーヤーを勝手に変更してしまったから、白黒でのみ上演された。」
スコットーええ。他の何かを言ってもいいですか － それは、あなたの記録の部分ではなく、これら最初のヴィデオのばかばかしさの部分ですが。
メアリーー仮にそれがあったとしても、これは合作です。（二人ともクスクス笑う）
スコットーまあ、ヴィデオ装置としては、私たちはNTSC〔方式のヴィデオ〕を入手することが必要だと判断していました － それは、アメリカ規格のヴィデオ装置です。なぜなら、世界中で、アメリカ規格のヴィデオ・テープと地域規格のものを映す装置が、得られたからです。
メアリーーええ。
スコットーまあ、イングランドではNTSC〔方式の〕ヴィデオ録画機を買うには、直接的に日本へ注文しなくてはいけませんでしたね。これ以前に私は人生で、いちどもヴィデオ装置を操作したことがなかった。私はそれについて何も知らなかった。私はただ、そうですね、自分で学ぼうとしていた等だけですよ。で、私はあらゆるもの（カメラ、ヴィデオ録画機、モニター等）を、日本から取り寄せました。それらは来なくて、来なくて、来なかったんですが、結局、私がブロックウッドを発つことのできる最後の朝に、到着しました － 私が、停まらず真っ直ぐ運転しとおしたなら、サーネンに第1回の講話に間に合うよう到着するために、です。私はドリス〔・プラット〕のミニを借りていました。それで装置すべてを持っていこうと願っていました。
メアリーーあなたは、それらを載せたミニで運転して、ヨーロッパを横切ることになっていたの？
スコットーそのとおり。
メアリーー停まらずに？
スコットー停まらずに。（メアリー、クスクス笑う）私は選択肢がなかった。それは、私が発たなくてはいけない直前に、到着しました。で、私はそれをミニに積み込み、出かけました。私は、サーネンの第1回講話の前の日に、到着しました。それで、それをしつらえるにはちょうどの時間ができました。もちろん私は、まあ、手引き書を読むことでこれをどうするのかが判明するだろう、と思いました。（休止）手引きのすべてが日本語だった！
メアリーー日本語！（笑う）なりゆきが感じられそうだわ。（二人とも心から笑う）その頃にはありふれた出来事でした。
スコットーそのとおり。それは日本から届いたので、日本

クリシュナジが撮ったパイン・コテッジ（カリフォルニア州オーハイ）でのメアリーの写真。

語の指示しかなかったんです。
メアリーーもちろん。
スコットーで、ジョー・ゾルスキ（Joe Zorski）がそこにいて、私を手伝ってくれていたのが事実です。そして、小さな手違いもありました。ヴィデオ上演の最初の夜に、色が正しく出せなかったということは、本当に何でもなかった。信じてください。何かを出せたのは奇跡です！（笑う）
メアリーーでも、私たちはまだ、〔スイスの〕ナグラ〔録音機〕で音声〔の録音〕はやっていました。
スコットーそのとおり。
メアリーー7月12日、「ほぼデスク。夕方に私は、クリシュナジ・ボーム・シャインバーグの第3回対談を見た。色はうまく行っている。ヴァンダは疲れていて、来なかった。」

13日、「クリシュナジは、第2回のサーネン講話を行った。午後2時に〔イタリアのブルーノ・〕オルトラニ（Ortolani）が、トリノからの若者を連れてきた － その若者は、彼の仕事を手伝うだろう。私は若者の名前が分からなかった － ティオキ（Tioki）とかいった？」
スコットートゥルチ（Turchi）じゃなかったかな。
メアリーーたぶんそうだったかもしれません。トゥルチだったにちがいないわ。「ここでは紹介はきわめて曖昧だ。〔ピエトロ・〕クラニョリーニ（Cragnolini）は病気で、イタリア〔K〕委員会の会長を継続できない。私は夕方に、クリシュナジ・ボーム・シャインバーグの第4回ヴィデオの上演に、一人で行った。私はそれに没頭した。批判的になることはできない。」

7月14日、「トパジア〔・アリエッタ〕がグシュタードに到着し、昼食に来た。午後2時30分にイヴリン〔・ブラウ〕が、アメリカK財団の仕事について私に会いに来た。午後3時30分に〔イギリス財団の〕メアリー・カドガンが私たちに加わった。彼女らは初対面だった。私はオーハイのエルナ〔・リリフェルト〕に電話をかけてみたが、夕食時にやっとつながった。私は、〔アメリカ東部〕ボストンの〔公共テレビ局〕WGBHにヴィデオを提供しようとのハリー・ワイランド（Harry Wyland）[1]の親切な申し出について、説明した。ジャッキー・コーンフェルドとエルナ〔・リリフェルト〕は、そりが合っていない（驚くことではない）。」（二人ともクスクス笑う）「それで、テープについて誤解がある。夕方に私は、第5回のヴィデオの上演に行った。後でスコットが、白黒のカメラで昨日クリシュナジの講話を撮っていたものを少し、私に見せてくれた。ごくわずかな光にもかかわらず、驚くほど良い。」

7月15日、「第3回のサーネン講話 － 感覚すべてでもって完全に見ること、心理的な記録なしで全的に見えること

495

について、とてつもないもの。彼は後で震えていた。ヴァンダの弟と義理の妹、そしてスアド・アル・ラディが昼食に来た。」スアド・アル・ラディ（Suad al Radi）は、〔レバノンの〕ベイルートで生活しているイランのご婦人でした。彼女はたいへん国際人でしたが、サーネンの講話によく来たものです。「クリシュナジはスアドへ、中近東の状況について質問した。夕方に私は、クリシュナジ・ボーム・シャインバーグの間の第6回対談のヴィデオ上演に、行った。フランシス・マッキャンとキャロル・オールウェル（Carol Allwell）を連れて行った。」

7月16日、「午前にクリシュナジは私に対して、今朝パリでカルロ・シュアレスが癌で亡くなったとのヴァンダの知らせを、伝えてくれた。『かわいそうな人だ。』とクリシュナジは言った。午前11時に、諸外国のクリシュナムルティ委員会すべての年次会合が、あった。クリシュナジは、彼らにシュアレスについて語ることから、始めた。それからスコット・フォーブスが、新しいヴィデオについて情報を伝え、質問に答えた。イヴリン〔・ブラウ〕はオーハイの学校について語った。ジャッキー・シドゥーはカナダ〔ヴァンクーヴァー〕の学校について語った。〔フランスの〕マダム・ドゥシェは車椅子で来た。静かに言われるところによれば、彼女は癌にかかっているが、クリシュナジの三冊の本、『ノートブック』、『クリシュナムルティ－教育について』、『伝統と革命』の翻訳を、完成させたいと願っている。『ノートブック』が一番むずかしいと、彼女は言う。彼女は、『他なること（Otherness）』をフランス語でどう表しますか。と訊ねる。」（スコット、クスクス笑う）

スコット－それはさておき、マダム・ドゥシェはすてきなご婦人でした。

メアリー－ええ、すてきなご婦人です。

スコット－情け深く、保守派で、本当にすてきでした。

メアリー－そうでした。彼女にはそれがありました－それは彼女の世代と彼女の階級の一部分だったと思います－彼女は、その頃、行われていたように、イングランドの花嫁学校に行きました。それで、彼女は美しいイギリス英語を話しました。

スコット－そのとおり。

メアリー－けれども、彼女は徹底的にフランス的で、クリシュナジをフランス語に翻訳するには、理想的な人物でしたし、私たちが知っているように、そうしました。

「会合の後、シドゥー姉妹とタパスが、昼食に留まった。後で午後に、私はシドゥー姉妹とナラヤンに話をした。プエルトリコ人グループの友人で、ペルー人のアレルギー専門家、ドラシノワー博士（Dr.Drassinower）が、クリシュナジの枯れ草熱の処方をするために、来た。彼は血圧を測ったが、それは130から75だった。」

7月17日、土曜日。こう言います－「朝は太陽。昼間は雨と雷雨。シモネッタ・ディ・セザーロ（Simonetta di Cesaro）が、フランスの少年、ジーン・フィリッペ（Jean-Phillipe）を昼食に連れてきた。」シモネッタは明白にイタリア人でした。ローマに生活していて、ヴァンダの友だちでした。彼女は、北インド〔、ウッタラーカンド州のヒンドゥーの聖地〕、ハリドワール（Hardvar）でたくさんの時間を過ごしてきました－そこの本部は何でしたか。

スコット－〔ヒマーチャル・プラデーシュ州、〕ダラムサラ（Dharamsala）、〔インド亡命中の〕ダライ・ラマの場所、チベットのセンターですか。

メアリー－いえ、いえ。チベットの場所ではない。ヒンドゥーのがあって・・・私はインドにいたとき、そこに行きましたが、思い出せません。ともあれ、彼女は一番上の導師か何かの友人であり、そこでたくさん時間を過ごし、ライ病〔ハンセン病〕患者に取り組みました。彼女が、フランスの少年を連れて、昼食に来ました。

18日、「クリシュナジと私は、〔テレビで、カナダの〕モントリオールでのオリンピックの開幕を見た。〔ベルギーの〕スザンヌとヒュヘス・ヴァン・デル・ストラテン〔夫妻〕が、マージョレーヌとパトリスとともに昼食に来た。」マージョレーヌを憶えていますか。彼らの子どもで、私たちの学生のことを？パトリスは彼の甥だったと思います。

スコット－パトリスは彼らの息子だと思いました。

メアリー－そうなの？

スコット－そう思います。

メアリー－彼には年長の息子がいましたが、あなたが彼に会ったことがあるとは思いません。

スコット－ああ、そう、そう。彼らには・・・

メアリー－〔ヴァン・デル・ストラテン夫妻には〕十人の子どもがいました。

スコット－そのとおり。私は、彼らの何人かに会いました。パトリスは彼らの息子の一人だと思います。

メアリー－私は、どこかそこに甥がいたのを知っていますが、それは問題ではないわ。

19日、「私は、シドゥー姉妹からさらにマンゴーを、貰ってきた。マージョレーヌとパトリスとともにドライヴした。〔南東方向の〕ラウェネンで、ブロックウッドのグループ－シャクンタラ、スー・ラドヴィック、リカルド、ジャヴィアー、デニスとナタシャ－とともに、昼食をするためだ。とてもすてきな昼食。午後4時にマダム・ドゥシェが、クリシュナジに会いに来た。医師たちは、彼女は悪性腫瘍を持っていて、余命は四、五年だと言う。」

7月20日、「クリシュナジの第5回のサーネン講話だ。講話の後、ドラシノワー博士という人が、クリシュナジのアレルギーの薬物治療のことで来た。マー・デ・マンツィアーリが、ヴァンダと私とともに昼食をした。ルッス氏が手当に来た。」－私たちはそう呼んでいました。クリシュナジは彼を癒そうとしていました。「〔スペインのマルティヌー・〕ミラベット氏（Mr.Mirabet）が例年の寄付をもってやって来た。」すてきな人です。「シドゥー姉妹とナラヤンが、学校のことでクリシュナジに会った。そう、また、〔アメリカ航空宇宙局（NASA）の火星探査計画で宇宙船ヴァイキング1号は、〕11ヶ月の宇宙旅行の後、ヴァイキング・ロボットが火星に着陸し、写真を送り返してきた。」（スコット、クスクス笑う）私たちが宇宙・万物すべてに興味を持っていたことが、分かりますね！（スコット、再び笑う）

7月21日、「ヴァンダは〔故郷のイタリア、〕フィレンツェへと発った。」彼女は毎夏、そうしました。彼女は来て、住宅〔タンネグ山荘〕を開け、講話の始まりのためと一定数の講話のために留まり、それから彼女はフローレンス〔フィレンツェ〕に戻りました。なぜなら、彼女の娘〔パオラ〕は結婚して、〔カナダの〕トロントで生活していましたが、娘が夏に彼女のところに泊まるためにフローレンスに戻ってきたからです。それで、彼女は去りました。「私は、イヴリン〔・ブラウ〕にあれこれについて話をしに行っ

たが、昼食には戻った。午後2時30分にコロン博士（Dr. Colon）が、私に会うために、スペイン語を話す寄付者二人を連れてきた － 一人の、ウゴ・バルディニ氏という人（a Mr. Ugo Baldini）は、ヴィデオ基金に向けて1000ドルを出してくれた。もう一人は、400イギリス・ポンドを出してくれるだろう。私はサーネンのドロシー〔・シモンズ〕に、小切手を持って行った。私たちは、学生のリカルドについて困難を抱えていた。」それについて私はあまり憶えていません…たぶんあなたは憶えているでしょう。

スコット－憶えています。（二人とも笑う）自発的にではないが、でも、憶えています。

メアリー－ええ。まあ、恐ろしく重要でもないわ。

7月22日は、「寒い一日で、湿っていた。クリシュナジは第6回のサーネン講話を行った － 死について、だ。自己は思考の産物である。思考は物質・質料である。だから身体の死において滅する。とても興味深い講話。クリシュナジはその主題を探究していた。昼食前にクリシュナジを検査するために、ドラシノワー博士が来た。メアリー・C〔カドガン〕とエドガー・グラーフが、昼食に来た。午後3時に私は、マダム・ドゥシェに会いに行った。」

23日、金曜日、「私は、〔プエルトリコの〕イザベラ・ビアスコエチェアの投資について、アメリカン・フレッチャー銀行（the American Fletcher Bank）のブレイトシュミット氏（Mr.Breitschmidt）に話をした。」〔イザベラの亡き夫〕エンリケが設けておいた…

スコット－あなたは話してくれました。

メアリー－ええ、そうです。考えは、彼女は生涯の間、それを得るべきであり、それからクリシュナジに行くだろう、というものでした。「ジゼル・エルメンホーストが昼食に来た。クリシュナジはベッドに留まった。後で私たちはテレビで、〔モントリオール・〕オリンピックを見た。」

7月24日、「午前7時30分に、クリスティーナ〔・シュレーダー〕（Christiana）と名乗る女の子が、クリシュナジに会いに、ドアのところに来た。」ああ、これは、車用の道に寝転んでいた女性です。私はその物語を話していないですよね。

スコット－ええ、話していないと思います。まずは読み通してください。それから…

メアリー－「彼女はクリシュナジに会いに、ドアのところに来た。断られて、車用の道に寝転がり、タクシーで医師へ送らなくてはいけなかった。そこでは彼女に何も悪いところはなかった。その他では静かな一日。」（メアリーとスコット、笑う）それは、（笑う）私が自室にいてヨーガをしているとき、始まりました。〔家政婦〕フォスカがドアに来て、トントンと叩き、「シニョーラ…」と言いました。彼女はイタリア語で言いましたが、それはこういうことです － 「シニョーレ・クリシュナムルティに会いに、シニョリーナ〔娘さん〕がいらしています。」それで明白に私が、それに対処せざるをえませんでした。私がドアのところに行くと、（クスクス笑う）このかなり可愛いブロンドの女の子が、いました。彼女は、ディアンドルのスカートをはいていました。それが何なのか、知っていますか。それらは、すべてプリーツ〔ひだ〕の入った綿のスカートでした。とても人気がありました。

スコット－ええ。

メアリー－加えて、彼女は、下にまったく何も着けずに、すごく透明なブラウスを着ていました。（二人ともクスクス笑う）そして彼女は、断固たる声で私に対して、自分はクリシュナジ氏に会うためここにいるし、自分は約束をしていると言いました。私は言いました － 「ごめんなさい。でも、クリシュナムルティ氏はまだ起きておりません。さらにまた、あなたは約束をしておられません。なぜなら、約束を外さないように見守るのが、私の役割であるからです。ほんとにごめんなさい。」と。

彼女は、「じゃあ、行って彼に訊ねなさい。」

私は、「私たちはクリシュナムルティ氏が目覚めたと知るまで、けっして彼を煩わせませんし、私はそれはできかねます。」と応答した。まあ、ともあれ、私はこの流儀で彼女にかなり長い間、話をしましたが、（クスクス笑う）どうにもならなかったし、彼女に言うことも無くなってしまいました。彼女はドイツ人でしたが、とてもうまい英語を話しました。で、結局のところ私は、「まあ、本当にごめんなさい。私はもう、説明できることはすべてしました。ですから、ごめんなさい。」と言って、ドアを閉めました。これは、ドアの敷居で起きました。

スコット－ええ。

メアリー－私は自分のヨーガに戻りました。そのとき私は考えはじめました － 「彼女は行ってしまったのかしら。」と。そして、キッチンの窓から見えたのは…

スコット－ええ。それは少し張り出していました － 出窓です。

メアリー－ええ。私は、山荘のそちら側で何が起きているかが、見えました。で、私はそこに行き、外を見ましたが、はたして彼女がいました。駐車区域の真ん中に仰向けになっていました！私は、なんとまあ、牛乳屋は、朝のその時刻に牛乳を配達するために、急いで揺れながら丘を上がってくるが、彼は…と思いました。

スコット－…彼女を轢いてしまうだろう、と。

メアリー－…ええ、地面に女が寝ているとは予想しないだろうし、（スコット、心から笑う）彼女に当たってしまうだろう、と。

スコット－そのとおり。

メアリー－何をすべきか。それで、私は外に出て、彼女に話しかけました。彼女は、にらみつける眼差しをしていました。私は、たぶん彼女は何らかの種類の発作を、癲癇（てんかん）か何かを持っているのかもしれないと、思いました。それで私は、手を彼女の両目にかざしましたが、もちろん彼女は瞬きをしました。それで私は、彼女はただ私に答えようとしていないと考えました。その時点で、マダム・マティ（Madame Matti） － 彼女はタンネグ〔山荘〕の階下のフラットに生活している管理人でしたが、その役割に完璧な配役でした。彼女は、頑丈で毅然とし、髪を後ろで束ねていました。彼女はとても有能でした。

スコット－ええ。（笑う）

メアリー－彼女がやって来て、〔フランス語で〕「Quest-ce qu'elle fait?」－ 彼女は何をしていますか、と訊ねました。（クスクス笑う）私は、分からないと言いました。マダム・マティは彼女を見て、それから私に言いました － 「Elle fait du théatre」、彼女は演技をしている、と。で、私たちは彼女を立ち上がらせようとしましたが、彼女はずっしり重くて、動かすのは不可能でした。

スコット－もちろん。

メアリー—その時点で山荘の持ち主が－ここは複雑な住宅団地です。(スコット、笑う)持ち主はいつも、住むために最上階を持っていました。彼は行き来するドイツ人紳士でしたが、そのときそこにいました。彼が出てきました。それで、マダム・マティは、自分はタクシーを呼んで、彼女を the maître de ville、〔すなわち〕街を預かる人のところに送ろうと、言いました。

スコット—一種、市長のようなものですね。

メアリー—市長のようなものです。でも、この場合、彼はまた医師でもありました。

スコット—そのとおり。

メアリー—で、マダム・マティは、電話に行って、タクシーを呼び寄せました。ずっしり重くて、この女性をタクシーに乗せるには、私たち三人が掛かりました。タクシーは女性運転手が乗っていましたが、私はそれは良いことだと思いました。それで、彼女がその女を連れて行きました。そして、見たところ、起きたことは、私たちは後で知ったのですが、医師のところに到着するとたちまち、無意識の女はご機嫌に歩いて出て、「私はどこも悪いところはないわ。私を拘留できないわよ。」と言った、ということです。でも、医師の妻が、彼女に入るよう説得し、彼女にティザーヌだか、何だか私の知らないものを、与えました。それが物語の終わりです。それから、私たちはこの物語を語っているわけですから…

スコット—ええ。

メアリー—私はあなたに、もう一つ別の章があったことを、語ってもいいかもしれません。それは何年も後に、〔カリフォルニアの〕オーハイで起こります。クリシュナジは講話をしていました。〔その後、〕幸運にも、私たちがいつも〔会場の〕オーク・グローヴでしたように、アラン・キシバウが彼に付き添って、〔オーク・〕グローヴ〔木立〕から出ました。それで、いわば、人々が彼に群がらないように、…

スコット—そのとおり。

メアリー—…私の車までです。それは道路に停まっていました。

スコット—〔東側の小さな〕ベサント・ロード (Besant Road) ね。

メアリー—ベサント・ロードです。私は、前もって〔講話会場から〕車に着こうとしたものですが、ともあれ、私は…私は遅刻しなかったにちがいないです。なぜなら、何が起きたかを見なかったからです－それは、突然、幾らかの樹々と灌木から、この同じ女性が出現した、ということでした。人々すべてがまだ立ち去る準備をしている間に、彼女は素っ裸で出現しました。それで、〔小児科医〕アシャ・リーが、たいへん冷静沈着に毛布を掴んで、彼女に駆け寄りました。そしてともあれ、そのかわいそうな女性は、州立カマリロ精神病院 (Camarillo State Mental hospital) に、入院するはめになりました。その後、私が知ったすべては、彼女が結局、自らの精神科医と結婚したということでした！でも後で、不幸なことに、彼女はサンフランシスコのゴールデン・ゲイト・ブリッジから飛び降りました。

スコット—かわいそうな人だ。

メアリー—…悲しい物語ね。でも、その朝は…

スコット—ばかばかしかった。ばかばかしいにもほどがありました。

メアリー—ええ。それが、夏にグシュタードで私に起きた種類のことの一つでした－狂った女性たちへの対処です。

スコット—狂った人たちね。ええ、ええ。

メアリー—ええ、同じく男性もいました。

スコット—ああ、そうです。憶えています。

メアリー—さて、7月25日、日曜日に来ます。「クリシュナジは、今年サーネンでの第7回で最後の講話を、行った。講話の後、ドラシノワー博士が彼を診察した。リーチティ博士 (Dr.Liechty) が昼食に来た。」この記録には、彼女が誰なのかに触れたんでしょうか。

スコット—思い出せません。私たちは十年前〔、1994年〕に対話を始めました！だから…

メアリー—分かります。私は何も憶えていません。

スコット—私もです。(笑う) では、リーチティ博士が誰なのかを言いましょう。

メアリー—まあ、誰であれそちらにいるあなたがたは、リーチティ博士について知るべきですね。彼女は魅力的で、とてもとてもすてきな、とても聡明な女性でした。クリシュナジは、エンリケ・ビアスコェチェアのおかげで…彼はこれらに先だって幾年も前に、インドで病気でした。

スコット—それらの言い方を変えてもいいですか。

メアリー—ええ。(クスクス笑う)

スコット—ただ、クリシュナジがビアスコェチェアのおかげで、インドで病気になったと、あなたが言われたからです。

メアリー—(笑う) そうね、あなたが付いてきてくれるのを期待しますよ！

スコット—で、クリシュナジはインドで病気になった。そして、ビアスコェチェアのおかげで、彼は〔スイス、〕チューリッヒのビーチャー・ベンナー診療所 (the Bircher-Benner Clinic) に送られました。

メアリー—ええ。それに加えて、ビアスコェチェアがその支払いをしたと、私は思います。ラージャゴパルはその金銭について騒ぎ立てました。ビアスコェチェアは、「いや、クリシュナジをお助けするのは、私の喜びです。」と言いました。それで、私はそれを入れようとしています。なぜなら、私はそれを昨夜読んで、思い起こしたからです。ともあれ、リーチティ博士はその診療所の所長でした。彼女はまた、診療所の創設者の姪でした。

スコット—ビーチャー・ベンナー博士ね。

メアリー—ええ。で、リーチティ博士は、クリシュナジが来たとき、そこの所長でした。彼女はまた、そのときから講話にも来ました。彼女はとてもすてきでした。彼女は、私がクリシュナジの〔神秘的な〕「プロセス」について話をすることができる医師でした。医学的知識の中には、クリシュナジが「プロセス」を経ているとき、何が起きているかを叙述できる何かが、あったのか。彼女は、ないと言いました。それは癲癇ではなかったし、それは…

スコット—ええ。私たちが知っている何でもなかった。それは病理学的ではなかった。

メアリー—そのとおり。病理学的ではなかった。もちろん、クリシュナジはいつも、そう言っていました。彼がカリフォルニアに来たとき、私はそうしたんですが、私が彼とともに医者に行ったとき、私は、自分が診てもらう医者に、彼を連れて行きました。彼は自分の治療歴を示し、私は同席していました。でも、彼はけっして、頭痛とかそれらに触れませんでした。後で私は彼に、なぜそれに触れないのかを、

訊ねました。彼は、「ああ、あれは私の健康とは何の関わりもない。」と言いました。

スコット――また、リーチティ博士について触れてもいいですか。なぜなら、とほうもないからです－彼女は、若いとき、ヨーロッパで最善の医療訓練を受けました。彼女はまた、同種療法医になる訓練も受けました。彼女はまた、〔インドの伝統医療、〕アーユル・ヴェーダ医になる訓練にも、何年かを掛けました。だから、彼女は熟練のアーユル・ヴェーダ医でもありました。

メアリー――それは真実です。それは忘れていました。

スコット――…それは際立っています。

メアリー――ええ、そうです。

スコット――私は、彼女が或るアーユル・ヴェーダ医と議論しているのを、思い出せます…これはよく憶えています。なぜなら、私はすでに肝炎を持っていたからです。或る年、私がインドにいたとき、彼女はそこにいました。彼女は、クリシュナジの話を聞きに来たすごく有名なアーユル・ヴェーダ医と、話をしていました。彼らは肝炎について話していましたが、彼女は、第二次世界大戦中（彼女はそのときまでにすでにアーユル・ヴェーダ医としての訓練を受けていました）に、自分はアーユル・ヴェーダの治療法を使っていたから、ただの一人の患者をも肝炎で失わなかった、と言いました。インド人の医師は、「ああ、そうです。それは本当です。人々を肝炎で失う必要はない。」と言っていました。それから彼らは、肝炎に施される違った種類の治療法と、何が起こるかについて、冗談を言っていました－人々の鼻から胆汁が流れ出るような、ね。でも、第二次世界大戦中に、何万もの人たちが肝炎で死にました。肝炎は本当に人を殺すのです。そして、私が肝炎に罹ったとき、私のイギリス人医師は、それについてできることは何もない、と言いました－人間に知られた肝炎の治し方、治療法は何もない、と。そしてここ、アーユル・ヴェーダ医療では、私の知るかぎり、何十年間とか何世紀とかもあったんです。

メアリー――それはとても興味深いわ。

スコット――でしょう？

メアリー――ええ。

スコット――で、彼女は本当の医療専門家でした－そういうわけで、彼女はクリシュナジにとって良い相談役でした。なぜなら、彼女はこれらすべての異なった種類の医療訓練を受けていたからです。

メアリー――ええ、ええ。

スコット――それに、彼女はすてきなご婦人でした。

メアリー――彼女はすてきなご婦人でした。彼女は後でブロックウッドに来ました。私は、講話の後のこの写真を、持っています。彼らは一緒に芝生を歩いています。

スコット――ああ、いいなあ。

メアリー――ええ。ええ、ええ。

　で、その日を継続すると、彼女が昼食に来ました。「その夕方、私は運転して、フランシス・マッキャンとキャロル・オールウェル（Carol Allwell）とマイケル・ポント（Michael Pont）を、スコット、テッド、イレーヌ、ジョー、キャロルの〔サーネンのすぐ西の〕ルージュモン山荘（the Rougemont chalet）でのブロックウッド〔の人たち〕のパーティに、送った－五十人ほどの人々がそこにいた。」

スコット――私はまったく憶えていません。

メアリー――まあ、ここにはそう言います。だから、そうにちがいないわ。（笑う）

　7月26日、「ドロシーとモンターニュ〔・シモンズ夫妻〕が、タンネグ〔山荘〕に移ってきた。」ふつう彼らは、サーネンのキャンプ場でキャンプをしました。でも、ウォルシュ夫人（Mrs.Walsh）が－彼女は下のフラットをとっていた人です－そこを開けたとき、私たちがそこを引き継ぎました。ドロシーとモンターニュは、ブロックウッドに戻る前に、そこで短い時間だけを過ごしたものです。「クリシュナジはルッス氏に会った。」

　27日に、「クリシュナジは休んだ。私は午後に、マダム・ドゥシェに会いに行った。後で、イヴリン〔・ブラウ〕とその母親とともに、サーネン教会でのコンサートに、行った。」

スコット――それはたぶん、〔有名なヴァイオリニスト、〕ユーディ・メニューインのコンサートだったんでしょう。

メアリー――ええ、メニューインです。

　28日に、「クリシュナジは〔会場の〕テントで、公開討論会を始めた。とても良い。私はパレス・ホテルで、ヴィッキー・オラファリ（Vicky Orfali）とお茶をした。シナ〔、河北省〕では大きな地震〔、唐山地震〕があった。」ヴィッキー・オラファリの身元確認をしなくてはいけませんか。

スコット――ええ。

メアリー――やれまあ。ヴィッキーはいつもサーネン講話に行きました。彼女はかつて、〔アルメニア出身の神秘思想家〕グルジェフ側の人物だった、と思います。でも今は、クリシュナムルティ側の人物でした。彼女は世界を旅行して回りましたが、彼女はまだそうしています。彼女は家に帰るとき、いつもしょっちゅう私に電話をくれます。家は〔ニューヨークの〕ブルックリンで、彼女の母親が亡くなる前に所有していた場所にあります。彼女はまだ、自分はヨーロッパで生活したいのかどうかとか、どこでなのかとかを、決断しようとしています。私の知るところ、彼女はまだ決断していません。彼女は多くはスペインに生活していると思います。ともあれ、私は彼女とお茶をしました。

　翌日、「クリシュナジは、第2回の公開討論会を開いた。私は昼食のため、マー・デ・マンツィアーリをタンネグ〔山荘〕に連れてあがった。午後にクリシュナジは、成人センターのことで、シドゥー姉妹、ナラヤンとフリッツ・ウィルヘルムに会った。私は一人で、シドゥー姉妹とナラヤンと話をした。彼は〔カナダ西海岸の〕ヴァンクーヴァーに行こうとしている。一年後に学校が始まるだろう。彼が校長になるだろう。」

　7月30日に、「クリシュナジは、この年の第3回の公開討論会を行った－死について、だ。マダム・シェレー（Madame Sherer）が、例年のクリシュナジへの贈り物を持ってきた。」彼女はフランス人でしたが、彼に…ここには、「ほろな贈り物」と言います。着物ですが、彼は…

スコット――…とうてい着なかったんでしょう。

メアリー――…考えもしなかったでしょう。「カール・マルカス（Carl Marcus）が昼食に来た。私はマーケットで買い物をした。散歩をした。ナラヤンが、自分の給料をめぐる混乱について、夕食の前、私に会いに来た。」それが何だったのか、私は知りません。

　7月31日、「第4回公開討論会。ドラシノワー博士が、発つ前にもう一回、クリシュナジを診る。〔インドの外交官

で友人〕ナラシンハンとシモネッタ・ディ・セザーロが、昼食に来た。夕方にドロシー、モンターニュ〔・シモンズ夫妻〕、ドリス〔・プラット〕、イヴリン・ブラウと私は、ヴァン・デル・ストラテン一家との晩餐に行った。」

8月1日、「クリシュナジは、今年の第5回で最後のサーネン公開討論会を、開いた。私は、討論会の後、短くクリシュナジに挨拶するために、フーエレ夫妻（the Fouerés）を連れて行った。イヴリン〔・ブラウ〕とその母親、クラフト夫人（Mrs.Kraft）と、シモンズ夫妻が、昼食に来た。シドゥー姉妹とナラヤンが、再びクリシュナジに会った－ナラヤンが〔ヴァンクーヴァーの新しい〕学校の校長になることについて、だ。彼は、それをよく考えて、明日クリシュナジに知らせることになっている。」まあ、ともあれ、彼らは夏中、それについて話をしていました。

8月2日、「午前10時にジャッキー・シドゥーとナラヤンが、クリシュナジに会いに来た。ナラヤンは、学校の校長として行き、成人センターを手助けすることになっている。クリシュナジは、これについて合意の備忘録を口述した。」

翌日、「午後4時にタパス（Tapas）がクリシュナジに会いに。クリシュナジは散髪をした。」

8月4日に、「タパスとジャッキー・シドゥーが午前10時に、クリシュナジに会いに来た。タパスは、彼がいるところに、二から三ヶ月間いたいと思う。クリシュナジは、それは不可能だと説明した。彼は私に、ジャッキーへ電話をかけさせた－彼女はタパスを連れて世界を回り、十分以上のことをしてきたし、それはつづけるべきではない、ということを、だ。」タパスは姉妹のお客だったし、クリシュナジはそれで十分だと考えました。「エドガー・グラーフ、ドリス〔・プラット〕、ドロシーとモンターニュ〔・シモンズ夫妻〕が、昼食にいた。後でクリシュナジと私は、森を散歩した。」

8月5日、木曜日、「クリシュナジは手紙を口述した。彼はインド〔K〕財団に対して、自分はそこに11月に行くだろうということを、語った。クリシュナジ、ドロシー、モンターニュと私は、パーク・ホテルで昼食をした。後でクリシュナジ、ドロシーと私は、川へ歩いた。」それは、〔家政婦〕フォスカに幾らか休み時間を与えるためでした。私たちが外に出かけなかったなら、彼女はけっして一日も休みを取らないだろうからです。

スコット－ええ、もちろん。

メアリー－6日に、「デスク。クリシュナジと私だけで昼食をとった。パリからマー〔・デ・マンツィアーリ〕が、ナディア・コシアコフからクリシュナジへの伝言をもって、電話をかけてきた－自分は病院に入っていて、とても弱っているが、生きる決意をしている。なぜなら、自分はまだクリシュナジのためにすべき仕事があるからだ、と。クリシュナジ、ドロシーと私は、午後遅くに散歩をした。そのときは涼しくなっていた。美しい一日だった。」

翌日、「マーが電話をかけてきて、ナディアは、自分は乗り切るだろうと感じると、言った。彼女の医師は、内側に二番目の膿瘍を見つけた。ラーダー・バーニアー（Radha Burnier）がロンドンから電話をかけてきた。彼女は後でここ〔サーネン〕に来るかもしれない。私は、クリシュナジの合衆国ヴィザのため、彼の〔これまでの〕住所の一覧表に取り組んだ。」ここで私はサーネンにいて、何も参照する

ものがありませんでした。そして、合衆国の入国管理局は私に対して、自分たちは規則を変更したということを、伝えてきました。クリシュナジが〔永住権の〕グリーン・カードを得るには、当初彼らは、彼が十六歳以降、少なくとも三ヶ月間、生活してきたところすべての一覧表を、必要としました。私はそれを行ってきました。今、彼らは、どこでも彼が六週間生活してきたところの一覧表を、求めたんです！

スコット－（クスクス笑う）ああ、はい。

メアリー－で、運良く私は、メアリー〔・リンクス〕の伝記を携えていました。それはよく配列されていますよね。彼女は〔英語の原書の〕ページの上に、〔該当する〕年を置きました。それで私は、これを記入することができました。そのため、それが、私がその日やっていたことです。（二人ともクスクス笑う）もしもその本を持っていなかったなら、私はそれができなかったでしょう。「暖かく美しい一日だ。クリシュナジ、ドロシーと私は、川へ散歩した。」

8月8日、「フランシス・マッキャンと、キャロル・オールウェル、ドロシーとモンターニュがみんな、昼食に来た。クリシュナジはフランシスに話をし、自分がタパスに西洋で自分に会いに来てほしいと思っているという彼女の印象を、訂正した。クリシュナジ、ドロシーと私は、川へ散歩した。」

翌日、「私はヴィザの書類に取り組んだ。クリシュナジ、ドロシーと私は、〔東方向の〕トゥルバッハ道路（the Turbach Road）の角まで、歩いて行った。」

8月10日、「ドロシーとモンターニュ〔・シモンズ夫妻〕は、今朝ここを発ち、自分たちのランド・ローヴァーで粋に湯気を上げつつ丘を降りて行き、サーネンでドリスを拾うために停まり、ブロックウッドへ去った。住宅は即時に静かになり、閑居へ退いた。クリシュナジはそれを感じた。私たちがいかに自分自身のまわりに周辺境界を作るのかは、ふしぎだ。マダム・ウォルシュと」－彼女は階下の人です－「マティ夫妻が下にいる。〔山荘の〕経営者、エルケレンツ氏（Mr.Erkelenz）は、頭上できしむ音を立てるし、夕食時にモーツァルトのピアノ作品を自分一人で演奏する。だが、ここ、中の階で、私たちの領域は、それ自体の次元と鼓動を持っている。昨日、クリシュナジは、私が、〔1925年の〕彼の弟〔ニトヤ〕の死を読んで、涙しているのを、見つけた。私は、クリシュナジの住所と行方を求めて〔ラッチェンズによる〕伝記〔の第一巻〕を、ふるいに掛けていた。私が抱えるヘラクレス的な任務は、1911年以降クリシュナジが泊まったところすべてを、一覧にすることだ。伝記により、その及ぶかぎり、すなわち1932年まで、それが可能になった。だが、私は進みながら、その諸部分を読んだ。そして、それを終了させて、私は泣きたくてたまらなかった。クリシュナジは「なぜ」と訊ねた。私は彼に対して、彼が経なくてはいけなかったことすべての痛み、身体的な痛みをニトヤが彼から引きはがした、ということを、語ろうとした－なぜか。あれらすべてのバカな人たち、だが、中でもとりわけ、自らが見るもの、自らの全的存在に対するクリシュナジ自身の不屈の情熱。私は、彼に落胆の灰を一度も見たことがなかった。私は、彼の存在することのふしぎさに自分は泣くと、思う。それが、私がインドで感じたことだ。そこには、まるで、尋常でない釣り合いがあるかのように、見えた－一方には、あの国、何百万人もの痛み、混乱、苦しみのすべて、他方には、クリシュナジの華奢で

無限の姿にそのすべての均衡だ。」
スコット－ええ。
メアリー－「それで、人類の全体とその凄まじさをともなって、今日、そうである。クリシュナジは自らの存在により、そのすべてを均衡させる。美しさと善さが輝く一人の人間存在だ。私は、そのために死ぬようすべてを与えたいとの激しい願いを、感じる。」
スコット－ええ、メアリー。
メアリー－「それで、彼が私に、私が感じるのは何なのかを訊ねたとき、これが私が言おうとしたことだ。彼は私に、私がまだこの日記を付けつづけているのかを、訊ねた。そして、それを記しておくように、と。私はそうしたのか。」
「私は言った － いいえ、私は私自身について書いていませんでした、と。」
「でも、あなたはそうしなければならない。彼は、「それで、食いつけるだろう － あなたが見ること、あなたが感じることだ。」と言った。私は今、自分にそれができるのかと思う。私は、時にはこれらをきびしい制約のもとで書くし、あまり頻繁には書かない。私は変わるべきだ。」（メアリーの話を聴く）[*14]
スコット－そうですね、それはまた、あなたが感じることとそれがどんなに重要なのかについて私が昨日、言っていたことすべてを支える完璧な議論です。
メアリー－それは重要です。「クリシュナジと私だけで雨の中、森を歩いた。」

8月11日、「私は、〔申請書類の作成で〕クリシュナジの住居は1965年まで来ており、今や私自身のクリシュナジとの時間にも入っている。だが、長いページなのだ。彼は果てしなく旅行をした。私は、保護したいとの衝動で心を痛めている － 彼のために容易にするため、すべてを正しくするため、だ。ヴァンダが〔イタリアの〕フローレンス〔フィレンツェの自宅〕から電話をかけてきて、自分は金曜日か土曜日に、彼のヨーガを調べるために一週間、戻るだろうと言う。私は、サーネンの〔靴屋〕コーリ氏（Mr.Kohli）から、クリシュナジの新しいウォーキング・シューズを取りに行った。私たちは川に歩いて行き、その流れが一定の岩に当たるのを見た － それは、私たちにとってその脈動だ。その岩は雨の後、動きつつある。クリシュナジは、流れる水を見守る。彼の顔は、子どものように熱心に生きている。私たちが森を通ってくると、雷があった。私たちが山荘に着くと、雨粒が始まった。」

翌日、「すてきな静かな一日。クリシュナジと私だけで昼食をした。午後半ばまでには、1911年から1976年までのクリシュナジの住所の一覧表が、できた。私はそれを写真コピーし、それをロンドンの合衆国大使館に郵送した。私の肩から大きな重荷が外れた。私たちはいつものように、森を歩いて抜けた。ラーダー・バーニアーが電話を掛けてきて、ここにいる。ヴァンダは電話をかけてきて、自分は日曜日まで来られないと言う。」

8月13日、「クリシュナジは部屋に入ってきて、〔新刊の〕『ノートブック』の一冊をでまかせに開いて、180ページに来た。二、三分後、彼は「まったく良い。」と言った。」（スコット、笑う）「それから彼は、「あれぐらい良いかな。」と訊ねた。彼は、私がそこに持っているローリー・リー（Laurie Lee）の〔自伝的な紀行の〕本『長居はできない（I Can't Stay Long）』を、指差していた。‥‥」

スコット－ああ、はい。
メアリー－「‥それは私が読んでいたもので、自分は好きだと彼に語っていたものだ。私は彼に対して、彼がリシ・ヴァレーの岩を叙述して書いた一文を、そして、クリシュナジが言うべきこととはまったく別に、彼の純粋な文体の一例を、読みあげだ。彼は、退ける音を立てた － 彼がお世辞と考えることが何か言われるとき、そうするように。私は、「あなたは、いくらかもっと書くべきです。」と言った。」
「クリシュナジは答えた － 「たぶんそうしよう。でも、始めるのなら、私は他に何もしないだろう。」と。」私はこの会話を憶えています。「「話をすることが私のすることだ。それではない。」と。」

「ラーダー・バーニアーは、グシュタードに到着していて、昼食のため私とともに車で〔山荘に〕上ってきた。クリシュナジは、いつものようにトレイに載せて、自室で昼食をとったが、後で入ってきて、午後のほとんどラーダーに話をした － ほとんどがインドについて、だ。そこでは外的にもものごとが、より滑らかに、より効率的になっている。だが、その裏には恐れがある。ププル〔・ジャヤカール〕は、〔友人であるインデラ・ガンディー〕首相の肯定的側面だけを見て、真実を見るようには見えない。ラーダーとアチュット〔・パトワールダーン〕は、自由に彼女に話をすることができない。だが、ラーダーは、〔首相の〕ガンディー夫人がププルに対して行った発言のもと、クリシュナジは講話をしに来ることが歓迎されていることを、感じる。」言い換えるなら、たとえ戒厳令があっても、クリシュナジがいつもそうするように、話をするのはだいじょうぶだろう。「私は、ラーダーを彼女のホテル、アルクアンシエル（Arc-en-Ciel）に送って行った。クリシュナジは、午後六時まで昼寝をし、それから寝ぼけて入ってきて、散歩するには遅すぎると悟った。夕方には〔企画の支援者〕ジャッキー・コーンフェルドが、合衆国から電話をかけてきた －〔合衆国東部、〕ボストンの〔公共放送局〕KGBH[補1]が、クリシュナジ・ボーム・シャインバーグのヴィデオに熱心であり、暫定的にそれらを放送し配給したいと思っていると、言うのだ。コーンフェルドは、編集についてどうすべきかを、訊ねた。そして、〔インドの〕スナンダはそれができるのかを、訊ねた。私はそれに対して、「だめだ」と言ったが、彼らが〔放送するために、少し長い元のテープの部分的〕削除への自分たちの願いをつけて、〔録画〕テープの書き写しを提出することを、提案した。すると、私たちは、少なくとも初めに、それを元のテープと比較できる、等と。」

8月14日、「私は一日のほとんど、デスクで仕事をした。私はラーダーを昼食に連れて〔山荘に〕あがった。クリシュナジは、昼寝と散歩の時間を逃すのを避けるように、食べた。彼は自室で昼食をとった後、私たちに加わった。話はほとんどが〔神智学協会の指導者で、少年のKを発見した〕CWL[2]〔こと、レッドビーター〕について、だった。彼は本当に洞察を持っていたのか。ラーダーとクリシュナジは少し考えた － 彼はそれを、自らの条件付け等のために、装飾し、人格的にした。[*15]「彼は物質主義者だった。」とクリシュナジは言った。ラーダーは、〔もう一人の指導者、ジョージ・〕アランデイル（Arundale）は強烈な所有欲をもち、嫉妬深い人だと、言った。[*16]彼は、自らの妻、ルクミニ（Rukmini）、〔すなわち〕ラーダーの叔母が、自分抜きでどこに行くこと等も、望まなかった。[*17]クリシュナジは、「アンマはただ一人の本物

だった。[18]」と言った。ラーダーは、昨春の〔マドラスの本部〕ヴァサンタ・ヴィハーラの調停において、合計１万ルピーのわずかな現金が、〔新組織の〕マドラスJK信託に、来ることになっているということを、言った。」彼らは、ヴァサンタ・ヴィハーラを所有するために、マドラスJK信託（the JK Trust Madras）と呼ばれる小さな信託財団を作りました。それはいつか…

スコット―そのとおり…すべてのことが決着するまでです。

メアリー―ええ。それで、マドラスJK信託に来るべきこの合計１万ルピーが、ありました。「彼女は、それを領収しに行ったとき、裁判所の命令にもかかわらず、ラージャゴパルがすでにそれをオーハイの自分自身に送ってしまったと、告げられた。」（スコット、笑う）「100ドルより少ない！」－感嘆符です。「彼女はまた、ルクミニがヴァサンタ・ヴィハーラを自分自身のために得るために、自らの他の仲間たちとともに、理事会に加わろうとしているということを、聞いた。私たちは三人ともみな、これもまたラージャゴパルのやり口なのかと思った。ラーダーは、「フランクリン・レイシー（Franklin Lacey）を知っていましたか。」と訊ねた。彼はルクミニの親友だ。」フランク・レイシーは、〔オーハイのかつてのKの〕ハッピー・ヴァレー学校と何か関わりがありました。彼はロザリンド側の人物でした。

スコット―ああ。

メアリー―「それから会話は、他のことに進んだ－ヨーガ、業（カルマ）の意味、死において何が死ぬのか、だ。クリシュナジは、思考、自己、条件付け等の流れは継続する、そして、個人的意識ではなく、それが再び顕現すると、言った。私たちが知っているような個人的意識は、その流れの部分なのである。或る人物が変わらないのなら、それはその流れに貢献する。彼が死ぬとき、物質・質料は死ぬ。思考は物質・質料だ。だから死ぬ。そして、彼が何だったのかは、流れの部分のまま留まる。その流れは、新しく生まれた人間の部分になる。それで続く。流れが業だ－何か個人的なことではない。流れから踏み出すときだけ、新しい次元がある。クリシュナジは昼寝をとった。午後５時過ぎに私たちは、歩いて上がり、森を二回抜けた。先はどろんこだったからだ。私たちが見下ろしていると、川の緑の淵は、突然、濁った。水音が高くなった。上流でにわか雨が降り、泥を運んできたにちがいない。」

翌日はこう言うだけです－「ラーダーが昼食に。ヴァンダがフローレンス〔フィレンツェの自宅〕から戻ってくる。」

16日、「ラーダーが昼食に。それからフランシス・マッキャンとその妹ヘレンが、お茶に来た。」

それから本当に何もなく、18日にやっと、「私は午前８時40分のジュネーヴ行きの列車に乗った。アメリカン・フレッチャー銀行（the American Fletcher Bank）のブレイシュミット氏（Mr.Breitschmidt）に会った。イザベラ・ビアスコェチェアの口座のために指示を伝えた。私自身の〔口座〕とアルジナ（Alzina）〔口座〕[19]について話をした後、」－アルジナは、私が担当している口座でしたが、それはクリシュナジの利益のためでした－「私はそれらを当分の間、カントナル銀行（the Cantonal Bank）に残しておくことを、決定した。私は歩いて駅に戻り、午後４時15分までにグシュタードに帰った。そして、クリシュナジとヴァンダとともに散歩した。」

翌日、「私は荷造りを始めた。ラーダーを昼食に連れてきた。クリシュナジは散髪をした。それから私たちは森を歩いた。」

20日、「私はさらに荷造りをした。ラーダーを昼食に連れてきた。私は、〔イタリア車の〕フィアットを、私たちの荷物を持っていくのに十分なオペルに、交換した。〔イタリアのブルーノ・〕オルトラニとその友人が、クリシュナジにさようならを言いに来た。クリシュナジと私は、歩いて森を抜けた。出発のため、すべてが整っていた。」

8月21日、「たいへんすてきな朝だ。荷物は、フォスカと私が持ちあげて、より大きな車に易々とはまり込んだ。午前８時30分に私たちは、ヴァンダとフォスカにさようならを言った－彼女たちは二、三日、留まりつづけようとしている。私たちは、〔サーネンの南方向の峠道〕コル・デ・ピヨン（the Col de Pillon）経由で、〔レマン湖の南東〕エーグル（Aigle）に降り、そこで新しい自動車道に乗った。それで、〔湖の東端の〕モントルーと〔北岸の〕ローザンヌを迂回し、私たちは予期せずすぐに、午前10時30分に〔湖の南西の端、〕ジュネーヴ空港に着いた。私たちはブリティッシュ・エアウェイズ〔の便〕で、〔ロンドン西部の〕ヒースロー〔空港〕に飛んだ。クリシュナジは発つことに上機嫌だった。彼は、〔サーネンの北西、フリブール州の街〕ビュル（Bulle）の代わりに、〔南方向のコル・デ・〕ピヨン（Pillon）の経路を選んだが、自らのデュェ・アミチ（due amici）を見ることにとても喜んだ。[4]」（スコット、笑う）デュェ・アミチ〔二人の友人〕は、〔レマン湖の南東方向の〕エーグルのちょうど上に育つ二本のイトスギの大木でした。「私たちが通りすぎるとき、彼はいつもそれらに「チャオ」と言う。」（メアリー、クスクス笑う）「それから新しい道路は、彼の子ども〔の部分〕に微笑みをもたらした－少し口を開き、大きな微笑みと、ものを見ることへの没頭。これらの瞬間に、私の心は和んだ。彼のふしぎな感動と興味、関心－それは、彼とともにいることの喜びの一部だ。」

スコット―ええ。

メアリー―「もう一つのうれしくて憶えていることは、空港の〔フィリップ・〕パテクの掛け時計。それはとほうもない程度に正確だったから、彼は行ってそれを見るのが好きだった。」

スコット―ええ、それは原子時計のようでした。

メアリー―ええ、そうでした。「私たちが最後に出てきたとき、ドロシー〔・シモンズ〕が〔ロンドン西部の〕ヒースロー〔空港〕にいた－暑くて散漫だったが、荷物待ちは果てしなかった。私たちが六月の末に発ってからイングランドでの変化は、愕然とするほどだ。干ばつにより野原は枯れてしまった。草は茶色だ。木の葉は樹々でくたびれている。太陽は悪意を持っている。ブロックウッドは、階下の部屋は涼しかったが、褐色の芝生（グローヴ）は、スチール・ウールのように感じる。私は、木立に行く勇気がなかった。私たちは荷物を解いたが、散歩しなかった。ルイ・デ・ブローニー（Louis de Broucgny）の[20]」－何かそのようなものです－「絵画が一枚あった。それは、ここで夏の休日を過ごしたメアリーとジョー〔・リンクス〕からの贈り物だった。」それは西ウィングのホールの絵画です。

8月22日、「私は荷物を解いて、整理整頓した。ブロックウッドは絶望的に乾いている。芝生（グローヴ）は褐色で荒れている。木立では、ツツジ〔またはシャクナゲ〕が萎れている。私

は車を〔ガレージから〕外に出したが、バッテリーはだいじょうぶだ。ブロックウッド公開講話のための〔会場の〕テントが立った。暑く乾いた一日だった。」

翌日、「クリシュナジと私は、〔東方向の〕ピータースフィールドに行った。ロンドン行きの列車のためだ。私たちはブリッグス（Brigg's）に行き、そこでクリシュナジは、日傘を注文した。〔書店の〕ハチャーズには本を求めて。それからフォートヌムで、メアリー・L〔リンクス〕に会い、そこで彼女は私たちとともに昼食をした。私は、クリシュナジを歯医者のトンプソン氏のところに降ろした。そして、アラン・ノーデが私のアレルギーのために処方してくれたヌクス・ヴォミカを求めて、ネルソン（Nelson）に行った。クリシュナジは講話の後、下の歯を一本、抜いてもらわなくてはいけない。私たちはピータースフィールドに戻った。そこでは、ドロシー〔・シモンズ〕とドリス〔・プラット〕が、〔オーハイからの〕エルナとテオ〔・リリフェルト夫妻〕を迎えに来ていたが、彼らは列車に乗っていなかった。クリシュナジと私は先に進んだ。エルナとテオは、カリフォルニアから飛んできて、すぐ後に現れた。また暑い一日。」

8月24日、「私は午前にエルナとテオと話をした。フリッツ・ウィルヘルムが現れた。クリシュナジ、エルナ、テオと私は午後に、彼の結婚の見込みとオーハイでの仕事等について、彼に話をした。クリシュナジ、エルナと私は散歩をした。」

翌日、「またとても暑い一日。私はお使いでエルナとテオを〔ハンプシャー州の州都で西方向の〕ウィンチェスターに連れて行ったが、昼食には戻った。エルナと私は、アメリカK財団の事情について議論した。クリシュナジ、エルナ、テオ、ドロシーと私は、散歩をした。」

8月26日、「私は、午前11時45分のロンドン行き列車に乗り、ジェネラル・トレーディング・カンパニー（the General Trading Company）に行った － クリシュナジのレコードのホルダーのためだ。」そこではレコードが売られていました。「午後2時30分に私は、ズーム・テレビジョン（Zoom Television）でメアリー・カドガン、エルナとテオに会った。私は、イギリスのクアド〔四つ組〕の部分を見た。」それはどういう意味ですか。

スコット—クリシュナジ・ボーム・シャインバーグのヴィデオは、元来、2インチのイギリスのパル・クアド（PAL quads）で録画されました。パルは、テレビのイギリス規格です。それで、あなたはそれらが撮影された規格を見ましたが、それはアメリカのNTSC規格よりはるかに良い。後者は、あなたがサーネンで録画を見たものです。

メアリー—「私は、〔録画〕テープについてジョン・ホーキング（John Hawking）に、話をした。」ジョン・ホーキングは誰ですか。

スコット—ズーム・テレビジョンの誰かだったにちがいない。PALからNTSCへ規格の変換を行った人、そして、私たちが再販売のために複製できるU-マティクス（U-Matics）に私たちのためのコピーを作ってくれた人は、彼らです。

メアリー—「エルナ、テオと私は列車で戻ってきた。またすごく暑い日。国中で森林火災がある。」あれは恐ろしい年でした。

8月27日、「私は昼の多くを、デスクの仕事をして過ごした。昼食の後、私はお使いで、フリッツ・ウィルヘルムとカール・マルカスを連れて、〔東方向の〕ピータースフィールドに行った。フリッツは、マルグレーテ・ヘイシング（Margrete Heising）を迎えた。」－ それは彼が結婚した女性です －「サマー・スクールの間、オーハイで教えたデンマーク人女性で、フリッツが結婚するかもしれない人だ。ディグビー夫妻が〔イングランド南西部の〕ドーセット（Dorset）の新居から到着した。パスカリン・マレ（Pascaline Mallet）が到着し、西ウィングのダイニング・ルームにいる － そこは客間に改装された。天気は涼しくなっている。」

8月28日、「クリシュナジは、今年の第1回のブロックウッド公開講話を、行った。〔会場の〕テントは一杯であり、外に溢れ出していた。私は外に座った。メアリーとジョー〔・リンクス〕が来た。ヴァンダは彼らを上のキッチンに招いた － そこで私たちはみな果物とサラダをとり、その後、メイン・コースのためにテントに戻った。」それは、私たちがよくしたことでした。「私は午後に出版委員会の会合に呼ばれた。クリシュナジ・ボーム・シャインバーグ対話のヴィデオ・テープが、午後5時45分に集会場（the Assembly）で上演された。」

翌日、「クリシュナジは、第2回のブロックウッド講話を行った。私たちは階上で果物とサラダを、そして残りをテントで頂いた。ラーダー・バーニアーがここにいる。クリシュナジ、ドロシー、エルナ、テオと私は、雨の中を歩いた！！！」それは、三つの感嘆符つきで下線が引いてあります！（二人ともクスクス笑う）「私は夕方に、ヴィデオの第三を見た。その間、クリシュナジはテレビで、〔映画〕『戦場にかける橋（The Bridge on the River Kwai）』を見た。」

8月30日、「クリシュナジは〔来年〕3月に、イングランド、インド、合衆国、そしてたぶんカナダの〔各財団の〕代表者たちとの一ヶ月の会合を、開きたいと思う － 諸学校と仕事の未来について、だ。彼はそれをオーハイで行いたいと思う。〔ハタ・ヨーガの教師、〕デシカチャール、その妻と、マーティン・アンダーウッド（Martin Underwood）氏と夫人が、昼食に来た。デシカチャールはケンブリッジで、セミナーを開こうとしている。私たちは午後に休んだ。それからクリシュナジ、エルナ、テオ、ドロシーとの散歩。」

翌日、「クリシュナジはテントで、公開討論会を開いた。キッチンで半ば、そしてテントで半ばみんなとともに昼食をした。ラーダー・バーニアーを、〔東方向の〕ピータースフィールドの列車に連れて行った。クリシュナジは、ポーランドの女性、社会学者、マグダレナ・ジャシンスカ夫人（Mrs.Magdalena Jasinska）に、短く会った。」私たちはこの後、たくさん彼女に会いました。「それからドロシー、エルナ、テオと私たちは、散歩した。私は戻るとすぐに、ヴィデオの第四を見た。」

9月1日、水曜日、「クリシュナジと私は、ニューヨークのジャッキー・コーンフェルドに話した －〔ボストンの公共放送局〕KGBHが、ヴィデオ・テープを求めているが、また、アメリカK財団の誰かが、見たところ私がそれらを三時間に編集することを求めていることについて、だ。私はデスクの仕事をした。午後に散歩をした。」

9月2日、「クリシュナジはテントで第2回の討論会を開いた － 思考について輝かしいもの。ラーダー・バーニアーは、私たちとともにキッチンで、昼食の前半をとった。それから私たちは、テントでのメイン・コースに行った。昼寝、散歩があった。ヴィデオの第五が上映された。」

9月3日、「私は、お使いでピータースフィールドに行き、

鉄道の駅でメアリー・カドガンを迎えた。昼食の後、ヴィデオの事情について、エルナ、テオ、スコット・フォーブスとの会合があった。散歩は、クリシュナジ、ドロシー、エルナ、テオと私とだった。」

9月4日、「クリシュナジは、第3回のブロックウッド講話を行った。ものすごい講話。私たちはまた、階上で果物とサラダをとり、それから温かい食べ物のためにテントに戻った。エルナとテオとともに私たちは、ジョージ・ボーレンという人（a George Bohlen）に話をした ― 彼が持つ絵画の遺産が関与したアメリカK財団への寄付について、また、彼がヴィデオを上映して〔合衆国北東部の〕マサチューセッツの人々から学校のために支援を得ることについて、だ。」私は、それが何なのかを知りません。私はそれらを憶えていません。「私は、クリシュナジ、ドロシー、エルナ、テオとともに散歩した。私は戻るとすぐ、第六のヴィデオ・テープを見た。私は、ジョージとネリー〔・ディグビー〕に対して、クリシュナジが〔来年〕3月に諸学校と仕事の未来についてオーハイで望んでいる会合について、語った。クリシュナジと私はテレビで、〔イギリスBBC制作のコメディ、〕『トゥー・ルーニーズ（The Two Ronnies）』を見た。」（笑う）それらを憶えていますか。

スコット ― （笑う）よく憶えていますよ！

メアリー ― 彼はあれが好きでした。それから、〔アメリカのコメディタッチの刑事物、〕『スタースキーとハッチ（Starsky and Hutch）』の番組をやっていました。

スコット ― （笑う）良い夜だ！

メアリー ― ええ、テレビには良い夜ね。（笑う）

9月5日に、「クリシュナジは、第4回のブロックウッド講話を行った ― またも圧倒的なもの。メアリー・L〔リンクス〕と〔その娘の〕アマンダは、書籍のテーブルで書籍を売った。私も彼女らに加わった。それから彼女らは、〔階上の〕キッチンでのクリシュナジとのお茶に、上がってきた。クリシュナジはドロシーとともに散歩した。私は第七のヴィデオ〔上演〕に行き、それにも圧倒された。夕食の後、クリシュナジと私は、〔1640年代の清教徒革命で活躍し、イングランド共和国の指導者となった〕クロムウェルについてのテレビ映画を見た。」

9月6日、「お客たちは去りはじめる。邸宅は静かになる。講話は終わった。クリシュナジは手紙を口述した。私はタイプを打ち、洗濯をした。私は午後にエルナとテオ〔・リリフェルト〕とともに、財団の事態について議論した。クリシュナジと私は再び、アメリカK財団の改訂された設立趣意書に署名し、訴訟調停の同意を改訂した。クリシュナジ、ドロシー、エルナ、テオと私は、散歩した。私は、スコット・フォーブスが作った先週の講話のヴィデオを、見た。」

7日、「私はデスクの仕事をした。職員の会合に行った。クリシュナジは、エルナ、テオと私に対して話をした。それから私たちは散歩した。〔ニューヨークの〕私の弟〔バド〕からの手紙があった。弟は、もっと多くの扶養料を求めて、前妻から訴えられようとしている！」（メアリーとスコット、二人とも笑う）あの女性は、扶養料を使うことができました。

9月8日、水曜日、「エルナとテオとテッド・カーテー（Ted Cartee）とともに、私は午前8時51分のロンドン行き列車に、乗った。エルナとテオは、ヒースロー〔空港〕に、さらに〔スペインの観光地、〕マヨルカ〔島〕に行くために、〔北東方向、サリー州の〕ウォキング（Woking）で降りた。」彼は、マヨルカで生活している妹がいました。「テッドは私とともに、クリシュナジの入国申請のことで合衆国大使館に来た。デスクの娘からは、矛盾した発言があった。」それが何だったのか、私は知りません。「私は幾らかコーヒー豆を買い、午後2時30分までにブロックウッドに戻った。クリシュナジとともに散歩した。もう一回、職員の会合があった。」

スコット ― あなたは、ヒギンズ氏（Mr.Higgins）のところに行ったんでしょうか ― コーヒー豆を得るために。

メアリー ― コーヒー豆を買うために？たぶんね。でも、そこにはヒギンズ氏とは言いません。（二人ともクスクス笑う）

9月9日、「クリシュナジは、この学年度では第1回の職員との討論会を、開いた ― 自らの教えを、通常の学科、歴史、物理学等を教える中で適用することについて、だ。〔校長〕ドロシーがテッドとの問題で、私のところに来た。」私は、それが何だったかを忘れてしまいましたが、問題があったのは知っています。「私たちはいつものように、午後に散歩した。」

9月10日、「ドロシーは、セラピーを受けることについて、或る職員に話をしてきた。その人物は進んで、〔精神科医〕シャインバーグ〔博士〕のところに行こうとしている。私は自分のデスクで仕事をした。郵便で何も来なかったので、私は〔合衆国の〕大使館に手紙を書いた。」彼らは私に書類を送ろうとしていました。「昼食の後、〔南東方向の〕ウェスト・メオンに。散歩のために戻った。夕方には雨。」

9月11日、「クリシュナジは、風邪にもかかわらず、教えについて職員との討論会を開いた。彼は昼食の後、ベッドに行った。私はボーム夫妻とともに、〔南に3キロメートルほどの村、〕ワーンフォード（Warnford）で売り出されたコテッジを、見に行った。午後遅くには大雨。」ボーム夫妻は、ワーンフォードで生活することを、考えていました。

翌日、「クリシュナジは一日中、ベッドにいた。私は、風邪を引かないように、ビタミンCをとった。」

9月13日、「クリシュナジは風邪で、土曜日の午後と昨日の一日中を、ベッドで過ごした。だが、不思議なことに彼は、自分の枯れ草熱との対比で、それを乗り越えることができる。今日彼は、自分はすっかりロンドン、ハンツマンと歯医者に行くことができると、言った。彼の顔は、列車ではゆがんで見えたし、今日ロンドンでは小雨が降って寒い。彼はハンツマンで仮縫いをした。私もそうした ― スカートの最初の着付けだ。それから私たちは、フォートヌムに歩いて行き、メアリー・リンクスとともに昼食をした。彼女は、〔クリシュナジの〕伝記〔第一巻〕のエイヴォン〔社〕（Avon）のペーパーバック版を一冊、持っていた。とてもすてきに見えた。クリシュナジは彼女に対して、自らがブロックウッドで職員たちと行った二つの会合について、そして、学科と同時に交えて自分の教えをどのように教えるかを私たちに教える自らの計画について、語った。彼はまた彼女に対して、諸学校、仕事等の未来に関する〔来年〕3月のオーハイでの会合の月について、とても真剣に話をした。彼とメアリーは、二、三人が、おそらく私が、教えが生きて活動的で、彼の死後、変更されたり解釈されたりしないままであるのを見計らう責任を、持つべきだと、考える。彼は、スナンダ〔・パトワールダーン〕、フリッツ〔・ウィルヘルム〕と私がその三人であるべきだと考える。私自身が驚いたことに、教師たちとの二回の会合の間、私は、クリシュナジの教えが歴史、数学、理科等に織り込まれる多くの道筋が、分かるようになった。私の頭で何か生き生き

しはじめていた。そこは前は空白だった。」
「クリシュナジは、これらの事柄についてメアリー・L〔リンクス〕の考えを、求めている。仮に彼女が3月にオーハイに来るのだったら、私は喜んで航空運賃を提供するだろう。クリシュナジはまだ確かではない。彼がバスルームに行った間、メアリーは私に対して、〔元秘書〕アラン・ノーデは最後の1千ドルしか残っていないということを、語った。彼女はアランと親友のままでいた。彼は去った後、彼女と交信していた。「私たちは、クリシュナジの日傘について問い合わせるために、隣へ行った。そして、〔書店〕ハチャーズへ － そこで私たちは、新しい探偵小説を見つけた。それから〔メアリー・リンクスの夫〕ジョーが思慮深く、私たちみんなを〔車で〕拾うよう、立ち寄ってくれた。クリシュナジは〔歯医者の〕トンプソン氏のところに行った。下の前歯二本は、水曜日に抜くことになっている。クリシュナジが自らの歯のブリッジ〔義歯〕につけた名前、」（笑）「ポンテ・ヴェッキオは、（二人とも笑う） － 私はそれを忘れてしまったわ － 「残った。トンプソンは、交換品を作り、据え付けることになっている。私たちは、〔サウスバンクに近いターミナル、〕ウォータールー〔駅〕へ急ぎのタクシーに乗った。列車でクリシュナジは再び、私とフリッツとスナンダについて、語った。私は、彼が私を教育しなければならないと言った。彼は、人々は私を受け入れ、信用するだろうと、言った。私はそういう楽観論を持っていない。私たちはスナンダに、彼がこの冬、インドで彼女とフリッツに語ることを何でも、メモ書きにしてもらい、それらを私に送ってもらうだろう。私は、〔オーハイの〕リリフェルト夫妻に情報を伝えつづけるべきである。私はクリシュナジに対して、土曜日の教師の会合で出たことについて、訊ねた － 私たちは学生たちを即座に、完全に変容させるべきだとのクリシュナジの要求、だ。それは可能なのか。彼が、これらすべての年に語ってきて、まだそれをしていないというのは、どういうことなのか？！クリシュナジは、「私はそれについてふしぎに思ってきた。」と言った。」（二人とも笑う）「彼は、かつて〔神智学協会会長で養母の〕ベサント夫人は、教えは尋常でなく、光は強すぎ、あまりに過ぎるし、人々は盲目になると言ったかもしれないと自分は思う、と言った。「でも、あなたが死ぬとき、光はそこにあるでしょう。でも、人格はないでしょう。」と。」

スコット―ふむ、ふむ。
メアリー―興味深いわ。
スコット―或る意味で、彼らはもはや盲目にならないだろうが、どうにか利益はまだそこにあるだろう、という意味ですし…
メアリー―ええ。彼が言ったことは、そこにあるだろう。でも、彼の存在は、それの圧倒的なこととか何かに、付け加わる。それは私の感じとか当て推量です。
スコット―ふむ、ふむ。
メアリー―9月14日、「クリシュナジは一日をベッドで過ごした。そして、自分は一週間に一日、そうすべきだと言う － インドでも、だ。それは彼にとって良い。私は自分のデスクで仕事をし、お使いで〔東方向の〕ピーターズフィールドに行った。雨が降った。」
9月15日、「私たちは、午前11時45分のロンドン行き列車に乗り、昼食のためフォートヌムに直行した。私たちは、即時に査定する精神が、人々を見ることに対して何をするのかについて、話をした。」そうね、あなたは或る人物を見つめます。査定しますね。
スコット―ふむ、ふむ、ふむ。
メアリー―「例は － ロンドンでは一目でアメリカ人を認識する。クリシュナジは、近くのテーブルの或る人を見守り、彼は芸術家だと推量した。私は、これらイメージは即時であり、精神のデータ集めの一部であるが、これらは、彼の教えということからすると間違っているのかどうかを、訊ねた。彼は、「私については、私はほとんどの時間、空虚です － 話をしているとき以外は。」と言った。彼は継続した － 「私は誰かが見える。私は、それはプラットさんだと知っているかもしれない。でも、私の精神は空っぽです。」と。私は、まるで事実とイメージを持っているが、いわばスコア〔総得点、成績、総譜〕を開けておくように見えると、言った － イメージに、見えたものを抹消させないで、見つづける。クリシュナジはこれに同意するように見えた。だが、彼が今日、少し空虚でつづけた場合に備えて、私は再び、それを訊ねなければならない。私たちはハンツマンに歩いた。彼は、薄いズボン一足の仮縫いをし、暖かい一足のためにグリーン・ベージュのツィードを選んだ。それから私たちは、タクシーを求めて奮闘した － 彼はコーク・ストリート・コーナーで、私はサヴィル・ロウの角で、だ。私たちは〔歯医者の〕トンプソン氏のところに行った。そこにクリシュナジは入って行った － 下の中の前歯二本を抜いてもらうため、だ。それらはぐらついていて、すり切れている。待合室でドアの側に座っていると、彼とトンプソン氏が笑っているのが聞こえた。」（二人ともクスクス笑う）「すぐに看護婦が出てきて、彼は二、三分で出てくるだろうと言った － タクシーを見つける私の合図だ。待つことはないだろう。その瞬間は快活で同情的だったが、私は確かめるために座り込んだ。そのときクリシュナジが出てきて、何でもないとの身振りをした。彼は小量の〔局所麻酔剤〕ノボカインを入れられた － 痛みはなく、ごく速かった。ブリッジは今、全く本物に見える二本の新しい歯が、そこに入っている。血は出ていなかった。彼の気分は良かった。彼は幾らかリン化鉄をとった。タクシーは石油のため、バークレー・スクエアに停まらなくてはいけなかったが、私たちは午後4時50分〔の列車〕に乗った。私はクリシュナジに対して、彼の歯は癒やす性質を持っていたのかもしれないと、訊ねた。彼は、ええ、自分はそれらを取っておくべきだった、と言った。彼は、癒やしは他人に教えたり伝承したりできないと言った。それは、最も小さな自己をもった人物において、最も強い。私は、「あなたは自分自身を癒やせますか。」と訊ねた。彼は、「いや。でも、あなたが私に手を当てて、私があなたの手に触れるなら、助けになる。」と言った。」
スコット―ふむ。
メアリー―それは憶えています。彼が亡くなろうとしていたとき、…
スコット―ええ、憶えています。
メアリー―彼は私に対して、彼のここを押すよう頼んで…
スコット―ええ、憶えています。私に対してもです。
メアリー―そして彼は、私に手を当てました。
スコット―ええ、ええ、ええ。
メアリー―9月16日、「クリシュナジは、教師たちに対して講話をした。午後にクリシュナジ、ドロシー、犬たちと

ともに散歩。」

9月17日、「私は、インド高等弁務官による更新のために、クリシュナジのパスポートを取りにロンドンに行った－そこでは、ヴェッタカーン氏がそれを計らった。私は、クリシュナジの入国ヴィザのことで、合衆国大使館に行った。クリシュナジのための同種療法（ホメオパシー）の治療薬を求めてネルソンに。銀行に。そして、午後3時30分にコンノート〔・ホテル〕に。そこでは、〔古くからの親友〕ベツィ・ドレイク（Betsy Drake）がコーヒーのため、私に加わった。それから、パスポートを受けとるために、インド高等弁務官に戻った。それでブロックウッドに帰った。」

翌日、「クリシュナジは教師たちに話をした。私たちは午後に散歩した。」

9月19日、「〔南インド、リシ・ヴァレーの校長〕バラスンダラムが午前に到着し、真っ直ぐクリシュナジに話をしに行った。クリシュナジがすぐに〔南インド、〕マドラス〔現チェンナイ〕に来るにもかかわらず、そして、自らの妻、ヴィサラクシー（Visalakshi）が二回転んで腰骨にひびが入ったし、パリのユネスコ〔国連教育科学文化機関〕のために録画する計画を取り消さざるをえないにもかかわらず、バラスンダラムは、ここに来てクリシュナジに話をすることが必要だと感じていた。クリシュナジは、一年前に自分たちの間で議論され計画されたことすべてを実行することを、バラスンダラムは何もしなかったということを、ますます感じてきた。私は午後3時に職員の会合に出席した。それから、クリシュナジ、バラスンダラム、ドロシー、私との散歩。」

9月20日、「エルナ〔・リリフェルト〕が、ロンドンから電話を掛けてきた－彼女と〔夫の〕テオは、マヨルカ〔島〕とスペインに行った後、そこ〔ロンドン〕で週末を過ごした。彼らは今日、カリフォルニアに飛んで帰る。午前11時30分にクリシュナジは、教師たちとともに二時間の徹底的議論を行った－自分自身を一学生の役割に置いて、ほとんどが恐れについて、だ。様々な恐れの裏の中心的要因について、彼は私を黙らせた。」（二人ともクスクス笑う）「彼は後で、自分は彼らに応答してほしいと言った。とても良い議論で、きつい仕事だった。後で散歩は、クリシュナジ、バラスンダラム、ドロシー、私、犬たちとだった。暖かい一日。私はセーターを脱いだ。」それは際立っていたように見えます。（スコット、クスクス笑う）「大地は、秋の湿った臭いで息づく。このすてきな土地に私は動かされる。私は幾つかの瞬間に、そのうねる野原、畑に我を忘れる。空気は、大地と空に充たされて、何かの感覚、本質的なもの、何か生来のものの感覚を、もたらす。私は、それは私の子ども時代から抜け出してきたと思う。」私は、田舎がいつも私にとって無限に懐かしく、呼びかけてきて…

スコット―ええ、呼びかけます。

メアリー―ええ、そして、すばらしかったことを、知っています。子ども時代の、同様の地勢の記憶です－ただし合衆国で、ですが。

スコット―そこはまた、歴史と文化と何かすごく人間的なものが豊かです。

メアリー―そうです。クリシュナジよりずっと前、〔夫〕サムと私がそこによく飛んで行ったとき、飛行機がイングランドの上に差し掛かり、晴れているとき、雲が割れて、そこにありました－緑とイングランドです。

スコット―ええ、ええ。

少女のとき、乗馬するメアリー。

メアリー―私はそれに触れたいと思いました。

スコット―ふむ、ふむ。

メアリー―「私たちが散歩から戻りつつあるとき、ジムが馬たちとともにそこにいて、私を小さな鹿毛に乗るよう説得した。突然、これらすべての年の後、再び馬に乗ることは喜びだった。あれら昔の馬の日々の、即座に生きた反射と楽しさすべてが伴って、私はクリシュナジのほうへ乗って行った。」（スコット、クスクス笑う）「ここで乗馬することは、すばらしいだろう。だが、そして、大きな「だが」、鐙（あぶみ）の皮と鞍がパタパタ当たるのは正しく、私の脚で一番の脆い皮膚移植片があるところ、一年前、潰瘍があったところ、そして、移植片の下にほとんど肉のクッションがないところだ。」そういうわけで、私は乗馬できなかったんです。

スコット―ええ。ジムの身元確認をすると、それはジム・ファウラー（Jim Fowler）だったのを言うべきです。

メアリー―ええ。ジム・ファウラーは、ブロックウッドの〔職員で、〕馬たちの世話をしました。

21日に、「私は、〔西方向の〕ウィンチェスターの税関と消費税事務所に行き、72年のグレイのメルセデスの輸入に対して、319ポンドの税金を支払った。」（スコット、クスクス笑う）「それは今、スイスの代わりにイギリスの登録を持っている。私は昼食に戻った。私は午後にドロシーとともに、お使いで〔北西方向の〕アレスフォードと〔南東方向の〕ウェスト・メオンに行った。それから、クリシュナジとバラスンダラムとの散歩。」

9月22日、「私たちは列車でロンドンに行った－クリシュナジの出生の細目に関して、彼と私による宣誓供述書を認証してもらうために、合衆国大使館へ。これらは、合衆国の入国ヴィザ申請により要求される出生証明書の代わりに、必要だ。熱心な年上の女性事務員が、クリシュナジを認識した恥ずかしげな年下の人を、紹介するように見えた。彼は握手し、軽くお辞儀をした。私はそれが「入国管理局」で起きたならいいと思った－そちらは、工場のように非人格的だ。」

「私たちは、フォートヌムに歩いて行った。モルガン保険に立ち寄り、スルカで私は、クリシュナジが好きな格好いい綿の部屋着（ガウン）を見たが、そこを通り過ぎた。私たちは急いでいたし、入らなかった。メアリーとジョー〔・リンクス夫妻〕が、私たちとともに昼食をした。快かった。それからクリシュナジはジョーとともに、散髪のためにトゥルーフィットに行った。私は、ハンツマンで彼に加わる前に、小さなお使いをした。彼はズボンの仮縫いをした。それから、強い雨が降っていたが、もちろんタクシーはない。どうすべきか。そのとき、ブロックウッドの学生、ジーン・マイケル・デ・ブルー

ス（Jean-Michel de Bloos）の父親、アンドレ・デ・ブルース（André de Bloos）が、ハンツマンのウィンドウごしにクリシュナジを見かけていて、現れた。彼とその友人、マーティーヌ（Martine）という名の女性が、通りの向こうに駐車していた。彼らが、クリシュナジと私を〔ターミナルの〕ウォータールー〔駅に〕運転して送ろうと、申し出てくれた。驚きの運のよさ。私は疲れて、へとへとだった。」（笑う）

「列車で私は眠った。目覚めると、クリシュナジは、私たちがウォータールーで買った探偵小説を読んでいるのを、見守った − 彼の唇は言葉でかすかに動いていた。」それで、彼は恐ろしく遅くなりました。私はかつて速読のコースを受講しましたが、けっして言葉を口にしてはいけないことを、学びました。ともあれ、「彼が本を持つとき、その指は磨き上げられて見える。彼の顔の無限の優美さと美しさは、果てしなくふしぎに見守ることができる − 芸術作品より美しく、樹より生きている。晩に私たちは、ソヴィエトの反体制作家、アンドレイ・アマルリク（Andrei Amalrik）のテレビ・インタビューを、見た。アマルリクが、「変化は外から来るはずがない。各人の内からだ。」と言ったとき、クリシュナジは、「私たちは同じことについて話をしている。」と言った。後で私たちは、あまりに遅く 11 時まで、〔ヒトラーを狙うハンターと彼を追うゲシュタポを描く、俳優〕ピーター・オツゥール（Peter O'Toole）の出た『マン・ハント（Rogue Male）』の〔テレビ版〕リメイクを、見た。良い映画だった。私たちは二人とも、サスペンスにあまりに緊張した！」私は映画を憶えていませんが、名前は憶えています。それがその日の終わりです。

スコット−いいです。それが、私たちが時間を持っているすべてです。

原　註

1）彼は、クリシュナムルティ・ボーム・シャインバーグ〔の対談〕のヴィデオのディレクターだった − ブロックウッドでの議論を撮影するために、アメリカから来たのだった。
2）チャールズ・ウェブスター・レッドビーター（Charles Webster Leadbeater）は、神智学者たちにより霊能者であると信じられた人で、マドラス〔現チェンナイ〕の〔アディヤールの神智学協会本部の近くの〕浜辺で少年のクリシュナジを発見し、彼が新しい「世界教師」であると主張した人だった。
3）これは、クリシュナジが〔養母〕アニー・ベサントを呼んだ名である。
4）「二人の友だち」を表すイタリア語。
5）スウェイン・アデニー・ブリッグ（Swaine Adeney Brigg）。ふつう、ブリッグスとだけ知られている。

訳　註

*1 メアリーは 1930 年代後半にモデル、映画女優であった。それで、テントの中での撮影についてこのような感想を持ったのであろう。
*2 原文はここから J.Krishnamurti ON LINE 上の講話書き下ろしへリンクされている。Truth and Actuality と題されている。
*3 finishing school は、若い未婚の女性が、社交界に出る前に、教養、礼儀作法、社交術、料理、家事などを学ぶ私立の学校であった。
*4 第 2 号、1965 年 11 月の個所に、リシケシのシヴァナンダ・アシュラムへの訪問が出ている。
*5 第 32 号によれば、チダナンダという導師のもとのディヴァイン・ライフ協会かと思われる。
*6 原文はここから J.Krishnamurti ON LINE 上の講話書き下ろしへリンクされている。Truth and Actuality と題されている。
*7 ディアンドルは南ドイツのバイエルン・オーストリア語で「娘さん」や「お嬢さん」という意味。南ドイツ、バイエルン州からリヒテンシュタイン公国、オーストリアのチロル地方での女性の民族衣装であり、アルプス地方の農家の女性が着ていた伝統的衣装をもとにしている。
*8 housing development は、居住状況の進展といった翻訳も可能であり、両義を掛けているように思われる。
*9 tisane は、カミツレなど薬草を乾燥させたものや摘みたての葉や花を煎じたハーブティである。
*10 第 47 号、1977 年 7 月 10 日の個所に簡単に言及されている。
*11 第 36 号、1975 年 7 月 20 日に言及のみがある。
*12 ラッチェンスによる伝記第二巻、1959 年秋のインド滞在から 1960 年 4 月の診療所への入院に関して、このような記述が見られる。
*13 原文はここから J.Krishnamurti ON LINE 上の対話書き下ろしへリンクされている。
*14 ホームページ上ではここで指示された個所をクリックすると、メアリーの話が聞こえる。
*15 何か無限の存在を、分かりやすく「大師」といった人格的なものにしてしまったという意味である。ラッチェンスの伝記によれば、レッドビーターがイギリスの帝国主義の立場にあったことを示す記述が散見される。他方、インドで多くの仕事を担った Sunanda Patwardhan（1999）p.79 には、クリシュナジが善あるいはイニシエーションを議論して、「レッドビーターが、傲慢、力、自尊心、自己関心と憎しみは黒の力だと言っていたのを、知っていますか。これらのどれ一つでも持つことは、種子を持つことなのです。」と述べたことが伝えられている。幾らか肯定的な評価である。
*16 George Sidney Arundale（1878-1945）はイギリス生まれの神智学者。神智学者の叔母の養子となり、レッドビーターから教育を受け、ケンブリッジで学位を得た。インドに移り、1909-13 年にはヴァーラーナシーの中央ヒンドゥー大学の学長を務めた。神智学協会の活動を継続し、1926 年には、レッドビーターなどとともに、協会に関連するリベラル・カトリック教会の司教になった。世界教師の到来を迎える運動の中で、K とはしばしば対立した。アニー・ベサントの死去を承け、1934-1945 年に神智学協会の第三代会長に就任。年若いインド人の妻、ルクミニとの関連で、マドラスに伝統舞踊を再興する教育機関「カラクシェトラ」をも創設した。
*17 インド南部マドゥライ市に、神智学者でもあるバラモンの名家に生まれた。16 歳で協会の指導者ジョージ・アランデイルと結婚し、神智学協会での活動を行った。インド古典舞踊バーラタナティヤムの復興、普及に勉め、舞踊家、振り付け師としても活躍した。イタリアの教育者モッテッソーリとの交流などもあり、いくつもの学校、大学をも創設し、1952 年にはインド連邦議会の初の女性議員にも選ばれた。K との交流はあったが、姪のラーダー・バーニアーとは違って、けっして親しくはなかった。
*18 一般的にベサント夫人は、ガンディーなどのインド国民会議派に加わり、インドの自治拡大など政治活動に没頭したために、神智学本来の活動が疎かになり、その面でレッドビーターなどに依存するようになったと言われている。
*19 この口座は、フランシス・マッキャンが後援していたことが、第 12 号に出ている。
*20 アイルランドの Louis le Brocquy（1916-2012）のことか。
*21 Nux Vomica は、東インド原産マチンの学術名。その樹の種子は、ストリキニーネの原料になる。その種子から作られる生薬ホミカは、きわめて苦く、健胃剤、強壮剤として用いられる。
*22 当時、ポーランドは東側の社会主義陣営にあった。ポーランドでは K の翻訳が 1980 年代にようやく登場している。冷戦終結後、1990 年代以降、東欧では若い世代に K への関心が始まったようである。Henri Methorst（2004）第 16 章「クリシュナムルティの教えのアピール」に論及がある。
*23 原文はここから J.Krishnamurti ON LINE 上の対話書き下ろしへリンクされている。
*24 原文はここから J.Krishnamurti ON LINE 上の講話書き下ろしへリンクされている。
*25 原文はここから J.Krishnamurti ON LINE 上の講話書き下ろしへリンクされている。Meeting Life と題されている。
*26 ノーデのその後について、M.Lee（2015）第 2 章の脚注によると、

彼はサンフランシスコで一種のグルとなり、全人類の統合のためのセンター創設を試みたが、それは1982年に失敗した。2013年に亡くなった。
*27 Pont Vecchio は、イタリア、フィレンツェで、アルノ川にかかる石造リアーチの有名な橋であり、上には商店も建ち並ぶ。10世紀に作られた木の橋が1333年に洪水で流された後に再建された。義歯（ブリッジ）に掛けた表現である。
*28 Ms.Pratt（プラット女史）というのは、古くからの友人であるドリス・プラットへの言及かと思われる。
*29 ferrum phos（リン化鉄）は、ホメオパシー（同種療法）では、耳痛、風邪、気管支炎など急性の感染症に効果があるとされる。
*30 第90号、亡くなるわずか四、五日前、1986年2月12日、13日の記述に出ている。同様のことは、第44号、1977年2月25日にも出る。
*31 メアリーは少女時代の幾らかをマーサズ・ヴィニヤード島で過ごしている。下に示された写真は当時のものかと思われる。
*32 1938-1980. 反体制の運動からシベリア送り、投獄を経験した。ソ連崩壊を予言し、西側に亡命した。
*33 これはインドの言葉で、「お母さん」を意味する。
補1）他ではWGBHとある。
補2）第43号、10月24日に、ヴァンダがブロックウッドに来ないことを述べているので、誤表記かもしれない。

第43号　1976年9月23日から1976年12月31日まで

序　論

この号では、自らが去った後、その教えがどのように継続するであろうかについてクリシュナジの関心が、かつて以上に多く見られる。これは、彼の余生の間、焦れったい問いであり続けた。

メアリーは、クリシュナジが行ったが、記録されなかった議論の記述（一つはまったく長い）を、示す。これらは、私たちがこれらについて持っている唯一の記述であると、思われる。

メアリー・ジンバリストの回顧録　第43号

メアリー－私たちは、1976年9月23日について始めようとしています。私たちは〔南イングランドの〕ブロックウッドにいます。私の日記は言います－「クリシュナジは〔南インド、リシ・ヴァレーの校長〕バラスンダラムに対して、幾らかの長さで話をした。〔ブロックウッドの〕学生たちが到着しはじめた。私たちは雨のなかを歩いた－クリシュナジ、バラスンダラム、ドロシーと私だ。」

翌日には、そこに言われるすべてはこうです－「バラスンダラムは去った。学生たちの残りが到着した。」

9月25日に、「今日は、学校の学期の始まりだ。だから、学生たちは自らの学習等について、教師たちに会いつつある。クリシュナジは丸一日を、ベッドで休んで過ごした－彼が週に一回、したいと思うことだ。私は、〔元俳優で児童文学作家〕ジニー（Ginny）と〔俳優〕ビル・トラヴァース（Bill Travers）のところへ、彼らと彼らの子たちとの昼食のために、運転して行った。」彼らのうち一人の娘は、私の名づけ子です。それは入れなくてもいいわ。「私は彼らに、『クリシュナムルティのノートブック』一冊をあげた。クリシュナジの晩餐のトレイを持つのに間に合うよう、運転して戻った。集中的なテレビの晩だった－〔イギリスBBC制作のコメディ、〕クリシュナジを笑わせる『トゥー・ルーニーズ（The Two Ronnies）』と、」（スコット、クスクス笑う）「〔アメリカのコメディタッチの刑事物、〕『スタースキーとハッチ（Starsky and Hutch）』だ。」

9月26日、「クリシュナジは学校に対して、学期の第1回の講話を行った－私のものと似た新しいベージュのズボンと、」（二人ともクスクス笑う）「褐色のジャージで、すばらしく見える。三十歳以上にはけっして見えない。彼の顔は、生きて、すばやく、笑いと輝きに満ちていた。彼は、聞くこと、それが何でありうるのかについて、語った。」

「午後には、ちょうど私たちが、〔イギリスの公共放送〕BBCの合衆国〔の大統領選挙〕でのカーターの第一回討論会の再放送全部を見ようとしていたとき、〔マドラスの実業家〕T.シャンタナム氏（Mr.T.Santhanam）がお茶のため、一時間早く到着した。彼とともに、若いほうの息子がいた－三十一歳ほどのとてもすてきな若者。彼らは午後5時過ぎに去った。クリシュナジ、ドロシー、私と犬たちは、ロッジ〔守衛所〕へ、そして野原、畑を越えて、歩いて行った。多くのキノコがあった。空気は柔らかく暖かく湿っていた。草は緑だ。ついに緑だ－イングランドの喜びすべてだ。」

9月27日、「私はデスクと洗濯の仕事をした。クリシュナジは午前のほとんど、眠った。彼、ドロシー、犬たちと私は、異なった散歩に行った－まず最初に、若いリンゴ園を見た。今年はとても良い。リンゴを一つ味わったが、〔アメリカ東部ニューヨーク州の〕ロング・アイランド〔島〕（Long Island）のミル・ネック（Mill Neck）での私の子ども時代に憶えているもののような味わいだった－樹からの本物のリンゴ。酸っぱくて甘く、初秋の味わい。私たちは、野原を越えて北に行き、それから西に、そして回った－新しい良い散歩。」

「戻るとすぐ、私は、〔企画の支援者〕ジャッキー・コーンフェルド（Jackie Kornfeld）が電話をしてきたことを、知った。私は、クリシュナジの夕食を持ち、それから、ニューヨーク、タキシード・パーク（Tuxedo Park）の自宅の彼女に電話をかけた。ボストンの公共放送チャンネル、WGBHは明確に、クリシュナジ・ボーム・シャインバーグ〔による対話〕のヴィデオの四十五分の区分三つを、放送し配給したいと思う。彼らは、私たちの協働と、11月にボストンで編集がなされることを、望む。それは、そのとき私がそこにいることを、意味している。それについてディヴィッド・ボームに対して話をした。彼は、4番から7番をやりたいと思う。彼は私たちに、四つすべてを採るよう、彼らを説得しようとしてほしいと思う。クリシュナジと私はテレビで、〔BBC制作の連続歴史ドラマで、第四代ローマ皇帝を主人公とした、〕『この私、クラウディウス（I, Claudius）』を見た。クリシュナジは少し疲れて繊細に見えた。ブリッジ〔人工歯〕が彼を痛がらせている。」それは彼の歯のことです。

スコット－ふむ、ふむ。

メアリー－「私たちは水曜日、歯医者に行くだろう。その間、私は彼のサラダを、〔料理用〕ミキサーに通す。私は今日、彼の飛行機予約すべてを行った。彼は、〔インドでの行程の後〕1月20日に〔インド西部、〕ボンベイ〔現ムンバイ〕からローマに、1月24日にローマからロンドンに、行くだろう。オーハイから私は、1月31日の彼のロンドンから〔合衆国の〕LA〔ロサンジェルス〕へのチケットを、取るだろう。

彼のインド〔巡行〕の計画に私は悩む。あまりに強行すぎる。〔インド側の〕ププル〔・ジャヤカール〕は、彼が保護されなければならないことを、悟らない。」

スコット―それら WGBH の〔録画〕テープについて、ここで或ることを加えると、私はそれらを編集したのを憶えています。

メアリー―あなたが？

スコット―或る理由のために、私は少なくとも機器の編集を行いました。

メアリー―まあ、良かった。

スコット―そして私たちは、それらをアーカイヴズ〔資料保管庫〕に持っています。それらは初め、紙面で編集されました。

メアリー―ええ。

スコット―あなたとディヴィッドが関与していたと、私は思いますが、そうではないですか。私は確かじゃありません。

メアリー―ええ、そうだったかも。

スコット―それから、私は機器でそれらを行いました。本当に疲れて退屈な仕事でした。でも、また或る面では、とてつもなかった。なぜなら、それらをあんなにつくづくと見ることは…〔テープの〕どこでも〔切ったり、つないだりの〕編集はできないからです。たとえ紙面では良く見えるときでも、…

メアリー―ええ、ええ。

スコット―…編集をするには、ヴィデオで良く見えるように…

メアリー―そのとおりです。

スコット―…しなくてはいけない。で、私はこれで数週間も過ごしました。そして、本当にそれらヴィデオを知ることになりました。私はいまだに、それらは私たちが持っている最善のものだと思います ― ヴィデオで、ね。

メアリー―特に、最後のもの。そして、最後のものの最後の部分では、クリシュナジがただ行ってしまい…

スコット―ええ。とてつもないです。

メアリー―…とてつもないです ― 彼の言うことも、彼がそれを言ったさまも、彼の見えたさまも、…

スコット―ええ。

メアリー―…ものすごい権威 ―〔「創造」という語源の〕権威（authority）〔という言葉〕の正しい意味において、…

スコット―絶対に。

メアリー―…彼が言っていることの確実性において、ね。

スコット―絶対に。

メアリー―ええ。

スコット―私が見たほど、多くそれらを見た後でさえ、私はまだ、それらは絶対にすばらしいと思いました。

メアリー―ええ、ええ。

では、28日、「クリシュナジは一人で、学生たちと話をした。私は、メルセデスの保険のことで〔イングランド南部の〕サウサンプトンに、運転して行った。それから、お使いで〔西方向の〕ウィンチェスターに。私は、クリシュナジが〔ハタ・〕ヨーガをするのに使う、発泡素材のマットを、見つけた。私は、散歩に間に合うよう、ブロックウッドに戻った。」

9月29日、「クリシュナジと私はロンドンへ行った ― 彼がインドに持っていく治療薬のために、ネルソンへ。彼の

ロンドンのために衣装を整えたクリシュナジ

日傘のために、ブリッグへ。二冊の探偵小説のために、ハチャーズへ。そして、メアリー〔・リンクス〕との昼食のために、フォートヌムへ。彼女は、次の書籍のために、クリシュナジ・ボームの対話を講話と混ぜて使うことに、反対している。」私たちはすでに、メアリーがそれら対話について乗り気でないことについて、議論しました。「私たちはメアリーに対して、ヴィデオが〔ボストンの公共放送局〕WGBHで放送されることについて、告げた。それからクリシュナジはインドについて、かなり強烈に話しはじめた ― これらすべての年にそこでは何もなされてこなかったことについて、だ。スナンダはできるだろうか。彼女はまだ未熟だと、彼は言った。まだ、彼〔K〕について個人的に感じるかもしれない。「私たちはみな、自分たちの時にそうでなかったかな。」とメアリー〔・リンクス〕は言った。」（クスクス笑う）「私たちはみんな、インドがいつの日か誰か西洋人が担当するのを受け入れるだろうことを、疑った。クリシュナジは、「彼らは俗物です。」と言った。彼は、ププルにとても批判的だった ― 彼は、自分はテレビ番組で、彼女が〔イギリス首相〕サッチャー夫人に、〔自らが推進するインド手工業の〕絨毯を「売っている」のを見た、と言った。「〔そういうことをするのが〕バラモンか？」と。」（スコット、笑う）「彼は衝撃を受けた。」（二人ともクスクス笑う）「これに対する彼の嫌悪は、ププルの〔インド首相〕ガンディー夫人との交際についての、より現実的な批判に、混ざり合った。彼は集団を提案した ― 私、ディヴィッド・ボーム、リリフェルト夫妻、メアリー・ラッチェンス、ドロシー〔・シモンズ〕、そしてたぶんフリッツ〔・ウィルヘルム〕。だが、これは後で列車の中では、あまり良く聞こえなかった。彼は私に対して、「私はあなたに話をしたい。」と言った。」

スコット―ふむ、ふむ。

メアリー―9月30日、「クリシュナジは、学校全体に対して話をした。私はデスクの仕事をした。クリシュナジ、ドロシー、犬たちと散歩をした。私たちはテレビで、『刑事コジャック』を見た。」

10月1日、「クリシュナジは午前10時にタパスに会った。それから彼は私に対して、私たちは仕事について幾らか真剣な話をしなければならないと、言った。彼は、私たちは互いを気づかうと言った ― それは了解されている。私たちはそれは脇においた。それから彼は言った ―「あなたは、防衛し、ことは不可能だと言うことにより、自分自身を阻

509

んでいる。自由でない。リリフェルト夫妻は、ことに深く入ったことがない。インド人たちは、反復的な探究はうまいが、自由ではない。それが、〔Kの〕六十年〔の活動〕の終わりに残されていることです。それで本当は、実際には誰一人いない。次の五年から十年で誰かが現れるかもしれないが、今は誰一人いない。何をすべきか。メアリー・リンクス〔ラッチェンス〕は外れている。彼女もそれをできない。私たちはものごとを、ありのままに取り、そこから仕事をしなければならない。ディグビー夫妻はだめだ。あなたとスナンダ〔・パトワールダーン〕がいる。インドで私は、スナンダ、〔その義兄〕アチュット〔・パトワールダーン〕、ププル、アールヤ(Ahalya)〔・チャリ〕、ラーダー・バーニアーとバラスンダラムに、会うだろう。数ある中で最善の人たちは、イングランドにいる － あなたとディヴィッド・ボームだ。ドロシー〔・シモンズ〕はさほど柔軟でない。オーハイには、リリフェルト夫妻、あなた、フリッツ・ウィルヘルムがいる － 彼が正しいと判明するならば、だ。彼〔フリッツ〕はこの冬、インドで試されるだろう。インドは時々、人々を狂わせる。」と。(二人ともクスクス笑う)「私は、かつて誰かがいたのかどうかを、訊ねた。クリシュナジは、ジャドゥ〔・プラサド〕(Jadu)とラーマ・ラオ(Rama Rau)は能力を持っていたが、ラージャゴパルが彼らを追い払ったことを、言った。」

スコット－ふむ、ふむ。

メアリー－「インドでは露わにしよう。ラーダー〔・バーニアー〕は何かを持っているかもしれない。神智学か？(疑問符)」、「彼女はそれを離れられない。それは彼女の仕事だ。これらわずかな人たちをどうすべきか。まるで私が明日、死のうとしているように、あらゆるものを築きなさい。ブロックウッドでは、ディヴィッド・ボーム、ドロシーとあなただ。オーハイでは、リリフェルト夫妻、あなた、フリッツとまたディヴィッド・ボームだ。あなたとディヴィッド・ボームは、合衆国とイングランドの間のキング・ピンだ。どちらも好かれて信用されている。インドでは、ププルは終わってしまったのかもしれないし、それを抜け出してくるかもしれない。スナンダは、あなたと協力するだろう。それから彼は、私は彼がインドにいるとき、お互いへの完全な信頼のために〔来年〕3月に誰がオーハイ〔での会議〕に来るのかについて話をするよう、彼に思い起こさせなければならないと、言った。バラスンダラムについては疑わしい。このすべての要旨は、諸々の学校とセンターにおいて教えを根本的に、そして命ほどに保つことだ。もし学校が教えを命ほどに反映しないのなら、それらは切り離すほうがいい。彼は私に対して、〔ブロックウッドの校長〕ドロシーへ、彼女の防御性や、柔軟性の欠如について、話をしてほしいと思う。私は、彼女の性質とディヴィッドのそれらは互いに補完しあうことを、指摘した。一緒なら、それがブロックウッドで働くかもしれない。私は、彼は」－クリシュナジという意味です－「私にこだわっている、どうか私の頭をがんがん打ってください、と言った。「そうしよう。」と彼は言った。」(二人ともクスクス笑う)「彼は私に〔いっしょに〕インドに行ってほしくない。彼は、気候があまりに荒いと言った。私はこのすべてのために、健康なままでいなければならない、と。」

10月2日、「激しいにわか雨があった。クリシュナジは一日をベッドで休んで過ごした。私はデスクで過ごした。

私はディヴィッド・ボームの討論会に行った。夕方に、ディヴィッド・ボーム、スコット・フォーブス、ジョー・ゾルスキー(Joe Zorskie)とともに、私たちは、クリシュナジ・ボーム・シャインバーグ対談のヴィデオの書き写しを、編集した。私たちは、4番と5番を行った。私たちは、〔ボストンの公共放送局〕WGBHの放送のために、〔各々一時間収録の〕それらを四十五分に減らさなくてはいけない。私は結局、クリシュナジとともに〔アメリカのコメディタッチの刑事物、〕『スタースキーとハッチ(Starsky and Hutch)』を見に行くために、止めざるを得なかった。」(スコット、クスクス笑う)

スコット－そのとおりです。ジョー〔・ゾルスキー〕がそれに関与していました。

メアリー－ええ、憶えています。

スコット－私はそれを忘れていました。

メアリー－私たちは、応接間に入って、それについて協議しました。

スコット－そのとおり。

メアリー－それは憶えています。

スコット－ええ。今、ジョーを思い出しました。で、私たちは応接間で、それらを紙面で編集しましたか。

メアリー－そう思います。ええ、ええ。紙面でだったにちがいない。

10月3日、「クリシュナジは、学校と訪問客たちに対して、たいへん感動的に話をした － 愛と苦しみについて、だ。新たに垣間見た。一日中、雨が降った。私たちは雨にもかかわらず、ロッジ〔守衛所〕に歩いて行って戻った。昼食の後、タパスは去った。ディヴィッド、スコット、ジョーと私は、ヴィデオ4と5の書き写しを編集するのを、終了した。クリシュナジは午後4時に、ジョーとキャロルに会った。雨にもかかわらず、彼、ドロシーと私は、犬たちとともにロッジに歩いて行き、戻った。夕方に私はクリシュナジに対して、なぜ「私の死の後」について彼の話すべてなのかを訊ね、そして彼に対して、最近彼が自分はもう十年から十五年生きるだろうと言ったことを、思い起こさせた。彼は、「それは今でもそのとおりです。」と言った。「幸いにも私の頭脳は、相変わらず生きているし、私が死ぬまでそうだろう。」と。」

スコット－ふむ。

メアリー－そして、そうでした。

スコット－ほんとにそうでした。

メアリー－私の弟〔バド〕が電話を掛けてきました。

10月4日、「私は一日中、デスクで仕事をした － 午後の学校の会合は除外して、だ。クリシュナジは、ゴールドシュミット夫妻(Mr.and Mrs.Goldschmidt)に話をした － 彼らは、イスラエルのクリシュナムルティ・グループに入っている。後で彼は、学校を始めたいと思うフランス人グループに、話をした。私は〔友人の〕フィル・フライ(Phil Fry)とフレール〔・カウルズ〕(Fleur)に話をした。」

翌日、「クリシュナジは一人で、学生たちに講話をした。私は車で〔イングランド南部、ハンプシャーの州都、西方向の〕ウィンチェスターに行ったが、〔ウィルトシャーの州都、〕ソールズベリー(Salisbury)に行かなければならない。寒く雨の一日。そこで、類別されたお使いをし、午後6時までに戻った。クリシュナジは散歩しなかった。あまりに濡れていた。」彼が散歩に行かないとは、相当、濡れている

にちがいない、って加えましょう！

スコット－ええ。（クスクス笑う）気持ちを込めて言いました。

メアリー－ええ、ええ。同じ記憶と経験をもって、です。

10月6日、「グレイのメルセデスにイギリスの登記を得るために、私は早く発ち、〔西方向の〕ソールズベリーに運転して行った。ほんの三十五マイル〔、約56キロメートル〕離れただけで、田舎をさらに垣間見られる快いドライヴだ。〔13世紀に建てられた〕大聖堂の〔イギリス最長の〕尖塔に導かれて、私はその都市に来た － すてきですっきりした塔だ。事務所は見つかり、形式的手続きは完了した。何か継続的な奇妙な理由のために、WHO 354 Rがナンバーだ。私は、それが落着し、イギリスのものになったことに、安堵した。緑の芝生から聳え立つ大聖堂（カテドラル）を見るために、徒歩で歩いて行った － 灰色の石、堅牢で、舞い上がる。クロイスターは、クリシュナジを喜ばしただろう。私は気持ちよく歩き回った － 自分が好きで、これらの年ずっと時折、そうしてきた単独の形で、だ。自分の調子で探検し、見た。私は、昼食の終わりに間に合うよう、〔ハンプシャー州の〕ロムジー（Romsey）経由で戻ってきた。私は後で、クリシュナジ、ドロシー、犬たちとともに、長い散歩をした。」

メアリー－7日、「私は、午前9時15分のロンドン行き列車に、乗った。それから、クリシュナジのイタリア・ヴィザのために、イートン・プレイス（Eaton Place）に。それから、モルガン銀行に。そして、〔元家政婦〕フィロメナ、カテリーナ（Caterina）への」－それはフィロメナの妹です－「カーディガンのために、〔小売店の〕マークス・アンド・スペンサーに歩いて行った。それから、私はクリシュナジに会いに行った。彼は10時45分の便に乗って、メアリー・リンクスの家に来た。彼女は、〔いつも行く店、〕フォートヌムのメニューを持っていた － チーズ・フランとホウレンソウだ。クリシュナジは彼女の料理について〔話を〕続けて、ついに彼女は、フランはマークス・アンド・スペンサーからで、ホウレンソウは冷凍だということを、白状した。」（二人ともクスクス笑う）「彼の精神は、私たちが議論している話題に、かろうじて加わっていた － クリシュナジ・ボームの対話の少しは、おもにサーネンとブロックウッドの講話からなる書物に、入れるべきなのか。ディグビー夫妻は、対話すべてを今、印刷することへの妥協として、それを提案していた － それは紙面では、ディヴィッド・ボームがクリシュナジへ教えを解釈しているとの間違った効果を与えると、幾人かは、特にメアリーは感じる。後で〔メアリーの夫〕ジョーが入ってきて、車でクリシュナジを歯医者に送り、私を〔ウィグモア・ストリートにある薬局〕ジョン・ベル・アンド・クロイデンで降ろしてくれた － クリシュナジのための雑多な買い物のため、だ。私は歯医者でクリシュナジに会った － そこで彼は、歯医者のトンプソン氏に、きらりと輝く新しい予備のブリッジ〔人工歯〕を、入れてもらった。私たちは、〔ターミナルの〕ウォータールー〔駅〕ヘタクシーを捕まえ、それから午後2時50分のピータースフィールド行きの列車に乗った。クリシュナジは列車でまどろんだ。そして、自らが叫びと呼ぶものにより、自分を目覚ましつづけた。」彼がよくそうしたのを、憶えていますか。

メアリー－ふむ、ふむ。憶えています。

メアリー－うーん。

スコット－たぶんあなたは、それを少し叙述すべきでしょうね。私たちは前にそれを叙述したと思います。でも、知らない人たちのために、少し叙述すべきだと思います。

メアリー－ええ。彼は、走らせている車で時に、或る種、まどろんでしまいました。彼は、はっとして気がついたものです － 物理的に、はっとします。そこで彼は、身を起こしたし、自らが叫びと呼ぶ音を立てたものです。でも、それは声を上げる叫びではなかった。

スコット－ええ。むしろ「あっ」のようでした。

メアリー－ええ、ええ。そのとおり。あなたは模倣しましたね。

スコット－ええ。

メアリー－良いわ。（二人ともクスクス笑う）言葉より良い。ともあれ、私は言っていました －「彼は、自らが叫びと呼ぶものにより、自分を目覚ましつづけた － むしろ、突然はっとして声を出す。「私はなぜそうなるのか、知らない。私はそれを解き明かそうとしてきたが、まったくできなかった。」彼が軽い眠りに入って、まどろんでいるとき、それは起こる。そこには何も夢はない。彼は長年、そうなってきた。私は列車でヴィデオ〔の原稿〕編集に取り組んだ。疲れて戻った。私たちは、〔テレビで〕『刑事コジャック』を見た。今、私は眠りに就かなければならない。」

10月8日、「私は〔東方向の〕ピータースフィールド〔駅〕から、メアリー・カドガンを連れてきた。クリシュナジは学校に対して話した。昼食の後、彼はメアリー・カドガン、ドロシー〔・シモンズ〕、私とともに話をした － ディヴィッド・ボームについて、そして、クリシュナジが去ったとき、「〔権威の象徴としての〕マントを身に纏う」という危険について、だ。私たちはみな、ディヴィッド・ボームはその意図がなく、良い人であり、クリシュナジと教えに対して献身的であるが、彼の弱さは、賞讃が好きなことと、より支配的な人物に押されてしまう可能性があることだと、感じた。誰かに権威を纏うことなく話をしてもらい、ことに入ってもらうことの困難が、ある。クリシュナジは、ドロシーが新しい考えを持たないで、「防衛すること」を、気に掛けている。彼は再び私に対して、私はことがどのようにできるのかの代わりに、先に困難が見えるということを、言った。」

スコット－あなたは、先に難題が見えるということ？

メアリー－ええ。私が、「でも、クリシュナジ、私たちがそうするなら、これが起こるでしょう。」と言ったなら、彼は困っていました。

スコット－ああ、分かります。そのとおり。

メアリー－彼が何かについて先へ飛び込むであろう困難が、

イギリスでのメルセデス。クリシュナジは、
ロンドンに行くため、鉄道の駅に行こうとしている。

私は前もって見えたものです。
スコット — そのとおり。それは分かりました。
メアリー — 彼はそれが気にかかりました。私は、何かをしないための理由を、いつも探すべきではない。彼は正しかったわ。

「彼は、ブロックウッド、オーハイとインドをまとめて、そこから良い教師たちを得たいと思う。後で私たちはテレビで、『ビクトリア時代のスキャンダル（Victorian Scandals）』といわれるシリーズを、見た － 今回は、産児制限に関する小冊子を出版したことに対するアニー・ベサントと〔政治活動家〕チャールズ・ブラッドロー（Charles Bradlaugh）の裁判について、だ。」私はそれを憶えています。ブラッドローは、アニー・ベサントが神智学に入る前、彼女の初期の同僚でした。
スコット — ふむ、ふむ。
メアリー — 「クリシュナジは、「アンマはあのように見えなかった。」と、」 －（スコット、クスクス笑う）－「そして、バーナード・ショー（Bernard Shaw）についても同じことを、言った。「彼女は、私に対してけっしてブラッドローについて話をしなかった。彼女はたくさんのことについて話したが、彼についてはそうでなかった。」彼女は、「〔後に神智学協会の会長になった〕ジナラージャダーサ（Jinarajadasa）は・・・」」（笑いはじめる）何が来ようとしているのか、私は知っています。（さらに幾らか笑う）彼はアニー・ベサントを引用しています － 「彼女は、「ジナラージャダーサは、TS〔神智学協会〕の長になるべきではない。彼は裸のご婦人たちを見たいと思っていたから。」と言った。「ああ、アンマ。」と彼は言った。」（二人とも笑う）

10月9日、「クリシュナジは、〔K財団の〕「会報（the Bulletins）」のために6月に書いた自らの声明を、見直した － 自らの直接的な監督下の諸学校だけに、自分は責任を持つことについて、だ。ゆえに、それら〔の学校〕だけがクリシュナジの名を使うべきだ、と。それは次号に印刷されるだろう。それから彼は、しばらくの間、ナラヤンに会った。私は〔南東方向の〕ウェスト・メオンに行った。そこでは、イギリスの〔番号〕プレートがメルセデスに付けられ、連合王国への輸入を完了した。ついに落着。それから私は、洗ったベッド掛けとモクレン色のマグノリアのペンキを取りに、〔東方向の〕ピータースフィールドに行った － おそらく〔パイン・〕コテッジのために、見本としてカリフォルニアに送るためだ。」モクレンは、ブロックウッドの内部のほとんどが塗られている色です － それを知らない人たちのためには、です。「クリシュナジの昼食のトレイを整えるのに間に合うよう、戻った。彼は一日をベッドで過ごしたからだ。彼はナラヤンに喜んだ。彼はうまくできると感じる。彼は、グラハム〔・グレイヴス〕（Graham）という名の男について、彼とともに議論した － その人は先の日曜日、タパスがここに迎えていた。マドラスの前イギリス領事で、インド人と結婚していて、インドで生活したいと思っている。バラスンダラムがさらに衰退するなら、教科主任としてリシ・ヴァレーに行く能力がある。校長になるかもしれない。クリシュナジはナラヤンに対して、もしカナダ〔、ヴァンクーヴァーの学校〕がうまくゆかないなら、インドに行くだろうかと訊ねた。ナラヤンは、「もちろんです。」と言い、クリシュナジはそれが気に入った。彼は柔軟だ。クリシュナジは目下、〔校長〕ドロシー〔・シモンズ〕のこの欠如に大いに困っている。彼は私に対して、「私たちはどうするんだろうか。」と繰り返しつづけた。「彼女は前に進もうとしていない。」と。」
スコット — ふむ、ふむ。
メアリー — 「「彼女に何かが起きるなら、どうしようか。ブロックウッドはバラバラになってしまうだろう。」彼は、他に誰一人いないことに、当惑している。彼女は、補佐を誰も見つけていない。これはドロシーのしわざには見えない － バラスンダラムについてはそうだ。見たところ彼は〔独断的で〕、有能な人たちを退散させている。クリシュナジは私に、ドロシーへ話をしてほしいと思う － 彼〔自身〕がそうするとき、彼女はうろたえてしまうからだ。私はそう言った。「私もまた防御します。」と。」

「〔生化学でのノーベル賞受賞者〕モーリス・ウィルキンス教授（Professor Maurice Wilkins）が週末のため、到着した。西ウィングの客室にいる。私は午後に、ディヴィッド・ボームの会合に行った。学生は六人だけいた。彼の聴衆はほとんど、職員と訪問客だった。それは、深みを知的に耕すものだったが、かなり堂々巡りだと私は感じた。夕食の後、デイヴ〔・ボーム〕、スコット、ジョー〔・ゾルスキ〕と私は、〔クリシュナジ・ボーム・シャインバーグの〕ヴィデオ〔対話〕の6番と7番の編集に取り組んだ。仕上がった。デイヴは買い手側に、要約の序論を提供した。」
スコット — あれは憶えています。
メアリー — あれを憶えていますか。
スコット — 私たちはここで一言、言うべきだと思います・・・
メアリー — ええ、何ですか。
スコット — ・・・クリシュナジは、自らが始めて責任を持っている学校だけが、自らの名前を使えることを、明らかにしたがっていることについて、です。
メアリー — それは正確ね。
スコット — なぜなら、さもないと、私たちが何もそれ以上言わないと、少し聞こえるのは・・・
メアリー — いえ、彼が感じたのは、・・・私は今、記憶から話をしています。いつ彼がそう言ったのかは、言えないでしょうが、彼はしばしばそう言いました。
スコット — そのとおり。まあ、私がここに記憶のために付け加えたいことは、あなたが以前の議論で、またはおそらく前の二つの議論で触れたように、学校を始めることに関心を持つフランスからの集団があった、ということです。以前には、すごく関心を持ったドイツからの集団が、ありました － こうしようとして、やって来て、長い時間を過ごした人たちです。で、世界中に異なった集団がありました。例えば南アメリカには、クリシュナムルティの学校を始めたいと思う人たちが、幾つもありました。
メアリー — 彼はそれらのどれも望みませんでした。
スコット — まあ、彼らに自分の名前を使ってほしくなかったんだね。
メアリー — 名前を、ね。そのとおりです。
スコット — 〔他方、〕彼は、人々が、本当に良い、智恵ある敏感な学校を始めることを、とても喜んでいました。
メアリー — ええ。そして、彼が教育において話したことを行うことを、ね。
スコット — そのとおり。でも、彼はただ、自分の名前を使ってほしくなかった。なぜなら、自分はそれらに責任を持っていないから。

メアリー　正確だわ。
スコット　で、私はただそれを付け加えています。なぜなら、さもないと、彼は学校を始めることに反対だったように聞こえるからです。
メアリー　或る面で彼は、インドで起きるのを自ら見たことに、用心していたと、思います‥‥
スコット　ええ。
メアリー　‥‥そこでは、表向きはそれらはクリシュナムルティ学校でした。
スコット　ええ。そして、開校するには、彼の名でたくさんのお金が注がれました。そして、それからそれら学校は、ただ続いて、彼の教えと何の関わりをも持っていません。
メアリー　ええ。でも、教師たちは本当に、教えに関心を持っていません。
スコット　ええ、そのとおり。
メアリー　で、翌日は10日です。「クリシュナジは学校に対して話をした － ほとんどが、愛は何なのか（すなわち、自己が無いところ）、そして美しさ － すなわち、思考が無いときあるもの － について、だ。学生たちは、後者のほうが容易に分かるように見える。クリシュナジにとっては、疲れる会合だった。彼は、彼らの理解に届くように、多くのエネルギーを注がなくてはいけなかったからだ。それから昼食では、多くの話があった。マダム・マロジャーという人（a Madame Maroger）が、‥‥」ああ、それは母親です。
スコット　ええ、ジーン・ミシェル（Jean-Michel）の母親です。
メアリー　「マダム・マロジャーが、彼のとなりに座った － 息子と孫娘アリアン（Arian）を連れた、すてきで見目の際だったフランス人女性だ － 孫娘は、〔ブロックウッドの〕学生になるかもしれない。マダム・マロジャーは長らく、クリシュナジに関心を持ってきた。彼女のグループはとても若くて、彼女の孫たちと、会合を行う二、三の他の人たちから構成されている。それで、彼女は、幼い子どもへの教え方に、関心を持っていた。彼女とその息子は、流暢な英語を話した。息子は、私に一つカセット〔・テープ〕をくれた － クリシュナジの各文に続いて息子のフランス語への通訳を付けて、サーネン講話の一つが入っているものだ。フランス人たちは、それがとても役立つと感じて、それらを作る許可を得たいと思う。」私は、それはすばらしいと思いました。それが、私たちがオーディオ通訳を始めたときです。ご存じのように、ジーン・ミシェルはそれをとてもうまく扱いました。
スコット　ええ、ええ、そうでした。
メアリー　彼は、非英語圏の人物が話せるものとしては、良い英語を話しましたし、見事にやりました。「フリッツ・ウィルヘルムが昨夜、到着した。彼とマルグレーテは結婚した。フリッツが〔クリシュナジに付いて〕インド巡行に行く間、彼女はデンマークに留まる。それから、彼らは二人ともオーハイに行くだろう。スコットと私は、クリシュナジの入国書類を調べた － 彼は、1月に合衆国大使館へクリシュナジに同行するだろうからだ。クリシュナジとドロシー〔・シモンズ〕と散歩。クリシュナジは、自分と〔校長の〕彼女がそこにいなかったなら、誰がブロックウッドを動かすのだろうかについて、ドロシーに当たった。ドロシーは、集団を考える。そして、彼女は3月に、クリシュナジが仕事の未来について開きたいと思うオーハイでの会合に自らが来るとき、それを試すだろう。彼女は、集団はジョー・ゾルスキ、スコット、スティーヴン・スミス（Steven Smith）、シャクンタラと〔会計担当の〕イングリット〔・ポーター〕であるべきことを、提案した。クリシュナジはすごく執拗だった。そして、彼女に対して、十分な休みを取らないことについて、長々と論難した。ブロックウッド・パークの誰もがみな、働きすぎていて、あまりに長い時間を掛けている。後で彼は、同じことで私を攻撃した。」（二人ともクスクス笑う）「彼は、自分自身が疲れているとき、そして圧迫が回避不可能であるとき、今のように、私たちが発とうとしていて、果てしなく為すべきことがあるとき、これを取り上げるように見える。彼は私について辛抱できなかった。「あなたはいつも同じことを言う。私はあなたから離れていなければならない。」と。まるで私の疲労が自分に影響するかのように。私はそれを自分自身に留めているが、それは影響すると私は思う。ドロシーと私のどちらに対しても彼の異議は、彼が教えていることに時間を注ぐことができない、というものだ。日々の仕事の必要なことに、あまりに多くのエネルギーが注入されている。これはそのとおりだが、それをどのように可能にすべきなのか。」
スコット　ええ。
メアリー　「私は、ヴァンダと、またパリのナディア・コシアコフにも電話をした － 後者ははるかに良くなっている。」
　翌日は11日です。「私たちはロンドンに行った。銀行へ、それからハンツマンに。そこでクリシュナジは、格好いいツィードのズボンの仮縫いをした。リントット氏（Mr. Lintott）は、」－ それはハンツマンを切り盛りした裁縫師です －「私に、私のブラウンのツィードのコートを写すための服地見本（パタン）を、見せてくれた。四ヤード〔、3.66メートルほど〕が必要だ。それから私たちは、フォートヌムに行った。そこでメアリー〔・リンクス〕が、私たちとともに昼食をした。クリシュナジは熱心に、諸々の学校とセンターで教えが生きているよう、誰が見計らうべきなのかについて、メアリーと話をした － 私、スナンダ、おそらくエルナ〔・リリフェルト〕。メアリーは、二人より三人のほうが良い数字であるし、クリシュナジはそれを法律上のこととしてではなく要請と指示のままにしておくべきだと、感じた － その形でできるだけだからだ。私たちはメアリーにさようならを言った。クリシュナジは、〔歯科医〕トンプソン氏に新しいブリッジ〔人工歯〕を調整してもらった。私たちは運が良くて、〔ターミナルの〕ウォータールー〔駅〕へすばやいタクシーを拾った。私たちは、列車の親しみ深い、その頃〔、1993年のイギリス国鉄民営化前で〕かなり汚い仕切り客室に、寛いで入った。このような日、クリシュナジとのロンドンへの大いに親しみ深い旅行は、そこに好ましさが加わっている。なぜなら、とても親しみ深いからだ。彼は帰りの列車でまどろみ、二回「叫んだ」が、仕切り客室にはもう一人、他の乗客がいたので、小さな喘ぎ（あえ）だけだった。」その頃、私たちは一等〔客車〕で行きました。
スコット　ええ。
メアリー　それから後で彼は、あまりに高価すぎると判断しました。私たちは一等〔客車〕をあきらめました。（スコット、クスクス笑う）「私も眠気を感じた。そして、クリシュナジを真向かいに見る暖かい幸せのなか、静かだった － 彼の寝顔の美しさ、優美さ、両手の品の良さ。これら静かな瞬間は、風なきところの暖かい日射しのように、無限

513

に貴重だ。」そうね、風の吹かないところにいるときね。
スコット—ええ。
メアリー—「晩にテレビではニュースで、〔ローマの〕バルナーバ・オリアーニ通り（via Barnaba Oriani）を、見た－ そこでは、三人のパレスチナの「黒い火曜日」のテロリストたちが、シリア大使館に押し入った。そこは、ヴァンダのアパートメントの階下だ。彼らは大使を探していたが、彼はそこにいなくて、彼らは逮捕された。」
スコット—何？
メアリー—本当です。
スコット—ヴァンダは、シリア大使館の上にフラットを持っていた？
メアリー—ええ。そこは、各階にフラットのある建物でした。それらの一つがシリア大使館でした。大使館の上のところが、ヴァンダのでした。私たちはそこに行こうとしていました。（スコット、笑う。メアリー、クスクス笑う）

10月12日、「私はほとんどデスクで仕事をし、荷造りを始めた。クリシュナジは学生たちに話をした。その間、残りの私たちは職員の会合に行った。クリシュナジ、ドロシー、フリッツと私は、犬たちと歩いた。ヴァンダがフローレンス〔フィレンツェの自宅〕から、シリア大使館事件について電話してきた。彼女は明日ローマに行こうとしているが、クリシュナジが金曜日にそこに来るべきかどうか、確信していない。」

翌日、「私はお使いで〔西方向の〕ウィンチェスターに行った。それから戻り、デスクの仕事をした。クリシュナジ、ドロシー、フリッツと私は散歩した。晩に私は、ローマのヴァンダに電話した。彼女のところは〔今、〕軍の陣地だ。彼女は、自分のフラットに入るために、パスポートを見せなくてはならなかった。彼女は、クリシュナジがそこに来るべきかどうか、確信していない。彼は彼女に話をした。そして、金曜日に〔ローマに〕行くのを、一週間、延期することが決定された。そのとき、まだだいじょうぶでないなら、クリシュナジはロンドンからデリーに直行するだろう。私たちは明日、予約を変更するだろう。私は、そんなにすぐに発たなくていいことに、大きな安堵を覚えた。一週間は賜物だ。私は、実感したのより疲れている。クリシュナジもそうだ。」

これは10月14日です。「クリシュナジは、学校に対して講話をし、それから発つまで休むことを、決定した。私は、金曜日から一週間、22日に、私たちの予約を変更した。私は二人のローマへの予約をした － クリシュナジは、仮にそもそもそこに行かないのなら、彼には代替予約をともなう。彼は、新しい日本航空の便に乗るが、それにはローマで搭乗するはずだ。だが、代わりにそれは、始発となるロンドンで、始めることもできる。」それで分かりますか。
スコット—ええ。彼が予約した便は、ロンドン、ローマ、デリーと行きます。
メアリー—ええ。で、彼は同じ便で行けましたが、25日にロンドンで始めます。

「学生たちが会合で訊ねた質問は、冥想についてだった。彼は、思考、おしゃべりな精神、静かな精神について、語った。そして、感覚すべてでもって見えることに、触れた － それは私に、それがどういう意味なのかを問う機会を、与えてくれた。記憶は関与していないのか。すなわち、私は、樹々の中の風が見え、それが聞こえ、おそらくそれを嗅ぐ。だが、吹き抜ける風、寒さ等の触感は、部分的にその感じを知ることだ。私は風の中に出ていないから。クリシュナジは、感覚すべてでもって見ることは、見て反応する中心、自己なしに見ることを含意していると、答えた。」良い会合でした。

「一日中、強風と豪雨があった。私たちは内に留まった。私は少し休んだ。発つことの緊迫は去っている。ああ、快い時間の空きだ。私は遅れについて、〔ローマの元家政婦〕フィロメナに電話したが、ヴァンダにはつながらなかった。私は、〔インドの〕ププル〔・ジャヤカール〕に、クリシュナジの休みの必要性について手紙を書き、彼が話をしながら生活しなければならないさまを叙述した － 例えば、一人での食事、一週間にベッドでの一日等。晩に私たちは〔テレビで〕、『刑事コジャック』を、それから、〔保守党系の〕ヘイルシャム卿（Lord Hailsham）のイギリス政府に関する演説を、見た。」

10月15日、「クリシュナジは一日を、ベッドで休んで過ごした。私はヴァンダに話をしたが、彼女は、自分の建物でことは前より静かになっていると、言った。私は彼女に対して、私たちは今日から一週間で到着するだろう、と語った。私はデスクで平和に働いた。ドロシーと私は犬を散歩させた。」

翌日、「クリシュナジは再び、ベッドで休んで一日を過ごした。すてきな晴れた朝。彼は私に、外に出るよう促した。それで、私はカメラを持ち、写真を撮りつつ、歩き回った。私は、今年ここで私たちの時間すべてに、こうしたいと思った。午後にディヴィッド・ボームの討論会に行った。「あなたは世界だ」が何を含意しているかについて、堂々巡り。クリシュナジと私はテレビで、〔イギリスBBC制作のコメディ、〕『トゥー・ルーニーズ（The Two Ronnies）』を見た － クリシュナジはそれをおかしいと思う。そして、彼は甲高い子どもの笑い声で笑う。」そうね、彼はそうでしたよ。何かがおかしいと思うと、彼の笑いは上がったものです。
スコット—知っています。知っています。ええ。
メアリー—それから私たちは、〔アメリカのコメディタッチの刑事物、〕『スタースキーとハッチ（Starsky and Hutch）』を見た。かなりつまらなかったが、もった。」

編集者の憶え書
続くものは、その日、先に起きた（ほぼ確実に夕方の）議論についてのメアリーの記憶である。段落と句読点は、彼女が記したとおりにしてある。それらを変えると、意味が変わってしまうかもしれないし、議論の〔録音〕テープを聞かずには、それは間違っていると思えるからだ。不運にも、この議論の録音は存在していない。続くものは、これまでメアリーの日記に現れた議論の最も広汎な記述であるということを、記しておく価値があると思われる。

10月17日、「ナラヤン、フリッツ・ウィルヘルムとディヴィッド・ボームが、議論を行うことを計画していた。クリシュナジは、自分は「オブザーバー」として加わろうと、言った。ドロシーと私もまた出席していた。もちろんいちどそこに来ると、クリシュナジは参加した。」（スコット、笑う。メアリー、クスクス笑う）「彼らは、子どもの学び方、運動学習、行動学習を検討しはじめた。それから、触れる

こと等を。ちょっと後でクリシュナジは、それを先へ飛び越え、洞察へ進んだ。」(スコット、クスクス笑う)「彼は、私たちの意識はそれ自体に気づきうるのかどうかを、訊ねた。彼は、洞察は基づいて行動しないのなら、死んでしまうことを、言った。彼は、そこに歪曲がない観察について、語った － 歪曲は「私」だ。彼は、洞察の前に行動は無いと、言った。行動があるなら、それは学びの行動だ。デイヴは、人間たちは行動学習をとおして自分たちの生を取り扱う。ゆえに、洞察は違っているにちがいない、と言った。ボームは言った －「あなたは、」」－ クリシュナジという意味です －「「洞察は行動の前に来る、何かが行動を越えていく、と言われます。それは何ですか。知覚ですか。」と。クリシュナジは、断片的な知覚があると言った。「洞察は、全包括的な行動を含意しています － それは私の日常生活に影響します。私が生き、感じ、愛するさまに。」と。デイヴは、そのとき運動学習は制限された知覚であり、洞察はそれが全的であるときにあると、言った。クリシュナジは、自分が昨日、〔ラッチェンスによる〕自らの伝記を拾い上げ、「星の教団」の解散について読んだと、言った。「そして私は、〔若き日の〕彼はどのようにそれをしたのかと、言いました。彼はものすごい洞察を持っていました － それをしました。」と。クリシュナジはさらに進めて、洞察は学びから出てこないことを、言った。デイヴは、クリシュナジが観察と学びを強調することを、指摘した。それは必要でないのか。」

クリシュナジは、それは精神を自由にするのを助ける、と言った。ナラヤンは、クリシュナジがかつて、聞くことの芸術、見ることの芸術、学ぶことの芸術について、語ったことを、言った － 三つの芸術だ。それらは洞察に先行するのか。クリシュナジは答えた －「それらが扉を開く。だが、それは、洞察があるだろうという意味ではない。彼はこれらをしなかった。〔若き日の〕彼はただ単に、「これは不条理だ。」と言っただけです。」と。…「論点は、私たちがどのように様式から抜け出すのかということです。見ること、聞くこと、学ぶことは、様式の中にある。」…「慈悲なしで、洞察を持ちうるでしょうか。だが、彼は(子どもの頃)、その言葉の意味を知らなかった。」…「外に出ていくことと、内に入っていくことが、ある。私たちのほとんどは、外に出ていっている。直線的だ。それは、彼がその時に全く内に入っていったことを、意味している。彼は外向的な人ではなかった。洞察があったのです。それが私が目指したいものです。私は、自分が彼を研究できたらなあと思います。」と。」彼自身を、という意味です。

スコット ― クリシュナジは今、子どもの頃の〔空虚だった〕彼自身を研究できたらなあ、と思うわけです。

メアリー ― そのとおりです。「「意識はそれ自体に気づけるのか。そこに意識がそれ自体が見える鏡が、あるのか － 三つの芸術だ。」ディヴィッドは、「それは何を学びますか。」訊ねた。クリシュナジは、「その内容を、です。それはできると私は思います。ええ、それはできると私は言います。」と答えた。…「意識は、聞き入る外部者なしに、それ自体を聞けるのか。」…「あなたは外部から身体が見えたことがありますか。」と。」

「意識は、それ自体を聞けるのか。何が起こるのか。何も起こらない。空っぽの空間がある。絶対的に何もない。観察者はなく、ただそれだけだ。」と。

「「洞察は何なのか。記憶なら、それは洞察につながらないだろう。全的に異なっているなら、何がそれをもたらすだろうか。思考はもたらさないだろう。一定の基礎がなければならない。基礎は無自己だ。洞察は自己の欠如にある。意識がそれ自体に気づいていて、何もないとき、そのとき洞察がある。その何でもないことが、洞察だ。洞察は空っぽなことと無自己だ。」と。」

「意識はそれ自体に気づく。そして、何もない。どんな内容もない。」…「私はどのようにこれを伝達すべきなのか。教育は、人間存在の花開くことでないのなら、何の意味もない。」と。」

「愛、慈悲なしに、良好な精神はない。洞察、観察なしに、良好な精神はない。」と。」

「終わりに彼は言った －「今朝、私は〔オーストラリア出身のオペラ歌手、ジョーン・〕サザランド(Southerland)が〔イタリアのベルカント・オペラ作曲家の〕ベッリーニ〔の曲〕を歌っているのを〔LPレコードで〕かけた間、私が青年期に見失った大きな喜びが閃いた。私は、「いったいそこに何を探しているんだろう。それはここにある。」と言いました。それは洞察でした。」と。」彼は自分自身をたしなめました。

スコット ― 彼は自分自身をたしなめた？ － それを青年期に見失ったことで。なぜなら、喜びが今、ここにあるから？

メアリー ― ええ。

スコット ― そのとおり。そして、それが洞察である、と。ええ。

18日には、「私は少し風邪を引いているが、デスクで仕事をした。私はまた学校の会合にも行った。」というだけです。

翌日、「荷造りとデスク。クリシュナジ、ドロシー、フリッツとともに散歩した。」

ブロックウッドの
正面の車道を歩いていく。

10月20日、「私は一日中、荷造りをし、ファイルを区分けしたが、その後、クリシュナジ、ドロシー、私は犬たちと、野原、畑を越えて、長く歩き回る散歩をした。秋と、木の葉の臭いで濡れていた。澄んで濡れた秋の空気と、そのいにしえの郷愁。これは、私の脳裏に霧のようにうごめくようだ。私はこの田舎の感覚と季節を愛している。」

21日、「荷造り等。晩にクリシュナジと私は、〔テレビで〕『刑事コジャック』とニュースを見た。」

10月22日、「一通り、朝食までに私は荷造りを済ませ、準備ができた － あらゆるものが片づき、洗濯は済んだ。クリシュナジは少し遅れた。彼は時刻を見たとき、「ジーザス！」と言った。」(スコット、笑う。メアリー、クスク

ス笑う）「ドロシーの〔車、〕コルティナは深刻なエンジンの問題を抱えている。だから、彼女が運転してクリシュナジと私を送ってくれたのは、ドリス〔・プラット〕のミニだった。テッド〔・カーテー〕は自らのランド・ローヴァーで私たちのかばんを運んでくれた。私たちが午前9時45分に発ったとき、学校みんながいつものように、さようならを言うために、外に出ていた。クリシュナジと私は〔校長〕ドロシーに対して、彼女は新しいエンジンを入れるために、学校の資金をぜひ使わなくてはいけない。その車の仕事はほとんど全部、ブロックウッドのためなのだから、と語った。」

「〔ロンドン西部の〕ヒースロー〔空港〕では、〔イタリアの〕アリタリア〔航空〕の受け付けの女性が、私に対して、クリシュナジは『生きることについてのコメンタリー（the Commentaries on Living）』の著者なのかを、訊ねた。私は断固、はいを言った。彼女はまばゆかった。そして、いかなる理由にせよ、私たちの七つのかばんは、料金なしに通った。」（スコット、クスクス笑う）「それから、出入国審査では、白髪の検査官がクリシュナジを認識し、とても熱心に、「私の妻は、私があなたにお会いしたと聞いたら、わくわくするでしょう。」と言ったため、彼はクリシュナジのパスポートに判を押すのを忘れてしまった。」（メアリーとスコット、笑う）

「いちど出発ラウンジに入ると、ローマへの私たちの便は一時間半、遅延すると聞こえた。アリタリア〔航空〕はクーポン券をくれた。私はクリシュナジに、黒パンのチーズ・サンドウィッチ、フルーツ、トマトジュースとアイスクリームのそこそこのトレイを、買った。ヴァンダ、トパジア、そしてフランシス〔・マッキャン〕の友だち、カーミロ（Camillo）、」― 彼はフランシスのためにビジネスの用件をする人で、また友だちでもありました ― 「加えて他の二人が、私たちを迎えにローマ空港にいた。クリシュナジは群衆の中で、ハヤブサのように見えた ― よそよそしく、少し緊張し、とても美しかった。ローマは、交通〔渋滞〕とその排気ガスの中、息苦しかった。ブロックウッドの空気の後、息をすることがきれいでなかった。〔石油危機のため、〕ベンジナ〔イタリア語の「ガソリン」〕は今、ここでは1ガロン、2.20ドル掛かると言われている。だが、交通が減ることはない。〔ヴァンダの家政婦〕フォスカが、バルナーバ・オリアーニ通り91の、ヴァンダのところにいた。」― そこは、ヴァンダが自分のアパートメントを持っていたところで、〔直前にパレスチナの〕テロリストたちが〔階下の〕シリア大使館を襲撃したところです ― 「そして、ほんの二人の退屈した警察官が、外側にいた。十二日前のテロリスト襲撃は、実質的に忘れられたと見える。私は〔元家政婦〕フィロメナに電話をし、彼女の金銭収入を調べる手はずをした ―〔私の弟〕バドと私がその〔年金信託の〕管財人だ。」

10月23日、「フィロメナが朝に来て、なつかしい本人に会った ― 元気で、彼女の七十九歳より少なくとも十五歳若い。私は、〔マリブの隣人、〕ダン夫妻の手紙と写真を、彼女にあげた。彼女は笑って、それらにキスした。」彼女はダンさんたちが大好きでした。彼らも彼女が大好きでした。

スコット ― ふむ、すきだなぁ。

メアリー ― 彼女はすてきな女性でした。

スコット ― ええ。

メアリー ― 「私たちは、彼女の金銭収入すべてを調べて、〔家族の顧問弁護士〕ミッチェル・ブース（Mitchell Booth）の手助けで昨年、設けた管財職の詳細を、説明した。私は昼食時まで彼女に話をした ― それから彼女と私は、食卓のクリシュナジ、ヴァンダ、トパジアとエミーリオ・ヴィラ家（the Emilio Villas）に、加わった。ヴィラは、人としてのイエスがかつて存在したという証拠はないと言うことにより、クリシュナジを喜ばせた人だ。」（スコット、クスクス笑う）クリシュナジはしばしば、それについて話をしました。

スコット ― ええ、ええ、しました。

メアリー ― 「クリシュナジは、彼に英語で話をし、ヴァンダが通訳した。頭を剃ったテリー・サウンダース（Terry Saunders）が、昼食の後に来た。」私は、それが誰なのかを、思い出せません。「クリシュナジは、サンスクリットと詠唱について話をし、床に座って、二、三、詠唱を行った ― 彼の長い指は、床に直角に曲がっていたり、いつもの優美さをもって真下に伸びていたりする。彼の指はけっして曲がらず、けっして掴まなかった。後でテリーは私に話したいと頼んだ。そして、自分はブロックウッドでいかにひどく振る舞ったかと言い、陳謝した。彼は、自らが日本で禅の道場で過ごした四カ月と、自らのそれに関する全くの幻滅について、語った。それは、彼から傲慢さの幾らかを、振り落としたように見える。誰もがみな立ち去った。私はちょっと昼寝をしたが、ついにクリシュナジが散歩の準備ができて、入ってきた。私たちはヴァンダとともに、〔イギリス式の〕ボルゲーゼ公園（the Borghese Gardens）の端まで、運転した。そこで私たちは車を離れて、庭園を横切り、スペイン広場（Piazza di Spagna）まで歩いた。そこで私たちはタクシーを捕まえて戻った。クリシュナジは、道のり全体を歩いて戻る用意ができていた。彼は、ここにいることに感激していた。だが、それでは彼は疲れただろう。」すてきでした。

スコット ― ふむ、ふむ。ええ。

メアリー ― 彼はイタリアにいるのが好きでした。

スコット ― ええ。

メアリー ― 10月24日、「フィロメナとその息子マリオが来た。私は彼らとともに、彼らの家に戻った。そこで私は全家族に会った。マリオが運転して、私たちを昼食のためヴァンダのところに送ってくれた。私たち四人は、上機嫌な昼食をとった。クリシュナジはヴァンダをからかった ― 彼女は、1969年からの多くの招待の後、ついに自分は来年、ブロックウッドに来るだろう、なぜなら、パオラとジョン〔・コーエン〕（ヴァンダの娘と婿）が〔イギリスの〕ケンブリッジにいるだろうから ― そこでジョンは一年間〔経済学を〕教えるだろう ― と、言ったのだった。」彼女はブロックウッドに来ようとしませんでした。でも、娘がイングランドにいるだろうから、今、彼女は来ようとしていました。（クスクス笑う）

スコット ― 彼女の訪問は憶えています。

メアリー ― 「私は昼食の後、一休みした。それからクリシュナジと私は〔ローマ北部、〕ヴィラ・グロリ（Villa Glori）を二回、回る散歩に行った。」あれは、ヴァンダが生活している〔バルナバ・オリアーニ通りの〕ところから本当に通りの真向かいにある、すてきな公園でした。「散歩で私は彼に語りかけた ― まるで洞察、革命があり、概念から離れるし、自由があるかのように見えることについて、だ。そ

れからこれは強ばって、新しい様式になる。それが教義になり、ゆえに力になる。」私が考えていたことは、こうでした－例えば、教師が、クリシュナジやブッダや誰であれ、来て、何か新たなことが見られます。

スコット－ええ。

メアリー－そのとき、従う者たちにより、後で起こること－それが教義になる。

スコット－ええ、ええ。

メアリー－そして強ばり、その意味を失い、力になる。

スコット－ええ。

メアリー－「これは社会、宗教等において起こる。毛〔沢東〕は、五年ごととかの永続革命を提唱した。これは暴力、権力と闘争になった－彼の人民は他の人民を攻撃した。宗教では、それはクリシュナジが言ってきたことへの危難なので、明白だ。彼は即時にそれを拾い上げた。「自由は動きだ。」と彼は言った。「私が去ってしまったとき、それはさらに、より深く行かなければならない。」と。」

「私は言った－「ブッダと彼との間には、二千四百年がありました。誰が今、彼より深く行くことになるのでしょうか。」と。「書きとめなさい。書きとめなさい。」と彼は言った。「私たちは、3月、会合があるとき、これについて話をしなければならない。」と。」それは、〔翌年、オーハイで〕予定された国際的な理事の会合です。

「私たちは〔ヴァンダの〕フラットに戻ってきた。クリシュナジと会合するために、五十人ほどの人たちがいた。彼は、問われた疑問について語った－今とは何か、記憶、思考等のように。それは記録されなかった。」

私は、自分が議論が録音されなかったと言っていたのか何なのか、分かりません。

スコット－アーカイヴズ〔資料保管庫〕にこの講話の記録はありません。だから、おそらくあなたは、議論が録音されなかったと言っていたと、想定されます。

メアリー－まあ、そういうことですね。「今は、過去が現在に出会い、そこで終わることだ－未来を色づけるよう運んでいくことではない。一時間半の気をつけた説明の後、パオロ（Paolo）という名の或る若者が、自分は理解できない、と言った。自分には何の変化もなかった。なぜクリシュナジは組織、財団、著作権を持っているのか。クリシュナジは答えたが、他の人たちは、これでは会話が脱線すると言った。グラシア（Grazia）はうまく通訳した。〔ピエトロ・〕クラニョリーニ（Cragnolini）がそこにいた。彼は、或る種の脚の困難があり、痩せて見えた。〔ゲオルギオ・〕バラビーノ（Barabino）もまたそこにいた。私は彼に対して、郵送者名簿をどうか手渡してくれるよう、頼んだ。彼はクラニョリーニに対して、昨年、突然に自分、バラビーノはもはや〔イタリアK委員会の〕幹事ではないし、私〔メアリー〕がそう言ったと言われたことで、心証を害していた。私は、クリシュナジが言っていたメッセージを、発送すると言った－すなわち、バラビーノはあまりにビエッラ（Biella）に没頭しすぎているが、」－そこはバラビーノが触れ回っている学校でした…

スコット－そのとおりです。あれは、もう一つの別のいわゆるクリシュナムルティ学校でした。

メアリー－ええ。「バラビーノはあまりにビエッラ（Biella）に没頭しすぎているが、彼は交代すべきかどうかを、イタリア〔K〕委員会は判断すべきだ、と。いつものように、彼が営んでいるものは、何であるにしても、機能しない、または意思疎通されない。私は彼に、ヴァンダへ話をするよう促した。彼はまだ委員会にいる。最終的に彼らはみんな立ち去った。明かりが切れてしまった。私たちはロウソクの明かりで夕食をとった。」

イタリア委員会は、空想上だけの委員会でした。（スコット、笑う。メアリー、クスクス笑う）そして、彼らの誰一人として〔話を〕聞かなかった。バラビーノはけっして、郵送者名簿を引き渡してくれませんでした。

スコット－ええ、ええ。彼は、それが自分の私的な財産だと感じました。

メアリー－ええ。イタリア委員会は、委員会に類似したどんな可能な形でも、機能しなかった。

スコット－（笑う）きわめてイタリア的だ。

メアリー－彼らはみんな、自分たちがしたいことをしましたし、お互いがあまり好きあっているように見えませんでした。（スコット、心から笑う）誰かが結局のところ、幾つか本を出版しました。でも、それは委員会が試みた事業ではなかった。絶対的な混沌でした。（メアリー、笑う）彼らには、それを分かってもらえませんでした。

10月25日、「私は、北大西洋上のTWA機で、これを書いている。私は午前8時までに準備ができた。ヴァンダはとても暖かく、親しみのこもったさようならを言ってくれた。クリシュナジが朝食を食べる間、私は彼とともに座った。彼は、昨日、ヴィラ・グローリでの私たちの話は大いに自らの心に入っていると、言った。彼は私にそれを反復させた。それから、それに関するメモ書きを自分へ記させた－自分がそれを携えていくためだ。彼は言った－「初めに自由がある。それから洞察、革命的な行動だ。それらが強ばって様式になるなら、そのとき教義と力が付いてくる。自由は動きだ。洞察が知識になるとき、またはなるなら、そのとき教義が付いてくる。自己からの自由は、洞察をもたらす。洞察があるとき、根源的な変容がある－それが自由だ。根本的な変化が起こらないとき、そのとき様式、教義と力がある。これが起こらないよう見計らうことが、諸財団の機能である。」と。私は、彼のメモ書きの「革命的な行動」の前に、「心理的な」という言葉を付け加えた－それは〔意味として〕当然そうである。だが、この狂った世界で彼は、〔戒厳令下の〕インドのような国へ、「革命的な行動」に関するメモ書きを、持ち運んでいるべきではない。宗教的な意味で意図された言葉が、現在の時代の暴力的な目には、違って見えることがありうる。彼はいつものように、静かに深く私を祝福してくれた。私は、不必要な旅行について、気をつけるべきである。彼の業務での旅行は、見守られている。どうしてか私は、彼の業務、彼の教えとその目的以外は何も空っぽとか、取り除かれたと感じる。フィロメナと〔その息子〕マリオが運転して、私を空港に送ってくれた。ファースト・クラスで行くにもかかわらず、大きな重量超過の料金。クリシュナジは、このひとっ飛びの旅行にファースト・クラスを支払うよう、私を励ましてくれた。そして私は、前方の単独の座席を取っていることに、喜ばざるをえなかった－彼もまたこの瞬間に、デリー行きの日本航空で飛んで、そうしているのと同じだ。彼の便は、私の便の後、一時間半に同じゲートから、発った。下には海洋がある。太陽と、少しの雲だけだ。」

「私は今、〔南北に走る五番通りの〕1115で書いている。」

― それは、ニューヨークの私の弟〔バド〕のアパートメントです ― 「五つのかばんを確保することは、人々の群れの中でのレスリング試合だった ― それらを引っ張ってカートに載せ、それから税関へ出て行く。私は、間違ったベージュ色のかばんを取った。それで、同じ色のかばんを持った人を、見つけなくてはいけなかった。」ともあれ、私は自分のかばんを取り戻しました。私たちはかばんを取り替えました。「最終的に私は一時間半後、〔弟〕バドの車に逃れた ― それは、私を迎えるために運転手付きで、弟が送ってくれていたものだ。私は午後7時過ぎに、1115に着いた。バドとその妻リーザとともに夕食をとり、ローマ時間で午前3時に当たるときまで、話をした。クリシュナジは、そのときまでにデリーに降り立ち、ププル〔・ジャヤカール〕のところに行っていたはずだ。フリッツ・ウィルヘルムとカール・マルカスは、ロンドンで彼の便に搭乗した後、そこに乗っていたはずだ。私は長いシャワーを浴び、髪を洗った。〔マリブの隣人、〕アマンダ〔・ダン〕に電話をかけた後、眠った。」

10月26日、「私は自分の家族みんなに話をした。いとこの一人が私に電話をかけてきた。私は、たぶん土曜日、〔東部マサチューセッツ州のマーサズ・〕ヴィニヤード〔島〕に行くとき、エルム・ホーム (Elm Home) の代わりに、彼女のところに泊まることになっている。」エルム・ホームは、マーサズ・ヴィニヤード〔島〕で私の母が生活していた家族の住宅です。「私は〔オーハイの〕エルナ〔・リリフェルト〕に話をした。学校の建築はゆっくりだ。計画監査官は、パイン・コテッジを拡げることに、異議を申し立てている。あらゆることが、いつものように闘争だ。〔入国管理手続きの〕弁護士ローゼンバーグ (Rosenberg) の共同経営者は、入国審査は優先的地位への請求に対応するのに六ヶ月が掛かる、と言う。再び闘争だ。それから、編集したヴィデオ・テープについて、〔企画の支援者〕ジャッキー・コーンフェルドに話をした。彼女は喜んだが、ジョアン・サリヴァン (Joan Sullivan) は、」― それは〔ボストンの公共放送局〕WGBHの女性です ― 「曖昧だ。ジャッキーは、彼女が元のヴィデオすべてをそもそも見たことがあるのかどうかを、知らない。私たちが編集版をコピーし、それらを一目見て、それらをレーヴェのテレテーピングに (Reeve's Tele-taping) に持っていくことを、提案した。彼女は明日ボストンに戻るとすぐに、サリヴァンに電話をするだろう。〔弟〕バドと私はお使いをし、コテ・バスク (Côte Basque) で昼食をした。私は母のためのプレゼントを入手した。バド、〔その妻〕リーザと私は、そのあたりで、サマーハウス (Summerhouse) といわれる新しい小さな場所で、晩餐をした。私はクリシュナジが〔インドで〕休んでいることを願っている。私は不在者投票をした。」

さて、次の数日はすべて、私と家族についてになります。だから、クリシュナジについて何もないのであれば、このほとんどを飛ばしましょう。

10月30日には、〔日記のうち〕小さな本に記入があります。すなわち、こう言います ― 「今日、クリシュナジはデリーから〔中部インドの〕ベナレス〔現ヴァーラーナシー〕に飛んだはずだ。〔インド首相〕ガンディー夫人は、1977年に行われるはずの〔総〕選挙を、中止した。」

スコット ― そのとおり。

メアリー ― 11月11日、「私は、ベナレスのクリシュナジから、電報を受けとった。」

11月17日、私は今、〔カリフォルニアの〕マリブにいます。「1番目の手紙がクリシュナジから届いた ― 10月27日に始まり、11月6日まで日々書かれたものだ。ベナレスから届くのに、十一日が掛かった。彼は元気だ。彼は、グラハム・グレイヴス (Graham Graves) にインドに行ってほしいと思う。」それは誰ですか。

スコット ― それは、〔マドラスの〕イギリス領事だった人物でした。彼には前に〔10月9日の個所で〕触れました。インド女性と結婚していて、タパスが連れてきました。

メアリー ― ああ、そうだ。そのとおりです。「クリシュナジは、彼にインドに行ってほしいと思う ― クリスマス休暇に、リシ・ヴァレーについてインドK財団のメンバーが彼に会うためだ。」

11月29日、「私は、ジャッキー・コーンフェルドから伝言を、受けとった ― 〔ボストンの公共放送局〕WGBHの女性、ジョアン・サリヴァンは今、12月10日までにヴィデオについて答えなくてはいけない、さもないと私たちは自分たちの提示を引っ込めるだろう、ということだ。」

翌日、こう言います ― 「私は、〔ラージガートの女性教育者、〕アールヤ・チャリ (Ahalya Chari)[26] から、すてきな手紙をもらった ― クリシュナジのラージガートでの滞在について、だ。」

スコット ― その手紙はおそらく、あなたのファイルに入っていると予想されますか。

メアリー ― そう思います。

12月3日、「エルナ〔・リリフェルト〕は、入国管理帰化局から手紙をもらった。彼らはアメリカK財団は宗教団体であると考えない。」(クスクス笑う)

12月5日に、こう言います ― 「クリシュナジは〔南インドの〕リシ・ヴァレーからマドラス〔現チェンナイ〕に行く。」と。

12月7日、「クリシュナジからの3番目の手紙が、到着する ― ラージガート、デリーとリシ・ヴァレーで書かれたものだ。」

12月10日、「私は一日中、デスクで仕事をした。私はクリシュナジのヴィザについて、弁護士ローゼンバーグに手紙を書いた。ジャッキー・コーンフェルドが、WGBHの女性、サリヴァン女史について電話をしてきた ― 彼女は、ヴィデオを使いたいと思うが、どれほどかは確信がない。シャインバーグが電話をしてきた。彼は、サリヴァンに話をした。彼は22日にインドへ一ヶ月間、行くが、そこから戻りしだい、彼女に働きかけるだろう。」

翌日、「クリシュナジから4番目の手紙が到着した ― リシ・ヴァレーとマドラスで書かれたものだ。」

12月12日、「私はヴィデオ・テープのことで、ブロックウッドに電話をかけた。私はスコットとドロシーに話をし、それからニューヨークのジャッキー・コーンフェルドに。アルビオン・パターソン (Albion Patterson) は、アメリカK財団の理事を辞任した。私は〔メルセデスの〕グリーン・ビューティを洗い、ワックスを掛けた。」

翌日、「私は早く起きた。午前8時に緑のメルセデスで、オーハイへ発った。学校の建物が建築されているのを見た。〔学校のあるオーク・〕グローヴは剪定されていた。午前11時に理事の会合があった。リリフェルト夫妻、イヴリン〔・ブラウ〕、シンシア・ウッドみんなが、〔アメリカK財団が〕宗教的組織であることについて、入国管理局への文書に署

名した。私たちはアーリヤ・ヴィハーラで昼食をした。それからさらに会合。後で教師たちに会った。私は午後7時に家に帰った。」

12月14日、「私は、理事たちの文書を、私たちの弁護士、ローゼンバーグに持っていった。それで、彼はそれを入国管理局に転送できる。彼は、クリシュナジはロンドンの合衆国領事館から、ここに戻ってくる一時ヴィザをもらえると、言った。私は、イヴリン〔・ブラウ〕に対して、宗教の専門家、〔ユダヤ教の〕ラビと〔他の〕司祭たちから書簡を得てくれるよう、頼んだ。」

12月20日、「私はクリシュナジから、5番目の手紙をもらった － マドラス〔現チェンナイ〕で書かれたものだ。」

22日に、「イヴリン〔・ブラウ〕とアラン・キシュバウが、午前8時30分に来た。アランが運転して私たちを、〔西方向の〕サンタ・バーバラのシンシア・ウッドの住宅に、送ってくれた。その間、エルナとテオ〔・リリフェルト〕とルス〔・テタマー〕が、オーハイから来た。私たちは、費用を抑えるために、ロン・ガンメル（Ron Gammel）と」－ それは建築家でした －「サンディ・ハーション（Sandy Hirshon）とともに、新しい管理棟〔の設計〕を調べて、その日を過ごした。シンシア〔・ウッド〕が私たちに昼食を出してくれた。私たちは午後4時過ぎに、おしまいにした。私は家に帰り、入国管理の問題について長い電話をした。私たちは〔ユダヤ教の〕ラビたちをつかまえた。私たちは、自分たちが宗教的であるとの事実を支えるために、あらゆる種類の人たちを、つかまえた。」

12月30日、「私はイヴリンに会った － 私たちが宗教的組織であることに関して、〔カトリックの〕イエズス会の司祭から書簡を得るためだ。私はそれを弁護士のローゼンバーグに持って行った － 失礼で不愉快な人だ。私は、これらにあきれて、帰ってきた。エルナ〔・リリフェルト〕とイヴリン〔・ブラウ〕に話をした。クリシュナジから6番目の手紙が届いた － マドラス〔現チェンナイ〕で書かれたものだ。」それが1976年の終わりです。

スコット――いいです。まあ、たぶんそのときそこで終わるべきなんでしょう。

メアリー――そう思います。

原　註

1）学年度の始まりのためである。
2）その年、記憶では最悪の干魃があった。通常は緑の芝生も褐色だった。
3）裁判は1877年に起きた。クリシュナジが〔1909年11月に〕初めてアニー・ベサントに会う丸三十八年も前で、彼が〔、かつてフェビアン協会でベサントの友人でもあった劇作家、批評家〕バーナード・ショー（Bernard Shaw）に〔1932年に〕会うさらに前だった。彼らは、クリシュナジが憶えているさまとは、実際、きわめて異なって見えただろう。
4）1929年にクリシュナジは、「星の教団（The Order of The Star）」を、解散した － 彼〔の世界教師としての仕事〕のために〔養母で神智学協会の会長〕アニー・ベサントにより創設された組織を、である。彼は、教団が蓄積してきた金銭と資産すべてを、返還した。

訳　註

*1 この夫妻については第14号に詳しく出ている。
*2 原文はここからYoutube上のヴィデオ録画 Life is sacred ヘリンクされている。
*3 第41号、5月6日の記述を参照。
*4 M.Lee（2015）第4章には、Kがインドの文脈では自己を、食事（菜食主義）、清潔さ、精神の質において清浄なバラモンだと捉えていたこと、それがヒンドゥーや仏教の枠組みを越えたものであったこと、バラモンやその古代の伝統にたびたび言及したことが指摘されている。
*5 第34号の訳註を参照。
*6 1910年代、20年代のKの親友の一人。1931年に急死した。第35号を参照。
*7 Rama Raoの別表記かと思われる。1910年代からのKの友人。ベナレス・ヒンドゥー大学、ケンブリッジ大学を卒業した。オーハイでニトヤの看病を行ったり、Kとともに旅行をした。1934年にリシ・ヴァレー財団のもとで開校したラージガートの初代校長を務めたが、肺結核のため45歳で亡くなった。
*8 父親シュリ・ラムは神智学協会の第五代会長、伯母ルクミニは第三代会長アランデイルの妻という事情もあった。1960年からインド神智学協会の支部長を務めた後、1980年にはルクミニとの選挙に勝って、神智学協会の第七代会長に就任した。
*9 kingpinはボーリングのヘッド・ピンを意味し、そこから、組織などにおいて最も重要な人物などを意味する。
*10 cloisters は、修道院の回廊、あるいは隠遁所を意味する。
*11 flanはタルトの一種で、ジャム・チーズ・果物などが入っている。
*12 神秘的な「プロセス」に伴う「叫び」については、第21号の冒頭直後を参照。
*13 第4号のフランス南部で自動車走行中の記述を参照。
*14 ボームは、1960年代からKとの対話を継続し、K財団、ブロックウッドでの活動にも積極的に参加し、職員とも数多くの議論を重ねている。Kとの間の公開、未公開の多くの対話を行った他、1969年にはKとその教えを紹介するパンフレット An Introduction to The Work of Krishnamurti を著した。1975年9月12日付けの Times Education Supplement には、ブロックウッドの教育活動の状況と目的に関する小論を著してしている。他方、David Peatによるボームの伝記 Infinite Potential: The Life and the Times of David Bohm（1997）によれば、1979年6月にボームは、或る友人に宛てた二、三の私信においてKとその教えについて包括的な批判を加えた。その手紙の数週間後に、ボームはそれらは「誤った印象」を与えるので破棄するよう依頼したが、それらの抜粋が Peat による本のパーパーバック版に掲載された。ボームの批判は、K個人と教えの核心に関わる。すなわち、Kはかつて世界教師とされた背景から、自己を特別視するよう条件付けられており、意識の水準はさほど一般人のと異ならない。また、教え自体も不十分で制限されており、欠陥がある。その教えを生きる人を、根源的に変容させるほどではない。教えには「いつも」「永遠に」「全体（totality）」「神聖な」といった言葉が頻発し、それらは精神を混乱させ、静的で断片化した行動様式に固定してしまう。Kの無謬性が教えの本質でもあるが、結果的に、我々はKの間違いをも生きた真理と不可分に扱わざるを得なくなり、深い混乱と内的葛藤に至る、という。だが、これは、ラッチェンスが三巻の伝記でKとは何かを探究することにより示した内容、または多くの人々が抱くKの人物像と合致しない。以上、THE LINK NO.15 AUTUMN/WINTER 1998 所収のディヴィッド・ムーディ氏（David Moody. ボームとの対話にも参加し、オーハイの学校の校長を務めた）による記事 Was Krishnamurti Conditioned?（ウエブ上で閲覧可能）を参照されたい。ピートはそのような文脈で1980年以降、両者は疎遠になったとの見解を示しているが、ボームはKと1980年に The Ending of Time、1983年に The Future of Humanity と呼ばれる一連の対話を行っている。これに関して、ウェブ・サイト Quora において、ディヴィッド・ボーム協会代表のマシュー・カポウスキ氏（Matthew Capowski）は、Kの存在を軽視する科学者側の視点、ボームの存在があまりに重要視されているとのKの信奉者の視点は、いずれも正確ではないとし、誤解を訂正するものとして、ボームの妻サラルの言葉を紹介している。すなわち、「続く歳月に、多くのみなさんがご存じように、その二人はともに、多くの実り豊かな議論を行い、それらは書物やヴィデオという成果になりました。私はここで、彼らが同じ強烈さで

対話を継続するのがなぜ難しかったかの理由すべてに、立ち入りたいとは思いません。一つの理由は、デイヴが〔1981年に〕心臓手術を受けて、そのときほとんど死にかけたということです。そのため彼の心臓はひどく損傷し、彼は手術前と同じ強さを持たなかった。もう一つの理由は、ディヴィッドが対話の実験に関心を持ち、これは当時、ブロックウッドで追求することができなかった。けれども、クリシュナジが最後に〔1985年秋に〕インドへ去ったとき、私たちは彼にさようならを言うために、ブロックウッドに行きました。クリシュナジは、デイヴだけと一緒のとき、いつものように暖かく愛情深くて、彼に「デイヴ、どうかできるだけ多くブロックウッドに来てください。」と頼んだ。デイヴは、そうしましょうと彼に請け合った。これは、〔伝記作者〕ピートが書物に書き、シュテファンが自らの書評に引用するような両者の断絶を表示するものとは、私は見えない。」と。

*15 1833–1891. イギリスの政治活動家で無神論者。ちなみに、ベサントは神智学協会に入る前、知識人たちのフェビアン協会（後の労働党の基盤にもなった）に所属しており、教条主義的、暴力的なマルクス主義とは異なる漸進的な社会改革を提唱し、労働争議などにも関わっていた。

*16 インドの言葉で、お母さんを意味する。Kは養母のベサント夫人をこのように呼んでいた。

*17 Curuppumullage Jinarajadasa (1875-1953) はスリランカ出身の神智学者。レッドビーターの指導のもと、母国で高等教育を受けた後、イギリス、ケンブリッジでも教育を受け、言語学で学位を得た。少年時代のKの家庭教師を務めた。1921-28年には神智学協会の副会長を、1945-53年には第四代の会長を務めた。多くの著作を著した。Kとの交流が継続したことが知られている。

*18 クリシュナムルティ学校といわれるものは、インド、アンドラ・プラーデシュ州のリシ・ヴァレー、ヴァーラーナシーのラージガート、ボンベイのバル・アナンド（Bal Anand）、マドラスのザ・スクール（The School）、バンガロールのヴァレー・スクール（the Valley School）、そして、イングランドのブロックウッド・パーク、カリフォルニア、オーハイのオーク・グルーヴ、カナダ、ヴァンクーヴァーのウルフ・レイク・スクールであった。ウルフ・レイクは、K自身がうまく機能しない場合は躊躇わずに閉鎖し、センターとして活動するよう助言していたように、現在はセンターとして活動としている。Sunanda Patwardhan (1999) p.119 には、インドK財団のもとで運営されている学校として、上記のものに加えて、北部、ウッタル・カーシのバーギラティ・ヴァレー・スクール（the Bhagirathi School）と、西部、プネー近くのサヒャドリ・スクール（the Sahyadri School）が挙げられている。これら二つの学校は、Kの没後に始まっており、K自身が直接的に責任を負ったものではない。前者は、Kの最晩年1985年12月の時点で、ヒマラヤで静かに生活して研修するための「リトリート」として構想されつつあったものである。後者は、上記の本 pp.106-107 に述べられているように、スナンダとパマ・パトワールダーン夫妻が晩年の1990年、プネーに戻ったとき、兄のアチュットが、Kが四十年以上講話をしてきて、受容性も土壌も整っているインド西部、ボンベイとプネーに、Kの学校を創設したいと熱望し、実業家から土地の寄付などの支援を得たことから、1995年に開校したものである。

*19 正式のKの学校の一つ、オーハイのオーク・グローヴ学校でさえも、1985年の筆者の訪問時には、表札などにおいてKの学校であることを打ち出していなかった。その学校のためにわざわざ遠方から引っ越してくる家族もいる一方で、筆者がそこで知り合った或る日系人の家族は、Kや教えへの関心というより、そこが評判の良い私立学校であるという理由から、子どもを通学させていた。ちなみに、Grohe,Friedrich. *The Beauty of the Mountain Memories of J.Krishnamurti*（2014）p.10 には、Kは、オーク・グローヴ学校の新しい標識に自らの名が目立った形で出ているのを見たとき、「なんとまあ！取り去ってしまいなさい。人々が怖がるだろう。」と叫んだという。

*20 一例として M.Lee (1995) 第4章には、1966年にリシ・ヴァレーでKが、教師たちは学科、記憶、規律・風紀、意識の拡大にのみ関心を持っていることを指摘したこと、そしてそれは世界中のほとんどの教師に正確に該当することを述べている。

*21 海運コンサルタントであり、1980年にはイギリスK財団の理事にもなっている。Kが休養できるように、1979年10月、82年9月にフランスの自宅に迎えている。

*22 motor-learning（運動学習）は、感覚と運動の相互作用を伴った動作の学習である。端的に運動技能の習得をいう場合もある。スポーツ、楽器演奏などが具体例である。

*23 第32号には、1974年サーネン集会に参加したこと、ブロックウッドでに美術教師を志望したが、同時にそこへ批判的であったとの記事が見られる。

*24 通常、禅の専門道場は、どこかの師匠に弟子入りすることが必要である。外国人がいきなり加わることができないので、良くも悪くも比較的、清規の緩い特殊な道場であろう。

*25 毛沢東の主導した文化大革命への言及である。中国共産党によるこの政治闘争は、1966年から76年の毛の死去まで続いた。紅衛兵と呼ばれる青少年集団などの行った弾圧、迫害による死者は1000万人以上とも言われるが、不明である。

*26 第34号の訳註を参照。

第44号　1977年1月1日から1977年3月3日まで

序　論

メアリーとクリシュナジとの関係には、ますます大きな優しさがあるように見える。またはおそらく、それはただ、メアリーがますます進んで、私たちにそれを見せてくれようとしているということなのかもしれない。いずれにしても、この号でそうであるように、これを眺めることができるということは、すばらしい。

またこの号では、クリシュナジが〔インド首相〕インデラ・ガンディーへの自らの影響力をとおして、世界の舞台に対してとても現実的な感化をすることが、見られる。この号に叙述された出来事が触れられている歴史や政治の書物について、私は知らない。

また、クリシュナジにアメリカ永住権を得ようとする長い格闘が、成功裏に終結するのが、見られる。

その間、〔カリフォルニア、〕オーハイでの学校と成人センターの発展は、継続する。

メアリー・ジンバリストの回顧録　第44号

メアリー――では、1977年1月1日について、始めます。クリシュナジはインドにいます。私は〔カリフォルニアの〕マリブにいます。「家での静かな一日だった。私は、母以外、〔東海岸にいる〕自分の家族に〔電話で〕話をした － 母はこの時までに、〔認知症で〕精神的に良くなかった。私は読書し、デスクで仕事をし、音楽をかけ、庭を歩いた。」クリシュナジについては、1月4日まで本当に何もありません。その日、私はクリシュナジのヴィザ申請について、ルー・ブラウ（Lou Blau）と〔弁護士〕ローゼンバーグに会いました。クリシュナジのために、1月10日以降のいつか、ロンドンの合衆国大使館との予約を取る可能性が、ありました。

5日に、「私は、カリフォルニア時間、午前2時に、ロンドンの合衆国大使館のシルヴァー氏という人（a Mr.Silver）に、電話をかけた。クリシュナジは、1月26日にヴィザの面接のための予約を取った。尋常でない安堵だ。私はそれについて、〔ロンドンの〕メアリー・カドガンに電話をかけ

た。それから、ボンベイ〔現ムンバイ〕のクリシュナジに、電報を打った。午後4時に私は、〔ロサンジェルスの〕ウエストウッドで、オーハイの〔住居になる〕パイン・コテジの〔改築〕計画について、〔建築家〕チャールズ・ムーア（Charles Moore）との会合を行った。」

それから、クリシュナジについては、もう何もありません。やっと1月9日になって、そのとき、「私は、ニューヨークの〔インド外交官で友人の〕ナラシンハンから、電話をもらった － 彼は、〔インド南東部、〕マドラス〔現チェンナイ〕からちょうど到着したところだった。彼は、クリシュナジを含めてそこの誰もがみな、講話の完了時に風邪を引いていると、言う － それで、クリシュナジは〔インド西部、〕ボンベイ〔現ムンバイ〕への旅行を、12月31日から1月4日に遅らせることになった、と。」

1月11日に、「ドロシー〔・シモンズ〕がブロックウッドから電話をかけてきた。クリシュナジのための合衆国大使館からの書式が、そこに到着したからだ。彼女はそれを私に送ろうとしている。私は、〔弁護士〕ローゼンバーグに会いに行き、書式の写しをもらい、答えを調べた。彼は、これは、埋めるべく残されたただ一つのものであると、言う。私は、自分が〔ロンドンの合衆国〕大使館へクリシュナジに同行するために、イングランドに行くべきでないかと思いながら、家に帰った。私は眠りに落ちる前、行こうと決断していた。」

翌日、「私は、金曜日から一週間のロンドン行きチケットを、予約した。それからドロシーに電話をかけ、私が行こうとしていることを彼女に告げた。私は、クリシュナジのヴィザのための新しい書式に、取り組んだ。添付資料を写真コピーし、三枚の写しをドロシーに送った。私は、もう一つ別の三枚を携えて行くだろう。クリシュナジからの8番目の手紙が、到着した － 12月31日から1月4日に、マドラス〔現チェンナイ〕で書かれたものだ。4日、彼はボンベイ〔現ムンバイ〕に飛んだ。彼は、いつものようにローマに立ち寄るのを飛ばし、19日に〔イングランドの〕ブロックウッドに直行しようとしている。〔隣家の〕アマンダ、フィル〔・ダン夫妻〕と〔娘〕ミランダが、夕食に来た。」

1月13日に、「アマンダとミランダとともに、私は、〔ロサンジェルスの〕ゲティー美術館（the Getty Museum）に行った。私たちは近くの丘でサンドウィッチをとり、家に帰った。クリシュナジからの電報が、私を待っていた。彼は20日に、ボンベイから〔ローマに寄らず、〕ブロックウッドに直行しようとしている。」

翌日、「私はオーハイへ、緑のメルセデスを運転し、〔オーハイの西端のオーク・グローヴで〕新しいパヴィリオンを見た。自分の航空チケットを取ってきた。それから〔オーハイの東端の〕パイン・コテジに行って、クリシュナジの本と持ちものを、来客用アパートメントに入れた。それからアーリヤ・ヴィハーラで、エルナ、テオ〔・リリフェルト夫妻〕、ルス〔・テタマー〕、イヴリン〔・ブラウ〕、マーク〔・リー〕、マイケル〔・クローネン〕とともに、昼食をした。〔アメリカK財団の〕理事たちと〔校長〕マークとテッド・カーターとの会合があった － テッドは今ここで働いている。教室のために地元の建築家を得るのかどうかについて、だ。私は、そこに残された醜い作業小屋のことで、〔西の〕敷地に行った。それから〔近所の〕フーカー夫妻とのお茶に行った。」

1月15日、「私はマリブに戻った。〔お隣の〕アマンダ〔・ダン〕のテラスでの彼女とのコーヒーの後、私はパイン・コテジの住宅計画に取り組んだ。ドロシーが送ってくれたクリシュナジのヴィザのための書類が、到着した。私は、予防接種証明書を携えてくるよう、クリシュナジに電報を打った。そして、私がブロックウッドに行こうとしていることを、彼に告げた。」

翌日、私は、〔ニューヨークの〕弟〔バド〕と、ビジネスのことについて、長い話をした。私は一日中、家にいて、オーハイの住宅計画を調べた。」

19日に、「私は午前10時に、〔建築家〕チャールズ・ムーアに会った － 住宅計画を調べる三時間の会合のためだ。大いに実現しつつある。それから私は、お使い、少しの補修管理をし、幾つかの植物を手入れし、クリシュナジのために幾つかのことをした。」

1月20日、「私は荷造りをした。ブロックウッドに電話をかけ、イギリス時間、午前9時30分にボンベイからそこに到着した直後のクリシュナジに、話した。」

1月21日、とうとう、〔日記のうち、〕大きな本への記入が得られます。「これは、ロンドンへの空路で書きつつある。これらのメモ書きの再開は、クリシュナジがインドにいた時の終わりとともに、訪れる。昨日、彼はボンベイから飛び、今回、ローマに泊まらなかった。私は昨夜、彼に話をした。彼の声は熱心で、エネルギーに満ちていた － 長い空の旅と、三時間遅れたこと、それからブロックウッドへのドライヴと、もちろん、インド巡行から蓄積された疲れにちがいないものにもかかわらず、だ。彼は、「いとしい人よ、あなたは列車に乗ってはいけない。タクシーに乗らなければいけない。」と言った。」（メアリーとスコット、クスクス笑う）「世界が私のために歌ってくれた。」

「マリブでの忙しくない一日だった － 初めの部分は、テレビでジミー・カーターが〔アメリカ大統領〕就任の宣誓をするときの式典を、見た。彼が宣誓をするのは、「ジミー」としてであり、私の様式感覚をちくりと刺した。〔隣家の〕アマンダは、今朝、空港への途中で、今日、名前は、何であれ自らが名乗ろうと選択するもの、あるいはむしろ、何であれ他の誰かがあなたを呼ぼうと選択するものであるということに、同意した。他のことでは私たちは、カーター夫妻と、彼らがもたらすアメリカ的生活の質に、喜んで、しばしば感じ入った。この空の旅は長く順調だった。私は、手足を伸ばせる三つの座席を持っているが、眠りは来なかった。エンジンの音は生きている。私自身の血潮が、クリシュナジへ向かって夜に空を駆けて行く高き航行に、加わって見えるのだ。」

スコット ― （クスクス笑う）すてきだなあ。

メアリー ― 1月22日、「眠らなかったが、相当、迅速に午前7時に到着した。私の一つのかばんはすばやく見つかった。私はドロシーにそうしないよう促したし、彼女もそうしないだろうと言ったにもかかわらず、彼女は、〔空港に〕私を迎えに来てくれていた。ブロックウッドへの運転中、私たちは道すがらずっと話をした。田舎は灰色で、冬らしく、美しかった。クリシュナジは車を見張っていて、ホールで私を迎えてくれた － 痩せた顔に見えるが、エネルギーで晴れやかだ。彼を見ることでの幸せの波。私たちはトレイで朝食をとり、午前ずっと話をした。彼は私に対して、自らが〔インド首相〕ガンディー夫人に会ったことについて、語った － 自らが到着してすぐ、〔首都〕デリーで晩餐会の

前に一人で一時間以上、だ。彼女の神経と緊張と彼女の目の悩み。彼は、彼女を助けるために、両手を当てようと申し出た。彼女は静かになり、涙を流し、目はましになった。彼女は、翌日もう一回、彼に会うことを求めた。」私は、それが〔インデラの親友、〕ププル〔・ジャヤカール〕の邸宅で起きたことを、たぶん説明しなくてはいけませんか。

スコット—ええ。今そうされました。

メアリー—「翌日、ガンディー夫人が来て、話をせずに長い時間、座った。彼女は、自分は「虎に乗っている」と言った。食われることは恐れていないが、どう降りるべきかを知らない、と。クリシュナジは彼女を、してきたことで非難しなかった。彼は彼女に優しかった。彼女の手を取った。彼女は涙を流した。他の人たちに加わるとすぐ、彼が着席するまで、彼女は座るのを断った。長年、彼女を知っていた或る友人は、彼女はクリシュナジとの会合以来、目に見えて変わった、と言った。今週、彼女は政治犯たちを釈放し、幾らかの検閲を取りやめ、選挙を求めた。」

「クリシュナジはまた、ボンベイ〔現ムンバイ〕講話での膨大な群衆について、叙述した。ラジニーシ（Rajneesh）が、自らの父親を、話を聞くよう、そして可能ならクリシュナジに触れるよう、送った。なぜなら、「彼は生けるブッダだから。」と。」（メアリーもスコットも、クスクス笑う）「映画の人たちが講話に来ようとしている。〔講話の〕後で彼に人々が群がった。バラスンダラムがリシ・ヴァレーの校長職を辞めると決断したとのさらなる知らせ。彼は六ヶ月休んで、それから旅行をしてまわり、インドでのクリシュナジの教えへの関心を焚きつけるだろう。クリシュナジは、リシ・ヴァレーの校長職を、ナラヤンに提示しようとしている。スナンダ〔・パトワールダーン〕は、オーハイでの3月の会合に来るには、〔マドラスの本部〕ヴァサンタ・ヴィハーラで為すべきことがあまりに多すぎる。ラーダー・バーニアーとアールヤ・チャリが、インド〔K財団〕を代表して、オーハイでの会合に来ようとしている。」

「昼食の後、私は昼寝をした。目覚めて、車用の道を行き来する散歩中のクリシュナジ、ドロシーと犬たちに、追いついた。澄んで、灰色で、冬の空気だった。肺を清め、夜と昨日ずっと6千マイル〔約9600キロメートル〕の間、座っていた効果を取り去ってくれた。」（クスクス笑う）「冬、質素な光、裸の樹々、そして木の葉の臭いが、私の頭の何か深いものに、触れた。クリシュナジとともにこの冬の道路を歩くことは、生の全体に見えた。」

1月23日、「私は十時間、眠ったし、さらに続けただろう。だが、クリシュナジが私のドアを開けるのが聞こえた。それで、私たちは朝食を作り、話をした。午前10時30分にクリシュナジは、ディヴィッド・ボームに加わってもらい、諸々の成人センターについて語った。フリッツ・ウィルヘルムは、インドにいるとき、インド人の集団に好印象を与えなかったようだ。彼は討論会で沈黙していた。または、彼らの質問から的外れの答えで、「すばやくなかった」。私たちは、成人センターの落とし穴について、議論した — 人々が、そこが「クリシュナムルティを説明してくれる」だろうと期待することの危険、だ。それは、解釈の微妙で危険な領域だ。言われたことの多くを、私はディヴィッドにも適用したいと思う。クリシュナジは、その立場を取ってもいいと、言った — すなわち、「私は、クリシュナムルティが言ってきたことへ、幾らか理解を持っている。私は興味を持っている。ともに探究、検討しましょう。」というものだ。」それが、彼が望む取り扱い方です。

スコット—そのとおり。解釈者を持つよりはね。

メアリー—そのとおりです。「彼は後で、一人でナラヤンに話をし、彼にリシ・ヴァレーの校長職を提示した。ナラヤンは、インドK財団のメンバーみんなが自分を支えてくれることについて、心配している。彼は二、三日で、クリシュナジに答えを示すだろう。私たちは、車用の道を歩いて行き来した。寒くて灰色で美しかった。クリシュナジは、ひとたび諸学校の動機、刺激すべてがナラヤンのために整えられるなら、彼はそれについてもはや議論したいとは思わないと、言う。残りの私たちは、続けていかなければならない。」

1月24日、「私は、〔東方向の〕ピータースフィールドに行くために、ドリス〔・プラット〕の〔車、〕ミニを借りた — ロンドン行きの列車のためだ。私はそこで合衆国大使館に行った — 水曜日のクリシュナジのヴィザ面接のための手続きについて、訊ねるためだ。デ・シルヴァ女史という人（a Miss de Silva）に話をし、クリシュナジは水曜日のヴィザ書類の提示等が準備できていると言った。私はクリシュナジのファイルを携えていたが、彼女はそれを見たがらなかった。彼女は手続きを説明した。それから私は、〔高級百貨店の〕セリフリッジに、さらにクリシュナジの同種療法（ホメオパシー）の治療薬のために、ネルソンに行った。私はメアリー〔・リンクス〕に電話して、彼女とともにコーヒーを飲み、気持ちいい話をした。鈍行列車に乗って戻った。クリシュナジは午前に、学校と話をしていた。」

翌日、「クリシュナジは休んだ。私たちは午後に散歩した。犬たちは革紐に繋がれていた。イギリス人が言うように、ウィスパーは「さかりがついている」からだ。灰色の空と、

ブロックウッドで犬とともに散歩する、クリシュナジとドロシー。

ブロックウッドで散歩する、クリシュナジ、メアリーとドロシー。

樹々の小枝が露わな美しさには、心の目の何か深いものが、動かされる － 神経の末端と骨の感覚において、何か知られ、忘れられ、思い出されたこと。長い生の何らかの部分だ。」

1月26日、「この長く長く考えられた日は、午前4時に始まった。そのとき私は起きた。クリシュナジも少し後にそうだった。体操は抜いた。風呂は抜いた。その時刻にお湯はないからだ。だが、私たちはキッチンで適切な朝食をとった。そして、ドロシーの〔車、〕コルティナで彼女とともに、午前5時50分までに私たちは、ロンドンに出かけた。まだ暗かった。クリシュナジの最初の予約は、午前9時だった － 大使館の医師、M.ファリン博士という人（a Dr.M.Falin）と、だ。私たちはその早い時刻にすばやく来たので、そのため午前7時30分までに、〔ロンドン中心部、ハイドパークの北東側にある〕カンバーランド・プレイス（Cumberland Place）の彼の事務所に着いた。通りに面した駐車場一個所を取り、午前9時まで車に座った。」彼は、結核を持っていないことを見るため、医師に検査してもらわないといけませんでした。さもないと、ヴィザは出なかったでしょう。

スコット－そのとおり。

メアリー－「みすぼらしい場所だった。他の人たちが同じ予約をしていたが、彼らはそれらをすばやく切り抜けた。クリシュナジは、検査のために幾らか採血され、胸のX線〔撮影〕を受けた。彼は三十分で済んだ。私たちは、グロスヴナー・スクエア（Grosvenor Square）に行った。そこで再び私たちは、一個所駐車する空きを見つけた。ドロシーは車に留まった。クリシュナジと私は、大使館に入り、全ファイルを事務員に渡し、それから三十分待った。クリシュナジが呼ばれたとき、私は彼とともに面接に入って行った。ここ最近数ヶ月の想像上の相手、おそらく鋭い目で無関心な官僚、その気まぐれにすべてが左右される領事氏は、〔実際に会ってみると、〕長いブロンドの髪と青いきらめく瞳をしたすてきな若い女性、レスリー・ジャーソン（Leslie Gerson）副領事だと分かった。彼女は〔ロサンジェルスの〕エンシーノ（Encino）で学校に行っていて、「ああ、クリシュナムルティさん、私は今日を楽しみにしておりました。私はあなたの書類を処理できるよう頼みました。」と言った。彼女はただの一つも質問をしなかった。すべてが整理されていた。それから彼女は、「これはほぼ、私たちがかつて受けとった最大のファイルです。」と言った。午後にはすべてが整うだろうし、私たちは午前11時15分までに終了した。済んだ！！」私は二つの大きな感嘆符を付けています。

スコット－さて、しばし私たちは、これは通常のヴィザではないと、言っておくべきでしょう。これは、〔永住権を与える〕グリーン・カードのためのヴィザだったんでしょう。

メアリー－ええ。彼は、〔この後、〕LA〔ロサンジェルス〕空港に着いたとき、実際のグリーン・カードをもらいました。

「私たちはみな、メアリー・リンクスのところに行った。彼女は、私たちがピクニックの昼食をとり、クリシュナジが休む守られた場所を与えようと、待っていた。私は、彼は昼食の後、ドロシーとともに帰るよう促した。私は書類を取りに留まる、と。「いや。」とクリシュナジは言った。彼はもっと良い考えを持っていた－「映画に行こう。」と。私たちがマーブル・アーチ劇場を通り過ぎたとき、彼は〔ウガンダのエンテベ空港でテロリストに捕らわれた人質を、イスラエルの特殊部隊が奇襲で解放した事件を扱ったアメリカ映画〕『特攻サンダーボルト作戦（Raid on Entebbe）』を見かけたのだった － まさに彼が見たいものだ。それは午後2時15分に上映されようとしていた。それで私が運転してクリシュナジ、メアリー、ドロシーをそこに送り、彼らを降ろし、それから、グロスヴナー・スクエアに行った。そこで再び、駐車の運は続いた。私たちは、メアリーのところのちょうど外側に場所を見つけておいたが、メーターが壊れていて、無料だった。今、私は大使館の近くに一個所、見つけた。私は散歩をしたが、精神はヴィザが気がかりだった。私は絵画を見たり、マラードのところ（Mallard's）に立ち寄ったりできなかった。」そこは、美しいアンティーク家具を求めて私たちが行ったところです。私はいつも見て回るのが好きでした。おもしろかったわ。

スコット－ええ。

メアリー－私はそこで、〔ブロックウッドの〕応接間のための物を幾つか買いました。

スコット－ええ、憶えています。

メアリー－「それで、私は、ヴィザを考えることしかできなくて、大使館に行って座った。最終的に午後4時10分に、私は貴重な書類をもらった。ロサンジェルス空港の入国管理事務所に渡すべき巨大な封印付き封筒で、とりわけ、クリシュナジのX線写真が同封されている。私は、メーターが切れる前に、車に戻った。そして、ちょうど劇場に着き、映画に行った人たちが映画から出てくるのを、拾った。ドロシーが運転し、私たちはブロックウッドに戻った。私は安堵と疲労困憊で、途中で少し眠りに落ちた。私の仕事は済んだ。長い一日。だが、すべてがうまく行った。私は電話して、良い知らせを〔オーハイの〕エルナに伝えた。ベッドと眠りの祝福された気持ちがあった。」

スコット－短く触れておくと、メアリー・ラッチェンスはその頃、どこに生活していましたか。

メアリー－おやまあ、ハイド・パーク沿いに走る通りの名前は、何だったかな。そこを逸れたところです。

スコット－知っています。そこを逸れたところね。あなたが思い出すだろうと願っていました。（クスクス笑う）

メアリー－まあ、それは探せるでしょう。

スコット－そこは、ハイド・パーク・プレイスとか、何かそのようなものでなかったかな。

メアリー－私のロンドン地図で探せるでしょう。取りに行きましょうか。

スコット－いや、いや。いつかの他のときに、取りましょう。

メアリー－私の記憶は少し大ざっぱ。ともあれ、彼らはそこに生活しましたが、ついに、彼女と〔その夫〕ジョーが彼女の〔前夫との〕娘、アマンダのために買っておいたすてきな小さな住宅に、引っ越しました。アマンダ（Amanda）は、しばらくそこに生活しましたが、それから田舎に引っ越しました。だから、メアリーとジョーは、あの住宅を引き継いで、余生の間、そこで生活しました。

1月27日、「私は、それが達成されたのを知りつつ、目覚めた。クリシュナジにとって、昨日の頂点は映画だった。」（二人ともクスクス笑う）「クリシュナジは幾つか手紙を口述した。ナラヤンの手紙が来て、リシ・ヴァレーの校長職を受諾した。クリシュナジはそれについて、〔インドの〕ププルとパマ・パトワールダーンに書き送った。寒い一日だったが、美しかった。私たちは午後に散歩した。メアリーとジョーが昼食のため、ロンドンから運転してきた。私た

523

は午後のほとんど、話をした。クリシュナジは、〔インド首相〕ガンディー夫人との自らの会合について、詳細に語った。また、今年、彼に対する群衆からの尋常でない尊崇についても、だ － かつてないものだ。ガンディー夫人のインドでの変化は、彼のせいだ、または少なくとも、彼女が彼に会ってからだという、何人かの友人たちの感じも、だ。」
スコット―彼女の変化は、彼女が彼に会ったせいでした。
メアリー―ええ、彼女は彼に会ったんです。
スコット―それは、以降の何年かに、彼女の政権で上にいた人々から、私に対しても語られました。
メアリー―確かに知っていた人たちね。
スコット―クリシュナジに会った後すぐ、彼女は、何人かの政治犯を釈放しました。また即時に、厳格な法律の幾つかをも取りやめました。
メアリー―ええ、そう思います。
スコット―彼女はまた、自分の息子、サンジャイ（Sanjay）の手綱をも締めたと思います － 彼は本当にひどかった。
メアリー―彼はひどかった。

まあ、ともあれ、28日に行きます。「クリシュナジは学校に対して話をした。私は手紙を仕上げた。私は、〔元家政婦〕フィロメナの姪の夫が死にかけているのについて、〔ローマの〕彼女に話をした。だが、彼女の健康は良くなっている。寒かった。だが、私たちは、通りを横切り、小道へ散歩に行った。職員の会合があった。私は晩に、フランシス・マッキャン（Frances McCann）に話をした。」

1月29日、土曜日、「私は、〔古い友人〕フライ夫妻とフィロメナに電話した。彼女の姪の夫は今日、亡くなった。悲しい会話。ナラヤンと〔その妻〕シャクンタラが、昼食後にクリシュナジに話をした。ナラヤンはリシ・ヴァレーについて喜んでいる。だが、シャクンタラは〔娘とともに〕ブロックウッドに留まりたいと思う。クリシュナジはかなり疲れていた。私たちは散歩した。戻ったとき、私はボームの会合に行った － 退屈なものだ。」

30日、「私は、〔元女優で児童文学作家〕ジニー・トラヴァース（Ginny Travers）に話をした。」－それはヴァージニア・マッケンナ（Virginia McKenna）です－「また、パリのナディア・コシアコフ（Nadia Kossiakof）にも。さらに幾つか手紙を仕上げ、洗濯、荷造り、片づけをした。私は、発つ前に、あらゆるものを清潔に整理整頓したいとも思う。突然に予期せずブロックウッドにいることは、おもしろかった。私はどうしてか、そこに選択の気持ちがしないが、明日、クリシュナジとともにマリブに行こうとすることに、熱心でもある。」

1月31日、「私は軽く眠った。あらゆるものが整い、整頓され、荷造りされた。私は午前5時に明かりを付け、体操をした。洗浄器とドライヤーにブランケット・カヴァーをさっと掛けた。」（二人ともクスクス笑う）「クリシュナジは、私が鋭敏で、マリブへ出かける用意ができているのを見て、「おはよう」と言うとき、微笑んだ。私の弟〔バド〕が午前7時30分に、パリから電話を掛けてきた。彼とその妻リーザは、フランス政府の招待で、土曜日にそこに飛んだ － ボウボーグ展示ビルディング（the Beaubourg Exhibition Building）の今夜の開館のためだ。「美術館生活 Museum life」ね。どちらも、おしゃべりすることへのあの永遠の驚嘆を感じた － 彼がパリで、私はブロックウッドの自室で、そして、「この午後、私が〔カリフォルニアの〕マリブにいるとき、…」と言うことができる。」（二人ともクスクス笑う）

「午前10時20分に、クリシュナジ、ドロシーと私は、集合した学校〔のみんな〕に対して、さようならの手を振った。カメラのカチャ、カチャという音。そして、車で〔ロンドン西部の〕ヒースロー〔空港〕へ走り去った。すてきな朝 － 雲はない。野原、畑の日陰部分は霜が彩っている。私たちは一時間二十分でそこに着いた － パーパーバックを求めて〔書店の〕W.H.スミス（W.H.Smith's）を調べ、出国カード〔の欄〕を埋めるには、充分な時間だ。私たちは、膨大で貴重なヴィザ書類を運んでいる － ロサンジェルス〔空港〕に着陸してすぐ届けるよう〔ロンドンの〕合衆国大使館で封印されたものだ。また、インドのオイル・アーユルヴェーダの食品ペーストの〔入った〕二つの大きな容器を、運んでいる。」（二人ともクスクス笑う）「私たちは、クリシュナジの好きな座席をとっている － ファースト・クラスのずっと前方の単独席二つだ。」通路の一方の側には私、通路の他方の側には彼で、前には隔壁だけになりました。
スコット―ええ。
メアリー―〔ボーイング〕747は、クリシュナジの目的に適うよう、すてきに設計されていました。（スコット、クスクス笑う）ファースト・クラスのずっと前方の単独席二つからは、隔壁に対して足を上げられました。「ロサンジェルス行きのTWA便は、午後1時15分に発った。昼食は、いつもの野菜をもじったものだったが、私たちはブロックウッドからのリンゴを持っているし、アイスクリームがあった。映画は、新版の〔アメリカのサスペンス映画〕『らせん階段（The Spiral Staircase）』だった。クリシュナジのヘッドフォンは聞こえなかった。だが、私がもう一つの席に移したが、彼は私のを使おうとしなかった。彼はちょうど便箋を持ってきていた。そして、この長い空の旅では、いつもそうするように、私に手紙を書いていた。そして、マリブへの最後の道のりだ。」彼はいつの時も書きました。彼は、カリフォルニアへ戻る機内でいつも書き、私に会ったとき、それを私にくれました。（スコット、クスクス笑う）「私はすでに彼へ一つ書いていた。彼は気をつけてペンを持つ。振り向いて彼を見ることができるのは、向こうのあの大空のように、とてつもない。または、少し前に通り過ぎたグリーンランドの山々のように。果てしない雪を降らせ、裸の大地の曲がりくねる焼きあげた外皮の端っこ。」私はこのところでは、すごく文学的でした。「太陽は沈もうとしながら、それらの幾つかをピンクに変えた。だが、〔極地近くを西へ飛行する〕私たちは沈ませないだろう。私たちは太陽や回る地球より速い。私たちがレースを離れ、着陸するときだけ、それは私たちを追い越すだろう。冬のこの深さでは、カナダ・ロッキー山脈には、ほとんど雪がない － この干魃と、この冬の狂った天気だ。」

「今、マリブに帰った。私たちは一緒に、入国管理局に入って行き、封筒を手渡した。事務官は、それを繰ってみながら、「私たちが受けとった中で一番厚い。」と言った。私はファイルに、クリシュナジの『教育について（On Education）』を一冊、見た。それからその人は、何かに判を押し、クリシュナジの写真が付いた小さなカードを、クリシュナジに手渡して、「今、あなたは合衆国の居住者です。」と言った。私たちは、ついにあの貴重なグリーン・カードをつかみ取り － それはこの頃、全く緑ではない － 外に出た。そして、

私たちの二つのかばんを見つけ、税関を通り、アラン・キシュバウが待っているところに出た。彼は運転して、私たちをマリブの家に送り、立ち去った。クリシュナジはついに自室でベッドに座り、「私は気絶するかもしれない。」と言った。彼は静かに少し座った。それから立ち上がり、ベッドのほうへ向き直り、前に倒れ込んだ。彼の顔はベッドに埋まり、彼の膝は床に付いた。私は一分間ほど彼にすがりついた。そのとき彼は気がついて、だいじょうぶだった。彼は後で言った － 自分は空港の騒音と混乱すべての中で、たぶん後で気絶するだろうと考えた、と。」

スコット－ふむ。

メアリー－「今朝起きてから、今、二十四時間だ。だから、もう何もない。だが、ああ、クリシュナジが無事安全にここにいて、彼が選ぶとおりに自由にこの国から行き来できることの、恵まれた気楽さよ。そして今、眠る。」

2月1日、「クリシュナジがここにいるのを知って、家で目覚めることは、とても良い。クリシュナジは、ベッドで眠り、読書して、一日を過ごした。彼は言った －「私はもはや夢を見ない。どちらかは忘れたが、マドラスかリシ・ヴァレーのどこかで、私は、ラージャゴパルが私を追いかけている夢を見て、それから目覚めた。私は、これはばかばかしい － あの男のことを考えつづけるなんて、と言った。もう充分だ。それで、私はそれに入った。それから夢を見ていない。」と。」

スコット－ふむ。

メアリー－ふむ、ふむ。

2月2日、「私は、ヴィニヤード〔島の継父〕ウージ（Wooge）と私の母に話をした。〔認知症の〕母は、私が言うことを何も理解するように、見えない。だが、ウージは、電話や手紙は見かけより多くの意味がある、と言う。港は氷で充たされていると言っていた。」それは、〔東部マサチューセッツ州の〕マーサズ・ヴィニヤード〔島〕です － あの年は本物の冬でした。「彼らは十分な燃料油を持っている。クリシュナジは午前に休んだ。昼食の後、彼が散髪をするために、私たちはグレイのメルセデスで、街に運転して行った。彼が散髪しているうちに、私は果物と野菜を求めて、〔野外の〕農場主マーケットに行った。それから私たちは、リンドバーグのところに行った。」－ そこは健康食品店です －「そして、夕食前に芝生を歩いて回るのに間に合うよう、家に帰った。私たちは、カーター〔大統領〕の就任式以来、最初の国民への演説を見た。彼はクリシュナジに良い印象を与えた。」

翌日は、2月3日です。「私は料理をした。イヴリン・ブラウ、エルナとテオ〔・リリフェルト〕が、昼食に来た。クリシュナジはインドについて、話をした －〔首相インディラ・〕ガンディー夫人との会合の幾つか、諸学校のためのインドでの様々な計画等、だ。イヴリンは去った。クリシュナジは、エルナとテオと私に対して、たいへん真剣に、挑戦的に語った。私たちは花開くのか。そうでないなら、なぜなのか。未来において、そしてまさに今、誰が責任を持つべきなのか － まるで彼が死んでしまったかのように、だ。彼は、続けていく者が誰一人いないことを、自らがインドで初めて悟ったということを、言った。彼は、ブッダは自らを理解する弟子が〔二大弟子のサーリプッタとモッガラーナという〕二人だけいたが、彼らはどちらも、ブッダより前に死んだ、と言った。なぜ誰一人、いないのか。」私はそれでいつも、いつも悩みました。

スコット－ええ、知っています。知っています。

メアリー－ただもう全くの悲劇と見えました。

スコット－知っています。知っています。そうでした。今もそうです。

メアリー－「彼は、自分は容易い答えを知っている、と言った － 大きなオークの樹のもとでは何も育たない、等と。「でも、あなたたちは何をするのでしょうか。」彼は、自分が何をするだろうかは知っている、と言った。「例えば、私はあの人より聞いてきたとします。私は少し理解しました － 私はそれについて話そうとします。」と。彼は、私たちはシンシア・ウッドに理解させ、真剣にさせ、それについて話をさせなければならない、と言った。それから彼は言った －「私はもう十年、たぶん十五年の間、あたりにいてあなたたちを手助けするでしょう。」と。」

翌日、「クリシュナジは私に対して、昨日イヴリンが去り、自分が真剣にエルナ、テオ、私に話をしたとき、部屋の変化を感じたのかどうかを、訊ねた。私は、サルジト・シドゥーに電話をかけた － 彼女は、ナラヤンが校長として、カナダ〔、ヴァンクーヴァー島〕の自分たちの学校の代わりに、リシ・ヴァレーに行くとの変更を、受け入れた。彼女は安堵して見える。ナラヤンにとって〔カナダへの〕入国問題は、ほぼ克服不可能であったからだ。彼らはほぼ、自分たちの教職員すべてを持っているし、校長を持たないだろう。昼食の後、クリシュナジは映画に行きたいと思った。それで、私たちは運転して〔ロサンジェルスの〕ウェストウッドに行き、〔「ダーティ・ハリー」の第三作、〕『執行者（The Enforcer）』を見た － ふさわしいサスペンス映画だ。その後、私たちは本の買い物をした。クリシュナジは〔マリブの自宅で〕芝生を歩いて回った。私は、〔隣家の〕アマンダとフィル〔・ダン〕のところに、短く出かけて行った。」

2月5日、「私たちは家に留まった。例外は、私が午後に一時間、ダン家に歩いて行ったことだ。ベツィ〔・ドレイク〕がそこにいた。昼食でクリシュナジは、マントラ（mantra. 真言）を意味するサンスクリットの語根は興味深いと、言った。「man は、ならないことを熟考する、を意味する。tra は、自己中心的な活動を滅する、呑み込む、終了させる、を意味する。」と。」

それから、次の数日間は、本当に何もありません。やっと、9日に、「早い昼食の後、私たちは、ちょうど封切りの映画を見に、〔ロサンジェルスの〕ウエストウッドに行った － クリシュナジが好きなウォルター・ワグナー（Walter Wagner）のスリラー小説から作られた、『合衆国最後の日（Twilight's Last Gleaming）』だ。映画は、私たちが本で憶えているものとは、違っていた。それは、あらゆる〔卑猥、汚穢の〕四文字言葉と不作法さに、満ちていた。ウエストウッドを歩いて行くことは、動物園を歩いて行くようなことになってしまった － 例外は、動物園には威厳ある動物たちがいることだが、人間という種族は、この惑星で人類が最悪であると考えさせる。」私はとても批判的だわ。（笑う）

スコット－それに全く正しいね。

メアリー－2月10日、「真夏の日だ。クリシュナジは九時間、眠った。彼は、まるで自らが「舞い踊っていた」かのように感じて目覚めると、言った。午前遅くに、〔建築家〕チャールズ・ムーア、バート・フェルプス（Bart Phelps）と」－ 彼は副建築士であり、本当は、オーハイの住宅の建築を監

督する人物でした －「ジョン・ルーベル（John Rubel）は、リビング・ダイニング区域のマケット（maquette）二つを、持ってきて、」－ クリシュナジは、〔平面の〕青写真や建築図面を理解できませんでした －「天井構造とダイニング区域を示した。彼らは、それをクリシュナジとともに調べた。彼は、より重い梁と、ダイニング・ルームのわずかに簡素な配置を、提案した。クリシュナジは疲れてぼんやりしていると見えた。バスルームに多く行くことで、彼は煩わしがっている。彼は、それは自分が朝に飲んでいるハーブ茶なのだと考える。私はレイリー〔・バクティール〕（Lailee）に電話しようとしたが、」－ 私たち双方の〔掛かりつけの女性〕医師です －「彼女は今日いない。建築家たちは、私たちとともに昼食をした。私たちは午後に会合を継続した。建築家たちは去った。結局、クリシュナジは眠った。〔隣家の〕アマンダ〔・ダン〕は、自らが〔不動産業の〕ルス・カーター（Ruth Carter）とともに見た、莫大な価格の割におぞましいマリブの住宅群について、報告した － 狭い区画の上のみすぼらしい浜辺の住宅に45万ドル、もう一つには100万ドルだ。それで、彼女と〔夫の〕フィルはこれまで以上に、自分たちのところに留まらなければならないと、確信した。次のムーアとの会合では、費用見積もりが出るだろう。マリブの〔住宅〕価値は、それに釣り合わなくてはいけないだろう。」最後にはそうなりませんでした。でも、それはまた別の物語です。

2月11日、「またもすてきな一日。私たちは、午前9時に緑のメルセデスで発ち、〔マリブ西部の海外沿いの〕トランカス（Trancas）でガソリンのために停まった。或る男が、クリシュナジを認識し、「ハイ、ジドゥ。」と言った。」（笑う）「醜く野卑た笑いで、「私は前世であなたの息子だった。」と。毎日、振る舞いはさらに狂って不快になる、と時折見える。クリシュナジは、私たちがいつも入れ替わるところまで、運転した。大きな岩の近くで、彼は言った －「あなたはこの頭脳を覗き込み、彼がどのように考えるかを学ばなければいけない。〔神智学協会の〕アンマとレッドビーターは、この頭脳は千年間、準備されてきたと、言いました。特別な頭脳です。たぶん、私が長生きするほど、より良くなるでしょうし、私はもう十年か十五年、生きるでしょう。あなたは二十歳若い。あなたは私より長生きしなければならない。私は誰かを見つけなければならない。たぶんそれはあなたです － 何かを理解した、続けていく誰かを、です。今それを言うのは、無益です。でも、私は、四十年前にあなたに会っていたならと、思います。」と。」

スコット－ふむ。

メアリー－「私たちは、〔オーハイの西端の〕オーク・グローヴ学校の建物に、行った。イヴリン、テオ、〔建築家の〕キャレイ・スムート、マーク〔・リー〕とテッド〔・カーテー〕が、みんなそこにいた。パヴィリオンはほぼ完成していて、とても格好良く見える。クリシュナジは、仕事の質に感心していた。多くの詳細が気をつけて為されている。あたり一面に笑顔。イヴリンの要請で、私たちはエロイーズ（Eloise）の厩舎まで行った。」－ それはイヴリン・ブラウの娘です。彼女は馬を持っていました。私たちは、オーク・グローヴから道路の向こうに、馬たちのための厩舎を、持っていました。彼女は、子どもたちに乗馬のレッスンをしました。

スコット－ふむ、ふむ。

メアリー－「クリシュナジは、その見栄えがまったく気に入らなくて、私に対して、「もしラージャゴパルがそこのそれに反対するなら、彼は正しい。」と言った。そこは確かにみすぼらしく見える。私たちは、〔オーハイの東端のパイン・〕コテッジに行った。そこでは、小さな子どもたちみんなが、そこにいて、クリシュナジに挨拶した。誰もがみな、恥ずかしがり気味だった。マー・デ・マンツィアーリが午後1時に来た。彼女は姉のミマ・ポーターのところに泊まっている。私たちみんな － クリシュナジ、エルナ、テオ、イヴリン、ルス〔・テタマー〕、マー、マーク、アシャ〔・リー夫妻〕、テッド〔・カーテー〕、マイケル〔・クローネン〕－ は、アーリヤ・ヴィハーラですてきな昼食をとった。後でクリシュナジは〔パイン・〕コテッジで、エルナ、テオ、私に対して、話をした。彼は、私〔メアリー〕が本当にコテッジへ建て増すべきかどうかを、訊ねた。その価値があるのか。彼は、自らがマリブで取るほどの休みを、そこで取るという問題を、出した。要因は、彼に集中する人々の心霊的な圧迫だ。」いつもそれは、出てくることでした。

スコット－ええ、知っています。

メアリー－「ほとんどの人たちは、彼がマリブ〔のメアリーの私邸〕にいるのを、知らない。だから、彼はそこではよく休む。だが、誰もがみな、オーハイを彼のいるところと想定し、考える。彼は、自分はその感じを切り捨てられるが、そうしたくないと、言った。私たちはこれについて議論した。彼は最終的に、自らが時折、一日間、〔西方向の〕サンタバーバラかどこかに行ってしまうことにより、それを回避できることを、言った。ブロックウッドでは、一日間、ロンドンに行くことで、そうなる。エルナとテオ〔・リリフェルト〕は、私がオーハイで生活することが極めて重要だと、言った。クリシュナジは、自らが車の中で私に対して、彼の頭脳の内側に入ること等について言ってきたことの幾らかを、再び言った。私たちは、教えに対して、それを続けることへの責任がある。すでに何かを理解したし、そこから語らなければならない。私は、彼がブッダについて言っていたことを、出した － すなわち、ブッダは、本当に〔ブッダ〕自分を理解する弟子を二人だけ持っていたが、その二人ともブッダより前に亡くなった。けれども、仏道はこれらすべての年月、生きつづけてきたし、力でありつづけた、と。クリシュナジの教えは存在している。それは生きている。だが、彼はもっと多くを、誰かを、または二、三人を求めている － 自分の理解から語りうる人を、だ。私は、エルナとテオがこれに悩まされていると、思う － 自分たちは語りうると感じていない。ただクリシュナジや、この能力を持っている他の誰かを、支えるだけだ。クリシュナジは、私たちが彼の精神をのぞき見られるかどうかを、訊ねた。私は言った － 長く聞くことからたいてい、彼が質問をされるとき、私は彼が何と答えるだろうかを知っている。でも、彼がどのように質問者にそれを分からせるだろうかを、知らない、ということを。」

スコット－ふむ、ふむ。

メアリー－「見たところ、リリフェルト夫妻は、私の助けと存在を求めている。クリシュナジの休みと隠棲については、可能なだけ早く、〔アーリヤ・ヴィハーラで学校が始められ、コテッジもあるオーハイの東端の〕マクアンドリュー・ロード〔の資産〕を私用にしておき、成人センターを含めて活動すべてが、西の端に集中されなければならない、ということが、同意された。クリシュナジが後半を運転し、

私たちは家に帰った。」ええ、彼はそれらについて、とても関心を持っていました。

2月12日、「私たちは一日中、家にいた。クリシュナジはベッドに留まり、休んだ。私はデスクで仕事をした。暖かく美しく雲のない一日だった。〔雨が少なく、〕給水制限がありそうだ。」

翌日、「クリシュナジは私に、「お誕生日、おめでとう。」と挨拶をした － それはちょうど、私が合わせたいと思うほどだった。〔お隣の〕アマンダとフィル〔・ダン〕は相互の機転を拡大した。〔継父〕ウージが電話をかけてきた。母は眠っていて、電話では何も話ができない。〔Kの元秘書〕アラン・ノーデもまた電話をかけてきた。またも美しく雨のない雲のない完璧な夏の一日だった。私は雨を希うことを慎んだ － それは、失われたエネルギーだ。昼食でクリシュナジは、「私はティズミックに感じている。」と言って、いたずらっぽく見えた。それは、神秘〔ミスティック〕な雰囲気を気取る人々について彼と〔その弟〕ニトヤが言ったことであるように、見える。」(二人とも笑う) ティズミック！！「彼は午後に眠った。私は短くダン家に訪問に行き、戻ってきた。クリシュナジと私は散歩をし、芝生を十回、回った。私の脚は現在、自転車漕ぎよりそちらを好んでいると見える。あまりに運動が多いと、脚に機能障害の感じがする。また電話があった。一番可能性を予想しなかったケーリー・グラント(Cary Grant)が変わらず私に、誕生日、おめでとうと言ってくれた。ぺちゃくちゃおしゃべりする人だ。彼が本当に望んでいるのは、この住宅を買う可能性を知ることだった。私は、売りに出すとき、彼に知らせようと言った。」

スコット－では、自転車というのは、固定式の〔フィットネス・〕バイシクルという意味ですか。

メアリー－ええ、固定式です。ええ、ええ。私はいつもそれを持っていましたし、今でも一つ持っています‥‥

スコット－知っています。でも、これはただ、これの最終的な聴衆のためです。

メアリー－‥‥でも、あまり使いません。

スコット－まさに固定式だな。(二人ともクスクス笑う)

メアリー－2月14日には、私が記しているのはこれだけです －「またも夏の日。所得税に取り組んだ。弟〔バド〕が電話をしてきた。私は午後に昼寝をした。」

翌日、「私は午前に再び、所得税に取り組んだ。暑く美しい一日だった。私たちは早い昼食をとった。クリシュナジは言った －「あなたは、自らがすでに知っていることを信じている。あなたは、すでに自らに見えたものが、見える。ゆえにあなたはけっして何も見えない。」と。私たちは、人々があらゆるものごとを過去のものごとと同等視することについて、議論していた。この会話は、クリシュナジをG.クリシュナムルティ(G.Krishnamurti)、ヴィマラ・タカール(Vimala Thakar)、ブッバ・フリー・ジョン(Bubba Free John)と一緒くたにする図書館に、クリシュナムルティの本を求める手紙の結果として、出てきた。クリシュナジは、私が言うのを提案した － すなわち、「クリシュナムルティは、ここ五十年間、自らがどの集団、どの宗派、どの宗教的信念、どの導師とも接続されるのを望まないということを、きわめて明らかにしてきた。Kは、どの集団や人物とも関連されるのを、望まない。Kは、彼らはみな反動主義者、伝統主義者、霊的権威の受容者であると考えるからだ。彼らは、彼ら自身が従う者になるのを許す。ゆえに、Kが長年言ってきたことを、全面的に拒否する － それは、あなた自身にとって光であれということだ。Kは誰にも従わないし、どの導師の権威をも受け入れない。〔従うことなど〕このすべては、自分自身にとって光であれとの布告 － すなわちKが五十年間以上、言ってきたこと － に、矛盾する。」ということを、だ。それから私たちは、〔ロサンジェルスの〕ウエストウッドに、そして〔サスペンス〕映画『カサンドラ・クロス(The Cassandra Crossing)』に行った － ばかばかしいが、気晴らしをし、休むには十分なサスペンスだ。」私は、私たちが行ったこれら映画の記憶を、何も持っていません。(スコット、クスクス笑う)「それから私たちは、ブレントウッド・マーケット(Brentwood Market)で、よりよいリンゴの買い物をし、夕食のため家に帰った。クリシュナジは再び、「私はかなりティズミックに感じる。」と言った。」(二人ともクスクス笑う)

2月16日、「私はお使いをし、パスポート写真を得た。それからビヴァリー・ヒルズで腕時計を、そして、〔フランスの〕ボーリュー〔社〕のムービー・カメラのベツィ(Betsy)の貸し出しを、取ってきた。」私は、それが何のためだったのか、分かりません。「暑い一日、〔華氏〕87度〔、摂氏30.6度ほど〕。午後3時までに帰った。クリシュナジはベッドで休んで一日を過ごした。」

翌日、「エルナとテオ〔・リリフェルト〕が昼食に。イヴリンとルー・ブラウ〔夫妻〕が午後3時30分に来た。私たちは〔アメリカK〕財団の財務について議論した。ルーは、好調だと言う。建築計画については、前もって賦課すべきだ。クリシュナジとイヴリンは自信に満ちている －「お金は得られるだろう。」と。私はルーに訊ねた －〔オーハイの東端の〕マクアンドリュー資産が「教育施設」に再区画されるのなら、税金〔対策〕を視野に入れて、私がマリブと相対してマクアンドリュー資産を買うなかで、それが起こしかねない困難について、だ。ルーは、何も問題はないと言った。」まあ、論点は、私がもしも〔現在の〕マリブ〔の家〕を売ったなら、〔そして〕もしも自分の〔新しい〕居住地になるもう一つの場所を買ったなら、それに対する大きな譲渡所得税を支払わないだろう、ということでした －〔新しく買った場所〕そこには生活しなくてはいけません。

スコット－ええ、ええ。

メアリー－さあ、18日について、です。「〔隣のダン家の娘〕フィリッパ〔・ダン〕と〔その夫〕ディヴィッド〔・ネルソン〕が昨夜、〔東部の〕コネチカットから、十日間の訪問で到着した。彼らは早く私に会いに来た。それからクリシュナジと私は午前9時30分に、〔メルセデスの〕グリーン・ビューティで、クリシュナジが運転して、オーハイへ発った。海岸道路では彼は言った －「ここ三、四ヶ月の間、眠りの間に何かが起きてきた。ばからしく聞こえるが、でもそれは、忘我〔エクスタシー〕の感覚だ。まるで頭脳が深みを同化しようとしているかのようだ。深さはふつう、浅さと深さを意味している。そのようなもの － 浅さの対極である深さ － ではない。夢はふつう表面的であり、ほとんど意味を持っていない。私はほとんど夢を見ない。」と。」

「私は訊ねた －「あなたはそれをどのように知覚しますか。」と。」

「クリシュナジは答えた －「私が目覚めるとき、かつてあったことのないふしぎな感じがある。」と。」

「私 ― 「それは、頭脳が前に触れたことのない何かに、触れつつあるということですか。」」
「クリシュナジ ― 「ええ。そのとおりです。それは、頭脳がかつて触れたことのない何かです。それは経験ではない。その眠りには、何かへのさらに大きな浸透が、ある ― 頭脳が…どんな思考にもけっして触れられない何か、だ。」」
「私 ― 「ほとんどの人たちに起こるのは、何かが見える。そのとき、それが何なのかを理解しようとする、ということです。でも、これは違っていますか。それはどのように違っていますか。それは、頭脳が究明できることの領域外ですか。それは正しいですか。」」
「クリシュナジ ― 「頭脳は、それを理解しようとしています。それが何なのかを見出そうとしています。」。」
「私 ― 「あなたが、「頭脳」と言われるとき、思考という意味でしょうか。それとも、思考なしの頭脳でしょうか。」。」
「クリシュナジ ― 「いや、思考ではない。」少し後、彼は言った ― 「あの夜、私たちが静かに座っていて、部屋に何かがあったのを、憶えていますか。あれがもっと起きてきています。インドでは少し起きました。」私は彼に対して、痛みについて訊ねた。彼は、それはいつの時もかすかに続いていると、言った。私は、『ノートブック（The Notebook）』の「他なること（otherness）」と、彼が今日語っているこのことは、同じことについてなのかを、訊ねた。彼は、「ええ、ええ。」と言った…「でも、私は「他」を憶えていません。それは去りました。」と。」
「私は言った ― 「あなたは精神的な比較をしないけれども、私のいうことの意味を知っています。」と。」
「彼は、「ええ。」と言った。」
スコット ― ええ。で、彼は、あなたが言って意味しているかを、知るわけです…
メアリー ― ええ、そのとおりです。
「私たちは、オーハイ〔の街中〕で停まって、地元の建築家ゼルマ・ウィルソン（Zelma Wilson）が設計した教会を見た。そして、それは相当にすてきだと知った。私たちは、〔オーハイの東端の〕客用アパートメントで〔アメリカK財団の〕理事の会合のために、他の人たちに会った。私たちは、幾つかの建物を先に進めることについて、議論した ― すなわち、〔学校の〕管理居住棟、成人センター、教室棟だ。昼食の後、クリシュナジ、テオ〔・リリフェルト〕と私はその車で、マーク〔・リー〕、シンシア〔・ウッド〕、イヴリン〔・ブラウ〕、アシャ〔・リー〕はもう一台で、〔建築家ゼルマ・〕ウィルソン夫人による建物を、見に行った。戻る途中で、クリシュナジと私は、〔オーハイの東端を東西に走る〕リーヴス・ロード（Reeves Road）に面するアドビ〔煉瓦造りの建物〕の建設を、見た。ウィルソン夫人が私たちに会いに来た。彼女はかなりこわもての女性だった ― たぶん自らの商売と、オーハイの建築事情にまつわる自らの道筋を、知っている。」私は〔この記録に〕人々についてこれらのことを出すのは、嫌です。
スコット ― メアリー、だいじょうぶです。これらのことは、人々が亡くなるまで、出てこないでしょう。でもまた、あなたの印象を示すことは、公平です。あなたは、「真理」を語っているとは主張しない。
メアリー ― でも、私は、世間が読むよう、それを遺そうとしています ― 世間がそもそもこれを読むとして、ですが。

スコット ― まあ、あなたが望むなら、後でそこを外せます。
メアリー ― 彼女はたぶん今では、亡くなっています。
スコット ― そのとおり。
メアリー ― ともあれ、私はいつの時も、そんなに批判的でなくてもいい。
スコット ― まあ、いや、メアリー、あなたはただ、自分が何を考えていて感じていたかについて、正直でいようとしているだけです。
メアリー ― まあ、私は、自分が考えていることを言っています。でも、私は、いつの時も自分が人々について何を考えたのかを、彼らに言って回らなくてもいいわ。（スコット、ただ暖かく笑う）ああ、どこですか。「決断は、教室棟についてはまだ漂っている。私たちが学校の事態について議論する間、教師のデニス・ダンカン（Dennis Duncan）が、教師たちを代表して来た。クリシュナジは学校の意図に入った。彼は、もしも自分が親だったなら、自分の息子がどの社会でも生活できるだけの智恵を持つよう ― 全的な人間存在であるように、その子を私たちに送るだろうと、言った。私たちが発ったとき、午後6時だった。午後7時30分までにマリブの家に帰った。疲れる一日だ。」
2月19日、「私は、自分の弟〔バド〕の誕生日に、彼に電話をした。彼らは週末の間、〔東部のマーサズ・〕ヴィニヤード〔島〕にいる。ヴィニヤードの議員たちは、マサチューセッツ〔州〕の立法議会に怒り狂っていて、〔今の州から〕離脱して〔合衆国の〕五十一番目の州になりたいと思っている。」（二人とも笑う）「クリシュナジは、その日をベッドで過ごした ― 例外は、午後の芝生を回る散歩だ。〔お隣の〕フィリッパ〔・ダン〕と〔夫の〕ディヴィッド〔・ネルソン〕が、午前に私に会いに来た。クリシュナジは、フィリッパは「何かを持っている」と考える。彼は彼らに、私たちの仕事に関与してほしいとも思う。晩に私は、妖精に関する本の書評を読んだ。そして、クリシュナジに対して、それらが見えたのはいつだったかを、訊ねた。「イングランドでは」と彼は言った。彼らが、〔イングランド南東部の〕アシュダウン・フォレスト（Ashdown Forest）[21]に生活したとき、彼はいつの時もそれらが見えた。時に彼は、夜に歩くのを恐れた。彼はそれらを私に叙述できなかった。彼は忘れてしまった。」（クスクス笑う）「私は、〔Kの弟〕ニトヤはそれらが見えたのかどうかを、訊ねた。彼は思い出せなかった。彼はインドでそれらが見えたのか。たぶんそうだ。彼は今日、もしも見ようとしたなら、それらが見えるのか。たぶん私は、ブロックウッドの木立（グローヴ）で、それらが見えるかもしれない。なぜそのときであり、なぜ後ではそうでないのか。「それは、インドから帰った後でした。後でたぶん私は、もっと洗練されたし、それらは見えなかった。」と彼は言った。」（二人ともクスクス笑う）きっとそれらはブロックウッドの木立（グローヴ）にいるにちがいない、と私は思います。思いませんか。
スコット ― どこでもそのあたりにいるのなら、木立（グローヴ）にいます。
メアリー ― ええ。
スコット ― ええ。そして、ブルーベルの林に[22]。
メアリー ― ええ。ああ、そう、そうです。（スコット、クスクス笑う）私は、自分がブルーベルの真っ盛りの季節に到着したとき、あなたが私をそこに連れて行ってくれたことと、それがどんなに美しかったかを、憶えています。
スコット ― ええ、ええ。通常はそれらを見逃してしまいま

した。
メアリー―２月20日、「クリシュナジと私は、日の入りに歩いた。新しい月の銀の糸が見えた。」
　２月21日に、「私は所得税の準備に取り組んだ。私たちは早い昼食をとり、〔アメリカのコメディ風スリラー〕映画『大陸横断超特急（The Silver Streak）』に行った。それは、お色気の場面で、ねちこく始まり、」（二人ともクスクス笑う）「それから、刑事と泥棒の筋立てで、ことは改善した。クリシュナジは楽しんだ。」彼はお色気の場面が好きでなかった。
スコット―ええ、知っています（笑いながら。メアリーも笑う）。
メアリー―彼は風景とアクションが好きなだけでした。
スコット―ええ。お色気の場面がやって来るとき、彼は、「ああ、またやって来た。」とか、何かそのような貶す発言、または、「ああ、これはつまらないな。」とか、言ったものです。
メアリー―ええ、ええ。（笑う）人々が互いに撃ち合いを始めるときのそれらは、・・・
スコット―・・・はるかに良かった！
メアリー―その後ろに美しい風景があると、好ましい。（二人とも笑う）そのとき、それはすてきでした。「車でクリシュナジは、「私は、あなたがどのようにこれらに入ってきたかを、考えていた。それは計画されていたにちがいない。」と言った。」まあ、私たちにはけっして分からないでしょうね。ともあれ、「映画の後、私たちは〔健康食品店〕リンドバーグに行った。それから家に帰った。私は〔サンフランシスコの〕ブランシェ・マティアス（Blanche Mathias）に話をした。彼女の目は良く見えていない。私たちは早くベッドに入った。二人とも疲れていた。」
　翌日、「私は、所得税の準備を終了した。〔お隣の娘〕フィリッパ〔・ダン〕と〔その夫〕ディヴィッドが、クリシュナジと私との昼食に来た。クリシュナジは彼らが好きで、フィリッパに何かを感じる － 暖かさと敏感さだ。彼は、フィリッパとディヴィッドはインド音楽に自らの生をムダにしつつあると、考える。」彼女は何かインドの楽器を演奏します。
スコット―ふむ、ふむ。
メアリー―「「彼女は私たちとともにいるべきだ。」だが、私たちはみんな昼食では気楽におしゃべりしたけれど、クリシュナジは、時折するようには、彼らに対して動かなかった。後で彼と私は歩いて、ダン家の丘を降りて戻った。」彼らは、浜辺に降りる道路を持っていましたが、私たちはそれを持っていませんでした。「私の脚は後で痛んだ。登ることの特別の圧迫には、私の脚にとって何か悪いものがある。クリシュナジは晩に〔テレビで〕、『刑事コジャック』を見た。」
　２月23日、「雨、驚きの雨が、わずかに降った － ほんの十八分の一インチ〔、約0.14ミリメートル〕だ。私は一人で街に行った。私は自分の所得税書類を、自分の税務申告作成者の事務所に届けた。それから髪を切った。ベル・エア・カメラ（Bel Air Camera）で私は、サンキョーの音声つき８ミリのムービー・カメラを買った。私は午後５時までに家に帰った － そこでは、クリシュナジと〔古くからの友人〕シドニー・フィールドが、緑のメルセデスを洗っていた。シドニーにお茶をふるまった。」（スコット、クスクス笑う）私は、そもそもムービー・カメラを持ったことを、憶えていません。
スコット―私は、あなたがそもそもムービーを撮ったのを、思い出せません。
メアリー―ええ、私もそうです。一度もです。知りません。空白、健忘症です。

編集者の憶え書

続くものは会話である。その類のものを私は、クリシュナジによる他のものや、彼についての他のもののどこにも、一度も見たことがない。次の二日間の日記の記入は、通常、何かを読むために編集するようなやり方では、編集されていない。そうすることは、あまりに多く無謀なことをしすぎると、私は感じた。代わりに私は、次の二日間の記入を、メアリーが自らの日記に書いたとおり － 休止なく続く文章、気まぐれな句読等があるものを全くそのとおりに、書き起こした。

　２月24日、「私たちは早くオーハイに発った。車中で私たちの会話は、雰囲気の話に行き当たった － 善と悪だ。私は、自分にとってオーハイの村には、何か不快なものや嫌らしい人たちの強い感覚があるということを、言った。」私はそれを感じたんです。憶えています。
スコット―ふむ、ふむ。
メアリー―「クリシュナジは、「なぜかを知っていますか。」と言った。」
　「「まあ、それはあるんです。」と私は言った。」
　「クリシュナジは、「あなたはそれが分かります。」と答えた。」
　「「敵意があり、葛藤・抗争があり、妬みがあります。」と、私は言った。」
　「クリシュナジは、「なぜそこにあるんでしょうか。」と訊ねた。」
　「「そのように感じる人々が、そこに行き、汚染するからです。」と、私は言った。」
　「クリシュナジは、「それがすべてです。」と言った。私たちはさらに少し話をした。クリシュナジは私に対して、私はどのようにそれに出会うかを、訊ねた。私は、それについては何もしないと、言った。私はただそれを感知した。だが、或る場所において、私にとってより大きな関係は、その土地、美しさ、丘や海、光に対して、だ。」
　「クリシュナジは、どんな抵抗、敵対もあってはならない、と言った。慈悲がある。自己はない。自らが防御しているものは、何もない。そしてまた、とてつもない美しさ、山々と光も、ある。「これには自己がない。だが、呼び起こしたり、または 輪 を形成したりさせられる善が、ある － それをとおして他は来ない。だが、抵抗するとか、悪いものへ何か敵対を持っているかぎり、善いものはありえない。」と。」
　「私たちは、〔アメリカK財団の〕他の理事たちと、〔建築家〕チャールズ・ムーア（Charles Moore）とマレイ・シルヴァーステイン（Murray Silverstein）とともに、会合した。集会ホール － 成人センター － の設計を見るためだ。多かれ少なかれ、好ましいと思われた。彼らは、模型を作り、幾つかの追加をすることになっている － 三十人が泊まれる一人用の部屋のための計画だ。」それはけっしてできませんでした。私たちは、そういう出来事のためのお金がなかったんです。
スコット―それはどこにあるはずだったんですか。
メアリー―それは、・・・正確に見られます。〔オーハイの西端に〕オーク・グローヴがあり、それから〔その西側に〕

学校のある残りの土地があります。残りの土地に、オーク・グローヴの裏口または北口の隣にあって、…
スコットーそのとおり、そのとおり。理解します。そのとおり。
メアリーーでも、それは夢物語でした。そのお金がなかったからです。
スコットーもしも建てられていたなら、最初の成人センターがブロックウッドにある代わりに、そこが、最初の成人センターだったでしょう。
メアリーーそのとおり。それが意図されていたことでした。
スコットーふむ、ふむ、ふむ。
メアリーー三十人の人たちが泊まるでしょう。それは大きな建物です。そこは図書室を持つはずでした。そこは、クリシュナジが人々と会合できる部屋を、持つはずでした。または、それ以上ね。彼は一団の人々に話しかけることができたでしょう。

「みんながアーリヤ・ヴィハーラで昼食をした。それから〔建築家〕ムーアとシルヴァーステインは立ち去った。〔アメリカK財団の〕理事たちは会合し、〔建築家〕ゼルマ・ウィルソンに教室棟の設計を頼むことに同意した。」これは行われました。それは、他の教室棟があるところにあります。
スコットー小学校ですか。
メアリーーええ。そこはまた、図書室と、物理学の教室と幾つかのハイスクールの教室をも持っています。それからまた、小さな子どもたちをも、です。
スコットーふむ、ふむ。
メアリーーごた混ぜです。でも、ともあれ、「クリシュナジ、エルナ、テオ〔・リリフェルト〕と私は、〔オーハイを東西に走る〕グランド・アヴェニュー（Grand Avenue）を歩いて行った。私たちが戻ってきたとき、暗かった。一台の車が、無灯火の自転車を回避するため、急に向きを変えて、エルナと私のおよそ二十フィート〔、約6メートル〕後ろを歩くクリシュナジとテオのごく近くに来た。クリシュナジと私は、〔パイン・〕コテッジで夜を過ごした。寒かった。」

2月25日、「クリシュナジはよく眠れなかった。彼は悪夢を見たと言った。「悪い者たちが、私を押しやろう、私と闘おうとしていた。私は、自分自身のまわりに輪を作ろうとしていたが、それは効かなかった。私は最後に目覚めた。」…「私は、住宅のまわりに輪を作ろうとしていた。私は、あなたがそこに入っているのを、知っていた。私は輪を作ろうとしていた。」と。」

「私が彼に対して、なぜ輪が効かなかったのかを質問したとき、彼は、「まあ、それは私が目覚めたからだな。」と言った。」（クスクス笑う）「そして、彼は右足に痙攣を起こし、それを軽減するために這わなくてはいけなかった。それから彼は戻って眠った。そして、他方の足が痙攣を起こし、再び彼はそれを軽減するために這わなくてはいけなかった。それから私たちは、輪を作ることについて、話しはじめた。彼は、それは自らが話したいと思わないことだと、言った。」
スコットーふむ、ふむ。
メアリーー「私は、「それは魔法でしたか。」と訊ねた。」

「彼は、「ええ、一種ね。」と言った。」

「私は、「あなたはそれを学びましたか。それを教わりましたか。」と訊ねた。彼は、いや、と答えた。だが、彼はそのようなことを知っている。私は、なぜそれは他の人たちに語られるべきでないのか、と訊ねた。「私は、魔法それ自体についてあなたに訊ねていません。でも、なぜそれは語られるべきでないのですか。」彼は、「私はそれについて本能を持っています。私はそれについて一度も話したことがない。」と言った。それから彼は、「私たちが〔長い不在の後、1966年10月に〕初めてこの住宅に来たときを、憶えていますか。」と言った。」－彼はパイン・コテッジに言及していました－「「私は逃げ去りたかった。悪かった。すべて間違っていた。それから私たちは来て、泊まった。すると、だいじょうぶになった。ますます良くなった。それを憶えていますか。」私は憶えていた。このことから、彼は私に対して、自らが住宅に来るときいつでも、このことをすると、語った－ブロックウッド、マリブ、ここ〔オーハイ〕でも。または、〔スイス、ザーネンの〕タンネグ〔山荘〕でもだと推定する。または、ホテルの部屋でも。彼は、自らが「場所に輪を描く」と呼ぶことを、行う。彼は、自らが私とともにいないとき、自らがそれを行うのが難しいことが、一つの理由である、と言った－私が旅行していたり、離れていたりするとき、だ。しかも、私が一人で車で街に行くときでさえ、彼は私を保護するために、それを或る程度、行う。ここには、私が要所だと思うものがある。彼が言うように、自らはマリア」－知っていますね、それは彼の私への呼び名でした－「または自分自身を、保護しない。自らは抵抗無く、対立無く、自己を立てること無しでいる。対立が何も無いから、ここに自己はない－本質的部分は、自己が無いことと対立が無いことだ。彼は、天使たちについて語った。感傷的な存在としての天使やら何やら－彼の言い方－ではない。善、美しさへの招待だ。」

「私は、オーハイの村での嫌らしさへの自分の感じについて、語った。彼は、何がそれを引き起こすのか、と言った。私は言った－まあ、これら妬み、嫉妬、敵対、対立の性質を持っている人たち、それは場所に影響する、と。彼は、あなたはそれをどうしますか、と言った。私は言った－私はそれについて何もしません。でも、私にとって村、丘、空の真実と美しさは…だが、真実が谷、丘、空の美しさであるのを、見なさい。それは私のではないし、そこに何も私はない。彼は言った－「ええ。あなたはそれを知っている。今、そこから動きなさい。それがその始まりだ－何も対立が無い、自己が無い、中心が無い。美しさと善への招待、開いていること。」と。彼は、善の力、悪の力があることを語った－悪の力は、尋常でなく拡がっている。今日それは世の中に、ものすごく感知される。それは、残虐性、戦争、殺し、痛めつけること、動物を傷つけること、自然のすばらしさを破壊することに、見られる。だが、尋常でない善の力がある。彼は私に、それについてリリフェルト夫妻へ話をしてほしいと思う－彼からではない。他のもの（the other）のこの中心なき無自己の感覚について、話をするのだ。彼は、自らは多くのことを行うが、魔法は教えてはならないと、言った－彼ができることはある。すなわち、もしも仮に私が自分でそれらを学んだとしたなら－彼はそういうことを含意していたと私は思う－私はそれをできないだろうこと、だ。」
スコットーあなたはそれをできない。それともすべきではない？
メアリーー「彼はそういうことを含意していたと私は思う－私はそれをできないだろうこと、だ。彼は、昨年の秋、〔南インド、マドラスの本部〕ヴァサンタ・ヴィハーラに到着

したことについて、語った。邸宅は悪いものに充たされていた。そして彼らは、彼を彼の古い部屋にはでなく、彼の新しい部屋 － すなわち二階にあるもの － に連れて行くという間違いを、した。どうしてか彼は気絶した。スナンダは、これらのことを理解しないが、彼女は彼を一人に放っておいた。だが、最後に、彼は気がついたとき、このことをして、良くなった。」

スコットーふむ、ふむ。

メアリーー「私は、ここでこれらの場所に対しては、悪いものの大きな圧迫があるだろうと、言った。彼は、それを変えることは単純だと言った。「それはさほど強くない。自らが、何かを異ならせ、善くする。」と。」

「午前11時に彼はアーリヤ・ヴィハーラで、親と教師たちとの討論会を開いた。私たちは午後4時に発ち、ゆっくり運転して家に帰った。途中で彼は、私は癒すことを学ばなければならない、と言った。それは、自己なく、慈悲をもっていることだ。その人物のためではなく、慈悲だ。私は、彼は自分自身を癒せるのかを、訊ねた。彼は、「いや。」と言ったが、それから、「おそらく私は、あなたが両手を当てて、それから私が自分のをあなたへ当てるなら、できるだろう。」と言った。

スコットークリシュナジは前にこう言いました。

メアリーー知っています。

2月26日、「〔お隣りの〕ダン家は、〔娘の〕フィリッパと〔その夫〕ディヴィッド〔・ネルソン〕のために昼食会を開いた。レイリー〔・バクティール〕が」－ それは私たちの〔掛かりつけの女性〕医師です －「来ようとしていた。私は彼女に途中で、クリシュナジを診るよう頼んだ。彼女は、ピアティゴルスキー夫人（Mrs.Piatigorsky）とともに、到着した。その夫人は待った。その間、レイリーは入ってきて、クリシュナジの胸を診、ロンドンで撮ったＸ線〔写真〕を、二年前の彼の胸のＸ線〔写真〕と比較した。すべてが良かった。彼の血圧は、80から120だ。彼女は、彼は慢性的気管支炎を持っている。抗生物質でそれは消えるだろうが、たぶん再発するだろう、と言う。鼻汁を減らすために、咳止め薬を処方した。彼女は、クリシュナジが泌尿器科医に診てもらうことを、提案した。午後に私は、ダン家に行った。レイリーとおよびその夫、ワイラー夫妻（the Wylers）に、会った。そこにはまた、カーター夫妻（the Carters）、ジョー・コーエン（Joe Cohen）、ウィンキー（Winky）と、ミランダの新しい友人、ゴードン・スチュワート（Gordon Stewart）も。ベツィは後で来た。」

翌日、「私は、〔東部マーサズ・ヴィニヤード島の〕母と〔継父〕ウージに話をした。また、〔サンフランシスコの老婦人〕ブランシュ・マティアスにも。彼女の目には腫瘍がある。〔お隣の娘〕フィリッパ〔・ダン〕と〔その夫〕ディヴィッドが、午前に話をしに来た。クリシュナジは一日のほとんど眠った。」

2月28日、「私は手紙に取り組んだ。フィリッパとディヴィッドが来た。コネチカットへ飛んで行く前に、さようならを言うために、彼らはクリシュナジと私のために昼食を作ってくれた。ボーム夫妻、ドロシー〔・シモンズ〕とメアリー・C〔カドガン〕が、ロンドンから到着し、オーハイへの途中でここ〔マリブ〕に短く立ち寄った。」これは、私たちが開こうとしていた3月の会合のためです。

スコットーそのとおり。

メアリーーさて、3月1日に来ます。「クリシュナジと私は、〔ロサンジェルスの〕ビヴァリー・ヒルズに行った。そこでクリシュナジは、レイリー〔医師〕が推薦した泌尿器科医、マーヴィン・ハウスマン博士（Dr.Marvin Hausman）による検査を受けた。」彼は、後に彼の手術を行った医師でした。「彼はクリシュナジの履歴を取った。尿検査が行われた。彼は、前立腺を検査し、肥大を見つけた。彼はIVP〔静脈性尿路造影法〕検査を推奨した。」それは造影剤とＸ線を使います。「クリシュナジは、レイリーが言っていたように、ハウスマン博士は静かで穏やかな人だと見た。それから私たちは、クリシュナジの理髪店に行った。彼が散髪している間、私は洗車場を見つけた。それから彼のために戻ってきた。私たちは、〔ロサンジェルス〕郡美術館（the County Museum of Art）の裏に駐車し、車の中でピクニックをした。外は風が強く寒かった。私は、ウェストウッドで幾つかお使いをした。その間、クリシュナジは、〔友人〕ウィンキーの書店の隣で、〔テレビ業界の競争を描いたアメリカ〕映画『ネットワーク（Network）』に行った。それから私は、USG事務所での〔建築家〕チャールズ・ムーアとバート・フェルプスとの二時間の会合に、行った。」そこはちょうど彼らの事務所の隣でした。「私は、クリシュナジを迎えるために、映画の終わりまでに戻り、私たちは家に帰った。〔インドから〕ラーダー・バーニアーと、〔教育者の〕アールヤ・チャリ（Ahalya Chari）が、午後10時30分に到着したはずだった。テオ〔・リリフェルト〕が彼女たちを迎えに行って、エアポート・ホテルに彼女たちのための部屋を予約しておいた － そこで彼女たちは、夜を過ごすはずだった。だが、彼女たちはその便に乗っていなかった。」テオ、かわいそう。

3月2日、「私は午前に荷造りをした。私たちは昼食をとり、それからグレイのメルセデスでオーハイに運転して行き、午後4時30分までに到着した。私たちは〔オーハイの東端のパイン・〕コテッジに入った。ドロシー〔・シモンズ〕は隣のフラットにいる。ボーム夫妻は事務所の上のフラットに。メアリー・カドガンは、リリフェルト夫妻のところにいた。フリッツとマルグレーテ〔・ウィルヘルム夫妻〕は、アーリヤ・ヴィハーラに部屋を取っている。アールヤ・チャリは、裏の部屋に入ることになっている。ラーダー〔・バーニアー〕は、小さな部屋に入ることになっている。そして、アラン・キシュバウは、キッチンの外にいる。」

3月3日、「午前11時にクリシュナジはアーリヤ・ヴィハーラで、集合した理事たちの第1回会合を、開いた。出席していたのは、ディヴィッド・ボーム、メアリー・カドガン、ドロシー・シモンズ、リリフェルト夫妻、イヴリン〔・ブラウ〕、アラン・キシュバウ、ルス・テタマー、ジャッキーとサルジト〔・シドゥー姉妹〕、マーク・リー、フリッツ・ウィルヘルムと私、だ。テッド・カーテー（Ted Cartee）は、〔スイスの〕ナグラ〔録音機〕に録音するために、そこにいた。クリシュナジは、自分が死ぬとき、何が起こるだろうかについて議論したいと願っていると言うことから、始めた。書籍、〔録音、録画〕テープ等は十分ではない。誰が、教えが保護されて、諸財団 － 彼が呼ぶ「抱卵中の一団」－ の間に分割が存在しないように見計らう全般的な保護者に、なるのだろうか。クリシュナジを知ってきて、彼とともにいてきた集団、彼を知ることの香りを持っていて、教えの何かを理解した集団、出歩いて、その理解を伝え、それについて話をするであろう集団が、なければならない。その

集団が、クリシュナジの存命中に形成されるべきだ － 彼を知ってきて、他の人々から尊敬される人たち、これより他の興味を持たない人たちの集団だ。そういう集団だけが、ものごとをまとめるだろう。」

「私たちは中庭(パティオ)で昼食をした。私は、〔オーハイの西端のオーク・グローヴ近くのアラン・フーカーが営むレストラン、〕ランチ・ハウス（the Ranch House）からの食べ物とパンを求めて、村に行った。私が戻るとすぐ、クリシュナジは〔パイン・〕コテッジの外側に、到着したばかりのラーダー・バーニアーとアールヤ・チャリとともに、立っていた。親しさと微笑む挨拶が、アールヤ・チャリの第一印象だった。彼女の12月の私宛の手紙のように、彼女は稀なあり方で暖かった。とてもすてきだ。暖かさと威厳。中年の智恵ある女性の存在。人々を理解し、そのエネルギーが善に向かっている人だ。私たちは散歩に行った。私たちがエルナ〔・リリフェルト〕の家に立ち寄ったとき、彼女が加わった。私たちが戻ってきたとき、他の人たちみんながアーリヤ・ヴィハーラで、すでに夕食をとっていた。〔料理人の〕マイケル・クローネンが、〔パイン・〕コテッジに、スープとサラダを持ってきた。クリシュナジと私は、いつものようにトレイで食べた。」

スコット――ここで終わるべきだと思います。〔録音〕テープが切れつつあるからです。

メアリー――いいです。

原　註

1）この会話は、2004年に行われた。メアリー・リンクスとその夫〔ジョー〕は、二十年以上も前に、この所在地から引っ越していた〔し、すでに亡くなっていた。〕
2）また、ジョルジュ・ポンピドゥー・センター（Centre Georges Pompidou）としても知られている。
3）三次元の模型。
4）ウィリアム・ワイラー（William Wyler）は、〔映画〕『ベン・ハー』の監督であった（そのために彼は、アカデミー最優秀監督賞を受けた）。メアリーの〔亡き〕夫、サムが制作した映画である。
5）ベツィ・ドレイク・グラント（Betsy Drake Grant）

訳　註

*1 インデラ・ガンディーの親友でもあったププル・ジャヤカールによるKの伝記（1986）には、インデラ側から見たこのときの状況、さらにその後、総選挙敗北、首相辞任から、1977年の総選挙での勝利と首相の座への復帰、83年冬から一部のシーク教徒が籠城した「黄金寺院」への突入の決断、84年10月、Kをデリーに迎えて再会の直前の暗殺まで、Kとインデラ・ガンディーの交流が、双方に近かったププルの手により、記されている。ププルには、インデラ・ガンディーに関する回顧録もある。
*2 P.Jayakar（1986）p.342によれば、この2回目の訪問は護衛も付けない突然のものであった。さらに、この日、結果がどうであれ、非常事態を終わらせようという、か弱い動きが内に目覚め、側近に話をしてから総選挙を決断したこと、後に息子サンジャイの死んだとき問われて、私は悲しみでは涙は流さない。でも、動かされたとき、特に大いなる美しさに打たれたとき、泣く。クリシュナジのときもそうだったと答えたことなどが、言われている。
*3 この導師は、性の解放や反社会的な言動で知られた。1980年代半ば、コミューンを形成したオレゴン州の町では、行政の乗っ取りを企てて、合衆国を追放された。サーネンの集会にも、赤い衣服を着たその信者のグループが見られた。
*4 インドでは、聖者に触れることでも福徳が得られると信じられており、集会の後など、少しでも彼に触れようと人々が群がった。

*5 スナンダはインドK財団の理事として責任を負ってきたが、さらに1976年5月、ヴァサンタ・ヴィハーラが確保されたことにより、しばらく使われていなかったそこをインドでのセンターとして機能させるために、夫妻は（夫パマもデリーの出版社経営を退職し、インドK財団の理事になっていた）、1976年7月、そこに移住し、友人たちの協力を得て活動を始めていた。cf.S.Patwardhan（1999）pp.57-58,60ff.
*6 ジョーは1998年、メアリーは1999年に亡くなった。
*7 現在、アメリカの海外向け放送局VOAに同名の番組があるが、それとの関係は未詳。
*8 crustは、地殻や堅い外皮、scallopは、魚介やジャガイモを貝なべてソースを加えてパン粉をふって焼くという意味があり、それになぞらえていると思われる。
*9 Kはインドでは、バンヤンの樹の譬えを用いて、同じことを述べている。
*10 第10号の原註を参照。
*11 インドのヒンドゥー教や仏教において、この単語はmanoすなわち動詞manana（思慮すること）＋ trāṇa（救護する）と分解される。ここから、ヒンドゥー教では梵天の本質に関する一元論を通じた救済という解釈になるが、仏教では、無我の智恵と慈悲による他者の救済という解釈になる。cf. 高田仁覚『インド・チベット真言密教の研究』（1978）p.461; ここでの説明は後者に類するものであり、インド中部の古都、ヴァーラーナシーのパンディットなどから知らされたのではないかと思われる。
*12 Mid-summer dayは通常、「ヨハネ祭」（6月24日、洗礼者ヨハネの祭日）を意味し、日付自体が合わない。日記には以降、雨が少ないこと、夏のように暑いことが出ており、その文脈だと思われる。あるいは、先駆者ヨハネの活動や彼の活動した荒野などのイメージを掛けあわせたものか。日本では、摂氏25度以上の日を夏日、30度以上の日を真夏日などと言うが、それは摂氏での話であり、本著で使用される華氏での話ではない。
*13 これに関しては、第19号で議論されている。
*14 インドの言葉で「お母さん」を意味する。Kの養母であったアニー・ベサントのことである。
*15 第39号、1976年2月の個所で出ているように、儀礼上の誕生日挨拶を無視したということである。
*16 tismicは辞書類に確認できない。直後に出るmystic airs（神秘の雰囲気）と、名詞化語尾＋ism（主義、症候）による造語だと思われる。
*17 イギリス出身でアメリカで活躍した俳優。メアリー・ジンバリストの古くからの友人ベツィ・ドレイクの元夫。
*18 第32号の原註を参照。
*19 第1号の訳註を参照。
*20 サマラジ（Adi Da Samraj. 1939-2008）が一時期用いた名前。1970年代のカウンター・カルチャーの中で有名になった、アメリカの新しい宗教運動の指導者の一人。
*21 ロンドンの南48キロメートルにある自然豊かな観光地。第8号によれば、オックスフォード受験を目指して勉学していた時期である。Kとニトヤは1912年11月から1913年4月と、1918年の夏にここに滞在しているが、直後に「それは、インドから帰った後でした。」ということから、前者であろう。
*22 ブルーベルは、ヨーロッパ原産のユリ科の多年草で、春に鈴形の青い花を咲かせる。ここでは、the Bluebell Forestといって固有の地名であるかのような表記になっているが、第11号の5月17日には、ブロックウッドでブルーベルのある森を歩いたとの記述があるので、そこへの言及ではないかと思われる。
*23 後出のように、いわゆるマンダラまたは守護輪である。S.Patwardhan（1999）pp.78-79にマンダラに関する言及がある。
*24 長らくラージャゴパルのK著作協会の支配下にあり、ようやく回復できることになった場所である。
*25 第42号、1976年9月15日の記述を参照。
*26 第10号の原註7を参照。

第45号 1977年3月4日から1977年4月12日まで

序　論

この号と、以前の幾つもの号では、メアリーが議論からクリシュナジを引用した長い区分があった － (理事たちの会合のように) 公衆には利用不可能であるか、または、(メアリーのディタホーン録音のように) 録音が失われてしまったか、または、単に録音されなかった議論からだ。これら長い引用のすべてには、失われた部分や言葉、端折られた文章、気まぐれな句読がある。なぜなら、それらは、けっして公開を意図されたものではなく、メアリーにとって記憶の補助として、日記の書き込みであったからだ。そして、メアリーが自らの日記を私に対して読み上げたとき、彼女は多かれ少なかれ、それらが書かれたとおりに、読んだ。これにより、編集者として私は、どのようにこれらを公開のために提示すべきかの二律背反を、委ねられた － これらの号は、実にそうなのだ。私は、失われていると自分が感じる言葉を、入れることはできる。私は、彼女がそうあるべきだと意図したと自分が信じるように、文章を完成させることはできる。私は、句読を訂正することはできる。だが、それは間違っていると思われたのだった。

この資料とともに生きてきた二十年の後、私は感じるようになった － すなわち、メアリーは、毎日の終わりに、自らの日記に書き込みを行ったとき、その日、自らがクリシュナジとともに生きてきたことを、まだ新鮮に「持ち運び」、「生き」、「保って」いたということを、だ。彼女は、その持ち運び、生き、保っている中から、書いていたということを、だ。そして、写真的な近似ではなく、自らが経験しつつあることを描く印象派の画家のように、メアリーは私たちに対して、自らがそこにいることが、どのようであったかを、示してくれつつある － 自らがクリシュナジの面前にいることが、だ。そして、私たちにとって、もはや存在していない何かへのこの稀な参入は、ただ単に、そのあるがまま、ありさまのために、重宝されなくてはならないのだ。

メアリー・ジンバリストの回顧録　第45号

メアリー――1977年3月4日について始めます。私たちは、国際的な〔K財団の〕理事たちの第1回の会合のために、オーハイにいます。「クリシュナジ以外のみんなが、クリシュナジとの会合の間の日々に、私たち自身で会合することが、昨日提案された。それで、そうした。良い議論の始まりだった。午前10時30分にクリシュナジは〔オーハイの東端のパイン・〕コテッジで、ディヴィッド・ウィーデマン (David Weideman) を迎えた。彼は、私たちの昼食に加わるよう、招待された。」彼が誰なのか、思い出せません。

スコット――ディヴィッド・ウィーデマンは、ブロックウッドで『人の変容 (the Transformation of Man)』― ボーム・シャインバーグ対話 ― のヴィデオを作ったテレビ・プロデューサーやディレクターの一人でなかったですか。

メアリー――私は彼の記憶を何も持っていません。

スコット――あなたは、前に彼らの名前に触れられました。

メアリー――まあ、ともあれ、彼はアーリヤ・ヴィハーラで、私たちとともに昼食をしました。「午後にケーブルテレビが、一時的に〔パイン・〕コテッジに持ち込まれ、私たちがマリブから持ってきてコテッジの居間に置いているソニーのテレビに、接続された。とてもうまく働く。ここのほうが良い受信がある。クリシュナジは、私たちは古いものを果てしなく見るのではなく、ニュースだけを見ようと、決定した。」(スコット、笑う)「彼は、より良く眠るだろうと考える。」(スコット、心からクスクス笑う) それで、〔テレビドラマ〕『刑事コジャック』、『スタースキーとハッチ』は外れました…

スコット――『トゥー・ルーニーズ』…

メアリー――ええ。思い起こすと、それは正確には固執していませんでした。

スコット――そのとおり。

メアリー――で、ともあれ、「その夜、私たちはニュースと、〔一週間の政治ニュースをまとめた〕『ワシントン・ウィーク (Washington Week)』を見た。」あなたは『ワシントン・ウィーク』のファンですか。

スコット――ええ。大ファンです。

メアリー――いいわ。今晩、見られます。ああ、いや、見られません。お客を迎えているわ。(スコット、笑う) まあ、それは9時頃に始まり、やっています。

さて、5日に、「クリシュナジとの国際的な理事たちの第2回会合があった。彼は、インドによる提案を、取り上げた － すなわち、権威の力なしで、教えの純粋性の保護者としての諸財団の代表者たちの「頂点の集団」が、主要な問題について議論し、諸財団を精神と構造においてまとめるというものだ。これは、或る人たちの毛を逆立たせた。クリシュナジが諸財団が分離せぬよう保護したいと思っていることは、明らかだ。また、彼は、今自らがすることを、〔未来に〕してくれるであろう誰かを、求めている － 各々に何が起きつつあるかを知り、何が必要とされるかを指摘し、改善を促す等の人を、だ。だが、「特別の一団」〔という表現〕を当初、引っ込めたのは、同等に明らかだった － 特に、「頂点」という言葉はやっかいだった。テオ〔・リリフェルト〕は、すべての種類の霊的権威を暗く見て、嫌悪をほのめかした。午後に、〔インド、ラージガートの教育者、〕アールヤ〔・チャリ〕が来て、私とともに、〔パイン・〕コテッジ正面のヴェランダに座った。私たちは、仕事、諸学校と、教師養成の必要と、私たちみんなに影響する業務について、集中的に話をした。クリシュナジが出てきた。彼、アールヤ、ラーダー、ドロシー、アラン・K〔キシュバウ〕と私は、〔東オーハイで南北に走る〕マクアンドリュー〔・ロード〕から〔東西に走る〕リーヴス・ロードへ歩いて行った。」そこはこの丘のふもとにあります。

スコット――ええ。

メアリー――「私たちは、再び煉瓦造りの住宅を見て、戻ってきた。クリシュナジはテレビをつけた。カーター大統領が〔ジャーナリスト、アンカーマンの〕ウォルター・クロンカイトとともに出ていた － 二時間、公衆からの電話にカーターが解答する第二回だ。ドロシー〔・シモンズ〕が、私たちとともにそれを見た。抜群だった。クリシュナジは、「この人はこの国を大いに変えるだろう。」と言いつづけた。彼は、私をとおして自らが質問の電話をしたかったとも言った。」(二人ともクスクス笑う)「質問はこうだろう － 「こ

の国と人々は今、尊敬、誠実さ、道徳を欠如しています。それについて何ができるでしょうか。」(スコット、笑う) それが彼の疑問です。「クリシュナジは、誰一人、道徳の質問をしなかったと言った。」

スコット－ええ、たぶんね。

メアリー－3月6日、「私は〔マリブの隣人〕アマンダ〔・ダン〕の誕生日に、彼女へ電話をした。午前11時に、新しい学校のパヴィリオン － そこはついに完成した － の外側のデッキで、クリシュナジなしの会合が開かれた。学校は明日そこで始まるだろう。会合は相当に異論が出た。特にテオ〔・リリフェルト〕だ。だが、エルナ〔・リリフェルト〕とメアリー・C〔カドガン〕もまた、特別の一団の提案には、反対だった。テオは、「頂点」という言葉を見過ごせなくて、神智学について続けた。」彼はかつて神智学者だったし、…

スコット－…それに真っ向から反対でした。

メアリー－そのとおり。

スコット－ええ、ええ。

メアリー－「テオはまたすっかり攻撃的に、ラーダー〔・バーニアー〕が神智学協会と〔その中の〕秘教部(the Esoteric Section)での地位を継続することにも、挑戦した。」彼は本当に彼女に当たりました。すてきじゃなかった。

スコット－私は、その時の〔録音〕テープを聞いたのを、憶えています。

メアリー－テープを憶えていますか。かなり失礼だ、って私は思いました。

スコット－失礼でした。それに攻撃的だったし、テオの通常の人々とのあり方に完全に反していました。テオらしくない、って思いました。

メアリー－ええ。「まあ、彼女は最後に、何かを言わざるをえないよう追い込まれた。それで彼女は、自分は答えを出すだろうが、そのときではない、と言った。私たちは、昼食に行く時間まで、集団のことをめぐって、論争をつづけた。午後にはラーダー、アラン、ドロシーと私は、クリシュナジとともに散歩した。」

スコット－仕事のすべてを見守る或る集団を持つことについてのこの提議が、出つづけたということは、興味深い。

メアリー－ええ。まあ、クリシュナジはそれを推し進めましたね。

スコット－ええ。クリシュナジはそれを持ち出しつづけました。でも、いつも反対されました…

メアリー－知っています。

スコット－…自分自身はその集団に入っていないと見る人たちからか、または、自分自身はその集団に入るだろうと考える人たちから、ですが、彼らは、おそらく集団に入ろうとしている他の人たちが、好きでなかった。それで、(笑う)…

メアリー－彼らは領土のように感じた、と思います。

スコット－ええ。でも、それは十年後にも、まだありました。クリシュナジはまだ、それについて訊ねていました。彼は、それが起きるのを望みました。

メアリー－知っています。彼は協働を望んでいました…

スコット－彼はそれを望んでいました。でも、人々はそれをしようとしなかった。本当に興味深いです。

メアリー－それは今でも、取り組まれつつあります。(スコット、笑う)

3月7日、「クリシュナジとの、国際的な理事たちの第3回の会合。彼は、自らが「頂点の」一人かさらに多くを任命するなら、彼らの反応はどうだろうかを、訊ねた。エルナは、「狼狽」と言った。テオは、「深刻な心理的動揺」と言った。クリシュナジは、「まあ、私はそれはしないでしょう。」と言った。それから彼は言った － 頂点の考えは、このすべてをまとめる集団でした。まったく使徒的な継承ではない。」…「インドが何かを覆い被せようとしていると、疑って見ないでください。」と。」

スコット－それは、人々が確かに考えたことです。

メアリー－ええ。(スコット、笑う)

スコット－そして、まったく使徒的な継承はないことについてのこのことは、クリシュナジもまた、それを反復しつづけました － 毎回、彼がこの提案をするたびにです。でも、それはいまだに…

メアリー－けれども、舞台裏では彼は、話していました…或る時点では、私が最高統治者であると思われていました…彼はその言葉を使わなかったけれど。(笑う)

スコット－ええ、ええ。

メアリー－誰一人、聞こうとか受け入れようとかしなかったし、私もまたそうしたくないわ！

スコット－ええ。でも、たぶんそういうわけで、あなたはそこが良かったんですよ。あなたはそうしたくなかったからです！(笑う) ところが、他の人たちは、それによじ登ろうとしていました！

メアリー－ともあれ、「「これら諸財団はどのように、まとまるのだろうか。」と彼は訊ねた。議論が前進するにつれて、今年、各財団からの人々がクリシュナジとともにインドに行くべきだとの考えが、大きくなった。そしてまた、集団全体の年次会合もあるべきだ。これは暫定的に合意された。私たちは明日、諸々の問題と詳細に入るだろう － クリシュナジはそれに出席したいとは思わない。私たちはさらに進めて、成人センターについて議論した。彼が好きでない名前だ － センター(The center)、ザ・センター(the Center)、クリシュナジ・センター(The Krishnaji Center)。クリシュナジは、もしも自分がフリッツや私たちの一人であったなら、自らが人々に対して何を言うだろうかを、自分は知っていると、言った。「私はKが話すのを聞いた。私は彼が言ったことを理解した。私は自分の感情を表そうとしているのではない。私は、自分の能力を片づけてしまい、自らが理解したことを伝え、議論し、それに取り組むために、ここにいる － (他の人物が)それから何かをつかめるように、だ。それは私自身の概念ではない。それは全然、非個人的だ。」と。」あなたは、自分に質問をしてくる誰に対しても、その大演説をしなくてはいけないわ！

スコット－ええ！(笑う)

メアリー－もう一つの引用です －「「彼らは、」」 － 理事たち等です －「「自らが聞いてきて、理解してきたこと、生きることの代表だ。」彼は昼食の後、眠った。ドロシー〔・シモンズ〕、アールヤ〔・チャリ〕、私との散歩では、疲れていた。彼は夕食の後、疲れていた。」

8日、「クリシュナジは良く眠った。朝食で私は、〔サンフランシスコの老婦人、〕ブランシェ・マティアスが送ってきたカセット〔・テープ〕を、彼のために再生した。そこには、彼女の医師が「幻覚」と呼ぶもの、すなわち、彼女

が昨春オーハイから戻った後、起きていたことが、叙述される。それは、〔彼女の友人〕マーゴット・ウィルケ（Margot Wilke）が彼女に対して死後の生について〔の文章を〕読むことで、始まった。そして、ブランシェは、〔幻覚剤〕LSDのような視覚上の幻覚を起こす。彼女は、自らの医師の提案で〔録音〕テープを作ったし、クリシュナジの見解を求めている。彼は、カセット〔・テープ〕での彼女の言語を、理解するのに苦労したが、私はそれを彼のために反復した。私自身の最初の考えは、マーゴット・ウィルケが、自らの友人に対してこっそりと幾らかLSDを盛ったのか、または、ブランシェの精神の何かの引き金を引いたのか、というものだった。私は、クリシュナジが聞く前に、何の反応も彼に示さなかった。聞いてから彼の最初の言葉は、ウィルケ夫人は「すてきな女性ではない。」というものだった。ブランシェは、病気によりすごく敏感になっている。それで、ウィルケの条件付け、または彼女の想像が、意識的にか無意識的にか、伝えられたのだった。ブランシェは、自らも感じつつあることに、気づいていなかったのかもしれない。想像するのは、彼女自身の無意識的な投影なのかもしれない － そこでの醜さの部分だ。そしてここで、彼は言った － 「これを言うことは危険です。それは悪気なのかもしれない。だが、それは、世の中と、人間たちの様々な意識の状態に、ある。」と。彼は言った － 「邪悪な部分が、けっして自らの意識に入るべきではない。そこでの恐れは、人間たちの間で続いている邪悪な部分だ。」彼は、自分が彼女に会って、何をすべきかを直接的に彼女に告げるべきだと、言った。それは、電話で告げられたり、手紙に書かれたり、私が伝えたりできなかった。だが、彼は、私たちが彼女に電話して、自分がサンフランシスコに行くだろうと告げることを、提案した。私は、彼が言ったことを彼が言ったとおりに、各々、ディクタホーン〔録音機〕に反復しておいた。それで、横に彼がいて、私はブランシェに電話をかけ、ディクタフォーンから、彼が言っていたことを反復した。彼は彼女に対して、それについて誰とも議論しないよう告げた。私は彼女に対して、何かさらに症状があるのかどうかを、訊ねた。彼女は、いいえ、あの後、視覚上はもうない、と言った。だが、今彼女は、声が聞こえる。女の声だ。クリシュナジは私に対して、前より悪い、と言った。私は彼に対して、ブランシェは何をすべきかを、訊ねた。彼は、「私が彼女に告げなければならない。」と言った。」 － 自分が彼女に告げよう、という意味です。「私は訊ねた － 「でも、もしもそういうことがそもそも私に起きたとして、彼は私に、何をすべきかを告げられたでしょうか。」と。彼は、「あなたはすでに知っている。」と言った。」（スコット、笑う）「私たちは、…」（メアリー読みつづけようとしながら、笑う）

スコット － あなたはただ、自分が知っているのを知らない。それがすべてです！

メアリー － まあ、私が狂うなら、少しでも心付けを、と思いましたが…

スコット － （笑う）… 分かります。とても役立つでしょう！

メアリー － ええ！（もう一回笑う）「私たちは、知覚されるものが、その人物自身の精神の想像なのかどうかについて、語った。彼は、たぶんそうだと言った。だが、醜さ、邪悪は存在する。そしてそれが精神に触れるとき、それは想像へと翻訳する。」興味深いわ。

スコット － ふむ、ふむ。ええ、興味深いです。

メアリー － 「午前11時にみんなが、ほぼ実務的な事柄を議論するために、クリシュナジなしにここで会合した。クリシュナジは、アーリヤ・ヴィハーラでの昼食のため、私たちに加わった。午後にエルナが、パイン・コッテジに来た。私たちは、神智学について、ラーダーが〔その〕秘教部に入っていること等について、話をした。クリシュナジが私たちに加わった。ププル〔・ジャヤカール〕は、インドK財団の総裁として、ラーダーを自らの後継者と考えるように、見える。それでエルナは衝撃を受けた。」（笑う）「インドK財団の総裁が、どうして神智学者でありうるの？」等。クリシュナジは、それを持ち出そうとしている。私たちは散歩に行った。エルナは足首を挫いた。」

翌日、「私たちはみな、第4回の会合のため、アーリヤ・ヴィハーラでクリシュナジと会った。彼は、私たちがみんな去ったとき、誰かがあらゆるものを取ってしまうのを何が防止するだろうかを訊ねることから、始めた。私たちは、これが起こらないことを、どのように保証するのか。何が、あらゆるものごとを、動き、花開くように保つのだろうか。彼は言った － 「私は何をすべきなのか。」…「他のあらゆるものごとは、二次的な主題です。それが、私の精神を占めている主なことです。私は、できるかぎり長く話をしつづけ、身体的に可能なかぎり長く旅行するのなら － 終わりまでではない。私は演台の上で死にたいとは思わない。」…「それは私の反応です。諸財団はこれを感じたことがない。だから、それは私の責任です。私は何をすべきなのか。これが、二年間、私の精神にありつづけました。」と。」

「それから彼は、赤ちゃんの類比に入った － 赤ちゃんを持っているなら、それに気を配る等。「これは私の赤ちゃんです。」と彼は言った。そして、残りの私たちは、それは自分たちのではなく、彼の赤ちゃんだと感じることが、明らかになった。誰一人として、「彼の」赤ちゃんに関して、諸財団が何をできるのか、またはすることができるべきかに対する答えを、持っていなかった。彼は、ブッダや他の教師たちの死の後での、〔生きた宗教的探究から〕儀式等への崩壊について、語った。それはどのように生かしつづけられるのか。彼は言った － 「それは一度も為されたことがないから、可能なのです。それが挑戦です。」と。彼は、諸財団は、そこにそのことが花開きつづける器であると、言った。「AはそれをBに手渡せるのか。私は答えを見つけよう。それは、答えがないということなのかもしれない。そうであるなら、それが正しい答えです。」ここに彼が揮った力は圧倒的だった。私は身ぐるみひっくり返された気がした。それが終わった後、しばらくの間、動くことができなかった。他の人たちはただ、不動で座っていた。私は空っぽになった気がした － 川のように、それが私の肌を抜けて流れていく流れの感覚だけが、あった。どれほど多く、川のイメージによりこれらが叙述されるのか － 何年も前のグシュタードでの私の、あのたいへん鮮烈な夢を含めて、だ。」 － 私はあなたに話したことが…

スコット － ええ、話してもらいました。

メアリー － 「流れくだる灰色の川。壮大な〔アメリカ〕赤スギ。彼の目的、彼の教えが流れた。私ははるか昔にそこに入った。今、私の静脈、精神と心には、流れだけがある。自己の切れ端、がらくたは、洗い去られた。いったいこの流れの作用は、何を意味しているのか。または、流れの作用は何なのか。」

535

「私は〔パイン・〕コテッジに戻り、自分の折りたたみベッドに座った。クリシュナジは、そこでは私に会わず、ほとんど私を閉じ込めた。彼は、私が震えているのが見えたとき、私を支えてくれた。昼食の後、彼は一人でシドゥー姉妹に話をした。彼女たちは、秋に〔カナダ西海岸のヴァンクーヴァー島で〕自分たちの学校を始めようとしている。三人の教師と、一ダースの子どもを持つ。彼女たちは、家族の信託のなかで他のものを買い取った。だから、彼女たちは現在、資金が減っているが、二年後にこれらを補充するだろう － そのとき彼女たちは、現在の〔そこの〕ウルフ・レイク（Wolf Lake）の学校の建物を売ろうと計画する。彼女たちはクリシュナジに対して、自分たちは生涯これに関わっていることを、保証した。それから私たちはマリブへ運転した。途中で私はクリシュナジに対して、他の分野と同じく宗教の分野において、天才といったものがあるのかどうかについて、話しかけた － 日常的なのでなく本当の意味において、生来的、生まれつきの天才だ。そして、そうであるなら、彼が提案しつつあることをするのは、おそらく必要ではない。彼は、私の疑問を理解した。そして、それを自らの探究に取り入れるように見えた。これで、彼が炎をもたらしたとき、〔現実には〕火が着かないことを、説明できるだろうか。私は彼に対して、彼が話したときの今朝の自分のイメージについて、語った － 赤ちゃんのではなく、水のそれだ。彼は泉だ。清らかで澄んだ水は、今や広大な湖だ。財団は、その水を清らかで澄んだまま保つことはできる。だが、彼だけが泉だ。それで、私たちはマリブの家に帰った。私は、夕食の前、少しの間、〔お隣の〕ダン夫妻に会いに行くことができた。〔娘の〕ミランダがそこにいた。私は、〔首都〕ワシントンで黒人イスラム教徒のテロリストたちが、〔三つのビルディングを占拠して、〕100人以上の人質を取ったことについて、告げられた。クリシュナジと私が、午後6時にテレビで〔ジャーナリストの番組〕クロンカイト・レポートを見るのに間に合うよう、戻った。クリシュナジは、明日の午前のIVP〔静脈性尿路造影法〕検査のために、午後5時にヒマシ油を摂らなくてはいけなかった。」

スコット — ああ、そのとおり。私は、〔オーハイでの国際的な財団の理事たちの〕会合が終わっていないとき、なぜあなたたちがマリブに戻ろうとしているのかと、思っていました。

メアリー — そのとおりです。彼は翌日、予約がありました。

3月10日、「私は早く起きて、勘定書きに対処した。クリシュナジは朝食抜きで済ませ、私たちは午前8時に、〔ロサンジェルスの〕ビヴァリー・ヒルズと、IVPのX線〔検査〕へ発った。途中で彼は、昨日の質問が自分の中で働いていると、言った。放射線科医のオーロフ博士（Dr.Orloff）が、彼の腎臓と膀胱をX線で撮った。クリシュナジは、静脈中の造影剤からや、朝食を抜いたことから何の悪影響も、感じなかった。それで、私たちはビヴァリー・ヒルズで幾つかお使いをした － 彼の腕時計を調べてもらい、私のヴィトンのバッグを直してもらった。私はクリシュナジの下着を幾つか買った。私たちは、昼食に間に合うよう、家に帰った。クリシュナジは少し休んだ。それから私たちは、緑のメルセデスを運転して、オーハイに戻った。」

編集者の憶え書
次のためのオーディオ・クリップが、含まれている。なぜなら、メアリーがこれを読むのが、とても感動的であるからだ。だが、彼女が読むのは、ここに本文として出ているものとは、わずかに異なっている。なぜなら、彼女はアレルギーのために、目に問題を抱えつつあったからだ。だから、彼女が自らの日記の書き込みを読むうち、幾らかは、正確でない。これら会合の本文のすべては、メアリーの日記から逐語的に録られている。

3月11日には、こう言います －「私は、〔東部のマーサズ・ヴィニヤード島の〕継父〔ウージ〕の八十八歳の誕生日に、彼に電話を掛けた。午前11時にクリシュナジは、理事たちとの第5回会合を開いた。彼は、自らと財団の責任は、教えの光に対してであると、言った。財団は、そのものすごい深さを、理解すべきである。彼は、「私は、このものが十分に伝えられるまで、責任を感じる － 諸々の財団と学校が、それを部分的にでなく十分に理解するように計らうように、だ。」と、言った。それを理解することが、それら〔財団〕の責任だ。それは一方通行の道ではない。あなたは、全的な責任を感じるなら、その能力を持つだろう。そのときそれは起こる。それに入るにつれて、能力は来る。だから、私の責任は、諸財団の各メンバーが理解するよう、計らうことだ。何人かがさほど関与していないなら、私たちはともに何をしようか。何がそれを妨げつつあるのか。花開いてないこと － それは、あなたにとってものすごい主題だろうか。それはいつの時にもあるのもしれない － この危機は。危機は何も動機を持たない。危機をどのようにもたらすかを訊ねることは、あまりにもバカげている。それは、危機であるのか、または、まったくそうでないのか、だ。それが危機であるなら、それは起こるだろう。危機を理解することはものすごい。私はそれを狙っているだろう…」私はそこに下線を付けます。なぜなら、彼はすごく強調したからです。「私はそれを狙っているだろう － 私の精神が条件付けられていて、野心的であるのかどうか、見張り、疑問を持ち、見ている。私はそれに取り組み、究明するだろう。私はそれを見出さなければならないと感じるだろう。危機だ。花開くことが起きつつないなら、それは危機、挑戦だろう。もし財団のメンバーたちが、それは自分たちにとって危機でないと悟るなら、そのときそれは起こらないだろう。私の責任は、ものすごい危機を感じることだ。私はここ二、三日、それは何なのかと、思ってきた。私は今それが分かる。それが私の責任であるなら、私は何をするのだろうか － あなたがそう（危機を悟るの）でないのなら、だ。「立ち去るのか。それとも、それに取り組むのか。制限時間をつけるのか。私の責任は何なのか － 新しい集団に行き、それらを再び経ていくのか。私のものすごい責任は、あなたが花開くよう計らうことだ。あなたのは、それがあなたの生での危機になるよう、計らうことだ。でも、そうでないなら、私は何をしようか。もう一つの集団 － 同じ問題。それで、私はこの集団を去ることはできない。私は何かが見えはじめている。私がこの集団を去るなら、それはもっと悪く、全く無益で、巨大なエネルギーのムダになるだろうと知って、だ。私は離別できない。私はそれに耐えるのか。私は拒否する！ 私たちは互いに交戦中だ。あなたを変えるには、私は何かをしなくてはいけない。何が起ころうと、私は粘ろう。」

「誰もがみな、この後、愕然とし、沈黙し、深く動かされ

たように見えた。」（メアリーの話を聴く）

「みんなが動くことなく、座った。昼食の後、クリシュナジと私は運転して、週末のためアールヤ・チャリとラーダー・バーニアーをマリブに連れて行った － ポプラの樹々から家へクリシュナジが運転した。誰もがみな、週末、休もうとしている。アールヤは客用の部屋をとり、ラーダーは居間のソファーをとる。」私は、〔元家政婦〕フィロメナの部屋にいたにちがいないわ。〔家政婦〕エルフリーデは、ガレージの側に出て生活していました － 私が〔Ｋの元秘書〕ノーデのために何年か前に作った、ガレージへのあの小さな建て増しに、です。彼女とその夫はあそこで生活しました。「私は、クリシュナジのＸ線〔検査〕の結果について、〔泌尿器科医の〕ハウスマン博士に話した。博士は、彼には「小さな障害物」があるということを言った。彼は、それが前立腺であることを、85パーセント信じているが、5パーセントの腫瘍の可能性があるということを、言った。それを確定するために、膀胱鏡検査をしたいと思っている。Ｘ線〔写真〕を見て、それを私たちと議論するために、28日に予約をした。」

3月12日、「クリシュナジは一日中、休んだ。例外は、昼食に来たことと庭を歩いたことだ。アールヤとラーダーと私は、話をし、休んだ。私たちは場所を離れなかった。」

翌日、「私は料理をし、デスクの仕事をした。昼食の後、クリシュナジ、アールヤ、ラーダーと私は、オーハイに戻った。」

3月14日、「クリシュナジは、理事たちとの第6回会合を開いた。クリシュナジは、なぜ人々はセンターに来るのだろうかを、訊ねた。彼は、もしも自分がブッダのところに来たのなら、それは、彼がどのように考えるのか、彼の精神がどのように働くのか、なぜ彼が一定のことを言うのかを、見出すためだっただろうということを、言った － 彼の精神を理解するため、その雰囲気にいて、ブッダの性質を見るため、だ。クリシュナジが〔この世を〕去ったとき、人々は来て、「あなたは、彼とともに時間を過ごしてきて、それに入ってきた。だから、そこにいて、私はそれの何かを捉えるだろう。」と言うだろうか。彼は、これらのことでは〔仮定として登場人物の〕役割の間を、跳んで移る。」（笑う）

スコット－ええ。

メアリー－…「『私はそれの何かを捉えるだろう。』…「これは根源的だ。そのときあなたは、恐れ等について議論できる。」クリシュナジは、〔自らの〕書物はけっこうだが、さらに大きな深みには、そのようには至らないということを、言った。何か他の性質が必要だ。他のその性質には、これ（この水準での努力）をとおしては至りえない － 恐れ、悲しみ等なしでなければならないけれども。それが終わりではない。」

スコット－書物の水準？

メアリー－ええ。

スコット－ふむ、ふむ。

メアリー－「彼は私たちに対して言った － 「あなたたちは、これを求めたことがない。あなたはそれがほしいとき、それを得る。」と。そして、「基礎を敷くのに全人生を使ってはいけない。それはすでにした。そのとき、何かはるかにそれ以上のことが、起きなければならない。」と。再び、彼が言うことの衝撃で、私たちのほとんどは、沈黙し、圧倒されてしまった。寒かった。私たちは、アーリヤ・ヴィハーラの内側で、昼食をとった。私は、電気毛布を求めて、〔南方向の〕ヴェンチュラに行った。コテッジはとても寒いので、眠りにくい。」

3月15日、こう言います －「クリシュナジと私は運転して、〔西方向の〕サンタバーバラの〔アメリカＫ財団の理事の一人〕シンシア・ウッド（Cynthia Wood）のところに、行った。〔サンディ・〕ハーション（Hirshon）と〔ロン・〕ガンメル（Gammel）との理事会のためだ。」－ それらは建築家でした。「彼らは、〔学校の〕管理居住棟の計画を改訂した。〔オーハイの東端のパイン・〕コテッジに戻るとすぐ、クリシュナジ、メアリー・カドガンと私は、会合の諸部分と、ラーダーが神智学協会員であることへの理事の不安について、話し合った。」

スコット－私たちはちょうど何かを言うべきでしょう。なぜなら、人々は神智学協会の秘教部について知らないかもしれないからです。私が間違っているなら、訂正してください。私が理解するところでは、神智学協会の秘教部（the Esoteric Section）は、集団のなかの或る集団です。

メアリー－そのとおりです。

スコット－でもまた、実際にはわずかに離れています。

メアリー－ええ。

スコット－秘教部の総裁が、〔秘教部の〕次の総裁を任命するという意味において、です。

メアリー－それは、私は知りません。

スコット－私は、これについてほぼ確信しています。それは、〔神智学協会の会長のような〕選挙された地位ではない。

メアリー－私は、それは元来、クリシュナジが率いるために、〔神智学協会会長の〕ベサント夫人により創設されたということを、知っています － 私は彼に言われました。

スコット－私はそれを憶えているようです。ともあれ、ラーダー以前の秘教部の長は、彼女の父親〔シュリ・ラム〕でした。だから、彼女を任命したのは、彼女の父親です。そして…

メアリー－彼女は〔2004年の現時点で〕今だにその長です。

スコット－彼女は今だに秘教部の長です － 彼女は今、神智学協会の会長ですが。

メアリー－ええ。どちらにもなれたんです。

スコット－で、私はこれに触れたいと思っただけです。なぜなら、それで、彼女がそれを辞めることは二重に困難になった、と私は思うからです。

メアリー－もちろんです。

スコット－クリシュナムルティ財団の、他のたくさんのメンバーは、彼女にそうしてほしいと思ったけれど、ね。

メアリー－まあ、彼女は、それを辞めないとはっきり決断をしました。でも、それについてのこの騒ぎは、いわば、一度も前進したことがありません。私がわずかながらそれについて知っていることからすると － それはわずかですが － 彼女は実は、神智学協会をクリシュナジの方向に引き寄せようとしています。

スコット－ああ、大いにそうです。そして実は、彼女が〔1980年に〕協会の会長選挙に出ていたとき、彼女がインド・クリシュナムルティ財団の理事であるという事実は、協会のたくさんの古い人たちからは、彼女に不利だと思われていました。

メアリー－確かにそうだと思います。

スコット－そして、以前の人たちにより、すっかりクリシュ

ナジへ敵意を持たされてしまった協会のたくさんの人たちは、彼女がクリシュナジをもっと協会に持ち込むことにより、それを劇的に変えてしまったと、感じてきました。
メアリー──異端ね！ああ。
スコット──でも、私はまた、たぶん付け加えるでしょう－私は…これは、推測なのかもしれませんが、私が知っているわずかな程度に、ラーダーを知っているだけですが、もしもクリシュナジが彼女に対してそもそも、「どうか、神智学協会を辞めてください。」と言ったとしたなら、彼女はきっとそうしただろうと私は思います。でも私は、クリシュナジがそもそもそうしたとは、思いません。でしょう？
メアリー──ええ。私が知っているところでは、そうです。私は、彼がそうしただろうとは思いません。
スコット──ええ。彼がそうしただろうとは思いません。もしも彼がそうしたのなら、彼女はそうしただろうと、私は思います。
メアリー──まあ、それは推測ですね。
スコット──推測です。でも、それはただ総量が…
メアリー──教師として、人物としてのクリシュナジへの彼女の関与は、全面的に誠実でした。
スコット──絶対に。
メアリー──…全面的に誠実です。
スコット──そういうわけで、私はそれを推測するんです。
メアリー──それはこの目的に適った良い解説だと、思います。

ええ、私たちは、シンシア・ウッドのところにいました。そして、私たちは戻ってきました。メアリー・K〔カドガン〕が、〔パイン・〕コテッジの私に話をしに来ました。クリシュナジが私たちに加わりました。私たちは、K財団のメンバーと神智学協会の両方としてのラーダーの地位に対する多くの人の心配について、語りました。
スコット──ええ、それで、私たちの会話が始まったのです。
メアリー──そのとおり。「クリシュナジは、これら会合で取り上げられる前に、自分はそれについて一人でラーダーと話をしようと、言った。私たちもまた、彼が私たちに告げつつあることの含意について、語った。私は、彼の存在、彼が私たちとともにいたことにより、私たちが続けていくことが、より可能になるだろうかどうかを、訊ねた－私たちが学んできたこと以上の何かが、働いているだろうかどうか、だ。後で彼と一人で〔いるとき〕、私は自らはめったに触れないが、私が立っている基盤であるものを、言おうとした－すなわち、私は自らの存在すべてでもって、これをすっかりやりぬきたいと思う、ということだ。私は、したいと思う、しようとすること、探し求めることが、〔進むべき〕道ではないことが、初めからずっと見えてきたということを、言った－すなわち、それが悟り、実現化することに反して動くこと、だが、それらなしには、彼の呼ぶ「以上のもの」だけを気に掛ける燃える中心が、残っているということ、だ。「窓を開く」ことについて語った－彼は、それについて次の会合で語ると、言った。」
3月16日、「クリシュナジの、理事たちとの第7回会合。私は、「窓を開く」ことについて訊ねた－それをとおして風が、来るかもしれない。」
「クリシュナジは、「基礎を敷くこと（恐れを理解すること等々）は、他のもの（the other）を要求する」ということを、言った…「一部分を理解するなら、全体を理解する。」と。基礎を敷くことは、動きをもたらす－「水の嵩・容積

が動きをもたらす。」動きはエネルギーをもたらす。「あまりに長く掛けすぎないで」基礎を敷くなかで－「圧縮しなさい」－そのとき、モーメンタム（運動量、推進力）、エネルギー、動きがある。そのとき議論が、異なった水準で、言語的にか非言語的にか起こるだろう。後で彼は、「私たちは今、行動できますか－まるでKがもはやここにいないかのように。」と言った…「あなたはどうするでしょうか。」、そして、「教えを吸収してきたのなら、あなたが教師です。」。それから、「あなたは深い井戸を持っています。小さなバケツをもって、そこに行かないでください。お願いですから、Kを使い、学んでください。あなたは短い時間を持っています。それを吸い尽くすことが、財団の責任です。」と。」

「継続するにつれて、バケツをもたず井戸に行くということが、明らかだった。意識は、知識が空っぽであると、けっしてバケツではない。」

「午後にクリシュナジは、インドK財団と神智学協会でのラーダーの地位について、彼女との長い話を持った。見たところ彼女は、矛盾があるかもしれないということを、一度も考慮したことがなかったようだ。クリシュナジは後でドロシーと私に対して、自分は彼女にどのように行動すべきかではなく、全体を見るよう助言したということを、語った。彼はドロシーと私に対して、ラーダーがどんな困難な決断に向き合うのかを、指摘した。」

17日、「午後2時30分にバート・フェルプス（Bart Phelps）が」－それは建築家です－「来た。私たちは〔パイン・コテッジの〕住宅計画を調べて、午後を過ごした。エルナ〔・リリフェルト〕は、オーク・グローヴでのクリシュナジの講話の許可のために、私たちの弁護士、コーエン（Cohen）とともに、〔ヴェンチュラ郡の〕計画委員会（the Planning Commission）の聴取に、行った。〔ラージャゴパル側の〕アニー・ヴィゲヴェノ（Annie Vigeveno）、オースチン・ビー（Austin Bee）、ケリー夫妻（Mr.and Mrs. Kelly）もまた出席していた－後者はソーク（Zork）の住宅を買った。ケリーは〔許可に〕反対の発言をした－騒音、道路のくぼみ等だ。だが、反対にもかかわらず、私たちは許可を得た。クリシュナジは、〔講話の〕許可に反対するためにラージャゴパルがオースチン・ビーとヴィゲヴェノを送ったことに、衝撃を受けている。」
スコット──私はちょうど、衝撃を受けて、ここに座っていました。
メアリー──ええ。
スコット──ここ〔オーク・グローヴ〕は、クリシュナジがいつも話をしてきたところです。
メアリー──ええ。でも、私たちは、公開の集会のために、いつも許可を得なくてはなりませんでした。
スコット──ええ。そして、その前には、彼、ラージャゴパルがそれを得ていたんでしょう。でも、今や、それをしようとしているのは、新しい〔アメリカK〕財団です－彼は、それに反対するために、小間使いたちを送りこんでいるんですか。
メアリー──そのとおりです。
スコット──とほうもないな。
メアリー──3月18日、「クリシュナジの、理事たちとの会合、第8回。ディヴィッド・ボームが、〔1976年5月、ブロックウッドでの〕K・ボーム・シャインバーグのヴィデオ〔対話〕

が終わったところから始めることを提案してから、始まった － 何か「神聖な」ものの主題だ。罪悪と責任について相当の探究があった。クリシュナジは、はるかに大きな包括的な慈悲に味方して、責任〔という概念〕をむしろ貶めた。「慈悲はけっして間違うわけがない。」。彼は、「どの境遇でも慈悲は、けっして不適切なわけがない。」と言った。初めに行為が来るなら、それは罪悪につながる。慈悲に行為させよう。」

「「あなたは世界である － 私はそれをたいへん深遠に感じます － そうであるなら、慈悲が生じます。」…「全体性の感覚が神聖なのです。全体性の点に生きることは、ものすごいことです。」…「教えは生のすべてに関係している。そこから慈悲が出てくる。」…「Kは、あなたたちはこの慈悲の感覚に入るべきだと、感じる。だから、彼はそれを目指して働いている。あなたたちは、私たちはこれやあれ、学校、運営等をどうするのかを、訊ねている。そしてKは、『そのすべてを止めなさい。これに入りなさい。すると、あなたは正しく答えるでしょう。』と言う。」…「あなたがそうしないのなら、私は罪悪を感じないでしょう。私はあなたにそうしてほしい。でも、もしも私が罪悪や失望を感じたなら、それは恐怖でしょう。それで、あなたが入ってくるよう計らうのが、私の仕事です。」…「他の人たちが入ってくるよう計らうことが、あなたの仕事ではないですか。でも、初めに、ここに来てください。」…「私たちは、それができないからといって、罪悪を感じるでしょうか。〔キリスト教の〕教会は、あなたは〔俗世間を〕放棄しなければいけない、と言ってきました。そこに罪悪が始まりました。」と。」

「分離・罪悪。「あなたは、意識的にまたは無意識的に、聞いているでしょうか。意識は反応です。深く聞くのは、応答なしです。それが答えなのかもしれません。その深い水準に、あなたと私は無いのです。ここ（表面的なもの）には、あります。」と。」

「何かとてつもないものが、ここにはあります。あなたは表面でKを聞いています。そして、そこに降りて行こう、聞こうと努力をしています。そのようには働きません。あなたは、波なく聞けるでしょうか。背景と知識をもって聞くのは、一つのことです。聞くことは動きです。あなたは動きなく聞けるでしょうか。それで、Kの言いたいことが、〔自らが〕波をもって聞くより、より深遠に伝わるかもしれません。」と。」

「彼は、自分はそのように聞いてきたと言った － 例えば、ヒトラーを。そして、即座に、彼が何なのかが分かった。「あなたたちが、言葉なくより深い水準で聞くなら － 〔K〕財団のメンバーとしてです － 何か全然違ったことが起こります。諸々の学校、センター等について、です。そのとき、あなたたちは教師です。なぜなら、周辺からまさにそれの中心に動いてしまったからです。」…「あなたたちは、静寂のなか本当に聞くなら、そこにいます。私が無いから、あなたは世界です。」と。」

「アーリヤ・ヴィハーラでの昼食の後、クリシュナジと私は運転して、マリブの家に帰った。夕食の前、私は、〔お隣の〕アマンダとフィル〔・ダン〕に会いに行く時間が、あった。」

3月19日、「クリシュナジと私は、午前10時のロサンジェルスからサンフランシスコへのユナイテッド・エアライン便に、乗った。そして、ブランシェ・マティアスのアパートメントへタクシーに乗った。クリシュナジは内密に一時間、彼女に話した。それから私たちはどちらも、ブランシェとともに昼食をした。クリシュナジは、彼女が昨年の春から時折見つづけている幻覚の事態に、入ったのだった。彼は、自らが彼女に対して、彼女は病気と他のことから過敏になっているし、それで彼女はこれらのことを拾い上げると告げたことを、言った。彼は、自らが他に彼女に対して何を告げたのかを、言わなかった。でも、私〔メアリー〕はそういうことをどう扱うのか（中心がなく、自己がないこと）をすでに知っていると、ほのめかした。午後2時30分に〔Kの元秘書〕アラン・ノーデ（Alain Naudé）が立ち寄り、運転して私たちを自分のフラットに連れて行ってくれた。そこで彼は、クリシュナジの〔健康〕問題の手助けをするため、同種療法（ホメオパシー）の治療法を試してみようと、クリシュナジの症状を書き取った。それから彼は、私たちを空港に連れて行ってくれた。そこで私たちは、ロサンジェルスに戻る5時の便に乗り、〔最後は〕車でマリブの家に戻った － 夕食に間に合った。旅行はあまり疲れなかったが、しばしばすべきものではない。」

翌日、「私たちは早く朝食をとり、オーハイへ運転し、午前11時の理事たちとの第9回会合に間に合った。初めの一時間十五分は、手順の事柄についてだった。それからクリシュナジは、花開くことへの責任は、財団のメンバーすべてに掛かっているのかどうかを、訊ねた。私たちはみな、他なること（Otherness）の感覚を諸センターに引き起こすよう、互いに助け合うのか。彼は、私たちは罪悪について話をしてきた。だが、それは尋常でない主題だった。私たちはそれを徹底的に扱ったことがなかった、と言った。彼は、「私は、私たちが自分たち自身に最高のものを要求しつつあるとは、思わない。私たちはまだ、それはできないと言っている。それはあなたのです。私たちは、あなたの教えを説明しましょう。」と言った…「もしそれがあなたのであるなら、」 － 彼は財団のメンバーたちのことを言っています － 「「それは汚染されないでしょう。私は昨日、飛行機で考えました － 私たちはどのようにこれをやり抜くのか、と。」…「Kは、『これに入ってきてください。できるだけ飲んでください。全的に関与してください。』と言います。そして私は、あなたが言っているのを恐れます。『それはあまりにすぎる。私たちはどうするかを知らない。』と。」…「諸々のセンターで、誰かが訊ねるとき、あなたたちはそれを取り扱うことができるでしょうか － 個人としてではなく、です。」…「私たちは、自分たちが議論したいことを、解決したのでしょうか － Kが去ったとき、何が起こるだろうかを、です。それとも、それは解決不可能でしょうか。それは、何か私がどうにかしなくてはいけないものに、なりました。」彼は、金の鉱山について語った － 私たちは、洞窟のヘリで止まろうとしているのか。私たちは金の鉱山を、どうしようとしているのか。」…「私は余生の間、諸財団とともに、これを追求するでしょう。たまたま私たちは一緒にいることになった。次の十年間、私の仕事はとても明らかです。私たちが会合するときいつでも、私はこのことを推し進めるでしょう。あなたの法（ダルマ）は何ですか。良い言葉ですが、台無しにされている。〔インドの言葉、〕法（ダルマ）は〔語根のドル（保つ）より、〕本来のものを保持することを意味している － 私がものすごいためらいをもって、その言葉を使っていいなら、です。それは西洋では理解されていな

い。」…「それで、Kが去ったとき、私は財団の一員として、何をすべきでしょうか。Kは、この鉱山は神聖な宝であると言います。私はそれをあなたたちに任せます。あなたたちはそれをどうするのでしょうか。」…「私の法〔ダルマ〕は、公開の会合とは別にこれら会合で、とても明らかになりました－あなたたちを〔金鉱山の〕洞窟に押し入れ、引き込むことです。私はこれをものすごく感じます。私はそれを受け入れます。十五年の終わりに、何が起きるのか。あなたたちは何をするでしょうか。」と。」

スコット―ふむ、ええ。

メアリー―3月21日の私の日記は、こう言います－「〔インド首相〕ガンディー夫人は、インド〔総〕選挙で〔自らの選挙区で〕国会の議席を勝ち取れなかった。彼の息子〔サンジャイ〕もそうだ。〔ガンディー夫人が率いる与党、〕国民会議派は敗北した。クリシュナジは驚いていない。彼は、彼女が何をするだろうかと思う。午後にラーダー・B〔バーニアー〕、メアリー・C〔カドガン〕、ドロシー・S〔シモンズ〕、エルナ〔・リリフェルト〕と私は、アーカイヴズを見るために、〔ラージャゴパルの支配する〕KアンドR〔財団〕事務所に行った。〔アニー・〕ヴィゲヴェノ夫人が私たちを入れてくれたが、私たちが資料を求めたとき、全く無反応だった。彼女は、目録は何もない、自分は私たちを手助けするためにそこにいるのではない、と言った。だから、私たちは、何の原稿、クリシュナジへの手紙をも見なかった。メアリー〔・カドガン〕はラージャゴパルに電話をしようとしたが、電話の使用を断られた。」

スコット―ふむ、ふむ。

メアリー―「ラーダーは、〔インド、マドラスの〕アディヤール〔の神智学協会本部〕から送られた資料を、求めた。何も答えはない。」

3月22日、「クリシュナジの理事との会合、第10回。クリシュナジの教え、クリシュナジの言葉と真理との間にどういう関係があるのかについて、議論があった。クリシュナジの教えといったものがあるのか。それとも、ただ真理だけか。彼は、真理の静寂の中から、話をしているのか。それとも、真理の幻影、「幻想の物音」の中からか。どのように見出すべきか。誰が判断すべきか。それは、真理の静寂の中からか。それとも、諸々の反応と条件付けからか。この疑問にどのように接近すべきか。「私は知らないので、聞く。」と。」－これは私たちがすべきことですが、彼が話をしています－「「人柄、影響は脇に置きなさい。私は疑問を問うています－私は（自分の判断、条件付け等でもって）自分の疑問を持つことに、疑問を持つでしょうか。私は、彼が言うことを、過去の放棄でもって聞けるでしょうか。そのとき、彼への異なった関係があります。私は静寂の中から聞いています。私は、思考の危険等すべてが見えます。」と。」

「ガンディー夫人は〔インド〕首相を辞任する。クリシュナジは幾らか責任を感じる。彼は彼女に対して、何であれ正しいことをするよう語った。見たところ、彼女はそうした。」（スコット、クスクス笑う）

3月23日、水曜日、「クリシュナジなしで、理事たちの早い会合があった－〔これまでの〕会合の間に下された判断を再検証するためだ。クリシュナジはベッドに留まった。だが、午前11時にリリフェルト宅に来た。そこには、〔建築家〕チャールズ・ムーアと、マレイ・シルヴァーステインが、成人センター集会棟の模型を、持ってきていた。クリシュナジと合衆国〔の財団〕の理事たちはそれを見て、それについて議論した。とても格好いいと思われた。私たちはみな、アーリヤ・ヴィハーラで昼食した。後で私たちはまた、資金集めのためのパンフレットについて、別の会合を開いた。フリッツ〔・ウィルヘルム〕の妻、マルグレーテのすてきな絵が、使われる。」

翌日、「クリシュナジの第11回で最後の理事の会合は、どのように私たちは、クリシュナジが真理を語っていると知りうるかの議論を、継続した。ボームは、洞察によりそれは真実だと分かるし、それが分かってから、論理的にそれを解き明かすことができると、言った。それで、知覚は間隔を開けてある。または、けっして終わらない一つの知覚があるのか。クリシュナジが死ぬとき、諸財団は、自身の知覚を、クリシュナジが語ってきた真理への洞察を持つことに、「罪悪なく」全的に責任を持つべきものである。一つの知覚は十分だ。それが扉を開く。それで、いつの時にも洞察がある－けっして混乱がない。さらなる行動は、知覚を混乱させるだろうか。それとも、知覚はけっして混乱しないだろうか。精神は、洞察に安全を探し求める。真の（完全な）知覚には、何も混乱がない。流れから踏み出す可能性が、人間たちには存在している。「「誰もがみな」と言わないでください。知覚はけっして部分的ではない。全的な知覚に、さらなる混乱はない。日々の生活が無秩序〔な状態〕であるなら、知覚を持ちえない。どの結論も、知覚にとって有害である。知覚は何なのか。それは、執着、恐れなしである。恐れや苦しみのなか、それを見つめられる。それが歪曲する〔ところの〕事実は、見つめられる。観察する者と観察されるものとの間に分割がないときだけ、知覚がある－探究の行為だ。見守る行為に、洞察がある。窓を洗うことの類似があった－それをとおして見る。見守る芸術〔アート〕が窓を清める。クリシュナジは、自分は一度もこれをしたことがないと言った－すなわち、それはけっして必要でなかった。ディヴィッド・ボームは訊ねた－あなたは、他の誰ができるとどのように知るのですか。クリシュナジは、「なぜなら、それが即座に見えるからです。」と答えた。「あなたはこのすべてが見える。あなたはこのすべてを経なければならないのか。それとも、即座にそうするのか。観察する者と観察されるものが見えるなか、それの働きが見えるなかで、全体性が見える。」…「それがただ一つの道だと私は思います。」と。」

「訊ねられた－そのすべてが一目で見えること、全的な知覚は、一人の人間に開かれているのか。」

「クリシュナジは言った－「どの人間も、このすべて（恐れ等）を経ていくことを拒絶して、私は自分の条件付けられた応答で作動すまいと言ったことがなかった。」…「もしもそうしたなら、何か他のことが起こるかもしれない。」…「あなたが全体のことを見つめるとき、何か他のことが起こるのです。」…「けれども、その人、Kはけっしてそれを言わなかった。彼はただそうした。」「優秀性の本質への要求は、他のあらゆるものごとを洗い去る。それ̇は̇可能です。」…「優秀性への情熱を持たなければならない。」…「全的な洞察は、混乱すべてを焼き払う炎です。」…「そのときあなたは、変容をもたらそうと情熱的であるとき、磁石として作用しないのか。情熱が、欠けているものなのかもしれない。それが欠けているのなら、そ̇れ̇を求

めなさい！」と。」（スコット、クスクス笑う）

「会合の後、私たちはみな、〔オーハイの西端、オーク・グローヴ近くの牧場主宅風レストラン、〕ランチ・ハウス（the Ranch House）に行った。そこで、私は私たち二十四名に昼食を振る舞った。〔レストランの主人のアラン・〕フーカー夫妻（the Hookers）は、すべてをすてきに整えてくれた。小雨が降りつつあったので、私たちは内側でいただいた。後で〔オーハイの東端の〕事務所で、パンフレットについての会合があった。クリシュナジはアールヤ〔・チャリ〕に話をした。それから彼、彼女、ドロシー〔・シモンズ〕と私は、短い散歩をした。夜にも雨が降った。〔総選挙で勝利したインド人民党の〕モラルジ・デサイがインドの首相になった。」

3月25日、「〔オーハイの南側の〕サルファー・マウンテン（Sulfur Mountain）には雪があった。」（クスクス笑う）「ドロシーとメアリー・C〔カドガン〕はイングランドへ発った。カール・マルクス（Carl Marcus）が運転して、彼女たちをロサンジェルス空港に送って行った。クリシュナジは、新しいパヴィリオンで第1回の会合を開き、親たちと教師たちとともに教育について議論した。アールヤ〔・チャリ〕はサンフランシスコへ発った。ディヴィッド・ボームはクリシュナジについて、KPFK放送局でのラジオ・インタビューを行った。私たちはそれを、エルナとテオ〔・リリフェルト〕とともに彼らの自宅で聞いた。ラティゴ峡谷（Latigo Canyon）での雪を含めて、マリブには1.3インチ〔、約33ミリメートル〕の雨が降った。それで、〔冬の雨期、〕季節全体は7インチ〔、約177ミリメートル〕になる。」

翌日、「クリシュナジはパヴィリオンで、第2回の親・教師の討論会を開いた。〔オーハイの東端の〕アーリヤ・ヴィハーラでの昼食の後、彼はシンシア・ウッドのために、「両手を当てた」。午後4時に、彼は若いロシア人夫婦、エレーナ（Elena）とジャン・ディアンスキー（Jan Dyansky）に会った － 彼らは、二年ほど前にレニングラード〔現サンクトペテルブルク〕から彼に手紙を書いてきた人で、〔合衆国に〕移住して、彼に会うためここに来た人だった。彼はオーハイ・イン（the Ojai Inn）に仕事を得ていた。彼らは、〔永住権の〕グリーン・カード、車、新しい生活を、持っている。二人とも若く、子どものようだ。後でクリシュナジ、エルナ、テオと私は、散歩した。」

3月27日に、「クリシュナジはパヴィリオンで、親たちと教師たちとの第3回の会合を開いた。デイル・ダフィ（Dale Duffy）と －彼はシンシア・ウッドの友だちだったと、思います － 」とシンシア・ウッドが、アーリヤ・ヴィハーラでの昼食に来た。クリシュナジはシンシアを「治療」した。そして、講話の公告等について、短い会合があった。それからクリシュナジと私は運転して、マリブの家に戻った。」

翌日、「クリシュナジは午前に休んだ。私たちは家で昼食をし、それから午後3時に、ビヴァリー・ヒルズの〔泌尿器科医〕ハウスマン博士のオフィスで、博士に会った。彼は私たちに、腎臓と膀胱のX線〔写真〕を見せてくれた。前者は良いが、後者では前立腺が肥大して、尿道が狭まりつつある。私たちは、何をすべきかについて、徹底的に議論した。私は、何もしないなら、予後はどうなのかを、訊ねた。ハウスマンは、最終的な閉塞が起こるだろう、と言った。今日、手術は比較的単純で軽微だ。だが、もし仮に感染が起こったとしたら、より複雑になるだろう。腎臓は影響を受けるだろう。またそれは、旅行中や、どこか医療設備のない所で、突然に起こるかもしれない。そして、クリシュナジがさらに老いるであろうだけでなく、彼の現在の優秀な全般的健康にいない時にも、だ。これによりクリシュナジは、そして私もまた、それはここですぐに手当てしてもらわなければならないと、決断した。クリシュナジは、無意識にならないようにとの自らの願いを、説明した。彼の精神は、人為的に無意識にしてはならない。ハウスマンは、局所〔麻酔〕すなわち脊髄のブロックが、ごく通常であるし、クリシュナジがそれを望むなら、なされるだろう、と言った。クリシュナジは手術に同意した。ハウスマンは、前立腺はしばしば大出血をすると言った。必要なら、クリシュナジは輸血を受け入れるだろうか。クリシュナジは、他の誰かの血液はだめだと言った。そのときハウスマンは、彼は自分の血液を受けるだろうかを訊ねた。クリシュナジは、もちろんいいと言った。それから、ハウスマンは、彼に前もって二回の別の採血で、1か2パイント〔、約0.47か0.95リットル〕を預けてほしいと思う － 必要なら、それが利用可能になるように、だ。私は、自分は病院で彼の近くにいて、そこに留まることができるようにしたいと、言った。博士はこれを手配をするだろう。外科手術の日付は5月2日とされた。クリシュナジは、5月の一ヶ月間、マリブで療養することに、同意した。クリシュナジは、ハウスマンが提示したように、これらすべての判断を行った。彼には必要性が分かった。後で彼は、自分は身体を見守っている。それが受け入れるのかを見るためだ、と言った。彼がハウスマンに説明したもう一つ別のことは、自分の身体は一度も侵入された、すなわちメスを入れられたことがない、ということだった。ハウスマンは、これには何も切開はないということを、説明した。進入は、自然の開口部をとおして行われる － 膀胱の内部を診る。そして、膀胱の頸状部あたりの前立腺の小さな部位が、除去される。入院は四、五日だろう。それから家で休む。クリシュナジは、〔ハタ・〕ヨーガのために膀胱の筋肉はとても強いと、言った。これにより、尿道が閉塞するとき、尿は腎臓に押し戻される。私たちは立ち去った。家に帰る途中に、幾つかお使いをした。〔健康食品店〕リンドバーグ等だ。」

翌日、「クリシュナジは一日をベッドで過ごした。私は理髪とお使いのために、街に行った。」

3月30日、水曜日、「私はニューヨークの弟〔バド〕に話をし、彼に私たちの計画を語った。クリシュナジは、5月のここでの外科手術の前に、ニューヨークで四月終わりのシャインバーグの〔主催する〕心理療法士の会議に、行こうと決意している。〔弟〕バドは、私たちはリッツ・タワーのフラットを使用できると、言った。クリシュナジと私は街に行った。そこで彼は散髪をした。私はエンチラーダを〔野外の〕農場主マーケットから持ってきた。それでもって、私たちはビヴァリー・ヒルズの木陰の脇道で、車中でピクニックをした。それから私たちは、2時の〔アメリカのスリラー〕映画『ドミノ・ターゲット（The Domino Principle）』に行った。」その映画を憶えていますか。

スコットー いいえ。それは憶えていません。

メアリーー 私もです。「私たちは、庭での散歩に間に合うよう、家に帰った。私は〔サンフランシスコの〕ブランシェ・マティアスに電話を掛けた。彼女のいつもの幻覚は、クリシュナジの訪問から去っていた。」

スコット－ふむ。
メアリー－31日、「ダイアン（Diane）とディヴィッド・シャインバーグ〔夫妻〕（David Shainberg）と彼らの子どもスティーヴン（Steven）とナンシー（Nancy）は、オーハイに泊まっているが、彼らは、クリシュナジと私との昼食のため、そこから〔マリブに〕降りて来た。ダイアンは快くて、過去の出会いより寛いでいた。」

4月1日、「私は、〔東部、マーサズ・〕ヴィニヤード〔島〕の継父に話した。〔Kの元秘書〕アラン・ノーデが、彼自身の立場とテオの立場で電話をしてきて、クリシュナジの外科手術にとって5月2日の日付は、占星術上悪い、と言った。「私たちはどれほど迷信深いのか？！」とクリシュナジは訊ねた。（スコット、笑う）「でも、彼のためなら何事をも無視しないという理論によって、私は、ハウスマンにそれを5月9日に変えるよう、頼んだ－そちらは、アラン・ノーデによればだいじょうぶだ。」私はハウスマンに対して、なぜ私が日付を変えたいのかを、告げませんでした。（スコット、笑う）「クリシュナジと私は、昼食に間に合うよう、オーハイへ運転した。後で私たちは、アールヤ〔・チャリ〕を連れて行った－彼女はサンフランシスコから戻ったのだった。私たちは、明日の公開講話のために整った〔オーハイの西端の〕オーク・グローヴを見に行った。あらゆるものがうまく手配されていて、人々が歩き回るのを防ぐため、きちんとフェンスで囲まれていた。今年私たちは、それらを開くための許可を得なくてはならなかった。〔ヴェンチュラ〕郡は明日、査察するだろう。私は風邪を引いたようで、登りの道で咳を始めた。悪くはない。」

4月2日、「雲はあったが、雨はない。午前11時にクリシュナジは、オーク・グローヴで第1回の公開講話を行った。そして、安全の必要性について語った。すなわち、ただ一つの安全が智恵である、と。グローヴ〔木立〕は、これまでで一番良く組織されていた。テッド〔・カーテー〕（Ted）が、〔会場の一方を〕ぐるりと囲んで、羽根板のフェンスを置いた。人々が、クリシュナジが話している間に、彼の後ろから迷い込んでこないためだ。私たちはヴィデオにカラーで録画している－財団のために、サンタ・バーバラのテレビ局により為される。ヴェンチュラ郡の計画委員会が、講話を開く許可を与えたが、そこのスパーリング氏（Mr. Sperling）が、査察するため、そこにいた。私たちは三千人の人たちが来たと、概算する。後でクリシュナジは、〔アラン・〕フーカーが昼食を組織したところに行ったが、彼は姿を現した後、〔オーハイの東端のパイン・〕コテッジに来て、そこで私たちは静かに昼食をとった。」

翌日、「クリシュナジは、第2回のオーハイ講話を行った。私たちはそこで昼食をした。午後に私はクリシュナジのために、ププル、スナンダ等への手紙を、タイプで打った。アールヤ〔・チャリ〕がインドに持っていくためだ。彼女は明日朝早く、インドへ発つ。手紙には、クリシュナジの手術について知らせが載せられた。アールヤ、リリフェルト夫妻とアラン・K〔キシュバウ〕が、散歩に来た。私たちは、アールヤにさようならを言った。彼女は明日早くデリーへ発つからだ。とてもすてきな人物だ。」彼女はそうだったし、今もそうです。

スコット－ふむ、ふむ。ええ。

メアリー－4月4日、「ボーム夫妻がさようならを言いに来た。彼らはニューヨークに行くだろう。午後にイザベラ・ビアスコェチェア（Isabel Biascoechea）、アルフォンゾ・コロン（Alfonzo Colon）、リエスコ氏（Mr.Riesco）とセンドラ氏（Mr.Sendra）が、クリシュナジに会いに来て、多かれ少なかれ、ことをはっきりさせた。」それはプエルトリコの集団です。「センドラは、自分の精緻な計画を持っている－それにより、〔スペイン語圏アメリカ〕財団（the Fundación）が、彼の出版起業の仕事すべてをし、彼とその妻に生涯支払うだろうというものだ。」（スコット、クスクス笑う）「それは拒否された。彼は立ち去った。彼がまた理事にも留まるのかどうかは、〔スペイン語圏アメリカ〕財団の他のメンバーたちしだいだ。だが、彼は辞任するのか、または、去るよう他のメンバーたちにより求められるとの強い意味合いが、伴った。」

ああ、ちょっと待ってください。4日からはもっとあります。それは薄い鉛筆書きです。だから、私が読む間、堪えてください。それはこう題されています－「1977年4月4日、オーハイ、〔パイン・〕コテッジにて、クリシュナジとディヴィッド・ボームの間の会話について、メモ書き、不完全。」と。〔この書き写しの〕出所は、会話が進行中の後で始まったディクタフォーンの録音です。それはよくない録音です。」

スコット－私たちは、その録音をどこかに持っていますか。

メアリー－分かりません。

スコット－いいです。では、あなたは本文を読んでください。でも、この小さなディクタフォーンの録音は、私の持つアーカイヴズ〔資料保管庫〕の一覧表が関係するかぎり、存在していません。だから、読みつづけてください。それは、私たちが持っているらしいすべてです。

メアリー－いいです。私は、「クリシュナジ」と言って読む、それから、「ディヴィッド」と言ってそれから読むことにしましょう。そのような対話になるでしょう。

スコット－いいです。

メアリー－「クリシュナジ－「他の力があります。「邪悪」という言葉を使ってもいい。世の中には、邪悪な人たちがいます。」」

「ディヴィッド－「ふつうの疎通を越えて浸透した力と、言われるのでしょうか。」」

「クリシュナジ－それらはただ、あの」－「あの」は特別で下線つきです－「あの関心が受け持っていないときだけ、浸透します。」」

スコット－受け持つ、ね。よし。あの「他（Other）」の関心が受け持っていないとき。

メアリー－「他なること（Otherness）」等です。

スコット－そのとおり。

メアリー－「クリシュナジ－「それらはただ、あの関心が受け持っていないときだけ、浸透します。」

「ボーム－「私にとって明らかでないのはこうです。仮に、邪悪な人物がいる。自らの言葉と行動をとおして悪を行っている、とします。でも、仮に、私は彼が見えないとします。彼はどこかに、はるか遠くにいます。」」

「クリシュナジ－「しかし、すごくよく知られた現象があります。私はあなたについて、幸せに、愛情、気づかいをもって、考えることもありえます。または、あなたを憎むこともありえます。」」

「ボーム－「あなたがはるか遠くにいるとき、その憎しみはどのようにあなたに影響しますか。」」

「クリシュナジ －「ええ、それが私の言おうとしていることです。」」

「ディヴィッド －「そのとき、思考の伝達があるのか。」」

「クリシュナジ －「ああ、明白に、明白にです。」」

「ディヴィッド －「ええ。まあ、それを明らかにすることは、重要ですね。なぜなら、それは、人々がふつう受け入れることに、相反するからです。でも、あなたは、それについてすっかり明らかですか。それはまったくはっきりしていますか。」」

「クリシュナジ －「まったくはっきりしています。個人的に、私は、親しんでいないところ、生活したことのないところに、行くとき、例えば、私が十年の後、ここ〔パイン・コテッジ〕に初めて来たとき、私はあのドアを通って来ました。私は、おぞましく感じる、と彼女〔メアリー〕に言いました。私は、駆けて出ました。」」

スコット－ふむ、ふむ。これはコテッジのドアです － あなたがちょうど指さしたのは。それは、音声録音をとおして伝わらないでしょう。

メアリー－ああ、もちろんです。そのとおりです。

スコット－いいです。(クスクス笑う)

メアリー－「ディヴィッド －「でも、今それはどうですか。」」

「クリシュナジ －「何もない。それはすべて去りました。」」

「ディヴィッド －「でも、何が起きましたか。」」

「クリシュナジ －「他のもの(the other thing)のほうが強いから、それは触れられません。そういうわけで、いつでも医師が私に対して、「注射によるそれを」 － 全身麻酔という意味です －「望まれますか、全的な麻酔を。」と言ったとき、」…そのとき、私は日記に言います－「それから録音は判別不可能だ。」と。

「ディヴィッド －「私は思いつきました － これらの人たちは混乱した思考に捕らわれている、とあなたは言われます。にもかかわらず、可能な変容があります。それにより彼らがそれを抜け出すところのものです。仮にあなたが、麻酔を受けて、邪悪な思考に捕まったとして、邪悪な思考があなたを抑え込む、と言われるでしょうか。」」

「クリシュナジ －「ああ、でも、私はそれらを経たくありません。もちろんです。」」

それから、見たところ私です。「メアリーは言う －「麻酔の無意識と眠りとの違いは何なのかを訊ねることは、妥当でしょうか。」」

「クリシュナジ －「ああ、それは全然違っています。そちらは自然です。こちらは不自然です。」」

「メアリー －「それは課されたからですか。」」

「クリシュナジ －「無理やりそうさせられて、気を失わさせられます。」」

「ディヴィッド －「では、眠りについては、まだ一種の注意があると言われるんでしょうか。」」

「クリシュナジ －「ああ、そうです。あの智恵が見守っています。」」

スコット－ふむ。

メアリー－それで、それは終わります。

4月5日、「クリシュナジはオーク・グローヴで、今年の第1回の公開討論会を開いた。私たちはアーリヤ・ヴィハーラで昼食をした。午後4時に、〔ペルー人のアレルギー専門家〕ドラシノワー博士と夫人(Dr.and Mrs.Drassinower)が、クリシュナジに会いに来た。長く退屈な議論。だが、クリシュナジは、あちらのお方(celui la)からもはや施療は必要とされないということを、礼儀正しく断固として伝えた。」(メアリーとスコット、二人ともクスクス笑う)

4月6日に、「クリシュナジは、この暖かい一日をベッドで過ごした。彼は、ラージャゴパルへの手紙を口述した － 自分は15日に〔K & R 財団事務所の〕アーカイヴス〔資料保管庫〕に行くだろう、と言うものだ。そして、自分は、アーカイヴスを訪問した〔アメリカK財団の〕理事たちの報告により心配している、自分の原稿等が何一つそこにない、ということだ。そして、自分はそれら、およびベサント夫人、レッドビーター、〔オルダス・〕ハックスレーの手紙を見に行こうとしている、と言った。」

4月7日、「クリシュナジは、〔オーク・〕グローヴで第2回の公開討論会を開いた。パスカリン・マレ(Pascaline Mallet)とジゼル・クエストー(Giselle Questiau)が、…」彼女を憶えていますか。彼女は、将軍と結婚した女性ではなかったかな。それとも、他の誰かだったかな。'17

スコット－憶えていません。名前はなじみ深く聞こえますが、顔が思いつきません。

メアリー－私もです。まあ、ともあれ、「彼女たちがアーリヤ・ヴィハーラでの昼食に来た。また、アブドラー・エル・フセイン(Abdullah El Hussein)と、ハビベ女史という人(a Ms.Habibe)も、昼食に来た。午後4時にクリシュナジは、エレーナとジャン・デャンスキー(Jan Dyansky)に会った。」…若いロシア人夫婦ね…「私たちは後で散歩した。」

8日には、ただこうあるだけです －「〔マリブの家政婦〕エルフリーデが郵便と洗濯物を持ってきてくれた。私は手紙を仕上げた。私たちは散歩した。」

4月9日、「クリシュナジは〔オーク・〕グローヴで、第3回の公開講話を行った。私たちは〔パイン・〕コテッジで昼食をした。」

4月10日は復活祭の日曜日でした。その日、「私は〔東部、マーサズ・ヴィニヤード島の〕母に電話した。クリシュナジは〔オーク・〕グローヴで、第4回の公開講話を行った。私たちは、近くで、フーカー夫妻が調えてくれた昼食を、とった。講話の前、私は〔聴衆へ学校とセンターの〕公告と資金への訴えを行った。クリシュナジは午後4時にアーリヤ・ヴィハーラで、シドゥー〔姉妹〕の学校からのカナダ人の教師たちに、会った。晩に彼は、たいへんな真剣さをもって私に対し、手術の後、私は彼を見守っていなければならないということを、語った － 彼において生と死の間の線はとても細いということ、そして、私は彼に気をつけるよう思い起こさせなければならないということを、だ。」

4月11日、「手術を受け、5月の間、ここ〔マリブの住宅〕に留まるとのクリシュナジの計画について、私は、〔イングランドの〕ドロシー・シモンズとメアリー・カドガンに対して、書き送った。クリシュナジは午後に一人でセンドラに会った － 彼は、前回〔スペイン語圏アメリカ〕財団の他のメンバーとで為された合意を、なくそうとした。クリシュナジは、だめだと言った。私たちは後で散歩した。晩にクリシュナジは私に対して、病院で彼をあっさり逝かせてしまわせないことについて、語った。私は手術の後、彼に話をし、思い起こさせ、見守っていなければならない。彼は、身体はここ三日間、手術に抵抗しているということ、そして危険は、彼、クリシュナジは突然に「もう十分だ。」

と言い、あっさり逝ってしまうかもしれないことであるということを、言った。生と死の間の線はいつもある。それは、過去に彼に起きたことがある。それはここオーハイで起きた － 彼が山々を歩いていたときだ。それはインドで起きたことがある － 彼が言うところの、「行ってしまい」、「さまよい離れる」ときだ。それが起きるかもしれない。彼は、自分はどんな鎮静作用をも受けてはいけないが、特に私が見守っていなければならない、と言った。私は、自分は何ができるのかを訊ねた。彼は、話をすること、彼に話しかけることを、言った。それは、あたりに見知らぬ人がいては、起こらないだろう。だが、彼が手術の後、自室に戻ってくる後、私は彼に話しかけなければならない。私はまた午前に、彼が手術に行く前にも、彼に思い起こさせなければならない。私はまた、彼が採血する前にも、彼に思い起こさせなければならない。私は見守っていなければならない。昨夜、テレビで「ホーム・ローン」が広告されつつあり、それについて私たちが冗談を言っていたとき、私は「ホーム・ローンをお申し込みになりたいですか。」と冗談っぽく言った。彼は、ええ、と言った。私は「何の目的ですか。」と言った。彼は「手術のためです。」と言った。それで私は面食らった。なぜなら、彼は、手術を受けるとの決断をして以来、ごく事実関係以外に、それに言及したことがなかったからだ。そして、冗談っぽい会話のさなかに突然に、私は、それが或る程度、彼の念頭にあることを、悟った。しばらく後で、私は、彼は手術を受けたくないのかどうかを、訊ねた。私たちはそれを取り消すべきか。彼は、いや、いや、と言った。それは決断された。そして今朝、私は、それはすべきでないのかどうかを、再び訊ねた。「いや。それを無視するなら、〔尿道の〕閉塞がある。ずっと悪くなるだろう。」と。だが、私は彼に思い起こさせなければならない。」

4月12日、「クリシュナジはオーク・グローヴで、第3回の公開討論会を開いた － 教育について、だ。私たちはアーリヤ・ヴィハーラで昼食をした。アブドラー・エル・フセインとハビビ女史がそこにいた。彼らはクリシュナジに対して、思考が質料・物質であること等について、訊ねた。質料・物質としての思考は、身体 － それは質料・物質である － とともに、死ぬ。だが、クリシュナジは、何らかの形での思考は、意識の流れに入り、継続するということを、仄めかした。私は、もっと明確化するよう、彼に訊ねようとした － 特に、これがどのように起きるのかを、だ。私は、彼がいう意味が分かると、思う。だが、彼は、これについて話をしたい気持ちでいるとき、何らかの瞬間に、もっと多くのことが言われたかもしれない。」彼が話をしたいと思うとき、質問で悩ませるのではなく、質問しなくてはいけませんでした。

スコット——ええ。

メアリー——「アブドラーは、輪廻転生について訊ねた。クリシュナジは言った － 身体と精神は死ぬが、思考は精神により出されたエネルギーに似ているし、それは質料・物質であり、継続する。悪が存在するように、善が、人が出した善いことが存在するように、等と。午後に彼はコロン、イザベラ、リエスコとセンドラを呼び入れた。そして、神智学を自分の教えと混ぜていることで、センドラを責めた。彼は〔スペイン語圏アメリカ〕財団メンバーたちに対して、これとセンドラを取り扱わなければならないと、語った。」

スコット——よし。私たちはそこで終わなくてはいけないでしょう。〔なぜなら、録音〕テープが切れつつあるからです。

メアリー——いいです。

原　註

1）この面談と、後に続くものすべては、オーハイのパイン・コテッジで行われた。
2）この議論は2004年に行われた。
3）「そこのあの人物」を表すフランス語。

訳　註

*1 このときの会合の記録は、The Perfume of the Teachings: Working with J.Krishnamurti（Krishnamurti Foundation Trust）として、ウェブ上に公開されている。十一回の会合に対応して、合計十一の章からなり、各章に次のような題名が付けられている。1．あなたは泉を飲んだ、2．誰が全体を花開かせつづけるのか、3．あなたはその香りを伝えられるか、4．これは永遠に花開いて生きつづけさせられるのか、4．あなたは宝物に対する責任がある、6．研修センターは私が悲しみを終わらせるのを手助けするだろうか、7．小さなバケツをもって井戸に来るな、8．知識の動きなく聞けるだろうか、9．教えは生の全領域を扱う、10．Kは真理の静寂から話しているのか、11．善の優秀な開花、である。ちなみに、これに近い内容は、例えば、1973年6月の半ばからブロックウッドで10日間行われた諸財団の合同会合でも扱われている。

*2 Davidという特定はないが、ウィーデマンという人名は、第22号、1972年4月6日と、第29号、1974年3月24日に、K著作協会の関係者として出てくる。第51号、1978年4月27日には、同名の住宅への言及がある。他方、第41号、1976年5月半ばの『人の変容』のヴィデオ制作に関しては D.ホフマンと H.ワイランドという別の人名が上がっており、両者の名前の後半と前半に類似が見られるので、混同された可能性が考えられる。

*3 第34号の訳註を参照。

*4 第12号、1969年6月23日、第45号、1977年3月5日以降を参照。

*5 上註のように、このような集団や委員会については、すでに1969年にも言及されている。Ｍ．Ｌｅｅ（2015）第17章には、Kの亡くなる直前に関して、この頂点の集団がKにより提案されたことが、述べられている。すなわち、彼が亡くなった後、各財団の理事二人ずつがこの集団にいて、一人が全般を担当する。その人物はKの死後に発表され、他の人たちは交替する。彼らは旅行して、財団、センターを訪問しそれらの宗教的次元に責任を負うというものであった。これは1977年オーハイでの理事会でK自身が述べたことに反するものでもあり、実現せず、懸案のままであったとされている。

*6 第40号を参照。

*7 第5号では、メアリーの母と継父と同じく、東部のマーサズ・ヴィニヤードで生活していて、ロザリンド・ラージャゴパルの長年の親友だと言われている。

*8 第4号の末尾近くを参照。

*9 ホームページ上ではここで指示された個所をクリックすると、メアリーの話が聞こえる。

*10 ベサント夫人やレッドビーターはたびたび、秘教部を神智学協会の心臓部、魂になぞらえたと言われている。ラッチェンスの伝記第一巻によれば、神智学協会に二年間、在籍し、貢献してから秘教部に申し込むことができた。cf.Joseph E.Ross,The Krotona Series, Volume Ⅵ 1932-1940: Krishnamurti's Departure from the Theosophical Society（2012）

*11 ラッチェンスの伝記第一巻によれば、Kの父親も退職後、神智学協会で働くためにアディヤールに移住してきたとき、秘教部に加わっていたと言われるので、創設時期はKの発見より遡り、世界教師のために創設されたということかと思われる。秘教部は、1928年10月に、世界教師がすでにいる以上、他の誰も教えるべきではないと考えるベサント夫人により閉鎖されたが、1929年8月のKによる星の教団解散の後、メンバーたちの強い要請により同10月に再開された。

*12 Nilakanta Sri Ram（1889-1973）は、神智学協会の第五代会長（在

任 1953-1972）をも務めた。
*13 この土地は、ベサント夫人によりクリシュナジの活動のために、東オーハイの土地とともに購入されて、すでに 1922 年、29 年に講話集会が行われていた。オーハイでは他のリビー公園などを利用する場合もあったが、この場所では 1944-46 年、66 年に講話が行われた。以降、75 年から 85 年まで講話が行われた。
*14 インドでは一般的に、行為の規範、義務、制度、真理、属性など様々な意味に用いられる。仏教では、アビダルマの哲学で「もの」の本来の在り方を保つもの、または、「仏法」として、徳性や教えを意味するものとしても用いられる。
*15 トウモロコシの粉にトウガラシを利かせて焼いたパイ風のもの。
*16 この会場は 1920 年代から使われた場所だが、今回は 1966 年以来、十年ぶりなので、多少の緊張感もあったと思われる。三つ前の訳註を参照。
*17 第 8 号では、マルセル・ボンドノー、ジゼラ・エルメンホーストについて語った直後に、ブヴァール将軍と同夫人に言及があるので、単なる混同かもしれない。
*18 これは、スコットがオックスフォードでの研究を終えて、北カリフォルニア、さらにオレゴンに移住したためである。スコットによるこの企画についての文章を参照。
補 1) 従来の記述からすると、Zalk(サルク）の誤表記か。

この企画について
『クリシュナムルティの面前で』[1]

スコット・フォーブス

　『メアリー・ジンバリストの回顧録—クリシュナムルティの面前で（*The Memoirs of Mary Zimbalist In The Presence of Krishnamurti*)』は、メアリー・ジンバリストの、J. クリシュナムルティとの時間について、私、スコット .H. フォーブス（Scott H. Forbes）に語られたとおりの彼女の回想を、提示しようとする企画である。文書は、www.inthepresenceofk.org. より、講読可能になる。

　メアリーは、1944 年に初めてクリシュナムルティに会った。それから 1963 年まで再会しなかった。1964 年に彼女は、彼のために小さなことをしはじめた。結局、彼の助手、腹心、一番の親友になった。1925 年に亡くなったニトヤ（クリシュナムルティの弟）以来、一番親しかったと、言われている。クリシュナムルティの生涯の終わりの二十二年間のほとんどで、メアリーは彼とともに旅行し、彼の講話と公的な登場の準備を手伝い、彼の面談を手配し、彼の著作の出版を見計らうのを手伝い、日々の生活に必要な小さなことすべての世話をした。クリシュナムルティの生涯のこの期間に、メアリーは常に同行したが、唯一つの例外は、彼のインドへの旅の幾つかだった。クリシュナムルティは、インドはメアリーにとって健康的でないと感じた。それで、彼は、彼女に一年おきに同行するよう頼んだ。

　メアリーがクリシュナムルティに一番近い人物であることの多くの恩恵の一つは、彼女が日々、日記を付けたということである。事実、彼女は二種類の日記を付けた。一つは、小さな日々の日記 − 彼女が眠りに就く前に、毎晩書き込んだもの − である。もう一つは、より大きな日記 − 彼女が、日々の日記でできるより、さらに大きな解説と詳細が必要だと感じる何かがあるとき、いつでも書き込んだもの − である。これらは、彼女の生活にとり、クリシュナムルティの生活にとり、彼女の家族と他の人たちの生活にとり、個人的な多くの詳細を含んでいるので、メアリーは、自らの日記は自らの死後、焼却されるべきだとの指示を、残した。彼女は後に、自らの回顧録が完成された後、焼却されるべきだとの条件付きで、その要請を改めた。

　クリシュナムルティは、メアリーに対して、自分とともにいることがどのようであるかについて書くよう、何度も頼んだ。特に人生の終わりにはそうだった。そして今、長年の間、この企画に取り組んだ後、私はその要請の英知が分かる。クリシュナムルティの伝記を書いた人たちが幾人もいる一方で、彼との日々の生活の詳しい細目を知っていた人は、誰一人いない。クリシュナムルティにさほど近く、さほど彼の腹心だった人は、誰一人いない。毎日それら詳細を記録してきた人は、誰一人いない。メアリーの提示は、彼の九十年の全体を取り扱うものではないが、それでもなお、私たちに利用可能な他のどの活写より、彼の多く、または彼の存在の多くを捉えることを成し遂げている。たとえ二、三分間でもクリシュナムルティの面前にいることは、彼の伝記のどれよりも（それらの幾つかほど良く）、彼の感覚をより良く伝えてくれた。同様に、メアリーが観察した詳細と、彼が彼女に語る彼自らの存在のふしぎな秘教的な出来事は、比類なきクリシュナムルティの感覚を、私たちに伝えてくれる。

　クリシュナムルティが 1986 年 2 月 17 日に、（メアリーが彼のために修理し改築し、彼らがカリフォルニア、オーハイにいるとき、ともに生活した邸宅で）亡くなってすぐ、メアリーは、クリシュナムルティが自らに書くよう頼んでいた書物を、書きはじめた。彼女は、余生の間、それに取り組んだ。

　メアリーが自らの原稿にきわめて勤勉に注意深く働くのを八年間見守った後、1994 年に、私は気を揉みはじめた。彼女はそのとき、七十九歳であり、幾つもの健康問題を抱えてきたが、自らの文書の一部分を取り扱っただけだった。私はそのとき、ブロックウッドパーク・クリシュナムルティ教育センターの校長であった。そして、メアリーは、クリシュナムルティが生きているとき行ったのと同じスケジュールをちゃんと守って、五月から十一月までブロックウッドに来つづけた。メアリーはいつも、私にとってとても親しかった。だから、私が、彼女の記念碑的任務を手助けするため何かをしたいと思うのは、ごく自然であった。

　私は彼女に対して、役立ちそうで思いつく唯一つのことを、提案した。すなわち、私たちが、オーディオ・レコーダーをもって座り、クリシュナムルティについての自分たちの記憶に関して、議論することである。出てきたものは、私を驚嘆させ、喜ばせた。初め彼女は、ふつう自らの前に日記を開いて、自らの記憶について議論した。彼女はすぐにこれを、実際に自らの記入を読み上げることに、切り替えたし、私は質問をしたものである。私は、彼女とクリシュナムルティが定期的に旅行する場所の多くを知っていたので、私は相当に情報通の質問をすることができたし、彼女は答えたものである。それは、私たちの間でほとんどゲームになった − 私は、思いつく一番詳細な質問をし、メアリーは自らの優秀な記

憶からそれらへの答えを引き出そうとする。そしてもちろん、私たちはお互いに、自らのクリシュナムルティの物語を語ることに喜んだ。これらの録音の書き起こしのほとんどを行ってきた人物は、私に対して、これら対談にはたいへんな喜びと笑いがあるということを、幾度も繰り返した。

録音が完成するためにとても長く掛かった理由の幾らかは、メアリーと私が当初、一年の五、六ヶ月以上、同じ国にいなかったということである。しかしまた、メアリーと私は、自分たちのやりとりを完成させるのを少しも急いでいなかったという単純な真理も、ある — 私たちは、クリシュナムルティとの自らの瞬間をよみがえらせることに、喜んだ。彼女がブロックウッドにいて、私が〔研究生活のため〕オックスフォードにいたとき、私は週末の多くにブロックウッドに来たものだった。私たちがどちらもカリフォルニアで生活していたとき、私は企画を継続するために、北カリフォルニアから運転してオーハイに行き、一時に幾日も過ごしたものだった。後で私がオレゴンに移ったとき、私は彼女に会うために、月に一回ほどカリフォルニアに〔空の便で〕飛んで行った。メアリーとのこれら録音された対談は、2007年まで継続した — それから一年もせずに、メアリーは亡くなった。

長さが一時間半から二時間の間の録音テープが、おおよそ120本ある — 200から225時間の間ほどの録音である。まだ為されるべき多くの書き起こしはあるけれども、すでに5千ページの素材がある — 250ページの本、二十冊に相当するものだ。これら録音の歳月にわたって、メアリーが、「Kとともにいるのがどのようだったのか」について自らが言うべきことすべてが失われないであろうこと、そして、自らがクリシュナムルティについての経験を世の中に提示するという彼への約束を果たしつつあることを知って、安堵するということが、明らかになった。私は結局のところ、自分が信用できると知っているが、企画に注ぐボランティアの時間しか持たない或る人により、これらオーディオ・テープを書き起こしてもらった。

この企画は、「クリシュナムルティの面前で」と呼ばれる。なぜなら、それは、メアリーが自らが書きつつある書物に付けたいと思う題名であったからだ。元来の思想は、これら対談からの素材すべてを、250ページほど — 合理的な書物の長さ — に、編集することであった。けれども、書き起こしすべてのための最終的な総ページ数は、5000ページを越えるだろうということを悟るにつれて、私は、通常の大きさの書物は、素材の少なくとも九十四パーセントを失うことを意味するだろうということに、悩んだ。それほどの独特の素材を失うことは、正しいとは思われない。

幾らかの人たちにとり、クリシュナムルティの生活の小さな詳細の多くは、彼と彼の教えのどちらへの理解にとっても重要なことを、開示するであろう。なぜなら、彼は実際に自らの教えを生きたし、それら教えを生きることが詳細に開示されるからである。クリシュナムルティの生活の一部分であったり、または、彼の生活の一部である人たちを愛してきたりした他の多くの人たちは、詳細を楽しむだろうし、クリシュナムルティとの関係において自分自身や、自らの愛する人たちを、新たに見るだろう。クリシュナムルティが誰かと面談をしたり、誰かとともに昼食をしたり、誰かとともに散歩に行ったりするときほぼ毎回、メアリーはその人の名を記録した。だから、これは、クリシュナムルティの生活のどの期間についてでも私たちが持っている、一番詳細で親密な、歴史的に意味ある記録である。

また、或る人たちにとっては、書かれた文字だけがあることが、残念であろう。メアリーの声は、言葉の単なる内容以上を伝える。情熱、献身、誠実さのすべてをともなう彼女のすばらしい声は、彼女がクリシュナムルティの面前で感じた喜び、霊感、畏怖を、伝達する。人々はそれを願うなら、この幾らかを聞く機会があるべきである。

多くの人たちはまた、彼女が長年にわたって取り組んだ原稿があるのを、見たいとも思うであろう。それは実は、ほんの初めの下書きである。それは、クリシュナムルティとの彼女の時間の一部分を扱うだけである。だが、彼女は美しく、大きな強烈さをもって書く。これはただ、何かのアーカイヴスに置いておかれるべきではない。誰でも本当にクリシュナムルティに興味を持つ人は、このすべてがほしくないだろうか。もちろん最終的には、通常の書物の大きさの版が、作成されなければならない。だが、可能なかぎり、「Kとともにいることはどのようだったのか」を知りたいと思う、それら情熱的な探究者たちすべてのために、他の何かができないだろうか。

この企画は、それを求める誰にでも、この素材の一番充実した可能な版を、与えようと試みる。それは、購読として行われるだろう。毎週（当初は二週間毎）、購読者は、メアリーとのこれら対談の二十から三十の間のページに、アクセスができるだろう。一般的に購読ごとに、何か特に感動的なことがあるとき、または、彼女のその語りが格別に痛切に思われるところでは、メアリーの実際の録音のオーディオ・クリップへのリンクが、含まれるだろう。最終的には、購読者がメアリーが書いた原稿へアクセスでき

る他のリンクが作られるだろうが、けっして完成はしない。

　この企画を購読とする幾つもの理由がある。

１．購読により、書き起こし本が必要とする書き起こし、校正、簡単な編集のすべてを終了させるのに必要な時間が、与えられる。もちろん私は、この素材が公衆に利用可能になる前に、仕事すべてが完成するまで、待つこともできよう。だが、この企画が始まってから、すでに十九年が経っているし、私は定期的にそれの要請を受ける。幾人もの古い友人たちは、とても興味、関心を持っているこの素材の一言をも見ずに、悲しくも亡くなってしまった。

２．購読により、人々は、この素材を読みはじめてみて、それが自らのほしいものでないと分かるなら、取り消せる機会が、与えられる。

３．私は、この企画を改善させる途中で、たいへんなフィードバックを受けるであろうということに、疑いはない。そして、このフィードバックの幾つかは、きっと役立つであろうと思っている。購読により、前進しつつ、企画を改善することができる。

　最小限度の素材は、編集で取り除かれるだろう。だが、そういう編集については、率直であることが正しいと思われる。メアリーは、人々を傷つけるのを回避したいと思っていた。だから、そうしかねない素材は、取り除かれるだろう。また、メアリーと私はしばしば互いに、同じ物語を複数回、語りあった。各々の物語は一回語ることで、充分だろう。

　最後に人々は、購読から集められた金銭は、教育に関するクリシュナムルティの仕事についてのさらに大きな研究計画の資金になるであろうことを、知るべきである。

　2013年3月1日が、オンライン購読の始まりの日になる。購読者は、（独自のユーザーIDとパスワードのついた）安全なサイトをとおして、柔軟に一つまたは複数の号を注文してから、彼女の回顧録を読み、オーディオ・クリップを聞くことができるであろう。『クリシュナムルティの面前で － メアリー・ジンバリストの回顧録』の購読から集められた金銭は、法人組織「ホリスティック教育」(Holistic Education, Inc.; a 501(c)3 organization) の「クリシュナムルティ教育研究プロジェクト」の資金になる。

　どうか、私たちのEメール・リストへサインするには、www.inthepresenceofk.org を訪問していただきたい。それにより、ウエブ・サイトについて情報が更新され、『クリシュナムルティの面前で － メアリー・ジンバリストの回顧録 － 』の購読の仕方についての詳細な情報、そして、「クリシュナムルティ教育研究企画」についてもっと多くの情報が、得られるだろう。

　あなたが、『クリシュナムルティの面前で － メアリー・ジンバリストの回顧録 － 』企画について、さらに詳細な説明を受け取ることに関心があり、ホリスティック教育の「クリシュナムルティ教育研究企画」についてもっと知りたいとか、私たちの仕事に対して一回限りの税金控除の寄付を行いたいと思うなら、inthepresenceofk @ gmail.com にEメールをしていただきたい。

スコット.H.フォーブスと、法人組織「ホリスティック教育」『クリシュナムルティの面前で』チーム
2013年2月13日（メアリーの九十八回目の誕生日）

「この企画について」の註

1) 以下の文章は、ウエブサイト kinfonet のうち、Projects-Publications の項目から In the Presence of Krishnamurti - The Memoirs of Mary Zimblist に掲載されたものである。

クリシュナムルティ略年記
(M.ラッチェンスによる全三巻の伝記に基づく)

1831年	H.P.ブラヴァツキー、生まれる。		11月	コーンウォールに戻る。アランデイルに代わってウードハウスが家庭教師。
1845年	C.W.レッドビーター、生まれる。アニー・ベサント、生まれる。		1916年	
1875年	神智学協会が創設される。		1, 2月に受験失敗。	
1882年	神智学協会本部、マドラス、アディヤールに移る。		6月	兄弟はケント州ロチェスターで受験勉強。
1883年	レッドビーター、神智学協会に加入。		7月	レッドビーターはリベラル・カトリック教会の司教になる。
1889年	アニー・ベサント、神智学協会に加入。		1917年	
1891年	ブラヴァツキー、死去。			オックスフォード、ケンブリッジの試験に失敗する。
1895年	5月11日 K、誕生。		11月	Kはニトヤの目を治そうとする。
1898年	5月30日 弟ニトヤ、誕生。		12月	兄弟はロンドンに引っ越す。
1905年	Kの母、サンジーヴァマ、死去。		1918年	
1907年	アニー・ベサント、神智学協会会長に選出される。		3月	Kは受験に失敗、ニトヤは合格。

1909年
- 1月　父ナリアニアはKなど家族とともにアディヤールに来る。
- レッドビーター(4月下旬から6月のいつか)は、浜辺でKを発見し、協会で保護する。以降、神智学協会の指導者たちが行動を共にする。
- 8月　Kとニトヤは、クトフーミ大師より試練を受け、12月、入門を許される。
- 11月　ベサント夫人はアディヤールで初めてKに会う。

1910年
- 1月　K、第一のイニシエーションを受ける。
- 3月　ベサント夫人が兄弟の保護者になる。
- 10月　K、ベナレスで教える。
- 12月　『大師の御足のもとで』を出版。

1911年
- 1月　東方星の教団の前身が創設される。
- 3月　兄弟はヨーロッパへ。
- 5月　兄弟はロンドンに到着。Kはロンドンで初の講演。
- 6月　兄弟はパリへ。
- 10月　兄弟はアディヤールに戻る。
- 12月　ベナレスで人々がKに平伏す。

1912年
- 1月　『スター・ヘラルド誌』創刊。
- 2月　ベサント夫人と兄弟はイギリスへ。
- 3月　イタリア、シチリア島のタオルミナへ。
- 5月　Kの第二のイニシエーション。
- 7月下旬、イングランドに戻る。
- 10月　父ナリアニアが保護者権を求めて、訴訟する。
- 11月から翌年4月まで、アシュダウン・フォレストに滞在。

1913年
- インドで訴訟が継続する。
- 6月　兄弟はノルマンディのヴァレンジヴィルに行く。
- 9月　ロンドンに戻る。
- 10月　ドッジ女史がKに年金を贈る。マドラス高裁でベサント夫人の保護者権が認められる。

1914年
- 1月　『スター・ヘラルド誌』月刊に。兄弟はイタリア、タオルミナで過ごす。
- 2月　レッドビーターはシドニーに移住。
- 3月　兄弟は、イングランド、ライト島へ。
- 5月　ベサント夫人、枢密院で勝訴。
- 6月　兄弟は翌年6月まで、オックスフォード受験のためイングランド、コーンウォールに滞在。
- 8月　第一次世界大戦、始まる。

1915年
- 6月　Kはブルームズベリーで、レディ・エミリーとともに戦傷者を看護。
- 10月　兄弟はロンドンに定住し、受験勉強を再開。

- 5月　兄弟はウィンブルドンに移る。Kはロンドン大学で聴講。
- 9月　Kは受験するが、再び失敗。

1919年
- ロンドン大学で聴講を継続。ニトヤは弁護士資格のため学習。
- 7月　Kは東方星の教団の会議を主催する。1914年以来の仕事。スコットランドでゴルフをし、上達する。
- 10月　兄弟はパリを訪問し、ロンドンに戻る。

1920年
- 1月　Kはパリに行く。マンツィアーリ家、イザベラ・マレと親しくなる。
- 2月　Kは見えざる存在を感じる。不幸せをかこつ。南フランスを訪問。
- 4月　アランデイルはルクミニと結婚。
- 5月　Kは一日中、ブッダのことを考え、冥想する。
- 7月　Kはジュネーヴ近郊でマンツィアーリ家と再会し、神智学と星の教団への関心が復活。大師への信念を宣言するが、神智学協会には異様に不健全なものを見る。
- 9月　兄弟はロンドンに戻る。
- 10月　ラージャゴパルに会う。
- 12月　Kはパリに戻り、神智学の会合で話をする。

1921年
- 1月　Kは『スター・ヘラルド誌』に寄稿。
- 5月　ニトヤは肺結核で初めての吐血。Kは少し冥想を始める。人生哲学を得ようと決意。
- 6月　ベサント夫人とKはパリで神智学協会の第一回世界会議に出席。
- 7月　東方星の教団の第一回世界会議で、Kは見事な手腕を発揮する。
- 9月　兄弟はラージャゴパルとともにスイスへ。Kはオランダへ行き、エーデ城を見る。ヘレン・ノースと会い、惚れる。
- 10月　Kは神智学協会と東方星の教団の大会のため、ロンドン、アムステルダムへ行く。
- 12月　兄弟はマルセイユからインドへ船出。ボンベイでベサント夫人に再会し、アディヤールへ。ベサント夫人にベナレス、ヒンドゥー大学から名誉博士号を授与。Kはベナレスでの大会で講義する。

1922年
- 1月　Kはアディヤールでの東方星の教団で講演。兄弟は父ナリアニアに再会。
- 4月　兄弟はシドニーに到着し、10年ぶりにレッドビーターに再会。神智学協会の大会。レッドビーターの同性愛疑惑もあり、新聞で騒がれる。ニトヤ、病気が再発。
- 6月　クトフーミ大師からKにメッセージ。兄弟はサンフランシスコから、療養のためオーハイに。ニトヤは再び

重篤に。ロザリンド・ウィリアムズが看病する。
8月5日 Kは大師のメッセージを瞑想しはじめる。17日から4日間、神秘体験をし、人生が一変する。レッドビーターによれば、第三のイニシエーション。
8月下旬、「プロセス」が始まる。

1923年
1月 Kは、自己準備グループのためにメッセージを書き始める。初めの詩が『スター・ヘラルド誌』に掲載される。
2月 Kは東方星の教団の仕事を始める。コテッジと周辺の土地を購入。
5月 Kはアメリカで講演旅行。ベサント夫人、レッドビーターは「プロセス」を説明できない。
6月 兄弟はイングランドに到着。
7月 ウィーンで神智学協会と東方星の教団の大会。後者はKが主催。
9月まで 兄弟はオーストリア、チロルのエーワールドに友人たちと滞在。「プロセス」は激痛をともなう。オランダ、エーデ城を訪問し、周囲の土地とともに寄進される。
10月 兄弟はラージャゴパルとともに合衆国に。
11月 オーハイに到着し、アーリヤ・ヴィハーラで生活。「プロセス」が再開し、翌年4月まで継続。

1924年
2月に「プロセス」は最高潮に。
7月 兄弟とラージャゴパルはイングランドに到着。兄弟とベサント夫人はパリへ。
8月 オランダ、アーヘンでの神智学協会と東方星の教団の大会。オーメンでの星の教団の最初のキャンプ。兄弟と友人たちはパージネに行く。「プロセス」が再開し、9月末までKは教える。
11月 兄弟はボンベイに到着。ベサント夫人に再会し、アディヤールに行く。

1925年
1月 Kは大学の敷地を探して、マダナパリに行く。その場所を翌年購入し、リシ・ヴァレーと改名。ニトヤは重篤になり、ウータカムンドに行く。
4月 兄弟はシドニーに到着。東方星の教団の大会。
5月 多数のオカルト・イニシエーションが報告される。Kは講話する。
7月 兄弟と友人たちは、サンフランシスコ経由でオーハイに到着。ニトヤは危篤。
8月 アランデイルは、Kが第四のイニシエーションを受けたなどと主張し、使徒の名を明かす。Kはレディ・エミリーへの手紙で、悲しい懐疑を示す。ベサント夫人の指示でラージャゴパルが、ニトヤの看病のためオーハイに来る。
10月 Kはロンドンに到着。イニシエーションと使徒について、不満で懐疑的。
11月 ベサント夫人とともに会合で話をする。友人たちとともに、ナポリからコロンボへ船出。
11月13日 ニトヤ、オーハイで死去。翌日、Kはそれを知り、悲嘆に打ちのめされる。その後、完全に復活して、ニトヤへの思いを綴る。一行はアディヤールに到着し、ラージャゴパルはニトヤに代わって、東方星の教団の書記長に就任。
12月 レッドビーターたちがアディヤールに到着。ベサント夫人は、Kに使徒たちを認めるよう最後の試みをする。神智学協会の大会、東方星の教団の大会。28日に、主がKを通して語ったとされる。

1926年
2月 Kはベナレスに行き、神智学協会の学校で子どもたちに講話。
3月、4月 Kは食中毒の後、ウータカムンドで療養。
5月 ベサント夫人とともにボンベイからイングランドへ。
7月 オランダ、エーデ城で集会。Kは毎朝、講話。全員が、Kを通して主が話したと信じる。下旬にオーメン・キャンプを開催。また主が話したと信じられるが、ウェッジウッドはベサント夫人に、それは黒魔術師だと語る。Kはベサント夫人に、そう信じるなら、二度と講話しないと言う。
8月 Kとベサント夫人たちはニューヨークに到着し、レポーターが殺到。大会のためシカゴへ。
10月 一行はオーハイに到着。
11月 ベサント夫人はKの仕事のためにオーハイに土地を取得。

1927年
1月 「プロセス」が激しくなる。毎日、詩を書く。ベサント夫人は、「世界教師はここにいる」と宣言する。
4月 Kたちはイングランドに。
5月 Kはパリでの秘密部の会合で、大師たちは偶然的なものだと言い、多くの人が衝撃を受ける。
6月 エーデ城で集会。アランデイルは、Kの意識が主のそれと融和したというベサント夫人に同意しないと公言。「星の教団」に改称。Kはサンニャーシになりたいと思う。
7月 Kは星の教団の会議で話し、自己の使命を確信していると言う。
8月 オーメンでのスター・キャンプ。Kは、自己が「愛するお方」と統合されたと語る。月末にKはスイスへ。
9月 パリに行き、彫刻家ブールデルのモデルになる。ロンドンに行く。
10月 ロザリンドとラージャゴパルが結婚。ベサント夫人とKはマルセイユ経由で、ボンベイへ。ベサント夫人は、Kの意識の一部が主のそれに融和したと証言する。
11月 アディヤールへ。マドラスで公開講話。
12月 神智学協会の会議。レッドビーターはKを尊崇する。ベサント夫人とともに、Kが教師であると明言する。

1928年
1月 アランデイルは、Kを信じないと言う。リシ・ヴァレー信託が作られる。
2月 ベナレスで、第一回の星の教団キャンプ。Kはインド巡行の後、ジャドゥとともにヨーロッパへ。
3月 ロンドンのフレンズ・ミーティング・ハウスで初めての公開講話。
4月 パリ、オランダ、エーデ城、ロンドンの訪問の後、ニューヨークへ。オーハイで休養。
5月 Kは、世界母運動に引き込まれることを懸念する。ハリウッド・ボウルで講話。オーハイのハッピー・ヴァレー財団の土地で、初めてのスター・キャンプ。
6月 イングランドに到着。ロンドン、パリで講話。エーデ城の集会に、かつてない聴衆が集まる。
7月 Kはそこで講話。ロンドンに、病気のベサント夫人を見舞う。
8月 オランダ、オーメンでのキャンプ。9月までスイス、サン・モーリッツに滞在。
10月 コロンボへ出航。ベサント夫人は世界中の秘教部を閉鎖。
11月 Kはアディヤールに到着。
12月 ベナレスで集会。ベサント夫人は会長職を辞して、どこでもKに随行したいが、大師が許されないと言う。ベナレス、ラージガートの土地を学校のために取得。ベナレスで神智学協会の会議。Kが主催する。不在のベサント夫人は、儀式を行わないよう指示するが、アランデイルは敷地外でミサを行う。

1929年
1月 Kはアディヤールに戻り、同地に星の教団の本部が作られる。
2月 ヨーロッパへ。
3月 アメリカに戻る。私信で、「私は誰もあきらめないが、

誰もが私をあきらめるだろう」と書く。オーハイでは、星の教団の人たちからの敵対に会う。
5月 体調不良。翌月のロンドン講話を取り消す。Kとベサント夫人の間の不和が報道される。下旬から6月初めにオーハイ・キャンプで、Kは「私は、生の栄光たる完全な炎です。」と言う。
6月 ロンドンに到着。フランス・アルプスで休養。
7月 オランダ、エーデ城で集会。
8月 3日、オーメン・キャンプで星の教団を解散。
10月 秘密部が再開。Kはボンベイに到着し、講話。
11月 ベナレスでのキャンプ。北インドを巡行。
12月 アディヤールで神智学協会の大会。レッドビーターはKに敵対し、世界教師の到来は失敗したと言う。Kは神智学協会を脱退。年末年始にギンディー(マドラス近郊)でKの集会。

1930年
2月 ボンベイからアメリカへ。
3月 オーハイに到着。
5月 オーハイで初めての公開キャンプ。
6月 アメリカ講演旅行。ニューヨークからイングランドへ。
7月 オランダ、エーデ城で集会。下旬から8月上旬、オーメンで初めての公開キャンプ。
10月 フランスとスイスに。気管支炎。
11月 イタリア、タオルミナで療養。
12月 ギリシャ、アテネとブルガリア、ブカレストで講話。カトリックの学生から脅迫される。

1931年
1月、2月 ユーゴスラビア、ハンガリーの後、エーデ城で最後の集会。
3月 ロンドン、フレンズ・ミーティング・ハウスで講話。
5月まで、北ヨーロッパを講演旅行。エーデ城を返還。
7月末から8月上旬、オーメン・キャンプ。
8月 ジャドゥが講演旅行中にアリゾナで急死。
10月 Kはオーハイに帰る。
12月 オーハイでサマーディに入る。

1932年
1月から4月 毎週、日曜日にオーハイ、オーク・グローヴで講話。
6月 オーハイ・キャンプ。
7月から11月、合衆国とカナダで講演旅行。
12月 アディヤールへ。ラージャゴパルが同行(以降、しばしば同行する)。記憶を失ったベサント夫人に会う。神智学協会の大会でKは話をしない。年末年始にギンディー(マドラス近郊)でKのキャンプ。

1933年
1月 ベナレスで公開講話。下旬から2月に、北インドを巡行。
3月 ベナレスで水疱瘡にかかる。
4月 ダージリン近郊で療養。
5月 アディヤールでベサント夫人に最後の別れ。初めてヴァサンタ・ヴィハーラ(後のインドK財団本部)を見る。ボンベイから船出。
6月 アテネで集会。イタリアで下旬にストレーサで集会。
7月 オランダ、オーメン・キャンプ。
9月 ベサント夫人、死去。オスロで講話。
10月 パリ、ローマに滞在、会合を行う。マドラスに到着。ヴァサンタ・ヴィハーラに滞在。
12月 アディヤールの神智学協会の大会に出席。

1934年
1月 リシ・ヴァレー訪問の後、コロンボ経由でオーストラリアへ。メルボルン、シドニーなどで講話。
3月 レッドビーター、死去。ベナレスでラージガート・ベサント学校が開校。月末からニュージーランドで講話。
4月 月末にロサンジェルスで静養。
6月 サンベルナディノ山地(オーハイの北方)での静養の後、オーハイ・キャンプ。その後、オーハイで静養。
10月 カーメル(太平洋岸)で療養。

1935年
2月 下旬にニューヨークへ。講話。
3月 フィラデルフィアで講話。近くのサロビアに滞在した後、ニューヨーク経由で南米へ。ブラジル(4、5月)、ウルグアイ(6月)、アルゼンチン(7、8月)、チリ(9月)、メキシコ・シティ(10、11月)で講話。好意的に迎えられる一方で、カトリックからの敵対にも会う。

1936年
オーハイに戻り、同地とカーメルで静養。
5月 オーク・グローヴで講話。
6月 ニューヨークと、フィラデルフィア、サロビアで講話。
7月 オランダ、オーメンへ。
8月 ロンドン訪問の後、オーメンでのスター・キャンプ。
9月 月末にパリを訪問。
10月 スイス、ヴィラールに滞在。ローマ経由で、インドへ。その後、マドラスなど各地で講話。

1937年
ムッソリーニ政権下で禁止されたため、ローマで小さな集会。ヴァンダ・パッシグリ(後のスカラヴェッリ)とその家族に会い、彼らの招待で、フィレンツェとその近郊フィエソルにあるイル・レッチオに滞在。
4月 スイス、チェシエル・スール・オロンで休息後、ロンドンを訪問。
6月 オーメン・キャンプ。その後、ロンドンを訪問。
冬 オーハイで静かに過ごす。

1938年
イギリスの作家ジェラルド・ハード、オルダス・ハックスリーとに会う。
7月 ニューヨークからオランダへ。
8月 オランダで、オーメン・キャンプへ(この後、戦時中にドイツ軍により強制収容所にされたため、最後の集会)。
9月 ロンドンを訪問。パリ、マルセイユ経由でインド、ボンベイへ。
10月 マドラス訪問の後、ボンベイに戻り、講話と討論会。
11月、12月 プーナ(現プネー)で講話と討論会。マラバレシュワールで静養後、カラチ、ラホール、ニューデリーを訪問。ベナレス、ラージガートの学校(1934年開校)に行き、教師たちと対話。

1939年
1月 マドラス、リシ・ヴァレーに行く。
3月 月末にコロンボで講話。
4月 オーストラリアに行き、メルボルン、シドニーなどで講話。
5月 月末にニュージーランドを訪問。
夏 戦争の危機のため、ヨーロッパに行かず、オーハイで静養。
8月 避暑のため10月中旬までサンタバーバラに滞在。
9月 第二次大戦がヨーロッパで始まる。

1940年
3月 オーハイとハリウッドで討論会を始める。
5月下旬から7月中旬までオーク・グローヴで講話。
8月 月末にフィラデルフィア近くのサロビアで集会。以降、44年まで公開講話を中止する。
10月 マサチューセッツ州のマーサズ・ヴィニヤード島に滞在。その後、オーハイに戻って静養。

1941年
前半はオーハイで静養。多くの山歩きをする。カリフォルニア、セコイア国立公園を訪問。オーハイに戻り、一人で長い散歩を行う。
12月 日米開戦により、合衆国は第二次大戦に参戦。反戦平和の発言などから、連邦捜査局に尋問される。

1942年
合衆国で食糧不足、石油統制が行われ、Kはラージャゴパル夫妻とともに野菜を育て、ニワトリ、乳牛、ミツバチを飼う。この後、ラージャゴパル夫妻から

の命令、いじめを受ける。
9月　セコイア国立公園を再び訪問し、独居。
10月　オーハイに戻り、その後、モハベ砂漠のハックスレー家を訪問するが、おおむねオーハイで生活。ハックスレーの薦めで、著作をはじめる（1956年出版の『生きることについてのコメンタリー』。）

1944年
5月、6月　オーハイのオーク・グローヴで公開の講話を再開。

1945年
5月、6月　オーハイのオーク・グローヴで講話。
8月　第二次世界大戦が終わる。

1946年
4月、5月　オーハイのオーク・グローヴで講話。
夏　スター出版信託の後継としてK著作協会（KWINC. Kとラージゴパルが常理事）が創設され、Kの講話集を郵送者名簿で販売する。
9月　オーハイでハッピー・ヴァレー学校が開校（K、ロザリンド・ラージャゴパルとオルダス・ハックスレーが同財団の理事）。インドへ出版する直前、重い腎臓の感染に掛かり、二ヶ月、寝込み、さらに回復に六ヶ月掛かる。

1947年
8月　インドがイギリスから独立を回復。Kはインドの市民権を選択する（後のヴィザの問題につながる）。
9月　ニューヨークからイギリス、ロンドンに向かう。そこで旧友たちと再開。
10月　一人でボンベイへ。以後、一年半インドに滞在し、マドラス、カラチ、ニューデリーを訪問。ププル・ジャヤカールとナンディニ・メータ姉妹を含め、多くの新しい友人を作る。

1948年
1月　ガンジー暗殺。3月までボンベイで講話。
4月　マドラス、ヴァサンタ・ヴィハーラで討論会。私信で、かつてなく働いたことを伝える。
5月、6月　ププルとナンディニなどとともに、南部の高原の避暑地、ウータカムンドに滞在。「プロセス」が継続し、姉妹が記録を残す。
7月　8月半ばまでバンガロールで講話。
9、10月　プーナで講話。
11月　ニューデリーで講話。

1949年
1月、2月　ベナレス、ラージガートで講話。その後、リシ・ヴァレーへ。
4月　ロンドン経由でカリフォルニアへ。
7月、8月　オーハイ、オーク・グローヴで講話。
10月　ロンドンで講話。
11月　インドへ。ラージャムンディで講話。
12月　マドラスでの講話の後、翌年1月までスリランカ、コロンボで講話。放送もされる。

1950年
1、2月　マドラス、ボンベイで講話。
3月　パリに到着。5月上旬まで滞在して講話。
5月　オーハイに戻る。
6月　ニューヨークで講話
7月　シアトルで講話。
8月　オーハイに戻り、一年間の隠棲を決意。

1951年
11月　ロンドンを訪問後、インドへ。ボンベイ、マドラスで講話。

1952年
3月　ロンドンに戻り、4月に講話。
5月　ニューヨーク経由でオーハイに戻る。
6月　枯れ草熱のため、海辺のサンタバーバラに滞在。大地震が起きる。
8月　オーハイ、オーク・グローヴで講話。
10月　ロンドン経由で、インドへ。いつものように各地で講話。

1953年
3月　ロンドン経由で、オーハイに戻り、静養。
6月、7月　オーク・グローヴで講話。いつものように面談と討論会も行う。神智学協会とKとの間の絆、神智学協会の会長ジナラージャダーサが急死。
この年、商業出版社によるKの最初の書籍『教育と生の意義』を出版。Kはハッピー・ヴァレー学校の理事を辞任し、ロザリンドが指導する。
9月　オランダ、アムステルダム、ハーグを訪問。
10月　ローマを訪問し、フィレンツェ近郊フィエソルのイル・レッチオ（ヴァンダ・スカラヴェッリの邸宅）で集会。下旬にインド、ボンベイへ。さらにバンガロール、リシ・ヴァレーへ。多くの講話を行う。そこで教師や学生たちとの討論会を開く。リシ・ヴァレーは、長年の干魃と水不足の後で大雨に恵まれる。この年、リシ・ヴァレー信託財団は、新しい教育の財団と改称する。
12月　ラージガートへ行き、多くの講話と面談を行う。

1954年
2月　ボンベイでも多くの講話と面談。この年、ボンベイで財団のナンディニ・メータたちにより、貧しい子どもたちのための学校、バル・アナンドが始まる。
3月　アテネで講話。
4月　ローマでの討論会の後、フィレンツェ近郊のイル・レッチオに滞在。
5月　ロンドンを訪問。『最初で最後の自由』が出版され、ハックスレーが序文を書く。この出版により多くの人たちが新たに講話に集まるようになる。下旬に、ニューヨークで講話。
夏　オーハイに戻り、静かに過ごす。
9月　エミリー・ラッチェンスの『太陽のもとのロウソクたち』が出版直前にKにより、神智学協会でのKの初期の生活、レディ・エミリーへの書簡、オーハイでの神秘体験を削除するよう求められる。
10月　ローマ経由で、インドへ。いつものように各地で講話。

1955年
2月　重い風邪に罹り、ラニケートで療養。
4月　ローマへ、さらにイル・レッチオで休養。
5月　オランダ、アムステルダムで講話。
6月　ロンドンで講話と討論会。その後、オーハイに戻る。
11月　サンフランシスコ経由で、オーストラリア、シドニーへ行き、講話。
12月　インドに行く。以降、ラージガート、ニューデリー、リシ・ヴァレー、マドラス、ボンベイを訪問し、講話。

1956年
4月　再びニューデリーの後、カイロ、アテネを経てローマ、さらにイル・レッチオに。
5月、6月　スウェーデン、ストックホルムと、ベルギー、ブリュッセルで講話。
7月　アムステルダムへ。その後、パリを訪問し、近郊のペリグーで休養。
9月　『生きることへのコメンタリー』（ラージャゴパルの編集）の出版。この後、ブリュッセル、ハンブルグ、アテネで講話を行う。
10月　イスタンブール、カラチ経由でインドへ。デリー、ラージガート、リシ・ヴァレー、マドラスで講話。マドラスで高熱を出し、計画を延期。

1957年
1月　スリランカ、コロンボで講話。放送される。
2月　ボンベイに滞在し、翌月上旬まで講話。
一年間、講話を中止し、静養することが決断される。
3月　ローマに行き、イル・レッチオで療養。
4月　ローマで小集会を開くが、体調のため、ヘルシンキ、ロンドン、ニュージーランド、オーストラリアの講話も中止。イル・レッチオで療養。

5月　スイス、グシュタードに招待され、近くのサーネンでオーメン・キャンプのような国際的集会の考えが構想される。

6月　近くのヴィラーズのホテルで一人で過ごす。ラージャゴパルとの関係はさらに悪化する。

7月　デ・ヴィダスの招待でドルドーニュに移り、11月まで過ごす。

11月　チューリッヒ経由でインドへ。一年半、各地で講話などを行う。ラージャゴパルは、旅行、講話などの手配から手を引きはじめる（翌年、7月ロンドンではメアリー・カドガンがロンドンの自宅で事務を引き継ぐ）。

1958年　リシ・ヴァレー、ラージガート、北部のラニケートで静養。

7月　月末にデリー、ボンベイ経由でプーナに行く。8月末まで討論会を開く。以降、9月にプーナ、10月、11月マドラス、12月ボンベイで講話。さらに、リシ・ヴァレーとラージガートの学校でも講話。

11月　K著作協会の理事を辞め、著作権すべてをK著作協会に譲渡する文書に署名。ラージャゴパルがK著作協会の会長になる。

1959年
2月、3月、デリーで講話。
4月から8月、カシミールで静養。

8月　腎臓の感染症で高熱を出し、デリーに運ばれるが、初の抗生物質投与で手足が麻痺し、ボンベイで治療する。その後、カシミールに戻るが、再び発熱してボンベイで検査。

10月　月末にリシ・ヴァレーに行く。

11月　翌年3月上旬まで、マドラス、ボンベイ、ラジガート、デリーで講話。

1960年
3月　ローマ、フィレンツェに行き、後者近郊のイル・レッチオで静養。

4月　スイス、ベルンでビーチャー・ベンナー診療所に検査、治療のため入院。

5月　ロンドンに到着後（ドリス・プラットは、そのやつれた様子に驚く）、ニューヨークではピンター氏から、K著作協会の経営を警告される。オーハイに戻り、ラージャゴパルにK著作協会の財務状況を質問し、再び理事に就くことを求めるが、いずれも拒否される。オーク・グローヴで講話。だが、体調のため、後半の四回を取り消す。

7月　カーメルで休養。

11月　ニューヨーク、ロンドン、ローマ経由でインドへ。マドラス、ラージガートで講話。

1961年
1月　ニューデリーで小集会。
2,3月　ボンベイで集会。
3月　ローマへ。
4月　イル・レッチオで休養。

5月　ロンドン、ウィンブルドンに滞在。同地で小集会を開く。初めてマイクロフォンを使用して録音される。また、サーネン集会について議論する。ドリス・プラットは彼の虚弱な状態に驚く。

6月　ニューヨークに着き、ロサンジェルスへ飛ぶ前日、自らの内的状態を綴る日記を書き始める。これは七ヶ月、書き続ける（後の『Kのノートブック』）。

7月　上旬、オーハイを発ち、ロンドンに立ち寄ってから、ジュネーヴに向かう。ヴァンダ・スカラヴェッリの借りたグシュタードのタンネグ山荘に滞在。下旬から8月半ばまで、ランドハウスでサーネン集会（約三週間、十回以上の講話と質疑応答。以降、この形式が継続する）。この時期、「プロセス」をヴァンダが記録する。

8月　毎年、Kを招待してサーネン集会を行うため、同委員会が作られる。ラージャゴパルは反発する。

9月　パリで講話。月末にローマなどを経由してフィレンツェ近郊イル・レッチオに戻る。

10月　ボンベイに飛ぶ。

11月、12月　マドラスで講話。

1962年
1月、2月　ラージガートで講話の後、デリーで講話。
3月　ローマ経由で、イル・レッチオに行き、静養。

5月、6月　ロンドン、ウィンブルドンに滞在し、同地で講話。

7月　パリ経由で、ジュネーヴへ飛ぶ。グシュタードのタンネグ山荘に滞在。下旬から約三週間、サーネン集会が、スイス空軍の土地に建てたフラーのテントで行われる。集会の後、体調不良のため、冬のインド旅行を取り消し、年末まで静養する。

10月　ラージャゴパルが和解のために来るが、Kは理事会への復帰を求める。ラージャゴパルは、医療費だけを与えて、立ち去る。
　　　年末にローマに行く。

1963年　ローマで、ヴァンダの紹介で著名な作家、音楽家、映画監督たちに会う。

2月　郵送者名簿で、今後ヨーロッパの講話はサーネンに集約すると発表。

3月　オルダス・ハックスレーに会う。後者は11月に癌で死去。

5月　ロンドン、ウィンブルドンで小さい討論会を開く。月末にスイス、グシュタードへ。

7月　サーネン川の側の敷地にテントを立てて、8月半ばまでサーネン集会。

9月　ロンドンに立ち寄り、エミリー・ラッチェンスと最後に会う。その後インドへ。

10月　翌年3月まで、インド、各地で講話。

1964年
1月　エミリー・ラッチェンス、死去。
4月　ローマに立ち寄ってから、ロンドンに。

5月　ウィンブルドンで講話。半ばにパリに行き、講話。その後、ジュネーヴに飛び、グシュタードへ。

7月　約三週間のサーネン集会。

8月　集会の後、小さな討論会。サーネン集会の場所（唯一の平地）が売りに出されたので、同委員会がK著作協会の出費を得て、購入。同委員会は、ヨーロッパでのKの費用を賄うことになる。

10月　ローマに立ち寄り、インドへ。以降、マドラス、ボンベイ、ニューデリー、ラージガートで講話。この旅からアラン・ノーデ（南アフリカ出身で元ピアニスト）が秘書として同行する。

1965年
2月　ローマへ。

4月、5月　ロンドン、ウィンブルドンに来て、講話。ノーデは録音をも担当。メアリー・ジンバリストが運転手役を務める。5月半ばからパリで講話。

6月　グシュタードに行く。
7月　サーネン集会。
8月　集会の後、討論会。
9月　フィレンツェの近郊イル・レッチオに行く。
10月　ローマに移動。

11月　デリーに飛ぶ。いつものように各地で講話、討論会を行う。

1966年
3月　ローマに飛び、フィレンツェ近郊イル・レッチオに行く。

4月　ロンドンで、講話と面談を行う。

5月　パリで講話。シュアレス家での滞在は最後になる。月末に自動車でノーデ、ジンバリストとともにジュネーヴへ。

6月　ジュネーヴとグシュタードで過ごす。

7月　グシュタード、タンネグ山荘に移り、翌月上旬までサーネン集会。ヨーガ教師がデシカチャールにヨーガを習う（健康のためのヨーガ）。気管支炎に悩まされ、

ジュネーヴのシュミット博士にかかる。ヨーロッパでの学校創設が議論される。

9月 ローマで討論会。ニューヨークに行き、私立大学ニュースクールで講話。Kは詩人、ジャーナリスト、心理学者と会う。支援者の実業家ヴァン・デル・ストラテン、ジェラール・ブリッツにも会う。

10月 ボストンに行き、ハーヴァード大学で講話、討論会を行う。ロサンジェルスに飛び、ノーデとともに初めて、マリブのジンバリスト宅に滞在。月末に五年ぶりにオーハイ、パイン・コテッジに戻る。オーク・グローヴで講話。第3回は初めてテレビ録画される。ラージャゴパルとの和解はならない。KはK著作協会理事会への復帰を求め、1961-62年の原稿の返還を求めるが、いずれも拒否される。ロザリンドとの交友はまもなく終わる。

11月 マリブに立ち寄ってからローマへ。

12月 デリーに到着。いつものように各地で講話。1967年初めの講話がK著作協会での最後の出版になる。

1967年

3月 ローマに戻り、講話。

4月 パリに行き、ジンバリストの借りた家に滞在。講話を行う。

5月 オランダに行き、アムステルダムでの講話、大学生との対話を行う。メアリー・ラッチェンス（リンクス）に著作の編集を依頼する。

6月初め ドイツを経由してスイス、グシュタードへ。月末に高熱を出し、譫妄状態になる。

7月 タンネグ山荘に移る。サーネン集会。ヨーロッパでの学校について学校委員会が創設される。校長候補としてドロシー・シモンズが浮上する。

9月 パリ経由でロンドンに行き、討論会を行う。イングランドでの学校創設が決定される。

10月 ローマ経由でインドへ。いつものように各地で講話。

1968年

1月 カリフォルニアを訪問中のブリッツが、K著作協会に関してラージャゴパルと会談。

2月 ローマに飛ぶ。ラージャゴパル支配下のK著作協会とは関わらないことを通告。

3月 ロンドンで、著作権専門の事務弁護士ルービンシュタインに会う。

4月 パリで講話と面談を行う。K著作協会のポーターと会談。

5月 オランダで講話。月末にスイス、グシュタードへ。

7月 同地タンネグ山荘に移る。イングランドでの新財団設立が議論される。学校と邸宅の候補地を見るため、ロンドンに出かける。新しいドーム型テントを使用して、サーネン講話。K著作協会との断絶が公表され、もはや録音はK著作協会に送付されない。ロンドンでディグビー夫妻、ハモンドに本の編集を依頼。彼らとカドガン、ラッチェンス（リンクス）が出版委員会に入り、カドガンは新財団の書記にも内定。ケント、ベッケンハムに事務所を準備。

8月 下旬にジュネーヴ経由でロンドンへ。イングランドに新しいK財団が創設される。

9月 マドリッド経由でプエルトリコに飛び、講話を行う。下旬にニューヨークへ。私立大学ニュースクールで講話。

10月 K著作協会の調査を行ったリリフェルト夫人などと会う。ラージャゴパルたちによる多額の資産の恣意的な譲渡や私物化が明らかになる。ボストンへ飛び、ブランダイス大学で講話、討論会を行う。ロサンジェルスへ飛び、マリブのジンバリスト邸へ。イングランドでは財団理事会により南部、ハンプシャー州のブロックウッド・パークの購入が、決定される。

11月 ロサンジェルスの東部、クレアモントでブレイズデル大学で講話、討論会を行う。その後、年内、マリブに滞在し、面談、新財団創設の議論を行う。以降、K著作協会との調停を模索するが、成功しない。

1969年

1月 ジンバリスト、リリフェルト夫妻とともに州の法務長官へ訴える。サンフランシスコでバークレー大学で講話。ブロックウッドの準備が始まる。

2月 スタンフォード大学、州立大学サンタクルーズ校でも講話。マリブに戻る。リリフェルト夫妻の支援により、オーハイにアメリカK財団を創設。弁護士同伴で州の法務副長官に会う。K著作協会のヴィゲヴェノより、Kたちを非難する手紙が流布される。以降、断絶を知った寄付者たちは、K著作協会より寄付金の返還を求める。

3月 ロンドンに飛び、パリを経て初めてブロックウッド・パークでKの邸宅部分、「西ウイング」に滞在する。ジンバリストは内装を始める。ウィンブルドンで講話。

4月 パリで講話の後、アムステルダムで講話。

5月 中旬にブロックウッドに戻る。9月のブロックウッド集会が決定される。
ラッチェンスの編集した『既知から自由』が出版される。ドビンソンが出版委員会に加わり、財団会報を担当する。

7月 ジュネーヴ経由でグシュタードに行く。翌月上旬までサーネン集会。

8月 ブロックウッドに関する対立から、ノーデが秘書を辞める（大学での講話、若者との討論会に功績を残した）。その後、インド以外でジンバリストがその役を担う。下旬、ブロックウッドに戻る。

9月 初めてのブロックウッド・パーク集会。直後に、最初の学期が始まる。量子物理学者ディヴィッド・ボームが、イギリスK財団の理事になる。

10月 月末にローマ経由でインドへ。以降、デリー、ラージガート、ボンベイ、マドラス、リシ・ヴァレーで講話。マドラスではヴァサンタ・ヴィハーラが係争中で、ジャラクシュミー邸に滞在。

1970年

1月 リシ・ヴァレー滞在中、新しい教育のための財団は、インドK財団に改称し、ププル・ジャヤカールが総裁になる。ラージャゴパルは、州法務副長官、弁護士立ち会いで告発に答弁する。

2月 ローマ、イングランド経由でロサンジェルスに戻り、マリブに滞在。

3月 サンタモニカで講話。

4月 サンディエゴに行き、州立大学サンディエゴ校で講話。海軍基地を見学。イングランドへ発つ。

5月 ロンドンで講話。メアリー・ラッチェンス（リンクス）に、シヴァ・ラオから引き継いで、伝記の著作を依頼する。

6月末 フランスを自動車旅行し、スイス、グシュタードへ。

7月 翌月上旬までサーネン集会。夏の財団会報でKは、教えの解釈者は歪曲しかねないので、いるべきではないと述べる。

8月 下旬にジュネーヴ経由でブロックウッドに戻る。この年、ノーデの質問、ラッチェンスの編集による『変化の緊急性』を出版。

9月 上旬にブロックウッド集会。

10月 イタリアに行き、ローマなどでの講話の後、マリブに戻る。

11月 オーストラリア、シドニーで講話。テレビのインタビューを受ける。

12月 デリーに飛ぶ。航空ストライキでラージガート行きを中止。

1971年

1月 マドラスで前年同様にジャラクシュミー邸に滞在し、講話を行う。リシ・ヴァレーに行く。

2月 ボンベイで講話。下旬にイングランド、ブロックウッ

ドに立ち寄り、カリフォルニア、マリブに戻る。ラージャゴパルとの調停を試みる。
3月 サンタモニカで講話。南カリフォルニア大学の学生と討論会。マリブで対談を行う。
4月 ニューヨーク経由でワシントンに。アメリカ新聞協会の会合で話す。ニューヨークに戻り、講話。月末にブロックウッドに行く。
5月 オランダに行き、アムステルダムで講話。月末にブロックウッドに戻り、学校で多くの講話をする。
6月 月末に発ち、自動車旅行でグシュタードに向かう。
7月 翌月上旬までサーネン集会。
9月 上旬、ブロックウッド集会。その後、新学期の学校で講話。K著作協会は州の法務当局からの調停を拒否し、アメリカK財団には彼らを告発する権利が認められる。
10月 半ばにパリ（テレビのインタビューあり）経由で、ローマで講話。体調を考えて、この冬のインド旅行を中止する。
11月 ブロックウッドに立ち寄ってから、マリブに戻る。調停のため、オーハイでラージャゴパルに四回会うが、結果が出ない。

1972年
1月 オーハイに新学校設立の考えが浮かぶ。
2月 半ばにサンディエゴに行き、数人の学者と宗教者と対話を行う。
3月 サンタモニカで講話。初回の始まる前、K著作協会から宣誓証言への召喚状を手渡される。オーハイのリリフェルト宅に行き、学校創設の議論を始める。
4月 オーハイ、リビー公園で講話（オーハイでは66年以来初）。ジンバリスト、マリブの自宅を売却し、オーハイ定住を提案する。ラージャゴパルの宣誓供述、K自身の宣誓供述が行われる。下旬にニューヨークに行く。
5月 カーネギー・ホールで講話。その後、ブロックウッドへ行き、学校で講話、討論会。
6月 下旬に発ち、自動車旅行をして、スイス、グシュタードに行く。
7月 サーネン集会。
8月 下旬にパリ経由でブロックウッドに戻る。
9月 上旬にブロックウッド集会。K著作協会側より、法廷外での調停の可能性が伝えられる。また、K著作協会の理事たちが神智学者であると知り、もしもそれを知っていたなら、ラージャゴパルに著作を扱わせなかっただろうと発言する。
10月 中頃、パリ経由でローマへ発つ。ローマで講話と討論会。
11月 インドへ発ち、いつもの予定をこなす。長年のインドでの担当者マーダヴァチャリ（ラージャゴパル側に立つ）と訣別。
ヴェンチュラ郡裁判所は、アメリカK財団側の主張（K著作協会の財務調査など）を認める。
この年、インドでの対談集『伝統と革命』（ププル・ジャヤカールとスナンダ・パトワールダーン編集）が出版される。

1973年
2月 上旬にブロックウッドに立ち寄り、マリブに行く。
この年、講話、対話、哲学者、宗教家たちの対談を収録した大著『智恵の目覚め』と、講話集『暴力を越えて』が、出版される。
3月 上旬、サンフランシスコへ行き、講話。下旬、マリブに戻り、オーハイでの学校創設の議論を行う。
4月 上旬、オーハイ、リビー公園で講話。面談も行う。下旬にニューヨーク経由でパリへ。重病のサチャ・デ・マンツィアーリを見舞う。その後、ブロックウッドへ。
6月 K財団すべての代表者会議。宿泊用にクロイスターを初めて使用。Kと死、その後の財団、学校の運営、後継者探しの必要性を議論する。
7月 サーネン集会。
9月 ブロックウッド集会。ラッチェンス（リンクス）の勧めにより、六週間にわたって『Kのジャーナル』を執筆。マドラスで共学の「ザ・スクール」開校。
10月 半ばにローマに滞在。
11月 インドへ行き、例年どおり各地で講話。この年からパーチュリ博士がインド、ヨーロッパで顧問医として同行。航空ストライキのため、12月のラージガート訪問は中止。

1974年
2月 上旬にマリブに戻る。中旬よりサンディエゴに行き、アラン・アンダーソン教授との十八回の対話を撮影。法廷外調停の一部として、ラージャゴパルより1961年の日記が返還される。
3月 オーハイでの学校用地を検討し、会議を開く。中旬にサンタモニカで講話。
4月 上旬にオーハイ、リビー公園で討論会。その後、ニューヨーク、カーネギー・ホールで講話。ヴェンチュラ郡裁判所で、K著作協会の解散とKアンドR財団によるアーカイブス（68年以前のものの著作権）の継承、ラージャゴパルの訴訟費用と年金を除外した現金資産と、オーハイの諸所の約170エーカーの土地の、アメリカK財団への譲渡などが、決定され、年末までに正式のものとなる。
5月 月末にブロックウッドへ。
6月 ラッチェンスに伝記第2巻の執筆を依頼。
7月 スイス、グシュタードへ。パリ、ローザンヌ間は列車で移動。中旬からサーネン集会。
9月 ブロックウッド集会。嵐に見舞われる。
10月 半ばにブロックウッドで科学者たちとの会議。下旬にローマへ。発熱で講話を中止。
11月 インドへ。以降、例年のようにデリー、ラージガート、マドラス、リシ・ヴァレー、ボンベイで講話。

1975年
1月 ジンバリストはオーハイで、パイン・コテッジとアーリヤ・ヴィハーラ（ロザリンドが退出）を調べて、コテッジを整える。
2月 上旬にマリブに戻る。ジンバリスト、リリフェルト夫妻、建築家たちとともに、西オーハイのオーク・グローヴを見る。9年ぶりにパイン・コテッジに戻る。
3月 サンフランシスコで講話。学校の建築計画を検討。
4月 『Kのジャーナル』の執筆を再開。オーク・グローブで講話（66年以降初めて）。ラージャゴパルは合意に違反してアーカイヴスを見せようとしない。月末にニューヨークへ。精神医療関係者との会合で話す。
5月 ブロックウッドに来る。集会ホールが完成。
6月 ブロックウッドで科学者会議。伝記第1巻『目覚めの時代』が出る。この夏、ブロックウッドでの対話などの『学びの始まり』、インドの学校での講話集『K教育について』が出る。枯れ草熱に悩まされる。インドでインデラ・ガンディー首相が非常事態を宣言。月末にパリ経由でスイスへ。
7月 サーネン講話。ロンドンで古い友人バインドレー夫人が96才で死去。
10月 インドの検閲を考えて、冬のインドの計画を中止。マリブに戻る。これ以降、週末ごとにオーハイを訪れて、準備中のオーク・グローブ学校の教師、父母たちと討論会。オーハイでの研修センターの創設、私邸としてのパイン・コテッジの拡張計画が議論される。

1976年
3月 オーハイのリリフェルト邸で科学者会議。諸財団の代表による会議で、Kの死後の仕事の継承が議論される。マドラスのヴァサンタ・ヴィハーラを取り戻す。以降、スナンダ・パトワールダーン夫妻を中心として、インド財団本部、研修センターとして、整備を行う。

4月　オーク・グローヴで講話。月末に、ニューヨークで精神医療関係者との会議。
5月　ブロックウッドへ。ボーム、シャインバーグとの対談が録画される。『Kのノートブック』が出版される。K自身が書評を書いてみる。
7月　サーネン集会。スコット・フォーブスが講話のヴィデオ撮影に取り組む。
9月　ブロックウッド集会。カナダ、ヴァンクーヴァー島にウルフ・レイク学校が開校。秋の財団会報で、諸国でのK学校の開校は歓迎するが、直接的に責任を負えないので、Kの名前の使用はすべきないと発表する。
10月　自由な発言に関するインデラ・ガンディー首相の確約を得て、インドへ飛ぶ。ニューデリーで同首相と面談（以降、非常事態宣言の撤回、総選挙、総選挙敗北による退陣、投獄につながる）。以降、通常の各地を訪問して講話。

1977年
1月　下旬、ブロックウッドに戻る。ロンドンのアメリカ大使館で永住権の書類を与えられる。マリブに戻る。
3月　オーハイで諸K財団の代表者会議。Kの死後の諸財団の協働、研修センターの意義、仕事の継承などが議論される。
4月　オーク・グローヴで講話。マリブのジンバリスト邸の売却、パイン・コテジの改築、移住が決断される。月末にニューヨークで精神医療関係者との会合。この春、リシ・ヴァレーではバラスンダラムが校長を辞め、ナラヤンが就任。
5月　ロサンジェルスで前立腺の手術を受ける。手術直後に「死との対話」が起こる。その後、マリブで静養。
6月　下旬にブロックウッドに立ち寄ってから、ジュネーヴへ。
7月　サーネン集会。
9月　ブロックウッド集会。月末にドイツ、ボンでヤンカー診療所で検査。
11月　ボンベイへ飛ぶ。以降、いつもの各地の訪問と講話。

1978年
1月　マドラスでイギリス、アメリカの両財団の代表を含めた合同会議。
2月　カリフォルニア、マリブに戻る。
3月　オーハイの改築されたパイン・コテジに引っ越す。
4月　オーク・グローヴでの講話は雨のため、近くのハイスクールとリビー公園で行われる。カナダ、ヴァンクーヴァー島のウルフ・レイク学校で講話。
5月　ブロックウッドに滞在。
6月　月末にボンのヤンカー診療所での検査の後、スイス、グシュタードへ。
7月　サーネン集会。
9月　ブロックウッド集会。『学校への手紙』を口述し始める（翌年3月まで）。バンガロール近郊で、ヴァリー・スクールを開校。
10月　インドへ行き、いつもの場所を訪問し、講話。イギリス、アメリカの財団代表も同行。

1979年
2月　上旬にブロックウッドに立ち寄り、オーハイへ。
5月　オーク・グローヴで講話。下旬にブロックウッドへ。
6月　伝記第2巻を著作するラッチェンスと対談し、自分自身や教えについて語る。
7月　スイス、グシュタードへ。サーネン集会。
9月　上旬にブロックウッド集会。招待客、職員によるセミナー。
10月　再びラッチェンスと対談。
11月　インドへ。いつもの場所を訪問して講話。リシ・ヴァレーで特別な体験をする。翌年2月に、「動きは全エネルギーの本源に届いたのだった…これ以上何もないとの知覚があった。これは究極、始まりと終わり、絶対的なものである。」などと口述する。

1980年
2月　オーハイに戻る。この後、オーク・グローヴ学校の教師、父母と議論。
3、4月　ボームとの対話（後の『時の終わり』）が行われる。
5月　オーク・グローヴで講話。下旬にブロックウッドへ。
6月　出版委員会で、編集と著作権を巡ってイギリス財団とインド財団との間で対立。月末に、ボンのヤンカー診療所で検診後、ジュネーヴ経由で、グシュタードへ。
7月　サーネン集会。神智学協会のラーダー・バーニアーとたびたび対談（この後、彼女は神智学協会の会長に当選。同協会でのKの受容を進める。）
9月　ブロックウッド集会。ボームと対話。学校で講話、討論会。
11月　ボンベイ経由でマドラスへ飛ぶ。ジンバリストが同行。新会長ラーダー・バーニアーの招待でアディヤールの神智学協会本部を、四十六年ぶりに訪問。スリランカ、コロンボで講話、大統領、首相と会談。その後、リシ・ヴァレーへ。
12月　インドの他のK学校の教師も参加して、教育会議。イギリス、アメリカの財団の代表者も合流。インド首相に復帰したインデラ・ガンディーが、息子ラジヴの家族とともにリシ・ヴァレーを訪問。年末、年始にマドラスで講話。再度、神智学協会本部を訪問。

1981年
1月　ボンベイで講話。
2月　中旬、ブロックウッドに立ち寄り、オーハイに戻る。休養し、パイン・コテジで庭仕事と植樹を楽しむ。ラッチェンスが、G.ディグビーに代わって出版委員会の議長になる。
4月　科学者、心理学者を招待した会議。オーク・グローヴ学校で講話。
5月　オーク・グローヴで講話。しばしば朝に、新しい広大なエネルギーのとてつもない感覚で、目覚める。下旬に、ブロックウッドへ。
6月　危険な心臓手術を受けるボームを見舞う。ボームは死の恐れから慰められる。パリで一週間、滞在。ジンバリストに、Kといるのはどうだったのかの書物を書くよう依頼する。スイスへ。
7月　サーネン集会。『学校への手紙』の口述を再開。
9月　ブロックウッド集会。その後、科学者をも招待して教育セミナーを開く。月半ばにアムステルダムに行き、10年ぶりに講話。K文献センターを訪問。ブロックウッドに戻るが、インフルエンザで寝込む。回復後、ジンバリストに対して、自らがあっさり逝ってしまいそうだったことを、語る。
10月　下旬にインドへ。以降、デリー、ラージガート、マドラス、ボンベイで講話、討論会を行う。

1982年
2月　ブロックウッドに立ち寄ってからオーハイに戻る。検査後、ヘルニアの手術を受ける。後でジンバリストに、「あっさり逝きたい」衝動があったが、まだすべきことが多いと語る。
3月　下旬にニューヨーク、カーネギー・ホールで講話。インタビューが『ニューヨークタイムズ』に掲載される。オーハイに戻る。
4月　ボームとジョン・リドレーとシェルドレイクと対談。幾つものケーブルテレビで放映される。
5月　オーク・グローヴで講話。ジンバリストに、毎晩冥想で目覚めることを告げる。ブロックウッドに移動。
6月　ロンドンで講話。
7月　スイス、グシュタードへ。サーネン集会。
8月　『学校への手紙』を口述。体調を考えて、翌月の科学者セミナーを取り消す。成人研修センターの創設について議論する。
9月　ブロックウッド集会。フランスで休養。リシ・ヴァレーでラディカ・ハーツバーガーが教務主任になる。

10月　月末にインドへ。
11月　デリー、ラージガートで講話の後、カルカッタ（現コルカタ）で初めて講話をする。新聞にも大々的に紹介される。その後、リシ・ヴァレー、マドラス、ボンベイで講話、討論会。

1983年
2月　オーハイに戻る。一人のとき、ソニーのウォークマンに『K　一人語り（最後の日記）』を口述しはじめる。
3月　ジョーナス・ソルク（ポリオ・ワクチンの開発者）と対談。
4月　ニューヨークで講話。オーハイに戻った後、サンフランシスコで講話。ブロックウッドの西ウィング（Kの居住空間）で漏電による火災。
5月　オーク・グローヴ講話。アメリカK財団のイヴリン・ブラウ監修、マイケル・メンディツァ制作のドキュメンタリー映画、『変化の挑戦』が完成。月末にブロックウッドへ。
6月　ブロックウッド校長ドロシー・シモンズは心臓発作で入院。四人の委員会が業務を代行する。ボームとの対話。学校での講話と討論会。スターリンの娘、作家のスヴェトラーナがブロックウッドを訪問。
7月　サーネン集会。発熱気味で咳に悩まされる。元実業家F.グローヘに会う。
9月　ブロックウッド集会。グローヘから寄付がなされ、研修センターの資金になる。
10月　月末にインドへ。デリー、ラージガート、リシ・ヴァレー、マドラス、ボンベイで講話。予定されたスリランカ訪問は内乱のため、取り消す。ラージガートでは内部でも地元住民とも問題が見つかる。

1984年
2月　半ばにブロックウッドに立ち寄り、研修センターの建設を議論。まもなくオーハイへ。ハイスクール開校の問題に追われる。
3月　合衆国の核開発の中心地ロス・アラモス研究所のシンポジウムで講話。オーハイに戻って、『K　一人語り（最後の日記）』を口述。
4月　ニューヨークで講話。国連の「地上の平和委員会」で講話。オーハイに戻り、すぐにサンフランシスコへ行って講話。
5月　オーク・グローヴで講話。
6月　ブロックウッドに滞在。スコット・フォーブスが研修センター建設の担当者になる。イギリスの指導的な建築家に接触することになる。シモンズが校長のまま、学校の組織改変が行われるが、多くの不協和音が起こる。月末にグシュタードへ。
7月　タンネグ山荘が売却されたので、ショーンリートのホーナー山荘に滞在。サーネン集会。
8月　半ばにブロックウッドに戻るが、学校では対立が続く。不和を解消しないなら、学校から西ウィングを遮断すると述べる。月末から9月初めにブロックウッド集会。
9月　集会の直後に、諸K財団の国際会議。インド財団から出版の権利拡大への要求が出て紛糾する。
10月　研修センターの模型が提示されるが、Kは満足しない。他の建築家を探すことになる。月末にデリーに飛ぶ。ジンバリストが同行。大統領官邸に招待されて、副大統領と会食。翌日、会見が予定されていたインデラ・ガンディー首相が護衛のシーク教徒に暗殺される。
11月　マドラスに避難した後、予定通りラージガートのキャンプで講話。学校で講話。そこでの研修センター建設が議論される（インドでもF.グローヘが協力する）。月末にマドラス経由でリシ・ヴァレーへ。
12月　インドの諸学校の教師たちに講話。そこでも研修センター建設が議論される。月末にマドラスに戻り、年始にかけて講話。この年、インド財団は、『度量のない精神』を出版。

1985年
1月　仏教学者ジャガンナータ・ウパデャーヤから、マイトレーヤ到来を予言し、器としてのKの名を挙げる古いチベット文献の説明を、受ける。下旬にボンベイに行き、講話。
2月　中旬、イングランド、ブロックウッドに立ち寄ってから、ロサンジェルスに飛ぶ。オーク・グローブ学校の職員との討論を始める。
3月　サンタポーラで検診を受ける。
4月　ニューヨークへ行き、国連の「地上の平和委員会」で講話。ワシントンのケネディ・センターで講話（フォード政権時の特別顧問、スピーチライターによる招待）。『ワシントンポスト紙』、ヴォイス・オヴ・アメリカにインタビューが出る。オーハイに戻る。
5月　オーク・グローヴで講話。ププル・ジャヤカールとともに、ジャガンナータ・ウパデャーヤの発見について語る。下旬にブロックウッドへ。
6月　試行錯誤の末、研修センターのために、宗教建築の専門家キース・クリシュロウが見つかる。ドロシー・シモンズが校長を辞職し、スコット・フォーブスが就任し、研修センター担当と兼任することになる。下旬に学校へ最後の講話をし、ジュネーヴに飛ぶ。
7月　ルージモンの山荘に泊まる。ププルに会い、懸案のインド財団の出版権について議論する。最後のサーネン集会。三財団の代表による国際会議。疲労感の増大と体調の悪化を考えて旅程削減が議論され、サーネン集会の終了が決定される。
8月　半ばにブロックウッドへ行く。
9月　ブロックウッド集会。スコットに対して、そして職員に対して、学校のこととそこで教えが失われないことについて語る。死期を悟ったことを語る。再びププルと出版権について議論する。
10月　クリシュロウによるセンター建築計画が承認される。センターのあるべき姿が議論される。体調の悪化が進むが、自らがインドでの事態を解決しようと決意して、月末にデリーへ発つ。
11月　ラージガート・キャンプで講話。ラージガート学校の学長にP.クリシュナ博士を選任。体重も減少し、歩行に困難を感じる。月末、リシ・ヴァレーに行く。
12月　寒気、発熱がつづき、散歩も短くなる。リシ・ヴァレーとウッタル・カーシの研修センターについて議論する。イングランド、アメリカのK学校からも教師が参加して教育会議を行う。下旬、1月のボンベイ講話を取り消し、オーハイに戻ることを決断。マドラスへ。年末年始に最後の講話。

1986年
1月　4日、最後の講話。その後、諸財団の合同理事会。
　　　10日、シンガポール、東京経由でロサンジェルスからオーハイへ。検査のため入院し、膵臓癌と肝臓への転移が見つかる。月末にパイン・コテッジに戻る。夜のすばらしい冥想について語る。
2月　長年の出版問題について、インドK財団は、国内の諸言語への翻訳に専念し、国内での流通のため、編集済み原稿のペーパーバックの権利を与えられるが、英語を熟知する者は誰が編集してもいいとの妥協に達する。Kの死後、理解とエネルギーのとてつもない焦点はどうなるかとの質問に、その無量のエネルギーや智恵は誰も理解できないし、このような身体は何百年も見られないだろう。だが、誰かが教えを生きるなら、幾らかは触れられるだろうと答える。
2月17日に、真夜中過ぎにオーハイのパイン・コテッジで眠ったまま亡くなる。翌朝、数人の財団メンバーが見守る中、ヴェンチュラで火葬される。その後、遺灰は分割され、オーハイ、イングランド、インドに運ばれる。残りは太平洋に散骨される。

主要登場人物

アメリカ

デシカチャーリア・ラージャゴパル（正式には Rajagopalacharya Desikacharya.1900–1993）…50年代以降、K著作協会（KWINC）の代表として、Kと長らく対立を続けた。南インド、タミールナドゥ州の判事の子どもに生まれた。少年時、レッドビーターに庇護され、ケンブリッジ大学で法律を学んだ。Kの弟ニトヤが亡くなり、Kが「星の教団」を解散し、神智学協会を離れた後、同協会会長アニー・ベサントの指示により、最初の妻ロザリンドとともにKの支援を始めた。Kの著書の編集（『生きることに関するコメンタリー（Commentaries on Living）』、『文化のこの問題（This matter of Culture）』など）を行い、世界各地でのKの講話の手配なども行った。実務的にはきわめて有能だが、細部に厳格で他人に命令する性格であり、Kの教えへの関与も乏しく、関係自体に問題があった。やがて自らの支配するK著作協会を通じて、Kとその仕事に寄付された資産や著作権を独占するようになった。1960年に、Kがその理事会への復帰と会計報告を求めたところ、それらを拒否し、68年のKの離脱と新財団の創設、法廷闘争につながった。法廷闘争は一時和解が成立したが、新財団側からその合意の不履行と旧財団側から名誉毀損の訴えをめぐって再開され、それは86年にKが亡くなるまで継続した。

ロザリンド・ラージャゴパル（Rosalind Rajagopal）…ラージャゴパルの最初の妻。カリフォルニア州、オーハイのKの学校、ハッピー・ヴァレー・スクールの最初の理事の一人で、まもなく校長に就任した。30年代には一時、Kと男女関係があったが、Kを支配し、命令し、特には暴力を振るうような関係であったとも言われている。40年代半ばから疎遠になり、Kとラージャゴパルとの対立では、後者の側に立った。

ラーダー・ラージャゴパル・スロス（Radha Rajagopal Sloss）…ラージャゴパルとロザリンドとの間に1931年に生まれた一人娘。オーハイで小さい時からKの世話を受けて育った。当時のKの学校、ハッピー・ヴァレーの同級生ジム・スロスと結婚した。Kとラージャゴパルとの対立では、父親の側に立った。

アンナリーザ・ラージャゴパル（Annalisa Rajagopal）…イタリア出身で、ラージャゴパルの二番目の妻。

ジェームズ・ヴィゲヴェノ（James Vigeveno）…オランダ出身で、ロサンジェルスで成功をしたユダヤ系の美術商。戦前、オランダ、オーメンでの集会でラージャゴパルの助言を承けて、ナチス・ドイツから逃れていた。オーハイでは彼の隣に住んだ。ラージャゴパルのもとで、1960年代の終わりまでK著作協会の副会長を務めた。

アニー・ヴィゲヴェノ（Annie Vigeveno）…ドイツ人で、ジェームズ・ヴィゲヴェノの妻。戦前はベルリンでKの翻訳を行っていた。夫ヴィゲヴェノが健康を損ねるにつれて、自らがラージャゴパル側の立場で活動した。

オースチン・ビー（Austin Bee）…ラージャゴパルの部下で、神智学協会会員。同じく神智学協会会員で、ラージャゴパルの部下だったカッセルベリーの（義理の？）息子。

ピンター夫人（Mrs.Pinter）…ニューヨーク在住。元オペラ歌手で、Kの支援者。実業家フレデリック・ピンターの妻（1966年に亡くなったKの支援者）。夫妻は、1950年代から60年代初めにかけて、Kにニューヨークでの滞在先を提供した。

アラン・ノーデ（Alain Naude.1928-2013）…南アフリカ出身のピアニスト。1965年から69年にKの秘書役を務めた。討論会や大学での講話を通じてKが若者たちに話をする機会を多く作った他、Kとの対談を行って、幾つかの本の編集にも加わった。ブロックウッド創設時に、初代校長ドロシー・シモンズとの対立から去り、サンフランシスコに在住したが、Kとの交流は多少なりとも継続した。

エルナ・リリフェルト（Erna Lilliefelt）…アメリカ出身のもと神智学者。実務家であり、オーハイのハッピー・ヴァレー学校に参加した後、テキサスの石油会社で要職を占めた後、退職して、オーハイに移住。K著作協会との係争にあたっては、夫テオの協力を得て、メアリー・ジンバリストとともに中心になってKを支援し、アメリカK財団の設立、オーク・グローヴ学校の開設などの仕事を果たした。

テオ・リリフェルト（Theo(Theodor) Lilliefelt）…スウェーデン出身のもと神智学者。初めはピアニストだったが、オーハイのハッピー・ヴァレー学校に参加した後、国連の職員として中東などに駐在した。退職後、オーハイに移住。K著作協会との係争にあたって、妻エルナとともにKを支援し、アメリカK財団の設立などに尽力した。

イヴリン・ブラウ（Evelyne Blau）…ルイス・ブラウ（法律事務の専門職）の妻。ラージャゴパルとの訣別後、Kの新財団、学校創設に協力した。70年代後半から、映像作家マイケル・メンディツァと協力して、Kの映画制作をも行った。

マーク・リー（Mark Lee）…サンタ・バーバラ出身。Kに出会って、その勧めでインドのリシ・ヴァレーで教師となり、初級学校の校長を務めた。後に、新しいアメリカK財団のもとで、オーハイに創設されたオーク・グローヴ学校に加わり、初代校長を務めた。妻はインド人で小児科医のアシャ・リー。

アシャ・リー（Asha Lee）…インド人の女性小児科医。マーク・リーの妻。

ディヴィッド・ムーディ（David Moody）…オーク・グローヴ学校の開設時からの教師。1980年代半ばに校長を務めた。

アラン・フーカー（Alan Hooker）…オーハイの西端、オーク・グローヴ近くにレストラン「ランチ・ハウス」を経営。アメリカK財団に協力した。1969年のブロックウッド開校時にはそこに一年間滞在して、キッチンの訓練を行った。後にアメリカK財団の理事を務めた。

バド・テイラー（Bud (Bert) Taylor）…メアリー・ジンバリストの弟。ニューヨーク在住。再婚した妻のリーザは、クーパー・ヒューイット美術館の理事、館長。

アマンダ・ダン（Amanda Dunne）…マリブでのメアリー・ジンバリストの隣人で、長い間の友人。

フィル・ダン（Phil Dunne）…アマンダの夫。

ミランダ・ダン（Miranda Dunne）…フィルとアマンダと間の娘の一人。

フィリッパ・ダン（Philippa Dunne）…フィルとアマンダと

間の娘の一人。夫はディヴィッド・ネルソン。夫婦でインド音楽を行う。

ベツィ・ドレイク（Betsy Drake）・・・女優、心理療法士、著作家で、1949年から1962年まで、俳優ケーリー・グラントの妻。メアリー・ジンバリストの長年の友人。

アラン・キシュバウ（Alan Kishbaugh）・・・Kの友人。出版社に勤めた後、Kの活動に加わり、後にアメリカK財団の理事になった。作家。環境保護主義者。

シドニー・フィールド（Sidney Field）・・・Kの古くからの支持者で友人。コスタリカで、神智学協会会員の家に生まれた。家族でロサンジェルスに移住し、オーハイ、オランダのオーメンでKとの交友を持った。外交官としてロサンジェルスのコスタリカ領事館で勤務した後、喜劇俳優、ディズニーの作家、拘置所で非行少年のカウンセラーなどを務めた。マリブのメアリー宅へ、Kとの散歩のためにたびたび訪ねた。

アルビオン・パターソン（Albion Patterson）・・・オーハイ在住。アメリカK財団の理事を務めたが、Kから批判を受け、1976年に辞任した。

ルス・テタマー（Ruth Tettemer）・・・旧姓ロバーツ。Kの若い時代からの友人。オーハイ在住。後に、年長の元カトリックの指導的神父（最年少でパッショニスト会の長を務めた）と結婚した。1969年創設のアメリカK財団の創設期から理事を務めた。

シンシア・ウッド（Cynthia Wood）・・・サンタ・バーバラ在住。オーハイのKの学校に大きな寄付を行った。一時期、アメリカK財団の理事にもなった。

ブランシェ・マティアス（Blanche Mathias）・・・古くからKの支持者で、サンフランシスコ在住。夫に先立たれ、高齢で、ほぼ盲目だった。昔からKとの交流が多く、Kからの訪問をも受けている。ラージャゴパル夫妻とも交際があった。

マーゴット・ウィルキー夫人（Mrs.Margot Wilkie）・・・マティアス夫人の友人。東部海岸のマーサズ・ヴィニヤード島に在住。ロザリンド・ラージャゴパルの友人。

ディヴィッド・シャインバーグ（David Shainberg）・・・ニューヨークの心理分析医で、当地での指導的立場にあった。1970年代後半に、K、ボームとの対談に自ら参加したり、オーハイに学者を招待した会議の人選を行ったり、ニューヨークの精神医学大学院センターで、Kと他の精神科医たちとのセミナーを開催した。

ミマ・ポーター（Mima Porter）・・・青年期のKをフランスで支援したマンツィアーリ家の長女。資産家と結婚後、夫が自殺した。後にオーハイに移住した。ラージャゴパルのもとで、Kの講話の編集を行ったと言われ、ヴィゲヴェノの後、1960年代の終わりからK著作協会の副会長を務めた。Kとラージャゴパルとの対立においては、後者に味方した。

ジャッキー・コーンフェルド（Jackie Kornfeld）・・・ニューヨンク在住。1976年、ブロックウッドで行われたKとボームとシャインバーグのヴィデオ対話『人間の変革』の録画、配信を支援した。

エルフリーデ（Elfriede）・・・ドイツ人。マリブのメアリーの住宅で、フィロメナが高齢と健康問題から辞めた後、次に雇われた。

アル〔バート〕・ブラックバーン（Al Blackburn）・・・オーハイ在住。妻のギャビーはヴィゲヴェノ夫妻の娘。Kの仕事に加わることを希望した。1968年7月、サーネンでKたちとの私的な会話をテープに録音するということがあった。仕事への参加を希望したが、対立点も多かった。

ミッチェル・ブース（Mitchell Booth）・・・ニューヨーク在住の弁護士。メアリーの家族の法律顧問。

サウル・ローゼンタール（Saul Rosenthal）・・・ロサンジェルスの弁護士。K著作協会との係争で、新しいアメリカK財団のK、メアリー、リリフェルト夫妻が依頼した。

ディヴィッド・ライプツィガー（David Leipziger）・・・K著作協会との係争で新しいアメリカK財団が依頼したロサンジェルスの弁護士ローゼンタールの同僚。

マイケル・スタンリー・コーエン（Michael Stanley Cohen）・・・オーハイの地元、ヴェンチュラ郡在住の弁護士。K著作協会との係争で、K、メアリーが相談した。

ローブル（Loebl）・・・K著作協会との係争において当初、K著作協会側の弁護士を務めた。

シドニー・ロス（Sidney Roth）・・・シカゴの実業家で支援者。K著作協会にも寄付を行っていたことから、その会計報告を巡り、Kの側に立って、同協会への訴訟に加わった。Kの講話、対談やそれらのヴィデオの撮影などを、財政面で支援した。

ローレンス・タッパー（Lawrence Tapper）・・・カリフォルニア州の法務副長官（長官代理）。

ウォーレン・ペリーン（Warren Perrine）・・・夫妻で、カリフォルニア中部のビッグサー在住の支援者。ブロックウッドのクロイスター建設などに貢献した。

ラテン・アメリカ

エンリケ・ビアスコェチェア（Enrique Biascoechea）・・・プエルトリコの資産家。神智学協会の時代からのKの支持者で、スペイン語圏アメリカK財団を創設し、代表をも務めた。

イザベラ・ビアスコェチェア（Isabela Biascoechea）・・・エンリケの妻。

センドラ（Sendra）・・・スペイン語圏アメリカK財団の中心人物の一人。自らがKを代表すると称して、南米で講演活動を行ったために、紛争を生じさせた。

イギリス

エミリー・ラッチェンス（Emily Lutyens）・・・初代リットン男爵エドワード・ブルワー＝リットンの孫娘で作家。夫はインドで活躍した建築家エドウィン・ラッチェンス。神智学者であり、イギリスに来た少年時代のKの養母役を務めた。娘の一人にメアリー・ラッチェンスがいる。

メアリー・ラッチェンス（Mary Lutyens. 1908-1999）・・・メアリー・リンクスの旧姓で、文筆名。日本語では、ルテイエンスと表記されることも多いが、より近い発音を採った。メアリー・リンクスを見よ。

メアリー・リンクス（Mary Links. 1908-1999）・・・建築家サー・エドウィン・ラッチェンスと、レディー・エミリー（Kのイギリスでの養母役）の四女で末娘。母親の影響で神智学協会に加わり、三歳のときからKと知り合った。「星の教団」解散の後、一時的にKから離れ、株式仲買人と一回目の結婚をしたが、1945年に離婚し、ジョー・リンクスと再婚した。自ら

も作家として、イギリス・ヴィクトリア時代の評論家、美術評論家ジョン・ラスキン、その妻エフィー・グレイ、自らの父親の伝記を著した。Kのロンドン滞在時には交流が続いた。後にKの教えに出会い、『既知からの自由』以降、幾つかの本の編集にも携わった。後にKから伝記の著作を依頼され、全三巻の伝記などを遺した。

アマンダ・パラント（Amanda Palandt）・・・メアリー・ラッチェンズと初婚の相手との間の娘。

ジョー・リンクス（Joe Links. -1998）・・・メアリー・リンクスの夫。イタリア・ルネッサンス期のヴェネチアに関する専門家。イギリス王室御用達の毛皮の取り扱いにも関わった。

ドロシー・シモンズ（Dorothy Simmons）・・・彫刻家。1969年開校のブロックウッドの初代校長と、Kイギリス信託財団の理事を務めた。Kからは、柔軟性の欠如や防御的姿勢（Kの秘書アラン・ノーデとの対立の一因とも思われる）を繰り返し批判されたが、1983年の心臓発作、1985年の正式の辞任まで、要職を果たした。

モンターニュ・シモンズ（Montague Simmons）・・・ドロシーの夫で、歴史の教師。公立学校の校長を務めた後、1969年のブロックウッドの学校開設に関わり、学校でも教えた。

ドリス・プラット（Doris Pratt）・・・1920年代からKの仕事の支援を始め、ロンドン、サーネンの講話を組織した。イングランドでのK著作協会の代表を務めた。1969年のブロックウッドの学校の開設後、そこに移住した。

ジョアン・ライト（Joan Wright）・・・南アフリカ出身で、1960年代半ばから、ヨーロッパでKを車で講話や講談に送って行くなどの支援をしていた。縫い物がきわめて上手で、Kのバス・ローブ、寝間着シャツを作った。

メアリー・カドガン（Mary Cadogan. 1928-2014）・・・第二次大戦前にイギリスの公共放送BBCに勤めた。戦後、学校計画に携わるとともに、探偵小説、児童小説に関する研究、著作を行った。1958年からKのために働きはじめ、イングランドでの事務をドリス・プラットから引き継いだ。1968年に創設されたイギリスK財団の事務所を、ロンドンの自宅に置いた。出版委員会のメンバーでもあった。

ハリー・ムーアヘッド（Harry Moorhead）・・・大戦中、アジア方面のイギリス軍佐官を務めた後、妻ヒルダとともに、インド南部、リシ・ヴァレーに移住して、学校、財団で活躍した。晩年はイギリスに戻った。

ジョージ・〔ウィングフィールド・〕ディグビー（George Wingfield Digby）・・・イギリス、ドーセットの貴族出身。ヴィクトリア・アンド・ジョージ美術館の織物部門の保管長を務めた。同美術館のつづれ織りに関する目録、イギリスの詩人ウィリアム・ブレイクに関する著書もある。グルジェフ、ウスペンスキーに関心を持った後、Kに関心を持ち、妻のネリーとともにKの本の編集、出版に携わった。出版委員会の委員長を務めた。

ネリー・〔ウィングフィールド・〕ディグビー（Nelly Digby）・・・Kの出版委員会の主要メンバーの一人。夫のジョージとともに、Kの本の編集、出版に関わった。

イアン・ハモンド（Jane Hammond）・・・建築家。ブロックウッドで食堂の拡張、クロイスター、集会ホールの建設を担当した。ジェーンの夫。

ジェーン・ハモンド（Jane Hammond）・・・イアン・ハモンドの妻で、オーディオ・タイプの専門家。イングランドとサーネンでKの仕事を支援した。後に、K信託財団と、ブロックウッド・パーク・K教育センターの理事になった。

フランシス・マッキャン（Frances McCann）・・・アメリカ出身で長年のKの支援者。サーネンではアルジナ口座を通じてKを支援した。ローマに資産を持っていたが、売却し、Kの引退先を買うことを提案した。後に、K財団がブロックウッドを購入するときも、支援した。一時期、精神的に問題を抱えていた。

ディヴィッド・ボーム（David Bohm）・・・理論物理学者。高名な物理学者オッペンハイマーなどのもとで研究した後、1950年代、反共産主義のマッカーシズムのため、アメリカを離れ、ブラジル、イスラエルに滞在した後、ロンドン大学の教授になった。量子論の研究を通じて哲学、宗教に関心を持ち、1960年代初めからKと継続的に対話を行った。ブロックウッドでの活動にも深く関与し、イギリスK財団の理事をも務めた。80年代には、内蔵秩序や全体運動に関するその科学哲学が、有名になった。

サラル・ボーム（Saral Bohm）・・・ディヴィッド・ボームの妻。

テッド・カーテー（Ted Cartee）・・・禅を学んだ後、ブロックウッド、オーハイの学校に関わった若者。

クリストファー・フライ（Christopher Fry）・・・脚本家で、映画『ベン・ハー』の作家をも務めた。妻フィリス・フライ（Phyllis Fry）とともに、メアリーの古くからの友人であり、イングランド南部、ウエスト・サセックス州に在住。

フレール・カウルズ（Fleur Cowles）・・・アメリカ人著作家、編集者、芸術家で、メアリー・ジンバリストの友人。イングランド南東部、サセックス州に在住。

バインドレー夫人（Mrs.Bindley）・・・かつてスコットランドの神智学協会の支部長を務めた、古くからのKの支援者。高齢になってロンドンで一人暮らしをしたが、1975年に96歳で亡くなるまで、Kとの交友が続き、K自身も彼女の自宅をしばしば訪問した。

ドナルド・ホッペン（Donald Hoppen）・・・ブロックウッドの初期に建築問題に関係していた若い建築家。自らの資格取得のためのアメリカ滞在と、ブロックウッドでの新築計画との間で、問題が起こった。

ポール・アンステー（Paul Anstee）・・・ブロックウッドの初期に依頼した若い内装業者。

マイケル・ルービンシュタイン（Michael Rubinstein）・・・著作権法を専門としたロンドンの事務弁護士。K著作協会との係争で、Kやメアリーたちの顧問になった。

ジニー・トラヴァース（Ginny Travers）・・・イギリスの舞台女優と映画女優（芸名パメラ・トラヴァース）で、児童文学作家。有名な作品に『メリー・ポピンズ』がある。メアリーの古い友人。夫ビル・トラヴァースとともに、アフリカで映画『野生のエルザ』をも作った。

オランダ

アンネッケ・コーンドルファー（Anneke Korndorffer）・・・言語療法士で、1930年代からKの仕事の支援者。オランダのKの委員会（スティチング）の代表者。オランダ、アムステルダムでの講話の準備に努力した。

ベルギー

ヒュヘス・ヴァン・デル・ストラテン（Hugues van der Straten）…ベルギーの実業家。長年のKの支援者。後に、イギリスのK信託財団と、ブロックウッド・パーク・K教育センターの理事になった。

スザンヌ・ヴァン・デル・ストラテン（Suzanne van der Straten）…ヒュヘスの妻。

フランス

マルセル・ボンドノー（Marcelle Bondoneau）…1920年代からのKの友人で支援者で、フランスのK委員会の一員。

マダム・ドゥシェ（Madame Duchet）…Kの本をフランス語に翻訳した。

ナディア・コシアコフ（Nadia Kossiakof）…エジプト出身で、ロシア人と結婚した。Kのフランス語訳に取り込んだ。

レオン・デ・ヴィダス（Leon de Vidas）…Kの支援者で実業家。パリで繊維関係のビジネスを営んだ。スイス・サーネン集会の委員会を1969年まで務めた。

カルロ・シュアレス（Carlo Suares）…エジプト出身。長らくKの友人であり、翻訳、著作を行うとともに、パリでの滞在先を提供した。後にユダヤ神秘主義カバラーの研究に傾倒して独自の立場を確立し、Kとも疎遠になった。

サチャ・デ・マンツィアーリ（Mar de Manziarly）…フランスで青年時代のKを支援したデ・マンツィアーリ家の長男で、ミマ・ポーターの弟、マー（マルセル）、ヨー（ヨーランデ）の兄。戦争で片足を失ったが、フランスの外交官として上海などで勤務した。マーとともに、長くKの友人でありつづけた。

マー・デ・マンツィアーリ（Mar de Manziarly. マルセル・デ・マンツィアーリ）…フランスで青年時代のKを支援したデ・マンツィアーリ家の次女。兄弟のなかで、兄サチャとともに長くKの友人でありつづけた。

ヨー・デ・マンツィアーリ（Yo de Manziarly. ヨーランデ・デ・マンツィアーリ）…フランスで青年時代のKを支援したデ・マンツィアーリ家の末娘。Kとは次第に疎遠になり、ラージャゴパルとの対立では、ラージャゴパルの側に付いた。

ジゼル・エルメンホースト（Giselle Elmenhorst）…Kの支援者で、フランスのK委員会の一員。ドイツ出身。

ジェラール・ブリッツ（Gerard Blitz）…Kの支援者。ベルギー出身で、現代文明への治療法を提言するリゾート運営会社「地中海クラブ（Club Med. 現在、日本ではクラブ・メッドといわれる）」を創始した実業家。ハタ・ヨーガを振興した。スイス、サーネン集会の委員を務めた。ラージャゴパルと対立では、折衝にも当たった。

スイス

エドガー・グラーフ（Edgar Graf）…デ・ヴィダスの後を承けて、1969年からサーネン集会の委員を務めた。

アイアンガー（Iyengar）…インド人で、有名なヨーガ教師。毎年夏にスイス、サーネンを訪ねて、K、ヴァイオリニストのメニューイン、Kの友人ヴァンダ・スカラヴェッリなどにも教えた。Kは後にヨーガの教師を、彼の甥、デシカチャールに代えた。

デシカチャール（Desikachar）…インド人で、有名なヨーガ教師であり、アイアンガーの甥にも当たる。毎年夏にスイス、サーネンを訪れて、Kやその友人にヨーガを教えた。

モーザー（Moser）…メルセデスの取扱業者。

イタリア

ヴァンダ・スカラヴェッリ（Vanda Scaravelli）…侯爵夫人。フィレンツの名家の出身で、1930年代からKの話を聞く。ヨーガの教師アイアンガーの弟子で、自らもヨーガを教えた。イタリア、スイスでのKの活動を支援した。毎年、夏のサーネン集会では、予め来て、山荘を開き、Kの到着準備をした。

フォスカ（Fosca）…ヴァンダ・スカラヴェッリの家政婦。スイス・グシュタードのタンネグ山荘でも家事を行った。

フィロメナ（Filomena）…イタリア、ローマ出身。昔、ローマでメアリーの伯母の家政婦を務め、後にカリフォルニア、マリブのジンバリスト夫妻の住宅でも、長く家政婦を務めた。老齢で辞めて家族の住むローマに帰ったが、メアリーとの交友は続いた。

トパジア・アリエッタ（Topazia Alliata）…シシリー島の貴族出身。イタリアの外交官と経験し、第二次大戦のとき東京にいて、イタリアの降伏後、抑留生活を経験した。戦後、離婚した。長らくKを聞き、ヴァンダ・スカラヴェッリの友人であった。

ピエトロ・クラニョリーニ（Cragnolini）…古くからのKの信奉者。イタリアK委員会の代表を務めた。

ゲオルギオ・バラビーノ（Georgio Barabino）…イタリア北西部のビエッラに、Kの学校を創設しようとしていたが、その中で、教えの解釈者のようになる、Kに関する郵送者名簿を別に流用する、イタリアK委員会の任命を勝手に行うなど、問題のある活動を行っていた。

ドイツ

フリッツ・ウィルヘルム（Fritz Wilhelm）…ドイツ出身の物理学者。母国で教職を務めた後、Kと出会った。オーハイの学校に副校長として参加するが、まもなく離脱した。

インド

アニー・ベサント…（Annie Besant. 1847-1933）…神智学協会の第二代会長。ロンドンでアイルランド系の家庭に生まれ、イギリス国教会牧師と結婚したが、疑問を感じて家を出て、労働者の権利、産児制限を訴え、フェビアン協会に参加した。その後、ブラヴァツキーの神智学に出会い、師事した後、後継者として同協会の会長（1907-1933）となった。レッドビーターとともに大師の指示によりマイトレーヤの顕現の器を探し、少年Kの発見し、その養母となった（Kはしばしば「アンマ（インドの言葉で「お母さん」）」とも呼んでいる）。インドの自治拡大にも活躍し、1917年にはガンジーなどのインド国民会議派の議長をも務めた。

チャールズ・ウエブスター・レッドビーター（Charles Webster Leadbeater. 1854-1934）…イギリス生まれでブラヴァツキー夫人に師事し、神智学協会の指導者になった。アニー・ベサントの盟友であり、頭文字よりC.W.L.とも略称される。信奉者からはその洞察力、予知能力が高く評価される

一方で、同性愛疑惑もささやかれた。大師（マスター）の指示によりマイトレーヤの顕現の器を探し、マドラス（現チェンナイ）南のアディヤールの神智学協会本部わきの海岸で、少年Kを発見した。リードビーターとも表記されることがあるが、本著ではラッチェンズによるKの伝記に従った。

ジョージ・シドニー・アランデイル（George Sidney Arundale. 1878-1945）・・・イギリス生まれで、レッドビーターの指導を受けた。学位を得た後、神智学協会の指導者として活躍し、1926年には関連団体リベラル・カトリック教会の司教になった。「世界教師」の運動の中で、Kとしばしば対立した。ベサント夫人の没後、1934年から神智学協会の第三代会長になった。ルクミニの夫。

ルクミニ・アランデイル（Rukmini Arundale）・・・インド南部に、神智学関係のバラモンの名家に生まれ、十六歳でジョージ・アランデールと結婚した後、神智学協会の指導者として活動を続け、インド舞踏バーラタナティヤムの復興、普及にも努めた。いくつもの学校、大学をも創設し、1952年にはインド連邦議会の初の女性議員にも選ばれた。

シヴァ・ラオ（Benegal Shiva Rao. 1891-1975）・・・Kがアディヤールで神智学協会に発見されたとき、1909年に初めて会い、1914年からイングランドで彼と弟ニトヤの家庭教師になった。ベサント夫人がマドラスで創刊した日刊紙『ニュー・インディア』の編集にジャーナリストとして携わり、インド制憲会議の一員、さらにインドの国会議員（1957-1960）をも務めた。Kとの交流を続け、1960年代には、Kより伝記の執筆を依頼されたが、病気のため、遂行できず、そのとき集めた資料をメアリー・ラッチェンズに譲った。妻はオーストリア人のキティ。

キティ・シヴァ・ラオ（Kitty Shiva Rao）・・・オーストリア出身で、シヴァ・ラオの妻。1920年代にインドに来て、ヴァーラーナシーのモンテッソーリ学校で教えた。1960年代後半のインドK財団の創設時、その総裁を務めた。

ナラシンハン（Narasimhan）・・・インドの外交官。マドラスのジャヤラクシュミー夫人のいとこ。インドの外交官として第三代国連事務総長ウ・タントに次ぐ要職を務め、仕事先の関係からニューヨーク、ジュネーヴなどでKをたびたび訪問した。Kのイギリス市民権取得のためにも協力した。

ププル・ジャヤカール（Pupul Jayakar. 1915-1997）・・・イギリス留学後、40年代に政治活動を行っていたが、Kと出会って生き方を転換した。インドの繊維手工業の発展に努めたほか、インド首相、インデラ・ガンジー（1917-1984）の親友でもあり、あまりの多忙のため、一時、衰退とも言われたが、70年代から80年代にはインドK財団の総裁を務めた。Kの伝記、ネルー・ガンジー家やインデラ・ガンジーの伝記を著作している。妹にナンディニ・メータがいる。リシ・ヴァレーの校長になったラディカ・ハーツバーガーは、ププルの娘、インドK財団の理事になったアシット・チャンドマルは、甥である。

ナンディニ・メータ（Nandini Mehta）・・・ププル・ジャヤカールの妹。ボンベイの裕福な実業家に嫁いでいたが、Kとの出会いから自らの生き方を求めて1950年に離婚訴訟を申し立てた。この事件は、女性の地位が低い時代にあって、高名な宗教者Kとの関連もあり、「ドアマットの反乱」として話題になった。訴訟で子どもの親権を奪われたが、1954年以降、ボンベイに貧しい子どもたちのために、Kの学校バル・アナンドを創設した。

アシット・チャンドマル（Asit Chandmal）・・・ププル・ジャヤカールの甥。コンピューターの技術者。インドK財団の理事になった。

スナンダ・パトワールダーン（Sunanda Patwardhan）・・・南インド、バンガロールに生まれる。マドラスの大学院で法律と社会学を学び、外交官を志したが、Kと出会い、討論会などに加わった。1952-60年にはKのインド滞在中の講話、討論会で速記者を務めた。Kによりインドで最も信頼される一人となり、長年、インドK財団の理事としてインドでの討論会の手配などを行った。1976年に裁判の結果、マドラス（現チェンナイ）の本部ヴァサンタ・ヴィハーラが返ってきたとき、夫パマとともにそこに住み、センターとして整備する仕事を任された。晩年、西インド、プネーに戻り、義兄アチュットが開始したKの学校サヒャドリ・スクールと研修センターを完成させた。

アチュット・パトワールダーン（Achyut Patwardhan. 1905-1992）・・・ラージプートの末裔の名家に生まれた。家長ラオ・サヒブ・パトワールダーンの弟で、パマの兄。父親がベサント夫人の支持者でもあり、早くからKとの接点を持った。イギリスからの独立運動の闘士であり、社会主義の活動家だった。大戦後、インド独立と前後して国民会議派から離脱して、インド社会党の創設者の一人となったが、Kとの関係から50年に政治から引退し、ヴァーラーナシーのセントラル・ヒンドゥー大学で教えるとともに、同地のラージガートでKの活動に加わった。従来の学校に加えて、地域の学校、病院などの創設に努力した（農学校廃止後に作られた地元民のための学校は現在、アチュットの功績を顕彰してその名を付けている）。晩年、西インド、プネーに戻り、Kの学校サヒャドリ・スクールと研修センターの創設に努力した。

パマ・パトワールダーン（Pama Patwardhan）・・・アチュットの弟。スナンダの夫。出版社オリエント・ロングマンを経営した。1976年に仕事を辞め、インドK財団の理事となり、スナンダとともに、マドラス（現チェンナイ）の本部ヴァサンタ・ヴィハーラの整備に努力した。晩年、西インド、プネーに戻り、アチュットが開始したKの学校サヒャドリ・スクールと研修センターを完成させた。

タパス・・・ベンガルで革命家の家庭に生まれた女性。三十歳代で女子校で校長を務めた後、宗教遍歴に出て、サンニャーシになった。その後、Kに出会い、サンニャーシを止めた。ヒマラヤ巡礼の後、Kの周辺後に戻り、Kの不在中は放浪という生活を送った。後には、シドゥー姉妹とともにサーネン、ブロックウッドを訪問し、カナダ、ヴァンクーヴァー島でのKの学校の創設にも関わった。1976年に死去。

モーリス・フリードマン（Maurice Frydman）・・・ポーランド出身の元技術者。マハトマ・ガンジーに従ってインドの独立闘争で活動。宗教遍歴を行い、Kに出会った。マハトマ・ガンジー、ダライ・ラマ14世に技術面での助言を行った。1948年のマドラス、ウーティでのKの神秘体験をも目撃した。

バラスンダラム（Balasundaram）・・・インド、バンガロールの大学で化学を教えたが、Kとの出会いを通じて1955年に財団の理事になり、58年から77年までリシ・ヴァレーの校長を務めた。40年代に一時閉鎖されるなど低迷したリシ・ヴァレーを、自給体制の確立、地域との連帯を含めて改革した。

シドゥー姉妹（ジャッキー・シドゥー（Jackie Siddoo. 正確な名はJagdis）とサルジト・シドゥー（Sarjit Siddoo））・・・二人とも医師であり、インド出身の姉妹。カナダK委員会の創設

者。カナダ西海岸のヴァンクーヴァー島に、Ｋの学校を1976年に創設。

マーダヴァチャリ（Madhavachari）・・・インド国有鉄道の技術系の重役を務めた。退職後、インドでのＫの活動を支援した。ラージャゴパルとの訴訟では、Ｋに協力せず、ラージャゴパルに従っていることが判明した。

ジャヤラクシュミー夫人（Mrs.Jayalakshmi）・・・マドラス（現チェンナイ）でのＫの重要な支援者。市の南部、ヴァサンタ・ヴィハーラと同じグリーンウェイズ・ロードに住み、不動産とインド古典音楽にも詳しかった。1970年代前半、Ｋ著作協会との係争でそこが使用できないとき、Ｋに滞在先を提供し、マドラスに設立されたＫのセンターの代表者を務めた。インドの外交官ナラシンハンのいとこでもある。

ギドゥー・ナラヤン・・・（Giddu Narayan.1925-1996）Ｋの一番上の兄シヴァラムの息子。マドラス大学で経済学、法律を学んだ。Ｋに出会い、1952年から数年間の中断はあったが、リシ・ヴァレーで数学などを教えた。1971年からイギリスに渡ってシュタイナー学校、ブロックウッドで教師を務めた後、バラスンダラムの後継者として、1977年から87年までリシ・ヴァレーの校長を務めた。

シャクンタラ（Shakuntala）・・・ナラヤンの妻。ブロックウッドで教師を務めた。

アールヤ・チャリ（Ahalya Chari. 1921-2013）・・・インド人女性で、高名な教育専門家。インド政府の文教政策の責任者を務めた後、1976年からヴァーラーナシー、ラジガートのＫの学校に加わり、1982年からマドラスのＫの学校の校長も務めた。

ウパシニ（Upasini）・・・1950年代からＫのために働き、ラージガートの学校内に設立された農業学校の校長、インドＫ財団の理事をも務めた。

ラディカ・ハーツバーガー（Radhika Herzberger）・・・ププル・ジャヤカールの娘で、合衆国でサンスクリット学、仏教学を学んだ研究者。1987年からリシ・ヴァレーでナラヤンの後任として校長となった。

パーチュリ博士（Dr.Parchure）・・・インドのＫの掛かりつけ医師。幾度かサーネン、ブロックウッドにも滞在し、Ｋの健康管理を担当した。

パラメシュワラン（Parameshwaram）・・・インドでＫの食事を担当した。通常はリシ・ヴァレーで生活した。

ラーダー・バーニアー（Radha Burnier. 1923-2013）・・・南インド、マドラス（現チェンナイ）出身で、高名な神智学者のバラモン、シュリ・ラム（1953-1972に神智学協会の第五代会長を務めた）の娘。伯母のルクミニ・アランデイルも、第三代会長アランデイルの妻であり、有名な神智学者である。1960-1978年から協会のインド支部長を務めつつ、Ｋとの交流を深め、インドＫ財団の理事をも務めた。1980年には伯母ルクミニとの選挙に勝って第七代の神智学協会の会長になり、死去まで務めた。同協会をＫを受容する方向に指導した。

オーストラリア

ドナルド・イングラム・スミス・・・（Donald Ingram Smith）オーストラリア放送協会のパーソナリティ。第二次大戦後、独立したスリランカの放送の立ち上げに協力し、スリランカ、インドでＫとの交流を持つ。Ｋに関する回顧録を著している。

レグ・ベネット（Reg Bennett）とメイヴィス・ベネット（Mavis Bennett）・・・古くからの支持者で友人。Ｋをたびたび訪ねるとともに、オーストラリアでの活動、Ｋの招待などに尽力した。

地 図

■フランスとその周辺

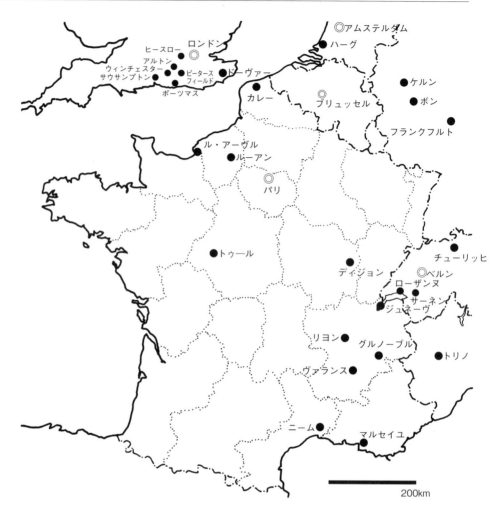

■イングランド南部　ブロックウッド・パーク周辺

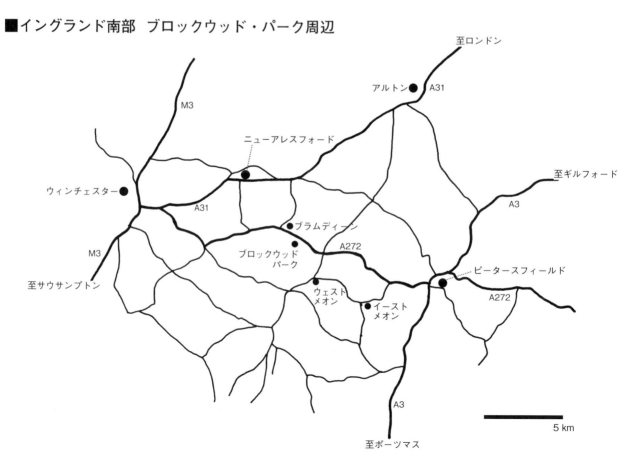

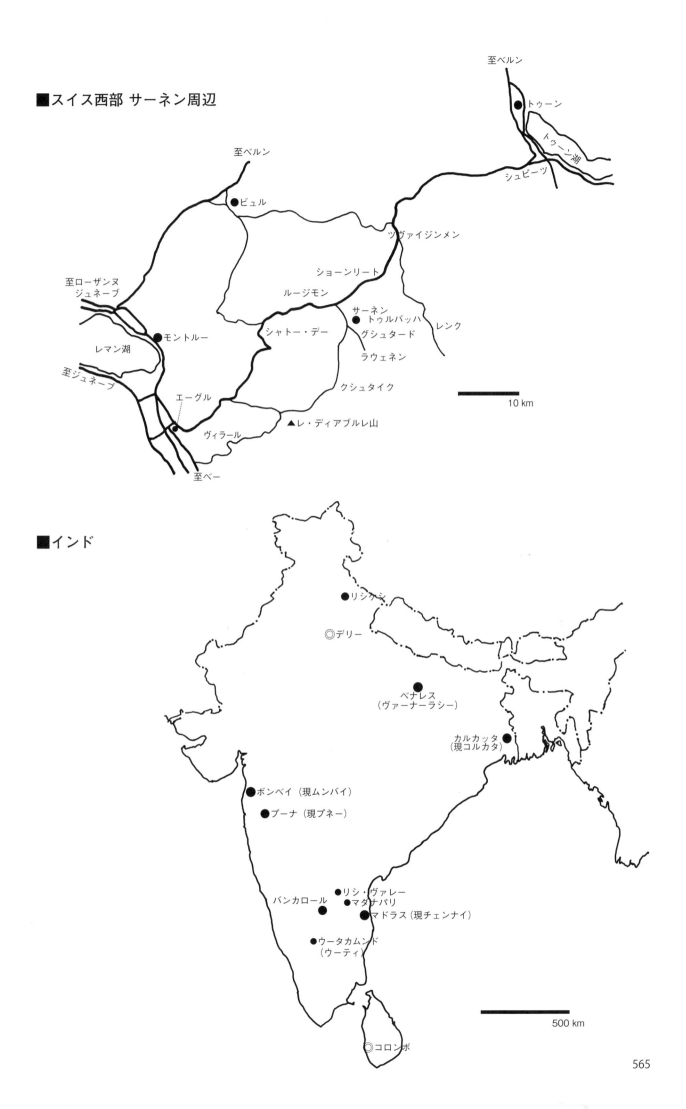

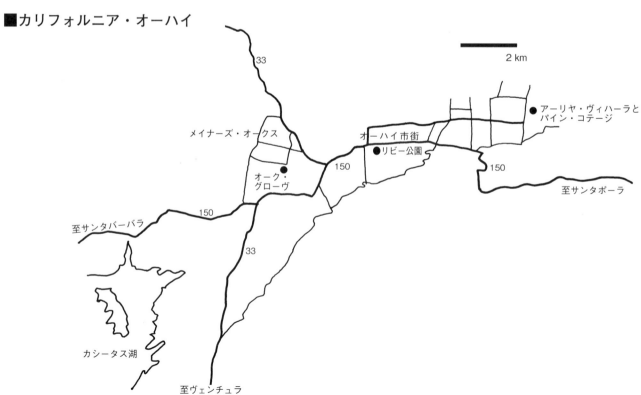

参考文献

Blau, Evelyne *Krishnamurti 100years*（1995）

Chandmal, Asit *One Thousand Moons: Krishnamurti at Eighty-five*（1984）

Field, Sidney *Krishnamurti: The Reluctant Messiah*（1989）

Jayakar, Pupul *Krishnamurti: A Biography*（1986）

Lee, R.E.Mark *Knocking at the Open Door: My years with J.Krishnamurti*（2015）

Lutyens, Mary *Krishnamurti: The Years of Awakening*（1975）

Lutyens, Mary *Krishnamurti: The Years of Fulfilment*（1983）

Lutyens, Mary *Krishnamurti: The Open Door*（1988）

Lutyens, Mary *Krishnamurti and the Rajagopals*（1996）

Methorst, Henri *Spiritual Revolutionary*（2004）

Ingram-Smith *Truth is a Pathless land: A Journey with Krishnamurti*（1989）

Patwardhan, Sunanda *A Vision of The Sacred*（1999）

Weeraperuma, Susunaga *J.Kishnamurti as I Knew Him*（1988）

索　引
（比較的重要な個所のみを採用した）

あ

愛　58, 282, 312, 465
愛情　423
IRA　344, 446
アイアンガー　51-52, 64-65, 493
アイスナー　8, 13
『アイリッシュ・タイムズ紙』　442
赤ちゃんの喩え　361, 535
アーカイヴス（資料保管庫）　288, 289
　　　　〜の帰属　356, 358
　　　　〜の必要性　333
　　　　KアンドR財団の〜　(356), (358), 415, 416, 418, 479, 544
悪、邪悪　99, 100-102, 388, 410, 542　cf. 罪悪
　　　　〜の力　530
　　　　〜を避ける　297
　　　　邪悪な思考　543
　　　　邪悪な部分　535
　　　　善と〜　102, 148, 268, 321, 383, 437, 529, 530, 543
アクロポリス　317
アケナートン　304
アシャール、イヴォン　190, 240, 298
アシュダウン・フォレスト　103, 297, 388, 528
頭のおかしい人　cf. 狂った人
圧迫
　　　　（人々の）霊的な〜　90, 93, 94, 224, 230, 231, 526
アディヤール　407, 459, 466　cf. マドラス
アテネ　279, 316
アート（芸術）　355, 515
『アナンダ誌』　418, 419
危ないこと　99　cf. 危険
アポロ13号　170
アマルリク、アンドレイ　507
アマンシオ　57
アムステルダム　83, 115, 226, 227
　　　　〜講話　116, 145, 227
　　　　討論会　228, 229
アメリカ合衆国
　　　　アメリカ人　14, 456
　　　　クリーヴランド　420
　　　　トレド　420
　　　　シアトル　420
アーユル・ヴェーダ　499
アヨット・プレイス　120, 123
アラン　cf. ノーデ、アラン
アランデイル、ジョージ　77, 110, 245, 419, 501
アランデイル、ルクミニ　83, 501, 502
アーリヤ・ヴィハーラ　cf. オーハイ
アルシオーネ　372
アルジナ口座　151, 194, 195, 234, 342, 439, 442
　　　　　　　　　　　　　　　　cf.「教えの信託」口座
アルトン　149
アルプス　193, 195
アル・ラディ、スアド　496
「あれ」　463, 478　cf.「それ」、「他」
アンステー、ポール　142, 147, 289
安全　542
　　　　〜と保護の提供　423
アンダーソン教授、アラン　160, 266, 324
　　　　〜との対話　355-357
アンネッケ　cf. コーンドルファー、アンネッケ

い

イエス　292, 299, 304, 482, 516
位階制度　cf. 神智学
威嚇　101
意識　35, 515, 539　cf. 無意識

〜がそれ自体に気づく　515
〜と無意識　237
〜に語りかける　440
〜の流れ　543
個人的〜　502
潜在〜　36, 315, 316
トラの〜に語りかける　440
イシャーウッド、クリストファー　133, 134
イーストウッド、クリント　256
イスラエル
　　　　第三次中東〜　89
　　　　第四次中東〜　345, 346
痛み　221, 289
　　　　〜と苦しみ　232
イタリア　cf. ローマ
　　　　〜K委員会　cf. K委員会
　　　　〜での学校　cf. K学校
　　　　フィレンツェ　185
　　　　ペルージャ　185, 208
イトスギ（スイス）　503
イニシエーション　180, 312, 425, 441
イニシエイト（伝授を受けた者）　41, 241, 292, 293
イメージ
　　　　〜を作る　243, 477
　　　　川の〜　535
イラクサ　487
イングラム－スミス、ドナルド　212, 320, 418
イングランド
　　　　田舎　506
　　　　干魃　502
イングリッシュ、スペンサー夫妻　212
インド　24, 105, 185, 442, 444, 461, 500, 509
　　　　〜K財団　cf. クリシュナムルティ財団
　　　　〜人の反復的探究　510
　　　　〜での衰退　405
　　　　〜での魔術　389
　　　　〜での旅程　508
　　　　〜と伝統　380, 381
　　　　〜の検閲と政党　442
　　　　〜の諸学校　22, 185, 203, 383, 406, 426
　　　　〜の信奉者　38
　　　　〜の彫像　35
　　　　〜の人々　84, 510
　　　　〜の本　227, 229
　　　　〜・パキスタンの戦争　253, 256

う

ヴァサンタ・ヴィハーラ　cf. マドラス
ヴァーラーナシー　26　cf. ラージガート
　　　　ガート　27
ヴァンクーヴァー（ウルフ・レイク学校）　357, 385, 393, 418, 434, 481, 491, 499, 536, 543　cf. シドゥー姉妹
　　　　学校の建築　434
ヴァン・デル・ストラテン、ヒュヘス　69, 123
　　　　〜夫妻　145, 440
ヴァン・プラーグ　227, 230, 251
ヴァンダ　cf. スカラヴェッリ、ヴァンダ
ヴィゲヴェノ、アニー　7, 78, 105, 131, 191, 278, 479
ヴィゲヴェノ、ジェームズ　72, 73, 77, 105, 106, 126, 131, 157, 187, 191
　　　　〜からの手紙　105, 294, 299
　　　　〜の地役権　407
ヴィシュヌ神
　　　　〜の物語　58
ウィズレー王立園芸庭園　14, 326
ヴィソウルカス、ジョージ　23, 25
ウィッフェン、ロバート　287

ヴィデオ　cf. 録画
　　～撮影　494
　　～装置　495
　　～編集　508
ウィリアムズ、フレッド　121, 122, 237
ウィルキー夫人、マーゴット　67, 535
ウィルキンズ、モーリス教授　399
ウィルソン、ゼルマ　528, 530
ウィルヘルム、フリッツ　437, 459, 461, 481, 504, 510, 522
ウィンチェスター　42
ウィントリーズ　310
ウィンブルドン　cf. ロンドン
ウェッジウッド　110, 245
ウェーバー、ルネ博士　478
ウェルザー、マダム・イヴォンヌ　189, 304
ヴェルフルスト　202, 227, 300, 311, 370
ヴェンカテサナンダ、スワミ　361
　　～との対話　152
　　Kへ平伏する　332
ヴェンチュラ
　　ヴェンチュラ郡裁判所　294, 295, 317, 403
ウォーターズ、フランク　270
ヴォワシン氏　251, 314
ウータカムンド（ウーティ）　204, 492
　　ププル・ジャヤカールの記述　418, 419, 422
内
　　内に入る　515
　　内的に聞く　367
ウッド、シンシア　457, 468, 472, 476, 541
ウッドハウス、E.A.　419
ウパシニ　405
ウパニシャッド　264
ウルフ博士　282, 284, 324, 362, 364, 423, 450, 487
ウルフ、ルディガー　340
ウルフ、レナータ　340
ウルフ・レイク学校　cf. ヴァンクーヴァー

え

エジソン、トーマス　175, (426)
エジプト　304
人物X（その1）　384, 386
人物X（その2）　408, 451, 452
エドワーヅ、マーク　312, 424
エネルギー　86, 244, 282, 378, 431, 437, 492
　　～の通過と身体の抵抗　342
　　～の火　264
　　忘我の～　424
LSD　40, 68　cf. ドラッグ
エル・フセイン、アブドラー　544
エルフリーデ　320
エルメンホルスト、ジゼラ　112, 186, 490
エレファンタ島　35
エンジェロス、ビル　481

お

大いなる白の同胞団　428
オクスナート　cf コーエン、ディーター
教え　176, 185, 257, 259, 372, 510, 513, 539
　　～と学科　504
　　～とK　76
　　～と真理　540
　　～とその目的　518
　　～についての討論会　504
　　～に唾を吐く　468
　　～に入る機会　409
　　～の解釈　511, 522
　　～の継続への責任　504, 526, (537)
　　～の欠陥　110
　　～の書物　537
　　～の光　536
　　～への影響　241
　　～を生きる　442, 504
　　～を保護する　531, 533
　　～を理解する集団　531
　　あなたの～　539
　　インドの諸学校と～　203, 513
　　学生を～に近づける　438
　　学校での～　185, 510
　　センターでの教え　510
　　秘教的なこと　383
　　ブロックウッドでの～への関心　439
「教えの信託」口座　194, 292, 442　cf. アルジナ口座
教える　456, 504
　　数学を教える　331, 332
オーストラリア　168, 212
　　～放送協会　213, 418
オーストリア
　　オーストリアK委員会　239
　　教会の鐘（チロルでの）　55, 245
オーハイ　7, 10, 165, 270, 276, 322, 323, 354, 357, 360, 365, 401, 420,
　　　　　　　　　　　　　　　　　　　　　473, 529, 533
　　～でのお茶会　459
　　～での障害　365, 367
　　～に生活する　387, 400, 461
　　～の美しさ　360, 368, 408, 473
　　～の山々　360, 420
　　～の村　529, 530
アーリヤ・ヴィハーラ　70, 71, 275, 276, 323, 339, 361, 363, 374,
　　　　　　　　　　　　　　　　　　　403, 405-407, 468
アーリヤ・ヴィハーラでの討論会　459, 468, 469, (470), 472, 531
オーク・グローヴ　7, 9, 72, 74, 275, 357, 378, 403, 404, 406, 413,
　　　　　　　　416, 420, 457, 458, 468, 469, 470, 479, 480, 481, 526, 542
　　～での講話と討論会　7, 74, 75, 418, 421, 479, 480, 498, 538,
　　　　　　　　　　　　　　　　　542, 543
『オーハイ・ヴァレー・ニュース紙』　275
各国財団理事の会合　503, 517, 522, 533-540
教育集会　270, 272, 273, 274
教育センター／オーク・グローヴ学校　264, 321, 322, 323, 325,
　　　334, 350, 354, 357, 361, 362, 363, 407, 417, 419-421, 435, 455,
　　　　　　　　　　　　　　　　　　　473, 479, 481
　　学生を判断する　354
　　学校の意図　454, 528
　　学校の意味と機能　(361), 407
　　教師候補者　357
　　校長　360, 361, 408
　　子どもの関心　452
　　子どもの注意　473
　　無反応の子どもの取り扱い　473
　　資金　407
　　建物、建築　358, 359, 409, 413, 423, 452, 454, 456-458, 468,
　　　　　　　474, 479, 518, 520, 521, 526, 528, 530, 537
　　パヴィリオン　520, 526, 534, 541
　　場所、土地　262, 322, 350, 357, 365, 366, 368, 374, 378, 407,
　　　　　　　　　　　　　　　　　　　467-470
　　「あなたの赤ちゃん」　361
　　クロトナ　407
　　サッチャー・スクールでの講話　75, 323
　　成人（教育）センター　334, 368, 377, 417, 409, 461, 466, 476,
　　　　　　　　　　　　　　　480, 481, 499, 522, 529, 530
　　地元放送局のインタビュー　417, 420
　　トーパトッパ　408
　　地役権　407, 408, 413, 416
　　討論会、会合　461, 473, 474, 476, 480, 481
　　図書館　275, 276
　　パイン・コテッジ　67, 71, 272, 275, 276, 323, 403-407, 416, 452,
　　　　　　　　　　　　　　　461, 467, 472, 473, 476, 530, 534
　　　～の改築、拡張　(400), 420, 461, 463, 465, 480, 521, 526
　　　～での会合　472, 480, 526
　　ハッピー・ヴァレー財団　329, 377, 410
　　ハッピー・ヴァレー学校　75, 78, 131, 241, 256, 262, 263, 321,
　　　　324, 373, 402, 431, 437, 467　cf. ラージャゴパル、ロザリンド
　　　～の土地　343, 374, 380, 467

マクアンドリュー・ロード資産　474, 526, 527
マッカスキーの土地　357, 359, 360, 362
ランチ・ハウス　323, 354, 541　cf. フーカー
リビー公園での講話、討論会　266, 277, 322, 323, 360, 361
リリフェルト家での会合　165-167, 264, 354
オークの大木のもと　525
恐れ　483, 506　cf. 不安
　　～と思考　423, 424
　　～と精神科医　483
　　学校での～　399
　　楽しみと～　189
オハンドリン神父、ダニエル　266
オーメン　10, 458
オラファリ、ヴィッキー　499
オランダ　64, 82, 115, 145　cf. アムステルダム、ハイゼン
オランダK委員会（スティチング）　cf. K委員会
オールウェル、キャロル　410, 434
オルトラニ、ブルーノ　386
オンライン化　166

か
カー、デボラ　134
概念　380
カイロプラクティック（脊柱指圧）療法、整骨療法　167, 171, 255
　　整骨治療医　171, 255
カウルズ、フレール（夫妻）　124, 142, 310, 344, 487, 488
「顔」
　　「顔」を見る　135, 462-464, 472, 492
　　Kの顔の変化　409, 445, 463
科学
　　思想と～　281
科学者会議
　　オーハイでの～　474, 476, 477, 478
　　ブロックウッドでの～　391, 398, 399, 430
鏡（自らが見える）　515
学習　cf. 学ぶ
　　運動～　514
革命　191, 355, 516, 517
　　社会主義～　(337), (507)
過去　380　cf. 時
　　メアリーの～世　266
　　～との同等視　527
加護　cf. 保護
カサド、ガスパール　347
カサド夫人（原智恵子）　347
カスタネダ、カルロス　388
カーター〔合衆国〕大統領　493, 533
語りかける
　　意識へ～　440
　　トラの意識に～　440
　　無意識へ～　311, 312, (315), 316, 473
『ガーディアン紙』　486, 488
カッセルベリー、バイロン　276, 419
カッセルベリー夫人　317
カーテー、テッド　343, 378, 521
カドガン、メアリー　14, 16, 43, 96, 104, 234, 251
カトリック教徒　299
悲しみ　282
カナダ　cf. ヴァンクーヴァー
カナダ放送協会　178, 363, 396, 398
カバラ　302
神　380
　　～と宗教　479
仮面　59, 374
鴨　83
空っぽ
　　～の空間　515
　　～の精神　176, 193, 264, 454, 505
　　空性　419
　　宗教体験　456
カリフォルニア
　　～に学校を作る　321, 324, 325
　　～の山々　413
　　～州立大学サンタクルーズ校　140
　　～州立大学サンディエゴ校　cf. サンディエゴ
　　～州立大学ソノマ校　139
　　サンタアナの風　356
　　真の～　473
　　古い～　162
カルマ（業）　502
カレス、アルフレッド　338, 343, 435
川
　　～のイメージ　535
　　～のこちら側　380, 384
　　～の夢　59, 535
変わる　cf. 変化
カーン、ジョン　266, 268
カーン、ファザル・イナヤット（ピル・ヴィラヤト）　300, 376, 377
考える　cf. 思考
感覚
　　～すべてで見る　514
関係　33, 58
　　行動の関係　385
　　場所との～　529
　　ラージャゴパルとの～　391, 417
観察
　　～するものと～されるもの　540
　　～者のない～　235, 282
カンタベリー　118
ガンディー、インデラ　434, 436, 492, 501, 509, 540
　　戒厳令とその解除　432, 522
　　Kとの会合　406, 521, 524
　　選挙での敗北と退陣　540
干魃　502
観念　379

き
記憶　455, 489
飢餓　380
危機　536
聞くこと　42, 508, 539
　　変化と～　186
　　内的に～　367
危険　101, 265, 268, 388　cf. 保護
　　破壊的な力の～　148
　　道路の～　277, 411, 412
　　危ないこと　99
キシュバウ、アラン　170, 255, 293, 294, 296, 297, 299, 300, 421
基礎を敷く　537, 538
ギター　57
気づき　56, 175
　　～の深さ　175
　　意識自体に気づく　515
　　仕草に気づく　469
キツネ　410
ギドゥー、シャクンタラ　33　cf. ナラヤン
ギドゥー、ナラヤン　cf. ナラヤン
寄付　66
　　～者への責任　254
義務　454
疑問　540　cf. 質問
ギャロウェイ夫妻　122
教育　200, 456　cf. クリシュナムルティ学校
教会の鐘（チロル）　55, 245
教義　410, 517
　　～と力　517
教師　516
　　～たちの死後　535
協力、協働　198, 199, 337, 379, 404
ギリシャ　cf. アテネ
　　～人　380
　　アクロポリス　317

キリスト教　68, 410　cf. カトリック
　　十字、十字架　68, 297
　　教会と罪悪　538
　　聖ペテロの物語　381
　　天国と地獄の物語　381
規律　201
記録　489
　　会話の〜（メアリーによる）　437, 529
　　議論の〜（メアリーによる）　514, 517, 542
キング牧師　14, 109
金鉱山の例え　539
ギンスバーグ、アレン　68
吟遊詩人　38

く

クィン、ビル　277
空　419　cf. 空っぽ
空間　492
　　空っぽの〜　515
空港
　　歩き回る　26, 211, 212, 402
　　インドの〜　38
　　ヒースロー〜　516
グシュタード　51, 57, 89, 90, 118, 140, 150, 187, 196, 233, 292, 335, 376, 434, 442, 491　cf. サーネン
　　タンネグ山荘　11, 12, 21, 60, 91, 185, 233, 335, 376, 393, 434, 494, 497, 498
　　　　〜でのブロックウッド討論会　382, 383, 386, 393
　　ヒッピー　187-189, 237
グッディ女史　315
クートフーミ大師　cf. 大師
クラニョリーニ、ピエトロ　10, 11, 445, 517
グラーフ、エドガー　95, 155, 188, 377, 378　cf. サーネン集会委員会
　　〜夫妻　239
クリーヴランド　420
クリシュナ　299
クリシュナ、ゴピ　187
クリシュナムルティ、U.G.　189, 385, 527
クリシュナムルティ、ジドゥー
　　顔（K自身の）
　　　　〜の生気　508
　　　　〜の変化　409, 445, 463
　　　　〜の優美さ　(299), 507, 513, (516)
　　性格
　　　　空っぽ　56, 173, 188, (419), 505
　　　　機器への興味　170
　　　　権威　509
　　　　子どものようだ　223, 362
　　　　自己の同一視　169
　　　　自己をたしなめる　515
　　　　情熱　500
　　　　神経質　185, 312
　　　　辛抱　387
　　　　設計図を理解できない　242, (451), 526
　　　　洗練　86
　　　　地図が苦手　242
　　　　恥ずかしがり　8, 165, 168, 304, 397
　　　　敏感　86, 189, 245, 389, 393, 475
　　　　「不潔なもの」に触れない　187
　　　　ぼんやり　205
　　　　眼差し　225
　　　　模型が必要　243
　　　　予知　476
　　　　喜び　515
　　　　楽観主義　199
　　存在
　　　　Kと一緒にいること　260
　　　　Kと教え　76
　　　　Kについて客観的に話す　259
　　　　Kの存在状態　260
　　　　Kを役立てない　187
　　　　人としてのKと世界教師　77

身体
　　〜的な自己　169
　　〜に触れない　49, 55, 84, 475
　　〜の機能　243, 244
　　〜の継続　358, 466
　　〜の準備　401
　　〜の衰退　371
　　〜の抵抗　253, (395), 544
　　〜の保護　277, 400, 426
　　〜への衝撃　49, 55, 84, (287), 310
　　〜を気づかう　425
　　〜を離れる　48, 116, 181
　　エネルギーの通過と〜の抵抗　342
　　手　395
　　指　516
頭痛　155, 256, 291, 310, 323, 341, 342, 357, 362, 387, 388, 445, 466, 470, 472, 498, 528　cf. 頭脳、頭
頭脳、頭　222, 255, 264, 265, 287, 305, 336, 342, 353, 389, 393, 415, 458, 459, 461, 469, 470, 471, 492, 510, 526, 528
健康
　　医師　91, 498
　　隠棲　(341), 526
　　老い　170
　　枯れ草熱　57, 179, 185, 230, 289, 379, 407, 496
　　気管支炎　51, 63, 233, 531
　　虚弱　244
　　細胞移植　284, 324, 450
　　座浴　56
　　腎臓障害　244
　　脆弱さ　368
　　前立腺　531, 537, 541
　　疲れ　192, 237, 408, 513
　　日射病　34, 272
　　熱　91, 92, 181, 244, 400
　　歯　177, 395, 504, 505
　　歯のブリッジ　505
　　病気　85, 91, 92, 181, 237, 405
　　休み　253, 254, 389, 514, 526
眠り　257, 318, 527, 543
　　〜から目覚めさせる　84
　　眠りつつ歩く　469, 470
　　夢　215, 251, 318, 330, 393, 398, 525, 527, 530
医療
　　検査、検診　362, 363, 406, 407, 423, 531, 537
　　手術　541, 544
　　病院に入らない　245, 325, 427
　　麻酔　305, 406, 541, 543
　　輸血　452, 541
食事　cf. 菜食主義
　　アイスクリーム　267, 395, 398
　　ケフィア・ミルク　340, 432
　　好きなスープ　276
言語
　　英語　7
　　フランス語　20, 33, 251, 255, 314, 433
　　イタリア語　33
読書
　　クジラの本　415
　　クジラとイルカの本　423
　　サメに関する本　356
　　象に関する本　431
　　探偵小説、推理小説　354, 507
自動車　39, 323, 422
　　〜旅行　231, 356, 390, 432
　　運転、ドライヴ　14, 15, 22, 40, 52, 53, 138, 149, 150, 234, 326, 330, 389, 420, 432, 455, 462, 468
　　運転免許　149, 311
　　エンジンの掃除　330, 342
　　高速道路　326
　　洗車　22, 133, 178, 330, 346, 410, 462
　　ナンバー・プレート　354, 357, 365

ワックスかけ　332, 473
メルセデス　19, 22, 39, 51, 90, 96, 122, 234, 235, 323, 325, 330,
　　　　　332, 340, 342, 346, 359, 390, 422, 455, 461, 469
　　グリーン・ビューティ　122, 235, 305, 341, 357, 358, 461
列車　195, 376, 445, 513
癒やす、治療　29, 87, 157, 158, 186, 505
　　癒すことを学ぶ　531
　　K自身への癒やし　182, 531
　　手を当てる　29, 33, 80, 318, 319, 338, 339, 389, 410, 427, 434,
　　　　　　　　444, 454, 464, 541
記憶　8, 23, 53, 169, 242, 341, 440, 451
神秘体験
　　行ってしまう、去ってしまう　91, 101, 181, 305, 470
　　行ってしまう可能性　465, 466　cf. 死
　　気絶　48, 49, 55, 74, 84, 116, 117, 145, 181, 254, 255, 310,
　　　　　319, 470, 475, 492, 525
　　叫び　48, 49, 55, 262, 263, 511, 513
　　譫妄状態　91
　　「それ」「あれ」　257, 258, 336, 463, 473, 478
　　「それら」,「彼ら」　358, 373
　　「プロセス」　55, 91, 92, 117, 169, 246, 358, 419, 459, 498
　　忘我　396, 424, 527
　　残された子どもの声　91, 169, 181, 445, 492
「他」「他のもの」　72, 99, 257, 373, 380, 383, 384, 386, 409, 411,
　　　　　　　　427, 463, 482, 528, 530, 538, 539, 542, 543
冥想　39, 56, 97, 98, 224, 233, 257, 258, 267, 268, 270, 274, 305,
　　　348, 363, 373, 375, 391, 399, 408, 455, 456, 485
はるかに遠い、はるか離れた　195, 197, 214, 266, 305, 341, 364,
　　　　　　　　　　　　　367, 388, 393, 409, 415, 459
仕事
　　〜の継続　280, 389, 525-527, 534
　　自らの〜　327, 501, 507
　　話した回数　387
　　話をすること　501
著作
　　書き物　345, 416, 501
　　祈願文（サンスクリット）　347
　　書物　537
　　　　〜の翻訳　190, 432, 489, 485
　　『あなたは世界だ』　370
　　『ありえない問い』　370
　　『生きることについてのコメンタリー』　266, 268, 422, 472,
　　　　　　　　　　　　　　　　　　　　473, 516
　　　　〜の原稿　416, 421
　　『学校への手紙』　109, 119, (199), 319, 320, 322, 323, 329, 331,
　　　　　　　　　　335
　　『既知からの自由』　135
　　『教育について』　345, 349, 524
　　『Kのジャーナル（日記）』　344-346, 352
　　『Kのノートブック』　383, 425, 427, 482, 486, 501, 528
　　　　〜の原稿　78, 120, 351, 352, 356, 358, 359, 414, 422
　　　　〜へのK自身の書評　488
　　『講話記録』　7, 77
　　『大師の御足のもとで』　294, 295
　　『智恵の目覚め』　161, 310, 375, 432
　　『伝統と革命』　298, 300, 384
　　『変化の緊急性』　187, 208, 248
　　『ペンギンK読本』　396
　　『学びの始まり』　371
　　『鷲の飛翔』　203, 220, 227
講話
　　〜の後　62, 84-86, 116, 117, 220, 411
　　〜の聴衆　85, 94, 174, 179
　　〜のとき　86, 396
　　〜の前　62, 84, 378, 494
面談　8, 9, 33, 37, 55, 81, 153, 163, 164, 270, 301, 322, 359, 374, 396
口述　109, 119, 154-156, 161, 162, 176, 177, 199, 200, 216, 247,
　　　255, 257, 287, 323, 329, 331, 335
　　繰り返せない　162
少年　22, 43, 169, 173, 175, 176, 179, (190), 262, 291, (325), 413, 425,
　　　426, 436, 440, 441, 466

少年の発見　292, 425
写真類　371, 417, 419
好みに敏感　413
初期
　　〜の人生　50, 325
　　〜の歳月の神秘　436
　　〜の人たち　193
伝記　cf. リンクス、メアリー
詠唱　22, 27, 32, 53, 309, 462, 516
生活と行動　259, 327
　　新しいものを試す　273
　　一個所に定住する　341
　　犬の後始末　241
　　「裏切り」　279
　　オーラを見る　55
　　買い物　16, 80, 273
　　髪のオイル　273
　　金銭　449
　　草取り、刈り込み　147, 342, 390
　　繰り返せない　162
　　グリーン・カード　(362), (455), 466, 485, 500, (519), (520),
　　　　　　　　　　522, 524
　　健康食品店　166, 273, 358
　　乞食への施し　450
　　皿洗い　57, 218, 241, 327, 397, 420
　　散歩　21, 23, 26, 32, 129, 132, 211, 212, 259, 264, 307, 340,
　　　　　354, 402, 455, 460, 485, 508, 510, 515
　　辞書　273, 423
　　シャンプー　273
　　純血種キュウリ・クリーム　303, 364
　　食事　50, 58, 157, 162　cf. 菜食主義
　　　　ヴィタミン　58
　　　　サラダ　286
　　親友　328
　　清掃　177, 327, 342, 344, 390
　　贅沢　327, (490)
　　宣誓供述　278
　　対象物を見る　273
　　体操　162, 242, 361
　　他人の心を読む　374, 396, 397
　　楽しむ　183
　　誕生日　116, 178, 202, 226, 285, 329, 367, 425, 484
　　誕生日とホロスコープ　202
　　仕えられる　327, 328
　　テレビを見て笑う　254, 479, 514
　　電話で話す　248, 249
　　道路の横断　277, 411, 412
　　登山
　　　　オーハイでの〜　420
　　話すとき、思考しない　193
　　批判　388
　　昼寝　162
　　服装
　　　　シャツ　20
　　　　スカーフ　20
　　　　ズボン　430
　　　　ネクタイ　381, 382, 491
　　不平不満を言わない　327
　　ブリーフケース（忘れ物）　288
　　名前の呼び方
　　　　他者の〜　397
　　　　自己の〜　15
　　マッサージ　429, 475
　　マナー　38, 327, 328
　　自らの映像を見ない、録音を聞かない　170
　　目覚めさせる　266, (364)
　　理髪店　450
　　レストラン　127, 285, 286, 326, 490
　　旅行と講話　327　cf. 自動車旅行
テレビ
　　〜・インタビュー　132, 221, 227, 234, 315, 396, 401, 420

~を見る　42, 390, 504, 508, 514, 533
~を見て笑う　254, 478, 508, 514
NET〔全国教育テレビ〕の録画　75, 158, 166, 171, 178, 234
『刑事コジャック』　390, 424, 453, 478, 479
『トゥー・ルーニーズ』　504, 514
ニュースだけを見る　533
映画　14, 46, 127, 157, 365, 409, 523
　映画館　365
　寺院としての映画館　409
　サスペンス好き　46
　西部劇とスリラー　157
　お色気場面が嫌い　529
Kの映画（録画）　158, 239, 382, 396, 435
　1920年代のKの記録~　458, 459
Kへの質問　8, 55, 91, 95, 115, 116, 174, 260, 261, 267, 398, 544
手紙　cf. ジンバリスト、メアリー
　ヴァンダへの~類　332, 445
　「裏切り」に関する~　279
　Kの~の美しさと独創性　344
　Kの~類　357, 445
　後継者に関する~　278
　筆跡　160
写真　411
　自己の~　169, 170
　初期の~　417, 419
　伝記第1巻の~　371
持ちもの
　腕時計　21, 232, 382, 491
　靴　268, 289　cf. ロブ、ジョン
　スーツ　288　cf. ハンツマン
　ひげ剃り　227, 290, 484
余命　244, 358, 363, 365, 373, 465, 469, 525
死
　死に近い　419, 430, 475, 485
　「死ぬのを見たことがない」　305
　逝ってしまう　101
　火葬と散骨　275, 334
　Kの死　198, 229　cf. 余命
　Kの死後　188, 192, 275, 280, 300, 389, 510, 517, 525, 531, 535, 537, 540
　Kが死ぬ前にすべきこと　193
　生と死との間の線　101, 188, (229), 244, (380), (475), 544
メアリー・ジンバリストとの関連
　~への手紙　158-160, 173, 243, 252, 253, 316, 317, 350, 351, 402, 404, 411, 518-520, 524
　~を迎えに出る　474-476
　「その人に訊くべき」　221, 246, 260
クリシュナムルティ学校　cf. リシ・ヴァレー、ラージガート、ブロックウッド・パーク、オーハイ、ヴァンクーヴァー
　~で何をするか　248
　~での教え　185, 203
　~とセンター　377, 458, 510
　~の名称の使用　512
　~の未来　503
　~への不満　438
　安全と保護の提供　423
　イタリアでの~　338, 347, 386, 400, 517
　インドの諸~　185, 203, (353), 383, 406, 426　cf. リシ・ヴァレー、ラージガート
　親たちが子どもを~に送ること　473, 474, 528
　カリフォルニアでの~　321, 324, 325　cf. オーハイ、オーク・グローヴ学校
　学科　456
　　通常の~　504
　　数学を教える　331, 332
　各国での~　512, 513
　教師の責任　473, 474
　子どもの条件付け　22-23　cf. 条件付け
　子どもの注意とその転換　473
　子どもの学び方　514
　諸~の継続　275

スイスでの~　(340), 385
ドイツ語圏の~　393
名前の使用　512
フランスでの~　510
メキシコでの~　338
良い教師たち　512
ヨーロッパでの~　(37), 63, 64, 108　cf. ブロックウッド・パーク学校
クリシュナムルティ財団　120, 201, 203, 280, 303, 517, 531, 535, 536, 539, 540　cf. クリシュナムルティ著作協会、リシ・ヴァレー信託
　Kの死後　(191), 275, 280, 300, 389, 510, 531, 540
　国際的な会合　199, 200, 204, 234, 300, 333, 334, 503, 531-540
　最善の人たち　509
　集団
　　~を提案する　509
　　新しい~　536
　　教えを理解した~　531
　　「頂点の~」　(148), 533, 534
　諸財団の未来　167, 274
　諸財団をまとめる　461, 533, 534
　赤ちゃんの類比　535
　イギリスK財団　120, 123, 167, 199, 202, 229, 330, 431
　　会報　121, 138, 154, 178, 180, 238, 255, 353, 512
　　K財団有限責任信託　285, 288
　　事務所　156
　　出版委員会　109, 148, 156, 202, 288, 299, 312, 330, 333, 371, 431, 484, 486, 503　cf. ディグビー
　　ブロックウッドパーク教育センターの分離　285, 288
　　理事会　142, 202, 330, 439
　アメリカK財団　(130), 137, 138, 140, 142, 192, 199, 218, 255, 275, 299, 318, 334, 403　cf. オーハイ
　　~が宗教的なこと　479, 518
　　~の学校　350　cf. オーハイ、オーク・グローヴ学校
　　~友の会　322
　　Kが~の理事職を退く　255
　　財務　527
　　理事会　167, 264, 280, 322, 358, 365, 404, 420, 453, 458, 470, 476, 521, 528
　インドK財団　226, 227, 233, 234, 275, 334, 353, 404, (447), 453, 518, 535
　　~による本の出版権、販売権　299-301, 334, 404
　　新しい教育のための財団　185, 201, 203, 431
　　本の編集　226, 227
　　ラーダー・バーニアーと神智学協会　534, 535, 537, 538
　　リシ・ヴァレー信託　203
　スペイン語圏アメリカK財団（ラテンアメリカ財団）　(188), 190, 199, 200, 233, 234, 236, 299, 338, 363, 386, 412, 435, 542, 544
クリシュナムルティ委員会
　アルゼンチン委員会　383
　イタリア委員会　92, 347, 347, 445, 517
　オーストリア委員会　239
　オランダK委員会（スティチング）　90, 153, 206, 227, 298, 400
　　資料センター　227, 339
　諸外国の委員会　121, 303, 339
　　~との会合　120, 152, 188, 192, 236, 300, 383, 435, 496
　スイス委員会　152
　ドイツ委員会　248
　ドイツ語出版委員会　443
　フランス委員会　298, 313, 338
KアンドR財団　139, 275, 352, 353, 356, 358, 368, 416, 419, 421, 422, 479, 540　cf. ラージャゴパル、訴訟
　~のアーカイヴス　(356), (358), 415, 416, 418, 479, 544
　~のファイル　417
クリシュナムルティ著作協会（KWINC）　9, 72, 73, 106, 112, 120, 126, 192, 219, 238, 240, 279, 308, 356　cf. KアンドR財団、ラージャゴパル、アメリカK財団、訴訟
　~からの著作権の回復　108, 118, 119, 127, 401
　~との断絶　78, 115, 120, 215, 217, 276
　~の会計　265, 317
　~の資産　73, 126, 140, 162, 192
　Kの理事復帰問題　106, 112

573

慈善基金　445
クリスティーナ　cf. シュレーダー、クリスティーナ
クリステンセン、テリー　278, 279, 416, 419
クリスマス　134, 135, 256
グリーン、エレーナ　340
グリーン、フェリックス　248, 319, 337, 339-341
グリーン、ディヴィッド　453
グル（導師）　36, 58, 526
クルーガー、ヴェルナ　417
グルジェフ　421, 499
苦しみ　476
　　痛みと〜　232
狂った人、頭のおかしい人　439, 471, 498
　　月光夫人　28, 34
クレアモント　131, 158, 194
　　ブレズデル研究所　131, 132, 158
グレイヴス、グラハム　512, 518
クレゴ、マーサ　292-294, 303
クレイン、アダム　363
グローブス博士　439, 449, 478
クローネン、マイケル　467　cf. アーリヤ・ヴィハーラ
クロワッサン　53
軍艦
　　航空母艦　168, 213
　　重巡洋艦　168
クンダリニー　204, 280, 355, 459

け
ケイ、ダニー　254
経験　456
芸術（アート）　355, 515
形態　380
欠陥
　　教えの〜　110
　　Kの〜　110, 111
結婚　40, 59
ケネディ、ロバート　119
ゲーム
　　名づける〜　56
ケラー女史　189, 191
ケラー、マージョリー　268
権威　156, 330, 509
　　〜の受容　156
　　責任と〜　156
原因　380
幻覚　534, 539
謙虚さ　39
顕現　436
　　〜のための準備　362
言語　455
ケンニ判事　133
権力　cf. 力
　　教義と権力　517

こ
業　502
行為、行動　338, 378, 385, 539
　　行動学習　514
　　正しい行為　254, 411, 443, 476, 477, 480
航空母艦　168, 213
劫罰　464, 466, 468　cf. 贖罪
コーエン、スタンリー　127, 350, 351, 353, 416, 422
国際連合（国連）　128, 381
　　〜出版局　363
コシアコフ、ナディア　114, 189, 298, 302, 313, 384, 432, 489, 500
個人　35
　　「個」の意味　476
　　〜的な議論　478
　　〜的な意識　502
滑稽な物語　381
コップ、ディーター（画家）　228
子どもの関心　452

古美術品　149, 372　cf. ブロックウッド・パーク　内装と調度品
ゴールド、ロバート　270, 274
コールマン、ジョン　220
殺すこと　410
　　殺さないこと　58　cf. 菜食主義
コロン博士　435, 497
根源　311, 461, 463　cf. 独自のもの
コーンドルファー、アンネッケ　14, 40, 43, 64, 82, 83, 87, 115, 145, 227, 338, 339, 423, 437
コンノリー、サイリル　296
コーンフェルド夫人、ジャッキー　418, 450, 485, 518

さ
罪悪　539　cf. 悪
最初の一歩　269
菜食主義　19, 20, 21, 54, 58
才能　65　cf. 天才
サイバネティクス　348
サイババ、サティア　302, 376, 377
細胞移植　284, 324, 450
サウンダース、テリー　378, 382-385, 516
サーヴィル社　187, 202, 300, 370
サークル（輪）　529, 530
サザランド、ジョーン　515
ザハラ、ヘレン　268
サーネン　8, 10, 11, 16, 22, 118, 185　cf. グシュタード
　　ヴィデオ撮影　494, 495
　　教育会合　93-95
　　公開講話と討論会　10-12, 16, 23, 61, 63-65, 92-94, 120, 121, 151-153, 186-192, 234-239, 296-301, 309, 336, 338-341, 378-383, 385, 386, 434-436, 438, 439, 494-500
　　ショーンリート　150
　　テープ通訳　513
　　テント　10, 23, 92, 94, 120, 337, 378
　　ブロックウッドについての会合　382-384, 386
　　若者たちとの討論会　62, 63, 95, 121, 150, 151, 153, 188, 190, 338
サーネン集会委員会　90, 92, 151, 152, 153, 190, 238, 297, 340, 384
サモトラケのニケ　156, 157
サラバイ、パレヴィ　454
サルク、ルイス　262, 431
サルク、エルマ　8, 324
サンタバーバラ　78
サンタモニカ
　　〜市民会館　268, 358
　　講話　163, 215, 268, 269, 358, 359
　　コラール・キャニオン　162
　　討論会　7
『サンデー・タイムズ誌』　296
サンディエゴ　160, 168, 266, 318, 355
　　海軍基地　168
　　州立大学サンディエゴ校　168, 265, 266, 355
　　ラホヤ　160, 168
サンフランシスコ　139, 319, 320, 410, 457
　　KPFA（ラジオ放送局）　139
　　KQED（公共放送局）　72, 75
　　講話　320, 411, 412
　　メイソン・センター（ホール）　319, 320, 411

し
死　7, 9, 161, 282, 305, 306, 311, 312, 340, 399, 464, 470, 476, 497, 502
　　死後の生　262, 306, 350　cf. 輪廻転生
　　事故死　414
シアトル　420
　　〜からの人　260
寺院　176, 297
シヴァ・ラオ、キティ　24, 26, 414
シヴァ・ラオ　24, 42, 173, 442, 458
ジェンキンズ、ピーター　444
ジェンキンズ、エンマ　444, 445, 449
磁化
　　指輪の〜　446
自我　110

時間　cf. 時
自己　168, 169
　　～が無い　515, 529, 530
　　～にとっての光　527
　　～の写真　169, 170
　　～の制御　377
思考　37, 57, 175, 297, 299, 311, 333, 424, 427, 431, 455, 472, 476, 497
　　～しない　193
　　～と恐れ　423, 424
　　～の終わり　264
　　～の伝達　543
　　～は質料・物質だ　380, 544
　　～を止める　36
静か　280, 312
　　静かな顔　186, 469
　　静けさ　98, 171, 409, 470
　　身体が静かである訓練　401
思想
　　～と科学　281
慈善基金　445
時代
　　新～の先駆け　175
質問
　　問いが答える　477
　　Kへの質問　8, 55, 91, 95, 115, 116, 174, 260, 261, 267, 398, 544
　　質疑応答　94, 95, 151
　　疑問　540
質料・物質　380, 502
　　思考は～だ　380, 544
　　唯物論　382
シドゥー姉妹（ジャッキー、サルジト）　357, 385, 393, 395, 418, 434, 480, 491, 493, 500, 536　cf. ヴァンクーヴァー
シドニー　212　cf. オーストラリア
　　講話と公開討論会　212, 213
　　レッドビーターの共同体　212, 213
ジナラージャダーサ　512
慈悲　531, 539
　　責任と～　539
資本金　64, 66
シモンズ、ドロシー　16, 94, 108, 129, 143, 189, 191, 197, 199, 229, 237, 289, 340, 345, 382, 383, 386, 387, 399, 425, 510-513, 516
　　アラン・ノーデとの対立　147, 148, 227, 289, 412
　　教えへの無理解　383
　　防御的　382, 383, 511
　　Kからの批判　387
　　メアリーからの話　387
シモンズ、モンターニュ　16, 94, 108, 189, 237
邪悪　cf. 悪
シャインバーグ、ディヴィッド　110, 398, 399, 423, 478, 483
　　　　　　　　　　　　　　　　　　　　　cf. ボーム
ジャガー（車）　47, 354
シャクンタラ、ギドゥー　33
シャトー・デ・ミモン　50, 56
ジャドゥ・プラサド　(328), (329), 420, 510
ジャムナダス　339
ジャヤカール、ププル　23, 34, 35, 93, 203, 204, 234, 298, 300, 333, 343, 360, 405, 406, 442, 466, 492　cf. インドK財団
　　～とインデラ・ガンディー　406, 492, 501, 509
　　ウータカムンドの出来事の記録　418, 419, 422
ジャヤラクシュミー夫人　28, 29, 121, 297, 350, 392
シャルヴェ　20, 375
シャルトル（フランス）　19
シャロット神父、ユージン　266
主　425　cf. マイトレーヤ、世界教師
シュアレス、カルロ　12, 18, 46-48, 111, 191, 194, 302, 489, 490, 496
シュアレス、ナディーヌ　12, 18, 46-48, 111, 191, 192, 194, 303, 490
自由　200, 269, 355, 517
　　責任と～　229
習慣　331　cf. ジンバリスト、メアリー
宗教　355, 476, 479, 518
宗教体験

～での光　456
重巡洋艦　168
集団　cf. クリシュナムルティ財団
守護　cf. 保護
シュミット博士、ピエール　51, 63
シュミット、マーク　153
ジュネーヴ　21, 232, 292, 335, 381, 433, 491
シュリ・ラム　(537)
シュレーダー、クリスティーナ　497, 498
純潔　221
純血種キュウリ・クリーム　303, 364
ショー、バーナード　512
条件付け　306
　　あの少年（K）と～　22, 43, 173, 175, 176, 425, 440, 441
情熱　540
　　Kの～　500
　　優秀性への～　540
勝利の女神像　156, 157
ジョーク　cf. 滑稽な物語
贖罪　464, 468, 472　cf. 劫罰
書評　247, 442, 488
　　伝記第1巻への～　442
　　『ノートブック』へのK自身の～　488
書物　537　cf. 著作権
　　～の翻訳　190, 432, 489, 485
除霊　283　cf. 物憑き
ショーン、スティーヴン　236
ジョーンズ、ジェニファー　133
白の同胞団　428
シン、タラ　269
進化　175
人格化（神智学での）　438, 501
神経症　57　cf. 心理
真剣さ　39, 40, 253
　　真剣な話　40
真言　525
　　オーム　297
神聖さ　178
　　神聖なもの　474, 492, 539
神智学　55, 267, 268, 304, 425, 438, 482, 534, 535, 544
　　　　　　　　　　　　　　　　　cf. 大いなる白の同胞団
　　～での人格化　438, 501
　　～の位階制度　165, 419, 478, 482
神智学者　153, 275, 277, 308, 482
神智学協会　241, 276, 303, 425, 453, 458, 459, 534　cf. 星の教団
　　～会議　419
　　～とラーダー・バーニアー　534, 535, 537, 538
　　合衆国～　266
　　秘教部　534, 535, 537
神殿　cf. 寺院
信念
　　組織的な～　410
ジンバリスト、サム　8, 9, 15, 362, 473
　　死去　9
　　映画『ベン・ハー』　362
ジンバリスト、メアリー
　　存在、性格
　　　緊張　267, 312, 462
　　　身体への無視　312
　　　習慣　242, 312
　　　執着していない　389
　　　手と顔　242, 469
　　健康、病気
　　　脚の障害　134, 137
　　　脚の皮膚移植、外科手術　457, 463
　　　痛み　294
　　　インフルエンザ　29
　　　おたふく風邪　435
　　家族
　　　弟（バド・テイラー）　451, 482
　　　父親　101, 247, 290, 305, 307

母親　67, 124, 145, 147, 208, 287, 465, 467, 525
　　　伯母（ドロシー・テイラー）　315, 359
　　　従姉（ローナ）　462, 464, 465, 473
　　生活と行動
　　　会合で他人に機会を譲る　398
　　　学校の会合への参加　425, 426, 428
　　　告知（講話集会の前）　231
　　　自分について書く　501
　　　自分の話をするのは気が引ける　475
　　　世話をしてくれる人　387, 389
　　　潜在意識　315
　　　デスク仕事　278
　　　日記　6, 18, 186, 277, 409, 501
　　　パイン・コテッジで生活する権利　389, 465, 466, 476
　　　不必要な旅行　99, 314, 517
　　　変化　422
　　　防衛　509
　　　マクアンドリュー・ロード資産の購入　474, 527
　　　夢　59, 339, 535
　　　余暇の必要性　423
　　Kとの関係
　　　メアリーの過去世　267
　　　メアリーとリリフェルト夫妻の使命　322
　　　運命と計画　529
　　　Kからの評価　509
　　　　　Kからの手紙　158-160, 173, 243, 252, 253, 316, 317, 350,
　　　　　　　　　　　351, 402, 404, 411, 518-520, 524
　　　Kとの対談　161
　　　Kとの旅行　326
　　　Kの死後　181, 186, 188, 387
　　　Kへの影響　244, 245, 513
　　　Kへのマッサージ　429
　　　Kを乗せた運転　14, 15, 326
　　　自己に気をつけるべき　304, 314
　　　責任　97, 253, 254, 326, 327, 353, 469
　　　　「他」への責任　99, 260
　　　著作の依頼　267, 278, 280, 409
　　　長生きすべき　304, 305, 358, 474
　　　保護的な役割　474, 475
　　　ボームと～　435, 510
　　　マリアと呼ばれる　33, 397
　　　指輪とその磁化　446
　　憶え書（メアリーによる）
　　　会話の～　437, 438, 529
　　　議論の～　514, 517
　映画『若い気焔』　369
　神秘
　　～主義者　299
　　～的な気分　435
　　～の力　391
　　初期の～　436
　人物の査定　505
　信奉者　76
　　インドの～　38
　　初期の人たち　193
　侵略者　379
　真理
　　～と知覚　540
　　～の静寂　540
　　～の問いに入る精神　267
　　教えと～　540
　　究極的な～　175
　　実在性と～　418, 427
　心理
　　～的記憶　341
　　～的変化　454
　　～分析　57
　　～療法　423

す

スイス　385　cf. サーネン、ジュネーヴ
　～K委員会　152
　～での学校　(340), 385
スィートン一家　443, 444, 474
数学を教える　332
スカラヴェッリ、ヴァンダ　10, 21, 23, 60-62, 65, 80, 91, 92, 185, 254,
　　　　　294, 311, 314, 332, 337, 445, 447, 493, 495, 514, 516
　Kからの手紙類　332, 445
スコット　cf. フォーブス、スコット
スター出版信託　356
『スター会報』　126, 169, 418
スダルシャン　399, 476
スタンフォード大学　140
ストコフスキー、レオポルド　283
スナンダ　cf. パトワールダーン
頭脳　237, 399, 454
　～についての議論　371
　脳細胞　175
スペイン語圏アメリカK財団　cf. K財団
スバ・ラオ　458
スーフィズム　300, 377
スペース・シューズ　269
スミス、ヒューストン　132, 234
スムート、キャレイ　456, 470
スモーリー訴訟　299, 300
スロス、ラーダー・ラージャゴパル　61, 111, 133, 219, 380
スロス夫妻（ラーダーの義理の両親）　238, 239
ズロトニツカ、イヴ　234, 329, 377, 382-384

せ

生
　～をムダにする　306
制御
　自己の～　377
静寂　56, 176, 470, 471, 478　cf. 静か
　真理の～　540
精神
　～を訓練する　387
　～を休ませる　409
　空っぽの～　193, 264, 454, 505
　機械的な～　477
　真理の問いに入る～　267
　ブルジョワ～　189
　良好な～　515
精神医学　6, 423
精神科医
　～の会議　483
　或る精神科医　6
　恐れと～　483
成人（教育）センター　(223), (227), 334, 365, 368, 377, 409, 461, 466,
　　　　　　　　476, 480, 481, 522, 529
　～と学校　377, 458, 510
占星術　411, 542
聖なるものたち
　255
聖ペテロ　381
西洋　380
　～社会　444
世界、世の中　11
　～経済の崩壊　268
　～での責任　385
　「あなたは～である」　539　cf. Kの著作
世界教師　76, 77, 186, 263　cf. マイトレーヤ、主
　～と、人間としてのK　76, 77
責任　254, 385, 536
　～と権威　156
　～と慈悲　539
　～と自由　229
　教えへの～　504, 526
　学校への～　322, 382, 408, 512, 513
　寄付者への～　254
　教師の～　473, 474

財団の〜 536, 539, 540
「他」への〜 99, 260
「私の〜」 535, 536, 540
石油の例え 456
セコイア〔国立公園〕 168, 388
セゴヴィア 57
セロン、マーク夫妻 168
善 75, 268, 529 cf. 善さ
　〜と悪 102, 148, 268, 321, 383, 384, 437, 529, 530, 544
　〜の力 530
戦争 379
　第二次世界大戦 7
　第三次中東〜 89
　第四次中東〜 345, 346
　インド・パキスタン〜 252, 255
全体
　全体性 477, 539, 540
　〜が見えること 237
　一部分の理解と〜の理解 537
センドラ 188, 386, 436, 542, 544

そ

臓器移植 452
想像 186, 455, 535
組織
　〜的な信念 410
訴訟 cf. クリシュナムルティ著作協会、KアンドR財団
　〜の合意と終結 403, 404
　〜の調停 210, 349-352, 369, 370, 398, 480
　〜の費用 366
　〜の評判 411
　KアンドR財団に関する〜 105, 411
　宣誓供述
　　Kの〜 278
　　ビアスコェチェアの〜 254
　　ラージャゴパルの〜 270, 272, 275
　　マドラスでの〜 cf. ヴァサンタ・ヴィハーラ
疎通 231, 288, 311 cf. 伝達
背く
　Kに背く 110, 302
「それ」「あれ」 257, 258, 336, 463, 473, 478 cf.「他」
「それら」 358, 373
存在（presence） 50, 51, 261, 358, 465

た

「他」「他のもの」（the other） 72, 99, 257, 373, 380, 383, 384, 386, 409-411, 427, 463, 482, 528, 530, 538, 539, 542, 543 cf.「それ」、「あれ」
　〜に気づいた他の人たち 427
　〜への責任 99, 260
　〜をもたらす 456
太鼓の喩え 37
対立
　〜が無い 530
大師 42, 55, 164, 264, 280, 292, 304, 425, 430, 482 cf. 神智学
『タイムズ誌』 229
　〜の教育特集号 197
対話 174
　友との〜の形式 472
　アラン・ノーデとの〜 40, 216, 264, 450
　アラン・アンダーソンとの〜 355-357
　公開討論会での〜 439, 480
　ディヴィッド・ボームとの〜 23, 39, 42, 311, 427, 428, 430, 432, 435, 437, 439, 447, 449, 466, 476, 484, 542
　ボーム、シャインバーグとの〜 508
タカール、ヴィマラ 11, 12, 192, 410, 527
立場 58
タッパー、ローレンス 161, 192, 211, 240, 253, 352
楽しみ 189
　〜と怖れ 189
　アメリカ人と〜 456
タパス 29, 376, 386, 389, 491, 493, 500

ダルマ（法） 539
ダン、アマンダ 129, 318, 319, 335, 460
ダン、フィリッパ 529, 530
ダン、ミランダ 314
ダン家 165, 460
タンカー、ハーシュ 396
探求、探究 283, 284, 510
タンネグ山荘 cf. グシュタード
断片化 355

ち

智恵 201, 237, 311, 414
地役権 407, 408, 413, 416
知覚 477, 540
　真理と〜 540
力
　教義と〜 517
　神秘的な〜 391
　善の〜と悪の〜 530
　破壊的な〜の危険 148
　闇の〜 297
知識 355, 433
チダナンダ、スワミ 187, 380
秩序 269, 282, 454
チベット 304
　チョギャム・トルンパ 266
チャーチル
　〜の夢 251
チャリ、アールヤ 405, 518, 532, 533
チャンドマル、アシット 357, 479
注意
　子どもの〜 473
超越瞑想 429
聴衆 85, 94, 174, 178 cf. ボンベイ
挑戦 174
　深い〜 110
　挑戦できる人（対談相手） (174), 371
調息 215, 250
調停 cf. 訴訟
著作権
　〜の回復 108, 127, 401
　インドK財団の〜と販売権 298-300, 334, 404
直観 299
チロル（オーストリア西部）
　教会の鐘 55, 245

つ

ツリー、アイリス 11, 112

て

デ・ヴィダス、レオン 65, 66, 151, 202, 250, 304
　〜夫妻 265
ディ・セザーロ、シモネッタ 380, 436, 496
ディヴァイン・ライフ協会 380, 442
ディグビー、ジョージ 179, 202, 192, 202, 205, 223, 251, 288, 299, 300, 310, 312, 329, 371
　出版委員会の辞任 312
ディグビー、ネリー 129, 141, 178, 223, 251, 310-312, 329
抵抗 176, 529
　身体の〜 544
　Kへの〜 387
ティズミック 527
ディーター 323, 354, 422
テイラー、バド 451, 482
テイリー、プリシラ 472, 473
敵意、敵対 388, 529
　Kへの〜 292, 387, (412), 537, 538
デシカチャール 51-52, 54, 58, 64, 90, 147, 150
テタマー、ルス 137, 333
デバス、ベツィ 227
デ・ヌーン、バーバラ 453, 454
デ・マンツィアーリ cf. マンツィアーリ
デャンスキー夫妻 541

デラショー 299
デリー 24
　　講話 25
テロ事件 308, 344, 378, 446, 514, 516
　　脅迫 363
天国と地獄の物語 381
天才 536　cf. 才能
天使 99, 221, 246, 399, 530
伝達 174, 176　cf. 疎通
　　思考の〜 543
伝統 381

と
問い　cf. 質問
ドイチェ博士 232, 233
ドイツ 88, 89, 118
　　ドイツK委員会 248
　　ドイツ語出版委員会 443
　　ドイツ人の集団 385
　　ドイツ語圏の学校 393
洞察 515, 517, 540
導師（グル） 36, 526
　　〜と弟子の物語 58
ドゥシェ、マダム 432, 489, 496
同種療法（ホメオパシー） 23, 51, 53, 91
同一視
　　過去との〜 527
　　自己の〜 169
時 42, 282, 476
毒 302
独自のもの 312, 461, 463
ドッジ女史 274, 412
トパジア、アリエッタ 193, 238, 301, 315, 385, 386, 388, 445
扉 373, 387
ドビンソン、シビル 191, 238, 384
ドーム　cf. サーネン集会、テント 10, 337
トラヴァース夫人、パメラ 104, 147, 180, 236, 374
ドライヴ 14, 15, 52　cf. K、運転
ドラシノワー博士 496
ドラッグ 68, 229　cf. LSD、マリファナ
トルドー夫人、マーガレット 474, 477
ドレイク、ベツィ 131, 269
トレド（合衆国） 420
ドロシー　cf. シモンズ、ドロシー
泥棒たちの物語 42
トンプソン、ハミッシュ 333

な
内的　cf. 内
ナイドゥ、リーラ 363, 364
ナーガスワラン 46
流れ 502, 535
　　意識の〜 544
　　変化と〜 175
　　利己性の〜 436, 438, 440
名づけるゲーム 56
名前の呼び方 15, 397
ナポレオン 218
ナラヤン、ギドゥー 33, 93, 479-481, 493, 499, 500, 512, 522, 524, 525
　　ヴァンクーヴァーの校長の可能性 (481), 499, 500
　　リシ・ヴァレーの校長に就任 522-524
ナラシンハン（インド外交官） 128, 185, 364, 381, 383, 483
ナラシンハン、ギドゥー（Kの甥） 482
ナレンドラ 143, 150, 153, 289
ナンディニ　cf. メータ、ナンディニ

に
ニーダム，エレーナ 452
ニトヤナンダ（ニトヤ）、ジドゥー 6, 169, 243, 287, 303, 329, 339, 354, 393, 426, 459
　　〜の死 406, 500
　　〜の手紙 331
　　〜の報告 422

〜の夢 339, 393
ニードルマン、ジェイコブ 216, 296, 301
日本
　　〜へ行く可能性 347, 356
ニュージーランド 420
ニューヨーク 62, 64, 67, 68, 125, 220, 280, 281, 324, 362, 423, 449-451, 482, 483, 517, 518
　　〜証券取引所 69, 381
　　カーネギー・ホール 281
　　〜での講話 281, 282, 363, 364
　　精神医療関係者との会合 423, 424, 483
　　クーパー・ヒューイット博物館 281, 363
　　講話 221
　　討論会 68, 363
　　ニュー・スクールでの講話 68, 69, 126-128, 220
　　リッツ・タワー 281, 324

ぬ
ね
の
ノイシードラー博士 393
ノイズ大佐、フランク 122, 124, 151, 308, 317, 318
脳細胞 175　cf. 頭脳
能力 536
ノーデ、アラン 11-14, 16, 20, 30-31, 37, 39, 40, 41, 47, 59, 61-63, 79, 83, 132, 134, 137, 143, 148, 151, 153, 154, 162, 210, 219, 253, 264, 268, 320, 369, 374, 391, 410, 411, 452, 505, 542
　　〜の離脱 139, 151, 154
　　Kとの対話 40, 216, 264, 450
　　Kの秘書になる 16
　　ドロシー・シモンズとの対立 147, 148, 227, 289, 412
　　若者を集める 20, 23, 151

は
配給
　　配給と配給者 380
売春婦 389, 390
ハイゼン 82, 226
パイン・コテッジ　cf. オーハイ
バインドレー夫人 108, 109, 142, 178, 288, 312, 329, 345, 373, 420, 427, 432
ハーヴァード大学 69
ハウスマン博士 531, 537, 540
バエズ、ジョーン 139
爆弾 344, 363, 378, 379, 446
バクティ 380
バクティール博士、レイリー 406, 452, 531
バークレー大学 139
パターソン、アルビオン 267, 333, 361, 408, 472, 474
パーチュリ博士、T.K. 165, 173, 175, 353, 379, 424, 426, 427, 430, 487
ハックスレー、オルダス 40-41, 65, 75, 281, 329, 360, 464, 465
ハックスレー、ローラ 167
バッセム（オランダ） 227
ハーツバーガー、ラディカ 69
ハッピー・ヴァレー　cf. オーハイ
パテク・フィリップ 21, 382　cf. ジュネーヴ
バド　cf. テイラー、バド
パトワールダーン、アチュット 405, 436
パトワールダーン、スナンダ 241, 298, 300, 343, 405, 461, 466, 476, 480, 504, 509, 510, 522　cf. バラスンダラム
　　〜とヴァサンタ・ヴィハーラ 405, 522
パトワールダーン、パマ 30, 201, 479
ハード、ジェラール 65
花開くこと 539
バーニアー、ラーダー 297, 298, 436, 453, 470, 501, 510
　　〜と神智学協会 534, 535, 537, 538
ハビベ女史 544
バーマイスター、ビル 166, 340, 400
ハモンド、イアン 251, 312, 333, 342, 392　cf. クロイスター
ハモンド、ジェーン 112, 251
原智恵子（カサド夫人） 347
バラスンダラム 34, 92, 200, 203, 233, 298, 300, 377, 381, 444, 506, 508, 512, 522

〜とスナンダ　405, 461, 466
　　　リシ・ヴァレー校長を辞職　491, 522
バラビーノ、ゲオルギオ　338, 340, 347, 386, 400, 445, 517
　　　ビエッラの学校　338, 347, 386, 400, 517
パラメシュワラン　27, 34
バラモン　72, 402, 464
パラント、アマンダ　222, 309, 333, 345, 469
パリ　18, 45, 64, 66, 80, 81, 109, 111-113, 140, 143, 144, 156, 184, 206, 207, 223, 230, 246, 251, 277, 290, 306, 307, 313, 324, 325, 334, 341, 375, 376, 389, 432, 489, 490
　　　ヴェルサイユ　19
　　　学生の反乱　114
　　　講話　45, 81, 112-114, 144
　　　サル・アディヤール　18
　　　サル・デ・ラ・シミエ（メゾン・デ・ラ・シミエ）　80, 81, 112, 114, 144
　　　ジャーナリストたちとの会合　433
　　　売春婦　389
　　　バガテル　81
　　　プラザ・アテネ　223, 334, 489, 490
　　　ブローニュの森　45, 81, 490
　　　ラジオ・インタビュー　433
　　　ルーヴル美術館　156
バンガロール
　　　〜本部と学校　353
ハンツマン　15, 38-39, 97, 426
ハンティントン図書館　62, 138, 420
パント大使（インド大使）　400
ハンブルグ　88

ひ

ビー、オースチン　317, 419, 421, 422
ビアスコエチェア、エンリケ　22, 51, 186, 194, 195, 263, 295, 296, 299, 339, 399, 498
　　　世界教師の夢　186
　　　宣誓供述　254
　　　死去　401
ビアスコエチェア、イザベラ　51, 295, 438, 497
光
　　　教えの〜　536
　　　自分自身への〜　527
　　　宗教体験での〜　456
飛行機　414, 524
ヒースロー空港　516
ピータースフィールド　149
ビーチャー・ベンナー診療所　50, 436, 498　cf. リーチティ博士
人々
　　　〜の心を読む　374, 396, 397
　　　〜の自我　110
　　　〜の注意の集中　59, 93, 223　cf. 圧迫
ヒトラー　(455), 539
ヒドラヤナンダ、スワミ　442
ヒートン判事　317
ビートン、セシル　103, 104
BBC
　　　インタビュー番組　181, 205, 227, 234, 248, 448, 486, 486
ピンター、フレデリック　126, 269
ピンター夫人　62, 68, 126
ヒンドゥー教　297, 299

ふ

ファウラー、ジム　391, 506
ファリアス（ファリア）　188, 190, 296, 299
不安　cf. 恐れ
　　　夜の〜　297
不安定
　　　生の〜　465
フィリップス、モニカ　320
フィールド、シドニー　133, 262, 264, 319, 350, 354, 423, 529
　　　死後の生について　262, 350
フィレンツェ　185　cf. スカラヴェッリ、ヴァンダ
フィロメナ　10, 29, 101, 107, 129, 170, 283, 309, 311, 315, 316, 346, 400, 426, 446, 447, 516
　　　発作、退職とローマへの帰郷　308, 309
ブヴァール将軍夫妻　46, 112
フェッランド、グイド　75, 76
フェミニズム　450
プエルトリコ　124, 188, 201, 542　cf. スペイン語圏アメリカK財団
フォスカ　54, 94
フォートヌム　104, 230
フォーブス、スコット
　　　ヴィデオ編集　508
　　　ヴィデオ撮影　494, 495
　　　Kとの個人面談　396
　　　Kへのマッサージ　475
　　　サーネン　308, 494
　　　皿洗い　397
　　　登山　100
　　　恥　398
　　　ブロックウッド　308, 382, 392
フーカー、アラン　404, 418, 479
　　　〜夫妻　95, 323, 541　cf. ランチ・ハウス・レストラン
深い
　　　深さ　527
　　　〜挑戦　110
　　　言っていることの深さ　175
　　　気づきの深さ　174
　　　さらに深く行く　517
ブース、ミッチェル（Mの家族の弁護士）　126, 274, 362
物質　380, 502
　　　思考は〜だ　380, 544
　　　唯物論　382
ブッダ　173, 304, 341, 419, 492, 517, 535, 537
　　　二人の弟子　525, 526
ブッバ・フリー・ジョン　527
不滅性　282
フラー、バックミンスター　140, 337
フライ夫妻　10, 287, 307, 345
ブラウ、イヴリン　262, 319, 452, 472
ブラウ、ルイス（ルー）　319, 466, 474
ブラザーズ協会　126
フラシア　92, 252
ブラックバーン、アルバート　132, 169, 283, 294, 322, 351, 421
　　　タンネグ山荘での録音　120, 169, 352
ブラックバーン、ギャビー　131, 132, 169, 322
プラット、ドリス，14, 43, 205, 426, 427
ブラッドロー、チャールズ　512
フランコ、グイド　235, 293, 294, 296, 297, 348, 377, 388, 389
フランス　184　cf. パリ
　　　〜語訳　190, 298, 496, 513
　　　〜K委員会　cf. K委員会
　　　〜人グループによる学校　510
　　　〜南部　36, 107
　　　アンボアーズ　330
　　　シャトー・デ・ミモン　50, 56
　　　シャルトル　19
　　　プロヴァンス　291
ブランダイス大学　70, 128, 129
フリッツ　cf. ウィルヘルム、フリッツ
ブリッツ、ジェラール　36, 90, 104, 105, 107, 125, 129
プリブラム、カール　399
プリムローズ、ゲイリー　177
古い様式　186
ブルジョワ　257
　　　〜精神　189
プレズデル研究所　cf. クレアモント
フレシア　187, 253
ブールデル、アントワーヌ　283
「プロセス」　cf クリシュナムルティ
ブロックウッド・パーク　117, 128, 129, 134, 141, 146, 154, 171, 197, 222, 225, 227, 245, 247, 249, 275, 284-286, 307, 326, 328-333, 341, 370, 390, 424, 429, 443, 448, 483, 482, 502, 508, 521
　　　〜の意図　200, 427
　　　〜の未来　167

579

　　　　～・フェスティヴァル　373
　　　アシュラム（研修センター）　223, 227
　　　石畳　284
　　　干魃　502
　　　キッチン　155, 317
　　　キノコ　448
　　　教育討論会　393
　　　経歴　141
　　　公開講話と討論会　154, 155, 200, 247, 248, 308, 309, 343, 391,
　　　　　　　　　　　　　　　　　　　392, 443, 444, 503, 504
　　　講話と討論会　148, 180, 182, 189
　　　講話集会のテント　155, 390, 392
　　　木立（グローヴ）　204, 311, 342-344, 370, 390, 528
　　　散歩　308
　　　自給自足　373
　　　集会の雰囲気　343
　　　集会ホール　342, 370, 371, 424
　　　成人センター　529
　　　建物　250
　　　ツタ　431
　　　塗装　149
　　　内装と調度品　141, 144, 147-149, 309, 372
　　　名前の由来　190
　　　西ウィング　391
　　　配膳室　284
　　　パヴィリオン　384
　　　ミツバチ　179, 180
　　　クロイスター　251, 270, 271, 309, 333, 345
　　ブロックウッド・パーク学校、ブロックウッド・クリシュナムルティ
　　　　　　　　　　　　　　教育センター　6, 284
　　　～での問題　434
　　　～への批判　375, 382, 383, 387, 388, 426, 438
　　　～への評価　461
　　　朝の会合　330
　　　映画『あなたはこのように生きられますか』　239
　　　学生たちの行動　189, 222
　　　学生たちへの講話、討論会　177, 178, 226, 251, 286-289, 372,
　　　　　　　　　　　　436, 443, 484, 487, 489, 509, 510, 514
　　　学生の変容　505
　　　学生を教えに近づける　438
　　　学校で何をするのか　248
　　　学校での講話、討論会　143, 149, 154-156, 179, 180, 182, 200,
　　　　　　　204-206, 230, 248-251, 286-289, 310-312, 329-334, 344,
　　　　　　　　345, 346, 371-374, 396, 398-400, 424-429, 431, 432, 443,
　　　　　　　445, 447, 448, 483-489, 504-506, 508-511, 513, 514, 522, 524
　　　学校の犬
　　　　　　ウィスパー　156, 465, 466
　　　　　　バジャー　190
　　　成績評価　330
　　　誰が～を動かすのか　513
　　　タンネグ山荘での～会議　382, 383, 386, 393
　　　長髪の問題　199, 201, 202
　　　ドラッグの使用　229
　　　入学方針　(354), 379, 438
　　　盗み　250
　　　批判者　383, 384
　　　恋愛沙汰　197, 198
　　フローレンス（フィレンツェ）　cf. スカラヴェッリ、ヴァンダ
　　ブローニュ　cf. パリ
　　雰囲気　529
　　　～を保つ　280
　　　～を創り出す　473
　　　部屋の～　311, 525
　　文化大革命　337　cf. 毛沢東
へ
ベサント夫人、アニー（アンマ）　41, 76, 77, 126, 241, 262, 374, 387,
399, 411, 449, 467, 501, 505, 512, 526, 537　cf. 神智学協会
　　　～の手紙、写真　417, 418, 422
　　　アニー・ベサント信託基金　275
　　ベデイルス・スクール（イングランド）　229
　　ベートーヴェン　386

　　　　第九交響曲　322, 359, 395, 430, 460
　　ベナレス　cf. ラージガート
　　　　ガート　27
　　ベネット、レグ夫妻　212, 338, 342, 418, 479
　　ペリーン夫妻、ウォーレン　191
　　　～夫人　222
　　変異　175, 176
　　変化　58, 171, 175, 185, 380, 387, 422, 507
　　　～と聞くこと　186
　　　～と流れ　175
　　　～の瞬間　432
　　　（Kの）顔の～　409, 445, 463
　　　心理的な～　454
　　　知識と～　433
　　　誰も～していない　193
　　　部屋の～（雰囲気）　525
　　『ベン・ハー』　362
ほ
　　ボー、マダム　339
　　ボーイング747　524
　　法（ダルマ）　539
　　宝飾品　395　cf. 指輪
　　保護、守護、加護　99, 100, 163, 241, 268, 277, 297, 368, 399, 400,
　　　　　　　　　　　　　　　　　　　　　　465, 474, 530
　　　安全と～の提供　423
　　星の教団　cf. スター出版信託
　　　～の解散　254, 411, 515
　　　～の会報　418
　　ボストン　69, 128
　　　公共テレビ局 WGBH　495, 501, 503, 508, 510, 518
　　　ハーヴァード大学　69
　　　ブランダイス大学　70, 128, 129
　　ポーター、イングリッド　352
　　ポーター、ミマ　76, 77, 112, 114, 171, 193, 217, 278
　　　　　　　　　　　　　　　　　　　　cf. マンツィアーリ家
　　ボックス・ヒル（イングランド）　15
　　ホッペン、ドナルド　118, 151, 219, 250, 277
　　ボーム、ディヴィッド　156, 174, 329, 333, 373, 398, 399, 429, 476,
　　　　　　　　　　　　　　　　　　　　　483, 511, 538, 540
　　　～とシャインバーグ　450, 478
　　　～とシャインバーグのヴィデオ録画　485, 495, 501, 508
　　　～とメアリー・ジンバリスト　435, 510
　　　～の解釈　511
　　　～の討論会、会合　486, 487, 510, 512, 514, 524
　　　～の人柄　511
　　　～のラジオ・インタビュー　541
　　　オーハイ教育センター　435
　　　Kと～の対話　23, 39, 42, 311, 427, 428, 430, 432, 435, 437, 439,
　　　　　　　　　　　　　　　447, 449, 466, 476, 484, 542
　　　Kと～とシャインバーグとの対話　485, 495, 501, 508
　　　メアリー・リンクスからの批判　484, 511
　　ボーム夫妻　64, 95, 103, 122, 154, 476
　　ホメオパシー（同種療法）　23, 51, 53, 91
　　ポーランド人　344, 503
　　ホール、ディヴィッド　321
　　ボレル、マリアンヌ　46, 264, 265
　　ポロック博士、ジョゼフ　262, 324, 329, 338, 404
　　ボンドノー、マルセル　12, 48, 112, 190, 313, 442, 443, 490
　　ボンベイ（現ムンバイ）　34
　　　討論会　35-37
　　　大群衆への講話　473, 522, 524
　　凡庸さ　387, 388
ま
　　マイトレーヤ　55, 304, 419　cf. 世界教師、主
　　マクガリティ女史　361
　　マクローリン、フランク　364
　　マーサズ・ヴィニヤード　67, 69, 450, 518
　　マーダヴァチャリ　26, 29, 298, 317, 402, 403
　　マダナパリ（インド南部）
　　　～からの人（＝K）　189, 278
　　マッキャン、フランシス　10, 36, 132, 286, 287, 319, 344, 345-347,

580

　　　　　　　　　　　　　　　　373, 386, 436
　　幻聴、妄想　344, 347
　　ブロックウッドへの出資　36
　　ローマでの生活　36
マッキャンドレス、ルス　194
マッケンナ、ヴァージニア　180　cf. トラヴァース、ジニー
マッサージ　315, 429, 475
マティアス夫人、ブランシェ　194, 320, 321, 410-412, 457, 480, 534,
　　　　　　　　　　　　　　　535, 539, 541
窓を洗う例え　540
マドラス（現チェンナイ）　28　cf. アディヤール
　　ヴァサンタ・ヴィハーラ　29, 204, 275, 376, 405, 522, 530
　　ヴァサンタ・ヴィハーラ信託　458, (502)
　　ヴァサンタ・ヴィハーラ訴訟　298, 300, 317, 334, 351, 376, 377,
　　　　　　　　　　　　　　381, 386, 400, 404, 453, 458, 470, 474, 502
マドールカル、パドマ　237, 439
学ぶ　514, 515
　　子どもの学び方　514
　　運動学習　514
マハー・チョーハン　304　cf. 神智学
マハラジ　356
マハリシ・マヘシ・ヨーギ　401, 402　cf. 超越瞑想
マヘシュ・ムルティ　35
魔法　530
マリブ　69, 70, 75, 106, 129, 136-138, 160, 162-164, 208-210, 219, 254,
　　　　262, 266, 267, 277, 318, 321, 353, 357, 364, 367, 369, 404, 412,
　　　　455, 460, 465, 518, 520, 524, 526　cf. ジンバリスト、メアリー
　　〜の住宅の売却　462, 466, 527
　　雨　318
　　ウサギ　367
　　サンタアナの風　356
　　鹿　369
　　地滑り　319-321, 350
　　討論会　134, 135, 137, 138, 162, 163, 165-167, 321, 322, 455
　　バード・ウォッチング　350
　　メンフクロウ　350, 412
マリファナ　238　cf. ドラッグ
マレ、パスカリン　338, 484
マロジャー、マダム　513
マロリー、マーガレット　469
マンツィアーリ家　76, 77, 324, 331, 332　cf. ポーター、ミマ
マンツィアーリ、サチャ・デ　81, 92, 185, 235, 286, 313, 325, 328, 329
マンツィアーリ、マー（マルセル）・デ　46, 286, 313, 331, 376, 434,
　　　　　　　　　　　　　　　　　　　438, 462
　　ニトヤからの手紙　331
　　昔の日記　313
マンツィアーリ、ヨー（ヨーランデ）・デ　110, 194, 226, 302, 313, 376
マントラ　525
　　オーム　297

み
ミケランジェリ　398
ミスタンゲット　373
ミツバチ　179
ミュラー、メートル　297
ミラベット、マルティヌー　301, 437, 496
見る　468, 495　cf. 観察
　　感覚すべてで〜　514
　　全体を〜　237
ミルズ、ジョイ（合衆国神智学協会）　266, 268, 275

む
ムーア、チャールズ（建築家）　465, 476, 521
ムーアヘッド、ハリー　15, 185, 470
　　〜夫妻　15, 298, 484
無意識　cf. 意識
　　〜的な願い　473
　　〜へ語りかける　311, 312, (315), 316, 473
ムーディ、ディヴィッド　452, 461

め
メアリー　cf. ジンバリスト、メアリー
冥想　39, 56, 97, 98, 224, 233, 257, 258, 267, 268, 270, 274, 305, 348,
　　　　363, 373, 375, 391, 399, 408, 456, 485, 514

メキシコ
　　〜での学校　338
召使い　328
メータ、ナンディニ　93, 226, 447, 492
メトースト、アンリ　205, 227, 238
メニューイン、イエフディ　64, 65, 240
メルザック、ジュリアン　430

も
毛沢東　238, 337, 517
モーザー　51　cf. K、メルセデス
モドゥルカ博士、パドマ　237, 439
モートン　229
物語
　　滑稽な〜　(58), 381
　　天国と地獄の〜　381
　　泥棒たちの〜　42
物憑き　283, 297, 395
森　102
モンテサノ（スイス）　303

や
闇　388
　　〜の力　297
ヤンカー診療所　487
ヤング、ディヴィッド　268

ゆ
唯物論　382
優秀性　540
ユダヤ
　　ユダヤ教のラビ　167, 519
　　カバラ　303
　　反ユダヤ主義　122
指輪　395, 447, 464
　　〜の磁化　464
　　エミリー・ラッチェンスの〜　446, 447
夢　527

よ
容易さ　176
妖精　528
ヨーガ　51, 52, 54, 64, 90, 473, 493　cf. 調息
余暇の必要性　384, 423
善さ　cf. 善
夜　102, 388
　　〜の不安　297, 298

ら
ライオン　180
ライト、ジョアン　43-44, 187, 287, 346
ライプツィガー、ディヴィッド　159, 161, 247
ラウェネン（スイス）　11
ラージガート　26, 405
　　学生と教師の抗争と無関心　405
　　講話　27
ラージャゴパル、アンナリーザ　78, 79
ラージャゴパル、デシカチャール　7, 13, 14, 58, 69-72, 74, 77-79, 102,
　　　　　　　　　105, 111, 112, 124, 126, 130, 159, 162, 166, 167, 171, 194,
　　　　　　　　　203, 206, 207, 211, 217, 219, 241, 245, 254, 268, 270, 272,
　　　　　　　　　274-280, 303, 306, 308, 316, 318, 349, 351, 353, 365, 366,
　　　　　　　　　368, 407, 408, 411, 416-423, 431, 464, 480, 538
　　　　　　　　　cf. クリシュナムルティ著作協会、KアンドR財団
　　〜側の人たち　302
　　〜との関係　391
　　〜との訣別　254
　　〜とロザリンド　226, 277, 360, 367, 380, 464, 472
　　〜についての夢　524
　　〜のでたらめ　365
　　〜の物語　389
　　「〜の歴史的コレクション」　420
　　〜への忍耐　421
　　飲酒　13, 126
　　強迫観念　71
　　金銭　365
　　Kの信頼と友情　279

劫罰と贖罪　464, 466, 468, 472
資産の移動　126
宣誓供述　270, 272, 275
訴訟の評判　411
地役権　407
手作業を嫌がる　240
憎しみ　367
狙い　472
反対告訴状　268
モンテサノでの出来事　303
離婚　130
ラージャゴパル、ロザリンド　70, 71, 74-78, 97, 102, 130, 131, 106, 194, 241, 252, 264, 314, 343, 363, 368, 374, 417, 423, 437, 469, 472　cf. ハッピー・ヴァレー学校
　〜とラージャゴパル　226, 360, 367, 380, 464, 472, 473
　アーリヤ・ヴィハーラからの退去　361
　暴力　241
　劫罰と贖罪　464, 466, 468, 472
　憎しみ　367, 431
　狙い　472
　離婚　131
ラジニーシ　522
ラーダー・ラージャゴパル・スロス　61, 111, 133, 219, 380
ラーチュ、ピーター　235, 330, 385
ラッシュ、チャールズ　414-416, 423, 468, 476, 481
ラッチェンス、メアリー　cf. リンクス、メアリー
ラッチェンス、ロバート　103
ラッチェンス、レディ・エミリー　227, 425, 446
　〜の指輪　446, 447
　『太陽のもとのロウソクたち』　277
ラボーデ、ジーン・ミッチェル　229
ラマ、バーバラ　256, 354, 360, 361, 413, 414
ラーマ・ラオ　510
ラム・ダス、ババ　355
ランチハウス・レストラン（オーハイ）　323

り

リー、マーク　34, 93, 277, 319, 360, 361, 404, 408, 417, 452, 458, 466, 521
　オーク・グローヴの校長に就任　360, 361
リー、アシャ　319, (408)
リアリー、ティモシー　68
理解　538
　一部と全体の〜　538
　教えの理解　(525), (526)
　教えを理解した集団　531
リシ・ヴァレー　30, 32, 262
　リシ・コンダ　32
リシ・ヴァレー学校　22, 405
　校長の交代　522-524
　講話　343
　ポンガルの祭り　34
リシ・ヴァレー信託　203
リシケシ　25, 380
リーチティ博士　436, 498, 499
リップマン夫妻、ウォルター　95, 96
リトリート（静かな研修）　409　cf. 成人センター
リヒテル　61, 398
リベラル・カトリック教会　275, 458
リリフェルト、エルナ　125-127, 129, 130, 133, 189, 210, 296, 317, 339, 373, 416, 418, 476, 479, 504, 524
　リリフェルト家での会合　165-167, 264, 354
　リリフェルト夫妻とメアリーの使命　322
リリフェルト、テオ　129, 130, 189, 210, 296, 317, 417, 504, 533, 534
リンクス、ジョー　41, 43, 138, 316, 317, 430, 447
リンクス、メアリー（メアリー・ラッチェンス）　41, 43, 107, 111, 129, 138, 154, 179, 181, 226, 334, 339, 343, 345, 346, 371, 372, 391, 392, 446, 447, 484, 509, 511, 523
　伝記第1巻『目覚めの歳月』の著作　107, 169, 173, 179, 181, 287, 371, 395, 396, 425, 426, 432, 436, 440, 442
　　〜への批判　434
　伝記第2巻『成就の歳月』の著作　343-346, 372, 445, 447
　ボームに批判的　484, 511

レディ・エミリーの指輪　446
『若きクリシュナ』　169
リンドバーグ夫人、アン　63, 195
リンドバーグ夫妻　63, 96
輪廻転生　264, 287, 306, 436, 501, 544　cf. 死後の生

る

ルクミニ　cf. アランデイル、ルクミニ
ルーヴル美術館　156
ルッス、シルヴィウス　491, 493, 496
ルービンシュタイン、マイケル（事務弁護士）　107, 108, 118, 120, 127, 285, 370

れ

霊性
　霊的な卓越性　77
　心霊的な圧迫　90, 93, 94, 230, 526
レイ博士　255
レイリー　cf. バクティール、レイリー
レコード・プレーヤー　57, 396
レックス、ジョン　359, 360, 406, 454
レッドビーター（CWL）　77, 245, 292, 372, 373, 436, 501, 526
　シドニーでの〜の共同体　212, 213
レディ・エミリー　cf. ラッチェンス

ろ

ローガン、ロバート　382
録音　12, 13, 170, 320
　〜テープ　12　cf. ブラックバーン
録画　75, 158, 234, 401, 508, 542　cf. ヴィデオ
ロザリンド　cf. ラージャゴパル、ロザリンド
ロサンジェルス　8, 13　cf. サンタモニカ、マリブ
　〜入国管理局　(500), 519, 524
　討論会　7
　『〜・タイムズ紙』　323, 324
　南カリフォルニア大学　216
ローザンヌ　376
　新聞のためのインタビュー　340
ロス、シドニー　154, 158, 162, 217, 218, 265, 276, 309, 319, 355, 366, 398
ロス、モニカ　457
ローゼンタール、サウル　127, 159, 161, 279, 353
ローゼンバーグ、ジョージ　479, 518, 519
ロドリゲス、ディヴィッド　385
ロブ、ジョン（靴店）　19, 20, 433
ローブル、ジム　161, 192
ローマ　9, 24, 38, 39, 79, 80, 206, 207, 252, 311, 314, 344, 346-349, 378, 400, 516
　インタビュー　315
　ヴィラ・グローリ　314
　ヴィラ・マダマ　315
　エミーリオ・ヴィラ　516
　講話　80, 252, 315, 349
　討論会、会合　316, 347, 349, 517
　爆弾テロ　378, 379
　ボンテコルヴォ　349
　テロ事件　514, 516
ロングネカー、マーサ　160, 168, 266, 319, 355
ロンドン　12, 14, 38, 66, 96, 520, 523
　〜での講話、討論会　42, 97, 103, 104, 142, 143, 178, 179, 225
　アメリカ大使館　485, 506, 520-523
　ウィンブルドン　14, 38, 97, 142, 143
　ウィンブルドン・コミュニティ・センター　103, 104
　グレイズ・イン（法曹学院）　285
　ハンツマン　15, 38, 97, 426
　フォートヌム　104, 229
　フレンズ・ホール　39, 42, 178, 179
　ラペリティフ　104, 226

わ

輪（サークル）　529, 530
歪曲　515
ワイニンガー博士　167
ワイルデン、アンソニー　477
若者たち
　〜との討論会、会合　20, 23, 47, 62, 63, 81, 82, 88, 95, 103, 114,

　　　　　121, 128, 133, 144, 145, 150, 153, 166, 167, 188, 189, 228, 264
ワシントン　220
　　アメリカ新聞編集者協会　220
ワッツ、アラン　133, 139
ワリントン、A.P.　422

翻訳者の後書き

本著は、J.クリシュナムルティ（1895-1986. 以下、Kと略称）に関するメアリー・ジンバリスト（1915-2008）の記録である。スコット・フォーブス（イングランド・ブロックウッドのK学校の第二代校長[*1]）との対談を本体とし、スコットとその友人が編集し、ウエブ上に公開されている[*2]。メアリー・ジンバリストは、Kより20歳年下であり、1944年にカリフォルニアでKに出会い、1960年代から二十数年にわたってKの秘書、支援者であった。幾度かのインド巡行の時（通常、毎年冬に行われた）以外[*3]は、一番多くの時間、Kの身近にいた。1925年に若くして亡くなった弟ニトヤ以来、最も親しい友人であった。[*4]

　この記録の原題は、序文に示されているように、『クリシュナムルティの面前で（*In the Presence of Krishnamurti*）』[*5] である。これは、『未完の書』と『回顧録』との二つの部分から成る。いずれもメアリー・ジンバリストが、1944年以降の記憶と60年代から付けた日記[*6]に基づくが、Kの依頼によりまとめられた。『未完の書』は、メアリーがKの死後まもなく自ら執筆を始めたが、ついに完成できなかった[*7]。『回顧録』は、それを補完するものとして始まったメアリーとスコット・フォーブスとの数多くの対談を、編集したものである[*8]。本著が扱うのは後者であり、全90号のうち、今回は前半45号までである。

　『回顧録』の各号は年代順であり、各々、序論があって、そこで扱われる対談のあり方、概要が示されている。本文は、当初、メアリーの記憶から語られるが、まもなく日記が参照されるようになり、ほどなく（部分的には第4号あたりから）日記そのものが読み上げられ、それについて話し合う形になる[*9]。スコットも深い関心を持ち、適切な質問をして、興味深い内容を引き出す。ここには、Kの講話、対話（K自身は話をすることを自らの仕事と考えた）に直接的に出てこないが、その背景の部分、それら重要な仕事を繋ぐ部分が、数多く見られる。『ノートブック』や『ジャーナル』などK自身の手により記されて、その内面を伝える著作もあるが、これほど長期にわたって記されたものは他にはない。

　Youtube上のインタビュー[*10]において、スコットはメアリーとのこの仕事について語っているが、次のようにも述べている － Kは自ら身をもって教えを生きている人として、近くにいて、見ているだけでも飽きることがなかった。Kに関心を持つ人にとってこの記録はきわめて重要である。或る研究者が述べたように、この日々の詳細な記録は歴史上重要な人物に関して類例がない。また、これらの内容はスコット自身が一部分を経験したことでもあり、自らが対談を行ったにもかかわらず、改めて読むとき、まるで初めて出会うかのように新鮮であり、Kへの理解、メアリーへの賞讃が深まる、と。

　この著作の経緯であるが、Kは自らの仕事にメアリーが関与するようになった1967年9月の時点で、彼女に対して、「あなたは、もはや自分自身だけに責任があるわけではない。」などと述べている[*11]。もはや自分の好きなことをするのではなく、根本的な真理 － 『ノートブック』において「他」とも呼ばれるもの － に対して生きる責務がある、という意味である。メアリーはKの仕事に関与しつづけたが、1972年の春にKはメアリーに対して、自らの生まれた南インドの小さな町に言及して、「マダナパリから来た人といるのは、どのようだったのか」について、毎日メモ書きをとるよう頼んでいる[*12]。Kはどのようだったのか、ともにいることはどのようだったのか － Kは晩年にかけてメアリーに対して、自らの死後、それを知りたいと思う人が、Kを知る人たちを訪ねて行くであろうことに言及して、記録を遺すよう、たびたび促している[*13]。

　この仕事については、メアリー・ラッチェンス（Mary Lutyens）[*14]による全三巻のKの正式の伝記のうち、最後の六年間を扱った第三巻（1988）に三回、言及されている。

　まず、1981年7月中旬に恒例のスイス、サーネン集会に行く前にパリに短く滞在した期間に、次のようにいう －

　　「パリでの彼らの最後の日に、Kは突然メアリーに対して、自らについて書物を書くよう頼んだ。翌日、彼は、それがどんな種類の書物であるべきかについて、さらに話をした － 彼とともにいるのがどのようであったのか、だ。いつの日かメアリーがそういう書物を書けると感じるであろうことが、願われるのみである。というのは、誰も彼にそれほど近くなかったからだ。後で、その夏、彼は再び彼女に対して、自分より長生きしなければならないことを、語った。「あなたはそれに責任があります。」と彼は言った。」[*15]

次に1983年4月にニューヨークでの講話からオーハイに戻り、サンフランシスコへ講話に向かうまでの短い期間、朝に著作の口述（後に『最後の日記』となる）を再開した頃に、次のようにいう －

　　「この時に彼はメアリーに対してもう一回、彼女は毎日少しずつ書いて、彼について書物を書かなければならないと、語った。」[*16]

最後に1985年、最後の夏のサーネン集会が終了した頃、K自身は休息が必要であるが、あまりに敏感になりすぎ、挑戦の不足を感じて一個所に長居できないジレンマがあること、そして、自らの余命と今後のブロック

ウッドのセンターのあるべき姿について語った時期に、次のようにいう －

「彼はこの時にメアリーに対してもう一回、彼女は彼について書物を書くべきだと語った － たとえ百ページだけでも、だ。彼とともにいることは、どのようであったのか、彼が何を言ったのか。」[17]

このように、本作品は最重要の伝記にも言及され、関係者に期待された書物であった。しかし、メアリーは当初、これを非常に難しい課題だと考えた。『未完の書』の冒頭によれば、Kの身近にいるという特権は、自分勝手に利用できるものとは思えなかったし、自分のことを物語に入れることにも乗り気でなかったからである。しかし、彼女はゆっくりと悟りはじめた － それを自分に秘めておくことも同じく自分の特権ではないし、人々の人生や出来事の歴史は、そこに参加し、目撃した者たちの証言のモザイク画である、[18]と。確かにKの経歴（略年記を参照）は長く、活動は欧米、インド、オーストラリアなどに渡っているし、Kの周辺にいた人たちも多い。Kの言動をまとめたものは幾つもあり、そこには良い内容を含んだものもある。この記録でさえも、そのうち、一定の年代の一部分を取り扱っているだけである。メアリー自身もこの物語で、他の友人たちの物語、逸話を数多く聞いて、興味を示し、その感想を述べている。しかし、スコットは上記のインタビューにおいて語っている － Kは何人かの人たちに回想録を書いて公表するよう勧めたが、正式に著作の依頼をしたのは、メアリー・ラッチャンスによる伝記全三巻とこのメアリー・ジンバリストの回顧録という二つのみである、と。

Kは70年近い活動の末、1986年2月、オーハイで91年の生涯を終えた。まもなくメアリー・ジンバリストはこの著作に着手し、作業を続けたが、高齢、健康の問題もあって、なかなか進展せず、最終的には第58章（1979年を扱う）までで終了した。最後の章は死の前年、2007年に書かれた。他方、メアリーの健康状態と著作の遅れを心配したスコット・フォーブスの助言により、1994年から二人で対談し、日記を見ながら議論するという形で、録音が開始された。この対談はメアリーが死去した2008年まで継続された。メアリーの没後、それらが書き起こし、編集された。詳しい経緯は、スコット・フォーブスの記述を参照されたい。

なお本著には幾らか困難もある。人名、地名など固有名詞が数多く出てくるし、メアリー・ラッチェンスによる伝記のように主題ごとに整理整頓された記述でもない。現地を訪問したり、直接的に事情を知る人（日本ではほぼ皆無であろう）、またはラッチェンスによる伝記に親しんだ人にとっては、問題は少ないであろうが、そうでない人にとっては、分かりづらい。そこで、本文中に〔　〕を入れて、関連情報を提供し、さらに訳註をも加えた － ただし（　）は、原語の意味を示すためのごく一部の例外を除いて、原文にそのように含まれていた部分である。また、Kの年代を簡潔にまとめ、さらに重要な人名、地名、言葉についての索引、主要登場人物の一覧表、主要関係先の簡単な地図をも提示した。また、日記を読み上げた部分は、一般的に引用符 " で表現されているが、始まりは示されても、終わりが示されない部分が幾つもあり、そのあたりは推測して、補足せざるをえなかった。また、人名の表記が一部で安定しないことにも悩まされた。さらに、もとのサイトでは、講話、討論会に関して、一部リンクが設定されており、J.Krishnamurti ON LINE 上の録画や録音、Jiddu-Krishnamurti.net 上の講話の書き写しを参照することもできる[19]。同じく一部では、本文の書き起こし前のメアリーの声を直接、聞くこともできる。訳註にはそれらの個所も原文どおりに指摘しておいた。挿入された写真の数々も、転写に困難があったために、本著では幾らか見づらくなったほか、幾つかは著作権の関係で掲載できなかった[20]。本著の冗長な部分については、スコットが序論で推奨しているように読み飛ばしていただくべきであろうが、それでもなお、あちらこちらに興味深い内容が含まれている。

さて、本著に関する基本情報は上記のとおりであるが、内容について、Kがどのような人であるのか、何であるのかということは、ラッチェンスによる伝記の主題でもあった。本著も基本的にそうである。敏感さ、上品さ、恥ずかしがり、謙虚さとユーモア、好き嫌いの人間的な部分、そこに同居するとてつもない無執着、美しさ、理解力と仕事への情熱。より本質的な部分として、Kが講話、討論会、対話、日常生活で行ったこと、語ったこと － 特に語ることはK自身が自らの存在理由と考えていた部分であり、本著でしか得られないものも数多くある。一般的な講話、著作の要旨、解説、補足、例証ともなっている。さらに、伝記と同様に本著でもKは、「その少年」への関心をたびたび示している。すなわち、神智学協会の指導者たちにより見出され、「器」とされた若き日の自分自身、である。その最大の特徴としては、空虚さが挙げられている。バラモンの家に生まれ、虚弱で知恵遅れとも見られていた少年が見出され、大組織に迎えられ、ヨーロッパで神智学の教義、イギリス上流階級の生活様式を注入された。そして、自らを救世主として期待する新しい時代への何千何万の人たちから、崇拝された。しかし、その少年はいつも空虚であり、入ったものはすべて出ていった[21]。Kは、自らは過去について、ほとんど記憶がないのが残念だと言いながら、回顧している － その少年、青年は、そういう環境に縮み上がった。誰に対してでも、「私はあなたが望むことを何でもしましょう。」と言っていた。それが彼のお気に入りの言葉だった。今でさえ、それは時々起こる、と[22]。

空虚さにともなって世間的な事柄で周囲に従順であったことは、特定の人による影響力の行使や支配を許しかねず、組織の問題にもつながった。古くは、1920年代後半までの、星の教団や神智学協会もそうであった。

本著で取り上げられるK著作協会との紛糾もそうであった － 30年代以降、次第に培われ、50年代後半から60年代に問題となったことである。そこからの訣別に伴って1970年前後に創設されたのが、イギリス、アメリカ、インドの新しい諸財団である。それらについてさえも、紛糾がなかったわけではない[23]。Kの根源的な問いかけに直面し、多くの人たちが付いて行けないことも、多かった。他方、世界教師の弟子を自称し、相応の地位を要求する人さえ出た。しかし、Kはその少年がなぜ空虚であり、条件づけられなかったのかに大きな関心を示す。もちろん神智学による説明はあるし、検証もされる。それはチベットで言われる「菩薩」の概念である[24]。すなわち、苦しむ世界を救うために、自分は敢えて最高の覚りを開かないで留まりつづける無限の慈悲の存在である。そして、その身体は、数百年にわたってマイトレーヤ（弥勒）菩薩が顕現するための精緻な「器」として準備されてきた、と。そのような説明は、一見合理的である反面、大ざっぱでもあり、真偽を確かめる手段もなく、神話や迷信の要素さえ含んでいる。しかし、条件付けられない自由には重要な意味があると、Kは言う。もしも条件付けられない要因が見つけられるなら、教育において子どもたちが条件付けられないよう助けることができるのではないか。現代の荒廃のなか、善のなかに保護され、開花すること、集団的、個人的な破壊と悲惨を防ぐことが、できるのではないか。その探究はまた、彼が創設した学校において、日々、教師や学生たちとの講話や議論の中で、示されている。

　同様に本著には、Kの公開の講話、討論会には、あまり出ない内容も扱われる。それらは伝記類に扱われた内容でもある。その一つが、善と悪の問題である。講話などでは、善は悪の対極ではない、それらは全く無関係であるなどと述べられるが、ここにはそれがより具体的に語られる。さらに神秘的な保護や危険の回避も言及される。また一つは、神秘体験、身体からの離脱に関する事柄である。そこでは、Kが幻視した「顔」についても触れられる － それは上記のマイトレーヤやブッダの話にも関連する。[25]

　この作品は本質的に、Kの存在を語るものであるが、スコットは上記のインタビューにおいて、メアリーの存在の重要性についても語っている。すなわち、Kに次いで教えを生きたのは他の誰よりメアリーであった（スコットは冗談めかして、Kが人間であったこと自体に疑問を感じると言って、Kを完全に別格扱いしている）。彼女は特権階級の出身で、秘書をするような人ではなかったが、完璧な助手になり、無私に活動した。そして、この記録が誰を傷つけることをも望まなかった。そして、メアリーの参入まで、Kは古い人間関係に抑圧されていて、充分に活動できない側面があった。具体的には、1960年代までに、Kとその教えのために支援者たちから寄付された資産の多くが、組織を支配する特定個人のものになっており、Kの財団の理事会からK自身が排除され、会計報告もなされない。さらに、Kの講話は各地で行われるが、その多くは小規模の会場であったり、その開催を絶対、他人に口外しないよう指示が出ていた。書籍は、商業出版社から広く流通しないで、講話の会場や郵送者リストへの通知により個別に販売されていた。聴衆も、神智学協会時代からの高齢の婦人たちが多かった。だが、メアリーなど新しい友人たちの協力を得て、60年後半からKは古い組織から解放されて、より多くの様々な人々との交流、イングランド、カリフォルニア、インドでの学校や研修センターの創設など円熟期の活動を、行った。それらはメアリーの存在と献身[26]なしには十分に実現できなかったのではないか、と述べている。

メアリー・ジンバリスト（Mary Zimbalist）

　メアリー・ジンバリスト（旧姓、テイラー（Tailor））は、1915年2月13日、ニューヨーク、マンハッタンでニューヨークに、実業界、社交界の名家に生まれた。父親は最年少でニューヨーク証券取引所の所長を務めた。伯母はハリウッドに縁があり、イタリアで貴族と結婚した。ニューヨーク、マーサズ・ヴィニヤード（マサチューセッツ州の島）、ヨーロッパで育った。16歳のとき、左脚の骨髄の癌にかかり、当時最新の放射線治療を受け、癌は治癒したが、大きな潰瘍が残り、生涯、痛みを受けつづけた。ニューヨークで学業を続ける傍ら、ヴォーグ誌のファッション・モデルとなった（有名写真家セシル・ビートンによる写真が多く残されている）。演劇を学んだ後、映画女優となり、カリフォルニアに移った。幾つかの映画に主要な役で出演したが、1941年、アメリカが第二次大戦に参戦すると、演技を止め、赤十字の看護助手になった。1944年にはオーハイで初めてKの講話を聞き、幾つか討論会にも参加した。1952年に映画制作者サム・ジンバリストと結婚した（サムは再婚）。夫妻は戦後、冷戦下での共産主義者排除のマッカーシズムに反対した。夫サムは、映画『ベン・ハー』の制作直後、58年に心臓発作で急死し、メアリーは翌年、亡き夫の代理でアカデミー賞最優秀映画賞を受け取った。60年に再びオーハイでKの講話を聞いた。公民権運動にも関わり、65年にはキング牧師などの南東部アラバマ州での行進に参加した。Kがオーハイに戻らなかったため、65年、自らヨーロッパに渡り、ロンドン、パリ、サーネンで講話を聞き、その冬のKのインド巡行にも同行し、Kの支援を始めた。当初は休日の運転手役などだけであったが、Kと秘書アラン・ノーデと三人で旅行をする、マリブの自宅に彼らの滞在先とするなど、関係を深めた。Kが旧来の組織、K著作協会との確執から68年に訣別する中で、オーハイのリリフェルト夫妻

とともに最重要の役割を果たした。さらに、Kのための車の運転、衣食住の管理、通信事務、面談や討論会の手配など、アメリカ、ヨーロッパでのKの秘書役を果たした。各々1968年と1969年にイングランドとアメリカに創設された新しい財団と、それらの元に設立された学校、すなわち1969年開校のイングランド、ハンプシャー州のブロックウッド教育センターと、1975年開校のカリフォルニア州オーハイのオーク・グローヴ学校でも、重要な役割を担った。1978年には、Kの住居のため、マリブの自宅を売却し、K財団よりオーハイのパイン・コテッジなどを買い取って増改築し、引っ越した（メアリー自身の死後、K財団に寄付される条件つき）。1986年2月にそこでKの死去を看取った後も、同様に財団、学校での活動を継続した。2008年6月17日に93歳で、希望どおりKと同じくオーハイのパイン・コテッジで静かに亡くなった。

スコット・フォーブス（Scott H.Forbes）
1951年、合衆国に生まれ、四歳のとき家族がヨーロッパに移り、断続的に人生の半ばをそこで過ごした。哲学や秘教、旅行に関心を持ち、パリで生活し、ジュネーヴで古美術のビジネスを営んでいたが、1972年に初めてスイス、サーネンでのKの講話集会に参加した。1974年からイングランド、ブロックウッドの学校に加わり、営繕、教育に携わった。毎年恒例のサーネンとブロックウッドの集会では録音、録画を担当した。1983年に初代校長ドロシー・シモンズの急病を承けて、Kにより四人の経営委員会に任命された。84年には、当時建設予定のブロックウッドの成人センターの責任者、イギリスK財団の理事になり、85年から第2代の校長に就任した。86年には、メアリー・ジンバリストとともにKの最後を看取った。ブロックウッドの校長職を10年間、務めた後、1995年に辞職し、オックスフォード大学で教育学を研究し、博士号を受けた。博士論文でもある著書に、*Holistic Education: An Analysis of Its Ideas and Nature*（2003）がある。その後、合衆国の北カリフォルニアに移った後、オレゴン州ポートランドで法人組織「ホリスティック教育」（Holistic Education Inc.）を立ち上げ、ホリスティック教育の学校を創設した。現在、チームを作って教育に関するKの仕事を研究する傍ら、教師の養成にも当たっている。[*27]

翻訳者は、1980年代にメアリー・ラッチェンスによるKの伝記三部作を熟読し、Kの講話にも参加したことから、メアリー・ジンバリストの著作を期待しつづけていた一人であった。メアリーさんとスコットさんは、平成元年か二年だったか、故高橋重敏さんの招待により日本を訪問され、東京と大阪で会合を開かれた。翻訳者は大阪の会合に参加した。当時の読書会は混乱した状態であり、二十人ほどが参加した三時間余りの会合は、ほとんど成果を上げられなかった（その後、三十年近く経ったが、あの会合に関する言及は誰からも聞いたことがない）。その後、個人的にメアリーさんとその著作の行方はずっと気になっていた。四年ほど前、根本に帰る必要を感じて、昔二十代の頃、やっていたように、毎日七、八時間、Kの録音を聞く生活をしていた。その中で、昔熟読したメアリー・ラッチェンスの全三巻の伝記（高橋重敏氏の翻訳は絶版になっていた）の再和訳をしようかとも考えていたが、正月休みにたまたまユーチューブで、スコットさんの上記のインタビューを見た。そこで、メアリーさんが2008年に亡くなったこと、この著作がまとめられた経緯とそれらがウエブ上で公開されていることを、知った。その日から毎日、全90号を2ヶ月少しで読んだ。直後にその価値を考えて、翻訳を開始した。ともかく分量が多いので、大変時間が掛かった。確かに、スコットさんが本編の或る序論で、たとえ自分の日記さえ読み返すのは退屈なことだと言っているように、冗長な部分も多い。登場する人名、地名も多く、それらの関係も複雑である。だが、そこで、これまで多く紹介されてきた講話、討論会そのもの（もちろんそれらが最も重要な部分である）だけでなく、彼の教えを普及させるための財団（精神的な権威を持たず、教えを保管し、講話、討論会の開催、出版などを行う）、新しい世代の教育に取り組む学校がどのように運営されたのか、Kの情熱がどのようであり、活動がどのようであったのかが、明らかになる － 特に、頻繁に行われる財団の理事たちとの対話、学校に関する議論を見ると、それは単なる「思想」ではなく、人々を目覚めさせ、ともに創造しようとする行動であることが見てとれる[*28]。また、古くて問題のある組織との訣別、訴訟といった紛争、あるいはKの様々な信奉者の言動に見られるような、安定や見返りを求める執着、保身に傾いたり慣習を離れられないといった体質、理念あるいは定式に偏ってしまうという傾向、そしてそれらを離れたKの立場と関係性も、浮き彫りになる － まるで私たち自身の姿が垣間見られるかのようである。日本にも、Kの講話、討論会に参加したかったと思われる人、Kの関係した土地、学校を訪ねてみたい、Kに関わった人たちから話を聞きたいと思われる人も、少なくないだろう（筆者もその一人である）。同時に、Kに関わっていた人たちもすでに多くは亡くなったし、誰一人いなくなる日も来るだろう。しかし、少しずつ興味のある個所からでも見ていただければ、きっとメアリーさんと旅をして、Kはどのような人なのか、Kとともにいることがどのようであるかを、少しでも経験できるのでないかと、考えている。

平成30年（西暦2018年）10月

追 記

　友人、横山信英さんが昨年十二月十日、脳溢血で亡くなられた。六十八歳であった。平成元年一月、大阪西天満の読書会で出会ってから、話をしたり、一緒に翻訳をしたり人生の一部をともに生きた仲だった。メアリーさん、スコットさんの大阪訪問時にも同席された。元々肝硬変もあり、体調が優れなかったが、十年ほど前、肝臓癌の手術の後、静かな生活を望まれていた。近年はクリシュナジの本を読むことも止め、「Kは助けてくれない。」とも仰ったという。深い絶望があったのだろう。ただ最後の日々には再び読みはじめたとのことで、枕元には数冊の本が置かれていたという。純粋に苦しみに直面し、その終わりを願われたのだと思われる。『花のように生きる』(2005)、『智恵からの創造』(2007)、『静寂の発見』(2013)というすばらしい仕事を残された。花のように生きることは、クリシュナジの言葉から横山さんが注目して題名にされたものだった。そして、横山さん自身の願いでもあった。今日、それらの翻訳を開いて見るとき、稀有の内容とともに横山さんのことが思い起こされる。二度とお会いできないことが信じられない。

註 記

*1　彼はメアリーの息子のような存在でもあり、二人でKの最後を看取った。最晩年のKからも自らの死後、メアリーの世話をするよう頼まれた。第90号、1986年2月6日の記述を参照。

*2　スコットは下記のインタビューにおいて、K財団を離れて、Kの教育に関する研究を立ち上げ、メアリーの回顧録に取り組む理由として、Kは生涯にわたって教育に、かつて見られない情熱を注いで、大きな仕事を残したこと、これらの課題はKの教えの保存と普及を目的としたK財団の設立趣意書に出ていなくて、それらの直接的な目的でもないし、そのための技能を具えた人もいないことなどを、挙げている。ただし近年、オーハイの学校の春の集会で講演を行うなど、関係は継続している。

*3　このため、インドでのKの活動は本著からは多くを知ることはできない。P.Jayakar や S. Patwardhan などの著作が幾らか参考になる。そこでは、欧米での静かな生活とは少し異なって、人々からの尊崇や癒やしへの期待、宗教者や行者の訪問、人々との徹底的な討論などが多く見られる。

*4　Kの正式の伝記著者M. ラッチェンス（リンクス）は、彼女の第一印象を、「彼女について私がたいへん打たれたのは、彼女の極度の優美さと、ありうるかぎり一番穏やかなアメリカ流アクセントのついた静かな声だった。」と述べている。すなわち、1966年、リンクス夫妻がサセックスの田舎の家で週末を過ごしていたとき、Kと彼女とアラン・ノーデが突然、訪問してきた。さらに、彼女は、人生の多くをヨーロッパで過ごしてきて、イングランドに多くの友人を持っていたこと、彼女は、真に国際人であり、フランス語とイタリア語を流暢に話したこと、Kはこれら新しい仲間といて極めて幸せに見えたことを、述べている。M. ラッチェンスによるKの伝記第2巻を参照。

*5　単純に「面前で」と和訳するなら、その目撃者、経験者であるメアリー・ジンバリストの役割が大きくなる。ただし、同時に presence は「存在」という意味でもある。そして、顕現しえない根本的な真理がKを通して提示されつつある、といった含蓄がある。メアリー・ラッチェンスによる伝記第二巻 The Years of Fulfillment の本来の意味が、和訳の題名「実践の時代」とは少し異なって、世界教師の器とされたKがその目的を「成就」したということであるのと、つながるところがある。

　またこの題名が示すように、本著は最終の第90号の末尾さえ、Kの命が絶え、遺体を火葬場に運んでいく場面で簡潔に終わっている。火葬後の経緯とか思い、遺骨の分配、それらがリシ・ヴァレー、ガンジス河、アディヤールの海、オーハイ、ブロックウッドに散骨あるいは埋葬された話も、一切出ていない。まさに、Kが存在し、面前にいたときに関する記録である。

*6　日記自体は私的なものであり、公表されなかった。下記のインタビューによれば、メアリーの遺言としては当初、自らの死後、焼却処分されることになっていた。後に、その執行者スコットがこの回顧録を完成させるまで保管することに、変更された。結局は、スコットの判断に任せられたようであるが、詳細は不明である。

*7　『未完の書』は、回顧録と同じく1944年の出会いから始まって、1979年11月初めのメアリー自身の家族に関する記述で唐突に終わっている。それら一応完成した部分すなわち第58章までは、スコットの編集により現在キンドル版で読むことができる。『未完の書』の序文には、同書の著作が進まず、ついに完成しなかった理由は、彼女の高齢、健康上の問題とともに、この回顧録のもとになったスコットとの対談が録音されたことにより、Kに約束した著作の目的がほぼ果たされて、別の著作の努力がさほど必要がなくなったと感じたためであると、言われている。ちなみに、第11号の序論には、2005年の時点で、対談はすでに11年を掛けており、メアリーは90歳になっていたが、まだ1983-86年の部分を扱っていなかった。にもかかわらず、二人はけっして急がずに徹底的な議論を目指したことが言われている。そのように対談は、文字通りのライフ・ワークとなった。

*8　『未完の書』の序文には、『回顧録』にはあらゆる事実の詳細が載っており（そのため、メアリーはしばしば、語った後に、それが公表されるときのことを考えて、編集により削除すべきことを述べている）、両者により、Kの面前にいることがどのようであったかを伝えるものである。しかし、『未完の書』は一般的な読者が対象であること、メアリーは対談がスコットとの協働の仕事であることを強調していたが、他方、『未完の書』はメアリー独自の注意深い文体が美しく、語りが魅力的であることが、言われている。またスコットはインタビューにおいて、編集前のものは、関係

者がもはやいなくなり、誰も傷つかなくなったとき、公開されるべきだと述べている。
*9 本文の目次は、当初、年単位、月単位といった緩い区分で始まるが、1971 年あたりから日単位に区切られてくるのも、日記の明確な記述に基づいているためである。
*10 Interview with Dr.Scott Forbes, by Reza Ganjavi
*11 第 7 号、9 月 23 日の記述を参照。
*12 第 22 号、1972 年 4 月 11 日の記述を参照。『未完の書』の冒頭も、これに言及し、メアリー自身が 1965 年のインド訪問の頃からメモ書きを断続的にとりはじめていたことを、述べている。

   なお、同様の文脈では、1977 年 3 月、オーハイで開かれた諸財団の合同の会議（本著では第 45 号、メアリー・ラッチェンスによる伝記第二巻を参照）において、K は諸財団が協力しあい、一体となって活動することを強調した。自らの死後も、学校が継続するだけでなく、そのうちの主要なものは、人々が訪ねてきて教えを研修するセンターになるべきこと、そしてセンターの担当者たちは彼の存在（presense）の本質を伝えることを願った。その関連で、財団の人たちに対して次のような趣旨で語った –

   「人々がここに来て、「この人とともに生きることはどのようでしたか。」と訊ねるなら、あなたたちはそれを彼らに伝えることができるだろうか。もしもブッダの弟子たちの誰かが生きていたならば、彼らに会うため、彼の面前に生きることがどのようであったのかを彼らから見出すために、地の果てまでも旅行しないだろうか。」

*13 例えば、第 22 号（1972 年 4 月 17 日）、第 31 号（1974 年 5 月 10 日）、第 34 号（1975 年 3 月 14 日）、第 42 号（1976 年 8 月 10 日）の記述を参照。
*14 この名前は従来の「ルティエンス」と表記されることが多かったが、本著においては、実際の発音に近い「ラッチェンス」を採用した。建築家として有名な父親のサー・エドウィンもそのように表記されるのが通常である。なお、本著では、彼女は再婚後のメアリー・リンクスの名で出てくることがほとんどである。「ラッチェンス」は、彼女の旧姓であるとともに、文芸作家、伝記作家としての彼女の文筆名であった。
*15 この回顧録では、依頼の部分は第 68 巻、1981 年 7 月 1 日の個所、「後で」ということは 8 月 15 日の個所に出ている。前者には具体的な助言も含まれている。
*16 この回顧録では、第 74 号、1983 年 4 月 17 日の個所に出てくる。
*17 この回顧録では、第 85 号、1985 年 8 月 5 日の個所に出てくる。
*18 物語にメアリー自身が登場してしかるべきことについては、例えば第 42 号（1976 年 8 月 10 日の個所）で K 自身が、「あなたが見ること、あなたが感じることだ。」などと述べている。
*19 なお、リンクの表示はウエブ上のものと異なって、傍点と直後の訳註番号で表記した。そのため、原文の強調文字に傍点をふったものと、似通ってしまったが、区別していただきたい。また、これとは別に、カセットテープ、ヴィデオテープにしても、かつて一つ一つの講話を購入していた時代とは異なって、実に様々なものが Youtube 上に上がっている。さらにブロックウッド、オーハイ、リシ・ヴァリー、ラージガートやそれらの関係者の証言も見られ、隔世の感がある。
*20 他方、現在ではウエブ上に多数の関連写真、文献が見られるし、オーハイ、サーネン、ブロックウッドなどの周囲の風景も、グーグルのストリート・ビューなどで見ることができる。
*21 例えば、ラッチェンスによる伝記第一巻の出版を承けて、第 36 号の終わり近く（1975 年の夏）には、集中的な議論がある。
*22 イヴリン・ブラウ制作、M. メンデッツァ監督の映画 *With a Silent Mind*（1989）を参照。同様の発言は、第 17 号、1971 年 4 月 15 日の個所にも見られる。
*23 本著では登場人物ゆえにイギリス、ブロックウッドやスイス、サーネンでの紛争が多く言及されるが、インドの諸学校でも問題がありつづけたことが語られている。インドでの問題については、P.Jayakar（1986）や S.Patwardhan（1999）に言及されている。また、オーハイのオーク・グローヴ学校での紛争については、D.Moody（2011）に幾つか言及されている。1975 年の学校創設時から参加した著者ムーディは、知識人タイプの人で当初から困難を抱えながらも、1986 年、死の直前の K 自身から校長として学校の全権を委任するとの言葉をもらうに至った。にもかかわらず、アメリカ K 財団の中心人物エルナ・リリフェルトとの対立から、K の亡くなった後、早々に退職に追い込まれた。これは、資産の回復、学校創設で計り知れない功績を残したアメリカ K 財団の中心エルナが、実務中心の発想を繰り返したことと、教育思想や現場を中心に考える教師との対立が解消できなかった事例である。それ以前にも、K の提唱する教育への志向とは反して、保守的価値観を持つエルナたちの任命した財団の理事たちが独断で、成績評価、進学重視の方針を打ち出し、学校で教師と学生がファースト・ネームで呼び合っていたのを止めさせようとしたことから、教師、学生、父母に不満が拡がり、結果的に、創設時からの校長マーク・リーと理事数人が解任された事例、あるいは、同じく理事会が、オーク・グローヴでの実績がない人物をいきなり校長に就任させたあげく、その人物が方針の違いから新学期早々に退任してしまった事例が、挙げられている。同著はムーディ自身の退職後の問題に何も言及しないが、寄宿制で父母からの介入も比較的少ないブロックウッドでは、学校長が同時に K 財団の理事として協調が諮られたのと異なって、通学制で父母からの声が日々上がってくるオーク・グローヴで、分離した財団の理事会と現場の教師たちとの協働は、なかなか困難だったようである。
*24 それは大乗仏教のそれであり、特別にチベットに限ったものではない。ただし、神智学協会が大師はチベットにいると考えていたこと、K 自身も 1976 年に自らの『ノートブック』に対して自ら書評を行ったとき、「この書物すべてをとおして、チベット人が菩薩の愛または慈悲と呼びそうなものを感じられる。」とも言っているので、何らかの認

識や親近性があったと言えるようである。
*25 もっとも K は別の個所で、マイトレーヤは顕現できない。顕現するのは教えであるとも述べているし、それについて議論することは困難である。cf.P.Jayakar（1986）pp.30-31
*26 第 33 号の序論を参照。スコットが上記ヴィデオ、インタビューでも述べていることだが、古い組織からの訣別にあたって二回の訴訟に掛かった多額の費用は、メアリーが負担したようである － 実務面では卓越した能力を有するエルナ・リリフェルトが圧倒的な負担を負って努力をつづけたが、そのエルナでさえメアリーの献身に涙したとの話が出ている（第 40 号、3 月 13 日の記述を参照）。訴訟費用を負担する話は、新設の K 財団の設立趣旨は K の講演活動の準備、出版など教えの普及であり、そのために寄付された浄財を、このような訴訟目的に出費できなかったからであった。他方、ラージャゴパルはその目的で寄付されたはずの金銭をふんだんに使って、新しい財団との訴訟を K が亡くなるまで継続した。
*27 他者の評価にすぎないと言えばそれまでだが、オーハイのオーク・グローヴの校長を務めたデーヴィッド・ムーディは、彼のことを、中ぐらいの背丈でボクサーのような体格、肩幅が広く、ラフでくっきりした顔立ち、温かく外向き愛想よく作法もよい。声の調子と反応のさまは明るく繊細な感じだが、その表面下には、鉄の決意と結びついた揺るがぬ方向感覚といったブルドーザーの性質も感じられたと評している。ユーチューブでの画像では、現在かなり肥えているようである。
*28 本著では、メアリーとの関係から、インドでの財団や学校に関する議論は少ないが、ブロックウッド滞在中の職員、学生への講話、オーハイでの学校に関する議論、成人センターに関する議論が、数多く言及されている。

クリシュナムルティがいたとき
――メアリー・ジンバリストの回顧録〔上〕

2019年1月20日　初版第1刷発行

著　者　メアリー・ジンバリスト
編集者　スコット・フォーブス
翻訳者　藤仲孝司
発行所　UNIO
　　　　〒602-0805 京都市上京区寺町今出川上ル桜木町453-12
　　　　電話 (075)211-2767　郵便振替 01050-2-36075
発売元　(株)星雲社
　　　　〒112-0012 東京都文京区大塚水道1丁目3-30
　　　　電話 (03)3868-3275　FAX (03)3868-6588

ISBN978-4-434-25561-8
©2019 Unio, Printed in Japan
落丁・乱丁本は、お取り替えいたします。